Irene Dingel, Michael Rohrschneider, Inken Schmidt-Voges, Siegrid Westphal und
Joachim Whaley (Hrsg./Eds)
Handbuch Frieden im Europa der Frühen Neuzeit
Handbook of Peace in Early Modern Europe

Handbuch Frieden im Europa der Frühen Neuzeit
Handbook of Peace in Early Modern Europe

Hrsg. von / Edited by
Irene Dingel, Michael Rohrschneider,
Inken Schmidt-Voges, Siegrid Westphal und
Joachim Whaley

Redaktion / Editorial Manager
Volker Arnke

ISBN 978-3-11-108764-1
e-ISBN (PDF) 978-3-11-059131-6
e-ISBN (EPUB) 978-3-11-058875-0

Library of Congress Control Number: 2020941981

Bibliografische Information der Deutschen Nationalbibliothek
Die Deutsche Nationalbibliothek verzeichnet diese Publikation in der Deutschen Nationalbibliografie; detaillierte bibliografische Daten sind im Internet über http://dnb.dnb.de abrufbar.

© 2022 Walter de Gruyter GmbH, Berlin/Boston
Dieser Band ist text- und seitenidentisch mit der 2021 erschienenen gebundenen Ausgabe.
Einbandabbildung/Cover Image: Zacharias Dolendo (um 1575–um 1600) nach Jacques de Gheyn d.J. (1565–1629), Allen Dingen ist der Wechsel eigen (Omnium rerum vicissitudo est), 1596/1597. Kupferstich, Baltt: 32,2 x 16,5 cm, Inv.Nr. A 11919, Literatur: Kat. Slg. Stuttgart 1997/1998, Nr. 42.9. Aus: Hans-Martin Kaulbach (HG.), Friedensbilder in Europa 1450–1815. Kunst der Diplomatie – Diplomatie der Kunst, Berlin/München 2013, S. 110.
Satz: jürgen ullrich typosatz, Nördlingen
Druck und Bindung: CPI books GmbH, Leck

www.degruyter.com

Vorwort

Die Idee zu dem vorliegenden Handbuch geht auf Siegrid Westphal zurück und wurde im Februar 2017 gemeinsam mit Michael Rohrschneider im Rahmen einer institutionellen Kooperation zwischen dem Osnabrücker *Forschungszentrum Institut für Kulturgeschichte der Frühen Neuzeit* und dem Bonner *Zentrum für Historische Friedensforschung* weiterentwickelt. In kürzester Zeit gelang es, den Kreis der Herausgebenden um Irene Dingel, Inken Schmidt-Voges und Joachim Whaley zu erweitern. In den folgenden Monaten und Jahren wurden in mehreren intensiven Sitzungen die komplexen inhaltlichen, formalen und personellen Fragen behandelt und weiterverfolgt, die bei der Arbeit an einem solchen Handbuch unweigerlich entstehen. Uns allen ist die ebenso konstruktive wie angenehme Atmosphäre dieser Treffen in bester Erinnerung!

An dieser Stelle möchten wir uns sehr herzlich bei all denjenigen bedanken, die uns bei der Arbeit an diesem Handbuch unterstützt haben. Zuvorderst ist Volker Arnke zu nennen, der den Planungsprozess von Beginn an begleitete und die organisatorische Hauptlast des Projektes getragen hat. Zudem koordinierte er die Abschlussredaktion in Osnabrück, bei deren Durchführung Annika Schmitt, Rieke Schole, Jennifer Staar und Marina Stalljohann-Schemme tatkräftig mitwirkten. Neben diesen möchten wir uns für die redaktionelle Mitarbeit in den Einzelsektionen auch sehr herzlich bei Jonas Bechtold (Bonn), Benedikt Brunner (Mainz) und Sung Hee Lee (Marburg) bedanken. Für die Mitwirkung an der Erstellung der Register danken wir Samuel Arends, Tessa Edwards, Markus Horbach und Torben Tschiedel (alle Osnabrück). Ein besonderer Dank gebührt Joachim Whaley, der neben seinen Herausgeberpflichten auch die zahlreichen Übersetzungen ins Englische vornahm bzw. prüfte und dabei alle Widrigkeiten des „Denglisch" geduldig ertrug. Auch an Bettina Neuhoff vom Verlag De Gruyter ergeht hohe Anerkennung und herzlicher Dank dafür, dass sie an den Treffen der Herausgebenden teilgenommen und uns stets unterstützt hat.

Schließlich möchten wir uns – last but not least – besonders herzlich bei allen Autorinnen und Autoren bedanken, die sich, unter zum Teil schwierigsten Begleitumständen in Zeiten der Corona-Pandemie, mit uns auf dieses ambitionierte Vorhaben eingelassen haben.

Bonn, Cambridge, Mainz, Marburg und Osnabrück im Juni 2020
Die Herausgeberinnen und Herausgeber

Preface

The idea of this handbook originated with Siegrid Westphal and was developed with Michael Rohrschneider in February 2017 in the context of a collaboration between the Osnabrück Research Centre for Early Modern Cultural History and the Bonn Centre for Historical Peace Studies. Irene Dingel, Inken Schmidt-Voges and Joachim Whaley soon joined the editorial team. Over the following months and years numerous meetings were devoted to deciding the content and form of the project and the list of contributors. We all have very positive memories of the constructive and pleasant atmosphere that characterised those meetings!

We would like to thank everyone who has helped us in producing the handbook. Our greatest debt is to Volker Arnke who played a key role in the planning process from the outset and masterminded the organisation of the project. He also coordinated the editorial team in Osnabrück, in which Annika Schmidt, Rieke Schole, Jennifer Staar, and Marina Stalljohann-Scheme fulfilled valuable roles. We are also grateful to those who assisted in the editing of individual sections, namely Jonas Bechtold (Bonn), Benedikt Brunner (Mainz), and Sung Hee Lee (Marburg). We are also most grateful to Samuel Arends, Tessa Edwards, Markus Horbach, and Torben Tschiedel (all of Osnabrück) for their help in compiling the index. Our special thanks go to Joachim Whaley who, in addition to his editorial duties, also translated the abstracts from German or 'Denglisch' into English. Bettina Neuhoff of De Gruyter participated in our meetings and consistently supported our project.

Finally, this ambitious project could not have been realised without the hard work and dedication of authors. Some of them participated under very difficult circumstances in the period of the Corona-Pandemic which has swept the world this year; we admire their professionalism and are grateful for their prompt delivery of their manuscripts.

Bonn, Cambridge, Mainz, Marburg, and Osnabrück June 2020
The editors

Inhaltsverzeichnis / Table of Content

Vorwort / Preface —— V

Irene Dingel/Michael Rohrschneider/Inken Schmidt-Voges/Siegrid Westphal/
Joachim Whaley
Einführung / Introduction —— XV

Sektion I: **Friedensbegriffe und -ideen**
Visions and Ideas of Peace

Hermann Kamp
1. **Antike und mittelalterliche Grundlagen frühneuzeitlicher Friedensvorstellungen**
(Ancient and Medieval Foundations of Early Modern Ideas of Peace) —— 3

Volker Leppin
2. **Frieden: Renaissance – Humanismus – Reformation**
(Peace: Renaissance – Humanism – Reformation) —— 23

Friedrich Beiderbeck
3. **Frieden zwischen religiöser und säkularer Deutung, 1555–1700**
(Religious and Secular Interpretations of Peace, 1555–1700) —— 43

Thomas Schölderle
4. **Frieden und Utopie**
(Peace and Utopia) —— 63

Thomas Schölderle
5. **Immanuel Kant und die Friedensvorstellungen im Denken der Aufklärung**
(Immanuel Kant and Peace in Enlightenment Thought) —— 87

Frederik Dhondt
6. **Peace and Law** —— 113

Murari Kumar Jha
7. **Ideas of Peace and Practice of Peacemaking in Pre-Modern South Asia** —— 131

Sektion II: Friedensordnungen
Peace Systems

IIa) **Innergesellschaftliche Friedensordnungen**
Domestic Peace Systems

Duncan Hardy
8. **Landfrieden** —— 151

Anette Baumann
9. **Justizwesen**
(Justice Systems) —— 171

Karl Härter
10. **Frieden als Leitbegriff und Handlungsfeld frühneuzeitlicher Policeyordnungen**
(Peace as Guiding Concept and Object of Early Modern Police Ordinances) —— 191

Uwe Tresp
11. **Erbeinungen**
(Hereditary Alliances) —— 209

Masaki Taguchi
12. **Friedensräume. Burgfrieden, Kirchenfrieden, Gerichtsfrieden, Marktfrieden**
(Spaces of Peace. Castles, Churches, Courts, Markets) —— 227

Inken Schmidt-Voges
13. **Hausfrieden. Eine doppelte Friedensordnung**
(Domestic Peace. A Dual System) —— 245

Irene Dingel
14. **Religionsfrieden**
(Religious Peace) —— 267

IIb) **Inner- und zwischenstaatliche Friedensordnungen**
Peace Agreements Within and Between States

Derek Croxton
15. **Peacemaking in the Thirty Years War** —— 293

Gabriele Haug-Moritz
16. **Waffenstillstand, Anstand und Stillstand**
    (Ceasefire and Truce) —— 309

Anuschka Tischer
17. **Zwischenstaatlicher Frieden**
    (Interstate Peace) —— 321

Martin Espenhorst
18. **Friedensverträge**
    (Peace Treaties) —— 343

IIc) **Friedensordnungen mit außereuropäischen Herrschern bzw. indigenen Bevölkerungsgruppen**
Peace Treaties with non-European Rulers or Indigenous Peoples

Benjamin Steiner
19. **Friedensschlüsse mit außereuropäischen Herrschern. Afrika, Mittelmeerraum, Osmanisches Reich**
    (Peace Treaties with non-European Rulers. Africa, the Mediterranean, the Ottoman Empire) —— 367

Peter Borschberg
20. **Treaties in Asia** —— 391

Katherine A. Hermes
21. **Peace Treaties Between Colonial Powers and Indigenous Peoples in North America** —— 413

Sektion III: **Friedenspraktiken und -prozesse**
Peacemaking and Peace Processes

Johannes Burkhardt/Benjamin Durst
22. **Friedenskongresse**
    (Peace Congresses) —— 437

Maria-Elisabeth Brunert/Lena Oetzel
23. **Verhandlungstechniken und -praktiken**
    (Negotiating Techniques and Practices) —— 455

Michael Rohrschneider
24. **Friedensvermittlung und Schiedsgerichtsbarkeit**
    (Mediating Peace and Arbitration) —— 473

Guido Braun
25. **Verhandlungssprachen und Übersetzungen**
    (Languages of Negotiation and Translation) —— 491

Volker Arnke
26. **Akteur*innen der Friedensstiftung und -wahrung**
    (Peacemakers and Peacekeepers) —— 511

Christoph Kampmann/Horst Carl
27. **Historische Sicherheitsforschung und die Sicherheit des Friedens**
    (Historical Security Research and the Security of Peace) —— 529

Axel Gotthard
28. **Neutralität**
    (Neutrality) —— 551

Ralf-Peter Fuchs
29. **Amnestie und Normaljahre**
    (Amnesties and Base Years) —— 569

Ulrich Niggemann
30. **Toleranz**
    (Toleration) —— 589

Niels F. May
31. **Zeremoniell**
    (Ceremonial) —— 609

Sektion IV: **Friedenskultur: Medien und Vermittlung**
           Peace Cultures: Media and Communication

Renger E. de Bruin/Alexander Jordan
32. **Friedensfeiern und Gedächtniskultur**
    (Celebration and Memory of Peace) —— 629

Harriet Rudolph
33. Die materielle Kultur des Friedenschließens
(The Material Culture of Peacemaking) —— 649

Eva-Bettina Krems
34. Frieden und Friedenssymboliken in der Bildenden Kunst
(Peace and Symbols of Peace in the Visual Arts) —— 675

Sabine Ehrmann-Herfort
35. Friedensmusiken
(Peace Music) —— 709

Henning P. Jürgens
36. Friedenspredigten
(Peace Sermons) —— 741

Klaus Garber
37. Frieden in der Literatur
(Peace in Literature) —— 761

Sektion V: Frühneuzeitliche Friedensschlüsse
Early Modern Peace Treaties

Alexandra Schäfer-Griebel
38. Der Kuttenberger Religionsfrieden 1485
(The Religious Peace of Kutná Hora 1485) —— 781

Hendrik Baumbach
39. Ewiger Landfrieden 1495
(The Perpetual Peace 1495) —— 799

Andreas Zecherle
40. Erster und Zweiter Kappeler Landfrieden 1529 & 1531
(The First and Second Peace of Kappel 1529 & 1531) —— 817

Armin Kohnle
41. Augsburger Religionsfrieden 1555
(The Peace of Augsburg 1555) —— 837

Rainer Babel
42. Der Frieden von Cateau-Cambrésis 1559
    (The Peace of Cateau-Cambrésis 1559) —— **857**

Christopher Voigt-Goy
43. Warschauer Konföderation 1573
    (The Warsaw Confederation 1573) —— **877**

Mark Greengrass
44. The Edict of Nantes 1598 —— **897**

Mihály Balázs
45. Die Friedensschlüsse von Siebenbürgen: Wegmarken religiöser Toleranz oder der Konfessionalisierung?
    (The Transylvanian Peace Treaties – Toleration or Confessionalisation?) —— **911**

Siegrid Westphal
46. Der Westfälische Frieden 1648
    (The Peace of Westphalia 1648) —— **929**

Klaas Van Gelder
47. Nijmegen, Rijswijk, Utrecht: The Peace Treaties of the Wars of Louis XIV —— **951**

Arno Strohmeyer
48. Der Friede von Zsitvatorok 1606 und die Friedensschlüsse der ‚Türkenkriege'
    (The Peace of Zsitvatorok 1606 and the Peace Treaties of the 'Turkish Wars') —— **969**

Dorothée Goetze
49. Die Friedensschlüsse der Nordischen Kriege 1570–1814
    (The Peace Treaties of the Northern Wars 1570–1814) —— **985**

Regina Dauser
50. Die Friedensschlüsse der friderizianisch-theresianischen Ära
    (The Peace Treaties of the Era of Frederick the Great and Maria Theresa) —— **1001**

Reinhard Stauber
51. Friedensschlüsse zwischen Französischer Revolution und Wiener Kongressordnung
    (Peace Treaties from the French Revolution to the Congress of Vienna) —— **1021**

Verzeichnis der Autor*innen / List of Authors —— 1043

Abkürzungsverzeichnis / List of Abbreviations —— 1049

Personenregister / Index of Names —— 1055

Ortsregister / Index of Places —— 1069

Irene Dingel, Michael Rohrschneider, Inken Schmidt-Voges, Siegrid Westphal und Joachim Whaley

Einführung

Die Historische Friedensforschung will die Chancen und Grenzen der Realisierung des Friedens, aber auch die kulturellen Konstruktionen von Frieden im historischen Wandel in all seinen geschichtlichen Dimensionen untersuchen. Friedensrelevante Gegenstände sind Friedensideen, Friedensprojekte, staatliche und nichtstaatliche Friedensaktionen, Friedensschlüsse und Friedenszustände, aber auch die Faktoren, die Frieden in der Vergangenheit verhindert haben.

Während der zeitliche Fokus bisheriger Arbeiten zur Historischen Friedensforschung vor allem auf dem 19. und 20. Jahrhundert liegt, ist die Frühneuzeitforschung eher unterrepräsentiert. Schwerpunkte sind hier zum einen politik- und diplomatiegeschichtliche Arbeiten, welche beispielsweise die zentralen Friedensschlüsse unter außen- und innenpolitischen Gesichtspunkten untersuchen, zum anderen ideengeschichtliche Arbeiten, die sich mit humanistisch-irenischen Traktaten oder Utopien zum Frieden sowie Friedensrepräsentationen auseinandersetzen.

Zentrale Entwicklungen in der Frühen Neuzeit mit Blick auf das Verständnis von Frieden rechtfertigen es, diese Epoche in einem eigenständigen Handbuch zu bearbeiten. Diese sind:
- Die Reformation und die sich aus der Ausdifferenzierung in verschiedene Konfessionen ergebenden Kriege, die Religionsfrieden notwendig machten.
- Die Verflechtung der konfessionellen Auseinandersetzungen mit innergesellschaftlichen Problemlagen sowie den Konflikten im Kampf um die europäische Hegemonie.
- Die Suche nach neuen Ideen, Konzepten und Modellen, um sowohl innergesellschaftlich als auch zwischenstaatlich den Frieden wiederherzustellen und möglichst dauerhaft zu bewahren.
- Der im Zuge der europäischen Expansion erfolgte Export von Friedensvorstellungen und Formen des Friedenschließens nach europäischem Muster in die außereuropäische Welt und die dadurch bedingten transkulturellen Wechselwirkungsprozesse.
- Die Ausbildung einer spezifischen Friedenskultur, die der Vermittlung wichtiger mit dem Frieden verbundener Werte, Vorstellungen bzw. Visionen und Deutungsmuster diente.

Dabei verfolgt das Handbuch keinen übergreifenden theoriebezogenen Ansatz, sondern geht vielmehr von der semantisch geprägten Vorstellung aus, dass der Begriff „Frieden" – wie jeder andere historische Grundbegriff – eine kulturelle Konstruktion darstellt und abhängig von bestimmten Zeitströmungen mit immer neuen Deutungsgehalten verbunden wurde. Ziel ist es daher, die epochenspezifische Bedeutungsaufladung, die der Begriff ‚Frieden' in der Frühen Neuzeit erfuhr, herauszuarbeiten und dafür die bisherigen Forschungen zum Frieden in der Frühen Neuzeit gebündelt und in knapper Form einem breiten Leserkreis zur Verfügung zu stellen.

Der geographische Fokus liegt auf Europa mit Schwerpunkt auf dem Heiligen Römischen Reich deutscher Nation (1495–1806), in dem viele europäische Staatsrechtslehrer den zentralen Garanten für ein friedliches Europa sahen. Dabei diente ihnen die Reichsverfassung mit dem Westfälischen Frieden als zentralem Reichsgrundgesetz als Modell für die Gestaltung friedlicher Beziehungen unter den europäischen Mächten. Ausblicke in die außereuropäische Welt sollen jedoch zum einen auf die politischen und ökonomischen Verflechtungen verweisen, die mit der europäischen Expansion in der Frühen Neuzeit einhergingen. Zum anderen soll der Blick auf den Transfer von europäischen Friedensvorstellungen in die außereuropäische Welt und die dadurch ausgelösten Konflikte und Missverständnisse gerichtet werden.

Die insgesamt 51 Beiträge verteilen sich auf fünf Sektionen, die sowohl aufeinander aufbauen als auch eng miteinander verzahnt sind. Die erste Sektion widmet sich grundlegenden Friedensbegriffen und -ideen, die für die Frühe Neuzeit prägend waren. Es schließt sich eine Sektion über frühneuzeitliche Friedensordnungen an, die sowohl die innergesellschaftliche und zwischenstaatliche als auch die außereuropäische Perspektive beleuchtet. In der dritten Sektion geht es um charakteristische Friedenspraktiken und -prozesse. Die vierte Sektion widmet sich der frühneuzeitlichen Friedenskultur mit ihren unterschiedlichen Medien und Narrativen. Abgerundet wird der Band mit der Darstellung und Analyse einer Auswahl zentraler Friedensschlüsse der Frühen Neuzeit.

Es liegt in der Natur eines Handbuchs, dass nicht alle Aspekte zum Thema Frieden in der Frühen Neuzeit behandelt werden können. Die Herausgeberinnen und Herausgeber haben sich jedoch darum bemüht, die aus ihrer Sicht wesentlichen Themen der frühneuzeitlichen Friedensthematik abzudecken und dafür ausgewiesene Expertinnen und Experten zu gewinnen.

Sektion I: Friedensbegriffe und -ideen

Das Handbuch beginnt mit einer Sektion zu Friedensvorstellungen und Friedensideen – und dieser Anfang ist bewusst gewählt: denn zu allen Zeiten war das Wissen davon, was mit ‚Frieden' gemeint sei, Grundlage für die Wahrnehmung und Deutung des Handelns anderer sowie der Ausrichtung des eigenen Handelns. Was in den verschiedenen Zeiten, Räumen und Kulturen jeweils darunter gefasst wurde, war Gegenstand vielfältiger Konstruktionsprozesse, an denen unterschiedliche Akteure mit unterschiedlichen Hintergründen und Interessen beteiligt waren. Der Blick auf die diversen historischen Konzeptualisierungen und Entwürfe von ‚Frieden' verweist daher zum einen auf die eigentümliche Spannung der historischen Bedingtheit von Friedensvorstellungen, die im Kern auf universale, unveränderbare Gültigkeit zielten. Zum anderen wird die Vielfältigkeit der Konzeptualisierungsmöglichkeiten von Frieden in ihren unterschiedlichen Schwerpunktsetzungen deutlich und bietet die Möglichkeit, die fortwährende diskursive Anpassung und Ausrichtung von Friedensvorstellungen zu betrachten und deren je eigenen Rückbezüge auf ‚Autoritäten' als Teil sozialer und politischer Konstruktionsprozesse zu untersuchen.

Der Begriff ‚Frieden' war und ist Referenzrahmen für ganz unterschiedliche Formen, wie sich Menschen ihren Platz in der Welt und ihr Verhältnis zu dieser Welt und ihren Bewohnern vorstellten. Dieses Weltverständnis konnte die diesseitige wie die jenseitige Welt mit einbeziehen und Frieden ganz umfassend vom göttlichen, für den Menschen unverfügbaren Frieden über den individuellen Seelenfrieden, das Verhältnis zur Natur mit Tier- und Pflanzenwelt bis hin zu politischem Frieden durchdeklinieren, wie etwa bei Augustinus von Hippo (354–430). Oder aber es war das sehr klar abgegrenzte Verhältnis zweier oder mehrerer Gemeinwesen gemeint, das die wechselseitigen Beziehungen zueinander vertraglich regelte, wie etwa in der *Pax Romana*.

Dass beide Aspekte dabei nicht als voneinander getrennte Ebenen zu betrachten sind, sondern in ihrem Kern und ihrer Genese doch immer wieder aufeinander bezogen wurden, wird dann deutlich, wenn man sich dem Bereich von Friedensvorstellungen und -ideen nicht so sehr geistes- und ideengeschichtlich nähert, sondern ihn als Wissensordnung begreift. Viele wissenssoziologische Arbeiten haben die Wechselwirkungen herausgearbeitet zwischen habituellen Prägungen jener Wahrnehmungs- und Deutungsmuster, die Menschen im Rahmen ihrer Primärsozialisation erfahren, und den Veränderungen und Anpassungen dieser Muster durch biographisches Erfahrungswissen sowie die situationsbezogene Auswahl und Aktualisierung bestimmter, für die Sinnstiftung relevanter Elemente aus diesem Wissensbestand. Neuere Ansätze verknüpfen dabei wissenssoziologische, praxeologische und diskursanalytische Methoden, allen gemeinsam ist die Bedeutung, die sie dabei dem gesellschaftlichen wie auch dem individuellen Wissen zuschreiben, um Praktiken, Handlung und Interaktion zu erklären.

‚Frieden' gehört in diesem Zusammenhang in allen menschlichen Kulturen zu den zentralen symbolischen Sinnsystemen, die für die Bewältigung der Welt und ihrer Kontingenz zur Verfügung stehen. Denn im Kern geht es in allen Konzepten nicht nur um die Frage, wie Menschen ihr Verhältnis zur Welt, zur Natur und zu den Mitmenschen gestalten, sondern darum, welche Rolle hierbei Gewalt spielt – spielen soll und spielen darf. Wenngleich das Alltagsverständnis zunächst Szenarien universaler Harmonie vor Augen hat, bildeten diese in der Regel doch nur den Fluchtpunkt einer wie auch immer gedachten letztlichen Durchsetzung von Frieden; den weitaus größten Raum in den verschiedenen Schriften nehmen aber Überlegungen und Konzepte ein, wie sich Frieden und Gewalt zueinander verhalten – welche Formen von Gewalt sind legitim bzw. illegitim, wie kann verhindert werden, dass illegitime Formen von Gewalt den Frieden und damit jene stabile Ordnung zerstören, die den Menschen den Umgang mit Kontingenz ermöglicht?

Dieser Zusammenhang lässt sich in den hier vorliegenden Beiträgen anschaulich nachvollziehen und führt vor Augen, welche Bedeutung die Epoche der Frühen Neuzeit für die Ausformung von Friedensvorstellungen und -ideen in der Geschichte Europas besaß – denn Frieden war immer nur ein, wenn auch zentrales, sinnstiftendes Zeichensystem, das immer wieder mit anderen in Konkurrenz trat, die ihrerseits gewaltbezogen orientiert waren.

Hermann Kamp erläutert anhand der antiken und mittelalterlichen Grundlagen und Kernprozesse der Entwicklung von Friedensvorstellungen sehr deutlich, dass theologische Konzepte insbesondere Handlungsanleitungen für die individuelle Ethik boten, die dann über das friedensethisch ausgerichtete Handeln von Herrschaftsträgern zugleich politische Friedensmodelle beinhalteten; zugleich konkurrierten sie aber – insbesondere in Zeiten fehlender übergreifender politischer Strukturen – mit Normsystemen, die eine Neuverortung in der Welt und ein Aushandeln des Platzes von Akteuren durch Gewalthandeln legitimierten. Im hohen und späten Mittelalter lässt sich daher gut ablesen, wie einerseits theologische Friedenskonzepte die Basis der gemeinsamen Wissensordnung darstellten, die Mittel zur konkreten Problemlösung aber in der Formulierung von Rechtsnormen gesehen wurden – wie dies in der allmählichen Durchsetzung von Rechtsformen in der Gottes- und Landfriedensbewegung zu sehen war.

Wie sehr solche Prozesse aber zugleich auch immer mit Machtfragen und -konflikten verbunden waren, zeigt der Artikel von *Volker Leppin*, der die vielfältigen Friedenskonzepte der Renaissance – wie etwa die von Marsilius von Padua (zwischen 1275/80–ca. 1343) und Dante (1265–1321) – in den politischen Machtkämpfen in Italien verortet. Zugleich wirkten hier Kernprozesse der Frühen Neuzeit wie Verrechtlichung und Staatsbildung auf die Ausdifferenzierung von Friedensvorstellungen und damit verbunden Friedenstechniken wie im Artikel von *Friedrich Beiderbeck* ausgeführt wird. Er zeigt sehr deutlich, wie die machtpolitischen Auseinandersetzungen innerhalb von Gemeinwesen wie auch zwischen den unterschiedlichen europäischen Mächten durch einen weiteren Kernprozess, die Konfessionsbildungen, nicht nur erschwert, sondern zugleich auch dynamisiert wurden. Auch wenn sich die politischen, im Medium des Rechts verankerten Techniken und Instrumente zur Friedensstiftung und -wahrung rasch ausdifferenzierten, verloren sie nicht ihren Bezug zu den übergeordneten theologischen Referenzrahmen mit ihren ethischen Aspekten – sie waren vor allem in der medialen und diskursiven Präsenz nicht in gleichem Maße vertreten und in erster Linie als implizite Basis im Rahmen des unausgesprochenen Selbstverständlichen verankert.

Die Selektivität, mit der einzelne Elemente aus dem großen Bestand des Friedenswissens in konkreten Situationen aktiviert wurden, spiegelt sich auch in einer besonderen Textgattung, der utopischen Literatur. Als Form experimentellen Denkens kann man in ihren Texten ebenfalls ganz unterschiedliche Schwerpunktsetzungen und Blickwinkel auf die Problematik von Frieden und Gewalt in idealen Gesellschaften und politischen Ordnungsentwürfen erkennen, wie *Thomas Schölderle* darstellt.

Mit der Aufklärung verstärkte sich die Tendenz hin zu einer vor allem auf die diesseitige weltliche Ordnung ausgerichteten Friedensreflexion. Sie entfaltete sich vor dem Hintergrund der zahlreichen weltumspannenden militärischen Konflikte und knüpfte daher zum einen an die sich ausdifferenzierenden Rechtssysteme an und bezog zum anderen wichtige Impulse aus der Vertragstheorie, wie ebenfalls *Thomas Schölderle* ausführt. Die wachsende Bedeutung von rechtlichen Regelungen als adäquate Instrumente zur Aushandlung von Neuverortungen von Akteuren in der Welt wird hier besonders greifbar, während individualethische Aspekte in den zum Begriff Frieden geführten Diskursen in den Hintergrund rückten – und anders als in den Jahrhunderten zuvor als ‚Privatangelegenheit' betrachtet wurden. Diese für die Frühe Neuzeit so charakteristische und für die politische Moderne prägende Betonung des Rechts als Mittel zur Friedensstiftung bei gleichzeitiger Zuspitzung auf die zwischenstaatliche Ebene bettet *Frederik Dhont* in seinen rechts- wie auch ideenhistorischen Kontext ein.

Jede Auswahl von Artikeln für ein Handbuchprojekt bleibt letztlich arbiträr, und so fehlt eine breite Vergleichsebene der Entwicklungen innerhalb der Kulturen Europas mit Friedensvorstellungen und -ideen in außereuropäischen Kulturen, deren Rezeption doch auf verschiedenen Ebenen so wichtig und einflussreich war. Als punktuellen Ausschnitt stellt *Murari Kumar Jha* den auch hier evidenten Konnex von Friedenswissen, -techniken und -praktiken am Beispiel des Mogulreiches auf dem indischen Subkontinent dar.

Diese Sektion lädt dazu ein, die noch vielfach anzutreffende kategoriale Trennung zwischen abstrakten, nicht realisierbar gedachten Friedensideen und konkreten, auf Umsetzung ausgerichteten Friedenspraktiken zu überwinden und die Wissenskulturen, mitsamt ihren nicht nur textlichen, sondern auch künstlerischen Ausdrucksformen, unmittelbar mit den Praktiken zu verbinden. Nur vor dem Hintergrund ihrer Wechselwirkungen lassen sich beide als Formen sozialer und politischer Konstruktion verstehen und die fortwährende Umkämpftheit des Friedens historisch verorten.

Sektion II: Friedensordnungen

Die zweite Sektion baut auf der Sektion über Friedensbegriffe und -ideen auf und behandelt Friedensordnungen auf verschiedenen Ebenen sowie die für die Ausgestaltung und Aufrechterhaltung der Friedensordnungen vorgesehenen Institutionen, Regelungen und Verfahren. Dabei wohnt dem Begriff Friedensordnung immer ein normativer Anspruch inne, der mit zwei zentralen Aspekten verbunden ist, nämlich mit den Fragen, welche Art von Frieden durch welche Ordnung gesichert werden sollte. Ziel ist es dabei immer, die Dauerhaftigkeit und Stabilität der Friedensordnung zu erreichen, die deshalb von allen Beteiligten akzeptiert und durch Mechanismen gegen einseitigen Friedensbruch abgesichert werden muss. Dazu gehörte es auch, die konfliktauslösenden Faktoren auszumachen, Regelungen für sie zu finden und Sorge dafür zu tragen, dass aus ihnen keinesfalls neue Konflikte und Kriege entstehen konnten.

In Anlehnung an Immanuel Kant beginnt Friedensstiftung zunächst im Innern von Gesellschaften, setzt sich dann zwischen den Staaten fort und mündet schließlich in die Ebene der Weltgesellschaft.

Am Beispiel des Heiligen Römischen Reichs deutscher Nation wird der spezifisch frühneuzeitliche Weg deutlich, innergesellschaftliche Friedensstiftung zu betreiben und zu einer Friedensordnung zu finden. Zentral war hierfür die Idee, Frieden durch Recht herzustellen. Das Ringen um den inneren Frieden, der im Mittelalter vor allem durch das ausufernde Fehdewesen gefährdet war, führte gegen Ende des 15. Jahrhunderts zur politischen Verdichtung und einem forcierten Verfassungswandel, in dessen Folge Institutionen geschaffen wurden, die den sogenannten Landfrieden als Nukleus und gedachte Ordnung des Reichs schützen und bewahren sollten. Wie zentral diese Idee sowohl für die Territorien als auch die Reichsebene war, wird von *Duncan Hardy* thematisiert, der die Diskussionen über den Landfrieden vom 13. bis 18. Jahrhundert in den Blick nimmt und zeigen kann, wie diese Idee zur grundlegenden Legitimation der Reichsverfassung auf verschiedenen Ebenen wurde.

Wesentlich war dabei der Gedanke, dass an die Stelle der Selbsthilfe/Fehde zur Durchsetzung von Rechtsansprüchen der Rechtsweg treten sollte. Im Unterschied zu den anderen europäischen Ländern, in denen zur Sicherung des Friedens zeitlich befristete und räumlich eingegrenzte Gottes- und Landfrieden erlassen wurden, suchten Kaiser und Reichsstände einen möglichst auf Dauer angelegten Frieden. Als Ergebnis gilt der auf dem Wormser Reichstag von 1495 beschlossene „Ewige, das heißt unbefristete Landfriede", zu dessen Durchsetzung und Schutz das Reichskammergericht gegründet wurde. Im Verlauf des 16. Jahrhunderts entwickelte sich der Reichshofrat als zweites Höchstgericht des römisch-deutschen Reiches, so dass hier eine doppelte höchste Gerichtsbarkeit zur Aufrechterhaltung des Rechts und damit der Friedenswahrung existierte. *Anette Baumann* beschreibt, welche Wege im Vergleich dazu in den anderen europäischen Ländern gefunden wurden.

Auf dem Wormser Reichstag von 1495 wurde zudem der Reichstag als zentrale Institution zur Vollstreckung der landfriedensgerichtlichen Entscheidungen und als Kommunikationsforum von Kaiser und Reich etabliert. Er initiierte eine umfassende Reichsgesetzgebung, die der Rechtsunsicherheit entgegenwirken und damit der Sicherung des innergesellschaftlichen Friedens dienen sollte. Dazu gehörten die Policeygesetzgebung und die Bemühungen um ein vereinheitlichtes Strafrecht (Constitutio Criminalis *Carolina*). Kaiser Karl V. (1500–1558) gab 1521 eine umfassende Reichspoliceyordnung in Auftrag, die dann vom Reichsregiment erarbeitet und 1530 – über alle konfessionellen Gegensätze hinweg – vom Reichstag verabschiedet wurde. Die Reichspoliceygesetzgebung entstand auf Reichsebene durch den Vergleich von Kaiser und Reichsständen und sollte als Rahmenrichtlinie für die territorialen Policeynormen dienen. Die Policey- und Landesordnungen wurden ebenfalls konsensual auf den Landtagen zwischen Fürsten und Landständen ausgehandelt, wobei man sich dezidiert an den Reichspoliceyordnungen orientierte. Auch die städtischen Policeygesetze entsprachen diesem Muster. Inwiefern Policeyordnungen schließlich dazu beitrugen, den innergesellschaftlichen Frieden aufrechtzuerhalten und welche Mechanismen dazu entwickelt wurden, wird von *Karl Härter* anhand verschiedener Beispiele eingehend erörtert.

Komplementär zum Konzept des Landfriedens bestanden Friedensordnungen, die sich entweder auf einen spezifischen Raum oder Stand bezogen. Für den hohen Adel besaßen beispielsweise sogenannte Erbeinungen einen hohen Stellenwert, die von *Uwe Tresp* thematisiert werden. Dabei handelte es sich um zumeist im 15. und 16. Jahrhundert erfolgte Zusammenschlüsse von Dynastien, die sich gegenseitig Unterstützung, Schutz vor Bedrohung durch Dritte und gute Nachbarschaft zusicherten und damit zur Friedenssicherung beitragen wollten. Zu diesem Zweck waren verschiedene Formen der Mediation und des friedlichen Konfliktaustrags vorgesehen, die auch nach Verabschiedung des Ewigen Landfriedens als Privileg der Reichsstände in Kraft blieben.

Im Mittelalter existierte noch eine ganze Reihe von Räumen, die aufgrund ihrer gesellschaftlichen Bedeutung und wegen ihrer besonderen Gefährdung durch einen eigenen Frieden geschützt wurden. *Masaki Taguchi* stellt in seinem Beitrag diese unterschiedlichen Friedensräume vor und konzentriert sich vor allem auf den Burgfrieden, der sich in der Frühen Neuzeit durch die Etablierung des Ewigen Landfriedens auf Reichsebene zu einem Vertrag zwischen Adelsfamilien über die Nutzung des gemeinsamen Eigentums wandelte. Auch das Konzept des Hausfriedens, das von *Inken Schmidt-Voges* vorgestellt wird, bezeichnet einen spezifischen Raum, der vor Zugriffen anderer geschützt werden musste. Gleichzeitig war damit ein ethisches Konzept verbunden, das in der Frühen Neuzeit unter Einfluss von Reformation und Konfessionalisierung immer stärker ausgeformt und normiert wurde, weil die Familie als ‚kleinste Einheit des Staates' immer größeres Interesse der Obrigkeiten auf sich zog.

Eine besondere Bedeutung kam den Religionsfrieden zu, die in der Frühen Neuzeit im Zusammenhang mit der konfessionellen Pluralisierung als neues Phänomen auftraten und auf die friedliche Koexistenz der Konfessionen bis zu einer erhofften Wiedervereinigung der Christenheit zielten. Entscheidend war der Umstand, dass es nicht um die Klärung der religiösen Wahrheitsfrage ging, sondern um die rechtliche Regelung des Zusammenlebens unterschiedlicher Konfessionen innerhalb eines Gemeinwesens. *Irene Dingel* beschreibt in ihrem Beitrag die vertraglichen Formen und diversen Regelungsbereiche, die im Reich als erweiterter Landfrieden und in Europa in ganz unterschiedlicher Ausprägung für das konfessionelle Miteinander gefunden werden mussten und die letztlich den Weg zur religiösen Toleranz ebneten.

Wie stark innergesellschaftliche, binnen- und zwischenstaatliche Friedensordnungen aufeinander bezogen waren, zeigt sich am Dreißigjährigen Krieg, der sich von einem regionalen Konflikt immer stärker zu einer europäischen Auseinandersetzung entwickelte, bei der unterschiedliche machtpolitische und religiöse Aspekte eng miteinander verzahnt waren. *Derek Croxton* widmet sich den spezifischen Dynamiken dieses Krieges, aber auch den Bemühungen, den Frieden wiederherzustellen. Dabei kam den Waffenstillständen eine wichtige Rolle zu, waren sie doch ein Instrument der zeitlich befristeten Befriedung, die zu einer dauerhaften Friedensordnung überleiten konnte. Insbesondere im Zusammenhang mit den Konflikten, die mit der zunehmenden konfessionellen Pluralisierung Europas im 16. Jahrhundert entstanden, wurden Waffenstillstände immer wieder eingesetzt, um alternative Wege der Friedensstiftung auszuloten, wie *Gabriele Haug-Moritz* in ihrem Beitrag zeigen kann. Dieses aus dem Mittelalter stammende Instrument verlor dann nach dem 17. Jahrhundert an Bedeutung.

Die Frage des zwischenstaatlichen Friedens in Theorie und Praxis war, wie *Anuschka Tischer* ausführt, mit der Entwicklung des Staatensystems selbst und der Regulierung der zahlreichen Kriege der Frühen Neuzeit eng verbunden. Infolgedessen bildete sich eine internationale Ordnung heraus, deren zentrale Instrumentarien Diplomatie und Völkerrecht waren, die den Umgang der europäischen Staaten miteinander regelten. Immer wieder gab es im Verlauf der Frühen Neuzeit Anläufe, eine europäische Friedensordnung herbeizuführen. Ging es im 16. und 17. Jahrhundert vor allem darum, Mächtehierarchien zu etablieren oder die politische Hegemonie einer Dynastie zu verhindern, bildete sich zu Beginn des 18. Jahrhunderts die Idee der *Balance of Power* heraus, wonach der Frieden durch das politische Gleichgewicht in Europa gesichert werden sollte. *Martin Espenhorst* widmet sich in seinem Beitrag den konkreten Friedensverträgen auf europäischer Ebene, die in der Regel von zwei oder mehr Vertragspartnern bzw. ihren Bevollmächtigten und Unterhändlern ausgehandelt und unterzeichnet wurden. Sie wurden schriftlich festgehalten mit dem erklärten Ziel, den Frieden nach einem Krieg wiederherzustellen oder den offenbar bedrohten Frieden präventiv zu bewahren. Um diesen Zweck zu erreichen, enthielten frühneuzeitliche europäische Friedensverträge eine Vielzahl an Regularien, die bestimmten formalen Kriterien unterlagen. Typisch scheint dafür zu sein, dass sich die Struktur der Paragraphen, bestimmte Topoi wie die Amnestie oder die Wiedererrichtung der Freundschaft und spezifische Inhalte wie die Klage über die Grausamkeit des Krieges oder die besondere Rolle der Mediatoren kaum veränderten.

Abschließend behandeln drei Beiträge das Thema der Friedensschlüsse zwischen europäischen Herrschern mit außereuropäischen Herrschern bzw. mit indigenen Bevölkerungsgruppen, wobei die Art und Weise der Friedensschlüsse stark von den jeweiligen Rahmenbedingungen abhängig war. *Benjamin Steiner* behandelt die Friedensschlüsse mit dem Osmanischen Reich sowie mit einigen afrikanischen Herrschern im Mittelmeerraum, wobei das Osmanische Reich den Europäern als starker Akteur in diesem Raum entgegentrat. Steiner verweist jedoch wie *Peter Borschberg*, der die Friedensverträge zwischen europäischen und südostasiatischen Herrschern behandelt, darauf, dass man sich von der eurozentrischen Perspektive auf das Recht und die Definition von Friedensverträgen lösen und alternative Konzepte der Friedensstiftung in den Blick nehmen müsse. So scheint es keine reinen Friedensverträge nach europäischem Muster gegeben zu haben. Vielmehr handelte es sich bei den Verträgen mit außereuropäischen Akteuren um eine Mischung von Friedens- und Handelsverträgen sowie um Abkommen über die Verteilung von Land, die zum Teil nicht einmal schriftlich fixiert waren und durch besondere Rituale bestätigt wurden. Letzteres zeigt sich vor allem an den Verträgen zwischen kolonialen Mächten und der indigenen Bevölkerung in Nordamerika, wie *Katherine Hermes* am Beispiel zahlreicher Abkommen zeigen kann. Während die indigenen Bevölkerungsgruppen versuchten, ihre Vorstellungen von Recht und Diplomatie gegenüber den kolonialen Herrschern zu bewahren und brüderliche Beziehungen anstrebten, beharrten die Europäer auf den schriftlichen Abmachungen, die eher auf ein hierarchisch-patriarchalisches System der Abhängigkeit der Indigenen von den Kolonialmächten zielten. Nicht zuletzt deshalb wuchsen ihr Widerstand und damit das Konfliktpotential in diesem Raum.

Sektion III: Friedenspraktiken und -prozesse

Die Sektion *Friedenspraktiken und -prozesse* widmet sich einer Vielzahl von Akteuren, Techniken und Leitvorstellungen frühneuzeitlicher Friedensstiftung und -sicherung. Ausgangspunkt ist ein prozessuales Verständnis von Friedensfindung, die im Einklang mit den Ansätzen der Neuen Diplomatiegeschichte (*new diplomatic history*) als spezifische soziokulturelle Praxis aufgefasst wird.

Der für diese Sektion zentrale Begriff ‚Praktiken' hat in der jüngeren Frühneuzeitforschung große Beachtung gefunden. Dies gilt neuerdings auch für die historischen Teildisziplinen Diplomatiegeschichte und Geschichte der internationalen Beziehungen, bei denen praxeologische Ansätze mehr und mehr an Bedeutung gewinnen, ohne dass sich allerdings bislang in definitorischer, theoretischer und methodischer Hinsicht ein allgemeiner Konsens herausgebildet hat. Vielmehr ist das Forschungsfeld der Historischen Praxeologie durch die Offenheit und Pluralität ihrer Ansätze und Deutungsangebote gekennzeichnet.

Angesichts der diesbezüglich nach wie vor disparaten Forschungslage kann und soll es nicht Aufgabe dieser Einleitung sein, hier einen neuerlichen Definitionsversuch vorzunehmen. Stattdessen orientiert sich das im Folgenden zugrunde liegende Verständnis von Praktiken an einer weiten Begriffsbestimmung, der zufolge dieser Terminus technicus keineswegs als bloßes Synonym für Handlung bzw. Handeln verstanden wird. Praktiken werden vielmehr in Anlehnung an Dagmar Freist als Bestandteile von übersubjektiven Handlungsmustern bzw. Alltagsroutinen gedeutet, deren Vollzüge in fortlaufender Weise kollektive Wissens- und Deutungsschemata abrufen, bestätigen und/oder gegebenenfalls modifizieren. Ein solcher Ansatz gestattet es, eine akteurszentrierte Herangehensweise (*Volker Arnke*), die das alltägliche Tun und

Sprechen der an Friedensstiftungs- und Friedenswahrungsprozessen beteiligten Personen in den Blick nimmt, mit zentralen Ordnungsvorstellungen und Leitideen ihrer Handlungsweisen und -muster in Bezug zu setzen.

Zum einen weist diese Sektion eine gezielte Auswahl von Themen auf, die in der historischen Forschung traditionell stark beachtet werden, wie z. B. die zahlreichen frühneuzeitlichen Friedenskongresse (*Johannes Burkhardt/Benjamin Durst*) oder auch Friedensvermittlung und Schiedsgerichtsbarkeit (*Michael Rohrschneider*). Zum anderen werden aber auch Bereiche abgedeckt, die gerade in neuerer Zeit zentrale Bedeutung erlangt haben, etwa die im Zuge der kulturalistischen Wende (*cultural turn*) intensiv erforschten und inzwischen vollkommen neu bewerteten Forschungsfelder der symbolischen Kommunikation im Allgemeinen und des frühneuzeitlichen Zeremoniells im Besonderen (*Niels F. May*).

Diese Beiträge zeigen in aller Deutlichkeit die Erkenntnisfortschritte der interagierenden Bereiche Geschichte der internationalen Beziehungen, Neue Diplomatiegeschichte und Historische Friedensforschung auf. So werden ‚klassische' Themenbereiche (Amnestie, Neutralität, Sicherheit und Toleranz) durch neue Zugriffsweisen und Fragestellungen um wichtige Perspektiven erweitert (*Ralf-Peter Fuchs*, *Axel Gotthard*, *Christoph Kampmann/Horst Carl*, *Ulrich Niggemann*). Dies hängt zweifellos mit den erwähnten generellen Veränderungen innerhalb der jüngeren Geschichtswissenschaft zusammen, wie z. B. der sogenannten ‚Kulturgeschichte des Politischen', deren Ansätze in der internationalen Forschung intensiv rezipiert wurden und innovative Impulse gesetzt haben. Aber auch substanzielle Erweiterungen der Quellengrundlage – verwiesen sei beispielshalber auf das Fortschreiten der umfangreichen historisch-kritischen Edition der Akten zum Westfälischen Friedenskongress (*Acta Pacis Westphalicae*) und auf die Online-Publikation *Europäische Friedensverträge der Vormoderne* – haben maßgeblichen Anteil an den deutlichen Erkenntnisgewinnen der letzten Jahre.

Gleichzeitig wird erkennbar, in welch hohem Maße die gegenwärtige Historische Friedensforschung durch gänzlich neue Paradigmen, Fragestellungen und Erkenntnisinteressen geprägt ist, welche die Diplomatie- und Politikgeschichtsschreibung älteren Stils und deren Fokussierung auf die staatlichen Protagonisten inzwischen weit hinter sich gelassen haben. Stellvertretend hervorgehoben sei in diesem Kontext Hillard von Thiessens Charakterisierung der „Diplomatie vom *type ancien*", mit der er eine programmatische Abkehr von etatistischen Engführungen vollzogen und – in bewusster Abkehr von dem traditionellen Begriff Außen*politik* – die Erforschung der Geschichte der Außen*beziehungen* postuliert hat. Die in dieser Sektion thematisierten Praktiken körperlichen *und* sprachlichen Handelns (*Maria-Elisabeth Brunert/Lena Oetzel*, *Guido Braun*), die dynamischen Aushandlungsprozesse und kommunikativen Strukturen sowie nicht zuletzt die geschilderten Wechselwirkungen von normativen Leitvorstellungen einerseits und politisch-diplomatischer Praxis andererseits lassen die ‚Kunst des Friedenschließens' (*l'art de la paix*) auf Grundlage der erwähnten Neuentwicklungen in einem neuen Licht erscheinen, das sehr viel stärker den Erfordernissen eines Disziplinen übergreifenden, integrativen Verständnisses moderner Historischer Friedensforschung gerecht wird als die auf die Haupt- und Staatsaktionen fixierte ältere Historiographie.

Auffällig ist im Hinblick auf die Untersuchungsgegenstände dieser Sektion ferner, dass gerade der Friedenskongress von Münster und Osnabrück (1643–1649) und der Westfälische Frieden (1648) oftmals Referenzcharakter hatten und in vielerlei Hinsicht feste Bezugsgrößen darstellten. Es gibt wohl kaum einen anderen Friedenskongress bzw. Friedensschluss, der die Komplexität, Prozesshaftigkeit und Praktiken frühneuzeitlicher Friedensstiftung und -wahrung so gut zu verdeutlichen vermag, wie „das größte Friedenswerk der Neuzeit" (Johannes Burkhardt). Auch auf die vor allem durch die *Acta Pacis Westphalicae* gegebene außergewöhnlich gute Forschungs- und Quellenlage ist in diesem Zusammenhang noch einmal ausdrücklich hinzuweisen. Die dort edierten, inzwischen in großen Teilen auch digital verfügbaren Akten (*APW digital*) ermöglichen es, Friedensstiftungsprozesse zum Teil bis in den konkreten Alltag der Akteure hinein nachzuvollziehen.

Darüber hinaus werden anhand der Sektionsbeiträge die Potenziale sichtbar, welche die Historische Friedensforschung in diachroner Perspektive bietet. Es ist kein Zufall, dass gerade der 400. Jahrestag des Ausbruchs des Dreißigjährigen Krieges Anlass für kontrovers geführte Diskussionen war, ob und inwiefern das 17. Jahrhundert eine Analysefolie für die Konfliktlagen der Gegenwart, insbesondere im Mittleren Osten, sein kann. Dies betrifft in ganz augenfälliger Weise die hier behandelten Leitbegriffe Amnestie, Neutralität, Sicherheit und Toleranz, die zweifellos von höchster Gegenwartsrelevanz sind, aber auch die in den Beiträgen beschriebenen Praktiken und Verfahrenstechniken, wie z. B. das bewährte Instrument der Mediation.

Insofern bietet die Historische Friedensforschung zwar keine Werkzeuge und Handlungsanweisungen, die unmittelbar für die Beendigung der Konflikte des 21. Jahrhunderts nutzbar wären. Sie erlaubt es aber, Einsichten genereller Natur über die Bedingungen und Verläufe von Friedensstiftungsprozessen zu gewinnen, was im Idealfall zu einem erhöhten historischen Wissensbestand beitragen und eine gegenwartsbezogene Orientierungsfunktion zur Folge haben kann. Ferner leistet sie, wie die vorliegenden Kapitel zeigen, einen Beitrag zu der grundlegenden Frage, mit welchen Praktiken der frühneuzeitliche Mensch versuchte, die unterschiedlichen Herausforderungen (politischer, konfessioneller, wirtschaftlicher oder auch gesellschaftlicher Art) zu bewältigen, die sich ihm in den Kontexten von Frieden und Krieg nahezu permanent stellten. Dies gilt nicht nur für die technisch-instrumentelle Seite von Friedensfindungsprozessen, sondern auch für die mentalen Bewältigungsstrategien und Dispositionen der Akteure und betroffenen Bevölkerung, die jedoch noch weitergehender als bislang erforscht werden müssen.

Insgesamt gesehen verdeutlicht diese Sektion sehr eindringlich, dass die insbesondere seit den 1970er Jahren vehement in den Vordergrund getretene Frontstellung zwischen Diplomatie- und Politikgeschichte einerseits sowie Sozial- und Gesellschaftsgeschichte andererseits, die treffend mit dem Bild eines „Dialogs der

Taubstummen" (Wilfried Loth) charakterisiert wurde, gerade unter dem Eindruck des Vordringens von neuen Fragestellungen und spezifischen Erkenntnisinteressen der jüngsten Forschung als obsolet bezeichnet werden kann.

Sektion IV: Friedenskultur – Medien und Vermittlung

Ebenso wie der Krieg bedurfte auch der Friedensschluss einer Begründung, Erklärung und Vermittlung in die Öffentlichkeit, die über den reinen Vertragstext hinausgingen. Die hierzu herangezogenen Medien und eingeschlagenen Vermittlungswege – Friedensfeiern und materielle Objekte, künstlerisches Schaffen und musikalische Performanz, Verkündigung, Deutung und Traditionsbildung in Predigt und Literatur – stellen Eckpfeiler einer umfassenden Friedenskultur dar, die den politischen, sozialen und religiösen Frieden zelebrierte, propagierte, erinnerte und festigte. Allen Realisationsformen der frühneuzeitlichen Friedenskultur kam eine wichtige, Werte vermittelnde und wertorientierende, ja sogar, je nach Kontext, eine legitimierende, handlungsleitende und normative Funktion zu. Ein Blick auf die Friedenskultur der Frühen Neuzeit macht deutlich, welch hohen Stellenwert man Friedensprozessen nicht nur in Politik und Diplomatie, sondern auch in der Alltagskultur beimaß, welche Deutungsnarrative man mit Friedensdarstellungen verband, welche Visionen und Sehnsüchte sich mit Vorstellungen eines ewigen Friedens verbanden und welche religiös-ethischen Appelle sich aus dem lange ersehnten Frieden herleiteten. Dazu konnte man auf einen reichen Fundus an Traditionen und Topoi aus jüdisch-christlicher sowie klassisch-antiker Überlieferung zurückgreifen.

Zentral in der Friedenskultur der Frühen Neuzeit waren Feiern und Feste aus Anlass eines geschlossenen Friedens (vgl. *Renger de Bruin/Alexander Jordan*). Sie waren sowohl außenpolitisch – als öffentliche Positionierung in der erreichten Balance der Kräfte –, wie auch innenpolitisch – als Selbstinszenierung der jeweiligen Machthaber – von hoher Bedeutung. Als öffentliche Verkündigung des Friedens, als Ausdruck von Freude und Dankbarkeit mischten sich in ihnen weltliche und religiöse Komponenten, die eine untrennbare Einheit eingingen. Wesentliche Bestandteile aller Friedensfeiern waren Dankgottesdienste, die menschlich verschuldetes Unglück und göttlich gewährten Frieden thematisierten. Medaillen, Gravuren, Druckgraphiken und Malereien verkündeten den Frieden mit darstellerischen Mitteln und hielten Verhandlungsabläufe in einer Momentaufnahme fest. Zusammen mit einer eigens aus Anlass des Friedens realisierten Architektur bzw. entsprechenden Bauwerken entwickelten sie sich darüber hinaus zu Medien einer effektiven Erinnerungskultur anlässlich von Jubiläen und Gedenkveranstaltungen. Volksfeste, Bankette und Feuerwerke vermittelten den Friedensschluss wirksam in alle Schichten der Gesellschaft.

Hinter all dem stand eine komplexe Dynamik des Friedenschließens und der Friedenssicherung, die sich in dem räumlichen Arrangement von Friedensverhandlungen, dem Umgang mit den Friedensverträgen als materiellen Objekten und der

Herstellung von Friedenssouvenirs als Konsumgüter nachverfolgen lässt (*Harriet Rudolph*). Letzteres steht in engem Zusammenhang mit Friedensfesten und der sich an sie anlagernden Memoria. Objekte und ihr Gebrauch entwickelten aber auch jenseits der Festkultur eine hohe Aussagekraft. In der Diplomatie ging es darum, die völkerrechtliche Gleichheit zu signalisieren, oder aber die Ranggleichheit der Verhandlungspartner – raumbezogen – in Szene zu setzen, selbst wenn diese de facto nicht unbedingt von beiden Seiten akzeptiert wurde. Der objektbezogene Umgang mit Friedensverträgen, der sich in ritualisierten Praktiken des Verlesens, Bindens, Signierens und Siegelns ausdrückte, verlieh den dort niedergelegten Inhalten in sichtbarer sowie erlebbarer Weise Autorität, bestärkte den Geltungsanspruch der Dokumente und vermittelte Sicherheit. Souvenirs und Konsumgüter, wie Gedenkmedaillen, Broschen, Pokale u. v. a. m., hielten den Frieden auch langfristig in allen sozialen Schichten präsent. Die materielle Kultur diente der Herstellung von Konsens und Vertrauen, war aber zugleich so deutungsoffen, dass fortbestehende Unvereinbarkeiten oder Konflikte überspielt bzw. kaschiert werden konnten.

Um Friedensvorstellungen etablieren und Friedensprozesse legitimieren zu können, rekurrierte man auf einen Verständnishorizont, der auf allgemein verbreiteten Vorstellungen, Normen und Werten aufbaute. Dieser Verständnishorizont fußte auf einer Friedenssymbolik, die auf biblische Traditionen sowie auf Topoi der klassischen und der christlichen Antike zurückgriff und eine lange Lebensdauer entfaltete. Bis ins ausgehende 18. Jahrhundert blieb diese Friedenssymbolik lebendig und fand in wechselnden Kontexten Anwendung (*Eva Krems*). Sie bestand aus bildkünstlerischen Topoi, Personifikationen, Allegorien und mythologischen Darstellungen aller Art. Prominent waren z. B. die Vorstellung vom friedlichen Urzustand der Menschen, dem ‚Goldenen Zeitalter', ebenso wie die eschatologische Vision Jesajas vom Frieden unter allen Tieren, oder der im Psalter beschriebene Kuss von *Iustitia* und *Pax* sowie das Bild von den Frieden symbolisierenden, geschlossenen Türen des Janustempels. In konkreten Friedenskontexten konnten solche Topoi als künstlerisch in Szene gesetzte Friedenskonzepte herangezogen werden, um politische Leitvorstellungen bzw. politisches Handeln zu legitimieren.

Auch in musikalischen Formen fanden Vorstellungen des Friedens Gestalt (*Sabine Ehrmann-Herfort*). Die Gattungsvielfalt war nahezu unbegrenzt: Friedensmusik begegnete in Kantaten, Serenaden, Oratorien, Opern und reinen Instrumentalkompositionen. Lieder und das Entstehen von Liedsammlungen sowie das häusliche Musizieren belegen, wie weit auch das individuelle Leben von musikalischer Friedensperformanz durchdrungen war. Friedensszenarien fanden sowohl in die geistliche als auch in die weltliche Musik der Frühen Neuzeit auf vielfältige Weise Eingang, wobei auch hier wieder die Interferenz mit der Festkultur deutlich hervortritt. So wurde eine Friedensfeier nicht nur musikalisch in Szene gesetzt, sondern die hier integrierte Musik diente zugleich der Vermittlung und Akzeptanz von Friedensschlüssen. Geistlicher Lobpreis und die Umsetzung aktueller politischer Konstellationen konnten dabei eine Symbiose eingehen. Auch zur Darstellung einer neuen, friedensbestimmten Identität spielte Musik eine zentrale Rolle. Sie war Ausdruck von Friedenssehnsucht und Friedensfreude; sie feierte und besiegelte den Abschluss von Friedensverträgen. Zu diesem Zweck wurden nicht nur die typischen und europaweit verstandenen Topoi, Symbole und Allegorien eingesetzt, sondern – parallel dazu – auch besondere Instrumentierungen, Tonarten oder Taktarten, um den Frieden zu repräsentieren.

Neben der darstellenden Kunst und der Musik setzte auch die Friedenspredigt die aus Antike und Christentum stammenden Topoi, Symbole und Allegorien ein. Friedenspredigten etablierten sich vor allem im 17. Jahrhundert, vornehmlich als Teil der im Rahmen von Friedensfeiern gehaltenen Dankgottesdienste (*Henning P. Jürgens*). Als überwiegend protestantische Gattung – katholische und jüdische Predigten traten in ihrer Häufigkeit dahinter zurück – war sie seit dem Ende des Dreißigjährigen Kriegs wichtiger Bestandteil der Friedenskultur. Der Friedenspredigt lagen keine liturgisch festgelegten Predigttexte zugrunde. Vielmehr konnten sich die Prediger auf den gesamten Fundus biblischer Verse und Perikopen stützen, die geläufige, traditionelle Bildsprache verwenden und diese weiterentwickeln. Oft begannen Friedensfeste auf obrigkeitliche Anordnung mit Gottesdiensten, so dass Friedenspredigten – in Kombination mit Friedensliedern – geradezu allgegenwärtig waren: am Hof und im Volk, auf Kongressen und bei Parlamentssitzungen. In gedruckter Fassung erreichten sie nicht nur die Anwesenden, sondern auch ein überregionales Lesepublikum. Inhaltlich zeigten sie eine große Variationsbreite: von Lobpreis bis hin zu Erinnerungen an das im Krieg leidvoll Erlebte, kombiniert mit den für evangelische Predigten typischen Komponenten wie Lehre und Trost, katechetische Unterweisung und ethische Ermahnung sowie durchaus auch Obrigkeitskritik. Standard war die Vorstellung, dass der Krieg als Strafe Gottes für menschliche Schuld und der Frieden als unverdiente Gnade und göttliches Geschenk anzusehen seien. Als Ausdruck von Freude und Dank, als ethischer Appell und als Spiegelung gesellschaftlicher Zustände übten die Predigten eine große Wirkung aus.

Die gesamte Friedenskultur der Frühen Neuzeit fand Fundierung und Überhöhung zugleich in der Literatur (*Klaus Garber*). Wichtig dafür war das Erbe der klassischen, griechisch-römischen Antike, deren Friedenstopoi die Literatur durch alle Epochen hindurch präsent hielt. Sie wurden ergänzt und bereichert vor allem durch jüdisch-christliche Motive. Der Fundus der aus diesen Traditionen stammenden Friedensvisionen diente die gesamte Frühe Neuzeit hindurch als ein Thesaurus, aus dem man in vielfältiger und variantenreicher Weise schöpfen konnte. Die Motive des ‚Goldenen Zeitalters' für einen umfassenden, Mensch und Natur integrierenden Frieden, des paradiesischen Friedens, der Wolf und Lamm miteinander versöhnt, sowie jenes Friedens der befriedeten, bukolischen oder arkadischen Welt – all diese Motive konnten in der Literatur miteinander kombiniert, verschmolzen, variiert und weiterentwickelt werden, oft verbunden mit der Klage über den Krieg und der Hoffnung auf das Kommen Christi als Friedensfürst. Erst mit dem Übergang ins 18. Jahrhundert und der aufklärerisch inspirierten Physiko-Theologie rückte die Natur als Leitmotiv in den

Friedensdiskurs ein, bald abgelöst durch die Motivik revolutionärer Strömungen, aus denen bzw. an deren Rändern sich die Gedanken von Liebe und Achtung der Menschenwürde als Komponenten des Friedens etablierten.

Der Frieden in der Frühen Neuzeit ging weit über die politisch-diplomatische Dimension hinaus. In einer umfassenden Friedenskultur wurde er legitimiert und verkündet, in seiner jeweiligen Besonderheit gefeiert, Orientierung gebend vermittelt und als Utopie immer wieder in Erinnerung gerufen.

Sektion V: Frühneuzeitliche Friedensschlüsse

In den vorangegangenen Sektionen wurden frühneuzeitliche Friedenskonzepte, verschiedene Gattungen von Friedensabkommen, friedensstiftende Praktiken sowie das Feiern und das Erinnern des Friedens untersucht. In diesem letzten Abschnitt wird nun eine Reihe spezifischer Friedensverträge vorgestellt, die Beispiele für die insgesamt über 2.000 Friedensabkommen darstellen, die in Europa oder von Europäern in der Frühen Neuzeit geschlossen wurden. Es handelt sich um eine Auswahl wirkmächtiger Friedensschlüsse, die schon von Zeitgenossen als besonders bedeutend angesehen wurden. Einige dieser Verträge stellen Präzedenzfälle dar, deren Regeln weithin befolgt wurden und auf die man sich in späteren Verträgen bezog (,Referenzfrieden'). Manche spielten zudem eine wichtige Rolle in der Geschichtsschreibung und wurden in nationalen oder europäischen Narrativen verankert – manchmal auch in solchen, die moderne Gelehrte als verzerrt oder sogar mythisch ablehnen.

Zusammengenommen beschreiben die hier untersuchten Friedensschlüsse die thematische Breite der frühneuzeitlichen Friedensstiftung. Sie weisen auf die spezifischen Bedarfe der europäischen Gesellschaften und die Entwicklung der europäischen Gemeinwesen hin. Auch spiegeln sie die signifikanten Auswirkungen reformatorischer Ideen auf die europäische Gesellschaft und Politik seit dem späten 15. Jahrhundert wider und zeigen die Instrumente auf, mit denen religiöse Konflikte bewältigt werden sollten. Zudem dokumentieren sie die Entwicklung dessen, was möglicherweise als erstes europäisches Staatensystem bezeichnet werden könnte. Nicht zuletzt zeigen sie, wie die frühneuzeitliche Friedensstiftung den Grundstein sowohl für die Entwicklung der modernen Verfassungen der europäischen Staaten des 19. und 20. Jahrhunderts als auch für deren Beziehungen untereinander legte.

Natürlich blieben die traditionellen Zielsetzungen mittelalterlicher Politik bis in die Frühe Neuzeit hinein bestehen. Der Wunsch nach innerem Frieden und nach Sicherheit hatte zahlreiche innerstaatliche Friedensabkommen oder Landfrieden hervorgebracht. Diese wurden im späten 15. Jahrhundert ehrgeiziger und ihre Aushandlungen waren oft mit breiteren Debatten über Reformen und die Beziehungen zwischen Herrschern und Ständen verbunden. Dies wird in der Sektion durch den Ewigen Landfrieden von 1495 im Heiligen Römischen Reich (*Hendrik Baumbach*) veranschaulicht, der eine lange Reihe zeitlich begrenzter mittelalterlicher Vereinbarungen fortsetzte, das Reich nun aber in verfassungsrechtlicher Hinsicht auf einen neuen Kurs setzte, indem er nach ewiger Gültigkeit strebte.

In mehreren Artikeln werden die Auswirkungen religiöser Reformationsbewegungen auf die innerstaatlichen Friedensordnungen, auf die traditionellen Vorstellungen vom inneren Frieden (,Landfrieden') und neue Arten des Umgangs mit diesen erörtert. *Alexandra Schäfer-Griebel* präsentiert den ersten Friedensschluss dieser Art, den Religionsfrieden von Kutná Hora. Dieser wurde im März 1485 durch den böhmischen Landtag geschlossen, um den jahrzehntelangen Konflikt zwischen utraquistischen Hussiten und den Anhängern der römischen Kirche zu lösen. Beide Seiten einigten sich darauf, die Beschlüsse des Konzils von Basel anzuerkennen. Die utraquistische Position und der Glaube der römischen Kirche wurden vor dem Gesetz für gleich erklärt. Die Vereinbarung sollte ursprünglich einunddreißig Jahre lang gültig sein; 1512 wurde sie auf ewig erneuert.

Die Vereinbarung über religiöse Pluralität und über den Schutz der damit verbundenen jeweiligen Rechte erwies sich als bahnbrechend und vorbildlich. Diese Prinzipien waren auch der Schlüssel zum Ersten und Zweiten Kappeler Landfrieden von 1529 bzw. 1531 (*Andreas Zecherle*), die den religiösen Konflikt zwischen den Schweizer Kantonen lösten. In noch größerem Maßstab waren die Prinzipien religiöser Pluralität für die Befriedung des gesamten Heiligen Römischen Reiches im Rahmen des Augsburger Religionsfriedens von 1555 (*Armin Kohnle*) grundlegend. Die religiöse Frage spielte auch anderswo eine Rolle, häufig durch die Verschärfung bestehender Spannungen in politischen Fragen. Religiöse Konflikte drohten bisweilen die Politik in einen Bürgerkrieg zu stürzen. In unterschiedlicher Weise war dies in Polen (*Christopher Voigt-Goy*), Frankreich (*Mark Greengrass*) und Siebenbürgen (*Mihály Balázs*) der Fall. Stets jedoch war das Ergebnis ein Frieden, der auf der rechtlichen Anerkennung von zwei oder mehreren Konfessionen oder Glaubensrichtungen beruhte. Wie die französischen und siebenbürgischen Beispiele zeigen, führte eine politisch motivierte Vereinbarung jedoch nicht unbedingt zu religiöser Toleranz. Die Zugeständnisse, die gemacht wurden, waren mitunter widerwillig, gleichsam *faute de mieux*; und sie wurden von Anfang an teilweise von Herrschern untergraben, die entschlossen waren, ihr eigenes Bekenntnis zu begünstigen.

Zwei weitere Friedensverträge dieser Zeit stehen für das weitreichende Thema des Machtkampfes im Europa des 16. Jahrhunderts und der Verteidigung gegen die Osmanen. Der Vertrag von Cateau-Cambrésis 1559 (*Rainer Babel*) beendete die lange Reihe italienischer Kriege (1494–1559), in denen Frankreich gegen Spanien um die Kontrolle über die italienische Halbinsel kämpfte. Auch schloss der Vertrag einen Nebenkrieg zwischen Frankreich und England mit ein. Er besiegelte die Hegemonie der spanischen Habsburger in Italien für die nächsten anderthalb Jahrhunderte. 1606 bildete der Frieden von Zsitvatorok den vorläufigen Abschluss des langen Kampfes der österreichischen Habsburger um die Verteidigung ihrer Gebiete und eines Großteils Europas gegen das Osmanische Reich (*Arno Strohmeyer*). Die Feindseligkeiten wurden zwar nach Ablauf der Vertragslaufzeit wieder aufgenommen, jedoch stellte Zsitvatorok ein Modell für die späteren Friedensverträge von Karlowitz (1699), Passarowitz (1718), Belgrad (1739) und Sistova (1791) dar.

Der Westfälische Frieden (*Siegrid Westphal*) gilt zu Recht als das vielleicht wichtigste Friedensabkommen der Frühen Neuzeit. Es enthält Elemente aller bisher genannten Verträge. Einerseits wurde im Vertrag von Osnabrück ein neuer rechtlicher und verfassungsmäßiger Rahmen für das Heilige Römische Reich formuliert: Der Ewige Landfrieden von 1495 wurde erneuert. Die religiösen Rechte für Anhänger dreier Konfessionen (katholisch, lutherisch und reformiert) wurden garantiert. Das Kräfteverhältnis zwischen Kaiser und Reichsständen wurde austariert und bestätigt. Es war vorgesehen, Konflikte auf allen Ebenen zu lösen. Bemerkenswerterweise sicherte dieses neue Fundamentalgesetz, das die teils mittelalterlichen Verfassungsgrundsätze neu fixierte, den Frieden des Reiches bis zu seinem Untergang im Jahr 1806. Andererseits wurden mit dem Westfälischen Frieden auch die Konflikte zwischen Frankreich, Schweden und dem Heiligen Römischen Reich gelöst. Zudem wurde im Frieden von Münster, der auf demselben Kongress ausgehandelt wurde, Frieden zwischen den Niederlanden und Spanien geschlossen. Ein Jahrzehnt später folgte ein Friedensvertrag zwischen Frankreich und Spanien, der Pyrenäenvertrag.

Es wird oft behauptet, dass mit dem Ende des Dreißigjährigen Krieges im Jahr 1648 ein ‚Westfälisches System' geschaffen worden sei, in dem souveräne Staaten in einem neuen europäischen Rahmen zwischenstaatlicher Beziehungen interagierten. Dies galt sicherlich nicht für die Territorien des Heiligen Römischen Reiches, denn sie waren nicht souverän, sondern unterlagen den Gesetzen des Reiches und der Autorität des Kaisers als oberstem Richter und Haupt des Reiches.

Es fällt überdies schwer, die Idee eines ‚Westfälischen' Systems für Europa als Ganzes zu akzeptieren. Die verschiedenen Staaten mögen souverän gewesen sein, aber ihre Beziehungen zueinander waren alles andere als stabil. Der Konflikt zwischen Frankreich und den Habsburgern weitete sich auf England und die Niederlande in einem langwierigen Kampf aus, der erst 1714 durch den Frieden von Utrecht endgültig gelöst wurde (*Klaas van Gelder*). Inzwischen war auch Nordeuropa in einen Konflikt geraten. Dieser gipfelte im Großen Nordischen Krieg 1700–1721, der durch die Verträge von Frederiksborg (1720), Stockholm (1719 und 1720) und Nystad (1721) befriedet wurde (*Dorothée Goetze*). Fast alle nordeuropäischen Mächte waren irgendwann daran beteiligt, ebenso Russland (zum ersten Mal in einem europäischen Konflikt) und das Osmanische Reich. Ab 1740 kam es dann über mehrere Jahrzehnte immer wieder zu Spannungen zwischen Brandenburg-Preußen und Österreich. Auf ihrem Höhepunkt wurden diese Konfrontationen Teil des Siebenjährigen Krieges (1756–1763), der von Marian Füssel als der erste echte Weltkrieg beschrieben wurde, da er sowohl in Nordamerika als auch in Europa ausgetragen wurde und fast alle großen europäischen Mächte einbezog. Die Verträge, die diese Konflikte unterbrachen bzw. beschlossen und die in diesem Band von *Regina Dauser* untersucht werden, haben kein System neu kalibriert. Sie spiegelten den Rivalen vielmehr wider, dass sie ihre militärischen Fähigkeiten erschöpft hatten.

Die Friedensprozesse der Zeit nach der Französischen Revolution, die schließlich 1815 mit dem Wiener Kongress gipfelten, waren Ausdruck sowohl von Kontinuität als auch von Wandel (*Reinhard Stauber*). Nicht mehr aufgenommen wurden individuelle konfessionelle Rechte, obwohl derlei Bestimmungen in der Verfassung des Deutschen Bundes, die in der Wiener Schlussakte von 1815 enthalten ist, erneut vorkommen. In den 1790er Jahren tauchten zudem neue Vertragselemente in Bezug auf natürliche Grenzverläufe, nationale Selbstbestimmung oder die Verurteilung des Sklavenhandels auf. Die Veränderungen dieser Zeit betrafen jedoch größtenteils Entschädigungsforderungen für verloren gegangene Gebiete oder verbrauchte Ressourcen. Das vielleicht wichtigste Merkmal der Wiener Schlussakte war das Bestreben, eine neue Ordnung in Europa zu schaffen.

Die 1815 erzielten Vereinbarungen wurden und werden noch immer häufig unter dem Oberbegriff der ‚Restauration' subsumiert. Der Friedensschluss beförderte in der Tat eine Rationalisierung und moderate Reorganisation der von Napoleon eingeleiteten Veränderungen. Die in der Frühen Neuzeit entwickelten Traditionen und Praktiken der Friedensstiftung hielten bis in die Neuzeit an, aber dort stießen sie auf neue Realitäten und ein neues konzeptionelles Vokabular. Wie Jacob Burckhardt einige Jahrzehnte später bemerkte, war der Frieden von 1815 ebenso eine Revolution wie die Ereignisse von 1789.

Introduction

Historical research into peace, or historical peace studies as the emerging field is known, aims to investigate the preconditions and limitations for the creation of peace and the changing cultural constructions of peace. This includes topics such as ideas of peace, peace projects, state and non-state peace initiatives, peace treaties and conditions of peace, as well as factors which have inhibited peace in the past.

Most of the research in this field has so far been devoted to the nineteenth and twentieth centuries; the early modern period has been neglected by comparison. Scholars who have tackled early modern topics have generally either engaged in political and diplomatic analyses of the main peace treaties from a domestic or international point of view or pursued studies in intellectual history which have investigated humanist-irenic and utopian ideas of peace or representations of peace.

Several key developments in the understanding of peace in early modern Europe justify the creation of this handbook. These are:
- The Reformation and the wars which resulted from the emergence of several Christian confessions, which necessitated religious peace agreements.
- The linkage of the confessional conflicts with both internal problems in the various European countries and the struggle for hegemony in Europe more broadly.
- The search for new ideas, concepts, and models with which to restore domestic and inter-state peace on a durable basis.
- The export of European ideas of peace and practices of peacemaking to other parts of the world in the process of European expansion and the transcultural exchange processes occasioned by that.
- The development of a specific culture of peace which served to articulate the values, visions and interpretative patterns associated with peace.

The Handbook does not proceed from a single overarching theoretical framework, but assumes that the notion of peace, like all other historical concepts, is a cultural construct which was constantly linked with new meanings in different historical contexts. Our aim is therefore to explore the specific early modern meanings of peace and to make the existing scholarship on this subject accessible to a wider audience.

The geographical focus of the volume is Europe, especially the Holy Roman Empire of the German Nation (1495–1806), which leading European jurists saw as a central guarantee for a peaceful Europe. After 1648 many commentators saw the imperial constitution and the Peace of Westphalia (specifically, the Treaty of Osnabrück), which became a fundamental law of the empire, as a model for the establishment of peaceful relations between the European powers. Chapters devoted to the extra-European world will illuminate the political and economic entanglements that accompanied the early modern expansion of Europe. They will also explore the export of European ideas of peace and the conflicts and misunderstandings which their transfer occasioned.

The fifty-one chapters are organised in five sections. The first section is devoted to the fundamental ideas of peace that were characteristic of the early modern period. The second section deals with early modern peace orders, considered from an internal, inter-state and extra-European perspective. The third section analyses practices of peace and peace processes. The fourth section turns to the early modern culture of peace, with its various media and narratives. The volume concludes with a series of chapters devoted to major peace treaties of the early modern period.

Inevitably, not all aspects of the subject of peace in early modern Europe could be included. The editors have, however, focused on what they believe to be the main themes and have assembled a team of acknowledged experts to deal with them.

Section I: Ideas and Concepts of Peace

The handbook opens with a section devoted to ideas and concepts of peace, since in all periods the knowledge of what peace was formed the basis for perceptions and interpretations of the actions of others, as it did for one's own actions. What was meant by peace at different times and in different contexts and cultures was the outcome of multiple processes in which numerous actors with varying backgrounds and interests participated. On the one hand any overview of ideas of peace reveals the idiosyncratic tension between the historically-conditioned nature of notions of peace and their aspiration to universal, immutable validity. On the other hand, the variety of ways in which peace can be conceptualised and articulated enables us to see the constant discursive adaptation and intent of notions of peace and to investigate their recourse to 'authorities' in the context of processes of social and political construction.

The concept of peace was and is a frame of reference for the very varied ways in which human beings have viewed their place in the world and defined their relationship to this world and its inhabitants. This understanding of the world could include both the natural and the supernatural, and could mean anything from the divine peace placed at man's disposal to the individual's peace of mind or the relationship of human beings with nature and the world of animals and plants, or indeed political peace, as it did in the thinking of Augustine of Hippo (354–430). Alternatively, it could also mean the clearly defined relationship between two or more communities, which regulated the relations between them by treaty, as in the *Pax Romana*.

Both forms of peace should not be regarded as disparate levels, for they were in their essence and evolution always imagined with reference to one another. This becomes particularly clear if one views ideas and visions of peace not so much from the perspective of intellectual history but as a system of knowledge. Many studies in the sociology of knowledge have drawn attention to the interplay between those habitual modes of perception and interpretation which human beings experience during their primary socialisation, and the changes and adaptations of these habitual patterns through knowledge gained by experience, and the way that human beings draw upon and update elements of that knowledge that are relevant to their need to make sense of their lives. Recent studies have combined methods drawn from the sociology of knowledge, praxeology, and discourse analysis, all of which share the belief that social and individual knowledge in order to understand practice, actions and interaction.

In all human societies, 'peace' is one of the central symbolic systems of meaning which enable humans to cope with the world and its contingence. Fundamentally, all concepts of peace not only address the question of how humans shape their relationship with the world, nature, and their fellow human beings, but also the question of what role force plays (should or is permitted to play) in that. If the everyday understanding of peace generally started with scenarios of universal harmony, this was generally only the ultimate objective of the establishment of peace. Much more space was devoted in the relevant literature to the relationship between peace and violence or force. What forms of force are legitimate or illegitimate? How can one prevent illegitimate forms of force from destroying peace and with it the stability which enables human beings to live with contingency?

The relationship between peace and force is prominent in the chapters in this section and it underlines the significance of the early modern period for the development of ideas and visions of peace in Europe. For peace was only ever one, albeit central, meaning-giving system of signs that was always in competition with others that were centred on force and violence.

Hermann Kamp examines the ancient and medieval foundations and core development of ideas of peace to show that theological concepts offered ethical guidelines for individual behaviour which also contained political models of peace in the form of ethical guidelines for the peaceful behaviour of rulers. At the same time, however, and particularly in periods in which there were no overarching political structures, ideas of peace also competed with norm systems that permitted violent action in the service of redefining one's place in the world or the negotiation of the respective places in the world of two or more actors. In the high and late Middle Ages one can see clearly how on the one hand theological notions of peace provided the basis for the common system of knowledge but how on the other hand the means of solving actual problems were perceived to lie in the formulation of legal norms, as seen in the gradual establishment of legal forms in the increasingly widespread initiatives to implement a divine or territorial peace.

Volker Leppin shows just how much such peace processes were tied up with questions of power and conflict. He locates the origins of numerous peace plans of the Renaissance, such as those of Marsilius of Padua and Dante, in the political power struggles of Italy. *Friedrich Beiderbeck* illuminates the impact of key processes of the early modern era, such as the development of the rule of law or 'juridification' and state formation, on the elaboration of notions of peace and the associated techniques of peacemaking. He demonstrates how power-political conflicts within polities and between the various European powers were made more difficult and indeed more dynamic by the development of another fundamental process: the emergence of confessions. Even though the political and legal techniques and instruments for the creation and maintenance of peace rapidly became specialised and independent, they did not wholly lose their link with the higher theological frame of reference with its ethical dimension. They were above all evident to differing extents in the media and general discourse of peace and they served primarily as an implicit framework of what was unspoken and taken for granted.

The selection of individual elements from the wide range of knowledge about peace is also characteristic of the genre of utopian writing. In this form of experimental thinking, too, we find very different forms of points of emphasis and perspectives on the problem of peace and force in ideal societies and visions of future political orders, as *Thomas Schölderle* explains.

Beginning in the Enlightenment, there was an increasing tendency to think about peace in relation to temporal, worldly order. This gathered ground against the backdrop of the numerous major military conflicts of the period. It took its cue from the developing legal systems and it also gained impetus from the development of contract theory, as *Thomas Schölderle* demonstrates in his second contribution. The growing significance of legal regulations as instruments for the negotiation of the position of actors in the world becomes particularly apparent here, while ethical concerns relating to individual behaviour ceased to play much of a role. Increasingly, this was now regarded as a private matter for the individual. *Friedrich Dhondt* places this distinctively early modern emphasis on law as an instrument of peacemaking, especially at the level of relations between states, in its legal and intellectual context.

Every selection of articles for a handbook is to some extent arbitrary and what is markedly absent here is any broad comparison with developments in Europe with ideas and visions of peace in non-European cultures. A partial exception is *Murari Kumar Jha*'s chapter on the knowledge and practices of peace (and violence) of the Moghul Empire on the Indian subcontinent.

Together, the chapters in this section invite us to move beyond the common distinction made between abstract and supposedly unrealisable ideas of peace and concrete and applied practices of peace. It suggests the need to combine cultures of knowledge not only with their articulation in texts and expression through art but also with the practices of peacemaking and peacekeeping. Only by recognising their interactions can one understand ideas, images, and practices as social and political constructs which allow us to place the struggle for peace in historical context.

Section II: Peace Orders

The second section deals with peace orders or systems at various levels and with the institutions, rules, and procedures that were designed to create and maintain such orders. The concept of a peace order always has a normative aspiration which is related to the central question of which kind of peace is to be secured by which kind of order. The aim is always to ensure the durability and stability of a given order, which must be accepted by all relevant parties and secured by mechanisms designed to prevent breaches of the peace by any single party.

As Immanuel Kant suggested, the creation of peace begins within societies, then continues between states, and leads ultimately to the formation of a global community.

The example of the Holy Roman Empire of the German Nation illustrates the specifically early modern path from internal pacification to an overarching peace order. The idea of creating peace by means of the law was central. The efforts to create an internal peace, which was threatened by the proliferation of feuds in the Middle Ages, led at the end of the fifteenth century to political reform and constitutional change. This created institutions that were designed to secure and preserve the internal peace of the empire (*Landfrieden*) as the basis for the imperial system in perpetuity. *Duncan Hardy* shows just how central this idea was both in the territories and the empire more broadly. He examines the discussions of the term *Landfrieden* between the thirteenth and the eighteenth centuries and shows how the idea of such a domestic peace became one of the fundamental legitimating principles of the empire at several different levels.

The key point was that violent self-help and feuds would be replaced by the pursuit of claims through legal channels. In contrast to other European countries, in which domestic peace regimes (*Gottesfrieden* or *Landfrieden*) were introduced in specific regions for limited periods of time, the emperor and the imperial estates sought to establish a permanent peace. At the Diet of Worms in 1495 they agreed a 'perpetual, that is open-ended' peace, to be overseen by the Imperial Chamber Court (*Reichskammergericht*). Following the emergence of the Imperial Aulic Court as the empire's second high court during the sixteenth century, both courts ensured that the rule of law prevailed. *Anette Baumann* discusses the different paths taken by other European countries in the creation of legal appeal systems.

The Diet of Worms also established the Diet or *Reichstag* itself as the central institution responsible for executing decisions concerning breaches of the peace in the empire and as forum of communication between the emperor and the imperial estates; legislation and decisions were promulgated in the name of *Kaiser und Reich*. This initiated a comprehensive set of laws designed to combat legal uncertainty and to secure the domestic peace. These included police or public order ordinances and the attempts to compile a single criminal code (the *Constitutio Criminalis Carolina*). Emperor Charles V commissioned a comprehensive police ordinance in 1521 which was promulgated by the Diet in 1530, despite the growing confessional divide by then. The imperial police ordinance was agreed between emperor and imperial estates and was intended to serve as a normative framework for legislation in the territories. The ordinances introduced in the territories were similarly agreed at territorial diets between princes and estates and the police ordinances in the imperial cities also reflected the provisions made for the empire centrally. *Karl Härter*'s chapter shows how such legislation helped maintain the peace and what peacekeeping mechanisms were developed in the process.

Alongside the notion of domestic peace (*Landfrieden*) other peace orders existed which applied either to a specific space or group of people or estate. As *Uwe Tresp* shows, the upper nobility made frequent use of inheritance pacts (*Erbeinungen*). These peace agreements were mainly formulated in the fifteenth and sixteenth centuries between dynasties for the purposes of mutual support, protection from aggression by third parties, and the promotion of good neighbourly relations. They often specified various forms of mediation or arbitration in the event of disputes and they remained valid even after the promulgation of the Perpetual Peace in 1495.

In the Middle Ages there was a whole range of spaces that were protected by special peace agreements because of their particular social importance or their special vulnerability. *Masaki Taguchi* enumerates these various spaces of peace and focuses particularly on the 'castle peace' (*Burgfrieden*) which became a treaty recognised in imperial law in the sixteenth century, in which noble families regulated their use of property which they held in common. The idea of the domestic peace of the family (*Hausfrieden*), analysed here by *Inken Schmidt-Voges*, denotes a specific space that needed to be protected against aggression by third parties. Protection was also combined with an ethical principle that developed ever more strongly in the early modern period as a result of the Reformation and confessionalisation process. It ultimately became a social norm because the family, as the smallest unit of the state, increasingly attracted the interest of the secular authorities.

Religious peace agreements were particularly significant; they were a novel feature in the early modern period, the product of the new phenomenon of confessional pluralisation, and they aimed to secure peace between the Christian confessions until the reunification of Christendom might be possible. The key point was that such peace agreements did not serve to resolve the question of religious truth but rather to create a legal framework which would enable different confessions to coexist within the same polity. *Irene Dingel* describes the very different contractual forms and diverse areas of legislation that extended the domestic peace (*Landfrieden*) in the Holy Roman Empire and in Europe to facilitate the coexistence of different confessions, which led ultimately to religious toleration.

The close relationship between domestic peace orders and inter-state peace agreements is demonstrated in the Thirty Years War, which started as a regional conflict and became a European war in which different power-political and religious factors were closely linked. *Derek Croxton* examines the specific dynamics of the war and the repeated attempts to restore peace. Truces played a significant role, since they were time-limited peace agreements which might lead to an enduring peace. Truces were a frequent feature of the conflicts generated by the increasing confessional pluralisation of Europe in the sixteenth century. As *Gabriele Haug-Moritz* shows, they provided a respite which enabled parties to explore paths to peace. This device originated in the Middle Ages but declined in significance after the seventeenth century.

The question of peace between states in theory and in practice was, as *Anuschka Tischer* demonstrates, linked with the development of the state system itself and with the experience of the numerous wars of the early modern period. An international order gradually developed and the relations between European states came to be governed increasingly by diplomacy and international law. There were repeated efforts to create a European peace order. In the sixteenth and seventeenth centuries the main objective was to establish hierarchies of power or to prevent the hegemony of a single dynasty. In the early eighteenth century the idea of the balance of power emerged, which implied that peace was to be maintained by the political equilibrium in Europe. *Martin Espenhorst* analyses these new European peace treaties, which were generally signed by two or three parties or their plenipotentiaries or envoys. They were formally recorded with the explicit aim of restoring peace after a war or to preserve a peace which was clearly threatened. To achieve this, early modern European peace treaties contained a mass of rules and regulations that conformed to precise formal criteria. Typically, the distinctive structure of paragraphs, topoi such as amnesties or the restoration of friendship, and specific points such as laments about the brutality of war or references to the specific role played by mediators appeared repeatedly.

Finally, three scholars examine peace treaties between European rulers and non-European rulers or indigenous peoples, where the nature of a peace treaty depended on the different framework within which it was concluded. *Benjamin Steiner* examines the peace agreements with the Ottoman Empire and various African rulers in the Mediterranean. Like Steiner, *Peter Borschberg*, who examines peace treaties between European and East Asian rulers, emphasises that one must relinquish the European perspective on law and the definition of a peace treaty and take alternative views of peacemaking into consideration. It seems that treaties of this kind were not just peace treaties in the European mould. Agreements with non-European rulers often combined issues of peace with commercial matters, as well as agreements about the distribution of territory; some of these aspects were not even recorded in writing but confirmed by special rituals. This was also a feature of the agreements reached between the colonial powers and the indigenous population of North America, as *Katherine Hermes* explains. While the indigenous peoples attempted to assert their own notions of right and diplomacy and to achieve fraternal relations with the colonialists, the Europeans insisted on written agreements which aimed at creating a hierarchical-patriarchal system in which the indigenous peoples were dependent on the colonial powers. This was perhaps the main cause of the growing resistance of the indigenous people to European rule and the regional conflicts which resulted.

Section III: Peacemaking and Peace Processes

This section considers numerous actors in and techniques of peacemaking and early modern thinking concerning how to make and secure peace. The basic assumption is that making peace is a process, which, following the example of the new diplomatic history, is also understood as a specific socio-cultural practice.

The central issue of peacemaking practices has attracted a great deal of attention in early modern research in recent years. This is also true for the sub-disciplines of diplomatic history and the history of international relations, in which praxeological approaches have become increasingly important, though there is no consensus about definitions, theoretical frameworks, or methodology. Indeed, the field of historical praxeology is characterised by openness and plurality regarding approaches and the range of possible interpretations.

In view of this disparate research landscape it cannot be the task of this introduction to attempt a new definition. In what follows, the understanding of 'practices' will therefore be broad and not necessarily synonymous with 'action' or 'acting'. Following Dagmar Freist, 'practices' are understood as supra-subjective patterns of behaviour or everyday routines whose execution progressively draws on, affirms, and sometimes modifies collective patterns of knowledge and interpretation. Such an approach allows us to relate an actor-centered focus (*Volker Arnke*) which examines the routine deeds and words of those who are involved in peacemaking and peacekeeping processes to the key notions of order and the principles that shape their actions and patterns of behaviour.

On the one hand this section examines a selection of themes that have long been the subject of historical research. This includes the many early modern peace congresses (*Johannes Burkhardt/Benjamin Durst*) or mediation and arbitration (*Michael Rohrschneider*). On the other hand, the section includes fields which have only recently become important in the context of the cultural turn, such as symbolic communication and early modern ceremonial (*Niels F. May*).

These chapters demonstrate clearly what has been gained from the fruitful interaction of the fields of international relations, the new diplomatic history, and historical peace studies. Analyses of topics which might be regarded as 'classical' areas of research, such as amnesty, neutrality, security, and toleration, are enriched by new approaches and new questions (*Ralf-Peter Fuchs, Axel Gotthard, Christoph Kampmann/Horst Carl, Ulrich Niggemann*). This research has undoubtedly benefitted from the new perspectives of the cultural history of politics but in recent years it has also profited from a substantial broadening of the material available: for example, the extensive historical-critical edition of the papers relating to the Westphalian peace congress (the *Acta Pacis Westphalicae*) and the online edition of *Europäische Friedensverträge der Vormoderne* (Premodern European Peace Treaties).

At the same time, recent historical research is characterised by a preoccupation with new paradigms, research questions, and research interests and it has increasingly left behind the old diplomatic and political history with its focus on state protagonists. In this context one might think about Hillard von Thiessen's characterisation of the 'old-style diplomacy' (*type ancien*), with which he wanted to effect a programmatic turn away from a narrow focus on the state and to move away from a preoccupation with foreign *policy* to write the history of foreign *relations*. The practices of physical and linguistic action that are explored in this section (*Maria-Elisabeth Brunert/ Lena Oetzel, Guido Braun*), the dynamic process of negotiation and the communicative structures, as well as the interplay between normative ideas and political-diplomatic practice, place the 'art of making peace' (*l'art de la paix*) in a new light, which is closer to the new approach of historical peace studies than to the study of great men and events with which the older historiography was preoccupied.

It is also striking that the peace conferences of Münster and Osnabrück (1643–1649) and the Peace of Westphalia form such frequent points of reference in this section. There is probably no other peace congress or peace treaty which illustrates the complexity of early modern peacemaking and peacekeeping than this 'greatest peace treaty of the modern era' (Johannes Burkhardt). The availability of plentiful sources in the *Acta Pacis Westphalicae* has already been mentioned. This edition, much of it now also available online (*APW digital*), allows scholars to examine the peacemaking process in considerable detail, sometimes even to follow the day-to-day activities of those involved.

The chapters in this section also demonstrate the diachronic potential of historical research into peace. It is no accident that the fourth centenary of the outbreak of the Thirty Years War occasioned lively debate about the extent to which the seventeenth century could offer an analytical framework for the conflicts of the present, especially those in the Middle East. The key notions of amnesty, neutrality, security, and toleration that are discussed in this section were particularly relevant in this debate, as were the practices or modes of procedure analysed in the various chapters, particularly the tried and tested instrument of mediation.

Historical peace studies cannot offer any blueprints for the resolution of the conflicts of the early twenty-first century. They do, however, yield insights of a general nature into the preconditions for and course of peace processes, which enhances our fund of historical knowledge and might therefore influence the present. Furthermore, the chapters provide answers to the fundamental question of how early modern Europeans attempted to cope with the various challenges (political, confessional, economic, or social) which accompanied both war and peace. This was true not only of the technical-instrumental dimension of peacemaking processes, but also of the mental coping mechanisms and attitudes of the actors and the population generally. More research is needed, especially on these popular attitudes.

Overall, this section highlights that the confrontation since the 1970s of diplomatic and political history on the one hand and social and societal history on the other, which Wilfried Loth has described as a 'dialogue of the deaf', has been rendered redundant by the emergence of new research questions and agendas.

Section IV: Peace Cultures – Media and Communication

Like war, a peace treaty too needed to be justified, explained, and conveyed to the public in terms that went beyond the simple treaty text. The media used for this and the channels of communication – peace celebrations and material objects, artistic production and musical performance, proclamation, interpretation, and the creation of traditions in sermons and literature – were the cornerstones of a comprehensive peace culture which celebrated, propagated, commemorated, and consolidated political, social, and religious peace. All the manifestations of early modern peace cultures had the function of conveying values; depending on the context, they could also have a legitimating purpose; they could provide guidelines for behaviour or set norms. Examining the early modern peace culture makes clear the significance attached to peace processes not only in politics and diplomacy but also in popular culture. It reveals which narratives were associated with representations of peace, what visions and aspirations were attached to notions of a perpetual peace, and what religious and ethical lessons were drawn from the long yearned-for state of peace. In all of this, contemporaries could draw upon a rich fund of topoi from both the ancient classical and the Judaeo-Christian traditions.

The celebration of a peace concluded played a central role in the peace culture of early modern Europe (*Renger de Bruin/Alexander Jordan*). Celebrations were of great importance both externally as a marker of a state's position in the new status quo and internally as the self-presentation of a ruler or regime. The public announcement of peace and expressions of pleasure and gratitude combined both secular and religious elements. Services of thanksgiving, which emphasised that humans were responsible for misfortune and that peace was a gift bestowed by God, were a key element in all celebrations of peace. Medals engravings, prints, and paintings proclaimed peace visually and offered snapshots of the peace negotiations. In addition to architectural celebrations of peace in the form of buildings, these images fed into a culture of memory associated with anniversaries and commemorations. Popular festivities, dinners, and firework displays ensured that all levels of society were informed about a peace.

Behind all this lay a complex dynamic of peacemaking and peacekeeping that is also evident in the spatial organisation of peace negotiations, the treatment of peace treaties themselves as material objects, and the production of peace souvenirs as consumer goods (*Harriet Rudolph*). The latter were closely related to the function of peace festivities in the cultivation of a memorial culture. Objects and their use continued radiating far outside the confines of a peace celebration. In the diplomatic sphere it was important to signal the equality of negotiating parties in international law or to perform their equality of rank in spatial terms, even if this was not in fact formally accepted by both sides. Treating peace treaties as objects in the ritualised practice of reading out loud, signing, binding, and sealing aimed to endow them with greater authority, reinforce their validity, and create security. Souvenirs and consumer goods such as commemorative medals, broaches, cups, and many more, could keep a peace in the minds of all groups in society for a long time. The material culture of peace could forge consensus and confidence, but it could also be interpreted so loosely that continuing disagreements or conflicts could be downplayed or even concealed.

In order to gain acceptance for ideas for peace and to legitimate peace processes, people constantly appealed to a frame of reference based on general ideas, norms, and values. This was founded on a symbolism of peace which drew on biblical traditions and on the topoi of classical and Christian antiquity. This symbolism survived until the late eighteenth century and was employed in different contexts (*Eva Krems*). It comprised pictorial topoi, personifications, allegories, and mythological representations of all kinds. Prominent among them were the idea that human beings originally lived in a state of peace, the 'golden age', Isaiah's eschatological vision of eternal peace, the kiss of justice and peace described in the psalter, and the image of the locked doors of the Temple of Janus (the Gates of Janus) which symbolised peace. In specific contexts, such topoi could be employed as artistic symbols which served to legitimise political principles or political actions.

Ideas and images of peace are also found in musical form (*Sabine Ehrmann-Herfort*). There were numerous genres of peace music: cantatas, serenades, oratorios, operas, as well as purely instrumental compositions. Songs and the compilation of collections of songs, as well as the performance of music in the domestic context, testify to how much the lives of individuals were suffused with the musical performance of peace. Peace scenarios appeared in novel ways in both the secular and religious music of the early modern period and the overlap with the celebrations of peace is evident here. Music not only set the scene for a peace celebration; it also served to broadcast and promote the acceptance of peace treaties. Clerical praise and the realisation of current political objectives thus dovetailed. Music also played a central role in the representation of a new identity which reflected peace. Music expressed both a yearning for peace and joy at its arrival; it celebrated and sealed the conclusion of peace treaties. To this end, composers not only employed the topoi, symbols and allegories of peace that were understood throughout Europe but also used distinctive instrumentations, keys, and tempi to represent peace.

Alongside art and music, sermons also drew on the repertoire of topoi, symbols and allegories of peace. So-called peace sermons became an established genre in the seventeenth century and were frequently delivered in the church services which accompanied peace celebrations (*Henning P. Jürgens*). As a predominantly Protestant genre – Catholic and Jewish peace sermons were far less frequent – they became an important feature of the culture of peace after the Thirty Years War. There was no set liturgical formula for the peace sermon. Preachers could draw on the entire corpus of biblical verses and pericopes und employ the familiar, traditional pictorial language and develop it further. Authorities often decreed that peace celebrations should begin with church services so that peace sermons, along with peace songs or hymns, were ubiquitous: at court and among the people, at peace conferences and in sessions of parliaments. In printed form, they reached out beyond those who actually heard them being delivered to a superregional reading public. Their content differed widely: from praise to reminders of the suffering experienced in war, combined with the typical components of Protestant sermons, such as teaching and comfort, catechetical instruction and ethical admonition, and sometimes criticism of rulers as well. Common to most sermons was the idea that war should be viewed as God's punishment for human sin and that peace was an undeserved gift by the grace of God. The sermons had a great impact as expressions of joy and thanks, as ethical appeals, and as reflections of the state of society.

The whole peace culture of the early modern period was underpinned and intensified in literature (*Klaus Garber*). Here too the topoi of peace and war that were the legacy of classical, Greco-Roman antiquity were important. These themes were complemented and enriched by Judaeo-Christian motifs. The visions of peace carried forward by these traditions formed a thesaurus on which one could draw in many creative ways for the entire early modern period. Key ideas were the 'golden age' of peace that would reconcile human beings and nature, the paradisal peace that would see wolves make peace with lambs, as well as the image of the peaceful bucolic or arcadian world. All could be combined, fused, varied, and developed further in literature, and often enhanced by laments about war and the hope for the return of Christ as the prince of peace. In the early eighteenth century with the development of early Enlightenment physico-theology, nature became a leitmotif of the peace discourse, soon to be replaced by the themes of the revolutionary movements in which the ideas of love and respect for the dignity of man became established as attributes of peace.

Peace in the early modern period far transcended the political-diplomatic realm. In an all-encompassing culture, peace was legitimised, celebrated in its particularity at any given time, interpreted to provide orientation for the present, and ceaselessly invoked as a utopia.

Section V: Early Modern Peace Treaties

The previous sections have explored early modern concepts of peace, the various forms of peace agreements, peacemaking practices, and the celebration and memorialisation of peace. This final section examines a range of specific peace treaties. They stand as examples of over 2,000 peace agreements formulated in Europe or by Europeans in the early modern period. They have been chosen because they are regarded as landmarks. Contemporaries often viewed them as particularly important. Some set precedents that were widely followed. Some also played an important role in historiography. They became enshrined in traditions of national or European historical writing, sometimes in narratives that modern revisionist scholars have rejected as distorted or even mythical.

Collectively, the treaties examined here also delineate the broad history of early modern peacemaking. They indicate the distinctive concerns of early modern European society and the development of the European state. They reflect the immense impact of ideas of religious reform on society and politics from the late fifteenth century and the ways in which religious conflict was managed. They document the development of what might be called the first European state system. They show how, cumulatively, early modern peacemaking laid the foundations both for the modern constitutional development of European states and for relations between those states in the nineteenth and twentieth centuries.

Of course, the traditional concerns of medieval polities persisted into the early modern period. The desire for domestic peace and for security had generated numerous domestic peace agreements or *Landfrieden*. These became more ambitious in the late fifteenth century and their negotiation was often linked with wider debates over reform and the relations between rulers and estates. This is illustrated here by the Perpetual Peace of 1495 in the Holy Roman Empire (*Hendrik Baumbach*), which continued a long series of time-limited medieval agreements but now set the empire on a new course in legal and constitutional terms by aspiring to perpetual validity.

Several chapters consider the impact of religious reform movements on domestic peace orders, their implications for traditional notions of domestic peace (*Landfrieden*), and new ways of dealing with them. *Alexandra Schäfer-Griebel* discusses the first ever such new-style peace, the religious peace of Kutná Hora. This was concluded in March 1485 by the Bohemian diet to resolve the decades-long conflict between the Utraquist Hussites and the Roman Catholics. Both sides agreed to respect the conclusions of the Council of Basle. The Utraquist and the Catholic faiths were declared equal before the law. The agreement was to be valid for thirty-one years; in 1512 it was renewed in perpetuity.

The agreement to disagree and to protect the legal rights of all proved groundbreaking and exemplary. These principles were key to the first and second Peace of Kappel 1529 and 1531 (*Andreas Zecherle*) which resolved the religious conflict amongst the Swiss Cantons. On a much larger scale, the same principles were instrumental in bringing about the pacification of the Holy Roman Empire in the Peace of Augsburg 1555 (*Armin Kohnle*). The religious issue also played a role elsewhere, often by intensifying existing tensions over political issues; religious conflict sometimes threatened to plunge polities into ruinous civil war. In different ways this was the case in Poland (*Christopher Voigt-Goy*), France (*Mark Greengrass*), and Transylvania (*Mihály Balázs*). In each instance, however, the outcome was a peace which rested on the recognition of the right to worship of two or more confessions. As the French and Transylvanian examples demonstrate, however, a politically motivated agreement did not necessarily lead to religious toleration. The concessions that were made were grudging and faute de mieux; and they were partially undermined from the outset by rulers determined to favour their own confession.

Two other peace treaties of this time illustrate the larger theme of the struggle for power in sixteenth-century Europe and its defence against the Ottomans. The Treaty of Cateau-Cambrécis 1559 (*Rainer Babel*) ended the long series of Italian wars (1494–1559) in which France fought Spain for control over the Italian peninsula, with a subsidiary war fought between France and England, which was also included in the treaty. The treaty sealed the hegemony of the Spanish Habsburgs in Italy for the next one and a half centuries. In 1606 the Peace of Zsitvatorok, analysed by *Arno Strohmeyer*, marked the provisional conclusion of the long struggle of the Austrian Habsburgs to defend their territories, and much of Europe, from the Ottoman Empire. Hostilities resumed when the treaty expired but it formed a model for the later Ottoman treaties of Karlowitz (1699), Passarowitz (1718), Belgrade (1739), and Sistova (1791).

The Peace of Westphalia (*Siegrid Westphal*) is rightly regarded as perhaps the most important early modern peace agreement. It incorporated elements of all the peace agreements mentioned so far. On the one hand, in the Treaty of Osnabrück, it formulated a new legal and constitutional framework for the Holy Roman Empire. It renewed the Perpetual Peace of 1495. The religious rights of members of three recognised confessions (Catholic, Lutheran, and Reformed) were guaranteed. The balance of power between emperor and estates was confirmed. Provision was made for the resolution of conflicts at every level. Remarkably, this new fundamental law, which repackaged the constitutional principles that had been developed in the empire since at least the fourteenth century, secured the peace of the empire until its demise in 1806. On the other hand, the Peace of Münster resolved the conflict between the Netherlands and Spain. A peace treaty between France and Spain, the Treaty of the Pyrenees, followed a decade later.

It is often claimed that the conclusion of the Thirty Years War in 1648 saw the creation of a 'Westphalian system' in which sovereign states interacted in a new European framework of inter-state relations. That certainly was not true of the lands of the Holy Roman Empire, for they were not sovereign but subject to the laws of the empire and the authority of the emperor as the empire's supreme judge and overlord.

It is also difficult to accept the idea of a Westphalian system for Europe as a whole. The various states may have been sovereign but their relations with each other were anything but stable. The conflict between France and the Habsburgs widened to include England and the Netherlands in a protracted struggle that was only finally resolved by the Peace of Utrecht in 1714 (*Klaas van Gelder*). Meanwhile, the north of Europe was also plunged into conflict. This culminated in the Great Northern War 1700–21, which was concluded by the treaties of Frederiksborg (1720), Stockholm (1719 and 1720), and Nystad (1721). As *Dorothée Goetze* explains, almost all the northern powers were involved at some stage, as well as Russia (for the first time in a European conflict) and the Ottoman empire. Then, from 1740, tensions between Brandenburg-Prussia and Austria flared up repeatedly over several decades. At their height, these confrontations became part of the Seven Years War (1756–63) which has been described as the first truly world war, since it was fought in North America as well as in Europe and involved almost all the major European powers in one way or another. The treaties that punctuated and concluded those conflicts, surveyed in this volume by *Regina Dauser*, did not recalibrate any system; they simply reflected the realisation at various stages of bitter rivals that they had exhausted their military capabilities.

The peace treaties of the period following the French Revolution, finally, culminating in the Congress of Vienna in 1813–15, represented both continuity and change (*Reinhard Stauber*). Gone were the references to individual (confessional) rights that figured in the treaties of the period before 1714 (though such provisions appeared again in the articles of the German Confederation created by the ninth act of the Congress of Vienna in 1815). New elements now appeared in the 1790s in the form of notions of natural frontiers and national self-determination, or the condemnation of the slave trade in 1815. For the most part, though, the upheavals of the period required numerous compensations for territories lost or resources expended in pursuit of the wars. Perhaps the most significant feature of the final peace agreement in Vienna was the aspiration to establish a new order in Europe.

The arrangements made in 1815 were, and are, still often referred to as a restoration. The peace in fact faced the future with a rationalisation and modest reorganisation of the changes wrought by Napoleon. The traditions and practices of peacemaking developed during the early modern period endured into the modern era, but there they met with new realities and a new conceptual vocabulary. As Jacob Burckhardt commented some decades later, the settlement of 1815 was as much a revolution as the events of 1789 had been.

Sektion I: **Friedensbegriffe und -ideen**
Visions and Ideas of Peace

Hermann Kamp
1. Antike und mittelalterliche Grundlagen frühneuzeitlicher Friedensvorstellungen

Abstract: Ancient and Medieval Foundations of Early Modern Ideas of Peace
The first part of the article deals with the equation of peace and order, which originated with Augustus and was and redefined from a theological point of view by St Augustine, who understood peace with God as true peace, without devaluing earthly peace. Later thinkers also ultimately adopted this idea but devoted more attention to earthly peace and related it more closely to the common good. The second part examines the connection of peace with law and justice in the conviction that true peace could only result from striving for law and justice. The third part deals with the influence of friendship discourse on the ideas of peace as it is conveyed by in peace treaties. Also related to this is the idea that forbearance and the willingness to renounce previous legal positions are conducive to peace.

Wo heutzutage vom Frieden die Rede ist, geht es zuallererst um die Abwesenheit von Krieg zwischen Staaten oder die Beendigung von Bürgerkriegen. Der Begriff lässt aber auch an den inneren Frieden denken, der das politische Gemeinwesen und seine Bürger vor alltäglicher Gewalt schützen soll. Und mancher mag auch den Seelenfrieden im Sinn haben, der Harmonie und Glück verspricht. Ganz neu sind all diese Vorstellungen nicht. Der Friede mit den Nachbarn, mit anderen Stadtstaaten oder Königreichen galt schon in Antike und Mittelalter als ein wichtiges Gut. Die strafrechtlichen Tatbestände wie Landfriedens-[1] oder Hausfriedensbruch[2] haben ihre Vorläufer im mittelalterlichen beziehungsweise im römischen Recht. Und Seelenruhe wie Seelenfrieden waren den antiken Philosophen nicht minder als den mittelalterlichen Theologen die erstrebenswertesten Ziele, denen sich der Mensch verschreiben konnte.

Der Suche nach historischen Kontinuitäten und Verwandtschaften ist aber schnell eine Grenze gesetzt. Denn seit dem 15. und 16. Jahrhundert veränderten sich in Europa die Bedingungen, unter denen Frieden gedacht und gestiftet wurde. Die Entstehung von Staaten, die auf ihr Gewaltmonopol achteten, die Aufspaltung in verschiedene Konfessionen, die Entwicklung einer institutionell verankerten Diplomatie, die Ausbildung eines die zwischenstaatlichen Beziehungen normierenden Völkerrechtes[3], aber auch die allmähliche Lösung der politischen und philosophischen Reflektion von theologischen Vorgaben, all das trug dazu bei, das Verhältnis von inne-

---
1 Vgl. hierzu auch Kapitel 8.
2 Vgl. hierzu auch Kapitel 13.
3 Vgl. hierzu auch Kapitel 6.

rem und äußerem Frieden neu zu denken, ja sie überhaupt stärker voneinander abzugrenzen. Zugleich verlor der Frieden auf Erden weithin seinen Gottesbezug. Wer vom ewigen Frieden sprach, dachte nun zumeist an einen dauerhaften Frieden zwischen den Staaten. Man braucht hier nicht weiter ins Detail zu gehen, um zu erkennen, wie groß die Veränderungen waren, die an der Schwelle zur Frühen Neuzeit das Denken über den Frieden erfassten. Dabei spielten die zuvor in Europa vorherrschenden Vorstellungen eine Doppelrolle. Teils knüpfte man an sie an, teils aber kehrte man sich bewusst von ihnen ab.

Bezugspunkte gab es viele, doch kann man im Großen und Ganzen drei grundlegende Bedeutungsfelder erkennen, in denen sich das Denken über den Frieden im Mittelalter verdichtete und nachhaltige Wirkungen entfaltete.[4] So wurde der Frieden zum einen immer wieder mit Ideen von Ordnung und Ruhe identifiziert, zum Zweiten häufig mit Rechts- und Gerechtigkeitsvorstellungen verbunden und zum Dritten gern mit Freundschaft, Bündnis und Vertrag gleichgesetzt, was im Folgenden eingehender ausgeführt wird.

1. Ruhe und Ordnung

Dass Frieden etwas mit rechter Ordnung zu tun hatte, gab bereits die griechische Mythologie zu erkennen, als sie in Eirene, der Göttin des Friedens, ein Geschöpf erblickte, das Zeus mit Themis, der Göttin der Ordnung, gezeugt hatte. Dennoch erfreute sich Eirene im antiken Griechenland lange Zeit keiner großen Beliebtheit und auch das Gut des Friedens fristete ein bescheidenes Dasein unter den Gütern oder Werten, denen die Menschen nachstreben sollten.[5] Und dasselbe galt auch lange Zeit für das antike Rom. Hier wie dort verband man den Frieden hauptsächlich mit einem Abkommen, das den allgegenwärtigen Krieg mit den Nachbarn, zuweilen aber auch im Inneren mehr oder weniger dauerhaft beenden sollte.[6]

Es war Augustus (63 v. Chr.–14 n. Chr.), der zum ersten Mal den Frieden zu einem umfassenden politischen Konzept erhob. *Pax* meinte nun nicht mehr nur das von ihm selbst herbeigeführte Ende des Bürgerkriegs, sondern zugleich die dauerhafte Befriedung des römischen Imperiums im Inneren und an seinen Grenzen.[7] Während noch bei Cicero (106 v. Chr.–43 v. Chr.) oder bei Caesar (†44 v. Chr.) *pax* primär den zwi-

---

4 Vgl. allg. zu Begriffsgeschichte im Mittelalter *Wilhelm Janssen*, Art. „Friede", in: GGB 2 (1975), S. 543–591.
5 Vgl. *Dietmar Kienast*, Der Friedensgedanke in der griechischen Geschichte, in: Frieden in Geschichte und Gegenwart, hg. vom Historischen Seminar der Universität Düsseldorf, Düsseldorf 1985, S. 11–23, hier S. 12; *Peter Funke*, Von der Schwierigkeit, Frieden zu finden. Krieg und Frieden im antiken Griechenland, in: Achim Lichtenberger u. a. (Hg.), Eirene/Pax. Frieden in der Antike, Dresden 2018, S. 29.
6 Vgl. *Hannah Cornwell*, Pax and the Politics of Peace. Republic and Principate, Oxford 2017, S. 16–17.
7 Vgl. ebd., S. 17–18, S. 53.

schenstaatlichen Frieden meinte, wurde sie nun zum Synonym für die von Augustus geschaffene politische Ordnung und blieb als *pax romana* bis auf den heutigen Tag in Erinnerung.[8] Mit dieser Vorstellung verfestigte sich die schon in der späten Republik aufgekommene Vorstellung, dass Rom all seine Kriege nur zur Verteidigung gegen äußere und innere Bedrohungen und zur Wiederherstellung des Friedens führte.[9] Da die Befriedung stets durch Unterwerfung erfolgte, erwies sich der Frieden in concreto vor allem als Diktat- und Siegfrieden. Mit Augustus und seinen Nachfolgern, die in seine Fußstapfen traten, um sich zu legitimieren, erfuhr der Frieden als politisches Gut und Ziel eine bis dahin unbekannte Aufwertung und erschien nunmehr als Zustand der Ruhe (*tranquillitas, quies*) im Inneren des Imperiums.[10]

Der augusteische Friedensgedanke trug erheblich dazu bei, die Befriedung des eigenen Reiches als eine selbstverständliche Herrscheraufgabe hinzustellen, womit die Sorge für den Frieden zur unverzichtbaren Legitimationsressource für die Ausübung kaiserlicher Herrschaft wurde. Aber der römische Weltfrieden, den Augustus vorgab etabliert zu haben, wirkte auch ex negativo. Er eröffnete die Möglichkeit, ihn als Scheinfrieden zu stigmatisieren und ein neues bis in die Frühe Neuzeit hinein wirkendes Verständnis von Frieden zu entwickeln, das dessen Bedeutung für den Menschen und die menschliche Gemeinschaft ganz anders herleitete, aber die enge Verknüpfung von Frieden und Ordnung aufrechterhielt, ja noch verstärkte. Diesen Schritt vollzog zu Beginn des 5. Jahrhunderts Aurelius Augustinus (354–430), der Bischof des nordafrikanischen Hippo Regius, der dem römischen Weltreich den Friedenscharakter absprach, um die Christen von dem Vorwurf freizusprechen, für dessen Niedergang verantwortlich zu sein.[11]

Wie die meisten anderen antiken oder mittelalterlichen Autoren, die sich mit dem Phänomen des Friedens auseinandersetzten, widmete ihm auch Augustinus keine eigene Schrift. Aber in seinem Hauptwerk *De civitate dei* befasste er sich vor allem im neunzehnten Kapitel ausführlich mit dem Frieden. Grundlage seines Denkens war die Vorstellung, dass der wahre Frieden für den Menschen nur bei Gott zu finden ist. Diesem erst im Jenseits zu erlangenden Frieden stellt er den irdischen Frieden gegenüber, der stets unvollkommen bleibt und dennoch für die Menschen erstrebenswert ist, ja für die Christen selbst dann, wenn er von den Gottlosen stammt. Diesen Frieden nann-

---

8 Vgl. ebd., S. 195–200.
9 *Philip de Souza*, Parta victoriis pax: Roman Emperors as Peacemakers, in: ders./John France (Hg.), War and Peace in Ancient and Medieval History, Cambridge 2008, S. 76–106, hier S. 77.
10 Vgl. ebd., zusammenfassend S. 88, S. 96, S. 105–106.
11 Letztlich ist Augustinus der Überzeugung, dass jedwedes und somit auch das römische Imperium auf Gewalt und Unterdrückung beruht. Dementsprechend sieht er in Augustus auch den Totengräber der römischen Freiheit. Vgl. *Aurelius Augustinus*, De civitate dei libri XI–XXII, ed. Bernhard Dombart/Alphons Kalb (CCSL 48) 1955, III,30. Zur Auseinandersetzung Augustinus' mit dem römischen Reich vgl. auch *Uwe Neumann*, Augustinus, Hamburg 1998, S. 107–113. Grundlegend noch immer für viele Aspekte und das Nachleben der augustinischen Idee: *Harald Fuchs*, Augustin und der antike Friedensgedanke. Untersuchungen zum 19ten Buch der Civitas dei, Berlin/Zürich 1926 [ND 1965].

te er den babylonischen Frieden.¹² Die Verlegung des wahren Friedens ins Jenseits führte bei Augustinus umso weniger zu einer Abwertung der Bemühungen um einen irdischen Frieden, als für ihn jeder Mensch von Natur aus nach Frieden strebt.¹³ Generell sieht Augustinus im Frieden ein Ordnungsprinzip, das auf allen Ebenen der Natur und des Lebens wirkt. Alle Dinge bestehen aus Teilen, die nach Ordnung verlangen. Und diese Ordnung nennt er Frieden. Dementsprechend spricht er vom Frieden mit Blick auf die Welt der Körper, das Verhältnis von Leib und Seele oder von Mensch und Gott, aber auch in Hinsicht auf die verschiedenen Gemeinschaften, denen der Mensch angehört, von der Hausgemeinschaft über den weltlichen Staat bis zum Gottesstaat. Gedacht wird der Frieden dabei als ein Prinzip, das in dieser Ordnung angelegt ist und ihr ungestörtes Funktionieren meint, was wiederum mit der Ruhe der Ordnung gleichgesetzt wird.¹⁴

Was das für den in Gemeinschaft lebenden Menschen bedeutet, zeigt Augustinus sowohl an den Beziehungen zwischen dem Hausherrn und seiner Familie als auch an denen zwischen den Bürgern eines Gemeinwesens. In beiden Fällen versteht er den Frieden als geordnete Eintracht (*ordinata concordia*), die nach dem Prinzip von Befehl und Gehorsam gestaltet werden soll.¹⁵ Frieden ist damit von Anfang an mit der Ausübung von Herrschaft verknüpft. Wer sich gegen die gottgegebene Ordnung stellt und damit den Frieden stört, soll zur Verantwortung gezogen und bestraft werden. Allerdings wird die Herrschaft im Sinne des Friedens von vornherein moralisch gezähmt. So sollten sich der Familienvater und die Herrschenden im Gemeinwesen wie auch der Einzelne von Nächstenliebe und Gottesliebe und nicht von Selbstsucht und Herrschsucht leiten lassen, um den irdischen Frieden zu befördern.¹⁶ Der Frieden auf Erden erschien so als ein ethisches und weniger als politisches Problem. Für Augustinus war es die Unfähigkeit des Menschen, seine Leidenschaften zu bezwingen, die ihn niemals zu einem vollständigen, umfassenden und dauernden Frieden auf Erden kommen ließ.

Auch wenn Augustinus den Frieden zu einem kosmologischen Prinzip erhob, in dem der Frieden zwischen den Menschen auf Erden nur einen Aspekt unter mehreren darstellte, prägte er das Denken über den weltlichen Frieden in den nachfolgenden Jahrhunderten. Dabei offenbarten sich die Vorstellungen des Augustinus vor allem

---

12 Vgl. *Augustinus*, De civitate Dei XIX,26. Siehe dazu auch *Timo J. Weissenberg*, Die Friedenslehre des Augustinus. Theologische Grundlagen und ethische Entfaltung, Stuttgart 2005, S. 274–286, S. 296–298.
13 Vgl. hierzu und zum Folgenden *Augustinus*, De civitate dei XIX,12 und 13; und dazu *Johannes Brachtendorf*, Augustinus. Friedensethik und Friedenspolitik, in: Andreas Holzem (Hg.), Krieg und Christentum. Religiöse Gewalttheorien in der Kriegserfahrung des Westens, Paderborn u.a. 2009, S. 234–253, hier S. 234–237.
14 Vgl. *Augustinus*, De civitate dei XIX,13 (pax omnium rerum tranquillitas ordinis).
15 Vgl. ebd.
16 Vgl. ebd. XIX,14.

darin, Friedensstiftung als Wiederherstellung der gestörten Ordnung des Gemeinwesens zu begreifen und diesen Frieden auf die *concordia* zwischen den Mitgliedern eines Gemeinwesens zu beziehen. Damit einhergehend konnte man sich auch auf ihn berufen, um die Sorge für den Frieden auf Erden zur wichtigsten Aufgabe eines christlichen Herrschers zu deklarieren.

Allerdings kam es im Verlauf des Mittelalters zu einer Reihe von Umwertungen und Neuakzentuierungen. Schon unter Karl dem Großen (768–814) und seinen Nachfolgern wurden *pax* und *concordia* zu Herrschaftsmaximen, die die Befolgung des christlichen Liebes- und Friedensgebotes einforderten, zusehends aber auch als Plädoyer für die Einheit und den inneren Frieden sowohl des Reiches als auch der Kirche und mithin der Christenheit verstanden wurden.[17] Dabei verband sich dieses ‚Programm' mit der von Karl dem Großen proklamierten Aufgabe, aus den Untertanen gute Christen zu machen, und zielte nach augustinischem Verständnis darauf ab, im Frieden auf Erden den himmlischen Frieden widerscheinen zu lassen.[18] Obwohl der irdische Frieden hier eine Aufwertung erfuhr, bewegten sich die Friedensvorstellungen bis ins 11. Jahrhundert weithin in den beschriebenen augustinischen Bahnen. Eine Weiterentwicklung lässt sich erst im 12. Jahrhundert beobachten. Sie erscheint als Folge des Investiturstreites, der zu einer stärkeren Unterscheidung zwischen Temporalien, also den weltlichen Herrschaftsrechten und Aufgaben der Kirche, und den Spiritualien, sprich den geistlichen Befugnissen, führte. Und zugleich waren es die Papst-Kaiser-Auseinandersetzungen, die innerkirchliche Konflikte nach sich zogen und den Ruf nach Frieden in der Kirche lauter werden ließen.

Vor diesem Hintergrund verfasste Rufinus von Sorrent († nach 1179) zwischen 1174 und 1179 einen Traktat über das Gut des Friedens (*De bono pacis*).[19] Während er in einem ersten Teil in Anlehnung an Augustinus die verschiedenen Arten des Friedens vom inneren bis zum ewigen Frieden mit Gott erörterte, widmete er das zweite, doppelt so umfangreiche Buch dem Frieden unter den Menschen. Dabei unterscheidet Rufinus zwischen einer *pax Aegypti*, einer *pax Babyloniae* und einer *pax Jerusalem*[20] und trennt so den Scheinfrieden der Gottlosen und Sünder deutlich vom babylonischen Frieden ab, den er damit von den negativen Aspekten befreite, die ihm Augustinus zu-

---

17 Vgl. *Josef Semmler*, Eine Herrschaftsmaxime im Wandel: Pax und concordia im karolingischen Frankenreich, in: Frieden in Geschichte und Gegenwart, hg. vom Historischen Seminar der Universität Düsseldorf, Düsseldorf 1985, S. 24–33, S. 31.
18 Vgl. ebd., S. 31 und *Wilfried Hartmann*, Der Frieden im frühen Mittelalter. Zwei Studien, Barsbüttel 1992, S. 5, der auf Alkuin hinweist, der in einem Brief an Karl dessen Reich als *civitas perpetuae pacis* bezeichnet.
19 Vgl. *Rufinus von Sorrent*, De bono pacis, hg. und übers. von Roman Deutinger, Hannover 1997; und vor allem ebd., die Einleitung, S. 1–42, die insbesondere bezüglich der Identifizierung des Autors, der Darstellungsabsicht und Kontextualisierung viele ältere Thesen revidiert.
20 Vgl. *Klaus Arnold*, „De bono pacis" – Friedensvorstellung in Mittelalter und Renaissance, in: Jürgen Petersohn (Hg.), Überlieferung – Frömmigkeit – Bildung als Leitthemen der Geschichtsschreibung, Wiesbaden 1987, S. 133–154, S. 139–144.

geschrieben hatte.[21] Während er mit dem ägyptischen Frieden letztlich ein Unrechtsregime meint und mit dem Frieden Jerusalems die Eintracht der christlichen Gemeinschaft, die in der Befolgung des christlichen Friedensgebots eine Annäherung an den Frieden mit Gott sucht, erfüllt sich der babylonische Frieden für Rufinus vor allem in der Wahrung der von Gott gegebenen herrschenden politischen Ordnung. Dementsprechend müssen für ihn im Namen des Friedens auch Sünder, Verbrecher und Rebellen als Unruhestifter bekämpft werden.[22] Zugleich redet Rufinus auch dem äußeren Frieden oder genauer dem allgemeinen Frieden zwischen Reichen und Ländern, der *pax orbis*, das Wort und fordert, die Fremden und selbst die Ungläubigen in den Frieden einzubeziehen.[23]

Auch wenn Rufinus selbst kaum rezipiert wurde, so markierte er doch den Ausgangspunkt für ein Denken, das den Eigenwert des weltlichen Friedens zusehends betonte und dabei vor allem einen bewehrten inneren Frieden propagierte. Diese Entwicklung verstärkte sich im Zuge der Rezeption der Nikomachischen Ethik und der *Politeia* des Aristoteles (385 v.Chr.–323 v.Chr.) seit dem 13. Jahrhundert. Dieser hatte im Frieden die zentrale Aufgabe eines jeden politischen Gemeinwesens gesehen und ihn und die politische Ordnung damit schon in einen funktionalen Zusammenhang gerückt.[24] Diese Überlegungen prägten seit dem späten Mittelalter die Vorstellungen vom Frieden erheblich. Dazu beigetragen hatte in hohem Maße Thomas von Aquin (1225–1274). Trotz einiger Abweichungen im Detail sieht auch Thomas in seiner *Summa theologica* wie Augustinus den Frieden zunächst einmal als Ruhe in der Ordnung.[25] Darüber hinaus ging er aber, als er in seiner Schrift über die Fürstenherrschaft, auf Aristoteles rekurrierend, den weltlichen Frieden, als „das höchste Gut in der zu gemeinsamen Leben verbundenen Menge" mit der Idee des Gemeinwohls verband und die Aufgabe von Herrschaft vor allem darin erkannte, „die einigende Kraft des Friedens zu erhalten".[26] Zugleich rechtfertigte er die Monarchie als die beste aller Regierungen mit dem Argument, die Herrschaft eines Einzelnen diene immer mehr

---

21 Vgl. *Otto Gerhard Oexle*, Pax und Pactum. Rufinus von Sorrent und sein Traktat über den Frieden, in: Hagen Keller u.a. (Hg.), Italia et Germania. Liber amicorum Arnold Esch, Tübingen 2001, S. 539–555, S. 543.
22 Vgl. *Rufinus von Sorrent*, De bono pacis II,14, S. 134–135.
23 Vgl. ebd. II,11, S. 127–127, und c. 15, S. 134–137.
24 Vgl. *Friedo Ricken*, Krieg und Frieden in der griechischen Antike: Platon und Aristoteles, in: Ines-Jacqueline Werkner/Klaus Ebeling (Hg.), Handbuch Friedensethik, Wiesbaden 2017, S. 202–212, S. 211.
25 Vgl. *Thomas von Aquin*, Secunda secundae summae theologiae a quaestione 1 ad quaestionem 56, in: ders., Opera omnia iussu impensaque Leonis XIII P. M. edita, vol. 8, Rom 1895, II.II, q. 29, a 1–4.
26 Vgl. *Thomas von Aquin*, De regno ad regem Cypri, ed. Hyacinthe F. Dondaine, in: ders., Opera omnia iussu impensaque Leonis XIII P. M. edita, vol. 42, Rom 1979, S. 421–471, I,5; I,2; I,15; Übersetzung: Über die Herrschaft des Fürsten, übers. von Friedrich Schreyvogel, Stuttgart 1982, S. 20 und S. 11, und vgl. S. 58 f. Siehe dazu auch *Jürgen Miethke*, Politische Theorien im Mittelalter, in: Hans J. Lieber (Hg.), Politische Theorien von der Antike bis zur Gegenwart, Wiesbaden 2000, S. 47–156, S. 83–88.

dem Frieden als die Herrschaft von mehreren.²⁷ Die Verknüpfung des Friedens mit der Vorstellung von der ungestörten Ordnung des Gemeinwesens verfestigte sich in der Folge und erfuhr in der Zeit um 1300 eine zusätzliche Konkretisierung. Heimgesucht von heftigen internen Auseinandersetzungen kamen in den italienischen Stadtrepubliken zusehends Hoffnungen auf, der schon lange absente Kaiser als Oberhaupt der Christenheit könne Abhilfe schaffen.²⁸

Zu den prominentesten Vertretern dieser Richtung zählte der Dichter Dante Alighieri (1265–1321), der seine Überlegungen um 1317 in einem von der Lektüre des Aristoteles, aber auch Averroes' (1126–1198) geprägten Traktat über die Monarchie niederlegte.²⁹ Hier forderte er die Herrschaft eines Einzelnen, und zwar des römischen Kaisers, über alle Fürsten des Erdkreises zum Wohl aller. Nur so könne der Frieden zwischen den Menschen aufrechterhalten werden.³⁰ Zwar erblickte Dante im Frieden (*in quiete sive tranquillitate pacis*) nur ein Mittel, das es der menschlichen Gattung erlauben sollte, sich in ihrer Art zu vervollkommnen, sprich ihre geistigen Fähigkeiten zu entfalten.³¹ Nichtsdestotrotz sah auch er in der Herstellung des Friedens die vorrangige Aufgabe des Herrschers, der an der Spitze einer monarchischen, aus den verschiedenen christlichen Königreichen gebildeten Weltordnung für den allgemeinen Frieden (*pax universalis*) sorgen sollte.³² Der Friede, den Augustus einst etabliert hatte, wurde Dante wie für einige seiner Zeitgenossen wieder zum Vorbild.³³ Und zugleich hoffte er, wiewohl vergeblich, der damalige römisch-deutsche Kaiser Heinrich VII. (ca. 1274–1313) könne den Unfrieden in und zwischen den italienischen Städten beseitigen.³⁴

Ein ähnliches Denken findet sich auch bei Marsilius von Padua (ca. 1290–1342), der ein paar Jahre später einen Traktat mit dem Titel *Defensor pacis* verfasste, in dem er die weltlichen Herrschaftsansprüche des Papsttums (*plenitudo potestatis*) zurückwies, die er für den Unfrieden in der Welt verantwortlich machte.³⁵ Dagegen erhob er

---

27 Vgl. *Thomas*, De regno I,2; Übersetzung, S. 12.
28 Vgl. *Arnold*, De bono pacis, S. 147; und *Wolfgang Sellert*, Friedensprogramme und Friedenswahrung im Mittelalter, in: Gerhard Köbler (Hg.), Wege europäischer Rechtsgeschichte, Frankfurt a. M. u. a. 1987, S. 453–467, S. 457.
29 Vgl. *Dante Alighieri*, Monarchia. Lat.-Dt. Studienausgabe. Einleitung, Übersetzung und Kommentar von Ruedi Imbach und Christoph Flüeler, Stuttgart 1998.
30 Siehe *Dante*, Monarchia I,7,3; I,8,4; I,16,1–5, und dazu *Ernst Ludwig Grasmück*, Dante Alighieri: De monarchia. Zur politischen Idee vom Kaiser als Garanten des Friedens, in: Gerhard Beestermöller (Hg.), Friedensethik im Spätmittelalter. Theologie im Ringen um die gottgegebene Ordnung, Stuttgart 1999, S. 64–78, S. 71–72.
31 *Dante*, Monarchia I,4,1, 2 und 5.
32 Vgl. ebd. I,14,7.
33 Vgl. ebd. I,16,1.
34 Vgl. dazu *Grasmück*, Dante Alighieri, S. 64–78, S. 69–70, und *Ruedi Imbach*, Einleitung, in: Dante, Monarchia, S. 13–57, hier S. 24–25.
35 Vgl. Marsilius von Padua, Defensor pacis/ Der Verteidiger des Friedens. Lat.-Dt. aufgrund der Edition von Richard Scholz übersetzt, bearbeitet und kommentiert von Horst Kusch. Neu eingeleitet und

den Frieden zur notwendigen Voraussetzung für die Existenz einer jeden politischen Gemeinschaft, die nur im Frieden ihre gemeinschaftlichen Aufgaben und die Beziehungen der Bürger untereinander angemessen regeln und so ein befriedigendes Leben ermöglichen könne.[36] Die Sorge für den Frieden legte er allein in die Hände des weltlichen Herrschers, dessen primäre Aufgabe es sei, auf der Basis der von den Bürgern erlassenen Gesetze Frieden zu schaffen.[37] Obwohl dieser Frieden auch gegen äußere und innere Feinde gesichert werden sollte, blieb die Unterscheidung bei Marsilius ohne größere Bedeutung, da für ihn im Kern das Gemeinwesen auf der Ebene eines Königreiches oder einer Stadt (*tranquillitas civitatis aut regni*) befriedet werden soll.[38]

Zweifelsohne kann man mit Blick auf Dante und Marsilius von Padua von einer Säkularisierung der Friedensvorstellungen sprechen. Dennoch hängen beide der seit Augustinus in Umlauf befindlichen Vorstellung an, dass Frieden Ruhe meint, und zwar die Ruhe in der Ordnung, die am Ende des Mittelalters nicht mehr nur auf das Haus und die *civitas*, sondern auch auf das Dorf, die Stadt, das einzelne Königreich oder auf die universalen Mächte des Kaisertums und der Kirche bezogen werden konnte.[39] Dass diese Friedensvorstellungen aber nicht nur affirmativ wirkten, sondern auch die gerade herrschende Ordnung im Namen des Friedens infrage gestellt werden konnte, lag in erster Linie daran, dass der Frieden, ob nun in der Tradition des Augustinus oder des Aristoteles, nicht ohne Gerechtigkeit und die Herrschaft des Rechtes zu haben war.

2. Recht und Gerechtigkeit

Dass die gottgegebene Ordnung grundsätzlich gerecht ist, ergab sich für Augustinus aus dem Umstand, dass Gott selbst der Inbegriff der Gerechtigkeit ist, der einem jeden Menschen seinen angemessenen Platz in der Welt zuweist oder anders formuliert, ihm zukommen lässt, was er verdient.[40] Zwar ist für ihn diese Ordnung durch die Sündhaftigkeit des Menschen in Unordnung geraten, aber wenn der Mensch Christus nachfolgt, kann er, so Augustinus, die gerechte Ordnung und mithin den Frieden annäherungsweise wiederherstellen. Diese Annahme ermöglichte es ihm, mit Blick auf den

---

herausgegeben von Jürgen Miethke, Darmstadt 2017. Zur Biographie und zur politischen Philosophie des Marsilius vgl. *Miethke*, Politische Theorien, S. 47–156.
36 *Marsilius*, Defensor pacis I, 4,3–5 und I, 5,5 u. 7; und vgl. *Georg Wieland*, Politik und Religion. Das Friedenskonzept des Marsilius von Padua, in: Beestermöller (Hg.), Friedensethik, S. 79–94, hier S. 83.
37 Zusammenfassend *Marsilius*, Defensor pacis III,3.
38 Vgl. ebd. I,2,1–3.
39 So erscheint bei Marsilius die *tranquillitas* als die *bona dispocio civitatus seu regni* (Defensor pacis I,2,3), womit er der augustinischen Ordnungsvorstellung sehr nahekommt.
40 Vgl. *Augustinus*, De civitate dei XIX,4 (*iustitia, cuius munus est sua cuique tribuere*) und XIX,13, wo dieser Gedanke auf den himmlischen Frieden bezogen wird.

unvollkommenen zeitlichen Frieden zwischen einem wahren und einem falschen Frieden zu unterscheiden, zwischen dem Frieden der Gerechten oder Guten und demjenigen der Bösen, wobei der gerechte Friede derjenige ist, der den Beteiligten das lässt, was ihnen zusteht respektive den Geboten Gottes wie der Nächstenliebe entspricht.[41] Wo Herrschaft um ihrer selbst willen ausgeübt wird, wo Selbstsucht über Fürsorge für die Untergebenen steht, da erscheint der irdische Frieden für Augustinus depraviert.[42]

Die enge Verknüpfung von Frieden und Gerechtigkeit blieb das ganze Mittelalter bestimmend, auch wenn im Einzelnen Frieden und Gerechtigkeit anders aufeinander bezogen wurden und das Verständnis von Gerechtigkeit variierte.[43] Einem spirituellen Friedensbegriff folgend sah Hildegard von Bingen (1098–1179) in Christus den Friedensfürsten, der Friede und Gerechtigkeit in sich vereinigte.[44] Rufinus von Sorrent sprach von der natürlichen Gerechtigkeit (*aequitas*) und meinte damit den Zustand vor dem Sündenfall, als allen Menschen noch alle Güter zuteilwurden und das Gemeingut vorherrschte.[45] Der Gedanke, Frieden durch Umverteilung herzustellen, lag ihm indes fern. Die Gerechtigkeit, die zum Frieden führen sollte, war eine Angelegenheit des Herzens, das sich von Hab- und Besitzgier freimachen sollte.

Auch für Thomas von Aquin blieben Frieden und Gerechtigkeit eng miteinander verbunden. Es ist für ihn eine entscheidende Aufgabe des Herrschers, für das Gemeinwohl zu sorgen und dementsprechend zu verhindern, dass die Gebote der Gerechtigkeit übertreten werden. Denn im anderen Fall würden der Frieden der anderen und die Einheit des Gemeinwesens gestört.[46] Umgekehrt sah er in Krieg und Zerstörung vor allem eine Folge der Ungerechtigkeit und verband den im 12. Jahrhundert aufkommenden Tyrannendiskurs mit den entsprechenden Friedensvorstellungen. Der Tyrann galt per definitionem als ungerecht, als ein von seinen Leidenschaften getriebener Herrscher, der das Recht brach und damit Unfrieden schuf.[47] Zugleich aber stellte sich Thomas von Aquin gegen die auch damals geläufige Auffassung, der Friede sei eine Tugend. Da der Friede einen Zustand beschreibe, sei das nicht möglich.[48] Große Folgen zeitigte der Einwand nicht. Die Vorstellung vom Frieden als Tugend reichte bis in Kirchenväterzeit zurück und fand sich wiederholt in Theologie und Literatur, wo immer seither der Psalm, 84 (85) 11, „Frieden und Gerechtigkeit haben sich geküsst" aus-

---

41 Vgl. ebd. die Definition XIX,21, wo er die Gerechtigkeit als Tugend beschreibt, die jedem das Seine gibt. Siehe auch ebd., XIX,27; vgl. auch *Hans Hattenhauer*, Pax et iustitia, Göttingen 1983, S. 24–25.
42 *Augustinus*, De civitate dei XIX,14.
43 Vgl. *Dietrich Kurze*, Krieg und Frieden im mittelalterlichen Denken, in: Heinz Duchhardt (Hg.), Zwischenstaatliche Friedenswahrung in Mittelalter und Früher Neuzeit, Köln 1991, S. 1–44.
44 Vgl. *Sellert*, Friedensprogramme, S. 456 mit Anm. 24.
45 Vgl. hierzu und zum Folgenden *Rufinus*, De bono pacis II, c8, S. 116–118.
46 Vgl. *Thomas*, De regno I,15; Übersetzung, S. 58–59.
47 Vgl. ebd. I,2; Übersetzung, S. 11.
48 Vgl. *Thomas*, Summa Theologiae, II.II, q. 29, a 4.

gelegt wurde.[49] Und auch noch im 14. Jahrhundert erfreute sich diese Idee großer Beliebtheit, wie das berühmte Fresko von der guten Regierung in der Sala della Pace im Palazzo Communale in Siena zeigt, wo der Maler Ambrogio Lorenzetti (ca. 1290–1348) Pax und Iustitia als personifizierte Tugenden auftreten lässt, die für das Gemeinwohl und mithin den Frieden sorgen.[50] Pax meinte immer auch Friedfertigkeit und diese moralisch-ethische Dimension wohnte dem Friedensbegriff im Mittelalter stets inne, so dass der Frieden sowohl als Zustand als auch als Tugend und damit als Mittel, um zum Frieden zu gelangen, gedacht wurde. Die Vorstellung, es sei der Kampf der Friedfertigen und Gerechten gegen die Gewalttätigen und Ungerechten, der Guten gegen die Bösen, der Tugenden gegen die Laster, der zum Frieden führe, hatten die Bischöfe seit karolingischer Zeit immer wieder gepredigt und das offenbar mit Erfolg.[51] An der Spitze dieses Kampfes hatte – und da würde Thomas letztlich zustimmen, auch der König zu stehen, der als *rex pacificus*, immer auch für Gerechtigkeit zu sorgen hatte.[52]

Die enge Verbindung von Frieden und *iustitia* und das weite Bedeutungsspektrum, das der Begriff *iustitia* besaß, führten schließlich auch dazu, die Gesetzgebung und die Gesetzestreue eng mit dem Frieden zu verknüpfen. Solche Vorstellungen entwickelten sich vor allem in Oberitalien ab dem 13. Jahrhundert.[53] Insofern verwundert es nicht, dass mit dem schon erwähnten Marsilius von Padua ein Norditaliener aus dieser Verbindung seine säkulare Friedensidee entwickelte. Marsilius erhob die Gesetzgebung zum Fundament und zur Legitimationsquelle der politischen Ordnung, deren Zweck eben darin bestand, Frieden und Ruhe zu establieren. Um dies zu erreichen, geben sich die Bürger nach seinen Vorstellungen Gesetze, die das menschliche Handeln so regeln, dass es ihnen nützt und der Gerechtigkeit gedient ist.[54] Indem der vom Volk bestimmte Herrscher in Übereinstimmung mit dem der Gerechtigkeit ver-

---

49 Vgl. *Klaus Schreiner*, „Gerechtigkeit und Frieden haben sich geküsst" (Ps. 84,11). Friedensstiftung und symbolisches Handeln, in: Johannes Fried (Hg.), Träger und Instrumentarien des Friedens im hohen und späten Mittelalter, Sigmaringen 1996, S. 37–86, hier S. 46–47; und *Hattenhauer*, Pax, S. 24–25.
50 Vgl. hierzu zuletzt *Patrick Boucheron*, Gebannte Angst, Siena 1338, Berlin 2017 mit Abb. 4 und S. 159–160; vgl. auch Kapitel 34.
51 Diese Sicht fand im Übrigen im 12. Jahrhundert in Alan de Lilles allegorischem Epos *Anticlaudianus* eine literarische Adaption, die bis in die Frühe Neuzeit hinein viel gelesen wurde. Siehe *Christel Meier-Staubach*, Mythen – Bilder – Ideale. Friedensvorstellungen des Mittelalters, in: Hermann Arnhold (Hg.), Wege zum Frieden. Ausstellungsstellungskatalog, Dresden 2018, S. 37–41, hier S. 39. Zum entsprechenden Gedankengut in der Karolingerzeit siehe *Hartmann*, Der Frieden, S. 9.
52 Vgl. oben Anm. 46. Dazu auch *Knut Görich*, Rex iustus et pacificus, in: Rolf Ballof (Hg.), Geschichte des Mittelalters für unsere Zeit, Stuttgart 2003, S. 249–261; und *Albrecht Hagenlocher*, Der „guote vride". Idealer Friede in deutscher Literatur bis ins frühe 14. Jahrhundert, Berlin 1992, S. 166–271.
53 Vgl. *Ulrich Meier*, Pax et tranquillitas. Friedensidee, Friedenswahrung und Staatsbildung im spätmittelalterlichen Florenz, in: Fried (Hg.), Träger und Instrumentarien, S. 489–524, bes. S. 506–509 und S. 514.
54 Vgl. hierzu und zum Folgenden *Marsilius*, Defensor pacis I, 13,2 (S. 130–132) und I, 15,11–14 (S. 170–172); mit *Miethke*, Politische Theorien, S. 114–115; sowie *Wieland*, Politik, S. 89.

pflichteten Gesetz nun Recht spricht und regiert, wird er, so Marsilius, von selbst zur bewirkenden Ursache des Friedens. Da Marsilius zugleich fordert, dass Gerichte nur über äußere Handlungen und nicht über Wahrheit oder Gesinnung entscheiden dürfen, kommt es bei ihm zum ersten Mal zu einer Trennung von Politik, Moral und Religion. Das spiegelt sich in einem Friedensbegriff wider, der gerade in der Einmischung der Kirche in die politischen Belange namentlich des Kaisers die höchste Bedrohung für den Frieden sieht, den Marsilius letztlich mit der Herrschaft der von den Bürgern erlassenen gerechten Gesetzesordnung gleichsetzt. Derartige Überlegungen zeigen deutlich ihre Prägung durch die Konflikte zwischen Papsttum und Kaisertum im 14. Jahrhundert, die sich an der Frage der weltlichen Herrschaftsansprüche des Papstes, seiner *plenitudo potestas*, entzündeten.[55] Dieses Problem verlor allerdings mit der politischen Schwächung des Papsttums im Gefolge des Schismas von 1378 an Brisanz und Relevanz, was erklären kann, warum der Ansatz des Marsilius bis zum Ende des späten Mittelalters keine Fortsetzung fand. Was allerdings Bestand hatte, war die bei Thomas, Marsilius und anderen Aristoteles-Lesern zu beobachtende Zuordnung von Gemeinwohl, Gerechtigkeit und Frieden.

Dass *pax* und *iustitia* immer wieder zusammengedacht wurden, ist indes nicht rein ideengeschichtlich zu erklären. Denn seit dem frühen Mittelalter dienten diese beiden Begriffe als Herrschermaxime immer wieder dazu, die Ziele jeglicher Königsherrschaft zusammenzufassen.[56] Dabei meinte *iustitia* stets auch die Anwendung der Gerechtigkeit, die Aufgabe des Herrschers, jedem sein Recht zukommen zu lassen. Daher war der Herrscher aufgefordert, für die Wiederherstellung verletzter Rechte zu sorgen. Und in dieser Hinsicht verschmolzen die Sorge um den Frieden mit der Sorge für Recht und Gerechtigkeit zu ein und derselben Angelegenheit. Eine wichtige Rolle spielten dabei die Vorstellungen, die die frühen germanischen Könige und ihre Gefolgsleute mitgebracht hatten, als sie ihre Herrschaft auf dem Gebiet des weströmischen Reiches begründeten. Denn nach ihrem Verständnis waren Friedens- und Rechtsbruch nur zwei Seiten einer Medaille.[57] Dabei setzte sich im frühen Mittelalter die Idee durch, dass der gebrochene Frieden beziehungsweise das gekränkte Recht nur durch eine Entschädigung in Form von Bußen wiederhergestellt werden konnte, die der Rechts- und Friedensbrecher gegenüber dem Geschädigten leistete. Solche Entschädigungen konnte der Herrscher mit den Konfliktgegnern gütlich aushandeln, er konnte einen Täter aber auch vor Gericht ziehen.[58] Verpflichtete das Gericht den Täter zu einer Buße an den geschädigten Kontrahenten, so musste er häufig auch dem Fiskus einen Anteil an der Buße zukommen lassen, die man als Friedensgeld bezeichnete. Das zeigt, wie sehr Friedens- und Rechtsordnung zusammengedacht wurden.[59]

---

55 Vgl. *Miethke*, Politische Theorien, S. 115.
56 Vgl. *Hattenhauer*, Pax, S. 31–37.
57 Vgl. *Janssen*, Art. „Frieden", S. 565–567.
58 Vgl. *Hermann Kamp*, Friedensstifter und Vermittler im Mittelalter, Darmstadt 2001, S. 31–33.
59 Zum Friedensgeld vgl. *Eva Schuman*, Art. „Friedensgeld", in: HDRG 2 [2](2008), Sp. 1.821.

Die Verknüpfung von Rechts- und Friedensordnung hatte indes ihren Preis. Sie führte zu einer Fragmentierung des Friedensbegriffs. Sie spiegelt sich in der Vielzahl von Sonderfrieden wider, die sich seit dem frühen Mittelalter entwickelten. Dazu gehörten zunächst der Haus-, Hof-, Heeres- oder auch Kirchenfrieden, später traten unter anderem der Markt- und dann der Stadtfrieden hinzu.[60] Auch gab es einen Königsfrieden, der den Schutz der königlichen Gefolgsleute vor Gewalt ebenso umfasste wie die Pfalzen, den königlichen Besitz und die königlichen Straßen.[61] Der Frieden erschien insofern stets an eine konkrete Rechtsgemeinschaft gekoppelt. Erst allmählich bildeten sich umfassendere, auf größere Gebiete bezogene Frieden heraus, womit der beschwerliche Weg zu einem königlichen oder staatlichen Gewaltmonopol und damit eines reichsweiten Friedens eingeschlagen wurde.

Einen ersten Schritt in diese Richtung markierten die sogenannten zeitlich wie regional begrenzten Gottesfrieden des 10. und 11. Jahrhunderts. Sie standen in der Tradition der karolingischen Bemühungen, die Fehden zwischen den Großen zu unterbinden, gingen aber vor allem auf die Initiative der Bischöfe zurück, die den Machtverlust des Königtums im werdenden Frankreich zu kompensieren suchten.[62] Die Gottesfrieden entstanden auf auch von Laien besuchten Synoden, an deren Ende sich die Teilnehmer eidlich verpflichteten, bestimmte Gruppen während ihrer Auseinandersetzungen nicht mit Gewalt zu überziehen. Vor allem Kleriker, Bauern, Frauen und Kaufleute sollten so besser geschützt werden. Wer das Gebot verletzte, musste mit Kirchenstrafen wie der Exkommunikation rechnen. Später verabschiedete man auch Gottesfrieden, die für bestimmte Zeiten, insbesondere die christlichen Feiertage, die Anwendung von Gewalt generell untersagten. Seit dem 12. Jahrhundert übernahmen die Könige zusehends die Initiative für solche allgemeinen Frieden, die sie zumeist von den Großen des Reiches oder der jeweiligen Region beschwören ließen, hinzu traten nun vermehrt Lebens- und Leibesstrafen für die Friedensbrecher. Seit dem 13. Jahrhundert wurden diese allgemeinen Frieden als Landfrieden[63] bezeichnet.[64] Den Höhepunkt erreichte diese Entwicklung mit dem Mainzer Reichslandfrieden, den Kaiser Friedrich II. (1194–1250) 1235 beschließen ließ und der im Verlauf des späten Mittelalters immer wieder erneuert wurde. Schon in der Vorrede schreibt Friedrich II. „von dem doppelten Bande des Friedens und der Gerechtigkeit" (*duplici vinculo pacis*

---

60 Vgl. hierzu auch Kapitel 12.
61 Vgl. *Bernd Kannowski*, Art. „Königsfrieden", in: HDRG 3 ²(2016), Sp. 37–38.
62 Vgl. zu den karolingischen Bestrebungen *Hartmann*, Frieden, bes. S. 24–25; generell zu den Gottesfrieden *Hans-Werner Goetz*, Pacem et iustitiam facere. Zum Rechtsverständnis in den Gottes- und Landfrieden, in: Tiziana Chiusi u. a. (Hg.), Das Recht und seine historischen Grundlagen, Berlin 2008, S. 283–296.
63 Vgl. hierzu auch Kapitel 8.
64 Vgl. *Arno Buschmann* (Hg.), Landfrieden. Anspruch und Wirklichkeit, Paderborn u. a. 2002; und zuletzt *Horst Carl/Hendrik Baumbach* (Hg.), Landfrieden – epochenübergreifend: neue Perspektiven der Landfriedensforschung auf Verfassung, Recht, Konflikt, Berlin 2018.

et iusticie), mit dem er regieren wolle.⁶⁵ Den Frieden suchte der Kaiser nun zu etablieren, indem er 29 Artikel folgen ließ, die darauf abhoben, den Gerichtsweg vor aller Fehde für die Austragung von Konflikten vorzuschreiben. Dass in diesem wie auch in anderen Landfrieden die unrechtmäßigen Zölle aufgehoben wurden, der Umlauf falscher Münzen geächtet oder die Bestellung von Richtern nach Verdienst vorgeschrieben wurde, offenbart, wie sehr sich die Sorge um den Frieden mit der um das Recht vermischten. Zugleich wird der Frieden in mehreren Artikeln mit der Sicherheit auf den Straßen verknüpft (*securitas*). In kaum zu unterbietender Klarheit kristallisiert sich im Mainzer Reichslandfrieden die Vorstellung vom Frieden, der durch Recht, Gesetz und Gericht erreicht wird, heraus, eine Vorstellung, die am Ende des Mittelalters zum Verbot der Fehde und zur Vorstellung eines obrigkeitlichen Gewaltmonopols führte. Doch die Verbindung von Frieden und Recht nahm davon unabhängig noch in anderer Weise Gestalt an.

3. Freundschaft und Vertrag

Mehr noch als Gottes- oder Landfrieden waren es Friedensverträge zwischen den Kriegs- oder Konfliktparteien, die im politischen Alltag, gleichviel ob im Inneren eines Reiches oder zwischen verschiedenen auswärtigen Mächten, für Frieden sorgten. Damit verschmolz die Idee des Friedens mit der Vorstellung von einem Vertrag, der gegenseitige Rechte begründete. Die enge Verknüpfung von Vertrag und Frieden meißelte Isidor von Sevilla (ca. 560–636) im Wissen um die römische Praxis in Stein, als er in seinen später viel gelesenen Etymologien das Wort *pax* von *pactum* ableitete.⁶⁶ Aufbauend auf dem Vertragsverständnis der römischen Kaiserzeit galten Verträge im Mittelalter als das entscheidende Instrument, um einen Kriegszustand zu beenden und friedliche Beziehungen zu begründen. Dabei bediente man sich zum einen schriftlich fixierter Verträge, die mit gleichgestellten Mächten vereinbart und durch Eidesleistungen verbindlich gemacht und häufig nicht befristet an die Lebenszeit der Vertragspartner gebunden wurden.⁶⁷ Zum anderen nutzte man mündlich abgeschlossene und allein durch Eid und weitere Rituale befestigte Verträge. Auf sie griffen die fränkischen Herrscher ähnlich wie einst die Römer zurück, wenn sie mit den mehr oder weniger abhängigen Völkern und Fürsten an den Grenzen zu einem Frieden ge-

---

65 Vgl. MGH Constitutiones et acta publica imperatorum et regum, Bd. 2: 1198–1272, hg. von Ludwig Weiland, Hannover/Leipzig 1906, II, Nr. 196, S. 241: „[...] regimen subiectorum consilia nostra duplici vinculo pacis et iusticie roboranda providimus [...]".
66 Vgl. *Isidor von Sevilla*, Etymologiarum sive originum libri XX, hg. von Wallace Martin Lindsay, 2 Bde., Oxford 1911 (ND 1957), XVIII,1: „Pax vocabulum videtur a pacto sumptum".
67 Vgl. *Heinhard Steiger*, Die Ordnung der Welt. Eine Völkerrechtsgeschichte des karolingischen Zeitalters, Köln u. a. 2010, S. 420–421, und generell zum Vertragsschluss im frühen Mittelalter, S. 415–417, S. 427, S. 441–446.

langen wollten.⁶⁸ Allerdings bediente man sich des mündlichen Vertrages auch im 10. und 11. Jahrhundert, um Friedensabkommen mit ebenbürtigen Herrschern zu schließen.⁶⁹ Ab dem hohen Mittelalter wurde der Friedensvertrag mehr und mehr schriftlich fixiert und mit immer genaueren Vertragsklauseln ausgestattet, die auch das künftige Verhältnis rechtlich definierten.⁷⁰ Die Möglichkeit, vertraglich Frieden mit auswärtigen Herrschern zu schließen, war nicht allein dem König vorbehalten. Auch Fürsten oder Städtebünde traten immer wieder als Vertragspartner fremder Herren auf.⁷¹ Im Übrigen wurden Verträge trotz aller Vorbehalte von päpstlicher Seite auch mit Heiden oder Muslimen, also mit Ungläubigen, geschlossen.⁷² Da es legitim war, mit solchen Feinden Waffenruhen zu vereinbaren, konnte man von den fließenden Übergängen profitieren, die zwischen Waffenruhe, Waffenstillstand und Friedensabkommen bestanden.⁷³ Einen dauerhaften Friedensschluss konnte man sich mit den Ungläubigen indes kaum vorstellen. Ohne das Bekenntnis zum christlichen Gott war eine *pax perpetua* nicht zu haben.

Die meisten Friedensverträge zielten nicht allein darauf ab, den Frieden wiederherzustellen. Sie wollten aus Feinden Freunde machen und damit eine persönliche Bindung schaffen, die über den Eid hinaus als Unterpfand des Friedens wirken sollte. Es sollte ein Freundschaftsverhältnis etabliert werden. Und so kommen denn auch viele solcher Abkommen als Freundschaftsverträge daher, wiewohl man solche Abkommen auch unabhängig von offenen Konflikten zu Bündniszwecken schloss. In dieser Verknüpfung von Frieden, Vertrag und Freundschaft nahm die Friedensidee eine Gestalt an, die nachhaltig wirkte, weil sie immer wieder in der alltäglichen, praktischen Friedensstiftung, etwa bei der Herstellung von Frieden nach einem Krieg oder Konflikt, zur Anwendung kam.

Während in der römischen Antike die Freundschaft außenpolitisch eine auf gegenseitiger Anerkennung beruhende Beziehung zu abhängigen, nicht als gleichrangig angesehenen Völkern oder Klientelkönigen darstellte und so lange Zeit als Aushängeschild der von Augustus begründeten *pax romana* firmieren konnte,⁷⁴ wurde sie in fränkischer Zeit zunächst zum Kennzeichen der Beziehungen zwischen gleichrangi-

---

68 Vgl. ebd., S. 442.
69 Vgl. zur schwierigen Frage nach der Schriftlichkeit der Verträge in der Zeit vom 10. bis zum 12. Jahrhundert *Ingrid Voß*, Herrschertreffen im frühen und hohen Mittelalter, Köln/Wien 1987, S. 180–183.
70 Vgl. *Jean Marie Moeglin/Stéphane Péquignot*, Diplomatie et „relations internationales" au Moyen Âge (IXe-XVe siècle), Paris 2017, S. 496–498; *Jenny Benham*, Peacemaking in the Middle Ages. Principles and Practices, Manchester 2011, S. 181–200.
71 Vgl. *Jörg Fisch*, Krieg und Frieden im Friedensvertrag. Eine universalgeschichtliche Studie über Grundlagen und Formelemente des Friedensschlusses, Stuttgart 1979, S. 534.
72 Vgl. *Moeglin/Péquignot*, Diplomatie, S. 496.
73 Vgl. ebd., S. 538–540 und S. 542–546; *Hagenlocher*, Der guote fride, S. 295–300.
74 Vgl. *Verena Epp*, Rituale frühmittelalterlicher „amicitia", in: Gerd Althoff (Hg.), Formen und Funktionen öffentlicher Kommunikation im Mittelalter, Stuttgart 2001, S. 11–24, hier S. 12.

gen Herrschern und ging mit dem Abschluss eines Vertrages einher.[75] Zugleich gestaltete man die friedlichen Beziehungen zu den abhängigen Herrschern, etwa den slawischen Fürsten, weiterhin als *amicitia*,[76] zeitweise auch zu den Fürsten im eigenen Reich, die damit eine Aufwertung erfuhren.[77] Damit wurde der Freundschaftsvertrag zusehends zur vorrangigen Bindung im Verhältnis zwischen Potentaten verschiedener Reiche.

Die enge Verbindung von Freundschaft und Frieden ergab sich aber nicht allein aus der Vertragspraxis. Denn ebenso wie man die römische *amicitia* als völkerrechtliche Bindung aufgegriffen und umgeformt hatte, lebte auch die antike Freundschaftsethik im Mittelalter fort und prägte die Friedensvorstellungen mit. Wiederholt ist in Verträgen bis ans Ende des Mittelalters davon die Rede, dass sich die Vertragsparteien in Zukunft so verhalten sollten, wie sich Freunde einander gegenüber zu verhalten pflegen.[78] Nun liegen zwar Welten zwischen dem Freundschaftsdiskurs der Verträge und den philosophischen Freundschaftslehren eines Cicero oder Aristoteles, von denen letzterer seit dem 14. Jahrhundert den Freundschaftsbegriff in der scholastischen Literatur prägte, und doch stellten die jeweils rezipierten philosophischen Diskurse eine Idee zur Verfügung, die half, die vagen Vorstellungen von Freundschaft zu füllen und ihnen Autorität zu verleihen.[79] Die avisierte Freundschaft hatte daher stets eine affektive Dimension, die die rechtliche grundieren und verstärken sollte. Freunde sollten sich vertrauen, Verständnis und Gefühl füreinander aufbringen.[80] Dem entsprach es, dass sich die freundschaftliche Gesinnung in bestimmten, wiederkehrenden Ritualen Ausdruck verschaffen konnte, die dann umgekehrt beim Abschluss von Friedensverträgen als Zeugnis dieser Gesinnung vollbracht wurden, weshalb sie auch kein Indiz für faktische Freundschaft, sondern allein für die Absicht, eine solche einzugehen, darstellen. Zu diesen Ritualen gehörten die Begrüßung per Handschlag, der Friedenskuss, das gemeinschaftliche Essen und der Austausch von Geschenken, zuweilen der Besuch einer Messe Seite an Seite oder das gemeinsame Besteigen eines Bettes.[81] Das alles waren Rituale, die immer wieder bei Herrscherbegegnungen angewandt wurden, um den Friedenswillen und die Freundschaft zu bezeugen.[82] Die Vor-

---

75 Vgl. *Voss*, Herrschertreffen, S. 184–185.
76 Vgl. *Epp*, Rituale, S. 23–24.
77 Vgl. *Gerd Althoff*, Verwandte, Freunde und Getreue. Zum politischen Stellenwert der Gruppenbindungen im früheren Mittelalter, Darmstadt 1990, S. 88–119.
78 Vgl. *Althoff*, Verwandte, S. 105; *Bénédicte Sère*, Ami et alié envers et contre tous. Étude lexicale et sémantique de l'amitié dans les contrats d'alliance, in: François Foronda (Hg.), Avant le contrat social: Le contrat politique dans l'Occident médiéval (XIIIe–XVe siècle), Paris 2011, S. 245–268, S. 264–265.
79 Vgl. *Sère*, Ami, S. 260–266.
80 Vgl. *Moeglin/Péquignot*, Diplomatie, S. 150–151.
81 Vgl. ebd., S. 202–217; *Gerald Schwedler*, Herrschertreffen des Spätmittelalters: Formen, Rituale, Wirkungen, Stuttgart 2008; und *Klaus Oschema*, Freundschaft und Nähe im spätmittelalterlichen Burgund. Studien zum Spannungsfeld von Emotion und Institution, Köln u.a. 2006.
82 Vgl. *Benham*, Peacemaking, S. 69–114; *Moeglin/Péquignot*, Diplomatie, S. 202–218.

stellungen von dem, was Freundschaft bedeutete, variierten dabei im Verlauf der Zeit. Die in der Karolingerzeit offenkundige Nähe von Freundschaft und christlicher Nächstenliebe wurde im späten Mittelalter zugunsten der weltlich-politischen Liebe als Form der Zuneigung, die man seinem Herrn, Verwandten oder eben auch Freunden entgegenbringt, zurückgedrängt.[83] Beide Vorstellungen haben aber eins gemeinsam: Friedliche Beziehungen ruhen auf angemessen gestalteten persönlichen Bindungen, die ohne die Demonstration von Affekt und Gefühl nicht auskommen. Dabei wurde die eigene Friedfertigkeit, das innere Verlangen nach Frieden besonders bei den Verhandlungen bis zu einem Friedensschluss in Briefen und anderen Schreiben herausgestellt, während die Freundschaft und der Wunsch nach Eintracht im Vertrag selbst und in den Ritualen als Zukunftsversprechen beschworen wurden.[84]

Der Freundschaftsdiskurs färbte aber noch in anderer Weise auf die Friedensvorstellungen ab. Denn Frieden schaffen konnten in der Vorstellungswelt des Mittelalters vor allem die Personen, die zu beiden Konfliktparteien in einer engen Beziehung standen. Sie erscheinen in den Quellen immer wieder als die Freunde beider Seiten.[85] Ihre Stellung motivierte dann auch die Bezeichnung ihres Vorgehens. Denn was die Freunde in solchen Fällen versuchten, war nichts anderes als eine gütliche, friedliche oder eben freundschaftliche Einigung zu erreichen. Die hohe Wertschätzung, die solchen Einigungen im Mittelalter zukam, kann man daran ablesen, dass sich mit der Vermittlung seit dem 9./10. Jahrhundert und dem Schiedsgericht[86] seit dem 12./13. Jahrhundert zwei Formen der außergerichtlichen Konfliktbeilegung entwickelten, die die Friedensstiftung innerhalb der Reiche, aber auch in den auswärtigen Beziehungen prägten.[87]

Die Bedeutung dieser außergerichtlichen Form der Friedensstiftung für den Friedensdiskurs liegt vor allem darin, dass sie die in den Traktaten, aber auch den Gottes- und Landfrieden aufscheinende Gleichsetzung von Rechts- und Friedensordnung punktuell im Namen des Friedens unterliefen. Die Vermittler und später auch die Schiedsrichter forderten von den Parteien oder auch von einer der Parteien immer wieder den Verzicht auf bestimmte Rechtspositionen. Gerade bei den Unterwerfun-

---

83 Vgl. *Moeglin/Péquignot*, Diplomatie, S. 151; *Bénédicte Sère*, Penser l'amitié au Moyen Age, Turnhout 2007, mit der Analyse des Freundschaftsdiskurses in den Aristoteleskommentaren des späten Mittelalters; und *dies.*, Ami, S. 253 und S. 264–265.
84 Vgl. *Nicolas Offenstadt*, Faire la paix au Moyen Age, Paris 2007, S. 87–89.
85 Vgl. *Kamp*, Friedensstifter, S. 182–184.
86 Vgl. hierzu auch Kapitel 24.
87 Vgl. zur Vermittlung *Kamp*, Friedensstifter, S. 182–184; Zur Entwicklung der fürstlichen Schiedsgerichtsbarkeit im Reich vgl. *Claudia Garnier*, Amicus amicis, inimicus inimicis. Politische Freundschaft und fürstliche Netzwerke im 13. Jahrhundert, Stuttgart 2000; sowie zur Vermittlung und Schiedsgerichtsbarkeit in der ‚internationalen' Politik *Moeglin/Péquignot*, Diplomatie, S. 695–718; sowie *Hermann Kamp*, Vermittlung in der internationalen Politik des späten Mittelalters, in: Gerd Althoff (Hg.), Frieden stiften. Vermittlung und Konfliktlösung vom Mittelalter bis heute, Darmstadt, 2011, S. 98–123.

gen, den *deditiones*, die die Friedensvermittler im hohen Mittelalter im Reich zwischen den aufständischen Fürsten und den Königen aushandelten, forderten sie regelmäßig vom Herrscher Milde und Nachsicht.[88] Und einer ähnlichen Logik folgten auch die Schiedsrichter, wenn sie sich bemühten, die Rechtspositionen beider Seiten anzugleichen. Auch dabei musste jede Seite letztlich auf einen Teil der beanspruchten Rechte oder Besitztümer verzichten.[89] Wo auf Verzicht gedrungen wird, schafft man Frieden mit *minne*, sprich mit Liebe bzw. Freundschaft oder *mit rechte*. Damit sind zugleich die Schlagwörter genannt, die die spätmittelalterlichen Schiedsverfahren, aber auch die weiterverbreitete Praxis der im Konsens mit Hilfe von Vermittlern oder Schiedsrichtern vereinbarten Sühneverträge benennen.[90] Die Sorge um den Frieden verlangt von Beteiligten, den anderen zu schonen, ihn zu lieben, ihn als Freund zu behandeln. Dazu gehörte es nicht selten, wie die überlieferten Friedensverträge zeigen, die von der Gegenseite im Verlauf des Konfliktes begangenen Schädigungen und Rechtsverstöße zu vergessen.[91]

Während Dante und andere noch um 1300 daran glaubten, der Kaiser könne als oberster Richter die übrigen Könige und Fürsten zum Frieden bewegen, so erwies sich dieser Glaube an die universalen Mächte zusehends als Illusion oder wurde aus politischen Gründen nicht weiterverfolgt. Damit war klar, dass ein Frieden zwischen den verschiedenen Königen nur noch durch Selbstverpflichtung, sprich durch Verträge zu erreichen war. Seit dem ersten Kreuzzug war ein solcher Frieden wiederholt eingefordert worden, um den Kampf um die heiligen Stätten im Nahen Osten zu befördern. Dies ließ zu Beginn des 14. Jahrhunderts den französischen Legisten Pierre Dubois (ca. 1250–1321) einen Plan entwickeln, die christlichen Herrscher zu einem Konzil zu vereinen, auf dem sie untereinander einen tragfähigen Frieden schließen und ihre Differenzen durch ein Schiedsgericht begleichen lassen sollten.[92] Publik gemacht hatte Pierre Dubois seine Vorstellungen in einem Traktat für den französischen König, der die Vorschläge aber nicht aufgriff. Konkreter wurde am Ende des 15. Jahrhunderts der böhmische König Georg von Podiebrad (1420–1471), der 1464 einen Vertragsentwurf vorlegte, der die *respublica christiana*, und damit meinte er letztlich Europa, zu einer

---

88 Vgl. *Gerd Althoff*, Die Macht der Rituale. Symbolik und Herrschaft im Mittelalter, Darmstadt 2003, S. 68–84.
89 Vgl. *Kamp*, Friedensstifter, S. 243–244 und S. 255–258.
90 Vgl. *Christa Bertelsmeier-Kierst/Albrecht Cordes*, Art. „Minne und Recht", in: HDRG 3 ²(2016), Sp. 1.537–1.541; und *Albrecht Cordes*, „Mit Freundschaft oder mit Recht". Quellentermini und wissenschaftliche Ordnungsbegriffe, in: ders. (Hg.), Mit Freundschaft oder mit Recht. Inner- und außergerichtliche Alternativen zur kontroversen Streitentscheidung im 15.–19. Jahrhundert, Köln u.a. 2015, S. 9–18.
91 Vgl. *Fisch*, Krieg, S. 74–91.
92 Vgl. *Pierre Dubois*, De recuperatione Terre Sancte. Traité de politique générale, hg. von Charles-Victor Langlois, Paris 1891; und dazu *Lotte Kéry*, Pierre Dubois und der Völkerbund. Ein Weltfriedensplan um 1300, in: HZ 283 (2006), S. 1–30, bes. S. 14–20.

übergreifenden Friedensordnung führen sollte.[93] Sie sollte die Voraussetzungen für einen erfolgreichen Kampf gegen die nach Südosteuropa vordringenden Osmanen schaffen. Kern des Anliegens war es, die verschiedenen Könige, Fürsten und auch Kommunen aus dem Reich, Frankreich, Italien und später auch Spanien zu einem Bündnisfrieden respektive Freundschaftsvertrag zu bewegen. Wie schon bei Pierre Dubois sah auch der Friedensplan des böhmischen Königs die Einsetzung von Schiedsgerichten vor, um die Konflikte zwischen den Herrschern und Fürsten gütlich oder auch nach Recht beizulegen. Die Idee zu diesem multilateralen Vertrag war ein starkes Zeichen für die Hoffnungen, die man noch am Ende des Mittelalters auf einen in Freundschaft begründenden Vertragsfrieden setzte.

Zugleich kann man diesen Entwurf wie einen Spiegel all der anderen Ideen und Vorstellungen lesen, die das Mittelalter entwickelt und wie ein Vermächtnis den nachkommenden Zeiten hinterlassen hat. Denn auch bei Georg von Podiebrad wird mehr als einmal die enge Bindung von Frieden und Gerechtigkeit betont, auch hier erinnern die Bestimmungen immer wieder an die Landfriedenseinigungen, die den Frieden mit der Bekämpfung von Fehde und Raub verknüpften und damit Sicherheit[94] herstellen wollten. Auch hier legitimiert sich der Herrscher mit seinem Einsatz für den Frieden, ohne dass genau zwischen dem Frieden im Inneren eines Reiches oder dem zwischen zwei Reichen oder Fürstentümern unterschieden wird. Und auch hier ist der projektierte Frieden vor allem eins: eine Ordnung, die von christlichen Herrschern und Fürsten für die Christen geschaffen werden sollte, wenngleich der Papst und die kirchlichen Fürsten außen vor blieben. Der Vertrag wurde nicht umgesetzt, aber die Ideen und Vorstellungen, die er transportierte, blieben noch eine Zeitlang, mal länger und mal kürzer, lebendig.

Auswahlbibliographie / Select Bibliography

Althoff, Gerd, Verwandte, Freunde und Getreue. Zum politischen Stellenwert der Gruppenbindungen im früheren Mittelalter, Darmstadt 1990.
Beestermöller, Gerhard (Hg.), Friedensethik im Spätmittelalter. Theologie im Ringen um die gottgegebene Ordnung, Stuttgart 1999.
Beestermöller, Gerhard (Hg.), Christliche Friedensethik im frühen Mittelalter, Münster 2014.
Benham, Jenny, Peacemaking in the Middle Ages. Principles and Practices, Manchester 2011.
Buschmann, Arno (Hg.), Landfrieden. Anspruch und Wirklichkeit, Paderborn u. a. 2002.
Cornwell, Hannah, Pax and the Politics of Peace. Republic and Principate, Oxford 2017.
Epp, Verena, Rituale frühmittelalterlicher „amicitia", in: Gerd Althoff (Hg.), Formen und Funktionen öffentlicher Kommunikation im Mittelalter, Stuttgart 2001, S. 11–24.

---

93 Vgl. hierzu und zum Folgenden *Magda Schusterová*, Der Friedensvertrag Georgs von Podiebrad vor dem Hintergrund der spätmittelalterlichen Vertragspraxis, Osnabrück 2016 mit dem Abdruck des Friedensplans.
94 Vgl. hierzu auch Kapitel 27.

Fisch, Jörg, Krieg und Frieden im Friedensvertrag. Eine universalgeschichtliche Studie über Grundlagen und Formelemente des Friedensschlusses, Stuttgart 1979.
Garnier, Claudia, Amicus amicis, inimicus inimicis. Politische Freundschaft und fürstliche Netzwerke im 13. Jahrhundert, Stuttgart 2000.
Goetz, Hans-Werner, Pacem et iustitiam facere. Zum Rechtsverständnis in den Gottes- und Landfrieden, in: Tiziana. J. Chiusi u. a. (Hg.), Das Recht und seine historischen Grundlagen, Berlin 2008, S. 283–296.
Hagenlocher, Albrecht, Der „guote vride". Idealer Friede in deutscher Literatur bis ins frühe 14. Jahrhundert, Berlin 1992.
Hartmann, Wilfried, Der Frieden im frühen Mittelalter. Zwei Studien, Barsbüttel 1992.
Hattenhauer, Hans, Pax et iustitia, Göttingen 1983.
Janssen, Wilhelm, Art. „Friede", in: GGB 2 (1975), S. 543–591.
Kamp, Hermann, Friedensstifter und Vermittler im Mittelalter, Darmstadt 2001.
Kurze, Dietrich, Krieg und Frieden im mittelalterlichen Denken, in: Heinz Duchhardt (Hg.), Zwischenstaatliche Friedenswahrung in Mittelalter und Früher Neuzeit, Köln 1991, S. 1–44.
Moeglin, Jean Marie/Péquignot, Stéphane, Diplomatie et „relations internationales" au Moyen Âge (IXe–XVe siècle), Paris 2017.
Meier, Ulrich, Pax et tranquillitas. Friedensidee, Friedenswahrung und Staatsbildung im spätmittelalterlichen Florenz, in: Johannes Fried (Hg.), Träger und Instrumentarien des Friedens im hohen und späten Mittelalter, Sigmaringen 1996, S. 489–524.
Offenstadt, Nicolas, Faire la paix au Moyen Age, Paris 2007.
Oschema, Klaus, Freundschaft und Nähe im spätmittelalterlichen Burgund. Studien zum Spannungsfeld von Emotion und Institution, Köln u. a. 2006.
Raaflaub, Kurt (Hg.), War and Peace in the Ancient World, Malden u. a. 2007.
Schusterová, Magda, Der Friedensvertrag Georgs von Podiebrad vor dem Hintergrund der spätmittelalterlichen Vertragspraxis, Osnabrück 2016.
Semmler, Josef, Eine Herrschaftsmaxime im Wandel: Pax und concordia im karolingischen Frankenreich, in: Frieden in Geschichte und Gegenwart, hg. vom Historischen Seminar der Universität Düsseldorf, Düsseldorf 1985, S. 24–33.
Sère, Bénédicte, Penser l'amitié au Moyen Age, Turnhout 2007.
Steiger, Heinhard, Die Ordnung der Welt. Eine Völkerrechtsgeschichte des karolingischen Zeitalters, Köln u. a. 2010.
Souza, Philip de/France, John (Hg.), War and Peace in Ancient and Medieval History, Cambridge 2008.

Volker Leppin
2. Frieden: Renaissance – Humanismus – Reformation

Abstract: Peace: Renaissance – Humanism – Reformation
The Medieval and Renaissance term *pax* was broad, with spiritual and eschatological dimensions. There was nonetheless also a political discussion about peace within states, rather than between them, as the antonym of disorder. Dante and Marsilius of Padua spoke of monarchy as an agency of peace. Nicholas of Cusa advocated a more universal idea of peace between religions. Erasmus wrote about peace between nations in his *Querela Pacis* (1517) as the opposite of war. Luther followed tradition in writing about internal peace, transforming the Augustinian concept of the two *civitates* into his theory of two realms and two governments of God. The Swiss Reformation also emphasized peace as something to be upheld by the temporal authorities. The Swiss Anabaptists developed truly pacifist ideas and, as in the Middle Ages, did not think about relations between states but rather about how they themselves should behave in a world that did not tolerate them.

Gemessen an den Vorstellungen des späten Mittelalters und der Frühen Neuzeit richtet sich historische Friedensforschung lediglich an einem kleinen, letztlich für die Zeitgenossen nachgeordneten Teil des breiten Spektrums aus, das mit dem Begriff *pax*, ‚Frieden', benannt werden kann. In seinem *Vocabularius* (1517), einem Lexikon theologischer Begriffe, fächerte Johannes Altenstaig (†1524) die drei Dimensionen des Friedens auf: Frieden sei zu verstehen als geistlicher beziehungsweise innerlicher Frieden (*pax spiritualis ac interna*), als äußerlicher, irdischer Frieden in der Zeit (*pax externa et terrena temporis*) sowie als übernatürlicher, himmlischer Frieden in Ewigkeit (*pax supernaturalis et caelestis aeternitatis*).[1] Lediglich das mittlere Verständnis ist es, das historische Friedensforschung im Blick hat: die Frage nach dem irdischen Frieden. Für Altenstaig, der mit humanistischer Gelehrsamkeit das Wissen seiner Zeit sammelte, war es eine selbstverständliche Voraussetzung, dass ein solcher irdischer Frieden ohne den geistlichen, inneren Frieden der Menschen in sich nicht wirklich möglich und von Bestand sein könne.[2]

So wie hier auf theologische und soteriologische Voraussetzungen der Autoren zu verweisen ist, wird ein Blick auf das Friedensverständnis in Renaissance und Reformation auch zu bedenken haben, dass die tradierte Vorstellung von *pax* ohne eine

---
[1] Vocabularius Theologie com-/ plectens vocabulorum descriptiones// diffinitiones et significa/ tus ad theologiam vtilium [...] compilate a Joanne Altenstaig Min/ delhaimensi/ sacre scriptu-/ re vero ama-/ tore, Hagenau 1517, 180ʳ s.v. pax.
[2] *Altensteig*, Vocabularius, 180ʳ.

emphatisch positive Bestimmung des Begriffs auskommt. Leitend ist für Altenstaig wie auch für den Juristen Bartolus von Sassoferrato (†1357), der fast zwei Jahrhunderte zuvor ein *consilium* zu der Frage „Was ist Friede?" („Pax quid sit") verfasst hatte,[3] die Definition, welche Augustin (354–430) in *De civitate* XIX,13 gegeben hatte: „Bürgerlicher Friede ist die geordnete Eintracht (*concordia*) der Bürger im Befehlen und Gehorchen".[4] In diesem Sinne erklärte Altenstaig, Frieden sei „süße Eintracht" („suavis concordia").[5] Im selben Zusammenhang übernahm er zur positiven Bestimmung des Friedens einen weiteren Begriff, den Augustin an der genannten Stelle verwandte: Eintracht war durch rechten *ordo* geprägt,[6] den Augustin als „Anordnung, die allen Dingen, sie seien gleich oder ungleich, ihren Platz zuweist", definierte.[7] Bartolus wendete die Definition anhand der Eintracht im Blick auf das negativ Ausgeschlossene: Friede sei ein Ende der Zwietracht (*discordiae finis*), genauer, entsprechend seiner Bundestheorie, „ein Vertrag, welcher der Zwietracht ein Ende setzt" („pactum, quo fit finis discordiae").[8]

Irdischer Frieden ist also für den hier zu behandelnden Zeitraum zwischen italienischer Frührenaissance im frühen 14. Jahrhundert und der reformatorischen Bewegung des 16. Jahrhunderts zunächst einmal innerhalb des Begriffspaares von Eintracht und Zwietracht zu verstehen. Zugleich ist ein Weiteres zu bedenken, das gleichfalls durch die zitierte Augustinstelle wie auch den leitenden *ordo*-Begriff nahegelegt wird: Frieden ist am Übergang zwischen Mittelalter und Neuzeit in der philosophischen und theologischen Theorie zunächst ein Begriff zur Beschreibung der Verhältnisse innerhalb eines Gemeinwesens, erst abgeleitet hiervon bezieht er sich auf die Verhältnisse zwischen unterschiedlich verfassten politischen Gemeinwesen. Frieden ist somit auch ein Begriff, der auf Herrschaftsethik abzielt. So wie bereits Thomas von Aquin (1225–1274) die Notwendigkeit einer monarchischen fürstlichen Herrschaft aus dem Bedarf einer Gesellschaft nach friedlichem Zusammenleben abgeleitet hatte,[9] wird auch für die Debatten der Renaissance wie der Reformation immer wieder das Moment der Verbindung aus Frieden und Herrschaftsstabilität leitend, freilich nicht ausschließlich. Insbesondere in Fragen der Religion werden auch diskursive Elemente aufgenommen, mit der fortschreitenden Vorstellung von Nationen im Humanismus

---

3 CONSILIA,/ QUAESTIONES,/ Et tractatus Bartoli à Saxoferrato [...], Turin, Panciroli 1589, 20ᵛ (C 4ᵛ).
4 *Augustin*, De civitate Dei XIX,13 (CSEL 40,395,12f.): „pax ciuitatis ordinata imperandi atque oboediendi concordia ciuium".
5 *Altensteig*, Vocabularius, 180ʳ.
6 Ebd.
7 *Augustin*, De civitate Dei XIX,13 (CSEL 40,395,16f.): „Ordo est parium disparium que rerum sua cuique loca tribuens dispositio".
8 *Bartolus*, Consilia, 20 ʳ [recte: 21ʳ] (C 5ʳ).
9 *Thomas*, De regno I,2 (Sancti Thomae de Aquino Opera Omnia iusu Leonis XIII P. M. edita. Bd. 42. Rom 1979, 451 b 25–27).

kommt zudem auch der vertraglich gesicherte Frieden zwischen unterschiedlichen Gemeinwesen in den Blick.

1. Friedenswahrung durch kaiserliche Herrschaft: die südalpine Frührenaissance

Die Orientierung der Friedenswahrung an einer zentralen politischen Autorität ist besonders auffällig in Norditalien. Im Grundsatz galt hier mit der Zugehörigkeit zum Imperium die kaiserliche Oberhoheit, bekanntlich aber war diese immer wieder strittig und musste – etwa in dem berühmten Reichstag auf den Ronkalischen Feldern 1158 unter Friedrich I. (1122–1190) – immer wieder neu hergestellt werden. So war Norditalien in besonderer Weise von konkurrierenden Herrschaften geprägt. Hinzu kamen die mannigfaltigen internen Konflikte, die sich im Kampf zwischen Geschlechtern der jeweiligen Städte niederschlugen. Dies bildet den Erfahrungshorizont für die Entwicklung von Friedenstheorien in einem kulturellen Milieu, das auf die Frührenaissance jedenfalls vorausweist. Dante Alighieri (1265–1321) wie Marsilius von Padua (†1342) bewegen sich dabei großenteils noch innerhalb des scholastischen Paradigmas aristotelischer Philosophie. Dante aber weist mit seiner Verwendung des Italienischen in der *Divina Commedia* (1321) deutlich auf die Renaissance voraus – und Marsilius ist seinerseits mit seiner Schrift über den *Defensor Pacis* (1324) so eng in einen Diskurs eingebunden, der von Dantes *Monarchia* (ca. 1313) geprägt ist, dass es kaum möglich scheint, ihn schlankweg als ‚noch' mittelalterlich von der Renaissance zu lösen.[10] Daher werden hier beide im Wissen um die Unzulänglichkeit jeder Epochenzuordnung als Theoretiker vorgestellt, die für das politische Renaissancedenken jedenfalls prägend geworden sind.

Dantes theoretische Überlegungen zu Herrschaft waren unmittelbar mit den politischen Umständen in seiner Heimat verbunden, in die er maßgeblich involviert war: Aus Florenz waren unter seiner eigenen Beteiligung die Ghibellinen vertrieben worden, doch hatten sich die Guelfen in eine schwarze und eine weiße Gruppe aufgeteilt. Zur Letzteren gehörte Dante. In seiner Abwesenheit nutzten die schwarzen Guelfen die Gelegenheit des Einmarsches von Karl von Valois (1270–1325) zur Machtübernahme in Florenz. Dante wurde zunächst zur Verbannung, dann zum Tode verurteilt, musste also den Rest seines Lebens fern der Heimat verbringen. In dieser Situation verfasste er eine Schrift, in welcher er eine für einen Guelfen erstaunlich kaiserorientierte politische Position entwarf: die *Monarchia*, die in drei Büchern die Zuständigkeit des Kaisers für das äußere, leibliche Wohl der Menschen und die des Papstes für das seelische Wohl entwarf. Leitend war für diese die Idee des Friedens: „Daher ist es

---

10 Vgl. hierzu auch Kapitel 1.

offenkundig, dass der allgemeine Friede unter allen Dingen, die auf unsere Glückseligkeit hingeordnet sind, das Beste ist".[11] Dante verwies hierfür gleichermaßen auf Reflexionen aus der Nikomachischen Ethik des Aristoteles (†322 v. Chr.) wie auf die Friedensbotschaft der Engel, die die Geburt Jesu verkündigten, und ordnete all dies in einen soteriologischen Bogen ein, der die Seligkeit des Menschen als Ziel benannte, den Frieden aber als maßgebliches Mittel zu dessen Erlangung, und zwar soweit es die irdischen Belange angeht. Dante unterteilt ausdrücklich päpstliche und kaiserliche Aufgaben: Während jener für das jenseitige Heil zuständig ist, ist der „Romanus Princeps" dafür verantwortlich, hier auf Erden ein Leben in Frieden für die Menschen zu bewirken.[12] Die *Monarchia* ist mithin in ihrer Grundlage ein friedensethischer Traktat. Das auf Erden anzustrebende Ziel war, ganz auf der Linie jener Orientierung an *concordia* und *ordo*, die Erstellung einer Ordnung, welche Streit zu vermeiden oder doch zu schlichten vermag. Dies aber könne, so Dante, nur geschehen, wenn eine einzige Instanz für die Schlichtung zuständig sei – daher sei die umfassende Monarchie eines einzelnen Herrschers die bestmögliche Verfassung zur Sicherung des Friedens.[13] Sofern Konflikte zwischen unterschiedlichen „Nationen, Königreiche[n] und Städte[n]" („nationes, regna et civitates")[14] in den Blick kommen, werden diese in Dantes Konzept durch einen obersten Herrscher für die gesamte Menschheit geschlichtet, der dafür sorgt, dass alle Nationen auf den Frieden hingelenkt werden.[15]

Bei Dante formiert sich also eine Friedenskonzeption, die den im mittelalterlichen Aristotelismus tradierten Grundgedanken, dass zu den Aufgaben des Herrschers die Friedenssicherung und -wahrung gehöre, auf die Begründung einer universalen Herrschaft in deutlicher Unterscheidung von geistlichen Belangen hin weiterentwickelt. Dabei ist für ihn klar, dass die Macht des Herrschers sich allein und unmittelbar Gott verdankt, eine Wahl durch die Kurfürsten allenfalls diese als Verkünder (*denuntiatores*) der göttlichen Entscheidung einbinden könne.[16]

Ein ähnliches Modell entwickelte auch Marsilius von Padua und akzentuierte es zugleich unter dem deutlich erkennbaren Eindruck der Verfassung spätmittelalterlicher Stadtrepubliken, der seinen Grundgedanken prägte, dass die Herrschaft des Kaisers sich letztlich einer Übertragung von Machtkompetenz durch das Volk verdanke. Diesen entwickelte er in einer Schrift, welche schon im Titel den Frieden ansprach: im *Defensor Pacis*, dem *Verteidiger des Friedens*, den Marsilius am 24. Juni 1324 ab-

---

11 Dante, Monarchia I,4,2 (S. 70f.); im Folgenden wird zitiert aus *Dante Alighieri*, Monarchia. Lat.-Dt. Studienausgabe. Einleitung, Übersetzung und Kommentar von Ruedi Imbach und Christoph Flüeler, Stuttgart 1989; die Angaben in Klammern beziehen sich auf die Seitenzahl dieser Ausgabe: „Unde manifestum est quod pax universalis est optimum eorum que ad nostram beatitudinem ordinantur".
12 Ebd. III,15,11 (S. 244f.).
13 Ebd. I,10 (S. 84f.).
14 Ebd. I,14,5 (S. 104f.).
15 Ebd. I,14,4–7 (S. 104f.).
16 Ebd. III,15,13 (S. 246f.).

schloss. Zu diesem Zeitpunkt tobte schon länger der Streit zwischen Ludwig dem Bayern (1314–1347) und Papst Johannes XXII. (1316–1334), der durch die Frage ausgelöst worden war, wie konstitutiv die Beteiligung des Papstes für die Erhebung eines Herrschers zum Kaiser war. Hierdurch war Marsilius die bei Dante anklingende Frage nach der Zuordnung von kaiserlicher und päpstlicher Gewalt unvermeidlich vorgegeben – und es war offenkundig, wessen Partei Marsilius hier einnahm: Als Erfüllung des Modells des ‚Verteidigers des Friedens' redete er gleich im ersten Kapitel Ludwig den Bayern an und benannte ihn auch ausdrücklich und im Widerspruch zu den pejorativen Benennungen aus Avignon als „Romanorum imperator", „Kaiser der Römer".[17] Das trug ihm später, als er in Konflikt mit dem Papst stand, den Schutz durch Ludwig ein. Doch war der Traktat mehr als eine Streitschrift zur tagesaktuellen Thematik. Tatsächlich handelt es sich um die erste große friedensethische Abhandlung am Übergang vom Mittelalter zur Renaissance: ein grandioser Entwurf, der die Bedingungen weltlichen Friedens in einer Weise entfaltet, die im neuzeitlichen Denken vielfach wiederholt oder auch explizit wieder aufgegriffen wurde. Angesichts der von ihm in Zeitgenossenschaft erlebten Strittigkeit von Herrschaft nahm Marsilius die *discordia* zum Ausgangspunkt seiner Überlegungen: Sie sei es, durch die Reiche letztlich sich selbst zerstörten. *Concordia* müsse also allein schon um der Selbsterhaltung Willen das Ziel der Herrschaft sein:[18] „Deshalb müssen wir Frieden wünschen; wenn wir ihn nicht haben, ihn gewinnen; wenn er gewonnen ist, ihn wahren und das Gegenteil, den Streit, mit allen Mitteln abweisen".[19] Frieden also ist hiernach oberstes Ziel menschlicher Bestrebungen.

Als weltliches Ziel gehört er, wie bei Dante, ganz in den Aufgabenbereich des Kaisers, nicht des Papstes. Dessen Befugnisse standen nicht über den weltlichen, ja nicht einmal auf adäquater Ebene neben ihnen, sondern alle bischöfliche Macht sollte ganz der weltlichen untergeordnet sein: „[O]hne jede Ausnahme" („neminem excipiendo") unterstanden alle Priester und Bischöfe weltlichen Gerichten und weltlichen Herrschern, sofern und solange diese sich nicht in Widerspruch zur *lex salutis* brachten.[20] Diese Überlegungen sprengten auf theoretischer Ebene die Normen der mittelalterlichen Rechtssysteme, liefen sie doch auf eine Aufhebung des kanonischen Eigenrechtsbezirks hinaus.

---

17 *Marsilius*, Defensor pacis I,1 § 6,8,4–6 (S. 22); im Folgenden wird zitiert aus *Marsilius von Padua*, Defensor pacis/ Der Verteidiger des Friedens. Lat.-Dt. aufgrund der Edition von Richard Scholz übersetzt, bearbeitet und kommentiert von Horst Kusch. Neu eingeleitet und herausgegeben von Jürgen Miethke, Darmstadt 2017. Die Angaben in Klammern beziehen sich auf die Seitenzahlen in dieser Edition.
18 Ebd. I,1 § 2 (S. 16–19).
19 Ebd. I,1 § 4,20–22 (S. 18f.): „propter quod pacem optare, non habentes querere, quesitam servare, litemque oppositam omni coanimine repellere debemus".
20 Ebd. II,5 § 4,15–19 (S. 326f.).

Für die Begründung des Friedens allerdings waren noch andere, nicht minder brisante Überlegungen entscheidend. Der Appell an die kaiserliche Autorität zur Friedenssicherung bewegte sich nämlich keineswegs innerhalb eines bloß autoritätsbegründeten Rahmens. Vielmehr adaptiert Marsilius die an der antiken *Polis* geschulten Überlegungen des Aristoteles durch die Perspektive eines in einer norditalienischen Stadtrepublik sozialisierten Denkers auf die imperiale Gegenwart: Ausgangspunkt seiner Überlegungen nämlich ist die Deutung der Bürgerschaft (*civitas*) als Gemeinschaft von Freien (*communitas liberorum*) nach Aristoteles, Politik 3,4 (1279 a 21).[21] Für diese aber gilt, so seine Argumentation, dass nur solche Gesetze absolute Bindewirkung entfalten können, welche sich die durch sie Gebundenen selbst auferlegt haben.[22] So ist es auch die Gesamtheit der Bürger, der die Kompetenz zur Einsetzung eines Herrschers zukommt.[23] Dieser seinerseits hat dann, freilich in permanenter Kontrolle durch die Bürger oder ihren angeseheneren Teil, die Möglichkeit, die Gesetze auch durchzusetzen und so den Frieden zu sichern. Wird ein Gemeinwesen hiernach strukturiert, so Marsilius, wird es „in friedlichem und ruhigem Dasein" erhalten.[24] Letztlich ist es also die Transparenz und Akzeptanzmöglichkeit für alle Bürger eines Gemeinwesens, die den Frieden sichert – was noch einmal unterstreicht, dass die Friedenstheorie des Marsilius wie die Dantes nicht den Frieden zwischen Gemeinwesen betrachtet, sondern den innerhalb eines Gemeinwesens.[25] Der Umstand, dass die ausführliche Schrift in den Auseinandersetzungen des 14. Jahrhunderts auch eine klare Parteinahme zugunsten des Kaisers gegen den Papst implizierte, brachte es mit sich, dass einige seiner Aussagen, insbesondere die Bestreitung eines päpstlichen Primates und die Unterordnung des Papstes unter den Kaiser am 23. Oktober 1317 in der Konstitution *Licet iuxta doctrinam* verurteilt wurden.[26] Das hat ihre langfristige Wirkung allerdings nicht verhindern können. In der Neuzeit wurde immer wieder bemerkt, dass das mittelalterliche Friedenskonzept des Marsilius in den modernen Konzepten von Bürgergesellschaften eine erkennbare Parallele gefunden hat.

---

21 Ebd. I,12 § 6,67,6f. (S. 124f.).
22 Ebd. I,12 § 6,67,2–4 (S. 124f.).
23 Ebd. I,15 § 2,83,9–10 (S. 15f.).
24 Ebd. III,3612,1f. (S. 1104f.): "in esse pacifico seu tranquillo".
25 Vgl. hierzu auch Kapitel 8, 12 und 13.
26 *Heinrich Denzinger/Peter Hünermann* (Hg.), Kompendium der Glaubensbekenntnisse und kirchlichen Lehrentscheidungen, Freiburg i. Br. u. a.^{40}2005, Nr. 941–946.

2. Frieden der Religionen aus Einsicht in die Grenzen der Vernunft

Nach Inhalt und Entstehung richtet sich die Schrift *De pace fidei* (1453/54) des Nikolaus von Kues (1401–1464) auf die Frage der Religionen.[27] Ihm ging es nicht um die Friedenssicherung innerhalb eines Gemeinwesens, sondern er war herausgefordert von konfligierenden religiösen Wahrnehmungen und versuchte, diese auf der Ebene philosophischer Reflexion in friedlichen Ausgleich miteinander zu bringen. Der Anlass hierfür war allerdings ein kriegerischer: die Eroberung Konstantinopels durch Sultan Mehmed II. (1432–1481) im Jahre 1453. Cusanus war auch persönlich in diese Konstellation involviert, da er 1437/38 im Auftrag des Papstes zu Gesprächen mit dem Patriarchen und dem oströmischen Kaiser über die Kircheneinheit am Bosporus gewesen war. Nun gestaltete er eine literarische Vision, die darauf reagieren sollte, dass nach seiner Ansicht die Verfolgung der Christen in Konstantinopel „aus dem Unterschied im Ritus der Religionen" („ob diversum ritum religionum") entstanden war[28] – demgegenüber stellte seine literarische Vision eine Versammlung weiser Menschen vor Augen, die eine *concordantia* und so einen dauerhaften Frieden der Religionen gesprächsweise entfalteten.[29]

Sein Friedenskonzept für die Religionen basierte letztlich auf der skeptischen Sicht des Kusaners auf die Erkenntnisfähigkeit des Menschen, wie er sie in *De docta ignorantia* bereits 1440 entworfen hatte. Vor neuplatonischem Hintergrund hatte er hier dem Menschen in allen ontologischen Zusammenhängen die Fähigkeit zu umfassender Kenntnis, letztlich damit auch zu einer wahrheitsgemäßen Gotteserkenntnis aus der Kraft des eigenen Verstandes abgesprochen: Die auf die Welt der Unterscheidungen verwiesene menschliche Vernunft war nicht in der Lage, die in einer *coincidentia oppositorum* liegende Wirklichkeit Gottes im Vollsinne zu erfassen. Ist dem so, so kann aus Sicht philosophischer Rekonstruktion jegliche religiöse Rede von Gott nur als vorläufige und unzureichende angesehen werden – und eben hierin sieht Nikolaus von Kues den Schlüssel zur Besänftigung der Auseinandersetzungen. Friede also ergibt sich aus der Einsicht in die eigene Begrenztheit, Unfriede umgekehrt aus der falschen Beanspruchung von Wahrheit für bloß vorläufige Annäherungen an diese.

Konkret entwickelt der Kusaner hierzu die Vorstellung von einer Kulturabhängigkeit von Religion: Gott habe unterschiedlichen Völkern zu je eigener Zeit verschiedene Propheten und Lehrer gesandt, und hierdurch hätten sich Gewohnheiten (*consuetudi-*

---

27 Vgl. hierzu auch Kapitel 14.
28 *Nikolaus von Kues*, De pace fidei I,1 (S. 28f.); im Folgenden wird zitiert aus *Nikolaus von Kues*, Vom Frieden zwischen den Religionen. Lat.-Dt., herausgegeben und übersetzt von Klaus Berger und Christiane Nord, Frankfurt a.M./Leipzig 2002.
29 Ebd. I,1 (S. 28f.).

nes) entwickelt, von welchen die Menschen ungern ließen.[30] Diesen kulturell bedingt unterschiedlichen Gestaltungen aber liege das gemeinsame Streben zugrunde, Gott selbst zu verehren: „Da du das Leben schenkst und das Sein, suchen sie dich, den einen in all den verschiedenen Formen ihres Gottesdienstes, meinen sie dich mit all den verschiedenen Namen, weil dein wahres Wesen ein Geheimnis bleibt und nicht in Worte zu fassen ist", so redet in der kleinen Schrift ein Erzengel Gott selbst an.[31] Mit dieser Rede ist im Grunde die Lösungsperspektive für den gesuchten Religionsfrieden schon vorgegeben: Die Menschen sollen erkennen, dass es nur „eine Religion in der Vielfalt der Riten" gibt („religio una in rituum varietate"), dann werde das Schwert ruhen, Krieg und Unfrieden beendet sein.[32] Der Dialog zwischen unterschiedlichen Gelehrten – unter anderem einem Griechen, daneben auch einem Araber und einem Türken, aber auch beispielsweise einem Skythen – dient dem Nachvollzug eben dieser Erkenntnis. Dass nicht allein die interreligiöse Perspektive und der Blick nach Kleinasien eröffnet wird, zeigt der bemerkenswerte Umstand, dass zu den Diskutanten auch ein Böhme gehört, der das Gespräch über die Eucharistie anstößt[33] und so an den zu Lebzeiten des Kusaners auch kriegerisch ausgetragenen Konflikt mit den Hussiten anknüpft.

Aus religionsphilosophischer Sicht ist es dabei deutlich, dass jene Religion eine christliche Einfärbung hat. Das macht Nikolaus auch selbst deutlich, wenn er das fleischgewordene Wort als Gesprächsleiter auftreten lässt. Das ist insofern ein geschickter Griff, als dem Kusaner bewusst ist, dass der Koran in Sure 4,171 tatsächlich von Christus als *kalima*, Wort Gottes, spricht.[34] So kann er den Eindruck erwecken, mit dem Wort als Vorsitzendem des Gesprächs im Himmel, keine christliche Vereinnahmung vorzunehmen. Gleichwohl ist die Ausrichtung der einen wahren Religion, sofern sie Ausdruck in der Welt der irdischen Religionen findet, am Christentum unverkennbar. In wohlwollend-friedlicher Weise bereitet der Kusaner durchaus vor, was er gut ein Jahrzehnt später, 1460/61, in der *Cribratio Alkorani*, der *Prüfung des Korans*, scharf kritisch im Nachweis der Mängel des Korans durchführen sollte. Das friedliche Ausgleichsbemühen von *De pace fidei* äußert sich auch in einer heiklen Denkoperation, in welcher der Kardinal die absolute Geltung der Trinitätslehre relativierte: Als Schöpfer sei Gott zugleich einer und drei, in seiner Unendlichkeit aber sei er weder drei noch einer, so lässt Nikolaus es das Wort Gottes, also Christus, selbst sagen.[35] Die tiefe Überzeugung von der Unbegreiflichkeit Gottes und die Suche nach einem friedlichen Ausgleich zwischen den Religionen führen also zu einer Hinterfragung nach der

---

30 Ebd. I,4 (S. 32–35).
31 Ebd. I,5 (S. 34f.): „Tu ergo, qui es dator vitae et esse, es ille qui in diversis ritibus differenter quaeri videris et in diversis nominibus nominaris, quoniam uti es manes omnibus incognitus et ineffabilis".
32 Ebd. I,6 (S. 36f.).
33 Ebd. De pace fidei XVIII,63 (S. 140f.).
34 Hierauf verweist *Nikolaus von Kues*, ebd. XI,30 (S. 84f.)
35 Ebd. VII,21 (S. 62f.).

zentralen Lehrüberzeugung des Christentums, durch welche dieses sich von den anderen Religionen unterscheidet – und doch erhebt der Kusaner zugleich den Anspruch, dass für die Trinitätslehre, wie er sie als Gestaltungsform des Schöpfergottes versteht, selbst der jüdische Teilnehmer am Gespräch Zustimmung finden könne.[36] In dogmatischer Perspektive also schwankt der Text zwischen christlicher Engführung und Öffnung des Christentums durch dessen Relativierung. Gleich wie man dieses beurteilt, bleibt der für die Friedenstheorie entscheidende Gesichtspunkt, dass die *concordia* beziehungsweise *concordantia* durch eine den kulturellen Festlegungen gegenüber externe Referenzebene philosophischer Reflexion erreicht werden soll, die ihrerseits die Möglichkeit wechselseitiger Akzeptanz unterschiedlicher Ausprägungen von Religiosität ermöglicht. Das Büchlein endet mit der eschatologischen Perspektive einer in Jerusalem geschlossenen *perpetua pax* zwischen den Religionen,[37] der Appell aber richtet sich nicht allein auf die Endzeit, sondern vermittelt Gedanken, welche für die Gegenwart des Autors jedenfalls friedensvermittelnde Potenziale entfalten sollen.

3. Appellativer Pazifismus: Erasmus von Rotterdam

Eine bemerkenswerte Ausweitung der Friedensthematik vollzog Erasmus von Rotterdam (1466–1536) in seiner 1517 entstandenen *Querela Pacis*, der Klage des personifizierten Friedens über den Unfrieden seiner Zeit. Anlass für deren Abfassung bot der Plan, in Cambrai einen Friedenskongress zwischen Maximilian I. (1459–1519), Franz I. von Frankreich (1494–1547) und Heinrich VIII. von England (1491–1547) abzuhalten.[38] Auch wenn dieser selbst nicht zustande kam, gibt die Schrift des Erasmus doch Zeugnis für die gestiegene Aufmerksamkeit auf den zwischenstaatlichen Frieden zu Beginn des 16. Jahrhunderts.[39] Die Anregung für die Schrift hatte Jean Le Sauvage (1455–1518), Kanzler von Burgund, gegeben, dem bewusst gewesen sein dürfte, dass er in Erasmus einen erklärten Friedensfreund zum Autor erkoren hatte: Ab 1508 hatte dieser seine *Adagia* um das Sprichwort „Süß ist der Krieg für den/die Unerfahrenen" („Dulce bellum inexperto/-is") ergänzt und ab der Ausgabe von 1515 mit ausführlichen kritischen Erläuterungen über die Grausamkeit und Unvernunft des Krieges versehen, die auch als eigener Essay erschienen und damit zu den ersten Werken gehört, die sich „ausschließlich diesem für die Menschheit so brennenden Thema ,Krieg und Frieden'" widmen.[40]

---

36 Ebd. De pace fidei IX,25 (S. 74f.).
37 Ebd. XIX,68 (S. 148–151).
38 Zur Politik von Friedenskonferenzen in der Renaissance vgl. *Joycelyne G. Russell*, Peacemaking in the Renaissance, London 1986.
39 Vgl. hierzu auch Kapitel 17.
40 *Brigitte Hannemann*, Einleitung, in: Erasmus von Rotterdam, „Süß scheint der Krieg den Unerfahrenen". Übersetzt, kommentiert und herausgegeben von Brigitte Hannemann, München 1987, S. 7–36,

Dem dadurch geweckten Erfahrungshorizont entsprach die nun verfasste Schrift, welche ihre Dramatik auch daraus bezog, dass es sich um eine der *pax* selbst in den Mund gelegte Rede handelte, einen Appell an die Menschen, sich die Folgen des Krieges zu vergegenwärtigen, um diesen künftig zu vermeiden. Das ist tiefster Ausdruck christlicher Gesinnung: Wer Christus verkünde, verkünde den Frieden, wer hingegen Krieg verkündige, bewege sich in größtmöglichem Unterschied zu Christus.[41]

Schon der Beginn dieser großen Rede macht allerdings deutlich, dass Erasmus den Frieden nicht allein aus werteethischen Erwägungen heraus, denen zufolge Friedfertigkeit die *humanitas* kennzeichnet,[42] präferiert, sondern in ihm letztlich auch alle Hoffnungen der Menschen auf ihren eigenen Vorteil bewahrt sieht:

> Wenn die Menschen sich von mir, der ich es zwar nicht verdiene, abwendeten und mich vertrieben und verstießen, es ihnen aber doch von Nutzen wäre, würde ich nur das Unrecht an mir und ihre Härte beklagen. Da sie nun aber durch meine Vertreibung sofort die Quelle alles menschlichen Glückes von sich weisen und ein Meer aller Plagen auf sich ziehen, muss ich mehr ihr Unglück als das an mir begangene Unrecht beweinen.[43]

Diese Einleitungssätze setzen bereits voraus, dass Erasmus die eigene Zeit als in höchstem Maße von Unfrieden durchzogen wahrnimmt. Dies macht er auf drei Ebenen deutlich: Den offenkundig den Anlass bildenden nationalen Uneinigkeiten liegen Zwistigkeiten innerhalb der jeweiligen Herrschaften zugrunde. Diese wiederum sind Ausfluss des Unfriedens in den Herzen und Seelen der Menschen.

Gleichwohl unterstellt Erasmus dem *Humanum* grundsätzlich ein von Natur gegebenes Streben nach Frieden – allein schon das *commune hominis vocabulum* müsste

---

S. 21. Hannemanns Zuspitzung, dies sei bei Erasmus „zum ersten Mal in der europäischen Literaturgeschichte" erfolgt, ist angesichts der *Disputatio de pace et bello* von 1468 allerdings übertrieben (s. hierzu *Wolfram Benzinger*, Zur Theorie von Krieg und Frieden in der italienischen Renaissance. Die *Disputatio de pace et bello* zwischen Bartolomeo Platina und Rodrigo Sánchez de Arévalo und andere anlässlich der Pax Paolina (Rom 1468) entstandene Schriften. Mit Edition und Übersetzung, Frankfurt a.M. u.a. 1996). Es sei auch daran erinnert, dass Pico de Mirandola seine berühmte Schrift *De hominis dignitate* ursprünglich *Carmen de pace* nennen wollte (*Oliver W. Lembcke*, Die Würde des Menschen, frei zu sein. Zum Vermächtnis der „Oratio de hominis dignitate" Picos della Mirandola, in: Rolf Gröschner u.a. (Hg.), Des Menschen Würde – entdeckt und erfunden im Humanismus der italienischen Renaissance, Tübingen 2008, S. 159–186, S. 165).

41 *Erasmus von Rotterdam*, Querela pacis (S. 382f.); im Folgenden wird zitiert aus *Erasmus von Rotterdam*, Ausgewählte Schriften, hg. von Werner Welzig, Bd. 5, Darmstadt 1968. Die Angaben in Klammern beziehen sich auf die Seitenzahlen in dieser Edition.
42 Ebd. (S. 366f.).
43 Ebd. (S. 360f.): „Si me, licet immerentem, suo tamen commodo, sic aversarentur, ejicerent profiligarentque mortales, meam modo injuriam et illorum iniquitatem deplorarem: nunc cum me profligate, protinus fontem omnis humanae felicitates ipsi a semet arceant, omniumque calamitatum pelagus sibi accersant, magis illorum mihi deflenda est infelicitas, quam mea injuria".

genügen, diesen zu erlangen.⁴⁴ Da dem aber offenkundig nicht der Fall sei, bedürfe es Christi, um die Menschen zu Frieden und gegenseitigem Wohlwollen anzutreiben – doch klagt der personifizierte Frieden bei Erasmus, dass auch dies nicht wirklich zum ersehnten Ziel führt. Die Friedensschrift wird hier, 1517 verfasst, zu einer umfassenden Klage über die miserablen Zustände in der Christenheit, in welcher nicht einmal Universitäten, nicht einmal Kleriker oder Mönche vom Streit frei sind. Einen Weg aber aus dieser Situation sieht Erasmus – in einer merklichen Spannung zu den Mitteln des geplanten Friedenskongresses von Cambrai – nicht im Abschluss von Verträgen, sondern in der innerlichen Ausrichtung aller Menschen auf den Friedenswillen Christi. Diese Mahnung gilt den Herrschern und Priestern in erster Linie, letztlich aber allen Menschen: Nur aus der inneren friedlichen Ordnung kann auch die äußere entstehen.

4. Frieden durch Unterscheidung der Regimente: die Wittenberger Reformation

Die Anstöße des Erasmus gingen auch in der Frage des Friedens nicht an der Wittenberger Reformation vorüber: 1521 erschien eine von Georg Spalatin (1484–1545), dem sächsischen Hofkaplan und Vertrauten Luthers bereitete Übersetzung der *Querela Pacis*.⁴⁵ Martin Luther (1483–1546) selbst teilt mit den spätmittelalterlichen Denkern die Orientierung seiner Friedensreflexionen an den Binnenverhältnissen des politischen Gemeinwesens. Primäre Aufgabe der Obrigkeit, der der Mensch nach Röm 13 Gehorsam schuldet, ist nach Luther nämlich, dass sie „eusserlich frid schaffe und bösen wercken weret".⁴⁶ Diese Aufgabe hat ihre tiefste Ursache, darin den Gedanken des Erasmus vergleichbar, in der anthropologischen Grundbestimmung des Menschen, die Luther jedoch ganz gegenläufig zu dem Humanisten ausdrückt. Nicht das innerste Friedensstreben des Menschen stellt den Ausgangspunkt seiner Überlegungen dar, sondern dessen ungebremste Gewaltbereitschaft. Eben dies ist die Pointe von Luthers Lehre von den zwei Reichen:

> Hie müssen wyr Adams kinder und alle menschen teylen ynn zwey teyll: die ersten zum reych Gottis, die andern zum reych der welt. Die zum reych Gottis gehören, das sind alle recht glewbigen ynn Christo unnd unter Christo [...]. Zum reych der wellt oder unter das gesetz gehören alle, die nicht Christen sind.⁴⁷

---

44 Ebd. (S. 370f.).
45 Das Cristlich büchlein hern Erasmus Ro|terdamus genannt/ die Clage des Frids/ inn/ allen nation vnd landen verworffen/ vertrieben/ vnd erlegt/ Durch/ Georgium Spalati-/ num verteütscht, Augsburg: Sigismund Grimm 1521.
46 *Luther*, Von weltlicher Obrigkeit (D. Martin Luthers Werke. Kritische Gesamtausgabe. Schriften. 80 Bde., Weimar 1883–2009 [WA]. Bd. 11,252,13f.).
47 Ebd. (WA 11,249,24–27.).

Streng genommen lässt sich diese Einteilung der Menschheit in zwei Reiche schwer mit Luthers zentraler Auffassung vom Menschen als *simul iustus et peccator* vereinbaren, die den Menschen, auch wenn er Christ und gläubig ist, als gewaltbereiten Sünder beschreibt. Dass Luther hier auf das augustinische *civitates*-Denken zurückgreift, welches die Menschen in zwei Bürgerschaften unterteilte, die sich in ihrem jeweiligen Gottesverhältnis unterschieden, diente wohl einer argumentativen Zuspitzung. Da Luther in seiner Obrigkeitsschrift von 1523, der wir die wesentlichen Gedanken über seine Politiktheorie verdanken, auf Überlegungen des Freiherrn Johann von Schwarzenberg (1463–1528) reagierte, der in Frage gestellt hatte, ob sich Evangelium und politische Gewalt miteinander vereinbaren ließen, argumentierte der Wittenberger mit einer schärfer positiven Betonung der Wirkung des Evangeliums auf die Menschen, als dies durch eine Lehre vom *Simul iustus et peccator* nahegelegen hätte. Die Pointe allerdings blieb sich gleich: Selbst wenn man das Miteinander von Sünde und Gerechtigkeit nicht ausdrücklich im einzelnen Menschen verortete, so lagen beide nach dem Zwei-Reiche-Modell doch so untrennbar ineinander, dass eine Regierung allein mit Hilfe des Evangeliums gerade nicht Frieden wahren würde, sondern der ungezügelten Gewalt freien Lauf ließe. Weil die Unterscheidung der beiden Reiche im Angesicht Gottes gilt, die unterschiedlichen Menschen im äußerlichen Gemeinwesen aber ununterscheidbar miteinander leben, ist es die von Gott gegebene Aufgabe der Obrigkeit, den Menschen so zu bändigen, „gleych wie man eyn wild böße thier mit keten und banden fasset, das es nicht beyssen noch reyssen kann nach seyner artt".[48] In der Drastik dieser Begrifflichkeit kann man die spätere Rede vom Menschen als Wolf für den Menschen bei Thomas Hobbes vorgeprägt sehen.[49] Es klingt aber auch mit, dass für Luther in der menschlichen Existenz und damit auch in der menschlichen Gesellschaft letztlich immer neu der Kampf zwischen Gott und dem Teufel tobt. In dem zwei Jahre nach der Obrigkeitsschrift in *De servo arbitrio* (1525) geprägten Bild vom Menschen als Reittier Gottes oder des Teufels[50] äußert sich, dass der Mensch letztlich Schauplatz eines kosmologischen Kampfes ist, innerhalb dessen freilich der eine Streiter, Gott, nicht allein derjenige ist, der von vorneherein als Sieger erkennbar wird, sondern auch derjenige, der jenseits aller Kämpfe in Jesus Christus Geber des ewigen Friedens ist.

Was auf Erden als Frieden möglich ist, ist demgegenüber nicht nur qualitativ nachrangig, sondern auch immer nur als Folge des göttlichen Eingreifens und Erhaltens denkbar. Ordnet man die bei Luther nicht immer ganz klare Terminologie, so kann man sagen, dass mit diesen Überlegungen die Zwei-Regimente-Lehre im engeren Sinne erreicht ist: Um die hinsichtlich Glaube und Sünde anthropologisch in zwei Reiche eingeteilte Menschheit nicht ganz dem Verderben auszuliefern, hat Gott zwei

---

48 Ebd. (WA 11,251,8–10).
49 S. hierzu ausführlicher *Volker Stümke*, Das Friedensverständnis Martin Luthers. Grundlagen und Anwendungsbereiche seiner politischen Ethik, Stuttgart 2007, S. 458f. Vgl. zu Hobbes auch Kapitel 6.
50 *Luther*, De servo arbitrio (WA 18,635,17–22).

Regimente eingesetzt, zwei Regierweisen: das geistliche, um die Menschen durch Mahnung des Gesetzes in seinem theologischen, die Sünde aufweisenden Gebrauch und Verkündigung des Evangeliums zum Heil zu führen, einerseits. Und das weltliche Regiment andererseits, das vom Gesetz den sogenannten politischen Gebrauch macht, der die Sünde hindert Überhand zu nehmen. Beide sind nicht ohne weiteres mit Kirche und staatlicher Verfasstheit identisch, bedürfen aber dieser gesellschaftlichen Institutionen, um auf Erden wirksam zu werden. Hieraus resultiert die erwähnte friedenstiftende Wirkung der Obrigkeit. Diese darf sich dann auch, anders als der einzelne, zu Gewaltfreiheit angehaltene Christ, der Gewalt bedienen. Ausdrücklich legitimiert Luther etwa die Aufgabe des Henkers, die darin besteht, die Menschen dazu zu bringen, aus Angst vor der Strafe von Verbrechen abzusehen. Grundsätzlich gilt dieser Auftrag jeder Obrigkeit, auch der nichtchristlichen, der Luther mithin zuschreibt, auch unwissentlich den friedenwahrenden Auftrag Gottes auszuüben und deswegen Gehorsam verlangen zu dürfen.

Diese Überlegungen, die in späteren Theorien zur Vorstellung vom Gewaltmonopol des Staates weiterentwickelt wurden,[51] sind auch letztlich leitend für solche Äußerungen Luthers, die *prima facie* mit Friedensvorstellungen schwer vereinbar sind, etwa die Aufrufe zur Gewalt gegen die Aufständischen im sogenannten Bauernkrieg 1525. Der Fehler der Bauern bestand in Luthers Augen nicht darin, dass sie unrechtmäßige Forderungen stellten – im Gegenteil, Luther hatte sich, als er um eine Stellungnahme zu den *Zwölf Artikeln der Bauernschaft in Schwaben* gebeten worden war, in der Sache ausdrücklich hinter deren soziale Forderungen gestellt und die Adeligen kritisiert, weil sie durch ihr Verhalten schuldig am Aufruhr waren. Bestritten hatte er den Bauern lediglich, ihre Forderungen im Namen Christi aufstellen zu dürfen. Als Luther die Bauern aber zunehmend als gewaltbereit wahrnahm, sah er in ihnen Störer von Frieden und Ordnung – und in ihrer Niederschlagung einen Dienst am Frieden, ja, sogar an der christlichen Nächstenliebe.[52]

Das starke Vertrauen auf Gott als Akteur in der Geschichte, das Luther schon auszeichnete, ehe er 1523 seine Obrigkeitslehre entwickelte, hatte ihm zwischenzeitlich den Ruf eingetragen, sich nicht ausreichend für den Krieg gegen die Osmanen stark zu machen. Seine Ausführung in den *Resolutiones*, seinen Erklärungen zu den Ablassthesen von 1518, dass, wer nun gegen die Türken kämpfe, sich der von Gott gesandten Strafe widersetze, hatte in diesem Sinne Eingang in die Bulle *Exsurge Domine* gefunden, die Luther 1520 unter Androhung des Bannes zum Widerruf aufforderte.[53] Letztlich aber führte diese Auffassung in der weiteren Argumentation bei Luther keineswegs zu einer generellen Bestreitung des Türkenkrieges, wohl aber zu der Betonung, dass diesen Krieg zu führen, keine christliche Handlung sein könne, da es den Chris-

---

51 S. hierzu *Stümke*, Friedensverständnis, S. 460.
52 *Luther*, Von weltlicher Obrigkeit (WA 18,361,24–28).
53 DH, 1484; vgl. *Luther*, Resolutiones zu den Ablassthesen (WA 1,535,35–39).

ten nicht gezieme, sich dem Bösen zu widersetzen.[54] Daher sei der Krieg nicht Aufgabe der Kirche oder des Papstes, sondern allein der weltlichen Obrigkeit. Diese allerdings konnte Luther in der *Heerpredigt wider den Türken* von 1529 dann deutlich zum Kampf auffordern.

Die Verbindung mit den Schriften zum Bauern- und zum Türkenkrieg lässt den friedenstheoretischen Hintergrund von Luthers Überlegungen umso deutlicher hervortreten: Die Friedenssicherung ist, soweit es hier um den eingangs benannten innerweltlichen Frieden und nicht den eschatologischen Frieden Gottes geht, ausschließliche, aber auch vornehmliche Aufgabe der weltlichen Obrigkeit. Wenn diese ihrem von Gott gegebenen Auftrag angemessen nachgeht, trägt sie durch Kontrolle der Auswirkungen der Sünde zu jenem Frieden bei, der damit letztlich ganz im Sinne der mittelalterlichen Tradition nicht mehr ist als die Abwesenheit von Uneinigkeit.

5. Friedenswahrung als Auftrag der Stadtgesellschaft: die Schweizer Reformation

Die Stellung der oberdeutschen und schweizerischen Reformation zu Friedenskonzeptionen ist durchaus ambivalent. Insbesondere das Beispiel Huldrych Zwinglis (1484–1531) zeigt, dass die enge Einbindung der Reformation in die Belange des Gemeinwesens auch dazu führen konnte, den Krieg als Mittel der Ausdehnung der Reformation zu betrachten: 1524/25 hat Zwingli einen militärischen Plan zur Auseinandersetzung mit den altgläubig gebliebenen Orten entworfen,[55] und bekanntlich erlitt er selbst den Tod in der Schlacht von Kappel, und dies wohl nicht, wie es frühere Verharmlosungen Glauben machen wollten, als Feldprediger, sondern als Kämpfer. Gleichwohl wäre eine Festlegung auch des Zürcher Reformators auf ein kriegerisches Bild unzureichend. Zu den Gestalten, die ihn prägten, gehörte auch Erasmus von Rotterdam, und so lässt sich in seinem frühen, wohl 1516 verfassten Gedicht *Der Labyrinth* eine Friedenssehnsucht greifen, die er in die antike Gestalt des Theseus kleidete. Der Ariadnefaden, der diesen leitete, war die Vernunft, und diese sollte den Menschen dazu führen, von Krieg und Streit Abstand zu nehmen, um schließlich Gottes „fridens schin"[56] über den Menschen erstrahlen zu lassen. Jene Distanz gegenüber menschlicher Machtpolitik, die Erasmus äußerte, zeigte sich hier auch bei dem Zürcher Reformator. Auch an der Deutung der Obrigkeit als Instanz zur Wahrung des Friedens partizipierte er, ja, er konnte den Täufern geradezu entgegenhalten, dass ihre Skepsis gegenüber Obrigkeiten letztlich die legitime Obrigkeit unterminiere, die doch „zur Wahrung von Frieden

---

54 *Luther*, Vom Kriege wider die Türken (WA 32/2,111,16–28).
55 *Zwingli*, Plan für einen Feldzug, in: Corpus Reformatorum (im Folgenden zitiert als CR), Halle u. a. 1834ff., Bd. 3, S. 539–583.
56 *Zwingli*, Der Labyrinth (CR 88,60,230).

und Ruhe" eingerichtet war.⁵⁷ Dieses Vertrauen in die friedensschaffende Kraft der Obrigkeit begründete seinen kriegerischen Einsatz eben für diese. Ähnlich wie in der Wittenberger Reformation konnte die ererbte Ausrichtung des Friedensverständnisses an der internen Ordnung eines Gemeinwesens die Konflikte nach außen nicht nur begrenzen, sondern gegebenenfalls sogar verstärken.

Die Sorge um das Wohl der städtischen Gemeinschaft prägte vordergründig auch Calvins Vorstellungen von Krieg und Frieden. Insbesondere in Auseinandersetzung mit täuferischen Gruppierungen betonte er, dass die Mahnung zum friedvollen Erdulden den Christenmenschen individuell gelte, nach Röm 13 aber ausdrücklich nicht den Magistraten.⁵⁸ Diesen oblag vielmehr die Pflicht, das Schwert zu führen und damit auch die Stadt zu verteidigen. In diesen Überlegungen deutet sich an, dass Calvin deutlich und durchaus in Anlehnung an die Sozialtheorie Luthers weltliche und geistliche Dimension des Friedens unterschied. In weltlicher Hinsicht war demnach ein Krieg zur Erhaltung des Staatswesens durchaus legitim und konnte unter gegebenen Umständen geradezu als Erfüllung des Gebotes der Nächstenliebe verstanden werden. In geistlicher Hinsicht hingegen galt das göttliche Friedensgebot unbedingt, und zwar zunächst für die Bändigung der eigenen negativen Affekte. Im *Kommentar zu Kol* 3,15 führte Calvin aus:

> So will er, dass der Friede Gottes höher sei als alle Affekte des Fleisches, die uns oft zu Streitigkeiten, Zwietracht, Hader, Zank und Groll fortreißen. Er verbietet also, dass wir den Zügel für solche niederen Affekte lösen. Aber weil es schwirig ist, sie zu bündigen, zeigt er auch ein Heilmittel: dass bei Gottes Frieden der Sieg steht, weil es einen Zügel geben muss, durch welchen alle Affekte des Fleisches kontrolliert werden.⁵⁹

Der wahre Friede also kommt von innen und ist dann auch umfassender zu bestimmen als es die vorauslaufende Tradition mit ihrer Ausrichtung auf Frieden als Abwesenheit von Streit definiert hat. Calvin gewinnt sein Friedensverständnis maßgeblich aus dem alttestamentlichen Verständnis von שלום (*schalom*) als eines heilvollen Zustandes umfassender Ruhe und Gerechtigkeit.⁶⁰ Dieser kann und soll das Individuum ebenso prägen wie das Miteinander der Menschen. Seine primäre Verwirklichung findet er in der Kirche:

---

57 *Zwingli*, Commentarius de vera ac falsa religione (CR 90,870,36f.): „ad pacem ac tranqullitatem servandam".
58 *Calvin*, Brieve instruction contre les anabaptistes (CR 35,77f.).
59 „[...] ita vult pacem Dei superiorem esse omnibus carnis affectibus, qui nos saepe ad contentiones, dissidia, rixas, simultates abripiunt. Prohibet ergo ne fraenum pravis eiusmodi affectibus laxemus. Sed quia difficile est eos coercere, remedium quoque ostendit: ut penes Dei pacem sit victoria: quia fraenum esse oportet, quo omnes carnis affectus cohibeantur" (*Calvin*, Commentarius in Epistolam ad Colossenses [CR 52,123]).
60 *Marco Hofheinz*, Johannes Calvins theologische Friedensethik, Stuttgart 2012, S. 42.

Für Calvin ist die Kirche Jesu Christi nämlich der dieses Blutvergießen kontrastierende Ort der im Versöhnungsgeschehen von Gott in Christus gestifteten Friedensrealität.[61]

Insofern Kirche eng mit weltlichen Behörden zusammenwirkt, entsteht so auch für diese die Aufgabe, das Gemeinwesen nach dem Ideal des göttlichen Friedens zu gestalten. Das impliziert allerdings auch ein hohes Maß an Homogenität in der Gottesverehrung, sodass für Calvin die Pflicht, Abweichungen in Lehre und Handeln vom als richtig erkannten christlichen Weg auch mit Mitteln der Gewalt zu ahnden, geradezu Ausfluss des Friedensauftrags ist.

6. Radikaler Gewaltverzicht: Täufer und Spiritualisten

Die Anfänge und Gestaltungsformen des Täufertums sind zu vielfältig, um diese Bewegung, die heute in unterschiedlichen Terminologien als ‚linker Flügel der Reformation' oder ‚radikale Reformation' eingeordnet wird, in ihrer Gesamtheit als pazifistisch zu charakterisieren. Für ihre Zeitgenossen, gleich ob reformatorisch oder altgläubig, erschien sie aufgrund des Täuferreiches von Münster (1534/35) geradezu als paradigmatischer Ausdruck von Gewaltbereitschaft. Dieser Ruf haftete den Täufern an, bis im 20. Jahrhundert die vorurteilsbehafteten Darstellungen der vorherigen Generationen gründlich destruiert wurden. Seither sieht man deutlicher, dass insbesondere der von Zürich ausgehende Zweig der täuferischen Bewegung eine Ethik radikaler Lösung von weltlichen Belangen und in deren Folge auch vom Gebrauch von Gewalt entwickelte. Programmatisch formuliert wurde dies, als Michael Sattler (ca. 1490–1527) im Februar 1527 in Schleitheim eine Versammlung der in der Schweiz geprägten Täufer abhielt, welche in mehreren Artikeln deren Grundüberzeugungen formulierte. Das Bekenntnis forderte die Absonderung von der Welt, um sich nicht in die Belange des Teufels zu verstricken, und erklärte in diesem Zusammenhang, dass der Obrigkeit zwar von Gott zugestanden sei, das Schwert zu führen, vollkommenen Christen aber sein Gebrauch – und damit auch die Annahme eines obrigkeitlichen Amtes – verboten sei. Ihnen stehe zur Strafe allein der Bann zur Verfügung. Die Täufer begründeten damit eine Existenz nicht allein jenseits der Kriege menschlicher Gesellschaft, sondern überhaupt jenseits der politischen Strukturen ihrer Zeit. Ihre Friedensethik war weniger auf politische Gestaltung des Gegebenen als auf Sammlung der Glaubenden jenseits der irdischen Gegebenheiten ausgerichtet.

Das gilt in gewisser Weise auch für den bekanntesten Friedenstheoretiker der Spiritualisten, die seit Ernst Troeltsch terminologisch und sachlich von den Täufern un-

---

61 *Hofheinz*, Friedensethik, S. 66.

terschieden werden. Ihr Rückzug aus der Gesellschaft war in der Regel nicht wie bei den Täufern gruppenbildend, sondern individualistisch ausgerichtet. Ihnen wird, wenngleich unter Vorbehalt, auch Sebastian Franck (1499–1543) zugerechnet. Er knüpfte mit seinem bewusst paradoxal benannten *Kriegsbüchlein des Friedens* (1539)[62] explizit an Erasmus' *Querela Pacis* wie auch dessen *Adagia* an, radikalisierte dessen Position aber unter dem Eindruck der täuferischen Bewegung und wohl auch der eigenen gesellschaftlichen Randständigkeit zu einem individuellen Pazifismus. So betont er, dass der Krieg „viehisch/ wider die natur vnnd vernunfft [...] vnnd nit menschlich sey".[63] Vor allem aber widerspreche er dem Auftrag Christi: So wie dieser Petrus aufgefordert hat, sein Schwert in die Scheide zu stecken, soll auch jeder Christ auf die Führung von Waffen verzichten.[64] Dies gilt dann auch, wiederum unter Berufung auf Erasmus, doch in deutlicher Zuspitzung, im Angesicht eines gewaltbereiten Feindes: „Bistu ein Christ/ so leyd/ duld/ vnd veracht diese dein vermaynte gerechtigkeyt".[65] Implizit ist dies die denkbar radikalste Infragestellung der sonst in der Regel unproblematisch tradierten Lehre vom gerechten Krieg – und im Namen Christi die Forderung nach unbedingter Friedensbereitschaft auch zu eigenen Lasten. Freilich folgt daraus in Francks Perspektive wohl nicht ein eigener Gestaltungsrahmen für das Politische: Albrecht Gagenlocher hat darauf hingewiesen, dass sich Francks Friedensappell aus seiner Diagnose der Gegenwart als Endzeit herleitet, sie also eher die geistlich Lebenden dazu anhält, wie sie sich angesichts der im Sinne der synoptischen Apokalypse (Mk 13 parr.) zunehmenden Kriege zu verhalten haben, als dass sie Appelle an politische Verantwortungsträger enthielte.[66]

7. Schlussüberlegungen

Dass die Wahrung und Gestaltung des Friedens einen zentralen Auftrag für das Gemeinwesen bedeutet, war in Humanismus und Reformation eine letztlich unaufgebbare Folge aus der christlichen Botschaft. Üblicherweise war dabei der Horizont des Friedens der Zusammenhang innerhalb des Imperiums oder eines anderen Herrschaftsgefüges. Nur gelegentlich wurde dies, wie im Falle des Erasmus, auf die zwischenstaatlichen Verhältnisse übertragen. Leitbild war im einen wie im anderen Fall

---

62 Das Kriegsb[xxx]chlin./ des frides. [...], [Augsburg] 1539. Eine normalisierte und gekürzte Fassung findet sich in: *Kurt von Raumer*, Ewiger Friede. Friedensrufe und Friedenspläne seit der Renaissance, Freiburg i.Br./München 1953, S. 249–288.
63 Ebd. 9^v.
64 Ebd. 17^v.
65 Ebd. 32^r.
66 S. hierzu *Albrecht Hagenlocher*, Sebastian Francks „Kriegsbüchlein des Friedes", in: Franz Josef Worstbrock (Hg.), Krieg und Frieden im Horizont des Renaissancehumanismus, Weinheim 1986, S. 45–67, S. 62.

meist ein positiv wenig gefülltes Verständnis des Friedens als Abwesenheit von *discordia*; Calvin allerdings entwickelte im Rekurs auf alttestamentliche *schalom*-Vorstellungen ein stärker positiv gefülltes Friedensverständnis. Dies brachte es mit sich, dass potenzielle Störenfriede der *concordia* durchaus auch mit Mitteln der Gewalt in den Friedensrahmen gezwungen werden konnten. Das christliche Gebot, dem Bösen zu widerstehen, war dabei durchaus bewusst, wurde aber durch unterschiedlich ausgestaltete Unterscheidungen der geistlichen Sphäre zur weltlichen nicht unbedingt zur Handlungsnorm für politische Obrigkeiten, denen vielmehr in der Regel nach Röm 13 die Handhabung des Schwertes als göttlicher Auftrag zugebilligt wurde. In anderen Kreisen allerdings, angedeutet bei Erasmus und deutlicher und prinzipieller im Spiritualismus, wurde diese sorgsame Verhältnisbestimmung zwischen individualethischer Friedensorientierung und politischer Verantwortlichkeit zum Gewaltgebrauch im Dienste des Friedens aufgelöst – hier entwickelten sich Konzepte, die durchaus pazifistische Züge tragen. Im Namen Christi bestritten sie angesichts von dessen nahender Wiederkehr jeder Gewaltrationalität die Berechtigung.

Auswahlbibliographie / Select Bibliography

Barnes, John C./O'Connell, Daragh (Hg.), War and Peace in Dante. Essays Literary, Historical and Theological, Dublin 2015.
Beestermöller, Gerhard /Justenhoven, Heinz-Gerhard (Hg.), Friedensethik im Spätmittelalter. Theologie im Ringen um die gottgegebene Ordnung, Stuttgart 1999.
Benzinger, Wolfram, Zur Theorie von Krieg und Frieden in der italienischen Renaissance. Die Disputatio de pace et bello zwischen Bartolomeo Platina und Rodrigo Sánchez de Arévalo und andere anläßlich der Pax Paolina (Rom 1468) entstandene Schriften. Mit Edition und Übersetzung, Frankfurt a. M. u. a. 1996.
Diesner, Hans-Joachim, Stimmen zu Krieg und Frieden im Renaissance-Humanismus, Göttingen 1990.
Duchrow, Ulrich, Christenheit und Weltverantwortung. Traditionsgeschichte und systematische Struktur der Zwei-Reiche-Lehre, Stuttgart ²1983.
Heckel, Johannes, Lex charitatis. Eine juristische Untersuchung über das Recht in der Theologie Martin Luthers, München 1953.
Heckel, Johannes, Im Irrgarten der Zwei-Reiche-Lehre. Zwei Abhandlungen zum Reichs- und Kirchenbegriff Martin Luthers, München 1957.
Heckel, Martin, Martin Luthers Reformation und das Recht. Die Entwicklung der Theologie Luthers und ihre Auswirkung auf das Recht unter den Rahmenbedingungen der Reichsreform und der Territorialstaatsbildung im Kampf mit Rom und den „Schwärmern", Tübingen 2016.
Hofheinz, Marco, Johannes Calvins theologische Friedensethik, Stuttgart 2012.
Kibe, Takashi, Frieden und Erziehung in Martin Luthers Drei-Stände-Lehre, Frankfurt a. M. u. a. 1996.
Mantey, Volker, Zwei Schwerter – Zwei Reiche. Martin Luthers Zwei-Reiche-Lehre vor ihrem spätmittelalterlichen Hintergrund, Tübingen 2005.
Miethke, Jürgen, De potestate papae. Die päpstliche Amtskompetenz im Widerstreit der politischen Theorie von Thomas von Aquin bis Wilhelm von Ockham, Tübingen 2000.
Raumer, Kurt von, Ewiger Friede. Friedensrufe und Friedenspläne seit der Renaissance, Freiburg/München 1953.
Russell, Joycelyne G., Peacemaking in the Renaissance, London 1986.

Stümke, Volker, Das Friedensverständnis Martin Luthers. Grundlagen und Anwendungsbereiche seiner politischen Ethik, Stuttgart 2007.
Worstbrock, Franz Josef (Hg.), Krieg und Frieden im Horizont des Renaissancehumanismus, Weinheim 1986.

Friedrich Beiderbeck
3. Frieden zwischen religiöser und säkularer Deutung, 1555–1700

Abstract: Religious and Secular Interpretations of Peace, 1555–1700
Early modern understandings of peace were shaped by the differentiation and pluralization of public life. Ecclesiastical-theological authority lost ground to growing state power. The necessity of religious coexistence promoted the expansion of the state monopoly on the use of force. Between 1555 and 1700, ideas of peace often implied nonviolence and security, unity and coexistence as state-guaranteed services. This reflected two significant shifts: the end of the unity of peace and faith and the transformation of eschatological expectations into a worldly concept of peace. The fact that government assumed responsibility for peace did not make religion redundant as a way of understanding peace. The experience of confessional violence fostered irenic and tolerant ideas, which envisaged interdenominational understanding as the foundation of peace. The demand for general tolerance proved to be utopian, however; state offered at least limited forms of coexistence.

Die Phase zwischen der Mitte des 16. und dem Ende des 17. Jahrhunderts ist durch ein hohes Maß an Differenzierung, Autonomisierung und Säkularisierung wichtiger politischer und gesellschaftlicher Lebensbereiche gekennzeichnet. Die signifikante Konfliktfülle dieser Zeit kann als Reaktion auf ein Übermaß an schmerzhafter Veränderung gelesen werden: den Abschied von universal gültigen, gesellschaftlich verbindlichen weltanschaulichen Wahrheiten. Diese Entwicklung, die sich nicht zuletzt in der reformatorischen Trennung von geistlicher und weltlicher Sphäre manifestierte, zwang zu einer Überprüfung eigener Identitäten und führte zu neuartigen ideellen und materiellen Koexistenzformen.

Die für die Frühe Neuzeit charakteristische Bellizität erscheint dadurch als thematischer Ausgangspunkt, wird doch das zeitgenössische Friedensverständnis in seinen Facetten als zu historisierende Antwort auf die profunden Veränderungen gesellschaftlicher Ordnungen und die damit einhergehenden Formen von Krieg und Gewalt verständlich. Entsprechend der Vielschichtigkeit dieser Wandlungsprozesse empfiehlt sich eine semantische Differenzierung des Friedensbegriffs: Anschaulich wurde der Frieden in unserem Kontext zunächst als eine aus der Not geborene, konflikteindämmende Maßnahme politischer Herrschaft, wie z. B. die Religionsfrieden und Pazifikationsedikte der zweiten Hälfte des 16. Jahrhunderts veranschaulichen (1). Als Antwort auf die vielfach religiös motivierte Gewalt begegnete zudem ein ausgeprägt ethisch-überkonfessioneller Ansatz, der Frieden als Problem der persönlichen Einstellung thematisierte (2). In der Theorie rückte die weltliche Herrschaft als Inhaberin des Gewaltmonopols zusehends in den Vordergrund: Für die Bewältigung besonders der konfessionellen Pluralisierung fiel dem staatlichen Herrschaftsbereich eine veränderte und neu zu definierende Verantwortung für den öffentlichen Frieden zu (3). Zukunftsträchtig erschien ebenso die Diskussion über die Organisation und Legitimation von Frieden auf europäischer Ebene, verlangten doch der Niedergang der traditionalen christlichen Institutionen von Kaiser und Papst und die Entstehung eines konkurrierenden Staatensystems nach ideologischer wie machtpolitischer Orientierung (4).

Für die Beurteilung der Voraussetzungen von Frieden ist in unserem Kontext von dem wirkmächtigen Zusammenhang von Religion und Politik auszugehen. Der Begriff ‚Religionskrieg' wird dabei eng mit „der strukturellen Intoleranz der frühneuzeitlichen Konfessionsbildung" in Verbindung gebracht.[1] Allerdings wirkte die Staatswerdung nicht weniger kriegstreibend. Zur Konsolidierung staatlicher Herrschaft bedienten sich weltliche Amtsträger auch gerne konfessioneller Legitimation, obwohl die politische Logik säkularer Staatsbildung dem im Grunde widersprach. Gehen wir davon aus, dass das Problem frühneuzeitlicher Bellizität sowohl von der Religion als auch von der Politik zu verantworten war, so auch die Fragen des Friedens, seiner Aufrichtung und Bewahrung. Für die vielfältigen Friedensvorstellungen unter Amtsträgern wie auch politik- oder kirchennahen Denkern waren die gesellschaftlichen Prozesse der Konfessions- und Staatsbildung gewissermaßen semantischer Rahmen. Die Wechselwirkung zwischen religiöser und säkularer Deutung ist ein hermeneutischer Schlüssel für das Friedensverständnis im vorliegenden Kontext, wobei sich der Bedeutungshorizont von der individuellen über die gesellschaftliche bis zur zwischenstaatlichen Ebene erstreckt.

1. Frieden als historischer Verfassungsakt

Der Begriff der ‚Konfessionalisierung' ist ein modernes Forschungsinstrument, das die wechselseitige Einflussnahme zwischen Bekenntnis und politischem Gemeinwesen thematisiert.[2] Für die Bedeutung von ‚Frieden' ist dieser Umstand maßgeblich, geht es doch um eine Epoche, in der religiöse Pluralisierung die Existenz von Gemeinwesen erschütterte und sich im anschließenden Prozess staatlicher Konsolidierung Lösungsmöglichkeiten abzeichneten, die neben dem Prinzip konfessioneller Homogenität eben auch religiöse Varianz beinhalteten. Ein wichtiger Schritt zur Befriedung der Gemeinwesen bestand in der Verfassungsaufgabe, die religiöse Wahrheitsfrage zurückzustellen und den Friedensdiskurs auf politisch-rechtliche Grundlagen zu stellen.

---

1 *Johannes Burkhardt*, Konfessionsbildung und Staatsbildung. Konkurrierende Begründungen für die Bellizität Europas?, in: Andreas Holzem (Hg.), Krieg und Christentum. Religiöse Gewalttheorien in der Kriegserfahrung des Westens, Paderborn u. a. 2009, S. 529.
2 Forschungskonzept und Literatur s. *Thomas Kaufmann*, Art. „Konfessionalisierung", in: EdN 6 (2007), Sp. 1053–1070.

Der Augsburger Religionsfrieden (1555) markierte für das Friedensverständnis des Zeitalters eine tiefe Zäsur, weil er die unkontrollierte weltanschauliche Pluralisierung seitens der Reformation durch eine politisch-rechtliche Regelung zu meistern versuchte und – durch die Anerkennung von Realitäten als Prinzip politischer Konfliktregelung – die Bindung der Politik an universale, verbindliche religiöse Wahrheiten zu lösen begann.[3] Die bisherige Einheit von kirchlichem und politischem Frieden wurde de facto aufgekündigt, auch wenn der Religionsfrieden als verfassungsrechtlich interimistisch angelegt war.[4] Auf dem Boden der christlichen Reichsidee entstand ein säkularer Frieden als befristete Koexistenzordnung: Im Verständnis der Altgläubigen eine vorläufige Tolerierung, für die Anhänger der Augsburger Konfession bedeutete der Frieden eine definitive rechtliche Anerkennung.

Für die Semantik der Friedensidee ist entscheidend, dass dem Landfrieden Vorrang vor der Lösung des Konfessionsstreites eingeräumt wurde: Es gehe um „gemeine Ruhe und Sicherheit" und darum, „Unruhe und Kriegs-Empörung, Zertrennung und Untergang zu verhüten [...]".[5] Als paritätische Religionsverfassung gebot der Frieden ausdrücklich den Vergleichs- und Verhandlungsweg unter Ausschluss von Zwang und Gewalt.[6] Der moderne Begriff der Koexistenzordnung[7] kommt dem Wesen des Friedens wohl am Nächsten, wenn dieser eine von Versöhnungsbereitschaft und gegenseitigem Respekt getragene Haltung anmahnt: „[...] ohne beständigen Frieden zu Christlicher, freundlicher Vergleichung der Religion nicht wol zu kommen [...]".[8] Obwohl wiederholt auf eine angeblich wenig friedfertige Haltung der Religionsparteien verwiesen wird,[9] betont die jüngere Forschung die wichtige Stabilitätsfunktion, die der Friede für Kaiser und Reichsstände beider Konfessionen nach 1555 besaß.[10]

Handelte es sich 1555 um einen Religions- oder vielmehr um einen Säkularfrieden? Grundlegend war ein Friedensverständnis, das sich vom universalistischen Konzept der *Pax christiana*, Frieden sei nur nach Beseitigung von Heterodoxie denkbar, verabschiedete. Der neue Frieden bedeutete die Anerkennung des Existenzrechtes für die Anhänger der Augsburger Konfession: „Die pax christiana säkularisierte sich insoweit zum ‚modernen' weltlichen Frieden, als er auch die Häretiker schützte, und zwar

---

3 Vgl. hierzu auch Kapitel 41.
4 *Martin Heckel*, Deutschland im konfessionellen Zeitalter, Göttingen 1983, S. 45.
5 § 7–14, in: Arno Buschmann (Hg.), Kaiser und Reich. Verfassungsgeschichte des Heiligen Römischen Reiches Deutscher Nation vom Beginn des 12. Jahrhunderts bis zum Jahre 1806 in Dokumenten, Bd. 1, Baden-Baden 1994, S. 221–224. Vgl. hierzu auch Kapitel 8.
6 § 11, in: *Buschmann*, Kaiser, Bd. 1, S. 221f.
7 *Thomas Brockmann*, Art. „Religionsfriede", in: EdN 10 (2009), S. 1071f.
8 § 25, in: *Buschmann*, Kaiser, Bd. 1, S. 228.
9 Zur juristischen Ausnutzung von Unklarheiten oder zu dissimulierenden Taktiken: *Heckel*, Deutschland, S. 50f.; *Brockmann*, Religionsfriede, S. 1075.
10 Vgl. *Maximilian Lanzinner*, Konfessionelles Zeitalter 1555–1648, Stuttgart [10]2001, S. 47f.; *Joachim Whaley*, Das Heilige Römische Reich Deutscher Nation, Bd. 1: 1493–1648, Darmstadt 2014, S. 423–426; *Heinz Schilling*, Aufbruch und Krise. Deutschland 1517–1648, Berlin 1998, S. 240.

gerade gegen das kirchliche Recht".[11] Die Begriffe ‚Toleranz'[12] und ‚Freistellung' wurden vermieden, das *Jus emigrandi* (Art. 24) stellte hingegen faktisch ein Grundrecht auf Gewissensentscheidung aus religiösen Gründen dar. Die auf Inklusion zielende Begrifflichkeit des Friedens von 1555 erhielt eine Vorbildfunktion, nicht zuletzt weil das Vertragswerk als Grundgesetz diente, vereinbart zwischen dem Kaiser und den Reichsständen beider Konfessionen.

In der Forschung wird der herausgehobene legitimatorische Rang der *Pax civilis* betont.[13] Die weltliche Herrschaft trat zunehmend als Repräsentant der *Respublica* und Garant der inneren Ordnung auf. Eingriffe in den innerkirchlichen geistlichen Bereich sollten weitgehend vermieden werden. Diese Entwicklung ist auch in Frankreich zu beobachten: Die staatliche Begründung konfessioneller Koexistenz stützte sich semantisch auf Kategorien des öffentlichen Lebens wie Gemeinwohl und Eintracht, Befriedung, Ruhe und Ordnung (*bien commun, union, concorde, repos, pacification*). Die ideologische Verankerung von Frieden erfolgte indes nicht auf der Grundlage von Individualrechten.[14]

Der Augsburger Frieden und das Edikt von Amboise (1563) beendeten offene Feindseligkeiten und setzten als *Pax civilis* eine Gesetzesgrundlage für den Umgang der Konfessionen miteinander, sodass Auseinandersetzungen aller Art nur im gesetzten politisch-juristischen Rahmen gestattet waren: Religiöse Polemik und Verurteilung des Gegners oder Aufwiegelung zu Gewalt wurden gleichgesetzt mit Widerstand gegen den Staat. Eine Folge davon war die Verschiebung aggressiver Strategien in juristische Bahnen. Die Aufrichtung des interkonfessionellen Friedens wird so als ein mehrschichtiger Verrechtlichungsprozess sichtbar, eine Herausforderung aber nicht nur für die Jurisprudenz, sondern auch für die staatsphilosophische bzw. reichspublizistische und nicht zuletzt eine sich wandelnde theologische Reflexion. Das Koexistenzpostulat führte zu neuartigen Friedensformen, für die auf keine historischen Vorerfahrungen zurückgegriffen werden konnte. Die Folge war die Entwicklung neuer politischer Konzepte auf städtischer, regionaler und staatlicher Ebene sowie die Einübung neuer Praktiken der Auseinandersetzung, Konfrontation und Schlichtung.[15]

Die Friedensfrage erscheint in der stark politisierten Debatte in Frankreich von vornherein auf einer Verfassungsebene, die – anders als im deutschen Fall – keine partikularen Lösungsversuche gestattete. Um eine innere Zersplitterung des Landes abzuwenden und die politische Einheit von Königtum und Staat zu gewährleisten, musste der nationale Frieden als glaubensunabhängiger Rechtsstatus betrachtet werden: Für Alle gilt die Zugehörigkeit zum Staatskörper und die Teilhabe am öffent-

---

11 *Heckel*, Deutschland, S. 52.
12 Vgl. hierzu auch Kapitel 30.
13 *Olivier Christin*, La paix de religion. L'autonomisation de la raison politique au XVIe siècle, Paris 1997, S. 34f.; *Wilhelm Janssen*, Art. „Friede", in: GGB 2 (1975), S. 556ff.
14 *Christin*, Paix, S. 38f.
15 Vgl. *Christin*, Paix, S. 101ff. Vgl. hierzu auch Kapitel 23 und 24.

lichen Leben. Die 1562 vor dem Pariser Parlament getroffene Feststellung Michel de L'Hospitals (um 1505–1573), dass selbst ein Exkommunizierter nicht seinen Status als Bürger verliere,[16] ist in ihrer antizipatorischen Haltung der eines Lazarus von Schwendi (1522–1583) vergleichbar. Es rückte eine Gruppe europäischer politischer Verantwortungsträger in den Vordergrund, die ein späthumanistisches Friedens- und Toleranzverständnis vertrat und deswegen härtesten Anfeindungen ausgesetzt war.

Die Vorstellung eines solchen Friedens wurde in Frankreich von den *Politiques* propagiert. Diese in erster Linie aus Juristen bestehende Gruppierung von Staatsdienern verlangte unter dem Eindruck der Folgen des Bürgerkrieges nach einem Frieden, der die religiös-kirchlichen Auseinandersetzungen als für Gesellschaft und Staat nicht lösbar ausspart. Dieses Friedensverständnis legte es nicht nur darauf an, langfristig das Verhältnis der Glaubensgemeinschaften zueinander zu verändern, es definierte die gesellschaftspolitische Relevanz des Staates neu: Nicht die wahre Religion legitimiert den Staat, sondern dieser garantiert in seiner Aufgabe als Friedenswahrer die Religionsausübung seiner Bürger. Es ist nicht mehr Sache des Staates, für das Seelenheil der Untertanen Sorge zu tragen. Die Bedingungen der Möglichkeiten staatlicher Fürsorge beruhten in einer Neudefinition, die in unserem Punkt eine Selbstbeschränkung implizierte. Das Verständnis von Frieden und Friedenserhaltung sollte vorrangig in der Gewährleistung öffentlicher Ordnung und Sicherheit bestehen, wofür die Gesetze des Staates und ihre Akzeptanz erste Voraussetzung waren.[17]

Neben den *Politiques* formierte sich um die politische Führung der französischen Reformierten eine Gruppe, die der inneren Befriedung Frankreichs besondere Aufmerksamkeit widmete: Henri de Navarre (1553–1610), ab 1589 Heinrich IV. von Frankreich, strebte ein Bündnis mit Heinrich III. (1551–1589) und den staatsloyalen Katholiken an, um nicht nur gegen die katholische *Ligue*, sondern ebenso gegen die spanische Besetzung Frankreichs und die Vormacht Spanien-Habsburgs in Europa vorgehen zu können. In Navarres reformiertem Umfeld (z.B. Duplessis-Mornay, Sully) wurden Möglichkeiten für konfessionsübergreifende, außenpolitisch orientierte Einigungsstrategien reflektiert, welche die Autonomie des Politischen als Voraussetzung für die Befriedung Frankreichs von den Bürgerkriegswirren vorwegnahmen.[18]

Das Edikt von Nantes antizipierte die Unabhängigkeit des modernen Staates von der Kirche.[19] Der prioritäre Zweck einer der Erschöpfung geschuldeten inneren Befriedung spiegelt sich in der häufigen Formel „pour le salut et repos de cet État". Die Person Heinrichs IV. stand für den Verzicht auf die religiöse Einheit und die das Königtum tragende, Monarch und Untertan gemeinsame Konfession. Die Pazifikation

---

16 *Christin*, Paix, S. 11.
17 Vgl. *Roman Schnur*, Die französischen Juristen im konfessionellen Bürgerkrieg des 16. Jahrhunderts. Ein Beitrag zur Entstehung des modernen Staates, Berlin 1962, S. 19 ff.
18 *Friedrich Beiderbeck*, Zwischen Religionskrieg, Reichskrise und europäischem Hegemoniekampf. Heinrich IV. von Frankreich und die protestantischen Reichsstände, Berlin 2005, S. 29–75.
19 Vgl. hierzu auch Kapitel 44.

diente als Medium zur Restitution von monarchischer Autorität und staatlicher Einheit. Von Bedeutung für dieses Friedenskonzept ist, dass die Toleranz eben nicht zum bestimmenden Verfassungsprinzip erhoben, sondern als Ausdruck königlichen Willens dekretiert wurde. Der Protestantismus wurde nicht mit dem Katholizismus gleichgestellt, Gewissensfreiheit bedeutete nicht Kultusfreiheit. Der französische Staat blieb prinzipiell katholisch.[20] Entscheidend war der vom Souverän vollzogene Bruch mit dem Prinzip der Einheit von Glauben und *Pax civilis*! Zur Legitimation notwendig war die perspektivisch geäußerte Erwartung einer Rückkehr der Reformierten zur alten Kirche: Für die Zeitgenossen handelte es sich denn auch eher um eine Art von Waffenstillstand, eine Besinnungsphase zur Verständigung mit den konfessionellen Abweichlern.[21]

Es ist für das Verständnis erheblich, dass das Edikt politisch einen absolutistischen Akt, einen säkularen Frieden darstellt, der von der persönlichen Macht des Monarchen abhängig war – ein Umstand, der Ludwig XIV. (1638–1715) mit der gleichen autoritativen Folgerichtigkeit handeln ließ, nur mit umgekehrten Vorzeichen. Die Ansprache Heinrichs IV. vor dem Pariser Parlament zeigt eindringlich, in welchem Maße der staatliche bzw. königliche Friedenswille dem Land aufgezwungen werden musste.[22] Nichtsdestotrotz illustriert dieser Frieden den klaren Anspruch auf staatliche Deutungshoheit, indem er das Prinzip einer begrenzten konfessionellen Koexistenz durchsetzte: Gewaltprävention durch die detaillierte Klärung administrativer Verfahren und kultischer Praktiken, durch die Gewährung von Sicherheit aufgrund von Privilegien und Refugien. Die Idee des Friedens von Nantes – Wiederherstellung des Staates und Stärkung der monarchischen Autorität – schuf eine Sphäre des Gewissens, gewährleistet nur im Modus der Unterordnung unter das Gesetz des Staates: Gläubige und Untertanen konnten nach diesem Friedensverständnis getrennte Wege gehen.

„L'édit de Nantes, conclu en 1598, et les traités de Westphalie, signés en 1648, constituent sans nul doute l'aboutissement des paix de religion du XVIe siècle".[23] In beiden Fällen führte erst ein sehr langer Leidensweg zu der Einsicht, dass religiöser und weltlicher Frieden nicht nur getrennten Bereichen angehörten, sondern auch höchst unterschiedlichen Ansprüchen folgten. Besonders anschaulich wird dieser Umstand im Westfälischen Frieden 1648, dessen wichtigster Teil ein ‚politischer', die religiöse Wahrheitsfrage ausklammernder ‚Religionsfriede' ist.[24] Gemeint ist damit eine die Konfessionslager übergreifende Rechts- und Friedensordnung, von der die Identität, das interne Kirchenrecht und Geistesleben der Konfessionen unberührt

---

20 *Bernard Cottret*, 1598 – L'Édit de Nantes. Pour en finir avec les guerres de religion, Paris 1997, S. 180.
21 Vgl. *Cottret*, Édit, S. 177, S. 191, S. 196, S. 362, S. 386.
22 Ebd., S. 385.
23 *Christin*, Paix, S. 207.
24 Vgl. hierzu auch Kapitel 46.

blieb. Der Erfolg dieses Modells ist auf die Formel „Friedensstiftung durch Verrechtlichung" oder „Juridifizierung des Reichs-Systems" gebracht worden.[25] Die Konfessionsproblematik konnte durch die reichsverfassungsrechtliche Parität als Ausdruck der vollen Rechtsgleichheit der drei Konfessionsparteien erfolgreich eingegrenzt werden. Die Verfahrensweisen der gegenseitigen Anerkennung und die Institutionalisierung von Konsens und Kompromiss führten zu Sicherheit und Stabilität als tragende Säulen des gesellschaftlichen Friedens.[26] Der Rechtssicherheit der großen Konfessionsparteien entsprach die Bekräftigung der ständischen Libertät auf Reichsebene. Der Westfälische Frieden konnte als ‚säkular' begründete politisch-rechtliche Koexistenzordnung zu einem historischen Vorbild werden, ohne dass die im Wiedervereinigungsgebot verankerte religiöse Einheit der *Respublica christiana* deshalb verleugnet werden musste.

2. Frieden als individualethischer Imperativ

Mit den Prozessen religiöser und politischer Pluralisierung stieg die individuelle ethische Herausforderung von Amtsträgern wie Untertanen. Friedensfähigkeit war für Johan Amos Comenius (1592–1670), den Anhänger einer verfolgten religiösen Minderheit (Hussiten), ein unablässiger Erziehungsprozess, der durch Einübung einer auf Toleranz und Kompromiss gerichteten herrschaftsfreien diskursiven Methode befördert werden müsse.[27] Jeder sollte in die Lage versetzt werden, vorurteilsfrei und vernunftorientiert das Seinige zum Diskurs beizutragen. Durch die Wahrnehmung positiver Gehalte gegnerischer Positionen werden Extreme überwunden und „Sensibilität für das Wissen von Ganzheitlichkeit" geschaffen.[28] Comenius zeigte sich als theologischer Vordenker einer überkonfessionellen Katholizität: Der *verus Catholicismus* bestehe in der Mitte zwischen den unversöhnlich scheinenden, Glaube und Werke verabsolutierenden dogmatischen Positionen. Comenius' pansophische Frömmigkeit repräsentiert einen theologisch inklusiven, irenisch orientierten Friedensbegriff.

Nicht trotz, sondern gerade wegen des lebensbedrohlichen Naturzustandes sah Thomas Hobbes (1588–1679), Zeitzeuge der englischen Bürgerkriege, das Streben nach Frieden als Naturgesetz ersten Ranges, das – wie auch das Recht – bestimmende

---

25 *Anton Schindling*, Das Heilige Römische Reich als Friedensordnung?, in: Ronald G. Asch u. a. (Hg.), Frieden und Krieg in der Frühen Neuzeit. Die europäische Staatenordnung und die außereuropäische Welt, München 2001, S. 273 ff.
26 Vgl. *Siegrid Westphal*, Der Westfälische Frieden, München 2015, S. 108 f.; *Schindling*, Friedensordnung, S. 290 f. Vgl. hierzu auch Kapitel 27.
27 *Erwin Schadel*, Comenius' Pansophie als Konzept eines kreativen Friedens, in: Norbert Brieskorn/ Markus Riedenauer (Hg.), Suche nach Frieden. Politische Ethik in der Frühen Neuzeit, Bd. 3, Stuttgart 2002/2003, S. 186, S. 191 f.
28 Ebd., S. 192 f.

Grundlage des Überlebens sei: Entscheidend ist dabei die Bereitschaft des Individuums, auf das „Naturrecht auf alle Dinge" zum Zwecke gemeinsamer Sicherheit zu verzichten und „mit so viel Freiheit gegen andere zufrieden zu sein, wie er anderen gegen sich selbst zugestehen würde".[29] Das immerwährende Misstrauen gegeneinander und die ständige Todesfurcht fördern Friedensbereitschaft,[30] gemäß dem Naturgesetz bedingen Selbsterhaltung und Frieden einander. Das erste Gebot der Friedenssuche sei im Gewissen verankert – dennoch besitzt dieses Naturgesetz einen Vorbehalt: Es gilt nur bei allseitiger Befolgung, niemand muss sich freiwillig zur Beute machen.[31] Vor diesem Hintergrund wird in der Forschung auf die ethischen Konsequenzen aus dem Verlust des universalistisch-metaphysischen Ordnungsdenkens abgehoben: Der irdische Frieden als Bedingung eines auf Selbsterhaltung gerichteten glücklichen Lebens ersetze ein transzendent begründetes *summum bonum*, es gehe nicht mehr um ein zu erringendes jenseitiges Leben.[32] Hobbes' Friedensverständnis ist eng mit seiner Moraltheorie verbunden: Inhalt der Moral sei die Schaffung der Voraussetzungen für ein friedvolles und sozial verträgliches Leben, woraus sich die ethische Relevanz von Tugenden, Pflichten und Gesetzen ergibt. Ohne Frieden konnte es für Hobbes auch kein Glück geben.

Für den aus religiösen Gründen verfolgten Pierre Bayle (1647–1706) wurden die inneren moralischen Instanzen zu den wesentlichen Bedingungen der menschlichen Friedensfähigkeit. Eine selbstkritische Vernunft entscheide über die Haltung gegenüber den Mitmenschen, das Gewissen werde zur Richtschnur in weltanschaulichen Fragen. Die Konsequenz der religiösen Toleranz folgt aus einer aufrichtigen Gesinnung, die die Wahrhaftigkeit als Haltung der Frage nach der Wahrheit vorzieht: „Es steht der Gewissensspruch für sich selbst und bezieht seine Geltung unabhängig von seiner Herkunft direkt aus der praktischen Vernunft".[33] So wurde für Bayle die Bedingung von Frieden zunächst zu einer Frage der persönlichen Haltung, wobei aber der Bereich des Gewissens wiederum streng religiös als Bereich Gottes definiert ist. Die Friedensfähigkeit der Gesellschaft hängt ab von der Fähigkeit zur Akzeptanz von Pluralität, die selbst Atheismus einschließt. Toleranz bildet den Kern von Bayles Frie-

---

29 *Thomas Hobbes*, Leviathan, hg. von Hermann Klenner, Hamburg 1996, Kap. XIV, S. 108f.; vgl. hierzu auch Kapitel 6.
30 Ebd., Kap. I, S. 13.
31 Zu den Gegensätzen innerhalb der Hobbes-Forschung: Moralischer Subjektivismus vs. Verankerung im Naturrechtsdenken vgl. *Hans Schelkshorn*, Thomas Hobbes' Ethik des Friedens, in: Brieskorn/Riedenauer (Hg.), Suche nach Frieden, Bd. 3, S. 218f.; *Henning Ottmann*, Geschichte des politischen Denkens. Bd. 3/1: Die Neuzeit. Von Machiavelli bis zu den großen Revolutionen, Stuttgart/Weimar 2006, S. 302ff.
32 *Schelkshorn*, Ethik, S. 221f.
33 *Norbert Brieskorn*, Pierre Bayle oder der neue Blick auf Atheismus, Toleranz und Frieden, in: ders./Riedenauer, Suche nach Frieden, Bd. 3, S. 111; vgl. *Elisabeth Labrousse*, Art. „Pierre Bayle", in: Jean-Pierre Schobinger (Hg.), Die Philosophie des 17. Jahrhunderts, Bd. 2: Frankreich und Niederlande, Basel 1993, S. 1036–1040.

densverständnis, das leichtfertige Urteile und unwiderrufliche Verdammungen kategorisch ablehnt.[34]

Die Irenik kann in unserem Kontext als eine theologische Antwort auf die Auseinandersetzungen der religiösen Bürgerkriege und die Frage nach der Glaubwürdigkeit religiös-kirchlicher Authentizität verstanden werden. Sie stand für eine klare Abgrenzung gegenüber der Polemik, indem sie konfessionsübergreifende Gemeinsamkeiten, verbindende Traditionen und Überzeugungen betonte. Als Vorbild dienten Erasmus' Vorstellungen von geistiger und organisatorischer Einheit der christlichen Kirche. Auch der Straßburger Reformator Martin Bucer (1491–1551) übte großen Einfluss aus mit seiner Überzeugung, dass Meinungsvielfalt in der grundsätzlichen Einheit der Kirche Christi wurzelt. Nach 1555 bildete sich in der Kurpfalz eine Hochburg der deutschen Irenik. Als im Unterschied zum Luthertum reichsrechtlich nicht geschützte Richtung des Protestantismus bemühten sich Vertreter des reformierten Lagers wie z. B. David Pareus (1548–1622) um Verständigung innerhalb der evangelischen Bewegung.[35] Im 17. Jahrhundert relativierte der an der Universität Helmstedt lehrende Georg Calixt (1586–1656) die dogmatischen Differenzen der Konfessionskirchen, indem er die gemeinsamen Glaubensgrundlagen in der christlichen Kirche des Altertums betonte. Einen Höhepunkt der irenischen Unionsbewegung des 17. Jahrhunderts stellten die Aktivitäten um Persönlichkeiten wie Leibniz, Rojas y Spinola (1626–1695), Molanus (1633–1722) und Jablonski (1660–1741) dar.[36]

Als überzeugter Anhänger des im Westfälischen Frieden verankerten Wiedervereinigungsgebots sympathisierte der politische Denker Leibniz mit dem Synkretismus Calixts ebenso wie mit der Irenik eines Hugo Grotius (1583–1645), der seinerseits für einen ökumenischen Bund selbstständiger Kirchen eintrat. Nachdem Leibniz in seinen frühen Jahren (1667–1672) die katholisch motivierte Versöhnungspolitik am Kurmainzer Hof Johann Philipps von Schönborn (1605–1673) erlebt hatte, wirkte er zeitlebens für eine dezidiert irenische Grundhaltung in der kirchlich-theologischen Debattenkultur. Sein Friedensverständnis fußte auf der grundsätzlichen Bereitschaft zur Transzendierung konfessioneller Differenzen innerhalb der gesamten lateinischen Christenheit. Die jüngere Forschung hat darauf hingewiesen, dass Leibniz' irenische Aktivitäten nicht ohne das zeitgenössische Umfeld und die konfessionspolitischen und dynastischen Interessen der Höfe in Wien, Hannover und Berlin zu verstehen sind.[37]

---

34 *Labrousse*, Bayle, S. 1039.
35 *Wilhelm Holtmann*, Art. „Irenik", in: TRE 16 (1993), S. 269f.
36 Vgl. dazu ausführlich *Wenchao Li u. a.* (Hg.), Leibniz und die Ökumene, Stuttgart 2013.
37 Vgl. *Alexander Schunka*, Zivile Toleranz – religiöse Toleranz – Union. Leibniz zwischen protestantischer Irenik und dynastischer Politik in Hannover und Berlin, in: Friedrich Beiderbeck u. a. (Hg.), Umwelt und Weltgestaltung. Leibniz' politisches Denken in seiner Zeit, Göttingen 2015, S. 589–612; *Friedrich Beiderbeck*, Leibniz's Political Vision for Europe, in: Maria Rosa Antognazza (Hg.), The Oxford Handbook of Leibniz, Oxford 2018, S. 676–678.

3. Frieden als Aufgabe des politischen Gemeinwesens

Der Aufstieg des Symbolsystems ‚Staat' und seine Rivalität zum kirchlich-theologischen Deutungsanspruch mündeten in einen Differenzierungsprozess, der die Definition von ‚Frieden' auf die Ebene innenpolitischer Entscheidungsfindung verlagerte. Die Begründung des Staates und seines Machtanspruches waren untrennbar mit der theoretischen und praktischen Herstellung und Sicherung von Frieden verbunden, wie es die naturrechtliche Definition staatlicher Kompetenzen demonstrierte. Kirchlich-konfessionelles Friedensdenken geriet dabei immer stärker in die Defensive, religiöse Einflüsse blieben aber in unterschiedlicher Weise erhalten und gingen in säkulare Begründungszusammenhänge ein.

Bei Jean Bodin (1529/30–1596) sollte der metaphysische Anteil nicht übersehen werden, der neben die staatstheoretische und politikphilosophische Reflexion tritt und gerade für das Verständnis seiner Friedensvorstellung tragend ist. Betrachtet man den Souveränitätsgedanken als Befriedungskonzept, richtet sich das Interesse auf die Verbindung zwischen der Entkonfessionalisierung und der säkularen Politisierung des Friedensthemas.[38] Dabei übernimmt die Vorstellung einer metaphysisch hergeleiteten harmonischen Gerechtigkeit – versinnbildlicht in der Person des Souveräns als göttlichem Abbild – eine besondere Funktion. Das Friedensverständnis erscheint säkularisiert: Frieden wird als politischer Begriff einer eschatologisch-apokalyptischen Deutungsebene entzogen und zum innerweltlichen Selbstzweck, ohne deshalb auf eine transzendente Herleitung zu verzichten. Diese metaphysische Rückbindung bezeichnete Bodin als *concordia discors* und wandte sie als *justice harmonique* auf den Bereich der Politik an.[39] Die Umsetzung dieser Gerechtigkeitsvorstellung oblag nun vollständig der staatlichen Souveränität. Als *summa legibusque soluta potestas* erhielt nicht nur die *puissance souveraine* das Attribut einer zeitlich unbegrenzten, absoluten Regierungsvollmacht, auch die alte Rivalität zwischen geistlicher und weltlicher Herrschaft war zugunsten der letzteren entschieden. Bodin verlegte das alle Gegensätze ausgleichende metaphysische Harmonieprinzip in den politisch-sozialen Raum und ließ es in der staatlichen Herrschaft Realität werden. Irdischer Frieden konnte nicht nur durch die weltliche Macht dauerhaft gesichert werden, Frieden wurde zum eigentlichen und höchsten Staatszweck: „Et néanmoins la paix, qui figure l'harmonique, est le seul but et comble de toutes les lois et jugements, et du vrai gouvernement royal [...]".[40]

---

[38] Dazu *Sicco Lehmann-Brauns*, Kosmische Harmonie und politischer Friede. Jean Bodins politische Philosophie als Beitrag zur Friedensethik, in: Brieskorn/Riedenauer, Suche nach Frieden, Bd. 2, S. 409–433.
[39] Ebd., Harmonie, S. 424.
[40] *Jean Bodin*, Les Six Livres de la République. Un abrégé du texte de l'édition de Paris de 1583, Bd. 6/6, hg. von Gérard Mairet, Paris 1993, S. 580.

In Bodins Zeitgenossen Lazarus von Schwendi begegnet ein humanistisch-juristisch geschulter, herrschaftsnaher Denker, der sein Friedensverständnis aus politisch-sozialer Verantwortung heraus entwickelte. Nach anfänglicher Abneigung gegen den Protestantismus als Quelle von Aufruhr und Unordnung änderte Schwendi angesichts der Entwicklung in Frankreich seine Ansichten.[41] Er begrüßte das Edikt von Amboise, lehnte Repression in Glaubensfragen entschieden ab und trat für Gewissensfreiheit ein. Damit verfocht Schwendi wie auch Michel de L'Hospital eine Haltung, die dem säkularisierten Staat die Rolle des Garanten konfessioneller Koexistenz zuteilte und damit dessen Hauptaufgabe in der Sicherung des inneren Friedens sah. In einer Denkschrift für Kaiser Maximilian II. (1574) formulierte Schwendi in einer für die Zeit ungewöhnlich grundsätzlichen Form, dass weder Gewaltmaßnahmen noch inhaltlich-theologische Ausgleichsversuche das Problem nachhaltig zu lösen vermögen, es bleibe einzig die politische Entscheidung für Gewissensfreiheit:

> [...] zur erhaltung gemeines Friedens [...] also kein ander verhoffentlichter weg und Mittel, [...] dann die Befriedung der Gemüther und Gewissen und eine gleichmässige, gesammte und mit gemeiner Autoritet verpflichte und zugelassene Toleranz beider Religionen, dergestalt, dass es mit solcher Freystellung und Toleranz vermög des Religionsfriedens [...] verbleibe [...], auch sonst niemand den Andern von wegen seines Gewissens und Glaubens, da er sonsten im Gehorsam lebt, weder mit Worten noch Werken verfolge und beleidige [...].[42]

Schwendis Friedensidee bot nicht ein auf spätere kirchliche Reunion zielendes Provisorium, sondern empfahl die Anerkennung einer wohl unwiderruflichen Pluralität in Glaubensfragen, für deren Konsolidierung er eine säkular definierte staatliche Ordnung zuständig hielt.

Es erscheint als innere Konsequenz, die in der Ableitung des Staates aus dem den Menschen kontinuierlich bedrohenden Naturzustand liegt, wenn Thomas Hobbes den Frieden zum eigentlichen Staatszweck erklärte.[43] Für Hobbes gab es hier keinen verpflichtungs- und morallosen Handlungsfreiraum, da bereits im Naturzustand das im Gewissen angelegte Friedensstreben als ein naturgesetzliches Gebot zu verstehen sei.[44] Auf der Grundlage der Überwindung des Naturzustandes durch einen allseitigen Freiheitsverzicht restituierte er die überkommene Idee einer staatlich garantierten Friedensordnung und konstruierte sie auf der Institution des Vertrages als Ausdruck der schöpferischen Freiheit des Menschen. Der Vertragstopos wurde zum tragenden Fundament des Friedensprinzips, abgesichert durch das Naturgesetz des *pacta sunt servanda*. Es ging um die Überwindung der privaten Interpretation des Naturrechts und deren Übertragung auf die durch den Gesellschaftsvertrag autorisierte staatliche

---

41 *Christin*, Paix, S. 191ff.
42 *Lazarus von Schwendi*, Denkschrift über die politische Lage des deutschen Reiches von 1574, hg. von Eugen von Frauenholz, München 1939, S. 27.
43 *Hobbes*, Leviathan, Kap. XVII, S. 145; Kap. XXI, S. 183.
44 *Ottmann*, Geschichte, S. 292.

Gewalt. Das damit an den Staat abgetretene Gewaltmonopol schloss aber letztlich eine Deutungshoheit über die Semantik basaler gesellschaftlicher Begrifflichkeiten wie ‚Frieden' oder ‚Gerechtigkeit' ein.

Für die Hobbes-Rezeption ab der Mitte des 20. Jahrhunderts gewinnen das Fehlen eines Widerstandsrechtes und die Unmöglichkeit einer Begrenzung von Herrschaft an Interesse.[45] Die minimalistische, auf Grotius verweisende Naturrechtstheorie einer materiellen Selbsterhaltung scheint mit einem Verzicht auf bürgerliche Rechte erkauft.[46] Auch ein religiöser Friedensgedanke soll im öffentlichen Raum keine Funktion mehr übernehmen dürfen, allein dem Souverän steht die Interpretationshoheit über das Wort Gottes zu.[47] Hobbes ließ die säkulare Wissenschaft an die Stelle kirchlich-theologischen Deutungsstrebens treten: Wissen und Wissenschaft spielen eine Hauptrolle bei der Verbesserung der *Conditio humana*. Die Philosophie deckt die Ursachen von Kriegen auf, Politik wird zu einer „Friedens- und Überlebenswissenschaft".[48] Dem moralischen Frieden mit Gott wurde jede Bedeutung für den innerweltlichen, säkularen Frieden abgesprochen. Religion und Theologie scheinen in der Dimension des Politischen aufgehoben.

Pierre Bayles skeptische Überzeugungen waren den leidvollen Erfahrungen eines verfolgten Hugenotten geschuldet. Jedoch zog Bayle, der das Axiom einer kritischen Vernunft auch auf die eigenen Überzeugungen angewendet wissen wollte und in Fragen der Weltanschauung eine tolerante Grundhaltung für unumgänglich hielt, in der Sache der Religion eine völlig andere Konsequenz als beispielsweise Hobbes: Für Bayles Friedensideal ist die Forderung maßgeblich, politischen und gesellschaftlichen Autoritäten das Recht zur Bestrafung religiöser Überzeugungen grundsätzlich abzusprechen.[49] Die Voraussetzung für eine stabile Friedensordnung sah Bayle in der Trennung des Bürgers vom Gläubigen, der staatlichen von den religiösen Kompetenzen. Religion stelle kein obrigkeitliches Disziplinierungsinstrument dar, die Instrumentalisierung religiöser Fragen biete nur zu leicht ein Motiv für Gewalt. Für die Wahrung von Gerechtigkeit und Frieden im öffentlichen Raum trage hingegen der Staat die Verantwortung.

Samuel von Pufendorf (1632–1694) ging nicht in erster Linie von den Rechten aus, sondern fragte nach den Pflichten des Einzelnen vor jeder Staatsgründung und im Staat, den Pflichten des Staates gegenüber seinen Bürgern und der Staaten untereinander. Pufendorfs Imperativ lautete, man habe das Wohl des Nächsten zu fördern, soweit keine eigenen Nachteile entstehen. Frieden werde möglich, wenn alle Individuen im Staat und die Staaten in der Völkergemeinschaft wechselseitig die Pflichten

---

45 *Schelkshorn*, Ethik, S. 240ff., Zitat 243, Forschungsliteratur.
46 *Richard Tuck*, Hobbes, Freiburg i. Br. u.a. 1999, S. 41f.
47 Ebd., S. 133f.
48 *Ottmann*, Geschichte, S. 274.
49 Vgl. *Labrousse*, Bayle, S. 1036–1040.

der Menschlichkeit (*officia humanitatis*) erfüllen.⁵⁰ Pufendorfs Friedensverständnis basierte auf der – christlichen – Pflicht zur Hilfe gegenüber den Nächsten. Die Vielzahl der Pflichten und Rechte resultiere aus der natürlichen Vernunft, den Gesetzen des Staates – und der Offenbarung. Entscheidend ist, dass er sein Friedensideal nicht im Rückzug des Einzelnen, sondern in dessen sittlichem Handeln in der Gemeinschaft begründete. Auch für Pufendorf lag der erste Zweck des Staates in der Friedenssicherung, denn erst im staatlich geschaffenen Sicherheitsraum könne sich sozialer Frieden als ein dauerhaftes Miteinander der Menschen entfalten. Allerdings setzte der Lutheraner Pufendorf – im Unterschied zu Hobbes – das Recht der Individuen über den Herrschaftsvertrag.⁵¹ Ein kirchliches Mitspracherecht in Fragen der säkularen Ordnung bestand für ihn nicht, während der Staat Toleranz in Religionsangelegenheiten üben sollte. Neben die naturrechtliche Perspektive auf die Bedingungen von Frieden trat die reichspublizistische Sicht. Das Heilige Römische Reich bot Pufendorf dabei durchaus die Möglichkeit einer funktionierenden Friedensordnung.

Im Friedensverständnis von Gottfried Wilhelm Leibniz greifen die Ebenen naturrechtlich-ethischer und reichsverfassungsrechtlicher Überlegungen stark ineinander. Das Bewusstsein für Krieg und Gewalt war nachhaltig von den Erinnerungen an den Dreißigjährigen Krieg bestimmt, sodass sich Leibniz' historisch-politischer Friedensbegriff an den Ordnungsparadigmen des Westfälischen Friedens orientierte. Das römisch-deutsche Reich bildete als Föderativmodell das Ideal einer friedensfördernden und Ausgleich bietenden Ordnung ab. Im Unterschied zu Pufendorf, der das Alte Reich in erster Linie nach politik- und verfassungstheoretischen Kriterien beurteilte, konstituierte Leibniz seinen Reichsbegriff in einer universalen Sichtweise als historisch-politisches, rechtliches und soziales Faktum. Seine Vorstellungen gingen über die traditionellen Aspekte politischer *Securitas* – innerer Frieden, Recht, außenpolitische Sicherheit – hinaus. Für die Ausbildung einer *societas perfecta* kam es ihm ebenso auf die ökonomisch-sozialen und kulturellen Faktoren an.⁵² Staatsverständnis und christliches Naturrecht waren für Leibniz eng aufeinander bezogen. Das Staatswesen besitze eine besondere Verantwortung, wenn es um die Frieden schaffende Verwirklichung der göttlichen Gerechtigkeit und die Beförderung allgemeiner Glückseligkeit geht. Auch in Fragen der Erziehung und Bildung – Voraussetzung für die Vervollkommnung des Menschen – sei die weltliche Herrschaft in der Pflicht. Leibniz entwarf ein Gesellschaftsbild, das neben politischen Herrschaftsträgern jede am Gemeinwohl interessierte Privatperson einbezog und in Verantwortung für das *bonum commune* nahm. Fernziel blieb für ihn die Aufrichtung einer *republica optima*, einer auf Vernunft und Liebe gegründeten menschlichen Gemeinschaft. Der Reformansatz konkre-

---

50 *Klaus Luig*, Samuel Pufendorf über Krieg und Frieden, in: Brieskorn/Riedenauer, Suche nach Frieden, Bd. 3, S. 258.
51 *Notker Hammerstein*, Samuel Pufendorf, in: Michael Stolleis (Hg.), Staatsdenker in der Frühen Neuzeit, München 1995, S. 172–196, S. 182f.
52 *Beiderbeck*, Vision, S. 666f.

tisierte sich in der Institution der Sozietät, die als Denk- und Organisationsanstalt für das Wohlergehen der Gesellschaft zu dienen hatte. Für das Verständnis von Leibniz' Friedensideal grundlegend ist dessen sozialethische Bindung an christliches Naturrecht: Ob für die staatliche Ordnungsmacht oder die individuelle Verantwortlichkeit, Richtschnur war für ihn die *Pietas* als höchster Grad des Naturrechts.

4. Frieden als zwischenstaatliches Desiderat

Die Auflösung des christlich-hierarchischen Ordnungsdenkens, die Entstehung eines konkurrierenden Staatenverbandes und die damit wachsende Bellizität in Europa zwangen zur Reflexion über die Bedingungen zwischenstaatlichen Friedens.[53] Die frühneuzeitlichen Pluralisierungstendenzen, Thema der innerstaatlichen *Pax civilis*, wurden ebenso als Problem internationaler Wirkzusammenhänge wahrgenommen.

Das entstehende moderne Völkerrecht thematisierte vordringlich die Kriegsthematik, so dass es Denkern wie Pufendorf vorbehalten blieb, stärker auf den Charakter der europäischen Staatenwelt als Rechts- und Friedensgemeinschaft abzuheben.[54] Hobbes ging vom Krieg als dem Naturzustand auch auf der zwischenstaatlichen Ebene aus, nur dass er hier im Unterschied zum innerstaatlichen Bereich keine Möglichkeit einer verbindlichen Rechtssetzung sah: Durch Völkerrecht könne Frieden nicht effektiv gesichert werden. Die Radikalität des Hobbes'schen Souveränitätsgedankens spiegelt das Grundproblem des entstehenden *Jus gentium*: Zwischenstaatliche Beziehungen basieren nicht auf einem einklagbaren, bewehrten Recht, das Streben nach Frieden ist vielmehr eine Frage von Staatsräson und politischer Vernunft.[55] Der Verlust der hierarchischen *Christianitas*-Instanzen Kaiser und Papst als Orientierungsgrößen bedeutete nicht zwangsläufig den Zusammenbruch christlicher Ordnungsvorstellungen, vielmehr gingen diese in säkulare Wertsetzungen ein.

Der Westfälische Friedenskongress (1648) hob auf der Suche nach einem Generalfrieden die europäische Friedensidee auf eine neue konzeptionelle Stufe: Die Mächte und Potentaten Europas konnten dieses modellhafte und zukunftsweisende politische Forum zur Problemlösung und Krisenprävention nutzen. Die Westfälischen Friedensverträge wurden „zu dem Referenzdokument in der internationalen Politik schlechthin".[56] Sie entwickelten sich für die Zeitgenossen zum Inbegriff für eine konfessionell

---

53 Vgl. hierzu auch Kapitel 17.
54 *Hammerstein*, Pufendorf, S. 194f.
55 Vgl. dazu *Dieter Wyduckel*, Recht, Staat und Frieden im Jus Publicum Europaeum, in: Heinz Duchhardt (Hg.), Zwischenstaatliche Friedenswahrung in Mittelalter und Früher Neuzeit, Köln/Wien 1991, S. 185–204, bes. S. 191.
56 *Heinz Duchhardt*, Frieden im Europa der Vormoderne. Ausgewählte Aufsätze 1979–2011, hg. von Martin Espenhorst, Paderborn u. a. 2012, S. 72, S. 145.

wie politisch plurale Rechts- und Friedensordnung. Christlich daran waren nicht nur die *Invocatio Dei* und die *Christianitas*-Formel des Friedensgebotes (IPO Art. I/IPM § 1),[57] sondern in einer überkonfessionellen, frühsäkularisierten Form auch ein wesentlicher Grundzug des Programms: Der Kontinent begriff sich auf seiner Suche nach Versöhnung als christliche Kulturgemeinschaft.[58] Epochal für das sichtbar gewandelte Friedensverständnis waren das Ende der apokalyptische Gewalt legitimierenden Endzeithaltung und die Bereitschaft, nach dauerhaften innerweltlichen, auf Koexistenz gründenden Friedensformen zu suchen.

Wenn es um die Diskussion über kollektive Sicherheit,[59] eine institutionalisierte Friedenssicherung oder eine übernationale Schiedsinstanz geht, verdient der umfangreiche französische Beitrag zur europäischen Friedensdiskussion besondere Beachtung. Verständlich wird dieses vitale Friedensinteresse durch die Geschichte Frankreichs in der zweiten Hälfte des 16. Jahrhunderts – einer Phase tiefer innerer Spaltung, in der die spanische Besetzung und die Präsenz zahlloser, auch fremder Heere das Land erschütterten. Daraus entwickelte sich ein Bedrohungssyndrom, das die expansive Ausrichtung der französischen Außenpolitik während des 17. Jahrhunderts und das Streben nach einer über den Konfliktparteien stehenden Machtposition partiell zu erklären vermag.

Ausgeprägt erscheint das französische Interesse an einer übernationalen weltlichen Schiedsrolle: Noch im 16. Jahrhundert vorwiegend als päpstliches Privileg betrachtet, wurde ihre Wahrnehmung zunehmend mächtigen weltlichen Herrschern angetragen.[60] In der Forschung wird hier auf die publizistische Wirkung der Werke Jean Bodins hingewiesen. Dieser verbreitete die Ansicht, eine friedensstiftende *Arbiter*-Funktion stehe einem an Ansehen und Würde geeigneten weltlichen Souverän zu. In den späten Regierungsjahren Heinrichs IV. entwickelte sich eine französische Panegyrik, die dem *Roi Très-Chrétien* eine Vorrangstellung als *Arbitre de la Chrétienté* zubilligte.[61] Diese Herrschaftszuschreibung wurde dann auch auf die bourbonischen Nachfolger Heinrichs IV. angewandt, eine entsprechende Legitimationsstrategie französischer Außenpolitik findet sich zur Zeit Richelieus (1585–1642). In diesem Kontext entstanden auch die Memoiren des Herzogs von Sully (1559–1641), die *Oeconomies Royales*: Heinrich IV. habe vor seinem Tod 1610 – so Sullys Fiktion – auf der Grundlage eines *Grand Dessein* eine weitreichende machtpolitische Befriedung und Neuordnung Europas ins Werk setzen wollen. Sullys Ideen wurden u.a. als „Ansätze zur Errichtung eines europäischen Systems kollektiver Sicherheit" cha-

---

57 *Buschmann*, Kaiser, Bd. 2, S. 15–17, S. 106–108.
58 Vgl. *Duchhardt*, Frieden, S. 112f.; *Westphal*, Der Westfälische Frieden, S. 100.
59 Vgl. hierzu auch Kapitel 27.
60 Vgl. hierzu auch Kapitel 24.
61 *Christoph Kampmann*, Arbiter und Friedensstiftung. Die Auseinandersetzung um den politischen Schiedsrichter im Europa der Frühen Neuzeit, Paderborn u.a. 2001, S. 123f., S. 181, S. 239.

rakterisiert.⁶² Auf der Grundlage des Gleichgewichtsprinzips zur Abwendung universalmonarchischer Bestrebungen sollte eine dauerhafte Friedensordnung entstehen: eine *République très chrétienne* als vertragliche – unter französischer Führung stehende – Föderation europäischer Staaten, der eine territoriale Angleichung ihrer Mitgliedsstaaten nach Größe und Bevölkerung vorausgehen sollte. Ein mit Exekutivrechten und militärischen Mitteln ausgestatteter *Conseil général* hätte für die Rechtswahrung nach Innen und den Schutz nach Außen, v. a. gegenüber dem islamischen Machtbereich,⁶³ Sorge zu tragen.

Zur Vorstellung einer *Paix universelle* als eines institutionell gesicherten Friedens – einer Sicht, die Europa zunächst säkular als konkurrierendes Mächtesystem definiert – gesellt sich eine Reminiszenz der *Pax christiana*, die sich nicht nur aus einer christlichen Tradition der Konfliktschlichtung speist, sondern als dezidiert christliches Gemeinschaftsprojekt zu deuten ist. So erstreckte sich der geplante Staatenbund ausschließlich auf den Kulturraum der lateinischen Christenheit: Neben dem römisch-katholischen Bekenntnis sollten nur die lutherische und die reformierte Konfession zugelassen sein. Auch die erklärte Möglichkeit konfessioneller Wiedervereinigung kann – jenseits taktischer Instrumentalisierungen – als ein authentisch christlich-teleologischer Gedanke gelesen werden. Ähnlich wie für Sully der christliche Grundzug des zukünftigen Staatenbundes Europa außer Frage stand, bezweckte auch Richelieu mit seinem Konzept eines innereuropäischen Systems kollektiver Sicherheit die Erhaltung der abendländischen Christenheit.⁶⁴ Konstante in den Überlegungen der beiden französischen Politiker Sully und Richelieu war der französisch-habsburgische Gegensatz, die Entmachtung der Casa d'Austria und der Aufstieg Frankreichs als Voraussetzung für ein kontinentales Friedenssystem.⁶⁵ Diese konfessionsindifferente Maxime französischer Außenpolitik konnte zwar als Schwächung des altgläubigen europäischen Lagers begriffen werden, blieb aus französischer Sicht aber einzige realistische Möglichkeit für die Bildung eines konkurrierenden, föderativen Staatensystems.

Der Friedensbegriff dieser französischen Europavorstellungen erscheint uns zunächst als Bestandteil eines machtpolitischen Instrumentariums, die Konfession fungierte nicht als handlungsleitendes Motiv internationaler Politik. Säkulare Ordnungs- und Gleichgewichtsmodelle bezweckten ein stabiles, plurales Staatensystem, dessen

---

62 *Klaus Malettke*, Frankreich, Deutschland und Europa im 17. und 18. Jahrhundert. Beiträge zum Einfluß französischer politischer Theorie, Verfassung und Außenpolitik in der Frühen Neuzeit, Marburg 1994, S. 264ff.
63 Vgl. hierzu auch Kapitel 19.
64 *Hermann Weber*, Une paix sûre et prompte. Die Friedenspolitik Richelieus, in: Duchhardt, Friedenswahrung, S. 114.
65 *Weber*, Paix, S. 115; vgl. *Anja Victorine Hartmann*, Rêveurs de Paix? Friedenspläne bei Crucé, Richelieu und Sully, Hamburg 1995, S. 109f.; *Malettke*, Frankreich, S. 275–285.

friedensstiftendes Fundament nichtsdestoweniger ein christliches Gemeinschaftsverständnis bildete.

Sullys Vorstellungen verwandt, entwarf der Abbé de Saint-Pierre (1658–1743) in seinem *Projet de paix perpétuelle* eine institutionalisierte europäische Friedensordnung, die als staatenübergreifende, bewehrte Union die Existenz der Mitgliedstaaten sichern, aber auch Entscheidungen und Rechtsurteile einzelnen gegenüber durchsetzen sollte. Die von Saint-Pierre dafür vorgesehene Aufrichtung übernationaler Strukturen und Institutionen würde zu einer Auflösung des Status quo vor allem in der Mitte Europas führen: Die komplexen Lehens- und Herrschaftsstrukturen des Heiligen Römischen Reiches hätten neuen Machtverhältnissen zu weichen. Für Saint-Pierre diente das Reichsgebilde als Mittel zu einer Neukonstruktion des europäischen Völkerverbandes im Sinne einer föderalen Körperschaft. Der Widerspruch von Gottfried Wilhelm Leibniz führte zu einem fruchtbaren, große Unterschiede im Friedens- und Ordnungsdenken aufdeckenden Diskurs. Betrachtete der französische Denker Deutschland als ein Verfassungsmodell, ein symbolisches Experimentierfeld für Formen der Koexistenz, Rechts- und Friedenssicherung, so erklärte der Reichspublizist Leibniz die reale historische Gestalt der deutschen Verfassungsstrukturen als konstitutiv für Frieden und Ausgleich in Europa. Das römisch-deutsche Reich wäre mehr als nur ein abstraktes Koexistenzmodell, nämlich Schlüssel für die Lösung wichtiger Probleme der Zeit: die Zurückdrängung der Türken aus Europa, die Wiedervereinigung der Christenheit und die Friedenssicherung unter den christlichen Völkern. Leibniz' Friedenskonzept beinhaltete traditionale christliche Ordnungsvorstellungen, ohne jedoch die Wirksamkeit des friedenserhaltenden Gleichgewichtsprinzips im Europa der Mächte zu bestreiten.[66]

5. Schlussbetrachtung

Die Mehrdimensionalität des Friedensbegriffes entspricht der Tendenz zu Differenzierung und Pluralisierung wichtiger Lebensbereiche, die sich in einer Einbuße kirchlich-theologischer Deutungsmacht zugunsten eines wachsenden Etatismus in Fragen von Krieg und Frieden niederschlug. Die Notwendigkeit konfessioneller Koexistenz im öffentlichen Raum förderte den Ausbau des staatlichen Gewaltmonopols. Zwischen 1555 und 1700 sind Friedensvorstellungen vielfach in der Nähe zu semantischen Feldern wie Ruhe und Sicherheit, Verständigung und Eintracht als staatlich garantierte Leistungen verortet, denen der überkommene Anspruch auf universalen religiösen Frieden zunehmend untergeordnet wurde. Der Bedeutungswandel von Kirche und Religion für die europäische Friedenskultur drückte sich in zwei folgenschweren

---

66 *Beiderbeck*, Vision, S. 674–676.

und leidvollen Umbrüchen aus: dem Ende der Einheit von Frieden und Glauben und dem Übergang eschatologischer Erwartungen in einen diesseitig orientierten Friedensbegriff. Dass der weltlichen Herrschaft die Zuständigkeit einer bestimmenden Friedensinstitution zufiel, bedeutete politisch und kulturell mitnichten das Ende religiöser Werte für das Friedensverständnis, weder auf individueller noch auf gesellschaftlicher oder europäischer Ebene. Konfessionell begründete Gewalterfahrung führte vielmehr zu einer Besinnung irenischer und toleranter Kräfte, die Religion zuvorderst als Ausdruck der persönlichen Haltung thematisierten und eine dezidiert überkonfessionelle Verständigung mit betont innerweltlicher Friedensverantwortung verbanden. Die Forderung nach allgemeiner Toleranz erwies sich politisch als noch nicht durchsetzbar, vielmehr bot der öffentliche Raum zur Friedensherstellung begrenzte Formen von Koexistenz an.

Auswahlbibliographie / Select Bibliography

Asch, Ronald G. u.a. (Hg.), Frieden und Krieg in der Frühen Neuzeit. Die europäische Staatenordnung und die außereuropäische Welt, München 2001.
Beiderbeck, Friedrich, Art. „Religionskriege", in: EdN 10 (2009), Sp. 1091–1108.
Beiderbeck, Friedrich, Leibniz's Political Vision for Europe, in: Maria Rosa Antognazza (Hg.), The Oxford Handbook of Leibniz, Oxford 2018, S. 664–683.
Brieskorn, Norbert/Riedenauer, Markus (Hg.), Suche nach Frieden. Politische Ethik in der Frühen Neuzeit, Bde. 2–3, Stuttgart 2002/2003.
Brockmann, Thomas, Art. „Religionsfriede", in: EdN 10 (2009), Sp. 1071–1080.
Burns, James Henderson (Hg.), The Cambridge History of Political thought, 1450–1700, Cambridge 1991.
Christin, Olivier, La paix de religion. L'autonomisation de la raison politique au XVIe siècle, Paris 1997.
Cottret, Bernard, 1598 – L'Édit de Nantes. Pour en finir avec les guerres de religion, Paris 1997.
Duchhardt, Heinz (Hg.), Zwischenstaatliche Friedenswahrung in Mittelalter und Früher Neuzeit, Köln/Wien 1991.
Duchhardt, Heinz, Frieden im Europa der Vormoderne. Ausgewählte Aufsätze 1979–2011, hg. von Martin Espenhorst, Paderborn u.a. 2012.
Hammerstein, Notker, Samuel Pufendorf, in: Michael Stolleis (Hg.), Staatsdenker in der Frühen Neuzeit, München 1995, S. 172–196.
Hartmann, Anja Victorine, Rêveurs de Paix? Friedenspläne bei Crucé, Richelieu und Sully, Hamburg 1995.
Heckel, Martin, Deutschland im konfessionellen Zeitalter, Göttingen 1983.
Holtmann, Wilhelm, Art. „Irenik", in: TRE 16 (1993), S. 268–273.
Janssen, Wilhelm, Art. „Friede", in: GGB 2 (1975), S. 543–591.
Kampmann, Christoph, Arbiter und Friedensstiftung. Die Auseinandersetzung um den politischen Schiedsrichter im Europa der Frühen Neuzeit, Paderborn u.a. 2001.
Kampmann, Christoph, Art. „Friede", in: EdN 4 (2006), Sp. 1–21.
Labrousse, Elisabeth, Art. „Pierre Bayle", in: Jean-Pierre Schobinger (Hg.), Die Philosophie des 17. Jahrhunderts, Bd. 2: Frankreich und Niederlande, Basel 1993, S. 1025–1043.
Lanzinner, Maximilian, Konfessionelles Zeitalter 1555–1648, Stuttgart 2001.

Malettke, Klaus, Frankreich, Deutschland und Europa im 17. und 18. Jahrhundert. Beiträge zum Einfluß französischer politischer Theorie, Verfassung und Außenpolitik in der Frühen Neuzeit, Marburg 1994.
Malettke, Klaus, Hegemonie – multipolares System – Gleichgewicht. Internationale Beziehungen 1648/1659–1713/1714, Paderborn u. a. 2012.
Ottmann, Henning, Geschichte des politischen Denkens, Bd. 3/1: Die Neuzeit. Von Machiavelli bis zu den großen Revolutionen, Stuttgart/Weimar 2006.
Schilling, Heinz, Aufbruch und Krise. Deutschland 1517–1648, Berlin 1998.
Schindling, Anton, Das Heilige Römische Reich als Friedensordnung?, in: Asch u. a. (Hg.), Frieden und Krieg, S. 259–291.
Schnur, Roman, Die französischen Juristen im konfessionellen Bürgerkrieg des 16. Jahrhunderts. Ein Beitrag zur Entstehung des modernen Staates, Berlin 1962.
Schunka, Alexander, Zivile Toleranz – religiöse Toleranz – Union. Leibniz zwischen protestantischer Irenik und dynastischer Politik in Hannover und Berlin, in: Friedrich Beiderbeck u. a. (Hg.), Umwelt und Weltgestaltung. Leibniz' politisches Denken in seiner Zeit, Göttingen 2015, S. 589–612.
Weber, Hermann, Une paix sûre et prompte. Die Friedenspolitik Richelieus, in: Duchhardt, Friedenswahrung, S. 111–129.
Westphal, Siegrid, Der Westfälische Frieden, München 2015.
Whaley, Joachim, Das Heilige Römische Reich Deutscher Nation, Bd. 1: 1493–1648, Darmstadt 2014.
Wyduckel, Dieter, Recht, Staat und Frieden im Jus Publicum Europaeum, in: Duchhardt (Hg.), Friedenswahrung, S. 185–204.

Thomas Schölderle
4. Frieden und Utopie

Abstract: Peace and Utopia
The chapter approaches the topic of peace and utopia from two perspectives. First, an examination of the early classic utopian texts reveals a striking discrepancy: on the one hand, all the fictitious societies described exhibit astonishing levels of pacification, freedom from conflict and internal harmony; on the other hand, great differences are revealed in their external characters, from war-ready and invincible to pacifist. Yet, none of these texts contain extensive visions of an international peace order. The so-called utopian peace projects fill a gap in the utopian discourse. The models of Émeric Crucé, William Penn and Abbé de Saint-Pierre represent plans to establish an order of peace and security with transnational and quasi-parliamentary decision-making and a supranational authority to initiate domestic reform as well as a common trade policy. Although not actually part of the tradition of the utopian classics, these ideas laid the foundations for the future development of actual peaceful international cooperation.

1. Einleitung

Der Vorwurf von Träumerei und Realitätsferne begleitete die Friedensidee von Anfang an – und das selbst innerhalb des Lagers der Friedensdenker. So überzog selbst Immanuel Kant (1724–1804), der zweifellos bekannteste Theoretiker eines „ewigen Friedens", die universalen Pläne seiner Vorläufer mit leiser Ironie. Die Etablierung einer dauerhaften Friedensordnung hielt er prinzipiell nur als Folge eines historischen Prozesses, nicht aber mit Hilfe eines vorgefertigten Reißbrettentwurfs für denkbar.[1]

Die Idee eines nachhaltigen Friedens und der pejorative Utopieverdacht sind kaum voneinander zu trennen. Alle Protagonisten kannten das Risiko und teilten die Erfahrung, als politische Spinner zu gelten. Und doch zeigt sich die politische Praktibilität vieler frühneuzeitlicher Friedenskonzepte nicht zuletzt darin, dass viele Gedanken und Elemente dort auftauchen, die später Eingang in die Sicherheitsstrukturen und Friedensarchitekturen des 20. und 21. Jahrhunderts gefunden haben. Der Vorwurf

---

[1] Vgl. *Immanuel Kant*, Zum ewigen Frieden. Ein philosophischer Entwurf, in: Kant's Gesammelte Schriften, hg. von der Königlich Preußischen Akademie der Wissenschaften (Akademieausgabe), Berlin 1900lfd., Bd. 8, S. 341–386, hier S. 343, 386. Siehe dazu auch *Andreas Osiander*, Weltordnungspläne der Neuzeit. Die Utopie vom ewigen Frieden, in: Politikum 4/2 (2018), S. 18–28, hier S. 25 sowie Kapitel 5.

realitätsferner Fiktion ist auch der klassischen Utopietradition bestens vertraut. Dort richtete sich die Kritik insbesondere auf die Schilderung scheinbar völlig konfliktfreier Gemeinwesen. Die fortdauernde Wahrung innerstaatlichen Friedens hat viele ungläubige, teils spöttische Reflexe ausgelöst und etwa für Vergleiche mit einem „Friedhof" oder einem „stillen Dorfteich" gesorgt.[2]

Das Thema Frieden und Utopie soll nachfolgend in zweigeteilter Perspektive in den Fokus rücken. Ausgangspunkt bildet dabei der sogenannte klassische Utopiebegriff, der sich primär an den Entwürfen in der Nachfolge von Thomas Morus' *Utopia* orientiert. Das erste, überblicksartige Kapitel widmet sich daher zunächst den Modellen des Klassiker-Quartetts, bestehend aus Thomas Morus (1478–1535), Tommaso Campanella (1568–1639), Johann Valentin Andreae (1586–1654) und Francis Bacon (1561–1626), die mit ihren literarischen Fiktionen das Muster der klassischen Utopietradition grundgelegt und ein neues Genre damit begründet haben. Von erkenntnisleitendem Interesse werden aber nicht primär ihre sozio-politischen Modelle in toto sein, sondern die Frage, welche Rolle Krieg und Frieden darin spielen und ob sich dabei bereits Ansätze späterer transnationaler Friedenspläne abzeichnen. Gibt es auffallende Gemeinsamkeiten oder Unterschiede im Verhältnis von utopischem Gemeinwesen und Außenwelt oder besondere Ideen und Konzepte zur Befriedung zwischenstaatlicher Beziehungen?[3]

Zum Zweiten – und schwerpunktmäßig – rücken die sogenannten utopischen Friedensprojekte in den Blick, exemplarisch anhand der Entwürfe von Éméric Crucé (1590–1648), William Penn (1644–1718) und des Abbé de Saint-Pierre (1658–1743), und damit Fragen wie: Welche Konzepte der Streitschlichtung kennen die Modelle? Auf welchen Elementen ruhen ihre Hoffnungen? Wie werden die Pläne begründet? Aber auch: Gibt es dabei Anknüpfungspunkte zum klassischen Utopiediskurs?

Zwischen beiden Textgattungen gibt es jedoch erkennbare Unterschiede: Während die klassischen Utopien in Gestalt literarischer Fiktionen eine Quasi-Realität imaginärer Völker schildern, um so eine Kritikfolie bestehender Verhältnisse zu entwerfen, beschreiben die Friedensdenker eine politische Reformagenda in Form programmatischer Schriften. Zudem nehmen die klassischen Utopisten primär die innerstaatliche Friedenssicherung in den Blick, während es sich bei der zweiten Gruppe um großangelegte und teilweise weit ausgearbeitete Pläne zur Etablierung einer fortwährenden völkerrechtlichen Friedensordnung handelt.[4]

---

[2] *Ralf Dahrendorf*, Gesellschaft und Freiheit. Zur soziologischen Analyse der Gegenwart, München 1961, S. 86 und 88.
[3] Vgl. hierzu auch Kapitel 17.
[4] Vgl. zum Völkerrecht auch Kapitel 6.

2. Krieg und Frieden in den klassischen Utopien

So sehr die Protagonisten der klassischen Utopie einerseits einen annähernd vollständig friedfertigen Ausgleich im Inneren beschreiben, zumeist mit Mitteln kollektiver Eigentumsverfassung, Beseitigung ständischer Privilegien, Luxusverzicht, Arbeitszeitverkürzung oder Bildungs- und Erziehungsmaßnahmen, so divergent fällt andererseits die jeweilige Gestaltung ihrer Außenbeziehungen aus. Die Erwartung, dass sich zum Panorama vieler vorbildlicher Einrichtungen zwangsläufig auch das Muster friedfertiger Gemeinwesen nach außen gesellen würde, wäre daher ein Trugschluss. Doch auch die gegenteilige These von Robert Heiß, dass sich der utopische Staat in seinem Außenverhältnis rasch als „wohl gepanzertes und stacheliges Ungetüm" erweise, „das keiner ungestraft ärgert", trifft die Sache nicht.[5] Vielmehr zeigt der Blick auf die Entwürfe von Morus, Campanella, Andreae und Bacon ein erstaunlich breit gefächertes Spektrum, und zwar sowohl in Bedeutung und Umfang, das dem Thema eingeräumt wird, als auch hinsichtlich inhaltlicher Ausgestaltung wie damit verfolgter Intention.[6]

Eine Gemeinsamkeit aber teilen zunächst alle Modelle: Die Einheit, von der sie ihren Ausgang nehmen, ist ausnahmslos der einzelne Staat. Dieser zeichnet sich gerade dadurch aus, dass er „anders" als seine Umwelt gestaltet ist. Das Verhältnis zur Außenwelt konnte mithin kein grundsätzlich unproblematisches sein. Allesamt sind die Staaten auf Inseln angesiedelt. Der Isolationsstatus ist eine gewollte Voraussetzung der Konstruktion. Dieser dominiert durchweg die utopische Außenperspektive, liefert aber zugleich höchst unterschiedliche Konsequenzen.

Die früheste und zugleich komplexeste Version findet sich schon beim Prototyp der Gattung, in der *Utopia* von Thomas Morus (1516). Eingangs des Werkes werden die Außen- und Kriegspolitik der europäischen Herrscher, ihre wankelmütige Bündnispolitik und die fadenscheinigen Kriegsrechtfertigungen wortgewaltig kritisiert. Doch dann offenbart sich – zur anfänglichen Verwunderung des Lesers – ausgerechnet das Verhalten des zumeist vorbildlichen utopischen Volkes als gleichsam direkte Kopie dieser Praktiken. Auch die Utopier beschwören feierlich ihre Friedensliebe – und werden dann nicht müde, aus den unterschiedlichsten Gründen in den Krieg zu ziehen, und sie bedienen sich dabei aller legitimen und illegitimen Mittel, die bis hin zur Auslöschung eines ganzes Volkes reichen. Die Lösung des Rätsels ist indes weniger ver-

---

5 Vgl. *Robert Heiß*, Utopie und Revolution. Ein Beitrag zur Geschichte des fortschrittlichen Denkens, München 1973, S. 21.
6 Einen weitgehend zuverlässigen Überblick zur Friedensidee in den frühneuzeitlichen Raumutopien gibt auch *Jörn Tietgen*, Die Idee des Ewigen Friedens in den politischen Utopien der Neuzeit. Analysen von Schrift und Film, Marburg 2005, S. 91–115; zur Utopiegeschichte allgemein siehe *Thomas Schölderle*, Geschichte der Utopie. Eine Einführung, Köln u.a. ²2017.

wunderlich: Das Porträt der utopischen Außenpolitik ist eine Parodie.[7] Morus hält mittels bissiger Satire den europäischen Fürsten den Spiegel vor Augen, in dem sie ihre eigene Machtgier, Vertragsbrüchigkeit und Heuchelei erkennen sollen. Der Abschnitt ist, in teilweise zugespitzter Form, nicht bloß ein zutiefst vergiftetes Lob auf scheinheilige Friedensbekenntnisse, sondern liefert neben einer präzisen Analyse von Mechanismen der Kriegsentfesselung zugleich ein vehementes Plädoyer für Frieden unter den Völkern. Allerdings findet sich auch in der *Utopia* keine Vision oder darüber hinaus reichende Antwort auf die Frage nach einer neuen friedenspolitischen Sicherheitsarchitektur. Der Entwurf verbleibt weitgehend im Status der Kritik und des moralischen Appells.

Am unzweifelhaftesten trifft die These vom stacheligen Ungetüm auf die Utopie des kalabrischen Dominikanermönchs Tommaso Campanella zu. Campanellas *Civitas solis* (1602/1623) erschöpft sich weitgehend in der Schilderung robuster Selbstbehauptung des utopischen Gemeinwesens.[8] Die Zeughäuser der Solarier sind übervoll mit Schleudermaschinen, Kanonen und sonstigem Militärgerät. Schon Zwölfjährige werden im Umgang mit Schwert, Lanze, Schleuder und der Einhaltung der militärischen Ordnung geschult. Selbst Frauen unterweist man im Kriegshandwerk. Einmal täglich halten die Bewohner eine Wehrübung und alle zwei Monate eine Parade ab. „In Kriegslisten und Kriegsmaschinen übertreffen sie alle".[9] Und die aus sieben konzentrischen Mauerringen bestehende Sonnenstadt präsentiert sich ohnehin als steinernes Symbol der Uneinnehmbarkeit. Die *Civitas solis* ist der einzige utopische Staat aus dem Klassiker-Quartett, der in unmittelbarer Nähe Nachbarvölker kennt. Krieg führen die Solarier daher vor allem gegen die vier weiteren Könige auf der Insel, die aus Neid gegen das glückliche Leben der Sonnenstaatler Unfrieden in das Staatsgebiet tragen würden. Den Tod fürchten die Solarier nicht. Sie kämpfen lange, heftig und trickreich und bleiben stets siegreich. Immerhin sind sie nicht nachtragend: Ist der Sieg errungen, so führen die Solarier alle Sanktionen noch am selben Tag durch, mitunter die Zerstörung der fremden Stadtmauern oder die Exekution der feindlichen Anführer. Danach aber verkehren sie mit den Geschlagenen höchst freundschaftlich, denn „man dürfe nur kämpfen, um die Besiegten zu bessern, nicht aber um sie zu vernichten".[10]

---

[7] Morus verfällt in der *Utopia* insofern nicht urplötzlich den Verlockungen des Imperialismus oder versucht ein machttaktisches Empfehlungsschreiben an die Mächtigen zu adressieren, wie es einige (ironiefreie) Deutungen glauben: Vgl. z.B. *Hermann Oncken*, Die Utopia des Thomas Morus und das Machtproblem in der Staatslehre, Heidelberg 1922, S. 16–20; *Gerhart Ritter*, Die Dämonie der Macht. Betrachtungen über Geschichte und Wesen des Machtproblems im politischen Denken der Neuzeit, München ²1948, S. 75–90 oder *Hans Freyer*, Die politische Insel. Eine Geschichte der Utopien von Platon bis zur Gegenwart, Wien/Leipzig ²2000, S. 100–102.
[8] Vgl. *Campanella*, Sonnenstaat, S. 137–143.
[9] Ebd., S. 140.
[10] Ebd., S. 143.

Ein ganz anderes Bild liefert dagegen die *Christianopolis* (1619) des schwäbisch-protestantischen Pfarrers Johann Valentin Andreae am Vorabend des Dreißigjährigen Krieges. Andreae begnügt sich weitgehend damit, die Schrecken des Krieges verächtlich zu machen. In der Bildsprache der Johannes-Apokalypse und in Gestalt einer Formulierung, die den Gedanken des ewigen Friedens bereits aufgreift, heißt es dort über die Stadt Christianopolis: „Man könnte denken, hier habe sich der Himmel der Erde vermählt und lebe mit ihr in ewigem Frieden".[11] Das Thema Krieg scheint aus ihrem Gemeinwesen weitgehend verschwunden. Zwar horten die Christianopolitaner in ihrer Waffenkammer „jede Art von gefährlichen und todbringenden Instrumenten in unglaublicher Menge". Die Sammlung aber dient nicht als Symbol besonderer Wehrhaftigkeit, nicht um mit „Kriegsgerät zu protzen", sondern um sie als Monumente der Abschreckung ihren Bürgern als „Vorwurf der tödlichen Grausamkeit" vor Augen zu stellen und davor zu warnen, was sich Menschen erdachten, um „den Tod zu suchen und andere zu töten".[12]

In Francis Bacons *Nova Atlantis* spielen die Themen Krieg und Frieden, wie überhaupt der Kontakt und Austausch mit anderen Völkern, eine ähnlich geringe Rolle. Der Grund ist erneut die Abgeschiedenheit der Insel. Bacons Interesse gilt zudem ohnehin mehr technischen denn sozialen Aspekten utopischer Projektion. Erzählt wird von „Steinschleudern und Kriegsmaschinen jeder Art" und von so innovativen Dingen wie „neuartige Mischungen von Pulver, griechisches Feuer, das im Wasser brennt und unverlöschbar ist, Wurffeuer jeder Art, sowohl zum Vergnügen als auch zur Verwendung im Kriege".[13] Aber Berichte von Kriegen finden sich – mit Ausnahme von Szenen aus der Frühgeschichte der Insel[14] – in Bacons Utopie-Fragment nicht. Letztlich ist es bei Bacon zweifellos die Faszination für Fortschritt, technische Neuerung und Naturbeherrschung, die die entscheidende Rolle für die Präsentation der Wehrtechnik spielt. Zudem praktizieren die Inselbewohner keine Bündnis- oder Machtpolitik, wie im zeitgenössischen Europa, aber genauso mangelt es auch Bacons Utopie an originellen Ideen für ein gedeihliches Miteinander der Völker oder Konzepten einer internationalen Friedenssicherung, die jenseits von Isolation und Abgeschiedenheit liegen.

Auch der Blick auf weitere Beispiele aus der klassischen Utopietradition bietet keine eindeutigeren Konturen: etwa die hoch gerüstete Philosophenrepublik in Fontenelles *Histoire des Ajaoiens*;[15] die Schilderung persönlicher Einzelschicksale im abgeschotteten Gemeinwesen von Johann Gottfried Schnabels *Insel Felsenburg*;[16] das zwar

---

11 *Johann V. Andreae*, Christianopolis, hg. von Wolfgang Biesterfeld, Stuttgart 1975, S. 20.
12 Ebd., S. 65.
13 *Bacon*, Neu-Atlantis, S. 212.
14 Vgl. ebd., S. 189f.
15 Vgl. *Fontenelle*, Histoire des Ajaoiens, hg. von Hans-Günter Funke, Heidelberg 1982, S. 76–85.
16 Vgl. *Johann G. Schnabel*, Die Insel Felsenburg, 3 Bde., Nachwort von Günter Dammann, Frankfurt a.M. 1997.

gänzlich kriegsabstinente, aber doch allzeit abwehrbereite Volk in Denis Veiras' *Histoire des Sévarambes*[17] oder das völlig pazifistische Land Baetica in François Fénelons *Avantures de Télémaque*.[18]

Neben der isolierten Insellage, an der keiner der Entwürfe rüttelt, ist den Modellen daher allenfalls noch eine Leerstelle gemeinsam: An einer übergeordneten Idee, einer politischen Konzeption zur Befriedung Europas oder gar des Erdballs herrscht durchweg Mangel. Diese Lücke aber füllen nun zweifellos die sogenannten utopischen Friedensprojekte, die im Folgenden anhand der Entwürfe von Émeric Crucé, William Penn und des Abbé de Saint-Pierre eingehender skizziert werden sollen.[19]

3. Utopische Friedensprojekte

3.1 Émeric Crucé – *Der Neue Kineas* (1623)

Auch wenn Émeric Crucé – anders als die klassischen Utopisten – seinen Entwurf nicht in die Form einer literarischen Fiktion kleidet, so findet sich doch im Titel eine Art narrative Hintergrundfolie oder zumindest eine humanistische Anspielung versteckt. Denn der Name „Kineas" steht für den unbedingten Willen zum Frieden: In Plutarchs *Leben des Pyrrhos* ist der Thessaler Kineas ein Vertrauter von König Pyrrhos, der diesen (im 14. Kapitel) auf geschickte Weise zu einem Verzicht auf einen Italienkrieg überreden will.[20]

Von Crucé selbst, einem Mönch, Rhetoriklehrer und Pariser Magister, der um 1590 geboren wurde, ist kaum etwas bekannt. Und seine Schrift, die 1623 unter dem Titel *Le Nouveau Cynée* in Paris erschien, war für Jahrhunderte fast gänzlich in Vergessenheit geraten.[21] Als gesichert gilt immerhin, dass G. W. Leibniz (1646–1716) die Schrift in

---

17 Vgl. *Denis Veiras (Vairasse)*, Eine Historie der Neu-gefundenen Völcker Sevarambes genannt, hg. von Wolfgang Braungart und Jutta Golawski-Braungart, Tübingen 1990, S. 216.
18 Vgl. *François Fénelon*, Die Abenteuer des Telemach, hg. von Volker Kapp, Stuttgart 1984, S. 148.
19 Zu einem Überblick der Entwicklung der neuzeitlichen Friedensidee mit teilweise ausführlichen Textauszügen siehe *Kurt von Raumer* (Hg.), Ewiger Friede, Friedensrufe und Friedenspläne seit der Renaissance, Freiburg i.Br. 1953, sowie *Hans-Jürgen Schlochauer*, Die Idee des Ewigen Friedens, Bonn 1953.
20 Vgl. *Plutarch*, Pyrrhos und Marius, in: ders., Große Griechen und Römer, hg. von Konrat Ziegler, Bd. 6, Zürich/Stuttgart 1965, S. 7–115, hier S. 23–25. Eine ähnliche Szene beschreibt Rabelais auch in seinem *Gargantua und Pantagruel* (vgl. *François Rabelais*, Gargantua und Pantagruel, hg. von Horst und Edith Heintze, Bd. 1, Frankfurt a.M. 1974, S. 123–127).
21 Vgl. *Émery Crucé*, Le nouveau Cynee ou Discours d'Estat representant les occasions & moyens d'establir une paix génératle, & la liberté du commerce par tout le monde, Paris 1623; zur deutschen und im Folgenden zitierten Übersetzung siehe: *Émeric Crucé*, Der Neue Kineas oder Abhandlung über die Gelegenheiten und Mittel, einen allgemeinen Frieden des Handels auf dem ganzen Erdkreise zu begründen, in: Raumer, Ewiger Friede, S. 289–320.

jungen Jahren gelesen hat. Und obwohl nur kurze Zeit später Hugo Grotius (1583–1645) 1625 ebenfalls in Paris sein epochemachendes Hauptwerk *Recht des Krieges und des Friedens* veröffentlichte, ließ sich eine direkte Verbindung zwischen beiden Texten so wenig nachweisen wie das Gegenteil. Dennoch darf Crucé immerhin als der „erste Vertreter eines echten Internationalismus" und als „der erste Verfasser eines echten Weltfriedensplans" gelten.[22]

Crucés Traktat ist zunächst ein großangelegter Appell an das Gewissen der Mächtigen. Seine Schrift ist nicht an das „gemeine Volk", sondern explizit an „Alldurchlauchtigste, Großmächtigste und Unüberwindliche Souveräne" gerichtet.[23] Damit ist das Werk nicht nur im Adressatenkreis mit anderen Vertretern der Fürstenspiegel-Gattung vergleichbar, etwa mit Thomas von Aquins (1225–1274) *De regno ad regem Cypri* oder Erasmus von Rotterdams (1467–1536) *Institutio principis Christiani*,[24] sondern auch in seinem grundsätzlichen Tenor: Die These, dass sich der Krieg nicht lohnt, dass er unvernünftig ist, durchzieht in zahllosen Varianten seinen Text. Auch der erste Teil der Schrift zeigt primär den Charakter einer „Moralpredigt",[25] im Grunde ohne großen juristischen Wert, aber voller Abneigung gegen die Rechtspraxis und -wissenschaft seiner Zeit. In einem entscheidenden Punkt ist Crucés Schrift seiner Zeit jedoch weit voraus und geht über den Status eines Fürstenspiegels erkennbar hinaus. Gemeint ist das politische Ziel der Schaffung eines künftigen Völkerbundes, und das sogar auf globaler Ebene. Verbunden ist sein Konzept zudem mit vielen sozialpolitischen, aber auch handels- und wirtschaftspolitischen Reformideen, die zugleich den Friedensgedanken stark machen und befördern sollten.

Crucé benennt zunächst fünf Kriegsgründe zwischen Staaten mit dem Ansinnen, sie anschließend ihrer Unsinnigkeit und Unvernunft zu überführen. Zu den Waffen greifen, so Crucé, würden die Beteiligten entweder um der Ehre oder des Vorteils willen, zur Wiedergutmachung von Unrecht, zur reinen Waffenübung oder aus Gründen von Religionsstreitigkeiten.

Die erste Kriegsursache scheint rasch widerlegt: Crucé hält es für einen merkwürdigen Begriff von Ehre, „seinen Feind zu Boden zu strecken",[26] sie sei schlicht ein „er-

---

22 *Kurt von Raumer*, Der Gedanke des Ewigen Friedens im Aufstieg Europas, in: ders., Ewiger Friede, S. 1–207, hier S. 78; siehe zu Crucé außerdem *Heinz-Gerhard Justenhoven*, Internationale Schiedsgerichtsbarkeit. Ethische Norm und Rechtswirklichkeit, Stuttgart 2006, S. 114–127; *Andrew Mansfield*, Émeric Crucé's „Nouveau Cynée" (1623), Universal Peace and Free Trade, in: Journal of Interdisciplinary History of Ideas 2/4 (2013), Section 2, S. 1–23.
23 *Crucé*, Kineas, S. 293.
24 Vgl. die deutsche (unkritische) Ausgabe: *Thomas von Aquin*, Über die Herrschaft der Fürsten. Übers. von Friedrich Schreyvogl. Nachwort von Ulrich Matz, Stuttgart 1971; *Erasmus von Rotterdam*, Institutio principis Christiani/ Die Erziehung des christlichen Fürsten, in: ders., Ausgewählte Schriften. Ausgabe in acht Bänden, hg. von Werner Welzig, Bd. 5, Darmstadt 1968, S. 111–357.
25 *Raumer*, Gedanke, S. 81.
26 *Crucé*, Kineas, S. 294.

bärmlich Ding [...], wenn man sie mit Blutvergießen erkaufen muß!"[27] Zum Zweiten wäre der Krieg auch kaum zum Vorteil oder im Interesse der Könige. Die Geschichte lehre, dass der Krieg das Ansehen eines Fürsten mehr gefährde, als er es zu mehren hilft. Das Risiko, eine Schlacht zu verlieren, Schande zu ernten und das eigene Land zu ruinieren, sei weit größer als die Aussicht, durch einen möglichen Triumph Macht oder Ruhm zu erlangen.

Zum Dritten sei es unmöglich, im Krieg auf Wiedergutmachung von erlittenem Unrecht zu sinnen, da Könige als „Ebenbilder Gottes"[28] ihre Zepter nur aus der Hand Gottes erhielten, der jederzeit auch einen anderen an ihre Stelle setzen könnte. Crucé ist ein tiefüberzeugter Verteidiger des göttlichen Ursprungs jeder monarchischen Gewalt. Auf eigene Rechtfertigung zu setzen, bedeute nichts anderes, als „allzu fürwitzig in das Arbeitsgemach [von Gottes] Vorsehung eindringen".[29] Den Monarchen wird somit prinzipiell die Entscheidung über den Kriegsgrund und damit der traditionellen *Bellum-iustum*-Lehre entzogen.[30] Das einzige Motiv, das nach Crucé in die Rechtsbefugnis eines Fürsten fällt, ist die Verteidigung gegen einen unmittelbaren Angriff.

Die Ablehnung der vierten Kriegsursache zielt insbesondere auf die Verurteilung des Söldnerwesens. Es mag, so Crucé, durchaus einige sinnvolle Aufgaben für Soldaten geben, Landesverteidigung etwa, oder der persönliche Schutz des Fürsten, aber ein Berufsfeld, das „allein auf Plünderungen und den Ruin seiner Mitmenschen gründet",[31] denen der „Sinn einzig auf Metzelei und Blutvergießen steht",[32] stelle aus sich heraus bereits eine Bedrohung des Friedens dar. Die Könige sollten diese „Tagediebe"[33] daher „allesamt zu den Kannibalen oder den Wilden schicken".[34]

Schließlich wendet sich Crucé noch der Kriegsursache aufgrund der „Religionsverschiedenheit"[35] der Völker zu. Crucé bestreitet generell, dass die Religion eine Legitimation zum Krieg liefern kann, denn sie sei eine Zuständigkeit Gottes. Jene, die der wahren Religion anhängen, sollten Gott für diese Gnade danken und sich bemühen, diese durch gute Werke zu beweisen. Gott allein könne die übernatürliche Gnade den Menschen zuteilwerden lassen, während diese „mit all ihrer Waffengewalt einem anderen auch nicht den kleinsten Artikel ihrer Glaubensgeheimnisse aufzuzwingen vermögen". Es sei daher „nicht Sache der Menschen, Glaubensirrtümer zu bestrafen oder zu korrigieren", denn „falsche Anschauungen haben nur Gott zum Richter".[36]

---

[27] Ebd., S. 296.
[28] Ebd., S. 296.
[29] Ebd., S. 297.
[30] Vgl. hierzu auch Kapitel 6.
[31] *Crucé*, Kineas, S. 301.
[32] Ebd., S. 299.
[33] Ebd., S. 301.
[34] Ebd., S. 299.
[35] Ebd., S. 303.
[36] Ebd., S. 305.

Nachdem Crucé überzeugt ist, alle gängigen Kriegsgründe widerlegt zu haben, hält er sämtliche verbliebenen Streitigkeiten durch ein internationales Schiedsgericht für lösbar. Dieses sollte Crucé zufolge alle Monarchien in einem globalen Kontext einschließen. Die Fürsten hätten sich dazu in einem allgemeinen Bund (*concord générale*) zu vereinigen und sich aus freien Stücken einer institutionalisierten Instanz zu unterwerfen. Als entscheidendes Instrument schlägt Crucé hierzu eine Versammlung von Botschaftern vor. „Die Abgeordneten aller Monarchen und souveräner Republiken säßen hier als Bürgen und Wahrer des allgemeinen Friedens".[37] Die Gesandtschaftsvertretung sollte bindende Rechtssetzungskompetenz besitzen; die Fürsten hätten zu schwören, alles „was in der Versammlung durch Stimmenmehrheit beschlossen würde, für unverletzlich Recht zu halten".[38] Bei Stimmengleichheit könnte man die Abgeordneten der Republiken mit beschließender Stimme hinzuziehen. Aber wer sich den Beschlüssen widersetzt, sollte nötigenfalls mit Gewalt zur Rechtstreue gezwungen werden. Als gerechtfertigt erscheint Crucé daher neben dem (gemeinsamen) Krieg gegen Piraten und wilde und unkultivierte Völker einzig der Völkerbundkrieg zur Durchsetzung des Rechts gegen sich widersetzende Staaten.[39]

Als Sitz des Gremiums plädiert Crucé für Venedig, weil es ein „für alle Regenten gleichsam neutraler und unparteiischer Boden"[40] sei, außerdem nicht weit ab von den bedeutendsten Reichen liege und durch seine Hafenlage auch für die entfernten Länder gut erreichbar wäre. Den fernen Regionen räumt Crucé nun in der Tat – zumal aus seiner europäischen Perspektive – eine recht beachtliche Stellung ein. Neben den europäischen Staaten nennt er insbesondere die Türkei, Persien, China, das „Tatarenland", Äthiopien, Indien und Amerika als wichtige Mitglieder.

Große Mühe gibt sich Crucé mit der Rangordnung der Mitglieder. Nach recht weitschweifigen Erörterungen billigt er schließlich dem Papst den ersten Rang zu, der zweite Platz sollte dem Sultan gebühren, gefolgt vom deutschen Kaiser, den Königen von Frankreich, Spanien und Persien. In dieser Weise setzt sich die Aufzählung fort.[41] Crucé hält für den Vorsitz aber auch ein Rotationsprinzip für denkbar oder das Prinzip, dem Ältesten oder den Ersteintreffenden den Vorsitz zu gewähren.

---

37 Ebd., S. 309.
38 Ebd., S. 309.
39 Vgl. ebd., S. 302 und 309.
40 Ebd., S. 306.
41 Vgl. ebd., S. 309. – Was von Crucé vermutlich als besonders praxisnahe Überlegung gedacht war, hat ihm kurzerhand den Vorwurf eingebracht, die merkwürdige Hierarchie mit exotischen Staaten lege „mehr von seinem antiquarischen Buchwissen Zeugnis ab als von seinem Sinn für Wirklichkeit". (*Raumer*, Gedanke, S. 85). Dieser Vorwurf ruht allerdings in Teilen auf einem kuriosen Missverständnis, denn Raumer stellt fälschlicherweise an gleicher Stelle fest: Crucé würde sogar dem Sultan den ersten Rang vor dem Papst einräumen. Die Fehleinschätzung ist von vergleichsweise großer Bedeutung, da sich Raumers Kritik an der Realitätsferne und „utopischen" Wirklichkeitsblindheit von Crucés Modell nicht zuletzt auf dessen gewählte Mitgliederhierarchie gründet.

Bemerkenswert ist jedoch, dass es Crucé nicht bei der rein politischen Struktur seiner Friedensordnung bewenden lässt. Wenngleich es zur Sicherung eines nachhaltigen Friedens in seinen Augen zwingend einer eigenständigen Institution bedarf,[42] so ist es nicht zuletzt der freie Welthandel, der den Frieden unter den Völkern befördert, weil er die Staaten wechselseitig voneinander abhängig macht. Crucé fordert deshalb unter anderem Zoll- und Steuerbefreiungen, eine internationale Münzvereinheitlichung und Infrastrukturmaßnahmen wie die Schiffbarmachung kleiner Flüsse. Und er singt dem Händlerberuf ein hohes Lied: „Kein Stand ist an Nützlichkeit dem des Kaufmannes zu vergleichen".[43]

Mehr noch aber müssen die auffallenden Gemeinsamkeiten zu den Modellen der klassischen Utopietradition ins Auge stechen. Zur Befriedung der inneren Ordnung benennt Crucé eine Vielzahl sozial- und wirtschaftspolitischer Maßnahmen, die letztlich einer langen Liste einschlägiger Utopie-Topoi gleicht: Geld, das ansonsten der Krieg verschlingt, sollte in die Armenfürsorge gesteckt werden, Schwache und Kranke sollten unterstützt und Armenhäuser mit Versorgung, aber auch mit Arbeitspflicht für die Bedürftigen errichtet werden, um der gewerbsmäßigen Bettelei Einhalt zu gebieten. Man sollte Sorge tragen, dass die Gesunden ein Auskommen in einem Handwerksberuf finden. Er setzt sich für die Abschaffung von Bordellen und Spielhallen ein und plädiert für eine Bekämpfung des Luxus bei Kleidern, Essen und Trinken, für eine Erziehungs- und Bildungsoffensive, eine Justizreform, Staatskredite und Getreidespeicher zugunsten des einfachen Volkes, eine vernünftige Siedlungs- und eine gerechte Steuerpolitik.[44] Vergleichbare Ideen finden sich in fast allen klassischen Utopien.

Durchaus von utopischer Qualität ist auch Crucés Vorstellung und Forderung nach allgemeiner Freiheit von Handel und Personen:

> Was für eine Freude wär's, die Menschen allenthalben frei und ungehindert reisen und ohne ängstliche Rücksichtnahme auf Herkunft, Sitten und ähnliche Unterschiede miteinander verkehren zu sehn, so als wär die Erde – was sie denn in Wahrheit auch ist – eine allen gemeinsame Stadt.[45]

Er schlägt sogar vor, Räubern und Piraten, die eine der größten Gefahren für Handel und Verkehr seien, durch Ansiedelung eine neue und friedvolle Möglichkeit der Lebensführung zu eröffnen, anstatt sie zu bekämpfen. Damit adressiert Crucé erneut einen, ja vielleicht den zentralen Utopie-Topos schlechthin, nämlich die Überzeugung, dass die Ursachen für moralische Übel nicht in der Bosheit der menschlichen Charaktere liege, sondern in den sozialen Verhältnissen, die das schlechte Verhalten erst heraufbeschwören.

---

42 Vgl. zur Friedenssicherung auch Kapitel 27.
43 *Crucé*, Kineas, S. 301.
44 Vgl. ebd., S. 312–320; siehe auch *Raumer*, Gedanke, S. 87.
45 *Crucé*, Kineas, S. 301f.

Die Rezeption seines Friedensplans stand meist unter dem Vorzeichen, das Projekt eines unrealistischen Schwärmers zu sein. Interessanterweise wähnt sich Crucé selbst an einer Stelle in einer so unparteiischen Rolle, als wäre er „in dem Phantasiestaate des Plato oder in seinem Ideenreiche daheim".[46] Das gleicht einer fast schon selbstgewählten Anknüpfung an die Utopietradition. Raumer fühlt sich bei Crucé zudem an das „unverbindliche Spiel des Geistes" erinnert, wie er es „in den Wunschträumen der ‚Staatsromane'" seit Thomas Morus am Werke sieht.[47] Mögen manche Ideen eindeutig illusorisch, praxisfern oder befremdlich wirken, so konzipierte Crucé dennoch ein höchst visionäres Modell, das die Geschichte des Friedensgedankens mit dem ersten Weltfriedensplan gleichsam auf eine neue Stufe gehoben hat. Sein Entwurf kann darüber hinaus aber auch einen Rang in der Geschichte der Utopietradition beanspruchen, insofern seine Schrift und die „Wichtigkeit des innenpolitischen Ausgangspunktes"[48] nicht nur zahllose Parallelen mit den klassisch-utopischen Entwürfen teilt, sondern sein Plan eines Weltvölkerbundes inklusive Streitschlichtungsgremium auch die Traditionsgeschichte der Utopie um ein bedeutendes, aber bis dahin reichlich unbeachtetes Element bereichert hat.

3.2 William Penn – *Essay über den gegenwärtigen und künftigen Frieden von Europa* (1693)

Ein erster Schritt in die politische Praxis verbindet sich mit dem Werk William Penns. Er wurde 1644 als Sohn einer aufstrebenden und wohlhabenden Familie in London geboren, die aufgrund der vielfältigen Verdienste von Penns Vater in der englischen Flotte 1658 geadelt wurde.[49] Nach Studien der Theologie in Frankreich und Jura in London sowie zahlreichen Reiseerfahrungen konvertierte Penn als Folge seiner religiösen Orientierungssuche 1667 zum Quäkertum. Seine Entscheidung kam annähernd einer gesellschaftlichen Selbstisolierung gleich und führte neben dem vorübergehenden Bruch mit seinem Vater auch zu mehreren Verhaftungen und Gefängnisstrafen, denn das Verbot religiösen Nonkonformismus schloss ab 1664 auch die Quäker mit ein.

Penns Vater, mit dem er sich kurz vor dessen Tod aussöhnte, starb 1670. Der Sohn nutzte die familiären Verbindungen zum englischen Hof und erreichte schließ-

---

46 Ebd., S. 307.
47 *Raumer*, Gedanke, S. 85.
48 Ebd., S. 84.
49 Zu Penns Biografie vgl. *Mary K. Geiter*, William Penn, Harlow 2000; *Harry E. Wildes*, William Penn, New York 1974; *Edward C. O. Beatty*, William Penn as Social Philosopher, New York 1939; siehe zu Penn außerdem: *Justenhoven*, Schiedsgerichtsbarkeit, S. 137–150; *Peter Fischer*, William Penn. Visionär einer Europäischen Union, in: Johannes Hengstschläger u. a. (Hg.), Für Staat und Recht. Festschrift für Herbert Schambeck, Berlin 1994, S. 13–28; *Klaus Stüwe*, Europas Einigung als Idee – William Penn und das Projekt der Europäischen Union, in: Der Staat 38/1 (1999), S. 359–376.

lich, dass ihn König Karl II. – als Abgeltung für englische Staatsschulden bei seinem Vater – im Jahr 1680 in Amerika mit Land belehnte. Penn wurde 1681 Gouverneur der riesigen Kolonialprovinz New Netherlands, die zu Ehren seines Vaters in Pennsylvania umbenannt wurde. Gemeinsam mit weiteren Repräsentanten erarbeitete Penn eine 24 Artikel umfassende Verfassung, die im ersten Artikel eine allgemeine Religionsfreiheit gewährte. Nicht zuletzt Siedler unterschiedlicher Sekten und Glaubensgemeinschaften (Amische, Mennoniten) zogen ins Gebiet, das keine Einwanderungsbeschränkungen kannte. Das Gemeinwesen wurde von Penn im Sinne der Quäkerprinzipien organisiert, ausgerichtet an den Idealen von Gleichheit, religiöser Toleranz, demokratischer Teilhabe und Gewaltfreiheit. Bis 1684 kümmerte sich Penn um sein ‚Heiliges Experiment', ehe er wieder nach England ging. 1699 kehrte er nochmals für zwei Jahre zurück, um das zunehmend aus der Spur geratene Projekt zu retten. Er starb 1718 in Ruscombe (Berkshire).

Penn war darüber hinaus sehr stark publizistisch engagiert. Seine wichtigste Schrift *Essay towards the Present and Future Peace of Europe* erschien erstmals 1693 anonym.[50] Sie war nur knapp 20 Seiten, im Original 67 Seiten lang, wurde aber viel gelesen und erfuhr zu Penns Lebzeiten immerhin vier Auflagen. Die gewählte Anonymität erklärt sich möglicherweise aus der Tatsache, dass Penn dem Quäker-Postulat radikaler Gewaltfreiheit auf diese Weise nicht offen widersprechen musste. Sein Konzept sieht nämlich, zumindest unter bestimmten Umständen, durchaus die Anwendung militärischer Maßnahmen zur Durchsetzung der Friedensordnung vor.[51]

Penns Essay ist vor allem der Versuch, das Recht als eigentliche Grundlage und Quelle des menschlichen Zusammenlebens zu etablieren.[52] Nach einer Diagnose der Kernursachen von Kriegsentfesselung begründet Penn die Notwendigkeit einer übergeordneten Rechtsinstanz, die er letztlich als eine Art Staatenkongress mit bindender Rechtssetzungs- und Sanktionskompetenz konzipiert. Penn identifiziert zunächst drei Hauptgründe für Kriegshandlungen: Erstens, um zu behalten, was einem zu Recht gehört, also bei Selbstverteidigung gegen einen feindlichen Überfall; zweitens, um zurück zu erwerben, was Vorfahren durch Macht entrissen wurde; und drittens den Willen, das eigene Gebiet durch Eroberung zu vergrößern.[53] Um die beiden ersten Fälle, so Penn, werde sich fortan das Recht kümmern, während der Ehrgeiz der dritten Ursache künftig keine Chance mehr haben sollte.

---

50 Vgl. *William Penn*, An Essay towards the Present and Future Peace of Europe. By the Establishment of an European Dyet, Parliament, Or Estates. Beati Pacifici. Cedant Arma Togae, London 1693; für eine deutsche (und im Folgenden zitierte) Übersetzung siehe *William Penn*, Essay über den gegenwärtigen und künftigen Frieden von Europa durch Schaffung eines europäischen Reichstags, Parlaments oder Staatenhauses, in: Raumer, Friede, S. 321–340.
51 Vgl. *Stüwe*, Einigung, S. 369; *Justenhove*n, Schiedsgerichtsbarkeit, S. 148f. – Anderer Auffassung, wonach Penn seinem pazifischem Ideal treu blieb, ist indes *Wildes*, William Penn, S. 270.
52 Vgl. *Raumer*, Gedanke, S. 101.
53 Vgl. *Penn*, Essay, S. 327.

Penns Skizze ist unverkennbar vor dem Hintergrund der zeitgenössischen Kriege in Europa entstanden, auf die er eingangs Bezug nimmt. Penn war überzeugt, dass es den Fürsten in der Auseinandersetzung um Landbesitz nie „an dem einen oder anderen Anlass fehlen"[54] werde. Als unabhängige Souveräne würden auch Fürsten wie Menschen im Naturzustand agieren. Um zu verhindern, dass sie sich zu „Richter[n] in eigener Sache"[55] aufschwingen, greift Penn für die Schaffung einer übergeordneten Rechtsinstanz auf eine vertragstheoretische Argumentationsfigur zurück und nimmt damit in Grundzügen bereits Saint-Pierres spätere Übertragung des kontraktualistischen Modells auf die Beziehungen der Staaten untereinander vorweg.[56] Das Kernelement von Penns Entwurfs ist die Etablierung eines gemeinsamen europäischen Parlaments. Auf eine letztgültige Bezeichnung will er sich dabei indes nicht festlegen. Die Formulierungen lauten „Souvereign, Imperial Diet Parliamant, or State of Europe", die im Text abwechselnd und synonym genutzt werden.

Penns Parlament ist eine Art Staatenkongress europäischer Mächte, die sich mittels Bevollmächtigter in Form einer Gesandtschaftsvertretung „jährlich treffen oder mindestens alle zwei oder drei Jahre" konstituieren sollten.[57] Seine Hoffnung richtet sich insofern nicht auf die Struktur einer Universalmonarchie, sondern auf die Übereinkunft souveräner Glieder. Konstituierende Mitglieder sind aber nicht die Menschen in Europa schlechthin, sondern einzig die souveränen Fürsten, die sie regieren, denn, so die später folgende und knappe Erklärung: „Kriege sind Duelle zwischen Fürsten".[58] Obwohl Penn die parlamentarische Auseinandersetzung und das Mehrheitsprinzip für die am besten geeigneten Instrumente der Konfliktbewältigung und Friedensschlichtung hält, stellt er den monarchischen Absolutismus nicht infrage. Die parlamentarische Kultur wird sogar noch weiter eingeschränkt, wenn die Gesandten an die Weisungen ihrer Souveräne gebunden bleiben, mithin kein freies, sondern nur ein imperatives Mandat besitzen.[59]

Anders als später Abbé de Saint-Pierre plädiert Penn nicht für die völlige Gleichstellung der Mitglieder, sondern schlägt ein System gewichteter Repräsentanz vor,

---

54 Ebd., S. 327.
55 Ebd., S. 325.
56 „Außerhalb der Gesellschaft ist jeder Mensch sein eigener König [...]. Aber wenn er dazu kommt, sich einer Gemeinschaft anzuschließen, so unterwirft er dieses sein Königsrecht dem Interesse des Ganzen, von dem er wiederum als Gegengabe Schutz erhält". *Penn*, Essay, S. 325. Vgl. dazu *John Locke*, Zwei Abhandlungen über die Regierung, hg. von Walter Euchner, Frankfurt a. M. 1967, S. 256 f. (Second Treatise, § 87). Lockes *Second Treatise of Government* war 1690, also nur drei Jahre vor Penns Traktat erschienen. Immer wieder ist, nicht zuletzt für die zitierte Formulierung Penns, das Vorbild von John Locke, ein Studienfreund von Penn, genannt worden; siehe z. B. *Strüwe*, Einigung, S. 366; *Justenhoven*, Schiedsgerichtsbarkeit, S. 142; *Raumer*, Gedanke, S. 99. Keine Verbindung zu Locke sieht indes *Beatty*, Penn, S. 10.
57 *Penn*, Essay, S. 326.
58 Ebd., S. 340.
59 Vgl. *Strüwe*, Einigung, S. 373 f.

vergleichbar dem heutigen EU-Parlament.[60] Die Stimmverteilung soll dabei nicht nach politischen oder militärischen, sondern nach ökonomischen Kriterien erfolgen. Das Deutsche Reich würde demnach mit 12 Vertretern den ersten Rang einnehmen, es folgen Frankreich, Spanien, die Türkei und die Moskowiter mit je 10 Stimmen, Italien mit 8 und England mit 6 Stimmen, ferner Schweden (4), Die Sieben Provinzen (4), Portugal (3), Dänemark (3), Venedig (3), die Schweizer Kantone (2) und die Herzogtümer Holstein/Kurland (1). Insgesamt kommt Penn auf 15 Mächte, die zusammen 90 stimmberechtigte Mitglieder in das Parlament entsenden.

Hauptaufgabe der Versammlung ist die friedliche Streitbeilegung. Alle Konflikte zwischen den Souveränen sollen dort vorgebracht und verhandelt werden – und dem Urteilsspruch sei bindend Folge zu leisten. Andernfalls sind Zwangsmaßnahmen durch die übrigen Mitglieder vorgesehen. Der Beschluss soll stets mit einer qualifizierten Mehrheit erfolgen: Penn spricht von Dreiviertelmehrheit oder mindestens sieben Stimmen über der Hälfte. Stimmenthaltungen oder Neutralität will er unter keinen Umständen dulden. Nicht alle Gesandten müssten bei den Abstimmungen jedoch zwingend anwesend sein, denn die Stimmen könnten – analog etwa zum heutigen deutschen Bundesrat – auch blockweise abgegeben werden.[61]

Nicht sehr konkret wird Penn in der Frage, wie ein gemeinsamer Feldzug gegen einen Urteilsbrecher aussehen könnte. Aber er glaubt ohnehin, dass dieser nur höchst selten, „in einem oder zwei Menschenalter kaum einmal nötig" sein werde.[62] Den dauerhaften Frieden in Europa will Penn also insbesondere dadurch gewährleisten, dass es einzelnen Mächten aufgrund der vorhandenen Drohkulisse unmöglich erscheint, sich erfolgreich einem Parlamentsbeschluss zu widersetzen.

Auffallend ist ferner, wie sehr Penn mit Einbeziehung des Osmanischen Reichs die größte Bedrohung Europas seiner Zeit in das Modell einzubinden versucht.[63] Mit der Aufnahme in ein europäisches Staatenparlament hätte das Osmanische Reich seine Position rechtlich gefestigt, weitere Gebietsansprüche aber – also das dritte Argument in Penns Konzept – müssten von den übrigen Mächten fortan entschieden zurückgewiesen werden, wodurch das christliche Europa auch gegenüber den Türken endlich geeint auftreten würde.[64]

Penn beschäftigt sich zudem mit möglichen Einwänden gegen seinen Friedensplan. Dem ersten Argument, dass sich der mächtigste Staat niemals auf eine solche Friedensordnung einlassen werde, begegnet er mit dem Hinweis, dass dieser Staat dann eben mit der vereinigten Kraft aller übrigen Souveräne unter die Friedens-

---

60 Vgl. *Penn*, Essay, S. 329–332.
61 Vgl. ebd., S. 331.
62 Ebd., S. 327.
63 Vgl. zum Verhältnis zwischen den europäischen Mächten und dem Osmanischen Reich auch Kapitel 19.
64 Vgl. *Penn*, Essay, S. 337f.

ordnung gezwungen werden müsste. Das zweite Argument, dass der Verzicht auf Kriege zu einer Verweichlichung der Jugend führt, überzeugt Penn ebenfalls nicht. Für die Erziehung zu Disziplin und Mäßigkeit gebe es andere Möglichkeiten, Armeen seien dafür nicht vonnöten. Auch deshalb plädiert er für eine großflächige internationale Abrüstung: Kleine Truppenverbände seien in den einzelnen Staaten fortan völlig ausreichend. Auf das dritte Argument, dass freigesetzte Armeemitglieder in Armut und Kriminalität zu versinken drohten, da „die Armen ja nur Soldaten oder Diebe sein können",[65] entgegnet er mit dem Hinweis, sie könnten sich auch zu Kaufleuten, Landwirten oder Ingenieuren ausbilden lassen. Auch den vierten Einwand, dass die Souveräne in einer europäischen Friedensordnung ihre Souveränität einbüßen, kann Penn nicht teilen. Auf innerstaatlichem Gebiet blieben die Fürsten so souverän wie ehedem. Es gebe keine Einschnitte über ihre Einnahmen oder ihre Befugnisse über das Volk, aber von außen wären sie vor Rechtsverletzungen fortan geschützt.[66]

Penn begründet anschließend die „Wohltaten" und Vorteile eines dauerhaften Friedens in Europa. Er bemüht zunächst religiös induzierte Argumente, verweist auf die moralische Verwerflichkeit des Krieges und die Pflicht der Fürsten, „pfleglich mit dem Leben ihrer Untertanen umzugehen", was zugleich das ramponierte Ansehen des Christentums wieder aufpolieren könnte.[67] Rasch wendet er sich dann allerdings wirtschaftlichen Überlegungen zu. Öffentliche wie private Finanzen würden entlastet, Wissenschaft, Wohltätigkeit und Gewerbe und der internationale Handel befördert. Den Siedlungen und Städten blieben Verwüstungen erspart. Letztlich würde das System kollektiver Sicherheit nicht nur christliche Fürsten, sondern auch das Osmanische Reich von Kriegshandlungen abschrecken.

Penns Gedanken muten – bei allen Widersprüchen[68] – hochmodern an und sie waren ihrer Zeit zweifellos weit voraus. Nicht überraschen kann daher, dass auch Penn wiederholt das Utopie-Etikett angeheftet wurde.[69] Nicht zuletzt im 20. Jahrhundert aber fanden seine Ideen vor dem Hintergrund einer Parlamentarisierung der internationalen Beziehungen (Völkerbund, Vereinte Nationen, Europäische Union) in sehr konkreten Teilen Verwirklichung.[70] Die „erstaunliche Ähnlichkeit mit der organi-

---

65 Ebd., S. 334.
66 Vgl. ebd., S. 334.
67 Vgl. ebd., S. 334f.
68 Zu Penns Widersprüchen zählt unter anderem auch, dass er den Ursprung der Regierung zunächst auf die „väterliche Gewalt" zurückführt; aber nur wenige Zeilen später den Ursprung bei der „gegenseitigen Übereinkunft" sieht. Vgl. *Penn*, Essay, S. 324f. – Auch die Übertragung der auswärtigen Gewalt auf ein europäisches Parlament bleibt, trotz aller gegenteiliger Beteuerungen, selbstredend der Verzicht auf ein klassisches Souveränitätsrecht.
69 Vgl. z.B. *Beatty*, Penn, der ein ganzes Kapitel dem „Builder of a New Utopia" (S. 16–41) widmet.
70 Bemerkenswerte Parallelen zur Europäischen Union sieht etwa Peter Fischer – aus Sicht des Jahres 1994 – nicht nur in Mitgliederstruktur und Zielen der EU (Frieden, Wohlfahrt), sondern auch in der Arbeitsweise und sogar der Stimmgewichtung bei Mehrheitsentscheidungen im Rat der EU. Vgl. *Fischer*, Penn, S. 22–28.

satorischen und institutionellen Gestalt der modernen EU"[71] erlaubt es sogar problemlos, Penn als frühneuzeitlichen „Visionär einer Europäischen Union" zu bezeichnen.[72] Wie später Robert Owen (1771–1858) suchte er sein Utopia in der Neuen Welt, um es als Neuland und Verwirklichung von Recht und Frieden in der Realität zu erschaffen. Sein Denken und Handeln ist daher genau genommen nicht zwischen den Polen utopischer Projektion und praktischer Politik angesiedelt, vielmehr verkörpert Penns Lebenswerk ein fast beispielloses Wirken auf beiden Feldern.

3.3 Abbé de Saint Pierre – *Der Traktat vom dauerhaften Frieden* (1713)

Eine ähnlich praxisorientierte Intention findet sich auch bei Charles-Irenée Castel de Saint-Pierre. Er wurde 1658 in Saint-Pierre-Église als Sohn einer eher armen normannischen Adelsfamilie geboren und erhielt im Jesuitenkolleg von Caen eine umfassende Ausbildung.[73] 1686 wechselte er nach Paris, um sich dort seinen Studien zu widmen und versuchte bereits, die bei René Descartes (1596–1650) noch auf die Naturwissenschaften beschränkte Methode des systematischen Zweifels auf Fragen der Moral und der Politik anwendbar zu machen. Später, ab 1692, beschäftigte er sich ausführlich mit politischer Theorie und las insbesondere Platon (ca. 428–347 v. Chr.), Grotius, Jean Bodin (1530–1596), Niccolò Machiavelli (1469–1527), Hobbes und François Fénelon (1651–1715). Wohl im Jahr 1693 erwarb er das Amt des Almoseniers bei Elisabeth Charlotte (Liselotte von der Pfalz, 1652–1722), der Mutter des Herzogs von Orléans (1674–1723). Die Stellung ermöglichte Saint-Pierre tiefe Einblicke in die innere Funktionsweise absolutistischer Staatspraxis. 1702 wurde ihm der Titel des Abbé der Abtei Tiron verliehen. Während er dem Katholizismus nur innerlich widerstrebte, kritisierte er die absolutistische Willkürherrschaft durchaus offen. 1718 wurde er wegen seiner in der Schrift *Discours sur la polysynodie* (1718)[74] geübten Kritik an der Regierungszeit von Ludwig XIV. aus der Académie française ausgeschlossen, der er seit 1695 angehört hatte. Er starb 1743 im Alter von 85 Jahren in Paris.

---

71 *Stüwe*, Einigung, S. 361.
72 Vgl. *Fischer*, Penn, S. 13.
73 Vgl. zur Biografie *Herbert Hömig*, Der Abbé de Saint-Pierre und die politischen Theorien der französischen Aufklärung, in: Charles-Irenée Castel de Saint-Pierre, Kritik des Absolutismus. Die Polysynodie – Betrachtungen zum Antimachiavel, hg. von Herbert Hömig und Franz-Joseph Meißner, München 1988, S. 1–112, hier S. 42–75; siehe außerdem zu Saint-Pierre: *Marcel Pekarek*, Absolutismus als Kriegsursache. Die französische Aufklärung zu Krieg und Friede, Stuttgart 1997, S. 65–95; *Olaf Asbach*, Politik und Frieden beim Abbé de Saint-Pierre, in: Jahrbuch Politisches Denken 1995/96, S. 133–163; *Olaf Asbach*, Die Zähmung der Leviathane. Die Idee einer Rechtsordnung zwischen Staaten bei Abbé de Saint-Pierre und Jean-Jacques Rousseau, Berlin 2002, S. 45–184; *Justenhoven*, Schiedsgerichtsbarkeit, S. 150–166.
74 Vgl. die deutsche Ausgabe („Diskurs über die Polysynodie") in: *Saint-Pierre*, Kritik, S. 113–256.

Obwohl Saint-Pierre zahlreiche Reformvorschläge auf allen denkbaren und zuweilig abseitig wirkenden Gebieten vorlegte, besteht sein Verdienst vor allem darin, den Gedanken der Friedensstiftung populär gemacht zu haben. Der Nachwelt ist er hauptsächlich durch sein 1712 in rudimentärer, 1713 dann in vollständiger Gestalt veröffentlichtes *Projet pour rendre la paix perpétuelle en Europe* in Erinnerung geblieben, das er bis zu seinem Tod fortlaufend weiterentwickelte.[75]

„Man schlage die Weltgeschichte auf, wo man will: es gibt keinen Staat, der nicht mehrfach umgestürzt, kein glänzendes Herrscherhaus, das nicht untergegangen ist, weil es bisher kein wirksames Mittel zur Beilegung der Streitigkeiten ohne Krieg gab".[76] Vor dem Hintergrund dieser Diagnose widmet sich Saint-Pierres Traktat insbesondere der Suche nach brauchbaren Mitteln, um „alle künftigen Streitigkeiten zwischen den Staaten ohne Kriege zu schlichten und den ewigen Frieden herbeizuführen".[77] Um in einem dauerhaften Frieden leben zu können, so seine Kernthese, sollten sich die europäischen Souveräne zu einem „Völkerbund"[78] vereinigen.

Saint-Pierres anthropologische Diagnose des Unfriedens erinnert dabei – ebenso wie die Lösungsstrategie – an Thomas Hobbes (1588–1679).[79] Auch für Saint-Pierre wurzelt alles menschliche Handeln im Streben nach Selbsterhaltung und der Leidenschaft nach erstrebten Gütern. Was den einzelnen Menschen von seinem Verlangen abzuhalten vermag, sei einzig „die Furcht vor einem Übel [...], das größer und schlimmer ist als der Vorteil des erstrebten Gutes". „So bringt die Furcht auch die heftigsten Leidenschaften zum Schweigen und bestimmt dies Mitglied der Gesellschaft wider Willen zum Frieden, d.h. zu seinem eigenen Vorteil".[80] Auch Staaten würden analog zu Individuen primär von Leidenschaft und nicht von Vernunft dominiert. Ohne übergeordnete Instanz seien ihre Souveräne genötigt, „zur Erlangung dessen, was sie als ihr Recht ansehen, sich gegenseitig zu überlisten und zu vernichten, d.h. Krieg zu führen".[81] Der Krieg könne jedoch kein Ende, keine Lösung des Konfliktes bringen, sondern verschärfe diesen nur zusätzlich, weil der Streit durch Ansprüche auf bestimmte Güter verursacht sei, die der besiegte Fürst niemals ernsthaft aufgeben, vielmehr um die erlittenen Kriegskosten sogar noch erhöhen werde. Der Siegreiche sei ebenso wenig in Sicherheit, weil die alten Ansprüche nur „durch die Vernichtung eines von denen, die sie erheben" wirklich erlöschen würden.[82] Das resultierende Sicherheits-

---

75 Vgl. *Abbé de Saint-Pierre*, Projet pour rendre la paix perpétuelle en Europe, hg. von Simone Goyard-Fabre, Paris 1981; zur deutschen und im Folgenden zitierten Ausgabe siehe: *Abbé Castel de Saint-Pierre*, Der Traktat vom ewigen Frieden (1713), hg. von Wolfgang Michael, dt. bearb. von Friedrich von Oppeln-Bronikowski, Berlin 1922.
76 *Saint-Pierre*, Traktat, S. 14.
77 Ebd., S. 3.
78 Ebd., S. 4.
79 Vgl. dazu auch *Asbach*, Politik, S. 146, 153–161; *Asbach*, Zähmung, bes. S. 111–113 sowie Kapitel 6.
80 *Saint-Pierre*, Traktat, S. 17.
81 Ebd., S. 12.
82 Ebd., S. 13.

dilemma hat zur Folge, dass selbst friedenswillige Fürsten sich „in der unglücklichen Zwangslage [befinden], ihre Nachbarn vernichten zu müssen, um sich selbst zu erhalten".[83]

Ohne internationale Rechtsordnung stehen sich Staaten daher – analog zu den Individuen ohne staatliche Gewalt – in einer Art Naturzustand des Krieges aller gegen alle gegenüber. Erst ein mächtiger Bund könnte das Dilemma auflösen. Zwar gebe es Verträge und Bündnisse, aber diese seien nie von Dauer und sie könnten kaum „als unumstößliche Gesetze gelten, solange es jedem freisteht, sie unter allerlei Vorwänden zu verletzen, an denen es niemals fehlt, wenn man sich ihnen nicht fügen will". Daran werde sich nichts ändern, solange sie nicht durch „heilsamen Zwang", nämlich durch „die höhere Gewalt eines dauernden, hinreichend mächtigen Bundes" gehindert werden.[84] Saint-Pierres Modell entspricht letztlich einer Weiterentwicklung des hobbesschen Gesellschaftsvertrags hin zu einem europäischen Gesellschaftsvertrag, in dem „alle Kräfte Europas in einem einzigen Körper vereinigt sind".[85] So sehr die gesamte Argumentationsstruktur an Hobbes erinnert, so selten nennt ihn Saint-Pierre allerdings beim Namen.[86]

Saint-Pierre verbindet nun in gewisser Weise auch die Konzepte von Penn und Crucé, indem sein prinzipiell auf weltweite Rechtsordnung angelegtes Konzept zunächst auf europäischer Ebene verwirklicht werden sollte. „Ursprünglich umfaßte mein Plan alle Staaten der Erde", schreibt er in seinem Vorwort. Doch das Vorhaben, von Anfang an selbst noch die Herrscher Asiens und Afrikas einzubeziehen, hätte „dem ganzen Plan den Charakter des Unmöglichen" gegeben.[87] Er setzt folglich auf eine schrittweise Realisierung. Den Anfang könnten bereits zwei Herrscher machen, die die Vorreiterrolle übernehmen und deren Bündnis sich nach und nach alle anderen Staaten anschließen.[88] Sobald der Bund aus mindestens 14 Mitgliedern besteht und ein Herrscher den Beitritt verweigert, sollte er als Feind des europäischen Friedens mit Waffengewalt zum Beitritt gezwungen oder solange bekriegt werden, bis er seinen Herrschaftsbesitz verloren hat.[89]

Zentrales Organ in Saint-Pierres Konzept ist ein eigenständiger „Bundesrat der europäischen Gesellschaft",[90] eine Art Kongress oder Senat, der sich aus Bevollmächtigten konstituieren soll. Als Sitz schlägt Saint-Pierre die holländische Stadt Utrecht

---

83 Ebd., S. 14.
84 Ebd., S. 13.
85 Ebd., S. 19.
86 Olaf Asbach vermutet, dass es Saint-Pierre nicht wagte, sich offen auf Hobbes zu berufen, weil dieser im 18. Jahrhundert, unabhängig von seiner faktischen Wirkung, noch immer als Unperson galt. Vgl. *Asbach*, Zähmung, S. 111.
87 *Saint-Pierre*, Traktat, S. 9.
88 Vgl. ebd., S. 86.
89 Vgl. ebd., S. 98.
90 Ebd., S. 100.

vor,[91] den Ort der berühmten Friedensverhandlungen, die den Spanischen Erbfolgekrieg beendeten. Die bedeutendsten europäischen Mächte würden in diesem Bundesrat jeweils Sitz und Stimme erhalten, kleinere Staaten jeweils gemeinsam eine Gruppenstimme, sodass insgesamt ein Gremium von 24 Senatoren resultiert.[92] Der Vorsitz sollte unter den Gesandten rotieren, um Machtbündelungen vorzubeugen. Saint-Pierre spricht sich zudem gegen eine Gewichtung der Stimmanteile aus, da dies „die Bildung des Bundes aufs Äußerste erschweren oder gar vereiteln" würde, während die großen Staaten keinen besonderen „Wert" davon hätten und eine Gewichtung gemäß der Bevölkerungszahl ohnehin völlig impraktikabel sei, da der Bundesrat in diesem Fall aus Hunderten von Senatoren bestehen müsste.[93]

Konzipiert ist der Bundesrat als ausgesprochen schlagkräftige Institution: Er besitzt gesetzgebende Kompetenzen, wobei Saint-Pierre differenziert zwischen Artikeln, die mit Dreiviertelmehrheit geändert werden können, und wichtigen Grundartikeln, für deren Änderung die Zustimmung aller Mitglieder nötig sein soll.[94] Darüber hinaus kennt der Bundesrat Organe zur Durchsetzung seiner Beschlüsse. Zugeordnet sind ihm ein Sekretariat, das den Schriftverkehr und Verwaltungsaufgaben übernimmt, und mehrere ministerienartige Büros, die etwa Rechtsgutachten erstellen, die Unionsarmee koordinieren oder Finanzaufgaben bearbeiten.[95]

Zur Finanzierung des Verwaltungsetats der Union sollten spezielle Kommissare die Finanzkraft der Mitgliedstaaten ermitteln, nach deren Maßgabe dann durch den Bundesrat die jeweilige Höhe der Mittel festgelegt wird.[96] Zudem geht Saint-Pierre davon aus, dass die Union auch in den Mitgliedstaaten eigene Gesandtschaften, mithin eine Art diplomatischen Dienst unterhält, der den Bundesrat über die Sicherheitslage im betreffenden Land auf dem Laufenden hält und somit als Instrument der Krisenprävention und Rüstungskontrolle fungiert.[97] Vom kleinsten stimmberechtigten Mitglied bis hin zur größten Macht Europas sollte die Truppenstärke in Friedenszeiten 6.000 Mann nicht übersteigen.[98]

Bereits aus dieser Skizze wird das Porträt eines mächtigen und supranationalen Akteurs auf internationaler Bühne sichtbar. Der Bundesrat ist aber prinzipiell auch als Schiedsgericht für alle Konflikte der Mitgliedstaaten zuständig und verfügt dazu über ein abgestuftes Verfahren der Streitschlichtung. Herrscher können dort gegen andere Mitglieder Forderungen und Beschwerden vorbringen.[99] Mittels eigener Streitschlich-

---

91 Vgl. ebd., S. 105.
92 Vgl. ebd., S. 101.
93 Ebd., S. 101f.
94 Vgl. ebd., S. 87.
95 Vgl. ebd., S. 168.
96 Vgl. ebd., S. 103f.
97 Vgl. ebd., S. 106 und 131.
98 Vgl. ebd., S. 107.
99 Vgl. ebd., S. 98.

tungsbüros, die sich fallweise konstituieren und vom Bundesrat ernannt werden, ist in einem ersten Schritt eine Vermittlung vorgesehen; bleibt sie erfolglos, ergeht ein Gutachten, mit dessen Hilfe für vergleichbare Fälle durch den Bundesrat ein Gesetz für die gesamte Union erlassen wird. Fügt sich ein Herrscher diesem nicht, fällt der Bundesrat einen vorläufigen Schiedsspruch mit einfacher Mehrheit und sechs Monate später einen endgültigen Beschluss mit Dreiviertelmehrheit.[100] Die Wiedergutmachung von Unrecht und Beleidigungen hätte stets nach Maßgabe der Goldenen Regel zu erfolgen.[101] Wer sich aber den Bestimmungen des Bundesrats verweigert, sollte bis zu seiner Entwaffnung und der Vollstreckung des Urteils bekriegt werden.[102] Zur Rechtsdurchsetzung plädiert Saint-Pierre für die Rekrutierung einer Unionsarmee durch die Mitglieder, und zwar, was die Truppenkontingente betrifft, im jeweils gleichen Umfang.[103]

Darüber hinaus fördert die Union das Wohl ihrer Bürger aber auch durch die Sicherung der Handelsfreiheit, etwa durch Beseitigung von Zoll- und Währungsgrenzen oder durch Einrichtung von Handelskammern in verschiedenen Städten des Bundes, die der Streitbeilegung und Rechtsprechung dienen.[104] Ähnlich wie Crucé, gilt auch Saint-Pierre der internationale Handel als eigentliche Quelle des Reichtums und der Wohlfahrt der Staaten.

Was die Realisierungschancen seiner Konzeption betrifft, so greift Saint-Pierre bereits eingangs die Utopievokabel selbst auf, allerdings nur, um sich davon zu distanzieren. In seiner Vorrede erklärt er, dass „mein Völkerbund keine Utopie ist".[105] Durch den Rat eines Freundes sei er darin bestärkt worden. Dieser habe ihn darauf hingewiesen, dass bereits König Heinrich IV. einen fast identischen Plan gefasst hatte, der zudem von vielen Herrschern zu Anfang des 17. Jahrhunderts gebilligt worden sei.[106] Den Utopiebegriff nutzt Saint-Pierre folglich nur als Synonym für Nichtrealisierbarkeit. Den für die Utopie durchaus typischen, nämlich absichtsvollen Verzicht auf eine Verwirklichungsperspektive macht er sich erkennbar nicht zu eigen. Er will kein kritisches Spiegelbild entwerfen, in dem die Zeitgenossen lediglich ihre Gegenwart besser

---

100 Vgl. ebd., S. 168.
101 Vgl. ebd., S. 99; siehe dazu auch *Pekarek*, Absolutismus, S. 83–87.
102 Vgl. *Saint-Pierre*, Traktat, S. 98.
103 Vgl. ebd., S. 104.
104 Vgl. ebd., S. 97.
105 Ebd., S. 5.
106 Worauf Saint-Pierre hier Bezug nimmt, sind die überlieferten Pläne in den Memoiren von Maximilien de Béthume, dem Herzog von Sully und langjährigen Minister und Vertrauten von Heinrich IV. Der Herzog schied 1611, nur ein Jahr nach dem tödlichen Attentat auf den angesehenen französischen König aus der aktiven Politik aus und verfasste anschließend seine insgesamt vierbändigen Memoiren. Diese enthalten unter anderem das sogenannte „Grand Dessein", ein Friedensplan für Europa mit supranationaler Organisationsstruktur, wohl ab 1635 verfasst, den Sully seinem ehemaligen König zuschrieb.

erkennen und begreifen könnten. Sein erklärter Vorsatz ist vielmehr, etwas real Mögliches zu entwerfen, und so versucht er explizit – im zweiten Hauptstück seines Traktats – zu beweisen, dass „die Sache durchaus zu verwirklichen ist".[107] Zwar blickt er der Tatsache ins Auge, dass sein Plan „durch seine Neuheit leicht in Verdacht kommt, eine bloße Vision oder ein Trugschluß zu sein",[108] doch zieht er seine Hoffnung nicht zuletzt daraus, dass Vergleichbares in der Vergangenheit bereits gelungen sei. Saint-Pierre denkt an das „Muster der sieben holländischen Generalstaaten, der dreizehn Schweizer Eidgenossenschaften oder des Deutschen Reiches", denn: „Ich finde es nicht schwieriger, ein vereinigtes Europa zu schaffen, als man früher das Deutsche Reich geschaffen hat; es kommt nur darauf an, im Großen zu wiederholen, was im Kleinen schon ausgeführt ist".[109]

Bei aller offenen Distanzierung von der Utopie und trotz der Beharrung auf die Realisierbarkeit seines Entwurfs, blieb die Rezeption Saint-Pierres fast ausschließlich vom Bild des naiven Träumers und Schwärmers geprägt. Diese Lesart geht maßgeblich auf Jean-Jacques Rousseau (1712–1778) zurück, der sich ab 1754 mit dem Nachlass Saint-Pierres beschäftigte. Rousseau widmete sich dem Werk, indem er einerseits eine Auswahl aus dessen Schriften erstellte und andererseits, getrennt davon, seine eigenen Einschätzungen formulierte.[110] In der Folge beschränkte sich die Lektüre Saint-Pierres allerdings weitestgehend auf die Auszüge Rousseaus, in der Erwartung, darin alle wesentlichen Gedanken gebündelt zu finden. Saint-Pierres begründungstheoretischer Anspruch kam dadurch kaum noch zur Geltung.[111] Zwar machte Rousseau den Namen Saint-Pierres in Verbindung mit dessen Idee des ewigen Friedens „unsterblich", wie Herbert Hömig festhält.[112] Aber Rousseaus Gesamturteil bestand kurz gesagt darin, dass Saint-Pierres Bücher „voll großer Pläne, aber beschränkter Einsichten" seien.[113] Übrig blieb das Bild des weltfremden Idealisten, dem es am Sinn

---

107 *Saint-Pierre*, Traktat, S. 5.
108 Ebd., S. 7.
109 Ebd., S. 5.
110 In seinen *Bekenntnissen* beschreibt Rousseau sein Vorhaben mit den Worten: „Übrigens war das Unternehmen durchaus nicht leicht, es handelte sich darum, dreiundzwanzig ungeordnete, verworrene, weitschweifige Bände voller oft kurzsichtiger und falscher Anschauungen zu lesen, zu überdenken und daraus ein paar große und schöne Gedanken zu fischen, die dann allerdings für die ganze peinvolle Arbeit reichlich belohnten." *Jean-Jacques Rousseau*, Bekenntnisse. Aus dem Französischen von Ernst Hardt, mit einer Einführung von Werner Krauss, Frankfurt a. M. 1985, S. 571. – Zu Rousseaus Auseinandersetzung mit dem Friedensplan Saint-Pierres, die sowohl den von Rousseau bearbeiteten „Auszug" wie auch seine „Beurteilung" enthält, siehe insbesondere: *Jean-Jacques Rousseau*, Friedensschriften. Franz.-Dt. übers. und hg. von Michael Köhler, Hamburg 2009.
111 Das beklagt z.B. *Asbach*, Politik, S. 138. Zu Saint-Pierre und Rousseau vgl. außerdem: *Raumer*, Gedanke, S. 127–150; *Asbach*, Zähmung, S. 201–209.
112 *Hömig*, Abbé, S. 43.
113 *Jean-Jacques Rousseau*, Emil oder Über die Erziehung, hg. von Ludwig Schmidts, Paderborn u. a. [13]1998, S. 196.

„für die Wirklichkeit des Lebens, für die Tatsache der Geschichte" gänzlich mangelte.[114]

Auf den ersten Blick irritieren mag unter anderem, dass sich bei Saint-Pierre antiabsolutistische Reformvorschläge mit dem Versuch verbinden, ausgerechnet den Souveränen Europas den Beitritt zu seinem Völkerbundprojekt so schmackhaft wie möglich zu machen. Erst Rousseau und Kant werden später die Überwindung der absolutistischen Staatspraxis als zwingende Voraussetzung für eine internationale Rechts- und Friedensordnung einstufen.[115] Saint-Pierres Vorstellungen lassen sich daher wahlweise als widersprüchlich, wirklichkeitsfremd oder als besonders pragmatisch werten. Doch davon abgesehen: Hält man sich die spätere Integrationsgeschichte des europäischen Kontinents vor Augen, nicht zuletzt in Form des schrittweisen Beitritts immer neuer Mitglieder, aber ebenso die institutionelle Struktur der heutigen Europäischen Union, die Zusammensetzung und Kompetenzen ihrer Organe, dann müssen viele Vorschläge Saint-Pierres zweifellos als höchst weitsichtige und realistische Voraussagen gelten.

4. Fazit

Alle Friedensdenker teilen mit den Klassikervertretern der Utopie ein vergleichbares Schicksal. Mehr oder weniger offen wurden sie für Fantasten oder politische Träumer gehalten und haben wie Saint-Pierre „meist nur lächelnde Ablehnung gefunden".[116] Während der Vorwurf mangelnder Verwirklichungschance die meisten klassischen Utopien jedoch kaum treffen kann, da eine Realisierung dort in aller Regel gar nicht intendiert war, besitzt dieser Vorwurf bei den Friedensdenkern weitaus größere Berechtigung. Denn von einem Verwirklichungswillen waren ihre Modelle allesamt begleitet.

Darin liegt auch einer der Kernunterschiede: Die skizzierten Friedenspläne gehören – insofern sie alle auf unmittelbare politische Praxis gerichtet sind – letztlich einer anderen Tradition als die klassischen Utopien an. Sie verzichten auf eine narrative Rahmenhandlung ebenso wie auf die gern genutzte Wirklichkeitsillusion, also das Spiel mit der vermeintlich realen Existenz des Nirgendwo. Und sie berichten nicht au-

---

114 *Wolfgang Michael*, Einleitung, in: Saint-Pierre, Traktat, S. 5*–48*, hier S. 19*; siehe auch *Schlochauer*, Idee, S. 22; *Raumer*, Gedanke, S. 128.
115 Rousseau hält den Friedensplan Saint-Pierres in erster Linie deshalb für unrealistisch, weil „Krieg und Eroberungen einerseits und der Fortschritt des Despotismus andererseits einander stützen" (*Rousseau*, Friedensschriften, S. 87). Demzufolge fordert auch Kant in seiner Schrift *Zum ewigen Frieden*: „Die bürgerliche Verfassung in jedem Staate soll *republikanisch* sein", wobei Kant „republikanisch" insbesondere als Trennung von exekutiver und legislativer Gewalt versteht. Vgl. *Kant*, Zum ewigen Frieden, S. 349. Siehe hierzu auch Kapitel 5.
116 *Michael*, Einleitung, S. 6*.

genzwinkernd von fernen und glücklichen Inseln, sondern präsentieren meist in der nüchternen Form des Traktates eine politische Programmatik.

Was die geschilderten Friedenspläne für einen ewigen Frieden mit den klassischen Utopien verbindet, ist jedoch der Entwurf kontrafaktischer Zustände, der ausgehend von einer Kritik an den bestehenden Missständen nach alternativen Institutionen und Strukturen fahndet und so einerseits die Defizite der herrschenden Verhältnisse deutlicher konturiert wie andererseits über eine Projektion verfügt, die Lösungsstrategien aufzeigt und verfügbar machen kann.

Die Friedensprojekte sind insofern durchaus ‚utopisch', aber nicht im pejorativen, abwertend gemeinten Sinn, sondern im ursprünglichen und neutralen Verständnis, nämlich dahingehend, dass sie schlicht nicht-existente Verhältnisse und Institutionen beschreiben, die sich zu einem umfassenden Entwurf verdichten. Die Schnittmenge gleicht damit weitgehend derjenigen, die auch der utopische Frühsozialismus (Henri de Saint-Simon, 1760–1825; Charles Fourier, 1772–1837; Owen) mit der Klassikertradition teilt; denn auch dessen Vertreter verzichteten bei aller utopischen Projektion fast durchweg auf literarische Vermittlungsstrategien und Stilmittel wie Ironie, Satire oder Rahmenerzählungen und traten zugleich mit dem Anspruch einer politischen Reformagenda sowie dem Willen und der festen Überzeugung einer eindeutigen Realisierungsperspektive auf. Ohne also an den primär kritisch-reflexiven Geltungsanspruch der klassischen Utopien anzuknüpfen und ohne ihre Gattungsgeschichte unmittelbar fortzuschreiben, weisen die Friedenspläne dennoch viele Überschneidungen auf und lieferten Impulse für die Weiterentwicklung des Genres.

Blickt man vor dem Hintergrund der Realgeschichte retrospektiv auf die Entwürfe, so ist kaum zu leugnen, dass sie viele Strukturen späterer Friedensarchitekturen vorgezeichnet haben, ja dass der spätere Aufbau internationaler Rechtsordnungen ohne ihre Ideen und Überlegungen kaum in der konkreten Form denkbar oder möglich geworden wären. Das Beispiel der utopischen Friedensprojekte zeigt daher auch, wie sehr sich der Vorwurf realitätsferner Utopie entlang der Zeitachse wandeln und damit selbst zu einem historischen Ereignis degradieren kann.

Auswahlbibliographie / Select Bibliography

Asbach, Olaf, Politik und Frieden beim Abbé de Saint-Pierre, in: Politisches Denken Jahrbuch 1995/96, S. 133–163.
Asbach, Olaf, Die Zähmung der Leviathane. Die Idee einer Rechtsordnung zwischen Staaten bei Abbé de Saint-Pierre und Jean-Jacques Rousseau, Berlin 2002.
Beatty, Edward C. O., William Penn as Social Philosopher, New York 1939.
Böttcher, Winfried, William Penn (1644–1716), in: ders. (Hg.), Klassiker des europäischen Denkens, Baden-Baden 2014, S. 164–174.
Fischer, Peter, William Penn. Visionär einer Europäischen Union, in: Johannes Hengstschläger u. a. (Hg.), Für Staat und Recht. Festschrift für Herbert Schambeck, Berlin 1994, S. 13–28.
Geiter, Mary K., William Penn, Harlow 2000.

Hömig, Herbert, Der Abbé de Saint-Pierre und die politischen Theorien der französischen Aufklärung, in: Charles-Irenée Castel de Saint-Pierre, Kritik des Absolutismus. Die Polysynodie – Betrachtungen zum Antimachiavel, hg. von Herbert Hömig und Franz-Joseph Meißner, München 1988, S. 1–112.

Justenhoven, Heinz-Gerhard, Internationale Schiedsgerichtsbarkeit. Ethische Norm und Rechtswirklichkeit, Stuttgart 2006.

Mansfield, Andrew, Émeric Crucé's „Nouveau Cynée" (1623), Universal Peace and Free Trade, in: Journal of Interdisciplinary History of Ideas 2/4 (2013), Section 2, S. 1–23.

Lauer, Doris, Charles Irénée Castel, Abbé de Saint-Pierre (1658–1743), in: Winfried Böttcher (Hg.), Klassiker des europäischen Denkens, Baden-Baden 2014, S. 179–187.

Lauer, Doris, Éméric Crucé (ca. 1590–1648), in: Winfried Böttcher (Hg.), Klassiker des europäischen Denkens, Baden-Baden 2014, S. 142–149.

Pekarek, Marcel, Absolutismus als Kriegsursache. Die französische Aufklärung zu Krieg und Friede, Stuttgart 1997.

Raumer, Kurt von, Der Gedanke des Ewigen Friedens im Aufstieg Europas, in: ders. (Hg.), Ewiger Friede, Friedensrufe und Friedenspläne seit der Renaissance, Freiburg i.Br. 1953, S. 1–207.

Schlochauer, Hans-Jürgen, Die Idee des Ewigen Friedens, Bonn 1953.

Schölderle, Thomas, Geschichte der Utopie. Eine Einführung, Köln u. a. ²2017.

Stüwe, Klaus, Europas Einigung als Idee – William Penn und das Projekt der Europäischen Union, in: Der Staat 38/1 (1999), S. 359–376.

Tietgen, Jörn, Die Idee des Ewigen Friedens in den politischen Utopien der Neuzeit. Analysen von Schrift und Film, Marburg 2005.

Wildes, Harry, William Penn, New York 1974.

Thomas Schölderle
5. Immanuel Kant und die Friedensvorstellungen im Denken der Aufklärung

Abstract: Immanuel Kant and Peace in Enlightenment Thought
The Enlightenment was not only a period of war but also generated a rich abundance of concepts of peace. Immanuel Kant's essay *On Eternal Peace* is the most famous example. Kant alludes to his predecessors with quiet irony, but he pursues the same goal. In the name of human rights, he calls for the establishment of a League of Nations to ensure lasting peace. In contrast to many of his predecessors, however, he considers this to be possible only as the result of a historical process. Kant presents his text in the form of a peace treaty with nine articles (six prohibitions and three commandments). He published his it at a time when he believed that human development – after the event of the French Revolution – was entering a crucial historical stage. His idea that the institution in all states of a republican form of government characterized by the separation of executive and legislative power was the prerequisite for lasting peace was highly influential. Indeed, the theory of "democratic peace" experienced a significant revival after the end of the East-West conflict.

1. Einleitung

Von den zahlreichen Friedensplänen, die nicht zuletzt die Zeit der Aufklärung kennt, ragt Immanuel Kants (1724–1804) *Zum ewigen Frieden* gleichsam wie ein übergroßer Schattenwerfer heraus. Der Entwurf ist die weitaus bekannteste und berühmteste Schrift des ‚Genres' und seine Prominenz verstellt nicht selten den Blick auf die diversen, teilweise sogar in Vergessenheit geratenen Vorläufer. Kant reiht sich mit seinem Entwurf allerdings bewusst in den Kontext der Friedensdenker ein. Wenngleich er mit leiser Ironie auf seine Vorgänger anspielt, geht es ihm letztlich um ein identisches Anliegen. Kant spricht dem Krieg, außer im Falle eines Notrechts zur Verteidigung, jede Legitimation ab und fordert im Namen des Menschenrechts die Etablierung eines Völkerbundes zur Sicherung und Wahrung eines dauerhaften Friedens. Er bemüht sich um größtmögliche Distanz zu den handelnden Politikern und stellt sich entschieden auf die Seite der Philosophie. Ein Unterschied zu vielen seiner Vorläufer liegt jedoch darin, dass Kant nicht dem Glauben anhängt, mit Stiftung eines übergeordneten Bundes sei der Friede bereits garantiert. Zwar geht auch Kant davon aus, dass dieser kein natürlicher Zustand zwischen den Menschen ist, sondern gestiftet werden muss.[1] Aber einen dauerhaften Frieden hält er nur als Ergebnis eines historischen Prozesses für möglich. Die Schaffung institutioneller Voraussetzungen macht dies keineswegs obsolet. Vielmehr setzt Kant entschieden auf das Mittel des Rechts.

2. Der Friedensdiskurs der Aufklärung

2.1 Geist der Aufklärung

Mit der berühmten und vielzitierten Formulierung vom „Ausgang des Menschen aus seiner selbstverschuldeten Unmündigkeit" fand die Aufklärungsepoche ihre weithin gültige Definition und mit der Losung „Sapere aude! Habe Mut dich deines eigenen Verstandes zu bedienen!" ihren definitiven Wahlspruch.[2] Die Vernunft sollte gegen Irrtum und Aberglaube in ihr Recht gesetzt werden. Als selbstverschuldet gilt Kant die Unmündigkeit der Menschen, wenn sie auf „Faulheit und Feigheit" beruht, obwohl sie „die Natur längst von fremder Leitung frei gesprochen" habe.[3] Doch dass es Mut bedarf, verweist auf die Gesellschaft der Zeit: Kant selbst nennt drei „Vormünder", die die Aufklärung behindern und den Menschen in Unmündigkeit halten, personifiziert in den Figuren des Seelsorgers, des Arztes und des Fürsten, die zugleich sinnbildlich für die drei oberen Fakultäten Theologie, Medizin und Jurisprudenz stehen. Dort wo sie die untere Fakultät, die Philosophie unterdrücken, anstatt sie als Grundlage ihres Denkens zu fördern, begehen sie, so Kant, ein „Verbrechen wider die menschliche Natur". Denn die Erweiterung der Erkenntnis, die Korrektur von Irrtümern sei deren „ursprüngliche Bestimmung" und das Fortschreiten der Aufklärung zu unterbinden, heiße „die heiligen Rechte der Menschheit verletzen und mit Füßen treten".[4]

Das Einzige, was zur Aufklärung der Menschen erforderlich sei, ist nach Kant die unschädlichste Form der Freiheit, nämlich von der Vernunft jederzeit öffentlich Gebrauch machen zu können. Kant unterscheidet zwischen ihrem „Privatgebrauch" und dem „öffentlichen Gebrauch". Der Privatgebrauch, worunter Kant insbesondere die Erledigung von Amtsgeschäften versteht, mag einerseits zu Recht Reglementierungen und der Gehorsamspflicht unterworfen sein, doch gilt andererseits: Der öffentliche Gebrauch der Vernunft „muß jederzeit frei sein".[5] Die Selbstaufklärung des Volkes sei dann beinahe zwangsläufig, da sich unter den Menschen immer einige Selbstdenken-

---

[1] *Immanuel Kant*, Zum ewigen Frieden. Ein philosophischer Entwurf, in: Kant's Gesammelte Schriften, hg. von der Königlich Preußischen Akademie der Wissenschaften (Akademieausgabe), Berlin 1900lfd., Bd. 8, S. 341–386, hier S. 348f.
[2] *Immanuel Kant*, Beantwortung der Frage: Was ist Aufklärung? (Akademieausgabe, Bd. 8), S. 35.
[3] Ebd., S. 35.
[4] Ebd., S. 39.
[5] Ebd., S. 38.

de finden würden. Mit einem Aufruf, die „Publicität" zu gewähren, beginnt und endet letztlich auch Kants Friedensschrift. Denn eines der geschichtlichen Projekte, das die Vernunft entschieden auf seiner Seite hat, war nach Kant die globale Friedensstiftung. Doch die Gesellschaft der Gegenwart war nicht zuletzt eine Gesellschaft in Gegenwart des Krieges.

2.2 Ein Jahrhundert des Krieges

„Mit Kriegen fiengst du an, mit Kriegen endest du,/ Mit Säbel- und mit Federkriegen", so dichtete Johann Wilhelm Ludwig Gleim (1719–1803) einleitend in seiner Ode *An das achtzehnte Jahrhundert* (1797).[6] In der Tat begann das Jahrhundert nach dem Tod des spanischen Königs Karl II. (1661–1700) bereits mit der Aussicht auf einen europäischen Superkrieg. Der Streit um die Nachfolge der spanischen Habsburger wuchs sich zu einem kontinentalen und letztlich globalen Konflikt aus. Neben Österreich wurden die Ansprüche des Bourbonen Philipp von Anjou (1683–1746) und seines Großvaters Ludwig XIV. (1638–1715) vor allem durch England und die Niederlande bekämpft. Seine ungeheure Dimension gewann der Konflikt, weil auch der Kampf um die Vorherrschaft in Nordamerika zwischen Frankreich und Großbritannien in die Auseinandersetzung hineingezogen wurde. Der Frieden von Utrecht 1713 (zwischen Frankreich und Großbritannien) und der Friede zu Rastatt 1714 (zwischen Frankreich und dem Kaiser) beendeten den Spanischen Erbfolgekrieg (1700–1714).[7] Die Abkommen bestätigten die Inthronisierung Philipps, doch Frankreich musste große Zugeständnisse machen. Vor allem aber verlor Spanien seine Rolle als europäische Großmacht. Zugleich bekämpften sich im Großen Nordischen Krieg (1700–1721) der Schwedenkönig und eine Allianz aus Dänemark, Sachsen-Polen und Russland.[8]

Der Friede zwischen den Großmächten, überdies von begrenzteren regionalen Kriegen unterbrochen, währte nicht allzu lange. Von 1740 bis 1748 folgte der Österreichische Erbfolgekrieg: Maria Theresia (1717–1780) bestieg den Thron des österreichischen Erzherzogtums, aber mehrere europäische Fürsten machten Ansprüche auf das römisch-deutsche Kaisertum oder die Habsburgischen Erblande geltend. Ausgelöst durch den Einmarsch Friedrichs II. (1712–1786) im Dezember 1740 in Schlesien (Erster Schlesischer Krieg) mündete die Auseinandersetzung in einen großflächigen Krieg. Zeitweilig standen sich Frankreich, Bayern, Spanien, Preußen, Sachsen, Schweden und Neapel auf der einen, Österreich, Großbritannien und die Niederlande auf der anderen Seite gegenüber. Der Friedensschluss von Aachen[9] im Oktober

---

6 *Johann W. L. Gleim*, An das achtzehnte Jahrhundert, in: ders., Ausgewählte Werke, hg. von Walter Hettche, Göttingen 2003, S. 207.
7 Vgl. hierzu auch Kapitel 47.
8 Vgl. hierzu auch Kapitel 49.
9 Vgl. hierzu auch Kapitel 50.

1748 stellte weitgehend den Vorkriegszustand wieder her, lediglich Schlesien fiel an Preußen.

Noch weltumspannendere Dimensionen trug wenig später der sogenannte Siebenjährige Krieg (1756–1763), bei dem alle europäischen Großmächte involviert waren. Die Schlachten erstreckten sich neben Europa auch auf die Weltmeere, Nordamerika, Indien und die Karibik. Manchen Historikern galten die globalen Gefechte sogar als erster Weltkrieg der Geschichte. Der Friedensschluss 1763 ließ vor allem Preußen als neue und fünfte europäische Großmacht hervorgehen. Zählt man schließlich die weiteren Kriegshandlungen der Epoche hinzu, etwa den Polnischen Thronfolgekrieg (1733–1735), den Spanisch-Portugiesischen Krieg um Colonia (1735–1737), den Russisch-Österreichischen Türkenkrieg (1736–1739),[10] den War of Jenkins' Ear zwischen Großbritannien und Spanien (1739–1742), den Russisch-Türkischen Krieg (1768–1774), den Amerikanischen Unabhängigkeitskrieg (1775–1783), die drei polnischen Teilungen von 1772, 1793 und 1795 durch die Großmächte Preußen, Russland und Österreich, die französischen Revolutionskriege ab 1792 sowie diverse überseeische Kriege,[11] dann kannte das 18. Jahrhundert im Grunde kein einziges wirklich friedliches Jahrzehnt.

2.3 Friedensideen und ihre Kritiker

Vor diesem Hintergrund war der Friedensdiskurs der Aufklärung vor allem von zwei Hauptströmungen geprägt: der staatsphilosophischen Vertragstheorie sowie der Tradition der Friedensprojekt-Gattung.[12] Mit Thomas Hobbes (1588–1679) fand bereits Mitte des 17. Jahrhunderts der neuzeitliche Kontraktualismus als Theorie der Staatsbegründung seine erste und klassische Form.[13] Bei Hobbes wurde der Friede radikal als Sicherheit gedacht, als Zustand der Gewaltlosigkeit, wobei diese nicht nur die augenblickliche Abwesenheit von Gewalt zu bedeuten hatte, sondern auch den Schutz vor künftigen Bedrohungen und den Risiken des kriegerischen Naturzustands. Als Garant des innerstaatlichen Friedens galt nunmehr allein die souveräne Macht des

---

10 Vgl. hierzu auch Kapitel 19 und 48.
11 Vgl. hierzu auch Kapitel 20 und 21.
12 Vgl. zur Friedensdebatte vor Kant z.B. *Walter Dietze*, Einleitung: Abriß einer Entwicklungsgeschichte der Friedensidee vom Mittelalter bis zur Französischen Revolution, in: Anita Dietze/ders. (Hg.), Ewiger Friede? Dokumente einer deutschen Diskussion um 1800, München 1989, S. 7–58; *Merio Scattola*, Friede/Krieg, in: Heinz Thoma (Hg.), Handbuch Europäische Aufklärung, Stuttgart 2015, S. 232–241.
13 Vgl. *Thomas Hobbes*, Leviathan oder Stoff, Form und Gestalt eines bürgerlichen Staates, hg. von Iring Fetscher, Frankfurt a.M. ⁷1996 (zuerst 1651). Zum neuzeitlichen Kontraktualismus siehe z.B. *Wolfgang Kersting*, Die politische Philosophie des Gesellschaftsvertrags, Darmstadt 1996; *Thomas Schölderle*, Fehlperzeptionen der staatsphilosophischen Vertragstheorie, in: ZfP 58/1 (2011), S. 50–72. Vgl. hierzu auch Kapitel 6.

schützenden Staates, keine christliche Solidarität oder natürliche Geselligkeit des Menschen mehr. Hobbes' Theorie trat mit ungeheurem Neuerungsanspruch und einer regelrechten Euphorie für die naturwissenschaftliche Methodik an. Sie war kein geringerer Versuch, als gesellschaftliche Bindung und politische Herrschaft auf nichts weiter als ein wechselseitiges Rechtsversprechen ursprünglich freier und gleicher Individuen zurückzuführen. Durch vertraglichen Verzicht auf vorstaatliche Rechte und der zeitlich-logischen Inthronisierung eines absoluten Souveräns sollte fortan Sicherheit und Friede zwischen den Mitgliedern eines Staates garantiert sein. Die Krux war allerdings die Beschränkung auf eine innerstaatliche Pazifizierung. Zwischen den Staaten galt weiterhin der Naturzustand und das heißt prinzipiell ein Krieg aller gegen alle.

Die Theorie fand wirkungsmächtige Nachahmung bei fast allen großen politischen Theorien der Aufklärung, insbesondere bei Samuel Pufendorf (1632–1694), John Locke (1632–1704), Christian Wolff (1679–1754) und Jean-Jacques Rousseau (1712–1778). Bei Immanuel Kant transformierte die Vertragsidee schließlich zu einer allein vernunftrechtlichen Angelegenheit. Kant löste sie von jeder Form einer unterstellten faktisch-historischen oder impliziten Zustimmung und gab ihr den Status einer rein hypothetischen Konstruktion. Der ursprüngliche Kontrakt, so Kant, sei „keinesweges als ein Factum vorauszusetzen nöthig (ja als ein solches gar nicht möglich)". Vielmehr galt er Kant nur noch als

> bloße Idee der Vernunft, die aber ihre unbezweifelte (praktische) Realität hat: nämlich jeden Gesetzgeber zu verbinden, daß er seine Gesetze so gebe, als sie aus dem vereinigten Willen eines ganzen Volks haben entspringen können.[14]

Kant deutet die Vertragsidee insofern als Beurteilungskriterium staatlicher Rechtsetzung, von der erwartet werden muss, dass sie aus dem Gemeinwillen hervorgegangen und einer vertraglichen Übereinkunft hätten entspringen *können*. Für Kants Interpretation der republikanischen Regierungsform wird dieser Gedanke später auch in seiner Friedensschrift eine zentrale Rolle spielen.

Wenngleich in den jüngeren Vertragstheorien durch Korrektur der Ausgangsbedingungen und anthropologischen Prämissen (z. B. bei Locke oder Rousseau) auch das Ergebnis des (fiktiven) Vertragsschlusses modifiziert worden war und das resultierende Staatswesen zunehmend liberale und partizipatorische Elemente erhielt, so kannte und entwickelte die Rechts- und Staatsphilosophie Europas letztlich keine gründliche Theorie internationaler Rechtsordnung. Erst Kants Friedensschrift wird diese zu leisten versuchen, gleichsam in Form einer Synthese mit der zweiten Traditionslinie, den aufklärerischen Friedensplänen.

Diese zweite Hauptströmung konnte auf diverse Modelle zurückgreifen, die spätestens seit Erasmus von Rotterdams (1467–1536) *Querela pacis* (1517) immer wieder

---

[14] *Immanuel Kant*, Über den Gemeinspruch: Das mag in der Theorie richtig sein, taugt aber nicht für die Praxis (Akademieausgabe, Bd. 8), S. 297.

den Schrecken des Krieges gegeißelt, in drängenden Worten zum Frieden gemahnt und teilweise, wie etwa Emeric Crucé (1590–1648) oder William Penn (1644–1718), recht präzise ausgearbeitete Elemente einer Friedensordnung mit supranationaler Sanktionsgewalt beschrieben hatten.[15] Im 18. Jahrhundert veröffentlichte zunächst John Bellers (1654–1725) seine Abhandlung *Some Reasons for an European State* (1710), die eine Aufteilung Europas in 100 Kantone (aber unter Beibehaltung bisheriger Staatsgrenzen), eine Bundesversammlung und einen Obersten Gerichtshof als Streitschlichtungsinstanz sowie eine Bundesarmee und Rüstungsbegrenzung bei den Mitgliedskantonen vorsah.[16]

Wenig später, am Ende des Spanischen Erbfolgekrieges, entwarf Abbé de Saint-Pierre (1658–1743) mit seinem *Projet pour rendre la paix perpétuelle en Europe* 1713 einen überaus wirkungsmächtigen Friedensplan.[17] In ganz Europa war seither die Idee, den Frieden mittels Bundesversammlung, Streitschlichtungsgremium und supranationaler Exekutionsgewalt auf institutionelle Weise zu erhalten, allseits präsent. Kein Geringerer als Jean-Jacques Rousseau machte Saint-Pierres Gedanken nach dessen Tod populär, wenngleich er den Entwurf literarisch für deutlich verbesserungsfähig und gedanklich für unausgereift hielt.[18]

Weitere Pläne folgten. So erschien 1747 vom Aufklärer Michael von Loën (1694–1776) im Rahmen einer größeren Abhandlung über das Staatswesen ein angehängtes Kapitel mit der Überschrift *Von einem beständigen Frieden in Europa*. Loën bestritt darin eine natürliche Ursache für Kriege und führte sie allein auf ehrgeizige Antriebe zurück, weshalb ihnen auch mittels einer Versammlung von klugen Friedensrichtern Einhalt geboten werden könnte. Loën sprach von einem „beständigen Friedens-Rath von ungefehr vierzig oder fünfzig Friedens-Richter[n]". Deren Urteil sollte ohne Widerspruch vollumfänglich Gültigkeit besitzen. Und zur Reaktion bei Verweigerung sollte eine „gewisse Executions-Ordnung" errichtet werden.[19] Das monarchische Prinzip stellte Loën allerdings nicht infrage, vielmehr hielt er die Throne der europäischen Fürsten insbesondere durch die friedliche Beilegung von Erbfolgestreitigkeiten für umso nachhaltiger gesichert.

---

15 Vgl. hierzu auch Kapitel 4.
16 Vgl. *John Bellers*, Some Reasons for an European State, Proposed to the Powers of Europe, London 1710.
17 Vgl. die dt. Ausgabe: *Abbé Castel de Saint-Pierre*, Der Traktat vom ewigen Frieden (1713), hg. von Wolfgang Michael, dt. bearb. von Friedrich von Oppeln-Bronikowski, Berlin 1922. Zu Saint-Pierre vgl. auch Kapitel 3 und 4.
18 Vgl. *Jean-Jacques Rousseau*, Friedensschriften. Franz.-dt. übers. und hg. von Michael Köhler, Hamburg 2009. Dort findet sich die Auseinandersetzung Rousseaus mit dem Friedensplan von Saint-Pierre zum einen in Gestalt eines von Rousseau bearbeiteten „Auszugs" sowie einer getrennt davon verfassten „Beurteilung".
19 Vgl. *Michael von Loën*, Von einem beständigen Frieden in Europa, in: Des Herrn Geheimen Rath von Loen Freye Gedanken von dem Hof, der Policey, gelehrten, bürgerlichen und Bauren-Stand, von der Religion und einem beständigen Frieden in Europa, Ulm u. a. ²1761, S. 44–50, hier S. 45 und S. 48.

Der Ökonom und Moralphilosoph Johann Heinrich Gottlob von Justi (1717–1771), der in Form von Gutachten verschiedene Friedensschlüsse analysiert hatte, machte sich in drei weiteren Schriften unter anderem für die Idee einer europäischen Universalmonarchie zur Eindämmung eines Rechts des Mächtigeren stark und stufte die Theorie eines Gleichgewichts sich gegenseitig einhegender Staaten für eher kriegsfördernd als friedensstiftend ein.[20] Demgegenüber plädierte der baltische Publizist Jacob Heinrich von Lilienfeld (1716–1785) in seiner umfangreichen Schrift *Neues Staats-Gebäude* (1767) für einen europäischen Staatenbund mit einem „unpartheyischen, klugen, gelehrten, beständigen und gütigen Schieds- und Friedensgerichte" zur Beilegung aller Rechte, Ansprüche und Uneinigkeiten.[21] Die Schrift war von aufrichtiger Entrüstung über die Gräuel des Krieges getragen, bis in kleinste Details ausbuchstabiert, bot aber trotzdem nicht allzu viel Innovatives im Sinne einer praktikablen Friedensordnung.

In der berühmten *Encyclopédie* von Denis Diderot (1713–1784) und Jean-Baptiste le Rond d'Alembert (1717–1783) verwies Chevalier de Jaucourt (1704–1779) vor allem auf das Elend und die Verwüstung des Krieges und billigte diesem allenfalls zur reinen Selbstverteidigung eine gewisse Legitimität zu. Doch selbst dann habe die Kriegsführung stets gewisse Grenzen, die sich aus der Gerechtigkeit ergeben, zu wahren.[22]

Erwähnt seien zudem die eigenständigen Friedenspläne Eobald Tozes (1715–1789) von 1752, Johann Franz von Palthens (1724–1804) von 1758 und Johann August Schlettweins (1731–1802) von 1791.[23] Alles in allem wirken die deutschen Friedenskonzepte, vor allem verglichen mit französischen Vertretern, allerdings zahm, zurückhaltend und auch theoretisch unterentwickelt. Den europäischen Fürsten wollten die Autoren ihre Vormacht nur selten streitig machen, vielmehr appellierten sie an deren guten Willen. Ein anschauliches Beispiel liefert der schlesische Theologe Johann Gottfried Schindler (1756–1811).[24] An den Interessen der Völker und ihrer Selbstbestim-

---

20 Vgl. dazu *Martin Espenhorst*, Johann Heinrich Gottlob von Justi (1717–1771), in: Winfried Böttcher (Hg.), Klassiker des europäischen Denkens. Friedens- und Europavorstellungen aus 700 Jahren europäischer Kulturgeschichte, Baden-Baden 2014, S. 209–216.
21 Vgl. *Jacob H. von Lilienfeld*, Neues Staats-Gebäude, Leipzig 1767, S. 195.
22 *Chevalier de Jaucourt*, Guerre – Krieg, in: Jean-Baptiste le Rond d'Alembert/Denis Diderot (Hg.), Enzyklopädie. Eine Auswahl, hg. von Günter Berger, Frankfurt a.M. 2003, S. 176–178.
23 Vgl. *Eobald Toze*, Die allgemeine christliche Republik in Europa nach den Entwürfen Heinrichs des Vierten, Königs von Frankreich, des Abbé von St. Pierre und anderer vorgestellt, Göttingen 1752; *Johann Franz von Palthen*, Projekt, einen immerwährenden Frieden in Europa zu unterhalten, in: ders., Versuche zu vergnügen. Erste Sammlung, Rostock/Wismar 1758, S. 71–84; *Johann August Schlettwein*, Die wichtigste Angelegenheit für Europa. Oder System eines festen Friedens unter den europäischen Staaten nebst einem Anhang über einen besonderen Frieden zwischen Rußland und der Pforte, Leipzig 1791.
24 Vgl. *Johann G. Schindler*, Was ist den grössern Fürsten zu rathen, um das Wohl und Glück der Länder zu befördern?, Leipzig 1788; siehe dazu auch *Klaus H. Tacke*, Johann Gottfried Schindler (1756–1811), in: Böttcher (Hg.), Klassiker, S. 247–253.

mungs- und Freiheitsrechte vorbei, schickte er 1788 einen Sieben-Punkte-Plan an die Mächtigen Europas, namentlich an Katharina II. (1729–1796, Russland), Friedrich II. (Preußen) und Joseph II. (1741–1790, Österreich) und plädierte darin unter anderem für ein Friedensbündnis der fünf europäischen Großmächte, für die Einberufung eines Friedenskongresses, wechselseitige Garantie der bestehenden Grenzen, die Verhinderung von neuen Allianzen zwischen den Bündnisstaaten sowie für ein allgemeines europäisches Staatsrecht. Zudem zählte er durchaus übliche Vorteile einer Friedensallianz auf, wie die Möglichkeit, die eingesparten Gelder in Bildung und Gemeinwohl investieren zu können. Doch sein Vorschlag, zur langfristigen Absicherung des Bündnisses, die Türkei schlicht zu unterwerfen, lässt sich ebenso wenig als friedensstiftende Maßnahme werten, wie der vermeintliche Vorbildcharakter der ersten Teilung Polens. Auch sonst folgte sein Denken eher dem üblichen machtpolitischen und dynastisch-absolutistischen Kalkül der Mächtigen seiner Zeit und blieb letztlich erkennbar hinter wesentlichen Ideen der Aufklärung zurück.

In England forderte der bekannte Philosoph und Utilitarist Jeremy Bentham (1748–1832) in seinem *Plan for an Universal and Perpetual Peace* (1789) innerhalb seiner *Principles of International Law* die Abschaffung der Kolonien und Abrüstung, er machte sich für Offenheit und Transparenz der Diplomatie und einen friedlichen Ausgleich zwischen den Großmächten Frankreich und Großbritannien stark.[25] Weniger konkret waren seine Vorstellungen von einem ständigen Gerichtshof zur Streitbeilegung zwischen den europäischen Staaten. Seine Hoffnung aber galt insbesondere der Kraft der öffentlichen Meinung, die sich in Form der Pressefreiheit Geltung verschaffen sollte.

Der Vorwurf realitätsblinder Vorstellungen war den Entwürfen trotz ihrer oft moderaten Forderungskataloge gewiss. Aus Sicht der Friedensdenker war dieser Vorwurf allerdings mitnichten berechtigt. Nicht wenige verwiesen auf ein Vorbild, das in der Praxis tatsächlich mehr recht als schlecht funktionierte. Gemeint ist der Deutsche Bund, der in vielen Vorgaben bereits wesentlichen Elementen der Friedensplan-Denker entsprach.[26] Er konstituierte sich aus einem dauerhaften Zusammenschluss von Einzelstaaten, einer beratenden Versammlung (Reichstag), einer Schiedsgerichtsbarkeit mit den beiden oberen Reichsgerichten, einem vereinbarten Gewaltverzicht und der Reichsexekution im Falle der Verletzung der Reichsverfassung durch eine Art Sanktionsgewalt mittels beauftragter Reichsstände. Seit 1495, der Verabschiedung des Ewigen Landfriedens, gab es kaum einen innerdeutschen Krieg. Wenngleich die Friedensordnung einige Brüche erlebte, nicht zuletzt im Dreißigjährigen (1618–1648) und im Siebenjährigen Krieg, so war dem Deutschen Bund doch eine lange, rund 300-jährige und relativ erfolgreiche Friedensperiode beschieden. Insofern konnten die Auto-

---

25 Vgl. die dt. Ausgabe: *Jeremy Bentham*, Grundsätze für ein künftiges Völkerrecht und einen dauernden Frieden, hg. von Oskar Kraus, Halle 1915.
26 Vgl. dazu auch *Andreas Osiander*, Weltordnungspläne der Neuzeit. Die Utopie vom ewigen Frieden, in: Politikum 4/2 (2018), S. 18–28, hier S. 22.

ren für die Idee zur Stiftung eines europäischen Friedensbundes zumindest auf ein Vorbild und eine gewisse Praktikabilität ihrer Vorstellungen verweisen.

Gleichwohl fanden die Friedensprojektideen zahlreiche Kritiker. Während die einen nur die Mittel als realitätsferne Schwarmgeisterei ablehnten und ihren Spott mit den naiven Urhebern trieben, billigten andere dem Krieg als solchem normative Bedeutung und Funktion zu. So war der schottische Moralphilosoph und Nationalökonom Adam Smith davon überzeugt, dass unter „dem stürmischen und gewitterschweren Himmel des Krieges [...] die kraftvolle Strenge der Selbstbeherrschung am besten" gedeihe.[27] Ephraim Gotthold Lessing (1729–1781) polemisierte insbesondere gegen den Entwurf Johann Franz von Palthens und dessen Vorstellung des Sanktionsmechanismus:

> Wenn sich nun unter den europäischen Mächten Halsstarrige fänden, die dem Urtheile des Tribunals Genüge zu leisten sich weigerten? Wie da? O der Herr von Palthen hat vollstreckende Völker, er hat militärische Execution. Hat er die? Nun wohl, so hat er Krieg.[28]

In ähnlicher Weise spottete Friedrich der Große in einem Brief an Voltaire (1694–1778) über den Entwurf des Abbé de Saint-Pierre: „Die Sache ist völlig ausführbar; zu ihrem Gelingen fehlt nur die Einwilligung Europas und was derartige Kleinigkeiten mehr sind."[29] Voltaire wiederum verhöhnte seinerseits in seinem *De la paix perpetuélle* (1769) die Ideen Saint-Pierres und dessen Hoffnung, durch eine internationale Föderation den Frieden dauerhaft zu sichern. Voltaire verließ sich stattdessen ganz auf die Wirkungen der fortschreitenden Aufklärung, auf wachsende Toleranz und den Einfluss der öffentlichen Meinung. „Der einzige ewige Frieden, der bei den Menschen hergestellt werden kann", so Voltaire in den Eingangssätzen seiner Kritik,

> ist Toleranz: Der von einem Franzosen, dem Abbé de Saint-Pierre, vorgestellte Frieden ist eine Schimäre, die zwischen den Fürsten nicht mehr Bestand hat als zwischen Elefanten und Nashörnern, zwischen Wölfen und Hunden. Raubtiere reißen immer bei der ersten Gelegenheit.[30]

Das ist der vertraute Vorwurf der Realpolitik an die philosophischen Idealisten. Kant verteidigte hingegen 1784 Saint-Pierre gegen den Vorwurf, seine Ideen seien „schwärmerisch", man dürfte nur nicht annehmen, ihre Durchführung sei bereits „nah".[31]

---

27 *Adam Smith*, Theorie der ethischen Gefühle, hg. von Walther Eckstein, Hamburg 2004, S. 228 (III, 3).
28 *Ephraim G. Lessing*, Briefe, die neueste Literatur betreffend (Werke, hg. von Herbert G. Göpfert, Bd. 5), München 1973, S. 40.
29 Friedrich II. an Voltaire, 12.04.1742, in: Briefe Friedrichs des Großen. In dt. Übersetzung, Bd. 1, hg. von Max Hein, Berlin 1914, S. 201.
30 *Voltaire*, De la paix perpetuélle, in: Œuvres complètes de Voltaire, Bd. 28, Paris 1879, S. 103–128, hier S. 103 (eigene Übers.).
31 *Immanuel Kant*, Idee zu einer allgemeinen Geschichte in weltbürgerlicher Absicht (Akademieausgabe, Bd. 8), S. 24.

Doch selbst Kant ließe sich in die Reihe der Kritiker einordnen. Kant musste seine Wendung zum Friedensdenker erst vollziehen. Nur fünf Jahre vor seiner Friedensschrift stehen in seiner *Kritik der Urteilskraft* Sätze wie:

> Selbst der Krieg, wenn er mit Ordnung und Heiligachtung der bürgerlichen Rechte geführt wird, hat etwas Erhabenes an sich, und macht zugleich die Denkungsart des Volks, welches ihn auf diese Art führt, nur um desto erhabener, je mehreren Gefahren es ausgesetzt war.

Ein langer Frieden hingegen sorge dafür, „den bloßen Handelsgeist, mit ihm aber den niedrigen Eigennutz, Feigheit und Weichlichkeit herrschend zu machen".[32]

Zwar erscheint Kants Sinneswandel zum Friedensapologeten geringer, wenn man in Rechnung stellt, dass er auf die „Heiligachtung der bürgerlichen Rechte" verwies, um dem Krieg überhaupt etwas Erhabenes zurechnen zu können. Die Rechtmäßigkeit war also ein entscheidendes Kriterium. Und sofern die Rechtslage einen rechtmäßigen Krieg nicht mehr zuließ, blieb das Recht noch immer das entscheidende Gebot. Doch dass nunmehr auch das Argument vom Nachteil langer Friedensperioden mit ihrer Beförderung der Feigheit und Weichheit keine Gültigkeit mehr beanspruchen konnte, hatte andere, konkret politisch-historische Gründe.

Das entscheidende Ereignis war die Französische Revolution, die von Kant als neues weltpolitisches Faktum der Vernunft unmittelbar begrüßt wurde. Kant hatte die epochale Bedeutung der Pariser Ereignisse auf Anhieb erfasst. Die erste Institutionalisierung der Menschenrechte, der Rechtsfortschritt als inneres Moment der Staatsverfassung, die Reform als Verfahren des Fortschritts und zur Austragung von Gegensätzen, das alles sei „zu sehr mit dem Interesse der Menschheit verwebt", als dass diese hinter die Ereignisse zurückkönnte. „Denn ein solches Phänomen in der Menschengeschichte vergißt sich nicht mehr". Die „Begebenheit" von Paris würde immer wieder „in Erinnerung gebracht und zu Wiederholung neuer Versuche dieser Art erweckt werden".[33] Hinzu kamen die fast parallel verlaufende Verselbstständigung der Vereinigten Staaten, die offensichtliche Reformbereitschaft in den drei europäischen Monarchien Preußens, Österreichs und Russlands und die Anerkennung des revolutionären Frankreichs durch Preußen im Basler Friedensschluss von 1795. Die Entwicklung hin zu Recht und Freiheit, die zuvor noch durch die Dynamik des Krieges vorangetrieben wurde, schien nunmehr in eine Phase getreten und hatte eine Stufe erreicht, in der neuerliche Kriege lediglich mehr Schaden anrichten, aber keinen Nutzen mehr stiften konnten. In Kants Augen hatte sich der Krieg historisch überlebt und musste gleichsam als Relikt aus den Zeiten der selbstverschuldeten Unmündigkeit gelten.[34]

---

32 *Immanuel Kant*, Kritik der Urteilskraft (Akademieausgabe, Bd. 5), S. 263.
33 *Immanuel Kant*, Der Streit der Facultäten (Akademieausgabe, Bd. 7), S. 88.
34 Vgl. *Volker Gerhardt*, Immanuel Kants Entwurf „Zum Ewigen Frieden". Eine Theorie der Politik, Darmstadt 1995, S. 14–22.

Doch anders als es Kants Einsichten von der historischen Überholtheit des Krieges nahelegen, häuften sich mit Beginn des 19. Jahrhunderts eher noch die Vorstellungen vom Krieg als Motor des kulturellen Fortschritts. Georg Wilhelm Friedrich Hegel (1770–1831) verwies auf das „sittliche *Moment des Krieges*".[35] Jacob Burckhardt (1818–1897) war der Ansicht, dass ein Volk „seine volle Nationalkraft nur im Kriege" lernt und billigte diesem eine „enorme sittliche Superiorität" zu.[36] Der Krieg galt sogar zunehmend als heilsam, reinigend und gesund und als Medizin für schwächliche Nationen. Im Umkehrschluss war der ewige Friede nichts weiter als eine Quelle der Krankheit.[37] Friedrich Nietzsche (1844–1900) ließ seinen Zarathustra sagen:

> Ihr sollt den Frieden lieben als Mittel zu neuen Kriegen. Und den kurzen Frieden mehr als den langen. [...] Ihr sagt, die gute Sache sei es, die sogar den Krieg heilige? Ich sage euch: der gute Krieg ist es, der jede Sache heiligt.[38]

Die Überhöhungen und Adelungen des Krieges steigerten sich, bis sie letztlich im Blutbad des Ersten Weltkrieges ertranken. Erst dann, mit dem Versuch, einen Völkerbund aus der Taufe zu heben, wurden Kants Ideen wieder ungeahnt aktuell.

3. Kant als Friedensdenker

3.1 Ein ironischer Kontext? Eine Gelegenheitsschrift?

Kant veröffentlichte seine Friedensschrift im September 1795, nur kurz nach dem Basler Separatfrieden zwischen Preußen und Frankreich, in dem Preußen seine linksrheinischen Gebiete an Frankreich abgetreten hatte. Das lässt den Eindruck entstehen, dass der berühmte Philosoph nun ebenfalls einen bescheidenen Beitrag zur aktuellen politischen Debatte leistete. Der Titel und mehr noch der zurückhaltende Untertitel („Zum ewigen Frieden. Ein philosophischer Entwurf") nähren überdies die Vermutung, dass nur ein marginaler Aspekt der politischen Diskussion ins Blickfeld gerückt wurde. Auch die Tatsache, dass Kant die Schrift vordergründig einreiht in die Tradition der politisch harmlosen Friedensappelle, deutet eher auf ein Stück Erbauungsliteratur, das für die praktische Politik nicht von besonders gehobener Bedeutung sein konnte.

---

[35] *Georg W. F. Hegel*, Grundlinien der Philosophie des Rechts, hg. von Johannes Hoffmeister, Hamburg 1995, S. 280 (§ 324).
[36] *Jacob Burckhardt*, Weltgeschichtliche Betrachtungen, hg. von Rudolf Marx, Stuttgart 1978, S. 162f.
[37] Vgl. *Thomas Kater*, „Der Friede ist keine leere Idee...". Zur Transformation von Friedensbildern am Beginn der politischen Moderne, in: ders. (Hg.), „Der Friede ist keine leere Idee...". Zur Transformation von Friedensbildern am Beginn der politischen Moderne, Essen 2006, S. 9–29, hier S. 14.
[38] *Friedrich Nietzsche*, Also sprach Zarathustra (Sämtliche Werke, hg. von Giorgio Colli und Mazzino Montinari, Bd. 4), München 1999, S. 58f.

Hinzu kam die eigenwillige literarische Form, ein fiktiver Friedensvertrag mit ironischer Relativierung zum Auftakt, was es keineswegs abseitig erscheinen ließ, dass Kants Friedensentwurf zumindest teilweise satirisch gemeint war.[39] Überdies wirkt auch der Begriff „ewig" seltsam ironisch aufgeladen. Michael von Loën sprach noch von einem „beständigen Frieden" in Europa, Bentham von „perpetual peace". Das Andauernde ist eine Kategorie des Irdischen und Zeitlichen, das Ewige aber ist Teil der Metaphysik.[40] Das Wort lässt an Augustinus' (354–430) *aeterna pax* denken, ein Friede, der erst im „ewigen Leben" auf die Menschen wartet.[41] Oder auch an den seelischen Frieden, die Seelenruhe (Ataraxie) des Epikur (ca. 341–271 v. Chr.), die mit einer gleichmütigen Abkehr von weltlichen Dingen einhergeht. In allen Fällen deutete die Botschaft einen Verzicht auf politischen Anspruch an.[42]

Für seinen ungewöhnlichen Auftakt spielte jedoch auch eine ganz praktische Überlegung eine Rolle. Nur wenige Jahre zuvor hatte Kant wegen seiner Religionsschrift Bekanntschaft mit der preußischen Zensurbehörde gemacht und war von einem Druckverbot bedroht. Ein gewisser Grad an Ablenkung und Tarnung war daher als Motiv für seine Einleitung gewiss ebenfalls ursächlich, zumal Kant durchaus gewillt war, einige unbequeme Wahrheiten in Richtung der absolutistischen Herrscher auszusprechen.

Wohl auch deshalb wählt Kant einen besonderen Zugang zur Politik. In der denkbar beiläufigsten Form eröffnet er seinen Entwurf mit einem „rhetorischen Kunststück", das sich so unscheinbar gibt, wie es gute Rhetorik verlangt.[43] Der Text beginnt unvermittelt mit dem Hinweis auf das Schild eines holländischen Gastwirts mit der Abbildung eines Friedhofs und der Aufschrift „Zum ewigen Frieden". Wörtlich schreibt Kant:

> Ob diese satirische Überschrift auf dem Schilde jenes holländischen Gastwirths, worauf ein Kirchhof gemalt war, die Menschen überhaupt, oder besonders die Staatsoberhäupter, die des Krieges nie satt werden können, oder wohl gar nur die Philosophen gelte, die jenen süßen Traum träumen, mag dahin gestellt sein.[44]

---

39 Zu einer satirischen Interpretation vgl. z. B. *Theo Stammen*, Immanuel Kants Schrift „Zum Ewigen Frieden – ein philosophischer Entwurf" als Satire gelesen, in: Werner J. Patzelt u. a. (Hg.), Res publica semper reformanda. Wissenschaft und politische Bildung im Dienste des Gemeinwohls, Wiesbaden 2007, S. 93–103.
40 Vgl. *Henning Ottmann*, Der „ewige Frieden" und der ewige Krieg. Über Kants „Zum ewigen Frieden", in: ders. (Hg.), Kants Lehre von Staat und Frieden, Baden-Baden 2009, S. 98–112, hier S. 98.
41 Vgl. *Aurelius Augustinus*, Vom Gottesstaat (2 Bde.), hg. von Carl Andresen, Bd. 2, München ⁴1997, S. 546 (XIX, 11).
42 Vgl. *Otfried Höffe*, Einleitung: Der Friede – ein vernachlässigtes Ideal, in: ders. (Hg.), Immanuel Kant. Zum ewigen Frieden, Berlin 1995, S. 5–29, hier S. 6.
43 Vgl. zu Kants Vorbemerkung insbesondere *Gerhardt*, Kants Entwurf, S. 33–40, hier S. 33.
44 *Kant*, Zum ewigen Frieden, S. 343.

Das Bild hat eine literarische Vorgeschichte, die den unvorbereiteten Einstieg teilweise erklärt. Schon Gottfried Leibniz (1646–1716) hatte auf das Wirtshausschild angespielt.[45] Entscheidend aber ist, dass Kant mit seiner Vorbemerkung die Perspektive auf drei mögliche Adressaten des Schildes eröffnet: zum einen die Menschheit als Gesamtheit, zum zweiten die kriegshungrigen Staatsoberhäupter sowie drittens die träumenden Philosophen. Im ersten Fall gäbe es Frieden erst, wenn die Menschheit an ihr Ende gelangt wäre, wenn sie selbst in ewigem Frieden ruhen würde. Friede wäre demnach, so lange es Menschen gibt, eine pure Illusion, der Krieg ein unbesiegbares Übel, eine anthropologische Bestimmtheit der menschlichen Gattung. Gibt es den ewigen Frieden folglich nur als Friedhofsruhe? Diese Sichtweise rückt zugleich die Philosophen ins Blickfeld. Der spielerische Auftakt stellt die Schrift daher auch in den erwähnten Kontext der vorausgegangenen Friedenspläne. Wenn das Genannte zutrifft, dann beschäftigen sich die philosophischen Friedensdenker, jene also die den „süßen Traum" vom ewigen Frieden träumen, mit einem Scheinproblem und führen einen ebenso aussichtslosen wie naiven Kampf wider die menschliche Natur. Gegen diese Lesart aber spricht, dass Kant im Anschluss nun gerade einen dezidierten Friedensentwurf folgen lässt. Insofern scheint es tatsächlich politische Mittel, praktiziertes Recht zu geben, um gegen den beständigen Unfrieden einschreiten zu können.

Im zweiten Fall kommen die Philosophen aber noch in anderer Hinsicht infrage. Ihnen wurde nicht selten der Vorwurf zuteil, in der Politik die Rolle von Spaltpilzen einzunehmen, indem sie jeden alltäglichen Widerspruch zu einem unversöhnlichen Konflikt hochstilisieren und sich um des bloßen Rechthabens willen selbst niemals Einhalt gebieten. Ein Vers des Dichters und Mathematikers Abraham Gotthelf Kästner (1719–1800) bringt den Verdacht gegen die Unfrieden stiftenden Philosophen in sinnfälliger Weise auf die satirische Formel: „Auf ewig ist der Krieg vermieden,/ Befolgt man, was der Weise spricht;/ Dann halten alle Menschen Frieden,/ Allein die Philosophen nicht."[46] Kant zitiert und kommentiert den Sinnspruch Kästners sogar selbst, aber er deutet ihn durchaus aufschlussreich, nämlich gleichsam als Lob der Philosophie: Ihr Kampf nämlich sei schließlich kein Krieg, sondern eine nach bestimmten Regeln ausgetragene Form der Auseinandersetzung und insofern sogar ein gelungenes Beispiel, wie trotz gegensätzlicher Standpunkte politischer Frieden gewahrt werden könne. Denn in der Arena der Philosophie gebe allein die Kraft der besseren Gründe, nicht aber Gewaltanwendung den Ausschlag.[47]

---

45 *Gottfried W. Leibniz*, Codex juris gentium diplomaticus, in: ders., Politische Schriften, Bd. 5: 1692–1694, Berlin 2004, S. 51.
46 *Abraham G. Kästner*, Vom ewigen Frieden, in: Abraham Gotthelf Kästner's zum Theil noch ungedruckte Sinngedichte und Einfälle, zweite mit Genehmigung des Verfassers veranstaltete Sammlung, hg. von Karl Wilhelm Justi, Neueste Auflage, Wien 1817, S. 144.
47 Vgl. *Immanuel Kant*, Verkündigung des nahen Abschlusses eines Tractatus zum ewigen Frieden in der Philosophie (Akademieausgabe, Bd. 8), S. 417.

Damit klärt sich das Bild zunehmend: Der Auftakt von Kants Friedensschrift ist letztlich eine „Clausula salvatoria" zugunsten der Philosophie. Die Vorbemerkung mündet in den Appell, der Philosophie ihr Gewerbe nicht zu verübeln. Da aus Sicht der handelnden Politiker die Betrachtung des Staates stets von „Erfahrungsgrundsätzen ausgehen" müsse, würde sie „mit großer Selbstgefälligkeit" auf die theoretischen Köpfe als „Schulweisen" herabblicken. Wenn daher der Philosoph die Bühne der politischen Beratung betritt, dann schlüpft er, sofern er sich geschickt verhält, in die Rolle, die sein Gegenüber von ihm pflegt. Er macht sich als Schwächerer die Perspektive des Stärkeren zu eigen und gibt sich so klein, wie es dem Vorurteil der Mächtigen entspricht. In diesem Sinne positioniert sich Kant als Philosoph, der mit „seinen sachleeren Ideen keine Gefahr bringe" und nimmt für seine Darstellung in Anspruch, sie „wider alle bösliche Auslegung" verwahrt zu wissen.[48]

Das ist ein geschickter Schachzug, denn es eröffnet strategische Spielräume. Was sollte dagegen sprechen, die Philosophie gewähren zu lassen, sie hat keine Macht und beansprucht keine. Man mag die Philosophen ungestört reden lassen, zumal sie ohnehin kaum über Kenntnisse des politischen Geschäfts verfügen. Doch letztlich muss auch die Politik ihre Handlungen und Vorhaben öffentlich vertreten. Sie muss Ziele vorstellen und für ihre Motive und Gründe werben. Der Kampf wird nun mit anderen Waffen ausgetragen. Spätestens wenn die Politik die Sphäre des Öffentlichen betritt, ist sie mit einem Akteur konfrontiert, der zwar politisch harmlos, aber auf dem Feld der Argumente und ihrer Überprüfung mindestens ebenbürtig ist. Sobald es darauf ankommt, die Logik politischen Handelns zu beurteilen, erwächst der Politik ein Gegenspieler auf Augenhöhe. Und auf diese Weise wird die Philosophie, zunächst bescheiden angetreten, nun doch zu einer entscheidenden Kontrollinstanz der politischen Agenda.

Kant fordert letztlich Vernunftargumente gelten zu lassen und das Prinzip der freien „Publicität" nicht zu beschränken. Die „Hinterlist einer lichtscheuen Politik" wäre rasch vereitelt, wenn es ihre Vertreter nur wagen wollten, „dem Philosophen die Publicität [...] angedeihen zu lassen."[49] Denn dann gewährt sie als Recht den Raum, der nun die Austragung von Gegensätzen ohne Gewaltanwendung ermöglicht und so die vormals naturwüchsige und kriegsinduzierte Fortschrittsdynamik ersetzt.

Damit richtet sich der Blick auf die wohl tatsächlich Verantwortlichen für die fortwährenden Kriegszustände. Es ist nicht die Menschheit als solche noch sind es die Philosophen. Die Frage, wer wirklich Schuld an den unfriedlichen Zeiten trägt, rückt vielmehr die „Staatsoberhäupter, die des Krieges nie satt werden können", ins Zentrum. Was von Kant also zunächst in salvatorischer Absicht offengelassen wurde, spricht er im Verlauf der Schrift ziemlich unmissverständlich aus. Die Herrscher, die beständig der Gewalt huldigen, die „nach einseitigen Maximen durch Gewalt, was

---

48 *Kant*, Zum ewigen Frieden, S. 343; siehe dazu auch *Gerhardt*, Kants Entwurf, S. 34.
49 *Kant*, Zum ewigen Frieden, S. 386.

Recht sei, zu bestimmen" versuchen, denen geschehe es „gerade recht", so Kant, „wenn sie sich unter einander aufreiben, und also den ewigen Frieden in dem weiten Grabe finden, das alle Gräuel der Gewalttätigkeit sammt ihren Urhebern bedeckt."[50]

Auf die ironische Bedeutung allein hatte es Kant mit seiner kleinen Vorbemerkung also nicht abgesehen, eher schon auf die Absicht, die Friedensdenker vom Ruf, harmlose Spinner zu sein, zu befreien. Vor allem aber ist Kants Friedensentwurf etwas anderes als eine Gelegenheitsschrift zu einem randständigen Thema der Politik. Wenngleich sie sich vordergründig durch diverse Ablenkungen und aus unterschiedlichen Gründen diesen Anschein gibt, so ist sie auf dem Höhepunkt seines Denkens eine „Rechtslehre vom Weltfrieden"[51], ja gleichsam eine „Theorie der Politik"[52]. In erstaunlicher Kürze und Konzentration leistet sie nicht weniger, als eine vollständige „Theorie des öffentlichen Rechts"[53]. Der Denker, der zuvor (in seinen kritischen Schriften) in einer beispiellosen gedanklichen Anstrengung die Bedingungen des Wissens und der Erkenntnis ergründet und als untrennbar an menschliches Handeln gebunden erwiesen hat, fragt nunmehr, wie das Wissen des Menschen praktisch werden kann. „Die innere Logik der Vernunftkritik nötigt ihn zur Aufklärung über die Wirksamkeit der Vernunft in der menschlichen Welt."[54] Es geht nicht mehr nur um die moralphilosophische Frage, ob sich der Mensch nach seinen gewonnenen Einsichten richten soll, sondern auch, ob er dies angesichts des Wissens über seine Natur und Geschichte tatsächlich kann.

Der über 70-jährige Philosoph schreibt einen Traktat, der unmittelbar ins Zentrum des politischen Denkens führt. Mittels des Friedensbegriffs analysiert Kant Außen- wie Innenpolitik und sein Friedensvertrag behandelt alle Grundbeziehungen des Politischen: das Verhältnis der Einzelnen innerhalb der Rechtsgemeinschaft des Staates (Staatsrecht); das Verhältnis der Staaten in einer inter- und supranationalen Rechtsgemeinschaft (Völkerrecht); und das Verhältnis der einzelnen Menschen zu fremden Staaten (Weltbürgerrecht).[55]

3.2 Der Friedensplan

In seiner *Metaphysik der Sitten* nennt Kant den ewigen Frieden „das letzte Ziel des ganzen Völkerrechts".[56] Und eine Friedenslehre hatte Kant bereits in seiner Schrift *Über den Gemeinspruch* skizziert. Eine Föderation der Völker, als Kernelement des

---

50 Ebd., S. 357.
51 Vgl. *Georg Geismann*, Kants Rechtslehre vom Weltfrieden, in: ZphF 37/3 (1983), S. 363–388.
52 *Gerhardt*, Kants Entwurf, S. 7.
53 Vgl. *Höffe*, Friede – ein vernachlässigtes Ideal, S. 7.
54 *Gerhardt*, Kants Entwurf, S. 6.
55 Vgl. *Höffe*, Friede – ein vernachlässigtes Ideal, S. 6.
56 Vgl. *Immanuel Kant*, Die Metaphysik der Sitten (Akademieausgabe, Bd. 6), S. 350.

Völkerrechts, wird darin als Theorie bezeichnet, die durchaus für die Praxis tauge.[57] Seine Schrift *Zum ewigen Frieden* ist nun gleichsam die Einlösung dieser These.[58] In Gestalt eines Friedensvertrags, der als Ergebnis von Verhandlungen erscheint, benennt Kant mittels neun Artikeln, sechs Verboten und drei Geboten, sowie zwei Zusätzen und einem Anhang, konkrete Schritte für die Durchsetzung des Friedens als weltweiten Rechtszustand.

a) Die sechs Präliminarartikel

Die sechs sogenannten Präliminarartikel definieren vordergründig Verbote bestimmter Handlungsoptionen, beschreiben zugleich aber zentrale Gründe der beständigen Kriegsentfesselung in den zwischenstaatlichen Beziehungen und sind daher de facto eine durchaus mit anderen Friedensplan-Autoren der Aufklärung vergleichbare Analyse der zeitgenössischen Ursachen des Krieges.

Die Präliminarartikel lauten: (1.) *Verbot des geheimen Vorbehalts zu weiteren Kriegen:* Wer einem Friedensschluss zustimmt, so Kant, mit der geheimen Absicht, einen neuerlichen Krieg vom Zaun zu brechen, der schließt bestenfalls einen Waffenstillstand, er setzt lediglich auf einen Aufschub der Feindseligkeiten, nicht aber auf Frieden. Zudem bediene er sich Mittel, die „unter der Würde der Regenten" liegen. (2.) *Verbot der Vererbung, des Tauschs oder Kaufs von Staaten*: Derlei Praktiken würden sich schon deshalb verbieten, weil ein Staat keine „Habe (*patrimonium*)" sei, sondern „eine Gesellschaft von Menschen, über die Niemand anders" zu gebieten und verfügen habe. (3.) *Abschaffung stehender Heere:* Letztere führten unweigerlich zu einer beständigen Bedrohung und zu einem Rüstungswettlauf. Sie seien ökonomisch unvernünftig, da sie höhere Kosten verursachten als kurze Kriege, und so selbst wiederum zur „Ursache von Angriffskriegen" würden, „um diese Last loszuwerden". Auch Söldnerheere, die Menschen für das Töten oder Getötetwerden bezahlen, bedeuten den „Gebrauch von Menschen" als bloße Maschinen und Werkzeuge und seien daher unvereinbar „mit dem Rechte der Menschheit in unserer eigenen Person". (4.) *Verzicht auf Schuldenfinanzierung von außenpolitischen Angelegenheiten:* In der Kreditfinanzierung von Infrastruktur sieht Kant kein Problem. Doch mit Hilfe von Schulden Kriege zu führen, erleichtere die Kriegsentfesselung derart, dass dies nicht nur ein „großes Hinderniß des ewigen Frieden" sei, sondern den Staat fast zwangsläufig in den Bankrott treibe und andere Staaten unverschuldet darin zu verwickeln drohe. (5.) *Verbot der gewaltsamen Einmischung in fremde Staaten:* Die Einmischung in andere Staaten ist für Kant schlicht ein durch nichts gerechtfertigter „Skandal", der der Autonomie der Staaten widerspreche und das Recht untergrabe. (6.) *Verzicht auf vertrauenszerstö-*

---

57 Vgl. *Kant*, Gemeinspruch, S. 313.
58 Vgl. *Ottmann*, Der „ewige Frieden", S. 98.

rende Praktiken: Die Nutzung von ehrlosen Strategien im Krieg, etwa die Anstiftung zum Verrat, die Anstellung von Meuchelmördern oder Giftmischern, lasse alle Feindseligkeiten zu einem „Ausrottungskrieg" entarten und zerstöre so jede Vertrauensbasis eines möglichen Friedensschlusses.[59] Unter diesen sechs Artikeln gelten drei als unmittelbar vollziehbar (Artikel 1, 5, 6), die drei weiteren haben prozesshaften Charakter und können den Umständen entsprechend angepasst werden (Artikel 2, 3, 4).[60] Der Prozesscharakter zeigt sich zum Teil ganz unmittelbar anhand der entsprechenden Formulierungen. So lautet etwa Artikel 3 im Wortlaut: „Stehende Heere (*miles perpetuus*) sollen mit der Zeit ganz aufhören."[61]

b) Die drei Definitivartikel

Während die Präliminarartikel negative Faktoren formulieren, deren Unterlassung quasi Vorbedingungen eines Friedens zwischen Staaten darstellen, geben die drei folgenden Definitivartikel an, welche positiven Konditionen jederzeit und überall erfüllt, also vorbehaltlos gültig sein müssen, um den Frieden auf Dauer zu stellen, um ihn also definitiv zu machen. Dabei gilt, dass nur in einem „bürgerlich-gesetzlichen Zustande" und nur unter „einer bürgerlichen Verfassung" der Friede vollständig entfaltet werden könne[62] – und zwar als rechtlich gedachte Konstitutionsbedingung in dreifacher Hinsicht: als Verfassung einer gewaltenteiligen Republik (Staatsbürgerrecht), als zwischenstaatliches Friedensbündnis (Völkerrecht) und als Verhältnis der Bürger zu fremden Staaten (Weltbürgerrecht).

(1.) Im ersten Definitivartikel formuliert Kant: „Die bürgerliche Verfassung in jedem Staate soll *republikanisch* sein."[63] Kants Entwurf liegt die Überzeugung zugrunde, dass Republiken deutlich friedfertiger agieren als absolutistische Monarchien. Zu einer politischen Option werde der globale Friede daher erst, wenn alle beteiligten Staaten sich nach freiheitlichen Rechtsprinzipien regieren, das heißt im Inneren ein staatsbürgerlicher Friede herrscht. Unter Republik versteht Kant dabei in erster Linie die Trennung von exekutiver und legislativer Gewalt. Zwischen despotischen Staaten könne es dagegen niemals einen gesicherten Friedenszustand geben. Letztere würden

---

59 Alle Zitate: *Kant*, Zum ewigen Frieden, S. 344–346.
60 Vgl. ebd., S. 347.
61 Ebd., S. 345.
62 Ebd., S. 349.
63 Ebd., S. 349. Der Kerngedanke findet sich bereits – mehr als sinngemäß – bei Montesquieu, ohne dass dieser allerdings entschieden für eine Abschaffung der Monarchien plädiert hätte: „Der Geist der Monarchie ist auf Krieg und Eroberung ausgerichtet, der Geist der Republik auf Friede und Maßhalten. Diese beiden Arten von Regierungen können nur gezwungenermaßen in einem Staatenbund nebeneinander bestehen". *Charles de Montesquieu*, Vom Geist der Gesetze (2 Bde.), hg. von Ernst Forsthoff, Bd. 1, Tübingen 1951, S. 182 (IX, 2).

den Krieg gerne für „eine Art von Lustpartie" halten und ihn aus „unbedeutenden Ursachen" heraus veranstalten; anders als sich selbst regierende Völker, die „alle Drangsale des Krieges über sich selbst beschließen müßten" und es daher „sehr bedenken werden ein so schlimmes Spiel anzufangen".[64]

Demokratie meint in Kants Terminologie gerade keine Trennung von gesetzgebender und ausübender Gewalt und gilt Kant daher als despotisch, wohingegen die Republik – im Anschluss an Jean Bodin (1530–1596) und Rousseau – keine Staatsform, sondern für Kant eine Art der Regierungsführung zu bedeuten hat.[65] Jede Staatsform könne daher (mit Ausnahme der Demokratie) prinzipiell republikanisch regiert werden, folglich auch Monarchien. An dieser Stelle greift zudem Kants Verständnis des Kontraktualismus: Sofern der Monarch Gesetze erlässt, die aus dem vereinigten Willen des Volkes hätten hervorgehen können, kann auch die Monarchie als Republik regiert werden. Diese Sichtweise lässt sich fraglos als etwas halbherzige Veranstaltung werten; sie meidet vor allem den revolutionären Umsturz und setzt ihre Hoffnung letztlich auf die zunehmend aufgeklärte Politik der absolutistischen Fürsten.

Kants These des ersten Definitivartikels ist vermutlich die meist diskutierteste Aussage der Schrift. Aus Kants Behauptung hat sich die Theorie des „demokratischen Friedens" (Michael Doyle) entwickelt. Doyle musste dazu nur Kants Begriff „republikanisch" durch „demokratisch" ersetzen, um die These zu vertreten, dass Demokratien keine Kriege führen, jedenfalls nicht gegeneinander.[66] Andreas Osiander hält Kants ersten Definitivartikel sogar für eine der wenigen Prognosen auf dem Gebiet der internationalen Beziehungen, die sich als zutreffend erwiesen hat, da es bis heute kein wirkliches Gegenbeispiel gebe.[67] Allerdings muss man für die Bestätigung der These zumindest sämtliche Formen von Bürgerkriegen ausklammern. Und ebenso wahr ist auch, dass die meisten Kriege seit Kant von Demokratien geführt wurden – allerdings gegen Nicht-Demokratien.

(2.) Kants zweiter Definitivartikel enthält das Gebot einer Föderation der Staaten (beziehungsweise Völker). Ein Recht auf Kriegsführung erkennt Kant dabei nicht mehr an. Bei einem *jus ad bellum* lässt sich „eigentlich an gar nichts denken", so Kant.[68] Grundsätzlich gilt ihm an dieser Stelle ein Völkerstaat für die eigentlich richtige und konsequente Lösung. Da diese Idee jedoch kaum realisierbar sei und keine Zustimmung der Staaten finden würde, plädiert Kant dafür, „an die Stelle der positiven Idee einer Weltrepublik [...] nur das negative Surrogat eines den Krieg abwehrenden, bestehenden und sich immer ausbreitenden Bundes treten" zu lassen.[69] Diese Födera-

---

64 *Kant*, Zum ewigen Frieden, S. 350.
65 Vgl. ebd., S. 350–353.
66 Vgl. *Michael Doyle*, Kant, Liberal Legacies and Foreign Affairs, in: PPAf 12/3-4 (1983), S. 205–235 und S. 323–353.
67 Vgl. *Osiander*, Weltordnungspläne, S. 27.
68 *Kant*, Zum ewigen Frieden, S. 356.
69 Ebd., S. 357.

tion kennt indes keine Weltregierung, keinen Weltgerichtshof und auch keine gemeinsame Zwangs- und Sanktionsgewalt. Die Souveränität der Staaten hat sogar zur Folge, dass jeder Staat das Recht besitzt, den geschlossenen Bund wieder verlassen zu können.[70] Der Grund für die fehlende Konkretisierung der Friedensbundidee liegt letztlich im ersten Definitivartikel, also in der vorausgesetzten Bedingung einer Verwirklichung des republikanischen Verfassungsideals in den einzelnen Staaten. Kant skizziert daher eher einen mutmaßlichen Weg, auf dem die Föderation Wirklichkeit erlangen könnte und verweist etwas orakelhaft auf ein „mächtiges und aufgeklärtes Volk", um das sich „als Mittelpunkt der föderativen Vereinigung" weitere Staaten zu einem Friedensbund gruppieren, der sich „durch mehrere Verbindungen dieser Art nach und nach immer weiter" ausbreiten könnte.[71]

(3.) Mit seinem dritten Definitivartikel plädiert Kant für die Begrenzung des Weltbürgerrechts auf ein Recht auf „Hospitalität", das sich insbesondere aus dem gleichen Recht aller Menschen ableitet, sich irgendwo auf der begrenzten Erdoberfläche aufhalten zu müssen. Neben den ungeschriebenen Kodex zum üblichen Verkehr der Völker habe ein subjektives Weltbürgerrecht zu treten. Gemeint ist mit dem Recht auf Hospitalität jedoch lediglich ein Besuchs-, und kein grundsätzliches Gastrecht. Die geforderte Beschränkung dient vor allem der Abwehr von imperialistischen und kolonialistischen Bestrebungen. So verweist Kant auf das „inhospitable Betragen" im Rahmen der Kolonialpolitik, das „Besuch" zumeist mit „Eroberung" verwechselt habe und deren „Ungerechtigkeit [...] bis zum Erschrecken" reiche. Ein Fremder darf demnach auch abgewiesen werden, sofern dies nicht „seinen Untergang" bedeutet.[72] Fragen der Integration und Einwanderung waren für Kant, verglichen mit dem Schutz vor Kolonialisierung, nachrangig und keine aktuellen Herausforderungen.

Der juristische Teil des Friedensvertrages ist damit vollständig entwickelt und abgeschlossen. Doch Kant führt seine Überlegungen nun – in zwei Zusätzen sowie einem Anhang – insbesondere mit Fragen nach den Realisierungschancen seines Entwurfs weiter.

Im ersten seiner beiden Zusätze zu den Definitivartikeln bettet Kant seinen Plan zunächst in etwas rätselhafter Weise in eine Natur- und Geschichtsphilosophie ein, indem er eine Gewährsträgerin der Friedensentwicklung benennt. Die „Garantie des ewigen Friedens" leistet aber nicht Gott oder göttliches Handeln, sondern die „große Künstlerin Natur", aus deren „mechanischem Laufe sichtbarlich Zweckmäßigkeit hervorleuchtet" und die aus der „Zwietracht der Menschen [...] wider ihren Willen" letztlich Eintracht hervorgehen lasse.[73] Kant spricht von der Natur, als sei sie ein Subjekt der Geschichte und als gebe es eine Art List der Natur, weshalb der Mensch selbst bei

---

70 Vgl. *Kant*, Metaphysik der Sitten, S. 344.
71 *Kant*, Zum ewigen Frieden, S. 356.
72 Ebd., S. 358.
73 Ebd., S. 360.

einem „Volk von Teufeln" noch auf eine globale Friedensordnung hoffen dürfte.[74] Alles in allem bleibt Kants vermeintlicher Ausgriff ins Teleologische interpretationsbedürftig, da der Natur aus Sicht von Kants kritischer Philosophie eine derartige Zweckgerichtetheit kaum noch widerspruchsfrei zugedacht werden kann. Kants Unterstellung eines hintergründig vernünftig wirkenden Mechanismus der Natur wurde daher auch als gefährlich irreführender Optimismus scharf zurückgewiesen,[75] als Kompensation für „Ohnmachtsbefürchtungen" der Vernunft gedeutet[76] oder auch als Verweis auf die grundsätzliche Abhängigkeit menschlichen Handelns von den allgemeinen Bedingungen des Lebens gewürdigt.[77] Der entscheidende Kern des beschriebenen Mechanismus findet sich aber wohl in einem durchaus vertrauten (keineswegs übertrieben metaphysischen) Gedanken: Kant ist der Überzeugung, dass (ohne jeden moralischen Antrieb) die Wirkungen der „selbstsüchtige[n] Neigungen", das menschliche Streben nach „Eigennutz" und der resultierende „Handelsgeist" die Staaten tendenziell drängen werde, Kriege durch Vermittlung abzuwehren, weshalb sich diese letztlich so verhalten würden, „als ob" sie in einem dauerhaften Bündnis zueinander stünden.[78] Ob dieser Optimismus berechtigt ist, sei allerdings dahingestellt. Und obwohl Kant festhält, dass sich dieser Naturmechanismus „nur hinzudenken"[79] lässt, bleibt das systematische Problem, dass die Handlungen der Subjekte annähernd bedeutungslos erscheinen müssen, wenn der erwartete Fortschritt durch das Wirken der Natur ohnehin fast zwangsläufig einzutreten scheint.

Zum Zweiten präsentiert Kant in der zweiten Auflage seiner Friedensschrift (1796) noch einen „Geheimen Artikel" als Zusatz, der schon deshalb nicht geheim ist, weil Kant ihn öffentlich macht. Da die gesamte Schrift von der Forderung nach „Publicität" und Öffentlichkeit regelrecht durchdrungen ist, lässt sich der Geheimartikel kaum anders als Satire auf die gängige Praxis monarchischer Geheimpolitik beim Abschluss völkerrechtlicher Verträge werten, zumal der Artikel ausgerechnet fordert, dass die „Maximen der Philosophen" für die Möglichkeit eines öffentlichen Friedens durch die „zum Kriege gerüsteten Staaten" zu Rate gezogen werden sollen.[80]

---

74 Ebd., S. 366.
75 Vgl. *Hans Ebeling*, Kants „Volk von Teufeln", der Mechanismus der Natur und die Zukunft des Unfriedens, in: Klaus-Michael Kodalle (Hg.), Der Vernunftfrieden. Kants Entwurf im Widerstreit, Würzburg 1996, S. 87–94.
76 *Wolfgang Kersting*, Wohlgeordnete Freiheit. Immanuel Kants Rechts- und Staatsphilosophie, Frankfurt a. M. ²2006, S. 87.
77 Vgl. *Gerhardt*, Kants Entwurf, S. 113.
78 *Kant*, Zum ewigen Frieden, S. 366 und S. 368.
79 Ebd., S. 362.
80 Ebd., S. 368.

c) Anhang: Politik und Moral

Abschließend versucht Kant in einem zweigeteilten Anhang und vor dem Hintergrund einer Theorie-Praxis-Diskussion die Vereinbarkeit von Politik und Moral zu bestimmen und kontrastiert dazu den „moralischen Politiker" mit dem „politischen Moralisten". Während für Ersteren die Idee des Rechts als Maßstab fungiert, dieser den Frieden als sittliche Aufgabe begreift und von der Notwendigkeit der Veränderung und Anpassung an das Ideal ausgeht, ist der politische Moralist ein realpolitischer Empiriker, der Politik als Klugheitslehre versteht und die Wahl der Mittel nach seinem (staatspolitischen) Vorteil zurecht biegt. Den ewigen Frieden lässt dies aus zwei Gründen unwahrscheinlich werden: Mit Rückgriff auf die Empirie kann ein dauerhafter Frieden nicht als realistische Option belegt werden und der Friede werde prinzipiell nur erstrebt, wenn er den eigenen Interessen entgegenkommt. Anders als der moralische Politiker stellt der politische Moralist die Verhältnisse letztlich auf den Kopf, weil er die Grundsätze seinen Zwecken unterordnet.

Die Praxis machtpolitischen Kalküls hat Kant zutiefst durchschaut. Auf einer einzigen Seite ist von „Sophisterei" und der „beschönigten Ungerechtigkeit", von „hundert Ausflüchte[n] und Bemäntelungen" der Mächtigen die Rede und davon, „der verschmitzten Gewalt die Autorität anzudichten" sowie der Gewalt und nicht dem Recht zum Vorteil zu sprechen.[81] Als Prüfstein fordert Kant daher letztlich – im zweiten Teil des Anhangs – das Prinzip der Publizität. Denn ein Vorsatz, der verheimlicht werden muss, wenn er gelingen soll; ein Vorhaben, zu dem man sich nicht öffentlich bekennen kann, ohne den Widerstand aller zu reizen, kann seine Ursache in nichts anderem als der Ungerechtigkeit haben. Als transzendentale Formel des öffentlichen Rechts gilt Kant daher der Satz: „Alle auf das Recht anderer Menschen bezogene Handlungen, deren Maxime sich nicht mit der Publizität verträgt, sind Unrecht."[82]

3.3 Realistische Vision oder utopisches Ideal?

Wie bei allen Konstrukteuren von Friedensplänen stellt sich auch bei Kant die Frage nach den Realisierungschancen seines Entwurfs beziehungsweise dem Utopiecharakter seiner Schrift.[83] Während etwa Otfried Höffe bei Kants Entwurf von einer „Sozialutopie" und einer „moralisch geboten[n] Utopie" spricht, die gleichwohl von einigen

---

81 Ebd., S. 376.
82 Ebd., S. 381.
83 Wobei an dieser Stelle darauf hingewiesen sei, dass das Verhältnis von Utopie und Realpolitik keineswegs ein solches des schlichten Gegensatzes ist. Vgl. *Thomas Schölderle*, Utopie und Realismus. Zur Ambivalenz eines ideengeschichtlichen Antagonismus bei Thomas Morus und Niccolò Machiavelli, in: Stefano Saracino/Manuel Knoll (Hg.), Das Staatsdenken der Renaissance – Vom gedachten zum erlebten Staat, Baden-Baden 2013, S. 201–235.

realisierungsfreundlichen Einschränkungen begleitet werde,[84] meint Volker Gerhardt: Kants Entwurf sei „dies gerade nicht."[85] Bei Zwi Batscha und Richard Saage wird der vertraute Utopievorwurf zur ins Lob gewendeten Diagnose, zur positiv besetzten Klassifizierung als Friedensutopie.[86] Doch sollte man den Streit um Worte an dieser Stelle nicht allzu hoch hängen, denn sachlich signifikante Interpretationsunterschiede zwischen den Kommentatoren gibt es kaum.

Auf den ersten Blick existieren zumindest einige Gründe, die gegen den Utopiecharakter der Schrift sprechen. Seinen Entwurf kleidet Kant in die Gestalt eines gleichsam unterschriftsreifen Friedensvertrags, was schon in der Formgebung kaum einen größeren und sinnfälligeren Unterschied zu den literarischen Entdeckungsreisen von utopischen Inselvölkern der klassischen Tradition machen könnte. Anders als die meisten Klassiker der Utopie verfolgt Kant zudem eine klare Verwirklichungsintention.[87] Auch präsentiert er seinen Entwurf weitgehend als aprioristische Rechtslehre. Im Unterschied zu vielen seiner Vorgänger verzichtet Kant weitgehend auf Appelle zu moralischer Besserung, beschwört nicht allein den guten Willen, sondern vertraut auf das wohlverstandene Eigeninteresse, den resultierenden Wirkungen eines Naturmechanismus und die Beseitigung möglicher Rechtsgründe des Streits.

Zudem kennt sein Friedensentwurf mehrere verwirklichungsbegünstigende Einschränkungen. Die wichtigste davon ist sein Verzicht auf die Idylle der Konfliktfreiheit. Das Bild von einem völlig harmonischen Frieden, das viele Utopien entwerfen, wertet Kant keineswegs positiv. In seiner *Idee zu einer allgemeinen Geschichte in weltbürgerlicher Absicht* zeichnet Kant ein kurzes Porträt, das unmittelbare Rückschlüsse auf seinen Friedensbegriff zulässt.[88] Kant beschreibt darin einen Zustand des Friedens in Gestalt eines „arkadischen Schäferlebens bei vollkommener Eintracht, Genügsamkeit und Wechselliebe", in dem die Menschen „gemächlich und vergnügt leben", so „gutartig wie die Schafe, die sie weiden". Doch ein solcher Friede ist für Kant alles andere als ein Ideal. Die Menschen würden „ihrem Dasein kaum einen größeren Werth verschaffen, als dieses ihr Hausvieh hat; sie würden das Leere der Schöpfung in Ansehen ihres Zweckes, als vernünftige Natur, nicht ausfüllen." Vor diesem Hintergrund akzeptiert Kant die Leidenschaften und Begierden der Menschen, ja selbst ihre „Ehrsucht, Herrschsucht oder Habsucht" als notwendige Quellen, um den Menschen „aus seinem Hang zur Faulheit" und von der „Rohigkeit zur Cultur" zu führen. Ohne zwischenmenschlichen Konflikt würde schlicht die entscheidende Triebfeder kulturellen Fortschritts fehlen. Denn: „Alle Cultur und Kunst, welche die Menschheit ziert, die schönste gesellschaftliche Ordnung sind Früchte der Ungeselligkeit". Nach

---

84 *Höffe*, Friede – ein vernachlässigtes Ideal, S. 16 und S. 15.
85 *Gerhardt*, Kants Entwurf, S. 39.
86 Vgl. *Zwi Batscha/Richard Saage* (Hg.), Friedensutopien – Kant, Fichte, Schlegel, Görres, Frankfurt a. M. 1979.
87 Vgl. dazu allgemein *Thomas Schölderle*, Geschichte der Utopie. Eine Einführung, Köln u. a. ²2017.
88 Siehe dazu im Folgenden: *Kant*, Idee zu einer allgemeinen Geschichte, S. 21f.

Kant ist es also sogar nötig, die „Zwietracht" zu erhalten, aber zugleich gilt es, die Eskalation in Form von Gewalt zu unterbinden. Nicht den Konflikt versucht Kant zu eliminieren, sehr wohl aber das Mittel der Gewalttätigkeit.

Überdies zielt Kants Friedensbegriff auf eine sehr reduzierte Form des Friedens: Weder richtet sich dieser auf einen inneren Frieden der Menschen mit sich selbst noch auf einen religiösen Frieden mit oder in Gott; weder konzentrieren sich Kants Überlegungen auf einen ökologischen Frieden des Menschen mit der Natur noch auf einen kosmischen Frieden mit einer hierarchisch aufgebauten Weltordnung.[89] Einzig mit dem Frieden „unter Staaten", wie er zweimal ausdrücklich festhält, befasst sich Kant.[90] Dieser ist allerdings nicht nur ein negativer Friede, sprich die zeitlich und räumlich begrenzte Abwesenheit von Gewalt, sondern ein politisch-rechtlicher, ein Friede, der dauerhaft Rechtssicherheit und Vertrauen gewährleisten soll.

Auch dem Vorwurf der Nichtrealisierbarkeit sieht Kant offen und beständig ins Auge. Schon aus diesem Grund ruft er zu Beginn den süßen Traum der Philosophen auf. Er behält durchweg die Frage im Auge, ob sein Entwurf möglicherweise einen „bloß schimärischen" Zweck verfolgt.[91] Und erst am Ende stellt er fest, dass das Ziel gerade „keine leere Idee" sei. Vor allem aber nennt er die Friedensstiftung eine Pflicht.

> Wenn es Pflicht, wenn zugleich gegründete Hoffnung da ist, den Zustand eines öffentlichen Rechts, obgleich nur in einer ins Unendliche fortschreitenden Annäherung wirklich zu machen, so ist der ewige Friede, der auf die bisher fälschlich so genannten Friedensschlüsse (eigentlich Waffenstillstände) folgt, keine leere Idee, sondern eine Aufgabe, die, nach und nach aufgelöst, ihrem Ziele (weil die Zeiten, in denen gleiche Fortschritte geschehen, hoffentlich immer kürzer werden) beständig näher kommt.[92]

Kant selbst sieht also „gegründete Hoffnung", aber er hält die Verwirklichung notwendig durch einen längerfristigen, ja unendlichen Prozess der Annäherung gekennzeichnet. Kants Friedensidee ist zudem nicht nur theoretisches Ideal, sondern Pflicht praktischer Politik. Die Friedensstiftung steht letztlich als eine rechtsmoralische Pflicht im Rang eines kategorischen Rechtsimperativs.[93]

3.4 Rezeption und Wirkung

Kants Friedensschrift war ein unmittelbarer literarischer Erfolg. Die Abhandlung erlebte nur wenige Wochen nach dem Erscheinen einen Nachdruck, obwohl die Erstauflage mit 2.000 Exemplaren bereits doppelt so hoch lag wie jene von Kants *Kritik der*

---

89 Vgl. *Höffe*, Friede – ein vernachlässigtes Ideal, S. 18.
90 *Kant*, Zum ewigen Frieden, S. 343 und S. 348.
91 Ebd., S. 368 und S. 371.
92 Ebd., S. 386.
93 Ebd., S. 356, S. 362, S. 378; siehe auch *Höffe*, Friede – ein vernachlässigtes Ideal, S. 19.

reinen Vernunft. Im nächsten Jahr folgte eine Zweitauflage und bis zu Kants Tod im Jahr 1804 schlossen sich weitere zehn Ausgaben an. Der Text wurde in zahlreiche Sprachen übersetzt, er wurde sofort ausgiebig diskutiert und rezensiert und dabei mehrheitlich positiv gewürdigt.[94] Eine Zusammenstellung von Texten rund um die Jahrhundertwende dokumentiert die enorme Fülle, Dichte und Intensität der Auseinandersetzung. Insgesamt 76 Texte haben Anita und Walter Dietze für die wenigen Jahre von 1794 bis 1807 zusammengetragen.[95]

Bereits um 1800 begann eine Art zweite Phase der Wirkungsgeschichte in Form einer Weiterentwicklung der kantischen Ideen. Den Anfang machte Johann Gottlieb Fichte (1762–1814), der betonte, dass die Vernunft selbst die Realisation von Kants Entwurf fordere. Zugleich ging er über Kant hinaus, indem er den „Völkerbund" nur als Zwischenstufe, als „Mittelzustand" hin zum wahren Ziel eines Völkerstaates betrachtete.[96] Kurz darauf lobte Friedrich Schlegel (1772–1829) Kant überschwänglich, wertete dessen Entwurf aber auch als zu zaghafte und zu kurz gesprungene Vision. Schlegel zielte letztlich auf eine von Herrschaft befreite Weltgesellschaft gleicher und freier Völker.[97] Und ein Jahr später kritisierte Johann Gottfried Herder (1744–1803) in seinen *Briefen zur Beförderung der Humanität* (1797) die Überheblichkeit, Aufdringlichkeit und Anmaßung im Umgang mit fremden Kulturen und warb für eine *„Allianz aller gebildeten Nationen* gegen jede einzelne anmaßende Macht".[98]

Als typisch-kritische Stimme sei abschließend allerdings auch Friedrich Wilhelm von Schütz (1758–1834) zitiert. Er verweist darauf, dass schon viele Denker vor Kant vergleichbare Entwürfe geliefert hätten, die aber bald in Vergessenheit gerieten, weil „das unphilosophische Publikum so unartig gewesen ist, dergleichen Entwürfe für nicht mehr und nicht weniger als – Hirngespinste zu halten." Von einem so gereiften Denker wie Kant hätte man erwarten dürfen, dass er erst zur Feder greift, wenn er wirklich etwas Großes, etwas für die Menschheit Brauchbares zu liefern bereit sei. Doch Kants Schrift sei nichts weiter als ein „Lehrgebäude", weil es voraussetzt, dass die Menschen allein von Vernunft geleitet würden. Weil dies aber nicht so sei, „kann

---

94 Vgl. *Höffe*, Friede – ein vernachlässigtes Ideal, S. 22–27; *Kurt von Raumer*, Der Gedanke des Ewigen Friedens im Aufstieg Europas, in: ders. (Hg.), Ewiger Friede, Friedensrufe und Friedenspläne seit der Renaissance, Freiburg i.Br. 1953, S. 1–207, hier S. 162.
95 Vgl. *Anita Dietze/Walter Dietze* (Hg.), Ewiger Friede? Dokumente einer deutschen Diskussion um 1800, München 1989.
96 *Johann G. Fichte*, Zum ewigen Frieden – Ein philosophischer Entwurf von Immanuel Kant, in: Batscha/Saage (Hg.), Friedensutopien, S. 83–91, hier S. 89 [zuerst in: Philosophisches Journal 4/1 (1796), S. 81–92].
97 Vgl. *Friedrich Schlegel*, Versuch über den Republikanismus. Veranlaßt durch die Kantische Schrift zum ewigen Frieden, in: Batscha/Saage (Hg.), Friedensutopien, S. 93–110 [zuerst in: Deutschland, Bd. 3, 7. Stück, Nr. 2 (1796), S. 10–41].
98 *Johann G. Herder*, Briefe zur Beförderung der Humanität (1797), in: Dietze/Dietze (Hg.), Dokumente, S. 297.

der Gedanke eines ewigen Friedens wohl manchen Leser Unterhaltung verschaffen, ist aber nicht fähig, auf Realität Anspruch zu machen."[99]

Nach 1806 wurde es deutlich stiller um Kants Friedensschrift. Zwei große Phasen der Renaissance erlebten seine Ideen gleichwohl. Die erste begann mit dem Wiedererwachen des Pazifismus im ausgehenden 19. Jahrhundert und erreichte ihren Höhepunkt im Kontext der Völkerbund-Gründung nach dem Ersten Weltkrieg. Noch dynamischer verlief die Rezeption im Anschluss an das Ende des Ost-West-Konflikts. Unter den veränderten Bedingungen standen urplötzlich wieder Fragen einer globalen Organisation kollektiver Sicherheit und Menschenrechtsschutz ganz oben auf der politischen Agenda und nicht zuletzt das Konzept des ‚demokratischen Friedens' in Anlehnung an Kants Forderung nach gewaltenteiliger Verfasstheit der Staaten prägte dabei vor dem Hintergrund eines erwartenden Siegeszugs der Demokratie maßgeblich die Debatte.[100]

Auswahlbibliographie / Select Bibliography

Batscha, Zwi/Saage, Richard (Hg.), Friedensutopien – Kant, Fichte, Schlegel, Görres, Frankfurt a. M. 1979.
Birgfeld, Johannes, Krieg und Aufklärung. Studien zum Kriegsdiskurs in der deutschsprachigen Literatur des 18. Jahrhunderts, 2 Bde., Hannover 2012.
Cavallar, Georg, Pax Kantiana: systematisch-historische Untersuchung des Entwurfs „Zum ewigen Frieden" (1795) von Immanuel Kant, Wien 1992.
Dicke, Klaus, Immanuel Kant, Zum ewigen Frieden (1795), in: Manfred Brocker (Hg.), Geschichte des politischen Denkens, Frankfurt a. M. 2007, S. 373–386.
Dietze, Anita/Dietze, Walter (Hg.), Ewiger Friede? Dokumente einer deutschen Diskussion um 1800, München 1989.
Fröhlich, Manuel, Mit Kant, gegen ihn und über ihn hinaus: Die Diskussion 200 Jahre nach Erscheinen des Entwurfs „Zum ewigen Frieden", in: ZPol 7/2 (1997), S. 483–517.
Geismann, Georg, Kants Rechtslehre vom Weltfrieden, in: ZphF 37/3 (1983), S. 363–388.
Gerhardt, Volker, Immanuel Kants Entwurf „Zum Ewigen Frieden". Eine Theorie der Politik, Darmstadt 1995.
Hennigfeld, Jochem, Der Friede als philosophisches Problem. Kants Schrift „Zum Ewigen Frieden", in: AZP 8/2 (1983), S. 23–37.
Höffe, Otfried (Hg.), Immanuel Kant, Zum ewigen Frieden (Klassiker Auslegen), Berlin 1995.
Kersting, Wolfgang, Kant über Recht, Paderborn 2004.
Kersting, Wolfgang, Wohlgeordnete Freiheit. Immanuel Kants Rechts- und Staatsphilosophie, Frankfurt a. M. ²2006.
Kodalle, Klaus-Michael (Hg.), Der Vernunftfrieden. Kants Entwurf im Widerstreit, Würzburg 1996.

---

99 *Friedrich W. von Schütz*, Kommentar über Kants ewigen Frieden, in: Dietze/Dietze (Hg.), Dokumente, S. 299–307, hier S. 299 [zuerst in: Neuer Niedersächsischer Merkur als Beylage zum Neuen Grauen Ungeheuer, Heft 1, 1797, S. 17–26 und S. 68–74].
100 Vgl. insbesondere *Manuel Fröhlich*, Mit Kant, gegen ihn und über ihn hinaus: Die Diskussion 200 Jahre nach Erscheinen des Entwurfs „Zum ewigen Frieden", in: ZPol 7/2 (1997), S. 483–517.

Kater, Thomas, Politik, Recht, Geschichte. Zur Einheit der politischen Philosophie Immanuel Kants, Würzburg 1999.
Kater, Thomas (Hg.), „Der Friede ist keine leere Idee...". Zur Transformation von Friedensbildern am Beginn der politischen Moderne, Essen 2006.
Osiander, Andreas, Weltordnungspläne der Neuzeit. Die Utopie vom ewigen Frieden, in: Politikum 4/2 (2018), S. 18–28.
Ottmann, Henning (Hg.), Kants Lehre von Staat und Frieden, Baden-Baden 2009.
Pekarek, Marcel, Absolutismus als Kriegsursache. Die französische Aufklärung zu Krieg und Friede, Stuttgart 1997.
Raumer, Kurt von (Hg.), Ewiger Friede, Friedensrufe und Friedenspläne seit der Renaissance, Freiburg i.Br. 1953.
Schölderle, Thomas, Geschichte der Utopie. Eine Einführung, Köln u.a. ²2017.
Stockhorst, Stefanie (Hg.), Krieg und Frieden im 18. Jahrhundert. Kulturgeschichtliche Studien, Hannover 2015.
Thoma, Heinz (Hg.), Handbuch Europäische Aufklärung, Stuttgart 2015.

Frederik Dhondt
6. Peace and Law

Abstract: Peace is a political construct in the early modern period. War was viewed as a process whereby two sovereign states pursued their rights by violence or artifice. Domestic and international law were intertwined in legal doctrine. Authors of natural law-treatises incorporated an ought-dimension in their writings to describe the framework in which sovereigns should act according to a systematic analysis of a morally established hierarchy. This chapter first provides an elementary overview of sources and historiographical traditions (I). Second, it presents the classical canon of doctrine, from Spanish neo-scholastics (Vitoria) to so-called positivism (Martens), as it developed in relation to the broader intellectual, religious and institutional context as Humanism, Enlightenment, confessionalisation, and the Empire shaped thinking about war and peace (II). Finally, the chapter offers a brief overview of the practical use of legal arguments: treaty collections and repositories of pamphlets were used in political practice in conjunction with classical authors such as Gentili, Grotius or Pufendorf (III).

Introduction

Peace is a political construct. Its legal forms were widely debated in the early modern domestic and international arena. It was not the norm in early modern international relations. According to Cornelius van Bynkershoek (1673–1743), war was a process whereby two sovereign states pursued their rights by violence or artifice.[1] Alberico Gentili (1552–1608) saw war as "a just and public contest by arms".[2] Two sets of rules must be distinguished within the laws of war. Firstly, *ius ad bellum* comprises the rules applicable to the start of a conflict. Secondly, *ius in bello* comprises the rules applicable during a conflict, setting limits to the violence used by sovereigns waging war on each other. Treaty-making rules, and thus peace, are associated with the end of a conflict.

At the same time, many authors state that "to live in peace", is "to observe the Laws of Nature".[3] War, or "the state of Nations with a dispute, unable to be terminated by the ordinary rules of justice", is decided by arms, "à force ouverte". To wage war

---

1 *Cornelius van Bynkershoek*, Verhandelingen van staatszaken: vervat in twee Boeken, Leyden 1740, p. 2.
2 *Alberico Gentili*, De Iure Belli Libri Tres, Hanau 1598, p. 17. "Bellum est publicorum armorum iusta contentio".
3 *Gaspard Réal de Curban*, La science du gouvernement, t. 5: contenant le droit des gens [...], Amsterdam 1764, p. 341.

without justification amounts to a violation of the law of nations, which can give other states a just cause to wage war on the transgressor. However, the rise of a genuine *ius contra bellum*, outlawing armed force as a legitimate means to solve conflicts, only occurred at the end of the 19th century.[4]

The early modern law of nations and of nature served to define sovereign entities within a monist system of moral thought. Hence, domestic and international peace are analysed in the same scientific terms. The major risk of a purely doctrinal approach is that one writes a *de lege ferenda*-history of peace and sovereignty in the early modern period. Authors of natural law treatises, however, generally placed their writings in an intellectual tradition which necessarily incorporated an *ought*-dimension in their writings. Their aim was not to describe the law as it stood, but to explore the framework in which sovereigns were to act according to a systematic analysis of a morally established hierarchy. Their writings constituted a repository of theoretical arguments which must be studied in conjunction with primary sources.

This chapter provides an overview of theoretical and historiographical specificities of peace in legal history (I). Next, the classical canon of doctrine, whose authority is often invoked, will be presented (II). Finally, practical legal argumentation and the relationship between doctrine and practice will be addressed (III).

1. The history of international law, its theory and historiography

1.1 Sources of law

For any researcher venturing into the question of peace and law, it is essential to be familiar with the source structure, reflecting a normativity different from present-day standards. The canonical Statute of the Permanent Court of International Justice (1920) lists a set of sources of international law in its famous article 38 (1), which is still part of the Statute of its successor, the International Court of Justice (1945).[5] First come international conventions "establishing rules expressly recognized by the contesting states", international custom "as evidence of a general practice accepted as law" and general principles of law, "recognized by civilized nations". The "teachings of the most highly qualified publicists of the various nations", national judicial decisions and state practice constitute auxiliary means of interpretation. Treaties originate in the consent of states, the primary subjects of international law, acting at the same

---

[4] *Randall Lesaffer*, Aggression before Versailles, in: EJIL 29 (2018), pp. 773–808.
[5] *Jean d'Aspremont/Samantha Besson* (eds), The Oxford Handbook of the Sources of International Law, Oxford 2017.

time as their own legislators.⁶ General principles of law and customary law reflect the consensus among nations, and refer in turn to state behaviour.⁷

This list expresses opinions dear to the lawyers who drafted the statute, as a synthesis of the previously established available material. An argument derived from a treaty to which a state is a contracting party, would then be stronger than a contrary principle of law, custom or national judicial decision. For the early modern period, the key question is whether the period saw the possibility of a "horizontal" normative order and the end of a medieval "vertical", and morally-inspired world order, or, that occurred only in the nineteenth century.⁸

One's vision of the law of nations depends on the author's perspective: naturalist or realist. On the one hand, natural law arguments carry the most weight with proponents of the academic study of the law of nations as an intellectual discourse.⁹ Legal historians on the other hand, tend to emphasise political interest and the anarchical nature of international society. The academic principles developed by the "classical school of natural law" were not necessarily identical with the legal discourse used by the practitioners of interstate diplomacy.

1.2 Historiography

Many recent analyses of early modern law of nations doctrine are indebted to Martti Koskenniemi's *From Apology to Utopia*.¹⁰ Koskenniemi, from a critical perspective, pointed to the problematic and subjective role of lawyers in interpreting the horizontal normative system of international law.¹¹ For him, the quintessential element of the early modern period is the rise of international law's "primary liberalism", or the premise that states are the prime movers of the law, creating norms by their consent.¹²

---

6 *Jean Combacau/Serge Sur*, Droit international public, Paris 2006, pp. 24–26.
7 Within this classical source perspective, and broken up according to the different thematic branches of international law, a detailed overview can be found with *J. H. W Verzijl*, International Law in Historical Perspective, 12 vols., Leiden 1968–1998.
8 *Miloš Vec*, Sources of International Law in the Nineteenth-Century European Tradition: The Myth of Positivism, in: Samantha Besson/Jean d'Aspremont (eds), The Oxford Handbook of the Sources of International Law, Oxford 2017, pp. 19–36.
9 *Stephen C. Neff*, The Dormancy, Rise and Decline of Fundamental Liberties of States, in: CJICL 4 (2015), pp. 482–500.
10 *Martti Koskenniemi*, From Apology to Utopia: The Structure of International Legal Argument, Cambridge ²2005. An excellent overview of historiography can be found in *Ignacio de la Rasilla*, The Problem of Periodization in the History of International Law, in: LHR 37 (2019), pp. 275–308.
11 *Martti Koskenniemi*, The Politics of International Law, Oxford 2011.
12 See equally Emannuelle Tourme-Jouannet's analysis of a "second liberalism" with the shift towards international human rights protection in 1945: *Emmanuelle Tourme-Jouannet*, Le droit interna-

At the turn of the twentieth century, the American Society of International Law's president James Brown Scott (1866–1943) inaugurated the collection *Classics of International Law*, published by the Carnegie Endowment for International Peace and the Clarendon Press.[13] The canon of doctrine thus constructed presented the reader with translated and original treatises that were deemed to be representative for the general development of international law. The initial selection has been criticised, e.g. due to the linguistic quality of certain volumes.[14] A second corpus is the impressive scholarship of Ernest Nys (1851–1920) designated by Martti Koskenniemi as the "first professional historian of international law".[15] His many monographs and articles still constitute a relevant starting point, especially for researchers intent on linking up legal reasoning with primary historical material.[16] Earlier visions of international law, where the past co-constructs the present doctrinal needs, can be found in Henry Wheaton's study[17] of the 'progress' of international law since the Peace of Westphalia. The works of Dietrich Heinrich Ludwig von Ompteda (1746–1803)[18] and Gaspard de Réal de Curban (1682–1752)[19] also constitute irreplaceable sources for the detailed analysis of doctrine.

2. The classical canon: from Vitoria to Moser

Two particular aspects will be used to highlight the distinct characteristics of the most common authors:[20] on the one hand, their conception of war, on the other hand, the

---

tional libéral-providence. Une histoire du droit international, Bruxelles 2011, p. 241. Jouannet recognises a double finality to international law: both the rights of states and the enlightened provision of welfare for citizens are part of a double master narrative.

13 *James Brown Scott* (ed.), The Classics of International Law, 21 vols., Washington et al. 1911–1950.

14 I refer to the many translations by Dominique Gaurier (series CIAJ, Limoges), who provided the scholarly community with linguistically accurate French versions of Braun, Gudelinus, Gentili, Zouche, Pasquali and Bynkershoek.

15 *Martti Koskenniemi*, A History of International Law Histories, in: Anne Peters/Bardo Fassbender (eds), The Oxford Handbook of the History of International Law, Oxford 2012, p. 943.

16 *Frederik Dhondt*, "L'histoire, parole vivante du droit?" François Laurent en Ernest Nys als Historiografen van Het Volkenrecht, in: Bruno Debaenst (ed.), De Belle Époque van het Belgisch Recht, Brugge 2016, pp. 91–115.

17 *Henry Wheaton*, Histoire des progrès du droit des gens en Europe et en Amérique depuis la Paix de Westphalie jusqu'à nos jours. Avec une introduction sur les progrès du droit des gens en Europe avant la paix de Westphalie, Leipzig 1841.

18 *Ludwig von Ompteda*, Literatur des gesammten sowohl natürlichen als positiven Völkerrechts, Regensburg 1785.

19 *Réal de Curban*, La science du gouvernement.

20 Ayala, De Soto, Solorzano, Las Casas, Braun, Belli, Gudelinus, Weber (Textor), Schmauss, Burlamaqui, Schoepflin, Mably, Montesquieu, Kant and Klüber. I refer to Ompteda and Réal de Curban for further information.

attention given to the positive or natural component of the law of nations. Numerous related issues also appear when examining the conclusion of peace treaties or the outbreak of a conflict: diplomatic immunity,[21] neutrals' rights,[22] and the increased regulation of trade.[23] They are not considered in this chapter.

The medieval traditions of *ius commune* and moral theology constitute an essential background. Three layers of norms governed human interactions. Within a polity, this was *ius civile* (municipal law); within the community of Christians it was the *ius gentium* (law of nations); and, finally, both universal and encompassing interactions with heretics, there was the *ius naturale* (natural law, law of nature).[24] The *ius ad bellum* (rules concerning the beginning of an armed conflict) sought to limit as much as possible the use of violence within Christianity. To that end, classical Thomist doctrine conceived of three essential preconditions. First, to engage in an armed conflict, one ought to have the necessary *auctoritas* (political independence, sovereignty). Within the community of Christians, the Emperor was thought to wield most authority. However, as the kings of France, England or Castile considered themselves to be *superiorem non recognoscens*,[25] they too claimed sufficient *auctoritas*. Secondly, the motive to start a war ought to be a *causa iusta*. A just cause or motive corresponded to an injury suffered (an object or person unjustly taken, damages incurred). The *causa iusta* theory was close to the moral theologians' conception of contracts in civil law. In order to switch from a formal-traditionalist system (as had been prevalent for the most important transactions in Roman law) to a consensual-abstract system, the principle of *pacta (quantumcumque nuda) sunt servanda* allowed one to link the creation of obligations to party consent. However, in order to void contracts originating in a morally indefensible motive, a check on the parties' intentions could be performed with the *causa*.[26] Thirdly, a war ought to be carried out with proportionate violence. Harm inflicted on the adversary ought not to exceed the

---

21 *Dante Fedele*, Naissance de la diplomatie moderne (XIIIe–XVIIe siècles). L'ambassadeur au croisement du droit, de l'éthique et de la politique, Baden-Baden 2017, pp. 410–492; *Linda S. Frey/Marsha L. Frey*, The History of Diplomatic Immunity, Columbus (Ohio) 1999; *Miloš Vec*, Zeremonialwissenschaft im Fürstenstaat. Studien zur juristischen und Politischen Theorie absolutistischer Herrschaftsrepräsentation, Frankfurt a. M. 1998.
22 *Eric Schnakenbourg*, Entre la guerre et la paix: neutralité et relations internationales, XVIIe–XVIIIe siècles, Rennes 2013; see also Chapter 28.
23 *Antonella Alimento/Koen Stapelbroek* (eds), The Politics of Commercial Treaties in the Eighteenth Century. Balance of Power, Balance of Trade, London 2017; *Antonella Alimento* (ed.), War, Trade and Neutrality. Europe and the Mediterranean in the Seventeenth and Eighteenth Centuries, Milano 2011.
24 *Stephen C Neff.*, Justice Among Nations. A History of International Law, Cambridge (Mass.) 2014, p. 8, pp. 42–49, p. 51.
25 Ibid., p. 77.
26 *Reinhard Zimmerman*, The Law of Obligations: Roman Foundations of the Civilian Tradition, Oxford 2007, pp. 549–558.

limits of the damages suffered. This element was thought to be deduced from the party's *recta intentio*.[27]

Owing to the supremacy of divine natural law over *ius gentium*, however, the right to self-defence could override the preceding conditions. Political entities below the threshold of *auctoritas* could have resort to arms in order to fend off an attack. With regards to heretics, canon law and theology developed various motives, such as *dilatatio* (where spreading the Christian faith constituted an acceptable reason to use force), *recuperatio* (when the reconquest of Christ's grave was concerned) or simply the non-recognition of heretic sovereignty.[28] In practice, this was not enough to generate stability. Coexistence with 'heretics' was thus often unavoidable.[29]

Two significant objections can be made to this system of thought. First, it did not prevent violent conflicts among Christian monarchs, such as the Hundred Year's War (fought over Edward III's right to inherit the French crown). Secondly, papal authority, which had the theoretical potential to enforce norms against transgressors, could only be effective in power configurations where it was possible to exert pressure on sovereigns.[30] Moreover, assessments of legitimacy were invariably undertaken by partial observers.

On the whole, however, this did not erase a structural merit, namely the constitution of a system of thought whereby the enforcement problem of international law could be resolved by delegation. In theory (and in practice), of course, no monopoly of violence existed to legally repel those who transgressed the rules.[31] Yet just war theory nonetheless offered a set of criteria for the mobilisation of a league of sovereigns against infractions of norms that were commonly regarded as binding.

Finally, medieval scholarship transformed the term *ius gentium*. In the Roman Republic, *ius gentium* designated the legal relations between two strangers from a different nation, or between a Roman and a stranger. This body of case law was developed by the *praetor peregrinus*, competent to grant permission to litigate between private persons. Hence the idea arose of *ius gentium* as universal private law. The medieval term, by contrast, designated relations between Christian political entities. This explains the double meaning of *ius gentium* in public international law. On the one

---

[27] Complementary conditions such as the exclusion of clerics (*persona*) or a specific definition of the contentious affair (*res*) make up a total of five conditions formulated by the canonist Raymond de Peñaforte (1175–1275), who taught at Bologna. Neff, Justice, p. 68.
[28] Ibid., pp. 100–105.
[29] *Alfred Dufour*, Droit international et chrétienté: des origines espagnoles aux origines polonaises du droit international. Autour du sermon De bellis justis du canoniste polonais Stanislas de Skarbimierz, in: Pierre-Marie Dupuy/Vincent Chetail (eds), The Roots of International Law/Les fondements du droit international. Liber amicorum Peter Haggenmacher, Leiden/Boston 2014, pp. 95–119.
[30] Neff, Justice, p. 51.
[31] "Tout prince parvenait à faire passer pour une guerre juste celle qu'il lançait pour la défense et la promotion de ses intérêts dynastiques et territoriaux". *Stéphane Péquignot/Jean-Marie Moeglin*, Diplomatie et „relations internationales" au Moyen Âge: (IXe–XVe siècle), Paris 2017, p. 740.

hand, it can be used as a synonym of *Völkerrecht*, or law of the peoples of the earth, with an universalist connotation. On the other hand, compared to *ius naturale*, *ius gentium* can designate man-made, special law between polities, contrasted with the natural principles implicitly enshrined in human behaviour, counting as general law.

2.1 Spanish neo-scholasticism

The School of Salamanca has recently attracted much scholarly attention. Francisco de Vitoria's (1483–1546) lectures *De Indis* (1539) expressed concern at the violent subjugation of the Americas by Spain.[32] The Dominican monk proposed including the rights of natives in the category of universal natural law[33] and doubted whether Spain's war on them was justified by any right of conquest and annexation.[34] Yet he refrained from condemning the war, emphasising the right to commerce as the basis for a right to discover new parts of the world.[35] The lands occupied by the Aztecs or Incas had not been "empty", and were not free according to the private law-principle of *terra nullius*.[36] Although the damage had already been done, and the debate did not undo past misdeeds, *De Indis* stirred up the debate about the legality of conquest and expansion outside Europe, and refuted the idea that the pope could confer worldly *dominium* on rulers.[37] Vitoria's work is interpreted as a precursor of the notion of international human rights. Vitoria saw the authority of natural law as compelling, starting from the unitary Catholic moral world view.[38]

Francisco Suárez (1548–1617) worked two generations later, after Spain's attempts to eradicate heresy in England and the Low Countries had failed. It is thus not surprising that Suárez constructed arguments which justified inciting civil war in England against James I (1566–1625).[39] Suárez's interpretation of *ius naturale* and *ius gentium* no longer reflected the idea that international law could be compared to legislation, and the world of states to an integrated political community.[40] He equated *ius gentium* and international law,[41] implying that natural law rules could be deemed applicable to states, but were not exclusively designed to fit this category of subjects, whereas, conversely, *ius gentium* had become an independent set of rules governing state beha-

---

32 Anthony Pagden, The Burdens of Empire. 1539 to the Present, Cambridge 2015.
33 Matthew C. R. Craven, Colonialism and domination, in: The Oxford handbook of the history of international law, Oxford 2012, pp. 862–889, p. 868.
34 *Neff*, Justice, p. 93.
35 *Tourme-Jouannet*, Le droit, p. 96.
36 *Pagden*, Burdens, p. 17.
37 Ibid., pp. 49–50.
38 *Koskenniemi*, Apology, pp. 79–98.
39 Ibid., p. 101.
40 *Neff*, Justice, p. 156.
41 Francisco Suárez, De legibus ac deo legislatore, Coimbra 1612.

viour, rooted in man-made, 'positive' law.⁴² These rules (*ius gentium*) were enforceable by states, whereas the former (*ius naturale*), which were applicable "to all humans, from the highest to the lowest", merely contained moral guidelines.⁴³

2.2 Humanism

The *mos gallicus* school of humanism in domestic private and public law brought an intellectual and critical clarity to medieval scholasticism.⁴⁴ Biblical and classical examples now had to be coupled with *rationes*, or critical and rational analysis of past authority.⁴⁵ In his *Six livres de la République* (1576) and *Methodus ad facilem historiarum cognitionem* (1566), Jean Bodin (1530–1596) made explicit the separation between private law, where Roman law counted as *ratio scripta*, and public law, based on historical configurations of power relations (*ex facto oritur ius*).⁴⁶ For Bodin, the monarch was bound by the *forum internum* and by natural law, but the extent of these obligations still needed to be made clear.⁴⁷

Alberico Gentili (1552–1608) aimed to combine classical erudition with practical analysis. Gentili rejected the authority of theologians in legal affairs.⁴⁸ His *De Iure Belli Libri Tres* (1598) and *Hispanica Advocatio* (1603)⁴⁹ are written from the perspective of a legal expert in international relations who advised law courts and appeared as counsel for Spain in the Court of Admiralty.⁵⁰

Gentili saw the Roman Empire as a metaphor for international relations and the legal questions posed by it in the early modern world.⁵¹ However, this did not mean that he had imperialist sympathies. Gentili resented the pursuit of glory and imperial

---

42 *Neff*, Justice, p. 155.
43 Ibid., p. 158.
44 *Alain Wijffels*, Early-Modern Scholarship on International Law, in: Alexander Orakhelashvili (ed.), Research Handbook on the Theory and History of International Law, Cheltenham 2011, pp. 23–60.
45 *Fedele*, Naissance, p. 54.
46 *Howell A Lloyd*, Jean Bodin, "This Pre-Eminent Man of France": An Intellectual Biography, Oxford 2017, pp. 66–67.
47 *Neff*, Justice, p. 146.
48 "Silete theologi in munere alieno", *Diego Panizza*, Political Theory and Jurisprudence in Gentili's De Iure Belli: the Great Debate between "Theological" and "Humanist" Perspectives from Vitoria to Grotius, in: Dupuy/Chetail (eds), The Roots, p. 215.
49 *Alberico Gentili*, Les deux livres de la plaidoirie espagnole. (transl. Dominique Gaurier), Limoges 2017; *Fedele*, Naissance, pp. 395–397; *Lauren Benton*, Legalities of the Sea in Gentili's Hispanica Advocatio, in: Benedict Kingsbury/Benjamin Straumann (eds), The Roman Foundations of the Law of Nations. Alberico Gentili and the Justice of Empire, Oxford 2010, pp. 269–282.
50 Gentili, a Protestant who fled Italy to become Regius Professor of Civil Law at Oxford University, gave impartial advice on the release of Philip II of Spain's ambassador Mendoza. See *Alberico Gentili*, De Legationibus Libri Tres, transl. Gordon J. Laing, New York 1924.
51 *Pagden*, Burdens, p. 85.

power. He praised "Il magnifico" Lorenzo de' Medici's (1449–1492) balance-of-power-strategy. Gentili also thought pre-emptive strikes against potential hegemons were acceptable.[52] Utility and reason of state could provide appropriate grounds for declaring an action justified.[53] The extension of an empire could never itself constitute a just cause. This did not differ from Vitoria's *ex ante* condemnation of imperial extension. However, Gentili did question the *ex post* legitimacy of empire by recognising the right of pre-emptive strike against a potential hegemon. Should a hegemonic configuration be respected merely by the fact that it resulted from a peace treaty (*ex post*), or, more likely, would a small state expressing genuine fear be allowed to prevent hegemonic abuse resulting from a *pax infirma*?[54]

Gentili pioneered concepts later developed by Hugo Grotius (1583–1645), for example the idea of war-as-process (*fore disceptatio*),[55] implicit declarations of war[56] and an equal applicability of the *ius in bello* on both sides. However, Grotius also differed from Gentili, for instance, on the question of whether a state which had earlier provoked a war still had the right of legitimate defence,[57] the idea of a war that is seemingly just on both sides[58] or the idea that utility and not justice could justify a pre-emptive strike.[59] Gentili held that war was a duel between equal parties rather than a situation in which a lawyer could decide a case based on just war theory.[60]

2.3 Enlightened natural law

Hugo Grotius is a hybrid figure whose writings were influenced by the two preceding schools and at the same time developed the first elements of enlightened natural

---

52 *Gentili*, De Iure, p. 104.
53 *Panizza*, Political Theory, pp. 228–229; *Fedele*, Naissance, p. 322.
54 *Panizza*, Political Theory, p. 240.
55 Ibid., p. 220.
56 *Anuschka Tischer*, Offizielle Kriegsbegründungen in der Frühen Neuzeit. Herrscherkommunikation in Europa Zwischen Souveränität und korporativem Selbstverständnis, Berlin 2012; *Bernd Klesmann*, Bellum Solemne. Formen und Funktionen europäischer Kriegserklärungen des 17. Jahrhunderts, Mainz 2007.
57 *Hugo Grotius*, Le droit de la guerre et de la paix, transl. Jean Barbeyrac, Amsterdam 1724, p. 221; *Panizza*, Political Theory, p. 227.
58 This idea was pioneered by Vitoria but without practical consequences. *Neff*, Justice, p. 147. Vitoria advocated ignoring the potentially unjust nature of the cause defended, whereas Gentili treated a situation of objective justification on both sides. Grotius, like Vitoria, rejected the idea that a war could be "just on both sides [...] the reason is that by the very nature of the case a moral quality cannot be given to opposites as to doing and restraining" (*Grotius*, Le droit, p. 680; *Panizza*, Political Theory, p. 219).
59 *Panizza*, Political Theory, p. 229.
60 *Gentili*, De iure, p. 18.

law.[61] The "Grotian tradition" in international law, a synonym for a line of thought combining practical international law and morality[62] is often linked to the British School of international relations.[63] There were myriad editions and translations of *De Iure Belli ac Pacis Libri Tres* (1625). Many of Grotius's arguments were positions determined by the context of the Eighty Years' War (1568–1648), which saw the abjuration of Philip II of Spain, the establishment of the Dutch colonial and commercial empire, and religious divisions within Calvinism.[64]

Grotius was taught in Leiden by lecturers brought up with the writings of the Spanish neo-scholastics. He himself studied the works of Suárez among others.[65] He replicated modes of thinking common among the jurists of the Salamanca school.[66] He still believed that the most binding natural law and its moral principles emanated from God. At the other end of the spectrum, however, a limited space was created for man-made positive law or the voluntary law of nations.[67]

Grotius's definition of war as a contest of arms between two equal sovereigns has become a classic. Yet he also borrowed many ideas from Gentili's earlier work.[68] Grotius redefined the just causes for war. Whereas self-defence had been a natural cause in medieval theology, he opted for an extended conception of defence, including the resort to pre-emptive strikes, allowing for the elimination of an immediately threatening evil.[69] The recovery of what had been unjustly held by another state, and punishment for past misconduct, completed this list. Grotius retained the idea that a contest of arms ought to punish unjust behaviour (cannibalism, human sacrifices, sodomy, incest, atheism, piracy and tyranny).[70]

Grotius's major contribution to the development of international law was his *mare liberum* principle, or the right to free navigation on the high seas. Spanish and Portuguese expansion had been justified by the grant of papal bulls at the end of the 15th century.[71] The Treaty of Tordesillas, concluded under papal auspices, drew demarca-

---

61 *Peter Haggenmacher*, Grotius et La doctrine de la guerre juste, Paris 1983.
62 *Randall Lesaffer*, The Grotian Tradition Revisited: Change and Continuity in the History of International Law, in: BYIL 73 (2002), pp. 103–139; *Neff*, Justice, pp. 170–171; *Hersch Lauterpacht*, The Grotian Tradition in International Law, in: BYIL 23 (1946), pp. 1–53; *Richard Tuck*, The Rights of War and Peace. Political Thought and International Order From Grotius to Kant, Oxford 1999.
63 *Hedley Bull*, The Anarchical Society: A Study of Order in World Politics, London 1977.
64 *Henk Nellen*, Hugo Grotius. A Lifelong Struggle for Peace in Church and State, 1583–1645, Leiden/Boston 2014.
65 *Gabriella Silvestrini*, With Grotius against Grotius: Jephta's "Appeal to Heaven" in John Locke's Two Treatises of Government, in: Dupuy/Chetail (eds), The Roots, p. 134.
66 *Panizza*, Political Theory, p. 215.
67 *Neff*, Justice, p. 162.
68 Ibid., p. 163.
69 Ibid., p. 164.
70 "Les souverains ont seuls le pouvoir de procurer l'avantage de la Société Humaine par l'infliction des Peines". *Grotius*, Le droit, pp. 613–614; *Panizza*, Political Theory, pp. 234–235.
71 *Ernest Nys*, Le droit international et la papauté, in: Revue de droit international 10 (1878), p. 519.

tion lines in order to avoid conflict between these two Catholic monarchs. Grotius fearlessly denied the validity of such arrangements. His *Mare Liberum* treatise[72] was part of an elaborate plea to assert the rights of the Dutch East India Company (VOC) to capture Portuguese vessels, for which the preliminary proof of the Dutch right to navigate on the high seas was needed.[73] It was impossible for a state to enforce its exclusive jurisdiction outside its own territorial waters.[74] The high seas served as a common highway and so belonged to no single nation in the world.

The repeated appropriation of Thomas Hobbes's (1588–1679) work by realist International Relation thought has established the idea that Hobbes essentially advocated a system of lawlessness. His description of the state of nature between individuals in *Leviathan* (1651) and his likening of this situation to the perpetual strife between states has generated abhorrence in natural law-doctrine.[75] Yet his basic assessment of treaty-breaking European sovereigns hit a raw nerve. His writings suggested a contractual solution to end the chaos and competitiveness of the state of nature.[76] If his basic premise was irrefutable, how could a system of law manage to avoid his *maximes détestables*?[77]

The eight books on natural law[78] by Samuel von Pufendorf (1632–1694) constructed an international order which viewed positive treaty obligations as a consequence of natural law.[79] Pufendorf studied at Leipzig, and served as a tutor in Denmark. During a period of imprisonment there he drafted his *Elements of natural philosophy* which criticised Hobbes.[80] The treatise contributed to his fame and led to him being called to Heidelberg to take up a chair in the law of nations and nature in the philosophy faculty. Pufendorf recognized the existence of a state of nature between individuals, as well as the idea that a positive decision was needed to leave this state. Yet human sociability drove individuals, like states, to enter into contractual relations with each other.[81] Pufendorf thereby connected again with the tradition of Gro-

---

72 *Hugo Grotius*, Mare Liberum Sive de Iure Quod Batavis Competit ad Indicana Commercia Dissertatio, Leiden 1609; *Hugo Grotius*, Hugo Grotius' Mare Liberum: 1609–2009 (ed. Robert Feenstra/Jeroen Vervliet), Leiden/Boston 2009.
73 *Lauren A. Benton*, A search for sovereignty: law and geography in European Empires, 1400–1900, Cambridge 2010, pp. 131–135.
74 *Neff*, Justice, p. 133, note 154.
75 *Réal de Curban*, La science du gouvernement, pt. 5, pp. 632–638.
76 *Neff*, Justice, pp. 170; *Tourme-Jouannet*, Le droit, p. 47.
77 *Réal de Curban*, La science du gouvernement, pt. 5, p. 633.
78 *Samuel von Pufendorf*, De Iure Naturae et Gentium Libri Octo. Londoni Scanorum 1672; Id., The Whole Duty of Man, According to the Law of Nature, transl. Ian Hunter, Indianapolis 2003.
79 *Sylvie Goyard-Fabre*, Pufendorf et le droit naturel, Paris 1994.
80 *Samuel von Pufendorf*, Elementorum Iurisprudentiae Universalis Libri Duo, The Hague 1660.
81 *Michael Stolleis*, Geschichte des öffentlichen Rechts in Deutschland. Reichspublizistik und Polizeiwissenschaften 1600–1800, München 1988, p. 283.

tius and medieval theology, discarding Hobbes's *bellum omnium contra omnes* and aiming at human *felicitas* or happiness rather than mere security.[82]

As far as the sources of international law were concerned, Pufendorf rejected a dualist structure. He argued that *ius gentium* had been misunderstood from the outset and that it was simply a set of rules between individuals. A purely conventional international law could not bind states.[83] State practice ought to be interpreted inversely: it was "the law of nature applied by positive consent to the artificial persons of civil societies".[84]

Christian Wolff (1679–1754), the "Philosophenkönig des 18. Jahrhunderts",[85] who taught in Halle and Marburg,[86] developed the most abstract and systematic example of enlightenment legal literature.[87] In Wolff's generation, the law of nature had become a compulsory element in the curriculum of German law faculties.[88] He held that three principles guided man to happiness: completeness, necessity and expediency or appropriateness (*Zweckmäßigkeit*). Wolff applied a rigorous deductive method of reasoning. He distinguished the primary duties of self-preservation and perfection[89] from the secondary duties owed to other states on the basis of human sociability.[90] Agreements between states, either as treaty or custom, depended on natural law for their binding nature. If they were contrary to the principles of necessary natural law, treaties or customary rules only pertained to political history, and not to legal science.[91]

An intermediate category of "voluntary" law, Wolff taught, allowed for the existence of norms that had their basis in human will, albeit the "presumed" collective consent of nations rather than the individual free will of humans.[92] This hybrid category needed an explanation. For Wolff, the *Civitas Maxima*, a legal person encompassing all sovereigns on earth, a "great global republic whose 'citizens' were the various nations" (Stephen Neff), guaranteed security through mutual protection. This association had been formed by quasi-agreement and could compel any entity to join or existing members to abide by its principles. The normative force of international law would thus be derived from an organ of which all were part, yet which was superior to states as subjects of law. Hence, like Vitoria, Wolff considered that international law could be seen as a kind of legislation.[93]

---

[82] *Neff*, Justice, p. 167.
[83] *Tourme-Jouannet*, Le droit, p. 113.
[84] *Neff*, Justice, p. 178.
[85] *Stolleis*, Geschichte, p. 289.
[86] *Tourme-Jouannet*, Le droit, p. 25.
[87] *Christian Wolff*, Ius Naturae Methodo Scientifica Pertractatum, Halle/Magdeburg 1749.
[88] *Stolleis*, Geschichte, p. 288.
[89] *Wolff*, Ius Naturae, pp. 20–21.
[90] *Neff*, Justice, p. 184.
[91] Ibid., p. 185.
[92] Ibid.; *Koskenniemi*, Apology, p. 110.
[93] *Wolff*, Ius Naturae, p. 9; *Neff*, Justice, p. 187.

Emer de Vattel (1714–1767), a diplomat from the principality of Neuchâtel, is hard to classify either within the school of natural law[94] or within a group of early 'positivist' authors. In his prolegomena to *Le droit des gens*, Vattel distinguished his transposition of Wolff's writings into French from the original version. He dissociated himself from the *Civitas Maxima*. Vattel argued that natural law could not be applied to states in the same way that it was to individuals.[95] His clear writing style and abundant use of examples made his work a great success,[96] appealing to the founding fathers of the United States and subsequently to the Supreme Court.[97] Nineteenth century statesmen and diplomats sought arguments in *Le droit des gens*, just as liberal revolutionaries used his description of Neuchâtel's constitutional government against monarchical constitutionalism.[98]

The first book treats the state's obligations to itself, inspired by the principality of Neuchâtel. Ruled at a distance by the King of Prussia (Friedrich I., 1657–1713) from 1707,[99] the local estates asserted their autonomy: Hence the plea for equality between "the smallest republic and the most powerful kingdom".[100] Vattel supported the normative force of *lois fondamentales* which limited the monarch's power. Self-preservation, derived from necessary natural law, could void treaty clauses.[101] The second book concerned 'the Nation, considered in its relations with others'.[102] The influence of private law is clear. The third book concerns armed conflict (*ius in bello*).[103] The last then discusses the re-establishment of peace (for its first four chapters) and the status of diplomats and embassies (chapters five to nine).[104] Peace was regarded as the "desirable" state of mankind, consistent with the reasonable nature of men, for it was more reasonable to terminate quarrels by the "voies de la raison". Vattel followed Pufendorf and Wolff in their endorsement of human sociability and rejected Hobbes's precarious state of violence between states.[105] Sovereigns have a double obligation to

---

94 *Emmanuelle Tourme-Jouannet*, Emer de Vattel et l'émergence doctrinale du droit international classique, Paris 1998.
95 *Neff*, Justice, p. 185 and 196; *Koskenniemi*, Apology, p. 109.
96 *Vattel*, Le droit des gens ou principes de la loi naturelle, appliqués à la conduite et aux affaires des nations et des souverains, London 1758.
97 *Vincent Chetail*, Vattel and the American Dream: An Inquiry into the Reception of the Law of Nations in the United States, in: Dupuy/Chetail (eds), The Roots, pp. 251–300.
98 *Fiocchi Malaspina*, L'eterno ritorno del Droit des gens di Emer de Vattel (secc. XVIII–XIX). L'impatto sulla cultura giuridica in prospettiva globale, Frankfurt a.M. 2017.
99 *Nadir Weber*, Lokale Interessen und große Strategie: Das Fürstentum Neuchâtel und die politischen Beziehungen der Könige von Preußen (1707–1806), Köln/Wien 2015.
100 *Neff*, Justice, p. 197.
101 *Koskenniemi*, Apology, p. 113: "States are super-individuals, thrown in the world to seek their self-interest".
102 *Vattel*, Le droit, vol. 1, pp. 109–227.
103 Ibid., vol. 2, pp. 1–247.
104 Ibid., pp. 249–375.
105 Ibid., p. 250.

maintain peaceful relations. They are obliged to their subjects, whose security and well-being depend on peace, but they are also mutually obliged to further each other's happiness.[106]

Those who threaten the public peace should be seen as "monstrous heroes", although they are sometimes deified by the admiration of "the vulgar masses". In reality, they were the enemies of humankind and should be treated as such. Whoever broke peace without valid reason, harmed all nations on earth, and attacked the happiness and security of all peoples. The transgressor thereby legitimated collective action to quash his aggression and punish him by depriving him of the power he had abused.[107]

However, when it came to the conclusion of peace, Vattel made a clear distinction between (desirable) justice and (necessary) order. "A peace treaty cannot be anything but a transaction". If the "rules of exact and rigorous Justice' were to be observed", peace would become "impossible".[108] When one of the belligerents had to admit of the unjustified nature of his cause, he was condemned to repair all the harm done in the war. Yet, full compensation or proportionate punishment were inadequate ways to terminate a conflict. Failure to solve complex issues would simply lead to a continuation of the war until one side was entirely ruined.[109]

2.4 'Positivism'

Cornelius van Bynkershoek (1673–1743), president of the High Court of Holland, Zeeland and West Frisia,[110] was trained as an "elegant jurist",[111] erudite in Roman law and theology. He did not set out to construct a coherent doctrinal master narrative. Instead, his *Quaestionum Iuris Publici Libri Duo* provided the reader with dozens of chapters devoted to relations between sovereign entities. Bynkershoek was aware of the doctrinal tradition of the law of nations, but chose to address specific questions as they presented themselves in court. The analysis is sharp, but often cruel: declarations of war are unnecessary and not enshrined in state practice,[112] hunger is not a reason to lift a blockade.[113] Yet Bynkershoek rigorously respected the rights of neutral states, which have the liberty to serve "us or our own enemies" in times of war.[114] He is best known for

---

106 Ibid., p. 251.
107 Ibid., p. 252. See also the legitimacy of collective actions against treaty breakers: Ibid., vol. 1, p. 183.
108 Ibid., vol. 2, p. 264.
109 Ibid., p. 265.
110 *Oncko W. Star Numan*, Cornelis van Bynkershoek. Zijn leven en zijne geschriften, Leiden 1869.
111 *Antoon B. Sirks*, "Bijnkershoek as Author and Elegant Jurist", in: TRG 79 (2011), pp. 229–252.
112 *Bynkershoek*, Verhandelingen, p. 17.
113 Ibid., p. 140.
114 Ibid., p. 113.

his pragmatic delimitation of territorial waters to one cannon shot from the shore.[115] Bynkershoek turned Wolff's order of priorities upside down. Reason did not offer a yardstick to determine legal rules, he held, unless it was supported by custom.[116]

Johann Jacob Moser (1701–1785) is often seen as predecessor of the positivist "school" of European public law.[117] The author fell foul of the authorities in Württemberg and resented the untrammelled exercise of internal state power. He is seen as the precursor of the independent journalist-scientist of public law, "das Orakel der Staatsrechtslehre",[118] and was praised by the nineteenth century public lawyer Robert von Mohl (1799–1875).[119] Moser studied in Tübingen, and acted as a clerk in the Imperial Aulic Council, where he was heavily influenced by the Imperial Vice-Chancellor Friedrich Karl von Schönborn (1674–1746),[120] which explains his attention to feudal law.[121] After 1739, he acted as an independent publicist, and founded an independent *Staats- und Kanzlei-Akademie* in Hanau. Moser compiled countless works on German Imperial law but also published on the law of nations.[122] State praxis was his favourite source. Induction rather than Wolffian or Pufendorfian deduction, was at the core of his source theory and methodology.[123]

The *Précis du droit des gens* by Georg Friedrich von Martens (1756–1821), which appeared in multiple editions from 1787 to 1821, and was updated until the 1860s, is regarded as the classic handbook of nineteenth century positivism.[124] Martens's *Précis* was intended as a textbook for aspiring diplomats and it offered a straightforward and simple theoretical structure, multiple practical examples and literature references, many of which went back to the preceding century.[125]

---

115 *Cornelius van Bynkershoek*, De Dominio Maris Dissertatio, Lugdunum Batavorum 1702.
116 *Neff*, Justice, p. 193.
117 *Stolleis*, Geschichte, pp. 258–266; *Joachim Whaley*, Germany and the Holy Roman Empire, vol. 2: The Peace of Westphalia to the Dissolution of the Reich, 1648–1806, Oxford 2011, pp. 171–178.
118 *Stolleis*, Geschichte, p. 265.
119 Ibid., p. 258.
120 *Whaley*, Holy Roman Empire, vol. 2, p. 177.
121 *Rüdiger Freiherr von Schönberg*, Das Recht der Reichslehen im 18. Jahrhundert, Heidelberg 1977, p. 72.
122 *Johann Jacob Moser*, Versuch des neuesten europäischen Völker-Rechts in Friedens- und Kriegs-Zeiten: vornehmlich aus denen Staatshandlungen derer Europäischen Mächten, auch anderen Begebenheiten, so sich seit dem Tode Kayser Carls VI. im Jahr 1740 zugetragen haben, 11 vols., Frankfurt a.M. 1777–1780.
123 *Neff*, Justice, p. 194.
124 *Martti Koskenniemi*, "Into Positivism: Georg Friedrich Martens (1756–1821) and Modern International Law", in: Constellations 15 (2008), pp. 189–207; *Georg Friedrich von Martens*, Précis du droit des gens moderne de l'Europe fondé sur les traités et l'usage, Göttingen 1821.
125 Martens continued Du Mont's tradition by publishing his own treaty collection. Id., Recueil de traités d'alliance, de paix, de trêve, de neutralité, de commerce, de limites, d'échange, etc., Göttingen 1817–1835.

3. Law in action: treaties and practical legal argumentation

In practice, the debate about the just causes of war was of little relevance. Doctrinal treatises were drafted with an ideal or philosophically constructed vision of international law in mind. If legitimacy was required to take up arms, this mainly concerned the internal counterweights or political forces which the sovereign would need to deal with in order to carry out military operations. One-sided declarations of war and manifestos should be treated with the utmost precaution and subjected to historical criticism. Quarrels were rarely purely bilateral in nature and the legal argumentation required to solve them needed to refer to more than just the academic *de lege ferenda* theory. The extensive archives of European chanceries contain countless elaborate letters and memoranda drafted by practitioners of foreign policy. Their primary preoccupation was not the moral coherence of the actions of their masters but the practical presentation of the intentions of rulers as being in accordance with their existing obligations in a system of treaties of alliance, guarantee, neutrality and trade.

Reading these sources requires knowledge of general legal culture as transmitted at European universities since the twelfth century. The legal vocabulary and argumentative techniques used by lawyers were essential to translate the prince's interests into a narrative that would find favour with the opposing party in a negotiation. The law of nations as one can find it in Gentili, Grotius or Pufendorf was not 'applied', nor were domestic norms translated into the international arena. Diplomats and legal advisers sought a political compromise phrased in a language that suited an agreement between sovereigns. The actual use of force was reserved for the worst case. An array of alternatives to outright war existed including bilateral court diplomacy, mediation,[126] arbitration,[127] multilateral congress diplomacy[128] or bilateral reprisals.[129]

The availability of a comprehensive and reliable corpus of documents became indispensable in the intricate relations between sovereigns.[130] The collection and edition of news in the Dutch Republic during the War of the Spanish Succession by the Huguenot refugee Jean Du Mont (1667–1727) laid the foundations for the first truly

---

126 *Vattel*, Le droit, vol. 1, p. 219: "un ami commun interpose ses bons offices".
127 Ibid.
128 Ibid., p. 220.
129 Ibid., pp. 224–227.
130 *Georg Friedrich von Martens*, Recherches sur la vie et les écrits de Jean du Mont Baron de Carelscroon, rédacteur du Corps universel diplomatique du droit de gens, in: Georg Friedrich von Martens (ed.), Supplément au recueil des principaux traités d'alliance, Göttingen 1802, vol. 1, lxiv–lciv.

comprehensive and historical collection *Corps Universel Diplomatique du Droit des Gens*, which appeared between 1726 and 1731.[131]

Jean Rousset de Missy (1686–1762), who worked together with Du Mont in assembling the *Corps Universel*, annually published a collection of negotiations.[132] His magnum opus *Les Intérêts présens des puissances de l'Europe* appeared in 1733.[133] Two volumes collected the various claims made by the various European sovereigns. A first part was analytical and gave an overview of the historical context of pending claims. A second part offered the reader "les preuves".

In spite of many similarities with the German *Theatrum Historicum Praetensium*,[134] Rousset's work provides an original assessment of the interlocking legal claims in Europe after 1713. In most cases, the competence of an overlord to issue unilateral decisions is challenged by his vassal. Equally common are disputes about temporality and chronology, in which questions of competence resurface. Not uncommon, finally, are arguments concerning the rules governing private law and its application by analogy, such as the interpretation of wills or the causation theory in contract law. The complementarity between treaty collections and doctrine should not be underestimated. Dumont and Rousset[135] indicate that their writings are complementary with regards to the natural law of nations which the works of Grotius and Pufendorf had set put in masterly fashion. This is mirrored in the libraries of European statesmen.[136] Despite reservations concerning the private compilations of Dumont and Rousset, practitioners eagerly acquired copies of the *Corps Universel Diplomatique* in order to consult treaty texts.[137]

Treaties between sovereigns have been the subject of much research.[138] Their normative force still stands above doctrine. Consequently, an analysis of early modern in-

---

131 *Jean Dumont*, Corps universel diplomatique du droit des gens contenant un recueil des Traitez d'Alliance, de Paix, de Trêve, de Neutralité, Amsterdam/The Hague 1726–1731; *Marion Brétéché*, Les Compagnons de Mercure: journalisme et politique dans l'Europe de Louis XIV, Champ Vallon 2015.
132 *Jean Rousset de Missy*, Recueil historique d'actes, négociations, mémoires et traitez depuis la paix d'Utrecht jusqu'au congrès de Cambray inclusivement, The Hague 1728.
133 *Jean Rousset de Missy*, Les Intérêts présens des puissances de l'Europe, fondez sur les Traitez, Adrien Moetjens 1733.
134 *Christoph Hermann Schweder*, Theatrum Historicum Praetensium et Controversiarum Illustrium, s.l. 1727. Rousset explicitly refers to the *Theatrum* and the use made of it by Glafey in drafting his general work on the law of nature and of nations: *Adam F. Glafey*, Vernunfft- und Völcker-Recht, Frankfurt 1723; *Rousset de Missy*, Les Intérêts Présens, vol. 1, preface (s.p.).
135 *Rousset de Missy*, Les Intérêts présens, vol. 1, preface (s.p.). The laws of "Equity, Reason and Conscience" are seen as complementary to "voluntary, positive" rules, "dressées d'un commun consentement".
136 *Jean-Paul Bignon*, Bibliotheca Duboisiana, ou catalogue de la bibliothèque de feu son Eminence Monsieur le Cardinal du Bois, La Haye 1725.
137 *Frederik Dhondt*, Balance of Power and Norm Hierarchy. Franco-British Diplomacy after the Peace of Utrecht, Leiden/Boston 2015, p. 27, note 157.
138 *Randall Lesaffer* (ed.), Peace Treaties and International Law in European History: From the End of the Middle Ages to World War One, Cambridge 2004; see also Chapter 18.

ternational law should start with the easily accessible treaty repositories[139] before venturing into the archives, where actual treaty interpretation and the bedrock of customary rules can be found. This provides the necessary background to tackle the public circulation of legal arguments on war and peace.

Select Bibliography

Drocourt, Nicolas/Schnakenbourg, Eric (eds), Thémis en diplomatie: droit et arguments juridiques dans les relations internationales de l'Antiquité tardive à la fin du XVIIIe siècle, Rennes 2016.
Haggenmacher, Peter, Grotius et la doctrine de la guerre juste, Paris 1983.
Koskenniemi, Martti, From Apology to Utopia. The Structure of International Legal argument, Cambridge ²2005.
Neff, Stephen C., Justice Among Nations. A History of International Law, Cambridge (Mass.) 2014.

---

[139] www.europeana.eu (accessed on: 28.07.2019). A digitized version of the Consolidated Treaty Series (ed. Clive Parry, 1969–1984) is available in *Randall Lesaffer* (ed.), Oxford Historical Treaties, Oxford 2014) at https://opil.ouplaw.com/home/OHT (accessed on: 23.07.2019).

Murari Kumar Jha
7. Ideas of Peace and Practice of Peacemaking in Pre-Modern South Asia

Abstract: This chapter surveys the concepts of peace, moral dilemmas of violence, and the efforts at conciliation and peacemaking in South Asia during the pre-modern period. Contrary to the general perception, violence and warfare had been endemic in South Asian society from early historical times. The classical Indian authors on statecraft, religious lawgivers, and philosophers conceptualized peace as the inner, spiritual quest of an individual. Through his promulgation of *dhamma* or righteous behaviour, the Maurya emperor Ashoka invoked the ethical conduct of the subject. In the sixteenth century, the Mughal emperor Akbar came up with the idea of *ṣulḥ-i kull* (peace with all). Although these concepts originated in two different imperial contexts, they highlight the need to harmonize conflicting interests of the diverse subject population. The chapter analyses the historical context in which political violence was managed and peace was negotiated and discusses the Mughals' role as the chief arbiters of conflicts in their empire.

Introduction

The rise of the Mughal Empire in South Asia from the sixteenth century challenged its rulers to establish an equilibrium between many different ethnic, religious and linguistic groups, each with its own social, political and cultural mores. Jalal-ud-din Muhammad Akbar's (1542–1605 CE) concept of *ṣulḥ-i kull* advocated an idea of universal peace which served as a maxim in dealing with the tributary chieftains, and the warlords and Europeans on the frontiers of the empire. This chapter traces the development of ideas of universal peace in South Aisa. It focuses particularly on the social and political domains by examining the ways in which violence was negotiated and arbitration was conducted to secure social and political peace in the multi-ethnic, multi-religious and linguistically diverse society of the Mughal Empire.

The challenges faced by the Mughal Empire were paradigmatic for South Asia generally. The Maurya emperor Ashoka (304–232 BCE) already acutely felt the need to promulgate the idea of *dhamma* or ethical social behaviour throughout his realm and beyond. While he himself embraced Buddhism, Ashoka extended patronage to other religious communities as well. The Gupta rulers (320–550 CE) championed the cause of resurgent Brahmanism or Vedic religion, but also continued to tolerate other sects and religious traditions. This chapter first examines ideas of violence and peace in early South Asia in relation to concepts of kingship and authority. An analysis of Ashoka's efforts at ethical governance and social cohesion through the propagation of *dhamma* is followed by an exploration of Akbar's idea of *ṣulḥ-i kull* or universal peace in the sixteenth century and its enduring legacy.

1. Peace and Violence in Early South Asia

In geographical terms South Asia constitutes the southeastern land mass of Eurasia. Its north western borders are the Himalayan Khyber and Bolan passes in present-day Afghanistan; the Himalayan range through Tibet and Bhutan form its northern boundary. In the west, south, and east, the broadly triangular subcontinental land mass is hugged by the Indian Ocean. The northeastern protrusion of the subcontinent along the Himalayas gives access to mainland Southeast Asia. The northwestern corridor through the difficult mountain passes opened the subcontinent to the migration of peoples, ideas, goods, and animals from Central and West Asia, as well as Persia. Rich fertile river valleys, a sub-tropical environment, and seasonal monsoons provided ideal conditions for human settlement. A rich diversity of peoples, cultures, languages, dietary habits, lifestyles, faiths, and philosophies naturally attuned the population to live with differences. These differences were formalized through ritual practices, rules of purity and pollution, and a hierarchical social order based on the Vedic *varna* system. From earliest times this diversity also excited the ambitions of political formations that sought to control large swathes of territory. By the mid-first millennium BCE, the excesses of violence in the political sphere, led to philosophical yearnings for peace and non-violence, especially the heterodox faiths of Buddhism and Jainism. Even these traditions, however, failed to provide an entirely satisfactory alternative to state-mediated violence, which led the quest for peace as a purely individual pursuit aimed at spiritual salvation of the soul.

In the Sanskrit lexicon, the term for peace is *śānti*. The term has connotations such as tranquility, quiet, calmness of mind, absence of passion, but does not denote the kind of peace attained within a social order after violence or war.[1] The common Sanskrit term for war in the early Indian context is *saṃgrām*, which meant to make war or fight a battle. For the peace or reconciliation after a conflict, the term employed is *saṃdhi*. Interestingly, the term is used also for an alliance or league formed before or after the war. It is thus similar to the Latin term *pax*,[2] which rests on the biblical notion of "covenant".[3] The Sanskrit word *ahiṁsā* (non-injury to life) is based on the negation of something negative which is *hiṁsā* or violence. The term implies the positive moral value in a non-desire to harm or kill, though more broadly it signifies the ab-

---

1 *Sir Monier Monier-Williams*, A Sanskrit-English Dictionary, Etymologically and Philologically Arranged, with Special Reference to Cognate Indo-European Languages, New Edition, greatly enlarged and improved, with the collaboration of E. Leumann, C. Cappeller and other scholars, Delhi 1899 (reprint 2005), p. 1064, for other terms such as *Saṃgrām*, see p. 1129 and for *Saṃdhi*, p. 1144.
2 See also Chapter 1.

sence of causing intentional or unintentional bodily injury or mental distress to another living being. It was the persistence of violence in Indian society that necessitated the perpetual need to think about peace, whether individual or social. The ideas of the *dhamma* and *ṣulḥ-i kull* articulated more than a millennium apart by the Maurya emperor Ashoka and the Mughal emperor Akbar (r.1556–1605) sought to harmonize conflicting interests of individuals and communities.

For the Mughals, moreover, the persistence of feud between two parties offered an opportunity to arbitrate the matter and assert their overlordship. This too reflected a long tradition of dissension and feud. In the South Asian context, the ancient Indian epic tradition, especially the *Mahabharata* and the *Ramayana*, justified war and state violence for the sake of restoring *dharma* (social order). The *Arthaśāstra*, a work on the political economy reputedly written by the minister Kautilya (Chanakya) during the Maurya Empire (324–187 BCE), considers the use of violence by the state to weed out internal enemies and hostile neighbouring kingdoms. Likewise, the religious and philosophical traditions of Buddhism and Jainism did not dissuade the kings and ministers from making wars and were more concerned about the inner peace of an individual, rather than offering any elaborate critique of wars in general.[4]

Emperor Ashoka's famous remorse after the brutal Kalinga War (260 BCE) in eastern India, is often invoked as a historic moment in which peace gained ascendancy at the cost of violent conquests. Subsequently, Ashoka adopted and promoted the ideal of *dhammavijaya* (moral victory) to engage his opponents and adversaries rather than deciding the matter on the battlefield. Yet the last Maurya king himself met a violent end when his throne was usurped by the Brahman military general. Even the Buddhist monks did not shy away from violence. For example, some of the Mahāyān Buddhist texts composed in the early centuries CE, openly justified violence and killings by Bodhisattava and exhorted lay Buddhists resort to arms, if necessary, to protect Buddhist teaching.[5] The South Asian polities that emerged after the Maurya period were no different. They too engaged in territorial expansion, wars of conquest and subjugation. Around the middle of the first millennium, the Gupta Empire was severely weakened by the repeated Huna incursions from the northwest. In the following centuries, up to the conquest of Delhi by the Turko-Afghan Islamic conquerors in 1192 CE, the various Indian dynasties were locked in endemic warfare for control over the Indo-Gangetic plains.

---

3 *James E. Will*, Universal God: Justice, Love, and Peace in the Global Village, Louisville, Kentucky, 1994, p. 183; see also, *Upinder Singh*, Political Violence in Ancient India, Cambridge (Mass.) 2017, pp. 6–9.
4 For a fuller account of the idea of inner peace in the South Asian context, see *Richard Salomon*, Ancient India: Peace Within and War Without, in: Kurt A. Raaflaub (ed.), War and Peace in the Ancient World, Malden 2007, pp. 53–65, see esp. pp. 57–58.
5 *Johannes Bronkhorst*, Thinking about Peace in Ancient India, in: Kurt A. Raaflaub (ed.), Peace in the Ancient World: Concepts and Theories, Malden 2016, pp. 67–97, see esp. p. 81

This constant tension between violence as a means of attaining power and rule and concepts of peace for relatively non-violent ways of preserving order were deeply rooted in Early South Asian ideals of kingship and authority, righteous rule and justice. Mediated through various epics and philosophical treatises, they informed the political thought of the Mughal period.

2. Violence and Political Order in Early Indian Thought

The Vedic ritual texts contained the main ideas of peace as well as the theories which legitimized the state's use of force. The authors of these texts were aware of the inherent violence in the exercise of the kingship. Wielding royal authority entailed resorting to different degrees of force to meet the demands of the state and good governance, yet it was thought to have negative implications for morality and ethics, and for the salvation of the soul. The *Upanishads* (part of the Vedic corpus) began to incorporate violence in their ritual practices by eliminating human sacrifice and substituting animal victims with vegetal offerings. These concerns about violence, ethical and moral problems prompted several early Indian kings to hesitate to assume the mantle of kingship. They found the ideas of renunciation and the life of a hermit more alluring, which was reflected in the growing influence of Jainism and Buddhism at the expense of Brahmanic orthodoxy.[6]

These new concerns for the impact of negative passions and violence on an individual's *karma* (the good or bad consequences of actions) shaped the conception of kingship in early India. According to the Jaina Sutras, the first king to renounce the world and attained enlightenment was Nami of Vidêha (Mithila) in northern Bihar. In a dialogue between the king Nami and the God Indra, the king rejected the latter's appeal to return to his palace and enjoy the pleasure of ruling like a true Kshatriya and asserted instead the vices of pleasure.[7] Similarly, in the *Mahābhārata*, Yudhishthira demonstrated disdain for the exercise of royal power. After the terrible war, Yudhishthira became king, but he grieved over the enormous loss of life in the war and over his own responsibility for the violence that killed his own kin. Dejected at the moral dilemma that came with victory and royal power, he frequently threatened to renounce the throne and retire to the forest.

The most prominent ruler who actively integrated the moral demands for peaceful acts was the Maurya emperor Ashoka, who placed great emphasis on the core Buddhist principles, such as compassion. In the later part of his reign, he introduced a

---

6 *Singh*, Political Violence, pp. 22–30.
7 *Hermann Jacobi* (trans.)/*F. Max Muller* (ed.), Jaina Sutras, part 2, Delhi [1884] 1996, p. 40.

moral code of conduct (*dhamma*) and entreated his subjects to abide by its tenets. Ashoka did not seek refuge in the *āraṇya* (jungle) but attempted to wield royal authority by making ingenious use of *dhamma* and emphasized *dhammavijaya* (moral victory) as his state doctrine. Ashoka's pacifist move was a significant departure from the brutally powerful state described by Kautilya in the *Arthaśāstra*. Ashoka's approach is broadly similar to the ideal of the kingship discussed in the early Buddhist text, *Digha Nikaya* (literally, collection of long discourses), which combines the idea of the *cakkavatti* (world victor) with that of the *dhammiko dhammarāja* – "righteous king who rules according to morality".[8]

What changed Ashoka's attitude was the bloodshed and violence of his conquest of Kalinga (broadly contemporary Orissa in eastern India) in 260 BCE. As Nayanjot Lahiri has shown, Ashoka's dramatic change of heart, inscribed in the Thirteenth Major Rock Edict (256–255 BCE) after the Kalinga War, is completely in line with the Buddhist religious scriptures produced a few centuries later. In the *Ashokavadan*, a second century CE text on the notable deeds of Ashoka, the carefully constructed image of *chandashok* – the fearsome Ashoka with his intemperate and violent predisposition until he became king – is juxtaposed to the compassionate emperor who embraced Buddhism following the mayhem of the Kalinga War.[9]

The Buddhist monks deployed the trope of violence in the *Ashokavadan* to emphasize the benevolent effect on the emperor of his conversion to Buddhism. In fact, imperial and administrative exigencies seem to have necessitated the adoption of the ideals of *dhamma* in political practice. If the moral improvement of the subjects had been the formal justification for the propagation of *dhamma*, the problems of governing a vast and varied empire and the need to safeguard its economic interests by maintaining peace and order generated a more practical motivation. Although the ideals of *dhammvijaya* (moral conquest) and *dhamma* failed to gain traction after Ashoka, the essence of the ideal was not entirely lost. The legacy of Buddhist kingship and Ashoka's adoption of the idea of the moral state continued to linger. In slightly modified form, the ideal seems to have resurfaced whenever larger imperial formations emerged in the Indian subcontinent. For the Gupta Empire, the Gangetic heartland formed the core of direct imperial administration while peripheral regions were tributary and accepted Gupta suzerainty. The Gupta system in many ways exemplified the doctrine of righteous conquest (*dharmavijaya*) in which a conqueror reinstates the conquered kings upon acceptance of suzerainty, payment of tribute and vassal status.[10] The Mughals also maintained tributary relations with a number of semi-autonomous kings, who paid tributes and continued to rule their kingdoms after accepting the Mughals as their suzerains.

---

8 *Singh*, Political Violence, p. 35.
9 *Nayanjot Lahiri*, Ashoka in Ancient India, Ranikhet 2015, pp. 105–107.
10 *Thomas R. Trautmann*, India: Brief History of a Civilization, New Delhi 2011, p. 100.

Ashoka's legacy appears to be less relevant to the regional, smaller polities that aspired to expand and dominate through perpetual conquest. Their ambitions for dominance could be realised only through warfare, violence, plunder of a rival state's cities and desecration of their temples. In such a context, the ideal of *dhammavijaya/ dharmavijaya* became impractical, and the poets embellished their panegyric accounts with florid descriptions of violent exploits of rulers. In general, the smaller regimes were more prone to perpetrating and celebrating brutal conquests. Poetic celebrations of the emergence of the larger hegemonic imperial formations such as the Gupta Empire around 320CEs presented their conquest as a rather more humane process.[11]

In the early medieval period, the works of political theorists such as Kamandaka's *Nītisāra* expressed disapproval of frequent warfare and violence and emphasized the importance of a non-violent political sphere. Written towards the end of the Gupta period, the *Nītisāra* shares some political ideas with the *Arthaśāstra* such as *saptāṅga rājya* (the seven-limbed state), *rājamaṇḍala* (the circle of kings) and *ṣāḍguṇya* (six measures in the context of inter-state relations). However, it does not share the older text's preoccupation with the absolute power of the state. As with the *Arthaśāstra,* for the *Nītisāra* the conception of an ideal monarch veers around a *vijigīsu* – the one who seeks paramountcy by dominating the entire earth washed by the ocean. Yet, the monarch must be restrained by exercising control over his senses and adhere to morality and righteousness for the lasting prosperity of both the ruler and the ruled.[12] By the thirteenth century, the conquest of the Indo-Ganga plain by the Turco-Afghan warriors began to bring a larger geographical zone under Islamic rule. Itinerant groups such as the *Ghāzīs/Sūfīs* and *Sādhus/Sanyāsīs* also now entered the cultural and political spheres, preaching love, peace and devotion, and spiritual well-being.[13] Despite their proclamations of peace, they too frequently took part in warfare, conquests, and settlement of the frontier zone.

It is perhaps from these multiple cultural traditions of correlating peace and political authority that the Mughal idea of *ṣulḥ-i kull* (universal peace) emerged as a device to manage the diversity of a vast and expanding empire. This was a concept that continued to find favour among the Mughal ruling elites up to the eighteenth century.

---

[11] For the Chālukya rulers' exploits and plunder of the symbols of the Ganga and Yamuna, see, *Heinrich von Stietencron*, Ganga and Yamuna: River Goddesses and their Symbolism in Indian Temples, Ranikhet 2010, p. 26; see also, *Singh*, Political Violence, pp. 188–195.

[12] *Upinder Singh*, Politics, violence and war in Kāmandaka's *Nītisāra*, in: The Indian Economic and Social History Review 47/1 (2010), pp. 29–62, see esp. pp. 35–37.

[13] *Jos J. L. Gommans*, Mughal Warfare: Indian Frontiers and High Roads to Empire, 1500–1700, London/New York 2002, pp. 42–51; *Eva Orthmann*, Ideology and State-Building: Humāyūn's Search for Legitimacy in a Hindu-Muslim Environment, in: Vasudha Dalmia/Munis D. Faruqui (eds), Religious Interactions in Mughal India, Delhi 2014, pp. 3–29.

3. Ṣulḥ-i Kull and Articulation of Mughal Sovereignty

Ashoka's *dhamma* and Akbar's *ṣulḥ-i kull* have little in common but they give us some clues about the imperial contexts in which they were formulated. Both rulers sought to secure general peace among diverse groups of the subject population. If the demands of multi-ethnic empire made it necessary for Ashoka to ensure peace for the material progress of his realm, the Mughal Empire exerted similar pressure on Akbar. In the last decades of the sixteenth century, after the important wars of conquest and consolidation, Akbar enlisted the support of different groups and communities such as the Hindu Rajputs, Afghans, Turks, Persians and Indian Muslims. Ruling one of the wealthiest contemporary empires, Akbar's officials collected revenues from the fertile Indo-Gangetic plain and his exchequer benefited from the export of goods and the inflow of money through the various maritime and overland routes. Along with these resources, Akbar's empire comprised the diverse ethnic and religious groups from within the subcontinent and other parts of Eurasia who manned his administration, military, and commerce. The growing social and economic complexity of their empire required the Mughals to engage innovatively with multiple cultural traditions to unite people of diverse cultural and religious backgrounds under their imperial sovereignty. With their illustrious Chinggisid (maternal) and Timurid (paternal) lineage, the Mughals combined two distinct traditions. Indeed, *ṣulḥ-i kull* declared the sovereign's intention to ensure universal peace, civility and concord among the diverse subject population.

The Mughals broadly followed the precedent set by their Mongol ancestors in Central Asia. The Mongols sought to co-opt the people of diverse sects in the territories they conquered. Genghis Khan (1162–1227 CE), for example, forged good relations with the local clergy and religious leaders, assuming this gesture would earn him the trust and goodwill of the people whom they led. The great Khan exempted Christian, Muslim and Buddhist priests and scholars from taxation. The toleration and acceptance of the people of different faiths created a larger pool of resources – advisers and administrators, tax collectors – to manage the affairs of empire smoothly.[14] The Mughals did the same. For example, Zahir-ud-din Muhammad Babur (1483–1530 CE) made sure that he paid respect to the shrines and religious hospices he encountered during his campaigns in India. The Timurids, too, especially during Babur's expansion, established themselves in the local moral and political economy by forging closer ties with the influential Sufis and religious leaders.[15]

Babur's son and successor Nasir-ud-din Muhammad Humayun (1508–1556 CE) continued in the same vein. Rather than giving the empire a hardened sectarian identity, Humayun remained open to the ideas of different religious and cultural tradi-

---

14 *Richard Foltz*, Ecumenical Mischief Under the Mongols, in: CAsJ 43/1 (1999), pp. 42–69, see esp. pp. 45–46.
15 *A. Azfar Moin*, The Millennial Sovereign: Sacred Kingship and Sainthood in Islam, Columbia 2012, p. 110.

tions. As Eva Orthmann has shown, Humayun attempted to draw inspiration from pre-Islamic Iranian, Islamic (especially Sufi), and Indic traditions to lay a broad ideological foundation for Mughal dynastic rule. For example, his fondness for solar symbolism (the solar-based *Nawruz* (Persian new year's day) celebrations and the imperial *darshan* (viewing) at sunrise) linked his royalty with Indo-Persian political and religious traditions.[16] Humayun's son and grandson, Akbar and Salim Muhammad Nur-ud-din Jahangir (1569–1627 CE) respectively, continued their association with the Sun. Influenced by illumination theory and Zoroastrian practice, and perhaps guided by a Jain ascetic, Bhanuchandra, at the Mughal court, Akbar incorporated the Sun salutation in his daily prayers. Jahangir also embraced the powerful symbolism of Sun veneration by performing this ritual of sovereignty soon after the *jharokhā-i darshan* (appearing on the window for public viewing).[17] The need to accommodate diverse traditions made the Mughals adopt a more flexible approach to their religious identity. For example, though the Mughals had formally proclaimed their allegiance to the Sunni faction of Islam, as their Timurid ancestors had done in Central Asia, Humayun, Akbar, and their successors with the possible exception of Aurangzeb Alamgir (1618–1707 CE), drew on multiple cultural and religious traditions in addition to Sunni Islam.

This idea of tolerance for other religions and the habit of considering them as equals was thus not only characteristic for the reign of Akbar and ecumenical perspective of his great grandson Prince Dara Shukoh (1615–1659 CE), as the older historiography suggests. This culture of tolerance and patronage was characteristic of the emperors and, more generally, of the ruling elites of the Mughal Empire during the seventeenth and eighteenth century.[18] The rhetoric of orthodox Islam and an emphasis on *Sharī'a* (Islamic divine law) receded into the background when Islamic regimes were faced with the practical Indian realities of governing a multitude of faiths and peoples.[19] Muzaffar Alam has shown how the ideas of governing different constituencies contained in *Akhlāq-i Nāṣirī* – originally written in Persian in 1235 CE by Nasir al-Din Tusi (1201–1274 CE) from Khorasan in northeastern Persia – gained a wider currency in the Mughal Empire in later centuries. In his writings, Tusi drew on the Hellenic philosophical writings often blending their ideas with the prevalent Islamic view of man and society. These principles of governance mutated in the following centuries and absorbed political ideas from the Persianate, Indic, and Mongol traditions. In-

---

16 *Prasad, Baini* (trans.), Khwandmir, Qanun-i Humayuni (also known as Humayunama), Calcutta 1940), pp. 51–53, 71–73; *Orthmann*, Ideology and State-Building, pp. 8–12, 19–24.
17 *Jorge Flores*, The Mughal Padshah: A Jesuit Treatise on Emperor Jahangir's Court and Household, Leiden 2016, p. 58.
18 *Rajeev Kinra*, "Handling Diversity with Absolute Civility: The Global Historical Legacy of Mughal Ṣulḥ-i Kull", in: The Medieval History Journal 16/2 (2013), pp. 251–95.
19 *Muzaffar Alam*, The Languages of Political Islam in India, c. 1200–1800, Ranikhet 2008, pp. 46–54; see also, *Muzaffar Alam*, The Pursuit of Persian: Language in Mughal Politics, in: Modern Asian Studies 32/2 (1998), pp. 317–349.

deed, for Abul Fazl (1551–1602), the erudite minister in Akbar's court, ṣulḥ-i kull was an intellectual project aimed at continuously exploring new sources of knowledge, as well as offering a political opportunity to bring diverse cultural groups under the sway of the Mughals.[20] Yet, this Mughal cosmopolitanism aimed not only at domestic elites and subjects, but also bore a clear mark of distinction from foreign concepts of rule. For example, Jahangir contrasted his universal kingship encompassing people of all faiths with the more limited authority of his contemporary, the Safavid ruler Shah Abbas I (1571–1629 CE), over his exclusively Shi'ite subjects.[21]

In 1585, after the death of Mirza Muhammad Hakim (1553–1585 CE), half-brother of Akbar, Kabul was annexed to the Mughal Empire. The death of Mirza, leader of the Sunni faction, removed a rival claimant to the Mughal throne. Now Akbar was able to secure his sovereignty.[22] As an encompassing concept of peace by imperial, hegemonic authority, ṣulḥ-i kull shaped his increasingly ecumenical rule. Akbar aligned and co-opted the Shi'ite and Sunni factions along with the Hindu/Rajput chieftains from Rajputana, Gujarat and Bengal into his imperial project. Court culture now developed into a more refined system of symbolic communication, dedicated to display the variety of the empire's religious and cultural diversity.

In these endeavours of the Mughal court, the Jain and Brahman communities played a notable role. Their assistance was crucial for the Mughal articulation of kingship and sovereignty in tune with the classical and epic traditions of India. The multicultural and multi-lingual court environment fostered the Mughal imperial image as truly representative of diversity of the empire. The cross-cultural engagement sponsored by Akbar's court actively pursued translations of Sanskrit literature into Persian. Epics such as the *Mahābhārata* and *Rāmayana* were rendered into Persian, infused with Persianate literary elements, and made available for consumption of the Mughal Persian elite. These translation projects primarily aimed to interweave the Persianate cultural and political ideas with the Sanskrit mythical, moral and political traditions. For example, the Persian translation of the *Mahābhārata* recasts the *Ramznāmah* (Book of War) to include a condensed version of Indic morals, ethical issues of war and violence, royal ethics (*rājdharma*) and the great Bhishma's political advice in the *Shānti Parvan* (Book of Peace) section of the epic in the Persian mould. Even though the *Ramznāmah* excised the theological part of the epic, one of the purposes of translation, as Abul Fazl notes in his preface, was to resolve the religious and intellectual tensions among the Hindus and Muslims. Fazl's sentiment resonates with the ideals of ṣulḥ-i kull that sought to achieve political stability within the empire. Indeed, as Au-

---

20 *Audrey Truschke*, Culture of Encounters: Sanskrit at the Mughal Court, Gurgaon 2016, p. 152.
21 *Corrinne Lefèvre*, The Majālis-i Jahāngīrī (1608 –11): Dialogue and Asiatic Otherness at the Mughal Court, in: Journal of the Economic and Social History of the Orient (JESHO) 55:2/3 (2012), pp. 255–286, see pp. 257, 267
22 *Munis D. Faruqui*, The Forgotten Prince: Mirza Hakim and the Formation of the Mughal Empire in India, in: JESHO 48/4 (2005), pp. 487–523.

drey Truschke suggests, the translation of the *Ramznāmah* was designed largely to promote Mughal political objectives.[23]

At the heart of the translations of Sanskrit works and engagement with the Jain and Brahman intellectuals was Mughal ideological demands to visualize their sovereignty aligned with the Indic imperial imaginations. Indian epics were perfectly suited to buttress Akbar's imperial image. Through his cross-cultural engagements, Akbar attempted to demonstrate the equivalence between his sovereign authority and the Indic conception of kingship in which the king possessed a numinous or sacral quality. Essays by Jan Heesterman and Ronald Inden have shown the transcendental source of king's authority and his links with the divine through the Vedas, ritual sacraments and ritual performances.[24] Adherents of the Turko-Islamic tradition, particularly the Sunni theologians at Akbar's court, detested anything that associated kingship and divinity. In the new knowledge from the Indic and Sufi traditions, however, astrology and other occult rituals were marshalled to portray the sovereignty of the Mughals as closely linked with the divine. Through a careful calibration of Biblical and Islamic traditions, millennial claims of the arrival of the Mahdi (in Islamic belief, the great reformer who will rule before the end of the world), and "cultural production and experimentation", Akbar was presented as a sacred figure.[25] Indic traditions were exploited to even greater effect. For example, the illustrated manuscripts of the translation placed Rama and Akbar side by side and the text clearly states that Akbar was another incarnation of Vishnu.[26] The Mughal appropriation of the Indic cultural tradition proceeded alongside the attempts of the Indian literati – the Jain and Brahmans – to respond to the new political reality. Their association with the Mughal court signified their privileged status and helped cement their community identity by winning concessions in religious matters, and they embellished accounts of their courtly encounters by creative use of facts and imagined reality. Through their encounters with the Sanskrit literati and ancient Indic tradition the Mughals solidly grounded their imperial image in the wider Eurasian context. Mughal cosmopolitanism constantly recast itself by combining the Islamic and Persian imperial traditions and the Indic conceptions of kingship.[27]

---

23 *Truschke*, Culture of Encounters, see chap. 3; see also, *Audrey Truschke*, A Padshah like Manu: Political Advice for Akbar in Persian Mahābhārata, in: Philological Encounters (2020), pp. 1–22.

24 *Jan Heesterman*, The Conundrum of the King's Authority, pp. 13–40, and *Ronald Inden*, Ritual, Authority, and Cyclical Time in Hindu Kingship, pp. 41–91, especially p. 46. Both essays in J. F. Richards (ed.), Kingship and Authority in South Asia, Delhi 1998, p.2. Both shed light on the complex nature of kingship and the transcendental authority of the Vedas, Brahmanic sacraments and rituals, and the cosmic Puruṣa (the divine spirit) as sources the king's power (*aṃśa* or partial descent of Viṣṇu, a form of the Cosmic Overlord).

25 *Moin*, The Millennial Sovereign, pp. 146–147, 151–152.

26 *Truschke*, Culture of Encounters, p. 205.

27 Apart from the imperial court patronage of the Sanskrit scholars, ascetic figures such as Jadrup would have maintained the Indic tradition. Such ascetics also operated by engaging in cross-cultural

4. Peace and Eurasian Cultural Transfer of Court Culture

Set in cross-cultural interactions, the frontiers of cosmopolitanism continued expanding as the Mughals sought to incorporate European artistic motifs – especially paintings – from the late sixteenth century. As Mika Natif has shown, the deployment of European artistic techniques and re-purposed European themes by the Mughal ateliers was an attempt to domesticate and bring together diverse cultural strands in the spirit of ṣulḥ-i kull. The Mughal artist's depiction of the portraits of Jahangir and Jesus in the same frame intends to relay important message about the cultural coalescing that reinforced the idea of universal kingship. The portrait of Jahangir presents him as a world conqueror, a universal monarch, and one who belonged to an illustrious lineage, with a prominent halo around his head. He is depicted looking straight into the eyes of the world. Placed below Jahangir's portrait, Jesus is shown gazing down, with a less distinct halo.[28] This may be taken as an allegorical assertion of sovereign authority over the Christian Europeans who as traders, merchants and travelers had visited the Mughal Empire. By the sixteenth and early seventeenth century, they were coming to India in increasing numbers and founding settlements and warehouses in coastal zones and important cities such as Agra and Patna. Similar allegorical imageries appear in other paintings. One shows Jahangir embracing a feeble-looking Shah Abbas, the Persian monarch, as they stand on a partial terrestrial globe. Beneath Shah Abbas's feet is a lamb which appears to be pushed into the Mediterranean; beneath Jahangir's feet a lion with its claws outstretched menacingly seems to lay claim to both India and Persia.[29] Yet another image shows Jahangir aiming his arrow at the decapitated head of Malik Amber (an African *vazīr* or prime minister, and *de facto* ruler, of Ahmednagar in the southern Indian Deccan Plateau between 1600 and 1626) which hangs on a pole.[30]

---

interactions. See, *Shereen Moosvi*, The Mughal Encounter with Vedanta: Recovering the Biography of 'Jadrup', in: Social Scientist 30/7,8 (2002), pp. 13–23; see also, *Sudev Sheth*, Manuscript Variations of Dabistān-i Maẓāhib and Writing Histories of Religion in Mughal India, in: Manuscript Studies: A Journal of the Schoenberg Institute for Manuscript Studies 4/1 (2019), pp. 19–41. For Jahangir's concern to uphold justice, and the public and performative acts associated with this, and his emphasis on ruling his empire with ethics and compassion rather than adhering to Sharia and Islam, see, *Lisa Balabanlilar*, Emperor Jahangir: Power and Kingship in Mughal India, London 2020, pp. 49–51.
28 *Mika Natif*, Mughal Occidentalism: Artistic Encounters between Europe and Asia at the Courts of India, 1580–1630, Leiden/Boston 2018, for the portrait of Jahangir and Jesus, see p. 8.
29 *Ebba Koch*, The Symbolic Possession of the World: European Cartography in Mughal Allegory and History Painting, in: JESHO 55/2,3 (2012), pp. 547–80
30 On Malik Amber, and Jahangir's pejorative and racially coloured remarks against Amber in his autobiography, and Amber's death from natural causes, see *Richard M. Eaton*, The Rise and Fall of Military Slavery in the Deccan, 1450–1650, in: Indrani Chatterjee/Richard M. Eaton (eds), Slavery and South Asian History, Bloomington/Indianapolis 2006, pp. 115–135, esp. p. 127.

The Mughal articulation of sovereignty was primarily aimed at the people. More than territory, the people were key to the rich revenue and source of the empire's wealth. Thus, the Mughals sought to exert their authority over the producers of wealth. In this vein, the idea of cross-cultural engagement and *ṣulḥ-i kull* as peaceful coexistence and civility among the subject population had a political and economic ring. The ambit of such control continued to expand as the Mughals appropriated European art, and by implication the Europeans living within the imperial domain. The Mughal Occidentalism, therefore, sought to establish associational meanings by domesticating and repurposing the European paintings and artistic traits. This was perfectly in line with the exercise of aesthetics of power by the universal sovereign who participated in and encouraged international cosmopolitanism. Ultimately this sealed the cultural superiority of the Mughals.[31] While the rhetoric of peaceful co-existence and universal peace among the subject population was drummed up since the latter half of the Akbar's reign, this hardly eliminated the recourse to state violence for meting out justice, for bringing the new territories within the imperial fold and for keeping the recalcitrant chieftains, tributaries, warlords, and the Europeans in check. However, after the major battles of imperial consolidation were over, in governing the imperial realm resorting to violent means became more calibrated and they were used only as a last resort.

5. Scope and Limits of Peace in the Mughal Empire

The pre-modern history of the Indian subcontinent is often written as a history of war and conquest. Peace and peacemaking were, however, equally important. From the Maurya to the Mughals, the empires of the Indian subcontinent display formative and operational characteristics that are common to such polities throughout history. After the formation of an empire and during successive phases of expansion and consolidation, the ruling elites ceaselessly engage in negotiation with the diverse stake holders in the political, social, religious, ethnic, cultural and economic spheres. This process entails constructive and destructive strategies. By uprooting certain regional political and cultural traditions and amalgamating newer institutions, administrative structures, ideological and political allegiances, the imperial power ensures the flow of re-

---

31 *Natif*, Mughal Occidentalism, pp. 7–11; For Akbar and Jahangir's cooption of Christian motifs and adornment of the Mughal court with Biblical images and also for Jahangir's appropriation of Christian religion itself to suit his cultural and political ends, see, *Flores*, The Mughal Padshah, pp. 13–15. Following the lead of "connected history" the Mughal mediation of cultural forms should not be restricted to questions of commensurability or incommensurability. Rather, as Subrahmanyam suggests, "we need to focus on the acts that produced commensurability". See, *Sanjay Subrahmanyam*, Courtly Encounters: Translating Courtliness and Violence in Early Modern Eurasia, Cambridge (Mass.) 2012, pp. 208–209.

sources to its coffers.[32] This process of imperial consolidation and resource mobilization also invariably entailed a judicious deployment of strategies ranging from chastisement to negotiated settlements with the centrifugal forces.

Jos Gommans's *Mughal Warfare* examined the internal frontiers of South Asia at the interface of the drier and humid zones and offered a powerful explanation of Mughal state formation based on environmental and logistical considerations. The Mughal expansion from Kabul, through the Indo-Gangetic plains, to the southern fringes of the Deccan and south east coast followed the 'Arid Zone' of South Asia. The drier parts of the subcontinent with a mean annual rainfall of 1,000 mm had been spheres of mobility, transportation highways, pastoral nomadic corridors, and march routes.[33] The more humid zone in the river valleys which received higher rainfall supported rich agriculture and the sedentary communities. The intermediary areas between these two ecological zones attracted people and resources and became centers of economic and political activity. Most of these places had maintained long distance trade connections through the overland routes that gave them access to other urban centres and to the oceanic ports on the Bay of Bengal or the Arabian Sea. The success of the Mughal Empire depended on integrating these inner frontiers, the drier and humid zones, their peoples and resources and by effectively controlling the routes that interlinked them. During the seventeenth and early eighteenth century, this imperial framework provided greater opportunities for urban developments as merchant network could fan out and operate throughout a large part of the subcontinent.

The pattern that Gommans describes is evident in the origins and development of the Mughal Empire and the differences between the Mughals and other invaders whose only objective was plunder. In 1398, for example, Amir Timur (r.1370–1405 CE) invaded northern India and defeated the sultan of Delhi, Nasir-ud-din Mahmud Shah (r.1394–1413 CE), on the pretext that he had been too lenient towards his Hindu subjects. As the sultan fled after the defeat, the bloodshed that accompanied the conquest of Delhi was far surpassed by what followed a week later. After a few Timur's Turkish troops were killed during an altercation in the market, he ordered the sack of the city.[34] To this day, Timur's plunder and massacre of the inhabitants forms one of the most brutal and painful memories of the city's past. This degree of bloodshed was not repeated until the eighteenth-century sack of Delhi by the Persian ruler Nadir Shah. Neither Timur nor Nadir Shah had any intention of ruling the subcontinent and each left soon after collecting the booty and tribute. In between these two violent episodes in Delhi, the most notable conquest was that launched by Babur, one of the Timur's

---

32 Carla M. Sinopoli, The Archaeology of Empire, in: Annual Review of Anthropology 23 (1994), pp. 159–80, see esp. p. 163; see also, Gregory E. Areshian (ed.), Empires and Diversity: On the Crossroads of Archaeology, Anthropology and History, Los Angeles 2013, Introduction.
33 Gommans, Mughal Warfare, pp. 8–15.
34 Peter Jackson, Delhi Sultanate: A Political and Military History, Cambridge 1999, pp. 312–313; Agha Hussain Hamdani, The Frontier Policy of the Delhi Sultans, New Delhi 1992, p. 156.

descendants, who claimed Timurid patrimony over Delhi. He initiated the establishment of the Mughal Empire over three generations of expansionary wars with attendant violence and bloodshed. The outcome, however, was a more durable order based on the creative articulation of an eclectic imperial ideology, as discussed above.

While wars constituted a significant part of their strategy, the Mughal state building process also necessitated diplomatic negotiations, co-option of the autonomous chieftains, and tributary relationships with the warlords located in the strategically inaccessible areas, the so-called inner frontiers of South Asia. This underlines the significance of the diplomatic negotiations, the logistical and geographical constraints to the formation of a centralised empire and the accommodating stance of the Mughal rulers in their dealings with the regional political powers within the empire. This is particularly clearly illustrated by pragmatic approaches adopted by the Mughals in cultivating relations with the Portuguese and other Europeans who were cultural and political emissaries, providers of rare goods, exporters of commodities, and suppliers of hard cash, as well as the source of threats, insubordination and encroachment.

The Mughals themselves had itinerant origins and Babur had lived a peripatetic life straddling between his Central Asian homeland and newly founded dominion at Kabul. Failure to reconquer his patrimony, Samarqand in the Farghana valley, focused his attention on South Asia. In 1526 he fought against Delhi's Afghan Sultan Ibrahim Lodi (r.1517–1526 CE). Moving his residence from Kabul to Agra, Babur opened fronts against the Rajput chieftains of western India and continued to pursue Afghans who followed the Yamuna and Ganga rivers towards Bihar in the east. After his untimely demise in 1530, his son focused on consolidating his hold on the Indo-Gangetic plains while also directing his attention towards western and eastern India. It was, however, only during the reign of Humayun's son Akbar that the Mughal Empire was secured. By the end of the sixteenth century, the empire extended from Kabul to Bengal and from Kashmir to the northern Deccan. In 1601 the capture of the Asirgarh, a gateway to the Deccan from northern India, allowed further Mughal expansion towards the south. Thus, from Kabul the Mughal Empire fanned out following the ancient routes known as the *Uttarapatha* and *Dakshinapatha* (the northern and southern roads). Sustaining an empire of such geographical breadth necessitated co-opting, allying with and assimilating disparate cultural and political elements. In the formative decades, the Mughal rulers prioritised four important ethnic groups – the Rajputs, Afghans, Turanis (Turks) and Iranis (Persians) – who became the military and administrative mainstays of the empire. These ethnic groups, all representatives of the frontier or steppe culture but eventually coerced into highly refined courtly deportment, were recast in the Mughal imperial ideology.

While imperial consolidation provided a relatively safe and peaceful environment in which the merchant networks could operate, the empire was never able to achieve lasting political peace. Scholars still debate the degree of centralisation of the Mughal Empire. Except for the central provinces in the Indo-Gangetic heartland, the outlying regions remained under tenuous control. The frontier zones along the drier marchlands were characterized by centrifugal tendencies. By the first half of the eighteenth century, this became apparent in the case of Awadh, Bengal, and the states in the Deccan. At the height of the empire, the Mughals had acted as the supreme arbitrators of the differences arising among its different constituencies: the nobility or *amirs*, warlords, and semi-autonomous chieftains. This was possible precisely by the ingenious articulation of the ideas of sovereignty drawn from South Asia and wider Eurasia.[35]

It was difficult to fit the Europeans into this pattern of government. The Mughals had controlled the overland routes connecting South Asia to Central and West Asia. The Europeans by contrast had established control over the much longer oceanic routes with explicitly imperial aspirations. It is unclear whether the introduction of violence into the Indian Ocean trade networks can be attributed solely to the Europeans.[36] Yet it is certain that the scale and scope of the assertion of sovereign authority over the oceanic realms by the Portuguese state-backed *Estado da India* and later by the quasi-sovereign European East India Companies was unprecedented in Asian waters.[37] Sanjay Subrahmanyam's phrase, "the age of contained conflict" neatly captures the uneasy relationship between the Asian political elites and merchant groups and the Europeans.[38] For example, despite the religious and intellectual engagement with the Portuguese Jesuits in the gilded courts of Akbar and Jahangir, there were violent skirmishes off the Gujarat coasts, where many Mughal vessels were seized. In September 1632, the forces of Emperor Shahjahan (r.1627–1658 CE) invaded the Portuguese settlement at Hugli, killing perhaps several thousand inhabitants and capturing as many Portuguese, who were taken to Agra.[39] Even so Portuguese subjects continued to operate in the Mughal Empire: many remained active as mercenaries and private merchants; some found their way to a Mughal *harem* (seraglio) and acted as cultural brokers. For example, Donna Juliana Dias da Costa (1658–1733 CE), a Portuguese lady born in India, was in the Mughal *harem* and a devoted wife of the new emperor Bahadur Shah I (1643–1712 CE). In 1711, she functioned as a cultural broker during the visit of the Dutch Embassy led by the *Opperkoopman* (chief merchant) Joan

---

35 *Murari Kumar Jha*, South Asia, 1400–1800: The Mughal Empire and the Turco-Persianate Imperial Tradition in the Indian Subcontinent, in: Jack Fairey/Brian P. Farrell (eds), Empire in Asia: A New Global History, vol. 1, London 2018, pp. 148–157.
36 *Sebastian R. Prange*, The Contested Sea: Regimes of Maritime Violence in the Pre-Modern Indian Ocean, in: Journal of Early Modern History 17 (2013), pp. 9–33.
37 *Peter Borschberg*, Chartered Companies and Empire, in: Fairey/Farrell (eds), Empire in Asia: A New Global History, pp. 281–286. See also Chapter 20.
38 *Sanjay Subrahmanyam*, The Political Economy of Commerce: Southern India, 1500–1650, Cambridge 1990, see, pp. 252–254 for a historiographical overview of the issue of violence.
39 *J. J. A. Campos*, History of the Portuguese in Bengal with Maps and Illustrations, with an introduction by F. J. Monahan, London 1919, pp.136–138; For the extra territorial authority or independence of the Portuguese settlement in Hugli, see, *Jorge Flores*, Unwanted Neighbours: The Mughals, the Portuguese, and Their Frontier Zones, e-book, New Delhi 2018, pp. 200–201.

Josua Ketelaar to the Mughal court at Lahore.[40] Both hostility and the need for cooperation characterized the East India Companies' dealings with the Mughals. Indeed, from the last decades of the seventeenth century, the Dutch and English East India Companies frequently blockaded Mughal ports in order to force the imperial authorities to the negotiating table.[41]

The Mughals claimed authority over the European traders operating within the empire, but this conflicted with the European conception of sovereign authority.[42] For example, in return for the expensive gifts sent by the Dutch East India Company, the Mughals gave Ketelaar and other representatives of the embassy in Lahore a *khilat* or robe of honour. This court ritual implied that the Dutch representatives were incorporated into the body politic of the empire. Yet the Europeans, who controlled the sea lanes and considered themselves sovereign lords of the oceanic realms, were reluctant to submit to Mughal sovereignty. Despite these differences, both sides needed to transact their business. The Europeans needed the export goods from the Mughal domains; the Mughals, having no significant source of precious metals, had to rely on the long-distance merchants for the supply of hard cash. Despite shows of force, violent eruptions, and animosity in the relationship between the Mughals and Europeans, pragmatic considerations often favoured a peaceful outcome. Typical is the advice given by the old and infirm Bengal *nawāb* (provincial governor) Alivardi Khan (r.1740–1756 CE) to his grandson, and heir to the governorship, Shiraj ud-Daula (r.1756–1757 CE). The *nawāb* advised Shiraj to follow his own example and seek reconciliation wherever possible since the prosperity of the realm depends on unity and cooperation: "If you follow the path of quarrel and hostility, it is very likely that this state will so decline from its good name that for a long period grief and regret will prevail".[43] This prudent advice was completely in line with the Mughal's general policy in dealing with the centrifugal elements and contentious semi-autonomous chieftains.

---

40 *Maarten Manse*, A Letter for the Great Mughal Emperor Bahadur Shah I (r.1707–1712): Courtesy and Coalition Forming at an Islamic Court, 4 October 1709, in: Harta Karun, Hidden Treasures on Indonesian and Asian-European History from the VOC-archives in Jakarta, Document 15, Jakarta 2014, pp. 1–16, see esp. p. 4 (accessed on: 01.06.2020).
41 *John F. Richards*, The Mughal Empire in the series The New Cambridge History of India part 1, vol. 5, Cambridge 1993, pp. 239–242.
42 For equally universal claims of sovereignty by the Habsburgs following the unification of the Portuguese and Spanish crowns during 1580–1640, see, *Anthony Rendell Disney*, Iberian Maritime Asia, 1497–1700s: The Portuguese and Spanish Empires in Asia, in: Fairey/Farrell (eds), Empire in Asia: A New Global History, pp. 246–249.
43 *William Dalrymple*, The Anarchy: The East India Company, Corporate Violence and the Pillage of an Empire, London 2019, pp. 86–87, cited "The Muzaffarnama of Karam Ali," in: Jadunath Sarkar (trans.), Bengal Nawabs, Calcutta 1952, p. 58.

6. Conclusion

The moral and ethical dilemmas of violence, its use in state-affairs, and concerns about personal spiritual well-being made the traditional Indian king a reluctant ruler. The Indian epic tradition shows that the monarchs tended to turn their back on the world. To the state theorists or Brahman, the dangers of a society without a king lapsing into anarchy were well-known. As Jos Gommans has shown, the solution was to internalize the ascetic principle of *ahiṁsā*: the *hiṁsā* of these rulers "had to be detached, without self-interest; *ahiṁsā* only serving to calm their inner world".[44] Seen from the perspective of the state, the necessity of using a degree of violence in order to wield the rod (*daṇḍa*) of justice and the rationalisation of such acts by creatively denying their violence remained cardinal governing principles of the Indian states during the early historical period. The idea of a just and righteous king lingered on in the Indian tradition.

Contrary to the popular perception of South Asia as a peaceful society, this chapter has demonstrated that violence was deeply entrenched there. The textual tradition chronicled the problems of grappling with the question of endemic violence. The Mughals took a keen interest in the Indic ideas of kingship, statecraft, and righteous rule. The concept of *ṣulḥ-i kull* strengthened Akbar's kingship, and its articulation made him and his successors masters of all the feuding factions whether ethnic groups or the political elites. The Mughals acted as supreme arbitrators[45] of differences that arose between groups and maintained their superior political authority. While violence inevitably attended the discharge of state duties, overall it appears that the peaceful settlement of a political crisis was always preferred, except for the wars of imperial expansion. This pacifist approach continued into the eighteenth century when the old Mughal *nawāb* Alivardi Khan (1671–1756 CE) counselled his grandson, Siraj ud-Daula (1733–1757 CE), against using violence to resolve political problems. Ironically, it was Siraj's determination to use force against the English East India Company, which led to his defeat and the end of his *nawabate*.

Select Bibliography

Alam, Muzaffar, The Languages of Political Islam in India, c. 1200–1800, Ranikhet 2008.
Areshian, Gregory E. (ed.), Empires and Diversity: On the Crossroads of Archaeology, Anthropology and History, Los Angeles 2013.

---

44 Jos Gommans, The Embarrassment of Political Violence in Europe and South Asia, c. 100–1800, in: Jan E. M. Houben/Karel R. van Kooij (eds), Violence Denied: Violence, Non-Violence and Rationalisation of Violence in South Asian Cultural History, Leiden 1999, p. 305.
45 On arbitration see also Chapter 24.

Borschberg, Peter, Chartered Companies and Empire, in: Jack Fairey/Brian P. Farrell (eds), Empire in Asia: A New Global History, London, 2018, pp. 269–294.
Dalrymple, William, The Anarchy: The East India Company, Corporate Violence and the Pillage of an Empire, London 2019.
Flores, Jorge, The Mughal Padshah: A Jesuit Treatise on Emperor Jahangir's Court and Household, Leiden 2016.
Foltz, Richard, Ecumenical Mischief Under the Mongols, in: CAsJ 43/1 (1999), pp. 42–69.
Gommans, Jos, The Embarrassment of Political Violence in Europe and South Asia, c. 100–1800, in: Houben/van Kooij (eds), Violence Denied, pp. 287–316.
Gommans, Jos, Mughal Warfare: Indian Frontiers and High Roads to Empire, 1500–1700, London/ New York 2002.
Heesterman, J. C., The Inner conflict of Tradition: Essays in Indian Ritual, Kingship, and Society, Chicago and London 1985.
Houben, Jan E. M./Kooij, Karel R. van (eds), Violence Denied: Violence, Non-Violence and Rationalisation of Violence in South Asian Cultural History, Leiden 1999.
Jackson, Peter, Delhi Sultanate: A Political and Military History, Cambridge 1999.
Jacobi, Hermann (trans.)/*Muller F. Max* (ed.), Jaina Sutras, part 2, Delhi 1884, reprint 1996.
Kinra, Rajeev, Handling Diversity with Absolute Civility: The Global Historical Legacy of Mughal Ṣulḥ-i Kull, in: The Medieval History Journal 16/2 (2013), pp. 251–295.
Lahiri, Nayanjot, Ashoka in Ancient India, Ranikhet 2015.
Lefèvre, Corrinne, The Majālis-i Jahāngīrī (1608–11): Dialogue and Asiatic Otherness at the Mughal Court, in: JESHO 55/2,3 (2012), pp. 255–286.
Manse, Maarten, A Letter for the Great Mughal Emperor Bahadur Shah I (r.1707–1712): Courtesy and Coalition Forming at an Islamic Court, 4 October 1709, in: Harta Karun, Hidden Treasures on Indonesian and Asian-European History from the VOC-archives in Jakarta, Document 15, Jakarta 2014, pp. 1–16 (accessed on: 01.06.2020).
Moin, A. Azfar, The Millennial Sovereign: Sacred Kingship and Sainthood in Islam, Columbia 2012.
Sir Monier Monier-Williams, A Sanskrit-English Dictionary, Etymologically and Philologically Arranged, with Special Reference to Cognate Indo-European Languages, New Edition, greatly enlarged and improved, with the collaboration of E. Leumann, C. Cappeller and other scholars, Delhi 1899, reprint 2005.
Natif, Mika, Mughal Occidentalism: Artistic Encounters between Europe and Asia at the Courts of India, 1580–1630, Leiden 2018.
Prange, Sebastian R., The Contested Sea: Regimes of Maritime Violence in the Pre-Modern Indian Ocean, in: Journal of Early Modern History 17 (2013), pp. 9–33.
Prasad, Baini (trans.), Khwandmir, Qanun-i Humayuni (also known as Humayunama), Calcutta 1940.
Raaflaub, Kurt A., War and Peace in the Ancient World, Malden 2007.
Richards, J. F. (ed.), Kingship and Authority in South Asia, Delhi 1998.
Salomon, Richard, Ancient India: Peace Within and War Without, in: Raaflaub (ed.), War and Peace, pp. 53–65.
Singh, Upinder, Political Violence in Ancient India, Cambridge (Mass.) 2017.
Sinopoli, Carla M., The Archaeology of Empire, in: Annual Review of Anthropology 23 (1994), pp. 159–80.
Subrahmanyam, Sanjay, The Political Economy of Commerce: Southern India, 1500–1650, Cambridge 1990.
Trautmann, Thomas R., India: Brief History of a Civilization, New Delhi 2011.
Truschke, Audrey, Culture of Encounters: Sanskrit at the Mughal Court, Gurgaon 2016.

Sektion II: **Friedensordnungen**
Peace Systems

a) **Innergesellschaftliche Friedensordnungen**
Domestic Peace Systems

Duncan Hardy
8. Landfrieden

Abstract: Throughout its existence, the inhabitants of the Holy Roman Empire frequently evoked concepts of peace in legal, governmental, and moral affairs. In particular, the term *Landfrieden* can be found in sources from the thirteenth to the eighteenth centuries. Historians and legal scholars have long debated its meaning, typically defining it either as a form of legislation or else as a type of regional peace-keeping union. This chapter synthesizes the array of evidence regarding *Landfrieden* and makes the argument that it was central to discourses about public peace and authority in the pre-modern German lands, which could find expression within both regional and pan-imperial organizations, laws, and institutions. The chapter surveys concepts and applications of *Landfrieden* from the high medieval period to the Holy Roman Empire's dissolution in 1806, demonstrating how it could legitimize leagues, alliances, and other associations while also underpinning the evolving imperial constitution.

1. *Landfrieden* in the Holy Roman Empire: a multi-faceted phenomenon

The maintenance of peace was one of the most fundamental legitimizing ideals for any political order in pre-modern Europe.[1] Surviving sources from the German-speaking regions of the Holy Roman Empire are replete with evocations of *pax/Friede(n)*. In this sense, the Empire resembled other European polities. Furthermore, alongside commonplace references to peace in all kinds of political contexts, authorities within the Empire employed a more specific peace-keeping concept in the late medieval and early modern centuries: *Landfrieden*. Variations of this term can be encountered in a variety of contexts, from local correspondence between late medieval towns and petty noblemen to the judgements of the early modern Imperial Cameral Court in high-profile conflicts between princes. Thus, while the word *Landfrieden* may appear to refer to a straightforward idea – "the peace of the *Land*"[2] – it had multiple overlapping meanings, some of which changed substantially over time. The Latin equivalents to *Landfrieden* in documents and narratives produced between the thirteenth and seven-

---

[1] See e.g. *Stuart Carroll*, Afterword, in: Stephen Cummins/Laura Kounine (eds), Cultures of Conflict Resolution in Early Modern Europe, London/New York 2016, p. 284.
[2] Even the prefix *Land-* was a multivalent term in early new high German. See *Ernst Schubert*, Der rätselhafte Begriff "Land" im späten Mittelalter und in der frühen Neuzeit, in: Concilium medii aevi 1 (1998), pp. 15–27.

teenth centuries make this diversity of meanings apparent: it could be translated as either *pax* or *treuga*, often qualified by a generalizing or officialising adjective (*communis, generalis*, or *publica*) or defined in relation to a geographical or political space (*terrae, provincialis*).³

Accordingly, historians have proposed several, sometimes contradictory definitions of this phenomenon, mostly shaped by the manifestations of *Landfrieden* apparent in a given scholar's area of specialization.⁴ Those focusing on the institutional history of the Holy Roman Empire have characterized *Landfrieden* as a legal category or series of legislative texts (*Gesetze, Gebote, Verordnungen*), focusing particularly on the 1495 feud-banning ordinance that later came to be known as the *Ewige Landfriede(n)*⁵ and subsequent laws that developed upon it. Practitioners of regional history (*Landesgeschichte*), by contrast, have produced detailed studies of *Landfrieden* as a form of socio-political organization focused on keeping the peace within local and delineated zones, typically through more ad hoc, 'bottom-up' collaborative mechanisms: alliances, leagues, and – from the sixteenth century – circles (*Kreise*). The rare accounts of *Landfrieden* over extended periods of time, such as Heinz Angermeier's foundational monographs, argue that its legitimate format vacillated between royal edicts, regional associations, and – latterly – imperial laws and institutions.⁶ Only recently has the view of *Landfrieden* as an institution with a single official form at a given moment in time been challenged. These interpretations instead emphasize *Landfrieden* as a powerful ideal which could be evoked strategically in multiple contexts by different agencies in the Holy Roman Empire, not merely as a reflection of a fixed political order, but as a justification for intervening in and shaping that order.⁷ It is this last perspective that this article will take, in order to summarize our emerging understanding of *Landfrieden* as a multi-faceted and malleable concept, while acknowledging

---

3 See e.g. *Königliche Akademie der Wissenschaften/Historische Kommission* (ed.), Die Chroniken der deutschen Städte vom 14. bis ins 16. Jahrhundert. Die Chroniken der mittelrheinischen Städte, vol. 2, Mainz/Leipzig 1881–1882, p. 199, p. 209; *Johann Philipp Datt*, Volumen rerum Germanicum novum, sive de pace imperii publica libri V, Ulm 1698, passim; *Hendrik Baumbach*, Königliche Gerichtsbarkeit und Landfriedenssorge im deutschen Spätmittelalter: eine Geschichte der Verfahren und Delegationsformen zur Konfliktbehandlung, Köln 2017, p. 59.

4 For what follows, see the discussion and further references in *Horst Carl/Hendrik Baumbach*, Was ist Landfrieden? Und was ist Gegenstand der Landfriedensforschung?, in: idem (eds), Landfrieden – epochenübergreifend. Neue Perspektiven der Landfriedensforschung auf Verfassung, Recht, Konflikt, Berlin 2018, esp. pp. 9–13.

5 See also Chapter 39.

6 *Heinz Angermeier*, Königtum und Landfriede im deutschen Spätmittelalter, Munich 1966; Idem, Die Reichsreform 1410–1555: die Staatsproblematik in Deutschland zwischen Mittelalter und Gegenwart, München 1984. More recently, see the contributions in *Arno Buschmann/Elmar Wadle* (eds), Landfrieden. Anspruch und Wirklichkeit, Paderborn 2002.

7 See *Horst Carl*, Art. "Landfrieden", in: HDRG 3 (2008–2016), col. 483–505; *Siegrid Westphal*, The Holy Roman Empire as an Order of Public Peace, in: GH 36 (2018), pp. 401–414; *Carl/Baumbach*, Was ist Landfrieden?, with further recent references.

that it could manifest itself in the ways identified within the sub-fields of regional, legal, and constitutional history, and that these manifestations evolved over time.

Both the variations but also the continuities in the meanings and implementations of *Landfrieden* become clear in two specific examples. The first is an early instance of a narrative about *Landfrieden* in action, recounted in an Augsburg chronicle compiled in the early fifteenth century:

> In the age of our Lord in the 1390th year those of Reutlingen appealed to the *lantfrid* which King Wenceslas had made because of those of Sachsenheim, because they had attacked them with robbery, kidnappings, and other damaging behaviours. So all the towns [of the Swabian *Landfrieden*-alliance] were involved, as per the stipulations of the *lantfrid*, and also the lords according to the same just stipulations, and they all sallied forth on the eve of the feast of St Narcissus [28 October] and attacked those of Sachsenheim; the latter then negotiated over their dispute with the towns and came to a settlement with them.[8]

This narrative recounts events and dynamics that were typical of *Landfrieden* in the decades around 1400. If we look forward into the late sixteenth century, situations involving appeals to *Landfrieden* become much better documented – particularly the case of the infamous Franconian nobleman Wilhelm von Grumbach (1503–1567).[9] In attempting to regain lost estates and funds, on campaigns which he presented as a defence of noble rights and liberties, Grumbach and his allies feuded against various princes in and around Franconia, and even killed a bishop of Würzburg during a botched kidnapping. At two successive diets in 1564 and 1566, these princes persuaded Emperors Ferdinand (1503–1564) and Maximilian II (1527–1576) to outlaw Grumbach and his associates.[10] The texts of these *Acht*-declarations outlawed them on the basis of "incredible violations of the *Landfrieden*, violent assaults, abductions and plundering", entailing severe penalties (*peen*) according to "our and the Holy Empire's constitutions, statutes, ordinances and especially the collectively promulgated *Landfrieden* [the 1495 ordinance, reissued and improved in subsequent decades]".[11] In the judicial terminology of the time, the "execution" of peace-keeping against Grumbach and his fellow-violators was given over to the Upper Saxon *kraiss* and neigh-

---

8 Königliche Akademie der Wissenschaften/Historische Kommission (ed.), Die Chroniken der deutschen Städte vom 14. bis ins 16. Jahrhundert. Die Chroniken der schwäbischen Städte, vol. 1, Augsburg/Leipzig 1865–1896, pp. 92–93. All translations from German or Latin are the author's, unless otherwise noted.
9 *Volker Press*, Wilhelm von Grumbach und die deutsche Adelskrise der 1560er Jahre, in: BDLG 113 (1977), pp. 396–431; Hillay Zmora, State and Nobility in Early Modern Germany: The Knightly Feud in Franconia, 1440–1567, Cambridge 1997, pp. 143–145.
10 Marc von Knorring (ed.), Deutsche Reichstagsakten. Die Reichsversammlungen 1556–1662. Der Reichsdeputationstag zu Worms 1564, Munich 2010, no. 72, pp. 401–404; *Maximilian Lanzinner/Dietmar Heil* (eds), Deutsche Reichstagsakten. Die Reichsversammlungen 1556–1662. Der Reichstag zu Augsburg 1566, München 2002, no. 217, pp. 894–896.
11 Ibid., no. 217, pp. 894–895.

bouring circles – regional associations of princes, cities, and nobles which pooled their financial and military resources to enforce the *Landfrieden*, here under the leadership of Duke Augustus of Albertine Saxony (1526–1586).[12] Grumbach and his supporters were apprehended in their refuge in Gotha in April 1567. According to the notarial record of his judges, a group of imperial commissaries, the nobleman was sentenced to be quartered alive for "his many great peace-violating [*landtfridbrüchigen*] misdeeds".[13]

In some respects, the characteristics of *Landfrieden* as a system of peace-enforcement appear to have changed considerably between the late fourteenth century and the 1560s. In the first scenario, it was a form of local organization (the Swabian allies calling themselves a *Landfrieden*), which – while nominally created by the monarch – depended upon members summoning one another for mutual defence when attacked, as happened to Reutlingen. The resolution of the peace disturbance was also managed within this same horizontal network, through ad hoc negotiation between members of the *Landfrieden* and their erstwhile enemies from Sachsenheim, rather than through a judicial process imposed top-down within an institutionalized legal system. Here *Landfrieden* does not seem to have been a permanent condition that could be violated – the crime of which Wilhelm von Grumbach would be accused two centuries later. It was the fact that "those of Sachsenheim" feuded and warred against a city that happened to be members of a *Landfrieden*-alliance which led to reprisals and negotiations, rather than feuding being considered an illegitimate activity *per se*. By contrast, in the latter half of the sixteenth century *Lantfriden* clearly referred to a durable legal order that permanently forbade defined acts of violence, brought into existence by cumulative items of legislation and notionally upheld by the imperial estates throughout the entire Holy Roman Empire. These estates – and not just the king or emperor – were behind the creation and maintenance of the "collectively promulgated *Landfrieden*", which referred explicitly to an ordinance issued at a diet in 1495 and reiterated at subsequent assemblies. An official legal, financial, and military apparatus, involving regulations for raising troops and codified penalties imposed by judicial personnel, could be employed to execute counter-measures against Grumbach and his associates and then sentence them to death, as opposed to negotiating with them to reach an informal compromise.

At the same time, both instances of *Landfrieden* display important similarities. The monarchy played a key role in each as the fount of peace and justice in the Holy Roman Empire. The Augsburg chronicler regarded the *Landfrieden*-alliance in Swabia as deriving its legitimacy from King Wenceslas (1361–1419), who ordered the Upper German princes and cities to organize themselves into regional peace-keeping associations in an ordinance known as the *Landfrieden* of Eger in 1389. In the 1560s it was

---

[12] Ibid., no. 219, p. 899.
[13] *Friedrich Ortloff*, Geschichte der Grumbachischen Händel, Jena 1868–1870, vol. 4, p. 533.

still the prerogative of the emperors to issue declarations of outlawry (*Acht* and *Aberacht*) against *Landfrieden*-breakers, even if Ferdinand and Maximilian did this in consultation with the imperial estates. The military enforcement of peace was organized collaboratively in both cases. In the sixteenth century as in the fourteenth, the Empire's fragmented political landscape compelled authorities to work together within horizontal frameworks (alliances, circles) that stipulated mechanisms for peace-keeping and conflict resolution. Finally, evocations of *Landfrieden* had to persuade several power-wielders in order to be effective against alleged peace-breakers. The condition of being *landtfridbrüchig* was not an objective observation, but an accusation levelled by one party against another. The minor nobles in Sachsenheim regarded their feuds with Reutlingen as a just defence of their rights.[14] Wilhelm von Grumbach had a lengthy career in the service of several of the principalities which turned against him, and he portrayed his last campaign as a defence of the traditional freedoms of the imperially-immediate nobility.[15] Appeals to *Landfrieden* could only become meaningful and official if enough authorities were persuaded of their validity.

If there was a single characteristic of *Landfrieden* in any form that differentiated it from other notions of peace and concord, it was its publicness. In regional associations and Empire-wide legislation alike, imperial authorities emphasized the preservation of common, connective spaces such as roads and waterways. Peace-alliances and peace-ordinances drew on a shared discourse about upholding the common good and the defence of clerics, travellers, merchants, and pilgrims, while lamenting the growth of the types of violence they purported to minimize or forbid: arson, kidnapping, plunder of crops and animals, injury and murder, and generalized disorder of any kind.[16] In this sense, *Landfrieden* can be understood as a "specific form of maintenance of public security in circumstances in which no authority had the monopoly on the use of violence".[17]

This highly contingent, multi-faceted understanding of public peace was the product of a social world in which some forms of feuding and warfare by certain agencies were widely regarded as just or permissible, even after the 1495 *Ewigen Landfrieden*. Concurrently, however, developing and institutionalizing expressions of *Landfrieden* in the early modern period gradually circumscribed the public spaces and mechanisms in which acts of violence could be carried out by all but the most powerful political actors (with the traumatic exception of the Thirty Years War 1618–1648). The consequences of violating these changing expectations in the face of public opinion became increasingly costly. From the late middle ages to the dissolution of the Em-

---

14 *Königliches statistisch-topographisches Bureau* (ed.), Beschreibung des Königreichs Württemberg. 37. Heft: Oberamt Vaihingen, Stuttgart 1856, p. 154.
15 *Press*, Wilhelm von Grumbach.
16 Duncan Hardy, Associative Political Culture in the Holy Roman Empire: Upper Germany, 1346–1521, Oxford 2018, ch. 7.
17 Carl/Baumbach, Was ist Landfrieden?, p. 14.

pire, evocations of "peace" in a collective setting were instantly recognizable as appeals to the principle of *Landfrieden*, whatever its specific form, to the extent that the prefix *Land-* was not strictly necessary to refer to this realm of public peace-keeping. The authors of the landmark 1495 ordinance actually called it a "common peace" (*gemainer friden*), in-keeping with the terminology of some late medieval alliances, rather than the *Landfrieden* label that it acquired simultaneously.[18] These two terms continued to be used interchangeably throughout the sixteenth century.[19] Emperor Charles V's (1500–1558) correspondence in French about the Holy Roman Empire translated the *Landfrieden* legislation of 1495 and 1521 simply as *les ordonnances de la paix*.[20] To examine the history of *Landfrieden* in the early modern Empire is therefore really to examine a discursive field relating to public peace, which found concrete expression in both regional and pan-imperial organizations, laws, and institutions.

2. Medieval concepts and forms of peace-keeping in the Empire and their early modern legacies

The foundations of early modern ideas of *Landfrieden* were laid in the middle ages. The ideal of peace-enforcement as the Christian duty of kings and emperors was a recurrent motif in the late antique and early medieval periods.[21] It is especially well documented as one of the ideological pillars of the Carolingian and Ottonian regimes which ruled what later became the Holy Roman Empire, alongside the maintenance of justice (whence the formula *pax et iustitia*).[22] When direct royal authority ebbed away in many regions of the Frankish kingdoms in the tenth and eleventh centuries, local ecclesiastical and aristocratic agencies organized peace-keeping collaboratively, in unions and covenants bound by oaths to uphold the "peace of God" (*pax* or *treuga Dei*), a precursor to later *Landfrieden*.[23]

As in other European realms, the notion that God had installed kings and other high-ranking authorities to maintain the peace of the kingdom or province remained an intrinsic component of the Empire's political culture until the end of the *ancien ré-*

---

[18] *Heinz Angermeier et al.* (eds), Deutsche Reichstagsakten. Mittlere Reihe, Göttingen et al. 1972–2017 [= RTA MR], vol. 5, no. 334, p. 363.
[19] E.g. *Rosemarie Aulinger et al.* (eds), Deutsche Reichstagsakten. Jüngere Reihe, Göttingen et al. 1893–2018 [= RTA JR], vol. 5/6, no. 219, pp. 876–877.
[20] *Alfred Kohler* (ed.), Quellen zur Geschichte Karls V., Darmstadt 1990, no. 46, p. 172.
[21] See also Chapter 1.
[22] *Jürgen Schatz*, Imperium, pax et iustitia: das Reich – Friedensstiftung zwischen Ordo, Regnum und Staatlichkeit, Berlin 2000.
[23] *Hans-Werner Goetz*, Die Gottesfriedensbewegung im Licht neurer Forschungen, in: Buschmann/Wadle, Landfrieden, pp. 31–54.

gime. Hence, agencies which claimed to be acting for the preservations of peace were also claiming, by definition, to be legitimate authorities, entitled by the divine and legal order to play a role in politics. Issuing peace-legislation or entering peace-alliances was therefore both a practical endeavour and a symbolic statement about the legitimacy of a monarch, prince, nobleman, or town. The ability to broadcast legitimacy by evoking concepts of peace-keeping underpinned the participative and multilateral features of the Holy Roman Empire's early modern political structure and culture.[24] Another important aspect of these long-running ideals of peace-keeping is that peace in pre-modern European societies rarely referred to the absence of conflict. Throughout the middle ages and well into the early modern period, the social logic of feuding and other forms of performative violence centred on vengeance and recompense, and the assertion of justice and status in the eyes of peers.[25] Whether it was a local or central initiative, *Landfrieden* never aimed to outlaw violence altogether, only to define the parameters for its acceptable expression – although these parameters certainly narrowed over time.

The 'top-down' legislative and 'bottom-up' collaborative features of early medieval peace-keeping also characterised the emerging projects that would come to be known as *Landfrieden*. Emperors Henry IV (1050–1106) and Frederick I (c. 1122–1190) issued legal texts called *paces*, notably in 1103, 1158, and 1186/8, which sought to restrict and penalize certain acts of feuding (*werrae*) and arson (*incendia*), and which notionally applied to the entire Empire.[26] Importantly, the confirmatory charters emphasized that the assembled authorities of the imperial polity – bishops, dukes, counts, etc. – also swore collectively to uphold each of these peace treaties.[27] The 1235 *constitutiones* for the administration of *pacis et iusticie* issued by Frederick II (1194–1250) and the imperial princes (the *Mainzer Reichslandfrieden*) represented a culmination of this genre.[28] It envisioned a set of royal courts and judges capable of proceeding against violators of various peace-keeping rules, and multilateral enforcement through the princes, whose inescapable importance outside of the emperor's domains was now fully recognized in law.

The 1235 *constitutiones* represented the last attempt to impose comprehensive pan-imperial peace regulations until the fifteenth century. However, while the crises

---

24 *Carl/Baumbach*, Was ist Landfrieden?, pp. 27–33.
25 See the work of the Stephen White school, e.g. *Belle S. Tuten/Tracey L. Billado* (eds), Feud, Violence and Practice. Essays in Medieval Studies in Honor of Stephen D. White, London/New York 2010. On feuding in the Empire, see most recently *Julia Eulenstein et al.* (eds), Fehdeführung im spätmittelalterlichen Reich: zwischen adeliger Handlungslogik und territorialer Verdichtung, Affalterbach 2013.
26 *Ruth Bork et al.* (eds), Monumenta Germaniae Historica. Constitutiones et acta publica imperatorum et regum, Hannover et al. 1893–2016 [= MGH Const.], vol. 1, no. 74, pp. 125–126, no. 176, pp. 245–247, no. 318, pp. 449–452.
27 Ibid., vol. 1, no. 74, p. 125.
28 Ibid., vol. 2, no. 196, pp. 241–247.

facing the Empire's monarchical administration in the thirteenth and fourteenth centuries constrained its legislative ambitions, the evidence shows unequivocally that concrete and sustained efforts to maintain the peace were underway throughout the German-speaking localities. Usually these efforts took the form of oath-bound associations (alliances, leagues, unions, societies). The Rhenish League of 1254 was one of the earliest and largest such associations.[29] The thirteenth century also saw the creation of several other regional *Landfrieden* of this kind, created at the behest of variable clusters of princes, bishops, nobles, or towns, and sometimes with either an explicit mandate or indirect sanction from the Romano-German king or emperor.[30] The equivalence of these *paces* and *treugae* to the emerging concept of *Landfrieden* is made explicit by a 1264 treaty between Archbishop Werner of Mainz (c. 1225–1284) and Count Palatine Ludwig II (1229–1294), who swore to observe "this peace [*pacem*], which is called *lantfrede* in the vernacular".[31] Such treaties stipulated collective defence against peace-breakers and enemies, and quasi-judicial processes for the amicable resolution of disputes between participants.

By the beginning of the fourteenth century a durable public peace-keeping culture, conceptually linked to the word *Landfrieden* and its cognates and translations, was well established in the German lands of the Empire. As in other European kingdoms, the theoretical framework for peace remained focused on the law- and justice-dispensing monarch, while its implementation on a regional level resided largely in the collective activity of the princes, nobles, and cities. The corporate political identity of the latter groups was slowly beginning to coalesce through regular contact at various kinds of assemblies, despite the many disputes and quarrels that these imperial elites conducted with one another (which necessitated their peace-alliances in the first place). The fourteenth-century kings and emperors, whether out of enthusiasm or lack of alternatives, generally encouraged these regional initiatives, often lending their legitimizing authority to them by drawing up treaties in their names on behalf of various *Landfrieden* and appearing in person at peace-keeping assemblies during their itineraries. This enduring pattern was set by Ludwig IV (1282–1347): in the words of a Strasbourg chronicler, "[t]his Emperor Ludwig was peaceful and good, and wherever the towns wanted to make *lantfriden*, there he offered them his assistance".[32]

---

29 Ibid., vol. 2, no. 428, pp. 580–589.
30 E.g. ibid., vol. 2, no. 427, pp. 572–579, ibid., vol. 3, no. 122, pp. 116–118, no. 346, pp. 331–332.
31 Ibid., vol. 2, no. 442, p. 609.
32 *Königliche Akademie der Wissenschaften/Historische Kommission* (ed.), Die Chroniken der deutschen Städte vom 14. bis ins 16. Jahrhundert. Die Chroniken der oberrheinischen Städte, vol. 1, Straßburg/Leipzig 1870–1871, p. 473.

3. *Landfrieden* between imperial ordinances and regional associations in the fourteenth to seventeenth centuries

The dynamic of maintaining peace and collective defence within regional associations claiming to act on behalf of a divinely-ordained political order endured well into the early modern period. By the middle decades of the fourteenth century such associations existed, with fluctuating coverage and membership, in virtually all regions of the Empire north of the Alps. Some of these peace-keeping leagues, such as the imperial cities within the *Landvogtei* of Alsace and the "Six-Town League" of Upper Lusatia, survived continuously until the seventeenth century, despite major changes in the geopolitical, economic, and confessional landscapes around them.[33] This way of organizing peace also spread to the kingdom of Bohemia, where nobles, prelates, and towns intermittently formed *Landfrieden* (Czech: *landfrýdy*) in all parts of the crown lands into the sixteenth century.[34]

However, the relationship between *Landfrieden*-associations and other agencies within the Empire was not static throughout the late medieval and early modern periods. At times, monarchs and the majority of the imperial estates spurned or opposed leagues which presented themselves as *Landfrieden*. A famous early example was Charles IV's (1316–1378) attempt to dissolve *conspirationes et conventiculas seu colligationes illicitas* in the Golden Bull of 1356.[35] The reforms enacted by the monarchy and estates around 1500 tightened the definition of legitimate vehicles for peace-keeping, and bound them within a web of interrelated institutions (see section 4). Nevertheless, leagues, alliances, and unions purporting to uphold peace and the common good remained a prominent feature of sixteenth- and early seventeenth-century German politics, sustaining the late medieval principle that *Landfrieden* should be organized and implemented within multilateral associations. Although such 'federative' or 'associative' structures have been marginalized in classic accounts of the Empire's medieval and early modern history, there is a growing scholarly recognition that they shaped and defined its socio-political and constitutional make-up from the late middle ages to the Thirty Years War.[36]

---

33 *Bernard Vogler* (ed.), La décapole: dix villes d'Alsace alliées pour leurs libertés, 1354–1679, Strasbourg 2009; *Alexandra Kaar*, Der Oberlausitzer Sechsstädtebund vom 14. bis zur Mitte des 16. Jahrhunderts, in: Ferdinand Opll/Andreas Weigl (eds), Städtebünde: zum Phänomen interstädtischer Vergemeinschaftung von Antike bis Gegenwart, Innsbruck 2017, pp. 157–186.
34 *Zdeněk Beran*, Landfrýdní hnutí v zemích České koruny. Snahy o zajištění veřejného pořádku a bezpečnosti, Hradec Králové 2014.
35 MGH Const., vol. 11, p. 600.
36 *Maximilian Lanzinner*, Ein Sicherheitssystem zwischen Mittelalter und Neuzeit: die Landfriedens- und Sonderbünde im Heiligen Römischen Reich, in: Christoph Kampmann/Ulrich Niggemann (eds),

The heyday of the German regional *Landfrieden*-associations was the mid- to late fourteenth century. In a bid to achieve mutual protection against feuds and an advantageous procedure for arbitrating in disputes, political elites from the Alps to the Baltic region entered into renewable treaties that enshrined these goals, which survive abundantly from this period. Charles IV and Wenceslas deliberately cultivated this nexus of *Landfrieden*, approving their treaties from afar or, if their itineraries took them to the region in question, in person. There is also plentiful evidence of the operation of these *Landfrieden*-associations to protect against members' enemies and to resolve disagreements. For example, between 1351 and 1400 the leading members of the *lantvreden* between the Rhine and the Meuse held assemblies to arbitrate in disputes involving the city of Aachen alone no fewer than 56 times, frequently citing the association's stipulations (*na upsatz inde verbunde des lantfrieden*) to justify their decisions.[37]

In southern Germany, however, the collaboration between the monarchy and regional *Landfrieden*-associations temporarily broke down in the 1370s. For over a decade a series of interlocking conflicts embroiled networks of cities, princes, and nobles, who formed shifting alliances that they presented as *Landfrieden*, even as they fought one another and King Wenceslas attempted vainly to broker an all-encompassing peace. This only became possible after the decisive defeat of the cities of Swabia and the Upper Rhine by their opponents in 1388–1389, leading to the (*Reichs-*)*Landfrieden* of Eger – effectively a vast association that joined together all Upper German regions in a web of local peace-keeping unions. This ambitious system did not survive the deposition of Wenceslas in 1400, and his successors Rupert of the Palatinate (1352–1410) and Sigismund of Luxemburg (1368–1437) resumed endorsing select regional *Landfrieden*-associations into the 1420s.

A few residual regional peace-unions notwithstanding, for most of the fifteenth century the German kings and emperors and the imperial estates were involved with far fewer associations denoted as *Landfrieden* than had been the case before 1400. Questions about their effectiveness were clearly being raised. According to the report of one urban envoy to Sigismund in 1415, "he considered that the *lantfriden* have been

---

Sicherheit in der Frühen Neuzeit: Norm – Praxis – Repräsentation, Köln et al. 2013, pp. 99–119; *Gabriele Haug-Moritz*, Zur Kontinuität spätmittelalterlicher Formen der Friedewahrung im neuzeitlichen Reich. Hessen als Mitglied der sächsisch-brandenburgischen Erbeinung (15./16. Jahrhundert), in: Andreas Hedwig et al. (eds), Bündnisse und Friedensschlüsse in Hessen: Aspekte friedenssichernder und friedensstiftender Politik der Landgrafschaft Hessen im Mittelalter und in der Neuzeit, Marburg 2016, pp. 105–118; *Hardy*, Associative Political Culture.
37 Thomas R. Kraus et al. (eds), Regesten der Reichsstadt Aachen, Köln 1937–2012, vol. 3, nos. 327, 519, 528, 548, 552, 568; ibid., vol. 4, nos. 16, 72, 154, 220, 249, 276, 305, 504, 549, 557, 584, 694, 792; ibid., vol. 5, nos. 11, 150, 169, 171, 191; ibid., vol. 6, nos. 484, 487–488, 515, 518, 528, 556, 569–570, 573, 575, 584–585, 593, 596, 600, 606, 610, 616, 636, 638, 642, 690, 698–699, 702, 708–709, 733, 780, 789, 800. Quotation from ibid., vol. 3, no. 528.

of little benefit".³⁸ Only in 1486–1488 did an association-based model of *Landfrieden* fully resume under the aegis of both Emperor Frederick III (1415–1493) and King Maximilian I (1459–1519) and the reform-minded members of the imperial estates. The resulting Swabian League sought to draw most southern and central German powers into a nexus of alliance treaties committing members to collective peace-keeping and justice enforcement, in co-operation with the emerging institutions and ordinances of the 1490s and 1500s – a task in which it had largely succeeded by the first two decades of the sixteenth century, when it reached its maximum extent.³⁹ The League foundered on the confessional fractures of the 1520s and '30s, but this did not end the attempts by either the monarchs or the estates to harness associations to the *Landfrieden* agenda. This was now linked inextricably with the 1495 peace legislation, but nevertheless required co-operation between authorities on the ground for its execution. While the imperial circles, themselves associations of sorts, played a growing role here, some leagues and alliances continued to be harnessed to ostensibly peace-keeping ends by imperial authorities. Charles V sought to orchestrate regional *Landfrieden*-associations in Alsace and Franconia, for instance, as well as larger-scale leagues of princes, prelates, and cities in 1535–1544 (the Nine-Year League) and 1553–1556 (the Heidelberg League), although with little lasting success in the turbulent context of sharpening confessional divisions.⁴⁰ The Landsberg League founded in 1556 by Ferdinand I in collaboration with several south German powers would be the last association with the official role of upholding the *Landfrieden*, as the circles increasingly became the exclusive bearers of this mission.⁴¹

Leagues and alliances created at the instigation of, or in close collaboration with, the monarchs and estates only represented a small proportion of the associations conceptually linked to *Landfrieden* in the early modern Holy Roman Empire. Between around 1300 and 1600, alliances, leagues, unions, and societies of varying scope and duration were also a key component of political interactions between the elites of German-speaking Europe, and the impetus for their creation was rarely connected directly to the monarchs or imperial institutions. However, the rhetorical justifications offered in the *arengae* of association treaties suggest that their members wished to present peace-keeping as a central function of their local political dealings. Professing to defend the peace of the region and its inhabitants, often coupled with the common good (*gemeiner Nutz[en]*, *utilitas* or *res publica*) and the honour of the Empire and the

---

38 Gabriele Annas et al. (eds), Deutsche Reichstagsakten. Ältere Reihe, München et al. 1867–2013 [= RTA ÄR], vol. 7, no. 181, p. 276.
39 Horst Carl, Der Schwäbische Bund 1488–1534. Landfrieden und Genossenschaft im Übergang vom Spätmittelalter zur Reformation, Leinfelden-Echterdingen 2000.
40 Volker Press, Die Bundespläne Karls V. und die Reichsverfassung, in: Heinrich Lutz (ed.), Das römisch-deutsche Reich im politischen System Karls V., München 1982, pp. 55–106; Guido Komatsu, Landfriedensbünde im 16. Jahrhundert. Ein typologischer Vergleich, Göttingen 2001.
41 Lanzinner, Sicherheitssystem, pp. 99–106.

German nation, was an enduring trope in league and alliance treaties.⁴² Even alliances that very clearly reflected the sectional interests of sub-groups within the Empire drew from this generic discursive reservoir. The 1531 treaty of the evangelical Schmalkaldic League employed language that can be found in thousands of similar documents from the fourteenth to sixteenth centuries, claiming that it was founded

> to the praise of almighty God [...] for the revival and promotion of Christian harmony and peace [and] for the good, wellbeing, honour, utility, and benefit of the Holy Roman Empire of the German Nation.⁴³

Alliance and league treaties of all kinds, whether or not they were explicitly designated as *Landfrieden* by contemporaries, clearly fulfilled myriad contingent agendas for their participants which may have had little to do with these rhetorical objectives. Nevertheless, the normativity of claiming to uphold peace on behalf of the region and/or Empire attests to the centrality of (*Land-*)*Frieden* as a legitimizing component of political discourse at all levels of imperial politics, even when others directly challenged the peace-keeping claims of a given association. Famously, the ringleaders of the Schmalkaldic League were outlawed as *Landfrieden*-violators by Charles V and most of the estates in 1546.⁴⁴ Similarly, the Protestant Union and Catholic League of 1608–1609 presented themselves as defenders of the public peace and the imperial constitution. The very first sentence after the *intitulatio* of the Union's treaty evoked

> [h]ow in the Holy Empire of the German Nation, our beloved fatherland, our beloved ancestors, out of especial loyal provision, established with perfect intentions a general *lantfrid* and unity [...].⁴⁵

The remainder of the *arenga* set out in detail how the Protestant princes perceived the recent breakdown of the constitutional system underpinned by the *Landfrieden*, justifying their creation of the Union. The founders of the Catholic League also claimed to be reacting to the violation of "the salvific imperial laws and constitutions, in particular the Peace of Augsburg, promulgated for the preservation of peace, calm, and unity and accepted by the estates".⁴⁶

The legitimizing power of the rhetoric of *Landfrieden* was so strong that even leagues and alliances that most of the estates perceived as rebellious, or consisting of ac-

---

42 Duncan Hardy, Between Regional Alliances and Imperial Assemblies: Landfrieden as a Political Concept and Discursive Strategy in the Holy Roman Empire, c. 1350–1520, in: Carl/Baumbach, Landfrieden, pp. 85–120.
43 *Ekkehart Fabian* (ed.), Die Entstehung des schmalkaldischen Bundes und seiner Verfassung 1524/29–1531/35, Tübingen 1962, pp. 347–51.
44 RTA JR, vol. 17, no. 115, pp. 552–562.
45 *Albrecht Ernst/Anton Schindling* (eds), Union und Liga 1608/09. Konfessionelle Bündnisse im Reich – Weichenstellung zum Religionskrieg?, Stuttgart 2010, p. 350.
46 Ibid., p. 363.

tors ineligible to participate in imperial politics, drew upon it. The so-called 'Memmingen League Ordinance' of 1525, published on behalf of the Upper German peasants' *christenlichen vereynigung und pündtnüß*, declared in its second article "that a common *landtfrid* should be upheld", to be enforced through the customary mechanism of collective action against peace-breakers.[47] The author of the revolutionary pamphlet *An die versamlung gemayner Pawrschafft*, printed in mid-1525, exhorted its audience "only to rush forth together for the sake of the common *landtfriden*".[48] This highlights both the justificatory potential of *Landfrieden* as an ideal, and the many possible interpretations of what it might mean and who might enforce it, even after the landmark 1495 legislation. Throughout the late medieval and early modern periods associations remained the primary means of enforcing *Landfrieden* of one kind or another in the Empire's fragmented political landscape, and they attracted the participation of every category of political actor.

4. *Landfrieden* and the constitution of the Holy Roman Empire from "imperial reform" to the Peace of Westphalia and its aftermath

Medievalists have tended to perceive *Landfrieden* as a localized and temporary format of peace-keeping; early modernists have characterized it as a legal framework, initiated by the paradigm-shifting *Ewigen Landfrieden* of 1495[49], which sought to outlaw feuds in perpetuity. In practice, as section 3 showed, local associations had ties to the imperial monarchy and estates, while ordinances called *Landfrieden* were not standalone legislative acts that created public peace, but attempts to institutionalize pre-existing ideals and practices of peace-keeping. Furthermore, *Landfrieden*-ordinances were iterative, building on each other from the mid-fifteenth century onwards, and relying upon the interlocking components of the imperial constitution that developed as pressure groups pushed for institutional reform. Only the crises preceding and accompanying the Thirty Years War brought a hiatus in the evolution of *Landfrieden* legislation, while the Peace of Westphalia (1648)[50] put it on a new legal and constitutional footing.[51]

While many regional *Landfrieden*-associations withered around 1400, the debate about how to preserve the public peace did not. On the contrary, it intensified as grow-

---

47 *Adolf Laube et al.* (eds), Flugschriften der Bauernkriegszeit, Köln/Wien 1975, p. 32.
48 Ibid., p. 129.
49 See also Chapter 39.
50 See also Chapter 46.
51 *Carl*, Art. "Landfrieden", col. 495–505.

ing and diversifying constituencies participated in fora for such discussions – diets and assemblies – which multiplied in the crises of the 1420s and '30s, such as the Hussite Wars (1419–1436). The imperial cities and the spiritual princes proved to be especially persistent in raising problems of public order (i.e. feuds and wars) which threatened their interests, articulating them in the deep-seated late medieval vocabulary of peace, justice, and the common good. The sources from the middle decades of the fifteenth century contain many ideas and schemes for strengthening the Empire's capacity to restore "good old honourable order and peace", as one princely envoy to the 1454 diet in Regensburg put it.[52] Reform-minded proposals tended to combine longstanding customs (e.g. linking up regional associations in vast trans-regional *Landfrieden*-unions) with a concern for institutionalizing and streamlining judicial pathways for enforcing the peace, through courts with the authority to arbitrate or hand down judgements, sometimes using concepts borrowed from Romano-canonical law. Elements of such proposals found their way into the legislation that defined the institutional forms of *Landfrieden* throughout the fifteenth and sixteenth centuries.

The first ordinance to result from these discussions among the princes and cities was issued by the recently-elected Frederick III at Frankfurt in 1442. This 'royal reformation' (*königliche Reformation*), as it came to be known, sought greatly to curtail the circumstances in which feuds could be declared, and to judicialize the penalties for violating the peace by empowering imperial courts to issue fines and declarations of outlawry, while marginalizing others (e.g. the Vehmic courts).[53] After two decades of paralysis due to factional struggles among the princes, a new raft of ordinances was issued by Frederick and the estates in 1466, 1467, 1471, and 1486.[54] These anticipated the 1495 legislation in that they already sought to criminalize feuding entirely, albeit on a temporary basis (five to ten years), and contemporaries referred to each ordinance as a *gemeynen frid* or *Lantfrid*. The late fifteenth-century ordinances' weakness was the inability of the estates and the monarchs to agree on a means of enforcing their stipulations. All of them – including the very first clause of the 1495 *Landfrieden*[55] – relied on age-old exhortations not to harbour or assist feud-enemies and peace-breakers, and the willingness of local authorities to collaborate against them by raising troops for defence, enforcing judicial penalties, and arbitrating in disputes. Attempts at more top-down measures, such as the 1467 *Landfrieden* of Nuremberg's clause that labelled peace-breakers as traitors guilty of a *crimen laesae maiestatis* and liable to have their possessions confiscated by order of the emperor's Cameral Court,

---

52 RTA ÄR, vol. 19,1, p. 246.
53 Ibid., vol. 16, no. 209, pp. 396–407.
54 *Heinrich Christian von Senckenberg/Johann Jacob Schmauß* (eds), Neue und vollständigere Sammlung der Reichs-Abschiede, Frankfurt a. M. 1747 [= Reichs-Abschiede], vol. 1, nos. 50–54, pp. 198–222; RTA ÄR, vol. 22,2, no. 127, pp. 867–873; RTA MR, vol. 1, no. 335, pp. 382–389.
55 RTA MR, vol. 5, no. 334, p. 363.

did not endure because of the absence of a collective institutional framework to implement them.[56]

The real innovation of the *Landfrieden* legislation of 1495 was not, therefore, the Empire-wide banning of feuds, which had theoretically been in effect for most of the thirty preceding years. The novelty in the 1490s was the attempt to construct a broader set of interrelated institutions to enforce *Landfrieden* provisions under the oversight of both the monarch and the estates. This agenda largely unfolded at the diets held between 1495 and 1521, often labelled by historians as the high point of 'imperial reform', although contemporaries used the revealing rallying cry of *Frieden und Recht*.[57] The *Landfrieden*-ordinance was supplemented by measures to create an Imperial Cameral Court[58] with jurisdiction over cases of peace-violation; an Imperial Council (*Reichsregiment*) with joint oversight over the public peace; and imperial circles – effectively regional associations – within which local authorities could work together against peace-breakers. Of symbolic importance was the contractual handing over of the administration of peace and justice (*Handhabung Friedens und Rechts*) from the monarch alone to the estates within the diet.[59]

These new institutions formed a turning point in the conceptualization of peacekeeping and its place in the Empire's constitutional make-up. From 1495 onwards, when inhabitants of the Empire used the word *Landfrieden* they were usually referring to the legal framework underpinned by imperial peace-ordinances, even if – as noted in section 3 – the implementation of *Landfrieden* continued to rely on regional agencies with varying degrees of autonomy from the imperial institutions. Yet the reforms around 1500 were neither the culmination of a late medieval *Landfrieden* movement nor the starting point of an early modern *Reichsverfassung*. Few of the 'reform' measures were effective in practice until well into the sixteenth century, and some fell into abeyance. Furthermore, the 1495 *Landfrieden* legislation itself was not a self-contained document. It developed out of earlier ordinances with similar stipulations and relied on concurrent judicial and political institutions for its practical operation. After 1495 the *Landfrieden* legislation was debated at virtually every diet until the 1590s, as the estates repeatedly identified flaws (*mengel*) in the existing legislation and sought to rectify them with more explicit means of enforcement and greater judicialization of the handling of peace-breakers.[60]

Several factors help to explain the need to iterate the *Landfriedensordnungen* and *Constitutionen*, as contemporaries called them, throughout the sixteenth century. Un-

---

56 Reichs-Abschiede, vol. 1, no. 54, p. 217.
57 *Hardy*, Associative Political Culture, ch. 12.
58 See also Chapter 9.
59 RTA MR, vol. 5, no. 356, pp. 447–465.
60 See e.g. § 24–27 of the 1586 diet's *Abschied* in Thomas Fröschl (ed.), Deutsche Reichstagsakten. Reichsversammlungen 1556–1662. Der Reichsdeputationstag zu Worms 1586, Göttingen 1994, no. 38, pp. 877–878.

til 1555 one persistent problem was that of enforcement or *Execution*, i.e. how to orchestrate the imperial diets, Cameral Court, and circles to ensure that *Landfrieden* legislation was implemented in practice. From the perspective of the princely and urban estates the challenges were manifold. Only by the second half of the sixteenth century could large-scale noble feuds reliably be delegitimized and opposed, as in the case of Wilhelm von Grumbach discussed in section 1. The estates were acutely concerned about uprisings of subjects, especially during the Peasants' War (1524/25), and they expanded their discussions around *Landfrieden* to include "protection against outrages and upheavals in the Empire".[61] The estates also sought to include provisions to defend against the depredations of armed bands of soldiers (*Gartknechte*), with limited success.[62]

Above all, the confessional divisions between Evangelicals and Catholics that emerged from the 1520s proved unmanageable within the *Landfrieden* paradigm established around 1495, particularly with respect to confiscated ecclesiastical property (*spolia*). Charles V deployed the *Landfrieden* laws against the Schmalkaldic League but was unable to leverage his military victory into an advantageous political settlement. At the ensuing Augsburg diet of 1548 the estates issued new definitions of *Landfrieden*-violations that the Cameral Court could penalize, including in areas formerly under ecclesiastical jurisdiction, but it was clear that the confessional dimension of imperial politics had to be accounted for more explicitly in the *Landfrieden* laws and the wider constitutional system.[63]

Against this backdrop, the 1555 *Profan- und Religionsfrieden* (or Peace of Augsburg)[64] was doubly significant. It both created the conditions for a *modus vivendi* between Catholics and Lutherans and set out in greater detail than ever before how the *Landfrieden* framework for these relations should be executed in practice through imperial institutions and regional co-operation between the estates. This document, the *Abschied* of the 1555 diet of Augsburg, thus mostly concerned the expansion and redefinition of the *Landfrieden* legislation, representing its greatest change so far, but also building on almost a century of iterations. Clauses 13–16 spelled out legally that the existing *Landfrieden* system was being repurposed to allow for both Lutheran and Catholic estates, and peaceful pathways to resolve disputes between them. Crucially, having recognized in clause 12 that existing peace-enforcement mechanisms were "insufficient" (*nit genuegsam*), the Peace of Augsburg established an *Exekutionsordnung* (§ 31–114), specifying how the Cameral Court and Imperial Circles should interact in various scenarios to punish violators and maintain order.[65] The laws of the consoli-

---

61 RTA JR, vol. 5/6, no. 186, p. 772.
62 *Horst Carl*, Landfriedensbrecher und "Sicherheitskräfte": Adlige Fehdeführer und Söldner im 16. Jahrhundert, in: Kampmann/Niggemann (eds), Sicherheit, pp. 273–287.
63 RTA JR, vol. 18, no. 372b, pp. 2.653–2.664.
64 See also Chapter 41.
65 RTA JR, vol. 20, no. 390, pp. 3.102–3.158 (quotation on p. 3.107).

dating territories of the sixteenth-century Empire (*Landesordnungen, Policeyordnungen*) reflect the growing acceptance and effectiveness of this tiered approach to the institutionalization of *Landfrieden*. For instance, the section of the *Landtsordnung* issued for the Electoral Palatinate in 1582 concerning *Nacheylle* (pursuit of criminals across borders) encompassed "public extortions and peace-violations" (*Plackereyen und Landfriedenbrueche*). Local authorities were to collaborate with neighbouring jurisdictions and "do what the Holy Empire's *Landfrieden* and *ExecutionsOrdnung* enables" to bring peace-breakers to justice.[66]

Before and during the Thirty Years War this unfolding system of peace-enforcement broke down, as bemoaned by the founders of the Protestant Union and Catholic League. After 1648 it was no longer such an abiding concern of the highest-ranking estates, especially compared with the sixteenth century, when the topic of *Landfrieden* had been examined in its legal and institutional minutiae at every diet. However, the *Landfrieden* tradition did provide part of the apparatus that underpinned the Peace of Westphalia, which in turn re-established imperial politics on a sustainable constitutional footing, and incorporated the previously excluded Reformed estates alongside the Catholics and Lutherans. Article VIII, 2 of the Treaty of Osnabrück[67] forbade imperial estates from allying against the emperor and Empire "and its public peace", while the imperial circles were to be restored to their former functions "so that the public peace may be that much better preserved" (*ut... pax publica tanto melius conservari possit*) (XVII, 2).[68] While few of the imperial estates had individual input into the *Instrumentum Pacis Osnabrugensis*, their representatives met at a congress in Nuremberg in 1649–1650 to decide how to implement it, as per IPO XVI, 2, and the practical re-establishment of the imperial circles was among its main outcomes.[69]

The post-1648 understanding of the Holy Roman Empire as a polity defined by "fundamental laws" (*Fundamental-Gesetze*), derived from ordinances and *Abschiede* promulgated since the fourteenth century, ensured that *Landfrieden* remained a component of its political identity.[70] Recent research into the Seven Years War (1756–1763) has also shown that the *Landfrieden* laws experienced a brief 'renaissance' in their relevance in the 1750s, as Francis I (1708–1765) and Maria Theresa's (1717–1780) Imperial Aulic Council used them as the basis for outlawing King Frederick II of Prussia (1712–1786) after his invasion of Saxony and Bohemia.[71] Perhaps the most revealing

---

66 Chür-Fürstl. Pfaltz LandtsOrdnung, Heidelberg 1582, pp. 46–47.
67 See also Chapter 46.
68 *Antje Oschmann* (ed.), Acta Pacis Westphalicae. Serie III Abteilung B: Verhandlungsakten, vol. 1/1, Münster 1998, pp. 130, 156–159.
69 *Antje Oschmann*, Der Nürnberger Exekutionstag 1649–1650. Das Ende des Dreißigjährigen Krieges in Deutschland, Münster 1991, pp. 124–132.
70 *Joachim Whaley*, Germany and the Holy Roman Empire, Oxford 2012, vol. 2, p. 175.
71 *Siegrid Westphal*, Der Landfrieden am Ende? Die Diskussion über den Einfall von Friedrich II. in Kursachsen 1756, in: Carl/Baumbach, Landfrieden, pp. 255–280.

example of the ongoing conceptual significance of *Landfrieden* is offered by the electoral capitulations (*Wahlkapitulationen*) – the contracts signed by kings of the Romans with the electors and estates upon their accession, starting with Charles V in 1519. By 1792, the year that Francis II (1768–1835) became the last monarch to enter into such a covenant, the wording included a commitment to uphold

> the peace in religious and profane matters, the *Landfrieden* including the management of the same, as promulgated, adopted, and improved at the diet held in Augsburg in 1555, and also reiterated and confirmed in the *Reichsabschieden* that followed, especially the above-considered Münster and Osnabrück peace settlements.[72]

The longevity of this ever-lengthening formula indicates how deeply embedded the manifestations of *Landfrieden* that developed over the centuries had become in the early modern imperial constitution. On the one hand, associative and legislative formats and conceptualizations of the public peace exhibited continuities from the high middle ages to the eighteenth century in German-speaking Europe. Equally, they proved capable of adaptation as components of the evolving and shifting constellations of laws, estates, institutions, and territories which gave the early modern Empire its multilateral and proto-federal shape. The ideal of *Landfrieden* underpinned this configuration right up until the Holy Roman Empire's dissolution in 1806.

Select Bibliography

Angermeier, Heinz, Königtum und Landfriede im deutschen Spätmittelalter, München 1966.
Angermeier, Heinz et al. (eds), Deutsche Reichstagsakten. Mittlere Reihe, Göttingen et al. 1972–2017.
Angermeier, Heinz, Die Reichsreform 1410–1555: die Staatsproblematik in Deutschland zwischen Mittelalter und Gegenwart, München 1984.
Annas, Gabriele et al. (eds), Deutsche Reichstagsakten. Ältere Reihe, Munich et al. 1867–2013.
Aulinger, Rosemarie et al. (eds), Deutsche Reichstagsakten. Jüngere Reihe, Göttingen et al. 1893–2018.
Baumbach, Hendrik, Königliche Gerichtsbarkeit und Landfriedenssorge im deutschen Spätmittelalter: eine Geschichte der Verfahren und Delegationsformen zur Konfliktbehandlung, Cologne 2017.
Burgdorf, Wolfgang (ed.), Die Wahlkapitulationen der römisch-deutschen Könige und Kaiser 1519–1792, Göttingen 2015.
Buschmann, Arno/Wadle, Elmar (eds), Landfrieden. Anspruch und Wirklichkeit, Paderborn 2002.
Carl, Horst, Art. "Landfrieden", in: HDRG 3 (2008–2016), col. 483–505.
Carl, Horst/Baumbach, Hendrik, Was ist Landfrieden? Und was ist Gegenstand der Landfriedensforschung?, in: idem (eds), Landfrieden – epochenübergreifend. Neue Perspektiven der Landfriedensforschung auf Verfassung, Recht, Konflikt, Berlin 2018, pp. 3–49.
Datt, Johann Philipp, Volumen rerum Germanicum novum, sive de pace imperii publica libri V, Ulm 1698.

---

[72] *Wolfgang Burgdorf* (ed.), Die Wahlkapitulationen der römisch-deutschen Könige und Kaiser 1519–1792, Göttingen 2015, p. 740.

Komatsu, Guido, Landfriedensbünde im 16. Jahrhundert. Ein typologischer Vergleich, Göttingen 2001.
Lanzinner, Maximilian, Ein Sicherheitssystem zwischen Mittelalter und Neuzeit: die Landfriedens- und Sonderbünde im Heiligen Römischen Reich, in: Christoph Kampmann/Ulrich Niggemann (eds), Sicherheit in der Frühen Neuzeit: Norm – Praxis – Repräsentation, Köln et al. 2013, pp. 99–119.
Oschmann, Antje (ed.), Acta Pacis Westphalicae. Serie III Abteilung B: Verhandlungsakten, vol. 1/1, Münster 1998.
Press, Volker, Die Bundespläne Karls V. und die Reichsverfassung, in: Heinrich Lutz (ed.), Das römisch-deutsche Reich im politischen System Karls V., München 1982, pp. 55–106.
Schatz, Jürgen, Imperium, pax et iustitia: das Reich – Friedensstiftung zwischen Ordo, Regnum und Staatlichkeit, Berlin 2000.
Westphal, Siegrid, The Holy Roman Empire as an Order of Public Peace, in: GH 36 (2018), pp. 401–414.

Anette Baumann
9. Justizwesen

Abstract: Justice Systems
This chapter focuses on the development of the various justice systems in early modern Europe, also taking into consideration the traditions of the medieval era as well as the developments of the nineteenth century. In France, the *Parlements* served as institutions for dispensing justice, while in the Holy Roman Empire there was a dualistic system of two supreme courts. Developments in the Holy Roman Empire and France are replicated to a considerable degree in Scandinavia. In Spain and Italy there was significant diversity in the justice system leading to the establishment of several regional courts. In comparison with continental Europe, Britain may be regarded as an exception with its early tendencies towards the centralisation of law and politics. Finally, the chapter also draws attention to common features in the development of appeals procedures and to differing national approaches to research into criminal law and penal justice.

1. Allgemeine Bemerkungen

Der deutsche Begriff Justiz wird abgeleitet von dem lateinischen Wort *justitia* (Gerechtigkeit). Ursprünglich war dies die Bezeichnung für die Verkörperung von Recht und Gerechtigkeit. Allmählich wurde der Begriff im Laufe der Geschichte wesentlich erweitert. Heute versteht man darunter alle Einrichtungen der Rechtsprechung, ihre Organe und Träger sowie die Arbeitsweise, d.h. die Durchsetzung rechtlicher Normen durch private und/oder hoheitliche Träger. Der Begriff ‚Justizwesen' selbst wurde im technischen Sinne jedoch erst im 18./19. Jahrhundert verwendet. Da jedoch Orte, Inhalte, Tätigkeiten und die Entwicklung der daran beteiligten Institutionen und Träger bereits in der Frühen Neuzeit vorhanden waren, kann dieser Begriff auch für diese Epoche verwendet werden.[1]

Im Denken des europäischen Mittelalters war die Wahrung des Rechts und des Friedens zentrale Aufgabe der Herrscher.[2] Ihre Mittel waren jedoch begrenzt, da sie kein Monopol in der Rechtsprechung besaßen. In Mittelalter und Früher Neuzeit war zudem im Gegensatz zu heute die Teilung von Rechtsetzung und Rechtsanwendung unbekannt. Die Gesetzgebung war Teil der Rechtsprechung. Im Laufe der Frühen Neuzeit fand aber allmählich eine funktionale Differenzierung statt, die schließlich in die moderne Trennung von Gesetzgebung, Justiz und Verwaltung mündete.

---

1 Vgl. hierzu *Barbara Dölemeyer*, Art. „Justizwesen", in: EdN (2007), Sp. 203–226, Sp. 203–204.
2 Vgl. hierzu auch Kapitel 26.

Grundsätzlich gab es bereits in der Frühen Neuzeit ein überstaatliches Rechts- und Verfassungssystem, das durch die Rezeption des römischen Rechts und das sich ausdifferenzierende gelehrte Recht einen gemeinsamen europäischen Rechtsraum darstellte. Die Ausbildung von Gerichtsbarkeit diente dazu, Rechtssicherheit zu gewährleisten und damit den inneren Frieden[3] zu sichern. Die jeweils individuelle Entwicklung in den einzelnen Ländern hing von zahlreichen politischen Faktoren ab. Kriterien waren u. a. die Reichweite des kanonischen Rechts und die Auswirkungen der Reformation zu Anfang des 16. Jahrhunderts.[4] Weitere Faktoren waren die jeweilige Herrschaftsform bzw. die individuellen staatlichen Strukturen, wie z. B. Monarchien und föderalistische Gebilde in den jeweiligen Territorien. So war die Ausübung der Rechtsprechung auf eine große Zahl völlig unterschiedlicher Herrschaftsträger verteilt: Es gab Könige, Kaiser, Landesherren, aber auch Städte und Gemeinden sowie kirchliche Institutionen, Korporationen und private Einzelpersonen, die jedoch ihre Gerichtsgewalt delegieren konnten. Die Rechtsprechung selbst wurde meist von zentralen Regierungs- und Beratungsgremien des jeweiligen Herrschaftsträgers ausgeübt. Dabei variierten die rechtsprechenden Organe in Europa sehr stark. Es gab unterschiedliche Bezeichnungen und auch unterschiedliche Kompetenz- und Funktionsbereiche. Orientierungspunkte blieben aber vor allem Zuständigkeit und Abhängigkeit der Rechtsprechung vom jeweiligen Herrscher sowie die Professionalität des Personals. Außerdem muss bei der Rechtsprechung zwischen Zivilgerichtsbarkeit[5] und Strafgerichtsbarkeit[6] unterschieden werden. Die Forderung nach dem Schutz individueller Rechte änderte das Justizverständnis seit Mitte des 18. Jahrhunderts noch einmal entscheidend.

Im Spätmittelalter, aber vor allem zu Beginn der Neuzeit war das Ringen der Herrscher in Europa um den inneren Frieden besonders ausgeprägt. Es setzte sich immer mehr die Auffassung durch, dass Frieden nur durch Recht zu gewinnen sei.[7] Eine Folge davon war der mehr oder minder systematische Ausbau des Justizwesens, vor allem der Höchstgerichtsbarkeit. Von hier gingen die entscheidenden Impulse aus. Zentrale Rolle zur Wahrung von Rechtssicherheit und damit innerem Frieden spielten dabei immer die Diskussion um die Unabhängigkeit der Rechtsprechung vom jeweiligen Herrscher und die Professionalität des Personals.

---

3 Vgl. hierzu auch Kapitel 8.
4 *Karl Härter*, Frühneuzeitliche Asylkonflikte vor dem Reichshofrat und anderen europäischen Höchstgerichten, in: Leopold Auer u. a. (Hg.), Höchstgerichte in Europa. Bausteine frühneuzeitlicher Rechtsordnungen, Köln u. a. 2007, S. 155.
5 *Wolfgang Sellert*, Art. „Zivilprozeß, Zivilprozeßordnung", in: HDRG 5 (1998), Sp. 1.742–1.750.
6 *Manfred Neidert*, Art. „Strafe, Strafrecht", in: HDRG 6 (1998), Sp. 2.011–2.030.
7 *Siegrid Westphal*, Der Landfrieden am Ende? Die Diskussion über den Einfall von Friedrich II. in Kursachsen 1756, in: Hendrick Baumbach u. a. (Hg.): Landfrieden – epochenübergreifend. Neue Perspektiven der Landfriedensforschung auf Verfassung, Recht und Konflikt, Berlin 2018, S. 233–254, S. 256; vgl. hierzu auch Kapitel 6.

Da in zeitlicher und räumlicher Hinsicht die Bemühungen der Herrscher zur Ausbildung des Justizwesens in Europa zur Friedenssicherung sehr unterschiedlich waren, soll im Folgenden das Justizwesen in Form von Länderdarstellungen aufgezeigt werden. Gleichzeitig ist hier anzumerken, dass in vielen europäischen Ländern die Höchstgerichtsbarkeit nur im Sinne einer reinen Institutionengeschichte erforscht ist. Die friedensstiftende Wirkung wird, wenn überhaupt, nur ansatzweise erwähnt. Eine Ausnahme bildet die Untersuchung der Höchstgerichtsbarkeit im Heiligen Römischen Reich.[8]

2. Betrachtung einzelner Länder

2.1 Frankreich

Dem König als obersten Friedenswahrer kam in Frankreich die entscheidende Bedeutung bei der Ausbildung des Justizwesens zu. Die Entwicklung setzte hier besonders früh ein und verlief immer parallel zur Konsolidierung der königlichen Macht.[9] Erste Ansätze zur Höchstgerichtsbarkeit entstanden unter Ludwig IX. (1214–1270) zwischen 1254 und 1260 in Gestalt der *Parlements*, wobei das *Parlement de Paris* eine Vorreiterrolle besaß. Bereits im 13. Jahrhundert tagte das *Parlement* unabhängig vom König und besaß bei Rechtsverweigerung oder Voreingenommenheit Appellationsfunktion. Durch seine zentrale Kompetenz und die enge Bindung an die Krone repräsentierte das *Parlement de Paris* das Hoheitsrecht der Krone und trug so zur Festigung der königlichen Autorität bei. Es entstand ein Instanzenzug mit der Rezeption des gelehrten Rechts unter Einbindung des lokalen Gewohnheitsrechts. Seit dem 14. Jahrhundert war das *Parlement de Paris* in drei Kammern eingeteilt: die *Grand Chambre* mit Entscheidungsbefugnis, die *Chambre des Enquêtes* zur Prüfung der Akten und Entscheidungen über Berufungen und drittens die *Chambre des Requêtes*. Sie entschied über die Zulassung von Streitfällen. Das *Parlement de Paris* wirkte auch bei der Gesetzgebung mit. Es spielte eine bedeutende Rolle bei der Vereinheitlichung der Verfahren vor allen Gerichten u.a. durch Generalisierung des römisch-kanonischen Rechts und hatte damit eine ähnliche Funktion wie das Reichskammergericht, eines der höchsten Gerichte im Heiligen Römischen Reich. Es entstand allmählich ein Stamm professioneller Juristen, die vom König ernannt und besoldet wurden, umfassende Privilegien, ein festes Karrierebild und eine einheitliche Kultur- und Lebensform besaßen. Die Richter rekrutierten sich dabei aus der Anwaltschaft. Eine universitäre Ausbildung

---

[8] *Wolfgang Sellert*, Pax Europae durch Recht und Verfahren, in: Auer u.a. (Hg.), Höchstgerichte, S. 97–114, S. 99. Sellert beschränkt sich bei seiner Darstellung auf Reichskammergericht und Reichshofrat und spiegelt damit das Forschungsdefizit wider, das auch noch 2020 besteht.
[9] Vgl. *Serge Dauchy*, Cours souveraines et genèse de l'État. Le Parlement de Paris, in: Bernhard Diestelkamp (Hg.), Oberste Gerichtsbarkeit und zentrale Gewalt, Köln u.a. 1996, S. 45–72, S. 45.

wurde jedoch erst in der Frühen Neuzeit Voraussetzung für den Richterberuf. 1661 ordnete Ludwig XIV. die *Parlements* seinen Kronräten unter. Auch in der Gesetzgebung wurden nun König und *Parlements* Konkurrenten, da das *Parlement de Paris* auch die Kontrolle der königlichen Gesetzgebung beanspruchte. Daraus entwickelte sich im 18. Jahrhundert eine Gegnerschaft der *Parlements* zu der französischen Krone. Allerdings konnte das selbstständige Handeln des Pariser *Parlements* durch die persönliche Anwesenheit des Königs in der Sitzung beschnitten werden. 1790 wurde das *Parlement de Paris* durch die Verfassungsgebende Versammlung abgeschafft.

2.2 Heiliges Römisches Reich

Im Heiligen Römischen Reich wurde Höchstgerichtsbarkeit als Friedensmittel gegen Ende des 15. Jahrhunderts thematisiert und stützte sich u. a. auf das französische Vorbild. Auf dem Reichstag zu Worms 1495 wurden mit der Errichtung des *Ewigen Landfriedens*[10] Fehde und eigenmächtige Pfändung zu Unrecht erklärt. Landfriede[11] wurde nun als kollektive Aufgabe gesehen.[12] Um den *Ewigen Landfrieden* durchzusetzen, organisierte man das bereits bestehende königliche Kammergericht um. Es entstand das Reichskammergericht, an dessen personeller Besetzung die Reichsstände teilhatten und das einen vom Hof des Königs getrennten festen Sitz in einer Reichsstadt erhielt. Reichsbewohner hatten so eine neue Möglichkeit, Konflikte über einen institutionalisierten rechtlichen Weg zu lösen. Dabei wurde die Vollstreckung der Urteile wie die Wiederaufrichtung des Landfriedens in der *Handhabung (des) Friedens und (des) Rechts* geregelt. Kaiser und Reichsstände waren nun gemeinsam für die Friedenswahrung auf Reichsebene zuständig.

Die Richter des Gerichts, von den Zeitgenossen Urteiler, Beisitzer oder Assessoren genannt, benutzten als Grundlage der Rechtsprechung das *Gemeine Recht*, das alle Richter auf Grund ihres Rechtsstudiums kannten. Der Nachweis des Studiums reichte dem Gericht jedoch nicht aus. Die juristischen Kenntnisse der Kandidaten mussten zusätzlich mit Hilfe eines Eingangsexamens nachgewiesen werden. Leistung stand vor sozialen Kontakten und Beziehungen. Dies alles trug nicht zuletzt zur Rechtssicherheit und damit Friedenswahrung der Parteien und Wahrung des Friedens im Reich bei. Hinzu kamen Partikularrechte, die sowohl als geschriebene als auch ungeschriebene Normen vorgebracht wurden. Die Richter trugen im Senat, zeitgenössisch Rat genannt, den Inhalt der Akte vor und legten ihre juristischen Überlegungen in Form eines Entscheidungsvorschlags (*Votum*) dar. Nach einer Diskussion innerhalb des Rates erfolgte dann nach einer Abstimmung, bei der die einfache Mehrheit galt, ein

---

10 Vgl. hierzu auch Kapitel 39.
11 Vgl. zu Landfrieden im Allgemeinen auch Kapitel 8.
12 *Westphal*, Der Landfrieden am Ende?, S. 256.

entsprechendes Urteil. Allmählich legten die Richter im Laufe des 16. Jahrhunderts Bedingungen fest, die erfüllt sein mussten, um den Tatbestand des Landfriedensbruchs und des Religionsfriedensbruchs erkennen zu können.[13] Richtungsweisend war die jeweilige konkrete politische Situation. Außerdem entwickelten die Richter Regeln zu einem präventiven Gewaltschutz.[14]

Die Untertanen des Reichs nutzten das Gericht im Laufe von drei Jahrhunderten bis zu seiner Auflösung 1806 in unterschiedlich intensiver Weise. Beeinflussende Faktoren waren nicht zuletzt politische Gegebenheiten, die in den Jahren 1544–1548 und 1703–1711 zum Stillstand des Gerichts führten, aber auch die Gründung weiterer Institutionen, die einen Konfliktaustrag an einem anderen Ort und unter anderen Bedingungen möglich machten.[15] Hier ist vor allem der Reichshofrat zu nennen.

Nach der Ansiedlung des Gerichts in Speyer 1527 wuchs der Zuspruch der Parteien im Laufe des 16. Jahrhunderts kontinuierlich an. Während am Anfang vor allem Parteien aus den Kernregionen des Reiches das Gericht nutzten, dehnte sich der geographische Einfluss immer stärker aus. Er reichte zeitweise bis nach Polen-Litauen im Osten und bis in den burgundischen Reichskreis im Westen.[16]

Schließlich entwickelte sich das Reichskammergericht im Laufe des 16. Jahrhunderts zu einer Instanz, die politische Konflikte der Territorialherren untereinander und auch zwischen diesen und ihren Untertanen steuerte. Die sogenannten ‚Untertanenprozesse' ermöglichten es den Untertanen, gegen ihre Obrigkeit auf gleicher Augenhöhe, nämlich vor einem Gericht, ihren Konflikt auszutragen.[17] Das Reichskammergericht und später der Reichshofrat nahmen also eine Kontrollfunktion gegenüber den Reichsständen zum Schutz der Rechtspositionen der Untertanen wahr. Auch das diente der Friedenswahrung im Reich. Rund acht Prozent aller Prozesse am Reichskammergericht können als Untertanenkonflikte[18] bezeichnet werden.

Bei der Rechtsprechung stand das Ziel eines Endurteils nicht im Vordergrund. Vielmehr galt es, den Konflikt einzudämmen. Es ist daher nicht verwunderlich, dass das Gericht einen Vergleich einem Endurteil vorzog. Entscheidend vor allem aber war die Wahrung des Friedens im Reich, notfalls auch auf Kosten der Parteien. Wichtig war den Parteien zudem die Tatsache, dass die Klage überhaupt angenommen wurde. So entstand Rechtsschutz und eine vorläufige Sicherheit der Parteien. Kam es doch zu

---

13 Allgemein siehe *Anette Baumann*, Die Tatbestände Landfriedens- und Religionsfriedensbruch am Reichskammergericht im 16. Jahrhundert, in: Baumbach u.a. (Hg.), Landfrieden, S. 233–254.
14 *Baumann*, Tatbestände, S. 249.
15 Vgl. *Anette Baumann*, Die Gesellschaft der Frühen Neuzeit im Spiegel der Reichskammergerichtsprozesse. Eine sozialgeschichtliche Untersuchung des 17. und 18. Jahrhunderts, Köln u.a. 2001, S. 133–135.
16 *Filippo Ranieri*, Recht und Gesellschaft im Zeitalter der Rezeption. Eine rechts- und sozialgeschichtliche Analyse der Tätigkeit des Reichskammergerichts im 16. Jahrhundert, 2 Bde., Köln u.a. 1985, Bd. 1, S. 179.
17 Vgl. *Rita Sailer*, Untertanenprozesse vor dem Reichskammergericht, Köln u.a. 1999, S. 10.
18 *Baumann*, Die Gesellschaft der Frühen Neuzeit, S. 145.

einem Endurteil, so konnte dies am Reichskammergericht durch Revision beziehungsweise durch Rekurs an den Reichstag angefochten werden. Allerdings war die Bearbeitung der Revisionen an die Visitationen gekoppelt. Nachdem diese durch die Kaiser zu Beginn des 17. Jahrhunderts boykottiert wurden, häuften sich die Revisionen[19] immer mehr an.

Als zweite Möglichkeit des institutionellen Konfliktaustrags im Sinne einer inneren Friedenssicherung im Heiligen Römischen Reich bot sich für die Untertanen der Reichshofrat an, den der Kaiser gänzlich dominierte. Hier besaßen die Reichsstände keinerlei Mitspracherecht. Dagegen hatte der Kaiser beim Reichskammergericht nur indirekten Einfluss: Er besetzte den Posten des sogenannten ‚Kammerrichters', der für die Verteilung der Prozesse an die jeweiligen Referenten zuständig war und das Gericht leitete. Beim Reichshofrat dagegen wählte allein der Kaiser die Präsidenten und alle Reichshofräte aus. Er finanzierte auch das Gericht selbst. Zudem konnte er in Form der *vota imperatorum* direkt in die Rechtsprechung des Reichshofrates eingreifen.[20]

Die Prozesseingangszahlen des Reichshofrates waren mit dem kaiserlichen Ansehen kongruent.[21] Letztlich lassen sich vier Phasen der Prozessfrequenz und Nutzung des Reichshofrats unterscheiden. Die erste Phase dauerte von 1530 bis 1620 und die zweite von 1620 bis 1703. In dieser Zeit wurden durchschnittlich 76 Fälle pro Jahr entschieden. Die höchste Anzahl war in der Phase von 1705 bis zum Ende des Siebenjährigen Krieges erreicht. Jetzt bearbeiteten die Reichshofräte, die oft zuvor am Reichskammergericht tätig gewesen waren, aber auch zum Teil aus dem landsässigen Adel stammten, durchschnittlich 110 Fälle. In der Endphase waren es dann 85 Fälle pro Jahr, wobei die Frequenz zwischen 1764 und 1790 besonders hoch war.[22]

Die Nähe des Reichshofrats zum Kaiser zeigte sich auch in anderer Hinsicht. Die ganze Verfahrensführung war eng auf den Kaiser und seine Interessen abgestimmt. Der Kaiser hatte also das letzte Wort. Für die Geschäftsordnung diente dem Reichshofrat die Reichskammergerichtsordnung von 1555 als Vorbild. Allerdings war das Verfahren am Reichshofrat weit weniger stark formalisiert und somit flexibler.

Theoretisch bestand eine Abgrenzung zwischen Reichshofrat und Reichskammergericht durch den Grundsatz der Prävention.[23] Die Parteien hatten also die Wahl. Sie konnten zwischen dem kaiserlichen Gericht Reichshofrat, das immer am Hof des Kaisers angesiedelt war, bevor er im 18. Jahrhundert in Wien eine feste Bleibe bekam, und dem Reichskammergericht, das ab 1527 in Speyer und ab 1689/90 in Wetzlar resi-

---

19 Vgl. *Wolfgang Sellert*, Art. „Revision", in: HDRG 4 (1990), Sp. 958–961, Sp. 961.
20 Vgl. *Eva Ortlieb*, Art. „Reichshofrat", in: EdN 10 (2009), Sp. 914–921, Sp. 915.
21 Vgl. *Eva Ortlieb/Gert Polster*, Die Prozessfrequenz am Reichshofrat (1519–1806), in: ZNR 26 (2004), S. 189–216, S. 203.
22 Ebd.
23 Vgl. hierzu auch *Wolfgang Sellert*, Prozessgrundsätze und Stilus curiae am Reichshofrat, Aalen 1973.

dierte, wählen. Die Gründe für die Bevorzugung des einen oder anderen Gerichts bzw. den Versuch, beide Gerichte mit Lösungsmöglichkeiten zu beschäftigen, liegen heute weitgehend im Dunkeln. Anhaltspunkte bieten lediglich einige erste Beobachtungen. So kann man festhalten, dass Konflikte im Bereich Wirtschaft und Erbrecht sowie Streitigkeiten um obrigkeitliche Rechte den Reichshofrat besonders häufig beschäftigten. Aber auch Untertanenkonflikte gelangten vor den Reichshofrat, vor allem Auseinandersetzungen zwischen Rat und Bürgerschaft in Reichsstädten.[24] Ebenso scheinen Streitigkeiten jüdischer Gemeinden mit städtischen Bürgern oder Gremien eher an den Reichshofrat gelangt zu sein. Jüdische Einzelparteien bevorzugten das Reichskammergericht. Witwen, Ehefrauen und Töchter klagten ebenfalls vor dem Reichshofrat.[25]

Festzuhalten ist dabei: Der Reichshofrat war bei der Sicherung des Friedens nicht nur auf seine Gerichtstätigkeit beschränkt. Er war im Gegensatz zum Reichskammergericht Ratsgremium des Kaisers und Gericht. An den Reichshofrat konnte man sich auch in Angelegenheiten bezüglich kaiserlicher Reservatrechte und Reichslehen wenden. Ebenso fanden hier Parteien aus Reichsitalien Gehör. Sie konnten nicht vor dem Reichskammergericht klagen.

Festzustellen ist auch, dass die Forschungslage zu den beiden Gerichten sehr unterschiedlich ist. Das hängt nicht zuletzt mit der Erschließung des Quellenmaterials zusammen. Während beim Reichskammergericht rund 95 Prozent der Akten nach modernen Kriterien erschlossen wurden, fängt man am Reichshofrat damit erst an. Es ist beabsichtigt, bis zum Jahr 2025 zwei der elf Judizialserien des Reichshofrates zu verzeichnen.[26] Damit wird nur ein kleiner Teil des Aktenmaterials der Forschung zugänglich gemacht. Bedenkt man die Bedeutung des Reichshofrates als Zentralorgan des Alten Reiches, so ist dieses Vorhaben unbefriedigend.

Im übrigen Europa entwickelten sich im Laufe des 16. Jahrhunderts ebenfalls Strukturen zur Friedenssicherung im Sinne eines Justizwesens, das an Rechtssicherheit orientiert war. Vorbild hierfür waren nicht zuletzt das Heilige Römische Reich und Frankreich. Entscheidend blieb immer die Rolle des Königs als Friedensstifter und seine individuelle Herrschaftsmacht sowie sein Gestaltungswille in Bezug auf Personal und Rechtsprechung.

---

24 Vgl. hierzu z. B. *Thomas Lau*, Unruhige Städte. Die Stadt, das Reich und die Reichsstädte, München 2012.
25 Vgl. *Siegrid Westphal*, Die Inanspruchnahme des Reichshofrats durch Frauen – quantitative Aspekte, in: dies. (Hg.), Frauen vor den höchsten Gerichten des Alten Reichs, Köln u. a. 2005, S. 29–39, S. 29ff.
26 https://adw-goe.de/forschung/forschungsprojekte-akademienprogramm/erschliessung-der-akten-des-kaiserlichen-reichshofrates/ (abgerufen am: 26.02.2019).

2.3 Skandinavien

In Dänemark existierte seit der Mitte des 15. Jahrhunderts ein königlicher Gerichtshof, der vom König zusammen mit seinen Ratgebern gebildet wurde. Ab 1537 wurde der Gerichtshof zu einem Appellationsgericht mit einem festen Instanzenzug, der Rechtssicherheit und -frieden gewährte. Im 17. Jahrhundert setzte eine weitere Professionalisierung ein: Gelehrte und adelige Richter bildeten nun das Beratungsgremium. Die Anwesenheit des Königs blieb selbstverständlich, allerdings hatte das Gericht nach 1700 nur eine Sitzungsperiode im Jahr.[27]

In Schweden gab es im 16. Jahrhundert die ersten Versuche, eine Höchstgerichtsbarkeit zu installieren, die jedoch scheiterte. Erst Gustav Adolf gelang es, 1614 ein permanentes Gericht in Stockholm einzurichten. Der *Hovrätt* war jedoch von der persönlichen Jurisdiktion des Kaisers abhängig und wurde schließlich zum Appellationsgericht.[28]

Eine Sonderrolle spielte das so genannte Wismarer Tribunal.[29] Es war das letztinstanzliche Oberappellationsgericht für Reichslehen der schwedischen Krone und wurde bei seiner Gründung am 17. Mai 1653 ganz bewusst von Schweden zur Abgrenzung gegen Reichshofrat und Reichskammergericht gegründet, besaß aber die gleiche friedenssichernde Funktion. Beide Institutionen ignorierten jedoch die Existenz des Wismarer Tribunals, da Schweden offiziell nicht mit diesen Reichslehen belehnt worden war.[30]

2.4 Polen-Litauen

Über die Entwicklung von Rechtssicherheit und friedensstiftendem Justizwesen im Königreich Polen-Litauen haben wir kaum Kenntnisse. Das hängt damit zusammen, dass der überwiegende Teil der Quellen fast vollständig im Zweiten Weltkrieg vernichtet wurde.[31] Es kann daher nur auf allgemeine Strukturen in Hinblick auf die Abhän-

---

[27] Vgl. *Kjell Å. Modèer*, The Scandinavian Supreme Courts, in: Alain Wijffels u. a. (Hg.), European Supreme Courts. A portrait through history, London 2013, S. 114–119, S. 116.

[28] *Modèer*, The Scandinavian Supreme Courts, S. 115.

[29] Vgl. allgemein hierzu *Nils Jörn*, The Holy Roman Empire: the Court of Wismar, in: Wijffels u.a. (Hg.), European Supreme Courts, S. 104–113 und ders., Das Wismarer Tribunal. Geschichte und Arbeitsweise des schwedischen Obergerichts im Reich sowie Verzeichnung seiner Prozessakten, in: Friedrich Battenberg (Hg.), Das Reichskammergericht im Spiegel seiner Prozessakten. Bilanz und Perspektiven der Forschung, Köln u. a. 2010, S. 269–292.

[30] Vgl. *Jörn*, Das Wismarer Tribunal, S. 269ff.

[31] Vgl. *Hans-Jürgen Bömelburg*, Die polnisch-litauische Tribunalverfassung und das Reichskammergericht. Strukturelle Parallelen, Elemente eines Transfers, funktionaler Vergleich und Erinnerungsgeschichte, in: Anette Baumann u. a. (Hg.), Adel, Recht und Gerichtsbarkeit im frühneuzeitlichen östlichen Europa, München 2014, S. 161–183, S. 163.

gigkeit des Justizwesens vom König und der Ausbildung einer professionellen Rechtsprechung hingewiesen werden: So steht fest, dass das Gericht unabhängig vom Monarchen und dessen Zentralverwaltung handelte. Die Tagungsorte waren weit weg von der Krone angesiedelt. Das Gericht orientierte sich in seiner Rechtsprechung jedoch besonders stark an den gewohnheitsrechtlichen Grundlagen des polnischen adeligen Systems und lehnte die vereinheitlichende römischrechtliche Rechtsprechung ab. Von Professionalität kann jedenfalls auf diesem Gebiet nicht die Rede sein. Litauen, das seit 1569 mit der polnischen Krone verbunden war, hatte eine eigene Rechtstradition und eine eigene Gerichtssprache. Das Höchstgericht war ein reines Geschworenen- und Laiengericht. Nur Rechtsvertreter waren professionell und arbeiteten dauerhaft am Gericht. Die Konfession spielte dagegen bis in die erste Hälfte des 17. Jahrhunderts keine Rolle.[32]

2.5 Italien

Die Fragmentierung von Herrschaft in Italien im Spätmittelalter und der Frühen Neuzeit spiegelt sich auch in der Forschung zur Entwicklung der Höchstgerichtsbarkeit im Sinne von Friedenswahrung und Vereinheitlichung der Rechtsprechung wider. Die Forschungen hierzu sind gerade hier über Institutionengeschichte nicht hinausgekommen. Deshalb muss es bei einigen grundsätzlichen Bemerkungen bleiben: Die Höchstgerichtsbarkeit war in Italien eine Selbstverständlichkeit, denn jeder Stadtstaat besaß sein eigenes Höchstes Gericht. Unterscheiden muss man aber zwischen Territorien, die zum Heiligen Römischen Reich gehörten und deshalb dem Reichshofrat unterstanden, und Territorien, bei denen eine völlig andere Rechtstradition bestand. So galt z. B. in Süditalien und Sizilien normannisches Recht. Hinzu kommt die Rolle der Höchstgerichtsbarkeit des Kirchenstaates der sogenannten *Rota Romana*. Sie war für kirchenrechtliche Streitigkeiten zuständig sowie für die Zivilsachen der Stadt Rom und des übrigen Kirchenstaates. Das Gericht hatte zudem einen eigenen Stil herausgebildet, den sogenannten *mos rotalis*,[33] der auch für andere europäische Höchstgerichte vorbildlich war.[34]

---

[32] Vgl. hierzu auch *Bömelburg*, Die polnisch-litauische Tribunalverfassung, S. 161–183, S. 177.
[33] Vgl. *Mario Ascheri*, Italy from Medieval Times to 1800, in: Wijffels u. a. (Hg.), European Supreme Courts, S. 38–51, S. 49.
[34] Vgl. *Hans-Jürgen Becker*, Die Sacra Rota Romana in der frühen Neuzeit, in: Auer u. a. (Hg.), Höchstgerichte, S. 1–18, S. 13.

2.6 Spanien und Großbritannien

Innerhalb der allgemeinen europäischen Entwicklung spielten Spanien und Großbritannien Sonderrollen bei der Ausbildung eines leistungsstarken Justizwesens. Während Großbritannien seinen Sonderstatus seiner geographischen Lage als Insel verdankte, spielten in Spanien eher politische Gegebenheiten eine Rolle: Erst der Abschluss der Reconquista beschleunigte eine innere Friedenssicherung in Form eines leistungsstarken Justizwesens. Neben den bereits bestehenden königlichen Gerichten der *Audiencia* und der *Chancilleria* in Valladolid entstanden ein Jahr vor der Gründung des Reichskammergerichts 1494 in Ciudad Real und Galicien weitere Höchstgerichte. Gerade die *Chancilleria* in Ciudad Real, die ab 1505 nach Granada verlegt wurde, diente dem Zweck, die neu hinzugewonnenen Territorien in Verwaltung und Rechtsprechung zu befrieden.[35] Das Gericht war für die Zivilprozesse zuständig, beschäftigte sich aber auch mit Verwaltungsaufgaben. Nur Adelige konnten auch in erster Instanz klagen. Strafgerichtlich wurden diese nur dann tätig, wenn die Todesstrafe verhängt werden sollte. Die *Chancilleria* bestand aus einem Präsidenten, vier Zivilkammern, die jeweils mit vier *Oidores* besetzt waren, einer Strafkammer, einer Adelskammer sowie weiteren Ämtern.[36] Sie war vor allem als Appellationsinstanz tätig. Der Präsident des Gerichts wurde durch den König ernannt und saß beiden Kammern vor. Die *Chancilleria* wurde regelmäßig visitiert. Die Visitationen wurden von der Krone jeweils angeordnet. Als Rechtsprechungsgrundlage dienten die sogenannten Ordonanzen, die an alle Mitglieder der *Chancilleria* verteilt wurden.[37] Hier zeigt sich am augenfälligsten eine parallele Entwicklung zum Reichskammergericht und Reichshofrat, was nicht zuletzt der Herrscherpersönlichkeit Karls V. (1500–1558) zu verdanken sein dürfte.

Im Gegensatz zu Spanien war England schon im Spätmittelalter eine politische und rechtliche Einheit. Der Gedanke von Friedenssicherung durch Professionalisierung der Rechtsprechung griff hier bereits im Hochmittelalter. Selbst die Herrschaftsbefugnisse des Königs waren durch das Recht beschränkt.

Bereits im 12. Jahrhundert entstanden in England unterschiedliche Gerichte mit unterschiedlichen Zuständigkeiten. Diese Gerichte waren alle in Westminster zentralisiert, allerdings gab es auch Reiserichter. Königliche Gerichte hatten ein Monopol auf die Todesstrafe und waren für Immobiliareigentumsfälle zuständig. Diese Diversität der Gerichte wurde durch die Zentralisierung der Rechtsprechung in Form des *Common law* aufgefangen.[38] Sie galt von alters her als unantastbare Rechtsmasse. Auf-

---

35 Vgl. *Ignacio Czeguhn*, Die kastilische Höchstgerichtsbarkeit 1250–1520, Berlin 2002, S. 100.
36 *Ignacio Czeguhn*, Die Real Chancilleria und Audiencia von Granada – ihre Inszenierung und Bedeutung im 16. und 17. Jahrhundert, in: Anja Amend-Traut u. a. (Hg.), Die höchsten Reichsgerichte als mediales Ereignis, München 2012, S. 221–231, S. 223.
37 Ebd., S. 224.
38 Vgl. *Ulrike Müßig*, Höchstgerichte im frühneuzeitlichen Frankreich und England, in: Auer u. a. (Hg.), Höchstgerichte, S. 19–49, S. 36.

grund dessen kannten englische Gerichte in der Frühen Neuzeit keine Appellationsverfahren. Urteile unterer Instanzen, wie z. B. kommunaler Gerichte konnten jedoch mit der Begründung, dass sie gegen Recht und Herkommen des Königreiches verstießen, aufgehoben werden. Ausgenommen von dieser Regelung waren allein die Kirchengerichte. Die Königsgerichte leisteten Vorschub für einen professionellen juristischen Berufsstand. Ab dem 13. Jahrhundert gab es auch praktischen Rechtsunterricht und ab 1420 eine Ausbildung an den *Inns of Court*.[39] Daneben existierte das *High Court of Parliament*. Es konnte im Extremfall durch ein ordentliches Gerichtsverfahren auch den König absetzen. Schottland hatte ein völlig anderes Rechts- und Gerichtssystem, das auch 1707 nach der Realunion mit England und Wales weitgehend die Tradition des *Civil law* beibehielt.[40]

3. Instanzenzug und Höchstgerichtsbarkeit

Ausgehend von den Höchsten Gerichten in den einzelnen Ländern entstand – wie bereits in der Länderschau angedeutet – im frühneuzeitlichen Europa allmählich ein Instanzenzug, der die Rechtssicherheit bei allen gesellschaftlichen Schichten förderte und somit zum inneren Frieden beitrug. Am Beispiel des Heiligen Römischen Reiches ist dies besonders deutlich: Die Untertanen konnten als unterste Instanz städtische Gerichte, ländliche Patrimonialgerichte der Grundherren oder aber landesherrliche Justizämter nutzen.[41] Als zweite Instanz fungierten dann Mittelgerichte, wie z. B. Regierung oder Hofgerichte. Erst dann war es möglich, sich an die Höchstgerichte zu wenden. Der Adel konnte sich dagegen direkt an die Mittelgerichte und dann an die Oberappellationsgerichte wenden. Darüber hinaus bestand für die reichsunmittelbaren Reichsstände direkt die Möglichkeit, das Reichskammergericht und/oder den Reichshofrat anzurufen. Hinzu kam die Austrägalgerichtsbarkeit, eine Art Schiedsgericht,[42] die es dem Reichsadel erlaubte, mit Zustimmung der jeweiligen Gegenpartei ein standesgleiches Gericht einzuberufen. In Strafsachen gab es keinen geregelten Instanzenzug.[43]

---

39 Vgl. *Anthony Musson*, The english common law and chancery jurisdiction, late middle ages und early-modern Times, in: Wijffels u. a. (Hg.), European Supreme Courts, S. 172–181, S. 177.
40 Vgl. *Mark Godfrey*, Scotland: the court of Session form its foundation to 1800, in: Wijffels u. a. (Hg.), European Supreme Courts, S. 190–197, S. 197.
41 Vgl. hierzu *Barbara Dölemeyer*, Art. „Justizwesen", in: EdN 6 (2007), Sp. 203–226, Sp. 209.
42 Vgl. hierzu *Michael Kotulla*, Art. „Austrägalinstanz", in: HDRG 2 ²(2005), Sp. 387–388, Sp. 387.
43 Vgl. hierzu *Dölemeyer*, Art. „Justizwesen", Sp. 210.

4. Strafjustiz- und Kriminalitätsforschung

Neben der Höchstgerichtsbarkeit ist es auch notwendig, Strafgerichtsbarkeit und Kriminalitätsforschung als friedensstiftende Maßnahmen zu beleuchten. Strafjustiz- und Kriminalitätsforschung bilden das zweite Element im Komplex Justizwesen. Hier lassen sich zu Beginn der Frühen Neuzeit zahlreiche Parallelen zur Zivilgerichtsbarkeit finden. Auch hier galt es, Rechtssicherheit und Rechtsvereinheitlichung herzustellen, um damit den Frieden zu wahren. An dieser Stelle soll vor allem exemplarisch auf die Strafjustiz im Heiligen Römischen Reich eingegangen werden.[44]

Zuerst gilt es dabei, die unterschiedlichen Forschungsrichtungen vorzustellen:

In Deutschland wird die Strafjustiz auf zwei unterschiedliche Arten erforscht. Die Strafrechtsgeschichte schaut vor allem auf die Entwicklung von Verfahrensrecht und Materiellem Recht sowie auf die Strafrechtswissenschaft. Der Schwerpunkt liegt dabei meist auf der Epoche der Aufklärung und der Entstehung des modernen Strafrechts. Diese Forschungsrichtung hat jedoch keine Methoden entwickelt, die die Konzepte und Methoden der Geschichts- und Sozialwissenschaften mit einbeziehet[45]. Die historische Kriminalitätsforschung dagegen forscht über Devianz, d.h. abweichendes Verhalten, soziale Kontrolle sowie die gesellschaftliche und juridische Praxis im Umgang mit Kriminellen. Sie ist vor allem in der Geschichtswissenschaft verortet.[46] Sie widmet sich der Hexenforschung als einem Phänomen der Kriminalisierung und Entkriminalisierung einer bestimmten Bevölkerungsgruppe. Sie hat auch zahlreiche Fallstudien zu Diebes- und Räuberbanden vor allem im 18. und 19. Jahrhundert geliefert. Daneben interessiert sie vor allem spezifische Phänomene der Eigentums- und Gewaltkriminalität, sexueller und religiöser Devianz, aber auch Unzucht und religiöse Minderheiten. Grundsätzlich plädiert diese Forschungsrichtung für eine konsequente Historisierung von Gewalt. Die Unterschiede zwischen beiden Forschungsrichtungen bestehen vor allem darin, dass die Strafrechtsgeschichte Verfahrensweisen, Logiken und Rationalitäten zu beschreiben sucht, während die Historische Kriminalitätsforschung die Entscheidungspraxis vollständig vernachlässigt. Grundsätzlich findet nur sehr wenig Austausch zwischen diesen beiden Disziplinen statt.[47] Eine ähnliche Forschungsdivergenz gibt es auch in anderen europäischen Ländern.[48] Deshalb muss es auch hier bei einem allgemeinen Überblick bleiben.

---

44 *Karl Härter*, Strafrechts- und Kriminalitätsgeschichte der Frühen Neuzeit, Berlin/Boston 2018, S. 20.
45 Ebd., S. 9.
46 *Gerd Schwerhoff*, Aktenkundig und gerichtsnotorisch. Einführung in die historische Kriminalitätsforschung, Tübingen 1999; sowie *ders.*, Historische Kriminalitätsforschung, Frankfurt a.M. 2011.
47 *Härter*, Strafrechts- und Kriminalitätsgeschichte, S. 18.
48 Vgl. hierzu auch den Sammelband von *Andreas Blauert u.a.* (Hg.), Kriminalitätsgeschichte. Beiträge zur Sozial- und Kulturgeschichte der Vormoderne, Konstanz 2000. Dort gibt es auch Einzelaufsätze zu einzelnen Ländern.

Ab dem 16. Jahrhundert entstand im frühneuzeitlichen Reich eine professionelle Strafrechtswissenschaft, die besonders eng mit den verschiedenen Ebenen des Reichs und der strafrechtlichen Praxis verwoben war. Es herrschte die Auffassung vor, dass die jeweiligen Landesherren den Landfrieden und die entsprechenden Landfriedenstatbestände im Rahmen der territorialen Gesetzgebung vor allem in Form der Policeygesetzgebung umsetzen sollten.[49] Dabei konnten die Reichsstände bzw. die Territorialstaaten jeweils ein eigenes Strafrecht ausbilden und eigene Strafrechtssysteme entwickeln, solange kein Reichsrecht und andere Privilegien verletzt wurden.[50] Allgemein interpretiert dies die Forschung als einen Prozess des allmählichen Wandels, den man mit den Begriffen Zentralisierung, Verstaatlichung, Professionalisierung etc. beschreiben kann. Die Strafgerichtsbarkeit der höchsten Gerichte, Reichskammergericht und Reichshofrat, blieben zwar auf den ersten Blick auf Landfriedensbruch, Gewaltverbrechen wie Fehde und Aufstände sowie Revolten begrenzt, aber die höchste Gerichtsbarkeit war auch bei inneren Sicherheitsbedrohungen zuständig. Dabei verhängte das Reichskammergericht bei Landfriedensbruch keine harten Strafen, sondern sah sich als Vermittler einer schiedlich-friedlichen Konfliktregulierung[51]. Die Höchstgerichte sorgten für eine justizielle Sicherheitsproduktion.[52] Kollektive öffentliche Gewalt der Herrschafts- und Funktionselite wurde geahndet und generierte so Sicherheit. Bei den eigentlichen Strafprozessen, also bei Raub, Mord, Geleitbruch, Diebstahl etc., gab es keine Appellation oder Rechtsmittel an eine höhere Instanz. Ausnahmen bildeten nur Verfahrensmängel oder Verletzung überkommener Rechte und Privilegien. Die Verteidigungsmöglichkeiten waren allgemein begrenzt, Verteidiger waren meist nur zur Abwendung der Folter oder bei drohenden Todesstrafen zugelassen.

Dabei entwickelte sich eine sogenannte ‚hohe und niedere Strafgerichtsbarkeit', die jedoch nicht immer eindeutig abgegrenzt war. Die Hohe Strafgerichtsbarkeit wurde bei Verbrechen, die die schwere Blutgerichtsbarkeit betrafen, angewandt und war durch eine komplexe Interaktion mehrerer Institutionen und Akteure in einem inquisitorischen Verfahren gekennzeichnet. Dieses Verfahren löste seit dem 16. Jahrhundert das traditionelle akkusatorische Verfahren[53] ab. Eine Entwicklung, die sich auch in anderen europäischen Ländern wie Spanien, hier vor allem Aragonien, Italien und auch in Schweden beobachten lässt. Im Inquisitionsverfahren galt die Offizialmaxime, was bedeutete, dass ein Verfahren nur von Amts wegen, also von der Obrigkeit, erfolgen konnte. Die Instruktionsmaxime, ein anderes wichtiges Element, sah zudem vor, dass sich der Richter selbst über die erheblichen Tatsachen informieren musste.

---

49 Vgl. hierzu auch Kapitel 8 und 10.
50 *Härter*, Strafrechts- und Kriminalitätsgeschichte, S. 21.
51 Ebd.
52 *Karl Härter*, Gewalt, Landfriedensbruch, Sekten und Revolten: Das Reichskammergericht und die öffentliche Sicherheit, Wetzlar 2017, S. 30.
53 Vgl. hierzu *Günter Jerouschek*, Art. „Akkusationsprozess", in: HDRG 1 ²(2004), Sp. 126–128, Sp. 126.

Im Verfahren selbst wurden die Akten dann oft an eine Juristenfakultät oder an eine auswärtige Universität bzw. eine landesherrliche Zentralbehörde zur Einholung eines Gutachtens zur Urteilsfindung übersandt.[54] Das mündliche Verfahren wurde durch das Inquisitionsverfahren weitgehend verdrängt.

Neben der hohen Strafgerichtsbarkeit bildete sich auch eine niedere Strafgerichtsbarkeit aus. Sie wurde vor allem bei Forst- und Flurfrevel, Verbalinjurien sowie leichter Körperverletzung und Policeydelikten angewandt und umfasste zahlreiche Rechts- und Verwaltungsbezirke. Die niedere Strafgerichtsbarkeit konnte von unterschiedlichen Inhabern und intermediären Gewalten ausgeübt werden. Zu nennen sind hier die Landesherren und lokale Verwaltungsorgane, der landsässige Adel sowie traditionelle Schöffengerichte, wie z.B. Dorf-, Frevel-, Vogtei- und Gogerichte, Stadt- und Zunftgerichte sowie der Klerus als geistlicher Gerichtsherr oder Grundherr. Die Verfahren der niederen Strafgerichtsbarkeit waren summarisch, meist mündlich und auch öffentlich. Dort wurden ohne die formalen Beweisregeln der höheren Strafgerichtsbarkeit Bußen oder Geldstrafen, aber auch kurze Haft-, Scham- oder Ehrenstrafen sowie befristete Stadtverweise verhängt. Die Sanktionen zielten nicht nur auf obrigkeitlich-staatliche Strafzwecke, sondern auch auf Wiedergutmachung, Schadensausgleich und Konfliktregulierung. Dabei entzog sich die lokale niedere Strafgerichtsbarkeit, die oft von lokalen Grundherren als Patrimonialrichter ausgeübt wurde, weitgehend einer Verstaatlichung bis zum Ende des Alten Reiches 1806. Die Strafjustiz bildete, wie auch die Zivilgerichtsbarkeit, kein starres formales Rechtssystem, sondern ein System sozialer Kontrolle, das sich im Laufe der Geschichte veränderte.

Diskussionen über eine strafrechtliche Ordnung entstanden an der Wende des 16. Jahrhunderts. Reichskammergericht und Reichstag berieten über eine strafrechtliche Ordnung, die das ganze Reich umfassen sollte.[55] Schließlich entstand nach vielen Beratungen die *Peinliche Halsgerichtsordnung* von 1533, die sogenannte *Carolina*. Ihre Bedeutung darf nicht unterschätzt werden. Sie bildete das erste Strafgesetzbuch des Heiligen Römischen Reiches bis 1806 und einen neuen Typus eines öffentlichen bzw. staatlichen Strafrechts in Europa, das für die Kernteile des Materiellen Rechts und des Strafrechtsverfahrens grundlegende Normen und Verfahrensweisen festlegte.[56] Erst im 18. Jahrhundert setzten dann im Reich weitere Kodifikationen ein, wie z.B. die *Josefina* von 1787 oder das *Preußische Allgemeine Landrecht* von 1794. In Frankreich entstand auf Grund ähnlicher Überlegungen die *ordonnance royale* 1539, die u.a. die französische Sprache als offizielle Sprache der Verwaltung und des Rechts festlegte, und in den spanischen Niederlanden 1570 die *ordonnace criminelle*. Entscheidend im Reich war die Rolle des Juristen Benedict Carpzov (1595–1666). Er schuf

---

54 Grundlegend hierzu *Ulrich Falk*, Consilia. Studien zur Praxis der Rechtsgutachten in der frühen Neuzeit, Frankfurt a.M. 2006.
55 *Westphal*, Der Landfrieden am Ende?, S. 254.
56 *Härter*, Strafrechts- und Kriminalitätsgeschichte, S. 69.

eine Synthese zwischen gelehrtem Recht und Justizpraxis, wie sie in den Laien- bzw. Strafspiegeln kodifiziert wurde.

In Strafsachen gab es zunächst keinen geregelten Instanzenzug.[57] Die niedere Gerichtsbarkeit konnte entweder von Dorf- oder Stadtgerichten oder von gutsherrlichen Gerichten ausgeübt werden. Inhaber der hohen Strafgerichtsbarkeit waren zumeist die Landesherren, die aber andere Gerichte mit dem Blutbann belehnen konnten.[58] Eine besondere Rolle spielten die hier oben bereits erwähnten Juristenfakultäten, die zur Urteilsfindung herangezogen wurden und überregional agierten, d. h. auch Fälle aus anderen Territorien behandeln konnten. Aber auch hier galt größtmögliche Diversität; bis in das 18. Jahrhundert waren die Zuständigkeiten in den meisten europäischen Ländern nicht eindeutig geregelt. Im Laufe des 18. Jahrhunderts ging die Strafjustiz auf höhere Instanzen über. Entscheidend war, dass für die Zivilgerichtsbarkeit mindestens zwei Instanzen vorhanden sein mussten. Teile der städtischen Gerichtsbarkeit und der Patrimonialgerichtsbarkeit blieben aber bis in das 19. Jahrhundert selbstständig.[59]

5. Entwicklung im 18. und 19. Jahrhundert

Die Wende vom 18. zum 19. Jahrhundert, verbunden mit den Eroberungszügen Napoleons in ganz Europa, hatte grundlegende Folgen für die politische Landschaft in Europa und damit auch für das Justizwesen.[60] Die Ausweitung der französischen Herrschaft in Europa bedeutete nicht nur ein Ende alter Herrschaftsstrukturen, sondern auch eine Neuregelung der Gerichtsorganisationen[61]. Friedenssicherung und Rechtsprechung richteten sich jetzt nach den Regeln der napoleonischen Herrschaftspraxis. Das hatte grundlegende Reformen der Gerichtsverfassungen und des Prozessrechts zur Folge. Ausschlaggebend für eine Neuentwicklung war die Französische Revolution und ihre Gesetzgebung seit 1790 *(Décret sur l'organisation judiciaire)*. Dieses Gesetz und die fünf *Codes* (Strafgesetzbuch, *Code Civil*, Handelsgesetzbuch und die Prozessordnungen) wurden zum Vorbild für die anderen europäischen Staaten.[62] Grundlagen waren Gewaltenteilung, Abschaffung der privaten Gerichtsbarkeit und des privilegier-

---

57 Vgl. *Dölemeyer*, Art. „Justizwesen", Sp. 210.
58 Ebd.
59 Vgl. *Anette Baumann*, Art. „Patrimonialgerichtsbarkeit", in: HDRG 26 ²(2017), Sp. 430–433.
60 Vgl. hierzu *Dölemeyer*, Art. „Justizwesen", Sp. 211.
61 Zum Ausdruck bringt das auch der Band *Wijffels u. a.* (Hg.), European Supreme Courts, in dem die Artikel zur Höchstgerichtsbarkeit in den einzelnen Ländern grundsätzlich nach der Zeit vor und nach 1800 eingeteilt sind.
62 *Barbara Dölemeyer*, Das neue Recht: Napoléons Gesetzbuch, in: Georg Schmidt-von Rhein u. a. (Hg.), Altes Reich und neues Recht. Von den Anfängen der bürgerlichen Freiheit, Wetzlar 2006, S. 89–104, S. 90.

ten Gerichtsstandes. Eine Staatsanwaltschaft als Vertreter der Rechte des Staates wurde geschaffen. Dies geschah in Deutschland bereits in den 1820er Jahren, also zur Zeit des Deutschen Bundes, in Italien in der ersten Hälfte des 19. Jahrhunderts. Außerdem wurde ein fester Instanzenzug eingeführt. Mündlichkeit des Verfahrens[63] löste in großen Teilen die bisherige Schriftlichkeit ab. Die Richter waren nun unabhängig und unabsetzbar. Diese Gedanken griffen nahezu alle Staaten in Kontinentaleuropa auf. Allerdings waren sie zum Teil nicht von langer Dauer, da nach der Ära Napoleons in vielen Staaten die Errungenschaften um 1815/16 wieder teilweise rückgängig gemacht wurden.[64] Trotzdem setzten sie sich im Laufe des 19. Jahrhunderts allmählich in ganz Kontinentaleuropa durch. Der Staat wurde allmählich zum alleinigen Träger der Rechtsprechung und in der Form zum Friedenswahrer.

Öffentlichkeit und Mündlichkeit des Verfahrens sowie Geschworenengerichte konnten durchgesetzt werden. Es entstand eine neue Gerichtsordnung nach den Vorstellungen des entstehenden Rechtsstaats. Das bedeutete, dass die Garantie der bürgerlichen Freiheit, wie Gleichheit vor dem Richter, gewährt sein musste. Gerade das französische Prozessrecht wurde hier als Vorbild empfunden. Dort hatte man eine Prozessreform mit der Neuordnung der Gerichtsverfassung, die in enger Verbindung mit der Verfassungsentwicklung stand. Die richterlichen Funktionen wurden von Gesetzgebung und Verwaltung getrennt, der strikte Grundsatz der Öffentlichkeit eingeführt.[65] Außerdem wurde die Urteilsentscheidung mit der Begründung der Richter öffentlich gemacht. Zuvor war der Öffentlichkeit nur das Urteil bekannt gegeben worden – eine Begründung sollte geheim bleiben. Allerdings war dies hoch umstritten. Am Reichskammergericht hielten sich Teile der Richter bereits im 16. Jahrhundert nicht mehr an diese Regel.[66] Ermittelnder Richter und Spruchkörper waren nun getrennt. Das Vorbild Frankreichs beeinflusste im 19. Jahrhundert die Entwicklung des Verfahrensrechts in vielen europäischen Ländern. Bedeutsam war einerseits, dass nun im Gegensatz zum schriftlichen, geheimen Inquisitionsprozess der öffentliche und mündliche Anklageprozess durchgesetzt wurde. Das bedeutete andererseits auch, dass der Beschuldigte eigene Parteirechte besaß und die Funktion des Anklägers und Richters voneinander getrennt wurde. In Form von Laienrichtern hatte das Volk ebenfalls Mitspracherechte im Urteilsprozess. In diesem Zusammenhang entstand auch die Trennung zwischen Tatfrage, deren Beantwortung den Geschworenen oblag, und der Rechtsfrage, d.h. der Einordnung der Tat und der Festsetzung der Strafe und des Strafmaßes, das den Richtern vorbehalten blieb. Hinzu kamen Schöffengerichte als einheitliche Kollegialgerichte, die aus Berufs- und Laienrichtern zusammengesetzt waren. Sie waren vor allem in England und Frankreich verbreitet und wurden im

---

63 Vgl. hierzu *Dölemeyer*, Art. „Justizwesen", Sp. 212.
64 Ebd.
65 Vgl. ebd., Sp. 217.
66 Vgl. hierzu *Anette Baumann*, Visitationen am Reichskammergericht. Speyer als politischer und juristischer Aktionsraum des Reiches (1529–1588) München 2018, S. 44.

19. Jahrhundert auch in Deutschland eingeführt. Allgemein wurde die Schwurgerichtsbarkeit aber sehr kontrovers diskutiert.

6. Gerichtsorte und -gebäude

Wichtig in der Frühen Neuzeit waren auch die Orte, an denen Rechtsprechung stattfand und somit Streit beigelegt und Frieden gesucht wurde. Ursprünglich wurde die Durchsetzung von Recht sowie von Sanktionen durch die Urteiler bzw. das Gericht öffentlich meist unter freiem Himmel verhandelt. Ausgewählt wurden hierfür besondere Plätze in der Natur, wie z. B. Bäume (,Gerichtslinde') oder zentrale Orte. Im Spätmittelalter verlegte die Obrigkeit das Geschehen allmählich in halboffene, später in geschlossene Räume, die dem Versammlungszweck, aber auch der Rechtsprechung dienen konnten.[67] Besonders häufig wurden hierfür Rathäuser genutzt, als Sitz der Verwaltung. Dies war z. B. beim Reichskammergericht in Speyer der Fall. Dort stand der Ratshof, ein ganzes Konglomerat von Gebäuden, die am Rathaus der Reichsstadt angesiedelt waren, zur Verfügung.[68] Der Reichshofrat arbeitete dagegen ursprünglich direkt in der Hofburg in Wien oder in Prag, bzw. begleitete den Kaiser auf seinen Reisen. Das *Parlement de Paris* tagte seit dem Mittelalter auf der île de la Cité. Auch in anderen europäischen Ländern wurde so verfahren. Das Gebäude der *Chancilleria* in Granada war ein besonders imposantes Bauwerk, was nicht zuletzt wohl damit zusammenhängt, dass das Territorium, das das Gericht verwaltete, erst 1492 durch die spanischen Könige erobert worden war. Es wurde im Jahre 1587 unter der Regentschaft König Philipps II. fertiggestellt. Der Bau war bereits 1508 begonnen worden und war das erste eigens für ein Gericht gebaute Gebäude auf der iberischen Halbinsel.[69] Überlegungen zu eigenen Gerichtsgebäuden für Höchstgerichte im Heiligen Römischen Reich gab es erst im 18. Jahrhundert: so existieren Pläne Balthasar Neumanns (1687–1753) für ein repräsentatives Gerichtsgebäude für das Reichskammergericht in Wetzlar, das aber nie über das reine Planungsstadium hinaus kam.[70] Der Reichshofrat in Wien besaß einen eigenen Trakt in der Hofburg. Allgemein ist aber festzustellen, dass erst nachdem im 19. Jahrhundert in Europa Verwaltung und Justiz getrennt waren eine größere Bautätigkeit für Gerichtsgebäude einsetzte.

---

67 Vgl. hierzu *Dölemeyer*, Art. „Justizwesen", Sp. 206.
68 *Anja Rasche*, Das Reichskammergericht in Speyer (1527–1689). Ein kunsthistorischer Blick auf die bauliche Überlieferung des höchsten Gerichts, in: Anette Baumann u. a. (Hg.), Speyer als Hauptstadt des Reiches. Politik und Justiz zwischen Reich und Territorium im 16. und 17. Jahrhundert, Berlin/Boston 2016, S. 114–139.
69 *Czeguhn*, Real Chancilleria, S. 221–231.
70 https://www.riha-journal.org/articles/2010/weinberger-planmaterial-balthasar-neumann (abgerufen am: 18.09.2019).

Auswahlbibliographie / Select Bibliography

Abadia, J. L., Art. „Justiz", in: LM 5 (2003), Sp. 825–828.
Amend, Anja u. a. (Hg.), Gerichtslandschaft Altes Reich, Köln u. a. 2007.
Auer, Leopold u. a. (Hg.), Höchstgerichte in Europa. Bausteine frühneuzeitlicher Rechtsordnungen, Köln u. a. 2007.
Baumbach, Hendrik u. a. (Hg.), Landfrieden – epochenübergreifend. Neue Perspektiven der Landfriedensforschung auf Verfassung, Recht und Konflikt, Berlin 2018, S. 233–254.
Bellabarba, Marco u. a. (Hg.), Criminalità e giustizia in Germania e in Italia. Pratiche giudiziarie e linguaggi giuridici tra tardo Medioevo ed età moderna, Bologna/Berlin 2001.
Baumann, Anette, Die Gesellschaft der Frühen Neuzeit im Spiegel der Reichskammergerichtsprozesse. Eine sozialgeschichtliche Untersuchung des 17. und 18. Jahrhunderts, Köln u. a. 2001.
Baumann, Anette u. a. (Hg.), Prozesspraxis im Alten Reich. Annäherungen, Fallstudien, Statistiken, Köln u. a. 2005.
Baumann, Anette u. a. (Hg.), Adel, Recht und Gerichtsbarkeit im frühneuzeitlichen Europa, München 2014.
Baumann, Anette, Art. „Patrimonialgerichtsbarkeit", in: HDRG 26 ^{2}2017, Sp. 430–433.
Baumann, Anette, Visitationen am Reichskammergericht. Speyer als politischer und juristischer Aktionsraum des Reiches (1529–1588), Berlin/Boston 2018.
Bömelburg, Hans-Jürgen, Die polnisch-litauische Tribunalverfassung und das Reichskammergericht. Strukturelle Parallelen, Elemente eines Transfers, funktionaler Vergleich und Erinnerungsgeschichte, in: Baumann u. a. (Hg.), Adel, Recht und Gerichtsbarkeit, S. 161–183.
Cordes, Albrecht (Hg.), Juristische Argumentation – Argumente der Juristen, Köln u. a. 2006.
Czeguhn, Ignacio, Die Real Chancilleria und Audiencia von Granada – ihre Inszenierung und Bedeutung im 16. und 17. Jahrhundert, in: Anja Amend-Traut u. a. (Hg.), Die höchsten Reichsgerichte als mediales Ereignis, München 2012, S. 221–231.
Dölemeyer, Barbara, Art. „Justizwesen", in: EdN 6 (2007), Sp. 203–226.
Ehrenpreis, Stefan, Kaiserliche Gerichtsbarkeit und Konfessionskonflikt. Der Reichshofrat unter Rudolf II. 1576–1612, Göttingen 2006.
Gschließer, Oswald von, Der Reichshofrat, Wien 1942.
Härter, Karl, Gewalt, Landfriedensbruch, Sekten und Revolten: Das Reichskammergericht und die öffentliche Sicherheit, Wetzlar 2017.
Härter, Karl, Strafrechts- und Kriminalitätsgeschichte der Frühen Neuzeit, Berlin/Boston 2018.
Jahns, Sigrid, Das Reichskammergericht und seine Richter. Teil I: Darstellung, Teil II: Biographien, 2 Bde., Köln u. a. 2003/2011.
Knepper, Paul u. a. (Hg.), The Oxford handbook of the history of crime and criminal justice, New York 2016.
Langbein, John H., Prosecuting crime in the Renaissance. England, Germany, France, Cambridge (Mass.) 1974.
Lück, Heiner, Art. „Justiz", in: HDRG 2 (2012), Sp. 1.474–1.475.
Müßig, Ulrike, Höchstgerichte im frühneuzeitlichen Frankreich und England, in: Auer u. a. (Hg.), Höchstgerichte, S. 19–49.
Neidert, Manfred, Art. „Strafe, Strafrecht", in: HDRG 6 (1998), Sp. 2.011–2.030.
Oestmann, Peter, Rechtsvielfalt vor Gericht. Rechtsanwendung und Partikularrecht im Alten Reich, Frankfurt a. M. 2002.
Ortlieb, Eva/Polster, Gert, Die Prozessfrequenz am Reichshofrat (1519–1806), in: ZNR 26 (2004), S. 189–216.
Ranieri, Filippo, Recht und Gesellschaft im Zeitalter der Rezeption. Eine rechts- und sozialgeschichtliche Analyse der Tätigkeit des Reichskammergerichts im 16. Jahrhundert, 2 Bde., Köln u. a. 1985.

Rasche, Anja, Das Reichskammergericht in Speyer (1527–1689). Ein kunsthistorischer Blick auf die bauliche Überlieferung des höchsten Gerichts, in: Anette Baumann u.a. (Hg.), Speyer als Hauptstadt des Reiches. Politik und Justiz zwischen Reich und Territorium im 16. und 17. Jahrhundert, Berlin/Boston 2016, S. 114–139.
Rousseaux, Xavier u.a. (Hg.), Le penal dans tous ses Etats. Justice, Etats et sociétés en Europe (XIIe–Xxe siècles), Brüssel 1997.
Schnabel-Schüle, Helga, Institutionelle und gesellschaftliche Rahmenbedingungen der Strafgerichtsbarkeit in Territorien des Reichs, in: Heinz Mohnhaupt u.a. (Hg.), Vorträge zur Justizforschung 2, Frankfurt a.M. 1993, S. 147–174.
Schwerhoff, Gerd, Aktenkundig und gerichtsnotorisch. Einführung in die historische Kriminalitätsforschung, Tübingen 1999.
Sellert, Wolfgang, Prozessgrundsätze und Stilus curiae am Reichshofrat, Aalen 1973.
Sellert, Wolfgang, Art. „Zivilprozeß, Zivilprozeßordnung", in: HDRG 5 (1998), Sp. 1.742–1.750.
Ullmann, Sabine, Geschichte auf der langen Bank. Die Kommissionen des Reichshofrats unter Kaiser Maximilian II. (1564–1576), Mainz 2006.
Weisser, Michael R., Crime and punishment in early modern Europe, Bristol 1979.
Westphal, Siegrid, Kaiserliche Rechtsprechung und herrschaftliche Stabilisierung, Köln u.a. 2002.
Westphal, Siegrid, Der Landfrieden am Ende? Die Diskussion über den Einfall von Friedrich II. in Kursachsen 1756, in: Baumbach u.a. (Hg.), Landfrieden – epochenübergreifend, S. 233–254.
Wijffels, Alain u.a. (Hg.), European Supreme Courts. A portrait through history, London 2013.

Karl Härter
10. Frieden als Leitbegriff und Handlungsfeld frühneuzeitlicher Policeyordnungen

Abstract: Peace as Guiding Concept and Object of Early Modern Police Ordinances
This chapter surveys the interrelation of 'peace' and 'Policey' as pivotal concepts and fields of state activity related to the maintenance of the internal order in the early modern period. From the late Middle Ages onwards, various authorities and states issued so-called *Policeyordnungen*, administrative laws that aimed to establish good order. For that reason, police ordinances also aimed at 'internal peace' and adopted regulations from other forms of peace relating to towns ('Stadtfrieden'), the territory ('Landfrieden'), or the religious conflicts that grew in number after the Reformation. The chapter explores how early modern police ordinances regulated and criminalised conflicts and deviant behaviour with the aim of maintaining 'internal peace' and which specific practices (such as the 'Friedgebot' and the 'Friedbruch') were used to enforce their provisions. Finally, the chapter considers why 'internal peace' disappeared by the early eighteenth century to be superseded by the concept of security.

1. Einleitung: Frieden und ‚gute Policey'

Im frühneuzeitlichen Europa bildeten ‚Frieden' und ‚Policey' zentrale Leitbegriffe sozialer und politischer Gemeinschaften, die sich in rechtlichen Normen, Diskursen und Praktiken manifestierten. Frieden ist der ältere und breitere Begriff, der über das moderne Verständnis als Beendigung eines gewaltsamen Konfliktes zwischen Staaten und größeren Gruppen hinausging.[1] In seinen vormodernen, auf den inneren, sozialen und religiösen Frieden bezogenen Bedeutungsgehalten weist er zahlreiche Verbindungen zur ‚guten Policey' auf. Letztere setzte sich seit dem späten Mittelalter in Europa als Leitbegriff durch, um die (innere) Ordnung eines Gemeinwesens oder Staates zu beschreiben. Der Policeybegriff manifestierte sich vor allem in Ordnungsgesetzen bzw. Policeyordnungen, die dazu befugte Obrigkeiten mit einem allgemeinen Geltungsanspruch erließen. Sie regelten viele Bereiche von Gesellschaft, Wirtschaft und Staat, um Ordnung, Frieden, Ruhe, Einigkeit, Wohlfahrt und Zucht (Disziplin) herzustellen.[2] Dies beinhaltete die Bekämpfung von ‚Missständen' und ‚Krisenerscheinun-

---

[1] *Wilhelm Janssen*, Art. „Friede", in: GGB 2 (1975), S. 543–591; *Christoph Kampmann*, Art. „Friede", in: EdN 4 (2006), Sp. 1–21; *Hans-Georg Hermann*, Art. „Frieden", in: HDRG 1 ²(2008), Sp. 1.807–1.821.
[2] Der neuere Forschungsstand kann erschlossen werden über: *Karl Härter*, Art. „Polizei", in: EdN 10 (2009), Sp. 170–180; *Karl Härter*, Art. „Policey" und „Policeyordnungen", in: HDRG 27 ²(2018),

gen' und die Verhinderung oder Bestrafung von abweichendem oder kriminellem Verhalten.[3] In diesem Kontext bildete der ‚innere Frieden' ein zentrales Ziel und Handlungsfeld der frühneuzeitlichen ‚guten Policey', denn Unfrieden und Friedlosigkeit sowie damit einhergehende Konflikte und deviante Verhaltensweisen störten die gute Ordnung.

Die Jülich-Bergische Policeyordnung von 1558 bietet hierfür ein charakteristisches Beispiel: Er habe „zu guter Policey und bürgerlichem Wesen nützliche Ordnungen und Befelchen" erlassen, so Herzog Wilhelm V. (1516–1592) in der Vorrede, um durch solche

> gute löbliche Ordnungen/ Statuten/ Satzungen und Policeyen/ zu Erhaltung Frieden Rechtens/ christlicher Zucht und Erbarkeit auch Fürderung gemeines Nutzens und Wohlfahrt der Underthanen/ fürzunehmen und auffzurichten [...]. In Erwegung/ das ohnedieselbige guet ordentlich Regiment nit wohl gepflanzt und erhalten werden kann.[4]

Diese typische Policeyordnung des 16. Jahrhunderts beschreibt Policey und Frieden als einen aufeinander bezogenen, herzustellenden Idealzustand: Mittels obrigkeitlicher Normen in Form von Policeyordnungen sollten Frieden und Recht, aber auch Zucht und Ordnung erhalten sowie gemeiner Nutzen und Wohlfahrt gefördert werden. Mit dem ‚bürgerlichen Wesen' und den Untertanen als Normadressaten werden Policey und Frieden auf die soziale Gemeinschaft bzw. die Gesellschaft bezogen, mit dem ‚ordentlichen Regiment' aber auch obrigkeitliche Regierung und Verwaltung betont, welche die Normen umsetzen und gute Ordnung herstellen sollten. Damit sind unter Bezugnahme auf den Friedensbegriff die drei grundlegenden Bedeutungskontexte frühneuzeitlicher Policey erkennbar: 1) ein herzustellender (idealer) Zustand guter Ordnung; 2) obrigkeitliche Normgebung bzw. Policeyordnungen und Ordnungsgesetze, welche die entsprechenden Normen vorgeben; 3) eine darauf bezogene Regierungs- und Verwaltungstätigkeit.[5]

Dem Frieden kommt dabei eine den Policeybegriff differenzierende Funktion und Zielvorgabe zu: Policeyordnungen und deren Umsetzung dienten der Erhaltung des inneren Friedens (*pax civilis*), der in den frühneuzeitlichen Ordnungsgesetzen durch

---

Sp. 645–646 und Sp. 646–652; *Andrea Iseli*, Gute Policey. Öffentliche Ordnung in der Frühen Neuzeit, Stuttgart 2009.
3 Zu Bandbreite und Charakter der Policeygesetzgebung vgl. *Karl Härter* (Hg.), Policey und frühneuzeitliche Gesellschaft, Frankfurt a. M. 2000; *Peter Blickle u. a.* (Hg.), Gute Policey als Politik im 16. Jahrhundert. Die Entstehung des öffentlichen Raumes in Oberdeutschland, Frankfurt a. M. 2003, sowie als exemplarische Fallstudien: *Achim Landwehr*, Policey im Alltag. Die Implementation frühneuzeitlicher Policeyordnungen in Leonberg, Frankfurt a. M. 2000; *André Holenstein*, „Gute Policey" und lokale Gesellschaft im Staat des Ancien Régime. Das Fallbeispiel Baden(-Durlach), 2 Bde., Tübingen 2003.
4 Policey sambt anderen Ordnungen und Edicten [...], Köln 1558, Vorrede. Im Folgenden werden Policeyordnungen sprachlich leicht vereinfacht zitiert.
5 Diese Differenzierung geht zurück auf *Franz-Ludwig Knemeyer*, Art. „Polizei", in: GGB 4 (1978), S. 875–894.

die Verwendung von Paarformeln wie Frieden und Recht[6], Frieden und Einigkeit, Frieden und Ruhe, Frieden und Ordnung, Frieden und gemeiner Nutzen und schließlich Frieden und Sicherheit[7] auf den inneren Ordnungszustand eines Gemeinwesens oder Staatswesens bezogen wurde. Dieser sollte – allerdings keineswegs ausschließlich – mittels obrigkeitlicher Ordnungsgesetze, Institutionen und Verwaltungspraktiken hergestellt werden und wurde damit zu einem ‚innerstaatlichen' Handlungsfeld, zum ‚Staatsfrieden'. In dieser Hinsicht ergänzte die Policeygesetzgebung die Funktion von Recht und Justiz für die Wahrung und Herstellung des inneren Friedens, die sich insbesondere auf der Ebene des Reiches in der nahezu parallelen Etablierung von Reichskammergericht und Ewigem Landfrieden manifestierte.[8]

Umgekehrt entwickelte sich damit aber auch die gute Ordnung eines Gemeinwesens zur Voraussetzung des inneren Friedens: Ohne ‚gute Policey' konnte es keinen inneren Frieden geben. Die Forschung hat zwar die Differenzierung des frühneuzeitlichen Friedensbegriffs[9] als Zustand staatlich garantierter Ruhe und Sicherheit und als Staatszweck herausgearbeitet, Rolle und Funktion der Policey allerdings eher vernachlässigt.[10] Umgekehrt hat die Policeyforschung die Friedensthematik meist nur am Rande im Zusammenhang mit Ordnungsleitbildern und Zielvorstellungen politischen Handelns,[11] dem Religionsfrieden,[12] der Geschichte von Wertebildung und Menschenrechten[13] oder der Entwicklung von Sicherheit[14] als dem jüngeren Leitbegriff behandelt.

Davon ausgehend werden im Folgenden zunächst das Verhältnis von Policey und innerem Frieden näher bestimmt und die diesbezüglichen historischen Veränderungen dargestellt. Behandelt werden die spätmittelalterlichen Entstehungskontexte, die im Stadtfrieden und dem Landfrieden verortet werden können, sowie der katalytische Einfluss der Reformation bis zum Beginn des Dreißigjährigen Krieges. Dies ge-

---

6 Vgl. hierzu auch Kapitel 6.
7 Vgl. zum Aspekt der Sicherheit auch Kapitel 27.
8 Vgl. zum Reichskammergericht auch Kapitel 9 sowie zum Ewigen Landfrieden auch Kapitel 8 und 39.
9 Vgl. hierzu auch Kapitel 1–7.
10 Vgl. *Janssen*, Art. „Friede", S. 556–562; *Hermann*, Art. „Frieden".
11 *Thomas Simon*, „Gute Policey". Ordnungsleitbilder und Zielvorstellungen politischen Handelns in der frühen Neuzeit, Frankfurt a. M. 2004, besonders S. 126–151 und S. 218–225.
12 *Karl Härter*, Religion, Frieden und Sicherheit als Gegenstand guter Ordnung und Policey: Zu den Aus- und Nachwirkungen des Augsburger Religionsfriedens und des Reichsabschieds von 1555 in der reichsständischen Policeygesetzgebung, in: Wolfgang Wüst u. a. (Hg.), Der Augsburger Religionsfriede 1555. Ein Epochenereignis und seine regionale Verankerung, Augsburg 2005, S. 143–164. Vgl. zu Religionsfrieden auch Kapitel 14.
13 *Wolfgang Wüst*, Wertebildung und Menschenrechte in der Policey deutscher Territorien, in: ZBLG 66 (2003), S. 865–890, hier S. 884–886.
14 *Karl Härter*, Sicherheit und gute Policey im frühneuzeitlichen Alten Reich: Konzepte, Gesetze und Instrumente, in: Bernd Dollinger/Henning Schmidt-Semisch (Hg.), Sicherer Alltag? Politiken und Mechanismen der Sicherheitskonstruktion im Alltag, Wiesbaden 2015, S. 29–55.

schieht auf der empirischen Grundlage der frühneuzeitlichen Ordnungs- und Policeygesetzgebung, die sowohl am Beispiel der Reichsgesetzgebung als auch für typische Landesherrschaften und (Reichs-)Städte behandelt wird.[15] Zumindest hingewiesen sei hier auch auf die Policey und Frieden thematisierenden juridisch-politischen Diskurse,[16] darunter insbesondere die Policeywissenschaft.[17] Die Breite der Normgebungen und Diskurse im Heiligen Römischen Reich schließt dabei auch exemplarisch europäische Aspekte der Thematik ‚gute Policey' und innerer Frieden mit ein. Zahlreiche Länder und Regionen Europas wie die Niederlande, Dänemark, Schweden, Böhmen, Schlesien, die Schweizer Eidgenossenschaft, Norditalien oder Frankreich waren als (ehemalige) Reichsstände, Verfassungsgaranten oder Nachbarn eng mit dem Reich verbunden. Dies gilt auch für den Policeybegriff und die entsprechenden Ordnungsgesetze, die sich gegenseitig beeinflussten und viele Übereinstimmungen, aber auch unterschiedliche inhaltliche Schwerpunkte – gerade im Hinblick auf inneren Frieden und Sicherheit – aufweisen, die freilich noch nicht vergleichend erforscht sind.[18]

Der Zusammenhang von Policey und Frieden wird folglich vor allem an spezifischen Regelungsbereichen und Feldern abweichenden/kriminellen Verhaltens fassbar, darunter insbesondere Gewalt, Religion/Konfession und Ehe/Sexualität. Auch aufgrund des heterogenen Forschungsstands kann die Um- und Durchsetzung der Policeygesetze folglich nur für einige dieser Handlungsfelder thematisiert werden. Exemplarisch behandelt werden einzelne Instrumente und Institutionen, die im Rahmen der ‚guten Policey' u. a. dazu dienten, Frieden zu erhalten oder herzustellen, aber

---

15 Grundlage bilden: *Karl Härter/Michael Stolleis* (Hg.), Repertorium der Policeyordnungen der Frühen Neuzeit, Bde. 1–12, Frankfurt a. M. 1996–2017, das die Policeygesetze von 21 Ländern/Territorien (mit ‚Nebenterritorien') und acht (Reichs-)Städten erschließt; sowie die Edition zahlreicher Ordnungen in der Reihe: *Wolfgang Wüst* (Hg.), Die „gute" Policey im Reichskreis. Zur frühmodernen Normensetzung in den Kernregionen des Alten Reiches, Bde. 1–8, Berlin/Erlangen 2001–2018.
16 Vgl. hierzu als ersten Überblick: *Wolfgang Weber*, Bemerkungen zur Konzeption des Friedens in der politischen Theorie des späten 16. und frühen 17. Jahrhunderts, in: Johannes Burkhardt u. a. (Hg.), Sprache. Macht. Frieden. Augsburger Beiträge zur historischen Friedens- und Konfliktforschung, Augsburg 2014, S. 35–57. Eine exemplarische Analyse für die Verwendung des Friedens- und Sicherheitsbegriffs im Kontext der Policey durch Veit Ludwig von Seckendorff, Teutscher Fürsten Stat, Frankfurt a. M. 1656, findet sich bei: *Hans Maier*, Die ältere deutsche Staats- und Verwaltungslehre, München ²1986, S. 142–144.
17 Zur Policeywissenschaft vgl. allgemein den knappen Überblick zum Forschungsstand: *Karl Härter*, Art. „Policeywissenschaft", in: HDRG 27 ²(2018), Sp. 653–657. Weiterhin unverzichtbar: *Michael Stolleis*, Geschichte des öffentlichen Rechts in Deutschland, Bd. 1: Reichspublizistik und Policeywissenschaft 1600–1800, München ²2012, S. 334–393.
18 Zur europäischen Dimension vgl. die Beiträge in: *Michael Stolleis* (Hg.) unter Mitarbeit von Karl Härter/Lothar Schilling, Policey im Europa der Frühen Neuzeit, Frankfurt a. M. 1996; zur Ordnungsgesetzgebung *Härter/Stolleis*, Repertorium der Policeyordnungen, Bände 7 (Bern und Zürich), 9 (Dänemark) und 12 (Schweden); charakteristisch für das Forschungsdefizit bezüglich Policey und Frieden ist der (europäisch orientierte) Überblick von *Iseli*, Gute Policey, in dem diese Thematik nicht vorkommt.

auch anderen und allgemeineren Zwecken frühneuzeitlicher Verwaltung und Justiz förderlich waren. Eine noch kaum untersuchte Forschungsfrage bildet schließlich das ‚Verschwinden' des Friedens als Leitvorstellung und Handlungsfeld ‚guter Policey' im Zusammenhang mit dem Aufstieg des jüngeren Begriffs der (öffentlichen, inneren) Sicherheit, wozu abschließend einige Thesen diskutiert werden.

2. Frieden in der Policeygesetzgebung bis zum Dreißigjährigen Krieg

Seit dem späten Mittelalter entstand in Europa eine obrigkeitliche Ordnungsgesetzgebung, die im Heiligen Römischen Reich deutscher Nation unter dem Begriff der ‚Policey' firmierte. Territorien, Reichsstädte und sonstige Obrigkeiten publizierten umfassendere, meist gedruckte Ordnungen und Einzelgesetze, die auf ‚gute Ordnung und Policey' rekurrierten und eine Vielzahl von Ordnungsproblemen regulierten. Eine führende Rolle kam der 1495 einsetzenden Reichspoliceygesetzgebung zu, die insbesondere durch die drei Reichspoliceyordnungen von 1530, 1548 und 1577 eine Verdichtung der unterschiedlichen Normen bewirkte.[19] Seit Beginn der Reichstagsberatungen fungierten Frieden und Ordnung als wesentliche Ziele und die Reichspoliceyordnung von 1530 betonte dann auch in der Vorrede, dass sie „wolfart/ friedt und eynigkeyt" der „teutschen Nation" bezwecke.[20] Die einzelnen Regelungen rekurrierten freilich nicht mehr auf Frieden als Leitbegriff und die Ordnungen von 1548 und 1577 verzichteten auf dessen Nennung. Dies hing auch damit zusammen, dass das Reich mit dem Ewigen Landfrieden, den Reichsexekutionsordnungen und dem Religionsfrieden von 1555 spezifische Reichsgesetze verabschiedete, die auf Frieden als Leitkategorie abstellten und die Ordnungsgesetzgebung der Reichsstände beeinflussten. Ebenso wirkten die Reichspoliceyordnungen als Rahmengesetzgebung, die die Ordnungsgesetze der Reichsstände stark beeinflusste.[21] Im Hinblick auf die Verankerung des Friedensbegriffs in der obrigkeitlichen Ordnungsgesetzgebung kam al-

---

19 *Karl Härter*, Entwicklung und Funktion der Policeygesetzgebung des Heiligen Römischen Reiches Deutscher Nation im 16. Jahrhundert, in: Ius Commune 20 (1993), S. 61–141; *Siegrid Westphal*, Frieden durch Policey. Die Reichspoliceyordnungen als Vorbild für die territoriale Friedenssicherung, in: Stefan Brüdermann (Hg.), 1615 – Recht und Ordnung in Schaumburg, Gütersloh 2017, S. 104–117.
20 Reichspoliceyordnung von 1530, zitiert nach: *Matthias Weber*, Die Reichspolizeiordnungen von 1530, 1548 und 1577. Historische Einführung und Edition, Frankfurt a.M. 2002, S. 131.
21 Zur Wirkung vgl. *Karl Härter*, ‚Gute Ordnung und Policey' des Alten Reiches in der Region: Zum Einfluss der Reichspoliceygesetzgebung auf die Ordnungsgesetzgebung süddeutscher Reichsstände, in: Rolf Kießling/Sabine Ullmann (Hg.), Das Reich in der Region während des Spätmittelalters und der Frühen Neuzeit, Konstanz 2005, S. 187–223; *Karl Härter*, Die gute Policey im Reich als verbindendes Element der Landes- und Reichsgeschichte, in: Sabine Wüst (Hg.), Schätze der Welt aus landeshistorischer Perspektive. Festschrift zum 65. Geburtstag von Wolfgang Wüst, St. Ottilien 2018, S. 3–12.

lerdings drei weiteren gemeinsamen Kontexten eine entscheidendere Bedeutung zu: Stadtfrieden, Landfrieden und Religionsfrieden.

2.1. Stadtfrieden und Policey

Die Wahrung des Stadtfriedens bildete ein wesentliches Ziel des mittelalterlichen Stadtrechts.[22] Seit dem 13. Jahrhundert erließen die städtischen Obrigkeiten zunehmend Statuten und Gesetze, die auch charakteristische Policeynormen enthielten, auf Ordnungsprobleme und Konflikte reagierten und ‚Frieden und Ordnung' in der Stadt gewährleisten sollten. Als Begründung wurde bis ins 16. Jahrhundert meist an erster Stelle die Wahrung des (inneren) Friedens der Stadt genannt; an zweiter Stelle folgten Verweise auf die Abwendung von Schaden, den ‚gemeinen Nutz' oder das allgemeine Wohl und schließlich auch die Beseitigung von Missständen, Missbräuchen und Unordnung.[23] Die Ordnung der Stadt Worms von 1531 benannte in der Vorrede ausdrücklich „frid vnnd einigkeit/ one die der gemeyn Nutz nit besthen mag" als Leitlinie der städtischen Regierung.[24]

In den Reichsstädten verdichteten sich im 16. Jahrhundert kommunale Ordnungsnormen zu umfassenderen Stadt- und Policeyordnungen, die explizit auf den Frieden verweisen. Die Heilbronner Policeyordnung von 1541 nennt als Ziele und Handlungsfelder die „handthabung gemeynes nützs/ Rechtlicher Ordnung/ frydens und eynigkeyt" sowie „fryd/ Recht unnd eynigkeyt in unser Stat". Betont werden folglich Stadtfrieden und Einungscharakter der Policeyordnung,[25] die damit in die Kompetenz und ‚Policeygewalt' des Stadtrats fiel. Noch 1683 verweist die Ordnung der Reichsstadt Ulm auf die „Erhaltung guter Policey/ und Bauung Friedens und Einigkeit unserer Burger/ Einwohner und angehörigen Underthanen".[26]

Auch frühe Regiments- und Policeytraktate des 16. und 17. Jahrhunderts betonten den kommunalen Kontext der ‚guten Policey' und den Zusammenhang von Frieden,

---

22 *Gerhard Dilcher*, Friede durch Recht, in: Johannes Fried (Hg.), Träger und Instrumentarien des Friedens im hohen und späten Mittelalter, Sigmaringen 1996, S. 203–227.
23 *Eberhard Isenmann*, Gesetzgebung und Gesetzgebungsrecht spätmittelalterlicher deutscher Städte, in: ZHF 28 (2001), S. 1–94 und S. 161–261, hier S. 5–17; *Karl Härter*, Statut und Policeyordnung: Entwicklung und Verhältnis des Statutarrechts zur Policeygesetzgebung zwischen spätem Mittelalter und Früher Neuzeit in mitteleuropäischen Reichs- und Landstädten, in: Gisela Drossbach (Hg.), Von der Ordnung zur Norm: Statuten in Mittelalter und Früher Neuzeit, Paderborn u. a. 2010, S. 127–152.
24 Satzung, Statuten und Ordnungen beständiger gutter Regierung: Einer billichen, ordentlichen Policei in jeden Rechten gegründtes Ebenbild. Weilant des H. Reichs Statt Worms fürgenommen [...], Frankfurt a. M. 1531, Vorrede, hier zitiert die Ausgabe Worms 1542, die auch die Stadtrechtsreformation von 1498/99 enthält.
25 Statuten, Satzung, Reformation und Ordnung, Burgerlicher Pollicey des Heyligen Reychßstat Haylpronn [Nürnberg 1541].
26 Eines Ehrsamen Raths Der Statt Ulm Gesatz und Ordnung in Ehe-Sachen [...], Ulm 1683, S. 1.

Einigkeit, Ruhe und Ordnung, dem auch in Frankreich und Italien in den entsprechenden Diskursen und teils auch im Ordnungsrecht eine große Bedeutung zukam.[27]

Die Paarformel Frieden und Einigkeit findet sich in vielen – aber keineswegs allen – reichsstädtischen Policeyordnungen, was einherging mit einer eingeschränkten Verwendung des Friedensbegriffs für spezifische Regelungsbereiche, die insbesondere konfessionelle Konflikte, Gewaltdelikte (Schlägereien, Körperverletzung und Totschlag) sowie Ehe und Ehebruch betrafen. Die 1573 erlassene Ordnung der Stadt Braunschweig verpflichtete die Gerichte, „Haderern [...] friede zu gebieten" und drohte den Friedbrechern bei Schlägerei und Totschlag schwere Strafen an. Dies galt auch für den Hausfrieden, dessen Bruch eigens unter schwere Strafe gestellt wurde. Die Regelungen zu „Eheleuten die ohne erhebliche ursache von einander sein" drohte Ehepartnern einen Stadtverweis an, der erst aufgehoben werden sollte, wenn sie versicherten, „mit einander Christlich und friedsam zu leben und hauszuhalten".[28]

Deutlich wird an diesen Beispielen, dass der Stadtfriede in kommunalen Policeyordnungen spezifische Bedeutung im Hinblick auf soziale Konfliktfelder gewann sowie als Mittel und Ergebnis ‚guter Policey' galt. Dies beinhaltete Schutz der Friedfertigen und Bestrafung der Friedensbrecher. Die Wormser Policeyordnung von 1531 ordnete an, dass die „fridsamen vnd guten menschen beschirmet/ und die bösen gestraffet werden".[29] Der gemeine Nutzen der Stadt gebiete, so die Wormser Reformation von 1498/99, dass „die widerwärtigen/ so friden stören/ zwietracht unnd auffruhr erwecken/ mit Penen und straffe beladen" würden und durch die Strafe die „unfridsamen" abgeschreckt würden.[30] Der Friede wurde folglich auf das Sozialverhalten bezogen: Wer sich friedlich verhielt, sollte mittels ‚guter Policey' beschützt werden, wer gegen die entsprechenden Policeynormen verstieß und friedbrüchig wurde, sollte bestraft werden, auch um potentielle Friedensstörer abzuschrecken. Analog zur Peinlichen Halsgerichtsordnung von 1532 (*Carolina*) kriminalisierten folglich auch Policeygesetze friedbrüchiges abweichendes Verhalten bzw. unterschiedliche Formen des ‚Friedbruches'.[31] Dies gilt ebenso für den zweiten spätmittelalterlichen Entstehungskontext von Frieden und Policey, den Landfrieden.

---

27 Siehe Albert Rigaudiere, Les ordonnances de police en Franc à la fin du Moyen Age, in: *Stolleis*, Policey, S. 97–161, hier S. 100: „maintenir les habitants d'une ville en paix"; Elena Fasano Guarini, Gli „ordini di polizia" nell'Italia del '500: Il caso toscano, in: ebd., S. 55–95, hier S. 80: „pace", „unione" e „tranquillità [...] fra i suoi popoli e cittadini".
28 Der Stadt Braunschweig Ordnunge, ire Christliche Religion, auch allerhandt Criminal-, Straeff und Policey sachen betreffendt, Magdeburg 1573, Tit. 18, 24 und 41.
29 Satzung, Statuten und Ordnungen Worms 1531/1542, Vorrede.
30 Ebd., 1. Buch, 6. Tl., Tit. XXIII.
31 Generell zur Funktion der Policeygesetzgebung im Hinblick auf Strafrecht und Kriminalisierung: *Karl Härter*, Strafrechts- und Kriminalitätsgeschichte der Frühen Neuzeit, Berlin/Boston 2018, S. 79–90.

2.2. Landfrieden und Policey

Der spätmittelalterliche Landfrieden zielte auf die Regulierung bzw. das Verbot gewaltsamer Selbsthilfe durch Rechtsnormen wie den Ewigen Landfrieden des Reiches von 1495 und die strafrechtliche Kriminalisierung des ‚Friedbruchs'.[32] Wesentliche Tatbestände des Landfriedensbruchs waren Fehde, Bekriegen, Raub, Überziehen/ Überfall, Belagern, Brandstiftung, Bedrohung sowie Beihilfe hierzu.[33] Im Kontext der zunehmenden sozialen Aufstände und Revolten gewann der Landfrieden Bedeutung für die Policeygesetzgebung, die den Landfriedensbruch integrierte und auf Regelungsbereiche wie Aufstände und Revolten, Söldner und Gartknechte, Vaganten und Räuberbanden und nach der Reformation auch auf Religionskonflikte und ‚Sekten' ausdehnte.[34]

Dies lässt sich am Beispiel der reichsrechtlichen Normen in der Peinlichen Halsgerichtsordnung von 1532 (*Carolina*) und den Reichspoliceyordnungen zeigen. Die *Carolina* kriminalisierte Mordbrenner, Raub/Räuber, Aufruhr, Austreten, Fehde und Landzwang (Androhung von Gewalt/Straftaten wie z. B. Brandstiftung) und stellte herrenlose Söldner als ‚Räuber' unter Generalverdacht. Den Landfriedensbruch dehnte sie auf gewaltsame Widersetzlichkeit gegen die Obrigkeit – Austreten, Empörung und Aufruhr – aus. Der Reichsabschied von 1548 benannte als Gegenstand des verbesserten Landfriedens die Sicherheit auf den Straßen, die durch umherziehende Friedensbrecher gefährdet würde. Die enthaltene Reichspoliceyordnung kriminalisierte umherziehende herrenlose Kriegsknechte und die sogenannten ‚Zigeuner' als Friedensbrecher.[35]

Damit war eine Schnittmenge von Landfrieden und ‚guter Policey' etabliert worden, die sich auch in den Ordnungsgesetzen der Landesherrschaften findet. Regelungen zum Landfrieden bzw. Landfriedensbruch wurden im 16. Jahrhundert häufig in die umfassenden Landes- und Policeyordnungen integriert. So enthielt die *Reformation dere weltlicher Gericht Rechts und Pollicey* des Erzstifts Köln von 1538 nicht nur den Landfrieden und die Policeyordnung des Reiches, sondern schloss mit einem spezifischen Artikel „von underhaltung friddes und eynigkeit".[36] Eine ähnliche Entwick-

---

32 Zum Forschungsstand *Hendrik Baumbach/Horst Carl*, Was ist Landfrieden? Und was ist Gegenstand der Landfriedensforschung?, in: dies. (Hg.), Landfrieden – epochenübergreifend. Neue Perspektiven der Landfriedensforschung auf Verfassung, Recht, Konflikt, Berlin 2018, S. 1–49; vgl. hierzu auch Kapitel 8 und 39.
33 Ein Überblick zum Verbrechen des Landfriedensbruchs gibt: *Andreas Roth*, Art. „Landfriedensbruch", in: HDRG 3 ²(2016), Sp. 505–509.
34 *Tobias Branz*, Reformationsprozesse am Reichskammergericht. Zum Verhältnis von Religionsfriedens- und Landfriedensbruchtatbeständen und zur Anwendung der Tatbestände in reichskammergerichtlichen Reformationsprozessen, Aachen 2014.
35 *Karl Härter*, Gewalt, Landfriedensbruch, Sekten und Revolten: Das Reichskammergericht und die öffentliche Sicherheit, Wetzlar 2017.
36 Des Ertzstiffts Cöln Reformation dere weltlicher Gericht, Rechts, und Pollicey, Köln 1538, S. 77.

lung lässt sich auch für andere europäische Länder wie Dänemark oder Schlesien belegen.[37]

Durch die Integration von Bestimmungen zum Landfrieden avancierte der Frieden ebenfalls zu einem allgemeinen Leitbegriff der territorialen Policey- und Landesordnungen, die die Verbindung zur ‚guten Policey' ausdrücklich benannten: Das Land und die Untertanen sollten durch „guete Gesatz/ Ordnungen/ und Pollyceyen in fridlichem wesen/ und guetter ainigkait" erhalten werden, so die Tiroler Landesordnung von 1526, die einem „Fridprecher", der einen „Gelobten Frid" breche, die Todesstrafe androhte.[38] Die Kriminalisierung und Bestrafung eines allgemeinen Friedensbruchs findet sich in zahlreichen Policey- und Landesordnungen und zwar über den Kontext von Fehde und Landfriede hinaus auch mit Bezug auf weitere Gewalt- und Policeydelikte. Bereits die Badische Landesordnung von 1517 räumte den Amtsträgern die Kompetenz ein, bei Streit, Schlägereien und Aufruhr Frieden zu gebieten, und drohte Friedbrüchigen zusätzliche Strafen an; auch die Jülich-Bergische Policeyordnung von 1558 ordnete an, wie „in schlegereien Fridt zu gebieten" sei.[39] Die Sächsische Policeyordnung von 1588 drohte allen Mördern, Räubern, Söldnern, herrenlosen Knechten und Gewalttätern, die den „gemeinen Frieden" brechen würden, schwere Strafen an.[40]

Bis zum 17. Jahrhundert erweiterte die Policeygesetzgebung den Landfrieden auf kollektive Gewalthandlungen wie Schlägereien und Aufruhr, Taten herrenloser Söldner sowie Raub und Diebstahl durch ‚landschädliche' umherziehende Leute oder Banden. Der Landfriedensbruch wurde damit in den Kanon der Policeydelikte eingebettet, aber zunehmend mit dem jüngeren Begriff der Landessicherheit verbunden. Die 1672 in Brandenburg-Bayreuth erlassene Policeyordnung wollte „den lieben frieden, auch die allgemeine sicherheit" vor allem durch die Verfolgung und Bestrafung von Straßenräubern und sonstigen umherziehenden ‚landschädlichen' Leuten erhalten.[41] Der Friedensbegriff verschwand damit seit dem 17. Jahrhundert allmählich als Begründung und Normziel und wurde durch ‚Ruhe und Sicherheit' ersetzt. Der Landfriede und die diesbezüglichen Reichsgesetze, so der Reichspublizist Johann Jacob Moser

---

37 Vgl. *Härter/Stolleis*, Repertorium der Policeyordnungen, Bd. 9 (Dänemark), Nr. 1.081 und 1.244; sowie *Matthias Weber*, Die schlesischen Polizei- und Landesordnungen der Frühen Neuzeit, Köln u. a. 1996, S. 30–32.
38 Tiroler Landesordnung von 1526, zitiert nach: *Josef Pauser/Martin P. Schennach* (Hg.), Die Tiroler Landesordnungen von 1526, 1532 und 1573. Historische Einführung und Edition, Wien u. a. 2018, S. 144 und S. 211.
39 Badische Landesordnung von 1517, hier zitiert nach der Edition in: *Rudolf Carlebach*, Badische Rechtsgeschichte, Bd. 1: Das ausgehende Mittelalter und die Rezeption des römischen Rechts unter Mitteilung der wichtigeren bisher ungedruckten Landesordnungen (Landrechte), Heidelberg 1906, S. 138–154; Policey sambt anderen Ordnungen vnnd Edicten [...], Köln 1558, S. 74f.
40 Ausschreiben [...] in etzlichen Artickeln, Policey und Justicien [...], Dresden 1588, S. 37–39.
41 Policeyordnung Brandenburg-Bayreuth 1672, gedruckt in: *Wüst*, Policey im Reichskreis, Bd. 2, S. 574–668, Zitat S. 632.

(1701–1785), würden den Landesherrn verpflichten, die „allgemeine Ruhe und Sicherheit" zu erhalten. Darunter subsumierte er den Schutz von Reisenden, die Vertreibung von „Bettlern" und „Landstreichern" und vor allem „alle Vagabunden, Jauner, Zigeuner, und anderes herrenloses und umherschweifendes Gesind", die verfolgt und bestraft werden müssten, um die öffentliche Sicherheit zu erhalten.[42] Die Integration des Landfriedens in die ‚gute Policey' förderte folglich die inhaltliche Verschiebung vom Frieden zur öffentlichen und Landessicherheit als dem neuen zentralen Leitbegriff der Policeyordnungen.[43]

2.3. Religionsfrieden[44] und Policey

Die Reformation sowie die damit einsetzende evangelische und katholische Konfessionalisierung wirkten sich ebenfalls auf den Friedensbegriff und die Policeygesetzgebung aus:[45] Die mit drei Konfessionen und zahlreichen Glaubensgruppen entstehende religiöse Diversität ließ als zentrales Ziel des inneren Friedens die religiös-konfessionelle Einheit und die Verhinderung von ‚Spaltung' hervortreten. Reformation und Gegenreaktionen erzeugten zudem unzählige Konflikte im Reich und in einzelnen Städten und Territorien, die befriedet werden sollten, wobei dem Recht und damit der Policeygesetzgebung eine wichtige Rolle zukam. Durch Reformation und Konfessionalisierung gewannen religiöse Intentionen und Normen in der obrigkeitlichen Ordnungsgesetzgebung an Bedeutung und luden den Policeybegriff stärker religiös-konfessionell auf. Umgekehrt übernahmen auch die evangelischen und katholischen Kirchenordnungen Normen aus den Policeyordnungen und überschnitten sich damit in einem weiten Bereich – auch im Hinblick auf den religiösen Frieden – mit der allgemeinen obrigkeitlichen Ordnungsgesetzgebung.[46]

Die Bewahrung und Herstellung von Ordnung und Frieden, die durch religiös-konfessionelle Diversität und Religionskonflikte gefährdet schienen, manifestierte

---

42 *Johann Jacob Moser*, Von der Landes-Hoheit in Policey-Sachen, Frankfurt a. M./Leipzig 1773, S. 349 und S. 351.
43 *Karl Härter*, Von der Friedenswahrung zur „öffentlichen Sicherheit": Konzepte und Maßnahmen frühneuzeitlicher Sicherheitspolicey in rheinländischen Territorien, in: RhV 67 (2003), S. 162–190; *Härter*, Sicherheit und gute Policey, S. 29–55; *Karl Härter*, Grenzübergreifende Kriminalität von Vaganten und Räuberbanden, interterritoriale Strafverfolgung und Landessicherheit im Alten Reich (1648–1806), in: Wolfgang Wüst (Hg.), Historische Kriminalitätsforschung in landesgeschichtlicher Perspektive. Fallstudien aus Bayern und seinen Nachbarländern 1500–1800 [...], Erlangen 2017, S. 19–46.
44 Vgl. hierzu auch Kapitel 14.
45 Vgl. hierzu auch Kapitel 2 und 3.
46 *Karl Härter*, Kirchenzucht und gute Policey: Die Kirchenordnungen des 16. Jahrhunderts im Kontext der vormodernen Ordnungsgesetzgebung, in: Sabine Arend u. a. (Hg.), Die württembergische Kirchenordnung von 1559 im Spannungsfeld von Religion, Politik und Gesellschaft, Epfendorf/Neckar 2013, S. 31–48.

sich in den Policeyordnungen durch eine intensivere Normierung des religiösen Bereiches bzw. der ‚Sitten- und Kirchenzucht', einem damit einhergehenden stärkeren Anspruch einer religiös-konfessionellen und sozialen Disziplinierung sowie einer Ausweitung der Kriminalisierung von religiöser Devianz und religiös-kulturell differierenden Gruppen.[47] Mit der Württembergischen Kirchenordnung von 1559 wollte Herzog Christoph von Württemberg (1515–1568) „in zeitlicher Regierung/ nutzliche Ordnungen unnd Regiment/ zue zeitlichem Friden/ Rueh/ Ainigkeit und Wolfart" errichten und den Untertanen „Gotsforcht/ Erbarkeit unnd Zucht" einpflanzen.[48] Religiös-sittlich abweichendes Verhalten gefährdete den Frieden und rief den Zorn Gottes hervor, folglich sollte auch der religiöse Frieden durch Policeyordnungen und religiös-soziale ‚Zucht' bzw. Disziplinierung hergestellt werden. In dieser Hinsicht kann die Verbindung von ‚guter Policey' und ‚innerem, religiösen Frieden' als Teil des Prozesses der Konfessionalisierung beschrieben werden.[49]

In der Policeygesetzgebung lässt sich dies insbesondere an den ‚Zuchtordnungen' und ‚Sittenmandaten' sowie insgesamt an der starken Zunahme von Bestimmungen zu Gotteslästerung, Schwören und Fluchen, religiös-sozialen Festen (Taufe, Hochzeit, Begräbnis, Kirchweih), Alkoholkonsum, Ehe und Sexualität und vor allem der ‚Sektengesetzgebung' aufzeigen. So zielten Zucht- und Policeyordnungen wie diejenige der Reichsstadt Augsburg aus dem Jahr 1537 darauf ab, „einigkeit und friden/ zwischen den unseren zuenthalten/ krieg unnd zwytracht abzuwenden". Häufig wurde dies konkretisiert durch das Verbot und die Kriminalisierung von Gotteslästerung, Fluchen und Schwören, Schmähungen und Beleidigungen, Unzucht und Ehebruch und sonstigen Gewalthandlungen, weil z. B. durch Schmähreden und Fluchen „guete Pollicey/ Frid/ und brüderliche Lieb zerüttet und zertrennt" würden.[50] Ein gemeinsamer Zug der Policey-, Zucht- und Kirchenordnungen ist die disziplinierende Stoßrichtung im Hinblick auf die Formierung eines konfessionell homogenen Untertanenverbands, der als eine zentrale Voraussetzung des inneren religiösen Friedens galt. Als Folge wurden religiös abweichende Gruppen als ‚Sekten' und ‚Friedensstörer' eti-

---

47 Grundsätzlich zur Forschungsthematik ‚religiöse Devianz' im Kontext von Reformation/Konfessionalisierung: *Eric Piltz/Gerd Schwerhoff* (Hg.), Gottlosigkeit und Eigensinn. Religiöse Devianz im konfessionellen Zeitalter, Berlin 2015.
48 Württembergische Große Kirchenordnung 1559, Vorrede, ND 1968. Zum neueren Forschungsstand mit Edition der Vorrede siehe: *Sabine Arend* (Bearb.), Die evangelischen Kirchenordnungen des XVI. Jahrhunderts, Bd. 16/2: Herzogtum Württemberg [...], Tübingen 2004, hier S. 54f. und S. 344–346.
49 *Heinrich Richard Schmidt*, Konfessionalisierung im 16. Jahrhundert, München 1992; und zur kontroversen Forschungsdebatte: *Stefan Ehrenpreis/Ute Lotz-Heumann*, Reformation und konfessionelles Zeitalter, Darmstadt 2002, S. 62–71.
50 Ains erbern rats/ der stat Augspurg/ Zucht vnd pollicey ordnung, 14.08.1537, in: *Wüst*, Policey im Reichskreis, Bd. 1, Nr. 1, hier S. 80. Zahlreiche Beispiele finden sich in der mehrbändigen Edition: Die evangelischen Kirchenordnungen des XVI. Jahrhunderts, begr. von *Emil Sehling*, fortgeführt vom Institut für evangelisches Kirchenrecht der EKD und der Heidelberger Akademie der Wissenschaften, Bde. 1–23; sowie in: *Härter/Stolleis*, Repertorium der Policeyordnungen, Bde. 1–12.

kettiert, die nicht nur religiös-konfessionelle Normen verletzten, sondern auch Frieden, Einigkeit und Sicherheit gefährden würden.

Hinsichtlich der Kriminalisierung religiös abweichender Gruppen als Störer des inneren Friedens kam der Reichsgesetzgebung eine prägende Funktion zu. Sie verknüpfte seit 1526 religiösen Dissens mit Empörung, Aufstand und Ungehorsam von ‚Sekten', die Friede, Recht und ‚gute Policey' im Reich gefährden würden. Insbesondere der ‚Bauernkrieg' und das ‚Täuferreich zu Münster' bildeten einen Anlass, friedensstörende ‚Sekten' in der Ordnungsgesetzgebung des Reiches sowie altgläubige und evangelische Reichsstände zu kriminalisieren und mit schweren Strafen zu bedrohen. Der Reichsabschied vom 22. April 1529 und das darin enthaltene Mandat gegen die Täufer kriminalisierte Sektenmitglieder als „Friedbrecher, Hauptfächer, Landläuffer und [...] auffrührige Auffwickler", die Frieden und Einigkeit gefährden würden.[51] Zahlreiche Territorien übernahmen diese Bestimmungen in ihre Policeygesetzgebung, weil – so das lutherische Hessen in einem Erlass von 1528 – durch solche „sekten trennung in unser christlichen gemeine und mirkliche ufrur und blutvergiessen entsteen" würden und dies die „zerrutung gemeiner polecei, ordenung und frids" zur Folge hätte.[52]

Frieden und Policey fungierten folglich als zentrale Begründung und Rechtfertigung, um religiöse Devianz mit dem Delikt des Landfriedensbruchs zu einem kollektiven Sektenverbrechen zu verbinden.[53] Der Reichsabschied von 1555 weitete den Landfrieden schließlich explizit auf Religionskonflikte bzw. ‚Religionsfriedenstatbestände' aus und verfestigte den Zusammenhang von Landfrieden, Policey und Religion mit dem Ziel, dass „beederseits Religions-Verwandte so viel mehr in beständigem Frieden und guter Sicherheit gegen und bey einander sitzen und bleiben mögen".[54] Das Zitat macht allerdings deutlich, dass sich ab der Mitte des 16. Jahrhunderts auch im Bereich friedensstörender religiöser Devianz und ‚Sekten' eine Verschiebung vom Frieden zur Sicherheit als dem zentralen Leitbegriff abzeichnete. Der Religionsfrieden bezog sich fortan auf die gewaltsamen Religionskonflikte zwischen den Reichsständen, während religiöse Devianz und ‚Sekten' in der Policey- und Ordnungsgesetzgebung der Obrigkeiten primär als Gefährdung der inneren Sicherheit kriminalisiert

---

51 Abschied des Reichs-Tags zu Speyer Anno 1529 und Constitution oder Mandat wider die Widertäuffer, 22.04.1529, in: Neue und vollständigere Sammlung der Reichs-Abschiede [...], Tl. 2, Frankfurt a.M. 1747, S. 292–306, hier S. 294.
52 Landgräflicher Erlaß gegen die Wiedertäufer, 1528, in: *Günther Franz* (Bearb.), Urkundliche Quellen zur hessischen Reformationsgeschichte, Bd. 4, Marburg ²2017, Nr. 7, S. 17–19.
53 Dazu demnächst: *Karl Härter*, Sekten, religiöse Devianz und Sicherheit: Etikettierung und Kriminalisierung religiös-kultureller Diversität im Reformationszeitalter, in: Gerrit Jasper Schenk/Volkhard Huth (Hg.), Jenseits von Luther. Christen und Juden, Fundamentalismen und Transformationen vor und nach 1517 im Südwesten des Reichs [im Druck].
54 Abschied der Röm[isch] königl[ichen] Majestät und gemeiner Stände auff dem Reichs-Tag zu Augsburg auffgericht, im Jahr 1555 § 20, in: Neue und vollständigere Sammlung der Reichs-Abschiede [...], Tl. 3, Frankfurt a.M. 1747, S. 14–43, hier S. 18f.

wurden. Nach dem Westfälischen Frieden von 1648 verschwanden diese Normen allerdings allmählich aus der obrigkeitlichen Ordnungsgesetzgebung, die sich zunehmend auf religiöse Toleranz[55] ausrichtete.

3. Frieden als Handlungsfeld ‚guter Policey': Delikte, soziale Kontrolle und Sicherheit

Im Kontext von Stadt-, Land- und Religionsfrieden gewann der Friedensbegriff in den Policeyordnungen bis etwa zur Mitte des 17. Jahrhunderts spezifische Bedeutungsgehalte, die wiederum Handlungsfelder ‚guter Policey' beeinflussten. Der auf gute Ordnung und Policey bezogene Frieden betraf sowohl soziale Konfliktfelder als auch die obrigkeitlich-staatliche Regulierung und Disziplinierung abweichenden Verhaltens. Ausgehend von den Normen und Materien der Policeyordnungen, die sich explizit auf den Friedensbegriff beziehen, lassen sich kursorisch benennen:
- gewaltsame Konflikte und Gewaltkriminalität wie Landfriedensbruch, Raub, Totschlag, Schlägerei, Aufruhr und Duelle
- Eigentumsdelikte wie Raub und Diebstahl in Verbindung mit der Gefährdung des Hausfriedens[56] oder des Landfriedens
- abweichendes Verhalten im Bereich von Religion, Ehe, Sexualität und Sittlichkeit, die Frieden und Einheit gefährdeten
- Streit und Störungen der öffentlichen Ordnung, die allgemein als ‚Friedbruch' und Friedensstörung reglementiert und kriminalisiert wurden.

Die Umsetzung erfolgte vor allem normativ-symbolisch über den Anspruch auf Befolgung durch alle Normadressaten. Die frühneuzeitlichen Obrigkeiten beließen es allerdings nicht bei der Publikation der Policeyordnungen, welche die Adressaten mit unterschiedlichen Verfahrensweisen und Medien durchaus erreichten. Sie etablierten allmählich im Rahmen der frühneuzeitlichen Verwaltung Instrumente und Verfahren zur Implementierung und Durchsetzung der Normen, die von Kriminalstrafen und Sanktionen bis zu Konfliktregulierung, Schlichtung und Prävention reichten.[57] In der

---

55 Vgl. hierzu auch Kapitel 30.
56 Vgl. hierzu auch Kapitel 13.
57 Dazu allgemein: *Achim Landwehr*, Die Rhetorik der „guten Policey", in: ZHF 30 (2003), S. 251–287; *Karl Härter*, Die Verwaltung der „guten Policey": Verrechtlichung, soziale Kontrolle und Disziplinierung, in: Michael Hochedlinger/Thomas Winkelbauer (Hg.), Herrschaftsverdichtung, Staatsbildung, Bürokratisierung. Verfassungs-, Verwaltungs- und Behördengeschichte der Frühen Neuzeit, Wien u. a. 2010, S. 243–270; *Landwehr*, Policey im Alltag; *Holenstein*, „Gute Policey"; *Karl Härter*, Policey und Strafjustiz in Kurmainz. Gesetzgebung, Normdurchsetzung und Sozialkontrolle im frühneuzeitlichen Territorialstaat, 2 Bde., Frankfurt a. M. 2005.

Landesordnung von 1562 bedrohte das Fürststift Kempten Totschlag und schwere (blutige) Körperverletzung mit Todesstrafen, damit „solch übel gestraft, fried und einigkeit erhalten und blutvergiesen" verhütet werde.[58] Neben Strafandrohungen sollten auch Verbote von ‚Zank und Hader', des Messerzückens oder des Ausforderns präventiv Gewaltkonflikte verhindern und den Frieden erhalten. Um dies durchzusetzen, räumten einige Policeyordnungen lokalen Amtsträgern die Kompetenz ein, Streitenden Frieden zu gebieten. Das bereits dem spätmittelalterlichen Recht bekannte ‚Friedgebot' war meist mit der Androhung von Sanktionen versehen; wer dagegen verstieß und einen ‚Friedbruch' beging, sollte zusätzlich mit Geldbußen bestraft werden: „So aber einer ueber gebottnen friden einen in dem seinigen verwundt, der ist doppelte straff würdig und ohne alle gnad zu bezahlen schuldig", drohte die Policeyordnung für die Herrschaft Wellenburg.[59]

‚Friedgebot' und ‚Friedbruch' dehnten einige Policeygesetze auch auf andere Delikte im Bereich der öffentlichen Ordnung (Tumult, Ruhestörung, Beleidigungen) aus. Die Policeyordnung des Reichsklosters Elchingen von 1685/1718 untersagte bei Strafe „Jauchzen und geschray des nachts auf denen gassen", um den Gemeinden „ruhe, fried und sicherheit" zu verschaffen.[60] Wenn streitende Parteien durch „hadern, schlägereyen oder verhoehnungen, den stadt-frieden" verletzen würden, dann konnte „jedermann, so um friedens willen dabey ist, solche, der keinen frieden haben will, zum frieden zwingen", ohne Strafe befürchten zu müssen.[61] Diese Bestimmung in der Policeyordnung der Reichsstadt Schweinfurt macht die soziale und disziplinierende Funktion des ‚Friedgebots' deutlich. Frieden als Handlungsfeld der ‚guten Policey' bezog die soziale Gemeinschaft mit ein, die bei öffentlichen Konflikten Frieden gebieten konnte. Allerdings nutzten nur einige Ordnungsgesetze ‚Friedgebot' und ‚Friedbruch' als Verfahren zur Durchsetzung der Policeynormen. Im 18. Jahrhundert waren sie nahezu völlig verschwunden und wurden durch andere Instrumente und Institutionen – insbesondere kommunale und paramilitärische Polizeiorgane – zur Aufrechterhaltung der öffentlichen Sicherheit und Ordnung abgelöst.[62] Der innere Frieden wurde

---

58 Landesordnung Fürststift Kempten von 1562, in: *Wüst*, Policey im Reichskreis, Bd. 1, Nr. 13, S. 356.
59 Policeyordnung der Grafen Fugger-Kirchberg-Weißenhorn, 27.08.1726, in: *Wüst*, Policey im Reichskreis, Bd. 1, Nr. 17b, S. 472; ähnlich bereits Pollicey-Ordnung ettlicher punct und Artickel [...] Herrn Georg-Friderichen, Marggravens zu Brandenburg etc. Fürstenthumb außgangen, Nürnberg 1549, Art. XVIII. Weitere Beispiele in: *Wüst*, Policey im Reichskreis, Bd. 3, Sachregister, ‚Friedbruch' und ‚Friedgebot', S. 844; *Härter/Stolleis*, Repertorium der Policeyordnungen, Sachregister, Bd. 4, S. 1.024, Bd. 6, S. 1.396, Bd. 11, S. 975.
60 Policeyordnung Reichskloster Elchingen 1685/1718 § 51, in: *Wüst*, Policey im Reichskreis, Bd. 1, Nr. 12, S. 334.
61 Deß Heil. Roem. Reichs freyen stadt Schweinfurth renovirte policey-ordnung (1716), in: *Wüst*, Policey im Reichskreis, Bd. 2, Nr. 5, S. 224.
62 Dazu als ersten Überblick: *André Holenstein u.a.* (Hg.), Policey in lokalen Räumen. Ordnungskräfte und Sicherheitspersonal in Gemeinden und Territorien vom Spätmittelalter bis zum frühen 19. Jahrhundert, Frankfurt a.M. 2002; *Härter*, Friedenswahrung; *Härter*, Sicherheit und gute Policey.

folglich nur zeitweilig und begrenzt zu einem konkreten Handlungsfeld der frühneuzeitlichen Policeyordnungen und konnte im Unterschied zum Leitbegriff der Sicherheit kaum Bedeutung hinsichtlich der Etablierung spezifischer Instrumente und Institutionen gewinnen.

4. Vom Frieden zur öffentlichen Sicherheit

Im 18. Jahrhundert war Frieden als Leitbegriff und Handlungsfeld nahezu völlig aus den frühneuzeitlichen Policeyordnungen verschwunden. An seine Stelle trat die öffentliche Sicherheit (*securitas publica*) als zentraler Begriff und Handlungsfeld der inneren Ordnung von Staat und Gesellschaft.[63] Dies gilt über das Alte Reich hinaus auch für andere europäische Länder wie Frankreich, Italien, Schweden oder Dänemark, in deren Ordnungsgesetzgebung die typischen ‚Sicherheitsmaterien' wesentliche Bedeutung gewannen. Im kommunalen Kontext ersetzte die öffentliche Ruhe und Sicherheit den Stadtfrieden und der Landfrieden hatte sich zur Landessicherheit entwickelt. Das religiös-konfessionelle Konfliktfeld – das im Kontext der ‚guten Policey' ein Spezifikum des Alten Reiches bildete – war mit den Regelungen des Westfälischen Friedens und durch Reichsverfassung, Aufklärung und Toleranzpolitik befriedet bzw. verrechtlicht worden. Der vormoderne Territorialstaat hatte zudem das Rechts- und Justizsystem im Hinblick auf Devianz, Kriminalität und Konfliktregulierung verstaatlicht, professionalisiert und modernisiert und damit das Instrumentarium zur Erhaltung des interstaatlichen Friedens erheblich weiterentwickelt. Dieser schärferen Trennung von ‚äußerem' und ‚innerem' Frieden entsprach im Übrigen die Differenzierung zwischen ‚äußerer' und ‚innerer' Sicherheit, die im 18. Jahrhundert die Policey- und Sicherheitsdiskurse in Europa prägte.[64]

Dass sich Sicherheit zum zentralen Leitbegriff und Handlungsfeld der ‚guten Policey' entwickelte, ist auch das paradoxe Ergebnis der zeitweiligen, begrenzten Aufnahme des Friedensbegriffs in die Policeyordnungen. Denn diese trieben die ‚Säkularisierung' und ‚Versicherheitlichung' des Friedens erheblich voran, ordneten ihn der ‚guten Ordnung' unter und reduzierten ihn auf soziale Kontrolle und die Gewährleistung öffentlicher Sicherheit. Dagegen konnte der vormoderne Territorialstaat unter dem Leitbegriff des Friedens weder einen systematischen Bereich von Policeynormen ausbilden noch ein konkretes Instrumentarium der Umsetzung entwickeln. Als nor-

---

63 Vgl. hierzu auch Kapitel 27.
64 *Härter*, Sicherheit und gute Policey; *Karl Härter*, Sicherheit und Frieden im frühneuzeitlichen Alten Reich: Zur Funktion der Reichsverfassung als Sicherheits- und Friedensordnung 1648–1806, in: ZHF 30 (2003), S. 413–431. Allgemein zur Geschichte der Sicherheit in der Frühen Neuzeit: *Christoph Kampmann/Ulrich Niggemann* (Hg.), Sicherheit in der Frühen Neuzeit. Norm, Praxis, Repräsentation, Köln u.a. 2013; *Cornel Zwierlein*, Sicherheitsgeschichte. Ein neues Feld der Geschichtswissenschaften, in: GG 38 (2012), S. 365–386.

mativ-diskursiver Leitbegriff konnte Frieden kaum mittels Ordnungsgesetzen und Verwaltung umgesetzt werden: Der innere Frieden von Staat und Gesellschaft entzog sich bereits in der Frühen Neuzeit einer empirischen Konkretisierung im Kontext von Ordnungsgesetzgebung und Verwaltung. Dennoch kam dem ‚Frieden' eine wichtige Rolle im Prozess der Etablierung der ‚guten Policey' zu, indem er die Adaption und Transformation von Stadtfrieden, Landfrieden und Religionsfrieden – und damit der entsprechenden Normen und Regelungsbereiche – in die Policeyordnungen ermöglichte.

Auswahlbibliographie / Select Bibliography

Blickle, Peter u.a. (Hg.), Gute Policey als Politik im 16. Jahrhundert. Die Entstehung des öffentlichen Raumes in Oberdeutschland, Frankfurt a.M. 2003.

Härter, Karl, Entwicklung und Funktion der Policeygesetzgebung des Heiligen Römischen Reiches Deutscher Nation im 16. Jahrhundert, in: Ius Commune 20 (1993), S. 61–141.

Härter, Karl (Hg.), Policey und frühneuzeitliche Gesellschaft, Frankfurt a.M. 2000.

Härter, Karl, Von der Friedenswahrung zur „öffentlichen Sicherheit": Konzepte und Maßnahmen frühneuzeitlicher Sicherheitspolicey in rheinländischen Territorien, in: RhV 67 (2003), S. 162–190.

Härter, Karl, Sicherheit und Frieden im frühneuzeitlichen Alten Reich: Zur Funktion der Reichsverfassung als Sicherheits- und Friedensordnung 1648–1806, in: ZHF 30 (2003), S. 413–431.

Härter, Karl, ‚Gute Ordnung und Policey' des Alten Reiches in der Region: Zum Einfluss der Reichspoliceygesetzgebung auf die Ordnungsgesetzgebung süddeutscher Reichsstände, in: Rolf Kießling/Sabine Ullmann (Hg.), Das Reich in der Region während des Spätmittelalters und der Frühen Neuzeit, Konstanz 2005, S. 187–223.

Härter, Karl, Religion, Frieden und Sicherheit als Gegenstand guter Ordnung und Policey: Zu den Aus- und Nachwirkungen des Augsburger Religionsfriedens und des Reichsabschieds von 1555 in der reichsständischen Policeygesetzgebung, in: Wolfgang Wüst u.a. (Hg.), Der Augsburger Religionsfriede 1555. Ein Epochenereignis und seine regionale Verankerung, Augsburg 2005, S. 143–164.

Härter, Karl, Art. „Polizei", in: EdN 10 (2009), Sp. 170–180.

Härter, Karl, Statut und Policeyordnung: Entwicklung und Verhältnis des Statutarrechts zur Policeygesetzgebung zwischen spätem Mittelalter und Früher Neuzeit in mitteleuropäischen Reichs- und Landstädten, in: Gisela Drossbach (Hg.), Von der Ordnung zur Norm: Statuten in Mittelalter und Früher Neuzeit, Paderborn u.a. 2010, S. 127–152.

Härter, Karl, Sicherheit und gute Policey im frühneuzeitlichen Alten Reich: Konzepte, Gesetze und Instrumente, in: Bernd Dollinger/Henning Schmidt-Semisch (Hg.), Sicherer Alltag? Politiken und Mechanismen der Sicherheitskonstruktion im Alltag, Wiesbaden 2015, S. 29–55.

Härter, Karl, Gewalt, Landfriedensbruch, Sekten und Revolten: Das Reichskammergericht und die öffentliche Sicherheit, Wetzlar 2017.

Härter, Karl, Strafrechts- und Kriminalitätsgeschichte der Frühen Neuzeit, Berlin/Boston 2018.

Härter, Karl, Art. „Policeywissenschaft", in: HDRG 27 [2](2018), Sp. 653–657.

Härter, Karl, Art. „Policey" in: HDRG 27 [2](2018), Sp. 645–646.

Härter, Karl, Art. „Policeyordnungen", in: HDRG 27 [2](2018), Sp. 646–652.

Härter, Karl, Art. „Policeywissenschaft", in: HDRG 27 [2](2018), Sp. 653–657.

Härter, Karl/Stolleis, Michael (Hg.), Repertorium der Policeyordnungen der Frühen Neuzeit, Bde. 1–12, Frankfurt a.M. 1996–2017.

Holenstein, André u. a. (Hg.), Policey in lokalen Räumen. Ordnungskräfte und Sicherheitspersonal in Gemeinden und Territorien vom Spätmittelalter bis zum frühen 19. Jahrhundert, Frankfurt a. M. 2002.

Holenstein, André, „Gute Policey" und lokale Gesellschaft im Staat des Ancien Régime. Das Fallbeispiel Baden(-Durlach), 2 Bde., Tübingen 2003.

Iseli, Andrea, Gute Policey. Öffentliche Ordnung in der Frühen Neuzeit, Stuttgart 2009.

Knemeyer, Franz-Ludwig, Art. „Polizei", in: GGB 4 (1978), S. 875–894.

Landwehr, Achim, Policey im Alltag. Die Implementation frühneuzeitlicher Polizeiordnungen in Leonberg, Frankfurt a. M. 2000.

Landwehr, Achim, Die Rhetorik der „guten Policey", in: ZHF 30 (2003), S. 251–287.

Simon, Thomas, „Gute Policey". Ordnungsleitbilder und Zielvorstellungen politischen Handelns in der frühen Neuzeit, Frankfurt a. M. 2004.

Stolleis, Michael (Hg.), unter Mitarbeit von Karl Härter/Lothar Schilling, Policey im Europa der Frühen Neuzeit, Frankfurt a. M. 1996.

Stolleis, Michael, Geschichte des öffentlichen Rechts in Deutschland, Bd. 1: Reichspublizistik und Policeywissenschaft 1600–1800, München ^{2}2012.

Weber, Matthias, Die Reichspolizeiordnungen von 1530, 1548 und 1577. Historische Einführung und Edition, Frankfurt a. M. 2002.

Westphal, Siegrid, Frieden durch Policey. Die Reichspoliceyordnungen als Vorbild für die territoriale Friedenssicherung, in: Stefan Brüdermann (Hg.), 1615 – Recht und Ordnung in Schaumburg, Gütersloh 2017, S. 104–117.

Wüst, Wolfgang, Wertebildung und Menschenrechte in der Policey deutscher Territorien, in: ZBLG 66 (2003), S. 865–890.

Wüst, Wolfgang (Hg.), Die „gute" Policey im Reichskreis. Zur frühmodernen Normensetzung in den Kernregionen des Alten Reiches, Bde. 1–8, Berlin/Erlangen 2001–2018.

Uwe Tresp
11. Erbeinungen

Abstract: Hereditary Alliances
Hereditary alliances are alliances formed by at least two princes and including their heirs, descendants and successors. The signatories promised each other friendship, advice, protection, and help against all others, normally excluding the pope, the emperor, and sometimes other named princes. The distinguishing characteristic of such alliances is their perpetual validity. Their duration without limit was to be guaranteed by the involvement of all future generations of heirs. The aim was to bring about a lasting peace between the signatories, their lands, and their subjects. From their late medieval origins as alliances devoted to eternal friendship and mutual defence, they developed in the fifteenth and sixteenth century into neighbourhood or regional treaties, which were designed to foster peaceful relations between princes and territories under the rule of law. To this end, they contained complex rules for the arbitration of disputes and for cross-border legal assistance.

Als Erbeinungen werden Verträge bezeichnet, mit denen sich mindestens zwei Fürsten unter Einschluss ihrer Erben, Nachkommen und Rechtsnachfolger miteinander verbanden. Dabei versprachen sie sich gegenseitig Freundschaft, Rat, Schutz und Hilfe gegen jedermann, wovon in der Regel Papst und Kaiser sowie konkret benannte weitere Fürsten ausgenommen wurden.[1] Das wichtigste Merkmal der Erbeinungen, das sie von anderen Bündnissen unterscheidet, ist ihre auf ewige Dauer angelegte Wirksamkeit, die durch die Einbeziehung aller künftigen Generationen von Erben der beteiligten Fürsten gewährleistet werden sollte, um einen dauerhaften Frieden zwischen ihnen zu bewirken.

1. Forschungslage

Auch wenn Erbeinungen anhand ihrer Charakteristik als Bündnis von ewiger Dauer eindeutig identifizierbar sind, hat sich für sie noch keine einheitliche Bezeichnung umfassend durchgesetzt. Sowohl in den mittelalterlichen und frühneuzeitlichen Quellen als auch in der Forschungsliteratur tauchen immer wieder auch alternative Bezeichnungen für Erbeinungen auf, die sich jedoch stets erkennbar auf ihr wesentli-

---

[1] *Mario Müller*, Stand, Probleme und künftige Aufgabenfelder der Forschung zu Erbeinungen und Erbverbrüderungen, in: Mario Müller u.a. (Hg.), Erbeinungen und Erbverbrüderungen in Spätmittelalter und Früher Neuzeit. Generationsübergreifende Verträge und Strategien im europäischen Vergleich, Berlin 2014, S. 290–312, hier S. 290.

ches Merkmal beziehen. So können Erbeinungen u.a. als Erbeinigungen, Erb- oder erbliche Bündnisse, ewige Bündnisse oder generationenübergreifende Verträge bezeichnet werden. Das führt bisweilen zu Missverständnissen oder sogar zu Missdeutungen. Zu unterscheiden sind Erbeinungen daher von inhaltlich gänzlich verschiedenen Vertragsformen mit ähnlichen Bezeichnungen. Das wären etwa Erbverträge, die ein zwischen verschiedenen Parteien umstrittenes Erbe regeln.[2] Vor allem aber müssen die Erbeinungen deutlich von den Erbverbrüderungen (oder Erbvereinigungen) getrennt werden, mit denen zwei oder mehrere fürstliche Dynastien vereinbarten, ihre Herrschaften bei eigenem Aussterben ohne (männliche) Erben an den oder die Vertragspartner zu vererben. Auf diese Weise sollte das königliche Heimfallrecht[3] der Reichslehen umgangen werden, weshalb die Erbverbrüderungen, anders als die Erbeinungen, auch eine ausdrückliche königliche Zustimmung benötigten. Auch wenn demnach sinngemäß deutlich zwischen Erbeinungen und Erbverbrüderungen zu unterscheiden ist, konnten Erbeinungen – als auf ewige Dauer angelegte Schutz- und Hilfsbündnisse – in einzelnen Fällen auch als Bestandteile oder Ergänzungen von Erbverbrüderungen auftreten, zumal sie deren Intention, also den Erhalt und Ausbau des gemeinsamen Erbes der beteiligten Dynastien, unterstützten.[4]

Die bisweilen in der Forschung auftretenden Missverständnisse und Verwechslungen, vor allem zwischen den in der Bezeichnung sehr ähnlich scheinenden Erbeinungen und Erbverbrüderungen, sind vor allem auf eine lange Vernachlässigung dieser Bündnisse in der historischen Forschung zurückzuführen. Wenn überhaupt, fanden seit dem 17. Jahrhundert bis in die jüngste Gegenwart eher die Erbverbrüderungen als die Erbeinungen ein rechts-, verfassungs- oder dynastiegeschichtliches Interesse, wobei es immer wieder zu Verwechslungen in der Bezeichnung kam, indem zumeist die Erbverbrüderungen auch als Erbeinungen bezeichnet wurden.[5] Darüber

---

2 Anders versteht *Müller*, Stand, S. 291 unter Erbverträgen eine übergeordnete Kategorie, der wegen ihres erblichen Charakters sowohl die Erbeinungen als auch die Erbverbrüderungen angehören.
3 Bei erbenlosem Tod des Lehnsmannes fiel das Lehen an den Lehnsherrn (bei Reichslehen war dies der König) zurück, der das Recht hatte, es wieder neu zu vergeben.
4 Ausführlich zu Mischformen der Bündnisse: *Erhard Hirsch*, Generationsübergreifende Verträge reichsfürstlicher Dynastien vom 14. bis zum 16. Jahrhundert, Berlin 2013, S. 102–106.
5 Siehe dazu die zahlreichen Beispiele bei *Thomas Ott*, Präzedenz und Nachbarschaft. Das albertinische Sachsen und seine Zuordnung zu Kaiser und Reich im 16. Jahrhundert, Mainz 2008, S. 25f., *Heiner Lück*, Zum rechts- und verfassungsmäßigen Wandel dynastischer Erbverbrüderungen und Erbeinungen im 17. und 18. Jahrhundert, in: Müller u.a. (Hg.), Erbeinungen, S. 269–289 und *Steffen Schlinker*, Die Bedeutung der Erbeinungen und Erbverbrüderungen für die europäische Verfassungsgeschichte, in: Müller u.a. (Hg.), Erbeinungen, S. 13–39. Die klare Unterscheidung der beiden Vertragsarten wird zudem oft dadurch erschwert, dass die beteiligten Fürsten parallel zu den Erbeinungen häufig auch Verlobungs- und Heiratsverträge sowie weitere dynastische Bündnisse abschlossen, woraus in bestimmten Fällen komplexe Vertragssysteme entstehen konnten, die – ähnlich den Erbverbrüderungen – enge dynastische Interessensgemeinschaften zur Folge hatten. Daraus resultierte jedoch kein ausdrücklich formuliertes gegenseitiges Erbrecht. Ein Beispiel dafür sind die böhmisch-sächsischen Verträge (unter Einschluss der Markgrafen von Brandenburg) von 1459, die aus einem Friedens-

hinaus konzentrierte sich die Forschung im Hinblick auf die institutionalisierte Bewahrung von Frieden und Recht im Mittelalter vor allem auf kommunale oder reichsständische Bündnisse wie die Landfrieden[6] und verkannte die Bedeutung der funktional mit ihnen verwandten, allerdings ausschließlich unter Fürsten abgeschlossenen Erbeinungen.[7] Erst in jüngerer Zeit hat sich diese einseitige Perspektive gewandelt, indem nun auch die Erbeinungen in ihrer Rolle für die verfassungsgeschichtliche Entwicklung des Alten Reiches[8] sowie in der Wahrung des Friedens, der Festigung von Herrschaftsstrukturen sowie den gemeinen Nutzen (das *bonum commune*)[9] gewürdigt wurden.

Mit diesem Perspektivwandel ging auch einher, dass über neue, vor allem kommunikationswissenschaftliche Forschungsansätze zu nachbarschaftlichen Beziehungen zwischen deutschen Landesherrschaften in Spätmittelalter und Früher Neuzeit auch die Erbeinungen stärker in den Blick genommen wurden.[10] Jüngst führte dies dazu, dass die Forschung zu den erblichen Verträgen etwa seit Mitte der 2000er Jahre insgesamt zunahm, wobei bislang – nicht zuletzt als eine Nachwirkung der aus mangelhafter Forschung bestehenden Missverständnisse über die notwendige inhaltliche Trennung dieser Vertragsformen – weiterhin den Erbverbrüderungen eine größere Aufmerksamkeit entgegengebracht wird als den Erbeinungen.[11] Dementsprechend be-

---

schluss, mehreren wechselseitigen Erbeinungen und Heiratsverträgen sowie weiteren Vereinbarungen zwischen den beteiligten Fürsten bestanden. Dazu ausführlich *Uwe Tresp*, Erbeinung und Dynastie. Die Egerer Verträge von 1459 als Grundlage der sächsisch-böhmischen Beziehungen im 15. und 16. Jahrhundert, in: BDLG 144 (2008), S. 55–85; *ders.*, Das Fürstentreffen von Eger und die sächsisch-böhmischen Beziehungen um 1459 (mit Editionsanhang), in: André Thieme/Uwe Tresp (Hg.), Eger 1459. Fürstentreffen zwischen Sachsen, Böhmen und ihren Nachbarn: Dynastische Politik, fürstliche Repräsentation und kulturelle Verflechtung, Wettin-Löbejün 2011, S. 67–128; *Mario Müller*, Die diplomatische Kärrnerarbeit des Vermittlers. Markgraf Albrecht Achilles von Brandenburg auf dem Egerer Fürstentreffen 1459 (mit Editionsanhang), in: Thieme/Tresp (Hg.), Eger, S. 178–226.

6 Vgl. hierzu auch Kapitel 8.
7 *Müller*, Stand, S. 298, mit markanten Beispielen aus der Rechts- und Verfassungsgeschichte.
8 *Reinhart Koselleck*, Art. „Bund", in: GGB 1 (1972), S. 582–671, hier S. 583.
9 *Schlinker*, Bedeutung, S. 18f.
10 So u. a. bei *Claudia Garnier*, Amicus amicis, inimicus inimicis. Politische Freundschaft und fürstliche Netzwerke im 13. Jahrhundert, Stuttgart 2000; *Christine Pflüger*, Kommissare und Korrespondenzen. Politische Kommunikation im Alten Reich (1552–1558), Köln u. a. 2008; *Ott*, Präzedenz; *Mario Müller*, Besiegelte Freundschaft. Die brandenburgischen Erbeinungen und Erbverbrüderungen im späten Mittelalter, Göttingen 2010; *Thieme/Tresp* (Hg.), Eger.
11 Kennzeichnend dafür ist der aus den Beiträgen zu einer Greifswalder Tagung im Jahr 2012 hervorgegangene Sammelband *Müller u. a.* (Hg.), Erbeinungen. Siehe darin besonders die Beiträge von *Schlinker*, Bedeutung (zu den Erbeinungen nur verhältnismäßig knapp: ebd., S. 14–20) und *Müller*, Stand. Darüber hinaus breiter mit dem Thema beschäftigt hat sich v. a. *Hirsch*, Bedeutung; *ders.*, Verträge. Im besonderen Fokus der jüngeren Forschungen standen die böhmisch-sächsischen (bzw. wettinischen) Erbeinungen (dazu u. a. *Ott*, Präzedenz; *Tresp*, Erbeinung und Dynastie; *ders.*, Fürstentreffen; *ders.*, Erbeinung und Fehde zwischen Sachsen und Böhmen: Die Fehde des Jan von Lobkowitz auf Hassenstein gegen die Albertiner (1493–96), in: Julia Eulenstein u. a. (Hg.), Fehdeführung im spätmittelalterli-

steht gerade hinsichtlich der Erbeinungen noch ein erheblicher Forschungsbedarf, etwa zu den Ursprüngen und Intentionen dieser besonderen Bündnisformen, zur Varianz der inhaltlichen Ausformung der Erbeinungsverträge vom 14. bis ins frühe 17. Jahrhundert sowie deren praktischer Umsetzung und schließlich zu ihrem – vermutlichen – Aufgehen in das durch den Westfälischen Frieden[12] 1648 verbriefte Bündnisrecht der reichsunmittelbaren Territorien.

Eine wichtige noch ungeklärte Frage ist die der möglichen europäischen Vorläufer, Vorbilder und Parallelen der Erbeinungen zwischen den deutschen Reichsfürsten. Es ist anzunehmen, dass entweder gleiche oder ähnliche Bündnisse weit verbreitet waren oder dass zumindest wesentliche inhaltliche Elemente der Erbeinungen auch in anderen Regionen Europas weitgehend üblich waren. Dennoch mangelt es bislang noch an systematischer vergleichender Forschung mit europäischer Perspektive.[13] Die folgenden Ausführungen müssen sich daher auf die zwischen den Fürsten des Heiligen Römischen Reiches vom 14. bis 17. Jahrhundert bestehenden Erbeinungen beschränken.

2. Ursprünge, Entwicklung und Ende

Die tatsächlichen Ursprünge der Erbeinungen der deutschen Reichsfürsten in Spätmittelalter und Früher Neuzeit liegen bislang noch völlig im Unklaren.

Einer älteren verfassungsgeschichtlichen Ansicht nach galt Kaiser Karl IV. (1316–1378) aus dem Haus Luxemburg als Urheber oder ‚Vordenker' der Erbeinungen unter den deutschen Reichsfürsten, da er als Reichsoberhaupt eine ganz eigene Form von Bündnissen mit Reichsfürsten entwickelte, indem er seine herrschaftliche Doppelstellung ausnutzte, um in seiner Eigenschaft als König von Böhmen – nicht als römisch-deutscher König oder Kaiser – mit anderen Fürsten Erbeinungen abzuschließen.[14] Allerdings lassen sich bereits für Karls Vater, König Johann den Blinden von Böhmen (1296–1346), Bündnisse feststellen, die den Vertragsformeln gemäß von ewiger Dauer sein sollten und die zudem über den Kreis der Reichsfürsten hinausreichten. So

---

chen Reich. Zwischen adeliger Handlungslogik und territorialer Verdichtung, Affalterbach 2013, S. 179–202) sowie die Erbverbrüderungen und Erbeinungen der Markgrafen von Brandenburg (*Mario Müller*, Besiegelte Freundschaft. Die brandenburgischen Erbeinungen und Erbverbrüderungen im späten Mittelalter, Göttingen 2010; *ders.*, Kärrnerarbeit; *Erhard Hirsch*, Spannungsfelder generationsübergreifender, interterritorialer Abkommen der Markgrafen von Brandenburg vom 14. bis zum 16. Jahrhundert, in: Müller u.a., Erbeinungen, S. 55–95).

12 Vgl. hierzu auch Kapitel 46.
13 Vgl. die Vielzahl von Beispielen europäischer Parallelen im Überblick bei *Hirsch*, Verträge, S. 200–223.
14 *Ernst Schubert*, König und Reich. Studien zur spätmittelalterlichen deutschen Verfassungsgeschichte, Göttingen 1979, S. 111–113. Auf diese These beziehen sich u.a. *Hirsch*, Verträge, S. 18 und S. 24f.; *Müller*, Freundschaft, S. 100 und *Ott*, Präzedenz, S. 21.

schloss König Johann 1325 ein ewiges Bündnis mit dem ungarischen Königshaus Anjou, in das später auch die Habsburger mit einbezogen wurden, und 1332 ein ebenso auf Ewigkeit angelegtes Bündnis mit dem französischen Königshaus Valois.[15] Möglicherweise lässt sich aus diesen Konstellationen der Vertragsparteien auf französische Vorbilder der späteren Erbeinungen schließen, die vom stark französisch beeinflussten böhmischen König Johann aufgegriffen und dann durch Kaiser Karl IV. weiterentwickelt wurden.

Auch wenn Karl IV. damit nicht als der eigentliche Innovator der Erbeinungen gelten kann, hat er dennoch erheblich zur Etablierung dieser Vertragsform im spätmittelalterlichen Heiligen Römischen Reich beigetragen. Als König von Böhmen (einmal auch als Vormund seiner Söhne in ihrer Funktion als Markgrafen von Brandenburg) – und damit als Reichsfürst und nicht als Reichsoberhaupt – schloss er mit elf meist benachbarten Reichsfürsten Erbeinungen ab, nicht mit eingerechnet die z.T. mehrfachen Erneuerungen, Bestätigungen oder Erweiterungen dieser Verträge. Auf diese Weise sicherte er die Länder der Böhmischen Krone, den Kern der luxemburgischen Hausmacht, mit einem komplexen System von Schutz- und Bündnisverträgen ab und trug erheblich zur Etablierung der Erbeinungen im Reich bei.[16] In gleicher Weise etablierten die Habsburger noch im 14. Jahrhundert ebenfalls ein System von Erbeinungen um ihre Herrschaften, bevorzugt mit geistlichen Fürsten (Salzburg, Passau, Trient). Später folgten weitere Fürsten im Norden, Osten und Südosten des Reiches, während im Westen insgesamt kaum erbliche Verträge abgeschlossen wurden.[17]

Im 15. und 16. Jahrhundert kam es nicht nur zu einer weiteren Ausbreitung der Erbeinungen unter den Reichsfürsten, sondern auch zu ihrer inhaltlichen Weiterentwicklung. Zu den ursprünglichen Bestimmungen eines gegenseitigen Schutzbündnisses traten immer mehr Bestimmungen hinzu, die die Beziehungen benachbarter Herrschaftsgebiete der beteiligten Fürsten regeln und Konflikte vermeiden oder durch institutionalisierte Schiedsgerichte lösen sollten. Die Erbeinungen wandelten sich damit funktional allmählich vom ewigen Freundschaftsbündnis zwischen Fürsten und ihren Erben zu ewigen Nachbarschaftsverträgen zwischen Herrschern und ihren Ländern.[18] Ähnlich wie die Landfrieden[19] trugen sie damit zur Wahrung des Friedens im Reich auf regionaler Ebene bei.[20] Im weiteren Verlauf des 16. Jahrhunderts, als die zwischenzeitlich dominierenden nachbarschaftlichen Konfliktfelder von Fehdeverfolgung und grenzübergreifender Kriminalität wieder in den Hintergrund traten, bemühten sich vor allem die Habsburger intensiv um eine Wiederbelebung der militärischen

---

15 *Uwe Tresp*, Karl IV., das Haus Luxemburg und die Erbeinungen der Böhmischen Krone im späten Mittelalter, in: Müller u.a., Erbeinungen, S 154–156.
16 Ebd., S. 156–161.
17 Siehe den Überblick bei *Hirsch*, Verträge, S. 167–200.
18 Vgl. dazu *Hirsch*, Verträge, S. 59–100.
19 Vgl. hierzu auch Kapitel 8, 39 und 40.
20 *Schlinker*, Bedeutung, S. 19.

Bündnispflichten als dem ursprünglichen Kern der Erbeinungen. So versuchte etwa Kaiser Rudolf II. (1552–1612) in seiner Funktion als König von Böhmen gegen Ende des 16. Jahrhunderts, die böhmischen Erbeinungen für eine zusätzliche Türkenhilfe durch verbündete Reichsfürsten (Sachsen und Brandenburg) zu instrumentalisieren.[21]

Die – letzten Endes erfolglosen – Forderungen Kaiser Rudolfs II. nach Bündnishilfe in weit über bloße Nachbarschaftsverhältnisse hinausgehenden Belangen machen deutlich, dass die Erbeinungen in dieser Hinsicht zu Missbrauch einladen konnten. Angesichts der komplexen Beziehungen zwischen Kaiser und Reichsfürsten sowie unter den Reichsfürsten stießen exklusive Bündnisse zwischen nur zwei Vertragspartnern um 1600 ohnehin rasch an ihre Belastungsgrenzen – erst recht, wenn das Reichsoberhaupt involviert war oder konfessionelle Gegensätze zu überwinden waren.[22] Zu Beginn des 17. Jahrhunderts wurden aus diesen Gründen gerade die Erbeinungen funktional in Frage gestellt, ohne dass dies jedoch zu einer formellen Auflösung dieser Bündnisse führte. Im Vorfeld des Dreißigjährigen Krieges erhoben etwa die böhmischen Stände sogar noch Forderungen nach Erneuerung aller bestehenden böhmischen Erbeinungen, um die Länder der Böhmischen Krone gegenüber Einflussnahmen der Nachbarn abzusichern.[23] Allerdings hat es nach dem Westfälischen Frieden, der das Bündnisrecht der reichsunmittelbaren Territorien grundsätzlich neu gestaltete, anscheinend kaum noch Erneuerungen von Erbeinungen gegeben.[24] Die meisten der nicht mehr zeitgemäßen ewigen Bündnisse gingen in einer veränderten Reichsverfassung auf.

3. Inhalte der Erbeinungen

3.1 Intentionen

Dass die Erbeinungen weitere Ziele verfolgten als die üblichen zweckgebundenen und zeitlich befristeten Bündnisse des Spätmittelalters, geht schon aus ihrem Anspruch

---

21 *Tresp*, Erbeinung und Dynastie, S. 80. Ausführlich dazu: *Ott*, Präzedenz, S. 484–497.
22 Am Beispiel der sächsisch-böhmischen Erbeinung: *Ott*, Präzedenz, S. 497–506, S. 531–535.
23 Ebd., S. 502.
24 Zum vermutlichen Auslaufen der Erbeinungen infolge des Westfälischen Friedens besteht noch erheblicher Forschungsbedarf. *Ott*, Präsenz, S. 497, weist beispielsweise auf ein juristisches Gutachten hin, das noch 1690 am kursächsischen Hof die Frage der Bündnispflichten durch Erbeinungen erläuterte. Dies könnte als Hinweis darauf gelten, dass die alten sächsisch-böhmischen Erbeinungen auch zu diesem Zeitpunkt formell immer noch gültig waren. Aus der Zeit Kaiser Leopolds I. (1640–1705) lassen sich auch vereinzelte Erneuerungen böhmischer Erbeinungen mit geistlichen Reichsfürsten nachweisen, so 1669 mit dem Erzstift Mainz (Praha, Národní archiv, Archiv České koruny (1158–1935), Nr. 2.454) und 1675 mit dem Stift Würzburg (Kopie: München, Bayerisches Hauptstaatsarchiv, Kasten schwarz, Nr. 3.243).

auf ewige Dauer hervor.[25] Sie dienten also nicht dem Kampf gegen bestimmte gemeinsame Gegner oder einem anderen konkreten Zweck, sondern sollten dauerhaft die Beziehungen unter den Vertragspartnern stabilisieren, die Freundschaft zwischen den beteiligten Fürsten und ihren Familien sowie die Nachbarschaft zwischen ihren Ländern und Herrschaften befestigen. Ihr eigentliches Ziel war daher der Erhalt von Frieden und Recht.[26] Das wird nicht zuletzt auch dadurch verdeutlicht, dass Erbeinungen bevorzugt in Folge von Friedensschlüssen abgeschlossen wurden, denen längere nachbarschaftliche, rechtliche oder dynastische Konflikte vorausgegangen waren.[27] Sowohl ihr Abschluss als auch ihre regelmäßige Erneuerung wurden durch eine breite symbolische Kommunikation als Akte der Friedens- und Freundschaftswahrung inszeniert – auf der öffentlichen Bühne von Herrschertreffen oder Fürstentagen sowie durch den feierlichen Eid der vertragschließenden Fürsten und ihrer Erben.[28] Erbeinungen konnten auch selbst zu Verfassungselementen der beteiligten Länder werden, wenn etwa im Königreich Böhmen die Stände oder im Erzstift Mainz das Domkapitel als Garanten ihrer Einhaltung mit einbezogen und sie auf diesem Wege – wie in Böhmen – durch Aufnahme in die Landtafeln zum Bestandteil des Landrechts wurden.[29] Die herausragende Bedeutung, die ihnen vor allem im 15. und 16. Jahrhundert beigemessen wurde, spiegelt sich darüber hinaus in einer breiten archivalischen Überlieferung von Erbeinungsverträgen, ihren Abschriften und umfangreichen verhandlungsbegleitenden Aufzeichnungen, die vor allem mit den häufigen Erneuerungen und inhaltlichen Erweiterungen dieser Bündnisse zusammenhängt.[30]

3.2 Anspruch auf Ewigkeit und Erblichkeit

Das charakteristische Merkmal der Erbeinungen, an dem sie eindeutig zu erkennen sind und nach dem sie bezeichnet werden, ist die formelhafte Einbeziehung aller Erben und Rechtsnachfolger der vertragschließenden Fürsten in das Bündnis. Damit verpflichteten die Fürsten einerseits alle künftigen eigenen und verwandten Nachkommen, aber andererseits auch alle nicht zwingend verwandten Nachfolger in Äm-

---

25 Die ältere Forschung hat diesen Anspruch auf ewige Dauer häufig entweder ignoriert oder übersehen und die Erbeinungen lediglich wie gewöhnliche Bündnisse behandelt. Dies wird jedoch weder ihren Intentionen noch dem Rang, der ihnen von den Zeitgenossen beigemessen wurde, gerecht.
26 Zusammenfassend dazu *Müller*, Stand, S. 309f.; vgl. hierzu auch Kapitel 6.
27 So erklärte beispielsweise Herzog Wilhelm III. von Sachsen über die 1459 mit Böhmen geschlossenen Verträge, zu denen ein Friedensschluss, verschiedene Heiratsabkommen sowie eine (erneuerte) Erbeinung gehörten, dass sie zu Frieden, Ruhe, Gedeih und Mehrung des gemeinen Nutzens beitragen würden (vgl. dazu *Tresp*, Erbeinung und Dynastie, S. 75). Vgl. zu Friedensschlüssen auch Kapitel 18.
28 *Tresp*, Erbeinungen und Dynastie, S. 297f.
29 *Hirsch*, Verträge, S. 85–88 u. S. 186–188; *Tresp*, Erbeinung und Fehde, S. 201; ders., Karl IV., S. 166f.
30 Siehe z.B. bei *Tresp*, Erbeinung und Dynastie, S. 76–80.

tern und Würden zur Fortführung der Erbeinung. Diese erbliche Einbeziehung erfolgte in der Regel so, dass in den Urkunden die beteiligten Fürsten stets mit dem Zusatz namentlich aufgeführt wurden, dass sie für sich selbst, ihre Erben und Nachkommen (oder Nachfolger) handeln. Im weiteren Urkundentext konnte dies mehrfach wiederholt werden.

Obwohl auch Beispiele von Erbeinungen vorliegen, in deren Text über die Erblichkeit hinaus klar ein Anspruch auf ewige Dauer und Wirkung formelhaft betont wird, ist jüngst aus rechtsgeschichtlicher Perspektive betont worden, dass die Einbeziehung der Erben nicht automatisch eine unbefristete Gültigkeit des geschlossenen Vertrages zur Folge hatte.[31] Vielmehr handelte es sich hier um eine unbestimmte Befristung, die sich zunächst auf die Lebensdauer der beteiligten Fürsten beschränkte. Die Verpflichtung zur Erneuerung des Bündnisses durch die Erben und Rechtsnachfolger gab diesen die Chance, die Inhalte des vorliegenden Vertrages zu überprüfen und ggf. an aktuelle politische Konstellationen oder veränderte Bedingungen anzupassen. Dies entsprach dem von den Fürsten des ausgehenden Mittelalters und der Frühen Neuzeit gewünschten Handlungsspielraum im Interesse der politischen Zweckmäßigkeit. Allerdings dürfte der Druck zur grundsätzlichen Fortsetzung der bestehenden Erbeinungen bei Herrscherwechseln außerordentlich hoch gewesen sein, da eine Ablehnung das Verhältnis zum Bündnispartner erheblich belasten musste und einer Misstrauenserklärung gleichkam oder gar als offene Feindseligkeit aufgefasst werden konnte.[32] Wohl aus diesem Grund ist keine Erbeinung bekannt, die offiziell und einseitig aufgekündigt wurde. Vielmehr nutzten die Fürsten die Verpflichtung zur Erneuerung als Gelegenheit, die Erbeinungen inhaltlich auszuweiten und an ihre aktuellen Interessen im nachbarschaftlichen Verhältnis anzupassen.

Die dauerhafte Einbeziehung der Rechtsnachfolger in die Erbeinungen machte jedoch dort weitere Regelungen notwendig, wo dieser Nachfolger nicht durch dynastische Sukzession oder durch königliche Belehnung in die Herrschaft eingesetzt wurde. So mussten an den Erbeinungen geistlicher Fürsten die Domkapitel, die nach kanonischem Recht für die Wahl des Nachfolgers zuständig waren und als Korporation die Kontinuität der Stiftsherrschaft bei Amtswechseln der Bischöfe gewährleisteten, in der Form beteiligt werden, dass sie die Urkunden ebenfalls besiegelten. Darüber hinaus verpflichteten sie sich dazu, keinen Bischof anzunehmen, der nicht zuvor die Einhaltung der Erbeinung beschworen hatte. Sogar die Aufnahme von neuen Mitgliedern in die Domkapitel konnte von deren vorheriger Beschwörung der Erbeinung abhängig gemacht werden.[33] Vergleichbare Bestimmungen finden sich gelegentlich auch in den Erbeinungen der böhmischen Könige, die der Macht der böhmischen

---

31 *Müller*, Stand, S. 293.
32 Ebd., S. 293f.
33 Diese deutlichen Bestimmungen finden sich erstmals 1366 in den Erbeinungen Böhmens mit dem Erzstift Mainz und dem Stift Würzburg. Siehe dazu *Hirsch*, Verträge, S. 186–188 (mit weiteren Beispielen); *Tresp*, Karl IV., S. 166f.

Stände und deren Recht zur Königswahl dadurch Rechnung trugen, dass sie diese ab dem 16. Jahrhundert ausdrücklich mit in die Verantwortung für die Einhaltung der Erbeinungen einbezogen.[34] Bestimmte ältere böhmische Erbeinungen wurden zudem in die böhmischen Landtafeln eingetragen und erhielten damit den Status von Landrecht. Demnach sollte kein böhmischer König gekrönt werden, der nicht zuvor diese Erbeinungen beschworen hatte.[35]

3.3 Gegenseitige Schutz- und Hilfsversprechen

Ein weiteres typisches Merkmal der Erbeinungen, das ihrem ursprünglichen Zweck entspricht, ist das gegenseitige Schutz- und Hilfsversprechen der beteiligten Vertragspartner. Darin wird der defensive Charakter dieser Bündnisse besonders deutlich, da man sich die gegenseitige Hilfe nicht bei eigenen Angriffskriegen, sondern nur bei Bedrohungen, Rechtsverletzungen und Angriffen durch Dritte versprach. Auf diese Weise trugen sie zur Freundschafts- und Friedenswahrung zwischen den beteiligten Fürsten bei.

Da die Erbeinungen grundsätzlich über die Lebenszeit der Beteiligten hinausreichen sollten und daher auf weitaus mehr als nur die aktuellen politischen Konstellationen oder militärischen Bedrohungen anwendbar sein mussten, richteten sie sich nicht gegen konkrete Widersacher, sondern gegen jeden möglichen Gegner. Allerdings konnten alle Vertragspartner für die eigene Seite Ausnahmen von der Hilfsverpflichtung geltend machen. In der Regel waren das die im Spätmittelalter häufig und spätestens ab dem zweiten Viertel des 15. Jahrhunderts regelmäßig vorgenommenen Ausnahmen des Papstes als Oberhaupt der Christenheit und des Kaisers als Reichsoberhaupt und oberster Lehnsherr. In einigen Fällen wurden darüber hinaus eigene Verwandte ausgenommen oder wichtige Verbündete, mit denen bereits ältere Erbverbrüderungen oder Erbeinungen bestanden.[36]

Wichtig konnte bei manchen Erbeinungen die Konkretisierung dessen sein, wofür die Schutz- und Hilfsversprechen gegeben wurden. Bei allgemeinen Bestimmungen umfasste dies pauschal sämtliche gegenwärtigen und künftigen Herrschaften, Besitztümer, Untertanen und Rechte der beteiligten Fürsten, ihrer Erben und Nachfolger, die durch Rat und Hilfe der jeweiligen Bündnispartner zu schützen und zu verteidigen waren. Gelegentlich wurden auch das Erbe und die Ehre der Fürsten eigens mit ge-

---

34 *Tresp*, Erbeinung und Fehde, S. 201. Zur Einbeziehung von Vertretern des Landes in die erblichen Verträge siehe auch *Hirsch*, Verträge, S. 85–88, mit zahlreichen Beispielen, die sich jedoch zumeist auf Erbverbrüderungen beziehen.
35 *Tresp*, Karl IV., S. 167. Bezeichnenderweise betraf diese weitgehende Regelung zuerst die böhmische Erbeinung mit dem Erzstift Mainz (1366), die für die Mainzer Seite eine ähnlich weitgehende Beteiligung des Domkapitels vorsah.
36 *Hirsch*, Verträge, S. 89–100.

nannt. Die Pflicht zu Schutz und Hilfe konnte jedoch auch eingeschränkt und präzisiert werden, wenn etwa die Erbeinung nur für eines der Herrschaftsgebiete eines Fürsten geschlossen wurde oder wenn künftige Erwerbungen erst nach Abwägung in den Schutz einer dann zu erneuernden Erbeinung aufgenommen werden sollten.[37]

Eine besondere Form entwickelten in dieser Hinsicht die Erbeinungen zwischen den Wettinern und den Königen von Böhmen zwischen 1358 und 1505, in deren Urkunden jede einzelne kleine Herrschaft und jedes einzelne Herrschaftsrecht beider Seiten aufgezeichnet wurden, mit stetiger sorgfältiger Aktualisierung bei den jeweiligen Erneuerungen der Erbeinungen. Hintergrund dafür war die langwierige Konkurrenz zwischen den Wettinern und der Böhmischen Krone beim Herrschaftsausbau im Raum zwischen Elbe/Saale und Erzgebirge, die bis zur Mitte des 15. Jahrhunderts immer wieder zu Streitigkeiten und Kriegen führte.[38] Die genaue Auflistung der Herrschaftsrechte im umstrittenen Raum bedeutete in diesem Fall daher nicht nur ein pauschales Schutzversprechen, sondern auch gegenseitige Anerkennung und Abgrenzung der jeweiligen Ansprüche. Allerdings zeigt dieses Beispiel auch, dass die Erbeinung zwischenzeitlich ihre Wirkungsmacht verlor und missachtet wurde, als die Wettiner die Chance ergriffen, angesichts der Schwäche der Böhmischen Krone nach dem Tod Karls IV. (†1378) in deren Einflussbereich vorzudringen. Die Jahre zwischen der letzten durch Karl IV. als König von Böhmen mit den Wettinern geschlossenen Erbeinung (1372) und deren grundlegender Erneuerung (1459) waren daher geprägt durch eine besonders konfliktreiche Nachbarschaft zwischen Böhmen und der Markgrafschaft Meißen bzw. – ab 1424 – dem Herzogtum Sachsen.[39]

3.4 Militärische Bündnispflichten

Die in den Erbeinungsurkunden enthaltenen Ausführungsbestimmungen über die bei Eintritt des Bündnisfalls gegenseitig zu leistenden militärischen Verpflichtungen gleichen im Wesentlichen denen der üblichen befristeten oder konkret zielgerichteten Kriegs- und Verteidigungsbündnisse des Spätmittelalters. Sie weisen auch die gleiche

---

37 Die Eingrenzung auf bestimmte Herrschaftsgebiete war vor allem dann sinnvoll, wenn diesbezüglich ein Ungleichgewicht zwischen den Vertragspartnern bestand, so dass das gegenseitige Schutzversprechen die schwächere Seite zu überfordern drohte. Bei Erbeinungen wurde daher stets darauf geachtet, ein gewisses Gleichgewicht zu wahren. So schloss z. B. Kaiser Karl IV. Erbeinungen mit den Reichsfürsten nur als König von Böhmen ab (*Tresp*, Karl IV., S. 157). In ähnlicher Weise agierten später die Habsburger als Könige von Böhmen oder Herzöge von Österreich. Zudem darf der nachbarschaftliche Charakter der Erbeinungen nicht vergessen werden. Dies betraf insbesondere die militärischen Hilfsleistungen, die für ggf. weit entlegene Herrschaftsgebiete kaum rasch und effektiv zu leisten waren und unverhältnismäßige logistische Anstrengungen erfordert hätten.
38 *Tresp*, Karl IV., S. 165 f.; *ders.*, Erbeinung und Dynastie, S. 70–72.
39 *Tresp*, Fürstentreffen, S. 73–88.

Bandbreite an Varianten auf wie die entsprechenden Regelungen in den üblichen Bündnissen.[40]

In den meisten Fällen musste die militärische Hilfe auf Anforderung einer Vertragspartei erfolgen. Bei Gefahr durch feindliche Angriffe oder andere Bedrohungen sollte der Angegriffene an den Bündnispartner oder dessen Rechtsvertreter eine mündliche oder schriftliche Ermahnung zur Hilfeleistung senden, die dieser dann entweder sofort oder innerhalb einer festgelegten Frist zu erfüllen hatte. Auch die dabei erwartete Truppenstärke wurde fallweise konkretisiert, wenn man sie nicht von vornherein als „mit ganzer Macht" oder „nach bestem Vermögen" als größtmöglich festgelegt oder sie einfach dem Ermessen der Bündnispartner anheimgestellt hatte. Für die besondere Situation einer nur begrenzten Kriegsführung bei kleineren Konflikten, oder wenn nur ein Bedarf einer Hilfe für den „täglichen Krieg"[41] an einer Grenze bestand, konnte sie auch auf feste kleinere Kontingente beschränkt werden. Allerdings lässt sich für solche Fälle vom 14. bis zum 16. Jahrhundert insgesamt die Tendenz deutlich wachsender geforderter Truppenstärken beobachten, mit denen man sich offenbar den Veränderungen des Kriegswesens anpassen musste.[42] Andere Konkretisierungen konnten etwa die Sammelplätze der Truppen oder die Fristen und Dauer der Hilfsleistungen betreffen.

Auch die Regelung aller weiteren die Hilfstruppen und Kriegsführung betreffenden Fragen in den Erbeinungen war äußerst variantenreich und nahm im zeitlichen Verlauf tendenziell zu. Sie reichte von völliger Nichtbehandlung gerade in einigen älteren Verträgen bis zu umfangreichen Bestimmungen über selbst kleinste Details in späteren Urkunden. Geregelt werden konnte etwa die Verteilung der Kosten und Versorgung für die Truppen. Für sie hatte meistens der Hilfeempfänger vollständig aufzukommen. Erheblich seltener finden sich Bestimmungen über anteilige oder gar vollständige Kostenübernahme durch den helfenden Verbündeten. Ähnliches gilt auch für die Übernahme von Schadensersatzleistungen für verlorene Waffen, Pferde und Rüstungen sowie Behandlungskosten bei Verwundungen von Kriegsleuten oder die mögliche Auslösung von Gefangenen. Weiterhin konnten in die Erbeinungen Bestimmungen darüber aufgenommen werden, dass der um Hilfe ersuchende Fürst den Truppen der Bündnispartner entweder seine sämtlichen Burgen und Städte oder wenigstens bestimmte, strategisch wichtige Festungen zu öffnen hatte und seine Beamten zur tatkräftigen Unterstützung der Hilfstruppen verpflichten sollte.[43]

---

40 Vgl. dazu mit zahlreichen Beispielen *Hirsch*, Verträge, S. 60–72; *Tresp*, Karl IV., S. 165. Zum Forschungsstand knapp *Müller*, Stand, S. 301.
41 Mit dem Begriff „täglicher Krieg" wurde im Spätmittelalter der zumeist in Grenzgebieten praktizierte Kleinkrieg bezeichnet, der durch gegenseitige, hauptsächlich gegen die Landbevölkerung gerichtete Überfälle, Raubzüge und Plünderungen geprägt war. Er sollte die jeweilige Gegenseite verunsichern und ihre Lebensmittelversorgung unterbinden.
42 *Hirsch*, Verträge, S. 63f.
43 Ebd., S. 68–72.

Etwas schwieriger zu regeln war offenbar die Frage über die aus dem gemeinsamen Kampf erzielten Gewinne durch Eroberungen und gefangene Feinde. Grundsätzlich fielen sämtliche Rückeroberungen wieder in die Gewalt des angegriffenen Fürsten zurück. Anders war es jedoch mit den im Kriegsverlauf möglicherweise eroberten feindlichen Burgen und Orten sowie mit der Beute und den Gefangenen. Diese wurden oft nach einem Schlüssel verteilt, der die Stärke der daran beteiligten Truppen der einzelnen Bündnispartner berücksichtigte. Gerade zu diesen Punkten, die zwischen den Verbündeten rasch zu Streitigkeiten führen konnten, weisen die Erbeinungen sehr viele variantenreiche Detailregelungen auf.

Eine wichtige Frage im Kriegsverlauf war das Recht zum Friedensschluss. Allerdings scheinen dazu in den Erbeinungen nur selten konkrete Regelungen getroffen worden zu sein.[44] Man ging daher offenbar von einer gemeinsamen Kriegsführung bis zum vollständigen Rückschlag des feindlichen Angriffs aus. Wann dieser Punkt erreicht war, blieb dem Ermessen des angegriffenen Fürsten überlassen. In einigen Fällen sicherte man sich jedoch ausdrücklich zu, keinen separaten Frieden mit dem Gegner ohne Einbeziehung der Bündnispartner abzuschließen.

3.5 Institutionalisierte Streitschlichtung durch Schiedsgerichte

Die zumeist aus dem 14. Jahrhundert stammenden militärischen Vereinbarungen bildeten jedoch nicht den eigentlichen Kern der Erbeinungen, auch wenn sie gegen Ende des 16. Jahrhunderts auf Betreiben der Habsburger wieder stärkere Beachtung fanden. Den Zweck einer Kriegshilfe hätten auch einfache Bündnisse ohne Erblichkeit und Ewigkeitsanspruch erfüllen können. Mit dem gegenseitigen dauerhaften Hilfs- und Schutzversprechen und dessen gelegentlicher Einlösung schufen die beteiligten Fürsten vor allem eine feste Basis für Freundschaft und Vertrauen. Die darüber hinausgehende eigentliche Funktion der Erbeinungen war jedoch die Bewahrung des Friedens durch Vermeidung von künftigen Fehden und Feindschaften zwischen den Bündnispartnern, ihren Ländern, Herrschaften und Untertanen.[45] Dazu sollte zur Beilegung möglicher Streitigkeiten zwischen ihnen der Weg eines friedlichen Rechtsaustrags durch Schiedsgerichte zwingend werden. In verbindlichem Gewaltverzicht und institutionalisiertem Interessensausgleich sahen die Vertragschließenden die beste Garantie für einen dauerhaften Frieden.

Konkrete Regelungen zur Anrufung von Schiedsgerichten bei Streitfällen, die erstmals 1366 in der Erbeinung zwischen Böhmen und dem Erzstift Mainz auftauchen,

---

44 Ebd., S. 71.
45 In den Urkunden zur 1459 erneuerten sächsisch-böhmischen Erbeinung wird dieser Aspekt durch den neu aufgenommenen Passus betont, dass es zwischen den Bündnispartnern und deren Untertanen „in ewigen zeyten nymmer mehr zcu feheden, fientschafft oder angriffe komen" solle (vgl. *Tresp*, Erbeinung und Dynastie, S. 70).

erhielten spätestens ab dem 15. Jahrhundert auch in den meisten anderen neu geschlossenen oder bei ihrer Erneuerung entsprechend erweiterten Erbeinungsverträgen immer breiteren Raum. Diese Regelungen betrafen zunächst die Fälle, die von den Schiedsgerichten behandelt werden sollten. Das konnten Streitigkeiten zwischen den Fürsten, zwischen ihren Untertanen oder zwischen Fürsten und Untertanen sein. Besonders detailliert wurde die Besetzung der Schiedsgerichte behandelt, die zumeist paritätisch erfolgte, und die Auswahl des letzten Endes entscheidenden Obmanns. Weitere übliche Regelungen betrafen die Einberufungs- und Entscheidungsfristen der Schiedsgerichte sowie deren Tagungsorte. Alle Vertragspartner der Erbeinungen verpflichteten sich von vornherein zur Anerkennung und Umsetzung der durch diese Schiedsgerichte gefällten Urteile.[46]

3.6 Rechtshilfe und Fehdebekämpfung

Ein an die Verpflichtung zur schiedsgerichtlichen Streitschlichtung anknüpfendes besonderes Anliegen der Erbeinungen, das ab dem 15. Jahrhundert immer größeren Raum in den Vertragstexten einnahm, war die Verfolgung von grenzübergreifenden Fehden und Rechtsbrüchen der Untertanen.[47] Insbesondere adelige Fehdeführer, die aus der Perspektive der Fürsten als Rechts- und Friedensbrecher angesehen wurden, entzogen sich der juristischen Verfolgung häufig durch Ausweichen in benachbarte Herrschaftsgebiete, wo sie zudem oft Unterstützung durch Freunde, Verwandte und Helfer fanden. Gleiches galt auch für gewöhnliche Kriminelle, die Herrschaftsgrenzen zur Flucht vor Strafverfolgung nutzten.

Dieser Probleme, die den Frieden zwischen benachbarten Herrschaften und Ländern akut gefährdeten, nahmen sich die Erbeinungen durch konkrete gegenseitige Versprechen und Regelungen an.[48] Dabei gaben sich die Vertragspartner zumindest die eindeutige Zusage, dass sie in ihren Herrschaftsbereichen jegliche Unterstützung von Rechts- und Friedensbrechern aus dem Nachbarland untersagen und die zuwiderhandelnden eigenen Untertanen bestrafen wollten. Darüber hinaus konnte in einigen Fällen sogar die Nacheile, also die bewaffnete Verfolgung flüchtiger Friedensbrecher (in der Regel waren damit Fehdeführer gemeint), über die Herrschaftsgrenzen hinweg

---

46 *Hirsch*, Verträge, S. 73–82.
47 *Schlinker*, Bedeutung, S. 17, sieht in diesen Inhalten sogar die wesentliche Grundlage der Erbeinungen.
48 *Hirsch*, Verträge, S. 79–81. Ähnlich wie bei den Inhalten der Erbeinungen zu militärischen Bündnisverpflichtungen gab es auch zu diesen Maßnahmen zur Strafverfolgung Vorbilder und Parallelen in befristeten nachbarschaftlichen Verträgen außerhalb der Erbeinungen. Siehe dazu mit etlichen Beispielen, jedoch ohne Differenzierung zwischen erblichen und nichterblichen Verträgen: *Manfred Kaufmann*, Fehde und Rechtshilfe. Die Verträge brandenburgischer Landesfürsten zur Bekämpfung des Raubrittertums im 15. und 16. Jahrhundert, Pfaffenweiler 1993.

gestattet und geregelt werden. Solche Maßnahmen wurden durch die Pflicht zur Vereidigung aller Beamten auf die Erbeinung untermauert, was sich gerade auf diese Maßnahmen zur Strafverfolgung bezog. Weiterhin konnten die Erbeinungen durch Verträge ergänzt werden, die insbesondere die grenzübergreifende Nacheile regelten oder mit denen sich die Vertragspartner zur grenznahen Stationierung von Militär für diese Nacheile verpflichteten.[49] Auf die Verfolgung gewöhnlicher Krimineller bezogen sich ab dem 16. Jahrhundert gelegentlich in den Erbeinungen zu findende Festlegungen zur Auslieferung von Straftätern und zu den dabei jeweils zuständigen Justizorganen.

3.7 Weitere Regelungen

Da die Erbeinungen vor allem im 16. Jahrhundert immer mehr den Charakter von Nachbarschaftsverträgen annahmen, mit denen die beteiligten Fürsten die Beziehungen zwischen ihren Ländern, Herrschaften und Untertanen auf friedlichem Wege regeln und für grenzübergreifende Rechtssicherheit sorgen wollten, mussten die Vertragsinhalte bisweilen auch auf Besonderheiten der jeweiligen Nachbarschaft reagieren. Dies führte zu einer starken Ausdifferenzierung von Formen und Inhalten der Erbeinungen. Maßgeblich dafür konnten insbesondere spezifische Themen sein, die zwischen den beteiligten Fürsten und Ländern eine generell, oder bei einer Erneuerung gerade aktuell, wichtige Rolle spielten.

Beispielhaft ist dafür die seit 1348 bestehende sächsisch-böhmische Erbeinung, die bis zum Beginn des 17. Jahrhunderts häufig erneuert und dabei ständig erweitert und angepasst wurde.[50] Hier lässt sich besonders gut beobachten, dass nachbarschaftliche Fragen des friedlichen Konfliktaustrags und der gegenseitigen Rechtshilfe eine immer größere Rolle in den Verträgen spielten und sich fortlaufend weiterentwickelten, während die Fragen der militärischen Bündnishilfe praktisch unberührt blieben. Interessant sind vor allem Sonderregelungen, die auf wichtige Aspekte der böhmisch-sächsischen Nachbarschaft hinweisen: So wurde in dem 1546 als Erneuerung der alten Erbeinung von der albertinischen Linie der Wettiner mit dem habsburgischen Böhmen abgeschlossenen Bündnis die Frage der Sprache bei den bilateralen Schiedsgerichtsverhandlungen geklärt, die zuvor sicher zu gelegentlichen Missverständnissen geführt hatte.[51] Ebenfalls seit 1546 musste die Frage der konfessionellen Gegensätze in den sächsisch-böhmischen Erbeinungen berücksichtigt werden. Der

---

49 *Tresp*, Erbeinung und Fehde, S. 201f.; *Ott*, Präzedenz, S. 23.
50 *Tresp*, Erbeinung und Dynastie, S. 65–80.
51 Ebd., S. 79. Demnach sollte bei den Verhandlungen ausschließlich Deutsch gesprochen werden. Vgl. zum Aspekt der Sprache auch Kapitel 25. Zur Problematik von Missverständnissen im Friedensprozess ist hier zu verweisen auf: *Martin Espenhorst* (Hg.), Unwissen und Missverständnisse im vormodernen Friedensprozess, Göttingen 2013.

Schmalkaldische Krieg (1546–1547) und der sich anbahnende böhmische Ständeaufstand (1547) drohten das Bündnis zwischen dem protestantischen Herzog Moritz von Sachsen (1521–1553) und dem katholischen Habsburger König Ferdinand I. von Böhmen (1503–1564) erheblich zu belasten, zumal sich viele böhmische Protestanten Schutz und Hilfe aus Sachsen gegen ihren katholischen Landesherrn versprachen. Die ab 1546 erneuerten sächsisch-böhmischen Erbeinungen enthielten daher eine Klausel, mit der die Pflicht zur gegenseitigen Bündnishilfe bei Religionskonflikten ausdrücklich aufgehoben wurde.[52]

4. Umsetzung

Die Frage nach der tatsächlichen Umsetzung der Erbeinungen in ihren einzelnen Punkten ist derzeit in der Forschung noch weitgehend ungeklärt.[53] Vielfach lassen sich zum Beispiel militärische Bündnisleistungen in den Quellen nachweisen, ohne dass dabei klar ersichtlich wird, ob sie auf Grundlage von Erbeinungen oder von anderen gegenseitigen Verpflichtungen erfolgten. Auch sind die tatsächlichen Dimensionen der Hilfsleistungen – ihre Dauer, Umfang und Regelung – bislang nicht erforscht worden. Ähnliches gilt für die Maßnahmen zur Verfolgung von Friedensbrüchen oder die Schiedsgerichtsbarkeit zur Regelung von Streitfällen zwischen den Vertragsparteien. Beides ist in den Quellen vielfach dokumentiert und in der einschlägigen Forschung auch gelegentlich behandelt worden, jedoch bislang kaum unter dem Aspekt der Umsetzung von Erbeinungen. Ein aufschlussreiches Beispiel für die Wirksamkeit der Erbeinungen im ausgehenden Mittelalter, aber zugleich auch für ihre Schwächen, ist der gut dokumentierte Fall einer Fehde, die der einflussreiche böhmische Adelige Jan von Lobkowitz zu Hassenstein in den Jahren 1493 bis ca. 1496 gegen das albertinische Herzogtum Sachsen führte. Auf der Grundlage der bestehenden Erbeinung zwischen Sachsen und Böhmen einigten sich die Streitparteien schließlich auf die Anrufung der kursächsischen Ernestiner als Schiedsrichter, wobei zuvor ausdrücklich sowohl in Böhmen als auch in Sachsen eine öffentliche Verlesung der Erbeinung verlangt wurde, um die Untertanen von weiteren Fehdehandlungen abzuhalten. Dies führte zunächst zwar tatsächlich zu einer Beruhigung der Konflikte im Grenzgebiet. Jedoch sorgten das langwierige Schlichtungsverfahren und die Standessolidarität für Jan von Lobkowitz unter den böhmischen Adeligen, die in Abwesenheit des böhmischen Königs die Verhandlungen führten, für eine geringe Akzeptanz der verordneten Waffenruhe. Einerseits bedingte dies schließlich sogar den Ausbruch neuer

---

52 *Tresp*, Karl IV., S. 163. Auch wenn 1546 konfessionelle Streitigkeiten ausdrücklich von den Regelungen der Erbeinung ausgenommen wurden, musste dennoch auf die Frage des Umgangs mit Religionsflüchtlingen eingegangen werden.
53 *Müller*, Stand, S. 301. Im Zusammenhang breiterer Fragestellungen sind dem bisher vor allem *Ott*, Präzedenz, und *Müller*, Freundschaft, nachgegangen.

Fehden. Andererseits jedoch führten die dabei gemachten Erfahrungen auch zu wichtigen Ergänzungen der späteren sächsisch-böhmischen Erbeinungsverträge in praktischen Fragen der grenzübergreifenden Fehdeverfolgung und bei der Organisation der Schiedsgerichtsbarkeit.[54] In diesem Beispiel wird somit ein erhebliches Forschungspotential hinsichtlich der Wirkung von Erbeinungen auf die Friedenswahrung und auf die Ausgestaltung interterritorialer Beziehungen in Spätmittelalter und Früher Neuzeit deutlich. Aber auch für die Kulturgeschichte der Politik bieten die Erbeinungen ein lohnendes Forschungsfeld. So gaben etwa die regelmäßigen Erneuerungen der Erbeinungen und deren öffentliche Beschwörung durch die Vertragspartner vielfachen Anlass zu Fürstentreffen und politischen oder dynastischen Verhandlungen, die auch in dieser Hinsicht nähere Beleuchtung verdienen.[55]

Auswahlbibliographie / Select Bibliography

Garnier, Claudia, Amicus amicis, inimicus inimicis. Politische Freundschaft und fürstliche Netzwerke im 13. Jahrhundert, Stuttgart 2000.
Hirsch, Erhard, Zur Bedeutung von Erbverbrüderungen und Erbbündnissen im Reichsfürstenstand vom 14. bis zum 16. Jahrhundert, in: Thieme/Tresp (Hg.), Eger, S. 131–153.
Hirsch, Erhard, Generationsübergreifende Verträge reichsfürstlicher Dynastien vom 14. bis zum 16. Jahrhundert, Berlin 2013.
Hirsch, Erhard, Spannungsfelder generationsübergreifender, interterritorialer Abkommen der Markgrafen von Brandenburg vom 14. bis zum 16. Jahrhundert, in: Müller u. a. (Hg.), Erbeinungen, S. 55–95.
Kaufmann, Manfred, Fehde und Rechtshilfe. Die Verträge brandenburgischer Landesfürsten zur Bekämpfung des Raubrittertums im 15. und 16. Jahrhundert, Pfaffenweiler 1993.
Koselleck, Reinhart, Art. „Bund", in: GGB 1 (1972), S. 582–671.
Lück, Heiner, Zum rechts- und verfassungsmäßigen Wandel dynastischer Erbverbrüderungen und Erbeinungen im 17. und 18. Jahrhundert, in: Müller u. a. (Hg.), Erbeinungen, S. 269–289.
Müller, Mario, Besiegelte Freundschaft. Die brandenburgischen Erbeinungen und Erbverbrüderungen im späten Mittelalter, Göttingen 2010.
Müller, Mario, Die diplomatische Kärrnerarbeit des Vermittlers. Markgraf Albrecht Achilles von Brandenburg auf dem Egerer Fürstentreffen 1459 (mit Editionsanhang), in: Thieme/Tresp (Hg.), Eger, S. 178–226.
Müller, Mario, Stand, Probleme und künftige Aufgabenfelder der Forschung zu Erbeinungen und Erbverbrüderungen, in: Müller u. a. (Hg.), Erbeinungen, S. 290–312.
Müller, Mario u. a. (Hg.), Erbeinungen und Erbverbrüderungen in Spätmittelalter und Früher Neuzeit. Generationsübergreifende Verträge und Strategien im europäischen Vergleich, Berlin 2014.
Ott, Thomas, Präzedenz und Nachbarschaft. Das albertinische Sachsen und seine Zuordnung zu Kaiser und Reich im 16. Jahrhundert, Mainz 2008.

---

54 Dazu ausführlich: *Tresp*, Erbeinung und Fehde.
55 *Müller*, Stand, S. 297 f. Vgl. dazu mit etlichen Beispielen, v. a. aus dem Bereich der Erbverbrüderungen *Hirsch*, Verträge, S. 120–127.

Pflüger, Christine, Kommissare und Korrespondenzen. Politische Kommunikation im Alten Reich (1552–1558), Köln u. a. 2008.
Schlinker, Steffen, Die Bedeutung der Erbeinungen und Erbverbrüderungen für die europäische Verfassungsgeschichte, in: Müller u. a. (Hg.), Erbeinungen, S. 13–39.
Schubert, Ernst, König und Reich. Studien zur spätmittelalterlichen deutschen Verfassungsgeschichte, Göttingen 1979.
Thieme, André/Tresp, Uwe (Hg.), Eger 1459. Fürstentreffen zwischen Sachsen, Böhmen und ihren Nachbarn: Dynastische Politik, fürstliche Repräsentation und kulturelle Verflechtung, Wettin-Löbejün 2011.
Tresp, Uwe, Erbeinung und Dynastie. Die Egerer Verträge von 1459 als Grundlage der sächsisch-böhmischen Beziehungen im 15. und 16. Jahrhundert, in: BDLG 144 (2008), S. 55–85.
Tresp, Uwe, Das Fürstentreffen von Eger und die sächsisch-böhmischen Beziehungen um 1459 (mit Editionsanhang), in: Thieme/Tresp (Hg.), Eger, S. 67–128.
Tresp, Uwe, Erbeinung und Fehde zwischen Sachsen und Böhmen: Die Fehde des Jan von Lobkowitz auf Hassenstein gegen die Albertiner (1493–96), in: Julia Eulenstein u. a. (Hg.), Fehdeführung im spätmittelalterlichen Reich. Zwischen adeliger Handlungslogik und territorialer Verdichtung, Affalterbach 2013, S. 179–202.
Tresp, Uwe, Karl IV., das Haus Luxemburg und die Erbeinungen der Böhmischen Krone im späten Mittelalter, in: Müller u. a. (Hg.), Erbeinungen, S. 150–169.

Masaki Taguchi
12. Friedensräume

Burgfrieden, Kirchenfrieden, Gerichtsfrieden, Marktfrieden

Abstract: Spaces of Peace. Castles, Churches, Courts, Markets
Certain spaces and persons need a higher protection if they play an important role in society or are particularly exposed to danger. In the Middle Ages special peace regulations applied to castles, law courts, churches, markets, women, and so on. A 'castle peace' was sworn by those who owned a castle in common in order to keep the castle safe. From the thirteenth century, castle pacts were found in the west and southwest of the Holy Roman Empire and some of them developed into extensive associations of lesser nobles. In the early modern period, with the general pacification of the empire, the significance of such special agreements diminished. In some noble families a 'castle peace' sometimes became a set of inheritance rules; some such agreements also endured as basic sets of rules governing the nobles of a principality or a territorial condominium.

1. Einleitung

Wenn bestimmte Räume oder Personen eine wichtige Rolle in der Gesellschaft spielten und damit eine Grundlage des gemeinsamen Lebens bildeten, doch trotzdem einem hohen Risiko von Gewalt ausgesetzt waren, stellte man sie unter den Schutz besonderer Frieden.

Eine Burg war ein solcher Friedensraum, der diese Bedingungen erfüllte und einen speziellen Schutz brauchte. Die militärische und herrschaftliche Bedeutung der Burg nahm seit dem Hochmittelalter zu. Man brauchte den Burgfrieden, wenn mehrere Adlige Anteil an einer Burg hatten und mit erhöhtem Gewaltpotenzial in einer Burg zusammenlebten.

Auch die christliche Kirche, die seit der Spätantike das Zentrum religiösen Lebens im Abendland darstellte, wurde als besonders schutzbedürftig angesehen. Der daher eingeführte Kirchenfrieden war insbesondere deshalb nötig, weil im Kirchengebäude zahlreiche Güter durch Stiftungen und Schenkungen kumuliert waren und es deshalb als Ziel gewalttätiger Überfalle prädestiniert war.

Daneben wurde dem Gericht, das zur Konfliktlösung einen bedeutenden Beitrag leistete, ein spezifischer Schutz gewährt. Der Gerichtsfriede war u.a. deshalb erforderlich, weil die Verhandlung von Streitfällen möglicherweise in eine gewalttätige Auseinandersetzung münden konnte.

Ebenso wurde der Markt, der für den Handel und Umlauf von Waren und Gütern von erheblicher Bedeutung war, in besonderer Weise geschützt. Der Marktfriede galt auch deshalb, weil der Handel auf dem Markt bei gegensätzlicher Interessenlage gewalttätige Auseinandersetzungen herbeiführen konnte.

Weitere Sonderfrieden betrafen etwa Frauen, ohne die keine Gesellschaft bestehen konnte und die insbesondere Schutz vor männlicher Gewalt benötigten. Auch die unentbehrliche Produktion von Lebensmitteln, die auf der Arbeit von Bauern beruhte, wurde durch spezifische Friedensräume, die Dorffrieden, Ackerfrieden oder Pflugfrieden genannt wurden, geschützt.

Unter den Sonderfrieden kann man nach der Art ihres Zustandekommens gesetzliche, gebotene und gelobte Frieden unterscheiden. Nach dem Gegenstand des Friedens sind örtliche, personelle, zeitliche und sachliche Frieden zu differenzieren. Durch die Kumulierung verschiedener partieller Frieden gab es im Mittelalter die Möglichkeit, sich dem allgemeinen Frieden anzunähern.[1]

Der vorliegende Text behandelt einige der oben genannten Friedensräume und legt dabei den Schwerpunkt auf den Burgfrieden. Der Hausfriede wird in einem anderen Aufsatz erörtert.[2] Im Folgenden werden zuerst mittelalterliche Grundlagen skizziert und anschließend die Entwicklungen in der Frühen Neuzeit beschrieben. Dabei wird stets zunächst überblicksartig auf die Friedensräume Kirch-, Gerichts- und Marktfrieden eingegangen, bevor sich der Text intensiv dem Burgfrieden widmet.

2. Mittelalterliche Grundlagen

2.1 Anfänge der Friedensräume im Mittelalter

Der Kirchenfriede und das darauf beruhende kirchliche Asyl gehen auf die Antike zurück.[3] Hier war es die Heiligkeit des kirchlichen Raumes, die den besonderen Schutz begründet haben dürfte. Die karolingischen Herrscher stellten das Kirchengebäude und den Friedhof unter einen besonderen Frieden, dessen Verletzung zu schweren Sanktionen führte. Die Gottesfrieden und Landfrieden untersagten seit dem Ende des 10. Jahrhunderts den Einbruch in den Kirchenraum und Raub von Gütern aus demselben. Die Kirche galt damit als ein Raum mit einem höheren Grad von Frieden. In Stadtrechten (z. B. Mainz und Nordhausen) und im friesischen Recht resultierten aus der Verletzung des Kirchenfriedens zwei- bzw. mehrfache Bußzahlungen. Dieser beson-

---

[1] *Rudolf His*, Gelobter und gebotener Friede im deutschen Mittelalter, in: ZRG GA 33 (1912), S. 139–223; ders., Das Strafrecht des deutschen Mittelalters, 2 Teile, Weimar 1920–1935 (ND 1964), T. 1, S. 215–244; *Ekkehard Kaufmann*, Art. „Friede", in: HDRG 1 (1971), Sp. 1.275–1.292; *Wilhelm Janssen*, Art. „Friede", in: GGB 2 (1975), S. 545–547; *Hans-Jürgen Becker/Ludwig Hödl*, Art. „Friede", in: LMA 4 (1987–1989), Sp. 919–921.

[2] Vgl. hierzu auch Kapitel 13.

[3] Zum Asyl im frühen Mittelalter vgl. *Daniela Fruscione*, Das Asyl bei den germanischen Stämmen im frühen Mittelalter, Köln u. a. 2003.

dere Schutz umfasste gegebenenfalls auch den Kirchweg, das Pfarrhaus und das Kloster.[4] Das kirchliche Asyl spielte auch in der Gottesfriedensbewegung eine Rolle und wurde in kanonische Rechtssammlungen wie das *Decretum Gratiani* (C. 17 q. 4) oder den *Liber Extra* (X 3.49.6, X 3.49.10) aufgenommen. Parallel wurden aber Ausnahmen (*casus excepti*) definiert, bei denen bestimmte Verbrecher vom Kirchenasyl ausgeschlossen wurden. Nachdem schon unter den Karolingern die Funktion des Asyls begrenzt worden war (Kapitular von Herstal 779), wurde sein verbrecherischer Missbrauch im Hoch- und Spätmittelalter immer mehr beschränkt. Nicht nur Päpste und Könige, sondern auch Stadtrechte und Weistümer versuchten, die Reichweite des Asyls zu verringern.[5]

Der Gerichtsfriede (bzw. der Dingfriede) wurde im Mittelalter durch ein formelles Verfahren, die sog. Hegung, erklärt. Der Gerichtsvorstand begrenzte zuerst mit Zweig und Schnur, Pflock und Seil oder anderen, festeren Abgrenzungen einen Gerichtsraum. Nachdem der Gerichtsvorstand die Schöffen und die anderen Beteiligten gefragt hatte, ob es jetzt Dingzeit wäre, forderte er die versammelte Gerichtsgemeinde auf, zu schweigen und Frieden zu halten. Mit diesem Verfahren am Anfang der Gerichtssitzung etablierte sich das Gericht als besonderer Friedensraum.[6] Die Verletzung des Gerichtsfriedens wurde in Süddeutschland mit der Vervielfachung der normalen Bußen oder Strafgelder geahndet, während man in Norddeutschland für den Gerichtsfriedensbruch spezielle Bußen oder Strafgelder festsetzte. Der Sachsenspiegel bestrafte in seinem landrechtlichen Teil diejenigen mit der Todesstrafe, die die Durchführung eines vom Gericht zur Feststellung von Schuld oder Unschuld des Beklagten angeordneten Zweikampfes der Streitparteien störten und damit den Gerichtsfrieden brachen (1,63,4). Seit dem 14. Jahrhundert erlegten einige Stadt- und Landrechte den Gerichtsfriedensbrechenden peinliche Strafen auf.[7]

Hinsichtlich des Marktfriedens lässt sich zunächst feststellen, dass der Markt seit der Karolingerzeit von den Kaisern und Königen unter einen besonderen Frieden gestellt wurde. Unter den Ottonen und frühen Saliern wurden die Marktprivilegien zusammen mit den Münz- und Zollprivilegien den Kirchen und Klöstern verliehen. Die Besucher des Marktes genossen damit den besonderen königlichen Schutz. Der Marktfriede wurde bisweilen zeitlich über die eigentliche Marktzeit ausgedehnt oder auch räumlich über den Markt hinaus erweitert, damit der Friede das Kommen und Gehen zum Markt mit abdecken konnte. In einigen Städten (z.B. in Riga, Ulm und Nürnberg) galt der Marktfriede aber nur für den engeren Raum des Marktplatzes. Die Folgen eines Marktfriedensbruches waren vielfältig und variierten von vielfachen Bußen über

---

4 *His*, Strafrecht, T. 1, S. 223f., T. 2, S. 196f.
5 *Hartmut Zapp u.a.*, Art. „Asyl", in: LMA 1 (1977–1980), Sp. 1.156–1.158; *Ortwin Henßler*, Art. „Asyl", in: HDRG 1 ²(2004), Sp. 319–326.
6 *Gerhard Köbler*, Art. „Hegung", in: HDRG 2 ²(2012), Sp. 866–868.
7 *His*, Strafrecht, T. 1, S. 227–229.

spezielle Strafgelder bis hin zu peinlichen Strafen.[8] Die Messeprivilegien ab dem 12. Jahrhundert gewährten den Besuchern Friedensschutz und legten die Ahndung von Friedensbrechern fest, z. B. das Privileg Friedrich Barbarossas (Friedrich I., 1122–1190) für Aachen im Jahre 1166 oder das Ludwig des Bayern (Ludwig IV., 1282–1347) für Frankfurt am Main im Jahre 1330.[9] Karl IV. (1316–1378) verlieh der Stadt Frankfurt am Main Privilegien, wonach die Reichsacht bei Messebesuchern während des Messebesuchs aufgehoben und ihnen Asyl angeboten werden konnte.[10] Um den Marktfrieden während der Messe- und Marktzeit kundzutun, errichtete man das Marktkreuz, das einen erhöhten Friedenszustand des Marktes symbolisierte.[11] Die Forschung ist sich dagegen uneinig, ob die seit dem 14. Jahrhundert auf den Marktplätzen in Nord- und Mitteldeutschland errichteten Rolandstatuen als Symbol des Stadtfriedens bzw. Marktfriedens anzusehen sind.[12]

2.2 Burgfrieden im Spätmittelalter[13]

Im europäischen Hochmittelalter kam die Burg als ständige Befestigungsanlage auf. Auch im Westen des Reiches gab es im 11. Jahrhundert steinerne Höhenburgen. Die

---

8 *Albrecht Cordes/Alexander Krey*, Art. „Markt", in: HDRG 3 ²(2016), Sp. 1.308–1.319.; *His*, Strafrecht, T. 1, S. 229–233.
9 *Franz Irsigler*, Markt- und Messeprivilegien auf Reichsgebiet im Mittelalter, in: Barbara Dölemeyer/ Heinz Mohnhaupt (Hg.), Das Privileg im europäischen Vergleich, Bd. 2, Frankfurt a.M. 1999, S. 201, 210f.
10 *Nils Brübach*, Die Reichsmessen von Frankfurt am Main, Leipzig und Braunschweig (14.–18. Jahrhundert), Stuttgart 1994, S. 126f.
11 *Heiner Lück*, Art. „Marktkreuz", in: HDRG 3 ²(2016), Sp. 1.324–1.327.
12 *Gudrun Wittek*, Rolande als Sinnbilder für mittelalterlichen Stadtfrieden?, in: Dieter Pötschke (Hg.), Rolande, Kaiser und Recht. Zur Rechtsgeschichte des Harzraums und seiner Umgebung, Berlin 1999, S. 158–187. Wittek selbst bejaht die Verbindung zwischen Rolanden und Frieden.
13 Der folgenden Beschreibung über die Burgfrieden im Spätmittelalter liegt hauptsächlich diese Literatur zugrunde: *Michel Margue*, ... Eynen rechten, festen und steden burchfryden zu halden uff unser burch. Burgfrieden als Quellen für das Zusammenleben auf der spätmittelalterlichen Burg, in: Lukas Clemens/Sigrid Schmitt (Hg.), Zur Sozial- und Kulturgeschichte der mittelalterlichen Burg, Trier 2009, S. 207–228; *Hans-Martin Maurer*, Rechtsverhältnisse der hochmittelalterlichen Adelsburg vornehmlich in Südwestdeutschland, in: Hans Patze (Hg.), Die Burgen im deutschen Sprachraum. Ihre rechts- und verfassungsgeschichtliche Bedeutung, Bd. 2, Sigmaringen 1976, S. 104–116; *Hans Patze*, Rechts- und verfassungsgeschichtliche Bedeutung der Burgen in Niedersachsen, in: ders. (Hg.), Burgen, Bd. 1, S. 542–552; *François Rapp*, Zur Geschichte der Burgen im Elsaß mit besonderer Berücksichtigung der Ganerbschaften und der Burgfrieden, in: Patze (Hg.), Burgen, Bd. 2, S. 229–248; *Volker Rödel*, Die Burg als Gemeinschaft. Burgmannen und Ganerben, in: Clemens/Schmitt (Hg.), Burg, S. 109–139; *ders.*, Öffnungsverträge und Burgfrieden als Mittel fürstlicher Politik, in: Erik Beck u.a. (Hg.), Burgen im Breisgau. Aspekte von Burg und Herrschaft im überregionalen Vergleich, Ostfildern 2012, S. 279–293; *Karl-Heinz Spieß*, Burg und Herrschaft im 15. und 16. Jahrhundert, in: Geschichtliche Landeskunde 42 (1995), S. 195–212; *ders.*, Burgfrieden als Quellen für die politische und soziale Lage des spätmittel-

große Bedeutung einer Burg für die Etablierung adliger Familien und ihrer Herrschaft zeigt sich u. a. darin, dass die meisten Adelsgeschlechter sich nach ihren Burgen benannten.[14]

Eine Burg konnte durchaus nicht nur von einem, sondern aus verschiedenen Gründen auch von mehreren Adligen besessen werden. Spätestens seit dem 13. Jahrhundert ist vielfach bezeugt, dass mehrere Adlige Anteile an derselben Burg innehatten.[15] Diese Situation kam durch Erbfolge, Veräußerung, Belehnung oder Verpfändung eines Teils der Burg, durch die gemeinsame Erbauung, das gemeinsame Erobern einer Burg, durch die gemeinsame Belehnung oder durch die Gestaltung einer Burgmannschaft zustande.

In einem solchen Fall brauchte man Regelungen zur Friedenswahrung innerhalb der Burg, zu ihrer Benutzung in Kriegszeiten und zur Erhaltung der Burganlage. Diese Regelungen und ihr Geltungsbereich hießen Burgfrieden. Außerdem wurden der Stadtfriede oder der Burgbann, d. h. die Befugnis eines Burginhabers, die Bevölkerung des Umlandes zur Burgbauarbeit zu zwingen, in den Quellen des 12. und 13. Jahrhunderts als Burgfriede bezeichnet.[16] Der zur Kompetenz des Stadtrats gehörende unmittelbare Raum um die Stadt wurde im Süden und Südosten des Reiches ebenfalls Burgfriede genannt.[17] Solche Ausprägungen haben aber mit dem hier behandelten Burgfrieden nichts zu tun.[18] Beim Burgfrieden im engeren Sinne handelte es sich vielmehr um eine Form einer meist adligen Satzung zu einer Burg, die im Westen des Reiches spätestens in der Mitte des 13. Jahrhunderts auftrat und sich seit dem 14. Jahrhundert vermehrte.

Aus dem Mittelrheingebiet sind seit Anfang des 14. Jahrhunderts schriftliche Zeugnisse von Burgfrieden überliefert. Nachdem die ersten Belege dabei aus jenen Burgen stammen, die niederadlige Familienmitglieder zusammen geerbt hatten, finden sich seit Mitte des 14. Jahrhunderts auch Vereinbarungen von Burgfrieden zwi-

---

alterlichen Adels, in: Herman Ehmer (Hg.), Burgen im Spiegel der historischen Überlieferung, Sigmaringen 1996, S. 183–201.
14 *Maurer*, Rechtsverhältnisse, S. 77ff.
15 Zu Rechtsverhältnissen der gemeinsam beherrschten Burgen vgl. *Friedrich Karl Alsdorf*, Untersuchungen zur Rechtsgestalt und Teilung deutscher Ganerbenburgen, Frankfurt a. M. 1980.
16 *Maurer*, Rechtsverhältnisse, S. 108f.
17 Vgl. *Rainer Schmeißner*, Der Burgfrieden der ehemals freien Reichsstadt Regensburg, Regensburg/Kallmünz 1976; *Ferdinand Opll*, Der Wiener Burgfried. Studien zum Kompetenzbereich des Magistrats vor und nach der Türkenbelagerung von 1683, Wien 1984.
18 Die Vereinbarung zur gemeinsamen Herrschaft über einen bestimmten Bereich wurde auch als Burgfriede betitelt. Bei solchen Fällen lag eine gemeinsame Herrschaft zugrunde, obwohl sie nicht auf eine Burg beschränkt war. Als Beispiel ist der Vertrag zu nennen, den der Pfalzgraf bei Rhein, der Markgraf von Baden und der Graf von Veldenz 1428 schlossen, um die Vordere Grafschaft Sponheim gemeinsam zu regieren. Ebenso ist dies der Fall bei dem Vertrag, der vom Markgrafen von Baden und Grafen von Veldenz zur Mitherrschaft über die Hintere Grafschaft Sponheim geschlossen wurde. *Rödel*, Burg, S. 115; *ders.*, Öffnungsverträge, S. 290.

schen mehreren Grafen und Herren. Burgfrieden sind ebenfalls aus dem Elsass-Oberrhein, Schwaben, den westlichen Grenzregionen des Reiches, Niederrhein, Westfalen, Franken und einem Teil von Niedersachsen bekannt, während sie aus Bayern, den österreichischen Ländern, Thüringen, Sachsen, den böhmischen Ländern und im Nordosten kaum bezeugt sind. Am Mittelrhein und in den anderen Regionen scheinen die meisten neu geschlossenen Burgfrieden zwischen 1350 und 1450 entstanden zu sein.

Es existieren normative Gemeinsamkeiten zwischen den Burgfrieden. Die Forschung ist der Meinung, dass sich etwa um 1380 feste Konturen für die Elemente des Burgfriedens herausbildeten.[19] So wurde der Geltungsbezirk des Burgfriedens abgesteckt und beschrieben. Der Friede sollte nicht nur in der Burg sondern auch im umliegenden Raum bestehen.[20] Damit ähnelten die Burgfrieden in der Festsetzung der räumlichen Geltungsgrenzen den regionalen Landfrieden[21] im Spätmittelalter. Während deren zeitliche Geltung aber oft auf einige Jahre beschränkt war, schloss man die Burgfrieden meistens unbefristet.[22]

Die Erhaltung des Friedens in und um die Burg stellte bei den meisten Burgfrieden das Hauptanliegen dar. Mündliche Beleidigung, Körperverletzung unterschiedlichen Grades sowie Mord und Totschlag wurden bestraft. Als Sanktion setzte man Buß- und Strafgelder, Vertreibung aus der Burg mit bestimmten Fristen sowie Körperstrafen bei den Knechten der Burginhaber fest. In diesen Friedenssicherungsmaßnahmen wiesen die Burgfrieden gemeinsame Züge mit den Landfrieden und dem Stadtrecht auf. Die Modalitäten der Konfliktbeilegung unter Burgbesitzern wurden ebenfalls geregelt, z. B. das schiedsgerichtliche Verfahren. In dieser Hinsicht standen die Burgfrieden den adeligen Bündnissen und Adelsgesellschaften nahe.

Über die Verwaltung der Burganlage enthielten die Burgfrieden oft ausführliche Bestimmungen. Es wurde geregelt, welcher Teil der Burg zum gemeinsamen Besitz gehörte, wer diesen Teil auf welche Weise verwalten sollte, wie man die Baulichkeiten der Burg reparieren und wer die Kosten übernehmen sollte. Man traf teilweise minutiöse Regelungen wie in heutigen Hausordnungen. Die Ernennung des zuständigen Baumeisters mit seinen Befugnissen und Pflichten war ebenfalls eine bedeutende Angelegenheit. Gegebenenfalls fanden noch weitere Ämter einschlägige Berücksichtigung in den Burgfrieden. Desgleichen gab es Regelungen über die Besatzung der Burg und die (Feuer-)Waffen. In dieser Hinsicht sind die Burgfrieden mit den stadtrechtlichen Vorschriften zur Stadtmauer vergleichbar.

---

19 *Rödel*, Burg, S. 116; ders., Öffnungsverträge, S. 288.
20 In Niedersachsen gab es solche Burgfrieden, die einen relativ weiten Geltungsraum festsetzten. Vgl. *Patze*, Rechts- und verfassungsgeschichtliche Bedeutung, S. 550–552. Zu den Beispielen am Oberrhein vgl. *Schaab*, Geographische und topographische Elemente, S. 32–40.
21 Vgl. hierzu auch Kapitel 8.
22 Zu den wenigen Fällen einer zeitlich begrenzten Geltung des Burgfriedens vgl. *Rapp*, Elsaß, S. 243f.

Bei vielen Burgfrieden fanden sich Vorschriften zur Benutzung der Burg in Kriegszeiten. Es wurde festgesetzt, wie sich die Burginhaber verhalten sollten, wenn einer von ihnen Fehde führte. Konnte er direkt von der Burg aus zu einer militärischen Aktion aufbrechen? Durfte er den Feind eines anderen Burggenossen in die Burg aufnehmen? Solche Fragen zur Kriegsführung mussten geregelt werden. Gemeinsame Verteidigung oder Rückeroberung wurden ebenfalls verabredet. Wenn Fehdeführende, die nicht zu den Burginhabern zählten, während einer Fehde die Burg betreten wollten, mussten sie dafür entsprechend ihrer Standeszugehörigkeit ein bestimmtes Entgelt zahlen. Das Geld konnte dann für die Erhaltung und Reparatur des Burggebäudes ausgegeben werden.

Es gab auch Regelungen über die Veräußerung und Vererbung der Burganteile. Die Veräußerung der Anteile an andere als die Burginhaber wurde zumeist verboten oder strikt beschränkt. Auch ein Vorkaufsrecht der Burggenossen tauchte bei einigen Burgfrieden auf. Die Vererbung wurde allerdings vielfach auf die Agnaten begrenzt.

Der einmal geschlossene Burgfriede galt bei den Erben oder Käufern eines Burganteils weiter. Sie versprachen oder schwuren, sich an den bestehenden Burgfrieden zu halten. Dazu verpflichteten sich diejenigen, die neu in die Gemeinschaft einer Burg eintraten. Es war zwar nicht unmöglich und kam ab und zu vor, dass die Bestimmungen eines Burgfriedens geändert wurden, aber der Burgfriede stellte etwa im Vergleich zum Stadtrecht einen deutlich starreren Typus von Normsetzung dar. Man kann trotzdem im Verlauf des Spätmittelalters eine Entwicklung feststellen: Während die Regelungen der früheren Burgfrieden relativ einfach waren, wurden die Bestimmungen im Laufe des 15. Jahrhunderts tendenziell komplizierter. So wurden etwa die Anteile einer Burg im 15. Jahrhundert immer weiter aufgesplittert.

Wenn ein Burgfriede zwischen zwei oder mehreren Fürsten, Grafen oder Herren geschlossen wurde, stellte dies eine besondere Form der hochadligen Bündnisse dar.[23] Diese Konstellation konnte durch Erbfolge zustande kommen, aber auch durch gemeinsame Eroberung, Sühnevertrag, Veräußerung oder Verpfändung. An den Burgfrieden nach einer gemeinschaftlichen Eroberung einer Burg beteiligten sich auch Städte wie Frankfurt oder Straßburg.

Wenn ein Burgfriede dagegen für eine von der Burgmannschaft oder den Ganerben gemeinsam gehaltenen Burg geschlossen wurde, ist er als eine besondere Form der Adelsgesellschaft zu bewerten. Vor allem bei einigen Reichsburgen schloss sich ein größerer Kreis des Niederadels mit der Burg als Zentrum des Bundes zusammen.

Ein markantes Beispiel dieses Typus stellt Lindheim in der Wetterau dar.[24] Die Burg scheint spätestens in der Stauferzeit zum Königsgut gehört zu haben. Nachdem Lindheim in der Endphase der Stauferherrschaft bzw. im Interregnum (1245–1273) zer-

---

23 Diesen Typus behandelt *Margret Sänger*, Die Burgfrieden der Grafen von Katzenelnbogen, in: BDLG 116 (1980), S. 189–234. Vgl. auch *Rödel*, Öffnungsverträge, S. 289f.
24 *Karl E. Demandt*, Die Reichsganerbschaft Lindheim in der Wetterau, in: HJLG 6 (1956), S. 77–137.

stört worden war, wurde die Burg am Ende des 13. Jahrhunderts neu aufgebaut und von den niederadligen Ganerben beherrscht, die teilweise den staufischen Reichsministerialen entstammten. Aus dem Burgfrieden von 1391, der den darauffolgenden Verhältnissen zugrunde lag, gehen 17 Ganerbengeschlechter hervor, die Anteile an der Burg Lindheim hatten und miteinander eng verschwägert waren. Die Zahl der Ganerben wurde im Laufe des 15. Jahrhunderts immer größer und bis zum Ende des Jahrhunderts kamen etwa 40 Familien neu hinzu, von denen aber einige danach wieder ausschieden. Die Ganerbschaft zählte schließlich um 1500 etwa 30 Ganerben. Sie stammten nicht nur aus der Wetterau und Oberhessen, sondern auch aus Niederhessen und dem weiteren Mittelrheingebiet. Als wesentliche Ursache dieses weiträumigen Zusammenschlusses von Niederadeligen kann das hervorragende Wehrpotential, das die Burg Lindheim bot, gelten.

Bei diesem Typus von Burgfrieden bemühten sich allerdings auch Fürsten, Grafen und Herren, selber einen kleinen Anteil der Burg und damit die Mitgliedschaft in der Burgmannschaft zu erwerben, um dadurch den Zusammenschluss des Niederadels in der Burg zu schwächen oder sogar zu sprengen.[25] Der Niederadel beschränkte dagegen in Burgfrieden die Aufnahme auf Standesgenossen und versuchte damit, sich gegen höhere Stände zu behaupten. Die Ganerben spielten dabei auch auf der regionalen politischen Ebene eine nicht zu unterschätzende Rolle. Nachdem Lindheim seit dem Ende des 14. Jahrhunderts mit den Erzbischöfen von Mainz Öffnungs- und Schirmverträge geschlossen hatte, wechselten die Ganerben 1458 zur Kurpfalz und reagierten damit auf den territorialpolitischen Wandel am Mittelrhein, die Schwächung des Mainzer Erzstuhles und den Aufstieg der Kurpfalz. Dabei handelten die Ganerben, Burgmannen und Gemeinen von vier Burgen in der Wetterau (Lindheim, Kronberg, Reifenberg und Friedberg) einen Öffnungs- und Schirmvertrag mit dem Pfalzgrafen Friedrich I. (1425–1476) aus.[26] Diese Verbindung von vier Burgen wuchs dann 1492 zu einem dreizehnjährigen Bündnis von acht Burgen an: Zu den oben genannten vier traten noch Gelnhausen, Falkenstein, Dorheim und Stade hinzu.[27] Auf diese Weise schloss sich der Niederadel, der durch die Burgfrieden in seinen Burgen bereits verbunden war, in noch größerem Rahmen zusammen, um sich damit gegen den fürstlichen Druck behaupten zu können.

---

25 *Spieß*, Burg, S. 203; *ders.*, Burgfrieden, S. 197–199. Zu derartigen Versuchen der Pfalzgrafen bei Rhein siehe *Rödel*, Öffnungsverträge, S. 287f., S. 291f.
26 Der Vertragstext ist abgedruckt in *Demandt*, Lindheim, Teil I, S. 129–131.
27 Vgl. ebd., S. 134–137.

3. Veränderungen und Weiterbestehen in der Frühen Neuzeit

3.1. Rückgang von besonderen Friedensräumen in der Frühen Neuzeit

Parallel mit der Etablierung des inneren Friedens im Reich und in den Territorien verloren die besonderen Friedensräume in der Frühen Neuzeit an Bedeutung. Sie wurden Störfaktoren im frühstaatlichen Rechtssystem. Diese Spannung lässt sich gut am Beispiel des auf dem Kirchenfrieden basierenden kirchlichen Asyls verfolgen, das in den europäischen Ländern und deutschen Territorien nach und nach abgeschafft wurde (Frankreich: 1539, England: 1625, Österreich: 1787, Preußen: 1794 mit dem Allgemeinen Landrecht).[28]

Spezielle örtliche Frieden wie Gerichtsfrieden oder Marktfrieden erschienen nur selten in den Halsgerichtsordnungen des 16. Jahrhunderts wie dem *Codex Criminalis Bambergensis* (CCB 1507) oder dem *Codex Criminalis Carolina* (CCC 1532). Geboten wurde allein der Friede für Scharfrichter, der besagte, dass sie bei der Abführung der Verurteilten zum Richtplatz nicht gestört und auch bei einem Scheitern der Urteilsvollstreckung nicht bedroht werden durften (CCB Art. 118 und CCC Art. 97).

Für die Messen bestand zudem eine spezielle Gerichtszuständigkeit wie die des Frankfurter Schöffengerichtes noch in der Frühen Neuzeit weiter, während andernorts für Konflikte zwischen Messebesuchern zuständige Gerichte neu errichtet wurden wie das Handelsgericht in Leipzig oder das Kaufgericht in Braunschweig.[29] Diese besonderen Gerichtsbarkeiten dürfen noch als Relikt des alten Marktfriedens betrachtet werden. Die Frankfurter Reformationen, die das gelehrte Recht rezipierende Stadtrechtsrevision, behandelten zwar auch handelsrechtliche Regelungen, betonten aber den Marktfrieden nicht mehr.[30] Die weitreichenden Messeprivilegien galten jedoch bis in die Frühe Neuzeit. So blieb an den Leipziger Messen die Marktfreiheit, die Pfändungen während der Messezeit untersagte, im 16. Jahrhundert und darüber hinaus als wichtiges Element bestehen. Diese Freiheit wurde auch in die sächsische Konstitution von 1572 übernommen.[31]

---

28 *Henßler*, Art. „Asyl". Zu den Spannungsverhältnissen der reichsstädtischen Obrigkeit mit dem Klosterasyl im Südwesten siehe *Gerhard Kittelberger*, Der Adelberger Freihof in Esslingen. Das Asylrecht und der Immunitätsstreit im 16. Jahrhundert, Stuttgart 1970.
29 *Brübach*, Reichsmessen, S. 145–158 (Frankfurt), S. 483f. (Leipzig), S. 541–544 (Braunschweig).
30 Ebd., S. 158–169.
31 Ebd., S. 475–479.

3.2. Burgfrieden in der Frühen Neuzeit

Nachdem die Burgfrieden des Typus der Adelsgesellschaft des Niederadels im Mittelrheingebiet um 1500 ihre Blütezeit erfahren hatten, veränderten sie sich im Verlauf des 16. Jahrhunderts inhaltlich. Die Ganerbschaft von Lindheim, die sich noch im 16. Jahrhundert aus 27 verschwägerten Niederadelsfamilien zusammensetzte, ist hierfür ein anschauliches Beispiel. Die Familien veranstalteten einen jährlichen Ganerbentag in der Burg Lindheim und behandelten darin immer mehr geschäftliche Anliegen.[32] Um die zunehmenden Verwaltungsangelegenheiten zu erledigen, wurden neue Ämter eingeführt: mehrere „Zusätze", d. h. Gehilfen, die den schon seit dem Spätmittelalter amtierenden zwei Baumeistern beistanden, ein Rentmeister für Finanzsachen und ein gelehrter Syndikus als Verwaltungs- und Justizbeamter. Dennoch mussten viele Probleme letztendlich an den Ganerbentagen beraten und entschieden werden. Die Ganerben behandelten dabei nicht nur die Wahl von Baumeistern und Zusätzen, die Kontrolle ihres Amtsverhaltens, die Aufnahme neuer Ganerben, die Beilegung von Konflikten zwischen Ganerben, die Erhaltung und Reparatur der Burganlage und die Erhebung der dafür nötigen Kosten, also all jene Dinge, die auch schon in den spätmittelalterlichen Burgfrieden geregelt worden waren. Vielmehr regelten die Ganerben nun auch ihre Bautätigkeiten in der Burg, die Grenzsicherung der ländlichen Herrschaft um die Burg, die Regelungen über die Agrar- und Viehwirtschaft, die Verhältnisse zwischen Ganerben und Bürgern in Lindheim, die Rechnungssachen und die Bewahrung der einschlägigen Urkunden und Akten. Man versuchte also mit den neuen Ansprüchen der Frühen Neuzeit, die eine sich professionalisierende Verwaltung mit sich brachte, Schritt zu halten.

Nachdem der Burgfriede von 1391 im Jahre 1535 ergänzt worden war, beschloss auch der Ganerbentag von 1556, dass ein neuer Burgfriede zustande kommen sollte, aber man brauchte dazu noch lange Zeit. Die Ganerben verabschiedeten erst 1604 einen weiteren Burgfrieden und erhielten die kaiserliche Bestätigung dafür mit Ausnahme von zwei Artikeln zum Blutbann und Instanzenzug. Man setzte die Revisionsarbeit des Vertrages fort, die 1630 zu einem neuen Burgfrieden führte, der nunmehr aber ohne formelle kaiserliche Bestätigung blieb. Der Inhalt dieses neuen Burgfriedens blieb nun in erster Linie mittelalterlich, die frühneuzeitlichen Ämter wie „Zusätze" oder Syndikus fanden überhaupt keine Erwähnung. Die Verschärfung der Artikel über die Auferlegung der Erhaltungskosten für die Burg lässt zudem vermuten, dass Schwierigkeiten bestanden, dieselben einzuziehen. Eine Neuerung stellte die Aufnahme eines frühneuzeitlichen Verfahrens der Konfliktschlichtung für den Frieden in der Burg dar. So sollten bei besonders strittigen Punkten Gutachten von juristischen Fakultäten

---

32 *Demandt*, Lindheim, Teil II; *Joachim Schneider*, Ganerbschaften und Burgfrieden in der Frühen Neuzeit — Relikte oder funktionale Adaptionen?, in: Eckart Conze u. a. (Hg.), Adel in Hessen. Herrschaft, Selbstverständnis und Lebensführung vom 15. bis ins 20. Jahrhundert, Marburg 2010, S. 136–138.

an Universitäten eingeholt werden. Das bedeutete zwar eine Anpassung an die Verwissenschaftlichung des Rechtslebens in der Frühen Neuzeit, konnte aber die Konfliktbeilegung noch zeitraubender machen. Der als schwerste Sanktion mehrmals bestimmte Ausschluss aus der Ganerbschaft wurde im 16. und 17. Jahrhundert niemals umgesetzt. Neben der Aufnahme des frühneuzeitlichen Gutachterverfahrens weist der Burgfriede von 1630 einige Punkte auf, die der allgemeinen Entwicklung seit dem 16. Jahrhundert entsprachen. So wurden die Beziehungen zwischen Ganerben und ihren Dienern geregelt, Klagen der Untertanen gegen Ganerben ermöglicht, die Verhältnisse zwischen Ganerben und Einwohnern von Lindheim, die Veranstaltung, Verläufe und Aufgaben des Ganerbentages sowie die Verwaltung des Ganerbenarchives geregelt. Insofern sind doch einige wenige zeitgemäße Anpassungen im überwiegend noch mittelalterlich geprägten Burgfrieden von 1630 zu finden.

Nachdem Anfang des 17. Jahrhunderts der Graf von Hanau und der Landgraf von Hessen-Kassel versucht hatten, sich in die Ganerbschaft als neue Mitglieder hineinzudrängen, begrenzte der Burgfriede von 1630 die Neuaufnahme von Ganerben noch strenger und zeigte damit die Tendenz, die Zahl der Ganerben zu verringern. Wegen dieser Regelung und der verheerenden Kriegsschäden im Dreißigjährigen Krieg (1618–1648) wurde die Ganerbschaft von Lindheim geschwächt und ging 1645 unter. Die Burg Lindheim, die im Spätmittelalter als militärischer Stützpunkt für den Niederadel fungiert hatte, versagte gegen die Kriegsführung der Frühen Neuzeit.[33] Die Lindheimer Ganerbschaft wurde zwar in enger Beziehung mit der Reichsritterschaft am Rhein wiederhergestellt, aber die finanzielle Belastung für die Reichsritterschaft verursachte langandauernde Konflikte zwischen den Ganerben und den Einwohnern von Lindheim. Nachdem die Zahl der Ganerben noch stark abgenommen hatte, stritten seit der zweiten Hälfte des 17. Jahrhunderts zwei der restlichen Familien, die von Rosenbach und die von Oeynhausen, heftig miteinander um die Herrschaft über die Burg. Letztere setzten sich schließlich mit Gewalt durch. Da die eine Familie dabei die andere aus der Burg vertrieb, konnten die Konflikte mit Hilfe des Burgfriedens nicht mehr beigelegt werden, der doch das Zusammenleben der Burginhaber in der Burg voraussetzte.[34]

Unter den Burgen mit einer föderativen Verfassung in der Wetterau bestand allein Friedberg als bedeutender adeliger Zusammenschluss bis zum Ende des Alten Reiches fort. Diese Burg hatte seit dem 12. Jahrhundert direkte Beziehungen mit Kaisern und

---

33 Zum Verlust der militärischen Bedeutung der mittelalterlichen Burg gegenüber den Feuerwaffen siehe *Spieß*, Burg, S. 205–208. Spieß betont allerdings, dass nicht alle Burgen in Bedeutungslosigkeit versanken.
34 Die Herren von Schrautenbach, die die von Oeynhausen beerbten, traten im 18. Jahrhundert in eine enge Beziehung mit Zinzendorf und den Herrnhutern. Nachdem diese aus Sachsen vertrieben worden waren, stellten die Schrautenbacher ihnen Lindheim als Zuflucht zur Verfügung. Vgl. *Hermann Bräuning-Oktavio*, Ludwig Carl von Weitolshausen, genannt Schrautenbach Herr zu Lindheim in der Wetterau, der „denkende philosophische Herrnhuter", in: HJLG 13 (1963), S. 223–279.

Königen unumstritten beibehalten. Die Burgmannen erhielten wiederholt herrscherliche Privilegien und ihre Bestätigungen. Darunter enthielten die Privilegien Rudolfs I. von Habsburg (1218–1291) am Ende des 13. Jahrhunderts die Regelungen zum Burggrafenamt und die Vorschrift, dass die Grafen und Herren ohne Zustimmung der niederadligen Burgmannen nicht in die Burgmannschaft aufgenommen werden durften. Während derartige Bestimmungen andernorts üblicherweise in einem Burgfrieden geregelt wurden, waren sie hier in den königlichen Privilegien zu finden, die als Basis der Burgverfassung in Friedberg galten.[35] Die Burgfrieden von 1337 und 1349 bestimmten weitere Modalitäten der Aufnahme neuer Burgmannen und andere Punkte.[36]

Die Burgmannschaft von Friedberg blühte bis in die Frühe Neuzeit ebenfalls in enger Beziehung mit der Reichsritterschaft weiter auf, was sich darin zeigte, dass der Burggraf von Friedberg zugleich der Hauptmann der rheinischen Reichsritterschaft war. Die Burgregierung erfuhr jedoch einen großen Wandel,[37] indem sich eine deutliche Tendenz zur Herrschaftsverdichtung herausbildete. So wurde das Burgregiment zu dieser Zeit von den wenigen eng miteinander verwandten Adelsfamilien getragen, während einfachen Burgmannen de facto keine Möglichkeit mehr blieb, die Angelegenheiten der Burg mitzubestimmen. Die Machtkonzentration auf einige Burgmannenfamilien war schon im Spätmittelalter zu beobachten gewesen, aber das Gewicht des Burgregiments nahm seit dem 16. Jahrhundert gegenüber dem sogenannten Gemeinen Verbot, der Vollversammlung der Burgmannen, immer weiter zu. Die Mitgliedschaft in der Burg Friedberg bedeutete nun keine wirkliche Teilhabe an der Burgregierung mehr, sondern lediglich eine ständische Ehre, die allerdings eine Verbundenheit mit dieser traditionsreichen reichsunmittelbaren Institution ausdrückte. Neben der Tendenz zur Herrschaftsverdichtung stellte auch das Element der *Anciennität*, das in der Verbundenheit der Burgmannen zu der langen Reichstradition der Burg sichtbar wird, eine typische frühneuzeitliche Entwicklung dar. Die beiden mittelalterlichen Burgfrieden veränderten sich dabei nicht, aber es entstanden neue Regelungen über das Burgregiment.

Einen spätmittelalterlichen Burgfrieden zu revidieren misslang ebenfalls bei Cleeberg im Lahngebiet, einer Ganerbschaft der mittelrheinischen Fürsten, Grafen und Herren.[38] Nachdem der erste überlieferte Burgfriede 1404 entstanden war, erörterte

---

35 *Albrecht Eckhardt*, Burggraf, Gericht und Burgregiment im mittelalterlichen Friedberg, in: Wetterauer Geschichtsblätter 20 (1970), S. 17–81; *Thomas Schilp*, Die Reichsburg Friedberg im Mittelalter, Friedberg/Hessen 1982; *Klaus-Dieter Rack*, Die Burg Friedberg im Alten Reich. Studien zu ihrer Verfassungs- und Sozialgeschichte zwischen dem 15. und 19. Jahrhundert, Darmstadt u. a. 1988, S. 22–49. Die Privilegien Rudolfs I. von Habsburg sind abgedruckt in *Eckhardt*, Burggraf, S. 59f.
36 Die Friedenstexte sind abgedruckt in *Eckhardt*, Burggraf, S. 61–66.
37 *Rack*, Burg Friedberg; *Schneider*, Ganerbschaften, S. 139f.
38 *Alexander Jendorff*, Condominium. Typen, Funktionsweisen und Entwicklungspotentiale von Herrschaftsgemeinschaften in Alteuropa anhand hessischer und thüringischer Beispiele, Marburg 2010, S. 177ff.

man mehrmals die Notwendigkeit eines neuen Burgfriedens, nämlich 1562, 1616 und 1656, ohne ihn in der Tat zu erreichen. Der vom Baumeister vorgeschlagene Entwurf von 1562 beinhaltete den Einsatz der Wehrkraft für die Verstärkung der Burgendefension, die zunehmende Förderung der Handwerke, die Errichtung eines gemeinsamen Archives, die striktere Erhebung der Kosten von den Ganerben und die Klärung der Beamtenbefugnisse einschließlich des Bergwerkbereichs. Man bemühte sich also mit einem neuen Burgfrieden, den militärischen, gewerblichen und verwaltungstechnischen Bedürfnissen in der Frühen Neuzeit gerecht zu werden. In der Diskussion von 1616 versuchten die Ganerben, die Untertanen bei Taufen und Eheschließungen stärker zu disziplinieren und die Vorschriften über die Veräußerung der Burganteile zu ergänzen. Da solche Versuche niemals umgesetzt wurden, war die Verwaltung der Burg im 18. Jahrhundert auf einzelne bilaterale Vereinbarungen angewiesen. Die Ganerben, vor allem die Landgrafen von Hessen-Darmstadt, führten die Visitation über die Ämter der Burg durch und verstärkten damit die Aufsicht über die Amtsinhaber in der Burg. In Vetzberg, einer anderen Ganerbschaft im Lahngebiet, wurde der Burgfriede, der 1454 zustande gekommen war, zwar 1582 revidiert, aber es ist keine wichtige Änderung zu finden, außer der Errichtung eines gemeinen Archives.[39]

Bei einigen Burgfrieden ist der Übergang zum Fideikommiss zu beobachten, der innerhalb einer verzweigten Adelsfamilie die Unteilbarkeit der wichtigen Familiengüter, alleiniges Erbrecht des Ältesten und die Abfindung der jüngeren Söhne und der Töchter vorschrieb, um die adelige Herrschaft vor einer Zersplitterung zu schützen.[40] So wurde die Ganerbschaft von Hatzfeld-Wildenburg im Westerwald im Jahr 1598 in eine unteilbare Fideikommissstiftung umgeformt. Es ist interessant, dass man dabei ab und zu den traditionellen Burgfrieden und das neue Abkommen über den Familienbesitz separat regelte. Das war etwa 1586 bei den Riedeseln zu Eisenach, einem Niederadelsgeschlecht in Hessen, der Fall. Solche Beispiele zeigen den starren Charakter des Burgfriedens. Über den Zusammenhang zwischen dem mittelalterlichen Burgfrieden und dem frühneuzeitlichen Fideikommiss bedarf es aber noch weiterer Untersuchungen.

Wie die anderen besonderen Friedensräume, so standen auch die Burgfrieden mit der Zeit in einem Spannungsverhältnis zur Territorialgewalt. Bei einigen Burgen wie Vetzberg in Hessen verkauften alle noch übrigen Ganerben ihre Anteile an die Landesherren.[41] Die Niederadelsfamilie Schenck zu Schweinsberg im nördlichen Hessen geriet 1699 bei der Erneuerung ihres Burgfriedens in eine Auseinandersetzung mit dem hessischen Landesherrn.[42] Nach seiner Auffassung brauchte man nach dem Ewigen Landfrieden von 1495[43] keinen solchen Burgfrieden mehr zu errichten, da er den all-

---

39 Ebd., S. 242–246; *Schneider*, Ganerbschaften, S. 140f.
40 *Schneider*, Ganerbschaften, S. 142–144.
41 Ebd., S. 140f.
42 Ebd., S. 144–147.
43 Vgl. hierzu auch Kapitel 39.

gemeinen Frieden eher störe als fördere. Die Schencken zu Schweinsberg betonten dagegen noch in einer Familienordnung von 1740 die Tradition der mittelalterlichen Burgfrieden und deren weitere Geltung. Im Konflikt zwischen der hessischen Landeshoheit und der Adelsfamilie wurde aber noch um weitere Punkte gestritten und der Burgfriede von 1699 letztendlich doch von der hessischen Regierung bestätigt. Im Vergleich mit dem vorausgehenden Burgfrieden des 15. Jahrhunderts entfielen in der frühneuzeitlichen Fassung die militärischen Regelungen, während die güterrechtlichen und erbrechtlichen Bestimmungen in den Vordergrund rückten. Eine Entmilitarisierung und eine Tendenz zum Privatrecht sind hieran zu sehen. Der so gewandelte Burgfriede wurde aber von den Adelsgeschlechtern trotz der veränderten Inhalte auch weiterhin dafür verwendet, die familiäre Identität zu stärken und sich gegen den landesherrlichen Druck zu behaupten. Der Burgfriede bot auf diese Weise die Grundlage für eine gewisse Selbstständigkeit des in den Territorialstaat integrierten Niederadels der Frühen Neuzeit.

Als Basis des fürstlichen Condominats bestand der Burgfriede weiter. Einen solchen Fall stellte zum Beispiel die Burg Treffurt im westlichen Eichsfeld dar.[44] Nachdem der Erzbischof von Mainz, der Landgraf von Hessen und der Landgraf von Thüringen 1337 die Burg von den Spangenbergern eingenommen hatten, beherrschten Mainz, Hessen (später Hessen-Kassel) und die Wettiner (später Kursachsen) Treffurt gemeinsam. Da Hessen-Kassel 1736 seinen Anteil an Kursachsen veräußerte, verblieben danach Mainz und Kursachsen als gemeinsame Inhaber der Burg und Herrschaft Treffurt.

Die Burgfrieden von 1333 und 1337 blieben als Grundlage für die Verhältnisse zwischen den fürstlichen Ganerben bestehen. Sie regelten – ähnlich wie übliche Burgfrieden – die Friedenssicherung in der Burg, die Konfliktbeilegung zwischen den Gemeinen und die gemeinsame Verwaltung der Burg, aber nicht alle nötigen Vorschriften wie die gemeinsame Herrschaft über den ländlichen Teil, die Gerichtsverfassung und Kooperation der Amtsinhaber einzelner Ganerben. Die Verwaltung von Treffurt wurde vom sogenannten Burgadel getragen. Die zu ihm gehörenden niederadligen Familien empfingen im Spätmittelalter häufig Verpfändungen von den fürstlichen Mitbesitzern und waren als deren Amtleute tätig. Diese Niederadligen schlossen 1454 und 1501 neue Burgfrieden, in denen die Friedenssicherung in der Burg, die Erhaltung der Burganlage und die Einsetzung eines Samtschultheißen geregelt wurden. Der Schwerpunkt der Herrschaft im gesamten Bereich Treffurt verschob sich am Ende des 15. Jahrhunderts von der Burg zur Stadt.

Obwohl die Burgfrieden keine ausführlichen Regelungen über den Ganerbentag enthielten, fand dieser bei Bedarf stets im Juni statt. Die Gesandten der mitbesitzenden Fürsten kamen hier zusammen. Die Zahl dieser Veranstaltungen häufte sich von der Mitte bis zum Ende des 16. Jahrhunderts, ging aber im 17. Jahrhundert stark zu-

---

44 *Jendorff*, Condominium, S. 285–497.

rück. Der Ganerbentag behandelte weite Bereiche, die sich von Verwaltung, Steuer, Konfessionsfragen und Konfliktbeilegung bis zu Aufnahme und Beratung von Beschwerden erstreckten und damit das Spektrum frühneuzeitlicher Regierungs- bzw. Verwaltungsaufgaben abdeckten. Die Regierung wurde von den örtlichen Amtsinhabern übernommen, die von einzelnen oder sämtlichen fürstlichen Ganerben ernannt wurde, während der Burgadel seit dem 16. Jahrhundert von diesen Positionen im Prinzip ausgeschlossen war. Streitigkeiten unter den Amtsinhabern oder zwischen ihnen und den Untertanen ließen sich allerdings öfter beobachten. Einige Burgadelsgeschlechter wie die von Keudell befanden sich bis zum Ende des Alten Reiches im kontinuierlichen Streit mit dem Ganerbenregiment. Die adlige Eigenständigkeit wurde auf diese Weise von der fürstlichen gemeinsamen Herrschaft langsam eingeschränkt.

Nach dem Dreißigjährigen Krieg erfuhr die Ganerbschaft keine weitere grundlegende Reform. Die Zahl der Besitzer von Treffurt ging zwar im 18. Jahrhundert von drei auf zwei zurück, aber die gemeinsame Herrschaft von Mainz und Sachsen bestand bis zum Ende des Alten Reiches fort. Im Fall Treffurt hatten die gemeinsame Herrschaft und die Burgfrieden ihre Ursprünge in den Bündnissen, die die Fürsten schlossen, um eine Burg zu erobern. Obwohl die mittelalterlichen Burgfrieden die Grundlage für die gemeinsame Herrschaft bildeten, veränderten sie sich in der Frühen Neuzeit kaum und zeugten so von ihrer Stabilität und Starrheit.

Bei den anderen Fällen in der Frühen Neuzeit wurde das Wort Burgfriede von der Verbindung mit der gemeinsam regierten Burg gelöst. Der Burgfriede bedeutete nun das besondere Recht, das in Festungen von Territorialherren gelten sollte.[45] Der um 1525 verfasste Burgfriede der Festung Hohenasperg galt beispielsweise als Modell derartiger Ordnungen für alle Festungen der Herzöge von Württemberg. Nach diesem Burgfrieden sollte bei Streitigkeiten zwischen den Besatzungen sofort Friede geboten werden. Die Ungehorsamen wurden von den anderen Besatzungen festgenommen. Die Friedensbrecher wurden dann mit peinlichen Strafen bedacht. Laut den Gerichtsurteilen in der Festung wurden schon verbale Streitigkeiten geahndet. Peinliche Strafen wurden für die Bedrohung mit Waffen, die Waffenziehung und leichte Körperverletzungen auferlegt. Der Burgfriede verlor dabei seine genossenschaftliche Bedeutung und galt als besondere Norm in einem Raum, in dem unter Territorialfürsten aus militärischem Interesse besonders strenger Friede herrschen sollte.

4. Schluss

Die Bedeutung der mittelalterlichen besonderen Friedensräume ging im Allgemeinen in der Frühen Neuzeit zurück, worin sich eine Auswirkung des allgemeinen Fehdever-

---

45 *Maurer*, Rechtsverhältnisse, S. 104f., S. 114f.

bots und der Etablierung des inneren Friedens im Reich und in den Territorien nach dem Ewigen Landfrieden von 1495 zeigt. Diese Tendenz ist auch bei Burgfrieden festzustellen.

Im Spätmittelalter boten sie bei einigen Burgen eine rechtliche Basis für den horizontalen Zusammenschluss des Niederadels. Sie stellten insofern eine wichtige rechtsgeschichtliche Institution dar, als dass sich der fehdeführende Niederadel mit ihnen durch beeidete Vereinbarungen rechtlichen Reglementierungen unterwarf. Dieser Typus des Zusammenschlusses des Niederadels mit einer Burg als Zentrum büßte aber schon seit dem 16. Jahrhundert an Wirkung ein. Stattdessen fungierte die Reichsritterschaft in einigen Regionen im Süden und Westen des Reiches als frühneuzeitliche Form des niederadeligen Zusammenschlusses.

Die Burgfrieden bestanden trotzdem in der Frühen Neuzeit als mit Burgen verbundene stabile Regelungen weiter. Wenn ein Burgfriede die Verhältnisse der Burginhaber aus einem adligen Familienverband regelte, war ein Rückgang der militärischen Bestimmungen und Verschiebungen hin zu den güterrechtlich-erbrechtlichen Vorschriften festzustellen. Mehrere Burgfrieden bildeten in dieser Form eine rechtliche Grundlage der adeligen Ganerbschaft und lebten als traditionelles Recht unter der frühneuzeitlichen Territorialherrschaft fort. Der Burgfriede konnte auch ein interterritoriales Kondominium rechtlich untermauern, sowohl als frühneuzeitliche Fortsetzung von mittelalterlichen hochadeligen Bündnissen als auch als Sonderform des Friedens unter den frühneuzeitlichen Staaten.

Die Burgfrieden zeigen in diesem Sinne trefflich die frühneuzeitliche Veränderung und Weiterexistenz der besonderen Friedensräume des Mittelalters.

Auswahlbibliographie / Select Bibliography

Alsdorf, Friedrich Karl, Untersuchungen zur Rechtsgestalt und Teilung deutscher Ganerbenburgen, Frankfurt a. M. 1980.
Becker, Hans-Jürgen/Hödl, Ludwig, Art. „Friede", in: LMA 4, (1987–1989), Sp. 919–921.
Brübach, Nils, Die Reichsmessen von Frankfurt am Main, Leipzig und Braunschweig (14.–18. Jahrhundert), Stuttgart 1994.
Cordes, Albrecht/Krey, Alexander, Art. „Markt", in: HDRG 3 ²(2016), Sp. 1.308–1.319.
Demandt, Karl E., Die Reichsganerbschaft Lindheim in der Wetterau, in: HJLG 6 (1956), S. 77–137, 10 (1960), S. 149–211.
Eckhardt, Albrecht, Burggraf, Gericht und Burgregiment im mittelalterlichen Friedberg, in: Wetterauer Geschichtsblätter 20 (1970), S. 17–81.
Fruscione, Daniela, Das Asyl bei den germanischen Stämmen im frühen Mittelalter, Köln u. a. 2003.
Henßler, Ortwin, Art. „Asyl", in: HDRG 1 ²(2004), Sp. 319–326.
Hermann, Hans-Georg, Art. „Friede", in: HDRG 1 ²(2004), Sp. 1.807–1.821.
His, Rudolf, Gelobter und gebotener Friede im deutschen Mittelalter, in: ZRG GA 33 (1912), S. 139–223.
His, Rudolf, Das Strafrecht des deutschen Mittelalters, 2 Teile, Weimar 1920–1935 (ND 1964).
Janssen, Wilhelm, Art. „Friede", in: GGB 2 (1975), S. 543–591.

Jendorff, Alexander, Condominium. Typen, Funktionsweisen und Entwicklungspotentiale von Herrschaftsgemeinschaften in Alteuropa anhand hessischer und thüringischer Beispiele, Marburg 2010.
Irsigler, Franz, Markt- und Messeprivilegien auf Reichsgebiet im Mittelalter, in: Barbara Dölemeyer/Heinz Mohnhaupt (Hg.), Das Privileg im europäischen Vergleich, Bd. 2, Frankfurt a. M. 1999, S. 189–214.
Kaufmann, Ekkehard, Art. „Friede", in: HDRG 1 (1971), Sp. 1.275–1.292.
Köbler, Gerhard, Art. „Hegung", in: HDRG 2 ²(2012), Sp. 866–868.
Lück, Heiner, Art. „Marktkreuz", in: HDRG 3 ²(2016), Sp. 1.324–1.327.
Margue, Michel, ... Eynen rechten, festen und steden burchfryden zu halden uff unser burch. Burgfrieden als Quellen für das Zusammenleben auf der spätmittelalterlichen Burg, in: Lukas Clemens/Sigrid Schmitt (Hg.), Zur Sozial- und Kulturgeschichte der mittelalterlichen Burg, Trier 2009, S. 207–228.
Maurer, Hans-Martin, Rechtsverhältnisse der hochmittelalterlichen Adelsburg vornehmlich in Südwestdeutschland, in: Hans Patze (Hg.), Die Burgen im deutschen Sprachraum. Ihre rechts- und verfassungsgeschichtliche Bedeutung, Bd. 2, Sigmaringen 1976, S. 77–190.
Patze, Hans, Rechts- und verfassungsgeschichtliche Bedeutung der Burgen in Niedersachsen, in: ders. (Hg.), Die Burgen im deutschen Sprachraum. Ihre rechts- und verfassungsgeschichtliche Bedeutung, Bd. 1, Sigmaringen 1976, S. 515–564.
Rack, Klaus-Dieter, Die Burg Friedberg im Alten Reich. Studien zu ihrer Verfassungs- und Sozialgeschichte zwischen dem 15. und 19. Jahrhundert, Darmstadt u. a. 1988.
Rapp, François, Zur Geschichte der Burgen im Elsaß mit besonderer Berücksichtigung der Ganerbschaften und der Burgfrieden, in: Hans Patze (Hg.), Die Burgen im deutschen Sprachraum. Ihre rechts- und verfassungsgeschichtliche Bedeutung, Bd. 2, Sigmaringen 1976, S. 229–248.
Rödel, Volker, Die Burg als Gemeinschaft. Burgmannen und Ganerben, in: Lukas Clemens/Sigrid Schmitt (Hg.), Zur Sozial- und Kulturgeschichte der mittelalterlichen Burg, Trier 2009, S. 109–139.
Rödel, Volker, Öffnungsverträge und Burgfrieden als Mittel fürstlicher Politik, in: Erik Beck u. a. (Hg.), Burgen im Breisgau. Aspekte von Burg und Herrschaft im überregionalen Vergleich, Ostfildern 2012, S. 279–293.
Sänger, Margret, Die Burgfrieden der Grafen von Katzenelnbogen, in: BDLG 116 (1980), S. 189–234.
Schaab, Meinrad, Geographische und topographische Elemente der mittelalterlichen Burgenverfassung nach oberrheinischen Beispielen, in: Hans Patze (Hg.), Die Burgen im deutschen Sprachraum. Ihre rechts- und verfassungsgeschichtliche Bedeutung, Bd. 2, Sigmaringen 1976, S. 9–46.
Schilp, Thomas, Die Reichsburg Friedberg im Mittelalter, Friedberg (Hessen) 1982.
Schneider, Joachim, Ganerbschaften und Burgfrieden in der Frühen Neuzeit – Relikte oder funktionale Adaptionen?, in: Eckart Conze u. a. (Hg.), Adel in Hessen. Herrschaft, Selbstverständnis und Lebensführung vom 15. bis ins 20. Jahrhundert, Marburg 2010, S. 129–148.
Spieß, Karl-Heinz, Burg und Herrschaft im 15. und 16. Jahrhundert, in: Geschichtliche Landeskunde 42 (1995), S. 195–212.
Spieß, Karl-Heinz, Burgfrieden als Quellen für die politische und soziale Lage des spätmittelalterlichen Adels, in: Herman Ehmer (Hg.), Burgen im Spiegel der historischen Überlieferung, Sigmaringen 1996, S. 183–201.
Wittek, Gudrun, Rolande als Sinnbilder für mittelalterlichen Stadtfrieden?, in: Dieter Pötschke (Hg.), Rolande, Kaiser und Recht. Zur Rechtsgeschichte des Harzraums und seiner Umgebung, Berlin 1999, S. 158–187.
Zapp, Hartmut u. a., Art. „Asyl", in: LMA 1 (1977–1980), Sp. 1.156–1.158.

Inken Schmidt-Voges
13. Hausfrieden

Eine doppelte Friedensordnung

Abstract: Domestic Peace. A Dual System
Early modern ideas of peace pertained to the domestic sphere as well as interstate relations and societal orders. The notion of peace regarding this smallest social unit evolved in two ways: on the one hand the house itself was legally secured as a place of shelter against any form of hostile trespass; on the other hand the household was safeguarded as an ethically ordered group against harm and violence from other household members. This chapter discusses the different contexts in which the two legal form emerged and how they interacted. The notion of the peace of a built space developed in the Middle Ages. The idea of the family as an ethical concept was fostered by confessional disciplining and by the growing importance of and interest in family and household as *nuclei* of the emerging state in the early modern period.

Der Begriff ‚Hausfrieden' bezeichnete seit dem Mittelalter im deutschen Sprachgebrauch den besonderen rechtlichen Schutz bewohnter Gebäude.[1] Er reflektiert das existentielle Bedürfnis der Menschen, in ihren Häusern zusammen mit ihrer Habe geschützt zu sein vor unerwünschten Übergriffen und Beschädigung von außen. Das Haus war mit der zentralen Feuerstelle der Ort von Licht, Wärme, Nahrung und Ruhe und bot damit die Möglichkeit, die grundlegenden Bedürfnisse zu stillen. Zugleich war es der Ort, an dem die Tätigkeiten zur Sicherung des Lebensunterhalts angesiedelt waren: produzierendes Gewerbe, Verarbeitung von Rohstoffen, Lagerung von Vorräten und Futtermitteln.[2] Gesichert und geschützt war die ungestörte Ruhe im Haus durch die rechtliche Festschreibung des Hausfriedens in den verschiedenen mittelalterlichen Rechtsordnungen und das ausgesprochen hohe Strafmaß (z.B. Todesstrafe, immense Geldstrafen) bei Verstößen gegen diesen Hausfrieden.

Im Übergang zur Frühen Neuzeit trat noch eine zweite Bedeutungsebene des Begriffs hinzu: Sie bezog sich auf das ‚Haus' als soziale Gruppe derer, die gemeinsam in einem Haus lebten und wirtschafteten, und bezeichnete die Art und Weise des Zusammenlebens. Neben Eltern und Kindern konnten auch Gesinde, Dienstboten, Lehrlinge, Gesellen, Studenten, *Inwohner*, Mündel, Pflegekinder und weitere Angehörige der Kernfamilie dazugehören. In diesem Kontext bezeichnete ‚Hausfrieden' eine ethische

---

[1] Vgl. hierzu die Einträge unter „Hausfriede" im Deutschen Rechtswörterbuch online https://drw-www.adw.uni-heidelberg.de/drw-cgi/zeige?term=Hausfriede&index=lemmata (abgerufen am: 13.03.2020).
[2] *Bernd Kannowski*, Art. „Hausfrieden", in: HDRG 2 ²(2011), Sp. 803–805.

Norm, die insbesondere darauf abzielte, durch ein Bündel an normativen Verhaltenserwartungen und Rollenmodellen im Alltagshandeln der Hausgenossen die häusliche Ordnung zu wahren, ohne die Ehre jedes Einzelnen zu verletzen.[3]

Beide Ebenen gingen seit dem 16. Jahrhundert eine enge Verbindung ein, die sich in der Rechtsprechung der Frühen Neuzeit widerspiegelte und in den spezifisch frühneuzeitlichen Modalitäten der Organisation politischer Ordnung begründet lag. Dem ‚Haus' kam hierin für die Herstellung und Wahrung gesellschaftlicher Stabilität und Ordnung eine fundamentale Bedeutung zu, war es doch noch nicht die Kontinuität staatlicher Institutionen, die für Stabilität sorgte, sondern die Kontinuität personaler Beziehungen – und diese organisierten sich auf allen Ebenen der Gesellschaft in vielfältigen und komplexen Verflechtungen entlang des Ordnungsmodells des ‚Hauses'.[4]

Trotz ihrer besonderen Komplementarität in frühneuzeitlichen Wissens- und Rechtsordnungen waren beide Bedeutungsebenen in unterschiedlichen Epistemologien verankert. Im Folgenden werden diese zunächst in ihrer Entstehung, ihren Kontexten und ihren Ausformungen vorgestellt: Hausfrieden als zeitlich unbegrenzt rechtlich geschützter Raum des Hauses ist schon in den ältesten schriftlich überlieferten Rechtsordnungen der Menschheit greifbar, wurde immer wieder an die jeweiligen gesellschaftlichen Ordnungsbedarfe angepasst und fand als solches auch seinen Niederschlag in den verschiedenen Rechtsmaterien der Frühen Neuzeit (1). Hausfrieden als ethisches Konzept entstand in den spezifischen gesellschaftlichen Konstellationen des späten Mittelalters in der Zusammenführung des religiösen Gebots der Friedfertigkeit und der Nächstenliebe als Maßstab sozialen Handelns mit dem Handlungsrahmen ‚Haus'. Das ethische Konzept verhandelte vor allem Modi der gewaltfreien (nicht konfliktfreien!) Kommunikation in der hierarchischen Ordnung des Hauses und des richtigen Umgangs mit Herrschaft und Macht. Als solches spielte diese ethische Bedeutung des Hausfriedens in der Frühen Neuzeit eine wichtige Rolle in gerichtlichen Auseinandersetzungen über Konflikte im häuslichen und nachbarschaftlichen Zusammenhang; zudem fand sie Eingang in zahlreiche Kirchen- und Sittenordnungen (2).

Da in der sozialen Praxis beide Bedeutungsebenen oftmals miteinander verschränkt wurden und in den Wahrnehmungs- und Deutungsmustern der Akteure präsent waren, ist die soziale – gerichtliche wie außergerichtliche – Praxis zur Sicherung und Herstellung des Hausfriedens von besonderer Bedeutung für dessen spezifisch frühneuzeitliche Ausprägung und Wirkmächtigkeit für gesellschaftliche Stabilität und Ordnung (3). Abschließend wird dieser doppelte Bezugsrahmen von Friedensvorstellungen im Haus als Rechtsordnung einerseits und ethisches Prinzip andererseits im weiteren Kontext frühneuzeitlicher Friedensvorstellungen eingeordnet werden (4).

---

3 *Inken Schmidt-Voges*, Das Haus in der Vormoderne, in: dies./Joachim Eibach (Hg.), Das Haus in der Geschichte Europas. Ein Handbuch, Berlin 2016, S. 1–19, hier S. 10–12.
4 Vgl. *Heide Wunder*, „Er ist die Sonn', sie ist der Mond." Frauen in der Frühen Neuzeit, München 1992, S. 95.

Der Schwerpunkt der Darstellung liegt im Bereich des deutschsprachigen Europa. Wo die Forschungslage es zulässt, werden die Entwicklungen und Kontexte anderer Kulturen und Gemeinwesen mit einbezogen.

1. Hausfrieden als Schutz vor unbefugtem Eindringen

Die Vorstellung, dass es ein menschliches Grundbedürfnis ist, über einen geschützten Raum zu verfügen, um sich zurückzuziehen und ungestört sein Leben zu entfalten, war offenbar sehr früh präsent und als explizite Norm des Zusammenlebens verankert worden. Sie lässt sich schon in den ältesten erhaltenen Rechtstexten finden. Bereits im *Codex Hammurabi* aus dem 18. Jahrhundert v.Chr wie auch beispielsweise in den Zwölftafelgesetzen (450 v.Chr.) lassen sich indirekte Festschreibungen finden, denn Verbrechen am und im Haus wurden härter bestraft als anderswo.[5] Im *Corpus Iuris Civilis* (ca. 530 n.Chr.) findet sich eine detaillierte Ausformulierung dieser Vorstellung in klassischer und nachklassischer Zeit, die immer deutlicher den Hausfrieden bzw. dessen Bruch je nach Kontext in den Bereich der *vis publica* bzw. *vis privata* einordnete. Damit zählte er zu jenen Straftaten, die wider die öffentliche Sicherheit und Ordnung gerichtet waren, zu denen eben auch die Unversehrtheit der individuellen Person sowie des Eigentums gehörten.[6] Semantisch lässt sich festhalten, dass sich kein Bezug zu einer dezidierten Friedensbegrifflichkeit (*pax*)[7] finden lässt, wohl aber ein Bezug zur Gewalt bzw. Gewaltanwendung.

In der Spätantike und im Übergang zum frühen Mittelalter entstanden durch die Transformationsprozesse der ‚Völkerwanderung' zahlreiche Rechtssetzungen, die zunächst in der Unterscheidung zwischen den *leges Romanorum* und den *leges Barbarorum* unterschiedliche Traditionen nebeneinanderstellten; mit Blick auf den Hausfriedensbruch variierten die Strafbemessungen erheblich, verwiesen aber ganz grundlegend darauf, dass auch in den *leges Barbarorum* der Hausfrieden als ‚Grundrecht' gedacht wurde.[8] Während das römische Recht lediglich die Unversehrtheit des Hausherrn und seines Besitzes im Blick hatte, umfassten die germanischen Rechtsvorstellungen die Gesamtheit von Haus und Hof samt der in ihnen wohnenden Menschen und Tiere. Prägend für die weitere Entwicklung in den entstehenden mitteleuropäischen Herrschaftsgebieten und Gemeinwesen waren insbesondere die sprachlichen

---

5 Etwa Sätze 2, 16, 19, 21, 25, 30–32. Vgl. *Wilhelm Eilers*, Codex Hammurabi. Die Gesetzesstele Hammurabis, Wiesbaden ⁵2009, S. 27–64; *Rudolf Trabandt*, Der kriminalrechtliche Schutz des Hausfriedens in seiner geschichtlichen Entwicklung, Hamburg 1970, S. 3–13.
6 *Trabandt*, Schutz, S. 17–30; *Leon Capdenat*, De la liberté individuelle dans l'antiquité et de quelques restrictions à ce principe en droit privé romain. De l'inviolabilité du domicile en droit français, Aix-en-Provence 1893, S. 39.
7 *Marta Sordi* (Hg.), La pace nel mondo antico, Milano 1985.
8 *Trabandt*, Schutz, S. 23.

Amalgamierungen. Die aus den germanischen Rechtstexten stammenden Begriffe wurden latinisiert oder durch ähnliche, aber nicht deckungsgleiche lateinische Begriffe übersetzt. So wurde das althochdeutsche *fridu* zu *fredus, -a, -um* oder *pax*. Und der Straftatbestand wurde als *husbruch* bzw. *hofbruch* erwähnt.[9]

1.1 Grundlegung der frühneuzeitlichen Rechtsnormen in den mittelalterlichen Rechtsentwicklungen

Im Mittelalter führten zwei rechtshistorische Entwicklungen zu einer weitgehenden, grundsätzlichen Verankerung des Hausfriedens: Zum einen kam dem Haus als Ort des Schutzes für seine Bewohner in den Gottes- und Landfriedensbewegungen[10] zur Eindämmung und Regulierung von Fehdeaktivitäten eine zentrale Bedeutung zu:

> Jedes Haus, jeder Hof soll innerhalb seiner Grenzen einen dauerhaften Frieden haben. Keiner darf eindringen, keiner einbrechen, keiner darf es wagen innerhalb des Umgrenzten ohne Genehmigung zu durchsuchen oder Gewalt auszuüben. Wer es wagt, von welchem Stande er auch sei, wird mit dem Tode bestraft.[11]

Zum anderen wurde der Hausfrieden Bestandteil der Kaiser- und Landrechte, die auf diese Weise den grundsätzlichen Schutz ihrer Untertanen rechtlich verbrieften.[12] Die andere große Entwicklungslinie ist in der Entwicklung und Ausdifferenzierung der Stadtrechte seit dem 12. Jahrhundert zu sehen, die den Hausfrieden als ein Grundprinzip des Gemeinwesens beschreiben und auch den Hausfrieden selbst genauer definieren:[13] Als Rechtszweck des Hausfriedens wird in allen Rechtstexten die Unversehrtheit der im Haus wohnenden Personen benannt: „domus sua sit pro munitione" (Wiener Stadtrecht 1221, § 26), „rechte Sicherheit" (Greusser Statuten, § 22), „[...] das eyn iglche mensche sicher sy in sime huse" (Saarbrücken, 1321), „daz einem ieglei-

---

9 Vgl. hierzu die Einträge in LegIT. Der volkssprachige Wortschatz der Leges Barbarorum. URL: https://legit.germ-ling.uni-bamberg.de/pages/21 (abgerufen am: 10.01.2020); zu den inhaltlichen und begrifflichen Konsequenzen dieses Transferprozesses vgl. *Gerhard Dilcher* (Hg.), Leges, Gentes, Regna. Zur Rolle von germanischen Rechtsgewohnheiten und lateinischer Schrifttradition bei der Ausbildung der frühmittelalterlichen Rechtskultur, Berlin 2006; *Nadine Wallmeier*, Sprachliche Muster in der mittelniederdeutschen Rechtssprache. Zum Sachsenspiegel und den Stadtrechtsaufzeichnungen des 13. bis 16. Jahrhunderts, Köln 2013.
10 Vgl. hierzu auch Kapitel 8.
11 „Omnis domus, omnis area, pacem infra septa sua habeat firmam. Nullus invadat, nullus effringat, nullus infra positos temere inquirere aut violenter opprimere praesumat. Qui presumpserit, cuiuscumque sit conditionis, capite plectatur". Juramentum Pacis Dei 1085, MGH Const. 1, Nr. 426, S. 608.
12 *Eduard Osenbrüggen*, Der Hausfrieden. Ein Beitrag zur deutschen Rechtsgeschichte, Erlangen 1857, passim.
13 *Bernd Kannowski*, Bürgerkämpfe und Friedebriefe. Rechtliche Streitbeilegung in spätmittelalterlichen Städten, Köln 2001, S. 146–150.

chen purger sein haus seine veste sei und ein sichrer zuflucht" (Haimburg 1244).[14] In der Begrifflichkeit deutet sich ein Friedensverständnis an, das auf die körperliche Unversehrtheit im Sinne des Schutzes vor gewalttätigem Handeln abzielt und diese als Sicherheit definiert. Während der Sicherheitsbegriff[15] auch die bauliche Unüberwindbarkeit von Mauern und Toren als physischen Schutz impliziert, verweist der Friedensbegriff auf den Schutz durch die Rechtsordnung selbst. Diese Abstraktion von Sicherheitsleistung spiegelt sich in der immer wieder auftauchenden Formulierung, „dass ein jeder Hausgesessen frid soll haben in seinem Hauss, wär es halt nur mit einem Zwirnfaden umbfangen".[16] Dass der durch den Hausfrieden befriedete Raum über die tatsächlichen Schutz gewährenden Mauern eines Gebäudes hinausreichte und durch die Besitzrechte definiert war, zeigen die Bestimmungen zur räumlichen Ausdehnung. In der Regel umfassen sie neben dem Wohnhaus die durch Zäune und Einfriedungen[17] markierten Areale von Garten und Hof.

Damit waren die zentralen Rechtsvorstellungen des Hausfriedens ausgebildet. Die Belege werden für das Rechtsgut des Hausfriedens mit der zunehmenden Verschriftlichung von Rechtsordnungen im späten Mittelalter häufiger, insbesondere in den städtischen Rechtskulturen; die zentrale Bedeutung des Hausfriedens als Grundbedürfnis menschlicher Existenz wurde auch in den mittelalterlichen Rechtskulturen durch die harten Strafmaße unterstrichen.[18]

1.2 Hausfrieden in frühneuzeitlichen Rechtstexten

Diese Entwicklung setzte sich mit der voranschreitenden Verschriftlichung und Systematisierung von Rechtsordnungen im 16. Jahrhundert fort und fand verstärkt Eingang in übergreifende Ordnungen, wie etwa Landesordnungen, Landrechte und reichsweite Rechtstexte. So verfügte Kurfürst Johann Friedrich von Sachsen (1503–1554) 1540 für die Jenaer Stadtordnung: „wer [...] frevelich eynlauff ader hausfride an dem andern bricht [...] man sol uber ihn richten nach fridbrechers recht".[19] Auch das Wils-

---

14 Zit. nach *Osenbrüggen*, Hausfrieden, S. 6ff.
15 Vgl. hierzu auch Kapitel 27.
16 Zit. Nach *Osenbrüggen*, Hausfrieden, S. 4; vgl. auch *Jacob Grimm*, Deutsche Rechtsalthertümer, Bd. 1, hg. von Ruth Schmidt-Wiegand, Hildesheim 1992, S. 251–254.
17 Zu Praktiken und Funktionen von Zäunen, Ettern, Mauern und Hecken nicht nur als Markierung von Rechtsgrenzen, sondern als Schutz und Sicherheit vgl. *Heinz Lieberich/Bernd Schildt*, Art. „Etter", in: HDRG 1 ²(2008), Sp. 1.436–1.438; *Wolfgang Schmale/Reinhard Stauber* (Hg.), Menschen und Grenzen in der Frühen Neuzeit, Berlin 1998, S. 14.
18 Vgl. hierzu die zahlreichen Einträge unter „Hausfriede" im Deutschen Rechtswörterbuch online. URL: https://drw-www.adw.uni-heidelberg.de/drw-cgi/zeige?index=lemmata&term=Hausfriede#Hausfriede-1.0 (abgerufen am: 20.06.2019).
19 Johann Friedrich des Grossmütigen Stadtordnung für Jena, hg. von Andreas Ludwig Jakob Michelsen, Jena 1858, ND 1970, S. 55.

nacker Stadtrecht von 1589 verhängt die höchste Strafe auf den Bruch des Hausfriedens:

> gebieten wir burgermeistere [...] einen haussfrieden allen [...] burgern vndt einwonern [...] also, do ein burger dem anderen [...] in seinen vier pfölen [...] gewaldt zue tunde vnderstehen wurde [...], dass derselbige in des raths höchste straffe solle verfallen sein.[20]

In der 1532 als erster reichsweiter Strafrechtsordnung erlassenen *Constitutio Carolina Criminalis* ist der Hausfrieden indirekt als strafverschärfendes Moment greifbar. Art. 159 verweist auf die besondere Schwere des Diebstahls:

> Item so aber eyn dieb inn vorgemeltem stelen/ jemandts bei tag oder nacht/ inn sein behausung oder behaltung bricht oder steigt/ oder mit waffen/ damit er jemandt der jm widerstandt thůn wolt/ verletzen möcht/ zům stelen eingeht [...] der mann mit dem strang/ vnnd das weib mit dem wasser oder sunst nach gelegenheyt der personen/ vnnd ermessung des richters inn ander weg/ mit außstechung der augen/ oder abhawung eyner handt/ oder einer andern dergleichen schweren leibstraff gestrafft werden soll.[21]

Diese knappen Verweise zeigen, wie umfassend der Hausfrieden als Bestandteil der Rechtskultur seit dem Mittelalter Eingang in die Rechtspraxis und die Rechtsnormen gefunden hatte. Fasst man die vielen verstreuten Regelungen zusammen, lassen sich folgende Elemente des Hausfriedens als Rechtsgut ausmachen: Schutzfunktionen des Hausfriedens, Grenzen des Hausfriedens und Verletzungen des Hausfriedens.

In der Ausübung des Hausrechts, über Einlass und Aufenthalt von Personen zu bestimmen, die nicht der Hausgemeinschaft angehören, bot der Hausfrieden wie gesehen Schutz und Sicherheit vor Angriffen von außen: seien sie krimineller Natur durch Diebe und Räuber, Wegelagerer oder plündernde Gruppen, oder seien sie sozialer Natur, etwa in Konflikten mit Nachbarn, Verwandten, Kunden, Gemeindemitgliedern, Zunftgenossen und anderen. Aber auch die Obrigkeit durfte nicht ohne Weiteres in das Haus eines Untertanen eindringen. Eine *Haussuchung* durfte nur auf Anordnung der Obrigkeit durchgeführt werden, und zwar so, dass die Hausehre nicht beschädigt wurde. Dies traf sowohl auf die Suche nach flüchtigen Verbrechern oder Tatverdächtigen wie auch nach Diebesgut zu.[22] Auch für die Pfändung und Besetzung in Schuldsachen galt das Gleiche: Ohne Verletzung des Hausfriedens konnte dies nur auf Anordnung der obersten Gerichte geschehen – deutlich lässt sich das Herkommen

---

20 Codex diplomaticus Brandenburgensis. Sammlung der Urkunden, Chroniken und sonstigen Quellenschriften für die Geschichte der Mark Brandenburg und ihrer Regenten, hg. von Adolph Friedrich Riedel, Berlin 1842, Bd. 1/2, S. 177.
21 Des allerdurchleuchtigsten großmechtigsten vnüberwindtlichsten Keyser Karls des fünfften: vnnd des heyligen Römischen Reichs peinlich gerichts ordnung/ auff den Reichsztägen zuo Augspurgk vnd Regenspurgk/ inn jaren dreissig/ vnd zwey vnd dreisssig gehalten/ auffgericht vnd beschlossen, Mainz 1533.
22 *Osenbrüggen*, Hausfrieden, S. 31 ff.

aus mittelalterlichen Kontexten erkennen, in denen in Strafsachen zunächst noch die Eigengewalt galt und dem Hausfrieden daher auch die Funktion einer Schutzfestung zukam. Diese Festungsfunktion des Hauses konnte aber umgekehrt auch gegen den Hausherrn gerichtet werden; lag eine Klage gegen ihn vor, konnte er in seinem eigenen Haus bis zum Urteilsspruch „vervestet", anstatt in den obrigkeitlichen Gefängnissen inhaftiert zu werden – aber auch das war ein Privileg und Vorrecht der städtischen Bürger und schützte deren Ehre, die bei einer Inhaftierung erheblichen Schaden genommen hätte.[23] Auch Fremde konnten in den Schutz des Hausfriedens aufgenommen werden, insbesondere wenn die Person als Gast auftrat und damit der Hausherr vollumfänglich für diese aufkam. Ebenso konnten sich Flüchtende, die in gewalttätig eskalierenden Konflikten Schutz in einem fremden Haus suchten, auf den Hausfrieden berufen, der damit die Asylfunktion des Hauses begründete. Dies galt jedoch nicht für verurteilte Straftäter, Friedensbrecher, Geächtete und Ausgewiesene – wurden sie in einem Haus vermutet, durfte eine *Haussuchung* unmittelbar stattfinden.[24]

Damit sind auch schon wesentliche Grenzen des Hausfriedens aufgezeigt. Denn er endete da, wo das Eigenrecht des Hausherrn sich dem obrigkeitlichen Recht unterwerfen musste, insbesondere in der Verfolgung von Straftaten. Hier stand also die Wahrung der öffentlichen Ordnung über der Unverletztheit des Hausfriedens. Seine Grenze fand der Hausfrieden auch in der Funktion der Räume, wenn diese nicht ausschließlich dem privaten Gebrauch dienten. Immer wieder wurde in Streitsachen in Wirtshäusern darauf verwiesen, dass diese als öffentliche Räume gerade keinen Hausfrieden genössen, sodass der Wirt sich im Falle von Schlägereien nicht darauf berufen konnte.[25]

Als Hausfriedensbruch oder Verletzung des Hausfriedens galt zuvorderst die so genannte Heimsuchung, also das gewaltsame Eindringen in ein Haus, durch das die Bewohner bedroht, verletzt und in ihrer Unversehrtheit und ‚Ruhe' verletzt wurden. Aber auch das bedrohende Versammeln einer bewaffneten Gruppe vor einem Haus konnte schon als Hausfriedensbruch gewertet werden. Der Einbruch – wie oben gesehen – galt als Hausfriedensbruch ebenso wie das – wiederum mit negativer Emotion verknüpfte, weil zorngeladene – Herausfordern aus dem eigenen Haus. Dies war eine nicht selten geübte Praxis des Konfliktaustrags und für beide Seiten ehrmindernd,

---

[23] Ebd., S. 33–35; vgl. auch den Art. „Arrestum" bei *Samuel Oberländer*, Lexicon Juridicum Romano-Teutonicum, Nürnberg ⁴1753, hg. von Rainer Polley, ND 2000, S. 62.
[24] *Osenbrüggen*, Hausfrieden, S. 37–56; *Heinz Holzhauer*, Art. „Haussuchung", in: HDRG 2 ²(2011), Sp. 825–829.
[25] Vgl. z. B. das Revidierte Lübecker Stadtrecht von 1586, IV 8 § 5: „Wann einer vorsetzlich mit seinen Helffern vnd helffers Helffern in eines Bůrgers Haus fiele/ vnd schlůge den Wirdt oder sein Weib/ Gesinde/ Inwoner oder Gast/ vnd wird betroffen/ der sol an seinem freyen Hŏgsten gestrafft werden/ mit allen den jenigen/ die damit vnd neben jhme gewesen/ vnd die Gewalt vben helffen. In offenen Krůgen aber/ ob sich wol schlege mit dem Wirde/ seinem Weibe/ Gesinde vnd liegendem Gaste zutrůgen/ so ist doch daran kein Blatt der Haußfriede vorbrochen/ Es were denn/ das es geschehe in seiner Stuben/ Schlaffkammer oder Bette/ daran ist auch das Leben vorwirckt".

weshalb es bereits als Bruch des Hausfriedens eingestuft wurde. Schließlich war nicht nur die Verletzung der im Haus wohnenden Personen, sondern auch des Hauses selbst ein Hausfriedensbruch; darunter zählte das mutwillige Zerstören von Fenstern, Türen, Feuerstellen und des Daches.[26]

War also zu Beginn des 17. Jahrhunderts der Hausfrieden als Schutz der Wohnung rechtlich überall verankert, so setzte nun – insbesondere im und nach dem Dreißigjährigen Krieg (1618–1648) – auch eine gelehrte Auseinandersetzung mit dem Hausfrieden und seiner gesellschaftlichen Funktion ein. Der Jurist Benedikt Carpzov d. Jüngere (1595–1666) thematisierte den Hausfrieden bzw. den Hausfriedensbruch in seinen rechtswissenschaftlichen Abhandlungen zwar nicht als eigenes Lemma, jedoch spielen die Bezüge zum Haus und dessen Frieden immer eine gewichtige Rolle in der Gewichtung der Straftat und der Bemessung der Strafe.[27] Juristische Dissertationen befassten sich ausführlich mit der Thematik, gerade vor dem Hintergrund, dass dieses Rechtsinstitut bzw. der durch den Hausfrieden definierte Rechtsraum in vielfältiger Weise mit dem gesellschaftlichen Raum verflochten war und in Rechtsfragen eine klare Abgrenzung von Nöten schien.[28] Trotz der erheblichen territorial verankerten Rechtsvielfalt glichen sich die Bestimmungen und Vorstellungen mit Blick auf den Hausfrieden als frühneuzeitliches Konzept der Unverletzlichkeit der Wohnung sehr, was wiederum auf die tiefe, transkulturelle Verankerung dieser Vorstellung hinweist.

In anderen Rechtskulturen Europas lassen sich in der Frühen Neuzeit ganz ähnliche Entwicklungen beobachten. So wird eine rechtliche Verankerung des Hausfriedens in Frankreich ab dem 12. Jahrhundert vor allem in städtischen Statuten greifbar, ab dem 15. Jahrhundert lassen sich übergreifende königliche Verordnungen zum Schutz des Hausfriedens bzw. zur Unverletzlichkeit der Wohnung (*paix de ménage*, *paix de domicile*) finden.[29] In erster Linie waren die regionalen *Parlements* für die Durchsetzung und Sanktionierung des Hausfriedens bzw. Hausfriedensbruchs verant-

---

26 *Osenbrügge*, Hausfrieden, S. 57f.; zum Herausfordern vgl. auch die kulturethnographischen Studien von *Karl-Sigismund Kramer*, Das Herausfordern aus dem Haus. Lebensbild eines Rechtsbrauches, in: BJVK (1956), S. 121–138.
27 *Benedikt Carpzov*, Practica nova imperialis Saxonica rerum criminalium, Pars I, Wittenberg 1670, S. 241.
28 Hierzu zählen etwa *Friedrich Gerdes*, De pace domestica, Greifswald 1674; *Philipp Jacob Bechtold*, De crimine fractae pacis domesticae inprimis Heimsucha Germanorum, Straßburg 1727. Vgl. hierzu ausführlich *Inken Schmidt-Voges*, Mikropolitiken des Friedens. Semantiken und Praktiken des Hausfriedens im 18. Jhd., Berlin 2015, S. 105–109 und *Inken Schmidt-Voges*, Securitas domestica oder ius certum domus? Juristische Diskurse zur Sicherheit des Hauses um 1700, in: Christoph Kampmann (Hg.), Sicherheit in der Frühen Neuzeit, Köln 2012, S. 645–660. Inwiefern die *pax domestica* und die *immunitas domus* aufeinander bezogen sind, lässt sich aufgrund fehlender Studien nicht sagen.
29 *Yan Thomas*, Le droit d'origine à Rome. Contribution à l'étude de citoyenneté, in: Revue critique de droit international privé 84/2 (1995), S. 253–290, S. 271.

wortlich. Seit dem Beginn des 18. Jahrhunderts wurden aber zunehmend *lettres de cachet* vom König erwirkt, mit denen insbesondere willkürliche Verhaftungen ohne Gerichtsbeschluss möglich und damit die Aufsicht der Parlamente umgangen wurde. Dies führte nicht zuletzt dazu, dass bei Durchsicht der *cahiers de doléances* nach Eröffnung der Generalstände 1789 die Forderung sehr weit oben stand, den Hausfrieden besser gegen willkürliche Durchsuchungen und Verhaftungen zu schützen.[30] Ganz prominent wurde der Hausfrieden als Weiterführung des Menschenrechts auf Sicherheit (§ 2 der *Déclaration des Droits de l'Homme et du Citoyen* 1789) in der Verfassung vom 3. September 1791 in Artikel 9 umgesetzt und damit erstmals als Grundrecht formuliert:

> Kein Vertreter der Staatsmacht darf in das Haus eines Bürgers eindringen, außer für die Vollstreckung eines Polizei- oder Gerichtsmandats oder in Fällen, die formal vom Gesetz vorgesehen sind.[31]

Damit wurde erstmals die Unverletzlichkeit der Wohnung als ein zentraler Teil des Hausfriedens konstitutionell verankert. 1848 formulierten die Abgeordneten der Paulskirche diese als Teil der Grundrechte, 1870 wurde der Hausfrieden in das Strafgesetzbuch des Norddeutschen Bundes aufgenommen.[32] Im 20. Jahrhundert fand die Vorstellung der Unverletzlichkeit der Wohnung im Sinne der Achtung der Freiheitssphäre des Einzelnen Eingang in die Menschenrechtserklärung der UNO von 1948 (§ 12) und die Europäische Menschenrechtskonvention von 1950 (§ 8). Außerdem ist sie als Grundrecht im Grundgesetz der Bundesrepublik Deutschland verankert (§ 13).[33]

2. Hausfrieden als Handlungsanweisung für gewaltfreien Umgang und Konfliktlösung im Alltag

Die zweite Bedeutungsebene des Hausfriedens bezieht sich auf die ethische Herausforderung eines friedlichen Umgangs miteinander in der sozialen Praxis des Alltagslebens. Die Forderung, sich seinen Hausgenossen als den nächsten Mitmenschen gegenüber ‚friedfertig' zu verhalten, leitete sich unmittelbar aus der christlichen Ethik

---

30 *Isabelle Gravelais*, La protection juridictionelle de l'inviolabilité du domicile, Dijon 2017, S. 8f.
31 „Aucun agent de la force publique ne peut entrer dans la maison d'un citoyen, si ce n'est pour l'exécution des mandements de police et de justice, ou dans les cas formellement prévus par la loi". Constitution de 1791, Titre IV, Art. 9, https://www.conseil-constitutionnel.fr/les-constitutions-dans-l-histoire/constitution-de-1791 (abgerufen am: 19.01.2020).
32 *Trabandt*, Schutz, S. 183–187; *Kannowski*, Hausfrieden, Sp. 805.
33 GG Art. 13; *Mathias Metzner*, Unverletzlichkeit der Wohnung https://www.bpb.de/izpb/254396/unverletzlichkeit-der-wohnung (abgerufen am: 29.04.2020).

ab. Seit den ersten Bestrebungen, die sittlichen Normen des Christentums mit den sozialen Institutionen der antiken Gesellschaftsordnung in Übereinstimmung zu bringen, war die Forderung nach ‚Friedfertigkeit' als Form gewaltfreier Kommunikation präsent. Am wirkmächtigsten hat dies sicherlich Aurelius Augustinus (354–430) in seinem Werk *De civitate Dei* formuliert, seine Konzeptualisierung prägte die theologischen Grundpositionen sowohl der Protestanten wie der Katholiken in der Frühen Neuzeit:

> Diesen [seelischen, Anm. der Verf.] Frieden hat er, so lang die Pilgerschaft [das irdische Leben, Anm. d. Verf.] dauert, im Glauben, und aus diesem Glauben führt er ein gerechtes Leben, indem er zur Erlangung jenes Friedens alles in Beziehung setzt, was er an guten Handlungen gegen Gott und den Nächsten unternimmt; denn das Leben einer bürgerlichen Gemeinschaft legt natürlich Wert auf die Beziehung zum Nebenmenschen.[34]

Damit verwies Augustinus auf die Bedeutung, die er der Ausrichtung des individuellen Handelns zumaß, um eine geordnete, und damit sichere und friedliche Welt Wirklichkeit werden zu lassen. Der soziale Rahmen des Hauses war dabei für Augustinus eine zentrale Schnittstelle – bildete er doch einerseits den Ort der Zuflucht und des Schutzes und war zugleich erste Bewährungsprobe des ‚gerechten Handelns'.[35]

Dieses häusliche Geschehen hatte zugleich unmittelbaren Einfluss darauf, inwieweit die Gesellschaft als Ganzes eine friedfertige war und den von Gott gestifteten irdischen Frieden bewahren und erhalten konnte:

> Gott also, aller Wesen weisester Schöpfer und gerechtester Ordner, [...], hat den Menschen gewisse, dem irdischen Leben angepaßte Güter verliehen, nämlich den zeitlichen Frieden, wie er eben im vergänglichen Leben beschaffen sein kann, und zwar im Wohlergehen, in der Unversehrtheit und in der geselligen Gemeinschaft mit ihresgleichen, und dazu alles, was zur Erhaltung oder zur Wiederherstellung dieses Friedens notwendig ist [wie das, was sich den Sinnen gut anpaßt und zukömmlich ist: Licht, Stimme, atembare Luft, genießbares Wasser, und all das, was sich eignet zur Ernährung, Bedeckung, Pflege und Zier des Leibes]; und er hat ihnen diese dem Frieden sterblicher Wesen entsprechenden Güter verliehen unter der ganz angemessenen Bedingung, daß jeder Sterbliche, der sie in der rechten Weise gebraucht, größere und vorzüglichere erhalte, nichts

---

34 Des heiligen Kirchenvaters Aurelius Augustinus zweiundzwanzig Bücher über den Gottesstaat. Aus dem Lateinischen übers. von Alfred Schröder, Kempten/München 1916, XIX,17, https://www.unifr.ch/bkv/kapitel1937-16.htm (abgerufen am: 29.04.2020).

35 „Ist davon nicht allerwärts voll eine Welt, in der wir Kränkungen, Verdacht, Feindseligkeiten, Krieg als unentrinnbare Übel erfahren, den Frieden dagegen als ein leicht entrinnendes Gut, weil wir die Herzen derer, mit denen wir ihn halten wollen, nicht durchschauen, und wenn wir sie heute durchschauen könnten, doch nicht wüßten, wie sie morgen sind? [...] Wenn also nicht einmal die Familie, überall bei den Menschen die Zufluchtsstätte in den sie bedrängenden Nöten, Sicherheit bietet, wie erst die Stadt, deren Gerichtsplatz, je größer sie ist, um so lauter widerhallt von bürgerlichen und Strafhändeln". *Augustinus*, Gottesstaat, XIX,5, https://www.unifr.ch/bkv/kapitel1937-4.htm (abgerufen am: 29.04.2020). Vgl. hierzu auch Kapitel 2.

Geringeres nämlich als den Frieden der Unvergänglichkeit und die ihm entsprechende Herrlichkeit und Ehre im ewigen Leben, um Gott zu genießen und den Nächsten in Gott [...].[36]

Das ‚Haus' bildete in den ständisch gedachten Gesellschaftskonzepten der Vormoderne die kleinste Ordnungseinheit, die Schnittstelle für die Einbindung und Verortung von Individuen in der Hierarchie der Gesellschaftsordnung. Da diese im Kern auf rechtlicher Ungleichheit aufbaute, waren alle Menschen während ihres Lebens immer in einen häuslichen, als Rechtseinheit verstandenen Kontext integriert – zunächst in den des elterlichen Hauses, später dann denjenigen eines Dienstherrn oder eines eigenen Hauses. Das ‚Haus' (*domus/familia*) bildete daher zugleich auch die kleinste Herrschaftseinheit. Mit der Rechtsvormundschaft war jedoch zugleich auch Leitungsverantwortung und Weisungsbefugnis und ein komplexes Regelwerk von Rechten und Pflichten für alle Mitglieder eines Hauses verbunden. Je nach Stellung zum *pater familias* als Rechtsvorstand – ob als Ehepartner, als leibliches oder angenommenes Kind, als Mündel oder Gesinde –, bestimmten unterschiedliche rechtliche Konstellationen den Zugang zu materiellen und immateriellen Ressourcen des Hauses, die Reichweite der Weisungsbefugnis des Hausherrn und damit die individuellen Handlungsspielräume.[37] Dementsprechend galt das Gebot des Hausfriedens sowohl für diejenigen mit Herrschaftsbefugnissen und Befehlsfunktionen, wie auch für diejenigen, die ihnen unterstellt waren:

Wenn aber ein Hausangehöriger durch Ungehorsam den Hausfrieden stört, so wird er zurechtgewiesen durch Scheltworte oder Schläge oder sonst eine gerechte und erlaubte Strafart, so gut es eben Gesetz und Herkommen unter den Menschen gestatten, und zwar zu seinem eigenen Besten, damit er sich dem Frieden, von dem er abgewichen war, wieder füge.[38]

In Augustinus' Formulierung enthält das Gebot des Hausfriedens somit auch eine erste, elementare Herrschaftsethik, die sich durch die ethischen Grundsätze der ‚Friedfertigkeit' einerseits sowie die Regeln und Ausrichtung des Gemeinwesens andererseits definierte.[39]

---

36 *Augustinus*, Gottesstaat, XIX,17, https://www.unifr.ch/bkv/kapitel1937-16.htm (abgerufen am: 29.04.2020).
37 *Gottfried Schiemann*, Art. „Pater familias", in: Der Neue Pauly. Enzyklopädie der Antike 9 (2000), Sp. 394f.
38 *Augustinus*, Gottesstaat, XIX,16, https://www.unifr.ch/bkv/kapitel1937-15.htm (abgerufen am: 29.04.2020).
39 „Weil nun die menschliche Familie den Anfang oder ein Teilchen des staatlichen Gemeinwesens bilden soll, jeglicher Anfang aber zu einem seiner Art entsprechenden Ziele, und jeglicher Teil zur Vollständigkeit des Ganzen, wovon er ein Teil ist, in Beziehung steht, so folgt daraus ganz klar, daß der Hausfriede zum Frieden des Gemeinwesens, d.h. daß die geordnete Eintracht der Hausgenossen im Befehlen und Gehorchen zu der geordneten Eintracht der Bürger im Befehlen und Gehorchen eine Beziehung hat. Daher kommt es, daß der Hausvater aus dem Gesetze des Gemeinwesens die Vorschriften zu entnehmen hat, nach denen er sein Haus so leiten soll, daß es sich dem Frieden des Gemeinwesens

Friedfertiges Handeln im Hause bildete demnach die Grundlage für friedfertiges Handeln in der Gesellschaft als soziales Wesen – zugleich bot es das Potenzial, die spannungsvolle Forderung von rechtlicher Hierarchie und christlichem Gleichheitsgebot im konkreten Handeln des Alltags zu verbinden.

Diese Kernkonzeption findet weite Verbreitung im mittelalterlichen Denken über die Gestaltung persönlicher Beziehungen im sozialen Nahraum, wobei der Kontext des ‚Hauses' nicht nur auf kernfamiliale Ausgangskonstellationen bezogen wurde, sondern auch Lebens- und Wohngemeinschaften ohne verwandtschaftliche Verbindungen einschloss – wie etwa Klöster, Armenhäuser oder Hospitäler.[40]

2.1 Hausfrieden als friedfertiges Handeln in frühneuzeitlichen Ehe- und Haustraktaten

Stärkere Explikationen und eine neue Konjunktur erfuhr die Vorstellung vom Hausfrieden als innerhäuslicher Handlungsleitlinie im späten Mittelalter. Seit dem 14. Jahrhundert gewannen Ehe und Haushalt durch beschleunigte sozioökonomische Veränderungen verstärkte Aufmerksamkeit, wobei insbesondere Fragen des Zusammenlebens in der Ehe als Kern des ‚Hauses' und Ort der geordneten Geschlechterverhältnisse sowie des gelingenden Wirtschaftens ausführlich unter Bezugnahme auf den Hausfrieden behandelt wurden.[41]

Diese Traditionslinien wurden insbesondere von den reformatorisch orientierten Theologen aufgegriffen, die sich früh mit den Herausforderungen der Seelsorge und der rechtlichen Eheregulierung konfrontiert sahen. Der Rekurs auf den Haus- und Ehefrieden bot den passenden Ausgangspunkt, um Leitlinien für ein gottgefälliges Leben in der innerweltlichen Bewährung zu entwickeln. Auch ohne den sakramentalen Status wurden Ehe und Haus zu jenem sozialen Bezugsrahmen, in dem sich das christliche Liebesgebot unmittelbar umsetzen ließ:

> Fridfertig sein heyst zu friden und soene gern helffen und rathen, zorn, unfrid, unwillen und anders allenthalb gern verhueten. [...] Man sihet im hause, das Man und Fraw nit allweg zu gleich mit einander einziehen [...]. Aber was sagt Christus? Du Ehman, Du Ehfraw, bist du mein Juenger,

---

anpaßt". *Augustinus*, Gottesstaat, XIX,16, https://www.unifr.ch/bkv/kapitel1937-15.htm (abgerufen am: 29.04.2020).

40 *Ulrich Meyer*, Soziales Handeln im Zeichen des Hauses. Zur Ökonomik in der Spätantike und im frühen Mittelalter, Göttingen 1998, S. 183–186, S. 242–317; *Ulrich Meier*, Der Verlust des Politischen im Haus Gottes, in: ders. u. a. (Hg.), Semantiken des Politischen. Vom Mittelalter bis ins 20. Jahrhundert, Göttingen 2012, S. 13–16.

41 Vgl. hierzu ausführlich *Inken Schmidt-Voges*, Reform(ation) in der Transformation – Ehe, Haus und Familie vom 15.–17. Jahrhundert, in: Volker Leppin/Stefan Michels (Hg.), Reformanda sive transformanda? Transformation als Deutungsmodell der Reformation, Tübingen (im Erscheinen); *Schmidt-Voges*, Mikropolitiken, S. 48–57.

so wisse, meine ju^engern sind fridfertige leut, sie haben nicht lust zum zancken, schelten, fluchen. Und ob sie schon bißwehlen der zorn erhaschet, das sie mit eim bo^esen wort herauß faren, bald besinnen sie sich und lassens jn leid sein und dencken, wie man die sache wider auff gute weg unnd einigkeyt bringen mo^ege.[42]

Im Kern spiegelt sich hier die augustinische Konzeption des Hausfriedens, die für die Katechese und Seelsorge prägend wurde. Die seit dem späten 15. Jahrhundert zahlreich erscheinenden Schriften und Traktate zeichneten sich durch eine noch differenziertere Darstellung von Alltagssituationen aus, die vor allem geschlechterbezogene Alltagserfahrung miteinbezogen und thematisierten. Wenngleich die protestantische Ehe- und Hauspublizistik zunächst weit umfänglicher war als die der römischen Kirche, lag dies nicht so sehr an einer geringeren Bedeutung der Ehetheologie für die praktische Seelsorge als vielmehr an einem zunächst nicht so wichtigen Legitimationsbedürfnis. Nach dem Trienter Konzil lässt sich aber auch eine zunehmende katholische Eheliteratur finden, die in Erbauungsliteratur, Seelsorgeleitlinien und Traktaten ebenfalls den Hausfrieden als ethische Richtschnur zur Alltagsbewältigung im christlichen Sinne in den Mittelpunkt stellte.[43] Die Vorstellung friedfertigen Handelns zielte im Kern also auf eine Regulierung affektiver Konfliktreaktionen, um einen konstruktiven Umgang mit Konflikten (die hier als selbstverständlicher Bestandteil des Alltags anerkannt wurden) und damit eine langfristige Stabilisierung jener Gruppenbeziehungen zu ermöglichen, auf denen die soziale und die politische Ordnung aufbaute und beruhte.[44] Besonders deutlich formulierte dies der protestantische Pfarrer Paul Rebhun (1505–1546) in seiner 1546 erschienenen Schrift über den „Hausfrid", wenn er als Hauptaufgabe der Pastoren forderte

> den lieben Haußfried zwischen Christlichen Eheleuten [...] anzurichten vnd zuerhalten. Denn auß diesem friede folge der gemeine friede oder Landßfriede, ja auch der göttliche Friede.[45]

Gesellschaftliche Ordnung und Stabilität wurden also als unmittelbarer Ausfluss eines gelebten Hausfriedens verstanden und ihm damit auch eine erhebliche Bedeutung im Kontext der politischen Erziehung zugewiesen.

---

42 *Martin Luther*, Hauspostille. Am Siben unnd Zweyntzigsten Sontag nach der Trifeltigkeyt (Wittenberg 1544), in: Martin Luther (Hg.), D. Martin Luthers Werke, Kritische Gesamtausgabe. Schriften, 80 Bde., Bd. 52, Weimar 1883–2009 [WA], S. 56.
43 *Andreas Holzem*, Christentum in Deutschland 1550–1850, Paderborn 2015, Bd. 1, S. 445–459; *Schmidt-Voges*, Mikropolitiken, S. 63–69.
44 Vgl. hierzu *Schmidt-Voges*, Mikropolitiken, S. 83–89.
45 *Paul Rebhun*, Hauß=Frid. Was fuer ursachen den Christlichen Eheleuten zubedencken, den lieben Haußfriden in der Ehe zu erhalten. In Kurtzer Summa gepredigt, unnd schrifftlich weyter erklert durch Paulum Rebhun, Nürnberg 1546, S. 6.

2.2 Hausfrieden als Bezugspunkt der Friedensbildung/-erziehung

Da der Hausfrieden als unmittelbare Folge des praktizierten Gebotes der Nächstenliebe und der darin gründenden Friedfertigkeit wahrgenommen wurde, kam einer friedlichen Ehe- und Haushaltsführung durch ein Ehepaar auch eine unmittelbar erzieherische Funktion mit Blick auf die als ‚unfertig' wahrgenommenen Haus-‚stände' – Kinder und Gesinde – zu. Vor allem als Vorbilder sollten sie die richtigen Handlungsweisen vermitteln, den Umgang mit Hierarchie, Gehorsamspflicht und Konfliktsituationen bei gleichzeitiger Anerkennung und gleichzeitigem Respekt des Gegenübers vorleben. Gleichwohl waren die Eltern angehalten, Verfehlungen nicht zu hart zu bestrafen, sondern einerseits nachsichtig im Hinblick auf die ‚Unfertigkeit' und ‚Schwachheit' der Kinder und des Gesindes zu sein, und andererseits durch nachdrückliche Ermahnung zur Besserung anzuleiten.[46]

Was für die Eltern und ihre häusliche Friedfertigkeit in Bezug auf die ihnen anvertrauten Schutzbefohlenen galt, wurde in besonderem Maße von den kirchlichen Amtsträgern und deren Haushalten erwartet; deren Friedfertigkeit war nämlich nicht nur für sie selbst Leitlinie, sondern Vorbild für ihre Gemeinde; ein Umstand, der auch in Kirchen- und Visitationsordnungen festgehalten wurde. So heißt es in der Kirchenordnung für das albertinische Sachsen von 1580 über Küster, Lehrer und andere lokale Amtsträger:

> Er sol auch sonst mit den eingepfarten und aller menniglich, besonders aber mit seinem pfarrer, seinem weibe, kindern und hausgesinde, sampt den seinen in gutem friede und einigkeit leben.[47]

Dies waren keine leeren Formeln, sondern Teil jener Punkte, die es bei Visitationen zu erfragen galt, „wie sich sein weib und kinder gegen des pfarrers weib und kinder erzeigen, und ob sie in gutem friede und ohn ergernis beieinander leben".[48]

Die immense gesellschaftliche Tragweite einer gelingenden, sich wesentlich performativ vollziehenden Friedfertigkeit im häuslichen Kontext wurde in der Frühen Neuzeit aber nicht nur in der praktischen Regulierung vor Ort thematisiert, sondern intensiv in übergeordneten Konzepten von Friedensbildung reflektiert und integriert.

Wenngleich sich diese ethische Konzeption des Hausfriedens deutlich vom rechtlichen Verständnis des Hausfriedens als Unversehrtheit vor äußerer Bedrohung unterschied, konnte sie gleichwohl justiziabel sein und eine entscheidende Bezugsgröße in gerichtlichen Verhandlungen häuslicher Konflikte darstellen. Zwar war die Gestal-

---

46 *Takashi Kibe*, Frieden und Erziehung in Martin Luthers Drei-Stände-Lehre, Frankfurt a.M. 1996, S. 145–150.
47 *Emil Sehling*, Die evangelischen Kirchenordnungen des XVI. Jahrhunderts, Bd. 1, Göttingen 1902, S. 452.
48 Ebd., S. 395.

tung des häuslichen Alltags als Teil der Privatsphäre nicht dem unmittelbar regulierenden und normierenden Zugriff der Obrigkeiten ausgesetzt, gleichwohl formulierten viele Kirchen-, Ehe- oder Hochzeitsordnungen das Ideal des Hausfriedens in ihren Artikeln. Die besondere Bedeutung von Haus und Familie als Ort der Primärsozialisation für friedfertiges Handeln wurde daher auch in den theoretischen Schriften zu universalen Friedensvorstellungen immer wieder betont – etwa bei Erasmus von Rotterdam (1466–1536), Martin Luther (1483–1546) oder Johann Amos Comenius (1592–1670).[49]

Die auf das Handeln bezogene Bedeutungsebene des Hausfriedens und der Hausfrieden als Schutz vor unbefugtem Eindringen ergänzten sich insofern wechselseitig, als beide als Vorbedingung und Grundlage sowohl eines gelingenden Lebens jedes Einzelnen als auch der gesellschaftlichen Ordnung insgesamt angesehen wurden. Aus diesem Grund waren häuslicher Unfriede und Gewalt vielfach Gegenstand von öffentlicher Aushandlung und Intervention – und keine ‚Privat'-angelegenheit, sondern eine Bedrohung für die gesellschaftliche Ordnung.

3. Akteure und Strategien in der gerichtlichen und außergerichtlichen Sicherung des Hausfriedens

Beide Bedeutungsebenen des Hausfriedens – sowohl der im weltlichen Recht etablierte Schutz des Hauses vor äußeren Bedrohungen wie auch der durch die theologische Ethik und die Kirchenordnungen begründete Schutz der Menschen vor Gewalt von innen – waren in der Frühen Neuzeit justiziabel. Der Hausfriedensbruch konnte eingeklagt werden, zumeist in Verbindung mit anderen Straftaten wie Einbruch, Diebstahl, Raub, Körperverletzung, Tötungsdelikten oder Vergewaltigung.[50] Es liegen allerdings keine umfassenden Untersuchungen über die Rechtspraxis vor, sodass über die Häufigkeit, Interpretation und Handhabung in der Rechtsprechung keine Aussagen gemacht werden können.

Häuslicher Unfriede durch massives und kontinuierliches Fehlverhalten Einzelner wurde jedoch immer wieder in den zahlreichen weltlichen und kirchlichen Nieder- und Sittenzuchtgerichten verhandelt. Dies lag vor allem in der zentralen Bedeutung des Funktionierens von ‚Häusern' – also häuslichen Ökonomien in ihren jeweiligen

---

49 Vgl. einführend *Karl-Ernst Nipkow*, Der schwere Weg zum Frieden. Geschichte und Theorie der Friedenspädagogik von Erasmus bis zur Gegenwart, Gütersloh 2007. Vgl. zu Erasmus und Luther auch Kapitel Nr. 2 sowie zu Comenius Nr. 3.
50 *Trabandt*, Schutz, passim; *Inge Kaltwasser*, Ehen vor Gericht. Kriminalfälle und zivilrechtliche Ehesachen aus den Akten der Frankfurter „Criminalia" und des Reichskammergerichts, in: AFGK 68 (2002), S. 235–273.

personalen Beziehungs- und Fürsorgegeflechten – für die Wohlfahrt jedes Einzelnen wie des Gemeinwesens insgesamt begründet. In der Frühen Neuzeit war Staatlichkeit im modernen Verständnis mit Formen einer institutionalisierten Daseinsfürsorge erst im Entstehen; jeder Mensch war daher in einem weitaus stärkeren Maße auf ein funktionierendes soziales Netzwerk angewiesen als heute, um in Zeiten, da man nicht selbst für seinen Lebensunterhalt sorgen konnte (wie z.B. als Kind und alter Mensch, bei Krankheit oder Invalidität, in Zeiten von Knappheit und Teuerung), auf Unterstützung zurückgreifen zu können. Dreh- und Angelpunkt aller sozialen Beziehungen war das ‚Haus' als diejenige soziale Gruppe, der man je nach Lebensphase angehörte: als Kind das Elternhaus, als Gesinde das der Herrschaft, als Verheiratete das eigene, dem man vorstand, als alter Mensch das der Erben. Vielfältig verknüpft mit verwandtschaftlichen und beruflichen Netzwerken organisierten sich über das ‚Haus' wechselseitige Hilfeleistung und Unterstützung.[51]

Gefährdete eine Person durch wiederholtes Fehlverhalten, durch massive Verletzungen des Verhaltenskodex das volatile Gefüge der sozialen Netzwerke, wurde dies nicht nur außergerichtlich innerhalb des Netzwerkes selbst sanktioniert, sondern vielfach vor den Gerichten zur Anzeige gebracht und verhandelt.[52] Dies konnten sowohl weltliche Niedergerichte, vor allem aber kirchliche Gerichte sein. Von ‚Frieden', ‚Unfrieden' oder ‚unfriedlichem Verhalten' war vor allem dann die Rede, wenn das Fehlverhalten mit physischer Gewalt einherging: Hausgenossen, die sich schlugen, verletzten, mit Waffen bedrohten oder nach dem Leben trachteten, Nachbarn, die sich beleidigten oder körperlich angriffen.

Genauere Analysen solcher Prozesse haben gezeigt, dass im Zentrum dieser Verhandlungen nicht so sehr einseitige Zuweisung von Schuld und Strafe stand, als vielmehr das Bemühen im Konflikt zu vermitteln und einen Haushalt wieder arbeitsfähig zu machen. Wie wichtig dabei die Norm des Hausfriedens als Verhaltensmaßregel war, wird in der Konfliktkommunikation greifbar, die sich in den Prozessakten findet. In vielfachen Variationen kommen sowohl Kläger, Beklagte, Zeugen wie Richter immer wieder auf den „Hausfrieden", den „Frieden im Hause", „häuslichen Frieden" zu sprechen; vielfach wurde als Ergebnis die Ermahnung an alle Prozessparteien formuliert, ein „christlich friedfertiges Betragen" an den Tag zu legen[53]; wobei die Sankti-

---

51 Vgl. hierzu *Inken Schmidt-Voges*, Familiäre Konflikte, in: Wim Decock (Hg.), Handbuch zur Geschichte der Konfliktlösung in Europa, Bd. 3: Frühe Neuzeit, Berlin (im Erscheinen).
52 *Heinrich-Richard Schmidt*, „Notthurft und Hußbruch". Haus, Gemeinde und Sittenzucht im Reformiertentum, in: Andreas Holzem/Ines Weber (Hg.), Ehe – Familie – Verwandtschaft. Vergesellschaftung in Religion und sozialer Lebenswelt, Paderborn 2008, S. 301–328; *Herman Roodenburg*, Onder censuur. Kerkelijke tucht in de gereformeerde gemeente van Amsterdam 1578–1700, Hilversum 1990, S. 362–370; *Heinz Schilling* (Hg.), Kirchenzucht und Sozialdisziplinierung im frühneuzeitlichen Europa, Berlin 1994.
53 *Schmidt-Voges*, Mikropolitiken, S. 312–315.

onsformen und -härten erheblich variierten und von den jeweiligen Konfliktkonstellationen und -biographien abhingen.[54]

In den Prozessakten wird aber noch eine andere wichtige Dimension mit Blick auf die Akteure deutlich. Bedingt durch die Quellenlage haben wir nur von gerichtlich verhandelten Konflikten Kenntnis; jenen Konflikten also, bei denen die dem Hausfrieden inhärenten Konfliktregulierungsmechanismen versagten und in einen gewaltförmigen Austrag mündeten, der gerichtliches Eingreifen notwendig machte. In den verschiedenen Zeugenaussagen lässt sich aber oft das vor- bzw. außergerichtliche Bemühen der Beteiligten um Friedewahrung herauslesen: die verschiedenen Formen von Intervention durch die übrigen Hausgenossen, durch Nachbarn, Verwandte oder Freunde, die vielfach frühzeitig als Mediatoren und ‚Friedensstifter' in die Konfliktlösung einbezogen wurden und somit wichtige Akteure für die Wahrung oder Wiederherstellung des Hausfriedens waren.[55] Wie häufig und erfolgreich solche Formen der infrajustiziellen Friedewahrung waren, kann aufgrund fehlender Quellen nicht ermittelt werden. Gleichwohl bedeutete dies mitunter auch, dass ganz unterschiedliche Vorstellungen davon aufeinandertrafen, wie der Hausfrieden zu wahren sei und wessen Verhalten als nonkonform zu bewerten war. Gruppenbezogene konkurrierten mit den obrigkeitlichen Normen, sodass der Kompromisscharakter der ‚Friedensformel' genau auf diese Situationsgebundenheit Rücksicht nahm. War der trinkende Hausvater, der sich nicht um seinen Beruf kümmerte, qua Status als Hausvater berechtigt, Frau und Kinder zu schlagen? Oder waren nicht vielmehr Frau und Kinder, die am Limit ihrer Kräfte arbeiteten, um den Haushalt am Laufen zu halten, berechtigt, hier Kritik zu üben oder zurückzuschlagen? Solche Fragen beschäftigten die frühneuzeitlichen Nieder- und Kirchengerichte in vielfältiger Weise und wurden immer wieder neu ausge- und verhandelt; der ethisch gegründete Friedensbegriff bot hier ein sehr flexibles Instrumentarium, um das Verhältnis von ständischer Statik und alltagspraktischer Dynamik passgenau fassen zu können – wobei zu bedenken ist, dass die Ermahnung zum Frieden für die Betroffenen durchaus mit erheblichem Zwang und Unterwerfung unter die lokalen Ordnungsvorstellungen verbunden war.[56]

---

54 Vgl. zu diesem Themenkomplex u. a. *Schmidt-Voges*, Mikropolitiken, passim; *Andreas Holzem*, Religion und Lebensformen. Katholische Konfessionalisierung im Sendgericht des Fürstbistums Münster 1570–1800, Paderborn 2000, S. 310–330; *Roodenburg*, Censuur, S. 363–367.
55 *Inken Schmidt-Voges/Katharina Simon*, The Domestic Sphere as a Sphere of Conflict: Managing Conflicts and Making Peace in Early Modern Households and their Surroundings, in: Joachim Eibach/ Margareth Lanzinger (Hg.), The History of the Domestic Sphere 16th–19th century, Aldershot (im Erscheinen).
56 *Schmidt-Voges*, Mikropolitiken, S. 315–317; mit Beispielfällen vgl. auch *Andrea Griesebner/Susanne Hehenberger*, Scheidungsgrund Sexualität. Die Anschuldigungen der Sodomie und der ehelichen sexuellen Gewalt in frühneuzeitlichen Eheverfahren, in: Gerhard Ammerer (Hg.), Sexualität vor Gericht. Deviante geschlechtliche Praktiken und deren Verfolgung vom 14. bis zum 19. Jahrhundert, Wien 2019, S. 131–149.

Nachbarn und Gemeindemitglieder spielten auch in einer besonderen Form der Hausfriedenswahrung eine zentrale Rolle, die von den Obrigkeiten allerdings nicht gern gesehen wurde: Rügerituale wie ‚Katzenmusiken', ‚Dach abdecken' oder ‚Eselskappen' sind vielfach im europäischen Raum dokumentiert und verweisen auf die regulatorische Kompetenz der Gemeinde als intermittierende Größe. Wurde nonkonformes Verhalten in einem Haushalt als bedrohlich für die Gemeinde als Ganzes wahrgenommen, waren es oft die jungen Männer, die ausgesandt wurden, um den im fraglichen Haushalt gestörten Frieden durch ritualisierte Beschädigung des Hauses sichtbar zu markieren und durch diesen Ehrverlust die Verantwortlichen zu nötigen, sich wieder entsprechend der geltenden Normen zu verhalten.[57]

Mit dieser Akteursvielfalt korrespondiert zugleich eine Vielfalt der Orte, an denen der Hausfrieden gewahrt, hergestellt und gesichert werden konnte und wurde. Neben den Häusern selbst war es vor allem die Öffentlichkeit der Straßen und Höfe, in denen sich um ein ‚friedliches Haus' bemüht wurde, bevor es dann vor ein Gericht und damit in die Öffentlichkeit der Obrigkeit kam. Das vielfach zu beobachtende Zusammenspiel dieser unterschiedlichen sozialen und räumlichen Konstellationen verweist darauf, dass Frieden auf der häuslichen Ebene nicht allein durch ein *peace making from above* – also den obrigkeitlich sanktionierten rechtlichen Schutz – zu gewährleisten war, sondern immer auch auf ein *peace making from below* – die verlässliche Friedfertigkeit und Konfliktfähigkeit der Hausgenossen selbst – angewiesen war.[58]

4. Hausfrieden im Kontext frühneuzeitlicher Friedensvorstellungen und -praktiken

Bildete das ‚Haus' in den frühneuzeitlichen Ordnungsvorstellungen die Schnittstelle zwischen individueller Lebensführung und gesellschaftlicher Ordnung, so spiegelte sich dies auch im Hausfrieden wider. In seiner doppelten normativen Perspektivierung bildete er damit auch die Schnittstelle zwischen der individuellen Ethik der Friedfertigkeit als gewaltlosem Umgang mit den Mitmenschen und der kollektiv verankerten Rechtsordnung, die jedem Individuum einen geschützten Rückzugsort ga-

---

57 *Martin Ingram*, Church Courts, Sex and Marriage in England, 1570–1640, Cambridge 1990; *Edward P. Thompson*, „Rough music". Le charivari anglais, in: Annales 27 (1972), S. 285–312; *Jacques LeGoff*, Le Charivari. Actes de la table ronde organisé à Paris (25–27 avril 1977) par l'École des Hautes Études en Sciences Sociales et le Centre National de la Recherche Scientifique, Paris 1981; *Arno Haldemann*, Das gerügte Haus. Rügerituale am Haus in der Ehrgesellschaft der Frühen Neuzeit, in: Eibach/Schmidt-Voges (Hg.), Das Haus, S. 433–448; *Karl-Sigismund Kramer*, Das „Herausfordern" aus dem Haus. Lebensbild eines Rechtsbrauchs, in: BJVK (1956), S. 126–138.
58 Zum Konzept vgl. *Norrin Ripsman*, Peacemaking from Above, Peacemaking from Below. Ending Conflicts between Regional Rivals, Ithaca 2016, S. 1–17.

rantierte. Beide Dimensionen des Hausfriedens bezogen sich unmittelbar auf den normativen Kern einer sozialen Ordnung, die den Individuen ein sicheres, vor körperlicher Versehrung geschütztes Leben ermöglichte. Zur Verwirklichung bedurfte es beider Ebenen: die obrigkeitliche Durchsetzung des Rechts durch Sanktionierung von Verstößen, wie auch der individuellen Umsetzung eines ‚friedfertigen' Verhaltens gegenüber den Mitmenschen und insbesondere gegenüber den Obrigkeiten.

Hierin liegt sicherlich der spezifisch vormoderne, frühneuzeitliche Aspekt der Friedensethik: Bezogen auf eine Gesellschaft, die ständisch geordnet und durch rechtliche Ungleichheit charakterisiert war, machte die Selbsteinordnung in die soziale Hierarchie und Akzeptanz von obrigkeitlicher Autorität einen wesentlichen Teil der ‚Friedfertigkeit' aus. Für das ‚Haus' bezog sich dies auf die gestufte Obrigkeit zunächst des Hausvaters, dann des Fürsten, die zur Herstellung, Wahrung und Sicherung des Friedens verpflichtet waren und denen im Gegenzug dafür Gehorsam gebührte. Gerieten Gleichrangige in Konflikt miteinander, sorgte eine übergeordnete Instanz für die Wiederherstellung des Friedens, ebenso wie die territoriale Obrigkeit eingriff, wenn die häuslichen Autoritäten gegen das Friedensgebot selbst verstießen. Eine solche Friedensordnung funktionierte in der Vorstellung einer vollständig durchgestuften und hierarchisierten Gesellschaft und stieß in der Frühen Neuzeit regelmäßig da an ihre Grenzen, wo es für eine Gruppe von Gleichen keine übergeordnete Instanz mehr gab – auf der ‚internationalen' Ebene; hier war man eben erst im Begriff, eine funktionierende Rechtsordnung zu finden.

Dass dem Haus dabei als Ort der Primärsozialisation eine besondere Funktion auch im Hinblick der Friedensbildung zukam, war den Menschen in der Frühen Neuzeit nur zu deutlich bewusst. Die beste Garantie für eine gute politische Führung war eine umfängliche Erziehung, Bildung und Ausbildung in einem ‚friedliebenden Haus'. Zugleich zeigte sich hier aber auch die Fragilität von Frieden, die sich – wie bereits Augustinus schrieb – stark abhängig von ‚den Herzen' der Nächsten zeigte, also ein hohes Maß an Affektkontrolle, Empathie und Menschenkenntnis voraussetzte.

Diese auf das Ordnungshandeln bezogene Dimension des Hausfriedens wird auch in der begriffsgeschichtlichen Entwicklung deutlich: Die vormodernen Bezeichnungen des geschützten Raumes im gebauten Haus als Haus*frieden, paix de ménage, paix de domicile* verschwanden aus der politisch-rechtlichen Sprache im 19. Jahrhundert und wurden ersetzt durch die *Unverletzlichkeit* der Wohnung oder *inviolabilité de domicile*. Lediglich ex negativo ist sie im deutschen Strafrecht als Hausfriedensbruch (StGB § 132) noch greifbar. Damit wurde sehr viel deutlicher der Charakter des spezifischen Rechtsschutzes der Unversehrtheit und Sicherheit[59] betont, während sich die umfängliche Friedensbegrifflichkeit im heutigen Rechts- und Alltagssprachgebrauch auf eine wie auch immer geordnete Form von gewaltfreien sozialen Beziehungen innerhalb eines Hauses oder einer Familie bezieht. So etwa im Bereich des Mietrechts,

---

59 Vgl. zu Sicherheit auch Kapitel 27.

wenn eine außerordentliche Kündigung wegen Störung des Hausfriedens ausgesprochen werden kann.[60] Aber auch im Falle von häuslicher Gewalt ist der Begriff des Hausfriedens präsent und bezieht sich auf die Beziehungsebene.[61]

Mit dem Übergang von der ständischen zur modernen Gesellschaft veränderte sich die gesellschaftliche Ordnungsfunktion des ‚Hauses' und damit auch die politische Bedeutung des Hausfriedens. Seit dem späten 18. Jahrhundert wurde ‚Hausfrieden' immer stärker als ein normativer Anspruch an die Gestaltung des Privatlebens formuliert und damit die öffentliche, auf die Gesellschaft bezogene Relevanz des Hausfriedens ausgeblendet.

Auswahlbibliographie / Select Bibliography

Gravelais, Isabelle, La protection juridictionelle de l'inviolabilité du domicile, Dijon 2017.
Haldemann, Arno, Das gerügte Haus. Rügerituale am Haus in der Ehrgesellschaft der Frühen Neuzeit, in: Joachim Eibach/Inken Schmidt-Voges (Hg.), Das Haus in der Geschichte Europas. Ein Handbuch, Berlin 2016, S. 433–448.
Kannowski, Bernd, Art. „Hausfrieden", in: HDRG 2 ²(2011), Sp. 803–805.
Kibe, Takashi, Frieden und Erziehung in Martin Luthers Drei-Stände-Lehre, Frankfurt a.M. 1996.
Kramer, Karl-Sigismund, Das Herausfordern aus dem Haus. Lebensbild eines Rechtsbrauches, in: BJVK (1956), S. 121–138.
Nipkow, Karl-Ernst, Der schwere Weg zum Frieden. Geschichte und Theorie der Friedenspädagogik von Erasmus bis zur Gegenwart, Gütersloh 2007.
Osenbrüggen, Eduard, Der Hausfrieden. Ein Beitrag zur deutschen Rechtsgeschichte, Erlangen 1857.
Rebhun, Paul, Hauß=Frid. Was fuer ursachen den Christlichen Eheleuten zubedenken, den lieben Haußfriden in der Ehe zu erhalten. In Kurtzer Summa gepredigt, unnd schriftlich weyter erklert durch Paulum Rebhun, Nürnberg 1546.
Schmidt, Heinrich-Richard, „Notthurft und Hußbruch". Haus, Gemeinde und Sittenzucht im Reformiertentum, in: Andreas Holzem (Hg.), Ehe – Familie – Verwandtschaft. Vergesellschaftung in Religion und sozialer Lebenswelt, Paderborn 2008, S. 301–328.
Schmidt-Voges, Inken, Securitas domestica oder ius certum domus? Juristische Diskurse zur Sicherheit des Hauses um 1700, in: Christoph Kampmann (Hg.): Sicherheit in der Frühen Neuzeit, Köln 2012, S. 645–660.
Schmidt-Voges, Inken, Mikropolitiken des Friedens. Semantiken und Praktiken des Hausfriedens im 18. Jhd., Berlin 2015.
Schmidt-Voges, Inken, Das Haus in der Vormoderne, in: dies./Joachim Eibach (Hg.), Das Haus in der Geschichte Europas. Ein Handbuch, Berlin 2016, S. 1–19.
Schmidt-Voges, Inken/Simon, Katharina, The Domestic Sphere as a Sphere of Conflict. Managing Conflicts and Making Peace in Early Modern Households and their Surroundings, in: Joachim Eibach/Margareth Lanzinger (Hg.), The History of the Domestic Sphere 16th–19th century, Aldershot (im Erscheinen).

---

60 *Kannowski*, Art. „Hausfrieden", Sp. 803.
61 Vgl. z. B. für Frankreich *Victoria Vanneau*, La paix de ménage. Histoire des violences conjugales, XIXe–XXIe siècle, Paris 2016.

Trabandt, Rudolf, Der kriminalrechtliche Schutz des Hausfriedens in seiner geschichtlichen Entwicklung, Hamburg 1970.
Vanneau, Victoria, La paix de ménage. Histoire des violences conjugales, XIXe–XXIe siècle, Paris 2016.

Irene Dingel
14. Religionsfrieden

Abstract: Religious Peace
Religious peace agreements are regarded as an innovation and special feature of early modern Europe. They aimed to secure the peaceful coexistence of groups of different confessional traditions and generally remained oriented towards the restoration of unity in faith and the reunification of divided Christianity. They contained regulations regarding freedom of belief and worship, decrees concerning enjoyment of selected civil rights and regulations for the restitution or ownership and use of churches and church property. Theological preconditions, political frameworks and legal contexts were decisive for the emergence of religious peace agreements in Europe. Amnesty decrees, a regulated forgetting and dissimulating formulations served to establish and maintain peace. When they were formulated, these agreements were really designed only to tolerate an inevitable evil. In the long term, however, they, paved the way for true religious tolerance.

1. Definition und historische Situierung

Religionsfrieden bzw. Religionsfriedensregelungen[1] gelten zu Recht als „ein Novum und eine Besonderheit"[2] der europäischen Frühen Neuzeit. Sie zielten auf ein friedliches Zusammenleben konfessionsverschiedener Gruppen und blieben in der Regel auf die Wiederherstellung der Einheit im Glauben und die Wiedervereinigung der gespaltenen Christenheit hin orientiert, auch wenn kaum noch realistische Aussichten auf Verwirklichung dieses Ideals bestanden.[3] Sie versuchten,

---

[1] In diesem Beitrag ist parallel zu der Bezeichnung ‚Religionsfrieden' von ‚Religionsfriedensregelungen' die Rede, da religionsbezogene Bestimmungen auch Teil von Reichstagsabschieden, Landfrieden und anderen rechtlich relevanten Dokumenten sein können. Sie stellen also keinesfalls immer einen in sich abgeschlossenen Rechtstext dar.
[2] *Eike Wolgast*, Religionsfrieden als politisches Problem der frühen Neuzeit, in: HZ 282 (2006), S. 59–96, hier S. 63.
[3] Vgl. die Definition, die im Rahmen des DFG-Projekts „Religiöse Friedenswahrung und Friedensstiftung in Europa. 1500–1800" herausgearbeitet wurde: „Religionsfrieden sind – als Spezifikum der Frühen Neuzeit – innerchristliche Regelungen, mit denen ein qualitativ neuer Rechtsstatus zwischen zwei oder mehr Religionsparteien festgelegt wird. Diese in verschiedenen Rechtsformen konkretisierten Regelungen, die ihren Höhepunkt im 16. Jahrhundert erlebten, waren in der Regel auf die Wiederherstellung der Einheit des Glaubens hin orientiert. Sie enthielten spezifische Bestimmungen zu Glaubens- und Kultusfreiheit für die Religionsparteien, zur Zulassung zu bestimmten Rechten für ihre Angehörigen und regelten den Besitz der Kirchengüter. Sie zielten auf ein möglichst dauerhaftes friedliches Zusammenleben. Als Verfahren zur politisch-juristischen ›Einhegung‹ religiöser Differenzen trugen sie in

https://doi.org/10.1515/9783110591316-014

trotz der fortbestehenden und erbitterten theologischen Gegensätze auf rein weltlich-politischem Weg, mit den Mitteln der Diplomatie und vor allem des weltlichen Rechts, Wege zu friedlicher Koexistenz in begrenztem Raum und häufig auf begrenzte Zeit zu schaffen, um die Menschen vor den Folgen der erbitterten Konflikte zu schützen und die Gegensätze einzugrenzen.[4]

Dazu konnten sie sich verschiedener Rechtsformen bedienen und ordnen sich insgesamt in einen in der Frühen Neuzeit allgegenwärtigen Verrechtlichungsprozess ein.[5] Sie enthielten Bestimmungen zu Glaubens- und Kultusfreiheit, Verfügungen über die Partizipation an ausgewählten bürgerlichen Rechten sowie gegebenenfalls Regelungen über die Rückgabe bzw. den Besitz und Nießbrauch von Kirchen und Kirchengut. Daher waren die frühen Religionsfrieden zunächst befristete Regelungen,[6] spätere enthielten den Anspruch auf dauerhafte Geltung, die sie allerdings de facto nie erreichten.[7] Sie konnten einen präventiv kriegsvermeidenden,[8] oder aber kriegsbeendenden[9] Charakter tragen.

Religionsfrieden waren in erster Linie innerchristliche Regelungen. Ausgeschlossen blieben jedoch täuferische und spiritualistische sowie meist auch antitrinitarische Strömungen.[10] Denn bereits der *Codex Iustinianus* (528), der als einer von vier Teilen in das *Corpus Iuris Civilis* eingegangen war, hatte Wiedertaufe und die Leugnung der Trinität als Majestätsverbrechen unter Strafe gestellt. Vom Islam, dem man – vor allem im 16./17. Jahrhundert – ebenfalls Antitrinitarismus anlastete[11] und der zudem in Gestalt des Osmanischen Reichs eine permanente außenpolitische Bedrohung darstellte, grenzte man sich generell scharf ab. Auch das Judentum war von der Entwick-

---

bedeutender Weise zur Entwicklung des Toleranzgedankens und zur Entfaltung der europäischen Friedensrechtspraxis bei.", URL: http://religionsfrieden.de/index.php?article_id=18 (abgerufen am: 30.12.2018).
4 *Christoph Kampmann*, Friedensnorm und Sicherheitspolitik. Zur Geschichte der Friedensstiftung in der Neuzeit, in: Andreas Hedwig u. a. (Hg.), Bündnisse und Friedensschlüsse in Hessen: Aspekte friedenssichernder und friedensstiftender Politik der Landgrafschaft Hessen im Mittelalter und in der Neuzeit, Marburg 2006, S. 1–22, hier S. 9.
5 Vgl. *Luise Schorn-Schütte*, Confessional Peace as a political and legal problem in the early modern period, in: Gunther Hellmann (Hg.), Justice and Peace. Interdisciplinary Perspectives on a Contested Relationship, Frankfurt a. M. u. a. 2013, S. 98–111. Vgl. hierzu auch Kapitel 6.
6 Z. B. der Nürnberger Anstand 1532 und Frankfurter Anstand 1539.
7 Z. B. das als ewiger Frieden konzipierte Edikt von Nantes 1598.
8 Z. B. der Erste Kappeler Landfrieden von 1529 oder das Edikt von St. Germain 1562.
9 Z. B. die im Anschluss an die kriegerischen Auseinandersetzungen abgeschlossenen französischen Religionsfrieden oder der Passauer Vertrag 1552.
10 Eine Ausnahme stellt der Thorenburger Abschied von 1568 dar, der die Antitrinitarier in Siebenbürgen in den Religionsfrieden einschloss, vgl. u. S. 282
11 Zu den Themen koranischer Christologie gehört nämlich die Feststellung, dass die Erschaffung Jesu der Erschaffung Adams gleiche. Diesen Hinweis verdanke ich einem Vortrag von Prof. Dr. Amir Dziri, Fribourg/CH.

lung von Religionsfriedensregelungen nicht betroffen, da die in der Frühen Neuzeit bestehenden ‚Judenordnungen' im Allgemeinen auf den traditionellen, durch das Kanonische Recht definierten Normbereich des inklusiven und exklusiven Umgangs mit einer *religio licita* (erlaubten Religion) zurückgriffen. Eine noch ungeregelte religiöse Herausforderung dagegen ergab sich im 16. Jahrhundert mit der Reformation, die sich über weite Teile Europas verbreitete und die Christenheit vor eine Zerreißprobe stellte. Das Aufkommen von Religionsfrieden bzw. Religionsfriedensregelungen verdankt sich den durch die Reformation entstandenen spezifischen Rahmenbedingungen, in denen Theologie, Politik und Recht zusammenwirkten.[12]

2. Theologische, politische und rechtliche Voraussetzungen

2.1 Theologische Voraussetzungen

Religionsfrieden bzw. Religionsfriedensregelungen resultieren aus den tiefgreifenden, auf allen Ebenen der Gesellschaft wirksamen Veränderungen, die durch die Reformation im 16. Jahrhundert in die Wege geleitet wurden und langfristig in eine konfessionelle Ausdifferenzierung der lateinischen *christianitas* mündeten. Denn auch wenn die Reformation lediglich eine Erneuerung der spätmittelalterlichen Christenheit und keineswegs eine Trennung in unterschiedliche religiöse Wahrheitsansprüche erstrebte, so war doch genau dies das Resultat jener im frühen 16. Jahrhundert einsetzenden Entwicklung, die in das Zeitalter der Konfessionen mündete. Beide Seiten, die altgläubige, der man später die Konfessionsbezeichnung „römisch-katholisch" beimaß, und die reformatorische bzw. evangelische Seite, die sich in der zweiten Hälfte des 16. Jahrhunderts in das konfessionelle Luthertum und den konfessionellen Calvinismus aufgliederte,[13] vertraten zum einen, jede für sich, die Überzeugung von der Absolutheit und universalen Geltung ihrer jeweiligen theologischen Position, legitimiert durch Heilige Schrift und Tradition, bzw. – in reformatorischer Perspektive – durch das Schriftprinzip allein. Zum anderen bestanden sie auf der notwendigen Einheit der *einen* Kirche Jesu Christi, die auf der unteilbaren theologischen Wahrheit aufruht. Das Streben danach, die verloren gegangene Einheit wiederzugewinnen, durchzog die Frühe Neuzeit wie ein *cantus firmus*, ebenso wie der Ruf nach einem Generalkonzil als der Instanz schlechthin, von der man nicht nur eine Erneuerung erwartete, sondern vor allem den Einheit stiftenden Ausgleich der Differenzen erhoffte;

---

12 Vgl. hierzu auch Kapitel 2 und 3.
13 Der Anglikanismus trat zu jenem Zeitpunkt noch nicht als eigene Konfessionskirche in Erscheinung.

allerdings vergeblich. Das 16. und 17. Jahrhundert gelten daher als Zeitalter der großen Religionsgespräche, die – da das Konzil auf sich warten ließ – auf obrigkeitliche Initiative hin organisiert wurden und die ersehnte theologische Wiedervereinigung der einander gegenüberstehenden Lager über eine disputative Auseinandersetzung in die Wege leiten sollten.[14] Aber statt zu dem gewünschten Ziel zu führen, trugen sie zur Herausarbeitung der Gegensätze und damit zugleich zu einer konfessionellen Konsolidierung der miteinander streitenden Lager bei.[15] Nicht nur durch Religionsgespräche ist die Frühe Neuzeit gekennzeichnet, sondern sie ist ebenso das Zeitalter der Religionskriege, die – als *ultima ratio* – einen religiösen Ausgleich mit Mitteln der Gewalt zu erreichen suchten. Die religiösen Probleme lösten sie nicht, sondern stürzten die werdenden frühneuzeitlichen Staaten und ihre Gesellschaften vielmehr in schwere Krisen. Vor diesem Hintergrund kam den Religionsfrieden eine hohe Bedeutung zu, auch wenn sie nur als ein aus der Not geborenes Zwischenstadium auf dem Weg zu der eines Tages wiederzuerlangenden religiösen Einheit galten. Die Theologen jener Zeit erkannten in ihnen daher lediglich ein Provisorium und ein aus Staatsraison abgeleitetes „politisches Werk".[16]

2.2 Politische Rahmenbedingungen

Dass sich die politischen Obrigkeiten für die Regelung der Religionsfrage in ihrem jeweiligen Herrschaftsgebiet einsetzten, war nicht nur eine Frage von Machtanspruch und Machtausübung, sondern gründete in der seit der christlichen Antike überkonfessionell fortwirkenden Vorstellung, dass für die *salus publica* (Gemeinwohl) die Einheit im Glauben Voraussetzung sei. Politisches Gemeinwesen und *corpus christianum* (die geistliche und rechtliche Einheit der Christenheit) galten bis in die Frühe Neuzeit hinein – idealiter – als deckungsgleich. Die Obrigkeit sah sich demzufolge in der Verantwortung für eine einhellige Religionsausübung; d. h. ihr kam die *cura religionis* zu,

---

14 Vgl. *Irene Dingel*, Art. „Religionsgespräche" IV. Altgläubig-protestantisch und innerprotestantisch, in: TRE 28 (1997), S. 654–681; *Irene Dingel u. a.* (Hg.), Zwischen theologischem Dissens und politischer Duldung. Religionsgespräche der Frühen Neuzeit, Göttingen 2018.
15 Vgl. *Irene Dingel*, Von der Wittenberger Reformation zum Luthertum. Konfessionelle Transformationen, in: Wolfgang Thönissen u. a. (Hg.), Luther: Katholizität & Reform. Wurzeln – Wege – Wirkungen, Paderborn/Leipzig 2016, S. 239–260, bes. S. 243–250.
16 Wolgast weist in diesem Zusammenhang auf eine Äußerung Kardinal Melchior Khlesls hin, der 1613 erklärte, der Augsburger Religionsfrieden von 1555 sei „contra conscientiam et omnem theologiam", er sei „die politiam zu erhalten gemacht und nunmer zu ainem weltlichen gesetzt oder ortnung eingefiert", er sei „ein politisches werk", vgl. *Wolgast*, Religionsfrieden, S. 59. Ähnlich lautet die französische Interpretation der Religionsfrieden, vgl. *Olivier Christin*, La Paix de Religion. L'autonomisation de la raison politique au XVIe siècle, Paris 1997. Bis heute ist die Erforschung der Beteiligung von Theologen an jenen Aushandlungsprozessen, die in Religionsfriedensregelungen einmündeten, ein Desiderat.

und sie agierte unter Anwendung des geltenden Rechts dementsprechend. Auch die Reformatoren entfalteten den Gedanken, dass die Regierenden nicht nur für das weltliche, sondern auch für das geistliche Wohlergehen ihrer Untertanen zu sorgen hätten, und die Landesherren beriefen sich in kirchenordnenden Fragen ausdrücklich auf diese Pflicht.[17] Aber mit der Reformation wurde die Frage des geistlichen Wohlergehens, basierend auf der schriftgemäßen Religionsausübung, zugleich zu einem großen Konfliktfall. Die als Ideal angesehene Übereinstimmung von politischem Gemeinwesen und religiös-kultischem Verband drohte mit dem Entstehen starker reformatorisch gesinnter Gruppierungen und der späteren Herausbildung unterschiedlicher Konfessionen sowie daran ausgerichteter Kirchentümer endgültig zu zerbrechen. Religiöse Einheit aber galt weiterhin als Garant für die Stabilität eines politischen Gemeinwesens; ungleiche Religion, sei es auf dem Land oder in der Stadt, bedeutete ein den Frieden gefährdendes politisches Risiko. Der obrigkeitliche Einsatz für ein Konzil oder für die Veranstaltung von Religionsgesprächen vollzog sich im Horizont dieser Vorstellungen.

Schon in vorreformatorischer Zeit jedoch war das Kongruenzideal allmählich brüchig geworden. Dies wird deutlich an den Hussitenkriegen des 15. Jahrhunderts, die erstmals religionsbezogene Regelungen notwendig machten.[18] Der 1485 in Kuttenberg geschlossene Frieden zwischen König Wladislaw von Böhmen (1456–1516) und den an Jan Hus (1370–1415) orientierten, das Abendmahl unter den Gestalten von Brot *und Wein* praktizierenden böhmischen Ständen (Utraquisten) konnte aber die religiöse Einheit noch auf dem Boden der altgläubigen, römischen Kirche erhalten. Zu diesem Zweck berief sich der Kuttenberger Frieden auf die Kompaktaten des Basler Konzils von 1433, welche den Abendmahlsritus „unter beiderlei Gestalt" freistellten, und auf den Majestätsbrief Sigismunds von 1436.[19] Die Gruppierung der sogenannten Böhmischen Brüder, die in ihrer Lehre weit über die Praxis der hier geduldeten Utraquisten hinausgingen,[20] waren daher nicht in den Frieden eingeschlossen. Mit der dann

---

17 Vgl. z.B. *Martin Luther*, Von weltlicher Obrigkeit (1523), in: D. Martin Luthers Werke. Kritische Gesamtausgabe (= WA), Bd. 11, S. 229–281, bes. S. 273–278. Vgl. z.B. Herzog Christoph von Württemberg in der Vorrede der von ihm erlassenen Kirchenordnung, Wie es mit der Leere und Ceremonien in unserm Fürstenthumb Wirtemberg angericht und gehalten werden soll. Getruckt zu(o) Tübingen durch Ulrich Morhart, Anno M.D.LIII., in: Sabine Arend (Bearb.), Die evangelischen Kirchenordnungen des XVI. Jahrhunderts, Bd. 16/2, Tübingen 2004, S. 224.
18 Vgl. dazu *Armin Kohnle*, Konfliktbereinigung und Gewaltprävention, in: Irene Dingel/Christiane Tietz (Hg.), Das Friedenspotenzial von Religion, Göttingen 2009, S. 1–19, bes. S. 6f.
19 Die Basler Kompaktaten hatten die „communio sub utraque", d.h. das Abendmahl unter den beiden Gestalten von Brot *und Wein*, m. a. W. den utraquistischen Ritus zugestanden. Darauf beriefen sich die böhmischen Utraquisten, die vor allem im Adel und im Bürgertum Unterstützung fanden. Dass Papst Pius II. 1462 die Kompaktaten für ungültig erklärt hatte, ließ man nicht gelten. Vgl. hierzu auch Kapitel 38.
20 Charakteristisch für ihre Lehre ist die Hochschätzung der Heiligen Schrift, die Ablehnung des institutionalisierten Priestertums und eine pazifistische, den Eid ablehnende Haltung.

einsetzenden Reformation und der Ausbildung unterschiedlicher Konfessionen jedoch erwiesen sich die theologischen Gegensätze und die miteinander konkurrierenden Wahrheitsansprüche zunehmend als unüberbrückbar. Die Pluralität der religiösen Gruppierungen und politischen Gemeinwesen einerseits und das Eintreten für das alte Ideal der politisch-religiösen Einheit andererseits[21] beförderte eine allgemeine Kriegsbereitschaft, die zahlreiche Religionskriege hervorbrachte. Dass Gewalt dabei häufig religiös motiviert war, versteht sich von selbst, aber auch politisch motivierte Gewalt konnte religiös legitimiert werden. Die Frühe Neuzeit entwickelte eine ausgeprägte Kriegskultur, die jedoch auf ihrer Kehrseite eine ebenso ausgeprägte Kultur der Friedenswahrung und Friedensstiftung hervorbrachte, als deren wichtiger Bestandteil Religionsfrieden und Religionsfriedensregelungen gelten können. Initiatoren und Träger dieser Religionsfrieden waren in erster Linie Politiker und Juristen. Wie weit in die vorauslaufenden Beratungsvorgänge auch Theologen einbezogen waren, ist schwer zu ermitteln und bedürfte einer genaueren Untersuchung. Unter den Politikern sind exemplarisch für das Heilige Römische Reich Deutscher Nation der in den Diensten Kaiser Karls V. (1500–1558) stehende Diplomat Lazarus Schwendi[22] (1522–1583) zu nennen, für Frankreich der an der Seite der Königinmutter Katharina von Medici (1519–1589) wirkende Kanzler Michel de l'Hôpital[23] (1505–1573) und für die Niederlande der im Unabhängigkeitskrieg mit Spanien (1568–1648) aktive Wilhelm I. von Oranien (1533–1584).[24] Sie alle stellten den politisch-gesellschaftlichen Frieden und damit die politische Raison über die Lösung der religiösen Wahrheitsfrage. Religiöse Koexistenz sollte nicht mehr – wie es die Religionsgespräche erstrebten – auf der Grundlage religiöser Verständigung, sondern auf der Basis einer gemeinsamen, den religiösen Dissens hinnehmenden Bürgerschaft in einem politischen Gemeinwesen realisiert werden.[25] Man bezeichnete so argumentierende Diplomaten, wie Michel de l'Hôpital, rückblickend und leicht pejorativ als „politici", französisch „politiques", und warf ihnen vor, „die Beförderung des Staates über die Interessen und die Wahrheit der Religion zu stellen".[26]

---

21 Kampmann spricht von „Pluralität ohne Pluralismus", vgl. *ders.*, Friedensnorm, S. 4–8.
22 Vgl. *Thomas Nicklas*, Um Macht und Einheit des Reiches. Konzeption und Wirksamkeit der Politik bei Lazarus Schwendi (1522–1583), Husum 1995.
23 Vgl. *Henri Amphoux*, Michel de l'Hôpital et la liberté de conscience au XVIe siècle, Paris 1900, ND 1969; *Denis Crouzet*, La sagesse et le malheur: Michel de l'Hospital, Chancelier de France, Seyssel 1998.
24 Vgl. *Olaf Mörke*, Wilhelm von Oranien, 1533–1584. Fürst und „Vater" der Republik, Stuttgart 2007.
25 Vgl. *Kohnle*, Konfliktbereinigung, S. 16f.
26 *Martin Papenheim*, Politique, in: Rolf Reichardt u.a. (Hg.), Handbuch politisch-sozialer Grundbegriffe in Frankreich, Heft 21, Berlin/Boston 2017, S. 6.

2.3 Rechtlicher Kontext

Die Religionsfrieden bzw. Religionsfriedensregelungen der Frühen Neuzeit waren nicht mehr und nicht weniger als Koexistenzordnungen.[27] Sie schufen langfristig ein Koexistenzsystem,[28] das sich über geltendes kanonisches Recht hinwegsetzte. Das bedeutete aber nicht, dass sie etwa eine positive Anerkennung der jeweiligen, aus der Reformation hervorgegangenen Gruppierung einräumten. Sie approbierten diese keineswegs als eigene Religionsgemeinschaft, sondern verfügten lediglich die – vorerst zeitweise – Aussetzung des Ketzerrechts. Als Ketzer bzw. Häretiker galt seit dem Mittelalter ein Christ (im Unterschied zu Juden, Muslimen oder sog. Heiden), der wesentliche Inhalte des christlichen Glaubens verfälschte und darauf hartnäckig beharrte, obwohl er ermahnt und, wie man meinte, aus dem Wort Gottes seines Irrtums überführt worden war. Er handelte also – so die damalige Perspektive – wider besseres Wissen. Auf der Grundlage dieses Befundes verurteilte man ihn schließlich öffentlich und legitim als Häretiker. Im Allgemeinen wurde Häresie mit der Todesstrafe geahndet; gelegentlich, vornehmlich in der Alten Kirche, war bei schwerer Lehrabweichung auch noch die *mors civilis*, d.h. die Verbannung bzw. Deportation ins Exil üblich.[29] Über diese aus dem kanonischen Ketzerrecht stammende Definition religiöser Devianz setzten sich die Religionsfrieden hinweg, ja sie traten sogar in Widerspruch zum Häretikerrecht der Kirche, indem sie denjenigen ein Existenzrecht, zudem Gewissens- und (beschränkte) Kultusfreiheit einräumten, die nach geltendem kanonischen Recht gerade als Ketzer hätten verfolgt und unschädlich gemacht werden müssen. Die Rechtsetzung durch Religionsfriedensregelungen überwölbte also das kanonische Recht. Auch das inzwischen entwickelte evangelische Kirchenrecht überwölbte sie. Denn durch die Reformation hatte sich nicht nur eine von der mittelalterlichen Theologie abweichende Lehre etabliert, sondern auch ein eigenes Kirchenwesen mit einer eigenen, in Kirchenordnungen niedergelegten rechtlichen Grundlage, die zwar gelegentlich Anleihen am Kanonischen Recht machte, aber insgesamt ein neues System darstellte.[30] Die frühneuzeitlichen Religionsfrieden schufen angesichts der in Lehre und Recht antagonistisch aufgespaltenen *christianitas* neuartige, politisch-juristische

---

27 Diese Bezeichnung wählt *Thomas Brockmann*, Die frühneuzeitlichen Religionsfrieden – Normhorizont, Instrumentarium und Probleme in vergleichender Perspektive, in: Christoph Kampmann u.a. (Hg.), L'art de la paix. Kongresswesen und Friedensstiftung im Zeitalter des Westfälischen Friedens, Münster 2011, S. 575–612, hier S. 576 u.ö.
28 So *Martin Heckel*, Politischer Friede und geistliche Freiheit im Ringen um die Wahrheit: Zur Historiographie des Augsburger Religionsfriedens von 1555, in: HZ 282 (2006), S. 391–425, hier S. 392 mit Bezug auf den Augsburger Religionsfrieden. Dies gilt jedoch auch allgemein für die europäischen Religionsfrieden.
29 Vgl. *Martin Heckel*, Staat und Kirche nach den Lehren der evangelischen Juristen Deutschlands in der ersten Hälfte des 17. Jahrhunderts, München 1968, S. 58f.
30 Vgl. dazu *Heckel*, Friede, S. 398.

Konstruktionen des Umgangs mit theologischer Differenz, die über den jeweiligen kirchlich-konfessionellen Rechtsräumen angesiedelt waren. Dadurch aber, dass man sie überwiegend als temporäre Interimslösungen konzipierte,[31] bedurften sie immer wieder der Bestätigung oder Erneuerung.

Sowohl unter theologischem als auch unter politischem und rechtlichem Aspekt ist in der Entwicklung von Religionsfrieden und Religionsfriedensregelungen das Entstehen eines neuen Ordnungsmodells wahrzunehmen. Dies resultierte aus der Krise, in die die überkommene europäische Ordnungsvorstellung der *res publica christiana*, d. h. der Kongruenz von politischem Gemeinwesen und *corpus christianum*, durch die Reformation geraten war. Mit den Religionsfrieden wurden zwar noch nicht neuzeitliche Vorstellungen von Toleranz verwirklicht, aber religiöse Pluralität in einem rechtlichen Koexistenzsystem ermöglicht und gewährleistet. Während die Konfessionen das Ideal der Einheit im wahren Glauben nie aufgaben und weiterverfolgten, schufen die Religionsfrieden einen Rechtsraum, der die Wahrheitsfrage suspendierte. Sie garantierten abweichenden Religionen nicht nur beschränkte Duldung, sondern auch jeweils unterschiedlich eingeschränkte rechtliche Anerkennung und wurden damit für die weiteren theologischen, politisch-gesellschaftlichen und rechtlichen Entwicklungen im Europa der Frühen Neuzeit richtungsweisend.

3. Rechtsformen und Bezeichnungsvielfalt

Religionsfriedensregelungen der Frühen Neuzeit existierten nicht in einer festen oder standardisierten Textgestalt. Zwar konnten sie durchaus als in sich abgeschlossene Rechtstexte konzipiert sein, wie z. B. die zahlreichen Pazifikationsedikte während der Zeit der französischen Religionskriege, beginnend mit dem Edikt von St. Germain-en-Laye 1562. Aber ebenso häufig waren Religionsfriedensregelungen Bestandteile von anderen rechtsrelevanten Dokumenten wie Reichsabschieden (z. B. der Augsburger Religionsfrieden von 1555[32]), Landfrieden (z. B. der Erste und Zweite Kappeler Landfrieden von 1529 und 1531[33]), inner- und zwischenstaatlichen Frieden (z. B. das Religionsrecht des Westfälischen Friedens 1648[34] und die Altranstädter Konvention 1707) oder bilateralen Verträgen (z. B. die religionsbezogenen Bestimmungen in Heiratsverträgen zwischen konfessionsverschiedenen Partnern). Selbst spätere Aufhebungen von vormals gewährten Religionsfrieden (z. B. das Edikt von Fontainebleau 1685 als Aufhebung des Edikts von Nantes 1598[35]), oder restriktive Auslegungen bestehender

---

31 Vgl. *Schorn-Schütte*, Confessional Peace, S. 104.
32 Vgl. hierzu auch Kapitel 41.
33 Vgl. hierzu auch Kapitel 40.
34 Vgl. hierzu auch Kapitel 46.
35 Vgl. hierzu auch Kapitel 44.

Zugeständnisse bzw. einseitige Verfügungen zur Eindämmung abweichender religiöser Praxis (z. B. das nur für die Protestanten geltende Augsburger Interim 1548) enthielten Regelungen, die Frieden unter den sich gegenüberstehenden Lagern sicherstellen sollten, auch wenn sie bereits etablierte Koexistenzmodelle wieder in Frage stellten. Es existierte also im frühneuzeitlichen Europa eine unübersichtliche Fülle unterschiedlicher juristischer Textgattungen und Rechtsformen, derer man sich zur Regulierung religiöser Koexistenz bediente.

Diesem Befund entspricht eine ebenso unübersichtliche Bezeichnungsvielfalt. Der Terminus *pax religionis* bzw. ‚Religionsfrieden' wurde keineswegs durchgehend als *terminus technicus* verwendet, nicht einmal im 16. Jahrhundert, das eine Vielzahl von Religionsfriedensregelungen hervorbrachte. Lediglich der Frieden von Antwerpen von 1578 und im Anschluss daran die Utrechter Union von 1579 tragen den expliziten Titel „Religioens vrede".[36] Sekundär dagegen ist die Bezeichnung *pax religionis*/ ‚Religionsfrieden' in der politisch-juristischen Publizistik des Alten Reichs durchaus nachweisbar, allerdings fast ausschließlich zur nachträglichen Qualifizierung des Augsburger Reichsabschieds von 1555 als „Augsburger Religionsfrieden".[37] Dies war die Grundlage dafür, dass dann auch der Westfälische Frieden von 1648 den Terminus *pax religionis* verwandte, und zwar um damit rückblickend den Passauer Vertrag von 1552 und den Augsburger Reichsabschied von 1555 zu bezeichnen.[38] Diese Festlegung der *pax religionis* auf den Augsburger Religionsfrieden wurde durch Zedlers *Universal-Lexicon* zementiert. Zedler wies neben dem Augsburger Reichsabschied nur noch die Altranstädter Konvention von 1707 als „Religions-Frieden" aus. Im französischen und italienischen Sprachraum dominierten – wie sonst auch – die allgemeinen Bezeichnungen *paix*, *pacification* und *pace* ohne weitere Spezifizierung.[39]

Diese terminologische Unschärfe in der Bezeichnung von Religionsfriedensregelungen ist aber keineswegs singulär. Sie korrespondiert mit der rechtlichen Begriffsvielfalt, die in allen Ländern Europas in der Frühen Neuzeit herrschte. Generell war „der Rechtsbestand des Ancien Régime überhaupt durch begriffliche und formale

---

36 Vgl. *Alexandra Schäfer-Griebel* (Bearb.), Antwerpener Religionsfrieden (12.07.1578), in: Irene Dingel (Hg.), Religiöse Friedenswahrung und Friedensstiftung in Europa (1500–1800), Darmstadt 2013, URL: http://tueditions.ulb.tu-darmstadt.de/e000001/einleitungen/target/friede_von_antwerpen_ein leitung.html; http://tueditions.ulb.tu-darmstadt.de/e000001/quellentexte/target/friede_von_antwer pen.html (abgerufen am: 26.03.2020).
37 Vgl. Art. „Religionsfrieden", in: DRW, URL: http://drw-www.adw.uni-heidelberg.de/drw-cgi/ zeige?index=lemmata&term=religionsfrieden (abgerufen am: 30.12.2018).
38 Vgl. IPO V, 1, in: *Antje Oschmann* (Bearb.), Acta Pacis Westphalicae. Serie III Abteilung B: Verhandlungsakten, Bd. 1: Die Friedensverträge mit Frankreich und Schweden, T. 1: Urkunden, Münster 1998, S. 110.
39 Vgl. *Johann Heinrich Zedler*, Art. „Alt-Ranstädtischer Friede", in: Grosses vollständiges Universal-Lexicon Aller Wissenschafften und Künste [...], Supplementbd. 1, Leipzig 1751, Sp. 1.248f. Dies sind Ergebnisse der Recherchen von Herrn PD Dr. Christopher Voigt-Goy, Leibniz-Institut für Europäische Geschichte Mainz.

Vielgestaltigkeit geprägt".[40] Hinter den in der Frühen Neuzeit gängigen, in den Kanzleien oft willkürlich gewählten[41] Bezeichnungen für obrigkeitliche Rechtsetzung wie „Edikte, Dekrete, Resolutionen, Reskripte, Mandate, Erlasse, Verordnungen, Circulare, Patente und Kabinettsordres"[42] konnten sich durchaus auch Religionsfriedensregelungen verbergen, ohne dass innerhalb dieser Bezeichnungsvielfalt eine qualitative Abstufung bezüglich der rechtlichen Geltung intendiert gewesen wäre. Eine erste Bestandsaufnahme zeigt, dass Religionsfriedensregelungen als Verträge, Edikte, Mandate, Privilegien, Majestätsbriefe, Beschlüsse und (Wahl-)Kapitulationen in Kraft gesetzt werden konnten.[43] Besonders auffällig ist die terminologische Vielfalt, wenn sie innerhalb einer Quellenserie auftritt, wie bei den französischen Religionsfrieden im Zeitraum von 1562 (Edikt von St. Germain-en-Laye/Januaredikt) bis 1598 (Edikt von Nantes), die ihre Rechtsgültigkeit erst durch die Registrierung (*enregistrement*) in den als Rechtsprechungsinstanzen dienenden Parlamenten (*parlements*) von Paris und in den französischen Provinzen erhielten. Sie trugen sowohl die Bezeichnung „Édit" oder „Édit de pacification" als auch „Traité" oder schlicht „Paix". Diese Uneindeutigkeit in der Bezeichnung setzt sich bis in die gegenwärtige Forschungsliteratur hinein fort. Generell aber gilt, dass die Rechtsform von Religionsfrieden und Religionsfriedensregelungen durch die jeweiligen politischen Herrschaftssysteme geprägt waren. Neben ständischen Religionsfriedensregelungen wie z.B. den Siebenbürger bzw. Thorenburger Landtagsabschieden (1550, 1557, 1564 und 1568) oder der Warschauer Konföderation (1573)[44], standen föderale, wie der Augsburger Religionsfrieden (1555) oder aufgrund hoheitlicher Autorität erlassene Regelungen wie das Edikt von Nantes (1598), die Act of Toleration (1689), das Wöllnersche Religionsedikt (1788), und schließlich auf völkerrechtlicher Ebene ausgehandelte Frieden, wie der Westfälische Frieden (1648) mit seinen religionsbezogenen Anteilen. Im späten 18. Jahrhundert setzte eine Entwicklung ein, die die anlassbezogenen, vielgestaltigen und meist zeitlich limitierten Religionsfrieden durch systematische Religionsgesetzgebungen in den europäischen Staaten ablöste. Diese knüpften teils an frühere Regelungen an, wie z.B. die Religionsgesetze Kaiser Josephs II. (1741–1790), teils nahmen sie die aus der Aufklärung erwachsenen Vorstellungen von Persönlichkeitsrechten und individueller Religionsfreiheit auf und verliehen ihnen Verfassungsrang (z.B. die amerikanische Bill of Rights 1789 oder die Constitution Française 1789).

---

40 *Heinz Mohnhaupt*, Potestas legislatoria und Gesetzesbegriff im Ancien Régime, in: Ius Commune 4 (1972), S. 188–239, hier S. 214.
41 So ebd., S. 217.
42 Ebd., S. 206.
43 Vgl. die im Rahmen des Projekts „Religiöse Friedenswahrung und Friedensstiftung in Europa. 1500–1800" edierten Quellen unter www.religionsfrieden.de. Zur Vielgestaltigkeit der Rechtsform vgl. auch *Brockmann*, Religionsfrieden, S. 588–590.
44 Vgl. hierzu auch Kapitel 43.

4. Rechts- und Geltungsbereiche, Bestimmungen

4.1 Allgemeine Konstanten

Allen Religionsfrieden bzw. Religionsfriedensregelungen war gemeinsam, dass sie in „konfessionell heterogenen Staaten"[45] entstanden, wobei hier nicht nur das Verständnis des vormodernen Staats, sondern auch ein weiter Begriff von „Konfessionalität" vorauszusetzen ist. Denn erst in der zweiten Hälfte des 16. Jahrhunderts formierten sich die Konfessionen auf der Grundlage normativer Bekenntnisse, daraus abgeleiteter Praxis und entsprechender Kirchenstrukturen.[46] Aber bereits in der vorkonfessionellen Phase der Reformation zwang die Diskrepanz der Glaubensrichtungen in verschiedenen politischen Gemeinwesen Europas dazu, Regelungen zu treffen, die politische Handlungsfähigkeit und gesellschaftliches Zusammenleben auch jenseits des Ideals der politisch-religiösen Einheit ermöglichten. Dies war vornehmlich der Fall im Heiligen Römischen Reich Deutscher Nation, in der Eidgenossenschaft, in Frankreich, in Polen und im südosteuropäischen Raum, z. B. in Siebenbürgen[47].

Keiner der Religionsfrieden hatte zum Ziel, die religiöse Selbstbestimmung des Individuums im Sinne des heutigen, aus der Aufklärung abgeleiteten Verständnisses von Toleranz festzulegen. Denn alle in den Regelungen Betroffenen waren der festen Überzeugung, auf dem Boden der christlichen Wahrheit zu stehen und sie autoritativ legitimieren zu können. Die Wiederherstellung der Einheit der Christenheit blieb zwar als Fernziel stets im Blick. Aber alle Religionsfriedensregelungen hielten sich von den virulenten und zu entscheidenden theologischen Streitfragen fern, sie suspendierten die Wahrheitsfrage und formulierten politische Lösungen, die – interimistisch – eine friedliche Koexistenz garantieren sollten.

4.2 Verhandelte Rechtsgüter

Die inhaltlichen Bestimmungen der Religionsfrieden waren sehr unterschiedlich und von den jeweiligen historischen Kontexten, in denen sie verhandelt wurden, abhängig. Sie bewegten sich zwischen Minimalaussagen einerseits, wie z. B. der allgemeinen Zusicherung von Neutralität in mehrkonfessionellen Bündnissen oder Wahlkapitulationen, und spezifische Rechtsgüter auflistenden Maximalregelungen in Edikten und Mandaten, die zwar nicht die Glaubensinhalte, aber den Kultus, dessen Lokalisie-

---

45 *Wolgast*, Religionsfrieden, S. 61.
46 Zur Unterscheidung von Vorkonfessionalität und Konfessionalität der Reformation vgl. *Irene Dingel*, Wie lutherisch war die Wittenberger Reformation? Von vorkonfessioneller Vielfalt zu theologischer Profilierung, in: Irene Dingel u. a. (Hg.), Initia Reformationis. Wittenberg und die frühe Reformation, Leipzig 2017, S. 409–428.
47 Vgl. hierzu auch Kapitel 45.

rung und Art der Ausübung, Finanzierungsmodalitäten und persönliche Rechte – gelegentlich unter Hinzufügung von separaten Artikeln – bis ins Einzelne festlegten. Bei solchen Bestimmungen handelte es sich überwiegend um Zugeständnisse, oft kombiniert mit Restitutionszusagen an die altgläubige Kirche. Diese Zugeständnisse richteten sich an religiöse Minderheiten,[48] deren politische Macht und gesellschaftlicher Einfluss aber – wie etwa im Frankreich des 16. Jahrhunderts oder auch in Polen – beachtlich sein konnte. Ein Beispiel für religionsbezogene Minimalaussagen ist die Warschauer Konföderation von 1573, ein Bündnistext, der die Macht der polnischen Stände gegenüber dem neu zu wählenden König konsolidieren sollte. Hier wurde lediglich niedergelegt, dass man sich nicht wegen abweichender Religion und Gottesdiensts mit Krieg überziehen und dem künftigen König, sollte er dies tun, keine Hilfe leisten wolle.[49] Weder die Einziehung von Gütern, noch Gefangensetzung, Vertreibung oder gar Blutvergießen wegen ungleicher Religion sollten geduldet werden. In der Literatur hat man die Warschauer Konföderation daher oft als einen besonders liberalen, alle theologischen Gruppierungen einschließenden Religionsfrieden gewertet,[50] obwohl er dazu keine Aussagen enthielt und de facto nicht mehr als eine Neutralitätsformulierung bot.[51] Maximalregelungen finden sich demgegenüber z. B. im Edikt von Nantes von 1598, das aus vier verschiedenen Dokumenten bestand: 92 allgemeinen Artikeln, 56 geheimen Artikeln (*secrets ou particuliers*)[52] und zwei königlichen Brevets. Letztere wurden allerdings nicht von den Parlamenten registriert; ihre Rechtskraft hing allein von der königlichen Autorität ab. Das eigentliche Edikt bestand aus den allgemeinen und den geheimen Artikeln. Sie enthielten religionsbezogene und zivile Bestimmungen bzw. Ausnahmeregelungen. Hier finden sich z. B. zunächst Verfügungen zur Wiederherstellung der römisch-katholischen Messe und des Kirchenguts, sodann die Ge-

---

48 Anders verhielt es sich mit dem Kuttenberger Frieden von 1485, der eine Einigung zwischen König Wladislaw und den böhmischen Ständen, die sich zur utraquistischen Mehrheit in Böhmen hielten, darstellte.
49 Vgl. hierzu auch Kapitel 43.
50 In manchen Darstellungen wird ausgeführt, dass die Warschauer Konföderation „allen christlichen Bekenntnissen in Polen gleiche Rechte und Freiheiten zusicherte". So *Hermann Dalton*, Art. „Polen", in: RE 15 ³(1904), S. 514–525, hier S. 520. Diese Ansicht hat auch noch manche gegenwärtige Forschung beeinflusst.
51 Wolgast verweist als Beispiel für eine solche Minimalregelung auf die Mitglieder des Heidelberger Bundes, die während des Fürstenaufstands gegen Karl V. 1552 ein Bündnis zur Wahrung ihrer Neutralität schlossen. Sie sicherten sich zu, jeden Partner „bei seiner religion, glauben, kirchengebreuch, Ordnung und ceremonien ruewiglich bleiben (zu) lassen und wider sein willen, verstant, conscienz oder gewissen nit (zu) tringen, beschweren, irren, hindern noch verachten": August von Druffel (Hg.), Beiträge zur Reichsgeschichte, Bd. 4, München 1896, S. 283, Anm. 1, zit. nach *Wolgast*, Religionsfrieden, S. 62.
52 In diesen Artikeln fanden sich Erklärungen und Ausnahmeregelungen. Vgl. die Edition des Textes von *Christopher Voigt-Goy* (Bearb.), Edikt von Nantes (1598), in: Dingel (Hg.), Friedenswahrung, URL: http://tueditions.ulb.tu-darmstadt.de/e000001/quellentexte/target/edikt_von_nantes_zdt.html (abgerufen am: 09.07.2019).

währung von Gewissensfreiheit für die französischen Protestanten sowie Freiheit ihrer Religionsausübung überall dort, wo der reformierte Kultus im Vorjahr schon bestanden hatte und an jenen Orten, an denen ihn die vorangegangenen Pazifikationsedikte bereits zugesagt hatten. Außerdem wurde das Zugeständnis voller bürgerlicher Rechte mit Wählbarkeit in alle Ämter artikuliert sowie rechtlicher Schutz durch die Einrichtung von „chambres de l'édit", d.h. eigener Gerichtshöfe für die Angelegenheiten der Protestanten garantiert. In den königlichen Brevets wurde zusätzlich ein Finanzierungsmodus für das protestantische Kirchenwesen festgelegt und eine befristete Bestandsgarantie für die befestigten Städte der Protestanten gegeben sowie ebenfalls deren finanzielle Unterstützung in Aussicht gestellt. Alle Bestimmungen erklären sich in ihrer Differenziertheit aus einer spezifischen historischen Entwicklung, die nach acht Religionskriegen schließlich mit Heinrich IV. (1553–1610) einen ursprünglich protestantischen, sodann 1593 zum zweiten Mal zum Katholizismus konvertierten Herrscher[53] auf den französischen Königsthron brachte, welcher sowohl die katholische Liga als auch den mächtigen protestantischen Adel hinter sich bringen musste.[54]

Innerhalb dieser Spanne von Minimalaussagen und Maximalbestimmungen lassen sich Rechts- und Geltungsbereiche definieren, die in den meisten Religionsfriedensregelungen gesondert oder auch gebündelt vorkommen, allerdings in unterschiedlicher Gewichtung und Abfolge: 1. Gewissens- und Kultusfreiheit, 2. Rückgabe und Besitz von Kirchen und Kirchengut, gegebenenfalls deren gemeinsame Nutzung, 3. Suspension von geltendem (Häretiker-)Recht und Partizipation an bestimmten Rechten und zivilem Status. Hier seien dafür einige charakteristische Beispiele, vornehmlich aus dem 16. Jahrhundert, aufgeführt, die einerseits eine Orientierungsfunktion für spätere Religionsfriedensregelungen ausübten, andererseits für ihre jeweiligen historischen Kontexte singuläre Regelungen trafen. In einem europäischen Vergleich zu eruieren, wie weit einzelne Religionsfrieden als Muster dienten und rechtliche Regulierungen nachhaltig inhaltlich beeinflussten, ist ein Desiderat der Forschung. Ein frühes Beispiel für das zeitweise Aussetzen geltenden Rechts liegt bereits mit der Verantwortungsformel des Reichsabschieds des ersten Speyerer Reichstags von 1526 vor, mit der die Reichsstände erklärten, bis zur Veranstaltung eines Konzils mit dem reformatorische Aktivitäten unter Strafe stellenden Wormser Edikt von 1521 so zu verfahren „wie ein jeder solches gegen Gott und kayserl. Majestät hoffet und vertraut zu verantworten".[55] Die evangelischen Stände legitimierten mit die-

---

53 Seine erste Konversion hatte im Zuge des Massakers der Bartholomäusnacht 1572 stattgefunden. Der damalige Heinrich von Navarra kehrte aber kurz darauf wieder zum evangelischen Glauben zurück.
54 Vgl. dazu *Nicola M. Sutherland*, The Edict of Nantes and the 'protestant State', in: Annali della fondazione per la storia amministrativa 2 (1965), S. 199–236.
55 Neue und vollständigere Sammlung der Reichs-Abschiede, T. 2, Frankfurt a.M. 1747, S. 274, zit. nach *Armin Kohnle/Eike Wolgast*, Art. „Reichstage der Reformationszeit", in: TRE 28 (1997), S. 457–470, hier S. 461.

ser Verantwortungsformel die Einführung der Reformation in ihren Territorien. Der zweite Speyerer Reichstag von 1529 bekräftigte allerdings wieder die Geltung des Wormser Edikts und kehrte zu dem *status quo ante* zurück. Ein aussagekräftiges Beispiel für die Gewährung von Gewissens- und Kultusfreiheit ist der als präventiver Frieden konzipierte erste Kappeler Landfrieden von 1529. Er gestattete den Orten beider Vertragspartner Glaubensfreiheit und untersagte gegenseitiges Verunglimpfen, konnte aber den drohenden Krieg letzten Endes nicht abwenden. Der nach dem Krieg abgeschlossene zweite Kappeler Landfrieden von 1531 bestätigte diese Ordnung des gegenseitigen Gewähren-Lassens zwar prinzipiell, verschob die konfessionellen Gewichte aber zugunsten der siegreichen altgläubigen Seite. Auch Verteilung und Besitz von Kirchengütern wurde für gemischtkonfessionelle Orte geregelt.[56] Eine religionsrechtliche Zäsur in der weiteren Entwicklung bedeutete der bis zu einem Religionsgespräch zeitlich befristete, de facto aber bis zum Westfälischen Frieden 1648 geltende Augsburger Religionsfrieden von 1555. Seine Bedeutung für das Heilige Römische Reich Deutscher Nation und seine Wirkung über dessen Grenzen hinaus kann gar nicht hoch genug eingeschätzt werden.[57] Mit dem Zugeständnis an die Obrigkeiten, die Reformation in ihren Territorien einführen zu dürfen (*ius reformandi*), schaffte er die geistliche Jurisdiktion in jenen Gebieten ab, leitete eine Territorialisierung der Religion ein und schuf auf Reichsebene zugleich Bikonfessionalität. Das bedeutete zwar, dass die Untertanen nicht das Recht auf freie Wahl des Bekenntnisses genossen. Aber durch das ihnen zugestandene Recht, ihr Hab und Gut verkaufen und in ein anderes Territorium ihrer Bekenntniszugehörigkeit ziehen zu dürfen (*ius emigrandi*), genossen sie implizit Glaubens- und Gewissensfreiheit. So wenig effektiv dieses Auswanderungsrecht in der Praxis auch gewesen sein mochte, so bedeutete es rechtlich doch die faktische Aussetzung des Inquisitionsrechts, d. h. strafrechtlicher Verfolgung wegen Häresie.[58] Ausnahmeregelungen definierten den paritätischen Status der Reichsstädte, den unveränderbaren römisch-katholischen Konfessionsstand der geistlichen Fürstentümer (*reservatum ecclesiasticum*) und ein Existenzrecht bereits etablierter reformatorischer Ritterschaften und Gemeinden in geistlichen Fürstentümern. Einem Vorschlag der geistlichen Kurfürsten folgend, erließ Ferdinand diese Bestimmung in einer gesonderten Erklärung, der *Declaratio Ferdinandea*. Sie wurde weder in den Reichsabschied aufgenommen, noch sollte eine gedruckte Verbreitung

---

56 Vgl. *Kohnle*, Konfliktbereinigung, S. 7f., vgl. hierzu auch Kapitel 40.
57 „Der Religionsfrieden wurde zum Reichsgrundgesetz, als er 1558 in die Wahlkapitulation für Kaiser Ferdinand I. aufgenommen und unmittelbar hinter der Goldenen Bulle eingereiht wurde". So *Wolgast*, Religionsfrieden, S. 74. Heckel bezeichnet den Augsburger Religionsfrieden als „Fundamentalgesetz des Alten Reichs", vgl. *Heckel*, Friede, S. 393 für das Zitat. Vgl. hierzu auch Kapitel 41.
58 Vgl. dazu *Wolgast*, Religionsfrieden, S. 71. Außerdem *Heckel*, Staat, S. 16–19. Darüber hinaus *Bernd Christian Schneider*, Ius Reformandi. Die Entwicklung eines Staatskirchenrechts von seinen Anfängen bis zum Ende des Alten Reiches, Tübingen 2001.

erfolgen.[59] Alle Zugeständnisse waren auf die Anhänger der *Confessio Augustana* bezogen und beschränkt. Der Augsburger Religionsfrieden und die sich an ihm orientierenden späteren Religionsfriedensregelungen, wie z.B. die *Religionsassekuration* für Niederösterreich Kaiser Maximilians II. (1527–1576) von 1571, blieben die einzigen europäischen Religionsfriedensregelungen, die die geduldete Glaubensgemeinschaft in ihrer konfessionellen Identität benannten: die Augsburger Konfessionsverwandten. Einen Vorläufer hatten sie darin im Frankfurter Anstand von 1539. Denn hier war zum ersten Mal die Rede von denjenigen, die „der Augspurgischn Confession und derselben Religion izt verwant sein".[60] Wie kein anderer Religionsfrieden in Europa steckte dieser Waffenstillstand erstmals einen religiösen Geltungsbereich ab, indem er klare, konfessionsbezogene Grenzziehungen vornahm: Jedes andere Bekenntnis bzw. jede andere, vom alten Glauben und von der *Confessio Augustana* abweichende Religion war aus dem Frieden ausgeschlossen.[61] Dies übernahm auch der Augsburger Religionsfrieden, allerdings ohne die Ausgrenzungsformulierungen zu wiederholen. Der Westfälische Frieden knüpfte 1648 an die Bestimmungen des Augsburger Religionsfriedens an, erweiterte die religionsbezogenen Regelungen aber auf die Reformierten, d.h. auf den konfessionellen Calvinismus.

Die französischen Religionsfrieden dagegen ließen den bekenntnisbezogenen Geltungsbereich im Vagen, in dem sie von „ceux de la nouvelle religion"[62] oder von „ceux de la Religion Prétendue Réformée" (RPR), d.h. den Anhängern der vorgeblich reformierten Religion[63] sprachen. Sie benannten – teils sehr genau – die Orte bzw. Rechtsbezirke, an denen reformierter Gottesdienst gestattet bzw. nicht gestattet war und regelten, wie z.B. das Edikt von St. Germain-en-Laye 1562, die Organisation von Konsistorien sowie die Veranstaltung von Synoden, mit denen sich der im Untergrund etablierte französische Protestantismus bereits eine eigene Organisation gegeben hatte. Dadurch, dass römisch-katholische Feste und die zur Ehe verbotenen Verwandt-

---

59 Vgl. dazu *Alexandra Schäfer-Griebel*, Augsburger Religionsfrieden (25.09.1555) und Declaratio Ferdinandea (24.09.1555) – Einleitung, in: Dingel (Hg.), Friedenswahrung, URL: http://tueditions.ulb.tu-darmstadt.de/e000001/einleitungen/target/augsburger_religionsfrieden_einleitung.html (abgerufen am: 27.02.2020).
60 *Klaus Ganzer/Karl-Heinz zur Mühlen* (Hg.), Akten der deutschen Reichsreligionsgespräche im 16. Jahrhundert, Bd. 1/2, Göttingen 2000, Nr. 390, S. 1.073, 35f. und S. 1.074, 22f.
61 „Aus diesem anstand sollen auch geschlossen sein alle widdertauffere unnd andre unchristlich Secten unnd rotten, so der Augspurgischen Confession und derselbigen Religion verwanten nit gemes leren oder under der Rhomischenn Kirchen nit weren, dieselben sollen auch von keinem wil gedult werden", zitiert nach *Ganzer/Zur Mühlen* (Hg.), Akten, Bd. 1/2, S. 1.076, 8–11.
62 So im Edikt von St. Germain 1562, vgl. *Christopher Voigt-Goy* (Bearb.), Edikt von St. Germain (1562, „Januaredikt"), in: Dingel (Hg.), Friedenswahrung, Z. 514f., URL: http://tueditions.ulb.tu-darmstadt.de/e000001/quellentexte/target/edikt_von_saint_germain_en_laye.html (abgerufen am: 10.07.2019).
63 So erstmals das Edikt von Longjumeau 1568, vgl. *Corinna Ehlers* (Bearb.), Edikt von Longjumeau, in: Dingel (Hg.), Friedenswahrung, Z. 67f., URL: http://tueditions.ulb.tu-darmstadt.de/e000001/quellentexte/target/edikt_von_longjumeau_frz.html (abgerufen am: 10.07.2019).

schaftsgrade auch für die Protestanten verbindlich gemacht wurden, erzwang der Frieden ihre Teilnahme am bürgerlichen Leben unter den weiterhin geltenden altgläubigen Strukturen. Täuferische und antitrinitarische Strömungen versuchte er auszuschließen, indem er die protestantischen Prediger – reichlich vage – darauf festlegte, ihre Predigt an der Heiligen Schrift und an dem auf dem Konzil von Nizäa (325) erstellten Bekenntnis auszurichten.[64] Manche spätere französische Religionsfrieden, wie z. B. erstmals das Edikt von St. Germain 1570, gestanden den Protestanten darüber hinaus befestigte Städte als Sicherheitsplätze zu, in denen diese Garnisonen unterhielten und so ihre unabhängige religiöse und militärische Organisation wahren konnten. Mit dem Edikt von Beaulieu 1576 wurden zusätzlich erstmals gemischtkonfessionelle Gerichtskammern eingerichtet.[65]

Demgegenüber beschritten die Siebenbürger Landtagsabschiede einen anderen, konfessionell gesehen singulären Weg. Nachdem bereits der Thorenburger Landtag von 1550 gewährt hatte, „dass jeder ungestört bei dem Glauben bleiben dürfe, der ihm von Gott gegeben worden sei"[66] und der Thorenburger Landtag von 1557 diese Duldung der Reformation Wittenberger Prägung im Sinne einer Wahlfreiheit der auf dem Landtag vertretenen Stände definiert hatte, weitete der Landtag von 1564 dieses Zugeständnis auch auf die reformierten Strömungen in Siebenbürgen aus. Mit dem Thorenburger Abschied von 1568 wurde auch den Antitrinitariern (Unitariern) freie Religionsausübung zugestanden.[67] Man sprach, rechnet man den Katholizismus hinzu, von den vier „rezipierten Religionen" in Siebenbürgen. Seit 1568 galt Religionsfreiheit zudem individuell personenbezogen, statt bis dahin nur für Adel und Städte als korporative Einheiten.[68] Der Frieden von Cavour, 1561, dagegen bezog sich nur auf die in Savoyen lebenden Waldenser und zählte die Dörfer sogar namentlich auf, in denen Religions- und Kultusfreiheit herrschen sollte. Allerdings war dort auch weiterhin die römische Messe erlaubt, sodass sich eine Form von Parität ergab. Die aus Glaubensgründen Geflohenen erhielten das Recht zurückzukehren und von erzwungenen Kon-

---

64 Vgl. *Voigt-Goy* (Bearb.), Edikt von St. Germain.
65 Vgl. Edikt von St. Germain 1570, Art. 39, in: *Alexandra Schäfer-Griebel* (Bearb.), Edikt von St. Germain (August 1570), in: Dingel (Hg.), Friedenswahrung, URL: http://tueditions.ulb.tu-darmstadt.de/e000001/quellentexte/target/edikt_von_saint_germain_frz.html (abgerufen am: 10.07.2019) und Edikt von Beaulieu, Art. 18, in: *Bengt Büttner* (Bearb.), Edikt von Beaulieu (14.05.1576), in: Dingel (Hg.), Friedenswahrung, URL: http://tueditions.ulb.tu-darmstadt.de/e000001/quellentexte/target/edikt_von_beaulieu.html (abgerufen am: 10.07.2019).
66 Vgl. *Andreas Zecherle*, Einleitung zu Neumarkter Landtagsabschied (31.12.1551) und Thorenburger Landtagsabschied (22.05.1552), in: Dingel (Hg.), Friedenswahrung, URL: http://tueditions.ulb.tu-darmstadt.de/e000001/einleitungen/target/neumarkter_landtagsabschied_1551_thorenburger_landtagsabschied_1552_einleitung.html (abgerufen am: 10.07.2019).
67 Vgl. dazu *Andreas Zecherle*, Thorenburg/Turda, in: Joachim Berger u. a. für das Leibniz-Institut für Europäische Geschichte (Hg.), Ortstermine. Umgang mit Differenz in Europa, Mainz 2016, URL: http://www.ieg-differences.eu/ortstermine/andreas-zecherle-thorenburg (abgerufen am: 24.04.2019).
68 Vgl. *Wolgast*, Religionsfrieden, S. 85.

versionen zurückzutreten. Eingezogener Besitz sollte restituiert werden. Allerdings durften die Waldenser ihren Glauben nicht verbreiten und sich auch nicht anderswo ansiedeln. Sie bezahlten die ihnen gewährte Gewissens- und Kultusfreiheit mit ihrer „Internierung".[69]

Dieses kurze Panorama zeigt, wie divers die verhandelten Rechtsgüter waren und wie sehr die jeweils getroffenen Lösungen von den verschiedenen historischen Kontexten abhingen. Die im Alten Reich angestrebte territoriale Homogenisierung des Religionsrechts ließ sich in dem bereits weitgehend zentralisierten Frankreich z. B. nicht verwirklichen. Auch die Rechtezuweisung erfolgte keineswegs einheitlich. Sie konnte einmal paritätisch, ein andermal asymmetrisch angelegt sein. Das Zugeständnis von Gewissens- und Glaubensfreiheit erfolgte meist korporativ, nur selten individuell. Sofern Status-Quo-Garantien formuliert wurden, etablierte sich die Normaljahrsregelung[70], mit der man langwierige Anrechtsdiskussionen abwenden konnte.[71] Die noch in den Anfängen der Religionsfriedensregelungen formulierte Hoffnung auf eine baldige Überwindung der Spaltung wurde zunehmend obsolet. Am deutlichsten wird dies im französischen Kontext. Das Edikt von St. Germain 1570 war das erste, das als „perpetuel et irreuocable" erlassen wurde,[72] galt aber nur zwei Jahre bis zum Ausbruch des vierten Religionskriegs (1572–1573). Das ebenfalls als ewig und unwiderruflich geltende Edikt von Nantes 1598 wurde dagegen erst mit dem Edikt von Fontainebleau 1685 aufgehoben. Die längste Geltungsdauer, nämlich bis zum Ende des Alten Reichs im Jahr 1806 und faktisch noch darüber hinaus, hatte der Westfälische Frieden mit seinen Religionsfriedensregelungen.

5. Verfahren und diplomatische Lösungsansätze

Kein Religionsfrieden zielte auf eine theologische Lösung der religiösen Gegensätze. Die durch Religionsfriedensregelungen geschaffenen Koexistenzordnungen waren politische Instrumente zur Befriedung, nicht theologische. Sie bedienten sich daher diplomatischer Lösungsansätze, die theologischen mussten einem Konzil oder einem Religionsgespräch vorbehalten bleiben. Zu diesen diplomatischen Verfahren zur Herstellung und Wahrung des Friedens gehörten zum einen Amnestieregelungen verbunden mit Oblivionsklauseln und zum anderen dissimulierende Formulierungen.

---

69 So ebd., S. 82. Vgl. *Marion Bechtold-Mayer* (Bearb.), Frieden von Cavour (1561), in: Dingel (Hg.), Friedenswahrung, URL: http://tueditions.ulb.tu-darmstadt.de/e000001/quellentexte/target/Cavour_l at_editionsrelevanter_teil.html (abgerufen am: 10.07.2019).
70 Vgl. hierzu auch Kapitel 29.
71 Vgl. *Brockmann*, Religionsfrieden, S. 599.
72 Vgl. *Schäfer-Griebel* (Bearb.), Edikt von St. Germain (1570), Z. 46f.

5.1 Amnestie und Oblivionsklauseln

Nicht alle Religionsfrieden der Frühen Neuzeit enthielten Amnestiebestimmungen und Oblivionsklauseln, zumal sie nur sinnvoll waren, wenn der geschlossene Frieden vorangegangene Kriegshandlungen oder gewaltsame Übergriffe beendete. Das war z. B. bei vielen französischen Religionsfrieden der Fall. Der erste, der eine solche Amnestieregelung mit Oblivionsklausel formulierte, war das Edikt von St. Germain 1570, das in seinem ersten Artikel bestimmte:

> Que la memoire de toutes choses passées d'vne part & d'autre des & depuis les troubles aduenuz en nostredit royaume & à l'occasion d'iceux, demeure estaincte & assopie comme de chose non aduenue; Et ne sera loysible ny permis à noz procureurs generaux ny autre personne publique ou priuée quelconques, en quelque temps ny pour quelque occasion que ce soit, en faire mention, procés ou poursuitte en aucune court ou iurisdiction.[73]

Die Erinnerung an die zurückliegenden Kriegswirren sollte ausgelöscht sein. Weder Gerichten noch Inhabern öffentlicher Ämter oder Privatpersonen sollte gestattet sein, an sie zu erinnern oder strafrechtliche Verfolgungen wegen begangenen Unrechts einzuleiten. Das Vergessen zielte auf die Gewährleistung eines möglichst dauerhaften friedlichen Zusammenlebens. Die dann folgenden Edikte bis hin zum Edikt von Nantes 1598 griffen diese Formel fast wörtlich auf. Sie wurde damit zu einem Kernbestand der französischen Religionsfrieden.[74] Der Westfälische Frieden verfuhr ähnlich. Während in Flugschriften durchaus die Frage nach der Verantwortung für die Verheerungen des Dreißigjährigen Krieges (1618–1648) diskutiert wurde, verfügte das Münster'sche Friedensinstrument eine „perpetua oblivio et amnestia".[75] Auch die Theologen sollten die Schuldfrage in ihren Predigten ruhen lassen. Vergangenheitsbewältigung und Sicherung des Friedens, auch des religiösen Friedens, wurde in der Frühen Neuzeit über ein solches friedbringendes Vergessen garantiert, auch wenn dies nach heutiger Einschätzung eine Gerechtigkeitslücke hinterließ.[76]

5.2 Dissimulation

Auch der Dissimulation als Kunst, kompromisstaugliche, die Gegensätze im Grunde verschleiernde Formulierungen zu finden, kam als Instrument der religionsbezogenen

---

[73] Ebd., Z. 52–64.
[74] Vgl. *Voigt-Goy* (Bearb.), Edikt von Nantes (1598). Vgl. dazu auch *Wolgast*, Religionsfrieden, S. 79f.
[75] Vgl. *Kampmann*, Friedensnorm, S. 10.
[76] Aleida Assmann klassifiziert dies als „konstruktives Vergessen", vgl. *dies.*, Formen des Vergessens, Göttingen 2016, S. 57–63. Vgl. zu dieser Problematik und zur weiteren Entwicklung *Kampmann*, Friedensnorm, bes. S. 21.

Friedenssicherung hohe Bedeutung zu. Denn da man die theologischen Probleme in der Schwebe hielt, kam alles darauf an, solche Formulierungen zu wählen, die den Vertragspartnern erlaubten, denselben Text jeweils in ihrem Sinne zu deuten. Generell war die Dissimulation in der Frühen Neuzeit ein gängiges Mittel der Konsens- bzw. Kompromissfindung und Verständigung. Selbst theologische Konsense, wie sie z. B. in der Wittenberger Konkordie von 1536 oder auch auf dem Wormser Religionsgespräch von 1540 formuliert wurden, bedienten sich dieser Technik. Dissimulierende Formulierungen in Religionsfrieden dürfen deshalb nicht etwa als ‚juristische Fahrlässigkeit' gewertet werden, sondern als eine kommunikative Strategie, die darauf zielte, die „Tiefendifferenz der Rechtsansichten in bewusster Mehrdeutigkeit zu verschleiern".[77] Ein frühes Beispiel aus den Religionsfriedensregelungen ist die Verantwortungsformel des Reichsabschieds des ersten Speyerer Reichstags 1526, nach der die Reichsstände mit dem Wormser Edikt so verfahren wollten, wie sie es vor Gott und dem Kaiser verantworten zu können meinten. Diese Verantwortungsformel eröffnete einen weiten Interpretationsspielraum, der beide Seiten zufriedenstellte. Denn das Wormser Edikt war damit nicht aufgehoben, aber die rechtlichen Mittel, seine Durchführung zu erzwingen, waren vorübergehend außer Kraft gesetzt. Die evangelischen Stände nun leiteten daraus ab, dass die Durchführung der Reformation in das Ermessen der jeweiligen Obrigkeiten gestellt sei. Sie beanspruchten ein *ius reformandi* und übten es auch aus. Tatsächlich war dies der Beginn obrigkeitlich gelenkter „Fürstenreformationen".[78]

Auch die Neutralitätsaussagen der Warschauer Konföderation dienten der Dissimulation. Denn wenn man sich hier zusicherte, sich nicht wegen ungleicher Religion mit Krieg zu überziehen, so blieb doch in der Schwebe, um welche und wie viele theologische Richtungen es sich wohl handeln mochte. Weder wurden die in Frage kommenden Bekenntnisrichtungen benannt, noch irgendein Recht für Glauben, Leben oder Organisation der religionsverschiedenen Gruppierungen oder Gemeinden formuliert, obwohl durch den vorangegangenen Konsens von Sandomir 1570 drei von der römisch-katholischen Kirche abweichende Bekenntnisgemeinschaften eindeutig identifizierbar waren, nämlich die Anhänger der *Confessio Augustana*, die Reformierten und die Böhmischen Brüder. Sie alle waren durch eine abgeschlossene Bekenntnisbildung deutlich erkennbar. Dennoch sprach die Warschauer Konföderation – dissimulierend – von den Vertragspartnern als lediglich „vngleich in Geistlichen

---

77 *Martin Heckel*, Die Krise der Religionsverfassung des Reiches und die Anfänge des Dreißigjährigen Krieges, in: Konrad Repgen (Hg.), Krieg und Politik 1618–1648. Europäische Probleme und Perspektiven, München 1988, S. 107–131, die Zitate S. 115. Vgl. auch *Arno Strohmeyer*, Religionsfrieden in den Habsburgischen Erbländern im 16. und 17. Jahrhundert, in: Vera in Hotenja (Hg.), Studije o Primozu Trubarju in njegovem casu, Slovenska Matica 2009, S. 104–122, hier S. 119f.
78 Vgl. *Irene Dingel*, Das Ringen um ein Minderheitenrecht in Glaubensfragen. Die Speyerer Protestation von 1529, in: ZKG 126 (2016), S. 225–242, bes. S. 230.

gewissens sachen gesint",[79] was den Ständen größtmögliche Freiheit in ihrer eigenen religiösen Option und Neigung einräumte. Der sonst üblicherweise in Religionsfrieden geäußerte Gedanke, die religiösen Differenzen eines Tages wieder auszugleichen und die Dissentierenden wieder in einer Kirche zu vereinen, fehlte.[80]

Überhaupt verzichteten die meisten Religionsfrieden darauf, den religiösen Geltungsbereich, auf den hin sie orientiert sein sollten, klar und eindeutig abzustecken. Eine Ausnahme bildet der Augsburger Religionsfrieden von 1555 und die ihm vorauslaufenden Waffenstillstände[81], die sich in ihren Zugeständnissen alle auf die Augsburger Konfessionsverwandten, d.h. die Anhänger des Augsburger Bekenntnisses, bezogen. Welche der verschiedenen Fassungen dieses im Jahr 1530 auf dem Augsburger Reichstag Kaiser Karl V. präsentierten Bekenntnisses jedoch gemeint war – Philipp Melanchthon (1497–1560) hatte die *Confessio Augustana* im Zuge der theologischen Konsensverhandlungen immer wieder überarbeitet, sodass neben der *invariata* (d.h. der unveränderten *Confessio Augustana*) von 1530/31 verschiedene *variatae* (veränderte Fassungen) existierten, von denen die *secunda variata* (zweite grundlegende Überarbeitung) von 1540 die prominenteste war –, wurde nicht präzisiert, sodass auch diese Bezugsgröße vage blieb. Dies führte dazu, dass permanent Konflikte über das adäquate Verständnis des Religionsfriedens und seinen konfessionellen Geltungsbereich aufbrachen, zumal auch die Reformierten ihre Konformität mit der *Confessio Augustana* nachzuweisen versuchten.[82] Andere Religionsfrieden verzichteten vollkommen darauf, die konfessionelle Gruppe, auf die sie sich bezogen, zu definieren. Wenn die französischen Pazifikationsedikte dissimulierend von den „Anhängern der neuen Religion" oder den „Anhängern der vorgeblich reformierten Religion" sprachen, dann übergingen sie bewusst die Frage, um wen es sich dabei handelte. Dabei hatte auch der französische Protestantismus mit seiner ersten Generalsynode im Jahre 1559 in Paris seine Bekenntnisbildung so gut wie abgeschlossen[83] und sogar geplant,

---

79 Vgl. die Warschauer Konföderation 1578, Art. V.1, in: *Martin-Paul Buchholz* (Bearb.), Warschauer Konföderation (1573), in: Dingel (Hg.), Friedenswahrung, Z. 108f., URL: http://tueditions.ulb.tu-darmstadt.de/e000001/quellentexte/target/warschauer_konfoederation_pl.html (abgerufen am: 10.07.2019). In der lateinischen Fassung des Friedens ist von „dissidentes de religione" die Rede.
80 Vgl. *Irene Dingel*, „.... das Recht haben, bei Religion, Glauben, Kirchengebräuchen in Frieden zu bleiben". Religionsfrieden in der Frühen Neuzeit, in: dies. u. a. (Hg.), Theatrum Belli – Theatrum Pacis. Konflikte und Konfliktregelungen im frühneuzeitlichen Europa, Göttingen 2018, S. 73–89, bes. S. 86–88.
81 Vgl. hierzu auch Kapitel 16.
82 Vgl. dazu *Irene Dingel*, Augsburger Religionsfrieden und „Augsburger Konfessionsverwandtschaft" – Konfessionelle Lesarten, in: Heinz Schilling/Heribert Smolinsky (Hg.), Der Augsburger Religionsfrieden 1555, Gütersloh 2007, S. 157–176.
83 Erst mit der Confession de la Rochelle 1571 lag eine Überarbeitung der Confession de Foi von 1559 vor, die in erster Linie den Abendmahlsartikel betraf. Vgl. *Jean Cadier*, La Confession de foi de la Rochelle. Son histoire, son importance, in: Revue réformée 32 (1971), S. 43–54.

dieses Bekenntnis König Franz II. (1544–1560) als Rechenschaft des Glaubens zu präsentieren. Dennoch blieben alle französischen Edikte bei der einmal gewählten, offenen, wenn auch leicht polemischen Bezeichnung der französischen Protestanten als Anhänger einer nur angeblich reformierten Religion (*religion prétendue réformée*). Zwar versuchte das Edikt von St. Germain-en Laye 1562 mit seinem Verweis auf das Glaubensbekenntnis von Nizäa offenbar den Antitrinitarismus aus den Religionsfriedensregelungen auszuschließen. Für präzisere Überlegungen aber, wie es sich mit dem in unterschiedliche Richtungen zerfallenden reformatorischen Dissent oder aber mit den der lutherischen Reformation zuneigenden Augsburger Konfessionsverwandten verhielt, sah man offenbar keinen Anlass, obwohl diese auch zu dem von Michel de l'Hôpital initiierten Religionsgespräch von Poissy 1561 eingeladen waren.[84] Dieses bewusste konfessionelle Dissimulieren stand zuweilen in starkem Kontrast zu dem Bemühen um möglichst klare und konkrete Bestimmungen über religiöses Leben und Praxis der zu duldenden Abweichler.

Mit Hilfe dieser diplomatischen Verfahren – Amnestie und Dissimulation – gelang es, die Kontroversen um die religiöse Wahrheitsfrage langfristig auszublenden und ein Koexistenzrecht zu schaffen, welches das Potenzial hatte, den Unterschied in der Religion als Kriegsanlass zu neutralisieren.

6. Religionsfrieden und religiöse Toleranz

Die Frage, ob und wieweit die Religionsfrieden der Frühen Neuzeit den Weg hin zu religiöser Toleranz ebneten, lässt sich nicht eindeutig beantworten, zumal der Begriff der ‚Toleranz' bereits in der frühen Neuzeit verschiedene Wandlungen durchmachte.[85] Schon im 13. Jahrhundert begegnet das lateinische *tolerantia* bzw. *tolerare* (ertragen) in kirchlichen Rechtstexten und ist, als Synonym von *permittere* (erlauben) und *concedere* (zugestehen), scharf zu unterscheiden von *approbare* (anerkennen). *Tolerantia* war also das Erdulden und Erleiden eines nicht abzuwendenden Übels, nicht etwa positives Erlauben des Andersartigen. In der Bedeutung von ‚erdulden' und ‚ertragen' begegnet der Begriff in den Texten des 16. Jahrhunderts, wobei er zunächst negativ konnotiert war. Religionsbezogene Toleranz hieß, notgedrungen und möglichst nur vorübergehend eine eigentlich normwidrige Lehre hinzunehmen.[86] Zwar kam der Terminus *Tolerantia* bzw. dessen volkssprachliche Äquivalente in den Religionsfrie-

---

84 Die Württemberger Delegation, bestehend aus Jacob Andreae, Balthasar Bidembach und Jakob Beurlin, traf allerdings zu spät ein. Vgl. *Dingel*, Art. „Religionsgespräche", S. 662f.
85 Vgl. zur Begriffs- und Entwicklungsgeschichte insgesamt *Klaus Schreiner*, Toleranz, in: GGB 6 (1990), S. 445–605; *Rainer Forst*, Toleranz im Konflikt. Geschichte, Gehalt und Gegenwart eines umstrittenen Begriffs, Frankfurt a.M. 2003, bes. S. 30–52. Vgl. hierzu auch Kapitel 30.
86 Vgl. *Heckel*, Friede, S. 416.

den des 16. und 17. Jahrhunderts nicht explizit vor,[87] aber das, was sie regelten, war ein Geltenlassen des Anderen sowie die gesetzlich geforderte Bereitschaft, den Andersgläubigen nicht mehr als ‚Irrenden' und ‚Abgefallenen' zu brandmarken und ihn nicht mehr als solchen zu verfolgen.[88] Immer noch ging es um das nur temporäre Erdulden eines Übels, aber durch die Religionsfriedensregelungen gewann das, was man unter Toleranz verstand, allmählich auch eine positivere Konnotation. Denn positiv zugestanden wurde immerhin das Recht auf ‚Gewissensfreiheit', meist kombiniert mit beschränkter Kultusfreiheit. Ein Toleranzdenken im Sinne individueller religiöser Selbstbestimmung war den Akteuren des 16. Jahrhunderts, die nach wie vor an dem Prinzip der *cura religionis* der Obrigkeiten festhielten, noch vollkommen fremd. Vor diesem Hintergrund wählten die hinter den Religionsfrieden stehenden humanistisch gesinnten Politiker, denen es primär um den Erhalt der *res publica* ging, den Weg einer bürgerlichen Toleranz auf Zeit, einer *tolérance civile*. Zwar entwickelten bereits die als Spiritualisten geltenden Dissenter Sebastian Franck (1499–1542), Sebastian Castellio (1515–1563) und Caspar Schwenckfeld von Ossig (1490–1561) im 16. Jahrhundert religiös-individualistische Ansätze,[89] aber erst das Zeitalter der Aufklärung definierte religiöse Toleranz als die Anerkennung von individuellen religiösen Optionen.[90] Diese Entwicklung ging allerdings weniger auf die lange Reihe von Religionsfrieden in Europa zurück als vielmehr auf Anstöße und Einflüsse, die von dem holländischen Juristen Hugo Grotius (1583–1645), von der Naturrechtsschule Samuels von Pufendorf (1632–1694), dem englischen Deismus mit John Locke (1632–1704), dem französischen Exulanten Pierre Bayle (1647–1706) und später vor allem von Voltaire (1694–1778) sowie von Gottfried Wilhelm Leibniz (1646–1716) ausgingen. Die durch die Aufklärung initiierte Trennung von Religion und Politik sowie von Religion und Sittlichkeit führte dazu, dass der frühneuzeitliche Staat seinen Anspruch auf ein religiöses Mandat allmählich aufgab. Aber noch die Toleranzakte Wilhelms von Oranien 1689 beschränkte sich auf das Zugeständnis von Glaubens- und Kultusfreiheit sowie bürgerlicher Gleichberechtigung im Sinne einer Ziviltoleranz. Geduldet wurden nur die englischen Nonkonformisten; Katholiken und Antitrinitarier dagegen waren ausgeschlossen. Erst die Bill of Rights von 1789 und die Erklärung der Men-

---

87 Eine Ausnahme bildet die Toleration Act 1689 Wilhelms III. von Oranien. Im Westfälischen Frieden findet sich die Wendung, dass „konfessionelle Minderheiten patienter tolerentur", vgl. *Kohnle*, Konfliktbereinigung, S. 15 mit Anm. 59.
88 Vgl. *Wolgast*, Religionsfrieden, S. 92–95.
89 Vgl. *Hans R. Guggisberg*, Wandel der Argumente für religiöse Toleranz und Glaubensfreiheit im 16. und 17. Jahrhundert, in: Heinrich Lutz (Hg.), Zur Geschichte der Toleranz und Religionsfreiheit, Darmstadt 1977, S. 455–481; außerdem: ders. (Hg.), Religiöse Toleranz. Dokumente zur Geschichte einer Forderung, Stuttgart/Bad Cannstatt 1984, bes. S. 58–72 und S. 80–102. Zu den individualistischen Ansätzen in der Theologie Schwenckfelds vgl. *Gottfried Maron*, Individualismus und Gemeinschaft bei Caspar von Schwenckfeld. Seine Theologie, dargestellt mit besonderer Ausrichtung auf seinen Kirchenbegriff, Stuttgart 1961.
90 Vgl. dazu auch *Brockmann*, Religionsfrieden, S. 587–588.

schen- und Bürgerrechte von 1789 legten die Grundlage für religiöse Toleranz im heutigen Sinne.[91]

Dennoch stellen Religionsfriedensregelungen in der Frühen Neuzeit Meilensteine auf dem Weg zu religiöser Toleranz dar. Denn sie etablierten langfristig konfessionelle Pluralität und sicherten sie religionsrechtlich ab. Durch die Suspension der religiösen Wahrheitsfrage ermöglichten sie eine Ziviltoleranz, durch die zugleich das überkommene Häretikerrecht ausgesetzt wurde. Sie schärften den Blick dafür, dass Glaube und Bekenntnis nur als individuelles Gut Wahrheit beanspruchen konnten und gaben daher dem religions- und staatsrechtlichen Diskurs der werdenden Verfassungsstaaten wichtige Impulse. In der Neuzeit wurden Religionsfrieden und Religionsfriedensregelungen durch Konkordate und Staatskirchenverträge abgelöst oder durch politische Trennungsmodelle überflüssig.

Auswahlbibliographie / Select Bibliography

Brockmann, Thomas, Die frühneuzeitlichen Religionsfrieden – Normhorizont, Instrumentarium und Probleme in vergleichender Perspektive, in: Christoph Kampmann u. a. (Hg.), L'art de la paix. Kongresswesen und Friedensstiftung im Zeitalter des Westfälischen Friedens, Münster 2011, S. 575–612.
Brockmann, Thomas, Art. „Religionsfriede", in: EdN 10 (2005), S. 1.071–1.080.
Christin, Oliver, La Paix de Religion. L'autonomisation de la raison politique au XVIe siècle, Paris 1997.
Dingel, Irene, Augsburger Religionsfrieden und „Augsburger Konfessionsverwandtschaft" – Konfessionelle Lesarten, in: Heinz Schilling/Heribert Smolinsky (Hg.), Der Augsburger Religionsfrieden 1555, Gütersloh 2007, S. 157–176.
Dingel, Irene (Hg.), Religiöse Friedenswahrung und Friedensstiftung in Europa (1500–1800). Digitale Quellenedition frühneuzeitlicher Religionsfrieden, Darmstadt 2013, URL: http://tueditions.ulb.tu-darmstadt.de/e000001/ (abgerufen am: 05.07.2019).
Dingel, Irene, Das Ringen um ein Minderheitenrecht in Glaubensfragen. Die Speyerer Protestation von 1529, in: ZKG 126 (2016), S. 225–242.
Dingel, Irene, „... das Recht haben, bei Religion, Glauben, Kirchengebräuchen in Frieden zu bleiben". Religionsfrieden in der Frühen Neuzeit, in: dies. u. a. (Hg.), Theatrum Belli – Theatrum Pacis. Konflikte und Konfliktregelungen im frühneuzeitlichen Europa, Göttingen 2018, S. 73–89.
Foa, Jérémie, Making Peace, in: FrHi 18 (2004), S. 256–274.
Foa, Jérémie, Pacifying the Kingdom of France at the Beginning of the Wars of Religion: Historiography, Sources, and Examples, in: Raymond Mentzer/Betrand van Ruymbeke (Hg.), A Companion to the Huguenots, Leiden/Boston 2016, S. 90–117.
Forst, Rainer, Toleranz im Konflikt. Geschichte, Gehalt und Gegenwart eines umstrittenen Begriffs, Frankfurt a. M. 2003.
Gantet, Claire/El Kenz, David, Guerres et paix de religion en Europe aux XVIe–XVIIe siècles, Paris 22008.

---

91 Vgl. *Eike Wolgast*, Geschichte der Menschen- und Bürgerrechte, Stuttgart 2009.

Guggisberg, Hans R., Wandel der Argumente für religiöse Toleranz und Glaubensfreiheit im 16. und 17. Jahrhundert, in: Heinrich Lutz (Hg.), Zur Geschichte der Toleranz und Religionsfreiheit, Darmstadt 1977, S. 455–481.

Guggisberg, Hans R. (Hg.), Religiöse Toleranz. Dokumente zur Geschichte einer Forderung, Stuttgart/Bad Cannstatt 1984.

Heckel, Martin, Staat und Kirche nach den Lehren der evangelischen Juristen Deutschlands in der ersten Hälfte des 17. Jahrhunderts, München 1968.

Heckel, Martin, Die Krise der Religionsverfassung des Reiches und die Anfänge des Dreißigjährigen Krieges, in: Konrad Repgen (Hg.), Krieg und Politik 1618–1648. Europäische Probleme und Perspektiven, München 1988, S. 107–131.

Heckel, Martin, Politischer Friede und geistliche Freiheit im Ringen um die Wahrheit: Zur Historiographie des Augsburger Religionsfriedens von 1555, in: HZ 282 (2006), S. 391–425.

Kampmann, Christoph, Friedensnorm und Sicherheitspolitik. Zur Geschichte der Friedensstiftung in der Neuzeit, in: Andreas Hedwig u. a. (Hg.), Bündnisse und Friedenschlüsse in Hessen: Aspekte friedenssichernder und friedensstiftender Politik der Landgrafschaft Hessen im Mittelalter und in der Neuzeit, Marburg 2006, S. 1–22.

Kaplan, Benjamin, Divided by Faith. Religious Conflict and the Practice of Toleration in Early Modern Europe, Cambridge (Mass.)/London 2007.

Kohnle, Armin, Konfliktbereinigung und Gewaltprävention, in: Irene Dingel/Christiane Tietz (Hg.), Das Friedenspotenzial von Religion, Göttingen 2009, S. 1–19.

Kohnle, Armin/Wolgast, Eike, Art. „Reichstage der Reformationszeit", in: TRE 28 (1997), S. 457–470.

Lecler, Joseph, Geschichte der Religionsfreiheit im Zeitalter der Reformation, 2 Bde., Stuttgart 1965.

Mohnhaupt, Heinz, Potestas legislatoria und Gesetzesbegriff im Ancien Régime, in: Ius Commune 4 (1972), S. 188–239.

Papenheim, Martin, Politique, in: Rolf Reichardt u. a. (Hg.), Handbuch politisch-sozialer Grundbegriffe in Frankreich, Heft 21, Berlin/Boston 2017, S. 6.

Schorn-Schütte, Luise, Confessional Peace as a political and legal problem in the early modern period, in: Gunther Hellmann (Hg.), Justice and Peace. Interdisciplinary Perspectives on a Contested Relationship, Frankfurt a. M. u. a. 2013, S. 98–111.

Schreiner, Klaus, Toleranz, in: GGB 6 (1990), S. 445–605.

Strohmeyer, Arno, Religionsfrieden in den Habsburgischen Erbländern im 16. und 17. Jahrhundert, in: Vera in Hotenja (Hg.), Studije o Primozu Trubarju in njegovem casu, Slovenska Matica 2009, S. 104–122.

Sutherland, Nicola M., The Edict of Nantes and the 'protestant State', in: Annali della fondazione per la storia amministrativa 2 (1965), S. 199–236.

Te Brake, Wayne P., Religious War and Religious Peace in Early Modern Europe, Cambridge 2017.

Wolgast, Eike, Religionsfrieden als politisches Problem der frühen Neuzeit, in: HZ 282 (2006), S. 59–96.

Wolgast, Eike, Geschichte der Menschen- und Bürgerrechte, Stuttgart 2009.

Sektion II: **Friedensordnungen**
Peace Systems

b) **Inner- und zwischenstaatliche Friedensordnungen**
Peace Agreements Within and Between States

Derek Croxton
15. Peacemaking in the Thirty Years War

Abstract: Diplomatic contacts in the Thirty Years War (1618–1648) intensified as states struggled in an increasingly competitive and violent environment. States looked to strengthen their sovereignty by marriage alliances, both to secure their own royal lines and to extend control over other states. Competing claims to rulership could lead to war and interfere with making peace, resulting in numerous truces. Treaties were always fragile as statesmen skirted legal precedents to extend their power; this resulted in new thinking about how to enforce treaties, notably the attempt to end the war with a grand peace conference including all participants.

1. Treaty Foundations

1.1 Dynasticism

The Thirty Years War comprised numerous conflicts and a variety of participants around Europe. Therefore, although the period from 1618 to 1648 witnessed nearly continuous war, it was also rich in negotiations, peace treaties, and truces. From start to finish, dynastic considerations were central in diplomacy as they were in domestic politics. One of a monarch's chief responsibilities was to ensure a peaceful succession at his death. Wladislaw IV's (1595–1648) failure to do so resulted in the descent of his Polish-Lithuanian kingdom into chaos upon his death in 1648. Philip IV (1605–1665) of Spain was troubled by similar inability to produce a son who survived into adulthood. The death of his heir Balthasar Carlos (1629–1646) in October 1646 cast doubts over the possibility of a peace with France, which, it was assumed, would include a royal marriage between Philip's daughter Maria Teresa (1638–1683) and King Louis XIV (1638–1715) of France. This was only possible from a Spanish perspective as long as Philip had a male heir who stood to inherit his dominions; with Maria Teresa as heir presumptive, Louis XIV's children would inherit both Spanish and French realms, which was not acceptable to Philip IV or his advisors.[1]

The great dynastic prize in the last half of the Thirty Years War was Queen Christina (1626–1689), since her children would inherit Sweden as well as the realm of whatever ruler was fortunate enough to marry her. Several neighbouring monarchs pursued a Swedish match, most notably Elector George William of Brandenburg (1595–1640). He sought Christina as a spouse for his son, Frederick William (1620–1688). It

---

[1] *Michael Rohrschneider*, Der gescheiterte Frieden von Münster: Spaniens Ringen mit Frankreich auf dem Westfälischen Friedenskongress, Münster 2007, pp. 272–273, p. 336, p. 343.

was a logical marriage, since the two states had a history of family alliances. Negotiations proceeded sporadically in the 1630's, and Frederick William wooed Christina aggressively after his father's death in 1640. However, Christina decided, soon after attaining her majority in 1644, that she would never marry.² Her decision set up a constitutional crisis in Sweden a few years later, but had the more immediate effect of leaving the disputed province of Pomerania, which Sweden and Brandenburg both claimed, to contentious negotiations. The disappointed Frederick William arranged a marriage alliance with the house of Orange, hoping to gain Dutch support in his bid to retain Pomerania.³

Inside the Holy Roman Empire, the dynastic situation was even more problematic because rulers commonly divided their lands among their male heirs. This resulted in numerous disputed inheritances, such as the one between Hesse-Cassel and Hesse-Darmstadt.⁴ These two estates, in the middle of the Empire, erupted in a brief but violent conflict in 1646, further complicating negotiations at the congress of Westphalia (1643–1649)⁵. Then there was the Bavarian claim to the Palatinate, which did so much to prolong the war. It was not just a product of Frederick V's (1596–1632) rebellion, but revived an old dispute over the electorate, dating from 1329, when the Wittelsbach family split into Palatine and Bavarian branches.⁶ And one of the most contentious aspects of the congress of Westphalia, Sweden's acquisition of Pomerania, was complicated by an inheritance treaty. Duke Bogislaw XIV (1580–1637), the last of his line, had died in 1639; the next heir, by way of a 15th century treaty, was the elector of Brandenburg, who was not content to give up his rights and was in a better position to insist on them than a Pomeranian ruler would have been.

1.2 Sovereignty

The monarchical system was the basis for sovereignty, which included the right to make treaties⁷, but the right was contested anywhere monarchs were weak, constitutionally limited, or absent. Wladislaw IV and King Christian IV of Denmark (1577–1648) found their ability to negotiate with foreign powers severely limited because the

---

2 *Sven Stolpe*, Christina of Sweden, London 1966.
3 *Ludwig Hüttl*, Friedrich Wilhelm von Brandenburg, Der Große Kurfürst, 1620–1688: Eine politische Biographie, München 1981, pp. 92, pp. 115–120.
4 *Kurt Beck*, Der Hessische Bruderzwist: Zwischen Hessen-Kassel und Hessen-Darmstadt in den Verhandlungen zum Westfälischen Frieden von 1644 bis 1648, Frankfurt a. M. 1978.
5 See also Chapter 46.
6 *Jürgen Steiner*, Die pfälzische Kurwürde während des Dreißigjährigen Krieges (1618–1648), Speyer 1985, pp. 1–14.
7 See also Chapter 6, 18 and 26.

strong Polish and Danish nobilities resisted being drawn into war.[8] France and Sweden challenged the right of the Emperor to negotiate on behalf of his subjects, and insisted that the estates of the Holy Roman Empire participate in the making of any treaty. Ostensibly their intention was to increase the durability of the peace; in practice, this meant limiting Habsburg power by any means possible. Thus, the Empire's constitution became a central issue at the congress of Westphalia; the principle of not intervening in the affairs of foreign states was not generally accepted. The Empire, on the other hand, tried and failed to require France to reciprocate by having its representative assembly, Estates General, ratify the treaty. Representative government in France was not strong enough to support this demand.

France, however, had its own problems with sovereignty. Representative assemblies rarely asserted themselves, but nobles from the royal family could become players on the international scene in their own right. This happened, for example, when Gaston d'Orléans (1608–1660) married the sister of the duke of Lorraine in 1632.[9] King Louis XIII (1601–1643) did not like the idea of his younger brother entering into a foreign marriage, which was *de facto* a matter of diplomacy and therefore a royal prerogative, without his consent. He forced Gaston to accept the annulment of the marriage, but also overran Lorraine with a French army, creating a diplomatic quarrel that was not resolved until 1661.[10] Another noble related to the royal line, Louis, Prince of Condé (1621–1686), rebelled during the Fronde. After being released from arrest and escaping the country, Condé allied with Spain and fought in their war against France until the peace of the Pyrenees (1659), in which he was pardoned.

Gaston d'Orléans owed his power almost entirely to his position in the royal family; Condé had both high rank and military command, as did two other noted rebels of the de La Tour d'Auvergne family who fought briefly alongside Spain: Frederick Maurice, duke of Bouillon (1605–1652), and his younger brother Henry, Viscount (later Marshal) Turenne (1611–1675). Commanding an army, especially one that was loyal to him personally, gave a noble political weight beyond his rank.

Albrecht von Wallenstein (1583–1634) was the prototypical example of a noble who achieved international stature because of his ability to raise and maintain a body of troops. In his role as commanding general, he entered into discussions with foreign powers, straddling the line between serving his master and operating on his own behalf. He and Bernhard of Saxe-Weimar (1604–1639) represent the clearest examples of how diplomacy could be a matter not only for sovereigns, but also for generals and their armies.[11] Bernhard obtained command in the service of Sweden and, in 1635,

---

8 *Julius Albert Fridericia*, Danmarks Ydre Politiske Historie I Tiden Fra Freden I Lybek Til Freden I København (1629–1660), Copenhagen 1972, pp. 90–92, pp. 169–170.
9 *Georges Dethan*, Gaston d'Orléans, Conspirateur et Prince Charmant, Paris 1959.
10 *Rainer Babel*, Zwischen Habsburg und Bourbon: Außenpolitik und Europäische Stellung Herzog Karls IV. von Lothringen und Bar vom Regierungsantritt bis zum Exil, 1624–1634, Sigmaringen 1989.
11 See also Chapter 26.

brought his whole army into French service under the prospect of obtaining Alsace (later a major region of contention in the congress of Westphalia) for himself. When he died, he bequeathed the army to his four top subordinates, who then signed a treaty to continue in French service.[12] Bernhard's army maintained a quasi-independent existence for the remainder of the war, notably refusing to campaign outside of the Empire in 1647.

Armies could therefore make treaties, but this only made sense if the leaders retained the loyalty of the troops. When Bavarian general Johann von Werth (1591–1652) dissented from Bavaria's neutrality in 1647, he signed an agreement to bring his forces under Imperial control; however, his efforts proved futile because the troops remained loyal to Duke Maximilian (1573–1651) and refused to follow him.[13] In other cases, an army might reject both its general and its sovereign to protect its corporate interest – which usually meant the back pay that governments habitually owed them. Mutinies for overdue pay occurred repeatedly in the early modern period, including a notable one in 1635 when the Swedish army held Axel Oxenstierna (1583–1654) hostage until he promised not to make peace without first securing them adequate pay. This became a major issue at the congress of Westphalia, where Oxenstierna even allowed the army to send its own representative to help negotiate the amount of its settlement. The carefully timed Swedish withdrawal from Germany, which took two years for the bulk of the army and was not fully complete until five years after peace was made, was arranged to correspond with installments of the army's pay so that they would not lose leverage before collecting their due.[14]

These marginal cases suggest the difficulty of negotiations with non-monarchical powers during the Thirty Years War. More central, and more of a challenge to the system, was the presence of the United Provinces of the Netherlands and Venice. These two states were republics and therefore fit poorly into the political schema of the day. Republics were at the bottom of the strictly hierarchic early modern state system, but both Venice and the United Provinces demanded – and received – the right to be treated as the equal of crowned heads at Westphalia. But while the Dutch might receive ceremonial reserved for kings, the republic still lacked a single monarch directing its affairs, in the absence of which France and Spain had difficulties figuring out with whom they needed to negotiate or exactly what Dutch policy was. Both were inclined to carry on talks with Frederick Henry (1584–1647), stadtholder of five of the seven provinces and commander of Dutch armies. Although influential, however, Frederick

---

12 *Georges Livet*, L'Intendance D'Alsace: De La Guerre De Trente Ans À La Mort De Louis XIV, 1634–1715: Du Saint Empire Romain Germanique Au Royaume De France, Strasbourg ²1991, p. 79.
13 *Sigmund Riezler*, Bayern und Frankreich während des Waffenstillstands von 1647, in: Sitzungsberichte der Philosophisch-Philologischen und der Historischen Classe Der K. B. Akademie Der Wissenschaften zu München 2 (1898), p. 508.
14 *Antje Oschmann*, Der Nürnberger Exekutionstag 1649–1650: Das Ende des Dreißigjährigen Krieges in Deutschland, Münster 1991.

Henry could not dictate policy in the States General. (He also died in 1647, leaving his young and inexperienced son in a substantially weaker position.) Moreover, even the States General had to send major policy decisions to be ratified unanimously by all seven provinces before they became official. Focused on Frederick Henry and traditional Dutch enmity to Spain (with whom they had been at war since 1570), France failed to account for growing war-weariness in the republic and a developing fear (eagerly stoked by Spanish agents) of France's increasing power. Cardinal Mazarin was taken off guard by the rapid progress in Spanish-Dutch negotiations and was unable to stop the peace movement once in progress.

At the beginning of the war, Spain still hoped to recover some form of nominal control over the United Provinces; by the end, facing rebellions in many places, and losing virtually every battle, King Philip IV conceded Dutch demands *in toto*, including recognizing their full sovereignty as a precondition to negotiations. He was not so conciliatory toward his rebellious subjects in Catalonia and Portugal, which he still hoped to win back, and flatly refused to allow their participation in the congress of Westphalia. Some Portuguese representatives flouted the Spanish by attending under the authority of French passports, which Spain did not dare to challenge openly. However, when one Portuguese representative died in Münster, the Spanish attacked his residence at night and seized his corpse.[15] The hard-line Spanish stance against negotiations with, or even on the subject of, these rebellious provinces was countered by France's similarly intransigent position on Catalonia, where Louis XIII had accepted the title of count of Barcelona from the rebellious Catalans. Thus, both monarchies had a claim to Catalonia and faced a loss of reputation if they ceded it to the other side. This, along with the strategic importance of this territory on Iberia's Mediterranean coast, made Catalonia the most difficult problem in the way of peace between France and Spain.

1.3 Truces[16]

When two states held irreconcilable opinions about an important matter, a common solution was to negotiate a truce rather than a peace. The truce would allow them to stop fighting without concluding the divisive question definitively. This method was frequently used when both parties claimed the same throne, as, for example, in Poland's wars against Russia (Truce of Deulino, 1617) and Sweden (truces of Altmark, 1629, and Stuhmsdorf, 1635); or in any conflicts with the Ottoman Empire, which did

---

15 *Pedro Cardim*, "Portuguese Rebels" at Münster: The Diplomatic Self-Fashioning in Mid-17th Century European Politics, in: Heinz Duchhardt (ed.), Der Westfälische Friede: Diplomatie – Politische Zäsur – Kulturelles Umfeld – Rezeptionsgeschichte, München 1998, pp. 33–80.
16 See also Chapter 16.

not recognize the legitimacy of any non-Islamic state. (This did not prevent the Ottomans from renewing the truce of Zsitvatarok,[17] concluded with the Holy Roman Empire in 1606, for most of the century.) Similarly, Spain and the Dutch had been unable to make a permanent peace while Spain continued to dispute Dutch sovereignty. When both sides needed a break, they agreed to the Twelve Years' Truce from 1609–1621. In such cases, where neither side recognized any of the other's territorial claims, the truce was usually made on an *uti possidetis* basis. A truce seemed like the only way to end fighting in Catalonia as long as both France and Spain retained footholds in it. Spain, which had lost most of the major towns to France, would only consider a brief truce of four to six years, fearing that a longer truce would create a presumptive legal right in France's favour. France was fully aware that long possession created prescriptive rights, and therefore insisted on a long truce of at least twenty years, or preferably thirty.[18]

Truces were also a useful expedient in the case of Imperial estates that could no longer fight against enemies of the Holy Roman Empire but did not want to make peace while their sovereign was still at war. These estates, especially larger ones such as Brandenburg and Bavaria, tended to have their own armed forces and to conduct their own foreign policies, but remained loyal in principle to the Empire as a whole. Hence, the hard-pressed estates of Brandenburg and Saxony concluded truces with Sweden in the 1640's, and Bavaria and Cologne made a truce with France and Sweden in 1647, to spare their territories from the ravages of war.

One problem with negotiating with powers of uncertain sovereignty such as Imperial estates was the difficulty of guaranteeing enforcement of the terms. Maximilian did not mind appealing to his Imperial obligations as a backstop for what he could promise to France in exchange for a truce. The French, in turn, sharply addressed the Bavarian representatives,

> with whom we are treating, an absolute prince with an army who can do what he promises, or a subject prince who disposes of nothing, and who, in case of a contravention of the treaty, would pay us only excuses?[19]

However, broken treaties were a serious problem in general, and cases of limited sovereignty were only a small portion of them. Violating treaties was nothing new, but the sheer number of alliances and treaties negotiated during this short time period magnified the problem and led statesmen to search for new solutions.

Of course, there were cases when states broke treaties with only the flimsiest excuses, such as those between France and Spain over the Valtellina in the 1620's, or

---

17 See also Chapter 48.
18 *Rohrschneider*, Der gescheiterte Frieden, pp. 324, 337.
19 *Franz Bosbach et al.* (eds), Acta Pacis Westphalicae. Series II section B: Die Französischen Korrespondenzen, vol 2: 1645, Münster 1986, Longueville to Mazarin, 16. November 1645, pp. 844–845. Unless otherwise stated all translations have been made by the author.

those between France and Charles IV of Lorraine (1604–1675). More often, a state claimed some valid reason for ignoring or abrogating a treaty. For example, Louis XIII refused to ratify the treaty of Regensburg (1630) because (he argued) his representatives had exceeded the authority he had delegated to them.[20] Maximilian of Bavaria violated the truce of Ulm (1647) by attacking Sweden, noting that he had only ratified the agreement he signed with France, not the one with Sweden. It was in part to guard against such legal loopholes that the congress of Westphalia only took place after years of prior negotiating over preconditions. Indeed, a separate treaty (treaty of Hamburg, 1641) was required before talks could even begin; but this agreement, too, was followed by years of disputes over ratification, adequate delegation of powers, and other issues before the negotiations started in earnest at the end of 1644.

1.4 Mediation[21]

Traditionally, the papacy served as a mediator between warring parties, and kingdoms' embassies in Rome were able to communicate even after direct diplomatic relations had been broken off. This continued to be the case among Catholic powers, especially France and Spain; the papacy mediated agreements over the Valtellina and an end to the Mantuan War (Treaty of Cherasco, 1631). But this would not work where Protestant powers were concerned, both because the Protestants would not allow a mediator biased against them, and because the papacy would not acknowledge the legitimacy of Protestant states by engaging in negotiations in which they were formal participants. Thus, the Peace of Stolbovo, terminating Sweden's war with Russia in 1617, was mediated by English and Dutch representatives; and the Peace of Brömsebro, ending the "Torstenson War" between Sweden and Denmark (1643–1645), was mediated by the Dutch and French. This important limitation to papal peacemaking was vital to France, which was allied to Protestant powers in the United Provinces and Sweden, and explains why it never agreed to the conference in Cologne that Pope Urban VIII (1568–1644) proposed to end fighting among Catholic powers. France would have preferred a mediator such as Venice, which was willing to include Protestants in the negotiation. The papacy did mediate the negotiations in Münster in the 1640's, in co-operation with Venice, but the Swedish negotiations in Osnabrück were treated separately and were mediated (briefly) by Denmark and subsequently used no mediator at all.

Mediation offered some advantages, especially in cases where two parties were unable to discuss matters face to face because of some sort of precedence or title dis-

---

20 *Daniel Patrick O'Connell*, A Cause Célèbre in the History of Treaty-Making: The Refusal to Ratify the Peace Treaty of Regensburg in 1630, in: BYIL 42 (1967), pp. 71–90.
21 See also Chapter 24.

pute.²² However, filtering all official communications through a third party also introduced more occasions for misunderstanding or miscommunication. In Münster, for example, the French presented their demands to the mediators in French; the mediators took notes in Italian (their native language); and then drew up a final document, translated into Latin, to give to the Imperials. Admittedly, this complicated procedure would not have been necessary if the French had been willing to submit written demands, but the mutual suspicion between the parties also obviated against that. For the most part, negotiations seemed to work more smoothly without a mediator, such as those between the Imperials and Swedes in Osnabrück, and between the Spanish and Dutch in Münster.²³ But it is difficult to say whether the mediator was a cause or a consequence of the problems, since states who were able to negotiate without one often had a better mutual relationship already.

1.5 Modes of Negotiation²⁴

Mediators could help bridge a language gap, which was usually, though not always, a matter of prestige rather than inability to understand.²⁵ No one wanted to negotiate in his opponent's native tongue, which would appear to make his own seem less important by comparison. On the other hand, Latin was just beginning to fall out of fashion as the *lingua franca*. Almost all educated men learned Latin, but they were not all equally fluent in conversing in it.²⁶ Hence the hodge-podge of languages used at a multinational conference such as Westphalia. It is true that French was on its way to becoming accepted as the international language of choice. It is worth noting that it was more international in the 17th century than it is today, since parts of the Empire were francophone and Spain ruled the Low Countries and Franche-Comté, both French-speaking territories (and indeed, some of Spain's leading diplomats spoke French as a first language). Although it was used more broadly than one might expect, however, it was not generally recognized, and the Empire in particular refused to carry on negotiations in French.²⁷

---

22 *Rohrschneider*, Der gescheiterte Frieden, p. 225.
23 See also Chapter 46.
24 See also Chapter 23.
25 See on languages of negotiation Chapter 25.
26 *François Ogier*, Journal du Congrès De Munster, Paris 1893, p. 110. Ogier, almoner to the French delegate d'Avaux, wrote that another French delegate, Servien, had failed to attend dinner at d'Avaux's one Friday because "there was too much fish and too much Latin" for Servien to digest. Whether this is a fair characterization of Servien's abilities in Latin, it shows that ability to speak the language conversationally was a distinguishing mark among the educated.
27 *Johann Gottfried von Meiern*, Acta Pacis Westphalicae Publica Oder Westphälische Friedens-Handlungen und Gesischichte, vols IV (Hannover 1735), pp. 915–917; V (Hannover 1735), p. 321; VI (Hannover 1736), p. 287.

Matters of ceremonial[28] and precedence were obstacles in the Thirty Years War much more than they generally are today. As one state strove to assert its rank over another, and one ambassador with another, negotiations were frequently at risk of foundering because talks were simply impossible. This was far more the case in a mixed assembly, such as the congress of Westphalia, than in bilateral negotiations, simply because the number of permutations of rank were so much greater. Moreover, a concession to one government frequently led to demands by others. Thus, the republics of the United Provinces and of Venice felt they should be the equal of crowned heads, but the Imperial Electors felt they should be the equal of republics. Ambassadors strove to represent their monarchs (or governments) in as magnificent a style as possible, causing the towns to be swollen with supernumeraries with no official purpose; moreover, as many of these attendees were young men, they were often in danger of coming to blows with their adversaries.[29] Ambassadors could also call on these extras to enforce their precedence in public ceremonies such as frequently occurred. There were no violent struggles for precedence in Münster,[30] but their very real possibility was demonstrated in London in 1661 when a Spaniard killed his French counterpart for refusing to yield.

Uncertainty in negotiating methods was matched and even exceeded by uncertainty in how the peace would be accepted. There was an enormous lack of trust among participants, especially among the two biggest, France and Spain, which made progress extremely slow.[31] Each was convinced that the other was concealing its interests and intentions, and every proposal – however apparently beneficial – was examined thoroughly to see what traps lay in accepting it. As one Spanish representative noted in a 1641 book of his, "the whole study of politics is the art of covering one's face in a lie so that it appears truth".[32] Comments from almost every party at the negotiations show that this cynical view was widely accepted.

---

28 See also Chapter 31.
29 *Franz Bosbach*, Die Kosten des Westfälischen Friedenskongresses: Eine strukturgeschichtliche Untersuchung, Münster 1984, pp. 21–30.
30 But also see *Friedrich Philippi*, Der Westfälische Friede. Ein Gedenkbuch zur 250jähr. Wiederkehr des Tages seines Abschlusses am 24. Oktober 1648, Münster 1898, p. 135.
31 *Rohrschneider*, Der gescheiterte Frieden, p. 379, p. 421.
32 *Saavedra Fajardo*, Idea de un Príncipe Político Cristiano, http://www.cervantesvirtual.com/servlet/SirveObras/01361730984581617487891/index.html (accessed on: 19.09.2008), empresa 43.

2. Security[33]

2.1 Protests

With so much uncertainty, it is no wonder that statesmen sought new ways to ensure that treaties were followed.[34] They made every effort, of course, to close potential loopholes that their opponents could take advantage of. This was particularly important for the religious settlement, where mistrust ran high, and especially for Protestants because at least one Catholic polemicist wrote a pamphlet in the 1640's arguing that an unjust religious agreement was not binding. This put pressure on Catholic negotiators to provide extra security, which they did by including a clause promising to respect the agreement even if some party protested in the future. The identity of the protester was not specified, but everyone understood that the main threat was from the pope, spiritual leader of Catholics, who was in a position to undo the moral authority of the agreement. Innocent X (1574–1655) actually did protest the religious provisions of the peace of Westphalia in his 1650 brief *Zelo domus Dei*; contrary to fears, it had no effect on Catholics' respecting the treaty. Several minor rulers also protested the peace, without noticeable effect.

2.2 Guarantee League

Major powers were generally more concerned that their opponents would violate the treaty even without a plausible pretext, so they sought something more compelling than precise legal terms. The European state system had been experimenting with more robust enforcement methods than legal language, such as the old practice of exchanging hostages, or the more recent one (in use since the early 16th century) of naming a third party as guarantor. One of the major innovations in the congress of Westphalia was the idea that a single major peace treaty including all interested parties was necessary for a lasting peace. No doubt the sheer number of distinct wars occurring in Europe, and the number of partial peace treaties that were negotiated to end particular conflicts, contributed to the sense that peace was only going to endure if all wars could be brought to an end simultaneously. War was like a wildfire that, extinguished in one location, could still ignite from glowing embers or from other locations that remained aflame.

This was especially the view of France, whose diplomatic network stretched across the Continent such that any incomplete peace would necessarily leave one or more of its allies dangling. On the other hand, some states simply did not care about

---

[33] See also Chapter 27.
[34] See also Chapter 18.

wars far away from them, and others (especially those on the losing side) had no interest in seeing France's successful war become enshrined into an unalterable treaty. Nevertheless, even among the losing parties there was a widespread sentiment that peace would be better and more lasting if more states could be brought into it, not only to participate in the negotiations, but also to be at least willing to accept their results. As the Imperial estates concluded in reluctantly agreeing to allow Magdeburg to participate in their deliberations, if some don't participate, "responsibilities and reluctance always remain, and peace is the more fought over and unstable". Or, as they summed it up with a phrase from the 16th century philosopher Justus Lipsius (1547–1606), "where peace is firm, there treaties are concluded willingly".[35]

One could only expect so much willingness, of course, from a treaty where one side imposes its demands on the other. What would be even more enduring would be an ongoing requirement to enforce the treaty terms, carried out by all signatories: a league. This was the solution struck upon by Armand-Jean du Plessis, Cardinal Richelieu (1585–1642), who drafted French instructions for negotiating at Westphalia. He envisioned two leagues, one consisting of Italian states and the other of German estates, which would guarantee that no party would violate the terms of the coming peace.[36] Naturally, Richelieu anticipated that the most likely violator of the peace would be Spain, and he was inspired to this solution – which approaches the modern idea of "collective security" – through France's weakness relative to Spain and its corresponding need for allies. However, this bold plan was not entirely unique to Richelieu, because it turns out that Spain had very similar ideas, and for much the same reasons.[37]

2.3 "Real" Security

The peace of Westphalia did, in fact, include a provision for such a league (§ 114–116), and some historians have recently argued that it was more effective than has been commonly realized.[38] Even if that is true, however, it is also the case that the league was talked about and relied on by the negotiators considerably less than one might have expected from Richelieu's emphasis on it. The Cardinal died in 1642 and was succeeded as France's chief minister by another cardinal, Jules Mazarin (1602–1661). Mazarin approached France's security problems from a very different angle. Although he sought to maintain the alliance system built up by Richelieu, he was less confident in

---

35 *Meiern*, Acta Pacis Westphalicae, vol. I, p. 593; *Rohrschneider*, Der gescheiterte Frieden, p. 444. The fact that this was generally recognized, and yet the final peace excluded the biggest war of all – France versus Spain – shows that there were other factors at play.
36 *Fritz Dickmann*, Der Westfälische Frieden, Münster ³1972, pp. 156–163.
37 *Rohrschneider*, Der gescheiterte Frieden, pp. 81–82.
38 *Patrick Milton et al.*, Towards a Westphalia for the Middle East, New York 2019, pp. 79–81.

the support of his allies and consequently more determined to seek the kind of security that France could always rely on: more land and more fortresses. Thus, Richelieu's initial demand for the fortress of Breisach across the Rhine grew under Mazarin to include the province of Alsace; and Mazarin's demands against Spain expanded continually to incorporate new French conquests.

This preference for territory over alliances extended to Mazarin's Swedish counterpart, Axel Oxenstierna. Oxenstierna was not interested in the stability of the overall state system, but in the far more limited goal of keeping his own state safe. He wanted Imperial estates to guarantee the peace, but only insofar as they guaranteed Swedish achievements, not the treaty as a whole. And Sweden's achievements in the negotiations included considerable conquests: West Pomerania, the duchies of Bremen and Verden, and the port of Wismar. Not only did this give Sweden considerable resources in the Empire, but also guaranteed it control of the major rivers flowing into the Baltic and North Seas.

Oxenstierna and Mazarin therefore put little effort into establishing the kind of post-war international system that would have secured conquests by creating consensus and co-operation – something which, in their judgment, was not likely to last in mid-17th century Europe. Instead, they viewed their acquisitions in the war literally as bulwarks to protect their kingdoms against attack. As one Swedish diplomat, Johan Adler Salvius (1590–1652), famously wrote, Sweden is like a fortress "whose walls are its cliffs, whose ditch is the Baltic, and whose counterscarp is Pomerania".[39] Because of the importance of these defenses, neither France nor Sweden paid too much regard to legal niceties in their negotiations. France's acquisitions in Alsace ran up against strenuous objections from other German estates, who felt that France was punishing its own allies rather than the Emperor; Sweden took the better half of Pomerania from the elector of Brandenburg, in spite of the latter's legal inheritance of the territory on the death of the last duke in 1637. These actions undermined the legal establishment of their rights in the treaties themselves, as well as the good will of their allies among the Imperial estates that would have secured their conquests under Richelieu's plans.

2.4 Disregard of Legal Norms

No doubt the long war caused statesmen to look beyond traditional methods, to "think outside the box" so to speak: to be willing to discard old norms in the light of new necessities. The trend, however, goes back well before the closing phase of the

---

39 *Clas Odhner*, Die Politik Schwedens im Westfälischen Friedenscongress und die Gründung der schwedischen Herrschaft in Deutschland, Hannover-Döhren 1973, p. 5. But this was not unique; other powers also used military metaphors (usually focussing on sieges) to describe their states' geopolitical position. See the French and Spanish examples in *Rohrschneider*, Der gescheiterte Frieden, pp. 87–88, p. 289.

war. One of the crucial problems that kept discontent in the Empire alive through so many defeats and disappointments was Ferdinand's grant of the Palatine electorate to Maximilian of Bavaria, which was arguably contrary to the Golden Bull, and certainly was done without full consultation with other members of the Empire. Frederick V's acceptance of the Bohemian throne had provided a convenient opportunity for Maximilian to demand the electorate, but he had been making his case long before the war started.[40] At the same time that Bavaria was claiming an electorate on the basis of treaties that had been inactive for over two centuries, Richelieu was laying the foundation for French claims to lands that it had not possessed for at least that long – in some cases, much longer.[41] It was therefore with little exaggeration that one delegate in Westphalia accused France of wanting "everything to be in the state it was in during the time of Charlemagne".[42] To be fair, France did not demand a return of all of its old possessions, only those that were politically expedient. The underlying justification was only a fig leaf to cover political goals, and one that was neither convincing to other statesmen nor designed to calm their fears of French hegemony. These risks were judged acceptable because they provided more defensible territory, which overbalanced the ill will and suspicion generated by violating legal norms.

The practice of putting physical security ahead of legal rights cascaded to other participants. Elector Frederick William of Brandenburg conceded the better half of Pomerania only on condition that he receive rich compensation in other Imperial territories: the archbishopric of Magdeburg and the bishoprics of Minden and Halberstadt. Most of these lands were, in turn, Protestant church lands that had traditionally elected their administrator rather than belonging in heredity to another estate. The treaty explicitly abrogated the right of the (Protestant) cathedral chapters to choose their own leaders and permitted Brandenburg to secularize them and incorporate them into its other lands.[43] Traditional legal rights were therefore swept aside in order to satisfy the needs of the most powerful players. The fact that these estates were relatively easy to secularize because they lacked a single ruling dynasty does not detract from the fact that they were being used as currency in power politics without regard for established law, in much the same way that Polish territory was divided up among its neighbours in the latter part of the 18th century.

Similarly, France proposed several alternative territories that Charles IV could rule apart from Lorraine, with the idea of keeping him (and his Spanish ally) happy,

---

40 *Steiner*, Die pfälzische Kurwürde, pp. 1–14.
41 *Fritz Dickmann*, Rechtsgedanke und Machtpolitik bei Richelieu: Studien an neu entdeckten Quellen, in: Fritz Dickmann (ed.), Friedensrecht und Friedenssicherung: Studien zum Friedensproblem in der Geschichte, Göttingen 1971, pp. 57–58.
42 *Heinrich Dietz*, Die Politik des Hochstifts Bamberg am Ende des Dreißigjährigen Krieges, Bamberg 1968, p. 60.
43 *Franz Wagner*, Die Säcularisation des Bistums Halberstadt und seine Einverleibung in den Brandenburgisch-Preußischen Staat 1618–1650, in: ZHVG 38 (1905), pp. 162–163.

but away from the French border.[44] Again, there was no legal basis for these proposals, simply France's desire to provide a duchy for Charles in a politically convenient location. Doubtless the boldest such move was Mazarin's proposal to exchange France's new subjects in Catalonia for Spanish rights over the Low Countries. Although France had historical rights in the Low Countries that could be dredged up in support of such an exchange, the ostensible purpose was all about geopolitical stabilization: Spain would be giving up a territory that was far away from its base and hard to defend, for another territory in its peninsula that it valued even more highly and which protected its other lands.

The proposed Catalonia-for-Low Countries swap presaged the pattern, common in the later 17th century and especially the 18th century, of reassigning land to suit political needs rather than legal rights. In later times, such territorial exchanges were often used to maintain a balance of power. And, although balance of power was far from Mazarin's thoughts when he suggested the exchange in 1645, the roots of the idea were beginning to take place in other ways.

2.5 Balance of Power

In a sense, balance of power is an inherent part of any multilateral system, because everyone instinctively wants to prevent another state from gaining a preponderance by itself. Statesmen and theoreticians rarely wrote in these terms explicitly, however, prior to the end of the 17th century.[45] Instead, they justified their wars in terms of their own legal rights and defense of others'. The closest thing to a systematic approach to preventing one state from becoming dominant was the claim that a ruler was attempting to achieve "universal monarchy" (*Monarchia Universalis*).[46] Christian teaching was sympathetic to the idea of a universal monarchy that would unite the world in peace and protect the Church. In practice, however, since Charlemagne's time, Europe had developed into a system of independent states and the closest thing to universalism was the Catholic Church (now not operative in half of Europe) and the Holy Roman Empire, which maintained ceremonial precedence over other monarchies but had very little power relative to its position. The union of several European realms (including the Empire) under Charles V (1500–1558) first made the threat of universal monarchy into a credible political claim, and France spent much of the next century

---

44 *Paul Sonnino*, Mazarin's Quest: The Congress of Westphalia and the Coming of the Fronde, Cambridge (Mass.) 2008, pp. 100, pp. 143–144.
45 *Wolfgang-Uwe Friedrich*, Gleichgewichtsdenken und Gleichgewichtspolitik zur Zeit des Teutschen Krieges, in: Wolf D. Gruner (ed.), Gleichgewicht in Geschichte und Gegenwart, Hamburg 1989, pp. 18–59.
46 *Franz Bosbach*, Monarchia Universalis: Ein politischer Leitbegriff der Frühen Neuzeit, Göttingen 1988.

and a half fighting what it saw as a struggle to keep the Habsburg family from dominating Europe. This effort formed the basis of French diplomacy, and it was realized through alliances with any state that was at war with the Habsburgs. During the Thirty Years War, this meant the United Provinces, Sweden, Transylvania, Savoy, various Imperial estates, and a number of rebellious regions that formed their own governments. The eventual meeting of the congress of Westphalia was itself largely due to France's insistence that these allies must be present at any peace talks.[47]

The locus of universal monarchy (or the danger of it, at least) shifted over time. Under Charles V, it was focused on the Holy Roman Empire; when he divided his inheritance, France viewed the Spanish part of his legacy (which included the Low Countries and parts of Italy) as a greater threat than the Imperial part. By the end of the Thirty Years War, some statesmen were already beginning to believe that France had surpassed Spain, and that it was they, rather than the Habsburgs, that threatened hegemony over Europe. But the diplomatic situation in the 1640's was becoming too complex for the dangers to be comprised under the label "universal monarchy". As the Dutch achieved full recognition of their independence from Spain and Sweden became a factor in European politics beyond the Baltic, the fundamentally multilateral character of the state system came to the forefront. A state such as Sweden could become a danger to the relative balance among itself and its neighbours in Russia, Poland, Denmark, and Germany, without thereby being a threat to dominate Europe as a whole. Statesmen spoke (at least privately) of "balance" in numerous bilateral contexts: France vs. Spain; Protestants vs. Catholics; Poland vs. Sweden; Turkey vs. Austria; even Spain vs. Sweden.[48] Obviously, such balances were regional and did not always depend on the claim that a state was threatening the entire system.

The most notable act of balancing occurred when the United Provinces abandoned its French alliance and made peace with Spain. The Dutch were aware that this violated their most recent alliance (1644) with France and sought to justify their action on the ground that France was not sincerely pursuing peace.[49] There was some basis for this claim, but the stronger motivation for the Dutch lay in France's dangerously increasing power and proximity (as its armies moved further into the Spanish Netherlands). The desire to keep France out of the Low Countries became one of the main principles of Dutch diplomacy for the rest of the *ancien régime*, and the Dutch also became one of the founders of the balance of power principle through their stadtholder, William III (1650–1702). Their decision to make peace with Spain in 1648 was not part of an overarching principle of "balance of power" as their actions later in the century

---

47 Hermann Weber, "Une Bonne Paix": Richelieu's Foreign Policy and the Peace of Christendom, in: Joseph Bergin/Laurence Brockliss (eds), Richelieu and his age, Oxford 1992, p. 60; see also Chapter 46.
48 Derek Croxton, Westphalia: The Last Christian Peace, Houndmills 2016, pp. 377–379.
49 Jan Joseph Poelhekke, De Vrede van Munster, 's-Gravenhage 1948, pp. 446–449, on Dutch hesitation to make peace without France.

would be, but it was based on the same idea and stands as the first step toward the development of that idea.

Select Bibliography

Bosbach, Franz, Monarchia Universalis: Ein politischer Leitbegriff der Frühen Neuzeit, Göttingen 1988.
Braubach, Max/Repgen, Konrad/Lanzinner, Maximilian (eds), Acta Pacis Westphalicae, Münster 1962ff.
Croxton, Derek, Art. "Waffenstillstand", in: EdN 14 (2011), Sp. 491–494.
Croxton, Derek, Westphalia: The Last Christian Peace, Houndmills 2016.
Dickmann, Fritz, Der Westfälische Frieden, Münster ³1972.
Odhner, Clas Theodor, Die Politik Schwedens im Westfälischen Friedenscongress und die Gründung der schwedischen Herrschaft in Deutschland, London 1973.
Oschmann, Antje, Der Nürnberger Exekutionstag 1649–1650: Das Ende des Dreißigjährigen Krieges in Deutschland, Münster 1991.
Poelhekke, Jan Joseph, De Vrede van Munster, 's-Gravenhage 1948.
Rohrschneider, Michael, Der gescheiterte Frieden von Münster: Spaniens Ringen mit Frankreich auf dem Westfälischen Friedenskongress, Münster 2006.
Schmidt, Georg, Die Reiter der Apokalypse: Geschichte des Dreißigjährigen Krieges, München 2018.
Tischer, Anuschka, Französische Diplomatie und Diplomaten auf dem Westfälischen Friedenskongress: Außenpolitik unter Richelieu und Mazarin, Münster 1999.
Weber, Hermann, "Une Bonne Paix": Richelieu's Foreign Policy and the Peace of Christendom, in: Joseph Bergin/Laurence Brockliss (eds), Richelieu and his age, Oxford 1992, pp. 45–69.
Westphal, Siegrid, Der Westfälische Frieden, München 2015.
Wilson, Peter H., The Thirty Years War: Europe's Tragedy, Cambridge (Mass.) 2009.

Gabriele Haug-Moritz
16. Waffenstillstand, Anstand und Stillstand

Abstract: Ceasefire and Truce
The chapter explores in transnational perspective what contemporaries in the 'long' sixteenth century (1500–1617) understood by the terms truce and ceasefire. The focus is on those truces that reflect the typical features of the notion of 'truce' in this period: the 'peaceful truces' of Nuremberg (1532) and Frankfurt (1539), the truces (trêves) of 1589 and 1593 in France and finally the Netherlands ceasefire and truce (Bestant) of 1607–09. They are all characterised both by the growing potential for conflict as a result of confessional pluralisation and by peace-making strategies reminiscent of the Middle Ages that were forgotten after the seventeenth century.

1. Vorgehen und Quellengrundlage

Zwei Möglichkeiten stehen Historikerinnen und Historikern offen, nach Waffenstillständen in einer historischen Perspektive zu fahnden, hier: in derjenigen des langen 16. Jahrhunderts (1500–1617). Sie können sich, zum einen, auf die Suche nach den *Wurzeln* des Phänomens machen und dabei, zumeist implizit, von der Vorannahme ausgehen, dass Waffenstillstände ein Gegenstand sind, der in kriegerischen zwischenstaatlichen Beziehungen aufzufinden ist. Mehr als 20 Waffenstillstände lassen sich unter diesen Prämissen für das lange 16. Jahrhundert nachweisen.[1] Die andere Möglichkeit ist, die Zeitgenossen ernst zu nehmen. Und das wiederum bedeutet, sich von der Beobachtung *irritieren* zu lassen, dass Waffenstillstand im 16. Jahrhundert (nicht nur) in der deutschen Sprache noch nicht einmal als Begriff existierte,[2] und sich zu fragen, was die Zeitgenossen unter Anstand/Stillstand bzw. *Bestant/treve/cessatie* (niederländisch) resp. *truce* (englisch), *trêve* (französisch), *tregua* (spanisch) verstanden, so das Begriffsfeld, das im Deutschen im beginnenden 18. Jahrhundert auf den Begriff *Waffenstillstand* gebracht wurde. Kurz: Man betrachtet das Phänomen als das, was es ist – eine tiefgreifendem Wandel unterliegende Erscheinung – und nutzt die Beobachtungen, die man macht, gleichsam als Sonde, um die Eigenart der Friedensordnungen des 16. Jahrhunderts besser zu verstehen. Erst dann aber wird es

---

1 Vgl. z.B. http://www.ieg-friedensvertraege.de/Startseite (abgerufen am: 19.08.2019); Derek Croxton, Art. „Waffenstillstand", in: EdN 14 (2011), Sp. 491–494.
2 Deutsches Wörterbuch von Jacob und Wilhelm Grimm. 16 Bde. in 32 Teilbänden. Leipzig 1854–1961 und Quellenverzeichnis Leipzig 1971. Online-Version: http://dwb.uni-trier.de/de/ (abgerufen am 25.07.2019), hier: Bd. 27, Sp. 319f.

möglich, das Verbindende und Trennende einer Erscheinung zu erhellen, die sich auch in unserer Gegenwart (wieder) einer eindeutigen Definition entzieht.[3]

Ich wähle den zweiten Weg und nehme eine dezidiert europäische Perspektive ein. Denn dass es sich bei *Waffenstillständen* resp. *Präliminarfrieden* – so die Begrifflichkeit des 18. und 19. Jahrhunderts für das Spannungsfeld, in dem wir uns bewegen – um eine Erscheinung handelt, die in der ganzen lateinischen Christenheit begegnet, auch hierauf deuten die Semantiken. Ich untersuche im Folgenden exemplarisch solche Anstände, die weiteren Öffentlichkeiten in druckmedialer Form transnational, z. B. in Gestalt von Übersetzungen, kommuniziert wurden.[4] Arbeitet man unter diesen Prämissen, so stellt man fest, dass die Zeitgenossen in ihren jeweiligen Volkssprachen ganz Unterschiedliches auf diesen Begriff brachten, dass aber Waffenstillstände mit den Osmanen nur eine marginale Rolle spielten. In der Forschung aber war das Problemfeld *Waffenstillstand* gerade in diesem Kontext lange Zeit präsent, galt doch als ein Spezifikum der interkulturellen Pazifikation, dass keine Friedensverträge, sondern Waffenstillstände geschlossen worden seien.[5]

Exakt die asynchronen Dynamiken des Medienwandels in Europa widerspiegelnd, findet sich der volkssprachliche Begriff *tregua* im druckpublizistischen Kommunikationsraum erstmals um 1517 im Italienischen zur Bezeichnung des Brüsseler Vertrags, mittels dessen Kaiser Maximilian I. (1459–1519) dem Vertrag von Noyon (1516) beitrat, den sein Enkel Karl V. (1500–1558) und Franz I. von Frankreich (1494–1547) geschlossen hatten. *Tregua* wandert dann, wesentlich umfänglicher, in den 1530er Jahren ins Deutsche, wo er 1532 und 1539 als *friedlicher Anstand* und, in Hinblick auf den Frieden von Nizza (1538), erstmals auch in transnationalem (deutsch-italienischen) Zuschnitt begegnet. Seit dem Waffenstillstand von Vaucelles (1556) zwischen Kaiser Karl V., seinem Sohn Philipp II. (1527–1598) und Heinrich II. von Frankreich (1519–1559) schließlich sind es die Stillstände in Frankreich von 1589 zwischen König Heinrich III. (1551–1589) und Heinrich, König von Navarra, resp. derjenige König Heinrichs IV. (1553–1610) von 1593, die als *trêve/truce*/Anstand und Frieden bezeichnet werden und damit eine beinahe so große europaweite Reichweite erlangen

---

3 Vgl. z.B: Frauke Lachenmann/Rüdiger Wolfrum (Hg.), The law of armed conflict and the use of force, Oxford 2017, v. a. die Beiträge zu Armistice (Yoram Dinstein), Ceasefire (Christine Bell), Flags of Truce (Roberta Arnold).
4 Digitale bibliographische Ressourcen wie der Universal Short Title Catalogue (www.ustc.ac.uk), der die europäische Druckproduktion der Untersuchungszeit dokumentiert, aber auch das Verzeichnis der im deutschen Sprachraum erschienenen Drucke (www.vd16.de; www.vd17.de) oder das «Renaissance cultural crossroads»-Projekt (https://www.dhi.ac.uk/rcc/) erlauben inzwischen einen sehr integralen Zugriff (alle abgerufen am: 19.08.2019).
5 Einzig der Friede von Zsitvatorok (11.11.1606), der den *langen Türkenkrieg* beendete, firmiert im Englischen, nicht jedoch im Deutschen, unter *truce*; früh wurde die Forschungsthese von *Jörg Fisch*, Krieg und Frieden im Friedensvertrag. Eine universalgeschichtliche Studie über Grundlagen und Formelemente des Friedensschlusses, Stuttgart 1979, S. 380 f. infrage gestellt. Vgl. hierzu auch Kapitel 19 und 48.

wie *Het Bestant* von 1609, der den spanisch-niederländischen Konflikt für zwölf Jahre anstellte.

Schon dieser kursorische Abriss verdeutlicht Entscheidendes: Das Deutungskonzept *Stillstand* bringt, anachronistisch formuliert, Nationales wie Internationales auf den Begriff, wenn es darum geht, Krieg und Frieden zeitlich befristet auszusetzen resp. herzustellen. Dies ist kein Zufall, sondern deutet auf Grundsätzliches. Im 16. Jahrhundert ist weder der innere Friede noch der innere Krieg (die Fehde) gedanklich eindeutig vom äußeren geschieden, auch wenn der gedankliche Referenzpunkt des *innerstaatlichen Friedens*, der *pax temporalis/civilis*, ein anderer ist als der des Friedens zwischen den Gemeinwesen, der vom *bellum iustum*-Konzept her gedacht wurde.[6] Beides gleichermaßen ist wichtig, um das Spezifische dessen, was *Waffenstillstand* im 16. Jahrhundert ausmacht, zu verstehen. Dies zum einen. Zum anderen aber verdeutlicht der Überblick auch, was das Konzept *Stillstand* maßgeblich beförderte: die gesteigerte gesellschaftliche Konflikthaftigkeit des europäischen 16. Jahrhunderts, das von den Zeitgenossen immer auch (wenn auch: niemals nur) im Medium der religiösen Pluralisierung verhandelt wurde.[7] Ich unterziehe daher diejenigen Abreden einer detaillierteren Analyse, in denen das Spezifikum des 16. Jahrhunderts zu suchen ist, wenn Zeit als Befriedungsressource eingesetzt wurde: die friedlichen Anstände von Nürnberg (23./24. April; 2. August; 3. August 1532) und Frankfurt (19. April 1539), die *Anstände/trêves* vom 24./26. April 1589 resp. 1. August 1593 im Königreich Frankreich und schließlich den niederländischen *Stille-Stand/Bestant* vom 24. April 1607 resp. 9. April 1609.[8] In der Forschung werden sie in ganz unterschiedlichen thematischen Kontexten verhandelt: Unter dem Stichwort *Religionsfrieden* firmieren die Vereinbarungen von 1532/39. Die *Trêves* von 1589/93 finden ausschließlich in Darstellungen zu den Religionskriegen (marginale) Beachtung und der *Bestant* von 1609 erscheint vor allem ob seiner völkerrechtlichen Dimension des Nachdenkens wert.

Das Einfrieren einer Konfliktkonstellation zu einem bestimmten Stichtag für ganz unterschiedlich lange Zeiträume – von drei Monaten (1593) bis zu einem unbestimmten, von der Einberufung eines Konzils oder einer Reichsversammlung abhängig gemachten Zeitpunkt (1532) – ist eine Gemeinsamkeit aller (auch der „zwischenstaatli-

---

[6] Bester Überblick bis heute bei *Wilhelm Janssen*, Art. „Friede", in: GGB 2 (2004), S. 543–591; ders., Art. „Krieg", in: ebd., Bd. 3, S. 567–615.
[7] Knapper Überblick *David El Kenz/Claire Gantet*, Guerres et paix de religion en Europe, 16e–17e siècles, Paris 2003.
[8] Sämtliche Drucke sind in den Originalsprachen (nicht aber alle Übersetzungen) digital verfügbar (vgl. Anm. 4). Die Ausnahme von der Regel sind: die kaiserliche Versicherung vom 02.08.1532 (DRTA.JR: Deutsche Reichstagsakten unter Kaiser Karl V., 10/1.–3. Band, hg. durch die Historische Kommission bei der Bayerischen Akademie der Wissenschaften, Göttingen 1992, S. 1.519–1.522) und die Deklaration Heinrich von Navarras vom 24.04.1589 (Anonymus, Mémoires de la Ligue [...], Bd. 3, Amsterdam 1758, S. 306–308).

chen") Anstände. Die andere Gemeinsamkeit besteht darin, dass es sich, mit Ausnahme des *allgemeinen Stillstands* (*trêve generalle*) von 1593, um verschriftlichte gütliche Abreden zwischen Herrschaftsträgern handelt, für die Fallbeispiele: zwischen (meist) hochadeligen Akteuren und den Monarchen einer *composite monarchy*.[9] Die Stillstände schreiben sich demnach in ganz unterschiedliche, zeit- und raumspezifische Machtkonstellationen ein (und vice versa) und zwar in ihrer materiellen wie formellen Dimension, die im zeitgenössischen Denken unauflöslich verwoben ist, wenn es darum geht, das Verabredete verbindlich zu machen.

2. Genese

Wiederum mit Ausnahme des Anstands von 1593 stehen die Stillstände am Ende teils jahre-, teils monatelanger (1532, 1539, 1609 bzw. 1589) Ausgleichsbemühungen, die jedoch nur im *Bestant* von 1609 in der *Narratio* exakt datiert werden, nämlich auf den 24. April 1607.[10] An diesem Tag wurde ein achtmonatiger, dann immer wieder verlängerter Stillstand (*trêve et cessation d'armes*) verabredet, der einen *guten Frieden* oder einen *Bestand für lange Jahre* vorbereiten sollte und, nach einem Verhandlungsabbruch 1608 (Problemfelder: Indienhandel; Katholiken in den Niederlanden), nach zweijährigen Verhandlungen auch einen *Bestant* für die nächsten zwölf Jahre erreichte. Ebenfalls im Vorzeichen der Waffenruhe fanden die, allerdings deutlich kürzeren, Verhandlungen des Jahres 1532 in Schweinfurt (30. März.–9. Mai) und Nürnberg (3. Juni–25. Juli) statt, zeitgleich mit dem in Regensburg tagenden Reichstag (17. April–22. Juli). Und auch im Frühjahr 1539 hatten insbesondere die Schmalkaldener umfänglich militärisch mobilisiert, zu den Waffen gegriffen aber hatte niemand. Einzig 1589 wurden die Waffen auch geführt, allerdings nicht von denen, die sich auf die *trêve et*

---

9 Gehören die spanischen und mitteleuropäischen Besitzungen des Hauses Österreich zu den Herrschaftskomplexen, die Helmut Koenigsberger und J. H. Elliott zur Rede von der europäischen Composite Monarchies inspirierte, so wird die *diversité* Frankreichs, die freilich auf gänzlich anderen Grundlagen beruhte, inzwischen auch für die französische Monarchie herausgestrichen (vgl. z.B. *Arlette Jouanna*, La France du XVIe siècle, 1483–1598, Paris 2006, S. 1–17).
10 Eine Zusammenschau gibt es nicht. Ich beschränke mich auf die wichtigsten resp. neuesten Arbeiten, über die die weiterführende Literatur erschlossen werden kann. *Rosemarie Aulinger*, Einleitung, in: DRTA, S. 57–208; *Gabriele Haug-Moritz*, Der Schmalkaldische Bund 1530–1541/42. Eine Studie zu den genossenschaftlichen Strukturelementen der politischen Ordnung des Heiligen Römischen Reiches Deutscher Nation, Leinfelden-Echterdingen 2002, S. 43–69, S. 116–120, S. 296–301, S. 465–472 (1532/39); *Arlette Jouanna u.a.*, Histoire et Dictionnaire des Guerres de Religion, [o.O.] 1998, S. 350f., S. 368–387, S. 1.088–1.092; *Alexandra Schäfer-Griebel*, Die Medialität der Französischen Religionskriege, Stuttgart 2018, S. 54–72; *Vincent J. Pitts*, Henri IV. His Reign and Age, Baltimore 2009, S. 139–141 (1589/93); *Paul C. Allen*, Philipp III. and the Pax Hispanica 1598–1621. The Failure of Grand Strategy, New Haven/London 2000, S. 173–233; *Paulus A. Hausmann*, Die Spuren der Treuga Dei im Völkerrecht, oder: Vom Wandel des Friedensverständnisses, in: Georg Picht/Constanze Eisenbart (Hg.), Frieden und Völkerrecht, Stuttgart 1973, S. 235–294, hier: S. 257–276 (1607/09).

surséance d'armes verständigt hatten, die beiden königlichen Heinriche, sondern von Charles de Lorraine, Duc de Mayenne (1554–1611), dessen beide Brüder am 23./24. Dezember 1588 auf Befehl Heinrichs III. in Blois hingerichtet/ermordet worden waren.

Dritte waren es, die sich, wie sie sich in den Abreden vorstellen resp. wie sie vorgestellt werden, aus eigenem Antrieb oder auch im Auftrag und mit Vollmacht des Monarchen (1532) dafür einsetzten, diese Stillstände zustande zu bringen – in den 1530er Jahren die Kurfürsten, zu Beginn des 17. Jahrhunderts der französische und englische König, die als *Vermittler* (*Midlaer*) firmierten. Einzig 1589 unterhandelten die jeweiligen königlichen Emissäre direkt.

Keiner der Stillstände war also ein Waffen-Stillstand in dem Sinn, dass es sich um eine „zeitlich beschränkte Aussetzung von Kampfhandlungen"[11] gehandelt hätte. Das Gegenteil ist der Fall: In Zeitumständen, in denen *Einigkeit, Ruhe und Frieden* des Gemeinwesens verloren gegangen sind, wie übereinstimmend in allen *Narrationes* herausgestrichen wird, und der Ruin des Reichs/Königreichs bevorsteht, werden sie als ein alternativloses Mittel der Gewaltprävention vorgestellt. Wird der Ruin im Reich der 1530er Jahre als Folge äußerer Bedrohung durch den *blutdürstigen* Türken thematisiert, so im Frankreich der 1580er Jahre als Folge der Bedrohung durch diejenigen, die vorgeben aus *Eifer für die katholische Religion* (1589) zu handeln. Nicht zufällig datieren die Anstände von 1539, 1589, 1607 und 1609 auf April und damit auf die Zeit, in der die Truppen für die militärischen Kampagnen des bevorstehenden Sommers angeworben wurden. Dass der *Bestant* von 1609 die erste Vereinbarung ist, die nicht mehr mit einer Notsituation (*necessitas*) argumentiert, sondern sie als Ausfluss eines zweijährigen Entscheidungsfindungsprozesses kommuniziert, weist in die frühneuzeitliche Zukunft.

3. Inhalte

Sämtliche Stillstände weisen die identische inhaltliche Doppelstruktur auf:

(1) Sie enthalten die wechselseitige Verpflichtung, jedwede Form von Feindseligkeit zu unterlassen, wobei Feindseligkeit teils als Verzicht, die Waffen zu führen (1589), teils, so 1593, als Zustand des guten Einvernehmens aller Untertanen und Einwohner spezifiziert, oder, so 1609, negativ wie positiv gleichermaßen definiert wird. Sechs der sieben Drucke präsentieren im Titel das aus kaiserlicher Machtvollkommenheit erlassene befristete Landfriedensgebot[12] (vom 3. August 1532), das alle Stände des Reiches, geistliche wie weltliche, alt wie neugläubige adressiert, als *fri(e)dlichen Anstand des Glaubens und Religion halben*. Nur ein Wittenberger Druck enthält auch den Nürnberger Abschied vom 23./24. Juli. Und nur in diesem war, wie von den Protestan-

---

11 *Croxton*, Art. „Waffenstillstand", Sp. 491.
12 Vgl. hierzu auch Kapitel 8.

ten schon im Oktober 1530 gefordert,[13] der Kaiser als Vertragspartei benannt und nur in ihm ist die kaiserliche Zusage enthalten,

> alle rechtfertigung in sachen, den glauben belangendt, so durch ire Mt. fiscal [Amtsankläger] und andre wider den Kf zu Sachsen und sein zugewandten angefangen oder noch angefangen werden mochten, an[zu]stellen.[14]

(2) In allen Anständen finden sich darüber hinaus inhaltliche Regelungen. Sie kreisen einerseits um die Modalitäten, die Abreden verbindlich zu machen, andererseits, in sehr unterschiedlichem Umfang, um den Umgang mit den innerweltlichen Folgen der *streitigen Religion*. Der *Bestant* mit seinen 38 Artikeln regelt darüber hinaus auch noch andere Materien, allen voran diejenigen der inner- wie außereuropäischen Handelsbeziehungen Spaniens und der Niederlande.

Der in Nürnberg am 23./24. Juli 1532 verschriftlichte *Abschied* der kurmainzischen und kurpfälzischen kaiserlichen Bevollmächtigten macht die Geltung von einer, den namentlich genannten evangelischen (fürstlichen und städtischen) Obrigkeiten auszuhändigenden kaiserlichen *Versicherung* abhängig. Diese erfolgte zwar am 2. August, wurde aber nicht ausgehändigt. Stattdessen erneuerte am 3. August der Kaiser das Landfriedensgebot von 1521. Ebenfalls von der *Resolution Karls V.* abhängig gemacht, die bis spätestens 31. Oktober 1539 erfolgen sollte, wurde der Frankfurter Abschied, der, unter Beteiligung kurpfälzischer und kurbrandenburgischer Vertreter, von Emissären Karls V. und König Ferdinands I. (1503–1564) mit den „Augsburgischen Confessionsverwandten" ausgehandelt worden war. Die kaiserliche Resolution unterblieb. Als Akte des/der königlichen *roi/s législateur/s*, z. B. als Deklarationen (24. April, Saumur, Navarra; 26. April Tours, Heinrich III.) und *Lettres patentes* (1593), erlangen die französischen Anstände durch die Publikation – durch ausrufen, anschlagen, drucken – Geltung. Ein persönliches Zusammentreffen in Plessis-lès-Tours am 30. April 1589 stellte die restituierte Freundschaft (im frühneuzeitlichen Sinn) dar wie her. Unterblieb 1589 die Publikation der Abreden (vom 3. April)[15] selbst, so regelte Art. 38 des *Bestants*, dass seine Geltung sowohl von seiner Publikation als auch von der Ratifizierung durch die vertragschließenden Parteien abhängig sei. Die Ratifizierung hatte innerhalb von vier Tagen durch die spanischen Statthalter der Niederlande, Isabella Clara Eugenia von Spanien (1566–1633) und Albrecht VII. (1559–1621), sowie die Generalstaaten zu erfolgen, innerhalb von drei Monaten durch den spanischen König Philipp III. (1578–1621) (Art. 37). Am 9. April wurde die erzherzogliche Bestätigung gedruckt, am 4./14. April erfolgte die feierliche Verkündung vor dem Ant-

---

13 Grundlegend zum Augsburger Reichsabschied 1530: *Diethelm Böttcher*, Ungehorsam oder Widerstand? Zum Fortleben des mittelalterlichen Widerstandsrechtes in der Reformationszeit (1529–1530), Berlin 1991, S. 130–132, S. 160–164.
14 DRTA.JR, Bd. 10, S. 1.514.
15 Bibliothèque Mazarine, Fonds général, Ms 1593 Première partie (Articles secrets entre les rois de France et de Navarre [1589]).

werpener Rathaus und am 7. Juli wurde die königlich-spanische Ratifizierungsurkunde ausgestellt.[16]

Situationsbezogen sind die jeweiligen inhaltlichen Regelungen. Das königliche Friedensgebot von 1593, eine Woche nach der Konversion Heinrich IV. (25. Juli) verkündet, erfüllte seinen Zweck, ein Baustein *restablir la Paix & Repos en cedit Royaume* zu sein, wohingegen die inhaltlichen Bestimmungen der Abrede vom April 1589 bereits am 1. August 1589 Makulatur waren (Ermordung Heinrichs III. in St. Cloud). Sie schrieben den katholischen und reformierten Kultus sowie den jeweiligen Stand an Besitzungen und Einkünften zum Stichtag 3. April für ein Jahr fest und zudem die Verpflichtung, gemeinsam gegen die Liga zu kämpfen. Und auch die 1539er Abrede erfüllte zwar für den habsburgischen Familienverband die ihr zugedachte Funktion – diejenigen, die *jetzt* der Augsburgischen Confession verwandt sind, auf Türkenhilfeverhandlungen jenseits des Reichstags zu verpflichten –, darüber hinaus aber war den Beteiligten schon vor dem Ende der ‚Ratifikationsfrist' klar, dass der Frankfurter Abschied zwar auf dem Papier stand, formell und materiell aber weiterhin der Nürnberger Anstand den Status quo darstellte.

Formell und inhaltlich komplexer sind die Abreden von 1532 und 1609, denn sie beide schreiben sich in Situationen ein, in deren Vorfeld *Mißverstand und Irrung* (1532) einen rechtlich-prinzipiellen und zugleich öffentlichen Charakter bekommen hatte. Der Umgang mit den innerweltlichen Folgen der Reformation war seit dem Augsburger Reichstag von 1530 zu einem Dissens über die Geltung normativer Ordnungen geworden. Zur Debatte stand, ob das theologisch für *wahr* Erkannte und die obrigkeitliche Verantwortung für das Seelenheil der Untertanen oder das Recht (und zugleich: welches Recht von wem) zur Richtschnur des Handelns gemacht werden sollte. Wozu sich der Kaiser in einer solchen Lage für berechtigt erachtete, davon kündet der Augsburger Reichsabschied, dessen Genese die kursächsischen Theologen und Juristen zu einer Debatte veranlassten, die heute von der Forschung unter dem Stichwort „Entstehung des modernen Widerstandsrechts" diskutiert wird.[17] Eine ebenso grundsätzliche Dimension, wie nicht zuletzt der Verhandlungsverlauf des Jahres 1608 zeigt, hatte auch der spanisch/flandrisch-niederländische Dissens um die niederländische Souveränität und den freien Seehandel gewonnen, wobei in der Forschung vor allem die publizistischen Aktivitäten des jungen Hugo Grotius in letztgenanntem Zusammenhang viel Aufmerksamkeit erregten.[18]

---

16 Die königlich-spanische Ratifizierung erfolgte am 07.07.1609 fristgerecht, http://www.ieg-friedensvertraege.de/treaty/1609%20VII%207%20Beitritt%20zum%20Waffenstillstand%20von%201609%20IV%209/t-945-1-de.html?h=1 (abgerufen am: 19.08.2019), sie wurde aber nicht druckpublizistisch verbreitet.
17 Vgl. Anm. 13.
18 Jüngst *Randall Lesaffer* (Hg.), The Twelve Years Truce (1609). Peace, truce, war, and law in the low countries at the turn of the 17th century, Leiden 2014.

Kurzum: Die in den *Narrationes* gegebene Zeitdiagnose traf zu. Es ging ums Prinzipielle, das, in Geschichte wie Gegenwart, mit einer dramatischen Reduktion der Handlungsspielräume einhergeht.[19] Denn die Eigenart solcher Konfliktkonstellationen ist es, „entweder definitiv oder gar nicht geregelt, jedoch nicht zeitlich befristet beigelegt werden" zu können und überdies „ein für allemal, zu Lasten desjenigen entschieden (zu werden), der als erster vom Standpunkt abrückt".[20]

Stillstände stellen in dieser Konfliktkonstellation eine ganz spezifische Pazifizierungsstrategie dar: Sie halten inhaltlich, durch interpretationsoffene Formulierungen (z. B. *Sachen des Glaubens*; *Kursachsen und seine Zugewandten/Augsburgische Confessionsverwandte*; *als wie freie Provinzen*) den Dissens offen.[21] Die Stillstände von 1532 und 1589 mit ihrem Changieren zwischen *öffentlich* und *geheim* nutzen zudem die Möglichkeiten der formalen Ausgestaltung der Vereinbarungen, um den Handlungsraum zu erweitern. Dergestalt schaffen sie zwar nicht einen Friedenszustand, in dem *pax und iustitia* sich küssen, wohl aber einen Zustand, in dem die Feindseligkeiten ruhen, d.i. die *tranquillitas pacis*, und Sicherheit (*securitas pacis*)[22] hergestellt wird – nicht obwohl, sondern *weil* sie zeitlich befristet sind. Denn: Sie lassen das Unentscheidbare für eine befristete Zeit unentschieden und überantworten die friedliche oder kriegerische Gewaltlösung der Zukunft.

Damit aber erweisen sich die Anstände als das, worauf schon die Etymologie in den romanischen Sprachen deutet: als die säkulare Form einer kirchlichen Befriedungsform, die weit in die mittelalterliche Vergangenheit zurückweist. Schon der kirchlichen *treuga Dei*, die, wenn ich richtig sehe, letztmals 1523 von Papst Hadrian VI. (1459–1523) für drei Jahre verkündet wurde,[23] war der Gedanke eigen, dass die *triuwa*, die durch die zeitlich und räumlich befristete Sistierung von Konfliktkonstellationen erreichbare *Sicherheit*, zwar nicht die Qualität einer *pax temporalis/civilis* und auch nicht die einer *pax universalis* eignete, aber doch eine der zahllosen Formen einer *pax specialis* war, die in einer friedlosen Welt zumindest Sicherheit gewährleisteten.[24] Folglich also setzte Cesare Ripa (1555–1622), als er 1618 in seiner *Nova Iconologia* erstmals die *Tregua* versinnbildlichte, sie auf eine Insel in einem ruhigen Meer und führte aus:

---

19 Vgl. *John A Vasquez*, The war puzzle revisited, Cambridge 2009, v. a. S. 78–87.
20 *Hausmann*, Spuren, S. 286f.
21 Zum interpretationsoffenen Charakter: *Haug-Moritz*, Schmalkaldischer Bund, S. 77–92, S. 112–121; *Bert Jörgensen*, Konfessionelle Selbst- und Fremdbezeichnungen. Zur Terminologie der Religionsparteien im 16. Jahrhundert, Berlin 2014; *Alicia Esteban Estríngana*, Preparing the Ground: The Cession of the Netherland's Sovereignty in 1598 and the Failure of its Peace-Making Objective, 1607–1609, in: Lesaffer (Hg:), Truce, S. 15–47, hier: S. 38–47.
22 Vgl. hierzu auch Kapitel 27.
23 Hadrian VI., Bulla induciarum seu treugarum triennalium: inter omnes christianos reges et principes, Antwerpen 1523.
24 Grundlegend: *Hausmann*, Spuren.

> Nostra figura stá in una isoletta nel mezzo del mar tranquillo per dimonstrare, che lo stato della tregua, è come il mare tranquillo, ma non per sempre perche al fine prorompe in turbolenza.[25]

Die *Turbulenzen* kamen in Gestalt des Krieges, 1546/47 bzw. 1621, freilich mit grundverschiedenem Ausgang. Wurden für die Niederlande die Streitfragen am 8. Januar 1647 (größtenteils) zugunsten der Generalstaaten definitiv entschieden, so blieben sie im Reich, in immer neuen Ausdrucksformen, bis an dessen Ende 1806 unentschieden. Auf einen Anstand aber verständigte man sich nicht mehr, nur noch auf dem Wege des Faktischen darauf, das Unentscheidbare unentschieden zu belassen.[26]

4. Ausblick

Denn das Konzept aus der mittelalterlichen Vergangenheit, sich verbindlich darauf zu verständigen, zeitlich befristet Ruhe und Sicherheit herzustellen, um den Preis, das Grundsätzliche unentschieden zu lassen, hatte keine frühneuzeitliche Zukunft. Und es war gerade der Vertrag von 1609, der einen wichtigen Meilenstein markierte, es in Vergessenheit geraten zu lassen. Denn die gelehrte Auseinandersetzung mit ihm rückte den *Bestant* begrifflich, indem er ihn mit *inducia* ins Lateinische übersetzte, in einen neuen gedanklichen Kontext – den des Krieges.[27]

> Indem Grotius für den Bestand die Bezeichnung: *induciae* verwendet, eine Vertragskategorie, bei der der militärische Gehalt den dominanten, das politische Element hingegen den rezessiven Faktor darstellt, verstellt er mit dem im Kriegsvölkerrecht angesiedelten Waffenstillstand den Begriff für das gerade in politischer Hinsicht Spezifische der Trêve.[28]

Dergestalt wird der Stillstand im 17. Jahrhundert zu einem Intermezzo des Krieges und im beginnenden 18. Jahrhundert zum *Waffen-Stillstand*. Und auch noch in einer zweiten Hinsicht steht der spanisch-niederländische *Bestant* an einer Epochenschwelle. Denn er war der erste aller Anstände, dessen Form (Ratifizierung; spätere Garantie durch Vermittler) es erlaubte, ihn als einen, den völkerrechtlichen Erfordernissen ge-

---

25 Cesare Ripa, Novo Iconologia [...], Padua 1618, S. 531.
26 *Gabriele Haug-Moritz*, Protestantisches Einungswesen und kaiserliche Macht. Die konfessionelle Pluralität des frühneuzeitlichen Reiches (16. bis 18. Jahrhundert), in: ZHF 39 (2012), S. 189–214. Vgl. hierzu auch Kapitel 46.
27 *Hausmann*, Spuren, S. 248f.; *Bernd Klesmann*, ‚La dernière ancre de leur finesse': Truce and Peace Treaties as Criteria for bellum justum in Early Modern Europe, in: Lesaffer (Hg.), Truce, S. 256–276 (irrig allerdings in der Gleichsetzung von *Truce* und *Inducia* für das 16. Jahrhundert, wie nicht nur Hausmann, sondern z. B. auch die Recherche in www.vd16.de zeigt. Nur eine Übersetzung der königlichen Deklaration von 1589 wählt diesen Begriff [http://gateway-bayern.de/VD16+F+2418 (abgerufen am: 19.08.2019)].
28 *Hausmann*, Spuren, S. 284.

nügenden (Präliminar-)Friedensvertrag zu deuten.[29] Als schließlich im 18. Jahrhundert der innere Friede, die *pax civilis*, zur *bürgerlichen Sicherheit* mutierte, das Vertragsvölkerrecht die Formel *status pacis = pactum pacis* prägte und dem Krieg zwischen den Völkern an die Seite stellte, war einem Verständnis der Anstände der Weg geebnet, wie es noch die moderne Forschung bestimmt. In Zeiten wie den unseren aber, in denen die kategorialen Scheidungen des Völkerrechts wieder zur Disposition stehen und die alte und immer wieder neue Frage, welche Mittel gesucht und Wege gegangen werden können, Sicherheit in einer friedlosen Welt zu bewerkstelligen, könnte es lohnend sein, sich an ferne Vergangenheiten zu erinnern.

Auswahlbibliographie / Select Bibliography

Allen, Paul C., Philipp III. and the Pax Hispanica 1598–1621. The Failure of Grand Strategy, New Haven/London 2000.
Anonymus, Mémoires de la Ligue […], Bd. 3, Amsterdam 1758.
Aulinger, Rosemarie, Einleitung, in: DRTA.JA: Deutsche Reichstagsakten unter Kaiser Karl V., 10/1–3 Band, S. 57–208.
Beitritt zum Waffenstillstand von 1609, http://www.iegfriedensvertraege.de/treaty/1609%20VII%207%20Beitritt%20zum%20Waffenstillstand%20von%201609%20IV%209/t-945-1-de.html?h=1 (abgerufen am: 19.08.2019)
Bibliothèque Mazarine, Fonds général, Ms 1593 Première partie (Articles secrets entre les rois de France et de Navarre [1589]).
Böttcher, Diethelm, Ungehorsam oder Widerstand? Zum Fortleben des mittelalterlichen Widerstandsrechtes in der Reformationszeit (1529–1530), Berlin 1991.
Croxton, Derek, Art. „Waffenstillstand", in: EdN 14 (2011), Sp. 491–494.
DRTA.JA: Deutsche Reichstagsakten unter Kaiser Karl V., 10/1–3 Band, hg. durch die Historische Kommission bei der Bayerischen Akademie der Wissenschaften, Göttingen 1992.
Datenbank Europäische Friedensverträge der Vormoderne, http://www.ieg-friedensvertraege.de/Startseite (abgerufen am: 19.08.2019).
Deutsches Wörterbuch von Jacob und Wilhelm Grimm. 16 Bde. in 32 Teilbänden, Leipzig 1854–1961, http://dwb.uni-trier.de/de (abgerufen am 25.08.2020).
Estríngana, Alicia Esteban, Preparing the Ground: The Cession of the Netherland's Sovereignty in 1598 and the Failure of its Peace-Making Objective, 1607–1609, in: Randall Lesaffer (Hg.), The Twelve Years Truce (1609). Peace, truce, war, and law in the low countries at the turn of the 17th century, Leiden 2014, S. 15–47.
Fisch, Jörg, Krieg und Frieden im Friedensvertrag. Eine universalgeschichtliche Studie über Grundlagen und Formelemente des Friedensschlusses, Stuttgart 1979.
Hadrian VI., Bulla induciarum seu treugarum triennalium: inter omnes christianos reges et principes, Antwerpen 1523.
Haug-Moritz, Gabriele, Der Schmalkaldische Bund 1530–1541/42. Eine Studie zu den genossenschaftlichen Strukturelementen der politischen Ordnung des Heiligen Römischen Reiches Deutscher Nation, Leinfelden-Echterdingen 2002.

---

29 *Wilhelm Janssen*, Die Anfänge des modernen Völkerrechts und der neuzeitlichen Diplomatie, in: DVjs 38 (1964), S. 450–485, S. 591–638.

Haug-Moritz, Gabriele, Protestantisches Einungswesen und kaiserliche Macht. Die konfessionelle Pluralität des frühneuzeitlichen Reiches (16. bis 18. Jahrhundert), in: ZHF 39 (2012), S. 189–214.

Hausmann, Paulus A., Die Spuren der Treuga Dei im Völkerrecht, oder: Vom Wandel des Friedensverständnisses, in: Georg Picht/Constanze Eisenbart (Hg.), Frieden und Völkerrecht, Stuttgart 1973, S. 235–294.

Janssen, Wilhelm, Die Anfänge des modernen Völkerrechts und der neuzeitlichen Diplomatie, in: DVjs 38 (1964), S. 450–485, S. 591–638.

Janssen, Wilhelm, Art. „Friede", in: GGB 2 (2004), S. 543–591.

Janssen, Wilhelm, Art. „Krieg", in: GGB 3 (2004), S. 567–615.

Jouanna, Arlette u. a., Histoire et Dictionnaire des Guerres de Religion, [o.O.] 1998.

Jouanna, Arlette, La France du XVIe siècle, 1483–1598, Paris 2006.

Kenz, David El/Gantet, Claire, Guerres et paix de religion en Europe, 16e–17e siècles, Paris 2003.

Klesmann, Bernd, ‚La dernière ancre de leur finesse': Truce and Peace Treaties as Criteria for bellum justum in Early Modern Europe, in: Lesaffer (Hg.), Truce, S. 256–276.

Lachenmann, Frauke/Wolfrum, Rüdiger (Hg.), The law of armed conflict and the use of force, Oxford 2017.

Lesaffer, Randall (Hg.), The Twelve Years Truce (1609). Peace, truce, war, and law in the low countries at the turn of the 17th century, Leiden 2014.

Pitts, Vincent J., Henri IV. His Reign and Age, Baltimore 2009.

Renaissance Cultural Crossroads Catalogue, https://www.dhi.ac.uk/rcc/ (abgerufen am: 19.08.2019).

Ripa, Cesare, Novo Iconologia [...], Padua 1618.

Schäfer-Griebel, Alexandra, Die Medialität der Französischen Religionskriege, Stuttgart 2018.

Universal short title catalogue. A digital bibliography of early modern print culture, https://www.ustc.ac.uk (abgerufen am 25.08.2020).

Vasquez, John A, The war puzzle revisited, Cambridge 2009.

Verzeichnis der im deutschen Sprachbereich erschienenen Drucke des 16. Jahrhunderts, http://www.vd16.de (abgerufen am: 19.08.2019).

Anuschka Tischer
17. Zwischenstaatlicher Frieden

Abstract: Interstate Peace
The question of interstate peace in early modern Europe was connected to the development of the state system itself. The ideas of the modern sovereign state and of a balanced plurality of states were still competing with other political orders, for example dynastic rule and concepts of hierarchical order. This was an important reason for the peculiar bellicosity of the time. The establishment of a balance of several major states in the eighteenth century achieved a degree of stability, though this broke down with the French Revolution. Even rulers regarded the bellicosity of the early modern period as contrary to the Christian ideal of peace. This generated several distinctive peacekeeping projects and activities. Crucial was, however, the permanent interaction between states which generated methods of diplomacy and accepted standards of international law which remain the basis for the modern international system.

Der Beitrag betrachtet den zwischenstaatlichen Frieden im frühneuzeitlichen Europa, dessen Regulierung ein Ergebnis der zahlreichen Kriege und besonderen Kriegsintensität der Epoche war. Theorien und Praxis des zwischenstaatlichen Friedens entwickelten sich in Europa mit dem Staatensystem selbst, das sich als eine internationale Ordnung konstituierte. Diese Entwicklung wird im Folgenden mit ihren zentralen Instrumentarien, Diplomatie und Völkerrecht, sowie einem Ausblick auf gezielte politische Initiativen zum Aufbau einer darüberhinausgehenden Friedensordnung in den Blick genommen.

1. Die Rolle des Friedens in einer Epoche ständiger Kriege

Der Friede galt im christlichen Europa am Beginn der Neuzeit als der völkerrechtliche Normalzustand zwischen politischen Gemeinwesen. Krieg war die Ausnahme, die begründet werden musste. Im Widerspruch dazu stand allerdings die Tatsache, dass seit dem 16. Jahrhundert immer mehr Kriege geführt wurden. Wichtige Kriegsursachen waren dynastische Auseinandersetzungen, insbesondere in Erbfolgefragen, religiöse Konflikte sowie Wirtschafts- und Handelskonkurrenz.

Diese Faktoren gewannen vor allem dadurch an Bedeutung, dass sich die Gesellschaft und die politischen Gemeinwesen in Europa in einer Übergangsphase befanden: Die mittelalterlichen Herrschaftsstrukturen waren zerbrochen und wurden langfristig durch den modernen Staat abgelöst. Der Politologe Ekkehart Krippendorff (1934–2018) hat argumentiert, der moderne Staat selbst sei kriegstreibend, weil er die nach innen monopolisierte Gewalt nach außen umleite.[1] Ein dauerhafter zwischenstaatlicher Friede wäre danach kaum möglich. Dagegen betont der Frühneuzeithistoriker Johannes Burkhardt die „Friedlosigkeit" als ein spezifisches Epochenmerkmal der Frühen Neuzeit. Er benennt die Unfertigkeit der modernen Staaten am Beginn der Neuzeit, nicht das Phänomen Staat selbst, als strukturelle Kriegsursache.[2] Tatsächlich nahmen die Kriege in Europa zum 18. Jahrhundert hin ab. In jüngster Zeit wird auch verstärkt darauf hingewiesen, dass zumindest im 17. Jahrhundert weltweit schwere Konflikte aufgrund der klimabedingten Auswirkungen der Kleinen Eiszeit ausgetragen wurden.[3]

Die Diskrepanz zwischen der Alltäglichkeit des Krieges einerseits und der Friedensnorm andererseits beförderte im Laufe der Frühen Neuzeit eine immer stärkere Idealisierung des Friedens sowie auch die Entwicklung konkreter Friedenspläne.[4] Die innerchristlichen Kriege wurden insbesondere in der Zeit der osmanischen Expansion bis in das späte 17. Jahrhundert auch deshalb als Problem angesehen, weil sie die gemeinsame Verteidigungsfähigkeit schwächten. Das erhöhte den Friedensdruck. Die Kriege der Frühen Neuzeit brachten zahlreiche Friedensverträge[5] hervor, welche zeigen, dass die Epoche durchaus friedensfähig war. Die Verträge konstituierten eine grundsätzliche europäische Ordnung, und in den Friedensprozessen wurden Instrumentarien und Prinzipien entwickelt, welche bis heute angewendet werden.[6]

Prinzipiell bekräftigte bereits jede Kriegserklärung die Norm des Friedens, weil dessen Bruch nachvollziehbar und nach den Kriterien des gerechten Krieges begründet werden musste, welche christliche Autoren bereits seit der Spätantike formulierten und bis in die Frühe Neuzeit weiterentwickelten. Die Beseitigung des Kriegsgrundes und somit die Wiederherstellung des Friedens hatte dabei das erklärte Ziel zu sein.[7] Christliche Fürsten sahen sich in der Regel selbst im Kriegsfall nicht in unüber-

---

1 *Ekkehart Krippendorff*, Staat und Krieg. Die historische Logik politischer Unvernunft, Frankfurt a. M. 1985.
2 *Johannes Burkhardt*, Die Friedlosigkeit der Frühen Neuzeit. Grundlegung einer Theorie der Bellizität Europas, in: ZHF 24 (1997), S. 509–574.
3 *Geoffrey Parker*, Global Crisis. War, Climate Change and Catastrophe in the Seventeenth Century, New Haven [u. a.] 2013.
4 Zu den diversen Beispielen von Friedensidealen, Friedensplänen sowie auch zum Völkerrecht im Hinblick auf das Verhältnis von Krieg und Frieden siehe: *Klaus Garber u. a.* (Hg.), Der Frieden. Rekonstruktion einer europäischen Vision, Bd. 2, München 2002; *Ronald G. Asch u. a.* (Hg.), Frieden und Krieg in der Frühen Neuzeit. Die europäische Staatenordnung und die außereuropäische Welt, München 2001; *Norbert Brieskorn u. a.* (Hg.), Suche nach Frieden: Politische Ethik in der Frühen Neuzeit, 3 Bde., Stuttgart 2000–2003; James Turner Johnson, Ideology, Reason, and the Limitation of War. Religious and Secular Concepts 1200–1740, Princeton (New Jersey) 1975.
5 Vgl. hierzu auch Kapitel 18.
6 *Randall Lesaffer*, The Lore and Laws of Peace-Making in Early-Modern and 19th-century European Peace Treaties, in: Tilburg Law School Legal Studies Research Paper 3 (2018), S. 1–27.
7 *Anuschka Tischer*, Offizielle Kriegsbegründungen in der Frühen Neuzeit: Herrscherkommunikation in Europa zwischen Souveränität und korporativem Selbstverständnis, Münster 2012.

windlicher Gegnerschaft zueinander. Sie hatten divergierende Friedensvorstellungen, aber dem jeweiligen Kontrahenten wurde eine Rolle in einer künftigen Friedensordnung zugestanden.[8]

Der Friede galt allerdings nicht erst durch militärische Handlungen als gestört, sondern bereits durch einen Völkerrechtsbruch. Klare Richtlinien oder Instanzen zur Beurteilung von Recht oder Unrecht im internationalen Bereich gab es jedoch nicht.[9] Je nach Art und Umfang des angenommenen Rechtsbruchs war der Waffengang nach dem Selbstverständnis dessen, der sich für geschädigt hielt, nicht nur gerechtfertigt, sondern sogar geboten, zum Beispiel um die eigenen Untertanen zu schützen und ihre Rechte zu verteidigen. Das erklärt, warum es nicht als Widerspruch angesehen wurde, wenn Herrscher sowohl als Friedensfürsten wie als Kriegshelden idealisiert wurden: Kriegsstreben galt zwar als moralisch verwerflich, für eine gerechte Sache zu kämpfen wurde jedoch als ruhmreich angesehen, zumal der Schutz der eigenen Untertanen das zentrale Argument für die Legitimierung eines Herrschers war.[10]

2. Das frühneuzeitliche Staatensystem zwischen Kriegsintensität und Friedensideal

In Europa existierten seit dem Mittelalter Vorstellungen von einer Gemeinschaft der Fürsten und ihrer Herrschaftsgebiete. Das war zunächst die Idee einer ‚christlichen Republik' (*respublica christiana*). Sie wurde zur Grundlage der weiteren Entwicklung eines politischen Europa und eines europäischen oder internationalen Staatensystems.[11] Es herrschte ein grundsätzlicher Konsens, einander im Rahmen bestimmter Werte – wie eben der Einhaltung der Kriterien des gerechten Krieges – verpflichtet zu sein. Das implizierte eine gegenseitige Verbindlichkeit und Verantwortung. Der Druck, den die osmanische Expansion auf die christlichen Gemeinwesen Europas ausübte, stärkte das Gemeinschaftsgefühl. Allerdings stellte die Konfrontation mit dem Osmanischen Reich[12] die europäischen Mächte vor zusätzliche Probleme der Friedensschaffung und Friedenswahrung.

---

8 *Anuschka Tischer*, Den Gegner bekämpfen, aber nicht beleidigen: Friedensorientierte Rhetorik in frühneuzeitlichen Konflikten, in: Martin Espenhorst (Hg.), Frieden durch Sprache? Studien zum kommunikativen Umgang mit Konflikten und Konfliktlösungen, Göttingen 2012, S. 97–117.
9 Zu den zahlreichen Unterschieden in der Völkerrechtstheorie vgl. besonders *Richard Tuck*, The Rights of War and Peace. Political Thought and the International Order from Grotius to Kant, Oxford 1999.
10 *Tischer*, Kriegsbegründungen, S. 148-151.
11 Zu verschiedenen Europakonzeptionen siehe *Klaus Bußmann u.a.* (Hg.), Europa im 17. Jahrhundert: Ein politischer Mythos und seine Bilder, Stuttgart 2004. Zur langfristigen Rolle der Idee der „christlichen Republik" siehe *Wolfgang Schmale*, Europa, Braut der Fürsten: Die politische Relevanz des Europa-Mythos im 17. Jahrhundert, in: Bußmann u.a. (Hg.), Europa, S. 241–267, hier S. 242f.
12 Vgl. hierzu auch Kapitel 19.

Das christlich-europäische Mächtesystem war am Beginn der Neuzeit hierarchisch.[13] Dem Papst und dem Kaiser wurde eine Ordnungsfunktion zugesprochen. Als Karl VIII. von Frankreich (1470–1498) 1494 einen Eroberungszug nach Italien unternahm und damit sowohl die dort etablierte politische Balance zum Einsturz brachte als auch die traditionellen Autoritäten in Frage stellte, formierte sich 1495 ein als Heilige Liga bezeichnetes Bündnis mehrerer Mächte unter Führung Papst Alexanders VI. (1431–1503) und des römischen Königs und designierten Kaisers Maximilian I. (1459–1519). Dieses Bündnis gilt als der erste Ansatz zu einer europäischen Sicherheitspolitik.[14] Formell richtete sich das Bündnis nicht gegen den französischen König, sondern sollte dem gegenseitigen Schutz, dem Frieden und der Christenheit dienen. Eine öffentliche Ausgrenzung des Gegners war damit vermieden.[15]

Die Heilige Liga erreichte mit relativ geringem militärischem Aufwand den Abzug Karls VIII. aus Italien. Dennoch war die damit intendierte europäische Sicherheitspolitik nicht erfolgreich, denn die Ordnung in Italien und in Europa war nachhaltig gestört. Der französische König hatte die Angreifbarkeit der vermeintlichen Autoritäten Papst und Kaiser sichtbar gemacht. In Italien hatte über mehrere Jahrzehnte hinweg ein vertraglich abgesichertes mächtepolitisches Gleichgewicht den Frieden gewährleistet, das 1494/95 zerstört und nicht wiederhergestellt wurde. Der Angriff Karls VIII. und das gegen ihn gerichtete Bündnis bildeten den Auftakt für langfristige Auseinandersetzungen um die europäische Vormachtstellung, für die Italien künftig die Aufmarschbasis war. Kardinal Richelieu (1585–1642) bezeichnete Italien im 17. Jahrhundert als „das Herz der Welt" (*le cœur du monde*).[16] Diejenige Großmacht, die sich hier durchsetzte, besaß die strategische, ökonomische und politische Basis, um die Vormachtstellung in Europa zu behaupten. Langfristig etablierte sich in Europa ein Gleichgewicht, das dem in Italien vor 1494 durchaus ähnelte. Im 16. und 17. Jahrhundert war das europäische Staatensystem jedoch nicht von Bemühungen um ein Ende politischer Hierarchien geprägt, sondern von Auseinandersetzungen um ihre konkrete Ausgestaltung. So lange dominierte die Idee einer Mächtehierarchie und wurde auf

---

13 Zur grundsätzlichen Entwicklung des europäischen Staatensystems in der Frühen Neuzeit siehe: *Heinz Duchhardt u.a.* (Hg.), Handbuch der Geschichte der internationalen Beziehungen, Paderborn u.a., Bd. 1 (2008): *Alfred Kohler*, Expansion und Hegemonie: internationale Beziehungen 1450–1559; Bd. 2 (2007): *Heinz Schilling*, Konfessionalisierung und Staatsinteressen: internationale Beziehungen 1559–1660; Bd. 3 (2012): *Klaus Malettke*, Hegemonie – multipolares System – Gleichgewicht. 1648/1659–1713/1714; Bd. 4 (1997): *Heinz Duchhardt*, Balance of Power und Pentarchie. 1700–1785; Bd. 5 (2004): *Michael Erbe*, Revolutionäre Erschütterung und erneuertes Gleichgewicht: internationale Beziehungen 1785–1830.
14 Vgl. hierzu auch Kapitel 27.
15 Auszüge aus dem Bündnisvertrag der Heiligen Liga (Liga von Venedig) von 1495 finden sich in deutscher Übersetzung in: *Fritz Dickmann* (Bearb.), Geschichte in Quellen III: Renaissance, Glaubenskämpfe, Absolutismus, München 1966, S. 37f. Siehe darüber hinaus *Kohler*, Expansion, S. 336f.
16 *Françoise Hildesheimer* (Hg.), Testament Politique de Richelieu, Paris 1995, hier S. 331.

verschiedene Weise zum Ausdruck gebracht. Verbreitet war beispielsweise die wahrscheinlich von dem den Habsburgern nahestehenden Johannes Putsch in den 1530er Jahren entworfene bildliche Darstellung von Europa als Frau, deren Körper sich aus den einzelnen Ländern zusammensetzte und der innerhalb einer Ordnung der Kontinente der erste Platz zugewiesen wurde.[17] Das suggerierte, dass dann Frieden herrschte, wenn jeder den ihm zustehenden Platz einnahm. Diese Vorstellung war die konsequente Anwendung der ständisch gegliederten Gesellschaftsordnung auf die internationalen Beziehungen. Hierarchische Vorstellungen in Bezug auf die Außenbeziehungen existierten jedoch auch über den europäischen Raum hinaus. Unter anderem erhoben der Sultan des Osmanischen Reichs, der Großmogul auf dem indischen Subkontinent oder der Kaiser von China imperiale Ansprüche, mit denen die Außenbeziehungen europäischer Mächte kollidierten, sobald sie in diesem Raum agierten.[18] Die Frage des zwischenstaatlichen Friedens hatte also in der Frühen Neuzeit bereits eine globale Dimension.

Der Kampf um die Führung sowohl in ganz Europa als auch in regionalen Räumen wie der Ostsee trug erheblich zur Kriegsintensität der Frühen Neuzeit bei. Die Führungsansprüche waren keineswegs allein durch persönliches Machtstreben zu erklären. Es existierte vielmehr ein „Egalitätsdefizit", das grundsätzlich für die gesamte Gesellschaft symptomatisch war und im zwischenstaatlichen Bereich kriegsfördernd wirkte.[19] Die Vorstellung, dass Autoritäten die – als göttlich angenommene – Ordnung überwachen und durchsetzen sollten, war weit verbreitet. Viele Akteure waren nicht nur von der Durchsetzbarkeit, sondern auch von der Legitimität ihres Anspruchs überzeugt. Tatsächlich aber gab es niemanden, der im internationalen Raum aufgrund einer realpolitischen Stärke, moralischen Autorität oder aber eigenen Interessenlosigkeit als Schiedsrichter akzeptiert worden wäre. Alle Versuche, eine solche Rolle auszufüllen, scheiterten.[20]

---

[17] Ihre Verbreitung erfuhr die Darstellung vor allem durch die Publikationen Heinrich Büntings seit den 1580er Jahren. Als erste Version galt bislang ein Holzschnitt von Johannes Putsch von 1537. Siehe dazu *Schmale*, Europa, S. 244–246. Kürzlich wurde allerdings im Stadtmuseum Retz eine noch drei Jahre ältere Version von Putschs Werk gefunden. Siehe dazu den Blogbeitrag von Celine Wawruschka „Kartografischer Sonderfund: Die Königin Europa in Retz" vom 28. März 2019: https://www.derstandard.de/story/2000100357318/kartographischer-sonderfund-die-koenigin-europa-in-retz (abgerufen am: 22.03.2020).
[18] Zu Begriff und Praxis imperialer Vorstellungen in der Frühen Neuzeit siehe *Stephan Wendehorst*, Art. „Reich", in: EdN 10 (2009), Sp. 873–888, sowie ebd. die zahlreichen Verweise auf weiterführende Artikel unter dem Stichwort „Reiche, außereuropäische". Zur globalen Dimension der Expansion und Herrschaftsansprüche europäischer Mächte siehe *Wolfgang Reinhard*, Die Unterwerfung der Welt. Globalgeschichte der europäischen Expansion 1415–2015, München 2016.
[19] *Burkhardt*, Friedlosigkeit, S. 515.
[20] *Christoph Kampmann*, Arbiter und Friedensstiftung. Die Auseinandersetzung um den politischen Schiedsrichter im Europa der Frühen Neuzeit, Paderborn u. a. 2001.

Besonders deutlich wird der Gedanke, Frieden und Ordnung innerhalb der Christenheit durch eine übergeordnete politische Stellung eines Fürsten zu erreichen, in der sogenannten Universalmonarchie in der Ära Kaiser Karls V. (1500–1558). Hier traf die mittelalterliche Kaiseridee mit verschiedenen anderen Konzeptionen und der realen politischen Macht Karls V. zusammen, der als König von Spanien zugleich ein globales Großreich regierte. Auf dieser Grundlage vertrat er den Anspruch, die Christenheit aus einer übergeordneten Position heraus zu ordnen und zu befrieden. Karl V. besaß damit sowohl einen in den europäischen Traditionen verwurzelten legitimatorischen Überbau als auch eine Machtbasis, um ihn auszufüllen. Dennoch stieß sein Führungsanspruch von Anfang an auf heftigen Widerstand. Die Universalmonarchie wurde ein politischer Vorwurf und Kampfbegriff, der sich zunächst konkret gegen Karl V., in späteren Epochen allgemein gegen die Habsburger und Spanien sowie schließlich in der Ära Ludwigs XIV. (1638–1715) gegen die nun dominierende französische Hegemonialpolitik richtete.[21] Bereits Karl V. vertrat darum die Universalmonarchie nicht als positives Konzept nach außen. Intern hielt man es in Wien aber sogar noch im 18. Jahrhundert, während der Regierung Josephs II. (1741–1790), für eine verpasste Chance, dass die habsburgischen Kaiser die Universalmonarchie und das damit verbundene Ordnungsmodell nicht hatten durchsetzen können.[22]

Auch die Gegner der habsburgischen Universalmonarchie, namentlich Frankreich, das an der Spitze des politisch-militärischen Widerstands stand, zielten keineswegs auf ein System der Gleichordnung oder Gleichberechtigung aller politischen Gemeinwesen. Die Könige von Frankreich hatten bereits im Mittelalter immer wieder einen Sonderstatus innerhalb der christlichen Mächte angestrebt und die übergeordnete Rolle des Kaisers und des Heiligen Römischen Reiches in Frage gestellt. Die Kandidatur Franz' I. (1494–1547) bei der Kaiserwahl 1519 war ein Versuch, die konkurrierenden Legitimierungen durch eine Übernahme des Kaisertitels zu beseitigen. Das scheiterte mit der Wahl Karls V., sodass der Konflikt nun offen lag und sich verschärfte. Franz I. und seine Nachfolger besaßen angesichts der breiten Machtbasis der Habsburger in Europa und Übersee lange nicht die Voraussetzungen, um mit ihnen ernsthaft zu konkurrieren. Die französischen Könige übernahmen aber die Führungsrolle des Widerstands gegen die habsburgische Universalmonarchie. Im 16. und 17. Jahrhundert unterstellten sich immer wieder kleinere Mächte, namentlich deutsche Reichsstände und italienische Staaten, französischem Schutz. Das schwächte die habsburgische Position und stärkte gleichzeitig die französischen Könige. Sie konnten

---

21 *Franz Bosbach*, Monarchia Universalis. Ein politischer Leitbegriff der Frühen Neuzeit, Göttingen 1988.
22 Siehe dazu die Denkschrift des Grafen Johann Anton Pergen für Joseph II. von 1766, in: Helmut Neuhaus (Hg.), Deutsche Geschichte in Quellen und Darstellungen. Bd. 5: Zeitalter des Absolutismus 1648–1789, Stuttgart 1997, hier S. 125.

Akteure, die nicht ihre Untertanen waren, politisch kontrollieren und sich in verschiedenen Fällen auch Territorien aneignen. Frankreich erhielt somit immer bessere Voraussetzungen für eine eigene Hegemonialpolitik. Zugleich wurde die Ungleichheit im Mächtesystem weiter festgeschrieben. Die Protektionspolitik, derer sich auch andere Mächte, einschließlich der Habsburger selbst, bedienten, war ebenso wie die Universalmonarchie ein vormodernes Konzept, das mit der Idee souveräner Staatlichkeit oder gleichgeordneter Staaten unvereinbar war.[23]

Der zwischenstaatliche Frieden und die zwischenstaatliche Friedenswahrung wurden also in der Frühen Neuzeit erheblich dadurch erschwert, dass die Staatenordnung sowohl in ihrer Gesamtheit als auch in Bezug auf ihre einzelnen Teile im Umbruch war. Der souveräne Staat war noch kein etabliertes Modell, und vormoderne Konzepte und Praktiken wie die Universalmonarchie oder Protektion hemmten seine Entwicklung und ließen Raum für alternative Entwicklungsmöglichkeiten, die sich jedoch nicht durchsetzten. Sowohl die Staaten selbst als auch ihr Verhältnis zueinander entwickelten sich in einem Spannungsfeld von „Universalismus und Staatenvielfalt".[24] Das war ein zentraler Grund für die Kriegsintensität der Frühen Neuzeit, zugleich aber auch die Voraussetzung für Staatenpluralität, da letztlich kein hegemoniales Ordnungsmodell etabliert wurde. Die intensive Interaktion in einer Zeit, in der Staaten noch nicht als souverän und nach außen abgeschlossen betrachtet wurden, beförderte dabei eine gemeinsame Identität, die das europäische Staatensystem auch im Zeitalter der souveränen Staaten weiterhin prägen sollte. Die Suche nach einem dauerhaften Frieden wurde als eine gemeinschaftliche Aufgabe gesehen.

Die historische Entwicklung weg vom hegemonialen Denken und hin zu einem Gleichgewicht verlief dabei keineswegs kontinuierlich oder linear. So schied Frankreich nach dem 1559 in Cateau-Cambrésis[25] geschlossenen Frieden mit Spanien aufgrund der Religions- und Bürgerkriege im eigenen Land für längere Zeit aus den mächtepolitischen Auseinandersetzungen aus. Damit fehlte ein nachdrückliches Gegengewicht zum Haus Habsburg. Europa war in der zweiten Hälfte des 16. Jahrhunderts geprägt von der Hegemonie Spaniens unter Philipp II. (1527–1598). Frieden wurde durch diese hegemoniale Ordnung nicht hergestellt. Sie stieß schon deshalb auf Widerstand, weil die Ordnungsvorstellungen des spanischen Königs untrennbar verknüpft waren mit einer Wiederdurchsetzung der katholischen Konfession in jenen Gebieten, in denen sich die Reformation ausgebreitet hatte. So war die Hegemonie auch im vermeintlichen ‚spanischen Zeitalter' durchaus brüchig. Deutlich sichtbar war dies

---

23 Siehe zum Phänomen der Protektionspolitik in seinen verschiedenen Ausprägungen grundsätzlich *Tilman Haug u. a.* (Hg.), Protegierte und Protektoren. Asymmetrische politische Beziehungen zwischen Partnerschaft und Dominanz (16. bis frühes 20. Jahrhundert), Köln u. a. 2016.
24 *Christoph Kampmann*, Universalismus und Staatenvielfalt: Zur europäischen Identität in der Frühen Neuzeit, in: Jörg A. Schlumberger u. a. (Hg.), Europa – aber was ist es? Aspekte seiner Identität in interdisziplinärer Sicht, Köln u. a. 1994, S. 45–76.
25 Vgl. hierzu auch Kapitel 42.

an dem Aufstand, der 1568 in den nördlichen Provinzen der Spanischen Niederlande ausbrach und rasch in einen achtzigjährigen Unabhängigkeitskrieg (1568–1648) überging.[26]

Die konfessionelle Spaltung verschärfte die internationalen Konflikte, weil Konfession ein wichtiger Teil der politischen Identität war. Tatsächliche Religionskriege, in denen das konfessionelle Argument dominiert hätte oder gar das einzige gewesen wäre, gab es aber nicht. Die konfessionelle Spaltung wurde darum auch nicht als Problem zwischenstaatlicher Friedenswahrung behandelt oder auf dieser Ebene geregelt. Grundsätzlich war die Vorstellung fürstlicher Souveränität bereits am Beginn der Frühen Neuzeit so weit ausgeprägt, dass es zu keinen Kriegen kam, deren erklärtes Ziel es gewesen wäre, einen Konfessions- oder Religionswechsel in einem anderen Land zu erzwingen. Religion wurde als Kriegsgrund einhellig abgelehnt.[27] Vermeintliche Religionskriege gingen immer mit anderen, belastbaren Argumenten einher, wie zum Beispiel Zweifeln an der Rechtmäßigkeit oder dem rechtmäßigen Handeln eines Herrschers. Allerdings waren rechtliche und politische Konflikte in zahlreichen Fällen eng mit konfessionellen Motiven verwoben, so dass sich im Zweifelsfall die Frage, ob es sich um einen primär religiös oder politisch motivierten Krieg handelte, nicht beantworten lässt. Paradebeispiel hierfür ist die Rolle Schwedens im Dreißigjährigen Krieg (1618–1648), bei der die konfessionelle Motivation eng mit der Zielsetzung einer Expansion und Konstituierung einer Hegemonie im Ostseeraum verknüpft war. Grundsätzlich war ein militärisches Eingreifen in fremden Herrschaftsgebieten auch nach den Maßgaben des zeitgenössischen Völkerrechts durchaus möglich, weil offene Verfassungen oder unklar definierte Verfassungsgrundlagen dafür Raum ließen.[28] Die Kulmination religiöser Spannungen, insbesondere im Dreißigjährigen Krieg, wirkte aber auf künftige Generationen als abschreckendes Beispiel. Der Westfälische Friede von 1648, der die konfessionelle Situation innerhalb des Heiligen Römischen Reiches befriedete, war zwar keineswegs der Beginn säkularer Politik, doch wurden Religionskriege nun in öffentlichen Debatten klar diskreditiert.[29] Konfessionelle Motive spielten immer weniger eine Rolle. Die weitere Durchsetzung des Souveränitätsgedankens sowie darüber hinaus das rationale und säkulare Denken der sich ausbreitenden Aufklärung verstärkten diese Tendenz.

---

26 Zur grundsätzlichen internationalen Entwicklung in dieser Epoche siehe *Schilling*, Konfessionalisierung.
27 *Johnson*, Ideology, S. 154.
28 Siehe dazu *Anuschka Tischer*, Grenzen der Souveränität: Beispiele zur Begründung gewaltsamer Einmischung in „innere Angelegenheiten" in der Frühen Neuzeit, in: HJb 131 (2011), S. 41–64.
29 Siehe *Christian Mühling*, Die europäische Debatte über den Religionskrieg (1679–1714). Konfessionelle Memoria und internationale Politik im Zeitalter Ludwigs XIV., Göttingen 2018. Zur Rolle von weltanschaulichen Faktoren in den internationalen Beziehungen nach 1648 siehe *David Onnekink u. a.* (Hg.), Ideology and Foreign Policy in Early Modern Europe (1650–1750), Farnham 2011.

Die besondere Kriegsintensität im Europa des 17. Jahrhunderts war mit dem Westfälischen Frieden keinesfalls beendet. Der Dreißigjährige Krieg richtete sich, unabhängig von anderen wichtigen Faktoren wie der Konfession, ganz wesentlich gegen die weiterhin dominierende Position des Hauses Habsburg. Frankreich war nach der Überwindung seiner inneren Krisen erneut ein wichtiger Akteur, der sich dieser Position entgegenstellte. Die Hoffnungen, bei den Friedensverhandlungen in Westfalen eine europäische Friedensordnung zu etablieren, scheiterten allerdings. Eine gemeinschaftliche europäische Sicherheitspolitik kam auch zukünftig nicht zustande, nicht zuletzt, weil Frankreich spätestens unter Ludwig XIV. mit der traditionellen Protektionspolitik brach, die auf einen gewissen europäischen Ausgleich gesetzt hatte. Inwieweit diese ältere Politik durch die relative Schwäche Frankreichs strategisch bedingt gewesen war, lässt sich nicht beantworten. Bereits Kardinal Richelieu entwickelte 1629 Pläne für den Vater Ludwigs XIV., Ludwig XIII. (1601–1643), ihn zum „mächtigsten Monarchen der Welt" (*le plus puissant monarque du monde*) zu machen,[30] eine Zielsetzung, die man sowohl im Hinblick auf einen Ehrenvorrang wie auf eine Großmachtstellung deuten kann.

Ludwig XIV. nutzte die Schwäche des Hauses Habsburg, beginnend mit dem Devolutionskrieg 1667, für eine aggressive französische Großmachtpolitik, gegen die sich dann eine neue europäische Sicherheitspolitik formierte. Da die kaiserlich-österreichischen Habsburger unter Leopold I. (1640–1705) durch massive Gewinne gegenüber dem Osmanischen Reich wieder erstarkten, erforderte die europäische Sicherheit zunehmend eine Balance, die sich vor allem unter der Führung Wilhelms III. von Oranien (1650–1702) entwickelte.[31] Die Auseinandersetzungen um eine europäische Ordnung kulminierten ein letztes Mal im Spanischen Erbfolgekrieg (1701–1713/14). Dem Krieg gingen erstmals aktive Bemühungen voraus, einen dynastischen Konflikt durch Verhandlungen zu deeskalieren, die sich an rationalen Lösungsmustern orientierten.[32] Dies gelang allerdings nicht, und der Spanische Erbfolgekrieg wurde zu einem gesamteuropäischen Krieg mit globalen Dimensionen. Das konzertierte Vorgehen verschiedener europäischer Mächte und insbesondere die zeremoniellen Inszenierungen[33] der Friedensschlüsse vermittelten jedoch ein Bild des politischen Europa als einer handlungsfähigen Gemeinschaft.[34] Der öffentliche Druck und die politische

---

30 *Pierre Grillon* (Hg.), Les Papiers de Richelieu. Section politique Intérieure. Correspondance et Papiers d'Etat, Bd. 4 (1629), Paris 1980, S. 24.
31 Verschiedene Aspekte dazu finden sich in dem Sammelband von *Christoph Kampmann u. a.* (Hg.), Bourbon – Habsburg – Oranien um 1700. Konkurrierende Modelle im dynastischen Europa, Köln u. a. 2008.
32 Siehe dazu *Luis Ribot u. a.* (Hg.), Europa y los Tratados de Reparto de la Monarquía de España, 1668–1700, Madrid 2016.
33 Vgl. hierzu auch Kapitel 31.
34 Siehe dazu *Renger E. de Bruin u. a.* (Hg.), Performances of Peace. Utrecht 1713, Leiden u. a. 2015.

Bereitschaft zum Frieden erreichten nun ein Ausmaß, das eine neue Friedenskultur erkennen lässt.[35]

Mit dem Ende des Spanischen Erbfolgekrieges hatte sich der Kern eines Balancesystems der europäischen Führungsmächte Österreich, Frankreich und Großbritannien etabliert, das sich im Laufe der kommenden Jahrzehnte um Russland und Preußen erweiterte und Europa eine gewisse stabilisierende Kontinuität gab. Diese wurde durch das Ende der osmanischen Expansion weiter begünstigt. Mit dem Frieden von Karlowitz 1699 begann eine Ära der relativen Normalität: Auch wenn das Osmanische Reich nicht in das europäische Staatensystem integriert wurde, sondern als nichtchristlicher Staat in einer völkerrechtlichen und diplomatischen Sonderstellung verblieb, so entwickelten sich doch reguläre gemeinsame Umgangsformen sowohl im Krieg als auch im Frieden.[36]

Der relative Rückgang der Kriege im 18. Jahrhundert macht diese Epoche allerdings noch nicht zu einer tatsächlichen Zeit des zwischenstaatlichen Friedens: Russland und Preußen setzten sich erst in größeren Kriegen als Großmächte durch. Namentlich der parallel zum Spanischen Erbfolgekrieg verlaufende Große Nordische Krieg (1700–1721), durch den Russland Ostseeanrainer und neue Führungsmacht in Nordosteuropa wurde, und der Siebenjährige Krieg (1756–1763) mit seinen globalen Verflechtungen zeigen die andauernde Bereitschaft, die europäische Ordnung durch Krieg zu definieren. Auch das dynastische Element der europäischen Herrschaft blieb grundsätzlich kriegstreibend. Die Erbfolgeproblematik der Habsburger verwickelte Europa nach dem Spanischen Erbfolgekrieg ein weiteres Mal zwischen 1740 und 1763 in militärische Auseinandersetzungen. Auch dieses Mal scheiterte ein Versuch, die Erbfolge bereits vorab international auszuhandeln und so militärische Auseinandersetzungen zu vermeiden, den Kaiser Karl VI. (1685–1740) zugunsten seiner Tochter Maria Theresia (1717–1780) unternommen hatte.

Die Mächtebalance und das eingeübte koordinierte Vorgehen der europäischen Führungsmächte sorgten für eine gewisse politische Einhegung des Krieges. Da mittlerweile die meisten Großmächte stehende Heere besaßen, deren Kosten sie politisch nutzbar machen wollten, und da ein zunehmend stabiles Mächtesystem überschaubare Kriege, sogenannte Kabinettskriege, ermöglichte, blieb der Krieg im 18. Jahrhundert ein verbreitetes Mittel der Politik. Zum Teil verlagerten sich die Auseinandersetzungen auch in die überseeischen Kolonien. Der Eindruck einer europäischen Ruhe war jedoch trügerisch, zumal koloniale Konflikte nach Europa übergreifen konnten. Beim Ausbruch des Siebenjährigen Krieges wurde das Vorgehen Großbritanniens und

---

[35] Das zeigen verschiedene Beiträge in Inken Schmidt-Voges u. a. (Hg.), New Worlds? Transformations in the Culture of International Relations around the Peace of Utrecht, London u. a. 2017.
[36] Siehe dazu Arno Strohmeyer u. a. (Hg.), Frieden und Konfliktmanagement in interkulturellen Räumen. Das Osmanische Reich und die Habsburgermonarchie in der Frühen Neuzeit, Stuttgart 2013; vgl. hierzu auch Kapitel 48.

Frankreichs in Europa erstmals von den beiderseitigen Auseinandersetzungen in Nordamerika bestimmt.

Das europäische Gleichgewichtssystem konservierte etablierte Mächteverhältnisse und deren Erhalt war ein erklärtes Ziel der führenden Kräfte. Das bedeutete zum einen, dass Frieden und Stabilität auf Kosten jener Akteure geregelt wurden, die sich nicht durchsetzen konnten. Das zeigte sich nachdrücklich in der schrittweisen Aufteilung Polens 1772, 1793 und 1795, eines eklatanten Völkerrechtsbruchs, der die Mächtebalance bereits erheblich diskreditierte. Zum anderen war das europäische Gleichgewicht an konkrete politische Verhältnisse gekoppelt, mit denen zusammen es dann im Verlauf des 18. Jahrhunderts bereits wieder allmählich sein Ende fand.[37]

In der Französischen Revolution seit 1789 wurde die Mächtebalance als Teil des *Ancien Régime* attackiert. In der Auseinandersetzung zwischen Revolution und etabliertem System brach die zwischenstaatliche Friedensordnung zusammen. Durch Napoleon Bonaparte (1769–1821) wurde zeitweilig auch die Idee einer imperialen Ordnung neu belebt. Der Wiener Kongress 1814/15 stellte dann ein Gleichgewichtssystem her, das sich auf die vorrevolutionäre Ordnung berief, das politische Europa allerdings neu formierte und mehr Mächte einbezog. Von einer gleichberechtigten und gleich gewichteten internationalen Ordnung kann man allerdings auch für das 19. Jahrhundert nicht sprechen.[38] Zudem begannen die europäischen Mächte global mit dem Aufbau neuer Imperien.

Die von Russland initiierte ‚Heilige Allianz‘, welche die europäische Politik auf der Grundlage christlicher Werte künftig regulieren sollte, scheiterte innerhalb weniger Jahre an der mangelnden Bereitschaft, dauerhaft konstruktiv zusammenzuarbeiten. Der Versuch zeigt aber, dass bei allen Veränderungen seit dem Beginn der Neuzeit eine Vorstellung von Europa als einer Gemeinschaft existierte, die Frieden und Sicherheit aktiv gestaltete, dabei allerdings auch eine zugrunde gelegte, als christlich definierte Ordnung bewahrte. Der Wiener Kongress stabilisierte und befriedete die zwischenstaatlichen Verhältnisse in Europa trotz des Scheiterns der Heiligen Allianz für einen längeren Zeitraum. Dabei wurden allerdings demokratische Bewegungen unterdrückt und soziale Probleme ausgeblendet. Nationale Prinzipien, welche die Mächte in Wien frühzeitig zu überwinden versucht hatten, wurden im weiteren Verlauf des 19. Jahrhunderts zu einer neuen strukturellen Kriegsursache.

---

37 *Paul W. Schroeder*, The Transformation of European Politics 1763–1848, Oxford 1994.
38 Für einen epochenübergreifenden Überblick der Akteure und Prinzipien der internationalen Beziehungen siehe *Hillard von Thiessen u. a.* (Hg.), Akteure der Außenbeziehungen. Netzwerke und Interkulturalität im historischen Wandel, Köln u. a. 2010.

3. Die Rolle von Diplomatie und Völkerrecht im zwischenstaatlichen Frieden

Mit der intensivierten Interaktion der europäischen Gemeinwesen am Beginn der Neuzeit bildete sich auch eine neue Form von Diplomatie heraus.[39] Grundsätzlich hatte die Diplomatie in dieser Epoche keine spezifisch friedenstiftende Funktion, sondern diente der fürstlichen Repräsentation und der Vertretung politischer Interessen. Das zeigt sich insbesondere im globalen Kontext, in dem die Diplomatie primär der Ausweitung von Handels- und Herrschaftsräumen diente.[40] Aktive Vernetzungen und etablierte Praktiken des zwischenstaatlichen Umgangs miteinander sorgten aber für eine politische Routine in Europa, die ein ganz wesentlicher Teil der Herausbildung eines europäischen Staatensystems war. Mit dem Osmanischen Reich gelang dies allerdings nur bedingt. Russland suchte dagegen seit 1697 unter Peter I. (1672–1725) Anschluss an Westeuropa.

Insbesondere auf dem ersten europäischen Friedenskongress in Münster und Osnabrück (1644–1649) wurden viele Verfahrensfragen und Präzedenzfälle geklärt. Zudem wurde die ständige Diplomatie zwischen den christlichen europäischen Gemeinwesen nach dem Westfälischen Frieden immer selbstverständlicher. Damit standen die Instrumentarien für eine koordinierte Sicherheitspolitik und rasche Friedensverhandlungen bereit, sobald der politische Wille dazu vorhanden war.[41] Viele dieser Instrumentarien, wie das Phänomen der Friedenskongresse,[42] von denen nach 1648 zahlreiche stattfanden, und die entsprechende Kongressdiplomatie sind bis heute zentrale Elemente zwischenstaatlicher Friedensprozesse. Zu einem wichtigen konstanten Ort der europäischen Vernetzung wurde der Immerwährende Reichstag in Regensburg, der nach seiner Einberufung 1663 bis zum Ende des Alten Reichs 1806 bestand und von zahlreichen Mächten beschickt wurde.[43]

---

39 Für einen Überblick über die Entwicklung der frühneuzeitlichen Diplomatie siehe *Anuschka Tischer*, Art. „Diplomatie", in: EdN 2 (2005), Sp. 1.027–1.041. Zu weiteren spezifischen Aspekten der Diplomatie dieser Epoche siehe *von Thiessen*, Akteure der Außenbeziehungen.
40 Siehe dazu am Beispiel des Agierens verschiedener europäischer Mächte in Nordwestafrika: *Christina Brauner*, Kompanien, Könige und *caboceers*: Interkulturelle Diplomatie an Gold- und Sklavenküste im 17. und 18. Jahrhundert, Köln u. a. 2015.
41 Vgl. zum Westfälischen Friedenskongress insbesondere in verhandlungs- und vertragstechnischer Hinsicht auch Kapitel 46; vgl. außerdem *Siegrid Westphal*, Der Westfälische Frieden, München 2015; *Maria-Elisabeth Brunert*, Der Westfälische Frieden 1648 – eine Friedensordnung für das Reich und Europa, in: Peter Geiss u. a. (Hg.), Friedensordnungen in geschichtswissenschaftlicher und geschichtsdidaktischer Perspektive, Göttingen 2017, S. 69–95.
42 Vgl. hierzu auch Kapitel 22.
43 *Susanne Friedrich*, Drehscheibe Regensburg. Das Informations- und Kommunikationssystem des Immerwährenden Reichstags um 1700, Berlin 2007.

Komplementär zur innereuropäischen Diplomatie blieben dynastische Verflechtungen durch Heirat ein wichtiges Instrument der Beziehungspflege. Eheschließungen erleichterten politische Kompromisse, da sie das Muster von Gewinnern und Verlierern in Friedensprozessen überwanden. Die eheliche Liebe siegte vermeintlich über die staatliche oder dynastische Feindschaft. Ein Paradebeispiel dafür ist die Vermählung Ludwigs XIV. von Frankreich mit der spanischen Infantin Maria Teresa (1638–1683), durch die nach dem Pyrenäenfrieden von 1659 die Versöhnung zwischen Bourbonen und Habsburgern – und damit zugleich zwischen Frankreich und Spanien – bekräftigt wurde. Trotz der friedensorientierten Rhetorik bei vielen Eheschließungen war allerdings auch ihr vorrangiges Ziel die Durchsetzung von Interessen. Durch dynastische Ehen wurden Erbrechte erworben, die neue Kriege auslösten.[44] Das zeigt sich auch bei der Verbindung Ludwigs XIV. mit Maria Teresa, denn im Spanischen Erbfolgekrieg (1701–1713/14) konkurrierten die bourbonischen mit den österreichisch-habsburgischen Ansprüchen und konnten schließlich durchgesetzt werden. Diese Zielsetzung hatte die französische Seite von Anfang an mit dieser Ehe verknüpft.

Eheverträge und dynastische Erbfolgeregelungen wurden zusammen mit anderen zwischenstaatlichen Verträgen zu den Grundlagen des europäischen Völkerrechts.[45] In der Frühen Neuzeit gab es grundsätzlich kein schriftlich vereinbartes und anerkanntes allgemeines Völkerrecht. Dennoch herrschte Konsens, dass im zwischenstaatlichen Bereich verbindliche Normen eines friedlichen Umgangs miteinander existierten.[46] Trotz der evidenten Kriegsintensität der Frühen Neuzeit war das Rechtsdenken ausgeprägt. Allen Kriegen lag eine völkerrechtliche Argumentation zugrunde.[47] Es erscheint durchaus plausibel, dass das Völkerrecht in der Frühen Neuzeit den Frieden förderte, indem es zumindest Kriege verhinderte, die sich rechtlich nicht begründen ließen. Allerdings waren gerade im zwischenstaatlichen Bereich Rechtslagen vielfach nicht eindeutig.

Die Uneindeutigkeit galt auch für völkerrechtliche Prinzipien. Die für das frühneuzeitliche Völkerrecht zumeist zitierten Autoren besaßen keine allgemeine Autorität und waren oft sogar parteiisch. Ein prägnantes Beispiel dafür ist die Auseinandersetzung der damaligen Gelehrten darüber, ob auf dem offenen Meer Herrschaftsrechte oder eine grundsätzliche Freiheit des Handels und der Seewege herrschten. Die Frage stellte sich überhaupt erst, als immer mehr europäische Mächte überseeisch agierten

---

44 Zu den Absichten und Auswirkungen sowie zur zeitgenössischen Theorie dynastischer Ehen siehe grundlegend am Beispiel Hessen-Kassels: *Philip Haas*, Fürstenehe und Interessen. Die dynastische Ehe der Frühen Neuzeit in zeitgenössischer Traktatliteratur und politischer Praxis am Beispiel Hessen-Kassels, Darmstadt u. a. 2017.
45 *Heinhard Steiger*, Rechtliche Strukturen der Europäischen Staatenordnung 1648–1792, in: ZaöRV 59/3 (1999), S. 609–647; vgl. zum Völkerrecht auch Kapitel 6.
46 Siehe dazu insgesamt *Heinhard Steiger*, Art. „Völkerrecht", in: EdN 14 (2011), Sp. 384–392.
47 Siehe *Tischer*, Kriegsbegründungen.

und dabei divergierende Interessen und Ansprüche kollidierten. Die katholischen Mächte Spanien und Portugal beriefen sich auf die völkerrechtliche Autorität des Papstes, der ihnen in der Bulle *Inter caetera* 1493 das alleinige Recht auf die Nutzung der Weltmeere zugesprochen hatte. Im 17. Jahrhundert entbrannte dann eine intensive Diskussion. An ihr beteiligten sich unter anderem Hugo Grotius (1583–1645), der 1609 in *Mare Liberum* die niederländische Position einer völligen Freiheit der Meere vertrat, oder John Selden (1584–1654), der 1635 in *Mare Clausum* zwar ebenfalls für freie See- und Handelswege argumentierte, angesichts der englischen Insellage aber den Anspruch von Herrschaftsrechten eines Landes über eigene Anrainergewässer betonte. Tatsächlich wurden die Auseinandersetzungen aber durch die gesamte Frühe Neuzeit hindurch gewaltsam geführt. Die Völkerrechtstheoretiker beteiligten sich daran im Sinne ihrer Regierungen oder fassten bestenfalls, wie Cornelis van Bynkershoek (1673–1743) im 18. Jahrhundert, die bisherige Praxis zusammen.[48]

Solange eine allgemein akzeptierte völkerrechtliche Autorität ebenso fehlte wie Prinzipien, die mit allgemeiner Zustimmung klar niedergelegt worden wären, konnte das Völkerrecht nur bedingt zum zwischenstaatlichen Frieden beitragen. Ohnehin kollidierten die christlichen Völkerrechtsvorstellungen nochmals mit den osmanischen oder außereuropäischen.[49] Zahlreiche frühneuzeitliche Fürsten richteten aber ihr Handeln an völkerrechtlichen Überlegungen aus.[50] Die grundsätzliche Akzeptanz von völkerrechtlichen Prinzipien konstituierte so über den allgemeinen christlichen Rahmen hinaus den Gedanken, dass auch souveräne Staaten einander durch bestimmte Normen und die Einhaltung einer friedlichen Grundordnung verpflichtet seien. In dieser Hinsicht ist die Tatsache, dass das Völkerrecht in der Frühen Neuzeit eine wichtige Referenz darstellte, die auch aktiv weiterentwickelt wurde, eine entscheidende Voraussetzung dafür, dass es langfristig seine zentrale Funktion im Hinblick auf den zwischenstaatlichen Frieden entfalten konnte.

Am Beginn der Neuzeit war die Entwicklung des Völkerrechts allerdings zunächst einmal von einer zunehmenden normativen Pluralität gekennzeichnet, die eher kriegs- als friedensfördernd wirkte. Hinzu kam, dass der Papst die völkerrechtliche Bedeutung, die ihm innerhalb der christlichen Gemeinwesen traditionell zugeschrieben worden war, einbüßte. Die Päpste versagten bereits während des Hundertjährigen Krieges (1337–1453) als regulierende oder gar friedenstiftende Instanz, da die katholische Kirche zwischen 1378 und 1417 im großen Abendländischen Schisma gespalten war. Dass Spanien und Portugal ihre Streitigkeiten über die Nutzung der Seewege unter Einbeziehung Papst Alexanders VI. lösten, der mit der Bulle *Inter caetera* be-

---

[48] Zu den verschiedenen Ebenen der Auseinandersetzung um die Freiheit der Meere siehe ebd., S. 189–208.

[49] Vgl. hierzu auch Kapitel 19, 20 und 21.

[50] Siehe exemplarisch die Darlegungen zu Gustav II. Adolf von Schweden: *Pärtel Piirimäe*, Just War in Theory and Practice: the Legitimation of Swedish Intervention in the Thirty Years War, in: HJ 45/3 (2002), S. 499–523.

anspruchte, Völkerrecht zu regeln, zeigt zwar, dass das Papsttum als zwischenstaatliche Autorität nach wie vor ernst genommen wurde. Mit der konfessionellen Spaltung wurde dies aber im 16. Jahrhundert endgültig hinfällig, da der Papst nun keine von allen christlichen Mächten des Westens anerkannte religiöse Autorität mehr war.

Selbst eine gewisse moralische Bedeutung des Papstes in Konflikten zwischen katholischen Mächten ging immer weiter zurück. Eine politisch neutrale Instanz war der Papst schon im Mittelalter nie gewesen. In der Neuzeit balancierten die verschiedenen Päpste mehr oder minder parteilich zwischen den Großmächten, namentlich dem Haus Habsburg und Frankreich. Aufgrund ihrer Stellung als Territorialherren in Italien, das von den hegemonialen Auseinandersetzungen massiv betroffen war, brachten sich die Päpste durchaus aktiv in die mächtepolitischen Auseinandersetzungen ein und konnten so einen gewissen Verhandlungsdruck aufbauen, der unter anderem im habsburgisch-französischen Konflikt während des Dreißigjährigen Krieges Ergebnisse zeigte. Mit dem Westfälischen Frieden von 1648 scheiterte allerdings der päpstliche Versuch, den Anspruch als Vermittler zwischen den katholischen Mächten auszufüllen.[51] Künftige Päpste spielten kaum noch eine nennenswerte Rolle in der zwischenstaatlichen Friedenswahrung.

Die völkerrechtlichen Funktionen, die der Papst als Vermittler (*Mediator*) und Schiedsrichter (*Arbiter*) zwischen christlichen bzw. katholischen Mächten lange gehabt hatte, wurden in kleinerem Umfang nun immer wieder von weltlichen Mächten übernommen. Die Versuche einzelner Fürsten, sich grundsätzlich zum völkerrechtlichen Schiedsrichter an Stelle des Papstes aufzuschwingen, scheiterten dagegen.[52] Die Vermittlung und die Schiedsgerichtsbarkeit in Völkerrechtsfragen, die sich ursprünglich aus der religiösen Stellung des Papstes herleiteten, blieben aber als friedenstiftende Instrumentarien im säkularen Kontext erhalten und existieren bis in die Gegenwart.

Angesichts der wachsenden normativen Pluralität im Bereich des Völkerrechts kam Verträgen in der Neuzeit eine wichtige Bedeutung zu. Auch hier hatte die Diplomatie als „Vertragsdiplomatie" von Anfang an eine Schlüsselfunktion. Ihre Aufgabe bestand darin, Frieden zu „schreiben".[53] Ähnlich wie innerhalb der Gemeinwesen selbst ist am Beginn der Neuzeit auch in den internationalen Beziehungen die Tendenz zu erkennen, Recht schriftlich zu fixieren und durch Archivierung und Publikationen beweisbar zu machen.[54] Aus dem Gewohnheitsvölkerrecht wurde so ein Ver-

---

51 *Konrad Repgen*, Die Römische Kurie und der Westfälische Friede. Idee und Wirklichkeit des Papsttums im 16. und 17. Jahrhundert, 2 Bde., Tübingen 1965.
52 Siehe *Kampmann*, Arbiter; vgl. hierzu auch Kapitel 24.
53 *Gesa Wilangowski*, Frieden schreiben im Spätmittelalter. Vertragsdiplomatie zwischen Maximilian I., dem römisch-deutschen Reich und Frankreich, Berlin u. a. 2017.
54 Siehe dazu *Benjamin Durst*, Archive des Völkerrechts. Gedruckte Sammlungen europäischer Mächteverträge in der Frühen Neuzeit, Berlin u. a. 2016.

tragsvölkerrecht. Seine Dimension lässt sich bereits an den mindestens 1.800 europäischen Friedensverträgen der Frühen Neuzeit erkennen.[55]

Zwischenstaatliche Verträge, zu denen neben Friedensverträgen auch Heiratsverträge, Erbfolgeregelungen, Handelsabkommen oder Bündnisse zählten, schränkten die Rechtsräume für Kriege ein. Allerdings wirkten sie keineswegs nur friedensfördernd. Sie dienten vielmehr oft gerade als Grundlage für weitere Kriege, nicht zuletzt, weil gerade Friedensverträge mitunter unklare Formulierungen enthielten. Das erleichterte es in Fällen, in denen keine echte Übereinkunft möglich war, zu einem Frieden zu gelangen, erklärt aber auch, warum der Frieden trotz ausgefeilter Verträge oft brüchig war. Ein berüchtigtes Beispiel stellen die Abtretungsklauseln der elsässischen Besitzungen der Habsburger im Westfälischen Frieden von 1648 dar, die Ludwig XIV. im Rahmen seiner sogenannten Reunionspolitik zur territorialen Arrondierung und Expansion nutzte. Gerade der Westfälische Friede stellte über rund anderthalb Jahrhunderte hinweg nicht nur eine Rechtsgrundlage für ein friedliches Miteinander dar, sondern war auch ein immer wieder bemühtes Argument für Auseinandersetzungen bis hin zum Krieg.[56]

Verträge regelten Rechtszustände natürlich nur zwischen den jeweils vertragschließenden Parteien und konstituierten damit noch kein allgemeines Völkerrecht. Auch die Verträge der großen Friedenskongresse waren bilateral strukturiert. Erstmals wurde im Frieden von Aachen,[57] der 1748 den Österreichischen Erbfolgekrieg (1740–1748) beendete, nach einem multilateralen Kongress auch ein entsprechender Friedensvertrag geschlossen, doch blieben bilaterale Verträge im 18. Jahrhundert auch weiterhin die Regel.[58] Trotz ihrer damit beschränkten inhaltlichen Übertragbarkeit bildeten internationale Verträge aber Formelemente aus, die über den eigentlichen Kontext hinaus adaptionsfähig waren. Die Fülle an Verträgen gab dem zwischenstaatlichen Frieden und den völkerrechtlichen Gepflogenheiten eine feste Struktur.[59] Auch hier galt, dass bei entsprechendem politischen Willen verschiedene Formen, um Kriege zu beenden – vom Waffenstillstand[60] über eine Kapitulation bis hin zum Friedensvertrag – verfügbar waren. So konnte sich Russland unter Zar Peter I. im frühen 18. Jahrhundert auch deshalb schnell in das europäische Mächtesystem integrieren, weil es die dort etablierten völkerrechtlichen Verfahren über-

---

55 Siehe dazu die Dokumentation ihrer Erschließung durch das Leibniz-Institut für Europäische Geschichte in Mainz im Rahmen des Forschungsprojekts „Europäische Friedensverträge der Vormoderne": www.ieg-friedensvertraege.de (abgerufen am: 03.03.2019).
56 *Tischer*, Kriegsbegründungen, S. 139–142.
57 Vgl. hierzu auch Kapitel 50.
58 *Lesaffer*, The Lore, S. 1.
59 *Jörg Fisch*, Krieg und Frieden im Friedensvertrag. Eine universalgeschichtliche Studie über Grundlagen und Formelemente des Friedensschlusses, Stuttgart 1979; *Lesaffer*, The Lore; *Wilhelm Janssen*, Art. „Friede", in: GGB 2 (1975), S. 543–592, hier S. 563–567.
60 Vgl. hierzu auch Kapitel 16.

nahm: Die Kapitulationen, die 1710 im Krieg gegen Schweden in Livland und Estland geschlossen wurden, folgten dem in Westeuropa für diese Fälle herausgebildeten Usus.[61] Das Osmanische Reich schloss erstmals mit dem Frieden von Karlowitz 1699 einen Friedensvertrag mit christlichen Mächten, der auf eine grundsätzliche gegenseitige Akzeptanz hin angelegt war.[62]

Diplomatie und Völkerrecht konstituierten insgesamt ein Beziehungsnetzwerk und Rahmenbedingungen für eine friedliche Interaktion. Durch beweisbar niedergelegte Vereinbarungen und den ständigen Umgang miteinander wurden die offenen Rechtsfragen eingeschränkt und Instrumentarien für die Beilegung von Konflikten geschaffen. In den intensiven Beziehungen der europäischen Mächte zueinander klärte sich zudem, wer als souveräner Akteur im internationalen System akzeptiert wurde. Die Durchsetzung des Souveränitätsprinzips und die Schärfung des Begriffs der Souveränität begrenzten den Kreis der kriegsfähigen Akteure immer mehr. Die Instrumentarien von Diplomatie und Völkerrecht waren allerdings Formen des gemeinsamen Umgangs miteinander, der nicht zwingend ein friedlicher war. Zudem waren es Umgangsformen, die ganz wesentlich von den führenden Großmächten definiert wurden. Eine Umwälzung der etablierten politischen Verhältnisse, wie sie im Zuge der Französischen Revolution stattfand, stellte das Erreichte in Frage. Die europäischen Umgangsformen waren in der Frühen Neuzeit grundsätzlich auf eine Fürstengemeinschaft ausgerichtet, in der persönliche und statusspezifische Kategorien wie Freundschaft, Verwandtschaft, Vertrauen oder Ehre eine wesentliche Rolle spielten. Die herausgebildeten Formen von Diplomatie und Völkerrecht mussten folglich noch zu tatsächlich internationalen – und nicht interdynastischen oder persönlichen – Umgangsformen hin transformiert werden, die den zwischenstaatlichen Frieden regelten.[63]

4. Zwischenstaatliche Friedensprojekte und Friedenssicherung

Diplomatie und Völkerrecht sorgten langfristig für einen geregelten Umgang der europäischen Mächte miteinander. Es gab zudem zahlreiche Pläne und Initiativen, um eine Friedensordnung bewusst herbeizuführen, auch wenn die Tatsache, dass es Kriege gab, lange Zeit grundsätzlich akzeptiert war, da Krieg und Frieden auf das Wirken Gottes zurückgeführt wurden. Der vielleicht bekannteste Friedensplan, Immanuel

---

61 Zu den konkreten Fällen sowie der Entwicklung der Form der Kapitulation siehe verschiedene Beiträge in: *Karsten Brüggemann u. a.* (Hg.), Die baltischen Kapitulationen von 1710, Köln u. a. 2014.
62 Vgl. *Strohmeyer*, Frieden und Konfliktmanagement.
63 Vgl. grundsätzlich *Tischer*, Diplomatie.

Kants (1724–1804) *Zum Ewigen Frieden* von 1795, war eine Friedensutopie,[64] die einen radikalen Umbau der Gemeinwesen erfordert hätte und zumindest in dieser Epoche kaum Aussicht auf eine Umsetzung hatte, zumal Kant in keiner Nähe zur Politik stand. Derartige Friedensutopien existierten einige in der Frühen Neuzeit, und sie wurden teilweise in späteren Jahrhunderten noch für die zwischenstaatliche Friedenswahrung wirksam.

Es gab jedoch auch zahlreiche politisch-diplomatische Akteure, die aus ihren Erfahrungen heraus Friedensmechanismen konzipierten, denen sie auf der Basis der bestehenden Verhältnisse offensichtlich eine Chance zur Umsetzung einräumten. Diese Pläne und konkreten Ansätze profitierten davon, dass am Beginn der Neuzeit in Europa bereits verschiedene diplomatische und rechtliche Verfahren wie die Vertragspraxis oder die insbesondere im Heiligen Römischen Reich gegründeten Landfriedensbündnisse[65] etabliert waren. Mit der intensiven Entwicklung von Diplomatie und Völkerrecht stand politischen Akteuren dann ein wachsendes Instrumentarium zur Verfügung, auf dem eine übergeordnete Friedens- und Sicherheitskonzeption aufbauen konnte.[66]

Pläne zum Umbau Europas hin zu einem System kollektiver Sicherheit entwarfen unter anderem der hussitische böhmische König Georg von Podiebrad (1420–1471)[67] oder Maximilien de Béthune, Herzog von Sully (1559–1641), ein enger Ratgeber Heinrichs IV. von Frankreich (1553–1610).[68] Bemerkenswert ist auch der Friedensplan des Abbé de Saint-Pierre (1658–1743),[69] der am französischen Hof verkehrte und im Vorfeld der Friedensverhandlungen des Spanischen Erbfolgekrieges versuchte, publizistisch auf eine kollektive Friedensordnung in Form einer europäischen Union hinzuwirken. Diese sollte die Möglichkeit haben, gegen ihre Mitglieder vorzugehen, wenn sie den Frieden bedrohten. Das Konzept, das gewisse Parallelen zu späteren supranationalen Institutionen aufweist, thematisierte auch die Frage, welche Rolle das Osmanische Reich in einer europäischen Friedensordnung spielen sollte, ohne zu einem eindeutigen Ergebnis zu kommen.[70]

Neben solchen Friedensplänen, die weiterhin theoretisch blieben, gab es Ansätze aus der Politik, konkrete Instrumentarien kollektiver Sicherheit in Verträge einzubau-

---

64 Vgl. hierzu auch Kapitel 4 und 5.
65 Vgl. hierzu auch Kapitel 8.
66 Vgl. hierzu auch Kapitel 26 und 27.
67 *Magda Schusterová*, Der Friedensvertrag Georgs von Podiebrad von 1464 vor dem Hintergrund der spätmittelalterlichen Vertragspraxis, Göttingen 2016.
68 *Anja Victorine Hartmann*, Rêveurs de Paix? Friedenspläne bei Crucé, Richelieu und Sully, Hamburg 1995.
69 Vgl. hierzu auch Kapitel 4.
70 Siehe dazu *Olaf Asbach*, Europa und die islamische Welt in der Frühaufklärung. Die Konstruktion der europäischen Ordnung im Friedensprojekt des Abbé des Saint-Pierre, in: Heinz Duchhardt u.a. (Hg.), Utrecht – Rastatt – Baden 1712–1714. Ein europäisches Friedenswerk am Ende des Zeitalters Ludwigs XIV., Göttingen 2013, S. 335–355.

en. Bereits die weiter oben erwähnte Heilige Liga von 1495, ein Bündnis gegen die Störung der bestehenden Ordnung durch Karl VIII. von Frankreich, stellt einen solchen Versuch dar. 1518 wurde ein in London geschlossener französisch-englischer Friedensvertrag zu einem Nichtangriffspakt erweitert, der die einschlägigen europäischen Mächte zum Beitritt aufforderte und im Prinzip allen (christlichen) Fürsten offenstand.[71] Angesichts konzeptioneller Schwächen und fehlender politischer Bereitschaft zur Umsetzung blieb der Londoner Vertrag allerdings ohne praktische Folgen.

Die Tatsache, dass in Europa zwar immer wieder Frieden geschlossen, aber auch immer wieder gebrochen wurden, rückte die Absicherung der konkreten Verträge als Friedenssicherung (*Assecuratio pacis*) in den Blick.[72] Der schwedisch-dänische Frieden von Stettin legte 1570 ein ausgeklügeltes Verfahren fest, mit dem in einem Konfliktfall der Frieden unter Einbeziehung der jeweiligen Reichsräte gewahrt werden sollte. Für den Fall, dass einer der Könige sich dem rechtmäßigen Friedensprozess widersetzte, entband der Vertrag sogar dessen Untertanen von ihren Verpflichtungen. Für einige Jahrzehnte befriedete der Vertrag tatsächlich das schwedisch-dänische Verhältnis, auch wenn er den grundsätzlichen politischen Antagonismus zwischen den beiden Mächten langfristig nicht überwinden konnte.[73]

Während des Dreißigjährigen Krieges entwarf Kardinal Richelieu erneut ein System kollektiver Sicherheit. Es traf in Frankreich in dieser Zeit mit anderen Friedens- und Europaplänen wie dem des Herzogs von Sully zusammen.[74] Richelieu konnte als führender Minister seine Konzepte allerdings in die französische Politik einbringen. Sie waren Teil einer gegen die habsburgische Dominanz gerichteten europäischen Sicherheitspolitik, deren zentraler Stützpfeiler die französischen Protektionen waren. Richelieus Pläne für europäische Sicherheitsbündnisse wurden von der neuen französischen Regierung im Westfälischen Frieden dann zwar nicht weiter verfolgt, aber der 1648 geschlossene Friede integrierte Maßnahmen zur Vertragssicherung. Insbesondere garantierten alle Unterzeichner das gesamte Vertragswerk.[75] Die Initiative mehrerer Reichsstände, mit dem 1658 geschlossenen Rheinbund auf der Basis des Westfäli-

---

71 *Christoph Kampmann*, Ius Gentium and a Peace Order: the Treaty of London (1518) and Continuity in the International Law of the Modern Times, in: Thilo Marauhn u. a. (Hg.), Universality and Continuity in International Law, Den Haag 2011, S. 393–406.
72 Vgl. *Guido Braun* (Hg.), Assecuratio pacis. Französische Konzeptionen von Friedenssicherung und Friedensgarantie 1648–1815, Münster 2011.
73 *Olof Simon Rydberg* (Hg.), Sverges Traktater med främmande magter jemte andra dit hörande handlingar, Bd. 4: 1521–1571, Stockholm 1888, S. 380–408. Vgl. dazu *Volker Seresse*, Aus der Geschichte der Union lernen: Der Friedensgedanke des dänischen Reichsrats in der skandinavischen Politik 1570–1611, in: Detlef Kattinger u. a. (Hg.), „Huru thet war talet kalmarn": Union und Zusammenarbeit in der Nordischen Geschichte. 600 Jahre Kalmarer Union (1397–1997), Hamburg 1997, S. 349–382.
74 *Klaus Malettke*, Monarchie universelle, sécurité collective et équilibre au XVIIe siècle, in: Francia 43 (2016), S. 105–118; *Hartmann*, Rêveurs de Paix?
75 Zu den Bestimmungen des Westfälischen Friedens siehe *Westphal*, Der Westfälische Frieden; *Brunert*, Der Westfälische Frieden 1648.

schen Friedens ein internationales Sicherheitsbündnis mit gemeinsamen politischen und militärischen Institutionen zu etablieren, scheiterte zwar.[76] Doch im Rahmen der großen multilateralen Friedenskongresse bis hin zum Wiener Kongress[77] 1814/15 spielten künftig kollektive Sicherungssysteme eine wichtige Rolle bei der Gewährleistung von Friedensverträgen. Europa war so in Friedenskonzepten und in den Ansätzen zu ihrer praktischen Umsetzung die gesamte Neuzeit hindurch immer auch eine Handlungsgemeinschaft. Das war ein Gegengewicht zum Prinzip der Souveränität, das einem Herrscher ein vermeintlich uneingeschränktes Recht zum Krieg gab.[78]

Auswahlbibliographie / Select Bibliography

Asbach, Olaf u. a. (Hg.), War, the State and International Law in Seventeenth-Century Europe, Farnham 2010.
Asch, Ronald G. u. a. (Hg.), Frieden und Krieg in der Frühen Neuzeit. Die europäische Staatenordnung und die außereuropäische Welt, München 2001.
Bosbach, Franz, Monarchia Universalis. Ein politischer Leitbegriff der Frühen Neuzeit, Göttingen 1988.
Braun, Guido (Hg.), Assecuratio pacis. Französische Konzeptionen von Friedenssicherung und Friedensgarantie 1648–1815, Münster 2011.
Brieskorn, Norbert u. a. (Hg.), Suche nach Frieden: Politische Ethik in der Frühen Neuzeit. 3 Bde., Stuttgart 2000–2003.
Brunert, Maria-Elisabeth, Der Westfälische Frieden 1648 – eine Friedensordnung für das Reich und Europa, in: Peter Geiss u. a. (Hg.), Friedensordnungen in geschichtswissenschaftlicher und geschichtsdidaktischer Perspektive, Göttingen 2017, S. 69–95.
Burkhardt, Johannes, Die Friedlosigkeit der Frühen Neuzeit. Grundlegung einer Theorie der Bellizität Europas, in: ZHF 24 (1997), S. 509–574.
Fisch, Jörg, Krieg und Frieden im Friedensvertrag. Eine universalgeschichtliche Studie über Grundlagen und Formelemente des Friedensschlusses, Stuttgart 1979.
Garber, Klaus u. a. (Hg.), Der Frieden. Rekonstruktion einer europäischen Vision, Bd. 2, München 2002.
Hartmann, Anja Victorine, Rêveurs de Paix? Friedenspläne bei Crucé, Richelieu und Sully, Hamburg 1995.
Janssen, Wilhelm, Art. „Friede", in: GGB 2 (1975), S. 543–592.
Johnson, James Turner, Ideology, Reason, and the Limitation of War. Religious and Secular Concepts 1200–1740, Princeton (New Jersey) 1975.
Kampmann, Christoph, Arbiter und Friedensstiftung. Die Auseinandersetzung um den politischen Schiedsrichter im Europa der Frühen Neuzeit, Paderborn u. a. 2001.

---

76 *Anuschka Tischer*, Vom Dreißigjährigen Krieg zum dauerhaften Frieden: Friedenssicherung als Problem der Reichspolitik in den 1640er und 1650er Jahren, in: Robert Rebitsch u. a. (Hg.), Vor 400 Jahren. Der Dreißigjährige Krieg, Innsbruck 2019, S. 69–83.
77 Vgl. hierzu auch Kapitel 51.
78 Die konkrete Gewichtung des Prinzips der Souveränität bzw. seine Beschränkung durch allgemein gültige völkerrechtliche Prinzipien sind umstritten. So geht für Randall Lesaffer mit der Durchsetzung des Souveränitätsgedankens ein nicht-diskriminatorischer Charakter des Krieges einher: *Randall Lesaffer*, Paix et guerre dans les grands traités du dix-huitième siècle, in: JHIL 7/1 (2005), S. 25–42.

Kampmann, Christoph, Art. „Friede", in: EdN 4 (2006), Sp. 1–20.
Lesaffer, Randall, Paix et guerre dans les grands traités du dix-huitième siècle, in: JHIL 7/1 (2005), S. 25–42.
Lesaffer, Randall, The Lore and Laws of Peace-Making in Early-Modern and 19th-century European Peace Treaties, in: Tilburg Law School Legal Studies Research Paper Series 3 (2018), S. 1–27.
Malettke, Klaus, Monarchie universelle, sécurité collective et équilibre au XVIIe siècle, in: Francia 43 (2016), S. 105–118.
Onnekink, David u. a. (Hg.), Ideology and Foreign Policy in Early Modern Europe (1650–1750), Farnham 2011.
Schmidt-Voges, Inken u. a. (Hg.), New Worlds? Transformations in the Culture of International Relations around the Peace of Utrecht, London u. a. 2017.
Schroeder, Paul W., The Transformation of European Politics 1763–1848, Oxford 1994.
Schusterová, Magda, Der Friedensvertrag Georgs von Podiebrad von 1464 vor dem Hintergrund der spätmittelalterlichen Vertragspraxis, Göttingen 2016.
Seresse, Volker, Aus der Geschichte der Union lernen: Der Friedensgedanke des dänischen Reichsrats in der skandinavischen Politik 1570–1611, in: Detlef Kattinger u. a. (Hg.), „Huru thet war talet kalmarn": Union und Zusammenarbeit in der Nordischen Geschichte. 600 Jahre Kalmarer Union (1397–1997), Hamburg 1997, S. 349–382.
Steiger, Heinhard, Rechtliche Strukturen der Europäischen Staatenordnung 1648–1792, in: ZaöRV 59/3 (1999), S. 609–647.
Steiger, Heinhard, Art. „Völkerrecht", in: EdN 14 (2011), Sp. 384–392.
Strohmeyer, Arno u. a. (Hg.), Frieden und Konfliktmanagement in interkulturellen Räumen. Das Osmanische Reich und die Habsburgermonarchie in der Frühen Neuzeit, Stuttgart 2013.
Tischer, Anuschka, Den Gegner bekämpfen, aber nicht beleidigen: Friedensorientierte Rhetorik in frühneuzeitlichen Konflikten, in: Martin Espenhorst (Hg.), Frieden durch Sprache? Studien zum kommunikativen Umgang mit Konflikten und Konfliktlösungen, Göttingen 2012, S. 97–117.
Tischer, Anuschka, Art. „Diplomatie", in: EdN 2 (2005), Sp. 1.027–1.041.
Tuck, Richard, The Rights of War and Peace. Political Thought and the International Order From Grotius to Kant, Oxford 1999.
Westphal, Siegrid, Der Westfälische Frieden, München 2015.
Wilangowski, Gesa, Frieden schreiben im Spätmittelalter. Vertragsdiplomatie zwischen Maximilian I., dem römisch-deutschen Reich und Frankreich, Berlin u. a. 2017.

Websites

www.ieg-friedensvertraege.de (abgerufen am: 03.03.2019).

Martin Espenhorst
18. Friedensverträge

Abstract: Peace Treaties
Early modern peace treaties are agreements reached between parties during peace negotiations. This chapter deals with the content of early modern peace treaties, their different formats, composition, and structure, and the languages and metaphors used to justify respective positions. In addition to the opposing parties, mediators and guarantors were also often involved in the process, and powers that were not actually parties to a peace agreement could join the treaty. The method concluding peace treaties gradually changed in the early modern period, as did the terminology used. By contrast, the principle of structuring treaties in paragraphs persisted. Some clauses were often repeated, for example relating to amnesty or drawing a veil over bones of contention (*oblivio*), attempts to preempt misunderstandings, or the duration of a treaty. An emphasis on the cruelty of war and praise for the mediators are also common features of early modern peace treaties.

> Bündnisse und Pacte sind von so grosser Krafft und Würckung, daß mittels selbiger die meiste Sachen und Händel derer Griechen und Barbarn ausgemacht werden. Im Vertrauen auf selbige pflegen die Menschen zusammen zu kommen auch Handel und Wandel mit einander zu treiben. Durch selbiger Behuff schliesset man mit einander gewisse Contracte, bringet privat-Feindschafften auch öffentliche Kriege zu einem friedlichen Ende; sie sind demnach das einzige gemeine Guth, dessen sich die Menschen zu bedienen niemahlen aufhören werden.[1]

1. Europäische Friedensverträge: Definition – Zweck – Quellenwert

Europäische Friedensverträge der Frühen Neuzeit (Staatsverträge, völkerrechtliche Urkunden) waren zwischenstaatliche Abkommen, die in der Regel von zwei oder mehr Vertragspartnern beziehungsweise ihren Bevollmächtigten und Unterhändlern ausgehandelt und unterzeichnet wurden. Friedensverträge sind schriftlich fixierte bi- und multilaterale Vereinbarungen zwischen Gemeinwesen („Souveränen", „Staaten", „Nationen")[2] mit dem erklärten Ziel, entweder Frieden wiederherzustellen, z. B. nach Ab-

---

[1] *Samuel v. Pufendorf*, De iure naturae et gentium libri octo, 1672 [deutsch: Acht Bücher vom Natur- und Völcker-Rechte/ mit des [...] Johann Nicolai Hertii, Johann Barbeyrac u. a. hochgelehrten Männern außerlesenen Anm. erl. u. in die teutsche Sprach übers., Franckfurt a. M 1711], S. 637.
[2] Beispielsweise Fürstentümer oder Republiken. Im Folgenden wird nicht unterschieden zwischen Großbritannien/England, Niederlande/Generalstaaten/Holland, Osmanisches Reich/Türkei, Schweiz/Eidgenossen etc.

schluss eines militärischen Konfliktes oder Krieges, oder den offenbar bedrohten Frieden präventiv zu erhalten.³ Um diesen Zweck zu erzielen, enthielten frühneuzeitliche europäische Friedensverträge eine Vielzahl an politischen, religiösen, sozialen, ökonomischen, zeremoniellen und rechtlichen Regularien, Vereinbarungen, Verzichtserklärungen und Handlungsanweisungen, und zwar für das Land sowie auch für die See.

Einheitlich und ‚europäisch' war das frühneuzeitliche Beurkundungsverfahren. Demnach umfassten Friedensverträge drei Vertragsstufen: die Vollmacht, das Unterhändlerinstrument sowie die Ratifikation.⁴ Sofern die Fürsten persönlich verhandelten und signierten, wie zum Beispiel Kaiser Karl V. (1500–1558) und Papst Clemens (1478–1534) den Frieden von Barcelona am 29. Juni 1529, wird im Gegensatz zur o.g. ‚zusammengesetzten' Beurkundung von einer ‚unmittelbaren' Beurkundung gesprochen. Allerdings war es durchaus möglich, dass Friedensverträge – aus welchen Gründen auch immer – nicht ratifiziert oder sogar aufgehoben wurden.

Der Zweck – die Stiftung oder Wahrung von Frieden – wurde in den Friedensverträgen *expressis verbis* aufgeführt. Als Beleg sei hier aus dem Münsterischen Exemplar des Westfälischen Friedens zwischen Kaiser/Reich und Frankreich vom 24. Oktober 1648 zitiert.⁵ Hierin heißt es, dass es endlich – nach vorausgegangenen Streitigkeiten, Krieg, Blutvergießen unter Christen und der Entvölkerung zahlreicher Landstriche – durch Gottes Güte geschehen sei, dass: „utrimque de paci universali suspecta sit cogitatio".⁶ Im Instrumentum Pacis Osnabrugense (IPO) vom 24. Oktober 1648 heißt es: „Pax sit Christiana, universalis, perpetua veraque et sincera amicitia inter sacram Caesaream [...] et sacram regiam maiestatem regnumque Sueciae [...]".⁷

Inwieweit Friedensverträge Konflikte beendeten, ihnen vorbeugten, sie festigten oder sogar eröffneten, muss im Einzelfall untersucht werden. Frieden wurde in den Friedensverträgen als anzustrebender Wert geschätzt, so dass sich die Vertragspartner als Beförderer des Friedens präsentieren konnten. Friedensverträge wurden öffentlich verlesen, mit Banketten, Theaterstücken⁸ und Musikkompositionen⁹ festlich gefeiert. Sie wurden in prächtigen Werkausgaben – im Original oder in einer Überset-

---

3 Vgl. hierzu auch Kapitel 17.
4 *Walter Heinemeyer*, Studien zur Diplomatik mittelalterlicher Verträge vornehmlich des 13. Jahrhunderts, in: AUF 14 (1936), S. 321–413.
5 Vgl. hierzu auch Kapitel 46.
6 „[...] von beiden Seiten der Gedanke an einen umfassenden Frieden angenommen worden ist". *Heinz Duchhardt/Franz-Josef Jakobi* (Hg.), Der Westfälische Frieden. Das Münstersche Exemplar des Vertrags zwischen Kaiser/Reich und Frankreich vom 24. Oktober 1648, Teil 1: Faksimile. Teil 2: Einführung – Transkription – Übersetzung, Wiesbaden 1996.
7 „Es sei [möge] ein christlicher, allgemeiner, immerwährender Friede und [sowie] wahre und aufrichtige Freundschaft [herrschen] zwischen der Hl. kaiserlichen Majestät [...] und dem Königreich Schweden [...]", http://www.pax-westphalica.de/ipmipo/index.html (abgerufen am: 18.09.2018).
8 *Johann Rist*, Das Friedejauchzende Teutschland, 1647 [Drama, Uraufführung 1647]. Vgl. hierzu auch Kapitel 37.

zung – ediert,[10] in der bildenden Kunst visualisiert,[11] analysiert,[12] sorgsam archiviert und zu besonderen Anlässen öffentlichkeitswirksam ausgestellt.

Frühneuzeitliche Friedensverträge besitzen einen hohen Quellenwert für eine Reihe wissenschaftlicher Disziplinen: für die historische Friedens- und Konfliktforschung;[13] für die Geschichtswissenschaft, sofern es um die Geschichte des europäischen Staatensystems und der internationalen Beziehungen oder der Diplomatie sowie Begriffsgeschichte geht;[14] für die Kunstgeschichte, sofern sie Friedensallegorien und Graphiken zu Friedensschlüssen untersucht;[15] für die Musikwissenschaft, die sich mit Friedensmusik befasst, worunter Musikstücke fallen, die anlässlich von Friedensschlüssen komponiert wurden;[16] für die Geographie, sofern detaillierte Nachrichten über Territorien und Grenzen benötigt werden;[17] für die (historische) Statistik,[18] zu denken ist z. B. an Daten über Einwohnerzahlen, Truppenstärken oder auch Zölle; schließlich für Völkerrecht(-sgeschichte) und Rechtsgeschichte,[19] sofern damalige international akzeptierte Verfahren und Rechte rekapituliert werden, z. B. die Amnestie oder auch den Status für Gefangene und deren Austausch. Auch die Religions-

---

9 Music for the Royal Fireworks (Feuerwerksmusik) anlässlich des Friedens von Aachen (1748), HWV 351. Vgl. hierzu auch Kapitel 35.
10 *Jean Dumont*, Corps universel diplomatique du droit des gens, contenant un recueil des traités de paix, d'alliance, &c., faits en Europe, depuis Charlemagne jusqu'à present, 8 Bde., Amsterdam 1726–1739. Zum Aspekt der Sprache vgl. auch Kapitel 25.
11 Allegorische Darstellung des Westfälischen Friedens: *Johann Ebermaier*, Triumphus Pacis Osnabruggensis Et Noribergensis: Heroico carmine ut plurimum adumbrates, 1649. Vgl. hierzu auch Kapitel 33 und 34.
12 Ein Beispiel eines frühneuzeitlichen Gelehrten: *Nicolaus Hieronymus Gundling*, Gründlicher Discours über den Westphälischen Frieden, Zu dessen Erläuterung Eine Kurtze Erzelung der vornehmsten Ursachen des Dreyszig-Jährigen Krieges Von Zeit der Reformation, bis auf den Westphälischen Frieden, Frankfurt/Leipzig 1736.
13 *Heinz Duchhardt*, Frieden, Friedensvertrag, Friedensforschung. Anmerkungen zu einer Neuerscheinung, in: ZHF 8 (1981), S. 469–479.
14 Ein Beispiel für ein frühneuzeitliches Werk zur europäischen Geschichte unter Berücksichtigung europäischer Friedensverträge ist: *Johann Gottfried Eichhorn*, Geschichte der drey letzten Jahrhunderte, 6 Bde., Göttingen 1803–1806, Dritte Auflage 1817–1818. Friedensverträge, besonders der Westfälische Friede und der Wiener Kongress, eignen sich gut zur Markierung von Epochengrenzen, siehe (Auswahl): *Karl Heinrich Ludwig Pölitz*, Die Staatensysteme Europa's und America's seit dem Jahre 1783, geschichtlich-politisch dargestellt, 3 Bde., Leipzig 1826.
15 *Hans-Martin Kaulbach* (Hg.), Friedensbilder in Europa 1450–1815, Kunst der Diplomatie – Diplomatie der Kunst, Berlin/München 2013.
16 *Hartmut Lück/Dieter Senghaas* (Hg.), Den Frieden komponieren?, Mainz 2010.
17 *Edward Hertslet*, The Map of Europe by Treaty showing the various political and territorial Changes which have taken place since the general Peace of 1814, 4 Bde., London 1875–1891.
18 *August Ludwig (von) Schlözer*, Theorie der Statistik. Nebst Ideen über das Studium der Politik überhaupt, Göttingen 1804, bes. S. 71–76.
19 Auswahl: *Georg Friedrich von Martens*, Einleitung in das positive Europäische Völkerrecht auf Verträge und Herkommen gegründet, Göttingen 1796; *Andreas Zimmer*, Friedensverträge im Völkerrecht, Koblenz 1989. Vgl. hierzu auch Kapitel 6.

geschichte befasst sich über die Erschließung und Analyse von frühneuzeitlichen Religionsfrieden mit der vormodernen Friedenspraxis und -theorie.[20]

2. Europäische Friedensverträge: Formen und Inhalte

Festgestellt wurde in der Forschung, dass es in der Frühen Neuzeit – sogar im sogenannten Zeitalter der Aufklärung – nur wenige Jahre gab, in denen in Europa kein Krieg geführt wurde. Differenzen entwickelten sich in der Frühen Neuzeit bekanntlich auf Grund der Konkurrenz zwischen europäischen Fürstenhäusern. Der Dualismus zwischen Wien und Versailles war „geradezu ein Kennzeichen und eine Konstante des Staatensystems" im 17. und frühen 18. Jahrhundert,[21] was sich auch in der Friedensvertragspraxis und -theorie niederschlug. Neben den konfessionellen Konflikten der beiden großen christlichen Kirchen wurde die „Bellizität" (Burkhardt)[22] der damaligen Zeit auch durch die pfälzische, österreichische, spanische und bayerische Thron- und Erbfolge verursacht sowie durch die niederländischen und nordamerikanischen Unabhängigkeitsprozesse.[23] Diese Differenzen ebenso wie – regionalere – Nachbarschafts-, Grenz- und Handelskonflikte[24] wurden durch frühneuzeitliche Friedensverträge gesteuert. Ein weiterer Aspekt, der auf die damalige Ordnung einwirkte, bestand in der engen Verbindung zwischen Europa und den Kolonien in der Karibik, Indien, Afrika und Nordamerika, die sich beispielsweise im Siebenjährigen Krieg (1756–1763) zeigt, der deshalb als „erster Weltkrieg" (Füssel)[25] bezeichnet wird.

Über Friedensverträge konnten Gemeinwesen auf spezifische Krisen und Konflikte reagieren und sie evtl. auch instrumentalisieren. Etwa 2.000 Friedensverträge – eine präzise Auswertung steht noch aus – wurden zwischen 1450 und 1789 in Europa, einschließlich Russlands und des Osmanischen Reichs, ausgehandelt. Auf Grund ih-

---

20 Vgl. hierzu auch Kapitel 14.
21 *Heinz Duchhardt*, Europa am Vorabend der Moderne 1650–1800, Stuttgart 2003.
22 *Johannes Burkhardt*, Die Friedlosigkeit der Frühen Neuzeit. Grundlegung einer Theorie der Bellizität Europas, in: ZHF 24 (1997), S. 509–574.
23 Es lassen sich folgende europäische Krisenregionen in der Frühe Neuzeit zusammenfassen: Oberitalien (Kaiser vs. franz. König, 1494–1559), die Niederlande (80-jähriger Krieg, 1568–1648; Holländischer Krieg, 1672–1678; 9-jähriger Krieg, 1688–1697), das Heilige Römische Reich (30-jähriger Krieg, 1618–1648), der Ostseeraum (Großer Nordischer Krieg, 1700–1721) und Polen (Polnische Teilungen, 1772/1793/1795).
24 Folgende Mächte waren an Nachbarschaftskonflikten beteiligt: Portugal/Spanien; Dänemark/Schweden; Schweden/Russland; Schweden/Polen-Litauen; Frankreich/Schweiz; Frankreich/Niederlande; England/Niederlande; Russland/Polen-Litauen; Polen/Osmanisches Reich; Osmanisches Reich/Habsburg; Osmanisches Reich/Russland. In diesem Zusammenhang sei nur an den dänisch-schwedischen Dreikronenkrieg (1563–1570), den Livländischen Krieg zwischen Russland und Polen (1558–1582) und die russisch-türkischen Kriege (u. a. 1676–1681/1686–1700/1768–1774) erinnert.
25 *Marian Füssel*, Der Siebenjährige Krieg. Ein Weltkrieg im 18. Jahrhundert, München 2010.

res Inhalts und ihrer Zielsetzung werden frühneuzeitliche Friedensverträge differenziert in Konventionen, Allianzen, Bündnisse, Offensiv- und Defensivverträge, Präliminarverträge, Neutralitätsabkommen, Subsidien- und Garantieverträge, Vermittlungskonventionen, Heirats- und Erbschaftsverträge, Schiedssprüche, Erneuerungs-, Beistandsverträge, Familienpakte oder auch Handels- und Grenzverträge sowie Waffenstillstände.[26]

In Friedensverträgen wurden das Verhältnis der Vertragspartner definiert, Territorien und Grenzen (neu) bestimmt, Subsidien- und Hilfeleistungen festgeschrieben, Besitzungen, Privilegien und Ressourcen neu verteilt oder bestätigt, Titel- und Rangfragen entschieden sowie Kompensationen, Tributzahlungen, Reparationszahlungen und Kriegskosten erhoben. Generell zu unterscheiden sind Vereinbarungen zu bündnis-, friedens- und kriegspolitischen Maßnahmen, Lehensfragen, religions- und kirchenpolitischen Fragen (Gewissensfreiheit, Benefizien), verfassungspolitischen Neustrukturierungen, Souveränitäts- und Neutralitätsrechten, Eheplänen sowie Erb- und Thronfolgen. Zudem wurden militärische Ziele (Stationierung und Aushebung von Truppen, Quartierregulierungen, Abzugs-, Durchmarschrechte, Gefangenenaustausch, Festungsbau), verwaltungspolitische Aufgaben (Auswahl von Verwaltungssitzen) sowie handelspolitische Instrumente (Transithandel, Wechselkurs, *Droit d'Aubaine*,[27] Handelsfreiheit, Zollfreiheit) behandelt. Zudem finden sich Bestimmungen über die Amnestie, die Aufhebung, Bestätigung oder Erneuerung von früheren Friedensverträgen, Rechte für Glaubensflüchtlinge und Auswanderer, Bestimmungen von Strafen, z. B. im Fall von Desertionen, sowie Salutbestimmungen im Schiffsverkehr. Ausgehandelt wurde schließlich auch der weitere Ablauf des Friedensprozesses (Aufforderung zum Beitritt weiterer Staaten, Austausch der Urkunden, Frist für die Ratifikation, Frist für die Veröffentlichung). Friedensverträge sind insofern kulturelle – keineswegs nur politische, sondern auch soziale und ökonomische – Momentaufnahmen zwischenstaatlicher Beziehungen.

---

[26] Andreas Zimmer nimmt Waffenstillstände aus der Definition von Friedensverträgen aus (*Zimmer, Friedensverträge*, S. 3). In der Frühen Neuzeit wurden allerdings auch Waffenstillstände von Diplomaten ausgehandelt und konnten auf Dauer angelegt sein, z. B. auf 10 Jahre (Altmark 1629 IX 25) oder sogar 100 Jahre (London 1478 II 13). Mitunter behandeln sie Bestimmungen zu Kriegsgefangenen, Seehandel und Rüstungsfragen, so dass sie Friedensverträgen sehr nahe kommen. Vgl. *Andrea Schmidt-Rösler*, Waffenstillstand, in: Heinz Duchhardt/Martin Peters, Europäische Friedensverträge der Vormoderne [historicum.net: https://www.historicum.net/themen/friedensvertraege-der-vormoderne/] (abgerufen am: 18.09.2018).

[27] Droit d'Aubaine: Heimfallsrecht. Das Recht des Fiskus, den hinterlassenen Besitz eines im Land verstorbenen Migranten einzuziehen.

3. Europäische Friedensverträge: Bezeichnung – Struktur – Vermittlung

Bezeichnet wird ein frühneuzeitlicher europäischer Friedensvertrag durch den Ort, an dem er signiert wurde, sowie den Zeitpunkt, an dem die Unterschrift geleistet wurde (Unterhändlerausfertigung). Mitunter ist, um Doppelungen zu vermeiden, eine nähere Benennung durch die Angabe der Vertragspartner notwendig. Beispielsweise heißt der Vertrag, in dem die Anerkennung Preußens als souveränes Herzogtum festgeschrieben wurde, dementsprechend Friedensvertrag von Wehlau zwischen (König Johann Kasimir von, 1609–1672) Polen und (Kurfürst Friedrich Wilhelm von, 1620–1688) Brandenburg vom 19. September 1657 (auch: 1657 IX 19).

Der europäische Ort, an dem in der Frühen Neuzeit am häufigsten zwischenstaatliche Friedensverträge abgeschlossen wurden, war Den Haag.

Die für Europa bedeutenderen Friedenskonferenzen[28] der Frühen Neuzeit wurden in Crespy (1544 IX 18),[29] der den von 1542 bis 1544 ausgetragenen Krieg zwischen Karl V. und Franz I. beendete, und in Cateau-Cambrésis (1559 IV 3) abgeschlossen,[30] der die Konflikte der beiden katholischen Mächte Spanien und Frankreich regeln sollte. Weitere größere Konferenzen wurden in Vervins (1598 V 2), wo der Krieg zwischen Spanien, Frankreich, Großbritannien und den Generalstaaten des Jahres 1589 beendet wurde,[31] und in Osnabrück/Münster (1648 X 24) abgehalten, der den 30-jährigen Krieg (1618–1648) beenden sollte.[32] Im Friedensvertragswerk von Nijmegen (1678/79), in dem Frankreich separat mit mehreren europäischen Mächten (Niederlande, Spanien, Schweden/Reich, Münster) Frieden schloss,[33] ging es um die Lösung der sog. niederländischen Frage. In Rijswijk (1697 IX 20)[34] wurde der sog. Pfälzische Erbfolgekrieg (1688–1697) beendet, in Utrecht/Rastatt/Baden (1713/1714) der Spanische Erbfolge-

---

28 Vgl. hierzu auch Kapitel 22.
29 Vertragspartner: Kaiser, Frankreich.
30 Vertragspartner: Frankreich, Spanien. Vgl. hierzu auch Kapitel 42.
31 Vertragspartner: Frankreich, Spanien, Savoyen.
32 Vertragspartner: IPO (Osnabrück): Kaiser, Schweden, deutsche Verbündete; IPM (Münster): Kaiser, Frankreich; Pyrenäenfrieden (1659 XI 7) zwischen Frankreich und Spanien. Vgl. zu IPO und IPM auch Kapitel 46.
33 Das Friedensvertragswerk besteht aus mehreren Friedensverträgen, u.a. Nijmegen (1678 VIII 10) zwischen Frankreich und den Generalstaaten; Nijmegen (1679 II 5) zwischen dem Reich und Schweden; St. Germain-en-Laye (1679 VI 29) zwischen Frankreich und Schweden. Vgl. hierzu auch Kapitel 47.
34 Es kam zu mehreren Vertragsschlüssen: Vertragspartner: Frankreich, Großbritannien (bzw. England); Vertragspartner: Frankreich, Generalstaaten; Vertragspartner: Frankreich, Spanien; Vertragspartner: Frankreich, Kaiser, Deutsches Reich. Vgl. hierzu auch Kapitel 47.

krieg[35] (1701–1714) und in Aachen (1748 X 18)[36] der Österreichische Erbfolgekrieg (1740–1748). Der Frieden von Paris/Hubertusburg (1763 II 10/15)[37] beendete den 7-jährigen Krieg (1756–1763) und der Friede von Paris/Versailles (1783 IX 3 und 1784 V 20) den Nordamerikanischen Unabhängigkeitskrieg (1775–1783).[38]

Friedensverträge konnten einen Umfang von nur einem einzigen Blatt ausmachen. Das Osnabrücker Instrument des Westfälischen Friedens (1648 X 24) dagegen umfasst 90 Blätter. Im Lauf der Frühen Neuzeit wurden Friedensverträge nicht mehr auf Pergament, sondern auf Papier geschrieben. Während die Unterhändlerausfertigung in ihrer optischen Gestaltung eher schmucklos war, finden sich in der Ratifikation Verzierungen in der Schrift und sogar Bildelemente. Der 1689 abgeschlossene Grenzvertrag von Nertschinsk zwischen China und Russland enthält die Bestimmung, dass dieser in tatarischer, chinesischer, russischer und lateinischer Sprache ausgestellte Friedensschluss in Steine eingemeißelt werden solle, um sie dann an den Grenzen der beiden Reiche aufzustellen.

Die Vertragspartner, die miteinander in Kontakt traten, um einen Friedensprozess und damit eine neue, grenzüberschreitende, politische bzw. völkerrechtliche Situation hervorzubringen, waren Gemeinwesen mit unterschiedlichen Verfassungen, Traditionen, Sprachen, Zeremonien, Rangqualitäten, Ressourcen, Interessen und Rechtssystemen. In der Regel handelte es sich bei den Vertragspartnern um souveräne Mächte. Dabei konnte allerdings die Frage der Souveränität durchaus strittig sein. Den deutschen Reichsständen wurde zwar im Westfälischen Frieden von 1648 ein begrenztes Bündnisrecht – es durfte nicht gegen Kaiser und Reich gerichtet sein – zugesprochen. Aber schon zuvor fanden sich Reichsstände als Vertragspartner mit nicht-deutschen Mächten (Friedensvertrag von Fontainebleau 1631 V 30 zwischen Bayern und Frankreich).[39] Auch nicht-staatliche Gebilde, wie die Reichskreise, die Hanse oder die

---

35 Zu diesem Friedensvertragswerk gehören: Utrecht (1713 IV 11) zwischen Frankreich und Großbritannien; Utrecht (1713 IV 11) zwischen Frankreich und den Generalstaaten sowie zwischen Frankreich und Preußen, Frankreich und Portugal sowie Frankreich und Savoyen. Ferner: Utrecht (1713 VII 13) zwischen Spanien und Großbritannien sowie zwischen Spanien und Savoyen. Zudem: Rastatt (1714 III 6) zwischen dem Kaiser und Frankreich; Baden (1714 IX 7) zwischen Frankreich und dem Reich. Vgl. hierzu auch Kapitel 47.
36 Vertragspartner: Österreich, Großbritannien, Generalstaaten, Sardinien, Frankreich, Spanien, Modena, Genua. Vgl. hierzu auch Kapitel 50.
37 Vertragspartner (Paris): Frankreich, Spanien, Großbritannien, Portugal. Vertragspartner (Hubertusburg): Preußen, Österreich. Vgl. hierzu auch Kapitel 50.
38 Vertragspartner (Paris): Großbritannien, Vereinigte Staaten von Amerika; Vertragspartner (Versailles): Großbritannien, Frankreich; Vertragspartner (Versailles): Großbritannien, Spanien; Vertragspartner (Paris): Großbritannien, Generalstaaten.
39 Über die Suspendierung des Bündnisrechts im Friedensvertrag von Prag (1635 V 30) und der Frage der Souveränität deutscher Reichsstände, siehe *Johannes Burkhardt*, Vollendung und Neuorientierung des frühmodernen Reiches 1748–1763, Stuttgart [10]2006, S. 39–41.

Ostindische Handelskompanie traten als Vertragspartner in Friedensprozessen auf. Binneneuropäische Friedensstiftung lässt sich insofern als kulturelle Übersetzungsleistung und „cultural translation" beschreiben, wobei Friedensverträge, die am vorläufigen Ende der Übersetzungsprozesse stehen, Handlungsgegenstände sind.[40] Zu den Akteuren dieses bi- und multilateralen sowie translingualen Prozesses gehörten neben den Vertragspartnern auch Diplomaten, Vermittler und Dolmetscher, so genannte „cultural go-betweens".[41]

Die in Paragraphen strukturierten Friedensverträge der Unterhändlerausfertigungen sind aufgebaut nach einer relativ stereotypen Textstruktur, wobei Ausnahmen die Regel bestätigen. Der Aufbau der Vertragsurkunde unterscheidet die Präambel[42] mit der *Invocatio*,[43] der Titelangabe der vertragschließenden Parteien,[44] der *Arenga*[45] und der *Narratio*,[46] von der *Dispositio*[47] und dem *Eschatokoll*[48] mit der *Corroboratio*,[49] der Datierung, den Signaturen, dem Siegel sowie den Rekognitionszeichen (Bienenkorb).[50] Von der Haupturkunde lassen sich Nebenrezesse, Geheimartikel und Separatartikel differenzieren.[51]

In der Frühen Neuzeit setzten europäische Friedensverträge mit der Anrufung Gottes, der *Invocatio*, ein, die in verschiedenen Varianten und unterschiedlicher Intensität vorkam, wie z. B.: „In nomine sanctae et individuae trinitatis amen" (Friedensvertrag von Krakau 1525 IV 8); „In nomine Patris Filii et Spritius Sancti unici verique Dei Amen" (Vertragswerk von Wehlau/Bromberg 1657 IX 19/1657 XI 6); „Au nom de Dieu la Createur et de la Sainte Trinité" (Friedensvertrag von Celle 1679 I 26); „Au nom de la tres Sainte Trinité" (Friedensvertrag von Utrecht 1713 IV 11); „Im Nahmen der Allerheiligsten Dreyfaltigkeit Gott des Vaters, Sohnes und Heiligen Geistes Amen" (Subsidien- und Freundschaftsbündnis von München 1746 VII 21); „Im Namen der

---

40 Siehe dazu: *Hans J. Vermeer*, Übersetzen als kultureller Transfer, in: Mary Snell-Hornby (Hg.), Übersetzungswissenschaft. Eine Neuorientierung, Tübingen 1986, S. 30–53, S. 46.
41 *Peter Burke/R. Po-chia Hsia*, Cultural Translation in Early Modern Europe, Cambridge 2007. Vgl. zu den Akteuren auch Kapitel 26.
42 *Heinhard Steiger*, Vorsprüche zu und in Friedensverträgen der Vormoderne, in: ders., Von der Staatengesellschaft zur Weltrepublik? Aufsätze zur Geschichte des Völkerrechts aus vierzig Jahren, Baden-Baden 2009, S. 469–511.
43 Anrufungsformel.
44 Vergleiche, *Regina Dauser*, Ehren-Namen, Herrschertitulaturen im völkerrechtlichen Vertrag 1648–1748, Köln u. a. 2017.
45 Darstellung der Beweggründe.
46 Vorgeschichte.
47 Sachlicher Kern.
48 Schlussteil.
49 Bekräftigungsformel.
50 Kanzleizeichen.
51 *Ludwig Bittner*, Die Lehre von den völkerrechtlichen Vertragsurkunden, Berlin/Leipzig 1924, ND 2005.

Heiligen und Unzertrennlichen Dreyeinigkeit!" (Defensivallianz von St. Petersburg 1765 II 28).

Zu unterscheiden sind Friedensverträge, die als ‚ewige' oder ‚immerwährende' Frieden ausgewiesen wurden, von zeitlich befristeten Verträgen. Eine *Union perpetuelle* wurde z. B. zwischen Ludwig XIV. (1638–1715) und den Schweizer Kantonen am 19. Juli 1658 in Calais vereinbart. Auch der am 7. November 1659 auf der Fasaneninsel zwischen Frankreich und Spanien abgeschlossene Pyrenäenfrieden wurde in Artikel 1 als „bonne, ferme & durable Paix, Confederation & perpetuelle Alliance & Amitié" ausgewiesen. Im Friedensvertrag von Dresden (1745 XII 25), der den Zweiten Schlesischen Krieg beendete, heißt es: „un paix constante, perpétuelle et inviolable".[52] Dagegen wurde der Friedensvertrag von Karlowitz zwischen dem Osmanischen Reich und Österreich vom 26. Januar 1699, in dem festgelegt wurde, dass Siebenbürgen an Österreich kam, auf 25 Jahre befristet. Unbefristete Verträge zwischen beiden Mächten wurden seit 1739 abgeschlossen.[53]

Häufig – zumal in der frühen Frühen Neuzeit – wurden die Friedensverträge durch einen Eid gesichert. Ein anderes Instrument zur Bekräftigung des Friedens war es, eine fürstliche Ehe zu vereinbaren (Staatsheirat). Im Pyrenäenfrieden (1669 XI 7) z. B. wurde die Vermählung zwischen König Ludwig XIV. von Frankreich und der spanischen Infantin Maria Theresia vereinbart; im Rahmen des Friedenskongresses von Nijmegen und St. Germain-en-Laye (1678 VIII 10–1679 X 12) wurde die Vermählung zwischen Karl II. von Spanien (1661–1700) und Marie-Louise d'Orléans (1662–1689) geschlossen. Artikel über fürstliche Ehen finden sich auch in den Friedensverträgen von Cambrai (1529 VIII 5), Crespy (1544 IX 18) und vielen mehr. Ehen waren Teil der zwischenstaatlichen Bündnispolitik. Auch Heiratsverbote wurden in Friedensverträgen ausgesprochen (Barcelona, 1493 I 19).[54]

Es bestand die Möglichkeit, dass die Vertragspartner weiteren Gemeinwesen die Gelegenheit eröffneten, dem abgeschlossenen Friedensvertrag beizutreten. In Artikel 13 der Heiligen Allianz (1684 III 5) zwischen Kaiser Leopold I., König Johann III. Sobieski von Polen und Venedig heißt es, dass das Bündnis anderen Mächten offen stehe, namentlich dem Zaren von Moskau: „nominatam Serenissimos Moschorum Czaros omni cura ad hanc Societatem invitabunt flectentque".[55] Auch konnten nicht

---

52 www.ieg-friedensvertraege.de(abgerufen am: 18.09.2018).
53 Siehe grundlegend dazu, *Guido Komatsu*, Die Türkei und das europäische Staatensystem im 16. Jahrhundert. Untersuchungen zu Theorie und Praxis des frühneuzeitlichen Völkerrechts, in: Christine Roll u. a. (Hg.), Recht und Reich im Zeitalter der Reformation (Festschrift für Horst Rabe), Frankfurt a. M. u. a. 1996, S. 121–144, S. 142. Vgl. hierzu auch Kapitel 19 und 48.
54 *Martin Peters*, Können Ehen Frieden stiften? Europäische Friedens- und Heiratsverträge der Vormoderne, in: JbEurG 8 (2007), S. 121–133.
55 *Helmut K. G. Rönnefahrt* (Bearb.), Konferenzen und Verträge. Vertrags-Ploetz. Ein Handbuch geschichtlich bedeutsamer Zusammenkünfte und Vereinbarungen, Teil 2: 3. Bd.: Neuere Zeit 1492–1914, Würzburg ²1958, S. 105.

am Friedensvertrag beteiligte Mächte mit in den Vertrag eingeschlossen werden. In Artikel XV des Friedens von Nystad (1721 XI 10) zwischen Russland und Schweden, der den Nordischen Krieg (1700–1721) beendete,[56] ist vorgesehen, dass Polen

> ausdrücklich in diesem Frieden mit eingeschlossen und Ihnen die accession dergestalt vollkomlich vorbehalten, als wann der zwischen Sie und der Cron Schweden zu erneuernde Friedens-Tractat von Wort zu Wort diesem inseriret wäre.[57]

Mitunter wurden ein oder mehrere Vermittler (Mediator/en)[58] sowie Garantiemächte zum Friedensprozess hinzugezogen.[59] Während die Mediatoren ein Instrument der Friedenskommunikation waren, sollten die Garantiemächte für die ausgehandelten Bestimmungen bürgen und auf ihre Umsetzung achten.

Den Vertrag von Etaples (1492 XI 3) zwischen England und Frankreich sollte der Heilige Stuhl garantieren. Waren für den Altonaer Vertrag (1689 VI 20) Schweden, England und die Niederlande die europäischen Garantiemächte, fungierten Russland und Frankreich als Garantiemächte des Friedens von Teschen (1779 V 13) zwischen Österreich und Preußen. Im Frieden von Aachen (1748 X 18) waren die beteiligten Mächte – Österreich, Großbritannien, die Generalstaaten, Sardinien, Frankreich, Spanien, Modena und Genua – zugleich die Garanten der Friedensbestimmungen. Garanten übten in einigen Fällen auch die Funktion der Vermittlung aus. Auch im Westfälischen Frieden (1648 X 24) waren die unterzeichnenden Mächte zugleich Garanten des Vertrags.

Aufgaben und Einfluss der Vermittler waren durchaus unterschiedlich.[60] Nicht immer begleiteten sie die Verhandlungen bis zum Abschluss. Es gab damals durchaus kritische Stimmen dahingehend, dass Vermittler den Friedensprozess eher verzögerten. Daher kamen in der Frühen Neuzeit größere Friedenskonferenzen auch ohne Mediation aus. Der Friedensvertrag von Vervins (1598 V 2) zwischen Frankreich, Spanien und Savoyen wurde durch den Papst vermittelt. Der Papst sowie auch Venedig stellten die Vermittler auf dem Westfälischen Friedenskongress. Für den päpstlichen Vermittler Fabio Chigi (1599–1667) ging es darum, den Parteien gerade keine Vorschläge zu unterbreiten und auch keine Schiedsfunktionen zu übernehmen. Hier schien es ihm

---

56 Vgl. hierzu auch Kapitel 49.
57 www.ieg-friedensvertraege.de (abgerufen am: 18.09.2018).
58 Über den Unterschied zwischen Vermittler und Schiedsrichter, *arbiter* und *arbitrator* vergleiche *Konrad Repgen*, Friedensvermittlung und Friedensvermittler beim Westfälischen Frieden, in: WZ 147 (1997), S. 37–61. Zur Friedensvermittlung siehe: *Heinz Duchhardt*, ‚Friedensvermittlung' im Völkerrecht des 17. und 18. Jahrhunderts: Von Grotius bis Vattel, in: ders., Frieden im Europa der Vormoderne. Ausgewählte Aufsätze 1979–2011, hg. v. Martin Espenhorst, Paderborn u. a. 2012, S. 4–36.
59 Vgl. hierzu auch Kapitel 24.
60 Vgl. *Heinz Duchhardt*, Arbitration, Mediation oder bons offices? Die englische Friedensvermittlung in Nijmwegen 1676–1679, in: ders., Studien zur Friedensvermittlung in der Frühen Neuzeit, Wiesbaden 1979, S. 23–88.

vielmehr geboten, Indifferenz einzuhalten, Parteilichkeit zu vermeiden, Vertrauen zu gewinnen und dafür einzutreten, dass die Waffenruhe eingehalten wurde.[61]

In dem Zeitraum zwischen 1450 und 1789 übten folgende Mächte die Aufgaben eines Mediators aus (Auswahl), wobei durchaus bei einzelnen Friedensverhandlungen auch mehrere Vermittler tätig sein konnten. Es wurden auch eigens völkerrechtliche Verträge über Vermittlungstätigkeiten erstellt:

Vermittler	Ort	Datum	Vertragspartner
Böhmen	Prag	1461 XII 7	Kaiser/ Bayern/ Brandenburg
Frankreich	Senlis	1474 VI 11	Österreich/ Schweizer Konföderierte
Papst	Vervins	1598 5 2	Frankreich/ Spanien/ Savoyen
Großbritannien (bzw. England)	Ulfsbäck	1613 I 20	Dänemark/ Schweden
Großbritannien (bzw. England)	Stolbovo	1617 III 9	Russland/ Schweden
Spanien	Madrid	1617 IX 26	Kaiser/ Venedig
Brandenburg Frankreich Großbritannien (bzw. England)	Altmark	1629 IX 25	Schweden/ Polen
Papst	Regensburg	1630 X 13	Frankreich/ Kaiser
Frankreich Großbritannien	Stuhmsdorf	1635 IX 12	Polen/ Schweden
Frankreich	Brömsebro	1645 VIII 13	Dänemark/ Schweden
Papst[62] Venedig	Osnabrück / Münster	1648 X 24	Kaiser/ Schweden/ Deutsche Reichsstände [IPO] – Kaiser/ Frankreich [IPM]
Frankreich	Oliva	1660 V 3	Polen/ Brandenburg/ Österreich/ Schweden
Frankreich Großbritannien (bzw. England)	Roskilde	1658 II 26	Dänemark/ Schweden

---

61 Allerdings gab es schon von den Zeitgenossen Kritik an Chigis Tätigkeit. Auch hatte seine neutrale Zurückhaltung Grenzen, so gegenüber Protestanten. *Christoph Kampmann*, Europa und das Reich im Dreißigjährigen Krieg. Geschichte eines europäischen Konflikts, Stuttgart 2008, S. 155f.
62 Der Papst protestierte gegen den Westfälischen Frieden von 1648.

Vermittler	Ort	Datum	Vertragspartner
Schweden	Stockholm [Erklärung zur Vermittlung]	1666 VII 17	Frankreich/ Generalstaaten/ Großbritannien/ Schweden
Schweden	Breda	1667 VII 31	Frankreich/ Großbritannien
Frankreich Mainz Köln Braunschweig-Lüneburg	Höxter	1671 IV 5	Münster/ Braunschweig-Lüneburg
Großbritannien (bzw. England)	Nijmegen	1678 IX 17	Frankreich/ Spanien
Großbritannien (bzw. England)	Lund	1679 IX 26	Schweden/ Dänemark
Kaiser Sachsen Brandenburg Großbritannien (bzw. England) Generalstaaten	Altona	1689 VI 20	Dänemark/ Holstein-Gottorf
Brandenburg	Berlin	1688 VII 6	Dänemark/ Generalstaaten
Großbritannien (bzw. England)	Hamburg	1693 X 9	Dänemark/ Braunschweig-Lüneburg
Schweden Generalstaaten Reich Brandenburg	Hamburg	1693 X 9	Dänemark/ Braunschweig-Lüneburg
Schweden	Rijswijk	1697 X 30	Frankreich/ Kaiser / Reich
Schweden	Rijswijk	1697 IX 20[63]	Frankreich/ Generalstaaten
Großbritannien (bzw. England) Generalstaaten	Karlowitz	1699 I 26	Osmanisches Reich/ Österreich
Großbritannien (bzw. England) Generalstaaten	Karlowitz	1699 I 26	Osmanisches Reich/ Venedig
Kaiser Brandenburg Sachsen	Traventhal	1700 VIII 18	Dänemark/ Schleswig-Holstein-Gottorf

---

63 Im Friedensvertrag von Rijswijk (1697 IX 20) zwischen Frankreich und den Generalstaaten wird in der Präambel Karl XI. von Schweden als Vermittler erwähnt, der jedoch im April 1697 verstorben war.

Vermittler	Ort	Datum	Vertragspartner
Preußen Hessen-Kassel	Braunschweig	1702 IV 19	Braunschweig/ Liga von Celle/ Wolfenbüttel
Großbritannien Generalstaaten	Konstantinopel	1712 IV 5	Ottomanisches Reich/ Russland
Großbritannien	Utrecht	1713 III 14	[„Belligerantes"]
Großbritannien Generalstaaten	Passarowitz	1718 VII 21	Österreich/ Osmanisches Reich
	Kopenhagen [Vermittlungskonvention]	1719 X 30	Dänemark/ Großbritannien
Frankreich	Stockholm	1719 XI 9	Schweden/ Großbritannien/ Braunschweig
Großbritannien	Stockholm	1720 I 21	Schweden/ Preußen
Frankreich Großbritannien	Stockholm	1720 VI 3	Schweden/ Dänemark
Großbritannien	Dresden	1745 XII 25	Preußen/ Österreich / Sachsen
Dänemark	Zeven	1757 IX 8	Frankreich/ Hannover
Sachsen	[Waffenstillstand]	1762 XI 24	Preußen/ Österreich
Frankreich Russland	Teschen	1779 V 13	Österreich/ Preußen
Russland Österreich	Versailles	1783 IX 3	Großbritannien/ Spanien

Mediatoren wurde ein hohes Ansehen zugesprochen. Ihre Leistungen bei der Friedensstiftung wurden – mal ausführlich, mal nur kurz – in den Friedensverträgen erwähnt.

Im Friedensvertrag von Lund (1679 IX 26) zwischen Schweden und Dänemark wird die Vermittlertätigkeit Karls II. von England (1630–1685) ausführlich gewürdigt:

> [...] und sich der Großmächtigste Fürst und Herr/ Herr Carl der ander/ König von Groß-Britannien/ etc. auß einer ruhmwürdigen Intention, so wol durch Schreiben/ als dessen hiezu abgeschickte Ministros sich höchstloblich dahin bemühet/ damit solcher blutige Krieg geendigt/ die streitenden Partheyen vergliechen/ und zwischen ihnen ein beständiger Friede und gutes Vernehmen wiedergebracht und gestiftet werden möge.[64]

---

[64] *Dumont*, Corps universel, 8/1, S. 426.

Auch im Frieden von Roskilde (1658 II 26) werden die friedensstiftenden Leistungen der Vermittler – Frankreich und Großbritannien – betont und auf die „sonderbare Affection [der Vermittler] zu beiden streitenden Königen und löblichen Reichen" verwiesen, weshalb für gut befunden worden sei,

> alle möglichen Mittel zu suchen, wodurch die angezündete und um sich fressende Kriegesflamme in diesen Nordischen Reichen geschwächet und gedämpffet, und dagegen Friede und Ruhe, Freundschaft und gute Vertraulichkeit gestiftet und aufgerichtet werden könnte, allem ferneren Unglück dadurch vorzukommen [...].[65]

Im Frieden von Nystad (1721 IX 10) wurde angekündigt, dass Russland als Mediator im Rahmen eines noch einzuleitenden Friedensprozesses zwischen Polen und Schweden fungieren werde:

> Als Versprechen Ihro Königl: Majst: von Schweden, daß Sie ohnverzüglich an den ort, worüber Sie mit Ihro Königl: Majst: von Schweden und der Republique Pohlen sich vereinigen werden, Ihre Plenipotentiaires abschicken, und unter Sr. Czar: Mt: Mediation mit selbigen einen ewigen Frieden auf convenable conditiones renoviren und schließen wollen. Gleichwohl daß in selbigen nichts enthalten sey, was gegenwärtigem mit Ihro Czar: Mt: errichteten ewigen Frieden in einigen stücken, oder auf einigerley Art und Weise zu wieder seyn oder præjudiciren könte.[66]

Dass der Abschluss eines Friedensvertrags damals als Teil eines übergeordneten Prozesses verstanden wurde, belegen nicht nur die Bestimmungen über die künftigen Planungen, sondern auch die Rückblicke in Form von Zitaten, Bestätigungen und Rückgriffen auf vorherige Friedensverträge. So wird im Friedensvertrag von Vervins (1598 V 2) der Friedensvertrag von Cateau-Cambrésis (1559 IV 3)[67] bestätigt. Als bedeutsames Referenzwerk gilt der Doppelfrieden von Münster und Osnabrück (1648 X 24),[68] auf den in späteren Friedensverträgen regelmäßig Bezug genommen wurde. Im Friedensvertrag von Nijmegen (1679 II 5) zwischen Frankreich, dem Kaiser und dem Heiligen Römischen Reich deutscher Nation wurde in Artikel 2 der Friede von Münster (1648 X 24) erwähnt und als Grundlage des neuen Vertrages bezeichnet. Im Friedensvertrag von Nijmegen (1679 II 5) zwischen dem Heiligen Römischen Reich und Schweden wurde der Frieden von Osnabrück (1648 X 24)[69] als Grundlage definiert. Ausgeschlossen wurden damit diesen Referenzfrieden zuwiderlaufende Bündnisse. Im Frieden von Nijmegen (1679 XI 12) zwischen Schweden und den Generalstaaten werden der Friedensvertrag von Stockholm (1640 IX 1), der Friedensvertrag von Elbing (1656 IX 1/11) und der Freundschaftsvertrag von Den Haag (1667 VII 18/28) be-

---

65 Deutsche Übersetzung, siehe: Theatrum Europaeum, Bd. 8 (1657–1660), S. 691. Schwedische Unterhändlerausfertigung siehe www.ieg-friedensvertraege.de (abgerufen am 18.09.2018).
66 www.ieg-friedensvertraege.de (abgerufen am: 18.09.2018).
67 Vgl. hierzu auch Kapitel 42.
68 Vgl. hierzu auch Kapitel 46.
69 Vgl. hierzu auch Kapitel 47.

stätigt. Auch im Friedensvertrag von Ulfsbäck (1613 I 20) zwischen Dänemark und Schweden wird ein vorheriger Friedensschluss bestätigt, nämlich der Friedensvertrag von Stettin (1570 XII 13),[70] allerdings mit der Einschränkung, dass diejenigen Artikel, die dem neuen Vertrag entgegenstehen, von der Bestätigung ausgeschlossen sind. Der Friedensvertrag von Rijswijk zwischen Frankreich, dem Kaiser und dem Heiligen Römischen Reich (1697 XI 30)[71] sieht vor, dass einzelne Bestimmungen des Friedens von Nijmegen – es geht um Hoheitszeichen – aufgehoben werden sollen. Neben Erneuerungen, Bestätigungen und Anpassungen der Vertragsinhalte wurden mitunter einzelne Artikel vom vorherigen Friedensvertrag übernommen und in den neuen Vertrag kopiert. So verfahren wurde mit dem in London signierten Teilungsvertrag zur Spanischen Erbfolge (1700 III 3) und dem vorausgegangenen Teilungsvertrag von Den Haag (1698 XI 11).

Erneute militärische Krisen, Schlachten und Kriege, die sich trotz des Abschlusses von Friedensverträgen ereigneten, konnten damit begründet werden, dass missverständliche Formulierungen gebraucht worden seien. So heißt es ausführlich in der Präambel des Friedensvertrages von Traventhal (1700 VIII 18):

> Demnach seit Anno 1675 zwischen Königl. Majest. zu Dennemarck und des Hertzogen zu Schleßwig-Hollstein-Gottorff Durchl. verschiedene beschwerliche Mißverstände und Dissidien entstanden, und obgleich dieselbe durch die in Anno 1679 zu Fontainebleau und ferner Anno 1689 zu Altona errichtete Frieden-Schlüsse und Vergleiche componiret worden, solche dennoch occasione der über den eigentlichen Verstand und Interpretation ein- und andern in dem Altonaischen Vergleich Articuls aber einst entstandenen Zwistigkeiten von neuen rege gemacht [...].[72]

Dass Friedensverträge als unzureichend für den Friedenprozess bewertet wurden, findet sich auch im Frieden von Stettin (1570 XII 13) zwischen Dänemark und Schweden. Hier wird in Artikel 1 erklärt, dass es die Vertragspartner trotz des Friedens von Brömsebro (1541 IX 14)[73] nicht vermocht hätten, zu einer Einigung zu gelangen.

4. Sprache der Friedensverträge

In welcher Sprache der Friedensvertrag – jeder Vertragspartner erhielt eine eigene Ausfertigung – verfasst wurde, war ebenfalls Gegenstand der Verhandlungen.[74] Nicht

---

70 Vgl. hierzu auch Kapitel 49.
71 Vgl. hierzu auch Kapitel 47.
72 www.ieg-friedensvertraege.de (abgerufen am: 18.09.2018).
73 Vgl. hierzu auch Kapitel 49.
74 Vgl. zur Verwendung von Sprachen in vormodernen Friedensverträgen: *Andrea Schmidt-Rösler*, Die ‚Sprachen des Friedens'. Theoretischer Diskurs und statistische Wirklichkeit, in: Heinz Duchhardt/Martin Espenhorst (Hg.), Utrecht – Rastatt – Baden 1712–1714. Ein europäisches Friedenswerk am Ende des Zeitalters Ludwigs XIV., Göttingen 2013, S. 235–259; *Kay Peter Jankrift*, Diplomaten, Dol-

immer entschieden sich die Vertragspartner für eine einzige Sprache. Der Friede am Pruth (1711 VII 12) zwischen Russland und dem Osmanischen Reich wurde zwar auf Russisch verfasst, ihm wurde aber eine italienische Übersetzung beigelegt. Für den Vertrag von Madrid zwischen Spanien und Frankreich (1621 IV 25) wurden zwei Ausfertigungen ausgestellt, die eine auf Französisch, die andere auf Kastilianisch. Auch für den Vertrag von Kiachta (1727 X 21) zwischen Russland und China wurden zwei Ausfertigungen angefertigt, die eine in Russisch und Lateinisch und die weitere in Mandschu, Russisch und Lateinisch. Mitunter wurden Friedensverträge auch bilingual in zwei Kolumnen ausgestellt. Die Sprachwahl hatte durchaus politische Bedeutung. Artikel 2 des Friedens von Paris (1763 II 10) erklärt, dass der Gebrauch der französischen Sprache weder Frankreich ein Vorrecht einräume noch daraus die Konsequenz folge, dass Französisch auch künftig angewendet werde. Ähnlich hieß es schon 1714 im zweiten Separatartikel des Friedens von Rastatt (1714 III 6), dass der Gebrauch der französischen Sprache den Franzosen kein Recht gebe, bei zukünftigen Verträgen mit dem Ausland sich anstatt der lateinischen ihrer Landessprache zu bedienen.[75] Es gab aber durchaus spezifische Regeln und Gewohnheiten. Friedensverträge mit Beteiligung des Kaisers wurden in Latein konzipiert, Friedensverträge zwischen Kaiser und deutschen Reichsständen in Deutsch. Beim Präliminarfrieden von Wien (1735 X 3) zwischen Österreich und Frankreich wurden der Vertrag auf Französisch, der Hauptfriede auf Deutsch und der Definitivfriede (1736 XI 18) auf Latein abgefasst. Während multilaterale Friedensbündnisse in Latein und/oder Französisch ausgearbeitet wurden – in den Friedenswerken von Nijmegen und Rijswijk, die aus mehreren Friedensverträgen bestanden, sind je nach Vertragspartner beide Sprachen gebraucht worden –, gab es im skandinavischen Raum bei dänischen und schwedischen Abkommen zeitweise eine Präferenz für Deutsch (Friedrichsburg, 1720 VII 3; Nystad, 1721 IX 10). Auch die Defensivallianz von St. Petersburg (1765 II 28) zwischen Dänemark und Russland wurde auf Deutsch aufgesetzt. Friedensverträge mit Beteiligung Preußens und ohne französische Mitwirkung wurden mitunter auf Französisch verfasst (z.B. Friede von Hubertusburg, 1763 II 15). Friedensverträge mit dem Osmanischen Reich wurden auf Latein verfasst (Friede von Passarowitz zwischen der Türkei und Venedig, 1718 VII 21).

5. Stereotype der Friedensverträge

In europäischen Friedensverträgen treten wiederholt mit unterschiedlicher zeit- und kontextbezogener Intensität spezifische Topoi, Begründungsmetaphern und Begriffe

---

metscher und Übersetzer. Sprachwahl in Friedensprozessen des 15. bis 18. Jahrhunderts, in: Duchhardt/Espenhorst (Hg.), Utrecht – Rastatt – Baden 1712–1714, S. 261–273; vgl. hierzu auch Kapitel 25.
75 *Rönnefart* (Bearb.), Konferenzen und Verträge, S. 138.

auf, die Themengegenstand frühneuzeitlicher Diskurse waren. Feste Bestandteile der frühneuzeitlichen Friedensverträge waren die Vergessens- und Amnestieklauseln, die einen erneuten Konflikt um die Kriegsschuld präventiv verhindern sollten.[76] Johannes Burkhardt geht daher von einer einheitlichen europäischen Friedenssprache, ja sogar Friedenskultur aus. Zu diesem europäischen Inventar an Friedensvertragsbegriffen gehörten *Christianitas*[77] sowie Europa[78] oder auch Sicherheit.[79] Auch frühneuzeitliche Leitvorstellungen, wie Gleichgewicht (*balance, equilibre*),[80] Freundschaft (*amitié*)[81] und – ein bisher noch nicht eigens untersuchter Topos – Nachbarschaft können hier mit aufgeführt werden. Um Missverstand (Missverständnisse, *misunderstandings, malentendus*) vorzubeugen, einem mehrfach in Friedensvertragstexten aufgenommenem völkerrechtlichen Topos, wurden – in einigen Fällen – sogar eigens zwischenstaatliche Deutungs- und Interpretationsverträge geschlossen.

Im Frieden von Barcelona (1529 VI 29) operierten die Vertragspartner mit *christianitas* als völkerrechtlichem Referenzbegriff in der Präambel des Vertragstextes: „[...] hinc Rempublicam Christianam civilibus dissidiis totam divisam, et in aperto discrimine constitutam, etiamsi nullus externus hostis urgeret".[82]

‚Europa' findet sich in Friedensverträgen als eine Formel, die mit ‚Ruhe' (*tranquillité*), ‚Sicherheit' (*sûreté*) und später in ganz bestimmten Situationen mit Liberty (*liberté*) kontextualisiert wurde. In Artikel 2 des ersten Teilungsvertrages zur Spanischen Erbfolge (1698 X 11) heißt es beispielsweise „de maintenir la Tranquillité de l'Europe". Und der Friedensvertrag von Aachen (1748 X 18) beginnt:

> Soit notoir a tous Ceux qu' il appartiendra ou peut appartenir en maniere quelconque. L,Europe [sic: L'Europe] voit luire le jour que la Providence Divine avoit marqué pour le retablissement de son repos.[83]

---

76 *Jörg Fisch*, Krieg und Frieden im Friedensvertrag. Eine universalgeschichtliche Studie über Grundlagen und Formelemente des Friedensschlusses, Stuttgart 1979.
77 *Heinhard Steiger*, Vom Völkerrecht der Christenheit zum Weltbürgerrecht. Überlegungen zur Epochenbildung in der Völkerrechtsgeschichte, in: Paul-Joachim Heinig (Hg.), Reich, Regionen und Europa in Mittelalter und Neuzeit, Festschrift für Peter Moraw, Berlin 2000, S. 171–187.
78 *Heinz Duchhardt*, »Europa« als Begründungsformel in den Friedensverträgen des 18. Jahrhunderts: von der »tranquillité« zur »liberté«, in: Heinz Duchhardt/Martin Peters (Hg.), Instrumente des Friedens. Vielfalt und Formen von Friedensverträgen im vormodernen Europa, Mainz 25.06.2008, Abschnitt 5–11. URL: <http://www.ieg-mainz.de/vieg-online-beihefte/03-2008.html> (abgerufen am: 18.09.2018).
79 *Christoph Kampmann/Ulrich Niggemann*, Sicherheit in der Frühen Neuzeit. Norm, Praxis, Repräsentation, Köln u. a. 2013. Vgl. hierzu auch Kapitel 27.
80 *Arno Strohmeyer*, Theorie der Interaktion. Das europäische Gleichgewicht der Kräfte in der frühen Neuzeit, Köln/Weimar 1994.
81 *Klaus Oschema* (Hg.), Freundschaft oder „amitié"? Ein politisch-soziales Konzept der Vormoderne im zwischensprachlichen Vergleich (15.–17. Jahrhundert), Berlin 2007.
82 www.ieg-friedensvertraege.de (abgerufen am: 18.09.2018).
83 Ebd. (abgerufen am: 18.09.2018).

Im zweiten Artikel der Haager Allianz (1701 IX 7) findet sich ebenfalls als Zweck angegeben: „quam pax et tranquillitatis generalis totius Europae, judicaverunt, ad eam stabiliendam, nihil efficacius futurum, [...]". Dass die Konservierung des europäischen Gleichgewichts eine Grundvoraussetzung für den Erhalt des Friedens darstellte, wurde in der Allianz von Hannover (1725 IX 3) formuliert. In Artikel 4 heißt es: „[...] & propre à maintenir l'Equilibre de l'Europe, qu'il est si nécessaire de conserver pour le bien de la Paix Generale".[84] Ebenso lag der Zweck der Offensiv- und Defensivallianz von Dresden (1709 VI 28) in der Wiederherstellung des Gleichgewichts – jedenfalls für Nordeuropa –, denn es steht in der Präambel geschrieben: „[...] und die balance in Norden wieder zu retablieren".[85] Mit ‚Gleichgewicht' wurde auch im Rahmen des Friedensvertragswerks von Utrecht 1712/1714[86] operiert – allerdings eher, wie Heinz Duchhardt konstatiert, an vergleichsweise untergeordneter Stelle.[87] In einer Verzichtserklärung des Herzogs von Berry (†1714, Marly, 1712 XI 24) heißt es: „[...] en y faisant une balance immuable pour maintenir l' équilibre qu' on veut mettre dans l' Europe; [...]".[88] Ebenso wird in einem Lettre patente König Ludwigs XIV. von Frankreich (Versailles, im März 1713) auf die Gleichgewichtsmetapher Bezug genommen: „que pour parvenir à la Paix générale, & assûrer la tranqualité de l' Europe par l'équilibre des Puissances [...]".[89] Der Gleichgewichts-Begriff hielt zudem Einzug in zwei Utrechter Friedensverträgen, nämlich in den britisch-spanischen Vertrag (1713 VII 13) und die Allianz zwischen Spanien und Savoyen (Utrecht, 1713 VIII 13), wo die Artikel 3 und 4 von der Ruhe und dem Gleichgewicht Europas („du Repos & de l' Equilibre de l' Europe") handeln.[90] Dass es durchaus auch kritische Stimmen zu dem Gleichgewichtskonzept gab und damalige Zeitgenossen darin nichts weiter als eine „Chimäre" (Justi, 1758/59) sahen,[91] steht auf einem anderen Blatt.

Ein weiterer wiederkehrender Begriff ist auch die ‚Wohlfahrt' (*welfare*). Im Vertrag von St. German-en-Laye (1668 IV 15) zwischen Frankreich, England sowie den Generalstaaten wird auf den Pyrenäenfrieden (1659 XI 7) zwischen Frankreich und Spanien verwiesen und „as the basis of the welfare of Europe" bezeichnet. Neben dem Topos von der ‚Ruhe', ‚Wohlfahrt' oder ‚Sicherheit' Europas wurde auch von der ‚Freiheit' Europas gehandelt, der nicht zu verwechseln ist mit Bestimmungen über die

---

84 *Dumont*, Corps 8/1, S. 128.
85 www.ieg-friedensvertraege.de (abgerufen am: 18.09.2018).
86 Vgl. hierzu auch Kapitel 47.
87 *Heinz Duchhardt*, The missing balance, in: JHIL 2 (2000), S. 67–72.
88 *Dumont*, Corps 8/1, S. 316.
89 Ebd., S. 325.
90 Ebd., S. 401–402.
91 *Johann Heinrich Gottlob Justi*, Die Chimäre des Gleichgewichts von Europa, eine Abhandlung, worinnen die Nichtigkeit und Ungerichtigkeit dieses zeitherigen Lehrgebäudes der Staatskunst deutlich vor Augen geleget [...], Altona 1759.

Freiheit der Religion, der Meere, der Navigation, des Handels in Europa oder der „liberté des Princes de l'Empire". So heißt es im Friedensvertrag von Westminster (1703 VI 9) zwischen Großbritannien und den Generalstaaten, dass Spanien in den Krieg eintrete, „pour empecher la ruine entiere de la liberté de l'Europe".[92] Im Friedensvertrag von Worms (1743 IX 2) zwischen Großbritannien, Ungarn und Sardinien wird ebenfalls mit der Freiheits-Formel operiert: „[...] do manifestly tend to the overthrow of all balance in Europe, and do expose its liberty, and that of its commerce, to the most evident danger [...]".[93] Auch in Artikel XVII dieses Abkommens wird noch einmal auf die Begründungsmetapher „liberty of Europe" rekurriert und mit der Aufforderung verbunden, dem Vertrag beizutreten, um Frieden, Freiheit und Sicherheit von Europa zu fördern: „The other Princes and States who have at heart the peace, the liberty, and the security of Europe, of the Empire, and of Italy, and who will be willing to enter into the present alliance, shall be admitted into it".[94]

Auswahlbibliographie / Select Bibliography

Bittner, Ludwig, Die Lehre von den völkerrechtlichen Vertragsurkunden, Berlin/Leipzig 1924, ND 2005.
Burke, Peter/Po-chia Hsia, R., Cultural Translation in Early Modern Europe, Cambridge 2007.
Burkhardt, Johannes, Die Friedlosigkeit der Frühen Neuzeit. Grundlegung einer Theorie der Bellizität Europas, in: ZHF 24 (1997), S. 509–574.
Chalmers, George, A collection of Treaties between Great Britain and other Powers, Bd. 2, London 1790.
Dauser, Regina, Der Friede und der Kampf um die Begriffe – Friedensverträge als Authentisierungsstrategien im europäischen Mächtesystem, in: Publikationsportal Europäische Friedensverträge, hrsg. vom Institut für Europäische Geschichte, Mainz 18.11.2008, Abschnitt 1–6. URL: <http://www.ieg-friedensvertraege.de/publikationsportal/dauser12200801/index.html> URN: <nbn:de:0159-2009041448> (abgerufen am: 18.09.2018).
Dauser, Regina, Ehren-Namen: Herrschertitulaturen im völkerrechtlichen Vertrag 1648–1748, Köln u. a. 2017.
Dickmann, Fritz, Der Westfälische Frieden, Münster [6]1992.
Duchhardt, Heinz, Gleichgewicht der Kräfte – Convenance – Europäisches Konzert. Friedenskongresse und Friedensschlüsse vom Zeitalter Ludwigs XIV. bis zum Wiener Kongreß, Darmstadt 1976.
Duchhardt, Heinz, Arbitration, Mediation oder bons offices? Die englische Friedensvermittlung in Nijmwegen 1676–1679, in: ders., Studien zur Friedensvermittlung in der Frühen Neuzeit, Wiesbaden 1979, S. 23–88.

---

92 *Georg Friedrich von Martens*, Supplément au Recueil des Principaux Traités d'Alliances, de Paix [...] conclus par les puissances de l'Europe [...], Tome 1, Göttingen 1802, S. 16.
93 *Charles Jenkinson*, Peace, Alliance, and Commerce, between Great-Britain and other Powers, From the Treaty signed at Munster in 1648, to the Treaties signed at Paris in 1783, Bd. 2, London 1785, S. 356.
94 *George Chalmers*, A collection of Treaties between Great Britain and other Powers, Bd. 2, London 1790, S. 335.

Duchhardt, Heinz, Frieden, Friedensvertrag, Friedensforschung. Anmerkungen zu einer Neuerscheinung, in: ZHF 8 (1981), S. 469–479.

Duchhardt, Heinz/Jakobi, Franz-Josef (Hg.), Der Westfälische Frieden. Das Münstersche Exemplar des Vertrags zwischen Kaiser/Reich und Frankreich vom 24. Oktober 1648, Teil 1: Faksimile. Teil 2: Einführung – Transkription – Übersetzung, Wiesbaden 1996.

Duchhardt, Heinz, The missing balance, in: JHIL 2 (2000), S. 67–72.

Duchhardt, Heinz, »Europa« als Begründungsformel in den Friedensverträgen des 18. Jahrhunderts: von der »tranquillité« zur »liberté«, in: Heinz Duchhardt/Martin Peters (Hg.), Instrumente des Friedens. Vielfalt und Formen von Friedensverträgen im vormodernen Europa, Mainz 25.06.2008, Abschnitt 5–11. URL: <http://www.ieg-mainz.de/vieg-online-beihefte/03-2008.html> (abgerufen am: 18.09.2018).

Duchhardt, Heinz/Espenhorst, Martin, Frieden übersetzen in der Vormoderne. Translationsleistungen in Diplomatie, Medien und Wissenschaft, Göttingen 2012.

Duchhardt, Heinz, ‚Friedensvermittlung' im Völkerrecht des 17. und 18. Jahrhunderts: Von Grotius bis Vattel, in: Heinz Duchhardt: Frieden im Europa der Vormoderne. Ausgewählte Aufsätze 1979–2011, hg. v. Martin Espenhorst, Paderborn u. a. 2012.

Dumont, Jean, Baron de Carelscroon, Corps universel diplomatique du droit des gens; contenant un recueil des traitez d alliance, de paix, de treve, de neutralité, de commerce, qui ont ete faits en Europe, depuis le Regne de l'Empereur Charlemagne jusques à present, 8 Bde., Suppl. 2, Amsterdam 1739.

Espenhorst, Martin, Frieden durch Sprache? Studien zum kommunikativen Umgang mit Konflikten und Konfliktlösungen, Göttingen 2012.

Fisch, Jörg, Krieg und Frieden im Friedensvertrag. Eine universalgeschichtliche Studie über Grundlagen und Formelemente des Friedensschlusses, Stuttgart 1979.

Ghillany, Friedrich, Diplomatisches Handbuch. Sammlung der wichtigsten europäischen Friedensschlüsse, Congreßacten und sonstigen Staatsurkunden vom westphaelischen Frieden bis auf die neueste Zeit, 3 Bde., Nördlingen 1855–1868.

Gundling, Nicolaus Hieronymus, Gründlicher Discours über den Westphälischen Frieden, Zu dessen Erläuterung Eine Kurtze Erzehlung der vornehmsten Ursachen des Dreyszig-Jährigen Krieges Von Zeit der Reformation, bis auf den Westphälischen Frieden, Frankfurt/Leipzig, 1736.

Heinemeyer, Walter, Studien zur Diplomatik mittelalterlicher Verträge vornehmlich des 13. Jahrhunderts, in: AUF 14 (1936), S. 321–413.

Hertslet, Edward, The Map of Europe by Treaty showing the various political and territorial Changes which have taken place since the general Peace of 1814, 4 Bde., London 1875–1891.

Jankrift, Kay Peter, Diplomaten, Dolmetscher und Übersetzer. Sprachwahl in Friedensprozessen des 15. bis 18. Jahrhunderts, in: Heinz Duchhardt/Martin Espenhorst (Hg.), Utrecht – Rastatt – Baden 1712–1714. Ein europäisches Friedenswerk am Ende des Zeitalters Ludwigs XIV., Göttingen 2013, S. 261–273.

Jenkinson, Charles, Peace, Alliance, and Commerce, between Great-Britain and other Powers, From the Treaty signed at Munster in 1648, to the Treaties signed at Paris in 1783, Bd. 2, London 1785.

Kaulbach, Hans-Martin (Hg.), Friedensbilder in Europa 1450–1815, Kunst der Diplomatie – Diplomatie der Kunst, Berlin/München 2013.

Komatsu, Guido, Die Türkei und das europäische Staatensystem im 16. Jahrhundert. Untersuchungen zu Theorie und Praxis des frühneuzeitlichen Völkerrechts, in: Christine Roll u. a. (Hg.), Recht und Reich im Zeitalter der Reformation (Festschrift für Horst Rabe), Frankfurt a. M. u. a. 1996, S. 121–144.

Langer, Herbert, Frieden und Friedensverträge im Dreißigjährigen Krieg, in: Osnabrücker Mitteilungen 96 (1991), S. 83–100.

Lesaffer, Randall (Hg.), Peace treaties and international law in European history: From the late middle ages to World War One, Cambridge 2004.
Martens, Georg Friedrich von, Einleitung in das positive Europäische Völkerrecht auf Verträge und Herkommen gegründet, Göttingen 1796.
Moser, Johann Jacob, Versuch des neuesten Europäischen Völker-Rechts in Friedens- und Kriegs-Zeiten vornehmlich aus denen Staatshandlungen derer Europäischen Mächten, auch anderen Begebenheiten, so sich seit dem Tode Kayser Carls VI. im Jahr 1740 zugetragen haben, 10 Theile, Frankfurt am Mayn 1777–1780.
Myers, Denys Peter, Manual of Collections of Treaties and of Collections Relating to Treaties, Cambridge 1922.
Oschema, Klaus (Hg.), Freundschaft oder „amitié"? Ein politisch-soziales Konzept der Vormoderne im zwischensprachlichen Vergleich (15.–17. Jahrhundert), Berlin 2007.
Oschmann, Antje (Bearb.), Acta Pacis Westphalicae. Serie 3 Abteilung B: Verhandlungsakten, Bd. 1: Die Friedensverträge mit Frankreich und Schweden, T. 1: Urkunden, Münster 1998.
Parry, Clive, The Consolidated Treaty Series, 231 Bde., New York 1969–1981.
Peters, Martin, Können Ehen Frieden stiften? Europäische Friedens- und Heiratsverträge der Vormoderne, in: JbEurG 8 (2007), S. 121–133.
Reese, Armin, Pax sit Christiana. Die westfälischen Friedensverhandlungen als europäisches Ereignis, Düsseldorf 1988.
Repgen, Konrad, Friedensvermittlung und Friedensvermittler beim Westfälischen Frieden, in: WZ 147 (1997), S. 37–61.
Rönnefahrt, Helmut K. G. (Bearb.), Konferenzen und Verträge. Vertrags-Ploetz. Ein Handbuch geschichtlich bedeutsamer Zusammenkünfte und Vereinbarungen, Teil 2: 3. Bd.: Neuere Zeit 1492–1914, Würzburg ²1958.
Scheuner, Ulrich, Die großen Friedensschlüsse als Grundlage der europäischen Staatenordnung zwischen 1648 und 1815, in: Konrad Repgen/Stephan Skalweit (Hg.), Spiegel der Geschichte, Festgabe für Max Braubach zum 10. April 1964, Münster 1964, S. 220–250.
Schmidt-Rösler, Andrea, Die ‚Sprachen des Friedens'. Theoretischer Diskurs und statistische Wirklichkeit, in: Heinz Duchhardt/Martign Espenhorst, Utrecht – Rastatt – Baden 1712–1714. Ein europäisches Friedenswerk am Ende des Zeitalters Ludwigs XIV., Göttingen 2013, S. 235–259.
Schmidt-Rösler, Andrea, Waffenstillstand, in: Heinz Duchhardt/Martin Peters, Europäische Friedensverträge der Vormoderne [historicum.net: https://www.historicum.net/themen/friedensvertraege-der-vormoderne/] (abgerufen am: 18.09.2018).
Steiger, Heinhard, Vertrag (staatsrechtl. – völkerrechtl.), in: HDRG 5 (1998), Sp. 842–852.
Steiger, Heinhard, Vom Völkerrecht der Christenheit zum Weltbürgerrecht. Überlegungen zur Epochenbildung in der Völkerrechtsgeschichte, in: Paul-Joachim Heinig (Hg.), Reich, Regionen und Europa in Mittelalter und Neuzeit, Festschrift für Peter Moraw, Berlin 2000, S. 171–187.
Steiger, Heinhard, Vorsprüche zu und in Friedensverträgen der Vormoderne, in: ders., Von der Staatengesellschaft zur Weltrepublik? Aufsätze zur Geschichte des Völkerrechts aus vierzig Jahren, Baden-Baden 2009, S. 469–511.
Strohmeyer, Arno, Theorie der Interaktion. Das europäische Gleichgewicht der Kräfte in der frühen Neuzeit, Köln/Weimar 1994.
Testa, Ignaz Freiherr von, Recueil des traités de la Porte Ottomane avec les puissances étrangères, depuis le premier traité conclu, en 1536, entre Suléyman I et François I jusqu' à nos jours, 11 Bde., Paris 1864–1911.
Vermeer, Hans J., Übersetzen als kultureller Transfer, in: Mary Snell-Hornby (Hg.), Übersetzungswissenschaft. Eine Neuorientierung, Tübingen 1986, S. 30–53.
Zimmer, Andreas, Friedensverträge im Völkerrecht, Koblenz 1989.

Datenbanken

http://www.pax-westphalica.de/ipmipo/index.html (abgerufen am: 18.09.2018).
Heinz Duchhardt/Martin Peters (jetzt Espenhorst), http://www.ieg-friedensvertraege.de (abgerufen am: 18.09.2018).
https://www.uni-augsburg.de/institute/iek/Projekte/historische-friedensforschung/ (abgerufen am: 18.09.2018).

Sektion II: **Friedensordnungen**
Peace Systems

c) **Friedensordnungen mit außereuropäischen Herrschern bzw. indigenen Bevölkerungsgruppen**
Peace Treaties with non-European Rulers or Indigenous Peoples

Benjamin Steiner
19. Friedensschlüsse mit außereuropäischen Herrschern. Afrika, Mittelmeerraum, Osmanisches Reich

Abstract: Peace Treaties with non-European Rulers. Africa, the Mediterranean, the Ottoman Empire
The chapter examines peace treaties involving European and non-European actors in the Mediterranean and some sub-Saharan regions of Africa. The Ottoman empire was a major adversary as well as partner for European powers from the late Middle Ages to the end of the early modern period. Alongside this great imperial power other minor states in North and West Africa were also potential partners in peace and friendship negotiations and treaties. Diplomatic relations in these regions are often intertwined with commercial exchange. This makes it necessary to look beyond Eurocentric legalistic and linguistic categories and to adopt more open approaches to the history of peace treaties and agreements. Peace was often negotiated within spaces of "legal pluralism" and recorded not only in writing but also in rituals and oral tradition.

Einführung: Afrika, der Mittelmeerraum und das europäische Staatensystem

Afrika und Europa verbindet ein ausgesprochen ambivalentes Verhältnis. Der Mittelmeerraum trennt und verknüpft beide Kontinente miteinander, die daher seit der Antike aus historischer Perspektive einerseits eine Einheit bildeten, andererseits mit der beginnenden Neuzeit einen Gegensatz darstellten. Seit Beginn der historischen Aufzeichnungen besitzen wir Zeugnisse und Kenntnisse von Afrika, das mit der ägyptischen Hochzivilisation als Geburtsstätte einer komplexen politischen Organisation und interkulturellen Verflechtung gelten kann. Der Norden Afrikas wurde zudem seit dem Frühmittelalter Schauplatz der islamischen Expansion, die von hier weiter nach Westen, auf die iberische Halbinsel, und nach Süden bis jenseits der Sahara reichte. Die raumhistorischen Verhältnisse wurden seither durch den kulturellen Gegensatz zwischen einer mehrheitlich christlichen Zivilisation des Abendlandes und einer islamisch geprägten des sogenannten Orients bestimmt. Mit Beginn der Aufklärung im 18. Jahrhundert gewann in Europa die Vorstellung zunehmend Verbreitung, dass die islamische Kultur, insbesondere aber die afrikanischen Gesellschaften südlich der Sahara von der europäischen Staatengemeinschaft in seiner fortschreitenden Entwicklung getrennt waren und wurden daher als rückständig betrachtet. So ironisierte Voltaire diese Ambivalenz in seiner Schrift *Chaîne ou génération des événements*, in der er das von der Wüste getrennte Afrika als einen an Europas Geschicke geketteten Kontinent bezeichnete.[1]

Noch heute ist die neuzeitliche Entfremdung zwischen Afrika und Europa in der Historiographie spürbar, wenngleich sie gerade in den letzten Jahren einer kritischen Revision unterzogen wurde. Heinz Duchhardt machte eine angeblich afrikanische Ritualbezogenheit dafür verantwortlich, dass die Region der westafrikanischen Küste nicht in das schriftbasierte Vertragssystem Europas eingebunden werden konnte.[2] Die Fixierung der Historiographie auf völkerrechtliche Normen, auf schriftliche und daher verbindliche Vereinbarungen hat dazu beigetragen, dass alternative Rechtsformen im Sinne eines „legal pluralism" (Lauren Benton) weitgehend außer Acht blieben.[3] Darüber hinaus führt die Rede von „Außereuropa" im Verhältnis zu Afrika in dem Sinne mitunter zu dem Missverständnis, dass die Regionen, mit denen Europäer in Kontakt und Austausch traten, als ein binäres ‚Anderes' postuliert wurden, ohne dass gemeinsame Interessen, Voraussetzungen und Verbindungen in den Blick genommen werden. So bleiben noch jüngere Darstellungen zur Geschichte des Völkerrechts diesem reduktionistischen Eurozentrismus treu, wenn es beispielsweise heißt, dass „die Be-

---

1 *Voltaire*, Chaîne ou génération des événements, Paris 1878, S. 126. Ein Thema, das auch Hegel in seinen Vorlesungen über die Philosophie der Weltgeschichte aufgriff und von den Völkern Afrikas sprach, die „in der Geschichte keinen Fuß gefasst" haben: „Dieses Afrika bleibt in seiner ruhigen, trieblosen, aus sich nicht treibenden Sinnlichkeit und ist noch nicht in die Geschichte eingetreten und hat keinen weiteren Zusammenhang mit der Geschichte, als daß die Einwohner zu Sklaven in ärmerer Zeit gebraucht wurden." (*Gottfried Wilhelm Friedrich Hegel*, Vorlesungen über die Philosophie der Weltgeschichte, Berlin 1822/1823, Nachschriften von Karl Gustav Julius von Griesheim, Heinrich Gustav Hotho und Friedrich Carl Hermann Victor von Kehler, hg. v. Karl-Heinz Ilting u.a., Hamburg 1996, S. 99f.). Vgl. dazu *Christopher L. Miller*, The French Atlantic Triangle. Literature and Culture of the Slave Trade, Chapel Hill, NC 2008, S. 6–9, und *Karl-Heinz Kohl*, Entzauberter Blick. Das Bild vom Guten Wilden und die Erfahrung der Zivilisation, Frankfurt a.M. 1986.
2 *Heinz Duchhardt*, Europäisch-afrikanische Rechtsbeziehungen in der Epoche des „Vorkolonialismus", in: Saec. 36 (1985), S. 367–379. Vgl. ferner ders., Afrika und die deutschen Kolonialprojekte der 2. Hälfte des 17. Jahrhunderts, in: AKG 68 (1986), S. 119–133. Ähnlich zurückhaltend, was die Gültigkeit von Verträgen mit außereuropäischen Gesellschaften angeht, äußert sich *Heinhard Steiger*, Art. „Friedensvertrag", in: EdN 2014, URL: http://dx.doi.org/10.1163/2352-0248_edn_a1198000 (abgerufen am: 26.02.2019): „Zwar wurden auch Friedensverträge mit außereuropäischen Mächten in Asien oder mit Indianerstämmen in Nordamerika geschlossen; diese trugen jedoch oft den Charakter von Vasallen- und Unterwerfungsverträgen."
3 *Lauren Benton*, Beyond Legal Pluralism. Towards a New Approach to Law in the Informal Sector, in: Social and Legal Studies 3 (1994), S. 223–242; dies./*Richard J. Ross* (Hg.), Legal Pluralism and Empires, 1500–1850, New York u.a. 2013. Vgl. auch die älteren rechtshistorischen Beiträge zur europäischen Expansion nach Übersee von *Jörg Fisch*, Die europäische Expansion und das Völkerrecht. Die Auseinandersetzungen um den Status der überseeischen Gebiete vom 15. Jahrhundert bis zur Gegenwart, Stuttgart 1984; *Wolfgang Preiser*, Frühe völkerrechtliche Ordnungen der außereuropäischen Welt. Ein Beitrag zur Geschichte des Völkerrechts, Wiesbaden 1976, der für Afrika schon von einer „rechtstreuen Gesinnung" spricht, allerdings ohne genaue Belege dafür anzugeben.

ziehungen zwischen Europa einerseits, Afrika und Asien andererseits [...] jedoch außerhalb des europäischen Staatensystems" blieben.[4]

Neuere Darstellungen zu den europäisch-afrikanischen Beziehungen gehen jedoch davon aus, dass eine räumliche Erweiterung der historiographischen Konzeption des Staatensystems sinnvoll ist. In Bezug auf das Osmanische Reich und die nordafrikanischen Barbareskenstaaten ist das durchaus schon eine etablierte Ansicht im Feld der jüngeren Forschung zur Geschichte der Diplomatie und Außenbeziehungen.[5] Für die Beziehungen zwischen Europäern und den afrikanischen Gesellschaften südlich der Sahara ist darauf aufmerksam gemacht worden, dass an einer strikten Unterscheidung von schriftlosen und schriftbasierten Umgangsformen nicht mehr festzuhalten ist. Zum einen waren Schrifttechniken und Kenntnisse derselben durchaus vorhanden; zum anderen kam auch dem Aspekt der praktischen und materiellen Gestalt der Vertragsabschlüsse und Vereinbarungen, auf die insbesondere in der neueren Forschung hingewiesen wird, nicht nur außerhalb Europas eine gewichtige Rolle zu.[6] Neben dieser historisch-anthropologischen Revision der Geschichte der Außenbeziehungen, die den Unterschied zwischen Europa und Außereuropa haben verschwimmen lassen,[7] hat eine andere Forschungsrichtung auf den wissensgeschichtlichen Hintergrund der Außenbeziehungen hingewiesen. Denn während interkulturelle Begegnungen die einzelnen Akteure über Praktiken und Symbole – gewissermaßen auf Augenhöhe – in Interaktion treten ließen, bildete sich gleichwohl eine epistemische Dominanz in den staatlichen Bürokratien der europäischen Mächte aus.[8] Das Regime der Schriftlichkeit wurde um eines der Informations- und Archivierungspraktiken ergänzt, das sich insbesondere in der Nutzbarmachung von Verträgen mit außereuropäischen Gesellschaften auf Dauer als nachhaltig wirkungsvoll auf die spätere territoriale Aufteilung der Welt erweisen sollte.[9]

---

4 *Harald Kleinschmidt*, Geschichte des Völkerrechts in Krieg und Frieden, Tübingen 2013, S. 156.
5 Vgl. etwa die entsprechenden Beiträge des Bandes *Hillard von Thiessen/Christian Windler* (Hg.), Akteure der Außenbeziehungen. Netzwerke und Interkulturalität im historischen Wandel, Köln u. a. 2010.
6 Einschlägig zur ritual- und praxisorientierten Geschichte des Politischen ist *Barbara Stollberg-Rilinger*, Des Kaisers alte Kleider: Verfassungsgeschichte und Symbolsprache des Alten Reiches, München 2013; sowie *dies.*, Rituale, Frankfurt a. M. u. a. 2013. In diesem Sinne hat etwa *Christina Brauner*, Kompanien, Könige und caboceers: Interkulturelle Diplomatie an Gold- und Sklavenküste im 17. und 18. Jahrhundert, Köln u. a. 2015, S. 489, auf die Einbindung afrikanischer Gesellschaften in das europäische Vertragssystem bestanden.
7 Vgl. hierzu auch Kapitel 20.
8 Vgl. zur anthropologischen Dimension *Peter Burschel*, Das Eigene und das Fremde. Zur anthropologischen Entzifferung diplomatischer Texte, in: Alexander Koller, Kurie und Politik. Stand und Perspektiven der Nuntiaturforschung, Tübingen 1998, S. 260–271; sowie das Themenheft „Diplomatiegeschichte" in: HA 21/2 (2013).
9 *Arndt Brendecke*, Imperium und Empirie. Funktionen des Wissens in der spanischen Kolonialherrschaft, Köln u. a. 2009; *Benjamin Steiner*, Colberts Afrika. Eine Wissens- und Begegnungsgeschichte in Afrika im Zeitalter Ludwigs XIV., Berlin 2015. Vgl. zur Geschichte des Archivs *Markus Friedrich*, Die Geburt des Archivs. Eine Wissensgeschichte, München 2013; zum historischen Wandel der Funktionen

Ein weiteres Problem ergibt sich durch die unscharfe Trennung von Vertragstypen in den betrachteten Regionen. Die historiographischen Kategorien von Krieg und Frieden, die die idealtypischen Zustände vor und nach Friedensschlüssen bilden,[10] lassen sich nicht ohne weiteres auf die politischen Verhältnisse in Afrika oder im Mediterraneum übertragen. Die Beziehungen zwischen Venedig und den Barbareskenstaaten etwa, um nur ein Beispiel zu nennen, waren nicht durch die Verträge mit dem Osmanischen Reich geregelt, obwohl es die Oberhoheit über jene Gebiete besaß. Denn die Korsaren der nordafrikanischen Städte griffen auch in Friedenszeiten venezianische Schiffe im Mittelmeer an, was den Juristen Alberico Gentili (1552–1608) dazu veranlasste zu argumentieren, dass die Türken gar Feinde Venedigs seien, da sie die Piraten schützen würden.[11] Um die gleichwohl differenziert ausgehandelte Situation zwischen Krieg und Frieden zu beschreiben, hat Lauren Benton daher dafür plädiert, sich bestimmte Räume wie das Meer als sich überschneidende Korridore vorzustellen, an die sich auch Rechtspraktiken und Geltung von Recht anpassten.[12] Erst die Einrichtung eines „globalen maritimen Vertragsregimes" (Lauren Benton) durch die Briten bzw. einer „globalen diplomatischen Ordnung" (Jeremy Black) im 19. Jahrhundert, die primär an der Einhegung von Piraterie und Sklaverei bzw. der Etablierung westlicher Hegemonie interessiert war, sollte diese komplizierte rechtliche Gemengelage verändern.[13]

Auch war nicht immer klar, ob ein Vertrag auf politische Stabilisierung oder lediglich auf die Etablierung kommerziellen Austausches zwischen Partnern ausgerichtet war. Wolfgang Kaiser spricht hinsichtlich der Kapitulationen, Gesandtschaften und Konsulate in der Levante und Nordafrika von einem Wechselspiel zwischen Diplomatie und Handel.[14] Damit wird indes die Minimaldefinition von Friedensverträgen, nach der Friedensschlüsse von einem Zustand des Krieges in einen Zustand des Friedens überführt werden, unterwandert.[15] Auch in Afrika bedingten sich Geschäft und

---

von Information vgl. *Arndt Brendecke* u. a. (Hg.), Information in der Frühen Neuzeit. Status, Bestände, Strategien, Münster 2008.
10 Vgl. hierzu auch Kapitel 17 und 18.
11 *Alberico Gentili*, Hispanica advocatio, in: Hispanicae advocationis, libri duo [1613], übers. v. Frank Frost Abbott, New York 1921, S. 112f.
12 *Lauren Benton*, A Search of Sovereignty: Law and Geography in European Empires, 1400–1900, Cambridge 2010, S. 110.
13 *Benton*, Sovereignty, S. 110; *Jeremy Black*, A History of Diplomacy, London 2010, S. 153. Vgl. auch *Janice E. Thomson*, Mercenaries, Pirates, and Sovereigns: State-Building and Extraterritorial Violence in Early Modern Europe, Princeton, NJ 1994.
14 *Wolfgang Kaiser*, Politik und Geschäft: Interkulturelle Beziehungen zwischen Muslimen und Christen im Mittelmeerraum, in: von Thiessen/Windler (Hg.), Akteure der Außenbeziehungen, S. 295–318, hier S. 297; vgl. auch *Jörg Ulbert/Gérard Le Boudedec* (Hg.), La fonction consulaire à l'époque moderne. L'affirmation d'une institution économique et politique (1500–1700), Rennes 2006.
15 Zu dieser Definition vgl. *Joseph M. Siracusa*, Diplomacy: A Very Short Introduction, Oxford 2010, S. 6f.; in der Mainzer Forschungstradition beruft man sich auf die strenge, auf Hermann Weber zurückgehende Definition („Traité en relation avec la fin d'un guerre"; „Traité dont l'intention est [...] la pro-

Politik gegenseitig, weshalb es übereilt wäre, nur die wenigen Verträge zu beachten, die tatsächlich Kriegszustände zu beenden oder Friedenszustände zu verlängern beabsichtigten. Denn die kommerziellen Vereinbarungen, die nicht immer schriftlich, sondern auch rituell besiegelt oder mündlich verstetigt wurden, etablierten ein System von dauerhaften Beziehungen, die sich auch auf die politische Sphäre übertrugen und so einen Frieden zwischen europäischen und afrikanischen Händlern etablierten.[16]

Friedensverträge, Handelsabkommen und Freundschaftsverträge zwischen europäischen, osmanischen, levantinischen und afrikanischen Akteuren bilden ein sehr heterogenes Korpus, das bislang keinen Eingang in einschlägige Sammlungs- und Editionsprojekte gefunden hat. Das Mainzer Online-Portal *Europäische Friedensverträge der Vormoderne online* beschränkt seinen geographischen Skopus der Materialerhebung immerhin auf Archivorte „von Stockholm bis Ankara, von London und Edinburgh bis Moskau", womit ein stillschweigender Konsens, was mit Europa gemeint ist, gewissermaßen getroffen ist.[17] Außereuropa betreffende Verträge kommen durchaus vor, wie ein französisch-niederländisches Abkommen zur Übergabe der westafrikanischen Insel Arguin vom 13. Januar 1727 oder der Friedensvertrag von Zsitvatorok zwischen dem Kaiser (Matthias, 1557–1619) und dem Osmanischen Reich vom 11. November 1606.[18] Verträge mit afrikanischen Akteuren werden jedoch nicht aufgenommen. Auch andere moderne Handbücher beschränken ihre Übersicht auf wenige Ausnahmen, wie etwa den Vertrag zwischen niederländischen Händlern und dem König von Butre im Jahre 1656 oder den Vertrag zwischen den USA und Marokko von 1786.[19]

Die älteren diplomatischen Sammelwerke sind dagegen umfassender und weniger eurozentrisch angelegt. Im 19. Jahrhundert erschienen etwa die Verzeichnisse und Sammlungen von Verträgen mit der Hohen Pforte Joseph von Hammer-Purgstall (1774–1856), Kapriel Noradungyan (1852–1936) und dem Freiherrn Heinrich Hubert von Testa (1807–1876), die Kapitulationen, Friedensschlüsse und Handelsverträge einschließen sowie aus der Perspektive der Osmanen zusammengestellt wurden.[20]

---

longation, la fortification où l'extension etc. de l'état de paix"). Vgl. dazu *Andrea Schmidt-Rösler*, Die „Sprache des Friedens". Theoretischer Diskurs und statistische Wirklichkeit, in: Heinz Durchhardt/ Martin Espenhorst (Hg.), Utrecht – Rastatt – Baden 1712–1714. Ein europäisches Friedenswerk am Ende des Zeitalters Ludwigs XIV., Göttingen 2013, S. 235–260, hier S. 240.
16 Vgl. z. B. *Robin Law*, Trade and Politics behind the Slave Coast: The Lagoon Traffic and the Rise of Lagos, 1500–1800, in: JAfH 24/3 (1983), S. 321–348.
17 Projektdokumentation; Projektverlauf, in: *Heinz Duchhardt/Martin Espenhorst* (Hg.), Europäische Friedensverträge der Vormoderne online, http://www.ieg-friedensvertraege.de (abgerufen am: 25.02.2019).
18 Vgl. hierzu auch Kapitel 48.
19 *Malise Ruthven*, Carving Up the Globe. An Atlas of Diplomacy, Cambridge, MA u. a. 2018.
20 *Joseph von Hammer-Purgstall*, Verzeichnis der Kapitulationen, Friedensschlüsse, Handlungsverträge und anderer Traktate des osmanischen Reiches von der Gründung bis zum Frieden von Kainardsche

Das Muster des ausgedehnten Geltungsrahmens der europäischen Diplomatie wurde schon durch Jean Dumonts *Corps universel diplomatique* geprägt, das nicht nur Friedensverträge, sondern auch Handels- und Schutzabkommen umfasst.[21] Ein wichtiges Sammelwerk mit mittelalterlichen Friedensverträgen zwischen Christen und Arabern im Mittelmeerraum bis ins 15. Jahrhundert ist Louis de Mas Latries (1815–1897) *Traités des paix et de commerce*.[22] Da in Afrika vornehmlich die europäischen Handelsgesellschaften befähigt waren, Friedensverträge und Handelsabkommen abzuschließen, ist man auf edierte Sammlungen wie die von Joseph du Fresne de Francheville (1704–1781) mit Konzessionsverträgen oder einschlägigen Reiseberichtskompilationen angewiesen.[23] Für den vorliegenden Beitrag wird jedoch für das Afrika südlich der Sahara auf den reichhaltigen Quellenbestand in den Archiven in Aix-en-Provence, Den Haag und Kew zurückgegriffen, die das Gros der europäisch-afrikanischen Friedensschlüsse aufbewahren.[24]

Im Folgenden wird das Vertragssystem des Mittelmeers bis zum ausgehenden 15. Jahrhundert dargestellt, von dem ausgehend sich ein diplomatisches Staatensystem auf Basis des Zusammenspiels von Handel und Politik herausbildete. Dieses umfasste zunächst die Hauptakteure des spätmittelalterlichen mediterranen Handelsraums, insbesondere Venedig, Genua, später die Königreiche Aragonien, Kastilien und Portugal, die mit den islamisch geprägten Mächten der Türkei, der Levante und Nordafrikas in Beziehung und Austausch traten (1). Dieses System versuchte man

---

im Jahre 1774, Pest 1827–1833; *Kapriel Noradungyan*, Recueil d'actes internationaux de l'empire Ottoman: traités, conventions, arrangements, d'éclarations, protocoles, procès-verbaux firmans, bérats, lettres patentes et autres documents relatifs au droit public extérieur de la Turquie, 4 Bde., Paris u.a. 1897–1903; *Ignaz Freiherr von Testa*, Recueil des traités de la Porte Ottomane avec les puissances étrangères, depuis le premier traité conclu, en 1536, entre Suléyman I et François I jusqu'à nos jours, 11 Bde., Paris 1864–1911. Vgl. ferner *Necdet Kurdakul*, Osmanli devleti'nde ticaret antlasmalari kapitülasyonlar, Istanbul 1981.

21 *Jean Dumont*, Corps universel diplomatique du droit des gens; contenant vn recueil des traitez d'alliance, de paix, de treve, de neutralité, de commerce, d'échange, de Protection et de Garantie, de toutes les Conventions, Transactions, Pactes, Concordats, et autres Contracts, qui ont été faits en EUROPE, depuis le Regne de l'Empereur CHARLEMAGNE jusqu'à présent; avec les capitulations imperiales et royales [...]. 8 Bde., Amsterdam/ Den Haag: Brunel/Wetstein/Husson/Levier, 1726–1731, insbes. Bd. 8 mit den Maghreb-Staaten.

22 *Louis de Mas Latrie*, Traités de paix et de commerce et documents divers concernant les relations des chrétiens avec les Arabes de l'Afrique septentrionale au Moyen Âge, Paris 1866.

23 *Joseph du Fresne de Francheville*, Histoire de la Compagnie des Indes. Avec des titres de ses concessions et privileges, Paris: De Bure, 1746.

24 Das Nationalarchiv für Überseegebiete in Aix-en-Provence (CAOM) versammelt Friedensverträge mit Afrika unter der Signatur 40 COL 9, verstreute Bestände auch unter COL C6. Im Nationaal Archieef (NA) in Den Haag finden sich die meisten niederländisch-afrikanischen Verträge unter der Signatur NBKG („Nederlandsche Bezittingen ter Kuste van Guinea") 222 und 223 sowie den alten und neuen Beständen der Westindien-Kompanie (OWIC 13; TWIC 122; VWIS 1163). Die National Archives (TNA) in Kew bewahrt die englisch-afrikanischen Abkommen unter der Signatur T70/1695 auf.

zwar mit Friedensverträgen zu stabilisieren, es wurde aber stets durch unterschiedliche lokale Akteure unterbrochen, weshalb der Mittelmeerraum in der zeitgenössischen Wahrnehmung des 17. Jahrhunderts als eine vermeintlich rechtsfreie Zone galt (2). In Westafrika aber gelang es den europäischen Mächten, die afrikanischen Gesellschaften südlich der Sahara und mithin den sogenannten afrikanischen Atlantik in einen profitablen Wirtschaftsraum mit Hilfe von Verträgen zu integrieren (3).

1. Herausbildung des mediterranen Vertragssystems: Die italienischen Seerepubliken, Aragonien, das Osmanische Reich und die Berberstaaten

Im Mittelalter etablierten sich die Republiken Genua und Venedig als europäische Handelsmächte im Mittelmeerraum. Genua sicherte sich vertraglich mit dem wiedererstarkten Byzantinischen Kaiserreich Handelskonzessionen am Schwarzen Meer (Abkommen von Nymphaion, 1261).[25] Über Niederlassungen in Konstantinopel, Trapezunt, Vicina, Kilia oder Kaffa konnte die Stadtrepublik lukrative Handelswege über das Mongolenreich nach China und Indien unterhalten. Der Konflikt zwischen Genua und Venedig um die Vorherrschaft im Mittelmeer gipfelte im Choggia-Krieg (1378–1381), der mit dem Vertrag von Turin unter Vermittlung des Grafen Amadeus VI. von Savoyen (1343–1383) beendet wurde. Schon vor der Eroberung von Byzanz durch die Osmanen (1453) schloss Genua einen Handelsvertrag (1387) mit Sultan Murad I. (1319/1326–1389), in dem sich u.a. auf den Austausch entlaufener Sklaven geeinigt wurde.[26] Mit der Eroberung Konstantinopels durch Mehmed II. (1432–1481) veränderte sich das Kräfteverhältnis indes zugunsten Venedigs. Genua verlor 1474 mit Kaffa seine wichtigste Kolonie am Schwarzen Meer im Kampf gegen eine Flotte des Sultans.[27]

Venedig profitierte lange von seiner Vormachtstellung, die es 1204 durch die Eroberung Konstantinopels und die Errichtung des Lateinischen Kaiserreichs hatte, unterhielt indes schon früh diplomatische Beziehungen zu den expandierenden Osmanen.[28] 1408 wurde ein Schutzvertrag mit Suleiman die venezianischen Territorien in

---

25 Vgl. *Evgeny Khvalkov*, The Colonies of Genoa in the Black Sea Region: Evolution and Transformation, New York u.a. 2018; *Kate Fleet*, European and Islamic Trade in the Early Ottoman State: The Merchants of Genoa and Turkey, Cambridge 1999; *Herbert Adams Gibbons*, The Foundation of the Ottoman Empire: A History of the Osmanlis up to the Death of Bayezid I 1300–1403, 1913, ND 2008.
26 Handelsvertrag zwischen Sultan Murad I. und der Republik Genua vom 8. Juni 1387 (789), siehe dazu *Noradungyan*, Recueil, S. 5.; vgl. auch *Kate Fleet*, The Treaty of 1387 between Murād I and the Genoese, in: BSOAS 56/1 (1993), S. 13–33.
27 *Giustina Olgiati*, The Genoese colonies in front of the Turkish advance (1453–1475) in: Tarih arastirmalari dergisi 15 (1990), S. 381–386.
28 *Freddy Thiriet*, La Romanie vénitienne au Moyen Age. Le développement et l'exploitation du domaine colonial vénitien (XII-XV siècles), Paris ²1975.

Albanien betreffend geschlossen; mit dem Sultan Mehmed I. (1389–1421) traf Venedig dann 1413 ein Abkommen zum Schutz seiner Kolonien im Schwarzen Meer.[29] Ein Friedensvertrag folgte nach der Schlacht bei Gallipoli am 31. Juli 1416, ein weiterer am 6. November 1419.[30] 1446 schloss Venedig mit Mehmed II. Frieden.[31] Diese Verträge wurden von venezianischer Seite durch einen Amtsträger mit der Bezeichnung *bailo* ausgehandelt, der nach 1453 in einem Häuserkomplex (*Vigne de Pera*) im Galata-Viertel von Konstantinopel residierte. Dieser Botschafter besaß weitgehende politische, jedoch keine kommerzielle Handelsfreiheit und trug maßgeblich zur Errichtung eines diplomatischen Corps bei.[32] Venedig erhielt zunächst Tribut- und Zollfreiheit im Osmanischen Reich durch den Vertrag vom 18. April 1454, der bis zum Ausbruch von Kampfhandlungen in der Ägäis 1463 hielt. Diesen 15 Jahre andauernden Konflikt beendete der Vertrag von Konstantinopel (25. Januar 1478), der zu Ungunsten Venedigs ausfiel: Zwar behielt die Seerepublik adriatische Besitzungen, verlor aber Shkodra im heutigen Albanien, Negroponte (Euboea) und Lemnos im Ägäischen Meer. Zudem legten die Osmanen den Venezianern Entschädigungs- und Tributzahlungen auf, die sie für den Handel im Schwarzen Meer zu entrichten hatten.[33]

Die venezianisch-osmanischen Verträge etablierten einen normativen Standard des schriftlich garantierten gegenseitigen Schutzes. Die Formulierungen der Verträge von 1446, 1454 und 1478 ähneln einander, die Parteien werden darin als gleichwertig bezeichnet, die jeweiligen Interessen gegenseitig anerkannt und Höflichkeiten reziprok formuliert. Außerdem wurde 1478 der Schutz des diplomatischen Korps in Konstantinopel garantiert, ebenfalls wechselseitig, obwohl die Türken erst hundert Jahre später eine ähnliche Vertretung in Venedig unterhielten.[34] Der erste Eindruck einer bloß mündlichen Vereinbarung, die in diesen auf Griechisch verfassten Schriftstücken festgehalten wurde, wird jedoch dadurch relativiert, dass auch der Sultan sich im Wesentlichen auf griechische Schreiber seiner Kanzlei verließ.[35]

---

29 *Noradungyan*, Recueil, S. 7f.
30 *Antonio Fabris*, From Adrianople to Constantinople: Venetian-Ottoman diplomatic missions, 1360–1453, in: Mediterranean Historical Review 7/2 (1992), S. 154–200.
31 *Franz Babinger/Franz Dölger*, Mehmed's II. frühester Staatsvertrag (1446), in: OCP 15 (1949), S. 225–258.
32 *Eric Dursteler*, The Bailo in Constantinople: Crisis and Career in Venice's Early Modern Diplomatic Corps, in: Mediterranean Historical Review 16/2 (2001), S. 1–30. Vgl. ferner *Daniel Goffman*, Negotiating with the Renaissance state: the Ottoman Empire and the new diplomacy, in: Virginia Aksan/Daniel Goffman (Hg.), The Early Modern Ottomans: Remapping the Empire, Cambridge 2007, S. 61–74; *E. Natalie Rothman*, Between Venice and Istanbul: Trans-imperial Subjects and Cultural Mediation in the early modern Mediterranean, Ithaca, NY u. a. 2012.
33 *Diana Gilliland Wright/Pierre A. MacKay*, When the Serenissima and the Gran Turco made Love: the Peace Treaty of 1478, in: StVen 53 (2008), S. 261–277, mit einer Edition und Übersetzung des griechischen Originaltexts.
34 Ebd., S. 263.
35 Ebd., S. 265; vgl. auch *Julian Raby*, Mehmet the Conqueror's Greek Scriptorium, in: DOP 37 (1983), S. 15–34.

Ähnliche Vertragswerke wie mit dem Osmanischen Reich besiegelten die Seerepubliken auch mit den muslimischen Staaten in Nordafrika und auf der iberischen Halbinsel. 1302 schloss Venedig, allerdings gegen einen päpstlichen Bann, der den Handel mit den muslimischen Staaten untersagte, einen Friedenstraktat mit dem mamlukischen Sultan Nasir ad-Din Muhammed (1284–1341), der alte Privilegien wie den Zugang zu den Häfen Syriens und Ägyptens bestätigte.[36] Ein weiterer Vertrag folgte 1370, nachdem Venedig und Genua eine Allianz gegen den Sultan formierten und ein Jahr zuvor die Beziehungen nach Ägypten abgebrochen hatten. Eine genuesisch-venezianische Delegation erreichte Kairo im Dezember und schloss einen Frieden für Zyprioten, Venezianer, Genuesen und Katalanen.[37] Der Levante-Handel belebte sich im 14. Jahrhundert und weitere Privilegien im 15. Jahrhundert sicherten die europäisch-ägyptischen Beziehungen weiter ab: Im Jahre 1422 etwa wurde ein Handelsvertrag zwischen dem Sultan und einer florentinisch-venezianischen Delegation vereinbart, 1489 ein florentinisch-ägyptischer Vertrag und ein weiterer 1507, diesmal herbeigeführt durch eine mamlukische Delegation in Venedig.[38]

1517 fiel das Reich der Mameluken, worauf der Levantehandel in osmanische Herrschaft überging. Danach brach der venezianische Einfluss zwar nicht vollkommen ein, wurde allerdings durch die Öffnung des Seewegs nach Indien geschwächt. Dieser Entwicklung ging die Etablierung eines Handels- und Vertragssystems im westlichen Mittelmeerraum voraus, an der neben venezianischen auch kastilische, aragonische und wiederum genuesische Akteure beteiligt waren.[39] Zahlreiche Traktate und Verträge belegen zudem die engen kommerziellen und politischen Verbindungen zwischen den europäischen und nordafrikanischen Mittelmeeranrainern. Zwischen dem 12. und 16. Jahrhundert schloss alleine Genua 17 Verträge mit dem Herrscher von Tunis, den Almoraviden in Valencia, auf den Balearen und in Granada ab.[40] Der arago-

---

36 *George Martin Thomas/Riccardo Predelli* (Hg.), Diplomatarium Veneto-Levantinum sive Acta et Diplomata res Venetas, Graecas atque Levantis, Venedig, 1880–1899, Bd. 1, S. 5, Nr. 4. Erste Verträge zwischen Venedig und Ägypten schon seit 1207. Vgl. *Gherardo Ortalli*, Venice and the Papal Bans on Trade with the Levant: The Role of the Jurist, in: Benjamin Arbel (Hg.), Intercultural Contacts in the Medieval Mediterranean: Studies in Honour of David Jacoby, New York u. a. 1996, S. 242–258; *David Jacoby*, L'expansion occidentale dans le Levant: les Vénétiens à Acre dans la seconde moitié du troizième siècle, in: JMedHist 3 (1977), S. 225–264; *Eliyahu Ashtor*, Levant Trade in the Late Middle Ages, Princeton, NJ 1983, S. 3–63, bes. S. 27.
37 Ashtor, Levant Trade, S. 102.
38 Nach *John Wansbrough*, A Mamluk Ambassador to Venice in 913/1507, in: BSOAS 26/3 (1963), S. 503–530, hier S. 503, wurden zwanzig Handelsverträge zwischen den Mamluken und Venedig abgeschlossen. Vgl. ferner *ders.*, Venice and Florence in the Mamluk Commercial Privileges, in: BSOAS 28/3 (1965), S. 483–523; *ders.*: A Mamluk commercial treaty concluded with the Republic of Florence in 894/1489, in: S. M. Stern (Hg.), Documents from Islamic chanceries, Oxford 1965, S. 39–79.
39 Vgl. *David Abulafia*, The Western Mediterranean Kingdoms: The Struggle for Dominion, 1200–1500, London 2016, der allerdings die muslimischen Akteure weitgehend unberücksichtigt lässt.
40 Siehe die Liste in *Daniel G. König*, Arabic-Islamic Views of the Latin West. Tracing the Emergence of Medieval Europe, Oxford 2015, S. 295–297.

nische Handel ging in erster Linie von Barcelona aus, das in Verbindung mit dem Osmanischen Reich trat und ebenfalls das päpstliche Verbot umging, als Verträge mit den Mameluken geschlossen wurden. 1314 schickte Jakob II. (Jaime II, 1267–1327) eine Gesandtschaft nach Kairo, um Frieden zu schließen. Seit 1322 unterhielten die Katalanen eine Faktorei in Alexandria. 1383 gewährte eine Kapitulation die Einrichtung eines Konsulats in Damaskus. Die Verbindungen zur Levante sollten bis ins 16. Jahrhundert andauern.[41]

Außerdem unterhielten die Könige von Aragonien kontinuierliche Beziehungen zu den Fürsten der nordafrikanischen Länder.[42] Kaufleute aus Afrika trieben in Barcelona ebenso Geschäfte wie die Untertanen der Krone von Aragonien in Marokko, Tunis und Bugia. Antonio de Capmany y Montpalau (1742–1813) hat in seinen *Memorias históricas* zahlreiche Dokumente, unter anderem auch Verträge gesammelt, die von der Freundschaft zwischen diesen Ländern zeugen.[43] Darin versprechen sich die Könige der nordafrikanischen Länder und Aragoniens, wie etwa in einem Vertrag von 1323, gegenseitig den Schutz ihrer Untertanen, der Ausrüstung und die Immunität ihrer Konsuln. Die Gebäude der Faktoreien des Königs von Aragonien in Tunis und Bugia etwa mussten auf Kosten des Königs von Tunis und Bugia gebaut werden.[44] Für das 15. Jahrhundert sind nur verstreut vertragliche Abmachungen nachweisbar, allerdings wurde noch 1535 der letzte Konsul für Tunis in Barcelona ernannt, was auf die Kontinuität der aragonischen Handelsverbindungen nach Nordafrika verweist.[45]

Der Göttinger Geograph Johann Eduard Wappäus (1812–1879) hat im 19. Jahrhundert darauf aufmerksam gemacht, dass die Begegnungserfahrung der europäischen Kaufleute in Nordafrika aus dieser Zeit von besonderer Bedeutung für die spätere Expansion entlang der westafrikanischen Küste und schließlich nach Asien und Amerika waren.[46] Die Betonung der Kontinuität des mittelalterlichen Vertragssystems im Mittelmeerraum bis in die Neuzeit ist umso wichtiger, da sich um 1500 eine tiefe Zäsur für die Region ereignete. Die Vereinigung der Kronen von Aragon und Kastilien (vollendet 1504) koinzidierte mit der Expansion des Osmanischen Reichs, das sich unter Selim I. (1470–1520) und Süleyman dem Großen (1494/5/6–1566) nach Osteuropa und Nordafrika ausdehnte. 1514 gelang ihnen ein Sieg gegen das persische Safawiden-Reich, 1517 nahmen sie Ägypten in Besitz, 1521 wurde Belgrad erobert und 1529 stand

---

41 *Maria Teresa Ferrer*, Catalan commerce in the late Middle Ages, in: Catalan Historical Review 5 (2012), S. 29–62.
42 *Charles-Emmanuel Dufourcq*, L'Espagne catalane et le Maghrib aux XIIIe et XIVe siècles, Paris 1966.
43 *Antonio de Capmany y Montpalau*, Memorias históricas sobre la marina, comercio y artes de la antigua ciudad de Barcelona. 4 Bde., Madrid: Antonio de Sancha, 1779–1792.
44 Vertrag zwischen dem König von Aragonien Jakob II. und Albubace, König von Tunis und Bugia, 1. Mai 1323, in: *Capmany*, Memorias, Bd. 4, Nr. 41, S. 81–82.
45 *Capmany*, Memorias, Bd. 2, S. 66.
46 *Johann Eduard Wappäus*, Untersuchungen über die geographischen Entdeckungen der Portugiesen unter Heinrich dem Seefahrer, Göttingen 1842, S. 292.

erstmals ein osmanisches Heer vor Wien. Ein weiteres Vordringen der Osmanen in das westliche Mittelmeer verhinderte deren Niederlage in der Seeschlacht bei Lepanto 1571. Das Intermezzo der spanischen Herrschaft in Tunis 1535 unter Karl V. (1500–1558) dauerte bis 1574 an, als die Osmanen die Stadt zurückeroberten und die nordafrikanischen Fürstentümer vollständig zu Vasallen Konstantinopels wurden.

Unterdessen vollzog sich die portugiesische Expansion über den Seeweg nach Afrika, die 1494 in der Eröffnung des Seewegs nach Indien kulminierte. Hier wurde unter den Vizekönigen von Indien, Francisco de Almeida (1450–1510) und Afonso de Albuquerque (1453–1515), eine zweite christliche Front zunächst gegen das Mameluken-Reich, deren Einflusszone über das Rote Meer bis in den Indischen Ozean reichte, dann gegen das Osmanische Reich eröffnet. 1509 besiegten die Portugiesen eine ägyptisch-arabisch-indische Flotte bei Diu und nahmen die Stadt im Gujarat in Besitz, was die portugiesische Vorherrschaft in der Region einleitete.[47] Seit 1415 setzten sich die Portugiesen zudem an der afrikanischen Küste fest und etablierten ein Netzwerk von Handelsstützpunkten, Kontoren und Festungen. Dabei bedienten sie sich weiterhin der Praxis, kommerzielle und politische Verträge mit den lokalen Machthabern einzugehen.

Diese beiden Expansionsbewegungen, wozu im Übrigen auch die kastilische Entdeckung Amerikas als eine zunächst wenig wichtig erscheinende Inselgruppe im Atlantik gehörte, wurden weiterhin von einer regen Vertragstätigkeit zwischen Europäern und ihren osmanischen, maghrebinischen und afrikanischen Gegenübern begleitet. Bevor die Aufmerksamkeit auf die südlich der Sahara liegenden Gebiete gerichtet wird, wird zunächst der Mittelmeerraum betrachtet.

2. „No peace beyond the line"? Die osmanischen Kapitulationen, kommerzieller Austausch und Piraterie

Kapitulationen waren eine Vertragsform, die bestimmte gegenseitige Verpflichtungen beinhaltete und auf verfassungsrechtlicher Ebene etwa bei Kaiserwahlen angewandt wurde (Wahlkapitulationen). Zuweilen wird der Begriff auch für Regelungen des Rechtsverhältnisses der Untertanen eines europäischen Staates in Gebieten außerhalb des europäischen „Völkerrechtskreises" verwendet.[48] Im Mittelmeerraum waren Kapi-

---

47 *Sanjay Subrahmanyam*, The Portuguese Empire in Asia, 1500–1700: A Political and Economic History, Chichester u. a. 2012.
48 So definiert es etwa *Daniel Hochrath*, Kapitulation, in: EdN 2014, URL: http://dx.doi.org/10.1163/2352-0248_edn_a2024000 (abgerufen am: 26.02.2019). Zu unterscheiden ist darüber hinaus die kastilische Urkundenform der *Capitulación*, in der Einzelheiten zwischen der Krone und einer oder mehreren Privatpersonen festgelegt wurden. Später regelten die Spanier damit die Unterwerfung der indigenen

tulationen – abgeleitet vom lateinischen *capitula* im Sinne der jeweiligen Kapitelüberschriften eines verhandelten Schriftstücks – vornehmlich die Bezeichnungen für die diplomatischen Instrumente der europäischen Handelsvertreter mit dem Osmanischen Reich. Die spätere Konnotation der Kapitulation als eingestandener Niederlage resultiert aus der Erfahrung der Kolonialzeit im 19. Jahrhundert. In der Frühen Neuzeit war ein solcher Vertrag meist nicht Ausdruck europäischer Dominanz, sondern – wenn überhaupt – das Ergebnis osmanischer Überlegenheit.[49] Denn eine Kapitulation (türkisch: *ᶜadh-name*) war ein unilateraler Vorgang, der Nicht-Muslimen (*dhimmi*), etwa Griechen, Armeniern oder Juden, in der islamischen Welt (*umma*) ein Bleiberecht unter bestimmten Auflagen zugestand („Milletsystem").[50] Insbesondere in der Levante gruppierten solche Kapitulationen die verschiedenen europäischen Händler in sogenannte „Nationen", die gegenüber der osmanischen Obrigkeit durch einen Konsul repräsentiert wurden.[51]

Formelles Vorbild für diese Kapitulationen bzw. *ᶜadh-names* im 16. Jahrhundert waren die früheren venezianisch-osmanischen Verträge. Die sogenannte Invasion nordeuropäischer Mächte ins Mittelmeer zeitigte neue Kapitulationen des Osmanischen Reiches mit Frankreich, England und den Niederlanden. 1535 wurde nach Verhandlungen zwischen Jean de la Forest (†1537), dem Gesandten Franz' I. von Frankreich (1494–1547), und Ibrahim Pascha (1493–1536), dem Großwesir von Süleyman, der angeblich erste Friedens- und Handelsvertrag zwischen Frankreich und der Türkei geschlossen.[52] Dieser ist allerdings nur in einer französischen Kopie von 1580 erhalten, was möglicherweise darauf zurückzuführen ist, dass der Vertrag von der Hohen Pforte nicht anerkannt wurde, nachdem Ibrahim in Ungnade gefallen war. Eine weitere Vermutung ist, nach Fontenay, dass der Vertrag auf Augenhöhe geschlossen werden sollte, was wiederum nicht dem osmanischen Protokoll der Unilateralität ent-

---

Bewohner in Übersee. Vgl. dazu *Horst Pietschmann*, Estado y conquistadores: Las Capitulaciones, in: Hist(S) 22 (1987), S. 249–262; *Vitus Huber*, Beute und Conquista: Die politische Ökonomie der Eroberung Neuspaniens, Frankfurt a. M. u. a. 2018, S. 84.
49 *Michel Fontenay*, Capitulations, in: Lucien Bély (Hg.), Dictionnaire de la France d'Ancien Régime, Paris 1996, S. 201–203.
50 *Bülent Ucar*, Der Umgang mit Minderheiten im Osmanischen Reich, in: Heiner Bielefeldt/Jörg Lüer (Hg.), Rechte nationaler Minderheiten: Ethische Begründung, rechtliche Verankerung und historische Erfahrung, Bielefeld 2004, S. 100–123; *Willi Heffening*, Das islamische Fremdenrecht, Hannover 1925, S. 126f.; *Martin Hartmann*, Die islamisch-fränkischen Staatsverträge (Kapitulationen), in: ZfP 11 (1918), S. 1–64.
51 Vgl. dazu *Niels Steensgaard*, Consuls and Nations in the Levant from 1570 to 1650, in: Sanjay Subrahmanyam (Hg.), Merchant Networks in the Early Modern World, Aldershot 1996, S. 179–221, S. 183, der jedoch auf Unterschiede zwischen Kapitulationen und ähnlichen Institutionen im islamischen Recht hinweist.
52 *Kaiser*, Politik, S. 299. Abdruck des Vertrags unter „Premières capitulations avec la France", Konstantinopel, Februar 1535, in: *Noradungyan*, Recueil, S. 83–87.

sprach.[53] Er gilt mithin als eine schriftliche Zusammenfassung der Verhandlungen für den französischen Gebrauch, gleichwohl aber in der Form eines Vertrags gehalten.[54] Eine französisch-osmanische Kapitulation existiert zuerst für 1569.[55] Auch wenn das Bündnis nicht formell geregelt war, so stand Frankreich unter Franz I. und Heinrich II. (1519–1559) dem Osmanischen Reich im Krieg gegen Venedig indes *de facto* bei, bis das Verhältnis nach 1559 (Frieden von Cateau-Cambrésis)[56] abkühlte.[57]

Ein Blick auf die chronologische Aufzählung von Noradungyan zeigt, dass die diplomatischen Beziehungen zwischen europäischen Staaten und der Hohen Pforte in der Frühen Neuzeit weiterhin lebhaft waren. Venezianisch-osmanische Friedensverträge wurden verlängert und (nach Unterbrechungen) erneuert; Waffenstillstände,[58] Kapitulationen und Friedensverträge wurden mit Polen, Ungarn, Russland, dem Großherzogtum Toskana, der Woiwodschaft Moldawien, dem Fürstentum Transsylvanien, Spanien und dem Reich geschlossen (Frieden von Zsitvatorok 1606).[59] Erste Kapitulationen mit englischen Händlern datieren von 1580, 1583 und 1592, die ihnen ähnliche Rechte wie den Franzosen zugestanden, u.a. eine diplomatische Vertretung in Konstantinopel.[60] Eine am 11. September 1581 ins Leben gerufene *Turkey Company* um eine Gruppe von Kaufleuten, angeführt von Edward Osborne (ca. 1530–1591), organisierte den Handel mit dem Osmanischen Reich und erhielt ein Monopol für sieben Jahre.[61] Aus ihr ging im Jahre 1592 die *Levant Company* hervor, die von hier den Handel mit der Levante bis nach Asien führte. Auch in Kairo, Alexandria, Aleppo, Damaskus, Algier, Tunis und Tripolis unterhielten die Briten Konsulate; für den Handel mit Marokko erhielt die 1585 gegründete *Barbary Company* ein Handelsprivileg.[62]

---

53 *Fontenay*, Capitulations, S. 202.
54 *Steensgaard*, Consuls and Nations, S. 179–221, S. 182.
55 Capitulation avec la France, Konstantinopel, 18. Oktober 1569, in: *Noradungyan*, Recueil, S. 88–93.
56 Vgl. hierzu auch Kapitel 42.
57 Vgl. weiter dazu *Michael Hochedlinger*, Die französisch-osmanische ‚Freundschaft' 1525–1792. Element anti-habsburgischer Politik, Gleichgewichtsinstrument, Prestigeunternehmung – Aufriss eines Problems, in: MIÖG 102 (1994), S. 108–164; zur weiteren französisch-türkischen Beziehung vgl. *Géraud Poumarède*, Naissance d'une institution royale. Les consuls de la nation française en Levant et en Barbarie aux XVIe et XVIIe siècles, in: ABSHF 2001, Paris (2003), S. 65–128; *ders.*, Négocier près la Sublime Porte. Jalons pour une nouvelle histoire des capitulations franco-ottomanes, in: Lucien Bély (Hg.), L'invention de la diplomatie. Moyen Âge – temps modernes, Paris 1998, S. 71–85; *Christian Windler*, La diplomatie comme le expérience de l'autre. Consuls français au Maghreb (1700–1840), Genf 2002; *Eugène Charrière*, Négociations de la France dans le Levant. 4 Bde., Paris 1848–1860.
58 Vgl. hierzu auch Kapitel 16.
59 *Noradungyan*, Recueil, S. 24–37.
60 Die Verträge wurden bereits in die Sammlung von Richard Hakluyt, *The principall navigation, voiages and discoveries of the English nation* [1589], 12 Bde., Glasgow 1903–1905, Bd. 5, S. 178–183, aufgenommen.
61 *Alfred C. Wood*, A History of the Levant Company [1935], London 1964, S. 11.
62 *Kaiser*, Politik, S. 301.

Zu Beginn des 17. Jahrhunderts erweiterten die Niederlande den Kreis der Nationen im arabischen Mittelmeerhandel. Sie handelten zunächst unter englischer Flagge, ab 1601 erhielten sie aber eigene Kapitulationen. Am 6. Juli 1612 traf eine Gesandtschaft der Generalstaaten in Konstantinopel ein, der eine Kapitulation zugestanden wurde, die ihnen die gleichen Rechte wie Engländern und Franzosen einräumte. Ihnen wurden auch Konsulate in Aleppo, Zypern, Algier und Tunis gewährt.[63] Der Zoll auf Waren belief sich allerdings statt der üblichen fünf auf drei Prozent, was Proteste bei Zwischenhändlern auf Zypern auslöste, nach Verhandlungen mit den lokalen Autoritäten aber bestätigt wurde.[64] Im Gegensatz zu Venedig, Frankreich und England unterhielten die Niederlande aber keine solide Konsulatsstruktur.[65]

Niels Steensgaard hat auf den fundamental einseitigen und widerrufbaren Charakter der osmanischen Kapitulationen hingewiesen.[66] 1614 etwa zog der Großwesir Nassuf Pascha die Kapitulationen aller vier Nationen ein, um sie in entscheidender Hinsicht zu verändern. Überhaupt zollten, Steensgaard zufolge, gerade auch die lokalen Behörden den konsularischen Vertretungen wenig Respekt. Das ging so weit, dass Europäer gefangen genommen oder sogar hingerichtet wurden. 1595 wurde etwa der französische Konsul in Alexandria, in seine Amtsrobe gekleidet, gehängt. Erst die Kapitulationen von 1601 mit England und 1604 mit Frankreich beinhalteten Klauseln zur diplomatischen Immunität, die jedoch auch danach nicht immer eingehalten wurden.[67] In der neueren Forschung wurde indes die Position des Konsuls nicht als eine rechtlich gesicherte, sondern als die eines kulturellen Vermittlers gedeutet. Es seien gerade anpassungsfähige Persönlichkeiten gewesen, die als „cultural chameleons" (Daniel Goffman) die Beziehungen zwischen den lokalen Autoritäten und europäischen Akteuren geregelt hätten.[68]

Das Verhältnis zwischen Europäern und unter osmanischer Herrschaft stehenden Staaten war durch die besondere Grenzsituation der Begegnungsorte gekennzeichnet. Städte wie Tunis, Aleppo, Smyrna oder Alexandria werden daher als „Ottoman borderlands", „hybride Kontaktzonen", „middle ground", „dritte Orte" oder als „shared sites" bezeichnet, in denen kommerzieller und kultureller Austausch stattfand.[69] Zah-

---

63 *Alexander H. Groot*, The Ottoman Empire and the Dutch Republic. A History of the Earliest Diplomatic Relations, 1610–1630, Leiden/Istanbul 1978; vgl. ferner *ders.*, Friends and Rivals in the East. Studies in Anglo-Dutch Relations in the Levant from the Seventeenth to the Early Nineteenth Century, Leiden 2000.
64 *Steensgaard*, Consuls and Nations, S. 184f.
65 *Kaiser*, Politik, S. 304.
66 *Steensgaard*, Consuls and Nations, S. 183f.
67 Ebd., S. 184.
68 *Daniel Goffman*, The Ottoman Empire and Europe, Cambridge 2002, S. 141; vgl auch *ders.*, Britons in the Ottoman Empire, 1642–1660, London u. a. 1998.
69 *Wolfgang Kaiser*, La grotte de Lampedusa. Pratiques et imaginaires d'un ‚troisième lieu' en Méditerranée à l'époque moderne, in: Susanne Rau/Gerd Schwerhoff (Hg.), Topographien des Sakralen. Religion und Raumordnung in der Vormoderne, München u. a. 2008, S. 282–303.

lungen, wie sie in manchen Kapitulationen gefordert werden, verstand man entweder als Geschenke oder Tribute. In europäischen Quellen wurde ihr demütigender Charakter meist verschwiegen, war man doch daran interessiert, als Akteur auf Augenhöhe vor Ort zu erscheinen. Die Gabe-Praxis ist daher Ausdruck einer interkulturellen Kommunikation, die mediterrane Diplomatie auszeichnete.[70] Schließlich war auch der Austausch von Gefangenen oder Geiseln eine gängige Garantie zur Einhaltung der geschlossenen Verträge.[71] Ein Beispiel ist ein Friedensvertrag zwischen dem Malteserritter Jacques de Vincheguerre (1598–1647), der in Diensten der Konsuln von Marseilles stand, und einem Ra'is von Tunis, dem Genueser Renegaten und Korsaren Osta Morat (1574–1640). Vincheguerre hatte diesem türkische Gefangene geschenkt, ihm außerdem seinen eigenen Sohn Philandre als Geisel überlassen und somit den Untertanen des französischen Königs Frieden und Sicherheit garantiert.[72] Kaiser verortet diese Aktivitäten noch im Rahmen von „Außenbeziehungen", da der Austausch von Gefangenen als Legitimation für den Handel mit Muslimen durchaus üblich war.[73]

Allerdings ging diese Praxis des Geisel- und Gefangenenaustausches insofern über seine friedenssichernde Funktion hinaus, wie sie von unterschiedlichen Akteuren als profitable Einkommensquelle entdeckt wurde. Einerseits existierte ein Rechtspluralismus zwischen christlichen und islamischen Konfessionen, der etwa geschäftliche Assoziationen zwischen Katholiken, Orthodoxen und Muslimen erlaubte.[74] Diese konnten von christlichen Notaren oder muslimischen *quadis* aufgesetzt werden. Zahlreiche Charterverträge, die in französischen Konsularkanzleien registriert wurden, zeugen von einer engen Zusammenarbeit zwischen osmanischen Kaufleuten und französischen Schiffskapitänen.[75] Andererseits aber verweist die Aktivität der Korsaren, die jeweils die Angehörigen der anderen Religion gefangen nahmen, um sie dann freikaufen zu lassen, auf die prekäre Rechtsfreiheit im Mittelmeerraum.[76] So galten

---

70 *Christian Windler*, Tribut und Gabe. Mediterrane Diplomatie als interkulturelle Kommunikation, in: Saec. 50 (1999), S. 24–59; vgl. auch *ders.*, Normen aushandeln. Die französische Diplomatie und der muslimische „Andere" (1700–1849), in: Ius Commune 24 (1997), S. 171–210.
71 Vgl. hierzu auch Kapitel 27.
72 *Wolfgang Kaiser*, Négocier la liberté. Missions françaises pour l'échange et le rachat de captifs au Maghreb (XVIIe siècle), in: Claudia Moatti (Hg.), La mobilité des personnes en Méditerranée, de l'antiquité à l'époque moderne. Modalités de contrôle et documents d'identification, Paris 2004, S. 501–528.
73 *Kaiser*, Politik, S. 314f.
74 Vgl. dazu *Cornel Zwierlein*, Imperial Unknowns. The French and British in the Mediterranean, 1650–1750, Cambridge 2016, S. 117–184.
75 *Kaiser*, Politik, S. 315f.; vgl. dazu *Daniel Panzac*, La caravane maritime. Marins européens et marchands ottomans en Méditerranée (1680–1830), Paris 2006.
76 Vgl. zum Folgenden ausführlich *Benton*, Sovereignty, S. 104–137. Vgl. darüber hinaus auch *Robert C. Davis*, Christian Slaves, Muslim Masters. White Slavery in the Mediterranean. The Barbary Coast, and Italy, 1500–1800, New York 2004; *Leïla Maziane*, Salé et ses Corsaires (1666–1727). Un port de course marocain au XVIIe siècle, Caen 2007; *Roland Courtinat*, La piraterie barbaresque en Méditerranée: XVIe–XIXe siècle, Paris 2003; *Roger Coindreau*, Les Corsaires de Salé [1948], ²2006.

die Kapitäne und Besatzungen, die Jagd auf Menschen machten, als Piraten, wenn sie gegen vertraglich gesicherte Vereinbarungen verstießen. Gentili etwa bezeichnete die Korsaren der Barbareskenstaaten als „Feinde der Menschheit" (*hostis humanis generis*), da sie das auf den Meeren gültige Naturrecht brachen.[77] Der niederländische Jurist Hugo Grotius (1583–1645), der die Überlegungen zum See- und Völkerrecht Gentilis weiter fortführte, argumentierte daher, dass auch Privatleute das Recht auf Selbstverteidigung gegen solche Piraten hätten.[78]

Doch diente diese juristische Argumentation nicht zuletzt auch dazu, die Souveränität der Staaten, unter deren Flagge Schiffe segelten, zu unterminieren. Für Grotius war der Anlass die niederländische Kaperung der portugiesischen Karacke *Santa Catarina* im Indischen Ozean (1603), die er auf Grundlage eines bereits etablierten Rechtsverständnisses legitimierte.[79] Auf ähnliche Weise wurde auch die Kaperei der Barbareskenstaaten zum Anlass genommen, jene Staaten, aus denen die Kaperschiffe kamen, als Feinde zu betrachten. Sie schienen nicht mehr den „zones of law" anzugehören, sondern einem anomischen Raum, in dem die Gesetze des Stärkeren herrschten.[80]

War nun aber Nordafrika ein Gebiet „beyond the line", in der kein Friedensschluss möglich war?[81] Die zahlreichen Friedensabkommen zwischen Europäern und den Barbareskenstaaten vermitteln ein anderes Bild. England schloss Friedensverträge mit Tunis, Tripolis und Salé in den Jahren 1662, 1675, 1676, 1716, 1751, 1762 und 1812.[82] Frankreich erreichte Friedensschlüsse mit Tunis, Tripolis und Algiers 1665, 1666, 1686 und 1688;[83] das Reich mit Tripolis und Tunis 1725 und 1726;[84] die Niederlande mit Tunis und Algiers 1662, 1708 und 1726, um nur einige Beispiele zu nennen.[85]

---

77 *Alberico Gentili*, De iure belli libri tres, übers. v. John Carew Rolfe, Oxford 1933, Kap. 4.
78 Vgl. dazu *Richard Tuck*, Introduction, in: ders. (Hg.), Hugo Grotius, The Rights of War and Peace, 3 Bde., Indianapolis 2005, Bd. 1, S. ix-xxxiv. Hugo Grotius' Argument ist zentral in seiner kurzen Schrift *Mare liberum* (1609), die nur ein Teil des später veröffentlichten Manuskripts De iure praeda war und später Eingang in seine Hauptschrift *De iure belli ac pacis* (1625) fand. Vgl. hierzu *Benton*, Sovereignty, S. 131. Vgl. hierzu auch Kapitel 6.
79 *Benton*, Sovereignty, S. 139ff.
80 Vgl. im Zusammenhang mit der Karibik *Eliga H. Gould*, Zones of Law, Zones of Violence. The Legal Geography of the British Atlantic, circa 1772, in: WMCQ 60/3 (2003), S. 471–510; *Michael Kempe*, Fluch der Weltmeere. Piraterie, Völkerrecht und internationale Beziehungen, 1500–1900, Frankfurt a.M. 2010.
81 Die Bedeutung dieser Linie ist umstritten: Einerseits waren es Linien, die sich von den differenzierteren Markierungen der Friedensverträge des 15. und 16. Jahrhunderts ableiten ließen, andererseits galt die grobe Grenze des Wendekreis des Krebses. Vgl. dazu *Garrett Mattingly*, No Peace beyond What Line?, in: THS 13 (1963), S. 145–162.
82 British and Foreign State Papers, 1812–1814, London 1841, Bd. 1/1, S. 710ff.
83 *Dumont*, Corps, Bd. 6/2-3, S. 57–59; S. 111f.
84 Ebd., Bd. 8/2, S. 129ff.; S. 135f.
85 Ebd., Bd. 6/2-3, S. 428; Bd. 8/1, S. 230ff.; Bd. 8/2, S. 136f.

Allerdings war die Militärmacht der Barbaresken schon in der zweiten Hälfte des 17. Jahrhunderts geschwächt und die Friedensverträge durch Bombardements der Städte durch französische und englische Schiffe erzwungen worden.[86] Auch die spanische Flotte bombardierte Algiers 1783 und 1784, sodass der Dey am 14. Juni 1786 einen Friedensvertrag mit dem Admiral der spanischen Flotte Jose de Mazarredo (1745–1812) schloss.[87] Schließlich führten die Vereinigten Staaten von Amerika zwei Kriege gegen Algiers, Tripolis, Tunis und Marokko (1801–1805 und 1815), nachdem eigene Verträge 1786, 1796 und 1797 nach der Unabhängigkeit von Großbritannien keine dauerhafte Sicherheit für US-Schiffe garantierten. Im Friedensvertrag mit Tripolis vom 4. Juni 1805 wurde gegen Zahlungen die Freilassung von Amerikanern aus der Gefangenschaft vereinbart. Erst nach einem britischen Bombardement von Algiers am 27. August 1816 wurde die Praxis der Lösegeldzahlungen für die Freilassungen von europäischen Gefangenen mit einem am 27. September unterzeichneten Vertrag endgültig beendet.[88] Eine französische Expedition im Jahre 1830 beseitigte die osmanische Herrschaft in Algerien und legte den Grundstein für die französische Kolonialherrschaft in Nordafrika.

3. Friedens- und Freundschaftsverträge im afrikanischen Atlantik: Europäisch-afrikanische Beziehungen in Westafrika

Die Transformation des mediterranen Raums im 15. und 16. Jahrhundert durch den Aufstieg des Osmanischen Reichs wurde von der Entstehung eines neuen Handels- und Begegnungsraums im Atlantischen Ozean begleitet.[89] Die Eroberung des Emirats Granada, der letzten muslimischen Besitzung auf der iberischen Halbinsel, im Jahre 1492 markiert ein Schlüsselereignis sowohl in der Geschichte der Reconquista als auch der sogenannten iberischen Expansion über den Atlantik. Noch im Heerlager von Santa Fe wurde die berühmte Kapitulation zwischen Christoph Kolumbus (1451–1506) und dem spanischen Königspaar Isabella I. von Kastilien (1451–1504) und Ferdi-

---

86 *Tom Pocock*, Breaking the Chains. The Royal Navy's War on White Slavery, London 2006.
87 *Manuel Trigo Chacón*, Los estados y las relaciones internacionales, Madrid 2008, S. 567; zur spanischen Präsenz und Diplomatie im Maghreb vgl. *Christian Windler*, De l'idée de croisade à l'acceptation d'un droit spécifique. La diplomatie espagnole et les Régences du Maghreb au XVIIIe siècle, in: Revue Hispanique 301 (1999), S. 747–788.
88 *Frederick C. Leiner*, The End of Barbary Terror. America's 1815 War against the Pirates of North Africa, Oxford 2006; *Joshua E. London*, Victory in Tripoli. How America's War with the Barbary Pirates Established the U. S. Navy and Shaped a Nation, Hoboken, NJ 2005.
89 Als Überblick aus afrikanischer Perspektive eignet sich *John K. Thornton*, A Cultural History of the Atlantic World, 1250–1820, Cambridge 2012.

nand II. von Aragón (1452–1516) am 17. April 1492 unterzeichnet, der die Entdeckung Amerikas folgte. Doch gingen der Westfahrt mehrere Fahrten nach Süden entlang der afrikanischen Küste voraus.[90] Seit die Portugiesen unter Johann I. (1357–1433) die Stadt Ceuta an der Straße von Gibraltar im Jahre 1415 eroberten, fuhren mehrere portugiesische durch den Infanten Heinrich (1394–1460) geförderte Expeditionen immer weiter jenseits der bekannten geographischen Gebiete.[91]

Nach der Ankunft in Guinea, dem südlichen Abschnitt der westafrikanischen Küste, etablierten die Portugiesen dort mehrere diplomatische Beziehungen mit afrikanischen Fürsten. In einem Brief König Manuels (1469–1521) von 1497 an die Bewohner von Massa in Marokko, einem wichtigen genuesischen Handelsposten, wird von einer Vereinbarung gesprochen, die dem Inhalt nach den Verträgen des Mittelmeers sehr ähnlich ist. So wird etwa der Schutz des portugiesischen Handels angesprochen, die Befreiung von Tributzahlungen und die Zahlung von Zöllen vereinbart. Für die Erlaubnis, eine Festung zu bauen, verspricht der König Schutz, bedingt sich zum Schluss aber auch die Übergabe von 15 Kindern als Geiseln aus.[92] Der Ton der Vereinbarung war weniger jener der Kreuzfahrer, die die Muslime zu unterwerfen trachteten, sondern eher auf politischen Ausgleich und kommerziellen Austausch bedacht, der die Koexistenz von Muslimen und Christen tolerierte. Dem Bau der Festung in Elmina ging eine ähnliche Vereinbarung voraus, dieses Mal jedoch mit einem nicht-muslimischen König.[93] König Johann II. (1455–1495) entsandte Diogo de Azambuja (1432–1518), der einen mündlichen Vertrag mit dem lokalen Chief Kwamin Ansah (*Caramansa*) schloss. Der Chronist Rui de Pina (1440–1521) hebt den rituellen Charakter der Vereinbarung hervor, die neben Fingerzeichen auch Gabenaustausch umfasste. Er berichtet außerdem von der Beschädigung eines heiligen Steins beim Bau des Kastells, was zu Auseinandersetzungen führte, die Azambuja jedoch friedlich durch Geschenke beilegen konnte.[94]

Die Portugiesen prägten die Region über die nächsten Jahrhunderte. Sie integrierten sich so sehr, dass eine lusoafrikanische Kultur mit eigener kreolischer Sprache

---

90 Nicht nur portugiesische, sondern auch italienische, französische, flämische und spanische Seeleute und Schiffe waren an dieser atlantischen maritimen Expansion beteiligt. Zu Kolumbus' Afrikafahrten vgl. *P. E. H. Hair*, Columbus from Guinea to America, in: History in Africa 17 (1990), S. 113–129; *Nicolás Wey Gómez*, The Tropics of Empire. Why Columbus Sailed South to the Indies, Cambridge, MA u. a. 2008.
91 *Peter E. Russell*, Prince Henry 'the Navigator': A Life, New Haven, CT 2000.
92 *Malyn D. D. Newitt*: The Portuguese in West Africa, 1415–1670. A Documentary History, Cambridge 2010, S. 31–35.
93 *P. E. H. Hair*, The Founding of the Castello de São Jorge da Mina: An Analysis of the Sources, Madison, WI 1994.
94 *Newitt*, Portuguese, S. 90–95. Weitere diplomatische Beziehungen wurden zum Oba in Benin und dem Manikongo in Angola etabliert; auch dort überwiegt der orale und rituelle Charakter der Vereinbarungen. Siehe ebd., S. 97–99; S. 103–106.

und hybriden Akteuren entstand.[95] In Afrika scheint sich indes das schriftbasierte Vertragssystem des Mittelmeerraums nicht direkt bewährt zu haben, da den Europäern hier eine imperiale Macht wie das Osmanische Reich nicht begegnete. Gleichwohl traf man an der Küste Senegambias auf muslimische Schriftgelehrte (*marabous*), mit denen ein schriftlicher Austausch möglich war. Schriftliche Verträge blieben aber die Ausnahme, wenn es um die Aushandlung von Handelsrechten, Freundschaften oder Allianzen ging. In der Forschung wird dagegen von einem *Palaver* gesprochen, wenn es sich bei Gesprächen unter Afrikanern und zwischen Afrikanern und Europäern um eine oral geführte Konferenz oder Konfliktaustragung handelte.[96]

Doch auch wenn die afrikanische *Palaver*-Praxis lange als dichotomischer Gegensatz zum europäischen Schriftsystem galt, so rücken heute dank der kritischen Revision ethnologischer Grundannahmen die Übergänge von Sprach- und Schriftgebrauch auch in der diplomatischen Forschung in den Fokus.[97] Dass Verträge auch nur von einer Seite festgehalten wurden und trotzdem praktische Gültigkeit besaßen, wurde schon am Beispiel der französisch-osmanischen Kapitulation deutlich. An der Küste Westafrikas hingegen war die schriftliche Überlieferung von Abmachungen indes sogar recht häufig. Als die Niederländer ihr Handelssystem in Guinea unter der Ägide der *West-Indischen Compagnie* (WIC) aufzubauen begannen, sicherten sie sich zahlreiche Privilegien afrikanischer Herrscher durch schriftliche Verträge. 1624 schloss ein Vertreter der WIC, Arent Jacobszon van Amersfert, mit dem Brafo (oder: *Obrafo*) von Fante ein Abkommen, das ihnen den Hafen des Landes zur Nutzung überließ und ein Waffenbündnis gegen die Portugiesen begründete.[98] Weitere Verträge folgten am 30. August 1642 und 4. August 1649 mit dem König von Groß-Akkra und am 25. Januar

---

95 *Toby Green*, Building Creole Identity in the African Atlantic: Boundaries of Race and Religion in 17th-Century Cabo Verde, in: History in Africa 36 (2009), S. 103–125; *ders.*, The Emergence of a Mixed Society in Cape Verde in the Seventeenth Century, in: ders. (Hg.), Brokers of Change. Atlantic Commerce and Cultures in Precolonial Western Africa, Oxford 2012, S. 217–236; *George E. Brooks*, Eurafricans in Western Africa. Commerce, Social Status, Gender, and Religious Observance from the Sixteenth to the Eighteenth Century, Athens, OH 1998; *Charles R. Boxer*, The Portuguese Seaborne Empire, 1415–1825, New York 1969, S. 31.
96 *Brauner*, Kompanien, S. 533–542; vgl. ferner *Per Hernaes*, Palaver: Peace or ‚Problem'? A Note on the „Palaver-System" on the Gold Coast in the 18th Century based on examples drawn from Danish sources, Kopenhagen 1988; *René Baesjou/Robert Ross* (Hg.), Palaver. European Interference in African Dispute Settlement, Leiden 1979; *Robert S. Smith*, Peace and Palaver: International Relations in Pre-Colonial West Africa, in: JAfH 14/4 (1973), S. 599–621.
97 Zur anthropologischen Revision des Logozentrismus haben maßgeblich die Arbeiten von *Jack Goody* beigetragen: vgl. z.B. Literacy in Traditional Societies, Cambridge 1975; The Domestication of the Savage Mind, Cambridge 1977; The Logic of Writing and the Organization of Society, Cambridge 1986.
98 Den Haag, NA NBKG 222, fol. 314f.: Acte van obdragt door die van Fantijn als Braffo was eenen Ambro, gedaan van hare Strand tenbehoere van de Generaale Geoktroÿeerde Compagnie, 31.03.1624. Vgl. *Robin Law*, The Government of the Fante in the Seventeenth Century, in: JAfH 54/1 (2013), S. 31–51, hier S. 35.

1672 mit Takoradi (Fort Orange).[99] Die Kopien dieser Verträge sind sowohl von den Vertretern der Handelsgesellschaft als auch von den afrikanischen Chiefs bzw. Königen unterzeichnet, wenngleich die Kopisten deren Unterschriften meist nur mit einem Zeichen markierten.[100]

Die englische und französische Vertragspraxis war der niederländischen sehr ähnlich. Die Briten schlossen am 6. Februar und 14. März 1753 eine formale Vereinbarung mit den Fante, in denen letztere versprachen, die Franzosen am Aufbau von Stützpunkten zu hindern. Im Gegenzug würden sie Munition erhalten; die Übergabe von Geiseln wurde als Garantie vereinbart.[101] Frankreich schloss ebenfalls mehrere Verträge mit afrikanischen Herrschern ab. Ein erster Freundschaftsvertrag, den ein niederländischer Angestellter in Diensten der französischen *Compagnie des Indes Occidentales* (CIO) vereinbart hatte, ist durch einen späteren Bericht des Kommandanten Louis d'Hally (1634–1678) von 1670/71 überliefert.[102] Dieser Kaufmann Gerard van Tetz schloss den Vertrag mit dem Chief von Klein-Kommendo (Eguafo), der später durch Nicolas Villaut de Bellefond auf einer weiteren Reise bestätigt wurde.[103] Das Bemerkenswerte an dieser Überlieferung ist, dass es laut d'Hally die Afrikaner waren, die den Vertrag aufbewahrt hatten, während die Franzosen sich über dessen Existenz nicht mehr bewusst gewesen sind.[104]

Einen regelrechten Friedensvertrag scheint es 1679 nach einer kurzen kriegerischen Auseinandersetzung zwischen der *Compagnie du Sénégal* (CdS), der Nachfolgegesellschaft der 1674 aufgelösten CIO, gegeben zu haben. Es sind Abschriften von „Traités de Paix" erhalten geblieben, die zwischen den Königen von Rufisque, Portudal und Joal und dem Repräsentanten der CdS, dem illustren Jean-Baptiste Ducasse (1646–1715), geschlossen wurden.[105] In diesen Verträgen sollten die Senegalesen das französische Handelsmonopol für eine sechs Meilen ins Landesinnere reichende Zone akzeptieren und zur Sicherheit ihre Eltern als Geiseln übergeben.[106] Die Franzosen

---

99 Ebd., fol. 45f., 73f., 374f.
100 Weitere Verträge: Zwischen der WIC und Axim, 17.02.1642: Den Haag, NA OWIC 12; WIC und Asebu, 17.02.1688: ebd., TWIC 122, S. 46–49; WIC und Fetu, 30.06.1688: ebd, S. 17f.
101 Kew, TNA T70/1695: Formal agreement with the Fantis, 6. Februar und 14. März 1753. Vgl. hierzu *Brauner*, Kompanien, S. 516; *Law*, Fante, S. 39.
102 *Guy Thilmans/Nize Isabel de Moraes*: Le passage à la Petite Côte du vice-amiral d'Estrée (1670), in: BIFAN 39 B (1977), S. 36–80; *Gérard Chouin*, Minor Sources? Two accounts of a 1670–1671 French Voyage to Guinea: Description, Authorship and Context, in: History in Africa 31 (2004), S. 133–155.
103 *Guy Thilmans/Nize Isabel de Moraes*: Villaut de Bellefond sur la côte occidentale d'Afrique. Les deux premières campagnes de l'Europe (1666–1671), in: BIFAN 38 B (1976), S. 257–299.
104 Vgl. ausführlicher dazu *Steiner*, Colberts Afrika, S. 81f.; S. 341f.; *Brauner*, Kompanien, S. 472.
105 Zu Ducasse, Marineoffizier, Gouverneur, Sklavenhändler und einem der reichsten Männer der damaligen Welt, vgl. *Philippe Hrodej*, L'amiral Du Casse. L'élévation d'un Gascon sous Louis XIV, Paris 1999.
106 Aix-en-Provence, CAOM COL C6/1: Articles des traites de Paix faits par le Sr. Ducasse au nom de la Compagnie du Senegal, avec les Rois de Rufisque, Portudal, et Joalle, voisins du Senegal, conclus aux

schlossen im Verlauf des 18. Jahrhunderts noch eine ganze Reihe von Friedensverträgen mit den Herrschern Senegambias und Guineas.[107] Wie sehr die Franzosen außerdem beabsichtigten, feste diplomatische Beziehungen zu Afrika einzurichten, bezeugen jene afrikanischen „Botschafter", die als Geiseln nach Frankreich an den Hof Ludwigs XIV. (1638–1715) geschickt wurden.[108]

Ein letzter Vertrag ist indes noch erwähnenswert, da er ein seltenes Beispiel einer zweisprachigen Kopie einer schriftlichen Vereinbarung zwischen Europäern und Afrikanern südlich der Sahara darstellt. Es handelt sich um ein Abkommen zwischen Jean-Claude de Saint-Adon, einem Angestellten der französischen Indien-Kompanie, und Samba Gelaajo Jeegi (*Sambaguelay*), dem Siratik, Herrscher der Futa am oberen Lauf des Senegal-Flusses, datiert vom 5. März 1737.[109] Samba las den Koran und war des Arabischen mächtig, weshalb der Vertrag wohl auch in arabischer Schrift vorliegt.[110] Die Franzosen versprachen dem Siratik, der von seinen maurischen Verbündeten abhängig war, ihn mit Waffen und dem Bau eines Forts zu stärken und als „legitimen Herrscher der Futa" zu stützen. Im Gegenzug sollte dieser die Franzosen mit 50 Sklaven beliefern und außerdem Konko Bubu Musa, seinen Konkurrenten um die Herrschaft und gemeinsamer Gegner der Kompanie, töten. So erhoffte sich die Kompanie im lukrativen Gold- und Sklavenhandel im Senegal-Tal Fuß fassen zu können.

Schluss: Friedensverträge im arabisch-europäisch-westafrikanischen Kulturraum

Mit dieser Episode aus dem transsaharischen *borderland*, in dem afrikanische, maurische und europäische Akteure miteinander konkurrierten und kooperierten, schließt sich auch der Kreis zum arabisch-mediterranen Kulturraum. In der betrachteten Region wurden Verträge geschlossen, um friedliche Koexistenz und Handel, manchmal auch längere Partnerschaften zu sichern, ohne dass sie notwendigerweise einen for-

---

mois de mars et avril 1679. Vgl. dazu *Steiner*, Colberts Afrika, S. 89, S. 195. Ferner *Abdoulaye Ly*, La Compagnie du Sénégal, Paris 1958, S. 146.
107 Etwa zwischen der Compagnie des Indes und Jean, König von Anomabu, 12.03.1730 (CAOM COL C6/10) und 22.02.1752 (40 COL C9, Nr. 408); mit dem König von Allada, Juli 1786 (COL C6/26) und 21.04.1787 (40 COL C9, Nr. 411).
108 Zur Ambiguität zwischen Botschaftern und Geiseln vgl. *Brauner*, Kompanien, S. 505–517; genauer zu Matteo Lopez: *dies.*, Ein Schlüssel für zwei Truhen. Diplomatie als interkulturelle Praxis am Beispiel einer westafrikanischen Gesandtschaft nach Frankreich, in: HA 21/2 (2013), S. 199–226.
109 CAOM C6/11, 05.03.1737; vgl. dazu ausführlich Oumar Kane: *La première hégémonie peule: le Fuuta Tooro de Koli Tenella à Almaami Abdul*, Paris 2004, S. 422–424
110 *Philip D. Curtin*, Africa Remembered. Narratives by West Africans from the Era of the Slave Trade, Madison, WI 1967, S. 37f. Vgl. auch *Pierre-Félix-Barthelemy David*: Journal d'un voyage fait en Bambouc en 1744, hg. v. André Delcourt, Paris 1974, Notes complémentaires, S. 265f.

malen Kriegszustand beendeten. Die Übergänge zu Handels- und Freundschaftsabkommen waren, wie eingangs bereits erwähnt, oftmals fließend. Das schließt aber nicht aus, dass es sich bei den besprochenen Beispielen im Kern immer auch um Friedensverträge handelte. Denn den beteiligten Akteuren ging es in diesen schriftlich oder mündlich festgehaltenen Vereinbarungen wie im europäischen Staatensystem um die Wahrung gegenseitiger Interessen über Kulturgrenzen hinweg. Die Vertragswerke geben querschnittartige Einblicke in ein komplexes Verbindungsgeflecht, das die einzelnen Akteure über lokal etablierte Praktiken der Begegnung und Interaktion miteinander verband.

Die ältere These, dass dabei afrikanische Akteure nicht in dieses System der vertraglichen Vereinbarungen eingebunden waren, hält näherer Prüfung nicht stand. Zum einen wurden Friedensverträge nicht nur mündlich, sondern auch schriftlich festgehalten, wobei der rituelle Charakter als Praxis durchaus eine wichtige Funktion hatte, was indes auch für den europäischen Kontext gilt. Zum anderen zeigt die neuere Forschung insbesondere zum Mittelmeerraum, dass diplomatische Verbindungen zum großen Teil auf der Fähigkeit bestimmter Akteure beruhten, zwischen den Kulturen zu vermitteln. Im Mittelmeer waren es etwa Venezianer und Genuesen, die eine Spezialisierung auf diesen interkulturellen Verkehr besaßen; auch gelang es einzelnen ‚hybriden' Individuen immer wieder, die vermeintlich scharfen Grenzen der Kulturräume zu überwinden. Im afrikanischen Atlantik hingegen legten Portugiesen wichtige Grundlagen für spätere diplomatische Beziehungen. Auch hier spielten die kreolischen *Go-Betweens* eine wichtige Rolle für die interkulturelle Vermittlung, da es ihnen insbesondere gelang, die epistemische Differenz der aufeinandertreffenden Kulturen zu überbrücken.

Auch wenn die diplomatische Praxis Friedensverträge zu schließen im betrachteten geographischen Gebiet vom Schwarzen Meer bis Guinea durchaus verbreitet war, dürfen die mitunter großen Unterschiede innerhalb dieses Kulturraums nicht verkannt werden. Der Einfluss des Osmanischen Reichs erwies sich für den Mittelmeerraum und mithin für die europäischen Mächte als wichtiger, als es die kleineren, nicht in imperialen Strukturen organisierten Fürsten der westafrikanischen Küste waren. Es wäre allerdings falsch, die afrikanischen Regionen als periphere Räume einzuordnen. Für das ökonomische Interesse war der Zugang zu den Märkten in Westafrika sehr wohl von zentraler Bedeutung, um die atlantische Sklavenwirtschaft der europäischen Großmächte im 17. und 18. Jahrhundert mit genügend Arbeitskraft zu versorgen. Dass es gerade die Sklavenfrage war, die Ende des 18. und zu Beginn des 19. Jahrhunderts die Abkehr von einer Vertragspraxis mit außereuropäischen Mächten und die Anwendung militärischer Gewalt begründete, mag daher in gewisser Weise ironisch erscheinen. Doch verkennt man so die eigentliche Funktion der Friedensverträge und Abkommen, die Europäer dann schlossen, wenn ihre Macht begrenzt war und eine koloniale Vorherrschaft noch nicht möglich war.

Der Fokus auf Verträge, wie er hier versucht wurde beizubehalten, verdeckt indes Strukturen eines komplexeren historischen Narrativs. Friedensverträge, die sich auf

Naturrecht oder positives Recht beriefen, waren nur ein kleiner Teil einer interkulturellen Praxis. Man berief sich in der Vormoderne nicht nur auf normative Ordnungen, mit denen häufig nur eine Seite in Begegnungssituationen vertraut war, sondern ließ sich in viel höherem Maße auf sein Gegenüber ein. Ein *interimperial legal ordering* fand nicht nur, wie die Rechtshistorikerin Lauren Benton betont, auf der Basis von Verträgen statt, sondern verlief dezentraler und auf Basis gegenseitiger Anerkennung.[111] Insofern fordert der Blick nach ‚Außereuropa' auf, die normativen Kategorien der Außenbeziehungen auch in Hinsicht auf die innereuropäischen Zusammenhänge zu überprüfen. Denn Europa war, das kann man aus der Vielzahl der geschlossenen Verträge im Mittelmeerraum und Afrika schlussfolgern, keineswegs ein nach außen geschlossenes ‚Staatensystem'. Vielmehr ergibt die Summe der Beziehungen, die in der Frühen Neuzeit schriftlich, mündlich oder rituell festgehalten wurden, eine prinzipiell offene Netzwerkstruktur. Afrika, Asien und Europa, wie sie hier in räumlicher Synopse betrachtet wurden, erscheinen somit in dieser Struktur jedenfalls weniger getrennt als eng miteinander verbunden.

Auswahlbibiographie / Select Bibliography

Baesjou, René/Ross, Robert (Hg.), Palaver. European Interference in African Dispute Settlement, Leiden 1979.
Benton, Lauren, Beyond Legal Pluralism. Towards a New Approach to Law in the Informal Sector, in: Social and Legal Studies 3 (1994), S. 223–242.
Benton, Lauren, A Search of Sovereignty: Law and Geography in European Empires, 1400–1900, Cambridge 2010, S. 110.
Benton, Lauren/Ross, Richard J. (Hg.), Legal Pluralism and Empires, 1500–1850, New York u. a. 2013.
Brauner, Christina, Ein Schlüssel für zwei Truhen. Diplomatie als interkulturelle Praxis am Beispiel einer westafrikanischen Gesandtschaft nach Frankreich, in: HA 21/2 (2013), S. 199–226.
Brauner, Christina, Kompanien, Könige und caboceers: Interkulturelle Diplomatie an Gold- und Sklavenküste im 17. und 18. Jahrhundert, Köln u. a. 2015.
Burschel, Peter, Das Eigene und das Fremde. Zur anthropologischen Entzifferung diplomatischer Texte, in: Alexander Koller, Kurie und Politik. Stand und Perspektiven der Nuntiaturforschung, Tübingen 1998, S. 260–271.
Duchhardt, Heinz, Europäisch-afrikanische Rechtsbeziehungen in der Epoche des „Vorkolonialismus", in: Saec. 36 (1985), S. 367–379.
Gentili, Alberico, De iure belli libri tres, übers. v. John Carew Rolfe, Oxford 1933.
Goffman, Daniel, The Ottoman Empire and Europe, Cambridge 2002, S. 141.
Gould, Eliga H., Zones of Law, Zones of Violence. The Legal Geography of the British Atlantic, circa 1772, in: WMCQ 60/3 (2003), S. 471–510.
Groot, Alexander H., Friends and Rivals in the East. Studies in Anglo-Dutch Relations in the Levant from the Seventeenth to the Early Nineteenth Century, Leiden 2000.
Grotius, Hugo, The Rights of War and Peace, hg. V. Richard Tuck, 3 Bde., Indianapolis 2005.

---

111 *Benton*, Sovereignty, S. 6.

Hernaes, Per, Palaver: Peace or ‚Problem'? A Note on the „Palaver-System" on the Gold Coast in the 18th Century based on examples drawn from Danish sources, Kopenhagen 1988.

Kaiser, Wolfgang, Négocier la liberté. Missions françaises pour l'échange et le rachat de captifs au Maghreb (XVIIe siècle), in: Claudia Moatti (Hg.), La mobilité des personnes en Méditerranée, de l'antiquité à l'époque moderne. Modalités de contrôle et documents d'identification, Paris 2004, S. 501–528.

Kaiser, Wolfgang, La grotte de Lampedusa. Pratiques et imaginaires d'un ‚troisième lieu' en Méditerranée à l'époque moderne, in: Susanne Rau/Gerd Schwerhoff (Hg.), Topographien des Sakralen. Religion und Raumordnung in der Vormoderne, München u. a. 2008, S. 282–303.

Kaiser, Wolfgang, Politik und Geschäft: Interkulturelle Beziehungen zwischen Muslimen und Christen im Mittelmeerraum, in: von Thiessen/Windler (Hg.), Akteure der Außenbeziehungen, S. 295–318.

Panzac, Daniel, La caravane maritime. Marins européens et marchands ottomans en Méditerranée (1680–1830), Paris 2006

Rothman, E. Natalie, Between Venice and Istanbul: Trans-imperial Subjects and Cultural Mediation in the early modern Mediterranean, Ithaca, NY u. a. 2012.

Smith, Robert S., Peace and Palaver: International Relations in Pre-Colonial West Africa, in: JAfH 14/4 (1973), S. 599–621.

Steensgaard, Niels, Consuls and Nations in the Levant from 1570 to 1650, in: Sanjay Subrahmanyam (Hg.), Merchant Networks in the Early Modern World, Aldershot 1996, S. 179–221.

Subrahmanyam, Sanjay, The Portuguese Empire in Asia, 1500–1700: A Political and Economic History, Chichester u. a. 2012.

Thiessen, Hillard von/Christian Windler (Hg.), Akteure der Außenbeziehungen. Netzwerke und Interkulturalität im historischen Wandel, Köln u. a. 2010.

Windler, Christian, Tribut und Gabe. Mediterrane Diplomatie als interkulturelle Kommunikation, in: Saec. 50 (1999), S. 24–59; vgl. auch ders., Normen aushandeln. Die französische Diplomatie und der muslimische „Andere" (1700–1849), in: Ius Commune 24 (1997), S. 171–210.

Windler, Christian, De l'idée de croisade à l'acceptation d'un droit spécifique. La diplomatie espagnole et les Régences du Maghreb au XVIIIe siècle, in: Revue Hispanique 301 (1999), S. 747–788.

Windler, Christian, La diplomatie comme le expérience de l'autre. Consuls français au Maghreb (1700–1840), Genf 2002.

Zwierlein, Cornel, Imperial Unknowns. The French and British in the Mediterranean, 1650–1750, Cambridge 2016.

Peter Borschberg
20. Treaties in Asia

Abstract: Treaty- and peacemaking between European and Southeast Asian parties during the early modern period is approached first, by looking at five sets of opposites and addressing two basic questions. The objective is to explore, as far as possible, both the European and Southeast Asian side of negotiations. The five sets of opposites are: the hierarchy of rulers vs the nominal equality of sovereigns; the emphasis of Southeast Asian rulers on peoples vs land; monopoly vs free trade; the conduct of honest trade vs piracy; and the conclusion of treaties vs making verbal or written promises. The discussion of these opposites allows us to address two overarching questions. First, with whom were the European and Southeast Asian agents making treaties, or with whom did they think they were forging treaties? Second, what was the nature of the agreement struck, or into what kind of an agreement did the parties think they were entering?

This chapter discusses the instrument of the agreement or treaty,[1] and the manner in which the Europeans employed it as an instrument of diplomacy and peacemaking in Asia during the early modern period. It will discuss the main issues from the vantage point of both the Europeans and the Asians. Since many readers will not be familiar with Asian statecraft or with the values that underpin Asian concepts and institutions, it is helpful to elaborate on four sets of opposites. These arise from key principles of statecraft in pre-colonial Southeast Asia with early modern Europe. The foundation established here will enable the reader answer two questions: firstly, with whom (or what) are Europeans negotiating here and, secondly, what is being signed or ratified? Before turning to these questions, however, we first explore five sets of opposites.

1. Hierarchy vs equality

Scholars familiar with the Westphalian understanding of sovereignty will know that all sovereign rulers enjoyed an equal status. Of course, this applied in theory but not necessarily in practice: The Holy Roman Emperor was a *primus inter pares* (first among equals), a role that was diminished with the Reformation, especially with reference to Emperor's oath to protect the (Roman Catholic) church, its teachings and its property. Then there was the hierarchy of the nobility (together with the church) which was a relic of Medieval European feudalism. These nobles who were in turn vassals of a sovereign prince or king, saw their privileges and prerogatives steadily

---

[1] On peace treaties see also Chapter 18.

https://doi.org/10.1515/9783110591316-020

eroded up until the French Revolution and, arguably, beyond. So, in the western European tradition we have a vertical stratification of the nobility in a domestic hierarchy under a king or prince as opposed to the horizontal equality of all sovereign rulers.

In East and Southeast Asia, by contrast, there was a pronounced hierarchy among rulers. The idea of a peer sprung not from a definition of sovereignty, but rather from the practical considerations of power, status, and relative standing. So, Siam, Burma and Vietnam would interact with each other as peers, but not for example in their relationship with Cambodia or even with the Malay states. How these countries related to their neighbours clearly depended on their understanding of kingship. One could generously claim that Southeast Asia had a type of *ius gentium*[2], an informal body of inter-state practices that were accepted, but these rules and conventions were not recorded as they were considered to belong to *adat* (customary law). Relations with other polities and with tributaries were governed by different sets of values that were conditioned by religion, by a common Indic heritage, and as in the case of Vietnam also by the philosophy of Confucius (551–479 BCE). But that is not all: As Tony Milner and John Walker have argued, *nama* understood here as rank, reputation and implicitly status was not only central – and essential – to Malay kingship, but also to the ruler's subjects and for afterlife.[3] Milner explored how traditional Malay politicking expressed itself a contest for *nama*. Because *nama* continued into the afterlife, it also encapsulated both worldly and spiritual dimensions. Malay sultanates expressed profoundly important ritual relationships; they were animated by ritual ambitions and concerns to which the *raja* (and his relationship with his followers) was central. Such an understanding of authority denied the possibility of survival outside the *kerajaan* (the felicitous state of having a ruler). Without a ruler there is *huru hara* (chaos, anarchy), where there can be no stability or an ordered society, no law, *adat*, justice or prosperity.[4]

As a consequence, a given ruler's *nama* – often a source of political and moral identity as well as a motivation for agency and action – enabled him to expand his population base while tributary relationships positioned him within the hierarchy. While status within the European hierarchy was fairly stable, in Asia the hierarchy of rulers was far more fluid.[5] Where a given ruler stood in this Asian hierarchy depended on his or her status, an expression that should be understood in economic rather than political terms, for this status (especially in a tributary relationship with China or Siam)

---

[2] On the *ius gentium* see also Chapter 6.
[3] See *Anthony Milner*, Kerajaan: Malay Political Culture on the Eve of Colonial Rule, Tucson 1982; also *Anthony Milner*, The Malays, Oxford 2008; *John H. Walker*, Autonomy, Diversity, and Dissent: Conceptions of Power and Sources of Action in the Sejarah Melayu, in: Theory Soc 33/2 (2004), pp. 213–255, at p. 213.
[4] *John M. Gullick*, Indigenous Political Systems of Western Malaya, London 1958, pp. 44–45; *Milner*, Kerajaan, pp. 31–32, pp. 94–95, pp. 104, 109.
[5] *Peter Borschberg*, Hugo Grotius, the Portuguese and Free Trade in the East Indies, Singapore 2011.

brought several benefits.⁶ Moreover, a ruler like the king of Siam could be a tributary of the Chinese emperor, but have many other rulers as tributaries of his own; this included the Malay rulers of the Peninsula. The main manifestation of their tributary relationship was the *bunga mas dan perak* (gold and silver flowers), a tree-shaped artefact that was ritually presented to the Siamese monarch. Occasionally Siam also demanded tribute, such as from Kedah in 1620 and 1661.⁷ Confused by what it meant to be a tributary of another Asian ruler, Europeans often described them as 'vassals', but this is misleading if understood in a European sense.

The fluidity of hierarchy was also expressed in the way in which rulers and princes shifted their loyalties. Oliver Wolters (1915–2000) and other historians of Southeast Asia have discussed these matters with reference to the *mandala*, which denotes a circle or district that is strongest at the centre and loses strength as this authority radiates outward from the court.⁸ Another metaphor used to describe the pre-modern polities of Southeast Asia, and particularly Siam, is Stanley Tambiah's (1929–2014) galactic polity – the idea being that minor rulers orbit around larger ones, like planets around the sun, each planet having its own moons.⁹

In Europe, powers tended to band together in order to counterbalance to an emerging rival. This pushback became the backbone of what is known as the balance of power politics in the eighteenth century. In Asia, by contrast, the lesser rulers tended to raise their status by aligning with a ruler higher up in the hierarchy. Asian rulers thus often embraced their adversary (or conqueror) and switched tributary allegiances when necessary. The Europeans found it difficult to understand such fluid loyalties.¹⁰

It is challenging to appreciate the fragility and transiency of such relations by attempting to decode official correspondence. The medium on which the letter was written (paper, gold leaf, etc.), the decoration which embellished it, as well as the type of vocabulary employed were strictly regulated. The letters of the Malay rulers showcase

---

6 For Siam's relations with China, see *Promboon Suebsang*, Sino-Siamese Tributary Relations, 1282–1853, Madison 1971. Also *Sarasin Viraphol*, Tribute and Profit: Sino-Siamese Trade, 1652–1853, Chiang Mai 2014. Concerning the irregularity of missions see *Chris Baker et al.* (eds), Van Vliet's Siam, Chiang Mai 2005, pp. 138–139.
7 *Barbara W. Andaya/Leonard Y. Andaya*, History of Malaysia, London ³2017, p. 74; *Barbara Watson Andaya*, Perak the Abode of Grace. The Study of an 18th Century Malay State, Kuala Lumpur 1979.
8 *Oliver W. Wolters*, History, Culture and Region in Southeast Asian Perspectives, rev. edition, Singapore 1982, pp. 27–40.
9 *Stanley J. Tambiah*, World Conqueror and World Renouncer. A Study of Buddhism and Polity in Thailand against a Historical Background, Cambridge 1976.
10 The fluidity of loyalty is addressed in several works, often in conjunction with discussions about a charisma, prowess, *derhaka* (treason) or other attributes important to Malay rulers. See *Wolters*, History, pp. 101–104, also *Tony Day*, Fluid Iron. State Formation in Southeast Asia, Honolulu 2002. Concerning the shifting or switching of personal loyalties and its relation to *derhaka* as late as the 19th century, see *Anthony Milner*, The Invention of Politics in Colonial Malaya: Contesting Nationalism and the Expansion of Public Space, Cambridge 1995, pp. 21–4.

two additional political values that qualify as non-aggressive forms of diplomacy. A ruler could outmanoeuvre and neutralize his adversaries by being *cerdek* (cunning); he could display *kehalusan* (subtlety) through virtuous conduct, appropriate language and self-control.[11]

The diplomatic correspondence (and especially those letters involving the Chinese court) were often a matter of ritual phrasing, but that was not always the case. In the Malay world, correspondence was an art form that not only delighted the recipient's eye, but also put him at ease by showering him with praise. The preamble of the Malay letter consisted of a self-introduction and a section in which the author introduces himself to the recipient. One should read such Malay diplomatic correspondence as expressions of formal politeness and courtesy. Similarly, pledges of submission and vassalage should not be understood in European terms.[12]

2. People vs Land

As most historians of early modern Southeast Asia will testify, the concept of territoriality in a European sense was alien to the polities of the Malay world and to an extent also to the great agricultural polities on mainland Southeast Asia.[13] The explanation usually given in this context is that their polities were about people, not land, and both the major and minor rulers of Southeast Asia measured their wealth in terms of labour.[14] In view of the high mortality rate, disease, and low population density, land was abundant and people were scarce. When Southeast Asian rulers fought wars against each other, they were loath to kill their enemy, but were keen on enslaving and deporting the subjects of their vanquished enemies. The Dutch became acutely aware of this almost from the start.[15]

In Southeast Asia land was important, but it had little value as an economic asset. The director and fleet commander of the Dutch East India Company (VOC) Cornelis Corneliszoon Matelieff (c. 1569–1642) makes this clear in his *Journal* (c. 1608): "All the land belongs to the king and is hardly valued, so that whoever asks it of him can re-

---

11 *Anthony K. Shome*, Malay Political Leadership, London 2002, pp. 55–56.
12 *Annabelle Teh Gallop/Ernst Ulrich Kratz*, The Legacy of the Malay Letter. Published by the British Library for the National Archives of Malaysia, London 1994.
13 *Wolters*, History, p. 131 (early period); *Milner*, Kerajaan, p. 6 (later period).
14 *Milner*, Kerajaan, p. 6; Control of labour with reference to the Philippine Archipelago in *William Henry Scott*, Slavery in the Spanish Philippines, Manila 1991. See also *Peter Borschberg* (ed.), Journal, Memorials and Letters of Cornelis Matelieff de Jonge. Security, Diplomacy and Commerce in 17th-century Southeast Asia, Singapore 2015, pp. 166, 168.
15 Concerning slaves as compensation for fighting, or war booty, see *Borschberg*, Journal, p. 171; *Pieter van Dam*, Beschryvinge van de Oostindische Compagnie, 8. vols., The Hague 1931–1943, vol. 2.1, p. 330; *Leonard Y. Andaya*, The Kingdom of Johor 1641–1728: Economic and Political Developments, Kuala Lumpur 1975, p. 27.

ceive enough land".[16] It could not bought or sold as in Europe, and rulers are on record telling the Dutch that they were not interested in land, because they already had far more than they could fill with people.[17] For a European observer, to hear a ruler say he was not interested in land must have been bewildering.

As has been argued, Malay rulers focused on people rather than land, and they focused on extending their influence by gaining more supporters. Right up until the end of the nineteenth century, most Malay rulers had only a vague idea of the reach of their authority. When during the nineteenth century the British sought to determine the borders of Malay states, they had agents move from one settlement to the next asking about loyalty: a settlement's loyalty to a ruler thus determined where the 'border' ran.[18]

Land ownership only became an issue when the British in Malaya sought formal concessions to set up plantations or exploit the Peninsula's mineral wealth.[19] Arguments been advanced to explain that Europeans simply assumed the local ruler to be the owners of all the land as a way of securing concessions. As a result, by about 1800 Malay rulers had substantially appropriated, or at least accommodated to, European understandings of territoriality. For the period before 1800, however, the picture is far from clear.

The emphasis on people over land as well as the insufficiently clear land ownership conditions bring us to another phenomenon: extraterritoriality. This does not appear to have been a big issue at all; in fact, it was widely practiced in Southeast Asia before the arrival of colonialism. During the time of the Melaka Sultanate, for example, communities such as the Chinese, *Kelings* (Hindus from Southern India) and the Gujaratis lived according to their own customs and were headed by their own *shahbandar*.[20] Indeed, the early European colonial powers accommodated the practice of permitting the subjects of other Asian rulers to live according to their own customs.

3. Monopoly vs free trade

Southeast Asian rulers were thus interested in gaining followers, and various strategies were developed to embed the interests of peoples to a given ruler by making them

---

16 *Borschberg*, Journal, pp. 191–192.
17 Ibid., p. 156.
18 *Milner*, The Malays, pp. 57, 58–59; *Milner*, Kerajaan, pp. 7–8.
19 *Tambiah*, World Conqueror, pp. 128–129.
20 *Armando Cortesão* (ed.), The Suma Oriental of Tomé Pires. An Account of the East from the Red Sea to Japan. Written in Malacca and India in 1512–1515, 2 vols., London 1944; see also *Muhammad Yusoff Hashim*, The Malay Sultanate of Malacca. A Study of Various Aspects of Malacca in the 15th and 16th Centuries in Malaysian History, Kuala Lumpur 1992.

part of a system of material redistribution.[21] This system is best explained by elaborating on key terms and their meaning.

The first point is that rulers had a monopoly on the import and export of certain commodities of trade. They were often the sole, or the biggest merchant in their own polity. Rulers were directly involved in trade, and in order to obtain goods for redistribution, they encouraged regular commercial interaction with foreign merchants who brought in the desired wares. These were bartered through the royal monopoly (usually administered by the *shahbandar*) for jungle and marine produce.[22]

The ruler could attract more followers by enhancing his reputation and fame, and implicitly his status within the hierarchy of rulers mentioned earlier. He did so by integrating these groups of followers into a system of exchange that was dominated by a royal monopoly.

Rulers, moreover, competed against one another to attract more trade to their shores, and they aimed to make their capital and port city the prime emporium in the region. The Malay term *bertanding* (compete) is helpful to unlock the dynamics at play, for it bears a range of meanings denoting competing and contesting, chiefly with the goal of overcoming an adversary. Another meaning is associated with statecraft. The Malay *hikayats* (stories, histories) address the idea of *bertanding*, such as in the context of securing commerce or the loyalty of the *orang laut* (maritime tribes, sea nomads), the love of a spouse, or defending one's honour *(bertanding maruah)*. The term is important in Malay classical literature as it empowered a ruler to attract and retain followers; in other words, it enabled him to compete for legitimacy and kingship.[23]

Some authors have asserted that Malay polities pursued a policy of *mare liberum* (free sea).[24] This is how they justify their position: In 1615 Raja Ala'udin of Gowa, the ruler of one of the Bugis polities on the great island of Celebes (Sulawesi) explained to his Dutch guests:

> God made the land and the sea; [...] it is unheard that anyone should be forbidden to sail the seas. If you seek to do that, you will take the food from the mouths of my people.[25]

---

21 *Milner*, Kerajaan, pp. 27, 71.
22 Concerning the office of the *shahbandar*, its development and dispersion across maritime Southeast Asia see *Purnadi Purbatjaraka*, Shahbandars in the Archipelago in: Chong Guan Kwa/Peter Borschberg (eds), Studying Singapore before 1800, Singapore 2018, pp. 354–365.
23 *Kassim Ahmad* (ed.), Hikayat Hang Tuah, Kuala Lumpur 1968, pp. 42, 412. See also *Peter Borschberg*, The strategic location of Singapore in the longue durée (c. 1290–1824): An alternative analytical framework, in: Yew-Foong Hui/Linda Y.C. Lim (eds), Singapore: The Future of a Legacy, Singapore 2020.
24 *Charles Henry Alexandrowicz*, An Introduction to the History of the Law of Nations in the East Indies, Oxford 1967, p. 44.
25 Cited in *Ram P. Anand*, Maritime Practice in Southeast Asia until 1600 AD, in: ICLQ 30/2 (1981), pp. 440–454, esp. p. 446; *Wolters*, History, pp. 45–46; *Jeya Kathirithamby-Wells/John Villiers* (eds), The Southeast Asian Port and Polity: Rise and Demise, Singapore 1990, p. 154.

This dictum supposedly confirms a policy of *mare liberum* (free navigation on the seas) in a sense envisioned by Ala'udin's contemporary Hugo Grotius (1583–1645).[26] On the basis of such statements, Charles H. Alexandrowicz and Ram Prakash Anand concluded that in Southeast Asia there "had a general concept of *mare liberum* and [Ala'udin] claimed a right for his ships not to be interfered with on the high sea".[27]

Historians today see the matter differently. They treat the widespread culture of welcoming foreign merchants not so much as a manifestation of *mare liberum*, as a strategy for political survival.[28] It was Wolters who connected the *policy* of attracting foreign merchants to one's shores and the *practice* of free navigation on the Southeast Asian seas. He explains this "tradition of hospitality" (as he called it) thus:[29]

> As consequence of the freedom of the seas was a tradition of hospitality to foreign traders. All traders needed to be attracted by suitable port trading practices, and protection from sporadic piracy in local waters. The maritime rulers of early Southeast Asia were always anxious to prevent lawlessness on the seas from diverting traders to alternative ports.

The claim by Alexandrowicz that Grotius had incorporated this policy into his treatise *Mare Liberum* (1609) does not stand.[30] Can there really have been a generally accepted policy of *mare liberum* and free trade in Southeast Asia if ships were routinely forced into port to trade and when key export goods could only be procured from the royal warehouse?[31]

4. Trade vs piracy

When trading goods could not easily be procured by enticing merchants to call at one's port, rulers would resort to different levels of compulsion. Sometimes passing merchant vessels were intercepted at sea and brought to port where they were pressured into selling part or all of their wares to a local party, the ruler or one of his proxies. In some cases, ships were plundered and their crews reduced to slavery. Certain coastal polities or nomadic sea tribes had gained notoriety for the latter, which included Aru on the eastern coast of Sumatra in the fifteenth and sixteenth, and Sulu in

---

26 *David Armitage* (ed.), Hugo Grotius, The Free Sea, Indianapolis 2004. On Grotius see also Chapter 6.
27 *Alexandrowicz*, An Introduction, p. 65; *Anand*, Maritime Practice, p. 446.
28 *Kathirithamby-Wells/Villiers*, The Southeast Asian Port, p. 154.
29 *Wolters*, History, p. 46.
30 Concerning the claim Grotius had familiarised himself in Asian law and customs, see esp. *Alexandrowicz*, An Introduction, pp. 61–65; *Ram Prakash Anand*, Origin and Development of the Law of the Sea. History of International Law Revisited, The Hague 1983, p. 5.
31 *Charnvit Kasetsiri*, Origins of a Capital and Seaport: The Early Settlement of Ayutthaya and its East Asian Trade, in: Kennon Breazeale (ed.), From Japan to Arabia: Ayutthaya's Maritime Relations with Asia, Bangkok 1999, p. 71; see *Baker et al.*, Van Vliet's Siam, p. 121.

the eighteenth and nineteenth centuries.[32] While in Asia there was a concept of piracy (one thinks here of the *Wako* or 'dwarf robbers' in a Sino-Japanese context, or the *Ilanun* in Malay), it is far less clear what sorts of activities at sea and in the port were deemed legitimate. Alfred P. Rubin defined piracy as "acts of depredation on the high seas not licensed by a political power with which normal intercourse was at least from time to time maintained [...]".[33] He expressed uncertainty as to whether "such acts were considered violations of law in the ancient world", but highlighted that in "1179 the Third Lateran Council had condemned piracy when its victims were Christian".[34] Although pirates are mentioned in several key documents that plot the evolving maritime policies of the Atlantic and Mediterranean powers, the term remained tenuously defined well into the early modern period. With reference to maritime Southeast Asia, Rubin highlighted that sixteenth century European texts may have referenced pirates but did not view them as a politically organised group. He contended that the first European author to employ the term piracy in a Southeast Asian context was Grotius, though he actually employed the term to describe the maritime raiding of the Portuguese along the coasts of the southern Malay Peninsula, an activity that demanded an armed response by the sultan of Johor and the Dutch as his allies. There followed, according to Rubin, only sporadic uses of the term to reference Southeast Asian contexts before the late eighteenth century.[35]

Privateering, by contrast, is a concept closely associated with the Western tradition of the just war. By the sixteenth century Europeans had already developed sets of rules that were widely acknowledged and accepted. Privateers operated under a letter of marque. This permitted the seizure of goods from the (declared) enemy during wartime and as a form of reparation up to the value of the damage suffered.[36]

Privateering was alien to maritime Asia in the early modern period, and the Europeans, particularly the Portuguese and the Dutch, enjoyed a patchy a reputation for plundering vessels under dubious pretexts. During the period 1595 to 1620, Dutch captains found it often challenging to find ready supplies of spices or other trading goods. Time was money, salaries of the ships' mates and officers had to be paid, and rather than wait for one or two spice harvests to ripen (such harvests were almost always sold well in advance), Dutch fleet commanders sometimes relied on violence to obtain

---

32 Concerning Aru in the 1500s, see *Cortesão*, The Suma Oriental; concerning Sulu in the 1700–1800s, see *James F. Warren*, The Sulu Zone. The Dynamics of External Trade, Slavery and Ethnicity in the Transformation of a Southeast Asian Maritime State, 1768–1898, Singapore 1981.
33 *Alfred P. Rubin*, The Use of Piracy in Malayan Waters, in: Charles Henry Alexandrowicz (ed.), Grotian Society Papers 1968. Studies in the History of the Law of Nations, The Hague 1970, pp. 111–135, at p. 111.
34 Ibid.
35 Ibid., pp. 118–119, esp. also pp. 36, 38, 39.
36 For privateering in general, see *Virginia W. Lunsford*, Piracy and Privateering in the Golden Age of the Netherlands, New York 2005; *Kenneth Raymond Andrews*, Elizabethan Privateering, 1583–1603, Cambridge 1964. For maritime Southeast Asia, see *Rubin*, The Use of Piracy.

what they needed as a return cargo.[37] Because they were already at war with the Iberian powers, their favourite target became the plundering of Portuguese and Spanish trading vessels. To the rulers of Southeast Asia, the Europeans were behaving rather like the violent nomadic sea tribes.

When the maritime tribes came to plunder, they attacked the ports, seized goods and people, and left again. When the Portuguese attacked Melaka in 1511, they did not leave, but instead entrenched themselves. As the leading officials and the tributary rulers of Melaka came to terms with the new realities, they at least accommodated and, in some cases, they even embraced the Portuguese as the new rising power in the region: the Raja Kampar owed allegiance to the king of Portugal by entering into a tributary relationship with him. The Portuguese sources speak of the Raja Kampar becoming a vassal of the king of Portugal, but that is doubtful if understood from a European vantage point.[38] The case of the Melaka *laksamana* (admiral) is also interesting.[39] After the fall of Melaka to the Portuguese in 1511, the *laksamana* took up residence on the island of Singapore and in a message addressed to Afonso de Albuquerque (c. 1453–1515) offered his services.[40] Nothing became of this offer: the *laksamana* and Raja Kampar accepted the new status quo and embraced their (former) enemy by offering their loyalty and services.

5. Treaty vs promise

In recent years, scholars have focused on the treaty as a tool or building block of empire.[41] While the practice of European powers signing treaties in Asia has preoccupied researchers for some time, specific interest resurfaced after decolonization in the 1990s. António Vasconcelos de Saldanha's 1997 doctoral dissertation *Iustum Imperium. Dos tratados como fundamento do império dos Portugueses no Oriente* (Just Empire: Of Treaties as a foundation of the Portuguese Empire in the Orient) is particularly

---

37 For the practice of selling spice harvests before they were ripe, see *Borschberg*, Journal, p. 287.
38 *Manuel J. Pintado* (ed.), Portuguese Documents on Malacca, 1509–1511, Kuala Lumpur 1993, p. 363.
39 Concerning the responsibilities of the Melaka *laksamana*, together with the historical background to this office, see *Hashim*, The Malay Sultanate.
40 *Pintado*, Portuguese Documents, p. 363. Concerning the *laksamana* taking up residence on Singapore after 1511 (or perhaps even before), see *Chong Guan Kwa et al.*, Seven Hundred Years: A History of Singapore, Singapore 2019, p. 81.
41 See individual contributions in *Sankar Muthu* (ed.), Empire and Modern Political Thought, Cambridge 2012; *Saliha Belmoussus* (ed.), Empire by Treaty: Negotiating European Expansion, Oxford 2015; also *Daniel Damler*, Imperium contrahens: eine Vertragsgeschichte des spanischen Weltreiches in der Renaissance, Stuttgart 2008; *Martine J. van Ittersum*, Global Constitutionalism in the early modern period: the role of empires, treaties and natural law, in: Anthony F. Lang Jr./Antje Wiener (eds), Handbook on Global Constitutionalism, Cheltenham 2017, pp. 47–59.

noteworthy[42] though further studies have since been published on sovereignty, extraterritoriality and unequal treaties.[43] Two important points are worth considering: first, treaties need to be historicized and contextualized if one is to understand them correctly; second, any discussion of treaties will make little sense if one does not also consider how they were regarded by the different contracting parties.

Like the other early European colonial powers, the Portuguese were concerned about the legality of their actions. Agreements could be captured in variety of ways, formal and informal, with the latter dominating during the early years of expansion. There was a reason for this bias: in the Roman Catholic legal world of Canon Law and papal edicts, treaties concluded with rulers outside the family of Christian princes were problematic. There were of course some high-profile exceptions to the rule: in 1535 Francis I of France (1494–1547) forged a pact with the Ottoman Sultan against the pope which he justified not on religious grounds, but on shared humanity.[44] But such agreements between Christian and non-Christian – and especially Muslim – rulers were bound to raise eyebrows among court lawyers in Europe.

The Dutch found it useful to sign treaties of friendship, peace and alliance with the rulers of Southeast Asia at an early stage of their contacts with Southeast Asia. Grotius, acting as a consultant to the VOC in the early 1600s, preoccupied himself with the merits of such treaties. He recorded his thoughts in a still unpublished fragment entitled: *De Societate Publica cum Infidelibus* (On Public Society with Non-Christians).[45] Here we see a European thinker collating material from classical Greek and Roman sources as well as the Holy Scriptures to argue for the validity of such treaties. But Grotius also did something else: in order to secure a valid and binding treaty with these rulers of Asia, it was necessary to accept their independence and full sovereignty. In doing so he followed in the footsteps of Francisco de Vitoria (c. 1483–1546)[46] and the School of Salamanca.

Acting as an advisor to the VOC, Grotius helped lay the theoretical foundations of what would evolve into the company's second trade monopoly. The first was created in 1602 and granted by the States General, the federal assembly of the Dutch Republic and seat of its sovereignty. This first monopoly covered trade between the chartered territory and the Dutch Republic. The second was created by the company itself. Plans

---

[42] *António Vasconcelos de Saldanha,* Iustum Imperium. Dos tratados como fundamento do império dos Portugueses no Oriente, Macau 1997.

[43] See for example *Lauren Benton*, In Search of Sovereignty. Law and Geography in European Empires, 1400–1900, Cambridge 2010; *Daniel S. Margolies et al.* (eds), The Extraterritoriality of Law. History, Theory, Politics, Abingdon 2019.

[44] *Ernest Nys*, Les origines du droit international, Brussels 1894, p. 162.

[45] *Peter Borschberg*, De Societate Publica cum Infidelibus: Ein Frühwerk von Hugo Grotius, in: ZSRG. R 115 (1998), pp. 355–93.

[46] On Vitoria see also Chapter 6.

had been mooted at a relatively early stage, notably by Matelieff, that the Dutch should monopolize the supply of nutmeg, cloves and mace at source. Matelieff himself would set the cornerstone of this second monopoly via the first delivery contract which he concluded with Sultan Modafar of Ternate (d. c. 1627) in 1607.[47] The gist of this contract was this: in return for pledges of protection by the Dutch from their mutual enemies, speak the Iberians in Asia, the Sultan would promise to sell cloves exclusively to the Dutch. Similar delivery contracts followed with other rulers and by the 1660s the Dutch had excluded their competitors in the Eastern islands of the Indonesian archipelago. But administering this monopoly came at a high cost and the company spent vast sums on suppressing illicit trade.[48]

Grotius recognized the dangers arising from such treaties and delivery contracts, whether exacted by persuasion or by force, and how these would affect the 'liberty' of Asian princes. His warning assumes the form of a citation from Isocrates (436–338 BCE):

> [I]n his speech on the liberty of the Rhodians [Demosthenes, 384–322 BCE] says that it was necessary for those who wished to be free to keep away from treaties which were imposed on them, because such treaties were almost the same as slavery.[49]

Grotius and the VOC had set out to accept the legitimacy and sovereignty of the Asian princes, and this enabled the company to secure binding contracts with those rulers. Ironically, however, those contracts also shackled their Asian signatories in a state of (colonial) dependency.

How were these treaties understood by the Asian rulers and their courts? Given the cultural complexity of Southeast Asia, an answer is not easy. Asian rulers perched high up in the hierarchy generally did not actually sign treaties. But the terminology employed in treaties with Asian actors can help to understand how the Asian rulers understood them.

The word employed in Malay is instructive of how these contracts and agreements were understood. The expression used is a derivative of the Malay word *janji* that expresses the idea of an agreement, pledge or promise.[50] This is an act of the will which derives from a single source – the ruler – and for this reason cannot be a bilateral or even multilateral expression of will and intent as is implied by a European agreement.

---

47 Borschberg, Journal, pp. 421–424.
48 For the factors contributing toward the decline of the VOC, see *Chris Nierstrasz*, In the Shadow of the Company: The Dutch East India Company and its Servants in the Period of its Decline, 1740–1796, Leiden 2012. For the impact of the VOC monopoly on Southeast Asian maritime trade, see *Anthony Reid*, Southeast Asia in the Age of Commerce, 2 vols., New Haven 1988–1993.
49 *Grotius*, The Free Sea, p. 57.
50 See also *Gijsbert Louis Koster*, Of Treaties and Unbelievers: Images of the Dutch in Seventeenth- and Eighteenth-Century Historiography, in: JMBRAS 78/1 (2005), pp. 59–96, at p. 67.

A treaty in the European sense of equal sovereigns (or their plenipotentiaries) coming together and expressing their will by treaty has no cultural basis in early modern (Southeast) Asian statecraft. Leonard Andaya has observed that *janji* in the sense of a 'written agreement' only became part of Southeast Asian statecraft after the arrival of the Portuguese in the early sixteenth century.[51]

6. With whom are we negotiating here?

Having examined the five sets of opposites, this chapter now turns to answer two questions about treaties, contracts and agreements between European agents and Asian rulers. As stated earlier, it is both crucial to examine treaty-making from the Asian as well as from the European perspective. The first question asks: with whom (or with what) are treaties signed, or rather, with whom do both the Europeans and the Asian rulers think they are signing treaties?

In the Asian hierarchy of rulers, the higher a given Asian ruler was placed, the less likely he (or she) was going to sign a treaty of any sort. The Chinese Emperor, who was seen to be at the apex of this hierarchy, did not personally sign treaties, though there are noteworthy exceptions: the treaties of Nerchinsk (1689) and Kiakhta (1727), which regulated the Sino-Russian border and have been discussed in various publications.[52]

There are several reasons why rulers high up in the hierarchy did not make treaties. First, they had nothing to gain from them. Second, a treaty limits the will of the ruler, and this was culturally not acceptable. Third, a treaty of international standing in the European tradition assumes the equality of the sovereign rulers as opposed to the Asian hierarchy of rulers. In Southeast Asia the hierarchy was fluid and rulers at the lower ranks would switch alliances to get ahead and collect more supporters. Getting ahead could also involve treaties with a European power or a chartered company, such as the VOC.

Europeans were sometimes chosen as allies to help wage an ongoing war against an enemy. It was hoped that they could tip the balance of power in the war in the ally's favour. Johor, for example, had despatched a diplomatic mission to Europe to request Dutch help in expelling the Portuguese from Melaka.[53] When that campaign failed to

---

51 *Andaya*, Kingdom of Johor, p. 56; *Koster,* Of Treaties and Unbelievers, p. 67.
52 For the background and context of this treaty, see: *Joseph Sebes*, The Jesuits and the Sino-Russian Treaty of Nerchinsk, 1689, Rome 1962; *Vincent Chen*, Sino-Russian Relations in the Seventeenth Century, The Hague 2012, esp. ch. 9; *Peter C. Perdue*, Boundaries of Trade in the Early Modern World: Negotiations at Nerchinsk and Beijing, in: Eighteenth-Century Studies 43 (2010), pp. 341–356; *Peter C. Perdue*, The Jesuits at Nerchinsk: Language, War and Ethnicity, in: Artur K. Wardega/Antonio Vasconcelos de Saldanha, (eds), In the Light and Shadow of an Emperor: Tomás Pereira S. J. (1645–1708), the Kangxi Emperor and the Jesuit Mission in China, Newcastle-upon-Tyne 2012, pp. 504–511.
53 *Van Dam*, Beschryvinge vol. 1.2, p. 309; Ibid., vol. 2.1, p. 339; *Borschberg*, Journal, pp. 54–56.

achieve the intended goal, the sultan of Johor then asked for assistance in his war with Patani.[54] Wars were always costly and the VOC aimed to avoid getting involved in local wars.

When the agents of the VOC found a counterparty willing to sign treaty, they could creatively interpret Asian titles: the rulers of the Mingangkabau, Brunei and the Melaka Sultanate (together with its successor polity Johor) were referenced in Dutch documents by the title *keizer* (emperor).[55] The sultan of Melaka and later the sultan of Johor (before 1597) were also referred to as emperors, specifically as "emperor of the Malay kings". This title is mentioned in a letter by the Portuguese general Paulo de Lima (d. c. 1611) to the king of Spain from 1587, as well as in one of the memorials by the Flemish merchant and trader, Jacques de Coutre (1572–1640).[56] The title emperor was also given to the ruler of Borneo, today's Brunei. This can be gleaned from a draft letter by Grotius from around 1606–1610. He also wrote to other Southeast Asian rulers around that time.[57]

The upgrading of titular status did not end here. The Dutch routinely upgraded or downgraded the status of a ruler, such as the Pangeran Adipati Sambas in the treaty of 1610.[58] At this time Sambas was a competitor of Sukadana (both on Borneo) in the trade in raw diamonds. When the queen of Sukadana murdered her husband and staged a palace coup, some of the tribal leaders in the hinterland (Landak and Mempawah) revolted and were thinking of shifting their allegiance to the ruler of Sambas.[59] The Dutch seized the moment and forged a treaty with the ruler of Sambas. He was assured military assistance against the Spanish and the Portuguese and the Dutch also lent the ruler support in nominally claiming these regions of Landak and Mempawah.[60] Not only did the Dutch back up his claims that he supposedly commanded the loyalty of tribes in these diamond-yielding hinterlands, the Dutch also upgraded his title from *adipati* (a type of governor or vizier) to king. Then the ruler signs off with: Pangeran Adipati Sambas.[61] An *adipati* is most certainly not a sovereign king of a European type. The *Adipati* Sambas, was, in other words, not a sover-

---

54 Borschberg, Journal, pp. 441–445.
55 Leonard Y. Andaya, Leaves of the Same Tree. Trade and Ethnicity of the Straits of Melaka, Honolulu 2008, p. 97.
56 Peter Borschberg/Roopanjali Roy (eds), The Memoirs and Memorials of Jacques de Coutre. Security, Trade and Society in 17th-Century Southeast Asia, Singapore 2014, p. 94.
57 The Hague, National Archives, *Collectie Hugo de Groot Supplement* [1.35.10.02], no. 40, no. 359–360, no. 361–362, no. 364, 430.
58 Borschberg, Journal, pp. 446–448.
59 Ibid., p. 128.
60 J. E. Heeres (ed.), Corpus Diplomaticum Neërlando-Indicum. Verzameling van politieke contracten en verdere verdragen door de Nederlanders in het Oosten gesloten, van privilegiebrieven, aan hen verleend, enz., eerste deel (1596–1650), in: Bijdragen en Mededelingen van het Koninklijk Instituut voor Taal-, Land- und Volkenkunde 57 (1907), pp. 1–586, at pp. 73–74.
61 Borschberg, Journal, p. 139–453.

eign lord in his own right, and he did not rule over a kingdom as the term employed in the treaty might infer.

The treaty with Sambas also illustrates another feature of Euro-Asian treaties in this period: exceptions aside, treaties of alliance, friendship and peace were signed with rulers in their personal capacity. The assumption was that Asian rulers exercised unfettered sovereignty. This may very well have been a deliberate strategy to navigate more easily through the intricacies of Asian court politics, but it may have also been a response to the way that international trade was conducted. Many export products were, after all, governed by a royal monopoly (as in Siam), and foreigners were only permitted to procure export products from the king's warehouses.[62] Where no such monopoly existed, the ruler (or his proxies) was often the sole or the most significant merchant in his polity. In other words, European agents would sign treaties with the rulers in their personal capacity on account of the way in which international trade was structured and organized.

The Dutch were always looking for other peoples in Asia who supposedly shared their republican values and form of government; and they thought they had found them on Banda and Ambon.[63] When the Dutch arrived in the Banda islands shortly before 1600, the islands had only recently shaken off their allegiance to Ternate. They were then governed by a group of local (tribal) leaders whom the Dutch initially referred to as kings, but later as *orang kaya* (persons of good standing, wealth or influence). Banda was treated as a republic, as was Ambon. On 23 May 1602, Wolphert Hermansz (d. 1623) concluded a treaty at Banda with "four kings and their respective allies".[64] Steven van der Hagen (d. 1621) signed a treaty with the *patih* of Oma on 25 February 1605 whom he addressed here as a "king". Weeks later, on July 13, he made treaty with "the government and leaders of the land of Banda".[65]

These agreements reveal a clear pattern: local leaders were initially formally identified as kings but then subsequently downgraded. The Dutch now claimed to be signing treaties with a government, people, or land (such as the "land of Banda"); i.e. they were forging treaties with republics and their citizens. In this spirit, the Dutch made treaties with "the government and councillors of the islands of Banda";[66] the "government of the cities and lands of Banda";[67] or "the very honourable orang kaya from all

---

62 See fn. 30 above.
63 For a more detailed discussion, see *Peter Borschberg,* Lost in Translation? Property, republican liberty and sovereignty in the languages of early modern European diplomacy with Southeast Asia (16th and 17th Centuries) in: Susan Richter et al. (eds), Konstruktionen Europas in der frühen Neuzeit. Geographische und historische Imaginationen, Heidelberg 2017, pp. 287–312.
64 *Heeres*, Corpus Diplomaticum, p. 23.
65 Ibid., p. 36.
66 Ibid., p. 39.
67 Ibid., p. 36.

the islands, cities, and [constituent] parts of all Banda".⁶⁸ Grotius himself addressed a letter to the *seigneurie* (council) of Banda.⁶⁹ The same republican terminology was applied to Ambon. A treaty ratified on 13 March and 26 April 1609 identified the Asian counter-party as "four negeri on the island of Oma"⁷⁰ and another one as "the people of the negeri Rumakai".⁷¹ Significantly, these are among the first instances where the Malay political expression *negeri* (settlement, polity; state, in today's language) is retained untranslated in a Dutch-language copy of a treaty.⁷²

What did it look like from the other side of the negotiating table? Whom did the Asian rulers *think* they were dealing with? The Spanish, Portuguese, English, French, Danish, Austrian and, later, Swedish traders all hailed from European monarchies. They had a ready answer when their Asian hosts asked who their king was. But the Dutch and the Venetians faced a problem. The jeweller Gasparo Balbi (1550–1623) visited the court of Pegu (Burma) in the 1580s. When asked by the ruler who his king was, he replied that Venice had no king. The Burmese ruler then apparently began to laugh so hard that he could hardly breathe.⁷³ Had this occurred at a Malay court, Balbi would have received a similar reaction, for the highest state of bliss was to live in a *kerajaan* (the felicitous state of having a king): without a *raja*, there could be no *kuasa* (supreme temporal authority), no *adat*, and consequently no justice. The king's *daulat* or mystical right to rule thus guaranteed political order, procedure, custom and tradition.⁷⁴

Like Balbi, the Dutch faced problems right from the start. Some of the earliest Dutch documents speak of the *raja Belanda* (sometimes *Wolanda*), the 'king of Holland'.⁷⁵ Of course the Dutch Republic had no king, so in practice correspondence addressed by the Asian rulers to the 'king of Holland' was read by the States General, the stadholder, or both. But the Dutch also had a federation. An early attempt to translate the title "Hoogmogende Heren Staten Generaal der Verenigde Nederlanden" (Their High Mighty Lords, the Estates General of the United Netherlands) highlights the chal-

---

68 Ibid., pp. 67, 122, 128, 134.
69 The Hague, National Archives, *Collectie Hugo de Groot Supplement* [1.35.10.02], no. 40.
70 *Pieter Anton Tiele/Jan Ernst Heeres* (eds), Bouwstoffen voor de Geschiedenis der Nederlanders in den Maleischen Archipel, 3 vols., The Hague 1886–1895, vol. 1, p. 58.
71 Ibid., p. 60.
72 Concerning the meaning of the Malay term *negeri* and its evolution into present times to mean 'state', see also Milner, The Malays, p. 59.
73 See *Gasparo Balbi*, Viaggi dell'Indie Orientali di Gasparo Balbi, Gioielleriero Venetiano, Venice 1590; *Gasparo Balbi/Michael W. Charney*, Voyage to Pegu and Observations There, Circa 1583, in: SBBR 1/2 (2003), pp. 26–34.
74 Milner, Kerajaan, p. 54, where he describes *daulat* as a "supranatural power only possessed by royalty". Also *Richard O. Winstedt*, The Malays: A Cultural History, Singapore 1947, pp. 129–139.
75 One of its first uses was in a letter to the king of Siam dat. 8/6/1604. See *Peter Borschberg*, Cornelis Matelief, Hugo Grotius and the King of Siam (1605–1616): Agency, Initiative and Diplomacy, in: MAS 53 (2019), pp. 1–34, at p. 13.

lenges of explaining in whose name the treaties were being signed. The Malay translation reads in modern romanized spelling: *orang kaya-kaya sekalian dari negeri Belanda*.[76] The translation as literally as possible reads: "the very powerful *orang kaya* [who have come] together from the negeri of Holland". So, the "High Mighty Lords" became the "very powerful orang kaya"; the States General got captured with *sekalian*, that is the idea of coming or sitting together; and the United Netherlands became "the *negeri* of Holland". The idea of a federation (United Provinces, United Netherlands) is completely lost here. In a Malay context, *orang kaya* gave advice or helped in consensus-building, such as during as *majilis* (a type of formal meeting or gathering). Of course, the Malay rulers themselves never travelled to Europe, never met this 'king of Holland' or any of these Dutch *orang kaya*.

The Portuguese with their viceroy in Goa never had to explain the absence of a monarch, the political institution of a republic, or indeed the dynamics of a federation of equals. But the Dutch were different: here the Asian rulers were dealing with a group of (lowly) merchants.

One example of how Southeast Asian rulers could become infuriated in negotiations with Dutch merchants is found in six letters written in 1619 by the ruler of Banten, Sultan Abu al-Mafakhir, better known as Pangeran Ratu (d. 1651) to the Dutch Governor-General Jan Pieterszoon Coen (1587–1629).[77] The context is the Dutch conquest of Jayakerta (renamed Batavia, now Jakarta) from its ruler, Pangeran Wijayakrama (d. early 17th century), who was a vassal of Banten. These letters are extraordinary for the insults that they convey: the medium is ordinary paper, without decoration or gold leaf, and the text is written in Pasar Malay using Aksara Jawa (Javanese) script. Pasar Malay is the type of Malay spoken among the common folk and it differed from the courtly language used in official correspondence. The language of the six letters is terse and expresses displeasure. Coen, moreover, is called a 'captain', a sort of chief representative of a community. Here are some excerpts that illustrate the Banten court's profound displeasure:

> The letter of Pangeran Ranamanggala to the Captain [Coen]. There have been the Captain's emissaries with a letter saying that you want to make peace like in former times. Now, Captain, if your heart is true, as in the time of Captain [François] Wittert [1571–1610] and the time of Captain Jan Willemsz [Verschoor, 1573–1639], alright, what is wrong with that? Pangeran Ratu would also like this. Now there is chaos. It was the Dutch who started this; it was not because Pangeran Ratu was in the wrong.[78]

---

[76] *Jan Ernst Heeres/F.W. Stapel* (eds), Corpus Diplomaticum Neërlando-Indicum. Verzameling van politieke contracten en verdere verdragen door de Nederlanders in het Oosten gesloten, van privilegiebrieven, aan hen verleend, enz., 5 parts: pt. 1 (1596–1650) in: BKI 57 (1907), p. 166.
[77] *Merle C. Ricklefs*, Banten and the Dutch in 1619: Six early 'pasar Malay' letters, in: BSOAS 39/1 (1976), pp. 128–136.
[78] Ibid., pp. 132–133.

The letter of Pangeran Ranamanggala to the Captain. Now, the Captain wants to make peace and trade. A condition for people to make peace and to trade is that their behaviour has to be mutually correct. Let there be no shortcomings. Whenever there are shortcomings it cannot be called peace. [...][79]

For some decades into the seventeenth century, therefore, the Asian rulers regarded the VOC as a group of merchants and its governor-general like a *kapitan Belanda* (captain of the Dutch), just as the Portuguese referred to the leader of their colonial settlements such as at Melaka.

Europeans thus came to prefer the treaty as an instrument or tool of empire-building from an early stage and became creative in finding counter-parties who were legally entitled to sign such treaties. They accepted that Asian princes were legitimate sovereigns, and therefore qualified to sign agreements of international standing. To secure a treaty, the Europeans sometimes upgraded rulers to the status of sovereign rulers, and in some cases imagined a territorially-defined kingdom. Moreover, most of the European emissaries could blend into an Asian or specifically Malay setting where the *kerajaan* was the only acceptable state of political being.

The Dutch faced specific challenges which they overcame such as by inventing a 'king of Holland', but the Asian rulers could never quite shake off the idea (at first) that they were simply dealing with merchants. In time, the Dutch governor-general assumed the airs of a powerful Asian tributary ruler: the governors-general slotted themselves into the local hierarchy, became tributaries of China, and in turn collected tributaries of their own. The difference was that the rulers, who had become tributaries of the Dutch, were in fact, shackled by perpetual treaties and a European form of political dependency: colonial rule.

7. What was being signed?

The instrument of the treaty was at first poorly understood by Asian signatories, if they signed treaties at all. Irrespective of the circumstances under which these agreements had been signed, the Dutch argued that they had secured treaties that bound not just the signatories, but also affected the VOC's Asian and European competitors through exclusion. The Dutch became alarmed when these treaties were not honoured – or at least not honoured in the way they wished them to be.

How the Dutch understood these treaties transpires from the documentation from the Anglo-Dutch colonial and fisheries conferences hosted in London (1613) and The Hague (1615). Against the backdrop of accusations that, ultimately, Dutch behaved in the East Indies no differently to the Portuguese and the Spanish, Grotius insisted that

---

[79] Ibid., p. 134.

there were crucial differences: the VOC's delivery contracts did not deny free trade in Asia. Delivery contracts with Asian rulers, rather, should be seen as expressions of the rulers' free will.[80] Grotius explained:

> [B]y way of alliance tribute, they [the East Indian rulers] just promised something that was no trouble to them at all, namely that if we were prepared to buy their spices for a reasonable price, they would not sell them to others [...].[81]

In this view, an Asian ruler could limit his own liberty. The treaties secured, moreover, were thought by the Dutch to be perpetual and thus irreversible. These are important observations, because Grotius did not see these contracts interfering with the sovereignty of the Asian rulers at all.

Grotius subsequently dwelt on a point that would prove crucial for the way in which the VOC would handle these treaties with Asian rulers. He argued that *pacta sunt servanda;* contracts must always be honoured.[82] If the Asian rulers were reluctant to fulfil their contractual obligations, then this did not prove that the contracts were invalid, but that the rulers involved were perfidious. Holding Asian rulers to task and ensuring they honoured their treaties with the VOC represent cornerstones in a policy that Grotius described as *coophandel met force* (trade supported by the force of arms).[83]

Grotius assumed that, as in central Europe, Asian rulers were familiar with treaties and also accepted these. The reality of course looked different: Asian rulers certainly did not regard their agreements with the VOC as the sort of perpetual sovereign-level treaty that the Dutch were arguing them to be. In any case, treaties (and especially peace treaties) were at first alien to Asian statecraft. Only rulers who felt they had something to gain from formalizing relations with the Dutch – or another European party – entered into treaties.

An expression such as *janji* insufficiently distinguished between a treaty and a promise. A classic example is how the *Hikayat Hang Tuah* (c. 1700) recounts the origin of Matelieff's treaties with Johor, the context in which they were formed, as well as the nature of the agreement that had been struck. Written toward the end of the seventeenth century, this work represents a literary text, but it also elaborates on some historical themes.

Toward the end of the *Hikayat Hang Tuah* one reads how the Dutch had been ineffective in their assault on Melaka until they approached Johor. Its ruler responded in

---

80 *Koster*, Of Treaties and Unbelievers, pp. 63–64.
81 *Borschberg*, Hugo Grotius, pp. 17, 259–268, at p. 265.
82 *George N. Clark/Willem J. M. van Eysinga*, The Colonial Conferences between England and the Netherlands, part 2, in: BV 17 (1951), pp. 1–155, at pp. 104–105; *George N. Clark/Willem J. M. van Eysinga*, The Colonial Conferences between England and the Netherlands in 1613 and 1615, part 1, in: BV 15 (1940), pp. 1–270, at pp. 101, 119.
83 On *coophandel met force*, see Clark/van Eysinga, The Colonial Conferences, part 1, p. 97.

1606 by granting military assistance to the VOC in their objective to pluck Melaka from the Portuguese. To this end, Johor made an agreement with the Dutch:

> Hereupon the Dutch went to request help from the Johorese, and the Johorese concluded a treaty [*berjanjilah*] with the Dutch: if the Franks [i.e. the Portuguese] would be defeated, the Dutch would obtain the settlement of Malacca; and they were to foster good relations with Johor, and not to commit any treacherous acts against the Johorese anymore.[84]

The idea of the treaty is expressed with the term *berjanjilah* (lit.: promise it). But the term itself does not signal whether the agreement was written or verbal; we know from the surviving document that it was indeed a written agreement. In view of the term employed and its root in the word promise *(janji)* one need bear in mind that these agreements were not understood in a way that Grotius had expounded. The Islamic law of contract further reinforces this, as shown by several scholars, especially in the context of international trade and navigation in the period 1300–1800.[85] They note that Islamic law observes the idea of *pacta sunt servanda*, including the need to abide by agreements with non-Muslims, only in so far as they do not violate the principles of Islam. Muslim signatories – including Islamic states – could free themselves from international treaty obligations under certain circumstances.[86] Islamic law disapproves of treaties of unlimited validity (so-called perpetual treaties) between Muslims and non-Muslims, and for this reason they enjoyed a maximum validity of ten lunar years, after which a renewal was necessary.[87]

In Southeast Asia, periodic renewal of treaty arrangements was also the norm. The renewal of treaties usually occurred on the death of a ruler and the accession of his (or her) successor. Since treaties were understood to assume the form of a concession or promise, the agreement was limited to that ruler. Renewal was not a matter of course, as for example in the case of the Dutch treaty with Aceh in 1607. On the death of the Sultan Ali Ri'ayat Shah (d. 1607) a renewal was offered by the Dutch to his successor, Iskandar Muda (c. 1583–1636), but he declined it.

There were thus different understandings of what was being signed, let alone of what was being signed away. The VOC acted as a proxy for the States General in signing treaties with Asian rulers. The higher a ruler was placed in the hierarchy, the less likely he (or she) would sign treaties with European parties. The Dutch regarded these

---

84 Citation in *Koster*, Of Treaties and Unbelievers, p. 66.
85 See for example *Mohamad Talaat al-Ghunaimi*, The Muslim Conception of International Law and the Western Approach, The Hague 1968; *Ahmed M. Masri*, The Classical Conceptions of Treaty, Alliances and Neutrality in Sunni Islam, Ph.D. Dissertation, Newcastle 1998; *Muhammad Basheer A Ismail*, Islamic Diplomatic Law and International Diplomatic Law: A Quest for Compatibility, Hull 2012.
86 *Talaat al-Ghunaimi*, The Muslim Conception, p. 211.
87 *Hassan S. Khalilieh*, Islamic Law of the Sea. Freedom of Navigation and Passage Rights in Islamic Thought, Cambridge 2019, pp. 60, 62–95. See also *Majid Khadduri/Herbert J. Liebesny* (eds), Law in the Middle East, Clark NJ 2008, p. 327.

contracts as valid legal instruments that, as a rule, were secured with Asian rulers in their personal capacity. The Asian rulers themselves, however, never saw themselves entering into such contracts. The Malay term *janji* is revealing, insofar as it is used to refer variously to a written contract, a verbal promise, a concession or edict of a ruler. In other words, rulers saw themselves making promises, not forging agreements that would bind them and their successors forever.

8. Some conclusions

This chapter has addressed treaty-, alliance- and peacemaking between European and Asian agents during the early modern period. To establish a foundation, five sets of opposites or dichotomies were discussed: first, the hierarchy of rulers as opposed to the assumed equality of all sovereign rulers; second, an emphasis on people versus land or territorial control; third, monopoly and free trade; fourth, trade versus piracy and privateering; and fifth, formal treaties versus verbal or recorded promises. The following sections addressed two questions. Firstly, with whom (or what) did the contracting agents deal with? Secondly, how was this agreement understood? In answering these questions, both sides – the European and the Asian – have been considered.

As both the Asian and European side became more familiar with the other, their practices also began to change. The Europeans accommodated to the hierarchy of rulers as well as to the idea that treaties are with the person of the ruler and need to be periodically renewed. But the Europeans – and especially the Dutch – insisted that these treaties are internationally valid and enforceable legal instruments. They responded to supposed breaches of treaties with different levels of compulsion. In retrospect, the treaty emerges as the preferred instrument of early empire-building in Asia.

In order to secure treaties, the Europeans – and not least the Dutch – could show creativity in elevating or reducing their Asian counterparts. In turn, they faced challenges at the Asian courts in explaining exactly just who they were and on whose behalf they were signing treaties: the Dutch slotted themselves into the hierarchy of rulers. They did so by becoming tributaries of China, assuming the airs of a great Asian tributary ruler, and by attracting or collecting tributaries or vassals of their own. These tributaries or vassals, however, were bound to the Dutch through perpetual (delivery) contracts and alliances of war in what was a state of dependency from which the Asian rulers could hardly extricate themselves.

Europeans struggled to grasp the priorities, moral imperatives, and internal dynamics of (Southeast) Asian polities. They only had a qualified understanding of the Asian hierarchy, the fluidity of tributary relationships, the emphasis on people over land, and the prioritization of different kinds of commercial activity (on land and at sea). Trade and commerce in fact held the different polities together through royal monopolies, redistribution of material goods, as well as the delicate art of consensus-making.

The problem scholars face today is that their image of Asian rulers and polities has been partially shaped and certainly tainted by European documentation from the era of Imperialism (c. 1814–1950). Asian rulers are often caricatured as inflexible traditionalists. Tony Milner has discussed the challenges posed by this genre of colonial documentation in a seminal article on British Malaya during the nineteenth and early twentieth centuries.[88] British sources concede very little agency or initiative to the rulers of the Malay Peninsula, and Asia at large, but this was not always the case. In earlier centuries, Asian rulers were implicitly accepted as equals, were proactive, and were always a social and sometimes military force to be reckoned with. In the long period of transition, treaties played a mixed role: they were used to forge peace, strike deals, and make alliances against common enemies. Yet the way they were understood on the European side of the negotiating table also made these treaties into instruments of empire-building, colonial rule, and political suppression.

Select Bibliography

Belmoussus, Saliha (ed.), Empire by Treaty: Negotiating European Expansion, Oxford 2015.
Biker, Julio Firmino Judice (ed.), Collecção de tratados e concertos de pazes que o Estado da Índia Portugueza fez com os reis e senhores com quem teve relações nas partes da Ásia e Africa Oriente, desde o princípio da conquista até ao fin do século XVIII, 10 vols. Lisbon 1881–1887.
Blair, Emma H./Robertson, James A. (eds), The Philippine Islands, 1493–1898, 55 vols., Cleveland 1903–1909.
Bulhão Pato, Raymundo António de/Silva Rego, António da (eds), Documentos Remettidos da Índia ou Livros das Monções, 10 vols., Lisbon 1880–1982.
Chijs, Jakob A. Van der (ed.), Nederlandsch-Indisch Plakaatboek, 1602–1811, 17 vols., Batavia/The Hague 1885–1900.
Chijs, Jakob A. Van der/Colenbrander, Hermann Theodor (eds), Dagh-Register gehouden int Casteel Batavia vant passerende daer ter plaets als over geheel Nederlandts-India, The Hague 1896–1931.
Colenbrander, Hermann Theodor/Coolhaas, Willem Philippus (eds), Jan Pieterszoon Coen: Bescheiden Omtrent Zijn Bedrijf in Indië, 9 vols., The Hague 1919–1953.
Commelin, Isaak (ed.), Begin ende Voortgang Vande Vereenigde Neerlandsche Geoctroyeerde Oost-Indische Compagnie, 2 vols., Amsterdam 1646.
Coolhaas, Willem Philippus et al. (eds), Generale Missiven van Gouverneurs-Generaal en Raden aan Heren XVII der Verenigde Oostindische Compagnie, 13 vols., The Hague 1960–2007.
Furber, Holden, Rival Empires of Trade in the Orient, 1600–1800, Minneapolis 1976.
Gaastra, Femme S., The Dutch East India Company. Expansion and Decline, Zutphen 2003.
Gray Birch, Walter de (ed.), The Commentaries of the Great A. Dalboquerque, Second Viceroy of India, 4 vols., London 1875–1895.
Heeres, Jan Ernst/Stapel, F. W. (eds), Corpus Diplomaticum Neërlando-Indicum. Verzameling van politieke contracten en verdere verdragen door de Nederlanders in het Oosten gesloten, van privilegiebrieven, aan hen verleend, enz., 5 parts: pt. 1 (1596–1650), in: BKI 57 (1907); pt. 2

---

88 *Anthony C. Milner*, Colonial Records History: British Malaya, in: MAS 21/4 (1987), pp. 773–792.

(1650–1675), in: BKI 87 (1931); pt. 3 (1676–1771), in: BKI 91 (1934); pt. 4 (1671–1725), in: BKI 93 (1935); pt. 5 (1726–1752), in: BKI 96 (1938).

Ittersum, Martine Julia van (ed.), Hugo Grotius: De Jure Praedae Commentarius: Commentary on the Law of Prize and Booty, Indianapolis 2006.

Jonge, Johan K. J. de et al. (eds), De opkomst van het Nederlandsch gezag in Oost-Indië: Verzameling van onuitgegeven stukken uit het oud-coloniaal archief, eerste reeks, 3 vols., The Hague 1866–1909.

Keay, John, The Honourable Company. A History of the English East India Company, London 1991.

Khalilieh, Hassan Salih, Islamic Law of the Sea. Freedom of Navigation and Passage Rights in Islamic Thought, Cambridge 2019.

Meilink-Roelofsz, Marie Antoinette Petronella, Asian Trade and European Influence in the Indonesian Archipelago between 1500 and about 1630, The Hague 1962.

Mendonça, H. Lopes de/Bulhão Pato, R. A. de (eds), Cartas de Affonso de Albuquerque, seguidas de docoumentos que as elucidam, 7 vols., Lisbon 1884–1935.

Stapel, F. W. (ed.), Pieter van Dam. Beschryvinge van de Oostindische Compagnie, 8. vols., The Hague 1931–1943.

Tiele, Pieter Anton/Heeres, Jan Ernst (eds), Bouwstoffen voor de Geschiedenis der Nederlanders in den Maleischen Archipel, 3 vols., The Hague 1886–1895.

Valentijn, François, Oud en Nieuw Oost-Indiën, Vervattende Een Naauwkeurige en Uitvoerige Verhandelinge van Nederlands Mogentheyd in de Gewesten, etc., 5 parts in 8 vols., Dordrecht/Amsterdam 1724–1726.

Wolters, Oliver William, History, Culture and Region in Southeast Asian Perspectives, Singapore 1982.

Katherine A. Hermes
21. Peace Treaties Between Colonial Powers and Indigenous Peoples in North America

Abstract: Peace treaties between Native peoples and European colonial powers established nation-to-nation political relationships. They formulated rules for coexistence, concluded wars, and determined land cessions. Before the balance of power shifted away from Native peoples to the colonial powers in the eighteenth century, both sides conducted diplomacy according to indigenous protocols, into which colonial negotiators introduced the practice of signing of treaty documents. For two centuries eastern, indigenous, tribal nations found diplomatic means for survival in a new colonial world. Excluded from the Treaties of Paris in 1763, ending the French and Indian War, and in 1783, concluding the American Revolution, Native nations found themselves on the periphery of a Eurocentric Atlantic world.

1. Introduction

Treaties are negotiated agreements between entities who recognize one another's sovereignty[1] and they came to define the nation-to-nation political relationships between North American native peoples and the colonial powers. Precolonial intertribal diplomacy formed a basis for how Native people negotiated with colonial powers once they had contact. Treaties of peace formulated rules for coexistence, concluded wars, and stipulated land cessions. Before the balance of power shifted away from Native peoples to the European powers in the eighteenth century, both sides conducted diplomacy according to indigenous protocols, into which colonial negotiators introduced the practice of signing of treaty documents. While not all treaty councils resulted in formal, written agreements, the introduction of writing was essential to the colonial powers' subjugation of the indigenous population.

During the colonial period a 'treaty' was the product of any diplomatic process between two or more parties representing a governing body, regardless of whether such meetings included formal state actors or produced oral or written agreements. Land transactions between colonial and indigenous individuals who were non-state actors sometimes functioned as de facto if not de jure 'peace treaties'. Since colonists and the colonial powers varied their stances on whether indigenous peoples had anything approximating a legally recognizable state, it is more important to look at the process of negotiation and agreement for evidence of treaty-making than relying on modern na-

---

[1] On treaties see also Chapter 18.

tion-state standards. It was not the case that Europeans always thought of indigenous peoples as non-state actors. European claims to sovereignty, occupation, and possession in North America were legal fictions outside of established settler towns, forts, and trading posts. Quasi-sovereignty arose through imperial jurisdictional conflicts.[2]

Conflicts between empires, and between imperial forces and indigenous peoples, influenced European legal thought regarding the evolving doctrines of conquest, occupation, and possession. As legal philosophers like Francisco de Vitoria (1486–1546), Hugo Grotius (1583–1645), and Samuel Pufendorf (1632–1694) began to articulate rules of war and peace,[3] including the idea of the just war, the rights of the Indians (in New Spain, *derecho de los indígenas*) including aboriginal title, and the principles of an international law, Anglo-European legal culture grappled with colonization. Settler colonies needed to treat with Native people even as they often sought to extinguish indigenous culture and dominance. In some colonies, leaders with strong religious convictions attempted to act justly and lawfully with respect to indigenous peoples, even if those same leaders did not fully understand or acknowledge an indigenous legal culture.[4]

Legal norms in colonized arenas were elastic. Ideas of justice, articulated frequently in colonial courts and diplomatic meetings, show the survival of Native jurispractice, i.e., recognizable expression of legal ideas, legal customs, long term legal strategies, and political beliefs about legal structures and hierarchies.[5] Non-elite actors were central figures in legal conflicts within colonial empires, because encounters between indigenous people and colonists often were unpredictable. As the colonial bureaucracy became more formal and grew in scope, the role of non-elites declined.[6]

Standing as signatories in treaty negotiations was often a point of contention. Indigenous people in early encounters had difficulty assessing whether a white person legitimately represented his government. Europeans were quick to award chiefly status to Native men who lacked sole authority to make agreements. European instructions to patent holders authorized leaders to treat but without extending practical advice or caution about violence. The French preferred to think of their efforts as a form of 'consensual colonialism', but they sought out the most compliant Native men to en-

---

[2] *Katherine A. Hermes*, Native Americans, the Colonial Encounter, and the Law of Harm, 1600–1787, in: Peter Collin (ed.), Justice within the State without the State. Judicial Self-Regulation in the Past and Present, Frankfurt a.M. 2016, pp. 263–264.
[3] See also Chapter 6.
[4] *Georg Cavallar*, Vitoria, Grotius, Pufendorf, Wolff and Vattel. Accomplices of European colonialism and exploitation or true cosmopolitans?, in: JHIL 10/2 (2008), pp. 181–209.
[5] *Katherine A. Hermes*, 'Justice Will Be Done Us'. Algonquian Demands for Reciprocity in the Courts of European Settlers, in: Christopher L. Tomlins/Bruce H. Mann (Eds), The Many Legalities of Early America, Chapel Hill 2001, pp. 123–149.
[6] *Lauren Benton*, Made in Empire. Finding the History of International Law in Imperial Locations. Introduction, in: LJIL 31/3 (2018), pp. 473–478.

sure it.[7] The English planted themselves before seeking out alliances and afterwards made agreements with single, select 'paramount chiefs'.[8]

Inclusion and exclusion in diplomatic circles had repercussions. When political power changed hands in colonial governments, relations with the tribes could suffer. In Pennsylvania Native diplomats trusted Quakers, who professed pacificism even during periods of frontier violence. As Quaker authority ebbed in the eighteenth century, non-Quaker ambassadors showed more sympathy to western, anti-Indian settlers.[9] Colonial powers frequently marginalized neutral or problematic tribes in diplomatic conferences. The presence of Native people at treaty signings did not mean that all those with interests were adequately represented.[10] Francis Prucha (1921–2015) and Charles Wilkinson, two of the foremost scholars on treaties between the U. S. and Native Americans, described an unequal treaty process as one in which tribal dependency on the U. S. facilitated acquisition of Indian lands often without conquest. The process became less a negotiation than a demand. The path towards this inequality was laid but not completed prior to the implementation of the U. S. Constitution.

Native agency and power have been a subject of much historiographical debate. While the Haudenosaunee (Iroquois Confederacy) was one of the most formidable alliances in the contact period, giving the Five (Mohawk, Oneida, Onondaga, Cayuga and Seneca) and later Six Nations (Tuscarora) unparalleled negotiating clout, historians often portrayed it as subordinate to the European colonial powers. Historians have disagreed about whether the Iroquois preferred French or English diplomacy. Some claim the Iroquois professed a preference for English formalism over French fragmentation, especially by the mid-1740s, when the French attempted to sow disunity within the Six Nations. The ethnohistorian Francis Jennings (1918–2000), in his extensive studies of the Iroquois and the Covenant Chain, argued that by the eighteenth century the French kept the Iroquois at a distance to protect their own economic interests with the Algonquian nations of the Great Lakes region. Historians also dispute whether the Iroquois formulated their post-1701 neutrality policy, or whether it was the product of French exploitation of their weakened political circumstances.[11]

The network of French-Native alliances developed to support French military strength against the growing British threat in North America depended increasingly

---

7 *Patricia Seed*, Ceremonies of Possession in Europe's Conquest of the New World, 1492–1640, New York 1995, p. 65.
8 *Helen C. Rountree* (ed.), Powhatan Foreign Relations, 1500–1722, Charlottesville 1993, pp. 206–228.
9 *Peter Rhoads Silver*, Our Savage Neighbors. How Indian War Transformed Early America, New York 2008, pp. 75, 107.
10 *Jeffrey Glover*, Paper Sovereigns. Anglo-Native Treaties and the Law of Nations, 1604–1664, Philadelphia 2014, p. 19.
11 *William N. Fenton*, The Great Law and the Longhouse: A Political History of the Iroquois Confederacy, Norman, OK 1998, p. 409; *Jon Parmenter*, L'Arbre de Paix. Eighteenth-Century Franco-Iroquois Relations, in: French Colonial History 4/1 (2003), pp. 63–80.

on the enslavement of indigenous people. Although the French initially refused allied Native offers of captives as gifts, by 1700 officials understood the role captive exchanges played in stabilizing their alliances in the face of British competition for Native allegiance. The traditional Native view of captives as "symbols of alliance, power, or spiritual renewal" changed as captives became little more than traded commodities.[12]

Diplomatic relations between the Iroquois and Europeans directed the course of empire. Iroquois control of the major water routes connecting the Atlantic to the interior, as well as their political sophistication, made them the dominant contender for European attention in the northeast. Until the Treaties of Paris in 1763[13] and 1783 excluded them, the Iroquois actively participated in and often commanded diplomatic engagements with the empires on their periphery. Post-revolutionary Iroquois diplomacy tried to secure their remaining homelands from the depredations of new state and territorial governments.

2. The Terms of the Treaties

Treaty-making often focused on creating relations of 'peace and friendship' and recognition of tribes as sovereign.[14] Although they used the language of eternal bonds, Native people did not view such agreements as unalterable. While they hoped for longevity, they expected the exact terms of treaties to be fluid and renegotiable. Tribes believed keeping the agreement and honoring its terms in spirit was more important than adhering to the letter. For European powers, however, adhering to the letter of written provisions was a means of wielding power.

Instances of Europeans' mistranslation and misrepresentation of terms in treaties, during and after negotiations, were ubiquitous. Native leaders were duped into agreeing to the subjugation of their people to overseas monarchs. Indigenous leaders signed what they believed were straightforward military pacts only to find the treaties appointed one tribe to be in charge of others. Lands Native people thought they were protecting wound up in colonial hands.

The types of colonial governments European monarchs established made a substantial difference in diplomacy with indigenous peoples. Spain and France, whose colonies were administered by a Crown appointee, and England's royal colonies, contrasted with England's proprietary and corporate (joint stock company) colonies. Crown representatives observed formal diplomatic protocols; proprietors had some

---

12 *Brett Rushforth*, 'A Little Flesh We Offer You'. The Origins of Indian Slavery in New France, in: WMQ 3rd ser. 60/4 (2003), p. 808.
13 See also Chapter 50.
14 *David H. DeJong*, American Indian Treaties. A Guide to Ratified and Unratified Colonial, United States, State, Foreign, and Intertribal Treaties and Agreements, 1607–1911, Salt Lake City 2015.

freedom in how they treated with Native people; joint stock companies were ruled by their boards of directors, who set policy in their colonies.[15]

Native entities, too, differed in political structure, customs, law and religion. The Haudenosaunee was an alliance known as the Iroquois Confederacy governed since 1142 C. E. by the Kaienerekowa (Great Law of Peace), the constitution of shared principles and objectives. Most tribes stood alone. Common among eastern woodland peoples, though, were matrilineage, male councils, male chieftainship, shamanistic religion, a class of elite medicine men, and roles for women in diplomacy, trade and economic production.[16] Iroquoian-Christian mission settlements like Kahnawáke, Kanesatake, and Akwesasne in the St. Lawrence Valley served as centers of acculturation to French ways and resistance against the British into the 1750s. In the eyes of Iroquois people in both Canada and New York, the performance of the French as diplomatic partners made them valuable allies of the Confederacy.[17]

2.1 1611, 1622 and 1646 Powhatan-Virginia Treaties

Jamestown, planted in 1607, was the first permanent English settlement in North America. King James I (1566–1625) issued a charter to the Virginia Company to govern its colony. When colonists arrived they encountered an Algonquian people ruled by the *mamanatowick* (paramount chief), Wahunsenacawh (c.1547–c.1618), whom they called Powhatan. He collected tribute from a population of 25,000 people comprising nearly thirty tribes organized into a confederacy known as Tsenacomoco. Each tribe had its own *werowance* (male chief) or *werowansqua* (female chief).

Captain John Smith (1580–1631), whom the company appointed to the colonists' council in 1609, sought a peaceful trading relationship with Powhatan. The English tried to subordinate Powhatan to their rule, even while calling him an Emperor in their descriptions home. Using a ritual common to vassalage, they gave him gifts and a scepter before forcing the reluctant Powhatan to bend his knee as a subject of their king. They fired a cannon, creating havoc among the Native people, who feared an attack. This disastrous first overture resulted in an uneasy 'peace' between the settlers and the Powhatan Confederacy. In a final attempt to assert jurisdiction, the English planted a cross. Smith insisted afterward that any future engagement with Powhatan eschew 'mutual obligation' and opt for force.[18]

---

15 *Glover*, Paper Sovereigns, pp. 5–6, 15, 177.
16 *Ronald M. Glassman*, Horticulture, Matrilineal Clans, and the Rise of Status and Power of Women, in: Ronald M. Glassmann, The Origins of Democracy in Tribes, City-States and Nation-States, New York 2017, pp. 89–93.
17 *Parmenter*, L'Arbre de Paix, p. 80.
18 *April Lee Hatfield*, Atlantic Virginia. Intercolonial Relations in the Seventeenth Century, Philadelphia 2007, pp. 12–19; *Glover*, Paper Sovereigns, p. 103.

Powhatan tried to manage early diplomatic relations with the English on his terms. He accepted English trinkets as he would have offerings from Native people, and he gave his gifts to the English. English bells and penny knives had value in indigenous trade networks. In meetings with colonists, *werowances* sat while the visitors stood. Powhatan's people used pipes in their own diplomatic rituals and employed the calumet rite with colonists. What appeared to the English as ceremonies of subordination indigenous people saw as mutual respect.

Tradition required the *mamanatowick*, his *werowances*, and council meet before any declaration of war, but priests made the final decision. Watching their political organization erode within a decade of English arrival, new leaders, Opechancanough (c.1554–1646) and Nemattanew (†1622), attempted to drive settlers out in an attack in 1622. The second Anglo-Powhatan War culminated in the deaths of 347 colonists and an untold number of Native people. The settlers, who believed the attack was unprovoked, treated the defeated tribes as having forfeited all legal and moral rights to their homelands. While other English colonies continued to recognize aboriginal title, Virginia's approach was to treat Native people as enemy combatants. War persisted throughout the 1620s, with a brief truce in 1628.

The Crown replaced the Virginia Company with a royal governor in 1624. A peace accord in 1632 ended the Second Anglo-Powhatan War, despite opposition from some colony leaders, who wanted to expel, enslave, or kill the Native people. The treaty segregated the indigenous population from the settlers. When colonists built a wall across the James peninsula in 1634, Opechancanough mounted no resistance, even though the barrier excluded his people from traditional hunting and gathering lands.

War broke out again in 1644 when Opechancanough's warriors began attacking English towns. The English death toll rose to nearly 500. Settlers sold hundreds of Native people into slavery; the indigenous death toll was not recorded. When the English captured him, a guard fatally shot Opechancanough. Necotowance (c.1600–1649), a *werowance* of the defeated Powhatan Confederacy, then negotiated a treaty with the colonial authorities and signed as 'King of the Indians'.[19]

The Treaty of 1646 placed indigenous people in eastern Virginia under the control of the Crown. Royal oversight provided the remaining tribes of the former confederacy with protection from settlers. Native signatories acknowledged their subjugation, agreed they possessed their lands from the English king, and allowed Virginia's governor to appoint their leaders. The treaty imposed severe restrictions, confining tribes to reserved lands and requiring them to communicate with colonial authorities via distinctively clothed messengers. The colony instituted a system of badges and designated meeting places to avert any contacts between Native enemies and settlers. The treaty demanded the tribes return hostages, including enslaved Africans, turn in their guns, and pay annual tribute of beaver skins for protection.

---

19 *Hatfield*, Atlantic Virginia, pp. 22–25.

In the Chesapeake, treaties established a legal doctrine that aboriginal peoples existed both as lesser foreign nations and as wards of the colony. Native people were not incorporated into English settlements and were exempted from ordinary taxation. As a result of the 1646 peace treaty indigenous Virginians were divided into two classes: friendly, tributary Indians and foreign or stranger Indians. The English expected the tributary tribal leaders to assist them in defending the colony against foreign Native nations.[20]

2.2 1621 Wampanoag-Plymouth Treaty

The *Mayflower* sailed from England in 1620. Lost in a storm, it landed off course on Cape Cod and its passengers decided to plant themselves there. A precedent-setting treaty for New England agreements between these colonists and the Wampanoag was concluded on March 22, 1621. Massasoit (c.1581–1661), the grand *sachem* (chief), and a party of his men approached the English to ask for a meeting, after several misunderstandings had threatened peaceful coexistence. The new Plymouth Colony governor, John Carver (1576–1621), asked the Wampanoag for an exchange of hostages and to lay down their arms before the meeting. The English recorded the treaty's stipulations, while Squanto (†1622), a Patuxet man once enslaved by an Englishman, acted as a translator. Massasoit and the Pilgrims came to terms. They agreed to make common defense against the Narragansett and other tribes. Massasoit promised his people would not harm the English, but in the event of an injury, they would send the culprit to the English for punishment. Both sides agreed to return goods stolen from one another. The English expected Massasoit to guarantee the fidelity and peacefulness of his neighbors. The colonists then bound King James I to the compact of friendship. The treaty remained in place for fifty-four years, broken only when Massasoit's son, Metacom (King Philip) (c.1638–1676) waged war against colonists in 1675.

The treaty's most notable aspect was its jurisdictional claim. By extending in personam and in rem jurisdiction over Massasoit's subjects (as the English viewed them), the English established a colonial norm of trying Indians in English courts, sometimes using mixed juries of colonists and Indians. Native jurispractice operated on a principle of reciprocity: if one of theirs harmed the English, they were obligated to make the harmed colonist whole. The English, however, never imagined Native councils should have jurisdiction over colonists who harmed indigenous people. The Wampanoag-Plymouth Treaty was the result of a Native overture and not the product of hostilities.

---

20 Ibid., pp. 30, 204–206; W. *Stitt Robinson*, Tributary Indians in Colonial Virginia, in: Virginia Magazine of History and Biography 67/1 (1959), pp. 49–64.

When hostilities arose, Plymouth chose fighting over negotiation. Only imperial changes in the eighteenth century restrained settler violence.[21]

2.3 1638 Treaty of Hartford

On September 21, 1638, *sachems* of the Mohegan and the Narragansett tribes met with English magistrates at Hartford, within the traditional Wangunk territory, to settle affairs following the brief but cataclysmic Pequot War of 1637. The negotiators excluded the Wangunk *sachems*, Sequin (†1649) and his son Sequassen (†1665). The articles extinguished the Pequot nation and name and divided up what remained of Pequot possessions and people. Pequot territory was ceded to the English; Narragansetts and Mohegans aided the colonists in capturing or killing Pequot warriors and apportioning Pequot women and children captives among the treaty's parties.

The Treaty of Hartford "drew on plural legal foundations to frame an accommodation among these three communities and to preserve their respective claims".[22] It served Narragansett and Mohegan interests, but it enmeshed those tribes in "English frameworks of law and authority that treated them as essentially subordinate parties".[23] By excluding the Wangunk, whose homelands spanned the Connecticut River's shores from Hartford southward, the English also superimposed a hierarchy among the tribes of the region. As a model for other agreements, it created an "Indian-English interdependence" and extended the structures for English claims to jurisdiction over Native neighbors.[24] Excluded from the official treaty, Wangunk leaders used land cessions to keep peace with their English neighbors and probate courts to try to secure land for their families.[25]

The Dutch also laid claim to Connecticut settlements in Hartford, the Pequot territory, and Long Island. The Dutch justified their territorial claims using a concept of the right of first discovery. Despite their early fort near Hartford and their trading relations with the Pequot, the Dutch were formally absent from negotiations in 1638. In the Treaty of Hartford of 1650, the Dutch and the English settled boundary claims between New Netherland and Connecticut. Between 1650 and the first Anglo-Dutch War of

---

21 *Hermes*, 'Justice Will Be Done Us', pp. 123–49.
22 *Daragh Grant*, The Treaty of Hartford (1638). Reconsidering Jurisdiction in Southern New England, in: WMQ 3rd ser. 72/3 (2015), pp. 461–498, see p. 465.
23 Ibid., p. 494.
24 Ibid..
25 *Timothy H. Ives*, Reconstructing the Wangunk Reservation Land System: A Case Study of Native and Colonial Likeness in Central Connecticut, in: Ethnohistory 58/1 (2011), pp. 65–89; *Katherine Hermes/Alexandra Maravel*, Finding the Onepennys Among the Wongunk, in: Bulletin of the Archaeological Society of Connecticut 79 (2017), pp. 95–109.

1664, the Dutch attempted to buy out Native land claims. New England colonies enacted laws creating colonial oversight of land transactions between Native people and colonists. New Netherland and New England territorial claims were increasingly legitimated through civil legal proceedings, eliminating the formal treaty negotiation process for acquiring land.

2.4 1677 Silver Chain of Friendship and Covenant Chain of Friendship

The Five Nations of the Iroquois Confederacy began the Silver Chain of Friendship in 1677 with two treaties conducted at Albany under the auspices of New York's Governor Edmund Andros (1637–1714). The first agreement, between the Iroquois, Massachusetts Bay, and Connecticut, tied up loose ends from King Philip's War (1675–1676), a conflict of an alliance of southern New England tribes against the United Colonies of New England. The defeat of Philip's armies enabled an English alliance with the Iroquois. The second agreement ensued from an Iroquois-Susquehannock-Lenape coalition meeting with representatives from the Chesapeake colonies. As the English-approved voice for so-called tributary tribes, the Iroquois Confederacy often found itself in inimical relations with others. The Iroquois diplomats referred to the tributaries as 'cousins', 'brethren', or 'nephews', familial statuses that made the Iroquois responsible parties as well as giving them privileges with respect to diplomacy and jurisdiction.[26] The tributaries never acknowledged they had yielded sovereignty to the Confederacy.

The English and the Five Nations formed the Covenant Chain of Friendship. The consistent Iroquois view of the Covenant Chain was as "an organization of peers, unequal in real power, but equal in responsibility".[27] By 1720, the Confederacy's constituent tribes, whom the colonial governor referred to as the "Five Indian Nations Depending on the Province of New-York in America", admitted they needed English protection, but rejected English sovereignty.[28]

2.5 1688 Treaty of Shackamaxon

Long before Pennsylvania's colonization in 1688, the Lenni Lenape (Delaware), an Algonquian people, had treated with colonial powers. By the end of the first Anglo-

---

[26] *Francis Jennings*, The Ambiguous Iroquois Empire. The Covenant Chain Confederation of Indian Tribes with English Colonies from Its Beginnings to the Lancaster Treaty of 1744, New York 1985, p. 8.
[27] Ibid., p. 373.
[28] Ibid., p. 290.

Dutch War in 1664, in which the English were victorious, the Lenape sought new allies to replace the Dutch. When the Swedes arrived in the Delaware Valley, the Lenape resented them for trading with their traditional enemy, the Susquehannock. Disagreements involving interpretation of land cession treaties with the Swedes heightened the rift. The Lenape were losing ground, literally and figuratively, as the colonial powers closed in.

William Penn (1644–1718), the proprietor of Pennsylvania, made a series of treaties, beginning with the Treaty of Shackamaxon (1682), in pursuit of his "peaceable kingdom".[29] The verbal concord between Penn and the Lenape chief Tamanend (c.1625–1701) under an elm tree at Shackamaxon opened the gateway for "the transfer of America from native to European hands".[30] According to oral tradition, in a series of solemn speeches Tamanend promised the Lenni Lenape would live in peace with Penn and his descendants forever. He then gave Penn a *wampum* belt to memorialize the agreement. In addition to gift exchange, both the Lenni Lenape and the Quaker Penn "used silence to punctuate and emphasize meaning".[31] Nevertheless, there came to be difference in what each side recalled about the terms.

2.6 1722 Treaty of Albany

The Native tributary system arising in 1646 initiated a new chapter in Anglo-Native relations focused on the lucrative fur trade. Trade was interrupted from 1675 to 1676 when Nathaniel Bacon (1647–1676) led a rebellion of western freemen and indentured servants against the Virginia government. Bacon's objectives were to end the tributary system and break the Occaneechi stronghold over trading routes. He sought to increase western access to the indigenous slave market. Governor William Berkeley (1605–1677) quashed the rebellion after Bacon died suddenly, restoring the tributary system with the Treaty of Middle Plantation in 1677. Trade resumed, but the violence increased as human captivity was transformed by a market economy demanding constant slave raids for profit.

By 1700, a new demand emerged in Anglo-Native tributary negotiations. Colonial governments, which had long used adult hostages during wartime and in peace diplomacy, began holding Native children as leverage. As indigenous fears of slave raids increased, tribal leaders acquiesced as long as colonial authorities guaranteed protec-

---

29 *Michael Kammen*, Meadows of Memory. Images of Time and Tradition in American art and culture. Austin 1992, p. 136.
30 *James Hart Merrell*, Into the American Woods. Negotiators on the Pennsylvania Frontier, New York 2000, p. 91.
31 *Kevin Gover et al.*, Nation To Nation. Treaties Between The United States And American Indian Nations, Washington, D.C. 2014, p. 2.

tion for their children's freedom. Problems of trade, enslavement, and French threat persisted on the western borderlands.[32]

In 1722 Governors Alexander Spotswood of Virginia (1676–1740), Charles Calvert of Maryland (1637–1715), Sir William Keith of Pennsylvania (1669–1749), and William Burnet of New York (1688–1729) agreed to cooperate with one another to renew the Covenant Chain with the Iroquois Confederacy. Although the governors had competing trade interests, they wanted to curtail French power on their western borders. Spotswood and his successor, Hugh Drysdale (c.1673–1726), aimed to protect the frontier by getting the Tuscarora, recently added to the Covenant Chain, to remain west of the Blue Ridge mountains. The Iroquois promised not to reoccupy their old towns east of the mountains or pass over the mountains or the great River Kahongoronton (the Potomac). Moreover, they agreed that "any southern Indian" or Iroquois "who ventured" into the forbidden territory could be enslaved overseas. This was the last negotiated treaty to include the remnants of the Powhatan Confederacy.[33] Albany became the "prefixed place" for all diplomatic relations since the establishment of the Covenant Chain. As "Keepers of the Eastern Door" the Mohawk made Albany the site of negotiations through the first quarter of the eighteenth century.[34] Signed on September 14, 1722, by the Five Nations and the Mahicans, the treaty held until 1738.

2.7 1744 Treaty of Lancaster, 1752 Treaty of Logstown, 1754 Albany Purchase, and 1758 Treaty of Easton

Four major treaties took place as North America was catapulted once more into decades of global warfare ending with the devastating French and Indian War from 1754–1763 (in Europe, the Seven Years War, 1756–1763). These treaties dealt as much with land cessions as terms of alliance, and they sealed Britain's domination over the tribes. In 1744 Britain and France went to war, ending a thirty-year peace. The Lancaster negotiations produced a deed of cession from the Iroquois to Virginia's representative, Thomas Lee (1690–1750), and formed a crucial alliance securing the British on the continent.[35] The Iroquois had few opportunities in the future to demonstrate such a mighty negotiating presence.

In June 1752, the Six Nations of Iroquois, the Lenni Lenape, and the Shawnee sent representatives to Logstown, an indigenous village in western Pennsylvania, to treat with Virginia's Col. Joshua Fry (1699–1754) and James Patton (1692–1755) and the Ohio Company representatives Lunsford Lomax (1705–1772) and Christopher Gist (1706–

---

32 *Kristalyn Marie Shefveland*, Anglo-Native Virginia. Trade, Conversion, and Indian Slavery in the Old Dominion, 1646–1722, Athens, GA 2016, p. 150.
33 Ibid., pp. 115–119.
34 *Jennings*, Iroquois Empire, pp. 43–44.
35 Ibid., p. 47.

1759). The *sachem*, Tanacharison (c.1700–1754), rejected the idea that the Treaty of Lancaster had ceded land beyond the Allegheny Mountains. He promised to leave alone the English settlements southeast of the Ohio River and formally requested an English fort be built at the mouth of the Monongahela River (now Pittsburgh). The English wanted to reconfirm the sanctions of 1744. Nervous about the French building forts, Christopher Gist and George Washington's (1732–1799) mission in 1753 was to hold these lands for the Ohio Company. In 1754 the French razed Fort Prince George and built Fort Duquesne on the same site. As the Six Nations' leaders made their marks on the Treaty of Logstown, French military men from Canada attacked the trading post of Pickawillany among the Miami.[36]

An unusual reversal of land exchange occurred in 1757, when Thomas (1702–1775) and Richard Penn (1706–1771) effectively returned the trans-Allegheny portion of the 1754 Albany Purchase to the Iroquois. The returned land was triple the size kept from Penn's original purchase. The Penn proprietors returned the land to the Iroquois at no cost; the Iroquois agreed to never sell the land to anyone but them. The agreement preceded a treaty that later confirmed more Native land rights but made all eastern tribes more dependent on the British.

In 1758, 500 chiefs representing fifteen tribes of the eastern woodlands signed the Treaty of Easton with the British at the forks of the Delaware River in Pennsylvania. The Superintendent of Indian Affairs in the Northern District, Sir William Johnson (1715–1774) of New York, considered the Six Nations to have dominion over the Upper Ohio Valley. The treaty reiterated principles of the Covenant Chain and confirmed western Lenape land rights. The western Lenape blamed the Iroquois, Pennsylvania, and the eastern Lenape for the loss of their eastern lands. By participating in the French and Indian War, western Lenape hoped to avoid forcible removal from their new lands. They now rejected a French alliance and refused to be part of a concerted action among Ohio Natives.[37]

A Quaker pacifist society, the 'Friendly Association of Pennsylvania', influenced the treaty's terms by including ideals about peaceful coexistence from the original Penn treaty. With the Crown's assurance that neither it nor colonists would disturb title to their lands, the Six Nations, the Lenape, and the other Ohio Valley tribes withdrew support from the French. The British then commandeered Fort Duquesne, renaming it Fort Pitt.[38]

British promises to halt encroachment remained unfulfilled until 1763, when King George III (1738–1820) issued the Proclamation to draw a line prohibiting migration west of the Appalachian Mountains. The standing army on the Line became a point of

---

[36] *Doug MacGregor*, The Shot Not Heard Around the World. Trent's Fort and the Opening of the War for Empire, in: Pennsylvania History: A Journal of Mid-Atlantic Studies 74/3 (2007), pp. 354–373.
[37] *Fred Anderson*, Crucible of War. The Seven Years' War and the fate of empire in British North America, 1754–1766, New York 2007, pp. 207, 265–275.
[38] Ibid., p. 269.

contention during the colonists' agitation prior to the American Revolution, but the British used the threat of force against the colonists to follow through on the Easton Treaty's terms.

2.8 1763 The Treaty of Paris

In the 1763 Treaty of Paris,[39] France ceded Canada to Britain in exchange for Caribbean and northern Atlantic island possessions. The mainland British colonies experienced a diplomatic watershed. In the aftermath of the French and Indian War, those tribal nations who could still maintain independence from colonists moved westward across mountain ranges. Others concluded their own treaties with colonial governors. In the southeast the mountainous backcountry morphed from a region of trading posts to settlers' townships after agreements made at an Augusta conference on November 4, 1763, between the governors of Georgia, Virginia, North Carolina, and South Carolina and the Cherokee, Creek, Chickasaw, Catawba, and Choctaw nations.[40]

Native inhabitants of Florida also faced a new colonial power when the Spanish abandoned the colony as a provision of the treaty. Among the exiles were Christianized Indians. A group of Native people from Pensacola resettled in New Spain (Mexico).[41] After the Treaty of Paris realigned European intercolonial claims, the Spanish looked toward expansion on the Great Plains. In the autumn of 1765, the viceroy sent soldiers to inspect New Spain's northern defenses. Throughout the eighteenth century, tribes had accessed Spanish trade networks by raiding their rivals to provide colonists with captive labor. Like the Iroquois mourning wars, captive raiding in the southwest exacerbated intra-indigenous competition, profoundly disturbing the social order. Spanish peace brokering helped local tribes renegotiate regional hierarchies and stabilize their communities while retaining access to colonial markets.[42]

2.9 1768 Treaty of Fort Stanwix

The Royal Proclamation of 1763 was a failure on many levels. The Crown and land speculators' interests became entangled as imperial agents conflated those interests

---

39 See also Chapter No 50.
40 *Colin G. Calloway*, The Scratch of a Pen: 1763 and the Transformation of North America, New York 2007, pp. 100–106.
41 *Robert L. Gold*, The Settlement of the Pensacola Indians in New Spain, 1763–1770, in: HAHR 45/4 (1965), pp. 567–576.
42 *Catherine Price*, The Comanches Threat to Texas and New Mexico in the Eighteenth Century and the Development of Spanish Indian Policy, in: Journal of the West 24/2 (1985), pp. 34–45.

for their own benefit. In 1765 George Croghan (1718–1782), a trader, land speculator, and deputy superintendent of Indian affairs, petitioned the London Board of Trade to readjust the western boundary set by the Proclamation. His petition was assisted by traders and members of the Pennsylvania Assembly. While waiting for the Board to act, Croghan began a rumor campaign that an Indian war was imminent. By the end of 1767, the threat of retaliatory Indian attacks against land speculators and illegal settlers was real.[43]

Fort Stanwix was located near the Oneida Carrying Place in New York, a portage between the Great Lakes and the Atlantic Ocean. Sir William Johnson opened negotiations between 3,000 Native people, most from the Iroquois Confederacy, and representatives of several colonies. One Shawnee chief felt "uneasy to see that you think yourselves Masters of this Country, because you have taken it from the French, who you know had no right to it, as it is the Property of us Indians".[44] The Stanwix Treaty shifted the borderline slightly east in the colony of New York to protect strategic Haudenosaunee lands. The line was redrawn west to open up the Ohio Valley to settlers. White squatters were occupying indigenous lands under nominal Haudenosaunee control, while speculators claimed the lands on deeds. Johnson's aims were to maximize trade, minimize illegal settlement, and avoid establishment of a firm Euro-Indigenous border. The treaty maintained imperial regulation of Indian affairs, accorded a privileged position to the Six Nations, addressed speculators' demands for more land, and drove the local squatters north. Lord Hillsborough (1718–1793), Secretary of State for America, disliked the treaty, because it extended the boundary of settlement far into the west and entailed numerous public and private grants. He resigned when the privy council preliminarily approved a new colony, Vandalia, to be located south of the Ohio River in western Virginia.

The western tribes, angered by the land cessions of the Treaty of Fort Stanwix, directed their animosities against Virginians. During Lord Dunmore's War in 1774, Native people were driven from western lands on a pretext that they had raided colonial settlements. The treaty's main indigenous beneficiaries believed that the new land cession would finally halt the flow of settlers. Britain failed to restructure its political relationship with the tribes; the American Revolution ended its chance to do so.

Native peoples across the eastern half of North America lost their best advocate when William Johnson died in 1774. Citing the Declaration of Independence as its authority, the U. S. began its own treaty-making with indigenous nations in 1778 when its ambassadors signed a peace treaty with the Lenape leader White Eyes (c.1730–1778). When the U. S. and the European colonial powers signed the peace at Paris in

---

43 *Peter Marshall*, Sir William Johnson and the Treaty of Fort Stanwix, 1768, in: Journal of American Studies 1/2 (1967), pp. 149–179.
44 *William J. Campbell*, Speculators in Empire. Iroquoia and the 1768 Treaty of Fort Stanwix, Norman 2012, p. 131.

1783, Americans laid claim to the area France had ceded to the British twenty years earlier.[45]

3. Conducting the peace treaty-making process

At the heart of the treaty-making process were the diplomats on both sides. The Native men who represented their people were adept at a form of oratory that employed metaphor, voice modulation and physical gestures. As they sang and chanted founding narratives, messages of condolence, and welcomes, Native diplomats introduced Europeans to North American norms of reciprocity, patience, and consensus. European diplomats, steeped in their own rhetorical and formal traditions, both conformed to and resisted Native protocols.

Early descriptions of the Wood's Edge Ceremony from 1645 in New France reveal ceremonies in which visiting negotiators were ritually cleansed after their travels, thus making the coming discussions free of any taint. In the Ceremony of Condolence, the Iroquois chiefs conveyed to Europeans the talks were between equals. The chief Kiotseaeton († after 1646) stood on the bow of a boat and called the French his brethren. On shore he planted two wooden poles, and on a cord tied between the poles he hung seventeen *wampum* belts to represent the points of his message. Kiotseaeton then sang the song of peace. As he acted out the seventeen parts of his message, he bestowed presents and recalled historic events between his people, the enemy Huron, and the French. A dark, painted side of the chief's face was turned toward the enemy Huron, while the clear side was turned toward the Europeans. A similar ceremony was enacted at diplomatic councils for over a hundred years.[46]

Chiefs of the Six Nations entered the talks in Lancaster in 1744 in a procession chanting the Eulogy to the Founders and singing to announce their power. As they had at Montreal and Albany, they sang the 'cries of condolence,' the sounds arising from deep in their chests. In keeping with tradition, they brought *wampum* with their condolence message. Benjamin Franklin (1706–1790), who understood the English public's interest in Iroquois 'ritual and rhetoric' and bemusement 'with those barbarians', published the Treaty of Lancaster and sent 300 copies to London.[47]

In December 1756, at a conference to discuss Iroquois neutrality in the French and Indian War, one hundred delegates from the Cayuga, Onondaga, Oneida, Tuscarora, Tutelo, and Seneca appeared in Montréal to meet with Marquis François-Pierre de Rigaud de Vaudreuil (1703–1779), the king's lieutenant for Quebec and governor of

---

45 Ibid.
46 *Robert A. Williams*, Linking Arms Together. American Indian Treaty Visions of Law and Peace, 1600–1800, New York 1999, pp. 128–135.
47 *Jennings*, Iroquois Empire, p. 6.

Trois-Rivières and Montréal. The Onondaga chief, Hotsinonyhata (†1774?), conveyed formal condolences for the death of Charles Le Moyne de Longueuil (1687–1755), Montréal's late governor. Next, he offered the French *wampum* belts, using ritual invocations. He performed the traditional Haudenosaunee ceremonies. He covered the graves of fallen French soldiers and kindled a fire to prepare a clean environment conducive to good business. Hotsinonhyata explained that the Iroquois had reenacted their ancestors' practice of uprooting a pine tree and making a deep hole in which to bury all 'bad business'.[48] He then gave a tree of peace, 'l'arbre de paix', to the Marquis de Montcalm (1712–1759) and Vaudreuil, calling on the French to see it as a canopy under which both parties might sit to negotiate. Vaudreuil's command of Iroquoian council rhetoric and protocol culminated in a discussion Montcalm called "the most memorable that had ever been in Canada," in regard to "the number of ambassadors, the nature of the objects discussed", and "the good dispositions" demonstrated by the Iroquois.[49]

4. Native Women's Roles in Diplomacy and Gendered Metaphor

The position of indigenous women in North American pre-contact societies has been obscured by male-centered, Eurocentric interpretations of the diverse cultures they encountered. Gender roles were as important to indigenous people as they were to Europeans, but they were not the same. Even among Native nations, gender roles could differ. In diplomatic exchanges between Native peoples, chiefs spoke in kinship terms, usually accentuating male relations (e.g., brotherhood) to describe the connections between the participants. European diplomats also used male analogies, but they referenced fathers rather than brothers, emphasizing a hierarchal 'family' structure rather than an equal one.[50]

The *otiyaner* (clan mothers) set the tenor for Iroquoian societies. They chose the male councilors. Women also acted as interpreters, diplomats and guides. Haudenosaunee women had important economic, social, political and spiritual roles reflected in the record of the Kaienerekowa. Women's ordinary duties included producing clothing, making and maintaining the home, raising crops and preserving food. Products women generated were essential for gift exchanges, manifesting the reciprocity central to all relationships. Europeans, unfamiliar with indigenous models of egalitar-

---

[48] *Parmenter*, L'Arbre de Paix, p. 63.
[49] Ibid., pp. 63–64.
[50] *Roger Carpenter*, From Indian Women To English Children. The Lenni-Lenape and the Attempt to Create A New Diplomatic Identity, in: Pennsylvania History: A Journal of Mid-Atlantic Studies 74/1 (2007), pp. 1–20.

ian diplomacy or gender roles, worked to change Iroquois practices by opting to recognize men as the legitimate negotiators.[51]

Nevertheless, both European and Native women could act as intermediaries on the borderlands. Hilletie van Olinda (1635–1707), a New York woman of Dutch descent, translated during treaty conferences as well as for ministers and missionaries. Unsalaried women continued to act as interpreters in emergencies well into the eighteenth century.[52]

5. The Meaning of Wampum in Peace-Making

Wampum was a rare, precious item Native people in the eastern woodlands used for gift exchanges, spiritual rituals, and adornment. Made from quahog shells in well-controlled production centers, *wampum* became a form of currency after European contact. The Dutch used *wampum* as legal tender in the fur trade. English victory in the Pequot War of 1637 severely damaged the Dutch economy in New Netherland, giving New England control of the largest supply of *wampum*.

The Wendat (Huron) and the Iroquois used *wampum* belts with initials or dates incorporated as design elements as early as 1724. Belts grew in size and complexity, and by 1750 employed lettering or Christian iconography. The Iroquois Confederacy began to prefer written treaty documents to belts, and as a result *wampum* belt usage waned, ending in the U. S. by the 1790s; it persisted in Canada until 1814.

The Haudenosaunee Two Rows Wampum Belt (*Teiohâte* in Mohawk) and the Friendship Belt are examples of the use of *wampum* in the peace process. Oral tradition as well as colonial documents authored between 1656 and 1701 suggest a treaty ratified between the Mohawk and Dutch explorers in 1613 predated the Covenant Chain alliance. It established fundamental principles of equitable coexistence, including reciprocal recognition, peaceful commerce, and security assurances, later extended to other Iroquois nations. The Two Rows Belt symbolized the separate paths taken by Europeans and Haudenosaunee, whereas the Friendship Belt was first presented to European diplomats in 1677, representing the Covenant Chain alliance as a symbol of eternal peace and brotherhood.[53]

---

51 *Kahente Horn-Miller*, Otiyaner. The 'Women's Path' through Colonialism, in: Atlantis. Critical Studies in Gender, Culture & Social Justice 29/2 (2005), pp. 57–68.
52 *Nancy L. Hagedorn*, "A Friend to go between Them". The Interpreter as Cultural Broker during Anglo-Iroquois Councils, 1740–70, in: Ethnohistory (1988), pp. 60–80.
53 *Kathryn V. Muller*, The Two 'Mystery' Belts of Grand River. A Biography of the Row Wampum and the Friendship Belt, in: American Indian Quarterly 31/1 (2007), pp. 129–164; *Mark Meuwese*, Brothers in Arms, Partners in Trade. Dutch-Indigenous Alliances in the Atlantic World, 1595–1674, Leiden 2011, p. 257.

6. Land Cession

From its inception New England's policy was to purchase indigenous land whenever it was not the object of conquest, in contrast to that of New France, which recognized no aboriginal title. The French were less interested in land acquisition, even by treaty, than were the Spanish or English. The Proclamation of 1763 continued the tradition of recognizing aboriginal title and buying land. The policy was then implemented in most of Canada, but not in Quebec or the Saint Lawrence River Valley. By exempting Quebec from British tradition, the Proclamation created "a syncretic model that coated dispossession without treaties with the varnish of compensation".[54] Native land cession occurred in the Native-European peace treaty process even when indigenous people outnumbered settlers and held economic and military power. Each war and its following peace cost Native people land in addition to tribute.

European events often played themselves out on North American soil; land cessions by one European power to another were part of those negotiated peace treaties. Under the Treaty of Utrecht in 1713,[55] France ceded Acadia, the mainland of the Maritimes, to Great Britain, retaining only Île Royal (Cape Breton Island) and Île St-Jean (Prince Edward Island). Although this land cession was territory claimed by New France, the Native people who inhabited the greater part of the area, but who were not parties to negotiations, found themselves affected by the treaty's terms.[56]

As Britain exerted its new legal authority over Nova Scotia, it had to contend with the remaining French colonists and France's Algonquian allies. Fearing indigenous loyalty to France, the English negotiated treaties with the Mi'kmaq and Maliseet between 1725 and 1779. The treaties promised peaceful relations with no land cessions that re-established the prewar status quo. The Mi'kmaq and Maliseet arguably benefited from better trade conditions and British protection of indigenous religious practices.[57]

Despite the situation in British Canada, Native people in the lower 13 colonies fared differently. As the relative bargaining power of the Crown and later the U. S. increased, the more severe and unfavorable the land cessions became. Tribes lost power as the eighteenth century waned, and treaties became more legalistic, enforced precisely against indigenous people. The Delaware Treaty of September 17, 1778, was the first to utilize technical legal language and enumerate articles in a style of contractual

---

[54] *Alain Beaulieu*, 'An Equitable Right to Be Compensated'. The Dispossession of the Aboriginal Peoples of Quebec and the Emergence of a New Legal Rationale (1760–1860), in: CHR 94/1 (2013), pp. 1–27, see pp. 26–27.
[55] See also Chapter 47.
[56] *Saliha Belmessous*, Wabanaki versus French and English Claims in Northeastern North America, c. 1715, in: idem (ed.), Native claims. Indigenous law against Empire, 1500–1920, New York 2011, p. 108.
[57] *John Grenier*, The Far Reaches of Empire. War in Nova Scotia, 1710–1760, Norman, OK 2008, p. 72.

treaty that would come to dominate future agreements between the U.S. and Native nations.[58]

7. Effects of Colonial Powers' Relations on Native Diplomacy

European powers and the U. S. concluded the American Revolution with the Treaty of Paris in 1783, distributing North American lands without consulting any indigenous nations. After the surrender of Lord Cornwallis (1738–1805) to General Washington in 1781, Lord Dunmore (1730–1809) sought British authorization to launch a campaign against Spanish-held West Florida in 1782. He wanted a haven for African-American loyalists in the Floridas and Louisiana. Speculators supported Dunmore's position that a loyalist colony in the lower Mississippi Valley could aid in regaining the area for Britain. When the peace treaty was signed allowing Spain to retain West Florida, Dunmore continued to fund loyalist expeditions and form alliances with delegations of Creek, Chickasaw, Choctaw and Cherokee. He attempted to trade directly with them, circumventing Spanish authorities and sponsored the creation of an indigenous nation, Muskogee, with the help of William Augustus Bowles (1763–1805). Muskogee diplomats later unsuccessfully tried to gain recognition as a sovereign state from the U.S.[59]

The 1780s were a period of intense diplomatic activity. Tribes sought to buttress themselves against the colonial powers, which now included the new U. S. Mutual indigenous treaties became increasingly important as the strength of colonial powers grew in relation to the tribes and as struggles between the colonial powers became more deadly.

8. Conclusion

From the first recorded encounters between the indigenous peoples of North America and Europeans, Native people sought to establish for the newcomers their visions of law and diplomacy. What began as attempts to teach normative diplomatic behavior to a less powerful negotiating party evolved into acts of resistance as power relations changed. Tribes held to their protocols, insisted on recitations of lineage, history, and

---

[58] *Francis Paul Prucha*, American Indian Treaties. The History of a Political Anomaly, Berkeley 1994, pp. 31–33.
[59] *J. Leitch Wright Jr.*, Lord Dunmore's Loyalist Asylum in the Floridas, in: Florida Historical Quarterly 49/4 (1971), pp. 370–379; *Gilbert C. Din*, William Augustus Bowles on the Gulf Coast, 1787–1803. Unraveling a Labyrinthine Conumdrum, in: Florida Historical Quarterly 89/1 (2010), pp. 1–25.

past agreements, sang traditional songs, and tried to convince Europeans to honor the spoken word. To Native people, the forging of peace meant forging the bonds of brotherhood. To Europeans, it meant forging patriarchal relationships in which European governments were fathers and Native peoples were children.[60]

Native negotiators, sometimes acting as state actors and sometimes as lone individuals, used what they had at their disposal to ensure peace: land, marriages, furs, hides, and *wampum*. It was rarely enough to keep the peace for long. Over time colonial governments and Crown officials with legal hegemony recognized only formal written treaties, no matter what Native people remembered. Historians have begun to tackle the task of uncovering what indigenous people understood these peace treaties to mean. Native knowledge and memory and documents preserved in archives may still have lacunae in what they can tell us about the making of these peace treaties, but a new generation of scholars armed with new methods of textual analysis is taking a fresh look at the treaties that once seemed to point only to European out-maneuvering and Native acquiescence.

Select Bibliography

Ablavsky, Gregory, Species of Sovereignty: Native Nationhood, the United States, and International Law, 1783–1795. in: Journal of American History 106/3 (2019), pp. 591–613.
Calloway, Colin G., New Worlds for All: Indians, Europeans, and the Remaking of early America, Baltimore 1998.
Dennis, Matthew, Cultivating a Landscape of Peace: Iroquois-European Encounters in Seventeenth-century America, Ithaca, NY 2018.
*Gallup-Diaz, Ignacio/Plank, Geoffrey (*eds), Quakers and Native Americans, Leiden 2018.
Hermes, Katherine, The Law of Native Americans, to 1815, in: Christopher Tomlins/Michael Grossberg (eds), The Cambridge History of Law in America, vol. 1, New York 2008, pp. 32–62.
Jennings, Francis (ed.), The History and Culture of Iroquois Diplomacy. An Interdisciplinary Guide to the Treaties of the Six Nations and their League, Syracuse, NY 1995.
Kawashima, Yasuhide, Forest Diplomats. The Role of Interpreters in Indian-White Relations on the Early American Frontier, in: American Indian Quarterly 13/1 (1989), pp. 1–14.
Lennox, Jeffers, Homelands and Empires: Indigenous Spaces, Imperial Fictions, and Competition for Territory in Northeastern North America, 1690–1763, Toronto 2017.
Owensby, Brian P./Ross Richard J. (eds), Justice in a New World: Negotiating Legal Intelligibility in British, Iberian, and Indigenous America. New York 2018.
Pulsipher, Jenny Hale, 'Subjects… Unto the Same King': New England Indians and the Use of Royal Political Power, in: Massachusetts History Review 5 (2003), pp. 29–57.
Richter, Daniel K., The Ordeal of the Longhouse: The Peoples of the Iroquois League in the Era of European Colonization, Chapel Hill 2011.
Robinson, Daniel, Giving Peace to Europe. European Geopolitics, Colonial Political Culture, and the Hanoverian Monarchy in British North America, ca. 1740–63, in: WMQ 3rd ser. 73/2 (2016), pp. 291–332.

---

60 *Fenton*, The Great Law of the Longhouse, p. 718.

Ruediger, Dylan, 'Neither Utterly to Reject Them, Nor Yet to Drawe Them to Come In': Tributary Subordination and Settler Colonialism in Virginia, in: Early American Studies 18/1 (2020), pp. 1–31.
Russell, Caskey, The Paradox of Sovereignty. Contingencies of Meaning in American Indian Treaty Discourse, in: American Indian culture and research Journal 32/1 (2008), pp. 1–19.
Shoemaker, Nancy, An Alliance Between Men: Gender Metaphors in Eighteenth-century American Indian Diplomacy East of the Mississippi, in: Ethnohistory (1999), pp. 239–263.
Sleeper-Smith, Susan, Indigenous Prosperity and American Conquest: Indian Women of the Ohio River Valley, 1690–1792, Chapel Hill, NC 2018.
Strickland, Rennard, Fire and the spirits: Cherokee law from clan to court, vol. 133, Norman, OK 1982.
Trelease, Allen W., Indian affairs in colonial New York: The seventeenth century, Lincoln, NE 1997.
Witgen, Michael, An Infinity of Nations: How the Native New World Shaped Early North America, Philadelphia 2011.
Yirush, Craig, Settlers, Liberty, and Empire: The Roots of Early American Political Theory, 1675–1775, New York 2011.

Sektion III: **Friedenspraktiken und -prozesse**
Peacemaking and Peace Processes

Johannes Burkhardt und Benjamin Durst
22. Friedenskongresse

Abstract: Peace Congresses
Peacemaking in early modern Europe was fundamentally based on peace congresses. From the middle of the seventeenth century, they were commonly used to solve multilateral conflicts and to end or to prevent wars. In these diplomatic meetings representatives of the conflicting parties – and often also of other powers – came together in one place to make peace. In some cases, the negotiation of fundamental questions took place at the congress, in others, these questions had already been settled. Both the political decisions and the peace were formally enacted. The results of the negotiations were laid down in peace treaties, which were adopted in a ceremonial act. The Congress of Westphalia (1643–1649) was the first of its kind. It became a model for subsequent multilateral congresses. The chapter analyses the early modern peace congress, contextualises its development in the process of state formation, and, finally, evaluates the achievements of early modern peace-making by offering a typology of congresses.

1. Begriff und institutionelle Grundlagen

(Benjamin Durst)

Friedenskongresse waren ein fundamentales Element der Friedensstiftung im frühneuzeitlichen Europa. Als effizientes Mittel der diplomatischen Aushandlung und vertraglichen Regelung mächtepolitischer Streitfragen dienten sie besonders der Beendung von Kriegen, teils auch der Entschärfung zwischenstaatlicher Konflikte[1] vor dem Ausbruch kriegerischer Handlungen. Seit der Mitte des 17. Jahrhunderts kam es zu einer Reihe von Friedenskongressen, an denen ein Großteil der europäischen Mächte beteiligt war und Fragen von europäischer Tragweite verhandelt wurden. Mit der Kongressdiplomatie bildete sich in der Frühneuzeit eine Institution heraus, die die zwischenstaatlichen Beziehungen bis heute prägt.[2]

Der Kongressbegriff hatte als italienisches Lehnwort bereits im 16. Jahrhundert als Bezeichnung für das Zusammentreffen von Fürsten oder deren Gesandten Eingang in den politischen Sprachgebrauch gefunden.[3] Der Westfälische Friedenskongress

---

[1] Vgl. hierzu auch Kapitel 17.
[2] Vgl. *Heinz Schilling*, Konfessionalisierung und Staatsinteressen. Internationale Beziehungen 1559–1660, Paderborn u. a. 2007, S. 138f., S. 144–147.
[3] Vgl. *Gabriele Haug-Moritz*, Die Friedenskongresse von Münster/Osnabrück (1643–1648) und Wien (1814/15) als „deutsche" Verfassungskongresse. Ein Vergleich in verfahrensgeschichtlicher Perspektive, in: HJb 124 (2004), S. 125–178, hier S. 136.

(1643–1649),⁴ der damals als politisches Novum wahrgenommen wurde, weswegen sich die Frage nach seiner begrifflichen Fassung stellte, wurde auch zeitgenössisch in unterschiedlichen Sprachen unter anderem mit diesem Terminus benannt.⁵ Seitdem ist der Begriff „zur Bezeichnung multilateraler diplomatischer Verhandlungen verwendet worden, die an einem bestimmten Ort durch bevollmächtigte Unterhändler geführt wurden und zumeist den Abschluss von Friedensverträgen zum Gegenstand hatten".⁶ Der einschlägige Artikel in Zedlers Universallexikon aus dem Jahre 1733 definiert „Congress" entsprechend: „Ingleichen braucht man dieses Wort von den Versammlungen gewisser Ministres einiger in Streit gelegenen Puissances, welche an einem gewissen Orte zusammen kommen, und einen Frieden zu schlüßen beschäfftiget sind".⁷ Eine klare terminologische Abgrenzung zwischen Friedenskongressen und anderen Formen der Friedensverhandlungen gab es jedoch in der Frühneuzeit nicht.⁸

In der historischen Forschung wird der Terminus unterschiedlich verwendet. Welche Voraussetzungen diplomatische Zusammenkünfte erfüllen müssen, dass sie als Kongresse bezeichnet werden können, ist dabei nicht eindeutig geklärt. Zwar hat Jörg Ulbert jüngst ‚Kongress' als eine „Zusammenkunft mehrerer, in Abgrenzung zu bilateralen Verhandlungen aber mindestens dreier Staaten"⁹ definiert. Aber nicht alle drei- und mehrseitigen Verhandlungen gelten notwendigerweise als Kongresse. Und umgekehrt ist in der Forschungsliteratur immer wieder eine Verwendung des Kongressbegriffs auch für Verhandlungen zwischen lediglich zwei Verhandlungsparteien zu konstatieren. Besonders bilaterale Verhandlungen, an denen Vertreter einer oder mehrerer weiterer Mächte als Vermittler beteiligt waren, werden wiederholt als Kongresse bezeichnet. Die Zuerkennung des Kongressbegriffs hängt auch von qualitativen Relevanzkriterien ab.¹⁰

Frühneuzeitliche Friedenskongresse waren Gesandtenkongresse. Als solche waren sie aber nicht Angelegenheit der ständigen diplomatischen Vertretungen an den europäischen Höfen, sondern von Sondergesandtschaften, die im Auftrag der beteiligten Fürsten und Republiken an einem zuvor festgelegten Ort zusammentrafen, verhandelten und Frieden schlossen. Die ranghöchsten unter den Gesandten waren die

---

4 Vgl. hierzu auch Kapitel 46.
5 Vgl. *Anuschka Tischer*, Französische Diplomatie und Diplomaten auf dem Westfälischen Friedenskongress. Außenpolitik unter Richelieu und Mazarin, Münster 1999, S. 93–95.
6 *Dedo von Schenck*, Art. „Kongresse und Konferenzen, internationale", in: Karl Strupp (Hg.), Wörterbuch des Völkerrechts, Bd. 2, Berlin 1960, S. 272–274, hier S. 272f.
7 Art. „Congress, Zusammenkunfft", in: *Johann Heinrich Zedler*, Grosses vollständiges Universal-Lexicon Aller Wissenschafften und Künste [...] 6 (1733), Sp. 974f.
8 Vgl. *Lothar Schilling*, „Temples de la paix et de la sûreté publique au milieu des armes": Auswahl und Status frühneuzeitlicher Kongressstädte, in: Christian Windler (Hg.), Kongressorte der Frühen Neuzeit im europäischen Vergleich. Der Friede von Baden (1714), Köln u. a. 2016, S. 17–37, hier S. 19.
9 *Jörg Ulbert*, Art. „Kongresspolitik", in: EdN 6 (2007), Sp. 1086–1088, hier Sp. 1086.
10 Siehe dazu unten, Abschnitt 3.

Botschafter oder *Ambassadeurs*, deren Entsendung nur Mächten mit vollwertiger Souveränität zustand. Sie vertraten und repräsentierten den entsendenden Fürsten, standen an der Spitze der jeweiligen Gesandtschaft und leiteten die Verhandlungen.[11] Neben den eigentlichen Verhandlungsparteien waren oftmals Delegationen von Drittmächten zugegen, auf einigen Kongressen für den Großteil der Mächte Europas. Diese unterstützten entweder als Mediatoren oder mit *bons offices* die Verhandlungen und Friedensfindung[12] oder versuchten ihre eigenen Interessen einzubringen und durchzusetzen.

Dem eigentlichen Kongress ging ein langer Vorlauf voraus, in dem zahlreiche Fragen zu klären waren, etwa nach dem Kongressort, nach Vermittlern, nach bestimmten Formalitäten, technischen und Verfahrensfragen, Angelegenheiten von Status und Zeremoniell usw. Teils wurden auch zentrale inhaltliche Fragen schon vor dem Kongress geklärt.[13] Der Kongress selbst begann mit einer Eröffnungsphase, zu der der feierliche Einzug der Gesandten, die Prüfung der Vollmachten und die Abhaltung der Ersten Visite gehörten.[14] Anschließend begannen die Verhandlungen. Sie wurden in mündlicher oder schriftlicher Form durchgeführt, entweder direkt oder unter Einbezug eines Vermittlers oder Mediators.[15] Dabei hatten die Diplomaten gemäß dem Willen der entsendenden Fürsten zu agieren. Im Vorfeld hatten sie Instruktionen erhalten, die ihre Aufgaben und ihren Handlungsrahmen absteckten. Zudem standen sie in permanentem postalischen Kontakt mit den entsendenden Höfen. Die aus der Beschaffenheit des frühneuzeitlichen Kommunikationswesens resultierenden langen Wartezeiten prägten die Kongresse und waren ein entscheidender Grund für ihre häufig lange Dauer. Die Verhandlungen wurden begleitet von allerlei Festivitäten und Lustbarkeiten. Diese dienten nicht nur der Zerstreuung und dem Zeitvertreib in den Verhandlungspausen, sondern auch der Statusrepräsentation und boten nicht zuletzt Möglichkeiten des informellen Austauschs abseits der formalen Verhandlungen. War man schließlich zu einer Einigung gekommen, wurden die Vertragsinstrumente abgefasst, feierlich unterzeichnet, gesiegelt und gegebenenfalls beschworen. Das Vertragswerk bestand bei frühneuzeitlichen Friedenskongressen nicht aus einer umfassenden Kongressakte (wie beim Wiener Kongress[16]), sondern aus bilateralen Einzelverträgen, geschlossen zwischen den jeweiligen Konfliktparteien. Das Verhandlungsergebnis

---

11 Vgl. hierzu auch Kapitel 26.
12 Vgl. hierzu auch Kapitel 24.
13 Siehe auch unten, Abschnitt 4.
14 Vgl. *Franz Bosbach*, Verfahrensordnungen und Verhandlungsabläufe auf den Friedenskongressen des 17. Jahrhunderts. Überlegungen zu einer vergleichenden Untersuchung der äußeren Formen frühneuzeitlicher Friedensverhandlungen, in: Christoph Kampmann u. a. (Hg.), L'art de la paix. Kongresswesen und Friedensstiftung im Zeitalter des Westfälischen Friedens, Münster 2011, S. 93–118, hier S. 107.
15 Vgl. hierzu auch Kapitel 23.
16 Vgl. hierzu auch Kapitel 51.

musste im Anschluss an den Kongress durch die Fürsten, zuweilen auch die Stände, ratifiziert werden. Erst dadurch wurden die Verträge rechtskräftig.[17]

Durchführung und Gestaltung von Friedenskongressen waren wesentlich geprägt von Traditionen und Herkommen, beruhend auf folgendem Prinzip: Durch mächtepolitische Praxis bildeten sich Gewohnheiten heraus, die zu allgemein anerkannten Prinzipien werden konnten und als solche zu völkerrechtlichen Normen[18] avancierten. Dieses Gewohnheitsvölkerrecht diente einerseits als Orientierung zur Gestaltung und Regelung von Verhandlungen, wurde andererseits aber durch die rechtskonstitutive politische Praxis ständig verändert und erweitert. Die Kongresse des 17. Jahrhunderts fußten ganz wesentlich auf einem breiten Erbe europäischer Traditionen und Erfahrungen für Friedensverhandlungen, die vielfach bis ins Mittelalter zurückreichten.[19] Für die neuartige Form des multilateralen Friedenskongresses hatte vor allem der Westfälische Modellcharakter: Als erste mächtepolitische Großveranstaltung, auf der ein Großteil der europäischen Fürsten und Staaten vertreten war und um die Beilegung eines multilateralen Konflikts europäischen Ausmaßes gerungen wurde, diente er nachfolgenden Kongressen langfristig als Vorbild und zur Orientierung, wobei seine Bedeutung im Detail von der Forschung kontrovers diskutiert wird. So wurden hier erstmals erprobte Verfahren in nachfolgenden Kongressen teils übernommen, teils aber auch verändert, weiterentwickelt, verbessert und an neue Problemkonstellationen angepasst.[20]

2. Forschung

(Benjamin Durst)

Die frühneuzeitlichen Friedenskongresse wurden bereits von den Zeitgenossen dokumentiert, beschrieben und analysiert. Seit dem 17. Jahrhundert erschienen gedruckte Sammlungen von Verträgen, Verhandlungsakten und anderen kongressrelevanten Dokumenten, welche teils noch heute von der Forschung als Quellensammlungen genutzt werden, sowie Schilderungen der Verhandlungsverläufe und -ergebnisse.[21] Zu-

---

17 Vgl. hierzu auch Kapitel 18.
18 Vgl. hierzu auch Kapitel 6.
19 Vgl. *Bosbach*, Verfahrensordnungen, S. 96–99. Vgl. hierzu auch Kapitel 1.
20 Vgl. *Guido Braun*, Einleitung. Frankreich und das Problem der Friedenssicherung in der Frühen Neuzeit, in: ders. (Hg.), Assecuratio pacis. Französische Konzeptionen von Friedenssicherung und Friedensgarantie 1648–1815, Münster 2011, S. 13–40, hier S. 33–36.
21 Vgl. *Benjamin Durst*, Archive des Völkerrechts. Gedruckte Sammlungen europäischer Mächteverträge in der Frühen Neuzeit, Berlin/Boston 2016. Kritisch zum Wert solcher Editionen für die Forschung: *Antje Oschmann*, Johann Gottfried von Meiern und die ‚Acta pacis Westphalicae publica', in: Heinz Duchhardt (Hg.), Der Westfälische Friede. Diplomatie – politische Zäsur – kulturelles Umfeld –

dem waren sie Gegenstand einer Vielzahl völkerrechtlicher, politikwissenschaftlicher und diplomatietheoretischer Abhandlungen.

Seit dem 19. Jahrhundert untersuchte die Geschichtswissenschaft zum einen die Kongresse und das Kongressgeschehen unter Fokussierung der Ereignis- und Akteursebene, wobei das Interesse der Rekonstruktion der Verhandlungen und des Handelns der diplomatischen Entscheidungsträger sowie dem Nachvollzug ihrer Entscheidungen galt. Zum anderen interessierte man sich auf der Ebene der ‚Staaten' und des Mächtesystems für die in den Friedensverträgen niedergelegten Verhandlungsergebnisse – hierbei besonders für die Frage nach Gewinnen und Verlusten und damit verbunden nach Siegern und Verlierern – und deren Auswirkungen und Bedeutung für die europäischen Mächte. Diese Fragestellungen haben von damals bis in die Gegenwart stets Relevanz behalten, auch wenn sie im Zuge fachwissenschaftlicher Entwicklungen unterschiedlich behandelt wurden.[22]

In der zweiten Hälfte des 20. Jahrhunderts rückten angesichts der Verheerungen des Zweiten Weltkriegs der Friede und die Frage nach Techniken erfolgreicher mächtepolitischer Konfliktbeilegung in der Frühneuzeit stärker in den Fokus der Geschichtswissenschaft. Wichtige Arbeiten hierzu legte seit den 1970er Jahren besonders Heinz Duchhardt vor. Diese untersuchen die Kongresse insbesondere in strukturgeschichtlicher Perspektive als frühneuzeitliche Institutionen der Friedensfindung und -sicherung im Hinblick auf ihre strukturellen Eigenheiten, formalen Mechanismen und friedensschaffenden Instrumentarien (besonders die Mediation).[23]

Seit den 1990er Jahren erhielt die Erforschung frühneuzeitlicher Friedenskongresse bedeutende Impulse und Perspektiverweiterungen durch eine konzeptionelle und methodische Erneuerung der Geschichte der Internationalen Beziehungen. Die klassischen Themen der strukturellen und prozessualen Entwicklung der europäischen Staatenwelt wurden in veränderter Perspektive neu vermessen.[24] Und eine ‚Neue Diplomatiegeschichte' pflegte und pflegt einen systematischen Einbezug neuer Methoden, Forschungsgegenstände und Fragestellungen, namentlich sozial-, alltags-, ideen-, wirtschafts- und kulturgeschichtliche Ansätze. Wichtige Impulse lieferten hierbei insbesondere die Arbeiten von Lucien Bély[25] sowie die intensive For-

---

Rezeptionsgeschichte, München 1998, S. 779–803; *Matthias Köhler*, Strategie und Symbolik. Verhandeln auf dem Kongress von Nimwegen, Köln u. a. 2011, S. 85–93.
22 Zum Forschungsüberblick vgl. auch *Kampmann u. a.*, Von der Kunst des Friedenschließens: Einführende Überlegungen, in: ders. u. a. (Hg.), L'art de la paix, S. 9–28, sowie *Köhler*, Strategie, S. 41–76.
23 Grundlegend *Heinz Duchhardt*, Gleichgewicht der Kräfte, Convenance, europäisches Konzert. Friedenskongresse und Friedensschlüsse vom Zeitalter Ludwigs XIV. bis zum Wiener Kongreß, Darmstadt 1976; zusammenfassend *ders.*, Peace Treaties from Westphalia to the Revolutionary Era, in: Randall Lesaffer (Hg.), Peace Treaties and International Law in European History. From the Late Middle Ages to World War One, Cambridge 2004, S. 45–58.
24 Siehe dazu unten, Abschnitt 3.
25 Vgl. *Lucien Bély*, Espions et ambassadeurs au temps de Louis XIV, Paris 1990.

schung zum Westfälischen Frieden anlässlich dessen 350-jährigen Jubiläums im Jahr 1998.[26]

Von den einzelnen Friedenskongressen ist der Westfälische denn auch der mit Abstand am intensivsten bearbeitete und am besten erforschte.[27] Durch das groß angelegte Editionsprojekt der Acta Pacis Westphalicae sind seine Quellen gut erschlossen. Zu den anderen frühneuzeitlichen Kongressen liegen keine modernen Quelleneditionen und auch deutlich weniger Forschungen vor.[28] Von ihnen wurden vor allem die großen Kongresse im Zeitalter Ludwigs XIV. (1638–1715) bearbeitet, also die Kongresse von Nijmegen, Rijswijk und Utrecht sowie inzwischen auch der als politisch weniger bedeutend geltende und daher von der Forschung lange wenig beachtete Kongress von Baden.[29] Die darauffolgenden Kongresse des 18. Jahrhunderts sind bisher deutlich weniger untersucht, besonders neuere Untersuchungen liegen kaum vor. Angesichts der aktuellen Forschungslage stellt eine systematische, insbesondere vergleichende Untersuchung frühneuzeitlicher Friedenskongresse, welche die Kongresse nach 1648 stärker in den Blick nimmt, eine zentrale Aufgabe künftiger Forschungen dar.[30]

Insgesamt erfahren im Zuge des großen Interesses, das der Frieden als Thema der Frühneuzeitforschung zurzeit genießt, Friedenskongresse aktuell durchaus verstärkte Aufmerksamkeit. Bei einem Blick in neuere Monographien und Sammelbände zeigt sich ein breites Spektrum an Gegenständen, Fragestellungen sowie methodischen und disziplinären Zugängen, in dem ‚alte' wie ‚neue' Themen gleichermaßen behandelt werden. So gilt noch immer einige Aufmerksamkeit den Verhandlungsverläufen und -ergebnissen sowie den Entscheidungsfindungsprozessen der diplomatischen Akteure, welche entweder auf der Basis neuer theoretischer Prämissen und Forschungsansätze oder neuer Quellen eine veränderte Darstellung und Beurteilung erfahren, oder aber erstmals rekonstruiert werden. Ein weiteres zentrales Forschungsthema sind die Kongresse als Instrumente der Friedensgestaltung sowie als Orte und institutionelle Rahmen, wo frühneuzeitliche Konzeptionen von Frieden konstituiert

---

26 Vgl. bilanzierend *Inken Schmidt-Voges u. a.* (Hg.), Pax perpetua. Neuere Forschungen zum Frieden in der Frühen Neuzeit, München 2010.

27 Aktuell *Dorothée Goetze/Lena Oetzel* (Hg.), Warum Friedenschließen so schwer ist. Frühneuzeitliche Friedensfindung am Beispiel des Westfälischen Friedenskongresses, Münster 2019. Für weitere Titel vgl. auch Kapitel 46.

28 Vgl. die Zusammenstellung der Forschungsliteratur bei *Schilling*, Auswahl und Status, S. 20–22.

29 Zu Nijmegen zuletzt *Köhler*, Strategie; zu Rijswijk zuletzt *Heinz Duchhardt* (Hg.), Der Friede von Rijswijk 1697, Mainz 1998; zu Utrecht und Baden aktuell etwa *ders./Martin Espenhorst* (Hg.), Utrecht – Rastatt – Baden 1712–1714. Ein europäisches Friedenswerk am Ende des Zeitalters Ludwigs XIV, Göttingen 2013; vgl. zu diesen auch Kapitel 47.

30 Dieses Desiderat formulieren auch *Kampmann u. a.*, Kunst des Friedenschließens, S. 15f.; *Franz Bosbach*, Art. „Friedensverhandlungen", in: EdN 4 (2007), Sp. 34–42, hier Sp. 36. Erste Ansätze solcher vergleichenden Untersuchungen liegen bereits vor, siehe etwa *Kampmann u. a.* (Hg.), L'art de la paix, oder *Windler* (Hg.), Kongressorte.

und verhandelt sowie Strategien, Mechanismen und Techniken der Friedensfindung, -schaffung und -sicherung entworfen und erprobt wurden.[31] Vor diesem Hintergrund gilt das Interesse auch der Struktur und der Organisation frühneuzeitlicher Friedenskongresse[32] sowie den Verfahren, die auf den Kongressen zur Lösung der Probleme, die die zunehmende Verflechtung der europäischen Staatenwelt und die daraus resultierende Multilateralität von Konflikten mit sich brachten,[33] entwickelt wurden.

Daneben beschäftigt sich die aktuelle Forschung intensiv mit den auf den Kongressen anwesenden diplomatischen Akteuren.[34] Sie fragt unter anderem nach deren sozialem Profil, kultureller Prägung, personalen Netzwerken, Vorstellungs-, Wahrnehmungs- und Lebenswelt, nach deren unterschiedlichen Rollen und Zielen, nach Verhandlungsstrategien und -praktiken, nach Möglichkeiten, Grenzen und leitenden Faktoren ihres Handelns usw.[35] Ferner nimmt sie den Kongressalltag und die Kongressstädte in den Fokus und untersucht die sozialen, wirtschaftlichen, rechtlichen, räumlichen und infrastrukturellen Voraussetzungen und Rahmenbedingungen für die Aushandlung von Frieden.[36] Außerdem rücken die Kongresse als „kommunikative Verdichtungsräume" (Guido Braun) in den Blick und damit verschiedene Formen von (verbaler wie nonverbaler) Kommunikation und politischer Sprache.[37] So untersucht die Forschung etwa die diplomatische Fremdsprachen- und Übersetzungspraxis und fragt nach den im diplomatischen Verkehr in Wort und Schrift benutzten Verhandlungssprachen, nach Formen des Verhandelns über Sprache, ferner den verhandlungspraktischen und -strategischen sowie zeremoniellen und symbolischen Implikationen der Sprachwahl.[38] Andere kommunikative Aspekte, die in den Blick rückten, sind insbesondere das Kongresszeremoniell[39] oder auch Formen der nonverbalen Kommunikation mittels Körpersprache, Gestik, Mimik und Kleidung. Aus mediengeschichtlicher Perspektive schließlich wird die – gemäß jüngerer Forschungsergeb-

---

31 Vgl. *Braun* (Hg.), Assecuratio pacis. Vgl. hierzu auch Kapitel 27.
32 Vgl. *Haug-Moritz*, Friedenskongresse; *Bosbach*, Verfahrensordnungen.
33 Vgl. hierzu ausführlich unten, Abschnitt 3.
34 Vgl. hierzu auch Kapitel 26.
35 Vgl. *Michael Rohrschneider*, Neue Tendenzen der diplomatiegeschichtlichen Erforschung des Westfälischen Friedenskongresses, in: Schmidt-Voges u. a. (Hg.), Pax perpetua, S. 103–121; *Kampmann u. a.*, Kunst des Friedenschließens, S. 14–16; *Köhler*, Strategie.
36 Vgl. *Heinz Duchhardt* (Hg.), Städte und Friedenskongresse, Köln 1999; *Windler* (Hg.), Kongressorte.
37 Vgl. etwa die Sektion *Kommunikation und politische Sprache* in Kampmann u. a. (Hg.), L'art de la paix, S. 197–359.
38 Vgl. auch *Johannes Burkhardt*, Sprachen des Friedens und was sie verraten. Neue Fragen und Einsichten zu Karlowitz, Baden und „Neustadt", in: Stefan Ehrenpreis u. a. (Hg.), Wege der Neuzeit. Festschrift für Heinz Schilling, Berlin 2007, S. 503–519, sowie die einschlägigen Beiträge in *Johannes Burkhardt u. a.* (Hg.), Sprache. Macht. Frieden. Augsburger Beiträge zur Historischen Friedens- und Konfliktforschung, Augsburg 2014, und *Duchhardt/Espenhorst* (Hg.), Utrecht. Siehe ausführlich zu diesem Thema auch Kapitel 25.
39 Vgl. hierzu auch *Niels F. May*, Zwischen fürstlicher Repräsentation und adliger Statuspolitik. Das Kongresszeremoniell bei den westfälischen Friedensverhandlungen, Ostfildern 2016, sowie Kapitel 31.

nisse beachtlich intensive – Behandlung von Friedenskongressen in frühneuzeitlichen Druckmedien analysiert, die Rolle der Gesandten als Medienproduzenten und -rezipienten untersucht, nach Wechselwirkungen zwischen druckmedialer Bearbeitung und Verhandlungsführung geforscht und die Frage nach der medialen „Sichtbarkeit" der Kongresse und Verhandlungen im für die frühneuzeitliche Politik konstitutiven Spannungsfeld von Arkanum und Öffentlichkeit, von Geheimhaltung und Publizität diskutiert.[40]

3. Friedenskongresse im europäischen Staatsbildungsprozess

(Johannes Burkhardt)

Das Aufkommen der großen Friedenskongresse in den gut 100 Jahren von der Mitte des 17. bis in die Mitte des 18. Jahrhunderts erklärt sich aus einem ordnungspolitischen Grundproblem Europas.[41] In den Anfängen der europäischen Staatenbildung war in Theorie und Praxis noch nicht endgültig entschieden, ob sich die politischen Gewalten im Rückgriff auf imperiale und hierarchische Rechtstitel in Richtung auf eine ‚Universalmonarchie' oder aber in eine Reihe von sich gegenseitig anerkennenden Einzelstaaten organisieren würden. Das sich durchsetzende mehrstaatliche Europa wurde von der Serie der Kongresse entscheidend mitgetragen und vorangetrieben. Schon ihre multilaterale Zusammensetzung war eine programmatische Vorentscheidung für ein plurales Europa. Unbeschadet ihrer inhaltlichen Regelungen im Einzelnen arbeiteten alle großen Kongresse an dieser ordnungspolitischen Aufgabe der Errichtung eines völkerrechtlich gesicherten Nebeneinanders in der werdenden europäischen Staatenwelt. Umgekehrt scheint die Zuerkennung des formal fließenden Kongresscharakters auch von der Ordnungsleistung für Europa abzuhängen. Die grundlegende Richtungsentscheidung zwischen ein- oder mehrstaatlicher Organisation Europas traf der Kongress, der 1648 zum Westfälischen Frieden führte. Die vertragsschließenden Parteien haben im Dreißigjährigen Krieg, der auch oder sogar hauptsächlich zum ‚Staatsbildungskrieg' wurde, noch einmal um die Universalmacht gekämpft. Der hergebrachte Antagonismus zwischen kaiserlich-habsburgischem oder

---

40 Vgl. *Maria-Elisabeth Brunert/Maximilian Lanzinner* (Hg.), Diplomatie – Medien – Rezeption. Aus der editorischen Arbeit an den ‚Acta Pacis Westphalicae', Münster 2010; *Wolfgang E. J. Weber*, Zwischen Arkanpolitik und Aufklärung. Bemerkungen zur normativen Freigabe der politischen Informationslenkung im 17./18. Jahrhundert, in: Duchhardt/Espenhorst (Hg.), Utrecht, S. 129–140; *Durst*, Archive; siehe auch *Köhler*, Strategie, S. 113–119.
41 Vgl. zu dieser umfassenden Forschungen zusammenfassenden und belegenden These zuletzt *Johannes Burkhardt*, Der Krieg der Kriege. Eine neue Geschichte des Dreißigjährigen Krieges, Stuttgart 2018.

französischem Universalanspruch, mit dem zeitweise noch ein großgotizistischer schwedischer Imperialismus konkurrierte, wurde auf dem Kongress durch diese gleichordnenden Friedensverträge zurückgenommen. Dieser Urkongress trennte die habsburgische Universalmacht in eine kaiserlich-mitteleuropäische und eine spanisch-atlantische Staatlichkeit (Friedensvertrag erst 1659), ordnete die vertragsschließenden Parteien Kaisertum, französische und schwedische Krone einander neben und integrierte die Niederlande mit eigenem Vertrag sowie die Schweiz und eine Reihe weiterer mitgenannter europäischer Mächte in ein präfiguriertes Staatensystem. Dieses ‚Westfälische System' kodifizierte und legitimierte erstmals eine fortan multilaterale Ordnung Europas, die jedoch noch nicht unangefochten und vollständig ausgebaut war.[42] Alle weiteren Friedenskongresse haben diese Urentscheidung mit ausdrücklichem Rückgriff auf den Westfälischen Frieden anerkannt, aber auch auf den Prüfstand gestellt und ausdifferenziert.[43]

In einer französischen Propagandaoffensive und einer Art ‚zweitem dreißigjährigem Krieg' (1667–1697: Devolutionskrieg, Holländischer Krieg, Reunionen, Pfälzischer oder Neunjähriger Krieg) erkannte Europa einen universalmonarchischen Rückfall Ludwigs XIV. und suchte ihn publizistisch – Lisola (1613–1674), Leibniz (1646–1716) und andere – mit Gegenkoalitionen und zwei Friedenskongressen einzugrenzen. Auf diesen klassischen Kongressen von Nimwegen (1676–1679) und Ryswik (1696–1697) – fortan in der neuerdings auch in deutschen Texten verbreiteten niederländischen Schreibung Nijmegen und Rijswijk – konnten sich die bedrohten Niederlande behaupten, mussten Kaiser und Reich allerdings Gebietsverluste am Rhein hinnehmen.[44] Trotz überlegener französischer Diplomatie im Einzelnen konnte jedoch der neouniversalistische Herrschaftsanspruch Ludwigs XIV. mit den beiden Kongressen schrittweise begrenzt und zurückgefahren werden. Das Westfälische System war wiederhergestellt.

Die europäische Staatenordnung konnte sogar noch ausgeweitet werden. Denn das traditionell nicht minder universalherrschaftlich auftretende Osmanische Reich, das bislang nur eingeschränkte bilaterale Verhandlungen zugelassen hatte, ließ sich erstmals überhaupt auf einen Kongress ein. Der Friedenskongress von Karlowitz,[45] der im Osten den Türkenkrieg des Kaiserhofs und weiterer Interessenten beendete, weist formal erstaunliche Gleichstellungsparallelen zum vorangegangenen Rijswijker Kongress auf. In einem in Rijswijk steinernen, in Karlowitz (Sremski Karlovci) hölzern nachgebau-

---

42 Der Begriff ‚Westphalian System' ist in der deutschen Geschichtswissenschaft umstritten, wird hier aber als Zielbegriff für ein mehrstaatliches Europa eingesetzt.
43 Die folgenden Ausführungen gründen auf den im Literaturverzeichnis angegebenen klassischen Titeln und neueren Themenbänden von Heinz Duchhardt und den auch die Kongresse akzentuierenden Perspektiven des einschlägigen Gebhardt-Bandes: *Johannes Burkhardt*, Vollendung und Neuorientierung des frühmodernen Reiches 1648–1763, Stuttgart 2006.
44 Vgl. hierzu auch Kapitel 47.
45 Vgl. hierzu auch Kapitel 48.

ten Verhandlungslokal mit vier Türen konnten die beteiligten Delegationen gleichzeitig von verschiedenen Seiten einziehen. Die in den bilateralen Verträgen des Westfälischen Friedenskongresses angelegte, danach aber wieder gefährdete politische Gleichordnung der Kontrahenten wurde nun im Kongressgeschehen selbst performativ eingeübt und herausgestellt. Am Ende des 17. Jahrhunderts schienen die Kongresse unter Aufnahme der Osmanen das europäische Staatensystem gesichert zu haben.

Anders als der befristete Frieden im Osten (immerhin 17 von 20 vereinbarten Jahren) hielt der stets für ‚ewig' erklärte Frieden im Westen nur drei Jahre. Der Spanische Erbfolgekrieg (1701–1714) offenbarte den kriegstreibenden Systemfehler des Staatsbildungsprozesses im 18. Jahrhundert, der mit weiteren Kongressen korrigiert werden musste. Frieden wurde im Namen der Herrscher geschlossen, deren Staatsamt jedoch noch unvollständig institutionalisiert und vielmehr dynastisch legitimiert war. Nach dynastisch-testamentarischem Erb- und Vertragsrecht musste das anfallende Erbe Spaniens mit seinen europäischen und außereuropäischen Besitzungen entweder an die kaiserliche oder an die französische Krone fallen, beides gleichermaßen eine neue universalistische Bedrohung des Staatensystems. England setzte mit der neuen Doktrin des europäischen Gleichgewichts die dynastische Legitimation außer Kraft, unterstützte erst die eine, dann die andere Seite und setzte auf dem Kongress zu Utrecht (1712–1713) eine ‚europaverträgliche' Teilung einschließlich der Regelung einiger Überseeinteressen durch. Der selbst in die Utrechter Friedensverträge Großbritanniens bei dieser Gelegenheit – zur Begründung des Vereinigungsverbots der nunmehr bourbonischen Krone Spaniens mit der französischen – eingegangene Begriff der Balance Europas blieb nach neuester Erkenntnis allerdings ein einmaliger Vorgang.[46] Nach Ausweis der Publizistik bestimmte das Gleichgewichtsdenken jedoch weiter die politische Verhaltenspraxis. Als bipolares Gleichgewicht im Bild einer Waage hat diese Norm die habsburgisch-bourbonische Vormachtskonkurrenz austariert, die aber im Folgefrieden von Rastatt 1713 und im abschließenden Kongress von Baden 1714 entschärft wurde.[47] In einer vorrückenden neuen Bedeutung der Balance als eines multipolaren Gleichgewichts begleitete diese Vorstellung eine neue Kongressepoche im nun etablierten pluralen Staatensystem.[48]

---

[46] Vgl. speziell: *Heinz Duchhardt*, The missing balance, in: ders., Frieden im Europa der Vormoderne. Ausgewählte Aufsätze 1979–2011, Paderborn 2012, S. 79–85. Vgl. etwas anders und zur Vorgeschichte: *Christoph Kampmann*, Gleichheit – Gleichgewicht – Dynastie: Leitvorstellungen europäischer Friedensverträge im Wandel, in: Ders. u. a. (Hg.), L'art de la paix, S. 361–388.

[47] *Max Braubach*, Versailles und Wien von Ludwig XIV. bis Kaunitz. Die Vorstadien der diplomatischen Revolution im 18. Jahrhundert, Röhrscheid/Bonn 1952.

[48] *Niels F. May*, Eine Begründungsmetapher im Wandel: Das Gleichgewichtsdenken in der Frühen Neuzeit, in: Heinz Duchhardt/Martin Espenhorst (Hg.), Frieden übersetzen in der Vormoderne. Translationsleistungen in Diplomatie, Medien und Wissenschaft, Göttingen 2012, S. 89–111; *Ernst D. Petritsch*, Rijswijk und Karlowitz. Wechselwirkungen europäischer Friedenspolitik, in: Duchhardt (Hg.), Rijswijk, Mainz 1998, S. 291–311, bes. S. 310; *Johannes Burkhardt*, Wie heute mit den Türkenkriegen umgehen? Eine neue Einordnung in die Geschichte von Krieg und Frieden in Europa, in: Wolfgang

So wie fortan jeder Staat mit jedem bündnisfähig war und dies in den 1720er Jahren in einem ringförmigen Wechsel bis zur Rückkehr an die Anfangskoalition durchgespielt worden ist, wurden die Kongresse nun zu vielstaatlichen Konsultationsveranstaltungen. Ein Vorlauf war der das Utrecht-Rastatter Friedenswerk bestätigende Badener Kongress als ein darüber hinaus vertrauensbildendes Kommunikationsforum. Der vom Kaiser einberufene Braunschweiger Kongress 1712–1714 sollte die russisch-nordischen Verwicklungen von Deutschland fernhalten, was dann erst in bilateralen Friedensschlüssen von Stockholm und Neustadt (Nystad) deutschen Diplomaten 1721 in nordischen Diensten gelang. Geradezu als ‚Kongresszeit' bezeichnet wurden die 1720er Jahre mit den stilprägenden Kongressen (eines anderen Typus) von Cambrai und Soissons (siehe 4. Teil). Ein gerade wiederentdeckter „vergessener" Friedenskongress sollte 1737 im polnisch-ukrainischen Niemirow die kriegerischen Verwicklungen der Osmanen mit Russland und Österreich ordnen, was freilich erst in den nachfolgenden bilateralen Friedensschlüssen zum Erfolg führte.[49] Fortan wurde das Staatensystem weniger durch Suprematieansprüche einzelner Mitspieler gestört, sondern durch ins Staatensystem hineindrängende neue Mitspieler wie Russland und völlig unerwartet durch die mit neuer Kriegsgewalt ausscherenden Reichsstände Bayern und Brandenburg-Preußen. Die neuen Kriege wurden mit zweiseitigen Friedensschlüssen beendet, und weitere Konflikte wurden ebenfalls bilateral oder mit regionalen Kleinkongressen (Hubertusburg 1763) beigelegt. Aber die Wiederherstellung der noch einmal erschütterten europäischen Ordnung mit ihren Modifikationen wurde 100 Jahre nach dem Westfälischen Frieden mit dem Aachener Kongress von 1748 umfassend dokumentiert.[50] Europaweit waren weiterhin neu zu gewichtende Konflikte zu lösen gewesen, für das Reich blieb es bei den Regelungen der bilateralen Friedensschlüsse von Füssen und Dresden 1745.[51]

Das Reich, mit dem Deutschland einen anderen Weg der Staatsbildung mit einzelstaatlichen Ländern und gesamtstaatlichen Institutionen gegangen war, hat diese föderale Verfassung auf dem Westfälischen Friedenskongress wiederhergestellt und ausgebaut. Nicht nur bezogen sich alle 1648 ausgehandelten Verfassungs- und Religionsbestimmungen der Verträge allein und alle Territorialbestimmungen auch auf Kaiser und Reich. Vielmehr hatten die Reichsstände und ihre Organisationen vor allem

---

Zimmermann (Hg.), Die Türkenkriege des 18. Jahrhunderts. Wahrnehmen – Wissen – Erinnern, Regensburg 2017, S. 15–40.
49 *Heinz Duchhardt*, Ein „vergessener" Friedenskongress, in: ders. (Hg.), Friedens-Miniaturen, Münster 2019, S. 111–142.
50 Der Kongress wurde mit Blick auf das Säkularjubiläum abgeschlossen. Dass nicht das genaue Tagesdatum 24.10., sondern 18.10. gewählt wurde, war nach Duchhardt dem Bestreben nach zügigem Abschluss geschuldet, könnte aber auch mit einem Ausweichen vor der konfessionell prekären alten Doppeldatierung des Westfälischen Friedens (14./24.10.) zu tun haben. *Heinz Duchhardt*, Der Tag des Friedensschlusses: Pragmatik oder Symbolik?, in: Duchhardt (Hg.), Friedens-Miniaturen, S. 13–35, hier S. 28.
51 Vgl. hierzu auch Kapitel 50.

1648 in Osnabrück – weniger erfolgreich weitere mindermächtige Herrschaften[52] – entscheidend mitverhandelt.[53] Ebenfalls in allen weiteren Friedensverträgen war neben den europäischen Souveränen das föderale Reich in vielfältigen Formen vertreten – durch Beauftragung des Kaisers und Ratifikation durch den Reichstag, durch armierte Reichsstände, Kreisassoziationen und Reichstagsdeputationen, sehr umfassend etwa 1697 in Rijswijk. Der gut besuchte Kongress von Baden (1714) wurde eigens um der reichsrechtlichen Akzeptanz des bilateralen Rastatter Vertrags willen durchgeführt.[54]

Alles in allem ist die ordnungspolitische Leistung der großen Kongresse bei der Errichtung und Wahrung eines mehrstaatlichen Europas kaum zu überschätzen. Die multilaterale Kongressform selbst und ein abschließendes Ensemble separater bilateraler Friedensverträge auf Augenhöhe haben die rechtliche Gleichordnung der politischen Hauptakteure begünstigt. Unmissverständlich hat die performative Aufführung von Gleichrangigkeitszeremoniellen und der Hintergrund einer expliziten Gleichgewichtsdoktrin die völkerrechtliche Gleichstellung souveräner Staaten gefördert und beglaubigt. Zusätzlich fand der komplexere Reichsföderalismus im Westfälischen Urkongress seine Anerkennung und muss im Fortgang der weiteren Kongresse stets mitgesehen werden. Nachdem das Westfälische System durchgesetzt und stabilisiert war, ging die Bedeutung der Kongresse zugunsten bilateraler Friedensschlüsse wieder zurück – bis zum nächsten grundlegenden europäischen Regelungsbedarf, der nach den napoleonischen Kriegen zur Aufgabe des Wiener Kongresses von 1814/15 wurde.

4. Die Friedensleistung der Kongresse. Pazifizierungstypen

(Johannes Burkhardt)

Das eine ist die ordnungspolitische Leistung der großen Kongresse bei der Errichtung und Wahrung eines mehrstaatlichen Europas, das andere ist die für die Einschätzung der Institution Friedenskongress heute noch drängendere Frage nach ihrer Pazifizierungsleistung. Das kongressgeleitete Westfälische Staatensystem im Aufbau pro-

---

52 *Matthias Schnettger*, Möglichkeiten und Grenzen mindermächtiger Interessenspolitik: Oberitalienische Fürsten auf den Friedenskongressen des 17. Jahrhunderts, in: Kampmann u. a. (Hg.), L'art de la paix, S. 463–514.
53 *Siegrid Westphal*, Der Westfälische Friede, München 2015, durchgehend verfolgt und bes. betont S. 93–109; *Burkhardt*, Krieg der Kriege, S. 211–233.
54 *Rolf Stücheli*: Der Friede von Baden (Schweiz) 1714. Ein europäischer Diplomatenkongress und Friedensschluss des Ancien Régime, Freiburg 1997.

duzierte erst einmal kein Mehr an Frieden und war kein kollektives Sicherheitssystem.[55] Ein Versuch, die am Ende des langen Westfälischen Urkongresses fast erreichte Befriedung Europas durch Garantie- und Ahndungsbestimmungen zu sichern, blieb – wenn nicht gar kriegstreibend missbraucht – auf dem Papier. Die Frühe Neuzeit war auch unter dem Vorzeichen der Vielstaatlichkeit lange ein Zeitalter des Bellizismus.[56] Gerade diese bellizistische Disposition und Vielzahl der Kriege führte jedoch auch zu der dichten Folge von Kongressen und gab ihnen Gelegenheit, ihre friedwirkenden Aufgaben zu entwickeln. Unter dieser funktionalen Perspektive lassen sich drei situationsabhängige Friedensleistungen erkennen. Unbeschadet einiger Überschneidungen erlauben sie nach dem jeweils vorherrschenden Bedarf eine friedensfunktionale Typenbildung.

Typ 1: Der erste Kongresstyp dient der *Friedenssuche* und *Friedensfindung*. Die Grundaufgabe eines Friedenskongresses war bei zumeist noch laufendem Krieg seine Beendigung und die Herstellung des Friedens. Der Westfälische Kongress brauchte dafür sieben Jahre nach der organisatorischen Vorbereitung auf dem Hamburger Präliminarkongress und davon nach dem Zusammentritt der Gesandten in Münster und Osnabrück vier Jahre Verhandlungszeit. Diese Rekordlänge der Friedenssuche auf einem Kongress war nicht zuletzt der Schwierigkeit der Aufgabe geschuldet. Für die offene europäische Grundlagenfrage musste eine Lösung gefunden werden. Die kontroversen Einzelfragen bedurften zur Kompromissfindung einer erst aufzubauenden Kongresstechnik und Verhandlungsstrategie. So führte in den Kongressverhandlungen erst das Festschreiben von Teilergebnissen zum Gesamterfolg. Die spezifische Kongressdiplomatie der Friedenssuche durch Ausloten von Spielräumen, Angebote in Alternativen und Kompensationen für Entgegenkommen prägte oder begleitete die weiteren Kongresse des 17. Jahrhunderts.[57] Im Wesentlichen erfolgten die Friedenssuche und Friedensfindung auf dem Kongress selbst.

Typ 2: Der zweite Kongresstyp dient der *Friedensvollendung* und *Friedensbeglaubigung*. Hier wurden die Entscheidungen nicht mehr wirklich auf dem Kongress ausgehandelt und gefunden, sondern außerhalb und oft schon vorab. Der bekannteste Fall ist der Utrechter Kongress, für den der Teilungsplan und mehr schon vorher zwischen England und Frankreich abgesprochen war. Kaiser und Reich sahen sich übergangen, verließen den Kongress und führten weiter Krieg bis zu Nachbesserungen im bilateralen Rastatter Friedensvertrag. Obwohl der Krieg damit de facto beendet war und nichts mehr geändert wurde, hatte in Baden ein Kongress den Frieden zu vollenden. In weniger drastischer Form eines durch Vorabsprachen fast schon ‚überflüssigen' Kongresses betrifft das auch andere Fälle. So nehmen die neue Aufmerksamkeit

---

55 Vgl. hierzu auch Kapitel 27.
56 *Johannes Burkhardt*, Die Friedlosigkeit der Frühen Neuzeit. Grundlegung einer Theorie der Bellizität Europas, in: ZHF 24 (1997), S. 509–574.
57 Vgl. hierzu auch Kapitel 23.

findenden Präliminarverträge[58] zur formellen Ausschreibung eines Friedenskongresses immer stärker gleich inhaltliche Vorentscheidungen auf, die nur noch auszugestalten sind. Der Aachener Friede von 1748 bestätigte ebenfalls die schon 1745 geschlossenen bilateralen Friedensschlüsse (Füssen und Dresden),[59] erweiterte sie um weitere anstehende Konfliktregelungen und setzte so dem Österreichischen Erbfolgekrieg einen markanten Abschluss. Der sachlich oder nur noch formell friedensvollendende Kongresstyp zeigt das hohe Ansehen dieser auch allein zur Beglaubigung eingesetzten Friedensinstitution.

Typ 3: Der dritte Kongresstyp dient der *Friedenswahrung* und *Friedenssicherung*. Das klassische Fallbeispiel bietet die ‚Kongresszeit' im engeren Sinne, insbesondere die Kongresse von Cambrai und noch deutlicher Soissons. Hier ging es nicht mehr um Herstellung des Friedens, sondern im Frieden um dessen Aufrechterhaltung. Ihre Sonderstellung wurde schon in der frühen Kongressforschung erkannt: „Die Kongresse zur Friedenserhaltung", betonte Heinz Duchhardt schon 1985, „sind ein absolutes völkerrechtliches und politisches Novum gewesen".[60] Das bleibt gültig, wenngleich einerseits im Sinne einer Kriegsverhütung militärische Konflikte anzulaufen begannen und andererseits vertrauensbildende Konsultationen auch auf anderen Kongressen als kommunikativer Nebenzweck Bedeutung erlangten. Der Kongress von Soissons hat darüber hinaus ein bis dahin nie dagewesenes Medieninteresse mobilisiert, das den Friedensdiskussionen der Zeit Auftrieb gab.[61] Der stützende Hintergrund der bekannten Friedenspläne dieser Zeit[62] und einer relativen Friedenszeit für Kaiser und Reich[63] geben diesem Kongresstyp ein besonderes Profil in der historischen Friedensforschung.

Über alle Kongresstypen hinweg war der Erfolg der Friedensarbeit auch von effizienten verhandlungstechnischen Regelungen und Fertigkeiten abhängig. Angesichts der Vielzahl der Teilnehmer auf Kongressen war ein besonderes Problem die rechte Ortswahl, die Sprachenwahl und eine flexible Zeremonialpraxis. Bei der Ortswahl wie der Sprachenwahl gab es die schon zeitgenössisch diskutierte Alternative, entweder der Dominanz einer der Parteien Rechnung zu tragen oder aber eine dritte Möglichkeit auszuhandeln, was weitgehend angestrebt wurde. So mussten Tagungsstätten mög-

---

58 *Andrea Schmidt-Rösler*, Prälimarfriedensverträge als Friedensinstrumente der Frühen Neuzeit, in: Heinz Duchhardt/Martin Peters (Hg.), Instrumente des Friedens. Vielfalt und Formen von Friedensverträgen im vormodernen Europa, Mainz, 25.06.2008, http://www.ieg-mainz.de/vieg-online-beihefte/03-2008.html (abgerufen am: 03.06.2019).
59 Vgl. hierzu auch Kapitel 50.
60 *Heinz Duchhardt*, Friedenswahrung im 18. Jahrhundert (1985), in: ders., Frieden im Europa der Vormoderne, S. 37–52.
61 *Heinz Duchhardt.*, Der „Friedens-Courier von Soissons" – ein Beitrag zur Mediengeschichte des 18. Jahrhunderts, in: ders. (Hg.), Friedens-Miniaturen, S. 91–110.
62 Vgl. hierzu auch Kapitel 4.
63 „Das pragmatische Friedenskaisertum" pointiert in *Burkhardt*, Vollendung und Neuorientierung, S. 346–363.

lichst außerhalb der Hoheitsgebiete einer Partei gefunden werden, die für alle Kongressteilnehmer politisch und konfessionell annehmbar waren und eine passende Infrastruktur und Verkehrsanbindung für die mit ihren Höfen korrespondierenden Gesandten aufwiesen. Die zeitraubende Ortssuche konnte beschleunigt werden durch Kongressteilung (Münster/Osnabrück), Auswahllisten für den jeweils anderen Kontrahenten (Baden) und günstige Postwege (Niederländischer Vorzugsraum).

Eine Drittsprache, wenn nicht doch in der je eigenen Sprache, bzw. doppelt oder parallel ausgefertigten Verträgen, galt auch für die Formalien und die abschließenden Friedensverträge auf den Kongressen als angemessen.[64] Das war die *lingua franca* Latein, die – nach neuer Einsicht erst langsam und alternativenreich – vom diplomatisch-europäischen Französisch unterlaufen und abgelöst wurde. Konflikte gab es, weil Latein neben Deutsch die einzige zugelassene Sprache im Reich war und eingefordert wurde (Baden 1714), und weil das hegemonialverdächtige Französisch in Grenzen gehalten werden sollte. Der Kongress selbst jedoch war nach Ausweis der Akten und Korrespondenzen vielsprachig – gesprochen wurde neben Latein und Französisch viel Deutsch und Italienisch oder Spanisch wie auch Niederländisch und Schwedisch –, was dank der großen Sprachfertigkeit der Gesandten und hochentwickelten Übersetzungskultur kaum ein Kommunikationsproblem war.[65]

Die Vielzahl der Teilnehmer auf institutionell hochwertigem Gelände machte neben den Höfen und Reichstagen die Kongresse zu idealen Aufführungsorten für zeremonielle Rangrepräsentation der Herrschaft und ihrer Gesandten wie auch zum Austragungsort für Rangstreitigkeiten in der noch hierarchischen europäischen Fürstengesellschaft. Das Zeremoniell konnte hinderlich sein, aber schon die unterschiedlichen Titulaturen der vertragsschließenden Herrscher und Herrscherinnen konnten als Manövrier- und Kompensationsmasse dienen und selbst Gegenstand der Verhandlung zur politischen Positionierung eines Akteurs sein.[66] Dem steht die Gleichordnungstendenz der europäischen Staatenwelt entgegen, die ebenfalls auf einigen Kongressen performativ veranschaulicht wurde. Das Kongressmanagement erwies sich zur Ermöglichung und Beschleunigung der Lösung inhaltlicher Fragen und bei der Entwicklung von eingespielten Umgehungsformen etwa bei Gesandteneinzug und

---

64 Vgl. dazu besonders *Andrea Schmidt-Rösler*, Friedrich Karl von Mosers Abhandlung von den europäischen Hof- und Staatssprachen (1750), in: Burkhardt u. a. (Hg.), Sprache. Macht. Frieden, S. 109–153. Sowie eben darin *German Penzholz/Andrea Schmidt-Rösler*, Die „Sprachen des Friedens" – eine statistische Annäherung, in: Burkhardt u. a. (Hg.), Sprache. Macht. Frieden, S. 309–320. Vgl. hierzu auch Kapitel 25.
65 Vgl. *Andrea Schmidt-Rösler*, Die „Sprachen des Friedens". Theoretischer Diskurs und statistische Wirklichkeit, in: Duchhardt/Espenhorst (Hg.), Utrecht, S. 235–259, *Benjamin Durst*, Diplomatische Sprachpraxis und Übersetzungskultur in der Frühen Neuzeit. Theorien, Methoden und Praktiken im Spiegel einer juristischen Dissertation von 1691, in: Burkhardt u. a. (Hg.), Sprache. Macht. Frieden, S. 59–107.
66 *Regina Dauser*, Ehren-Namen. Herrschertitulaturen im völkerrechtlichen Vertrag, 1648–1748, Köln 2017. Vgl. hierzu auch Kapitel 50.

-besuchen oder bei Sitzordnungsproblemen mit unterlaufenden Verhandlungen am runden Tisch erstaunlich flexibel im Umgang mit dem Zeremoniell.

Als spezifische Chance für die Friedensarbeit des Gesandtenkongresses sind auch die gruppendynamischen Prozesse der diplomatischen Akteure vor Ort in Rechnung zu stellen. Die Gesandten waren weisungsgebunden und versuchten, viel für die eigenen Entsender herauszuholen, aber ihr gemeinsames professionelles Interesse war es andererseits, den Kongress durch Kompromissfindung zum Erfolg zu führen. Das galt ähnlich für überparteiliche Mediatoren, die sich zwar bei der Problemlösung zurückhielten, doch die Kongresskommunikation förderten und unter wechselnder realer Bedeutung doch eine Ehrenstellung als Friedensgaranten erringen konnten.

Schließlich ist auch noch einmal die systemstabilisierende und friedwirkende Verschriftlichung der Kongressergebnisse zu würdigen. Von den Friedensverträgen dieser Epoche ist ein Großteil auf Kongressen entstanden, die ja in der Frühen Neuzeit mit einem oft recht stattlichen Ensemble bilateraler Friedensschlüsse zwischen den Kongressteilnehmern endeten. Drucke und Übersetzungen der Friedensverträge stellten die zeitgenössische politische Öffentlichkeit her, und ihre alsbaldige Aufnahme in die Sammelwerke von Dumont (1667–1727), Lünig (1662–1740) oder Whatley (nachweisbar zwischen 1710 und 1751) war von nachhaltiger Wirkung.[67] So gehörten die Kongresse durch ihre diplomatischen Regelungen, die ständige Wiederkehr der europäischen Akteure und nicht zuletzt als Hauptproduzenten der normsetzenden Friedensverträge zu den institutionellen Begründern des Völkerrechts.

Auswahlbibliographie / Select Bibliography

Bély, Lucien, Espions et ambassadeurs au temps de Louis XIV, Paris 1990.
Bosbach, Franz, Art. „Friedensverhandlungen", in: EdN 4 (2007), Sp. 34–42.
Bosbach, Franz, Verfahrensordnungen und Verhandlungsabläufe auf den Friedenskongressen des 17. Jahrhunderts. Überlegungen zu einer vergleichenden Untersuchung der äußeren Formen frühneuzeitlicher Friedensverhandlungen, in: Kampmann u. a. (Hg.), L'art de la paix, S. 93–118.
Braun, Guido (Hg.), Assecuratio pacis. Französische Konzeptionen von Friedenssicherung und Friedensgarantie 1648–1815, Münster 2011.
Burkhardt, Johannes, Vollendung und Neuorientierung des frühmodernen Reiches 1648–1763, Stuttgart 2006.
Burkhardt, Johannes, Sprachen des Friedens und was sie verraten. Neue Fragen und Einsichten zu Karlowitz, Baden und „Neustadt", in: Stefan Ehrenpreis u. a. (Hg.), Wege der Neuzeit. Festschrift für Heinz Schilling, Berlin 2007, S. 503–519.
Burkhardt, Johannes u. a. (Hg.), Sprache. Macht. Frieden. Augsburger Beiträge zur Historischen Friedens- und Konfliktforschung, Augsburg 2014.

---

67 *Jean Dumont*, Corps universel diplomatique du droit des gens, 8 Bde., Amsterdam/Den Haag 1726–1731; *Johann Christian Lünig*, Das Teutsche Reichs-Archiv, 24 Bde., Leipzig 1710–1722; *Stephen Whatley*, A General Collection of Treatys, 2 Bde., London 1710–1713, 2. Aufl.: 4 Bde., London 1732, vgl. dazu auch *Durst*, Archive.

Burkhardt, Johannes, Der Krieg der Kriege. Eine neue Geschichte des Dreißigjährigen Krieges, Stuttgart 2018.
Dauser, Regina, Ehren-Namen. Herrschertitulaturen im völkerrechtlichen Vertrag, 1648–1748, Köln 2017.
Duchhardt, Heinz, Gleichgewicht der Kräfte, Convenance, europäisches Konzert. Friedenskongresse und Friedensschlüsse vom Zeitalter Ludwigs XIV. bis zum Wiener Kongreß, Darmstadt 1976.
Duchhardt, Heinz (Hg.), Der Friede von Rijswijk 1697, Mainz 1998.
Duchhardt, Heinz (Hg.), Städte und Friedenskongresse, Köln 1999.
Duchhardt, Heinz, Peace Treaties from Westphalia to the Revolutionary Era, in: Randall Lesaffer (Hg.), Peace Treaties and International Law in European History. From the Late Middle Ages to World War One, Cambridge 2004, S. 45–58.
Duchhardt, Heinz/Espenhorst, Martin (Hg.), Frieden übersetzen in der Vormoderne. Translationsleistungen in Diplomatie, Medien und Wissenschaft, Paderborn 2012.
Duchhardt, Heinz/Espenhorst, Martin (Hg.), Utrecht – Rastatt – Baden 1712–1714. Ein europäisches Friedenswerk am Ende des Zeitalters Ludwigs XIV., Göttingen 2013.
Duchhardt, Heinz, Friedens-Miniaturen. Zur Kulturgeschichte und Ikonographie des Friedens in der Vormoderne, Münster 2019.
Durst, Benjamin, Archive des Völkerrechts. Gedruckte Sammlungen europäischer Mächteverträge in der Frühen Neuzeit, Berlin/Boston 2016.
Goetze, Dorothée/Oetzel, Lena (Hg.), Warum Friedenschließen so schwer ist. Frühneuzeitliche Friedensfindung am Beispiel des Westfälischen Friedenskongresses, Münster 2019.
Haug-Moritz, Gabriele, Die Friedenskongresse von Münster/Osnabrück (1643–1648) und Wien (1814/15) als „deutsche" Verfassungskongresse. Ein Vergleich in verfahrensgeschichtlicher Perspektive, in: HJb 124 (2004), S. 125–178.
Kampmann, Christoph u. a. (Hg.), L'art de la paix. Kongresswesen und Friedensstiftung im Zeitalter des Westfälischen Friedens, Münster 2011.
Köhler, Matthias, Strategie und Symbolik. Verhandeln auf dem Kongress von Nimwegen, Köln/München 2011.
May, Niels F., Zwischen fürstlicher Repräsentation und adliger Statuspolitik. Das Kongresszeremoniell bei den westfälischen Friedensverhandlungen, Ostfildern 2016.
Schilling, Heinz, Konfessionalisierung und Staatsinteressen. Internationale Beziehungen 1559–1660, Paderborn u. a. 2007.
Schilling, Lothar, „Temples de la paix et de la sûreté publique au milieu des armes": Auswahl und Status frühneuzeitlicher Kongressstädte, in: Christian Windler (Hg.), Kongressorte der Frühen Neuzeit im europäischen Vergleich. Der Friede von Baden (1714), Köln u. a. 2016, S. 17–37.
Schmidt-Voges, Inken u. a. (Hg.), Pax perpetua. Neuere Forschungen zum Frieden in der Frühen Neuzeit, München 2010.
Stücheli, Rolf, Der Friede von Baden (Schweiz) 1714. Ein europäischer Diplomatenkongress und Friedensschluss des Ancien Régime, Freiburg 1997.
Tischer, Anuschka, Französische Diplomatie und Diplomaten auf dem Westfälischen Friedenskongress. Außenpolitik unter Richelieu und Mazarin, Münster 1999.
Ulbert, Jörg, Art. „Kongresspolitik", in: EdN 6 (2007), Sp. 1086–1088.
Westphal, Siegrid, Der Westfälische Friede, München 2015.
Windler, Christian (Hg.), Kongressorte der Frühen Neuzeit im europäischen Vergleich. Der Friede von Baden (1714), Köln u. a. 2016.

Maria-Elisabeth Brunert und Lena Oetzel
23. Verhandlungstechniken und -praktiken

Abstract: Negotiating Techniques and Practices
Negotiating is a communicative process in which participants come to an agreement, balancing both shared and conflicting interests. During the early modern period conflicts became more complex and increasingly entangled. This required new and more differentiated techniques and practices of negotiation. Contemporaries, such as François de Callières (1645–1717), spoke of the 'art of negotiation', which flourished especially during the seventeenth century. This chapter examines early modern negotiating techniques and practices. First, the formal and structural procedures which shaped early modern congresses as well as bilateral negotiations and provided the framework for peace negotiations will be examined. Second, negotiating as a communicative art will be analysed by looking at different practices and techniques for building trust between negotiating parties, at the exertion of pressure, delay, or the injection of new momentum into a negotiation.

Verhandeln ist ein kommunikativer Prozess, in dem Akteure mit gemeinsamen, aber auch widerstreitenden Interessen versuchen, zu einer Übereinkunft zu gelangen, wobei sie die Verhandlungen auch ergebnislos beenden können.[1] Praktiken des Verhandelns sind entsprechend „die Interaktionsprozesse [...], in denen die Verhandlungsgegenstände überhaupt erst generiert und die Ergebnisse herbeigeführt wurden".[2]

Frühneuzeitliche Verhandlungspraktiken und -techniken werden im Folgenden in zwei Schritten vorgestellt: Zunächst werden die formalen und strukturellen Verfahrensweisen betrachtet, bevor Verhandeln als Verhandlungskunst in den Blick genommen wird.

1. Formale und strukturelle Verfahrensweisen

(Maria-Elisabeth Brunert)

Die Abläufe bilateraler oder multilateraler Friedensverhandlungen orientierten sich in der Frühen Neuzeit vornehmlich am Herkommen.[3] Die dichte Folge solcher Verhand-

---

[1] Grundlegend: *Roger Fisher u. a.*, Das Harvard-Konzept. Sachgerecht verhandeln – erfolgreich verhandeln, Frankfurt a. M. ¹⁹2000.
[2] *Christian Windler*, Praktiken des Verhandelns. Zur Einführung, in: Arndt Brendecke (Hg.), Praktiken der Frühen Neuzeit. Akteure – Handlungen – Artefakte, Köln u. a. 2015, S. 509–513, hier S. 509.
[3] *Franz Bosbach*, Verfahrensordnungen und Verhandlungsabläufe auf den Friedenskongressen des 17. Jahrhunderts. Überlegungen zu einer vergleichenden Untersuchung der äußeren Formen frühneu-

lungen, welche die Kriege begleiteten, brachte es mit sich, dass die Beteiligten auf einen Fundus erprobter Praktiken zurückgreifen konnten, wie Friedensverhandlungen vorbereitet und durchgeführt wurden. Durch die Zielvorgaben (Friedensschluss) und wiederkehrende praktische Zwänge (Notwendigkeit der Anreise, Ankunft am Verhandlungsort, Ausarbeitung und Abschluss eines Vertrages) ergab sich mit der Orientierung an vorangegangenen Verhandlungen eine Abfolge typischer Verfahrenselemente, die sich in vier Phasen unterteilen lässt: Auf die Vorbereitungsphase (1) folgte die Eröffnungsphase (2), darauf die Friedensverhandlungen selbst (3), die in der Schlussphase (4) in eine vertragliche Regelung und deren Publikation mündeten.[4] Nicht in allen Friedensverhandlungen finden sich sämtliche Verfahrenselemente, denn individuelle Voraussetzungen und Bedingungen schufen eine gewisse Variationsbreite. Doch das Typische überwiegt die individuellen Abweichungen und erlaubt eine vergleichende Betrachtung der Abläufe.

1.1 Vorbereitungen

Zur Planungsphase gehörten die Bestimmung von Ort, Zeit und Teilnehmern, die ihrerseits Vorbereitungen für die Verhandlungen treffen mussten. Bilaterale und besonders multilaterale Friedensverhandlungen zur zentralen, umfassenden Regelung zwischenstaatlicher Konflikte, also Friedenskongresse,[5] wurden vereinzelt schon im 16. und zunehmend im 17. Jahrhundert in Präliminarverhandlungen verabredet, die mit einem Präliminarvertrag abgeschlossen wurden. Darin waren Ort und Beginn der Hauptverhandlungen festgelegt, außerdem Regelungen für die Sicherheit der Beteiligten getroffen, und es wurde entschieden, wer für wen Pässe für die Anreise auszustellen hatte. Damit war zugleich der Teilnehmerkreis angegeben. Die Sicherheitsmaßnahmen sollten den Tagungsort durch Neutralisierung vor kriegerischen Übergriffen schützen. Das war nötig, weil ein Waffenstillstand[6] meist erst für den Friedensschluss vereinbart wurde. Seit dem Friedenskongress von Nijmegen (1677–1679) wurden

---

zeitlicher Friedensverhandlungen, in: Christoph Kampmann u.a. (Hg.), L'art de la paix. Kongresswesen und Friedensstiftung im Zeitalter des Westfälischen Friedens, Münster 2011, S. 93–118, hier S. 95; *Lothar Schilling*, Zur rechtlichen Situation frühneuzeitlicher Kongreßstädte, in: Heinz Duchhardt (Hg.), Städte und Friedenskongresse, Köln u.a. 1999, S. 83–107, hier S. 95, S. 106, erwähnt das Fehlen präziser Angaben über Kongressorte in der Völkerrechtsliteratur, während zum Beispiel die Immunität von Gesandten geregelt war; *Maximilian Lanzinner*, Beglaubigungspraktiken beim Abschluss des Westfälischen Friedens im Vergleich, in: Heinz Duchhardt/Martin Espenhorst (Hg.), Utrecht – Rastatt – Baden 1712–1714. Ein europäisches Friedenswerk am Ende des Zeitalters Ludwigs XIV., Göttingen 2013, S. 185–206, hier S. 193, verweist auf das Schweigen einschlägiger Theoretiker zu Beglaubigungspraktiken.

4 Die Einteilung orientiert sich an *Bosbach*, Verfahrensordnungen, S. 107.
5 Definition nach *Schilling*, Situation, S. 84. Vgl. hierzu auch Kapitel 22.
6 Vgl. hierzu auch Kapitel 16.

Fragen der Sicherheit und des Zeremoniells in einem Kongressreglement niedergelegt,[7] in dem auch Maßnahmen zur Friedenswahrung während der Verhandlungen vorgesehen waren. Seit den Rijswijker Friedensverhandlungen (1697)[8] wurden die Anordnungen des Reglements mit geringfügigen Änderungen für den jeweils nächsten Kongress übernommen.

Orte der Verhandlungen waren Schlösser (Vervins 1598, Rijswijk 1697, Rastatt 1713/14) oder Städte (Stettin 1570, Leitmeritz [Böhmen] 1634, Prag 1635, Münster/Osnabrück 1643–1649, Nijmegen 1678–1679, Utrecht 1713/14, Baden [Schweiz] 1714, Wien 1814/15). Eine Sonderrolle spielte der Verhandlungsort des französisch-spanischen Friedens von 1659: Die Fasaneninsel lag im Fluss Bidassoa in den Pyrenäen auf der Grenze zwischen Spanien und Frankreich und wurde mit einem hölzernen, symmetrischen Gebäude ausgestattet, das die Inszenierung zeremonieller Gleichheit der Verhandlungsparteien ermöglichte.[9] Auch bei anderen Verhandlungsorten mussten Vorbereitungen für die Bereitstellung und Ausstattung der Räume und die Unterbringung der Delegationen getroffen werden. Zu den wichtigsten gehörte die Verbesserung der Postverbindung,[10] denn die Sicherstellung der Kommunikationswege zwischen den Diplomaten und ihren Entsendern gehörte bei allen Friedensverhandlungen zu den zentralen infrastrukturellen Voraussetzungen.

Auf dem Westfälischen Friedenskongress[11] fanden fast alle Verhandlungen in den Gesandtschaftsquartieren statt, denn sie wurden in der Regel bilateral geführt. Daneben spielten die Rathäuser eine untergeordnete Rolle bei einzelnen Akten, die eine gewisse Öffentlichkeit wünschenswert erscheinen ließen. Die Beschwörung des spanisch-niederländischen Friedens am 15. Mai 1648 im Rathaus zu Münster ist dabei das prominenteste Beispiel. Das Osnabrücker Rathaus war Tagungsort der Reichsstände, während diese in Münster im bischöflichen Hof zu ihren Beratungen zusammenkamen.[12] Bei den späteren Kongressen etablierte sich das Rathaus als Verhandlungsort, wenn diese in Städten abgehalten wurden (Nijmegen, Utrecht, Baden). Für die Plenarversammlungen im Utrechter Rathaus mussten Änderungen vorgenommen werden, um die Symmetrie des Raumeindrucks zu erreichen, der die Gleichwertigkeit der Ver-

---

7 Grundlegend sind die tabellarischen Übersichten über die Reglements von Nijmegen (13.06.1677), Rijswijk (29.05.1697), Utrecht (28.01.1712), Cambrai (07.04.1724), Soissons (17.06.1728) und Aachen (ca. 13.05.1748) bei *Schilling*, Situation, S. 104f.
8 Vgl. hierzu auch Kapitel 47.
9 *Daniel Séré*, La Paix des Pyrénées. Vingt-quatre ans de négociations entre la France et l'Espagne (1635–1659), Paris 2007, S. 454–463.
10 *Anja Stiglic*, Ganz Münster ist ein Freudental... Öffentliche Feierlichkeiten als Machtdemonstration auf dem Münsterschen Friedenskongreß, Münster 1998, S. 52–56.
11 Vgl. hierzu auch Kapitel 46.
12 *Stiglic*, Münster, S. 245–251; *Gerd Steinwascher*, Osnabrück und der Westfälische Frieden. Die Geschichte der Verhandlungsstadt 1641–1650, Osnabrück 2000, S. 14f., S. 20, S. 118f., S. 194–196.

handlungspartner widerspiegelte.[13] In den Residenzstädten Prag (1635) und Wien (1814/15) waren die Voraussetzungen günstig, da Regierungsgebäude und Privathäuser der beteiligten Staatsmänner zur Verfügung standen. In Wien wurden die Säle der Hofburg nicht genutzt, weil es, anders als geplant, keine Generalversammlungen gab und die Beteiligten auf offizielle Eröffnungs- und Schlussveranstaltungen verzichteten.[14]

Da im 17. und 18. Jahrhundert weisungsgebundene Diplomaten die Friedensverhandlungen führten, musste der Entsender geeignete Persönlichkeiten gewinnen, die ihn würdig und effektiv vertraten. Er wählte normalerweise einen Adligen mit hohem sozialen Status als Primargesandten (Botschafter) für die Repräsentation und Juristen als Sekundargesandte.[15] Die Protokollführung gehörte zum Zuständigkeitsbereich der Sekundargesandten oder der Gesandtschaftssekretäre, Kanzlisten und Kopisten (*scribenten*) erledigten die umfangreichen Schreibarbeiten.[16]

Die vom Entsender autorisierte Instruktion behandelte Ziele und Strategie der Verhandlungen, das Verhalten bei der Ankunft sowie die Pflicht zur Befolgung der weiteren Weisungen des Entsenders und zur regelmäßigen Berichterstattung. Spezielle Agenden konnten in Nebeninstruktionen beigefügt sein. Die Gesandten wurden vor der Abreise mit Pässen (Geleitbriefen) versehen, außerdem mit Vollmachten, Beglaubigungsschreiben (*credential, creditif*) zum Zweck ihrer Legitimierung und meist umfangreichem Aktenmaterial. Hinzu kamen Unterlagen zur Chiffrierung, um die Geheimhaltung des Schriftverkehrs zu gewährleisten, selbst wenn die Gegenpartei Kuriere oder Postsendungen abfing (Interzeption).

---

13 *David Onnekink*, Der Friede von Utrecht 1713, in: Renger de Bruin/Maarten Brinkman (Hg.), Friedensstädte. Die Verträge von Utrecht, Rastatt und Baden 1713–1714, Petersberg 2013, S. 60–69, hier S. 65.

14 In Prag wurden die kaiserlich-kursächsischen Verhandlungen teils in der Hofratsstube der Burg, teils im Haus des kaiserlichen Gesandten Maximilian Graf Trauttmansdorff (1584–1650) geführt, vgl. *Kathrin Bierther* (Bearb.), Die Politik Maximilians I. von Bayern und seiner Verbündeten 1618–1651. T. 2, Bd. 10/2: Der Prager Frieden von 1635 (Korrespondenzen), München/Wien 1997, S. 652, S. 707, S. 740. In Wien war vor allem die Staatskanzlei Verhandlungsort, außerdem Privathäuser wie zum Beispiel die Villa von Klemens Fürst Metternich (1773–1859), vgl. *Reinhard Stauber*, Der Wiener Kongress, Wien 2014, S. 47, S. 50f., S. 55–57, S. 260.

15 *Hillard von Thiessen*, Diplomaten und Diplomatie im frühen 18. Jahrhundert, in: Duchhardt/Espenhorst (Hg.), Utrecht, S. 13–34, hier S. 23. Vgl. hierzu auch Kapitel 26.

16 *Maria-Elisabeth Brunert*, Vom Rapular zum Diktatum. Entstehungsstufen der reichsständischen Protokolle, in: Annette Gerstenberg (Hg.), Verständigung und Diplomatie auf dem Westfälischen Friedenskongress. Historische und sprachwissenschaftliche Zugänge, Köln u.a. 2014, S. 201–223, hier S. 216f., S. 219–223; *Bosbach*, Verfahrensordnungen, S. 101.

1.2 Eintreffen der Diplomaten, Antrittsbesuche, Eröffnung der Verhandlungen

In der Eröffnungsphase trafen die Gesandten teils im Rahmen eines öffentlichen Einzugs, teils inkognito am Verhandlungsort ein. Dem Einzug musste die formelle Bekanntgabe (Notifikation) vorangehen, damit die Vorbereitungen für die Einholung des Anreisenden durch die bereits Anwesenden getroffen werden konnten. Nicht selten unterblieb ein solcher Einzug wegen strittiger Statusfragen.[17] Erfolgte die Ankunft inkognito, musste der Gesandte nach seinem Eintreffen den anwesenden Diplomaten seine Anwesenheit anzeigen (notifizieren).[18] Voraussetzung für den Beginn von Verhandlungen waren Austausch und Akzeptanz der Vollmachten, in denen die Gesandten mit ihrem Verhandlungsmandat genannt waren. Wies eine Seite die Vollmacht der anderen wegen inhaltlicher oder formaler Mängel zurück, konnte dies den Beginn der Verhandlungen erheblich verzögern.[19]

Den Auftakt bildete die ‚Erste Visite', die der Antrittsaudienz eines Botschafters bei Hof vergleichbar war, in deren Verlauf das Beglaubigungsschreiben zur Legitimation präsentiert wurde.[20] Wenn ein Gesandter nach vorheriger Anmeldung zur Ersten Visite angenommen wurde, versicherte er nach Ablegung der angemessenen Höflichkeitsbekundungen (*curialien*) in einer förmlichen Ansprache, dass sein Dienstherr die Friedensverhandlungen fördern wolle. Die Erste Visite wurde durch einen Gegenbesuch (Revisite) erwidert.

Das Prozedere bei den Notifikationen, den Einzügen, der Präsentation der Vollmachten und Beglaubigungsschreiben kostete Zeit und barg viele Möglichkeiten von Formfehlern, sodass das Kongressreglement von Rijswijk (1697) Notifikationen und Visite für überflüssig erklärte und vorsah, die Vollmachten nur dem Mediator zu überreichen. Diese Bestimmungen wurden allerdings in späteren Kongressreglements nicht übernommen.[21] Beim Wiener Kongress wurde eine Kommission zur Überprüfung der Vollmachten eingerichtet.[22]

Zur Eröffnungsphase zählten Veranstaltungen, die den offiziellen Beginn der Verhandlungen markieren sollten. Eine Tradition, dies mit einem aufwändigen, öffentlichen Akt zu zelebrieren, gab es nicht. Wohl aber entsprach es dem Herkommen, die Verhandlungen mit einer Anrufung Gottes beginnen zu lassen, wie es in Utrecht am 29. Januar 1712 geschah, als der ranghöchste Geistliche einen entsprechenden einlei-

---

17 Vgl. hierzu auch Kapitel 31.
18 *Stiglic*, Münster, S. 71–146.
19 *Bosbach*, Verfahrensordnungen, S. 110.
20 Gabriele Haug-Moritz, Die Friedenskongresse von Münster/Osnabrück (1643–1648) und Wien (1814/15) als „deutsche" Verfassungskongresse. Ein Vergleich in verfahrensgeschichtlicher Perspektive, in: HJb 124 (2004), S. 125–178, hier S. 142.
21 *Schilling*, Situation, S. 105.
22 *Haug-Moritz*, Friedenskongresse, S. 147. Vgl. zum Wiener Kongress auch Kapitel 51.

tenden Satz sprach und daraufhin zwei weitere Gesandte in Ansprachen den Zweck des Kongresses beschrieben.[23] Bei einer solchen ersten Zusammenkunft ergab sich auch, ob die Sitzordnung gebilligt wurde. Ging einer ersten Sitzung – wie im August 1659 auf der Fasaneninsel – der Einzug der Verhandlungspartner samt Gefolge voran, war der Verhandlungsbeginn ein sowohl offizieller als auch öffentlicher Akt, der das Publikum als Zuschauer einbezog.[24] Hingegen gab es beim Wiener Kongress keinen Eröffnungsakt, denn die zu diesem Zweck geplante Plenarsitzung wurde zunächst auf Anfang November 1814 verschoben und dann ganz aufgegeben. Vielmehr setzten die formellen Verhandlungen schon am 14. Oktober ein. Als formale Eröffnung galt der 3. November, als eine Kommission mit der Überprüfung der Vollmachten begann.[25]

1.3 Friedensvorschläge, Verhandlungsformen, Öffentlichkeit

Die Verhandlungsphase begann mit der Vorlage von Friedensvorschlägen (Propositionen). Sie wurden von Partei A präsentiert, worauf Partei B antwortete (Responsion). Bei Direktverhandlungen ließ eine Verhandlungspartei der anderen die Proposition zustellen. War ein Mediator eingeschaltet, so übernahm er die Übermittlung. Beim Westfälischen Friedenskongress zog sich der Austausch von Friedensvorschlägen monatelang hin. Auf die Responsion folgten Replik, Duplik, Triplik, dann die Ausarbeitung von Vertragsentwürfen, die bis zur Unterschriftsreife bearbeitet wurden. War die Vervielfältigung von Verhandlungstexten nötig, so diktierte ein Sekretär das Schriftstück einer Gruppe von Kanzlisten (Verfahren der ‚Diktatur').[26] Bei den Friedensvorschlägen wurde bisweilen die mündliche Form statt eines Notenwechsels bevorzugt, denn die Herausgabe von Texten implizierte die Gefahr ungewollter Publikation. Gerade der bei mehreren Friedenskongressen von Frankreich fallweise geforderte Verzicht auf Schriftlichkeit[27] verdeutlicht die starke Berücksichtigung der Öffentlichkeit als Faktor der Verhandlungen. Andererseits konnte eine Verhandlungspartei durch schriftliches Verfahren bewusst Publizität herstellen und Druck ausüben, wie es 1678 in Nijmegen geschah.[28]

---

23 Einzelheiten bei *Ottocar Weber*, Der Friede von Utrecht. Verhandlungen zwischen England, Frankreich, dem Kaiser und den Generalstaaten 1710–1713, Gotha 1891, S. 199f.
24 Vgl. *Séré*, Paix, S. 462, zur Ankunft der Verhandlungsparteien auf der Fasaneninsel am 13.08.1659 und zu dem Bericht der *Gazette de France* darüber vom 20.08.1659.
25 *Stauber*, Kongress, S. 52–55.
26 *Brunert*, Rapular, S. 221f.
27 Die französischen Gesandten sprachen sich in Münster, Nijmegen und Utrecht gegen schriftliche Verhandlungen aus, vgl. *Matthias Köhler*, Strategie und Symbolik. Verhandeln auf dem Kongress von Nimwegen, Köln u. a. 2011, S. 438.
28 Die französischen Gesandten gaben die bis dahin mehr oder weniger geheimen Verhandlungen auf und stattdessen am 15.04.1678 dem Vermittler ein Ultimatum zu Protokoll, das publiziert wurde, vgl. ebd., S. 442–447.

Einen Sonderfall stellte der Kongress von Utrecht dar, denn die entscheidenden Verhandlungen wurden teils in Paris, teils in Vier-Augen-Gesprächen abseits des Konferenzsaales geführt. Insofern war das offizielle Kongressgeschehen nur eine „Fassade" für die tatsächlichen Verhandlungen.[29]

Die Friedensverhandlungen blieben durch Weisungsgebundenheit (vergleichbar dem imperativen Mandat) und Berichtspflicht der Gesandten an den entsendenden Hof und die Regierung gekoppelt. Die regelmäßigen Berichte (Relationen) an die Entsender und deren Weisungen wurden ergänzt durch Korrespondenz zwischen den Gesandten und Mitgliedern der Regierung. Eine weitere Ebene entstand durch die Korrespondenz des Entsenders mit anderen Dynasten, deren verhandlungsrelevante Ergebnisse in die Weisungen an die Gesandten einflossen. Desgleichen legten die Gesandten ihren Berichten zur Information und Dokumentation Auszüge aus Gesandtschaftstagebüchern (Diarien), Verhandlungs- oder Beratungsprotokolle bei, ferner die verschiedenen Vertragsentwürfe. Auch Extrakte aus Instruktionen oder Weisungen anderer Gesandter wurden beigelegt oder wörtlich zitiert, wenn diese als ostensibel zum Beweis von deren Verhandlungsmandat mitgeteilt worden waren. Militärische oder politische Nachrichten (Avisen) wurden ebenfalls sowohl von den Gesandten als auch den Entsendern fallweise mitgeschickt. Der Verhandlungsort glich folglich einem Pool, in den die Nachrichten aller Beteiligten und darüber hinaus vieler unbeteiligter Staaten zusammenflossen und von dieser Nachrichtenzentrale aus nach allen Seiten hin wieder abgegeben wurden. Darüber hinaus sorgte die schon beim Westfälischen Friedenskongress dichte Zeitungsberichterstattung und die Publikation von Flugschriften für die Information einer breiten Öffentlichkeit auch außerhalb des deutschen Sprachraums.[30]

Mit dem Wiener Kongress änderte sich der Verhandlungsmodus. Die Kongressteilnehmer waren nicht mehr gleichberechtigt, vielmehr gab es zwei Gruppen: eine mit Entscheidungsrechten und eine, die nur Informationen bezog. Ein Gremium von acht europäischen Mächten gewann maßgebliche Bedeutung für den Verhandlungsablauf. Von diesen (Österreich, Russland, Großbritannien, Preußen, Frankreich, Spanien, Portugal und Schweden) trat eine Gruppe von vier Großmächten (Russland, Österreich, Großbritannien und Preußen) als Leitungsgremium hervor. Den „Großen Vier" unterstand eine Spezialkommission für die deutschen Angelegenheiten. Insgesamt gab es neun Komitees, die sich mit einzelnen Sachfragen beschäftigten.[31]

---

29 *Onnekink*, Friede, S. 62.
30 Vgl. *Jonas Bechtold*, „In denen öffentlichen gazetten und postzeittungen daß werck underbawet". Der Zusammenhang von Kongresspolitik und Zeitungsberichten beim Westfälischen Friedenskongress, in: Dorothée Goetze/Lena Oetzel (Hg.), Warum Friedenschließen so schwer ist. Frühneuzeitliche Friedensfindung am Beispiel des Westfälischen Friedenskongresses, Münster 2019, S. 109–122.
31 *Stauber*, Kongress, S. 47–52.

1.4 Friedensvertrag, Ratifikation, Feiern

Die Schlussphase begann mit Zusammenstellung und Reinschrift (Mundierung) des vollständigen Vertragsinstruments. Der in der Regel bilateralen Verhandlungsstruktur auch bei multilateralen Kongressen entsprach der Abschluss mehrerer bilateraler Friedensverträge. Der Vertragstext wurde meist mehrfach auf seine Korrektheit hin überprüft (Kollation).[32] Erst beim Wiener Kongress einigten sich die Beteiligten auf eine gemeinsame Schlussakte zur Zusammenfassung sämtlicher Beschlüsse. Die Textarbeit lag in Händen eines Redaktionsausschusses, den Spezialisten verstärkten.[33]

Unterzeichnung und Siegelung waren die üblichen Beglaubigungspraktiken zum Abschluss der Verträge. Ihr konnte zur vorläufigen Vereinbarung eine mündliche, durch Handschlag bekräftigte Beglaubigung vorangehen (Stipulation).[34] Vor oder nach der Unterzeichnung protestierten jene Verhandlungsparteien schriftlich, mündlich oder nonverbal, die mit bestimmten Regelungen nicht einverstanden waren. Eine Form des nonverbalen Protests war das demonstrative Fernbleiben. So nahmen die meisten italienischen Diplomaten nicht an der Schlusszeremonie zur Unterzeichnung des Friedens von Baden teil, weil sie die Wahl des Tagesdatums (7. September 1714) als Affront empfanden.[35] Wegen der vorauszusehenden Proteste enthielten die Westfälischen Friedensverträge eine Antiprotestklausel, welche die Gültigkeit des Vertragswerks sicherstellte.[36] Dennoch – oder dadurch begünstigt – protestierten viele Beteiligte, denn ihr Protest gefährdete den Frieden nicht, stellte aber einen möglicherweise in der Zukunft anwendbaren Rechtsvorbehalt dar. Die Unterzeichnung, die mit einem Austausch der dazu berechtigenden Vollmachten verbunden war, und die anschließende Siegelung erfolgten oft nach zeitraubender Prüfung des Wortlauts abends oder sogar nachts. Bei der Ausfertigung wurden dennoch Formalien wie die dem Rang der Entsender adäquate Reihenfolge bei der Unterzeichnung beachtet. Beim Wiener Kongress erfolgte die Reihung zum ersten Mal in alphabetischer Folge.

---

32 Vgl. *Lanzinner*, Beglaubigungspraktiken, S. 190, S. 197f., S. 201–203.
33 *Stauber*, Kongress, S. 130f.
34 So am 06.08.1648 in Osnabrück zur vorläufigen Vereinbarung des kaiserlich-schwedischen Friedensvertrags, der erst zusammen mit dem kaiserlich-französischen Friedensvertrag am 24.10.1648 unterzeichnet wurde, vgl. *Bosbach*, Verfahrensordnungen, S. 114.
35 Es war der achte Jahrestag des kaiserlichen Siegs bei Turin und der 13. Jahrestag der in Den Haag besiegelten Großen Allianz, vgl. *Rolf Stücheli*, Der europäische Friede von Baden 1714, in: De Bruin/Brinkman (Hg.), Friedensstädte, S. 78–86, hier S. 83f. Eine spezielle Form der Nicht-Teilnahme war die Verweigerung der Unterschrift unter dem Vertrag. So verfuhr der spanische Delegierte Pedro Gómez Labrador (1772–1850) beim Wiener Kongress wegen bestimmter für das Haus Bourbon unvorteilhafter Regelungen, vgl. *Stauber*, Kongress, S. 132f., S. 135.
36 *Siegrid Westphal*, Der Westfälische Frieden, München 2015, S. 111, dort auch speziell zum Protest des Papstes. Beim Wiener Kongress protestierte der Heilige Stuhl wegen Gebietsverlusten und Nichtwiederherstellung der Reichskirche, vgl. *Stauber*, Kongress, S. 162.

Oft begleiteten Handschlag, Umarmung und Kuss als Symbol der Versöhnung die Unterzeichnung.[37]

Nach der Ausfertigung der Urkunde sandten die Diplomaten Kuriere an ihre Dienstherren, informierten über den Abschluss und baten um Ratifikation. Das Publikum am Verhandlungsort wurde durch Kanonensalven informiert. Auf religiöser Ebene wurde der Vertragsschluss, auch in den Residenzstädten der Entsender, in Gottesdiensten zelebriert. Berühmtheit erlangte das *Tedeum* Georg Friedrich Händels (1685–1759), das aus Anlass des Utrechter Friedens entstand.[38] Erst beim Wiener Kongress spielten Gottesdienste keine große Rolle mehr.[39] Auf den Friedensschluss folgten Bankette, die im 16. Jahrhundert und in Anwesenheit eines Dynasten aufwändiger waren, als es im 17. Jahrhundert, zumal unmittelbar nach Ende des Dreißigjährigen Krieges, möglich war oder wünschenswert erschien.[40]

Erst mit der Ratifikation, also der formellen Einverständniserklärung der Entsender, traten die Verträge in Kraft. Es war eine Ausnahme, dass der in Stettin am 13. Dezember 1570 geschlossene dänisch-schwedische Frieden nicht ratifiziert, aber dennoch eingehalten wurde.[41] Nach Eintreffen der Ratifikationsurkunden am Verhandlungsort, also im zeitlichen Abstand etlicher Wochen nach Vertragsunterzeichnung, tauschten die Gesandten die Urkunden aus, oft erneut begleitet von symbolischen Praktiken wie Handschlag, Umarmung und Kuss. Die wechselseitige Übergabe der Ratifikationsurkunden des spanisch-niederländischen Friedens erfolgte am 15. Mai 1648 im Rathaus zu Münster in besonders feierlichem Rahmen mit Beschwörung des Friedens durch die Delegationen, was damals schon nicht mehr üblich war, während im 16. Jahrhundert oft noch die Dynasten selbst die Ratifikationen durch Eid vollzogen. Zur Information der Einwohner wurden Geschütze abgefeuert. Die Diplomaten informierten so schnell wie möglich die Entsender, diese sorgten für die offizielle Publikation und teilten den Friedensschluss den auswärtigen Mächten mit.[42] Je

---

37 *Michael Rohrschneider*, Friedenskongress und Präzedenzstreit: Frankreich, Spanien und das Streben nach zeremoniellem Vorrang in Münster, Nijmegen und Rijswijk (1643/44–1697), in: Christoph Kampmann u.a. (Hg.), Bourbon – Habsburg – Oranien. Konkurrierende Modelle im dynastischen Europa um 1700, Köln u.a. 2008, S. 228–240, hier S. 237; *Stauber*, Kongress, S. 132, S. 136; *Lanzinner*, Beglaubigungspraktiken, S. 205.
38 Zu den Aktivitäten in Münster am „Notifikationstag" (25.10.1648) vgl. *Stiglic*, Münster, S. 267f. Zu den Feiern in den Niederlanden nach Abschluss des Utrechter Friedens und Händels *Tedeum* vgl. *Onnekink*, Friede, S. 66.
39 *Stauber*, Kongress, S. 216.
40 Nach dem Abschluss des Friedens von Cateau-Cambrésis (02./03.04.1559) wurde in Antwerpen neun Tage gefeiert. Auf die Ratifikation im Mai 1559 folgte eine Messe, dann ein Bankett, bei dem König Philipp II. von Spanien (1527–1598) Geschenke verteilte. Hingegen gab es nach Austausch der Ratifikationsurkunden in Münster am 18.02.1649 kein Bankett. Erst als Ende September 1649 die Regelung des Truppenabzugs auf gutem Wege schien, wurde in Nürnberg ein Festmahl gehalten, vgl. *Lanzinner*, Beglaubigungspraktiken, S. 190, S. 195f., S. 204.
41 Ebd., S. 188–190, S. 196, S. 198f., S. 204f. (auch zum Folgenden).
42 *Stücheli*, Friede, S. 84.

nach Zeitumständen und Bewertung des Friedens gab es kirchliche und weltliche öffentliche Feiern sowohl am Verhandlungsort als auch in anderen Städten.[43]

Zur Sicherung des Friedens[44] gehörte auf Seiten des Reiches ab 1648 die Billigung durch den Reichstag. Die Westfälischen Friedensverträge vom 24. Oktober 1648 wurden als Reichsgrundgesetz dem Jüngsten Reichsabschied vom 17. Mai 1654 inseriert.[45]

2. Verhandeln als (kommunikative) Kunst

(Lena Oetzel)

Im Laufe der Frühen Neuzeit und insbesondere im 18. Jahrhundert begann sich das Verhandeln – oder wie es die Zeitgenossen nannten: die Verhandlungskunst – als eigenständige Praxis zu entwickeln, die eines speziell ausgebildeten Personals bedurfte.[46] Dies lag unter anderem an den immer komplexeren Konflikten wie dem Dreißigjährigen Krieg. Nicht umsonst wurde das 17. Jahrhundert als Jahrhundert der Bellizität oder als *siècle de fer* bezeichnet. Letztlich begünstigte dies die Ausbildung von Verhandlungspraktiken und -techniken zur Friedensfindung.[47]

Diese Entwicklung spiegelte sich in zeitgenössischen Diplomatenhandbüchern. Der Fokus verschob sich vom Botschafter als Repräsentanten seines Dienstherrn hin zum Diplomaten als Unterhändler.[48] Tonangebend waren die Schriften von Abraham de Wicquefort (1606–1682) und François de Callières (1645–1717).[49] Wicquefort hatte auf die Rollenvielfalt der Gesandten als *ministre public* und als *honnête homme* hin-

---

43 Zu den Feierlichkeiten in Münster am 21.02.1649 vgl. *Stiglic*, Münster, S. 280–284. Dass ein großer Teil der übrigen Feste erst zu einem späteren Zeitpunkt stattfand, wird auf die Skepsis der Bevölkerung zurückgeführt, ob sich der Friede bewähren würde, vgl. *Westphal*, Frieden, S. 112.
44 Vgl. hierzu auch Kapitel 27.
45 Vgl. *Lanzinner*, Beglaubigungspraktiken, S. 202f., mit Beispielen für die Verträge von Rijswijk (am 26.11.1698 durch den Reichstag ratifiziert) und Rastatt (am 24.03.1714 dem in Augsburg weilenden Reichstag durch Kommissionsdekret mitgeteilt). Zur Einfügung der Westfälischen Friedensverträge in den Jüngsten Reichsabschied vgl. *Westphal*, Frieden, S. 110.
46 Im Mittelalter war Verhandeln noch keine eigenständige, zum Beispiel von der Rechtsprechung getrennte Praxis. Vgl. *Jean-Claude Waquet*, Verhandeln in der Frühen Neuzeit: Vom Orator zum Diplomaten, in: Hillard von Thiessen/Christian Windler (Hg.), Akteure der Außenbeziehungen. Netzwerke und Interkulturalität im historischen Wandel, Köln u.a. 2010, S. 113–131, hier S. 115f.
47 Vgl. *Christoph Kampmann u.a.*, Von der Kunst des Friedenschließens: Einführende Überlegungen, in: Kampmann u.a. (Hg.), L'art de la paix, S. 9–28, hier S. 10.
48 Vgl. *Waquet*, Verhandeln, S. 116.
49 Vgl. *Heidrun Kugeler*, ‚Ehrenhafte Spione'. Geheimnis, Verstellung und Offenheit in der Diplomatie des 17. Jahrhunderts, in: Claudia Benthien/Steffen Martus (Hg.), Die Kunst der Aufrichtigkeit im 17. Jahrhundert, Tübingen 2006, S. 127–148, hier S. 143f.; *Jean-Claude Waquet*, François de Callières. L'art de négocier en France sous Louis XIV, Paris 2005. Zum zeitgenössischen Diskurs: *Heidrun Kugeler*, ‚Le parfait Ambassadeur'. Zur Theorie der Diplomatie im Jahrhundert nach dem Westfälischen Frie-

gewiesen.[50] Callières erklärte nun die *art de négocier* als die Fähigkeit, als *honnête homme* agieren zu können. Der Unterhändler erschien als „strategisch handelnde und zugleich mit den höfischen Umgangsformen vertraute Figur, orientiert am honnête homme",[51] die in der Lage war, das Gegenüber zu lesen und zu beeinflussen. Verhandeln entwickelte sich zur sozialen Praxis, die eines spezifischen *Knowing-how* bzw. eines *Feel-for-the-game* bedurfte.[52]

Wichtig ist, wer in welchem Kontext verhandelte: Meist waren es weisungsgebundene Gesandte oder führende Minister. Mitunter verhandelten hochrangige Mitglieder der involvierten Fürstenfamilien, wie die Tante Kaiser Karls V. (1500–1558), Margarethe von Österreich (1480–1530), und die Mutter Franz I. von Frankreich (1494–1547), Luise von Savoyen (1476–1531), im Damenfrieden von Cambrai (1529). Erst mit dem Wiener Kongress waren wie im Mittelalter wieder die Herrscher persönlich anwesend, obwohl die Gespräche weitgehend von Ministern geführt wurden.[53] Die Frage, wer mit welchen Befugnissen verhandelte, wirkte sich ebenso auf das Wie des Verhandelns aus wie der organisatorische und formelle Rahmen.[54]

Aufgabe war es, die Interessen des Dienstherrn soweit wie möglich durchzusetzen, während das gemeinsame Ziel – Frieden – angestrebt wurde. Dabei durfte das Ergebnis nicht der Ehre und Reputation zuwiderlaufen.[55] Der zeitgenössische Diskurs betonte die Bedeutung von Vertrauen für erfolgversprechende Verhandlungen. Dies zeigt sich auf verschiedenen Ebenen: personales Vertrauen zwischen den verhandelnden Gesandten, bündnispolitisches Vertrauen, Vertrauen in die Gültigkeit der Vereinbarungen nach Abschluss der Gespräche.[56] Wie hinderlich Misstrauen und Feindbil-

---

den, in: dies. u. a. (Hg.), Internationale Beziehungen in der Frühen Neuzeit. Ansätze und Perspektiven, Hamburg 2006, S. 180–211.
50 Köhler verbindet dieses zeitgenössische Konzept mit moderner Rollentheorie. Vgl. *Köhler*, Strategie.
51 *Waquet*, Verhandeln, S. 129, sowie S. 117–125. Auch: *Kugeler*, Ambassadeur, S. 198–200; *Matthias Köhler*, Höflichkeit, Strategie und Kommunikation. Friedensverhandlungen an der Wende vom 17. zum 18. Jahrhundert, in: Gisela Engel u. a. (Hg.), Konjunkturen der Höflichkeit in der Frühen Neuzeit, Special-Issue: Zeitsprünge. Forschungen zur Frühen Neuzeit 13 (2009), S. 379–401, hier S. 383–387.
52 Vgl. u. a. *Ralf-Peter Fuchs*, Normaljahrsverhandlung als dissimulatorische Interessenvertretung, in: Brendecke (Hg.), Praktiken, S. 514–522, hier S. 514f.; *Dagmar Freist*, Praktiken der Diplomatie – Praktiken der Stadt. Ein Kommentar, in: Goetze/Oetzel (Hg.), Friedenschließen, S. 293–298, hier S. 297.
53 Vgl. *Franz Bosbach*, Art. „Friedensverhandlungen", in: EdN 4 (2006), Sp. 34–41, hier Sp. 35.
54 Zu bilateralen Verhandlungen und Friedenskongressen vgl. *Köhler*, Höflichkeit, S. 397–399.
55 Vgl. *Christoph Kampmann*, Der Ehrenvolle Friede als Friedenshindernis. Alte Fragen und neue Ergebnisse zur Mächtepolitik im Dreißigjährigen Krieg, in: Inken Schmidt-Voges u. a. (Hg.), Pax perpetua. Neuere Forschungen zum Frieden in der Frühen Neuzeit, München 2010, S. 141–156; *Michael Rohrschneider*, Reputation als Leitfaktor in den internationalen Beziehungen der Frühen Neuzeit, in: HZ 291 (2010), S. 331–352.
56 Zum Vertrauen u. a. *Michael Rohrschneider*, Österreich und der Immerwährende Reichstag. Studien zur Klientelpolitik und Parteibildung (1745–1763), Göttingen 2014, S. 205f.; *Tilman Haug*, Vertrauen und Patronage in den diplomatischen Beziehungen zwischen Frankreich und den geistlichen Kurfürs-

der für die Friedensfindung waren, zeigen die gescheiterten spanisch-französischen Verhandlungen auf dem Westfälischen Friedenskongress. Dennoch machte dies Frieden nicht unmöglich: Zehn Jahre später schlossen Frankreich und Spanien nach bilateralen Gesprächen den Pyrenäenfrieden (1659).[57]

Entsprechend wichtig waren vertrauensbildende Maßnahmen in den Verhandlungen sowie in deren Umfeld. Hierzu zählte das Offenlegen von Weisungen und Instruktionen (ostensible Schreiben) gegenüber Gesandten von Bündnispartnern sowie gegenüber dem Verhandlungsgegner.[58] Das Teilen von Informationen schuf ebenso Vertrauen wie das implizite Signal, mit offenen Karten zu spielen. Dass die Weisungen dafür gedacht waren, mitgeteilt zu werden, änderte nichts an dem Effekt. Ähnliche Wirkung entfaltete das Ausblenden von Konflikten und Aufbauen von Konsensfassaden. Für den Kongress von Nijmegen wurde gezeigt, wie „Räume partieller Übereinstimmung [geschaffen wurden], in denen eine Zusammenarbeit auf Basis von Vertrauen möglich war".[59] So ist auch die Zurückstellung heikler Punkte zu verstehen. Das Ausblenden von Uneinigkeit und künftigen Problemen (Dissimulation) sollte es allen Beteiligten ermöglichen, das Verhandlungsergebnis als positiv bewerten zu können.[60]

Das Verhandeln selbst konnte eine positive Dynamik in Gang setzen. So generierte der Prozess des Feilschens um das Normaljahr zwischen protestantischen und katholischen Reichsständen sowie den Kaiserlichen schrittweise Vertrauen. Indem beide Parteien sich im Sinne einer Praxis des Gabentauschs aufeinander zubewegten und Zugeständnisse machten, demonstrierten sie Friedenswillen und stärkten die verbindende Basis.[61] Der Rückgriff auf moralische Diskurse, wie das gemeinsame Ziel Friede oder das Wohl der Christenheit, diente der Überbrückung von Gegensätzen und hatte eine integrierende Wirkung.

Gleichzeitig konnten derartige Diskurse helfen, den Verhandlungspartner schlecht und sich selbst gegenüber der Kongressöffentlichkeit als friedenswillig darzustellen. Im Idealfall erhöhte dies den öffentlichen, moralischen Druck auf den Gegner.[62] Hierzu

---

ten nach dem Westfälischen Frieden (1648–1679), in: ZHF 39 (2012), S. 215–254; *Ralf-Peter Fuchs*, Vertrauensbildung durch Unwissen? Friedensverhandlungen über Normaljahre und die Black Box im Dreißigjährigen Krieg, in: Martin Espenhorst (Hg.), Unwissen und Missverständnisse im vormodernen Friedensprozess, Göttingen 2013, S. 71–87. Zum zeitgenössischen Diskurs: *Kugeler*, Spione, S. 135f.

57 Vgl. *Michael Rohrschneider*, Der gescheiterte Frieden von Münster. Spaniens Ringen mit Frankreich auf dem Westfälischen Friedenskongress (1643–1649), Münster 2007, bes. S. 278–298, S. 483; *Séré*, Paix.

58 Vgl. *Rohrschneider*, Österreich, S. 203f.

59 Vgl. *Matthias Köhler*, Argumentieren und Verhandeln auf dem Kongress von Nimwegen (1676–79), in: Brendecke (Hg.), Praktiken, S. 523–535, hier S. 533f.

60 *Fuchs*, Vertrauensbildung, S. 78f., am Beispiel der Verhandlungen zum Prager Frieden zwischen Kaiser und Kursachsen.

61 Vgl. *Ralf-Peter Fuchs*, Normaljahrsverhandlungen als moralischer Diskurs, in: Schmidt-Voges u.a. (Hg.), Pax perpetua, S. 123–139, hier S. 134–139.

62 Vgl. u.a. *Köhler*, Argumentieren, S. 526, S. 529f.

wurden bereits am Westfälischen Friedenskongress gezielt Informationen und Verhandlungsakten an Zeitungen weitergegeben. In Folge nahm die Bedeutung der Öffentlichkeit eher zu, was dazu führte, dass Verhandlungen in kleinerem Rahmen wieder stärker präferiert wurden.[63] Grundsätzlich sollten die Gespräche geheim bleiben, doch gerade das Spannungsverhältnis von Geheimnis und Öffentlichkeit eröffnete taktische Möglichkeiten.[64]

Die scheinbar vertrauensbildend wirkende Offenlegung von Weisungen konnte ebenso Druck erzeugen: Während der Verhandlungen um die Autonomie in den Erblanden auf dem Westfälischen Friedenskongress legte zum Beispiel der kaiserliche Prinzipalgesandte Maximilian von Trauttmansdorff (1584–1650) demonstrativ das kaiserliche Schreiben vor, das weitere Zugeständnisse verbot.[65] Damit demonstrierte er seine Aufrichtigkeit und nahm gleichzeitig eine kompromisslose Haltung ein. Trauttmansdorff gelang es wiederholt, sich als den wohlmeinenden Verhandlungspartner darzustellen, der sich selbst kompromissbereiter gab als sein Dienstherr. Dies steigerte sein soziales Kapital, während er gleichzeitig Druck aufbaute.[66] Entsprechend nutzte er seine mögliche Abreise in der Hoffnung, den Verhandlungen so eine neue Dynamik zu verleihen.

Die Drohung mit der Abreise zentraler Akteure vom Verhandlungsort ebenso wie mit dem Abbruch der Gespräche oder das Aufstellen von Ultimaten waren verbreitete Mittel. Hierbei wurde oft gezielt gegen die Regeln der Höflichkeit und der Emotionskontrolle verstoßen. Der englische Mediator Leoline Jenkins (1625–1685) schilderte zum Beispiel das Verhalten des französischen Gesandten in Nijmegen: „M. Colbert did storm at them and fell into such a passion that he would needs presently break off all treating".[67] Es wurde ein Eklat provoziert, um den Verhandlungspartner zum Einlenken zu bewegen. Zeremonielle Fragen konnten hierfür als Ansatzpunkt dienen. Außerdem eröffnete die Rollenvielfalt der Gesandten als Diener ihrer Herren (*ministre pu-*

---

63 Zu Zeitungsberichterstattung und Friedensverhandlungen, u. a. *Bechtold*, Zusammenhang, S. 109–122; *Peter Arnold Heuser*, Französische Korrespondenzen beim Westfälischen Friedenskongress als Quellen zur politischen Publizistik, in: Maria-Elisabeth Brunert/Maximilian Lanzinner (Hg.), Diplomatie – Medien – Rezeption. Aus der editorischen Arbeit an den Acta Pacis Westphalicae, Münster 2010, S. 55–140.
64 Vgl. *Kugeler*, Spione.
65 Vgl. 20.04.1647, in: Joachim Foerster/Roswitha Philippe (Bearb.), Acta Pacis Westphalicae. Serie III Abteilung C: Diarien, Bd. 2: Diarium Volmar, T. 2: 1647–1649, Münster 1984, S. 834. Auch: *Köhler*, Strategie, S. 445.
66 Vgl. *Köhler*, Argumentieren, S. 529.
67 Zitiert nach: *Köhler*, Strategie, S. 327. Ähnlich: *Stauber*, Kongress, S. 85. Vgl. auch: *Tilman Haug*, Negotiating with ‚Spirits of Brimstone and Salpetre': Seventeenth Century French Political Officials and Their Practices and Representations of Anger, in: Anita Traninger/Karl A. E. Enenkel (Hg.), Discourses of Anger in the Early Modern Period, Boston 2015, S. 381–402, hier S. 389f.; *Maria-Elisabeth Brunert*, Nonverbale Kommunikation als Faktor frühneuzeitlicher Friedensverhandlungen. Eine Untersuchung am Beispiel des Westfälischen Friedenskongresses, in: Kampmann u. a. (Hg.), L'art de la paix, S. 281–331.

blique) und Adlige (*honnête homme*) taktische Möglichkeiten: Verstand man einen Angriff bewusst als Angriff auf die eigene Ehre, konnte man eine Eskalation herbeiführen. Umgekehrt ließ sich eine Situation entschärfen, indem man auf die informellen Möglichkeiten des *honnête homme* zurückgriff, die dem *ministre publique* nicht zur Verfügung standen.[68]

Waren die Positionen festgefahren, konnte dies die Verhandlungen in Frage stellen. Auf Kongressen konnten die Gespräche zwischen zwei Parteien ausgesetzt werden, ohne dass dies den Kongress als Ganzes gefährdet hätte. Der gemeinsame Rahmen erlaubte es, die Verhandlungen wieder aufzunehmen. Bei bilateralen Gesprächen war die Gefahr eines Scheiterns größer. Allerdings konnte sich eine Dynamik entfalten, wenn beide Parteien ein Scheitern unbedingt verhindern wollten.[69]

Sollte lediglich Zeit gewonnen werden – etwa um militärische Entwicklungen abzuwarten –, gab es diverse Verzögerungstaktiken: Auf einem Kongress galt „Nicht-Reden [...] als Handlungsoption",[70] das heißt, Antworten wurden hinausgezögert. Der Verweis auf fehlende Weisungen konnte korrekt oder vorgeschoben sein; zum Teil wurden die Gesandten explizit angewiesen, Instruktionsmangel vorzugeben. Schwieriger ist nachzuweisen, wann Krankheiten von Gesandten vorgetäuscht und wann sie realer Grund für Verzögerungen waren. Dass sie von den Akteuren als mögliches taktisches Mittel interpretiert wurden, steht außer Frage.[71]

Gelang es nicht, verfahrene Situationen auszusitzen, gab es Wege, die Gespräche wiederzubeleben: Dritte konnten als offizielle oder inoffizielle Vermittler eingeschaltet werden, wie die Niederländer in Westfalen, die zwischen Frankreich und Spanien vermittelten.[72] Es konnte sinnvoll sein, die Kommunikationsform – zum Beispiel von schriftlich zu mündlich – zu verändern oder unstrittige Punkte vorzuziehen, um die Vertrauensbasis zu stärken, aber auch in der Hoffnung, auf lange Sicht werde der Gegner nachgeben.

Hier spielte das soziale Miteinander eine wichtige Rolle: Der enge Kontakt der Gesandten untereinander, die oft von ihren Familien begleitet wurden, eröffnete Raum für informelles Handeln. Inwieweit bei Spaziergängen, Mittagessen, Kirchgängen oder anderen gesellschaftlichen Ereignissen verhandlungsrelevante Gespräche geführt wurden, ist schwer festzumachen, aber als wichtiges Element zu werten.[73] Am

---

68 Zum Spiel mit den Rollen vgl. *Köhler*, Strategie, bes. S. 283f., S. 332–337.
69 Vgl. *Köhler*, Höflichkeit, S. 397f.; *Stauber*, Kongress, S. 52.
70 *Köhler*, Höflichkeit, S. 397.
71 Vgl. *Lena Oetzel*, Die Leiden des alten T. Krankheit und Krankheitsdiskurse auf dem Westfälischen Friedenskongress, in: Goetze/Oetzel (Hg.), Friedenschließen, S. 323–340, hier S. 332f.
72 Vgl. *Markus Laufs*, Von der Verbindlichkeit entbunden. Die niederländischen Guten Dienste in Münster von Juni bis September 1646 als Beispiel einer ungefestigten Friedensvermittlung, in: Goetze/Oetzel (Hg.), Friedenschließen, S. 191–207.
73 Vgl. *Jonathan Kwan*, The Congress of Vienna, 1814–1815: Diplomacy, Political Culture, and Sociability, in: HJ 60 (2017), S. 1125–1146, hier S. 1128f.

Wiener Kongress half die Festkultur, die Verhandlungen über die stockende Anfangsphase zu retten; der äußere Rahmen verhinderte ein Scheitern.[74] Kondolenz- oder Gratulationsbesuche boten jenen, die aufgrund von Präzedenzstreitigkeit offiziell nicht direkt miteinander kommunizierten, Kontakt- und Austauschmöglichkeiten.[75] Auch Ehefrauen und andere Familienangehörige sind als soziale Bindeglieder und potentielle Mittler*innen nicht zu unterschätzen.[76] Es ist von einer Gemeinschaftsbildung der Gesandten auszugehen, die einen wesentlichen Beitrag zum Gelingen der Verhandlungen leistete.[77]

Bestechung einzelner Gesandter als informelle Verhandlungstechnik ist meist quellentechnisch schwer nachweisbar, da der Grat zwischen dem, was die Zeitgenossen als akzeptable Verehrung und als unangemessene Korruption werteten, divergierte.[78] Dennoch ist deutlich, dass mit materiellen oder immateriellen Ressourcen wie Beförderungen versucht wurde, Einfluss zu nehmen. Hier spielten Klientel- und Patronagebeziehungen eine wichtige Rolle.[79]

Friedensverhandlungen erforderten es, gleichzeitig Vertrauen und Druck aufzubauen, die eigenen Interessen durchzusetzen und zu einem – möglichst für alle Beteiligten – ehrenvollen Kompromiss zu gelangen. Entsprechend changierten die Verhandlungspraktiken und -techniken zwischen Vertrauen und Täuschung, Formalität und Informalität, Geheimhaltung und Öffentlichkeit sowie zwischen Gemeinschaftsbildung und Konflikteskalation.[80] Das Spiel mit diesen Elementen war Teil dessen, was die Zeitgenossen als Verhandlungskunst verstanden.

---

74 Vgl. *Stauber*, Kongress, S. 205.
75 Vgl. *Lena Oetzel*, Der Tod und die Gesandten. Tod als politischer und persönlicher Faktor auf dem Westfälischen Friedenskongress, in: Dorothea Nolde/Julia Gebke (Hg.), Der diplomatische Körper. Frühneuzeitliche Diplomatie als Körperpolitik, Special Issue: Frühneuzeit-Info 29 (2018), S. 75–87, hier S. 80.
76 Vgl. *Maria-Elisabeth Brunert*, Interzession als Praktik. Zur Rolle von Diplomatengattinnen auf dem Westfälischen Friedenskongress, in: Goetze/Oetzel (Hg.), Friedenschließen, S. 209–225.
77 Vgl. *Magnus Ulrich Ferber*, Die Gemeinschaft der Diplomaten in Westfalen als Friedenspartei, in: Goetze/Oetzel (Hg.), Friedenschließen, S. 259–274; *Lucien Bély*, Espions et ambassadeurs au temps de Louis XIV, Paris 1990, S. 375–391.
78 Vgl. *Dorothée Goetze*, „Daß unß dergleichen anzenemmen unverantworttlich fallen wollte." Diplomatische Gratwanderung zwischen Verehrung und Korruption, in: Goetze/Oetzel (Hg.), Friedenschließen, S. 343–360; *Hillard von Thiessen*, Korrupte Gesandte? Konkurrierende Normen in der Diplomatie der Frühen Neuzeit, in: Niels Grüne/Simona Slanicka (Hg.), Korruption. Historische Annäherungen an eine Grundfigur politischer Kommunikation, Göttingen 2010, S. 205–220.
79 Vgl. u. a. *Rohrschneider*, Österreich, S. 237–242; *Anuschka Tischer*, Diplomaten als Patrone und Klienten. Der Einfluss personaler Verflechtungen in der französischen Diplomatie auf dem westfälischen Friedenskongress, in: Rainer Babel (Hg.), Le diplomate au travail. Entscheidungsprozesse, Information und Kommunikation im Umkreis des Westfälischen Friedenskongresses, München 2005, S. 173–197.
80 Vgl. *Waquet*, Verhandeln, S. 126.

Auswahlbibliographie / Select Bibliography

Bély, Lucien, Espions et ambassadeurs au temps de Louis XIV, Paris 1990.
Bosbach, Franz, Art. „Friedensverhandlungen", in: EdN 4 (2006), Sp. 34–41.
Bosbach, Franz, Verfahrensordnungen und Verhandlungsabläufe auf den Friedenskongressen des 17. Jahrhunderts. Überlegungen zu einer vergleichenden Untersuchung der äußeren Formen frühneuzeitlicher Friedensverhandlungen, in: Kampmann u. a. (Hg.), L'art de la paix, S. 93–118.
Brendecke, Arndt (Hg.), Praktiken der Frühen Neuzeit. Akteure – Handlungen – Artefakte, Köln u. a. 2015.
Brunert, Maria-Elisabeth, Nonverbale Kommunikation als Faktor frühneuzeitlicher Friedensverhandlungen. Eine Untersuchung am Beispiel des Westfälischen Friedenskongresses, in: Kampmann u. a. (Hg.), L'art de la paix, S. 281–331.
Duchhardt, Heinz/Espenhorst, Martin (Hg.), Utrecht – Rastatt – Baden 1712–1714. Ein europäisches Friedenswerk am Ende des Zeitalters Ludwigs XIV., Göttingen 2013.
Fuchs, Ralf-Peter, Vertrauensbildung durch Unwissen? Friedensverhandlungen über Normaljahre und die Black Box im Dreißigjährigen Krieg, in: Martin Espenhorst (Hg.), Unwissen und Missverständnisse im vormodernen Friedensprozess, Göttingen 2013, S. 71–87.
Goetze, Dorothée/Oetzel, Lena (Hg.), Warum Friedenschließen so schwer ist. Frühneuzeitliche Friedensfindung am Beispiel des Westfälischen Friedenskongresses, Münster 2019.
Haug, Tilman, Vertrauen und Patronage in den diplomatischen Beziehungen zwischen Frankreich und den geistlichen Kurfürsten nach dem Westfälischen Frieden (1648–1679), in: ZHF 39 (2012), S. 215–254.
Kampmann, Christoph, Der Ehrenvolle Friede als Friedenshindernis. Alte Fragen und neue Ergebnisse zur Mächtepolitik im Dreißigjährigen Krieg, in: Inken Schmidt-Voges u. a. (Hg.), Pax perpetua. Neuere Forschungen zum Frieden in der Frühen Neuzeit, München 2010, S. 141–156.
Kampmann, Christoph u. a. (Hg.), L'art de la paix. Kongresswesen und Friedensstiftung im Zeitalter des Westfälischen Friedens, Münster 2011.
Kampmann, Christoph u. a., Von der Kunst des Friedenschließens: Einführende Überlegungen, in: Kampmann u. a. (Hg.), L'art de la paix, S. 9–28.
Köhler, Matthias, Strategie und Symbolik. Verhandeln auf dem Kongress von Nimwegen, Köln u. a. 2011.
Kugeler, Heidrun, ‚Le parfait Ambassadeur'. Zur Theorie der Diplomatie im Jahrhundert nach dem Westfälischen Frieden, in: Heidrun Kugeler u. a. (Hg.), Internationale Beziehungen in der Frühen Neuzeit. Ansätze und Perspektiven, Hamburg 2006, S. 180–211.
Kugeler, Heidrun, ‚Ehrenhafte Spione'. Geheimnis, Verstellung und Offenheit in der Diplomatie des 17. Jahrhunderts, in: Claudia Benthien/Steffen Martus (Hg.), Die Kunst der Aufrichtigkeit im 17. Jahrhundert, Tübingen 2006, S. 127–148.
Kwan, Jonathan, The Congress of Vienna, 1814–1815: Diplomacy, Political Culture, and Sociability, in: HJ 60 (2017), S. 1125–1146.
Lanzinner, Maximilian, Beglaubigungspraktiken beim Abschluss des Westfälischen Friedens im historischen Vergleich, in: Duchhardt/Espenhorst (Hg.), Utrecht, S. 185–206.
Oetzel, Lena, Der Tod und die Gesandten. Tod als politischer und persönlicher Faktor auf dem Westfälischen Friedenskongress, in: Dorothea Nolde/Julia Gebke (Hg.), Der diplomatische Körper. Frühneuzeitliche Diplomatie als Körperpolitik, Special Issue: Frühneuzeit-Info 29 (2018), S. 75–87.
Rohrschneider, Michael, Der gescheiterte Frieden von Münster. Spaniens Ringen mit Frankreich auf dem Westfälischen Friedenskongress (1643–1649), Münster 2007.
Rohrschneider, Michael, Reputation als Leitfaktor in den internationalen Beziehungen der Frühen Neuzeit, in: HZ 291 (2010), S. 331–352.

Rohrschneider, Michael, Österreich und der Immerwährende Reichstag. Studien zur Klientelpolitik und Parteibildung (1745–1763), Göttingen 2014.
Schilling, Lothar, Zur rechtlichen Situation frühneuzeitlicher Kongreßstädte, in: Heinz Duchhardt (Hg.), Städte und Friedenskongresse, Köln u. a. 1999, S. 83–107.
Séré, Daniel, La Paix des Pyrénées. Vingt-quatre ans de négociations entre la France et l'Espagne (1635–1659), Paris 2007.
Stauber, Reinhard, Der Wiener Kongress, Wien 2014.
Thiessen, Hillard von, Korrupte Gesandte? Konkurrierende Normen in der Diplomatie der Frühen Neuzeit, in: Niels Grüne/Simona Slanicka (Hg.), Korruption. Historische Annäherungen an eine Grundfigur politischer Kommunikation, Göttingen 2010, S. 205–220.
Thiessen, Hillard von, Diplomaten und Diplomatie im frühen 18. Jahrhundert, in: Duchhardt/Espenhorst (Hg.), Utrecht, S. 13–34.
Tischer, Anuschka, Diplomaten als Patrone und Klienten. Der Einfluss personaler Verflechtungen in der französischen Diplomatie auf dem westfälischen Friedenskongress, in: Rainer Babel (Hg.), Le diplomate au travail. Entscheidungsprozesse, Information und Kommunikation im Umkreis des Westfälischen Friedenskongresses, München 2005, S. 173–197.
Waquet, Jean-Claude, Verhandeln in der Frühen Neuzeit: Vom Orator zum Diplomaten, in: Hillard von Thiessen/Christian Windler (Hg.), Akteure der Außenbeziehungen. Netzwerke und Interkulturalität im historischen Wandel, Köln u. a. 2010, S. 113–131.
Westphal, Siegrid, Der Westfälische Frieden, München 2015.
Windler, Christian, Praktiken des Verhandelns. Zur Einführung, in: Brendecke (Hg.), Praktiken, S. 509–513.

Michael Rohrschneider
24. Friedensvermittlung und Schiedsgerichtsbarkeit

Abstract: Mediating Peace and Arbitration
Mediation and arbitration have always been fundamental principles of peacebuilding and peacekeeping. Both mediation as part of the early modern *ars tractandi* and arbitration as a quasi-judicial method of conflict resolution were crucial to legal, political, and diplomatic practice in early modern times. Mediation and arbitration have in common the idea of involving an impartial third party to resolve conflicts between opposing sides to conclude a mutually satisfactory agreement. However, while the arbiter's judgements were binding, the mediator had no power to enforce his decisions. Both were instruments of peacebuilding and as such they contributed decisively to the long-term establishment of norms and practices of peaceful conflict resolution.

Friedensvermittlung und Schiedsgerichtsbarkeit zählen zu den fundamentalen Instrumenten der Friedensstiftung und -wahrung. In der Charta der Vereinten Nationen werden Vermittlung und Schiedsspruch explizit als Mittel zur friedlichen Beilegung von Konflikten aufgeführt.[1] Sie sind in nahezu allen Kulturkreisen anzutreffen und kommen in unterschiedlichen Bereichen von Politik, Wirtschaft und Gesellschaft zum Einsatz. Vorformen sind schon für die Zeit vor Christi Geburt nachweisbar.[2] Forschungsinteresse besteht dementsprechend transepochal und -disziplinär.[3]

Im Europa der Frühen Neuzeit waren Friedensvermittlung und Schiedsgerichtsbarkeit eng mit der biblisch fundierten und für die gesamte Christenheit als bindend angesehenen Friedensnorm verbunden.[4] Die Verpflichtung zur Friedenswahrung stand allerdings in einem Spannungsverhältnis zur signifikanten Kriegsverdichtung jener Epoche. Auch galt die Friedenspflicht nur innerhalb der *christianitas*. Die Gestaltung der Beziehungen zu nichtchristlichen Herrschern bzw. Gemeinwesen folgte an-

---

1 UN Charta, Art. 33 (1), https://www.unric.org/de/charta (abgerufen am: 28.02.2019).
2 Beispiele aus der Frühgeschichte und der Antike bei *Joseph Duss-von Werdt*, Homo mediator. Geschichte und Menschenbilder der Mediation, Baltmannsweiler 2015, S. 33–44; *Hans-Jürgen Schlochauer*, Die Entwicklung der internationalen Schiedsgerichtsbarkeit, in: AVR 10 (1962/63), S. 1–41, hier S. 1–4.
3 Vgl. den interdisziplinär konzipierten Sammelband von *Gerd Althoff* (Hg.), Frieden stiften. Vermittlung und Konfliktlösung vom Mittelalter bis heute, Darmstadt 2011.
4 Vgl. *Christoph Kampmann*, Art. „Friede", in: EdN 4 (2006), Sp. 1–21, hier Sp. 2f.

deren Grundsätzen, da die für einen Friedenszustand als konstitutiv angesehene Voraussetzung religiöser Einheit in diesem Fall nicht gewährleistet war.[5]

Aus der Kumulation kriegerischer Auseinandersetzungen in der Frühen Neuzeit resultierte ein außerordentlicher Bedarf an geeigneten Instrumenten zur gütlichen Beilegung von Konflikten. Sowohl Formen der Vermittlung (Mediation, Interposition, Gute Dienste usw.) als auch Schiedssprüche (Arbitration) waren in diesem Kontext bewährte Verfahren, bei denen die Konfliktparteien durch Hinzuziehung eines Dritten zu einer einvernehmlichen Beendigung der Auseinandersetzungen gebracht werden sollten.

1. Terminologie und Vorgeschichte

Der Begriff Mediation ist antiken Ursprungs und geht auf den griechischen Rechtsterminus *mesiteía* bzw. das lateinische *mediatio* (Vermittlung) zurück.[6] Er lässt sich, ebenso wie *mesitēs* und *mediator/mediatrix* (Vermittler/Vermittlerin), aus der Wortfamilie von ‚Mitte' (griech. *mésos*, lat. *medium*) herleiten. Große langfristige Bedeutung hatte das spätantike Verständnis von *mediator* als Kennzeichnung der vermittelnden Stellung Christi zwischen Gott und den Menschen (lat. *mediator inter deum et homines*).[7] Noch in der Frühen Neuzeit waren die religiös-theologischen Dimensionen fester Bestandteil des Verständnisses von Mediation. Allerdings ist die Herausbildung dieses Instruments nicht ausschließlich auf christliche Leitvorstellungen zurückzuführen. So haben anthropologisch-ethnologische Studien gezeigt, dass Vermittler*innen gerade in traditionalen Gesellschaften, in denen staatliche Strukturen noch vergleichsweise rudimentär ausgebildet sind, zentrale Bedeutung bei der Friedensstiftung zukommt. Dies gelte sowohl für Gesellschaften, die vom Christentum beeinflusst sind, als auch für solche nichtchristlicher Prägung.[8]

In den unterschiedlichen wissenschaftlichen Disziplinen sind zahlreiche Versuche unternommen worden, Mediation allgemeingültig zu definieren. Richtet man den Fokus auf den Bereich der frühneuzeitlichen Friedensvermittlung, so lassen sich einige charakteristische Merkmale herausarbeiten, die eine Begriffsbestimmung erleichtern.[9] Als konstituierende Kriterien gelten: (1.) die Einbeziehung eines unpar-

---

5 Diese Vorstellung korrespondierte in auffälliger Weise mit der traditionellen islamischen Rechtsauffassung, der zufolge mit nichtmuslimischen Herrschern bzw. Gemeinwesen keine letztgültigen Friedensabkommen geschlossen werden durften; vgl. ebd., Sp. 4f.
6 Vgl. *Alexander Koller*, Art. „Mediation", in: EdN 8 (2008), Sp. 213–219.
7 Vgl. *Hermann Kamp*, Friedensstifter und Vermittler im Mittelalter, Darmstadt 2001, S. 14.
8 Vgl. *Gerd Althoff*, Einleitung, in: ders. (Hg.), Frieden stiften, S. 9–18, hier S. 10.
9 Von den zahlreichen Definitionsversuchen zum Begriff Mediation sei folgende, juristischen Kontexten entstammende Begriffsbestimmung hervorgehoben, die auch die Grundlage eines einschlägigen geschichtswissenschaftlichen Sammelbandes bildet: *Klaus J. Hopt/Felix Steffek*, Mediation – Rechts-

teiischen, neutralen Dritten, der die Konfliktparteien zu einer gütlichen Beilegung ihrer Auseinandersetzung bewegen soll, (2.) die Freiwilligkeit der Teilnahme am Verfahren der Mediation sowie (3.) das Prinzip der Selbstbestimmung der Konfliktparteien, dem zufolge dem Mediator keinerlei Entscheidungsbefugnis übertragen wird.

Auch die im zivilrechtlichen Bereich traditionell weit verbreitete Schiedsgerichtsbarkeit war in der Frühen Neuzeit eine bewährte Methode der Streitbeilegung.[10] Charakteristisch für diese Form der „Ersatz-Gerichtsbarkeit"[11] war die – im Unterschied zur regulären Gerichtsbarkeit – freiwillige Übertragung einer Streitsache durch die Konfliktparteien an eine dritte, von ihnen frei gewählte Entscheidungsinstanz. Eine schiedsrichterliche Streitschlichtung wies mehrere Vorteile gegenüber rechtsförmigen Verfahren vor dem jeweils zuständigen Gerichtshof auf (insbesondere größere Flexibilität und Schnelligkeit).[12]

Im Zeitraum vom 12. bis zum 15. Jahrhundert vollzog sich der Aufstieg der Schiedsgerichtsbarkeit zu einem bevorzugten Verfahren der Schlichtung von privaten Rechtsstreitigkeiten und zunehmend auch von – modern formuliert – zwischenstaatlichen Konflikten. Einen Arbiter zur friedlichen Streitschlichtung im Bereich der auswärtigen Beziehungen einzuschalten, war im spätmittelalterlichen Europa nichts Außergewöhnliches, sondern dieses Prozedere stellte nahezu den Normalfall dar.[13]

Im Verlauf des Mittelalters arbeiteten Juristen begriffliche Differenzierungen heraus, die das Wesen der Schiedsgerichtsbarkeit exakt zu bestimmen versuchten und noch im Rechtsleben der Frühen Neuzeit eine Rolle spielten.[14] Während der *arbiter* als Schiedsrichter galt, dem eine Streitfrage zur letztgültigen, verbindlichen Entscheidung übertragen wurde, wurde dem sogenannten *arbitrator* (im Lateinischen auch *amicabilis compositor* genannt) nur das Recht zugestanden, den Konfliktparteien Lösungsvorschläge zu unterbreiten. Im Unterschied dazu sollte der *mediator* eine gütliche Einigung herbeiführen, ohne dabei aber mit eigenen substanziellen Vorschlägen hervorzutreten. Allerdings war diese Differenzierung unter Rechtsgelehrten umstrit-

---

vergleich, Regelungsmodelle, Grundsatzprobleme, in: dies. (Hg.), Mediation. Rechtstatsachen, Rechtsvergleich, Regelungen, Tübingen 2008, S. 3–102, hier S. 12: „Mediation ist ein auf Freiwilligkeit der Parteien beruhendes Verfahren, bei dem ein Vermittler ohne Entscheidungsgewalt die Kommunikation zwischen den Parteien systematisch mit dem Ziel fördert, eine von den Parteien selbst verantwortete Lösung ihres Konfliktes zu ermöglichen". Vgl. hierzu auch *Althoff*, Einleitung, S. 11 und 18.
10 Grundlegend sind: *Christoph Kampmann*, Arbiter und Friedensstiftung. Die Auseinandersetzung um den politischen Schiedsrichter im Europa der Frühen Neuzeit, Paderborn u. a. 2001; *Karl-Heinz Lingens*, Internationale Schiedsgerichtsbarkeit und Jus Publicum Europaeum 1648–1794, Berlin 1988.
11 *Konrad Repgen*, Friedensvermittlung als Element europäischer Politik vom Mittelalter bis zur Gegenwart. Ein Vortrag, in: ders., Dreißigjähriger Krieg und Westfälischer Friede. Studien und Quellen, hg. von Franz Bosbach und Christoph Kampmann, Paderborn u. a. 1998, S. 799–816, hier S. 809.
12 Hierzu und zum Folgenden *Kampmann*, Arbiter und Friedensstiftung, S. 26–31.
13 Vgl. *Repgen*, Friedensvermittlung als Element europäischer Politik, S. 809.
14 Zusammenfassend *Christoph Kampmann*, Art. „Schiedsgerichtsbarkeit", in: EdN 11 (2010), Sp. 713–717, hier Sp. 713f.

ten. In der politischen und rechtlichen Praxis erwiesen sich die Grenzen als fließend, ebenso in den völkerrechtlichen Abhandlungen des 17. und 18. Jahrhunderts. Dies gilt auch für die in der Forschung diskutierte idealtypische Unterscheidung von ‚beauftragten' und ‚erbetenen' Schiedsrichtern (lat. *commissarii* bzw. *arbitri*), die in der Praxis nicht immer eindeutig zu treffen war.[15]

Maßgebliches Unterscheidungskriterium zwischen Vermittlung und Arbitration ist die sanktionsfähige Entscheidungsbefugnis des Arbiters. Der päpstliche Friedensvermittler und spätere Papst (Alexander VII.) Fabio Chigi (1599–1667) hat in diesem Zusammenhang sogar von der Inkompatibilität beider Aufgaben bzw. Rollen gesprochen.[16] Ähnliches gilt für die sogenannten Guten Dienste (frz. *bons offices*). Sie sind nicht eindeutig von Mediations- oder Interpositionspraktiken, wohl aber von der Schiedsgerichtsbarkeit zu unterscheiden. Denn im Rahmen der Guten Dienste verzichten die Akteure bewusst auf eigene substanzielle Verhandlungsvorschläge und beschränken sich stattdessen zumeist auf die kommunikative und organisatorische Vorbereitung von Verhandlungen.[17]

Vermittlung und Schiedssprüche erwiesen sich als facettenreiche Verfahren der Friedensstiftung und -wahrung, die dynamischen Veränderungsprozessen unterlagen und letztlich bis heute trotz ihres epochen- und kulturenübergreifenden Charakters alles andere als ahistorische Phänomene darstellen.[18] Denkhorizonte und Praktiken vormoderner Mediation und Arbitration wandelten sich. Sie wiesen innerhalb des jeweils vorgegebenen rechtlichen oder politischen Rahmens ein beträchtliches Maß an Flexibilität auf, das neben der Wahrung tradierter Normen und herkömmlicher Abläufe stets Möglichkeiten zur situationsbedingten Anpassung bot.

Korrespondierend mit den religiösen Dimensionen vormoderner Friedensstiftung kam dem Papsttum in Fragen der Friedensvermittlung und Schiedsgerichtsbarkeit seit jeher eine exzeptionelle Bedeutung zu. Der Papst beanspruchte gemäß dem Selbstver-

---

15 Vgl. *Lingens*, Internationale Schiedsgerichtsbarkeit, S. 58–80. Im Gegensatz zu den ‚beauftragten' Schiedsrichtern, die den jeweiligen Konfliktparteien entstammten, sollte der ‚erbetene' Schiedsrichter unparteiisch sein.
16 Vgl. *Konrad Repgen*, Friedensvermittlung und Friedensvermittler beim Westfälischen Frieden, in: WZ 147 (1997), S. 37–61, hier S. 45.
17 Vgl. die geeignete Begriffsbestimmung von *Repgen*, Friedensvermittlung als Element europäischer Politik, S. 803: „Auch Gute Dienste bedeuten, daß ein neutraler Dritter, ohne Anspruch auf verbindliche Entscheidungsbefugnis, diplomatisch vorstellig wird, dadurch in einen Streit eingreift und dabei mehr oder minder wirksamen Rat zur Konfliktlösung erteilt. Im Unterschied zum Verfahren bei Vermittlung brauchen jedoch die Adressaten solcher Ratschläge nicht zuvor ihr Einverständnis zu dem Ratschläge-Erteilen und Ratschläge-Empfangen zu erklären, was bei Vermittlung unerläßlich ist". Die detaillierte Erforschung der Guten Dienste und der Interposition als Verfahren frühneuzeitlicher Friedensvermittlung, in deren Rahmen auch eine Differenzierung im Hinblick auf Praktiken der Mediation geleistet werden könnte, ist nach wie vor ein Desiderat der Forschung.
18 Vgl. *Kamp*, Friedensstifter, S. 2.

ständnis als Stellvertreter Christi auf Erden und *padre comune*[19] die höchste Autorität in Fragen der Friedensstiftung („Ad Papam pertinet facere pacem inter principes christianos").[20] Dem Heiligen Stuhl wurden in diesem Kontext besondere Kompetenz und Verantwortung zugesprochen. Dies manifestierte sich seit dem hohen Mittelalter in zahlreichen (erfolgreichen und gescheiterten) Friedensvermittlungen der Päpste und einem intensiven schiedsrichterlichen Wirken, das nicht nur geistliche Streitfälle, sondern auch den weltlichen und zwischenstaatlichen Bereich umfasste. Noch im 18. Jahrhundert galt der Papst

> als das sichtbare Haupt der Catholischen Kirchen, oberster Schieds-Mann und Gewissens-Rath derer Catholischen Potentaten, und wie er sonsten auch mit einem gantz besondern Vorzuge genennet wird, Friedens-Stiffter der gantzen Christlichen Welt, (orbis Christianorum Pacator) [...].[21]

Der Superioritätsanspruch des *caput christianitatis* in Sachen Friedensstiftung stieß schon im Verlauf des Mittelalters trotz unverkennbarer Erfolge an deutliche Grenzen. So gab es keine Instanz, mit der die Päpste Gehorsam erzwingen und ein Arbitrium gewaltsam durchsetzen konnten. Auch schwerste Kirchenstrafen, wie zum Beispiel Interdikt oder auch Exkommunikation, blieben ohne politische Unterstützung häufig wirkungslos.[22] Die Folge war, dass die Päpste angesichts des wiederholten Scheiterns schiedsrichterlicher Aktivitäten im Spätmittelalter dazu übergingen, verstärkt als Mediatoren zu agieren, ohne damit freilich auf Schiedssprüche gänzlich zu verzichten.[23] Durch die fundamentale Kritik am Papsttum im Zuge der Reformation sollten sich die Voraussetzungen für die Durchsetzung päpstlicher Friedensstiftungsambitionen noch weiter verschlechtern.

2. Rezeption in der frühneuzeitlichen Wissenschaft und Publizistik

In der Frühen Neuzeit veränderten sich die Rahmenbedingungen für Mediation und Arbitration durch die massive Kriegsverdichtung und die Herausbildung eines auf Souveränität und Gleichrangigkeit basierenden Mächtesystems grundlegend. Unübersehbare Folge dieses langfristigen Prozesses war eine intensivierte wissenschaftlich-

---

19 Zum Leitbegriff des *padre comune* siehe *Guido Braun*, Innozenz X. Der Papst als *padre comune*, in: Michael Matheus/Lutz Klinkhammer (Hg.), Eigenbild im Konflikt. Krisensituationen des Papsttums zwischen Gregor VII. und Benedikt XV., Darmstadt 2009, S. 119–156.
20 „Dem Papst obliegt die Friedensstiftung zwischen christlichen Fürsten" – so die Formulierung des Rechtsgelehrten Johannes Andreae (um 1270–1348) aus dem Jahr 1322; vgl. *Repgen*, Friedensvermittlung als Element europäischer Politik, S. 814.
21 *Johann Heinrich Zedler*, Art. „Mittler", in: Grosses vollständiges Universal-Lexicon Aller Wissenschafften und Künste [...] 21 (1739), Sp. 619–637, hier Sp. 624.
22 Vgl. *Repgen*, Friedensvermittlung und Friedensvermittler, S. 45.
23 Vgl. *Kampmann*, Arbiter und Friedensstiftung, S. 32f.

theoretische und tagespublizistische Auseinandersetzung mit diesen beiden Formen der Friedensstiftung.

Die ältere Völkerrechtsliteratur[24] hat Friedensvermittlung als Bestandteil des *Jus Publicum Europaeum* nicht behandelt. Noch in Hugo Grotius' (1583–1645) epochalem Werk *De iure belli ac pacis* fand die Mediation keine Aufnahme.[25] Wohl aber schlug Grotius unter anderem die Einführung eines permanenten internationalen Schiedsgerichts vor – eine Idee, die in der Forschung als Vorform einer weltweiten Friedensorganisation gilt[26] und nachfolgend unter anderem auch in den Friedensutopien Émeric Crucés (um 1590–1648), William Penns (1644–1718) und des Abbé Charles Irénée Castel de Saint-Pierre (1658–1743) angedacht wurde.[27]

Eine explizite Abgrenzung von Mediation und Arbitration findet sich dagegen in Samuel von Pufendorfs (1632–1694) richtungsweisender Schrift *De iure naturae et gentium*.[28] Pufendorfs Ausführungen trugen zu einer substanziellen inhaltlichen Schärfung der beiden Begriffe bei. Sie erlangten unter anderem deshalb die besondere Aufmerksamkeit der Forschung, da im Falle einer Zurückweisung der Vermittlungsvorschläge durch eine Kriegspartei eine bewaffnete Intervention seitens der vermittelnden Instanz vorgesehen war.[29] Dieses Konzept weist Ähnlichkeiten zu modernen Vermittlungspraktiken auf, die mit dem Begriff *power mediation* umschrieben werden.

Von den historischen und juristischen Arbeiten, die seit dem Französisch-Niederländischen Krieg (1672–1678/79) in wachsender Zahl zu den Themen Mediation und Arbitration erschienen, seien an dieser Stelle exemplarisch die in langfristiger Perspektive bedeutsamen Abhandlungen von Christian Wolff (1679–1754) und Emer de Vattel (1714–1767) hervorgehoben.[30] Die von naturrechtlichem Gedankengut geprägten Überlegungen Wolffs gelten in der Mediationsforschung als wegweisend. Er unterschied unter anderem systematisch zwischen dem Mediator, dem (entscheidungsbefugten) Arbiter und dem (lediglich vermittelnd-schlichtenden) Arbitrator. Das von Pufendorf erörterte Konzept einer bewaffneten Vermittlung wies Wolff dezidiert zurück.

Auch das von Vattel postulierte Ideal eines präventiven Einsatzes friedenswahrender Instrumente *vor* Ausbruch eines bewaffneten Konflikts stellt einen wichtigen

---

24 Vgl. hierzu auch Kapitel 6.
25 *Hugo Grotius*, De iure belli ac pacis [...], Paris 1625.
26 Vgl. *Heinz Duchhardt*, „Friedensvermittlung" im Völkerrecht des 17. und 18. Jahrhunderts: Von Grotius zu Vattel, in: ders., Studien zur Friedensvermittlung in der Frühen Neuzeit, Wiesbaden 1979, S. 89–117, hier S. 94.
27 Vgl. *Olaf Asbach*, Art. „Friedensutopie", in: EdN 4 (2006), Sp. 27–34, hier Sp. 31ff. Vgl. hierzu auch Kapitel 4.
28 *Samuel Pufendorf*, De iure naturae et gentium libri octo, Lund 1672.
29 *Duchhardt*, Friedensvermittlung, S. 96f.
30 Vgl. ebd., S. 108–113.

Markstein in der Genese neuzeitlicher Friedenssicherung dar.[31] Zudem sind die eher beiläufigen Bemerkungen Vattels, dass die Mediation sehr gebräuchlich sei („fort usité") und die Arbitration gelegentlich („quelquefois") eingesetzt werde,[32] ein aufschlussreicher Indikator für die zeitgenössische Wahrnehmung der konkreten Friedensstiftungspraxis.

Von dem großen Interesse, das sich im Zeitalter Ludwigs XIV. (1638–1715) im Hinblick auf eine präzisere Erfassung des Wesens von Friedensvermittlung und Schiedsgerichtsbarkeit manifestierte, zeugen auch die zeitgenössischen diplomatischen Handbücher. Viel zitiert ist in diesem Zusammenhang Abraham de Wicqueforts (1606–1682) Diplomatenspiegel *L'ambassadeur et ses fonctions*, der ein ausführliches Kapitel zum Thema Mediation enthält. Von Wicquefort stammt das aufschlussreiche Diktum, die Friedensvermittlung zähle zu den beschwerlichsten Einsatzbereichen eines Botschafters.[33] François de Callières (1645–1717), ein weiterer oft angeführter Gewährsmann, betonte in seinem Diplomatie-Kompendium *De la manière de négocier avec les souverains* den außerordentlich großen Prestigegewinn, der mit einer Friedensvermittlung einhergehen konnte: Es gebe nichts, was die Reputation eines Herrschers so sehr vergrößern könne wie eine erfolgreiche Mediation.[34] Insgesamt gesehen erweisen sich die auf der Schnittstelle von Theorie und Praxis zu verortenden Handbücher Wicqueforts und Callières – beide waren selbst in diplomatischen Diensten tätig – als sensible Gradmesser der großen Bedeutung, welche die Zeitgenossen der Kunst des Friedensschließens (frz. *l'art de la paix*) in einer Ära beimaßen, in der Europa durch eine enorme Kriegshäufung erschüttert wurde.

Damit korrespondiert die große machtpolitische Brisanz des vor allem seit dem 16. Jahrhundert forcierten publizistischen Ringens um die Arbiter-Stellung in der Christenheit (*arbiter totius orbis christiani*), ging es hierbei doch zumeist um nichts weniger als um propagandistische Artikulationen hegemonialer Ansprüche. So konstatierte Jean Bodin (1529/30–1596) in seinem grundlegenden Werk *Les six livres de la république* mehrfach, es sei die höchste Ehre für einen Souverän, allgemein als friedensstiftender Schiedsrichter (frz. *arbitre de paix*) anerkannt zu werden.[35] Die Frage, wem diese prestigeträchtige und mit einem großen Machtanspruch verbundene Position gebühre, war nicht nur Bestandteil tagespublizistischer Auseinandersetzungen, sondern nachweislich auch Gegenstand der internen Beratungen an den europäischen Höfen. Während sich entsprechende Ansprüche von englischer Seite insbeson-

---

31 Vgl. ebd., S. 111ff.
32 *Emer de Vattel*, Le droit des gens ou principes de la loi naturelle [...], 2 Bde., Leiden 1758, hier Bd. 1, Buch II, Kap. XVIII, §§ 328f.
33 *Abraham de Wicquefort*, L'Ambassadeur Et Ses Fonctions, 2 T., Köln 1689–1690, hier T. 2, S. 114.
34 *François de Callières*, De la manière de négocier avec les souverains [...]. Amsterdam 1716, S. 18.
35 Vgl. *Jean Bodin*, Les six livres de la République, Paris 1576; *Kampmann*, Arbiter und Friedensstiftung, S. 83–92.

dere auf die englischen Könige Heinrich VIII. (1491–1547) und Wilhelm III. (1650–1702) als angebliche Wahrer des Gleichgewichts (engl. *holder of the balance*) bezogen, wurden von französischen Autoren vor allem die französischen Könige Heinrich IV. (1553–1610) und Ludwig XIV. in glorifizierender Weise zu Schiedsrichtern der gesamten Christenheit stilisiert. Allerdings resultierte gerade aus der aggressiv-expansiven Außenpolitik des Sonnenkönigs der massive Vorwurf, er strebe unter dem Deckmantel einer vermeintlich friedensstiftenden Arbiter-Stellung in eigennütziger und anmaßender Weise nach der Universalmonarchie.[36] Insofern wies das in Flugschriften und Traktaten ausgetragene Ringen um den Leitbegriff des politischen Schiedsrichters erhebliches konfliktverschärfendes Potenzial auf. Zwar war auch das Thema Mediation Bestandteil des publizistischen Diskurses der ludovizianischen Ära;[37] solch kontroverse Debatten wie über die – mitunter negativ konnotierte – Stellung des Arbiters rief die Friedensvermittlung aber offenbar nicht hervor.

Allerdings verlor das zuvor in der Tagespublizistik mit großer Entschiedenheit ausgetragene Ringen um die Arbiter-Stellung im Verlauf des 18. Jahrhunderts an Sprengkraft. Denn es bildete sich nunmehr verstärkt die Überzeugung heraus, schon allein die Herstellung des Gleichgewichts der Kräfte, das nun als friedenssichernde Norm schlechthin angesehen wurde, reiche zur Wahrung des Friedens in Europa aus.[38]

3. Die politische und diplomatische Praxis

Friedensvermittlung und Schiedsgerichtsbarkeit waren in der gesamten Frühen Neuzeit wesentliche Faktoren von Friedensstiftungsprozessen. Eine exakte Quantifizierung ist beim gegenwärtigen Forschungsstand nicht möglich, zumal Vermittlungsaktivitäten und Schiedsinitiativen, die nicht von Erfolg gekrönt waren oder nur das Stadium von Sondierungen erreichten, schwer zu fassen sind. Für den Bereich der Friedensvermittlung lässt sich festhalten, dass die Hochphase des europäischen Kongresswesens[39] im 17. und frühen 18. Jahrhundert mit einer immer stärkeren Profilierung des – freilich nicht immer erfolgreichen – Verfahrens der Mediation einherging. Hervorzuheben sind die großen multilateralen Friedenskongresse von Münster/Osnabrück (1643–1649), Nijmegen (1676–1679) und Rijswijk (1697)[40] sowie die beiden ge-

---

36 Zur Kritik am Schiedsrichterrang Ludwigs XIV., an der sich beispielsweise auch Gottfried Wilhelm Leibniz (1646–1716) beteiligte, vgl. *Kampmann*, Arbiter und Friedensstiftung, S. 220–238.
37 Einige Beispiele bei *Sonja Schultheiß-Heinz*, Politik in der europäischen Publizistik. Eine historische Inhaltsanalyse von Zeitungen des 17. Jahrhunderts, Stuttgart 2004, S. 229, S. 242 und S. 260f.
38 Vgl. *Kampmann*, Arbiter und Friedensstiftung, S. 306ff.
39 Vgl. hierzu auch Kapitel 22.
40 Vgl. hierzu auch Kapitel 46 und 47.

scheiterten Friedenskongresse von Köln (1636 und 1673/74). Auch die kleineren Friedenskongresse und bilateralen Friedensschlüsse des ludovizianischen Zeitalters wurden in hohem Maße durch Friedensvermittlung geprägt. Bekannte Beispiele sind die Friedensschlüsse von Oliva und Kopenhagen 1660, Kleve 1666, Breda 1667, Aachen 1668, Lissabon 1668 und Vossem 1673. Insgesamt gesehen lassen sich für den Zeitraum von 1648 bis 1800 mindestens 87 vertraglich dokumentierte zwischenstaatliche Vermittlungstätigkeiten in Europa nachweisen.[41]

Auch in den Beziehungen der europäischen Mächte zum Osmanischen Reich wurde das Instrument der Friedensvermittlung eingesetzt. Die Friedensschlüsse von Karlowitz 1699, Passarowitz 1718, Belgrad 1739, Sistova 1791 und Jassy 1792 wurden allesamt mit Unterstützung europäischer Vermittler ausgehandelt. Hingegen wurde ein türkisches Vermittlungsangebot im Österreichischen Erbfolgekrieg (1740–1748) nicht angenommen. Offenbar war man auf europäischer Seite zum damaligen Zeitpunkt nicht bereit, das Osmanische Reich durch die Übertragung einer Friedensvermittlung zum gleichberechtigten, aktiven Mitgestalter des Völkerrechts aufzuwerten.[42]

Als entscheidender Orientierungsmaßstab für die nachfolgenden Friedensvermittlungen in Europa gilt der Westfälische Friedenskongress.[43] Innerhalb des äußerst komplexen Verhandlungsgeschehens in Münster und Osnabrück fungierten die beiden Mediatoren, der päpstliche Nuntius Fabio Chigi und der venezianische Botschafter Alvise Contarini (1597–1651), in scharnierartiger Weise als Anlaufstelle für die Konfliktparteien. Sie verzichteten von vornherein auf die Realisierung eigener Friedenskonzepte. Zudem beschränkte Chigi seine Mediationstätigkeit auf die katholischen Mächte.

Nach dem ohne Vermittler abgeschlossenen Pyrenäenfrieden 1659 folgte eine Phase, in der Friedensvermittlungen im heutigen Sinn von *power mediation* durch die Androhung militärischer Intervention untermauert wurden. Das bekannteste Beispiel hierfür ist die Vorgehensweise der sogenannten Tripleallianz (Generalstaaten, England und Schweden), die im Gefolge des Devolutionskrieges (1667/68) gegen das expansive Ausgreifen Ludwigs XIV. gebildet worden war.

In der Phase europäischer Vermittlungspolitik vom Französisch-Niederländischen (1672–1679) zum Neunjährigen Krieg (1688–1697) forderten die Mediatoren

---

41 Vgl. *Jörg Lehnsdorf*, Die Vermittlung im Völkerrecht zwischen 1648 und 1815, Diss. jur., Hamburg [2002], Anhang S. 163–175.
42 Vgl. *Arno Strohmeyer*, Das Osmanische Reich – ein Teil des europäischen Staatensystems der Frühen Neuzeit?, in: Marlene Kurz u.a. (Hg.), Das Osmanische Reich und die Habsburgermonarchie. Akten des internationalen Kongresses zum 150-jährigen Bestehen des Instituts für Österreichische Geschichtsforschung Wien, 22.–25. September 2004, Wien/München 2005, S. 149–164, hier S. 160. Vgl. hierzu auch Kapitel 19.
43 Zum Folgenden vgl. *Heinz Duchhardt*, Friedenskongresse im Zeitalter des Absolutismus – Gestaltung und Strukturen, in: Konrad Repgen (Hg.), Forschungen und Quellen zur Geschichte des Dreißigjährigen Krieges, Münster 1981, S. 226–239, hier S. 231–235.

zumeist nur notarielle Befugnisse ein. Die vermeintliche Unverzichtbarkeit der Friedensvermittlung wurde mehr und mehr in Zweifel gezogen. Symptomatisch hierfür war, dass Teile der europäischen Friedensordnung von 1713/14 und der Frieden von Aachen 1748 ohne vermittelnde Dritte ausgehandelt wurden.[44] Das 18. Jahrhundert war dennoch kein vermittlerloses Zeitalter. Die Friedenskongresse von Cambrai (1722–1725) und Soissons (1728/29) sowie der Frieden von Teschen 1779 sind prominente Beispiele. Man bediente sich im Rahmen dieser Friedensverhandlungen Praktiken, die weitgehend zu den Guten Diensten zu zählen sind.[45]

Ein ähnlicher Befund ergibt sich im Hinblick auf die Schiedsgerichtsbarkeit. Der diesbezüglich seit dem Spätmittelalter greifbare Bedeutungsverlust des Papsttums verschärfte sich seit der Reformation. Gleichwohl gab es über das gesamte 16. Jahrhundert hinweg Initiativen zu einem päpstlichen Arbitrium; es ist somit keineswegs von einem generellen Niedergang zwischenstaatlicher Schiedsgerichtsbarkeit in dieser Zeit auszugehen. Allein zwischen 1648 und 1739 lassen sich mindestens 69 zwischenstaatliche Schiedsfälle nachweisen.[46] Meist waren Handels- und Grenzstreitigkeiten Gegenstände von Schiedsverfahren. Auch innerhalb des Heiligen Römischen Reiches deutscher Nation wurde Schiedsgerichtsbarkeit zur friedlichen Streitschlichtung praktiziert, etwa in Form von sogenannten Austrägen zwischen Reichsunmittelbaren.[47] Ein erkennbarer Niedergang privatrechtlich-ziviler wie zwischenstaatlicher Arbitration erfolgte seit etwa 1740, ehe dann Ende des 18. Jahrhunderts unter veränderten Rahmenbedingungen ein erneuter Rückgriff auf dieses traditionsreiche Mittel der Friedensstiftung festzustellen ist.[48]

Blicken wir auf die konkreten Praktiken. Das Schiedsverfahren im engeren Sinn (Urteilsverfahren) war hinsichtlich der Wahl, Aufgaben und Befugnisse der Schiedsrichter bestimmten Vorgaben unterworfen und sah funktionell vorgelagerte Schritte

---

44 Ebd., S. 232ff.; speziell zum Friedenskongress von Utrecht siehe *Lucien Bély*, La médiation diplomatique au XVIIe siècle et au début du XVIIIe siècle, in: Armées et diplomatie dans l'Europe du XVIIe siècle. Actes du colloque de 1991, Paris 1992, S. 129–147.
45 Vgl. *Duchhardt*, Friedenskongresse, S. 234f.
46 Zur Anzahl von Schiedssprüchen auf zwischenstaatlicher Ebene nach 1648 vgl. *Lingens*, Internationale Schiedsgerichtsbarkeit, insbesondere die Aufstellung S. 168–173; *Kampmann*, Arbiter und Friedensstiftung, S. 14; *ders.*, Friedensstiftung von außen? Zur Problematik von Friedensvermittlung und Schiedsgerichtsbarkeit in frühneuzeitlichen Staatenkonflikten, in: Claudia Ulbrich u.a. (Hg.), Gewalt in der Frühen Neuzeit. Beiträge zur 5. Tagung der Arbeitsgemeinschaft Frühe Neuzeit im VHD, Berlin 2005, S. 245–259, hier S. 247.
47 Vgl. *Siegrid Westphal*, Austräge als Mittel der Streitbeilegung im frühneuzeitlichen Adel des Alten Reiches, in: Albrecht Cordes (Hg.), Mit Freundschaft oder mit Recht? Inner- und außergerichtliche Alternativen zur kontroversen Streitentscheidung im 15.–19. Jahrhundert, hg. unter Mitarbeit von Anika M. Auer, Köln u.a. 2015, S. 159–173.
48 Als Wasserscheide zwischen vormoderner und moderner internationaler Arbitration gilt der sogenannte Jay-Vertrag zwischen Großbritannien und den Vereinigten Staaten von Amerika (19.11.1794); vgl. *Lingens*, Internationale Schiedsgerichtsbarkeit, S. 149–157.

vor (Mahn- und Vergleichsverfahren).[49] Gleichwohl ist für die Arbitration, ähnlich wie für die Friedensvermittlung, eine Vielfalt von Erscheinungsformen zu konstatieren, zumal konkrete Vorschriften zum individuellen Verfahrensablauf eher rar gesät waren. Bevorzugt wurde nach Möglichkeit eine einvernehmliche Streitbeilegung statt einer autoritären (Mehrheits-)Entscheidung. Letztlich blieben die Schiedsrichter aber an ein gerichtsähnliches Verfahren gebunden.[50]

Friedensvermittlung konnte dagegen stets flexibel gestaltet werden, da sie nicht an normierte Verfahrensregeln gebunden war.[51] Mit der Mediation konnten ein einzelnes Individuum oder eine Personengruppe betraut werden. Vermittler waren bereits im Vorfeld, in allen Phasen der Verhandlungen und auch nach deren Abschluss in das Geschehen involviert. Sie waren in der Regel mit Instruktionen ihrer Prinzipalen und zusätzlichen Unterlagen ausgestattet, die ihnen in den Verhandlungen als Grundlage bzw. zur Orientierung dienen sollten (sogenannte *How-to*-Literatur).[52]

Die Vermittler verfügten bei der Ausübung ihrer Tätigkeit in der Regel über beträchtliche Gestaltungsspielräume. Ihre vorrangige Aufgabe war es, wie „ein Tropfen Öl in der Friedensmaschinerie"[53] einen möglichst reibungslosen und erfolgversprechenden Ablauf der Verhandlungen zu gewährleisten, den Kommunikationsfluss zu garantieren und die Forderungen der Konfliktparteien wechselseitig zu übermitteln. Ihre Arbeit vollzog sich zumeist nicht in der Öffentlichkeit.

Schon in der Präliminarphase, d.h. vor dem eigentlichen Beginn substanzieller Verhandlungen über die konkreten Inhalte der anvisierten Friedensschlüsse, kamen den Vermittlern wichtige Funktionen zu. Nachdem die Verhandlungsorte festgelegt worden waren, hatten sie dafür Sorge zu tragen, dass die Pässe bzw. Geleitbriefe für die Verhandlungsteilnehmer ordnungsgemäß ausgestellt und die Verhandlungsvollmachten in eine allgemein akzeptierte Form gebracht wurden. Dies war nicht zuletzt unerlässlich, um eine sichere Anreise der Diplomaten[54] zu gewährleisten, da oft kein begleitender Waffenstillstand[55] vereinbart wurde. Bei Friedenskongressen erließen die Vermittler Reglements, welche die innere Sicherheit in den neutralisierten Kon-

---

49 Ausführlich hierzu ebd., S. 37–91.
50 Ebd., S. 75f., S. 81 und S. 89.
51 Vgl. *Franz Bosbach*, Art. „Friedensverhandlungen", in: EdN 4 (2006), Sp. 34–41, hier Sp. 39.
52 Vgl. *Ulrich Bröckling*, Technologie der Befriedung – Über Mediation, in: Benjamin Ziemann (Hg.), Perspektiven der Historischen Friedensforschung, Essen 2002, S. 229–249, hier S. 242. Hierzu zählten z.B. grundlegende Werke, die den zeitgenössischen Wissenskanon bündelten, aber auch konkrete Schriftsätze, die aus anderen politischen und diplomatischen Kontexten stammten und für die jeweiligen Verhandlungen essenziell waren.
53 *Bernd Roeck*, Venedigs Rolle im Krieg und bei den Friedensverhandlungen, in: Klaus Bußmann/ Heinz Schilling (Hg.), 1648. Krieg und Frieden in Europa, Textbd. 1: Politik, Religion, Recht und Gesellschaft, Münster 1998, S. 161–168, hier S. 165.
54 Vgl. hierzu auch Kapitel 26.
55 Vgl. hierzu auch Kapitel 16.

gressstädten gewährleisten sollten. Auch im Rahmen des auszuhandelnden Ablaufs der obligatorischen Notifikationen sowie Visiten und Revisiten der neu eintreffenden Diplomaten waren sie von zentraler Bedeutung.

Oftmals erfolgte die Klärung zeremonieller Details unter Einschaltung von Vermittlern. Sie hatten die wichtige Funktion, konfliktträchtige Protokollfragen zu entschärfen. Dies war bisweilen nicht unproblematisch, da sie selbst integraler Bestandteil des Zeremoniells und zum Teil direkt in Präzedenzstreitigkeiten involviert waren.[56] Auch wollten die europäischen Mächte ihre Stellung in der Ranghierarchie mitunter dadurch erhöhen, dass sie in den Verhandlungen zeremonielle Vorrechte beanspruchten, die ihnen ihrer Ansicht nach aufgrund der Übernahme der Mediation zustünden, was zusätzliches Konfliktpotenzial barg.[57]

In den meist multilingualen mündlichen und/oder schriftlichen Verhandlungen bewegten sich die Mediatoren mit ihrem Wirken in den Bahnen, die exemplarisch in der Instruktion Chigis für seine Mission nach Münster vorgegeben waren und die wie folgt treffend umschrieben worden sind: „pausenlos vermitteln, aber nichts entscheiden".[58] Gleiches gilt auch für die informellen Sondierungen und Gespräche außerhalb der formalisierten Verhandlungsabläufe. Dies stellte einen deutlichen Unterschied zu den Kernbefugnissen eines Schiedsrichters dar, dessen Tätigkeit typischerweise drei wesentliche Komponenten umfasste: Prüfen (*cognoscere*), Entscheiden (*decernere*) und schließlich das Fällen eines Urteils (*sententiam ferre*).[59]

Allerdings entspricht die Vorstellung, Vermittler hätten sich auf die bloße Funktion eines Notars oder Briefträgers beschränkt, nicht der tatsächlichen Praxis von Friedensverhandlungen. Vielmehr verfügten sie über ein breites Repertoire an Strategien, um steuernd in die Verhandlungen eingreifen zu können, ohne damit ihre unparteiische Haltung grundsätzlich aufzugeben.[60] Hierzu zählten zum Beispiel verhandlungstaktische Empfehlungen und Stellungnahmen, vertrauensbildende Maßnahmen, Kritik und Ermahnungen sowie Sanktionsandrohungen.[61]

---

56 Vgl. *Barbara Stollberg-Rilinger*, Parteiische Vermittler? Die Westfälischen Friedensverhandlungen 1643–48, in: Althoff (Hg.), Frieden stiften, S. 124–146, hier vor allem S. 137f. Vgl. hierzu auch Kapitel 31.
57 Vgl. das Beispiel der englischen Vermittlung auf dem Friedenskongress von Nijmegen; *Heinz Duchhardt*, Arbitration, Mediation oder bons offices. Die englische Friedensvermittlung in Nijwegen 1676–1679, in: ders., Studien zur Friedensvermittlung, S. 23–88, insbesondere S. 45–52.
58 *Repgen*, Friedensvermittlung und Friedensvermittler, S. 55.
59 Vgl. *Lingens*, Internationale Schiedsgerichtsbarkeit, S. 63.
60 Vgl. *Michael Rohrschneider*, Friedensvermittlung und Kongresswesen: Strukturen – Träger – Perzeption (1643–1697), in: Christoph Kampmann u. a. (Hg.), L'art de la paix. Kongresswesen und Friedensstiftung im Zeitalter des Westfälischen Friedens, Münster 2011, S. 139–165, hier S. 153f.
61 Als idealtypische Mediationsstrategien gelten *communication-facilitation*, *formulation* und *manipulation*; vgl. *Jacob Bercovitch*, The Structure and Diversity of Mediation in International Relations, in: ders./Jeffrey Z. Rubin (Hg.), Mediation in International Relations. Multiple Approaches to Conflict Management, New York 1994, S. 1–29, hier S. 17f. Darüber hinaus unterscheidet die Mediationsforschung

In der Endphase der Verhandlungen waren die Vermittler meistens in die Redaktion der Friedensverträge, den Akt der Vertragsunterzeichnung, den Austausch der Ratifikationsurkunden und gegebenenfalls auch in die Vertragsgarantie involviert. Bei einigen Friedensschlüssen wurden ihre Anstrengungen und Verdienste explizit im Vertragstext erwähnt. Im Falle unliebsamer Verhandlungsergebnisse verweigerten sie ihre Unterschrift unter das Vertragswerk und legten unter Umständen förmliche Proteste ein.[62]

Die Rollen des Vermittlers und die Parameter, nach denen er vorzugehen hatte, konnten im Laufe der Verhandlungen durchaus wechseln.[63] Insofern ist es schwierig, die Vermittlungsaktivitäten stets eindeutig den Termini Mediation, Interposition und Gute Dienste zuzuordnen, da es zu fließenden Übergängen und phasenweise changierenden Praktiken kommen konnte. Bezeichnend für diesen Sachverhalt ist auch die Tatsache, dass mitunter in Erwägung gezogen wurde, Vermittler, die ursprünglich mit der Mediation beauftragt waren, mit einem Arbitrium zu betrauen. Dies gilt zum Beispiel für die niederländische Vermittlung auf dem Westfälischen Friedenskongress sowie für die englische und niederländische Mediation auf dem Friedenskongress von Nijmegen.[64]

Bemerkenswert ist der letztgenannte Sachverhalt auch in konfessioneller Hinsicht, denn mit den Generalstaaten und England sollten protestantische Mächte in Angelegenheiten entscheiden, die unmittelbar katholische Potentaten betrafen. Dies ist nicht nur als Indiz für den Bedeutungsverlust päpstlicher Schiedsgerichtsbarkeit zu werten, sondern auch als Folge der Tatsache, dass sich die Römische Kurie durch ihre auf dem Westfälischen Friedenskongress praktizierte Ablehnung von formellen Verhandlungen mit Protestanten und ihren Protest gegen friedensvertraglich fixierte konfessionelle Konzessionen ins mächtepolitische Abseits manövriert hatte.[65] Daran vermochte letztlich auch die Tatsache nichts mehr zu ändern, dass der päpstliche Nuntius und Mediator auf dem Friedenskongress von Nijmegen Luigi Bevilacqua (1616–1679), anders als noch Chigi, eine Friedensvermittlung auf protestantischem

---

mehrere Stufen von Vermittlungsintensität, die je nach Bedarf angewendet werden können: *conciliation*, *consultation*, *pure mediation* und *power mediation*; vgl. *J. Michael Greig/Paul F. Diehl*, International Mediation, Cambridge/Malden 2012, S. 7ff.

62 Vgl. *Rohrschneider*, Friedensvermittlung, S. 156 mit Anm. 67.
63 Vgl. *Bercovitch*, The Structure and Diversity of Mediation, S. 15.
64 Vgl. *Michael Rohrschneider*, Der gescheiterte Frieden von Münster. Spaniens Ringen mit Frankreich auf dem Westfälischen Friedenskongress (1643–1649), Münster 2007, S. 268ff.; *Duchhardt*, Arbitration, S. 43 und 84.
65 Im halben Jahrhundert zuvor waren wichtige Friedensverhandlungen unter päpstlicher Vermittlung zum Abschluss gebracht worden, allerdings stets zwischen katholischen Mächten (Vervins 1598, Lyon 1601 und Cherasco 1631). Friedensschlüsse zwischen protestantischen Mächten erfolgten dagegen unter Zuhilfenahme weltlicher Vermittler (vgl. z.B. für den Ostseeraum die Friedensschlüsse von Stettin 1570, Knäred 1613 und Stolbowo 1617).

Hoheitsgebiet antrat und seine Dienste dort auch protestantischen Mächten anbot, die diese jedoch unisono ablehnten.[66]

Darüber hinaus signalisiert die Einbeziehung der Generalstaaten in die zwischenstaatliche Schiedsgerichtsbarkeit einen weiteren fundamentalen Wandel. Denn anders als beispielsweise im Falle der – letztlich nicht realisierten – Überlegungen, der französischen Königin Anne d'Autriche (1601–1666) das Arbitrium in den stockenden westfälischen Friedensverhandlungen zwischen Frankreich und Spanien zu übertragen,[67] wurde in Münster und später dann auch in Nijmegen und Rijswijk mit den Generalstaaten eine noch junge Republik mit einem Schiedsspruch beauftragt, die erst im Frieden von Münster 1648 internationale völkerrechtliche Anerkennung erlangte und in der herkömmlichen Ranghierarchie der europäischen Mächte deutlich unter den Konfliktparteien Frankreich und Spanien zu verorten war.[68]

Die Auswahl eines Vermittlers oder Arbiters war jedenfalls in aller Regel ein langwieriger Prozess, der zwischen den Konfliktparteien bisweilen sehr umstritten war. Dies betraf sowohl die Frage, welcher Souverän mit dieser Aufgabe betraut werden sollte, als auch die konkret auszuwählenden Personen (Mediatoren bzw. Kommissare), die vor Ort agieren sollten. Der maßgebliche Bestimmungsfaktor in diesem Auswahlprozess war in aller Regel die außenpolitische Interessenlage der beteiligten Mächte. Wie komplex sich dies teilweise gestaltete, verdeutlichen die im Falle von stockenden Friedensverhandlungen angestellten Überlegungen, die zunächst auserkorenen Mediatoren abzuziehen und andere Personen oder Personengruppen mit der Vermittlung zu betrauen.[69]

Auch Schiedsverfahren konnten in eine Sackgasse geraten. In solchen Fällen standen zusätzliche Instrumente zur Verfügung. So konnte die jeweilige Causa bei zwiespältigen Entscheidungen der gewählten Schiedsrichter einem „Superarbiter"[70] übertragen werden, wie es zum Beispiel im Streit um die Pfälzische Erbfolge nach dem

---

66 Vgl. *Duchhardt*, Arbitration, S. 63, sowie insgesamt Peter J. Rietbergen, Papal Diplomacy and Mediation at the Peace of Nijmegen, in: J. A. H. Bots (Hg.), The Peace of Nijmegen/La Paix de Nimègue 1676–1678/79. International Congress of the Tricentennial Nijmegen 14–16 September 1978, Amsterdam 1980, S. 29–96.

67 Vgl. *Kampmann*, Arbiter und Friedensstiftung, S. 178ff.; *Rohrschneider*, Der gescheiterte Frieden, S. 264–268.

68 Vgl. *Duchhardt*, Arbitration, S. 84.

69 Ein gut untersuchtes Beispiel hierfür ist die zwischenzeitliche niederländische Vermittlungstätigkeit in den französisch-spanischen Verhandlungen auf dem Westfälischen Friedenskongress; vgl. *Markus Laufs*, Von der Verbindlichkeit entbunden. Die niederländischen Guten Dienste in Münster von Juni bis September 1646 als Beispiel einer ungefestigten Friedensvermittlung, in: Dorothée Goetze/Lena Oetzel (Hg.), Warum Friedenschließen so schwer ist. Frühneuzeitliche Friedensfindung am Beispiel des Westfälischen Friedenskongresses, Münster 2019, S. 191–207.

70 *Lingens*, Internationale Schiedsgerichtsbarkeit, S. 76 und 137f.

Frieden von Rijswijk 1697 praktiziert wurde, als Papst Innozenz XII. (1615–1700) diese Rolle übertragen wurde.

Die Motive der jeweiligen Souveräne für die Annahme einer Mediation oder Arbitration waren vielgestaltig. Neben den christlichen Geboten der Nächstenliebe und Friedenspflicht sind vor allem die jeweiligen Eigeninteressen und der Faktor Reputation hervorzuheben.[71] Gerade die Frage eines Prestigezugewinns konnte maßgeblich für die Entscheidung sein, als Friedensstifter tätig zu werden. Dies gilt zum Beispiel für die Republik Venedig, die gemeinsam mit der Römischen Kurie die Mediation auf dem Westfälischen Friedenskongress zu einer Zeit übernommen hatte, als der Zenit ihrer Geltung als mediterrane Vormacht bereits überschritten war.[72] Der englische König Karl II. (1630–1685) folgte ebenfalls dieser Logik von Reputation und Ruhm. Er sah in der Mediation auf dem Friedenskongress von Nijmegen eine willkommene Gelegenheit, den Stellenwert seiner Monarchie im europäischen Mächtespiel zu erhöhen.[73] Und auch Schweden übernahm die Friedensvermittlung auf dem Rijswijker Friedenskongress keineswegs nur, um sich nach Möglichkeit weitgehend aus dem damaligen Kriegsgeschehen herauszuhalten, sondern auch um einen Prestigezugewinn erzielen zu können.[74]

Ähnliches gilt für die vor Ort tätigen Akteure, für die eine erfolgreiche Friedensstiftung mit einem beträchtlichen Zuwachs an Ansehen verbunden sein konnte. Als zumeist hochrangige und erfahrene Diplomaten vom *type ancien*[75] waren sie in ihrem Handeln durch eine charakteristische Normen- und Rollenvielfalt geprägt, die neben der Loyalität zu ihrem jeweiligen Dienstherrn auch und gerade Eigeninteressen (materieller und immaterieller Art) umfassten.[76] Hierzu zählten neben Versorgungsaspekten und Karrierechancen insbesondere spezifische Verpflichtungen, die aus Klientel- und Patronagestrukturen resultierten. Daher gilt: Friedensstiftung diente immer auch den Friedensstiftern selbst.[77]

Vor diesem Hintergrund überrascht es nicht, dass die Vermittler häufig in spiegelbildlicher Weise von den Konfliktparteien mit dem Vorwurf der Parteilichkeit konfron-

---

71 Zusammenfassend *Repgen*, Friedensvermittlung als Element europäischer Politik, S. 810.
72 Vgl. insgesamt *Roeck*, Venedigs Rolle.
73 Vgl. *Duchhardt*, Arbitration, S. 30.
74 Vgl. *Werner Buchholz*, Zwischen Glanz und Ohnmacht. Schweden als Vermittler des Friedens von Rijswijk, in: Heinz Duchhardt (Hg.), Der Friede von Rijswijk 1697, hg. in Verbindung mit Matthias Schnettger und Martin Vogt, Mainz 1998, S. 219–255, hier S. 230–234.
75 Grundlegend hierzu *Hillard von Thiessen*, Diplomatie vom *type ancien*. Überlegungen zu einem Idealtypus des frühneuzeitlichen Gesandtschaftswesens, in: ders./Christian Windler (Hg.), Akteure der Außenbeziehungen. Netzwerke und Interkulturalität im historischen Wandel, Köln u. a. 2010, S. 471–503.
76 Vgl. am Beispiel des Nijmegener Friedenskongresses *Matthias Köhler*, Strategie und Symbolik. Verhandeln auf dem Kongress von Nimwegen, Köln u. a. 2011, hier insbesondere S. 159–297.
77 In Anlehnung an *Stollberg-Rilinger*, Parteiische Vermittler, S. 127.

tiert wurden, was die Verhandlungen dauerhaft überschatten, wenn nicht sogar regelrecht behindern konnte.[78] Sie hatten bei ihrer Tätigkeit einen ständigen Balanceakt zu absolvieren, der einerseits dem Ideal der Neutralität bzw. Unparteilichkeit folgen, andererseits die Interessen ihrer Dienstherren, Patrone und Familien angemessen berücksichtigen musste.

Letztlich waren es nie ausschließlich die Vermittler oder Arbiter, die einen Friedensschluss bewerkstelligten. Entscheidend war vielmehr stets die *bonne disposition*[79] der Konfliktparteien, zumal die eigentlichen Entscheidungen über Krieg und Frieden keineswegs immer am jeweiligen Verhandlungsort fielen, sondern nicht selten außerhalb in Geheim- und Separatverhandlungen an den Höfen der kriegführenden Parteien.[80] Dies hatte eine Entwertung der Friedensstiftung vor Ort zur Folge, sodass der von den dortigen Akteuren ursprünglich erhoffte Zugewinn an Reputation nicht selten verfehlt wurde. So gelangte Wicquefort mit Blick auf die westfälischen Friedensverhandlungen zu der Bilanz, die Mediatoren hätten viel Mühe gehabt, aber wenig Erfolg und noch weniger Ehre erlangt.[81]

4. Fazit

Friedensvermittlung und Schiedsgerichtsbarkeit waren maßgebliche Elemente der sich immer weiter ausdifferenzierenden Normen und Praktiken frühneuzeitlicher Friedensstiftung. In einem Zeitalter nahezu perpetuierter kriegerischer Konflikte trugen sie maßgeblich dazu bei, Mechanismen zu etablieren, die noch heute zum Kanon zwischenstaatlicher Friedensstiftung und -wahrung zählen. Sowohl die Mediation als Bestandteil der zeitgenössischen *ars tractandi* als auch die Arbitration als gerichtsähnliches Verfahren der Konfliktbeilegung waren aus der rechtlichen, politischen und diplomatischen Praxis der Frühen Neuzeit nicht wegzudenken. Ihre Genese ist die Geschichte aufsehenerregender Erfolge, aber auch großer Enttäuschungen. Friedensvermittlung und Schiedsgerichtsbarkeit entfalteten einerseits stabilisierende Wirkung und leisteten substanzielle Beiträge zur Zähmung der frühneuzeitlichen Kriegsfurie. Andererseits waren sie machtpolitisch umkämpfte Instrumente und konnten Anlass zur Entstehung neuer Konflikte sein.[82] Insofern sind Friedensvermittlung und Schiedsgerichtsbarkeit ein Spiegelbild der Ambivalenzen der Epoche der Frühen Neuzeit, die maßgeblich durch das Spannungsverhältnis von Bellizität und grundsätzlicher Friedensfähigkeit charakterisiert war.

---

78 Einschlägige Beispiele bei *Rohrschneider*, Friedensvermittlung, S. 154f.
79 *Wicquefort*, L'Ambassadeur, T. 2, S. 117.
80 Vgl. *Rohrschneider*, Friedensvermittlung, S. 155.
81 Vgl. *Wicquefort*, L'Ambassadeur, T. 2, S. 117.
82 Vgl. zusammenfassend *Kampmann*, Friedensstiftung von außen, S. 259.

Auswahlbibliographie / Select Bibliography

Althoff, Gerd (Hg.), Frieden stiften. Vermittlung und Konfliktlösung vom Mittelalter bis heute, Darmstadt 2011.
Bély, Lucien, La médiation diplomatique au XVIIe siècle et au début du XVIIIe siècle, in: Armées et diplomatie dans l'Europe du XVIIe siècle. Actes du colloque de 1991, Paris 1992, S. 129–147.
Bosbach, Franz, Art. „Friedensverhandlungen", in: EdN 4 (2006), Sp. 34–41.
Braun, Guido, Innozenz X. Der Papst als *padre comune*, in: Michael Matheus/Lutz Klinkhammer (Hg.), Eigenbild im Konflikt. Krisensituationen des Papsttums zwischen Gregor VII. und Benedikt XV., Darmstadt 2009, S. 119–156.
Bröckling, Ulrich, Technologie der Befriedung – Über Mediation, in: Benjamin Ziemann (Hg.), Perspektiven der Historischen Friedensforschung, Essen 2002, S. 229–249.
Buchholz, Werner, Zwischen Glanz und Ohnmacht. Schweden als Vermittler des Friedens von Rijswijk, in: Heinz Duchhardt (Hg.), Der Friede von Rijswijk 1697, hg. in Verbindung mit Matthias Schnettger und Martin Vogt, Mainz 1998, S. 219–255.
Duchhardt, Heinz, Arbitration, Mediation oder bons offices. Die englische Friedensvermittlung in Nijmwegen 1676–1679, in: ders., Studien zur Friedensvermittlung in der Frühen Neuzeit, Wiesbaden 1979, S. 23–88.
Duchhardt, Heinz, „Friedensvermittlung" im Völkerrecht des 17. und 18. Jahrhunderts: Von Grotius zu Vattel, in: ders., Studien zur Friedensvermittlung in der Frühen Neuzeit, Wiesbaden 1979, S. 89–117.
Duchhardt, Heinz, Friedenskongresse im Zeitalter des Absolutismus – Gestaltung und Strukturen, in: Konrad Repgen (Hg.), Forschungen und Quellen zur Geschichte des Dreißigjährigen Krieges, Münster 1981, S. 226–239.
Duss-von Werdt, Joseph, Homo mediator. Geschichte und Menschenbilder der Mediation, Baltmannsweiler 2015.
Hopt, Klaus J./Steffek, Felix, Mediation – Rechtsvergleich, Regelungsmodelle, Grundsatzprobleme, in: Dies. (Hg.), Mediation. Rechtstatsachen, Rechtsvergleich, Regelungen, Tübingen 2008, S. 3–102.
Kamp, Hermann, Friedensstifter und Vermittler im Mittelalter, Darmstadt 2001.
Kampmann, Christoph, Arbiter und Friedensstiftung. Die Auseinandersetzung um den politischen Schiedsrichter im Europa der Frühen Neuzeit, Paderborn u. a. 2001.
Kampmann, Christoph, Friedensstiftung von außen? Zur Problematik von Friedensvermittlung und Schiedsgerichtsbarkeit in frühneuzeitlichen Staatenkonflikten, in: Claudia Ulbrich u. a. (Hg.), Gewalt in der Frühen Neuzeit. Beiträge zur 5. Tagung der Arbeitsgemeinschaft Frühe Neuzeit im VHD, Berlin 2005, S. 245–259.
Kampmann, Christoph, Art. „Friede", in: EdN 4 (2006), Sp. 1–21.
Kampmann, Christoph, Art. „Schiedsgerichtsbarkeit", in: EdN 11 (2010), Sp. 713–717.
Köhler, Matthias, Strategie und Symbolik. Verhandeln auf dem Kongress von Nimwegen, Köln u. a. 2011.
Koller, Alexander, Art. „Mediation", in: EdN 8 (2008), Sp. 213–219.
Laufs, Markus, Von der Verbindlichkeit entbunden. Die niederländischen Guten Dienste in Münster von Juni bis September 1646 als Beispiel einer ungefestigten Friedensvermittlung, in: Dorothée Goetze/Lena Oetzel (Hg.), Warum Friedenschließen so schwer ist. Frühneuzeitliche Friedensfindung am Beispiel des Westfälischen Friedenskongresses, Münster 2019, S. 191–207.
Lehnsdorf, Jörg, Die Vermittlung im Völkerrecht zwischen 1648 und 1815, Diss. jur., Hamburg [2002].
Lingens, Karl-Heinz, Internationale Schiedsgerichtsbarkeit und Jus Publicum Europaeum 1648–1794, Berlin 1988.
Repgen, Konrad, Friedensvermittlung und Friedensvermittler beim Westfälischen Frieden, in: WZ 147 (1997), S. 37–61.

Repgen, Konrad, Friedensvermittlung als Element europäischer Politik vom Mittelalter bis zur Gegenwart. Ein Vortrag, in: ders., Dreißigjähriger Krieg und Westfälischer Friede. Studien und Quellen, hg. von Franz Bosbach und Christoph Kampmann, Paderborn u. a. 1998, S. 799–816.

Rietbergen, Peter J., Papal Diplomacy and Mediation at the Peace of Nijmegen, in: J. A. H. Bots (Hg.), The Peace of Nijmegen/La Paix de Nimègue 1676–1678/79. International Congress of the Tricentennial Nijmegen 14–16 September 1978, Amsterdam 1980, S. 29–96.

Roeck, Bernd, Venedigs Rolle im Krieg und bei den Friedensverhandlungen, in: Klaus Bußmann/Heinz Schilling (Hg.), 1648. Krieg und Frieden in Europa, Textbd. 1: Politik, Religion, Recht und Gesellschaft, Münster 1998, S. 161–168.

Rohrschneider, Michael, Der gescheiterte Frieden von Münster. Spaniens Ringen mit Frankreich auf dem Westfälischen Friedenskongress (1643–1649), Münster 2007.

Rohrschneider, Michael, Friedensvermittlung und Kongresswesen: Strukturen – Träger – Perzeption (1643–1697), in: Christoph Kampmann u. a. (Hg.), L'art de la paix. Kongresswesen und Friedensstiftung im Zeitalter des Westfälischen Friedens, Münster 2011, S. 139–165.

Schlochauer, Hans-Jürgen, Die Entwicklung der internationalen Schiedsgerichtsbarkeit, in: AVR 10 (1962/63), S. 1–41.

Stollberg-Rilinger, Barbara, Parteiische Vermittler? Die Westfälischen Friedensverhandlungen 1643–48, in: Althoff (Hg.), Frieden stiften, S. 124–146.

Westphal, Siegrid, Austräge als Mittel der Streitbeilegung im frühneuzeitlichen Adel des Alten Reiches, in: Albrecht Cordes (Hg.), Mit Freundschaft oder mit Recht? Inner- und außergerichtliche Alternativen zur kontroversen Streitentscheidung im 15.–19. Jahrhundert, hg. unter Mitarbeit von Anika M. Auer, Köln u. a. 2015, S. 159–173.

Guido Braun
25. Verhandlungssprachen und Übersetzungen

Abstract: Languages of Negotiation and Translation
The language of early modern peace negotiations was part of the contemporary language of diplomacy and the court. Negotiations, congresses and treaties were characterized by a multilingual culture. Many envoys were polyglot and were assisted by translators and interpreters. If Latin dominated European diplomatic culture until the second half of the seventeenth century and then French became the common language among European elites, other languages (Italian, Spanish, German, Dutch, etc.) were also used in peace negotiations and treaties, and Latin only fully disappeared at the end of the *Ancien Régime*. Nevertheless, the choice of language was not arbitrary but regulated by agreement or usage. The selection process established a classification system of European princes, demonstrating equality or hierarchy. This multilingualism led to numerous problems of translation, especially in intercultural contacts with extra-European civilizations, although translation could also bridge these divides.

1. Sprache frühneuzeitlicher Friedensverhandlungen und -verträge

1.1 Friedenssprachen: Definition

Sprache gilt als wesensmäßige menschliche Eigenschaft und Grundlage gesellschaftlichen Informationsaustausches mit kognitiven, epistemischen und affektiven Funktionszuschreibungen. In einem umfassenden, semiotischen Begriffsverständnis wird Sprache als der Kommunikation dienendes Zeichensystem definiert; im engeren Sinne wird darunter erstens die artbezogene menschliche Sprachkompetenz, zweitens das einer kulturell, räumlich und zeitlich definierten Sprachgemeinschaft eigene Idiom und drittens performativ der konkrete Sprechakt verstanden.[1] Im umfassenderen Verständnis wären zu den Sprachen des Friedens nonverbale Mittel der Kommunikation wie das Zeremoniell, Gestik und Mimik zu zählen, zu denen im Hinblick auf Friedensprozesse einschlägige jüngere Forschungen vorliegen.[2] Im engeren Sinne sind die For-

---

1 Dazu und zum Folgenden *Sabine Schwarze*, Sprache, in: EdN 12 (2010), Sp. 399–405, hier Sp. 399f.
2 *Niels F. May*, Zwischen fürstlicher Repräsentation und adliger Statuspolitik. Das Kongresszeremoniell bei den westfälischen Friedensverhandlungen, Ostfildern 2016. Vgl. hierzu auch Kapitel 31.

men verbaler Kommunikation zu berücksichtigen, insbesondere die bei Friedensverhandlungen und in Friedensabkommen verwendeten Einzelsprachen: das Lateinische als gemeinsame Sprache Europas und die modernen europäischen Einzel- (‚Volks'- oder ‚National'-)sprachen sowie auch einige nicht-europäische Sprachen, die in europäische Mächte betreffenden Friedensprozessen Verwendung fanden. Insbesondere bei den sich eher soziologisch als sprachtypologisch konstituierenden Sprachen weicht die frühneuzeitliche Differenzierung zwischen den Einzelsprachen von der heutigen gelegentlich ab.[3]

Die Sprachen der Friedensverhandlungen und -verträge bilden ein Teilsegment der Hof- und Diplomatiesprachen der Frühen Neuzeit. Für die europäische Diplomatie und Kultur der Friedensstiftung ist die Mehrsprachigkeit charakteristisch. Ein Blick auf die Zeit zwischen 1500 und 1800 verrät, dass zwar zunächst dem Lateinischen der erste Platz unter den Sprachen der Friedensunterhändler zukam, bevor es in der zweiten Hälfte der Frühen Neuzeit zunehmend durch das Französische abgelöst wurde. In keiner Phase der Geschichte des frühneuzeitlichen Europa dominierte eine dieser Sprachen jedoch absolut. Vielmehr hatten auch andere Sprachen einen mehr oder minder gewichtigen Anteil an der schriftlichen und mündlichen Kommunikation zwischen den Kanzleien und zwischen den Diplomaten: vor allem das Italienische und das Spanische, aber auch das Deutsche und das Niederländische. In dieser Mehrsprachigkeit, nicht in der Dominanz einer Sprache liegt das friedenssprachliche Erbe der Frühen Neuzeit für die europäische politische Kultur. Die Sprache der Diplomatie und der Friedensstiftung lässt sich somit als eine Mischung diverser, in synchroner Perspektive situativ unterschiedlich kombinierter und in diachroner Perspektive in ihrem Mischungsverhältnis veränderlicher Idiome beschreiben.

1.2 Verhandlungs- und Friedenssprachen in der frühneuzeitlichen Traktatliteratur und Völkerrechtslehre

Da es vor dem 18. Jahrhundert keine geregelte Diplomatenausbildung gab, bereiteten unter anderem Handbücher, sogenannte Diplomatenspiegel, Gesandte auf ihre Tätigkeit vor. In den frühneuzeitlichen Diplomatenspiegeln wird die Frage der Verhandlungssprachen in erster Linie im Zusammenhang mit den sprachlichen Anforderungen an den Gesandten[4] sowie mit Problemen des Zeremoniells erörtert. Im Kern verlangten die Diplomatenspiegel vom idealtypischen Botschafter die Kenntnis des Lateinischen und des Französischen. Ferner wird in der Regel auch Italienisch ge-

---

3 So wird in den aus Friedensprozessen überlieferten Quellen etwa nicht eindeutig zwischen Niederländisch und Flämisch unterschieden, ferner beispielsweise Schwedisch bisweilen dem Deutschen zugeordnet; *Guido Braun*, La connaissance du Saint-Empire en France du baroque aux Lumières (1643–1756), München 2010, S. 207.
4 Vgl. hierzu auch Kapitel 26.

nannt. So ermahnte noch 1716 der Franzose François de Callières (1645–1717) die Gesandten des französischen Königs, neben ihrer Muttersprache Latein, Deutsch, Spanisch sowie Italienisch zu lernen.[5] Manche Traktate gingen allerdings weit darüber hinaus und forderten bis zu acht Sprachen – eine in der Regel unbeachtete Forderung, ebenso wie die beispielsweise bei Alberico Gentili (1552–1608) anzutreffende Empfehlung, die Sprache des Gastlandes zu beherrschen.

Der zeitgenössischen Völkerrechtsliteratur[6] und den diplomatischen Korrespondenzen zufolge spielten Herkommen, positives (Vertrags-)Recht, Sprachregister, Fürstenhierarchie vs. Gleichheitsprinzip der souveränen Mächte sowie anderweitige Faktoren wie Alter der Krone/Dynastie, situativer und medialer Kontext des Sprech- oder Schreibakts bei der Sprachwahl in verschiedenen Zusammenhängen der Friedensaushandlung eine wichtige Rolle.

Die frühneuzeitliche juristische Traktatliteratur differenziert zwischen Hof- und Staatssprachen. Diese grundlegende Unterscheidung prägt die Gliederung der 1750 durch den Juristen Friedrich Carl Moser (1723–1798) publizierten *Abhandlung von den Europäischen Hof= und Staats=Sprachen*.[7] Dieses Werk legt auf 432 Seiten die an den europäischen Höfen etablierten Sprachgewohnheiten und die für den Verkehr zwischen den Höfen über den Sprachgebrauch getroffenen Vereinbarungen dar. Es ist die einzige bekannte zeitgenössische, den internationalen Verkehrssprachen (insbesondere ihrem Gebrauch nach 1648) gewidmete Darstellung. Während Souveränität, Repräsentation und Präzedenz die Sprachwahl bei formellen Anlässen wie Antrittsaudienzen bei einem Herrscher oder förmlichen Vertragsschlüssen prägten, lässt sich mit Moser im diplomatischen Alltag, auch auf Friedenskongressen, eine größere Flexibilität auf einem weniger durch die Durchsetzung von zeremoniellen Ansprüchen, durch Herkommen oder einschlägige Vereinbarungen normierten Sprachfeld konstatieren. Moser nennt in seiner Definition des Begriffes „Staats=Sprachen" zwei Rechtsgrundlagen, auf denen die Sprachenwahl gründet: zum einen das Herkommen, zum anderen besondere „Verträge und Schlüsse", das heißt positives Recht.[8] Er insistiert aber hauptsächlich auf der Verbindlichkeit des Herkommens. Es existieren komplexe normative Vorgaben in Abhängigkeit von den Kommunikationspartnern, der mündlichen oder schriftlichen Kommunikationssituation und dem Kommunikationsregister unter Berücksichtigung der jeweiligen Medien oder Öffentlichkeiten (zum Beispiel An-

---

5 Vgl. *Braun*, La connaissance, S. 209.
6 Vgl. hierzu auch Kapitel 6.
7 *Guido Braun*, Frédéric-Charles Moser et les langues de la diplomatie européenne (1648–1750), in: RHD 113 (1999), S. 261–278; *Andrea Schmidt-Rösler*, Friedrich Carl von Mosers Abhandlung von den Europäischen Hof- und Staatssprachen (1750), in: Johannes Burkhardt u. a. (Hg.), Sprache. Macht. Frieden. Augsburger Beiträge zur Historischen Friedens- und Konfliktforschung, Augsburg 2014, S. 109–154.
8 *Friedrich Carl Moser*, Abhandlung von den Europäischen Hof- und Staats-Sprachen, nach deren Gebrauch im Reden und Schreiben. Mit authentischen Nachrichten belegt, Frankfurt a.M. 1750, S. 2f.

trittsaudienz, fürstliches Handschreiben⁹). Die Friedensverhandlungssprachen bilden ein Teilsegment der durch rechtliche Vereinbarungen oder Herkommen fixierten Staatssprachen. Insofern die Sprachen, in denen international verhandelt wird, durch bi- oder multilaterale Übereinkünfte sowie durch das völkerrechtliche Herkommen festgelegt werden, können sowohl diese Übereinkünfte als auch das Herkommen jedoch im gegenseitigen Einvernehmen revidiert werden. Hieraus resultieren die Veränderlichkeit, die Anpassungsfähigkeit und das Entwicklungspotenzial der Friedenssprachen.

1.3 Semiotische Dimension von Friedenssprache als konstitutives Element eines politischen Ordnungssystems

In der Frühen Neuzeit erfolgte noch keine Identifikation von Sprach- und Herrschaftsraum. Auf Sprachräume bezogene Argumente wurden in der Regel nicht zur Legitimation territorialer Expansionsansprüche herangezogen.[10] Auch die französischen Gesandten verzichteten jüngeren Forschungen zufolge – von wenigen Ausnahmen abgesehen – auf eine gezielte Sprachpolitik.[11] Veränderungen wurden eher aus pragmatischen Gründen vollzogen. Dennoch betrachteten die europäischen Gemeinwesen und insbesondere die Fürstenhöfe eine oder mehrere Sprachen als die ihnen eigenen Idiome und damit als Ausdruck ihrer Eigenständigkeit und Souveränität. Insofern war der Sprachgebrauch keineswegs unpolitisch und gehörte – von der Auswahl der verwendeten Sprache(n) bis hin zu den benutzten Titulaturen (und deren Übersetzungen) – als integraler Bestandteil des Zeremoniells zu den kommunikativen Zeichen von hierarchischer Abstufung oder (differenzierter) Gleichrangigkeit (Anerkennung gleichen Ranges mit subtiler Distinktion). Die Freiheit der Sprachwahl stellte – deutlich erkennbar zumindest seit dem Westfälischen Friedenskongress[12] – den Status als souveräner Herrscher (Macht) her bzw. bildete diesen ab. Die Traktatliteratur, juristische Gutachten und Gesandtenkorrespondenzen belegen, dass die Verwendung der eigenen Sprache als die Ehre und das Prestige des Herrschers steigernder Faktor angesehen wurde, so 1620 im Diplomatenspiegel von Juan António De Vera (1583–1658),[13]

---

9 So verwendete die Reichskanzlei in Korrespondenzen an den König von Frankreich Latein, während nach Moser in kaiserlichen Handschreiben nach einem Reglement von 1661 Italienisch benutzt wurde.
10 Allgemeiner formuliert Gantet: „L'argument linguistique n'est guère employé à des fins politiques", *Claire Gantet*, Guerre, paix et construction des États, 1618–1714, Paris 2003, S. 314f.
11 *Guido Braun*, La doctrine classique de la diplomatie française? Zur rechtlichen Legitimation der Verhandlungssprachen durch die französischen Delegationen in Münster, Nimwegen, Frankfurt und Rijswijk (1644–1697), in: Christoph Kampmann u.a. (Hg.), L'art de la paix. Kongresswesen und Friedensstiftung im Zeitalter des Westfälischen Friedens, Münster 2011, S. 197–259.
12 Vgl. hierzu auch Kapitel 46.
13 Zu den Diplomatenspiegeln *Stefano Andretta u.a.* (Hg.), De l'ambassadeur. Les écrits relatifs à l'ambassadeur et à l'art de négocier du Moyen Âge au début du XIXᵉ siècle, Rom 2015.

nach Garret Mattingly in Übereinstimmung mit der im 17. Jahrhundert vorherrschenden Position.[14] Die Vorzüge der Benutzung der eigenen Sprache wurden jedoch mit anderen Erwägungen (eventuelle Gegenforderungen der Verhandlungspartner, Kommunikationsprobleme) abgewogen und daher in entsprechenden internen Überlegungen oder in Aushandlungsprozessen gegebenenfalls zugunsten pragmatischer Kompromisslösungen aufgegeben – gab es doch unterhalb dieser Ebene der Sprachwahl (und Herrschertitulaturen) vielfältige Möglichkeiten der sprachlichen Abstufung.

Die Durchsetzung der eigenen Sprache konnte als Ausdruck der Über- bzw. Unterordnung verstanden werden, so zwischen Frankreich und Preußen in Utrecht 1712.[15] Zeigte sich Ludwig XIV. (1638–1715) bereit, mit etablierten Monarchen wie dem König von England oder dem Kaiser Verträge in lateinischer Sprache abzuschließen, so wollte er eine vergleichbare Konzession bei der Einordnung eines neuen Völkerrechtssubjekts in die europäische Fürstengesellschaft im Hinblick auf Preußen nicht zulassen.[16] Während für sich etablierende Völkerrechtssubjekte (wie die Vereinigten Niederlande 1648) der Aspekt der Souveränität bei der Vertragssprachenwahl maßgebend war, bildete für die Franzosen das in Münster durch den Juristen Théodore Godefroy (1580–1649) im Kontext der Sprachenwahl benutzte Konzept der Ehre (*honneur*) ihres Königs, die durch den Gebrauch der französischen Sprache gesteigert werden könne, einen Leitbegriff.

Nicht nur Moser 1750, sondern auch die Zeremonialwissenschaftler Gottfried Stieve (1664–1725) und Johann Christian Lünig (1662–1740) wiesen 1715 bzw. 1719 darauf hin, dass Friedensunterhändler, namentlich auf Kongressen, zur Wahrung der Prärogativen ihrer Fürsten auf den Gebrauch der eigenen oder einer allgemeinen Sprache Wert legten. Die Verwendung einer neutralen Drittsprache (vor allem Latein) demonstrierte in der Regel die Gleichrangigkeit der Vertragspartner.[17] Schon 1600 bezeichnete der Jurist Jeremias Setzer (1568–1608) den Gebrauch einer fremden Sprache als Argument für die eigene Unterwerfung („Argumentum servitutis").[18]

Nicht nur in Verträgen, sondern auch bei Verhandlungen wurde aus Prestige- oder völkerrechtlichen Gründen auf die Einhaltung bestimmter Regeln zum Sprachgebrauch, die je nach Verhandlungspartner, situativem und medialem Kontext sowie dem Grad der Öffentlichkeit variierten, Wert gelegt. Daher wurden auch Sprachen benutzt, die vom Verhandlungspartner nicht verstanden wurden und mithin keine im engeren Sinne kommunikative (sondern eine symbolische) Funktion erfüllten. Der Gebrauch einer vom Adressaten eventuell nicht verstandenen Sprache im mündlichen

---

14 *Garrett Mattingly*, Renaissance Diplomacy, London 1955, ND 1970.
15 Vgl. hierzu auch Kapitel 47.
16 Ludwig XIV. an die französischen Bevollmächtigten, 13.02.1713, zitiert nach *Lucien Bély*, Espions et ambassadeurs au temps de Louis XIV, Paris 1990, S. 453 mit Anm. 85 auf S. 805.
17 *Moser*, Abhandlung, S. 30.
18 *Schmidt-Rösler*, Friedrich Carl, S. 126.

Vortrag wie in Schriftsätzen wurde gegebenenfalls durch die Übergabe einer schriftlichen Übersetzung flankiert.

In frühneuzeitlichen Friedensprozessen diente Sprache also zur Her- und Darstellung von politischen Ordnungsvorstellungen. Trotz jüngerer Forschungsbeiträge muss die Rolle und Funktion sprachlicher Zeichen gegenüber den symbolischen Aspekten des frühneuzeitlichen Zeremoniells jedoch als schlechter erforscht gelten.

1.4 Friedensvertragssprachen: Grundlagen und statistische Befunde

Grundsätzlich lässt sich unterscheiden zwischen Verträgen, die erstens in einer (neutralen) Drittsprache geschlossen wurden, zweitens in den Sprachen beider (aller) vertragschließenden Parteien oder drittens in der Sprache einer beteiligten Partei, wobei die Grenzziehung nicht immer eindeutig ist, etwa beim Latein als *lingua communis* oder als Amtssprache des Heiligen Römischen Reiches in seinen Außenbeziehungen.

Wichtige Aufschlüsse über die relationale Sprachverwendung in über 2.000 Vertragsurkunden von 1450 bis 1789 bietet die durch die Augsburger Projektgruppe des BMBF-Projekts *Übersetzungsleistungen* durchgeführte serielle Auswertung dieser zwar nicht vollständigen und regional ungleich verteilten, aber breiten Materialgrundlage frühneuzeitlicher Verträge.[19] Anderweitige Auswertungen für Teilzeiträume bestätigen im Grundsatz die ermittelten Relationen und Tendenzen.[20]

Die Ergebnisse der statistischen Erhebungen belegen die Vielsprachigkeit des europäischen Vertragswesens.[21] Ein beachtlicher Teil der Abkommen wurde in mehr als einer Sprache ausgefertigt (synoptisch in zwei Spalten, in zwei innerhalb eines Dokuments aufeinanderfolgenden Versionen oder in mehreren Ausfertigungen in verschiedenen, offenbar meist zwei Sprachen). Mindestens 13 % der frühneuzeitlichen Verträge, darunter der Vertrag zwischen Portugal und Kastilien/Aragon von Tordesillas 1494, der französisch-spanische Pyrenäenfriede 1659 oder der in zwei Kolumnen polnisch-russisch verfasste „Ewige Friede" von Moskau 1768, ließen sich der Kategorie

---

19 Zur Problematik der Grundlage des Quellencorpus und zur Methode seiner statistischen Auswertung *German Penzholz/Andrea Schmidt-Rösler*, Die Sprachen des Friedens – eine statistische Annäherung, in: Burkhardt u.a. (Hg.), Sprache, S. 309–320, hier S. 311–314, bes. S. 311f.
20 *Guido Braun*, Verhandlungs- und Vertragssprachen in der „niederländischen Epoche" des europäischen Kongresswesens (1678/79–1713/14), in: JbEurG 12 (2011), S. 104–130. Einigkeit besteht in der Forschung darüber, dass nur die Originalausfertigungen (Unterhändlerurkunden) der Verträge eine verlässliche Grundlage für Aussagen zu Vertragssprache(n) bilden, weil Angaben in (frühneuzeitlichen und späteren) Vertragssammlungen und -drucken sowie in der älteren Forschungsliteratur zum Teil fehlerhaft oder unvollständig sind.
21 Vgl. hierzu auch Kapitel 18.

bilingualer Vertragswerke zuordnen; vermutlich ist ihr Anteil weit höher.²² Üblich waren mehrsprachige Verträge insbesondere bei der Beteiligung des Osmanischen Reiches oder Russlands, aber auch zwischen Mächten, in deren Beziehungen sich das Prinzip der Verwendung der Sprachen beider Partner etabliert hatte (namentlich zwischen Frankreich und Spanien, soweit die Abkommen spanischerseits nicht nur den burgundisch-niederländischen Raum betrafen, für den man auch die alleinige Verwendung des Französischen zugestand). Häufig (aber keineswegs immer) waren solche mehrsprachigen Verträge verbunden mit der Benennung der jeweiligen Ausfertigungssprachen sowie der expliziten Anerkennung der Rechtsgültigkeit und der Gleichstellung aller vereinbarten Vertragstexte in der *Corroboratio* des Abkommens. In den 1698/1699 durch das Osmanische Reich²³ in Karlowitz abgeschlossenen Verträgen mit europäischen Vertragspartnern wurde jeweils eine Ausfertigung in Osmanisch-Türkisch und eine weitere je nach Partner auf Latein, Italienisch oder Russisch ausgestellt. Italienisch fungierte auch als Kongresssprache, in der verhandelt und protokolliert wurde. Im 18. Jahrhundert wurden gelegentlich auch die beteiligten Übersetzer erwähnt (so in den kaiserlich-osmanischen Friedensschlüssen von Passarowitz 1718 und Belgrad 1739).

Im Gesamtzeitraum 1450–1789 ist Französisch mit einem Anteil von 36,1 % die wichtigste europäische Vertragssprache;²⁴ Latein folgt mit 28,6 %. Etwa ein Drittel entfällt auf Verträge in anderen Sprachen, darunter Deutsch mit 13,4 % (vor allem von Reichsständen und Schweizer Kantonen, aber auch von Mächten des Ostseeraums wie Dänemark, Schweden und Russland benutzt, etwa im russisch-schwedischen Frieden von Nystad 1721²⁵).

Dabei zeigen Einschnitte in den Jahren des Westfälischen Friedens (1648), des Friedens von Utrecht (1713)²⁶ und des Hubertusburger Friedens (1763)²⁷ – einem gemäß der Neigung Friedrichs II. (1712–1786) in französischer Vertragssprache zwischen zwei deutschen Vertragspartnern abgeschlossenen preußisch-kaiserlichen Friedensabkommen – eine eindeutige Tendenz vom Lateinischen zum Französischen als Hauptvertragssprache: In den zweihundert Jahren zwischen 1450 und 1648 entfallen jeweils 37,0 % bzw. 17,1 % auf Latein und Französisch, zwischen 1648 und 1712 be-

---

22 Als selten erwiesen sich hingegen dreisprachige Verträge, zum Beispiel der authentisch in Russisch mit einer beigefügten italienischen Übersetzung gegen ein osmanisch-türkisches Exemplar ausgetauschte Friedensvertrag zwischen dem Zaren und dem Sultan vom 03.07.1713; *Schmidt-Rösler*, Friedrich Carl, S. 137.
23 Vgl. hierzu auch Kapitel 19.
24 Den 2014 publizierten Augsburger Projektergebnissen zufolge, vgl. *Schmidt-Rösler*, Friedrich Carl; *Penzholz/Schmidt-Rösler*, Sprachen; auch für die folgenden Angaben.
25 Zu 1721 *Johannes Burkhardt*, Sprachen des Friedens und was sie verraten. Neue Fragen und Einsichten zu Karlowitz, Baden und „Neustadt", in: Stefan Ehrenpreis u. a. (Hg.), Wege der Neuzeit. Festschrift für Heinz Schilling zum 65. Geburtstag, Berlin 2007, S. 503–519.
26 Vgl. hierzu auch Kapitel 47.
27 Vgl. hierzu auch Kapitel 50.

trägt das Verhältnis 37,3 % zu 28,7 %. Die Periode 1713–1762 markiert eine deutliche Umkehrung des Verhältnisses zugunsten des Französischen (60,0 %) und zu Lasten des Lateinischen (10,9 %). Diese Tendenz verstärkt sich im Zeitraum 1763–1789, in dem der Anteil der französischsprachigen Verträge auf 82,4 % steigt und ein Rückgang des Lateinischen auf 2,1 % zu verzeichnen ist. Für die Gesamtperiode 1648–1789 führt die Projektstudie zu einem Anteil von 46,9 % französischer und 23,3 % lateinischer Vertragsinstrumente.[28] Im gleichen Zeitraum entfallen 11,8 % auf deutsche, 2,9 % auf italienische, 2,2 % auf osmanisch-türkische, jeweils 2,0 % auf spanische und russische sowie 1,4 % auf schwedische/dänische Vertragstexte.[29] Keine nennenswerte Rolle als frühneuzeitliche Friedensvertragssprache spielte das Englische, das im Übrigen in keinem der zahlreichen Traktate des 16. bis 18. Jahrhunderts über den idealen Gesandten als erforderliche Fremdsprache aufgeführt wurde. Es fand erstmals im Frieden von Paris 1783 zwischen Großbritannien und den USA Verwendung.[30]

Ein differenzierteres Bild entsteht bei der Betrachtung der Sprachwahl in Bezug auf bestimmte Vertragspartner, die beispielsweise die Präferenz des Kaisers (als Oberhaupt des Heiligen Römischen Reiches), Schwedens, Polens oder Portugals für Latein verdeutlicht. Im 18. Jahrhundert avancierte nicht nur Französisch, sondern gelegentlich auch Deutsch, etwa zwischen Russland und Schweden, zur neutralen Drittsprache.

1.5 Sprachen frühneuzeitlicher Friedensverhandlungen und -kongresse

Zur Zeit des Westfälischen Friedenskongresses[31] war Latein noch die am meisten gebrauchte, obschon keineswegs einzige Sprache der multilateralen Friedensverhandlungen. Obwohl sich die Sprachgewohnheiten bei späteren Friedensverhandlungen deutlich von Westfalen abhoben, rekurrierten sowohl die Traktatliteratur als auch diplomatische Korrespondenzen und Denkschriften sehr häufig auf die Sprachusancen von Münster und Osnabrück sowie die daraus abgeleiteten Grundsätze der Sprachwahl. Die Rolle des Westfälischen Friedens als Vorbild für die späteren Kongresse dürfte nicht zuletzt damit zusammenhängen, dass viele seiner Akten im 17. und 18. Jahrhundert publiziert wurden und daher leicht zugänglich waren.

---

28 *Penzholz/Schmidt-Rösler*, Sprachen, bes. S. 312, S. 317f.
29 *Schmidt-Rösler*, Friedrich Carl, S. 121 mit Anm. 45. Alle übrigen Sprachen liegen unter 1 %, bei immerhin 5,4 % der Verträge konnte der Vertragstext bzw. dessen Sprache nicht nachgewiesen bzw. bestimmt werden. Die hohe Zahl der deutschsprachigen Verträge erklärt sich nicht zuletzt durch die beachtliche Zahl der durch Schweizer Vertragspartner abgeschlossenen und durch die hohe Beteiligung der Schweizer Archive im zugrundeliegenden Projekt entsprechend dokumentierten Abkommen.
30 *Burkhardt u. a.* (Hg.), Sprache.
31 Vgl. hierzu auch Kapitel 46.

In Westfalen existierte keine allgemein verbindliche Übereinkunft über die Verhandlungssprachen. Der Kongress trat nie zu Plenarsitzungen zusammen, sondern konstituierte sich durch bilaterale (direkte oder über Vermittler geführte) Verhandlungen und in der Form eines Quasi-Reichstages. Anweisungen zum Sprachgebrauch finden sich teils in den Instruktionen für die Bevollmächtigten, etwa in der schwedischen Hauptinstruktion vom 5./15. Oktober 1641, teils wurden dazu Rechtsgutachten erstellt, beispielsweise durch den juristischen Berater der französischen Gesandten für die Vertragssprache mit dem Kaiser.[32]

Das Lateinische als *lingua communis* des christlichen Abendlandes, Sprache der Juristen und des entstehenden Völkerrechts sowie als neutrale Diplomatensprache *par excellence* war zwar die wichtigste, aber längst nicht die einzige Verhandlungssprache. In Latein sind die am 24. Oktober 1648 unterzeichneten Friedensverträge Frankreichs und Schwedens mit Kaiser und Reich aufgesetzt. Das Prinzip der Latinität der Friedensverhandlungen galt auch für die zwischen Kaiserlichen und Franzosen/Schweden ausgetauschten Schriftsätze und Textentwürfe im Vorfeld der Vertragsunterzeichnung. Die französischen Unterhändler beanspruchten allerdings das (von ihren kaiserlichen Verhandlungspartnern bestrittene) Recht, ihre Verhandlungsakten in französischer Sprache vorzulegen. Die Verhandlungssprache zwischen Frankreich und Spanien war besonders umstritten. 1647 einigte man sich auf den Austausch zweisprachiger Verhandlungsakten. Anders als die französisch-kaiserlichen Verhandlungen (Rekurs auf eine dritte, neutrale Sprache, hier Latein) folgten die Friedenssondierungen Frankreichs mit Spanien also dem bilingualen Prinzip (Sprachen der beiden Verhandlungsparteien).

Französisch spielte auch außerhalb der von Frankreich geführten Friedensgespräche eine Rolle, jedoch konkurrierte es nicht nur mit Latein, sondern auch mit Italienisch, Deutsch, Spanisch und Niederländisch. Als Sprache mündlicher und schriftlicher Friedensverhandlungen legten die Spanier und die Gesandten der Generalstaaten am 5. Mai 1646 unter anderem Französisch (neben Niederländisch und Latein, aber nicht Spanisch) fest.[33] Am 30. Januar 1648 beendeten diese beiden Parteien mit dem Abschluss des zweisprachigen (französisch/niederländischen[34]) Friedens den Achtzigjährigen Unabhängigkeitskrieg der sieben nördlichen Provinzen gegen den Katholischen König. Für die Niederländer, die ihre Souveränität durchzusetzen

---

32 Das französische Gutachten unter dem Lemma *Que le traicté de paix entre l'Empereur et le Roy se doibt plustost faire en langue latine que en* [sic] *langue françoise* ist überliefert: Paris, Bibliothèque de l'Institut de France, Godefroy 22, fol. 90–91'.
33 Die spanisch-niederländische Vereinbarung ist u. a. kopial überliefert: Paris, Ministère des Affaires étrangères (AE), Correspondance politique, Munster 1, fol. 21–21'.
34 Als Verwaltungssprachen der Niederlande. Zur sprachrechtlichen Situation in den Spanischen bzw. Österreichischen Niederlanden *Thomas Nicklas/Matthias Schnettger* (Hg.), Politik und Sprache im frühneuzeitlichen Europa, Mainz 2007.

suchten, war die völkerrechtliche Anerkennung ihrer Sprache wichtig; daher benutzten sie auch im Verkehr mit den Franzosen Niederländisch neben Französisch.

Auch auf den Kongressen des späteren 17. und des 18. Jahrhunderts (beispielsweise Ende der 1670er Jahre in Nijmegen und 1748 in Aachen) waren die Sprachen nicht nur Instrument, sondern auch Gegenstand der Verhandlungen. 1682 formulierte die französische Gesandtschaft bei ihren Verhandlungen mit einer Reichsdeputation in Frankfurt am Main den Grundsatz der gleichberechtigten Verwendung der Sprachen beider Verhandlungspartner als völkerrechtliches Vorbild; dennoch kam es weiterhin zu anderen Lösungen.

Eine wichtige Etappe auf dem Weg vom Latein zum Französischen als erster *lingua franca* der europäischen Diplomatie bildete die Zeit um 1700, die als „niederländische Epoche" des europäischen Kongresswesens bezeichnet wird, weil die multilateralen Friedenskongresse an niederländischen Orten (Nijmegen, Rijswijk, Utrecht) stattfanden.[35] Weder 1648 noch auf den Kongressen der niederländischen Epoche gab es eine einheitliche Vertragssprache. Auch die Verhandlungssprachen, die mit den Vertragssprachen nicht identisch sein mussten und es oftmals nicht waren, variierten je nach den Verhandlungspartnern. In Nijmegen rekurrierten die Unterhändler – zumindest in einigen Punkten nachweislich bewusst – auf die Verhandlungsformen und damit auch auf die Vertrags- und Verhandlungssprachen, die in Münster benutzt worden waren, während die Gesandten bei den Rijswijker Friedensverhandlungen 1697 wiederum auf die in Nijmegen etablierten Praktiken rekurrierten.[36] Wie in Münster kam es auch in Nijmegen zu Kontroversen in der Sprachenfrage. Dänemark wollte die französischsprachigen Vollmachten der Gesandten Ludwigs XIV. nicht akzeptieren und bestand auf Latein – sonst werde man die eigene Vollmacht auf Dänisch vorlegen.[37] Die französischen Gesandten widersprachen. Das Herkommen, genauer den „langen Gebrauch" (*long usage*), bezeichneten sie dabei als einzige Regel, nach der solche Streitfragen entschieden werden könnten,[38] und aufgrund dieses Gewohnheitsrechts (*usage* und *coûtume*) lehnte auch Ludwig XIV. die dänische Forderung als „Neuerung" (*nouveauté*) ab.[39] Letztlich konnte Frankreich sich durchsetzen. Der englische Vermittler William Temple (1628–1699) wertete das dänische Nachgeben als Scheitern des Versuchs zur Durchsetzung der Gleichrangigkeit der gekrönten Häupter.[40]

---

35 Vgl. hierzu auch Kapitel 47.
36 Vgl. den Auszug *Du Protocole de Nimégue touchant les entrevües, & la Langue en laquelle l'on devoit traiter*, zitiert in *Braun*, Connaissance, S. 254.
37 Vgl. *Braun*, Doctrine, S. 221.
38 Vgl. französische Botschafter an Ludwig XIV., [Nijmegen], 05.02.1677, zitiert ebd., S. 225.
39 Vgl. Ludwig XIV. an französische Botschafter in Nijmegen, Saint-Germain-en-Laye, 18.02.1677, zitiert ebd., S. 225f.
40 Vgl. ebd., S. 223.

Eine Doktrin zur Festlegung der Verhandlungssprachen gab es auch in Nijmegen nicht. Allgemein anerkannte Richtschnur war das – nicht selten ambivalente – völkerrechtliche Herkommen. Jedoch ist bei den französischen Gesandten erstmals eine naturrechtliche Begründung belegt, der zufolge jedes Land sich seiner *natürlichen* (Mutter-)Sprache zu bedienen habe. Dieses Argument hatte in Münster noch keine Rolle gespielt. Tendenziell lässt sich auf französischer Seite seit Nijmegen eine Abkehr vom Prinzip des Gebrauchs der neutralen *lingua communis* Latein (das von den französischen Bevollmächtigten teilweise als Sprache von Kaiser und Reich betrachtet wurde) zugunsten des (zwischen Frankreich und Spanien bereits üblichen) bilingualen Prinzips erkennen.

1714 schloss der Kaiser in Rastatt erstmals einen französischsprachigen Frieden mit Frankreich. Entscheidend war dafür die abnehmende Latein-Kompetenz der Unterhändler. Selbst Ludwig XIV. hatte eigentlich einen lateinischen Vertragsschluss vorgesehen.[41] Der Wechsel wurde aus pragmatischen Gründen vollzogen, weil sowohl der französische als auch der kaiserliche Bevollmächtigte französische Muttersprachler waren. Der Separatartikel, der für die Zukunft den Gebrauch von Latein vorsah, blieb keineswegs toter Buchstabe, denn wenige Monate später kehrte man im Friedensschluss von Baden zu dieser Vertragssprache zurück. Die Verhandlungen dieses ‚Übersetzungskongresses' für den französischen Frieden von Rastatt wurden jedoch nicht in der Zielsprache dieser Übertragung, dem Lateinischen, sondern hauptsächlich auf Französisch geführt, wiederum aus Gründen der Sprachkompetenz, nicht aufgrund von Sprachpolitik,[42] von der sich allenfalls *in nuce* sprechen lässt. So konstatiert auch Moser 1750, dass bei Kongressverhandlungen „der Neigung und Fähigkeit des andern" pragmatisch Rechnung getragen werde, sodass jeder Gesandte sich „auf die ihm bequemste Weise und in der ihm natürlichsten Sprache" ausdrücken könne.[43]

Latein wurde aber am Ende der niederländischen Kongressepoche keineswegs vollständig als Kongresssprache verdrängt. Auf dem Friedenssicherungs-Kongress von Cambrai bezeichneten die Engländer gegenüber den Franzosen in einem Streit über die Sprachen der Kongressreglements im April 1724 Latein pointiert als „gemeinsame und ordentliche Sprache der Kongresse" (*la langue commune, et le langage ordinaire des congrèz*).[44] Für die sukzessive Ablösung des Lateins durch Französisch ist

---

41 Auf einem Bericht Marschall Villars' vom 18.02.1714 wurde in Versailles vermerkt: *Le roy consent que le traitté soit dressé en latin*; ausführlichere Darstellung zu Rastatt und Baden bei *Braun*, Connaissance, S. 280–282, Zitat S. 281.
42 Dagegen sieht Haye von seinem Untersuchungsfeld aus einen Vorrang der „Sprachpolitik" vor der Sprachkompetenz; *Thomas Haye*, Lateinische Oralität. Gelehrte Sprache in der mündlichen Kommunikation des hohen und späten Mittelalters, Berlin/New York 2005, S. 66f. Für eine anderslautende Interpretation sprechen jedoch auch die Beobachtungen zum Frieden von Nystadt 1721 bei *Burkhardt*, Sprachen des Friedens und was sie verraten, S. 515–518, bes. S. 517.
43 *Moser*, Abhandlung, S. 20.
44 Laut Bericht der französischen Kongressbevollmächtigten, Cambrai, 12.04.1724 (Eingang 13.04.); Ausfertigung: AE, Mémoires et documents France 486, fol. 55–58, hier fol. 55–55'.

weniger eine aktive Sprachpolitik als vielmehr das zunehmende kulturelle Prestige Frankreichs ursächlich. Französisch wurde umso freimütiger als Diplomatensprache auch für amtliche Dokumente akzeptiert, je mehr es (wie zuvor das Latein) nicht als Sprache einer Nation, sondern als dem europäischen Kulturkreis gemeinsames Idiom,[45] als *langue tierce par excellence*, wie Paul Pradier-Fodéré (1827–1904) formulierte, empfunden wurde.[46]

Französisch war jedoch seit 1714 zwischen dem Reich und Frankreich nur die Präliminarfriedenssprache, erst 1748 auch die Definitivfriedenssprache, denn erst mit dem Aachener Frieden von 1748 gingen der Kaiser und Frankreich dauerhaft zur französischen Vertragssprache für ihre endgültigen Friedensabkommen über. Aber auch 1748 vollzog der österreichische Kongressgesandte und nachmalige Staatskanzler Wenzel Anton von Kaunitz (1711–1794) nicht die Anerkennung des Französischen als ordentlicher Vertragssprache zwischen Frankreich und dem Reich; die in den Verträgen seit Rastatt bis zur Wiener Schlussakte 1815 üblichen Rechtsvorbehalte zugunsten des fürderhin obligatorischen Gebrauchs des Lateinischen wurden allerdings schließlich zu einer bloßen Formalie. Durch den Wiener Kongress 1815[47] und die Ergänzungen durch das Aachener Reglement 1818 wurde die französische Nomenklatur schließlich sogar zur Grundlage der Reihenfolge der Vertragsunterzeichner, wodurch Präzedenzkonflikte künftig vermieden wurden.

2. Übersetzungen in frühneuzeitlichen Friedensprozessen

2.1 Kommunikative Herausforderungen und Translationsleistungen

Für die Diplomatie gilt im Besonderen, was Hans-Jürgen Lüsebrink im Hinblick auf frühneuzeitliche Gesellschaften allgemein konstatiert: Sie „waren in weit stärkerem Maße vielsprachig und multikulturell als moderne".[48] Diplomatie ist dementsprechend als transkultureller Raum zu definieren, in dem mehrere Kulturen und Sprachen koexistierten. Daraus resultierende Übersetzungsprobleme und Translationsleistungen in frühneuzeitlichen Friedensprozessen, die bei den beteiligten Akteuren entsprechende transkulturelle Kompetenzen voraussetzten, wurden gemäß dem in der jünge-

---

45 *Ferdinand Brunot*, Histoire de la langue française des origines à nos jours, 13 Bde. in 20 Teilen, Paris ²1966–1968; *Marc Fumaroli*, Quand l'Europe parlait français, Paris 2001, ND 2003.
46 Vgl. *Braun*, Connaissance, S. 244.
47 Vgl. hierzu auch Kapitel 51.
48 *Hans-Jürgen Lüsebrink*, Übersetzung, in: EdN 13 (2011), Sp. 879–887, hier Sp. 879.

ren Geschichtswissenschaft postulierten *Translational turn*[49] von einer methodisch und inhaltlich erneuerten diplomatiegeschichtlichen Forschung aufgegriffen.

In der Regel favorisierten Akteure, die sich zu den Normen des Übersetzens von diplomatischen Akten äußerten, eine wortgetreue Übersetzung.[50] Ästhetische Ideale und stilistische Eleganz, insbesondere die in der zeitgenössischen Übersetzungstheorie viel diskutierte Idealvorstellung der *belles infidèles*, der stilistisch-lexikalischen Anpassung an den guten Geschmack in der Zielsprache, spielten dabei – angesichts der im politisch-völkerrechtlichen Kontext notwendigen Exaktheit – keine Rolle. Dennoch erforderten die jeweiligen Eigenheiten der Quellsprache sowie die hinter den übersetzten Texten stehenden rechtlichen, politischen oder kulturellen (auch konfessionellen) Besonderheiten grundsätzlich kreative Adaptionsprozesse. Übersetzungen trugen daher zur Wissensproduktion bei, in Unterhändlerkreisen ebenso wie bei einem breiteren Lesepublikum, das Druckausgaben übersetzter Friedensakten rezipierte.

Ein bedeutendes Forschungspotenzial besitzen die Übersetzungen frühneuzeitlicher Friedensverträge, die oftmals bereits kurz nach Vertragsunterzeichnung, mitunter erst viele Jahrzehnte später angefertigt wurden. Die Übersetzungen des Westfälischen Friedens ins Französische sind eingehend untersucht worden;[51] für andere Sprachen stehen ähnlich differenzierte Studien noch aus. Ferner bieten die von den Friedensunterhändlern gesammelten Akten umfangreiches Material in Form zahlreicher zeitgenössischer in ihren Kanzleien oder in ihrem Auftrag angefertigter Übersetzungen, für die häufig auch die Originalversion ermittelt und zu einem Vergleich herangezogen werden kann. Diese Übersetzungen von Friedenspropositionen, Vertragsentwürfen, Flugschriften und anderen Dokumenten aus Friedensverhandlungen stellen ein noch völlig unbearbeitetes Forschungsfeld dar.

2.2 Übersetzer und Dolmetscher

In frühneuzeitlichen Friedensprozessen wurde ein Großteil der aus der diplomatischen Vielsprachigkeit resultierenden Herausforderungen durch die Gesandten selbst

---

49 Das Postulat Doris Bachmann-Medicks von 2009/2010 etwas zurückhaltender aufgegriffen bei *Simone Lässig*, Übersetzungen in der Geschichte – Geschichte als Übersetzung? Überlegungen zu einem analytischen Forschungskonzept für die Geschichtswissenschaft, in: GG 38 (2012), S. 189–216, hier S. 190.
50 So betonte Fabio Chigi, der päpstliche Nuntius und Mediator beim Westfälischen Friedenskongress, mehrfach, dass ein übersandtes Schriftstück wortgetreu („fedelmente") übersetzt worden sei. Dies gilt namentlich für eine am 29.06.1646 von ihm übersandte lateinische Übersetzung. Vgl. den Bericht Chigis aus Münster, Vatikanstadt, Archivio Apostolico Vaticano, Nunziatura delle Paci (AAV, NP) 19, fol. 413–415, hier fol. 413. Auch wurde vermerkt, wenn eine Übersetzung die Vorlage nur zusammenfassend oder auszugsweise wiedergab.
51 *Braun*, Connaissance, S. 293–340, S. 697–709.

bewältigt. Viele frühneuzeitliche Diplomaten waren polyglott. Fremdsprachenkenntnisse konnten durch Privatlehrer und auf Kavaliersreisen, mithilfe der seit dem 16./17. Jahrhundert zahlreich zur Verfügung stehenden Lehrbücher, Grammatiken und Lexika auch autodidaktisch erworben werden. Ferner bauten Universitäten, Ritterakademien und öffentliche Schulen ihren modernen Fremdsprachenunterricht im Laufe der Frühen Neuzeit wesentlich aus. Perfektioniert wurden diese Kenntnisse im polyglotten Umfeld der frühneuzeitlichen Höfe.

Bei Friedensverhandlungen bediente man sich aber auch gerne der Dolmetscher- und Übersetzerdienste von Sekretären der eigenen (mitunter auch einer fremden) Kanzlei. Die Tätigkeiten des Übersetzens und Dolmetschens waren im Kontakt europäisch-christlicher Gesandtschaften untereinander oftmals nicht so weit ausdifferenziert, dass Dolmetscher oder Übersetzer in den Gesandtschaftslisten explizit mit dieser Funktion ausgewiesen wurden. In der Regel verrichteten Sekretäre oder andere Kanzleiangehörige entsprechende Dienste neben ihren sonstigen Aufgaben. Die beiden schwedischen Botschafter in Osnabrück verfügten jeweils über einen deutschen Sekretär. Der französische Prinzipalgesandte in Münster bediente sich der Übersetzer- und Dolmetscherdienste von Jeremias J. Stenglin (1609–1660). Die katalanische Delegation weist in ihrer Gesandtschaftsliste einen Dolmetscher unter zwanzig Mitgliedern auf.[52] Selbstverständlich gab es auch in den Kanzleien späterer Kongressdelegationen sprachkundiges Personal. In der erhaltenen Aufstellung der *famiglia* des Nuntius in Nijmegen findet sich mit Francesco de Corn ein für deutsche Schreiben zuständiger Sekretär.[53]

Im 18. Jahrhundert lässt sich eine einschlägige Professionalisierung ausmachen, ablesbar etwa in der Einrichtung einer eigenen Abteilung im französischen Außenministerium (*Bureau des interprètes*) 1753. In den Kontakten zum Osmanischen Reich hatten die Europäer bereits früher auf professionelle Dolmetscher und Übersetzer (Dragomanen) zurückgreifen müssen und diese zum Teil selbst ausgebildet, etwa Österreich und Frankreich.[54] Immerhin war in Spanien die Kenntnis des Arabischen bis um 1609 (Vertreibung der Morisken) nicht ungewöhnlich. Und auch der spanische Hof hatte im Zuge des seit dem Zeitalter Karls V. (1500–1558) anschwellenden Korrespondenzaufkommens eine Institutionalisierung der Übersetzer- und Dolmetscherdienste eingeleitet. Die Leitung der *Secretaria de Interpretación de Lenguas* lag mehrere Jahrhunderte lang bei einer Familie.[55] Juristisch-völkerrechtliche Abhandlungen warnten jedoch ebenso wie Diplomatenspiegel häufig vor dem Einsatz von Überset-

---

52 Osnabrück, Niedersächsisches Landesarchiv, Rep. 100, 1, Nr. 116, fol. 297'.
53 *Segretario dell'imbasciate tedesche*, vgl. Braun, Doctrine, S. 230.
54 Frédéric Hitzel, Les Jeunes de langue de Péra-lès-Constantinople, in: Dix-huitième siècle 28 (1996), S. 57–70; *Suna Timur Agildere*, Les interprètes au carrefour des cultures. Ou les drogmans dans l'Empire ottoman (XVIe–début du XXe siècle), in: Babel 55/1 (2009), S. 1–19.
55 Ingrid Cáceres-Würsig, Übersetzertätigkeit und Sprachgebrauch am spanischen Hof der Frühen Neuzeit, in: Burkhardt u. a. (Hg.), Sprache, S. 217–240.

zern und Dolmetschern bei sensiblen Verhandlungen. Die – nicht selten zweifelhafte – Loyalität von Dolmetschern und Übersetzern bildete ein ebenso in der theoretischen Gesandtenliteratur thematisiertes wie in praktischen Friedensprozessen greifbares Problem.

2.3 Übersetzungsprobleme und Translationsleistungen auf europäischen Friedenskongressen

Übersetzen war bei Friedenskongressen[56] aufgrund der Vielzahl der benutzten Sprachen eine alltägliche Tätigkeit. Die zahlreichen aus den Kongressorten an die Heimatregierungen als Beilagen zu den Gesandtschaftsberichten versandten Übersetzungen illustrieren die Last, welche die Übersetzungsdienste der Kanzleien zu tragen hatten. Übersetzt und übersandt wurden etwa Propositionen und Erklärungen der Verhandlungsparteien, die Schlussabkommen vorbereitende Textvorschläge, Abschriften fremder Korrespondenzen, aber auch publizistische Erzeugnisse wie Flugschriften (insbesondere niederländische Flugschriften durch die Kanzlei des Nuntius am Friedenskongress in Münster und durch die französische Kanzlei in Nijmegen). Zur Langsamkeit der Postwege trat die Entschleunigung durch den notwendigen Übersetzungsvorgang umfangreicher Aktenstücke als retardierendes Moment. Auch wahrnehmungsgeschichtlich wirkte Sprache als Filter: Ein deutsches Aktenstück hatte beispielsweise kaum eine Chance, an der (weitgehend italienisierten) Kurie rezipiert zu werden; daher bildeten die Auswahl der Schriftsätze, die übersetzt wurden, und die Verzögerung durch den Übersetzungsvorgang entscheidende Faktoren, die determinierend und retardierend auf Wahrnehmungsprozesse einwirkten – neben den Friedenskongressen gilt dies nicht zuletzt auch für die Wahrnehmung der (deutschen) Religionsfriedensschlüsse des 16. Jahrhunderts in Rom.[57]

Die Notwendigkeit des Übersetzens führte bei den mehrsprachig geführten Friedenskongress-Verhandlungen nicht selten zu einer Verlangsamung. Darauf wies der Friedensmediator von Münster, Fabio Chigi (1599–1667), bereits im Oktober 1644 hin.[58] Selbstverständlich führte das Verhandeln in mehreren Sprachen auch zu Übersetzungsschwierigkeiten. Gerade die jüngere Forschung hat mit Recht ihr Augenmerk auf „Missverständnisse" in Friedensprozessen gerichtet.[59] Für solche Verständnis- oder Kommunikationsprobleme sorgte auf dem Kongress (im schriftlichen wie im

---

56 Vgl. hierzu auch Kapitel 22.
57 *Guido Braun*, Imagines imperii. Die Wahrnehmung des Reiches und der Deutschen durch die römische Kurie im Reformationsjahrhundert (1523–1585), Münster 2014.
58 Vgl. den Bericht Chigis, Münster, 21.04.1644, AAV, NP 15, fol. 39–43, Dorsal fol. 38', hier fol. 39.
59 Auch hinsichtlich der „Kulturellen Übersetzung" fordern jüngere Beiträge durchaus zu Recht die Beschäftigung mit „Missverständnisse[n]" ein, vgl. etwa *Lässig*, Übersetzungen, S. 196. Zu Missverständnissen und Übersetzungsproblemen bei den Westfälischen Friedensverträgen *Braun*, Connais-

mündlichen Sprachgebrauch) nicht zuletzt das Problem der Titulatur, denn diese war nicht stets eins zu eins übertragbar. Ferner ergaben sich aus dem Vorgang des Übersetzens im Laufe der Verhandlungen Unterschiede bei der Erstellung anderssprachiger Fassungen eines Textes, die dazu führen konnten, dass zwei Parteien von verschiedenen Voraussetzungen ausgingen. Zudem kam es zu Schwierigkeiten bei Begriffen, die bei ihrer Übersetzung in eine andere Sprache zu Doppeldeutigkeiten führten: Dies gilt zum Beispiel für die Übersetzung von „Bistum" und „Hochstift" oder von „Landesherrschaft" und „Souveränität" ins Französische. Daraus resultierende Ambivalenzen konnten mitunter aber auch dazu dienen, bestehende Gegensätze bewusst zu überbrücken und weiche Formulierungen für Kompromisse zu finden, namentlich bei den Gebietsabtretungen an Frankreich 1648.

Besonders aufwendig waren Übersetzungen im Vorfeld der Unterzeichnung wichtiger Vereinbarungen. Die Zweisprachigkeit der französisch-spanischen Verhandlungen in Münster potenzierte dieses Problem, denn so mussten zwei Versionen ausgearbeitet werden. Bei den Vorbereitungen zum französisch-spanischen Frieden vergingen volle zwei Tage mit der Übertragung des französischen Textes von 21 Artikeln ins Spanische. Dennoch legten die spanischen Gesandten darauf großen Wert.[60] Der Ehre der Verwendung der eigenen Sprache im Friedensentwurf halber waren die beteiligten Fürsten und ihre Gesandten bereit, Soldaten- und Zivilistenleben zu opfern. Bei Schriftsätzen kam es darauf an, die genaue Bedeutung eines einzigen Wortes voll zu verstehen. Diese Problematik betraf keineswegs nur die Textvorschläge für Friedensverträge, bei denen fast jedes Wort genauestens abzuwägen war, sondern gleichfalls vorbereitende Dokumente wie die Verhandlungsvollmachten, um deren Form und Wortlaut zum Teil erbittert gerungen wurde.

Übersetzen stellte jedoch nicht nur ein Problem im Verhandlungsgang dar, das diesen erschweren oder retardieren konnte. Es bildete auch eine Chance, Widersprüche zwischen den Parteien auszugleichen. Die bewusste Abmilderung der Diktion mittels Übersetzung bildete ein Instrument der Friedensvermittlung,[61] das in Münster durch Nuntius Fabio Chigi und in Nijmegen durch Nuntius Luigi Bevilacqua (1616–1680) erfolgreich eingesetzt wurde.[62] Das von ihnen hierzu verwendete Italienisch trug mithin zur Schaffung einer ausgleichenden, „konsensfähige[n] Sprache des Friedens" bei, um eine jüngere Formulierung Johannes Burkhardts aufzugreifen.[63]

---

sance, auch zur Lösung der im Folgenden genannten Übersetzungsprobleme in den französischen Vertragsdrucken.
60 Vgl. den Bericht Chigis, Münster, 27.04.1647, AAV, NP 23, fol. 662–665', hier fol. 662.
61 Vgl. hierzu auch Kapitel 24.
62 *Guido Braun*, Reichstage und Friedenskongresse als Erfahrungsräume päpstlicher Diplomatie. Kulturelle Differenzerfahrungen und Wissensgenerierung, in: ders. (Hg.), Diplomatische Wissenskulturen der Frühen Neuzeit. Erfahrungsräume und Orte der Wissensproduktion, Berlin/Boston 2018, S. 89–111.
63 *Johannes Burkhardt*, Sprachen des Friedens und Friedenssprache. Die kommunikativen Dimensionen des vormodernen Friedensprozesses, in: Martin Espenhorst (Hg.), Frieden durch Sprache? Studien

2.4 Übersetzungen in interkulturellen Kontexten

Potenziert traten Übersetzungsprobleme in den Beziehungen mit nicht christlich-europäischen Mächten auf,[64] namentlich in Friedensprozessen mit dem Osmanischen Reich.[65] Die Friedensschlüsse mit dem Sultan wurden in der Regel in osmanisch-türkischer Sprache und in einer europäischen Sprache (häufig Latein) ausgefertigt.[66] Besonders die in osmanisch-europäischen Verträgen (namentlich etwa im Wiener Vertrag mit dem Kaiser von 1616) geforderte wortgetreue Ausführung des betreffenden Abkommens oder der bestätigten vorhergehenden Verträge (im vorliegenden Fall des Vertrages von Zsitvatorok 1606, der den seit 1593 schwelenden Langen Türkenkrieg beendet hatte) stellte die Kontrahenten vor das Problem der aus der Mehrsprachigkeit resultierenden Übersetzungsproblematik.

Das häufige Phänomen der Mehrdeutigkeit basierte teils auf der Verwendung mehrerer Vertragssprachen (und hinter der jeweiligen Begrifflichkeit stehender divergierender Rechtskulturen, religiöser Vorstellungen oder Herrschaftsideologien), teils auf abweichenden Vertragstexten. Daher wurden wortwörtliche Abschriften und eine dem Wortlaut und Sinne nach ‚klare' (also verständliche und eindeutige) Vertragsformulierung angemahnt, dem Gegner aber gerne der Gebrauch unklarer (‚obskurer') Formulierungen vorgeworfen. Schon der vertragsrechtlichen Typologie nach entstanden Differenzen: So galt der Vertrag von Zsitvatorok, der den Referenzrahmen für die kaiserlich-osmanischen Abkommen bis zum Vertrag von Karlowitz 1699 bildete, im osmanischen Verständnis nicht als den Friedensprozess abschließender Vertrag (dem hätte die Ratifikation durch die sultanische Eidesurkunde, das *'ahdnāme*, entsprochen), sondern lediglich als eine die Regelungen des späteren Friedensschlusses antizipierende Vereinbarung (*temessük*). Bewusste Abweichungen zwischen *temessük* und *'ahdnāme*, etwa in der *Narratio* der Friedensverhandlungen von Karlowitz hinsichtlich der Einleitung der niederländisch-englischen Mediation (durch alle Vertragsparteien bzw. einseitig durch den friedliebenden Sultan), konnten dazu dienen, divergierende Herrschaftsideologien oder normative Ordnungen in Einklang zu bringen.[67] In Friedensprozessen mit dem Osmanischen Reich konnten Übersetzungen bzw. verschiedensprachige Vertragsfassungen mithin manipulierend oder einseitig interpretierend eingesetzt werden, ebenso wie Variationen des Vertragswortlautes bildeten sie

---

zum kommunikativen Umgang mit Konflikten und Konfliktlösungen, Göttingen 2012, S. 7–23, Zitat S. 20.
64 *Dejanirah Couto*, „Traduttore, traditore". Vicissitudes linguistiques d'une ambassade portugaise dans les deltas du Gange et de l'Irraouady (1521), in: dies./Stéphane Péquignot (Hg.), Les Langues de la négociation. Approches historiennes, Rennes 2017, S. 163–190.
65 Vgl. hierzu auch Kapitel 19.
66 *Dennis Dierks*, Übersetzungsleistungen und kommunikative Funktionen osmanisch-europäischer Friedensverträge im 17. und 18. Jahrhundert, in: Espenhorst (Hg.), Frieden durch Sprache, S. 133–174.
67 Ebd., S. 136f.

jedoch zugleich ein Mittel zur Überbrückung divergierender Ordnungsvorstellungen in interkulturellen Kontexten.

Auswahlbibliographie / Select Bibliography

Andretta, Stefano u. a. (Hg.), Paroles de négociateurs. L'entretien dans la pratique diplomatique de la fin du Moyen Âge à la fin du XIXe siècle, Rom 2010.

Bély, Lucien, Espions et ambassadeurs au temps de Louis XIV, Paris 1990.

Braun, Guido, Frédéric-Charles Moser et les langues de la diplomatie européenne (1648–1750), in: RHD 113 (1999), S. 261–278.

Braun, Guido, La doctrine classique de la diplomatie française? Zur rechtlichen Legitimation der Verhandlungssprachen durch die französischen Delegationen in Münster, Nimwegen, Frankfurt und Rijswijk (1644–1697), in: Christoph Kampmann u. a. (Hg.), L'art de la paix. Kongresswesen und Friedensstiftung im Zeitalter des Westfälischen Friedens, Münster 2011, S. 197–259.

Braun, Guido, Verhandlungs- und Vertragssprachen in der „niederländischen Epoche" des europäischen Kongresswesens (1678/79–1713/14), in: JbEurG 12 (2011), S. 104–130.

Braun, Guido, Reichstage und Friedenskongresse als Erfahrungsräume päpstlicher Diplomatie. Kulturelle Differenzerfahrungen und Wissensgenerierung, in: ders. (Hg.), Diplomatische Wissenskulturen der Frühen Neuzeit. Erfahrungsräume und Orte der Wissensproduktion, Berlin/Boston 2018, S. 89–111.

Brunot, Ferdinand, Histoire de la langue française des origines à nos jours, 13 Bde. in 20 Teilen, Paris ^{2}1966–1968.

Burkhardt, Johannes, Sprachen des Friedens und was sie verraten. Neue Fragen und Einsichten zu Karlowitz, Baden und „Neustadt", in: Stefan Ehrenpreis u. a. (Hg.), Wege der Neuzeit. Festschrift für Heinz Schilling zum 65. Geburtstag, Berlin 2007, S. 503–519.

Burkhardt, Johannes, Sprachen des Friedens und Friedenssprache. Die kommunikativen Dimensionen des vormodernen Friedensprozesses, in: Martin Espenhorst (Hg.), Frieden durch Sprache? Studien zum kommunikativen Umgang mit Konflikten und Konfliktlösungen, Göttingen 2012, S. 7–23.

Burkhardt, Johannes u. a. (Hg.), Sprache. Macht. Frieden. Augsburger Beiträge zur Historischen Friedens- und Konfliktforschung, Augsburg 2014.

Cáceres-Würsig, Ingrid, Übersetzertätigkeit und Sprachgebrauch am spanischen Hof der Frühen Neuzeit, in: Burkhardt u. a. (Hg.), Sprache, S. 217–240.

Couto, Dejanirah, „Traduttore, traditore". Vicissitudes linguistiques d'une ambassade portugaise dans les deltas du Gange et de l'Irraouady (1521), in: dies./Stéphane Péquignot (Hg.), Les Langues de la négociation. Approches historiennes, Rennes 2017, S. 163–190.

Dauser, Regina, Ehren-Namen. Herrschertitulaturen im völkerrechtlichen Vertrag 1648–1748, Köln u. a. 2017.

Dierks, Dennis, Übersetzungsleistungen und kommunikative Funktionen osmanisch-europäischer Friedensverträge im 17. und 18. Jahrhundert, in: Espenhorst (Hg.), Frieden durch Sprache?, S. 133–174.

Duchhardt, Heinz/Espenhorst, Martin (Hg.), Frieden übersetzen in der Vormoderne. Translationsleistungen in Diplomatie, Medien und Wissenschaft, Göttingen 2013.

Duchhardt, Heinz/Espenhorst, Martin (Hg.), Utrecht – Rastatt – Baden 1712–1714. Ein europäisches Friedenswerk am Ende des Zeitalters Ludwigs XIV., Göttingen 2013.

Espenhorst, Martin (Hg.), Frieden durch Sprache? Studien zum kommunikativen Umgang mit Konflikten und Konfliktlösungen, Göttingen 2012.

Fumaroli, Marc, Quand l'Europe parlait français, Paris 2001, ND 2003.
Gerstenberg, Annette (Hg.), Verständigung und Diplomatie auf dem Westfälischen Friedenskongress. Historische und sprachwissenschaftliche Zugänge, Köln u. a. 2014.
Hitzel, Frédéric, Les Jeunes de langue de Péra-lès-Constantinople, in: Dix-huitième siècle 28 (1996), S. 57–70.
Lässig, Simone, Übersetzungen in der Geschichte – Geschichte als Übersetzung? Überlegungen zu einem analytischen Forschungskonzept für die Geschichtswissenschaft, in: GG 38 (2012), S. 189–216.
Mattingly, Garrett, Renaissance Diplomacy, London 1955, ND 1970.
Moser, Friedrich Carl, Abhandlung von den Europäischen Hof- und Staats-Sprachen, nach deren Gebrauch im Reden und Schreiben. Mit authentischen Nachrichten belegt, Frankfurt a. M. 1750.
Nicklas, Thomas/Schnettger, Matthias (Hg.), Politik und Sprache im frühneuzeitlichen Europa, Mainz 2007.
Ostrower, Alexander, Language, Law, and Diplomacy. A Study of Linguistic Diversity in Official Relations and International Law, 2 Bde., Philadelphia 1965.
Penzholz, German/Schmidt-Rösler, Andrea, Die Sprachen des Friedens – eine statistische Annäherung, in: Burkhardt u. a. (Hg.), Sprache, S. 309–320.
Russell, Joycelyne G., Diplomats at Work. Three Renaissance Studies, Phoenix Mill u. a. 1992.
Schmidt-Rösler, Andrea, Friedrich Carl von Mosers Abhandlung von den Europäischen Hof- und Staatssprachen (1750), in: Burkhardt u. a. (Hg.), Sprache, S. 109–154.
Siouffi, Gilles, De l'„universalité" européenne du français au XVIIIe siècle: retour sur les représentations et les réalités, in: Langue française 167 (2010), S. 13–29.
Timur Agildere, Suna, Les interprètes au carrefour des cultures. Ou les drogmans dans l'Empire ottoman (XVIe–début du XXe siècle), in: Babel 55/1 (2009), S. 1–19.

Volker Arnke
26. Akteur*innen der Friedensstiftung und -wahrung

Abstract: Peacemakers and Peacekeepers
Owing to the growing frequency of wars in the early modern period, peacemakers and peacekeepers assumed a new significance. Ambassadors were increasingly employed alongside the sovereigns to whom contemporary political theory ascribed a duty to make and keep peace in Christian Europe. The early modern period saw the creation of a professional diplomatic class which came to play a key role in the major multilateral peace conferences of the seventeenth and eighteenth centuries. In addition, other actors contributed in more indirect ways. Scholars and artists, for example, often promoted peace by means of their writings or art, while some military commanders played multiple roles and made only limited contributions to peace making.

1. Einleitung

Im Europa der Frühen Neuzeit kam den Akteur*innen der Friedensstiftung und -wahrung eine große Bedeutung zu. Ursächlich hierfür war das Paradoxon, dass zwar einerseits Frieden allseits als höchstes Gut (*pax optima rerum*) anerkannt war und angestrebt wurde, andererseits aber zugleich eine Vielzahl von Kriegen aufkam. Eine Grundlage dieses Dilemmas wiederum war die Friedensnorm,[1] die die christlichen Herrscher*innen Europas zu friedlichen Beziehungen untereinander verpflichtete. Dieses Konzept, das wesentlich auf das Werk *De Civitate Dei* des Kirchenvaters Augustinus von Hippo (354–430) zurückgeht,[2] galt als übergeordnetes Leitmotiv politischen Handelns im christlichen Europa. Frieden fungierte darin als göttlich-paradiesischer Idealzustand, der dem Verständnis nach zwar im Diesseits niemals in Perfektion erreicht werden konnte, den es aber dennoch anzustreben galt. Die andere Grundlage des Dilemmas stellte die frühneuzeitliche Kriegsverdichtung (*Bellizität*) dar. Dieses Phänomen, nach dem in der Vormoderne kaum ein Jahr verging, in dem europaweit Frieden herrschte, lässt sich mit dynastischen, religiösen sowie wirtschaftlichen Konkurrenzen und Konflikten erklären und wird zudem mitunter auf den Prozess der sog.

---
[1] Christoph Kampmann, Art. „Friede", in: EdN 2014, URL: http://dx.doi.org/10.1163/2352-0248_edn_a1189000 (abgerufen am: 01.04.2019).
[2] *Aurelius Augustinus*, Des heiligen Kirchenvaters Aurelius Augustinus zweiundzwanzig Bücher über den Gottesstaat, übers. v. Alfred Schröder, München 1911–1916. Für Augustinus' Friedenskonzept ist insbesondere das 19. Buch seines Werkes entscheidend.

Staatsbildung zurückgeführt, nach dem die „Unfertigkeit" der damaligen politischen Entitäten Kriege befördert habe.[3]

Die parallele Existenz der zwei Epochenmerkmale von einerseits Friedensnorm und andererseits Kriegsverdichtung mag sich auf den ersten Blick widersprechen, wurde zeitgenössisch jedoch weithin als etablierter Dualismus angesehen. Dementsprechend galt das Führen sog. gerechter Kriege (*bella iusta*) als legitim, sofern sie dem Kanon anerkannter Kriegsgründe (*iustae causae*) entsprachen.[4] Demnach konnte das Führen mancher Kriege sogar als Beitrag zur Friedenssicherung ausgelegt werden.[5] Die Doktrin des sog. gerechten Krieges rechtfertigte nicht etwa nur solche Kriege, die der Verteidigung des christlichen Europas gegen Nichtchristen dienten,[6] sondern galt auch für militärische Auseinandersetzungen, die christliche Herrscher*innen untereinander führten. Zugleich aber wurde in der damaligen politischen Theorie und Praxis stets die Notwendigkeit betont, den Frieden wiederherzustellen und zu bewahren. Demnach bestand zwischen den politisch Mächtigen der Frühen Neuzeit grundsätzlich der Konsens, Kriege zeitlich zu begrenzen und schnellstmöglich einen dauerhaften Frieden (*pax perpetua*) wiederherzustellen.[7]

Vor diesem Hintergrund wird deutlich, warum sowohl die Friedensstiftung, also das Streben nach der Wiedererlangung eines einmal verlorengegangenen Friedenszustandes, als auch die Friedenswahrung, also die möglichst dauerhafte Sicherung eines bestehenden Friedenszustandes, im Europa der Frühen Neuzeit von besonderer Bedeutung waren. Beides machte erforderlich, dass sich zahlreiche Akteur*innen auf unterschiedlichen Ebenen für die Friedensstiftung und -wahrung einsetzten. Die Spannweite reichte einerseits von personellen Akteur*innen, wie etwa dem Papst in seiner Rolle als Schiedsrichter der christlichen Welt und Fürst*innen, die qua Amt dem Frieden verpflichtet waren, über juristisch Gelehrte in Regierungen und Gesandtschaften sowie der Politiktheorie bis hin zu Kulturschaffenden, wie etwa Poet*innen, die das zeitgenössische Friedenslob prägten. Andererseits wurden institutionelle Akteure wie Gerichte, Ständeversammlungen oder Friedenskongresse zu Vehikeln der

---

3 *Johannes Burkhardt*, Die Friedlosigkeit der Frühen Neuzeit. Grundlegung einer Theorie der Bellizität Europas, in: ZHF 24 (1997), S. 509–574. Jüngst aktualisiert in *ders.*, Der Krieg der Kriege. Eine neue Geschichte des Dreißigjährigen Krieges, Stuttgart 2018.
4 Kriegsgründe wurden in der Frühen Neuzeit etwa in offiziellen Kriegserklärungen angeführt. *Anuschka Tischer*, Offizielle Kriegsbegründungen in der Frühen Neuzeit: Herrscherkommunikation in Europa zwischen Souveränität und korporativem Selbstverständnis, Münster 2012.
5 Die frühneuzeitliche Politiktheorie machte beispielsweise in den Kriegen europäischer christlicher Herrscher gegen das muslimische Osmanische Reich, das vom Geltungsbereich der christlichen Friedensnorm ausgenommen war, ein probates Mittel der (inneren) Friedenssicherung aus. *Volker Arnke*, „Vom Frieden" im Dreißigjährigen Krieg. Nicolaus Schaffshausens „De Pace" und der positive Frieden in der Politiktheorie, Berlin/Boston 2018, hier S. 234f., S. 238.
6 Vgl. zum spezifischen Friedensverhältnis von christlichen europäischen Mächten mit nichtchristlichen auch Kapitel 19 und 20.
7 *Kampmann*, Art. „Friede".

Friedensstiftung und -wahrung. Der vorliegende Artikel konzentriert sich auf die personellen Akteure, da die genannten und weitere Institutionen in anderen Artikeln des Handbuchs zur Sprache kommen.[8]

2. Souverän*innen

Der Wandel der europäischen Mächtestruktur von der Orientierung am Ideal einer kaiserlich-päpstlichen Universalmonarchie hin zur Etablierung eines multipolaren Gefüges mehrerer souveräner Herrschaftsträger*innen, wie er sich im Verlauf der Frühen Neuzeit sukzessive vollzog, wirkte sich auch auf die Akteur*innen der Friedensstiftung und -wahrung aus. So war der Papst noch zu Beginn der Frühen Neuzeit als Schiedsrichter (*Arbiter*) in weltlichen Konflikten zwischen den Gemeinwesen im christlichen Europa allgemein anerkannt.[9] Diese gewichtige Rolle, nach der das geistliche Oberhaupt Europas verbindliche Entscheidungen im Rahmen der Befriedung von Konflikten fällen sollte, hatte das Papsttum seit dem hohen Mittelalter inne. Noch im 16. Jahrhundert wurde die römische Kurie in den aufkommenden Kriegen zwischen den französischen Königen und den Herrschern des Hauses Habsburg, die um die Vorherrschaft in Europa geführt wurden, als *Arbiter* angerufen.[10] Mit dem zunehmenden Autoritätsverlust der Päpste im Zuge von Reformation und Ausdifferenzierung der europäischen Mächtestruktur im Verlaufe der Frühen Neuzeit verloren die Päpste allerdings an Einfluss im Bereich der Friedensstiftung, im Speziellen ihre Rolle als *Arbiter*, auf die in der Folgezeit nunmehr andere europäische Mächte, insbesondere Frankreich und Großbritannien, Anspruch erhoben.[11]

De facto allerdings war der Papst bereits im Konflikt zwischen dem Haus Habsburg und den französischen Königen des 16. Jahrhunderts weniger als ein verbindlich entscheidender Schiedsrichter denn vielmehr als ein Vorschläge unterbreitender Mittler (*Mediator*)[12] aufgetreten. In der ersten Hälfte des 17. Jahrhunderts, während des Dreißigjährigen Krieges (1618–1648), zeigte sich der Einflussverlust des Papsttums auf die Friedensstiftung unter anderem an dem päpstlichen Vorschlag zum gescheiterten Kölner Kongress in den 1630er Jahren, der lediglich die katholischen Kriegsbeteiligten

---

8 Vgl. hierzu Kapitel 9, 10, 12 und 13.
9 *Günter Wassilowsky/Birgit Emich*, Art. „Papsttum", in: EdN 2014, URL: http://dx.doi.org/10.1163/2352-0248_edn_a3140000 (abgerufen am: 10.05.2019); *Christoph Kampmann*, Arbiter und Friedensstiftung. Die Auseinandersetzung um den politischen Schiedsrichter im Europa der Frühen Neuzeit, Paderborn u. a. 2001.
10 Vgl. ebd., S. 26–65.
11 Vgl. hierzu überblicksartig ebd., S. 308–316.
12 Vgl. zu Arbitration und Mediation Kapitel 24. Vgl. außerdem *Alexander Koller*, Art. „Mediation", in: EdN 2014, URL: http://dx.doi.org/10.1163/2352-0248_edn_a3140000 (abgerufen am: 10.05.2019).

involvierte und letztlich keinen Friedensschluss herbeiführen konnte.[13] Ebenso wenig Wirkung entfaltete der päpstliche Protest gegen den Westfälischen Frieden von 1648,[14] der trotz der Ablehnung durch die römische Kurie bei den katholischen Mächten Europas Anerkennung fand.

Im Zuge dessen traten neben dem Papst zunehmend auch weltliche Herrschaftsträger*innen vermittelnd in frühneuzeitlichen Friedensprozessen auf. Insbesondere Venedig, das u. a. neben der römischen Kurie den zweiten zentralen Mediator auf dem Westfälischen Friedenskongress (1643–1649) stellte, entwickelte eine Tradition der Friedensvermittlung. Mediationsinitiativen lassen sich aber etwa auch für die Niederlande, Schweden, England, Frankreich und Russland feststellen.[15]

In seinem Selbstverständnis als *padre comune* gab der Papst seinen Anspruch zumindest als *Mediator* innerhalb der katholischen Christenheit aufzutreten, indes nicht auf, was u. a. an der zentralen Vermittlerrolle auf dem Westfälischen Friedenskongress sowie an der päpstlichen Friedensinitiative der 1650er Jahre im Spanisch-Französischen Krieg (1635–1659) sichtbar wird.[16]

Grundsätzlich sprach die europäische Politiktheorie nicht nur dem Papst, sondern sämtlichen souveränen Herrschaftsträger*innen im Rahmen des Majestätsrechts des Krieges und des Friedens (*ius belli ac pacis*)[17] eine verbindliche Rolle bei der Friedensstiftung und -wahrung zu. Demnach war es eine Pflicht der Souverän*innen, für den Frieden zu sorgen, d. h. selbst friedlich zu agieren und zudem friedensstiftend auf andere Mächte einzuwirken.[18] Als Ausdruck einer tugend- und ehrenhaften Regierungsführung betonten denn auch zahlreiche Fürst*innen ihre Herrschaftspflicht zur Friedensstiftung und -wahrung in besonderer Weise, indem sie sie zu einem zentralen Element ihrer Selbstdarstellung erhoben. Dies trifft etwa für die englische Königin Elisabeth I. (1533–1603), zeitgenössisch auch *Queen of Peace* genannt,[19] sowie für ihren

---

13 Vgl. zu den Friedensinitiativen des Dreißigjährigen Krieges demnächst *Volker Arnke*, Eger – Lübeck – Prag – Köln – Goslar: Verhandlungen und Verträge zwischen Frieden und Krieg 1619–1642, in: ders./Siegrid Westphal (Hg.), Der schwierige Weg zum Westfälischen Frieden. Wendepunkte, Friedensversuche und die Rolle der „Dritten Partei", vorauss. 2021 sowie *Burkhardt*, Der Krieg der Kriege, passim.
14 Vgl. hierzu auch Kapitel 46.
15 Vgl. hierzu auch Kapitel 18; zudem *Johann Heinrich Zedler*, Art. „Mittler", in: Grosses vollständiges Universal-Lexicon Aller Wissenschafften und Künste [...] 21 (1739), Sp. 619–637.
16 *Heinz Duchhardt*, Augsburg statt Bidasso?, in: ders. (Hg.), Der Pyrenäenfriede 1659. Vorgeschichte. Widerhall. Rezeptionsgeschichte, Münster 2010, S. 51–58, hier S. 51f.
17 Vgl. zum *ius belli ac pacis* Arnke, „Vom Frieden", S. 46–52; *Heinhard Steiger*, Das „ius belli ac pacis" des Alten Reiches zwischen 1645 und 1801, in: Der Staat. Zeitschrift für Staatslehre, Öffentliches Recht und Verfassungsgeschichte 37 (1998), S. 493–520; *Michael Stolleis*, Geschichte des öffentlichen Rechts in Deutschland, Bd. 1: Reichspublizistik und Policeywissenschaft 1600–1800, München ²2012, S. 191–197.
18 Vgl. Arnke, „Vom Frieden", S. 215; *Kampmann*, Art. „Friede".
19 Vgl. *Kerstin Weiand*, Herrscherbilder und politische Normbildung: Die Darstellung Elisabeths I. im England des frühen 17. Jahrhunderts, Göttingen 2016, bes. S. 82–90.

Nachfolger Jakob I. (1566–1625) zu, der sich als *rex pacificus* (Friedenskönig) verstand.[20] Auch König Christian IV. von Dänemark und Norwegen (1577–1648) inszenierte sich als Friedensfürst[21] und trat mehrfach vermittelnd in den diversen Friedensprozessen des Dreißigjährigen Krieges auf bzw. zeigte seine Bereitschaft dazu.[22] Als Beispiel für das Zeitalter der Aufklärung lässt sich der Reichsfürst Leopold III. Friedrich Franz von Anhalt-Dessau (1740–1817) anführen, der sich im bewussten Gegensatz zum kriegerischen Preußen Friedrichs II. (1712–1786) als „Friedensfürst" bezeichnen ließ.[23] Nicht zuletzt lässt sich hier auch der bereits erwähnte Anspruch der Könige von Frankreich und Großbritannien auf die Fortführung der ursprünglich päpstlichen *Arbiter*-Rolle innerhalb der europäischen Friedensstiftung nennen, den die Potentaten in ihr nach außen getragenes Selbstverständnis integrierten.[24]

Neben der Inszenierung als Friedensfürst*in waren auch konkrete politische Friedenswahrungsmaßnahmen der Herrschenden Ausdruck ihrer Friedenspflicht, die die Frühneuzeitforschung in jüngerer Zeit zunehmend unter dem Begriff der *Sicherheit* fasst.[25] Demnach lassen sich die diversen Maßnahmen der Friedenswahrung im Europa der Frühen Neuzeit auch als „Sicherheitsstrategien" der Souverän*innen und ihrer Administrationen zusammenfassen.[26] Zu diesen zählten die politischen Mittel (*media*) wie bi- und multilaterale Friedensschlüsse, Landfrieden, Religionsfrieden, Bündnisschlüsse, Handelsverträge und fürstliche Heiraten.[27]

Ein zentrales Mittel der Herrschenden, ihrer Pflicht zur Friedensstiftung und -wahrung nachzukommen, stellte das Gesandtschaftswesen dar, insbesondere im Rahmen von Friedensverhandlungen, die in der Frühen Neuzeit auf Grund der hohen Kriegsdichte in großer Zahl aufkamen. Im Gegensatz zum Mittelalter, in dem „die per-

---

20 Vgl. *Ronald G. Asch*, Jakob I. (1566–1625). König von England und Schottland; Herrscher des Friedens im Zeitalter der Religionskriege, Stuttgart 2005, S. 11 u. ö.
21 Vgl. *Mara R. Wade*, ‚Große Hochzeit' und ‚Gipfeltreffen' in Kopenhagen 1634. Dänische Repräsentationspolitik im Dreißigjährigen Krieg, in: Benigna von Krusenstjern/Hans Medick (Hg.), Zwischen Alltag und Katastrophe. Der Dreißigjährige Krieg aus der Nähe, Göttingen 1999, S. 113–131, hier S. 115f.
22 Vgl. *Mogens Bencard*, Christian IV. als Friedensvermittler, in: Klaus Bußmann/Heinz Schilling (Hg.), 1648. Krieg und Frieden in Europa, Textbd. 2: Kunst und Kultur, Münster 1998, S. 587–592. Im Hamburger Präliminarfrieden von 1641 war auch eine dänische Vermittlung für den Westfälischen Friedenskongress, konkret in Osnabrück, vorgesehen worden. Auf Grund des Ausbruchs des Torstenssonkrieges (1643–1645) zwischen Dänemark und Schweden zog die dänische Gesandtschaft allerdings wieder ab. Vgl. hierzu *Siegrid Westphal*, Der Westfälische Frieden, München 2015, S. 33–36.
23 Vgl. zur Wahrnehmung des Fürsten Franz von Anhalt-Dessau *Andreas Pečar/Frank Kreißler* (Hg.), Unser Franz. Das Bild des Fürsten Franz von Anhalt-Dessau im Urteil der Nachwelt (1817–1945), Halle a.d.S. 2018; dies. (Hg.), Der Fürst in seiner Stadt. Leopold Friedrich Franz von Dessau, Petersberg 2017.
24 Vgl. hierzu *Kampmann*, Arbiter und Friedensstiftung.
25 Vgl. zum Aspekt der *Sicherheit* auch Kapitel 27.
26 *Christoph Kampmann/Ulrich Niggemann*, Einleitung, in: dies. (Hg.), Sicherheit in der Frühen Neuzeit. Norm, Praxis, Repräsentation, Köln u. a. 2013, S. 12–27, hier S. 19.
27 Vgl. hierzu auch Kapitel 8, 14, 17, 18, 19 und 20.

sönliche Begegnung von Herrschern" als „Idealfall von ‚Außenpolitik'" galt,[28] traten Herrschaftsträger*innen in der Vormoderne nur noch in Ausnahmefällen persönlich bei Friedensverhandlungen in Erscheinung. So zum Beispiel im sog. Damenfrieden von Cambrai des Jahres 1529, bei dem Margarethe von Österreich (1480–1530) und Luise von Savoyen (1476–1531) persönlich einen Frieden zwischen Kaiser Karl V. (1500–1558) und Franz I. von Frankreich (1494–1547), zu deren Familien sie zählten, aushandelten.[29] Dieser Friedensschluss ist zugleich ein Beispiel für die Geschichte von Frauen in der frühneuzeitlichen Diplomatie Europas.[30] Persönlich waren Herrscher*innen indes erst wieder auf dem Wiener Kongress von 1814/15 präsent.[31]

3. Gesandte

Im Unterschied zum Hochmittelalter, für das sich eine „beauftragte Stellvertretung" der Herrschenden durch professionelle Gesandte kaum nachweisen lässt,[32] kann für die Vormoderne eine Verstetigung und Professionalisierung des Gesandtschaftswesens festgestellt werden, das für die Friedensstiftung und -wahrung eine herausragende Bedeutung bekam. Die Gesandten agierten dabei in Stellvertreterfunktion für die Souverän*innen, die sie repräsentierten, und wurden für Friedensmissionen mit jeweils angepassten Instruktionen und Pässen ausgestattet, die sie in spezifischem Umfang zur Verhandlungsführung und zu politischen Entscheidungen ermächtigten. Während sich ständige diplomatische Vertretungen, die sich im Lauf der Frühen Neuzeit sukzessive ausbildeten, vornehmlich der Pflege bestehender Beziehungen zwischen den europäischen Herrschaftsträger*innen widmeten und auf diese Weise helfen konnten, Frieden zu wahren,[33] wurden zu Friedenskongressen meist Sondergesandte geschickt, um akute Kriegszustände zu beenden.[34]

---

28 *Hanna Vollrath*, Einleitung, in: dies. (Hg.), Der Weg in eine weitere Welt. Kommunikation und „Außenpolitik" im 12. Jahrhundert, Berlin 2008, S. 1–11, hier S. 11. Vgl. zu dieser Thematik auch *Sonja Dünnebeil/Christine Ottner* (Hg.), Außenpolitisches Handeln im ausgehenden Mittelalter: Akteure und Ziele, Wien u. a. 2007.
29 Vgl. hierzu auch Kapitel 42.
30 Vgl. *Anuschka Tischer*, Art. „Diplomatie", in: EdN 2014, URL: http://dx.doi.org/10.1163/2352-0248_edn_a0774000 (abgerufen am: 10.05.2019); für eine gendergeschichtliche Perspektive auf die frühneuzeitliche Diplomatie vgl. *Corina Bastian u. a.* (Hg.), Das Geschlecht der Diplomatie. Geschlechterrollen in den Außenbeziehungen vom Spätmittelalter bis zum 20. Jahrhundert, Köln u. a. 2014.
31 Vgl. *Franz Bosbach*, Art. „Friedensverhandlungen", in: EdN 2014, URL: http://dx.doi.org/10.1163/2352-0248_edn_COM_267541 (abgerufen am: 25.03.2020). Vgl. zum Wiener Kongress auch Kapitel 51.
32 *Vollrath*, Einleitung, S. 11.
33 Zu den Aufgaben ständiger diplomatischer Vertreter an fremden Höfen zählte allerdings auch die Spionage, die besonders im Kriegsfall von Bedeutung war. Vgl. *Tischer*, Art. „Diplomatie".
34 In der Forschung existieren unterschiedliche Auffassungen zur Etablierung ständiger diplomatischer Vertretungen im frühneuzeitlichen Europa. Während Hillard von Thiessen in Abhebung von den Verhältnissen des Mittelalters die Etablierung eines europaweiten Systems dauerhafter diplomatischer

Eine Keimzelle des europäischen Gesandtschaftswesens stellten bereits die päpstlichen Legaten des Mittelalters dar.[35] Zu Beginn der Frühen Neuzeit bildete sich schließlich ein professionelles päpstliches Gesandtensystem heraus, das unter anderem mit dem Amt des päpstlichen *Nuntius* von großer Vorbildhaftigkeit für ganz Europa wurde. Schon zu Beginn des 16. Jahrhunderts waren ständige päpstliche Vertretungen (*Nuntiaturen*) am Kaiserhof, in Frankreich, Spanien, Portugal, Polen, Venedig und Neapel aktiv. Nuntien konnten auch als Legaten zu Friedenskongressen entsandt werden, wo sie als Mediatoren in Erscheinung traten – wie beispielsweise im Fall des ständigen Nuntius zu Köln, Fabio Chigi (1599–1667), der zum Westfälischen Friedenskongress entsandt wurde.[36] Für Friedensmissionen wurden bisweilen aber auch eigens sog. außerordentliche Nuntien ernannt.[37]

Die Professionalisierung des Gesandtschaftswesens lässt sich auch für andere Mächte in Europa beobachten. So bildeten neben dem Papsttum schon im 15. Jahrhundert einige italienische Stadtrepubliken Frühformen ständiger Diplomatie aus, die sich seit 1500 „auf Höfe jenseits der Alpen ausweiteten".[38] Im Verlauf der Epoche differenzierte sich das europäische Gesandtschaftswesen weiter aus und definierte beispielsweise unterschiedliche Ränge, mit denen teils verschiedene Verhandlungsvollmachten verbunden waren. Diplomatische Ränge waren aber auch Ausdruck der Bedeutung des jeweils entsendenden Hofes innerhalb des europäischen Mächtegefüges. Im Zuge der großen Friedenskongresse des 17. und frühen 18. Jahrhunderts (Münster und Osnabrück 1643–1649; Nijmegen 1676–1679; Rijswijk 1697; Utrecht, Rastatt und Baden 1712–1714) etablierten sich neben der älteren Bezeichnung des Bevollmächtigten (lat. *plenipotentarius*) im Zuge der vornehmlichen Verwendung des Französischen als Sprache der Diplomatie zusätzlich die Rangbezeichnungen des *Ambassadeur* (Botschafter), des *Résident* (Resident) und des *Envoyé* (Gesandter). Den

---

Niederlassungen des Papstes und der katholischen Könige schon um 1500 ansetzt, konstatiert Gregor Menzig, dass zu diesem Zeitpunkt die Ad-hoc-Diplomatie in der Politik des katholischen Kaisers „Maximilians I. gleichermaßen noch den Regelfall bildete[...]". *Hillard von Thiessen*, Diplomatie vom *type ancien*. Überlegungen zu einem Idealtypus des frühneuzeitlichen Gesandtschaftswesens, in: ders./Christian Windler (Hg.), Akteure der Außenbeziehungen: Netzwerke und Interkulturalität im historischen Wandel, Köln u.a. 2010, S. 471–503, bes. S. 480; *Gregor Metzig*, Kommunikation und Konfrontation. Diplomatie und Gesandtschaftswesen Kaiser Maximilians I. (1486–1519), Berlin/Boston 2016, hier S. 19.

35 Vgl. *Vollrath*, Einleitung, S. 11; vgl. zu den päpstlichen Legaten des Mittelalters *Claudia Zey*, Zum päpstlichen Legatenwesen im 12. Jahrhundert. Der Einfluß von eigener Legationspraxis auf die Legatenpolitik der Päpste am Beispiel Paschalis' II., Lucius' II. und Hadrians IV., in: Ernst-Dieter Hehl u.a. (Hg.), Das Papsttum in der Welt des 12. Jahrhunderts, Stuttgart 2002, S. 243–262.
36 Vgl. zu Fabio Chigi, dem späteren Papst Alexander VII., *Fritz Dickmann*, Der Westfälische Frieden, Münster ⁷1998, S. 193 f. u. ö.; *Hermann Bücker*, Der Nuntius Fabio Chigi (Alexander VII.) in Münster 1644–1649. Nach seinen Briefen, Tagebüchern und Gedichten, in: WZ 108 (1958), S. 1–90.
37 *Alexander Koller*, Art. „Nuntius", in: EdN 2014, URL: http://dx.doi.org/10.1163/2352-0248_edn_a3022000 (abgerufen am: 11.05.2019).
38 *Thiessen*, Diplomatie vom *type ancien*, S. 480.

höchsten der diplomatischen Ränge bezeichnete derjenige des *Ambassadeur*, dem dieselben Ehrenbekundungen zustanden, wie der fürstlichen Person, die er repräsentierte.[39]

Die diplomatischen Ränge und die Repräsentationsfunktionen, die mit ihnen verbunden waren, sorgten auf den frühneuzeitlichen Friedenskongressen regelmäßig für Zeremonialstreitigkeiten. Nicht selten ergaben sich aus der Grundsatzfrage nach dem Vorrang (*Präzedenz*) unter den europäischen Herrscher*innen derart zeitintensive Debatten, dass der Verlauf von Friedensverhandlungen dadurch erheblich verlängert werden konnte. Der Westfälische Friedenskongress ist hierfür ein besonders anschauliches Beispiel, da es sich dabei um den ersten Gesandtenkongress handelte, der Repräsentanten europäischer Souverän*innen in hoher Zahl zusammenbrachte. Ungeklärte Fragen der Rangfolge kamen so auf vergleichsweise engem Raum an den Tag und verzögerten den Verhandlungsauftakt. Um derartige Streitigkeiten zu verringern, wurden die Erfahrungen, die in Westfalen gewonnen worden waren, auf späteren Kongressen wie in Nijmegen oder Utrecht genutzt, indem etwa zeremonielle Einzüge von Gesandten in den Kongressort unterblieben.[40] Eine dauerhafte und weitreichend akzeptierte Lösung in der Frage der Rangfolge von Gesandten wurde für die europäische Diplomatie allerdings erst auf dem Wiener Kongress geschaffen.[41]

Innerhalb der europäischen Politiktheorie wurden die Rangstreitigkeiten unter dem Oberbegriff des Gesandtschaftsrechts (*ius legationis*) diskutiert, das grundlegend für das zeitgenössische Gesandtschaftswesen war.[42] Nicht allen Herrschaftsträger*innen kam demnach gleichermaßen das Recht zu, Gesandte ersten Ranges abzuordnen, da die Dienstherr*innen hierfür vollkommen souverän sein mussten.[43] Diese Frage wurde mit Blick auf die Kur- und sonstigen Fürst*innen des Heiligen Römischen Reiches besonders intensiv diskutiert. So bestand im Vorfeld und noch zu Beginn des Westfälischen Friedenskongresses Uneinigkeit darüber, ob die Reichsstände über ausreichend Souveränität verfügten, um den Kongress mit eigenen Gesandten beschicken zu dürfen (*Admissionsfrage*). Gestand der römisch-deutsche Kaiser dieses Recht zunächst lediglich den Kurfürsten zu, ließ er im August 1645 auf Druck der auswärti-

---

39 Vgl. *Tischer*, Art. „Diplomatie".
40 Vgl. zur Problematik des Zeremoniells auf frühneuzeitlichen Friedenskongressen auch Kapitel 31.
41 Vgl. *Heinz Duchhardt*, Der Wiener Kongress und seine „diplomatische Revolution". Ein kulturgeschichtlicher Streifzug, in: APuZ 22–24 (2015), online unter http://www.bpb.de/apuz/206931/der-wiener-kongress-und-seine-diplomatische-revolution?p=all (abgerufen am: 11.12.2019). Vgl. zum Wiener Kongress auch Kapitel 51.
42 Vgl. *Michael Stolleis*, Geschichte des öffentlichen Rechts in Deutschland, Bd. 1: Reichspublizistik und Policeywissenschaft 1600–1800, München ²2012, S. 190f.; *Arnke*, „Vom Frieden", S. 50f. Vgl. zur Thematik rechtlicher Grundlagen des frühneuzeitlichen Friedens auch Kapitel 6.
43 Vgl. *Thiessen*, Diplomatie vom *type ancien*, S. 482f.; *Johann Heinrich Zedler*, Art. „Abgesandter", in: Grosses vollständiges Universal-Lexicon Aller Wissenschafften und Künste [...] 1 (1732), Sp. 117–122.

gen Kronen Frankreich und Schweden, die Bündnisse mit einigen Reichsständen unterhielten, sämtliche Reichsstände zum Kongress zu.[44]

Die Gesandten der großen frühneuzeitlichen Friedenskongresse,[45] die für die Wiederherstellung des Friedens nach einem Krieg von entscheidender Bedeutung waren, müssen als politische Eliten ihrer Zeit verstanden werden. Sie bekleideten oftmals hohe Ämter an den Höfen ihrer Dienstherr*innen wie etwa Maximilian Graf von Trauttmansdorff (1584–1650),[46] der Prinzipalgesandte der kaiserlichen Delegation auf dem Westfälischen Friedenskongress. Er galt seinerzeit als „führende[r] Staatsmann" des Kaisers und verfügte über umfangreiche Verhandlungserfahrung. Erfolgreich hatte Trauttmansdorff zuvor bereits an den Verhandlungen zum Frieden von Nikolsburg mit Siebenbürgen (1621/22) und zum Prager Frieden (1634/35) mitgewirkt, wofür er unter anderem mit dem Titel eines Reichsgrafen entlohnt worden war.[47]

Trauttmansdorff ist zugleich ein Beispiel für den Typus des adeligen Gesandten. Das „Führungspersonal der Diplomatie", zu dem Trauttmansdorff zweifellos zählte, blieb über die gesamte Frühneuzeit hinweg in ganz überwiegendem Fall (hoch-)adeliger Abstammung.[48] „Hochadlige vermochten qua ihres exklusiven Standes die symbolische Repräsentationsfunktion des Gesandten als Abbild des Fürsten besonders glaubwürdig zu erfüllen".[49] Für die Herrschaftsträger*innen war also die standesgemäße, hochadelige Repräsentation ihrer selbst für das eigene Prestige von großer Bedeutung. Doch auch im umgekehrten Verhältnis erfuhren adelige Gesandte durch ihre Stellvertreterfunktionen eine Aufwertung ihres sozialen Prestiges und strebten vornehmlich aus diesem Grund nach hohen Posten im Gesandtschaftswesen und eher nicht aus monetären Überlegungen heraus. Im Gegenteil konnte die standesgemäße Ausübung etwa eines Botschafterpostens mit dem Aufbringen erheblicher finanzieller Eigenmittel verbunden sein. Aufgrund des hohen Sozialprestiges, das derlei Ämter

---

44 In dieser Debatte wurden ebenfalls die Fragen berührt, inwiefern den Reichsständen das *ius suffragii* (Stimmrecht), das *ius foederis* (Bündnisrecht) und das *ius belli ac pacis* (Recht des Krieges und des Friedens) zukämen. Vgl. *Dickmann*, Der Westfälische Frieden, S. 163–189; vgl. zur Frage der Verortung der Souveränität und der genannten Rechte im Heiligen Römischen Reich des 17. Jahrhunderts *Arnke*, „Vom Frieden", S. 41–52; *Stolleis*, Reichspublizistik und Policeywissenschaft, S. 154–212.
45 Vgl. hierzu auch Kapitel 22.
46 Vgl. *Konrad Repgen*, Maximilian Graf Trauttmansdorff – Chefunterhändler des Kaisers beim Prager und beim Westfälischen Frieden, in: Guido Braun/Arno Strohmeyer (Hg.), Frieden und Friedenssicherung in der Frühen Neuzeit. Das Heilige Römische Reich und Europa, Münster 2013, S. 211–228.
47 Neben dem Wissen, das sich Trauttmansdorff aus seiner Teilnahme an den genannten Friedensverhandlungen angeeignet hatte, verfügte er ebenfalls über umfangreiche Erfahrung in zahlreichen weiteren politischen Verhandlungen des Dreißigjährigen Krieges. Vgl. *Repgen*, Trauttmansdorff, S. 219–221, Zitat S. 211.
48 Vgl. *Hillard von Thiessen*, Gestaltungsspielräume und Handlungspraktiken frühneuzeitlicher Diplomaten, in: Arndt Brendecke (Hg.), Praktiken der Frühen Neuzeit. Akteure, Handlungen, Artefakte, Köln u. a. 2015, S. 199–209, Zitat S. 201.
49 Ebd., S. 202.

auszeichnete, und der Möglichkeit, persönliche, auch private Vorteile etwa durch Netzwerkbildung oder Patronageverhältnisse zu erhalten, nahmen Vertreter des Hochadels hohe Posten im Gesandtschaftswesen trotz eventueller finanzieller Mehrbelastungen an. An dieser Stelle tritt der Aspekt der Rollenvielfalt frühneuzeitlicher Gesandter deutlich zu Tage. Demnach waren die „staatlichen Akteure im Ancien Régime" zugleich „nichtstaatliche Akteure in einer Person", die auch auf der privaten Ebene agierten.[50]

Hinsichtlich der Ausbildung der Gesandten, die im Falle Maximilians von Trauttmansdorff leider noch weitgehend im Dunkeln liegt,[51] konstatiert die Forschung, dass diese für die hochadeligen Gesandten insbesondere in ihrem standesgemäßen Habitus lag. In „Hofschulen, Ritterakademie und auf der Kavalierstour" erlernten die Adeligen, ihre meist ebenfalls hochadeligen Dienstherr*innen angemessen zu repräsentieren. Eine fachliche Spezialisierung durch Diplomatenschulen setzte erst im 18. Jahrhundert ein.[52] Professionalisiert hat sich das Gesandtschaftswesen aber schon früher vor allem durch Bürgerliche,[53] die eine juristische Ausbildung an Universitäten durchlaufen hatten und die das notwendige rechtliche Wissen um Frieden und Verträge mitbrachten. Ein Paradebeispiel eines derart ausgebildeten bürgerlichen Gesandten ist der Abgesandte des Hauses Braunschweig-Lüneburg auf dem Westfälischen Friedenskongress Jakob Lampadius (1593–1649).[54] Seine Ausbildung war wie für alle nichtadeligen Gesandten die entscheidende Vorbedingung für den Zugang zu hohen Ämtern in der öffentlichen Verwaltung. War bürgerlichen Aufsteigern der Eintritt in die fürstliche Administration allerdings einmal geglückt, strebten auch sie als Gesandte oftmals eine Nobilitierung an, sodass sich der grundsätzlich für die Epoche erkennbare „Trend der Aristokratisierung" für das Gesandtschaftswesen ebenfalls feststellen lässt.[55]

Am Beispiel des Jakob Lampadius lässt sich zudem anschaulich demonstrieren, über welche Ausbildung zumindest die bürgerlichen Gesandten seinerzeit verfügten.

---

50 Vgl. *Thiessen*, Diplomatie vom *type ancien*, S. 476 f., Zitate S. 476.
51 Vgl. *Repgen*, Trauttmansdorff, S. 218 f. Einerseits ist damit unklar, ob und welche Studien Trauttmansdorff in jungen Jahren betrieb, andererseits ist neben seiner adeligen Abstammung allein seine umfangreiche Berufserfahrung als wesentliche Qualifikation für seine Tätigkeit als Gesandter auf dem Westfälischen Friedenskongress bekannt und wird von der Forschung hervorgehoben. Grundsätzlich gilt, dass hinsichtlich der Erforschung der Gesandtenbiographien des Westfälischen Friedenskongresses „bereits bei den Akteuren der ersten Reihe, den Primar- und Sekundargesandten, noch Forschungsbedarf" besteht. *Dorothée Goetze/Lena Oetzel*, Der Westfälische Friedenskongress zwischen (Neuer) Diplomatiegeschichte und Historischer Friedensforschung, in: H-Soz-Kult, 20.12.2019, <www.hsozkult.de/literaturereview/id/forschungsberichte-4137> (abgerufen am: 16.02.2019).
52 *Thiessen*, Diplomatie vom *type ancien*, S. 488 f.
53 „Fachprofessionalität kam gewissermaßen von unten in die diplomatische Praxis". Ebd., S. 489.
54 Vgl. *Tina Braun*, Der welfische Gesandte Jakob Lampadius auf dem Westfälischen Friedenskongress (1644–1649), Bonn 2015.
55 Vgl. *Thiessen*, Gestaltungsspielräume, S. 202–205, Zitat S. 202.

Lampadius studierte Jura und legte dabei einen Schwerpunkt auf das damals neu aufkommende Öffentliche Recht (*ius publicum*) bzw. die Politikwissenschaft (*politica*). Schließlich verfasste er 1634 sogar einen innerhalb des Faches vielbeachteten Traktat[56] zum Öffentlichen Recht des Reiches (*ius publicum imperii*). Von der Geburt als Sohn eines wohlhabenden Bauern reichte sein Werdegang über Schulbesuche in Hildesheim, Hameln und Herford, Studien in Helmstedt, Marburg, Gießen und Heidelberg, bis hin zur Erlangung der höchsten Regierungsämter an den Höfen der Welfendynastie.[57] Damit ist Lampadius ein eindrucksvolles Beispiel für den sozialen Aufstieg eines nichtadeligen Gesandten des 17. Jahrhunderts.

Als Akteur*innen der Friedensstiftung und -wahrung traten die Gesandten insbesondere bei den zahlreichen Friedensverhandlungen der Frühen Neuzeit in Erscheinung. Vor allem auf den großen Friedenskongressen des 17. und 18. Jahrhunderts[58] (Münster und Osnabrück; Nijmegen; Rijswijk; Utrecht, Rastatt und Baden) entwickelte sich eine „Kunst des Friedensschließens" („l'art de la paix"),[59] die sich im Laufe des 18. Jahrhunderts auch in der sich zusehends professionalisierenden Diplomatenausbildung niederschlug.[60] Bei der Aushandlung eines Friedensvertrages galt es für die Gesandten, die Interessen der von ihnen vertretenen Souverän*innen bestmöglich zu berücksichtigen, um diesen einen „ehrenvollen Frieden" darbieten zu können.[61] Dabei agierten die Gesandten auf den Kongressen in unterschiedlich enger Absprache mit ihren Dienstherr*innen, verfügten also über verschieden große und stets im Einzelfall zu erforschende Spielräume im jeweiligen Kongressgeschehen.

Zur Erlangung ihrer Ziele entwickelten die Gesandten diverse Verhandlungstechniken und -praktiken.[62] Hierbei spielte auch der Verhandlungsmodus eine wichtige Rolle. Von ihm war abhängig, ob die gegnerischen Parteien direkt, oder – über einen Mediator – indirekt miteinander kommunizierten. Auf dem Westfälischen Friedens-

---

56 *Jakob Lampadius*, Tractatus De Republica-Germano-Romanica, Leiden 1634.
57 Vgl. *Braun*, Jakob Lampadius, S. 20–31.
58 Vgl. hierzu auch Kapitel 22.
59 Vgl. *Christoph Kampmann* u.a., Von der Kunst des Friedenschließens: Einführende Überlegungen, in: ders. u.a. (Hg.), L'art de la paix. Kongresswesen und Friedensstiftung im Zeitalter des Westfälischen Friedens, Münster 2011, S. 9–28.
60 Vgl. *Franz Bosbach*, Verfahrensordnungen und Verhandlungsabläufe auf den Friedenskongressen des 17. Jahrhunderts. Überlegungen zu einer vergleichenden Untersuchung der äußeren Formen frühneuzeitlicher Friedensverhandlungen, in: Kampmann u.a. (Hg.), L'art de la paix, S. 93–118; *Heidrun Kugeler*, „Le parfait Ambassadeur". Zur Theorie der Diplomatie im Jahrhundert nach dem Westfälischen Frieden, in: dies. u.a. (Hg.), Internationale Beziehungen in der Frühen Neuzeit. Ansätze und Perspektiven, Hamburg 2006, S. 180–211.
61 Vgl. zum ehrenhaften Frieden *Christoph Kampmann*, Der Ehrenvolle Friede als Friedenshindernis. Alte Fragen und neue Ergebnisse zur Mächtepolitik im Dreißigjährigen Krieg, in: Inken Schmidt-Voges u.a. (Hg.), Pax perpetua. Neuere Forschungen zum Frieden in der Frühen Neuzeit, München 2010, S. 141–156.
62 Vgl. hierzu auch Kapitel 23.

kongress beispielsweise bestanden beide Modi parallel.[63] Wurde in Osnabrück auf Grund der vorzeitigen Abreise der dänischen Gesandtschaft, die ursprünglich zum Zwecke der Mediation zwischen den Schweden und den Kaiserlichen angereist war, unmittelbar zwischen den Parteien verhandelt, existierte in Münster eine Mediation zwischen den Franzosen und den Kaiserlichen. Auch konnte ad hoc eine festgefahrene Situation durch „Gute Dienste" Dritter aufgelöst werden. Ein Verfahren, das etwa in Münster zwischen Frankreich und Spanien in Person der niederländischen Gesandten Anwendung fand.[64]

Kern des Verhandlungsgeschäftes machten die offenen Streitpunkte über zu klärende Vertragsinhalte aus. Um zu Lösungen zu gelangen, arbeiteten die Gesandten mit den Techniken des Argumentierens, des Feilschens und des Gabentauschs, um entweder das Gegenüber zu überzeugen, oder aber im Prozess des Aufeinanderzugehens zu einer Lösung zu gelangen.[65] Letzteres lässt sich etwa bei der Aushandlung des Normaljahres auf dem Westfälischen Friedenskongress beobachten. In diesem Fall näherten sich die Positionen der Parteien sukzessive einander an. Galt auf Seiten der katholisch-kaiserlichen Partei zunächst das Jahr 1630 als Zielpunkt, schlugen die Protestanten mit französischer Unterstützung anfangs 1618 vor. Schließlich einigten sich die Verhandelnden über weitere Annäherungsschritte auf das Normaljahr 1624, nach dem nunmehr der konfessionelle Besitzstand im Heiligen Römischen Reich deutscher Nation auszurichten war.[66]

Mitunter stellten die Gesandten Ultimaten auf und setzten Drohpunkte – z. B. wurde bisweilen mit Abreise und Verhandlungsabbruch gedroht. Gezielt konnte aber auch Höflichkeit eingesetzt werden,[67] Vertrauen und Misstrauen spielten ebenfalls eine große Rolle. Nicht zuletzt war auch für das unmittelbare Verhandlungsgeschäft die bereits erwähnte Rollenvielfalt der Gesandten von Interesse. Patronageverhältnisse und Netzwerke konnten in gewissen Fällen hilfreich sein. Die Doppelfunktion eines

---

63 Vgl. *Bosbach*, Verfahrensordnungen, S. 105–107.
64 Vgl. hierzu auch Kapitel 24 sowie *Markus Laufs*, Von der Verbindlichkeit entbunden. Die niederländischen Guten Dienste in Münster von Juni bis September 1646 als Beispiel einer ungefestigten Friedensvermittlung, in: Dorothée Goetze/Lena Oetzel (Hg.), Warum Friedenschließen so schwer ist. Frühneuzeitliche Friedensfindung am Beispiel des Westfälischen Friedenskongresses, Münster 2019, S. 191–207.
65 Vgl. *Matthias Köhler*, Strategie und Symbolik. Verhandeln auf dem Kongress von Nimwegen. Köln u. a. 2011; zu einem laufenden Forschungsprojekt, das u. a. diese Praktiken untersucht vgl. *Volker Arnke*, Die Dritte Partei des Westfälischen Friedenskongresses und die Frage, wie der Frieden möglich wurde – ein Forschungsdesiderat, in: Stefanie Freyer/Siegrid Westphal (Hg.), Wissen und Strategien frühneuzeitlicher Diplomatie, Berlin/Boston 2020, S. 165–186.
66 Vgl. hierzu auch Kapitel 29 sowie *Ralf-Peter Fuchs*, Ein Medium zum Frieden. Die Normaljahrsregel und die Beendigung des Dreißigjährigen Krieges, München 2010, besonders S. 159–212.
67 Vgl. *Matthias Köhler*, Höflichkeit, Strategie und Kommunikation. Friedensverhandlungen an der Wende vom 17. zum 18. Jahrhundert, in: Gisela Engel u. a. (Hg.), Konjunkturen der Höflichkeit in der Frühen Neuzeit, Frankfurt a.M., S. 379–401, hier S. 397–399.

Gesandten als Hochadeliger einerseits und Repräsentant von Fürst*innen andererseits konnte je nach Situation unterschiedlich ausgenutzt werden. Auch führten manche Gesandte mehrere Voten, vertraten also mehrere Dienstherr*innen zugleich, oder deren Fürst*in war in Personalunion Herrscher*in gleich mehrerer Territorien und musste ggf. unterschiedliche Interessen parallel verfolgen.[68] Nicht zuletzt eröffnete eine Rollenpluralität von Gesandten ein Mehr an Verhandlungspositionen und taktischen Möglichkeiten. Desgleichen konnte das Mittel der Verzögerung,[69] z. B. unter dem Vorwand, in einer Sache nicht hinreichend mit Befehlen (Instruktionen) von den Dienstherr*innen ausgestattet worden zu sein, neue Verhandlungsmöglichkeiten eröffnen. Auch Missverständnisse und Unwissenheit konnten als taktische Mittel Anwendung finden.[70]

4. Ausblick – Akteur*innen der mittelbaren Friedensstiftung und -wahrung

Zuletzt soll ausblickartig der Fokus auf Akteur*innen der Friedensstiftung und -wahrung gelegt werden, die nicht auf den ersten Blick als solche zu bezeichnen sind, weil sie überwiegend eher indirekt auf Friedensprozesse einwirkten. Ein Grund dafür könnte etwa sein, dass sie sich in erster Linie durch eine andere Profession als durch die von Souverän*innen oder Gesandten auszeichneten, aber dennoch nachweislich einen Einfluss auf Friedensstiftung und -wahrung nahmen und insofern – wie bereits oben für die Gesandten festgestellt – eine Rollenvielfalt an den Tag legten.

Zunächst seien an dieser Stelle Politiktheoretiker des Öffentlichen Rechts genannt, die mit ihren fachwissenschaftlichen Publikationen nicht nur die Friedensprozesse ihrer Zeit und der Vergangenheit reflektierten, sondern auch über Ratgeberliteratur auf die politische Praxis einwirkten. Dies gilt sowohl für die hinlänglich bekannten Völkerrechtler, wie etwa Hugo Grotius (1583–1645) oder Alberico Gentili (1552–1608), die einen erheblichen Einfluss auf die Ausgestaltung der Beziehungen zwischen den Mächten nahmen.[71] Von besonderem Interesse ist aber auch das Öffentliche Recht des Reiches (*ius publicum imperii romano-germanici*), das seit dem begin-

---

68 Vgl. hierzu *Lena Oetzel*, Zwischen Dynastie und Reich. Rollen- und Interessenkonflikte Ferdinands III. während der Westfälischen Friedensverhandlungen, in: Katrin Keller/Martin Scheutz (Hg.), Die Habsburgermonarchie und der Dreißigjährige Krieg, Wien 2020, S. 161–176.
69 Vgl. *Köhler*, Höflichkeit, S. 397.
70 Vgl. *Martin Espenhorst* (Hg.), Unwissen und Missverständnisse im vormodernen Friedensprozess, Göttingen 2013.
71 Vgl. *Christoph Stumpf*, Vom Recht des Krieges und des Friedens im klassischen Völkerrecht: Alberico Gentili und Hugo Grotius, in: Ines-Jacqueline Werkner/Klaus Ebeling (Hg.), Handbuch Friedensethik, Wiesbaden 2017, S. 291–300. Vgl. hierzu auch Kapitel 6.

nenden 17. Jahrhundert die Struktur des Reiches als eine Landfriedensordnung wahrnahm und etwa in Person des Autors Nicolaus Schaffshausen (1599–1657) eine positive, also aktiv formulierte, Friedensdefinition hervorbrachte und damit Frieden nicht allein als Abwesenheit von Krieg verstand.[72]

Weiterhin sei auf Kulturschaffende verwiesen, die das Friedenslob prägten und dadurch einerseits den Zeitgenossen die Vorzüge des Friedens in Erinnerung riefen sowie andererseits den Herrschenden Handlungsaufforderungen zum Friedenschließen unterbreiteten.[73] Insbesondere sei in diesem Kontext auf einige Poeten der Fruchtbringenden Gesellschaft verwiesen, die sich intensiv dem Friedenslob verschrieben und zudem danach trachteten, den Friedensprozess im Dreißigjährigen Krieg zu fördern.[74] So verfasste etwa Johann Rist (1607–1667), zugleich evangelisch-lutherischer Prediger, mehrere Friedensgedichte wie das erstmals 1647 erschienene Schauspiel *Das friedewünschende Teütschland*,[75] in dem er den Krieg in seiner Heimat beklagte und den Frieden herbeisehnte. In seiner Aufforderung an die politischen Entscheidungsträger*innen noch dringender zeigte sich Diederich von dem Werder (1584–1657) mit seiner *Friedensrede*. Diese wurde im Jahr 1639 „in Gegenwart vieler Fürsten, Fürstinnen und Fräwlein, auch großer Anzahl Hochadelicher, Gelehrter und anderer vornehmen Manns-, Frawen- und Jungfräwlichen Personen" vorgetragen und forderte diese gesellschaftlichen Eliten auf, sich für den Friedensschluss einzusetzen.[76] Schließlich sei auf Maler wie Joachim von Sandrart (1606–1680) verwiesen, der mit seinem vielrezipierten Gemälde einen bleibenden Erinnerungsort für das Nürnberger Friedensmahl von 1649 schuf, das Bestandteil des kollektiven Gedächtnisses um den Friedensprozess des Dreißigjährigen Krieges geworden ist. Auch Medailleure sollen in diesem Kontext erwähnt werden. Zum einen prägten sie die zahlreichen Erinnerungsmünzen zu den Friedenschlüssen, zum anderen gravierten manche auch schon während des Krieges einen Friedenswunsch – wie etwa Sebastian Dadler (1586–1657), der 1636 in einer der größten Hamburger Städtemedaillen die Formel „Da pacem domine in diebus nostris" („Gib uns Frieden, Herr, zu unseren Zeiten") verwendete.[77]

---

72 Vgl. *Arnke*, „Vom Frieden", passim.
73 Vgl. hierzu auch Kapitel 34 und 37.
74 Vgl. *Andreas Herz/Gabriele Ball*, Friedenssehnsucht und Spracharbeit. Die Fruchtbringende Gesellschaft 1637–1638, in: Mitteilungen des Vereins für anhaltinische Landeskunde 17 (2008), S. 47–84.
75 *Johann Rist*, Das friedewünschende Teütschland. In einem Schauspiele öffentlich vorgestellet und beschrieben durch einen Mitgenossen der Hochlöblichen Fruchtbringenden Gesellschaft, Hamburg 1649, in: ders., Sämtliche Werke, Bd. 2, hg. v. Eberhard Mannack, Berlin/New York 1972.
76 *Diederich von dem Werder*, Friedens-Rede, Hamburg 1639; vgl. dazu *Gerhard Müller*, Diederichs von dem Werder „Friedensrede" 1639, in: Die Friedens-Warte 53 (1955/56), S. 166–168.
77 *Rainer Postel*, Hamburg zur Zeit des Westfälischen Friedens, in: Klaus Bußmann/Heinz Schilling (Hg.), 1648. Krieg und Frieden in Europa, Textbd. 1: Politik, Religion, Recht und Gesellschaft, Münster 1998, S. 337–343, hier S. 337. Vgl. hierzu weiterhin *Hermann Maué*, Sebastian Dadler 1586–1657. Medaillen im Dreißigjährigen Krieg, Nürnberg 2008; *Gerd Dethlefs*, Die Anfänge der Ereignismedaille. Zur Ikonographie von Krieg und Frieden im Medaillenschaffen, in: Deutsche Gesellschaft für Medaillen-

Nicht zuletzt übten Geistliche einen Einfluss auf Friedensprozesse aus; sei es über ihre Predigt- und Publikationstätigkeit,[78] mit denen die Grundlagen der christlichen Friedensethik, die ihrerseits in die Politiktheorie einwirkte, verbreitet wurden, sei es über das Handeln der Hofgeistlichkeit, die die Mächtigen der Frühen Neuzeit mitunter auch in politischen Dingen beriet.[79]

In einer Rollenpluralität, die auf Friedensprozesse einwirken konnte, befanden sich schließlich bisweilen auch Feldherren. Für den Dreißigjährigen Krieg hat etwa jüngst Johannes Burkhardt auf die Friedensverhandlungen hingewiesen, die Albrecht von Wallenstein (1583–1634) im Vorfeld des Friedens von Lübeck von 1629 und auch im Vorfeld des Prager Friedens von 1635 – hier im Zusammenspiel mit dem sächsischen General Hans Georg von Arnim (1583–1641) – geführt hat. Lediglich der Tod Wallensteins am 25. Februar 1634 habe dazu geführt, dass dessen Beitrag zum Prager Frieden nicht größer ausgefallen sei.[80] Auch von anderen Offizieren ist bekannt, dass sie an Friedensprozessen teilhatten, so etwa von den Herzögen von Sachsen-Lauenburg, die in Diensten verschiedener Kriegsparteien standen. Herzog Julius Heinrich (1586–1665) z.B. war für den Kaiser im Vorfeld des Hamburger Präliminarfriedens vom 25. Dezember 1641 diplomatisch aktiv.[81]

Die Frage, inwiefern Akteur*innen, die nicht qua Amt unmittelbar an der Friedensstiftung und -wahrung beteiligt waren, sondern eher über Umwege, Nebentätigkeiten oder durch Rollenvielfalt dazu kamen, Friedensprozesse zu beeinflussen, ist noch in weiten Teilen unbeantwortet und sollte stärker in den Fokus der Forschung rücken.

Auswahlbibliographie / Select Bibliography

Arnke, Volker, „Vom Frieden" im Dreißigjährigen Krieg. Nicolaus Schaffshausens „De Pace" und der positive Frieden in der Politiktheorie, Berlin/Boston 2018.
Bosbach, Franz, Verfahrensordnungen und Verhandlungsabläufe auf den Friedenskongressen des 17. Jahrhunderts. Überlegungen zu einer vergleichenden Untersuchung der äußeren Formen frühneuzeitlicher Friedensverhandlungen, in: Kampmann u.a. (Hg.), L'art de la paix, S. 93–118.

---

kunst (Hg.), Medaillenkunst in Deutschland von der Renaissance bis zur Gegenwart, Dresden 1997, S. 19–38.
78 Vgl. hierzu Kapitel 36.
79 Vgl. zur Hofgeistlichkeit *Matthias Meinhardt* u.a. (Hg.), Religion Macht Politik. Hofgeistlichkeit im Europa der Frühen Neuzeit (1500–1800), Wiesbaden 2014.
80 *Burkhardt*, Krieg der Kriege, S. 164–187, S. 241f.
81 Vgl. *Arnke*, „Vom Frieden", S. 112f.; *Anja Victorine Hartmann*, Von Regensburg nach Hamburg. Die diplomatischen Beziehungen zwischen dem französischen König und dem Kaiser vom Regensburger Vertrag (13. Oktober 1630) bis zum Hamburger Präliminarfrieden (25. Dezember 1641), Münster 1998, S. 372, S. 375–378, S. 446f.

Braun, Guido (Hg.), Diplomatische Wissenskulturen der Frühen Neuzeit. Erfahrungsräume und Orte der Wissensproduktion, Berlin/Boston 2018.

Braun, Tina, Der welfische Gesandte Jakob Lampadius auf dem Westfälischen Friedenskongress (1644–1649), Bonn 2015.

Brendecke, Arndt (Hg.), Praktiken der Frühen Neuzeit. Akteure, Handlungen, Artefakte, Köln u. a. 2015.

Burkhardt, Johannes, Der Krieg der Kriege. Eine neue Geschichte des Dreißigjährigen Krieges, Stuttgart 2018.

Dickmann, Fritz, Der Westfälische Frieden, Münster ⁷1998.

Duchhardt, Heinz, Der Wiener Kongress und seine „diplomatische Revolution". Ein kulturgeschichtlicher Streifzug, in: APuZ 22–24 (2015), http://www.bpb.de/apuz/206931/der-wiener-kongress-und-seine-diplomatische-revolution?p=all (abgerufen am: 11.12.2019).

Espenhorst, Martin (Hg.), Unwissen und Missverständnisse im vormodernen Friedensprozess, Göttingen 2013.

Fuchs, Ralf-Peter, Ein Medium zum Frieden. Die Normaljahrsregel und die Beendigung des Dreißigjährigen Krieges, München 2010.

Goetze, Dorothée/Oetzel, Lena, Der Westfälische Friedenskongress zwischen (Neuer) Diplomatiegeschichte und Historischer Friedensforschung, in: H-Soz-Kult, 20.12.2019, www.hsozkult.de/literaturereview/id/forschungsberichte-4137 (abgerufen am: 16.02.2020).

Herz, Andreas/Ball, Gabriele, Friedenssehnsucht und Spracharbeit. Die Fruchtbringende Gesellschaft 1637–1638, in: Mitteilungen des Vereins für anhaltinische Landeskunde 17 (2008), S. 47–84.

Laufs, Markus, Von der Verbindlichkeit entbunden. Die niederländischen Guten Dienste in Münster von Juni bis September 1646 als Beispiel einer ungefestigten Friedensvermittlung, in: Dorothée Goetze/Lena Oetzel (Hg.), Warum Friedenschließen so schwer ist. Frühneuzeitliche Friedensfindung am Beispiel des Westfälischen Friedenskongresses, Münster 2019, S. 191–207.

Kampmann, Christoph, Arbiter und Friedensstiftung. Die Auseinandersetzung um den politischen Schiedsrichter im Europa der Frühen Neuzeit, Paderborn u. a. 2001.

Kampmann, Christoph, Art. „Friede", in: EdN 2014, URL: http://dx.doi.org/10.1163/2352-0248_edn_a1189000 (abgerufen am: 01.04.2019).

Kampmann, Christoph u. a. (Hg.), L'art de la paix. Kongresswesen und Friedensstiftung im Zeitalter des Westfälischen Friedens, Münster 2011.

Kampmann, Christoph/Niggemann, Ulrich, Einleitung, in: dies. (Hg.), Sicherheit in der Frühen Neuzeit. Norm, Praxis, Repräsentation, Köln u. a. 2013, S. 12–27.

Köhler, Matthias, Strategie und Symbolik. Verhandeln auf dem Kongress von Nimwegen, Köln 2011.

Kugeler, Heidrun, „Le parfait Ambassadeur." Zur Theorie der Diplomatie im Jahrhundert nach dem Westfälischen Frieden, in: dies. u. a. (Hg.), Internationale Beziehungen in der Frühen Neuzeit. Ansätze und Perspektiven, Hamburg 2006, S. 180–211.

Metzig, Gregor, Kommunikation und Konfrontation. Diplomatie und Gesandtschaftswesen Kaiser Maximilians I. (1486–1519), Berlin/Boston 2016.

Postel, Rainer, Hamburg zur Zeit des Westfälischen Friedens, in: Klaus Bußmann/Heinz Schilling (Hg.), 1648. Krieg und Frieden in Europa, Textbd. 1: Politik, Religion, Recht und Gesellschaft, Münster 1998, S. 337–343.

Repgen, Konrad, Maximilian Graf Trauttmansdorff – Chefunterhändler des Kaisers beim Prager und beim Westfälischen Frieden, in: Guido Braun/Arno Strohmeyer (Hg.): Frieden und Friedenssicherung in der Frühen Neuzeit. Das Heilige Römische Reich und Europa, Münster 2013, S. 211–228.

Rohrschneider, Michael/Strohmeyer, Arno (Hg.), Wahrnehmungen des Fremden. Differenzerfahrungen von Diplomaten im 16. und 17. Jahrhundert, Münster 2007.

Steiger, Heinhard, Das „ius belli ac pacis" des Alten Reiches zwischen 1645 und 1801, in: Der Staat. Zeitschrift für Staatslehre, Öffentliches Recht und Verfassungsgeschichte 37 (1998), S. 493–520.

Stolleis, Michael, Geschichte des öffentlichen Rechts in Deutschland, Bd. 1: Reichspublizistik und Policeywissenschaft 1600–1800, München ²2012.

Tischer, Anuschka, Offizielle Kriegsbegründungen in der Frühen Neuzeit: Herrscherkommunikation in Europa zwischen Souveränität und korporativem Selbstverständnis, Münster 2012.

Thiessen, Hillard von, Diplomatie vom *type ancien*. Überlegungen zu einem Idealtypus des frühneuzeitlichen Gesandtschaftswesens, in: Hillard von Thiessen/Christian Windler (Hg.), Akteure der Außenbeziehungen: Netzwerke und Interkulturalität im historischen Wandel, Köln u. a. 2010, S. 471–503.

Thiessen, Hillard von, Gestaltungsspielräume und Handlungspraktiken frühneuzeitlicher Diplomaten, in: Brendecke (Hg.), Praktiken der Frühen Neuzeit, S. 199–209.

Waquet, Jean-Claude, Verhandeln in der Frühen Neuzeit: Vom Orator zum Diplomaten, in: Hillard von Thiessen/Christian Windler (Hg.), Akteure der Außenbeziehungen. Netzwerke und Interkulturalität im historischen Wandel, Köln u. a. 2010, S. 113–131.

Westphal, Siegrid, Der Westfälische Frieden, München 2015.

Christoph Kampmann und Horst Carl
27. Historische Sicherheitsforschung und die Sicherheit des Friedens

Abstract: Historical Security Research and the Security of Peace
The article investigates ‚security of peace' and introduces the methodology of historical security studies developed in the Marburg SFB research project "Dynamics of Security". What did political actors mean when they spoke of security and what were the political implications and consequences? The chapter answers this question by focusing on two diplomatic and political tools which were widely regarded as key instruments in any attempt to guarantee peace: hostage taking and dynastic marriages. In each case, the central aim was the security of special treaties (peace treaties, but also offensive alliances) rather than a ‚universal' peace. That involved perceived threats to the dynastic succession or to the confessional status quo or geographical integrity of a territory. Dynastic marriages helped mitigate these threats. Taking hostages, by contrast, was primarily used as part of a broader security-enhancing repertoire, for example in military and colonial contexts.

1. Einleitung

Am 15. Februar 1648, wenige Monate vor Unterzeichnung des Westfälischen Friedens, richtete Kaiser Ferdinand III. (1608–1657) ein Schreiben an seine Botschafter auf dem Westfälischen Friedenskongress.[1] Eindringlich schärfte er ihnen ein, sich in ihren Verhandlungen allen Widrigkeiten zum Trotz an die kaiserliche Hauptinstruktion zu halten, sei dies doch das geeignete Mittel, für die „Sicherheit des Friedens" zu sorgen.[2] Die „Sicherheit des Friedens", die hier als politische Zielvorstellung beschworen wurde, war in den Friedensverhandlungen, die den Dreißigjährigen Krieg begleiteten, ständig präsent. Einen besonderen Rang besaß sie in den Korrespondenzen und Denkschriften der französischen Diplomatie seit den 1620er Jahren. Die jüngere Forschung hat überzeugend nachweisen können, dass *la sûreté de la paix* zu einer Leitvorstellung der französischen Politik unter den Kardinalpremiers Armand-Jean du Plessis, duc de Richelieu (1585–1642) und Jules Mazarin (1602–1661) gewor-

---

[1] Vgl. zum Westfälischen Frieden auch Kapitel 46.
[2] Kaiser Ferdinand III. an Johann Maximilian von Lamberg (1608–1682), Johann Krane (1595–1673) und Isaak Volmar (1582–1662), Prag 18.02.1648, in: Sebastian Schmitt (Bearb.), Acta Pacis Westphalicae. Serie II Abteilung A: Die Kaiserlichen Korrespondenzen, Bd. 8: Februar–Mai 1648, Münster 2008, Nr. 7, S. 17–22.

den ist.³ Die Formel verbindet zwei politische Schlüsselbegriffe der Frühen Neuzeit. Dies ist einerseits der Frieden, der in dieser Formel konkret verstanden wird als Friedensvertrag, als *foedus* oder *pactum pacis*. Dies ist andererseits die ‚Sicherheit', die im Verlauf der Frühen Neuzeit als Begriff und Konzept in unterschiedlichen Verwendungen, sich wandelnden Deutungen und verschiedenen kommunikativen Zusammenhängen erhebliche Bedeutung gewann.⁴ Die „Sicherheit des Friedens" in der Frühen Neuzeit wird im Zentrum des folgenden Beitrags stehen.

Diese Thematik verdient im Rahmen einer historischen Gesamtdarstellung des Friedens in der Frühen Neuzeit eine eigene Behandlung, weil sie auf charakteristische Probleme verweist, vor denen Friedensstiftung und Friedenswahrung in der Frühen Neuzeit standen. Die Auseinandersetzung mit diesen Problemen gab dem Konzept der Sicherheit zusätzliche Relevanz.

Dies verweist auf einen zweiten Punkt, der für die Ausrichtung und Konzeptionierung des folgenden Beitrags entscheidend ist. Die Einführung des Begriffs der ‚Sicherheit' in Untersuchungsfelder der historischen Friedensforschung ermöglicht es, an neuere Forschungskontexte und intensive konzeptionelle Diskussionen der historischen Sicherheitsforschung anzuknüpfen,⁵ wie sie im Rahmen des Sonderforschungsbereichs/Transregio 138 „Dynamiken der Sicherheit" geführt werden.⁶ Dieser Ansatz soll im Einleitungsteil kurz abstrakt erläutert werden, um ihn im zweiten Schritt am Beispiel der Thematik der Sicherheit des Friedens exemplarisch zu entfalten und dadurch anschaulich zu machen.

---

3 *Guido Braun*, Die französische Diplomatie und das Problem der Friedenssicherung auf dem Westfälischen Friedenskongress, in: ders. (Hg.), Assecuratio Pacis. Französische Konzeptionen von Friedenssicherung und Friedensgarantie 1648–1815, Münster 2011, S. 67–130, hier S. 67–69. Auch schon in diesem Sinne *Fritz Dickmann*, Rechtsgedanke und Machtpolitik bei Richelieu. Studien an neuentdeckten Quellen, in: ders. (Hg.), Friedensrecht und Friedenssicherung. Studien zum Friedensproblem in der Geschichte, Göttingen 1971, S. 36–78, S. 160–171.
4 Auf die Schlüsselbedeutung der Formel im Kontext eines anderen Friedens, jenes von Hubertusburg 1763, weist jetzt *Marian Füssel*, Der Preis des Ruhms. Eine Weltgeschichte des Siebenjährigen Kriegs, München 2019, S. 505–507, hin.
5 *Cornel Zwierlein* (Hg.), Sicherheit und Epochengrenzen. Themenheft GG 38 (2012); *Christopher Daase*, Die Historisierung der Sicherheit, in: Zwierlein (Hg.), Sicherheit, S. 387–405; *Christoph Kampmann/Ulrich Niggemann* (Hg.), Sicherheit in der Frühen Neuzeit: Norm – Praxis – Repräsentation, Köln 2013; *Angela Marciniak*, Politische Sicherheit. Zur Geschichte eines umstrittenen Konzepts, Frankfurt a. M. 2015; *Eckart Conze*, Geschichte der Sicherheit. Entwicklung – Themen – Perspektiven, Göttingen 2018.
6 *Christoph Kampmann u. a.* (Hg.), „Security turns its eye exclusively to the future". Zum Verhältnis von Sicherheit und Zukunft in der Geschichte, Baden-Baden 2018; *Carola Westermeier/Horst Carl* (Hg.), Sicherheitsakteure. Epochenübergreifende Perspektiven zu Praxisformen und Versicherheitlichung, Baden-Baden 2018; *Horst Carl u. a.* (Hg.), Sicherheitsprobleme im 16. und 17. Jahrhundert – Bedrohungen, Konzepte, Ambivalenzen/Problèmes de sécurité au XVIe et XVIIe siècles – menaces, concepts, ambivalences, Baden-Baden 2019.

Um die aktuellen konzeptionellen Diskussionen innerhalb der historischen Sicherheitsforschung zu skizzieren, bedarf es zudem eines kurzen Blicks auf einzelne einflussreiche Theorieansätze sozialwissenschaftlicher Sicherheitsforschung, die unter der inzwischen üblich gewordenen Sammelbezeichnung der *Critical Security Studies* zusammenfasst werden.[7]

1.1 Friede als Vertrag, Friede als Norm und die Unsicherheit des Friedens in der Frühen Neuzeit

Drei zentrale Charakteristika der Geschichte des Friedens in der Frühen Neuzeit sind von der einschlägigen Literatur immer wieder thematisiert und deutlich herausgestellt worden.

(1) Zunächst gehört es zu den markanten Aspekten der Geschichte des Friedens in der Frühen Neuzeit, dass der Begriff des Friedens (*Pax*, *Paix*, *Peace*, *Pace* etc.) immer exklusiver auf den zwischenstaatlichen Frieden bezogen wurde, nachdem er zuvor auch auf innerstaatliche Verhältnisse angewandt worden war. Die Entwicklung mündete darin, dass Frieden schließlich schlicht als Synonym für den zwischenstaatlichen Friedensvertrag[8] verwendet wurde.[9]

(2) Die überkommene Verpflichtung der Christen und insbesondere der christlichen Herrschaftsträger, diesen Frieden untereinander zu wahren, behielt während der gesamten Frühen Neuzeit prinzipiell ihre religiös begründete normative Verbindlichkeit. Regierende wie Regierte hielten an der Vorstellung fest, dass zwischen christlichen Gemeinwesen Frieden der Normalzustand sein solle, der nur unter besonderen Umständen durch Krieg unterbrochen werden dürfe.[10]

(3) In auffälligem, scheinbar paradoxem Gegensatz dazu gehörte es zu den Grunderfahrungen der Menschen in der Frühen Neuzeit, dass Frieden zwischen den Souveränen und Gemeinwesen stets als fragil, gefährdet und in keiner Weise als gesichert anzusehen war. Die Errichtung stabiler zwischenstaatlicher, friedensvertraglich gefestigter Beziehungen gelang zwischen dem 16. und dem 18. Jahrhundert nur in Ausnahmefällen, sodass die jüngere Historiographie sogar vom „Bellizismus" der Frühen Neuzeit spricht, dessen Ursachen (Konfessionsgegensätze, strukturelle Fragilität des [dynastischen] Staats etc.) weiterhin Gegenstand intensiver Forschungen

---

7 *Barry Buzan u. a.* (Hg.), Security. A new framework for analysis, Boulder 1998; *Conze*, Geschichte der Sicherheit, S. 82–101.
8 Vgl. zu zwischenstaatlichem Frieden und Friedensverträgen auch Kapitel 17 und 18.
9 Bereits herausgearbeitet von *Wilhelm Janssen*, Art. „Friede", in: GGB 2 (1975), S. 543–591; *Werner Conze*, Art. „Sicherheit, Schutz", in: GGB 5, (1984), S. 831–862; *Christoph Kampmann*, Art. „Friede", in: EdN 4 (2006), Sp. 1–21.
10 *Kampmann*, Art „Friede", Sp. 4–6.

sind.¹¹ In einigen Zeitabschnitten, wie dem „eisernen" 17. Jahrhundert, erschien nicht etwa (wie normativ gefordert) der Frieden, sondern der Krieg als faktischer Normalzustand innerhalb der Christenheit. Dies wurde bereits von zeitgenössischen Beobachtern als erhebliches Problem erkannt. Während der gesamten Frühneuzeitepoche vom frühen 16. bis zum späten 18. Jahrhundert wurde die Errichtung eines dauerhaften („Ewigen") Friedens innerhalb der christlichen bzw. europäischen Staatenwelt immer wieder eingefordert und war Gegenstand zahlreicher friedensutopischer und friedenstheoretischer Entwürfe von Erasmus von Rotterdam (um 1466–1536)¹² über Maximilien de Béthune, duc de Sully (1559–1641) und William Penn (1644–1718) bis zu Immanuel Kant (1724–1804)¹³, die jeweils ein breites Spektrum unterschiedlicher Ursachen für die Brüchigkeit und Kurzlebigkeit von Frieden benannten und sehr verschiedene Lösungsansätze vorschlugen.¹⁴

Auch auf praktisch-politischer Ebene wurde die Sicherung bzw. Sicherheit des Friedens (im Sinne der Sicherung und Sicherheit konkreter Friedensschlüsse) zu einer zentralen Aufgabe der politischen Akteure, also der Regierungen und der im Verlauf der Frühen Neuzeit ständig an Bedeutung gewinnenden Schicht der Diplomaten,¹⁵ freilich ohne durchschlagenden Erfolg: Die Problematik der Sicherheit des (vertraglichen) Friedens blieb in der gesamten Frühen Neuzeit im Wesentlichen ungelöst. Dazu trug auch bei, dass sich die dazu angewendeten Instrumente als höchst ambivalent erwiesen, trugen sie doch ihrerseits nicht selten zu dieser epochenspezifischen Unsicherheit von Frieden bei.

---

11 *Johannes Burkhardt*, Die Friedlosigkeit der Frühen Neuzeit. Grundlegung einer These der Bellizität Europas, in: ZHF 24 (1997), S. 509–574.
12 Vgl. z.B. *Erasmus von Rotterdam*, Institutio Principis Christiani. Die Erziehung des christlichen Fürsten [zuerst 1516], übers. von Gertraud Christian, in: ders., Ausgewählte Schriften lateinisch und deutsch, Bd. 5, hg. von Werner Welzig, Darmstadt 1968, S. 319: „Ein Vertrag soll zu dem Zweck geschlossen werden, einen Krieg zu beenden. Heute aber berufen sie [sc. die christlichen Herrscher] sich auf einen Vertrag und schließen ihn schon in der Absicht, einen Krieg zu entfesseln. Und der Vertrag ist nichts anderes als das Rüstzeug des Krieges".
13 S. Immanuel Kants unter Bezug auf die völlig konträre politische Praxis seiner Zeit in seinem berühmten Essay „Zum Ewigen Frieden" (1795) vorgetragene Forderung, dass „kein Friedensschluß für einen solchen gelten" solle, „der mit dem geheimen Vorbehalt des Stoffs zu einem künftigen Kriege gemacht worden"; *Immanuel Kant*, Zum Ewigen Frieden, in: ders., Schriften zur Anthropologie, Geschichtsphilosophie, Politik und Pädagogik I, hg. von Wilhelm Weischedel, Frankfurt a.M. 1993, S. 196.
14 *Olaf Asbach*, Art. „Friedensutopie", in: EdN 4 (2006), Sp. 27–34. Vgl. hierzu auch Kapitel 2, 4 und 5.
15 Vgl. hierzu auch Kapitel 26.

1.2 Der Aufstieg des Begriffs und Konzepts ‚Sicherheit'

Parallel dazu und in engem Zusammenhang damit vollzog sich eine weitere Entwicklung, auf die gleichfalls in der Literatur schon seit langem hingewiesen worden ist: Im Verlauf der Frühen Neuzeit gewannen Konzepte, Vorstellungen und Begriffe von Sicherheit und Unsicherheit erheblich an Bedeutung.[16]

Die Ursachen sind zum Teil identisch mit jenen für die Fragilität des Friedens und den Bellizismus der Frühen Neuzeit. Ein entscheidender Grund dafür waren die im 16. Jahrhundert im Bereich der lateinischen Christenheit aufbrechenden und während der gesamten Epoche unüberbrückbar fortbestehenden konfessionellen Gegensätze, durch die bis dahin wenigstens der Theorie nach allgemeinverbindliche Normen des politischen Miteinanders in Frage gestellt wurden.[17] Das wurde von den politischen Akteuren wie von der gesamten Öffentlichkeit als Bedrohung wahrgenommen. Der Rekurs auf Sicherheit bzw. Unsicherheit wurde verwendet, um den neuen Bedrohungen Ausdruck zu verleihen, auch in den öffentlichen Auseinandersetzungen.[18] Der Variantenreichtum in der Anwendung des Sicherheitsbegriffs spiegelt dabei die Vielfalt der wahrgenommenen Bedrohungen. Darüber hinaus gewann Sicherheit an Bedeutung, weil sie auch auf Wege zur partikularen, zeitlich und/oder räumlich begrenzten Einhegung der religiös unüberbrückbaren Gegensätze verwies. Im Heiligen Römischen Reich geschah dies durch die Einbeziehung der Konfession in den Landfrieden als einer weltlichen Sicherheitsordnung.[19] Nicht zufällig ist der Augsburger Religionsfriede von 1555[20] eines der frühen verfassungsrechtlichen Schlüsseldokumente im römisch-deutschen Reich, das an prominenter Stelle auf die Sicherheit verwies.[21] In diesen Kontext gehören auch die in der Frühen Neuzeit stärker werdenden Rufe nach einem starken, die inneren Konfessionsgegensätze einhegenden und kontrollierenden Staat, der bei Jean Bodin (1529/30–1596) oder Thomas Hobbes (1588–1679) seine theoretische Fundierung erhielt.[22]

---

16 *Conze*, Sicherheit.
17 *Christoph Kampmann*, Friedensnorm und Sicherheitspolitik. Grundprobleme frühneuzeitlicher Friedensstiftung am Beispiel des Westfälischen Friedens, in: Gerd Althoff u. a. (Hg.), Frieden. Theorien, Bilder, Strategien von der Antike bis heute, Dresden 2019 (im Erscheinen).
18 *Ulrich Niggemann/Christian Wenzel*, Seelenheil und Sicherheit. Einleitende Überlegungen zur Rolle des Religiösen im Sicherheitsdenken der Frühen Neuzeit am Beispiel der französischen Bürgerkriege, in: HJb 139 (2019) (im Erscheinen).
19 *Horst Carl*, Art. „Landfrieden", in: EdN 7 (2008), Sp. 493–500; *ders.*, Landfrieden als Konzept und Realität kollektiver Sicherheit im Heiligen Römischen Reich, in: Gisela Naegle (Hg.), Frieden schaffen und sich verteidigen im Spätmittelalter, Göttingen 2011, S. 121–138. Vgl. hierzu auch Kapitel 8 und 39.
20 Vgl. hierzu auch Kapitel 41.
21 *Johannes Burkhardt*, Konfessionsbildung als europäisches Sicherheitsrisiko und die Lösung nach Art des Reiches, in: Kampmann/Niggemann (Hg.), Sicherheit, S. 181–190, hier S. 184.
22 *Marciniak*, Politische Sicherheit, S. 83–160. Vgl. hierzu auch Kapitel 6.

1.3 Historische Sicherheitsforschung: Aktuelle Methodenfragen und Untersuchungsfelder

Der Tatsache, dass Sicherheit seit dem 16. Jahrhundert in vielfältiger Weise an Bedeutung gewann, hat die Frühneuzeitforschung in jüngerer Zeit Rechnung getragen. Sie war wesentlich daran beteiligt, dass sich die historische Sicherheitsforschung in den letzten Jahren als neues, expandierendes Forschungsfeld etabliert hat. Dies geschah einerseits durch eine Reihe umfassender Publikationen, andererseits durch die Einrichtung internationaler Forschungszentren wie des SFB-TRR 138 „Dynamiken der Sicherheit".[23]

Die entsprechenden Forschungsanstrengungen trugen Forderungen nach einer Zusammenführung und Bündelung der historischen Sicherheitsforschung Rechnung.[24] Schon seit langem ist intensiv, facettenreich und chronologisch breit aufgefächert zu Aspekten historischer Sicherheit geforscht worden, doch sind diese Arbeiten disparat geblieben. Leitend für die Etablierung einer historischen Sicherheitsforschung ist überdies der Gedanke, im Rahmen der Politikwissenschaft entwickelte konzeptionelle Ansätze aufzugreifen, diese dann aber auch ihrerseits durch Einbeziehung der historischen Dimension weiterzuentwickeln. Ganz wesentlich sind dabei jene unterschiedlich akzentuierten Theorieangebote, die den sogenannten *Critical Security Studies* (CSS) zugerechnet werden.[25]

Der Einfluss der CSS auf die jüngere historische Sicherheitsforschung wird an verschiedenen Stellen sichtbar. Gemeinsam ist aktuellen Konzeptionen, dass sie nicht von vornherein festlegen, was als ‚Sicherheit' zu definieren ist – also eine essentialistische Definition vornehmen –, sondern dass sie sich stattdessen der Frage widmen, wie denn ein bestimmtes gesellschaftliches Problem jeweils zu einem Sicherheitsproblem geworden ist und welche politischen Konsequenzen daraus folgten. Sicherheit wird hier also nicht als objektive Realität sui generis dargestellt, sondern jeweils kontextuell aus der Perspektive von Akteuren definiert: „Security is what actors make of it".[26]

Gemeinsamer Ausgangspunkt politikwissenschaftlicher wie historischer Sicherheitsforschung ist dabei die Wahrnehmung von Unsicherheit bzw. die Kommunikation von Bedrohung eines (gemeinsamen) Referenzobjekts, sei es als Sprechakte[27] oder

---

23 Vgl. oben Anm. 3 und 4.
24 *Cornel Zwierlein*, Sicherheitsgeschichte. Ein neues Feld der Geschichtswissenschaften, in: GG 38 (2012), S. 365–386.
25 *Ronnie D. Lipschutz* (Hg.), On Security, New York 1995; *Buzan u. a.* (Hg.), Security; *Thierry Balzacq*, The Three Faces of Securitization: Political Agency, Audience and Context, in: European Journal of International Relations 11/2 (2005), S. 171–201; *Claudia Aradau u. a.* (Hg.), Critical security methods. New Frameworks for Analysis, London 2015.
26 *Bary Buzan/Ole Wæver*, Regions and Powers: The Structure of International Security, Cambridge 2003, S. 48.
27 *Ole Wæver*, Securitization and Desecuritization, in: Lipschutz (Hg.), On Security, S. 46–86.

als Praktiken, die routinemäßig Gefahren identifizieren.[28] Um historisch differenziert analysieren zu können, wie solche Bedrohungswahrnehmungen sich manifestieren, wurde im SFB „Dynamiken der Sicherheit", ausgehend von Annahmen der CSS, eine Analytik entwickelt, der das soziologische Konzept der „Situationsdefinition" zugrunde liegt. Sicherheit ist in diesem Verständnis als Aktivität zu verstehen, mit der Akteure eine Situation als sicherheitsrelevant, d.h. als Situation der Unsicherheit definieren. Die entsprechenden Situationsdefinitionen geschehen allerdings nicht im kontextfreien Rahmen, sondern indem Akteure Sicherheitsvorstellungen vor dem Hintergrund gemeinsam geteilter Sinnhorizonte aktualisieren und reproduzieren. Es bedarf also spezifischer Heuristiken – generalisierter Deutungsmuster, kultureller *Codes* und *Frames* –, auf die Akteure häufig routinemäßig zurückgreifen, um entsprechende Situationen der Unsicherheit zu deuten.

Gerade in Situationen, die als unsicher wahrgenommen werden, sind die entsprechenden Deutungen der Akteure unmittelbar auch mit Handlungsimperativen und konkreten Handlungsmustern verbunden, weil Sicherheitsprobleme als solche zum Handeln nötigen. Mit der Situationsdefinition von Unsicherheit und Bedrohung ist also auch der Rückgriff auf bestimmte Repertoires als standardisierte Muster der praktischen Bewältigung problematischer, als sicherheitsrelevant gedeuteter Situationen verknüpft.

Dieses Analysemodell, in dem Akteure eine Situation als sicherheitsrelevant, mithin als Situation der Unsicherheit definieren, indem sie auf eine spezifische Weise übersituativ verfügbare Heuristiken und Repertoires zusammenbringen, hat den Vorteil, dass es Einseitigkeiten etablierter Konzepte von Sicherheit vermeidet: Dies gilt etwa in Hinblick auf den einflussreichen Ansatz der sogenannten Copenhagen School, die die politische Verwendung von Sicherheit auf Ausnahmesituationen und entsprechende Sprechakte der Markierung – in der Sprache der Copenhagen School der *Securitization* („Versicherheitlichung") – zuspitzt. Dies gilt auch insofern, als die historische Sicherheitsforschung in diesem Verständnis nicht einseitig auf die Erforschung routinisierter Anwendung eines auf Techniken verengten Repertoires – etwa in Gestalt von Überwachungstechniken – abzielt. Nicht nur Heuristiken und Repertoires können im Rahmen dieses Ansatzes auf ihre Historizität befragt werden. Vielmehr ergibt sich damit auch eine Perspektive auf die Reproduktion und Innovation von Sicherheitsdefinitionen in und durch Situationen. Ein Grundzug interpretativer Ansätze besteht darin, Situationen als etwas zu beschreiben, in denen sich Bekanntes zeigt und wiederholt wird. Für das Verständnis historischer Dynamiken von Sicherheit vermag dieses Analysemodell folglich in der Analyse des Zusammenhangs von Heuristiken und

---

28 *Didier Bigo*, Globalized (In)security. The Field and the Ban-Opticon, in: ders./Anastassia Tsoukala (Hg.), Terror, insecurity and liberty: illiberal practices of liberal regimes after 9/11, London 2008, S. 10–48.

Repertoires für die jeweiligen Situationsdefinitionen von Bedrohung und Unsicherheit Kontinuität und Wandel differenzierter zu erklären.

1.4 Historische Sicherheitsforschung und Sicherheit des Friedens: ein Analysemodell in konkreter Anwendung

Auch wenn in frühneuzeitlichen Friedensverträgen regelmäßig die dauerhafte und zeitlich unbegrenzte Gültigkeit des Friedens beschworen wurde, änderte dies nichts daran, dass sich die Akteure bei Abschluss von Friedensverträgen aufgrund ihrer politischen Erfahrungen darüber im Klaren waren, dass der geschlossene Vertrag stets ein sehr gefährdetes Gut darstellte. Klarer Indikator dafür war, dass die Frage, auf welche Weise dem zu schließenden Frieden Festigkeit gegeben werden konnte, in allen Phasen der Friedensverhandlungen erheblichen Raum einnahm. Dies war regelmäßig zu beobachten, auch wenn die Situationsdefinition unterschiedlich ausfallen konnte, also die konkreten Gefährdungen des Friedensvertrags je nach Lage unterschiedlich bewertet werden konnten. Von diesen Heuristiken hing ab, auf welche Weise die Akteure den Gefährdungen des Friedens begegnen wollten. Sie griffen dazu auf ein Repertoire an Handlungsoptionen zurück, welches die Dauerhaftigkeit des geschlossenen Vertrags garantieren sollte. In der Frühen Neuzeit stand dabei eine breite Palette von Optionen zur Verfügung, deren Anwendung wesentlich von der konkreten Situationsdefinition und den mit dem jeweiligen Repertoire verbundenen Heuristiken abhängig war. Zwei solcher Handlungsoptionen, die als Sicherheitsgarantien für völkerrechtliche Friedensverträge dienten, seien im Folgenden exemplarisch vorgestellt, um die Anwendung des Analyseinstrumentariums und seiner Möglichkeiten zu skizzieren, nämlich die Geiselstellung und die dynastische Ehe.

2. Geiseln und Geiselstellung

2.1 Zweifel an Vertragstreue – Geiseln als Vertragsgarantie

„Geiselstellung diente durch viele Jahrhunderte hinweg als [Garantie] nicht nur im privatrechtlichen Bereich oder in Kriegskontexten, sondern auch [bei] zwischenstaatlichen bzw. interterritorialen Vereinbarungen"; während jedoch in Spätantike und Mittelalter Geiselstellung eine gängige Praxis war, die „Ausdruck des Friedenswillens, ja greifbare Form des Friedens selbst war",[29] diente sie in der Frühen Neuzeit vor al-

---

[29] *Rebecca Valerius/Horst Carl*, Geiselstellung und Rechtssicherheit. Die Friedensverträge von Madrid (1526) und Vervins (1598), in: Carl u. a. (Hg.), Sicherheitsprobleme, S. 489–509, hier S. 489. Siehe auch zum Folgenden insbesondere den von Rebecca Valerius verfassten Teil des Aufsatzes (vgl. S. 489, einleitende Anm.).

lem dazu, Vertragssicherheit zu gewährleisten, wenn an der grundsätzlichen Vertragstreue der Vertragspartner Zweifel bestanden. Die jeweilige Situationsdefinition ging also davon aus, dass „die Vertragstreue des ‚pacta sunt servanda'" und damit „die Grundlage jeglicher zukunftsgerichteter Vereinbarung" bedroht erschien.[30] Zugrunde lag dem eine Heuristik des Verdachts gegen vormalige und möglicherweise auch zukünftige Feinde. Wo Treu und Glauben vorausgesetzt werden konnten, bedurfte es einer solchen Rückversicherung nicht.

Diese Logik hat exemplarisch Jean Bodin in seinen *Six livres de la république* 1576 diskutiert:

> Unter redlichen Partnern allerdings ist nach der Meinung vieler das wechselseitig gewährte und angenommene Vertrauen ausreichende Gewähr für die wechselseitige vertragliche Abmachung unter Fürsten. Unterliegt aber die Vertragstreue Zweifeln oder verhandelt man mit Feinden, lässt man sich zur Sicherheit Geiseln überstellen. Verschiedentlich fordert man auch zur Sicherheit die Übergabe von Festungen und Städten oder ihre völlige Zerstörung. Mitunter entwaffnet man die Besiegten, damit sie der Versuchung leichter widerstehen, die Treue zu brechen. Für die beste Rückversicherung wird jedoch erachtet, Bündnisse mit vertraglich vereinbarten Verwandtschaftsbanden zu verknüpfen.[31]

Geiselstellung war folglich nur eines der möglichen Repertoires, um ‚Sicherheit' von Vereinbarungen zu garantieren, und im Vergleich zu dynastischen Verwandtschaftsstiftungen durch Heirat für Bodin auch nur die zweitbeste Option.

2.2 Mangelnde Sanktionsmöglichkeit – mangelnde Garantie

Dies lag nicht zuletzt daran, dass Sanktionsmöglichkeiten gegen Geiseln bei Bruch des Vertrages faktisch nicht vorhanden waren. Mochte für die Geisel auch generell gelten, dass sie mit Leib und Leben für die gegebene Vereinbarung einstand,[32] so standen einer Exekution solcher Sanktionen doch praktische und grundsätzliche Hindernisse im Wege. Für Hugo Grotius (1583–1645)[33] war die Tötung einer verfallenen Geisel im völkerrechtlichen Umgang souveräner Mächte zwar grundsätzlich denkbar, doch sprachen sowohl religiöse Normen als auch juristische Argumente gegen eine schrankenlose Handhabung des völkerrechtlich Möglichen.[34]

Dass die prekären Sanktionsmöglichkeiten der Geiselstellung bei der Sicherung von Vertragsinhalten nicht nur Gegenstand abstrakter Erörterungen frühneuzeitlicher

---

30 Ebd., S. 494.
31 *Jean Bodin*, Sechs Bücher über den Staat. Buch IV–VI, zit. nach *Valerius/Carl*, Geiselstellung, S. 494.
32 *Frank Schorkopf*, Art. „Geisel", in: EdN 4 (2006), Sp. 272–274.
33 Vgl. zum Einfluss von Grotius auf das Völkerrecht auch Kapitel 6.
34 *Valerius/Carl*, Geiselstellung, S. 495.

Völkerrechtler waren, macht „das zweifellos bekannteste Beispiel für frühneuzeitliche Geiselstellung, [die] der beiden Söhne des französischen Königs Franz' I. (1494–1547) im Gefolge der Niederlage von Pavia und des daraus resultierenden Friedens von Madrid 1526", deutlich.[35] Der in der Schlacht von Pavia im Februar 1525 in Gefangenschaft geratene französische König willigte in die Abtretung ehemals burgundischer Territorien

> unter der Bedingung ein, dass er selbst nach Frankreich reisen dürfe, um dort den Verzicht bei Parlament und Ständen zu erreichen. Als Garantie für die Übergabe Burgunds und die Vertragsratifizierung sollten nach Artikel V des zu Madrid ausgehandelten Friedensvertrages deshalb entweder die beiden ältesten Söhne des Königs oder der Thronfolger nebst einigen hochrangigen, namentlich genannten französischen Adligen als Geiseln gestellt werden.[36]

Der französische König hatte jedoch noch vor Vertragsunterzeichnung im Geheimen gegen den unter Zwang geschlossenen Friedensvertrag protestiert und nutzte seinen Aufenthalt in Frankreich, sich dafür das Plazet der burgundischen Stände zu sichern.[37] Auch die Geiselstellung der beiden Söhne hielt den König nicht vom Bruch des Vertrags und königlichen Ehrenworts ab, doch ließen sich die „Geiseln [nicht] als Druckmittel instrumentalisieren".[38] Dass sie getötet wurden, war „in der frühneuzeitlichen europäischen Adels- und Fürstengesellschaft [nicht] mehr vorstellbar", allenfalls konnte man die französischen Prinzen schlechter behandeln, doch fiel dies als Vorwurf auf den spanischen König zurück.[39]

Wenn Geiselstellung folglich so prominent als Mittel zur nachhaltigen Herstellung von Sicherheit diskreditiert wurde, stellt sich die Frage, weshalb gerade Frankreich bis ins 17. Jahrhundert an diesem Repertoire zur Garantie von Friedensverträgen festhielt? Sowohl die Friedensverträge von Cateau-Cambrésis (1559)[40] und Vervins (1598) wie auch der zu Cherasco (1631) beinhalteten Geiselstellungen als Vertragsgarantien. Während jedoch in den meisten mittelalterlichen Verträgen Geiseln die Einhaltung des ganzen Vertrages garantieren sollten, diente „Geiselstellung in frühneuzeitlichen Verträgen [der] konkreten Absicherung von Teilaspekten wie beispielsweise Gebietsrestitutionen oder der Übergabe von Festungen".[41] Dieses Repertoire konzentrierte sich damit nur noch auf Situationsdefinitionen, die von einer partiellen, dafür aber präzise definierten Bedrohung ausgingen. Wenn es dabei vor allem um die

---

35 Ebd., S. 490.
36 Ebd., S. 491.
37 Ebd., S. 492.
38 Ebd., S. 493.
39 Ebd.
40 Vgl. hierzu auch Kapitel 42.
41 Ebd., S. 491. Zur Verwendung von Geiselstellungen in Waffenstillständen und Friedensverträgen in der Frühen Neuzeit vgl. künftig auch die Dissertation von Rebecca Valerius, die hierzu aktuell im Kontext des SFB/TRR 138 in Gießen entsteht.

Übergabe von Festungen ging, dann kündigte sich hier schon eine Verengung des Repertoires auf Kontexte militärischer Gewalt in der Frühen Neuzeit an.

Zudem unterschieden sich die Friedensverträge darin, ob wechsel- oder einseitige Geiselstellungen als Garantie vereinbart worden waren: Während im Vertrag von Cateau-Cambrésis ein Gebietsaustausch geregelt und folglich wechselseitige Geiselstellung vereinbart wurde, verpflichteten sich im Vertrag von Vervins nur die spanische und im Vertrag von Cherasco nur die kaiserliche Seite zur Stellung von Geiseln. Wenn auch in der Frühen Neuzeit noch Geiselstellungen praktiziert wurden, dann ging es konsequenterweise nicht allein um die Funktion der Vertragssicherung, sondern war dies auch Teil symbolischer Kommunikation. Heinrich IV. (1553–1610) griff 1598 auf dieses Repertoire zurück, weil die einseitige Geiselstellung durch die spanisch-niederländische Seite ihm mehr als alle Subtilitäten des Vertragstextes erlaubte, sich als eigentlichen Gewinner des Vertrags öffentlich zu inszenieren. Indem er dazu aber ein traditionelles Repertoire nutzte – eben das der Geiselstellung –, hielt sich der Gesichtsverlust der spanischen Seite in Grenzen, denn Geiselstellung galt im Unterschied zur Geiselnahme immer noch als eine auf Freiwilligkeit beruhende und folglich ehrenhafte Handlung. Eine offenkundigere Demütigung hätte den Abschluss eines ehrenvollen Friedens unmöglich machen können.[42] Das Repertoire der Geiselstellung fußte hier also auf einer Heuristik der Ehre, deren Bedrohung den Frieden selbst gefährdete.

Weil sowohl die funktionale Sicherheitsgarantie wie auch das Inszenierungspotenzial der Geiselstellung im Lauf der Frühen Neuzeit zwischen den europäischen Mächten auf andere Weise realisiert werden konnte, verlor dieses Repertoire in zwischenstaatlichen Friedensverträgen seine Bedeutung. Letztmalig kam sie im Friedensschluss zu Aachen 1748 zur Anwendung, als zwei britische Peers, Henry Howard Earl of Suffolk (1706–1745) und Charles Baron Cathcart (1721–1776), als Geiseln nach Frankreich reisten, um die Rückgabe von Cap Breton sicherzustellen. An der Peripherie europäischer Imperien, namentlich an den als Kulturgrenzen erfahrenen Grenzzonen des Zarenreiches, aber auch denen der diversen Kolonialreiche wurde mangels eingespielter oder eingeübter Vertragstreue weiterhin an Geiselstellungen festgehalten.[43]

Die differenzierte Analyse, was denn jeweils bedroht erschien, um mittels Geiselstellung gesichert zu werden, vermag besser zu erklären, weshalb in der Frühen Neuzeit zur Friedenssicherung noch auf dieses Repertoire zurückgegriffen wurde. Seine Funktion der Vertragssicherung konzentrierte sich auf Situationen der Unsicherheit, in denen entweder an Kulturgrenzen das friedenswahrende Prinzip von ‚Treu und Glauben' grundsätzlich gefährdet oder zweifelhaft erschien, oder die konkrete Gefähr-

---

42 *Christoph Kampmann*, Europa und das Reich im Dreißigjährigen Krieg. Geschichte eines europäischen Konflikts, Stuttgart 2008, S. 183–187.
43 *Christina Brauner*, Kompanien, Könige und caboceers. Interkulturelle Diplomatie an Gold- und Sklavenküste, 17.–18. Jahrhundert, Köln 2015, S. 509–518; *Oleg Rusakowskiy*, Geiselstellungen an den russischen Kulturgrenzen der frühen Neuzeit, in: ZHF 44 (2017), S. 1–34.

dung beim Vollzug spezifischer Vertragsinhalte besonders hoch war. Im Kontext symbolischer Repräsentation konnte mithilfe von Geiselstellungen subtil Überlegenheit inszeniert werden, ohne dass dies die ‚Ehrenhaftigkeit' des Friedens und damit den Frieden selbst in Frage gestellt hätte.

3. Sicherheit des Friedens? Dynastische Ehepolitik und dynastische Eheverträge

Die einschlägige Historiographie hat nie einen Zweifel daran gelassen, dass auch die dynastische Ehepolitik und die dynastischen Eheverträge – das zweite hier gewählte Fallbeispiel – große Bedeutung für die Thematik der Sicherheit des Friedens in der Frühen Neuzeit hatten. Für unseren Zusammenhang ist das Fallbeispiel aus einem zweiten Grund aufschlussreich: Es vermag zu zeigen, wie das skizzierte Analyseinstrumentarium der historischen Sicherheitsforschung zum besseren Verständnis von Heiratspolitik und Heiratsverträgen beitragen kann, präziser formuliert, zum besseren Verständnis, um welche Sicherheit es eigentlich dabei ging.

3.1 Zwischen Kriegsentfesselung und Friedenswahrung: Positionen der Historiographie

Während es als unbestrittene Tatsache gilt, dass dynastische Ehepolitik bzw. dynastische Eheverträge erhebliche Bedeutung für Krieg und Frieden in der Frühen Neuzeit besaßen, wurde und wird die Frage, worin diese Bedeutung konkret bestand, wie sich also der ‚Leitfaktor' Dynastie auf Krieg und Frieden tatsächlich ausgewirkt habe, in der historischen Literatur bemerkenswerterweise sehr unterschiedlich beantwortet.

Ein Teil der Historiographie hält die dynastischen Ehen und die dynastische Ehepolitik für eine der Hauptursachen der epochenspezifischen politischen Instabilität und Bellizität. Sie habe zu der unablässigen Folge von Erbfolgekriegen geführt, die die Epoche geprägt habe, sei doch letztlich fast jeder Krieg (auch) ein Erbfolgekrieg gewesen.[44] Diese rückblickenden historischen Deutungen schließen unmittelbar an die geradezu vernichtenden Urteile der zeitgenössischen politischen Literatur über dynastische Ehe- und Sukzessionspolitik an, etwa jene von Erasmus von Rotterdam oder Immanuel Kant.[45]

---

44 *Burkhardt*, Friedlosigkeit, S. 509–574; *Johannes Kunisch*, Fürst – Gesellschaft – Krieg. Studien zur bellizistischen Disposition des absoluten Fürstenstaats, Köln u. a. 1992.
45 *Erasmus von Rotterdam*, Institutio Principis Christiani, S. 1–357, hier S. 323–327; *Kant*, Zum Ewigen Frieden. S. 197.

Dagegen gibt es in der Forschung schon seit geraumer Zeit gewichtige Stimmen, die das Verhältnis von dynastischer Ehepolitik und dynastischen Heiratsverträgen zu Frieden und Krieg auch in gänzlich anderer, geradezu entgegengesetzter Weise beurteilen. Es wurde mit Nachdruck die Ansicht vertreten, dass dynastische Ehen aus Sicht der Fürsten und ihrer Räte als Mittel eingesetzt worden seien, um nicht nur einzelnen Friedensverträgen, sondern überhaupt den krisenanfälligen zwischenstaatlichen Beziehungen mehr Stabilität zu geben und so langfristig zur Errichtung haltbarer Friedensstrukturen beizutragen, etwa durch die Etablierung übergreifender dynastischer Beziehungsnetzwerke.[46] Im Anschluss daran ist in jüngerer Zeit auch für eine Neubewertung dynastischer Heiratsverträge plädiert worden. Diese seien – wenigstens von ihrer Zielsetzung her – durchaus als Instrumente grenzüberschreitender europäischer Sicherheitspolitik anzusehen, wenn sie auch dieses Ziel letztlich verfehlt hätten.[47] Anders und mithilfe des skizzierten Analyseinstrumentariums formuliert: Die grundlegende Instabilität des allgemeinen Friedens sei von den politischen Akteuren als fundamentale Bedrohung (Heuristik) erkannt und dynastische Heiratspolitik sowie Eheverträge als Repertoire zur Festigung und Sicherung des Friedens eingesetzt worden.

3.2 Dynastische Ehepolitik unter der Perspektive historischer Sicherheitsforschung

Lange Zeit fehlten systematische quellengestützte Untersuchungen dynastischer Ehepolitik in der Frühen Neuzeit, die eine nähere Überprüfung dieser entgegengesetzten, recht apodiktisch vorgetragenen Beurteilungen möglich gemacht hätten. Erst in jüngster Zeit änderte sich dies, nachdem verschiedene übergreifende Untersuchungen dynastischer Heiratspolitik im frühneuzeitlichen Europa vorgelegt worden sind.[48] Sie enthalten klare Hinweise, dass keine der beiden genannten Deutungen letztlich über-

---

46 Zur Rolle der Dynastie und dynastischer Ehepolitik „als einem universalen und dauerhaften Frieden stiftenden Instrument" vgl. bereits *Hermann Weber*, Die Bedeutung der Dynastien für die europäische Geschichte in der Frühen Neuzeit, in: ZBLG 44/1 (1981), S. 5–32, hier S. 15 und zusammenfassend S. 31f.
47 *Martin Peters*, Können Ehen Frieden stiften? Europäische Friedens- und Heiratsverträge der Vormoderne, in: JbEurG 8 (2007), S. 121–133, hier S. 121: „Frühneuzeitliche Heiratsverträge sind dynastische Instrumente der europäischen Sicherheitspolitik, grenzüberschreitenden Kooperation sowie Steuerung und Sicherung von Herrschaft – wenn auch im Endeffekt ohne den gewünschten Erfolg".
48 Vgl. *Daniel Schönpflug*, Die Heiraten der Hohenzollern. Verwandtschaft, Politik und Ritual in Europa 1640–1918, Göttingen 2013; *Philip Haas*, Fürstenehe und Interessen. Die Fürstenehe der Frühen Neuzeit in zeitgenössischer Traktatliteratur und politischer Praxis am Beispiel Hessen-Kassels, Diss. Marburg 2017; vgl. auch *Anne Simone Knöfel*, Dynastie und Prestige: Die Ehepolitik der Wettiner, Dresden 2009.

zeugen kann. Im Lichte dieser neueren Studien erscheint es als zweifelhaft, ob mit der dynastischen Ehepolitik überhaupt in nennenswerter Weise weitergehende politische Zielvorstellungen und Zukunftsvorstellungen verbunden worden sind. Im Wissen um die Unmöglichkeit einer verlässlichen Planung dynastischer Politik waren die mit ihr verknüpften politischen Erwartungen wohl begrenzt, es wurden eher kurzfristige Intentionen und Interessen verfolgt. Es war also in hohem Maße rückblickender fürstlicher (Selbst-)Stilisierung geschuldet, die Etablierung dynastischer Großreiche als Ergebnis systematischer und zielgerichteter Heiratspolitik darzustellen.[49] In der politischen Praxis ging es vielmehr darum, ‚Möglichkeitsräume' zu errichten und sich fallweise konkretisierbare Optionen für Rangerhöhung und Expansion offen zu halten.

Der Wert dieser Studien wird auch deutlich, wenn ihre Ergebnisse unter der Perspektive historischer Sicherheitsforschung analysiert werden, also unter der Frage, welche Sicherheit von den Akteuren der dynastischen Heiratspolitik als bedroht angesehen und hergestellt bzw. gestärkt werden sollte. Danach gibt es kaum Anhaltspunkte für die Annahme, dass es um die Sicherheit der Christenheit in einem umfassenderen und allgemeinen Sinne gegangen ist. Selbst in den Fällen, in denen völkerrechtliche Verträge von dynastischen Ehen begleitet wurden, sind solche umfassenden Zielplanungen nach jetzigem Forschungsstand kaum nachweisbar.[50] Die Absicht war vielmehr die eher mittel- und kurzfristig angelegte Absicherung spezieller Verträge. Wichtig ist in diesem Zusammenhang, dass es dabei keineswegs nur um Friedens-, sondern auch um andere Arten von Bündnisverträgen ging, darunter auch solche, in denen ein aggressives militärisches Vorgehen von zwei Vertragspartnern gegen Dritte verabredet wurde: Ein berühmtes Beispiel dafür ist die folgenreiche dynastische Doppelehe zwischen Österreich und Spanien (Habsburg und Trastámara) von 1496/1497, durch die dem gemeinsamen Kriegsbündnis, der „Heiligen Liga" von Venedig 1495 gegen Frankreich, zusätzliche Festigkeit gegeben werden sollte.[51] Ein anderes Beispiel ist die dynastische Verbindung zwischen den fürstlichen Häusern von Schweden und Hessen-Kassel, konkret die Ehe zwischen der präsumtiven schwedischen Thronerbin Ulrike Eleonore (1668–1741) und dem hessischen Erbprinzen Friedrich (1676–1751) von 1715, die dem hessischen Landgrafenhaus die erbliche Kö-

---

49 Frühe Hinweise in dieser Richtung bereits bei *Alfred Kohler*, „Tu felix Austria nube ...". Vom Klischee zur Neubewertung dynastischer Politik in der neueren Geschichte Europas, in: ZHF 21 (1994), S. 461–482.

50 Vgl. *Schönpflug*, Heiraten, der dezidiert herausstellt, dass ein solches Europa überspannendes dynastisches Netzwerk zur übergreifenden Friedenswahrung weder bei der dynastischen Ehepolitik beabsichtigt noch gar in Ansätzen verwirklicht worden ist; vgl. zusammenfassend ebd., S. 274f.

51 Es war bezeichnend, dass die „Heilige Liga" gegen Frankreich trotz des Versuchs einer dynastischen Absicherung schon nach kurzer Zeit wieder zerfiel, aber die Doppelehe völlig unerwarteter Weise einschneidende dynastische Folgen hatte und die politische Landkarte Europas und der Welt grundlegend veränderte; vgl. *Wolfgang Reinhard*, Reichsreform und Reformation 1495–1555, Stuttgart 2001, S. 111–356, hier S. 224f.

nigswürde bringen sollte. Sie war – wie jüngst nachgewiesen worden ist – überhaupt nur zustande gekommen, weil Schweden in seiner verzweifelten militärischen Lage in dieser Phase des Nordischen Kriegs dringend der militärischen Unterstützung durch Hessen-Kassel, konkret der Stellung hessischer Subsidientruppen, bedurfte.[52] So war es nur folgerichtig, dass dieser dynastische Eheschluss von offen zur Schau gestellter militärischer Symbolik begleitet war.[53]

Dynastische Ehepolitik erscheint vor diesem Hintergrund nicht als ein Mittel, um dem Frieden der Christenheit in irgendeinem umfassenderen Sinne langfristig größere Stabilität und Dauerhaftigkeit zu geben. Dagegen konnte eine dynastische Ehe durchaus als Repertoire angesehen werden, einem konkreten, als brüchig angesehenen Vertrag zusätzliche Sicherheit zu geben, und zwar völlig unabhängig davon, ob dieser Vertrag auf einen Friedensschluss oder auf die Entfesselung bzw. die Fortführung eines Krieges zielte.

3.3 Völkerrecht und Dynastie in der Perspektive historischer Sicherheitsforschung

Damit stellt sich auch die Frage neu, um welche Sicherheit es eigentlich bei der völkerrechtlichen Regelung dynastischer Fragen ging. Diese war auch und vor allem Aufgabe der dynastischen Heiratsverträge, die dynastische Ehen fast immer begleiteten und die darauf zielten, die genauen vermögens-, konfessions-, herrschafts- und sukzessionsrechtlichen Umstände einer dynastischen Ehe möglichst umfassend zu klären. Eine repräsentative Erfassung dieses lange vernachlässigten, quantitativ wie qualitativ bedeutsamen Teils des frühneuzeitlichen Völkerrechts gilt schon seit langem als Desiderat[54] und wird derzeit umfassend erforscht.[55]

Darüber hinaus waren dynastische Fragen auch Gegenstand allgemeiner Friedens- und Bündnisverträge. So zeigt eine jüngere Erhebung, dass nicht nur die genannten dynastischen Eheverträge, sondern auch über die Hälfte der allgemeinen, zwischen 1714 und 1789 geschlossenen Bündnis- und Friedensverträge solche Garantien bzw. Garantieklauseln von Erbfolgeregelungen enthalten haben.[56]

---

52 *Haas*, Fürstenehe, S. 255–286.
53 Ebd., S. 263f.
54 *Peters*, Können Ehen Frieden stiften?, S. 121–133.
55 Das Forschungsprogramm des SFB-TRR 138 zielt auf eine Gesamterfassung sämtlicher zwischen königlichen Häusern abgeschlossenen Eheverträge.
56 *Katja Frehland-Wildeboer*, Treue Freunde? Das Bündnis in Europa 1714–1914, München 2010; vgl. dazu besonders die statistischen Tabellen 69, 136. Man darf annehmen, dass entsprechende Garantieregelungen auch in Friedens- und Bündnisverträgen des 16. und 17. Jahrhunderts eine ähnliche Bedeutung hatten.

Auch auf diese völkerrechtlichen Regelungen sei ein kurzer, auf dem Stand der Forschung nur vorläufiger Blick unter der Perspektive historischer Sicherheitsforschung geworfen.

(1) Dynastische Sukzession als Bedrohung – staatliche Garantie als Repertoire
Regelmäßig wurde in der Regierungs- und Staatslehre sowie in der politischen Philosophie und Theologie die Dynastie als Garant der staatlichen Integrität und Stabilität beschworen. Auf der Dynastie und der dynastischen Ehe beruhe – so eine in der entsprechenden Literatur ständig wiederholte Formel – die Stabilität der Königreiche.[57] Dagegen hat die Forschungsliteratur klar die strukturellen Schwächen und Risiken des dynastischen Staates herausgearbeitet.[58] Insbesondere der Herrschaftsübergang nach dem Tod eines Regenten stellte eine „prekäre Schwellensituation" dar, die die Stabilität des Gemeinwesens stets, wenn auch je nach Lage in unterschiedlichem Maße, bedrohen konnte.[59]

Vor diesem Hintergrund ist es aufschlussreich, dass es in der Frühen Neuzeit eine starke Tendenz gab, die dynastische Sukzession in einem monarchischen Staat völkerrechtlich, also durch vertragliche Vereinbarung mit einem auswärtigen Souverän, abzusichern. Zeigt dies doch eindrücklich, dass die zeitgenössischen politischen Akteure (trotz der omnipräsenten Beschwörung der hohen Bedeutung der Dynastie für die Stabilität des monarchischen Staates) in der dynastischen Sukzession bzw. dem Herrscherwechsel ein erhebliches Struktur- und Sicherheitsproblem für den Fortbestand des Gemeinwesens sahen. In dieser Situation erschien die Garantie der Sukzession durch völkerrechtliche Vereinbarungen mit einem auswärtigen Vertragspartner als Repertoire, um die Bedrohung der Sicherheit des monarchischen Staates im Moment der dynastischen Sukzession zu minimieren. In wachsendem Maße wurden dabei auch republikanische Staatswesen zu Garanten von Thronfolgeregelungen in monarchischen Staatswesen erhoben.[60] Auffällig ist zudem, dass in völkerrechtlichen Vereinbarungen von Sukzessionsregelungen auch auf ständische, also innerstaatliche Garantien Bezug genommen wurde.[61] Beides deutet darauf hin, dass das normativ beschworene Verhältnis von Dynastie und Staat in der politisch-völkerrechtlichen Praxis geradezu umgekehrt wurde: Nicht die Dynastie garantierte die Sicherheit des monarchischen Gemeinwesens, sondern inner- und außerstaatliche Instanzen garan-

---

57 *Haas*, Fürstenehe, systematische Auswertung der Traktate, S. 95f.
58 *Kunisch*, Fürst – Gesellschaft – Krieg.
59 *Barbara Stollberg-Rilinger*, Maria Theresia. Die Kaiserin in ihrer Zeit, München 2017, S. 72.
60 *Christoph Kampmann*, Friedensschluss und dynastisches Prinzip. Kontinuität und Wandel im Zeitalter des Utrechter Friedens, in: Heinz Duchhardt/Martin Espenhorst (Hg.), Utrecht – Rastatt – Baden 1712–1714. Ein europäisches Friedenswerk am Ende des Zeitalters Ludwigs XIV., Göttingen 2013, S. 35–51.
61 Ebd.

tierten die dynastische Sukzession, die stets als bedroht und damit als potentielle Gefährdung der Stabilität des Gemeinwesens angesehen wurde.

(2) Verlust der territorialen Integrität und Selbständigkeit als Bedrohung – Erbverzicht und Herrschaftskontrolle als Repertoire
Regelmäßiger und zentraler Bestandteil dynastischer Eheverträge war die Klärung der Rechtsstellung und Erbberechtigung der Braut. Es war üblich, dass die Familie der Braut im Ehevertrag festlegen ließ, dass der Bräutigam und seine Familie niemals irgendwelche Erbansprüche auf das Stammland der Braut erheben würden.[62] Dazu wurde ein entsprechender feierlicher Erbverzicht der Braut für sich und ihre Nachkommen im Ehevertrag verankert, den dann auch der Bräutigam und seine Dynastie zu bestätigen hatten. Als Gegenleistung für die Anerkennung des entsprechenden Erbverzichts wurde eine – zum Teil extrem hohe – Geldzahlung als Mitgift der Braut bzw. ihrer Familie an den Bräutigam vereinbart.[63] Offiziell wurde diese Zahlung damit legitimiert, dass so die standesgemäße Versorgung der Braut am Hof ihres späteren Ehemanns, auch im Falle ihrer Verwitwung, garantiert werde. Bekannt ist das intensive Ringen um Erbverzicht und Mitgift aus dem bereits erwähnten berühmten Ehevertrag von 1659.[64] Sie war aber keine Besonderheit dieses Vertrags, sondern die intensiven Verhandlungen über die Höhe der Mitgift waren – wie neuere einschlägige Studien gezeigt haben – fester Bestandteil der Ehevertragsverhandlungen in der gesamten Frühen Neuzeit.[65]

Dahinter stand die Wahrnehmung einer eindeutigen Bedrohung, dass nämlich Teile des Stammlandes der Braut, möglicherweise sogar das gesamte Territorium von der Dynastie des Bräutigams in kürzerer oder längerer Zukunft auf erbrechtlichem Weg beansprucht werden könnte. Diese Bedrohung wurde im Ehevertrag in der Regel nicht explizit thematisiert, stand den politischen Akteuren aber aufgrund ihrer politischen Erfahrungswelt stets vor Augen. Genau deshalb war das Ringen um die Mitgift und ihre Höhe als Gegenleistung für diese Anerkennung ein so wichtiger Bestandteil aller Verhandlungen über dynastische Eheverträge. In diesem Zusammenhang ist es aufschlussreich, dass regelmäßig auch die Stände des Heimatterritoriums der Braut zur Bezahlung der Mitgift herangezogen wurden bzw. sich selbst dazu verpflichteten.

---

62 *Christoph Kampmann*, „…contra pericula futura". Gefahrenprognose, Prävention und politisches Zukunftshandeln in der Frühen Neuzeit am Beispiel des dynastischen Ehevertrags, in: ders. u. a. (Hg.), Sicherheit und Zukunft, S. 133–160, hier S. 146 f.
63 Vgl. zusammenfassend *Haas*, Fürstenehe, S. 70 f.
64 *Daniel Séré*, La paix de Pyrénées – Vingt-quatre ans de négociations entre la France et l'Espagne (1635–1659), Paris 2007.
65 *Bengt Büttner/Philip Haas*, Geheim – Öffentlich – Sicher. Der Ablauf von Verhandlungen und die Funktion der Öffentlichkeit bei dynastischen Ehen der Frühen Neuzeit, in: HJb 137 (2017), S. 218–247, hier S. 235 f. Dabei ist auffällig, dass die Frage der Thronfolge selbst in internen Verhandlungen nur mit äußerster Diskretion angesprochen wurde; ebd., S. 237 f.

Das war in gewisser Weise folgerichtig, weil auch die Stände im Verlust der territorialen Integrität eine Bedrohung sahen und daher auch ihrerseits interessiert waren, dieser Gefährdung ihrer Sicherheit entgegenzutreten.[66]

Hilfreich für die Beantwortung der Frage, um welche Art von Sicherheit es den Akteuren ging, ist es zudem, auf die (selteneren) Fälle, in denen eine regierende Herrscherin eine Ehe mit einem Abkömmling einer anderen Dynastie einging, bzw. auf die in diesen Fällen geschlossenen dynastischen Eheverträge zu schauen. Auch eine solche Situation konnte als Bedrohung der territorialen Integrität und Autonomie des Stammlandes der Braut gesehen werden, wenn nämlich der Bräutigam und zukünftige Ehemann eigene Herrschafts- und Sukzessionsansprüche im Herrschaftsgebiet seiner Ehefrau beanspruchte.[67] Das war denkbar, weil das in der Frühen Neuzeit dominierende Verständnis der Ehe dem Ehemann eine Vorrangposition bei der Verfügung über das gemeinsame Gut zusprach.[68] Entsprechend wurden in Eheverträgen in solchen Fällen vorsorglich Regelungen verankert, die den Handlungsspielraum und die Verfügungsmacht des Ehemanns (entgegen dem herrschenden Eheverständnis) zugunsten seiner Ehefrau extrem einschränkten, um die Herrschaftsrechte seiner Frau und damit die Integrität ihres Territoriums zu sichern.[69] All diese Klauseln dienten dem gleichen Ziel, Bedrohungen der Integrität und Autonomie des Heimatterritoriums der Braut zu beseitigen. Hier lagen nach Auffassung der Akteure die eigentlichen Gefährdungen der Sicherheit, denen begegnet werden sollte.

4. Schluss

Schon zeitgenössisch besaß die Zielvorstellung einer zu schaffenden „Sicherheit des Friedens" erhebliche Strahlkraft und wurde regelmäßig von den politischen Akteuren intern und öffentlich beschworen. Gerade im Verlauf von Friedensverhandlungen beriefen sich die verschiedenen Parteien auf die Notwendigkeit einer Sicherheit des Friedens, wenn es galt, ihren Positionen Nachdruck zu verleihen. Die Faszination, die davon ausging, hing wesentlich damit zusammen, dass hier zwei Schlüsselbegriffe kombiniert wurden, die ihrerseits vielfältige Begriffsebenen vereinigten. Frieden konnte den konkreten (Friedens-, aber auch Bündnis-)Vertrag bezeichnen, verwies aber auf den universalen Frieden als fortbestehende Norm. Und Sicherheit erlebte in

---

[66] *Philip Haas*, „Filiae Reipublicae, dem Lande geboren". Die Fräuleinsteuer in Hessen als Beteiligung der Stände an dynastischen Ehen, in: HJLG 67 (2017), S. 125–143.
[67] *Kampmann*, „... contra pericula futura".
[68] *Elisabeth Koch*, Die Frau im Recht der frühen Neuzeit. Juristische Lehren und Begründungen, in: Ute Gerhard (Hg.), Frauen in der Geschichte des Rechts, München 1997, S. 73–93.
[69] Zu der Frage der dynastischen Ehen zwischen regierenden Herrscherinnen und Abkömmlingen landfremder Dynastien vgl. künftig die Dissertation von Anja Krause.

der Frühen Neuzeit als nicht weniger schillerndes, gleichfalls vielfältig anwendbares politisches Konzept und auch propagandistisch nutzbare Zielvorstellung seinen Durchbruch zu politischer Wirksamkeit – eine Wirksamkeit, die es bis heute bekanntlich bewahrt, ständig ausgeweitet und immer weiter gesteigert hat.

Gerade weil es sich um eine so vielfältig ausdeutbare Formel handelte, ist sie ein geeigneter Ansatzpunkt, um das Analyseinstrumentarium der historischen Sicherheitsforschung, wie es im SFB „Dynamiken der Sicherheit" entwickelt und angewandt wird, exemplarisch vorzustellen. Auf diese Weise kann präzise herausgearbeitet werden, um welche Sicherheit es eigentlich ging, indem gefragt wird, was in einer spezifischen sicherheitsrelevanten Situation als bedroht wahrgenommen wird (Heuristik) und mit welchen Mitteln dieser Bedrohung begegnet werden soll (Repertoire). Die Anwendbarkeit kann am Beispiel von zwei in der Historiographie für die Sicherheit des Friedens stets als relevant erachteten Gegenstandsbereichen exemplarisch gezeigt werden, nämlich der Geiselstellung und der dynastischen Eheschlüsse.

In beiden Fällen wurde deutlich, dass es um die Sicherheit des konkreten, mit Geiselstellung oder dynastischer Ehe verbundenen Vertrags ging, der als fragil betrachtet und wenigstens kurz- oder mittelfristig bewahrt werden sollte. Der Friede in einem umfassenderen Sinne wurde gar nicht als eigentlich bedrohtes Gut angesehen. Als extrem gefährdet wahrgenommen wurden auf der Ebene der Heuristik ‚Treu und Glaube' der Verhandlungspartner, die reibungslose Sukzession, die territoriale Integrität des Stammterritoriums der Braut bzw. im Falle einer regierenden Herrscherin ihre unbeschränkte Regierungsausübung. Geiselstellung bzw. dynastische Ehe erschienen als Repertoire, diese Gefahren zu beseitigen oder wenigstens zu vermindern. Unterschiede werden beim Blick auf den Wandel dieses Repertoires sichtbar. Während die dynastische Ehe und deren völkerrechtliche Regelung während der gesamten Frühen Neuzeit nichts von ihrer Bedeutung einbüßte, wird im Falle der Geiselstellung eine Veränderung und Verlagerung ihres Anwendungsbereichs erkennbar. Er verlagert sich im Verlauf der Frühen Neuzeit weg von regelmäßigen Verträgen zwischen christlichen Souveränen und beschränkt sich schließlich auf als besonders bedrohlich wahrgenommene Grenzsituationen, etwa an Kulturgrenzen oder in Situationen manifester Gewaltdrohung. In ihnen und nur in ihnen wurde weiterhin auf das Repertoire der Geiselstellung zurückgegriffen. In dieser Hinsicht blieb Geiselstellung ein Mittel, auf gewisse Ungleichheiten zwischen Vertragspartnern in versteckter Weise hinzuweisen, ohne in formaler Hinsicht ihre Ebenbürtigkeit und damit die Ehrenhaftigkeit des Friedens in Frage zu stellen.

Auswahlbibliographie / Select Bibliography

Bigo, Didier, Globalized (In)security. The Field and the Ban-Opticon, in: ders./Anastassia Tsoukala (Hg.), Terror, insecurity and liberty: illiberal practices of liberal regimes after 9/11, London, 2008, S. 10–48.

Braun, Guido (Hg.), Assecuratio Pacis. Französische Konzeptionen von Friedenssicherung und Friedensgarantie 1648–1815, Münster 2011.

Büttner, Bengt/Haas, Philip, Geheim – Öffentlich – Sicher. Der Ablauf von Verhandlungen und die Funktion der Öffentlichkeit bei dynastischen Ehen der Frühen Neuzeit, in: HJb 137 (2017), S. 218–247.

Burkhardt, Johannes, Die Friedlosigkeit der Frühen Neuzeit. Grundlegung einer These der Bellizität Europas, in: ZHF 24 (1997), S. 509–574.

Burkhardt, Johannes, Konfessionsbildung als europäisches Sicherheitsrisiko und die Lösung nach Art des Reiches, in: Kampmann/Niggemann (Hg.), Sicherheit, S. 181–190.

Carl, Horst, Landfrieden als Konzept und Realität kollektiver Sicherheit im Heiligen Römischen Reich, in: Gisela Naegle (Hg.), Frieden schaffen und sich verteidigen im Spätmittelalter, Göttingen 2011, S. 121–138.

Carl, Horst u. a. (Hg.), Sicherheitsprobleme im 16. und 17. Jahrhundert – Bedrohungen, Konzepte, Ambivalenzen/Problèmes de sécurité au XVIe et XVIIe siècles – menaces, concepts, ambivalences, Baden-Baden 2019.

Conze, Werner, Art. „Sicherheit, Schutz", in: GGB 5 (1984), S. 831–862.

Conze, Eckart, Geschichte der Sicherheit. Entwicklung – Themen – Perspektiven, Göttingen 2018.

Frehland-Wildeboer, Katja, Treue Freunde? Das Bündnis in Europa 1714–1914, München 2010.

Haas, Philip, Fürstenehe und Interessen. Die Fürstenehe der Frühen Neuzeit in zeitgenössischer Traktatliteratur und politischer Praxis am Beispiel Hessen-Kassels, Diss. Marburg 2017.

Kägler, Britta, Dynastische Ehen in der Frühen Neuzeit. Partnerwahl zwischen Sozialprestige und Außenpolitik, in: GWU 65 (2014), S. 5–20.

Kampmann, Christoph, Art. „Friede", in: EdN 4 (2006), Sp. 1–21.

Kampmann, Christoph, Friedensschluss und dynastisches Prinzip. Kontinuität und Wandel im Zeitalter des Utrechter Friedens, in: Heinz Duchhardt/Martin Espenhorst (Hg.), Utrecht – Rastatt – Baden 1712–1714. Ein europäisches Friedenswerk am Ende des Zeitalters Ludwigs XIV., Göttingen 2013, S. 35–51.

Kampmann, Christoph/Niggemann, Ulrich (Hg.), Sicherheit in der Frühen Neuzeit: Norm – Praxis – Repräsentation, Köln 2013.

Kampmann, Christoph, „… contra pericula futura". Gefahrenprognose, Prävention und politisches Zukunftshandeln in der Frühen Neuzeit am Beispiel des dynastischen Ehevertrags, in: ders. u. a. (Hg.), „Security turns its eye exclusively to the future". Zum Verhältnis von Sicherheit und Zukunft in der Geschichte, Baden-Baden 2018, S. 133–160.

Kintzinger, Martin, Geiseln und Gefangene im Mittelalter. Zur Entwicklung eines politischen Instruments, in: Andreas Gestrich u. a. (Hg.), Ausweisung und Deportation. Formen der Zwangsmigration in der Geschichte, Stuttgart 1995, S. 41–59.

Kohler, Alfred, „Tu felix Austria nube …". Vom Klischee zur Neubewertung dynastischer Politik in der neueren Geschichte Europas", in: ZHF 21 (1994), S. 461–482.

Knöfel, Anne Simone, Dynastie und Prestige: Die Ehepolitik der Wettiner, Dresden 2009.

Kunisch, Johannes, Fürst – Gesellschaft – Krieg. Studien zur bellizistischen Disposition des absoluten Fürstenstaats, Köln u. a. 1992.

Lutteroth, Ascan, Der Geisel im Rechtsleben. Ein Beitrag zur allgemeinen Rechtsgeschichte und dem geltenden Völkerrecht, Stuttgart 1922.

Marciniak, Angela, Politische Sicherheit. Zur Geschichte eines umstrittenen Konzepts, Frankfurt a. M. 2015.

Peters, Martin, Können Ehen Frieden stiften? Europäische Friedens- und Heiratsverträge der Vormoderne, in: JbEurG 8 (2007), S. 121–133.

Rusakowskiy, Oleg, Geiselstellungen an den russischen Kulturgrenzen der frühen Neuzeit, in: ZHF 44 (2017), S. 1–34.

Schilling, Heinz, Konfessionalisierung und Staatsinteressen. Internationale Beziehungen 1559–1660, Paderborn 2007.
Schönpflug, Daniel, Die Heiraten der Hohenzollern. Verwandtschaft, Politik und Ritual in Europa 1640–1918, Göttingen 2013.
Valerius, Rebecca/Carl, Horst, Geiselstellung und Rechtssicherheit. Die Friedensverträge von Madrid (1526) und Vervins (1598), in: Carl u. a. (Hg.), Sicherheitsprobleme, S. 489–509.
Weber, Hermann, Die Bedeutung der Dynastien für die europäische Geschichte in der Frühen Neuzeit, in: ZBLG 44/1 (1981), S. 5–32.
Weber, Wolfgang E., Interne und externe Dynamiken der frühneuzeitlichen Herrscherdynastie. Ein Aufriss, in: Rainer Babel u. a. (Hg.), Bourbon und Wittelsbach. Neuere Forschungen zur Dynastiegeschichte, Münster 2010, S. 61–77.
Zwierlein, Cornel, Sicherheitsgeschichte. Ein neues Feld der Geschichtswissenschaften, in: GG 38 (2012), S. 365–386.

Axel Gotthard
28. Neutralität

Abstract: Neutrality
It was not until the eighteenth century that the teaching of the law of nations defined neutrality as a legal concept; scholars then established a right to neutrality as well as the impartiality of the neutral. Previously, neutrality served as a political option; one could not, however, insist on its acceptance, but rather hope for it. The rights and duties of neutral parties had a discretionary character, which needed to be negotiated according to the prevailing power structures. Early modern neutrality rarely included equidistance to all warring parties. Declaring oneself as neutral was quite common but was not always considered very reputable. Neutral parties often attempted to enhance their dubious position on the sidelines by offering mediation services. Being neutral and simply watching did not sit well with the doctrine of the Just War or with the concepts of honour of the decision-making elites for whom war was the silver bullet to *Gloire*. Neutrality was viewed as cowardice; at best it was regarded as indecisiveness and was considered "effeminate".

1. Forschungsstand und -mankos

Unzählige juristische, politologische, militärkundliche und historische Abhandlungen umkreisen die sich aus Neutralität ergebenden Rechte und Pflichten sowie Chancen und Risiken. Doch griffen ihre Autoren fast nie weiter zurück als in die Jahrzehnte um 1800.[1] Die wenigen, die sich ernsthaft um die Jahrhunderte davor bemühten,[2] suchten die heutige Neutralität bzw. die des klassischen[3] Völkerrechts mit frustrie-

---

1 Vgl. unten Anm. 71. Ausführlicher zum Forschungsstand: *Axel Gotthard*, Der liebe vnd werthe Fried. Kriegskonzepte und Neutralitätsvorstellungen in der Frühen Neuzeit, Köln u.a. 2014, S. 353–395. Zum Folgenden vgl. auch den hier in überarbeiteter und erweiterter Form vorgelegten Überblicksartikel *Axel Gotthard*, Art. „Neutralität", in: EdN 9 (2009), Sp. 152–157.
2 Vgl. *Richard Kleen*, Lois et usages de la neutralité d'après le droit international conventionnel et coutumier des États civilisés, Bd. 1, Paris 1898; *Henry Baudenet d'Annoux*, Le développement de la neutralité de Grotius à Vattel, Diss. Orléans 1910; *Philip C. Jessup/Francis Deák*, Neutrality. Its History, Economics and Law, Bd. 1, New York 1935, ND 1976; *F. Bottié*, Essai sur la genèse et l'évolution de la notion de neutralité, Paris 1937; *Hamed Sultan*, L'évolution du concept de la neutralité, Kairo 1938; evtl. noch (zur Vormoderne sehr kursorisch und fehlerhaft) *Josef Köpfer*, Die Neutralität im Wandel der Erscheinungsformen militärischer Auseinandersetzungen, München 1975. Jessup und Deák werden gelegentlich in diplomatiegeschichtlichen Arbeiten allgemeineren Zuschnitts erwähnt; die anderen angeführten Monographien blieben nahezu unbeachtet.
3 Dieser Beitrag nennt das Völkerrecht (und in diesem Rahmen die Neutralität) eines ‚langen 19. Jahrhunderts' ‚klassisch'. Im zweiten Drittel des 18. Jahrhunderts wurzelnd, im 19. Jahrhundert florierend,

rend geringem Erfolg in der Vormoderne – wo sie eine derartige Rechtsfigur (die beispielsweise Unparteilichkeit gebot) gar nicht finden konnten, weshalb sie Verlustanzeigen aneinanderreihen mussten. Es ist ein weiteres Manko, dass sich neutralitätsgeschichtliche Studien entweder auf gedruckt vorliegende Neutralitätsverträge (die einschlägigen Bestimmungen werden aneinandergereiht) oder aber auf vormoderne Abhandlungen (die „Klassiker des Völkerrechts", aber fast keine politologischen Arbeiten oder Flugschriften) stützen, diplomatische Praxis und vormoderne Theorieangebote jedoch kaum aufeinander beziehen.[4] Mit archivalischen Recherchen zur Neutralitätspraxis zumal des 16. und 17. Jahrhunderts stehen wir noch am Anfang.[5]

Weil sie keine oder kaum Archivalien berücksichtigten und weil sie auf die juristisch festgezurrte Neutralität des 19. Jahrhunderts fixiert waren, ist den wenigen in die Vormoderne zurückblickenden Monographien zur Neutralität genauso wie den gängigen diplomatiegeschichtlichen Überblicken entgangen, dass sich für neutral zu erklären eine ganz geläufige politische Option gewesen ist. Die Schweiz, für die eine jahrhundertelange, angeblich typisch eidgenössische Neutralitätstradition seit über hundert Jahren zentraler Bestandteil erinnerter Geschichte ist, fiel frühneuzeitlichen Beobachtern in dieser Hinsicht gar nicht auf.

---

kam es an sein Ende, als Völkerbundsatzung und Briand-Kellogg-Pakt ein einzelstaatliches *Ius ad bellum* (Recht auf Kriegführung) bestritten.
4 Seltene Ausnahme: *Stefan Oeter*, Ursprünge der Neutralität. Die Herausbildung des Instituts der Neutralität im Völkerrecht der frühen Neuzeit, in: Zeitschrift für ausländisches öffentliches Recht und Völkerrecht 48 (1988), S. 447–488. Die rechtsgeschichtliche Studie nennt die einschlägigen vormodernen Völkerrechtler und die moderne Literatur zu ihnen, interessiert sich aber in zweiter Linie auch für die vertragliche Praxis der Neutralität. Oeter teilt mit der gesamten vorliegenden Literatur den Irrtum, dass vorklassische Neutralität grundsätzlich auf Vertragsverhältnissen beruht habe.
5 Vgl. zuletzt, mit der (überschaubaren) weiteren auf Akten gestützten Literatur, *Gotthard*, Fried; jetzt zu ergänzen: *Phil McCluskey*, Louis XIV, Duke Leopold I and the Neutrality of Lorraine, 1702–1714, in: EHQ 45 (2015), S. 34–56. Die interessante Fallstudie, die eine Generation vor den ersten durchschlagenden Versuchen spielt, Neutralitätsverträge festzuzurren, bestätigt viele meiner Befunde für das 16. und 17. Jahrhundert: kein Recht *auf* Neutralität („Lorraine's neutral status [...] was [...] hanging in diplomatic limbo"; ebd., S. 39); umstrittener Begriffsumfang („all sides continued to observe their own, sharply contrasting, visions of neutrality for the duration of the conflict"; ebd., S. 41; „subject to varying interpretations"; ebd., S. 50); Misstrauen dem suspekten Neutralen gegenüber (ebd., S. 40 und passim); dieser versucht, seinen labilen Status durch Vermittlungsofferten zu befestigen (ebd., S. 42, S. 45 und passim).

2. Die vormoderne Neutralität: politische Absicht statt Rechtsstatus

2.1 Changierender Begriffsumfang

Bei bewaffneten Konflikten anderer abseits zu stehen, wurde erst im ausgehenden Mittelalter auf den Begriff gebracht (*neutralité, neutralità, neutrality* oder *neutralitet*). Die ersten gedruckten Räsonnements über diese rasch geläufig werdende Denkfigur stammen aus dem frühen 16. Jahrhundert; zur prägnant konturierten Rechtsfigur wurde Neutralität im 18. Jahrhundert.

Wenn Politiker im 16. oder 17. Jahrhundert auf ihre Neutralität rekurrierten, brachten sie damit eine politische Absicht zum Ausdruck, sie konnten sich aber nicht auf einen juristischen Status mit feststehenden Rechten und Pflichten berufen. Der Begriffsumfang von Neutralität war stets aufs Neue und unter Berücksichtigung der momentan gegebenen Machtverhältnisse auszuhandeln.

Auch publizistischen Äußerungen zur Neutralität war in den ersten beiden neuzeitlichen Jahrhunderten quer durch alle Textsorten gemeinsam, dass sie Neutralität als politische Absichtserklärung, nicht als Rechtsfigur behandelten. Ein Recht auf Neutralität oder aber bestimmte Verpflichtungen der Kriegführenden dem Neutralen gegenüber finden sich weder in frühen Völkerrechtsdarstellungen noch in frühen Monographien zum Thema Neutralität, deren wichtigste deutschsprachig war: eine von Johann Wilhelm Neumayr von Ramsla (1572–1641) erstmals 1620 vorgelegte Studie über *Neutralitet und Assistentz*.[6] Neumayr ist mit manchen Urteilen der wohl ersten (knappen) Monographie zum Thema, dem 1598 vorgelegten *Discorso della neutralità* von Giovanni Botero (um 1544–1617), verpflichtet, aber seit 1620 galt er selbst als die maßgebliche Autorität; zahlreiche Dissertationen, Lexika usw. beriefen sich fortan und bis weit ins 18. Jahrhundert hinein auf ihn. Flugschriftenlesern genügten Marginalien wie „Neumayr von Neutral und Assist" als Verweis auf dieses Standardwerk. Der Autor kannte Reichs- und Lehnsrecht, argumentiert aber kaum normativ, sondern politologisch und historisch. Die frühe Politologie war nicht an einer normativen Regelung der zwischenstaatlichen Beziehungen interessiert, sie wollte einen Kompass an die Hand geben, um sich durch das ungeregelte Ringen aller mit allen durchzulavieren. *Dissertationes* und *Disputationes politicae* zum Thema *Neutralitas*, die vor allem in den beiden letzten Dritteln des 17. Jahrhunderts recht häufig geschrieben wurden, taxieren wenig originell die *utilitas* der Neutralität, sie entfalten ebenfalls kein Neutralitäts*recht*, auch wenn dort sowie in völkerrechtlichen Arbeiten seit den 1660er

---

6 Vgl. *Johann Wilhelm Neumayr von Ramsla*, Von der Neutralitet und Assistentz oder Unpartheyligkeit und Partheyligkeit in KriegsZeiten sonderbarer Tractat oder Handlung, Erfurt 1620.

Jahren manchmal die Ansicht vertreten wurde, der Neutrale dürfe – nicht: müsse!– Truppendurchmärsche ablehnen.

2.2 Die „bitt umb neutralitet" in Akten

Der Gang in Archive lehrt, dass sich bereits in den beiden ersten frühneuzeitlichen Jahrhunderten sehr viele Herrscher für ‚neutral' erklärt haben. Solche Absichtserklärungen wurden als Bitten oder Appelle an einzelne oder auch alle Kriegführende gerichtet. Ein Recht *auf* Neutralität dementierten sie alle implizit – wer zur Neutralität Zuflucht nehmen wollte, hatte „simpliciter zu bitten",[7] dass sich die Kriegführenden mit besagter Option „conformir[t]en".[8] Diese konnten beschließen, generös „eine richtige Neutralitet gnedigen zulassen", doch müsse man sich natürlich noch „de modo Neütralitatis vergleichen",[9] also den Begriffsumfang aushandeln. War das Neutralitätsgesuch letztlich wohlmeinend erhört worden, hat der Bittsteller „mit dank angenomen".[10]

Freilich konnte man die „bitt umb neutralitet" auch abschlagen. Wer den Verteidigern der Libertät „hülff vnnd beystandt" versage, auch nur zögere, sich definitiv zu „erklären", hieß es im Fürstenkrieg von 1552, der werde als Feind behandelt, „mit ernst, Schwerdt vnd Fewer" bestraft.[11] Er müsse doch wissen, „was für schädliche frücht auf dergleichen [...] neutraliteten [...] zufolgen pflegen", schrieb Kaiser Leopold I. (1640–1705) dem pfälzischen Kurfürsten Karl Ludwig (1617–1680) 1676 ins Stammbuch, er könne diese „abtrettung [von] der allgemeinen Sach" nicht gutheißen, werde sie deshalb auch nicht „verwilligen".[12] „Was ist denn doch das für ein Ding Neutralität – ich verstehe es nicht", erklärte Gustav Adolf von Schweden (1594–1632) 1630 in gespielter Begriffsstutzigkeit einem brandenburgischen Emissär.[13]

---

[7] Hauptstaatsarchiv Stuttgart (HStASt) A90A tom. 39, fol. 1040–1043, Beratungsprotokoll vom 29.04.1622. Württemberg suchte damals die „neutralitet", Adressat der Bitte sollte in diesem Fall der Markgraf von Baden-Durlach sein. Man werde ihm dafür „under der handt" ein wenig helfen müssen: Ebd. tom. 35, fol. 109–112, Gutachten von Andreas Lemblin und Benjamin Bouwinghausen, wohl Ende April 1622.
[8] Bayerisches Hauptstaatsarchiv München (BayHStA), Kurbayern Äußeres Archiv 3406, fol. 379–382, Relation des bayerischen Fürstenratsgesandten Franz Gotthard Delmuck, 21.05.1674.
[9] BayHStA Kasten blau 102/4 I (unfol.), Proposition Jakob Löfflers bei Beratungen des Heilbronner Bundes mit diversen um die Neutralität nachsuchenden Diplomaten am 31.05.1634.
[10] BayHStA Kurbayern Äußeres Archiv 2036, fol. 78, „Württembergische Entschuldigung" vom 17.02.1554 (Kopie). Gemeint ist Neutralität im Markgrafenkrieg, sie wurde dem Herzog „zugesagt", der hat „sie mit dank angenomen".
[11] Ebd. Äußeres Archiv 3169 (unfol.), „Außschreiben" der Kriegsfürsten (undatierter Druck).
[12] Ebd. Kasten blau 102/4 I (unfol.), Leopold an Karl Ludwig, 26.01.1676. Es geht um das Verhalten im Holländischen Krieg.
[13] Den Dialog zwischen besagtem Emissär und dem Schwedenkönig bietet, mit langen wörtlichen Zitaten, *Karl Gustav Helbig*, Gustav Adolf und die Kurfürsten von Sachsen und Brandenburg 1630–32, Leipzig 1854, S. 12–18, hier S. 17.

Es konnten sich trotzdem Gespräche anschließen, in denen der Preis für den Neutralen taxiert wurde, der beispielsweise „eine summa gelts" oder Viehherden zu stellen hatte, auf dass seine suspekte Neutralität vorübergehend akzeptiert wurde. Der Begriffsumfang von Neutralität war eine Variable des Machtgefälles. War es steil, konnten starke, gerade erfolgreiche Kriegsparteien beispielsweise einfordern, dass ihnen anstößige Kontroverstheologen inhaftiert wurden, oder ultimativ erklären, dass die Bestellung eines unliebsamen Hofrats die Neutralität verwirke.[14] Die Macht der Waffen trug Macht über die Begriffe ein. Die Gebietshoheit des Neutralen galt wenig[15] – dass er jederzeit Truppendurchmärsche und -werbungen hinzunehmen habe, war für vormoderne Politiker und Militärs eine bare Selbstverständlichkeit.

2.3 Die Begriffsverwendung in Neutralitätsverträgen

Manchmal hielten es Regierungen, die nicht in einen Konflikt hineingerissen werden wollten, für hilfreich, sich diesen Wunsch von der einen oder der anderen Kriegspartei vertraglich genehmigen zu lassen. Vormoderne Vertragssammlungen bieten bilaterale Neutralitätsverträge in großer Fülle. Misst man am klassischen Neutralitätsrecht, fällt auf, dass der Begriffsumfang von Neutralität in solchen Verträgen nicht einfach vorausgesetzt, sondern situativ anders und meist wortreich gezirkelt wird. Die der klassischen Neutralität immanente Unparteilichkeit beinhaltete die vormoderne Neutralität fast nie; wer sie einräumte oder auferlegte, erwartete bestimmte Vergünstigungen, die der anderen Konfliktpartei zu verweigern waren. Für moderne Augen changieren derartige Dokumente zwischen Neutralitäts- und Freundschafts- bzw. Protektionsvertrag.

Ein Beispiel bietet die Beschreibung der „exacte[n] Neutralité" des Welfen Ernst August (1629–1698) im Vorfeld des Holländischen Krieges (1672–1679). Ernst August erlaubte seinem Vertragspartner Ludwig XIV. (1638–1715) Truppenpassagen,[16] der französische König durfte bei ihm „autant de Vivres [Proviant] & de Munitions de

---

14 „Der sachliche Umfang neutraler Indifferenz als Variable des Machtgefälles": *Gotthard*, Fried, S. 637–656; „keine Äquidistanz": Ebd., S. 657–675, alles mit den archivalischen Belegen.
15 „Kein Schutz der territorialen Integrität des Neutralen": Ebd., S. 675–700 (aus den Akten gearbeitet). Vgl. jetzt auch diese Fallstudie: *Jean-Luc Lefebvre*, Souveraineté et neutralité en Lotharingie liégeoise: Revin et Fumay-sur-Meuse (XVe–XVIIIe siècles), in: Revue historique de droit français et étranger 91 (2013), S. 601–637, hier S. 635: „Paradoxalement, c'est même constamment que ce territoire dont on se plait à organiser la neutralité est occupé par des troupes, de telle sorte qu'on ne peut dire que les diplômes [sc. de neutralité] ont empêché l'utilisation militaire du territoire".
16 Für die Gegenseite gab es nur den Vorbehalt der Reichsgesetze (wie zum Beispiel Durchmarsch der Reichsarmee im Fall der Landfriedensexekution).

Guerre" aufkaufen lassen, wie er das für angemessen hielt. Aber mit weiteren Details befasste sich der Vertrag dann gar nicht mehr; generalisierend heißt es, der Welfe werde dem Allerchristlichsten König stets zu Diensten sein: „[...] sera toûjours prest à donner des preuves de son affection aux interêts & service du Roi, pour meriter d'autant plus par toute sa conduite la bien-veillance & confiance de Sa Majesté". So anschmiegsames Wohlverhalten entlohnte Ludwig mit 5.000 *Ecus* monatlich, und er „sera obligé d'assister & proteger[17] ledit Sieur Duc, contre ceux qui le pourront attaquer ou inquieter". ‚Exakte' Neutralität meinte also Assistenz und Protektion. Überhaupt versprach der König, noch umfassender, „d'appuyer toûjours puissamment les interêts dudit Sieur Duc, pour lui donner de plus en plus sujet de s'attacher à ceux de Sa Majesté". Der Vorsatz „à observer une exacte Neutralité" mündete also in dem Projekt einer umfassenden Interessenkonvergenz.

Sogar solchen Vertragswerken ist zu entnehmen, dass man in den beiden ersten neuzeitlichen Jahrhunderten mit der Berufung auf die zwar schon geläufige, doch wenig renommierliche Neutralität kaum Vertrauen wecken konnte: Denn häufig verwendeten die Akteure viel Sorgfalt darauf, zu gewährleisten, dass der Neutrale tatsächlich abseits stand – beispielsweise hatte er seine Truppen abzudanken oder dem Vertragspartner Schlüsselfestungen einzuräumen.[18] In Verhandlungsakten lässt sich ersehen, dass, wer die Neutralität gewähre, „seureté", „gewissheit und caution", brauche, da man sich ja nicht einfach auf „Papier und Dinte" verlassen könne.[19] Verhaltenserwartungen hatten sich noch nicht so zu völkerrechtlichen Normen verdichtet, dass man ihre Erfüllung einigermaßen zuverlässig voraussetzen konnte, weil, wer dagegen verstieß, gleichsam automatisch die öffentliche Meinung Europas gegen sich hatte.

---

17 Vertrag zwischen Ludwig XIV. und Ernst August von Osnabrück, 23.10.1671, in: Jean DuMont (Hg.), Corps universel diplomatique du droit des Gens, Bd. 7/1, Amsterdam/Den Haag 1731, Nr. 69.
18 Um wiederum nur ein – fast beliebig ausgewähltes – Beispiel anzuführen: Den Neutralitätsvertrag des Kurfürsten von Trier mit Schweden vom 09.04.1632 flankierte ein Protektionsvertrag mit Frankreich, ersterer sah französische Garnisonen in Ehrenbreitstein und Philippsburg vor, also Garnisonen des Verbündeten dessen, der die Neutralität gewährte. War Schweden somit gleichsam indirekt im Erzstift militärisch präsent, galt hinsichtlich der Feinde: „quemcunque belli apparatum instituere non permittemus, sed ubique inviolatam et synceram Neutralitatem observabimus". „Sincera Neutralitas" war solche, die den Vertragspartner dankbar begünstigte: *Michael Kaspar Londorp* (Hg.), Der Römischen Kayserlichen Majestät und des Heiligen Römischen Reichs Acta publica, Bd. 4, Frankfurt a. M. 1668, S. 274f.
19 Als ihn ein brandenburgischer Emissär im Juli 1630 um den Gnadenerweis der Neutralität anflehte (vgl. oben Anm. 13), hielt ihm Gustav Adolf von Schweden ungnädig entgegen: „Was soll ich für Gewißheit und caution dessen haben, was meint Ihr, Papier und Dinte?".

3. Topoi des vormodernen Neutralitätsdiskurses

Die gedruckten Neutralitätsdiskurse des 16. und 17. Jahrhunderts bestehen aus zahlreichen grassierenden Topoi, die fast alle auch in außenpolitischen Akten begegnen.

Diese vorgestanzten Formeln sind regelmäßig geringschätzig oder ablehnend. Alle lassen sie sich einer von diesen drei Aussagekategorien zuordnen: Neutralität ist unklug; sie ist der Ehre abträglich; sie ist sündhaft. Gewiss haben Aktenbestände, politologische Abhandlungen sowie fromm eifernde Flugschriften ihr je eigenes rhetorisches Profil. Befragte man indes die politologischen Autoren der Frühen Neuzeit danach, warum sie Neutralität für eine zumeist unkluge Option hielten, wäre ihre Beeinflussung durch moraltheologische Verdikte der konfessionellen Kampfschriften erkennbar: Eben weil der Neutrale, die moralisch korrekte Verortung meidend, nur Abscheu wecke, nehme sich seiner nach Kriegsende keiner an, sondern er werde schutzlos *praeda victoris*, Beute des Siegers. Populäre Pamphletistik wie frühe Politologie wurden wiederum von den Entscheidungsträgern rezipiert; wo die Aktenlage gut ist, finden wir fast alle einschlägigen Topoi auch in ihren Hinterlassenschaften.

3.1 Neutralität ist sündhaft, schändlich, unklug

In Flugschriften der späten Reformationszeit und des Konfessionellen Zeitalters wird die Neutralität tausendfach verteufelt, was man wörtlich nehmen darf: Wer „stille saß", wenn es gegen den „Antichrist" zu kämpfen galt, war in den Fängen „Sathans". Beispielsweise weiß ein Pamphlet von 1631, dass „Gott dergleichen Neutralitet zwischen dero Christlichen Kirchen, vnd dem Antichrist, das ist zwischen Gott vnd dem Teuffel höher hasset vnd anfeindet, als einem [sic!] rechten pur lautern Abfall zum Teuffel";[20] „Neutralisten" spotteten „des Herrn Christi ins Angesicht, in deme sie jhre thorhaffte Hoffnung zugleich vff dem Antichrist vnd Christum setzen". Neutrale waren solche, die es „so zu reden, mit Gott, vnd dem Teuffel, mit dem Himmel vnnd mit der Helle, mit dem ewigen Leben vnd ewigen Todt zugleich halten".[21] Ohnehin in einem Spannungsverhältnis zur Vorstellung „gerechter" Kriege stehend, war Neutralität vollends keine moraltheologisch begründbare politische Haltung mehr, wenn aus dem *Bellum iustum* das *Bellum necessarium* wurde, der gottgewollte *Holy War*:[22] „Die H. Schrifft nennet solche nothwendige Heerfahrten, bella Domini [...] Vnd man wird

---

20 [*Anonym*], Postilion, An alle und jede Evangelische Könige und Potentaten [...], o.O. 1631, Abschnitt Nr. 121.
21 [*Anonym*], Magna Horologii Campana, Tripartita. Das ist, Ein Dreyfache, im gantzen Teutsch-Landt hellauttende Glocke, vnd Auffwecker [...], o.O. 1632, S. 67.
22 Vgl. *Axel Gotthard*, Der Gerechte und der Notwendige Krieg. Kennzeichnet das Konfessionelle Zeitalter eine Resakralisierung des Kriegsbegriffs?, in: Andreas Holzem (Hg.), Krieg und Christentum. Religiöse Gewalttheorien in der Kriegserfahrung des Westens, Paderborn u.a. 2009, S. 470–504.

GOtt versuchen, wenn man daheimen faulentzen wolte".[23] „Arise, arise in the name of God, let cursed neutrality go to Hell (if Hell will receive it)".[24]

Gängige Topoi[25] dieser theologisch durchtränkten Diskursformation waren beispielsweise die folgenden: Schon Jesus hatte bekanntlich erklärt „qui non est mecum, contra me est".[26] Man musste sich, wenn „Gott und der Teufel" miteinander rangen, „kalt oder warm erklären",[27] denn die „Lauen" pflegte Gott „auszuspeyen". Neutrale konnten sich nicht zwischen „diabolo" und „Christo in coelo" entscheiden. Wer „neither hot nor cold" war, war „neither for God nor Baal".[28] „If the LORD be God, follow him; but if Baal, then follow him".[29]

Frühen politologischen Arbeiten ging diese moralische Verve durchgehend ab; sie verdammten Neutralität nicht als Sünde, hielten sie aber für meistens unklug, da riskant: „Neutralitas [...] stultitia est".[30] Angeblich lehrte die Geschichte, dass der Neutrale von beiden Kriegsparteien behelligt und hinterher vom Sieger niedergemacht wurde. Nie fehlt beim Thema diese Prophezeiung: Der Neutrale wird „praeda" bzw. „praemium victoris". Schon beim Ahnvater der Politologie, Niccolò Machiavelli (1469–1527), war das Verdikt begegnet: Wer neutral abseits stand, wurde „premio del vincitore".[31] Genauso epidemisch war diese Regel: „Neque amicos parat, neque inimicos tollit". Was uns gelehrte Abhandlungen lateinisch sagen, kann in Archivalien so lauten: „Es ist und bleibett wahr, das die Neutralitet keinen freundt ma-

---

23 [*Johan Huss redivivus, Martyr Constantiensis Constantissimus*], Spanischer Gelttrutz, Vnd Castilianischer Hochmuth [...], [Prag] 1620, fol. Biiij.
24 *William Beech*, More Sulphure for Basing: or, God will fearfully annoy and make quick riddance of his implacable Enemies, surely, sorely, suddenly [...], London 1645, S. 28f.
25 Weil die Topoi grassierten, werden im Folgenden Quellenbelege nur sparsam aufgeführt.
26 „Wer nicht für mich ist, der ist gegen mich": Lk 11,23. Eine gleichsam säkularisierte Variante: Der Kaiser verdiene im Holländischen Krieg „beystandt", „qua declaratione imperij" könne er „billig dene reichstanden sagen qui non est mecum contra me est"; BayHStA Kasten blau 7/22 (unfol.), Bericht des neuburgischen Vizekanzlers Heinrich Altet von Stratman über ein Gespräch mit Franz Paul von Lisola in Köln, 26.10.1673.
27 „Weder kalt noch warm", „neither hot nor cold", lautete ein Topos noch in der Zeit nach den Konfessionskriegen: „Der schändlichste Nahme, welchen die Heilige Schrifft einem Menschen gibt, ist, wann sie sagt: Er sey weder kalt noch warm", so [*Anonym*], Gespräch über das Interesse Deß Englischen Staats [...], o.O. 1674, wiederabgedruckt unter den Appendices zum 28. Bd. des „Diarium Europaeum", S. 313–360, hier S. 325 f. Natürlich findet sich dieser ‚Zentraltopos' des Sündendiskurses auch in Akten. „Weil Du lau bist und weder warm noch kalt, will ich Dich ausspeien aus meinem Munde": Apk 3,16.
28 [*Anonym*], Neutrality condemned, by declaring the Reasons Why the Deputy-Lieutenants, intrusted by the Parliament for Chesire, cannot agree to the Treaty of Pacification made by some of that County, o.O. 1643, S. 4.
29 Edward Wetenhall, A Sermon against Neutrality. Preached [...] on Friday in Easter-Week 1663, London 1663, Motto des Büchleins.
30 „[N]eutral zu sein ist töricht"; *Francesco Guicciardini*, Hypomneses Politicae; Recens ex Italico Latina facta, Halle 1597, S. 83f.
31 *Niccolò Machiavelli*, Il Principe, hg. von Giuseppe Lisio, Florenz 1899, § XXI, S. 102.

chet, auch entgegen keinen feindt aufhebtt".[32] Auch politischen Praktikern war also klar, dass „die Neutralitet keinen freundt macht".[33] Die frühneuzeitlichen Zeitgenossen wussten, dass der Neutrale, bildlich gesprochen, nicht nur „zwischen zweyen stülen" saß, sondern auch in der mittleren Etage, wo ihn von unten kommender Rauch belästigte, während er von oben je nach Stilempfinden des Autors oder Sprechers blass mit „Unrat" eingedeckt oder deftiger „beschüttet", „begossen", gar „con urina" bedacht oder „besaicht"[34] wurde.

Die sündhafte Neutralität gab in konfessionellen Kampfschriften die Hauptmelodie vor, die unkluge *Neutralitas* beherrschte den Diskurs der frühen Politologie. Alle gedruckten Kommentierungen vormoderner Neutralität (und viele Archivalien[35]) strichen außerdem deren Ehrdefizit heraus. Bereits bei Machiavelli klang es an: „È ancora stimato uno principe, quando egli è vero amico o vero inimico, cioè quando senza alcun rispetto si scuopre in favore di alcuno contro a un altro; il qual partito fia sempre più utile che star neutrale"[36] – schon wegen des herrscherlichen Prestiges war eindeutige Parteinahme immer nützlicher als Neutralität. In deutschen Publikationen firmierte Neutralität durchgehend als „schändtlich". Ziemlich häufig war sie ferner „weibisch". Neutrale reagierten mit „Weibischen Gebärden, Thränen vnd grämen", wo „Hülffe, Rath vnd That" geschuldet waren.[37] Oder war der Neutrale nicht Mann, nicht „Weib", sondern „content to be an Hermaphrodite", ein „Zwitter"? Da es zu den Autostereotypen des „Teutschen" gehörte, mutig, aufrecht und treu zu sein, musste eine als „weibisch" verstandene Neutralität mitteleuropäischen Autoren „unteutsch" erscheinen.[38] Als Übersetzungsvorschlag finden wir recht oft „faulkeit und verräte-

---

32 Hauptstaatsarchiv Dresden Locat 7272 1. Buch Unio und Zusammensetzung, fol. 253–266, hier fol. 257, undat. „Discurs Uber die Bundtnussen von Hern D. Hieronimo Schleichero Advocato Reipublicae Vlmensis". Die Randmarginalie lautet: „Media via neque amicos parat, neque inimicos tollit" (eigentlich, wie eine Reihe politologischer Neutralitätstopoi, ein Livius-Zitat).
33 Staatsarchiv Bamberg C47 Nr. 75, undat. Gutachten (ca. 1620, sicher vor 1623).
34 Veraltet, noch dialektal für: „con urina" begossen.
35 „Indignissima, Deo invisa", äußerst schmachvoll und Gott verhasst: hier wird der Schanden- mit dem Sündendiskurs vermischt; BayHStA Kasten schwarz 15021/5, fol. 130–133, „Neutralitas" überschriebene undatierte Notizen eines bayerischen Hofrats (vermutlich: Johannes Peringer; Dezember 1631).
36 *Machiavelli*, Il Principe, § XXI.
37 [*Johann Huß, genannt Martyr*], Böhmische Nebelkap, Oder Der Böhmen falschen vnd geferbten, vnnd dann weder Kalten noch warmen, wie auch jerer gewissen vnnd standthafftigen Freunden Merckzeichen, o.O. 1619, S. 9.
38 Das Druckbild fügt sich hierzu: Noch im späten 17. Jahrhundert wurden „neutralitet" oder „Neutralität" (diese Schreibung begann nun üblich zu werden) nahezu durchgehend in Lateinischen Lettern gesetzt und als Fremdworte empfunden. Der typographische Brauch hielt sich, mit nur langsam abnehmender Konsequenz, weit ins 18. Jahrhundert hinein. Ein auffallender Gegenbefund stammt aus dem Jahr 1757: Eine anonyme Flugschrift mit dem schlichten Titel „Die Neutralität" ([*Anonym*], Die Neutralität, o.O. o.J.) schreibt nicht nur diesen Terminus durchgehend „altdeutsch", bei der Formel

rey",³⁹ noch häufiger wird „Untrew" als Synonym offeriert. Neutrale waren bekanntermaßen „untrewe brüeder vnd verräther", sie beliebten zu „heuchlen" (häufig, erneut synonym gemeint: „heuchelte oder neutralisirte"). Das waren „wetterwendische leut", sie hingen „den mantel in wind".

Gern verbalisierte man Neutralität als „temporiser" oder „temporisieren".⁴⁰ Natürlich war die Wendung vom „schädlichen vnd lächerlichen temporisiren", wie alle hier begegnenden Klischees, abschätzig gemeint, aber warum? Der Vorwurf der Mutlosigkeit schwang mit, des Zauderns und Zagens – der Neutrale war eben kein mannhafter Tatmensch. Aber das Verdikt changierte auch hin zu Verschlagenheit. Schließlich wusste jeder aufrechte Mann, dass Neutralität „lauter heuchlerey" war.

Der Sache nach war die Ehre in diesen Wertungen stets präsent. Es war nach vormodernen Maßstäben ehrverletzend, dem anderen „faulkeit und zaghait", Mutlosigkeit, Feigheit gar vorzuwerfen. Zum vormodernen Ehrbegriff gehörte, jedenfalls bei den männlichen Entscheidern, die Mannhaftigkeit, die „mannhait". Wenn Neutralität für „kleinmüete", Wankelmütigkeit, für angeblich „weibisches" Verhalten stand, konnte diese politische Option keine Ehre eintragen.

3.2 Konzeptionelle und strukturelle Voraussetzungen der ‚klassischen' Neutralität

Es gehört offenkundig zu den konzeptionellen Voraussetzungen des ‚klassischen' Neutralitätsrechts, dass die Doktrin vom Gerechten Krieg verblasste.⁴¹ Denn traditionell hatte ein Christenmensch ‚gerechten' Anliegen zum Durchbruch zu verhelfen oder der verfolgten Unschuld beizuspringen, „tertium non dabitur".⁴²

„exacte Neutralität" (S. 10) wird „exact" in Antiqua, „Neutralität" in Fraktur gesetzt: Ersteres empfand der Autor offenbar noch als Fremdwort, die Neutralität nicht mehr.
39 Als Beispiel aus der politischen Praxis dient der schwedische Diplomat Christoph Ludwig Rasche, der im März 1632 vor der evangelischen Tagsatzung in Aarau höhnte, was „für eine Faulheit und Verräterey" die Neutralität doch sei. Aus dem Vortrag zitiert *Franz Fäh*, Gustav Adolf und die Eidgenossen 1629–1632. Wissenschaftliche Beilage zum Bericht der Realschule zu Basel 1886–1887, Basel 1887, S. 26.
40 Eine frühneuzeitliche Eindeutschung von französisch *temporiser* (abwarten, zaudern). Publizistisch ist es ganz geläufig; ein Beispiel aus Akten: „Le duc de Bavières [...] temporisera comme neutral avec les autres", prognostizierte am 13.03.1552 Antoine Perrenot de Granvelle in einem Schreiben an Königin Maria, die Statthalterin der Niederlande; *August von Druffel* (Hg.), Briefe und Akten zur Geschichte des sechzehnten Jahrhunderts mit besonderer Rücksicht auf Bayerns Fürstenhaus, Bd. 2, München 1880, Nr. 1108.
41 Vgl. zu diesem vielschichtigen Prozess *Gotthard*, Fried, S. 103–232.
42 „Ich will von keiner neutralität nichts wissen noch hören. Sr. Lbd. muß Freund oder Feind sein. Wenn ich an ihre Grenze komme, so muß Sie kalt od. warm sich erklären. Hier streitet Gott und der Teufel. Will Sr. Lbd. es mit Gott halten, wohl, so trete Sie zu mir; will Sie es aber lieber mit dem Teufel halten, so muß Sie fürwahr mit mir fechten, tertium non dabitur [eine dritte Option wird nicht gewährt

Neutralität rieb sich an binären Denkwelten (gut vs. böse, Treue vs. Felonie, Amicitia vs. Feindschaft). Ihre Akzeptanz war deshalb ein Gradmesser für die funktionale Ausdifferenzierung der Gesellschaft. An die Stelle eines „Gesamtverhalten[s]", das entsprechende „Gesinnungsqualitäten" erheischte, mit „universalen Rechten und Pflichten" einherging,[43] trat ein Ensemble diverser Rollen. So konnte der Fürst als Politiker in einem bestimmten Konflikt neutral bleiben, ohne deshalb notwendigerweise menschliche Anstandsregeln zu verletzen, zum immerwährenden Feind zu mutieren oder der *Civitas Diaboli* zu verfallen. Er konnte als oberster Militär seines Landes neutral bleiben und doch in anderen Rollen – als hochadeliger Standesgenosse, als Glaubensbruder oder als Handelspartner – weiterhin mit allen Konfliktparteien konstruktive Beziehungen unterhalten.

Dass die Neutralität nach der Ära der Konfessionskriege wachsende Akzeptanz genoss, lässt sich auch als Säkularisierungsvorgang beschreiben. Das *Ius publicum Europaeum* des 18. Jahrhunderts basierte auf der einzelstaatlichen Souveränität, band auch das *Ius ad bellum* (Recht auf Kriegführung) an die rein formale Kategorie der Souveränität[44] – *Iustitia* wurde floskelhaft, ernsthaft wurden Gerechtigkeitskriterien kaum noch diskutiert. Käme der Souverän zum Schluss, dass das Staatsinteresse (*ratio status*, die ‚Staatsräson') Neutralität nahelege, würde er selbstverständlich zu dieser Option greifen, ohne sich dafür publizistisch bei Europas Mitchristen entschuldigen oder gar der Kurie Rechenschaft ablegen zu müssen. In der Außenpolitik waren keine Werte, sondern Interessen maßgeblich.[45]

Die Staatsräson musste sich offenbar nicht nur von theologischen Postulaten emanzipieren, sie musste sich auch gegen den Ehrbegriff der vormodernen Entscheider behaupten: Denn zu „faulentzen", während andere mannhaft ihr „heroisches Geblüt"[46] unter Beweis stellten, war ehrlos. Der Königsweg zu *Gloire* führte nun einmal über erfolgreich bestandene Kriege.

Neutralität rieb sich an zeit- und standesspezifischen Werten: den konfessionellen Wahrheitsmonopolen und dem Adelsethos. Die lange Inkubationszeit des klassi-

---

werden], das seid gewiß": Suada Gustav Adolfs vor einem brandenburgischen Emissär, vgl. oben Anm. 13.
43 *Max Weber*, Wirtschaft und Gesellschaft. Grundriß der verstehenden Soziologie. Fünfte, revidierte Auflage, besorgt von Johannes Winckelmann. Studienausgabe, Tübingen 1990, S. 403. Weber beschreibt so den Weg von vorkapitalistischen „Status-Kontrakten" zu „anethischen Zweck-Kontrakten". Der Systemtheoretiker würde von funktionaler Ausdifferenzierung sprechen.
44 Darum wandten sich die Völkerrechtsautoren vom intellektuell belanglos gewordenen *Ius ad bellum* ab und dem *Ius in bello* zu.
45 Allenfalls wurde abgewogen (das der Mechanik entlehnte Gleichgewichtsprinzip), nicht aber bewertet. ‚Wahrheit' oder ‚Seelenheil' hatten dabei im doppelten Wortsinn kein Gewicht.
46 Er sei „mit courage gesegnet" und habe dem „heroyschen geblütt" seiner Dynastie Tribut zu zollen: So begründete es Herzog Johann Friedrich von Württemberg zum Entsetzen seiner Hofräte, warum er sich unverzüglich persönlich ins Feld begeben müsse; HStASt A90A tom. 29, fol. 170f., Resolution vom 31.07.1620.

schen Neutralitätsrechts ist aber auch ein Indikator dafür, wie langsam sich Verhaltenserwartungen zu völkerrechtlichen Normen verdichteten (sich demnach ein prägnantes *Ius inter gentes* herausbildete), und wie langwierig die Transformation der herkömmlichen *Christianitas* in ein horizontales und polyzentrisches System souveräner, insofern gleichberechtigter Völkerrechtssubjekte war. Am Beispiel[47] Mitteleuropas zeigt sich zudem das Spannungsverhältnis zwischen Neutralität und Lehnswesen: Der Kaiser reklamierte regelmäßig den „gehorsam" der Reichsstände sowie die „trew" des Vasallen. „Neutralitet wider das oberhaupt" sei unzulässig und „ungehorsamb".[48]

4. Neutralität, Frieden, Vermittlung

4.1 Ratschläge der vormodernen Politikwissenschaft

Gab es eine Affinität von Neutralität und Frieden? Dass nicht „Faulkeit", sondern Friedensliebe einen Herrscher zur Neutralität animieren könnte, kam Autoren des 16. und 17. Jahrhunderts nicht in den Sinn. Doch empfahl die frühe Politologie dem Neutralen, seinen suspekten Status durch Vermittlungsangebote zu befestigen. Schon Jean Bodin (1529/30–1596) legte ihm Mediationsversuche nah, so gewinne er „l'honneur & l'amitié des autres, auec la seureté de son estat".[49] „Honneur" und „seureté": Vermittlungsbemühungen als Doppelstrategie gegen das Ehr- und das Sicherheitsdefizit vormoderner Neutralität. Viele neutralitätskundliche Dissertationen sahen ebenfalls, dass Vermittlungsofferten der suspekten politischen Option „honoris fastigium" und dem neutralen Territorium „munimentum" eintrügen.[50]

Einerseits legte also das Eigeninteresse des Neutralen Friedensappelle und Mediationsangebote nah. Andererseits streifen manche Arbeiten den Gedanken, dass neutrale Vermittlung tatsächlich Kriege abzukürzen helfen könne.[51] Einige Autoren erklärten sie deshalb sogar zur moralischen Verpflichtung des Neutralen; für den Dänen Martin Hübner (1723–1795), einen Vater der klassischen Seekriegsneutralität, war

---

47 Es ließe sich zum Beispiel ferner fürs baltische Kurland zeigen: ein Lehnsfürstentum der Krone Polen, das sich „neutral" aus dem Polnisch-Schwedischen Krieg der 1620er Jahre wie aus dem Ersten Nordischen Krieg der 1650er Jahre herauszuhalten suchte; vgl. *Gotthard*, Fried, siehe Register, zusammenfassend S. 831f.
48 Ein Beleg für Hunderte: „neutralitet" könne „wider [...] das oberhaupt [...] nicht statthaben"; HStAS. C9 Bü. 214, Kaiser Ferdinand II. an die schwäbischen Kreisstände, 02.03.1622 (Kopie).
49 *Jean Bodin*, Les six Livres de la République avec l'Apologie de R. Herpin. Faksimiledruck der Ausgabe Paris 1583, ND 1961, S. 798.
50 *Heinrich Schemel*, Dissertatio politica de neutralitate, Gießen 1661, S. 9; *honneur, honor* (Genitiv: *honoris*) = Ehre; *munimentum* = Schutz.
51 Vgl. zur Mediation auch Kapitel 24.

sie „le grand devoir"[52] aller neutralen Staaten. Sogar die Kriegführenden mussten ja Interesse daran haben, dass „non desint pacis mediatores".[53] Jean Bodin hatte schon rhetorisch gefragt: „Si tous les Princes sont ligués les vns contre les autres, qui sera moyenner de la paix?"[54] – was auch bei ihm nichts daran ändert, dass die Gründe, die gegen Neutralität sprechen, „plus pregnantes" sind als etwaige Pro-Argumente.

Wir können bilanzieren: Zu den zentralen Themen der publizistischen Auseinandersetzung mit Neutralität gehören etwaige Friedensimpulse nicht; doch wird dem Neutralen recht häufig geraten, aus Eigeninteresse und/oder einer (wenig elaborierten) übergeordneten Räson der europäischen Staatenordnung Friedensvermittlungen zu initiieren oder zu forcieren. Manche Autoren konzedieren sogar, dass für deren Zustandekommen oder Gelingen die Existenz Neutraler nützlich sei – und das alles im Rahmen einer bis ins 18. Jahrhundert hinein unübersehbar neutralitätsskeptischen Grundhaltung. Die beiläufig bleibenden Bemerkungen zu den friedfördernden Effekten der Neutralität ändern an der negativen Gesamtbewertung dieser politischen Option nichts.

4.2 Neutrale Friedensappelle in Akten

Akten, die vormoderne Außenpolitik dokumentieren, bekunden häufig den Wunsch des Neutralen, den Frieden zu befördern bzw. zu vermitteln. Friedrich II. von der Pfalz (1482–1556) konterte 1546 im Schmalkaldischen Krieg Vorhaltungen gegen seine Neutralität, dieses „gottlose wesen",[55] indem er herausstrich, dass es ihm einfach um den „friden im reiche" zu tun sei, „geschicht [...] dem Vaterland zu gut unnd niemand zuwider".[56] Auch die Neutralen des Dreißigjährigen Krieges wollten ihr „beharlich friedtliebendes gemuth" nicht weniger als „der ganzen Welt fur augen" stellen.[57] Man

---

52 „Die große Verpflichtung"; *Martin Hübner*, De la saisie des bâtiments neutres ou du droit qu'ont les nations belligérantes d'arrêter les navires des peuples amis, Bd. 1, T. 1, Kap. 2, Den Haag 1759, S. 44.
53 „Dass es Friedensvermittler gibt"; [Anonym], Praefatio, in: Dilvdicationes Jvris publici de nevtralitate, Jena 1747, fol. a4.
54 „Wenn sich alle Herrscher in [Kriegs-]Bündnissen gegenüberstehen, wer wird dann Frieden vermitteln?"; *Bodin*, Les six Livres, S. 793. Die danach zitierte Einschätzung steht auf S. 794.
55 Besagtes „wesen" war „unnser Sund willen" in die Welt gekommen: Neutralität als Geißel Gottes! BayHStA Kasten schwarz 16671, fol. 317–319, Statthalter und Regenten von Neuburg an Pfalzgraf Ottheinrich, 21.09.1546.
56 Ebd., fol. 185–187, Kurfürst Friedrich an Statthalter und Regenten in Neuburg, 07.07.1546. Neutrale Vermittlung im Fürstenkrieg von 1552: *Axel Gotthard*, Frühe „neutralitet". Der Fürstenkrieg in einer Archäologie des Neutralitätsrechts, in: Martina Fuchs/Robert Rebitsch (Hg.), Kaiser und Kurfürst. Aspekte des Fürstenaufstandes 1552, Münster 2010, S. 9–31, hier S. 26–29.
57 BayHStA Kasten blau 102/4 I (unfol.), Pfalzgraf Wolfgang Wilhelm an die in Frankfurt versammelten Heilbronner Verbündeten, 12.07.1634.

verspürte „starke desideria",[58] die „zehrende Kriegsflamme im Romischen Reich Teutscher Nation helffen zudempffen". Auch den Holländischen Krieg begleiteten unaufhörlich Vermittlungsangebote des dauerneutralen Kurfürsten Ferdinand Maria von Bayern (1636–1679). Dieser beteuerte, er habe sich „bey allen gelegenheiten" und „allzeit erbotten", Frieden zu vermitteln: einen Frieden, den er nun einmal „von herzen" wünsche.[59] Das verlieh den dauernden Nörgeleien wegen dieses Übergriffs, jener Einquartierung ethischen Schwung, konnte auch punktuell dabei helfen, unliebsame Zumutungen und Zudringlichkeiten abzuwimmeln, weil solch einseitiges Entgegenkommen angeblich – so fasste der Kaiser einmal unwirsch die bayerische Attitüde zusammen – die „anerbottene Mediation nit wohl zulasse". Man gedenke, sich nicht „durch ainigen Actum so anderen suspect wehre" für Mittlerdienste „untüchtig zuemachen".[60]

Hofften die vermittlungswütigen Neutralen, den Krieg abkürzen zu können, oder versuchten sie, ihrem noch nicht völkerrechtlich geschützten, notorisch abschätzig kommentierten Status Rang, Würde und somit eine positiv gefüllte Legitimation zu verschaffen? Das kann nur (vorsichtig) taxiert werden, wenn die Aktenlage sehr gut ist; viel spricht dafür, dass es neutralen Mediatoren meistens[61] vor allem um letzteres, um die Respektierung ihres Status gegangen ist – man stößt selten auf ausgefeilte Vermittlungskonzepte, Frieden und Vermittlungsbereitschaft wurden „generalissime" beschworen.[62] Eine Instruktion Ferdinand Marias, die bayerische Emissäre für die 1673 in Köln angesetzten Friedensverhandlungen mit an den Rhein nahmen, liest sich wie eine Chronik des unermesslichen Friedensruhms des bayerischen Kurfürsten. Es war als „bekahnndt" vorauszusetzen, „mit war sonderbahrem eyfer unnd sorgfalt" er unentwegt den Frieden herbeigesehnt, befürwortet, angemahnt, dabei weder in Wien noch in Paris oder Berlin vergessen hatte, sich selbst „pro mediatore ahnzugeben". Ganz am Ende geschwollener historischer und friedenspädagogischer Betrachtungen heißt es dann seltsam wortkarg, was „die materialia selbsten", also etwaige Friedenskonzepte und -konditionen anlange, „da wissen wür Jhnen dermahlen hierinfahls nichts specials vorzuschreiben".[63] Der Kurfürst wollte nicht mit allzu kon-

---

58 Ebd., Replik Wolfgang Wilhelms auf eine Resolution Oxenstiernas, 12.07.1633 (Kopie). Er sei „zu gueten officijs" jederzeit bereit.
59 Ebd., Kasten blau 79/4, fol. 513f., Ferdinand Maria an Kaiser Leopold, 19.11.1675.
60 Ebd., Kasten schwarz 235 (unfol.), Leopold I. an Ferdinand Maria, undatierte Kopie [Oktober 1675].
61 Erörterung der methodischen Probleme: *Gotthard*, Fried, S. 742f. Angesichts interner Differenzen unter den englischen „mediators" nicht eindeutig hier oder dort zu verorten ist dieser jüngst vorgestellte Fall: *Renée Vermeir/Vincenzo de Meulenaere*, „To bring good agreement and concord to Christendom". The Conference of Marck (1555) and English Neutrality, 1553–1557, in: RNord 95 (2013), S. 681–698.
62 Das ist topisch, kann gar nicht sinnvoll belegt werden. Die Wege zum Ausgleich blieben eben „in terminis generalibus": BayHStA Dreißigjähriger Krieg Akten 110/I, fol. 211f., Johann Friedrich von Württemberg an Johann von Zweibrücken, 29.10.1621.
63 Der undatierte, elfseitige Entwurf liegt in ebd., Kasten schwarz 1023 (unfol.).

kreten Ausgleichskonzepten anecken, sondern seine vielen anstößige Neutralität stabilisieren.

Auch in der Instruktion für einen württembergischen Emissär, der im Frühjahr 1625 in Lothringen für gemeinsame Vermittlungsangebote in der Pfalzfrage werben sollte, blieben die Modalitäten eines etwaigen Ausgleichs zwischen dem geächteten Winterkönig und der Hofburg ganz vage, präzise werden hingegen die zur Mediation treibenden Motive benannt: Es gehe um die „salvirung unserer landen, benebens erhaltung rechter neutralitaet".[64] Von gemeinsamen Vermittlungsofferten sei zu erhoffen, dass ihretwegen „beede theil", also Konfliktparteien, „etwas einen mehrern respect gegen uns tragen und solches unsern landt und leuthen wohl zustatten" komme. Die Vermittlungsbemühungen des Neutralen trugen ihren Wert in sich, hier war der Weg das Ziel.

Neutrale verspürten „starke desideria", den Krieg abzukürzen – oder haben doch wenigstens so getan, indem sie so unaufhörlich wie „generalissime" den werten Frieden beschworen; und die politischen Mitspieler rechneten mit solcher Friedensrhetorik, erwarteten nichts anderes, ohne sich doch tief beeindruckt zu zeigen. Friedensrhetorik konnte das moralische Manko, nicht mannhaft für die bedrohte *Iustitia* zu streiten, keinesfalls kompensieren, aber die neutrale Haltung doch etwas aufwerten – denn auch *Pax* hatte ihren Wert.

5. Die Herausbildung eines Neutralitätsrechts

Adam Friedrich Glafey (1692–1753) kannte in seinem 1732 vorgelegten *Recht der Vernunfft* ein unbedingtes Recht auf Neutralität, und er erlegte dem Neutralen die strikte Abstinenzpflicht auf: ein einfaches, aber wegen der unumschränkten Geltung dieser beiden Prinzipien doch lückenloses Neutralitätsrecht. So klar und stringent schrieben die berühmten Klassiker des Völkerrechts nicht. Das verworrene und fragmentarische Neutralitätskapitel der viel zitierten *Quaestiones iuris publici* (1737) von Cornelis van Bynkershoek (1673–1743) kreist um das Postulat neutraler Unparteilichkeit; auch Christian Wolff (1679–1754) pochte auf neutrale Äquidistanz, in seinen *Institutiones* von 1750, dem *Jus gentium* von 1764. Ein unbedingtes Recht *auf* Neutralität kennen beide Autoren indes nicht. Auch die erfolgreichste Völkerrechtsdarstellung des 18. Jahrhunderts, das *Droit des gens* von Emer de Vattel (1714–1767), bot 1758 Fortschrittliches und Veraltetes in nicht immer bruchloser Mischung. Dennoch dürfen wir

---

64 Lat. *salvus* = unverletzt, gerettet; Instruktion für Pleikard von Helmstatt, 3(/13).03.1625, abgedruckt bei *Christian Friedrich Sattler*, Geschichte des Herzogthums Würtenberg under der Regierung der Herzogen, Bd. 6, Tübingen 1773, als Beilage Nr. 60. Vgl. HStASt A109 Bü. 32ᵃ Lit. J, Bericht Helmstatts über seinen Vortrag vor Herzog Karl vom 22.03.1625.

zusammenfassend feststellen: Die großen Völkerrechtsdarstellungen des 18. Jahrhunderts konturierten Neutralität als Rechtsstatus.[65]

Im 1780 veröffentlichten zehnten Band des *Versuchs des neuesten Europäischen Völker-Rechts* aus der Hand von Johann Jakob Moser (1701–1785) findet sich bereits weitgehend das klassische Neutralitätskonzept des 19. Jahrhunderts:[66] so natürlich jene Unparteilichkeit, die mittlerweile auch für politische Praktiker[67] einfach Kehrseite von Neutralität war (Moser: „Unpartheylichkeit ist die Seele und das Wesen der Neutralität"[68]); ein selbstverständliches Recht jedes Völkerrechtssubjekts auf Neutralität; und der Neutrale kann Durchmärsche der Kriegführenden ablehnen, sollte dies nach Mosers Ansicht sogar tun – seine Verpflichtung hierzu kennen erst Völkerrechtsdarstellungen der zweiten Hälfte des 19. Jahrhunderts.

Die nun völkerrechtlich abgestützte Neutralitätspraxis war im letzten frühneuzeitlichen Jahrhundert überaus reichhaltig; freilich rieb sich ein zur „Souveränität" gesteigertes staatliches Gewaltmonopol zunehmend an zwischenstädtischen oder interregionalen Absprachen, die eingespielte Handelsbeziehungen oder, beispielsweise, grenzüberschreitende Viehtriebe und Weiderechte gegen Kriegseinwirkungen abschirmen wollten. Im 16. und noch im 17. Jahrhundert durchaus geläufig, reichte die Praxis solcher Freihandelsresiduen und Neutralisationen von Grenzregionen „nur ausnahmsweise" ins 18. Jahrhundert hinein.[69]

Dass die großen europäischen Kriege des 18. Jahrhunderts immer auch in den Atlantik, in die amerikanischen Kolonien, auf Niederlassungen der Europäer in anderen Teilen der Welt ausstrahlten, bewirkte gewissermaßen eine Globalisierung von *Neutralité* und *Neutrality*; häufig übernahmen dann kleinere, doch im Seehandel aktive neutrale Mächte wie beispielsweise Dänemark, Schweden oder auch die Niederlande die so lukrative wie riskante Aufgabe, Handel und Kommunikation zwischen Kolo-

---

65 Vgl. zuletzt, mit den Nachweisen, *Gotthard*, Fried, insbesondere S. 474–485.
66 Im Kern: Neutralität als Recht jedes Völkerrechtssubjekts, das mit der Pflicht zu (sich in strikter Abstinenz äußernder) Unparteilichkeit einhergeht.
67 Vgl. zuletzt (implizit) *Isabelle Pantel*, Die hamburgische Neutralität im Siebenjährigen Krieg, Berlin 2011, z. B. S. 233.
68 *Johann Jakob Moser*, Versuch des neuesten Europäischen Völker-Rechts in Friedens- und Kriegs-Zeiten, Bd. 10/1, Frankfurt a. M. 1780, S. 211 f. (vgl. auch die Neutralitätsdefinition am Beginn des Kapitels, ebd., S. 148). Die Fortsetzung könnte man Abstinenzprinzip überschreiben: „Dann eben das heißt, an dem Krieg keinen Antheil nehmen, wann man sich schlechterdings alles dessen enthält, was mit dem Krieg einen Zusammenhang hat".
69 *Christian Windler*, Außenbeziehungen vor Ort. Zwischen „großer Stategie" und Privileg, in: HZ 281 (2005), S. 593–619, das Zitat: S. 618. Ebd., S. 615: entsprechende regionale und lokale Sonderregelungen wurden an den Residenzen schon „im Lauf des 17. Jahrhunderts [...] zunehmend als Widerspruch zum monarchischen Souveränitätsanspruch wahrgenommen". Eine Reihe von Fallstudien bieten nun Jean-François Chanet/Christian Windler (Hg.), Les ressources des faibles. Neutralités, sauvegardes, accomodements en temps de guerre (XVIe–XVIIIe siècle), Rennes 2010.

nien und Mutterland aufrechtzuerhalten.[70] Einen wichtigen Durchbruch in der politischen Praxis markiert die *Neutralité armée* von 1780:[71] Anlässlich des Amerikanischen Unabhängigkeitskriegs (1775–1783) schlossen sich Russland, Dänemark und Schweden vertraglich zur (notfalls militärischen) Verteidigung ihrer Neutralität und des neutralen Handels zusammen. Ein Recht auf Neutralität setzten sie als selbstverständlich gegeben voraus, sie leiteten aus diesem Status bestimmte, angeblich übervertragliche Regeln ab, pochten durch Sanktionsdrohungen auf deren Respektierung. Mit ihrem Erfolg[72] war ein wichtiger Präzedenzfall geschaffen.

Die Pariser Seerechts-Deklaration von 1856 nahm diese Grundsätze auf; zu den Ergebnissen der Zweiten Haager Friedenskonferenz von 1907 gehören zwei Abkommen über das Land- und das Seekriegsneutralitätsrecht. Sie kodifizieren, was sich im 19. Jahrhundert, dem Goldenen Zeitalter der Neutralität, gewohnheitsrechtlich eingespielt hatte. Im Zuge mehrerer Schübe der Re-Moralisierung des Denkens über Krieg und Frieden im 20. und an der Schwelle zum 21. Jahrhundert wurde der Status der Neutralität dann wieder prekärer, zumal sie in einem latenten Spannungsverhältnis zur mit der Ächtung des Krieges einhergehenden Pflicht solidarischer Verfolgung von Friedensstörungen steht, wie sie Völkerbund und Briand-Kellog-Pakt, dann konsequenter die Charta der Vereinten Nationen aussprechen.

Auswahlbibliographie / Select Bibliography

Alimento, Antonella (Hg.), War, Trade and Neutrality. Europe and the Mediterranean in the Seventeenth and Eighteenth Centuries, Mailand 2011.

---

70 Das rückte in den letzten Jahren, im Zeichen von ‚Globalisierung' und ‚transatlantischer Geschichte', in den Fokus der Forschung; vgl. etwa *Éric Schnakenbourg* (Hg.), Neutres et neutralité dans l'espace atlantique durant le long XVIIIe siècle (1700–1820). Une approche globale, Bécherel 2015. Forschungen zur Neutralitätspraxis im 18. Jahrhundert fokussierten zuletzt Handelsfragen. Das mag auch der ‚Wiederentdeckung' der lang vernachlässigten Wirtschaftsgeschichte durch die Historikerzunft geschuldet sein; nach der Ära der Konfessionskriege spielten freilich Handels- und Kolonialrivalitäten tatsächlich für die Bellizität eine größere Rolle als zuvor. Instruktiv zur „correlation of war, trade and neutrality" im 18. Jahrhundert *Antonella Alimento*, Introduction, in: dies. (Hg.), War, Trade and Neutrality. Europe and the Mediterranean in the Seventeenth and Eighteenth Centuries, Mailand 2011, S. 9–19.
71 Eben deshalb setzen die meisten Monographien, die sich (auch) der Geschichte der Neutralität widmen, just 1780 ein. Die Literatur zur *Neutralité armée* von 1780 ist überbordend; jüngste mir bekannte Zusammenfassungen: *Mikael af Malmborg*, Neutrality and State-Building in Sweden, Houndmills/New York 2001, S. 36–39; sowie, aus dezidiert französischer Perspektive und untypisch skeptisch, *Éric Schnakenbourg*, Entre la guerre et la paix. Neutralité et relations internationales, XVIIe–XVIIIe siècles, Rennes 2013, S. 201–218 sowie S. 267–273.
72 Eine Reihe weiterer Staaten schlossen sich der *Neutralité armée* an; die britische Kriegführung musste auf die Interessen Neutraler mehr Rücksicht nehmen, als das in den vorherigen Kriegen üblich gewesen war.

Baudenet d'Annoux, Henry, Le développement de la neutralité de Grotius à Vattel, Diss. Orléans 1910.
Bottié, F., Essai sur la genèse et l'évolution de la notion de neutralité, Paris 1937.
Chanet, Jean-François/Windler, Christian (Hg.), Les ressources des faibles. Neutralités, sauvegardes, accomodements en temps de guerre (XVIe–XVIIIe siècle), Rennes 2010.
Gotthard, Axel, Art. „Neutralität", in: EdN 9 (2009), Sp. 152–157.
Gotthard, Axel, Frühe „neutralitet". Der Fürstenkrieg in einer Archäologie des Neutralitätsrechts, in: Martina Fuchs/Robert Rebitsch (Hg.), Kaiser und Kurfürst. Aspekte des Fürstenaufstandes 1552, Münster 2010, S. 9–31.
Gotthard, Axel, Der liebe vnd werthe Fried. Kriegskonzepte und Neutralitätsvorstellungen in der Frühen Neuzeit, Köln u. a. 2014.
Jessup, Philip C./Francis Deák, Neutrality. Its History, Economics and Law, Bd. 1, New York 1935, ND 1976.
Kleen, Richard, Lois et usages de la neutralité d'après le droit international conventionnel et coutumier des États civilisés, Bd. 1, Paris 1898.
Köpfer, Josef, Die Neutralität im Wandel der Erscheinungsformen militärischer Auseinandersetzungen, München 1975.
Lefebvre, Jean-Luc, Souveraineté et neutralité en Lotharingie liégeoise: Revin et Fumay-sur-Meuse (XVe–XVIIIe siècles), in: Revue historique de droit français et étranger 91 (2013), S. 601–637.
McCluskey, Phil, Louis XIV, Duke Leopold I and the Neutrality of Lorraine, 1702–1714, in: EHQ 45 (2015), S. 34–56.
Malmborg, Mikael af, Neutrality and State-Building in Sweden, Houndmills/New York 2001.
Oeter, Stefan, Ursprünge der Neutralität. Die Herausbildung des Instituts der Neutralität im Völkerrecht der frühen Neuzeit, in: Zeitschrift für ausländisches öffentliches Recht und Völkerrecht 48 (1988), S. 447–488.
Pantel, Isabelle, Die hamburgische Neutralität im Siebenjährigen Krieg, Berlin 2011.
Schnakenbourg, Éric, Entre la guerre et la paix. Neutralité et relations internationales, XVIIe–XVIIIe siècles, Rennes 2013.
Schnakenbourg, Éric (Hg.), Neutres et neutralité dans l'espace atlantique durant le long XVIIIe siècle (1700–1820). Une approche globale, Bécherel 2015.
Sultan, Hamed, L'évolution du concept de la neutralité, Kairo 1938.
Vermeir, Renée/Meulenaere, Vincenzo de, „To bring good agreement and concord to Christendom". The Conference of Marck (1555) and English Neutrality, 1553–1557, in: RNord 95 (2013), S. 681–698.

Ralf-Peter Fuchs
29. Amnestie und Normaljahre

Abstract: Amnesties and Base Years
This chapter examines the role of amnesties and base years in the resolution of early modern conflicts. It considers how amnesties were managed and how base years were determined for the purposes of defining the rights to property and worship of confessional groups. Granting immunity from prosecution (*amnestia*; *amnistia*) to all belligerents was a precondition for early modern peace making and negotiations about the start dates and duration of amnesties were thus crucial. Negotiations about a base year to determine property rights and rights of worship were also essential in the peace process. The best example is the agreement enshrined in the Peace of Westphalia on the normative year 1624 to determine the rights of the three recognised confessions in the Holy Roman Empire. The chapter focuses on the 1648 peace settlement but other agreements such as the Edict of Nantes and the Pacification of Ghent are also examined.

1. Amnestie und Normaljahre: Zwei Wege zum Frieden

Verhandlungen über zeitliche Regelungen erweiterten in der Frühen Neuzeit die Spielräume, um zu Einigungen zu gelangen. Im Hinblick auf den Westfälischen Frieden[1] sind zum einen das Aushandeln eines Zeitpunkts für eine Amnestie[2] und zum anderen die Ermittlung eines Normaljahres zur Beilegung konfessioneller Streitigkeiten in den Blick der Forschung geraten.[3] Obwohl die zeitgenössischen Diskussionen in beiden Bereichen aufeinander einwirkten und sich zeitweise überlagerten, ist es wegen der unterschiedlichen rechtlichen Wurzeln beider Begriffe sinnvoll, sie getrennt zu betrachten.

Im Folgenden sollen Friedensgespräche, in denen es um eine Amnestie oder um Normaljahre ging, genauer beleuchtet werden, wobei hier angesichts der zentralen Bedeutung im Dreißigjährigen Krieg ein Schwerpunkt auf die damit verbundenen Verhandlungen gelegt wird. Daneben werden aber auch andere frühneuzeitliche Friedensregelungen in Europa exemplarisch in den Blick genommen, bei denen diese bzw. ähnliche Lösungskonzepte berücksichtigt wurden.

---

1 Vgl. hierzu auch Kapitel 46.
2 Dazu *Heiner Haan*, Der Regensburger Kurfürstentag von 1636/1637, Münster 1967, S. 176–208.
3 *Ralf-Peter Fuchs*, Ein ‚Medium' zum Frieden. Die Normaljahrsregel und die Beendigung des Dreißigjährigen Krieges, München 2010.

2. Amnestie

2.1 Begriffsklärung

Der Historiker Fritz Dickmann hat die Amnestie in seinem Buch über den Westfälischen Frieden als „friedewirkendes Vergessen" definiert.[4] Zentrales Anliegen der Teilnehmer am Friedenskongress in Münster und Osnabrück war es, eine Pazifikation darüber zu bewirken, dass man den Kriegsteilnehmern Freiheit von Strafe zusicherte und sie von jeglichen Schadensersatzforderungen entband, nachdem deutlich geworden war, dass das Reich nach mehreren Jahrzehnten kriegerischer Auseinandersetzungen in Folge der Böhmischen Unruhen seit 1618 in einen desolaten Zustand geraten war. Die Verhandlungen wurden stark von Diskussionen über die Amnestiefrage geprägt und bereits im Vorfeld von einem einschlägigen publizistischen Diskurs begleitet. 1645 erschien die Abhandlung des Rechtsgelehrten Johann Strauch (1612–1679) über die Wurzeln der Amnestie in der Antike. Strauch führte die Amnestie auf den griechischen Feldherrn Thrasybulos (um 440–388 v. Chr.) zurück, der sie 403 v. Chr. als Mittel (*remedium*) eingesetzt habe, um Frieden in Athen im Anschluss an die „Herrschaft der Dreißig Tyrannen" herzustellen. Er sah sie und die später im Römischen Recht verankerte *oblivio* vom Recht eines Herrschers abgeleitet, Gnade (*gratia*) zu gewähren.[5]

Derartige Praktiken nahmen bereits vor dem Dreißigjährigen Krieg in Europa einen wichtigen Stellenwert ein. Sie lassen sich etwa häufig für den Hundertjährigen Krieg nachweisen.[6] Früheren Belegen ist der Rechtshistoriker Jörg Fisch nachgegangen, der sie mit Unterwerfungs- und Vergebungsritualen seit dem 12. Jahrhundert in Verbindung gebracht hat.[7] Herrschaftliches Verzeihen war demnach nicht nur mit der Gewährung von Straffreiheit, sondern auch mit Restitutionen bzw. der Wiedereinsetzung in alte Rechte verbunden.

---

[4] *Fritz Dickmann*, Der Westfälische Frieden, Münster ⁷1998, S. 6.
[5] *Johann Strauch*, Cornelii Nepotis Thrasybulus Seu Meditatio Historico-Politica, Potissimum De Amnestia, o.O. 1645, Kap. 3, T. 3 und 4.
[6] *Claude Gauvard*, Pardonner et oublier après la guerre de Cent Ans. Le rôle des lettres d'abolition de la chancellerie française, in: Reiner Marcowitz/Werner Paravicini (Hg.), Vergeben und vergessen? Vergangenheitsdiskurse nach Besatzung, Bürgerkrieg und Revolution. – Pardonner et oublier? Les discours sur le passé après l'occupation, la guerre civile et la révolution, München 2009, S. 57–72.
[7] *Jörg Fisch*, Krieg und Frieden im Friedensvertrag. Eine universalgeschichtliche Studie über Grundlagen und Formelemente des Friedensschlusses, Stuttgart 1976, S. 71–98.

2.2 Verordnungspraxis von Amnestie

Die Amnestiepraxis baute grundlegend auf den Machtstrukturen der Vormoderne auf. Eng verknüpft damit war der Versuch einer Rekonstruktion und Festigung der herrschaftlichen Beziehungen über Aussöhnung. Dabei spiegelte sich in den entsprechenden Formulierungen der Friedensverträge ein entsprechendes Inszenierungsbedürfnis des Herrschers bzw. Monarchen. Oft trat dieser dabei als über den Kriegsparteien stehende Person in Erscheinung.

In Verbindung mit den Französischen Religionskriegen häuften sich derartige Formulierungen. Amnestie bzw. Vergessen wurde in diesem Rahmen als königliches Gebot erlassen, dem sämtliche Untertanen im Land Folge zu leisten hatten. Im Edikt von Saint Germain (1570) rückte der Befehl, dass die Erinnerung an alle vorherigen kriegerischen Ereignisse ausgelöscht sein sollte, zum ersten Mal an den Anfang der Auflistung der einzelnen dekretierten Maßnahmen.[8] Auch im Edikt von Nantes (1598) wurde er dort platziert. König Heinrich IV. von Frankreich (1553–1610) ließ erklären, dass alle Dinge („choses"), die vom Anfang des Monats März 1585 bis zum Tag seines Regierungsantritts im Jahre 1594 geschehen seien, wie etwas Nichtgeschehenes angesehen werden sollten. Sämtlichen Untertanen im Königreich wurde verboten, die Erinnerung daran aufzufrischen („renouueller la mémoire").[9] Insbesondere sollte es untersagt sein, sich wegen der Kriegsereignisse zu beleidigen und sich mit Wort und Tat anzugreifen. Diejenigen, die dem zuwiderhandelten, sollten als Friedensbrecher behandelt werden.

Mit dem Amnestiegedanken verbunden waren im Edikt von Nantes auch konkrete Außerkraftsetzungen von politischen Maßnahmen und gerichtlichen Entscheidungen, die gegen Protestanten ergangen waren. Alle nach dem Tod von König Heinrich II. (1519–1559) aus Anlass der religiösen Unruhen ergangenen Urteile und Beschlüsse gegen sie wurden aufgehoben (Art. 58). Besonders verwerfliche Taten, wie etwa grausame Handlungen aus persönlichen Motiven der Rache, wurden wiederum von der Amnestie ausgenommen (Art. 86), wobei diese Einschränkung ausdrücklich für Vertreter beider Parteien, Katholiken und Protestanten, galt. Es zeigt sich deutlich, dass die Amnestieregeln in Einzelfällen immer wieder einen Bedarf an nachträglichen Klärungen hervorrufen konnten. Gerade das Edikt von Nantes gab, wie sich beim Einsatz von Friedenskommissaren[10] zur Überwachung der Restitutionen zeigen sollte, durchaus Anlass, die Vergangenheit intensiv ins Gedächtnis zu rufen.[11] Die darin befindlichen Amnestieregelungen sind vor diesem Hintergrund so interpretiert worden, dass

---

8 *Barbara B. Diefendorf*, Memory, Identity and the Edict of Nantes, in: Kathleen Perry Long (Hg.), Religious Differences in France. Past and Present, Kirksville 2006, S. 19–50, hier S. 21. Siehe zudem die Edition des Edikts unter: *Irene Dingel* (Hg.), Religiöse Friedenswahrung und Friedensstiftung in Europa (1500–1800): Digitale Quellenedition frühneuzeitlicher Religionsfrieden, Darmstadt 2013, http://tueditions.ulb.tu-darmstadt.de/e000001/ (abgerufen am: 11.03.2019).
9 Edikt von Nantes ebd. Vgl. hierzu auch Kapitel 44.

sie nicht tatsächlich auf ein vollständiges Vergessen von Kriegsereignissen hinwirken sollten. Vielmehr seien sie von der Absicht geleitet gewesen, einen legitimen Diskurs über die Kriegsgeschehnisse zu etablieren, der vom König seinen Ausgang nahm.[12]

Im Dreißigjährigen Krieg galten dagegen andere Voraussetzungen für eine Amnestie, verbunden mit dem Kriegseintritt von Schweden und Frankreich. Bei den Westfälischen Friedensverhandlungen waren Reichsfrieden und internationaler Frieden miteinander verzahnt und die Gesandten hatten zu berücksichtigen, dass die zu erzielenden Einigungen sowohl auf einer „international-völkerrechtlichen" als auch einer „innerreichisch-reichsrechtlichen"[13] Ebene Bestand haben mussten. Zunächst wurde über beide Bereiche getrennt diskutiert, indem im Hinblick auf die allgemeine Klausel aller am Krieg beteiligten Mächte der Begriff *oblivio* verwendet wurde, während hinsichtlich der besonderen Ausgestaltung der Folgen für die Reichsstände der Begriff *amnestia* gebraucht wurde.[14] Schließlich wurden doch beide Ebenen zusammengeführt, indem die Klausel „perpetua oblivio et amnestia" in die Friedensverträge von Münster und Osnabrück aufgenommen wurde.[15]

Amnestieklauseln blieben auch nach 1648 Bestandteile von Friedensverträgen und -edikten. Sie finden sich etwa im Frieden von Utrecht, der 1713 zwischen Großbritannien und Frankreich geschlossen wurde.[16] Auch in den nordamerikanischen Kolonien europäischer Mächte wurden nach Kriegen gegen die einheimischen Völker Amnestievorstellungen in Friedensverträge aufgenommen. Allerdings wurde zwischen den Vertretern der Kolonien und den *American Natives* stärker mit Schuldvorwürfen operiert, welche ebenfalls in den Verträgen verankert wurden.[17] Letztlich besteht jedoch noch reger Forschungsbedarf im Hinblick auf vergleichende Untersuchungen der internationalen und transkulturellen Praxis in der Frühen Neuzeit.

---

10 *Marc Venard*, L'Église catholique bénéficaire de l'édit de Nantes. Le témoignage des visites épiscopales, in: Michel Grandjean/Bernard Roussel (Hg.), Coexister dans l'intolérance. L'édit de Nantes (1598), Genf 1998, S. 283–302, hier S. 283.
11 *Olivier Christin*, Mémoire inscrite, oubli prescrit. La fin des troubles de religion en France, in: Marcowitz/Paravicini (Hg.), Vergeben und vergessen?, S. 73–91, hier S. 86.
12 Ebd., S. 90.
13 *Heinhard Steiger*, Friedensschluss und Amnestie in den Verträgen von Münster und Osnabrück, in: ders., Von der Staatengesellschaft zur Weltrepublik? Aufsätze zur Geschichte des Völkerrechts aus vierzig Jahren, Baden-Baden 2009, S. 431–468, hier S. 450.
14 Ebd., S. 452.
15 Siehe die Edition der Friedenstexte seitens der Vereinigung zur Erforschung der Neueren Geschichte unter: http://www.pax-westphalica.de/ipmipo/index.html (abgerufen am: 18.04.2019). Siehe zudem *Antje Oschmann* (Bearb.), Acta Pacis Westphalicae. Serie III Abteilung B: Verhandlungsakten, Bd. 1: Die Friedensverträge mit Frankreich und Schweden, T. 1: Urkunden, Münster 1998; *Eike Wolgast*, Pax optima rerum. Theorie und Praxis des Friedensschlusses in der Neuzeit, in: ders., Aufsätze zur Reformations- und Reichsgeschichte, Tübingen 2016, S. 179–205, hier S. 183.
16 *George Chalmers*, A Collection of Treaties between Great Britain and other Powers, Bd. 1, London 1790, S. 340–390, hier S. 343. Zum Frieden von Utrecht vgl. auch Kapitel 47.
17 *Fisch*, Krieg und Frieden, S. 140–181. Vgl. hierzu auch Kapitel 21.

2.3 Amnestie in der Verhandlungspraxis

Die Amnestie war grundsätzlich an die Frage nach dem Beginn eines Krieges, der beendigt werden sollte, gebunden. In der Verhandlungspraxis lassen sich jedoch Versuche nachweisen, unterschiedliche Zeitpunkte zur Disposition zu stellen.

Spuren dafür finden sich im Edikt von Nantes, über das vom April 1596 an verhandelt wurde.[18] Zum einen wurde dort ein Zeitrahmen gezogen, der beim Tod von König Heinrich II. (1559) ansetzte und bis in die Gegenwart reichte. Sämtliche gegen Protestanten wegen der Religion getroffenen politischen und rechtlichen Entscheidungen, die in diesem Zeitraum ergangen waren, wurden außer Kraft gesetzt (Art. 58). Dies entsprach den Interessen der Hugenotten, künftig bei ihrem Glauben bleiben und unversehrt im Königreich leben zu können. Zum anderen wurde ein engerer Zeitraum gesetzt, der für das allgemeine Gebot, die Erinnerung an sämtliche Kriegshandlungen auszulöschen, maßgeblich sein sollte (Art. 1). Dieser setzte im März 1585 an und reichte bis zum Zeitpunkt der Thronbesteigung König Heinrichs IV. Der Zeitpunkt des Beginns dieser Amnestieregelung sollte vermutlich auf die ersten Kampfhandlungen im achten Französischen Religionskrieg verweisen. Dass die Amnestie mit der Thronbesteigung Heinrichs IV. beendet sein sollte, hatte wiederum den Grund, dass die Autorität des Königs damit gestärkt wurde.[19]

Dass Amnestieregeln für die Interessen religiöser Minderheiten nutzbar gemacht und die Grundlage für ein Nebeneinander mehrerer Religionen schaffen sollten, lässt sich auch hinsichtlich des niederländischen Aufstands gegen die spanische Herrschaft feststellen. In der Pazifikation von Gent[20] wurde 1576 durch die niederländischen Generalstaaten festgelegt, dass jegliche Urteile gegen Mitglieder der beiden Religionsparteien, die sich nach den Unruhen im Jahr 1566 gebildet hatten, kassiert und Gerichtsverfahren eingestellt werden sollten (Art. X). Der Verweis auf dieses Jahr war eng mit dem Versuch verbunden, die justiziellen und politischen Maßnahmen aus der Zeit der Schreckensherrschaft des Herzogs von Alba (1507–1582), die sich gegen sämtliche Nichtkatholiken gewendet hatten, für ungültig zu erklären.

Auch während des Dreißigjährigen Krieges im Reich war die Amnestiefrage für eine Aussöhnung der Religionsparteien relevant. Es stellte sich aber zugleich das Problem, dass Ehre und Reputation[21] des Kaiserhauses als eng mit den Auseinanderset-

---

18 *Mark Greengrass*, Christendom destroyed. Europe 1517–1648, London 2014, S. 578.
19 Edikt von Nantes bei *Dingel*, Friedenswahrung, http://tueditions.ulb.tu-darmstadt.de/e000001/ (abgerufen am: 15.03.2019).
20 *Ernst H. Kossmann*, Texts concerning the Revolt of the Netherlands, Cambridge 2008, S. 126–133. Siehe ebenso die Edition der ‚Pacificatie van Gent' auf der Website „Dutch Revolt" von der Universiteit Leiden, URL: https://dutchrevolt.leiden.edu/dutch/bronnen/Pages/1576_11_08_ned.aspx (abgerufen am: 17.09.2019).
21 Zum Begriff der Ehre in diesem Kontext siehe den Aufsatz von *Christoph Kampmann*, Der ehrenvolle Friede als Friedenshindernis. Alte Fragen und neue Ergebnisse zur Mächtepolitik im Dreißigjährigen

zungen in Böhmen, die am Beginn der bewaffneten Feindseligkeiten standen, verknüpft gesehen wurden. Kaiser Ferdinand II. (1578–1637) war prinzipiell nicht bereit, den böhmischen Aufständischen, die ihm 1618/19 die königliche Macht entrissen hatten, und ihren Familien eine Amnestie zu gewähren. Auch zeigte er sich bei den Verhandlungen zum Prager Frieden[22] zurückhaltend gegenüber einer Amnestie für jene Reichsstände, die seit 1630 eng mit Schweden kooperiert hatten. Letztlich war er 1635 bereit, im Prager Frieden grundsätzlich einer allgemeinen Straffreiheit auf der Grundlage eines Amnestiejahrs 1630 zuzustimmen, ließ jedoch neben den am böhmischen Aufstand Beteiligten noch weitere benannte Gegner, unter ihnen Herzog Eberhard III. von Württemberg (1614–1674) ausdrücklich von dieser Regelung ausnehmen. Die Unbeweglichkeit in dieser Frage verhinderte auf dem Regensburger Kurfürstentag von 1636/37 Einigungen mit den Protestanten zur Festigung des Prager Friedens. Deren Position wurde politisch immer stärker von Schweden vertreten, die bereits 1635 bei den Friedenssondierungen in Schönebeck ein Amnestiejahr 1618 einforderten, mit dem sie weitgehende Restitutionen für die Protestanten verbanden.[23]

Ferdinand III. (1608–1657), seit 1637 Kaiser, zeigte sich stärker kompromissbereit in dieser Frage als sein Vater und war bereit, die im Prager Frieden festgelegten Ausnahmen in der Amnestiefrage zu beseitigen. Andererseits beharrte er strikt auf einem Amnestiejahr 1630. 1641 ließ er sich auf eine entsprechende Generalamnestie ein, die allerdings angesichts fortdauernder Spannungen zwischen Kaiser und Reichsständen zunächst suspendiert blieb.[24]

Bei den Westfälischen Friedensverhandlungen trafen die schwedisch-protestantische Position 1618 und die kaiserliche Position 1630 direkt aufeinander. Es zeigte sich, dass die mit den Jahreszahlen verbundene Bedeutung eine Einigung erschwerte. Die schwedischen Gesandten bestanden auf ihrer Sichtweise, dass König Gustav Adolf (1594–1632) in einen seit 1618 währenden Krieg eingegriffen hatte, um den Reichsständen zu Hilfe zu eilen. Aus kaiserlicher Perspektive war der König von Schweden dagegen 1630 in ein Reich eingefallen, in dem kein Krieg mehr geherrscht hatte.[25] Die

---

Krieg, in: Inken Schmidt-Voges u.a. (Hg.): Pax perpetua. Neuere Forschungen zum Frieden in der Frühen Neuzeit, München 2010, S. 141–156, zudem *Ralf-Peter Fuchs*, Über Ehre kommunizieren – Ehre erzeugen. Friedenspolitik und das Problem der Vertrauensbildung im Dreißigjährigen Krieg, in: Martin Espenhorst (Hg.): Frieden durch Sprache? Studien zum kommunikativen Umgang mit Konflikten und Konfliktlösungen, Göttingen 2012, S. 61–80. Zur herrschaftlichen Reputation siehe *Michael Rohrschneider*, Reputation als Leitfaktor in den internationalen Beziehungen der Frühen Neuzeit, in: HZ 291 (2010), S. 331–352.

22 *Kathrin Bierther* (Bearb.), Der Prager Frieden, 4 Bde., Münster 1997. Ausführlich dargestellt in *Fuchs*, Medium, S. 127–143.

23 *Fuchs*, Medium, S. 152. Allgemein zu diesem Kurfürstentag: *Heiner Haan*, Der Regensburger Kurfürstentag von 1636/1637, Münster 1967.

24 Käiserliches Edict, von der Amnistia, wie selbige in dem Römischen Reich, zu widerbringung deß lieben Friedens endlich bewilliget worden, o.O. 1645.

25 *Fuchs*, Medium, S. 159–170.

Tatsache, dass trotz dieser massiven Differenzen letztlich der schwedischen Forderung nach einem Amnestiejahr 1618, die bei der französischen Seite und den protestantischen Reichsständen Unterstützung fand, entsprochen wurde, wurde über Erfolge der kaiserlichen Verhandlungsführung in anderen Bereichen kompensiert. So fanden die kaiserlichen Wünsche, insbesondere nach einer Ausklammerung der böhmischen Länder von jeglichen Restitutionsansprüchen, über entsprechende Ausnahmeregelungen Berücksichtigung. Zudem war eine Einigung in der Religionsfrage darüber ermöglicht worden, indem man die Restitutionsansprüche der Protestanten von der Amnestieregelung weitestgehend abgekoppelt und ein besonderes Normaljahr zur Regelung des Streites um die Kirchen eingeführt hatte (s. Kap. 3.3).

3. Normaljahre

3.1 Begriffsklärung

Der Terminus ‚Normaljahr' steht in enger Verbindung mit den schweren Auseinandersetzungen katholischer und protestantischer Reichsstände im Dreißigjährigen Krieg. Doch erst Jahrzehnte nach dem Westfälischen Friedensschluss fanden Juristen klare rechtliche Begriffe für die in diesem Kontext getroffenen Festlegungen zur Rückführung und Verstetigung konfessioneller Besitztümer und Rechte mittels der Festlegung des 1. Januar 1624 als zentralem Stichtermin.[26] Der im 18. Jahrhundert zunächst darauf angewandte Begriff „annus decretorius" geht offensichtlich auf den Rechtsgelehrten Johann Schilter (1632–1705) zurück, der 1700 in Straßburg eine Abhandlung zum Religionsfrieden publizierte.[27] Auf Schilter nahm 1705 der Altdorfer Jurist Heinrich Hildebrand (1668–1729) Bezug, der eine umfassende Definition vorlegte: Es handele sich beim „annus decretorius" um einen Termin, der wie ein Dekret wirke.[28] Durch diesen Termin sei bestimmt worden, welcher kirchliche Besitz den Ständen und Untertanen unterschiedlicher Religionen jeweils zustehe. Alles, was Christen katholischer und evangelischer Konfession für den 1. Januar 1624 für sich an Besitz nachweisen konnten, habe ihnen zugeteilt werden und auch künftig ohne Beeinträchtigung überlassen bleiben sollen.

Einige Gelehrte setzten sich dafür ein, mit Blick auf die genaue Ansetzung auf einen Tag, den 1. Januar 1624, von einem „dies decretorius" anstatt von einem „annus

---

[26] Siehe Instrumentum Pacis Osnabrugensis, Art. V, § 2.
[27] *Johannes Schilter*, De pace religiosa liber singularis. Accesserunt acta, consilia responsa & similia hoc argumentum illustrantia, Straßburg 1700, S. 449.
[28] *Henricus Hildebrandus* [Praeses], Annus decretorius 1624 in Instrumenti Pacis Caesareo-Svecici Articulo V. [...], [Respondent: Johann Christopher Fürer], Altdorf 1705, S. 11.

decretorius" zu sprechen.²⁹ Doch im Osnabrücker Friedensvertrag wurde den katholischen und evangelischen Gemeinden, die nachweisen konnten, dass sie zu irgendeinem Zeitpunkt im Jahr 1624 den Gottesdienst jeweils auf ihre Weise gefeiert hatten, garantiert, dieses Recht fortan behalten zu dürfen.³⁰ Dies ließ den Begriff „annus decretorius", zu dem später auch der Begriff „annus normalis"³¹ und schließlich um 1750 das deutsche Wort „Normaljahr" hinzukamen,³² angemessen erscheinen. Im Verlauf des 18. Jahrhunderts leiteten die Menschen in zahlreichen Gemeinden des Reiches unter Berufung auf die Normaljahrsregel Verfahren zur Bewahrung ihrer konfessionellen Rechte oder zur Restitution von Kirchen ein.³³

Für die meisten Juristen, in der Regel evangelischen Glaubens, die Abhandlungen zum „annus decretorius" bzw. „annus normalis" publizierten, existierte nur ein einziges Normaljahr: das Jahr 1624. Nachdem im Frieden von Rijswijk (1697) eine neue Regelung zu Gunsten der Katholiken in der Pfalz publiziert worden war, in der das Jahr 1697 zur Grundlage ihres Besitzstandes erklärt wurde, sah der Kameralwissenschaftler Justus Christoph Dithmar (1678–1737) darin einen Widerspruch zum Westfälischen Frieden.³⁴ Die Ablehnung der Anerkennung eines Normaljahrs 1697 auf Seiten protestantischer Juristen entsprach dem politischen Protest der protestantischen Reichsstände gegen diese Entscheidung (s. Kap. 3.4).

---

29 Siehe etwa: *Gottfried Daniel Hoffmann*, Commentatio Iuris Publici Ecclesiastici de Die Decretorio Kalendis Ianuarii Anni 1624 Omnique ex Pace Westphalica Restitutione, Ulm 1750.
30 Instrumentum Pacis Osnabrugensis, Art. V, 1, § 31.
31 Siehe etwa: Verdrähung des Nudi Facti Possessionis Anni Normalis 1624. Ungrund der sogenannten Selbst-Hülff. Gesprächs-Weiss zwischen einem Catholischen und zwischen einem Protestanten, Regensburg 1758.
Compendium Historiae Gravaminum de Subdiorum Religionis Exercitio Publico eorumque Conscientiae Libertate et horum Gravaminum Compositione. Kurzer Auszug der Geschichten von Vergleichung der Beschwärden wegen den Religions-Exercitium deren Unterthanen und derselben Gewissens-Freyheit, o.O. [ca. 1750].
32 Compendium Historiae Gravaminum de Subdiorum Religionis Exercitio Publico eorumque Conscientiae Libertate et horum Gravaminum Compositione. Kurzer Auszug der Geschichten von Vergleichung der Beschwärden wegen den Religions-Exercitium deren Unterthanen und derselben Gewissens-Freyheit, o.O. [ca. 1750].
33 Siehe hierzu das Register von Schauroth hinsichtlich der Normaljahr-Streitigkeiten, die vom Corpus Evangelicorum vor den Reichtag gebracht wurden: *Eberhard Christian Wilhelm von Schauroth*, Vollständige Sammlung Aller Conclusorum, Schreiben und anderer übrigen Verhandlungen des Hochpreißlichen Corporis Evangelicorum vom Jahr 1663, biß 1752 [...], 3. Bd., Regensburg 1752.
34 *Iustus Christopherus Dithmarus*, Dissertatio de Anno Decretorio Exercitii Utriusque Religionis in Germania, [Respondent: Io. Steinhauser], Magdeburg 1719, § 17 und § 18. Zum Frieden von Rijswijk und zum Westfälischen Frieden vgl. Kapitel 46 und 47.

3.2 Entwicklung der Vorstellungen von einem Normaljahr bis zum Westfälischen Frieden

Die Idee, konfessionelle Besitzstände „einzufrieren",[35] um damit ein für alle Mal zukünftige Auseinandersetzungen auszuschließen, führten die darüber verhandelnden Parteien im Dreißigjährigen Krieg, wie etwa Kurfürst Georg Wilhelm von Brandenburg (1595–1640) im Jahre 1631,[36] auf den Rechtssatz „Uti possidetis – ita possideatis" zurück. Diesem Prinzip des internationalen Rechts zufolge wurden die Eroberungen einer oder mehrerer Kriegsparteien nach der Formel „So wie ihr (jetzt) besitzt, sollt ihr weiterhin besitzen" zuerkannt. Man verzichtete somit auf eine Restitution, die den Vorkriegszustand wiederhergestellt hätte. Die italienische Rechtshistorikerin Alessandra Bignardi hat aufgezeigt, dass die Wurzeln dieses Prinzips, das im römischen Recht angewendet wurde, bereits in Rechtsgrundsätzen zu finden sind, auf die man sich in der griechischen Antike zur Regelung von Grenzkonflikten unter Stadtstaaten berief.[37]

„Uti possidetis" und „restitutio" waren ursprünglich somit unterschiedliche Lösungsmuster und schlossen sich gegenseitig aus. Beide Rechtsgrundsätze wurden in die Religionskonflikte des 16. Jahrhunderts eingebracht. Im Reich forderten die katholischen Stände bereits kurz nach der Säkularisierung von Kirchengütern in evangelischen Territorien deren Rückgabe an die Papstkirche. Im Mainzer Ratschlag von 1525 war die Wiederherstellung der geistlichen Jurisdiktion in diese Forderungen nach Restitution des römisch-katholischen Kirchenbesitzes inbegriffen.[38] Die katholischen Reichsstände ließen sich jedoch später auf das Zugeständnis von *Uti-Possidetis*-Regelungen ein. Im Rahmen des Nürnberger und des Frankfurter Anstandes von 1532 bzw. 1539[39] verzichteten sie darauf, rechtliche Prozesse zur Rückgabe der von ihnen eingeforderten Kirchengüter einzuleiten bzw. fortzuführen, bis eine endgültige Regelung in dieser Frage ausgehandelt worden war. In den Augsburger Religionsfrieden[40] von 1555 wurde dann eine analoge Regelung eingeflochten, die den Protestanten jenen reichsmittelbaren Kirchenbesitz zusicherte, den sie für das Jahr des Waffenstillstands von Passau (1552), der den Fürstenaufstand beendet hatte, nachweisen konnten. Die

---

35 *Johannes Burkhardt*, Der Dreißigjährige Krieg, Frankfurt a. M. 1992, S. 176.
36 *Fuchs*, Medium, S. 99.
37 *Alessandra Bignardi*, ‚Controversiae agrorum' e arbitrari internationali. Alle origini dell'interdetto ‚uti possidetis', Milano 1984.
38 Siehe die systematische Darstellung der Entwicklung der Gravamina in *Annelies Grundmann* (Bearb.), Deutsche Reichstagsakten unter Kaiser Karl V., Bd. 21: Die Beschwerden der deutschen Nation auf den Reichstagen der Reformationszeit (1521–1530), für den Druck vorbereitet und ergänzt von Rosemarie Aulinger, Berlin u. a. 2015, hier insbes. S. 79f.
39 Siehe hierzu *Andreas Zecherle* (Bearb.), Nürnberger Anstand (24.07.1532) und Mandat Karls V. für einen allgemeinen Frieden im Reich (03.08.1532) und Frankfurter Anstand (19.04.1539), in: Dingel, Friedenswahrung, http://tueditions.ulb.tu-darmstadt.de/e000001/ (abgerufen am: 15.03.2019). Vgl. hierzu auch Kapitel 16.
40 Vgl. hierzu auch Kapitel 41.

Katholiken forderten wiederum ein, dass die Protestanten sich mit diesem Besitz begnügen sollten. Wie über den ‚Geistlichen Vorbehalt', der vorsah, dass ein Geistlicher Fürst, der zur *Confessio Augustana* konvertierte, seine Ämter niederlegte und an einen Katholiken übergab, versuchten die katholischen Reichsstände damit das der Papstkirche bis zu diesem Stichtermin gehörende reichsmittelbare Kirchengut für die Zukunft zu sichern.

Das Jahr 1552 ist in der Forschung zuweilen als ein Normaljahr bezeichnet worden.[41] Es ist jedoch zu bedenken, dass dieses Stichjahr von den Protestanten, genauso wie der ‚Geistliche Vorbehalt', nicht als rechtlich verbindlicher Bestandteil des Augsburger Religionsfriedens und damit als gültige Norm anerkannt wurde. Beide Regelungen, die von König Ferdinand (1503–1564) eigenmächtig in den Text eingeflochten worden waren, nachdem keine Einigung in der Frage zu erzielen gewesen war, waren vielmehr maßgebliche Ursache einer „Spaltung des Kirchenrechts"[42] bzw. grundverschiedener Auslegungen des Augsburger Religionsfriedens durch Katholiken und Protestanten. Die von den Katholiken mit dem Stichjahr 1552 verbundene Forderung und Erwartung, dass die Protestanten sich davon abhalten ließen, über den Besitz in diesem Jahr hinaus weitere Kirchengüter zu erlangen, wurde von diesen abgelehnt. Nachdem in der zweiten Hälfte des 16. Jahrhunderts weitere geistliche Güter, unter anderem durch Konversionen von Reichsständen, in protestantische Hände gerieten, führte dies zur Verschärfung des Konfliktes zwischen der katholischen und der protestantischen Partei im Reich, der sich unter anderem im sogenannten Vierklosterstreit[43] manifestierte.

Die Religionspartei der Protestanten vertrat auf den Reichstagen grundsätzlich das Prinzip der Freistellung der Religion[44] und war nicht bereit, der friedlichen Verbreitung des evangelischen Glaubens Beschränkungen aufzuerlegen. Erst im Zuge der Reichskrisen von 1608 und 1612/13, in denen zahlreichen politischen Akteuren bereits die Möglichkeit der Entstehung eines großen Religionskrieges vor Augen stand, wurde auf ihrer Seite verstärkt darüber nachgedacht, den Katholiken das Angebot einer *Uti-Possidetis*-Regelung zu machen. Konkret lässt sich dies etwa für die Gesandten der beiden Reichsstädte Nürnberg und Ulm nachweisen, die sich im Februar 1613 in Nördlingen trafen, um den kaiserlichen Ratgeber Zacharias Geizkofler (1560–1617) bei sei-

---

41 *Michael Frisch*, Die Normaltagsregelung im Prager Frieden, in: ZSRG.K 87 (2001), S. 442–454, hier S. 442.
42 *Martin Heckel*, Autonomia und Pacis Compositio. Der Augsburger Religionsfriede in der Deutung der Gegenreformation, in: Martin Heckel, Gesammelte Schriften. Staat – Kirche – Recht – Geschichte, Bd. 1, Tübingen 1989, S. 1–82, bes. S. 11 und 20.
43 Hierzu *Dietrich Kratsch*, Justiz – Religion – Politik. Das Reichskammergericht und die Klosterprozesse im ausgehenden 16. Jahrhundert, Tübingen 1990.
44 Hierzu *Winfried Schulze*, Pluralisierung als Bedrohung: Toleranz als Lösung, in: Heinz Duchhardt (Hg.), Der Westfälische Friede. Diplomatie – politische Zäsur – kulturelles Umfeld – Rezeptionsgeschichte, München 1998, S. 115–140.

nen Bemühungen zu unterstützen, dem Projekt einer reichseinheitlichen Einigung im Religionskonflikt nachzugehen. Dort wurde die Auffassung vertreten, dass man den Vierklosterstreit darüber beenden könne, indem man beide Religionsparteien dazu veranlasse, das *Uti-Possidetis*-Prinzip anzuwenden und sich gegenseitig zu versprechen, „nicht weiter zu greifen".[45]

Jedoch sollte sich erst während des Dreißigjährigen Krieges, auf dem Frankfurter Kompositionstag von 1631, eine Mehrheit protestantischer Reichsstände für eine *Uti-Possidetis*-Einigung mit den Katholiken finden.[46] Zuvor, im Jahre 1629, hatte Kaiser Ferdinand II. das sogenannte Restitutionsedikt erlassen, in dem verfügt worden war, dass die Protestanten nachträglich sämtliches Terrain an die Katholiken abzutreten hatten, das sie nach 1552 hinzugewonnen hatten. Dieses Edikt und seine Umsetzung fußten auf einer dominierenden militärischen Stellung der Katholiken im Reich und weitgehenden Verlusten der Protestanten während des Krieges. Die bereits teilweise vor der Publikation des Ediktes begonnenen katholischen Restitutionen, deren verstärkte Fortführung seit 1629 und die allgemein desolate Lage des Protestantismus nach dem Frieden von Lübeck (1629) brachten lutherische und reformierte Reichsstände unter kursächsischer Führung zum Einlenken. Der 1631 von den Protestanten eingebrachte Vorschlag wurde aber mit der Forderung verbunden, dass man ihnen ihr eigenes im Krieg verlorengegangenes Terrain restituierte. Damit wurden die beiden rechtlichen Prinzipien „uti possidetis – ita possideatis" und „restitutio" verknüpft. Da die Protestanten die Entstehung des im Reich außer Kontrolle geratenen Konflikts zu dieser Zeit noch mit der Schlacht am Weißen Berg (1620) verbanden, boten sie an, den Katholiken den Besitz der Papstkirche für die Ewigkeit zu garantieren, wenn diese ihnen zuvor jenen Besitz restituierten, den sie im Jahr 1620 gehabt hatten.[47]

Dieses Angebot eines Normaljahres 1620 wiesen die Katholiken zunächst zurück. Es sollte sich aber bei den seit 1634 beginnenden Verhandlungen zum Prager Frieden zeigen, dass Kaiser Ferdinand II. bereit war, darüber zu reden. Letztlich sollten konkrete Normaltags- und Normaljahrsregeln in den Prager Frieden (1635) einfließen, der zwischen Ferdinand II. und Herzog Johann Georg I. von Sachsen (1585–1656) ausgehandelt wurde und für das gesamte Reich Geltung haben sollte. Der zentrale Stichtermin für Restitutionen, die sowohl Katholiken als auch Protestanten zu Gute kommen sollten, wurde der 12. November 1627.[48] Dies war jener Tag, an dem der Kaiser

---

[45] Zit. nach: *Fuchs*, Medium, S. 33.
[46] *Ralf-Peter Fuchs*, Für die Kirche Gottes und die Posterität – Kursachsen und das Friedensmedium eines Normaljahres auf dem Frankfurter Kompositionstag 1631, in: Mitteilungen des Sonderforschungsbereichs ‚Pluralisierung und Autorität in der Frühen Neuzeit' 1 (2007), S. 19–27, http://www.sfb-frueheneuzeit.uni-muenchen.de/mitteilungen/M1-2007/fuerdiekirche.pdf (abgerufen am: 11.03.2019).
[47] *Fuchs*, Medium, S. 108–112.
[48] Der Prager Frieden zwischen dem Kaiser und Kursachsen. Hauptvertrag, in: Bierther (Bearb.), Prager Friede, Bd. 4, S. 1607 (Passus 2).

von den wichtigsten katholischen Reichsständen dazu aufgefordert worden war, das Restitutionsedikt zu erlassen. Darüber hinaus wurden Restitutionen für Schlösser, Festungen, Pässe etc. vereinbart, die beim Siegeszug von König Gustav Adolf durch das Reich die Besitzer gewechselt hatten, womit ein „weltliches Normaljahr" 1630 in den Friedensvertrag einfloss. Zudem wurde dem Kurfürsten von Sachsen als Verhandlungspartner ein besonderes Normaljahr 1620 für die Kirchen in seinen Territorien zugestanden. Allerdings sollten die Bestimmungen des Prager Friedenschlusses nur vierzig Jahre lang Gültigkeit haben.

Nach dem Scheitern des Prager Friedens traten die Bemühungen, eine einvernehmliche Lösung für das Reich in der Religionsfrage mithilfe eines entsprechenden Normaljahres zu erzielen, zunächst in den Hintergrund. Beim Beginn der Friedensverhandlungen in Münster und Osnabrück seit dem Sommer 1645 wollte man die Frage nach den Restitutionen zunächst mittels des Amnestiejahrs lösen. Es sollte sich jedoch zeigen, dass die von schwedischer Seite eingebrachte Position, die die Interessen der Protestanten im Reich berücksichtigte, auf starken Widerstand seitens der kaiserlichen Unterhändler traf (s. o. Kap. 2.3).

Erst nach der Beteiligung Kursachsens als Vermittler an diesen Verhandlungen sollte ein Fortschritt in der Kirchengüterfrage erzielt werden. Die kursächsischen Gesandten Johann Ernst Pistoris (1605–1680) und Johann Leuber (1588–1652) rieten, die Frage nach der Restitution in kirchlichen Sachen von der Frage nach dem Amnestiejahr abzukoppeln und schlugen das Jahr 1624 als Normaljahr vor. Der Jurist Gottlieb Daniel Hoffmann (1719–1780) sollte später herausstellen, dass dieses Jahr in der Mitte zwischen den beiden Ausgangspositionen in der Amnestiefrage lag, und den Erfolg dieses Vorschlags damit erklären, dass 1624 den „Mittel-Punckt" zwischen 1618 und 1630 bildete.[49] Obwohl noch über weitere mögliche Stichjahre gesprochen wurde, die für die kirchlichen Restitutionen in Anspruch genommen werden sollten, setzte sich letztlich 1624 als Normaljahr durch. Allerdings wurden zahlreiche Ausnahmeregeln, etwa im Hinblick auf die böhmischen Länder, in den Osnabrücker Friedensvertrag eingeflochten. Für die Kurpfalz wurde das Jahr 1618, das auch zum Amnestiejahr bestimmt wurde, zum Normaljahr für eine Regelung des Kirchenbesitzes von Katholiken und Protestanten erklärt. Nachdem zuvor die Anhänger der reformierten Konfession in den Frieden aufgenommen waren, wurde zur Beilegung von Konflikten zwischen Lutheranern und Reformierten das Jahr des Friedensschlusses 1648 als Stichjahr eingesetzt, um Entscheidungen über Fragen des Kirchenbesitzes zu treffen.[50]

---

49 *Hoffmann*, Commentatio Iuris, S. 104.
50 Ein Überblick über die Entscheidungen bei *Konrad Repgen*, Die Hauptprobleme der Westfälischen Friedensverhandlungen von 1648 und ihre Lösungen, in: ZBLG 62 (1999), S. 399–438.

3.3 Normaljahre in der Verhandlungspraxis während des Dreißigjährigen Krieges

Bei den Verhandlungen zum Prager Frieden[51] seit Juni 1634 stand zum ersten Mal die Möglichkeit einer Einigung auf einen Termin im Raum, der für beiderseitige kirchlichen Restitutionen maßgeblich sein sollte. Die kursächsischen Unterhändler schlugen zunächst das Jahr 1612 als „terminus a quo" vor. Mit diesem Termin sollte an eine friedliche Regierungszeit des in diesem Jahr verstorbenen Kaisers Rudolf II. (1552–1612) erinnert werden. Das Jahr 1612 hatte damit zunächst eine Index- bzw. Referenzfunktion. Konkret verband sich damit auch die interessegeleitete Hoffnung auf eine für die Protestanten besonders günstige Restitutionslösung. Diese Forderung wurde allerdings bereits nach wenigen Wochen fallen gelassen. Im Juli 1634 vertraten die Gesandten Herzog Johann Georgs wie schon auf dem Frankfurter Kompositionstag die Position eines Normaljahres 1620. Davon erhofften sie sich, dass den Protestanten immerhin jene Gebiete zurückerstattet würden, die ihnen seit dem Niedersächsisch-Dänischen Krieg verlorengegangen waren.

Kaiser Ferdinand II. war wiederum bereit, sein Restitutionsedikt außer Kraft zu setzen. Voraussetzung dafür war, dass die Protestanten ihre Gebietsgewinne, die sie seit der Intervention des schwedischen Königs erzielt hatten, preisgaben. Daher betrachtete die kaiserliche Verhandlungsführung ein Normaljahr 1630 als Optimum. Das Reich sollte über Restitutionen zunächst in den Zustand gebracht werden, in dem es sich vor dem Einfall Gustav II. Adolfs befunden hatte. Daher lehnten die kaiserlichen Gesandten ein Normaljahr 1620 entschieden ab. Sie würdigten jedoch immerhin das kursächsische Entgegenkommen, indem sie einen Kompromiss in Aussicht stellten. Ihr am 29. Juli 1634 abgegebener Normaljahrsvorschlag 1627 beinhaltete das Angebot, den Protestanten jene Gebiete zurückzuerstatten, die ihnen in Folge des Restitutionsedikts entrissen worden waren.

Mit dem Einbringen von Normaljahrspositionen erweiterten beide Verhandlungsparteien ihre Kommunikationsmöglichkeiten. Einerseits wurden partikulare Interessen über die verschiedenen Vorschläge zum „terminus a quo" in die Gespräche eingebracht. Über diese Stichtermine zu sprechen, beinhaltete andererseits auch immer, dass man sich gegenseitig versicherte, an der Reichsidee als gemeinsamer Wertegrundlage festhalten zu wollen und darüber zu debattieren, wie man das Reich wieder in einen geordneten, friedlichen Zustand führen könne. Gleichzeitig ergaben sich aus den Jahreszahlen, die als Normaljahrsvorschläge eingebracht wurden, Möglichkeiten, sich numerisch aufeinander zuzubewegen. In der Suche nach Kompromissen konnten die Positionen dabei in kleinen Schritten zugunsten einer großen, das Reich in den Mittelpunkt stellenden Gesamtlösung verändert werden.

---

51 Ausführlich dargestellt in *Fuchs*, Medium, S. 122–143.

Die Möglichkeiten, auf diese Weise zu Kompromisslösungen zu kommen, zeigten sich in den Veränderungen beider Positionen. Dabei forderten sich die beiden verhandelnden Mächte gegenseitig auf, „etwas nachzugeben"[52] und so ihren Friedenswillen zu demonstrieren. Die Gespräche über das rechte, die Reichsordnung wiederherstellende Normaljahr wie auch über die Fähigkeiten, eigene Positionen zurückzustellen und eine Mitte zu suchen, dienten auf diese Weise der Herstellung von Vertrauen in die Friedensabsichten des Gegenübers. Zudem trugen sie dazu bei, die Ehre beider Parteien zu wahren, da keine Seite befürchten musste, als Verlierer dazustehen. Insbesondere im Hinblick auf die Nachwelt (Posterität) bestand ein starkes Bedürfnis, die eigene Verhandlungsführung als ehrenhaft und seriös zu inszenieren.[53]

Als Mittel und Wege, zu ehrenvollen Kompromissen zu gelangen, erwiesen sich die Normaljahrsgespräche auch auf dem Westfälischen Friedenskongress. Im Zusammenhang mit dieser Frage traten die schwedischen Gesandten, wie bei der Amnestie, als Vertreter der protestantischen Reichsstände und die kaiserlichen Gesandten als Vertreter der katholischen Reichsstände auf. Die französischen Gesandten unterstützten generell die schwedischen Positionen, setzten sich aber auch teilweise beratend mit den katholischen Reichsständen ins Benehmen.[54]

Bei diesen Gesprächen spielte, stärker noch als bei den Friedensverhandlungen von 1634/35, eine weitere numerische Komponente als Verhandlungsoption eine Rolle. Nicht nur wurde über einen „terminus a quo" debattiert. Es fanden darüber hinaus auch intensive Diskussionen über einen „terminus ad quem" statt, wobei sich die Protestanten grundsätzlich an einer zeitlich unbefristeten Friedensregelung interessiert zeigten, weil sie damit die endgültige Anerkennung einer paritätischen Reichsverfassung verbunden sahen. Von kaiserlicher und katholischer Seite wurde hingegen zunächst das auf den Prager Frieden zurückgehende Angebot gemacht, die Regelungen auf 40 Jahre zu begrenzen. Daraus, dass spätere Angebote auf 80 Jahre, später auf 100 Jahre und 200 Jahre hinausliefen, lässt sich ersehen, dass die numerische Option auch auf dieser Ebene als Weg zur Annäherung angesehen wurde. Maximilian Graf von Trauttmansdorff (1584–1650) als kaiserlicher Hauptgesandter beendete allerdings diese Diskussion abrupt, nachdem sich abzeichnete, dass sich die Vertreter beider Religionsparteien definitiv auf einen „terminus a quo" einigen konnten. Nach grundsätzlichen Einigungen mit den schwedischen Gesandten in dieser Frage wurde der Vorschlag eines Stichjahres 1624 am 26. November 1646 offiziell von den Repräsentanten der Reichsstände im Bischofshof zu Münster angenommen.[55] Auch wenn diese

---

52 Siehe z. B. die an die kaiserlichen Gesandten gerichtete gleichlautende Aufforderung seitens des sächsischen Kurfürsten, die ihnen durch die hessen-darmstädtischen Gesandten übermittelt wurde. Kaiserliches Protokoll vom 05.04.1635, in: Bierther (Bearb.), Prager Friede, Bd. 3, S. 1420.
53 *Ralf-Peter Fuchs*, Normaljahrsverhandlungen als moralischer Diskurs, in: Schmidt-Voges u. a. (Hg.), Pax perpetua, S. 123–139.
54 *Fuchs*, Medium, S. 168f.
55 Ausführlich dargestellt in: *Fuchs*, Moralischer Diskurs, S. 136–138.

„Generalregel", die sich im Osnabrücker Friedensvertrag niederschlug, über verschiedene Ausnahmebestimmungen, etwa im Hinblick auf die habsburgischen Länder in Böhmen und die Kurpfalz, durchbrochen wurde, hatten die Verhandlungen damit eine für weite Teile des Reiches verbindliche Richtlinie hervorgebracht, die ein paritätisches Nebeneinander in konfessioneller Pluralität stützte.

Einige Zeitgenossen wie der schwedische Gesandte Johann Axelson Graf Oxenstierna (1611–1657) brachten zum Ausdruck, dass sie Ähnlichkeiten mit kaufmännischen Praktiken in derartigen Verhandlungen erblickten.[56] In der Tat erinnern die Versuche, sich numerisch aufeinander zuzubewegen, an das Feilschen um angemessene Preise auf den Märkten. Analog zu den Beobachtungen des Historikers Steven Johnstone zur Bedeutung des Vertrauens in der antiken griechischen Kultur lässt sich streichen festhalten, dass sich solche Praktiken stabilisierend auf soziale Systeme auswirken können.[57] Konkret dienten die Normaljahrsgespräche dem gegenseitigen Vertrauensaufbau über graduelle Zugeständnisse in Erwartung der Bereitschaft des jeweiligen Verhandlungspartners zum Entgegenkommen. Zudem halfen die Stichjahre, Komplexität zu reduzieren und Verhandlungsprozesse abzukürzen. Es bestanden dabei zwar grobe Vorstellungen, daneben aber auch ein beträchtlicher Rest an Unwissen, welche Verhältnisse in den verschiedenen Regionen des Reiches in den jeweils vorgeschlagenen Jahren geherrscht hatten. Indem sie über derartige Unklarheiten hinwegsahen, inszenierten sich die Verhandlungsparteien umso mehr als Akteure, die primär am Reichsgedanken festhielten und territoriale Partikularinteressen demgegenüber zurückstellten.

3.4 Normaljahrslösungen und *Uti-Possidetis*-Regelungen in weiteren europäischen Religionskonflikten

Das Normaljahr 1624 des Westfälischen Friedens war ein Pazifizierungskonzept, das auf der Reichsidee beruhte und im Rückblick auf eine lange Kriegsdauer hervorgegangen war. Bei der Beobachtung einiger weiterer Beispiele von religiösen Konflikten in Europa lassen sich keine kongruenten, immerhin aber vergleichbare Lösungskonzepte ausmachen.

Im Zweiten Kappeler Landfrieden (1531), in welchem Regelungen zu den religiösen Verhältnissen in der Schweizer Eidgenossenschaft und den Zugewandten Orten getroffen wurden, versuchte die politisch in den Fünf Orten organisierte katholische Partei, ähnlich wie im Reich, eine weitere Ausbreitung des evangelischen Glaubens durch das *Uti-Possidetis*-Prinzip zu verhindern. So sollten die Fünf Orte künftig unbehelligt beim alten Glauben verbleiben dürfen. Zugleich strebten die Katholiken aber auch partiell

---

56 *Fuchs*, Medium, S. 170.
57 *Steven Johnstone*, A History of *Trust* in Ancient Greece, Chicago 2011, S. 12–34.

Restitutionen der Verhältnisse vor der Reformation an, indem sie für die evangelischen Gebiete, die von mehreren Orten regiert wurden (Gemeine Herrschaften), Abstimmungen in der Glaubensfrage forderten. Ausdrücklich wurde eine Bestimmung in den Friedensvertrag aufgenommen, die die Rückkehr zum alten Glauben ermöglichte, während dies im Hinblick auf den evangelischen Glauben nicht vorgesehen war. Allgemein wurde in den Gemeinen Herrschaften katholischen Gemeinden die Ausübung ihrer Religion garantiert, auch wenn sie im Ort in der Minderheit waren.[58] Der Zweite Kappeler Landfrieden verankerte somit Möglichkeiten religiöser Veränderungen mit einem klaren „Strukturvorteil"[59] für die Katholiken in den Gemeinen Herrschaften, während in den souveränen Orten der Grundsatz „cuius regio, eius religio" galt.[60]

Im Edikt von Nantes kamen ebenfalls *Uti-Possidetis*-Vorstellungen zum Ausdruck. Ihren Gottesdienst durften die Reformierten bzw. Hugenotten öffentlich in allen jenen dem König von Frankreich direkt unterstehenden Gebieten ausüben, in denen sie ihn bereits mehrere Male im Jahr 1596 und bis zum Ende des Monats August 1597 auf diese Weise ausgeübt hatten (Art. 9).[61] Zudem wurde ihnen künftig der öffentliche Gottesdienst in jenen Städten und Plätzen gewährt, in denen er ihnen laut dem im Jahre 1577 ergangenen Friedensedikt von Poitiers bereits zugestanden worden war (Art. 10). Auch diese Regelung beinhaltete somit die Durchführung von Restitutionen. Mit diesen Zusicherungen erkannte König Heinrich IV., der 1594 zum katholischen Glauben übergetreten war, ein grundsätzliches Existenzrecht der Protestanten an. Gleichzeitig versuchte er, einer weiteren Ausbreitung der reformierten Konfession entgegenzuwirken. Außerhalb der im Edikt benannten Bereiche war die öffentliche Ausübung des reformierten Gottesdienstes streng verboten (Art. 13). Der römisch-katholischen Kirche wurde dagegen eine vollständige Restitution in alle Besitztümer und Rechte zugesagt, die ihr während der Unruhen und Kriegsereignisse verlorengegangen waren. Im Gegensatz zum Westfälischen Frieden und insbesondere zur Normaljahrsregel wurde über das Edikt von Nantes keine konfessionelle Parität verankert, auch wenn den Reformierten grundsätzlich das Recht, sich unversehrt zu ihrem Glauben zu bekennen, zugestanden wurde.

Auch in der Genter Pazifikation (1576) zeigen sich Ansätze zur *Uti-Possidetis*-Lösung. Die Vertreter der 17 niederländischen Provinzen, die diesen Vertrag aushandelten, verzichteten auf eine Wiederherstellung der religiösen Zustände, wie sie vor Ausbruch der Kampfhandlungen geherrscht hatten, im Hinblick auf die Provinzen Holland und Zeeland, in denen die reformierte Lehre über die aufständischen Führungsgruppen

---

58 *Andreas Zecherle* (Bearb.), Zweiter Kappeler Landfrieden, Art. 2, in: Dingel, Friedenswahrung, http://tueditions.ulb.tu-darmstadt.de/e000001/ (abgerufen am: 15.03.2019). Vgl. hierzu auch Kapitel 40.
59 *Daniela Hacke*, Konfession und Kommunikation. Religiöse Koexistenz und Politik in der Alten Eidgenossenschaft. Die Grafschaft Baden 1531–1712, Köln 2017, S. 162.
60 Ebd., S. 160f.
61 Siehe die Edition unter *Dingel*, Friedenswahrung, http://tueditions.ulb.tu-darmstadt.de/e000001/ (abgerufen am: 15.03.2019).

stark verankert war. Es wurde vereinbart, die dortigen Zustände zunächst beizubehalten, wenngleich eine Entschädigung oder Restitution des katholischen Klerus prinzipiell nicht ausgeschlossen wurde (Art. XX). Zudem wurde darauf hingewiesen, dass endgültige Entscheidungen zu einem späteren Zeitpunkt erfolgen sollten.[62]

Es ist bei der Frage, ob die Einigungen der beiden niederländischen Religionsparteien auf zeitliche Regelungen in der Genter Pazifikation als Normaljahrslösungen bezeichnet werden könnten, zu berücksichtigen, dass diese 1576 ausgehandelten Bestimmungen nur als kurzfristige Provisorien angesehen wurden (Art. III). In den Friedensentwurf von Antwerpen (1578) wurden bereits grundlegend davon abweichende Konzepte zur Regelung der konfessionellen Verhältnisse, eingeschlossen die Berücksichtigung des zählbaren Aufkommens von Mitgliedern der einen oder der anderen Glaubensgemeinschaft in bestimmten Gebieten, aufgenommen.[63] Die Spaltung der südlichen und der nördlichen Provinzen der Niederlande verhinderte letztlich alle zuvor entworfenen Pläne, gemeinsame Antworten auf die Religionsfrage zu finden.

Demgegenüber lassen sich im Heiligen Römischen Reich auf territorialer Ebene durchaus längerfristig angelegte Friedenskonzepte ausmachen, die auf die Normaljahrsidee zurückgingen. Für die Herzogtümer Jülich, Berg und Kleve sowie die Grafschaften Mark und Ravensberg (jülich-klevische Länder) trafen die beiden die Landesherrschaft beanspruchenden Fürsten, der Kurfürst von Brandenburg und der Herzog von Pfalz-Neuburg, bereits 1647 Regelungen, die den Kirchenbesitz in verschiedenen Orten basierend auf den Zuständen im Jahr 1609 aufteilten. Referenz dieses Normaljahres war der Zeitpunkt, an dem beide Fürsten gemeinsam die Länder in Besitz genommen und den Ständen grundsätzlich zugestanden hatten, dass in den Ländern katholische, lutherische und reformierte Gemeinden nebeneinander existieren durften. Differenzen in der Frage, ob das Jahr 1609 oder das Normaljahr des Westfälischen Friedens 1624 für die Aufteilung des Kirchenbesitzes in Anspruch genommen werden sollte, führten aber 1651 zur militärischen Konfrontation von Brandenburg und Pfalz-Neuburg und anschließend zu weiteren intensiven Verhandlungen in den darauffolgenden Jahrzehnten. In den Religionsrezessen beider Mächte von 1672/73 wurden bereits Regelungen eingeflochten, die auf mehreren verschiedenen Normaljahren beruhten und jeweils einzelne Orte und kirchliche Einrichtungen in den Territorien betrafen. Neben das Jahr 1624 als Normaljahr des Westfälischen Friedens traten 1609, zudem 1612 als Jahr, in dem die erste lutherische Synode für diese Länder stattgefunden hatte, darüber hinaus 1651 als Jahr, in dem ein weiterer Vergleich zwischen Brandenburg und Pfalz-Neuburg im Anschluss an ihren militärischem Konflikt geschlossen worden war, und schließlich auch 1672 als Jahr, in dem der Rezess vereinbart worden war.[64] Auf

---

62 *Kossmann*, Documents, S. 126–132.
63 *Alexandra Schäfer-Griebel* (Bearb.), Antwerpener Religionsfrieden, in: Dingel, Friedenswahrung, http://tueditions.ulb.tu-darmstadt.de/e000001/ (abgerufen am: 15.03.2019).
64 *Ralf-Peter Fuchs*, 1609, 1612 oder 1624? Der Normaljahrskrieg von 1651 in der Grafschaft Mark und die Rolle des Reichshofrates, in: WF 59 (2009), S. 297–311.

territorialer Ebene waren somit weitere Spielräume für Vereinbarungen gesucht und gefunden worden.

Schließlich wurde die Idee des Normaljahrs von kaiserlicher Seite im Frieden von Rijswijk noch einmal aufgegriffen, indem 1697 als Stichjahr für die Ausübung des katholischen Gottesdienstes in den rechtsrheinischen, vormals französisch besetzten Gebieten der Pfalz festgesetzt wurde. Diese Regelung wurde allerdings gegen den Widerspruch der Protestanten erlassen.[65] Ähnlich wie dem Jahr 1552 fehlte dieser Regelung somit die beidseitige Anerkennung von Seiten der Katholiken und Protestanten als verbindlicher Norm im Reich.

4. Amnestie- und Normaljahrsregelungen und deren Folgen

Nach dem Abschluss der Westfälischen Friedensverträge stellte sich die gewaltige Aufgabe, Restitutionen auf der Grundlage der ausgehandelten Vergleiche durchzuführen. Man unterschied klar zwischen Restitutionen auf der Grundlage der Amnestie (*ex capite amnistia*) und Restitutionen auf der Basis des Normaljahrs zur Lösung der Kirchenfrage (*ex capite gravamina*).[66] Zur Durchführung wurden zum Teil konfessionell paritätische Kommissionen gebildet, zum Teil wirkte auch der Reichshofrat als Restitutionsagentur.[67]

Inwieweit sich die Amnestie- und Normaljahrsbeschlüsse tatsächlich in der lokalen Wirklichkeit des Reiches niederschlugen, lässt sich bislang nur in groben Umrissen aufzeigen. Im Hinblick auf die Normaljahrsregel kann man immerhin feststellen, dass sie in einigen Orten, wie in der Reichsstadt Augsburg, recht umfassend umgesetzt wurde, während in anderen Gebieten, wie zum Beispiel im Hochstift Osnabrück, alternative Lösungen entwickelt wurden.[68] Vorläufig lässt sich zur Frage der Durchsetzung der Stichjahrsregelungen festhalten, dass beide Lösungsansätze vor Ort und in den Regionen Konflikte neu anfachen und sogar zu bewaffneten Auseinandersetzungen führen konnten, wie etwa 1651 zwischen dem Kurfürsten von Brandenburg und dem Herzog von Pfalz-Neuburg (s. o. Kap. 3.4).[69] Sie gaben wiederum oftmals den Anstoß, auf der lokalen Ebene neu über gerechte Lösungen zu verhandeln. Ähnliches lässt sich für die Implementierung des Edikts von Nantes in Frankreich feststel-

---

[65] *Peter Brachwitz*, Die Autorität des Sichtbaren. Religionsgravamina im Reich des 18. Jahrhunderts, Berlin/New York 2011, S. 125.
[66] Copey Deß Bey denen zu Nürnberg instehenden Friedens-Executions Tractaten, uffgerichtetem Interims: und praeliminar Recesses, Nürnberg 1649, Bogen A2.
[67] *Fuchs*, Medium, S. 226–236.
[68] Ebd., S. 213–226.
[69] Ebd., S. 317–333; *Fuchs*, Normaljahrskrieg.

len, wo es ebenfalls an manchen Orten zu heftigen Auseinandersetzungen kam, als man versuchte, die religiösen Verhältnisse in Orientierung an dem bereits länger zurückliegenden Stichjahr 1577 umzugestalten.[70]

Es lässt sich jedoch resümieren, dass die temporalen Festlegungen, die im Zuge der Amnestie- und Normaljahrsverhandlungen bzw. Gespräche über *Uti-Possidetis*-Lösungen getroffen wurden, halfen, Komplexität zu reduzieren und Entscheidungen hervorzubringen, die immerhin von den Verhandelnden auf internationaler wie auch nationaler Ebene als gerechte Kompromisse dargestellt werden konnten. Sie trugen damit erheblich dazu bei, große Konflikte zu entschärfen. Bei all dem waren sie hilfreich, den Beteiligten, die die Wahrung ihrer Ehre und ihr Ansehen bei Zeitgenossen und Nachwelt als elementar wichtig betrachteten, das Gefühl zu vermitteln, ihr Genüge geleistet zu haben. Dies gilt insbesondere auch für die Amnestie, die in der Frühen Neuzeit bedeutendes Element von Friedensverträgen blieb, bis schließlich im Versailler Frieden von 1919/20 eine „radikale Abkehr"[71] von diesem Prinzip vollzogen wurde.

Auswahlbibliographie / Select Bibliography

Bignardi, Alessandra, „Controversiae agrorum" e arbitrari internationali. Alle origini dell'interdetto ‚uti possidetis', Mailand 1984.

Christin, Olivier, Mémoire inscrite, oubli prescrit. La fin des troubles de religion en France, in: Reiner Marcowitz/Werner Paravicini (Hg.), Vergeben und vergessen? Vergangenheitsdiskurse nach Besatzung, Bürgerkrieg und Revolution. – Pardonner et oublier? Les discours sur le passé après l'occupation, la guerre civile et la révolution, München 2009, S. 73–91.

Dickmann, Fritz, Der Westfälische Frieden, Münster ⁷1998.

Diefendorf, Barbara B., Memory, Identity and the Edict of Nantes, in: Kathleen Perry Long (Hg.), Religious Differences in France. Past and Present, State College 2006, S. 19–50.

Fisch, Jörg, Krieg und Frieden im Friedensvertrag. Eine universalgeschichtliche Studie über Grundlagen und Formelemente des Friedensschlusses, Stuttgart 1976.

Frisch, Michael, Die Normaltagsregelung im Prager Frieden, in: ZSRG.K 87 (2001), S. 442–454.

Fuchs, Ralf-Peter, 1609, 1612 oder 1624? Der Normaljahrskrieg von 1651 in der Grafschaft Mark und die Rolle des Reichshofrates, in: WF 59 (2009), S. 297–311.

Fuchs, Ralf-Peter, Ein ‚Medium' zum Frieden. Die Normaljahrsregel und die Beendigung des Dreißigjährigen Krieges, München 2010.

Fuchs, Ralf-Peter, Normaljahrsverhandlungen als moralischer Diskurs, in: Inken Schmidt-Voges u. a. (Hg.), Pax perpetua. Neuere Forschungen zum Frieden in der Frühen Neuzeit, München 2010, S. 123–139.

Fuchs, Ralf-Peter, Über Ehre kommunizieren – Ehre erzeugen. Friedenspolitik und das Problem der Vertrauensbildung im Dreißigjährigen Krieg, in: Martin Espenhorst (Hg.), Frieden durch Sprache?

---

70 *Roland Mousnier*, Ein Königsmord in Frankreich. Die Ermordung Heinrichs IV., Berlin 1970, S. 136.
71 *Christoph Kampmann*, Friedensnorm und Sicherheitspolitik. Zur Geschichte der Friedensstiftung in der Neuzeit, in: Andreas Hedwig u.a. (Hg.), Bündnisse und Friedensschlüsse in Hessen. Aspekte friedenssichernder und friedensstiftender Politik der Landgrafschaft Hessen im Mittelalter und der Frühen Neuzeit, Marburg 2016, S. 1–21, hier S. 21.

Studien zum kommunikativen Umgang mit Konflikten und Konfliktlösungen, Göttingen 2012, S. 61–80.

Fuchs, Ralf-Peter, Lutherans, Calvinists and the Road to a Normative Year, in: Olaf Asbach/Peter Schröder (Hg.), The Ashgate Research Companion of the Thirty Years' War, Farnham 2014, S. 217–229.

Fuchs, Ralf-Peter, Trust as a Concept of Religious Plurality during the Thirty Years' War, in: László Kontler/Mark Somos (Hg.), Trust and Happiness in the History of European Political Thought, Leiden 2017, S. 302–319.

Gauvard, Claude, Pardonner et oublier après la guerre de Cent Ans. Le rôle des lettres d'abolition de la chancellerie française, in: Reiner Marcowitz/Werner Paravicini (Hg.), Vergeben und vergessen? Vergangenheitsdiskurse nach Besatzung, Bürgerkrieg und Revolution. – Pardonner et oublier? Les discours sur le passé après l'occupation, la guerre civile et la révolution, München 2009, S. 57–72.

Hacke, Daniela, Konfession und Kommunikation. Religiöse Koexistenz und Politik in der Alten Eidgenossenschaft (Die Grafschaft Baden 1531–1712), Köln u. a. 2017.

Haan, Heiner, Der Regensburger Kurfürstentag von 1636/1637. Münster 1967.

Kampmann, Christoph, Friedensnorm und Sicherheitspolitik. Zur Geschichte der Friedensstiftung in der Neuzeit, in: Andreas Hedwig u. a. (Hg.), Bündnisse und Friedensschlüsse in Hessen. Aspekte friedenssichernder und friedensstiftender Politik der Landgrafschaft Hessen im Mittelalter und der Frühen Neuzeit, Marburg 2016, S. 1–21.

Koller, Edith, Die Rolle des Normaljahrs in Konfessionsprozessen des späten 17. Jahrhunderts vor dem Reichskammergericht, in: Zeitenblicke 3 (2004), URL: http://www.zeitenblicke.de/2004/03/koller/index.html (abgerufen am: 10.10.2019).

May, Georg, Die Entstehung der hauptsächlichen Bestimmungen über das ius emigrandi (Art. V §§ 30–43 IPO) auf dem Westfälischen Friedenskongreß, in: ZSRG.K 74 (1988), S. 436–494.

Neuser, Wilhelm, Die Auswirkung des Normaljahrs 1624 auf den kirchlichen Besitzstand und die Religionsfreiheit in Westfalen, in: Bernd Hey (Hg.), Der Westfälische Frieden und der deutsche Protestantismus, Bielefeld 1998, S. 13–40.

Oschmann, Antje, Der Nürnberger Exekutionstag 1649–1650. Das Ende des Dreißigjährigen Krieges in Deutschland, Münster 1991.

Repgen, Konrad, Die westfälischen Friedensverhandlungen. Überblick und Hauptprobleme, in: Klaus Bußmann/Heinz Schilling (Hg.): 1648 – Krieg und Frieden in Europa, Textbd. 1: Politik, Religion, Recht und Gesellschaft, Münster 1998, S. 355–372.

Schulze, Winfried, Zeit und Konfession oder die Erfindung des ‚Temporisierens', in: Arndt Brendecke u. a. (Hg.): Die Autorität der Zeit in der Frühen Neuzeit. Berlin 2007, S. 333–352.

Steiger, Heinhard, Friedensschluss und Amnestie in den Verträgen von Münster und Osnabrück, in: ders., Von der Staatengesellschaft zur Weltrepublik? Aufsätze zur Geschichte des Völkerrechts aus vierzig Jahren, Baden-Baden 2009, S. 431–468.

Tischer, Anuschka, Vom Kriegsgrund hin zum Friedensschluss: Der Einfluss unterschiedlicher Faktoren auf die Formulierung von Friedensverträgen am Beispiel des Westfälischen Friedens, in: Heinz Duchhardt/Martin Peters (Hg.): Kalkül – Transfer – Symbol. Europäische Friedensverträge der Vormoderne, Mainz 2006, URL: http://www.ieg-mainz.de/vieg-online-beihefte/01-2006.html (abgerufen am: 10.10.2019).

Winkel, Laurens, The Peace Treaties of Westphalia as an instance of the reception of the Roman law, in: Martin Lesaffer (Hg.): Peace Treaties and International Law in European History. From the Late Middle Ages to World War One, Cambridge 2005, S. 222–237.

Ulrich Niggemann
30. Toleranz

Abstract: Toleration
For early modern contemporaries, ‚toleration' meant an undesirable practice of suffering the unavoidable. It was in part a result of pluralisation, a social practice and a counterpart of religious violence. ‚Toleration' was also a speech act with very different intentions: both a reaction to violence and persecution and a term used in polemical attacks on the confessional other. The word was also used as a term of self-fashioning by elite groups, especially in the Enlightenment. Some rulers practiced toleration based on reason of state to avoid destructive conflicts or saw it as a means of gaining economic advantages. In the context of inter-state relations, toleration played a role in dealings between diplomats. Here it was a social practice between the actors. Moreover, the protection of minorities enshrined in peace contracts often made toleration within states necessary to avoid external intervention. Yet toleration was controversial. It was frequently regarded as an instrument to achieve certain aims; it was rarely an objective in itself.

1. Einleitung

Die Geschichte der (religiösen) Toleranz wird üblicherweise anhand einer Abfolge als geradezu kanonisch betrachteter Texte entwickelt. Fester Bestandteil einer solchen Ideengeschichte der Toleranz sind in der Regel Verfasser wie Erasmus von Rotterdam (1466–1536), Sebastian Castellio (1515–1563), Baruch de Spinoza (1632–1677), John Locke (1632–1704), Pierre Bayle (1647–1706) und Voltaire (1694–1778).[1] Bisweilen wird dieses ‚Heldennarrativ' verknüpft mit einer Darstellung von Friedensschlüssen und Toleranzerlassen, die etwa mit den beiden Kappeler Landfrieden (1529/31),[2] dem Augsburger Religionsfrieden (1555),[3] der Warschauer Konföderation (1573)[4] und dem Edikt von Nantes (1598)[5] einsetzen und über die *Toleration Act* (1689) bis zu den Erklärungen der Religions- und Gewissensfreiheit in der Amerikanischen und Französi-

---

[1] Klassisch *Joseph Lecler*, Geschichte der Religionsfreiheit im Zeitalter der Reformation, 2 Bde., Stuttgart 1965. Vgl. die Auswahl bei *Hans R. Guggisberg*, Religiöse Toleranz. Dokumente zur Geschichte einer Forderung, Stuttgart/Bad Cannstatt 1984; *Rainer Forst*, Einleitung, in: ders. (Hg.), Toleranz. Philosophische Grundlagen und gesellschaftliche Praxis einer umstrittenen Tugend, Frankfurt a.M. 2000, S. 7–25, hier S. 10–15.
[2] Vgl. hierzu auch Kapitel 40.
[3] Vgl. hierzu auch Kapitel 41.
[4] Vgl. hierzu auch Kapitel 43.
[5] Vgl. hierzu auch Kapitel 44.

schen Revolution reichen.⁶ Dabei handelt es sich um ein teleologisches Fortschrittsnarrativ, das auf die Aufklärung zurückgeht. Es setzt normativ einen positiv besetzten modernen Toleranzbegriff voraus und leitet ihn aus der Geschichte der Neuzeit seit der Reformation her. Toleranz als zivilisatorischer Fortschritt siegt dabei über Aberglauben, Fanatismus und Verfolgung – so das Narrativ der Aufklärer.⁷

Abgesehen von den implizierten Wertungen erwachsen aus dieser Perspektive zwei grundlegende theoretische Probleme: Erstens bleibt die als Ideengeschichte konzipierte Geschichte der Toleranz weitgehend losgelöst von ihren sozialen und diskursiven Rahmenbedingungen, und zweitens wird der vielfach nur transitorische Charakter von Toleranzerwägungen und -regelungen zu wenig berücksichtigt. Es wird also übersehen, dass das, was aus der Ex-Post-Perspektive wie ein wegweisender Schritt zur modernen Toleranz aussieht, oft nur als vorläufige Lösung gedacht war. Der moderne Wertbegriff ‚Toleranz' lässt sich nicht einfach genealogisch aus einer Ideengeschichte herleiten. Eine ‚Idee der Toleranz' – so die Prämisse dieses Beitrags – gab und gibt es nicht. Vielmehr existierten unterschiedliche historische Problemkonstellationen, innerhalb derer über Lösungen kommuniziert und gestritten wurde. Die Art und Weise, wie die historischen Akteure die Probleme begrifflich fassten und mit welchem Vokabular sie Lösungsvorschläge formulierten, sagt nicht nur etwas über ihre Wahrnehmungen und Beobachtungen aus, sondern prägte auch ihre Entscheidungen.

Toleranz meint zunächst einmal ‚(Er)Duldung' eines nicht zu vermeidenden Übels.⁸ Die Duldung von Andersgläubigen, Andersdenkenden, Andershandelnden vollzieht sich im Spannungsfeld von „normative[r] Verurteilung und Ablehnung" einerseits und einer „qualifizierte[n] Akzeptanz" andererseits.⁹ Sie ist also nicht gleichzusetzen mit Bejahung oder Indifferenz gegenüber den tolerierten Vorstellungen und Praktiken, sondern es handelt sich um einen „Konfliktbegriff".¹⁰ Toleranz hat zudem Grenzen, auch wenn diese nicht immer eindeutig festgelegt sind. Anders ausgedrückt: Sie beruht stets auf Unterscheidungen; zwischen dem (höher bewerteten) Eigenen und dem zu tolerierenden (negativ konnotierten) Anderen, aber auch zwischen dem Tolerierbaren und dem Nicht-mehr-Tolerierbaren. Damit lässt sie sich abgrenzen von der Religions- und Gewissensfreiheit. Während der Toleranzbegriff gleichermaßen eine kollektive oder obrigkeitliche wie auch eine individuelle Haltung gegenüber abweichenden Praktiken meint, manifestiert sich Religions- und Gewissensfreiheit als Wahlfreiheit zwischen unterschiedlichen Religionsgemeinschaften und Weltanschau-

---

6 *Lecler*, Geschichte, Bd. 1, S. 360–368, S. 437–439, S. 536–542, Bd. 2, S. 177–182.
7 Kritisch: *Benjamin J. Kaplan*, Divided by Faith. Religious Conflict and the Practice of Toleration in Early Modern Europe, Cambridge (Mass.) 2009, S. 4–7.
8 *Georg Eckert*, Art. „Toleranz", in: EdN 13 (2011), Sp. 619–629, hier Sp. 619; *Guggisberg*, Toleranz, S. 10; *Klaus Schreiner/Gerhard Besier*, Toleranz, in: GGB 6 (1990), S. 445–605, hier S. 448–450.
9 *Forst*, Einleitung, S. 9.
10 *Eckehart Stöve*, Art. „Toleranz I: Kirchengeschichtlich", in: TRE 33 (2002), S. 646–663, hier S. 646.

ungssystemen.[11] Religiöse Toleranz ist darum nicht identisch mit Religionsfrieden.[12] Der Religionsfrieden, der den Versuch darstellt, religiöse oder als religiös gedeutete Gewalt zu beenden und eine Koexistenz zu ermöglichen, kann jedoch auf Toleranz beruhen bzw. diese von Individuen und Gruppen einfordern.

In Bezug auf die zwischenstaatlichen Beziehungen und die Friedensschlüsse der Frühen Neuzeit[13] existiert ein weiteres Großnarrativ zur Toleranz, dem zufolge der religiös-konfessionelle Gegensatz nach einer Phase der Religionskriege zunehmend in den Hintergrund getreten sei und nach 1648 die Außenpolitik kaum noch geprägt habe.[14] Das Verschwinden des religiösen Konflikts in den Außenbeziehungen wird daher als Teilaspekt eines Säkularisierungsprozesses verstanden, im Zuge dessen konfessionelle Problemlagen zunehmend pragmatisch gehandhabt und dem Bemühen um Sicherheit sowie weltlicher Interessendurchsetzung untergeordnet worden seien. Doch diese Vorstellung ist in der Forschung inzwischen grundsätzlich in Zweifel gezogen worden.[15]

Im Folgenden soll das Ausgangsproblem knapp umrissen werden (2), um dann zunächst auf die sozialen Praktiken (3) und auf die Toleranzkommunikationen einzugehen (4). Anschließend werden die rechtlichen Regelungen zur Toleranz seit der Reformationszeit angesprochen (5), um dann die Rolle von Toleranz in den frühneuzeitlichen Friedensschlüssen zu betrachten (6).

2. Pluralität als Problem

Der religiöse Dissens war ein Grundproblem der Frühen Neuzeit, das – so Jan Assmann – in der „mosaischen Unterscheidung" der monotheistischen Religionen selbst angelegt war, indem diese die grundlegende Unterscheidung zwischen wahr und falsch, außen und innen, zugehörig und nicht-zugehörig eingeführt hätten.[16] Auf diesen Grundlagen erfolgten die Grenzsetzungen der mittelalterlichen Kirche, die bestimmte Lehrsätze und Meinungen als ‚häretisch' verdammte. Zwar waren auch Inklusion oder Fortschreibung von Lehren möglich; doch bestimmten formelle wie auch informelle Aushandlungsprozesse, Nähe und Ferne zur Kurie, politische Konstellationen usw. wesentlich darüber, ob Neuformierungen religiöser Gemeinschaften oder die Neuformulierung von Glaubensvorstellungen akzeptiert oder ausgegrenzt und

---

11 *Guggisberg*, Toleranz, S. 11.
12 Vgl. hierzu auch Kapitel 14.
13 Vgl. hierzu auch Kapitel 17 und 18.
14 Z. B. *Heinz Duchhardt*, Europa am Vorabend der Moderne 1650–1800, Stuttgart 2003, S. 63.
15 *Ulrich Niggemann/Christian Wenzel*, Seelenheil und Sicherheit. Überlegungen zur Rolle des Religiösen im Sicherheitsdenken der Frühen Neuzeit, in: HJb 139 (2019), S. 209–245.
16 *Jan Assmann*, Die mosaische Unterscheidung oder der Preis des Monotheismus, München 2003.

verfolgt wurden.[17] Der dritte Weg der limitierten Koexistenz griff im Ausnahmefall, wenn weder die Inklusion noch die kompromisslose Ketzerverfolgung mehr möglich waren.

Mit den Reformationen des 16. Jahrhunderts etablierten sich faktisch koexistierende Konfessionskirchen im gesamten Bereich der lateinischen Christenheit.[18] Die „mosaische Unterscheidung" setzte sich auf der Ebene dieser neuen Konfessionskirchen fort. Damit aber stellte sich ein Problem, das bereits seit der Frühphase des Christentums virulent war, in verschärfter Form. Winfried Schulze hat zu Recht von einer „faktischen Pluralisierung" gesprochen,[19] auch wenn diese zeitgenössisch von kaum jemandem gewollt war.

Mit der faktischen Pluralität ging kein Zuwachs an Toleranz einher. Die Herausbildung konkurrierender Kirchenwesen und ihre zum Teil enge Anbindung an Prozesse der Staatsbildung (Konfessionalisierung) beförderte im Gegenteil zunächst eine „strukturelle Intoleranz", indem alle Strömungen am Ideal einer einheitlichen Christenheit und am Prinzip der einen unteilbaren Wahrheit festhielten.[20] Eine ausgeprägt eschatologisch-apokalyptische Erwartungshaltung prägte sich vor allem in den reformatorischen Kirchen aus, die den konfessionellen Gegner als Antichristen brandmarkten.[21] Daneben bildeten die entstehenden Konfessionskirchen schon bald Orthodoxien aus. Sie förderten die innere Kohärenz, die Etablierung von Autorität und die Absicherung von Verfahren zur Feststellung akzeptabler und nicht-akzeptabler Lehrmeinungen – mithin die Etablierung gültiger Unterscheidungen.[22] Die „strukturelle Intoleranz" wurde noch verstärkt durch die im 16. Jahrhundert fast überall intensivierten Staatsbildungsprozesse, die generell geprägt waren von einer Tendenz zur Normierung, zur Durchsetzung von Ordnungsvorstellungen und zur administrativen Durchdringung der Gemeinwesen. Abweichung wurde im Zuge dieser Entwicklung immer weniger geduldet, wobei auch hier Prozesse der Unterscheidung und Grenzziehung das obrigkeitliche Handeln prägten.[23] Die sich herausbildende Pluralität, die – vor allem in der Frühphase – auch Ambiguitäten und Grenzüberschreitungen zuließ, wurde jedoch nicht nur von den Konfessionskirchen und vom frühmodernen Staat als Zumutung empfunden, sondern gerade auch innerhalb der Dorf- und Stadtgemein-

---

17 *Lecler*, Geschichte, S. 139–175; *Stöve*, Art. „Toleranz", S. 647–651.
18 *Harm Klueting*, Das Konfessionelle Zeitalter. Europa zwischen Mittelalter und Moderne. Kirchengeschichte und Allgemeine Geschichte, Darmstadt 2007; *Kaplan*, Divided, S. 3f.
19 *Winfried Schulze*, Pluralisierung als Bedrohung: Toleranz als Lösung, in: Heinz Duchhardt (Hg.), Der Westfälische Friede. Diplomatie – politische Zäsur – kulturelles Umfeld – Rezeptionsgeschichte, München 1998, S. 115–140.
20 *Klueting*, Zeitalter, S. 182–185. Der Begriff „strukturelle Intoleranz" bei *Johannes Burkhardt*, Der Dreißigjährige Krieg, Frankfurt a.M. 1992, S. 143.
21 *Kaplan*, Divided, S. 34–37.
22 Ebd., S. 22–47; *Heinz Schilling*, Konfessionalisierung und Staatsinteressen. Internationale Beziehungen 1559–1660, Paderborn u.a. 2007, S. 34–41.
23 *Schilling*, Konfessionalisierung, S. 21–33, S. 40f.

schaften kam es zu Brüchen und Rissen, die immer wieder in Konflikte mündeten. Die Zumutung bestand in der Verunsicherung über den richtigen Weg zum Heil, aber auch in der sozialen Sprengkraft, die aus der Auflösung bislang von gemeinsamen religiösen Riten und Festen geprägter sozialer Verbände resultierte. Gerade dann, wenn diese Spaltung sichtbar wurde, wenn bislang stillschweigend geduldete abweichende Praktiken öffentlich wurden oder wenn die Obrigkeiten sie plötzlich legalisierten, kam es zu erbitterten Auseinandersetzungen.[24] Verschärfend kam die Vorstellung von Kollektivstrafen hinzu: Gemeinwesen, die das Böse, die Sünde, die Häresie unter sich duldeten, mussten den Zorn Gottes für alle ihre Mitglieder befürchten. Diese Angst vor der Strafe, die das gesamte Gemeinwesen treffen konnte, schürte die Intoleranz gegenüber Nonkonformisten.[25] Insgesamt lässt sich konstatieren, dass die im Zuge der Reformation und Konfessionsbildung entstandene Pluralität von Heilsangeboten die strukturelle Intoleranz verstärkte, was sich auch in einem verschärften Vorgehen gegen die jüdische Minderheit niederschlug. Hatten einige Obrigkeiten schon im ausgehenden Mittelalter mit Ausweisungs- und Vertreibungsmaßnahmen begonnen, so kamen nun weitere Gemeinwesen hinzu.[26] Auch die Verfolgung vermeintlicher Hexen und anderer Außenseiter und Randgruppen gehört in diesen Kontext.[27]

Pluralisierungsprozesse wurden auch durch den sich erweiternden Horizont im Zuge der Konfrontation mit dem nach Südosteuropa expandierenden Osmanischen Reich einerseits und der europäischen Überseeexpansion andererseits induziert. Die Osmanen wurden seit dem 15. und bis ins 18. Jahrhundert hinein vor allem als Bedrohung wahrgenommen und polemisch attackiert. Trotz sich verdichtender Beziehungen blieben sie aus dem europäischen Staatensystem ausgeschlossen und über längere Zeiträume Kriegsgegner.[28] Zunächst als fremd abgelehnte religiöse Vorstellungen und Praktiken in Asien und Amerika wurden mit Neugierde beschrieben und in Missions- und Reiseberichten einem breiteren Publikum zugänglich.[29] Die Ausdifferenzierung religiöser Anschauungen in Europa und die wachsende Kenntnis alternativer Weltdeutungsmuster in der außereuropäischen Welt sowie die mit diesen Prozessen zusammenhängende Umstellung auf empirische Modi der Weltbeschreibung trugen zweifellos zur Etablierung skeptischer Positionen bei, die – wie der Deismus oder gar der Atheismus – die überkommene Religion verwarfen. Obrigkeiten, Kirchen und wohl auch die Mehrheit der Bevölkerung reagierten freilich auf solche Angriffe auf die

---

24 *Kaplan*, Divided, S. 48–98, S. 351–354.
25 *Christian Wenzel*, „Ruine d'Estat". Sicherheit in den Debatten der französischen Religionskriege, 1557–1589, Heidelberg 2020, S. 75–96; *Kaplan*, Divided, S. 55–60.
26 *Friedrich Battenberg*, Das europäische Zeitalter der Juden. Zur Entwicklung einer Minderheit in der nichtjüdischen Umwelt Europas, 2 Bde., Darmstadt 1990, S. 162–207.
27 *Klueting*, Zeitalter, S. 362–364.
28 *Martin Wrede*, Das Reich und seine Feinde. Politische Feindbilder in der reichspatriotischen Publizistik zwischen Westfälischem Frieden und Siebenjährigem Krieg, Mainz 2004, S. 66–216.
29 *Günter Vogler*, Europas Aufbruch in die Neuzeit, 1500–1650, Stuttgart 2003, S. 340f.

Tradition restriktiv, und insbesondere Atheisten blieben noch lange von allen Toleranzansätzen ausgeschlossen.[30]

3. Toleranz als soziale Praxis

Toleranz galt in der Frühen Neuzeit als Schwäche, die nur im äußersten Notfall, wenn andere Maßnahmen noch größeres Übel bedeuteten, zu rechtfertigen war. Martin Luther (1483–1546) sah keinen Grund, der gegenüber „gegen Gott die tollerantz möchte entschuldigen".[31] Toleranz bedeutete unverantwortliche Nachgiebigkeit. Demgegenüber galt das Prinzip der *correctio*, die Pflicht, den Irrgläubigen zu belehren und zum wahren Glauben zu führen. Dahinter stand in allen Konfessionen die Überzeugung, dass die Wahrheit eindeutig und unzweifelhaft sei, dass sie für den sich ernsthaft Bemühenden erkennbar sei. Abweichungen im Glauben waren zurückzuführen auf mangelnden Willen, auf Hartnäckigkeit und Sünde.[32] Ein Ketzer musste daher – notfalls auch mit Gewalt – zur Wahrheit zurückgeführt werden, um seine Seele zu retten, aber auch um zu verhindern, dass er andere ebenfalls zum Irrglauben verführte. Mit dem biblischen „compelle intrare" („Nötige sie hereinzukommen", Lk 14,23) wurde die Verfolgung als häretisch unterschiedener Positionen auch theologisch unterfüttert. Die Aufforderung Christi, die Zögernden beim Gastmahl zum Eintritt zu bewegen, wurde seit der Spätantike immer wieder als Aufforderung herangezogen, Ungläubige zum Eintritt in die Kirche zu bewegen.[33]

Vor dem Hintergrund der Praktiken der Unterscheidung, Exklusion und Verfolgung des konfessionell Anderen, stellt sich die Frage, warum Religionskrieg, Massaker und Verfolgung nicht in noch viel stärkerem Maße den Alltag prägten, auch und gerade angesichts der Tatsache, dass konfessionell homogene politische Gebilde nur an den Peripherien Europas entstanden, im Süden auf der iberischen Halbinsel und in Italien unter katholischem Vorzeichen, im Norden vor allem in Skandinavien unter lutherischer Dominanz. Überall sonst – im Reich ebenso wie in Frankreich, auf den britischen Inseln, in den Niederlanden, in Böhmen und Ungarn – entwickelten sich konfessionell heterogene Situationen.[34] Zwar blieben Konflikte insbesondere dort, wo verschiedene Konfessionen auf engem Raum zusammenlebten – so etwa in den pari-

---

30 *Klueting*, Zeitalter, S. 365–372; *Kaplan*, Divided, S. 335, S. 343–350.
31 Zit. nach *Schulze*, Pluralisierung, S. 119. Vgl. *Marc Venard u.a.*, Die religiösen Beziehungen in einem geteilten Europa, in: ders. (Hg.), Die Geschichte des Christentums. Religion – Politik – Kultur, Bd. 9: Das Zeitalter der Vernunft (1620/30–1750), Freiburg u.a. 2010, S. 190–212, hier S. 200.
32 *Mark Goldie*, The Theory of Religious Intolerance in Restoration England, in: Ole P. Grell u.a. (Hg.), From Persecution to Toleration. The Glorious Revolution und Religion in England, Oxford 1991, S. 331–368; *Schulze*, Pluralisierung, S. 118f.
33 *Goldie*, Theory, S. 337f.; *Kaplan*, Divided, S. 25–28.
34 *Vogler*, Aufbruch, S. 320f.; *Kaplan*, Divided, S. 3f.

tätischen Reichsstädten wie Augsburg oder Donauwörth – an der Tagesordnung; dennoch gab es überall auch einen Alltag jenseits des religiösen Konflikts, eine Ordnung innerhalb des konfessionellen Streits.[35]

Es existierten Praktiken der Koexistenz trotz und innerhalb der prinzipiellen Intoleranz, die als Korrektive zu einer ungehemmten Gewaltpraxis wirkten. Tatsächlich entschärften gerade die begrenzten zeitgenössischen Toleranzvorstellungen das Gewaltpotenzial. Toleranz im Sinne einer zeitlich und räumlich beschränkten Duldung verzichtete nicht auf die grundsätzliche Unterscheidung von recht- und falschgläubig. Sie ließ die Grenzziehungen bestehen, fixierte sie bisweilen sogar, konnte aber den Interessen sowohl der Obrigkeiten als auch der Untertanen an einer pragmatischen Ordnung entgegenkommen. Denn der stetige Konflikt, die durch Gewalt produzierte Unsicherheit für alle, ließ sich gegenüber einer Notstandsduldung als größeres Übel rechtfertigen.

Überdies trat dem Prinzip der *correctio* das Ideal der *caritas* und *concordia*, der christlichen Liebe und Eintracht, entgegen. Christliche Normvorstellungen, aber auch Formen der nachbarschaftlichen Hilfe, der kommunalen Gemeinschaft und Identität erwiesen sich in der Praxis vielfach als starke Bindungskräfte, auch über die Konfessionsgrenzen hinweg. Das Sicherheitsbedürfnis auf allen Seiten verstärkte diese Tendenz, über konfessionelle Unterschiede, die eben bisweilen auch als „Theologengezänk" abgetan wurden, hinwegzusehen. Zudem wurde die Zuständigkeit oft den Obrigkeiten zugeschrieben, sodass der einzelne Untertan es nicht als seine Aufgabe betrachten musste, gegen den ‚irrgläubigen' Nachbarn vorzugehen.[36] Das galt umso mehr, wenn der abweichende Glaube einer Minderheit nicht offen praktiziert wurde, sondern in Rückzugsräumen stattfand, die man ignorieren konnte. Die städtischen Gemeinschaften in den Niederlanden konnten wohl gerade deshalb so gut mit den Konfessionsunterschieden umgehen, als sie neben der einen offiziell privilegierten Kirche (die *Gereformeerde Kerk*) inoffizielle, im Verborgenen existierende religiöse Gemeinschaften kannten.[37] Es bildeten sich also – und zwar aus der Praxis – Formen einer Privatisierung des Religiösen heraus, innerhalb derer Minderheiten geduldet werden konnten, solange sie nicht ans Licht der Öffentlichkeit traten.[38]

---

35 *Kaplan*, Divided, S. 9f.
36 Ebd., S. 250–265.
37 Ebd., S. 172–177, S. 237–245.
38 Ähnlich zum österreichischen Geheimprotestantismus *Christine Tropper*, Glut unter der Asche und offene Flamme. Der Kärntner Geheimprotestantismus und seine Bekämpfung 1731–1738, Wien/München 2011, S. 15.

4. Toleranzkommunikation

Die aus der Zumutung der faktischen Pluralität erwachsenen Fragen, das Gewaltpotenzial der strukturellen Intoleranz und die Möglichkeiten und Spielräume, ihm zu begegnen, eröffneten einen – von den Konjunkturen aktueller Ereignisse geprägten – Raum für Kommunikation. Mit dem Begriff der ‚Toleranzkommunikation' soll ein Oberbegriff eingeführt werden, der es ermöglicht, jene publizistischen Äußerungen, die nachträglich kanonisiert und zum Gegenstand ideen- und philosophiegeschichtlicher Forschung gemacht worden sind, in einen kommunikations- und kulturhistorischen Kontext zu stellen. Sie werden auf diese Weise nicht als ahistorische Ideen betrachtet, sondern als Äußerungen in je konkreten historischen Situationen und zu zeitlich gebundenen Problemstellungen.

Im Laufe des 16. und 17. Jahrhunderts häuften sich Kommunikationsakte, die einerseits für limitierte Formen der Duldsamkeit eintraten wie auch andererseits für die notfalls gewaltsame Herstellung konfessioneller Orthodoxie.[39] Es waren nicht selten die medienwirksamen Akte der Unterdrückung, die eine Diskussion um (In)Toleranz hervorriefen. Besonders die Aufhebung des Edikts von Nantes in Frankreich (1685)[40] und die Ausweisung der Salzburger Protestanten (1731/32) evozierten ein gewaltiges mediales Echo.[41] Ein zentraler Aspekt der Argumentation seit der Spätantike drehte sich um das Eigenrecht des Gewissens: Das Gewissen gehöre Gott und sei weltlicher Obrigkeit unzugänglich.[42] Allerdings findet sich auf der Seite einer dezidierten Intoleranzkommunikation die Argumentation, dass diese Freiheit nicht für das irrende Gewissen gelte, denn nur die Wahrheit komme von Gott. Damit wandten sich die Befürworter der Intoleranz gegen den Einwurf, Zwang erzeuge nur Heuchelei; vielmehr existiere durchaus eine Chance, durch Zwang zur Wahrheit zu finden. Und wenn schon auf diese Weise der Ketzer selbst nicht zu retten sei, so könne doch die Verführung anderer verhindert werden.[43]

Im Humanismus des 16. Jahrhunderts bildeten sich daneben irenische Ansätze aus, die die strittigen Fragen als Adiaphora, als für das Seelenheil unwesentliche Nebensächlichkeiten charakterisierten und dagegen die Gemeinsamkeiten in den Kernfragen des Glaubens betonten. Die Irenik, für die im 17. Jahrhundert Theologen wie Georg Calixt (1586–1656) oder Gerhard Molanus (1633–1722) standen,[44] brachte sowohl Religionsgespräche als auch verschiedene Projekte zur Wiedervereinigung der Konfessionen hervor. Ob sie indes als Toleranz zu bezeichnen ist, muss fraglich blei-

---

39 Z. B. *Guggisberg*, Toleranz, S. 58–68.
40 Vgl. hierzu auch Kapitel 44.
41 *Ulrich Niggemann*, Hugenotten, Köln u. a. 2011, S. 102–105; *Duchhardt*, Europa, S. 239.
42 *Stöve*, Art. „Toleranz", S. 648.
43 Ebd., S. 655f.; *Goldie*, Theory, S. 346–358.
44 Vgl. hierzu auch Kapitel 3.

ben. Die Hinnahme von Unterschieden beruhte hier wesentlich auf einer aktiven Bejahung der Gemeinsamkeiten.[45]

Grundlegender waren die ebenfalls seit dem 16. Jahrhundert aufkommenden staatsräsonistischen Argumentationsweisen, die sich auch als „pragmatische Toleranz" fassen lassen.[46] So wurde darauf hingewiesen, dass Verfolgung die Sicherheit gefährde und Unruhe schaffe. Menschen würden in ihrer wirtschaftlichen Tätigkeit gestört, womöglich gar vertrieben, was erheblichen Schaden für Staat und Gemeinwesen verursache. Toleranz hingegen fördere die Wirtschaft; merkantilistische Schriften rieten sogar zur gezielten Anwerbung von Kolonisten durch religiöse Toleranz. In der Debatte galt insbesondere Spaniens Intoleranz gegenüber Juden und Morisken als Teilaspekt einer ökonomischen Niedergangsgeschichte, während die Niederlande als positives Beispiel einer wirtschaftlichen Integration religiöser Abweichler verargumentiert werden konnten.[47]

Zu den wenigen Argumenten, die Ende des 17. Jahrhunderts über den bis dahin erreichten Diskussionsstand hinausgingen, gehörte die erkenntnistheoretische Aporie, dass die religiöse Wahrheit eben nicht einfach zu erkennen sei, dass es vielmehr über einzelne Glaubenssätze auch in Zukunft immer Streit geben werde. Man werde daher – so etwa die Argumentation von Pierre Bayle – nie wissen, welche Position die richtige sei, und so sei es besser, jeden bei seiner Auffassung zu lassen. Während John Locke die Toleranz auf christliche Bekenntnisse beschränkte und insbesondere den Atheismus ausklammerte, schloss Bayle auch nicht-christliche Bekenntnisse und atheistische Positionen ein.[48] In Bezug auf die Juden kursierten im Laufe des 18. Jahrhunderts Vorschläge zur „bürgerlichen Verbesserung" (Christian Wilhelm Dohm, 1751–1820), die einerseits für die Toleranz und Emanzipation der jüdischen Bevölkerung eintraten, sie andererseits einem aufklärerisch-christlichen Modernisierungsdiktat unterwerfen wollten, indem sie das Judentum aller ‚fremden' und ‚abergläubischen' Praktiken zu entkleiden suchten.[49]

Toleranz wurde indes auch zum Element konfessioneller Polemik und Abgrenzung. Das wird deutlich an der medialen Kommunikation im Umfeld der Aufhebung des Edikts von Nantes, in der die Polemik gegen den Katholizismus klar hervortrat.[50] So ließ sich aus einer dezidiert konfessionalistischen und apokalyptisch-eschatologi-

---

[45] Zur Irenik *Venard u.a.*, Beziehungen, S. 190–196; *Stöve*, Art. „Toleranz", S. 647: „Konsensus-Toleranz".
[46] *Stöve*, Art. „Toleranz", S. 647.
[47] *Schreiner/Besier*, Toleranz, S. 537; *Justus Nipperdey*, Die Erfindung der Bevölkerungspolitik. Staat, politische Theorie und Population in der Frühen Neuzeit, Göttingen 2012, S. 261–294.
[48] *Guggisberg*, Toleranz, S. 215–225; *Venard u.a.*, Beziehungen, S. 199; als „dialogische Toleranz" *Stöve*, Art. „Toleranz", S. 647.
[49] *Battenberg*, Zeitalter, S. 85–109; *Andreas Pečar/Damien Tricoire*, Falsche Freunde. War die Aufklärung wirklich die Geburtsstunde der Moderne?, Frankfurt a.M. 2015, S. 77.
[50] *Venard u.a.*, Beziehungen, S. 199; *Niggemann*, Hugenotten, S. 104f.

schen Haltung Intoleranz ablehnen und eine moderate Toleranz begründen.[51] Sie war hier aber keineswegs das Ziel, sondern es ging um die Diffamierung des Katholizismus.

Diffamierung, Kontroverse, persönliche Invektiven wurden gelegentlich auch über den Toleranzdiskurs ausgetragen, der somit instrumentalisiert werden konnte. Es ist zum Beispiel nicht auszuschließen, dass Sebastian Castellios berühmte Toleranzschrift sich auch aus dem schon länger schwelenden Streit mit Johannes Calvin (1509–1564) speiste.[52] Es liegt außerdem auf der Hand, dass die Toleranzforderung in der Frühen Neuzeit häufig von Minderheiten ausging, die sich keine Hoffnung auf eine breite Durchsetzung ihrer Konfession machen konnten und sich somit mit der Minimalforderung nach Toleranz für ihre eigene Position begnügen mussten.[53]

Einen Schritt weiter gingen Kommunikationsakte, die eine ausgeprägt antiklerikale Tendenz aufwiesen. In England entstanden solche Äußerungen im Kontext der seit den 1660er Jahren und bis ins 18. Jahrhundert hinein intensiv geführten Auseinandersetzungen um die Haltung der Anglikanischen Kirche zum protestantischen *Dissent*. Innerhalb dieser Debatten, die auch das Verhältnis von Kirche und Staat betrafen, kamen an der Wende zum 18. Jahrhundert Positionen zum Ausdruck, die sich mit wachsender Schärfe gegen Kirche und Klerus wandten.[54] Der Vorwurf der Intoleranz wurde gekoppelt mit dem der Herrschsucht. Die Forderung nach Toleranz wurde dabei zu einem Mittel, um die Kirche unter Druck zu setzen. Im Kreise französischer Aufklärer wurden solche Positionen übernommen und teilweise noch radikalisiert.[55] Die Kirche und die überkommene Religion wurden in polemischer Zuspitzung mit Aberglauben, Fanatismus und eben Intoleranz in Verbindung gebracht, während die Aufklärer sich selbst als Speerspitze des Fortschritts, der Zivilisation, der Vernunft und eben der Toleranz inszenierten. Auch hier wurde die Forderung nach Toleranz keineswegs immer um ihrer selbst willen erhoben, sondern sie diente auch der Unterscheidung und Grenzziehung – zwischen Fortschritt und Rückschritt, zwischen Zivilisation und Barbarei, zwischen Vernunft und Aberglauben. Sie war Teil einer Polemik wie auch einer Selbstinszenierung, mit der bestimmte Akteure ihre Positionen markierten und sich Deutungshoheiten und Diskurshegemonien verschafften.[56]

---

51 *Ulrich Niggemann*, Die Anglikanische Kirche und die Herausforderung der Toleranz im England der späten Stuartzeit, in: Winfried Schröder/Sascha Salatowski (Hg.), Duldung religiöser Vielfalt – Sorge um die wahre Religion. Toleranzdebatten in der Frühen Neuzeit, Stuttgart 2016, S. 223–241, hier S. 238–240.
52 Zum Verhältnis von Castellio und Calvin *Guggisberg*, Toleranz, S. 86. Zum Vorgang *Lecler*, Geschichte, Bd. 1, S. 447–495.
53 *Eckert*, Art. „Toleranz", Sp. 623f.
54 *Kaplan*, Divided, S. 347–349; *Klueting*, Zeitalter, S. 376f.
55 *Schreiner/Besier*, Toleranz, S. 500–502; *Guggisberg*, Toleranz, S. 254f.; *Duchhardt*, Europa, S. 135–139.
56 *Pečar/Tricoire*, Falsche Freunde, S. 67–78.

5. Obrigkeitliches Handeln und innerstaatliche Koexistenzregelung

Obrigkeiten reagierten auf die aus der Pluralisierung von Bekenntnissen hervorgehenden Konflikte teilweise mit verschärfter Verfolgung, also mit dem Versuch, Pluralisierungsprozesse zugunsten eines einheitlichen Bekenntnisses rückgängig zu machen. Scheiterten solche Versuche, bemühten sie sich um Regelungen, die – zumindest temporär – eine friedliche Koexistenz ermöglichen sollten. Dahinter standen auch Sicherheitsbedürfnisse der Angehörigen differenter Religionsparteien, aber auch des Staates und seiner Institutionen.[57] Für Frankreich konnte gezeigt werden, dass ein Strang der Debatte sich einerseits um Fragen der Sicherheit insbesondere für die protestantische Minderheit drehte, andererseits jedoch die je gegnerische Religionspartei als Sicherheitsproblem für den Staat wahrgenommen wurde. Zunehmend entwickelte sich daraus eine Debatte, die den Konflikt der Konfessionen selbst als Sicherheitsproblem markierte und so nach dem Scheitern religiöser Einigungsversuche Möglichkeiten einer Koexistenz ausloten konnte bis hin zum Edikt von Nantes 1598.[58] Sicherheit wurde explizit auch schon im Augsburger Religionsfrieden 1555 als Rechtfertigung für das Nebeneinander zweier Konfessionen angeführt.[59]

Der Augsburger Religionsfrieden und das Edikt von Nantes stehen zugleich exemplarisch für unterschiedliche Formen von ordnungspolitischen Regelungswerken. Der Augsburger Religionsfrieden repräsentiert eine föderale Landfriedenslösung,[60] die auf der Einigung der Reichsstände beruhte und bereits in einer Reihe von Reichsabschieden seine Vorläufer hatte.[61] Die Lösung bestand nicht in einer Freistellung der Religion für alle Untertanen, sondern in dem *ius reformandi* der reichsunmittelbaren Stände, die also für ihr jeweiliges Territorium die Konfession festlegen konnten („cuius regio, eius religio"). Mit dem *ius emigrandi* war zumindest im Ansatz eine Entscheidungsfreiheit der Untertanen mitgedacht, auch wenn dieses Abzugsrecht ambivalent war, konnte es doch auch als Ausweisungsrecht interpretiert werden.[62]

Beim Edikt von Nantes handelte es sich formal um einen gesetzgeberischen Akt der Krone, auch wenn faktisch intensive Verhandlungen zwischen den politischen

---

57 *Eckert*, Art. „Toleranz", Sp. 622f.
58 *Wenzel*, Ruine, S. 148–166.
59 Axel Gotthard, Der Augsburger Religionsfrieden, Münster 2014. Vgl. hierzu auch Kapitel 27, 41 und 44.
60 Vgl. hierzu auch Kapitel 8.
61 *Gotthard*, Religionsfrieden, S. 186–189; *Klueting*, Zeitalter, S. 190–194. Vgl. hierzu auch Kapitel 39.
62 *Klueting*, Zeitalter, S. 198–200; *Schulze*, Pluralisierung, S. 126f.; *Gotthard*, Religionsfrieden, S. 118–123.

Versammlungen der Hugenotten und der Krone vorausgegangen waren.[63] Das Edikt enthielt genaue Bestimmungen darüber, wie die Bikonfessionalität des Königreichs auszugestalten war. Die katholische Kirche wurde im ganzen Königreich wiederhergestellt. Den Protestanten wurde die Religionsausübung an bestimmten Orten zugesagt, und sie erhielten Zugang zu allen Ämtern und Würden, zu allen Universitäten und Schulen sowie Schutzzusagen im Bereich der Rechtsprechung. In Geheimartikeln wurden ihnen über achtzig Sicherheitsplätze zugestanden, mit eigenem, von der Krone finanziertem Militär.[64] Anders als in den Reichsterritorien wurde hier also eine Koexistenzregelung gefunden, die zwar eine offizielle Staatskirche etablierte, zugleich aber Formen der rechtlichen (und sogar militärischen) Absicherung der Minderheit einführte.

Dennoch kann in beiden Fällen nur sehr bedingt von Toleranzregelungen die Rede sein. Der Augsburger Religionsfrieden versuchte Toleranz – im Sinne einer Duldung von Minderheiten – zu vermeiden, indem die auf Reichsebene nicht mehr zu realisierende kirchliche Einheit in den Territorien verwirklicht werden sollte. Das Edikt von Nantes ging in dieser Hinsicht einen Schritt weiter. Dennoch handelte es sich auch hier um eine Notstandsduldung, die – obwohl das Edikt sich als „perpétuelle et irrévocable" präsentierte – den temporären Charakter zum Ausdruck brachte, indem das Edikt auf die Hoffnung verwies, dass Gott eines Tages die ersehnte religiöse Einheit wiederherstellen werde.[65] Auch der Augsburger Religionsfrieden brachte dies mit der Vision eines allgemeinen Konzils der Christenheit zum Ausdruck.[66] Toleranz war somit ein ungewollter Zustand, der auf Zeit galt und in der Zukunft durch eine friedliche Vereinigung aller wieder aufgehoben werden sollte. In Polen setzte noch im ausgehenden 16. Jahrhundert und verstärkt im 17. Jahrhundert eine gegenreformatorische Bewegung ein, die zunehmend die Koexistenzregelungen aushebelte.[67] Auch das Revokationsedikt von Fontainebleau, mit dem Ludwig XIV. (1638–1715) am 18. Oktober 1685 das Edikt von Nantes aufhob, rückte den transitorischen, aus den Wirren der Bürgerkriegszeit hervorgegangenen Charakter der Koexistenzregelung in den Vordergrund.[68]

Beide Regelungen waren zudem im Hinblick auf die Adressaten limitiert. Der Augsburger Religionsfrieden etablierte eine Bikonfessionalität im Reich, indem nur

---

63 *Niggemann*, Hugenotten, S. 18f.; *Mack P. Holt*, The French Wars of Religion, 1562–1629, Cambridge 1995, S. 162.
64 *Holt*, The French Wars, S. 162–166.
65 *Niggemann*, Hugenotten, S. 19f.
66 *Christoph Kampmann*, Europa und das Reich im Dreißigjährigen Krieg. Geschichte eines europäischen Konflikts, Stuttgart 2008, S. 22.
67 *Karin Friedrich*, Von der religiösen Toleranz zur gegenreformatorischen Konfessionalisierung: Konfessionelle, regionale und ständische Identitäten im Unionsstaat, in: Hans-Jürgen Bömelburg (Hg.), Polen in der Europäischen Geschichte, Bd. 2: Frühe Neuzeit, Stuttgart 2017, S. 251–289.
68 *Niggemann*, Hugenotten, S. 30; *Venard u. a.*, Beziehungen, S. 198f.

die römisch-katholische Konfession und die ‚Augsburger Konfessionsverwandten' in den Reichsfrieden eingeschlossen wurden. Was unter letzteren zu verstehen sei, blieb vage: Zumindest anfangs konnten sich die Reformierten noch auf die *Confessio Augustana variata* von 1540 berufen, im weiteren Verlauf griffen freilich Mechanismen der Unterscheidung, insbesondere mit der Etablierung der lutherischen Orthodoxie und ihrem Niederschlag in Konkordienformel und Konkordienbuch, die auf eine Ausgrenzung der Reformierten hinausliefen.[69] Erst im Westfälischen Frieden[70] wurden die Reformierten dann explizit in den Religionsfrieden integriert, sodass nun von einer Trikonfessionalität im Reich die Rede sein konnte. Täufer, Unitarier und andere blieben aber ausgeschlossen.[71] Auch das Edikt von Nantes bezog sich ausschließlich auf das römisch-katholische Bekenntnis und auf die *Confession de la Rochelle* als Glaubensgrundlage der *Église Réformée de France*.

Ähnlich wie im Reich etablierte auch die Warschauer Konföderation von 1573 eine pragmatische Toleranzregelung für den polnischen Adel.[72] Etwas anders stellten sich die Koexistenzregelungen in den Niederlanden dar, wo neben der privilegierten *Gereformeerde Kerk* nach einer Phase der Konflikte, die etwa in der Auswanderung der Remonstranten resultierte, andere Bekenntnisse ein Privatexercitium genießen konnten.[73] In England gab es dagegen mehrere Anläufe einer relativ weitgehenden Toleranz bzw. Religionsfreiheit, so etwa während des Interregnums, als nach der Auflösung der Anglikanischen Kirche zahlreiche protestantische Gruppen von der Obrigkeit unbedrängt Gemeinden etablieren konnten.[74] Mit der Restauration der Stuart-Monarchie 1660 konnte sich 1662 die Anglikanische Kirche neu formieren und in den Gesetzen des *Clarendon Code* eine weitgehende Monopolstellung durchsetzen.[75] Erst die Indulgenzerklärungen Karls II. (1630–1685) von 1672 und Jakobs II. (1633–1701) von 1687 und 1688 stellten erneute Versuche dar, das Monopol der Anglikanischen Kirche zu brechen und sowohl protestantischen Nonkonformisten als auch Katholiken eine legale Existenz zu verschaffen. Diese Maßnahmen stießen auf massiven Widerstand, einerseits weil der protestantische *Dissent* im Verdacht des Republikanismus stand, andererseits weil die überwiegend anglikanische Bevölkerung und Elite argwöhnte, dass es den beiden Stuart-Herrschern um eine schleichende Rekatholisierung Englands ging.[76] So verabschiedete das Parlament erst nach der *Glorious Revolution*

---

69 *Gotthard*, Religionsfrieden, S. 124, S. 218–220, S. 245f.
70 Vgl. hierzu auch Kapitel 46.
71 *Schreiner/Besier*, Toleranz, S. 496; *Kampmann*, Europa, S. 176.
72 *Friedrich*, Toleranz, S. 252f.
73 *Kaplan*, Divided, S. 172–177; *Klueting*, Zeitalter, S. 236f.
74 *Venard u.a.*, Beziehungen, S. 197f.; *Kaspar von Greyerz*, England im Jahrhundert der Revolutionen 1603–1714, Stuttgart 1994, S. 99–105.
75 *Schreiner/Besier*, Toleranz, S. 499; *Niggemann*, Kirche, S. 227f.; *Greyerz*, England, S. 105f., S. 206–209.
76 *Greyerz*, England, S. 211f., S. 225, S. 230; *Tim Harris*, Revolution: The Great Crisis of the British Monarchy, 1685–1720, London 2007, S. 205–236, S. 258–269; *Niggemann*, Kirche, S. 228–230.

von 1688/89 eine begrenztere und in den Folgejahren keineswegs unumstrittene Toleranzgesetzgebung (*Toleration Act*, 1689). Sie schloss freilich nur die an der Trinität festhaltenden Protestanten ein, nicht jedoch Katholiken, Antitrinitarier und Atheisten. Es ist bezeichnend, dass die Toleranzakte von Beginn an nur als Ergänzung für eine umfassendere *Comprehension Bill* gedacht war, die die Mehrheit der protestantischen Nonkonformisten in die Anglikanische Kirche hätte führen sollen.[77] Nicht Toleranz, sondern Inklusion und Wiederherstellung der Einheit war die Leitvorstellung, Toleranz dagegen die Notlösung für all jene, die sich nicht mehr inkludieren ließen.

Toleranzedikte sind auch aus Brandenburg-Preußen bekannt. Seit dem Übertritt des Kurhauses zum Reformiertentum unter Kurfürst Johann Sigismund (1572–1619) stand in Brandenburg eine schmale reformierte Elite einer lutherischen Bevölkerungsmehrheit gegenüber. Der Konflikt nahm in den 1650er Jahren an Schärfe zu, sodass Kurfürst Friedrich Wilhelm (1620–1688) mithilfe von Edikten und Religionsreversen gegen lutherische Angriffe vorging.[78] Die Kirchenpolitik Brandenburgs zielte auf die Herstellung des inneren Friedens, tendierte zugleich aber dazu, die reformierte Minderheit zu privilegieren und gegen jede Form der Kontroverse zu schützen, während zugleich von dem Mehrheitsbekenntnis Toleranz eingefordert wurde. Toleranz bedeutete hier nicht Duldung eines unvermeidlichen Übels, sondern die erzwungene Akzeptanz der von der Obrigkeit für wahr befundenen Konfession.

Solche Toleranzregelungen werden oft mit der Aufklärung in Verbindung gebracht. Wie problematisch eine solche Zuschreibung ist, dürfte deutlich geworden sein. Zwar spielte die Aufklärung in Bezug auf die politische Praxis im Preußen Friedrichs II.[79] (1712–1786) oder auf das Toleranzpatent Josephs II. (1741–1790) von 1781 für die österreichischen Erblande[80] sicher in dem Sinne eine Rolle, dass sich beide Herrscher, ebenso wie auch Ludwig XVI. (1754–1793) von Frankreich mit seinem Toleranzedikt von 1787,[81] bewusst als aufgeklärte Regenten stilisierten. Dennoch muss differenziert werden: Sowohl in der Toleranzkommunikation als auch in der politischen Praxis setzte sich schon seit dem ausgehenden 16. Jahrhundert die Erkenntnis durch, dass ein gewisses Maß an Toleranz bevölkerungspolitische und ökonomische Vorteile mit sich brachte. Generell wird oft unterschätzt, dass es dabei nicht so sehr um Toleranz als Wert ging, sondern vielmehr um Utilitarismus. Minderheiten und Dissidenten für den Staat und seine ökonomischen Interessen nutzbar zu machen, war ein Anliegen, das auch hinter so rigiden Maßnahmen wie dem Auswanderungsverbot für Hugenotten oder den unter Karl VI. (1685–1740) in Österreich eingeführten und unter Ma-

---

77 *Niggemann*, Kirche, S. 234–236; *Greyerz*, England, S. 235f.
78 *Wolfgang Ribbe*, Brandenburg auf dem Weg zum polykonfessionellen Staatswesen (1620 bis 1688), in: Gerd Heinrich (Hg.), Tausend Jahre Kirche in Berlin-Brandenburg, Berlin 1999, S. 267–292.
79 *Kaplan*, Divided, S. 352; *Duchhardt*, Europa, S. 276–278.
80 *Duchhardt*, Europa, S. 267f.; *Klueting*, Zeitalter, S. 355.
81 *Niggemann*, Hugenotten, S. 35.

ria Theresia (1717–1780) intensivierten ‚Transmigrationen' von Protestanten aus den Kerngebieten der Monarchie nach Ungarn stand.[82] Hier ist auch auf die Ansiedlung von Migranten hinzuweisen, die fast immer primär merkantilistisch-bevölkerungspolitischen Zielsetzungen folgte und so bisweilen Prinzipien konfessioneller Homogenität aushebelte. Die Wiederzulassung von Juden erfolgte hingegen zumeist als stillschweigende Duldung (England, Frankreich) oder unter deutlichen Restriktionen wie in Brandenburg-Preußen, wo 1671 fünfzig aus Österreich vertriebene jüdische Familien aufgenommen wurden.[83] Häufiger indes war die pragmatisch-utilitaristische Ansiedlung von ohnehin konfessionsverwandten Gruppen wie etwa den Hugenotten in Brandenburg-Preußen (1685).[84] In einer Reihe von Stadtneugründungen der Frühen Neuzeit sollte eine räumlich begrenzte Religionsfreiheit zu wirtschaftlichen Impulsen verhelfen. In einigen Fällen schloss dies auch Juden und Täufer ein (etwa Neuwied am Rhein).[85] Das Prinzip der religiösen Homogenität innerhalb des Herrschaftsgebiets wurde damit nicht angetastet, sodass die Neustädte isolierte Experimentierfelder bildeten. Überdies lagen die Wurzeln von Toleranzpraktiken, wie sie etwa in der von Quäkern um William Penn (1644–1718) gegründeten Kolonie Pennsylvania etabliert werden konnten, auch in genuin religiösen Weltdeutungen begründet.[86]

6. Toleranz in zwischenstaatlichen Friedensschlüssen

Trotz der ab der zweiten Hälfte des 16. Jahrhunderts zu beobachtenden konfessionellen Blockbildung in den zwischenstaatlichen Beziehungen spielten konfessionelle Fragen in den Friedensprozessen eher eine untergeordnete Rolle. Vereinfachend wird man konstatieren können, dass Toleranz in den zwischenstaatlichen Friedensbemühungen in zweifacher Hinsicht Bedeutung erlangte, nämlich als soziale Praxis und als eigentlich innerstaatlich-obrigkeitliche Koexistenzregelung.

Friedensbemühungen und der dafür notwendige Eintritt in einen Dialog legten letztlich eine Überbrückung oder sogar Dissimulierung konfessioneller Differenzen nahe, um gemeinsame Norm- und Werthorizonte herstellen zu können. In der Regel riss auch im Rahmen militärischer Konflikte der Dialog zwischen konfessionellen Geg-

---

82 Ebd., S. 28; *Ulrich Niggemann*, ‚Peuplierung' als merkantilistisches Instrument: Privilegierung von Einwanderern und staatliche gelenkte Ansiedlungen, in: Jochen Oltmer (Hg.), Handbuch Staat und Migration in Deutschland seit dem 17. Jahrhundert, Berlin/Boston 2016, S. 171–218, hier S. 196f.; *Klueting*, Zeitalter, S. 355.
83 *Ribbe*, Brandenburg, S. 283–287.
84 *Niggemann*, Hugenotten, S. 50f.
85 *Schreiner/Besier*, Toleranz, S. 537–540; *Niggemann*, Peuplierung, S. 210–215.
86 *Guggisberg*, Toleranz, S. 172f. Vgl. hierzu auch Kapitel 4.

nern nicht ab. Das gilt etwa für den Dreißigjährigen Krieg, in dem die Konfliktlinien zwar nie eindeutig entlang konfessioneller Linien verliefen, der aber doch wesentlich geprägt war von konfessionellen Unterscheidungen. Verhandelt wurde parallel zum Kriegsgeschehen nahezu ständig, sodass sich der Krieg selbst auch als permanentes Scheitern von Friedensbemühungen lesen lässt.[87] Ermöglicht wurde dieses ständige Ringen um den Frieden durch die bereits angesprochenen Mechanismen, die Staatsräsondiskurse, pragmatisches Handeln, Sicherheitsbedürfnisse und normativ hoch angesiedeltes Friedensgebot als Gegengewichte zum konfessionellen Dissens stärkten, gerade weil die Friedensnorm es für alle Parteien notwendig machte, sich selbst öffentlich als friedenswillig zu inszenieren. Die Möglichkeit, auf der Basis gemeinsamer Werthorizonte und prinzipiell verhandelbarer Bedürfnisse miteinander im Gespräch zu bleiben, setzte ein gewisses Maß an praktischer Toleranz im Umgang der Unterhändler miteinander voraus. Langfristig wichtig dürfte die damit immer wieder aufs Neue eingeübte Dialogfähigkeit gewesen sein.[88] Gegenseitiges, auch konfessionell begründetes Misstrauen war jedoch dadurch ebenso wenig ausgeschlossen wie grundlegende Fremdheitserfahrungen auf Seiten der Diplomaten.[89] Das gilt nicht nur für temporäre Kongresssituationen, sondern ganz besonders auch für die seit dem 16. Jahrhundert vermehrt eingerichteten ständigen Vertretungen, die in fremdkonfessionellen Umgebungen durchaus eine Herausforderung darstellten.

Offenbar ging es in Friedensschlüssen selbst eher defensiv um den Schutz der Angehörigen der eigenen Konfession, um die Wahrung kirchlicher Besitzstände und bereits errungener Religionsausübungsrechte oder um die Zurückweisung von Interventionsansprüchen. So verzichtete Spanien im Vertrag von London (1604) auf Interventionsversuche zugunsten der englischen Katholiken. Hingegen versprach England, seine Unterstützung für die aufständischen Niederlande aufzugeben.[90] Hier waren also Regelungen getroffen worden, die die Vertragspartner gerade nicht zur Toleranz zwangen, sondern ihnen weitgehend freie Hand im Umgang mit in ihrem Herrschaftsgebiet befindlichen konfessionellen Abweichlern ließen.

Genau dieses Spannungsfeld von Nicht-Intervention und Schutz fremder Untertanen der eigenen Konfession betraf auch Fragen der Ehre und Reputation. Die französische Krone inszenierte sich als Schutzmacht für katholische Minderheiten und bemühte sich in den Verhandlungen um die Wahrung ihrer Ansprüche.[91] Insbesondere auf dem Westfälischen Friedenskongress mit seinen Restitutions- und Kompensati-

---

87 *Kampmann*, Europa, S. 183. Vgl. hierzu auch Kapitel 15.
88 *Eckert*, Art. „Toleranz", Sp. 622.
89 *Michael Rohrschneider/Arno Strohmeyer* (Hg.), Wahrnehmungen des Fremden. Differenzerfahrungen von Diplomaten im 16. und 17. Jahrhundert, Münster 2007.
90 *Schilling*, Konfessionalisierung, S. 475f.
91 *Olivier Chaline*, Le facteur religieux dans la politique française des congrès, de la paix de Westphalie à celle de Ryswick, in: Christoph Kampmann u. a. (Hg.), L'art de la paix. Kongresswesen und Friedensstiftung im Zeitalter des Westfälischen Friedens, Münster 2011, S. 555–573.

onsforderungen, der Neuordnung territorialer Zugehörigkeiten stellte sich die Frage nach dem Umgang mit konfessionell abweichenden Gruppen in verschärfter Weise. Das *ius reformandi* des Augsburger Religionsfriedens kompromisslos anzuwenden, hätte weitere tiefgreifende Konflikte in den Reichsterritorien verursacht, Menschen zur Konversion oder zur Auswanderung gezwungen und die jeweiligen Schutzmächte auf den Plan gerufen. Die Lösung bestand in einer Normaljahrsregelung.[92] Nicht nur wurde die Religionsausübung auf dieser Grundlage geregelt; Veränderungen in Form von Herrscherkonversionen oder territorialen Neuordnungen sollten künftig keine Auswirkungen mehr auf den Konfessionsstand haben, und in Konfessionsfragen sollten Mehrheitsentscheidungen auf dem Reichstag ausgeschlossen sein.[93]

An keiner Stelle war dabei von Toleranz die Rede. Vielmehr handelt es sich um rechtliche Bestimmungen, die Besitzstände festschrieben, korporativ verstandenen Gruppen Rechte gewährten und somit eine Art Minderheitenschutz etablierten. Allerdings war mit dem Recht auf Privatandachten immerhin ein gewisser Freiraum für das individuelle Gewissen berücksichtigt. Faktisch hieß dies, dass den jeweiligen Obrigkeiten reichsrechtlich auferlegt war, konfessionell Andere zu tolerieren und die Untertanen der Mehrheitskonfession zur Duldsamkeit anzuhalten. In diesem Sinne können die Regelungen des Westfälischen Friedens durchaus als relevant für die Frage nach dem Stellenwert von Toleranz im 17. Jahrhundert gelten. Man muss sich jedoch klarmachen, dass die Etablierung von Toleranz nicht das eigentliche Ziel war. Vielmehr ging es um die Beendigung eines langjährigen, äußerst gewaltsamen Konflikts, um das pragmatische Aushandeln von Kompromissen und die Wahrung je eigener Sicherheitsinteressen.

Es darf inzwischen als unstrittig gelten, dass der Westfälische Frieden nicht das Ende religiöser Konflikte und den Beginn einer säkularen Staatenordnung in Europa markierte. Vielmehr hat die Forschung sehr deutlich gezeigt, dass Religion als Faktor der zwischenstaatlichen Politik auch nach 1648 eine nicht zu unterschätzende Rolle spielte.[94] Entsprechend konfliktreich wurden religiöse Themen etwa im Kontext der Friedensverhandlungen von Rijswijk 1697 behandelt.[95] Neben den letztlich aussichtslosen Bemühungen hugenottischer Lobby-Gruppen um die Wiederherstellung des Edikts von Nantes[96] war vor allem das Ringen um die Rijswijker Klausel konflikthaft. Dabei ging es um die während des Neunjährigen Krieges von Frankreich besetzten pfälzischen Territorien und die währenddessen erfolgte Durchsetzung katholischer Religionsausübung. Frankreich erreichte die dauerhafte Anerkennung des Religions-

---

92 Vgl. dazu auch Kapitel 29.
93 *Kampmann*, Europa, S. 176.
94 *Jürgen Luh*, Unheiliges Römisches Reich. Der konfessionelle Gegensatz 1648 bis 1806, Potsdam 1995; *David Onnekink* (Hg.), War and Religion after Westphalia, 1648–1713. Foreign Policy, Religious Conflict and Public Discourse in post-Westphalian Europe, Farnham 2009.
95 Vgl. hierzu auch Kapitel 47.
96 *Niggemann*, Hugenotten, S. 33, S. 42.

ausübungsrechts der Katholiken in der Pfalz unter dem nunmehr katholischen Landesherrn aus der Linie Pfalz-Neuburg, was zur Einrichtung zahlreicher Simultaneen, also gemeinsam genutzter Kirchen, führte. Den zumeist reformierten Protestanten wurde folglich die Teilung ihrer Kirchen abverlangt, wogegen einige Reichsstände scharf protestierten.[97]

Die Rijswijker Klausel zeigt nicht nur die Konflikthaftigkeit konfessioneller Fragen im Reich noch Jahrzehnte nach dem Westfälischen Frieden, sondern auch die Ambivalenz von Toleranzpolitik. Auf der einen Seite kann man sagen, dass die protestantische Mehrheit gezwungen wurde, die katholische Minderheit zu tolerieren und ihr die Kirchen zu öffnen, also Pluralität zuzulassen. Auf der anderen Seite wurden ihr unter Zwang die Rechte an ihren Kirchen beschnitten und – ähnlich wie bei den Konflikten in Brandenburg – die einseitige Tolerierung der landesherrlichen Konfession gewaltsam durchgesetzt. Toleranz wurde so zum Machtmittel für die kirchenpolitischen Interessen der Obrigkeit.

Solche Überlegungen lassen sich noch für den Kontext der Revolutionskriege und der napoleonischen Eroberungen anstellen. Die von Frankreich besetzten Gebiete erhielten nun nicht nur Elemente der französischen Gesetzgebung, sondern auch die Religions- und Gewissensfreiheit.[98] Sie trat im Gewand der Modernisierung auf, war aber zugleich ein Mittel der Durchsetzung französischer Interessen, administrativer Durchdringung und moralischer Überlegenheitsgesten gegenüber dem nun sogenannten *Ancien Régime*.

7. Fazit

Der schlaglichtartige Überblick zeigt einerseits die aus einem Pluralisierungsschub resultierende Zumutung und Herausforderung für die vormoderne Welt Europas, die zunächst in einer Zunahme und Verfestigung von Praktiken und Begründungen von Intoleranz mündete. Andererseits wurden jedoch in der alltäglichen Bewältigung von Differenz auch Wege einer sozial-pragmatischen Toleranz gefunden. Hinzu traten obrigkeitliche Koexistenzregelungen, um inneren Frieden, Ordnung, Stabilität und Sicherheit zu wahren, besonders dann, wenn sich militärische Konfrontation und/oder Verfolgung als nicht praktikabel erwiesen hatten. Die dadurch eröffneten Spielräume, die Herausforderungen der Differenz ermöglichten zugleich Debatten und öffentliche Kommunikation über Toleranz und Intoleranz, die freilich auch der Polemik, der Unterscheidung und der Inszenierung bestimmter Positionen dienen konnten. Die zwischenstaatlichen Beziehungen, die bis ins 18. Jahrhundert hinein von religiösen

---

[97] *Klaus Malettke*, Hegemonie – multipolares System – Gleichgewicht. Internationale Beziehungen 1648/1659–1713/1714, Paderborn u. a. 2012, S. 445.
[98] *Horst Möller*, Fürstenstaat oder Bürgernation. Deutschland 1763–1815, Berlin 1998, S. 595–632.

Unterscheidungen geprägt waren, spiegelten vor allem die sozial-pragmatische Dimension und die obrigkeitlichen Versuche der Koexistenzregelung wider. Denn diese waren es, die im Umgang der Diplomaten miteinander wie auch in der Friedenssicherung gefordert waren. Ein gewisses Maß an pragmatischer Toleranz war nötig, um die Dialogfähigkeit zu erhalten. Formen des Minderheitenschutzes verringerten zugleich die Gefahr von äußeren Interventionen bzw. erleichterten den Abschluss von Verträgen unter Wahrung der Ehre aller Seiten, waren aber zugleich auch Gegenstand einer Vielzahl von Garantievereinbarungen. Jenseits aller Idealisierung spielte Toleranz somit durchaus eine Rolle in der frühneuzeitlichen Friedensstiftung und -sicherung.

Auswahlbibliographie / Select Bibliography

Assmann, Jan, Die mosaische Unterscheidung oder der Preis des Monotheismus, München 2003.
Battenberg, Friedrich, Das europäische Zeitalter der Juden. Zur Entwicklung einer Minderheit in der nichtjüdischen Umwelt Europas, 2 Bde., Darmstadt 1990.
Dreitzel, Horst, Gewissensfreiheit und soziale Ordnung. Religionstoleranz als Problem der politischen Theorie am Ausgang des 17. Jahrhunderts, in: PVS 36 (1995), S. 3–34.
Eckert, Georg, Toleranz, in: EdN 13 (2011), Sp. 619–629.
Forst, Rainer (Hg.), Toleranz. Philosophische Grundlagen und gesellschaftliche Praxis einer umstrittenen Tugend, Frankfurt a. M. u. a. 2000.
Friedrich, Karin, Von der religiösen Toleranz zur gegenreformatorischen Konfessionalisierung: Konfessionelle, regionale und ständische Identitäten im Unionsstaat, in: Hans-Jürgen Bömelburg (Hg.), Polen in der Europäischen Geschichte, Bd. 2: Frühe Neuzeit, Stuttgart 2017, S. 251–289.
Fuchs, Ralf-Peter, Ein ‚Medium zum Frieden'. Die Normaljahrsregel und die Beendigung des Dreißigjährigen Krieges, München 2010.
Grell, Ole P. u. a. (Hg.), From Persecution to Toleration. The Glorious Revolution und Religion in England, Oxford 1991.
Gotthard, Axel, Der Augsburger Religionsfrieden, Münster 2014.
Guggisberg, Hans R., Religiöse Toleranz. Dokumente zur Geschichte einer Forderung, Stuttgart/Bad Cannstatt 1984.
Kampmann, Christoph, Europa und das Reich im Dreißigjährigen Krieg. Geschichte eines europäischen Konflikts, Stuttgart 2008.
Kaplan, Benjamin J., Divided by Faith. Religious Conflict and the Practice of Toleration in Early Modern Europe, Cambridge (Mass.) 2009.
Klueting, Harm, Das Konfessionelle Zeitalter. Europa zwischen Mittelalter und Moderne. Kirchengeschichte und Allgemeine Geschichte, Darmstadt 2007.
Lecler, Joseph, Geschichte der Religionsfreiheit im Zeitalter der Reformation, 2 Bde., Stuttgart 1965.
Luh, Jürgen, Unheiliges Römisches Reich. Der konfessionelle Gegensatz 1648 bis 1806, Potsdam 1995.
Malettke, Klaus, Hegemonie – multipolares System – Gleichgewicht. Internationale Beziehungen 1648/1659–1713/1714, Paderborn u. a. 2012.
Niggemann, Ulrich, Hugenotten, Köln u. a. 2011.
Niggemann, Ulrich, ‚Peuplierung' als merkantilistisches Instrument: Privilegierung von Einwanderern und staatliche gelenkte Ansiedlungen, in: Jochen Oltmer (Hg.), Handbuch Staat und Migration in Deutschland seit dem 17. Jahrhundert, Berlin/Boston 2016, S. 171–218.

Niggemann, Ulrich, Die Anglikanische Kirche und die Herausforderung der Toleranz im England der späten Stuartzeit, in: Winfried Schröder/Sascha Salatowski (Hg.), Duldung religiöser Vielfalt – Sorge um die wahre Religion. Toleranzdebatten in der Frühen Neuzeit, Stuttgart 2016, S. 223–241.

Nipperdey, Justus, Die Erfindung der Bevölkerungspolitik. Staat, politische Theorie und Population in der Frühen Neuzeit, Göttingen 2012.

Onnekink, David (Hg.), War and Religion after Westphalia, 1648–1713. Foreign Policy, Religious Conflict and Public Discourse in post-Westphalian Europe, Farnham 2009.

Pečar, Andreas/Tricoire, Damien, Falsche Freunde. War die Aufklärung wirklich die Geburtsstunde der Moderne?, Frankfurt a. M. 2015.

Ribbe, Wolfgang, Brandenburg auf dem Weg zum polykonfessionellen Staatswesen (1620 bis 1688), in: Gerd Heinrich (Hg.), Tausend Jahre Kirche in Berlin-Brandenburg, Berlin 1999, S. 267–292.

Roeck, Bernd, Außenseiter, Randgruppen, Minderheiten. Fremde im Deutschland der frühen Neuzeit, Göttingen 1993.

Rohrschneider, Michael/Strohmeyer, Arno (Hg.), Wahrnehmungen des Fremden. Differenzerfahrungen von Diplomaten im 16. und 17. Jahrhundert, Münster 2007.

Schilling, Heinz, Konfessionalisierung und Staatsinteressen. Internationale Beziehungen 1559–1660, Paderborn u. a. 2007.

Schreiner, Klaus/Besier, Gerhard, Toleranz, in: GGB 6 (1990), S. 445–605.

Schulze, Winfried, Pluralisierung als Bedrohung: Toleranz als Lösung, in: Heinz Duchhardt (Hg.), Der Westfälische Friede. Diplomatie – politische Zäsur – kulturelles Umfeld – Rezeptionsgeschichte, München 1998, S. 115–140.

Venard, Marc u. a., Die religiösen Beziehungen in einem geteilten Europa, in: ders. (Hg.), Die Geschichte des Christentums. Religion – Politik – Kultur, Bd. 9: Das Zeitalter der Vernunft (1620/30–1750), Freiburg i. Br. u. a. 2010, S. 190–212.

Wrede, Martin, Das Reich und seine Feinde. Politische Feindbilder in der reichspatriotischen Publizistik zwischen Westfälischem Frieden und Siebenjährigem Krieg, Mainz 2004.

Niels F. May
31. Zeremoniell

Abstract: Ceremonial
Diplomatic ceremonial was a central element in the peace-making process of the early modern period: the form and content of negotiations cannot be separated. Diplomatic ceremonial articulated the status of the powers involved in negotiations and was thus always controversial and the subject of permanent discussion. Hence diplomatic ceremonial increasingly became an obstacle to peace talks. The consequence was standardization on the one hand and the de-formalization of peace negotiations on the other. The Westphalian peace conference occupies a key position in this process as the first European congress of diplomats. These negotiations not only served as a model; they also showed which areas of conflict should be avoided. The chapter traces the function of diplomatic ceremonial in the early modern period and draws attention to the dynamics of its development over three centuries.

1. Die Bedeutung des diplomatischen Zeremoniells bei frühneuzeitlichen Friedensverhandlungen

Schon vor den großen Attacken auf das diplomatische Zeremoniell des *Ancien Régime* während der Französischen Revolution,[1] die darin nur überkommenen Pomp sah, beklagte sich Jean-Jacques Rousseau (1717–1778) 1761 über die aus seiner Sicht unnötigen Zeremonialstreitigkeiten, die den frühneuzeitlichen Friedensverhandlungen immer wieder im Weg ständen. Zu viel Zeit würde bei den Verhandlungen für die Form des Tisches, die Titulaturen, die Kutsch- und die Sitzordnung usw. verwendet, sodass zu wenig für die Inhalte bliebe.[2] Diese Beobachtung ist vom heutigen Standpunkt aus nicht von der Hand zu weisen, denn die Gesandten der Epoche des *Ancien Régime* verbrachten bei den Friedensverhandlungen oft Wochen, Monate oder sogar Jahre mit der Klärung von Fragen, die das diplomatische Zeremoniell betrafen.[3] Dies fand in

---

1 Vgl. *Linda Frey/Marsha Frey*, „The Reign of Charlatans is over." The French Revolutionary Attack on Diplomatic Practice, in: JMH 65/4 (1993), S. 706–744, und *dies.*, The Culture of French Revolutionary Diplomacy. In the Face of Europe, Cham 2018, S. 97–139.
2 *Jean-Jacques Rousseau*, Extrait du projet de Paix Perpétuelle de Monsieur l'Abbé de Saint Pierre, in: Jean-Jacques Rousseau, Œuvre complètes, Bd. 3: Du contrat social. Écrits politiques, Paris 1964, S. 574f.
3 Die Formulierung ‚diplomatisches Zeremoniell' selbst ist ein Anachronismus, der in dieser Art und Weise erst im 18. Jahrhundert in Gebrauch kam. Prominent figuriert er im Titel von *Jean Rousset de Missy*, Le cérémonial diplomatique des cours de l'Europe Ou Collection des Actes, Mémoires & Relati-

nicht-endenden Aktenserien und Systematisierungen der Frühen Neuzeit zu Zeremonialstreitigkeiten seinen Niederschlag, die den Forschenden bei der Beschäftigung mit dem frühneuzeitlichen Friedensprozess begegnen.[4]

Unter dem Begriff ‚diplomatisches Zeremoniell' wird im Folgenden die Gesamtheit der formalisierten symbolischen Interaktionen zwischen den Gesandten verstanden, die mit dem Verhandlungsverlauf in Beziehung stehen und über den Status der Akteure Auskunft geben.[5] Dies reichte von den Bestimmungen, wer wen wo wie empfing, über die zu verwendenden Titulaturen für die Gesandten und ihre Herren (sowohl in der persönlichen Anrede als auch im Schriftverkehr) in Briefen und Verträgen bis hin zu Fragen der Sitzordnung bei den Verhandlungen oder der Reihenfolge der zu leistenden Vertragsunterschriften. Die Anzahl der Ehrerweisungen, die dem diplomatischen Zeremoniell zuzurechnen sind, schwankt in der Frühen Neuzeit. Während in der Mitte des 17. Jahrhunderts Denis Godefroy (1615–1681), französischer Hofhistoriograph und Verfasser wichtiger Schriften zum Zeremoniell in Frankreich, noch 19 Ehrzeichen unterschied,[6] reduzierte sich in der Zeit nach dem Westfälischen Frieden die Anzahl in knapp 30 Jahren auf drei: der Exzellenz-Titel für Gesandte mit dem Rang eines Botschafters (frz. ambassadeur), die Reihenfolge bei der ersten Visite bei neu ankommenden Gesandten und die Frage, wer bei den Verhandlungen die rechte Hand, also die vornehmste Position einnehmen durfte.[7]

Der *terminus technicus* ‚diplomatisches Zeremoniell' ist eine Kreation des frühen 18. Jahrhunderts (*cérémonial diplomatique* bei Rousset de Missy[8]) und existierte davor noch nicht. Das neugeschaffene Kompositum fokussierte bereits auf ein Verständnis von Diplomatie einerseits und von Zeremoniell andererseits, das aus den Entwicklungen des 17. Jahrhunderts und dort anzutreffenden Schwierigkeiten resultierte. Wenn also ‚diplomatisches Zeremoniell' als historisches Phänomen untersucht wird, ist es wichtig, diese Historizität im Blick zu behalten. Sonst besteht die Gefahr, den Unter-

---

ons qui concernent les Dignitez, Titulatures, Honneurs & Prééminence [...], Amsterdam/Den Haag 1739.

4 Zum systematisierenden Schriftgut vgl. *Miloš Vec*, Zeremonialwissenschaft im Fürstenstaat. Studien zur juristischen und politischen Theorie absolutistischer Herrschaftsrepräsentation, Frankfurt a.M. 1998.

5 Zur Definition des diplomatischen Zeremoniells vgl. den für die internationale Forschung immer noch einflussreichen Aufsatz von *William James Roosen*, Early Modern Diplomatic Ceremonial: A Systems Approach, in: JMH 52 (1980), S. 452–476; für die deutschsprachige Forschung *Barbara Stollberg-Rilinger*, Symbolische Kommunikation in der Vormoderne. Begriffe – Forschungsperspektiven – Thesen, in: ZHF 31 (2004), S. 489–527.

6 *Denis Godefroy*, Cérémonial françois, Bd. 2, Paris 1649, S. 771.

7 *Gottfried Wilhelm Leibniz*, Germani Curiosi Admonitiones [...], den Characterem der Fürstlichen Gesandten betreffend, in: Lotte Knabe/Paul Ritter (Hg.), Gottfried Wilhelm Leibniz. Sämtliche Schriften und Briefe, Bd. 2, 1677–1678, Berlin 1984, S. 364–378.

8 Vgl. *Niels F. May*, Zwischen fürstlicher Repräsentation und adliger Statuspolitik. Das Kongresszeremoniell bei den westfälischen Friedensverhandlungen, Ostfildern 2016, S. 35–37.

suchungsgegenstand auf genau die Komponenten zu reduzieren, die die Theoretiker und Praktiker des 18. Jahrhunderts als ausschlaggebend ansahen und somit gerade die Geschichtlichkeit des diplomatischen Zeremoniells auszuklammern.

Auch wenn das diplomatische Zeremoniell aus der Sicht Rousseaus als Belanglosigkeit vor dem Hintergrund der oft während der Verhandlungen andauernden Kampfhandlungen eingestuft wurde, so gab es in der Frühen Neuzeit lange Zeit ein Einverständnis darüber, dass es sich eben nicht um barocke Eitelkeiten, sondern um fundamentale Angelegenheiten handelte, bei denen man im äußersten Fall sogar bis zum Totschlag gehen konnte.[9] Dies resultierte aus der Repräsentationsfunktion, die die verwendeten Symbole und den Status der Verhandelnden in ein komplexes Verhältnis zueinander setzte.

Rousseau konnte nur deswegen zu einer sehr abweichenden Einschätzung kommen, da er in seiner Kritik ausdrücklich zwischen Verhandlungsformen und -inhalten trennte, wobei Letztere für ihn im Mittelpunkt stehen sollten. Aber gerade diese Trennung von Form und Inhalt wurde in der Frühen Neuzeit lange Zeit noch nicht von allen vorgenommen. Vielmehr sahen die Zeitgenossen, insbesondere die des 17. Jahrhunderts, im Zeremoniell die Sichtbarmachung ihres Status auf dem internationalen Parkett.[10] Zeremoniell war ein performativer Akt, der durch symbolische Kommunikation den Status der beteiligten Akteure sichtbar machte. Wenn durch symbolische Kommunikation beispielsweise bei einem Friedenskongress ein Botschafter der Seerepublik Venedig mit dem Botschafter Frankreichs gleichgestellt wurde, war dies für die Zeitgenossen nicht nur eine Formfrage, sondern dies visualisierte vor der europäischen Kongressöffentlichkeit die Machtverhältnisse zwischen den europäischen Fürsten. Diese Gleichbehandlung der Botschafter deuteten die Zeitgenossen nämlich als eine Ebenbürtigkeit zwischen dem König Frankreichs und der Markusrepublik und nicht als eine Frage der Form.

Zur Erklärung dieses Sachverhalts werden im Folgenden ein systematischer und ein chronologischer Zugang kombiniert. In einem ersten Teil wird die Funktion des Zeremoniells für die Frühe Neuzeit genauer herausgearbeitet, um die Relevanz dieses Themenkomplexes für die damalige Zeit aufzuzeigen. Anschließend werden die wesentlichen Etappen und Entwicklungslinien des diplomatischen Zeremoniells für das 16., 17. und beginnende 18. Jahrhundert nachgezeichnet. Im Vordergrund stehen die

---

9 Vgl. dazu den Londoner Zwischenfall 1661 zwischen den Botschaftern Frankreichs und Spaniens anlässlich des Einzugs des schwedischen Botschafters Graf Brahé. Vgl. dazu *Louis Lemaire*, L'ambassade du Comte d'Estrades à Londres en 1661, l'affaire „du pas", in: Annuaire-bulletin de la Société de l'histoire de France 71 (1934), S. 181–226; *Miguel-Ángel Ochoa Brun*, El incidente diplomático hispano-francés de 1661, in: Boletín de la Real Academia de la Historia 201 (2004), S. 97–159. Zu diplomatischen Zwischenfällen allgemein: *Lucien Bély/Géraud Poumarède* (Hg.), L'incident diplomatique. XVIe–XVIIIe siècle, Paris 2010.
10 Vgl. dazu *Michael Rohrschneider*, Reputation als Leitfaktor in den internationalen Beziehungen der Frühen Neuzeit, in: HZ 291 (2010), S. 331–352.

Zeremonialstreitigkeiten bei den internationalen Friedenskongressen des 17. und 18. Jahrhunderts, die teilweise als positive, teilweise als negative Beispiele stilbildend für das diplomatische Zeremoniell wurden. Dieses Hin und Her zwischen normativer Rahmung für die Verhandlungen durch das diplomatische Zeremoniell einerseits und die gleichzeitigen Bemühungen, die Verhandlungen von potenziellen Verhandlungshindernissen möglichst frei zu halten, andererseits, wird für die Darstellung als Leitfaden dienen. Anschließend an diesen chronologischen Durchlauf wird in einem abschließenden Abschnitt systematisch nach dem Bedeutungs- und Funktionswandel des diplomatischen Zeremoniells im vormodernen Friedensprozess gefragt.

2. Die Entwicklung des Gesandtschaftswesens seit dem Spätmittelalter und die Bedeutung des Repräsentationsgedankens

Seit dem 15. Jahrhundert intensivierten sich die Außenbeziehungen innerhalb Süd-, dann aber auch West- und Nordeuropas zunehmend. Auf der italienischen Halbinsel schickten die Machthaber nach dem Frieden von Lodi (1454) ständige Vertreter, um einerseits den eigenen Herren zu repräsentieren und andererseits, um von dort über die politischen Entwicklungen vor Ort zu berichten. Das System machte schnell Schule und wurde nach und nach in ganz Europa übernommen.[11]

Diese Intensivierung der diplomatischen Kontakte wurde durch eine zunehmende Verflechtung innerhalb des europäischen Mächtesystems notwendig. Heiratsallianzen einerseits und damit verbunden eine häufig expansiv betriebene Außenpolitik andererseits führten spätestens seit dem französischen Einfall in Italien 1494 zu einer Intensivierung der kriegerischen Aktivität, die durch die konfessionelle Dimension seit den 1530er Jahren weiter Aufschwung erhielt. In der Forschung wurde für diesen Prozess der Begriff der Bellizität geprägt, die unmittelbar in Zusammenhang mit der vormodernen Staatsbildung stand.[12]

---

[11] Die neuere Forschung relativiert den Bruch in der Mitte des 15. Jahrhunderts. Vgl. *Monica Azzolini/ Isabella Lazzarini* (Hg.), Italian Renaissance Diplomacy. A Sourcebook, Durham/Toronto 2017. Zur Entwicklung der internationalen Beziehungen insgesamt und zu den entsprechenden Instrumentarien vgl. *Alfred Kohler*, Expansion und Hegemonie. Internationale Beziehungen 1450–1559, Paderborn u. a. 2008; *Heinz Schilling*, Konfessionalisierung und Staatsinteressen (1559–1659), Paderborn u. a. 2007; *Klaus Malettke*, Hegemonie, multipolares System, Gleichgewicht. Internationale Beziehungen 1648/ 1659–1713/1714, Paderborn u. a. 2012; *Heinz Duchhardt*, Balance of Power und Pentarchie. Internationale Beziehungen 1700–1815, Paderborn u. a. 1997.

[12] Vgl. dazu *Johannes Burkhardt*, Die Friedlosigkeit der Frühen Neuzeit: Grundlegung einer Theorie der Bellizität Europas, in: ZHF 24 (1997), S. 509–574.

Die Rückseite der Medaille zu dieser gesteigerten kriegerischen Aktivität war die damit einhergehende intensivierte Bemühung zur Herstellung von Frieden, für die sehr unterschiedliche Instrumente entwickelt wurden.[13] Dazu gehören die Friedenspublizistik, das Völkerrecht und die Diplomatie. Hier sind insbesondere die beiden letzteren von Bedeutung. Durch die steigende Anzahl von Kriegen erhöhte sich im Laufe der Frühen Neuzeit auch die Zahl der Friedensschlüsse, die in aller Regel durch Gesandte ausgehandelt wurden und die als vertragliche Grundlage nach und nach zur Ausbildung des positiven Völkerrechts[14] beitrugen.

Kristallisationspunkt für diese Felder waren die großen Friedensschlüsse des 16. und insbesondere die Friedenskongresse des 17. und 18. Jahrhunderts. Die zu den Friedensverhandlungen entsandten Diplomaten spielten somit eine zentrale Rolle in der Ausbildung der internationalen Ordnung der Frühen Neuzeit, die in wesentlichen Teilen durch sie als Stellvertreter ihrer Fürsten ausgehandelt wurde.[15] Während sich in West- und Mitteleuropa im Laufe des 17. Jahrhunderts langsam ein international anerkanntes diplomatisches Zeremoniell herausbildete, trafen bei den Verhandlungen mit dem Osmanischen Reich lange Zeit ganz unterschiedliche Weltvorstellungen aufeinander,[16] die in entsprechende symbolische Ordnungen umgesetzt werden mussten.

Das seit dem Spätmittelalter bestehende Gesandtschaftswesen differenzierte sich vor dem Hintergrund dieser Dynamiken im Laufe der Frühen Neuzeit zunehmend.[17] Für das hier untersuchte diplomatische Zeremoniell sind vor allem die Differenzierung der Gesandtschaftsränge und die damit verbundene Entwicklung des Repräsentationsgedankens entscheidend. Bei den Verhandlungen gab es verschiedene Punkte, an denen sich Zeremonialstreitigkeiten ausbildeten, so zum Beispiel bei den Titulaturen in den Pässen für die Anreise zum Kongress, bei der Ankunft am Kongressort und den sich anschließenden Visiten, bei Anlässen im öffentlichen Raum während der Verhandlungen (beispielsweise Messen und Prozessionen oder Theateraufführungen) und bei der Vertragsunterzeichnung.

Im Laufe des 16. und beginnenden 17. Jahrhunderts entwickelte sich die Differenzierung zwischen den Gesandtschaftsrängen Botschafter (frz. *ambassadeur*), Gesand-

---

13 Es wäre ein Irrtum, in der Diplomatie nur ein Instrument zur Friedensschaffung oder -sicherung zu sehen. Vgl. dazu *Herbert H. Rowen*, The Ambassadors Prepares for War: The Dutch Embassy of Arnauld de Pomponne, 1669–1672, Den Haag 1957.
14 Vgl. hierzu auch Kapitel 6.
15 Vgl. hierzu auch Kapitel 26.
16 Vgl. hierzu auch Kapitel 19.
17 Zum mittelalterlichen Gesandtschaftswesen und zum Repräsentationsgedanken immer noch grundlegend: *Donald E. Queller*, The Office of Ambassador in the Middle Ages, Princeton 1967. Zur Entwicklung der Gesandtschaftsränge: *Erich H. Markel*, Die Entwicklung der diplomatischen Rangstufen, Diss. Erlangen 1951, und *André Krischer*, Das Gesandtschaftswesen und das vormoderne Völkerrecht, in: Michael Jucker u. a. (Hg.), Rechtsformen internationaler Politik. Theorie, Norm und Praxis vom 12. bis 18. Jahrhundert, Berlin 2011, S. 197–239.

ter (frz. *envoyé*), Resident (frz. *résident)* und Bevollmächtigter (frz. *plénipotentaire*) – die Zeitgenossen waren für die unterschiedlichen Ränge und die damit verbundenen Rechte und Pflichten sensibilisiert.[18] Die französische Terminologie wurde stilbildend, da sie beispielsweise im Vergleich zum Lateinischen höhere Präzision ermöglichte. Besondere Bedeutung kam dem Rang des *ambassadeur* zu, da *ambassadeurs* als höchste Repräsentanten ihrer entsendenden Fürsten fungierten. Re-präsentation ist hier, so die zeitgenössische Theorie, fast wörtlich zu verstehen: Ein *ambassadeur* machte seinen Herrscher vor Ort als dessen *alter ego* präsent, und entsprechend erhielten Botschafter tatsächlich zum Teil die gleichen Ehren wie ihr Entsender.[19] Sie durften beispielsweise vor dem König mit bedecktem Haupt sprechen. Diese Repräsentationsbeziehung zwischen Entsender und Gesandten erklärt auch, warum die Zeitgenossen den Zeremonialstreitigkeiten entsprechend viel Gewicht beimaßen: Es ging nicht nur um die Ehre eines Gesandten, sondern durch diese Abbildbeziehung stand zugleich auch die Ehre des Entsenders mit auf dem Spiel.[20]

Für die Friedensverhandlungen wurden vor allem ab der zweiten Hälfte des 16. Jahrhunderts bis in die erste Hälfte des 18. Jahrhunderts überwiegend Gesandte mit *ambassadeur*-Rang geschickt. Dadurch wurden die Verhandlungen durch das nunmehr vorerst zu klärende Zeremoniell belastet. Wenn zwei Gesandte mit dem Rang des *ambassadeur* aufeinandertrafen, galt es zuerst zu klären, ob ihre Entsender gleichgestellt waren oder in einem hierarchischen Verhältnis zueinanderstanden. Diese Fragen des Status der an den Verhandlungen beteiligten Akteure waren aber teilweise erst Gegenstand der Verhandlungen. Durch diese Verquickung der Behandlung der *ambassadeurs* mit der Verhandlungsführung durch die Repräsentation der fürstlichen Würde rückte das Zeremoniell ins Zentrum der Friedensverhandlungen. Erst wenn die Form der symbolischen Kommunikation bei den Verhandlungen geklärt war (egal ob es sich um direkte oder indirekte, schriftliche oder mündliche Verhandlungen handelte), konnte über die Inhalte gesprochen werden.[21] Unsicherheiten oder Streitfälle bezüglich der zu verwendenden Ehrerweisungen und somit des Status der Verhandelnden beeinträchtigten somit unmittelbar den Friedensprozess. Darüber hinaus lässt sich auch beobachten, dass die unterschiedlichen Parteien teilweise diese Zeremonialstreitigkeiten als Mittel zur Verhandlungsverzögerung einsetzten, um wäh-

---

18 Vgl. etwa die Beschreibung der unterschiedlichen Ränge und die damit verbundenen Rechte und Pflichten aus der Sicht der deutschen Zeremonialwissenschaft z. B. bei *Johann Christian Lünig*, Theatrum ceremoniale historicopoliticum [...], Leipzig 1719, S. 368.
19 Zur Entwicklung des Repräsentations- bzw. des Stellvertretergedankens vgl. *Hasso Hofmann*, Repräsentation. Studien zur Wort- und Begriffsgeschichte von der Antike bis ins 19. Jahrhundert, Berlin 1974, und *Mathias Schmoeckel*, Die Entwicklung der juristischen „Stellvertretung" im Kontext theologischer und juristischer Begrifflichkeiten, in: Orazio Condorelli u. a. (Hg.), Der Einfluss der Kanonistik auf die europäische Rechtskultur. Bd. 1: Zivil- und Zivilprozessrecht, Köln u. a. 2009, S. 107–135.
20 Vgl. dazu detailliert: *May*, Repräsentation, S. 53–73.
21 Zu den Verhandlungsformen und -techniken vgl. Kapitel 23.

renddessen auf dem Schlachtfeld neue Tatsachen zu schaffen. Der Grad der Formalisierung (also der Wechsel zwischen offiziellen und offiziösen Unterredungen) ermöglichte es, Friedensverhandlungen zu verlangsamen oder zu beschleunigen, und wurde teilweise geschickt für die Verhandlungsführung eingesetzt.

Außerdem konnten die jeweils geforderten Symbole und Ehrungen auch schon Verhandlungsergebnisse vorwegnehmen. Beispielsweise kann die Anerkennung der niederländischen Botschafter im Vorfeld der westfälischen Friedensverhandlungen bereits als wichtiger Schritt hin zur Unabhängigkeit interpretiert werden, da ab der zweiten Hälfte des 17. Jahrhunderts nur unabhängig verfassten Gemeinwesen das Recht zugestanden wurde, Gesandte mit dem Rang eines Botschafters zu entsenden.[22]

Prinzipiell wurde durch das Zeremoniell bis ins 17. Jahrhundert hinein eine hierarchische Ordnung zum Ausdruck gebracht, die auch den Ordnungsvorstellungen über das Verhältnis der verschiedenen Fürsten in den Außenbeziehungen entsprach. An der Spitze dieser Hierarchie standen lange Zeit Kaiser und Papst. Deren universeller Herrschaftsanspruch wurde aber seit dem 16. Jahrhundert vermehrt in Frage gestellt, und dies spiegelte sich auch im Zeremoniell, wo dem Kaiser immer weniger ein prinzipieller Vorrang vor den anderen weltlichen Herrschern eingeräumt wurde. Insbesondere Frankreich, aber auch England, versuchten im 17. Jahrhundert als zumindest mit diesen gleichgestellt akzeptiert zu werden.[23] Im Laufe des 17. Jahrhunderts transformierten sich die dem diplomatischen Zeremoniell zugrundeliegenden Ordnungsvorstellungen allmählich. Im Zeremoniell wurde nicht mehr prinzipiell eine Hierarchie der an den Verhandlungen beteiligten Akteure abgebildet, sondern zunehmend fungierte das Zeremoniell als ein System, über das die Zugehörigkeit zum Kreis der international zugelassenen Verhandlungspartner seinen Ausdruck fand.[24]

Die Verbindung von Form und Inhalt bei der gleichzeitigen Visualisierung einer Hierarchie der vormodernen Fürstengesellschaft bzw. der Visualisierung von Zugehörigkeit zu den völkerrechtlich anerkannten Verhandlungspartnern barg viele Probleme in sich. Auf diese Schwierigkeiten reagierten die Zeitgenossen in doppelter Weise: Einerseits wurde – wie auch im positiven Völkerrecht – durch die Praxis der Handlungsrahmen zunehmend begrenzt. Die westfälischen Friedensverhandlungen waren hier eine wichtige Wegmarke. Präzedenzfälle und deren Aufarbeitung in der deskripti-

---

22 Vgl. *Jan Heringa*, De eer en hoogheid van de staat. Over de plaats de Verenigde Nederlanden in het diplomatieke leven van de zeventiende eeuw, Groningen 1961, und *Thomas Maissen*, „Par un pur motief de religion et en qualité de Republicain". Der außenpolitische Republikanismus der Niederlande und seine Aufnahme in der Eidgenossenschaft (ca. 1670–1710), in: Luise Schorn-Schütte (Hg.), Aspekte der politischen Kommunikation im Europa des 16. und 17. Jahrhunderts. Politische Theologie – Res Publica-Verständnis – konsensgestützte Herrschaft, München 2004, S. 233–282.
23 Vgl. dazu beispielsweise *Heinz Duchhardt*, Imperium und Regna im Zeitalter Ludwigs XIV., in: HZ 232 (1981), S. 555–581.
24 Vgl. zu diesem Prozess *Barbara Stollberg-Rilinger*, Die Wissenschaft der feinen Unterschiede. Das Präzedenzrecht und die europäischen Monarchien vom 16. bis zum 18. Jahrhundert, in: Majestas 10 (2002), S. 125–150.

ven und normativen Literatur führten darüber hinaus zu einer zunehmenden Ambiguitätsreduktion der im diplomatischen Zeremoniell verwendeten Zeichen. Diese Bedeutungsfestschreibung innerhalb des benützten Zeichencodes räumte aber die Verhandlungshindernisse nicht aus dem Weg, sondern transformierte sie in fast unüberwindbare Hürden – denn sobald ein Zeichen eindeutig mit einem bestimmten Status in Verbindung gebracht wurde, wurde durch das Zu- bzw. Versagen dezidiert etwas über den Status des Verhandelnden ausgesagt. Deshalb bemühten sich die Zeitgenossen andererseits gleichzeitig um eine zunehmende Standardisierung bzw. Entformalisierung. Dadurch sollten die Verhandlungen möglichst von Debatten über die Form freigehalten werden, um den inhaltlichen Fragen mehr Zeit einzuräumen. Dieser dialektische Prozess von Bedeutungsfestschreibung und Entformalisierung dient im Folgenden als Narrativ für die chronologische Darstellung.

3. Entwicklung des diplomatischen Zeremoniells vom 16. bis ins 18. Jahrhundert

3.1 Die Bedeutung im 16. Jahrhundert

Im 16. Jahrhundert gab es im Bereich der außenpolitischen Verhandlungen – außer dem Stettiner Kongress 1570[25] – noch kaum Formen multilateraler Verhandlungen. Vor dem Dreißigjährigen Krieg wurde in der Regel bilateral zwischen den Kriegsparteien verhandelt – unter Umständen mit Hilfe eines Vermittlers. Auch war der Repräsentationsgedanke, der mit dem Rang des Botschafters verknüpft war, weniger entwickelt, und entsprechend waren Zeremonialfragen von weniger Gewicht. Zwar hatte es auch im 16. Jahrhundert zu Zeremonialstreitigkeiten kommen können, aber aufgrund des beschränkten Teilnehmerkreises war es unwahrscheinlicher, dass andere Verhandlungspartner durch Ehrerweisungen einen für Dritte umstrittenen Präzedenzfall schufen.

Für die Zeit des französisch-habsburgischen Antagonismus bis zum Ende des 16. Jahrhunderts lassen sich verhältnismäßig wenig Nachweise über Zeremonialstreitigkeiten ermitteln. Die Verhandlungen in Cateau-Cambrésis (1559) beispielsweise waren von einem großen Pragmatismus bestimmt,[26] nachdem die Verhandlungsparteien in Marck 1555 mit übermäßigen Zeremonien schlechte Erfahrungen gemacht hatten.[27]

---

25 *Lucina Turek-Kwiatkowska*, Der Stettiner Kongreß im Jahre 1570, in: Heinz Duchhardt (Hg.), Städte und Friedenskongresse, Köln u.a. 1999, S. 3–10, hier S. 7, berichtet, dass der Kaiser eine Gleichbehandlung vorschlug.
26 Vgl. *Bertrand Haan*, Une paix pour l'éternité. La négociation du traité du Cateau-Cambrésis, Madrid 2010, S. 77–84. Vgl. hierzu auch Kapitel 42.
27 Ebd., S. 23–35.

Erst nach der Abdankung Karls V. (1500–1558) im Jahre 1556 und der damit einhergehenden Trennung der Habsburgerlinie zwischen dem österreichischen (Kaiserkrone) und dem spanischen Zweig (Königskronen von Aragon und Kastilien) kam es auf internationaler Ebene immer wieder zu Auseinandersetzungen zwischen den Botschaftern des französischen und spanischen Königs. Dieser seitdem schwelende Präzedenzstreit wurde vielfach publizistisch verarbeitet und zu einer Art rangrechtlicher Modellfall für die Zeitgenossen.[28] Ein erster Höhepunkt wurde beim Konzil von Trient erreicht, als der spanische und französische Gesandte beim Gottesdienst anlässlich des Peter- und Paulfestes am 29. Juni 1563 aufeinandertrafen und sich die Spannungen über die ungeklärten Präzedenzfragen entluden. Das Zeremoniell zeigte hier zum ersten Mal seine Sprengkraft, die bis zu einem möglichen Verhandlungsabbruch reichen konnte.[29]

Für die weitere Entwicklung des Zeremoniells waren die Verhandlungen zwischen Spanien und Frankreich in Vervins 1598 ein wichtiger Präzedenzfall. Das französisch-spanische Spannungsverhältnis wurde bis zum Spanischen Erbfolgekrieg (1701–1713/14) immer wieder im Medium des diplomatischen Zeremoniells ausgetragen. Vervins hätte zumindest für die Zeremonialkonflikte zwischen Frankreich und Spanien durchaus für das 17. Jahrhundert zum Vorbild werden können. Der Papst, der sowohl in Vervins als auch bei den westfälischen Friedensverhandlungen als Vermittler fungierte, sah deswegen in den erfolgreich zum Abschluss gebrachten Verhandlungen von 1598 ein mögliches Vorbild für den Kongress in Münster und Osnabrück – Spanien und Frankreich hingegen wollten sich in den 1640er Jahren nicht auf diesen Präzedenzfall festlegen lassen.[30]

Für die Verhandlungen im 16. Jahrhundert sind deutlich weniger Zeremonialstreitigkeiten zu verzeichnen als für die Zeit danach, da ‚internationale' Zusammenkünfte, wie sie dann durch die Kongresspraxis des 17. Jahrhunderts die Regel werden sollten, keine wirkliche Entsprechung hatten. Außerdem erreichten die europäischen Verflechtungen im 16. Jahrhundert noch nicht die gleiche Dichte wie in der Zeit des Dreißigjährigen Krieges (1618–1648) und danach. Die Verhandlungen wurden im 16. Jahrhundert noch deutlich seltener durch Gesandte mit dem Rang des *ambassadeur*

---

28 Vgl. dazu mit weiterer Literatur *Thomas Weller*, „Très chrétien" oder „católico"? Der spanisch-französische Präzedenzstreit und die europäische Öffentlichkeit, in: Henning P. Jürgens/Thomas Weller (Hg.), Streitkultur und Öffentlichkeit im konfessionellen Zeitalter, Göttingen 2013, S. 85–127.
29 Vgl. dazu *Hubert Jedin*, Geschichte des Konzils von Trient. Bd. 4/2, Freiburg u. a. 1975, S. 61–66, und *Blas Cadado Quintanilla*, La cuestion de la precedencia España-Francia en la tercera assemblea del concilio de Trento in: HispSac 36 (1984), S. 195–214. Die kirchlichen Konzilien als multilaterale Zusammenkünfte hätten für die Gesandtschaftskongresse des 17. Jahrhunderts in Zeremonial- und Verfahrensfragen durchaus Vorbildfunktion übernehmen können, da viele strukturelle Ähnlichkeiten bestanden. Aufgrund der konfessionell bedingten Unterschiede der aufeinandertreffenden Parteien bei den Friedensverhandlungen des 17. Jahrhunderts wurde aber auf eine explizite Bezugnahme auf die Konzilspraxis verzichtet.
30 Vgl. *May*, Repräsentation, S. 84–87.

geführt und die Repräsentation der fürstlichen Würde war entsprechend noch nicht ins Zentrum der Verhandlungen gerückt.

3.2 Die Bedeutung im 17. Jahrhundert

Die eigentliche Blütezeit erlebte das diplomatische Zeremoniell im 17. und beginnenden 18. Jahrhundert. Dies erklärt sich insbesondere durch das Zusammenspiel einer gesteigerten kriegerischen Aktivität, der Etablierung des Kongresswesens als Form zur Friedenswiederherstellung bzw. Friedenswahrung[31] und der zunehmenden Verschriftlichung und theoretischen Durchdringung des Zeremoniells durch die Zeitgenossen.[32] Insbesondere die Kongresse, bei denen oft ein Großteil der die Außenbeziehungen der Frühen Neuzeit bestimmenden Mächte anwesend war, waren formbildend, wie es auch schon die Zeitgenossen in ihren Schriften immer wieder betonten.[33] Bei diesen internationalen Zusammenkünften war die Konfliktlage besonders schwierig: Durch die große Anzahl unterschiedlicher Verhandlungsteilnehmer, die in sehr unterschiedlichen Verhältnissen zueinander standen, wurden vor der europäischen Öffentlichkeit die Statuskämpfe der Beteiligten untereinander ausgetragen. Im Gegensatz zu bilateralen Verhandlungen war es möglich, dass auch Dritte durch ihr Verhalten Präzedenzfälle schufen, die dann für die übrigen Gesandten zum Problem werden sollten.

Eine Schlüsselstellung für die Evolution des diplomatischen Zeremoniells haben die westfälischen Friedensverhandlungen (1643–1648) zur Beendigung des Dreißigjährigen Krieges in Münster und Osnabrück.[34] Da es sich um den ersten Gesandtenkongress der Neuzeit handelte, bei dem beinahe ganz Europa mit Gesandten vertreten war, wurde er immer wieder als Beispiel bei nachfolgenden Kongressen zitiert. Viele bilateral schon länger schwelende Konflikte gerieten durch den Kongress erstmals in die europäische Kongressöffentlichkeit (zum Beispiel der Konflikt zwischen Venedig und den Kurfürsten).[35]

---

31 *Heinz Duchhardt*, Friedenskongresse im Zeitalter des Absolutismus. Gestaltung und Strukturen, in: Konrad Repgen (Hg.), Forschungen und Quellen zur Geschichte des Dreißigjährigen Krieges, München 1981, S. 226–239. Vgl. hierzu auch Kapitel 22.

32 Zur schriftlichen Durchdringung der Materie: vgl. *Vec*, Zeremonialwissenschaft.

33 Die Einschätzungen, welcher Kongress Schule machte, hingen nicht zuletzt von der zu verteidigenden Position ab. Vgl. dazu beispielsweise die Positionen von *Gottfried Stieve*, Europäisches Hof-Ceremoniel [...], Leipzig ²1723, S. 433f., und *Alexandre-Toussaint Limojon de Saint-Disdier*, Histoires des négociations de Nimègue, Paris 1680, fol. 7'–8, zur Bedeutung der Verhandlungen von Münster/Osnabrück bzw. Nijmegen.

34 Vgl. hierzu auch Kapitel 46.

35 Vgl. zur Stellung Venedigs im diplomatischen Zeremoniell der Frühen Neuzeit *Sergio Perini*, Il rango della Repubblica Veneta in una controversia sul cerimoniale diplomatico (1563–1763), in: AV 139 (2008), S. 61–93.

Da der Westfälische Friede in der Völkerrechtsgeschichte und in der Geschichte der internationalen Beziehungen häufig als die eigentliche Bruchstelle zwischen ‚vormodernen' und ‚modernen' internationalen Beziehungen identifiziert wird, wurden die Zeremonialstreitigkeiten bei den Verhandlungen in Münster und Osnabrück in der Forschung häufig mit der Frage nach der Anerkennung der Völkerrechtsfähigkeit in Verbindung gebracht. Gemäß dem ein Vierteljahrhundert später von Abraham de Wicquefort (1606–1682) formulierten Grundsatz, dass die Anerkennung eines Gesandten als *ambassadeur* mit der Anerkennung seines Entsenders als souverän im Sinne des Völkerrechts gleichzusetzen sei,[36] wurden die Fragen um die richtige Behandlung der Gesandten als Fragen der Aushandlung des völkerrechtlichen Status der Akteure verstanden.

Die Zeremonialkonflikte und ihre Lösungen während der westfälischen Friedensverhandlungen dürfen aber nicht überbewertet werden, da dieser Kongress nicht nur als Vorbild der Konfliktlösung dienen sollte, sondern auch als Beispiel, welche Konflikte es zu verhindern galt. Auch greift die Interpretation der Zeremonialkonflikte als Konflikte über die Völkerrechtsfähigkeit der Akteure zu kurz, da es sich eben noch nicht ausschließlich um ein diplomatisches Zeremoniell im modernen Sinne handelte, das von den Verhandlungsführern vor Ort und deren Interessen ganz absehen konnte.

In der Anfangsphase des Kongresses (1643–1644) zogen die Zeitgenossen sehr unterschiedliche historische Ereignisse wie das Trienter Konzil, bilaterale Übereinkünfte oder den Reichstag als mögliche Orientierungspunkte heran, aber keines der Beispiele konnte als verbindliche Lösung für die Verhandlungen dienen. Diese konkurrierenden Vorbilder führten schließlich zu einer Orientierungslosigkeit der Gesandten. Hinzu kamen die sehr unterschiedlichen Interessenssphären, die von den Gesandten bei den Verhandlungen vertreten wurden. Die Gesandten waren nicht nur Vertreter ihrer Fürsten, sondern vertraten bei den Verhandlungen zum Teil auch durchaus Eigeninteressen als Adlige, kirchliche Würdenträger oder als Vermittler. Diese beiden Faktoren, kombiniert mit der großen Anzahl von unterschiedlichen Mächten, die vor Ort vertreten waren, erklären auf formaler Ebene das hohe Konfliktpotenzial, das bei diesen Verhandlungen zutage trat.

Der Kongressverlauf wurde von unzähligen Zeremonialkonflikten beeinträchtigt. Systematisch können drei Konflikttypen unterschieden werden, die sich immer wieder als Friedenshindernis darstellten: erstens die oben beschriebenen Auseinandersetzungen von Herrschern durch ihre Stellvertreter im Medium des Zeremoniells. Ein gut untersuchter Fall für einen Zeremonialkonflikt dieser Art waren die Auseinandersetzungen zwischen Frankreich und Spanien bei den Verhandlungen in Münster.[37]

---

[36] *Abraham de Wicquefort*, L'ambassadeur et ses fonctions, Bd. 1, Den Haag 1681, S. 2.
[37] Vgl. dazu *Michael Rohrschneider*, Friedenskongress und Präzedenzstreit. Frankreich, Spanien und das Streben nach zeremoniellem Vorrang in Münster, Nijmegen und Rijswijk (1643/44–1697), in: Christoph Kampmann u. a. (Hg.), Bourbon – Habsburg – Oranien. Konkurrierende Modelle im dynastischen Europa um 1700, Köln u. a. 2008, S. 228–240.

Zweitens wurden im Zeremoniell auch Kämpfe über den persönlichen Status der Gesandten in der Adelsgesellschaft des *Ancien Régime* ausgetragen. So brachte beispielsweise Henri II. d'Orléans, Herzog von Longueville (1595–1663), französischer Hauptgesandter in Münster, in seiner Forderung nach dem Titel „Altesse" keinen Präeminenzanspruch des französischen Königs zum Ausdruck. Vielmehr unterstrich er durch das Prädikat seine eigene Position innerhalb des französischen und europäischen Adels. Gleiches gilt beispielsweise auch für die Forderung des kurkölnischen Gesandten Franz Wilhelm von Wartenberg (1593–1661), der als „Ihre Hochwohlgeboren" tituliert werden wollte. Die Verschränkung von persönlichem Status und der Repräsentation der fürstlichen *dignitas* führte dazu, dass die Gesandten ihre persönliche Statuspolitik gegenüber ihren Entsendern als fürstliche Repräsentationspolitik ausgeben konnten.

Ein drittes Konfliktfeld resultierte aus den Spannungen innerhalb der oft mehrgliedrig angelegten Gesandtschaften, in denen Adlige und Gelehrte gemeinsam bei den Verhandlungen agierten, aber in der Gesandtschaft somit unterschiedliche soziale Stellungen aufeinandertrafen. Sowohl Adlige als auch Gelehrte wurden als *ambassadeur* für die Verhandlungen akkreditiert, aber die Frage, ob ein Jurist, der einen Fürsten vertrat, einzig aufgrund des zugestandenen Verhandlungsranges behandelt werden musste wie ein Adeliger, war offen.

Die Konfliktdynamik wurde dadurch weiter gesteigert, dass diese drei Konfliktfelder sich nicht klar voneinander abgrenzen ließen, sondern häufig auf das engste miteinander verwoben waren. Bei all diesen Streitigkeiten, egal auf welcher Ebene sie ausgefochten wurden, ging es meist gleichzeitig um den Status der vor Ort Verhandelnden und der durch sie Repräsentierten, der durch bestimmte Symbole, sei es in schriftlicher oder mündlicher Rede, sei es in Handlungen, zum Ausdruck gebracht wurde – immer in Abhängigkeit vom Verhandlungsmodus (schriftlich vs. mündlich, mit Mediator vs. Direktverhandlungen).[38]

Aus der noch nicht vollständig vollzogenen Entkoppelung der unterschiedlichen Konfliktfelder resultierte eine hohe Ambiguität der verwendeten symbolischen Codes. Welcher Status für wen (beispielsweise für den Gesandten oder den Entsender) durch welche Symbole zum Ausdruck gebracht wurde, war noch Gegenstand eines Aushandlungsprozesses. Nicht nur war umstritten, wer von welchen Symbolen Gebrauch machen konnte, sondern auch, was durch die jeweiligen Symbole über den Status der Beteiligten zum Ausdruck gebracht wurde.

Diese Verweisfunktion, welches Zeichen für welchen Status stehe, wurde erst allmählich bei den Verhandlungen im 17. Jahrhundert festgelegt. Um die historische Entwicklung des diplomatischen Zeremoniells um die Jahrhundertmitte fassen zu können, dürfen derartige spätere Festlegungen nicht auf die Verhandlungen in Münster und Osnabrück projiziert werden. Die Überlappung der drei Konfliktfelder wiede-

---

38 Vgl. hierzu auch Kapitel 23 und 24.

rum dissimulierte, ob ein bestimmtes Zeichen einem Gesandten aufgrund seiner Funktion als Repräsentant königlicher Ehre oder als Vertreter des Adels gegeben wurde, in seiner Funktion als Mediator oder als Vertreter von kirchlichen Würden. Wenn beispielsweise der kurkölnische Gesandte Wartenberg kaum Probleme damit hatte, das von ihm geforderte Zeremoniell zu erhalten, so zeigen die zeitgenössischen Argumente, dass es hier nicht um die Anerkennung der Kurfürsten als Völkerrechtssubjekte ging, sondern dass Wartenberg das entsprechende Zeremoniell aufgrund seiner Abstammung und seines Rangs als geistlicher Fürst zugestanden wurde.

Ein Großteil des Zeichencodes des diplomatischen Zeremoniells, der in der systematisierenden Literatur des 17. und 18. Jahrhunderts analysiert wurde, erfuhr bei den Verhandlungen in Münster und Osnabrück eine entscheidende Prägung, so beispielsweise die sechsspännige Kutsche als Zeichen für die Repräsentanten eines als souverän anerkannten Herrschers oder der Titel Exzellenz für Gesandte mit dem Rang des *ambassadeur*. Die Auseinandersetzungen über die Legitimität der verwendeten Zeichen zeigen aber, dass auch für die Zeitgenossen die entsprechenden Prozesse noch nicht abschließend geklärt waren. Beispielsweise verzichtete Isaak Volmar (1582–1662), einer der Bevollmächtigten des Kaisers, anfangs auf die sechsspännige Kutsche, weil er sich diesen Zeichengebrauch für sich als niedrigen Adligen nicht anmaßen wollte.

Schon den zeitgenössischen Einschätzungen zufolge wurde bei den westfälischen Friedensverhandlungen zu viel Zeit auf die zeremoniellen Streitfragen verwendet, weswegen man sich in der zweiten Hälfte des 17. Jahrhunderts zwar immer wieder auf diese Verhandlungen bezog, aber eben nicht nur, um Präzedenzfälle zur Rechtfertigung der eigenen Position zu zitieren, sondern immer wieder auch, um zu zeigen, was es bei den zukünftigen Verhandlungen als Verhandlungshindernisse zu vermeiden galt. Insbesondere in der Zeremonialwissenschaft des Heiligen Römischen Reichs wurden die Verhandlungen von Münster und Osnabrück zum Modell stilisiert, da die Reichs- und Kurfürsten sich mit ihren jeweiligen Forderungen zum Teil durchsetzen konnten, was bei den späteren Verhandlungen nicht mehr im gleichen Maße möglich war.

Bereits in den nachfolgenden Verhandlungen zur Beendigung des Holländischen Krieges (1672–1679) in Nijmegen (1676–1679)[39] reagierten die Gesandten auf die in Münster entstandenen Probleme. Eine erste Lektion, die aus den Verhandlungen von Münster und Osnabrück gezogen wurde, war der Versuch, die offiziellen Einzüge der Gesandten abzuschaffen. Bei den Einzügen handelte es sich um den ersten Moment, in dem vor der Kongressöffentlichkeit die Macht des repräsentierten Fürsten zur Schau gestellt wurde. Mit der Abschaffung wurde aber das Problem nicht umgangen, sondern es verlagerte sich auf den nächsten offiziellen Anlass, die Visiten der Gesandten. Außerdem wurde für den Kongress in Nijmegen ein Reglement erlassen, das ver-

---

39 Vgl. hierzu auch Kapitel 47.

suchte, mögliche Zeremonialkonflikten vorzubeugen. Beispielsweise wurden feste Regeln für das Aufeinandertreffen von Kutschen festgesetzt, um die daraus resultierenden Konflikte von einer puren Machtdemonstration zu einer Frage von Regelbefolgung zu machen.[40]

Eine weitere Möglichkeit zur Verhinderung von Zeremonialstreitigkeiten bestand darin, den eigenen Status bei den Verhandlungen einfach ungeklärt zu lassen (in der Frühen Neuzeit als *incognito* bezeichnet).[41] Jedoch zeigte sich bei den Verhandlungen schon rasch, dass damit das Problem nur auf unbestimmte Zeit hinausgeschoben, aber nicht gelöst wurde.

3.3 Die Bedeutung im 18. Jahrhundert

Diese Tendenz, die einerseits die Problemlösungen aus dem Münsteraner Beispiel auf die folgenden Verhandlungen übertrug und sich andererseits um die Reduktion von konfliktträchtigen Anlässen bemühte, setzte sich im 18. Jahrhundert fort. Bei den Friedensverhandlungen von Utrecht (1713) zur Beendigung des Spanischen Erbfolgekriegs (1701–1714) wurde dann konsequent für die Verhandlung auf den Rang des *ambassadeur* verzichtet, um die Friedenssuche von formalen Hindernissen zu befreien – ähnliches war schon für die Verhandlungen in Rijswijk 1697 geplant gewesen. Ohne Botschafterrang waren die Gesandten auch juristisch gesehen keine Repräsentanten ihrer Entsender und mussten deswegen für die Verhandlungen nicht zuerst den formalen Status klären. Mit diesem fortschreitenden Ausklammern von Zeremoniell aus den Verhandlungen reagierten die Zeitgenossen auf die friedensverzögernde Wirkung des diplomatischen Zeremoniells.

Interessanterweise koinzidierte diese Aussetzung des diplomatischen Zeremoniells für die Verhandlungen und somit die Zurschaustellung von zwischenfürstlicher Hierarchie mit dem Ende des Universalismus als vorherrschender Denkfigur der Außenbeziehungen der Frühen Neuzeit. Seit dem frühen 18. Jahrhundert wurde die *balance of power* zur beherrschenden Metapher für das Verständnis der internationalen Beziehungen. Dieses Gleichgewicht spiegelt sich auch in der stückweisen Beschränkung des diplomatischen Zeremoniells als Friedenshindernis. Gleichzeitig setzte mit der Publikation archivalischer Materialien und den Vertragssammlungen zum beginnenden 18. Jahrhundert ein Prozess der Positivierung ein, der deutlich zeigte, dass sich in der Geschichte für die meisten Präzedenzfälle Für und Wider finden ließ. Dadurch wurde auch klar, dass die Fürstengesellschaft keine weiterhin allgemein akzep-

---

40 *Lothar Schilling*, Zur rechtlichen Situation frühneuzeitlicher Kongressstädte, in: Duchhardt (Hg.), Städte, S. 83–107.
41 Zum Inkognito in der Frühen Neuzeit vgl. *Lucien Bély*, La société des princes. XVIe–XVIIIe siècle, Paris 1999, und *Volker Barth*, Inkognito. Geschichte eines Zeremoniells, München 2013.

tierte Ordnungsvorstellung für eine Hierarchie unter den Fürsten mehr besaß, die zur Regelung möglicher Konfliktfälle hätte herangezogen werden können.

Diese Befreiung der Verhandlungen vom Zeremoniell setzte sich nach 1713 fort. Folgen dessen waren nicht zuletzt kürzere Kongressdauern und der Wandel des Verhandlungspersonals. Zunehmend wurde vor allem auf die Repräsentation der fürstlichen *potestas* gesetzt (im Gegensatz zum 17. Jahrhundert, wo die *dignitas* der Fürsten durch den Botschafterrang im Vordergrund stand). Das erklärt, warum immer mehr hochrangige Minister zu den Verhandlungen geschickt wurden. Die Gesandten trugen jetzt häufiger nur den Titel des *plénipotentiaire* (also des Bevollmächtigten), der für die fürstliche Macht stand, aber nicht für die fürstliche Würde. Wichtig wurde die tatsächliche Nähe zur *potestas* des Fürsten, wie es zum Beispiel die Bevollmächtigten beim Wiener Kongress belegen, wo auf einer der höchsten Ebenen verhandelt wurde (Talleyrand (1754–1838), Metternich (1773–1859), Castlereagh (1769–1822)).

4. Abschließende Bemerkungen

Diplomatisches Zeremoniell und die Möglichkeit, Frieden zu schließen, hingen in der Frühen Neuzeit unmittelbar zusammen, weil sich die Verhandlungsform nicht vom Verhandlungsinhalt trennen ließ. Genau diesen Zusammenhang erkannt zu haben, ist das große Verdienst der neueren, kulturwissenschaftlichen Diplomatiegeschichte.

Das diplomatische Zeremoniell hatte in der Frühen Neuzeit in erster Linie die Aufgabe, eine Ordnung – anfangs hierarchisch, später eher im Sinne von Zugehörigkeit – zwischen den einzelnen Herrschern Europas durch den Umgang zwischen deren Repräsentanten zu visualisieren. Aber gerade diese Ordnung war auf das Höchste umstritten, und das diplomatische Zeremoniell wurde ab der Mitte des 17. Jahrhunderts oft zu einem erheblichen Verhandlungshindernis. Die Verhandlungen waren aber nicht nur durch die Auseinandersetzungen zwischen den Herrschern belastet, die sie durch ihre Stellvertreter bei den Kongressen austragen ließen, sondern ein wesentliches Element der Entwicklungsdynamik des diplomatischen Zeremoniells beruhte auf den entsprechenden sozialen Abgrenzungslogiken der Ständegesellschaft des *Ancien Régime*, die ebenfalls dazu führten, dass das diplomatische Zeremoniell mehr Probleme stellte als löste. Zwischen 1500 und 1800 unterlag das diplomatische Zeremoniell selbst einer nicht immer linear verlaufenden Entwicklung, die sich nicht in eine immer noch weit verbreitete Professionalisierungshypothese frühneuzeitlicher Diplomatie einpassen lässt. Vielmehr zeigt sich das 16. Jahrhundert in manchen Aspekten als ‚moderner' als das 17. Jahrhundert. Gleichzeitig wandelte sich über den gesamten Zeitraum auch die Diplomatie als solches, was sich im Wandel der Verhandlungspraxis, der Verhandlungsführung und des Verhandlungspersonals spiegelt. Für die weitere Forschung gilt es, genau diese sich gegenseitig beeinflussenden, aber nicht immer klar voneinander zu trennenden Dynamiken stärker zu fokussieren.

Auswahlbibliographie / Select Bibliography

Bély, Lucien, La société des princes. XVIe–XVIIIe siècle, Paris 1999.
Bély, Lucien/Poumarède, Géraud (Hg.), L'incident diplomatique. XVIe–XVIIIe siècle, Paris 2010.
Quintanilla, Blas Cadado, La cuestion de la precedencia España-Francia en la tercera assemblea del concilio de Trento, in: HispSac 36 (1984), S. 195–214.
Duchhardt, Heinz, Friedenskongresse im Zeitalter des Absolutismus. Gestaltung und Strukturen, in: Konrad Repgen (Hg.), Forschungen und Quellen zur Geschichte des Dreißigjährigen Krieges, München 1981, S. 226–239.
Duchhardt, Heinz, Imperium und Regna im Zeitalter Ludwigs XIV., in: HZ 232 (1981), S. 555–581.
Duchhardt, Heinz, Balance of Power und Pentarchie. Internationale Beziehungen 1700–1815, Paderborn u. a. 1997.
Frey, Linda/Frey, Marsha, „The Reign of Charlatans is over". The French Revolutionary Attack on Diplomatic Practice, in: JMH 65/4 (1993), S. 706–744.
Heringa, Jan, De eer en hoogheid van de staat. Over de plaats de Verenigde Nederlanden in het diplomatieke leven van de zeventiende eeuw, Groningen 1961.
Hofmann, Hasso, Repräsentation. Studien zur Wort- und Begriffsgeschichte von der Antike bis ins 19. Jahrhundert, Berlin 1974.
Kohler, Alfred, Expansion und Hegemonie. Internationale Beziehungen 1450–1559, Paderborn u. a. 2008.
Krischer, André, Das Gesandtschaftswesen und das vormoderne Völkerrecht, in: Michael Jucker u. a. (Hg.), Rechtsformen internationaler Politik. Theorie, Norm und Praxis vom 12. bis 18. Jahrhundert, Berlin 2011, S. 197–239.
Lemaire, Louis, L'ambassade du Comte d'Estrades à Londres en 1661, l'affaire „du pas", in: Annuaire-bulletin de la Société de l'histoire de France 71 (1934), S. 181–226.
Malettke, Klaus, Hegemonie, multipolares System, Gleichgewicht. Internationale Beziehungen 1648/1659–1713/1714, Paderborn u. a. 2012.
Markel, Erich H., Die Entwicklung der diplomatischen Rangstufen, Diss. Erlangen, Erlangen 1951.
May, Niels F., Zwischen fürstlicher Repräsentation und adliger Statuspolitik. Das Kongresszeremoniell bei den westfälischen Friedensverhandlungen, Ostfildern 2016.
Ochoa Brun, Miguel-Ángel, El incidente diplomático hispano-francés de 1661, in: Boletín de la Real Academia de la Historia 201 (2004), S. 97–159.
Perini, Sergio, Il rango della Repubblica Veneta in una controversia sul cerimoniale diplomatico (1563–1763), in: AV 139 (2008), S. 61–93.
Queller, Donald E., The Office of Ambassador in the Middle Ages, Princeton 1967.
Rohrschneider, Michael, Friedenskongress und Präzedenzstreit. Frankreich, Spanien und das Streben nach zeremoniellem Vorrang in Münster, Nijmegen und Rijswijk (1643/44–1697), in: Christoph Kampmann u. a. (Hg.), Bourbon – Habsburg – Oranien. Konkurrierende Modelle im dynastischen Europa um 1700, Köln u. a. 2008, S. 228–240.
Rohrschneider, Michael, Reputation als Leitfaktor in den internationalen Beziehungen der Frühen Neuzeit, in: HZ 291 (2010), S. 331–352.
Roosen, William James, Early Modern Diplomatic Ceremonial: A Systems Approach, in: JMH 52 (1980), S. 452–476.
Schilling, Heinz, Konfessionalisierung und Staatsinteressen (1559–1659), Paderborn u. a. 2007.
Schilling, Lothar, Zur rechtlichen Situation frühneuzeitlicher Kongressstädte, in: Heinz Duchhardt (Hg.), Städte und Friedenskongresse, Köln u. a. 1999, S. 83–107.
Stollberg-Rilinger, Barbara, Die Wissenschaft der feinen Unterschiede. Das Präzedenzrecht und die europäischen Monarchien vom 16. bis zum 18. Jahrhundert, in: Majestas 10 (2002), S. 125–150.

Stollberg-Rilinger, Barbara, Symbolische Kommunikation in der Vormoderne. Begriffe – Forschungsperspektiven – Thesen, in: ZHF 31 (2004), S. 489–527.

Vec, Miloš, Zeremonialwissenschaft im Fürstenstaat. Studien zur juristischen und politischen Theorie absolutistischer Herrschaftsrepräsentation, Frankfurt a. M. 1998.

Weller, Thomas, „Très chrétien" oder „católico"? Der spanisch-französische Präzedenzstreit und die europäische Öffentlichkeit, in: Henning P. Jürgens/Thomas Weller (Hg.), Streitkultur und Öffentlichkeit im konfessionellen Zeitalter, Göttingen 2013, S. 85–127.

Sektion IV: **Friedenskultur: Medien und Vermittlung**
Peace Cultures: Media and Communication

Renger E. de Bruin und Alexander Jordan
32. Friedensfeiern und Gedächtniskultur

Abstract: Celebration and Memory of Peace
Peace celebrations in the seventeenth and eighteenth centuries were expressions of gratitude towards God, who had bent the hearts of the princes to end devastating wars and to promote peace and prosperity. Thanksgiving services were standard elements of the festivities, from modest Calvinist sermons to exuberant Catholic *Te Deum* masses. Music and prayer honored not only the Lord, but also kings and politicians, who ceased to be victorious warlords and became benevolent peacemakers. Festivities began with official announcements in the name of the sovereign and ended with spectacular fireworks. The texts of the peace treaties, medals and prints with pictures of the events, and above all monuments in stone, provided lasting memorials. Key peace treaties such as Westphalia or Utrecht were commemorated repeatedly, starting with a Silver Jubilee in 1738 and continuing to our times. The contemporary context is always highly visible for peace commemorations invariably convey a political message.

1. Einführung

Die Verkündung von Friedensschlüssen war und ist immer ein freudiges Ereignis, außer wenn es sich um als demütigend empfundene Vertragsschlüsse handelt, wie in Deutschland etwa der Versailler Vertrag von 1919. Frieden ist eine Erleichterung, in erster Linie für die leidende Bevölkerung auf den Kriegsschauplätzen, die nun wieder aufatmen kann. Der Vertragstext zwischen Großbritannien und Spanien von 1713 formulierte es folgendermaßen:

> Während es dem Obersten Herrscher über alles gefallen hat, hat er nach einem äußerst schmerzlichen Krieg, der fast die gesamte christliche Welt mit Blut und Schlachten zerstört hat, seiner göttlichen Milde verdankend, den Geist der an dem Streit beteiligten Prinzen zu Gedanken des Friedens und der Eintracht geführt, nachdem sie so lange von der Wut und Wucht der Waffen entflammt waren.[1]

Diese Erleichterung hat sich im Laufe der Jahrhunderte in Worten und Bildern ausgedrückt. Feiern nach dem Abschluss von Friedensverträgen bezeugen die Freude der Menschen, die von den Lasten des Krieges befreit sind und auf eine bessere Zukunft hoffen durften. Für die politisch Verantwortlichen bot die Verkündung von Friedens-

---

[1] https://en.wikisource.org/wiki/Peace_and_Friendship_Treaty_of_Utrecht_between_Spain_and_Great_Britain (abgerufen am: 29.01.2019); www.ieg-friedensvertraege.de/treaty/1713%20VII%202_13%20Friedensvertrag%20von%20Utrecht/t-1761-4-de.html?h=4 (abgerufen am: 13.02.2019).

schlüssen die Gelegenheit, ihre fürsorgende Rolle für das Gemeinwohl zu betonen. Abhängig von den Ergebnissen konnten Herrscher ihren Sieg feiern oder den Schaden begrenzen, indem sie Gewinne herausstellten und Verluste vernachlässigten. Mit der Verkündung des Friedens transformierten sich Könige von Kriegshelden zu Friedensengeln. Ludwig XIV. (1638–1715) beispielsweise ließ sich zumeist als siegreicher Herrscher Frankreichs darstellen und verherrlichte seine Eroberungen in zahlreichen Gemälden. Der Stillstand im Spanischen Erbfolgekrieg mit zuweilen sogar drohender Niederlage Frankreichs änderte seine Propaganda und er präsentierte sich fortan als ‚der' Friedenskämpfer in Europa.[2] Friedensfeierlichkeiten haben immer, sowohl im Spiel der Mächte als auch für die innenpolitische Unterstützung des Herrschaftssystems, eine entscheidende Rolle gespielt. Wo der Krieg die Fortsetzung der Politik mit anderen Mitteln ist, ist der Frieden die Fortsetzung des Krieges durch (Re-)Präsentation und Feierlichkeiten.

Im Folgenden wird es um verschiedene Aspekte der Friedensfeiern und -präsentation im 17. und 18. Jahrhundert gehen, sowohl in der zeitgenössischen Wahrnehmung als auch in derjenigen späterer Epochen. Im Blickpunkt stehen: offizielle Verkündungen, Feuerwerke, Danksagungen, Medaillen, Baudenkmäler und Jubiläen. Die wichtigsten Friedensverträge sind in diesem Zusammenhang der Westfälische Frieden (1648)[3] und der Frieden von Utrecht-Rastatt-Baden (1713–1714). Es waren pan-europäische Friedenskonferenzen, die lange und blutige Kriege beendeten, welche große Teile Europas und sogar der überseeischen Welt verwüstet hatten. Friedensverträge wie jene von Nijmegen (1678) und Rijswijk (1697)[4] erscheinen im Nachhinein wie bloße Waffenstillstände in einem vierzigjährigen Krieg.[5] Für Zeitgenossen war dies nicht so klar. Sie hatten Hoffnung auf dauerhaften Frieden. Kunstwerke und Verlautbarungen drücken dieses Gefühl aus. Der Vertrag von Utrecht und seine Folgeverträge schufen eine Machtbalance, die bis zur Französischen Revolution Bestand hatte. Zum ‚silbernen Jubiläum' 1738 feierte Europa ein Vierteljahrhundert Frieden, eine so lange Friedensperiode war im kollektiven Gedächtnis bis dato unbekannt. Die bald darauf folgenden Kriege waren für die Betroffenen hart, aber in Länge und Ausmaß nicht vergleichbar mit den bewaffneten Konflikten vor 1713. Natürlich wurden aber auch die Friedensverträge von Aachen (1748) und Hubertusburg (1763)[6] begrüßt und weithin gefeiert. Der hier gebotene Überblick über zeitgenössische Friedensfeiern wird mit Hubertusburg enden. Abschließend werden die Jubiläumsfeiern der Friedensverträge,

---

2 Vgl. *Solange Rameix*, From the warrior king to the peaceful king: Louis XIV's public image and the Peace of Utrecht, in: Inken Schmidt-Voges/Ana Crespo Solanes (Hg.), New Words? Transformations in the Culture of International around the Peace of Utrecht, London/New York 2017, S. 194–208.
3 Vgl. hierzu auch Kapitel 46.
4 Vgl. hierzu auch Kapitel 47.
5 Vgl. *David Onnekink*, Reinterpreting the Dutch Forty Year's War, Houndmills 2016.
6 Vgl. hierzu auch Kapitel 50.

angefangen mit dem silbernen Jubiläum von Utrecht im Jahre 1738 bis zum dreihundertjährigen Bestehen dieses Vertrags in den Jahren 2013–2015, betrachtet.

2. Offizielle Verkündungen

Nach der Unterzeichnung der Friedensverträge durch die verhandelnden Diplomaten und der Ratifizierung durch die Herrscher konnte der Frieden verkündet werden. Dies geschah meist auf öffentlichen Plätzen oder von Balkonen der Rathäuser oder Paläste. Manchmal wurde ein symbolischer Tag für die offizielle Verkündung gewählt. In niederländischen Städten und Dörfern wurde die freudige Botschaft des Friedens von Münster am 5. Juni 1648, genau 80 Jahre nach der Enthauptung zweier Adliger während der ersten Phase des niederländischen Aufstandes gegen Spanien – der später als Achtzigjähriger Krieg bezeichnet wird – öffentlich verlesen.[7] In den südlichen Niederlanden, die spanisch blieben, wurde ebenfalls der 5. Juni als Tag der Bekanntgabe gewählt. Ein anschauliches Bild solch einer Bekanntmachung sehen wir auf einem Gemälde von Cornelis Beelt (um 1612–nach 1664): *Die Verkündung des Friedens auf dem Grote Markt von Haarlem*.[8] Auf dem Balkon der Stadt, unter einem eigens für diesen Anlass gebauten Baldachin, stehen die Mitglieder der Stadtregierung und beobachten die Menge auf dem Platz, während ihnen die Friedensbotschaft verlesen wird. Eine Darstellung von jenseits der neu geschaffenen Grenze ist das Gemälde *Die Verkündung des Friedens von Münster auf dem Großen Markt von Antwerpen*.[9] Vor dem Rathaus war ein großes, temporäres Schaugerüst mit breiter Bühne aufgestellt, das als Plattform für die Verlesung dienen sollte. Die Bühne war voll von symbolischen Ornamenten wie einer Friedensgöttin mit einem Olivenzweig und einem Merkurstab in der Hand.[10] Vor der Bühne verfolgte eine große Menge das Verlesen der Nachricht. Für die meisten Zuschauer muss es unmöglich gewesen sein, die Worte zu hören, aber al-

---

7 Vgl. *James Kennedy*, A Concise History of the Netherlands, Cambridge University Press, Cambridge, 2017, S. 123; *Friso Wielenga*, Geschichte der Niederlande, Stuttgart 2016, S. 109. Das Rijksmuseum widmete 2018–2019 dem Thema eine Sonderausstellung: '80 jaar oorlog, de geboorte van Nederland'. Vgl. den Katalog Gijs van der Ham, 80 jaar oorlog, Amsterdam 2018.
8 *Cornelis Beelt*, Die Verkündung des Friedens auf dem Grote Markt von Haarlem, Öl auf Leinwand, 1648, Amsterdam Museum, Inv. Nr. SA 7449, in: Klaus Bußmann/Heinz Schilling (Hg.), 1648. Krieg und Frieden in Europa, 3 Bde., Münster/Osnabrück 1998, Katalogbd., Nr. 701, S. 235–236.
9 *Maximiliaen Pauwels* zugeschrieben, Die Verkündung des Friedens von Münster auf dem Großen Markt von Antwerpen, Öl auf Leinwand, 1648. Koninklijk Museum voor Schone Kunsten, Antwerpen, Inv. Nr. 234, in: Bußmann/Schilling (Hg.), 1648, Katalogbd., Nr. 695, S. 231–232.
10 *Erasmus Quetillinus d.J.*, Allegorische Personifikation der Pax (Teil des Schaugerüstes für die Verkündung des Westfälischen Friedens in Antwerpen), Öl auf Holz, 1648. Museum aan de Schelde (MAS), Antwerpen, Inv. Nr. AV 5661, in: Bußmann/Schilling (Hg.), 1648, Katalogbd., Nr. 696, S. 232. Vgl. hierzu auch Kapitel 34.

len war klar: Der Krieg ist vorbei und Antwerpen kann auf Prosperität und Handel hoffen.

Um die Nachricht vom Frieden weiter zu streuen, wurden Gravuren mit Bildern der Friedensverkündungen verbreitet. Ein Motiv war dabei die öffentliche Verlesung der Vertragswerke. Begleitet wurden diese Proklamationen oft durch mehrtägige Feiern, in denen die Bürger der Städte ihrer Freude über den endlich erreichten Frieden Ausdruck verliehen. Die Maler und Kupferstecher waren dabei nicht immer vor Ort und so entstanden häufig fiktive Szenerien. Deutlich wird das unter anderem an einem Stich von Pieter Schenk (1693–1775) zur Verkündung des Friedens von Rastatt am 6. März 1714. Er wählt eine fiktive Stadtkulisse und lässt den Herold – umrahmt von Trommlern und Fanfarenbläsern – in einem improvisiert anmutenden Akt den Friedenstext verlesen.

Die Verträge wurden in die Landessprache übersetzt und gedruckt, da die Originaltexte überwiegend in lateinischer oder französischer Sprache abgefasst waren, mit Ausnahmen, wie etwa des niederländisch-spanischen Vertrags in Münster, der auf besonderen Wunsch der Generalstaaten zusätzlich auf Niederländisch vorlag.[11] Im 18. Jahrhundert wurde Französisch für die Vertragstexte immer üblicher. Die Übersetzungen wurden kurz nach dem Friedensschluss veröffentlicht, beispielsweise die *Lang-verlangte und Durch Gottes Gnade erfolgte Friedens-Puncte, Welche zwischen Ihr. Röm. Käyserl. Maj. eines theils, und Ihr. Aller-Christlichsten Majestät, Königs in Franckreich, andern theils, Zu Rastadt den 6 Martii 1714. auffgerichtet, geschlossen zur Käyserl. Ratification nach Wien geschicket worden*, die im Jahr der Unterzeichnung 1714 gedruckt wurde.[12] Nicht nur die Vertragstexte wurden publiziert, sondern auch Beschreibungen der Verhandlungsabläufe und Darstellungen der Verhandlungsergebnisse. Die französische Krone hatte dazu ein eigenes Instrument, die Zeitschrift *Mercure de France*, die von 1672 bis 1714 erschien. Eine unabhängige Zeitschrift war der zwischen 1686 und 1782 in Den Haag veröffentliche *Mercure historique et politique*, der eine internationale Leserschaft bediente. Für deutsche Interessenten gab es von 1702 bis 1735 die *Europäische Fama*.[13] Die Akten des Friedens von Nijmegen (1678) wurden kurz nach den Verhandlungen als Sonderausgabe in Den Haag veröffentlicht.[14] Eine aus-

---

11 Vgl. *Andrea Schmidt-Rösler*, Die „Sprachen des Friedens". Theoretischer Diskurs und statistische Wirklichkeit, in: Heinz Duchhardt/Martin Espenhorst (Hg.), Utrecht – Rastatt – Baden 1712–1714. Ein europäisches Friedenswerk am Ende des Zeitalters Ludwigs XIV, Göttingen 2013, S. 256.
12 Vgl. *Martin Espenhorst*, Utrecht/Rastatt/Baden: Ein Frieden wird übersetzt. Translationsleistungen in Staatsrecht und Historie (1712–1815), in: Duchhardt/Espenhorst (Hg.), Utrecht – Rastatt – Baden, S. 284.
13 Vgl. *Benjamin Durst*, Den Frieden verkünden und erinnern, in: Hans-Martin Kaulbach (Hg.), Friedensbilder in Europa 1450–1815. Kunst der Diplomatie, Diplomatie der Kunst, Stuttgart 2013, S. 28–29.
14 Vgl. *Adriaan Moetjens* (Hg.), Actes et mémoires des négociations de la Paix de Nimègue, Den Haag 1679–1680; *Heinz Duchhardt*, Die Systematisierung und Typologisierung des Friedens. Das Vorwort von Casimir Freschots, "Histoire du Congrès et de la Paix d'Utrecht, comme aussi celle de Rastatt & de Bade", in: Duchhardt/Espenhorst (Hg.), Utrecht – Rastatt – Baden, S. 303.

führliche Beschreibung der Friedensverhandlungen von 1712 bis 1714 lieferte der Journalist und ehemalige Mönch Casimir Freschot (1640–1720) mit seinem umfangreichen, 500 Seiten starken Buch *Histoire du Congrès et de la Paix d'Utrecht* von 1716.[15] Freschot äußerte sich sehr kritisch, vor allem seinem Stammland Frankreich gegenüber und wurde in seinem undatierten Buch *Histoire amoureuse et badine du congrès de la ville d'Utrecht* sogar bissig. Es erschien in deutscher Übersetzung unter dem Titel: *Der galante Congress in der Stadt Utrecht oder Einige Zeit währender Friedensverhandlungen daselbst vorgefallene Liebes-Begebenheiten*.[16]

3. Feierlichkeiten

Freschot äußerte die Hoffnung „Dieu veuille cette Paix soit de longue durée" (dieser Frieden möge, so Gott will, von langer Dauer sein).[17] Dieses Wunschgebet zeugt von einer zentralen Bezugsgröße: Die Vertragstexte verwiesen immer auf Gott, wie etwa in der oben zitierten Präambel des britisch-spanischen Vertrags vom Juli 1713. Es wurde weithin angenommen, dass es der Allmächtige sei, der den Anstoß dafür gab, dass die Herrscher vom Krieg zum Frieden umschwenkten. Dankgottesdienste waren daher wesentliche Bestandteile der Feierlichkeiten. Es war von der Konfession abhängig, wie festlich diese Gottesdienste ausfielen. In der lutherischen und vor allem in den calvinistischen Traditionen waren diese schlicht, wobei das Hauptaugenmerk auf der Predigt lag.[18] Katholische *Te Deum*-Messen waren glanzvolle und pomphafte Ereignisse, die Gott und den König ehren und die enge Verbindung zwischen Thron und Altar unterstreichen sollten. Die anglikanische Tradition zeigt einen Mittelweg auf. Der prominenteste Dankgottesdienst der *Church of England* fand am 6. Juli 1713 in der *St. Paul's* Kathedrale in London statt. Der Bischof von Bath and Wells, George Hooper (1640–1727), vollzog die Predigt. Für die Musik hatte Königin Anne (1665–1714) Georg Friedrich Händel (1685–1759), den Kapellmeister des Kurfürsten von Hannover, beauftragt.[19] Georg von Hannover (1660–1727) war der designierte Nachfolger der kinderlosen Königin, der anstelle ihres katholischen Halbbruders James (1688–1766) die protestantische Nachfolge sicherstellen sollte. Auf diese Weise war der Dankgottesdienst nicht nur eine Feier des Friedens, sondern auch eine Demonstration des Protestantis-

---

15 Vgl. *Casimir Freschot*, Histoire du Congrès et de la Paix d'Utrecht, comme aussi celle de Rastadt & de Bade contenant les particularitez les plus remarquables & les plus interessantes desdites Negociations depuis leur premiere ouverture jusqu'à la conclusion de la Paix Generale, Utrecht 1716.
16 Vgl. *Heinz Duchhardt*, „Dieu veuille cette Paix soit de longue durée..." The History of the Congress and the Peace of Utrecht by Casimir Freschot, in: Renger E. de Bruin u. a. (Hg.), Performances of Peace. Utrecht 1713, Leiden/Boston 2015, S. 116.
17 Ebd., S. 114.
18 Vgl. zur Friedensbotschaft dieser Predigten auch Kapitel 36.
19 Vgl. hierzu auch Kapitel 35.

mus.[20] Als eigens für diesen Anlass komponiertes Stück ist Händels Musik immer noch als *Utrechter Te Deum* bekannt. Die Dankbarkeit für das Überleben des Protestantismus gegen die aggressive katholische Politik Ludwigs XIV. und seiner ‚Stuart-Marionette' war ein Echo der allgemeinen Erleichterung, die die Protestanten in den Feiern nach dem Westfälischen Frieden geäußert hatten. Sie waren froh, der Gegenreformation im vorangegangenen Krieg entronnen zu sein.[21]

Der Dankgottesdienst in *St. Paul's* war exklusiv für geladene Gäste. Andere Gottesdienste waren für ein breites Publikum ausgelegt. Alle sollten erfahren, wie es den Verantwortlichen – durch Gottes Gnade – gelungen war, Frieden zu stiften. Auch bei den nicht-kirchlichen Festen sieht man diese Diskrepanz zwischen öffentlichkeitswirksamen ‚Volksfesten' und erlesenen Banketten. Ein Beispiel von vielgestaltigen Festivitäten ist die Friedensfeier in Prag, am Sonntag, dem 24. Juli 1650: Glockengeläut erklang in der ganzen Stadt, in allen Kirchen gab es ein *Te Deum* und 108 Salven donnerten. Anschließend begannen in mehreren Stadtteilen Volksfeste:

> Unter andern wurden bey sothanen Triumph vor der vornehmsten Herren und Bürger-Häuser lustige grüne Mäyen, und zu Nacht vor die Fenster Lichter gestellet; etlicher Orten, auch auf der Brücke Freuden-Feuer angezündet, und auf dem kleinen Wasser-Hof oder Venedig, so dann vor der Stadt Feuerwercke geworffen, also daß dieser Tag in allen ehrlichen Freuden zurück geleget worden.[22]

Im ganzen Reich fanden in den Jahren nach der Verkündung des Westfälischen Friedens 181 Feste statt, meistens in den südlichen Ländern. Überall in Europa wurden zwischen 1648 und 1660 öffentliche Feste gefeiert, mit dem Pariser Fest 1660 (nach dem Pyrenäenfrieden) als absolutem Höhepunkt. Es war eine Machtdemonstration, sowohl für den jungen König Ludwig XIV. als auch für seinen ersten Minister, Kardinal Mazarin (1602–1661).[23]

Dass das Pariser Fest erst in dem auf den Friedensschluss folgenden Jahr gefeiert wurde, war nicht ungewöhnlich. Nicht nur brauchten prachtvolle Festivitäten viel Vorbereitungszeit, sondern zum Zeitpunkt der Friedensschlüsse war auch noch nicht überall der Frieden realisiert. Als am 24. Oktober 1648 in Münster die Glocken geläutet

---

20 Vgl. *Julie Farguson*, Promoting the Peace: Queen Anne and the Public Thanksgiving at St Paul's Cathedral, in: De Bruin u. a. (Hg.), Performances of Peace, S. 221–222.
21 Vgl. *Dietz-Rüdiger Moser*, Friedensfeiern – Friedensfeste, in: Klaus Garber/Jutta Held (Hg.), Der Frieden. Rekonstruktion einer europäischen Vision, München 2001, Bd. 1, S. 1135–1137.
22 *Johann Christian Lünig*, Theatrum ceremoniale historico-politicum, oder Historisch- und politischer Schau-Platz aller Ceremonien, welche so wohl an europäischen Höfen als auch sonsten bey vielen illustren Fällen beobachtet worden, Leipzig 1719, Bd. 1, S. 57–65, https://digi.ub.uni-heidelberg.de/diglit/drwLuenig1719/0082/image (abgerufen am: 01.02.2019). Vgl. *Claire Gantet*, Friedensfeste aus Anlass des Westfälischen Friedens in den süddeutschen Städten und die Erinnerung an den Dreissigjährigen Krieg (1648–1871), in: Bußmann/Schilling (Hg.), 1648, Bd. 1, S. 650.
23 *Gantet*, Friedensfeste, S. 650.

wurden, fanden bei Prag noch heftige Kämpfe zwischen Schweden und den Kaiserlichen statt.[24] Die Grenze zwischen Krieg und Frieden war manchmal hauchdünn.

Einige Feste hatten sogar militärischen Bezug. Eine Ölskizze aus dem Jahr 1648 zeigt die Amsterdamer Bürgermiliz, die den Frieden von Münster feiert, mit der Warnung: „Die Weisen lassen ihre Schwerter ruhen, aber nicht rosten".[25] In der oberschwäbischen Reichsstadt Ravensburg hingegen wurde eine spezielle Schützenscheibe auf den Frieden von Rastatt gestiftet. Diese ist wie eine Medaille gestaltet und zeigt einen Ölbaum mit Waffen und Trophäen, auf dem zwei weiße Tauben als Friedenssymbol sitzen. Der Text lautet: *MEDIIS CRESCEBAT IN ARMIS PAX RASTADIENSIS* (Der Friede von Rastatt erwuchs mitten aus Waffen). In der Scheibe sind Einschusslöcher erkennbar. So nutzten die Schützen ein Symbol des Friedens, um ihre Schießfertigkeiten – vielleicht auch für den nächsten Krieg – zu trainieren.

4. Feuerwerke

Die spektakulärste Form der Feier war die Aufführung eines Feuerwerkes. In den Aufzeichnungen zu den Festlichkeiten in Prag 1650 wurden Feuerwerke als ein Element erwähnt. Auch das prunkvolle Pariser Fest 1660 endete mit Feuerwerken.[26] Die Tradition ging zurück auf das Spätmittelalter. Die Pyrotechnik stammt ursprünglich aus China und kam über chinesisch-italienische Kontakte nach Europa. Die erste Erwähnung eines Feuerwerks in Italien gibt es für Vicenza im Jahr 1379.[27] Es verbreitete sich zügig im Heiligen Römischen Reich (zum Beispiel Wien 1438), Frankreich und den Niederlanden. In der Mitte des 16. Jahrhunderts wurden Feuerwerksgebäude in der Form von römischen Vestatempeln (mythologisches Symbol des Herdfeuers) errichtet.[28] Die Feuerwerksgerüste wurden immer kunstvoller mit klassischen Elementen verziert. Die temporär angelegten Bauwerke waren Holzkonstruktionen, dekoriert mit Gemälden und Skulpturen. Ein großes Gemälde auf Leinwand wurde als zentraler Blickfang positioniert. Im späten 17. Jahrhundert entwickelten sich sogenannte *Chassinetten*, also transparente Vorsätze, die auf geöltes Papier gemalt waren und die von hinten mit Kerzen oder Fett-Töpfchen beleuchtet wurden. Einfache Lichtquellen be-

---

24 Vgl. *Heinrich Lutz*, Das Ringen um deutsche Einheit und kirchliche Erneuerung. Von Maximilian I. bis zum Westfälischen Frieden 1490 bis 1648, Berlin 1989, S. 457.
25 *Govert Flinck*, Ölskizze für ‚Offiziere der Kompanie Jan Huydecoper van Maarsseveen feiern den Frieden von Münster', Öl auf Leinwand, Amsterdam Museum, Inv. Nr. SA 41181, in: Bußmann/Schilling (Hg.), 1648, Katalogbd., Nr. 699, S. 233–234.
26 Vgl. *Gantet*, Friedensfeste, S. 650.
27 Vgl. *Willem Frijhoff*, Fiery Metaphors in the Public Sphere: Celebratory Culture and Political Consciouness around the Peace of Utrecht, in: De Bruin u.a. (Hg.), Performances of Peace, S. 224.
28 Vgl. *M. van Hasselt*, Het barokke vuurwerk, Spiegel Historiael 6 (1971), S. 28.

leuchteten die Konturen der Holzkonstruktion von der Dämmerung bis zur Zündung des Feuerwerks. Die Spektakel wurden immer mehr verfeinert, bis hin zu Artilleristen, die mit Kanonenschüssen auch für die nötigen ‚Soundeffekte' sorgten.[29]

Zur Zeit des Westfälischen Friedens gehörten Feuerwerke zum Standard von Friedensfeiern. Für die Verträge von Westminster (1674), Nijmegen (1678) und Rijswijk (1697) wurden Feuerwerke abgebrannt. Ebenso wurden zu verschiedenen freudigen Ereignissen Raketen gezündet, zum Beispiel nach der Krönung des holländischen Statthalters Wilhelm III. (1650–1702) als König von England im Jahre 1689. Hauptschauplatz der Feuerwerke in der Republik der Vereinigten Niederlande waren die Wasserflächen bei den Regierungsgebäuden in Den Haag, *de Hofvijver*. Den Haag war Regierungszentrum der Provinz Holland und der ganzen Republik. Die Ständeversammlung von Holland und die Generalstaaten organisierten getrennte Feuerwerke, um sich als eigenständige Machtgremien zu profilieren. Für die Feier des Utrechter Friedens 1713 beauftragten die Generalstaaten den berühmten französischen Architekten Daniel Marot (1661–1752), der nach seiner Flucht aus Frankreich (als Hugenotte) für Wilhelm III. gearbeitet hatte. Marot entwarf für die Feuerwerke 1713 auf der Insel im *Hofvijver* ein sehr prachtvolles Gebäude von 17 Metern Höhe. Der Zentralbau war ein dem Gott Janus gewidmeter Friedenstempel in Form eines Triumphbogens, gekrönt von einer Frauenfigur, die den Frieden symbolisierte. Das zentrale Gemälde stellte mit mythologischen Figuren (Mercurius, Pax) den Frieden dar. Mit den Wappen der Generalstaaten und der sieben niederländischen Provinzen sowie eroberten Flaggen wurde die Republik als Siegesmacht präsentiert. Die holländische Ständeversammlung übertraf die Generalstaaten sogar noch mit ihrem eigenen Feuerwerk, entworfen vom Architekten Jacob Roman (1640–1715/16): Es war 62 Meter hoch und hatte eine Ausdehnung von 36 auf 50 Meter.[30]

In London wurde am Abend nach dem Dankgottesdienst in der *St. Paul's* Kathedrale ein Feuerwerk auf einem Gerüst in der Themse bei Whitehall aufgeführt. Die Feuerwerke nach dem Frieden von Aachen (1748) waren noch prachtvoller konzipiert als jene 35 Jahre zuvor. Für die Musik beim Londoner Feuerwerk hatte König Georg II. (1683–1760) Händel beauftragt, der erfahren schien im Genre ‚Friedensmusik'.[31] Ein Erfolg war es nicht. Zwischen dem Komponisten und seinem Auftraggeber gab es dauerhaft Streit und das Ergebnis fand wenig Anklang. Beim Feuerwerk lief zudem einiges aus dem Ruder: Verzögerungen beim Ablauf ließen Langeweile aufkommen und durch ein Missgeschick brannte ein Teil des Pavillons ab. Der Architekt Niccolò Servandoni (1695–1756) war so wütend, dass er den Feuerwerksmeister mit einem

---

29 Vgl. *Tolien Wilmer*, Het Hollands Vreede-vuur-werk. Vreugdevuurwerk afgestoken op 14 juni 1713 in de Haagse Hofvijver ter gelegenheid van de Vrede van Utrecht, Jaarboek Oud-Utrecht (2013), S. 181–182.
30 Vgl. *Wilmer*, Hollands, S. 184.
31 Vgl. hierzu auch Kapitel 35.

Schwert attackierte.[32] In Den Haag geriet das Feuerwerk anlässlich des Aachener Friedens zu einem Erfolg. Das Feuerwerkstheater war noch wesentlich größer als jenes beim Frieden von Utrecht.

Im nächsten Krieg blieben die Niederlande neutral. Den Kriegsparteien des Siebenjährigen Krieges jedoch gab der Doppelfrieden Paris-Hubertusburg wieder Anlass zum Feiern, natürlich auch mit Feuerwerken, wie am 22. Juni 1763 in Paris. Für diejenigen, die den Feuerwerken nicht beiwohnen konnten, gab es zahlreiche bildliche Darstellungen. Als Teil der Friedenspropaganda wurden zum Beispiel detaillierte Kupferstiche mit Beschreibungen verbreitet. Die Symbolsprache der Aufführungen wurde in getrennten Textseiten ausführlich erläutert. Um auch ein internationales Publikum zu bedienen, waren die niederländischen Stiche zweisprachig: neben der Landessprache auch in Französisch. Diese gedruckten Darstellungen waren sehr beliebt. Vom Haager Feuerwerk des 14. Juni 1713 sind 20 unterschiedliche Abbildungen überliefert. Aus den Niederlanden sind auch Feuerwerke aus Rotterdam und Leeuwarden bekannt. Die Aufführung auf der Themse im Juli 1713 wurde von dem englischen Graphiker Bernard Lens II. (1659–1725) in seiner Reihe *Fireworks* festgehalten.[33]

5. Erinnerungsarchitektur

Feuerwerke waren beeindruckend, aber die architektonischen Ausdrucksformen der Freude in Stein und Glas waren persistent. Die Bürgermeister von Amsterdam bestellten zum Gedenken an den Frieden von Münster für beide mittelalterlichen Kirchen in der Stadt Glasfenster.[34] Die Stadtregierung beschloss, einen echten Friedenstempel zu errichten: ein riesiges Rathaus, das mehr ein Palast als ein Verwaltungsgebäude war. Tatsächlich ist es heutzutage ein königlicher Palast. Die Entscheidung für das Projekt wurde am 18. Juni 1648 getroffen, dreizehn Tage nach der offiziellen Verkündung des Friedens von Münster in der niederländischen Republik. Das alte Rathaus und seine Nachbarbauten mussten abgerissen werden, um Platz für das umfangreiche Projekt zu schaffen. Der beauftragte Architekt war der klassizistische Künstler Jacob van Campen (1596–1657). Seine Entwürfe stießen sofort auf Begeisterung. Der einheimische Dichter Reyer Anslo (1626–1696) lobte den Entwurf in seinem Gedenkbuch *Olyfkrans der Vreede*.

---

32 Vgl. *German Penzholz*, Den Frieden feiern und besingen, in: Kaulbach (Hg.), Friedensbilder in Europa, S. 36.
33 Vgl. Malcolm Charles Salaman, The Old Engravers of England in Their Relation to Contemporary Life and Art 1540–1800, London 1907, S. 76; Malcolm Charles Salaman, The Graphic Arts of Great Britain, London/New York 1917, S. 96.
34 Vgl. *Barendina Bijtelaar*, Twee vredesglazen in de Oude Kerk te Amsterdam, in: Oud Holland 63 (1948), S. 49–59.

Die Grundsteinlegung erfolgte am 29. Oktober 1648. Ein Stein aus schwarzem Marmor erinnert noch immer an den Krieg gegen die drei Könige, Philipp (II.–IV.) von Spanien (1527–1598; 1578–1621; 1605–1665) und an die Friedensstifter, die Bürgermeister von Amsterdam. Der Nationaldichter Joost van den Vondel (1587–1679) schrieb bei dieser Gelegenheit ein ‚Baulied'.[35] Nach sieben Jahren war das Gebäude überraschend schnell fertiggestellt und am 29. Juli 1655 konnte das neue Rathaus eingeweiht werden. Sowohl das Äußere als auch das Innere waren voller Symbolik, die sich auf Frieden und Sieg bezog. Am prominentesten war eine Bronzestatue der Friedensgöttin mit einem Olivenzweig in der rechten und einem Merkurstab in der linken Hand. Aufgrund von Handelsinteressen hatte Amsterdam mehrere Jahre lang eine Friedenspolitik betrieben, die für die Verhandlungen in Münster wie ein Katalysator wirkte. Die Statue steht stolz auf dem Tympanon der Vorderfassade, direkt unter der Uhr, damit alle Bürger sie täglich bewundern konnten. Auch im Inneren befanden sich architektonische Ornamente, Skulpturen und Gemälde mit Referenz an den Frieden. Das Herz des Rathauses war der *Burgerzaal* (Bürgersaal), ein Symbol des stolzen Republikanismus. In der Halle überblickt die Jungfrau der Stadt den Eingang mit Oliven- und Palmenzweigen in der Hand. Zur Planung dieses Gesamtkunstwerks wendete man sich an die prominentesten Künstler der Zeit. Neben dem Architekten Van Campen gewann man den führenden Bildhauer Artus Quellinus (1609–1668) aus Antwerpen. Die Gemälde stammen von Rembrandt van Rijn (1609–1669) und seinen Schülern.

Ein vergleichbares Gebäude wurde 30 Jahre nach dem Westfälischen Frieden zum Gedenken an den Frieden von Nijmegen entworfen. Es ist nur als Modell vorhanden, erstmals 1696 beschrieben und 1788 von Herzog August von Sachsen-Weimar (1757–1828) erworben. Unter der Aufsicht von Johann Wolfgang von Goethe (1749–1832) wurde es restauriert.[36] Als es genau zweihundert Jahre später wiederentdeckt wurde, hatte man zunächst angenommen, dass es sich um ein Modell des Amsterdamer Rathauses handelt. Eine umfassende Untersuchung brachte ans Licht, dass es aus Anlass des Friedens von Nijmegen nur für die Friedensfeier geschaffen wurde. 2006 kaufte das Museum Het Valkhof in Nijmegen das Modell und es ist nun ein Besucherhighlight im Friedenssaal des Museums.[37]

Architektonische Denkmäler besonderer Art sind die historischen Orte der Friedensgespräche der Frühen Neuzeit. Die bekanntesten Beispiele sind die Friedenssäle in Münster und Osnabrück. Die Räume in den Rathäusern, in denen die Verhandlungen in den 1640er Jahren stattfanden, sind erhalten geblieben und haben sogar den Zweiten Weltkrieg überlebt. Teile der Innenräume und Vertäfelungen wurden aus-

---

35 Vgl. *Eymert-Jan Goossens*, Monumente des Friedens in den Niederlanden, in: Bußmann/Schilling (Hg.) 1648, Bd. 2, S. 632.
36 Vgl. *Marijke Carasso-Kok*, Een curieus werk. Oorlog en vrede verbeeld in een zeventiende-eeuwse maquette, Hilversum 2003.
37 Vgl. https://www.museumhetvalkhof.nl/actueel.html?start=215 (abgerufen am: 29.01.2019).

gebaut, versteckt und nach Kriegsende ab 1945 wieder eingebaut. Heute sind es Touristenattraktionen erster Güte. Die Friedenssäle befinden sich mehr oder weniger im Originalzustand. Der Friedenssaal (Roter Saal) im Aachener Rathaus wurde nach Kriegsschäden in seinen Zustand von 1748 zurückversetzt.[38] Im Raum erzählt ein Multi-Touch-Tisch die Geschichte des Friedens, aber da dieser Vertrag weit weniger bekannt ist als der Westfälische Frieden, scheint auch die Publikumsnachfrage geringer, zumal das kulturhistorische Profil der Stadt Aachen stärker auf Karl den Großen (747 oder 748–814) ausgerichtet ist.

Die Schweizer Stadt Baden wiederum fördert das Image des Friedens und des Tagungsortes, insbesondere seit den Feierlichkeiten im Jahr 2014. Der Tagsatzungssaal der Schweizerischen Eidgenossenschaft im Rathaus wurde 1714 für die Verhandlungen genutzt, befindet sich aber nicht mehr im ursprünglichen Zustand. Der Raum wurde zu Beginn des 20. Jahrhunderts komplett in neugotischem Stil eingerichtet. Zumindest das Rathaus als Gebäude ist noch vorhanden, ganz im Gegensatz zum Utrechter Rathaus, Ort der Friedensgespräche in den Jahren 1712–1714. Die Renovierung des Gebäudes in den 1820er Jahren war einschneidend. Tatsächlich erinnerte nichts an das historische Ereignis, das hier stattfand, bis anlässlich der Dreihundertjahrfeier 2013 ein kleines Hinweisschild angebracht wurde. In den Niederlanden war der Vertrag von Utrecht lange Zeit ein vergessenes Ereignis. Ein vollständig verschwundener Friedensstandort repräsentiert den Vertrag von Rijswijk. Schloss Huis ter Nieuwburg wurde zwischen 1786 und 1790 abgerissen.[39] Andere Schlösser als Verhandlungsorte haben sich erhalten. So etwa Schloss Hubertusburg, in dem in den Jahren 1762 und 1763 Verhandlungen über den Abschluss des Siebenjährigen Krieges geführt wurden.[40] Die Verhandlungen in Rastatt 1713–1714 fanden ebenfalls in einem Schloss statt, das sich allein schon von der Lage her dafür anbot. Beide Parteien mussten nämlich an ihre jeweiligen Landesgrenzen reisen, sodass niemand bevorzugt wurde. Zudem sicherte die gute Infrastruktur eine unkomplizierte Versorgung mit Lebensmitteln sowie ausreichende und standesgemäße Quartiere. Der Schauplatz der denkwürdigen Begegnung, das neue Schloss in Rastatt, war von Markgraf Ludwig Wilhelm von Baden (1655–1707) mit seiner Familie erst im Herbst 1705 bezogen worden. Der Architekt Domenico Egidio Rossi (1659–1715) hatte es 1697 ursprünglich als Jagdschloss entworfen, aber ab 1699 erfuhr es entscheidende Änderungen im Bau, hin zu einer befestigten Residenz. Erstmals an einem deutschen Fürstenhof wurde eine städtebauliche Orientierung an Versailles verwirklicht. Das Schloss ist heute ein Kleinod barocker Baukunst und hat sich komplett erhalten. Den unscheinbaren, holzgetäfelten Raum,

---

38 Vgl. http://rathaus-aachen.de/rundgang/friedenssaal/ (abgerufen am: 30.01.2019).
39 Vgl. *R. Chandali/H.H. Hutsing*, Ter Nieuwburg en de Vrede van Rijswijk, Rijswijk 1989; *Jos Stöver*, Kastelen en buitenplaatsen in Zuid-Holland, Zutphen 2000, S. 290–295.
40 Vgl. *Jörg Ludwig*, Schloss Hubertusburg als Ort der Friedensverhandlungen von 1762/63, in: Dirk Syndram/ Claudia Brink (Hg.), Die königliche Jagdresidenz Hubertusburg und der Frieden von 1763, Dresden 2013, S. 195–202.

in dem die Unterzeichnung stattfand, zierten bis in die Mitte des 19. Jahrhunderts Tintenflecken an der Wand, die von einem Wutausbruch Marschall Villars herrühren sollten.[41] Für die Ausstellung *Frieden für Europa. 1714–2014: 300 Jahre Rastatter Frieden* galt das Schloss Rastatt als zentrales und größtes ‚Ausstellungsobjekt'. Inszenierungen in den Räumen der Beletage sollten den turbulenten Betrieb im Schloss während der Verhandlungen wiederaufleben lassen.

6. Medaillen und Gedenkprägungen

Als weitere Erinnerungsstücke waren Medaillen, Schaumünzen und Gedenkprägungen mit besonders ansehnlicher Gestaltung zu besonderen Anlässen üblich. So sollten die denkwürdigen Ereignisse der Nachwelt überliefert werden. Schaumünzen entsprachen in Maßen und Gewicht den Umlaufmünzen, wurden aber in geringerer Anzahl geprägt. Meist wurden sie nur aufbewahrt oder gesammelt und nicht selten als Glücksbringer umgearbeitet. Früher wurden auch kunstvoll gestaltete Medaillen als Schaumünze bezeichnet, wohingegen es heute üblich ist, Münzen und Medaillen streng zu trennen. Die eigenständige Medaille ist eine Erfindung der Renaissance, in der sie einen künstlerischen Höhepunkt erreichte. Das Format kann rund, oval oder unregelmäßig sein.[42]

Die Friedensstädte verschenkten oft kostbare Stücke, um neben der kommemorativen Funktion auch bei einflussreichen Personen guten Willen für die Wünsche der Stadt zu gewinnen. Heute sind weit über 300 verschiedene Medaillen auf den Westfälischen Frieden bekannt, von denen fast 200 im Stadtmuseum Münster gesammelt sind. Einige Stücke stammen von dem Münsteraner Engelbert Ketteler, der als Münzmeister der Stadt (amt. 1638–1656) tätig war. Er produzierte mehrere silberne Medaillen, die er den in der Stadt weilenden Gesandten des Friedenskongresses zum Kauf anbot. Der Rat der Stadt gab wenig später den Auftrag für 20 goldene Friedenspfennige, deren Materialwert zwischen acht und zehn Dukaten betrug. Neben einer sehr detaillierten Ansicht der Stadt Münster von Südwesten auf der Vorderseite ist die Rückseite mit verschiedenen Triumph- und Friedensallegorien geschmückt. Zentrales Motiv sind zwei Hände, die aus Wolken herausragen und sich im Zentrum zu einem Handschlag vereinen.

Trotz der unterschiedlichen Motive folgen viele Münzen und Medaillen einem gemeinsamen Prinzip: Sie verbinden Portraits von Fürsten mit Panoramen der Friedens-

---

41 Vgl. *Carl von Beust*, Beschreibung des Großherzoglichen Schlosses in Rastatt, mit einer ausführlichen Darstellung des Lebens und der Thaten seines berühmten Erbauers, des Markgrafen Ludwig Wilhelm von Baden, des großen Feldherrn und Siegers über die Türken, Rastatt 1854, S. 17.
42 Vgl. *Wolfgang Steguweit*, Europäische Medaillenkunst von der Renaissance bis zur Gegenwart, Berlin 1995; *Torsten Fried*, Geprägte Macht. Münzen und Medaillen der mecklenburgischen Herzöge als Zeichen fürstlicher Herrschaft, Köln u. a. 2015.

städte und allegorischen Darstellungen. Für den Frieden von Nijmegen 1678 ist von J. van Dishoecke (1650–1723) eine Silbermedaille geschaffen worden, die im Vordergrund der Stadtansicht von Nijmegen sich begrüßende Gesandte zeigt und damit die Protagonisten hervorhebt. Für die Friedensschlüsse in Utrecht, Rastatt und Baden ist die Zahl der Medaillen geringer. Auf einer Medaille von Georg Friedrich Nürnberger (1650–1729) stehen sich die Portraits der beiden Feldherren gegenüber, mit der Umschrift *OLIM DVO FVLMINA BELLI* (Einst zwei Blitzstrahlen des Krieges). Eine zeitlose Beschreibung, die das Verhältnis charakterisiert: Zwei Feldherren, die die Schrecken des Krieges gesehen haben und nun zur Friedenssuche eingesetzt werden. Dies wird sogar in der Gestaltung der Münze deutlich, da die Waffen zu Friedenswerkzeugen umgeformt sind: Der umgedrehte Helm des Kämpfers dient dem die Friedensurkunde schreibenden Putto als Tintenfass.[43]

Anlässlich des Friedens von Baden 1714 wurden ebenfalls Gedenkmünzen herausgegeben. Beispielsweise sind die Büsten Kaiser Karls VI. (1685–1740) und König Ludwigs XIV. zu sehen. Die Umschrift widmet sich der „Wiederherstellung glücklicher Zeiten". Auf der Rückseite setzen die auf Wolken schwebenden Götter Jupiter und Apollon die gespaltene Erdkugel wieder zusammen.

Für den Friedensschluss von Hubertusburg hat beispielsweise Johann Leonhard Oexlein (1715–1787) eine Medaille entworfen, die auf der Vorderseite einen stehenden Genius mit Zepter und Ähre sowie einen pflügenden Bauern darstellt, begleitet von der Inschrift *IAM REDIRE AUDET* (Schon wagt er zurückzukehren). Die Rückseite zeigt den Ort des Friedensschlusses, das Schloss von Hubertusburg, darüber schwebt die Fama, die vom Friedensschluss kündet (*NUNCIA PACIS*).

Gedenkprägungen wurden auch zu den wiederkehrenden Jubiläen der Friedensschlüsse herausgegeben, im Jahr 1748 beispielsweise durch die freie Reichsstadt Leutkirch, die mit einer Gedenkmedaille der 100. Wiederkehr des Westfälischen Friedens gedachte. Darauf ist unter anderem eine turmreiche Stadtansicht unter dem strahlenden Auge Gottes dargestellt. Gedenkprägungen existieren bis in die heutige Zeit; für Münster beispielsweise zuletzt zur 350-Jahrfeier 1998 in größerem Umfang. Nicht nur zur Erinnerung werden Medaillen geschaffen, sondern der Friedensschluss selbst wird zur Medaille, etwa bei der alle zwei Jahre verliehenen ‚Frieden von Nijmegen-Medaille'. Die Stadt und Universität Nijmegen wie auch das niederländische Außenministerium vergeben diese Medaille für Friedensförderung und europäische Integration.

---

43 Vgl. *Friedrich Wielandt*, Münzen und Medaillen zur Geschichte des Türkenlouis und der Stadt Rastatt, in: ZGO 118 (1970), S. 307–351, Nr. 58.

7. Gedenkveranstaltungen in späteren Jahren

Wie gezeigt wurde, haben bereits die erleichterten Zeitgenossen Friedensverträge gefeiert. Spätere Generationen nahmen runde Jubiläen zum Anlass, um an die freudigen Ereignisse erneut zu erinnern, vor allem, wenn der Frieden nationales Selbstbewusstsein stärkte, wie für die Niederländer im Frieden von Münster. Ein frühes Beispiel für ein solches Jubiläum war das silberne Jubiläum des Vertrags von Utrecht im Jahre 1738. Ein ungewöhnliches Objekt hierzu war ein niederländisches Brettspiel, das zu diesem Anlass herausgegeben wurde. Es ist wie ein Gänsespiel gestaltet, beginnend mit dem Aufstand gegen Philipp II. von Spanien und endend mit dem Jubiläum („*het jubeljaar van de vrede*").[44]

Einhundert Jahre nach dem Westfälischen Frieden endete der Österreichische Erbfolgekrieg, beigelegt mit dem Frieden von Aachen am 18. Oktober 1748. Bei Hundertjahrfeiern zum Westfälischen Frieden im selben Monat wurde die „Weisheit der Vorfahren" betont.[45] Auf protestantischer Seite wurde vor allem der Religionsfrieden gefeiert. Dies äußerte sich neben Gottesdiensten in Musikaufführungen, Feuerwerken und Gedenkprägungen von Münzen.[46] Beim hundertjährigen Jubiläum des Friedens von Utrecht im Frühling 1813 war die aktuelle Lage weit von Frieden entfernt. Der Kampf gegen Napoleon (1769–1821) wütete und die Niederlande waren noch Teil des französischen Kaiserreichs. Die Zweihundertjahrfeier des Westfälischen Friedens im Revolutionsjahr 1848 stand in den Niederlanden stark im Zeichen des Nationalismus und wurde in Deutschland – unter dem Eindruck des Vormärz und der sich ankündigenden Revolution – kaum begangen.

Das dreihundertjährige Jubiläum des Westfälischen Friedens 1948 war eher das Gegenteil. Hier waren die Schatten des Zweiten Weltkriegs präsent. Museen in Frankreich und in Deutschland organisierten große Ausstellungen. Die französischen Veranstaltungsorte waren das Palais Rohan in Straßburg (*L'Alsace française 1648–1948*) und das Hôtel de Rohan in Paris (*La Paix de Westphalie, 1648*). Zentrales Thema war die territoriale Integrität Frankreichs nach der traumatisierenden deutschen Besatzung zu Beginn des Jahrzehnts.[47] Die Ausstellungen waren von Konferenzen und Festen umgeben, wie z.B. Tänzen in traditioneller elsässischer Tracht. Die Ausstellung *300 Jahre Westfälischer Frieden* im Landesmuseum in Münster erweckte die Gegensätze des Nationalismus. Das Dekor der zerstörten Stadt zeigte deutlich die Schattenseiten von übertriebenem Nationalstolz. Die Deutschen wollten die Aussöhnung der Völ-

---

44 Vgl. *Pieter Paupie* (Hg.), Brettspiel Geschichte von Holland, Stich, 1738, Private Sammlung Utrecht, Katalog Nr. 95 in: Renger de Bruin/Maarten Brinkman (Hg.), Friedensstädte. Die Verträge von Utrecht, Rastatt und Baden, 1713–1714, Petersberg 2013, S. 184–185.
45 *Herbert Langer*, Kulturgeschichte des 30jährigen Krieges, Leipzig 1978, S. 257.
46 Vgl. *Moser*, Friedensfeiern, S. 1139.
47 Vgl. *Jane O. Newman*, Memory Theatre: Remembering the Peace after Three Hundred Years, in: De Bruin u. a. (Hg.), Performances of Peace, S. 254–260.

ker vorantreiben. Die Eröffnung am 24. Oktober 1948 im wiederaufgebauten Friedenssaal war eine Lobeshymne auf ein gemeinsames Europa.[48]

Internationalismus und europäische Integration waren auch 50 Jahre später die Botschaft der Gedenkfeier, obwohl der Kontext ein anderer war. Nicht die Nachkriegsruinen, sondern der Optimismus nach dem friedlichen Ende des Kalten Krieges und die Hoffnung auf eine europäische Einigung nach dem Vertrag von Maastricht von 1992 waren die ausschlaggebenden Faktoren. Der Titel betonte die kontinentale Dimension: *1648 Krieg und Frieden in Europa*. Das Gedenken wurde ein riesiges Ereignis. Für die Eröffnung am 24. Oktober 1998 war der Friedenssaal in Münster bei weitem nicht groß genug. Man nutzte den Domplatz, um alle eingeladenen Gäste zu empfangen, darunter zwanzig Staatsoberhäupter der im Jahr 1648 beteiligten Länder als Ehrengäste. Die zentrale Ausstellung hatte drei simultane Schauplätze: das Westfälische Landesmuseum für Kunst und Kulturgeschichte in Münster, das Kulturhistorische Museum in Osnabrück und die Kunsthalle Dominikanerkirche, ebenfalls in Osnabrück. Insgesamt wurden in dieser gemeinsamen Ausstellung 1.260 Objekte von 317 Institutionen in 18 Ländern gezeigt.[49] Der dreibändige Katalog enthielt Beschreibungen der Objekte und 71 Aufsätze.[50] Natürlich war die Hauptausstellung von kleineren Ausstellungen und einer Reihe von Konzerten, Konferenzen und anderen Veranstaltungen umgeben.[51] Die Gedenkfeiern von Münster-Osnabrück waren ein Musterbeispiel für die Dreihundertjahrfeier des Friedens von Utrecht im Jahr 2013.

Die Initiative hierzu ging von den Regierungen der Stadt und der Provinz Utrecht aus, welche die Gendenkfeier als Grundlage für ihre Bewerbung als Europäische Kulturhauptstadt nutzen wollten.[52] Letztendlich scheiterte die Bewerbung im Dezember 2012, aber zu dieser Zeit waren die Vorbereitungen weit genug vorangeschritten und die große Feier nicht mehr gefährdet. Gerade wegen des Kontextes der Kulturhauptstadt war die geplante Gedenkfeier stark in der politischen Agenda positioniert und das wirkte sich im Jubiläumsjahr 2013 auch aus. Es gab aber auch deutliche historische Elemente, wie die jährliche Aufführung von Händels *Utrechter Te Deum* im Utrechter Dom, mit dem Höhepunkt eines Konzertes am eigentlichen Gedenktag

---

48 Ebd., S. 261; *Heinz Duchhardt*, Das Feiern des Friedens. Der Westfälische Friede im kollektiven Gedächtnis der Friedensstadt Münster, Münster 1997, S. 89.
49 Vgl. *Renger E. de Bruin/Alexander Jordan*, Commemorations compared: Münster-Osnabrück (1998) and Utrecht-Rastatt-Baden (2013–2014), in: Inken Schmidt-Voges u. a. (Hg.), Pax Perpetua. Neuere Forschungen zum Frieden in der Frühen Neuzeit, München 2010, S. 83.
50 Vgl. *Bußmann/Schilling* (Hg.), 1648.
51 Vgl. Frieden als Aufgabe. 350 Jahre Westfälischer Friede. Die gesammelten Veranstaltungen des Jubiläumjahres 1998 in der Friedensregion, Münster/Osnabrück 1998.
52 Vgl. *Renger E. de Bruin*, Peace Was Made Here: The Tercentennial of the Treaty of Utrecht, 2013–2015, in: De Bruin u. a. (Hg.), Performances of Peace, S. 268; *Renger E. de Bruin*, Die Friedensschlüsse von Utrecht, Rastatt und Baden. Einblicke in ein multinationales Ausstellungsprojekt (2013–2015), in: Michael Rohrschneider (Hg.), Frühneuzeitliche Friedensstiftung in landesgeschichtlicher Perspektive, Wien u. a. 2019, S. 263–294.

(11. April 2013). Wie es bei der großen Gedenkfeier in Westfalen 1998 der Fall war, waren auch die Vorbereitungen für 2013 verbunden mit wissenschaftlicher Forschung. Das Historische Institut der Universität Utrecht befand sich schon in einem internationalen Netzwerk, u. a. mit der Universität Osnabrück. Die Forschungsergebnisse aus diesem Netzwerk, die in mehreren Tagungsbänden publiziert wurden, bildeten die wissenschaftliche Grundlage für das europäische Ausstellungsprojekt, das vom Centraal Museum Utrecht initiiert wurde. Partner waren zuerst das Wehrgeschichtliche Museum Rastatt und das Historische Museum Baden/Schweiz, sodass die drei Friedensstädte aus den Jahren 1713–1714 vertreten waren. Später schloss sich die Fundación Carlos de Amberes in Madrid an. In Madrid war damals ein Teilvertrag des Utrechter Friedens abgeschlossen worden, wodurch das Thema ‚Friedensstädte von damals feiern den Frieden von heute' (*Peace was made here*) umgesetzt werden konnte. Mit Unterstützung des EU-Programms *Culture 2007* wurde ein Ausstellungskonzept entwickelt. Aus der gemeinsam recherchierten Objektdatenbank wurde eine Kernkollektion zusammengestellt, die in allen ‚Friedensstädten' des Projektes, Utrecht, Madrid, Rastatt und Baden, zu sehen war. Jede Institution ergänzte diesen Nukleus von Objekten und setzte eigene Schwerpunkte in der Thematik. Die Zahl der Objekte war nicht so immens wie in Münster-Osnabrück 1998. Sie variierte von knapp 80 in Madrid bis über 300 in Utrecht. Die über 50 Leihgeber aus neun Nationen ermöglichten es, einen europäischen Blick auf Krieg und Frieden zu werfen. Auch der Katalog war bescheidener: Utrecht, Rastatt und Baden publizierten einen gemeinsamen, dreisprachigen Katalog (Deutsch, Englisch und Niederländisch), Madrid folgte mit einem eigenen spanischen Katalog.[53] In Utrecht, Rastatt und Baden waren die Ausstellungen der Mittelpunkt einer Vielzahl von Festivitäten, wie 1998 in Münster und Osnabrück. Die Ausstellung in Rastatt war im selben Gebäude zu sehen, in dem der Friede 1714 geschlossen wurde: dem Residenzschloss. Im Jahr zuvor war übrigens auch der Frieden von Hubertusburg am Verhandlungsort mit einer Ausstellung gefeiert worden.[54]

Ein gemeinsames Merkmal der Gedenkausstellungen scheint zu sein, dass es mehr um Krieg als um Frieden geht. Die Pariser Ausstellung von 1948 zeigte viermal mehr Kriegsgegenstände als Friedensgegenstände.[55] Ein Blick in den Katalog von *1648 Krieg und Frieden in Europa* führt zu einem ähnlichen Ergebnis. Weniger als 400 der mehr als 1.200 Objekte können mit dem Frieden in Verbindung gebracht werden, mehr als 700 beziehen sich auf den Krieg und der Rest auf das historische Umfeld und Auswirkungen der Ereignisse. In der Ausstellung 2013–2015 verhielt es sich ähnlich.

---

53 Vgl. *Renger de Bruin/Maarten Brinkman* (Hg.), In Vredesnaam. De Vrede van Utrecht, Rastatt en Baden 1713–1714/Peace was made Here. The Treaties of Utrecht, Rastatt and Baden, 1713–1714/Friedensstädte. Die Verträge von Utrecht, Rastatt und Baden, 1713–1714, Petersberg u. a. 2013; *Bernardo García* (Hg.), En nombre de la Paz. La Guerra de Sucesión Española y los Tratados de Madrid, Utrecht, Rastatt y Baden (1713–1715), Madrid 2013.
54 Vgl. *Syndram/Brink* (Hg.), Hubertusburg.
55 Vgl. *Newman*, Memory, S. 257.

Der Höhepunkt an den Veranstaltungsorten Utrecht-Rastatt-Baden war eine Szenerie mit Schlachtfeldarchäologie aus der Schlacht von Höchstädt (Blenheim). Einmalig in Deutschland ist das Augsburger Hohe Friedensfest, das seit 1650 alljährlich am 8. August begangen wird. Ursprünglich feierten die Augsburger Protestanten damit das 1648 durch den Westfälischen Frieden eingeleitete Ende ihrer Unterdrückung während des Dreißigjährigen Krieges. Bis heute ist das Friedensfest ein auf das Augsburger Stadtgebiet beschränkter gesetzlicher Feiertag und erinnert an die Bedeutung von Frieden und Toleranz.

Nach Abschluss der Festivitäten und Abbau der Ausstellungen bleibt genauso wenig übrig wie nach dem Abriss der Feuerwerksgerüste im 18. Jahrhundert. Aber ebenso wie die Stiche noch von der Pracht der pyrotechnischen Vorführungen zeugen und Händels Musik noch klingt, so bleiben von den Gedenkfeiern aus den letzten Jahrzehnten Fotos, Filme und Kataloge. Sie sind – ebenso wie neu aufgelegte Gedenkprägungen und Medaillen – bleibende Zeugen der Gedenkfeiern.

8. Fazit

Friedensfeiern im 17. und 18. Jahrhundert waren stark religiös geprägt. Man dankte Gott dafür, dass er die Herzen der Machthaber dazu gelenkt hatte, die zerstörerischen Kriege zu beenden. Prachtvolle aber auch schlichte Dankgottesdienste gehörten zum Standard, je nach konfessioneller Ausrichtung. Der berühmteste Dankgottesdienst war jener in der Londoner *St. Paul's* Kathedrale am 6. Juli 1713, mit Händels *Utrechter Te Deum*. Musik und Gebete galten nicht nur der Ehre Gottes, sondern auch den Herrschern, die in ihrer Außenwahrnehmung von Siegern zu Friedensstiftern gewandelt werden wollten. Die offiziellen Verkündungen des Friedens im Namen der Fürsten waren Initialzündungen für eine Reihe von Festivitäten. Diese variierten von exquisiten Banketten bis hin zu allgemeinen Volksfesten. Am spektakulärsten waren Feuerwerke, die am Abend des Hauptfestes gezündet wurden.

Bleibende Zeugnisse der Friedensfeier waren und sind zahlreiche Gravuren, Gemälde oder Augenzeugenberichte, die die Ereignisse für die Nachfahren dokumentierten. Gedruckte Vertragstexte mit wissenschaftlichen oder politischen Erläuterungen bildeten Denkmäler auf Papier, wohingegen ‚Friedenstempel' – wie das 1648 begonnene Amsterdamer Rathaus – in Stein gemeißelte Zeugnisse waren. Speziell geprägte Medaillen dienten schon damals als Erinnerungsgeschenke.

Besondere Momente der Erinnerung sind Jubiläumsfeiern. Ein frühes Beispiel ist das silberne Jubiläum des Friedens von Utrecht 1738. Zehn Jahre später fand die erste Hundertjahrfeier des Westfälischen Friedens statt. Diese Gedenkfeiern nahmen Grundelemente der Friedensfeiern wieder auf: Gottesdienste, Feuerwerke, Medaillenprägungen. Auch im vergangenen Jahrhundert fanden mehrere Gedenkfeiern für Friedensverträge der Frühen Neuzeit statt. Zentrale Elemente waren große historische Ausstellungen mit umfangreichen Katalogen. Eröffnungen fanden in Anwesenheit führender Politiker und von Staatsgästen statt. Daran, dass Gedenkfeiern stets eng in die Problematiken der jeweiligen Gegenwart eingebunden sind, z. B. die Westfälische Dreihundertjahrfeier 1948 kurz nach dem Zweiten Weltkrieg, erweist sich, dass Friedensfeiern immer auch eine aktuelle politische Botschaft vermitteln.

Auswahlbibliographie / Select Bibliography

Bijtelaar, Barendina, Twee vredesglazen in de Oude Kerk te Amsterdam, in: Oud Holland 63 (1948), S. 49–59.

Bruin, Renger E. de/ Jordan, Alexander, Commemorations compared: Münster-Osnabrück (1998) and Utrecht-Rastatt-Baden (2013–2014), in: Inken Schmidt-Voges u. a. (Hg.), Pax Perpetua. Neuere Forschungen zum Frieden in der Frühen Neuzeit, München 2010, S. 81–100.

Bruin, Renger E. de/Brinkman, Maarten (Hg.), Friedensstädte. Die Verträge von Utrecht, Rastatt und Baden, 1713–1714, Petersberg 2013.

Bruin, Renger E. de u. a. (Hg.), Performances of Peace. Utrecht 1713, Leiden/Boston 2015.

Bruin, Renger E. de, Die Friedensschlüsse von Utrecht, Rastatt und Baden. Einblicke in ein multinationales Ausstellungsprojekt (2013–2015), in: Michael Rohrschneider (Hg.), Frühneuzeitliche Friedensstiftung in landesgeschichtlicher Perspektive, Wien u. a. 2019, S. 265–293.

Bußmann, Klaus/Schilling, Heinz (Hg.), 1648. Krieg und Frieden in Europa, 3 Bde., Münster/Osnabrück 1998.

Carasso-Kok, Marijke, Een curieus werk. Oorlog en vrede verbeeld in een zeventiende-eeuwse maquette, Hilversum 2003.

Chandali, R./Hutsing, H. H., Ter Nieuwburg en de Vrede van Rijswijk, Rijswijk 1989.

Dethlefs, Gerd, Friedensappelle und Friedensecho. Kunst und Literatur während der Verhandlungen zum Westfälischen Frieden (Univ., Diss.), Münster 1998.

Duchhardt, Heinz, Das Feiern des Friedens. Der Westfälische Friede im kollektiven Gedächtnis der Friedensstadt Münster, Münster 1997.

Duchhardt, Heinz/Espenhorst, Martin (Hg.), Utrecht – Rastatt – Baden 1712–1714. Ein europäisches Friedenswerk am Ende des Zeitalters Ludwigs XIV, Göttingen 2013.

Galen, Hans (Hg.), Der Westfälische Frieden. Die Friedensfreude auf Münzen und Medaillen, Münster 1988.

Ham, Gijs van der, 80 jaar oorlog, Amsterdam 2018.

Hasselt, M. van, Het barokke vuurwerk, Spiegel Historiael 6 (1971), S. 28.

Kaulbach, Hans-Martin (Hg.), Friedensbilder in Europa 1450–1815. Kunst der Diplomatie, Diplomatie der Kunst, Stuttgart 2013.

Kennedy, James, A Concise History of the Netherlands, Cambridge 2017.

Langer, Herbert, Kulturgeschichte des 30jährigen Krieges, Kohlhammer, Leipzig 1978.

Ludwig, Jörg, Schloss Hubertusburg als Ort der Friedensverhandlungen von 1762/63, in: Dirk Syndram/Claudia Brink (Hg.), Die königliche Jagdresidenz Hubertusburg und der Frieden von 1763, Dresden 2013, S. 195–202.

Lutz, Heinrich, Das Ringen um deutsche Einheit und kirchliche Erneuerung. Von Maximilian I. bis zum Westfälischen Frieden 1490 bis 1648, Berlin 1989.

Moser, Dietz-Rüdiger, Friedensfeiern – Friedensfeste, in: Klaus Garber/Jutta Held (Hg.), Der Frieden. Rekonstruktion einer europäischen Vision, München 2001, Bd. 1, S. 1133–1147.

Onnekink, David, Reinterpreting the Dutch Forty Year's War, Houndmills 2016.

Rameix, Solange, From the warrior king to the peaceful king: Louis XIV's public image and the Peace of Utrecht, in: Inken Schmidt-Voges/Ana Crespo Solanes (Hg.), New Words? Transformations in

the Culture of International around the Peace of Utrecht, Routledge, London/New York 2017, S. 194–208.
Rommé, Barbara, Ein Grund zum Feiern? Münster und der Westfälische Frieden, Dresden 2018.
Stöver, Jos, Kastelen en buitenplaatsen in Zuid-Holland, Zutphen 2000.
Wielenga, Friso, Geschichte der Niederlande, Stuttgart 2016.
Wilmer, Tolien, Het Hollands Vreede-vuur-werk. Vreugdevuurwerk afgestoken op 14 juni 1713 in de Haagse Hofvijver ter gelegenheid van de Vrede van Utrecht, Jaarboek Oud-Utrecht (2013), S. 179–190.
Frieden als Aufgabe. 350 Jahre Westfälischer Friede. Die gesammelten Veranstaltungen des Jubiläumjahres 1998 in der Friedensregion, Münster/Osnabrück 1998

Harriet Rudolph
33. Die materielle Kultur des Friedenschließens

Abstract: The Material Culture of Peacemaking
The study of material culture offers profound insights into the complex dynamics of restoring and securing peace in early modern Europe. More than ever before, the social and political order was performed by relations between people, artefacts, and spaces with the aim of establishing and shaping both the procedure and substance of foreign relations in an emerging European state system. This chapter examines three dimensions of the material culture of peace: places and spaces of peace negotiations; peace treaties as artefacts; and souvenirs of peace. It demonstrates how artefact-related practices articulated or counteracted new concepts in foreign affairs such as sovereignty, neutrality, and security. The chapter challenges common notions about the development of early modern peace-making, such as the rationalization of diplomacy. Finally, it explains why economic actors eagerly exploited peace treaties to produce the kind of memorabilia that we are still familiar with today.

Unter materieller Kultur wird in der Regel die Gesamtheit aller „man-made or man-modified artefacts"[1] samt den mit ihnen verbundenen Praktiken und Deutungsansätzen verstanden. Gerade in der Frühen Neuzeit stellt die Art und Weise des Dinggebrauchs eine ganz wesentliche Dimension sozialen und politischen Handelns dar. Denn die soziale Ordnung der Welt war viel stärker als in der Gegenwart tatsächlich sichtbar. Sie wurde über den demonstrativen Gebrauch von Dingen mit ihrer spezifischen Materialität, Farbigkeit und Formensprache nicht nur dargestellt, sondern hergestellt. In der Kultur der Dinge – etwa in Kleidung, Schmuck, Hausrat oder Fortbewegungsmitteln – manifestierten sich soziale oder religiöse Differenzen zwischen Individuen und sozialen Gruppen innerhalb eines Herrschaftsgebietes. Sie definierte aber auch – und darum geht es hier – die politischen und rechtlichen Beziehungen

---

[1] *Thomas Schlereth*, Material Culture. A Research Guide, Lawrence 1985, S. 6; vgl. allgemein dazu *Chris Tilley u. a.* (Hg.), Handbook of Material Culture, London 2006; *Dan Hicks/Mary C. Beaudry* (Hg.), The Oxford Handbook of Material Culture Studies, Oxford/New York 2010; *Catherine Richardson u. a.* (Hg.), The Routledge Handbook of Material Culture in Early Modern Europe. Abingdon 2017; *Stefanie Samida u. a.* (Hg.), Handbuch Materielle Kultur. Bedeutungen, Konzepte, Disziplinen. Stuttgart 2014; speziell für die materielle Kultur der Diplomatie mit weiterführender Literatur vgl. *Harriet Rudolph*, Entangled Objects and Hybrid Practices? Material Culture as a New Approach to the History of Diplomacy, in: dies./Gregor Metzig (Hg.), Material Culture in Modern Diplomacy from the 15th to the 20th Century, Berlin/Boston 2016, S. 1–28, bes. S. 12–28.

https://doi.org/10.1515/9783110591316-033

zwischen überregional agierenden Herrschaftsträgern, Staaten und ihren diplomatischen Unterhändlern in einem entstehenden europäischen Staatensystem.[2]

Im Kontext von Friedensverhandlungen kam dem diplomatischen Dinggebrauch eine hohe Bedeutung zu: Über den gezielten Einsatz von Objekten ließen sich Vorstellungen von monarchischem Prestige und völkerrechtlichem Status der beteiligten Mächte austarieren und bei Friedensverträgen physisch greifbare Sicherungselemente implementieren, welche das Vertrauen in den Friedensschluss und damit die Nachhaltigkeit des Friedens gewährleisten sollten. Es ließen sich auf diese Weise die für erfolgreiche Friedensprozesse zentralen sozialen Beziehungen zwischen den diplomatischen Akteuren definieren.[3] Als Unterhändler vertraten diese die Interessen ihres Herrschaftsträgers bzw. eines Staates, der zunehmend nicht mehr als deckungsgleich mit ersterem verstanden wurde. Sie repräsentierten zudem ihren eigenen sozialen Stand, ihre Familie und immer stärker eine supraterritorial agierende diplomatische Funktionselite, die sich ab dem 18. Jahrhundert als internationale Gesellschaft verstand,[4] was sich im Dinggebrauch spiegelte.

Der komplexe Vorgang des Friedenschließens umfasste in der Frühen Neuzeit teils informelle Vorverhandlungen, die zu Präliminarfrieden führen konnten, die offiziellen Friedensverhandlungen, den Friedensschluss samt seiner Publikation, Friedensfeiern, Maßnahmen zur Umsetzung des Friedens und schließlich die Erinnerungskultur des Friedens.[5] In all diesen Phasen spielten artefaktbezogene Praktiken eine – wenn auch unterschiedlich – wichtige Rolle. Ihre Ausgestaltung hing zudem von der politischen Reichweite sowie von der Art des Friedens ab: Handelte es sich um

---

2 Im Fokus der Forschung stand dabei die Verwendung einzelner Objekte/Objektgattungen als Medien der symbolischen Kommunikation bzw. des diplomatischen Zeremoniells, weniger ihre Materialität, ihre Produktionsbedingungen, ihre Gebrauchskontexte sowie ihre Bedeutung als nur ein Element innerhalb eines auf konkrete Räume wie Akteure bezogenen materiellen Settings. Zum Ansatz der symbolischen Kommunikation vgl. *Barbara Stollberg-Rilinger*, Symbolische Kommunikation in der Vormoderne. Begriffe – Thesen – Forschungsperspektiven, in: ZHF 31 (2004), S. 489–521. Zum diplomatischen Zeremoniell vgl. *William Rosen*, Early Modern Diplomatic Ceremonial. A Systems Approach, in: JMH 52/3 (1980), S. 452–476; *Ralph Kauz u. a.* (Hg.), Diplomatisches Zeremoniell in Europa und im Mittleren Osten in der frühen Neuzeit, Wien 2009; speziell mit Blick auf die Frage der Souveränität vgl. *Lucien Bély*, Souveraineté et souverains. La question du cérémonial dans les relations internationales à l'époque moderne, in: Annuaire-Bulletin de la Société de l'histoire de France 106 (1993), S. 27–43. Für Anschauungsmaterial zum diplomatischen Objektgebrauch sei der Ausstellungskatalog *Richard Boidin/Christophe Leribault* (Hg.), L'art de la paix. Secrets et trésors de la diplomatie, Paris 2016, empfohlen, der allerdings wie auch ein Großteil der Forschung eher illustrativ mit den abgebildeten Objekten umgeht, anstatt diese zu analysieren.
3 Vgl. hierzu auch Kapitel 26.
4 Vgl. *Hamish Marshall Scott*, Diplomatic Culture in Old Regime Europe, in: ders./Brendan Simms (Hg.), Cultures of Power in Europe During the Long Eighteenth Century, Cambridge 2007, S. 58–85, hier S. 83.
5 Vgl hierzu auch Kapitel 23 und 32.

bilaterale Verhandlungen oder um multilaterale Friedenskongresse[6] (mit oder ohne Vermittler)? Wie lange dauerten diese und wer nahm in welchen Funktionen daran teil? In der Regel bildete sich nur bei längeren Verhandlungen und hochrangigen Beteiligten eine mit Blick auf ihre materiellen Erscheinungsformen reiche Festkultur schon während der Friedensverhandlungen heraus; bei Vorverhandlungen oder bei Präliminarfrieden konnte der materielle Aufwand erheblich geringer sein. Zeichneten sich die diplomatischen Akteure durch weitgehende kulturelle Übereinstimmung oder hohe kulturelle Differenz aus? Im zweiten Fall entstanden transkulturelle *contact zones*,[7] in denen der Dinggebrauch eine kritische Rolle spielen konnte, weil er jede Interaktion rahmte und kulturelle Differenz samt damit verbundener Wertordnungen und Weltdeutungen erfahrbar machte. Die dadurch verschärfte Hybridität diplomatischer Verfahren bedingte einerseits die Gefahr von kulturellen Missverständnissen, welche die Haltbarkeit des Friedens torpedierten. Andererseits boten Artefakte durch ihre variable Semantisierung aber auch die Möglichkeit, politische Differenzen zu überbrücken oder zumindest zu kaschieren, weil jede Seite ihre eigene Lesart propagieren und auf diese Weise das Gesicht wahren konnte.

Dieser Beitrag umreißt die Praktiken des Dinggebrauches mit Blick auf drei Dimensionen, an denen sich wesentliche Entwicklungen des Friedenschließens in der Frühen Neuzeit exemplarisch aufzeigen lassen: 1. räumliche Settings von Friedensverhandlungen, 2. Friedensverträge als materielle Objekte, 3. Friedenssouvenirs als Konsumgüter. Letztere gehören zur Erinnerungskultur des Friedens, die auch andere Artefakte wie etwa die im 18. Jahrhundert entstehenden Denkmäler von Friedensschlüssen umfasst. Sie waren zugleich Elemente der Festkultur des Friedens, die in der Frühen Neuzeit mit Gottesdiensten, Friedensmählern, Ehrenpforten, Feuerwerksgerüsten oder Illuminationen besonders reiche Formen annahm, welche aufgrund ihres ephemeren Charakters in Memorialobjekten fixiert wurden, hier aber nicht verhandelt werden können. Dies gilt auch für die Masse der produzierten Printmedien in ihrer Eigenschaft als dreidimensionale Artefakte sowie für diplomatische Geschenke als unverzichtbares Element von Friedensschlüssen.[8]

Der Fokus der Darstellung liegt auf Europa, denn in der Frühen Neuzeit besaßen dort etablierte Praktiken der materiellen Kultur keine globale Geltung, auch wenn europäische Akteure bisweilen darauf drangen. Erst im 19./20. Jahrhundert setzten sich

---

6 Vgl. hierzu auch Kapitel 22.
7 *Mary Louise Pratt*, Arts of the Contact Zone, in: Profession 91 (1991), S. 33–40, hier S. 34.
8 Zum diplomatischen Geschenkwesen vgl. stellvertretend für eine Vielzahl neuerer Studien *Mark Häberlein/Christof Jeggle* (Hg.), Materielle Grundlagen der Diplomatie. Schenken, Sammeln und Verhandeln in Spätmittelalter und Früher Neuzeit, Konstanz 2013; *Rudolph/Metzig*, Culture; *Zoltán Biedermann u. a.* (Hg.), Global Gifts and the Material Culture of Diplomacy in Early Modern Eurasia, London 2017; *Tracey A. Sowerby/Jan Hennings* (Hg.), Practices of Diplomacy in the Early Modern World, c.1410–1800, Routledge 2017. Auch hier liegt der Fokus der Forschung jedoch meist auf den symbolischen Dimensionen von Gaben, weniger auf ihrer Materialität und ihren Nutzungsformen.

in Europa etablierte Praktiken auf globaler Ebene durch. Gleichwohl verkörperte der gezielte Einsatz von Artefakten weltweit ein konstitutives Element von vormodernen Friedensprozessen. Seine noch ausstehende Analyse in global vergleichender Perspektive könnte als Schlüssel zu (außen)politischen Ordnungsvorstellungen wie zu inter- und transnationalen Beziehungen und damit verbundenen diplomatischen Kulturen dienen, die in dieser Phase immer stärker miteinander interagierten und sich dadurch langfristig wandelten und annäherten.[9]

1. Räumliches Setting von Friedensverhandlungen

Der Ort von Friedensverhandlungen übte durch seine womöglich schon existente Infrastruktur an Gebäuden, Straßen und Plätzen samt ihrer Gestaltung einerseits einen entscheidenden Einfluss auf die Ausgestaltung der materiellen Kultur der Diplomatie aus. Andererseits konnten diese Faktoren aber auch erst den Ausschlag für einen bestimmten Ereignisort geben. Dessen Wahl folgte in der Frühen Neuzeit funktionalen Logiken, die vor allem auf die Sicherheit und Subsistenz der Teilnehmer, deren repräsentative und religiöse Bedürfnisse sowie auf logistische Praktikabilität zielten.[10] Da ein Herrscher in seiner Residenz über die zeremonielle Hoheit und deutlich bessere materielle Ressourcen verfügte als anreisende Verhandlungsgegner, fanden Friedensverhandlungen meist nicht in Residenzen am Krieg beteiligter Monarchen statt, auch nicht an einem anderen, für einen der Teilnehmer symbolisch bedeutsamen Ort.[11] Auf symbolische Degradierungen dieser Art, welche den Friedensprozess erschwert hätten, wurde infolge eines erst am Ende des 18. Jahrhunderts öfter außer Kraft gesetzten Prinzips monarchischer Solidarität[12] in der Regel verzichtet. Man verhandelte meist an einem dritten Ort, wie das für die in der Schweiz gelegenen Orte Baden 1714 oder Basel 1795 zutrifft, oder in als neutral erklärten Grenzräumen zwischen zwei kriegführenden Mächten.

Für die materielle Kultur bedeutete dies, dass den teils hochadligen Vertretern beteiligter Mächte enge Grenzen für die Repräsentation ihres Monarchen, aber auch die

---

9 Die Belege in den folgenden Kapiteln beschränken sich aus Platzgründen auf analysierte Quellen; auf die Angabe weiterführender Literatur wird mit wenigen Ausnahmen verzichtet.
10 Vgl. dazu im Anschluss an Heinz Duchhardt *Lothar Schilling*, „Temples de la paix et de la sûreté publique au milieu des armes". Auswahl und Status frühneuzeitlicher Kongressorte, in: Christian Windler (Hg.), Kongressorte der Frühen Neuzeit im europäischen Vergleich. Der Friede von Baden (1714), Köln 2016, S. 17–37, hier S. 24–26.
11 Vgl. *Heinz Duchhardt*, Vorwort, in: ders. (Hg.), Städte und Friedenskongresse, Köln 1999, S. VII–XI, hier S. IX. Es gibt allerdings schon früh Ausnahmen wie den englisch-spanischen Frieden von London 1604, dessen Ereignisort die höhere Dringlichkeit des Friedens auf spanischer Seite spiegelt. Er wurde durch eine repräsentative englische Ratifikationsgesandtschaft nach Valladolid 1605 symbolisch kompensiert.
12 Vgl. *Bély*, Souveraineté, S. 27–43, hier S. 28.

standesgemäße Selbstinszenierung gesetzt sein konnten. Allerdings boten auch republikanisch verfasste Orte nicht selten prächtige Bürgerhäuser, die als Unterkünfte, für Unterredungen sowie Festivitäten verwendet werden konnten (vgl. Abb. 1).[13] Indem man die Quartiere der Gesandten mit Wappenschildern ihres Monarchen oder ihren eigenen versah, wurden städtische Räume nicht nur gezielt symbolisch besetzt. Solche Zeichen markierten vielmehr eigene Hoheitsräume, die der Herrschaftsgewalt lokaler Obrigkeiten entzogen waren. In diesem Verfahren materialisierte sich die im 16. Jahrhundert entwickelte völkerrechtliche Fiktion, dass ein Gesandter im Ausland rechtlich in seinem Heimatland verblieb. Auf diese Weise entstand in Kongressstädten wie Münster oder Utrecht ein europäisches Staatssystem im Kleinformat, das gleichwohl zentrale Strukturfaktoren internationaler Beziehungen wie Rangansprüche, machtpolitische Stellung oder völkerrechtlichen Status der beteiligten Mächte über die räumliche Lage und Ausstattung der Quartiere abzubilden versuchte.[14]

Im Zuge von Friedensverhandlungen wurden solche Orte höfisch überformt, besonders im Kontext von feierlichen Gesandteneinzügen, formellen Auffahrten zu Verhandlungen oder öffentlichen Festivitäten. Für die offiziellen Friedensverhandlungen, den Friedensschluss und seine Ratifikation wurden die städtischen Rathäuser (vgl. Abb. 1) mit ihren repräsentativen Ratssälen genutzt. Zwar ließen sich diese durch eine entsprechende Ausstattung dem diplomatischen Zeremoniell[15] anpassen, nicht selten stand jedoch der Handlungsort mit seinen womöglich dunklen, verwinkelten wie stilistisch überholten Räumlichkeiten im klaren Gegensatz zu den von aktuellen Rang- und Statusansprüchen, aber auch üblichen ästhetischen und funktionalen Standards der Unterhändler beeinflussten Nutzungsformen, was schon die Zeitgenossen wahrnahmen.[16]

Oft griff man deshalb auf repräsentative Schlossanlagen im Umland zurück, so beim Frieden von Rijswijk 1697[17] auf das Schloss Ter Nieuwburg. Dabei wurden den Vertretern der militärischen Kontrahenten in der Regel die Schlossflügel, den Mediatoren aber Räumlichkeiten in der Mitte zugewiesen, wo sich auch das Konferenzzimmer

---

13 Vgl. den kolorierten Kupferstich mit dem Utrechter Rathaus, der auch Namen, Unterkünfte und Livreen der Bediensteten der Unterhändler angibt. La Maison de Ville d'Utrecht, ou s'assemblent les Plenipotentiaires venus au Congres de la Paix generale, s.l.: J. Smit 1713, BNF, Paris, RESERVE FT 5-QB-201 (171, 17); ohne Illustration schon das ganz ähnliche Verzeichnis: Lijst met de namen van de onderhandelaars bij de vrede van Rijswijk [...], Delft 1697.
14 Im Unterschied zu den Residenzen ständiger Vertreter europäischer Mächte in europäischen Hauptstädten, für welche dieselbe rechtliche Konstellation galt, handelte es sich hier um ein ephemeres Konstrukt, das sich nur bei einer sehr guten Quellenlage rekonstruieren lässt und für das systematische Analysen bislang weitgehend fehlen.
15 Vgl. hierzu auch Kapitel 31.
16 Vgl. *Renger de Bruin u.a.*, Introduction, in: ders. u.a. (Hg.), Performances of Peace. Utrecht 1713, Leiden/Boston 2015, S. 1–21, hier S. 11.
17 Vgl. hierzu auch Kapitel 47.

Abb. 1: Das Utrechter Rathaus als Verhandlungsort beim Frieden von Utrecht 1713. Kupferstich von Jan Smit.

befand. Die Anordnung der Räume spiegelte die diplomatische Rollenverteilung der verhandelnden Mächte, sie illustrierte sogar sehr präzise den Idealzustand einer völligen Neutralität des Mediators,[18] der in der Praxis so gut wie nie zutraf. Nicht nur konnten alle Beteiligten Schloss und Konferenzraum durch eigene Zugänge betre-

---

18 Vgl. hierzu auch Kapitel 24.

ten, das Huis Ter Nieuwburg bot für die Vertreter der Alliierten, Frankreichs und den schwedischen Vermittler drei separate Anfahrtswege und für alle Verhandlungskonstellationen separate Verhandlungsräume. Dass dieses ausgefeilte zeremonielle Verfahren die Zeitgenossen ungemein faszinierte, belegt die Vielzahl der Kupferstiche, die das Schloss in Vogelschauansicht, im Grundriss, sein Umfeld sowie die Räume der Gesandtschaften samt Mobiliar (vgl. Abb. 2) illustrieren, während Inhalt und politische Bedeutung des Friedens nur knapp oder gar nicht thematisiert werden.[19]

Abb. 2: Das Verhandlungszimmer der Alliierten beim Frieden von Rijswijk 1697. Kupferstich von Jan van Vianen.

---

19 So z. B. Vogelschauansicht und Grundriss des Huis Ter Nieuwburg, in: Les négociations faites à Ryswick par les plénipotentiaires des hauts alliez et ceux de France, pour la paix générale; avec le plan des places rendues par la paix, Amsterdam 1697; *Jan Van Vianen*, Le Château Roial de RYSWICK Appelée de Neubourg avec les différens apartemens ou se tiennent les Conférences de la PAIX Generale, Den Haag: Anna Beeck 1697. Der 15-teilige, in kolorierten und unkolorierten Versionen erhaltene, zweisprachige Zyklus illustriert sämtliche Räumlichkeiten der Verhandlungen samt wichtigen zeremoniellen Akten wie etwa den gleichzeitigen Einzug aller Beteiligten über separate Brücken und Zufahrtswege zum Schloss.

Friedensverhandlungen zwischen benachbarten Mächten wurden häufig im freien Land in zwischen beiden Seiten umstrittenen Grenzregionen abgehalten, in dem keine Seite die zeremonielle Hoheit für sich beanspruchen konnte. Teils handelte es sich um unbebaute Inseln in Grenzflüssen wie beim Pyrenäenfrieden 1659 die Île des Faisans, die im Rahmen der propagandistischen Vermarktung dieses Friedens in Festkultur und Printmedien als „Île de la Conférence" und „Île de la Paix" tituliert wurde, teils wie beim Frieden von Tilsit 1807[20] um mit Pavillons versehene schwimmende Plattformen.[21] Der materielle Aufwand, den man dabei betrieb, hing auch vom Inhalt der Friedensbestimmungen ab. Da 1659 die Hochzeit zwischen Ludwig XIV. (1638–1715) und Maria Theresia von Spanien (1638–1683) festgelegt worden war und beide sowie König Philipp IV. von Spanien (1605–1665) am 5. und 6. Juni 1660 vor Ort anwesend waren, um den Vertrag zu ratifizieren, wurden angemessene Räumlichkeiten benötigt. Dabei ließen sich neuerrichtete Räume von vornherein spezifischen zeremoniellen Bedürfnissen anpassen. Die Anlage auf der Île des Faisans zeichnete sich nach überlieferten Zeichnungen bis hin zu den Aborten durch zwei symmetrische Raumfluchten (vgl. Abb. 3) aus, wobei jede Seite ihre eigene Brücke über den Fluss nutzen konnte.[22] Auf diese Weise wurde über die materielle Kultur der Diplomatie die völkerrechtliche Gleichheit beider Mächte inszeniert, zugleich aber auch eine von beiden Seiten de facto gar nicht akzeptierte Ranggleichheit. In diesem Verfahren dokumentiert sich einerseits die dem Anlass geschuldete Dominanz instrumenteller Ziele der Außenpolitik gegenüber symbolischen, andererseits aber auch der Versuch, die Wiederherstellung des Friedens nicht durch überzogene Forderungen des Siegers zu gefährden, indem man die militärische Niederlage mit einer symbolischen flankierte.

Das für die Friedensverhandlungen unabdingbare Mobiliar beschränkte sich auf passende Sitzgelegenheiten und meist mit grünem Tuch bedeckte Tische, die jedoch erst dann notwendig wurden, als Urkunden, Akten oder Karten zu Verhandlungen mitgebracht wurden.[23] Dem Prinzip der völkerrechtlichen Gleichheit souveräner Mächte entsprach das Ideal eines runden Konferenztisches, an dem alle Hauptakteure

---

20 Vgl. hierzu auch Kapitel 51.
21 Die Île des Faisans, heute ein Kondominium, war schon zuvor als diplomatischer Ereignisraum genutzt worden, so 1615 zum Beispiel zum Austausch von königlichen Bräuten.
22 Es sind mehrere Zeichnungen zur Lage der Räumlichkeiten erhalten, die im Detail voneinander abweichen, in der grundsätzlichen Anlage aber übereinstimmen: z. B. Bibliothèque nationale de France, Paris (BNF), P144113; P144116; *Boidin/Leribault* (Hg.), L'art, S. 57. Sie dienten als Quelle zahlreicher Kupferstiche, z. B. Plan de l'Isle de la Conference, Paris 1659. Der materielle Aufwand dieses Friedensschlusses war mit ephemeren Gebäuden, Pontonbrücken, überdachten Stegen und auf dem Festland untergebrachten Hofküchen erheblich.
23 So gab es beim Frieden von Vervins 1598 keinen Tisch, dafür saß der päpstliche Legat als Mediator erhöht auf einem Podium, eine Auszeichnung, die auf den besonderen Status des Legaten als Vertreter des Papstes verwies. Vgl. *Arthur Erwin Imhof*, Der Friede von Vervins 1598, Aarau 1966, S. 151.

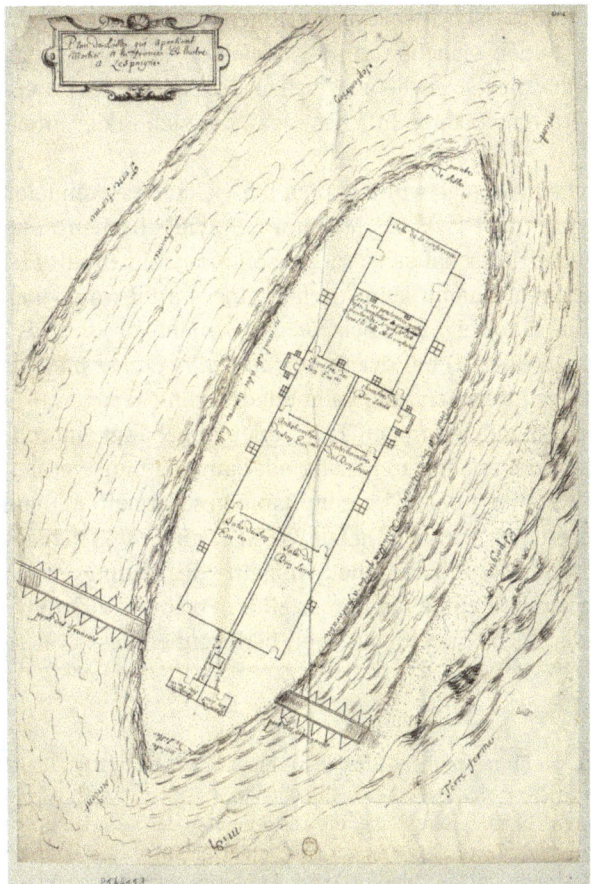

Abb. 3: Lageplan der ephemeren Gebäude auf der Île des Faisans beim Pyrenäenfrieden von 1659.

ohne Differenzierung nach Rang und Stand Platz nehmen sollten. In den Visualisierungen von Friedenskongressen kommt dem runden Tisch deshalb seit 1648 eine zentrale Bedeutung zu. Entsprechende Darstellungen sind etwa für die Kongresse von Münster 1648 (vgl. Abb. 4), Breda 1667 (vgl. Abb. 7), Nijmegen 1678/1679 (vgl. Abb. 5), Rijswijk 1697, Utrecht 1713[24] oder Nystadt 1721[25] überliefert, wobei sich diese ab 1697 nicht mehr nur auf feierliche Ratifikationsakte, sondern auch auf die Verhandlungen beziehen, die teils auch im Stuhlkreis abgehalten wurden (vgl. Abb. 2). Selbst dort, wo es sich nicht um fiktive Szenen handelt, spielten runde Tische in der diplomatischen Praxis allerdings eine begrenzte Rolle, da für die Verhandlungen weiterhin auch ecki-

---

24 Vgl. hierzu auch Kapitel 47.
25 Vgl. hierzu auch Kapitel 49.

ge Tische genutzt wurden.[26] Der runde Tisch erweist sich vielmehr als Ikone des Westfälischen Systems: Er verkörpert einen visuellen Topos, der einen ideengeschichtlichen Topos flankiert. Wie dieser spiegelt er die politischen Realitäten keineswegs adäquat wider, sondern er entwirft ein völkerrechtliches Ideal, das sich in der Praxis als kaum umsetzbar erwies.[27]

In den Dienst dieser politischen Aussage wurden auch die vielfach verwendeten Tapisserien gestellt. Sie fungierten nicht etwa als Medium der symbolischen Kommunikation womöglich umstrittener Herrschaftsansprüche, sondern vielmehr als Element der Neutralisierung von Räumen, damit kein Artefakt einer Partei womöglich eine privilegierte Position einräumte. So zeigt zum Beispiel das Gemälde des französischen Hofmalers Henri Gascard (1635–1701) mit der *Groote audientie Camer* im Huis Palsterkamp anlässlich der Vertragsunterzeichnung beim Frieden von Nijmegen 1679 (vgl. Abb. 5), dass deren Wände mit gleichförmigen Tapisserien abgehängt waren.[28] Auf diese Weise ließen sich Dekorationen, Türen, Fenster oder auch Kamine verhängen, welche für eine ungleiche Verteilung der Wärme im Raum gesorgt hätten, denn auch das erschien den Zeitgenossen inakzeptabel. Da Ludwig XIV. von Frankreich das Bild in Auftrag gegeben hatte, bricht der Künstler die Symmetrie des Raumes durch die unterschiedliche Anzahl der auf beiden Seiten dargestellten Personen allerdings gezielt auf, um auf diese Weise dennoch eine rangmäßige Überlegenheit des Sonnenkönigs zu inszenieren.[29]

---

26 Der Einsatz langer Konferenztafeln, der für neuzeitliche Friedensverhandlungen typisch ist, findet sich nur vereinzelt. Vgl. Lust-park van de Vreede [...] geslooten te Utrecht den 11 April en bevestigd den 12 Mey 1713, Amsterdam 1713, 2. Abb. von links, untere Reihe, die das Signieren der Verträge durch französische und kaiserliche Gesandte zeigt, obwohl letzterer gar nicht unterzeichnete, was dadurch deutlich wird, dass das Datum des Aktes fehlt. Vgl. auch schon *Jan van Vianen*: La Chambre où s'assamblent les Ambassadeurs de Sa Majesté ympériale et des électeurs de l'Empire, Den Haag 1697, BNF, Paris, RESERVE FOL-QB-201 (72).

27 Die Idee des runden Tisches ließ sich auch ohne Tisch umsetzen. So zeigt Jan van Vianen (1660–1726) die Alliierten 1697 in Rijswijk im Stuhlkreis tagend. *Jan van Vianen*, Kamer van de gevolmachtigden van de gealliëerden in het Huis ter Nieuburch in Rijswijk. 1697, in: Serie van zestien kleine prenten over het Huis ter Nieuburch in Rijswijk en de vredesonderhandelingen, Den Haag: Anna Beeck 1697, Nr. 11; ähnliche Darstellung in: Lust-park van de Vreede [...] geslooten te Utrecht den 11 April en bevestigd den 12 Mey 1713, Amsterdam 1713, die offenbar übernommen worden ist. Zum Begriff des „Westfälischen Systems" vgl. *Heinz Duchhardt*, „Westphalian System". Zur Problematik einer Denkfigur, in: HZ 269 (1999), S. 305–315.

28 *Henri Gascard*, Der Friede von Nimwegen, Öl auf Leinwand, 1679, Museum het Valkhof, Nijmegen. An der Schmalseite des von Gascard ein Jahr später besichtigten Raumes sitzen die niederländischen Vermittler Hiëronymus van Beverningh (1614–1690) und Willem van Haren (1626–1708), links der französische Hauptbevollmächtigte Godefroi, Comte d'Estrades (1607–1686), rechts der spanische Paolo Spínola Doria, Marchese de los Balbases (1628–1699). Tisch und Teppich befinden sich genau in der Mitte in einer Flucht mit den niederländischen Gesandten und deren Eingangstür.

29 Im Regionaal Archief Nijmegen gibt es ein Foto einer niederländischen Kopie von 1680, welche diesen Eindruck gezielt korrigiert, indem sie nur einen völlig symmetrischen Ausschnitt des Gemäldes zeigt. Ebd., Sign. GN2587 (Glasnegativ einer Buchabbildung unbekannter Herkunft).

Abb. 4: Die Ratifizierung des Friedens von Münster 1648. Gemälde von Gerard Terborch.

2. Friedensverträge als materielle Objekte

Am Ende erfolgreicher Friedensverhandlungen stand der Friedensvertrag.[30] Die über ihre konkreten inhaltlichen Festlegungen deutlich hinausgehende multiple Funktionalität solcher Dokumente – Urkunde mit rechtsetzender Wirkung, Zeugnis gegenseitiger Wertschätzung, Instrument der Versicherheitlichung[31] sowie der Fixierung von Rang- und Statusansprüchen, Darstellung von Herrschertugenden und Regierungsmaximen, etc. – spiegelte sich in ihrer dinglichen Qualität ostentativ wider. Zu unterscheiden sind die im Rahmen der Verhandlungen erstellten Unterhändlerdokumente, welche die vertraglichen Vereinbarungen enthielten, von den Ratifikationsdokumen-

---

30 Vgl. hierzu auch Kapitel 18.
31 Im Kontext von Friedensverträgen war das Problem der Sicherheit von fundamentaler Bedeutung. Einerseits wurden in die Verträge spezifische Sicherungsinstrumente eingebaut, welche die Nachhaltigkeit des Friedens garantieren sollten. Andererseits konnten auch Sicherheitsinteressen der beteiligten Mächte diskutiert werden, welche die hier fixierten Regelungen legitimieren sollten. Zu Begriff und Forschungsansatz vgl. *Eckehard Conze*: Securitization. Gegenwartsdiagnose oder historischer Analyseansatz?, in: GG 38 (2012), S. 453–467. Vgl. hierzu auch Kapitel 27.

ten, die diese in geltendes Recht umsetzten und daneben oft weitere rechtserhebliche Dokumente umfassten.

Fast könnte man sagen, dass das Unterhändlerdokument in Europa zwischen dem 16. und dem 19. Jahrhundert gar keine materielle Geschichte aufweist, denn viele überlieferte Vertragsurkunden sehen auf den ersten Blick unabhängig von ihrem Entstehungsort sehr ähnlich aus, sieht man einmal von den zunehmend aufwendigeren Einbänden ab. Immerhin setzte sich in der Frühen Neuzeit nicht zuletzt aufgrund der steigenden Länge anstelle von Pergament Papier als Beschreibstoff durch, zumal bei multilateralen Friedensverträgen bzw. vielen Beteiligten zahlreiche Abschriften benötigt wurden. Wenn man sich nicht auf eine Vertragssprache[32] einigen konnte, musste übersetzt werden, wobei beide Seiten jeweils ein Dokument in beiden Sprachen benötigten.[33] Erst am Ende der Frühen Neuzeit wurden auch mehrsprachige Dokumente verwendet, so beim Friedensvertrag von Amiens 1802, dessen Text zwei, jeweils von allen Beteiligten unterschriebene und gesiegelte Spalten in Englisch und Französisch aufweist, anders als etwa der Frieden von Campo Formio 1797, dessen Sprache der Sieger Napoleon diktiert hatte.[34] Verträge wurden trotz der Etablierung der Drucktechnik als Instrument der politischen Kommunikation handschriftlich ausgefertigt, gebunden und mit den durch Schnüre verknüpften Lacksiegeln der Unterhändler auf dem Papier gesiegelt, um nachherige Manipulationen am Dokument auszuschließen. Das Siegeln war kein symbolischer Akt, sondern ein Rechtsakt, welcher die Einigung zwischen den Vertragspartnern absicherte.

Woraus aber resultierte die weitgehende Veränderungsresistenz solcher Dokumente, die auch Epochengrenzen überschritt? In der bis weit ins 19. Jahrhundert üblichen handschriftlichen Ausfertigung dokumentiert sich ein immer noch mangelndes Vertrauen in die Drucktechnik, aber auch der Status solcher Dokumente als Arkanwissen weniger eingeweihter Personen vor ihrer offiziellen Ratifizierung und Vervielfältigung im Druck. Vor allem aber zeigt sich im Beharren auf einer über Jahrhunderte tradierten Form das für Friedensschlüsse zentrale Sicherheitsbedürfnis aller Beteiligten, die Geltungskraft eines Dokumentes nicht durch eine unübliche Formensprache zu gefährden. Wenn schon eine falsch gefaltete Vollmacht ein Grund für die Nichtakzeptanz eines Unterhändlers sein konnte, dann musste ein formal abweichender Friedensvertrag als gemeinsames Dokument mehrerer Völkerrechtssubjekte erst recht problematisch erscheinen. Schließlich hätte jede formale Änderung von allen

---

32 Bis zum 17. Jahrhundert häufig Latein, danach oft Französisch aufgrund der kulturellen Bedeutung des französischen Hofes sowie der starken Beteiligung Frankreichs an militärischen Konflikten. Vgl. die Aufstellung in: https://www.uni-augsburg.de/institute/iek/Projekte/historische-friedensforschung/Materialien/Sprachen-des-Friedens/Vertraege/Friedensvertraege/ [abgerufen am: 22.02.2019], welche die Vielfalt der Vertragssprachen zwischen 1450 und 1789 dokumentiert.
33 Vgl. hierzu auch Kapitel 25.
34 Vgl. hierzu auch Kapitel 51.

Abb. 5: Vertragsunterzeichnung beim Frieden von Nijmegen 1678. Gemälde von Henri Gascard.

Beteiligten akzeptiert werden müssen. Genau aus diesem Grund war das Friedensvölkerrecht insgesamt stark gewohnheitsrechtlich geprägt, auch das Verfahrensrecht.[35] Jede Neuerung hätte im Nachhinein von einer Seite als Formfehler deklariert werden können, was die Legitimation des Friedens durch das von allen Seiten gebilligte Verfahren infrage gestellt hätte.

Was sich in der Frühen Neuzeit allerdings entschieden änderte, war der Umgang mit derartigen Dokumenten. Sie wurden zum Gegenstand ritualisierter Praktiken, die das stundenlange Verlesen vor Verhandlungspartnern und Zeugen, das sorgfältige Kollationieren, Binden, Signieren und Siegeln umfassten – eine Dingkultur der Diplomatie, die außerhalb Europas im selben Zeitraum nicht üblich war. Diplomatische Verfahren dieser Art dienten ebenfalls der gegenseitigen Absicherung. Sie sollten die Geltungskraft solcher Dokumente stärken und Vertrauen zwischen den Vertragspartnern stiften. Sie verweisen auf den eingangs angesprochenen Prozess der Versicherheitlichung, der sich nicht nur auf einer diskursiven Ebene, sondern auch in den materiellen Praktiken von Vertragsgestaltung und Vertragsschluss widerspiegelte.

Die Bedeutung zeremoniell gerahmter Vertragsunterzeichnungen, die sich erst im 19./20. Jahrhundert global durchsetzen sollten und den Akt des Signierens öffentlich wahrnehmbar und damit auch überprüfbar machten, dokumentiert die häu-

---

35 Vgl. hierzu auch Kapitel 6.

fige Darstellung dieses Vorganges seit dem Frieden von Nijmegen 1678/1679, als Henri Gascard die signierenden Prinzipalgesandten beider Mächte samt zahlreicher Zeugen porträtierte (vgl. Abb. 5). Wie in der Gegenwart unterschrieben beide Seiten zunächst das eigene Exemplar, tauschten es dann feierlich aus und zeichneten es gegen, während zuvor jede Seite in ihrer Unterkunft unterschrieben hatte.[36] In diesen Praktiken spiegelt sich eine Aufwertung solcher Schriftstücke, aber auch jener diplomatischen Akteure, welche diese ausgehandelt hatten und nun in ihrer für die Wiederherstellung des Friedens zentralen Funktion verbildlicht und damit erinnert werden können.

Den Gipfel des Aufwandes bei Unterhändlerdokumenten verkörpert der Wiener Kongress 1814/1815.[37] So weist das gebundene „Normalexemplar"[38] der Wiener Schlussakte einen roten Samteinband mit vergoldeten Beschlägen mit den Wappen der Signatarmächte auf: auf dem vorderen Deckel Österreich, Spanien, Großbritannien sowie Frankreich samt der Aufschrift „Acte final du congrès de Vienne", hinten Portugal, Preußen, Russland sowie Schweden samt der Aufschrift „Instrument original 1815". Die Reihenfolge der Mächte auf Vor- oder Rückseite erfolgte – wie auch die Signaturen der beteiligten Unterhändler und die Anordnung der Mächte im Text – alphabetisch nach den Ländernamen in französischer Sprache und nicht mehr wie zuvor nach rangbezogenen oder machtpolitischen Hierarchien. Dieses Verfahren wurde auch in der diplomatischen Praxis auf dem Wiener Kongress angewendet, um weitläufige Präzedenzstreitigkeiten unter den Beteiligten zu vermeiden. Das Dokument ist mit den Lacksiegeln der 17 Hauptverhandlungsträger versehen, die durch schwarzgelbe, auf den Kaiser von Österreich als Gastgeber des Kongresses verweisende Seidenschnüre verbunden sind.[39] Zu seiner Aufbewahrung wurde eine lederbespannte, mit grünem Samt gefütterte Holzkassette angefertigt, welche dieses Objekt ebenfalls aufwertete und zugleich schützte.

Bei Ratifikationsurkunden von Friedensschlüssen wurde hingegen schon im Spätmittelalter großer materieller Aufwand betrieben, weil hier nicht die Bevollmächtigten eines Souveräns, sondern dieser selbst agierte. Sie wurden fast immer auf

---

36 Dieses Verfahren funktionierte allerdings nicht bei multilateralen Vertragswerken wie dem Westfälischen Frieden oder dem Wiener Kongress, weil hier die Beteiligten in einer zuvor festgelegten Reihenfolge unterschrieben: 1648 nach dem Rang der Herrschaftsträger, 1815 in alphabetischer Reihenfolge der Staaten.
37 Vgl. hierzu auch Kapitel 51.
38 Der Begriff bezieht sich auf die zentrale Bedeutung dieser Urkundenversion als privilegiertes Referenzobjekt. Vgl. im Folgenden *Christiane Thomas*, Schlußakten des Wiener Kongresses, in: Ernst Bruckmüller/Peter Urbanitsch (Hg.), Ostarrîchi – Österreich 996–1996. Menschen, Mythen, Meilensteine, Horn 1996, S. 697.
39 Diese Farbkombination der Kaiser des Heiligen Römischen Reiches behielt Franz I. (1768–1835) als Kaiser von Österreich bei Siegelschnüren bei.

Abb. 6: Aquarellierte Ratifikationsurkunde Heinrichs VIII. von England für Franz I. von Frankreich beim Frieden von Ardres-Guînes 1546.

Pergament verfasst, vom Monarchen selbst unterzeichnet und gesiegelt. Dabei änderte sich im Verlauf der Frühen Neuzeit weniger der betriebene Aufwand als vielmehr die Gestaltungsformen: Während für das Mittelalter mehrere Meter lange Rotuli überliefert sind, setzen sich nun gebundene Pergamentlibelle durch.[40] Zwar lässt sich wie bei Unterhändlerdokumenten eine gewisse Tendenz von der formalen Vielfalt zur Vereinheitlichung feststellen, dennoch wurde die Gestaltung deutlich stärker von lokalen Traditionen sowie persönlichen Vorlieben der Monarchen oder ihrer Kanzlisten bestimmt.

So umfing die aquarellierte Eingangsseite der Ratifikation Heinrichs VIII. von England (1491–1547) für Franz I. von Frankreich (1494–1547) beim Frieden von Ardres-Guînes 1546 eine Renaissancearchitektur mit Karyatiden und Tugenden (vgl. Abb. 6), wobei in die Initiale des Königs dessen Brustbild nach einem Porträt von Hans Holbein (1497–1543) eingearbeitet war.[41] Solche aufwendig gestalteten Schauseiten lassen sich bis Ende des 19. Jahrhunderts finden, nur ihre Formensprache änderte sich: So wurden nun florale, figürliche oder szenische Elemente meist durch heraldische Zeichen ersetzt, die auf eine konkrete Dynastie verwiesen. Auch bei Siegelschnüren setzten sich gegenüber den im Mittelalter häufigen Farben Gerichtsgrün bzw. Königsrot heraldische bzw. auch nationale Farben durch, wie im Falle der Republik Frankreich die Trikolore.

Ratifikationsurkunden waren in der Regel mit einem anhängenden großen Schausiegel aus Wachs versehen, das je nach lokalen Traditionen thronende bzw. reitende Monarchen, heraldische Zeichen oder auch Herrscherinitialen zeigte und von einer Kapsel geschützt wurde. Ob Gold, Silber, andere Metalle oder Holz, ob Gravur, Schnitzerei oder Bemalung – bei Kapseln gab es erhebliche Spielräume. Befand sich das Siegel der Ratifikation des Westfälischen Friedens[42] Kaiser Ferdinands III. (1608–1657) für Frankreich nur in einer Holzkapsel, so wurde die französische Ratifikation für Schweden im Nachhinein noch mit einer Goldkapsel ausgestattet, weil Schweden das auch so gehandhabt hatte.[43] Bei den Ratifikationen für die Reichsstände verzichtete man darauf, was zeigt, dass das gewählte Material nicht vom Inhalt, sondern vom Empfänger abhing. Waren im Mittelalter bemalte Holzschatullen zum Schutz solcher Dokumente angefertigt worden, setzten sich in der Frühen Neuzeit mit oft aufwendig

---

40 Archives du Ministère des Affaires étrangères, La Courneuve, traites 14820001/003, Ratifikationsrotulus für den Frieden von Arras 1482 von Ludwig XI. von Frankreich für König Maximilian, Abb. in http://www.domi-leblog.fr/wp-content/uploads/2016/12/IMG_4575.jpg (abgerufen am: 22.02.2019).
41 Archives Nationales, Paris, AE/III/33, Ratification par Henri VIII, roi d'Angleterre, du traité d'Ardres conclu le 7 juin 1546 avec François Ier. Die Ratifikation der Gegenseite erfolgte nicht, da Franz I. verstarb. Abb. in: https://fr.wikipedia.org/wiki/Trait%C3%A9_d%27Ardres#/media/File:Ratification_par_Henri_VIII_Du_trait%C3%A9_d%27Ardres_1_sur_18_-_Archives_Nationales_-_AE-III-33.jpg (abgerufen am: 22.02.2019).
42 Vgl. hierzu auch Kapitel 46.
43 Vgl. *Maximilian Lanzinner*, Beglaubigungspraktiken beim Abschluss des Westfälischen Friedens im historischen Vergleich, in: Heinz Duchhardt/Martin Espenhorst (Hg.), Utrecht – Rastatt – Baden 1712–1714. Ein europäisches Friedenswerk am Ende des Zeitalters Ludwigs XIV., Göttingen 2013, S. 185–206, hier S. 204.

verzierten Metallbeschlägen versehene Behältnisse durch, was auf eine Zunahme der herrschaftsrepräsentativen Funktionen solcher Objekte verweist.

Selbst im Zeitalter der vermeintlichen Rationalisierung von Herrschaft im 18. Jahrhundert dienten Ratifikationsurkunden als wichtige Repräsentationsobjekte von Monarchen und Staaten. Sie wurden nun mit einem festen Samt-, später Ledereinband bezogen, den Wappen, Herrscherinitialen oder Friedenssymboliken in aufwendiger Gold- und Silberstickerei zierten. Dies gilt auch noch für die Vielzahl der Ratifikationen zu den beiden Pariser Frieden von 1814/15 und zur Wiener Schlussakte von 1815. Dabei waren die Exemplare Preußens, Schwedens und Portugals bereits auf Papier erstellt, während Großmächte wie Großbritannien, Russland, Österreich, Frankreich, aber auch Spanien mit ihren Pergamenturkunden noch mittelalterlichen Traditionen huldigten. Zwar setzten sich im 19. Jahrhundert Ratifikationen auf Papier durch, dennoch finden sich noch bis ins 20. Jahrhundert solche auf Pergament, mit goldbestickten Samteinbänden, durch Schnüre gehaltenen Siegeln und kalligraphischen Verzierungen, um die besondere Bedeutung solcher Dokumente durch ihre Materialität und ostentative Ästhetik zu betonen.[44]

Auch Ratifikationsurkunden waren Gegenstand ritualisierter Praktiken, die auf eine zusätzliche Absicherung des Friedens zielten. So wurden sie zu Beginn der Frühen Neuzeit noch auf Hochaltären in Kirchen abgelegt und damit sakralisiert, während die beteiligten Monarchen den Frieden beschworen. Den Frieden von Cateau-Cambrésis 1559[45] beschwor Philipp II. von Spanien (1527–1598) in der Palastkapelle von Brüssel mit der Hand auf einer Reliquie des Wahren Kreuzes, womit er die Würde und Verbindlichkeit des Aktes noch steigerte.[46] Allerdings kam dieses Verfahren ab der Mitte des 17. Jahrhunderts sukzessive außer Gebrauch. Nun beschworen die hauptbevollmächtigten Unterhändler die Verträge und zwar nicht mehr in der Kirche, sondern im Konferenzsaal, womit man den Schwurakt entsakralisierte, wie dies erstmals das Gemälde von Gerard Terborch (1617–1681) zur Ratifikation des spanisch-niederländischen Friedens 1648 im Rathaus von Münster (vgl. Abb. 4) zeigt.[47] Die Ratifikations-

---

44 Zahlreiche Belege in *Ludwig Bittner*, Die Lehre von den völkerrechtlichen Vertragsurkunden, Berlin 1924, S. 243. Für den hier ebenfalls noch anzutreffenden floralen und heraldischen Schmuck sowie Herrscherporträts auf Ratifikationsurkunden vgl. ebd., S. 244.
45 Vgl. hierzu auch Kapitel 42.
46 Vgl. *Lanzinner*, Beglaubigungspraktiken, S. 195.
47 *Gerard Terborch*, Die Ratifizierung des Friedens von Münster 1648, Öl auf Kupfer, Rijksmuseum, Amsterdam, Sign. SK-C-1683. Der Akt war hier singulär, die Ratifikationsurkunden anderer Verträge des Westfälischen Friedens wurden nur in der Unterkunft der Empfänger überreicht. Terborch gibt die Szene falsch wieder, denn die Spanier berührten und küssten das Kreuz beim Akt. Dennoch werden im Bild konfessionelle Grenzen erkennbar. Anders *Alison McNeil Kettering*, Gerard ter Borchs „Beschwörung der Ratifikation des Friedens von Münster" als Historienbild, in: Klaus Bußmann/Heinz Schilling (Hg.), 1648. Krieg und Frieden in Europa. Bd. 2: Kunst und Kultur, München 1998, S. 605–614, hier S. 612.

urkunden wurden dazu aus den für die Übergabe angefertigten Schatullen genommen und auf dem Konferenztisch abgelegt, während die Bevollmächtigten beim Schwur ein Blatt mit der konfessionsspezifischen Eidformel hielten.

Abb. 7: Festfeuerwerk und Beschwörung des Friedens von Breda 1667. Zeitgenössischer Einblattdruck.

Das Schwurritual, in dem sich im Zeitalter der Glaubensspaltung konfessionelle Zugehörigkeiten manifestierten, zeigt ein Kupferstich zum Frieden von Breda 1667 genauer (vgl. Abb. 7).[48] Wir sehen, wie die Engländer als Anglikaner (b) sowie der Däne als Lutheraner (d) beim Schwur die Hand auf eine ihnen jeweils vorgehaltene anglikanische oder lutherische Bibel legen. Da es sich um einen konfessionell spezifischen Gegenstand handelt, kann dieser nicht auf dem Tisch mit Ratifikationsurkunden abgelegt werden.[49] Die Spanier schwören als Katholiken (c) mit der Hand am Kreuz, das sie zudem küssen, während die Niederländer als Calvinisten (a) keinerlei religiöse Gegenstände beim Schwur verwenden und als Einzige die Schwurhand heben. Über dem Akt erscheint eine himmlische Szene mit dem Triumph des Friedens; tatsächlich hing über dem Konferenztisch oft ein Himmel, um die Würde des Schwuraktes und der so beschirmten Akteure und Dokumente zu betonen.

Nach dem Eid wurden die Dokumente feierlich ausgetauscht, die Kanonen gelöst und es erklang Trompetenschall, um den Vollzug dieses Aktes weithin hörbar zu verkünden. Es folgte die offizielle Verlesung und Aushängung des Friedensvertrages am Ereignisort und in der Folge in den beteiligten Ländern. Vor allem in Residenzstädten fanden ab dem 18. Jahrhundert aufwendige Publikationsspektakel statt, bei denen der Vertrag in einer feierlichen Prozession von Honoratioren und Militär durch die Stadt getragen und auf den für solche Akte üblichen Plätzen verkündet wurde. In diesem Vorgehen dokumentiert sich eine veränderte Bewertung von Friedensschlüssen im 18. Jahrhundert. Aus der Privatsache von Monarchen wurde eine Staatsangelegenheit, an der die Untertanen teilhaben sollten.

3. Friedenssouvenirs als Konsumgüter

Anders als die propagandistische Instrumentalisierung des Friedens durch höfische Akteure, die auch schon im Mittelalter zu beobachten ist und sich ebenfalls spezifischer Artefakte bediente, war die Produktion von Friedenssouvenirs in der Frühen Neuzeit ein neues Phänomen, das ökonomische Akteure und mit breiteren Bevölkerungsschichten auch neue Rezipientengruppen einbezog. Dabei wurden traditionelle Objekte wie Medaillen und Gemälde genutzt, aber auch neue oder zuvor nur in anderen Zusammenhängen verwendete Objektgattungen erschlossen und im Kontext von Friedensschlüssen kommerzialisiert.

Manche Medailleure arbeiteten sowohl in obrigkeitlichem Auftrag als auch für einen entstehenden Markt von Memorabilia, was nicht nur die Materialwahl und die

---

48 Korte Beschryvinge van 't geen sich toe-gedragen heeft omtrent De Vrede-Handelinge tot Breda [...], Amsterdam 1667.
49 Auch auf dem Gemälde von Terborch wird die Bibel der Spanier nicht auf dem Tisch abgelegt, sondern von einem spanischen Priester gehalten, während es bei den Anglikanern 1667 bezeichnenderweise ein Knabe ist.

Preislage, sondern auch die politischen Botschaften ihrer Medaillen beeinflusste. Als Beispiel mögen zwei Medaillen auf den Frieden von Passarowitz 1718 zwischen dem Heiligen Römischen Reich und dem Osmanischen Reich von Philipp Heinrich Müller (1654–1719) dienen.[50] Die erste im Auftrag Karls VI. produzierte aus Silber zeigt vorn dessen Brustbild sowie hinten den thronenden Kaiser, dem Merkur einen „Waffenstillstand mit seinen Feinden" überreicht. Dieser unterschreibt mit einer in ein Kanonenrohr getauchten Feder, worauf sich die Umschrift: „Der Sieger unterzeichnet Verträge in keiner anderen Farbe" bezieht. Rechts kniet ein Türke, den eine Inschrift als „unterworfenen, unterwürfig bittenden Feind" qualifiziert. Auf diese Weise werden die während der Verhandlungen ostentativ inszenierte Fiktion von ewigem Frieden und Freundschaft zwischen beiden Imperien sowie die im diplomatischen Zeremoniell aufgeführte Gleichrangigkeit ihrer Herrscher konterkariert. Die zweite Medaille aus versilbertem Kupfer zeigt vorn lediglich eine Inschrift zum Friedensschluss, hinten aber eine Ansicht Konstantinopels mit einem darüber fliegenden Adler, der Kriegsschwert und Friedenspalme in seinen Klauen hält. Sein Wahlspruch (*elige alter utrum*) bezieht sich auf Sultan Ahmed III. (1673–1736). Offenbar ging Müller davon aus, dass potentielle Käufer zwar am wiederhergestellten Frieden, aber weniger an der Person des Kaisers interessiert waren, weshalb Karl VI. hier nicht visualisiert wird.

Die zweite Objektgruppe umfasst so unterschiedliche Gegenstände wie Ofenkacheln, Broschen, Schnupftabak- und Schmuckdosen, Glaspokale, Geschirr aus Steingut, Zinn, später auch Porzellan, Tischdecken, Halstücher, Fächer, Spielbretter oder Spielautomaten, denen über ihre politische Aussage hinaus noch eine praktische Funktion zukam.[51] Sie steht stellvertretend für eine Entwicklung, die sich spätestens in der zweiten Hälfte des 18. Jahrhunderts in der massenhaften Produktion und dem überregionalen Vertrieb von Konsumgütern anlässlich von Friedensschlüssen manifestierte und sich als Kommerzialisierung des Friedens beschreiben lässt. Als Initialzündung dieses Prozesses dürfte das Großereignis des Westfälischen Friedenskongresses gewirkt haben, der aufgrund seiner langen Dauer, der Vielzahl beteiligter Akteure und der europaweiten Bedeutung dem lokalen und überregionalen Handwerk neue Verdienstmöglichkeiten erschlossen hatte. Allerdings wäre diese Initial-

---

50 Landesmuseum Württemberg, MK 2424, 20155, Medaillen auf den Frieden von Passarowitz 1718, vgl. die Abbildung und Beschreibung in: https://bawue.museum-digital.de/index.php?t=objekt&oges=832 [abgerufen am: 22. März 2019]. Insgesamt stellte Müller vier Medaillen zu diesem Ereignis her.
51 Siehe etwa den Glaskelch aus englischer Produktion zum Frieden von Rijswijk 1714, Rijksmuseum, BK-NM-3065; Tischdecke zum Frieden von Hubertusburg 1763, Victoria & Albert Museum, London, T.180-1929; Ofenkacheln zum Westfälischen Frieden Kunstgewerbemuseum Wien, BK-BFR-261, BK-16017. Solche Objekte werden oft in Ausstellungskatalogen anlässlich von Friedensjubiläen abgebildet, ohne aber als Objektgruppe insgesamt analysiert zu werden. Vgl. zu Stoffdrucken *Jutta Zander-Seidel*, Politik als Dekor. Zeitgeschichtliche Motive auf Stoffdrucken des 18. und 19. Jahrhunderts, in: AGNM (1989), S. 309–340.

zündung schnell verpufft, wenn der Bedarf an Friedenssouvenirs durch die „Kongressomanie"[52] der Folgezeit nicht immer wieder neu angeheizt worden wäre.

In der Regel waren auf solchen in verschiedenen Preislagen hergestellten Gegenständen der Ort des Friedensvertrages, die beteiligten Personen oder Friedenssymbolik dargestellt. Man konnte in den Frieden von Utrecht hineinschnauben, wobei es sich empfahl, die auf dem Seidentaschentuch übermittelten Inhalte des britisch-französischen Vertrages vorher durchzulesen.[53] Man konnte im Gedenken an den Frieden von Rijswijk auch einen Rosenkranz beten oder ein Bier trinken, weil sowohl in Rosenkränze als auch in Trinkhumpen aus Metall Medaillen zu Friedensschlüssen eingearbeitet wurden.[54] Die Forschung bezeichnet solche Vorgänge als Rekommodifizierung von Artefakten, die meist mit veränderten Formen ihrer Benutzung und neuen Nutzergruppen verbunden waren.[55] In beiden Fällen wurde ein Serienobjekt in ein Einzelstück integriert, dessen formale Besonderheit und größerer materieller Wert der zentrale Grund dafür gewesen sein dürfte, dass es erhalten blieb.[56] Solche Objekte wurden ab dem 18. Jahrhundert in Sammlungen integriert und damit vor dem Untergang bewahrt. Billige Gebrauchswaren aus Steingut präsentierte man dagegen in der Regel erst in den ab dem Ende des 19. Jahrhunderts eingerichteten Volkskundemuseen oder in noch später gegründeten historischen Museen. So lange überdauerte jedoch nur noch eine geringe Zahl von Gegenständen dieser Art.

Natürlich ließen sich all diese Artefakte auch benutzen, ohne einen einzigen Gedanken an das Ereignis oder seine Hauptakteure zu verschwenden. Diese waren zwar der Anlass ihrer Produktion und ihres Vertriebes, sehr wahrscheinlich auch ihrer Erwerbung durch bestimmte Käufergruppen, aber keineswegs notwendigerweise ihrer längerfristigen Verwendung. Sie entstanden auch nicht primär, um die im Kontext von

---

52 *Heinz Duchhardt*, Gleichgewicht der Kräfte, Convenance, europäisches Konzert: Friedenskongresse u. Friedensschlüsse vom Zeitalter Ludwigs XIV. bis zum Wiener Kongress, Darmstadt 1976, S. 89.
53 Bedrucktes Seidentaschentuch zum Frieden von Rijswijk, England um 1713, Victoria & Albert Museum, London, T.303-1960.
54 Vgl. den Rosenkranz mit eingearbeiteter Goldmedaille zum Frieden von Rijswijk 1697, vorn Pax, hinten der Tagungsort, Victoria & Albert Museum, London, Metalwork Collection, 151-1872; silberner Deckelhumpen, im Deckel eine Medaille auf den Westfälischen Frieden 1648 von Thomas Muntinck (II), Victoria & Albert Museum, London, Metalwork Collection, M.324-1956. Ein Seidentuch zum Frieden von Utrecht 1713 zeigt eine Erinnerungsmedaille sowie ein Casualcarmen, womit hier zwei Medien der Erinnerungskultur in einem dritten intermateriell verknüpft wurden. Victoria & Albert Museum, London, E.2949-1923.
55 Vgl. *Igor Kopytoff*, The Cultural Biography of Things: Commoditization as Process, in: Arjun Appadurai (Hg.), The Social Life of Things. Commodities in Cultural Perspective, Cambridge 1986, S. 64–91. Dieser Sachverhalt verweist auf die soziale Biographie von Artefakten, auch wenn sich diese nur selten präzise rekonstruieren lässt.
56 Ein hoher Materialwert konnte auch dazu führen, dass Gegenstände in Einzelteile zerlegt und auf diese Weise dekommodifiziert wurden. Damit war ihre Kopplung an ein konkretes Ereignis wie einen Friedensschluss passé.

Friedensschlüssen verbreiteten Deutungen des Friedens oder die damit verbundenen Formen der Herrschaftsrepräsentation zu fixieren und zu multiplizieren, sondern weil ihre Produzenten die Chance auf ökonomischen Profit sahen. Dennoch besaßen derartige Objekte das Potential, zumindest die wesentlichsten Informationen über den Friedensschluss, aus dessen Anlass sie produziert worden waren, im Gedächtnis der Benutzer präsent zu halten. Sie dienten als dreidimensionale Speicher politischen Wissens, das über lokale Lebenswelten deutlich hinausreichte und die Identifikation breiterer Bevölkerungsschichten mit übergeordneten Herrschaftsräumen förderte. So zeigte ein Erinnerungstuch zum Frieden von Sistova 1791 eine Karte Südosteuropas mit den Schauplätzen des letzten Österreichischen Türkenkrieges 1788–1791.[57]

Dabei waren es gerade die Friedensschlüsse, besonders bei Kongressfrieden, die der Kommerzialisierung von Erinnerung durch die Produktion und den Vertrieb von Souvenirs in der Frühen Neuzeit einen enormen Schub versetzten, weil sie einen massenhaften Absatz solcher Objekte und damit besonders lohnende Geschäfte versprachen. Denn der Frieden als erstrebenswerter Idealzustand von Gesellschaften bot in schichtenübergreifender wie auch überregionaler Perspektive ein großes Identifikationspotential für potentielle Käufer. Mochte seine Wiederherstellung durch einen Friedensvertrag für manchen Monarchen aus einer militärischen Zwangslage resultieren, für die Bevölkerungen der beteiligten Länder waren derartige Ereignisse auf jeden Fall positiv besetzt, was als wesentlicher Kaufanreiz betrachtet werden kann. Auch bei anderen politischen Ereignissen wie Fürstenhochzeiten oder siegreichen Schlachten lässt sich am Ende der Frühen Neuzeit zunehmend die serielle Produktion von dreidimensionalen Erinnerungsstücken beobachten; hinsichtlich der Menge und der Diversifizierung der Objekte standen sie jedoch hinter den europäischen Friedensschlüssen klar zurück, weil anders als bei Friedensschlüssen der Produktionsort meist mit dem Herrschaftszentrum identisch und der Absatzmarkt auf ein Territorium begrenzt waren.

Ihren Höhepunkt erlebte die ereignisnahe Kommerzialisierung des Friedens in den Koalitionskriegen 1793–1815 mit ihrer ungemein dichten Folge an Friedensschlüssen, wobei die Ikonographie der produzierten Massengüter zunehmend mit nationaler Symbolik aufgeladen wurde. Infolge der frühen Industrialisierung war nun England als Produktionsort von Friedensmemorabilia stark vertreten, während zuvor der Süden des Heiligen Römischen Reiches sowie in der niederländischen Kongressepoche die Generalstaaten eine wichtige Rolle gespielt hatten. Dass anlässlich des kurzlebi-

---

57 Erinnerungstuch zum Frieden von Sistova 1791, Germanisches Nationalmuseum, Nürnberg, farbig bedruckte Baumwolle, Sign. Gew1265. Vgl. dazu *Zander-Seidel*, Politik, S. 316f. Die hier genutzte Vorlage stammt allerdings offenbar aus dem 16. Jahrhundert. Dargestellt ist zudem der den Friedensvertrag unterzeichnende Sultan, obwohl die Sultane Friedensverträge prinzipiell nicht unterzeichneten, sondern vielmehr mit ihrer Tughra schmücken ließen, die eine ähnliche Funktion wie eine Herrschersignatur besaß.

gen, gleichwohl stark kommerzialisierten Friedens von Amiens 1802 besonders sehr preiswerte Objekte wie Tassen und Teller produziert wurden, zeigt, dass nun in starkem Maße einfache Bevölkerungsschichten als Abnehmer in den Blick gerieten und nicht mehr primär die Vertreter politischer Eliten, die am Ereignis unmittelbar oder mittelbar beteiligt gewesen waren.

4. Zusammenfassung

Bei Friedensverhandlungen wurde die Brisanz der schon im Mittelalter elaborierten materiellen Kultur der Diplomatie in der Frühen Neuzeit durch zentrale Prozesse dieser Epoche wie die Verschriftlichung von Herrschaft, die Verwissenschaftlichung des Völkerrechts, die Ausdifferenzierung des diplomatischen Zeremoniells sowie die Medialisierung der Politik und die damit verbundene Entstehung einer politischen Öffentlichkeit erhöht. So wurden Artefakte im Rahmen diplomatischer Akte zur ostentativen Inszenierung neu entwickelter völkerrechtlicher Konzepte wie der Souveränität oder der Neutralität von Herrschaftsträgern eingesetzt. Diente das materielle Setting von Friedensverhandlungen vor 1648 primär dazu, tradierte – wenngleich oft umstrittene – Ranghierarchien zwischen europäischen Herrschaftsträgern umzusetzen, sollte darin nach 1648 vor allem die Vorstellung einer völkerrechtlichen Egalität souveräner Staaten zum Ausdruck kommen. Diesem Zweck diente auch der runde Tisch als Ikone des Westfälischen Systems.

Bei Friedensprozessen fungierte der Dinggebrauch trotz überlieferter Konflikte primär als Mittel der Herstellung von politischem Konsens und gegenseitigem Vertrauen, was in der gemeinhin konfliktfixierten Geschichtswissenschaft häufig aus dem Blick gerät. Er machte funktionale Logiken von Verhandlungsprozessen sichtbar und ermöglichte die Regelung anderweitig kaum lösbarer Rang- und Statuskonflikte. Selbst die prinzipielle Unvereinbarkeit der Ordnungsvorstellungen Ranghierarchie versus Egalität ließ sich durch den Objektgebrauch geschickt kaschieren, weil die Ambivalenz und Deutungsoffenheit der materiellen Kultur unterschiedliche Lesarten erlaubte. Dies wird besonders im Rahmen der Rezeptionsgeschichte von Friedensschlüssen deutlich: Tradierten außerhöfische Kreise primär jene Formen der materiellen Kultur der Diplomatie, in denen Konsens und Kompromiss als Leitideen erfolgreicher Friedensprozesse zum Ausdruck kamen, versuchten höfische Akteure durchaus, im Nachhinein das Bild zu Gunsten ihres Monarchen zu korrigieren. So entlarvten das Gemälde Henri Gascards zum Frieden von Nijmegen oder die im Auftrag Karls VI. gefertigte Medaille Philipp Heinrich Müllers zum Frieden von Passarowitz die im Rahmen der Verhandlungen inszenierten Prinzipien von Gleichheit und Freundschaft als Fiktionen.

Während das materielle Setting von Friedensverhandlungen in die Kategorie materieller Input in die Diplomatie gehört, lassen sich Friedensverträge sowie Friedenssouvenirs als materieller Output der Diplomatie begreifen. Verhinderte bei Friedensschlüssen das für alle Seiten zentrale Bedürfnis nach Legitimität und Sicherheit eine formale Weiterentwicklung von Unterhändlerdokumenten, bedingte die Funktion von Ratifikationen als Elemente monarchisch-staatlicher Repräsentation sogar einen steigenden Gestaltungsaufwand. Das spricht gegen die These einer Rationalisierung der Diplomatie, zumal sich auch um 1800 kein Umbruch in der Gestaltung feststellen lässt. Die neu eingeführte und bis in die Gegenwart übliche Praxis feierlicher Vertragsunterzeichnungen spiegelt die steigende Bedeutung von Öffentlichkeit im Rahmen außenpolitischer Interaktionen. Zugleich kommt in ihr die Aufwertung diplomatischer Unterhändler seit der zweiten Hälfte des 17. Jahrhunderts zum Ausdruck. Aus dem Monarchenfrieden wird der Diplomatenfrieden. Mit der Verlagerung und schließlich Abschaffung des Eidrituals, die mit einem Rückgang religiöser Rhetorik in den Vertragstexten einherging, wurde der Frieden zudem säkularisiert.

Die Kommerzialisierung des Friedens durch die Produktion von Memorialobjekten, welche entscheidend durch die niederländische Kongressepoche vorangetrieben wurde, verweist auf die Entstehung einer Konsumgesellschaft, die auch Ereignisse und die Erinnerung an diese konsumierte. Sie reagierte auf die Entstehung einer politischen Öffentlichkeit, die Friedensschlüsse nicht mehr als Privatangelegenheit von Monarchen betrachtete, auch wenn die politischen Botschaften solcher Produkte meist einen affirmativen Charakter besaßen. Dabei waren es gerade die europäischen Friedensschlüsse mit ihrem schichtenübergreifenden und überregionalen Identifikationspotential, welche die Vermarktung von politischen Ereignissen über Massenprodukte ab dem Ende des 17. Jahrhunderts vorantrieben. In den Artefakten selbst, aber auch in den vielfältigen Formen ihrer Nutzung spiegeln sich zeitgenössische Wahrnehmungs- und Deutungsformen des Friedens sowie Wissenshorizonte von Bevölkerungsgruppen über das europäische Staatensystem und seine Geschichte – ein Grund mehr, die materiellen Dimensionen von Friedensschlüssen stärker in die Friedensforschung einzubeziehen. Diese waren nicht nur schriftlich fixierte Formen eines friedlichen Ausgleichs divergierender Interessen zwischen Monarchen und Staaten. Vielmehr verkörperten sie multisensuale Ereignisse, die über die Kultur der Dinge öffentlich verhandelt und im kollektiven Gedächtnis präsent gehalten wurden.

Auswahlbibliographie / Select Bibliography

Biedermann, Zoltán u. a. (Hg.), Global Gifts and the Material Culture of Diplomacy in Early Modern Eurasia, London 2017.
Bély, Lucien, Souveraineté et souverains. La question du cérémonial dans les relations internationales à l'époque moderne, in: Annuaire-Bulletin de la Société de l'histoire de France 106 (1993), S. 27–43.
Bittner, Ludwig, Die Lehre von den völkerrechtlichen Vertragsurkunden, Berlin/Leipzig 1924.
Boidin, Richard/Leribault, Christophe (Hg.), L'art de la paix. Secrets et trésors de la diplomatie, Paris 2016.
Bruin, Renger de u. a. (Hg.), Performances of Peace. Utrecht 1713, Leiden/Boston 2015.

Conze, Eckehard, Securitization. Gegenwartsdiagnose oder historischer Analyseansatz? in: GG 38 (2012), S. 453–467.
Duchhardt, Heinz, Gleichgewicht der Kräfte, Convenance, europäisches Konzert: Friedenskongresse u. Friedensschlüsse vom Zeitalter Ludwigs XIV. bis zum Wiener Kongress, Darmstadt 1976.
Duchhardt, Heinz (Hg.), Städte und Friedenskongresse, Köln 1999.
Duchhardt, Heinz, „Westphalian System". Zur Problematik einer Denkfigur, in: HZ 269 (1999), S. 305–315.
Häberlein, Mark/Jeggle, Christof (Hg.), Materielle Grundlagen der Diplomatie. Schenken, Sammeln und Verhandeln in Spätmittelalter und Früher Neuzeit, Konstanz 2013.
Hicks, Dan/Beaudry, Mary Carolyn (Hg.), The Oxford Handbook of Material Culture Studies, Oxford/New York 2010.
Imhof, Arthur Erwin, Der Friede von Vervins 1598, Aarau 1966.
Kauz, Ralph u. a. (Hg.), Diplomatisches Zeremoniell in Europa und im Mittleren Osten in der frühen Neuzeit, Wien 2009.
Kettering, Alison McNeil, Gerard ter Borchs „Beschwörung der Ratifikation des Friedens von Münster" als Historienbild, in: Klaus Bußmann/Heinz Schilling (Hg.), 1648. Krieg und Frieden in Europa, Bd. 2: Kunst und Kultur, München 1998, S. 605–614.
Kopytoff, Igor, The Cultural Biography of Things. Commoditization as Process, in: Arjun Appadurai (Hg.), The Social Life of Things. Commodities in Cultural Perspective, Cambridge 1986, S. 64–92.
Lanzinner, Maximilian, Beglaubigungspraktiken beim Abschluss des Westfälischen Friedens im historischen Vergleich, in: Heinz Duchhardt/Martin Espenhorst (Hg.), Utrecht – Rastatt – Baden 1712–1714. Ein europäisches Friedenswerk am Ende des Zeitalters Ludwigs XIV., Göttingen 2013, S. 185–206.
Pratt, Mary Louise, Arts of the Contact Zone, in: Profession 91 (1991), S. 33–40.
Richardson, Catherine u. a. (Hg.): The Routledge Handbook of Material Culture in Early Modern Europe, Abingdon 2017.
Rosen, William, Early Modern Diplomatic Ceremonial. A Systems Approach, in: JMH 52/3 (1980), S. 452–476.
Rudolph, Harriet/Metzig, Gregor (Hg.), Material Culture in Modern Diplomacy from the 15th to the 20th Century, Berlin/Boston 2016.
Schilling, Lothar, „Temples de la paix et de la sûreté publique au milieu des armes". Auswahl und Status frühneuzeitlicher Kongressorte, in: Christian Windler (Hg.), Kongressorte der Frühen Neuzeit im europäischen Vergleich. Der Friede von Baden (1714), Köln 2016, S. 17–37.
Schlereth, Thomas, Material Culture. A Research Guide, Lawrence 1985.
Scott, Hamish Marshall, Diplomatic Culture in Old Regime Europe, in: ders./Brendan Simms (Hg.), Cultures of Power in Europe during the Long Eighteenth Century, Cambridge 2007, S. 58–85.
Sowerby, Tracey A./Hennings, Jan (Hg.), Practices of Diplomacy in the Early Modern World, c.1410–1800, Routledge 2017.
Thomas, Christiane, Schlußakten des Wiener Kongresses, in: Ernst Bruckmüller/Peter Urbanitsch (Hg.), Ostarrîchi – Österreich 996–1996. Menschen, Mythen, Meilensteine, Horn 1996, S. 697.
Tilley, Chris u. a. (Hg.), Handbook of Material Culture, London 2006.
Zander-Seidel, Jutta, Politik als Dekor. Zeitgeschichtliche Motive auf Stoffdrucken des 18. und 19. Jahrhunderts, in: AGNM (1989), S. 309–340.

Abbildungsverzeichnis

Abb. 1: Das Utrechter Rathaus als Verhandlungsort beim Frieden von Utrecht 1713. La Maison de Ville d'Utrecht, ou s'assemblent les Plenipotentiaires venus au Congres de la Paix generale. Einblattdruck mit einem kolorierten Kupferstich von Jan Smit. S.l. [1713], BNF, Paris, RESERVE FT 5-QB-201 (171, 17).

Abb. 2: Das Verhandlungszimmer der Alliierten beim Frieden von Rijswijk 1697, Kupferstich von Jan van Vianen. Den Haag: Anna Beeck 1697, BNF, RESERVE FOL-QB-201 (72).

Abb. 3: Anonymer Lageplan der ephemeren Gebäude auf der Île des Faisans beim Pyrenäenfrieden von 1659, BNF, Paris, P144113.

Abb. 4: Die Ratifizierung des Friedens von Münster 1648. Öl auf Kupfer von Gerard Terborch. Rijksmuseum, Amsterdam, Sign. SK-C-1683.

Abb. 5: Vertragsunterzeichnung beim Frieden von Nijmegen vom 17. September 1678 in der „Groote audientie Camer" des „Huis Palsterkamp". Öl auf Leinwand von Henri Gascard, Museum het Valkhof, Nijmegen.

Abb. 6: Aquarellierte Ratifikationsurkunde Heinrichs VIII. von England für Franz I. von Frankreich beim Frieden von Ardres-Guînes 1546, Archives Nationales, Paris, AE/III/33.

Abb. 7: Festfeuerwerk und Beschwörung des Friedens von Breda 1667, Ausschnitt aus einem Einblattdruck mit dem Kupferstich eines anonymen Künstlers, aus: Korte Beschryvinge van 't geen sich toe-gedragen heeft omtrent De Vrede-Handelinge tot Breda [...], Amsterdam: Justus Danckertsz 1667, British Museum, 1885,1114.153.

Eva-Bettina Krems
34. Frieden und Friedenssymboliken in der Bildenden Kunst

Abstract: Peace and Symbols of Peace in the Visual Arts
Artistic representations of concepts and visions of peace played an important role in the religious conflicts and long wars of the early modern period. They were embedded in religious, court, and institutional contexts which often had complex pictorial programmes and publishing strategies. Images of *Pax*, generally portrayed as the allegorical personification of peace, accompanied by further allegories of virtue or in mythological guise, were employed to proclaim general visions of peace or to promote and legitimise specific peacemaking initiatives. They also often articulated the sense of the provisional and fragile nature of peace. An extensive repertoire of classical and Christian symbols and manifestations of peace appeared in different political contexts throughout the early modern period. Artistic representations of peace thus both reinforced political theories and performed political action.

Vorstellungen vom Frieden allgemein wie auch spezifische Friedenskonzepte wurden in der Frühen Neuzeit in vielfältiger Weise künstlerisch umgesetzt und in unterschiedlichen Medien visualisiert. Erstaunlich ist nicht nur das breite, teilweise bereits aus der Antike und besonders aus dem Christentum stammende Spektrum, sondern auch die Langlebigkeit von Friedenssymbolen und Friedensmanifestationen in politisch wechselnden Verwendungskontexten bis ins ausgehende 18. Jahrhundert.[1] Gerade in der von vielen politisch-religiösen Konflikten und lange währenden Kriegen geprägten Epoche der Frühen Neuzeit spielten künstlerische Manifestationen von Friedenskonzepten und -visionen eine besondere Rolle. Dabei sind diese Darstellungen jedoch – mit wenigen Ausnahmen – nicht zu verstehen als Ergebnisse eines Friedensengagements einzelner Künstler, wie es seit dem frühen 20. Jahrhundert zu be-

---

[1] Grundlegend zum ‚Frieden' in der Kunst von der Antike bis in die Gegenwart: *Wolfgang Augustyn* (Hg.), Pax. Beiträge zu Idee und Darstellung des Friedens, München 2003, darin vor allem der Beitrag von *Hans-Martin Kaulbach*, Friede als Thema der bildenden Kunst – ein Überblick, S. 161–168; *Hans-Martin Kaulbach*, Friede, in: Uwe Fleckner u.a. (Hg.), Politische Ikonographie. Ein Handbuch, Bd. 1, München 2011, S. 381–387; *Richard Boidin/Christophe Leribault* (Hg.), L'art de la paix. Secrets et trésors de la diplomatie, commissariat général (Ausst.-Kat. Paris), Paris 2016; *LWL-Museum für Kunst und Kultur u.a.* (Hg.), Frieden. Von der Antike bis heute, Ausstellungskatalog, 5 Bände, Dresden 2018; *Eva-Bettina Krems*, „Make Love, not War". Zur Darstellbarkeit des Friedens in der Kunst, in: Hermann Arnhold (Hg.), Wege zum Frieden (Ausst.-Kat. Münster), Dresden 2018, S. 24–33; *Gerd Althoff u.a.* (Hg.), Frieden. Theorien, Bilder und Strategien. Von der Antike bis zur Gegenwart, Dresden 2019.

obachten ist;[2] vielmehr war das Künstlerindividuum mit seinen Werken eingebunden in größere Projekte architekturgebundener Bildausstattungen oder in massenmediale Strategien. Gerade die an ein breiteres Publikum adressierten Auflagenwerke der Frühen Neuzeit – Münzen, Medaillen und Druckgraphiken – wurden intensiv eingesetzt, um allgemeine Friedensvorstellungen zu proklamieren oder konkrete Friedensprozesse zu beschwören und legitimatorisch zu begleiten.[3] Die künstlerischen Darstellungen des Friedens waren somit eng in religiöse, höfische und institutionelle Kontexte und ihre komplexen Bildprogramme und publizistischen Strategien eingebunden. Sie gründeten auf politischer und gesellschaftlicher Theorie und Praxis sowie religiösen oder humanitären Vorstellungen und lassen Rückschlüsse auf bestimmte Friedenskonzepte einzelner politischer Handlungsträger zu.

Häufig prägte dabei das Wissen um die Vorläufigkeit und Zerbrechlichkeit friedlicher Zustände die künstlerischen Visualisierungen. Der Weg zum Frieden und die Gewährleistung seiner Nachhaltigkeit waren an viele Bedingungen und oft nur schwer kontrollierbare Begleitumstände geknüpft, und selbst wenn er erreicht oder gesichert erschien, blieb er ein grundsätzlich fragiler Zustand. Diese fundamentale Unsicherheit ist den bildmedial bezeugten Friedensvorstellungen mehr oder weniger deutlich eingeschrieben. Im vorliegenden Beitrag werden daher in einem ersten Teil allgemein die Darstellungsmöglichkeiten des Friedens in der Frühen Neuzeit erläutert: Dazu gehören Segnungen, Visionen und Utopien des Friedens sowie bildkünstlerische Mittel wie Symbole, Personifikationen, Allegorien und mythologische Darstellungen. Darüber hinaus werden in einem zweiten Teil exemplarisch künstlerisch visualisierte Friedenskonzepte in unterschiedlichen politisch-sozialen Kontexten vorgestellt, um zu veranschaulichen, auf welche Weise Friedensmotive und -allegorien als Teil einer politischen Leitvorstellung oder auch als Teil konkreten politischen Handelns und damit einer jeweiligen historischen Realität verstanden werden können.

---

2 Dazu grundlegend: *Werner Hofmann* (Hg.), Schrecken und Hoffnung: Künstler sehen Frieden und Krieg (Ausst.-Kat. Hamburg), Hamburg 1987.
3 Zur Publizistik des Friedens siehe bes. *Hans-Martin Kaulbach* (Hg.), Friedensbilder in Europa 1450–1815: Kunst der Diplomatie – Diplomatie der Kunst, Berlin/München 2012. Siehe auch *Martina Dlugaiczyk*, Der Waffenstillstand als Medienereignis: politische Bildpropaganda in den Niederlanden, Münster 2005; *Wolfgang Augustyn*, L'art de la paix? Bilder zum Kongresswesen, in: Christoph Kampmann u. a. (Hg.), L'art de la paix. Kongresswesen und Friedensstiftung im Zeitalter des Westfälischen Friedens, Münster 2011, S. 615–641.

1. Zur Darstellbarkeit des Friedens in der Kunst der Frühen Neuzeit

1.1 Segnungen, Utopien und Visionen des Friedens

Die ‚Segnungen des Friedens', das semantische Gegenüber der ‚Schrecken des Krieges', bilden den ikonographischen Hintergrund fast jeder künstlerischen Friedensdarstellung. Sie lassen sich von den Adressatenkreisen zumeist auch ohne ein ausgeprägtes humanistisches Bildungsniveau erkennen, weil dieser Motivkreis auf weit verbreitete Friedensvorstellungen rekurriert: Im Zustand des Friedens blühen Wohlstand und Glück, haben Ruhe und Sicherheit Bestand. Die traditionsreiche Utopie einer idealen Friedenszeit, die in der antiken Mythologie den friedlichen Urzustand der Menschen als ‚Goldenes Zeitalter' beschwört,[4] berief sich in ikonographischen Konzepten der Frühen Neuzeit auf Friedensvorstellungen paganer Kulte der griechischen und römischen Antike sowie der monotheistischen Religionen, insbesondere des Christentums. Zeichen des Krieges sind durchaus auch im Frieden noch präsent, wenn niedergelegte oder verbrannte Waffenbündel in den Darstellungen begegnen. Es dominieren jedoch die positiven gesellschaftlichen Werte, wie etwa wirtschaftliche Prosperität, die allegorisch im Motiv einer blühenden und fruchtbringenden Natur überhöht werden.

Im Gemälde Lucas Cranachs d.Ä. *Das Goldene Zeitalter* von 1530 (Abb. 1)[5] umtanzen Männer und Frauen in einem von einer Mauer umgebenen Garten einen Obstbaum, der eine glänzende Ernte verspricht. Es gibt keine Sorgen, weder Krankheit bei den Jungen noch die Gebrechen des Alters, keine Buße für begangene Sünden, keine gewaltsamen Konflikte, nur Harmonie und auf den ungestörten Augenblick gerichtetes Dasein. Mensch und Tier leben einträchtig in dem geschützten, befriedeten Garten nebeneinander.

---

4 Zu Friedenskonzepten in der Antike siehe *Ingeborg Kader*, Eirene und pax. Die Friedensidee in der Antike und ihre Bildfassungen in der griechischen und römischen Kunst, in: Augustyn (Hg.), Pax, bes. S. 140–146. Zuletzt *Achim Lichtenberger u.a.* (Hg.), Eirene/Pax – Frieden in der Antike (Ausst.-Kat Münster), Dresden 2018.
5 Oslo, Nationalmuseum; vgl. *Claus Grimm* (Hg.), Lucas Cranach. Ein Maler-Unternehmer aus Franken (Ausst.-Kat. Kronach/Leipzig), Augsburg 1994, S. 84.

Abb. 1: Das Goldene Zeitalter. Gemälde von Lucas Cranach d.Ä., 1530, Öl auf Holz.

Für diese Szenerie des Goldenen Zeitalters hat sich Cranach an den Schilderungen der antiken Schriftsteller Hesiod (geb. vor 700 v. Chr.) und Ovid (43 v. Chr.– 17 n. Chr.) vom ursprünglichen Idealzustand der Menschheit orientiert. Ovid schildert in seinen *Metamorphosen* (I, 89–100) eine Zeit, in der die ethisch gefestigten Menschen weder Gesetz noch Richter brauchen und aus intrinsischer Motivation stets das Richtige und Gute tun. Es gibt weder Neid noch Habgier, selbst unter den Tieren herrscht völlige Gewaltfreiheit. Am oberen Bildrand raufen zwei Löwen spielerisch miteinander, statt das Rotwild links vor ihnen als Beute zu erkennen und anzugreifen.

Somit dominieren wahlweise mythologisch oder biblisch konnotierte Götter- und Naturbilder, die den Frieden als einen vor aller menschlichen Erfahrung liegenden Weltzustand oder aber als messianisches Heilsversprechen kennzeichnen. Eng damit verwandt ist der sogenannte Tierfrieden. Der alttestamentliche Prophet Jesaja beschreibt in eschatologischen Bildern ein kommendes absolutes Friedensreich (Jes 11,6–8, Jes 65,25), in dem der messianische Tierfrieden herrscht. So wie in dieser Vision die Tiere zusammenleben, werden auch die Menschen bzw. alle Geschöpfe in der Endzeit zusammenleben. Typisch hierfür ist die paarweise Präsentation von Raub- und Beutetieren. Im Gegensatz zum paradiesischen Frieden spielen Sünde und Gottesgericht als Perspektivierung beim jesajanischen Frieden keine Rolle. Jesaja beschreibt den Tierfrieden als kennzeichnend für die Herrschaft des erwarteten

Messiaskönigs.⁶ Künstlern wie dem niederländischen Maler Roelant Savery (1578–1639), der für den Prager Hof als Landschaftsmaler arbeitete, bot sich mit diesem häufig von ihm dargestellten Sujet die Gelegenheit zur Wiedergabe von exotischen Tieren wie Löwen, Pelikanen oder Nashörnern, die in den gemalten Paradiesen friedlich mit heimischen Geschöpfen von Ziege bis Kuh zusammenleben.⁷ In einer Zeit von Glaubenskämpfen, blutigen politischen Wirren und Fluchtbewegungen entstanden, boten solche Visionen des Tierfriedens innere Zuflucht und Hoffnung auf eine lebensfreundlichere Welt.

1.2 Symbole und Motive des Friedens

Friedenssymbole bezogen die Künstler der Frühen Neuzeit überwiegend aus biblischer und antiker Tradition. Taube, Ölzweig oder der Regenbogen entstammen dem alttestamentlichen Bericht der Genesis (Gen 8): Nachdem Noah mit der Arche nach der Sintflut auf dem Berg Ararat gestrandet war, verhalf eine von ihm entsendete Taube dem Urvater zur Orientierung, denn von ihrem Aufklärungsflug über den sicheren Landeplatz kehrte sie mit einem Ölzweig im Schnabel zurück: „Da wusste Noah, dass das Wasser auf der Erde abgenommen hatte" (Gen 8,11). Taube und Ölzweig stehen für den alttestamentlichen Friedensbund eines zornigen Gottes mit den Menschen. Auch der Regenbogen als Symbol für Frieden entstammt der Noahgeschichte: „mein Bogen" (Gen 9,13) oder allgemeiner „der Bogen in den Wolken" (Gen 9,13–16) ist das Zeichen für Gottes Bund mit Noah, denn zu einem Bund, einem gegenseitigen Treuevertrag, gehört in der hebräischen Bibel immer ein Zeichen, das die beiden Bundespartner ständig an ihren Bund erinnert.

Handlungsmotive wie der Friedenskuss oder das Verbrennen von Waffen als Zeichen dafür, dass der Krieg beendet ist, waren weit verbreitet, erschienen überwiegend jedoch im Zusammenhang mit der Allegorie der *Pax* (siehe 1.3). Dies gilt ebenso für das Füllhorn, das für Überfluss steht; *Pax* teilt dieses Symbol mit anderen Personifikationen wie *Abundantia* (Überfluss) oder *Felicitas publica* (Gemeinwohl), die entsprechend den agrarisch geprägten antiken Topoi dem Frieden als Folge Überschuss an Nahrungsmitteln und Wohlstand zuordnen.

Das Motiv des Janustempels, das in der Frühen Neuzeit sehr häufig in Darstellungen des Friedens auftaucht, geht zurück auf die römische Mythologie. Der Überlieferung zufolge wurden die Türen dieses nach dem doppelgesichtigen italischen Gott *Janus* genannten Tempels zu Kriegszeiten geöffnet. War der Frieden wiederhergestellt,

---

6 Zum Tierfrieden siehe auch *Henning Siekmann*, Wolf und Lamm: Zur Karriere einer politischen Metapher im Kontext der europäischen Fabel, Bamberg 2018, S. 56–64.
7 *Marrigje Rikken*, Exotic animal painting by Jan Brueghel the Elder and Roelant Savery, in: Karl A. E. Enenkel/Paul J. Smith (Hg.), Zoology in early modern culture, Leiden 2014, S. 401–433.

wurden die Türen wieder geschlossen. Hier überlappt sich die Darstellung mit dem mythischen ‚Goldenen Zeitalter', das Italien erlebte, als *Janus* den von *Jupiter* vertriebenen Saturn aufnahm und gemeinsam mit ihm friedlich regierte.[8]

1.3 Personifikation und Allegorie

Überwiegend griff die Kunst der Frühen Neuzeit – vor allem im 16. und 17. Jahrhundert – zur Visualisierung des abstrakten Begriffs ‚Friede' auf das bereits im Mittelalter gängige Verfahren zurück, den Frieden als weibliche Person, lat. *Pax*, zu allegorisieren.[9] Ausgehend vom Vorbild antiker Münzen und Medaillen verbrennt sie zumeist Waffen, um ihre Friedfertigkeit zu demonstrieren;[10] immer wieder trägt sie das Füllhorn des Wohlstands im Arm, um auf die Segnungen des Friedens hinzuweisen, oder sie hält einen Ölzweig in der Hand. Auch den Merkurstab, den *Caduceus*, trägt sie: Dieses Instrument der Besänftigung, Befriedung von Streit, und Symbol der Diplomatie wurde besonders im 17. Jahrhundert mit der Intensivierung der Diplomatie in Friedensprozessen vermehrt dargestellt.

Ein 1507 in Rom entstandener Kupferstich von Nicoletto da Modena (1490–1569) (Abb. 2) zeigt *Pax* als weibliche Figur in antikischem Gewand, die mit einer Fackel Waffen auf einem Altar in Brand setzt. Einen Ölzweig hält sie in ihrer Linken. Die *Pax E[terna]* ist Teil einer Stichfolge, die den Frieden an das Ende der Abfolge von Krieg, Sieg und Ruhm stellte.[11] Die an eine Rüstung gehaltene Fackel verweist in Anlehnung an Münzen Kaiser Vespasians (9 n. Chr.–79 n. Chr.) auf die antike Praxis, die Waffen der Feinde als Zeichen des Sieges zu verbrennen.

---

8 Die im ersten Buch der *Aeneis* des Vergil genannte Schließung des Janus-Tempels (Buch 1, 290) ist in Analogie zu Kaiser Augustus zu verstehen, dem die Schließung des Kriegstempels immerhin dreimal gelang, wie er selbst in seinen *Res gestae* festhielt (*Augustus*, Res gestae, 13). Vgl. zu Janus: *Fritz Graf*, Ianus, in: Der Neue Pauly (DNP), Bd. 5, Stuttgart 1998, Sp. 858–861.
9 Vgl. hierzu auch Kapitel 1.
10 Zu *Pax* in der Antike siehe *Erika Simon*, Eirene und Pax. Friedensgöttinnen in der Antike, Wiesbaden/Stuttgart 1988.
11 Dazu *Hans-Martin Kaulbach*, Friedenspersonifikationen in der Frühen Neuzeit, in: Brigitte Tolkemitt/Rainer Wohlfeil (Hg.), Historische Bildkunde, Berlin 1991, S. 191–209, hier S. 196.

Abb. 2: *Pax Eterna*. Kupferstich von Nicoletto da Modena, um 1507.

Dies war ein deutliches Zeichen für die Repräsentation von Herrschaft, die bewusst zurückgriff auf Bilder und Vorstellungen der *Pax Romana*, des durch Sieg oder Unterwerfung erreichten Friedens der frühen römischen Kaiserzeit.[12] Ein vergleichbares Konzept findet sich bereits auf dem Revers einer Medaille für Papst Innozenz VIII. (1432–1492). Dort hat *Pax* drei Attribute: den Ährenkranz auf dem Haupt, das Füllhorn in der linken und den Ölzweig in der rechten Hand. Sie wurde zwischen zwei weitere Personifikationen gestellt, zwischen *Justitia* (Gerechtigkeit) und *Copia* (Wohlstand).[13]

Pax steht somit selten allein. Ihr Bedeutungskontext wird meist in der Verbindung mit anderen Personifikationen und Tugendallegorien festgelegt, etwa *Abundantia* (Überfluss) mit dem Füllhorn, *Justitia* (Gerechtigkeit) mit der Waage und *Concordia* (Eintracht) mit dem Pfeilbündel, immer wieder auch mit den Kardinaltugenden Glaube, Liebe und Hoffnung. Oft gibt es Verweise auf die Künste, die Wissenschaften und den Handel, die besonders in Friedenszeiten gedeihen.

Gemäß der schon seit Aristoteles vorherrschenden Auffassung, dass es keinen Frieden ohne Gerechtigkeit geben könne, findet sich die Verbindung der *Pax* mit *Justitia* in frühneuzeitlichen Darstellungen am häufigsten. Dieses so eindringliche und bereits seit dem Mittelalter immer wieder verbildlichte Motiv geht auf das Alte Testament zurück, sowohl auf das Buch Jesaja (Jes 32,17) („et erit opus iustitiae pax" – „und der Gerechtigkeit Frucht wird Friede sein") als auch auf Psalm 85,11 („iustitia et pax deosculatae sunt" – „daß [...] Gerechtigkeit und Friede sich küssen").[14] Die Verbindung von *Pax* und *Justitia*, illustriert durch die symbolträchtige Geste des Kusses, gilt im Alten Testament als Beweis göttlicher Inspiration und als Voraussetzung zur Lösung von Konflikten. Das immer wiederkehrende Begriffspaar beschreibt auch nach Augustinus (354–430) den Idealzustand, der in der *Civitas terrena*, in der irdischen Gemeinschaft, anzustreben ist. *Pax* ohne *Justitia*, d.h. ohne Grundrechte und deren Schutz durch Gesetzgebung und Exekutive, sei ein schlechter Frieden.[15]

---

12 *Kurt A. Raaflaub*, Der Friede als höchstes Ziel und Gut? Zum Friedensideal im antiken Rom, in: Robert Rollinger u. a. (Hg.), Altertum und Gegenwart. 125 Jahre Alte Geschichte in Innsbruck, Innsbruck 2012, S. 237–271.
13 Dazu *Kaulbach*, Friede als Thema der bildenden Kunst, S. 165.
14 Zum Bildmotiv von *Pax* und *Justitia* bes. *Wolfgang Augustyn*, Friede und Gerechtigkeit – Wandlungen eines Bildmotivs, in: ders. (Hg.), Pax, S. 243–300. Siehe auch *Klaus Schreiner*, „Gerechtigkeit und Frieden haben sich geküßt" (Ps. 84, 11). Friedensstiftung durch symbolisches Handeln, in: Johannes Fried (Hg.), Träger und Instrumentarien des Friedens im hohen und späten Mittelalter, Sigmaringen 1996, S. 37–68; *Rainer Wohlfeil*, Pax antwerpiensis: eine Fallstudie zu Verbildlichungen der Friedensidee im 16. Jahrhundert am Beispiel der Allegorie „Kuß von Gerechtigkeit und Friede", in: ders./Tolkemitt (Hg.), Historische Bildkunde, S. 211–258.
15 Zuletzt siehe *Ludwig Siep*, Ewiger Friede und gerechter Krieg in der politischen Philosophie der Neuzeit, in: Althoff u. a. (Hg.), Frieden, S. 256–272.

In künstlerischen Darstellungen, die die politischen Leitbilder der frühneuzeitlichen Führungseliten bei der strategischen Friedensgewinnung und -bewahrung zu untermauern halfen, wurden Frieden und Gerechtigkeit häufig gemeinsam auf einem Bildfeld in inniger Umarmung oder sogar sich küssend gezeigt. Ein sprechendes Beispiel dafür bildet Theodor van Thuldens (1606–ca. 1676) *Allegorie auf Gerechtigkeit und Frieden* von 1659 (Abb. 3).[16] Auf dem anlässlich des Pyrenäenfriedens 1659 entstandenen Gemälde umarmen sich die beiden allegorischen Figuren, dabei beugt sich die fast nackte *Pax* mit Füllhorn und Merkurstab zur aufrecht sitzenden *Justitia*, zu erkennen an Schwert und Waage, die der Putto links hält. In ihrer Umarmung kündigt sich der traditionelle Friedenskuss an. *Pax* tritt die Waffen, die vor ihr auf dem Boden liegen, mit Füßen, während rechts ein Putto mit lodernder Fackel bereitsteht, um sie zu verbrennen. Links von *Justitia* liegt auf dem Boden ein Beutel mit Geld, zum Zeichen, dass die Gerechtigkeit nicht nur straft, sondern auch belohnt, aber nicht käuflich ist.

Abb. 3: Allegorie auf Gerechtigkeit und Frieden. Gemälde von Theodor van Thulden, 1659, Öl auf Leinwand.

---

16 *Elke-Anna Werner*, Theodor van Thulden. Allegorie auf Gerechtigkeit und Frieden. 1659, in: Westfälisches Landesmuseum für Kunst und Kultur (Hg.), Das Kunstwerk des Monats, Münster 1998, unpag.; *Klaus Bußmann/Heinz Schilling* (Hg.), 1648. Krieg und Frieden in Europa (Ausst.-Kat. Münster), Bd. 2: Kunst und Kultur, München 1998, S. 190.

All diese Motive deuten darauf, dass der Krieg vorbei ist und dass Europa eine Zeit des Friedens bevorsteht. Thuldens Gemälde zeigt, dass die Darstellung der *Pax* gerade in der Hochphase allegorischer Kunst im 17. Jahrhundert unzählige Variationen aufweisen kann, obwohl *Pax*, wie zahlreiche weitere Begriffspersonifikationen, bereits ab dem 16. Jahrhundert in numismatischen, mythographischen und ikonologischen Kompendien systematisch beschrieben wurde.[17]

Gemäß dem Wissen um die prinzipielle Instabilität des Friedens wurde *Pax* oft in Gegenüberstellung mit dem personifizierten Krieg (*Bellum*) und weiteren Untugenden dargestellt. Die Motive des Friedens gewinnen im Gegensatz zu den ‚Schrecken des Krieges' eine besondere Anschaulichkeit. Nach Entwürfen des Malers Maarten van Heemskercks (1498–1574) schuf der Kupferstecher Cornelis Cort (1533–1578) im Jahr 1564 einen Zyklus von neun Blättern (*Welt – Reichtum – Hochmut – Neid – Krieg – Armut – Demut – Friede – Das Jüngste Gericht*),[18] die die Tugenden und Untugenden auf Wagen wie bei einem Triumphzug zeigen.[19] Tiefpunkt der Folge ist der *Krieg* (Blatt 5) auf dem Wagen der Rache, gezogen von den Pferden Verderben und Verwüstung, angetrieben von der Raserei; Gefährten sind Hunger, Gotteslästerung und Zwietracht sowie Grausamkeit. Zielpunkt des Zyklus ist der *Frieden* (Blatt 8) (Abb. 4), gefahren auf dem Wagen der Einmütigkeit, der Lenker ist die Liebe, die Pferde sind Eintracht und Nutzen, Begleiterinnen sind Gerechtigkeit, Wahrheit und Fleiß, die Mutter aller Künste. Am Ende der Zeiten steht das Jüngste Gericht als letztes Urteil über das menschliche Handeln. Diese Form der politischen Bildpublizistik, die in den Niederlanden in den 1560er und 1570er Jahren begann, veranschaulicht eindringlich, dass stets das Gute in Form von friedlichen Zuständen das erwünschte Ziel politischen Handelns war.

---

17 Vgl. *Vincenzo Cartari*, Imagini colla sposizione degli dei degli antichi, Venedig 1556; *Cesare Ripa*, Iconologia overo Descrittione di diverse imagini cavate dall' antichità, e di propria inventione, Rom 1593 (zunächst ohne Illustrationen, 1603 mit zahlreichen Holzschnitten).

18 Cornelis Cort nach Maarten van Heemskerck, Kupferstiche aus dem Zyklus: Der Kreislauf des menschlichen Daseins, 1564, Staatsgalerie Stuttgart, Graphische Sammlung; siehe *Arnhold* (Hg.), Wege zum Frieden, S. 67 (Gerd Dethlefs).

19 Das Konzept geht zurück auf einen mittelalterlichen Merkvers vom Wechsel aller Dinge – Friede bringt Handel, Handel Reichtum, Reichtum Hochmut, Hochmut Streit, Streit Krieg, Krieg Armut, Armut Demut und Demut bringt Frieden –, der wiederum einem theatralischen Umzug in Antwerpen zugrunde lag, bei dem die Verkörperungen der Tugenden und Untugenden auf Wagen wie bei einem Triumphzug einander folgten. Ebd.

Abb. 4: *Pax*. Kupferstich von Cornelis Cort nach Maarten van Heemskerck, 1564, Blatt 8 aus dem Zyklus: Der Kreislauf des menschlichen Daseins.

1.4 Frieden (und Krieg) in mythologischen Darstellungen

Mythologisches Personal wurde häufig im Zusammenhang mit Friedensvisualisierungen eingesetzt, da sich auf diese Weise noch komplexere Handlungsstrukturen ergeben. Eine regelmäßig wiederkehrende Figur ist der Kriegsgott *Mars*, dessen Rolle in diesen Allegorien durchaus wechselhaft sein kann. Nicht selten bildet er eine Bedrohung für Wohlfahrt, Künste und Wissenschaften, die nur in Friedenszeiten florieren. Oft wird auch *Minerva*, die Göttin der Weisheit, als Beschützerin der Künste und Wissenschaft dargestellt, etwa bei dem Versuch, *Mars* die Rüstung abzunehmen.

Peter Paul Rubens (1577–1640) zeigt auf seinem Gemälde *Minerva schützt Pax vor Mars (Frieden und Krieg)* von ca. 1630 (Abb. 5) den personifizierten Frieden, *Pax*, zusammen mit den mythologischen Figuren in einem komplexen Handlungsgefüge, das wiederum Krieg und Frieden einander gegenüberstellt:[20] Während im Bildzen-

---

[20] Zum Werk siehe *Kaulbach*, Friede als Thema der bildenden Kunst, S. 194. Zu Rubens' Bedeutung für die Friedensikonographie allgemein siehe bes. *Hans-Martin Kaulbach*, Peter Paul Rubens. Diplomat

trum die fast nackte *Pax* als Hauptfigur für die Verkörperung des Friedens Milch aus ihrer Brust in den Mund eines Knaben spritzt, tritt hinter ihr *Minerva* in voller Rüstung dem Kriegsgott *Mars* entgegen und schiebt ihn sanft, aber bestimmt aus dem Bild. Sie hat sich schützend zwischen ihn und die junge Friedensgöttin gestellt, zu deren Füßen die Segnungen des Friedens als Früchte im Überfluss aus einem Füllhorn quellen. Mit den Kindern, die sich von rechts der Friedensgöttin nähern, zeigt Rubens diejenigen, die vor allem vom Frieden profitieren: die kommenden Generationen.

Abb. 5: Minerva beschützt Pax vor Mars. Gemälde von Peter Paul Rubens, ca. 1630, Öl auf Leinwand.

Besonders beliebt war das mythologische Figurenpaar *Venus* und *Mars*, das den vertrauten Gegensatz von Krieg und Liebe im Dienste des Friedens in den Fokus rückt.[21] Diese immer wieder beschworene Verdrängung von Gewalt durch Liebe geht auf eine lange Tradition zurück. Bereits in der 411 v. Chr. uraufgeführten griechischen Komödie *Lysistrata* des antiken Dichters Aristophanes (ca. 450/444 v.Chr.–um 380 v.Chr.)

---

und Maler des Friedens, in: Klaus Bußmann/Heinz Schilling (Hg.), 1648. Krieg und Frieden in Europa. Bd. 2. München 1998, S. 565–574.

21 Zu Mars und Venus im Werk Rubens' siehe *Ulrich Heinen*, Mars und Venus. Die Dialektik von Krieg und Frieden in Rubens' Kriegsdiplomatie, in: Birgit Emich/Gabriela Signori (Hg.), Kriegs/Bilder in Mittelalter und Früher Neuzeit, Berlin 2009, S. 237–275.

verbünden sich einige der Frauen Athens und Spartas gegen ihre kriegswütigen Ehemänner und zwingen sie durch sexuelle Verweigerung zum Frieden.[22] In der römischen Mythologie war es *Venus*, Göttin der Liebe und Fruchtbarkeit, die den Kriegsgott *Mars* mit ihren Verführungskünsten dazu bewegen konnte, seine Waffen niederzulegen und sich von der ewigen Liebe bezwingen zu lassen. Das literarische Motiv der Zähmung des Kriegsgottes durch die Göttin der Liebe geht auf den antiken römischen Dichter Lukrez (93–99 v. Chr. bis 53–55 v. Chr.) und den Beginn seines Lehrgedichts *De rerum natura* zurück. Unzählige bildkünstlerische Varianten des Themas illustrieren mit dieser fragilen Liebesbeziehung das mühsame Ringen um den Frieden, stets reflektierend, dass der Frieden ein flüchtiger Zustand ist. Denn nach der mythologischen Tradition ist der Frieden nur solange gesichert, wie *Mars* bei *Venus* weilt. Paolo Veronese (1528–1588) zeigt in seinem Gemälde *Venus und Mars* aus den 1570er Jahren (Abb. 6) das einträchtige Miteinander von Liebesgöttin und Kriegsgott wie ein zeitloses Idyll, das bei genauerem Blick jedoch zerbrechlich erscheint: Zwar wird der Aspekt natürlicher Fruchtbarkeit und damit die nährenden und zivilisierenden Auswirkungen der Liebe durch die aus *Venus'* Brust strömende Milch symbolisiert; indessen ist das lose gebundene Seidentuch, mit dem Cupido den noch immer gerüsteten Kriegsgott wie mit einem Liebesfaden an *Venus* bindet, eher schmückendes Beiwerk als ein haltbares Gebinde. Während *Venus* auf die etwas hilflos wirkende Verrichtung des Cupido zu ihren Füßen herabblickt, scheint sich *Mars*, der als Rückenfigur mittig im Bild sitzt, eher der Schlachtenmüdigkeit hinzugeben als dem von ewiger Liebe durchdrungenen Niedersinken. Auch das Pferd rechts im Mittelgrund wird nur mühsam von dem anderen kleinen Cupido mit dem großen Schwert des Kriegsgotts zurückgedrängt: Es ist somit ein nur knapper Sieg der verführerischen Liebesgöttin über ihren kriegslustigen Partner.

---

22 *Barbara Sichtermann*, Krieg und Liebe – apropos Lysistrata, in: Aristophanes, Lysistrata, neu übersetzt von Erich Fried, Berlin 1992, S. 9–30.

Abb. 6: Venus und Mars. Gemälde von Paolo Veronese, um 1570, Öl auf Leinwand.

2. Friedensdarstellungen im Kontext

Der Frieden war in der Frühen Neuzeit selten Hauptthema von Kunstwerken, sondern Bestandteil größerer Bildprogramme und architekturgebundener Ausstattungskomplexe. Auftraggeber waren zumeist institutionelle Akteure, die politisch über die Entscheidungsgewalt im Wechselspiel von Krieg und Frieden verfügten und zur Legitimation ihrer Machtansprüche den Frieden instrumentalisierten, vornehmlich Kommunen, Herrscher und Päpste. Die Erfahrung der realpolitischen Verhältnisse und das Wissen um den Frieden als ein labiler, ständig bedrohter Zustand prägten die künstlerischen Visualisierungen vom bestehenden Friedenszustand oder der Hoffnung auf Frieden in vielerlei Weise, nicht zuletzt weil ihnen unterschiedliche Friedenskonzepte zugrunde lagen. Daher sollen exemplarisch in diesem zweiten Teil Visualisierungsstrategien des Friedens in der Frühen Neuzeit zur Sprache kommen, um zu zeigen, inwiefern die Darstellungen des Friedens politische Theorien untermauerten oder politisches Handeln inszenierten.

2.1 *Pax* und *Justitia* als komplementäre Leitbilder politischer Regierungskunst

Selten wurde so deutlich die Wirkung von Krieg und Frieden benannt wie am Eingangsportal des Schlosses Friedenstein in Gotha, wo ein Relief mit dem Kuss zwischen *Pax* und *Justitia* und den Worten „Friede ernähret – Unfriede verzehret" den Besucher empfängt (Abb. 7). Die Personifikation der Gerechtigkeit steht links mit Schwert und Waage, die Personifikation des Friedens rechts mit einem Palmwedel. Herzog Ernst I. von Sachsen-Gotha (Ernst der Fromme, 1601–1675) hatte das Schloss ab 1643, noch während des Dreißigjährigen Krieges, errichten lassen. Nicht nur der ohnehin schon sprechende Name des zehn Jahre später vollendeten Baus – Friedenstein –, sondern auch das 1650 anlässlich des Westfälischen Friedens[23] am Portal angebrachte Relief mit dem Friedenskuss lassen dieses Schloss zu einem gebauten Mahnmal für den Frieden werden. Das Relief ist ein im Zusammenhang eines fürstlichen Schlossbaus höchst eingängiges Motiv, das für den Frieden wirbt.

---

23 Vgl hierzu auch Kapitel 46.

Abb. 7: Friedenskuss am Nordportal (Eingangsportal), Schloss Friedenstein, Gotha. Relief, 1650.

Gut 300 Jahre früher hat Ambrogio Lorenzetti (um 1290–1348) im Palazzo Pubblico in Siena (Abb. 8) den Frieden als Herausforderung der Staats- und Regierungskunst auf eindrucksvolle Weise verbildlicht: In dem 1337–1340 freskierten Ratssaal, der *Sala dei Nove* (Saal der Neun), die schon 1344 *Sala della Pace* (Saal des Friedens) genannt wurde,[24] ist die Allegorie der *Pax* Teil eines ganzen Aufgebots an Personifikationen,[25] die die staatspolitische Idee des *Buongoverno*, der ‚Guten Regierung' – dargestellt als thronende, die Kommune von Siena repräsentierende Herrscherfigur – versinnbildlichen. Die weißgewandete Personifikation des Friedens mit dem Ölzweig in der Hand wird dabei nicht nur durch die zentrale Position im Wandbild besonders hervorgehoben, sondern auch durch ihre Haltung: Im Unterschied zu allen anderen Figuren locker hingestreckt auf einem Kissen, das auf den abgelegten Waffen liegt, den Kopf auf die rechte Hand gestützt, erinnert *Pax* einerseits an antike Darstellungen der *Securitas*, der Sicherheit.[26] Andererseits mag in ihrer Gemütsruhe ausstrahlenden Körperhaltung Augustinus' Diktum präsent sein, wonach Friede das Resultat der *Ruhe* eines geordneten Zustands ist: „pax omnium rerum tranquillitas ordinis".[27] Dass die Ratsmitglieder in Siena dieses Bild einer guten Staatsführung klar vor Augen hatten, wird im angrenzenden Fresko deutlich: Versonnen blickt *Pax* in die Richtung der auf der rechten Seitenwand dargestellten Segnungen des Friedens in Stadt und Landschaft. Innerer und äußerer Frieden und Wohlstand stehen in ursächlichem Zusammenhang mit einer konstitutionellen Einhegung der Macht.

---

24 Siehe zu Lorenzetti u. a. *Bram Kempers*, Gesetz und Kunst. Ambrogio Lorenzettis Fresken im Palazzo Pubblico in Siena, in: Hans Belting/Dieter Blume (Hg.), Malerei und Stadtkultur in der Dantezeit. Die Argumentation der Bilder, München 1989, S. 71–84.
25 Zu ihrer Rechten sitzen die Tugenden *Fortitudo* (Stärke), *Prudentia* (Klugheit), *Magnanimitas* (Großmut), *Temperantia* (Mäßigung) und *Justitia* (Gerechtigkeit). Sie flankieren zu beiden Seiten die Figur des Herrschers. Aus dem Zusammenspiel dieser Tugenden sowie der weiter links dargestellten *Sapientia* (Weisheit), *Concordia* (Einheit) und einer zweiten *Justitia* konstituiert sich das Regiment des gerechten Herrschers, der in den Farben schwarz und weiß und mit Stadtwappen und Zepter für die Kommune von Siena steht.
26 *John T. Hamilton*, Security: Politics, Humanity, and the Philology of Care, Princeton 2013, S. 155f.
27 *Augustin*, De civitate Dei XIX,13, Z. 3–8. Siehe auch *Kaulbach*, Friede als Thema der bildenden Kunst, S. 175.

Abb. 8: *Pax.* Fresco von Ambrogio Lorenzetti, Detail aus Sala della Pace, 1337–1340. Siena, Palazzo Pubblico.

Neben *Pax* spielt im Sieneser Rathaus vor allem *Justitia* eine hervorgehobene Rolle. *Pax* ohne *Justitia* galt als ‚Pax iniqua', als ungerechter Frieden, lediglich als momentane Waffenruhe. Die enge Verkettung von Frieden und Gerechtigkeit bezeichnet das komplementäre Verhältnis zweier Tugenden, deren Wert als Leitbilder in politischer Theorie und praktischer Regierungskunst in appellativen künstlerischen Darstellungen vielfach beschworen wurde. Daher gehörte das allegorische Figurenpaar aus *Pax* und *Justitia* nicht nur in kommunalen Bildprogrammen, sondern auch in Ausstattungen fürstlicher Palazzi zu dem wohl am häufigsten dargestellten Friedenskonzept in der Frühen Neuzeit (s. Kap. 1.3). Gemäß ihrer Funktion als komplementäre Leitbilder aller Staats- und Regierungskunst waren die beiden Allegorien 1544 von Battista Dossi (um 1490–1548) für den Ferrareser Herzog Ercole II. d'Este (1508–1559) nahezu lebensgroß angefertigt worden (Abb. 9a/b).[28] *Pax* hat den linken Fuß auf eine Rüstung gestellt, von der sie Teile mit der nach unten gekehrten Fackel verbrennt, was für den Beginn eines dauerhaften Friedens steht. Hinzu kommen Blumen im Haar sowie Früchte und Ähren in ihrem Arm, die den Wohlstand in Zeiten des Friedens darstellen.

---

28 Siehe zu den Dossi-Werken bes. *Kirsten Faber*, Die Ausstattung der Camera della Pazienza des Ferrareser Kastells unter Ercole II. d'Este (1534–1559). Politische Allegorien in der Dresdner Gemäldegalerie, in: Jahrbuch der Staatlichen Kunstsammlungen Dresden 25, 1994/95(1998), S. 45–57.

Lamm und Wolf, die einträchtig zu Füßen der *Pax* liegen, bezeichnen einen friedlichen Zustand bzw. das Ende einer Feindschaft, vergleichbar mit den Bildern des Tierfriedens. *Justitia* als Pendant der *Pax* hält nicht nur ihr wichtigstes Attribut, die Waage, in die Höhe, sondern umfasst mit ihrem rechten Arm ein Faszienbündel mit Beil, das bereits aus dem römischen Rechtsleben bekannt war und als Symbol für die Eintracht im Staat zu verstehen ist.

Abb. 9a/b: *Justitia* und *Pax*. Gemälde von Battista Dossi, 1544, Öl auf Leinwand.

Dossis *Pax* und *Justitia* sollten ein knappes Jahrzehnt später, um 1554, gemeinsam mit Gemälden der *Patientia* (Geduld), *Kairos* (Gelegenheit) und *Poenitentia* (Reue) die *Camera della Patientia*, den Raum der Geduld, im Castello Estense, dem Herzogspalast, schmücken. Geduld als politische Tugend war das persönliche Motto des Herzogs. Ercole d'Este, der eine auf Ausgleich und Friedenserhalt zwischen den Großmächten gerichtete Politik vertrat, erkannte in dieser Tugend den Garant für den in seinem kleinen Herzogtum immer wieder durch konfessionelle Konflikte bedrohten Frieden.[29]

2.2 Visualisierte Friedenskonzepte der Päpste im konfessionellen Zeitalter

Gerade im konfessionellen Zeitalter vertraten die Päpste in ihrer Bildpolitik ein spezifisches, durch *Pax* und *Justitia* transportiertes Friedenskonzept.[30] Mit deutlicher Bezugnahme auf Psalm 84 besetzen *Pax* und *Justitia* prominent das Pluviale der Taddeo Landini (1561–1596) zugeschriebenen Bronzebüste Papst Gregors XIII. (1502–1585) von 1580 (Abb. 10),[31] links die Gerechtigkeit mit einem großen, aber nach unten gesenkten Schwert, rechts die Personifikation des Friedens, die die Waffen verbrennt. Das Pluviale wird zudem von einer großen Schließe gehalten, deren Kartusche ein Relief mit einer Darstellung Christi zeigt, der dem Apostel Petrus die Füße wäscht. Diese Szene kann im Kontext der Gegenreformation als Legitimation des *wahren* kirchlichen, also katholischen Oberhaupts in der Nachfolge Petri verstanden werden und damit als Träger der Höchstgewalt, neben dem für religiöse wie auch politische Machtansprüche der Protestanten kein Platz ist.

Das päpstliche Friedenskonzept hatte eine klare programmatische Bedeutung im Sinne einer im Namen von *Pax* und *Justitia* legitimierten autoritären Staatslenkung, die durchaus vorsah, notfalls mit Gewalt *den wahren Frieden* wiederherzustellen und damit die allumfassende Rechtsordnung, die den Päpsten durch die konfessionelle Spaltung verloren zu gehen drohte.[32] Politische Kompromisslösungen oder gar ein religiöser Verständigungsfrieden waren im Dogma vom gerechten Krieg nicht vorgesehen: Protestanten waren Häretiker bzw. Ungläubige, mit denen Friedensschlüsse im Sinne einer *Pax iusta et vera*, einer wahren und gerechten Friedensordnung, nicht möglich waren. In diesem Sinne sind auch *Pax*-Darstellungen zu verstehen, die im Zuge der Siege gegen die Osmanen päpstliche Medaillen zieren: So schmückt eine *Pax*

---

29 Dieser Konflikt entstand vor allem aufgrund der Sympathien seiner französischen Gemahlin Renée de Valois (1510–1574) für den Protestantismus in dem zum Kirchenstaat gehörenden Herzogtum, vgl. *Rudolf Wittkower*, Patience and Chance: The Story of a Political Emblem, in: Journal of the Warburg Institute 1 (1937), S. 171–177.
30 Dazu bes. *Eva-Bettina Krems*, Mediale Inszenierung der Pax Christiana: Die Päpste im 16. und 17. Jahrhundert, in: Althoff u. a. (Hg.), Frieden, S. 208–235. Siehe auch *Rudolf Preimesberger*, Bilder des Papsttums vor und nach 1648, in: Bußmann/Schilling (Hg.), 1648. Krieg und Frieden, Bd. 2, S. 618–628.
31 Siehe zur Büste bes. den Katalogbeitrag von *Rudolf Preimesberger*, Büste Papst Gregors XIII., in: Reinhold Baumstark (Hg.), Rom in Bayern. Kunst und Spiritualität der ersten Jesuiten (Ausst.-Kat. München), München 1997, S. 299–302; dort Sebastiano Torrigiani zugeschrieben.
32 Dazu *Krems*, Mediale Inszenierung, S. 214–218.

Abb. 10: Papst Gregor XIII. Bronzebüste von Taddeo Landini, um 1580.

die Medaille des Vorgängers Gregors XIII., Papst Pius' V. (1504–1572), anlässlich des Sieges der Heiligen Liga gegen die Osmanen bei der Seeschlacht von Lepanto 1571.[33] Der Papst wird auch hier im geistlichen Ornat dargestellt. Die *Pax* auf dem Revers hält in ihrer Linken Füllhorn und Ölzweig, mit der Fackel in der rechten Hand zündet sie einen Berg Waffen an, ein Vorgang, der nicht als ein moderner Abrüstungsgedanke missverstanden werden sollte: Es sind die Waffen der Gegner, die unschädlich gemacht werden, während die kleine Ansammlung von Kriegsgerät unterhalb des Tempels für die von *Pax* in Verbindung mit *Justitia* gewährleistete ‚Sicherheit' steht.[34] Auf dem Pluviale des Papstes ist zudem das Dankopfer Noahs zu sehen, der von Noah nach der Sintflut errichtete Altar: Die allusiv mit dem Pluviale verknüpfte Sintflut wird hier gezielt eingesetzt als Zeichen für die über die Ungläubigen gewonnene Seeschlacht und ihre verheerende Wirkung.

---

33 Medaille Pius' V. auf den Sieg der Heiligen Liga gegen die Osmanen bei der Seeschlacht von Lepanto, o.J. (um 1571), von G[ian Federico] Bonzagni. Zur Medaille siehe z. B. *Iris Wenderholm*, Sieg mit den Pinseln. Vasaris Schlacht von Lepanto (1572/73), in: Uwe Fleckner (Hg.), Bilder machen Geschichte. Historische Ereignisse im Gedächtnis der Kunst, München 2016, S. 123–124.
34 Dies geht auf Jesaia zurück: „[...] der Gerechtigkeit Nutzen wird ewige Stille und Sicherheit sein", so heißt es im Buch Jesaia zu Pax und Justitia (Jes 32, 17).

Pax wird somit im Friedenskonzept des Heiligen Stuhls im 16. und frühen 17. Jahrhundert verstanden als ein autoritär vom Papst auferlegter Friede. In diesem Sinne ist auch der als monumentale Sitzfigur auf seinem Grabmal in St. Peter in Rom dargestellte Papst Paul III. (1468–1549) zu verstehen (Abb. 11),[35] der in der Geste seiner Rechten mit dem deutlich abgewinkelten Unterarm und flach ausgestreckter Hand auf das Reiterstandbild des Marc Aurel (121–180) rekurriert.

Dessen Gestus wurde schon im 15. Jahrhundert als *Atto di Pacificatore*, als friedensstiftende Geste, bezeichnet. Genauso beschrieb der Projektverantwortliche des Grabmals, Annibale Caro (1507–1566), die Sitzfigur Pauls III., sie sei im „atto di pacificatore" dargestellt.[36] Doch der ausgestreckte Arm mit geöffneter Hand weist weniger auf einen mildtätigen, sanftmütigen Papst als vielmehr auf einen Friedensstifter in programmatischer, teleologischer Bedeutung. Mit dem Friedensgestus, der den päpstlichen Segensgestus ersetzt, war dasselbe Konzept der im Namen von *Pax* und *Justitia* legitimierten autoritären Staatslenkung verknüpft: Der Papst versteht sich als Herr über Krieg und Frieden, eine in Anlehnung an die antike Herrschaftspraxis verstandene Legitimation päpstlicher Macht in Zeiten der konfessionellen Krise.[37]

---

35 Zur komplizierten Entstehungsgeschichte des 1550–1574 entstandenen Grabmals zwischen freistehendem Monument und Nischengrabmal siehe vor allem *Werner Gramberg*, Guglielmo della Portas Grabmal für Paul III. Farnese in St. Peter, in: RJ 21 (1984), S. 253–364; *Christof Thoenes*, „Peregi naturae cursum". Zum Grabmal Pauls III., in: Christoph Andreas (Hg.), Festschrift für Hartmut Biermann, Weinheim 1990, S. 130–141.
36 *Gramberg*, Guglielmo della Portas Grabmal, S. 343, Doc IV.
37 Dazu *Krems*, Mediale Inszenierung, S. 218–221.

Abb. 11: Grabmal Pauls III. Marmor, Bronze von Guglielmo della Porta, 1550–1574, St. Peter, Rom.

2.3 Friedensbilder während des Dreißigjährigen Krieges

Die Produktion von Friedensbildern hatte während des Dreißigjährigen Krieges (1618–1648) in Mitteleuropa Hochkonjunktur, besonders mit dem Wissen, dass Friede ein flüchtiger Zustand ist, um den oftmals vergeblich gerungen wurde. Dies hat wohl kaum ein Künstler überzeugender verbildlicht als der flämische Maler Peter Paul Rubens (1577–1640), der über zwei Jahrzehnte während des Dreißig- und Achtzigjährigen Krieges (1568–1648) das allegorische und mythologische Personal in eindringlichen Bildern auf zeitgenössische Situationen zu übertragen wusste.[38] Rubens war jedoch nicht nur als Maler, sondern auch als Diplomat an Friedensprozessen beteiligt.[39] Im Rahmen der sich anbahnenden Friedensverhandlungen zwischen Spanien und England reiste Rubens 1629 als Sekretär des Geheimen Rates der südlichen Niederlande nach London, um einen Waffenstillstand auszuhandeln und einen Botschafteraustausch vorzubereiten. Seine Bemühungen waren schließlich von Erfolg gekrönt, als der Vertrag im November 1630 geschlossen und der Künstler aufgrund seiner Verdienste sowohl vom englischen als auch vom spanischen König zum Ritter geschlagen wurde. Das bereits (s. Kap. 1.4) erwähnte Gemälde *Minerva schützt Pax vor Mars (Frieden und Krieg)* von 1630 (Abb. 5) hat Rubens während dieser diplomatischen Mission in London angefertigt. Er überreichte es König Karl I. (1600–1649) als Abschiedsgeschenk, dem so unmissverständlich deutlich gemacht wurde, dass der Frieden – hier die fast nackte *Pax* – nur durch *Minerva*, d. h. die Weisheit im politischen Handeln, hergestellt und beschützt werden kann. Rubens erhielt auch den Auftrag für Deckengemälde in Whitehall Palace, Banqueting House, in London. Ein Entwurf dazu, 1631 entstanden,[40] zeigt den Vater des regierenden Königs Karl I., Jakob I. (1566–1625), vor einem mächtigen Thronbaldachin als Herrn über Krieg und Frieden. Links zu Füßen des Throns umarmen sich *Pax* und *Abundantia*: Allein durch Frieden ist auch Überfluss möglich. Rechts drängelt *Minerva* den Kriegsgott *Mars* in den furienbesetzten Abgrund, wobei ihr der Diplomatengott *Merkur* zu Hilfe eilt. Heranflatternde Genien krönen den König, weil er sich sichtbar für die Friedenspartei entscheidet.

Diese Werke von Rubens belegen, dass Künstler aktiven oder rezeptiven Anteil an Friedensprozessen hatten, indem sie laufende Verhandlungen bildlich kommentierten oder erzielte Friedensschlüsse triumphal überhöhten. Rubens' außergewöhnliche Rolle war bereits den Zeitgenossen bewusst: Der italienische Maler Luca Giordano (1634–1705) feierte dies in seinem ca. 1660 gemalten Werk *Rubens als Maler der Allegorie des Friedens*.[41] 1627 hatte schon Simon Vouet (1590–1649) ein Gemälde geschaf-

---

38 *Reinhold Baumstark*, Ikonographische Studien zu Rubens Kriegs- und Friedensallegorien, in: AKB 45 (1974), S. 125–234; *Heinen*, Mars und Venus; *Kaulbach*, Diplomat und Maler des Friedens.
39 *Ulrich Heinen*, Rubens' Bilddiplomatie im Krieg, in: Matthias Rogg/Jutta Nowosadtko (Hg.), Mars und die Musen. Das Wechselspiel von Militär, Krieg und Kunst in der Frühen Neuzeit, Münster 2008, S. 151–178; *ders.*, Rubens's pictorial peacekeeping force: negotiating through "visual speech-acts", in: Christoph Wagner/Udo Hebel (Hg.), Pictorial cultures and political iconographies, Berlin 2011, S. 32–61.
40 *Peter Paul Rubens*, Die glückliche Regierung König Jakobs I., um 1631, Ölskizze auf Holz, 64,5 cm x 47,5 cm, Wien, Gemäldegalerie der Akademie der Bildenden Künste; siehe *Arnhold* (Hg.), Wege zum Frieden, S. 96 (Judith Claus).
41 Museo del Prado, Madrid; *Kaulbach*, Friede als Thema der bildenden Kunst, S. 205–207.

fen, das eine personifizierte Malerei, *Pictura*, an der Staffelei zeigt, die im Begriff ist, eine *Pax* zu malen (Gallerie Nazionale, Rom). Die bedeutende Rolle von Künstlern bei der Visualisierung von Friedenshoffnungen belegen auch die Bemühungen des deutschen Goldschmieds und Medailleurs Sebastian Dadler (1586–1657), der während des Dreißigjährigen Krieges mehrere Medaillen schuf, die unter Verwendung einschlägiger Allegorien und Symbole der Hoffnung auf Frieden Ausdruck verliehen.[42]

Diego Velázquez (1599–1660), Hofmaler des spanischen Königs Philipp IV. (1605–1665), hat mit seinem um 1635 entstandenen großformatigen Leinwandbild *Die Übergabe von Breda* (Abb. 12) in eindrucksvoller Weise die Rituale auf dem Weg zum Frieden verbildlicht.[43] Die dargestellte Begegnung von Sieger und Besiegtem nach dem für den spanischen König erfolgreichen Ende der Belagerung von Breda (1625) hat freilich so nie stattgefunden. Ungeachtet der historischen Wahrheit entwirft Velázquez jedoch ein Szenario, das einerseits zwar die Überlegenheit der strahlenden Sieger gegenüber den derangierten Verlierern deutlich vor Augen führt, das andererseits aber in der fiktiven Begegnung der beiden Feldherren ein fein austariertes, auf Ehre und Anerkennung des Verlierers in der Stunde des Sieges setzendes Zeichen entwirft. Während sich der links stehende Justin von Nassau (1559–1631) demütig verbeugt und Ambrosio Spinola (1569–1630) den Schlüssel reicht, ist sein Haupt emporgerichtet. Der Spanier neigt sich ebenfalls und legt dem Niederländer seine gepanzerte rechte Hand auf die Schulter. „Die Tapferkeit des Besiegten ist des Siegers Ehre", schreibt der zeitgenössische Dichter Calderón de la Barca (1600–1681). In seinem Theaterstück endete die Belagerung von Breda in der Tat mit der Übergabe der Stadtschlüssel.[44] Über die theatralische Wirkung hinaus wird in der von Velázquez gewählten würdigen Darstellung des Verlierers das politische Wissen offensichtlich, dass die Art und Weise des Friedensschlusses über Dauer und Qualität der anschließenden Friedenszeit entscheidet.

Die in diesen Werken von Rubens, Velázquez und Dadler vorherrschende Friedenszuversicht im Dienste der Herrscher-Panegyrik wurde durch die Fortdauer der kriegerischen Wirklichkeit empfindlich gedämpft. Besonders Rubens änderte seine

---

[42] *Hermann Maué*, Sebastian Dadler 1586–1657. Medaillen im Dreißigjährigen Krieg, Nürnberg 2008. Siehe auch *Gerd Dethlefs*, Die Anfänge der Ereignismedaille. Zur Ikonographie von Krieg und Frieden im Medaillenschaffen, in: Deutsche Gesellschaft für Medaillenkunst (Hg.), Medaillenkunst in Deutschland von der Renaissance bis zur Gegenwart, Dresden 1997, S. 19–38.
[43] Das Bild wurde für den *Salón de los Reinos*, den Saal der Reiche, im Buen Retiro geschaffen, der mit Reiterstandbildern der Königsfamilie, den Wappen der Reiche und zwölf Historienbildern ausgestaltet war. Die Historienbilder dienten der Verherrlichung der jüngst errungenen Siege Spaniens und sollten Hof und Stadt die großen kriegerischen Errungenschaften vorführen. Siehe zuletzt: *Martin Warnke*, Auf der Bühne der Geschichte: die „Übergabe von Breda" des Diego Velázquez, in: Fleckner (Hg.), Bilder machen Geschichte, S. 159–170.
[44] *Pedro Calderón de la Barca*, El Sitio de Bredá, in: Primera parte de Comedias de don Pedro Calderón de la Barca, Madrid 1636, S. 247–267.

Abb. 12: Übergabe von Breda. Gemälde von Diego Velázquez, um 1635, Öl auf Leinwand.

künstlerische Strategie: Seine Bemühungen um Frieden erreichten ihre größtmögliche Wirkmacht über die Darstellung der verheerenden Folgen des Krieges. In seinem 1638 vollendeten monumentalen Gemälde *Die Schrecken des Krieges* (Florenz, Palazzo Pitti) lässt Rubens die bisher als Friedenspersonal vorgeführten allegorischen und mythologischen Protagonisten mit großer Wucht in einen verheerenden Kriegstaumel stürzen. Der Kriegsgott *Mars*, weggerissen von der Furie *Alekto*, ist nicht mehr zu halten. Das Säulenpaar links, das die in Kriegszeiten geöffnete Tür des Janustempels flankiert, bildet den optischen Anhaltspunkt, von dem aus die Sturzvorgänge verfolgt werden können bis hin zu dem verzweifelten Baumeister ganz rechts unten, der, laut Rubens' eigener Aussage, sinnbildlich dafür steht, „dass dasjenige, was in Friedenszeiten zu Nutzen und Zierde der Städte erbaut ist, durch die Gewalt der Waffen in Ruinen stürzt und zugrunde geht".[45] Der zeitpolitische und damit auch anklagende

---

45 Peter Paul Rubens in einem Brief an Justus Sustermans (12.03.1638), zit. nach *Kaulbach*, Diplomat und Maler des Friedens, S. 572.

Bezug des Bildes zeigt sich aber vor allem in der schwarzgewandeten, klagend vorkippenden Allegorie der *Europa* links, die Rubens sprachlich kongenial fasst: „Jene schmerzdunkle Frau aber [...] ist das unglückliche Europa, welches schon so viele Jahre lang Raub, Schmach und Elend erduldet, die für jedweden so tief spürbar sind, dass es nicht nötig ist, sie näher anzugeben".[46]

Bei den Feierlichkeiten zum Westfälischen Frieden wurde die *Mars*- und *Venus*-Thematik wieder intensiv eingesetzt. Unter dem Titel *Der gezähmte Mars* feierte der damals sehr bedeutende niederländische Dichter Joost van den Vondel (1587–1679) 1648 in seinem offiziellen Gedicht an die Amsterdamer Regenten den Frieden.[47] In sechs *tableaux vivants* der riesigen Bühne beim Volksfest am 5. Juni 1648 auf dem Amsterdamer Dam galt dem gefesselten *Mars* ein eigenes Tableau. Am Ende des Dreißig- und Achtzigjährigen Krieges wurde somit das Ringen beschützender, meist weiblicher Gottheiten gegen den tobenden *Mars* zu einem der wichtigsten allegorischen Zeichen für den Frieden. Ob *Minerva*, *Pax* oder *Venus*, ob mit ‚weiser Wehrhaftigkeit' (*Minerva*) oder zärtlicher Verführung und sanfter Entwaffnung (*Venus*): Am Ende war *Mars* überwunden, gefesselt, entwaffnet, unterlegen und gezähmt.

2.4 Der Frieden in großen Ausstattungskampagnen der bellizistischen Epoche

Die großen Galerien in Schlössern und Residenzen der bellizistischen Epoche im 17. und frühen 18. Jahrhundert feierten vor allem die militärischen Erfolge der Hausherren. Diesem kriegerischen Impetus mussten sich auch die Friedenskonzepte anpassen. In der Spiegelgalerie König Ludwigs XIV. (1638–1715) in Versailles, 1679–1684 unter der Leitung von Charles le Brun (1619–1690) entstanden, wurden in dreizehn teils sehr großformatigen Deckengemälden die wichtigsten Stationen des Sonnenkönigs von dem Moment seiner alleinigen Machtübernahme 1661 bis zum Jahre 1678 verbildlicht. Nur eine dieser Episoden zeigt einen Friedensschluss: den Frieden von Aachen 1668 (Abb. 13).[48]

---

46 Ebd.
47 Vgl. zu den Feierlichkeiten *Eymert-Jan Goosens*, Monumente des Friedens in den Niederlanden, in: Bußmann/Schilling (Hg.), 1648. Krieg und Frieden, S. 629–638.
48 Vgl. hierzu auch Kapitel 50.

Abb. 13: Friede von Aachen, Detail aus Versailles, Spiegelgalerie, Decke, Fresko von Charles le Brun, um 1680.

Dieser Frieden hatte den Devolutionskrieg (1667/68) beendet, als die Tripelallianz (Großbritannien, Niederlande und Schweden) sich gegen die Versuche Ludwigs XIV. gewehrt hatte, die Spanischen Niederlande zu erobern. Mit dem Devolutionskrieg wandelte sich Frankreich zur Militärmonarchie; der Frieden von Aachen läutete die vier Jahrzehnte der insgesamt fünfzigjährigen Herrschaft Ludwigs XIV. ein, in denen sich Frankreich nahezu ständig im Krieg, im Eroberungskrieg, befand. Die Visualisierung dieses Friedensschlusses von Aachen auf leuchtendem Goldgrund in der Spiegelgalerie entspricht diesem imperialen Konzept, indem eine Vertauschung der Rollen stattfindet, die dem kundigen Betrachter sofort aufgefallen sein dürfte: Ludwig XIV. ist nicht, wie auf zeitgenössischen Medaillen üblicherweise zu sehen,[49] der *Empfänger* des Friedenszweiges durch *Pax*, sondern als Herr über Krieg und Frieden überreicht er selbst *Minerva* bzw. *Athena* dieses Symbol des Friedens. Im angrenzenden *Salon de la Paix*, dem Friedenssaal, übernahm 1729 François Lemoyne (1688–1737) in seinem imposanten Gemälde, das über dem Kamin zur Aufstellung kam und bereits 1731 als Stich publiziert wurde (Abb. 14), dieses Konzept, diesmal mit dem Nachfolger des Sonnenkönigs als Protagonisten: *Ludwig XV. gibt Europa den Frieden*.[50]

In Pose und Rüstung eines römischen Feldherrn überreicht Ludwig XV. (1710–1774) fast herablassend mit der Rechten den Ölzweig der Personifikation Europas, die demütig zu ihm aufblickt. Im Hintergrund versucht die Zwietracht die Tür des Janustempels aufzureißen, doch auf Befehl *Minervas* fliegt *Merkur* herbei und wird sie wieder schließen. Drei kleine Genien mit den Instrumenten der Künste verweisen auf die Blüte der Künste und Wissenschaften im Frieden. Ludwig XV. als neuer Kaiser Augustus demonstriert unmissverständlich: Der Frieden kommt allein aus seiner Hand.

---

49 Vgl. z.B. die Medaille von Jean Mauger 1668 auf den Aachener Frieden: Auf dem Revers zeigt sie *Pax* in den Wolken, mit Füllhorn in der linken Hand. Mit ihrer rechten Hand reicht sie Ludwig in Imperatorentracht einen Friedenszweig. Zu den Medaillen auf den Aachener Frieden siehe: https://www.aachen-muenzen.com/aachener-medaillen/aachener-frieden/ (abgerufen am: 12.04.2020).
50 *Kaulbach*, Friedensbilder in Europa, S. 121.

Abb. 14: Ludwig XV. gibt Europa den Frieden, Laurent Cars nach François Lemoyne, Kupferstich und Radierung, 1731.

Ein ähnliches imperiales Friedenskonzept verfolgten die mit den Bourbonen im ständigen Kampf um die Vorherrschaft in Europa streitenden Habsburger. Als Beispiel sei auf die Ausmalung des Marmorsaals des Augustiner-Chorherrenstifts St. Florian von Bartolomeo Altomonte (1694–1783), 1723–1724, verwiesen. Sie ist als Teil der bildlichen Propaganda der Habsburger nach dem Frieden von Passarowitz[51] zu verstehen, der 1718 den Krieg zwischen Österreich und Venedig auf der einen und dem Osmanischen Reich auf der anderen Seite beendete. Das Deckenfresko (Abb. 15) mit der Verherrlichung der Siege Kaiser Karls VI. (1685–1740) über die Osmanen zeigt rechts von dem über einen Türken triumphierenden *Jupiter*, der freilich mit dem Kaiser identifiziert wurde, drei Personifikationen: *Pax* mit Ölzweig; rechts vor ihr der Überfluss mit Füllhorn und Merkurstab als *Felicitas publica* (Gemeinwohl); der Inhalt ihres Füllhorns ergießt sich schließlich in den Schoß der *Securitas*, der Sicherheit, mit Säule und Lanze.

Abb. 15: Decke des Marmorsaals des Augustiner-Chorherrenstifts St. Florian. Fresko von Bartolomeo Altomonte, 1723–1724.

Hier wird die neue von Kaiser Karl VI. (1685–1740) geschaffene Friedensordnung allegorisch inszeniert, wobei für die Veranschaulichung des überzeitlichen und territorialen Anspruchs habsburgischer Herrschaft der berühmte Vers aus dem ersten Buch der

---

51 Vgl. hierzu auch Kapitel 48.

Aeneis des Vergil (70 v. Chr.–19 v. Chr.) auf der Fahne des Genius, der über den drei Allegorien schwebt, deutlich zu lesen ist: „imperium sine fine dedi" (Aen., Buch I, 279). So wie Augustus als ‚Pacator orbis terrarum' verklärt wurde, prophezeite in der *Aeneis Jupiter* gegenüber *Venus*, der Mutter des Aeneas, die Vorstellung einer Weltherrschaft der römischen Republik als eine in Raum und Zeit grenzenlose Herrschaft. In St. Florian wird Kaiser Karl VI. als Vollstrecker der antiken Prophezeiung inszeniert, der *renovatio* der antiken Friedensidee und Heilszeit.[52]

Auswahlbibliographie / Select Bibliography

Althoff, Gerd u.a. (Hg.), Frieden. Theorien, Bilder und Strategien. Von der Antike bis zur Gegenwart, Dresden 2019.
Arnhold, Hermann (Hg.), Wege zum Frieden (Ausst.-Kat. LWL-Museum für Kunst und Kultur, Münster), Dresden 2018.
Augustyn, Wolfgang (Hg.), Pax. Beiträge zu Idee und Darstellung des Friedens, München 2003.
Augustyn, Wolfgang, Friede und Gerechtigkeit – Wandlungen eines Bildmotivs, in: Augustyn (Hg.), Pax, S. 243–300.
Augustyn, Wolfgang, L'art de la paix? Bilder zum Kongresswesen, in: Christoph Kampmann u.a. (Hg.), L'art de la paix. Kongresswesen und Friedensstiftung im Zeitalter des Westfälischen Friedens, Münster 2011, S. 615–641.
Baumstark, Reinhold, Ikonographische Studien zu Rubens Kriegs- und Friedensallegorien, in: AKB 45 (1974), S. 125–234.
Boidin, Richard/Leribault, Christophe (Hg.), L'art de la paix. Secrets et trésors de la diplomatie, commissariat général (Ausst.-Kat. Paris), Paris 2016.
Bußmann, Klaus/Schilling, Heinz (Hg.), 1648. Krieg und Frieden in Europa (Ausst.-Kat. Münster), Bd. 2: Kunst und Kultur, München 1998.
Dethlefs, Gerd, Die Anfänge der Ereignismedaille. Zur Ikonographie von Krieg und Frieden im Medaillenschaffen, in: Deutsche Gesellschaft für Medaillenkunst (Hg.), Medaillenkunst in Deutschland von der Renaissance bis zur Gegenwart, Dresden 1997, S. 19–38.
Dlugaiczyk, Martina, Der Waffenstillstand als Medienereignis: politische Bildpropaganda in den Niederlanden, Münster 2005.
Heinen, Ulrich, Rubens' Bilddiplomatie im Krieg, in: Matthias Rogg/Jutta Nowosadtko (Hg.), Mars und die Musen. Das Wechselspiel von Militär, Krieg und Kunst in der Frühen Neuzeit, Münster 2008, S. 151–178.
Heinen, Ulrich, Mars und Venus. Die Dialektik von Krieg und Frieden in Rubens' Kriegsdiplomatie, in: Birgit Emich/Gabriela Signori (Hg.), Kriegs/Bilder in Mittelalter und Früher Neuzeit, Berlin 2009, S. 237–275.
Heinen, Ulrich, Rubens's pictorial peacekeeping force: negotiating through "visual speech-acts", in: Christoph Wagner/Udo Hebel (Hg.), Pictorial cultures and political iconographies, Berlin 2011, S. 32–61.

---

[52] Zum Marmorsaal siehe bes. *Werner Telesko/Friedrich Buchmayr*, Der „Marmorsaal" im Augustiner-Chorherrenstift St. Florian. Die Verherrlichung des Türkensiegers Kaiser Karl VI. im Lichte schriftlicher und bildlicher Quellen, in: Jahrbuch des Oberösterreichischen Musealvereines 158 (2013), S. 211–258, hier S. 216.

Hofmann, Werner (Hg.), Schrecken und Hoffnung: Künstler sehen Frieden und Krieg (Ausst.-Kat. Hamburg), Hamburg 1987.
Kaulbach, Hans-Martin, Friedenspersonifikationen in der frühen Neuzeit, in: Brigitte Tolkemitt/Rainer Wohlfeil (Hg.), Historische Bildkunde. Probleme – Wege – Beispiele. Berlin 1991, S. 191–209.
Kaulbach, Hans-Martin, Weiblicher Friede – männlicher Krieg? Zur Personifikation des Friedens in der Kunst der Neuzeit, in: Sigrid Weigel (Hg.), Allegorien und Geschlechterdifferenz, Köln 1994, S. 27–49.
Kaulbach, Hans-Martin, Peter Paul Rubens. Diplomat und Maler des Friedens, in: Bußmann/Schilling (Hg.), 1648. Krieg und Frieden, Bd. 2, S. 565–574.
Kaulbach, Hans-Martin, Pax fovet artes: Kunst als Thema in Allegorien auf den Westfälischen Frieden, in: Klaus Bußmann/Jacques Thuillier (Hg.), 1648: paix de Westfalie, l'art entre la guerre et la paix, Paris 1999, S. 405–431.
Kaulbach, Hans-Martin, Friede als Thema der bildenden Kunst – ein Überblick, in: Augustyn (Hg.), Pax, S. 161–168.
Kaulbach, Hans-Martin, Europa in den Friedensallegorien des 16.–18. Jahrhunderts, in: Klaus Bußmann/Elke Anna Werner (Hg.), „Europa" im 17. Jahrhundert: ein politischer Mythos und seine Bilder, Stuttgart 2004, S. 53–78.
Kaulbach, Hans-Martin, Friede, in: Uwe Fleckner u. a. (Hg.), Politische Ikonographie. Ein Handbuch, Bd. 1, München 2011, S. 381–387.
Kaulbach, Hans-Martin, Friedensvisionen, in: Pim den Boer u. a. (Hg.), Europäische Erinnerungsorte: Mythen und Grundbegriffe des europäischen Selbstverständnisses, München 2012, S. 297–317.
Kaulbach, Hans-Martin, (Hg.), Friedensbilder in Europa 1450–1815: Kunst der Diplomatie – Diplomatie der Kunst, Berlin/München 2012.
Krems, Eva-Bettina, „Make Love, not War". Zur Darstellbarkeit des Friedens in der Kunst, in: Arnhold (Hg.), Wege zum Frieden, S. 24–33.
Krems, Eva-Bettina, Mediale Inszenierung der Pax Christiana: Die Päpste im 16. und 17. Jahrhundert, in: Althoff u. a. (Hg.), Frieden, S. 208–235.
Lichtenberger, Achim u. a. (Hg.), Eirene/Pax – Frieden in der Antike (Ausst.-Kat Münster), Dresden 2018.
LWL-Museum für Kunst und Kultur u. a. (Hg.), Frieden. Von der Antike bis heute, Ausstellungskatalog, 5 Bände, Dresden 2018.
Simon, Erika, Eirene und Pax. Friedensgöttinnen in der Antike, Wiesbaden/Stuttgart 1988.

Abbildungsverzeichnis

Abb. 1: Das Goldene Zeitalter. Gemälde von Lucas Cranach d.Ä., 1530, Öl auf Holz, 74 cm x 106 cm. Oslo, Nationalmuseum. Nach *Claus Grimm* (Hg.): Lucas Cranach. Ein Maler-Unternehmer aus Franken (Kat.-Ausst. Kronach/Leipzig), Regensburg 1994, S. 84.
Abb. 2: *Pax Eterna*. Kupferstich von Nicoletto da Modena, um 1507. Nach *Mark Zucker* (Hg.): The Illustrated Bartsch, Bd. 25: Early Italian Masters, New York 1980, S. 109, Nr. 36 (275).
Abb. 3: Allegorie auf Gerechtigkeit und Frieden. Gemälde von Theodor van Thulden, 1659, Öl auf Leinwand, 109 cm x 162 cm. Münster, LWL-Museum für Kunst und Kultur. Nach *Hermann Arnhold* (Hg.), Wege zum Frieden (Ausst.-Kat. Münster), Dresden 2018, S. 79.
Abb. 4: *Pax*. Kupferstich von Cornelis Cort nach Maarten van Heemskerck, 1564, Blatt 8 aus dem Zyklus: Der Kreislauf des menschlichen Daseins. Stuttgart, Staatsgalerie, Graphische Sammlung. Nach *Hermann Arnhold* (Hg.), Wege zum Frieden (Ausst.-Kat. Münster), Dresden 2018, S. 66.

Abb. 5: Minerva beschützt Pax vor Mars. Gemälde von Peter Paul Rubens, ca. 1630, Öl auf Leinwand, 203,5 cm x 298 cm. London, National Gallery. Nach *Nadeije Laneyrie-Dagen*, Rubens, Paris 2003, S. 156.

Abb. 6: Venus und Mars. Gemälde von Paolo Veronese, um 1570, Öl auf Leinwand, 205,7 cm x 161 cm, New York, Metropolitan Museum. Public Domain CC0 1.0.

Abb. 7: Friedenskuss am Nordportal (Eingangsportal), Schloss Friedenstein, Gotha. Relief, 1650. Archiv der Verfasserin.

Abb. 8: *Pax*. Fresco von Ambrogio Lorenzetti, Detail aus Sala della Pace, 1337–1340. Siena, Palazzo Pubblico. Nach *Randolph Starn*, Ambrogio Lorenzetti. The Palazzo Pubblico, Siena, New York 1995, S. 61.

Abb. 9 a/b: *Justitia* und *Pax*. Gemälde von Battista Dossi, 1544, Öl auf Leinwand, 200 cm x 105,5 cm bzw. 211 cm x 109 cm. Staatliche Kunstsammlungen Dresden, Gemäldegalerie Alte Meister. Nach *Hermann Arnhold* (Hg.), Wege zum Frieden (Ausst.-Kat. Münster), Dresden 2018, S. 54/55.

Abb. 10: Papst Gregor XIII. Bronze von Taddeo Landini, um 1580, H. 76,5 cm. Staatliche Museen zu Berlin, Skulpturensammlung und Museum für Byzantinische Kunst. Nach *Hermann Arnhold* (Hg.), Wege zum Frieden (Ausst.-Kat. Münster), Dresden 2018, S. 59.

Abb. 11: Grabmal Pauls III. Marmor, Bronze von Guglielmo della Porta, 1550–1574, St. Peter, Rom. Nach *Joachim Poeschke*, Die Skulptur der Renaissance in Italien, Bd. 2: Michelangelo und seine Zeit, München 1992, Taf. 245.

Abb. 12: Übergabe von Breda. Gemälde von Diego Velázquez, um 1635, Öl auf Leinwand, 370 cm × 307 cm, Madrid, Prado. Nach *Till-Holger Borchert* (Hg.): Velázquez. The Complete Paintings, Brügge 2008, S. 134.

Abb. 13: Friede von Aachen, Detail aus Versailles, Spiegelgalerie, Decke, Fresko von Charles le Brun, um 1680. Archiv der Verfasserin.

Abb. 14: Ludwig XV. gibt Europa den Frieden, Laurent Cars nach François Lemoyne, Kupferstich und Radierung, 1731. Paris, Bibliothèque nationale de France. Nach *Wolfgang Augustyn* (Hg.), Pax. Beiträge zu Idee und Darstellung des Friedens, München 2003, S. 202.

Abb. 15: Decke des Marmorsaals des Augustiner-Chorherrenstifts St. Florian. Fresko von Bartolomeo Altomonte, 1723–1724. Archiv der Verfasserin.

Sabine Ehrmann-Herfort
35. Friedensmusiken

Abstract: Peace Music
The term peace music is used in a great number of different ways in scholarship, yet it is not a term invented by scholars. Examining examples of peace music involves analysing the specific contexts in which it was composed, how and where it was performed, as well as its different functions. It becomes clear that in the course of the twentieth century peace music acquired a very different significance to the peace music of the early modern period. Using case studies from the Leibniz-Gemeinschaft research project *"Dass Gerechtigkeit und Frieden sich küssen". Repräsentationen des Friedens im vormodernen Europa* ("That justice and peace might embrace": Representations of Peace in pre-modern Europe), this chapter explores the numerous meanings of 'peace music'.

1. Zum Begriff

Bei der Bezeichnung ‚Friedensmusik' handelt es sich keineswegs um einen eingeführten Fachterminus, wenngleich der Begriff in der Praxis häufig und mit einem umfangreichen Bedeutungsspektrum verwendet wird. Genaugenommen bedürfen beide Bestandteile des Kompositums ‚Friedensmusik' der Präzisierung. Zum einen kann der Wortbestandteil ‚Frieden' auf die Friedenssehnsucht oder auf einen bereits erreichten Friedenszustand Bezug nehmen. In Friedenskompositionen ist der Frieden folglich als Vision oder schon eingetretene Realität präsent. Wie jedoch der Lobpreis des Friedens bzw. die Friedensbotschaft jeweils musikalisch ins Werk gesetzt werden, das gilt es bei jeder Komposition neu zu diskutieren. Zum anderen ist auch die mit dem zweiten Wortbestandteil angesprochene ‚Musik' gattungsmäßig keineswegs uniform, sondern repräsentiert vielfältige musikalische Gattungen, die alle als ‚Friedensmusiken' fungieren können. Dass darüber hinaus auch die Musik sowie das Musizieren selbst zu einem Sinnbild für die Friedenszeit zu werden vermögen, erweitert die Begriffsbedeutung von ‚Friedensmusik' zusätzlich ins Metaphorische.

Aufgrund der angesprochenen Vielfalt der Konnotationen bedarf die Bezeichnung ‚Friedensmusik' stets auch der Kontextualisierung in ihrem jeweiligen Verwendungszusammenhang, kann also nicht absolut bestimmt werden, sondern ist stets neu zu definieren. Da zudem das Feld potentieller Friedensmusiken geradezu unüberschaubar ist, soll im Folgenden lediglich eine repräsentative Auswahl von Beispielen vorgestellt werden, die vorrangig den Forschungsergebnissen des von der Leibniz-Gemeinschaft geförderten Projekts *„Dass Gerechtigkeit und Frieden sich küssen". Repräsentationen des Friedens im vormodernen Europa* (2015–2018) entstammen.

2. Friedenssehnsucht, Friedensfreude, Friedensfeiern

Bedingt durch zahlreiche kriegerische Auseinandersetzungen und die sie beschließenden Friedensverträge spielte die Musik zum Ausdruck von Friedenssehnsucht und Friedensfreude sowie zur Feier von Friedensverträgen in der ganzen Frühen Neuzeit eine signifikante Rolle. Insbesondere bei den in sehr unterschiedlichen Formen zelebrierten Friedensfesten war Musik ein wesentlicher Bestandteil der Festkultur, wobei die Friedensfeiern stets in multimedialer Weise durch vielfältige Komponenten bestimmt waren. So kamen zur musikalischen Gestaltung auch Gemälde, Grafiken, Texte und Dichtungen, Glockenläuten, Feuerwerke oder das Lösen der Geschütze hinzu.[1] Julius Bernhard von Rohrs (1688–1742) *Einleitung zur Ceremoniel-Wissenschafft der großen Herren*[2] beschreibt diese bei Friedensfeiern üblichen Aktivitäten, die den Festlichkeiten einen ritualisierten Charakter verleihen, insbesondere wenn die Feiern stets mit denselben Parametern gestaltet und das Friedensereignis in der Öffentlichkeit akustisch, visuell, kulinarisch, ikonografisch oder musikalisch gefeiert wurde. Auch südlich der Alpen gehörten Kanonendonner, Feuerwerk sowie Musik zu den festen Bestandteilen eines Friedensfests.

Nachfolgend werden verschiedene Bereiche vorgestellt, in denen die Musik zum Ausdruck von Friedenssehnsucht oder zur Feier von Friedensverträgen und Friedensereignissen eine repräsentative Rolle spielte. Stets sind dabei auch mögliche Differenzen zwischen mittel- und südeuropäischen Feiermodalitäten zu reflektieren. Die Vorstellung der verschiedenartigen Erscheinungsformen und Kontexte von ‚Friedensmusiken' soll vorrangig drei Perspektiven fokussieren: zum einen die unterschiedlichen Arten der Friedensfeiern, die Friedensmusiken jeweils individuell nutzten; zum anderen die wechselnden musikalischen Gattungen, die bei den Friedensfeiern in verschiedenen Funktionen eingesetzt wurden; und drittens die europaweit verbreiteten sowie verstandenen Topoi und Symbole,[3] mit denen der Frieden in Text und Musik abgebildet wurde.

---

1 Vgl. hierzu auch Kapitel 32.
2 *Julius Bernhard von Rohr*, Ceremoniel-Wissenschafft der großen Herren, Berlin 1733, S. 535.
3 Vgl. hierzu auch Kapitel 34.

3. Friedensmusiken nach dem Dreißigjährigen Krieg – Modelle und Aufführungspraxis

Die großen europäischen Konflikte wurden in der Frühen Neuzeit mit aufsehenerregenden Friedensfesten beendet, die in der beschriebenen Weise multimedial gestaltet waren. Im Verbund erzeugten die beteiligten Parameter eine Art ‚Gesamtkunstwerk', dessen musikalischer Part freilich oftmals auch nicht überliefert ist oder nur pauschal beschrieben wurde.

Zahlreiche Friedensfeste flankierten das Ende des Dreißigjährigen Krieges, allein im Reich waren es in den Jahren zwischen 1648 und 1660 um die 180 Friedensfeiern.[4] In dieser Friedenseuphorie artikulierte sich eine nach vielen Kriegsjahren wieder gewonnene Lebens- und Feierfreude, und als ein zentraler Bestandteil dieser wieder belebten Festkultur hat die Musik zu gelten. Blickt man auf die Friedensfeiern nach dem Dreißigjährigen Krieg, so werden hier sehr unterschiedliche Modelle von Friedensmusiken zur Feier des neu erreichten Friedens praktiziert. Nur in den Reichsstädten prägte sich jene typisch städtische Festtradition aus, die auch der Selbstdarstellung und Selbstvergewisserung diente. Mehrheitlich jedoch wurden in kleineren Städten kirchliche Friedensfeiern als Lob- und Dankfeste veranstaltet. Solche von christlicher Dankbarkeit geprägten Friedensfeste sind vorwiegend, aber nicht ausschließlich im protestantischen Bereich angesiedelt.

3.1 Lieder

Die am wenigsten dokumentierte Art der Ausübung von Friedensmusik ereignete sich im häuslichen Kreis. Man kann davon ausgehen, dass zu dieser Art von Friedensmusik im Reich hauptsächlich Lieder und Choräle mit Instrumentalbegleitung musiziert wurden. Ausgerichtet ist dieses persönliche Friedensgedenken auf Andacht und Buße, denn im Verständnis der Zeit verdankt sich der Friedensschluss primär der göttlichen Gnade. Im Rahmen von offiziellen Friedensfeiern wurde immer wieder auf diese persönliche Form christlicher Andacht verwiesen. Insbesondere die zahlreichen

---

4 Vgl. *Etienne François/Claire Gantet*, Vergangenheitsbewältigung im Dienst des Friedens und der konfessionellen Identität. Die Friedensfeste in Süddeutschland nach 1648, in: Johannes Burkhardt (Hg.), Krieg und Frieden in der historischen Gedächtniskultur. Studien zur friedenspolitischen Bedeutung historischer Argumente und Jubiläen von der Antike bis in die Gegenwart, München 2000, S. 103–123, hier S. 105. Vgl. auch *Claire Gantet*, Discours et images de la paix dans des villes d'Allemagne du Sud aux XVIIe et XVIIIe siècles, Paris 1999; *dies.*, Friedensfeste aus Anlass des Westfälischen Friedens in den süddeutschen Städten und die Erinnerung an den Dreißigjährigen Krieg (1648–1871), in: Klaus Bußmann/Heinz Schilling (Hg.), 1648. Krieg und Frieden in Europa, Bd. 3: Kunst und Kultur, Münster/Osnabrück 1998, S. 649–656, hier S. 650.

Liedersammlungen aus der Zeit des Dreißigjährigen Krieges und nach seinem Ende, in denen die Friedensthematik zentral ist, dokumentieren diese Form der Friedensmusik. In den langen Kriegsjahren fungierte die „Christliche Hauß-Music"[5] als Trostmittel und Freudenspender. Der Komponist Erasmus Widmann (1572–1634) thematisierte das in der Widmung seiner Liedersammlung *Ander Theil Neuer Musicalischer Kurtzweil* (Nürnberg 1623). Eigentlich sollte man, so Widmann, in so bedrückenden Zeiten *Lamentationes* und das heißt Klagegesänge schreiben, aber genau das will er nicht tun, sondern möchte mit seiner Musik ermuntern und erfreuen und den Schmerz nun lieber in Fröhlichkeit verwandeln.[6] So kommt den Liedersammlungen der Kriegs- und Nachkriegsjahre auch eine therapeutische Funktion zu, wenn ihre Musik Heiterkeit und Lebensfreude wecken soll, gerade in Zeiten von Not und Krieg. Die Darbietung solcher ‚Friedensmusik' – in Widmanns Sammlung drückt sie primär Friedenssehnsucht aus – vermittelt folglich bereits einen Vorgeschmack auf den Frieden.

Überdies werden in dieser Zeit die Praxis des häuslichen Musizierens und damit die Musik selbst zu einem Friedenszeichen: Lieder und Saitenspiel sind akustische Indikatoren der anbrechenden Friedenszeit und repräsentieren eine besondere Form der Friedensmusik. Insbesondere im Umfeld des Dreißigjährigen Krieges wurde im Reich immer wieder auf das gesungene Lied als Friedensmusik verwiesen,[7] und auch Paul Gerhardt (1607–1676) beschreibt in seinem Danklied für die Verkündigung des Friedens diese Interdependenz mit folgenden Worten:

> Gott Lob! Nun ist erschollen/ das edle Fried- und Freudenwort,/ dass nunmehr ruhen sollen/ die Spieß und Schwerter und ihr Mord./ Wohlauf und nimm nun wieder/ dein Saitenspiel hervor,/ O Deutschland, und sing Lieder/ im hohen vollen Chor.[8]

Auch in der Reichsstadt Nürnberg, einem bedeutenden Musikzentrum des 17. Jahrhunderts, wurden insbesondere nach dem Nürnberger Exekutionstag Liedersammlungen publiziert, die den Frieden feierten und die Friedensthematik auch explizit im Titel trugen. Die Sammlung des Nürnberger Organisten und Komponisten Johann Erasmus Kindermann (1616–1655), *Musicalische Friedens-Freud* (Nürnberg 1650) betitelt,[9] ist hochgestellten Verhandlungsführern der protestantischen Seite gewidmet

---

5 Vgl. *Balthasar Musculus*, Außerlesene, anmutige, schöne [...] Gesänglein, Nürnberg 1622, Vorwort, aa ij.

6 Vgl. *Erasmus Widmann*, Ander Theil Neuer Musicalischer Kurtzweil, Nürnberg 1623, Widmungsvorrede, Altstimmbuch, AA ij.

7 So lautet beispielsweise im Bühnenwerk von *Justus Georg Schottelius*, Neu erfundenes FreudenSpiel genandt Friedens Sieg, Wolfenbüttel 1648, S. 114 (aufgeführt 1642 aus Anlass des Goslarer Sonderfriedens) eine Zeile der Muse Euterpe, ebd., S. 114: „Güldner Friede lehrt uns singen".

8 Zit. nach dem auf den Seiten des Leibniz-Instituts für Europäische Geschichte Mainz wiedergegebenen Quellentext, URL: https://wiki.ieg-mainz.de/konjunkturen/index.php?title=Paul_Gerhardt,_Gott_Lob!_Nun_ist_erschollen_das_edle_Fried-_und_Freudenwort_(1653) (abgerufen am: 5.8.2020).

9 Vgl. *Werner Braun*, Thöne und Melodeyen, Arien und Canzonetten. Zur Musik des deutschen Barockliedes, Tübingen 2004, S. 45f.

und steht in einem direkten Bezug zu den Nürnberger Friedensverhandlungen und den anschließenden Friedensfesten. Die Sammlung enthält geistliche Generalbasslieder für eine oder zwei Singstimmen, im aktuellen Trend häufig durch für Streichinstrumente mit Generalbass konzipierte Instrumentalabschnitte eröffnet bzw. untergliedert. Die strophischen Texte stammen von den Nürnberger Dichtern Johannes Vogel (1589–1663) und Johann Klaj (1616–1656). Kindermann, der selbst in Italien studiert hatte, vertont hier kleinformatige Sologesänge, die alle den vorangegangenen Krieg und den lange ersehnten und von Gott endlich gewährten Frieden zum Thema haben. Im dritten Lied der Sammlung, „Nun lieben Christen, freuet euch im Geist und allen Sinnen", werden – gemäß der Überzeugung der Zeit – die Errettung aus Kriegsgefahren und die Segnungen der Friedenszeit noch einmal als Folge göttlicher Güte gedeutet und – auch das ist charakteristisch für die Texte von Friedensmusiken – mit dem städtischen Alltag verknüpft.[10] Friedenslieder wie diese wurden vermutlich in den Nürnberger Musikgesellschaften im kleinen Kreis aufgeführt und dienten individueller Erbauung, nicht politischer Repräsentation. Ganz im Sinne einer persönlichen Andachtsmusik wurden den Stücken überdies zusätzlich Melodien lutherischer Kirchenlieder beigegeben, sodass sie auch von musikalisch weniger geübten Stimmen im Rahmen der Hausmusik gesungen werden konnten.[11]

Auch Sigmund Theophil Stadens (1607–1655) Liedersammlung *Musicalische Friedens-Gesänger* (Nürnberg 1651) steht in enger Verbindung zu den in Nürnberg ausgehandelten Friedensverträgen und den sich daran anschließenden Friedensfesten.[12] Stadens Friedenslieder bestehen aus strophischen Generalbassliedern für ein bis drei Stimmen und drei Instrumente. In innovativer Weise werden auch hier – wie schon bei Kindermann – die vokalen Abschnitte vielfach von instrumentalen Passagen wie Ritornell, Sonata oder Symphonia umrahmt. Die zugehörigen Liedtexte enthalten typische Friedensbilder wie das des Kusses oder des Ölzweigs, außerdem sind die Texte Allegorien zugeordnet, die – wie Nice, Irene oder Concordia – zum allegorischen Stammpersonal der Friedensthematik gehören. Auch eine Besetzung der Instrumentalabschnitte mit Blasinstrumenten wie beispielsweise den Flöten, die stets zum Ausdruck einer arkadischen Klanglichkeit genutzt werden, dient der Vergegenwärtigung der Friedensthematik.

---

10 *Johann Erasmus Kindermann*, Musicalische Friedens-Freud, Nürnberg 1650, Nr. 3, 5. Strophe: „Dass aber unser Rathaus steht/die Stadt nicht übern Haufen geht/das ist des Herren Güte".
11 Vgl. Thomas *Schlage*, Die Vokalmusik Johann Erasmus Kindermanns 1616–1655. Eine sozial- und kompositionsgeschichtliche Untersuchung, Neckargemünd 2000, S. 105–107.
12 Vgl. *Stefan Hanheide*, Sigmund Theophil Staden, in: ders. (Hg.), Friedensgesänge 1628–1651. Musik zum Dreißigjährigen Krieg, Wiesbaden u. a. 2012, S. XXIII–XLIII.

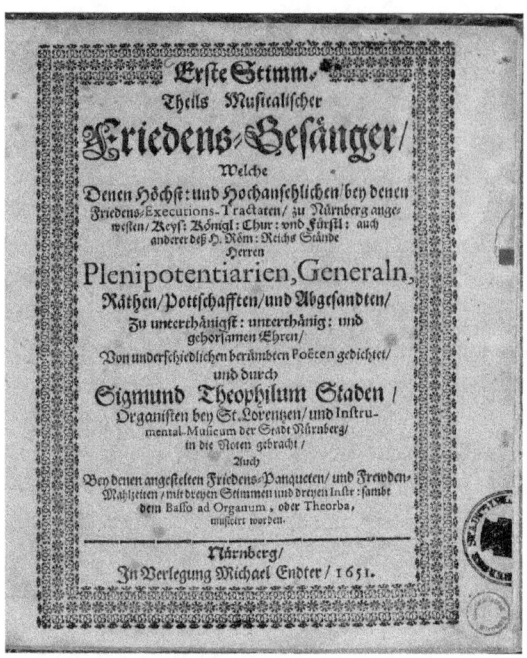

Abb. 1: Sigmund Theophil Staden, *Theils Musicalischer Friedens-Gesänger*, Nürnberg 1651. a) Titelblatt der ersten Stimme. b) Erste Stimme, Bl. Aiij, Nr. II. „An die Königin", „Irene / Sonat, 2. Flötten vnd ein Harpffen."

3.2 Kirchliche Friedensfeste

Kirchliche Friedensfeste verliefen ebenfalls sehr stereotyp. Man feierte einen Dankgottesdienst, bei dem ein nicht näher spezifiziertes *Te Deum laudamus* gesungen wurde. Auch dieser Hymnus ist zu den Friedensmusiken zu zählen, wenngleich in ihm das Wort ‚Friede' nicht vorkommt. Dennoch wurde das *Te Deum* in der Frühen Neuzeit bevorzugt bei Friedensfesten und Siegesfeiern musiziert. In katholisch geprägten Gebieten fanden zudem Prozessionen statt, es gab Salven und Feuerwerk, vielfach versammelte sich die Bürgerschaft auf dem Marktplatz. Häufig wird keine größere Friedensmusik explizit erwähnt, wohl aber der Einsatz von Trompeten und Pauken. Darauf folgte der typische Festablauf, bei dem das Fest mit den Glocken der Kirchen am Vorabend eingeläutet wurde. Am eigentlichen Festtag gab es eine Prozession durch die Stadt, im Dom fanden eine Dankpredigt und ein feierliches Hochamt statt. Die Messfeier schloss wiederum mit einem *Te Deum* unter dem Geläut aller Glocken.

Eine besonders detailreiche Beschreibung eines „Friedens-Danck-Fests" mit Friedensmusik lieferte der Dichter und Komponist Michael Franck (1609–1667), der als Lehrer an der Coburger Stadtschule tätig war und der in einem Festbericht das Coburgische Friedensfest von 1650 beschreibt. Coburg, die lutherische Residenz des Herzogs von Sachsen-Coburg, sowie das Umland gehörten zu einem Gebiet, das von den Auswirkungen des Dreißigjährigen Krieges schwer beeinträchtigt worden war. Umso größer war die Freude über die neue Friedenszeit. Das Fest vom 19. August 1650 wurde am Vorabend eingeläutet. Das musikalische Programm des Festtags umfasste insbesondere vom Chor gesungene Choräle, dazu Orgelklänge, den Einsatz von Blasinstrumenten sowie den der Pauke. Bezeichnenderweise wurden auch in Coburg etablierte Militärinstrumente wie Trompeten und Pauken für den Kontext von Friedensfeiern genutzt und zu diesem Zweck zu ‚Friedensinstrumenten' umgedeutet, die somit freilich stets die Erinnerung an den Krieg präsent hielten.

In Coburg versammelte sich die ganze Stadt. Man traf sich nicht nur in den Kirchen zum Gottesdienst, sondern auch im Schlosshof, auf dem Marktplatz und beim Festumzug. Eine „Cantorey" musizierte, von Zinken und Posaunen begleitet. Hauptsächlich gemeinsam gesungene Choräle bildeten die Friedensmusik beim Coburger Friedensfest. Bereits der Stich zu Beginn von Francks Veröffentlichung verweist darauf.

Abb. 2: Michael Franck, *Coburgisches Friedens-Danck-Fest*, Coburg 1651, Titelkupfer von Joh[ann] Chr[istian] Flemingk.

Auf ihm ist die Choreographie des Festgeschehens zu erkennen. In der Mitte des Coburger Marktplatzes hatte sich der „Musicanten Chor" aufgestellt. Vermutlich waren es Schüler, die sich hier um den Leiter des Ensembles scharten und dabei die Friedensmusik zum Besten gaben. Gesungen wurde aus Notenbüchern, es sind Sänger und Bläser zu erkennen, die beim Musizieren alternierten. Auch bei anderen Friedensfesten waren Kinder und Jugendliche maßgeblich an der Festgestaltung beteiligt.[13]

---

13 Vgl. *Gantet*, Friedensfeste, S. 650.

Bei der Coburger Friedensfeier musizierte man im Kreise der Gemeinschaft. Die Musik fungierte als zentrale Form des Gotteslobs, das die verschiedenen Bevölkerungsgruppen der Stadt verband und konfessionelle Bewusstheit erzeugte. Am Schluss von Francks Festbericht stehen zwei einfache vierstimmige, kontrapunktische Choralsätze, die exemplarisch die eher schlichte Form der Coburgischen Friedensmusik belegen.

Abb. 3: „Wolauff mein gantzes Ich" à 4, aus: Michael Franck, *Coburgisches Friedens-Danck-Fest*, Coburg 1651, 1. Strophe.

3.3 Repräsentative Festkultur der Reichsstädte

In den Reichsstädten hingegen wurden nach dem Westfälischen Frieden sehr viel aufwändigere Friedensmusiken gepflegt. Auch sie finden jedoch in den Berichten der Chronisten dieser Zeit weniger Beachtung als die überaus beliebten Feuerwerke, die Gottesdienste und Predigttexte.[14] Häufig ist es ein Glücksfall, wenn Komponist und Notentext solcher Friedensmusiken auch tatsächlich bekannt sind. So widmete der aus Nürnberg stammende Johann Andreas Herbst (1588–1666), der lange Jahre in Frankfurt am Main als Leiter der Kirchenmusik an der Barfüßerkirche und als *Director musices* tätig war, dem Frankfurter Rat zum Neujahrstag 1649 ein geistliches Konzert, das den ausladenden Titel trägt: *Danck- und Lobgesang, Auß dem 107. Psalm, des königlichen Propheten Davids. [...] Mit 12. Stimmen vff 3. Chor zu Musiciren, [...] Cum Basso Continuo, sambt den Heerpaucken, vndt Trombetten, Uff das bevorstehende allgemeine Danckfest deß so lang gewüntschten, und nunmehr durch Gottes Gnad erlangten Friedens appliciret und gerichtet.*[15] Das hier angesprochene „Danckfest" wurde am 4. August 1649 in Frankfurt gefeiert. Herbsts vokal-instrumentales Werk ist für drei Chöre mit Generalbass komponiert, wobei der zweite Chor ein vornehmlich solistisch agierender Auswahlchor (Favoritchor) ist. Kompositorisch verbindet das Stück mehrstimmig-kontrapunktische Musik mit solistisch konzertierenden Passagen. Wie ein Refrain kehrt das vollstimmig vorgetragene „und seine Güte währet ewiglich" wieder. Sentenzartig werden diese Worte über einem lange gehaltenen Fundament deklamiert, der Abschnitt illustriert auf musikalische Weise die Güte Gottes, die letztendlich den Frieden herbeigeführt hat. Herbsts geistliche Friedensmusik steht mit ihrer an der italienischen Mehrchörigkeit orientierten Anlage ganz im Dienste des Repräsentationsbedürfnisses der aufstrebenden Reichsstadt Frankfurt.

Auch bei den Hamburger Friedensfesten bediente man sich solch avantgardistischer, großbesetzter Musik. So wurde in der Reichsstadt Hamburg im Jahr 1650 ebenfalls eine multimediale Feier mit Gottesdiensten, Feuerwerk, Bläsermusik von den Türmen der Hamburger Kirchen, Liedgesang und einer wiederum vielstimmigen Psalmvertonung inszeniert. Eine Hamburger Chronik beschreibt die unterschiedlichen Festbestandteile und ihr Zusammenspiel im städtischen Raum[16] und nennt sogar die Textquelle des als Friedensmusik fungierenden geistlichen Konzerts, das von Thomas Selle (1599–1663) stammt.[17] Auch in Selles Psalmkomposition auf einen deut-

---

14 Vgl. hierzu auch Kapitel 36.
15 Staatsbibliothek zu Berlin, Preußischer Kulturbesitz, Musikabteilung mit Mendelssohn-Archiv, Mus.ms.autogr. Herbst, J. A. 1; ediert in: *Rudolf Gerber* (Hg.), Johann Andreas Herbst (1588–1666). Drei mehrchörige Festkonzerte für die Freie Reichsstadt Frankfurt a.M., Kassel 1937, S. 3–22.
16 *Michael Gottlieb Steltzner*, Versuch einer zuverläßigen Nachricht von dem Kirchlichen und Politischen Zustande der Stadt Hamburg in den neuen Zeiten, Teil 3, Hamburg 1733, S. 610f.
17 Vgl. *Alexander Cvetko*, Thomas Selles Konzert „Lobet den Herrn in seinem Heyligthum". Zur Frage nach der Uraufführung und der Datierung der Feierlichkeiten zum Westfälischen Frieden 1648 und

schen Text kommt das Wort Frieden nicht vor, obwohl das Stück explizit für die Hamburger Friedensfeier vom Oktober 1648 komponiert worden war[18] und am Sonntag, dem 5. September 1650,[19] in der Hamburger St. Petri-Kirche anlässlich einer weiteren Friedensfeier zum Nürnberger Exekutionstag nochmals gegeben wurde. Selle – Kantor am Hamburger Johanneum, Komponist und für die Figuralmusik an den Kirchen Hamburgs verantwortlich – führte sein Stück nach der Hauptpredigt und einem gesungenen *Te Deum laudamus* auf. Der Komposition liegt der Text des 150. Psalms zugrunde. Das Stück ist zwar Bestandteil des Gottesdienstes, doch das hielt Selle nicht davon ab, in seiner Vertonung mit überaus innovativen, aus Italien stammenden Kompositionsverfahren zu experimentieren. Im Zentrum des Psalmtextes steht der Aufruf zum Lobpreis des Herrn, ein Sujet, für das die musikalische Technik der polyphonen Mehrchörigkeit – im Wechsel mit geringstimmig besetzten konzertierenden Abschnitten – besonders plausibel erscheint, gerade auch, um eine dem Anlass entsprechende klangprächtige Musik zu erzeugen.

Abschluss und Höhepunkt fand das Friedensfest von Hamburg – einer Stadt, die vom Dreißigjährigen Krieg verschont geblieben war – in einem abendlichen Feuerwerk auf der Alster, bei dem auch die Allegorien von Gerechtigkeit und Frieden auftraten, die sich gemäß Psalm 85,10 küssten und so den Friedensschluss auch unmittelbar szenisch symbolisierten. Ein Flugblatt bildet diese Feuerwerksszene ab.[20]

1650 in Hamburg sowie zur Überlieferung des „Trommeten Chor[es]", in: ZVHaG 90 (2004), S. 5–33, hier S. 32.
18 Vgl. *Günter Dammann*, Das Hamburger Friedensfest von 1650. Die Rollen von Predigt, Feuerwerk und einem Gelegenheitsgedicht Johann Rists in einem Beispielfall städtischer Repräsentation, in: Klaus Garber (Hg.), Stadt und Literatur im deutschen Sprachraum der Frühen Neuzeit, Bd. 2, Tübingen 1998, S. 697–728.
19 Nach damals in Hamburg noch gültigem Julianischem Kalender.
20 Feuer-Werck, Hamburg 1650, Staatsarchiv Hamburg 720-1/285-11=1650. Den Hinweis auf dieses Flugblatt verdanke ich Gerd Dethlefs, Münster. Zur Ikonographie des Flugblatts *Hanna Feyerabend*, „Hamburgisches Fried- und Freudenfeur" 1650, in: ZVHaG 80 (1994), S. 1–11; *Dammann*, Friedensfest, S. 710–719.

Abb. 4: Eigentliche Entwerffung Des / auff eines Edlen und Hochweisen Rahts zu Hamburg Anordnung / geworffenen Feuer-Wercks / Welches nach viel-andern FreudenZeichen über den langgewünscht / und endlich von GOtt erhaltenen Friede in Deutschland / zu Hamburg auff der Alster den 5. Septembr. 1650. zu Nachts von grossem Volcke gesehen worden.

Nach den großbesetzten musikalischen Darbietungen am Vormittag in der St. Petri-Kirche und am Nachmittag in St. Nicolai[21] spielte die Musik beim abendlichen Feuerwerk wohl keine herausragende Rolle mehr. Vermutlich gab es aber dem Anlass entsprechende Instrumentalmusik, die freilich nicht dokumentiert ist, die aber durchaus dazugehörte. Eine poetische Beschreibung des finalen Hamburger Feuerwerks bot schließlich der Dichter und Theologe Johann Rist (1607–1667) in seiner Schrift *Hamburgisches Fried- und Freüdenfeür* (Hamburg 1650), in der er ein „Neues Frieden- und Freudenlied" abdruckte, dessen 32 Strophen vom Publikum vermutlich vor dem Feuerwerk und in dessen Pausen gesungen wurden.[22] Daran ist bemerkenswert, dass das weltliche Lied hier die privaten Räume verlässt und in der Öffentlichkeit der Festveranstaltung praktiziert wird.[23] Somit integrierte man in Hamburg ein Lied, das ursprünglich zum privat-häuslichen Musizieren gehörte, als Friedensmusik in ein spektakuläres bürgerliches Friedensfest.

In der Reichsstadt Nürnberg ragen insbesondere zwei Festveranstaltungen aus der Fülle der Friedensfeiern anlässlich des Nürnberger Exekutionstags heraus: das Friedensmahl im Großen Rathaussaal zu Nürnberg am 25. September 1649 und das opulente Friedensfest der Kaiserlichen, das sogenannte Amalfi-Mahl, das ihr Vertreter Octavio Piccolomini (1599–1656), der Herzog von Amalfi, auf dem Schießplatz hinter St. Johannis am 4. Juli 1650 veranstaltete. Die kaiserliche Seite feierte ihr Fest mit einem multimedialen Spektakel, das sich – wie die Quellen bezeugen – „vollchöriger" Friedensmusik bediente, die freilich nicht genauer spezifiziert wird und auch nicht bekannt ist.[24]

Das zweite Nürnberger Großereignis, das Nürnberger Friedensmahl, zu dem am 25. September 1649 der Pfalzgraf Karl Gustav von Pfalz-Zweibrücken (1622–1660), der spätere schwedische König, auswärtige Gesandte sowie Vertreter des Nürnberger Patriziats ins Nürnberger Rathaus einlud, wurde ganz im Dienste des Repräsentationsbedürfnisses der schwedischen Seite inszeniert. Der hierbei angestrebten Prachtentfaltung entsprach auch die Friedensmusik, die unter der Leitung des Nürnberger Musikers Sigmund Theophil Staden (1607–1655) im Rathaussaal aufgeführt wurde und die durch ihre avantgardistische Klangpracht, ihre Mehrchörigkeit und ihre vokal-instrumentale Zusammensetzung große Aufmerksamkeit erregte.

---

21 *Dammann*, Friedensfest, S. 700.
22 Ebd., S. 701.
23 Vgl. *Braun*, Thöne, S. 42f.
24 *Hartmut Laufhütte*, Das Friedensfest in Nürnberg 1650, in: Bußmann/Schilling (Hg.), 1648, Bd. 3, S. 347–357, hier S. 353.

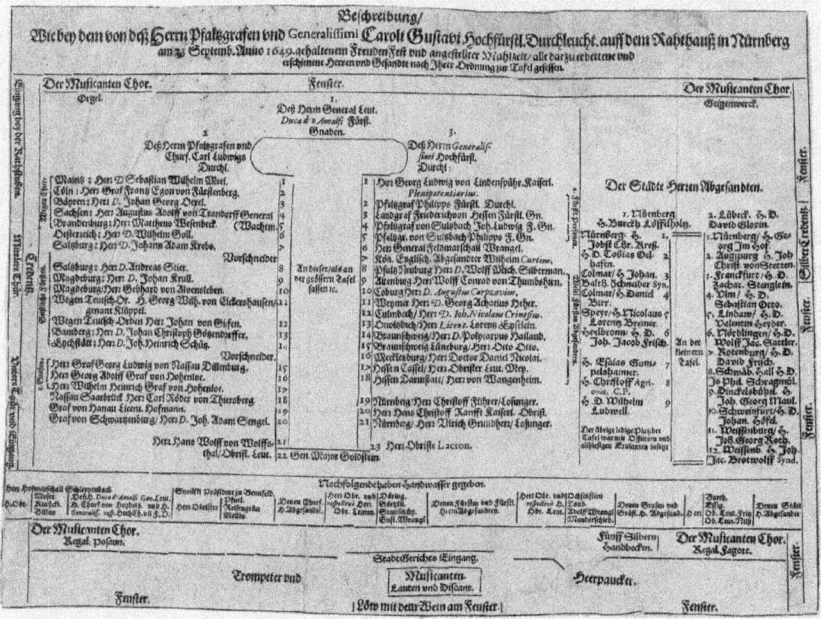

Abb. 5: a) Das Friedensmahl, Kupferstich von Wolfgang Kilian und Jeremias Dümler, Nürnberg 1650.
b) Beschreibung der Sitzordnung der Gäste und Positionierung der Musiker.

Hier wurde – wie die in Stockholm erhaltenen Quellen belegen – dem Publikum eine Art Konzert geboten, das nach dem Vorbild zeitgenössischer italienischer Musikprogramme sowohl Vokal- als auch Instrumentalstücke enthielt und das eine venezianische Gloria-Vertonung des Kapellmeisters von San Marco in Venedig, Giovanni Rovetta (1596–1668), an den Schluss setzte. Im Gloria des Messordinariums stellt das Wort *pax* (Frieden) den Bezug zum Engelsgesang der Weihnachtsgeschichte her.[25] Diese Verbindung nutzte auch das Programm der Nürnberger ‚Friedensmusik', indem es die weihnachtliche Friedensbotschaft der Engel in die politisch-repräsentative Friedensfeier integrierte und ein Beispiel dafür gibt, dass in Friedensmusiken vielfach liturgische und öffentlich-politische Konnotationen der Friedensbotschaften zusammentreffen.[26]

4. Synthese von geistlicher Thematik und aktueller Politik

Der Wunsch nach Frieden spricht auch aus vielen Kompositionen aus der langen Zeit des Dreißigjährigen Krieges. Stellvertretend sei das Beispiel des *Da pacem Domine* von Heinrich Schütz (1585–1672) angeführt, einer Friedensmusik, die Schütz zum Kurfürstentag 1627 in Mühlhausen schrieb. Die Komposition für zwei Chöre koppelt die vom ersten Chor ausgesprochene geistliche Friedensbitte „Gib uns Frieden, Herr" mit vom zweiten Chor dargebrachten Huldigungen an das Kurfürstenkollegium und an Kaiser Ferdinand II., ehe dann am Schluss der Motette beide Chöre gemeinsam in den Friedenswunsch einstimmen. An der hier praktizierten Synthese von weltlicher und geistlicher Sphäre zeigt sich – wie bereits beim Nürnberger Friedensfest – die Besonderheit der Friedensmusiken dieser Zeit: Sie verbinden – da Frieden ja als Gottesgeschenk gilt – geistliche Motive mit aktueller Politik. Für dieses Spezifikum der Friedensmusik gibt es viele weitere Beispiele, zu denen in der Frühen Neuzeit auch Werke von Guillaume Dufay (1397–1474; *Supremum est mortalibus bonum pax*, 1433) oder Sébastien de Brossard (1655–1730; *Canticum pro pace*, 1697) gehören.[27]

---

[25] In der Messe ist außerdem auch im *Agnus Dei* vom Frieden die Rede.
[26] Vgl. auch Silke Leopold, „Et in terra pax". Friedensbotschaften in der liturgischen Musik, in: Die Tonkunst 13/1 (2019), S. 11–18.
[27] Vgl. *Stefan Hanheide*, Pace. Musik zwischen Krieg und Frieden. Vierzig Werkporträts, Kassel u.a. 2007.

5. Friedensmusiken zur Zeit des Spanischen Erbfolgekriegs – Gattungsvielfalt

Während Feiern zu den Friedensschlüssen nach dem Dreißigjährigen Krieg vorrangig in Ländern nördlich der Alpen stattfanden, richtete man nach dem in globalen Dimensionen geführten Spanischen Erbfolgekrieg (1701–1714) Friedensfeiern europaweit aus. Sie präsentierten ein großes Spektrum an Friedensmusiken, die in unterschiedlichen Gattungen angesiedelt sind.

5.1 Kantaten, Serenate, Oratorien, Opern – Rom, Neapel, Hamburg

In der Papststadt Rom wurde der Friedenswunsch um 1700 musikalisch häufig in den Gattungen der Kantaten und Serenate artikuliert. Insbesondere die im apostolischen Palast traditionell am Heiligen Abend vor einem erlesenen Publikum aufgeführten Weihnachtskantaten kreisten immer wieder um die Friedensidee. Dabei koppelten auch sie geistliche und weltliche Aspekte, indem sie erneut die biblische Friedensbotschaft zum Weihnachtsfest („Gloria in excelsis deo et in terra pax") mit der aktuellen Sehnsucht nach politischem Frieden verknüpften.[28] Seit Gründung der römischen Accademia dell'Arcadia (1690) verbanden sich weihnachtliche Themen und Friedenssehnsucht zunehmend mit einer pastoralen Ausdrucksweise, die insbesondere im 18. Jahrhundert zu einem prägenden Idiom der Friedensmusik wurde. Waren es im zu Ende gehenden 17. Jahrhundert die Türkenkriege, auf welche die Weihnachtskantaten für den Papst (es handelt sich um Papst Innozenz XI., 1611–1689) politisch Bezug nahmen, so prägten zu Beginn des 18. Jahrhunderts die Kampfhandlungen des Spanischen Erbfolgekriegs und die durch diesen Krieg bedingte Sehnsucht nach Frieden die Kantaten des päpstlichen Weihnachtsabends – in einer Zeit, in der die Stadt am Tiber in besonderer Weise zu einem Aktionsfeld politischer Propaganda wurde.

In Rom fungierten Kantaten als zentrale Gattungen der Friedensmusik. Vielfach gehörte *Pace* zum Personal dieser Kantaten, musste aber zunächst einen Störenfried überzeugen. So treten beispielsweise in Giuseppe Pacieris (†1700) Kantate *Il mondo in pace* (Rom 1682)[29] die Allegorien von *Pace* und ihrer Kontrahentin *Discordia* auf. Ungeachtet der im Libretto entfalteten Kontroversen wird bereits am Anfang des Stücks

---

28 Vgl. *Chiara Pelliccia*, Le cantate natalizie per il Palazzo Apostolico fra tradizione musicale e politiche pontifiche: uno sguardo ai *topoi* della pace, in: Rudolf Rasch (Hg.), Music and Power in the Baroque Era, Turnhout 2018, S. 236–253. Zu dieser Thematik vgl. auch *Andrea Zedler/Magdalena Boschung*, „Per l'allusione alle correnti cose d'Italia". Antonio Caldaras römische Weihnachtskantaten für Papst und Fürst, in: Musicologica Brunensia 49 (2014), S. 89–120.
29 Rom, Deutsches Historisches Institut, Signatur: Rar. Libr. Orat. 17. Jh. 12.

auch die Schließung des Janus-Tempels beschworen, ein auf die Antike zurückgehendes Bild, das zum Kanon der den Frieden repräsentierenden Topoi gehört.

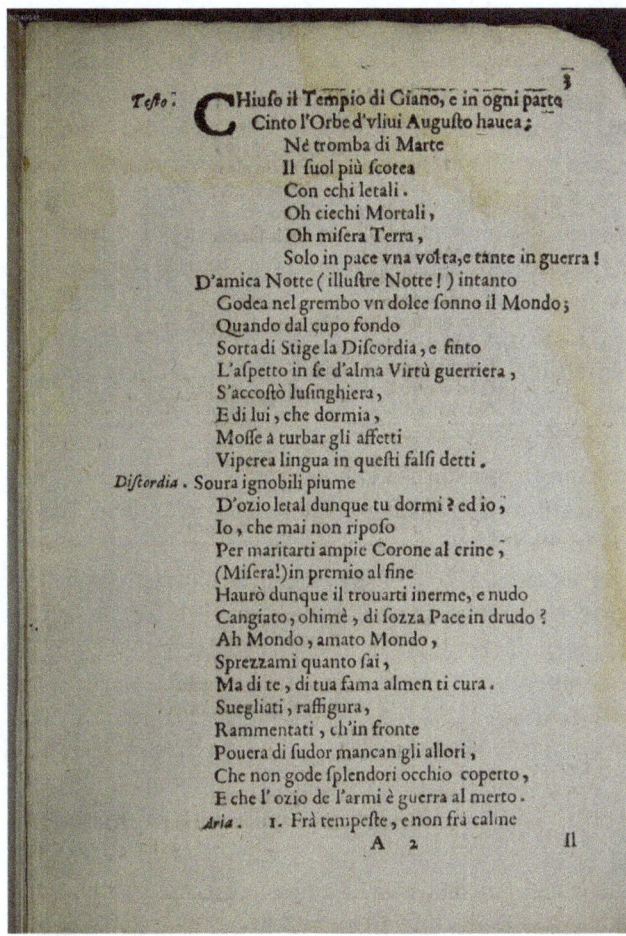

Abb. 6: Giuseppe Pacieri, Il mondo in pace. Componimento per Musica, Rom 1682, S. 3.

Seit Beginn des 18. Jahrhunderts verherrlichten die Weihnachtskantaten primär den aktuell regierenden Papst Clemens XI. (1649–1721), der in den Kantatentexten gleichfalls als Friedensbringer gefeiert wurde.[30] Auch Filippo Amadeis (1690–1730) Kantate *La stella de' magi* (Rom 1702) wünscht mitten im Spanischen Erbfolgekrieg den Frieden herbei und verknüpft ein weiteres Mal die Weihnachtsgeschichte – diesmal gehö-

---

30 So in *Filippo Amadei*, La stella de' magi, cantata. Da cantarsi nel Palazzo Apostolico l'Anno 1702, Rom 1702, vgl. dazu *Pelliccia*, Cantate, S. 247–249.

ren die Weisen aus dem Morgenland zu den Protagonisten des Stücks – mit der aktuellen Politik von Papst Clemens XI., dessen Erkennungszeichen ebenfalls ein Stern war.

Die Deutung der in den Kantaten überbrachten Mitteilungen ist nicht immer einfach. Denn vielfach kommt in Kantaten-Libretti das Wort ‚Friede' nicht einmal vor, und trotzdem kann das Stück in der Lage sein, die Botschaft der Versöhnung und des Friedens zu vermitteln und als Friedensmusik zu fungieren. Teresa M. Gialdroni plädiert deshalb zu Recht dafür, den Rahmen der musikalischen Friedensrepräsentationen möglichst weit zu ziehen und sich nicht auf eine Auswahl jener Friedensmusiken zu beschränken, die das Friedensabkommen bereits in ihrem Titel tragen.[31] Denn – so die Argumentation Gialdronis – das Kantaten-Repertoire nutzt häufig zarte Anspielungen und allegorische Auslegungen, die den Bezug zum Frieden eher andeuten, als explizit herstellen.

Auch außerhalb des Apostolischen Palasts gab es in Rom vom Papst initiierte Friedensfeste. Im Jahr 1660 wurde anlässlich des zwischen Ludwig XIV. von Frankreich und Philipp IV. von Spanien geschlossenen Pyrenäenfriedens ein dreitägiges Fest für die Stadt ausgerufen. Zum Programm zählten neben Feuerwerken und Banketten Aufführungen des *Te Deum* in den beiden Nationalkirchen und in der römischen Kirche Santa Maria della Pace.[32] Bei diesen römischen Festlichkeiten finden wir wiederum zahlreiche Feierelemente, die auch anderswo Bestandteile von Friedensfeiern sind, wie beispielsweise Feuerwerk und Festessen sowie *Te Deum*-Aufführungen und Kantaten-Darbietungen als Formen der Friedensmusik. Freilich gibt der Festbericht auch in diesem Fall über die *Te Deum*-Aufführungen keine weitere Auskunft. Eine der Kantaten – der Text ist überliefert,[33] nicht die zugehörige Friedensmusik – bezieht sich auf das von Kardinal Antonio Barberini (1607–1671) gegebene Bankett. Auch hier zeigt sich, wie die einzelnen Festparameter in einem multimedialen Verbund stehen, der auch für die Friedensmusik den umfassenden, Disziplinen übergreifenden Blick verlangt.

In Neapel wurde zu Friedensfeiern ebenfalls Musik aufgeführt, die sich als ‚Friedensmusik' bezeichnen lässt. Bereits in der (noch) spanisch regierten Stadt gab es nach dem Pfälzischen Erbfolgekrieg und anlässlich des Friedens von Rijswijk (1697)[34]

---

31 Vgl. *Teresa M. Gialdroni*, Die Cantata und der Frieden im Kontext von „Clori", in: Die Tonkunst 13/1 (2019), S. 28–36; *dies.*, Una raccolta di cantate per la pace: il manoscritto Chigi Q.VIII.181 della Biblioteca Apostolica Vaticana, in: Fonti musicali italiane 22 (2017), S. 33–54.
32 Vgl. *Sabine Ehrmann-Herfort*, „Dass Gerechtigkeit und Friede sich küssen" – Repräsentationen des Friedens im vormodernen Europa. Ein interdisziplinäres Verbundprojekt, in: QFIAB 96 (2016), S. 470–487; darin der von *Chiara Pelliccia* verfasste Abschnitt Topoi der Friedensrepräsentation in der italienischen Kantate des 17. bis 18. Jahrhunderts (Deutsches Historisches Institut in Rom, Musikgeschichtliche Abteilung), S. 479–484.
33 *Pietro Monesio*, I brindesi nell'occasione del lautissimo banchetto […] per la pace stabilitasi tra le due corone, di Francia e di Spagna, in: ders., La musa seria, Rom 1684, S. 10–12.
34 Vgl. hierzu auch Kapitel 47.

ein großes, einwöchiges Friedensfest, bei dem die Kantate *Per la pace dell'Italia* dargeboten wurde, in der fünf allegorische Figuren, darunter die Kontrahenten Marte (Mars) und Pace, auftraten und außerdem die Sirene Partenope, die Verkörperung Neapels, durch die diese Friedensmusik fest mit lokalen Traditionen verknüpft wurde.[35] Das Stück stellt eine Huldigung an den neapolitanischen Vizekönig dar, dem man die Segnungen des Friedens zu verdanken glaubt. Dabei verweist die strukturelle Zweiteiligkeit der Kantate (Einleitung der beiden Teile jeweils durch eine „Sinfonia tutta allegra" bzw. „Sinfonia di guerra") – wie Chiara Pelliccia argumentiert hat[36] – nicht nur auf die Friedensfreude, sondern zugleich auch auf die Bedrohungen durch die Osmanen, ein Kontrast, der die Friedensmusiken grundsätzlich prägt: Musikalisch wird Frieden zumeist vor dem Hintergrund von Krieg wiedergegeben. Denn der Frieden allein ist in der Musik nur schwer zu schildern, einfacher wird es, wenn man ihn mit den sehr viel ‚sprechenderen' musikalischen Charakteristika des Krieges kontrastiert (siehe unten).

Mitten im Spanischen Erbfolgekrieg enthalten in Neapel verschiedene Serenate zu den Kriegswirren kontrastierende, heiter-arkadische Szenen, in denen sich Schäfer und Nymphen treffen, um einen bestimmten Regenten zu lobpreisen. Bei der Serenata handelt es sich um eine Art erweiterte Kantate, wie sie als Huldigungskomposition zur Feier bestimmter Ereignisse wie Geburtstage, Hochzeiten oder Krönungen komponiert wurde. In der Regel war eine Serenata größer besetzt als die ihr verwandte Kantate und wurde im Unterschied zu dieser häufig auch szenisch dargeboten – oftmals in den Abendstunden. Vielfach wurden Serenate auch zu den Feiern von Friedensereignissen im Freien oder in Palästen aufgeführt.

So gab man am 16. September 1706 ebenfalls in Neapel die Serenata *Li pastori, e le ninfe di Partenope*, ein Sujet, das mitten im Spanischen Erbfolgekrieg geschickt die Huldigung an das spanische Königshaus mit dem Wunsch nach Frieden verknüpft, der – wie so häufig – durch die Attribute des Pastoralen charakterisiert wird. Die pastorale Atmosphäre der arkadischen Hirtenwelt gehört – wie bereits dargelegt – zu den zentralen Kennzeichen von Friedensmusiken. Dabei werden dem Frieden bzw. der Friedenssehnsucht immer wieder identische Motive zugeordnet, zu denen in den Texten der Olivenbaum, der Hermesstab des Friedens (Caduceus), das Erwachen des Frühlings, die frischen Blumen sowie in der Musik eine Besetzung mit arkadisch konnotierten Instrumenten wie Flöten oder Oboen gehören.

Auch im Jahre 1711 hatte man in Neapel anlässlich der Kaiserkrönung Karls VI. ein dreitägiges Fest veranstaltet, das ebenfalls die Aufführung einer „gran serenata" bot. Zunächst jedoch gab es ein *Te Deum* und die Probe der Serenata, am 3. November die Beleuchtung der Stadt, zudem überall in der Stadt Feuerwerk und Instrumentalkon-

---

35 Zur dieser Kantate vgl. *Chiara Pelliccia*, Topoi des Friedens in der neapolitanischen Musik um 1700, in: Die Tonkunst 13/1 (2019), S. 37–45; *José María Domínguez Rodríguez*, Roma, Nápoles, Madrid. Mecenazgo musical del Duque de Medinaceli, 1687–1710, Kassel 2013, S. 155–157.
36 *Pelliccia*, Topoi des Friedens, S. 38.

zerte: Es klang und leuchtete wohl ganz Neapel. Der Adel wurde samt Damen zum Banquette geladen, für das Volk standen Weinbrunnen bereit, hier scheint also tatsächlich die ganze Stadt am Fest beteiligt gewesen zu sein. Auch dieser Festzyklus gleicht dem bei Bernhard von Rohr beschriebenen Festmodell.

Im republikanisch geprägten Hamburg indes stellten die Friedensfeiern und auch die mit ihnen verbundenen Friedensmusiken stets die Stadt, ihren Rat und das Wohl ihrer Bürger ins Zentrum. In der Öffentlichkeit wurden größer besetzte Serenate, aber bisweilen auch Oratorien sowie Opern musiziert, die eine Friedensbotschaft verkündeten, im semiprivaten Rahmen gab es außerdem zusätzlich Kantaten. Einige Beispiele sollen die Hamburger Friedensmusiken anlässlich des Friedens von Baden (1714) illustrieren. Der Hamburger Komponist Reinhard Keiser (1674–1739) schrieb für ein vom Rat der Stadt Hamburg initiiertes Freudenmahl am 9. Dezember 1714 zur Feier des Friedens seine Serenata *Triumph des Friedens* auf einen Text des Dichters Johann Ulrich König (1688–1744). Auch in dieser Serenata tritt wie so oft der Frieden in der Personifikation von Irene auf und gibt Hinweise auf die musikalische Gestaltung des Stücks. Dazu gehört, dass Irene – statt kriegerischer Musik – die sanften Flöten zum Ausdruck des Friedens bevorzugt.[37] Solche Vorgaben Irenes können als paradigmatisch für die Instrumentierung von Friedensmusik in der Frühen Neuzeit gelten. Zudem präsentiert der Text der Serenata einmal mehr die ganze bekannte Fülle der Friedensbilder (Regenbogen, Kuss, Olivenbaum sowie Taube). Am Schluss des Serenata-Librettos wird auch Hamburg in die Friedensvision einbezogen. Hier zeigt sich eine spezifische Öffnung der ursprünglich fürstlich geprägten Friedensserenata hin zu bürgerlich-republikanischen Funktionen, wenn am Ende von Keisers Stück nicht das Fürstenlob steht, sondern der Friedenswunsch für Hamburg. Dieser wird auch noch dadurch konkretisiert, dass im Schlusschor wichtige Institutionen der Stadt wie die Börse angesprochen werden, mithin in dieser städtischen Friedensmusik der Alltag in vielfältigen Facetten anklingt.[38]

Am 1. März 1715 erreichte die Friedensmusik der Serenata *Triumph des Friedens* dann mit einer szenischen Aufführung des Stücks auch das Hamburger Opernhaus am Gänsemarkt und damit nochmals einen neuen Grad von Öffentlichkeit.[39] Das bedeutet, dass der Kreis der Rezipienten sich weiter vergrößerte, dass die Friedensbotschaften an Sichtbarkeit gewannen, indem sie in öffentlich zugänglichen Räumen präsentiert wurden und dass die Stadt mit ihren politischen Repräsentanten, ihren Institutionen und gegebenenfalls auch mit ihrem Alltag einbezogen wurde. So partizipierten in Hamburg in der Zeit nach dem Spanischen Erbfolgekrieg sowohl verschie-

---

[37] *Johann Ulrich von König* und *Reinhard Keiser*, Triumph des Friedens, Hamburg 1715, Librettodruck, B 2, Aria der Irene „Um den Triumph des Friedens zu besingen".
[38] Ebd., „Schluß-Chor" des Librettodrucks [ohne Paginierung].
[39] Zur besonderen Stellung Hamburgs vgl. *Dorothea Schröder*, Zeitgeschichte auf der Opernbühne. Barockes Musiktheater in Hamburg im Dienst von Politik und Diplomatie (1690–1745), Göttingen 1998, S. 45–48, S. 297f.

dene Gattungen als auch unterschiedliche soziale Schichten an den musikalischen Friedensdarstellungen.

Auch Aufführungen der Hamburger Oper gehörten dazu und nahmen, wie schon erwähnt, vielfach auf Zeitgeschichte und Tagespolitik Bezug. Die präsentierten Bühnenwerke wurden so zu einer mit der Stadtgesellschaft eng verbundenen Kunst. Bereits in seiner Oper *Der bey dem allgemeinen Welt-Friede von dem Grossen Augustus geschlossene Tempel des Janus*, die in Hamburg mit einem Text von Christian Heinrich Postel (1658–1705) zuerst 1698 zum Frieden von Rijswijk aufgeführt und dann 1712 mitten im Spanischen Erbfolgekrieg wiederholt wurde, brachte Reinhard Keiser eine bewusst anachronistische Friedens-Vision auf die Bühne.[40] Der römische Kaiser Augustus (63 v. Chr.–14 n. Chr.) und seine Ehefrau Livia sehen im Traum einen Adler, der das österreichische Wappen in den Himmel trägt, während eine Stimme prophezeit, Augustus werde im österreichischen Kaiser weiterleben, der Deutschland den Frieden bringe.[41] Auch in diesem Werk wird der Friede mit dem vielfach genutzten Bild der Schließung des Janus-Tempels durch Augustus verbunden. Zugleich wird er als politische Vision und als Traumerfahrung vorgestellt, und die Friedensprophezeiung wiederum direkt an das Kaiserhaus geknüpft.[42] Interessant ist, dass die Voraussage des Friedens durch zwei instrumentale Tanzsätze eingeführt wird: zunächst durch ein Trio mit Flöten (*Trio con Flauti*), die als die typischen (leisen) Hirteninstrumente die Friedensvision vorbereiten, ehe dann in einer instrumentalen Eröffnung (*Prelude Con Oboj è Violini*) Oboen und Violinen die Friedensprophezeiung einleiten, die in einem Rezitativ vorgetragen wird. Besonders ist an dieser musikalischen Friedensvorstellung, dass sie in ein schlichtes Rezitativ gekleidet und so gar nicht den üblichen stereotypen Friedens-Topoi entspricht, und außerdem durch die beiden Instrumentalsätze – auch sie eine Art ‚Friedensmusik' – dramaturgisch pointiert wird.

Friedensmusiken sind auch von konfessionellen Zugehörigkeiten bestimmt. So wurden insbesondere die Jubiläen des Augsburger Religionsfriedens[43] mit Friedensmusiken gefeiert. Selbstverständlich finden sich solche Werke anlässlich von Jubiläen lediglich im protestantischen Bereich, während es in Italien diese Art von Jubiläumskultur nicht gibt.

---

40 Partitur in D-B, Mus. Ms. 11.481. Vgl. *Schröder*, Zeitgeschichte, S. 94–107.
41 Staats- und Universitätsbibliothek Hamburg Carl von Ossietzky, MS 639/3:5, Librettodruck Hamburg 1698, B 3.
42 *John H. Roberts*, Reinhard Keiser, Adonis and Janus, New York/London 1986, S. 234–238.
43 Vgl. hierzu auch Kapitel 41.

Abb. 7: Reinhard Keiser, *Der bey dem allgemeinen Welt-Friede von dem Grossen Augustus geschlossene Tempel des Janus,* Zweiter Akt/Andere Handlung, Erster Auftritt, 25v, Manuskriptkopie 1750–1800.

Im Rahmen der protestantischen Feste kommt auch die Gattung des Oratoriums wiederholt als ‚Friedensmusik' zum Einsatz. So entstand im Jahr 1755 anlässlich des 200. Jahrestags des Augsburger Reichs- und Religionsfriedens Georg Philipp Telemanns (1681–1767) Oratorium *Holder Friede, Heilger Glaube*. Gleich im Eingangsduett nehmen „Die Religion" und „Der Friede" auf den festlichen Anlass des Friedens-Jubiläums Bezug, indem die Vereinigung der beiden Allegorien musikalisch durch den gemeinsamen Gesang vorgeführt wird, wenn beide im Duett und in Dezimenmelodik singen. Auch hier werden einmal mehr in Text und Vertonung für die Vorstellung des Friedens eingeführte Topoi genutzt, wenn vom Kuss zwischen Friede und Glaube und vom Ölbaum als Zeichen des Friedens die Rede ist oder wenn der Eingangssatz mit Flöten und Streichern instrumentiert wird.

Auch diese Friedensmusik Telemanns war Bestandteil eines von der Stadt Hamburg verordneten allgemeinen Dankfestes, das man anlässlich des zweihundertjährigen Religionsfriedens feierte[44] und das, innerhalb einer vorgegebenen Feststruktur, am 5. Oktober 1755 in der Hamburger Hauptkirche Sankt Petri musiziert wurde. Auch diese Feierlichkeiten orientierten sich an der üblichen, ritualisierten Form der Friedensfeiern, wobei in diesem Fall mit Telemanns *Holder Friede, Heilger Glaube* das Oratorium als Gattung hinzukommt.[45]

---

[44] Zur „Verordnung, welchergestalt das Gedächtniß des nunmehr zweyhundertjährigen Religions-Friedens feyerlich begangen werden soll" vgl. die Sammlung der von E[inem] Hochedlen Rathe der Stadt Hamburg […] ausgegangenen allgemeinen Mandate, 4. Teil, Hamburg 1764, S. 2000–2013 (12. September 1755, Nr. 913). Den Hinweis auf diese Quelle verdanke ich Ralph-Jürgen Reipsch, Magdeburg. Vgl. auch Hamburgischer Correspondent, Nr. 154/1755, zit. nach *Werner Menke*, Thematisches Verzeichnis der Vokalwerke von Georg Philipp Telemann, Bd. 2, Frankfurt a. M. ²1995, S. 56. Der Textdruck des Oratoriums ist im Staatsarchiv Hamburg, 111-1, Senat, Cl.VII. Lit. Ha Nr. 4 Vol.1e, Nr. 37, überliefert.

[45] Ein Abdruck des Oratorienlibrettos findet sich in der Sammlung der […] allgemeinen Mandate, 4. Teil, S. 2013–2024 (Nr. 914).

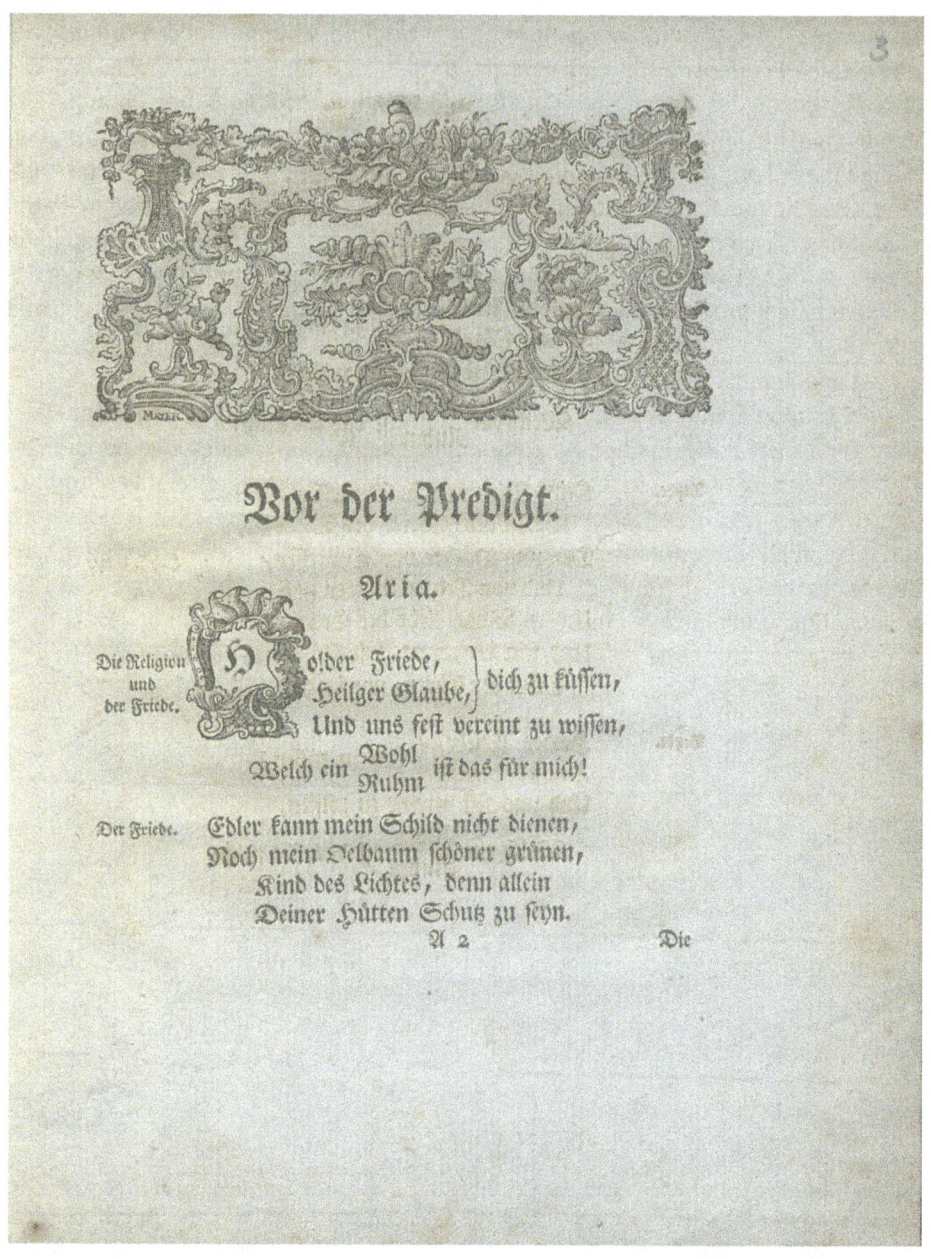

Abb. 8: Georg Philipp Telemann, *Bey dem zum Andenken des zweyhundertjährigen Religions-Friedens verordneten Hamburgischen Dank-Feste abgesungenes Oratorium*, Hamburg 1755, Librettodruck, S. 3, Aria „Holder Friede, Heilger Glaube".

5.2 Friedensmusiken in London anlässlich des Friedens von Utrecht – *Te Deum* und *Ode*

Großbritannien war der eigentliche Sieger im Friedensvertrag von Utrecht, der die offiziellen Verhandlungen zwischen England und Frankreich besiegelte.[46] So veranstaltete man in London nach dem Ende des Spanischen Erbfolgekrieges und anlässlich des Friedens von Utrecht ebenfalls Friedensfeste mit Friedensmusiken. Zu diesem Anlass komponierte Georg Friedrich Händel (1685–1759) im Auftrag des englischen Königshauses sein *Utrecht Te Deum and Jubilate* (HWV 278 und 279). Nach öffentlichen Proben erfolgte die Uraufführung am 7. Juli 1713 in der *St. Paul's Cathedral* als eine von zahlreichen prunkvollen Veranstaltungen, die den ganzen Tag über das glückliche Ende des Krieges mit seinen zahlreichen überseeischen Konflikten feierten. Insbesondere der öffentliche Charakter der Proben und der Hauptaufführung ermöglichte es einem breiten Publikum, diese Friedensmusik zu hören. So partizipierte auch an diesem Friedensfest die gesamte Stadt. Die typischen Festbestandteile mitteleuropäischer Friedensfeste wie Glockenläuten, Gesundheitstrinken oder Feuerwerke fehlten ebenfalls nicht.[47]

Auch in Händels *Utrecht Te Deum and Jubilate* tritt der Friede – wie in jedem *Te Deum* – nicht persönlich auf. Gerade das *Jubilate* mit seiner ausladenden Doxologie richtet den Blick freilich auf die Zeit nach dem Friedensschluss und verlängert die Perspektive sozusagen ins Metaphysische. Gewissermaßen als Dank für den Frieden findet in dieser ‚Friedensmusik' ein emphatischer Lobpreis Gottes und des Himmlischen Reiches statt, während die Friedensdarstellung selbst nicht unmittelbar greifbar ist.

Kurz nach Händels *Utrecht Te Deum* komponierte sein Londoner Kollege William Croft (1678–1727), Komponist der *Chapel Royal* und Organist von *Westminster Abbey* in London, anlässlich seines Doktorexamens 1713 eine *Ode for the Peace of Utrecht*. Zwar gab es wohl keinen offiziellen Auftrag für die Aufführung dieses Friedensgesangs, doch schließt das Stück mit einem opulenten Lobpreis für Königin Anne (1665–1714), in deren Diensten Croft stand. Croft porträtierte den Frieden musikalisch als Kontrast zum Kanonendonner des Krieges. Während im ersten Vokalsatz *With noise of Cannon* die Bassstimme den Krieg durch Imitationen von Kanonendonner und Trommelgerassel musikalisch beschreibt (in der Tonart der ‚kriegerischen Trompeten', D-Dur), kontrastieren dazu die Mittelsätze der Ode, die den Frieden vorstellen und das weiche Moll bevorzugen. Insbesondere im Duett *Peace is the Song* lässt sich die Friedensvision akustisch wahrnehmen, wenn Alt und Bass vereint den Frieden beschwören. Die besondere Rolle der Friedensrepräsentation wird in diesem Satz, der die Vortragsbezeichnung *slow* trägt, auch durch den Einsatz der Oboe pointiert, die nur hier vor-

---

46 Vgl. hierzu auch Kapitel 47.
47 Vgl. The Post Boy vom 9.7.1713, zit. nach *Donald Burrows* [u. a.], George Frideric Handel. Collected Documents, Bd. 1, 1609–1725, Cambridge 2013, S. 280.

kommt. In einer Art Schlusssteigerung dieses ‚Friedenslieds' wird die Seele der Musik als Seele des Friedens beschrieben. Der anschließende Chorsatz bekräftigt diesen Gedanken: Musik und Frieden werden hier als seelenverwandt interpretiert.

6. Instrumentale Friedensmusiken

Dass auch instrumentale Musik als ‚Friedensmusik' im Rahmen eines Friedensschlusses fungieren kann, soll das Beispiel von Georg Friedrich Händels *Music for the Royal Fireworks* zeigen. Zur öffentlichen Feier des Friedens von Aachen[48] erhielt Händel vom englischen König den Auftrag, eine Festmusik zu komponieren. Der Friedensschluss, der am 18. Oktober 1748 unterzeichnet wurde, beendete den Österreichischen Erbfolgekrieg, einen Konflikt, in dem es zwischen England und Frankreich vorrangig um den Besitz von Kolonien ging. Wegen diverser Gebietsverluste und weiterer ungünstiger Bedingungen für Britannien war der Friedensschluss in England umstritten und bedurfte der Vermittlung. Ein prächtig inszeniertes Fest sollte die Bevölkerung für die Ergebnisse des Friedens gewinnen. Nach langer Vorbereitungsphase fand die Feier am 27. April 1749 im Londoner Green Park statt und lockte die Menschen in Scharen an, wie bereits zuvor die öffentliche Probe in Vauxhall Gardens.

Eigentlich sollte ja Friedensmusik geboten werden, aber der König verlangte von Händel den Einsatz zahlreicher Militärinstrumente und verbot ihm im Gegenzug die Beteiligung von Streichern – sie gelten in der Ästhetik der Frühen Neuzeit als dem Frieden zugetan. Das führte zu einem längeren Streit um die Instrumentierung. Letztendlich gelang es Händel, die Anzahl der mitwirkenden Blechbläser drastisch zu reduzieren. In der großbesetzten *Ouverture* des Stücks kam er dem König entgegen und ließ neben Streichern auch Blechblasinstrumente sowie Pauken erklingen. Zu dieser Reminiszenz an Militärmusik kontrastiert der dritte Satz des Suitenzyklus, der *La Paix* überschrieben ist. Seine Vortragsbezeichnung *Largo alla Siciliana* ist für die Friedensthematik typisch und steht für eine Hirtenmusik, wie sie üblicherweise sowohl von den biblischen Hirten der Weihnachtsgeschichte als auch von den Schäfern Arkadiens dargeboten wird. Die Musik von *La Paix* ist trotz Beibehaltung der kriegerischen Tonart D-Dur durch einen pastoralen Ton gekennzeichnet, verzichtet auf Pauken und Trompeten und wird stattdessen von sanften Streichern, Holzbläsern und Hörnern musiziert. Eine einfache Harmonik, Liegetöne, punktierte wiegende Rhythmen, Terzparallelen, Triller und der 12/8-Takt sind typische Kennzeichen dieser pastoralen Ausdrucksform.

---

[48] Vgl. hierzu auch Kapitel 50.

Abb. 9: Georg Friedrich Händel, *Music for the Royal Fireworks*, Largo alla Siciliana, „La paix", London 1749.

7. Friedensmusiken nach dem Siebenjährigen Krieg – Festakt im Hamburger Gymnasium

Auch in schulischen Aufführungen gab es nach dem Siebenjährigen Krieg Friedensmusiken zur Umrahmung lateinischer Reden. So komponierte Georg Philipp Telemann mit *Gott man lobet dich in der Stille* eine Kantate zum Friedensschluss von Hubertusburg.[49] Wieder einmal war Hamburg auch im Siebenjährigen Krieg von den Schrecken des Krieges verschont geblieben. Nach dem Friedensschluss zwischen Österreich, Sachsen und Preußen feierte man am 15. Mai 1763 ein offizielles Dankfest, in dessen Rahmen am 17. Mai 1763 ein akademischer Festakt mit Telemanns zweiteiliger Kantate stattfand, die auch als Singgedicht bezeichnet wurde.

Telemanns Komposition preist die göttliche Macht, erinnert an die Schrecken des Krieges und artikuliert Hoffnung auf eine friedvolle Zukunft. Der Fokus liegt wiederum auf der Stadt Hamburg, die als verschont gebliebene Stadt besonderen Grund hat, den Frieden zu besingen und ein Danklied anzustimmen. Außergewöhnlich ist, wie das hier entfaltete Friedensszenarium mit einem geschäftigen Stadtleben verbunden wird. So kontrastiert die drastische Klage um verwüstete Städte und gefallene junge Krieger (6. Arie, Flauto traverso I und II) mit einem Rezitativ, welches als Zeichen des Friedens das alltägliche Leben in der sicheren Stadt rühmt, wo Kinder fröhlich spielen und vom Meer her Schiffshupen ertönen.

Der weitere Verlauf des Stücks richtet den Blick ein weiteres Mal vom europäischen Friedensschluss in transzendierender Weise auf den durch Christi Tod gestifteten Frieden. Der Schluss des Stücks transformiert somit das weltliche Friedensereignis in den göttlichen Frieden der Doxologie und schließt mit einem „Ehre sei Gott in der Höhe!".

8. Wie also klingt Friedensmusik und welches sind die musikalischen Topoi des Friedens?

Der Frieden tut sich – jenseits der textlichen Ebene – mit der Musik schwer. Denn während der Krieg mit all seinem Schlachtenlärm schon seit dem 16. Jahrhundert zu einem beliebten musikalischen Sujet wurde, besitzt der Frieden im Grunde keine ihm eigene Klangsprache.[50] Vielmehr ist Friedensmusik auf zum Krieg kontrastierende musikalische Mittel und die Einbeziehung von bildsprachlichen Metaphern, Topoi und allegorischen Figuren angewiesen und nutzt immer wieder ähnliche, teilweise stereotype textliche wie musikalische Mittel.[51] Dazu gehören die den Frieden repräsentierenden Allegorien ebenso wie besondere Instrumentierungen, Tonarten oder Taktarten. Musikalische Friedensrepräsentationen finden auch in größeren Fest- und Feierkontexten statt. Die Musik benötigt die Kontexte dieser Friedensfeiern, um sich zu allererst als Friedensmusik zu artikulieren, denn aus sich heraus kann sie den Frie-

---

49 Vgl. hierzu auch Kapitel 50.
50 So *Silke Leopold*, Mit Pauken & Trompeten. Klänge des Krieges – Klänge des Friedens, in: Ruperto Carola 4 (2014), S. 135–140; *dies.*, „Et in terra pax", S. 11–18.
51 Vgl. *Barbara Stollberg-Rilinger/Tim Neu*, Einleitung, in: dies. u. a. (Hg.), Alles nur symbolisch? Bilanz und Perspektiven der Erforschung symbolischer Kommunikation, Köln u. a. 2013, S. 11–31.

den nicht darstellen. Das hängt mit den Besonderheiten der Musik als einer begriffslosen Kunst zusammen, die selbst nicht vom Frieden sprechen kann, sondern allenfalls die mit ihm verbundenen Emotionen musikalisch ausdrückt. Mit dieser Einsicht erweitert sich allerdings der Blick auf mögliche ‚Friedensmusiken'. So ist auch ein Werk wie Benjamin Brittens (1913–1976) *War requiem* (1962), in dessen Text das Wort *pax* nur an zwei Stellen gegen Ende des Stücks vorkommt, von Anfang an eine grandiose Bitte um Frieden und Versöhnung. In den Kompositionen aus der Zeit um 1700 ist der Friede dagegen stets ein ruhmreicher und niemals durch die Demütigung einer Niederlage herbeigeführt.

Nahmen also Komponisten in der Frühen Neuzeit Friedensszenen oder das Wort Friede oftmals zum Anlass, kontrastierend dazu die Schrecken des Krieges musikalisch Revue passieren zu lassen, so verändert sich diese Einschätzung erst im Laufe des 20. Jahrhunderts, nach zwei schrecklichen Weltkriegen. Das Profil der Friedensmusiken wandelt sich, neue Konzepte bestimmen nun die musikalische Friedensdarstellung. So fungieren kriegerische Sujets insbesondere nach den beiden Weltkriegen nur mehr als Abschreckung und im Sinne einer Bekräftigung von Friedensappellen. Vielfach wird außerdem im Zusammenhang mit der Thematik Krieg und Frieden auch auf Toleranz und Nächstenliebe verwiesen. Insbesondere in den 1960er bis 1980er Jahren findet sich diese Position bei politisch orientierten Avantgarde-Komponisten häufig. Hinzu kommt eine starke gesellschaftliche Komponente, die sich nunmehr mit der Musik verbindet und die insbesondere Luigi Nono (1924–1990) in seinen politisch motivierten Klagegesängen umsetzt, in denen das Einzelschicksal zu einer gesamtmenschlichen Thematik mutiert. Noch einen Schritt weiter geht Mauricio Kagel (1931–2008), der in seiner Komposition *10 Märsche, um den Sieg zu verfehlen* (1979) die mit Kriegshandlungen und Siegesfeiern üblicherweise verbundenen Elemente lärmender Marschmusik dazu nutzt, den Siegespomp zu ironisieren und ad absurdum zu führen. Somit plädiert er auf indirekte Weise für den Frieden, ohne explizit eine Friedensmusik zu schreiben.

Bereits an diesen wenigen Beispielen lässt sich ablesen, dass das Profil der Friedensmusiken in jüngerer Zeit große Veränderungen erfahren und sich die Vorstellung dessen, was eine Friedensmusik sein kann, spätestens seit dem Zweiten Weltkrieg grundlegend gewandelt hat. Nunmehr stehen nicht mehr der siegreiche Friede und die Abrechnung mit den Kriegsgegnern im Zentrum von ‚Friedensmusiken', sondern Fragen der Menschlichkeit, der Toleranz und der Versöhnung.

Auswahlbibliographie / Select Bibliography

Bußmann, Klaus/Schilling, Heinz (Hg.), 1648. Krieg und Frieden in Europa, 3 Bde., München 1998.
Ehrmann-Herfort, Sabine, „Dass Gerechtigkeit und Friede sich küssen" – Repräsentationen des Friedens im vormodernen Europa. Ein interdisziplinäres Verbundprojekt, in: QFIAB 96 (2016),
  S. 470–487; darin der von Chiara Pelliccia verfasste Abschnitt Topoi der Friedensrepräsentation

in der italienischen Kantate des 17. bis 18. Jahrhunderts (Deutsches Historisches Institut in Rom, Musikgeschichtliche Abteilung), S. 479–484.

Ehrmann-Herfort, Sabine, Friedensklänge um 1700, in: Die Tonkunst 13/1 (2019), S. 46–54.

Ehrmann-Herfort, Sabine, Friedensszenarien in Festmusiken Georg Philipp Telemanns (Druck in Vorbereitung).

Ehrmann-Herfort, Sabine, „Wohlauf und nimm nun wieder dein Saitenspiel hervor". Friedensfeste und Friedensmusiken nach dem Dreißigjährigen Krieg, in: Online-Veröffentlichung der Beiträge der Abschlusstagung des Leibniz-Projekts „Dass Gerechtigkeit und Friede sich küssen". Repräsentationen des Friedens im vormodernen Europa (2015–2018), www.friedensbilder.net (in Vorbereitung).

François, Etienne/Gantet, Claire, Vergangenheitsbewältigung im Dienst des Friedens und der konfessionellen Identität. Die Friedensfeste in Süddeutschland nach 1648, in: Johannes Burkhardt (Hg.), Krieg und Frieden in der historischen Gedächtniskultur. Studien zur friedenspolitischen Bedeutung historischer Argumente und Jubiläen von der Antike bis in die Gegenwart, München 2000, S. 103–123.

Gialdroni, Teresa Maria, Una raccolta di cantate per la pace: il manoscritto Chigi Q.VIII.181 della Biblioteca Apostolica Vaticana, in: Fonti musicali italiane 22 (2017), S. 33–54.

Gialdroni, Teresa Maria, Die Cantata und der Frieden im Kontext von „Clori", in: Die Tonkunst 13/1 (2019), S. 28–36.

Hanheide, Stefan, Friedensabkommen des Sonnenkönigs als Sujet der Komposition: Lullys Werke auf den Stillstand von Regensburg (1684) und Brossards „Canticum pro pace" auf den Frieden von Rijswijk (1697), in: Hans Peterse (Hg.), „Süß scheint der Krieg den Unerfahrenen". Das Bild vom Krieg und die Utopie des Friedens in der Frühen Neuzeit, Göttingen 2006, S. 271–300.

Hanheide, Stefan, Pace. Musik zwischen Krieg und Frieden, 40 Werkporträts, Kassel u.a. 2007.

Harrassowitz, Hermann, Das Nürnberger Friedensmahl am 25. September 1649. II. Die Festmusik, in: MVGN 75 (1988), S. 83–93.

Laufhütte, Hartmut, Das Friedensfest in Nürnberg 1650, in: Bußmann/Schilling (Hg.), 1648, Bd. 3, S. 347–357.

Leopold, Silke, Mit Pauken & Trompeten. Klänge des Krieges – Klänge des Friedens, in: Ruperto Carola 4 (2014), S. 135–140.

Leopold, Silke, Wie klingt der Frieden?, in: HfK aktuell, Heft 12, Dezember 2017, S. 31–35.

Leopold, Silke, „Et in terra pax". Friedensbotschaften in der liturgischen Musik, in: Die Tonkunst 13/1 (2019), S. 11–18.

Lück, Hartmut/Senghaas, Dieter (Hg.), Vom hörbaren Frieden, Frankfurt a.M. 2005.

Moser, Dietz-Rüdiger, Friedensfeiern und Festmusik im Verhältnis der Konfessionen, in: Johannes Burkhardt/Stephanie Haberer (Hg.), Das Friedensfest. Augsburg und die Entwicklung einer neuzeitlichen Toleranz-, Friedens- und Festkultur, Berlin 2000, S. 278–295.

Pelliccia, Chiara, Le cantate natalizie per il Palazzo Apostolico fra tradizione musicale e politiche pontifiche: uno sguardo ai *topoi* della pace, in: Rudolf Rasch (Hg.), Music and Power in the Baroque Era, Turnhout 2018, S. 236–253.

Pelliccia, Chiara, Topoi des Friedens in der neapolitanischen Musik um 1700, in: Die Tonkunst 13/1 (2019), S. 37–45.

Rode-Breymann, Susanne, Krieg und Frieden. Ein musikwissenschaftliches Thema? Wege der Vermittlung von Musikhistorie, in: dies. (Hg.), Krieg und Frieden in der Musik (Ligaturen 1), Hildesheim u.a. 2007, S. 3–22.

Schröder, Dorothea, Friedensfeste in Hamburg: 1629–1650, in: Martin Knauer/Sven Tode (Hg.), Der Krieg vor den Toren. Hamburg im Dreißigjährigen Krieg 1618–1648, Hamburg 2000, S. 335–346.

Senghaas, Dieter, Frieden hören. Musik, Klang und Töne in der Friedenspädagogik, Schwalbach/Ts. 2013.
Stockhorst, Stefanie (Hg.), Krieg und Frieden im 18. Jahrhundert. Kulturgeschichtliche Studien, Hannover 2015.
Themenheft „Musik und Frieden in der Frühen Neuzeit", Die Tonkunst 13/1 (2019).
Zedler, Andrea/Boschung, Magdalena, „Per l'allusione alle correnti cose d'Italia". Antonio Caldaras römische Weihnachtskantaten für Papst und Fürst, in: Musicologica Brunensia 49 (2014), S. 89–120.

Abbildungsverzeichnis

Abb. 1: Sigmund Theophil Staden, *Theils Musicalischer Friedens-Gesänger*, Nürnberg 1651. a) Titelblatt der ersten Stimme. b) Erste Stimme, Nr. II. „An die Königin", „Irene / Sonat, 2. Flötten vnd ein Harpffen." Stadtbibliothek im Bildungscampus Nürnberg, Var. 4. 14, Titelblatt bzw. Bl. Aiij.
Abb. 2: Michael Franck, *Coburgisches Friedens-Danck-Fest. In sehr Volckreicher Versamlung mit sonderbaren solennitäten und vielen FreüdenThränen gehalten am Tage Sebaldi, war der 19. Tag des AugustMonats / Im Jahr nach Christi Geburt 1650*, Coburg 1651, Titelkupfer von Joh[ann] Chr[istian] Flemingk, Herzog August Bibliothek Wolfenbüttel: Xb 1898.
Abb. 3: „Wolauff mein gantzes Ich" à 4, aus: Michael Franck, *Coburgisches Friedens-Danck-Fest. In sehr Volckreicher Versamlung mit sonderbaren solennitäten und vielen FreüdenThränen gehalten am Tage Sebaldi, war der 19. Tag des AugustMonats / Im Jahr nach Christi Geburt 1650*, Coburg 1651, 1. Strophe, Herzog August Bibliothek Wolfenbüttel: Xb 1898.
Abb. 4: *Eigentliche Entwerffung Des / auff eines Edlen und Hochweisen Rahts zu Hamburg Anordnung / geworffenen Feuer-Wercks / Welches nach viel-andern FreudenZeichen über den langgewünscht / und endlich von GOtt erhaltenen Friede in Deutschland / zu Hamburg auff der Alster den 5. Septembr. 1650. zu Nachts von grossem Volcke gesehen worden*, Staatsarchiv Hamburg 720-1/285-11=1650.
Abb. 5: a) Das Friedensmahl, Kupferstich von Wolfgang Kilian und Jeremias Dümler, Nürnberg 1650, Germanisches Nationalmuseum Nürnberg, Inv.-Nr. HB 196 Kaps 1030a. b) Beschreibung der Sitzordnung der Gäste und Positionierung der Musiker, Germanisches Nationalmuseum Nürnberg, Inv.-Nr. HB 6915, Foto: Georg Janßen.
Abb. 6: Giuseppe Pacieri, *Il mondo in pace. Componimento per Musica*, Rom 1682, S. 3, Rom, Deutsches Historisches Institut, Rar. Libr. Orat. 17. Jh. 12.
Abb. 7: Reinhard Keiser, *Der bey dem allgemeinen Welt-Friede von dem Grossen Augustus geschlossene Tempel des Janus*, Zweiter Akt/Andere Handlung, Erster Auftritt, 25v. Staatsbibliothek zu Berlin – Preußischer Kulturbesitz, Musikabteilung mit Mendelssohn-Archiv, Mus.ms. 11 481.
Abb. 8: Georg Philipp Telemann, *Bey dem zum Andenken des zweyhundertjährigen Religions-Friedens verordneten Hamburgischen Dank-Feste abgesungenes Oratorium*, Hamburg 1755, Librettodruck, S. 3, Aria „Holder Friede, Heilger Glaube". Staatsarchiv Hamburg, STAHH, 111-1, Senat, Cl. VII Lit. Ha Nr. 4 Vol. 1e, Nr. 37.
Abb. 9: Georg Friedrich Händel, *Music for the Royal Fireworks* (HWV 351), Largo alla Siciliana, „La paix", London 1749, © The British Library Board, R.M.20.g.7f.025v.

Henning P. Jürgens
36. Friedenspredigten

Abstract: Peace Sermons
Peace sermons, printed festive sermons that marked the conclusion of peace treaties, became established as a distinct Protestant genre in the seventeenth century, particularly after the Thirty Years War (1618–1648) and especially in the Holy Roman Empire and England. The sermons were delivered in the church thanksgiving services that were often decreed by rulers as part of the celebration of a peace. Several hundred such sermons were printed in the seventeenth and eighteenth centuries. Using a wealth of biblical quotations, they gave the theological interpretation of a peace: war was interpreted as God's punishment for the sins of man and peace was portrayed as an undeserved mercy and gift. In addition to offering a general explanation of peace, the sermons also often commented on what had been experienced during a war and offered ethical guidance for the peacetime that was about to begin.

1. Definition, Abgrenzung

Das Thema des Friedens, verstanden als Frieden zwischen Gott und den Menschen, also als „das Heilsgut […], auf welches das christliche Leben ausgerichtet ist", ist Gegenstand der christlichen Predigt seit ihren Anfängen. Im Gefolge der Theologie Augustins (354–430) entwickelte sich der christliche Friedensbegriff im Mittelalter[1] zu einer vierfach differenzierten Beziehung: Frieden mit Gott, Frieden mit sich selbst, mit dem Nächsten und Frieden als politisch-soziale Ordnung[2]. Die so verstandene allgemeine Friedenspredigt bildet den großen Rahmen für das hier behandelte Thema.

Als Friedenspredigt im engeren Sinn wird im Folgenden eine frühneuzeitliche Predigt aus Anlass eines Friedensschlusses, Waffenstillstands[3] oder einer Friedensfeier[4] verstanden. Die Friedenspredigt ist also eine Kasualpredigt für einen nichtkirchlichen Kasus an der Schnittstelle von religiöser und politischer Sphäre, die im Rahmen eines Sonntagsgottesdienstes, aber auch außerhalb gehalten werden kann. Nicht in den Blick kommen Predigten, die allgemein den Frieden nach einer der drei erstgenannten Dimensionen behandeln oder deren Überlieferung keine Bezugnahme

---

[1] Vgl. hierzu auch Kapitel 1.
[2] *Wolfgang Huber*, Art. „Frieden V. Kirchengeschichtlich und ethisch", in: TRE 11 (1983), S. 618–646. Dort S. 619 das Zitat und S. 621f. zur folgenreichen Verhältnisbestimmung der *pax terrena* und *pax coelestis* bei Augustin.
[3] Vgl. hierzu auch Kapitel 16.
[4] Vgl. hierzu auch Kapitel 32.

auf einen konkreten Anlass erkennen lassen. Hingegen werden Musterpredigten für solche anlassbezogenen Predigten berücksichtigt, wie sie in Predigtsammlungen zu finden sind; ihre Existenz belegt das häufige Vorkommen entsprechender Anlässe. Überschneidungen gibt es ferner mit der Gruppe von Predigten aus Anlass von militärischen Ereignissen, meist Siegen oder überstandenen Belagerungen.

Die hier behandelten Predigten liegen zudem in gedruckter Form vor. Friedenspredigten bilden damit eine Teilmenge der wesentlich größeren Zahl gedruckter anlassbezogener Einzelpredigten, darunter vor allem Leichenpredigten, aber auch Tauf-, Trau-, Buß-, Einweihungs- und Festpredigten. Hinzu kommen die Jubiläumspredigten, die eine Schnittmenge bilden, sofern sie Jubiläen von Friedensschlüssen oder Religionsfriedensvereinbarungen betrafen. Wie für die als Einzelveröffentlichungen gedruckten Leichenpredigten und andere Kasualpredigten gilt auch für die Friedenspredigten, dass sie ein überwiegend protestantisches Phänomen darstellen. Die Gründe dafür scheinen im grundsätzlich anderen Stellenwert der Predigt für den katholischen Gottesdienst, einer anderen Form von privater Frömmigkeit sowie auch in politischen Umständen zu liegen.

Außer im Heiligen Römischen Reich[5] erscheinen in England und später den Kolonien in vergleichbarem Umfang ähnliche anlassbezogene Friedenspredigten, während in den Niederlanden und Frankreich nur punktuell Beiträge zu der Gattung zu finden sind. In Schweden erschienen nach Ende des Dreißigjährigen Kriegs (1618–1648) und den weiteren Friedensschlüssen des 17. und frühen 18. Jahrhunderts einige Friedenspredigten, doch erreichte die Gattung insgesamt deutlich weniger Beispiele als im Reich.[6] Für Böhmische Brüder und Utraquisten lassen sich keine gedruckten Friedenspredigten nachweisen. Für andere europäische Länder bedarf das Phänomen der weiteren Erforschung.

Allerdings treten die Friedenspredigten als Gattung deutlich später in Erscheinung als die übrigen gedruckten Kasualpredigten. Während Leichen- oder Hochzeitspredigten spätestens seit der Mitte des 16. Jahrhunderts in großer Zahl im Druck erschienen, werden Friedenspredigten nach der genannten Definition erst nach Beginn des 17. Jahrhunderts veröffentlicht. Frühere Predigten mit der Erwähnung des Begriffs Friedenspredigt im Titel erweisen sich häufig als allgemeine Erörterungen, beziehen

---

5 Im Folgenden werden die Friedenspredigten im laufenden Text in Klammern nach den Nummern – soweit vorhanden – in den nationalen Verzeichnissen alter Drucke angegeben. Dort sind die vollständigen Angaben durch Suche nach der Nummer auffindbar. Für die deutschen Drucke geschieht dies nach dem Verzeichnis Deutscher Drucke VD17 (www.vd17.de) bzw. VD18 (www.vd18.de), für englischsprachige Drucke dem English Short Title Catalogue ESTC der British Library (http://estc.bl.uk) oder dem Universal Short Title Catalogue USTC (https://www.ustc.ac.uk/search). Nachweise für schwedische, französische und niederländische Drucke erfolgen in den Fußnoten.

6 Vgl. Kungliga bibliotek Stockholm, Verbundkatalog LIBRIS (http://libris.kb.se/), LIBRIS-ID 2521057, 2519426, 2513070, 2516247, 2518409, 2516066, 2422412, 2426684, 8231015, 2422425.

sich auf den beizulegenden Streit zwischen den Konfessionen (VD17 23:631165S, 14:679866L) oder zwischen Obrigkeit und Untertanen (VD17 14:007632E). Zum Augsburger Religionsfrieden von 1555 scheinen keine gedruckten Friedenspredigten überliefert zu sein. Er wurde erst 100 Jahre später zum Gegenstand zahlreicher Jubiläumspredigten (vgl. etwa VD17 125:010196V, 23:633687F, 14:009302C).

Eine der frühesten überlieferten gedruckten Friedenspredigten (VD17 14:010158K) ist die des sächsischen Hofpredigers Daniel Hänichen (1566–1619), gehalten 1611 auf Veranlassung Kurfürst Christians II. (1583–1611) in der sächsischen Residenz Torgau nach Abschluss der sog. „Pazifikation von Glücksburg" zwischen Sachsen und Brandenburg im Jülich-Klevischen Erbfolgestreit. In Glücksburg, einem heute nicht mehr erhaltenen Jagdschloss im Grenzgebiet, war es zu einer Begegnung und Übereinkunft zwischen den Kurfürsten gekommen. So bot es sich für den Prediger an, über Psalm 133 zu sprechen, wo es heißt: „Siehe, wie fein und lieblich ist's, wenn Brüder einträchtig beieinander wohnen!" Doch der Ausgleichsvertrag trat nie in Kraft. Der Konflikt wurde durch den Frieden von Xanten 1614 nur vorläufig beigelegt und ging im Dreißigjährigen Krieg auf.

Die nächsten Jahrzehnte boten wenig Anlass für das Halten von Friedenspredigten. Doch mit dem Lübecker Frieden von 1529 wurden die ersten Predigten gedruckt, die direkt auf einen konkreten Friedensschluss Bezug nehmen. Sie stammen von Michael Sirckes/Siricius (um 1588/89–1648) in Lübeck (VD17 3:607855Q) und Wilhelm Alard (1572–1645) in Krempe/Holstein, der gleich eine Serie von 18 Friedenspredigten in sechs Bänden veröffentlichte (VD17 23:330887X).

Mit dem Ende des Dreißigjährigen Kriegs kam es zu einer großen Zahl von Friedensfeiern[7] und aus diesem Anlass publizierten Friedenspredigten; das Phänomen setzte sich anschließend im kleineren Maßstab bei den nachfolgenden europäischen Friedensschlüssen bis zum Ende des 18. Jahrhunderts fort (s. u.), mit einem weiteren zahlenmäßigen und internationalen Schwerpunkt nach dem Ende des Siebenjährigen Kriegs (1756–1763).

---

7 *Etienne François/Claire Gantet*, Vergangenheitsbewältigung im Dienst des Friedens und der konfessionellen Identität. Die Friedensfeste in Süddeutschland nach 1648, in: Johannes Burkhardt (Hg.), Krieg und Frieden in der historischen Gedächtniskultur. Studien zur friedenspolitischen Bedeutung historischer Argumente und Jubiläen von der Antike bis in die Gegenwart, München 2000, S. 103–124; *Claire Gantet*, Friedensfeste aus Anlaß des Westfälischen Friedens in den süddeutschen Städten und die Erinnerung an den Dreißigjährigen Krieg (1648–1871), in: Klaus Bußmann/Heinz Schilling (Hg.), 1648. Krieg und Frieden in Europa, München 1998, S. 649–656; siehe auch unten, Anm. 10.

2. Frühneuzeitliche Festkultur

Ein Großteil der Friedenspredigten, wenn auch nicht alle,[8] wurden im Rahmen von obrigkeitlich angeordneten Friedensfeierlichkeiten gehalten.[9] Diese umfassten üblicherweise nicht nur Gottesdienste, sondern auch zahlreiche andere weltliche wie geistliche Formen der Festkultur.[10] Regelmäßig standen Gottesdienste mit einer Friedenspredigt am Anfang von Festtagen, eingeleitet mit Geläut, Musik[11] oder auch Salutschüssen. In katholischen Gebieten dominierte demgegenüber die festliche Ausgestaltung der Messe mit einem musikalischen Te Deum, während die Predigt keine besondere Rolle spielte. Wenig überraschend für die frühneuzeitliche Gesellschaftsordnung finden sich keine Feiern ohne geistliches Element[12] wie Gottesdienst oder gemeinsames Gebet. Häufig fungieren dagegen sogar mehrere Gottesdienste, zusätzlich am Vorabend oder zum Abschluss des Festtages, als Rahmung der übrigen Feierlichkeiten. Der Festgottesdienst bildete vielfach den Ausgangs- oder Zielpunkt einer Prozession, zumeist angeführt von Schulkindern und gegliedert nach ständischen oder zünftischen Ordnungsprinzipien, die oft zwischen dem geistlichen und weltlichen Zentrum eines Ortes wie Kirche und Rathaus oder Marktplatz verlief.

3. Obrigkeitliche Anordnungen, Vorgaben

Bei der Anordnung der Friedensfeste oder Gedenkfeiern erließen die Obrigkeiten, die Landesherren oder Magistrate für den Verlauf der Feiern zum Teil ausgesprochen detaillierte Ordnungen. Sie enthielten allgemeine Begründungen für den Festtag, Rege-

---

8 So nahmen einzelne Friedenspredigten den eigentlichen Friedensschluss voraus und diskutierten den Weg dorthin, etwa der Esslinger Pfarrer *Tobias Wagner*, der schon Neujahr 1646 eine Consultatio Pacis Germaniae, Das ist/ Newe Jahrs-Predigt/ vom deliberirten Frieden im Teutschlande (VD17 14:005956F) in Ulm drucken ließ.
9 Vgl. hierzu auch Kapitel 32.
10 Vgl. *Michael Maurer* (Hg.), Festkulturen im Vergleich. Inszenierungen des Religiösen und Politischen, Sonderforschungsbereich 482 „Ereignis Weimar-Jena. Kultur um 1800" an der Friedrich-Schiller-Universität Jena, Köln u. a. 2010; *Axel Flügel*, „Gott mit uns". Zur Festkultur im 17. Jahrhundert am Beispiel der Lob- und Dankfeste und Fastnachtsbräuche in Leipzig, in: Katrin Keller (Hg.), Feste und Feiern. Zum Wandel städtischer Festkultur in Leipzig, Leipzig 1994, S. 49–68. In den wenigsten Beiträgen zu den verschiedenen Formen der Feierlichkeiten werden die Predigten inhaltlich betrachtet. Eine Ausnahme bilden die Arbeiten von Claire Gantet, siehe auch unten in der Auswahlbibliographie.
11 Vgl. hierzu auch Kapitel 35.
12 Das zugrundeliegende Verständnis wird in der frühen Predigt von *Johann Butovius/Bütow*, Encomium pacis, Stettin 1614 (VD17 vacat), formuliert: „Es zeiget aber David [sc. in Psalm 122] den rechten Brunquel an, woher der Stadt und Haußfriede komet, Nemlich auß dem Kirchen Friede, das ist, an dem Ort leben die Leut im Friede, da Gottes Wort gelehret und gepredigt wird. Denn wie kan einer wissen, wie er sich gegen seinen NebenMenschen schicken und verhalten soll, wenn er dessen keinen Bericht hat". Bl. 5r.

lungen zum Glockengeläut und zu Salutschüssen, Vorgaben für die Zahl der Gottesdienste, deren musikalische Ausgestaltung und die Rahmenbedingungen wie Schließung der Geschäfte und Gasthäuser bis hin zu Arbeitsverboten. Im Zentrum der Verordnungen standen die Vorgabe von Dankgebeten und meist auch die der Predigt zugrunde zu legenden Texte bis hin zu vollständigen Liturgien mit Liedauswahl, Gebeten und Lesungen.

Schon während des Dreißigjährigen Kriegs wurden nach dem Sieg der Schweden in der Schlacht bei Breitenfeld am Jahrestag, dem 5. September 1632, in vielen protestantischen Gebieten Lob- und Dankfeste angeordnet (VD17 75:705390U); erste Friedensfeste fanden in den Gebieten unter dänischer Herrschaft nach dem Frieden von Lübeck oder in den beteiligten Territorien auch nach dem Prager Frieden (z. B. VD17 23:328658F) statt. Zu nennen sind auch Predigten mit Friedensbitten oder Appellen an die Verhandelnden aus diesen Jahren (VD17 75:646789T, 23:322667D, 23:295537N, 23:638688L).

Auf die Friedensbotschaft aus Münster reagierten manche Prediger mit spontanen Friedenspredigten (VD17 39:110860V), bevor die Anordnungen für Feiern 1648 (VD17 23:292626R, 23:681127X, auch schon für den 10. Juni in den nördlichen Niederlanden: USTC 1516415), 1649 (VD17 23:272185P, 75:682286P) und nochmals zur großen Reihe der Friedensfeste 1650 (VD17 3:625673Z, 125:044647Z, 39:110872S) ergingen.

Die Friedensfeiern nahmen oft eine schon während des Kriegs geübte Praxis von Friedensgebetsfeiern und -andachten auf: Als beispielhaft kann hier wiederum die bereits erwähnte Sammlung von Friedenspredigten von Wilhelm Alard gelten: Wie der Widmungsvorrede im ersten Teil (VD17 23:330888E) zu entnehmen ist, wurden in seiner Gemeinde während des Kriegs wöchentliche Bettage um Frieden abgehalten, die vom Herrscher, dem dänischen König angeordnet waren. Nach dem Friedensschluss am 22. Mai 1629 im Frieden von Lübeck fand wenige Tage nach Abzug der kaiserlichen Truppen aus der Festung Krempe ein spontaner Dankgottesdienst am 14. Juli statt, auf den am 28. September ein königlich angesetzter Danktag folgte. Dass der Veröffentlichung der Predigtreihe Alards eine gewisse Vorreiter- und Vorbildrolle zukam, belegt der Umstand, dass alle sechs Teilbände 1649 nachgedruckt wurden (VD17 384:717706Q). Auch im bekannten Egodokument „Zeytregister" des Hans Heberle (1597–1677) ist ein wöchentlicher Bettag für die Stadt Ulm belegt, dessen regelmäßige Gottesdienstordnung sogar gedruckt wurde und dessen Abhaltung mit einem Friedensfest offiziell beendet wurde.[13]

Die Reihe der Anordnungen von Friedensfesten riss nach dem zahlenmäßigen Höhepunkt 1648/50 keineswegs ab: auch der Pyrenäenfrieden (1659) und die Friedensschlüsse von Oliva (1660), Nijmegen (1678/79), Rijswijk (1697), Alt-Ranstädt (1706),

---

[13] Gerd Zillhardt, Der Dreißigjährige Krieg in zeitgenössischer Darstellung. Hans Heberles „Zeytregister" (1618–1672); Aufzeichnungen aus dem Ulmer Territorium; ein Beitrag zur Geschichtsschreibung und Geschichtsverständnis der Unterschichten, Stuttgart 1975, S. 238.

Utrecht/Rastatt (1713/1714),[14] Dresden (1745), bis hin zu den Frieden von Hubertusburg (1763) und Paris (1763)[15] sollten auf obrigkeitliche Anordnung mit Festen begangen werden. Eine Publikation der dabei gehaltenen Friedensgebete stellte nicht weniger als 64 Feiern der Jahre 1648 bis 1684 zusammen, darunter auch an Orten wie Dortmund oder Hannover (VD17 39:156409S). Aber auch während des Siebenjährigen Kriegs fanden Friedensgebete statt, deren Texte nach Ende des Kriegs zusammen mit der Friedenspredigt gedruckt wurden (VD18 1122777X).

Im Zusammenhang mit den Friedensfeiern und den dabei gehaltenen Predigten entstanden auch zahlreiche Friedenslieder.[16] Die bekanntesten Beispiele bilden zweifellos die bis heute gesungenen Friedenslieder von Paul Gerhardt (1607–1676), die aus Anlass der Feiern 1650 geschrieben und erstmals in der Ausgabe der *Praxis Pietatis Melica* von 1653 (VD17 12:121769R) veröffentlicht wurden.[17] Immer wieder wurden aber auch Einzeldrucke mit Liedern (VD17 1:693778G) und gezielte Kompositionen zu bestimmten Feiern (VD17 23:649043W, 39:110887M, 23:250618C) verfasst und veröffentlicht. Aus Anlass der Friedensfeiern erschienen überdies zahlreiche Dichtungen und weltliche Friedensschriften (VD17 14:009436H, 14:009440U; VD18 10063293, 11258330, 10565078 und vielfach öfter).[18]

4. Überlieferung

Gingen die gedruckten Texte der Festanordnungen den Feiern voraus, so entstanden die Drucke der Friedenspredigten im Normalfall erst post festum. Für ihre pragmatische Funktion gilt, soweit es sich etwa aus den Widmungsvorreden erschließen lässt, was auch für andere Gattungen gedruckter Predigten wie Hochzeits- oder Leichenpredigten zutrifft: Sie waren meist einfach gestaltet und günstig gedruckt, dienten zur privaten Andacht und Lektüre sowie als Erinnerungsstücke und Sammlungsobjekte. Häufig wurde der Druck vom jeweiligen Autor in Auftrag gegeben und einflussreichen Gönnern gewidmet.[19] Oft findet sich die topische Formulierung, die Predigt sei auf

---

14 Vgl. zu den niederländischen Friedenskongressen auch Kapitel 47.
15 Vgl. hierzu auch Kapitel 50.
16 Vgl. hierzu auch Kapitel 35.
17 Vgl. hierzu das Friedenslied „GOtt lob! nun ist erschollen Das edle fried- und freudenswort", in: http://daten.digitale-sammlungen.de/bsb00065813/image_396 (abgerufen am: 03.06.2020). Dazu: *Ute Mennecke*, Paul Gerhardts Lieder zu Krieg und Frieden, in: Dorothea Wendebourg (Hg.), Paul Gerhardt – Dichtung, Theologie, Musik. Wissenschaftliche Beiträge zum 400. Geburtstag, Tübingen 2008, S. 175–205.
18 Vgl. dazu die vor dem Abschluss stehende Dissertation von *Franziska Bauer*, Iustitia, Concordia, Pax – Repräsentation, Vermittlung und Legitimation von Frieden in Gedichten zwischen 1648 und 1763, Diss. Universität Göttingen.
19 Beispielhaft sei hier die Predigt des pommerschen Landpredigers *Matthias Menckhusen* aus Anlass der Friedensverträge von Nijmegen (VD17 23:243940N) genannt, der in seiner Gott selbst gewidmeten

vielfachen Wunsch der Hörerschaft in Druck gegeben worden,[20] gelegentlich auch die Klage darüber, dass die tatsächliche Predigt nur von wenigen gehört worden sei und deshalb in schriftlicher Form ein größeres Publikum finden solle.[21] Aufwendigere Ausgestaltungen der Drucke mit Titelkupfer (VD17 12:000777G), weiterem Buchschmuck oder gar bildlichen Darstellungen der Festlichkeiten (VD17 39:119928Z) bilden hingegen Ausnahmeerscheinungen. Bei umfangreicheren Friedensfeiern wurden manchmal die Festanordnungen sowie die Texte von mehreren Predigten, Gedichte aus Feiern an Gymnasien oder weltliche Reden zu einer Sammelpublikation zusammengefasst (VD17 23:649026F; VD18 10341633) oder um Beschreibungen der vollzogenen Feiern erweitert (VD18 15235785). In einzelnen Fällen wurden die Predigten auch um Ortschroniken ergänzt, in denen der Verlauf des Kriegs aus lokaler Perspektive nachgezeichnet wurde (VD17 39:110864A). Englische Predigtdrucke beschränkten sich hingegen nahezu ausschließlich auf die Friedenspredigten in meist sehr einfacher Aufmachung; manche Exemplare weisen einen Verkaufspreis von 3 *pence* aus.

Die Anlassbezogenheit der hier behandelten Friedenspredigten, die den Druck von Einzelausgaben beförderte, minderte zugleich deren Übertragbarkeit auf andere Fälle. Doch boten die häufigen kriegerischen Auseinandersetzungen im Zeitalter der „Bellizität Europas" (Johannes Burkhardt)[22] wiederholt auch Gelegenheiten zu Friedenspredigten. Entsprechend finden sich in einschlägigen homiletischen Beispielsammlungen wie der mehrfach aufgelegten *Bibliotheca Homiletica* (erste Ausgabe 1691: VD17 14:669769Z; erweiterte Ausgabe Leipzig 1698/1719 VD17 23:271279P) des Danzigers Ephraim Praetorius (1657–1723) in der Abteilung „Miscellan-Predigten von allerhand merckwürdigen Sachen" die Lemmata „Fried-Fest-Predigt wegen geschlossenen und erlangten Friedens" und „Fried-Fest-Predigt wegen des Religions-Friedens" (Bl. 1176v–1177r, 1235r) mit mehr als 35 Einträgen. Darunter sind auch Predigten, die sich heute nicht mehr nachweisen lassen. Dasselbe gilt für einige Predigtdrucke, die in den Frankfurter Messkatalogen aufgeführt werden.[23] Wurde von

---

Vorrede über die Funktion gedruckter Predigten räsoniert und zahlreiche übliche Widmungsempfänger wie Obrigkeit, Fakultät und Pfarrerschaft direkt anspricht.
20 *Bernhard Law*, Zwey Christliche DancksagungsPredigten 1650 (VD17 3:626924V), A3r–v: „also daß ihrer viel unter meinen vertrawten Pfarrkindern zum öfftern mich angesprochen und gebeten, Ich solte sie doch drucken lassen, sie wolten mir gern das Druckerlohn dazu geben und solche Predigten ihren Nachkommen zum ewigen Gedächtnis hinterlassen".
21 *Gotthelf Benjamin Köhler*, Denckmahl der patriotischen Freude der Haupt- und Creyß-Stadt Luckau 1763 (VD18 10341633), Vorrede: „da das üble Wetter und andere besondere Umstände sehr viele, ja ich muß sagen die meisten verhinderte, dem Vortrage dieser heiligen Reden beizuwohnen […]".
22 Vgl. *Johannes Burkhardt*, Die Friedlosigkeit der Frühen Neuzeit. Grundlegung einer Theorie der Bellizität Europas, in: ZHF 24 (1997), S. 509–574.
23 So etwa drei Predigten von Henricus Gerkenius aus dem Jahr 1648, die im Frankfurter Osterkatalog 1649 nachgewiesen sind. Vgl. Catalogus universalis, hoc est designatio omnium librorum, qui hisce nundinis […] Francofurtensibus & Lipsiensibus anno […] vel novi vel emendatiores & auctiores prodierunt, Ostern 1649 (VD17 1:068943K), D 3v.

der Gesamtzahl der gehaltenen Friedenspredigten lediglich ein geringer Bruchteil überhaupt gedruckt, so hat sich davon wiederum nur ein Teil erhalten. Manche Friedenspredigtdrucke erwiesen sich dagegen als so erfolgreich, dass sie nach Jahren neu aufgelegt oder gesammelt herausgegeben wurden (VD17 3:613933C, 23:324061K, 23:291204M).

5. Anlässe

Nach den Anfängen mit Friedensfesten noch während des Dreißigjährigen Kriegs und dem zahlenmäßigen Höhepunkt in den Jahren 1648–1650 etablierte sich die Friedenspredigt für die nächsten 150 Jahre als Gattung der gedruckten Predigten und der anlassbezogenen Druckschriften. Der Friede von Westminster und der Pyrenäenfrieden 1659 wurden in reformierten französischsprachigen Friedenspredigten[24] gewürdigt, und auch im Reich fanden Feiern zum Pyrenäenfrieden (VD17 3:633787M), zum Frieden von Oliva (VD17 23:631898X, 14:079057E, 28:719667Q) und zum Frieden von Eisenburg 1664 (VD17 39:136599Z) statt. Der Frieden von Nijmegen 1679 wurde in zahlreichen Friedensfesten begangen (VD17 75:695111R, 23:703592M), die wiederum eine Vielzahl von Friedenspredigtdrucken nach sich zogen (VD17 39:136611S, 29:724641N, 1:043991Y, 23:243940N, 14:009399Q, 23:250618C), darunter auch einer von Philipp Jakob Spener (1635–1705) (VD17 39:136030Q).

Der Frieden von Rijswijk wurde am 2. Dezember 1697 in England mit einem „day of thanksgiving for the peace" gefeiert, in dessen Gefolge eine große Zahl von Predigten gedruckt erschienen,[25] darunter auch eine französischsprachige in der reformierten Gemeinde in London (ESTC R230159). Der Friedensschluss bot auch den Anlass für eine katholische Predigt in Bamberg (VD17 12:632085D) und weitere Dankfeste, darunter in Nürnberg (VD17 12:124672B).

Die Praxis in England setzte sich mit einer großen Zahl gedruckter Predigten anlässlich von Fastentagen während des Spanischen Erbfolgekriegs (1701–1714) (ESTC N23373, T106072, T31397, T5067, T45871 u. ö.) fort. Es schlossen sich Predigten auf dem Friedenskongress in Utrecht 1712/13 (ESTC T35064, T59332) sowie im folgenden Jahr Danksagungstagen für den Friedensschluss an, am 7. Juli 1713 in England (ESTC T16174, T17969, T353, T338, T204227 u.ö.), am 16. Juni in Irland (ESTC T10748, N22817), am 14. Juni 1713 in Holland (VD18 10120467).[26] Eine Predigt des Jesuiten Ignatius Reiffenstuel (1664–1720) am Kaiserhof aus Anlass des Friedens von Rastatt 1714

---

24 Vgl. die Predigten von Raymond Gaches, Charles Drelincourt und Jean-François Senault, (VD17 vacant) Bibliothèque Nationale de France FRBNF30472821, FRBNF30472830, FRBNF31351166.
25 Noch im Dezember 1697 erschienen elf Predigten; vgl. English Short Title Catalogue ESTC R29158, R23932, R37390, R223633, R39481, R215358, R212890, R26212, R23456, R38245, R218601. Das offiziell angeordnete Dankgebet: R175802. 1698 wurden noch mindestens weitere acht Predigten gedruckt.
26 Vgl. hierzu auch Kapitel 47.

wurde in Wien gedruckt. Auch nach dem abschließenden Frieden von Baden wurden Friedensfeste angeordnet (VD18 13982125). In den folgenden 25 Jahren erschienen nur einzelne Friedenspredigten, etwa zum Frieden von Frederiksborg[27] 1720 (VD18 13402676; KB Stockholm LIBRIS 2426684) oder zum Frieden von Konstantinopel 1740 (VD18 10982949). Hingegen sahen die 1740er Jahre eine Reihe von Friedensschlüssen mit einer großen Zahl von Friedenspredigten: Der Verlauf des Ersten Schlesischen Kriegs (1740–42), seine Beendigung in den Frieden von Breslau und Berlin 1742 und die daraufhin verordneten Dankfesttage in Schlesien und den übrigen preußischen Landen (VD18 10065997, 10059520, 10234071) brachten mindestens ein Dutzend Friedenspredigten hervor, darunter auch eine französische in der Berliner Hugenottengemeinde (VD18 90011562). Ähnliches galt für den Frieden von Dresden und die Dankfeste im Januar 1746 (VD18 11898682, 10818472 u. ö.). Der Frieden von Aachen[28] im Oktober 1748 wurde vor allem in England mit einem Dankfest im April des folgenden Jahres begangen, vom dem mehr als 20 Friedenspredigten überliefert sind (ESTC T2024, T104406, T1221, T47727 u.v.m.). Zum Teil überlagerten sich die Feiern mit dem Gedenken an den Westfälischen Frieden (1648).[29]

Auf den Beginn des Siebenjährigen Kriegs reagierte die Church of England mit der Proklamation von mehreren Fastentagen „for restoring and perpetuating peace" (ESTC T198359, T71331), die jeweils einige gedruckte Predigten hervorbrachten (ESTC T80843, T8463, T7307, N26094). Die Friedensschlüsse von St. Petersburg 1762 (VD18 11092254, 90272587, 11321369, 90251113) sowie Hubertusburg und Paris 1763 zur Beendigung der weltweit ausgetragenen Kämpfe des Siebenjährigen Kriegs resultierten schließlich in einem zweiten Höhepunkt der Friedenspredigt-Produktion nach dem Westfälischen Frieden: Mehr als 100 Predigten, Gebete und Festanordnungen lassen sich aus verschiedenen Ländern nachweisen, darunter natürlich Preußen (VD18 11819839, 11092246), Sachsen (VD18 10542418, 10544011, 10057374, 10336788), Hannover (VD18 11970324, 11708301), viele Orte im übrigen Reich (Hamburg VD18 11970332, Memmingen VD18 15235785, Jena VD18 10324186, Wolfenbüttel VD18 10865187, Wetzlar VD18 12671975), bis hin zu Dörfern wie Krippehna und Naundorf (VD18 10585893) oder Dieterskirch, wo eine katholische Friedenspredigt gehalten wurde (VD18 15229882-001). Auch in England gaben die Friedensdanktage Anlass zu vielen Friedenspredigten (ESTC W1137, T101690, T59381). Und in den überseeischen Gebieten Englands wurden ebenfalls Dankgottesdienste gehalten, so in den nordamerikanischen Kolonien (ESTC W12512, W27526, W3217) oder in Kingston auf Jamaika (ESTC T71982).

Erst anlässlich des Friedens von Teschen[30] 1779 kam es wieder zu Friedensfesten und einer größeren Anzahl von Friedenspredigten, darunter mehrere französische aus

---

27 Vgl. hierzu auch Kapitel 49.
28 Vgl. hierzu auch Kapitel 50.
29 Vgl. hierzu auch Kapitel 46.
30 Vgl. hierzu auch Kapitel 50.

Hugenottenkirchen (VD18 1174085X, 11768061, 10245677, 90565177, 10438394). Den Endpunkt markieren schließlich die Feiern und Dankgottesdienste aus Anlass des Friedens von Paris 1783, zu dem englischsprachige Predigten auf beiden Seiten der Vertragsschließenden überliefert sind: Aus England zum Danktag am 29./30. Juli 1784 (ESTC T12800, T11460, T12806, T11362) und aus den USA, wo auf Empfehlung des US-Kongresses am 11. Dezember 1783 ein gemeinsamer „Day of public thanksgiving" gehalten wurde. Darunter finden sich Beispiele aus Connecticut, Massachusetts und Pennsylvania (ESTC W29336, W10025, W29351, W37180, W 20557, W21696). Die Friedensschlüsse in der Zeit der Napoleonischen Kriege (1803–1815) werden nur noch vereinzelt mit gedruckten Predigten gefeiert.

Neben den aktuellen Friedensschlüssen und -kongressen boten Friedensjubiläen Anlässe für Friedenspredigten. An erster Stelle ist hier das Friedensfest in Augsburg zu nennen, das seit 1650 bis heute am 8. August gefeiert wird und eine reiche Überlieferung an Predigten, jährlichen Gedenkblättern etc. hervorgebracht und in der Forschung Aufmerksamkeit gefunden hat.[31] Hinzu kamen einzelne weitere Gedenkfeste zum Westfälischen Frieden, etwa in Coburg (VD17 39:119928Z, 39:136602T). Einen prononciert evangelischen, meist kämpferischen Charakter weisen dagegen die zahlreichen Predigten zu Jubiläen des Augsburger Religionsfriedens 1655 (VD17 14:009302C, 125:010196V, 3:636557U, 3:636717D) und 1755 (VD18 12328510-001, 12981419, 12988146) auf.

6. Sonderfälle

In ihrer großen Mehrheit stellten die gedruckten Friedenspredigten, auf Deutsch, Englisch, Französisch, Niederländisch und Schwedisch, wie erwähnt, ein protestantisches Phänomen dar. Auffällig sind demgegenüber einige Sonderfälle, etwa die einzelnen katholischen Predigten, die aus Anlass des Westfälischen Friedens gehalten wurden (VD17 12:204660A).[32] Doch blieben sie Ausnahmen. Häufiger war wohl die Haltung, die im Erlass Kaiser Ferdinands III. (1608–1657) ihren Ausdruck findet, keine Predigten *gegen* den Frieden zu halten (VD17 12:000080X). Auch in den folgenden Jahrzehnten bleiben gedruckte katholische Friedenspredigten Einzelfälle.[33] Mit der Mitte des 18. Jahrhunderts trat hingegen eine neue Kategorie hinzu: die gedruckte,

---

31 *Johannes Burkhardt/Stephanie Haberer* (Hg.), Das Friedensfest. Augsburg und die Entwicklung einer neuzeitlichen Toleranz-, Friedens- und Festkultur, Berlin 2000.
32 In Mainz wurde nach Verkündigung der Friedensbotschaft ein Festgottesdienst mit einer Friedenspredigt gehalten, die aber anscheinend nicht gedruckt wurde. Vgl. *Franz Brendle*, Der Erzkanzler im Religionskrieg. Kurfürst Anselm Casimir von Mainz, die geistlichen Fürsten und das Reich 1629 bis 1647, Münster 2011, S. 487f.
33 So die Predigt von *Gregor Sebastian Fritz*, Das edle Kleinod des Fridens, in kurtzer Lob- und Danck-Rede vorgestellet [...], Krems 1739 (VD18 vacat). Vgl. auch VD18 15229882-001: *Johannes Rosenthal*, Die

deutsch- oder hebräischsprachige jüdische (Friedens)-Predigt. Schon 1746 erschienen in einer „Sammlung der öffentlichen Freudens-Bezeugungen, welche wegen des den 25sten December 1745 zu Dreßden glücklich geschlossenen Friedens und wegen des höchsten Geburts-Festes Sr. Majestät des Königs in den Königl. Preußischen Provintzen und Landen sind angestellet worden" (VD18 11718668) mehrere Festbeschreibungen aus Synagogen in Berlin, Frankfurt/Oder, Königsberg und Bielefeld sowie ein Separatdruck aus Halberstadt (VD18 13309536) mit Gebeten, Psalmen und Liedern, bei denen auch feierliche Reden erwähnt wurden. Nach der Schlacht von Leuthen (1757) im Siebenjährigen Krieg erschien dann die „Dankpredigt über den großen und herrlichen Sieg" des Berliner Oberrabbiners David Hirschel Fränkel (1707–1762). Sie wurde nicht, wie lange angenommen, von Moses Mendelssohn (1729–1786) verfasst, sondern lediglich von ihm aus dem Hebräischen übersetzt und ist damit ein sehr früher, wenn nicht der früheste[34] Beleg für den deutschsprachigen Druck einer jüdischen Predigt, und wurde sowohl in Frankfurt am Main und Erlangen auf Deutsch sowie in englischer Sprache in London und Boston, Massachusetts, nachgedruckt. Eine weitere deutschsprachige Ausgabe in Philadelphia, Pennsylvania, erweist sich als Rückübersetzung der Londoner Ausgabe.[35] Aus Anlass des Friedens von Hubertusburg erschien schließlich mit „Derush 'al ha-shalom Friedenspredigt [...] gehalten in der Synagoge zu Berlin am Sabbath [...] von dem dasigen Juden-Rabbiner Rabbi Aaron Mosessohn" (VD18 90385039) die erste explizite jüdische Friedenspredigt, wiederum unter Beteiligung von Moses Mendelssohn.

Die jüdische Beteiligung an den preußischen Jubelfesten über Siege in den Schlesischen Kriegen (1740–1763) verweist auf ein weiteres Sonderphänomen: Im Verlauf des 18. Jahrhunderts nahm die Zahl der weltlichen, meist patriotischen Reden oder Schulprogramme aus Anlass von Friedensschlüssen zu, die parallel zu den Predigten ebenfalls gedruckt wurden (VD18 10065997, 11979143, 15235785). Hinzu kamen Singgedichte und weltliche Loblieder (VD18 11158956, 1185832X) sowie Grenzfälle wie vollständig gereimte Predigten (VD18 90272587, 11092254). Hier verschwimmen die Grenzen zu der vielfältigen Tradition der Friedenslyrik und -oden.[36]

Als Sonderfälle der Friedenspredigt lassen sich auch diejenigen Exemplare betrachten, die von Feldpredigern gehalten wurden. Ihre Zuhörerschaft bestand häufig aus Truppen, denen mit Ende des Kriegs die Entlassung aus dem Dienst bevorstand und deren Perspektive auf das Kriegsgeschehen naturgemäß eine andere als

---

Friedens-Predig Am Fest aller lieben Heiligen Gottes 1653 (VD17 12:206674W) entpuppt sich bei genauem Hinsehen als Festrede zu einer öffentlich zelebrierten Fürstinnenkonversion.
34 Nach *Alexander Altmann*, Moses Mendelssohn. A Biographical Study, Alabama 1973, S. 68, handelt es sich bei dieser Predigt sogar um „the earliest known specimen of modern Jewish preaching in the German tongue".
35 Vgl. *Gad Freudenthal*, Rabbi David Fränckel, Moses Mendelssohn, and the Beginning of the Berlin Haskalah, Reattributing a Patriotic Sermon (1757), in: EJJS 1 (2007), S. 3–33, S. 29.
36 Vgl. hierzu die Arbeit von Franziska Bauer (wie Anm. 17).

die von Orts- oder Hofgemeinden war (VD17 39:111035Z, 14:050008K, 23:267062R, 14:050010E). Entsprechend finden die Grausamkeiten des Kriegs eine andere Würdigung (VD18 10383328). Eine Predigt des Hanauer Hugenottenpredigers Jean-François Armand vor französischen Offizieren am Ende des Siebenjährigen Kriegs fand so große Zustimmung,[37] dass sie ins Englische übersetzt und in Norwich und Edinburgh nachgedruckt wurde (ESTC T173198, T100848). Dieser Fall und andere Beispiele belegen zudem, dass im 18. Jahrhundert ein internationaler Buchmarkt die grenzüberschreitende Rezeption der gedruckten Predigten ermöglichte.[38] Nicht verschwiegen werden soll natürlich, dass es auch Predigten gab, die den Krieg gegenüber dem Frieden bevorzugten.[39]

7. Autoren

Als Autoren gedruckter Friedenspredigten traten sehr unterschiedliche Urheber in Erscheinung. Die Bandbreite reicht von renommierten Hofpredigern wie dem schwedischen Oberhofprediger Nicolaus Barchius (1676–1733), der 1721 eine Friedenspredigt hielt, über angesehene Theologieprofessoren wie Johann Georg Dorsche (1597–1657), der 1648 predigte, bis hin zu Superintendenten und anderen leitenden Geistlichen wie Philipp Wernick (1594–1665) mit mehreren Predigten 1647 bis 1650. Aber auch die bereits erwähnten Feldprediger und sogar Dorfprediger traten mit gedruckten Predigten hervor. Manche Prediger wurden auch als Autoren theologischer Werke bekannt (Johann Conrad Dannhauer, 1603–1666, und Philip Jacob Spener), andere als Literaten (Johann Melchior Goeze, 1717–1786) oder Naturwissenschaftler (Johann Peter Süßmilch, 1707–1767), oder genossen als Homiletiker einen so guten Ruf, dass sie ihre Friedenspredigten als Teil größerer Predigtsammlungen veröffentlichten (Tobias Wagner, 1598–1680). Auch die englischen Friedenspredigten wiesen eine große Vielfalt von Autoren auf und wurden gleichermaßen in kleinen Dorfkirchen, Kathedralen oder in Anwesenheit von König und Parlament gehalten.

---

37 *Jean-François Armand*, Sermon sur L'Esprit de L'Evangeli prononcé à L'occasion de la Paix dans L'Eglise Françoise de Hanau en presence de Messieurs les Officiers François du Régiment du Roi, Hanau 1763 (FRBNF30028280). Im Vorwort der englischen Übersetzung (ESTC T173198) findet sich der Hinweis, dass von der französischen Originalfassung 6.000 Exemplare im Reich und den Niederlanden abgesetzt worden seien.
38 Vgl. neben der o.a. Predigt Fränkels mit Ausgaben in London, Boston und Philadelphia die Predigt von *William Berriman*, The great blessing of redemption from captivity (ESTC T54171), die umgehend in Basel auf Deutsch erschien (VD18 11024275).
39 Zwei explizite Beispiele am Ende des Untersuchungszeitraums: *Jacques G. C. de La Saussaye*, Les avantages de la guerre et les dangers de la paix dans la circonstance actuelle. Sermon prononcé dans l'Église Wallonne de la Haye le jour de jeûne du 26 mars 1794, Den Haag 1794 (STCN 181650029); *James Kendall*, Preparation for war the best security for peace illustrated in a sermon, Boston 1806 (Evans 10662).

Neben der häufigen Begründung, von Zuhörern um den Druck der Predigt gebeten worden zu sein, lassen Widmungsvorreden, die bei einem nicht geringen Teil der Einzeldrucke vorhanden sind, erkennen, dass es ihren Autoren auch um die Gunst von Förderern und berufliches Fortkommen ging, etwa im Fall von Sebastian Dyeck (1650) oder bei David Trommer (1640–1714), der 1680 seine Predigt dem Landesherrn und seiner Familie widmete. Vielfach wurden die Predigten im Rahmen von Drucken veröffentlicht, die auch weitere Texte von Friedensfeiern dokumentierten und gelegentlich auch die Prominenz der Zuhörerschaft als Begründung anführten.

8. Predigttexte und sprachliche Bilder

Den Friedenspredigten als Kasual- oder Gelegenheitspredigten lagen keine bestimmten Bibelstellen einer Perikopenordnung, wie in der katholischen und lutherischen Tradition, oder einer *Lectio continua* biblischer Bücher, wie in der reformierten Tradition zugrunde.[40] Vielmehr wurden die auszulegenden Texte entweder von den Predigern selbst gewählt oder in den Anordnungen der Friedensfeiern vorgeschlagen. Letzteres musste aber nicht unbedingt der Fall sein. So schrieben einige Anordnungen von Festtagen nach dem Westfälischen Frieden keine Texte oder nur die Dankgebete vor (VD17 23:681127X, 23:292626R, 1:083009Q, USTC 1516415). Auch die Einsetzung des englischen Thanksgiving-Gottesdiensts nach dem Frieden von Rijswijk am 2. Dezember 1697 (USTC R175802) gab nur Gebete und Lesungen, aber keinen Predigttext vor. Die Wahl eines geeigneten und für den besonderen Anlass sinnträchtigen Bibeltexts stellte daher schon einen Teil der Leistung des Predigers dar.

Naturgemäß kommen einige Bibeltexte häufiger vor, weil die Prediger dem vorgeschlagenen Text für einen Festanlass folgten. So finden sich mehrere Beispiele für Psalm 68,20 „Gelobt sei der Herr täglich. Gott legt uns eine Last auf, aber er hilft uns auch", der dem sächsischen Friedensfest am 22. Juli 1650 zugrunde gelegt war. Häufiger finden sich auch Predigten zu Psalm 147,12 „Er schaffet deinen Grenzen Frieden", besonders nach Ende des Siebenjährigen Kriegs, oder zu Psalm 126,1f. „Wenn der Herr die Gefangenen Zions erlösen wird, so werden wir sein wie die Träumenden. Dann wird unser Mund voll Lachens und unsre Zunge voll Rühmens sein. Da wird man sagen unter den Völkern: Der Herr hat Großes an ihnen getan!" sowie zum vielleicht bekanntesten Friedenswort, Psalm 85,9–11:

> Könnte ich doch hören, was Gott der HERR redet, dass er Frieden zusagte seinem Volk und seinen Heiligen, auf dass sie nicht in Torheit geraten. Doch ist ja seine Hilfe nahe denen, die ihn fürchten, dass in unserm Lande Ehre wohne; dass Güte und Treue einander begegnen, Gerechtigkeit und Friede sich küssen.

---

40 Vgl. zum analogen Fall der Türkenpredigten die Darstellung bei *Damaris Grimmsmann*, Krieg mit dem Wort. Türkenpredigten des 16. Jahrhunderts im Alten Reich, Berlin u. a. 2016, S. 141–143.

Die Psalmen sind erkennbar das biblische Buch, das mit Abstand am häufigsten die Textgrundlage für Friedenspredigten bildet (weiterhin etwa Ps 14,15; 28, 6–9; 46,9f.; 122,6–9; 133,1 und viele weitere).[41] Darüber hinaus dienen Nahum 1,15, Jesus Sirach 50,24, die Klagelieder Jeremiae, Jesaja, Amos und Joel als Textquellen. Auch die im 20. Jahrhundert prominente Verheißung aus Micha 4, „Schwerter zu Pflugscharen", wird schon im 17. Jahrhundert für Friedenspredigten herangezogen. Demgegenüber legen die Predigten deutlich seltener Texte des Neuen Testaments aus;[42] während das Lob der Friedfertigen aus Mt 5,9 gelegentlich zugrunde gelegt wird, dominiert hier vor allem die Botschaft der himmlischen Heerscharen aus Lukas 2,14. Die englischen Predigten bedienen sich etwas häufiger des Neuen Testaments und verwenden auch Texte aus der Apostelgeschichte (9,31; 24,2f.) oder den Episteln (Kol 3,15; 1Thess 5,3). Generell lässt sich aber sagen: Die Variationsbreite der ausgelegten Texte ist ganz erheblich; die Prediger interpretieren durchaus nicht nur die bekanntesten Stellen, sondern zeigen eine große Findigkeit auch für eine überraschende Textauswahl. Hinzu kommt, dass zur Auslegung der jeweiligen Texte noch eine Vielzahl weiterer Stellen herangezogen wird, die in vielen Drucken in den Marginalspalten nachgewiesen werden und so dem Leser der Predigten einen erheblichen Mehrwert und den Ausweis der Belesenheit des Predigers bieten.

Auch bei den sprachlichen Bildern und Friedensmetaphern konnten Prediger ihre klassische Bildung unter Beweis stellen, und manche der Predigten lesen sich tatsächlich wie Versuche, sich auf diesem Feld zu profilieren. So beriefen sich viele Prediger am Ende des Dreißigjährigen Kriegs auf Silius Italicus (26–101) und das Motto *Pax optima rerum* und nannten dafür meistens auch die Quelle. Andere antike Friedensbilder wie Merkur als Bote des Friedens oder die geschlossenen Türen des Janustempels werden in den Predigten angeführt, manchmal jedoch nur als heidnisches, durch wahre Christen zu übertreffendes Beispiel.

Uneingeschränkt positiv werden natürlich die biblischen Bilder für den Frieden verwendet: Noahs Taube mit dem Ölzweig (VD18 14:009399Q, ESTC T43126) oder das Bild von Weinstock und Feigenbaum, unter denen jeder in Frieden wohnen wird (aus Micha 4,4). Sie fanden in vielen Predigten Verwendung, auch wenn die jeweiligen Texte nicht der Auslegung zugrunde lagen. Entsprechendes gilt für die Bilder des Kriegs wie den Reiter mit dem roten Pferd (Sach 1,8/Off 6,4), einer der vier Reiter der Apokalypse, oder den Krieg als Sturm, der auf göttliches Geheiß gestillt wird

---

41 Die Wahl des Textes konnte den Predigern durchaus den Tenor ihrer Predigt vorgeben. So wählte der preußische König Friedrich II. für die Feier am 15.07.1742 nach der siegreichen Beendigung des Ersten Schlesischen Kriegs (1740–1742) selbstbewusst den Vers Ps 21,2 „Herr, der König freut sich in deiner Kraft, und wie sehr fröhlich ist er über deine Hilfe!"

42 Zur weit überwiegenden Nutzung des Alten Testaments in protestantischen Predigten vgl. Sabine Holtz, Theologie und Alltag. Lehre und Leben in den Predigten der Tübinger Theologen 1550–1750, Tübingen 1990, S. 331.

(Mk 4,35). Solche Bilder konnten bei einer besonderen Affinität der Gemeinde auch weiter ausgebaut werden. So beziehen sich Prediger am Ende eines Kriegs besonders in norddeutschen Gemeinden auf Meeresmetaphern für das Abflauen der Kampfhandlungen (VD17 14:006504R; VD18 11970332), aber auch in Schlesien ist von *Segensströmen des Friedens nach den Kriegsfluthen* die Rede (VD18 11691697).

Bei einer Durchsicht durch die verwendeten Titelformulierungen der deutschen und englischen Friedenspredigten (die französischen, reformierten tragen vorwiegend nüchtern-beschreibende Titel) fallen einige häufig verwendete Sprachbilder auf: So dominieren die Ausdrücke von Gotteslob und vor allem *thankfulness, Dankbarkeit*, die auch in materieller Form als *Dankaltar, Friedenstempel, Denkmal* oder *Dankopfer* zum Ausdruck gebracht wird; weiterhin Jubel, Freude, *happiness*, sowie die Ausdrücke dafür, dass der Frieden als *Segen* und *Wohltat* empfunden wird (*blessedness of peacemakers, gift of God*), als Entlastung vom Krieg, der als eine Sündenstrafe verstanden wird. Häufig findet sich die Metapher vom Frieden als *Kleinod, Krone, Pretiose, Edelstein* oder *moneta pacis*, seltener ein Bild wie *süßer Friedenswein* oder *Adlerflügel der Allmacht Gottes*. Die überraschende Friedensnachricht wird als *Bote*, Neuigkeit oder *Postillon* begrüßt, oder gar als *Friedensschall und -knall* bezeichnet. Erst mit den Kriegen der Mitte des 18. Jahrhunderts werden auch die Herrscher in den Titeln namentlich erwähnt und gelobt, der Krieg als patriotisches Ereignis verstanden oder *reflections on government and loyalty* angestellt. Entsprechend thematisieren Predigten der Aufklärungszeit *obligations from peace*, die *Pflichten eines Volkes, dem Gott Frieden geschenkt hat, the peoples duty* oder *dangers of turning again to folly*, bis hin zu der Erwartung in den USA 1797, *the national peace* werde zur *source of national prosperity*, womit sich ein neues Zeitalter ankündigt.

In den Titelformulierungen wird bereits greifbar, was sich in Inhalt und Form der Predigten fortsetzt: Ihrer sprachlichen Ausgestaltung nach gehören die hier behandelten deutschsprachigen Predigten den literarischen Epochen des Barock und der Aufklärung an; als meist universitär gebildete Autoren waren die Prediger natürlich beeinflusst von den herrschenden sprachlichen Gewohnheiten und Stilen ihrer Zeit. So zeichnen sich die Predigten des 17. Jahrhunderts häufig durch ausuferndem Umfang, eine lebhafte Bildsprache und lange Satzkaskaden aus; die Predigten des 18. Jahrhunderts weisen dagegen oft nüchternere, knappere Formen auf, pflegen dafür eine affektive Anrede und einen appellativ-werbenden Ton.

9. Inhalte

Die Inhalte von 150 Jahren Predigttätigkeit sind auch bei einer thematisch eng begrenzten Gattung wie der Friedenspredigt kaum zusammenzufassen; zu sehr spielen Zeitumstände, lokale Gegebenheiten, Begabung des Predigers und andere Faktoren eine prägende Rolle. Gleichwohl lassen sich einige Motive benennen, die prominent behandelt werden und eine Art gemeinsames Repertoire darstellen.

Die grundsätzliche Bewertung von Krieg und Frieden ist einhellig: Der überstandene Krieg ist als Strafe Gottes für die Sünden der Menschen zu betrachten, für die sie zur Buße aufgerufen sind. Dagegen ist der Frieden eine unverdiente Gnade Gottes. Die Feiern des Friedens sollen deshalb vor allem von Dankbarkeit geprägt sein. Keinesfalls dürfe die im Krieg eingerissene Unordnung fortbestehen, nötig sei vielmehr eine Rückkehr zur gottgewollten gesellschaftlichen Ordnung.

Diese Haltung ist besonders bei den Predigten nach Ende des Dreißigjährigen Kriegs ausgeprägt. Im Jahr des Friedensschlusses, dessen Kommen sich ja andeutete,[43] dominierte die Freude und Erleichterung über den endlich geschlossenen Frieden. Der lange Krieg, dessen Dauer auch betont wird, wurde als auferlegte Last Gottes interpretiert: Nicht Mars, Saturn oder die bösen katholischen Gegner sind Urheber des Kriegs, sondern der zürnende, strafende Gott.[44] Entsprechend ist der Tenor der Friedenspredigten nicht allein feierlich-fröhlich, sondern enthält immer auch mahnende Aufrufe zur fortgesetzten Buße (VD17 23:671929C, 39:110864A). Die Buße ist gleichermaßen Reaktion auf die berechtigte Sündenstrafe des Kriegs wie die Gewähr gegen eingerissene Unordnung. Sie steht am Anfang der neuen Friedenszeit und ermöglicht die Rückkehr zu den friedlichen Vorkriegszuständen, symbolisiert in der Ruhe unter Feigenbaum und Weinstock (VD17 14:006504R, 14:050008K) und konkretisiert in der Wiedererrichtung der Ständeordnung (VD17 3:626924V), die auch in weltlichen Publikationen wie dem Flugblatt vom *Münsterschen Postreuter* ausgemalt wird: Jeder Stand soll zu seiner Aufgabe zurückkehren und damit die Ordnung wiederherstellen.

Ein grundlegender Wandel lässt sich von den Predigten des 17. zu denen des 18. Jahrhunderts feststellen: Steht bei den früheren Texten das Handeln Gottes an den Menschen im Vordergrund und agieren die Herrscher allein als dessen Werkzeuge, so treten in der Aufklärungspredigt die Könige als Akteure in den Mittelpunkt der Darstellung. Sie sind es, die – mit Gottes Hilfe – die Siege erringen und die Friedensschlüsse eingehen (VD18 10065997, 10234071, 1121192X). Und in die Bewertung der Friedensschlüsse mischt sich, besonders nach Ende des Siebenjährigen Kriegs, dessen Ausgang weder in Sachsen noch etwa beim Kriegsgewinnler Hamburg reine Zustimmung auslöste, in die Freude über die göttliche Gabe auch erkennbare Unzufrie-

---

43 Vgl. die Predigt von *Tobias Wagner*, Consultatio Pacis Germaniae (VD17 14:005956F), siehe auch 39:110857S, eine Weihnachtspredigt von 1647.
44 *Jacob Clauder*, Delitzscher Friedes-Predigt von der schweren Krieges-Last, 1650 (VD17 3:633076K), S. 18. „So ist und bleibt nun wol/ ohne einiger Creatur widersprechen/ der Krieg eine Last/ eine schwere Last/ eine unerträgliche Last/ jedoch welche nicht unversehens unser Vaterland überfallen/ auch nicht denen Planeten/ Marti & Saturno/ oder bösen Rathschlägen der Papisten/ oder dem Teuffel zuzuschreiben/ sondern (auff daß wir nun [...] den Aufleger der Krieges Last ansehen) gleichwie kein Unglück in der gantzen Welt geschihet ohne des HErren Befehl/ Thren. 3. Also hat Gott/ laut unsers Texts/ den Krieg als eine Last uns auffgelegt. Gott hat dem Schwerdte geruffen/ Jer. 15./ und es frembden Königen in die Hand gegeben/ daß sie es über Teutschland gezücket/ Ezech. 30". Vgl. auch VD17 39:110857S.

denheit bei den Gemeinden (VD18 10544011, 11970332), sodass Prediger die erstrebenswerten Seiten des Friedens erst herausstellen mussten und nicht mit Kritik an denjenigen sparten, die Vorteile aus dem Krieg zogen (VD18 11888903).

Über die generellen Aussagen, die sich häufig gleichen, hinaus, finden sich in einigen Predigten individuelle Momente, aus denen sich Erlebnisse der Prediger[45] oder der Gemeinden erschließen lassen. Da die meisten Prediger nicht nur den beginnenden Frieden, sondern auch den Krieg in der jeweiligen Gemeinde erlebt hatten, konnten sie auf einschneidende Ereignisse rekurrieren und die kollektive Erinnerung der Gemeinden aktivieren bzw. formulieren.[46] Dabei deutet sich, in der Widergabe von kritischen Stimmen und der rhetorischen Aufnahme von Widerspruch, häufig so etwas wie ein Dialog zwischen dem Redner und seinem Publikum an.

10. Das Publikum

Welche Rückschlüsse lassen sich aus dem gedruckten Wortlaut der Predigten auf die Haltung derjenigen ziehen, die ihnen zuhörten? Standen die Prediger ihren Gemeinden nicht nur im Wortsinn gegenüber, sondern transportierten sie eine diametral andere Weltsicht? Sind sie gar als Agenten der Obrigkeit zu betrachten, die ihre Zuhörer gegen deren Willen indoktrinierten?

Die Predigten erreichten einen breiten Querschnitt der Gesellschaft. Schon die Verschiedenheit der Predigtorte, vom Dorf über die Reichsstadt, den Gesandtenkongress bis zum Herrscherhof, repräsentiert bereits zahlreiche gesellschaftliche Gruppen; die Predigtsituation in der Pfarrgemeinde war vielfach einer der wenigen Orte, an denen alle Schichten der ständischen Gesellschaft anwesend waren. Deshalb ist die Annahme, dass Predigten als ein reiner Elitendiskurs über die Köpfe des Auditoriums hinweggegangen wären oder gar dessen Vorstellungen entgegengestanden hätten, genauso belegungsbedürftig wie die Annahme, dass sich in den Predigten auch die Hörerwartung und die Übereinstimmung der Zuhörerinnen und Zuhörer niedergeschlagen habe – und ebenso schwierig zu belegen oder zu widerlegen.

Bei der Lektüre gedruckter Predigten gilt auf jeden Fall ihre besondere Form zu beachten: Als vorgebliche schriftliche Wiedergabe eines primär oralen Ereignisses stellen sie natürlich eine literarische Überformung des ursprünglichen Texts dar. In vielen Fällen wird deutlich, dass der gedruckte Text nicht dem gesprochenen Wort

---

45 In einzelnen Fällen hatten Prediger als Kriegsteilnehmer deutlich mehr von dem Krieg mitbekommen als ihre Gemeinden und konnten aus dieser Perspektive die Schrecken des Kriegs schildern: VD17 14:009399Q, VD18 10383328.
46 Etwa *Johannes Jakob Grosse*, Dank- und Gebets-Altar [...], Nürnberg 1649 (VD17 vacat), weiterhin VD17 3:633076K, VD18 10544011. Bei VD17 39:110864A schließt sich an die eigentliche Predigt eine komplette Chronik der Kriegsereignisse im Reich und in der Umgebung der Gemeinde Ronneburg an.

entspricht und er so ausufernd und ausgefeilt nicht vorgetragen worden sein kann.[47] Doch manch andere Texte sind erkennbar nah an der ursprünglichen Form, manche hingegen bieten nur Konzepte, quasi die inhaltliche Essenz einer Friedenspredigt (VD18 10075216). Die Käufer und Rezipienten der Drucke entstammten mit Sicherheit nur den gebildeteren Schichten. Doch sind die nach Hunderten zählenden Druckausgaben und ihre zum Teil hohen Auflagen kaum zu erklären, wenn die Predigten nicht auch das zum Ausdruck brachten, was ihre Zuhörerinnen und Zuhörer über den zu Ende gegangenen Krieg und den Frieden dachten, fühlten und glaubten.

Auswahlbibliographie / Select Bibliography

Beutel, Albrecht, Lehre und Leben in der Predigt der lutherischen Orthodoxie. Dargestellt am Beispiel des Tübinger Kontroverstheologen Tobias Wagner (1598–1680), in: ZThK (1996), S. 419–449.

Beutel, Albrecht, Predigt VIII. Evangelische Predigt vom 16. bis 18. Jahrhundert, in: TRE 27 (1997), S. 296–311.

Eijnatten, Joris van (Hg.), Preaching, sermon and cultural change in the long eighteenth century, Leiden 2009.

Ferrell, Lori Anne/McCullough, Peter E. (Hg.), The English sermon revised. Religion, literature and history 1600–1750, Manchester 2000.

Gantet, Claire, Discours et images de la paix dans les villes d'Allemagne du Sud aux XVIIe et XVIIIe siècles, Paris 1999.

Gantet, Claire, Peace festivals and the culture of memory in early modern South German cities, in: Karin Friedrich (Hg.), Festive culture in Germany and Europe from the sixteenth to the twentieth century, Lewiston u. a. 2000, S. 57–71.

Hahn, Philip, Von der Kanzel in die Druckerpresse. Predigten zu politischen Anlässen als Druckerzeugnisse in Thüringen und Sachsen, 1550–1675, in: Schorn-Schütte/Hahn u. a. (Hg.), Der Politik die Leviten lesen, S. 75–84.

Hunt, Arnold, The art of hearing. English preachers and their audiences 1590–1640, Cambridge u. a. 2010.

Kaufmann, Thomas, Lutherische Predigt im Krieg und zum Friedensschluß, in: Klaus Bußmann/Heinz Schilling (Hg.), 1648. Krieg und Frieden in Europa, München 1998, S. 245–250.

Haemig, Mary J./Kolb, Robert, Preaching in Lutheran pulpits in the age of confessionalization, in: Robert Kolb (Hg.), Lutheran ecclesiastical culture, 1550–1675, Leiden 2008, S. 117–157.

McCullough, Peter E. (Hg.), The Oxford handbook of the early modern sermon, Oxford u. a. 2011.

Meinhardt, Matthias u. a. (Hg.), Religion Macht Politik. Hofgeistlichkeit im Europa der Frühen Neuzeit (1500–1800), Wiesbaden 2014.

Moser, Dirk-Rüdiger, Friedensfeiern – Friedensfeste, in: Klaus Garber (Hg.), Erfahrung und Deutung von Krieg und Frieden. Religion – Geschlechter – Natur und Kultur, München 2001, S. 1.133–1.153.

Repgen, Konrad, Die Feier des Westfälischen Friedens in Kulmbach (2. Januar 1649), in: ZBLG 1 (1995), S. 261–276.

---

47 Andererseits gilt, wie die Forschungen von Arnold Hunt über die Kunst des Hörens von Predigten gezeigt haben, dass frühneuzeitliche Zuhörer deutlich längere Predigten gewohnt waren als Zuhörer heute.

Repgen, Konrad, Der Westfälische Friede und die zeitgenössische Öffentlichkeit, in: Franz Bosbach (Hg.), Dreißigjähriger Krieg und Westfälischer Friede. Studien und Quellen, Paderborn 1999, S. 723–764.

Rublack, Hans-Christoph, Lutherische Predigt und gesellschaftliche Wirklichkeiten, in: ders. (Hg.), Die lutherische Konfessionalisierung in Deutschland. Wissenschaftliches Symposion des Vereins für Reformationsgeschichte 1988, Gütersloh 1992, S. 344–395.

Schorn-Schütte, Luise/Hahn, Philip u. a. (Hg.), Der Politik die Leviten lesen. Politik von der Kanzel in Thüringen und Sachsen; 1550–1675, Begleitband zur Ausstellung […] im Spiegelsaal der Forschungsbibliothek Gotha auf Schloss Friedenstein, 1. August–19. Oktober 2011, Gotha 2011.

Schorn-Schütte, Luise, Gottes Wort und Menschenherrschaft. Politisch-theologische Sprachen im Europa der Frühen Neuzeit, München 2015.

Sommer, Wolfgang, Die Friedenspredigten Johann Michael Dilherrs beim Friedensfest in Nürnberg 1650, in: ders., Politik, Theologie und Frömmigkeit im Luthertum der frühen Neuzeit. Ausgewählte Aufsätze, Göttingen 1999, S. 137–153.

Sommer, Wolfgang, Zum Selbst- und Amtsverständnis lutherischer Hofprediger, in: Meinhardt u. a. (Hg.), Religion Macht Politik, S. 163–176.

Taylor, Larissa (Hg.), Preachers and people in the reformations and early modern period, Leiden 2001.

Weber, Wolfgang E. J., Luthers bleiche Erben. Kulturgeschichte der evangelischen Geistlichkeit des 17. Jahrhunderts, Berlin 2017.

Klaus Garber
37. Frieden in der Literatur

Abstract: Peace in Literature
Peace, often in the context of wars, is a prominent theme in early modern European literature. The religious wars, increasingly coupled with political disputes between states, generated a growing chorus of calls for peace. The literary images of peace are myriad. Poetry, theatre, and all types of novels are shaped by visions of peace. The rural idyll was a particularly powerful source of inspiration. Virgil had written his *Eclogues* as a pastoral, expressing his hopes for a universal peace under Emperor Augustus. The legacy of this work endured into the early modern period and was combined with criticism of powers that wrought conflict and calamity. The peace-loving, allegorically embellished, small-scale society of shepherds anticipates the destiny of mankind. As nature is increasingly enlisted in this vision, this European literary genre developed a utopian potential that culminated in Romanticism.

1. Einleitung: Tradition

Das Thema des Friedens durchzieht die Literatur der Frühen Neuzeit, und das vielfach im Zusammenhang mit dem kontrastiven des Krieges. Diese Verknüpfung ist jedoch keinesfalls durchgängig gegeben. Eine Reihe von Kontexten sind bevorzugt, wenn es um die Feier des Friedens geht, an erster Stelle der Regentenpreis. Wenn aber der Frieden in den verschiedensten Konstellationen aufgerufen wurde, so waren dafür in erster Linie Vorgaben der Tradition maßgeblich. Die Literatur der Frühen Neuzeit von der Frührenaissance bis zur späten Aufklärung formte sich im ständigen Rückgriff auf antike Vorgaben heraus.[1] Die griechisch-römischen standen an erster Stelle. Zu ihnen traten jedoch immer wieder solche aus dem Orient und zumal aus dem jüdisch-christlichen Bereich hinzu. Beide waren erfüllt von Friedensvisionen. Vielfältig und verwandlungsreich kehrten sie in der Frühen Neuzeit wieder.

Am wirkungsmächtigsten erhielt sich ein Vorstellungskreis aus dem griechischen Mythos, nämlich die Erinnerung an das goldene Zeitalter. Es war ein durch und durch vom Frieden bestimmtes. Und der umfasste mehr als den Frieden unter den Menschen; die Natur war in ihn einbezogen. Selbsttätig spendete die Erde ihre Früchte, spendeten die Tiere ihre Gaben. Menschen, Tiere und Pflanzen waren in einer Sprache miteinander verbunden. Hesiod hat im letzten Drittel des 8. Jahrhunderts v. Chr. das viel ältere mythische Sagengut in einem Lehrgedicht verarbeitet und seinerseits in einen geschichtlichen Horizont gerückt. Das goldene Zeitalter war unwiederbringlich

---
[1] Vgl. hierzu auch Kapitel 1.

https://doi.org/10.1515/9783110591316-037

vergangen. Ein kontinuierlicher Abstieg war erfolgt, und die Gegenwart bot sich als ein eisernes Zeitalter dar. War dem aber so, dann würde sich die bildnerische, würde sich die literarische Phantasie an die Rückgewinnung eines menschheitlichen Urzustandes heften und eben diesen unter den jeweils aktuellen Bedingungen konkretisieren. Die frühneuzeitliche Literatur ist erfüllt von derartigen Bildern.[2]

Nicht anders verhält es sich im Blick auf die biblische Überlieferung. Dem um das goldene Zeitalter gruppierten Vorstellungskreis trat derjenige um das Paradies zur Seite. In eine Reihe von Texten des Alten Testaments hat er Eingang gefunden, beginnend im ersten Buch Mose selbst. Entscheidend aber wurde nun, dass sich im Judentum die Erinnerung an eine paradiesische Urzeit mit dem Glauben an ihre Wiederkehr in der Zukunft verband, geknüpft an das Erscheinen des Messias, der die Wende der Zeiten heraufführen würde.[3] Der Prophet Jesaja (8. Jh. v.Chr.) hat dieser Hoffnung womöglich die wirkungsvollste Stimme geliehen. Nicht wieder verlieren sollte sich seine Verheißung, dass da dereinst der Wolf beim Lamm liegen und, von einem kleinen Knaben geleitet, Löwe und Rind Stroh fressen würden und so in einem fort (Jes 11,6f). Gerechte Herrschaft, den Armen und Schwachen zugutekommend, hat ihre Entsprechung im Frieden in und mit der Natur. Eine umfassende und unerschöpfliche Friedensvision stand der Menschheit seither als Quelle der Inspiration zur Verfügung.[4]

Und schließlich das dritte, das spezifisch römische Paradigma: Es war durch und durch von der Politik durchwirkt und geknüpft an einen Dichter, der wie kein anderer das literarische Geschehen in der Frühen Neuzeit prägte. Vergil (70–19 v.Chr) hat dem Lauf der römischen Geschichte in seinen drei klassischen Werken, den *Bucolica*, den *Georgica* und der *Aeneis* eine Wendung gegeben, die noch einmal prägenden Charakter gerade auch für die Friedensliteratur gewann. Aus den Bürgerkriegen erwuchs sein Werk, der Übergang aus der Republik in das Prinzipat zeichnete sich ab, und Vergil dachte diesen Vorgang poetisch weiter, indem er den Einbruch einer Friedensherrschaft umkreiste, wie sie sich unter Augustus (63 v.Chr.–14 n.Chr.) einstellen

---

[2] Zur Idee des goldenen Zeitalters liegen eine Reihe von Untersuchungen vor. Vgl. etwa – neben der unter Anm. 28 aufgeführten Arbeit von Mähl – *Walter Veit*, Studien zur Geschichte des Topos der Goldenen Zeit von der Antike bis zum 18. Jahrhundert, Diss. phil. Köln 1961; *Bodo Gatz*, Weltalter, goldene Zeit und sinnverwandte Vorstellungen, Hildesheim 1967; *Erika Lipsker gen. Zarden*, Der Mythos vom goldenen Zeitalter in den Schäferdichtungen Italiens, Spaniens und Frankreichs zur Zeit der Renaissance, Diss. phil. Berlin 1933. Speziell zu *Hesiodus*, Sämtliche Werke/Hesiod. Deutsch von Thassilo von Scheffer, Leipzig 1938.
[3] Vgl. *Hugo Greßmann*, Die Wiederkehr des Paradieses, in: ders., Der Messias, Göttingen 1929, S. 151–164; *Walter Homolka/Albert H. Friedlander*, Von der Sintflut ins Paradies. Der Friede als Schlüsselbegriff jüdischer Theologie, Darmstadt 1993.
[4] Vgl. *Jürgen Ebach*, Ende des Feindes oder Ende der Feindschaft? Der Tierfrieden bei Jesaja und Vergil, in: ders., Ursprung und Ziel. Erinnerte Zukunft und erhoffte Vergangenheit. Biblische Exegesen, Reflexionen, Geschichten, Neukirch-Vluyn 1986, S. 75–89. Zum Kontext: *Heinrich Groß*, Die Idee des allgemeinen Weltfriedens im Alten Orient und im Alten Testament, Trier 1956.

sollte. Ein Zeitalter, erfüllt von Zügen des goldenen, würde wiederkehren, und in der befriedeten schäferlichen und ländlichen Welt, umspielt von arkadischen Elementen dort, altitalienschen hier, hatte es sein Urbild.⁵ Diese Trias war das antike Friedenserbe an Europa und sollte gegenwärtig bleiben, wann und wo immer von Europa die Rede ist.

2. Italienischer Auftakt: Dante, Petrarca und Sannazaro

Der Auftakt erfolgte wie stets auf italienischem Boden, in der Frührenaissance. Das 14. und das 15. Jahrhundert, das Trecento und das Quattrocento, waren nochmals Gründungsjahrhunderte. Erfüllt von Stolz über die nicht endenden Entdeckungen der Antike gaben sich die Gründerväter. In diesen aufregenden Jahrzehnten vollzog sich die Verwandlung Europas. Der christlichen Erbschaft trat die antike zur Seite, die sich zunehmend mit Leben erfüllte, und das womöglich am nachhaltigsten über die Literatur. Vom ersten Moment an war das Thema Frieden präsent.⁶

Noch waren die Scheidelinien zwischen der Schönen Literatur und dem Traktat bzw. dem philosophischen Lehrgebäude fließend, sie alle waren erfüllt von Szenarien und Bildern, die ihnen ihren ästhetischen Glanz verliehen. Und für wen sollte das mehr gelten als für ihrer aller Ahnherrn auf der Wende zum Trecento Dante Alighieri (1265–1321). Es will eben nicht nur der Dichter der *Göttlichen Komödie*, sondern zugleich der Schöpfer des *Gastmahls* und des Traktats über die Nationalsprache, ja noch der Partner des poetisch-bukolischen Briefwechsels mit Giovanni del Virgilio (†ca. 1327) erinnert sein. All diese Werke sind gruppiert um Bilder und Reflexionen des Friedens, wie sie sich an die Einheit der italischen Nation und ihre symbolische Vorwegnahme in der einen kunstvollen und schönen italienischen Sprache knüpften, in die Dante sein Weltepos kleidete.

In seiner *Monarchie* hat er diesem Gedanken den sinnfälligsten Ausdruck verliehen. Frieden war für Dante das höchste Gut auf Erden. Um ihn herbeizuführen, musste es eine Instanz geben, die frei war von partiellen Zwecken. Dante nannte sie Weltkaiser. Das scheint eine Anknüpfung an mittelalterliche Vorstellungen zu sein. Tatsächlich reaktivierte er den kaiserlichen Auftrag, wie ihn Vergil gedacht und gestaltet hatte. Ausdrücklich zitierte er aus dessen *Aeneis*. Das neue, das wiedererwachte Rom wurde mit der vornehmsten Aufgabe betraut, Frieden unter den Völkern zu

---

5 Die Literatur zusammengeführt bei *Hans Erich Stier*, Augustusfriede und römische Klassik, in: Hildegard Temporini (Hg.), Aufstieg und Niedergang der Römischen Welt. Teil 2: Principat, Bd. 2: Politische Geschichte (Kaisergeschichte), Berlin 1975, S. 3–54.
6 Vgl. hierzu auch Kapitel 2.

stiften. Universale wie nationale Mission standen am Beginn der Frühen Neuzeit, und im Ringen um ein tragfähiges Konzept des Friedens erfüllten sie sich.[7]

Die Literatur nahm sogleich daran teil. Auf Dantes Schultern stand Francesco Petrarca (1304–1374), der Schöpfer des ersten nationalsprachigen großen Liederbuchs der Liebe zur fiktiven Laura, dem Musterbuch erotischer Poesie par excellence. Begleitet aber war es wie bei Dante von der Vision des Friedens, geknüpft an die Wiederkehr des römischen Weltreichs, begleitet von der Stiftung universalen Friedens. So wie Dante rekurrierte Petrarca an vielen Stellen seines reichen Werkes auf Vergil. Eines der Beispiele ist seine um 1346 entstandene erste Ekloge *Parthenias*, die alsbald der ersten Ekloge Vergils, der sog. *Tityrus-Ekloge*, im Europa der Frühen Neuzeit nicht nachstand. Der Hirte Silvius verbringt sein sängerisches und also sein dichterisches Werk in der Einsamkeit. In sie muss er sich zurückziehen, um den Stimmen der Vergangenheit ungestört lauschen zu können. Sie künden von der einstigen Größe Roms als politischer wie als kultureller Metropole.

So wie Vergil das Augusteische Friedensreich umspielte Petrarca die Wiederkehr römischer Größe als Voraussetzung für eine Befriedung des zersplitterten Italien und in eins damit des Kontinents. Gekleidet in das Bild der trauernden und klagenden Witwe Roma war die Vergangenheit gegenwärtig, und die Mission des als Hirte verkleideten Dichters bestand darin, von einer Wende und einer Erneuerung zu künden, die einen Umschwung im Gefolge hat, welcher das Antlitz der Erde verändern wird. Nationale Inspiration und universale Perspektive gingen wie bei Dante ein Bündnis ein. Im befriedeten Schäfertum war symbolisch besiegelt, was dereinst Zukunft der Menschheit sein sollte.[8]

Rufen wir einen dritten Namen aus Italien auf, so gelangen wir bereits an das Ende des Quattrocento und an den Übergang zum Cinquecento und also das Zeitalter eines Torquato Tasso (1544–1595), eines Raffael (1483–1520), eines Michelangelo (1475–1564). Die erste große Krise war über Italien hereingebrochen. Franzosen und Spanier rangen um die Vorherrschaft auf der Apennin-Halbinsel. Im Königreich Neapel war der Kreis der Humanisten in der Academia Pontana geschart um das bedrohte Königshaus. Auch die Dichtung bot sich an, um das sich abzeichnende politische Drama zu verarbeiten. Ein Schlüsselwerk der europäischen Literatur entstand, ausgestattet mit einem Titel, der Signalwirkung birgt: *Arcadia*.

Dieses antike Wunschland hatte wiederum Vergil der Literatur in seinen Hirtengedichten erobert und es feinsinnig verknüpft mit dem Thema seines Lebens, der herauf-

---

[7] *Dante Alighieri*, Monarchia. Einleitung, Übersetzung und Kommentar von Ruedi Imbach und Christoph Flüeler, Stuttgart 1989. Hier auch ein eingehendes Literaturverzeichnis. Vgl. auch *Dante Alighieri*, Monarchie (De Monarchia). Übersetzt und erklärt mit einer Einführung von Constantin Sauter, Freiburg i.Br. 1913, ND 1974.
[8] Vgl. *Margrith Berghoff-Bührer*, Das Bucolicum Carmen des Petrarca. Ein Beitrag zur Wirkungsgeschichte von Vergils Eclogen. Einführung, lateinischer Text, Übersetzung und Kommentar zu den Gedichten 1–5, 8 und 11, Bern u. a. 1991.

ziehenden Friedensherrschaft des inskünftigen Kaisers Augustus. Nun diente es dem Mitglied der Akademie namens Jacopo Sannazaro (1458–1530) zu einer durch Tradition beglaubigten Folie, um seiner bedrohten Heimat einen Spiegel der Hoffnung entgegenzuhalten, ganz so wie in den Vergilschen Eklogen auf andere Weise geschehen. Denn Arkadien gehörte zum mythischen Kernbestand, es war die Heimat des Hirtengottes Pan mit seiner Hirtenflöte.

Vergil hatte sie zum Emblem von Kunstfertigkeit erhoben und ihr alle denkbaren Töne anvertraut, darunter nicht zuletzt die seiner politischen Hoffnungen. Indem Sannazaro ihm folgte, seinen Protagonisten inmitten der antiken arkadischen Wunschlandschaft die Geschicke Neapels bedenken und besingen ließ, eroberte er für die Humanisten der Frühen Neuzeit das Land der Sehnsucht wie des Glücks für ihr poetisch-politisches Treiben – und nicht eines der vielen arkadischen Gedichte, dem die Friedensbotschaft nicht eingeschrieben gewesen wäre. Friedensdichtung und Arkadien-Topologie waren zu dem wirkungsmächtigsten symbolischen Verbund aufgerückt, und das bis hin zu Goethe (1749–1832).[9]

3. Friedensklage und Friedenstrost im Ringen der Konfessionen: Erasmus und Martin Opitz

Entsprechend ist gleich eingangs mit der wichtigsten Stimme zu eröffnen, die im Europa der Frühen Neuzeit verlautet ist. Weinend, klagend, verzweifelt war die Gestalt der verlassenen Witwe Roma bei Dante und Petrarca eingeführt worden, weinend verneigten sich Nymphen und Hirten am Grab Parthenopes in Neapel, anklagend und aufrüttelnd erschien die Gestalt des Friedens in Erasmus' (ca. 1466–1536) *Querela pacis*, der *Klage des Friedens*. 1516/17 verfasst und erst 1521 auf deutsch erschienen, profitierte sie davon, noch unberührt zu sein von dem konfessionellen Schisma. Was da aber vorgetragen wurde von Erasmus, der seine Stimme dem Frieden lieh, war so geartet, dass es jederzeit aufgerufen werden konnte, wenn es darum ging, dem religiösen Fanatismus zu wehren und für Einheit und Frieden unter den Zerstrittenen zu werben.

Für sein Plädoyer hatte Erasmus die urchristliche Botschaft auf seiner Seite. Betrachte man das Leben Christi – was sei es anderes als eine einzige Lehre der Eintracht und der gegenseitigen Liebe?

> Als jener große Prophet Isaias, vom Heiligen Geiste erfüllt, verkündete, dass Christus als der große Versöhner aller Dinge kommen würde, nennt er ihn da etwa einen Satrapen oder einen Städtezerstörer oder einen Kriegsherrn oder einen Triumphator? Keineswegs. Was also? Einen Friedens-

---

9 Vgl. *Iacopo Sannazaro*, Arcadia, hg. von Helmut Widhammer, Stuttgart 2018.

fürsten. [...] Wer immer Christus verkündet, verkündet den Frieden. Wer immer Krieg verkündet, verkündet den Widersacher Christi.[10]

Diese Worte stehen wie in Stein gemeißelt auf dem Portal am Eingang jenes Jahrhunderts, in dem das glaubende Europa zerbrach und ein Krieg unter Christen in Wort und Tat ausbrach, der auch noch einen Erasmus erschaudern ließ. Drei Ereignisse prägen sich besonders ein und fanden in der Publizistik wie in der Literatur ein ungemeines Echo. In Frankreich führte der Kampf zwischen Katholiken und Hugenotten den Staat an den Rand seiner Existenz (Hugenottenkriege 1562–1598); in den Niederlanden wehrte sich ein Volk heldenhaft gegen die andrängenden Truppen des spanischen Königs Philipp II. und behauptete zu Teilen seine staatliche und religiöse Selbstständigkeit (Achtzigjähriger Krieg 1568–1648); und in den Habsburger Nebenländern unter der böhmischen Krone sahen sich die Protestanten zunehmend Glaubenszwang und Vertreibung ausgesetzt. Ein Buch ist leicht zu füllen mit dem Eindringen und Verarbeiten allein dieser Ereignisse in die Literatur des 16. und noch des 17. Jahrhunderts. Wie immer muss ein Beispiel stellvertretend für das Ganze stehen.

Als zu Anfang des 17. Jahrhunderts die konfessionellen Lager begannen, sich für eine militärische Auseinandersetzung zu rüsten, in katholischer Liga und protestantischer Union sich zusammenschlossen, kam für die Humanisten die Stunde der Bewährung. Sie hatten schon lange an dem Ringen unter den Christen teilgenommen, oftmals selbst Partei ergriffen und sich insbesondere der reformiert-calvinistischen Seite zugewandt und sogar ihre Feder dem Staat geliehen, um diesen zum Eingreifen und zum Befrieden aufzurufen. Nun aber drohte ein Kontinent in Flammen aufzugehen, und alsbald mischten sich religiöse und machtpolitische Motive zu einem nur noch schwer zu entwirrenden Knäuel. In dieser Situation wird es für immer denkwürdig bleiben, dass noch vor Ausbruch des Dreißigjährigen Krieges (1618–1648) literarische Texte verfasst wurden, die beides waren: ein von Schaudern erfüllter Rückblick auf die Untaten der vergangenen Jahrzehnte und ein Ausdruck von Hoffnung und Trost, gekleidet in Bilder des Friedens, wie sie nur in der Literatur gestaltet zu werden vermochten.

---

10 *Erasmus von Rotterdam*, Querela Pacis – Die Klage des Friedens, der von allen Völkern verstossen und vernichtet wurde, in: Werner Welzig (Hg.), Erasmus von Rotterdam. Ausgewählte Schriften, Bd. 5, Darmstadt 1968, S. 359–451. Das Werk ist in deutscher Übersetzung am leichtesten greifbar in der von Brigitte Hannemann besorgten und mit einer schönen Einleitung versehenen Taschenbuchausgabe der „Serie Piper", Bd. 380, ²1986. Die deutsche Übersetzung von Leo Jud aus dem Jahre 1521 wurde in einem Faksimiledruck nebst dem lateinischen Original von Alois M. Haas und Urs Herzog neu herausgegeben (Zürich 1969). Im gleichen Jahr erschien in Augsburg die Übersetzung Georg Spalatins. Ein Faksimile der Erstausgabe des lateinischen Textes mit den Holzschnitten Hans Holbeins d.J. (Basel 1517) legte Ferdinand Geldner vor (München [1961]). Vgl. *Wolfgang F. Stammler u.a.* (Hg.), Über Krieg und Frieden. Die Friedensschriften des Erasmus von Rotterdam, Stuttgart 2018.

1618 rüstete sich der Pfälzer Kurfürst Friedrich V. (1596–1632) zum Aufbruch nach Prag, um dem katholischen Kaiserhaus die böhmische Königskrone zu entwinden und sie auf das Haupt eines reformierten Fürsten übergehen zu lassen. Das war ein gewaltiger Affront. Doch die zumeist reformierten Heidelberger Räte unterstützten das Vorhaben ebenso wie die protestantischen Stände und nicht zuletzt die Humanisten und Dichter, die sich, wie erwähnt, vom reformierten Bekenntnis angezogen fühlten. Doch nur ein gutes Jahr konnte sich Friedrich auf dem böhmischen Thron halten. In der Schlacht am Weißen Berge im November des Jahres 1620 wurde er vernichtend geschlagen und musste fliehen, mit ihm seine Getreuen. Auch den ‚Vater der deutschen Dichtung', wie er später so gerne genannt wurde, traf es. Martin Opitz (1597–1639), der sich in der pfälzischen Residenz Heidelberg aufgehalten hatte, brach auf in die Niederlande als sich die spanischen Truppen näherten, eilte von dort weiter nach Jütland und kehrte erst nach der Katastrophe in seine schlesische Heimat zurück.[11]

Er hat die Einsamkeit im hohen Norden genutzt, um ein großes Werk zu schreiben, das er als *Trostgedichte in Widerwärtigkeit des Krieges* titulierte. Beides sollte in ihm zusammenkommen, die Schilderung der Zerwürfnisse im Europa der jüngsten Zeit und die Spendung von Trost, will sagen, der Aufweis von Wegen aus der Krise. Das aber war ein so brisantes Unternehmen, dass Opitz es nicht wagte, den Text zu veröffentlichen. Er hielt ihn unter Verschluss, und erst als Gustav Adolf (1594–1632) den Protestanten zur Seite trat, gab er ihn 1633 in den Druck. Entstanden war ein Werk in vier Büchern, geschrieben in Hexametern und auf der Mitte zwischen Epos und Lehrgedicht angesiedelt, wie es Deutschland noch nicht gesehen hatte. Es ist zu dem eindrucksvollsten Zeugnis humanistischer Mentalität am Vorabend des Dreißigjährigen Krieges geraten und vielleicht die größte politisch-religiöse Dichtung geblieben, die das deutsche 17. Jahrhundert gekannt hat. Hier kann nur ein Aspekt akzentuiert werden.

Opitz hat die Gräuel in Frankreich und in den Niederlanden in einer Drastik geschildert, die im 17. Jahrhundert nicht mehr überboten werden konnte. Er hatte Vorbilder gerade auch in Frankreich. Die Literatur blieb ihrer Zeit auf der Spur. Und dazu gehörte, die Pressionen in der religiösen Sphäre zu geißeln. Auch das tat Opitz, und er ließ keinen Zweifel, auf welcher der beiden Seiten er sie verortete. Den Kaiser durfte er nicht angreifen, aber über die Spanier fielen harte Worte, wie in der Dichtung zumal der Reformierten auch sonst. Und dann wurde gleich an mehreren Stellen ein Fazit gezogen und zugleich ein Credo formuliert.

Kein massiverer Frevel ist denkbar, als Zwang auf den Glauben auszuüben. Dem Innersten des Menschen gehört er an, der Gott zugewandten Seele eines je einzelnen Wesens. Und nur in einem sichtbaren Zeichen, dass er den Menschen ergriffen hat, gibt er sich zu erkennen, nämlich in tätiger Liebe und im Wirken für Eintracht, genau-

---

11 Vgl. *Klaus Garber*, Der Reformator und Aufklärer Martin Opitz (1597–1639). Ein Humanist im Zeitalter der Krisis, Berlin/Boston 2018.

so wie von Erasmus formuliert. Um 1600 ist ein Fazit aus den Konfessionskriegen gezogen worden, das herüberweist in die Aufklärung. Dogmen, Buchstaben, Disputationen zählen in Glaubensdingen nicht, sie stiften nur Zwietracht. Der Blick auf Christus reicht hin, um zu erkennen, was Auftrag des Menschen ist. Und so krönte Opitz sein Gedicht mit einem Gebet für den Frieden unter den Menschen, das in ein jedes Lesebuch gehörte, weil es nichts von seiner Aktualität verloren hat. Im europäischen Späthumanismus sind die Wurzeln für die Idee des ewigen Friedens zu suchen, wie sie bei Immanuel Kant (1724–1804)[12] ihren erhabensten Ausdruck finden sollte.[13]

4. Friedensrufe auf deutschem Boden, Reichsfrieden und Friedensethik

Schon 1621 hatte Matthias Bernegger (1582–1640) in Straßburg in seine *Tuba Pacis* gestoßen und die Deutschen zur Hintanstellung ihrer Glaubensdifferenzen aufgerufen. Ob Katholiken, Protestanten, Reformierte – sie alle seien schließlich Mitglieder der einen deutschen Nation, hätten alle ein einziges Vaterland, das nur Schaden nehmen könne unter dem Zwist. Ebenso hatten die Parlamentsjuristen in Frankreich argumentiert, den Untergang ihres Staates im Kampf der religiösen Fanatiker vor Augen. Um 1600 stieg der Gedanke des modernen Staates als einer friedensstiftenden Agentur im Blick zumal der Rechtskundler auf, auch das eine Erbschaft an die Aufklärung, ja noch an den modernen Verfassungsstaat, mit vielfältigem Widerhall in der Literatur.

Man braucht nur einen Gang durch die literarischen Landschaften des alten deutschen Sprachraums anzutreten, der viel weiter reichte als jener, den die Grenzen des alten Reichs markierten, um die Indienstnahme der Literatur für das friedensstiftende Werk zu gewahren. Am frühesten ließen sich die – leider vergessenen – Leipziger Lyriker mit ihrem Idol Paul Fleming an der Spitze vernehmen, ein Christian Brehme (1613–1667), ein Gottfried Finckelthaus (1614–1648), ein Ernst Christoph Homburg (1607–1681) und wie sie heißen. Im Norden erhob der Wedeler Pfarrer Johann Rist (1607–1667) seine machtvolle Stimme. Hamburg und sein Theater waren in der Nähe, so fanden seine Friedensdramen, ausgestattet mit so schönen Titeln wie *Das Friede-Wünschende Teütschland* (1647) oder *Das Friedejauchzende Teutschland* (1653), ein öffentliches Forum.

Hoch hinauf die Ostsee entlang bis nach Königsberg und den Dichtern und Musikern der Kürbishütte, einem Simon Dach (1605–1659), einem Heinrich Albert (1604–

---

12 Vgl. hierzu auch Kapitel 5.
13 Vgl. *Klaus Garber*, Konfessioneller Fundamentalismus und späthumanistischer Nationalismus. Die europäischen Bürgerkriege in der poetischen Transformation um 1600. Opitzens „Trost-Getichte in Widerwärtigkeit des Krieges", in: Heinz Schilling (Hg.), Konfessioneller Fundamentalismus. Religion als politischer Faktor im europäischen Mächtesystem um 1600, München 2007, S. 23–46.

1651), einem Christoph Kaldenbach (1613–1698) und wie sie wiederum heißen, erfuhr der Friedenswunsch in Lyrik und Schaustück seinen Ausdruck. Ja noch in den baltischen Landen, in Riga, in Reval, in Dorpat waren entsprechende Stimmen zu hören. Und so hinab über Schlesien und Böhmen und Mähren bis nach Siebenbürgen nebst Rückkehr in die zentralen Regionen des Reichs. Auch über Motiv und Idee des Friedens lässt sich eine Geschichte der deutschen Literatur des 17. Jahrhunderts schreiben, die eben in jedem Fall territorial organisiert sein muss.[14]

Die Feier aber kennt, wenn es denn um den Frieden geht, ein Zentrum, und das lag im Herzen des Heiligen Römischen Reiches deutscher Nation und seiner heimlichen Hauptstadt, dem fränkischen Nürnberg. Dort war das Opitzsche literarische Repertoire in einer Meisterschaft fortentwickelt worden, die nur Staunen erregen kann. Und als dann tatsächlich der Friede gekommen war und die Gesandten der Länder verschiedener Konfessionen sich 1649 in der Stadt an der Pegnitz einstellten, da waren die Nürnberger Dichter zur Stelle und bereiteten ihnen einen poetischen Empfang, wie er nirgendwo in Europa professioneller hätte vonstattengehen können. Deutschland hatte literarisch europäisches Format zurückgewonnen, und die Friedensdichtung der Nürnberger kündete davon.

Ihr Nestor, der Patrizier Georg Philipp Harsdörffer (1607–1658), hielt sich zurück. Um so agiler nahmen seine beiden Zöglinge Johann Klaj (1616–1656) und Sigmund von Birken (1626–1681) ihre Chance wahr. Ein Feuerwerk entzündeten sie in Drama und allegorischem Schaustück nicht anders als in Lyrik und Emblematik. Und ihre poetische Feier galt immer beidem, dem Frieden, der endlich Einzug auf deutschem Boden gehalten hatte, und der Poesie als dem gegebenen Vehikel dieses Festes, das sie in atemberaubender Souveränität der hohen Gesellschaft als Gruß zum Erfreuen und zum Sinnen entboten.[15]

In der zweiten Hälfte des Jahrhunderts verschoben sich die Gewichte. Nun fanden die großen literarischen Formen auch in der deutschsprachigen Literatur ihre Heimstatt: das Drama und der Roman, letzterer als ein Erbe des Epos. Folglich lautet die Frage, ob in diesen Spielarten womöglich noch ein Nachklang von dem grandiosen

---

14 Vgl. die entsprechenden Beiträge in: *Klaus Garber*, Nation – Literatur – Politische Mentalität. Beiträge zur Erinnerungskultur in Deutschland. Essays – Reden – Intervention, München 2004. Zum wissenschaftsgeschichtlichen Kontext vgl. *ders.*, Alteuropäisches Erbe. Das Werk Josef Nadlers in der Optik Rudolf Borchardts – mit Seitenblicken auf Konrad Burdach, Hugo von Hofmannsthal und Walter Benjamin, in: Barbara Beßlich/Dieter Martin (Hg.), „Schöpferische Restauration". Traditionsverhalten in der Literatur der Klassischen Moderne, Würzburg 2014, S. 115–143. Vgl. auch *Walter Schmitz* in Verbindung mit *Klaus Garber*, Geschichte der deutschsprachigen Literatur in Mitteleuropa. Ein Konzept, in: Ingeborg Fiala-Fürst u.a. (Hg.), Mitteleuropa. Kontakte und Kontroversen, Dresden 2013, S. 153–167.
15 Vgl. *Klaus Garber*, Sprachspiel und Friedensfeier. Die deutsche Literatur des 17. Jahrhunderts auf ihrem Zenit im festlichen Nürnberg, in: Heinz Duchhardt (Hg.), Der Westfälische Friede. Diplomatie, politische Zäsur, kulturelles Umfeld, Rezeptionsgeschichte, München 1998, S. 679–713. Vgl. hierzu auch Kapitel 32.

Auftakt zu vernehmen ist, wie ihn Italien in Dantes und Petrarcas Werk erlebt hatte und wie er sich in der Friedensmission eines Weltkaisertums erfüllte. Das ist eine schwierige und zu selten gestellte Frage, weil die geschichtlichen Verhältnisse im Gefolge von Reformation und Gegenreformation inzwischen gänzlich andere waren. Und doch lässt sich Bedenkenswertes formulieren. Wir blicken zu dem größten Dramatiker und Romancier in einer Person, zu dem Schlesier und Breslauer Ratsherrn und Gesandten Daniel Casper von Lohenstein (1635–1683).

Lohenstein legte in den Jahren 1689/90 seinen Roman *Großmüthiger Feldherr Arminius oder Herrmann/ Als Ein tapfferer Beschirmer der deutschen Freyheit* in zwei mächtigen Bänden vor. Er führt, wie der Titel besagt, in die deutsche bzw. die germanische Vergangenheit. Doch das ist ein allegorisches Kunstmittel, auf das die Humanisten sich glänzend verstanden. Der implizite Adressat war nämlich nicht der Cheruskerfürst Arminius (17 v. Chr.–21 n. Chr.), sondern der Kaiser des Heiligen Römischen Reiches deutscher Nation Leopold I. (1640–1705) Wie aber war das möglich, da die protestantische Heimat des Dichters doch eben jetzt unter den katholischen Pressionen besonders zu leiden hatte? Nun, über das nur in der Literatur zu gestaltende und wiederzubelebende Bild eines uranfänglichen Zustandes der Deutschen, dem eine Wiederheraufkunft in der Zukunft vorbehalten war und im Kaisertum seinen krönenden Abschluss erfuhr. Die Analogien zu Vergil, aber auch zu Dante sind unverkennbar. Sie konnten aber nur greifen, wenn die konfessionelle Spaltung Deutschlands poetisch überformt wurde und der Kaiser seine beschirmende Funktion gerade auch gegenüber den verschiedenen Glaubensbekenntnissen wahrnahm und ihnen ‚Freyheit' gewährte. Im Kaisertum als einer befriedenden Macht war vorweggenommen und vereint, was in der Wirklichkeit noch getrennt erschien, jedoch dazu gestimmt war, in einem Höheren, in der Glorie des alten Reiches aufzugehen.[16]

So regte sich in der großen Dichtung im Gefolge des antiken Epos von der Statur der Vergilschen *Aeneis* die Hoffnung auf ein Reich, das die konfessionelle Dissoziation hinter sich gelassen und in einer seine Glieder umfassenden, einer ‚katholischen' Religion im alten Sinne des Wortes seine Einheit auf einer zeitgemäßen höheren Ebene wiedergewonnen hatte. Erinnert man sich aber, dass die Größten des 18. Jahrhunderts, dass ein Gotthold Ephraim Lessing (1729–1781), ein Christoph Martin Wieland (1733–1813), ein Johann Gottfried Herder (1744–1803), ja noch ein Goethe, eben diesen Traum geträumt haben? Die religiösen Barrieren sollten endlich aus dem Vaterland verschwinden, und die Grundlagen dafür waren lange gelegt, wie angedeutet. Die Frühe Neuzeit ist auch im Gedanken an den Frieden eine unteilbare. In der Aufklärung wurde auf allen Ebenen ausgeformt, was von langer Hand vorbereitet war. Selbst einen institutionellen Ort besaßen diese freien Geister noch einmal zum Austausch ih-

---

16 Vgl. *Thomas Borgstedt*, Reichsidee und Liebesethik. Eine Rekonstruktion des Lohensteinschen Arminiusromans, Tübingen 1992.

rer Ideen: die Freimaurerlogen, in denen Einheit in der Vielheit gedacht und gelebt wurde.

5. Leitstern Natur

Ein weiteres großes Kapitel hinsichtlich der Friedensliteratur ist aufzuschlagen, in dem der Übergang in das 18. Jahrhundert vollzogen wurde. Denn nun fand ein eminenter Wechsel statt. Die Natur rückte als Leitbegriff in den Friedensdiskurs ein. Immer noch müssen ‚uneigentliche', müssen verdeckte literarische Praktiken kalkuliert werden, die Kennerschaft voraussetzen. Die Stoßrichtung aber ist unverkennbar, sie erfüllt sich in einem auf Humanität gegründeten Bild des Friedens. Und diese Botschaft wurde nun bevorzugt den literarischen ‚Naturwesen' selbst anvertraut, den Schäfern, den Landleuten, später den auf dem Dorfe im Kontakt mit der Natur lebenden Menschen. Dazu mussten sie befähigt bleiben, sich literarisch zu artikulieren wie seit eh und je. Nun aber war das Leben in der Natur zugleich die Gewähr für Formen der Zusammengehörigkeit, in denen sich die Züge einer zukünftigen Gesellschaft malten, und die war in jeder Hinsicht auf Frieden gegründet.[17]

Mit mächtigen Akkorden setzte das neue Jahrhundert ein. In Hamburg legte der Patrizier und nachmalige Senator Barthold Heinrich Brockes (1680–1747) zwischen 1721 und 1748 ein neunbändiges *Irdisches Vergnügen in Gott* vor. Die Wunder Gottes in seiner Schöpfung werden darin in einer unerschöpflichen Fülle von Bildern vergegenwärtigt. Ihnen ist eine implizite Anweisung eingeschrieben. Die Menschen müssen nicht nur mit Sinnen, Verstand und Herzen bereit sein, das unfassliche Geheimnis, das noch im Kleinsten waltet, zu würdigen; nein, sie müssen untereinander es der Natur gleichtun und also zu geordneten, ihnen entgegenkommenden Verhältnissen gelangen, die Bestand haben vor und in einer höheren Ordnung. Die Natur als geschöpfliche rückt zu einer normativen Instanz auf. Es bedarf keineswegs einer expliziten Anrufung der Friedensgöttin. Folgen die Menschen ihrer Bestimmung, so sind Zwist und Unrecht aus ihrem Leben und ihrem gesellschaftlichen Zusammenschluss verbannt.[18]

---

17 Vgl. *Klaus Garber*, Utopia. Zur Naturdichtung der Frühen Neuzeit, in: August Buck/Martin Bircher (Hg.), Respublica Guelpherbytana. Wolfenbütteler Beiträge zur Renaissance- und Barockforschung. Festschrift Paul Raabe, Amsterdam 1987, S. 435–455; *Jakob Christoph Heller*, Masken der Natur. Zur Transformation des Hirtengedichts im 18. Jahrhundert, Paderborn 2018; *ders.*, „Die stillen Schatten fruchtbarer Bäume". Die Idylle als ökologisches Genre?, in: Evi Zemanek (Hg.), Ökologische Genres. Naturästhetik – Umweltethik – Wissenspoetik, Göttingen/Bristol 2018, S. 73–89.
18 *Barthold Heinrich Brockes*, Werke, hg. und kommentiert von Jürgen Rathje. [Bisher:] Bde. 1–4. Göttingen 2012–2016; *ders.*: Irdisches Vergnügen in Gott. Erster [bis] Neunter und letzter Theil. Hamburg 1737–1748. ND 1970 (die erste Auflage des ersten Bandes erschien 1721); *ders.*: Irdisches Vergnügen in Gott. Gedichte. Auswahl und Nachwort von Adalbert Elschenbroich, Stuttgart 1966.

Ganz analoge Entwicklungen sehen wir bei den Dichtern in der Schweiz, die nun das literarische Leben erstmals bestimmten. In wuchtigen Worten schildert der große Naturforscher Albrecht von Haller (1708–1777) in seinem 1732 veröffentlichten Gedicht *Die Alpen* das Leben der Bauern in der Höhe des Gebirges. Abgeschirmt sind sie von den Stätten der Zivilisation und damit auch von Lastern und Verwerfungen in der Gesellschaft. Die Natur gibt ihnen vor, was sie zum Unterhalt benötigen, und sie selbst brauchen sich nur ‚naturgemäß' zu verhalten, dann reguliert sich auch ihr Zusammenleben wie von selbst.

Auch diesem Gedicht ist in alter Tradition des Lob des Landlebens, wie es Horaz (65–8 v. Chr.) begründet hatte, eine kritische Note beigesellt. Alle anderen Lebensformen sind bislang mit Makeln behaftet. Der Landmann ist frei von ihnen. Und damit ist er qualifiziert, zu einem Vorbild für die Menschen aufzurücken. Verstehen sie sich zu jenen Werten, die das Leben auf dem Lande prägen und die Haller unermüdlich beschwört, dann folgen daraus Konsequenzen für die gesellschaftliche und politische Ordnung schlechthin, die fortan auf eine geläuterte, eine gesittete menschliche Natur gegründet sein wird.[19]

Kein Dichter hat diese ‚soziale Philosophie' in verführerischere Bilder gekleidet als der Landsmann Albrecht von Hallers, der Zürcher Salomon Gessner (1730–1788). War es bei Haller der Bauer, der Horazische Landmann, so bei Gessner der Vergilsche Schäfer, der seine Wiederauferstehung aus dem Geiste der ‚Moderne' erfuhr. Modern aber hieß nun seit den 1740er Jahren – unter dem mächtigen Einfluss Englands – Empfindsamkeit.

Gessner greift in seinen 1756 erstmals erschienenen *Idyllen* zu dem ‚Naturwesen' des Hirten, weil sich in ihm alle Vorzüge und Eigentümlichkeiten des empfindsamen Menschen erhalten haben. Das ist selbstverständlich eine Fiktion, aber eben eine solche, die sich auf eine zweitausendjährige Tradition berufen kann. Theokrit (ca. 310– ca. 260 v. Chr.) ruft der Dichter gegen Vergil auf, weil sich in den *Eidyllia* des Griechen naturwahre Züge deutlicher erhalten haben als bei seinem römischen Nachfolger. In Wahrheit war Gessner wie jeder professionelle ‚Schäferdichter' vor ihm unentwegt damit befasst, seinen pastoralen Gestalten die Züge der jungen und eben modernen Bewegung empfindsamen Menschentums einzubilden, und das mit Hilfe Vergils.[20]

---

19 *Albrecht von Haller*, Die Alpen. 1729, in: Albrecht von Hallers Gedichte, hg. und eingeleitet von Ludwig Hirzel, Frauenfeld 1882, S. 20–42. Die Edition enthält eine knapp 600 Seiten umfassende Einleitung des Herausgebers; *ders.*: Die Alpen und andere Gedichte. Auswahl und Nachwort von Adalbert Elschenbroich, Stuttgart 1965.

20 *Salomon Gessner*, Sämtliche Schriften, Bde. 1–3, hg. von Martin Bircher. Zürich 1972–1974. Es handelt sich um eine Faksimile-Edition auf der Basis der vierteiligen Schriften Gessners (Zürich 1762) sowie – im dritten Band – des fünften Teils seiner Schriften (Zürich 1772). Der dritte Band enthält einen reichen Anhang des Herausgebers u.a. mit einem Nachwort, einer „Lebenstafel" sowie einem Kapitel „Salomon Gessner über seine Dichtungen"; *ders.*, Idyllen. Kritische Ausgabe, hg. von E. Theodor Voss, Stuttgart ³1988. Vgl. auch: *Bernhard von Waldkirch* (Hg.), Idyllen in gesperrter Landschaft. Zeichnungen und Gouachen von Salomon Gessner (1730–1788), München/Zürich 2010.

So geriet der Gessnersche Hirte – genauso wie der Landmann seines Zeitgenossen Ewald Christian von Kleist (1719–1759) – zu einem Wesen, das es noch nie gewesen war. Der Hirte war der Statthalter und Wahrer unverbildeten Menschentums in seiner ganzen Fülle und unter Aktivierung aller seiner Vermögen. Und dazu gehörte nun an erster Stelle seine Befähigung zum Fühlen, zur inneren seelischen Kultur. Dieses Vermögen aber ist eine eminent soziale Tugend, sie äußert sich in Empathie, Teilnahme am Schicksal des Nächsten, Tätigwerden für sein Wohlergehen. Unermüdlich hat Gessner Szenen erfunden, in denen diese Anlage sich in Not- und Konfliktsituationen bewährt.

Hier wird ein Menschentum gelebt, das nirgendwo in der Gesellschaft bereits Wirklichkeit war. Noch einmal wird Zukunft imaginiert. Und diese Vision geht einher mit heftigster Kritik an jedweden Missbildungen herrschaftlicher Praxis, sei es bei Hofe, sei es in der Stadt, sei es auf dem Lande. Ein Jakobiner wie Maximilien de Robespierre (1758–1794) wusste, warum er seinen Gessner hoch schätzte. Hier in der scheinbar harmlosen idyllischen Welt war erfüllt und aus Schweizer Freiheitsgeist im dichterischen Bild festgehalten, was in der Revolution erst noch heraufgeführt sein wollte. Eine neue empfindsame Anthropologie hatte politisches Feuer geschürt.

Und nun gehört es erneut zu den großen Aufgaben einer Literaturwissenschaft unter den Auspizien des Friedensgedankens, sich zu rüsten für einen Gang durch die Literatur unter dem Stern der Empfindsamkeit. Denn diese ergriff neben den kleinen Formen zugleich das sog. bürgerliche Trauerspiel nicht anders als den bürgerlichen Roman. Wohin man blickt, begegnet einem ein Rütteln an den verkrusteten sozialen und mentalen Strukturen und ein Entwerfen von Gegenbildern. Dann vollziehen Frauen wie Männer Rochaden in ihrem Leben, die sie über Stand und Sitte hinausführen zu einem selbstbestimmten Leben, das nur ein Gesetz kennt: Befolgung dessen, was die Natur vorschreibt, gegründet auf Emotion, auf unantastbare innere Werte. Die Physiognomie der meisten dieser Texte ist eine kritische, doch dies nur, weil dahinter Züge sich verbergen und zumeist in Situationen der Krise hervortreten, in denen sich ein zukünftiges Antlitz des Menschen und der Gesellschaft erahnen lässt.[21]

Kehren wir von den Hirten zurück zu den Landleuten. Auch ihnen wurde ein Fortleben beschert, das vorauszusehen, in dieser Radikalität jedoch nicht zu erwarten war. Heftige Kritik musste sich ein Gessner eine Generation später gefallen lassen; der

---

[21] Vgl. *Klaus Garber*, Die Naturform der Poesie im Zeitalter des Naturrechts. Der Aufstieg der Gattung „Idylle", in: Klaus Garber/Teruaki Takahashi (Hg.), „Sei mir, Dichter, willkommen". Studien zur deutschen Literatur von Lessing bis Jünger. Festschrift Kenzo Miyashita, Köln u. a. 1995, S. 7–15; *Helmut J. Schneider*, Die sanfte Idylle. Zu einer bürgerlichen Tradition literarischer Glücksbilder, in: ders. (Hg.), Idyllen der Deutschen. Texte und Illustrationen. Frankfurt a. M. 1978, S. 353–434. Zum Kontext vgl. den Sammelband: *Hans-Jürgen Schings* (Hg.), Der ganze Mensch. Anthropologie und Literatur im 18. Jahrhundert. DFG-Symposion 1992, Stuttgart/Weimar 1994. Vgl. auch: *Klaus Garber*, Das Projekt Empfindsamkeit und die Moderne. Die Sentimentalismus-Forschungen im Spiegel der späten Bonner Vorlesungen, in: ders., Zum Bilde Richard Alewyns, München 2005, S. 61–80.

junge Herder und der junge Goethe beteiligten sich an ihr, und viel später noch ereiferte sich ein Georg Wilhelm Friedrich Hegel (1770–1831) in seinen in den 1820er Jahren gehaltenen *Vorlesungen über die Ästhetik* über ihr unwahres Gebaren. Ihrem Stande gemäß sollten sie sich verhalten. Naturwahrheit lautete nochmals die Parole, aber dies hieß nun, den Vorgaben der Realität zu genügen. Am Bauern wurde das literarische Exempel statuiert.

Johann Heinrich Voß (1751–1826) war es vorbehalten, die Idylle umzurüsten und zum Organon der Kritik zu erheben. Was da Eingang in die Literatur fand, war zwar formal immer noch auf hohem ästhetischen Niveau, denn Voß lässt seine Gestalten in Hexametern sprechen, sollte doch die Erinnerung an die antiken Ahnherren gewahrt bleiben. Wie es ihnen aber unter der Leibeigenschaft ergeht, ist geeignet, dem Leser und Hörer die Sprache zu verschlagen. Frei verfügt der adlige Herr über seine Untergebenen, Selbstbestimmung in jeder Hinsicht wird ihnen vorenthalten, ja noch die Wahl des Partners und der Partnerin vorgeschrieben bzw. von der Genehmigung durch den Gutsbesitzer abhängig gemacht.

Diese Wesen sind geschundene und geknechtete, und der Literatur war es vorbehalten, von ihrem Schicksal zu künden und über die hässlichen Bilder aufzurütteln. Voß als Kind einer Familie, die selbst die Leibeigenschaft erfahren hatte, wusste wovon er sprach. Und wenn seine Idyllen in die Geschichte der Friedensdichtung hineingehören so deshalb, weil Friede nun seit den 1770er Jahren in erster Linie an den gesellschaftlichen Verhältnissen hing. Solange diese geprägt waren von unmenschlichen Zwängen, war das Friedensgebot ein irreales. An der Basis musste die Umkehr erfolgt sein, bevor es zur Wirksamkeit gelangen konnte.

Dafür hat Voß selbst nochmals das literarische Beispiel in seinen Idyllen geliefert. Indem er eine aufgeklärte Gutsherrenfamilie zeigt, die unter der Wortführung der Gutsherrin die Initiative ergreift, und die Untergebenen als Menschen behandelt, so dass sie schon im Titel als *Die Erleichterten* (1800) angesprochen werden können. Über eine aufgeklärte Herrschaft erfolgt die Befriedigung. Voß durfte sich schmeicheln, mit seinen Idyllen in seiner holsteinischen Heimat unter dem Adelsgeschlecht der Rantzaus den Prozess der Aufkündigung von Leibeigenschaft mit vorangetrieben zu haben. Literatur hatte ihre doppelte Funktion als kritische wie als antizipierende Instanz erfüllt, nämlich ihren Auftrag zur sozialen Friedensstiftung wahrgenommen.[22]

---

22 *Johann Heinrich Voß*, Idyllen und Gedichte, hg. von Eva D. Becker, Stuttgart 1984; ders., Idyllen. Faksimiledruck nach der Ausgabe von 1801. Mit einem Nachwort von E. Theodor Voss, Heidelberg 1968. Das Nachwort erschien unter dem Titel „Arkadien und Grünau. Johann Heinrich Voß und das innere System seines Idyllenwerkes" auch in: *Klaus Garber* (Hg.), Europäische Bukolik und Georgik, Darmstadt 1976, S. 391–431.

6. Frieden im Feuerschein der Revolution: bürgerliche Idyllik und frühromantische Poesie

Und nun ist es von Interesse, wie aus der Idylle auf ganz andere Weise nochmals ein prospektives Ethos herauswuchs. Ein weiteres Mal erfuhr sie eine Umrüstung, um dem ererbten Anspruch zu genügen, ein menschheitliches literarisches Modell zu stellen – ein Vorsatz, der dann im 19. Jahrhundert ebenso reiche wie unerwartete Früchte zeitigen sollte. Der Schäfer und der Landmann verlassen die Szene und der Bürger betritt die Bühne. Vossens *Luise* (1795) und Goethes *Hermann und Dorothea* (1797) führten die Umpolung herbei, und das in erstaunlichem Gleichklang. Bürger und bürgerliche Familien aus dem Geist der Aufklärung sind es, die gezeigt werden, und so oder so haben sie die bürgerlichen Umbrüche, gipfelnd in zwei Revolutionen in Amerika und Frankreich, verarbeitet. Im sozialen Bereich auf der einen Seite, im öffentlichen und politischen auf der anderen soll Frieden einkehren, und die Protagonisten hier wie dort vermitteln eine Anschauung von dem mentalen Milieu, über welches das Experiment glücken kann.[23]

Der Pfarrer von Grünau lebt mit seinem Familienverband in der *Luise* von Voß vor, wie Aufklärung im Alltag in praxi funktioniert. Die Liebe ist das einheitsstiftende Band, und die Achtung der Menschenwürde eines jeden Wesens im näheren und weiteren Umkreis die selbstverständlich beobachtete Regel. Ein Gradmesser war immer schon vorhanden und ist es weiterhin: der Umgang mit den Dingen des Glaubens. Es ist ein auf Ehrfurcht gegründeter, von dem alle dogmatischen Fesseln abgefallen sind. Man darf in Zufriedenheit und freudiger Gewissheit dem Dasein sich genussvoll verschreiben, weil alle Vorkehrungen getroffen sind, damit Eintracht und Harmonie sich einstellen. Das klingt trivial und war in späterer Zeit dem Missverständnis nur allzu oft ausgesetzt. In der Endphase der Aufklärung indes behauptete sich das Wissen um das Paradigmatische und Modellförmige. In Grünau wird vorgelebt, wie allseits befriedet gelebt werden könnte, und in dieses Bild des Vorscheins ist der daraus resultierende Anspruch gegenüber den Regenten an den Schalthebeln der Macht eingeschlossen.[24]

Goethes *Hermann und Dorothea* ist nach der französischen Revolution verfasst. Ja, man darf das Werk als eines der Auseinandersetzung mit ihr und ihren Folgen lesen, denn als ein solches ist es konzipiert. Die Antwort ist eine eindeutige. Das revolutionäre Handeln hatte nicht zu einer Befriedung der Menschen beigetragen, im Gegenteil.

---

23 Vgl. *Helmut Jürgen Eduard Schneider*, Bürgerliche Idylle. Studien zu einer literarischen Gattung des 18. Jahrhunderts am Beispiel von Johann Heinrich Voss, Diss. phil. Bonn 1975; *Klaus Garber*, Idylle und Revolution. Zum Abschluß einer zweitausendjährigen Gattungstradition, in: Ortrud Gutjahr u. a. (Hg.), Gesellige Vernunft. Zur Kultur der literarischen Aufklärung. Festschrift Wolfram Mauser, Würzburg 1993, S. 57–82.
24 *Johann Heinrich Voß*, Luise, in: August Sauer (Hg.), Der Göttinger Dichterbund. Erster Teil: Johann Heinrich Voß, Berlin/Stuttgart [1886], S. 1–68.

Der Zeitpunkt der Handlung ist geschickt gewählt. Die Revolutionskriege (1792–1815) sind ausgebrochen; Goethe hatte sie selbst in Mainz zeitweilig miterlebt. Vor den anbrandenden Heeren ist die Protagonistin Dorothea geflohen. Wo immer sie vermochte, hat sie den Bedrängten zu ihrer Rechten und ihrer Linken helfend zur Seite gestanden, sich keinen Moment schonend. So begegnet ihr der Titelheld Hermann, aus wohlgeordneten bürgerlichen Verhältnissen stammend und der ganze Stolz seiner Eltern. Die gutsituierte Partie wünschen sie ihm und nehmen tätigen Einfluss. Hermann aber steht zu der verfolgten Emigrantin und setzt sich über einen jeden Einwand und ein jedes Vorurteil hinweg. Als aufgeklärter Bürger bewährt er ein aufgeklärtes, ja ein revolutionäres Ethos in der Praxis. Hier und heute ist tätiges Menschsein gefordert, und das Brautpaar steht dafür ein.[25]

Erinnert man sich aber, dass noch der späte Goethe in den *Wanderjahren* (1821/29) das ihn zeitlebens beschäftigende Problem des Glaubens wieder aufnahm und in eben diesem ‚idyllischen' Geist löste, sodass das Bleibende im Figürlichen ein für alle Mal kenntlich wurde? Den Gang der Religionen durch die Geschichte zeichnet der greise Dichter nach. Keiner gilt a priori der Vorrang. Das Siegel der Wahrheit ruht auf dem gelebten Glauben, und wenn dann die Gestalt Christi als eine immer noch lebendige aufgerufen wird, dann ist zweierlei deutlich: Mit den Besten aus der Zeit seiner Jugend und der ersten Weimarer Jahre setzte auch der späte Goethe immer noch auf den lebendigen Quell, der einer jeden Glaubensgestalt eignen muss. Denkend und dichtend aber bewahrte er zugleich, was einst von den aufgeweckten humanistischen Geistern erahnt und formuliert worden war, als die Glaubensspaltung eingesetzt hatte. Der Bogen, so viel bestätigt sich immer wieder, erstreckt sich von den Jahren um 1600 bis in die letzen Äußerungen aufgeklärten Wirkens, die sich nicht mehr nach Jahren, sondern nach bewahrtem Ethos bemessen.[26]

In der Literatur hat die französische Revolution ihre tiefste Spur in jenen Werken hinterlassen, denen es aufgetragen wurde, eine ästhetische Überbietung der politischen Verhältnisse zu inaugurieren. Das ist der Ansatz eines Novalis (1772–1801) und eines Friedrich Schlegel (1772–1829) unmittelbar im Gefolge der Revolution. Und nun entstanden Friedensbilder, die den Anschein des Phantastischen mit sich führen, in ihrer unergründlichen Weisheit und Schönheit jedoch eine Leuchtkraft besitzen, die

---

25 *Johann Wolfgang Goethe*, Hermann und Dorothea, in: ders., Sämtliche Werke, Briefe, Tagebücher und Gespräche. Abt. 1, Bd. 8, hg. von Waltraud Wiethölter in Zusammenarbeit mit Christoph Brecht, Frankfurt a. M. 1994, S. 807–883.
26 *Johann Wolfgang Goethe*, Wilhelm Meisters Wanderjahre, in: ders., Sämtliche Werke, Briefe, Tagebücher und Gespräche. Abt. 1, Bd. 10, hg. von Gerhard Neumann und Hans-Georg Drewitz, Frankfurt a. M. 1989. Vgl. in diesem Zusammenhang vor allem die Passagen beim Eintritt in die „Pädagogische Provinz" im ersten und zweiten Kapitel des zweiten Buchs sowie die der Gestalt der Makarie gewidmeten Partien. Heranzuziehen ist zudem Goethes *West-Östlicher Divan* und insbesondere der Anhang zu den Gedichten, „Besserem Verständniss" dienend. Vgl. auch hier: *Johann Wolfgang von Goethe*, West-Östlicher Divan. Teil 1–2 [Teil 2: Kommentar], in: ders., Sämtliche Werke, Briefe, Tagebücher und Gespräche. Abt. 1, Bd. 3, hg. von Hendrik Birus, Frankfurt a. M. 1994.

nicht verlöschen kann, weil sie mythisch-paradiesisches Erbgut ein letztes Mal reformulieren.[27]

Das gesamte Werk von Novalis ist vom Motiv des Friedens durchzogen: als Idee des ewigen Friedens im Bereich der Politik unter dem Titel der *Monarchie* und als Idee des ewigen Friedens im Bereich des Wissens unter dem Titel der *Enzyklopädie* jeweils in den *Athenäums*-Fragmenten von 1798; als goldenes Zeitalter der Einheit des Menschen mit der Natur in den 1802 posthum herausgegebenen *Lehrlingen zu Sais*, als tausendjähriges Reich und Neues Jerusalem unter Wiederaufnahme der chiliastischen Traditionen Europas in der *Christenheit oder Europa* (1826), als Weltmission der Poesie und ihrer Überführung ins Märchen unter der leitenden Vorstellungsform des goldenen Zeitalters im *Heinrich von Ofterdingen* (1802).[28]

Verharren wir nur einen Moment bei den naturphilosophischen Fragmenten der *Lehrlinge zu Sais*, in denen die gesamte naturphilosophisch-mystisch-spiritualistische Überlieferung Alteuropas noch einmal unter der Friedensidee zusammengeführt wird. Neu jedoch und im Umkreis des europäischen Humanismus so nicht denkbar ist die Vorstellung, dass Poesie das ausgezeichnete Organon von Naturphilosophie sei. Am „hellsten ist in Gedichten der Naturgeist erschienen. [...] Naturforscher und Dichter haben durch Eine Sprache sich immer wie Ein Volk gezeigt". Natur, schon einmal inmitten der konfessionellen Dissoziierung die zweite Quelle der Offenbarung neben der Schrift bei den Pansophen aller Couleur, speist nun den Erfahrungsgehalt der revolutionierten Poesie, die selbst einer revolutionierten Menschheit entspringt.

Voraussetzung dafür ist jene uralte pansophische Idee, dass die Natur selbst Geschichte hat, selbst Geist ist, andernfalls sie nicht „jenes einzige Gegenbild der Menschheit" darstellen könne. Die Dichter sind die berufenen Dolmetscher ihrer Sprache.

> Alles finden sie in der Natur. Ihnen allein bleibt die Seele derselben nicht fremd, und sie suchen in ihrem Umgang alle Seligkeiten der goldnen Zeit nicht umsonst. [...] Ist es denn nicht wahr, dass Steine und Wälder der Musik gehorchen und, von ihr gezähmt, sich jedem Willen wie Hausthiere fügen?[29]

---

27 Vgl.: *Gisela Dischner/Richard Faber* (Hg.). Romantische Utopie – Utopische Romantik, Hildesheim 1979; *Hans-Joachim Mähl*, Philosophischer Chiliasmus. Zur Utopiereflexion bei den Frühromantikern, in: Silvio Vietta (Hg.), Die literarische Frühromantik, Göttingen 1983, S. 149–179.
28 Vgl. *Hans-Joachim Mähl*, Die Idee des goldenen Zeitalters im Werk des Novalis. Studien zur Wesensbestimmung der frühromantischen Utopie und zu ihren ideengeschichtlichen Voraussetzungen, Heidelberg 1965.
29 *Novalis*, Die Lehrlinge zu Saïs, in: ders., Schriften. Die Werke Friedrich von Hardenbergs, Bd. 1: Das dichterische Werk, hg. von Paul Kluckhohn und Richard Samuel unter Mitarbeit von Heinz Ritter und Gerhard Schulz. Revidiert von Richard Samuel, Stuttgart ³1977, S. 69–112.

Der Friede ist ein Mensch und Natur umgreifender. So hatte es in Mythos und Bibel geheißen, und so lautete am Ende der Frühen Neuzeit die Botschaft der Frühromantik. Besteht nicht eben heute besondere Veranlassung, sich ihrer zu erinnern?

Auswahlbibliographie / Select Bibliography

Binder, Gerhard/Effe, Bernd (Hg.), Krieg und Frieden im Altertum. Trier 1989.
Bußmann, Klaus/Schilling, Heinz (Hg.), 1648. Krieg und Frieden in Europa. Bde. 1–3. Münster 1998, bes. Bd. 2, S. 311–457: Krieg und Frieden in der Literatur und der Musik.
Czarnecka, Mirosława u. a. (Hg), Memoria Silesiae. Leben und Tod, Kriegserlebnis und Friedenssehnsucht in der literarischen Kultur des Barock. Zum Gedenken an Marian Szyrocki (1928–1992), Wrocław 2003, S. 53–174: Krieg und Frieden [enthält zwölf Beiträge].
Diesner, Hans-Joachim, Stimmen zu Krieg und Frieden im Renaissance-Humanismus, Göttingen 1990.
Doms, Misia Sophia u. a. (Hg.), „Nichts als Krieg und Streit"? Krieg und Frieden im Lied, Würzburg [2017].
Foitzik, Waltraud, Tuba Pacis. Matthias Bernegger und der Friedensgedanke des 17. Jahrhunderts, Diss. phil. Münster 1955.
Garber, Klaus u. a. (Hg.), Erfahrung und Deutung von Krieg und Frieden. Religion – Geschlechter – Natur und Kultur, München 2001.
Garber, Klaus, Literatur und Kultur im Europa der Frühen Neuzeit. Gesammelte Studien, München 2009, bes. Kap. 2: Wunschbild Arkadien. Die Metamorphosen einer europäischen Utopie, S. 215–330, und Kap. 4: Pax Terrena – Pax Coelestis, S. 505–657.
Garber, Klaus, Literatur und Kultur im Deutschland der Frühen Neuzeit. Gesammelte Studien, München 2017, bes. Kap. 3: Wunschbild Arkadien. Eine europäische Utopie in deutscher Version, S. 321–535.
Laufhütte, Hartmut (Hg.), Heterodoxie in der Frühen Neuzeit, Tübingen 2006.
Müller, Berta, Der Friede von Osnabrück und Münster im Lichte der dramatischen Literatur des 17. Jahrhunderts, Diss. phil. Frankfurt a. M. 1922.
Stockhorst, Stefanie, Krieg und Frieden im 18. Jahrhundert. Kulturgeschichtliche Studien, Hannover 2015.
Vollhardt, Friedrich (Hg.), Toleranzdiskurse in der Frühen Neuzeit, Berlin/Boston 2015.
Voßkamp, Wilhelm (Hg.), Utopieforschung. Interdisziplinäre Studien zur neuzeitlichen Utopie, 3 Bde., Stuttgart 1982.
Weithase, Irmgard, Die Darstellung von Krieg und Frieden in der deutschen Barockdichtung, Weimar 1953.
Worstbrock, Franz Josef (Hg.), Krieg und Frieden im Horizont des Renaissance-Humanismus, Weinheim 1986.

Sektion V: **Frühneuzeitliche Friedensschlüsse**
Early Modern Peace Treaties

Alexandra Schäfer-Griebel
38. Der Kuttenberger Religionsfrieden 1485

Abstract: The Religious Peace of Kutná Hora 1485
In 1485 the Bohemian estates concluded the first inter-Christian religious peace in Kutná Hora. This established a new political-juridical model for managing religious diversity. The peace resolved a dispute which originated with the emergence around 1400 of a reform movement which demanded the *communio sub utraque* (bread and wine). Initially, the dispute between Utraquists and traditionalists led to military conflict. The council of Basel sought to mediate an agreement, but another Hussite war followed. After peace was restored, the Bohemian king sought to marginalise and suppress the Utraquists but confederations of the Utraquist estates and a revolt in Prague forced new negotiations. The peace of Kutná Hora allowed each party to follow its own practices. Each subject had the right to choose the parish in which they received communion. From a religious point of view, the scope of the peace was limited, but the treaty provided a model which was widely adopted after the Reformation.

1. Die religiöse Spaltung in Böhmen und der Versuch einer militärischen Lösung

In Böhmen bildete sich Ende des 14. Jahrhunderts eine kirchen- und gesellschaftskritische Reformbewegung heraus, der bedeutende Teile der böhmischen Gesellschaft angehörten, darunter Mitglieder des Klerus, des Adels, der Prager Universität und sogar des Kronrats. Diese kritisierten in Anlehnung an den englischen Reformer John Wyclif (1330–1384) die sittlich-moralischen Verhältnisse in der Kirche und deren um-

---

Anmerkung: Die Recherchen zum Kuttenberger Religionsfrieden wurden im Rahmen des DFG-Projekts „Religiöse Friedenswahrung und Friedensstiftung in Europa 1500–1800. Digitale Quellenedition frühneuzeitlicher Religionsfrieden" am Leibniz-Institut für Europäische Geschichte betrieben; vgl. *Alexandra Schäfer-Griebel*, Kuttenberger Religionsfrieden (1485), in: Irene Dingel (Hg.), Religiöse Friedenswahrung und Friedensstiftung in Europa (1500–1800). Digitale Quellenedition frühneuzeitlicher Religionsfrieden, Darmstadt 2013, URL: http://tueditions.ulb.tu-darmstadt.de/e000001/einleitungen/target/kuttenberger_religionsfriede_einleitung.html; http://tueditions.ulb.tu-darmstadt.de/e000001/quellentexte/target/kuttenberger_religionsfriede.html (abgerufen am: 12.02.2019); deutsche Übersetzung, URL: http://tueditions.ulb.tu-darmstadt.de/e000001/quellentexte/target/kuttenberger_religionsfriede_dt.html (abgerufen am: 12.02.2019). Ich danke unserem Projektteam für Hinweise und Anregungen und ganz besonders Tomáš Havelka und Jana Kocková, die den Kuttenberger Religionsfrieden in einer deutschen Übersetzung zugänglich gemacht haben.

fangreichen Grundbesitz in Böhmen.¹ Da gegenüber der Reformbewegung der Vorwurf erhoben wurde, sie sei häretisch, beriet das Konstanzer Konzil (1414–1418) über sie. Das Konzil lud den Prager Prediger Jan Hus (1370/1371–1415), der ein zentraler Vordenker der böhmischen Reformbewegung war, nach Konstanz vor, wo er als Ketzer verurteilt und am 6. Juli 1415 verbrannt wurde.² Die Lehren von Jan Hus wurden ebenso wie diejenigen John Wyclifs durch das Konzil verboten.³

In Böhmen galt Jan Hus als Märtyrer,⁴ und nach dem Konstanzer Konzil fand die hussitische Bewegung, die das Abendmahlssakrament *sub utraque* – d. h. unter beiderlei Gestalt, also mit Brot *und Wein* – feierte, weitere Verbreitung.⁵ Utraquistische Priester übernahmen zahlreiche, teils verlassene Gemeinden, insbesondere in Prag, während radikalere Gruppierungen auch Kirchenbesitz plünderten und gewaltsam gegen Orden und Priester vorgingen.⁶ Die römische Kirche schritt unter Papst Martin V. (1368–1431) gegen die hussitische Bewegung mit Bann und Interdikt ein. Ab 1418 ergriff auch der böhmische König Wenzel IV. (1361–1419), der der hussitischen Bewegung zunächst eher duldsam gegenübergestanden hatte, schärfere Maßnahmen gegen die Abendmahlspraxis *sub utraque* und die Priester, die dieser anhingen.⁷ Am 30. Juli 1419 brach im utraquistisch geprägten Prag ein Aufstand los, der durch den Fenstersturz einiger Ratsherren eingeleitet wurde, die der *communio sub una*, d. h. der Abendmahlsfeier allein mit Brot bzw. der geweihten Hostie, anhingen. Hiermit begannen die sog. Hussitenkriege (1419–1436). Wenige Wochen später verstarb König Wenzel IV. (†16. August 1419). Seinem Nachfolger, Sigismund von Habsburg (1368–1437), der die Anhänger der Abendmahlspraxis *sub una* anführte, standen

---

1 Vgl. A*medeo Molnár*, Der Hussitismus als christliche Reformbewegung, in: Ferdinand Seibt (Hg.), Bohemia Sacra, Düsseldorf 1974, S. 92–95; *František Šmahel*, Die »große« Geschichte kleiner Völker. Die hussitische Revolution in drei Akten, in: Joachim Bahlcke (Hg.), Konfessionelle Pluralität als Herausforderung. Koexistenz und Konflikt in Spätmittelalter und Früher Neuzeit, Leipzig 2006, S. 184f.; *Jörg K. Hoensch*, Geschichte Böhmens. Von der slavischen Landnahme bis zur Gegenwart, München ³1997, S. 140f.
2 Vgl. *Jiří Just*, Jan Hus, in: Joachim Bahlcke u. a. (Hg.), Religiöse Erinnerungsorte in Ostmitteleuropa. Konstitution und Konkurrenz im nationen- und epochenübergreifenden Zugriff, Berlin 2013, S. 637–648, S. 639f.; *Hoensch*, Geschichte, S. 142f.; ausführlich: *Thomas A. Fudge*, The trial of Jan Hus. Medieval heresy and criminal procedure, New York 2013.
3 Vgl. *Just*, Jan Hus, S. 640; *Fudge*, Trial, S. 281.
4 Vgl. *Just*, Jan Hus, S. 641; *Fudge*, Trial, S. 333; *Franz Krzenck*, Hussiten, Kap. 4, in: Online-Lexikon zur Kultur und Geschichte der Deutschen im östlichen Europa, 22.08.2013, URL: https://ome-lexikon.uni-oldenburg.de/begriffe/hussiten/ (abgerufen am: 19.02.2019).
5 Vgl. *Šmahel*, Geschichte, S. 187; *Hoensch*, Geschichte, S. 143; *Marcus Wüst*, Utraquisten, Kap. 4, in: Online-Lexikon zur Kultur und Geschichte der Deutschen im östlichen Europa, 30.10.2014, URL: https://ome-lexikon.uni-oldenburg.de/begriffe/utraquisten/ (abgerufen am: 19.02.2019).
6 Vgl. ebd.
7 Vgl. *Franz Machilek*, Art. „Hus/Hussiten", in: TRE 15 (1986), S. 710–735, S. 721–723; *Hoensch*, Geschichte, S. 144.

verschiedene Strömungen der hussitischen Bewegung gegenüber.[8] Die hussitische Bewegung war äußerst vielgestaltig, doch einte sie die Abneigung gegen Sigismund wegen dessen Rolle beim Konstanzer Konzil: Man warf ihm vor, sein Geleitversprechen gegenüber Jan Hus gebrochen zu haben, weshalb er an dessen Tod mitschuldig sei. Zudem lehnte Sigismund entschieden den Laienkelch ab.[9]

Der auch den Laien bei der Abendmahlsfeier gereichte Kelch (lat. *calix*) bzw. die Kommunion unter beiderlei Gestalt (lat. *communio sub utraque*), mit Brot und Wein, war aber eine zentrale Forderung der verschiedenen hussitischen Strömungen, die daher auch als Utraquisten oder Kalixtiner firmierten.[10] Als diese verschiedenen Gruppierungen sich im Juli 1420 mit den vier Prager Artikeln auf ein gemeinsames Programm einigten, bildete die Forderung nach dem Laienkelch einen der Punkte. Zudem verlangten sie Freiheit der Predigt, auch durch Laien, die Besitzlosigkeit des Klerus und dessen Verzicht auf weltliche Herrschaftsrechte sowie die Ahndung von öffentlichen Todsünden.[11] Die Prager Artikel blieben ein programmatischer Minimalkonsens; auch in der Folge war die hussitische Bewegung äußerst heterogen und es zählten neben gemäßigten Strömungen auch radikalere Gruppierungen wie die Taboriten, Orebiten oder Waisen dazu, die weitreichende Reformen verlangten.[12]

2. Der Konzilsentscheid und der erneute Krieg

Weder die hussitische Bewegung noch die Anhänger der Abendmahlspraxis *sub una* konnten sich letztlich durchsetzen, sodass man sich auf Verhandlungen einigte, bei denen das Basler Konzil (1431–1449) vermitteln sollte. Konzilsvertreter trafen sich mit einer böhmisch-mährischen Delegation, die sich vor allem aus Vertretern der Stadt Prag, der Taboriten und des Adels zusammensetzte, und handelte die Basler Kompak-

---

8 Vgl. *Šmahel*, Geschichte, S. 187; *Just*, Jan Hus, S. 640; *Joachim Bahlcke*, Geschichte Tschechiens. Vom Mittelalter bis zur Gegenwart, München 2014, S. 36f.
9 Vgl. *Machilek*, Art. „Hus/Hussiten", S. 723; *Bahlcke*, Geschichte Tschechiens, S. 36.
10 Vgl. *Wüst*, Utraquisten, Kap. 1; *Bahlcke*, Geschichte Tschechiens, S. 36. In der Kirche war der Laienkelch ab dem 13. Jahrhundert unüblich geworden. Erst in Auseinandersetzung mit den böhmischen Reformern wurde der Laienkelch auf dem Konstanzer Konzil 1415 verboten. 1564 entschied Papst Pius IV. (1499–1565), den Laienkelch in Böhmen zuzulassen, was 1621 widerrufen wurde (vgl. *Wüst*, Utraquisten, Kap. 4).
11 Vgl. *J.K. Zeman*, The Rise of Religious Liberty in the Czech Reformation, in: CEH 6 (1973), S. 128–147, S. 132f.; *Jaroslav Pánek*, The question of tolerance in Bohemia and Moravia in the age of the Reformation, in: Ole Peter Grell/Bob Scribner (Hg.), Tolerance and intolerance in the European Reformation, Cambridge 2002, S. 231–248, S. 232.
12 Vgl. *Krzenck*, Hussiten, Kap. 2, 4; *Wüst*, Utraquisten, Kap. 2, 4. Zu den verschiedenen Strömungen vgl. *Frederick G. Heymann*, The Hussite-Utraquist Church in the Fifteenth and Sixteenth Century, in: ARG 52 (1961), S. 1–16, S. 2–4.

taten (26. November 1433) aus.[13] Von dem Programm, das in den Prager Artikeln niedergelegt war, konnte die böhmisch-mährische Delegation kaum etwas durchsetzen, aber die Kompaktaten stellten den Laienkelch frei.[14] Darin sah man die kirchlich-theologische Berechtigung für eine abweichende Abendmahlspraxis in Böhmen.[15]

Allerdings konnten die Basler Kompaktaten erst dann durch die Iglauer Kompaktaten (5. Juli 1436) bestätigt werden, als sich die moderate Strömung innerhalb der hussitischen Bewegung durchgesetzt hatte. In der Folge wurde die Bezeichnung ‚Utraquisten' nur noch für diese moderate Strömung verwendet, die sich gegenüber den radikaleren Gruppierungen abgegrenzt und über diese gesiegt hatte.[16] Die Iglauer Kompaktaten wurden durch einen Majestätsbrief Kaiser Sigismunds (20. Juli 1436) ergänzt, der nun auch seine Anerkennung als König von Böhmen erlangte.[17] Der Utraquist Jan Rokycana (1390–1471) wurde vom Landtag mit Zustimmung des böhmischen Königs Sigismund zum Prager Erzbischof gewählt, erhielt aber nicht die Bestätigung der Kurie.[18] Diese erkannte nämlich die vom Konzil ohne die Beteiligung Papst Eugens IV. (1383–1447) ausgehandelten Kompaktaten nicht an;[19] Papst Pius II. (1405–1464) erklärte sie 1462 sogar für ungültig.[20] Die Utraquisten werteten dagegen die Kompaktaten als offizielle Anerkennung durch die römische Kirche.[21]

Die Kompaktaten ermöglichten in Böhmen zwar eine unterschiedliche Abendmahlspraxis, nämlich *sub una* und *sub utraque*, andere reformerische Tendenzen wurden jedoch nicht geregelt. So wurden die 1457 aus der hussitischen Bewegung hervorgehenden Böhmischen bzw. Mährischen Brüder, die viele Reformansätze der radikalen Taboriten teilten, von Beginn an verfolgt.[22]

---

13 Vgl. *Hoensch*, Geschichte Böhmens, S. 148. Text der Basler Kompaktaten in *František Palacký* (Hg.), Archiv český, Bd. 3, Prag 1844, S. 398–412, Nr. 4. Eine deutsche Übersetzung der Basler Kompaktaten bietet *Joseph Gill*, Konstanz und Basel-Florenz, Mainz 1967, S. 400–404, Nr. 16.
14 Vgl. *Winfried Eberhard*, Konfessionsbildung und Stände in Böhmen 1478–1530, München 1981, S. 41f.; *Hoensch*, Geschichte Böhmens, S. 148.
15 Vgl. *Eberhard*, Konfessionsbildung, S. 43.
16 Vgl. ebd., S. 43. Zur Bezeichnung vgl. *Wüst*, Utraquisten, Kap. 1. Die gemäßigte Strömung behauptete sich mit einem Heer aus Adel und Städten in der Schlacht bei Lipany 1434 gegenüber der radikaleren Strömung (vgl. *Hoensch*, Geschichte Böhmens, S. 148; *Krzenck*, Hussiten, Kap. 4).
17 Vgl. *Hoensch*, Geschichte Böhmens, S. 149; *Wüst*, Utraquisten, Kap. 4; *Krzenck*, Hussiten, Kap. 4; Text der Iglauer Kompaktaten in Palacký (Hg.), Archiv český, Bd. 3, S. 442–444, Nr. 18. Text des Majestätsbriefs von Kaiser Sigismund in ebd., S. 427–431, Nr. 12.
18 Vgl. *Eberhard*, Konfessionsbildung, S. 44f.; *Hoensch*, Geschichte Böhmens, S. 149; *Wüst*, Utraquisten, Kap. 4.
19 Vgl. *Bahlcke*, Geschichte Tschechiens, S. 39.
20 Vgl. *Šmahel*, Geschichte, S. 188; *Gotthold Rhode*, Böhmen von Georg Podiebrad bis zur Wahl und „Annahme" Ferdinands als König (1458–1526), in: Josef Engels (Hg.), Die Entstehung des neuzeitlichen Europa, Stuttgart 1971, S. 1118–1134, S. 1123; *Jiří Just*, Der Kuttenberger Religionsfrieden von 1485, in: Bahlcke u. a. (Hg.), Erinnerungsorte, S. 838–850, S. 839.
21 Vgl. *Eberhard*, Konfessionsbildung, S. 43.
22 Vgl. *Molnár*, Hussitismus, S. 104; *Hoensch*, Geschichte Böhmens, S. 165.

Nach einigen Jahren brach der Krieg zwischen Anhängern der Abendmahlspraxis *sub una* und den Utraquisten erneut aus. In der zweiten Phase der Hussitenkriege (1466–1478) spielte neben dem Konflikt um die Abendmahlspraxis auch das Ringen verschiedener Dynastien um die Böhmische Krone und der Stände um ihren politischen Einfluss eine zentrale Rolle: In Böhmen regierte seit 1458 der Utraquist Georg von Podiebrad (1420–1471) mit Unterstützung der Mehrheit der Ritter und Städte, die wie er der Abendmahlspraxis *sub utraque* anhingen. Georg von Podiebrad wurde von den Päpsten Pius II. und Paul II. (1417–1471) mit dem Kirchenbann belegt und sah sich mit einer Opposition des böhmischen Hochadels, der Barone bzw. Herren, konfrontiert, die mehrheitlich der *communio sub una* anhingen.[23] Am 3. Mai 1469 wählte diese Opposition der Barone und Herren, die sich aus Anhängern der Abendmahlspraxis *sub una* zusammensetzte, den ungarischen König Matthias Corvinus (1443–1490) zum König von Böhmen. Um die Isolierung der Böhmischen Krone aufzuheben und sich gegen die expandierende ungarische Krone zu behaupten, wählten die utraquistisch gesinnten Ritter und Städte in Reaktion darauf einen eigenen Kandidaten zum König von Böhmen. Vladislav Jagellonský (1456–1516), Sohn des polnischen Königs, wurde am 27. Mai 1471 als Vladislav II. zum Nachfolger des verstorbenen Georg von Podiebrad gewählt, sodass nun zwei Kronprätendenten miteinander konkurrierten. Obwohl Vladislav Jagellonský der Abendmahlspraxis *sub una* anhing, verweigerten die Päpste Paul II. und Sixtus IV. (1414–1484) und die böhmischen Herren ihm zunächst ihre Anerkennung.[24] Erst der Frieden von Buda (7. Dezember 1478) und seine Bestätigung auf dem Fürstentag in Olmütz (21. Juli 1479) beendeten den Konflikt um die böhmische Thronfolge.[25] Während Vladislav II. das Königreich Böhmen erhielt, wurden dem ungarischen König Matthias die anderen Länder, die zum Länderverband der Böhmischen Krone gehörten, zugesprochen,[26] insbesondere die Markgrafschaft Mähren, die schlesischen Fürstentümer, die Markgrafschaften Ober- und Niederlausitz.[27]

---

23 Vgl. *Winfried Eberhard*, Zu den politischen und ideologischen Bedingungen öffentlicher Toleranz. Der Kuttenberger Religionsfrieden 1485, in: Studia Germano–Polonica 1 (1992), S. 101–118, S. 108f.; *Bahlcke*, Geschichte Tschechiens, S. 39.
24 Vgl. *Eberhard*, Bedingungen, S. 109, S. 112; *Karl Richter*, Die böhmischen Länder von 1471–1740, in: Karl Bosl (Hg.), Handbuch der Geschichte der Böhmischen Länder, Bd. 2, Stuttgart 1974, S. 97–412, S. 103f.; *Bahlcke*, Geschichte Tschechiens, S. 39.
25 Vgl. *Hoensch*, Geschichte Böhmens, S. 164.
26 Vgl. *František Šmahel*, Pax externa et interna. Vom Heiligen Krieg zur erzwungenen Toleranz im hussitischen Böhmen (1419–1485), in: Alexander Patschovsky/Harald Zimmermann (Hg.), Toleranz im Mittelalter, Sigmaringen 1998, S. 221–273, S. 270; *Just*, Kuttenberger Religionsfrieden, S. 842. Der Friedensvertrag sah vor, dass beim Tod von König Matthias König Vladislav II. die Ablösesumme von 400.000 Dukaten zahlen sollte, um die Kronländer zu vereinen, während beim Tod von Vladislav alle Länder der Böhmischen Krone Matthias zufallen sollten (vgl. *Hoensch*, Geschichte Böhmens, S. 164; *Rhode*, Böhmen, S. 1125).
27 Ausführlich bei *Richter*, Länder, S. 104.

3. Das Ringen um eine politische Lösung

Nach dem Frieden von Buda und Olmütz bemühte sich Vladislav II. um einen Ausgleich mit Papst Sixtus IV., um von diesem als böhmischer König bestätigt zu werden. Jedoch erfolgte die Bestätigung erst 1487 durch Papst Innozenz VIII. (1432–1492).[28] Zudem zeichnete sich ab, dass Vladislav II. sich künftig politisch auf die Herren, die der Abendmahlspraxis *sub una* anhingen, zu stützen gedachte, die wieder in das politische Gemeinwesen eingegliedert werden sollten.[29] Mit dem Machtzuwachs der Herren ging eine Marginalisierung der Ritter im politischen, wirtschaftlichen und religiösen Leben und die Zurückdrängung der Städte einher; der Klerus war als Ergebnis der Hussitenkriege von weltlichen Herrschaftsrechten ausgeschlossen und war nicht mehr als Stand auf politischen Versammlungen wie den Landtagen vertreten.[30]

Um ihre Interessen zu sichern, versammelten sich utraquistisch gesinnte Ständevertreter auf einer Synode im Prager Collegium Carolinum und einigten sich am 10. August 1478 darauf, das Prager Erzbistum wieder zu besetzen, eine Kirchenverfassung zu entwerfen und in ständeübergreifenden Bündnissen zusammenzutreten.[31] Diese sich immer wieder neu formierenden Bündnisse waren ein wirksames Druckmittel, das zum einen gegenüber König Vladislav II. verwandt wurde, um Störungen der Abendmahlspraxis *sub utraque* und Verhaftungen der Utraquisten zu begegnen. Zum anderen wurde es gegenüber den Herren eingesetzt, um die ständischen Freiheiten von Rittern und Städten zu wahren.[32]

Den politischen Integrationsplänen König Vladislav II. entsprechend, wurden die Herren auf dem Sankt-Wenzels-Landtag in Prag wieder als Ständemitglieder und königliche Untertanen angenommen (24. September 1479). Der Landtag bestätigte außerdem die Basler Kompaktaten und forderte, dass Angehörige der einen Religion in keinerlei Weise diejenigen der jeweils anderen Religion schmähen oder sie gewaltsam behelligen dürften.[33] Das Prager Domkapitel, das der *communio sub una* anhing, soll-

---

28 Vgl. *Rhode*, Böhmen, S. 1126; *Hoensch*, Geschichte Böhmens, S. 166.
29 Vgl. *Eberhard*, Konfessionsbildung, S. 47; *Heymann*, Hussite-Utraquist Church, S. 8.
30 Vgl. *Rhode*, Böhmen, S. 1120. Zur Situation des Klerus vgl. auch *Bahlcke*, Geschichte Tschechiens, S. 38.
31 Vgl. *Eberhard*, Konfessionsbildung, S. 49f.; *Just*, Kuttenberger Religionsfrieden, S. 839. Zur Ausgestaltung der Kirchenverfassung vgl. *Eberhard*, Konfessionsbildung, S. 50; *Richter*, Länder, S. 105; *Wüst*, Utraquisten, Kap. 4. Zur Annahme eines neuen Bischofs vgl. *František Palacký*, Geschichte von Böhmen. Größtentheils nach Urkunden und Handschriften, Bd. 5,1, o.O. 1968, S. 244; *Eberhard*, Konfessionsbildung, S. 52.
32 Vgl. *Eberhard*, Konfessionsbildung, S. 52, S. 59; *Palacký*, Geschichte, Bd. 5,1, S. 242f.
33 Vgl. *Eberhard*, Konfessionsbildung, S. 47, S. 50. In den Ländern der Böhmischen Krone, die König Matthias unterstanden, gab es kaum königliche Eingriffe in die religionspolitischen Verhältnisse. Allerdings wurden in Mähren die Kompaktaten anerkannt und als Teil des Landrechts festgeschrieben (vgl. *Just*, Kuttenberger Religionsfrieden, S. 842). Für einen knappen Überblick zur religionspolitischen Situation in den Ländern der Böhmischen Krone vgl. *Bahlcke*, Geschichte Tschechiens, S. 43f.

te zurückkehren und verlassene Klöster sollten wiedereingerichtet werden.[34] Außerdem erhielten die Herren ihre Grundherrschaften zurückerstattet, in denen sie das Patronatsrecht besaßen und daher in der Folge die Pfarrstellen mit Geistlichen besetzten, die ihre religiösen Überzeugungen teilten. König Vladislav II. setzte vor allem Anhänger der Abendmahlspraxis *sub una* als Amtsträger, insbesondere in Prag und Kuttenberg, ein und behinderte die utraquistischen Prediger.[35] Die Situation der Utraquisten in Böhmen spitzte sich weiter zu: Nach dem Tod des von der Kurie nicht anerkannten erzbischöflichen Administrators Jan Rokycana (†22. Februar 1471), der einer der zentralen geistlichen Führer der Utraquisten war, blieb das Prager Erzbistum vakant. Aufgrund dieser Vakanz und der Tatsache, dass die Kurie italienische Bischöfe daran hinderte, Utraquisten die Priesterweihe zu erteilen, herrschte Priestermangel.[36] Zwar sagte Vladislav II. die Ernennung eines neuen Erzbischofs zu, doch erfolgte die Neubesetzung tatsächlich erst 1561.[37]

4. Der Religionsfrieden als Einigungsinstrument

4.1 Vorgeschichte und Voraussetzungen

Gegen die Zurückdrängung ihres Einflusses schlossen sich ständeübergreifend Herren, Ritter und königliche Städte zusammen.[38] In der Folge wurde auf dem Sankt-Jakob-Landtag in Prag ein Abschied erreicht (31. Juli 1481), der die religionspolitischen Verhältnisse regelte: Die einzelnen Gläubigen sollten frei wählen können, in welcher Gemeinde sie am Abendmahl teilnehmen wollten; zugleich wurden die Priester verpflichtet, dem Brauch der Gemeinde gemäß die Kommunion zu spenden (d.h. keine Bestandsveränderungen der Pfarrgemeinden). Daneben verbot der Landtagsabschied Schmähungen wegen der Religion sowie die Behelligung der Untertanen durch Geistliche oder die weltliche Obrigkeit; er sprach den Anhängern einer abweichenden Abendmahlspraxis das Recht auf ein Begräbnis zu und gebot, dass die vertriebenen Priester wieder in ihre früheren Pfarreien zurückkehren durften.[39]

---

34 Vgl. *Rhode*, Böhmen, S. 1126; *Hoensch*, Geschichte Böhmens, S. 165.
35 Vgl. *Eberhard*, Konfessionsbildung, S. 47f.; *Just*, Kuttenberger Religionsfrieden, S. 839. Zur Behinderung der Utraquisten durch den König vgl. *Palacký*, Geschichte, Bd. 5,1, S. 233.
36 Vgl. *Eberhard*, Konfessionsbildung, S. 47f.; *Just*, Kuttenberger Religionsfrieden, S. 839. Zu Jan Rokycana vgl. *Hoensch*, Geschichte Böhmens, S. 165.
37 Vgl. *Rhode*, Böhmen, S. 1125f.; *Hoensch*, Geschichte Böhmens, S. 165f.
38 Vgl. *Eberhard*, Konfessionsbildung, S. 51.
39 Vgl. *Eberhard*, Konfessionsbildung, S. 51f.; *Just*, Kuttenberger Religionsfrieden, S. 839f. Abdruck des Landtagsabschieds vom Juli 1481 in *František Palacký* (Hg.), Archiv český, Bd. 4, Prag 1846, S. 504f., Nr. 25.

Diese weitreichenden Vereinbarungen wurden allerdings kaum umgesetzt, sodass der mit diesem Abschied erlassene Religionsfrieden[40] zunächst in der Praxis scheiterte: So weigerten sich die Herren, die der Abendmahlspraxis *sub una* anhingen, in den Pfarreien, die ihnen als Patronatsherren unterstanden, die Abendmahlspraxis *sub utraque* zuzulassen, auch wenn dies dem ortsüblichen Brauch entsprach.[41] Ihrerseits nahm die große Mehrheit der utraquistischen Stände – mit Ausnahme der gegenüber König Vladislav II. loyalen Prager Städte und Kuttenberg – am 25. Juli 1482 Augustino Luciani (ca. 1450–1493) in Nimburg als geistliches Oberhaupt an. Luciani hatte zuvor als Titularbischof von Santorini in Italien entgegen dem Kirchenrecht utraquistische Priester geweiht. Durch all dies sahen sich König Vladislav II. und die Anhänger der Abendmahlspraxis *sub una* in hohem Maße provoziert.[42]

Bei der Zusammenkunft utraquistischer Ständevertreter in Schlan (28. Oktober 1482) unternahm sodann Oberkanzler Johann von Schellenberg (†1508) im Namen von König Vladislav II. einen weiteren Vorstoß, um die Situation zu befrieden. Er überzeugte die Stände, eine Abordnung für weitere Verhandlungen über einen Religionsfrieden zu wählen.[43] Die utraquistische Delegation aus fünf Herren, vier Rittern und einem Vertreter der Städte traf sich im Januar 1483 in Prag mit einer Abordnung aus fünf Herren und fünf Rittern, die der Abendmahlspraxis *sub una* anhingen.[44] Erneut scheiterte der Versuch, einen Religionsfrieden zustande zu bringen, denn unvereinbare Vorstellungen trafen aufeinander: Die utraquistische Seite strebte einen unbefristeten Religionsfrieden an, was die Anhänger der Abendmahlspraxis *sub una* ablehnten, da keine Zustimmung der Kurie vorlag. Sie befürworteten eine Befristung auf acht Jahre, doch wurde auch als Kompromisslösung eine Geltungsdauer von zwanzig bis dreißig Jahren diskutiert.[45]

Die Rahmenbedingungen für eine Einigung änderten sich, als in Prag am 24. September 1483 ein religiös motivierter Aufstand losbrach. Auslöser war zum einen, dass König Vladislav II. dezidierte Gegner der Abendmahlspraxis *sub utraque* auf Bürgermeisterstellen in der Prager Altstadt und Neustadt – die rechtlich selbstständig waren und eine eigene Verwaltung besaßen[46] – berufen hatte. Zum anderen waren Anschlagspläne gegen die Utraquisten aufgedeckt worden. Daraufhin wurden in drei der Prager Städte, der Altstadt, Neustadt und Kleinseite, die jeweiligen Ratsherren abge-

---

40 Vgl. zu Religionsfrieden auch Kapitel 14.
41 Vgl. *Eberhard*, Konfessionsbildung, S. 52.
42 Vgl. *Palacký*, Geschichte, Bd. 5,1, S. 244; *Eberhard*, Konfessionsbildung, S. 52; *Just*, Kuttenberger Religionsfrieden, S. 840.
43 Vgl. *Just*, Kuttenberger Religionsfrieden, S. 840; *Palacký*, Geschichte Bd. 5,1, S. 245f.
44 Vgl. *Josef Macek*, Víra a zbožnost jagellonského věku. Každodenní život, Bd. 9, Prag 2001, S. 393; *Palacký*, Geschichte, Bd. 5,1, S. 246f.
45 Vgl. *Just*, Kuttenberger Religionsfrieden, S. 840; *Palacký*, Geschichte, Bd. 5,1, S. 247–249.
46 Zu den insgesamt vier selbstständigen Prager Städten zählte noch der Hradschin, d.h. die Burgstadt.

setzt und eine neue Stadtregierung eingerichtet. Die utraquistisch gesinnten Aufständischen stürmten Klöster in Prag und vertrieben die Mönche und Prediger, die der Abendmahlspraxis *sub una* anhingen.[47] Hatte sich Prag bisher aus Loyalität gegenüber Vladislav II. nicht an oppositionellen Handlungen beteiligt,[48] traten die drei aufständischen Prager Städte nun dem ständeübergreifenden utraquistischen Bündnis bei (November 1483).[49] Erst am 24. September 1484 kam zwischen den drei Prager Städten und König Vladislav II. eine Separatvereinbarung zustande,[50] worin man den aus Prag geflohenen Anhängern der Abendmahlspraxis *sub una*, was insbesondere Priester und Ordensleute betraf, gestattete, zurückzukehren.[51] Zudem erkannte Vladislav II. mit dem Vertrag wesentliche Ergebnisse des Prager Aufstands an.[52]

Nach Ausbruch des Prager Aufstands verstärkten sich die Bemühungen vonseiten des Adels und Königs, die nun als unumgänglich betrachtete religiöse Koexistenz politisch-rechtlich zu regeln.[53] Sowohl hochadlige Anhänger der Abendmahlspraxis *sub una* als auch derjenigen *sub utraque* wie Johann von Schellenberg und Wilhelm von Pernstein (1438–1521) setzten sich für einen Religionsfrieden ein.[54]

Im September 1484 beschlossen die Ständevertreter auf dem Landtag in Prag einen Religionsfrieden. Dieser beruhte zum einen auf den Kompaktaten, einschließlich des Majestätsbriefs von Kaiser Sigismund (1436), und zum anderen auf dem Abschied des Sankt-Jakob-Landtags (1481). Dort war bereits jedem einzelnen Gläubigen das Recht eingeräumt worden, selbst zu wählen, in welcher Gemeinde er die Kommunion empfangen wollte. Zugleich hatte man festgeschrieben, dass es keine Bestandsveränderungen in den Pfarrgemeinden hinsichtlich der Abendmahlspraxis geben durfte.[55] Aus der Erfahrung heraus, dass die Regelungen 1481 kaum in die Praxis umgesetzt wurden, entschieden die Ständevertreter im September 1484, dass ein königli-

---

47 Vgl. *Just*, Kuttenberger Religionsfrieden, S. 840; *Eberhard*, Konfessionsbildung, S. 53f. Für eine ausführliche Darstellung des Prager Aufstands vgl. František Šmahel, Pražské povstání 1483, in: Pražský sborník historický 19 (1986), S. 35–102.
48 So erkannten bspw. die Prager Städte Augustino Luciani von Santorini nicht als neues geistliches Oberhaupt an (vgl. *Palacký*, Geschichte, Bd. 5,1, S. 244).
49 Vgl. *Just*, Kuttenberger Religionsfrieden, S. 840.
50 Vgl. *Eberhard*, Konfessionsbildung, S. 55; *Palacký*, Geschichte, Bd. 5,1, S. 265.
51 Vgl. *Eberhard*, Konfessionsbildung, S. 57, Anm. 55.
52 Vgl. *Eberhard*, Bedingungen, S. 114; *Palacký*, Geschichte, Bd. 5,1, S. 264f. Der Friedensvertrag selbst ist leider nicht überliefert. Die Forderungen der Prager Städte sind abgedruckt bei *Palacký* (Hg.), Archiv český, Bd. 4, S. 506–508, Nr. 26. Der Kuttenberger Religionsfrieden kam auf den Vertrag zwischen König und Prager Städten zu sprechen, vgl. *Schäfer-Griebel*, Kuttenberger Religionsfrieden. Hier und in der Folge wird stets die deutsche Übersetzung des Quellentextes zitiert. Die tschechische Textfassung kann in der genutzten Online-Quellenedition in einer Parallelanzeige neben der deutschen Übersetzung angezeigt und benutzt werden.
53 Vgl. *Palacký*, Geschichte, Bd. 5,1, S. 266; *Pánek*, Question, S. 235; *Just*, Kuttenberger Religionsfrieden, S. 841f.
54 Vgl. *Just*, Kuttenberger Religionsfrieden, S. 842.
55 Vgl. *Eberhard*, Konfessionsbildung, S. 56; auch *Palacký*, Geschichte, Bd. 5,1, S. 267.

ches Schiedsgericht eingerichtet und mit sechs Vertretern beider Seiten paritätisch besetzt werden sollte, um die Durchsetzung des Religionsfriedens zu überwachen.[56] Bei der Geltungsdauer des Religionsfriedens einigte man sich auf 32 Jahre; die auf einer Sitzung in Prag 1483 diskutierte Befristung von acht Jahren wurde um das Vierfache verlängert.[57] Auf dem nächsten Landtag sollte der Religionsfrieden noch von denjenigen, die nicht am Prager Landtag teilgenommen hatten, angenommen werden.[58]

4.2 Der Kuttenberger Religionsfrieden

Der anvisierte Landtag trat vom 13. bis 20. März 1485 in der Pfarrkirche St. Jakob in Kuttenberg zusammen. Kuttenberg bot sich als bedeutende, dem König gegenüber loyale Stadt und zeitweiliger königlicher Residenzort als Tagungsort an.[59] Da von der Kuttenberger Landtagssitzung nur der Abschied selbst überliefert ist, kann über den Verhandlungsverlauf und die Teilnehmer nur wenig gesagt werden.[60] König Vladislav II. ergriff wohl die Initiative, den ausgehandelten Religionsfrieden vorzustellen, bevor die Stände über die Annahme des Religionsfriedens und seine Ausfertigung entschieden.[61]

Der Religionsfrieden bezog Anhänger der Abendmahlspraxis *sub una* und *sub utraque* ein; die Ständevertreter versicherten sich gegenseitig, beide Abendmahlspraktiken anzuerkennen.[62] Die Kompaktaten sollten weiterhin gelten[63] und Zwang, Schmähungen oder Belästigungen der Untertanen sowie der Priester verboten sein.[64]

---

56 Vgl. *Eberhard*, Konfessionsbildung, S. 56; *Palacký*, Geschichte, Bd. 5,1, S. 267f.
57 Vgl. *Macek*, Víra, S. 396; *Palacký*, Geschichte, Bd. 5,1, S. 273, Anm. 209.
58 Vgl. ebd., S. 268.
59 Vgl. *Just*, Kuttenberger Religionsfrieden, S. 840f. Zwar kam es nach Beginn des Aufstands in Prag auch zu einer Erhebung in Kuttenberg, doch unterwarf sich die Stadt dem König nach kurzer Zeit (vgl. *Palacký*, Geschichte, Bd. 5,1, S. 256f., S. 259).
60 Zur Quellensituation vgl. *Palacký*, Geschichte, Bd. 5,1, S. 273f.; *Šmahel*, Pax, S. 271. Einen Überblick über den Landtag gibt *Václav Vladivoj Tomek*, Dějepis města Prahy, Bd. 10, Prag 1894, S. 69–75.
61 Zur Initiative Vladislavs vgl. *Schäfer-Griebel*, Kuttenberger Religionsfrieden, deutsche Übersetzung, Z. 10–17; zur Niederschrift und Ausfertigung vgl. ebd., Z. 86–93.
62 Vgl. ebd., Z. 158–160. In den anderen Ländern der Böhmischen Krone kam kein Religionsfrieden zustande, doch wurden in Mähren zunächst die Kompaktaten als Teil des Landrechts anerkannt und dann auch durch das Landgericht weitere Regelungen getroffen, um das Nebeneinander von zwei verschiedenen Abendmahlspraktiken und deren Anhängern, nämlich *sub una* und *sub utraque* zu ermöglichen. Das mährische Landgericht entschied, dass jeder Gläubige das Abendmahl nach seiner Überzeugung von einem Priester empfangen sollte, der dem gleichen Brauch anhing. Alle weiteren Sakramente sollten die Priester den Gläubigen ohne Unterschied spenden (vgl. *Just*, Kuttenberger Religionsfrieden, S. 842).
63 Vgl. ebd., Z. 136–138.
64 Vgl. ebd., Z. 161–171, auch Z. 280–288.

In den Pfarrgemeinden durfte es keine Bestandsveränderungen geben, d. h. die Priester mussten das Abendmahl in der Weise spenden wie in der jeweiligen Pfarrgemeinde üblich, und neue Priester sollten der bestehenden Abendmahlspraxis entsprechend bestellt werden.[65] Zugleich wurde jedem einzelnen Untertan Glaubensfreiheit zugesichert. Dies schloss die freie Wahl der Pfarrgemeinde ein, in der man die Kommunion empfangen wollte.[66] Ein eigener Artikel befasste sich mit der am 24. September 1484 getroffen Separatvereinbarung zwischen den drei Prager Städten und Vladislav II.: Über die noch offenen Punkte wie die Frage der Wiedergutmachung – womit wohl die Restitution für eingezogene Güter der Anhänger der Abendmahlspraxis *sub una* gemeint war – sollte weiter verhandelt werden.[67] Da seit der Vereinbarung im September 1484 bereits das erste Geltungsjahr angelaufen war, wurde die Befristung des Religionsfriedens in Kuttenberg auf 31 Jahre verkürzt.[68]

Auf dem Kuttenberger Landtag wurden zudem einige politisch-rechtliche Entscheidungen gefällt, die wichtige Rahmenbedingungen für das religiöse Zusammenleben schufen: die Autorität des Landrechts wurde anerkannt,[69] die utraquistischen ständeübergreifenden Sonderbünde beendet, die umstrittene Vergabe der Landesbeamten-Stellen vom König entschieden und die Beisitzer-Stellen am adligen Landgericht, dem sog. Landrecht, zwischen Herren (zwölf Sitze) und Rittern (acht Sitze) aufgeteilt.[70] Den Städten wurde die – immer wieder umstrittene – dritte Stimme auf dem Landtag zuerkannt.[71]

Nach der Verabschiedung des Religionsfriedens in Kuttenberg erfolgte die Ausfertigung der offiziellen Urkunden zwei Monate später, am 22. Mai 1485, auf dem Pfingstquatember-Landtag in Prag.[72] Der Text des Religionsfriedens setzt sich aus den Religionsartikeln im Kuttenberger Landtagsabschied, den ausgefertigten Urkunden und der Verpflichtung der Stände und beider Seiten auf das Landrecht zusammen.[73]

---

65 Vgl. ebd., Z. 188–194.
66 Vgl. ebd., Z. 171–176.
67 Vgl. ebd., Z. 199–205. Weiterführend: *Šmahel*, Pražské povstání 1483.
68 Vgl. *Schäfer-Griebel*, Kuttenberger Religionsfrieden, deutsche Übersetzung, Z. 43f.; hierzu auch *Macek*, Víra, S. 396; *Palacký*, Geschichte, Bd. 5,1, S. 273, Anm. 209.
69 Vgl. *Schäfer-Griebel*, Kuttenberger Religionsfrieden, deutsche Übersetzung, bes. Z. 268–278, Z. 295–301.
70 Vgl. *Palacký*, Geschichte, Bd. 5,1, S. 275; *Eberhard*, Konfessionsbildung, S. 56, S. 59; *Hoensch*, Geschichte Böhmens, S. 167.
71 Vgl. *Rhode*, Böhmen, S. 1126; *Hoensch*, Geschichte Böhmens, S. 167. Zur Bestreitung des Rechts vgl. *Eberhard*, Konfessionsbildung, S. 51; *Richter*, Länder, S. 106.
72 Vgl. *Eberhard*, Konfessionsbildung, S. 56.
73 Nur in dem Fürstenberger Manuskript des Kuttenberger Religionsfriedens (Křivoklát, Fürstenberg Bibliothek, Sign. I d 13, fol. 245r–253r) waren die Zusatzbestimmungen zur Annahme des Friedens enthalten. Nach dem Hauptdokument mit dem königlichen Siegel folgten 25 Paragraphen, von denen die ersten fünf Artikel die Zusatzbestimmungen enthielten. Diese waren weder im Talmberger Manuskript (Prag, Bibliothek des Nationalmuseums, Sign. I A 1, fol. 299r–302v) noch in der Druckpublikation enthalten (Przedmłuwa z kterěž ſe pokládá· yak ſú pryyſſła || Compactata: a ktery geſt gich vžytek·; Prag:

Offenbar waren einige der in Kuttenberg diskutierten Punkte noch strittig gewesen, denn diese finden sich nicht mehr oder nur in modifizierter Form in den ausgefertigten Urkunden.[74] Insbesondere betraf dies den Artikel zu den Kompaktaten: Auf dem Landtag war noch der Wunsch der Anhänger der *communio sub una* festgehalten worden, von Papst Innozenz VIII. eine Bestätigung der Kompaktaten zu erreichen. Allerdings war eine Delegation zum Papst – zu diesem Zeitpunkt noch Sixtus IV. – bereits bei den Verhandlungen 1483 von den Anhängern der *communio sub utraque* zurückgewiesen worden. In der Ausfertigung war nur noch von der fortdauernden Gültigkeit der Kompaktaten die Rede,[75] was der utraquistischen Sicht entsprach: Da die Kompaktaten von Konzil und Kaiser, d.h. über dem Papst stehenden Autoritäten, ausgehandelt und bekräftigt worden seien, sei eine päpstliche Zustimmung nicht notwendig.[76]

Nach Ausfertigung der Urkunden schwuren die Vertragspartner – die mehrheitlich aus Ständevertretern bestanden, aber auch weitere Vertreter beider Seiten einschlossen – auf dem Prager Pfingstquatember-Landtag, das Landrecht einzuhalten.[77] An dem Zustandekommen des Religionsfriedens und seiner Ratifizierung waren keine Angehörigen des Klerus beteiligt.[78] Die Vertreter der einen Seite unterzeichneten jeweils eine der ausgefertigten Urkunden des Religionsfriedens, siegelten diese und fügten Bestätigungsurkunden derjenigen an, die nicht vor Ort unterschrieben hatten. Dies wurde der jeweils anderen Seite übergeben.[79]

Zudem mussten die Herren, Ritter und Städtevertreter beider Seiten persönlich dem König auf dem Prager Landtag einen Eid auf die Einhaltung und Verteidigung des Landrechts leisten.[80] Wenn sie nicht persönlich in Prag anwesend waren, war der Eid binnen eines Monats nach Zusammentreten des adligen Landgerichts – das mit der Besetzung der Beisitzer-Stellen wieder arbeitsfähig war – nachzuholen.[81] Um die Umsetzung des Religionsfriedens zu sichern, wurde ein paritätisch besetzter Aus-

---

Severýn z Kapí Hory, Pavel 1513, 110 S., 8°, fol. F7v–G5r (Knihopis Nr. 1578); Benutztes Exemplar: Wien, Österreichische Nationalbibliothek, Sign. 1010-B). Zu der Überlieferungssituation vgl. *Schäfer-Griebel*, Kuttenberger Religionsfrieden, Einleitung, Kap. 4.

74 Bspw. sollten die noch ausstehenden Streitpunkte in Sachen der Religion innerhalb einer bestimmten Frist beigelegt werden, die vom Pfingst-Quatembertag (d.h. 22.05.1485) auf den Sankt-Wenzelstag (d.h. 28.09.1485) verschoben wurde (vgl. *Schäfer-Griebel*, Kuttenberger Religionsfrieden, Z. 68–72 (Landtagsabschied), Z. 196–198 (ausgefertigte Urkunden)). Zu weiteren Abweichungen vgl. den Sachapparat zu *Schäfer-Griebel*, Kuttenberger Religionsfrieden.

75 Vgl. den Artikel zu den Kompaktaten in *Schäfer-Griebel*, Kuttenberger Religionsfrieden, Z. 45–64 (Landtagsabschied) und Z. 136–138 (ausgefertigte Urkunden).

76 Vgl. *Palacký*, Geschichte, Bd. 5,1, S. 242; *Eberhard*, Konfessionsbildung, S. 52f.

77 Vgl. ebd., S. 56.

78 Vgl. *Just*, Kuttenberger Religionsfrieden, S. 842.

79 Vgl. *Schäfer-Griebel*, Kuttenberger Religionsfrieden, Z. 228–236.

80 Vgl. ebd., Z. 262–266.

81 Vgl. ebd., Z. 312–315.

schuss von zwölf Räten gebildet, der gemeinsam mit dem König Verstöße und Übertretungen ahnden sollte.[82]

4.3 Die Bedeutung und Rezeption des Religionsfriedens

Der Kuttenberger Religionsfrieden schrieb die Gleichberechtigung und rechtliche Gleichstellung der Anhänger der Abendmahlspraxis *sub una* und *sub utraque* fest. Nichtsdestotrotz waren die religionspolitischen Auseinandersetzungen weiterhin Teil des Ringens von Vladislav II. mit den Ständen und der Stände untereinander um die politische und wirtschaftliche Macht in Böhmen.[83] Die Herren, die der Abendmahlspraxis *sub una* anhingen, teilten nicht nur die religiöse Überzeugung des Königs, sondern bildeten auch politisch und wirtschaftlich ein Schwergewicht, das Vladislav II. in der Landesverwaltung und am Hof einzubinden versuchte.[84] Damit war ein Bedeutungsverlust niederrangiger Adliger verbunden, die sich vermehrt in der utraquistischen Partei engagierten. Dem Ausbau der politischen und wirtschaftlichen Dominanz der Herren standen auch die großenteils utraquistischen Städte entgegen.[85] Zudem kollidierte das Interesse der Herren, ihre Grundherrschaften zu zentralisieren und zu vereinheitlichen, mit der Freistellung des Glaubens der Untertanen; die Einschränkung des Patronatsrechts im Kuttenberger Religionsfrieden erlaubte es den Herren nicht, über die religiöse Zugehörigkeit der Untertanen ihrer Grundherrschaft zu entscheiden.[86]

---

82 Vgl. *Hoensch*, Geschichte Böhmens, S. 166; *Rhode*, Böhmen, S. 1126. Dieser Ausschuss soll nach Palacký 24 Mitglieder umfasst haben (vgl. *Palacký*, Geschichte, Bd. 5,1, S. 273). Zu dem paritätischen Rat äußerte sich der Quellentext nur sehr allgemein (vgl. *Schäfer-Griebel*, Kuttenberger Religionsfrieden, Z. 224f.).
83 Vgl. *Rhode*, Böhmen, S. 1120. Der Kuttenberger Religionsfrieden befriedete die böhmischen Verhältnisse soweit, dass Vladislav II. sich stärker außenpolitischen Fragen – insbesondere seinem Verhältnis zu König Matthias und zu Kaiser Friedrich III. (1415–1493) – widmen konnte. Nach dem Tod von Matthias (†06.04.1490) konnte Vladislav II. die Länder der Böhmischen Krone wiedervereinigen. Sein Machtbereich wuchs enorm, als er auch zum König von Ungarn gewählt wurde und in der Folge kaum noch in seiner Prager Residenz präsent war (vgl. *Hoensch*, Geschichte Böhmens, S. 169f.; *Rhode*, Böhmen, S. 1119, 1130f.; *Richter*, Länder, S. 106). Die Verwaltung lag dann ganz in den Händen der obersten Landesbeamten, die dem Herrenstand angehörten, der sich großenteils aus Anhängern der Abendmahlspraxis *sub una* zusammensetzte. Dies hatte Auswirkungen auf die religionspolitischen Verhältnisse (vgl. *Rhode*, Böhmen, S. 1126; *Richter*, Länder, S. 106; *Hoensch*, Geschichte Böhmens, S. 167).
84 Vgl. *Eberhard*, Konfessionsbildung, S. 47, S. 60. Durch den Machtzuwachs des böhmischen Adels verringerte sich zudem der Handlungsspielraum des Königs deutlich (vgl. *Rhode*, Böhmen, S. 1120).
85 Vgl. ebd., S. 60.
86 Vgl. ebd., S. 56f. Zum vergeblichen Versuch der Grundherren, ein religiös einheitliches Territorium zu schaffen, vgl. *Josef Hrdlička*, Religiöse (In-)Toleranz im Spannungsfeld zwischen Obrigkeit, Kirche und Untertan. Eine Fallstudie zum frühneuzeitlichen Böhmen, in: Dietlind Hüchtker u. a. (Hg.), Reden

Zu diesen fortdauernden Konflikten kam hinzu, dass nicht alle in Böhmen vertretenen religiösen Gemeinschaften in den Religionsfrieden eingeschlossen waren, so die Brüderunität, die zwar der Abendmahlspraxis *sub utraque* anhing, aber noch weitergehende Reformanliegen vertrat. Im Ringen um ihre Anerkennung bemühten sich die Böhmischen Brüder, eine Disputation mit Magistern, die einerseits der Abendmahlspraxis *sub una* und andererseits *sub utraque* anhingen, zustande zu bringen. Dieses ‚Religionsgespräch' wurde aber immer wieder verschoben und fand letzten Endes nicht statt.[87] Auch nach dem Kuttenberger Religionsfrieden wurde die Brüderunität verfolgt.[88]

Trotz fortdauernder Konflikte wurde der Kuttenberger Religionsfrieden von den Ständevertretern auf dem Pfingstquatember-Landtag am 17. Mai 1497 bestätigt.[89] Allerdings wurde er erst mit einiger Verzögerung 1501 in die Landtafeln aufgenommen,[90] obwohl das böhmische Recht vorschrieb, dass die Resolutionen der Landtage in den Landtafeln registriert werden mussten.[91] Auch eine gedruckte Fassung – die den Friedenstext einer größeren Öffentlichkeit zugänglich machte – wurde nicht unmittelbar angefertigt. Erst 1513 wurde der Kuttenberger Religionsfrieden als Teil einer Sammlung böhmischer Landtagsabschiede publiziert.[92] Im Vorjahr hatte der Prager Landtag in einem Abschied vom 28. April 1512 die ewige Geltung festgelegt, noch bevor die Befristung des Religionsfriedens abgelaufen war.[93] Diese Erneuerung und Verewigung des Religionsfriedens 1512 war von einigen Unruhen begleitet.[94]

Die Regelungen des Kuttenberger Religionsfriedens entsprachen schon kurz nach der Jahrhundertwende nicht mehr der religionspolitischen Lage in Böhmen.[95] Um 1500 spaltete sich der Utraquismus auf in die Neu-Utraquisten, die sich später zur Wittenberger Reformation hin öffneten, und in die Alt-Utraquisten. Hinzu kam der Ein-

---

und Schweigen über religiöse Differenz. Tolerieren in epochenübergreifender Perspektive, Göttingen 2013, S. 209–235, S. 219.
87 Vgl. *Eberhard*, Konfessionsbildung, S. 70f.; *Palacký*, Geschichte, Bd. 5,1, S. 269f.
88 Vgl. *Just*, Kuttenberger Religionsfrieden, S. 841; *Zeman*, Rise, S. 139. Einige der Grundherren, sowohl Anhänger der Abendmahlspraxis *sub una* als auch *sub utraque*, nahmen die Böhmischen Brüder aber auch in Schutz (vgl. *Eberhard*, Bedingungen, S. 117; *Hrdlička*, (In-)Toleranz, S. 213).
89 Vgl. *Eberhard*, Konfessionsbildung, S. 73.
90 Vgl. *Schäfer-Griebel*, Kuttenberger Religionsfrieden, Z. 5f.
91 Bei den Sitzungen des Landtags und des Landgerichts, das das höchste Gericht im Königreich Böhmen war, wurden jeweils die Landtagsabschiede, Gerichtsurteile sowie Verträge und Rechtsgeschäfte, die etwa adligen Grundbesitz betrafen, vom Landschreiber in den Landtafeln niedergeschrieben (vgl. *Otto Peterka*, Rechtsgeschichte der Böhmischen Länder in ihren Grundzügen dargestellt, Bd. 2, Aalen 1965, S. 71).
92 Vgl. hierzu *Schäfer-Griebel*, Kuttenberger Religionsfrieden, Einleitung, Kap. 1.5., 4.2.
93 Vgl. *Palacký*, Geschichte, Bd. 5,1, S. 273, Anm. 209; *Just*, Kuttenberger Religionsfrieden, S. 843; *Zeman*, Rise, S. 138.
94 Vgl. *Eberhard*, Konfessionsbildung, S. 78–102.
95 Vgl. *Just*, Kuttenberger Religionsfrieden, S. 843–845.

fluss Johannes Calvins (1509–1564).[96] Die verschiedenen reformatorisch gesinnten Gruppen einigten sich Mitte Mai 1575 auf ein gemeinsames Bekenntnis, die *Confessio Bohemica*. Dieses Bekenntnis griff sowohl auf die *Confessio Augustana* von 1530[97] als auch auf die utraquistische Tradition zurück, während man zugleich die Böhmischen Brüder zu integrieren versuchte. Allen reformatorisch gesinnten Gruppen, die sich auf die *Confessio Bohemica* beriefen, gewährte Kaiser Rudolf II. von Habsburg (1552–1612), der zugleich böhmischer König war, in einem Majestätsbrief vom 9. Juli 1609 die freie Religionsausübung.[98] Obgleich *de facto* ein neuer Religionsfrieden die religiöse Koexistenz in Böhmen regelte, wurde der ‚ewig geltende' Kuttenberger Religionsfrieden noch bis 1627 in allen Landesordnungen bestätigt.[99]

5. Der Kuttenberger Religionsfrieden – Ein Einigungsinstrument mit Modellcharakter

1485 wurde in der böhmischen Stadt Kuttenberg der erste innerchristliche Religionsfrieden geschlossen.[100] Den Konflikt, der sich nach der religiösen Spaltung in Böhmen auftat, versuchte man zunächst auf militärischem Wege bzw. durch die Autorität des Konzils zu entscheiden, bevor die politische Unterdrückung der Minderheit und – zumindest in Ansätzen – das Religionsgespräch als Lösungsstrategien erwogen wurden. Als diese Lösungsmöglichkeiten nicht erfolgreich waren, wurde ein Religionsfrieden ausgehandelt, der als erste politisch-rechtliche Regelung im vormodernen Europa den Rahmen für die Koexistenz zweier christlicher Religionsgemeinschaften absteckte und damit einen neuen Typ von Einigungsinstrument darstellte. Auf dieses Lösungsmodell wurde nach Beginn der Reformation immer wieder zurückgegriffen, ohne da-

---

96 *Vgl. Jiří Just/Martin Rothkegel*, Confessio Bohemica, 1575 / 1609, in: Andreas Mühling/Peter Opitz (Hg.), Reformierte Bekenntnisschriften, Bd. 3,1, Neukirchen-Vluyn 2012, S. 47–176., S. 50, S. 55; *Wüst*, Utraquisten, Kap. 4; *Hrdlička*, (In-)Toleranz, S. 211. Für eine ausführliche Darstellung der Reformation in Böhmen vgl. *Eberhard*, Konfessionsbildung, S. 121–261.
97 Kritisch ediert in: Die Bekenntnisschriften der Evangelisch-Lutherischen Kirche [= BSELK]. Vollständige Neuedition, hg. v. Irene Dingel, Göttingen 2014, S. 65–225.
98 Vgl. *Just*, Kuttenberger Religionsfrieden, S. 844f.; *ders. u.a.*, Confessio Bohemica, S. 47, S. 54f.; *Hrdlička*, Religiöse (In-)Toleranz, S. 214. Eine Edition des Böhmischen Majestätsbriefs wird demnächst im Rahmen der Online-Edition verfügbar sein, in der auch die Edition des Kuttenberger Religionsfriedens erarbeitet wurde (vgl. oben am Textbeginn unter „Anmerkung").
99 Vgl. *Palacký*, Geschichte, Bd. 5,1, S. 273, Anm. 209; *Hrdlička*, (In-)Toleranz, S. 212. Die Kompaktaten wurden auf Betreiben der reformatorisch gesinnten böhmischen Stände auf dem Landtag 1567 aufgehoben und aus den Landtafeln gestrichen (vgl. *Just*, Kuttenberger Religionsfrieden, S. 844; *Wüst*, Utraquisten, Kap. 4; *Bahlcke*, Geschichte Tschechiens, S. 45).
100 Vgl. *Armin Kohnle*, Konfliktbereinigung und Gewaltprävention. Die europäischen Religionsfrieden in der frühen Neuzeit, in: Irene Dingel/Christiane Tietz (Hg.), Das Friedenspotenzial von Religion, Göttingen 2009, S. 1–19, S. 7. Vgl. hierzu auch Kapitel 14.

bei explizit auf den Kuttenberger Religionsfrieden zu verweisen.[101] Darüber hinaus sprach der Kuttenberger Religionsfrieden erstmals in der europäischen Geschichte jedem einzelnen Untertanen das Recht zu, gemäß seinem eigenen Glauben sein Heil zu suchen, d.h. individuelle Glaubensfreiheit, die sich jedoch ausschließlich auf eine konziliar abgesicherte Abendmahlspraxis bezog und keine anderen Glaubensinhalte oder anderen liturgischen Praktiken einschloss. Dazu stand es jedem Gläubigen offen, die Pfarrgemeinde zu wählen, in der er die Kommunion empfangen wollte.[102] Mit der Freistellung der Abendmahlspraxis für die einzelnen Gläubigen bot der Kuttenberger Religionsfrieden unter religiösem Gesichtspunkt also eine Minimallösung, die von den nachfolgenden Religionsfrieden überholt wurde. Er formulierte aber ein auf das Individuum bezogenes Recht und wählte somit einen Lösungsansatz, der sich von vielen Nachfolgeregelungen des 16. und 17. Jahrhunderts grundlegend unterschied, die nur für bestimmte Stände wie den Adel oder die Landesherren das Recht der freien Religionswahl vorsahen.

Auswahlbibliographie / Select Bibliography

Bahlcke, Joachim, Geschichte Tschechiens. Vom Mittelalter bis zur Gegenwart, München 2014.
Eberhard, Winfried, Konfessionsbildung und Stände in Böhmen 1478–1530, München 1981.
Eberhard, Winfried, Zu den politischen und ideologischen Bedingungen öffentlicher Toleranz. Der Kuttenberger Religionsfrieden 1485, in: Studia Germano–Polonica 1 (1992), S. 101–118.
Fudge, Thomas A., The trial of Jan Hus. Medieval heresy and criminal procedure, New York 2013.
Gill, Joseph, Konstanz und Basel-Florenz, Mainz 1967.
Heymann, Frederick G., The Hussite-Utraquist Church in the Fifteenth and Sixteenth Century, in: ARG 52 (1961), S. 1–16.
Hoensch, Jörg K., Geschichte Böhmens. Von der slavischen Landnahme bis zur Gegenwart, München ³1997.
Hrdlička, Josef, Religiöse (In-)Toleranz im Spannungsfeld zwischen Obrigkeit, Kirche und Untertan. Eine Fallstudie zum frühneuzeitlichen Böhmen, in: Dietlind Hüchtker u.a. (Hg.), Reden und Schweigen über religiöse Differenz. Tolerieren in epochenübergreifender Perspektive, Göttingen 2013, S. 209–235.
Just, Jiří/Rothkegel, Martin, Confessio Bohemica, 1575 / 1609, in: Andreas Mühling/Peter Opitz (Hg.), Reformierte Bekenntnisschriften, Bd. 3,1, Neukirchen-Vluyn 2012, S. 47–176.
Just, Jiří, Der Kuttenberger Religionsfrieden von 1485, in: Joachim Bahlcke u.a. (Hg.), Religiöse Erinnerungsorte in Ostmitteleuropa. Konstitution und Konkurrenz im nationen- und epochenübergreifenden Zugriff, Berlin 2013, S. 838–850.
Just, Jiří, Jan Hus, in: Joachim Bahlcke u.a. (Hg.), Religiöse Erinnerungsorte in Ostmitteleuropa. Konstitution und Konkurrenz im nationen- und epochenübergreifenden Zugriff, Berlin 2013, S. 637–648.

---

101 Vgl. ebd.
102 Vgl. ebd.

Kohnle, Armin, Konfliktbereinigung und Gewaltprävention. Die europäischen Religionsfrieden in der frühen Neuzeit, in: Irene Dingel/Christiane Tietz (Hg.), Das Friedenspotenzial von Religion, Göttingen 2009, S. 1–19.

Krzenck, Franz, Hussiten, in: Online-Lexikon zur Kultur und Geschichte der Deutschen im östlichen Europa, 22.08.2013, URL: https://ome-lexikon.uni-oldenburg.de/begriffe/hussiten/ (abgerufen am: 19.02.2019).

Macek, Josef, Víra a zbožnost jagellonského věku. Každodenní život, Bd. 9, Prag 2001.

Machilek, Franz, Hus/Hussiten, in: TRE 15 (1986), S. 710–735.

Molnár, Amedeo, Der Hussitismus als christliche Reformbewegung, in: Ferdinand Seibt (Hg.), Bohemia Sacra, Düsseldorf 1974, S. 92–109.

Palacký, František (Hg.), Archiv český, Bd. 3, Prag 1844.

Palacký, František (Hg.), Archiv český, Bd. 4, Prag 1846.

Palacký, František, Geschichte von Böhmen. Größtentheils nach Urkunden und Handschriften, Bd. 5,1, o.O. 1968.

Pánek, Jaroslav, The question of tolerance in Bohemia and Moravia in the age of the Reformation, in: Ole Peter Grell/Bob Scribner (Hg.), Tolerance and intolerance in the European Reformation, Cambridge 2002, S. 231–248.

Peterka, Otto, Rechtsgeschichte der Böhmischen Länder in ihren Grundzügen dargestellt, Aalen 1965.

Rhode, Gotthold, Böhmen von Georg Podiebrad bis zur Wahl und „Annahme" Ferdinands als König (1458–1526), in: Josef Engels (Hg.), Die Entstehung des neuzeitlichen Europa, Stuttgart 1971, S. 1118–1134.

Richter, Karl, Die böhmischen Länder von 1471–1740, in: Karl Bosl (Hg.), Handbuch der Geschichte der Böhmischen Länder, Bd. 2, Stuttgart 1974, S. 97–412.

Schäfer-Griebel, Alexandra (Bearb.), Kuttenberger Religionsfrieden (1485), in: Irene Dingel (Hg.), Religiöse Friedenswahrung und Friedensstiftung in Europa (1500–1800). Digitale Quellenedition frühneuzeitlicher Religionsfrieden, Darmstadt 2013, URL: http://tueditions.ulb.tu-darmstadt.de/e000001/einleitungen/target/kuttenberger_religionsfriede_einleitung.html; http://tueditions.ulb.tu-darmstadt.de/e000001/quellentexte/target/kuttenberger_religionsfriede.html; http://tueditions.ulb.tu-darmstadt.de/e000001/quellentexte/target/kuttenberger_religionsfriede_dt.html (abgerufen am: 12.02.2019)

Šmahel, František, Pražské povstání 1483, in: Pražský sborník historický 19 (1986), S. 35–102.

Šmahel, František, Pax externa et interna. Vom Heiligen Krieg zur erzwungenen Toleranz im hussitischen Böhmen (1419–1485), in: Alexander Patschovsky/Harald Zimmermann (Hg.), Toleranz im Mittelalter, Sigmaringen 1998, S. 221–273.

Šmahel, František, Die »große« Geschichte kleiner Völker. Die hussitische Revolution in drei Akten, in: Joachim Bahlcke (Hg.), Konfessionelle Pluralität als Herausforderung. Koexistenz und Konflikt in Spätmittelalter und Früher Neuzeit, Leipzig 2006, S. 183–200.

Tomek, Václav Vladivoj, Dějepis města Prahy, Bd. 10, Prag 1894.

Wüst, Marcus, Utraquisten, in: Online-Lexikon zur Kultur und Geschichte der Deutschen im östlichen Europa, 30.10.2014, URL: https://ome-lexikon.uni-oldenburg.de/begriffe/utraquisten/ (abgerufen am: 19.02.2019).

Zeman, J. K., The Rise of Religious Liberty in the Czech Reformation, in: CEH 6 (1973), S. 128–147.

Hendrik Baumbach
39. Ewiger Landfrieden 1495

Abstract: The Perpetual Peace 1495
In 1495 King Maximilian and the estates of the Holy Roman Empire held an assembly in Worms to negotiate the defence of the empire against the Turks and the maintenance of domestic peace. As a result, Maximilian issued the *Ewiger Landfriede* which completely prohibited violent conflicts and demanded the peaceful resolution of all disputes in a court of law. Similar restrictions had been announced several times since 1467. However, the promulgation at Worms affirmed these rules permanently for the first time. Three further resolutions accompanied the *Landfriede*: the king and a small group of imperial princes established the Imperial Chamber Court in Frankfurt; they delegated action against those who broke the peace to an annual assembly (*Reichstag*); and they implemented a poll tax (*Gemeiner Pfennig*) to finance their prosecution. These orders were not all enforced immediately but they were gradually adopted and improved during the sixteenth century.

Als Ewiger Landfrieden wird der auf dem Reichstag in Worms im Sommer 1495 verhandelte und von König Maximilian (1459–1519) am 7. August beurkundete Text von zwölf Rechtsnormen bezeichnet, die auf den Friedenszustand im Heiligen Römischen Reich Bezug nahmen. Nach seinem Wortlaut im Angesicht der äußeren Bedrohung des Reiches durch die Türken untersagte der Landfrieden die gewaltsame Konfliktführung im Reich und verlangte, Streitigkeiten ausschließlich friedlich vor den Gerichten zu verfolgen. Ähnliche Bestimmungen waren seit 1467 mehrfach auf den Reichsversammlungen befristet verkündet worden. Der letzte Artikel des Ewigen Landfriedens erklärte sie für dauerhaft gültig. Ergänzt und präzisiert wurden die Festlegungen des Landfriedens durch drei weitere Beschlüsse, welche der König, die Kurfürsten und eine kleinere Gruppe von Fürsten zwischen März und Juli 1495 in Worms verhandelt hatten. So sollte zur Stärkung der höchsten Gerichtsbarkeit im Reich ein Kammergericht in Frankfurt am Main eingerichtet, Maßnahmen gegen Friedensbrecher von einem jährlichen Reichstag beraten und organisiert sowie die dafür erforderlichen finanziellen Mittel durch eine Kopfsteuer aufgebracht werden. Gemeinsam mit der Kammergerichtsordnung, der so genannten Handhabung Friedens und Rechts sowie der Ordnung des Gemeinen Pfennigs stellte der Ewige Landfrieden eine normative auf den Frieden bezogene Ordnung im Reich dar. Die Verwirklichung dieser Beschlüsse und eine wirksamere Durchsetzung des Gewaltverbots im Reich gelangen erst durch teils grundlegende Anpassungen und Nachjustierungen im Laufe des 16. Jahrhunderts.[1]

---

1 Vgl. zu Landfrieden auch Kapitel 8.

1. Die mittelalterliche Landfriedensbewegung als Grundlage des Ewigen Landfriedens

Der Ewige Landfrieden ist Bestandteil eines historischen Entwicklungsprozesses, der seinen Anfang bereits im Hochmittelalter findet. An der Wende vom 11. zum 12. Jahrhundert begannen weltliche Herrschaftsträger, aber auch der König im römisch-deutschen Reich Landfrieden zu verkünden. Die in diesen Landfrieden niedergeschriebenen Rechtsnormen konzentrierten sich zunächst auf die Art und Weise gewaltsamer Konfliktführung. Damit wurden einerseits zwar kriegerische Auseinandersetzungen bzw. Fehden als integraler Bestandteil der mittelalterlichen Konfliktkultur rechtlich anerkannt, bestimmte Personengruppen, Sachen und Orte aber unter Schutz sowie deren Beeinträchtigung unter Strafe gestellt.[2] Im 13. Jahrhundert, erstmals deutlich im Mainzer Landfrieden von 1235, wurde für den Austrag von Streitigkeiten auf gerichtliche Verfahren am königlichen Hof verwiesen, ohne die gewaltsame Konfliktführung grundsätzlich auszuschließen. Gewalthandeln blieb rechtmäßig, wenn zuvor ein richterliches Urteil ergangen war oder Notwehr bestand, die sofortiges Handeln erforderte. Auch im letzten Fall wurde jedoch verlangt, jedes Vorgehen dem Streitgegner vorher anzukündigen. Angesichts dieser einschränkenden Bedingungen hat die Forschung von einem subsidiären Recht zur Selbsthilfe gesprochen.[3] Die Festlegungen von 1235 wurden im ausgehenden 13. und frühen 14. Jahrhundert auf mehreren Reichsversammlungen aufgegriffen, vom König mit Zustimmung der geistlichen und weltlichen Fürsten erneuert und im Detail modifiziert. Obwohl gerichtliche Verfahren immer mehr zur Vorbedingung der Fehdeführung wurden, ist nicht nachzuweisen, dass die Herrschaftsträger langfristig darauf abzielten, jede Form von gewaltsamer Konfliktführung zu verbieten. Gleichzeitig wurde die Durchsetzung all dieser Normen in der Realität nur punktuell erreicht.

Diese Entwicklung war zu keinem Zeitpunkt auf den König und die Reichsversammlungen beschränkt. Geistliche und weltliche Fürsten, Reichsstädte und zuletzt auch der nicht-fürstliche Adel schufen teils unter Mitwirkung und Billigung des Königs regionale Zusammenschlüsse, so genannte Einungen.[4] Inhaltlich orientierten

---

2 Einen Überblick über die mittelalterliche Landfriedensbewegung geben *Arno Buschmann*, Landfriede und Landfriedensordnung im Hoch- und Spätmittelalter, in: Arno Buschmann/Elmar Wadle (Hg.), Landfrieden. Anspruch und Wirklichkeit, Paderborn u. a. 2002, S. 95–121; *Heinz Angermeier*, Königtum und Landfriede im deutschen Spätmittelalter, München 1966; *Hendrik Baumbach*, Königliche Gerichtsbarkeit und Landfriedenssorge im deutschen Spätmittelalter. Eine Geschichte der Verfahren und Delegationsformen zur Konfliktbehandlung, Köln u. a. 2017.
3 Siehe z. B. *Arno Buschmann*, Herrscher und Landfriede im 13. Jahrhundert. Friedrich II. von Hohenstaufen, Rudolf von Habsburg und der Mainzer Reichslandfriede, in: David McLintock u. a. (Hg.), Geistliche und weltliche Epik des Mittelalters in Österreich, Göppingen 1987, S. 75–98, hier S. 80.
4 Siehe *Baumbach*, Königliche Gerichtsbarkeit, S. 123–147.

sich diese befristet abgeschlossenen Bünde an den Normen der Landfrieden, formulierten Verfahren zur Lösung von Konflikten zwischen den Verbündeten sowie deren Untertanen und sahen Regelungen zur gegenseitigen Hilfe für den Fall von Friedensbrüchen vor. Besonders im 14. Jahrhundert erlangten damit regionale Herrschaftsträger erheblichen Einfluss auf die lokale Friedenssicherung und das Konfliktgeschehen. Über die Angebote zum gewaltlosen Austrag von Konflikten bestimmten sie selbst, indem sie Streitende auf gemeinsam besetzte Einungsgremien oder direkt ihre eigene landesherrliche oder städtische Gerichtsbarkeit verwiesen. Die gegenseitige Hilfe im Konfliktfall oder ein permanent verfügbares Truppenkontingent zur Durchsetzung der Vereinbarungen im Bundesbrief bestritten die Verbündeten aus ihren eigenen Ressourcen. Fragen um die Verteilung der Ressourcen, verschiedene politische Interessen und ständische Unterschiede zwischen ihren Mitgliedern verhinderten jedoch die Umwandlung der regionalen Einungen in eine dauerhafte Friedenseinrichtung im Reich an der Wende vom 14. zum 15. Jahrhundert. Die Bereitschaft zu einer kooperativen Sicherung des Landfriedens in einer Region nahm erkennbar ab, ohne dass die bisherigen Maßnahmen der großräumigen, oft auch ständisch-übergreifenden Bünde die Fehdetätigkeit und das aus verarmtem Adel gespeiste Raubritterwesen substantiell vermindert hätten.

Mit besonderem Nachdruck wurden diese Probleme wiederum auf den Reichsversammlungen thematisiert, am eindrücklichsten zunächst in den letzten Jahren der Regierungszeit Kaiser Sigismunds (1368–1437). Für Sigismund galt jedoch genauso wie für die nach ihm regierenden Könige Albrecht II. (1397–1439) und Friedrich III. (1415–1493), dass ihre Herrschaftszentren am Rande des Reiches lagen, und sie ihre Politik dezidiert auf den Königshof und die eigene Hausmacht stützten. Die Notwendigkeit, Maßnahmen zur Verbesserung des Friedenszustandes im Reich zu ergreifen, mag deshalb mit der Zeit angestiegen sein. Die Initiative, Kaiser Friedrich III. mit konkreten Forderungen zu begegnen, ging schließlich von den Kurfürsten aus. Ihre regelmäßigen Treffen unabhängig vom Reichsoberhaupt sowie die Herausbildung eigener politischer Entscheidungsstrukturen machten das Kurfürstenkollegium im Laufe des 15. Jahrhunderts zu einem Dialogpartner für den König in allen Belangen der Reichspolitik. Dass Friedrich III. in diesen Dialog eintreten musste, ging ferner auf die äußere Bedrohung des Heiligen Römischen Reiches zurück. Nach der Eroberung Konstantinopels 1453 waren es in den darauffolgenden Jahrzehnten zunächst die Türken, welche die südöstlichen Reichsteile mit den kaiserlichen Erblanden zusehends gefährdeten.[5] Als sich Friedrich III. der Reichspolitik stärker zuwendete und in dichterer Abfolge wieder Reichsversammlungen stattfanden, trafen unterschiedliche ständische Forderungen mit den Hilfsbegehren des Königs zum vorgeblichen Schutz des Reiches nach außen zusammen.

---

5 Vgl. hierzu auch Kapitel 19.

Die Landfriedensfrage war sowohl aus ständischer als auch aus königlicher Sicht von Bedeutung: Von ständischer Seite ließen sich nun ein absolutes Verbot der Fehde, Verbesserungen in der höchsten Gerichtsbarkeit im Reich und eine effektivere Verfolgung von Friedensbrechern verlangen – allesamt Forderungen, von denen sich zumindest die mächtigsten Fürsten auch Einfluss- und Mitwirkungsmöglichkeiten versprachen. Der Habsburger auf dem Thron konnte durch die Befriedung des Reiches im Innern hoffen, Kräfte gegen seine äußeren Feinde freizumachen. 1467 kam unter Verweis auf die Abwehr der Türken erstmals ein auf fünf Jahre befristetes vollständiges Verbot der Selbsthilfe im Reich zustande, das alle Konflikte an die vorhandenen Gerichte verwies. Das subsidiäre Recht zur Selbsthilfe war damit zeitlich befristet aufgehoben. Verlängert wurde diese Regelung 1471 auf einer Reichsversammlung in Regensburg. Zu dieser Zeit existierte neben den zahlreichen landesherrlichen und städtischen Gerichten ein Kammergericht am Hof des Kaisers. Dieses entfaltete in der ersten Hälfte der 1470er Jahre eine rege Gerichtstätigkeit, bevor es mit dem Tod des kaiserlichen Kanzlers und Mainzer Erzbischofs Adolf (ca. 1423–1475) zum Erliegen kam. In der Folgezeit fanden nur noch in unregelmäßiger Abfolge Gerichtssitzungen am Königshof statt.[6] Damit war das Angebot gerichtlicher Streitregelung als prinzipielle Alternative zur gewaltsamen Konfliktführung an höchster Stelle deutlich reduziert worden. Die Klagen über diesen Mangel und die Forderung nach einer Verlängerung des Fehdeverbots kulminierten schließlich auf einer Reichsversammlung in Frankfurt am Main im Jahr 1486.

Erstmals wurde nun von ständischer Seite vorgeschlagen, das Fehdeverbot im Reich durch die Errichtung eines vom Königshof losgelösten Kammergerichts durchzusetzen, das alle Streitfälle der Fürsten und übrigen reichsunmittelbaren Herrschaftsträger behandeln sollte.[7] Diesen Vorschlag wiesen Friedrich III. und der ebenfalls in Frankfurt gerade zum König gewählte Maximilian I. zurück. Angenommen wurde dagegen ein von den Kurfürsten unter Führung des Mainzer Erzbischofs Berthold von Henneberg (1441/42–1504) entworfener Landfrieden mit einer Gültigkeitsdauer von zehn Jahren. Dessen Bestimmungen schlossen unmittelbar an die vorangegangenen Landfrieden an, sodass sie vom Kaiser ohne jede weitere Verhandlung akzeptiert und beurkundet wurden.[8] In der Rückschau betrachtet, bildete der Frankfurter Landfrieden aus dem Jahr 1486 die Textgrundlage für den Ewigen Landfrieden. Bis auf drei wesentliche Änderungen und Abweichungen in der Formulierung blieb es auch 1495 bei den schon neun Jahre zuvor beschlossenen Artikeln.

---

6 Siehe *Baumbach*, Königliche Gerichtsbarkeit, S. 363.
7 Siehe *Heinz Angermeier*, Die Reichsreform 1410–1555. Die Staatsproblematik in Deutschland zwischen Mittelalter und Gegenwart, München 1984, S. 152.
8 Zu den Verhandlungen und Ergebnissen des Frankfurter Tages siehe *Angermeier*, Reichsreform, S. 157; *Mattias G. Fischer*, Reichsreform und „Ewiger Landfrieden". Über die Entwicklung des Fehderechts im 15. Jahrhundert bis zum absoluten Fehdeverbot von 1495, Aalen 2007, S. 204–209.

Auf der nächsten Reichsversammlung 1487 in Nürnberg wurden die Verhandlungen fortgesetzt, ohne dass die ständische Partei ihr Konzept eines höchsten Gerichts durchsetzen konnte.[9] Gegen die Wiederaufrichtung des Kammergerichts sperrten sich die beiden Habsburger auf dem Thron aber keineswegs: Im Sommer 1490 setzte Kaiser Friedrich III. den Eichstätter Bischof Wilhelm (1426–1496) zum Kammerrichter ein und beauftragte seinen Sohn Maximilian, sich im Reich nach geeigneten Beisitzern umzusehen. Zugleich wurden mehrere Fürsten aufgefordert, Personal an den Hof zur Abhaltung von Kammergerichtssitzungen zu schicken. Weitere Gerichtstage wurden unter königlichem Vorsitz nach bisheriger Praxis am Hof abgehalten.[10] Auf ein dauerhaftes Verbot der Selbsthilfe wurde von Maximilian hingewirkt. Er schlug 1491 vor, den 1486 erlassenen Landfrieden für ewig gültig zu erklären.[11] Dazu kam es nicht. Stattdessen verlängerte im Mai 1494 der seit dem Tod seines Vaters 1493 allein regierende Maximilian den Frankfurter Landfrieden ohne jede Änderung vorzeitig um drei weitere Jahre.[12]

2. Der Wormser Reichstag 1495

Tatsächlich war Maximilian in seiner inzwischen auf europäischer Ebene betriebenen Politik in mehrere Großkonflikte verwickelt, als er im Herbst 1494 eine Reichsversammlung für das darauffolgende Jahr nach Worms ausschrieb. Die Lage sollte sich bis zur Eröffnung des Reichstags am 26. März 1495 für den Habsburger weiter verschlechtern. Die kriegerischen Unternehmungen des französischen Königs in Oberitalien, der Zugriff Karls von Egmond (1467–1538) auf das habsburgische Geldern im Nordwesten des Reiches sowie der Frieden des türkischen Sultans mit dem König von Ungarn, den Maximilian eigentlich als Bündnispartner zu instrumentalisieren hoffte, ließen gleich eine ganze Reihe von Niederlagen drohen.[13] Die bescheidenen militärischen und finanziellen Mittel Maximilians waren nur durch die Unterstützung der Reichsstände zu vergrößern, worauf der Habsburger in Worms abzielte.

---

9 Siehe *Fischer*, Reichsreform, S. 212.
10 Siehe *Baumbach*, Königliche Gerichtsbarkeit, S. 363, Anm. 1.058.
11 Siehe *Angermeier*, Königtum, S. 537.
12 Siehe dazu ebd., S. 540f.
13 Siehe zu den Konflikten im Zusammenhang mit der politischen Situation 1494/95 und während der Verhandlungen in Worms *Heinz Angermeier*, Der Wormser Reichstag – ein europäisches Ereignis, in: HZ 261 (1995), S. 739–768; *Heinz Angermeier*, Der Wormser Reichstag 1495 in der politischen Konzeption Maximilians I., in: Heinrich Lutz (Hg.), Das römisch-deutsche Reich im politischen System Karls V., München 1982, S. 1–14; *Peter Schmid*, Die Reformbeschlüsse von 1495 und ihre politischen Rahmenbedingungen, in: Bernhard Diestelkamp (Hg.), Das Reichskammergericht. Der Weg zu seiner Gründung und die ersten Jahrzehnte seines Wirkens (1451–1527), Köln u. a. 2003, S. 117–144, hier S. 120–136.

2.1 Die Verhandlungen auf dem Wormser Reichstag

Die Beratungen in Worms folgten einer organisatorischen Struktur, die sich seit 1470 auf den zahlreichen Reichsversammlungen ausgebildet hatte. König und ständische Vertreter präsentierten einander schriftlich ihre Vorschläge, die dann im kleineren Kreis beraten, durch Gegenvorschläge oder Modifikationen beantwortet wurden, bis sich beide Seiten auf eine Vorlage geeinigt hatten. Die Reichsstände fanden sich in drei Kurien zusammen: den Kurfürsten, den übrigen Fürsten und den Reichsstädten. Ein festgelegtes oder gar auf Mehrheitsbildung begründetes Beschlussverfahren gab es nicht. Mit dem König verhandelten vor allem die Kurfürsten, weniger noch die Fürsten, indem sie sich in kurienübergreifenden Beratungen auf Antworten zu den königlichen Vorlagen und Gegenvorschläge verständigten.[14] Eine einheitliche Position der Stände gab es daher sowohl organisatorisch als auch politisch nicht.[15]

Die Verhandlungen eröffnete das Ansinnen des Königs um substantielle finanzielle Hilfszusagen der Stände zum Schutz des Reiches.[16] Die vorrangig von den Kurfürsten vorgelegten Antworten aber machten jede finanzielle Unterstützung von Zusagen betreffend die Sicherung von Frieden und Recht sowie die Abstellung von verschiedenen Gebrechen im Reich abhängig. Am 29. April traten die Kurfürsten zusammen und verfassten Entwürfe für einen Landfrieden und eine Kammergerichtsordnung. Nachdem im Mai die ständische Fraktion zugesagt hatte, dem König prinzipiell Hilfen zu gewähren, wenn auch ihre Vorschläge umgesetzt würden, wurden Anfang Juni die Entwürfe übergeben. Bestandteil dieser Vorlagen war eine Regimentsordnung, die eine von den Ständen besetzte Regierung des Reiches vorsah, welche der König ablehnte und am 22. Juni mit einem Gegenentwurf beantwortete. Das Ergebnis des Wormser Reichstages wurde erstmals am 26. Juli fassbar, als die Stände die Vorlagen zu den vier zentralen Beschlüssen an den König übergaben. Im Entwurf des

---

14 Zur Entwicklung des Reichstags siehe zusammenfassend *Peter Moraw*, Hoftag und Reichstag von den Anfängen im Mittelalter bis 1806, in: Hans-Peter Schneider/Wolfgang Zeh (Hg.), Parlamentsrecht und Parlamentspraxis in der Bundesrepublik Deutschland. Ein Handbuch, Berlin/New York 1989, S. 3–47. Für die Zeit des späten 15. und frühen 16. Jahrhunderts siehe *Reinhard Seyboth*, Reichsreform und Reichstag unter Maximilian I., in: Johannes Helmrath u. a. (Hg.), Maximilians Welt. Kaiser Maximilian I. im Spannungsfeld zwischen Innovation und Tradition, Göttingen 2018, S. 227–258.
15 Siehe *Peter Moraw*, Der Reichstag zu Worms von 1495, in: Claudia Helm (Bearb.), 1495 – Kaiser, Reich, Reformen. Der Reichstag zu Worms. Katalog zur Ausstellung des Landeshauptarchivs Koblenz in Verbindung mit der Stadt Worms, Koblenz 1995, S. 25–37, hier S. 33; *Markus Thiel*, Der Reichstag zu Worms im Jahre 1495 und die Schaffung des Reichskammergerichts. Kompromiß eines kriegsbedrängten Kaisers oder friedensbringende Rechtsetzung?, in: Der Staat 41 (2002), S. 551–573, hier S. 561; *Fischer*, Reichsreform, S. 212.
16 Zu den Verhandlungen in Worms ausführlich und detailliert *Christina Göbel*, Der Reichstag von Worms 1495. Zwischen Wandel und Beharrung. Eine verfassungs- und institutionengeschichtliche Ortsbestimmung, Marburg 1996, welche die Arbeit von *Angermeier*, Reichsreform, S. 164–184, erheblich präzisiert hat. Eine nur anhand der Forschungsliteratur zusammengestellte Kurzfassung bietet *Thiel*, Reichstag, S. 556–563.

Landfriedens wurde einzig der Artikel zur Pfändung noch nachverhandelt und schließlich abweichend vom Frankfurter Landfrieden formuliert.[17] Am 4. August erklärte der König im Rathaus von Worms vor den versammelten Reichsständen, Landfrieden, Gerichtsordnung, Handhabung Friedens und Rechts sowie die Ordnung des Gemeinen Pfennigs in ihrer letzten Fassung anzunehmen. Am 7. August wurden sie in der königlichen Kanzlei besiegelt. Im Gegenzug erhielt der König Hilfszusagen von 200.000 Gulden.

2.2 Die Bestimmungen des Ewigen Landfriedens

Obwohl der Ewige Landfrieden das Ergebnis gemeinsamer Beratungen war, entsprach seine Form einer königlichen Verfügung, die sich an alle Kurfürsten, geistlichen und weltlichen Fürsten, Grafen, Bürger und sonstige Reichsuntertanen richtete, und in der befohlen wurde, die vereinbarten Normen einzuhalten.[18] Eine den zwölf Artikeln vorangestellte Passage verweist auf die von den Türken ausgehende Gefahr für die Christenheit und begründete so die einmütige Aufrichtung dieses, so wörtlich, gemeinen Friedens.[19] Die Rechtsnormen beginnen mit einem allgemeinen Verbot gewaltsamer Konfliktführung und jeder Beihilfe zu solchen Schädigungen. Wer gegenüber einer anderen Partei Ansprüche vorzubringen habe, sollte dies vor Gerichten erledigen (Art. 1). Kraft königlicher Machtvollkommenheit für beendet erklärt wurden weiterhin alle noch bestehenden Fehden (Art. 2). Als Sanktion für die Missachtung des Landfriedens wurde die Reichsacht angedroht (Art. 3). Für den Fall, dass eingetretene Schädigungen einem Friedensbrecher nicht bewiesen werden konnten, sollten dennoch alle Schäden verzeichnet werden. Zugleich war der Verdächtige verpflichtet, sich durch seinen Eid zu entschuldigen. Kam er dem nicht nach, war er des Friedensbruchs schuldig. Bei erfolgtem Friedensbruch auf frischer Tat hatten alle Herrschaftsträger, die zur Hilfe gemahnt wurden, den Schädiger zu verfolgen (Art. 4). Bestandteil des Landfriedens war auch das Verbot, Friedensbrecher zu beherbergen, zu beschützen oder auf sonstige Art und Weise zu unterstützen (Art. 5). Diese Bestimmung lehnte sich an das so genannte Hausungsverbot von geächteten Personen an, das im Spätmittelalter als Maßnahme zur Verschärfung der Achtstrafe weit verbreitet war. Falls sich Friedensbrecher nicht von ihren Schädigungen abhalten ließen und dafür um-

---

17 Zum Pfändungsartikel siehe insbesondere *Göbel*, Reichstag, S. 136.
18 Siehe *Elmar Wadle*, Der Ewige Landfriede von 1495 und das Ende der mittelalterlichen Friedensbewegung, in: Helm (Bearb.), 1495 – Kaiser, Reich, Reformen, S. 71–80, hier S. 71.
19 *Heinz Angermeier* (Bearb.), Deutsche Reichstagsakten. Mittlere Reihe, Bd. 5: Deutsche Reichstagsakten unter Maximilian I., Reichstag von Worms 1495. Teil 1, Göttingen 1981, Nr. 334, III. Der Text ist in zahlreichen Handschriften überliefert und gut verbreitet. Im Folgenden wird im Fließtext auf diese Edition in runden Klammern verwiesen. Für eine Übersicht über die Artikel siehe *Wadle*, Ewige Landfriede, S. 71f., mit Schwerpunkt auf das Fehderecht auch *Fischer*, Reichsreform, S. 222–233.

fangreichere militärische Maßnahmen erforderlich würden (*stattlicher hilf oder veldzugs not were*), so sollten diese Konflikte auf jährlichen Versammlungen der Kurfürsten, Fürsten und Stände des Reiches – dem Reichstag – beraten und Hilfsmaßnahmen beschlossen werden (Art. 6). Untersagt wurde im Heiligen Römischen Reich weiterhin der Aufenthalt von Gartknechten, nach Beendigung eines Konfliktes arbeitslos gewordene Söldner, von denen immer wieder Plünderungen ausgingen (Art. 7). Soweit Geistliche, die nicht der weltlichen Gerichtsbarkeit unterlagen, den Frieden verletzten, sollten die geistlichen Gerichte dafür sorgen, dass dem Geschädigten Wiedergutmachung zuteilwurde (Art. 8). Die aus früheren Landfrieden bekannte Verknüpfung von weltlicher Reichsacht und geistlichem Kirchenbann gegen einen Friedensbrecher wurde nicht ausdrücklich verlangt. Aufgehoben wurden zudem alle Vereinbarungen und Bündnisse gegen den Landfrieden; lediglich Schuldverschreibungen sollten unbeeinträchtigt fortbestehen (Art. 9). Daran schloss sich der Befehl des Königs, den Frieden in allen Artikeln einzuhalten und in jeder Herrschaft bekannt zu machen und durchzusetzen. Bei Zuwiderhandlung drohten königliche Ungnade, der Verlust aller Privilegien sowie die Strafen des Reichsrechts (Art. 10). Die hervorgehobene rechtliche Stellung des Landfriedens illustriert Art. 11, der alle bestehenden Privilegien und Freiheiten den Bestimmungen des Landfriedens nachordnete und somit zwingend dessen Einhaltung einforderte. Namensgebend und von besonderer Bedeutung war die abschließende Festlegung, dass der Frieden *nit abprechen* und somit folglich auf ewige Zeit gelten sollte (Art. 12). Der Text endet vor dem Majestätssiegel mit dem Hinweis, dass die Verfügung im Beisein der Kurfürsten, zahlreicher Fürsten, Grafen und Gesandtschaften der Reichsstädte entstanden sei.

Im Vergleich zum Frankfurter Landfrieden von 1486 fallen im Ewigen Landfrieden lediglich drei wesentliche Änderungen auf: Erstens war die eigenmächtige Pfändung 1495 nicht mehr in den Landfrieden aufgenommen worden, ohne sie aber ausdrücklich zu verbieten. Für die Verfolgung von Friedensbrechern mit größerer Hilfe war nunmehr der jährliche Reichstag, 1486 noch der am Hof des Königs tätige Kammerrichter zuständig. Die grundlegendste Änderung aber betraf drittens die Verlängerung des Landfriedens auf unbestimmte Zeit, sodass in Worms dem Wortlaut der Normen nach ein dauerhaftes Verbot der Selbsthilfe entstand. Angesichts der großen Ähnlichkeiten zum Beschluss von 1486 bestätigt sich die Einschätzung, dass die Beratungen zum Landfrieden abseits des Pfändungsartikels in Worms keine nennenswerten Kontroversen mehr auslösten.[20] Im Unterschied jedoch zu allen älteren Landfrieden stand der Ewige Landfrieden in einem engen inhaltlichen Konnex mit weiteren Beschlüssen, die auf die Einrichtung eines höchsten Gerichtes, die Durchsetzung des Landfriedens und die dafür erforderliche Finanzierung zielten.

---

20 Siehe *Wadle*, Ewige Landfriede, S. 72; *Fischer*, Reichsreform, S. 220 und S. 222.

2.3 Die Verknüpfung des Ewigen Landfriedens mit den übrigen Beschlüssen

Die Kammergerichtsordnung[21] verlangte erstmals, ein Gericht außerhalb des Königshofes in Frankfurt am Main einzurichten.[22] Reichsoberhaupt und Stände sollten dabei zusammenwirken, indem der Kammerrichter und zwei Beisitzer für die habsburgischen Lande vom König und die übrigen vierzehn Beisitzer von den Ständen bestellt wurden. Während der Ewige Landfrieden für die gerichtliche Bewältigung jedes Konfliktfalles nur allgemein auf die Kammergerichtsordnung verwies, waren hier Einschränkungen festgelegt. So war das Kammergericht erstinstanzlich nur in Streitsachen der Reichsunmittelbaren und in Fällen der Rechtsverweigerung zuständig. Appellationen aus den zahlreichen größeren und kleineren Herrschaften des Reiches sollten nur angenommen werden, wenn dort bereits das höchste landesherrliche oder städtische Gericht entschieden hatte. Klagen zwischen fürstlichen Reichsgliedern blieben dem Austragsverfahren vorbehalten und konnten erst durch Appellation vor das Kammergericht gebracht werden. Klagen von Untertanen gegen einen Fürsten wurden vor dessen Räte verwiesen. Alle diese Zuständigkeitsfestlegungen mit ihren Vorbehalten entsprachen der sich abzeichnenden Entwicklung der Gerichtsbarkeit im Heiligen Römischen Reich in der zweiten Hälfte des 15. Jahrhunderts.[23] Schriftlich in kompakter Form wurden sie jedoch zum ersten Mal 1495 dargelegt. Die Charakterisierung des Kammergerichts als „zentrales Landfriedensgericht"[24] trifft dahingehend zu, dass es an höchster Stelle gerichtliche und deshalb friedliche Verfahrensangebote schuf, um den gewaltsamen Austrag gegenseitiger Ansprüche überflüssig zu machen. Falsch ist aber die Annahme, es sei den Zeitgenossen darum gegangen, alle oder einen Großteil der Fälle gewaltsamer Konfliktführung dem Kammergericht zur Entscheidung zu überlassen. Die in der Kammergerichtsordnung beschriebenen Vorbehalte und der Erfolg landesherrlicher und städtischer Gerichtsbarkeit, ihren Untertanen und Bürgern den Weg an die höchsten Gerichte des Reiches zusehends zu versperren, wirkten als massive Einschränkungen.

Die Handhabung Friedens und Rechts[25] als dritte Verkündung des Wormser Tages diente dem Zweck, den Landfrieden und die Kammergerichtsordnung zur Umsetzung gelangen zu lassen. Ihrer Form nach war die Handhabung eine Vereinbarung zwischen König und zahlreichen Ständen, denn sie endete mit der Zusage der anwesen-

---

21 *Angermeier*, Deutsche Reichstagsakten. Mittlere Reihe, Bd. 5, Teil 1, Nr. 342, IV. Siehe dazu *J. Friedrich Battenberg*, Die Wormser Kammergerichtsordnung und die Neukonstituierung der Königlichen Justiz in Frankfurt 1495. Zur Reform des Königlichen Kammergerichts, in: AHG, NF 64 (2006), S. 51–83.
22 Vgl. hierzu auch Kapitel 9.
23 Eine Übersicht über die verschiedenen Entwicklungen gibt *Baumbach*, Königliche Gerichtsbarkeit, S. 311–360.
24 *Fischer*, Reichsreform, S. 221.
25 *Angermeier*, Deutsche Reichstagsakten. Mittlere Reihe, Bd. 5, Teil 1, Nr. 356, IV.

den Kurfürsten und Fürsten, die einzelnen Artikel einzuhalten. Ihre Siegel traten entsprechend zum Majestätssiegel Maximilians hinzu. Festgelegt und terminiert wurde deshalb bereits die nächste Zusammenkunft von König und Ständen, um über alle, die den Frieden brechen, die Urteile des Kammergerichts nicht achten oder sonst Fehden führen, zu beratschlagen und Strafmaßnahmen zu beschließen. Solche in der Folgezeit als Reichstag bezeichneten Versammlungen sollten von nun an jährlich stattfinden. Bei Zuwiderhandlungen gegen den Frieden drohte der König eine Strafe von 2.000 Goldmark an, die hälftig in die königliche Kammer und an den Geschädigten zu bezahlen war. Zur Verbreitung sollte allen Amtmännern und Untertanen in jeder Herrschaft befohlen werden, den Frieden einzuhalten und die Bestimmungen durchzusetzen.

Geregelt wurden auch die Kosten für den Landfriedensschutz: Die in dringenden Friedensbruchfällen erforderliche Nacheile durch die nächstgelegenen Herrschaftsträger sollte aus eigenen Mitteln bestritten werden. Für größere Maßnahmen standen die Einnahmen aus der gleichzeitig beschlossenen Kopfsteuer, dem Gemeinen Pfennig, zur Verfügung. Die Ordnung des Gemeinen Pfennigs[26] sah vor, über vier Jahre von jeder Person im Reich jährlich einen Betrag im Umfang von durchschnittlich etwa einem Promille ihres Vermögens einzunehmen. Diese zusätzlichen Einkünfte waren unerlässlich, um die Tätigkeit des Kammergerichts, Maßnahmen zum Friedensschutz im Reich, aber auch die Abwehr äußerer Feinde zu finanzieren.

3. Auswirkungen und Anpassungen der Wormser Beschlüsse bis 1555

Obwohl also der Ewige Landfrieden im Gegensatz zu seinen Vorgängern seit 1467 von umfangreichen Festlegungen flankiert war, um die verkündeten Rechtsnormen tatsächlich durchzusetzen, zeigten sich schon kurz nach 1495 erhebliche Schwierigkeiten. Die Bestimmung, jährlich einen Reichstag mit dem Ziel abzuhalten, gegen Friedensbruchfälle vorzugehen, wurde schon 1496 verfehlt. Auch das drei Monate nach dem Wormser Reichstag in Frankfurt am Main eingerichtete Kammergericht musste seine Tätigkeit binnen Jahresfrist einstellen, weil die Finanzierung nicht gesichert war. Zugleich mangelte es an Einnahmen aus dem Gemeinen Pfennig: Die ursprünglich veranschlagten Erträge wurden nur zu einem kleinen Teil erzielt, auch weil ein-

---

[26] Ebd., Nr. 448. Siehe dazu ausführlich *Peter Schmid*, Der Gemeine Pfennig von 1495. Vorgeschichte und Entstehung, verfassungsgeschichtliche, politische und finanzielle Bedeutung, Göttingen 1989, sowie in der Langzeitperspektive *Maximilian Lanzinner*, Der Gemeine Pfennig, eine richtungsweisende Steuerreform? Zur Entwicklung des Reichssteuersystems 1422 bis 1608, in: Peter Rauscher u. a. (Hg.), Das „Blut des Staatskörpers". Forschungen zur Finanzgeschichte der Frühen Neuzeit, München 2012, S. 261–318.

zelne Herrschaften die Überweisung des eingenommenen Geldes zurückhielten.[27] Damit waren es allen voran die vermeintlichen Errungenschaften des Wormser Reichstages wie das Kammergericht und eine verbesserte Exekution des Landfriedens, die Umsetzungsprobleme offenbarten. So waren selbst in der Theorie die Kosten für den im Ewigen Landfrieden versprochenen dauerhaften Friedensschutz von Anfang an gerade einmal für vier Jahre gedeckt. Außerdem erscheint in der Rückschau die Regelung, die Durchsetzung der Landfriedensnormen vorrangig jährlichen Reichsversammlungen zu überlassen, im Vergleich zu den separat von König und Ständen entwickelten Gegenentwürfen sicherlich als die schwächste.[28]

Zusätzlich verzögerten aus politischem Kalkül betriebene Eigenmächtigkeiten, dass die augenfällig gewordenen Mängel rasch abgestellt werden konnten: Dazu gehört einerseits der von Maximilian 1498 eingerichtete Reichshofrat, der sich im 16. Jahrhundert als zweites Höchstgericht im Heiligen Römischen Reich erfolgreich etablierte,[29] die königlichen Konzessionen zum Kammergericht aber wieder in Frage stellte. Andererseits scheiterte der Versuch der Stände, durch einen als Reichsregiment bezeichneten Regierungsrat einen stärkeren Zugriff auf die Politik im Reich zu erlangen.[30] Deutliche Fortschritte gelangen dann auf dem Trierer Reichstag 1512. Maximilian verständigte sich mit den Reichsständen auf die Bildung von zunächst sechs, später zehn Reichskreisen, welche die Sicherung des Landfriedens übernahmen.[31] Umgesetzt wurde damit ein Vorschlag, der in seinen Ansätzen schon im späten 14. Jahrhundert geäußert worden war. Nach mehreren Umzügen und Unterbrechungen entfaltete auch das Reichskammergericht eine rege Tätigkeit.[32] Parallel dazu wurden die Ordnungen des Gerichts weiterentwickelt und modifiziert.[33] Eine bis zu einem

---

27 Die Zusagen an den König wurden nur teilweise erfüllt, wie *Schmid*, Gemeine Pfennig, S. 128f., S. 141 und S. 570f., berechnet hat: Die 1495 vereinbarte Kopfsteuer des Gemeinen Pfennigs brachte innerhalb von vier Jahren 43.000 Gulden ein, wovon der König 27.500 Gulden erhielt. Hinzu kamen immerhin ca. 80.000 Gulden des Gemeinen Pfennigs aus den habsburgischen Herrschaften. Von den 200.000 Gulden Reichshilfe wurden lediglich 60.000 Gulden an Maximilian ausbezahlt.
28 *Heinz Angermeier*, Art. „Ewiger Landfriede", in: HDRG 1 (1971), Sp. 1.030–1.032, hier Sp. 1.032, bewertet die Exekution des Landfriedens durch den Reichstag überzogen als „Notbehelf".
29 Siehe *Wolfgang Reinhard*, Probleme deutscher Geschichte 1495–1806. Reichsreform und Reformation 1495–1555, Stuttgart 2001, S. 233. Zur Entstehung des Reichshofrats siehe *Eva Ortlieb*, Vom königlichen/kaiserlichen Hofrat zum Reichshofrat. Maximilian I., Karl V., Ferdinand I., in: Diestelkamp (Hg.), Reichskammergericht, S. 221–289.
30 Zum Reichsregiment siehe *Heinz Angermeier*, Das Reichsregiment in der deutschen Geschichte, in: ders., Das alte Reich in der deutschen Geschichte. Studien über Kontinuitäten und Zäsuren, München 1991, S. 283–294 (zuerst publ. 1984).
31 Siehe *Angermeier*, Reichsreform, S. 209; *Reinhard*, Probleme, S. 234. Einen Gesamtüberblick zu den Reichskreisen bietet *Winfried Dotzauer*, Die deutschen Reichskreise (1383–1806). Geschichte und Aktenedition, Stuttgart 1998.
32 Siehe dazu den Sammelband *Diestelkamp* (Hg.), Reichskammergericht.
33 Siehe *Battenberg*, Wormser Kammergerichtsordnung, S. 52.

gewissen Grad endgültige Lösung der Exekutionsprobleme des Landfriedens, die besonders in den erbittert geführten Konflikten der Reformationszeit hervorgetreten waren, gelang schließlich auf dem Augsburger Reichstag 1555.[34]

Diese über sechzig Jahre weder planmäßig noch konsequent betriebenen Nachjustierungen der Wormser Festlegungen bildeten eine Grundlage, dass sich das im Ewigen Landfrieden verkündete dauerhafte Verbot des gewaltsamen Konfliktaustrags langsam durchsetzte. Eine zweite Grundlage bestand in dem in der zweiten Hälfte des 15. Jahrhunderts deutlich erkennbaren Bemühen der Herrschaftsträger, Konfliktparteien umfassende Angebote zur friedlichen Streitbewältigung bereitzustellen und damit eine probate Alternative zur bereits stark eingeschränkten Fehde zu schaffen. Das Zusammenwirken dieser beiden historischen Prozesse bietet eine plausible Erklärung, warum das Reichskammergericht in der ersten Hälfte des 16. Jahrhunderts in nicht einmal jedem fünften Fall Landfriedensbruch zu verhandeln hatte.[35] Der Verkündung des Ewigen Landfriedens ist für sich genommen jedenfalls ein geringer Einfluss auf die Konfliktführung im Heiligen Römischen Reich zuzuschreiben. Seine Wirkung wurde jedoch gesteigert, indem er auf einzelnen Reichsversammlungen, besonders 1498, 1521 und 1548, erweitert wurde.[36] Dabei nahm die Bewältigung neuer Sicherheitsprobleme großen Raum ein: Dazu zählte erstens das Risiko von Friedensbrüchen und Plünderungen durch Gartknechte, die in der Realität nicht durch ihr bloßes Verbot abzutun waren.[37] Eine neue Dimension von Konfliktgeschehen im Heiligen Römischen Reich brachten zweitens die durch die Reformation hervorgerufenen konfessionellen Auseinandersetzungen.[38] Hinzu traten drittens besonders im Bauernkrieg Konflikte

---

34 Siehe *Wadle*, Ewige Landfriede, S. 77; *Hans Boldt*, 1495–1995. Der Reichstag von Worms in der deutschen Verfassungsgeschichte, in: Helm (Bearb.), 1495 – Kaiser, Reich, Reformen, S. 57–70, hier S. 59.
35 Siehe *Wadle*, Ewige Landfriede, S. 78; *Peter Oestmann*, Wege zur Rechtsgeschichte: Gerichtsbarkeit und Verfahren, Köln u.a. 2015, S. 161 f. Die am Reichskammergericht verhandelten Landfriedensbruchfälle sanken von 25,7 Prozent in der Zeit von 1495 bis 1520 auf 2,8 Prozent zwischen 1548 und 1555, siehe *Karl Härter*, Gewalt, Landfriedensbruch, Sekten und Revolten: Das Reichskammergericht und die öffentliche Sicherheit, Wetzlar 2017, S. 13.
36 Siehe *Siegrid Westphal*, Der Landfrieden am Ende? Die Diskussion über den Einfall von Friedrich II. in Kursachsen 1756, in: Hendrik Baumbach/Horst Carl (Hg.), Landfrieden – epochenübergreifend. Neue Perspektiven der Landfriedensforschung auf Verfassung, Recht, Konflikt, Berlin 2018, S. 255–280, hier S. 257–264.
37 Siehe *Horst Carl*, Landfriedensbrecher und „Sicherheitskräfte". Adlige Fehdeführer und Söldner im 16. Jahrhundert, in: Christoph Kampmann/Ulrich Niggemann (Hg.), Sicherheit in der Frühen Neuzeit. Norm – Praxis – Repräsentation, Köln u.a. 2013, S. 273–287.
38 Siehe *Maximilian Lanzinner*, Ein Sicherheitssystem zwischen Mittelalter und Neuzeit: die Landfriedens- und Sonderbünde im Heiligen Römischen Reich, in: Kampmann/Niggemann (Hg.), Sicherheit, S. 99–119. Zu den Religionsprozessen siehe mit der wichtigsten Literatur *Hendrik Baumbach/Horst Carl*, Was ist Landfrieden? Und was ist der Gegenstand der Landfriedensforschung?, in: dies. (Hg.), Landfrieden – epochenübergreifend, S. 1–49, hier S. 24.

zwischen den Obrigkeiten und ihren Untertanen.[39] Der Ewige Landfrieden und die Herstellung des Friedenszustandes im Inneren des Reiches bestimmten deshalb in der ersten Hälfte des 16. Jahrhunderts weiterhin die politische Debatte auf den Reichsversammlungen.

4. Bedeutung des Ewigen Landfriedens

Eine hervorgehobene Bedeutung hat dem Wormser Landfrieden von 1495 bereits die Reichspublizistik des 18. Jahrhunderts verliehen. Dieser Bewertung ist die Geschichtsforschung bis weit in die 1990er Jahre gefolgt und hat den Ewigen Landfrieden als ein „Reichsgrundgesetz" charakterisiert.[40] Doch unterliegen alle diese Beurteilungen einer dezidiert zu modernen Vorstellung von Gesetzen und gehen von einer zu starken unmittelbaren Wirkung der Wormser Beschlüsse auf die politische Praxis aus. Durch die Beurkundung und Verkündung des Ewigen Landfriedens und der begleitenden Beschlüsse wurde zweifellos neues Recht geschaffen. Dessen Geltung musste jedoch von den politischen Akteuren in der Tagespolitik eingefordert werden, zum Beispiel indem Kammergericht und Reichstag im Sinne der Wormser Verfügungen bei Landfriedensbruch eingeschaltet wurden.[41] Die Reichstagsbeschlüsse waren dafür eine notwendige Voraussetzung, aber nicht allein entscheidend; letztlich bestimmten die Funktionsfähigkeit aller vier Wormser Beschlüsse zusammengenommen sowie die möglichst breite Verkündung und Akzeptanz der Normen über ihre Wirkung. Zu berücksichtigen sind dabei von Beginn an bestehende Defizite, etwa dass an den Verhandlungen in Worms nicht einmal die Hälfte der vom König geladenen Reichsstände teilgenommen hatte[42] und die komplizierte Entscheidungsfindung auf ständischer Seite von einigen wenigen einflussreichen Kurfürsten und Fürsten gestaltet worden war. Alle anderen wurden bloß mit dem erreichten Ergebnis konfrontiert.

Die Bewertung in der älteren Forschung hat dem Ewigen Landfrieden zugleich den Charakter einer tiefen Zäsur in der Landfriedensbewegung gegeben. Weil die gewaltsame Konfliktführung im Heiligen Römischen Reich 1495 auf ewig untersagt wurde, so ist einhellig argumentiert worden, seien die mittelalterlichen Bemühungen um

---

39 Siehe *Winfried Schulze*, Die veränderte Bedeutung sozialer Konflikte im 16. und 17. Jahrhundert, in: Hans-Ulrich Wehler (Hg.), Der deutsche Bauernkrieg 1524–1526, Göttingen 1975, S. 277–302.
40 *Angermeier*, Reichsreform, S. 174; ähnlich bereits *Angermeier*, Ewiger Landfriede, Sp. 1.030. *Georg Schmidt*, Der Wormser Reichstag von 1495 und die Staatlichkeit im „hessischen" Raum, in: HJLG 46 (1996), S. 115–136, hier S. 115, betitelt die Beschlüsse von Worms als „leges fundamentales". Ihren Gesetzescharakter betont auch *Wadle*, Ewige Landfriede, S. 71.
41 Siehe *Baumbach/Carl*, Was ist Landfrieden?, S. 23. Kritik am Gesetzescharakter der Wormser Beschlüsse hat bereits *Moraw*, Reichstag, S. 34, geäußert.
42 Siehe *Thiel*, Reichstag, S. 560.

den Frieden im Reich schließlich zu ihrem erfolgreichen Abschluss gelangt.[43] Gefördert wurden diese Überlegungen durch andere Resultate der Wormser Reichsversammlung, wie die Einrichtung des Reichskammergerichts und des Reichstages, mit denen eine neue Epoche der Reichsgeschichte zu beginnen schien. Die Übereinstimmungen sowie die offensichtlichen inhaltlichen Anknüpfungspunkte des Ewigen Landfriedens an seine unmittelbaren, aber auch weiter zurückliegenden Vorgänger hat die Ewigkeitsklausel als seinen vermeintlich eigentlichen Wert betont.[44] Alle diese Interpretationen illustrieren jedoch, wie die Landfriedens- und Verfassungsgeschichtsforschung die Eindämmung und das Verbot der Fehde lange Zeit überbewertet hat.[45] Richtig ist vielmehr, dass die Landfriedensfrage auch nach dem allgemeinen Verbot der Fehde auf den Reichstagen und innerhalb der einzelnen Herrschaften virulent blieb. Dem Ewigen Landfrieden sei deshalb besser eine „Scharnierfunktion" zwischen Mittelalter und Früher Neuzeit zuzusprechen.[46]

Indem also die Landfriedensbewegung als epochenübergreifender historischer Prozess mindestens bis zum Augsburger Reichstag 1555 begriffen, der Ewige Landfrieden folglich nicht mehr als Endpunkt gedeutet wird, wird an die Diskussion über die so genannte Reichsreform angeschlossen. Dieser verfassungsgeschichtliche Forschungsbegriff thematisiert die auf den Reichsversammlungen seit dem frühen 15. Jahrhundert bis zur Mitte des 16. Jahrhunderts geführten Debatten über die innere politische und rechtliche Ordnung des Heiligen Römischen Reiches.[47] Die Herstellung und Organisation des Friedens ist dabei als zentraler Gegenstand dieser Diskussion betrachtet worden.[48] Grundlage dieser Perspektive bildet die Annahme, dass im Laufe des Spätmittelalters das römisch-deutsche Königtum nicht mehr in der Lage gewesen sei, seine Friedensfunktion im Reich und gegen äußere Feinde zu erfüllen, und gleichzeitig die Stände eine weitreichende Beteiligung an der Regierung gefordert hätten.[49] Entsprechend stark vereinfacht wurde dieser Prozess als dualistische Auseinandersetzung zwischen dem Reichsoberhaupt und den Ständen dargestellt. Die Beschlüsse

---

43 Siehe *Angermeier*, Königtum, S. 547f.; *Peter Schmid*, Art. „Reichslandfrieden, Ewiger", in: LMA 7 (1995), S. 630; *Wadle*, Ewige Landfriede, S. 73; *Fischer*, Reichsreform, S. 204.
44 Siehe z. B. *Angermeier*, Königtum, S. 548; *Angermeier*, Ewiger Landfriede, Sp. 1.030; *Wadle*, Ewige Landfriede, S. 76; *Paul-Joachim Heinig*, Der Wormser Reichstag von 1495 als Hoftag, in: ZHF 33 (2006), S. 337–357, hier S. 342.
45 Siehe *Baumbach/Carl*, Was ist Landfrieden?, S. 3.
46 Ebd., S. 16.
47 Zur Reichsreform siehe *Angermeier*, Reichsreform. Eine differenzierte Deutung liefert *Karl-Friedrich Krieger*, König, Reich und Reichsreform im Spätmittelalter, München 1992, S. 114–118. *Thomas A. Brady*, Maximilian I and the Imperial Reform at the Diet of Worms, 1495, in: Jan-Dirk Müller/Hans-Joachim Ziegeler (Hg.), Maximilians Ruhmeswerk. Künste und Wissenschaften im Umkreis Kaiser Maximilians I., Berlin/Boston 2015, S. 31–56, hier S. 34, führt den Begriff auf ein Narrativ in den Arbeiten von Leopold von Ranke zurück.
48 Siehe *Angermeier*, Reichsreform, S. 150.
49 Siehe diese Definition des Begriffs Reichsreform bei *Krieger*, König, S. 49.

von Worms sind demzufolge entweder als „Kompromiss"[50] oder „gemeinsame Leistung"[51] betrachtet worden. Gegen diese Vereinfachungen und den Begriff der Reichsreform als Solches ist prinzipielle Kritik geäußert worden: So habe weder der König einen „Reichsreformplan" verfolgt oder besessen,[52] noch sei in der heterogenen Gruppe der Stände – nicht einmal bei der isolierten Betrachtung der Ereignisse von 1495 – ein „Reformator des Reiches"[53] zu ermitteln. Der Ewige Landfrieden sollte demzufolge nicht als Bestandteil eines großen Reformwerkes angesehen werden. In diesen Zusammenhang gehört auch das in den Quellen nicht eindeutig nachweisbare schiefe Geschichtsbild vom großen Reformwillen Maximilians, der erst nach dem Tod Friedrichs III. 1493 zur Entfaltung habe gelangen können.[54]

Die Einordnung des Ewigen Landfriedens in eine vom Hochmittelalter bis in die Frühe Neuzeit reichende Friedensbewegung empfiehlt eine andere Akzentsetzung: Bereits seit dem 13. Jahrhundert waren König, Reichsfürsten, dann auch die Reichsstädte und schließlich der nicht-fürstliche Adel an der Friedenswahrung im Reich lokal oder überregional beteiligt. Unstrittig ist, dass alle diese Herrschaftsträger teils auch kooperativ Angebote zur friedlichen Konfliktlösung entwickelten und nutzten, zum Beispiel indem sie gütliche Tage abhielten oder Gerichte einrichteten. Die Durchsetzung der eigenen politischen Interessen spielte hierbei freilich eine wesentliche Rolle: Denn mit der zunehmenden Überweisung der Auseinandersetzungen in friedliche Konfliktlösungsverfahren entstanden erst Handlungsspielräume, Herrschaft gerade durch möglichst großen Einfluss auf die Beschaffenheit und Mitwirkung in diesen Verfahren auszuüben. Das Ende der legitimen gewaltsamen Konfliktführung zeichnete sich für König, Kur- und die meisten Fürsten seit den 1470er Jahren immer klarer ab und wurde mehrfach befristet verkündet. Das absolute Verbot des Ewigen Landfriedens 1495 erwies sich als folgerichtig und bedurfte daher keiner tiefergehenden Diskussion. Debattiert wurden dagegen Verfahrensfragen, Zuständigkeiten, der Umgang mit älteren Vorrechten und der Einsatz finanzieller Ressourcen. Auf die meisten dieser Themen gaben Kammergerichtsordnung, Handhabung Friedens und Rechts sowie die Ordnung des Gemeinen Pfennigs eine Antwort. Alle drei Beschlüsse nahmen ausdrücklich auf den Frieden Bezug. Zusammen mit dem Ewigen Landfrieden entstand in

---

50 Ebd., S. 52; *Boldt*, Reichstag, S. 58; *Sabine Wefers*, Der Wormser Tag von 1495 und die ältere Staatswerdung, in: Paul-Joachim Heinig u.a. (Hg.), Reich, Regionen und Europa in Mittelalter und Neuzeit. Festschrift für Peter Moraw, Berlin 2000, S. 287–203, hier S. 288.
51 *Thiel*, Reichstag, S. 572.
52 *Reinhard*, Probleme, S. 232.
53 *Moraw*, Reichstag, S. 34.
54 Diese Sichtweise ist bis in jüngere Arbeiten fortgeschrieben worden, siehe *Thiel*, Reichstag, S. 557; *Fischer*, Reichsreform, S. 217f.; *Dieter Mertens*, Der Wormser Reichstag von 1495 und seine Auswirkungen, in: Peter Schiffer (Hg.), Aufbruch in die Neuzeit. Das nördliche Württemberg im 16. Jahrhundert, Ostfildern 2012, S. 13–21, hier S. 19. Dazu hat laut *Brady*, Maximilian, S. 36, vor allem die vielbeachtete und deshalb wirkmächtige Biographie Maximilians von *Hermann Wiesflecker*, Kaiser Maximilian I. Das Reich, Österreich und Europa an der Wende zur Neuzeit, 5 Bde., Wien 1971–1985, beigetragen.

Worms deshalb eine auf den Frieden bezogene normative Ordnung. Diese Charakterisierung weicht bewusst von der in der Forschung gebräuchlicheren Bewertung der Wormser Beschlüsse als „Friedensordnung"[55] ab, um die Verhandlungsergebnisse nicht allein auf das angeblich alle politischen Akteure antreibende Ziel der Friedenssicherung zu reduzieren.

Soweit der Ewige Landfrieden mit „Konzept und Realität kollektiver Sicherheit" (Horst Carl), „kollektives Sicherheitssystem" (Siegrid Westphal) oder „Sicherheitsregime" (Karl Härter) in Verbindung gebracht wird,[56] gelten diese Einordnungen zum einen ausschließlich für eine Gesamtbetrachtung aller vier Beschlüsse des Wormser Reichstages. Zum anderen basieren sie auf der Tatsache, dass die Festlegungen von 1495 in der ersten Hälfte des 16. Jahrhunderts immer wieder erfolgreich ergänzt wurden und so ihre friedensstiftende Wirkung selbst in Großkonflikten wie den Religionskriegen schließlich unter Beweis stellten. Dementsprechend lässt sich auch eine Beziehung von 1495 zum Augsburger Religionsfrieden 1555 und weiter noch bis zum Westfälischen Frieden 1648 herstellen. Die Schwierigkeiten, die Wormser Beschlüsse in der Folgezeit zur Geltung zu bringen, deuten aber an, wie wenig dieser Weg vorgezeichnet war. Die Artikel des Ewigen Landfriedens im Speziellen jedenfalls gehen weit stärker auf die lange Tradition der mittelalterlichen Landfriedensbewegung zurück als auf politische Pläne, den Frieden im Reich langfristig zu sichern.

Auswahlbibliographie / Select Bibliography

Angermeier, Heinz, Königtum und Landfriede im deutschen Spätmittelalter, München 1966.
Angermeier, Heinz, Art. „Ewiger Landfriede", in: HDRG 1 (1971), Sp. 1.030–1.032.
Angermeier, Heinz (Bearb.), Deutsche Reichstagsakten. Mittlere Reihe. Bd. 5: Deutsche Reichstagsakten unter Maximilian I., Reichstag von Worms 1495. Teil 1, Göttingen 1981.
Angermeier, Heinz, Der Wormser Reichstag 1495 in der politischen Konzeption Maximilians I., in: Heinrich Lutz (Hg.), Das römisch-deutsche Reich im politischen System Karls V., München 1982, S. 1–14.
Angermeier, Heinz, Die Reichsreform 1410–1555. Die Staatsproblematik in Deutschland zwischen Mittelalter und Gegenwart, München 1984.
Angermeier, Heinz, Das Reichsregiment in der deutschen Geschichte, in: ders. (Hg.), Das alte Reich in der deutschen Geschichte. Studien über Kontinuitäten und Zäsuren, München 1991, S. 283–294 (zuerst publ. 1984).

---

55 *Angermeier*, Reichsreform, S. 210; *Arno Buschmann*, Art. „Ewiger Landfriede", in: HDRG 1 ²(2008), Sp. 1.447–1.450, hier Sp. 1.449.
56 *Horst Carl*, Landfrieden als Konzept und Realität kollektiver Sicherheit im Heiligen Römischen Reich, in: Gisela Naegle (Hg.), Frieden schaffen und sich verteidigen im Spätmittelalter, München 2012, S. 121–138; *Siegrid Westphal*, Reichskammergericht, Reichshofrat und Landfrieden als Schutzinstitute der Reichsverfassung, in: Thomas Simon (Hg.), Schutz der Verfassung: Normen, Institutionen, Höchst- und Verfassungsgerichte. Tagung der Vereinigung für Verfassungsgeschichte in Hofgeismar vom 12. bis 14. März 2012, Berlin 2014, S. 12–37, hier S. 14; *Härter*, Gewalt, S. 9.

Angermeier, Heinz, Der Wormser Reichstag – ein europäisches Ereignis, in: HZ 261 (1995), S. 739–768.
Battenberg, J. Friedrich, Die Wormser Kammergerichtsordnung und die Neukonstituierung der königlichen Justiz in Frankfurt 1495. Zur Reform des Königlichen Kammergerichts, in: AHG, NF 64 (2006), S. 51–83.
Baumbach, Hendrik, Königliche Gerichtsbarkeit und Landfriedenssorge im deutschen Spätmittelalter. Eine Geschichte der Verfahren und Delegationsformen zur Konfliktbehandlung, Köln u. a. 2017.
Baumbach, Hendrik/Carl, Horst, Was ist Landfrieden? Und was ist der Gegenstand der Landfriedensforschung?, in: dies. (Hg.), Landfrieden – epochenübergreifend. Neue Perspektiven der Landfriedensforschung auf Verfassung, Recht, Konflikt, Berlin 2018, S. 1–49.
Boldt, Hans, 1495–1995. Der Reichstag von Worms in der deutschen Verfassungsgeschichte, in: Claudia Helm (Bearb.), 1495 – Kaiser, Reich, Reformen. Der Reichstag zu Worms. Katalog zur Ausstellung des Landeshauptarchivs Koblenz in Verbindung mit der Stadt Worms, Koblenz 1995, S. 57–70.
Brady, Thomas A., Maximilian I and the Imperial Reform at the Diet of Worms, 1495, in: Jan-Dirk Müller/Hans-Joachim Ziegeler (Hg.), Maximilians Ruhmeswerk. Künste und Wissenschaften im Umkreis Kaiser Maximilians I., Berlin/Boston 2015, S. 31–56.
Buschmann, Arno, Herrscher und Landfriede im 13. Jahrhundert. Friedrich II. von Hohenstaufen, Rudolf von Habsburg und der Mainzer Reichslandfriede, in: David McLintock u. a. (Hg.), Geistliche und weltliche Epik des Mittelalters in Österreich, Göppingen 1987, S. 75–98.
Buschmann, Arno, Landfriede und Landfriedensordnung im Hoch- und Spätmittelalter, in: ders./Elmar Wadle (Hg.), Landfrieden. Anspruch und Wirklichkeit, Paderborn u. a. 2002, S. 95–121.
Buschmann, Arno, Art. „Ewiger Landfriede", in: HDRG 1 ²(2008), Sp. 1.447–1.450.
Carl, Horst, Landfrieden als Konzept und Realität kollektiver Sicherheit im Heiligen Römischen Reich, in: Gisela Naegle (Hg.), Frieden schaffen und sich verteidigen im Spätmittelalter, München 2012, S. 121–138.
Carl, Horst, Landfriedensbrecher und „Sicherheitskräfte". Adlige Fehdeführer und Söldner im 16. Jahrhundert, in: Christoph Kampmann/Ulrich Niggemann (Hg.), Sicherheit in der Frühen Neuzeit. Norm – Praxis – Repräsentation, Köln u. a. 2013, S. 273–287.
Diestelkamp, Bernhard (Hg.), Das Reichskammergericht. Der Weg zu seiner Gründung und die ersten Jahrzehnte seines Wirkens (1451–1527), Köln u. a. 2003.
Dotzauer, Winfried, Die deutschen Reichskreise (1383–1806). Geschichte und Aktenedition, Stuttgart 1998.
Fischer, Mattias G., Reichsreform und „Ewiger Landfrieden". Über die Entwicklung des Fehderechts im 15. Jahrhundert bis zum absoluten Fehdeverbot von 1495, Aalen 2007.
Göbel, Christina, Der Reichstag von Worms 1495. Zwischen Wandel und Beharrung. Eine verfassungs- und institutionengeschichtliche Ortsbestimmung, Marburg 1996.
Härter, Karl, Gewalt, Landfriedensbruch, Sekten und Revolten: Das Reichskammergericht und die öffentliche Sicherheit, Wetzlar 2017.
Heinig, Paul-Joachim, Der Wormser Reichstag von 1495 als Hoftag, in: ZHF 33 (2006), S. 337–357.
Krieger, Karl-Friedrich, König, Reich und Reichsreform im Spätmittelalter, München 1992.
Lanzinner, Maximilian, Der Gemeine Pfennig, eine richtungsweisende Steuerreform? Zur Entwicklung des Reichssteuersystems 1422 bis 1608, in: Peter Rauscher u. a. (Hg.), Das „Blut des Staatskörpers". Forschungen zur Finanzgeschichte der Frühen Neuzeit, München 2012, S. 261–318.
Lanzinner, Maximilian, Ein Sicherheitssystem zwischen Mittelalter und Neuzeit: die Landfriedens- und Sonderbünde im Heiligen Römischen Reich, in: Christoph Kampmann/Ulrich Niggemann (Hg.), Sicherheit in der Frühen Neuzeit. Norm – Praxis – Repräsentation, Köln u. a. 2013, S. 99–119.

Mertens, Dieter, Der Wormser Reichstag von 1495 und seine Auswirkungen, in: Peter Schiffer (Hg.), Aufbruch in die Neuzeit. Das nördliche Württemberg im 16. Jahrhundert, Ostfildern 2012, S. 13–21.

Moraw, Peter, Hoftag und Reichstag von den Anfängen im Mittelalter bis 1806, in: Hans-Peter Schneider/Wolfgang Zeh (Hg.), Parlamentsrecht und Parlamentspraxis in der Bundesrepublik Deutschland. Ein Handbuch, Berlin/New York 1989, S. 3–47.

Moraw, Peter, Der Reichstag zu Worms von 1495, in: Claudia Helm (Bearb.), 1495 – Kaiser, Reich, Reformen. Der Reichstag zu Worms. Katalog zur Ausstellung des Landeshauptarchivs Koblenz in Verbindung mit der Stadt Worms, Koblenz 1995, S. 25–37.

Oestmann, Peter, Wege zur Rechtsgeschichte: Gerichtsbarkeit und Verfahren, Köln u. a. 2015.

Ortlieb, Eva, Vom königlichen/kaiserlichen Hofrat zum Reichshofrat. Maximilian I., Karl V., Ferdinand I., in: Diestelkamp (Hg.), Reichskammergericht, S. 221–289.

Reinhard, Wolfgang, Probleme deutscher Geschichte 1495–1806. Reichsreform und Reformation 1495–1555, Stuttgart 2001.

Schmid, Peter, Der Gemeine Pfennig von 1495. Vorgeschichte und Entstehung, verfassungsgeschichtliche, politische und finanzielle Bedeutung, Göttingen 1989.

Schmid, Peter, Art. „Reichslandfrieden, Ewiger", in: LMA 7 (1995), S. 630.

Schmid, Peter, Die Reformbeschlüsse von 1495 und ihre politischen Rahmenbedingungen, in: Diestelkamp (Hg.), Reichskammergericht, S. 117–144.

Schmidt, Georg, Der Wormser Reichstag von 1495 und die Staatlichkeit im „hessischen" Raum, in: HJLG 46 (1996), S. 115–136.

Schulze, Winfried, Die veränderte Bedeutung sozialer Konflikte im 16. und 17. Jahrhundert, in: Hans-Ulrich Wehler (Hg.), Der deutsche Bauernkrieg 1524–1526, Göttingen 1975, S. 277–302.

Seyboth, Reinhard, Reichsreform und Reichstag unter Maximilian I., in: Johannes Helmrath u. a. (Hg.), Maximilians Welt. Kaiser Maximilian I. im Spannungsfeld zwischen Innovation und Tradition, Göttingen 2018, S. 227–258.

Thiel, Markus, Der Reichstag zu Worms im Jahre 1495 und die Schaffung des Reichskammergerichts. Kompromiß eines kriegsbedrängten Kaisers oder friedensbringende Rechtssetzung?, in: Der Staat 41 (2002), S. 551–573.

Wadle, Elmar, Der Ewige Landfriede von 1495 und das Ende der mittelalterlichen Friedensbewegung, in: Claudia Helm (Bearb.), 1495 – Kaiser, Reich, Reformen. Der Reichstag zu Worms. Katalog zur Ausstellung des Landeshauptarchivs Koblenz in Verbindung mit der Stadt Worms, Koblenz 1995, S. 71–80.

Wefers, Sabine, Der Wormser Tag von 1495 und die ältere Staatswerdung, in: Paul-Joachim Heinig u. a. (Hg.), Reich, Regionen und Europa in Mittelalter und Neuzeit. Festschrift für Peter Moraw, Berlin 2000, S. 287–203.

Westphal, Siegrid, Reichskammergericht, Reichshofrat und Landfrieden als Schutzinstitute der Reichsverfassung, in: Thomas Simon (Hg.), Schutz der Verfassung: Normen, Institutionen, Höchst- und Verfassungsgerichte. Tagung der Vereinigung für Verfassungsgeschichte in Hofgeismar vom 12. bis 14. März 2012, Berlin 2014, S. 12–37.

Westphal, Siegrid, Der Landfrieden am Ende? Die Diskussion über den Einfall von Friedrich II. in Kursachsen 1756, in: Hendrik Baumbach/Horst Carl (Hg.), Landfrieden – epochenübergreifend. Neue Perspektiven der Landfriedensforschung auf Verfassung, Recht, Konflikt, Berlin 2018, S. 255–280.

Wiesflecker, Hermann, Kaiser Maximilian I. Das Reich, Österreich und Europa an der Wende zur Neuzeit, 5 Bde., Wien 1971–1985.

Andreas Zecherle
40. Erster und Zweiter Kappeler Landfrieden 1529 & 1531

Abstract: The First and Second Peace of Kappel 1529 & 1531
The adoption of the religious reform first by Zürich and then also by other cantons of the Swiss Confederacy led to an escalating conflict between the Reformed cantons and those who remained loyal to the old faith. Open war was avoided by the efforts of several mediators and the First Peace of Kappel was concluded in June 1529. However, the peace agreement could not defuse the conflict permanently and the Second War of Kappel broke out in October 1531. The Reformed cantons were defeated and forced to accept the Second Peace of Kappel in November 1531. The new peace treaty gave priority to the old faith in the condominium territories but allowed the Reformed cantons to practice the new faith undisturbed. Alongside the ancient alliances, the Second Peace of Kappel became the constitutional basis of the Swiss Confederacy until the treaty was invalidated after the victory of the Reformed cantons in the Second War of Villmergen in 1712.

1. Die Entstehung des Religionskonflikts in der Schweiz[1]

Die Reformation breitete sich in den 20er Jahren des 16. Jahrhunderts auch in der Schweizer Eidgenossenschaft aus, einem lockeren Bund von 13 sogenannten Orten, die Glieder des Heiligen Römischen Reichs deutscher Nation waren und durch die Bundeszugehörigkeit ihre Eigenständigkeit sichern wollten.[2] Auf Betreiben des Predigers Huldrych Zwingli (1484–1531) führte die Stadt Zürich in den Jahren 1523 bis 1525 als erster eidgenössischer Ort reformatorische Maßnahmen durch.[3] Zunächst folgte kein anderer Ort dem Beispiel Zürichs.[4] Als besonders entschiedene Gegner der Refor-

---

[1] Vgl. zu Religionskonflikten und deren Befriedung auch Kapitel 14.
[2] Zu Entstehung und verfassungsrechtlicher Struktur der Eidgenossenschaft vgl. zusammenfassend *Gottfried W. Locher*, Die Zwinglische Reformation im Rahmen der europäischen Kirchengeschichte, Göttingen/Zürich 1979, S. 18f.; *Gottfried W. Locher*, Zwingli und die schweizerische Reformation, Göttingen 1982, S. 5f.; *Andreas Würgler*, Art. „Eidgenossenschaft", in: HLS (2012), URL: https://hls-dhs-dss.ch/de/articles/026413/2012-02-08 (abgerufen am: 01.07.2019).
[3] Vgl. zusammenfassend *Locher*, Zwingli, S. 20–33.
[4] Vgl. *Leonhard von Muralt*, Renaissance und Reformation, in: Handbuch der Schweizer Geschichte, Bd. 1, Zürich 1972, S. 389–570, hier S. 467; *Locher*, Reformation, S. 155.

https://doi.org/10.1515/9783110591316-040

mation positionierten sich die sogenannten Fünf Orte Luzern, Uri, Schwyz, Unterwalden und Zug. Sie beschlossen am 8. April 1524, beim alten Glauben zu bleiben und die reformatorische Lehre in all ihren Herrschaftsgebieten auszurotten.[5]

Die einzelnen eidgenössischen Orte waren in ihrer Innen- und Außenpolitik eigenständig.[6] Beschlüsse der als Tagsatzungen bezeichneten gemeineidgenössischen Versammlungen wurden grundsätzlich nur dann von allen Orten ausgeführt, wenn sie einstimmig verabschiedet worden waren. Lediglich in nicht prinzipiellen Fragen beugten sich kleine Minderheiten in der Regel der Mehrheit.[7] Der Zürcher Rat vertrat daher die Auffassung, die Einführung der Reformation falle allein in seine Zuständigkeit und tangiere die eidgenössischen Bünde nicht.[8] Die Vertreter der Fünf Orte waren hingegen der Ansicht, dass der rechte Glaube, von dem Zürich ihrer Meinung nach abgefallen war, eine unabdingbare Voraussetzung für die Zugehörigkeit zur Eidgenossenschaft darstelle.[9] Nachdem Verhandlungen mit Zürich erfolglos geblieben waren,[10] erklärten die Fünf Orte zusammen mit Freiburg am 16. Juli 1524, dass sie künftig nicht mehr gemeinsam mit Zürich tagen wollten, falls sich die Stadt nicht von der Reformation abwende.[11] Bei der turnusmäßig anstehenden Neubeschwörung der Bundesverträge, die eigentlich schon 1525 fällig gewesen wäre, wegen des Religionskonflikts aber auf den 29. Juli 1526 verschoben wurde, weigerten sich dann die Fünf Orte zusammen mit Freiburg und Solothurn, dem ihrer Ansicht nach irrgläubigen Zürich den Eid zu leisten.[12] In dieser Beurteilung der in Zürich durchgeführten reformatorischen Maßnahmen sahen sich die altgläubigen Orte durch die Badener Disputation bestätigt, die dort vom 19. Mai bis 8. Juni 1526 auf einer Tagsatzung stattgefunden hatte.[13]

Der Religionskonflikt wurde insbesondere auch durch die Gemeinen Herrschaften verschärft. Bei diesen handelte es sich um Untertanengebiete, die von mehreren eid-

---

5 Vgl. *Muralt*, Renaissance, S. 468f.; *Locher*, Reformation, S. 157.
6 Vgl. *Locher*, Reformation, S. 18.
7 Vgl. ebd., S. 18f.; *Andreas Würgler*, Art. „Tagsatzung", in: HLS (2014), URL: https://hls-dhs-dss.ch/de/articles/010076/2014-09-25 (abgerufen am: 01.07.2019), Kap. 1f.
8 Vgl. *Muralt*, Renaissance, S. 489, S. 497.
9 Vgl. auch ebd., S. 468f., S. 488f.
10 Vgl. ebd., S. 467–469.
11 Vgl. *Jakob Kaiser* (Hg.), Amtliche Sammlung der älteren Eidgenössischen Abschiede, Bd. 4,1,a: Die Eidgenössischen Abschiede aus dem Zeitraume von 1521 bis 1528, bearbeitet von Johannes Strickler, Brugg 1873, S. 455–457, Nr. 192.
12 Vgl. ebd., S. 952f., Nr. 371, f; S. 962f., Nr. 377, b; S. 971–973, Nr. 380; *Hans Ulrich Bächtold*, „Das uns gott helff und die heiligen": Zürich im Streit um die eidgenössische Schwurformel, in: Christian Moser/Peter Opitz (Hg.), Bewegung und Beharrung. Aspekte des reformierten Protestantismus, 1520–1650. Festschrift für Emidio Campi, Leiden/Boston 2009, S. 295–346, hier S. 297–299.
13 Zu dieser Disputation vgl. *Leonhard von Muralt*, Die Badener Disputation 1526, Leipzig 1926; *Locher*, Reformation, S. 182–187; *Alfred Schindler/Wolfram Schneider-Lastin* (Hg.), Die Badener Disputation von 1526. Kommentierte Edition des Protokolls, Zürich 2015.

genössischen Orten gemeinsam regiert wurden. Die regierenden Orte stellten abwechselnd den Landvogt und trafen Entscheidungen nach dem Mehrheitsprinzip.[14] Auf dieses beriefen sich die altgläubigen Orte, als sie auch in den Gemeinen Herrschaften, in denen sie gemeinsam mit Zürich regierten, gegen reformatorische Bestrebungen vorgingen. Zürich wollte jedoch in Glaubensfragen keinen Mehrheitsbeschluss der regierenden Orte akzeptieren und forderte schließlich, dass die Gemeinden in den Gemeinen Herrschaften das Recht erhalten sollten, selbst über die Einführung der Reformation zu entscheiden.[15]

Seit Ende des Jahres 1527 konnte Zürich seine bisherige Isolation überwinden und schrittweise Bündnispartner gewinnen. Im Dezember 1527 ging Konstanz ein Verteidigungsbündnis mit Zürich ein, das Christliche Burgrecht.[16] Anfang 1528 führte dann die Stadt Bern, die nicht zuletzt wegen ihres ausgedehnten Herrschaftsgebiets das mächtigste Mitglied der Eidgenossenschaft war,[17] nach einer Disputation offiziell die Reformation ein[18] und schloss sich durch Verträge mit Konstanz (31. Januar 1528)[19] und Zürich (25. Juni 1528)[20] dem Christlichen Burgrecht an. Dadurch verschoben sich die politischen Machtverhältnisse innerhalb der Eidgenossenschaft deutlich zugunsten der Evangelischen.[21] Bis zum Sommer 1529 traten dem Christlichen Burgrecht schließlich noch die Städte St. Gallen, Biel, Mülhausen und Basel bei, nachdem sie die Reformation eingeführt hatten.[22] Um ihre durch das Christliche Burgrecht stark geschwächte Machtposition wieder zu stärken, schlossen die Fünf Orte am 22. April 1529 ein Verteidigungsbündnis mit Erzherzog Ferdinand von Österreich (1503–1564), die Christliche Vereinigung.[23] Damit standen sich im innereidgenössischen Glaubensstreit zwei militärische Bündnissysteme gegenüber. Auch wenn beide defensiv konzipiert waren,[24] wuchs nun die Gefahr eines Religionskriegs.

---

14 Vgl. *Locher*, Reformation, S. 19; *André Holenstein*, Art. „Gemeine Herrschaften", in: HLS (2005), URL: https://hls-dhs-dss.ch/de/articles/009817/2005-08-19 (abgerufen am: 01.07.2019).
15 Vgl. *Muralt*, Renaissance, S. 494–496.
16 Vgl. den Vertragstext des Christlichen Burgrechts vom 25.12.1527 in *Kaiser* (Hg.), Abschiede 4,1,a, S. 1.510–1.515, Beilage Nr. 6; vgl. auch *Muralt*, Renaissance, S. 490f.; *Locher*, Reformation, S. 190f.
17 Vgl. zusammenfassend *Locher*, Zwingli, S. 47; *Martin Sallmann*, Die Reformation in Bern, in: Amy Nelson Burnett/Emidio Campi (Hg.), Die schweizerische Reformation. Ein Handbuch, Zürich 2017, S. 135–177, hier S. 135–138.
18 Vgl. zusammenfassend *Locher*, Reformation, S. 276–282; *Sallmann*, Reformation, S. 153–158.
19 Vgl. den Vertragstext in *Kaiser* (Hg.), Abschiede 4,1,a, S. 1.510–1.515, Beilage Nr. 6a.
20 Vgl. den Vertragstext in ebd., S. (1.521)1.522–1.525, Beilage Nr. 8.
21 Vgl. *Locher*, Reformation, S. 282.
22 Vgl. *Muralt*, Renaissance, S. 485–487, S. 491.
23 Vgl. den Vertragstext in *Kaiser* (Hg.), Abschiede 4,1,b, S. 1.467–1.475, Beilage Nr. 5; vgl. auch *Muralt*, Renaissance, S. 491–493.
24 Vgl. auch *Muralt*, Renaissance, S. 493 mit Anm. 523 (S. 493f.).

2. Der Ausbruch des Ersten Kappeler Krieges

Im Frühjahr 1529 verschärften sich die Spannungen zwischen den altgläubigen und evangelischen Orten durch mehrere Einzelkonflikte[25] immer weiter. Sowohl die Fünf Orte als auch Zürich und Bern rechneten mit einem Angriff der Gegenseite und zogen zunehmend einen Präventivschlag in Erwägung. In den Räten Zürichs und Berns gab es allerdings auch Gegner eines Krieges, wobei diese in Bern über deutlich mehr Einfluss verfügten als in Zürich.[26] Die Fünf Orte vereinbarten am 28. Mai 1529 auf einer Sondertagsatzung, möglichst bald, aber nicht übereilt einen Krieg zu beginnen.[27] Ihnen kam jedoch die Zürcher Obrigkeit zuvor, die von diesen Plänen erfahren hatte:[28] Nachdem bei ihr am 4. Juni ermutigende Mitteilungen aus Bern eingetroffen waren,[29] erklärte sie am 8. Juni den Fünf Orten den Krieg. Als Gründe für diesen Schritt nannte sie den Versuch Unterwaldens, ohne vorherigen Friedensschluss mit Bern einen Vogt in die Gemeine Herrschaft Baden zu entsenden, das Bündnis der Fünf Orte mit Ferdinand, die Hinrichtung des Zürcher Pfarrers Jakob Kaiser (ca. 1485–1529) durch Schwyz sowie die zahlreichen Schmähungen, mit denen sich die Fünf Orte an Zürich und seinen Bewohnern vergangen hätten.[30]

Zürich konnte zusammen mit seinen Verbündeten und Unterstützern 30.000 Mann mobilisieren, die Fünf Orte hingegen nur 9.000.[31] Anders als von den Fünf Orten erhofft schickte ihr Bündnispartner Erzherzog Ferdinand keine Truppen.[32] Die Hauptstreitmacht Zürichs, unter der sich auch Zwingli befand,[33] zog nach Kappel am Albis an der Grenze zu Zug. Dort stand sie dem Heer der Fünf Orte gegenüber, das sich auf Zuger Gebiet bei Baar sammelte.[34]

---

25 Vgl. zusammenfassend *Locher*, Reformation, S. 348–350, S. 355–357; *Andreas Zecherle* (Bearb.), Erster Kappeler Landfrieden, Einleitung, in: Irene Dingel (Hg.), Religiöse Friedenswahrung und Friedensstiftung in Europa (1500–1800). Digitale Quellenedition frühneuzeitlicher Religionsfrieden, Darmstadt 2013, URL: http://tueditions.ulb.tu-darmstadt.de/e000001/einleitungen/target/erster_kap peler_landfriede_einleitung.html; http://tueditions.ulb.tu-darmstadt.de/e000001/quellentexte/tar get/erster_kappeler_landfriede.html (abgerufen am: 04.07.2019).
26 Vgl. *Martin Haas*, Zwingli und der Erste Kappelerkrieg, Zürich 1965, S. 121–145; *Locher*, Reformation, S. 354–358.
27 Vgl. *Kaiser* (Hg.), Abschiede 4,1,b, S. 201f., Nr. 107; *Haas*, Kappelerkrieg, S. 124f.
28 Vgl. *Kaiser* (Hg.), Abschiede 4,1,b, S. 223, Nr. 122,II; *Haas*, Kappelerkrieg, S. 147.
29 Vgl. *Haas*, Kappelerkrieg, S. 140–144; *Locher*, Reformation, S. 357f.
30 Vgl. *Kaiser* (Hg.), Abschiede 4,1,b, S. 224f., Nr. 123,1.
31 Vgl. *Locher*, Reformation, S. 359.
32 Vgl. *Haas*, Kappelerkrieg, S. 157f.
33 Vgl. ebd., S. 168.
34 Vgl. ebd., S. 148; *Locher*, Reformation, S. 359.

3. Der Erste Kappeler Landfrieden[35]

Als die Hauptstreitmacht Zürichs am 10. Juni zum Angriff vorrücken wollte, hielt sie Hans Aebli (†1547/48), der Landammann von Glarus, davon ab. Er bot sich als Vermittler an, betonte die Verhandlungsbereitschaft der Fünf Orte und warnte vor den grausamen Folgen eines Krieges. Durch seinen mit großem Nachdruck vorgetragenen Appell erreichte er schließlich, dass die Zürcher Heeresführung einen Stillstand von vier bis fünf Stunden bewilligte.[36] Als diese Frist abgelaufen war, entschied die Heeresführung, erst am nächsten Tag vorzustoßen.[37] In der Zwischenzeit hatte Bern Zürich in einem Brief vom 10. Juni scharf dazu aufgefordert, einen Angriff zu unterlassen und einen friedlichen Ausgleich anzustreben.[38] Die Zürcher Obrigkeit beugte sich dem Druck Berns und gab ihrer Heeresführung noch rechtzeitig vor dem geplanten Vorstoß den Befehl, bis auf Weiteres nicht auf fremdes Territorium vorzudringen.[39] Es begannen nun längere Friedensverhandlungen, die vor allem in den beiden Heerlagern stattfanden. Geleitet wurden sie von Vermittlern aus neutralen eidgenössischen Orten, Zugewandten Orten, der Gemeinen Herrschaft Sargans sowie aus den Reichsstädten Straßburg und Konstanz.[40]

Während der Verhandlungen kam es zwischen den einander gegenüberliegenden Truppen zu freundschaftlichen Kontakten und Verbrüderungen. Vorposten verabredeten, einander nicht zu bekämpfen.[41] Diese Geschehnisse bildeten die Grundlage für die Entstehung der seit 1536 bezeugten Erzählung von der Kappeler Milchsuppe:[42] Krieger beider Heere hätten aus einem großen, auf der Grenze stehenden Zuber ge-

---

35 Vgl. zu Landfrieden auch Kapitel 8.
36 Vgl. *Kaiser* (Hg.), Abschiede 4,1,b, S. 233, Nr. 123,28; *Emil Egli*, Biographien, in: Zwing. 2/9.11.12 (1909–10), S. 279–283, S. 325–335, S. 370–377, hier S. 373f.; *Ferdinand Schmid*, Die Vermittlungsbemühungen des In- und Auslandes während der beiden Kappelerkriege, Basel 1946, S. 22f.; *Haas*, Kappelerkrieg, S. 148, auch Anm. 19, S. 167f. Zur Datierung des Stillstands vgl. *Leonhard von Muralt*, Jörg Berger, in: Festgabe des Zwingli-Vereines zum 70. Geburtstage seines Präsidenten Hermann Escher, Zürich 1927, S. 98–126, hier S. 125, Anm. 98; vgl. zu Waffenstillständen auch Kapitel 16.
37 Vgl. *Kaiser* (Hg.), Abschiede 4,1,b, S. 232, Nr. 123,23; *Schmid*, Vermittlungsbemühungen, S. 23, S. 25; *Haas*, Kappelerkrieg, S. 148.
38 Vgl. *Kaiser* (Hg.), Abschiede 4,1,b, S. 230f., Nr. 123,20; *Haas*, Kappelerkrieg, S. 148, S. 164f.
39 Vgl. *Johannes Strickler* (Hg.), Actensammlung zur Schweizerischen Reformationsgeschichte im Anschluss an die gleichzeitigen eidgenössischen Abschiede, Bd. 2: 1529 und 1530, Zürich 1879, S. 197f., Nr. 494; *Kaiser* (Hg.), Abschiede 4,1,b, S. 232, Nr. 123,26; *Schmid*, Vermittlungsbemühungen, S. 25; *Haas*, Kappelerkrieg, S. 148.
40 Vgl. die Auflistung der Vermittler in *Zecherle* (Bearb.), Erster Landfrieden, Einleitung. Zu den Gründen, weshalb sich einzelne Territorien an der Vermittlung beteiligten, vgl. *Schmid*, Vermittlungsbemühungen, S. 27f.
41 Vgl. *Kaiser* (Hg.), Abschiede 4,1,b, S. 241, Nr. 131,4; *Haas*, Kappelerkrieg, S. 150; *Georg Kreis*, Die Kappeler Milchsuppe. Kernstück der schweizerischen Versöhnungsikonographie, in: SZG 44 (1994), S. 288–310, hier S. 290f.
42 Zur mutmaßlichen Entstehungsgeschichte der Erzählung vgl. *Kreis*, Milchsuppe, S. 290–294.

meinsam Milchsuppe gegessen, zu der die fünförtischen Truppen die Milch, die Zürcher das Brot beigesteuert hätten. Wer dabei in die jenseits der Grenzlinie liegende Hälfte des Zubers hinübergegriffen habe, sei freundschaftlich zurechtgewiesen worden.[43] In der Folgezeit wurde diese Erzählung in zahlreichen Texten und bildlichen Darstellungen verbreitet, sodass sie zum „Kernstück der schweizerischen Versöhnungsikonographie"[44] wurde.

Die Obrigkeiten beider Konfliktparteien missbilligten die freundschaftlichen Kontakte zwischen den gegnerischen Heeren und versuchten sie zu unterbinden, weil sie sich für den Fall, dass die Verhandlungen nicht zu dem gewünschten Ergebnis führen sollten, die Option militärischer Gewaltanwendung offenhalten wollten. Die sinkende Kampfbereitschaft ihrer Truppen setzte die politische Führung der im Feld liegenden Orte unter Druck, sich auf einen Friedensvertrag zu einigen.[45]

Zu Beginn der Verhandlungen organisierten die vermittelnden Schiedsleute eine Aussprache zwischen den beiden Konfliktparteien, bei der auch die Heere miteinbezogen wurden. Am 14. Juni trat eine Delegation der Fünf Orte unter der Führung des Luzerner Schultheißen Hans Hug (†1534) vor die versammelten Zürcher Truppen. Hug legte in Anwesenheit der Schiedsleute die Anliegen und Beschwerden der Fünf Orte dar. Als Vertreter Zürichs antwortete der Hauptmann Hans Escher (ca. 1470–1538). Er erläuterte, weshalb sich die Zürcher Obrigkeit zur Kriegserklärung gezwungen gesehen habe.[46] Am 16. Juni sprach dann eine Zürcher Gesandtschaft vor dem Heer der Fünf Orte. Bei dieser Unterredung verständigte man sich schließlich darauf, dass die weiteren Verhandlungen von den Vermittlern geführt werden sollten.[47] Nachdem diese die Forderungen der Konfliktparteien in Erfahrung gebracht hatten,[48] erarbeiteten sie einen Vorschlag für einen Friedensvertrag,[49] den sie am 18. Juni beiden Parteien präsentierten.[50] Die Vermittler berücksichtigten die militärische Lage und kamen daher in ihrem Vorschlag den Evangelischen relativ weit entgegen.[51] Während die Fünf Orte einige Punkte des Vorschlags nicht akzeptieren woll-

---

43 Vgl. *Johannes Stumpf*, Schweizer- und Reformationschronik, hg. von Ernst Gagliardi u. a., Bd. 2, Basel 1955, S. 62, S. 13–21; *Heinrich Bullinger*, Reformationsgeschichte, hg. von Johann Jakob Hottinger und Hans Heinrich Vögeli, Bd. 2, Frauenfeld 1838, S. 183.
44 *Kreis*, Milchsuppe, S. 288. Zur Wirkungsgeschichte bis in die Gegenwart vgl. ebd., S. 294–310.
45 Vgl. *Haas*, Kappelerkrieg, S. 150f.
46 Vgl. *Kaiser* (Hg.), Abschiede 4,1,b, S. 241, Nr. 131,1f.; *Schmid*, Vermittlungsbemühungen, S. 29f.; *Haas*, Kappelerkrieg, S. 171f.
47 Vgl. *Kaiser* (Hg.), Abschiede 4,1,b, S. 253–256, Nr. 135; *Schmid*, Vermittlungsbemühungen, S. 30; *Haas*, Kappelerkrieg, S. 172f.
48 Vgl. *Schmid*, Vermittlungsbemühungen, S. 30–33; *Haas*, Kappelerkrieg, S. 173–177.
49 Vgl. die Edition des Vorschlags in *Kaiser* (Hg.), Abschiede 4,1,b, S. 275–279, Nr. 136,43. Ein Regest dieses Textes findet sich in *Schmid*, Vermittlungsbemühungen, S. 34.
50 Vgl. *Kaiser* (Hg.), Abschiede 4,1,b, S. 259, Nr. 136,12,3, Nr. 136,13f.; *Haas*, Kappelerkrieg, S. 177f.
51 Vgl. *Schmid*, Vermittlungsbemühungen, S. 33.

ten,[52] einigten sich Zürich und Bern nach kontroversen Diskussionen darauf, nur kleinere Modifikationen zu fordern.[53] Die Vermittler arbeiteten die gemeinsamen Änderungswünsche von Zürich und Bern in ihren Entwurf ein[54] und legten den Vertrag in dieser Form den Fünf Orten zur Annahme vor. Sollten diese dazu nicht bereit sein, drohten Zürich und Bern mit einem Angriff.[55] Die Fünf Orte lenkten ein und stimmten am 24. Juni dem ihnen vorgelegten Vertrag, dem sogenannten Ersten Kappeler Landfrieden, zu.[56] Sie zögerten dann aber, die Urkunde ihres Bündnisses mit Erzherzog Ferdinand wie vereinbart herauszugeben.[57] Gleich nachdem die Schiedsleute die Bündnisurkunde schließlich doch ausgehändigt bekamen, zerrissen sie sie am 26. Juni um zwei Uhr nachts öffentlich im Kappeler Lager[58] und siegelten für beide Konfliktparteien je ein Exemplar der vorläufigen Ausfertigung des Ersten Kappeler Landfriedens.[59] Die beiden Exemplare der endgültigen Ausfertigung des Friedens wurden in Baden erstellt und am 23. Juli auf einer dort zusammengetretenen Tagsatzung den Konfliktparteien übergeben.[60]

Der erste Artikel des Ersten Kappeler Landfriedens beginnt mit einem programmatischen Verweis auf den Grundsatz, dass in Glaubensfragen kein Zwang angewendet werden dürfe: „Des ersten von wegen des göttlichen wortts: diewyl und [= weil aber] niemand zum glouben gezwungen sol werden, das dann die örtter unnd die iren desselben ouch nit genöttiget [...]".[61] Rechtssubjekte der zitierten Bestimmung waren aber offensichtlich, wie auch aus dem präziser formulierten Artikel 15 hervorgeht,[62] nur die Orte, nicht aber Einzelpersonen. In Verbindung mit Artikel acht, der die Gültigkeit der erlassenen Reformationsmandate bestätigte,[63] sicherten die beiden genannten Artikel die Einführung der Reformation in den evangelischen Orten verfassungsrechtlich ab. Der erste Artikel enthielt zudem eine Regelung für die Gemeinen Herrschaften: Dort bekamen die einzelnen Kirchengemeinden nun das Recht, mit einem Mehrheitsbeschluss die Reformation einzuführen.[64] Damit war es den evangeli-

---

52 Vgl. die Gegenvorschläge der Fünf Orte in der Synopse in *Kaiser* (Hg.), Abschiede 4,1,b, S. 275–279, Nr. 136,43; *Schmid*, Vermittlungsbemühungen, S. 34.
53 Vgl. *Haas*, Kappelerkrieg, S. 177–181.
54 Vgl. *Kaiser* (Hg.), Abschiede 4,1,b, S. 281–286, Nr. 136,45f.
55 Vgl. *Strickler* (Hg.), Actensammlung 2, S. 241f., Nr. 617,4, Nr. 618; *Haas*, Kappelerkrieg, S. 181.
56 Vgl. *Kaiser* (Hg.), Abschiede 4,1,b, S. 262, Nr. 136,26.
57 Vgl. ebd., S. 264, Nr. 136,33; *Haas*, Kappelerkrieg, S. 181f.
58 Vgl. *Kaiser* (Hg.), Abschiede 4,1,b, S. 264, Nr. 136,34.
59 Vgl. den sogenannten Hauptbrief des Friedens vom 26.06.1529 in ebd., S. 281–286, Nr. 136,46; *Haas*, Kappelerkrieg, S. 182.
60 Vgl. die Übergangsbestimmungen im sogenannten Hauptbrief des Friedens vom 26.06.1529 in *Kaiser* (Hg.), Abschiede 4,1,b, S. 285f., Nr. 136,46; ebd., S. 298, Nr. 146,a,I,1. Edition der endgültigen Ausfertigung in ebd., S. 1.478–1.483, Beilage Nr. 8; *Zecherle* (Bearb.), Erster Landfrieden.
61 *Zecherle* (Bearb.), Erster Landfrieden.
62 Vgl. *Kaiser* (Hg.), Abschiede 4,1,b, S. 1.481, Beilage Nr. 8; *Zecherle* (Bearb.), Erster Landfrieden.
63 Vgl. *Kaiser* (Hg.), Abschiede 4,1,b, S. 1.480, Beilage Nr. 8; *Zecherle* (Bearb.), Erster Landfrieden.
64 Vgl. *Kaiser* (Hg.), Abschiede 4,1,b, S. 1.479, Beilage Nr. 8; *Zecherle* (Bearb.), Erster Landfrieden.

schen Orten gelungen, eines ihrer zentralen religionspolitischen Anliegen durchzusetzen. Die Fünf Orte hatten bei den Friedensverhandlungen gefordert, altgläubigen Minderheiten in den Gemeinen Herrschaften das Recht zu gewähren, ihren Glauben ungehindert auszuüben, „dwyl dann der gloub ein gab von gott und in niemand ze zwingen ist"[65]. Eine solche Bestimmung wurde jedoch in den Landfrieden nicht aufgenommen. Ebenso wie der erste Artikel griff auch der zweite ein zentrales Anliegen der evangelischen Orte auf: Er verpflichtete die Fünf Orte zur Auflösung ihres Bündnisses mit Ferdinand, der Christlichen Vereinigung, während das Bündnis der evangelischen Orte, das Christliche Burgrecht, ausdrücklich bestehen bleiben durfte.[66] Die Fünf Orte hatten während der Verhandlungen vergeblich verlangt, man solle entweder beide Bündnisse verbieten oder sie in gleicher Weise juristisch überprüfen.[67]

Die evangelischen Orte konnten zudem ihre Forderung durchsetzen, dass ihnen die Fünf Orte die Kriegskosten erstatten müssten, weil die Schuld für den Kriegsausbruch bei den Fünf Orten liege.[68] Die Schiedsleute erreichten allerdings, dass die Entscheidung über die Höhe der zu zahlenden Summe vertagt und im 13. Artikel des Ersten Kappeler Landfriedens ihnen übertragen wurde.[69]

Zwei sehr gewichtige Forderungen, die die Zürcher Obrigkeit unter dem Einfluss Zwinglis erhoben hatte, konnte sie bei den Friedensverhandlungen letztlich nicht durchsetzen. Zürich hatte verlangt, dass die evangelische Predigt in der gesamten Eidgenossenschaft, also auch im Gebiet der Fünf Orte, erlaubt werden solle. Außerdem solle es in der gesamten Eidgenossenschaft verboten werden, regelmäßige Geldzahlungen auswärtiger Mächte, die sogenannten Pensionen, anzunehmen. Die für das Pensionenwesen Hauptverantwortlichen sollten bestraft werden.[70] Diese Forderungen, die die Autonomie der Orte in ihren eigenen Hoheitsgebieten einschränken wollten, wurden jedoch von Bern nicht unterstützt. Die Zürcher Obrigkeit ließ sie deshalb schließlich gegen den Willen Zwinglis fallen.[71] Der Erste Kappeler Landfrieden enthielt dann lediglich im dritten Artikel eine unverbindliche Bitte an die Fünf Orte, die Pensionen abzuschaffen,[72] sowie die auf Wunsch der evangelischen Orte[73] in

---

65 Gegenvorschlag der Fünf Orte in *Kaiser* (Hg.), Abschiede 4,1,b, S. 275, Nr. 136,43.
66 Vgl. *Kaiser* (Hg.), Abschiede 4,1,b, S. 1479f., Beilage Nr. 8; *Zecherle* (Bearb.), Erster Landfrieden.
67 Vgl. den Gegenvorschlag der Fünf Orte in *Kaiser* (Hg.), Abschiede 4,1,b, S. 275, Nr. 136,43.
68 Zu dieser Begründung vgl. den Brief Zwinglis an Bürgermeister, kleine und große Räte zu Zürich vom 11.06.1529 in *Huldreich Zwingli*, Sämtliche Werke, hg. von Emil Egli u.a., Bd. 10, Leipzig 1929, S. 154,22–26, Nr. 855, sowie den Friedensvorschlag Berns vom 14.06.1529 in *Kaiser* (Hg.), Abschiede 4,1,b, S. 269, Nr. 136,38,6.
69 Vgl. *Kaiser* (Hg.), Abschiede 4,1,b, S. 1.481, Beilage Nr. 8; *Zecherle* (Bearb.), Erster Landfrieden. Zum Verlauf der Verhandlungen vgl. *Haas*, Kappelerkrieg, S. 176f.
70 Vgl. *Kaiser* (Hg.), Abschiede 4,1,b, S. 267, Nr. 136,37; vgl. auch *Haas*, Kappelerkrieg, S. 169, S. 175f.
71 Vgl. *Kaiser* (Hg.), Abschiede 4,1,b, S. 261, Nr. 136,19, Nr. 136,21; *Haas*, Kappelerkrieg, S. 174–181.
72 Vgl. *Kaiser* (Hg.), Abschiede 4,1,b, S. 1.480, Beilage Nr. 8; *Zecherle* (Bearb.), Erster Landfrieden.
73 Vgl. die verschiedenen Fassungen des ersten Artikels in den Vertragsentwürfen in *Kaiser* (Hg.), Abschiede 4,1,b, S. 275, S. 280f., Nr. 136,43–45.

den Text des ersten Artikels aufgenommene unpräzise Bestimmung, dass „dehein teil dem anndern sinen glouben weder vechen [= bekämpfen, verfolgen] noch straffen"[74] dürfe.

Weitere Regelungen des Friedensvertrages sollten zur Versöhnung und Friedenssicherung beitragen: Den am Krieg Beteiligten wurde eine Amnestie gewährt. Gegenseitige Beschimpfungen wegen des Glaubens sollten von beiden Konfliktparteien durch Strafen unterbunden werden.[75] Sondertagsatzungen einzelner Orte zu Fragen, die die gesamte Eidgenossenschaft betreffen, wurden untersagt.[76] Die eidgenössischen Bünde sollten nach altem Brauch neu beschworen werden.[77]

4. Die erneute Eskalation des Religionskonflikts

Der Erste Kappeler Landfrieden verhinderte im letzten Augenblick eine militärische Auseinandersetzung, konnte den Religionskonflikt in der Schweiz aber nicht dauerhaft entschärfen. Dazu trugen vor allem zwei Faktoren bei: Sowohl die Fünf Orte als auch Zürich waren mit den vereinbarten Regelungen nicht zufrieden.[78] Außerdem war der Text des Friedensvertrags in entscheidenden Punkten zu ungenau formuliert.[79]

Auf Betreiben Zwinglis[80] behauptete die Zürcher Obrigkeit, die im ersten Artikel des Landfriedens enthaltene unpräzise Bestimmung, dass keine Partei gegen den Glauben der anderen vorgehen dürfe,[81] verpflichte die Fünf Orte, die reformatorische Predigt auch in ihren eigenen Territorien nicht zu behindern. Bereits im Juli 1529 wollte die Zürcher Obrigkeit diese wenig naheliegende Interpretation des ersten Artikels durchsetzen, musste ihr Anliegen dann jedoch zunächst zurückstellen, weil es von den Bündnispartnern im Christlichen Burgrecht nicht unterstützt wurde.[82] Die Freiga-

---

74 *Zecherle* (Bearb.), Erster Landfrieden.
75 Vgl. Artikel 9 und 10 in *Kaiser* (Hg.), Abschiede 4,1,b, S. 1.480f., Beilage Nr. 8; *Zecherle* (Bearb.), Erster Landfrieden.
76 Vgl. Artikel 5 in *Kaiser* (Hg.), Abschiede 4,1,b, S. 1480, Beilage Nr. 8; *Zecherle* (Bearb.), Erster Landfrieden.
77 Vgl. Artikel 17 in *Kaiser* (Hg.), Abschiede 4,1,b, S. 1482, Beilage Nr. 8; *Zecherle* (Bearb.), Erster Landfrieden.
78 Vgl. *Locher*, Reformation, S. 521f.
79 Vgl. *Franz Straub*, Zürich und die Bewährung des ersten Landfriedens (Herbst 1529 bis Herbst 1530), Zürich 1970, S. 29–33.
80 Vgl. Zwinglis Ratschlag über die Deutung des Landfriedens (vor 21.07.1529) in *Zwingli*, Sämtliche Werke 6,2, S. (478)484–489, Nr. 144.
81 Vgl. *Kaiser* (Hg.), Abschiede 4,1,b, S. 1.479, Beilage Nr. 8; *Zecherle* (Bearb.), Erster Landfrieden.
82 Vgl. die Zürcher Instruktion für die Tagsatzung in Baden am 23.07.1529 in *Bullinger*, Reformationsgeschichte 2, S. 199–201; *Kurt Spillmann*, Zwingli und Zürich nach dem Ersten Landfrieden, in: Zwing. 12/4–5 (1965–1966), S. 254–280, S. 309–329, hier S. 325f.; *Straub*, Zürich, S. 31f.

be der evangelischen Predigt auch im Gebiet der Fünf Orte blieb aber ein sehr wichtiges Ziel der Zürcher Politik.[83]

Dass auch die Fünf Orte mit den Regelungen des Ersten Kappeler Landfriedens unzufrieden waren, zeigte sich beim Streit um die von ihnen an die evangelischen Orte zu zahlende Entschädigung für die Kriegskosten, über deren Höhe gemäß Artikel 13 des Landfriedens die Schiedsleute entscheiden sollten.[84] Am 1. August 1529 setzten diese die von den Fünf Orten zu entrichtende Summe auf 2.500 Kronen fest und blieben damit weit unter der Forderung der evangelischen Orte, die mehr als das Zwanzigfache verlangt hatten.[85] Dennoch weigerten sich die Fünf Orte, ihre Zahlungsverpflichtung anzuerkennen,[86] sodass die evangelischen Orte am 12. September 1529 eine Proviantsperre gegen sie verhängten.[87] Erst als die Fünf Orte durch diese Zwangsmaßnahme unter Druck gesetzt worden waren, lenkten sie ein und sicherten am 24. September im sogenannten Beibrief zum Ersten Kappeler Landfrieden die Zahlung der Entschädigung und die Einhaltung des Landfriedens zu.[88] Den festgesetzten Zahlungstermin, den 24. Juni 1530, hielten sie aber nicht ein und begründeten dies damit, dass zuvor die strittigen Fragen bei der Auslegung des Landfriedens geklärt werden müssten.[89] Im September 1530 verzichteten Uri und Zug, im Oktober desselben Jahres dann auch die drei anderen altgläubigen Orte schließlich doch auf diese Vorbedingung und entrichteten ihre Anteile an der Kriegskostenentschädigung.[90]

In der Folgezeit trugen vor allem die Schmähungen wegen des Glaubens zur Zuspitzung des Religionskonflikts bei. Die evangelischen Orte warfen den Fünf Orten vor, sie würden den zehnten Artikel des Landfriedens nicht umsetzen, der beide Seiten dazu verpflichtete, Beleidigungen wegen des Glaubens zu unterbinden und Zuwiderhandelnde zu bestrafen.[91] Zürich schlug am 5. März 1531 auf einer Tagung der Mitglieder des Christlichen Burgrechts vor, auf die fortdauernden Schmähungen mit einem militärischen Vorgehen gegen die Fünf Orte zu reagieren. Die Bündnispartner Zürichs lehnten dies jedoch ab. Es wurde daher lediglich vereinbart, die Fünf Orte vor einer gemeineidgenössischen Tagsatzung nachdrücklich zum Einschreiten gegen Beleidigungen aufzufordern.[92] Als dieses Vorhaben Ende März umgesetzt wurde, beteu-

---

83 Vgl. *Straub*, Zürich, S. 136–138; *Helmut Meyer*, Der Zweite Kappeler Krieg. Die Krise der Schweizerischen Reformation, Zürich 1976, S. 17–19.
84 Vgl. *Kaiser* (Hg.), Abschiede 4,1,b, S. 1.481, Beilage Nr. 8; *Zecherle* (Bearb.), Erster Landfrieden.
85 Vgl. *Kaiser* (Hg.), Abschiede 4,1,b, S. 299f., Nr. 146,a,III; *Spillmann*, Zwingli, S. 266f.
86 Vgl. *Spillmann*, Zwingli, S. 274f., S. 279f., S. 321.
87 Vgl. *Kaiser* (Hg.), Abschiede 4,1,b, S. 358, Anlage zu Nr. 180,d,4; *Spillmann*, Zwingli, S. 280, S. 314f.
88 Vgl. den Text des Beibriefs in *Kaiser* (Hg.), Abschiede 4,1,b, S. 1.483–1.486, Beilage Nr. 8a; *Spillmann*, Zwingli, S. 323–326.
89 Vgl. *Kaiser* (Hg.), Abschiede 4,1,b, S. 688, Nr. 342,s.
90 Vgl. ebd., S. 762f., Nr. 387,e; S. 804, Nr. 406,o; S. 806, Anlagen zu Nr. 406,o.
91 Vgl. Artikel 10 in ebd., S. 1.481, Beilage Nr. 8; *Zecherle* (Bearb.), Erster Landfrieden.
92 Vgl. *Kaiser* (Hg.), Abschiede 4,1,b, S. 910f., Nr. 469,e; *Meyer*, Krise, S. 23–27.

erten die Fünf Orte, sie hätten Schmähungen durchaus bestraft und würden dies auch in Zukunft tun. Sie warfen zudem den evangelischen Orten vor, diese würden ihrerseits beleidigende Äußerungen über den alten Glauben nicht unterbinden.[93]

Als im März 1531 Gian Giacomo Medici (1495–1555), der Kastellan von Musso, in das Veltlin einfiel,[94] das ein Untertanengebiet des Freistaats der Drei Bünde war, verweigerten die Fünf Orte dem mit den Eidgenossen verbündeten Freistaat die militärische Unterstützung.[95] Dies veranlasste die Zürcher Obrigkeit zu der unzutreffenden Vermutung, Gian Giacomo Medici und die Fünf Orte würden in Abstimmung mit dem Kaiser handeln, der nun einen umfassenden Plan zur gewaltsamen Unterdrückung des Protestantismus umsetze. Zürich drängte daher seine Bündnispartner seit Mitte April 1531 noch heftiger zu einem militärischen Vorgehen gegen die Fünf Orte, stieß dabei aber weiterhin auf Ablehnung.[96]

Nachdem Zürich damit gedroht hatte, die Fünf Orte notfalls auch alleine anzugreifen,[97] einigten sich die Mitglieder des Christlichen Burgrechts nach kontroversen Diskussionen am 16. Mai 1531 darauf, dass Zürich und Bern gegen die Fünf Orte eine Proviantsperre verhängen sollten.[98] Als die Zürcher Obrigkeit am 27. Mai den Fünf Orten das Embargo verkündete, führte sie zur Begründung dieser Zwangsmaßnahme an, die Fünf Orte hätten gegen Bestimmungen des Ersten Kappeler Landfriedens verstoßen, indem sie Schmähungen des evangelischen Glaubens nicht unterbunden und die evangelische Predigt in ihren Gebieten nicht erlaubt hätten. Außerdem hätten sie die eidgenössischen Bünde dadurch gebrochen, dass sie dem Freistaat der Drei Bünde mit fadenscheinigen Argumenten ihre Hilfe verweigert hätten. Die Proviantsperre werde erst dann wieder aufgehoben, wenn die Fünf Orte die Schmäher bestraft und zudem versichert hätten, dass sie fortan die Bünde und den Ersten Kappeler Landfrieden einhalten wollten.[99]

Bereits am 20. Mai sprachen französische Gesandte in Zürich vor, um zwischen den Konfliktparteien zu vermitteln.[100] Sie wurden bei ihren Bemühungen bald darauf von Vertretern neutraler Orte unterstützt.[101] Die nun folgenden Verhandlungen, die

---

93 Vgl. *Kaiser* (Hg.), Abschiede 4,1,b, S. 923–925, Nr. 479,a; S. 928–930, Anlage 5 zu Nr. 479,a; *Meyer*, Krise, S. 24f., S. 120–123.
94 Vgl. *Muralt*, Renaissance, S. 511; *Martin Bundi*, Art. „Müsserkriege", in: HLS (2009), URL: https://hls-dhs-dss.ch/de/articles/008904/2009-02-04 (abgerufen am: 01.07.2019).
95 Vgl. *Kaiser* (Hg.), Abschiede 4,1,b, S. 926, Nr. 479,g; *Muralt*, Renaissance, S. 511; *Meyer*, Krise, S. 28, S. 124–126.
96 Vgl. *Kaiser* (Hg.), Abschiede 4,1,b, S. 936f., Nr. 484,a; S. 956f., Nr. 496,a; *Meyer*, Krise, S. 28–31.
97 Vgl. *Kaiser* (Hg.), Abschiede 4,1,b, S. 982, Nr. 507,b,IV; *Meyer*, Krise, S. 32.
98 Vgl. *Kaiser* (Hg.), Abschiede 4,1,b, S. 986–988, Nr. 510,a–c; *Meyer*, Krise, S. 32.
99 Vgl. *Kaiser* (Hg.), Abschiede 4,1,b, S. 1.001–1.003, Anlage 1 zu Nr. 516,II. Zu den Differenzen zwischen Zürich und Bern in der Frage, wie die Proviantsperre begründet werden sollte, vgl. *Meyer*, Krise, S. 35f.
100 Vgl. *Kaiser* (Hg.), Abschiede 4,1,b, S. 996f., Nr. 515.
101 Vgl. *Meyer*, Krise, S. 35.

sich bis Anfang Oktober 1531 hinzogen, führten jedoch zu keiner Einigung. Ein für beide Seiten akzeptabler Kompromiss zur dauerhaften Beilegung des Konflikts ließ sich vor allem deshalb nicht finden, weil Zürich darauf bestand, die Fünf Orte müssten auch in ihren eigenen Gebieten die evangelische Predigt zulassen, die Fünf Orte dies aber ablehnten.[102] Um Zeit für weitere Gespräche zu gewinnen, schlugen die Vermittler am 29. September schließlich eine Suspendierung der Streitigkeiten bis Ostern 1532 vor. In der Zwischenzeit sollten der Friede gewahrt, die Lebensmittelsperre aufgehoben und Schmähungen unterlassen werden.[103] Im Gegensatz zu Zürich waren Bern und die übrigen Mitglieder des Christlichen Burgrechts bereit, auf diesen Vorschlag einzugehen. Der gravierende Dissens zwischen den Verbündeten wurde aber bald gegenstandslos.[104] Die Fünf Orte lehnten nämlich am 7. Oktober den Vorschlag der Vermittler ab, weil er ihre Rechte nicht wiederherstelle.[105]

5. Der Zweite Kappeler Krieg

Als die Verhandlungen kein für sie akzeptables Ergebnis erbracht hatten und durch die fortdauernde Proviantsperre eine Hungersnot drohte,[106] erklärten die Fünf Orte am 9. Oktober 1531 Zürich den Krieg.[107] Da die Zürcher Obrigkeit die Mobilmachung ihrer Hauptstreitmacht, des Banners, erst am Nachmittag des 10. Oktober anordnete,[108] endete die erste Schlacht, die am 11. Oktober bei Kappel am Albis stattfand, mit einer Niederlage Zürichs.[109] Etwa 500 Zürcher fielen, darunter Zwingli.[110]

Noch vor der Schlacht bei Kappel hatte Bern am 11. Oktober den Fünf Orten den Krieg erklärt[111] und sich damit, anders als von den Fünf Orten erhofft, auf die Seite Zürichs gestellt.[112] Die Truppen Zürichs, Berns und weiterer Mitglieder des Christlichen

---

102 Vgl. *Schmid*, Vermittlungsbemühungen, S. 48–58; *Meyer*, Krise, S. 37–48.
103 Vgl. *Kaiser* (Hg.), Abschiede 4,1,b, S. 1.177, Nr. 620.
104 Vgl. ebd., S. 1.178, Nr. 621; S. 1.185, Nr. 627; *Meyer*, Krise, S. 48f.
105 Vgl. das Schreiben der Ratsboten der Fünf Orte an die Schiedboten vom 07.10.1531 in *Kaiser* (Hg.), Abschiede 4,1,b, S. 1.182, Anlage 8 zu Nr. 624.
106 Vgl. *Meyer*, Krise, S. 34.
107 Vgl. *Kaiser* (Hg.), Abschiede 4,1,b, S. 1.188f., Anlage 1 zu Nr. 631; *Meyer*, Krise, S. 140 mit Anm. 1 (S. 384).
108 Vgl. *Meyer*, Krise, S. 142–148 mit Anm. 52 (S. 387).
109 Vgl. ebd., S. 149–155. Vgl. auch die Karte mit graphischer Darstellung der Truppenbewegungen in *Helmut Meyer*, Der Zweite Kappeler Krieg. Gedenkschrift zur 450. Wiederkehr des Todestages von Huldrych Zwingli 11. Oktober 1531–11. Oktober 1981, Zürich 1981, S. 43.
110 Vgl. *Emil Egli*, Die Schlacht von Cappel 1531. Mit zwei Plänen und einem Anhange ungedruckter Quellen, Zürich 1873, S. 41f.; *Meyer*, Krise, S. 155f.
111 Vgl. den Absagebrief in *Rudolf Steck/Gustav Tobler* (Hg.), Aktensammlung zur Geschichte der Berner-Reformation 1521–1532, Bd. 2, Bern 1923, S. 1.402, Nr. 3.104; *Meyer*, Krise, S. 160.
112 Vgl. *Meyer*, Krise, S. 135, S. 140f.

Burgrechts vereinigten sich zu einem über 20.000 Mann starken Heer, das seit dem 20. Oktober bei Baar der nur ungefähr 7.000 Mann zählenden Hauptstreitmacht der Fünf Orte gegenüberstand.[113] Am 23. Oktober brachen 5.000 bis 6.000 Mann unter dem Kommando des Zürchers Jakob Frei (ca. 1480/90–1531) aus dem Lager der Burgrechtsstädte auf, um durch ein Umgehungsmanöver das Heer der Fünf Orte zu umzingeln. Als die Truppen Freis vom 23. auf den 24. Oktober auf dem Gubel, einer Anhöhe bei Menzingen, übernachteten, wurden sie von etwa 650 Kämpfern der Fünf Orte überfallen und in die Flucht geschlagen. Dabei wurden mehr als 500 Mann aus dem Heer Freis getötet.[114] Die erneute Niederlage hatte zur Folge, dass die Disziplin in der Streitmacht des Christlichen Burgrechts stark abnahm und viele Kämpfer desertierten.[115]

6. Der Zweite Kappeler Landfrieden

Nach Ausbruch des Zweiten Kappeler Krieges hatten sich die neutralen Orte innerhalb der Eidgenossenschaft sowie verschiedene ausländische Mächte zunächst vergeblich als Vermittler angeboten.[116] Ende Oktober waren dann aber beide Kriegsparteien mit Verhandlungen grundsätzlich einverstanden.[117] Am 31. Oktober teilten die Fünf Orte den Vermittlern folgende Bedingungen mit, deren Annahme die Voraussetzung für weitere Gespräche sei: Die Mitglieder des Christlichen Burgrechts sollten ihre Truppen aus dem Gebiet der Fünf Orte abziehen und diese Orte unbedrängt beim alten Glauben bleiben lassen. Außerdem sollten sie die alten Bünde genau einhalten und die bisherigen Rechte der Fünf Orte in den gemeinsam verwalteten Gemeinen Herrschaften unangetastet lassen.[118] Die zuletzt genannte Bedingung bedeute, so erläuterten die Fünf Orte am 1. November, dass in den Gemeinen Herrschaften zumindest dort, wo die Mehrheit dies wünsche, eine Rückkehr zum alten Glauben erfolgen solle.[119] Die Führer des Zürcher und Berner Heeres beschlossen in der Nacht vom 1. auf den 2. November, alle Bedingungen außer der letzten zu akzeptieren.[120] Die Hauptleute der Fünf Or-

---

113 Vgl. ebd., S. 160–169. Vgl. auch die Karte mit graphischer Darstellung der Truppenbewegungen zwischen dem 12. und 20. Oktober 1531 in *Meyer*, Gedenkschrift, S. 50f.
114 Vgl. *Meyer*, Krise, S. 179–184. Vgl. auch die Karte mit graphischer Darstellung der Truppenbewegungen in *Meyer*, Gedenkschrift, S. 54.
115 Vgl. *Meyer*, Krise, S. 185.
116 Vgl. *Schmid*, Vermittlungsbemühungen, S. 65–68; *Meyer*, Krise, S. 176–178, S. 187f.
117 Vgl. *Schmid*, Vermittlungsbemühungen, S. 68–70; *Meyer*, Krise, S. 188–192, S. 194f.
118 Vgl. den Brief der Zürcher Hauptleute an Bürgermeister und Rat von Zürich vom 31.10.1531 in *Kaiser* (Hg.), Abschiede 4,1,b, S. 1.201, Anlage 19 zu Nr. 641; vgl. auch *Meyer*, Krise, S. 194f.
119 Vgl. den Brief des Hauptmanns, Bannerherrn und der beiden Räte von Luzern an den Rat von Luzern vom 01.11.1531 in *Theodor Scherer-Boccard* (Hg.), Acten des Jahres 1531 aus dem Luzerner Staats-Archiv, in: ASRG 2 (1872), S. 153–492, hier S. 329, Nr. 229; vgl. auch *Meyer*, Krise, S. 196f.
120 Vgl. *Meyer*, Krise, S. 197f. mit Anm. 14 (S. 413f.).

te bestanden aber auf der Erfüllung auch dieser Bedingung,[121] die sie nun zusammen mit den Vermittlern konkretisierten: In den Gemeinen Herrschaften solle in den Gemeinden, in denen die Reformation eingeführt worden sei, erneut über den Glauben abgestimmt werden, wenn Gemeindemitglieder dies wünschten. Altgläubige Minderheiten sollten ihren Glauben ausüben dürfen und Anteil an den Kirchengütern erhalten. Werde in bislang altgläubigen Gemeinden die Einführung der Reformation gefordert, solle ebenfalls eine solche Gemeindeteilung erfolgen. Als die Vertreter Zürichs und Berns diese neu formulierte Bedingung am 5. November von den Schiedsleuten erfuhren, lehnten sie sie noch am gleichen Tag ab.[122]

Auf Drängen Berns hatte die Hauptstreitmacht des Christlichen Burgrechts am 3. November das Zuger Territorium verlassen und sich weit hinter die Grenze zu Zug bis nach Bremgarten zurückgezogen.[123] Dies gab den Heerführern der Fünf Orte die Gelegenheit zu einer militärischen Machtdemonstration, mit der sie ihre Position bei den momentan stockenden Verhandlungen verbessern wollten: Sie ließen vom 6. bis 8. November ungefähr 3.000 bis 4.000 Mann zum Plündern in das nun ungeschützte Zürcher Landgebiet am linken Ufer des Zürichsees ziehen.[124]

Kurz bevor der Zürcher Rat am Mittag des 7. November vom Einfall der Fünf Orte erfuhr, hatte er bereits beschlossen, den Widerstand gegen die Regelungen, die die Fünf Orte für die Gemeinen Herrschaften forderten, aufzugeben.[125] Nachdem die Verhandlungen wegen des Plünderungszugs der Fünf Orte unterbrochen worden waren, schloss sich die Zürcher Delegation am 11. Oktober dann doch dem Gegenvorschlag der Berner Gesandten an, dem zufolge alle Gemeinden in den Gemeinen Herrschaften über den Glauben abstimmen sollten und sich anschließend die jeweilige Minderheit der Mehrheit zu fügen habe.[126] Die Fünf Orte waren jedoch zu keinen Zugeständnissen bereit. Sie veränderten die von ihnen für die Gemeinen Herrschaften geforderten Regelungen sogar noch zugunsten ihrer Glaubensrichtung: Evangelische Gemeindegründungen wollten sie nun nicht mehr zulassen, während sie weiterhin Abstimmungen über die Rückkehr zum alten Glauben und die Bildung von Gemeinden für altgläubige Minderheiten verlangten. Außerdem stellten die Fünf Orte mehrere weitere Forderungen, unter anderem die folgenden: Das Christliche Burgrecht solle aufgelöst und der Erste Kappeler Landfrieden außer Kraft gesetzt werden. Die Mitglieder

---

121 Vgl. den Brief der Hauptleute der Fünf Orte an Freiburg, Solothurn und Glarus vom 02.11.1531 in *Scherer-Boccard* (Hg.), Acten, S. 333f., Nr. 235.
122 Vgl. *Kaiser* (Hg.), Abschiede 4,1,b, S. 1.206, Anlage 10 zu Nr. 644; vgl. auch *Meyer*, Krise, S. 202f.
123 Vgl. *Meyer*, Krise, S. 198f. Vgl. auch die Karte mit graphischer Darstellung des Rückzugs in *Meyer*, Gedenkschrift, S. 54.
124 Vgl. *Meyer*, Krise, S. 199, S. 206f. Vgl. auch die Karte mit graphischer Darstellung des Plünderungszugs in *Meyer*, Gedenkschrift, S. 54.
125 Vgl. *Johannes Strickler* (Hg.), Actensammlung zur Schweizerischen Reformationsgeschichte im Anschluss an die gleichzeitigen eidgenössischen Abschiede, Bd. 4: 1531, Oct. 11–1532, Dec., Zürich 1881, S. 281f., Nr. 851; *Meyer*, Krise, S. 204, S. 207.
126 Vgl. *Kaiser* (Hg.), Abschiede 4,1,b, S. 1211f., Anlage 2 zu Nr. 649; *Meyer*, Krise, S. 211f.

des Christlichen Burgrechts sollten die Kriegskostenentschädigung, die sie gemäß dem Ersten Kappeler Landfrieden erhalten hatten, an die Fünf Orte zurückerstatten und darüber hinaus für die Schäden und Kosten aufkommen, die durch den Zweiten Kappeler Krieg entstanden.[127] Um den Druck zu erhöhen, boten die Fünf Orte am 13. November den Zürcher Landgemeinden am Zürichsee einen Separatfrieden an und drohten ihnen mit einem nochmaligen Einfall, falls sie dieses Angebot nicht unverzüglich annehmen würden.[128]

Der Zürcher Rat sah sich nun zum Nachgeben gezwungen. Die Berner Obrigkeit war allerdings wie bisher nicht bereit, die von den Fünf Orten für die Gemeinen Herrschaften geforderten Regelungen zu akzeptieren, und die Gesandten der anderen Mitglieder des Christlichen Burgrechts wollten erst weitere Anweisungen einholen. Zürich setzte daher seit dem 14. November die Friedensverhandlungen alleine fort.[129] Am 16. November siegelten schließlich Vertreter Zürichs und der Fünf Orte in Deinikon bei Baar die vorläufige Ausfertigung des sogenannten Zweiten Kappeler Landfriedens, dessen Bestimmungen den Forderungen der Fünf Orte entsprachen.[130] Die endgültige Ausfertigung des Friedensvertrags wurde dann am 20. November in Zug gesiegelt.[131]

Als die Hauptstreitmacht der Fünf Orte vom 17. bis 19. November bis an die Grenze zum Berner Aargau vorrückte, während das Berner Heer durch Desertionen zerfiel,[132] musste auch Bern nachgeben. Seine Vertreter stimmten am 21. November einem von den Schiedsleuten vermittelten Frieden zu,[133] der dem Frieden mit Zürich entsprach

---

127 Vgl. den Brief der Hauptleute der Fünf Orte an die Schiedsleute vom 13.11.1531 in *Scherer-Boccard* (Hg.), Acten, S. 362f., Nr. 282 sowie die undatierten Friedensartikel der Fünf Orte in ebd., S. 324f., Nr. 221, auf die in dem genannten Brief offensichtlich Bezug genommen wird; vgl. auch *Meyer*, Krise, S. 212f. mit Anm. 89 (S. 420f.).
128 Vgl. *Kaiser* (Hg.), Abschiede 4,1,b, S. 1.215, Anlage 2 zu Nr. 650. Zur maßgeblichen Rolle der Zürcher Landschaft beim Zustandekommen des Friedens vgl. *Helmut Meyer*, Stadt und Landschaft Zürich nach dem Zweiten Kappelerkrieg, in: Ulrich Gäbler/Erland Herkenrath (Hg.), Heinrich Bullinger 1504–1575. Gesammelte Aufsätze zum 400. Todestag, Bd. 1: Leben und Werk, Zürich 1975, S. 251–267, bes. S. 260f.
129 Vgl. *Kaiser* (Hg.), Abschiede 4,1,b, S. 1.215f., Anlage 3–5 zu Nr. 650; *Meyer*, Krise, S. 214–216.
130 Vgl. *Meyer*, Krise, S. 216–218. Edition des Textes nach dem Straßburger Erstdruck von 1532 in Zecherle (Bearb.), Zweiter Kappeler Landfrieden, in: Irene Dingel (Hg.), Religiöse Friedenswahrung und Friedensstiftung in Europa (1500–1800). Digitale Quellenedition frühneuzeitlicher Religionsfrieden, Darmstadt 2013, URL: http://tueditions.ulb.tu-darmstadt.de/e000001/einleitungen/target/zweiter_kappeler_landfriede_einleitung.html; http://tueditions.ulb.tu-darmstadt.de/e000001/quellentexte/target/zweiter_kappeler_landfriede.html (abgerufen am: 04.07.2019); Edition des von der endgültigen Ausfertigung abweichenden Schlusses nach der handschriftlichen Überlieferung in *Kaiser* (Hg.), Abschiede 4,1,b, S. 1218f., Anlage 18 zu Nr. 650.
131 Edition des Textes in *Kaiser* (Hg.), Abschiede 4,1,b, S. 1.567–1.571, Beilage 19a.
132 Vgl. *Meyer*, Krise, S. 221–223. Vgl. auch die Karte mit graphischer Darstellung der Truppenbewegungen in *Meyer*, Gedenkschrift, S. 54.
133 Vgl. den Brief der Berner Hauptleute an das zweite Banner vom 21.11.1531 in *Steck/Tobler* (Hg.), Aktensammlung 2, S. 1.476, Nr. 3.237; vgl. auch *Meyer*, Krise, S. 224f.

und zusätzlich speziell Bern betreffende Regelungen enthielt. Am 24. November siegelten beide Konfliktparteien dann den Friedensvertrag in Bremgarten.[134] Im Dezember 1531 und Januar 1532 wurden auch Basel und Schaffhausen durch Verträge mit den Fünf Orten in den mit Bern geschlossenen Frieden einbezogen.[135]

Der Zweite Kappeler Landfrieden setzte den Ersten Kappeler Landfrieden außer Kraft,[136] baute aber inhaltlich auf ihm auf, indem er dessen Bestimmungen im Sinne der Fünf Orte vereindeutigte und korrigierte. Der erste Artikel des Zweiten Kappeler Landfriedens verpflichtete beide Vertragsparteien, einander unbehelligt beim jeweiligen Glauben bleiben zu lassen, wobei vom Glauben der Fünf Orte als dem „waren ungezwyfelten christenlichen glouben" die Rede war.[137] Nach der Auslegung der Fünf Orte war eine solche Regelung bereits im ersten Artikel des Ersten Kappeler Landfriedens enthalten. Die von Zürich unter Berufung auf diesen Artikel erhobene Forderung, die Fünf Orte müssten auch in ihren eigenen Gebieten die evangelische Predigt zulassen, hatte im Zweiten Landfrieden nun unbestreitbar keine Rechtsgrundlage mehr. Zudem räumte der zweite Artikel dieses Friedens den evangelischen Gemeinden in den Gemeinen Herrschaften jetzt eindeutig das Recht ein, zum alten Glauben zurückzukehren.[138] Die Fünf Orte hatten schon den Ersten Landfrieden in dem Sinne interpretiert, dass er auch dieses Recht gewähre; eine solche Auslegung hatten die evangelischen Orte aber nicht akzeptiert.[139] Im Gegenzug wurde nun die Bestimmung des Ersten Landfriedens, dass die Gemeinden in den Gemeinen Herrschaften mit einem Mehrheitsbeschluss die Reformation einführen dürften, nicht in den Zweiten Landfrieden übernommen. Neu hinzu kam in diesem Frieden die Regelung, die altgläubigen Minderheiten in den Gemeinen Herrschaften gestattete, ihren Kult in eigenen Gemeinden auszuüben.[140] Während der Erste Landfrieden die Fünf Orte zur Auflösung ihres Bündnisses mit Ferdinand verpflichtet hatte, verbot der Zweite das evangelische Bündnis, das Christliche Burgrecht.[141] Schließlich machte der Zweite Landfrieden den Ersten in finanzieller Hinsicht rückgängig: Die evangelischen Orte mussten die Ent-

---

134 Edition des Textes nach der handschriftlichen Überlieferung in *Kaiser* (Hg.), Abschiede 4,1,b, S. 1.571–1.575, Beilage 19b; Edition nach dem Erstdruck in *Zecherle* (Bearb.), Zweiter Landfrieden.
135 Vgl. die Friedbriefe der Fünf Orte mit Basel (22.12.1531) und Schaffhausen (31.01.1531) in *Kaiser* (Hg.), Abschiede 4,1,b, S. 1.575–1.577, Beilagen 19c und d; vgl. auch Meyer, Krise, S. 226–229.
136 Vgl. Artikel 4 im Frieden mit Zürich und im Frieden mit Bern in *Kaiser* (Hg.), Abschiede 4,1,b, S. 1.569, S. 1.573, Beilage 19 a und b; *Zecherle* (Bearb.), Zweiter Landfrieden.
137 Vgl. *Kaiser* (Hg.), Abschiede 4,1,b, S. 1.568, S. 1.572f., Beilage 19a und b; *Zecherle* (Bearb.), Zweiter Landfrieden.
138 Vgl. *Kaiser* (Hg.), Abschiede 4,1,b, S. 1.568, S. 1.573, Beilage 19a und b; *Zecherle* (Bearb.), Zweiter Landfrieden.
139 Vgl. *Straub*, Zürich, S. 122–126, S. 130f.
140 Vgl. Artikel 2 im Frieden mit Zürich und im Frieden mit Bern in *Kaiser* (Hg.), Abschiede 4,1,b, S. 1.568f., S. 1.573, Beilage 19a und b; *Zecherle* (Bearb.), Zweiter Landfrieden.
141 Vgl. Artikel 4 im Frieden mit Zürich und im Frieden mit Bern in *Kaiser* (Hg.), Abschiede 4,1,b, S. 1.569, S. 1.573, Beilage 19a und b; *Zecherle* (Bearb.), Zweiter Landfrieden.

schädigungszahlungen, die sie gemäß dem Ersten Landfrieden erhalten hatten, zurückerstatten und darüber hinaus die durch den Zweiten Kappler Krieg entstandenen Schäden und Kosten ersetzen.[142]

7. Bedeutung und Rezeption des Zweiten Kappeler Landfriedens

Während der Zweite Kappeler Landfrieden in den eidgenössischen Orten den Status quo in der Glaubensfrage stabilisierte, kehrte er in den nichtautonomen Gebieten der Eidgenossenschaft die bisherige Entwicklung um: Dort konnte sich nun die Reformation nicht weiter ausbreiten, und mancherorts wurde der alte Glaube wiedereingeführt. In den Gemeinen Herrschaften, in denen die Gemeinden gemäß dem zweiten Artikel des Landfriedens selbst über die Rückkehr zum alten Glauben entscheiden durften, blieben recht viele Gemeinden evangelisch, obwohl häufig altgläubige Landvögte und Inhaber der niederen Gerichtsbarkeit die Abstimmungen in ihrem Sinne zu beeinflussen versuchten und altgläubige Minderheitsgemeinden stark unterstützten.[143] In den drei Gemeinen Herrschaften Freie Ämter, Gaster und Weesen, die ausdrücklich aus dem Zweiten Kappeler Landfrieden ausgeschlossen worden waren, wurde hingegen die gesamte Bevölkerung zum alten Glauben zurückgeführt. Dies geschah auch in den ebenfalls aus dem Frieden ausgeschlossenen Städten Bremgarten, Mellingen und Rapperswil sowie – mit Ausnahme der Grafschaft Toggenburg – im ganzen Herrschaftsgebiet des Fürstabts von St. Gallen, der seine früheren Rechte zurückerhielt.[144]

Bis 1712 bildete der Zweite Kappeler Landfrieden neben den Bünden die verfassungsrechtliche Grundlage für das Weiterbestehen der Schweizer Eidgenossenschaft.[145] Mit ihm war in der Eidgenossenschaft deutlich früher als auf Reichsebene[146] eine Friedensordnung etabliert worden, die recht lange militärische Auseinandersetzungen zwischen den Glaubensparteien verhinderte.[147] Im Januar 1656 begannen Zü-

---

142 Vgl. Artikel 5 im Frieden mit Zürich und im Frieden mit Bern in *Kaiser* (Hg.), Abschiede 4,1,b, S. 1569f., S. 1.573f., Beilage 19a und b; *Zecherle* (Bearb.), Zweiter Landfrieden.
143 Vgl. *Hans Ulrich Bächtold*, Bullinger und die Krise der Zürcher Reformation im Jahre 1532, in: Ulrich Gäbler/Erland Herkenrath (Hg.), Heinrich Bullinger 1504–1575. Gesammelte Aufsätze zum 400. Todestag, Bd. 1: Leben und Werk, Zürich 1975, S. 269–289, hier S. 277–282; *Meyer*, Krise, S. 232–242.
144 Vgl. *Meyer*, Krise, S. 242–253. Zum Ausschluss der genannten Gebiete vgl. Artikel 1 im Frieden mit Zürich und im Frieden mit Bern in *Kaiser* (Hg.), Abschiede 4,1,b, S. 1.568, S. 1.573, Beilage 19a und b; *Zecherle* (Bearb.), Zweiter Landfrieden.
145 Vgl. *Muralt*, Renaissance, S. 525.
146 Zu einem Vergleich mit dem Speyerer Reichsabschied von 1526 und dem Augsburger Religionsfrieden von 1555 vgl. *Hans Rudolf Guggisberg*, Parität, Neutralität und Toleranz, in: Zwing. 15/8 (1982), S. 632–649, hier S. 635–637.
147 Vgl. *Meyer*, Krise, S. 314.

rich und Bern dann aber den Ersten Villmerger Krieg, in dem sie den Fünf Orten wiederum unterlagen.[148] Der Dritte Landfrieden vom 7. März 1656 bestätigte die Gültigkeit des Zweiten Kappeler Landfriedens.[149] Erst nachdem die reformierten Orte 1712 im Zweiten Villmerger Krieg einen Sieg über die katholischen Orte errungen hatten,[150] setzte der Vierte Landfrieden vom 11. August 1712 den Zweiten Kappeler Landfrieden außer Kraft und beendete die Benachteiligung der Reformierten in den Gemeinen Herrschaften durch detaillierte paritätische Regelungen.[151]

Auswahlbibliographie / Select Bibliography

Bächtold, Hans Ulrich, Bullinger und die Krise der Zürcher Reformation im Jahre 1532, in: Ulrich Gäbler/Erland Herkenrath (Hg.), Heinrich Bullinger 1504–1575. Gesammelte Aufsätze zum 400. Todestag, Bd. 1: Leben und Werk, Zürich 1975, S. 269–289.
Bächtold, Hans Ulrich, Art. „Landfriedensbünde", in: HLS (2014), URL: https://hls-dhs-dss.ch/de/articles/009807/2014-11-20 (abgerufen am: 01.07.2019).
Bullinger, Heinrich, Reformationsgeschichte, hg. von Johann Jakob Hottinger und Hans Heinrich Vögeli, Bd. 2, Frauenfeld 1838.
Guggisberg, Hans Rudolf, Parität, Neutralität und Toleranz, in: Zwing. 15/8 (1982), S. 632–649.
Haas, Martin, Zwingli und der Erste Kappelerkrieg, Zürich 1965.
Kaiser, Jakob (Hg.), Amtliche Sammlung der älteren Eidgenössischen Abschiede, Bd. 4,1,b: Die Eidgenössischen Abschiede aus dem Zeitraume von 1529 bis 1532, bearbeitet v. Johannes Strickler, Zürich 1876.
Kreis, Georg, Die Kappeler Milchsuppe. Kernstück der schweizerischen Versöhnungsikonographie, in: SZG 44 (1994), S. 288–310.
Locher, Gottfried W., Die Zwinglische Reformation im Rahmen der europäischen Kirchengeschichte, Göttingen/Zürich 1979.
Locher, Gottfried W., Zwingli und die schweizerische Reformation, Göttingen 1982.
Meyer, Helmut, Stadt und Landschaft Zürich nach dem Zweiten Kappelerkrieg, in: Ulrich Gäbler/Erland Herkenrath (Hg.), Heinrich Bullinger 1504–1575. Gesammelte Aufsätze zum 400. Todestag, Bd. 1: Leben und Werk, Zürich 1975, S. 251–267.
Meyer, Helmut, Der Zweite Kappeler Krieg. Die Krise der Schweizerischen Reformation, Zürich 1976.
Meyer, Helmut, Der Zweite Kappeler Krieg. Gedenkschrift zur 450. Wiederkehr des Todestages von Huldrych Zwingli 11. Oktober 1531–11. Oktober 1981, Zürich 1981.

---

[148] Vgl. *Thomas Lau*, Art. „Villmergerkrieg, Erster", in: HLS (2014), URL: https://hls-dhs-dss.ch/de/articles/008910/2014-01-22 (abgerufen am: 01.07.2019).
[149] Vgl. Artikel 4 des Friedens in *Joseph Karl Krütli* (Hg.), Amtliche Sammlung der ältern Eidgenössischen Abschiede, Bd. 6,1,2: Die Eidgenössischen Abschiede aus dem Zeitraume von 1649 bis 1680, bearbeitet von Johann Adam Pupikofer unter Mitwirkung von Jakob Kaiser, Frauenfeld 1867, S. 1.635f., Beilage 9.
[150] *Thomas Lau*, Art. „Villmergerkrieg, Zweiter", in: HLS (2013), URL: https://hls-dhs-dss.ch/de/articles/008911/2013-02-28 (abgerufen am: 01.07.2019).
[151] Vgl. Artikel 4 des Vierten Landfriedens in *Jakob Kaiser* (Hg.), Amtliche Sammlung der ältern Eidgenössischen Abschiede, Bd. 6,2,2: Die Eidgenössischen Abschiede aus dem Zeitraume von 1681 bis 1712, bearbeitet von Martin Kothing und Johannes B. Kälin, Einsiedeln 1882, S. 2.333–2.336, Beilage 8.

Meyer, Helmut, Die militärische Auseinandersetzung um die Reformation in der Schweiz, in: Wolfgang Simon (Hg.), Martin Bucer zwischen den Reichstagen von Augsburg (1530) und Regensburg (1532), Beiträge zu einer Geographie, Theologie und Prosopographie der Reformation, Tübingen 2011, S. 48–62.

Meyer, Helmut, Kappelerkriege, in: HLS (2009), URL: https://hls-dhs-dss.ch/de/articles/008903/ 2009-11-12 (abgerufen am: 01.07.2019).

Muralt, Leonhard von, Renaissance und Reformation, in: Handbuch der Schweizer Geschichte, Bd. 1, Zürich 1972, S. 389–570.

Scherer-Boccard, Theodor (Hg.), Acten des Jahres 1531 aus dem Luzerner Staats-Archiv, in: ASRG 2 (1872), S. 153–492.

Schmid, Ferdinand, Die Vermittlungsbemühungen des In- und Auslandes während der beiden Kappelerkriege, Basel 1946.

Spillmann, Kurt, Zwingli und Zürich nach dem Ersten Landfrieden, in: Zwing. 12/4-5 (1965–1966), S. 254–280, S. 309–329.

Steck, Rudolf/Tobler, Gustav (Hg.), Aktensammlung zur Geschichte der Berner-Reformation 1521–1532, Bd. 2, Bern 1923.

Straub, Franz, Zürich und die Bewährung des ersten Landfriedens (Herbst 1529 bis Herbst 1530), Zürich 1970.

Strickler, Johannes (Hg.), Actensammlung zur Schweizerischen Reformationsgeschichte im Anschluss an die gleichzeitigen eidgenössischen Abschiede, Bd. 2: 1529 und 1530, Zürich 1879.

Strickler, Johannes (Hg.), Actensammlung zur Schweizerischen Reformationsgeschichte im Anschluss an die gleichzeitigen eidgenössischen Abschiede, Bd. 4: 1531, Oct. 11–1532, Dec., Zürich 1881.

Zecherle, Andreas (Bearb.), Erster Kappeler Landfrieden, in: Irene Dingel (Hg.), Religiöse Friedenswahrung und Friedensstiftung in Europa (1500–1800). Digitale Quellenedition frühneuzeitlicher Religionsfrieden, Darmstadt 2013, URL: http://tueditions.ulb.tu-darmstadt.de/e000001/einleitungen/target/erster_kappeler_landfriede_einleitung.html; http://tueditions.ulb.tu-darmstadt.de/e000001/quellentexte/target/erster_kappeler_landfriede.html (abgerufen am: 04.07.2019).

Zecherle, Andreas (Bearb.), Zweiter Kappeler Landfrieden, in: Irene Dingel (Hg.), Religiöse Friedenswahrung und Friedensstiftung in Europa (1500–1800). Digitale Quellenedition frühneuzeitlicher Religionsfrieden, Darmstadt 2013, URL: http://tueditions.ulb.tu-darmstadt.de/e000001/einleitungen/target/zweiter_kappeler_landfriede_einleitung.html; http://tueditions.ulb.tu-darmstadt.de/e000001/quellentexte/target/zweiter_kappeler_landfriede.html (abgerufen am: 04.07.2019).

Zwingli, Huldreich, Sämtliche Werke, hg. v. Emil Egli u. a., Bd. 6,2, Zürich 1968.

Armin Kohnle
41. Augsburger Religionsfrieden 1555

Abtract: The Peace of Augsburg 1555
The Peace of Augsburg of 25 September 1555 ended the legal vacuum in which the German Protestant estates existed by expressly recognising the rights of both Lutherans and Catholics in the empire. The princes were permitted to determine the confessional character of their territories. This legal and political solution ended decades of conflict between the two confessions while abstaining from any solution to the religious division itself. While Emperor Charles V (1500–1558) refused to take responsibility for such a peace, his brother Ferdinand (1503–1564) embraced it in order to avoid further confessional conflict. The peace was a compromise with numerous omissions and ambiguities. It generated numerous arguments about its meaning and many subsequent conflicts. This chapter analyses the long pre-history of the Peace and the complex negotiations at the Augsburg Reichstag and examines the provisions of the peace in their historical context.

Der Augsburger Religionsfrieden 1555

Der Augsburger Religionsfrieden vom 25. September 1555 gilt spätestens seit den klassischen Darstellungen des 19. Jahrhunderts[1] als Abschluss der Reformationszeit und als Epochengrenze zum Zeitalter der Gegenreformation und des Konfessionalismus.[2] Tatsächlich beendete er die rechtlich-politischen Auseinandersetzungen zwischen Kaiser und Reichsständen, die durch Martin Luther (1483–1546) und die Wittenberger Reformation ausgelöst worden waren.[3] Zwar kann der Religionsfrieden weder für die theologischen Konflikte selbst noch für die Entwicklungen außerhalb Deutschlands als Zäsur gelten, für die Reichskirchengeschichte war er jedoch ein Meilenstein, weil er einerseits die mittelalterliche Einheit von Kaiser, Reich und römischer Kirche beendete und die Koexistenz zweier Konfessionen auf Dauer garantierte, andererseits die politische Einheit des Reiches trotz der konfessionellen Spaltung bewahrte. Auch für

---

1 Vgl. z. B. *Leopold von Ranke*, Deutsche Geschichte im Zeitalter der Reformation, Berlin 1839–1843, 6 Bde., ND 1933; *Moriz Ritter*, Deutsche Geschichte im Zeitalter der Gegenreformation und des Dreißigjährigen Krieges (1555–1648), 3 Bde., Stuttgart 1889, ND 1974. Auch neuere Überblicksdarstellungen halten am Zäsurjahr 1555 fest; *Martin Heckel*, Deutschland im konfessionellen Zeitalter, Göttingen 1983, setzt mit dem Religionsfrieden ein.
2 Vgl. hierzu auch Kapitel 3.
3 Vgl. die Diskussion der Periodisierungsprobleme frühneuzeitlicher deutscher Geschichte bei *Wolfgang Reinhard*, Probleme deutscher Geschichte 1495–1806. Reichsreform und Reformation 1495–1555, Stuttgart ¹⁰2001, S. 47–64.

die Geschichte der Reichsverfassung (neues Reichsgrundgesetz), der Säkularisation kirchlichen Besitzes, der Territorialisierung der politischen Verhältnisse und der Menschenrechte kommt dem Augsburger Frieden richtungweisende Bedeutung zu.[4]

1. Der lange Weg zum Religionsfrieden

Als Kaiser Karl V. (1500–1558) am 8. Mai 1521 gegen Martin Luther und seine Anhänger im Wormser Edikt die Reichsacht verhängte und damit den von Papst Leo X. (1475–1521) gegen Luther ausgesprochenen Kirchenbann vollzog,[5] fiel eine Entscheidung, die das Reichsoberhaupt bis zum Ende seiner Regierungszeit nicht mehr grundsätzlich revidierte.[6] Aus politischen Gründen sah er sich jedoch wiederholt genötigt, von seinem Ziel der Auslöschung der neuen Lehre abzuweichen und sich mit den evangelischen Fürsten zu verständigen. 1532 wurde der durch das Wormser Edikt eingeschlagene Weg im Nürnberger Religionsfrieden erstmals unterbrochen.[7] Bis zum allgemeinen Konzil und – falls dies nicht zustande kam – bis zur nächsten Einberufung der Reichsstände wurde ein gegenseitiger Gewaltverzicht vereinbart, außerdem die Suspendierung der Religionsprozesse vor dem Reichskammergericht verabredet, wofür die evangelischen Fürsten und Städte ihre Beteiligung an der Türkenhilfe zusagten. Die Existenz evangelischer Stände war damit vom Kaiser erstmals anerkannt, ohne dass es in den theologischen Streitfragen zu einer Verständigung gekommen war. In den Verhandlungen wurden zudem viele Themen angesprochen, die bis zum Augsburger Religionsfrieden auf der Tagesordnung blieben: rechtliche Gleichstellung der evangelischen Stände, Aufhebung der geistlichen Jurisdiktion in evangelischen Gebieten, Neuverteilung der Kirchengüter, Freistellung des Anschlusses an das Augsburger Bekenntnis von 1530.[8]

---

4 Vgl. *Axel Gotthard*, Der Religionsfrieden und das politische System des Reiches, in: Heinz Schilling/Heribert Smolinsky (Hg.), Der Augsburger Religionsfrieden 1555. Wissenschaftliches Symposion aus Anlaß des 450. Jahrestages des Friedensschlusses, Augsburg 21. bis 25. September 2005, Gütersloh bzw. Münster 2007, S. 43.
5 Zum Wormser Edikt und den im Zeichen dieses kaiserlichen Rechtsgebots stehenden Konflikten vgl. *Armin Kohnle*, Reichstag und Reformation. Kaiserliche und ständische Religionspolitik von den Anfängen der Causa Lutheri bis zum Nürnberger Religionsfrieden, Gütersloh 2001; ders., Art. „Wormser Edikt", in: TRE 36 (2004), S. 287–291.
6 Vgl. zum folgenden Abschnitt *Armin Kohnle*, Nürnberg – Passau – Augsburg: Der lange Weg zum Religionsfrieden, in: Schilling/Smolinsky (Hg.), Religionsfrieden, S. 5–15.
7 Vertragstext: *Rosemarie Aulinger* (Bearb.), DRTA.JR, Bd. 10: Der Reichstag in Regensburg und die Verhandlungen über einen Friedstand mit den Protestanten in Schweinfurt und Nürnberg 1532, Göttingen 1992, S. 1511–1517 (Nr. 549).
8 Vgl. zu den Kontinuitätslinien zum Augsburger Religionsfrieden *Rosemarie Aulinger*, Die Verhandlungen zum Nürnberger Anstand in der Vorgeschichte des Augsburger Religionsfriedens, in: Heinrich Lutz/Alfred Kohler (Hg.), Aus der Arbeit an den Reichstagen unter Kaiser Karl V., Göttingen 1986, S. 194–227.

Der Nürnberger Religionsfrieden bannte die Gefahr einer militärischen Konfrontation der Konfessionsparteien für den Augenblick, doch sorgten die Fortschritte der Reformation bald für neue Spannungen. 1539 wurde in Frankfurt am Main ein weiterer Anstand vereinbart,[9] der wiederum zeitlich begrenzt war (15 Monate) und als neues Element die Einigung auf eine Zusammenkunft enthielt, bei der die theologischen Differenzen überwunden werden sollten. Für die erneute Zusage einer Sistierung der Religionsprozesse verzichteten die Evangelischen während der Laufzeit auf eine Erweiterung des Schmalkaldischen Bundes sowie auf weitere Säkularisationen und versprachen ihre Beteiligung an der Türkenabwehr. Der Frankfurter Anstand bedeutete einen Neuansatz insofern, als der Kaiser jetzt die Perspektive einer inhaltlichen Verständigung durch Theologenverhandlungen eröffnete. Die Reichsreligionsgespräche, die 1540 in Hagenau, 1540/41 in Regensburg und 1546 erneut in Regensburg stattfanden,[10] verliefen parallel zu den Bemühungen um eine politische Lösung.

Karl V. verfolgte in dieser Phase mehrere Optionen zugleich, ohne sich endgültig auf einen Weg festzulegen: Während die Theologen im Rahmen des Reiches nach Möglichkeiten eines Ausgleichs suchten, betrieb der Kaiser auch die Einberufung eines allgemeinen Konzils. 1541 fanden Absprachen Karls mit den evangelischen Ständen erstmals Eingang in einen Reichsabschied. Der Regensburger Reichstag verlängerte den Nürnberger Religionsfrieden bis zum Ende eines General-, eines Nationalkonzils oder eines allgemeinen Reichstags.[11] Wieder wurde den Evangelischen die Sistierung der Religionsprozesse in Aussicht gestellt; weitere Säkularisationen, die Einbehaltung geistlicher Gefälle sowie die Werbung neuer Anhänger wurden aber verboten.[12] Durch die Drohung, die Türkenhilfe zu verweigern, erzwangen die evangelischen Fürsten eine geheime Erklärung des Kaisers, dass eine „christliche Reformation" landsässiger Klöster und Stifte, die Verwendung von geistlichen Einkünften für Ministerien und Schulen, der freiwillige Übertritt zur Reformation und die Präsentation evangelischer Beisitzer für das Reichskammergericht weiterhin erlaubt sein sollten.[13] Diese Absprachen wiesen deutlich in Richtung des Augsburger Religionsfrie-

---

9 Vertragstext: *Klaus Ganzer/Karl-Heinz zur Mühlen* (Hg.), Akten der deutschen Reichsreligionsgespräche im 16. Jahrhundert, 3 Bde., Göttingen 2000–2007, hier Bd. 1/II, S. 1071–1078 (Nr. 390). Vgl. auch die verbesserte Edition des Frankfurter Anstands: *Andreas Zecherle* (Bearb.), Frankfurter Anstand (1539), in: Irene Dingel (Hg.), Religiöse Friedenswahrung und Friedensstiftung in Europa (1500–1800). Digitale Quellenedition frühneuzeitlicher Religionsfrieden, Darmstadt 2013, URL: http://tueditions.ulb.tu-darmstadt.de/e000001/einleitungen/target/frankfurter_anstand_einleitung.html; http://tueditions.ulb.tu-darmstadt.de/e000001/quellentexte/target/frankfurter_anstand.html (abgerufen am: 01.07.2019).
10 Vgl. außer der in Anm. 9 genannten Aktenedition auch *Irene Dingel u.a.* (Hg.), Zwischen theologischem Dissens und politischer Duldung. Religionsgespräche der Frühen Neuzeit, Göttingen 2018.
11 Reichsabschied 1541: *Albrecht Pius Luttenberger* (Bearb.), DRTA.JR, Bd. 11: Der Reichstag zu Regensburg 1541, Berlin/Boston 2018, S. 3601–3626 (Nr. 941), hier S. 3610 (§ 26).
12 Vgl. ebd., S. 3610f.
13 Vgl. ebd., S. 3634–3639 (Nr. 949).

dens, da der Kaiser auf das zu diesem Zeitpunkt bereits säkularisierte Kirchengut faktisch verzichtete und beide Konfessionen am Reichskammergericht zuließ. 1544 bestätigte der Speyerer Reichsabschied die Verteilung der Kirchengüter und der geistlichen Gefälle nach dem Stand von 1541, löste sie also aus der ausschließlichen Bindung an die alte Kirche und definierte das erste Normaljahr[14] in der Reformationsgeschichte.[15]

In der Mitte der 1540er Jahre stellten sich die Handlungsoptionen für den Kaiser wie folgt dar:

1. Suche nach einer theologischen Übereinkunft a) im Rahmen des Reiches (Religionsgespräch, Reichstag, Nationalversammlung) oder b) in der abendländischen Gesamtkirche auf einem allgemeinen Konzil;
2. Vereinbarung eines politischen Friedens im Reich unter Ausklammerung der theologischen Streitfragen, allerdings nur bis zur Konzilsentscheidung;
3. militärische Unterwerfung der evangelischen Fürsten und Städte mit dem Ziel, sie zur Anerkennung des allgemeinen Konzils als Urteilsinstanz zu zwingen.

Während die evangelischen Stände im Kontext des Regensburger Reichstags von 1546 dem Kaiser vorwarfen, für die Zuspitzung der Konflikte verantwortlich zu sein, weil er den evangelischen Ständen entgegen ihren andauernden Bitten keinen dauerhaften Frieden in der Religion gewährt habe,[16] schloss der Kaiser diese Möglichkeit, die den Verzicht auf die religiöse Wiedervereinigung bedeutet hätte, kategorisch aus. Unter günstigen außenpolitischen Bedingungen entschied er sich vielmehr für die militärische Option und besiegte den Schmalkaldischen Bund 1546/47 im Schmalkaldischen Krieg. Im Augsburger Interim[17] setzte er den Evangelischen 1548 selbst eine Ordnung, die für ihre Lehre und religiöse Praxis bis zum Konzil verbindlich sein sollte, auf evangelischer Seite aber heftige Abwehrreaktionen provozierte. Diese vom Weg des Religionsfriedens abweichende Politik des Kaisers scheiterte in dem vom sächsischen Kurfürsten Moritz (1521–1553) angeführten Fürstenaufstand von 1552.[18] Erst die militärische Niederlage des Kaisers und der damit zusammenhängende Machtverlust im Reich ermöglichte eine Rückkehr auf den Weg des Religionsfriedens, den Karl V. aller-

---

14 Vgl. hierzu auch Kapitel 29.
15 Reichsabschied 1544: *Erwein Eltz* (Bearb.), DRTA.JR, Bd. 15: Der Speyerer Reichstag von 1544, Göttingen 2001, S. 2244–2285 (Nr. 565).
16 Vgl. *Rosemarie Aulinger* (Bearb.), DRTA.JR, Bd. 17: Der Reichstag zu Regensburg 1546, München 2005, S. 566.
17 Text: *Ursula Machoczek* (Bearb.), DRTA.JR, Bd. 18: Der Reichstag zu Augsburg 1547/48, München 2006, S. 1910–1948 (Nr. 210). Zum Augsburger Interim vgl. *Luise Schorn-Schütte* (Hg.), Das Interim 1548/50. Herrschaftskrise und Glaubenskonflikt, Gütersloh 2005; *Irene Dingel/Günther Wartenberg* (Hg.), Politik und Bekenntnis. Die Reaktionen auf das Interim 1548, Leipzig 2006; *Irene Dingel* (Hg.) Reaktionen auf das Augsburger Interim. Der Interimistische Streit (1548–1549), Göttingen 2010.
18 *Martina Fuchs/Robert Rebitsch* (Hg.), Kaiser und Kurfürst – Aspekte des Fürstenaufstandes 1552, Münster 2010.

dings nicht selbst verantworten wollte, sondern seinem Bruder, dem römischen König Ferdinand (1503–1564), überließ.

Ferdinand war es, der im August 1552 mit Kurfürst Moritz und dessen Verbündeten den Passauer Vertrag abschloss.[19] Die „der Augsburger Konfession verwandten Stände" und die „Stände der alten Religion" garantierten sich gegenseitig ihren jeweiligen Glauben, Kultus, Güter und Einkünfte. Auch der Passauer Vertrag war noch einmal befristet bis zum nächsten Reichstag – Karl V. verhinderte eine Dauerlösung, die schon 1552 möglich gewesen wäre –, aber die bisherige reformatorische Entwicklung einschließlich der aktuellen Verteilung der Kirchengüter wurde in Passau erneut als Tatsache anerkannt.

2. Die Religionsverhandlungen des Augsburger Reichstags bis zum 21. Juni 1555

Nach den Bestimmungen des Passauer Vertrags sollte der nächste Reichstag innerhalb eines halben Jahres stattfinden und ein National- oder Generalkonzil, ein Kolloquium oder eine allgemeine Reichsversammlung zur Überwindung des Zwiespalts in der Religion vorbereiten.[20] In einer für die Habsburger schwierigen außen- wie innenpolitischen Lage, angesichts der ablehnenden Haltung des Papstes und wegen immer wieder auftretender Meinungsverschiedenheiten zwischen Karl und Ferdinand, verzögerte sich die Einberufung des Reichstags jedoch erheblich. Mitte 1554 überließ der Kaiser die Verantwortung für seine Durchführung ganz seinem Bruder, der nach eigenem Ermessen handeln sollte.[21] Damit trat die im Reichsrecht eigentlich nicht vorgesehene Situation ein, dass der römische König den Reichsständen, die mit wenigen Ausnahmen nicht persönlich in Augsburg erschienen, sondern lediglich ihre Räte schickten, nicht als Stellvertreter des Kaisers, sondern als selbstständiger Souverän gegenübertrat.

---

19 Vertragstext: *Volker Henning Drecoll*, Der Passauer Vertrag 1552. Einleitung und Edition, Berlin 2000 sowie besser: *Rosemarie Aulinger u. a.* (Bearb.), DRTA.JR, Bd. 20/1, S. 123–135 (Nr. 3); zum Inhalt vgl. insbesondere die bei *Winfried Becker* (Hg.), Der Passauer Vertrag von 1552. Politische Entstehung, reichsrechtliche Bedeutung und konfessionsgeschichtliche Bewertung, Neustadt a.d. Aisch 2003, gesammelten Aufsätze sowie *Alexandra Schäfer-Griebel*, Einleitung zum Passauer Vertrag (2. August 1552), in: Dingel (Hg.), Friedenswahrung, URL: http://tueditions.ulb.tu-darmstadt.0de/e000001/einleitungen/target/passauer_stillstand_einleitung.html (abgerufen am: 01.07.2019); der Text: *Alexandra Schäfer-Griebel* (Bearb.), Passauer Vertrag (2. August 1552), in: Dingel (Hg.), Friedenswahrung, URL: http://tueditions.ulb.tu-darmstadt.de/e000001/quellentexte/target/passauer_stillstand.html (abgerufen am: 01.07.2019).
20 Vgl. *Aulinger u. a.* (Bearb.), DRTA.JR, Bd. 20/1, S. 126 f. (§ 6).
21 Ebd., S. 360–363 (Nr. 60).

Am 5. Februar 1555 wurde der Augsburger Reichstag eröffnet.[22] Die Proposition, die die Beratungsgegenstände vorgab,[23] beruhte zu erheblichen Teilen auf der kaiserlichen Instruktion vom 20. März 1554,[24] sodass der Einfluss Karls V. auf den Gang der Verhandlungen an dieser Stelle gewahrt blieb. Allerdings ergab sich schon bei Eröffnung des Reichstags ein Streit darüber, ob die Religionsfrage überhaupt – und wenn ja, an welcher Stelle – behandelt werden sollte. In der Proposition stand die Religion als erster Verhandlungspunkt vor dem Landfrieden[25] und seiner Exekution, wobei ein allgemeines Konzil oder ein Religionsgespräch als Lösungsinstanzen in Erwägung gezogen, ein Nationalkonzil aber als unüblich zurückgewiesen wurden. Im letzten Augenblick versuchte Ferdinand nun aber, die Reihenfolge umzukehren und die Exekution des Landfriedens vorzuziehen. Möglicherweise wollte er damit der Forderung des kaiserlichen Kommissars Felix Hornung (ca. 1515/20–1566)[26] entgegenkommen, der die völlige Streichung der Religionsverhandlungen gefordert hatte.[27] Vielleicht wollte der König den evangelischen Ständen aber auch das Druckmittel aus der Hand nehmen, die Bewilligung des Landfriedens und der Türkenhilfe von den Fortschritten in der Religionsfrage abhängig zu machen.

Aber Ferdinand setzte sich nicht durch. Der Kurfürstenrat entschied sich vielmehr für die Behandlung der Religionsfrage an erster Stelle und setzte dieses Vorgehen auch gegen die Einwände des Fürstenrats durch.[28] Auch das weitere Verfahren folgte den Vorschlägen des Kurfürstenrates. Die Religionsfrage wurde getrennt nach Kurien beraten. Weil die Lösung der theologischen Probleme „alß dogmata fidei, sacramenta, ceremonias, policei, iudicia und economia der kirchen und christliche disciplin"[29] nach der realistischen Einschätzung der kurfürstlichen Vertreter im Augenblick aussichtslos war, blieb nur der „zeittliche fridstandt", d. h. der weltliche Religionsfrieden, der „biß zue endtlicher erörterung der religionsachen" gelten sollte,[30] als Verhandlungsgegenstand für den Augsburger Reichstag.

In den Kurienberatungen ging es in den kommenden Wochen um die konkrete rechtliche Ausgestaltung.[31] In den beiden oberen Räten lagen die Standpunkte in den

---

22 Die maßgebliche Literatur zum Reichstag vgl. im Anhang. Einen guten Überblick bietet darüber hinaus *Gerhard Pfeiffer*, Art. „Augsburger Religionsfriede", in: TRE 4 (1979), S. 639–645.
23 Vgl. *Aulinger u. a.* (Bearb.), DRTA.JR, Bd. 20/1, S. 1687–1698 (Nr. 148).
24 Vgl. ebd., S. 196–281 (Nr. 26).
25 Vgl. hierzu auch Kapitel 8.
26 Zur Person vgl. *Heinrich Lutz/Alfred Kohler* (Hg.), Das Reichstagsprotokoll des kaiserlichen Kommissars Felix Hornung vom Augsburger Reichstag 1555, Wien 1971, S. 7–12.
27 Vgl. *Aulinger u. a.* (Bearb.), DRTA.JR, Bd. 20/1, S. 70f.
28 Vgl. *Aulinger u. a.* (Bearb.), DRTA.JR, Bd. 20/3, S. 1712–1715 (Nr. 152).
29 Ebd., S. 1713.
30 Ebd.
31 Zu den Beratungen im Kurfürstenrat vgl. den Überblick bei *Gustav Wolf*, Der Augsburger Religionsfriede, Stuttgart 1890, S. 45–87; zum Fürstenrat vgl. ebd., S. 88–100. Zu den Beratungen innerhalb der Kurien bis zum 24. April 1555 vgl. auch *Aulinger u. a.* (Bearb.), DRTA.JR, Bd. 20/1, S. 72–78.

Ausschuss- und Plenumsverhandlungen anfangs weit auseinander, wobei der Riss nicht nur zwischen den konfessionellen Gruppen, sondern immer wieder auch zwischen geistlichen und weltlichen Ständen verlief. Im Kurfürstenrat waren die konfessionellen Gewichte ausgeglichen, da die drei weltlichen Kurfürsten der Reformation zuneigten und der Mainzer Erzbischof zumindest vermittlungsbereit war. Im Fürstenrat, in dem die altgläubigen weltlichen Stände zusammen mit den Bischöfen eine Mehrheit hatten, standen die Verhandlungen zeitweise kurz vor dem Abbruch. Die evangelischen Interessen wurden von Herzog Christoph von Württemberg (1515–1568) tatkräftig wahrgenommen,[32] während Kardinal Otto von Augsburg (1514–1573) und sein Rat Dr. Konrad Braun (ca. 1495–1563)[33] ebenso entschlossen für die altgläubige Seite eintraten. Trotz aller Gegensätze einigten sich beide Kurien auf Entwürfe eines Religionsfriedens, die am 24. April ausgetauscht wurden.

Der Entwurf des Kurfürstenrats,[34] der auf den Passauer Vertrag und den Reichsabschied von 1544 zurückgriff,[35] sprach ausschließlich von Reichsständen, folgte also nicht der von Kurfürst Friedrich II. von der Pfalz (1482–1556) erhobenen Forderung, die Konfessionsentscheidung nicht nur Ständen, sondern auch den Untertanen freizustellen.[36] Gelten sollte der Frieden für „die stende, so der augspurgischen confession verwandt", und für „des hl. Reichs stend, die der alten religion anhengig", wobei es keine Rolle spielen sollte, zu welcher Zeit der Anschluss an das Augsburger Bekenntnis erfolgt war.[37] Damit war die Forderung zurückgewiesen, nur diejenigen in den Religionsfrieden einzuschließen, die bereits 1530 das Augsburger Bekenntnis unterschrieben hatten. Ausgeschlossen sein sollten jedoch alle verworfenen und durch die Reichsabschiede verdammten Sekten wie die Wiedertäufer, Sakramentierer und dergleichen.[38] Bezüglich des Besitzes von Kirchengütern wurde das Normaljahr 1547 festgesetzt, allerdings unter dem Vorbehalt noch ausstehender Entscheidungen in schwebenden Rechtsverfahren (Litispendenz).[39] Im Konfliktfall war ein Schieds-

---

32 Die württembergische Überlieferung der Verhandlungen vgl. bei *Viktor Ernst* (Hg.), Briefwechsel des Herzogs Christoph von Wirtemberg, Bd. 3: 1555, Stuttgart 1902; zur Person Christophs vgl. *Matthias Ohm* (Red.), Christoph 1515–1568. Ein Renaissancefürst im Zeitalter der Reformation (Begleitband zur gleichnamigen Ausstellung), Stuttgart 2015.
33 Zu Braun vgl. *Maria Barbara Rößner*, Konrad Braun (ca. 1495–1563). Ein katholischer Jurist, Politiker Kontroverstheologe und Kirchenreformer im konfessionellen Zeitalter, Münster 1991; zu Brauns Rolle in Augsburg vgl. ebd., S. 270–302.
34 Vgl. *Aulinger u.a.* (Bearb.), DRTA.JR, Bd. 20/3, S. 1851–1855 (Nr. 178).
35 Vgl. *Wolf*, Religionsfriede, S. 45.
36 Vgl. *Aulinger u.a.* (Bearb.), DRTA.JR, Bd. 20/3, S. 1814f (Nr. 171). Zur Politik Friedrichs II. während des Augsburger Reichstags vgl. *Regina Baar-Cantoni*, Religionspolitik Friedrichs II. von der Pfalz im Spannungsfeld von Reichs- und Landespolitik, Stuttgart 2011, S. 315–328.
37 Vgl. *Aulinger u.a.* (Bearb.), DRTA.JR, Bd. 20/3, S. 1852.
38 Vgl. ebd.
39 Vgl. ebd., S. 1853.

gericht vorgesehen.[40] Richtungweisend war der Entwurf des Kurfürstenrats hinsichtlich der Geltungsdauer des Religionsfriedens. Der Text enthielt die schwer zu deutende Formulierung, dass, wenn der Religionsvergleich auf dem Weg eines Generalkonzils, einer Nationalversammlung, von Kolloquien oder Reichshandlungen nicht erfolgen würde, der Frieden trotzdem bis zur „endtlichen vergleichung der religion und glaubenssachen bestehen und pleiben" sollte.[41] Also sollte ein beständiger, beharrlicher, unbedingter, für und für ewig währender Frieden aufgerichtet werden.[42] Aus der Befristung bis zum Religionsvergleich folgte im Entwurf des Kurfürstenrats – logisch problematisch – die ewige Gültigkeit.

Im etwas längeren Entwurf des Fürstenrats[43] wurde die Gültigkeit des Religionsfriedens bis zum Religionsvergleich terminiert, was den Frieden zu einem abermaligen Provisorium machte.[44] In der Frage der Ausgeschlossenen blieb es beim pauschalen Hinweis auf „alle anderen", die weder der augsburgischen Konfession noch der alten Religion anhingen.[45] Ausführlicher als im Kurfürstenbedenken wurden die Kirchengüterfrage und die geistliche Jurisdiktion in weltlichen Gebieten behandelt, worin sich die besonderen Interessen der Bischöfe niederschlugen. Als Stichdatum für die Verteilung des Kirchenguts wurde der Passauer Vertrag von 1552 festgelegt. Den geistlichen Fürsten gelang es zudem, eine Klausel in den Text einzufügen, dass alle Bestimmungen nur vorbehaltlich ihrer geistlichen Pflichten befolgt werden mussten.[46] In zwei Punkten konnte die evangelische Seite aber ihre Anliegen durchsetzen: Die Hansestädte sollten bei ihrer evangelischen Konfession belassen werden,[47] und den Untertanen wurde ein Auswanderungsrecht aus Glaubensgründen eingeräumt.[48]

Nach dem Austausch der Entwürfe zwischen den beiden oberen Kurien am 24. April wurden die Verhandlungen nicht einfacher.[49] Während der Fürstenrat aus dem eigenen und dem Bedenken der Kurfürsten einen Text herzustellen versuchte, blieb der Kurfürstenrat bei seinem Entwurf und ergänzte ihn durch einzelne Punkte aus dem Bedenken der Fürsten. Um jede Formulierung wurde hart gerungen. Besonders umstritten waren die Freistellung, d. h. das Recht der Stände, die Konfession zu wechseln, das die Evangelischen möglichst weit gefasst haben wollten, sowie die

---

40 Vgl. ebd., S. 1854.
41 Ebd., S. 1854.
42 Vgl. ebd., S. 1854f.
43 Vgl. ebd., S. 1830–1840 (Nr. 174) und 1855–1860 (Nr. 179).
44 Vgl. ebd., S. 1832.
45 Vgl. ebd., S. 1832.
46 Vgl. ebd., S. 1839 und 1859.
47 Vgl. ebd., S. 1837.
48 Vgl. ebd., S. 1838.
49 Zum Gang der Verhandlungen vgl. *Wolf*, Religionsfriede, S. 101–128.

geistliche Jurisdiktion der Bischöfe in evangelischen Gebieten, die die altgläubige Seite zu schützen versuchte. In diesen Punkten fand man im Fürstenrat keinen Kompromiss, sondern übergab den Kurfürsten am 21. Mai ein gespaltenes Votum.[50] Der Kurfürstenrat legte sein zweites Bedenken am 3. Juni vor.[51] Entsprechend dem Entwurf des Fürstenrats verzichtete man bei der Nennung der nicht in den Religionsfrieden Eingeschlossenen auf eine Spezifizierung („alle andere"),[52] legte als Stichdatum für die Verteilung der Kirchengüter den Passauer Vertrag fest,[53] sah im Punkt der anhängigen Streitfälle (Litispendenz) ein schiedsrichterliches Verfahren vor[54] und übernahm die Regelung zum Auswanderungsrecht der Untertanen.[55] Neu eingefügt wurde ein Passus, wonach die geistliche Jurisdiktion bis zum Religionsvergleich suspendiert bleiben sollte.[56]

Nachdem am 19. Juni erstmals auch die Städtekurie informiert worden war und sich dem Bedenken der beiden oberen Kurien angeschlossen hatte,[57] wurde das gemeinsame Gutachten der Stände im Beisein von Vertretern aller drei Kurien am 21. Juni an den König übergeben.[58] Der an Ferdinand überreichte Text beruhte im Wesentlichen auf dem zweiten Bedenken des Kurfürstenrats, wies aber Änderungen an zwei Stellen auf: Zum einen wurden die Ritterschaft, die Hanse- und andere Städte in den Religionsfrieden eingeschlossen,[59] zum anderen eine Regelung neu aufgenommen, wonach Erzbischöfe, Bischöfe und andere Geistliche von der Freistellung ausgenommen sein und im Falle ihres Abtretens von der alten Religion *ipso facto* ihres Amtes enthoben und durch eine „person, der alten religion verwandt" ersetzt werden sollten.[60] Über beide Punkte hatte sich zwischen den Religionspartei-

---

50 Das Bedenken der evangelischen Stände im Fürstenrat: *Aulinger u. a.* (Bearb.), DRTA.JR, Bd. 20/3, S. 1885–1889 (Nr. 184); das katholische Bedenken ebd., S. 1890–1894 (Nr. 185). Vgl. zum Scheitern der Verhandlungen im Fürstenrat *Aulinger u. a.* (Bearb.), DRTA.JR, Bd. 20/1, S. 79f.; *Wolf*, Religionsfriede, S. 122.
51 Vgl. *Aulinger u. a.* (Bearb.), DRTA.JR, Bd. 20/3, S. 1900–1908 (Nr. 188).
52 Ebd., S. 1904.
53 Vgl. ebd.
54 Vgl. ebd., S. 1905.
55 Vgl. ebd., S. 1907.
56 Vgl. ebd., S. 1905f.
57 Zu den Beratungen der Reichsstädte vgl. *Aulinger u. a.* (Bearb.), DRTA.JR, Bd. 20/1, S. 81 sowie *dies.* (Bearb.), DRTA.JR, Bd. 20/3, S. 1936–1938 (Nr. 194); *Walter Friedensburg*, Das Protokoll der auf dem Augsburger Reichstage von 1555 versammelten Vertreter der freien und Reichsstädte, in: ARG 34 (1937), S. 36–86; *Gerhard Pfeiffer*, Der Augsburger Religionsfriede und die Reichsstädte, in: ZHVS 61 (1955), S. 211–321; *Carl A. Hoffmann*, Die Reichsstädte und der Augsburger Religionsfriede, in: Schilling/Smolinsky (Hg.), Religionsfrieden, S. 297–320.
58 Vgl. *Aulinger u. a.* (Bearb.), DRTA.JR, Bd. 20/3, S. 1938–1945 (Nr. 195).
59 Vgl. ebd., S. 1940.
60 Ebd., S. 1940f.

en keine Einigung erzielen lassen; sie wurden unverglichen an den König übergeben.[61]

3. Die Religionsverhandlungen mit dem König und die *Declaratio Ferdinandea*

Ferdinand hatte seinen Einfluss auf die Verhandlungen der Stände bis zu diesem Zeitpunkt nur hinter den Kulissen geltend gemacht. Die Limitierung der Freistellung auf weltliche Reichsstände, der später so genannte Geistliche Vorbehalt, war auf seine Initiative hin erfolgt.[62] Die Aufnahme dieser Regelung versuchten die evangelischen Stände im Folgenden mit allen Mitteln zu verhindern. Eine Eingabe an den König mit Änderungsvorschlägen sowie interne Theologengutachten[63] sammelten die Argumente gegen den Freistellungsartikel in der vorliegenden Form, blieben aber letztlich wirkungslos.

Ferdinand trug sich um diese Zeit mit dem Plan, den Reichstag aufzulösen.[64] Doch die evangelischen Fürsten wollten den Religionsfrieden so kurz vor dem Ziel nicht scheitern lassen und drängten auf eine Fortsetzung. Erst am 30. August – in der Zwischenzeit berieten die Stände den Landfrieden und die Kammergerichtsordnung – antwortete der König auf das Ständebedenken vom 21. Juni. Seine Resolution zum Religionsfrieden[65] bedeutete für die evangelische Seite einen Rückschlag. Ferdinand vertrat nicht nur in den beiden unverglichen gebliebenen Artikeln – Geistlicher Vorbehalt, der nach dem Willen des Königs beibehalten werden musste, und Stellung der Hansestädte und Ritterschaften, der gestrichen werden sollte[66] – den altgläubigen Standpunkt, sondern eröffnete eine Reihe neuer Konfliktfelder. Er verlangte die konsequente Einschränkung der Freistellung nur auf Reichsstände, die Tilgung des Auswanderungsrechts für Untertanen, da dies im Blick auf die Untertanen von Kaiser und König unannehmbar sei,[67] die Modifizierung der schwierigen Formulierung zur Geltungsdauer des Friedens in einer Weise, die auf eine Terminierung bis zum Religions-

---

61 Vgl. die evangelische Kritik am Ständegutachten ebd., S. 1918–1920 (Nr. 192) und die katholische Kritik ebd., S. 1921–1936 (Nr. 193).
62 Vgl. *Aulinger u.a.* (Bearb.), DRTA.JR, Bd. 20/1, S. 80.
63 Vgl. *Aulinger u.a.* (Bearb.), DRTA.JR, Bd. 20/3, S. 1946–1952 (Nr. 196); Gutachten erstatteten Erhard Schnepf (Nr. 199), Philipp Melanchthon und Johannes Bugenhagen (Nr. 200).
64 Zu den Verhandlungen über eine Prorogation vgl. *Aulinger u.a.* (Bearb.), DRTA.JR, Bd. 20/1, S. 82–84.
65 Vgl. *Aulinger u.a..* (Bearb.), DRTA.JR, Bd. 20/3, S. 2025–2037 (Nr. 213).
66 Vgl. ebd., S. 2027–2033.
67 Vgl. ebd., S. 2034.

vergleich hinauslief,[68] und schrieb für Reichsstädte die Bikonfessionalität vor.[69] Die Zahl der unverglichenen Punkte erhöhte sich damit auf sechs.

Die Vorschläge Ferdinands stießen bei den Konfessionsverwandten erwartungsgemäß auf Ablehnung, während die altgläubigen Stände sie begrüßten.[70] Die Städte verlangten hinsichtlich der Freistellung eine Gleichbehandlung mit den oberen Ständen.[71] Da der König durch die Resolution vom 30. August einseitig Partei ergriffen hatte, kam den am 7., 8. und 9. September mündlich geführten Verhandlungen Ferdinands mit den evangelischen Ständen entscheidende Bedeutung zu.[72] Jeder einzelne Artikel wurde erneut intensiv diskutiert.[73] Schon im ersten Verhandlungsgang kam der König den Wünschen der Evangelischen hinsichtlich der Stellung der Hansestädte und der Ritterschaft, des Auswanderungsrechts der Untertanen, das zwar nicht für die niederländischen Untertanen des Kaisers, wohl aber für die österreichischen Untertanen Ferdinands gelten sollte,[74] sowie der Dauergeltung des Friedens ganz oder teilweise entgegen. An der Beschränkung der Freistellung auf Reichsstände, am Geistlichen Vorbehalt und an der Bikonfessionalität der Reichsstädte hielt er jedoch fest.[75] Die Beratungen der Konfessionsverwandten ergaben, dass man die gemachten Zugeständnisse akzeptierte, allerdings auf die Nennung der Hansestädte lieber ganz verzichtete. Auch die Beschränkung der Freistellung auf Reichsstände nahm man hin. Hinsichtlich des Städteartikels votierte eine Mehrheit der evangelischen Stände und Städte für die Annahme. Lediglich der Geistliche Vorbehalt blieb als unannehmbar übrig. Doch Ferdinand war an diesem Punkt zu keinem weiteren Entgegenkommen bereit. Ein Scheitern des gesamten Religionsfriedens lag am 7. September noch immer im Bereich des Möglichen.

Am folgenden Tag übermittelten die Vertreter der evangelischen Stände ihre ablehnende Stellungnahme zum Geistlichen Vorbehalt an den König. Ferdinand bot an, diesen Artikel als königliche Determination, also aus eigener Machtvollkommenheit in den Religionsfrieden einzufügen; einen Formulierungsvorschlag lieferte er gleich mit.[76] Die Folge waren lange Diskussionen innerhalb des evangelischen Lagers am 9. September, ob man angesichts der vielen Vorteile, die der Religionsfrieden mit sich

---

68 Vgl. ebd., S. 2035.
69 Vgl. ebd., S. 2026.
70 Vgl. die ablehnende Stellungnahme der Augsburger Konfessionsverwandten im Fürstenrat ebd., S. 2052–2056 (Nr. 216) sowie das gemeinsame Gutachten der Reichsstände auf die königliche Resolution vom 6. September 1555, ebd., S. 2071–2080 (Nr. 221).
71 Vgl. ebd., S. 2070 (Nr. 220).
72 Die altgläubigen Stände wurden nur noch punktuell in die Verhandlungen einbezogen; vgl. zu ihren Beratungen *Lutz/Kohler*, Reichstagsprotokoll, S. 113–131.
73 Die folgenden Einzelheiten nach dem Protokoll des brandenburg-küstrinischen Gesandten Berthold von Mandelsloh, in: *Aulinger u. a.* (Bearb.), DRTA.JR, Bd. 20/3, S. 2080–2104 (Nr. 222).
74 Vgl. ebd., S. 2083.
75 Vgl. ebd., S. 2082–2084.
76 Enthalten in der zweiten Resolution Ferdinands, vgl. ebd., S. 2105–2109 (Nr. 223), hier S. 2106f. § 6.

bringen würde, jetzt nicht zustimmen sollte. Das Kurfürstentum und das Herzogtum Sachsen, Pfalz-Neuburg, Hessen, Anhalt und der Vertreter der Grafen waren für die Annahme, alle anderen dagegen. Um die Geschlossenheit des evangelischen Lagers zu wahren, einigte man sich darauf, den König um einen Aufschub zu bitten, damit man sich zu Hause neue Instruktionen holen konnte. Ferdinand gewährte eine Frist von zehn Tagen, machte zugleich aber deutlich, dass er in zwei Wochen abreisen werde.[77] Somit standen die letzten Beratungen unter enormem Zeitdruck, zumal sich die Antworten der Fürsten teilweise verzögerten. Aus den bis zum 19. September eingetroffenen Voten stellten die evangelischen Gesandten eine Replik an den König zusammen, in der die Ablehnung des Geistlichen Vorbehalts wiederholt, aber auch signalisiert wurde, dass man eine Entscheidung des Königs hinnehmen werde. Allerdings verlangten sie eine Reihe von Änderungen am vorgeschlagenen Wortlaut, u. a. den ausdrücklichen Hinweis auf den Dissens der Evangelischen.[78] Darüber kam es am 20. September zu einer letzten Verhandlungsrunde mit dem König, die in äußerst angespannter Atmosphäre stattfand. Der evangelischen Seite gelang es, einige Formulierungsänderungen hinsichtlich des Geistlichen Vorbehalts durchzusetzen. Die wichtigste Konzession des Königs bestand aber in der Zusage, eine besondere Versicherung außerhalb des Religionsfriedens für die evangelischen Untertanen in geistlichen Gebieten abzugeben.[79] Mit diesen Vereinbarungen kamen die Verhandlungen am Abend des 20. September 1555 zum Abschluss.

Was zu tun blieb, war die endgültige Feststellung des Wortlauts des Religionsfriedens und der Versicherung Ferdinands für die evangelischen Untertanen geistlicher Fürsten. Der erste Punkt wurde noch am 21. September erledigt.[80] Die königliche Versicherung (*Declaratio Ferdinandea*) wurde erst am 24. September ausgestellt, da Ferdinand zuvor mit den altgläubigen Ständen beraten und rechtliche Bedenken der evangelischen Seite wegen der Gültigkeit einer solchen Nebenerklärung aus dem Weg räumen musste. Die *Declaratio Ferdinandea*[81] legte auf der Grundlage der von Kaiser Karl V. an seinen Bruder übertragenen Vollmacht fest, dass Ritterschaften, Städte und Kommunen, die unter Erzbischöfen, Bischöfen oder anderen Geistlichen ansässig waren und der augsburgischen Konfession seit langem anhingen, die auch ihren Kultus seither öffentlich ausgeübt hatten, bis zum Religionsvergleich bei ihrer Religion, Glauben, Kirchengebräuchen und Zeremonien unbedrängt gelassen werden sollten.[82]

---

77 Vgl. ebd., S. 2094.
78 Die Antwort und die Änderungsvorschläge vgl. ebd., S. 2102f. und S. 2121f. (Nr. 227).
79 Vgl. ebd., S. 2104.
80 Die Schlussrelation Ferdinands über den Religionsfrieden vgl. ebd., S. 2125f. (Nr. 229). Wörtliche Wiederholungen aus der zweiten Relation Ferdinands vom 8./9. September (ebd., S. 2105–2109 [Nr. 223]) sind in der Edition ausgelassen.
81 Vgl. ebd., S. 2132–2134 (Nr. 231).
82 Zur Declaratio vgl. *Alexandra Schäfer-Griebel*, Einleitung zu Augsburger Religionsfrieden (25. September 1555) und Declaratio Ferdinandea (24. September 1555), in: Dingel (Hg.), Friedenswahrung,

Auf dieser Basis konnte der Religionsfrieden in den Reichsabschied vom 25. September 1555 aufgenommen werden.

4. Bestimmungen, Probleme und Lücken des Religionsfriedens

Im Gesamt des 144 Artikel umfassenden Augsburger Reichsabschieds[83] nimmt der Religionsfrieden mit gerade einmal 16 Artikeln (§§ 14–28 und § 32)[84] relativ geringen Raum ein. Er steht zwischen den einleitenden Bemerkungen (§§ 1–13), in denen die wiederholte Prorogation des Reichstags, die Gründe für die Abwesenheit des Kaisers und die „volmechtige, absolute und one hindersichbringen"[85] von Karl an Ferdinand übertragene Vollmacht erwähnt werden, und dem umfangreichsten Teil des Abschieds, der Exekutionsordnung des Landfriedens (§§ 33–103). In den §§ 29–31, die vom Religionsfrieden zum Landfrieden überleiten, geben beide Seiten im Anschluss an Formulierungen des Passauer Vertrags die Versicherung ab, die Vereinbarungen einhalten zu wollen, wobei diese Verpflichtung nicht nur für König Ferdinand, sondern ausdrücklich auch für den Kaiser gelten soll (§ 29). Die übrigen Teile des Abschieds betreffen Anpassungen der Reichskammergerichtsordnung an die Friedensregelungen (§§ 104–114),[86] weitere Reformmaßnahmen (§§ 115–138) sowie die übliche Auflistung der Teilnehmer und Unterzeichner.

Der Augsburger Religionsfrieden zog einen Schlussstrich unter zweieinhalb Jahrzehnte rechtlich-politischer Konflikte und Ausgleichsversuche zwischen den beiden wichtigsten im Reich vertretenen konfessionellen Gruppen, den Anhängern des Augsburger Bekenntnisses (Lutheranern) und den Anhängern der alten Religion (Katholi-

---

URL: http://tueditions.ulb.tu-darmstadt.de/e000001/einleitungen/target/augsburger_religionsfriede_einleitung.html (abgerufen am: 04.07.2019) sowie *Helmut Urban*, Zur Druckgeschichte der „Declaratio Ferdinandea", in: GutJb 51 (1976), S. 254–263. Aus der Perspektive der landsässigen Städte wird die Declaratio behandelt bei *Johannes Merz*, Der Religionsfrieden, die *Declaratio Ferdinandea* und die Städte unter geistlicher Herrschaft, in: Schilling/Smolinsky (Hg.), Religionsfrieden, S. 321–340.
83 Vgl. *Aulinger u.a.* (Bearb.), DRTA.JR, Bd. 20/4, S. 3102–3158 (Nr. 390).
84 Die Artikelzählung, die im Mainzer Originaldruck des Reichsabschieds von 1555 (VD 16 R 801) noch nicht enthalten war, folgt in den Editionen seit *Heinrich Christian von Senckenberg/Johann Jakob Schmauß*, Neue und vollständigere Sammlung der Reichs-Abschiede [...], 4 Teile, Frankfurt a.M. 1747, Teil 3, S. 14–43 der dort eingeführten Nummerierung. Einen Separatdruck des Religionsfriedens gab es zeitgenössisch nicht.
85 *Aulinger u.a.* (Bearb.), DRTA.JR, Bd. 20/4, S. 3105. „One hindersichbringen": ohne die Zustimmung des Kaisers einholen zu müssen.
86 Die außerhalb des Reichsabschieds verabschiedete Reichskammergerichtsordnung vgl. *Aulinger u.a.* (Bearb.), DRTA.JR, Bd. 20/3, S. 2553–2557 (Nr. 274).

ken), die sich gegenseitig Frieden zusicherten (§ 14–16).[87] Am Ende stand eine durch das Recht garantierte politische Vereinbarung, während die theologischen Streitpunkte ausgeklammert blieben. Die Bikonfessionalität des Reiches wurde als Realität anerkannt, das mittelalterliche Ketzerrecht gegen die Anhänger der Reformation aufgehoben. Die Wiedervereinigung der Religionen wurde auf unbestimmte Zeit verschoben (§ 9f.).

In der Vorgeschichte und im Verlauf der Verhandlungen hatte sich eine Reihe von Bestimmungen als wenig umstritten herausgestellt. Die Geltung des Religionsfriedens wurde entsprechend dem Bedenken der Kurfürsten einerseits begrenzt bis zum Religionsvergleich, andererseits sollte „ain bestendiger, beharrlicher, unbedingter, für und für ewig werender frid aufgericht und beschlossen sein und bleiben" (§ 25).[88] Unumstritten waren auch die generellen Schutzklauseln (§§ 15 und 16), wonach sich beide Seiten ihren jeweiligen Glauben, Besitz und Herrschaftsrechte garantierten und auf gewaltsame Eingriffe im jeweils anderen Lager verzichteten. Auf evangelischer Seite waren nicht nur der Status quo geschützt, sondern auch die Zustände, „so sy [...] nachmals aufrichten möchten".[89] Diese Absicherung künftiger Veränderungen erhielt erst im Nachhinein Brisanz, ließ sie sich doch für das Religionsveränderungsrecht der Obrigkeiten (*ius reformandi*) umfassend in Anspruch nehmen. Das Abpraktizierungsverbot (§ 23), das wörtlich aus dem Speyerer Abschied von 1544 übernommen wurde, untersagte es, Untertanen der jeweils anderen Seite zur eigenen Religion zu ziehen. Das Sektenverbot kam in der Fassung des Fürstenrats in den Religionsfrieden, nämlich ohne die Nennung bestimmter Gruppen (§ 17). Die Konfessionswahl der Reichsstände war damit auf die Alternative Papst oder Augsburger Bekenntnis eingeschränkt.

Um andere Artikel wurde während der Augsburger Verhandlungen heftiger gerungen. Dazu zählte die seit 1532 immer wieder diskutierte Neuverteilung des landsässigen Kirchenguts (§ 19). Eine Normaljahrsregelung war schon 1544 vorgesehen gewesen.[90] Die Stände einigten sich hinsichtlich des Termins auf die Formulierung „zu zeitt deß passawischen vertrags oder seidthero".[91] Damit war 1552 als Normaljahr festgeschrieben, was jedoch das „oder seidhero" („oder seither") bedeuten sollte, blieb unbestimmt. Das Reichskammergericht wurde angewiesen, keine Prozesse wegen ein-

---

[87] Konzise Analysen des Vertragswerks in rechtsgeschichtlicher Perspektive finden sich bei *Heckel*, Deutschland, S. 45–66; *Bernd Christian Schneider*, Ius Reformandi. Die Entwicklung eines Staatskirchenrechts von seinen Anfängen bis zum Ende des Alten Reiches, Tübingen 2001, S. 152–169 und *Martin Heckel*, Der Augsburger Religionsfriede, in: Joachim Gaertner/Erika Godel (Hg.), Religionsfreiheit und Frieden. Vom Augsburger Religionsfrieden zum europäischen Verfassungsvertrag, Frankfurt a. M. 2007, S. 13–33.
[88] *Aulinger u. a.* (Bearb.), DRTA.JR, Bd. 20/4, S. 3112.
[89] Ebd., S. 3109.
[90] Vgl. oben bei Anm. 15.
[91] *Aulinger u. a.* (Bearb.), DRTA.JR, Bd. 20/4, S. 3112.

gezogener Güter mehr zu führen.[92] Der Widerstand der Städtevertreter gegen die vom König gewollte[93] Festschreibung des konfessionellen Status quo in den gemischtkonfessionellen Reichsstädten war am Ende vergeblich (§ 27). Die städtischen Räte erhielten kein Reformationsrecht analog zu den weltlichen Fürsten, sondern mussten konfessionelle Minderheiten – meist katholische – in ihren Mauern dulden. Durchbrach schon diese Bestimmung das generelle Reformationsrecht weltlicher Reichsstände, galt dies auch für die Einbeziehung der Reichsritter (§ 26), die zwar reichsunmittelbar waren, aber keine Reichsstandschaft besaßen. Nachdem die evangelischen Stände in den Verhandlungen mit dem König die Forderung nach Einbeziehung der Hansestädte hatten fallen lassen,[94] blieb die Nennung der Reichsritter im Religionsfrieden als Zugeständnis des Königs stehen. Allerdings sprach Artikel 26 nicht ausdrücklich von einem *ius reformandi* der reichsunmittelbaren Ritterschaft, sondern nur davon, dass sie wegen der Religion unbedrängt bleiben sollte. Die bischöfliche Jurisdiktion in evangelischen Territorien wurde nicht aufgehoben, sondern lediglich bis zum Religionsvergleich suspendiert (§ 20), allerdings mit einer Reihe schwer zu deutender Einschränkungen: Wo die augsburgische Konfession nicht berührt war, sollten die alten Rechte und Einkünfte der geistlichen und weltlichen katholischen Stände erhalten bleiben; die Verwendung der Güter wurde außerdem an „ministeria der khirchen, pfarren und schuelen"[95] zweckgebunden (§ 21). Im Streitfall war ein Schiedsgerichtsverfahren vorgesehen (§ 22), eine Litispendenzklausel fehlte.

Die am heftigsten umstrittenen Bestimmungen des Religionsfriedens betrafen die Freistellung, d. h. das Recht der freien Konfessionswahl. Das Freistellungsproblem hatte mehrere Aspekte, über die sich in Augsburg nur eine partielle Einigung erzielen ließ. In den Genuss der Freistellung kamen weltliche Reichsstände, was nach katholischer Lesart einen Abfall von der Kirche und somit eine *licentia peccandi* darstellte. Dem König und den katholischen Ständen war daran gelegen, eine Ausdehnung auf nicht reichsunmittelbare Stände unbedingt zu verhindern. Deshalb bestand Ferdinand auf der Einfügung der Worte „des Reichs" in § 15. Juristen späterer Zeit fanden für das Recht des Landesfürsten, die Konfession des Landes zu bestimmen, die Kurzformel *cuius regio eius religio*.[96] In der Konsequenz dieser Regelung lag der Gewissenszwang für die Untertanen, die sich unabhängig von ihrer persönlichen Glaubensüberzeugung der Landeskonfession unterwerfen mussten. Der Fürst war nicht zur Toleranz verpflichtet. Das Auswanderungsrecht (*ius emigrandi* oder *beneficium emigrandi*) (§ 24) sollte diese für die evangelische Seite schwer zu akzeptierenden Konsequenzen abmildern, wenn man schon die allgemeine Freistellung auch der Unterta-

---

92 Eine entsprechende Anweisung an das Kammergericht wurde in § 32 wiederholt, vgl. ebd., S. 3114.
93 Vgl. oben bei Anm. 69 und 71.
94 Vgl. oben bei Anm. 74f.
95 *Aulinger u. a.* (Bearb.), DRTA.JR, Bd. 20/4, S. 3111.
96 „Wessen Herrschaft, dessen Religion". Vgl. zur Einordnung *Karl-Hermann Kästner*, Art. „Cuius regio eius religio", in: HDRG 1 ²(2008), S. 913–916.

nen nicht durchsetzen konnte.[97] Deshalb sah der Religionsfrieden vor, dass, wenn Untertanen[98] mit Weib und Kindern wegen ihrer Religion an einen anderen Ort ziehen wollten, ihnen der Ab- und Zuzug sowie der Verkauf von Hab und Gut „gegen zimlichen pillichen abtrag der leibaigenschaft und nachsteur"[99] erlaubt sein mussten. Die Obrigkeiten behielten sich allerdings das Recht vor, Untertanen aus der Leibeigenschaft zu lösen oder nicht. Mit Bernd Christian Schneider kann man von einer „Gewissensfreistellung der Untertanen bei grundsätzlicher Geltung eines fürstlichen Konfessionsbestimmungsrechts" sprechen.[100] Martin Heckel nannte diese Regelung „das erste allgemeine Grundrecht, das das Reich durch das geschriebene Verfassungsrecht jedem Deutschen garantierte".[101]

Der am heftigsten umstrittene Artikel war der Geistliche Vorbehalt (*reservatum ecclesiasticum*) (§ 18). Er regelte den Fall einer Konversion eines geistlichen Fürsten zum evangelischen Glauben. Dass man sich in dieser Frage nicht hatte einigen können, wurde ausdrücklich festgestellt, ebenso, dass der Artikel „in craft hochgedachter röm. ksl. Mt. uns gegebnen volmacht und haimbstellung"[102] in den Religionsfrieden gesetzt wurde. Die Gegenleistung des Königs, die *Declaratio Ferdinandea*, wurde mit keinem Wort erwähnt. Künftig galt, dass, wenn ein Erzbischof, Bischof, Prälat oder anderer Geistlicher von der alten Religion abtreten würde, er unverzüglich sein Amt und die damit verbundenen Einkünfte aufgeben musste, allerdings „seinen eeren onenachtaillig".[103] Die Domkapitel sollten daraufhin eine Person wählen, die der alten Religion angehörte. Die evangelischen Stände mussten diesen Artikel hinnehmen, obwohl er nach ihrer Auffassung eine unzumutbare Einschränkung der Freistellung darstellte und letztlich den Zweck verfolgte, die Reformation aus geistlichen Territorien fernzuhalten.

Der Augsburger Religionsfrieden war ein in zähen Verhandlungen gefundener Kompromiss, der um der Einigung willen viele strittige Fragen in der Schwebe ließ oder durch Formeln dissimulierend überdeckte. Er war „gespickt mit Zweifeln und Lücken".[104] Deshalb kam es darauf an, wie die Vereinbarungen umgesetzt werden würden. Doch hier begannen die Probleme. Die Auslegungshoheit über den Text war ungeklärt, denn es blieb offen, wo im Streitfall die Entscheidungsgewalt lag: beim Kaiser, bei der Ständemehrheit, oder musste konsensual entschieden werden? Beide

---

97 Dies wurde besonders von Kurpfalz, Kurbrandenburg und Württemberg gefordert; vgl. auch oben bei Anm. 36. Eine eingehende Diskussion des Verhandlungsgangs über das Auswanderungsrecht bei *Schneider*, Ius reformandi, S. 157–161.
98 Dies bezog sich auf die Untertanen Ferdinands und der Reichsstände, nicht auf die Untertanen Kaiser Karls V. in den Niederlanden.
99 *Aulinger u. a.* (Bearb.), DRTA.JR, Bd. 20/4, S. 3112.
100 *Schneider*, Ius reformandi, S. 160.
101 *Heckel*, Deutschland, S. 48.
102 *Aulinger u. a.* (Bearb.), DRTA.JR, Bd. 20/4, S. 3109.
103 Ebd., S. 3110.
104 *Heckel*, Deutschland, S. 50.

Seiten trugen im praktischen Vollzug des Friedens ihr Verständnis und ihre konfessionellen Interessen in das Vertragswerk ein und versuchten, Boden zurückzugewinnen, den sie in den Augsburger Verhandlungen verloren hatten. Die Folge waren endlose Streitigkeiten über die Auslegung einzelner Bestimmungen.

Ungeklärt war bereits der Begriff der augsburgischen Konfessionsverwandtschaft,[105] da das Augsburger Bekenntnis von Philipp Melanchthon (1497–1560) ständig fortentwickelt wurde. So ergab sich das Problem, ob nur diejenigen in den Religionsfrieden eingeschlossen waren, die das ursprüngliche Bekenntnis von 1530 als Glaubensgrundlage akzeptierten, oder ob das veränderte Bekenntnis von 1540 (*Confessio Augustana Variata*) reichsrechtlich ebenfalls anerkannt war. Im Vertragstext war (2.) auch nicht geregelt, in welcher Weise die weltlichen Fürsten ihr *ius reformandi* ausüben sollten oder durften. Die Umsetzung in konkrete Institutionen und Ordnungen war hier gleichsam in die Verantwortung der Territorialfürsten verlagert.[106] Dies schloss Missbrauch nicht aus, etwa wenn das Auswanderungsrecht der Untertanen zu einem Vertreibungsrecht der Obrigkeiten uminterpretiert wurde.[107] Offen blieb (3.) die rechtliche Bedeutung der *Declaratio Ferdinandea*. Zwar wurde der Text bereits 1555 veröffentlicht,[108] aber seine Gültigkeit wurde von katholischer Seite bestritten, da man sie entweder als persönliches Zugeständnis Ferdinands oder gar als protestantische Fälschung betrachtete. Die Kirchengutsregelungen waren (4.) viel zu pauschal, um alle auftretenden Einzelfälle abdecken zu können. Auch ließ der Religionsfrieden (5.) offen, was mit kirchlichen Gütern geschehen sollte, die erst nach 1552 an die evangelischen Stände gelangten. Schließlich (6.) der Geistliche Vorbehalt: Die Evangelischen hatten ihm nicht zugestimmt und fühlten sich demzufolge auch nicht verpflichtet, sich an dessen Bestimmungen zu halten. Zudem regelte § 18 des Religionsfriedens nur, was bei der Konversion eines geistlichen Fürsten zum evangelischen Glauben geschehen sollte. Welche Konsequenzen es hatte, wenn ein mehrheitlich evangelisches Domkapitel einen Evangelischen zum Bischof wählte, wurde im Religionsfrieden nicht geregelt.

---

105 Vgl. *Irene Dingel*, Augsburger Religionsfrieden und „Augsburger Konfessionsverwandtschaft" – konfessionelle Lesarten, in: Schilling/Smolinsky (Hg.), Religionsfrieden, S. 157–176.
106 Vgl. *Gerhard Graf u. a.* (Hg.), Der Augsburger Religionsfrieden. Seine Rezeption in den Territorien des Reiches, Leipzig 2006.
107 Vgl. *Matthias Asche*, Auswanderungsrecht und Migration aus Glaubensgründen – Kenntnisstand und Forschungsperspektiven zur *ius emigrandi* Regelung des Augsburger Religionsfriedens, in: Schilling/Smolinski (Hg.), Religionsfrieden, S. 75–104.
108 *Urban*, Druckgeschichte argumentiert gegen die Auffassung, dass die Declaratio erst 1574 gedruckt worden sei, und behauptet stattdessen, „daß die ‚Declaratio Ferdinandea' 1555 auf Veranlassung des Kurfürsten von Sachsen in Leipzig bei Valentin Bapst gedruckt wurde" (ebd., S. 258).

5. Gesamtwürdigung und Ausblick

Trotz aller Unklarheiten und Lücken, die nicht Folge eines Unvermögens, sondern Ausdruck der hohen Verhandlungskunst der Beteiligten waren, war der Augsburger Religionsfrieden eine große Errungenschaft und eine Pionierleistung.[109] Erstmals gelang es, eine dauerhafte Koexistenzordnung im Reich zu errichten und somit den fortbestehenden konfessionellen Antagonismus zu entschärfen. Der Religionsfrieden bescherte dem Reich eine mehr als 60 Jahre dauernde Friedenszeit. Diese Leistung ist umso höher einzuschätzen, als im europäischen Umfeld in der Mitte des 16. Jahrhunderts ganz andere Verhältnisse herrschten. In England wurden zur Zeit der Augsburger Verhandlungen die Protestanten unter Maria Tudor (1516–1558) blutig verfolgt, und in Frankreich bahnten sich die gewalttätigen Auseinandersetzungen zwischen der Krone und den Hugenotten bereits an, die 1562 in den ersten von acht Religionskriegen mündeten. Auch in den Niederlanden, deren Bindungen an das Reich nur noch locker, aber noch nicht ganz gekappt waren, standen die Zeichen nicht auf Koexistenz, sondern auf Konfrontation. Kaiser Karl V. nutzte hier die Inquisition als Mittel gegen den um sich greifenden Calvinismus[110] und dachte nicht daran, in den unter seiner direkten Herrschaft stehenden Gebieten ähnliche Regelungen zu akzeptieren wie sein Bruder Ferdinand im Kern des Heiligen Römischen Reiches. Ferdinand war der Vater des Religionsfriedens, nicht der Kaiser, der seinen Bruder schon im Juli 1555 wissen ließ, dass er mit den Religionsverhandlungen im Reich nichts zu tun haben wollte und der unter Hinweis auf den burgundischen Vertrag von 1548 zugleich jede Gültigkeit der Vereinbarungen von Augsburg für seine niederen Erblande zurückwies.[111] Der 1556 vollzogene Rückzug Karls V. vom Kaisertum hatte nicht nur mit gesundheitlichen Problemen, sondern auch mit dem Scheitern seiner religionspolitischen Ziele im Reich zu tun.[112]

Der Augsburger Religionsfrieden trug allerdings den Keim künftiger Konflikte in sich.[113] Dies galt in erster Linie für den Gegensatz zwischen evangelischen Ständen

---

109 Zwar gab es europäische Vorbilder für den Umgang mit konfessionsverschiedenen Gruppen, etwa in der Schweizer Eidgenossenschaft, in den Verhandlungen der Reichsstände wurde aber auf frühere Friedensverträge nicht zurückgegriffen; vgl. *Armin Kohnle*, Konfliktbereinigung und Gewaltprävention: Die europäischen Religionsfrieden in der frühen Neuzeit, in: Irene Dingel/Christiane Tietz (Hg.), Das Friedenspotenzial von Religion, Göttingen 2009, S. 1–19.
110 Vgl. *Jochen A. Führer*, Die Kirchen- und die antireformatorische Religionspolitik Kaiser Karls V. in den siebzehn Provinzen der Niederlande 1515–1555, Leiden 2004, S. 329f.
111 Vgl. *Aulinger u.a.* (Bearb.), DRTA.JR, Bd. 20/4, S. 2909–2911 (Nr. 346).
112 Vgl. die klassische Untersuchung der letzten Regierungsjahre Karls V. bei *Heinrich Lutz*, Christianitas afflicta. Europa, das Reich und die päpstliche Politik im Niedergang der Hegemonie Kaiser Karls V. (1552–1556), Göttingen 1964.
113 Zur staatskirchenrechtlichen Wirkung des Religionsfriedens sind die Arbeiten von Martin Heckel einschlägig. Vgl. *Martin Heckel*, Gesammelte Schriften, 5 Bde., Tübingen 1989–2004; *ders.*, Martin Luthers Reformation und das Recht, Tübingen 2016.

und kaiserlich-katholischem Lager. Konnte der Religionsfrieden unter den Kaisern Ferdinand I. (reg. 1558–1564) und Maximilian II. (reg. 1564–1576) sein befriedendes Potenzial noch weitgehend entfalten, wurde mit dem Erstarken der Gegenreformation im Reich die Augsburger Koexistenzordnung zunehmend brüchig. Den meisten Zündstoff enthielt der Geistliche Vorbehalt, der eine Reihe spektakulärer Konflikte auslöste. Aber auch die Verteilung der Kirchengüter oder die Frage des Umgangs mit konfessionellen Minderheiten in Reichsstädten und in geistlichen Territorien bot Stoff für rechtliche Auseinandersetzungen.[114] Innerevangelisch wurde der im Reich sich ausbreitende Calvinismus zunehmend zum Problem für die Stabilität der Friedensordnung von Augsburg. Während die saturierten lutherischen Stände, insbesondere Kursachsen, den Religionsfrieden als eine unbedingt zu bewahrende Errungenschaft betrachteten, kämpfte der wichtigste spät zur Reformation übergegangene Reichsstand, die Kurpfalz, nicht nur um seine Anerkennung als durch den Religionsfrieden geschützter Stand der augsburgischen Konfession, sondern drängte zugleich auf Veränderungen der Augsburger Friedensordnung, die die eigene reformatorische Entwicklung eher hinderte als förderte.[115] Am Ende der allmählichen Auflösung der Augsburger Friedensordnung stand der Dreißigjährige Krieg. Doch auch der neue Religionsfrieden von 1648[116] baute auf dem Augsburger Vorgänger auf, der dem Protestantismus im Reich eine sichere Existenzgrundlage geschaffen hatte. Seit der ersten Jahrhundertfeier 1655[117] war der Augsburger Religionsfrieden als kirchengeschichtliches Schlüsselereignis fest in der protestantischen Erinnerungskultur verankert.

Auswahlbibliographie / Select Bibliography

Aulinger, Rosemarie u. a. (Bearb.), Deutsche Reichstagsakten. Jüngere Reihe, Bd. 20: Der Reichstag zu Augsburg 1555, München 2009.
Becker, Winfried (Hg.), Der Passauer Vertrag von 1552. Politische Entstehung, reichsrechtliche Bedeutung und konfessionsgeschichtliche Bewertung, Neustadt a.d. Aisch 2003.
Brandi, Karl (Hg.), Der Augsburger Religionsfriede vom 25. September 1555. Kritische Ausgabe des Textes mit den Entwürfen und der königlichen Deklaration, Göttingen ²1927.
Drecoll, Volker Henning, Der Passauer Vertrag (1552). Einleitung und Edition, Berlin/New York 2000.

---

114 Vgl. noch immer *Ritter*, Geschichte; *Heckel*, Deutschland, S. 67–122.
115 Vgl. *Armin Kohnle*, Kurpfalz, Baden und der Augsburger Religionsfrieden, in: Graf (Hg.), Religionsfrieden, S. 25–36; ders., Theologische Klarheit oder politische Einheit?: Die Frage der Geschlossenheit der evangelischen Stände im Jahrzehnt nach dem Augsburger Religionsfrieden, in: Enno Bünz u.a. (Hg.), Glaube und Macht. Theologie, Politik und Kunst im Jahrhundert der Reformation, Leipzig 2005, S. 69–86.
116 Vgl. hierzu auch Kapitel 46.
117 Vgl. *Stefan W. Römmelt*, Erinnerungsbrüche – Die Jubiläen des Augsburger Religionsfriedens von 1655 bis 1955, in: Carl A. Hoffmann u.a. (Hg.), Als Frieden möglich war. 450 Jahre Augsburger Religionsfrieden. Begleitband zur Ausstellung im Maximilianmuseum Augsburg, Regensburg 2005, S. 258–270. Vgl. hierzu auch Kapitel 32.

Ernst, Viktor (Hg.), Briefwechsel des Herzogs Christoph von Wirtemberg, Bd. 3: 1555, Stuttgart 1902.

Friedensburg, Walter, Das Protokoll der auf dem Augsburger Reichstage von 1555 versammelten Vertreter der freien und Reichsstädte, in: ARG 34 (1937), S. 36–86.

Gotthard, Axel, Der Augsburger Religionsfrieden, Münster 2004.

Graf, Gerhard u. a. (Hg.), Der Augsburger Religionsfrieden. Seine Rezeption in den Territorien des Reiches, Leipzig 2006.

Heckel, Martin, Deutschland im konfessionellen Zeitalter, Göttingen 1983.

Heckel, Martin, Der Augsburger Religionsfriede, in: Joachim Gaertner/Erika Godel (Hg.), Religionsfreiheit und Frieden. Vom Augsburger Religionsfrieden zum europäischen Verfassungsvertrag, Frankfurt a. M. 2007, S. 13–33.

Hoffmann, Carl A. u. a. (Hg.), Als Frieden möglich war. 450 Jahre Augsburger Religionsfrieden. Begleitband zur Ausstellung im Maximilianmuseum Augsburg, Regensburg 2005.

Kohnle, Armin, Konfliktbereinigung und Gewaltprävention: Die europäischen Religionsfrieden in der frühen Neuzeit, in: Irene Dingel/Christiane Tietz (Hg.), Das Friedenspotenzial von Religion, Göttingen 2009, S. 1–19.

Lutz, Heinrich, Christianitas afflicta. Europa, das Reich und die päpstliche Politik im Niedergang der Hegemonie Kaiser Karls V. (1552–1556), Göttingen 1964.

Lutz, Heinrich/Kohler, Alfred (Hg.), Das Reichstagsprotokoll des kaiserlichen Kommissars Felix Hornung vom Augsburger Reichstag 1555, Wien 1971.

Petry, Ludwig, Der Augsburger Religionsfriede von 1555 und die Landesgeschichte, in: BDLG 93 (1957), S. 150–175.

Pfeiffer, Gerhard, Art. „Augsburger Religionsfrieden", in: TRE 4 (1979), S. 639–645.

Pfeiffer, Gerhard, Der Augsburger Religionsfriede und die Reichsstädte, in: ZHVS 61 (1955), S. 211–321.

Schäfer-Griebel, Alexandra (Bearb.), Augsburger Religionsfrieden (25. September 1555) und Declaratio Ferdinandea (24. September 1555), in: Irene Dingel (Hg.), Religiöse Friedenswahrung und Friedensstiftung in Europa (1500–1800). Digitale Quellenedition frühneuzeitlicher Religionsfrieden, Darmstadt 2013, URL: http://tueditions.ulb.tu-darmstadt.de/e000001/einleitungen/target/augsburger_religionsfriede_einleitung.html; http://tueditions.ulb.tu-darmstadt.de/e000001/quellentexte/target/declaratio_ferdinandea.html; http://tueditions.ulb.tu-darmstadt.de/e000001/quellentexte/target/augsburger_religionsfriede.html (abgerufen am: 04.07.2019).

Schäfer-Griebel, Alexandra (Bearb.), Passauer Vertrag (2. August 1552), in: Dingel (Hg.), Friedenswahrung, URL: http://tueditions.ulb.tu-darmstadt.de/e000001/einleitungen/target/passauer_stillstand_einleitung.html; http://tueditions.ulb.tu-darmstadt.de/e000001/quellentexte/target/passauer_stillstand.html (abgerufen am: 04.07.2019).

Schneider, Bernd Christian, Ius Reformandi. Die Entwicklung eines Staatskirchenrechts von seinen Anfängen bis zum Ende des Alten Reiches, Tübingen 2001.

Schilling, Heinz/Smolinsky, Heribert (Hg.), Der Augsburger Religionsfrieden 1555. Wissenschaftliches Symposion aus Anlaß des 450. Jahrestages des Friedensschlusses, Augsburg 21. bis 25. September 2005, Gütersloh, bzw. Münster 2007.

Simon, Matthias, Der Augsburger Religionsfriede, Augsburg 1955.

Tüchle, Hermann, Der Augsburger Religionsfriede. Neue Ordnung oder Kampfpause?, in: ZHVS 61 (1955), S. 323–340.

Urban, Helmut, Zur Druckgeschichte der „Declaratio Ferdinandea", in: GutJb 51 (1976), S. 254–263.

Wolf, Gustav, Der Augsburger Religionsfriede, Stuttgart 1890.

Wolgast, Eike, Religionsfrieden als politisches Problem der frühen Neuzeit, in: HZ 282 (2006), S. 59–96.

Wüst, Wolfgang u. a. (Hg.), Der Augsburger Religionsfriede 1555. Ein Epochenereignis und seine regionale Verankerung, Augsburg 2005.

Rainer Babel
42. Der Frieden von Cateau-Cambrésis 1559

Abstract: The Peace of Cateau-Cambrésis 1559
On 2 and 3 April 1559 France signed peace treaties in Cateau-Cambrésis with England and Spain. In the first it acquired Calais, the last English possession on the continent, for eight years. In the second treaty, France recognized the rights of the Spanish king in Italy, especially in Milan and Naples. France thereby relinquished claims that had been at the centre of a struggle for European supremacy between Charles V and the French kings for four decades. The peace was advantageous for Spain, but much less so for France since it represented an abrupt break with traditional French foreign policy. The significance of the peace of Cateau-Cambrésis thus only becomes clear when viewed in the context of the complex prehistory of Habsburg-Valois conflict. It was an attempt to come to a new form of coexistence, certainly prompted by the force of economic circumstances, but perhaps even more by desire to concentrate domestically on the fight against "heresy".

Der Frieden, der am 3. April 1559 im Schloss von Cateau-Cambrésis zwischen Philipp II. (1527–1598), König von Spanien und Herrn der Niederlande, sowie Heinrich II. (1519–1559), König von Frankreich, geschlossen wurde, beendete einen vier Jahrzehnte dauernden, komplexen Konflikt.[1] Dieser hatte unter den Vätern beider Herrscher begonnen, Kaiser Karl V. (1500–1558) und König Franz I. (1494–1547), und war letztlich um die Vorherrschaft in Europa geführt worden.[2] Ein auf der 1519 erlangten Kaiserwürde aufbauender und vom Konzept der ‚Universalmonarchie' inspirierter Führungsanspruch Karls V. traf auf den entschiedenen Widerstand des bei der Kaiserwahl unterlegenen französischen Königs, der eine nicht weniger selbstbewusste Idee von seiner Herrschaft vertrat.

Der machtpolitische Ausdruck dieses ‚ideellen Hierarchiekonflikts', der die gesamte europäische Politik seiner Zeit beeinflusste, waren vier Kriege zwischen beiden Herrschern gewesen. Dabei war es insbesondere um Einfluss in Italien gegangen, des-

---

[1] Der Frieden von Cateau-Cambrésis und seine Vorgeschichte sind Gegenstand zweier Monografien: *Alphonse de Ruble*, Le Traité de Cateau-Cambrésis (2 et 3 avril 1559), Paris 1889, sowie *Bertrand Haan*, Une paix pour l'éternité. La négociation du traité du Cateau-Cambrésis, Genf 2010. Letzteres Werk ist im Volltext im Internet zugänglich: https://books.openedition.org/cvz/633 (abgerufen am: 12.01.2020). Die Vertragstexte hier im Anhang, S. 197 ff. Das Digitalisat der spanischen Ausfertigung des Vertragstextes findet sich auf der Seite des Leibniz-Instituts für europäische Geschichte: http://www.ieg-friedensvertraege.de/treaty/1559 %20IV%203 %20Friedensvertrag%20von%20Cateau%20-%20Cambr%C3 %A9sis/t-374-1-de.html?h=1&comment=677 (abgerufen am: 12.01.2020).
[2] So charakterisiert auch *Haan*, Une paix pour l'éternité, S. 191, das Verhältnis beider Mächte noch unmittelbar vor dem Friedensschluss: „Une lutte pour la suprématie: cette formule suffit à résumer le différend opposant les deux grandes monarchies européennes dans les années 1550".

https://doi.org/10.1515/9783110591316-042

sen Beherrschung als Schlüssel zur europäischen Vormachtstellung galt. Am Ende dieser Kriege standen drei Friedensschlüsse (Madrid 1526, Cambrai 1529 und Crépy 1544) sowie ein Waffenstillstand (Nizza 1538), Vereinbarungen allesamt, die den zugrundeliegenden Konflikt nicht lösen konnten, deren wichtigste Bestimmungen dann aber in den Friedensschluss von 1559 eingingen. Umso erstaunlicher ist dies, weil auch Franz' I. Sohn und Nachfolger Heinrich II. den Kampf gegen Karl V. zunächst mit unverminderter Härte, vielleicht sogar noch entschiedener als sein Vorgänger, fortsetzte. Sein schließliches Abrücken von Ansprüchen, die über zwei Generationen hinweg zwischen Frankreich und den Habsburgern erbittert umkämpft gewesen waren, machte den Frieden von Cateau-Cambrésis erst möglich. Dieser kann daher nur durch die Berücksichtigung der vierzigjährigen Vorgeschichte instabiler Friedenslösungen zwischen Habsburg und Valois angemessen eingeordnet werden, die im Folgenden darzulegen ist.

1. Die Entstehung und der Verlauf des habsburgisch-französischen Konflikts bis zum Tod König Franz' I.

Der Ursprung des habsburgisch-französischen Konflikts lag vier Jahrzehnte in der Vergangenheit, im Jahr 1519.[3] Damals hatte die Wahl Karls I., des Königs von Kastilien und Aragon, Herrn der Niederlande und Erzherzogs von Österreich, zum römisch-deutschen König und Anwärter auf die Kaiserwürde – die er dann als Karl V. bekleidete[4] – die Weichen gestellt: zum Nachteil des nur um einige Jahre älteren Königs Franz I. von Frankreich[5]. Franz war vier Jahre zuvor zur Herrschaft gekommen und hatte rasch die ehrgeizige, aber zuletzt wenig erfolgreiche Italienpolitik seiner Vorgänger wieder aufgenommen.[6] Sein wichtigstes Ziel war die Wiedereroberung des Herzogtums Mailand, aus dem König Ludwig XII. (1462–1515) anderthalb Jahrzehnte zuvor die Herrscherfamilie der Sforza vertrieben hatte. 1513 hatten die Eidgenossen die Franzosen jedoch aus Mailand verdrängt und den letzten Sforza, Massimiliano

---

3 Für eine zusammenfassende Darstellung des französisch-habsburgischen Konflikts in der ersten Hälfte des 16. Jahrhunderts vgl. *Rainer Babel*, Deutschland und Frankreich im Zeichen der habsburgischen Universalmonarchie, 1500–1648, Darmstadt 2005, S. 15ff.
4 Vgl. als einführende biografische Studie *Alfred Kohler*, Karl V.: 1500–1558, eine Biografie, München 2005.
5 Als letzte große Darstellung in französischer Sprache s. *Didier Le Fur*, François Ier, Paris 2015, sowie in englischer Sprache *Robert J. Knecht*, Renaissance Warrior and Patron. The Reign of King Francis I, Cambridge 1994. Eine biografische Studie in deutscher Sprache wird vom Verfasser dieses Beitrags derzeit vorbereitet.
6 Zur Einführung in den Zusammenhang s. *Georges Peyronnet*, The Distant Origins of the Italian Wars: Political Relations between France and Italy in the Fifteenth Century, in: *David Abulafia* (Hg.), The French Descent into Renaissance Italy: Antecedents and Effects, Aldershot 1995.

(1493–1530), wieder eingesetzt. Durch einen spektakulären Sieg über die Eidgenossen bei Marignano im September 1515 konnte Franz I. die französische Präsenz auf der Apenninenhalbinsel neu verankern. Mit dem wiedereroberten Herzogtum Mailand hatte Frankreich nicht nur Zugang nach Italien, sondern eine gute Ausgangsposition, um seinen Einfluss dort weiter zu entfalten.

Voraussetzungen dafür waren ein Frieden mit den Eidgenossen, der im November 1516 geschlossen wurde, und ein gutes Verhältnis zum Papst. Hatte Julius II. (1443–1513) noch eine französische Präsenz in Italien zu verhindern gesucht, zeigte sich sein Nachfolger Leo X. (1475–1521) zugänglicher: Er stellte König Franz I. die Investitur im vom Heiligen Stuhl zu Lehen gehenden Königreich von Neapel in Aussicht, das seit längerem zwischen Frankreich und Aragon umstritten und faktisch im Besitz des Letzteren war. Ferdinand II. von Aragon (1452–1516) war 1515 bereits über 60 Jahre alt und hatte keine lebenden männlichen Nachkommen. Insofern waren französische Hoffnungen auf einen baldigen Anfall dieser Herrschaft durchaus berechtigt. Von großer Bedeutung war ferner, dass nun auch eine Einigung in alten Streitfragen gelang, die die staatskirchlichen Rechte der Krone Frankreich betraf (Konkordat von Bologna 1517).

Diese schon in frühen Jahren erzielten Erfolge verliehen Franz I. eine starke Position in Europa und gaben ihm einen Vorsprung vor zwei Generationsgenossen und möglichen Konkurrenten: Heinrich VIII. von England (1491–1547) und Erzherzog Karl (1500–1558), dem Enkel Kaiser Maximilians I. (1459–1519). Als Sohn Erzherzog Philipps des Schönen (1478–1506) ging Karls Linie nicht nur auf Habsburg, sondern auch auf die Herzöge von Burgund zurück, eine jüngere Linie der französischen Valois, die im späteren Mittelalter ein Länderkonglomerat zwischen Frankreich und dem Reich beherrscht hatten; seine Mutter Johanna (1479–1555) stammte aus dem kastilischen Königshaus. Diese Herkunft machte Karl zum Anwärter auf einen weitausgreifenden Herrschaftskomplex in Europa mit einem Anspruch auf die iberischen Königreiche von Aragon und Kastilien und die ehemals burgundischen Territorien, von den Niederlanden im Norden bis zur Freigrafschaft Burgund im Süden, allerdings ohne das 1493 an Frankreich zurückgekehrte Stammland, den Duché de Bourgogne, von dem die burgundische Staatsbildung einst ausgegangen war.[7] Als Ferdinand II. von Aragon Anfang 1516 starb, wurde Karl als Karl I. König beider iberischer Reiche. Bevor er diese in Person und in aller gebotenen rechtlichen Form in Besitz nehmen konnte, musste er seine burgundische Herrschaft sichern, wozu Frankreichs Wohlwollen unabdingbar war. Mit Franz I. schloss er im August 1516 deswegen den Vertrag von Noyon, in dem er einer späteren Heirat mit des Königs kleiner Tochter Luise (1515–1518) zustimmte und dafür das Königreich Neapel als Morgengabe in Aussicht gestellt be-

---

7 Zur weitergehenden Information s. z.B. *Laetitia Boehm*, Geschichte Burgunds. Politik – Staatsbildungen – Kultur, Stuttgart ²1979, oder *Hermann Kamp*, Burgund. Geschichte und Kultur, München 2007.

kam, gegen einen jährlichen Tribut in beträchtlicher Höhe, der bis zur Eheschließung zu zahlen war – was eine zumindest implizite Anerkennung der französischen Ansprüche über Neapel bedeutete.

1516 und 1517 konnte es durchaus so scheinen, als sei die Frage, wem die europäische Führungsrolle zufallen würde, zugunsten des Königs von Frankreich entschieden. Angesichts von Maximilians Alter rückte damals auch die Frage der nächsten Kaiserwahl auf die Tagesordnung. Für Franz I. lag es nahe, seine Stellung auch durch den Erwerb der mit universalem Nimbus ausgestatteten Kaiserkrone zu unterstreichen und damit auch an die vom französischen Königshaus seit jeher beanspruchte Tradition Karls des Großen (742–814) anzuknüpfen. 1516 begann er, erste Kontakte zu deutschen Kurfürsten zu knüpfen, um den Boden für seine Wahl vorzubereiten.

Seine Absichten scheiterten letztlich an den intensiven und wirkungsvollen Bemühungen der Habsburger: Die massive finanzielle Unterstützung durch die Fugger und auch die Vorbehalte der Kurfürsten gegen einen Kandidaten, der anders als der spanische König nicht auf eine ‚deutsche' Herkunft verweisen konnte, sorgten nach Maximilians Tod im Januar 1519 für die Wahl Karls I. zum König des Heiligen Römischen Reiches.

1.1 Der Friede von Madrid 1526

Dieses Ereignis veränderte die politische Architektur Europas tiefgreifend. Ausgestattet mit einer unerhörten Machtgrundlage, bestehend aus den Kronen von Aragon und Kastilien samt allen Besitzungen in Amerika sowie den reichen Niederlanden, und innerhalb des Reichs gestützt von seinem Bruder Ferdinand, der die habsburgischen Erblande regierte, verschaffte der faktische Besitz der Kaiserwürde Karl nun auch einen erheblichen Prestigegewinn. Der König von Frankreich lief Gefahr, auf einen ‚zweiten Rang' in der europäischen Fürstengemeinschaft verwiesen zu werden, umso mehr als im Umfeld Karls die schon im Mittelalter bekannte Idee von einer ‚Universalmonarchie' aufgegriffen und als Vorstellung von einer weltumspannenden Führungsrolle des Habsburgers propagiert wurde.[8] Zwischen dem König von Frankreich und dem neuen römisch-deutschen König brach eine Rivalität auf, die rasch in einen tieferen Konflikt führte. Franz I. fürchtete, dass Karl – dieser führte seit 1520 den Titel eines ‚erwählten Kaisers'– einen Romzug mit dem Ziel seiner tatsächlichen Kaiserkrönung dazu nutzen könnte, die französischen Positionen in Italien anzugreifen. Als Karl 1521 mit dem Papst ein Bündnis schloss, das unter anderem die Sforza in Mailand wieder an die Macht bringen sollte, und überdies die Investitur als König von Neapel erhielt,

---

8 Zum Begriff der „Universalmonarchie" vgl. etwa *Franz Bosbach*, Monarchia universalis. Ein politischer Leitbegriff der frühen Neuzeit, Göttingen 1988 und *John M. Headley*, Germany, The Empire and Monarchia in the Thought and Policy of Gattinara, in: Heinrich Lutz (Hg.), Das römisch-deutsche Reich im politischen System Karls V., München 1982, S. 15–34.

war eine militärische Auseinandersetzung unvermeidbar geworden. Diese entwickelte sich bald zu Frankreichs Ungunsten.

Zwar kamen kaiserliche Truppen, die im Sommer 1521 aus den Niederlanden nach Nordfrankreich vordrangen, zum Stehen, jedoch verlor Frankreich im Verlauf von Kämpfen in Oberitalien wichtige Stellungen im Herzogtum Mailand und wurde bald auf die Stadt und ihre Zitadelle zurückgeworfen. Im Frühjahr 1522 trat der englische König, der zuvor als Vermittler aufgetreten war, auf kaiserlicher Seite in den Krieg ein. Angesichts der Tatsache, dass sich Calais mit seinem Umland seit dem Hundertjährigen Krieg (1337–1453) im Besitz Englands befand, erwuchsen hieraus neue Gefahren insbesondere für Nordfrankreich. Innere Probleme verschärften die Lage: Ein zu dieser Zeit virulent werdender Erbstreit zwischen Franz I. und seinem wichtigsten Vasallen, dem Herzog Karl von Bourbon (1490–1527), endete mit Bourbons Flucht aus Frankreich und seinem Übertritt auf die Seite des Kaisers. Die ungünstige Entwicklung bewog den König 1524 zu einer folgenschweren Entscheidung: an der Spitze einer Streitmacht nach Italien zu ziehen, um Mailand, das Herzstück der französischen Stellung auf der Apenninenhalbinsel, wieder vollständig in die Hand zu bekommen. Nach Anfangserfolgen erlitten die vom König angeführten Truppen im Februar 1525 bei Pavia jedoch eine vernichtende Niederlage, die mit der Gefangennahme Franz' I. endete.

Im Mai 1525 nach Madrid verbracht, wurden Franz I. dort die Friedensbedingungen des Kaisers vorgelegt, die hart und umfangreich ausfielen: Der König von Frankreich sollte Karl V. zur Kaiserkrönung nach Rom begleiten und einem gemeinsamen Kreuzzug gegen die Osmanen zustimmen – Bedingungen, die eine symbolische Unterordnung unter die Autorität des Kaisers bedeuteten. Sodann sollte Franz auf alle Ansprüche seiner Krone in Italien verzichten, was die seit Marignano erzielten Erfolge zunichtemachte. Darüber hinaus nutzte der Kaiser die Gelegenheit, alle seit Jahrzehnten zwischen Frankreich, den Niederlanden und dem Reich strittigen Territorialfragen zu entscheiden und verlangte den Verzicht des Königs auf die von Frankreich beanspruchte Lehenshoheit über Flandern und den Artois. Doch auch, wo die Dinge schon geregelt schienen, strebte Karl V. nach einer Revision: So sollte Franz I. auf das 1493 durch den Vertrag von Senlis an Frankreich zurückgefallene Herzogtum Burgund mit der Hauptstadt Dijon verzichten. Insgesamt liefen die Bedingungen auf eine enorme Beschneidung der französischen Machtgrundlagen und eine Demütigung des Königs hinaus, dem die kaiserliche Überlegenheit unerbittlich vor Augen geführt wurde. Am 14. Januar 1526 unterzeichnete Franz I. in Madrid notgedrungen einen Friedensvertrag, der die Forderungen des Kaisers fast vollständig erfüllte. Die territorialen Bestimmungen wurden von der Vereinbarung einer Heirat zwischen dem seit 1524 verwitweten Franz und Karls Schwester Eleonore von Portugal (1458–1525) ergänzt. Zur Absicherung dieses Vertrags sollte der König, dem die Rückkehr nach Frankreich gestattet wurde, zwei seiner drei Söhne, nämlich den Dauphin und dessen nächstjüngeren Bruder, als Geiseln nach Spanien senden.

Franz I. beabsichtigte jedoch zu keinem Zeitpunkt, den Vertrag, gegen den er am Tag vor der Unterzeichnung in einem Geheimprotokoll einen Nichtigkeitsvorbehalt zu

Papier gebracht hatte, zu erfüllen. Im März kehrte er nach Frankreich zurück, während die französischen Prinzen den Weg in die Geiselhaft antreten mussten.

1.2 Der „Damenfrieden" von Cambrai 1529

Nach Franz' Rückkehr stand unverzüglich die Revision des Friedens von Madrid im Mittelpunkt seiner Politik. Zunächst ging es um die Abtretung des Herzogtums Burgund, das nach französischer Auffassung als Bestandteil der alten Krondomäne nicht veräußerlich war, vom Kaiser in Madrid trotz allen Widerstands, den Franz geleistet hatte, aber unnachgiebig gefordert worden war. Der König berief kurz nach seiner Rückkehr eine Versammlung der Provinzialstände des Herzogtums Burgund sowie der französischen Notabeln ein, die beide den staatsrechtlichen Sachverhalt der Unveräußerlichkeit des Herzogtums bestätigten, was den Verzicht des Königs hinfällig machte.[9] Auch außenpolitisch konnte Franz wieder Erfolge verzeichnen. Mit England, das schon 1525 zu einem Waffenstillstand bereit gewesen war, wurde eine Defensivallianz geschlossen, die erheblich zur Sicherung Nordfrankreichs beitrug. Vorteilhaft für Frankreich verlief auch die Entwicklung in Italien. Dort hatten die Erfolge des Kaisers den Wunsch nach einem Gegengewicht geweckt. Der neue Papst Clemens VII. (1478–1534), Venedig und einige andere italienische Herrschaftsträger suchten deswegen eine Annäherung an Franz I., was im Mai 1526 zur Gründung der Liga von Cognac führte. Der französischen Unterstützung sicher griffen die italienischen Bündnispartner bald die kaiserlichen Truppen an. Franz I. zögerte eine neue militärische Intervention in Italien jedoch hinaus: Die Sicherheit seiner in Spanien gefangenen Söhne stand auf dem Spiel und überdies konnte er hoffen, dass Karl V. angesichts der angespannten Lage in Italien eher zu Konzessionen bereit war. Erst der Siegeslauf der Kaiserlichen, der im Mai 1527 zum „Sacco di Roma" führte, erzwang schließlich eine militärische Intervention.

Doch konnte keine der beiden Parteien den Konflikt für sich entscheiden und der Wunsch, wieder Verhandlungen aufzunehmen, wuchs im Verlauf des Jahres 1528. Allerdings war in die machtpolitische Auseinandersetzung zwischen den beiden Monarchen mittlerweile auch ein scharfer persönlicher Ton gekommen, der sich bis zu wechselseitigen Duellforderungen steigerte und eine offizielle Aufnahme von Gesprächen nicht erleichterte. Auch die Tatsache, dass offenkundige und direkte französisch-kaiserliche Verhandlungen die italienischen Verbündeten des Königs stark verunsichern mussten, sprach gegen offizielle Kontakte. Es lag nahe, informell zu verfahren. Als die Regentin der Niederlande, Karls Tante Margarethe (1480–1530), wegen anderer politischer Angelegenheiten nach Frankreich reiste, traf sie im Sommer

---

9 Hierzu speziell die ältere, aber nach wie vor grundlegende Studie von *Henri Hauser*, Le traité de Madrid et la cession de la Bourgogne à Charles-Quint. Étude sur le sentiment national bourguignon en 1525–1526, Paris 1912.

1529 in Cambrai mit der Mutter des Königs, Louise von Savoyen (1476–1531), zusammen. Den beiden politisch versierten Frauen gelang es in einer Situation des Stillstands die Grundzüge einer Friedensvereinbarung zu entwerfen, die am 1. August 1529 unterzeichnet wurde und als der „Damenfrieden von Cambrai" bekannt geworden ist. Wie im Vertrag von Madrid verzichtete der König von Frankreich unter anderem wieder auf alle italienischen Ansprüche seiner Krone. Karl V. erkannte im Gegenzug die Zugehörigkeit des Herzogtums Burgund zu Frankreich endgültig an und akzeptierte für die in Spanien als Geiseln gehaltenen Prinzen ein hohes Lösegeld. Die Ehe zwischen Franz und Eleonore von Portugal sollte umgehend geschlossen werden.

Dem Kaiser verschaffte die Vereinbarung freie Hand in Italien. Franz I. hatte im Verhältnis zum Vertrag von Madrid durch dessen Verzicht auf Burgund wenigstens die territoriale Integrität seines Reiches verteidigen können und eine Lösung für seine Söhne erreicht. Gleichwohl war in den Augen des Königs auch der Friede von Cambrai nur eine Atempause und keine dauerhafte Lösung, insbesondere nicht in Bezug auf den französischen Rückzug aus Italien. Auch der Generalprokurator beim Pariser Parlament, dem obersten Gerichtshof des Königreichs, hinterlegte einen geheimen Protest gegen das von ihm in vieler Beziehung als nichtig angesehene Abkommen. Jedoch strebte Franz I. nach 1529 angesichts erschöpfter Finanzen und anderer innerer Probleme, zunächst keine offene Konfrontation mit dem Kaiser an, eine Politik, in der ihn sein wichtigster Berater in diesen Jahren, der Konnetabel Anne de Montmorency (1493–1567), bestärkte, der jetzt und in der Folge der stärkste, aber keineswegs unumstrittene Fürsprecher einer umfassenden Friedenslösung war.[10]

1.3 Waffenstillstand von Nizza 1538 und dynastische Heiratsprojekte

Sehr wohl aber versuchte man französischerseits nach wie vor, die Schwachstellen im kaiserlichen Herrschaftssystem ausfindig zu machen und zu nutzen. So näherte Frankreich sich den protestantisch gewordenen Reichsfürsten und deren politischem Instrument, dem 1530 gegründeten Schmalkaldischen Bund. Aber auch jenseits des Konfessionellen versuchten die französischen Diplomaten, den Unmut vieler Reichsstände über die habsburgische Politik im Reich zu nutzen. Kontakte zu den Osmanen wurden geknüpft, um die Habsburger an den südöstlichen Grenzen ihres Besitzes zu beunruhigen. Über eine Annäherung an Papst Clemens VII. (1478–1534), dessen Nichte Katharina – die später berühmt gewordene Katharina von Medici (1519–1589) – mit Franz' zweitem Sohn Heinrich (1519–1559) vermählt wurde, versuchte der König in Italien wieder Fuß zu fassen und Unterstützung für sein wichtigstes Projekt, die Wieder-

---

[10] Zu ihm vgl. zuletzt *Thierry Rentet*, Anne de Montmorency: grand maître de François Ier, Rennes 2011.

eroberung Mailands, zu gewinnen. Keiner dieser Strategien war Erfolg beschieden und Montmorency, der dazu geraten hatte, die Revision des Friedens von Cambrai durch diplomatischen Druck, nicht durch Krieg anzustreben und nun als Architekt des Misserfolgs galt, fiel im Sommer 1535 in Ungnade.

Als im November darauf der von Karl V. in Mailand wieder eingesetzte letzte Sforza starb, bot sich für Franz I. eine neue Möglichkeit: Er verlangte vom Kaiser die Investitur seines zweitgeborenen Sohnes, des Herzogs Heinrich von Orléans. Der ausweichenden Antwort des Kaisers begegnete er, indem er 1536 Truppen in Savoyen und im Piemont einmarschieren ließ, wobei er Ansprüche seiner aus dem dortigen Herzogshaus stammenden Mutter zum Vorwand nahm. Karl V. hatte in den Monaten zuvor eine militärische Expedition gegen das nordafrikanische Tunis durchgeführt, um das westliche Mittelmeer zu sichern und wurde von diesem Vorgehen bei seiner Rückkehr nach Italien überrascht. Vor die Wahl gestellt, die französische Präsenz vor den Toren Mailands zu dulden oder als Erster zu den Waffen zu greifen, entschied er sich für eine Invasion Frankreichs durch die Provence, was jedoch scheiterte. Es folgten zwei Jahre ergebnisloser Kämpfe, bis Papst Paul III. (1468–1549) den Versuch unternahm, zwischen den beiden wichtigsten katholischen Monarchen Europas zu vermitteln, deren gemeinsame Unterstützung für ein allgemeines Konzil zur Klärung der aktuellen Konfessionsfragen er dringend wünschte.

Im Juni 1538 kam es in Nizza zwar nicht zu einem formellen Friedensschluss, aber doch zu einem auf zehn Jahre befristeten Waffenstillstand auf der Basis des *status quo ante*.[11] Frankreich blieb im Besitz von Savoyen und Piemont. Die mailändische Frage, die nach wie vor das territoriale Kernproblem der komplexen kaiserlich-französischen Beziehungen bildete, wurde jedoch auch hier nicht gelöst, sondern einer künftigen Verständigung anheimgestellt.[12]

Neu war allerdings, dass beide Monarchen durch Gesten guten Willens ihre Absicht bekundeten, ihr Verhältnis auf eine neue Grundlage zu stellen. Beide waren wie auch der Papst in Nizza anwesend gewesen, hatten aber eine persönliche Begegnung vermieden. Zu dieser kam es einige Wochen später, nämlich am 14. Juli 1538 im provenzalischen Aigues-Mortes. Zwar wurde dort nichts Konkretes vereinbart, doch wurden die Zeichen der eingetretenen Entspannung alsbald sichtbar. Kurz nach dem Waffenstillstand von Nizza begann eine Phase, in der auf beiden Seiten verschiedene dynastische Kombinationen zur Lösung der mailändischen Frage durchgespielt wurden – wobei die Erwartungen und Vorbehalte hinsichtlich der Rechtsformen und Rechtsfolgen allerdings keineswegs deckungsgleich waren. Franz I. schlug eine Heirat seines jüngsten Sohnes mit einer Tochter oder Nichte des Kaisers mit anschließender Einsetzung als Herzog von Mailand vor und wollte im Gegenzug die Allianz mit Eng-

---

11 Vgl. hierzu *Francis Decrue de Stoutz*, Anne de Montmorency: grand-maître et conné table de France, Paris 1885.
12 Grundlegend für das Folgende ist nach wie vor *Ludwig Cardauns*, Von Nizza bis Crépy. Europäische Politik in den Jahren 1538–1544, Rom 1923.

land lösen und einen gemeinsamen Kreuzzug gegen die Osmanen erwägen. Die Frage war noch nicht beantwortet, als Karl V. 1539 wegen dringender Staatsangelegenheiten von Spanien in die Niederlande reisen musste und auf Einladung des Königs den schnellen Weg durch Frankreich nahm. Am französischen Hof, wo dem kaiserlichen Gast alle zeremoniellen Ehren zuteil wurden, erhoffte man im Gegenzug konkrete Vorschläge in Bezug auf das Herzogtum Mailand. Als diese zwei Monate später eintrafen, sorgten sie allerdings für Enttäuschung. Der Kaiser hatte sich offensichtlich nicht dazu durchringen können, das Schlüsselterritorium, das das Herzogtum Mailand darstellte, aufzugeben. Von einem Heiratsprojekt war aber immer noch die Rede: Karl V. schlug die Vermählung seiner Tochter Maria (1528–1603) mit dem jüngsten Sohn Franz' I. vor mit den Niederlanden und der Freigrafschaft Burgund als Morgengabe – aber nur unter dem Vorbehalt kaiserlichen Obereigentums und mit einem Rückfallrecht, sofern männliche Erben ausblieben. Franz I. sollte dafür seine Ansprüche auf Mailand aufgeben, Savoyen und Piemont räumen sowie die weiteren Bestimmungen der Verträge von Madrid und Cambrai zu Italien bestätigen.

Weitere Vorschläge wurden ausgetauscht. Jedoch blieben die Standpunkte unvereinbar, da die Bedingungen des Kaisers in der einen oder anderen Weise immer darauf hinausliefen, eine Übertragung der vollen Rechte über das Konzedierte an Frankreich zu verhindern. Die nach dem Waffenstillstand von Nizza hoffnungsvoll begonnenen Bemühungen um eine dynastisch untermauerte Lösung für den alten Territorialstreit mit Mailand im Zentrum waren damit an ihr Ende gelangt.

1.4 Der Friede von Crépy 1544

Auf französischer Seite wuchs in der Folge dieser Ereignisse die Bereitschaft zu einem neuen Krieg. Das Streben nach einem Ausgleich mit dem Kaiser hatte jedoch zur Folge gehabt, dass die möglichen Verbündeten der Krone vernachlässigt worden waren. In England hatte der im Kirchenbann befindliche Heinrich VIII. das Geschehen misstrauisch beobachtet und jederzeit einen Schulterschluss der beiden katholischen Monarchen zu seinem Nachteil befürchtet. Was das Reich betraf, so hatten sich die im Schmalkaldischen Bund organisierten deutschen Protestanten nach dem Waffenstillstand von Nizza von Frankreich abgewandt und mit dem Kaiser verständigt. Nur der Herzog von Jülich und Kleve, der mit dem Kaiser wegen der Nachfolge im Herzogtum Geldern in Streit geraten war, zeigte sich zu einer Allianz bereit. Auch die Wiederaufnahme der seit Jahren unterbrochenen Kontakte zu den Osmanen trugen gewisse Früchte und eröffneten Aussichten auf die Unterstützung einer französischen Offensive.

Am 12. Juli 1542 erklärte Franz I. dem Kaiser unter Berufung auf seine ihm vorenthaltenen Rechte erneut den Krieg. Doch entwickelte sich die Lage an allen Fronten unerwartet zu seinen Ungunsten. Karl V. hingegen konnte den Herzog von Jülich und Kleve rasch besiegen und schließlich auf seine Seite ziehen. Noch wichtiger war, dass die kaiserliche Diplomatie England, auf dessen wohlwollende Neutralität Franz I. seit dem Vertrag von Moore hatte bauen können, 1543 in ein Bündnis locken konnte. Im Sommer 1544 sollte ein Zangenangriff den französischen Widerstandswillen endgültig brechen. Englische Truppen sammelten sich um Calais, rückten in die Pikardie ein und eroberten die wichtige Festung Boulogne. Die Kaiserlichen stießen durch Lothringen weit in die Champagne vor.

Angesichts der nahenden Feinde griff in der Hauptstadt Paris Panik um sich. Verhandlungen, die der König in äußerster Not anbot, wurden von Heinrich VIII. abgelehnt, von Karl V. hingegen akzeptiert. Am Ende stand ein kaiserlich-französischer Separatfrieden, der am 19. September in Crépy unterzeichnet wurde. Man einigte sich auf die Rückgabe aller gegenseitigen Eroberungen, die seit dem Waffenstillstand von Nizza gemacht worden waren. Franz I. verzichtete erneut auf alle Ansprüche seiner Krone in Italien und den burgundischen Niederlanden, Karl V. auf seine 1542 wiederbelebten Ansprüche auf das Herzogtum Burgund. Auch die Frage einer dynastischen Verbindung beider Häuser kam wieder auf die Tagesordnung: Von Franz' Söhnen lebten nur noch die beiden jüngeren, Heinrich der seit dem Tod des Ältesten 1536 zum Dauphin aufgerückt war, und Karl (1522–1545), der nun den Titel des Herzogs von Orléans trug. Orléans sollte entweder die Tochter des Kaisers oder die Ferdinands von Habsburg (1503–1564) heiraten und im ersten Fall die Niederlande und die Freigrafschaft Burgund, im zweiten Fall das Herzogtum Mailand erhalten. Franz sollte ihn zusätzlich mit drei einträglichen französischen Herzogtümern ausstatten.

Die Einigung stieß in Frankreich nicht auf ungeteilte Zustimmung. Vor allem der seinem Vater seit langem entfremdete Dauphin fürchtete diesen Vertrag, der seinem Bruder eine unabhängige Stellung außerhalb des Königreichs verschaffte, aber auch großen Einfluss innerhalb Frankreichs beließ. Nach einem Jahr Bedenkzeit bestimmte der Kaiser schließlich seine Nichte Anna (1528–1590) als Gemahlin des Herzogs von Orléans und als Morgengabe das Herzogtum Mailand. Der plötzliche Tod Orléans' noch im September 1545 machte die nun zum Greifen nahe endgültige Einigung wieder zunichte.

Nach dem Separatfrieden mit dem Kaiser hatte Frankreich den Krieg gegen England fortgeführt. Das endgültige Scheitern der dynastischen Kombinationen durch den Tod des jüngsten Sohnes von Franz I. beschwor die Gefahr eines neuen Krieges auch mit Karl V. herauf. Im Reich wandte sich der Schmalkaldische Bund wieder gegen den Kaiser und versuchte zwischen Frankreich und England zu vermitteln, deren Unterstützung er dringend bedurfte. Die seit Anfang 1546 erfolgenden Initiativen des Bundes für den Abschluss einer Allianz gegen den Kaiser nahm Franz I. jedoch zurückhaltend auf. Nach einer Verständigung mit England im Juni gingen wieder ermutigende Signale vom französischen Hof aus, wobei unklar ist, ob der König selbst oder die Umgebung des notorisch kriegsbereiten Dauphin hinter diesen stand. Manche Anzeichen sprechen dafür, dass Franz I. versuchte, einen neuen offensiven Schwenk der französischen Politik zu bremsen. Doch starb der seit langem geschwächte König im Januar 1547 und überließ das komplexe und ungeklärte Problem der Beziehungen zum Kaiser seinem Nachfolger.

2. Die Ära Heinrichs II.: Die Verhärtung der Kriegspolitik und der lange Weg zum Frieden

2.1. Der König von Frankreich als ‚Befreier vom habsburgischen Joch'

Die wichtigste außenpolitische Folge des Herrscherwechsels war eine Intensivierung der antihabsburgischen Politik Frankreichs durch den neuen König Heinrich II.[13] Dessen schlechtes Verhältnis zu seinem Vater, der zumindest zeitweise für einen Ausgleich mit Habsburg aufgeschlossen gewesen war, wie auch der notorische Hass auf Kaiser Karl V., der in den Jahren seiner als tiefe Demütigung erfahrenen Geiselhaft in Spanien wurzelte, spielten hier eine wichtige Rolle.

Mit dem neuen König Heinrich II. änderten sich auch die Machtverhältnisse am französischen Hof. Montmorency, dem Heinrich schon als Dauphin nahegestanden hatte, kam wieder zu großem Einfluss – obwohl man ihn für die Misserfolge des diplomatischen Ausgleichs mit dem Kaiser verantwortlich machte. Neu in den königlichen Rat gelangten zwei Angehörige des Hauses Guise,[14] Herzog Franz von Guise (1519–1563),[15] ein Jugendgefährte des Königs, und dessen jüngerer Bruder Karl (1524–1574), Erzbischof von Reims[16]. Außenpolitisch nicht ohne Bedeutung war dabei, dass die Guise über ihre Verwandtschaft mit dem Haus Anjou bestimmte Ansprüche in Italien geltend machten und damit potentielle Verfechter einer aktiven Italienpolitik waren. Im Rat bildeten sie ein Gegengewicht zu Montmorency.

Zu Beginn der Herrschaft Heinrichs II. dominierte der Kaiser unangefochten in Italien und auch im Reich, wo er den Schmalkaldischen Bund in der Schlacht von Mühlberg (24. April 1547) entscheidend besiegt hatte. Die 1545 erfolgte Einberufung des Konzils von Trient, die Frankreich aufgrund seiner staatskirchlichen Interessen zu verhindern getrachtet hatte, machte seinen Vorsprung auch auf kirchenpolitischem Feld manifest.

---

13 Vgl. zu seiner Biografie ausführlich *Ivan Cloulas*, Henri II, Paris 1985, sowie *Frederic J. Baumgartner*, Henry II, king of France 1547–1559, Durham, London 1988. Eine konzise Darstellung der französischen Politik im Zeitalter Heinrichs II., die freilich durch die moderne Forschung zu ergänzen ist, findet sich nach wie vor in der älteren Darstellung von *Henri Lemonnier*, La lutte contre la maison d'Autriche. La France sous Henri II (1519–1559), Paris 1911.
14 Begründet worden war die Linie vom jüngeren Sohn des lothringischen Herzogs René II., Claude (1496–1550), der mit Franz I. am französischen Hof erzogen worden war und dem von seinem Vater der in Frankreich liegende Besitz der Dynastie übertragen wurde. 1528 wurde er von Franz I. zum Herzog von Guise und Pair von Frankreich erhoben. Moderne Forschungen zum Aufstieg und zur Frühgeschichte der Guise sind ein Desiderat.
15 Zu ihm *Éric Durot*, François de Lorraine, duc de Guise entre Dieu et le Roi, Paris 2012.
16 Eine neuere Gesamtbiografie fehlt. Vgl. zu ihm die Beiträge in: *Jean Balsamo u. a.* (Hg.), Un prélat français de la Renaissance : le cardinal de Lorraine, entre Reims et l'Europe, Genf 2015.

Mit dem Beginn der 1550er Jahre begann die Situation sich langsam zu wandeln. Bruchlinien, an denen die französische Politik ansetzen konnte, zeigten sich zuerst in Italien. Papst Paul III. (1468–1549) hatte kurz vor seinem Tod seinen Neffen Ottavio Farnese (1524–1568) als Herzog in die päpstlichen Lehen Parma und Piacenza eingesetzt. Sein Nachfolger Julius III. (1487–1555) versuchte, dies mit Hilfe des Kaisers rückgängig zu machen. Schließlich konzedierte er Farnese lediglich Parma, während Piacenza vom Kaiser beansprucht wurde. Heinrich II. nahm die Gelegenheit wahr, Farnese als Opfer einer von Habsburg ausgehenden ‚Tyrannei' ausdrücklich unter den Schutz der Krone zu stellen und mit einer Liga aller italienischen Staaten gegen Karl V. und für die ‚Erhaltung der Freiheit Italiens' zu kämpfen. Der erwünschte Erfolg blieb zwar aus, aber immerhin gelang es, den Papst aus dem engen Bündnis mit Karl V. zu lösen und zu einer neutraleren Haltung zu bewegen.

Blieb der Erfolg auf dem italienischen Schauplatz somit verhältnismäßig begrenzt, so ergab sich wenig später die Möglichkeit, Karl V. mit Hilfe der deutschen Reichsfürsten in Bedrängnis zu bringen. Der Kaiser hatte seinen Erfolg gegen die Schmalkaldische Liga auch der Unterstützung des jungen Moritz von Sachsen (1521–1553) aus der albertinischen Linie des Hauses Wettin zu verdanken. Nachdem sein Vetter Kurfürst Johann Friedrich (1503–1554) abgesetzt worden und in die Reichsacht geraten war, war Moritz zum Kurfürsten erhoben worden. Um seine neue, von den protestantischen Reichsfürsten misstrauisch beobachtete Stellung abzusichern, entfernte Moritz sich vom Kaiser und setzte sich an die Spitze einer Bewegung, die auf die Freilassung der immer noch in kaiserlicher Gefangenschaft befindlichen Johann Friedrich von Sachsen und Philipp von Hessen (1504–1567) drang. Gemeinsam mit mehreren protestantischen Reichsfürsten wandte er sich um Unterstützung an den französischen König. Im Januar 1552 wurde in Chambord ein Allianzvertrag unterzeichnet, der neben Finanzhilfen für die deutschen Fürsten einen gemeinsamen Feldzug gegen den Kaiser mit dem erklärten Ziel einer Beendigung der ‚habsburgischen Tyrannei', d.h. der Absetzung Karls V. als Kaiser, vorsah. König Heinrich II. beanspruchte in diesem Zusammenhang für sich, in einer ähnlichen Konstruktion wie schon zuvor in Italien, als der Schutzherr des Reiches zu agieren. Dem König wurde konzediert, in seiner Eigenschaft als „protecteur des libertés germaniques" die vom Gebiet des Herzogtums Lothringen umschlossenen und als Basis für eine militärische Intervention im Reich wichtigen Reichsstädte Metz, Toul und Verdun in Besitz zu nehmen. Bei der nächsten Kaiserwahl sollte ein dem französischen Schutzherrn genehmer Kandidat oder, falls er es wünschen sollte, auch der König selbst zum Zuge kommen.[17]

---

17 Zu diesem Geschehen, das den Höhepunkt französischer Reichspolitik in der Mitte des 16. Jahrhunderts darstellt, vgl. einführend *Babel*, Deutschland und Frankreich, S. 43 ff. Dort ist auch die weitere Literatur genannt.

Im März 1552 begannen die konkreten militärischen Operationen. Die oppositionellen deutschen Fürsten hatten eine Streitmacht um Schweinfurt versammelt und brachten schnell Süddeutschland unter ihre Kontrolle und den Kaiser in höchste Bedrängnis. Die von König Heinrich II. angeführte französische Armee begann von der Champagne aus den Vormarsch zum Rhein, besetzte vereinbarungsgemäß die Städte Metz, Toul und Verdun und erreichte Anfang Mai das elsässische Zabern. Die Einnahme Straßburgs und der Weiterzug ins Reich standen unmittelbar bevor als ein für Frankreich unerwartet kommender Waffenstillstand Moritz' von Sachsen mit dem römischen König Ferdinand den Dingen eine völlig neue Wendung gab. Heinrich II. blieb nichts anderes übrig als den Rückzug anzutreten – wobei die Städte Metz, Toul und Verdun allerdings unter französischer Besatzung verblieben. Der nach dem Kompromiss mit den oppositionellen Reichsfürsten wiedererstarkende Kaiser versuchte unverzüglich, die Franzosen aus diesen strategisch wichtigen Positionen zu vertreiben, doch behaupteten sich diese unter dem Kommando des militärisch außerordentlich tüchtigen Herzogs Franz von Guise (1519–1563).

Auf italienischem Boden, wo ähnlich wie gegenüber dem Reich zum Schutz der althergebrachten „libertà" eine antikaiserliche Liga unter dem Schutz des Königs hätte entstehen sollen, konnte die französische Politik ihre Ziele ebenfalls nur bedingt verwirklichen. Immerhin gelang 1553 die Eroberung des genuesisch beherrschten Korsika, das für Frankreich den Seeweg nach Italien sicherte.

2.2 Der Waffenstillstand von Vaucelles 1556

Doch war für beide Seiten offensichtlich geworden, dass das militärische Ringen ergebnislos zu bleiben drohte, während der innenpolitische Druck im jeweiligen Herrschaftsbereich weiter zunahm. Der alternde Kaiser war mit der Regelung seiner Nachfolge und der Situation im Reich beschäftigt, in Frankreich stellten die wachsenden Erfolge des Protestantismus und die höchst angespannte Finanzlage den König vor enorme Probleme. Überdies hatte die Vermählung von Karls V. Sohn Philipp (1527–1598) mit der Nachfolgerin König Heinrichs VIII. von England, Maria Tudor (1516–1558), die Gefahr eines neuen Krieges auch mit England wieder aufleben lassen. Es war aber gerade die auf ihre Bewegungsfreiheit achtende neue Königin, die nun gemeinsam mit dem Papst Gespräche zwischen den Konfliktparteien vermittelte. Am 25. Mai 1555 fanden sich im zum englischen Calais gehörenden La Marck unweit von Ardres die besten Diplomaten beider Lager zusammen.[18] Als Vermittler war der englische Kardinal Reginald Pole (1500–1558) zugegen und damit ein Kirchenfürst, der mit ganzem Herzen die Versöhnung der beiden wichtigsten katholischen Monarchen

---

18 Hierfür und auch für die folgende Darstellung der Verhandlungen bis zum Frieden von Cateau-Cambrésis vgl. die entsprechenden Abschnitte bei *Haan*, Une paix pour l'éternité.

als Voraussetzung für einen dauerhaften Friedenszustand anstrebte.[19] Die Gespräche erwiesen sich jedoch als unfruchtbar, da sich keine Seite bereit zeigte, in den zentralen Punkten, die den Verbleib von Mailand und Neapel sowie den französischen Rückzug aus Savoyen und Piemont betrafen, nachzugeben.

Beide Kontrahenten standen jedoch aufgrund der Kosten des Krieges unter beträchtlichem finanziellem Druck. So riss trotz des vorläufigen Scheiterns der Gespräche der Kontakt niemals ganz ab. Die Abdankung Karls V. im November 1555 und die darauf folgende habsburgische Herrschaftsteilung schuf neue Voraussetzungen, unter denen die auf Frieden dringenden Stimmen am französischen Hof mit dem Konnetabel von Montmorency an der Spitze sich wieder mehr Gehör verschaffen konnten. Heinrich II. hatte es nicht mehr mit dem von ihm verabscheuten Kaiser zu tun, sondern mit dessen Sohn Philipp, der die Nachfolge in Spanien, in den Niederlanden und in den italienischen Besitzungen antrat, während die Kaiserwürde auf Karls Bruder Ferdinand überging.

Ein neues französisches Gesprächsangebot wurde am Hof Philipps II. positiv aufgenommen. Anfang Januar 1556 trafen die Delegationen in der Abtei von Vaucelles an der französisch-niederländischen Grenze zusammen. Im Unterschied zu den Gesprächen von Marck wurde eine Einigung im Interesse der auf beiden Seiten benötigten Atempause jetzt rasch erzielt: Wie schon 1538 in Nizza verständigte man sich auf einen Waffenstillstand, diesmal für eine Dauer von fünf Jahren, unter Beibehaltung des territorialen *status quo*. Für Frankreich bedeutete dies, dass es nicht nur Savoyen und Piemont, sondern alle strittigen Festungen an den Grenzen zu den Niederlanden sowie seine Positionen in Italien vorläufig behielt und auf keine seiner bestehenden Allianzen verzichten musste.

2.3 Ein letzter Krieg

Am französischen Hof blieb diese Vereinbarung, die bei ihren Befürwortern die Hoffnung auf einen baldigen umfassenden Friedensschluss aufkeimen ließ, gleichwohl umstritten. Sie war von Gaspard de Coligny (1519–1572), Admiral Frankreichs und Neffe Montmorencys, ausgehandelt worden und stand schon allein deswegen im bellizistisch gesinnten Lager unter Verdacht. Die Guise machten aus ihrer Ablehnung für den Waffenstillstand keinen Hehl, in der Perspektive ihrer eigenen Interessen durchaus aus guten Gründen. Der Kardinal von Lothringen sah sich um die Früchte seiner Diplomatie in Italien gebracht, die im Herbst 1555 in einem neuen Bündnis mit dem antihabsburgisch gesinnten Papst Paul IV. (1476–1559) ihren vorläufigen

---

19 Siehe speziell dazu *Heinrich Lutz*, Cardinal Reginald Pole and the Path to Anglo-Papal Mediation at the Peace Conference of Marck, 1553–1555, in: *Erkki I. Kouri / Tom Scott*, Politics and Society in Reformation Europe: Essays for Sir Geoffrey Elton on his Sixty-Fifth Birthday, Houndsmill 1987, S. 333ff.

Höhepunkt und Abschluss gefunden hatte. Sein Bruder, der Herzog von Guise, hatte seit der Belagerung von Metz keine Gelegenheit mehr gehabt, sich militärisch zu bewähren und seither hinter Montmorency zurückstehen müssen. Seine begründete Aussicht, bei einer neuen militärischen Intervention in Italien dort zum Generalleutnant des Königs ernannt zu werden, hatte sich durch die Vereinbarungen von Vaucelles im letzten Moment zerschlagen.

Der Waffenstillstand hinderte die französische Diplomatie nicht daran, in England und im Reich aktiv zu bleiben, um Ansatzpunkte zur Schwächung der habsburgischen Positionen zu finden, jedoch ohne großen Erfolg. Ein Wandel der politischen Situation mit der Folge einer erneuten abrupten Kehrtwende Heinrichs II. vollzog sich allerdings wieder in Italien. Dort hatte Papst Paul IV. den Waffenstillstand von Vaucelles denkbar schlecht aufgenommen. Seine offene Feindseligkeit führte zu erheblichen Spannungen mit dem Generalleutnant Philipps II. im Königreich Neapel, dem Herzog von Alba (1507–1582), und im Herbst 1556 zu einer begrenzten militärischen Intervention der Spanier im Kirchenstaat. Heinrich II. sah die Chance, durch die Unterstützung des Papstes das Königreich Neapel und vielleicht sogar das Herzogtum Mailand doch noch für die Krone gewinnen zu können. Der Herzog von Guise wurde mit dem Auftrag ins Piemont gesandt, eine Armee aufzustellen und zunächst nach Rom und dann nach Neapel weiterzuziehen.

Mit der Wiederaufnahme des Krieges kam es auch an der Grenze zu den Niederlanden wieder zu Kampfhandlungen. Am 10. August 1557 erlitt Montmorencys Hauptarmee nahe der französischen Festung Saint Quentin eine vernichtende Niederlage. Der Konnetabel selbst geriet in Gefangenschaft, die Festung von Saint Quentin wurde spanisch besetzt. Für die Sicherheit des französischen Kernlands hatte dieser Rückschlag dramatische Auswirkungen, an eine Fortführung des Krieges in Italien war nun nicht mehr zu denken.

Nachdem auch England im Juli 1557 auf der Seite Spaniens in den Krieg eingetreten war, geriet Frankreich durch diese Niederlage vollends in eine verzweifelte Situation, die sich nur noch durch entschiedenes und schnelles Handeln auffangen ließ. Nachdem eine Rückeroberung von Saint Quentin kaum aussichtsreich erschien, fasste man im königlichen Rat den Plan, das seit zwei Jahrhunderten unter englischer Herrschaft stehende Calais zu erobern. Dies eröffnete nicht nur die Aussicht auf eine Festung, die den Verlust von Saint Quentin ausgleichen konnte, sondern auch auf einen wichtigen psychologischen Erfolg. Noch unter den ungünstigen klimatischen Bedingungen des Winters wurde Ende 1557 die Belagerung unter dem Befehl des aus Italien zurückgekehrten Herzogs von Guise begonnen, der, allen im Rat vorgebrachten Bedenken zum Trotz, am 6. und 8. Januar 1558 die Kapitulationen der englischen Garnisonen in Calais und im benachbarten Guînes entgegennehmen konnte.

Dieser spektakuläre militärische Erfolg konnte nicht verdecken, dass Frankreich einen Friedensschluss bitter nötig hatte. Exorbitante Steuerlasten der Untertanen und die immense Verschuldung bei italienischen und deutschen Bankiers machten seine finanzielle Situation äußerst prekär; zudem wurde es immer dringender, den Fortschritten des Protestantismus Einhalt zu gebieten. Um die finanziellen Ressourcen Philipps II. war es kaum besser bestellt und so blieb beiden Seiten angesichts des militärischen Patts zu einer Wiederaufnahme der Verhandlungen keine Alternative.

3. Der Friede von Cateau-Cambrésis 1559

Nach ersten Sondierungsgesprächen zwischen den Guise und dem Minister Philipps II., Kardinal Granvelle (1517–1586), die im Mai 1558 in Marcoing stattfanden, trafen am 6. Oktober 1558 die Verhandlungsdelegationen in der Zisterzienserabtei von Cercamps nahe Calais zusammen. Für Philipp II. war neben Granvelle unter anderem der Herzog von Alba zugegen. Die wichtigsten französischen Emissäre waren Montmorency und die Guise, was angesichts der rivalisierenden Standpunkte – Verständigungswille bei Montmorency, die Neigung zu einer harten Haltung bei den Guise – für die Geschlossenheit der französischen Delegation nicht günstig war.

Die von mehreren Verhandlungspausen unterbrochenen Friedensgespräche zogen sich über fünf Monate hin. Im Zentrum von Philipps II. Interesse standen neben der Beendigung des kostspieligen Krieges die definitive Klärung der Situation in Italien und die Rückgabe des seit zwanzig Jahren französisch besetzten Savoyen an seinen exilierten Herzog. Heinrichs II. Entschluss, um des Friedens willen den spanischen Forderungen hier nachzugeben, fiel spätestens Anfang November – und er war überraschend angesichts der Tatsache, dass über diese Fragen jahrzehntelang unversöhnlich gestritten worden war. Viele, die dem König nahestanden, waren überrumpelt. Die Guise, aber auch der in der italienischen Diplomatie hocherfahrene Kardinal von Tournon, erhoben im Rat große Einwände gegen einen Verzicht, für den keine nennenswerte spanische Gegenleistung in Aussicht stand.[20] Der König blieb standhaft. Nur in zwei Punkten war Heinrich II. entschlossen, nicht nachzugeben: dem Verbleib der drei Reichsstädte Metz, Toul und Verdun bei Frankreich, durch die dessen strategische Position im Vorfeld zum Reich enorm verbessert wurde, sowie dem Besitz von Calais, das für Nordfrankreich eine ähnliche Rolle spielte und dessen Eroberung der Krone überdies einen kaum zu überschätzenden Prestigegewinn eingebracht hatte.

Da das Reich nicht unmittelbar an den Verhandlungen beteiligt war, wurden die Belange von Metz, Toul und Verdun trotz der Interventionsversuche Kaiser Ferdinands I. von den spanischen Unterhändlern nur pro forma verhandelt und schließlich ausgeklammert. In der Frage Savoyens und Piemonts zeichnete sich, aufbauend auf einer dynastischen Kombination durch eine Vermählung von Heinrichs Schwester Margarethe (1523–1574) mit Herzog Emmanuel Philibert von Savoyen (1528–1580), bald eine einvernehmliche Lösung ab. Schwierig gestalteten sich die Verhandlungen

---

20 Vgl. hierzu *Baumgartner*, Henry II, S. 221ff.

um Calais. Als Gemahl Maria Tudors konnte Philipp II. in diesem Punkt nicht nachgeben und musste der englischen Delegation, die am 23. Oktober zu den Verhandlungen hinzustieß, den Rücken stärken. Maria starb allerdings am 17. November 1558. Nachdem ihre protestantische Halbschwester und Nachfolgerin Elisabeth I. (1533–1603) Philipps Heiratsangebote ausschlug, konnte der spanische König seiner Loyalitätspflichten ledig das Schicksal Calais' zur Disposition stellen: Im Februar 1559 eröffnete er Granvelle den desolaten Zustand seiner Finanzen und wies seinen Unterhändler an, den Frieden bei aller Wahrung des Scheins nicht wegen der englischen Interessen aufs Spiel zu setzen.[21] Dennoch dauerte es noch einen weiteren Monat, in dessen Verlauf zwischen den Parteien hart gerungen wurde, bis ein für alle Seiten tragbarer Kompromiss gefunden war.

Anfang 1559 waren die Verhandlungen aus der in winterlicher Kälte für die weiteren Treffen ungeeigneten Abtei von Cercamps in das Schloss von Cateau-Cambrésis unweit von Cambrai verlegt worden – den Ort, der dem Friedensschluss dann auch seinen Namen gab. Am 2. April 1559 signierten die englischen und französischen Unterhändler einen Vertrag, der eine zunächst nur vorläufige Regelung für Calais enthielt: Die Stadt mit ihrem Umland sollte acht Jahre lang in französischem Besitz verbleiben. Danach oblag es dem französischen König zu entscheiden, ob Calais zurückgegeben oder gegen eine hohe Entschädigungszahlung ganz in französischen Besitz übergehen sollte.

Am 3. April wurde schließlich ein umfassender spanisch-französischer Frieden unterzeichnet. Der erste Artikel bekundete den Willen beider Herrscher, im Interesse ihrer Untertanen und der ganzen Christenheit künftig in Freundschaft und Eintracht zu leben und keine diesem obersten Ziel zuwiderlaufenden Bündnisse und Allianzen zu schließen. Der zweite Artikel hob ihren gemeinsamen Willen hervor, ein allgemeines Konzil zur Behebung der konfessionellen Spaltung zu fördern.

Die dynastischen Projekte betrafen neben der französisch-savoyischen Heirat auch eine Verbindung des französischen mit dem spanischen Königshaus durch die Vermählung von Heinrichs Tochter Elisabeth (1545–1568) mit Philipp II. Savoyen und Piemont wurden ihrem angestammten Herzog restituiert, mit der Ausnahme der kleinen Grafschaft Saluzzo und der Festungen Turin, Chieri, Pignerolo, Chivasso und Villanova d'Asti, die Frankreich auf begrenzte Zeit noch besetzen durfte. Ansonsten gab der König allen Besitz, den er in Italien noch innehatte, auf: Korsika fiel an die Genuesen zurück, die Grafschaft Monferrat ging an den Herzog von Mantua und Montalcino, wo sich noch exilierte Sienesen mit französischer Hilfe behauptet hatten, wurde dem Großherzog der Toskana überlassen. Die Rechte des spanischen Königs auf das Herzogtum Mailand und das Königreich Neapel, die über vier Jahrzehnte umkämpft und gewissermaßen der territoriale Kristallisationspunkt eines europäischen Suprematiekonflikts gewesen waren, wurden nun von Frankreich endgültig anerkannt – jedoch

---

21 *Lemonnier*, La lutte, S. 175.

nicht durch eine ausdrückliche Erwähnung dieses Sachverhalts, sondern auf implizite Weise: Durch eine nur scheinbar beiläufige Formulierung war bereits im ersten Artikel des Vertrags festgeschrieben worden, dass die zwischen Franz I. und Karl V. geschlossenen Vereinbarungen in Kraft bleiben sollten, womit auch die früheren Verzichtsleistungen des französischen Königs ihre Gültigkeit behielten. An der französisch-niederländischen Grenze verzichteten beide Parteien schließlich auf ihre jeweils gemachten Eroberungen: Thionville, Damvilliers und Montmédy gingen wieder an Philipp II., Saint Quentin und Thérouanne sowie andere spanische Eroberungen kehrten an die Krone Frankreich zurück.

4. Fazit

Beide Monarchen hatten den Frieden angesichts der Erschöpfung ihrer Kräfte ohne Zweifel dringend benötigt. Am Ende aber konnte man seinen Hauptnutznießer mit guten Gründen in Philipp II. erblicken, der auf nichts wirklich verzichten musste, aber nun in Italien unangefochten dominierte. Der König von Frankreich hatte sich mit einem bedingten Anspruch auf Calais und, aufgrund der Tatsache, dass das Reich am Friedensschluss nicht beteiligt gewesen war, einem rechtlich ungeklärten, nur faktischen Besitz der Reichsstädte Metz, Toul und Verdun zufrieden gegeben. Dass Frankreich seine Präsenz in beiden Positionen zu seinem großen Nutzen künftig würde sichern können, war damals zweifellos eine begründete Hoffnung, aber eben noch nicht sicher abzusehen. Was aber niemandem verborgen bleiben konnte, war die Tatsache, dass ein vier Jahrzehnte andauerndes Ringen mit der Unterschrift unter den Friedensvertrag beendet wurde, ohne dass die Räumung französischer Positionen durch ein sichtbares Entgegenkommen des spanischen Königs kompensiert worden wäre – ein Umstand, der angesichts der Tatsache, dass Frankreich unbesiegt war, viele Untertanen Heinrichs II. irritierte. Ein unmittelbarer Zeitgenosse, der Abbé de Brantôme (1540–1614), kommentierte den Friedensschluss bitter: „In einer Stunde und durch einen Federstrich kam es dazu, dass wir alles zurückgeben und unsere glorreichen Siege der Vergangenheit beschmutzen mussten: das vermochten drei oder vier Tropfen Tinte".[22]

Auch am französischen Hof war die Aufnahme des Friedens geteilt. Die Guise sahen in Montmorency den Hauptverantwortlichen für die Nachgiebigkeit des Königs und waren sich darin mit der Königin Katharina einig, die Frankreichs Rückzug aus ihrer italienischen Heimat bitter beklagte. Was Heinrich II. letztlich zum Frieden bewogen hatte, der in den zwölf Jahren seiner Herrschaft in seinem Verhältnis zu Habs-

---

[22] Das Zitat bei *Lemonnier*, La lutte, S. 176. Zu diesem und anderen Beispielen einer positiven Haltung zum Friedensvertrag von Cateau-Cambrésis *Baumgartner*, Henry II, S. 228.

burg unversöhnlich, bellizistisch und kompromisslos agiert hatte, ist auch heute noch nicht wirklich eindeutig zu sagen.

Sicher ist, dass die angespannte Finanzlage und vor allem die Ausbreitung des Protestantismus in Frankreich eine große Rolle gespielt haben. Als der König seinem Obergericht, dem Pariser Parlament, den Vertrag zur Beglaubigung und Archivierung bekanntgeben ließ, tat er dies unter Hinweis darauf, dass der Kampf gegen die Häresie seine ganze Kraft erfordere, was ihn zum Frieden bewogen habe. In seinen grundlegenden Studien zum Friedensschluss von Cateau-Cambrésis kam der französische Historiker Lucien Romier dann in der Tat zu dem Schluss, dass das religiöse Motiv Heinrichs ein großes, wenn nicht entscheidendes Gewicht gehabt habe, ein Urteil, das die spätere Forschung, bei manchen Nuancierungen im Detail, nicht widerlegt hat.[23]

Nicht zu übersehen ist, dass der Vertrag von Cateau-Cambrésis vom französischen König in einer Situation geschlossen worden war, in der für ihn die Möglichkeit zur freien Entscheidung noch bestand – was für die Friedensschlüsse zwischen Franz I. und Karl V. nicht in gleicher Weise galt. Daran mag es liegen, dass er als eine Vereinbarung unter Gleichrangigen konzipiert wurde, die aus freien Stücken handelten: Wo das künftige Verhältnis beider Könige berührt wurde, war nicht von einseitigen Verpflichtungen Frankreichs die Rede, sondern vielmehr von einer wechselseitigen Verpflichtung, nichts zum Nachteil des jeweils anderen zu unternehmen. Insofern spricht einiges für den Schluss, dass Cateau-Cambrésis mehr war als nur ein weiterer ‚Erschöpfungsfrieden', der schon desavouiert wurde, bevor die Tinte auf dem Papier getrocknet war. Philipp als auch Heinrich ging es wohl tatsächlich darum, ihr Verhältnis auf eine neue Grundlage zu stellen, um sich ihren Herrscherpflichten in ihren Reichen zu widmen. Der im Vertrag benutzte Begriff der „amitié", in der sie künftig leben wollten, sollte gewiss nicht überbewertet werden, doch um eine konfliktfreie Koexistenz ist es ihnen sicherlich gegangen. In den Bereich des Möglichen rückte diese, weil Heinrich II. in einer für seine wankelmütige Persönlichkeit untypischen Weise buchstäblich über seinen Schatten sprang und sich auch von einer starken Opposition nicht mehr in seiner Entscheidung beirren ließ. Durch die Freiwilligkeit seines Verzichts zugunsten eines übergeordneten Ziels konnte er Gleichrangigkeit wahren und auf Augenhöhe mit seinem Vertragspartner bleiben – das war mehr als Franz I. vergönnt gewesen war.

Auswahlbibliographie / Select Bibliography

Babel, Rainer, Deutschland und Frankreich im Zeichen der habsburgischen Universalmonarchie 1500–1648, Darmstadt 2005.
Baumgartner, Frederic J., Henry II, king of France 1547–1559, Durham, London 1988.
Bosbach, Franz, Monarchia universalis. Ein politischer Leitbegriff der frühen Neuzeit, Göttingen 1988.

---

23 Vgl. für eine abweichende Auffassung jetzt aber *Haan*, Une paix pour l'éternité.

Cloulas, Ivan, Henri II, Paris 1985.
Durot, Éric, François de Lorraine, duc de Guise entre Dieu et le Roi, Paris 2012.
Haan, Bertrand, Une paix pour l'éternité. La négociation du traité du Cateau-Cambrésis, Madrid 2010.
Knecht, Robert J., Renaissance Warrior and Patron. The Reign of Francis I., Cambridge 1994.
Kohler, Alfred, Karl V, 1500–1558. Eine Biographie, München ⁴2005.
Le Fur, Didier, François Ier, Paris 2015.
Lemonnier, Henri, La lutte contre la maison d'Autriche. La France sous Henri II (1519–1559), Paris 1911.
Loades, David, The Reign of Mary Tudor, London/New York ²1995.
Lutz, Heinrich, Christianitas afflicta. Europa, das Reich und die päpstliche Politik im Niedergang der Hegemonie Kaiser Karls V. (1552–1556), Göttingen 1964.
Pariset, Jean-Daniel, Les relations entre la France et l'Allemagne au milieu du XVIe siècle, Straßburg 1981.
Rentet, Thierry, Anne de Montmorency: grand maître de François Ier, Rennes 2011.
Romano, Ruggiero, La pace di Cateau-Cambrésis e l'equilibrio europeo a metà del secolo XVI, in: RSIt 61 (1949), S. 526–550.
Romier, Lucien, Les guerres d'Henri II et le traité du Cateau-Cambrésis (1554–1559), in: MAH 30 (1910), S. 1–50.
Romier, Lucien, Les origines politiques des guerres de religion, 2 Bde., Paris 1913–1914 [ND Genf 1974].
Ruble, Alphonse de, Le traité du Cateau-Cambrésis, Paris 1889.
Weber, Hermann, Le traité de Chambord (1552), in: Charles Quint, le Rhin et la France. Droit savant et droit pénal à l'époque de Charles Quint. Actes des journées d'études (Strasbourg, 2–3 mars 1973), Straßburg 1973, S. 81–94.
Vermeir, René/Meulenaere, Vincenzo de, „To bring good agreement and concord to Christendom." The Conference of Marck (1555) and English Neutrality, 1553–1557, in: RNord 400/401 (2013), S. 681–698.

Christopher Voigt-Goy
43. Warschauer Konföderation 1573

Abstract: The Warsaw Confederation 1573
The Warsaw Confederation was enacted by the Polish-Lithuanian Parliament (Sejm) on 28 January 1573. It was not preceded by war or other armed conflict. Yet it helped to maintain peace during the constitutional crisis in the Polish-Lithuanian Kingdom after the death of King Sigismund II Augustus (7 July 1572). For the next royal election was overshadowed by conflicts within the Polish-Lithuanian nobility. Disputes about political and legal privileges had begun in the early sixteenth century and these were intensified by the various religious positions within the nobility that emerged following the Reformation. In the Warsaw Confederation, the nobility agreed not to wage war against each other on account of their religious differences and outlawed the use of violence in matters of faith. From then on, the Warsaw Confederation prevented religious conflicts in the Polish-Lithuanian Commonwealth from causing loss of life. It made confessional plurality possible by strengthening pre-confessional institutions.

Am 28. Januar 1573 verabschiedete der Sejm einen Beschluss, der aufgrund des Versammlungsortes des polnisch-litauischen Reichstags als „Warschauer Konföderation" bezeichnet wurde.[1] Der Warschauer Konföderation ist kein Krieg oder anderer bewaffneter Konflikt vorausgegangen. Sie war aber eine entscheidende Wegmarke für die nachhaltige politische und religiöse Friedenswahrung in der noch jungen polnisch-litauischen „Rzeczpospolita", die 1569 durch die *Union von Lublin* entstanden war.[2] In der Warschauer Konföderation kamen langfristige Entwicklungen des polnisch-litauischen Gemeinwesens, die spezifischen Auswirkungen der Reformation in der Region sowie die Anforderungen akuter Krisenbewältigung zum Ausdruck.

---

1 Neuere Darstellungen mit umfangreichen Angaben der internationalen Literatur: *Tomasz Kempa*, Die Warschauer Konföderation von 1573, in: Joachim Bahlcke u. a. (Hg.), Religiöse Erinnerungsorte in Ostmitteleuropa. Konstitution und Konkurrenz im nationen- und epochenübergreifenden Zugriff, Berlin 2013, S. 883–896; *Maciej Ptaszyński*, Religiöse Toleranz oder politischer Frieden? Verhandlungen über den Religionsfrieden in Polen-Litauen im 16. und 17. Jahrhundert, in: Johannes Paulmann u. a. (Hg.), Unversöhnte Verschiedenheit. Verfahren zur Bewältigung religiös-konfessioneller Differenz in der europäischen Neuzeit, Göttingen 2016, S. 161–178.
2 Karten der Region finden sich in: *Alfred Kohler*, Expansion und Hegemonie. Internationale Beziehungen 1450–1559, Paderborn 2008, S. 242f.; *Hans-Jürgen Bömelburg* (Hg.), Polen in der europäischen Geschichte. Bd. 2: Frühe Neuzeit. 16. bis 18. Jahrhundert, Stuttgart 2017, Anhang.

1. Historische Voraussetzungen

1.1 Die Entwicklung der polnisch-litauischen „Rzeczpospolita" (1569)

Bereits seit dem ausgehenden 14. Jahrhundert waren das Großfürstentum Litauen und das Königreich Polen eng verbunden. Mit der Begründung der „Jagiellonen-Dynastie" durch die Heirat des litauischen Großfürsten Władysław Jagiełło (†1434) und der polnischen Königin Hedwig von Anjou (1373–1399) wurden Polen und Litauen von 1386 an mit einigen Unterbrechungen in Personalunion regiert.[3] Eine Besonderheit dieser Personalunion bestand darin, dass das Königtum in Polen auf der Wahl durch den Adel beruhte, während die Herrschaft über das Großfürstentum Litauen durch dynastisches Erbe begründet war. Die Zugehörigkeit zu der Jagiellonen-Dynastie bzw. der Titel des litauischen Großfürsten präjudizierte zwar die polnische Königswahl, diese wurde jedoch vom Adel immer wieder dazu genutzt, dem zukünftigen König Zugeständnisse abzuringen.[4] Der polnische Adel (*Szlachta*[5]) stellte mit acht bis zehn Prozent einen erheblichen Teil der Gesamtbevölkerung und bildete eine sozial heterogene Gruppe mit großem ökonomischen und machtpolitischen Gefälle unter den Adligen. Trotz aller daraus resultierenden Spannungen teilte der Adelsstand das Selbstverständnis, von politisch gleichberechtigten Mitgliedern konstituiert zu sein und zusammen mit dem König das gesamte Reich abzubilden.[6]

Im Lauf des 15. Jahrhunderts erlangte der polnische Adel Privilegien, die ihm weitreichende Immunitäten gegenüber königlichen Eingriffen in seine landsässige Herrschaft einräumten.[7] Da die Könige jedoch beanspruchten, die erteilten Privilegien je nach innen- und außenpolitischen Notwendigkeiten aufheben zu können, wurde deren Durchsetzung wiederholt Gegenstand von Auseinandersetzungen; Streitpunkte

---

[3] Vgl. die Stammtafel der Dynastie bei *Kohler*, Expansion, S. 236f.

[4] Vgl. mit weiterer Literatur: *Matthias Niendorf*, Die Beziehungen zwischen Polen und Litauen im historischen Wandel. Rechtliche und politische Aspekte in Mittelalter und Früher Neuzeit, in: Dietmar Willoweit/Hans Lemberg (Hg.), Reiche und Territorien in Ostmitteleuropa. Historische Beziehungen und politische Herrschaftslegitimation, München 2006, S. 129–162, bes. S. 137.

[5] Häufig wird „Szlachta" als Sammelbegriff für den niederen und mittleren Adel verwendet, dem dann die Schicht des hohen Adels als „Magnaten" gegenübergestellt wird. Das ist allerdings eine Vereinfachung, die nicht die innere soziale Schichtung des Adelsstandes in Polen und Litauen wiedergibt: Vgl. *Gottfried Schramm*, Der polnische Adel und die Reformation. 1548–1607, Wiesbaden 1965, S. 10.

[6] Zusammenfassend: *Manfred Alexander*, Kleine Geschichte Polens, Stuttgart 2008, S. 89–91. Zur Sozialgeschichte des Adels vgl. auch *Nobert Kersken*, Der Kleinadel in Polen im 15./16. Jahrhundert, in: Kurt Andermann/Peter Johanek (Hg.), Zwischen Nicht-Adel und Adel, Sigmaringen 2001, S. 213–237.

[7] Vgl. dazu *Wacław Uruszczak*. Das Privileg im alten Königreich Polen (10. bis 18. Jahrhundert), in: Barbara Dölemeyer/Heinz Mohnhaupt (Hg.), Das Privileg im europäischen Vergleich. Bd. 2, Frankfurt a. M. 1991, S. 253–274; *Igor Kąkolewski*, Sozialverfassung und adlige Privilegiensicherung, in: Bömelburg (Hg.), Polen, S. 61–90.

waren u.a. die steuerlichen Abgaben des Adels, seine militärischen Verpflichtungen bei der Reichsverteidigung und seine Anteile an den Krongütern. Diese politischen Konflikte wurden sowohl auf der Ebene der regionalen Verwaltung in den *Sejmiki* (Kreis- und Landtagen) als auch auf der Ebene der Reichsverwaltung im *Sejm* (Reichstag) ausgetragen. Der vormals nach Bedarf einberufene Sejm verstetigte sich 1493 zu einem regelmäßig mit dem König tagenden Parlament, das aus zwei Kammern bestand: Der Senat wurde durch besonders einflussreiche Adlige („Magnaten"), die Bischöfe und königlichen Räte gestellt; die Landbotenkammer setzte sich aus Vertretern des mittleren und niederen Adels zusammen.[8] Als zentrale Institution des entstehenden polnischen Ständestaates konnte der Sejm seine verfassungsrechtliche Stellung am Anfang des 16. Jahrhunderts ausbauen. Auf dem Reichstag von Radom (1505) wurde der Grundsatz verabschiedet, dass der König und seine Nachfolger keine neuen Gesetze ohne die Beratung und die Zustimmung des Sejms erlassen können („Nihil-Novi-Verfassung").[9]

Allerdings hatte dieser Grundsatz zunächst kaum Konsequenzen. In den Anfangsjahren der Regierungszeit Sigismunds I. (reg. 1507–1548) blieben die in der Landbotenkammer vorangetriebenen Bemühungen um eine Rechtskodifikation, also die schriftliche Fixierung des geltenden Rechts, wenig erfolgreich.[10] Die Magnaten zeigten daran kein Interesse, auch weil sie von Sigismund mit neuerlichen Privilegien und Begünstigungen umworben wurden.[11] Mit ihrer Unterstützung versuchte der Monarch, seine Machtstellung auszubauen. Das wohl ehrgeizigste machtpolitische Projekt Sigismunds und seiner Ehefrau, der italienischen Prinzessin Bona Sforza (†1557), war, das polnische Wahlkönigtum durch ein dynastisches Königtum abzulösen.[12]

---

8 Ein Überblick über die politische Organisation bietet *Alexander*, Kleine Geschichte, S. 91–95. Zur Entwicklung des Sejm und der Beratungsverfahren vgl. *Julia Dücker*, Reichsversammlungen im Spätmittelalter. Politische Willensbildung in Polen, Ungarn und Deutschland, Ostfildern 2011, S. 25–90.
9 Vgl. Alexandri Regis Decreta in Comitiis Radomiensibus Anno 1505, in: Volumina Constitutionum, t. 1: 1493–1549, vol. 1: 1493–1526, do druku przygotowali Stanisław Grodziski u.a., Warschau 1996, S. 138: „Quoniam iura communia et constitutiones publicae non unum, sed communem populum afficiunt, itaque in hac Radomiensi conventione cum universis Regni nostri praelatis, consiliariis, baronibus et nuntiis terrarum, aequum et rationabile censuimus ac etiam statuimus, ut deinceps futuris temporibus perpetuis, nihil novi constitui debeat per nos et successores nostros sine communi consiliariorum et nuntiorum terrestrium consensu, quod fieret in praeiudicium gravamenque Reipublicae, et damnum atque incommodum cuiuslibet privatum, ad innovationemque iuris communis et publicae libertatis".
10 Vgl. *Maciej Ptaszyński*, Die polnischen Wahlkapitulationen des 16. Jahrhunderts und ihr Fortleben im 17. Jahrhundert, in: Heinz Duchhardt (Hg.), Wahlkapitulationen in Europa, Göttingen 2015, S. 59–72, hier S. 62f.
11 Vgl. zu dieser Situation *James Miller*, The Polish Nobility and the Renaissance Monarchy: The „Execution of Laws" Movement. Part One, in: Parliaments, Estates and Representation 3 (1983), S. 65–87, hier S. 73–75.
12 Vgl. *Robert Frost*, The Oxford History of Poland-Lithuania: Vol. 1: The Making of the Polish-Lithuanian Union, 1385–1569, Oxford 2015, S. 405–423.

Nach langen Verhandlungen mit dem und Zugeständnissen an den litauischen Adel ließ er 1529 seinen Sohn, Sigismund II. August, zum litauischen Großfürsten küren, um ihn dann 1530 durch den polnischen Senat zum König wählen zu lassen. Auch wenn der Herrschaftsanspruch von Sigismund II. August in Polen unumstritten war, so beschwor das von seinem Vater gewählte Verfahren, noch während der Herrschaftszeit des Monarchen seinen Nachfolger zu wählen (*vivente rege*), die Gefahr der nachhaltigen Aushöhlung des bislang geltenden Wahlverfahrens herauf.[13] In der aufgebrachten Landbotenkammer des Sejm gab dieses Ereignis der Formation der „Exekutionsbewegung"[14] Auftrieb, welche die königliche Privilegienpolitik einzudämmen versuchte und auf umfassende Reichsreformen auf der Grundlage der geltenden Rechte drängte. Zwar bestand schon 1530 der Sejm für zukünftige Königswahlen auf dem alten Wahlverfahren nach dem Tod des Amtsinhabers (*vacante regno*). Doch erst der offene Widerstand adliger Heerführer im Jahr 1537 nötigte den König dazu, auf den Reichstagen in den folgenden Jahren die Nihil-Novi-Verfassung zu bekräftigen und die Königswahl seines Sohnes zur einmaligen Ausnahme vom geltenden Wahlverfahren zu erklären.[15] Die Durchsetzungsfähigkeit der Exekutionsbewegung darf freilich nicht überschätzt werden. Die meisten ihrer Reformforderungen blieben während der Regierungszeit Sigismunds I. unbearbeitet. Eine dieser Forderungen stellte auch der politische Zusammenschluss Polens und Litauens dar, der seit der Frühzeit der Jagiellonen-Dynastie immer wieder angestrebt worden war.

Erst der Druck der geschlossenen Opposition des gesamten polnischen Adels, die er durch seine heimliche zweite Heirat mit der litauischen Magnatin Barbara Radziwiłł (†1551) hervorrief, bewegte Sigismund II. August (reg. 1548–1572) zu umfassenden Reichsreformen.[16] Auch die politische Vereinigung mit Litauen wurde nun vorangetrieben. Auf der Seite des litauischen Adels, der eine ähnlich starke, wenn auch im Vergleich minder privilegierte soziopolitische Position und Organisation wie der polnische besaß, stieß der geplante Zusammenschluss jedoch auf Bedenken. Zwar be-

---

13 Zu dieser „Dynastischen Offensive" prägnant: *Gottfried Schramm*, Polen – Böhmen – Ungarn: Übernationale Gemeinsamkeiten in der politischen Kultur des späten Mittelalters und der frühen Neuzeit, in: Joachim Bahlcke u. a. (Hg.), Ständefreiheit und Staatsgestaltung in Ostmitteleuropa. Übernationale Gemeinsamkeiten in der politischen Kultur vom 16.–18. Jahrhundert, Leipzig 1996, S. 13–38, S. 30.
14 Vgl. *Miller*, The Polish Nobility. Part One; *James Miller*, The Polish Nobility and the Renaissance Monarchy: The „Execution of Laws" Movement. Part Two, in: Parliaments, Estates and Representation 4 (1984), S. 1–24. Eine vergleichende Studie bietet *Hans-Jürgen Bömelburg*, Ständische Reformen in mitteleuropäischen Staatsverbänden im Vergleich: Die Reichsreformbewegung und die Exekutionsbewegung in Polen (1410–1580), in: Marian Dygo u. a. (Hg.): Modernizacja struktur władzy w warunkach opóźnienia. Europa Środkowa i Wschodnia na przełomie średniowiecza i czasów nowożytnych, Warschau 1999, S. 35–57.
15 Vgl. *Igor Kąkolewski*, Kampf um die politische Macht: Die Verfassungsreform zwischen Königtum, Magnaten und Szlachta, in: Bömelburg (Hg.), Polen, S. 91–121, S. 112f.
16 Vgl. *Schramm*, Adel, S. 240–245.

grüßte besonders der mittlere Adel die zunehmenden Angleichungen an die polnischen Strukturen, da das seine Position stärkte.[17] Einem Aufgehen Litauens in Polen aber stand man aus Furcht vor der wachsenden Abhängigkeit vom polnischen Adel kritisch gegenüber; genährt wurden solche Ängste durch radikale Stimmen auf polnischer Seite, die in den 1560er Jahren nach der Inkorporation Litauens ein „Neu-Polen" (*Nowa Polska*) entstehen sehen wollten.[18] Für den Zusammenschluss beider Herrschaftsgebiete war letzten Endes der außenpolitische Druck ausschlaggebend, der durch die militärische Expansionspolitik der Moskauer Großfürsten bzw. – ab 1547 – der russischen Zaren entstand. Die zunehmende Bedrohung wurde im 1558 ausgebrochenen Livländischen Krieg deutlich und machte eine Annäherung an Polen zum Zweck der Verteidigung Litauens wie auch des annektierten Livlands gegen den östlichen Nachbarn unumgänglich.[19]

1569 kamen die Vertreter des polnischen und litauischen Adels in Lublin zusammen, um über den Zusammenschluss beider Länder zu verhandeln.[20] Gegen erhebliche Widerstände seitens der Litauer Delegation wurde die bisherige Personalunion beider Länder in eine Realunion überführt. Die *Union von Lublin* sah u. a. eine gemeinsame Landesverteidigung und eine gemeinsame Währung vor. Der König sollte fortan durch eine dynastisch nicht präjudizierte Wahl im nun gemeinsamen polnisch-litauischen Sejm bestimmt werden. Damit war zugleich, nachdem Sigismund II. August bereits 1564 auf seine dynastischen Rechte in Litauen verzichtet hatte,[21] die Verleihung des Großfürstentitels verbunden. Da der litauische Adel im neuen Sejm eine Minderheit darstellte, war zusammen mit einigen territorialen Abtretungen – u. a. das neuerworbene Livland wurde als Kondominium auch der Herrschaft Polens unterstellt – der Preis der Union für Litauen hoch. Den Möglichkeiten der Mitbestimmung des litauischen Adels in Reichsangelegenheiten waren deutliche Grenzen gesetzt. In rechtlicher Hinsicht aber konnte Litauen eine relative Eigenständigkeit bewahren, indem hier die 1529 und 1566 kodifizierten Statuten als geltendes Recht in Kraft blieben. Das neue Herrschaftsgebilde trug den Namen „Republik der polnischen Krone und des Großfürstentum Litauens" (*Rzeczpospolita Korony Polskiej i Wielkiego Księstwa Litewskiego*).[22]

---

[17] Vgl. zu den Reformen *Mathias Niendorf*, Das Großfürstentum Litauen, Studien zur Nationsbildung in der Frühen Neuzeit (1569–1795), Wiesbaden 2006, S. 29.
[18] Vgl. ebd., S. 44.
[19] Vgl. zur außenpolitischen Lage *Kohler*, Expansion, S. 269–274.
[20] Vgl. dazu *Mathias Niendorf*, Polen und Litauen im Unionsverband, in: Bömelburg (Hg.), Polen, S. 697–717, bes. S. 701–703.
[21] Vgl. ebd., S. 137.
[22] Vgl. ebd., S. 150.

1.2 Reformatorische Entwicklungen in Polen und Litauen bis 1570

Die besondere Stellung des Adels prägt auch die Art und Weise, wie die Reformation in Polen und Litauen wirkte. Grundsätzlich lassen sich dabei zwei Phasen unterscheiden.[23] Die *erste Phase* fällt mit der Regierungszeit Sigismunds I. zusammen. In dieser Zeit wurden vom polnischen König elf – und damit die im Vergleich zu anderen europäischen Herrschern dieser Zeit meisten – antireformatorischen Edikte erlassen, insbesondere gegen die Verbreitung der Schriften Martin Luthers.[24] Die sehr früh, noch vor der Veröffentlichung der päpstlichen Bannbulle *Exsurge Domine* (Juni 1520) einsetzende Regulierungspolitik war teils mit drakonischen Strafandrohungen, wie der Todesstrafe in einem Edikt aus dem Jahr 1523, verbunden. Dass diese Androhungen nicht nur symbolischen Wert hatten, wurde bei der Niederschlagung des „Danziger Aufruhrs" 1525/1526 deutlich, die zur Hinrichtung von Anhängern der Wittenberger Reformation in der Hansestadt führte.[25] Dieses Ereignis und die bis in die 1540er Jahre anhaltende Veröffentlichung von Edikten befestigten auch außerhalb Polens und Litauens das Ansehen Sigismunds I. als Beschützer des katholischen Glaubens gegen die „lutherische Häresie".[26]

Allerdings war der Danziger Fall der einzige, bei dem Sigismund I. seine Androhungen in die Tat umsetzen ließ. In Danzig war es aber auch das einzige Mal während seiner Regierungszeit, dass Anhänger der Reformation auf die bestehenden politischen Strukturen ausgriffen und dazu eine größere Menschenmenge zum Sturz des Stadtrats sowie zur Einführung der evangelischen Predigt mobilisierten. Da vergleichbare Ereignisse später ausblieben, zeigte Sigismund I. kein weiteres Interesse daran, seine Behörden zur rigorosen Durchsetzung seiner Edikte anzutreiben. Der Einführung der Reformation im Herzogtum Preußen durch seinen Neffen Albrecht I. von Brandenburg im Jahr 1525 setzte Sigismund I. keinen Widerstand entgegen, obwohl das Herzogtum ein Lehen der Krone Polens war.[27] Ähnlich zurückhaltend reagierte der hohe papstkirchliche Klerus in Polen und Litauen. Er hielt die kirchlichen Gerichte nur sehr selten zur tendenziell milden Bestrafung der vereinzelt auftretenden Anhänger der Reformation an.[28] Zu Verbrennungen von ‚Häretikern' kam es in Polen und Li-

---

23 Vgl. *Maciej Ptaszyński*, The Polish-Lithuanian Commonwealth, in: Howard Louthan/Graeme Murdock (Hg.), A Companion to the Reformation in Central Europe, Leiden/Boston 2015, S. 40–67.
24 Dazu umfassend: *Natalia Nowakowska*, King Sigismund of Poland and Martin Luther: The Reformation before Confessionalization, Oxford 2018, S. 119–132.
25 Ebd., S. 77–96.
26 Die symbolpolitische Bedeutung der Edikte hebt *Nowakowska* ebd., S. 127 f. eindrücklich hervor.
27 Die Beziehungen zwischen dem Herzogtum und der Krone Polens wurden im Krakauer Vertrag vom 8. April 1525 geregelt. Bekenntnisfragen waren dabei ausgeklammert. Vgl. den Text des Vertrags URL: https://www.herder-institut.de/go/Mp-4e42c4 (abgerufen am: 25.09.2019). Zur Beziehungsgeschichte vgl. *Nowakowska*, King Sigismund, S. 97–118. Zur Reformation im Herzogtum Preußen vgl. *Irene Dingel*, Reformation. Zentren – Akteure – Ereignisse, Göttingen 2016, S. 257–259.
28 Vgl. *Nowakowska*, King Sigismund, S. 157–162.

tauen, anders als in anderen europäischen Ländern, nicht.[29] Antireformatorische Polemik wurde jedoch von den Bischöfen nach Kräften betrieben und die Verbreitung von Polemiken durch den Druck massiv unterstützt.[30]

Die herrschaftspolitisch-kirchlichen Maßnahmen bremsten die Ausbreitung der Reformation, blockierten sie aber nicht: Reformatorische Schriften zirkulierten trotz der Zensurbemühungen meist klandestin. Auch in den europaweit verzweigten Briefnetzwerken der humanistisch gebildeten polnisch-litauischen Eliten wurde reformatorisches Gedankengut bewegt. Hier stand man mit Reformatoren wie Philipp Melanchthon (1497–1560) auch in direktem Kontakt.[31] In den 1530er Jahren verbreitete sich die Reformation allmählich in Teilen des Adels. Auf einzelnen polnischen Sejmiki wurden Forderungen nach einer polnischen Bibel laut.[32] In der „Exekutionsbewegung" traf die reformatorische Kritik am Klerus im Kontext eines lange schwelenden Konflikts auf Sympathien: Der Adel, vor allem der niedere und mittlere, hatte schon seit der Jahrhundertwende Entlastung von kirchlichen Abgaben sowie Immunität gegenüber der bischöflichen Gerichtsbarkeit verlangt.[33]

Die Regierungszeit von Sigismund II. August bildet die *zweite Phase* der Reformation in Polen und Litauen. Seine königlich-großfürstliche Herrschaftspolitik war der Reformation gegenüber neutral, solange diese der Integration und Konsolidierung des polnisch-litauischen Reichsverbands nicht im Weg stand. In den 1566 erlassenen Statuten für das annektierte Livland gestattete Sigismund II. August den lutherischen Einwohnern zur Sicherung des inneren Friedens sogar, weiterhin ihre Religionsausübung am Augsburger Bekenntnis auszurichten und ihre Kirchenorganisation beizubehalten.[34] An kirchlichen Reformen in seinem eigenen Herrschaftsgebiet zeigte er aber kein Interesse und überließ den Bischöfen die Auseinandersetzung mit den nun stärker sich regenden reformatorischen Bewegungen. Neben der Wittenberger Reformation („Lutheraner") war es die Reformation Zürcher und Genfer Prägung („Reformierte"), die an Anhängern gewann. Hinzu kamen seit 1548 noch Angehörige der Brü-

---

29 Dieser Umstand war titelgebend für einen Klassiker der polnischen Toleranzgeschichtsschreibung: *Janusz Tazbir*, A State without Stakes. Polish Religious Toleration in the Sixteenth and Seventeenth Centuries, New York 1973 (polnische Erstausgabe: Państwo bez stosów : szkice z dziejów tolerancji w Polsce XVI-XVII w., Warszawa 1967).
30 *Nowakowska*, King Sigismund, S. 155–157.
31 Vgl. zur Buchdistribution und den Briefnetzwerken: *Henning P. Jürgens*, Est mihi cum multis et doctis viris in Polonia dulcis amicitia. Die Wirkung Melanchthons in Polen im 16. Jahrhundert, in: Jahrbuch des Bundesinstituts für Kultur und Geschichte der Deutschen im östlichen Europa 22 (2014), S. 107–124.
32 Vgl. *Ptaszyński*, The Polish-Lithuanian Commonwealth, S. 49.
33 Zum polnischen „Antiklerikalismus" vgl. *Schramm*, Adel, S. 182–188.
34 Vgl. den Einigungsvertrag zwischen Livland und Litauen: Unio haereditaria Statuum Transdunensis Uvoniae, cum Magno Ducatu Litvaniae (25.12.1566), in: Codex Diplomaticus Regni Poloniae, Tomus V, Vilnius 1759, S. 269–273; Digitalisat URL: http://www.wbc.poznan.pl/dlibra/doccontent?id=62119 (abgerufen am: 25.09.2019).

derunität („Böhmische Brüder"), die vor ihrer Verfolgung in Böhmen nach Polen flohen.[35]

Für die öffentliche Verankerung der reformatorischen Bewegungen in Polen und Litauen war die Verbindung zum Adel entscheidend, die in den 1550er und 1560er Jahren zu einer pluralen Konfessionslandschaft mit regionalen Schwerpunkten führte:[36] In Großpolen förderten einzelne Magnaten, Teile des mittleren und niederen Adels sowie Stadtbürger den Aufbau lutherischer Kirchen, was durch die Nähe der Region zu lutherischen Territorien im Heiligen Römischen Reich Deutscher Nation, zu Pommern und zu Preußen begünstigt wurde. Aufgrund der Nachbarschaft zu Böhmen entstanden hier auch, besonders in Posen, Lissa und Koźminek, Gemeinden der Böhmischen Brüderunität. Im vom mittleren Adel dominierten Kleinpolen, wo der frühere Reformator Ostfrieslands Johannes a Lasco (1499–1560) in seinen letzten Lebensjahren wirkte,[37] gewannen hingegen Gemeinden reformierter Prägung an Boden. Auch litauische Magnaten sowie Teile des ruthenischen Adels, der im Osten Litauens traditionell meist dem orthodoxen Glauben angehörte, gingen – maßgeblich gestützt durch den litauischen Großkanzler Nikolaus Radziwiłł (genannt „der Schwarze", 1515–1565) – zum Reformiertentum über.

Mit dem wachsenden Kreis reformatorisch gesinnter Adliger verschoben sich auch die machtpolitischen Kräfteverhältnisse.[38] Die von den Landboten getragene und von reformatorischen Vorstellungen weitgehend durchdrungene Exekutionsbewegung setzte zwischen 1552 und 1563 in wechselnden Koalitionen mit Magnaten aller Glaubensrichtungen eine Reihe von Beschlüssen durch, die im alten Konflikt von Adel und Klerus dem Einfluss der kirchlichen Gerichtsbarkeit deutliche Schranken setzte: Auf die einjährige Aussetzung der gegen den Adel geführten kirchlichen Prozesse im Jahr 1552 folgte 1555 die Aufhebung der kirchlichen Häresiegesetzgebung für Adlige und deren Hausgeistliche bis zu einem Nationalkonzil;[39] das fand jedoch nie statt. Acht Jahre später verbot der Sejm die Exekution kirchlicher Urteile durch den König und seine Behörden.[40] Rechtlich waren damit die bestehenden Freiheiten des Adels auch hinsichtlich der Glaubensüberzeugungen gegenüber Eingriffen der Papst-

---

35 Vgl. *Martina Thomsen*, „Wider die Picarder". Diskriminierung und Vertreibung der Böhmischen Brüder im 16. und 17. Jahrhundert, in: Joachim Bahlcke (Hg.), Glaubensflüchtlinge: Ursachen, Formen und Auswirkungen frühneuzeitlicher Konfessionsmigration in Europa, Berlin/Münster 2008, S. 145–164.
36 Vgl. ausführlich: *Schramm*, Adel, S. 27–162. Kürzer: *Janusz Tazbir*, La géographie du protestantisme polonais aux XVIe et XVIIe siècle, in: MiHiEc 5, (1974), S. 143–157. Einen Eindruck vermittelt auch die Karte: 3.3. Protestantische Zentren in der frühen Neuzeit, in: Bömelburg (Hg.), Polen, Anhang.
37 Vgl. *Halina Kowalska*, Działalność reformatorska Jana Łaskiego w Polsce, 1556–1560, Wrocław u.a. 1969.
38 Vgl. *Karin Friedrichs*, Die Reformation in Polen-Litauen, in: Bömelburg (Hg.), Polen, S. 123–143, bes. S. 137f.
39 Vgl. *Schramm*, Adel, S. 193f.
40 Vgl. ebd., S. 197f.

kirche gesichert. In Litauen stellte das Jahr 1563 ebenfalls einen Wendepunkt dar, als Sigismund II. August als Großfürst ein Privileg promulgierte, das die politisch-rechtliche Gleichstellung aller christlichen Adligen sicherte.[41] Auf dieses Privileg hatte der Großkanzler Radizwiłł Einfluss genommen, wobei er auch die orthodoxen Adligen im Osten, die seit dem 15. Jahrhundert von der politischen Partizipation am litauischen Sejm ausgeschlossen waren, hinter sich bringen konnte.[42] Eine Regelung, wie die Beziehungen der Denominationen ausgestaltet werden sollen, blieb aber auch in der jungen Rzeczpospolita aus. Sigismund II. August hatte einen entsprechenden Tagesordnungspunkt auf dem Sejm 1569 nach der beschlossenen Union vertagt und während seiner letzten Amtsjahre nicht mehr aufgegriffen.[43]

Nur im Fall des schon vorreformatorisch herrschenden Konflikts zwischen Adel und Klerus hatte der reformatorisch gesinnte Adel gemeinsame Interessen verfolgt, die sich zudem mit denen nichtreformatorischer Adliger verbinden konnten. Innerhalb des reformatorischen Lagers herrschte jedoch Uneinigkeit in Fragen des Bekenntnisses und der Religionsausübung vor. Weder die lutherisch gesinnten, reformierten noch die böhmischen Kirchen bildeten in Polen und Litauen über die einzelnen Adelsherrschaften hinausreichende, dauerhaft stabile Institutionen aus. Die im Entstehen begriffenen Gemeinden und Kirchen der Reformation gerieten zudem von zwei Seiten unter Druck.[44] Auf der *einen Seite* rief die öffentliche Formierung Gegenreaktionen der römisch-katholischen Seite hervor. Die Bischöfe hatten angesichts ihrer wirkungslos gewordenen kirchlichen Gerichtsbarkeit zur Bekämpfung der ‚Häresien' die Jesuiten eingeladen, die Rekatholisierung Polens und Litauens voranzutreiben. 1566 eröffneten die Jesuiten ihr erstes Kolleg in Polen.[45] Unter ihrem Einfluss konvertierte zwischen 1567 und 1570 eine ganze Gruppe einflussreicher Adliger zum Katholizismus zurück.[46] Auf der *anderen Seite* kam es im reformatorischen Lager zu Abspaltungen. In den 1560er Jahren trennten sich die „Polnischen Brüder" von den Reformierten und propagierten antitrinitarisches Gedankengut.[47] Um dem katholischen Druck und der inneren Zersplitterung etwas entgegenzusetzen, bemühten sich 1570 auf einer Synode in Sandomierz Vertreter der Wittenberger Reformation, der re-

---

41 *Wojciech Kriegseisen*, Between State and Church: Confessional Relations from Reformation to Enlightenment: Poland – Lithuania – Germany – Netherlands. Translated by Bartosz Wójcik and copyedited by Alex Shannon, Frankfurt a. M. 2016, S. 398.
42 Ebd., S. 398f.
43 Ebd., S. 400.
44 Vgl. *Winfried Eberhard*, Reformatorische Gegensätze, reformatorischer Konsens, reformatorische Formierung in Böhmen, Mähren und Polen, in: Bahlcke u.a. (Hg.), Ständefreiheit, S. 187–215, bes. S. 209f.
45 *Schramm*, Adel, S. 217f.
46 *Kriegseisen*, Between State and Church, S. 400f.
47 Vgl. *Kęstutis Daugirdas*, Antitrinitarier, in: Europäische Geschichte Online (EGO), hg. vom Institut für Europäische Geschichte (IEG), Mainz 2011-09-08. URL: http://www.ieg-ego.eu/daugirdask-2011-de URN: urn:nbn:de:0159-2011081819 (abgerufen am: 25.09.2019).

formierten und böhmischen Kirchen um Einigkeit. Zwar konnten sie sich nicht auf ein gemeinsames Bekenntnis verständigen. Im beschlossenen *Konsens von Sandomierz* (14. April 1570) sprachen sie allerdings ihre Übereinstimmung in Grundlehren des Christentums – darunter der Trinitätslehre – aus und brachten die wechselseitige Anerkennung der lutherischen, reformierten und böhmischen Gemeinden zum Ausdruck.[48] Doch der auf theologische Punkte fixierte Konsens konnte den politischen Zusammenhalt des reformatorisch gesinnten Adels nicht nachhaltig stärken; weitere Annäherungen zwischen den entstehenden reformatorischen Konfessionskirchen blieben später aus.[49]

2. Die Warschauer Konföderation im Kontext

2.1 Interregnum und Konvokation

Sigismund II. August starb am 7. Juli 1572. Mit seinem Tod erlosch die Jagiellonen-Dynastie. In der nun anbrechenden Zeit des Interregnums („Zwischenherrschaft") wurde die junge Rzeczpospolita von einer schweren Krise erfasst.[50] Zwar übernahm, wie schon bei früheren königslosen Perioden, der Erzbischof von Gnesen als „Primas des Königreiches Polen und des Großfürstentums Litauen" die Aufgabe, die Königswahl in die Wege zu leiten. Allerdings war das mit zwei schwerwiegenden Problemen verknüpft: Denn weder war bislang ein Verfahrensmodus für die Wahl festgelegt worden, noch war geklärt, wer für die Wahl zum neuen polnisch-litauischen König zur Verfügung stand. Bei den Versuchen, diese Probleme zu lösen, traten drei Konfliktlinien in der polnisch-litauischen Adelsgesellschaft hervor, welche die Konsensbemühungen des Erzbischofs von Gnesen, Jakub Uchański (1502–1581), mehrfach fast zum Scheitern brachten:[51]

Erstens brachen Rivalitäten unter den im Senat vertretenen Magnaten aus. Neben regionalen Interessen der litauischen Magnaten, die das erste Mal an einer Herrscherwahl beteiligt waren, wurde insbesondere durch polnische Magnaten der Führungs-

---

48 Vgl. *Henning P. Jürgens/Kęstutis Daugirdas*, Konsens von Sandomierz – Consensus Sendomirensis, 1570. Einleitung und kritische Edition, in: Heiner Faulenbach u. a. im Auftrag der EKD (Hg.), Reformierte Bekenntnisschriften, Bd. 3, Neukirchen 2013, S. 1–20.

49 Vgl. *Michael G. Müller*, Der Consensus Sendomirensis – Geschichte eines Scheiterns? Zur Diskussion über Protestantismus und protestantische Konfessionalisierung in Polen-Litauen im 16. Jahrhundert, in: Joachim Bahlcke u. a. (Hg.), Konfessionelle Pluralität als Herausforderung. Koexistenz und Konflikt in Spätmittelalter und Früher Neuzeit, Leipzig 2006, S. 397–408. Prägnant auch: *Eberhard*, Reformatorische Gegensätze, S. 210–212.

50 Überblick bei: *Maria Rhode*, Wahlkönigtum und Ständepolitik. Adelsdemokratie oder Magnatenoligarchie?, in: Bömelburg (Hg.), Polen, S. 205–217.

51 Zum Folgenden vgl. detailliert *Maria Rhode*, Ein Königreich ohne König. Der kleinpolnische Adel in sieben Interregna, Wiesbaden 1997, S. 26–36.

anspruch Uchańskis bestritten. Sein Bestreben, die aus den Konflikten der 1530er Jahre stammende Vereinbarung umzusetzen und eine Versammlung der Senatoren zur Vorbereitung des nächsten Wahlreichstags einzuberufen, wurde mehrfach unterlaufen. Auf Zusammenkünften von großpolnischen Magnaten wurden Pläne in Umlauf gebracht, die Herrschaft des künftigen Königs wieder stärker an sie zurückzubinden. Dies brachte, *zweitens*, den in der Landbotenkammer vertretenen niederen und mittleren Adel auf. Er forderte angesichts seines durch die Union gewachsenen Einflusses sowie angesichts seiner mit der Exekutionsbewegung durchgesetzten Erfolge ein stärkeres Mitspracherecht im zukünftigen Sejm. Dieses Gegeneinander politischer Adelsinteressen wurde, *drittens*, durch die mittlerweile etablierten konfessionellen Gegensätze verschärft. Das betraf ganz besonders die Möglichkeit, einen geeigneten Kandidaten für den Königsthron zu finden. Gleich mehrere europäische Herrscherhäuser hatten Interesse an der Krone Polen-Litauens angemeldet und damit begonnen, durch Diplomaten um sie zu werben.[52] Neben dem schwedischen König Johann III. Wasa (1537–1592) und dem russischen Zaren Ivan IV. (1530–1584, genannt „der Schreckliche") waren weitere Kandidaten Erzherzog Ernst von Österreich (1553–1595) und Heinrich von Valois (1551–1589), der Bruder des französischen Königs. Die beiden letzten galten schnell als die aussichtsreichsten Bewerber, was jedoch bei den reformatorisch gesinnten Adligen schwere Bedenken hervorrief: Ernst von Österreich galt als eingeschworener Gegner der Reformation und Förderer der Jesuiten. Auf Heinrich von Valois lastete der Schatten der Pariser „Bartholomäusnacht", in der am 23./24. August 1572 mehrere Tausend Reformierte mit Billigung des französischen Königs massakriert worden waren.[53]

Ein Ausweg aus diesen Spannungen ebnete der niedere und mittlere Adel, der die magnatischen Senatoren dazu drängte, eine im Herbst 1572 ausgesprochene, abermalige Einladung von Uchański zu einer Senatorenversammlung in Kaski anzunehmen.[54] Hier beschlossen die Senatoren, dass die Wahl auf einem reichstagsähnlichen „Konvokationssejm" von Senatoren und Landboten gemeinsam vorbereitet werden sollte. Dabei sollte auch die Grundordnung der Rzeczpospolita, die der nächste König zu wahren hatte, fixiert werden.[55] Mit diesen Aufgaben eröffnete am 6. Januar 1573 der Konvokationssejm. Anders als auf gewöhnlichen Reichstagen wurde nicht nach Kammern getrennt beraten, sondern von vorneherein ein ständeübergreifender Konsens

---

52 Ein nach wie vor unumgehbarer Klassiker der Forschung: *Eduard Reimann*, Die polnische Königswahl von 1573, in: HZ 11 (1864), S. 68–128. Mit umfänglich ediertem Quellenmaterial: *Emmanuel Henri Victurien de Noailles*, Henri de Valois et la Pologne en 1572, 3 Bde., Paris 1867.
53 Vgl. zu den Folgen dieses Ereignisses für die polnische Königswahl nun *Kateřina Pražáková/Tomáš Sterneck*, Die Ehrlosigkeit der Valois-Könige und die Würde Polen-Litauens. Eine Apologie des polnischen Adels in einer Schmähschrift von 1574, in: HJb 38 (2018), S. 172–197, bes. S. 181f.
54 Vgl. *Rhode*, Königreich, S. 36.
55 Vgl. ebd., S. 37.

gesucht.⁵⁶ Das Minimalziel dieser Versammlung, einen Termin und Ort für einen Wahlsejm festzusetzen, wurde schnell erreicht. Er sollte im April in Warschau stattfinden.⁵⁷ Schwieriger gestaltete sich die Klärung der Wahlmodalitäten. Hierbei kam man dahin überein, eine Wahl *viritim* zu empfehlen, an der *alle* Adligen teilnehmen konnten.⁵⁸ Noch problematischer war es, bei der schriftlichen Fixierung der Adelsrechte einen Konsens zu finden. Zu diesem Zweck wurde eine Kommission unter der Leitung des Bischofs von Kujawien, Stanisław Karnkowski (1520–1603), beauftragt, in der auch – leicht unterrepräsentiert – reformatorisch gesinnter Adel vertreten war.⁵⁹ Dieser Kreis erarbeitete das Schriftstück, das als „Warschauer Konföderation" bekannt wurde.

2.2 Inhalt der Warschauer Konföderation⁶⁰

Die Konföderation beginnt in ihrer Präambel mit der Versicherung aller weltlichen und geistlichen Stände, dass sie „nach dem Vorbild unserer Vorfahren unter einander den Frieden, die Gerechtigkeit, die Ordnung und die Verteidigung der Rzeczpospolita wahren und erhalten" wollen. Darauf folgen drei Regelungskreise:⁶¹ Der *erste* Regelungskreis thematisiert das Verhältnis der Stände zum zukünftigen König. Während die Stände versprechen, keine Separationen im Reichsverband zuzulassen und den König in einer allgemeinen Wahl zu bestimmen, verpflichten sie diesen, alle ihre Rechte, Privilegien und Freiheiten zu bestätigen und den Frieden unter den Ständen zu erhalten. Das galt auch für den Frieden „zwischen den nach Glauben und Gottesdienst getrennten und verschiedenen Menschen".⁶² Als Beschränkung der Königsmacht wird – auf der Linie der Nihil-Novi-Verfassung – dem König untersagt, ohne

---

56 Vgl. ebd., S. 43.
57 Vgl. ebd., S. 45.
58 Vgl. zur Entwicklung des Wahlmodus ebd., S. 58–69.
59 Vgl. ebd., S. 47.
60 Der Text des ersten polnischen Drucks sowie eine zeitgenössische deutsche Übersetzung ist zugänglich unter: *Martin Paul Buchholz* (Bearb.), Warschauer Konföderation 1573, in: Irene Dingel (Hg.), Religiöse Friedenswahrung und Friedensstiftung in Europa (1500–1800). Digitale Quellenedition frühneuzeitlicher Religionsfrieden, Darmstadt 2013, URL: http://tueditions.ulb.tu-darmstadt.de/e000001/ (abgerufen am: 25.09.2019).
61 Diese lassen sich anhand der in der zeitgenössischen deutschen Übersetzung eingefügten Artikelzählung gut identifizieren: Der erste Regelungskreis umfasst Art. 1 bis 4, der zweite Art. 5 und 6, der dritte Art. 7 bis 13. Eine modernisierte Textfassung dieser Übersetzung: *Kęstutis Daugirdas* (Bearb.), Die Warschauer Konföderation 1573, in: Religion und Politik. Eine Quellenanthologie zu gesellschaftlichen Konjunkturen in der Neuzeit, hg. v. Leibniz-Institut für Europäische Geschichte, URL: https://wiki.ieg-mainz.de/konjunkturen/index.php?title=Die_Warschauer_Konföderation_1573 (abgerufen am: 25.09.2019).
62 Übersetzung: *Michael G. Müller*, Toleranz vor der Toleranz. Konfessionelle Kohabitation und Religionsfrieden im frühneuzeitlichen Ostmitteleuropa, in: Yvonne Kleinmann (Hg.), Kommunikation durch

Zustimmung des Sejm Krieg zu führen. Ausdrücklich wird festgehalten, dass jedwede Störung der freien Königswahl von innen und außen von allen Ständen geahndet wird.

Der *zweite* Regelungskreis rückt die bereits angesprochene Frage nach der herrschenden Verschiedenheit in Glaubensfragen in den Vordergrund. Dabei wird zunächst als Selbstverpflichtung der Stände festgehalten, dass „wir, die in der Religion uneinig sind (*dissidentes de religione*), Frieden untereinander wahren und nicht um des verschiedenen Glaubens und abweichender Kirchen[gebräuche] willen Blut vergießen wollen".[63] Der Gebrauch von Zwang aus Glaubensgründen wird abgelehnt. Daraus resultierende Güterkonfiskation, Ehrverletzung, Freiheitsberaubung sowie Vertreibung wird von den Ständen geächtet. Auch allen Obrigkeiten und Amtsträgern wird die Anwendung solcher Zwangsmittel untersagt. Die Gehorsamspflicht der Untertanen gegenüber den Grundherren wird aber nachdrücklich „sowohl in geistlichen als auch weltlichen Dingen" (*tam in spiritualibus quam in saecularibus*) bekräftigt. Jedwede Auflehnung „unter dem Vorwand der Religion" (*sub praetextu religionis*) soll bestraft werden. Die bestehenden königlichen Patronatsverhältnisse werden gesichert: Die Kirchengüter sollen an die katholischen und orthodoxen[64] Geistlichen weiterhin gemäß ihres jeweiligen Standes vergeben werden.

Der *dritte* Regelungskreis der Konföderation umfasst einzelne Bestimmungen zur Aufgabenverteilung und Legislative während des Interregnums. Hier werden unter anderem die Grenzverteidigung, Schuldverhältnisse und Gerichtszuständigkeiten festgelegt.

2.3 Von der Konföderation zu den *Articuli Henriciani*

Am 28. Januar 1573 wurde die Warschauer Konföderation von 98 Teilnehmern des Konvokationssejms unterschrieben und mit 206 Siegeln versehen.[65] Der Annahme der Konföderation gingen kontroverse Debatten voraus. Vor allem die katholische Geistlichkeit lehnte das Schriftstück wegen des sogenannten „Dissidentenartikels" ab. Bis auf den Krakauer Bischof Franciszek Krasiński (1525–1577) unterzeichnete kein katholischer Würdenträger die Konföderation. Auch Bischof Karnkowski, der als Vorsitzender für die Entstehung der Konföderation mit verantwortlich war, verweigerte die Unterschrift. Derartige Verweigerungen waren aber nicht der Grund, warum der Lega-

---

symbolische Akte. Religiöse Heterogenität und politische Herrschaft in Polen-Litauen, Stuttgart 2010, S. 59–75, hier S. 67.
63 Übersetzung: *Müller*, Toleranz, S. 68. Vgl. zu Religionsfrieden auch Kapitel 14.
64 Der Hinweis auf die „Orthodoxen", im Text: „A beneficya Kościołow Greckich/ ludźiom teyże Greckiey wiáry dawáne być máią", fehlt in der zeitgenössischen deutschen Übersetzung.
65 Die Unterschriftenliste ist zugänglich über die Webseite des Archiwum Główne Akt Dawnych w Warszawie, URL: http://agad.gov.pl/?page_id=964 (abgerufen am: 25.09.2019).

litätsgrad des Dokuments umstritten war. Vielmehr bezweifelten einige Adlige, dass ein Konvokationssejm allgemein verbindliche Beschlüsse fassen konnte. Inhaltliche Bedenken hatten sie hingegen nicht.[66] Doch diese verfahrensrechtlichen Bedenken blieben wie die ideologische Ablehnung durch die Bischöfe ohne weitere Folgen, da die Warschauer Konföderation einer grundsätzlichen Umarbeitung unterzogen wurde.

Dies geschah während des Wahlsejms im April 1573, zu dem sich Tausende Adlige zur Wahl zusammenfanden.[67] Bei der Königswahl setzte sich Heinrich von Valois durch, was sowohl durch die Unterstützung der römischen Kurie[68] wie auch durch eine diplomatische Offensive des französischen Gesandten, Bischof Jean de Montluc[69] (1553–1579), begünstigt wurde. Die Bedenken gegen Heinrich von Valois, in die Bartholomäusnacht verstrickt gewesen zu sein, konnten im Vorfeld des Wahlsejms durch de Montluc weitgehend zerstreut werden.[70] Vor der Annahme der Wahl durch Heinrichs Gesandte – Heinrich selbst war am französischen Hof geblieben – wurden zwei Dokumente zusammengestellt:[71] Die *Pacta conventa* legten Grundlinien der politischen Ziele dar, die der neue König sich mit Annahme der Wahl verpflichten sollte zu befolgen, u. a. die Rückzahlung von Schulden des früheren Königs sowie Abschluss eines bilateralen Vertrags zwischen Frankreich und Polen-Litauen.[72] Die *Articuli Henriciani* stellten in 22 Punkten die vom König zu beachtenden Grundrechte der Rzeczpospolita zusammen.[73] Sie bewegten sich mit der Garantie der freien Königswahl und der Rückbindung militärischer Entscheidungen des Königs an den Sejm ganz im Vorstellungshorizont der Stärkung der Adelsrechte, wie er schon in der Warschauer Konföderation artikuliert worden war. Die Artikel bauten diesen Aspekt noch erheblich aus, indem sie den Ständen das Widerstandsrecht gegen einen rechtsbrüchigen König einräumten.[74] Eine direkte Übernahme aus der Konföderationsakte war in den zweiten Artikel eingefügt. Dort wurde versprochen, dass diejenigen, die in der

---

66 Vgl. *Rhode*, Königreich, S. 49.
67 Vgl. ebd., S. 49f.
68 Vgl. *Almut Bues*, Die päpstliche Politik gegenüber Polen-Litauen zur Zeit der ersten Interregna, in: Alexander Koller (Hg.), Kurie und Politik. Stand und Perspektiven der Nuntiaturberichtsforschung, Tübingen 1998, S. 116–135.
69 Vgl. *Pražáková/Sterneck*, Die Ehrlosigkeit, S. 182.
70 Vgl. *Schramm*, Adel, S. 260f.
71 Vgl. dazu *Ptaszyński*, Die polnischen Wahlkapitulationen, S. 61f.
72 Articuli Pactorum Conventorumque inter illustrissimum Senatum, et Amplissimos Status et Ordines (16. Mai 1573), URL: https://polona.pl/item/constitucie-statuta-y-przywileie-na-walnych-seymiech-koronnych-od-roku-1550-az-do,NzQwNTAwMzQ/268/#item (abgerufen am: 25.09.2019).
73 Literae confirmationis articulorum Henrico Regi antea oblatorum [= Articuli henriciani], in: Volumina Legum. Prawa, konstytucye y przywileie Królestwa Polskiego Wielkiego Xięstwa Litewskiego y wszystkich prowincyi należących [...], Bd. 2: [1550–1609], Petersburg 1859, S. 150–153.
74 Vgl. *Ptaszyński*, Die polnischen Wahlkapitulationen, S. 62.

Religion uneinig sind (*dissidentes de religione*), aus Glaubensgründen weder gegeneinander Krieg führen noch Verfolgungen vornehmen werden.[75]

Nachdem die Gesandten Heinrichs einen Eid auf beide Dokumente abgelegt hatten, wurde Heinrich von Valois am 16. Mai 1573 zum neuen polnisch-litauischen König proklamiert. Da er jedoch am französischen Hof weilte und keine Anstalten machte, sofort in sein neues Herrschaftsgebiet zu kommen, reiste eine polnisch-litauische Gesandtschaft nach Frankreich, um ihm den Amtseid persönlich abzunehmen.[76] Etwa aus dieser Zeit, nicht vor Mai 1573, datiert auch eine für Heinrich angefertigte handschriftliche Zusammenstellung und französische Übersetzung von polnisch-litauischen Dokumenten, die Recht und Königswahl betreffen.[77] Darin ist auch die Warschauer Konföderation enthalten, deren Übersetzung die Überschrift trägt: „Confédération faicte par aulcuns du royaume tant catholiques que hérétiques sur certains poinctz qui son déclarez cy après, mais sur tout sur le faict de la religion".[78] Inwieweit Heinrich diese Zusammenstellung zur Kenntnis genommen hatte, bevor er der polnisch-litauischen Delegation den Eid leistete, ist unbekannt. Da er kein Polnisch konnte, war er auf Übersetzungen angewiesen. Jedenfalls umging er auf dem Krakauer Krönungssejm im Februar 1574 die vom polnisch-litauischen Adel erwartete explizite Bestätigung der *Pacta conventa* und *Articuli Henriciani*.[79] Doch welche politischen Konsequenzen sich aus dieser Haltung Heinrichs durch den Adel ziehen lassen konnten, blieb unklar und ungeklärt. Denn Heinrich reiste bereits im Juni 1574 überstürzt aus der Rzeczpospolita ab, um nach dem plötzlichen Tod seines Bruders Karl IX. (1550–1574) als Heinrich III. die Krone Frankreichs zu übernehmen. Für die Bewältigung des folgenden Interregnums griff man in Polen-Litauen auf die jüngst entwickelten Instrumente von die Königswahl vorbereitenden Sejms und von Wahlkapitulationen zurück. Das Interregnum von 1572/73 erhielt so Modellcharakter für die Fortentwicklung der polnisch-litauischen Verfassung bis in das 18. Jahrhundert hinein.

---

75 Vgl. Literae confirmationis, S. 150.
76 Vgl. zu den Komplikationen bei der Eidesleistung *Maciej Ptaszyński*, Toleranzedikt, Wahlkapitulationen oder Religionsfrieden? Der polnische Adel und die Warschauer Konföderation, in: Wolfgang Breul/Kurt Andermann (Hg.), Ritterschaft und Reformation, Stuttgart 2019, S. 256–269, hier S. 265f.
77 BNF Département des manuscrits, Sign. Français 3258, fol. 9–43. Digitalisat URL: https://gallica.bnf.fr/ark:/12148/btv1b90603089 (abgerufen am: 25.09.2019). Die Datierung ergibt sich aus den bis in den Mai 1573 aufgenommenen Schriftstücken.
78 A. a. O., fol. 14–16. Der Text ist ediert bei *Noailles*, Henri, Bd. 3, S. 251–254. Deutsch: „Konföderation, die von Einigen aus dem Königreich, sowohl katholisch wie häretisch, beschlossen wurde in verschiedenen Punkten, die hiernach erklärt werden, aber vor allem in Religionssachen" (Übersetzung: C. Voigt-Goy).
79 Vgl. *Rhode*, Wahlkönigtum, S. 213f.

3. Rezeption und Bedeutung

Der nächste König Polen-Litauens, Stephan Bathory (reg. 1576–1586), legte bei seiner Krönung einen Eid auf die *Pacta conventa* und die *Articuli Henriciani* ab. Zusammen mit diesen beiden Dokumenten wurde die Warschauer Konföderation etwa sechs Jahre nach ihrer Entstehung in eine Gesetzessammlung aufgenommen und gedruckt.[80] Die Rechtsverbindlichkeit der Warschauer Konföderation blieb im polnischen Teil der Rzeczpospolita unklar. Im litauischen Teil wurde sie mit der Aufnahme in das Dritte Litauische Statut von 1588 hingegen Landesgesetz.[81] An ihrem in der gesamten Rzeczpospolita umstrittenen Charakter änderte das jedoch nichts, wobei sich der Streit auf den Dissidentenartikel konzentrierte. Über ihn versuchten von Anfang an verschiedene Gruppierungen die Auslegungshoheit zu erlangen, wie schon in der zeitgenössischen Publizistik pointiert dargelegt wurde: Während die Einen die Konföderation als Dokument der allgemeinen Einmütigkeit der verschiedenen Glaubensrichtungen ansahen, drangen Andere darauf, ihren Geltungsbereich auf die „Augsburger" und „Römische Religion" einzuschränken, also die Anhänger des Augsburger Bekenntnisses und die Katholiken zu privilegieren. Wiederum Andere wollten alle „Sekten" darin einbegriffen sehen.[82] Ebenso umkämpft war die Frage, ob die Konföderation einen allgemeinen, jedes Individuum umfassenden Schutz vor Zwang in Glaubensfragen umfasste. In diesem Sinn hatten schon kurz nach 1573 einige Adlige versucht, die Gehorsamsforderung aller Untertanen „sowohl in geistlichen als auch in weltlichen Dingen" durch den Zusatz „aber nicht um des Glaubens willen" zu ergänzen.[83] Doch die Formulierung *tam in spiritualibus quam in saecularibus* blieb in ihrer Unbestimmtheit bestehen, was den weltlichen und geistlichen Ständen in Polen-Litauen freie Hand ließ, die Grenzen der Freiheiten ihrer Untertanen auch in Glaubensfragen weitgehend zu bestimmen. Insofern war die Konföderation nur als wechselseitige Verpflichtung der Stände bzw. des Adels, ihres- bzw. seinesgleichen in Glaubensfragen nicht mit Gewalt und Zwang zu überziehen, allgemein akzeptiert.

Verglichen mit anderen Religionsfrieden der Frühen Neuzeit[84] weist die Warschauer Konföderation keine Bestimmungen zur Religionsausübung vor, auch die

---

80 CONFEDERACIO || GENERALIS VARSOVIAE, in: Conſtitucie || Státutá y Przywileie / ná || wálnych Seymiech Koronnych od Roku || Páńſtiego 1550 áż do Roku || 1578 vchalone. etc.,Krakau: Mikołaj Szarfenberg [o.J.], 220 Bl., 2°, fol. 119v–120v. Benutztes Exemplar: Warschau: Biblioteka Narodowa w Warszawie, Sign. XVI. F. 692.
81 *Niendorf*, Das Großfürstentum, S. 124.
82 Vgl. *Świętosław Orzelski*, Interregni Poloniae Libros 1572–1576. Edidit Eduardus Kuntze, Kraukau 1917, S. 90 f. Vgl. dazu *Ptaszyński*, Toleranzedikt, S. 267.
83 Vgl. dazu *Joseph Lecler*, Geschichte der Religionsfreiheit im Zeitalter der Reformation, Stuttgart 1965, Bd. 1, S. 538 f.
84 Vgl. hierzu auch Kapitel 14, 40 und 41.

Probleme von Erhalt und Schutz von Kirchen sowie Kirchengut bleiben unbeantwortet.[85] Die Konsequenzen des Fehlens solcher rechtlichen Konkretionen wurden in der Rzeczpospolita im ausgehenden 16. Jahrhundert immer deutlicher, da das Zusammenleben der Konfessionsgruppen von den faktisch herrschenden machtpolitischen Umständen abhängig war. Vor allem der protestantische Adel zeigte sich nicht in der Lage, bei Fragen „politischer Formierung und institutioneller Absicherung der immerhin erreichten Koexistenz-Einigung" zusammenzuarbeiten.[86] Daher konnte er auch der Fuß fassenden Gegenreformation kaum Gegenwehr entgegensetzen.[87] Nachdem bereits 1577 die katholischen Bischöfe alle Anhänger der Konföderation exkommuniziert hatten, wurden mit Unterstützung von Sigismund III. Wasa (reg. 1587–1632), dem Nachfolger Stephan Bathorys auf dem polnisch-litauischen Thron, vor allem in den polnischen Gebieten umfangreiche Rekatholisierungsmaßnahmen maßgeblich durch die Jesuiten in Gang gesetzt. Im Zug der durch die Polemik aufgeheizten Polarisierung zwischen den Konfessionsgruppen kam es zu Zerstörungen von zahlreichen protestantischen Einrichtungen wie Kirchen und Friedhöfen. Königliche Interventionen verhinderten, dass diese Kirchen wieder aufgebaut werden konnten und die Angriffe gerichtlich verfolgt wurden.[88] In der dadurch ausbrechenden Krise, die aber nicht zu kriegerischer Gewalt eskalierte, wurde die Warschauer Konföderation protestantischerseits neu gesehen. Exemplarisch zeigt sich dies an der Einschätzung der Konföderation durch den reformierten Theologen Bartholomäus Keckermann (1572–1608) in Danzig. In seiner politischen Ethik *Systema disciplinae politicae* (zuerst 1606) hob er hervor, dass die polnischen Stände dem von den Ständen des Heiligen Römischen Reichs Deutscher Nation aufgerichteten Passauer Vertrag (1552) und Augsburger Religionsfrieden (1555) gefolgt seien, als sie die Warschauer Konföderation als Schutz der allgemeinen Glaubens- und Gewissensfreiheit errichtet hätten.[89] Die zunächst rein negative Bestimmung der Warschauer Konföderation, dass diejenigen, die in Glaubensfragen uneins sind, sich nicht mit Zwang und Gewalt überziehen wollen, wird von Keckermann in die positive Bestimmung der freien Entfaltung des individuellen Gewissens und Glaubens umgedeutet.

---

85 Ausgenommen bleibt hier freilich die Regelung zur Vergabe der Patronate durch die Krone an katholische und orthodoxe Geistliche.
86 Vgl. *Eberhard*, Reformation, S. 213.
87 Überblick bei *Karin Friedrich*, Von der religiösen Toleranz zur gegenreformatorischen Konfessionalisierung: Konfessionelle, regionale und ständische Identitäten im Unionsstaat, in: Bömelburg (Hg.), Polen, S. 252–289.
88 Vgl. *Friedrich*, Von der religiösen Toleranz, S. 257. Eindringlich: *Łukasz Nieniasz*, Ohne Scheiterhaufen, aber mit Henkern. Die Jesuiten und die Dissidentenfrage in der Adelsrepublik im 16. und 17. Jahrhundert, in: Sascha Salatowsky/Winfried Schröder (Hg.), Duldung religiöser Vielfalt – Sorge um die wahre Religion. Toleranzdebatten in der Frühen Neuzeit, Stuttgart 2016, S. 59–74.
89 Hier nach der Ausgabe: *Bartholomäus Keckermann*, Systema disciplinae politicae, Hanau 1608, S. 523. Ich danke meinem Kollegen Dr. Henning P. Jürgens für den Hinweis auf diese Quelle.

Dieses Deutungsmuster wurde ausgesprochen wirksam.[90] Bis in das frühe 20. Jahrhundert hinein waren es vor allem die in Polen lebenden protestantischen Minderheiten, die auf diese Art und Weise die Erinnerung an die Warschauer Konföderation pflegten. Das frühneuzeitliche Polen-Litauen galt ihnen als ein im normativen Kern tolerantes Gemeinwesen, das nach 1573 durch den gegenreformatorischen Katholizismus zersetzt wurde. Die Nationalgeschichtsschreibung vor allem des ausgehenden 19. Jahrhunderts ergänzte dieses Bild dadurch, dass sie – nach den bitteren Erfahrungen der Teilungen Polens – die durch die Warschauer Konföderation erhaltene Einheit des Reichsverbands betonte. Beide Deutungsmuster der Warschauer Konföderation werden bis heute fortgeführt, wie die Begründung der Aufnahme der Warschauer Konföderation in das Programm „Memory of the World" der UNESCO aus dem Jahr 2003 zeigt.[91] Die Geschichtsschreibung nach dem Zweiten Weltkrieg hat jedoch vor allem die Auffassung der Warschauer Konföderation als „Meilenstein der Glaubensfreiheit" kritisch relativiert.[92] Die eigenartige Stellung der Warschauer Konföderation unter den frühzeitlichen Religionsfrieden[93] ist jüngst mehrfach betont worden.[94] Im Kontext der frühneuzeitlichen Friedenspraxis behält sie dadurch aber auch ihren ganz eigenen Platz: Mit ihr wurden die Probleme, welche die konfessionelle Differenzierung nach der Reformation hervorriefen, zugunsten der Erhaltung der lang gewachsenen politischen Sonderstellung des polnisch-litauischen Adels zurückgeschoben. Sie befriedete konfessionelle Pluralität durch Stärkung vorkonfessioneller Institutionen.

---

90 Vgl. zum Folgenden den knappen und präzisen Überblick bei *Kempa*, Warschauer Konföderation, S. 892–894.
91 Vgl. die Webseite URL: http://www.unesco.org/new/en/communication-and-information/memory-of-the-world/register/full-list-of-registered-heritage/registered-heritage-page-8/the-confederation-of-warsaw-of-28th-of-january-1573-religious-tolerance-guaranteed/#c186398 (abgerufen am: 25.09.2019).
92 So schon der begriffsprägende, noch immer für die Forschung unentbehrliche Überblick von *Gottfried Schramm*, Ein Meilenstein der Glaubensfreiheit. Der Stand der Forschung über Ursprung und Schicksal der Warschauer Konföderation von 1573, in: ZOF 24 (1975), S. 711–736.
93 Vgl. hierzu auch Kapitel 14.
94 Vgl. neben *Ptaszyński*, Religiöse Toleranz und *ders.*, Toleranzedikt vor allem *Irene Dingel*, „... das Recht haben, bei Religion, Glauben, Kirchengebräuchen in Frieden zu bleiben". Religionsfrieden in der Frühen Neuzeit, in: dies. u. a. (Hg.), Theatrum Belli – Theatrum Pacis. Konflikte und Konfliktregelungen im frühneuzeitlichen Europa. Festschrift für Heinz Duchhardt zu seinem 75. Geburtstag, Göttingen 2018, S. 73–89, bes. S. 87f.

Auswahlbibliographie / Select Bibliography

Alexander, Manfred, Kleine Geschichte Polens, Stuttgart 2008.
Bömelburg, Hans-Jürgen, Ständische Reformen in mitteleuropäischen Staatsverbänden im Vergleich: Die Reichsreformbewegung und die Exekutionsbewegung in Polen (1410–1580), in: Marian Dygo u. a. (Hg.): Modernizacja struktur władzy w warunkach opóźnienia. Europa Środkowa i Wschodnia na przełomie średniowiecza i czasów nowożytnych, Warschau 1999, S. 35–57.
Bömelburg, Hans-Jürgen (Hg.), Polen in der europäischen Geschichte. Bd. 2: Frühe Neuzeit. 16. bis 18. Jahrhundert, Stuttgart 2017.
Buchholz, Martin Paul (Bearb.), Warschauer Konföderation 1573, in: Irene Dingel (Hg.), Religiöse Friedenswahrung und Friedensstiftung in Europa (1500–1800). Digitale Quellenedition frühneuzeitlicher Religionsfrieden, Darmstadt 2013, URL: http://tueditions.ulb.tu-darmstadt.de/e000001/ (abgerufen am: 25.09.2019).
Daugirdas, Kęstutis, Antitrinitarier, in: Europäische Geschichte Online (EGO), hg. vom Institut für Europäische Geschichte (IEG), Mainz 2011-09-08. URL: http://www.ieg-ego.eu/daugirdask-2011-de URN: urn:nbn:de:0159-2011081819 (abgerufen am: 25.09.2019).
Dingel, Irene, Reformation. Zentren – Akteure – Ereignisse, Göttingen 2016.
Dingel, Irene, „… das Recht haben, bei Religion, Glauben, Kirchengebräuchen in Frieden zu bleiben". Religionsfrieden in der Frühen Neuzeit, in: dies. u. a. (Hg.), Theatrum Belli – Theatrum Pacis. Konflikte und Konfliktregelungen im frühneuzeitlichen Europa. Festschrift für Heinz Duchhardt zu seinem 75. Geburtstag, Göttingen 2018, S. 73–89.
Dücker, Julia, Reichsversammlungen im Spätmittelalter. Politische Willensbildung in Polen, Ungarn und Deutschland, Ostfildern 2011.
Eberhard, Winfried, Reformatorische Gegensätze, reformatorischer Konsens, reformatorische Formierung in Böhmen, Mähren und Polen, in: Joachim Bahlcke u. a. (Hg.), Ständefreiheit und Staatsgestaltung in Ostmitteleuropa. Übernationale Gemeinsamkeiten in der politischen Kultur vom 16.–18. Jahrhundert, Leipzig 1996, S. 187–215.
Frost, Robert, The Oxford History of Poland-Lithuania: Vol. I: The Making of the Polish-Lithuanian Union, 1385–1569, Oxford 2015.
Jürgens, Henning P./Daugirdas, Kęstutis, Konsens von Sandomierz – Consensus Sendomirensis, 1570. Einleitung und kritische Edition, in: Heiner Faulenbach u. a. im Auftrag der EKD (Hg.), Reformierte Bekenntnisschriften, Bd. 3, Neukirchen 2013, S. 1–20.
Jürgens, Henning P., Est mihi cum multis et doctis viris in Polonia dulcis amicitia. Die Wirkung Melanchthons in Polen im 16. Jahrhundert, in: Jahrbuch des Bundesinstituts für Kultur und Geschichte der Deutschen im östlichen Europa 22 (2014), S. 107–124.
Kempa, Tomasz, Die Warschauer Konföderation von 1573, in: Joachim Bahlcke u. a. (Hg.), Religiöse Erinnerungsorte in Ostmitteleuropa. Konstitution und Konkurrenz im nationen- und epochenübergreifenden Zugriff, Berlin 2013, S. 883–896.
Kohler, Alfred, Expansion und Hegemonie. Internationale Beziehungen 1450–1559, Paderborn 2008.
Kriegseisen, Wojciech, Between State and Church: Confessional Relations from Reformation to Enlightenment: Poland – Lithuania – Germany – Netherlands. Translated by Bartosz Wójcik and copy-edited by Alex Shannon, Frankfurt a. M. 2016.
Miller, James, The Polish Nobility and the Renaissance Monarchy: The „Execution of Laws" Movement. Part One, in: Parliaments, Estates and Representation 3 (1983), S. 65–87; dasselbe. Part Two, in: Parliaments, Estates and Representation 4 (1984), S. 1–24.
Müller, Michael G., Der Consensus Sendomirensis – Geschichte eines Scheiterns? Zur Diskussion über Protestantismus und protestantische Konfessionalisierung in Polen-Litauen im 16. Jahrhundert, in: Joachim Bahlcke u. a. (Hg.), Konfessionelle Pluralität als Herausforderung. Koexistenz und Konflikt in Spätmittelalter und Früher Neuzeit, Leipzig 2006, S. 397–408.

Müller, Michael G., Toleranz vor der Toleranz. Konfessionelle Kohabitation und Religionsfrieden im frühneuzeitlichen Ostmitteleuropa, in: Yvonne Kleinmann (Hg.), Kommunikation durch symbolische Akte. Religiöse Heterogenität und politische Herrschaft in Polen-Litauen, Stuttgart 2010, S. 59–75.

Niendorf, Mathias, Das Großfürstentum Litauen, Studien zur Nationsbildung in der Frühen Neuzeit (1569–1795), Wiesbaden 2006.

Niendorf, Matthias, Die Beziehungen zwischen Polen und Litauen im historischen Wandel. Rechtliche und politische Aspekte in Mittelalter und Früher Neuzeit, in: Dietmar Willoweit/Hans Lemberg (Hg.), Reiche und Territorien in Ostmitteleuropa. Historische Beziehungen und politische Herrschaftslegitimation, München 2006, S. 129–162.

Noailles, Emmanuel Henri Victurien de, Henri de Valois et la Pologne en 1572, 3 Bde., Paris 1867.

Nowakowska, Natalia, King Sigismund of Poland and Martin Luther: The Reformation before Confessionalization, Oxford 2018.

Ptaszyński, Maciej, Die polnischen Wahlkapitulationen des 16. Jahrhunderts und ihr Fortleben im 17. Jahrhundert, in: Heinz Duchhardt (Hg.), Wahlkapitulationen in Europa, Göttingen 2015, S. 59–72.

Ptaszyński, Maciej, The Polish-Lithuanian Commonwealth, in: Howard Louthan/Graeme Murdock (Hg.), A Companion to the Reformation in Central Europe, Leiden/Boston 2015, S. 40–67.

Ptaszyński, Maciej, Religiöse Toleranz oder politischer Frieden? Verhandlungen über den Religionsfrieden in Polen-Litauen im 16. und 17. Jahrhundert, in: Johannes Paulmann u. a. (Hg.), Unversöhnte Verschiedenheit. Verfahren zur Bewältigung religiös-konfessioneller Differenz in der europäischen Neuzeit, Göttingen 2016, S. 161–178.

Ptaszyński, Maciej, Toleranzedikt, Wahlkapitulationen oder Religionsfrieden? Der polnische Adel und die Warschauer Konföderation, in: Wolfgang Breul/Kurt Andermann (Hg.), Ritterschaft und Reformation, Stuttgart 2019, S. 256–269.

Rhode, Maria, Ein Königreich ohne König. Der kleinpolnische Adel in sieben Interregna, Wiesbaden 1997.

Schramm, Gottfried, Der polnische Adel und die Reformation. 1548–1607, Wiesbaden 1965.

Schramm, Gottfried, Ein Meilenstein der Glaubensfreiheit. Der Stand der Forschung über Ursprung und Schicksal der Warschauer Konföderation von 1573, in: ZOF 24 (1975), S. 711–736.

Schramm, Gottfried, Polen – Böhmen – Ungarn: Übernationale Gemeinsamkeiten in der politischen Kultur des späten Mittelalters und der frühen Neuzeit, in: Joachim Bahlcke u. a. (Hg.), Ständefreiheit und Staatsgestaltung in Ostmitteleuropa. Übernationale Gemeinsamkeiten in der politischen Kultur vom 16.–18. Jahrhundert, Leipzig 1996, S. 13–38.

Tazbir, Janusz, A State without Stakes. Polish Religious Toleration in the Sixteenth and Seventeenth Centuries, New York 1973 (polnische Erstausgabe: Państwo bez stosów : szkice z dziejów tolerancji w Polsce XVI-XVII w., Warszawa 1967).

Tazbir, Janusz, La géographie du protestantisme polonais aux XVIe et XVIIe siècle, in: MiHiEc (1974), S. 143–157.

Mark Greengrass
44. The Edict of Nantes 1598

Abstract: The Edict of Nantes is known as the pacification which ended the French wars of religion. This, along with the edict's projection as a measure of religious toleration and the origin of French 'laicity', has made it play a foundational role in French historiography and consciousness. The historical reality was more complex. The edict continued previous attempts at pacification during the civil wars. Initially, these failed because any negotiated settlement inevitably exacerbated the tensions that a peace was intended to assuage. Latterly, however, they were overwhelmed by political circumstances and international tensions. Thus, the Edict of Nantes was part of a wider pacification that embraced the Peace of Vervins with Spain, signed days later. The edict's impact was shaped by the context of domestic and international affairs. It began as a platform for peaceful coexistence between the two confessions; it ended as an instrument for the progressive elimination of French Protestantism.

1. The Edict of Nantes: Foundational Myths

By the Edict of Nantes (April 1598), the first Bourbon king of France, Henri IV (Henri de Bourbon, 1553–1610) sought to draw a line under the civil and religious conflicts that had afflicted France since 1562, the period commonly known as the 'wars of religion'. Its preamble, almost certainly written by the king himself, proclaimed a "good and durable peace" under his beneficent rule.[1] Three enduring myths about the edict have entered French consciousness. The first is that it achieved what Henri IV projected: an end to the wars of religion by preventing, as the French President François Mitterrand (1916–1996) put it in a speech before the UNESCO on 11 October 1985, "the victory of one side over the other".[2] That is a fundamental misinterpretation. Henri IV established the underlying basis for a more stable France by a variety of means (and not simply through the Edict of Nantes), but civil and religious conflict did not immediately become a thing of the past. After Henri IV's assassination (1610) it broke out again into the open in 1620 and culminated in the collapse of the protestant city of La Rochelle after a wearisome siege by royal troops under Henri IV's son, Louis XIII

---

[1] The most reliable and convenient edition of the text is that published by the École des Chartes, edited by *Bernard Barbiche/Isabelle Chiavassa* (eds), L'édit de Nantes et ses antécédants, (1562–1598): http://www.chartes.psl.eu/fr/publication/edit-nantes-ses-antecedents-1562-1598 (accessed on: 30.08.2019).
[2] Text of the speech available at: http://discours.vie-publique.fr/notices/857015500.html (accessed on: 30.08.2019); pertinent reflections in *Bernard Cottret*, L'édit de Nantes, Paris 1998, ch. 1.

(1601–1643) lasting thirteen months (November 1627–December 1628). The ultimate defeat of other protestant strongholds in Languedoc led to the pacification of Alais (the Edict of Nîmes, June 1629), which confirmed the Edict of Nantes whilst also removing the military guarantees and political privileges that had been essential to its initial equilibrium.[3] Protestant and catholic irenicists under Henri IV, the measure's most enthusiastic promoters, were at one with the majority of catholic opinion in regarding it as an interim measure, necessary but justifiable as leading eventually to the reunion of the two confessions under the auspices of a renewed Gallican church.[4] An interim measure it certainly became, the license for a 'cold war' that gradually eroded the edict until it became an empty shell, a vehicle to facilitate the catholic reconquest of France that ultimately occurred. The Edict of Nantes is inseparable from its 'revocation' 87 years later by Henri IV's grandson, Louis XIV (1638–1715). The Edict of Fontainebleau (October 1685 – Mitterrand's speech incongruously commemorated that ukase) outlawed French protestants ('Huguenots'), destroyed their places of worship, education and burial, and unintentionally accelerated a substantial wave (over 200,000) of protestants emigrating from France.

Once revoked, Nantes turned from lived experience to object of historical inquiry. Its first and greatest historian was a pastor and emigrant, Élie Benoist (1640–1728). Using an archive that an Elder from the Parisian church of Charenton had collected and brought with him to the Netherlands, Benoist published his five-volume history in 1693–1695.[5] Its preface evoked the "perpetual" and "irrevocable" edict (as its text affirmed) as a kind of Trojan Horse in which the now vanquished Huguenots had naively placed their trust.[6] Posing as a lawyer defending a deceased client, he paused in Book 7 to assess the benefits of an act of state that had been so deliberately undermined – its utility in bringing a measure of peace to a troubled kingdom through religious toleration and granting the protestants their just deserts. Those benefits had lured the protestants into accepting it, he implied, despite all the evidence that it had led to their destruction.

Benoist's history is at the origin of a second myth about the edict: that it was a peace based on religious toleration[7]. Toleration was an idea that was finding its voice as Benoist was writing. The Edict of Nantes used neither the word nor implied the conception; to have done so would have imperilled its reception, and especially among the senior magistrates and clergy who would be critical to its implementation. In

---

[3] Summarised in *Patrick Cabanel*, Histoire des protestants en France (XVIe–XXIe siècle), Paris 2012, pp. 513–538.
[4] *Corrado Vivanti*, Lotta politica e pace religiosa in Francia fra Cinque a Seicento, Turin 1963, chs. 3–5.
[5] *Élie Benoist*, Histoire de l'Edit de Nantes, 5 vols., Delft 1693–1695.
[6] *Hubert Bost*, Élie Benoist et l'historiographie de l'édit de Nantes, in: Michel Grandjean/Bernard Roussel (eds), Coexister dans l'intolérance. L'édit de Nantes (1598), Geneva 1998, pp. 371–384.
[7] See also Chapter 30.

1598, one tolerated an abuse or an evil that you had not the authority to suppress.[8] So the edict used the language of 'privileges' that the king graciously accorded his protestant subjects, a notion that was readily in accord with the mental world of those magistrates and churchmen. The protestants chose to interpret those privileges as acquired rights, and therein lay their deception.

The third myth surrounding the Edict of Nantes emerged precisely from a reification of what that implied for the rôle of the king. Nantes became a foundation-stone for the modern French idea of 'laicity' (fr. *laicité*). Often erroneously translated as 'secularisation', laicity became a way by which post-revolutionary republican France understood the relationship between church and state. By seeming to distance the French monarchy from the contending religious parties, by demanding their loyalty in return for being their arbiter, Nantes became the *fons et origo* of French laicity, "the essential value of our Republic" as the French President Jacques Chirac (1932–2007) declared in another speech before the UNESCO on 18 February 1998, this time to mark the 400th anniversary of the edict.[9] The reality was that the Edict of Nantes did no more than foster a certain distancing of royal authority from religion, a relative 'autonomisation'.[10] These foundational myths embroider the past in order to construct ideals for the future. To put the pacification of Nantes in its historical context means understanding why preceding efforts at bringing about peace in the French civil wars failed, analysing what it sought to achieve against the backdrop of contemporary events, and explaining why it remained in place so long.

2. Nantes in the shadow of previous edicts of pacification

In 1604, the Parisian magistrate Jacques-Auguste de Thou (1553–1617) published the first part of his multi-volume Latin history of the tangled web of conflicts that had dominated his lifetime, both in France and abroad (the *Historia sui Temporis*). It came with a preface that was immediately translated into French (by the irenicist Jean Hotman de Villiers (1552–1636)) and published separately.[11] A publishing success (it was reprinted six times before de Thou died) the preface showed how history justified the Edict of Nantes. Addressing Henri IV, he drew those lessons from the distant as well as

---

8 *Edmond M. Beame*, The limits of toleration in sixteenth-century France, in: StRen 13 (1966), pp. 250–265.
9 Text of the speech at: http://discours.vie-publique.fr/notices/987000064.html (accessed on: 30.08.2019); cf introduction to second edition of *Cottret*, L'édit de Nantes.
10 *Olivier Christin*, La paix de religion. L'autonomisation de la raison politique au XVIe siècle, Paris 1997.
11 *Jacques-Auguste de Thou*, Préface [....] sur la première partie de son Histoire, Paris 1604.

the recent past. Epicurus and the Stoics had said that the more one sought to compel someone to believe something they did not want to, the more their suffering stiffened their resolve; the proof lay in the history of France in the Netherlands in the previous forty years. Classical Antiquity furnished no example of compelling heretics to be orthodox by force, and the early Christian church and its bishops (some of them founding Fathers of the Gallican church) found such actions unjust and godless. The experience of France's civil wars was that war in defence of religion was unjust, improper, and inefficacious. Peace sapped the protestant movement whereas civil war allowed it to flourish. Worse, the careless zeal of those who advocated civil war often originated elsewhere than in religion – in personal animosities, ambitions, and avarice, which warfare then exacerbated. War damaged the state whereas peace promoted the commonwealth (fr. *patrie*, translating lat. *res publica*) and furnished the space in which there could be a reformation of those abuses in the church and elsewhere that had been the harbingers of schism in the first place. Highlighting the two longest pacifications – Amboise (which had brought the first civil war to a close in 1563 and lasted to 1567) and Bergerac (the Edict of Poitiers, September 1577, which wobbled through to 1585) – he stressed how much Nantes owed to the painful instruction the past had afforded. As the forthcoming volumes of his *History* testified, he made a distinction between "peace" (lat. *pax* – a word sparingly used in the *History*) and "pacification" (lat. *pacificatio*), the 'peaceprocess' (as we would now call it). The latter was a dynamic resulting from the interplay between institutions and individuals, inspired by the Stoic ideals he commended to Henri IV: determination (lat. *fortitudo*), patience and willingness to suffer in the public good. He knew of what he spoke because he had played a part in the peace process of Bergerac, was a commissioner for implementing Nantes, and presiding magistrate for a tribunal set up by the edict to hear cases involving Protestants.

The learning curve from previous pacifications to Nantes was positive in many respects. The king's negotiators and mediators – Schomberg (Gaspard de Schomberg, 1540–1599), who enabled the crucial breakthrough with the protestant deputies in August 1597, Villeroy (Nicolas de Neufville, sieur de Villeroy, 1543–1617), Forget de Fresnes (Pierre Forget, sieur de Fresnes, c. 1544–1610) and Philippe Duplessis-Mornay (1549–1623) – had already been involved in the processes at close hand. They bore the stamp of royal service as well as the stigmata of the civil wars. They were not all *politiques* though they were royalists and realists.[12] There was much to be learnt, too, from the short-lived pacifications (1568; 1573; 1579; 1581) about the circumstances that were

---

[12] For Schomberg's rôle, see *Hugues Daussy*, Gaspard de Schomberg: un médiateur au service de la paix, in: Paul Mironneau/Isabelle Pébay-Clottes (eds), Paix des armes. Paix des âmes, Paris 2000, pp. 103–112; for Pierre Forget de Fresnes (the secretary who drafted the text signed by the king) see *Robert Descimon*, L'homme qui signa l'édit de Nantes. Pierre Forget de Fresnes (†18 avril 1610), in: Grandjean/Roussel, Coexister dans l'intolérance, pp. 161–174; for Duplessis-Mornay, see *Hugues Daussy*, Au coeur des négociations pour l'édit de Nantes: le rôle de Philippe Duplessis-Mornay, in: Ibid., pp. 207–224; on

propitious for peace and what would be unacceptable in the kingdom at large. The diplomatics of an edict, dominated by the formalities of French law-making, the protocols of the French monarchy, and the realities of a vast kingdom, were broadly established in the first edict. They each consisted of a general document beginning with a preamble, articles divided into paragraphs, and a final clause. One register of the cumulative weight of experience from the civil wars is the growth in numbers of paragraphs: 10 in 1563; 64 in 1577; 93 in 1598. Another is in how Nantes echoes the paragraphs in earlier texts. 5 of the 10 in 1563 find their way into Nantes; 46 of the 64 in 1577. The main body of Nantes was, in substance, a reworked version of the pacification of Bergerac 21 years earlier. Those involved in 1563, aware of the precedent set by the Peace of Augsburg (1555)[13] in the Holy Roman Empire, were also conscious of a key difference. The edicts of pacification in France ambitiously sketched a model for religious pluralism within a theoretically unitary monarchical state, whereas the peace of Augsburg offered a kaleidoscope of different religious uniformities with only limited space for religious pluralism.

But the experience of the civil wars was that there were limits to what could be achieved by a one size-fits-all edict, which is why the peace of Bergerac (1577) introduced a schedule of 48 'individual' articles (often referred to as 'secret') to give juridical substance to the various exceptions, exemptions and largesse accorded to particular locations and individuals in the course of the negotiations. Nantes was accompanied by an extensive schedule of 56 such articles, about which there was nothing secret since they would be registered by the sovereign law-courts (Parlements). All the edicts had an 'amnesty' (fr. *oubliance*) clause, no novelty in international peace settlements of the sixteenth century but a challenge for French magistrates, for whom it seemed to stay the hand of justice.[14] Nantes also had such clauses (art. 58–59; 83–87), but it alleviated such objections by allowing judicial redress for "heinous" cases (fr. *cas exécrables*) involving murders, pillage, rape, and ambushes (art. 86). Henri IV evidently regarded the main body of the edict as a digest of previous legislation, and that was how it was presented in the compilations for the legal community that were published in the generation after 1598. The heterogeneous nature of the Edict of Nantes is further emphasised by two accompanying personal royal instructions (*brevets*), one of which offered the Huguenot churches 45,000 *écus* per annum towards the maintenance of their pastors, and the other a much larger sum of 180,000 *écus* for the garrisoning of a specified list of fortresses (they were listed, each with their governor – although Dauphiné was excluded) as "security strongholds" (fr. *places de sûreté*), pledges to the Huguenots for their future safety.

---

negotiating peace during the civil wars, see *Penny Roberts*, Peace and Authority during the French Religious Wars c. 1560–1600, London 2013, esp. ch. 1.
13 See also Chapter 41.
14 *Mark Greengrass*, Amnistie et oubliance: un discours politique autour des édits de pacification pendant les guerres de Religion, in: Mironneau/Pébay-Clottes (eds), Paix des armes, pp. 113–123.

The mechanisms for the peaceprocess that were instituted at Nantes had also been fine-tuned in the previous generation. They provided a repository of human expertise, a growing body of documentation relating to specific problems and places, and a fund of judicial precedents. Commissioners were appointed by the king to tour a province and see to its execution, locality by locality. They were chosen from among the masters of requests (fr. *maîtres des requêtes*), specialists in preparing dossiers for the royal council, and assisted by military lieutenants to provide muscle as well as (in 1577, and again in 1598) a protestant representative to provide confidence that their interests were being attended to.[15] Commissioners were at the sharp end of the peace-making process, often threatened and occasionally assaulted, and they were responsible for setting in place the most contentious parts of the edicts. The surviving documentation of their activity is patchy but cumulatively voluminous. The visit-by-visit record of the commissioners for Dauphiné in 1599, for example, records how Ennemond de Rabot (1554–1603), presiding judge (fr. *premier président*) of the Parlement of Dauphiné, lectured local churchmen and notables on letting bygones by bygones before sitting down with his two fellow-commissioners to hear their grievances.[16] As previous commissioners had discovered, cemeteries often provoked a major obstacle to local bipartisanship. Catholics evoked the canon law to object to the burial of protestants alongside their ancestors whilst protestants objected that they had nowhere else to bury their dead.[17]

The greatest disagreement, however, concerned the site of Huguenot places of worship.[18] Catholics argued the case for the affront to sacred space by the existence of a protestant temple in the vicinity whereas protestants defended their *de facto* rights, a strict application of the terms of the edict, the practicalities of being able to worship without having to travel excessive distances, and the inequalities of provision. When the commissioners could not secure agreement to their ruling the case was referred to the council of state, whose case load and involvement with local communities signifi-

---

15 *Francis Garrisson*, Essai sur les commissions d'application de l'édit de Nantes, Montpellier 1964; *Penny Roberts*, Peace and Authority, Houndmills 2013, chs. 3–4; *Jérémie Foa*, Le tombeau de la paix. Une histoire des édits de pacification (1560–1572), Limoges 2015; *Jérémie Foa*, Peace Commissioners at the Beginning of the Wars of Religion: Towards an Interactionist Interpretation of the Pacification Process in France, in: Thomas Max Safley (ed.), A Companion to Multiconfessionalism in the Early Modern World, Boston/Leiden 2011, pp. 239–264.
16 *Elisabeth Rabut*, Le roi, l'église et le temple. L'exécution de l'édit de Nantes en Dauphiné, Grenoble 1987.
17 *Penny Roberts*, Contesting Sacred Space: Burial Disputes in Sixteenth-Century France, in: Bruce Gordon/Peter Marshall (eds), The Place of the Dead: Death and Remembrance in Late Medieval and Early Modern Europe, Cambridge 2000, pp. 131–148.
18 *Penny Roberts*, The Most Crucial Battle of the Wars of Religion? The Conflict over Sites for Reformed Worship in Sixteenth-Century France, in: ARG 89 (1998), pp. 247–267; *Jérémie Foa*, An unequal apportionment: the conflict over space between protestants and catholics at the beginning of the wars of religion, in: FrHi 20/4 (2006), pp. 369–386.

cantly increased. The evidence for the decade up to the Massacre of St Bartholomew (1572) suggests that the local implementation of pacifications, far from appeasing confessional tensions as one might imagine, served to aggravate them. The widespread sectarian violence of that decade was still raw, and the legal, rhetorical and political stratagems that local notables resorted to in order to advance their cause inflamed rather than appeased local tensions. The commissioners were digging the grave of the pacification they were sent to implement.[19] By the time of the Edict of Nantes, however, this was ground that had already been fought over in previous edicts. With the sectarianism of the early civil wars overlaid by a more conventional civil war of succession during the Catholic League (1584–1594), each side began cautiously to accommodate to the other, conscious of the material damage that they had all suffered. Catholic clergy, secular and regular, had often stirred up those local tensions. The Edict of Nantes offered them the prospect of the universal reestablishment of their religion, the return of churches and tithes in protestant hands (arts. 3; 4; 25) and required protestants to observe all catholic festivals. The edict ensured, in short, that the public space of the realm lived and sounded catholic. The costs of war bore disproportionately heavily on protestants, by now a minority in the realm (c. 1 million out of a population that might have been approaching 20 million). Local congregations, often scattered, had every interest in trying to reach an accord with their neighbours under an edict that offered them protection and the opportunity to consolidate.[20]

The privileges of worship accorded to Huguenots at Nantes were based on the architecture of previous accords and were limited to specified locations (art. 13) that sought to reflect the different social geography of French Protestantism whilst respecting what was juridically and politically acceptable. First, the edict granted rights of worship at their principal place of residence to all nobles possessing full jurisdiction of their domains (fr. *haute justice*) (arts. 7–8). That recognised a juridical reality for royal magistrates were reluctant to intervene on such domains. Nobles not exercising such rights could also host protestant worship but only for their family and servants up to a maximum of 30 people. The edict thus accommodated the reality of seigneurial Protestantism, especially in Normandy, Brittany and elsewhere, where those holding *fiefs de haubert* were increasingly the mainstay of scattered Protestant communities that had been driven out or underground in the towns. Secondly, the edict granted rights of worship based on the status quo to all congregations which could prove that they had existed in 1596–1597 (to August), or where they could prove such an existence under the peace of Bergerac (1577) and its sequels (arts. 9–10). The commissioners would not, therefore, have the impossible task of denying worship where

---

19 *Foa*, Le tombeau de la paix, chs. 3–7.
20 *Luc Daireaux*, "Réduire les huguenots". Protestants et pouvoirs en Normandie au XVIIe siècle, Paris 2010, chs. 1–2.

it was manifestly in situ, the edict also reflecting the social reality of French Protestantism in the numerous small towns (*bourgades*) of the Midi where there was a 'crescent' of protestant congregations stretching from La Rochelle, down through Languedoc, and across to Dauphiné. Finally, the edict provided a kind of safety-net for those more isolated protestant families and congregations, who would otherwise not find a site of worship within roughly a day's walk. The peace of Bergerac had allowed protestants a right of worship in one designated location in each bailiwick (*bailliage*) or equivalent local jurisdiction. Nantes increased that to two, implicitly recognising that there were some places where these units were large. These privileges reflected French protestant social geography in 1598. But they hardly allowed space for change and growth, which the increasingly introverted Huguenots were, in any case, unable or unwilling to contemplate. Although the edict opened up all public offices outside the church to protestants, the distribution and nature of Huguenot congregations bore the imprint of the Edict of Nantes until their expulsion in 1685.[21]

Nantes also established a series of tribunals uniquely to handle lawsuits involving protestants. Called "tribunals of the edict" (fr. *chambres de l'édit*) in the text, and the subject of the largest number of articles in it (arts. 30–48), they are a unique example in early-modern Europe of a specific jurisdiction to uphold a pacification. They are often referred to as "equally divided tribunals" (fr. *chambres mi-parties*) although only those established to handle cases for protestants in the Huguenots crescent (at Nérac, for south-west France; Castres, for Languedoc; and Grenoble, for Dauphiné and Provence) had an equal number of protestant and catholic magistrates.[22] The tribunals at Rouen and Paris for northern France had a third-party presence of protestant judges in them but, as with the others, all rulings, either on appeal or initiated by the tribunal, were without appeal save to the council of state.[23]

The main objective was to provide judicial redress in civil and criminal cases in which protestants could have confidence. Only in a tiny minority of the thousands of cases adjudicated were the judges asked to rule on the meaning of the edict itself and from the fact that only a handful of cases from the southern tribunals resulted in magistrates being unable to agree their verdict we must conclude that they took their place among the various *ancien régime* tribunals without too much difficulty.[24]

---

21 *Philip Benedict*, The Huguenot Population of France, 1600–1685: The Demographic Fate and Customs of a Religious Minority, in: TAPhS 81 (1991), pp. 1–164; *Philip Benedict*, The Faith and Fortunes of France's Huguenots, 1600–1685, Aldershot 2001.
22 For an overview, see *Eckart Birnstiel*, Les chambres mi-parties: les cadres institutionnels d'une juridiction spéciale (1576–1679), in: Jacques Poumarède/Jack Thomas (eds), Les Parlements de province. Pouvoirs, justice et société du 15e au 18e siècle, Toulouse 1996, pp. 121–138.
23 *Diane Margolf*, Religion and Royal Justice in Early Modern France. The Paris Chambre de l'Edit, 1598–1665, Kirksville, MO 2003.
24 *Stéphane Capot*, Justice et religion en Languedoc au temps de l'édit de Nantes. La chambre de l'édit de Castres (1579–1679), Paris 1998, ch. 2.

A cadre of protestant judges acquired the respect of their colleagues and acted as voices of moderation in their own party. But the tribunals were the most bitterly contested element of the Nantes settlement. Motivated on professional and confessional grounds, the magistrates of the Parlements claimed that they unduly favoured protestants, and that the harmony and sanctity of the law was being violated. They became the focus of increasingly shrill campaigns of denigration as the edict itself came under attack from the later 1650s onwards.

Why did the pacifications prior to the Edict of Nantes not endure? The answer in the 1560s may well lie in the difficulties of their implementation, but thereafter de Thou's *History* is unambiguous. The Peace of Bergerac, difficult though its execution had proved to be, was overwhelmed by political circumstances that no legislative settlement could withstand. The last Valois king (Henri III, 1551–1589) had no close male heir to succeed him after the death of François, duke of Anjou (1555–1584) in 1584. The nearest successor was the protestant Henri, king of Navarre, and that prospect opened another chapter of civil wars in which, on his accession to the throne in 1589, he had to do battle and attempt to win over his opponents in the catholic League, led by members of the House of Guise, a cadet branch of the dukes of Lorraine. It was a long, wearisome, and costly struggle in which his announcement to reconvert to Catholicism at St Denis in July 1593 was only one, albeit essential, step, inevitable too because his Protestant allies abroad (England, the Dutch, some German princes) were not able to provide the resources for him to win his kingdom without moderate Catholics on his side.

As in the earlier civil wars, France had become the vortex for international tensions. His catholic enemies enjoyed the financial, military and political backing of the Spanish Habsburgs and, under their aegis, the Papacy. Charles Emmanuel I, duke of Savoy (1580–1630) intervened in Dauphiné and Provence, opportunistically hoping to carve out an enclave for himself with the help of League adherents. Although the League had mostly been brought (and bought) into submission by 1595, Henri IV's attempt to switch into reverse the vortex of tensions centred on France by declaring war on the Spanish Habsburgs in 1595 gave succour to the League elements that remained. It also provided France's protestants with the circumstances in which they could exercise maximum pressure on the king who had deserted them, to grant them their due. They were smaller in number but politically well organised through an assembly that gathered at Mantes in December 1593 in the wake of the king's reconversion. Thereafter, it remained in more or less continuous session until the granting of the edict, sustained by Huguenot aristocratic grandees who manipulated it to their own ends. It was with representatives of this assembly that Henri IV's negotiators had to reach an accord. Meanwhile, the largest pockets of League resistance were in Brittany, whose provincial governor since 1583 was Philippe-Emmanuel, duke of Mercœur (1558–1602), a cousin of the Guise. Navarre had attempted, and failed, to dislodge Mercœur with the help of an English expeditionary force in 1591, and not least because a Spanish naval force and credit-lines came to his rescue. The Atlantic coast and Channel had become a battleground, which is why the port of Nantes, bridgehead across the Loire and gateway to Brittany, was the focus for Henri IV's attentions in 1598.

3 The Edict of Nantes and the Peace of Vervins

Pacifications in the wars of religion were inseparable from the international context. The commonplace was that the best way to pacify at home was to channel the "evil humours" within the kingdom to work their mischief abroad, which explained Henri IV's ill-advised declaration of war on Spain in 1595. The main text of the edict was signed off by the king with little ceremony on Ascension Day (significantly, a common festival to the rival confessions) 30 April 1598.[25] The Peace of Vervins, which brought the war with Spain to a close, was concluded two days later on 2 May. Both had an interrelated pre-history and shared a common approach (a return to previous texts, amnesties, etc.), negotiated on both sides by those who had experience in pacifications at home. On the French side, Villeroy masterminded for Henri IV the synchrony that finally fell into place in April 1598. With the granting of the *brevet* of 3 April, the negotiators from the protestant assembly, nudged on by its aristocratic backers, signalled their accord. Then, arriving in Nantes late on 13 April, Henri IV received delegations from the English and Dutch. Allies in the war against Spain, they were dismayed that Henri IV seemed on the point of signing a separate accord with Spain. Nantes was Henri IV's balm for their discontent, a sign that he had not entirely shopped his erstwhile protestant allies. Equally, for the Papacy, at whose instigation and under whose aegis the negotiations of Vervins were conducted, Henri IV's acceptance of the international peace was an emollient to papal distaste for Nantes. The festivities for the conclusion of the 'victory' at Vervins were stage-managed and massive, and they masked the fact that Nantes was not a pacification that the majority of France could celebrate at all. The context for Nantes was not just the re-established authority of the Bourbon monarchy but also the *Pax Hispanica*, that fragile and ultimately doomed attempt by Europe's diplomatic and political élites to paper over the post-Reformation tensions that simmered beneath the surface. Nantes owed the *Pax Hispanica* its initial success, and its collapse in the years 1618–1621 signalled the greatest challenge to its survival.

---

25 The date is often, but erroneously (based on a misreading of de Thou), given as 13 April. See *Jean-Louis Bourgeon*, La date de l'édit de Nantes: 30 avril 1598, in: Grandjean/Roussel, Coexister dans l'intolérance, pp. 17–50.

4. The Fortunes of the Edict of Nantes: Coexistence with Intolerance

From the beginning, the Edict of Nantes was hardly set in stone.[26] The text that Henri IV signed off (of which there is now only one unofficial copy in Geneva) had to be registered by the Parlements to become law, and the magistrates put up a battle. The Parlement of Paris finally registered it on 25 February 1599 but not before numerous substantive changes, especially directed at the failure to harmonise it with the various concessions to the League, had been made to the document in the version that finally became law. Other provincial Parlements resisted royal pressure more successfully, and the edict only officially became law in Normandy ten years later in 1609. After Henri IV's assassination in 1610, his widow Marie de Médicis (1575–1642) sought to reassure protestants by reissuing the edict, one of four such republications before 1629, but her court gave succour to catholic *dévots* who changed the public mood towards the edict, accusing it of creating a 'state within a state', their target being the protestant political and military infrastructure that the edict had seemed to perpetuate. Objectively the situation was much less dramatic than that. The edict had not sanctioned Huguenot political assemblies or synods, which only took place with royal permission. The *brevets* to subsidize protestant pastors and garrisons were also at the king's discretion. Those strongholds that were garrisoned at royal expense were those that capitulated most readily to his armies in the 1620s. The ones that held out longest – Montpellier, Montauban, La Rochelle – were maintained at the expense of the cities in question. But this was less evident at the time, especially when the protestant assembly at La Rochelle in 1620 declared its support for its coreligionists in the protestant principality of Béarn, invaded by Louis XIII (1601–1643), and forcibly reunited and re-confessionalised, by fashioning its own seal and appealing to protestants abroad for aid. But those appeals fell on deaf ears in the circumstances of the Thirty Years War. At the Peace of Alais (1629) the main body of the edict survived, and there were many communities where religious pluralism was a fact of life, quietly lived out, albeit only indirectly as a result of the terms of the edict.[27] But the interconfessional frontiers were gradually hardening.[28] Increasingly, and especially after 1657, the edict became less a platform for peaceful coexistence and more a malevolent programme,

---

[26] The destiny of the Edict of Nantes is discussed in detail in: *Cottret*, L'édit de Nantes, chs. 4–6; and *Cabanel*, Histoire des protestants, chs. 5–7. Cf. *Janine Garrisson*, L'édit de Nantes et sa révocation. Histoire d'une intolérance, Paris 1985 and *Elisabeth Labrousse*, Une foi, une loi, un roi: essai sur la révocation de l'édit de Nantes, Paris 1985.
[27] *Gregory Hanlon*, Confession and Community in Seventeenth-Century France. Catholic and Protestant Coexistence in Aquitaine, Philadelphia 1993, examines one such community.
[28] *Keith P. Luria*, Sacred Boundaries. Religious Coexistence and Conflict in Early-Modern France, Washington 2005.

piloted by a re-sacralised monarchy, aided and abetted by a catholic Church which needed a common foe to attenuate its internal divisions, and aimed at the progressive elimination of Protestantism in France.[29]

Select Bibliography

Asch, Ronald G., Sacral Kingship between disenchantment and re-enchantment. The French and English Monarchies, 1587–1688, New York/Oxford 2014.
Barbiche, Bernard/Chiavassa, Isabelle, L'édit de Nantes et ses antécédants, (1562–1598), URL: http://www.chartes.psl.eu/fr/publication/edit-nantes-ses-antecedents-1562-1598.
Beame, Edmond M., The limits of toleration in sixteenth-century France, in: StRen 13 (1966), pp. 250–265.
Benedict, Philip, The Huguenot Population of France, 1600–1685: The Demographic Fate and Customs of a Religious Minority, in: TAPhS 81 (1991), pp. 1–164.
Benedict, Philip, The Faith and Fortunes of France's Huguenots, 1600–1685, Aldershot 2001.
Benoist, Élie, Histoire de l'Edit de Nantes, 5 vols., Delft 1693–1695.
Bergin, Joseph, The Politics of Religion in Early-Modern France, New Haven/London 2014.
Birnstiel, Eckart, Les chambres mi-parties: les cadres institutionnels d'une juridiction spéciale (1576–1679), in: Jacques Poumarède/Jack Thomas (eds), Les Parlements de province. Pouvoirs, justice et société du 15e au 18e siècle, Toulouse 1996, pp. 121–138.
Cabanel, Patrick, Histoire des protestants en France (XVIe–XXIe siècle), Paris 2012.
Capot, Stéphane, Justice et religion en Languedoc au temps de l'édit de Nantes. La chambre de l'édit de Castres (1579–1679), Paris 1998.
Christin, Olivier, La paix de religion. L'autonomisation de la raison politique au XVIe siècle, Paris 1997.
Cottret, Bernard, L'édit de Nantes, Paris 1998 (revised edition, 2016).
Daireaux, Luc, "Réduire les huguenots". Protestants et pouvoirs en Normandie au XVIIe siècle, Paris 2010.
Foa, Jérémie, An unequal apportionment: the conflict over space between protestants and catholics at the beginning of the wars of religion, in: FrHi 20/4 (2006), pp. 369–386.
Foa, Jérémie, Peace Commissioners at the Beginning of the Wars of Religion: Towards an Interactionist Interpretation of the Pacification Process in France, in: Thomas Max Safley (ed.), A Companion to Multiconfessionalism in the Early Modern World, Boston/Leiden 2011, pp. 239–264.
Foa, Jérémie, Le tombeau de la paix. Une histoire des édits de pacification (1560–1572), Limoges 2015.
Garrisson, Francis, Essai sur les commissions d'application de l'édit de Nantes, Montpellier 1964.
Garrisson, Janine, L'édit de Nantes et sa révocation. Histoire d'une intolérance, Paris 1985.
Grandjean, Michel/Roussel, Bernard (eds), Coexister dans l'intolérance. L'édit de Nantes (1598), Geneva 1998.
Hanlon, Gregory, Confession and Community in Seventeenth-Century France. Catholic and Protestant Coexistence in Aquitaine, Philadelphia 1993.
Labrousse, Elisabeth, Une foi, une loi, un roi: essai sur la révocation de l'édit de Nantes, Paris 1985.
Luria, Keith P., Sacred Boundaries. Religious Coexistence and Conflict in Early-Modern France, Washington 2005.

---

[29] Ronald G. Asch, Sacral Kingship between disenchantment and re-enchantment. The French and English Monarchies, 1587–1688, New York/Oxford 2014; Joseph Bergin, The Politics of Religion in Early-Modern France, New Haven/London 2014, chs. 10–12.

Margolf, Diane, Religion and Royal Justice in Early Modern France. The Paris Chambre de l'Edit, 1598–1665, Kirksville MO 2003.
Mironneau, Paul/Pébay-Clottes, Isabelle (eds), Paix des armes. Paix des âmes, Paris 2000.
Rabut, Elisabeth, Le roi, l'église et le temple. L'exécution de l'édit de Nantes en Dauphiné, Grenoble 1987.
Roberts, Penny, The Most Crucial Battle of the Wars of Religion? The Conflict over Sites for Reformed Worship in Sixteenth-Century France, in: ARG 89 (1998), pp. 247–267.
Roberts, Penny, Contesting Sacred Space: Burial Disputes in Sixteenth-Century France, in: Bruce Gordon/Peter Marshall (eds), The Place of the Dead: Death and Remembrance in Late Medieval and Early Modern Europe, Cambridge 2000, pp. 131–148.
Roberts, Penny, Peace and Authority during the French Religious Wars c. 1560–1600, London 2013.
Vivanti, Corrado, Lotta politica e pace religiosa in Francia fra Cinque a Seicento, Turin 1963.

Mihály Balázs
45. Die Friedensschlüsse von Siebenbürgen: Wegmarken religiöser Toleranz oder der Konfessionalisierung?

Abstract: The Transylvanian Peace Treaties – Toleration or Confessionalisation? The view that Transylvania was the most tolerant country in sixteenth century Europe has deep historiographical roots. This chapter analyses the genesis and implementation of the Transylvanian legislation which granted religious freedom to four Christian confessions and underlines the differences between the Transylvanian laws and the religious peace settlements in other parts of Europe. This article demonstrates that the sixteenth-century Transylvanian religious laws were designed to promote Protestantism rather than toleration. Under the Habsburgs after 1688, Catholicism took the place of Protestantism, but the methods used to promote its dominance remained the same. The myth of the Transylvanian religious idyll was a nineteenth-century fiction designed to emphasise the unity of the Hungarian nation.

1. Historiografische Bemerkungen

In der Frühen Neuzeit lebten in Siebenbürgen Angehörige von vier bzw. fünf verschiedenen Konfessionen – der katholischen, reformierten, lutherischen und unitarischen sowie der geduldeten orthodoxen – zusammen. Die ungarische Historiografie war lange von der Vorstellung geprägt, dass das Fürstentum Siebenbürgen seit den 1560er Jahren von einer toleranten Religionspolitik profitierte, die in die wirtschaftlich-gesellschaftliche Blüte des Fürstentums unter Gabriel Bethlen (1580–1629) mündete. Die Vorstellung von Siebenbürgen als Wegmarke religiöser Toleranz entstand in der ersten Hälfte des 19. Jahrhunderts und breitete sich in der zweiten Hälfte des Jahrhundert aus. Dabei, dass sie populär wurde, spielte eine ausschlaggebende Rolle, dass die nationalistisch geprägte öffentliche Meinung in Ungarn ein besonderes Augenmerk auf Siebenbürgen richtete, es schon fast zum mythischen Schauplatz der ungarischen Geschichte machte. In diesem Rahmen wurde es nicht nur zum Zentrum der Unabhängigkeitsbewegungen gegen die Habsburger, sondern hier entfalteten sich auch die auf Ungarisch formulierten protestantischen Bestrebungen in Kultur und Literatur am intensivsten. Immer wieder schöpften viele Ungarn Trost aus dieser Interpretation, vor allem nach den zwei großen Kataklysmen in ihrer Geschichte, dem Scheitern der Revolution und des Freiheitskrieges 1848/49 sowie dem Friedensvertrag von Trianon im Jahr 1920, der Siebenbürgen von Ungarn trennte und zum Teil Rumäniens machte.

Noch über die Mitte der 1980er hinaus erschienen Arbeiten von ungarischen und siebenbürgischen Autoren auf Englisch, Französisch und Deutsch, die das alte Geschichtsnarrativ im Grunde weiterführten.[1] Das in diesen Arbeiten vermittelte Bild der siebenbürgischen Religionstoleranz fand bei der Mehrheit der Historiker Zustimmung und war durch die Verbreitung populärer Zusammenfassungen in ganz Ungarn anerkannt. Demnach seien die bedeutenden Gesetze, die in der zweiten Hälfte der 1560er Jahre verabschiedet wurden, das Ergebnis der konfessionellen Vielfalt in Siebenbürgen gewesen. Diese religiöse Vielfalt war im Laufe des 16. und 17. Jahrhunderts durch die politische Situation Siebenbürgens entstanden, das zwischen zwei großen Reichen, der Habsburgermonarchie und dem Osmanischen Reich, eingeschlossen war.[2] Durch die berühmten Landesordnungen von Torda (1568) und Marosvásárhely (1571) wurden im Fürstentum Siebenbürgen nach einer Phase der Institutionalisierung schließlich vier Konfessionen, die katholische, die reformierte, die lutherische und die unitarische (die in Siebenbürgen institutionalisierte trinitätsleugnende Konfession), als gleichberechtigt anerkannt (*receptae*), sowie eine weitere Konfession, die orthodoxe, toleriert. Mit dieser Anerkennung, so wurde argumentiert, sicherten die siebenbürgischen Fürsten die innere Ruhe und den Erhalt des neu entstandenen Staates, der es sich nicht leisten konnte, zum Schauplatz blutiger konfessioneller Kämpfe zu werden.

Durch die neuen Untersuchungen wurden aber die nötigen Bedingungen dafür geschaffen, die Frage neu zu durchdenken. In diesem Zusammenhang ist hier auf die Annäherungen zu verweisen, die die siebenbürgischen Eigenarten der Konfessionalisierung, dass sie sich verspätet und verzögert hat, erschließen lassen. Diese wurden in jüngster Vergangenheit in einer historiographischen Arbeit dargestellt. Hinsichtlich des 17. Jahrhunderts dokumentieren die neueren Arbeiten von Gizella Keserű[3] und Edit Szegedi[4] dokumentieren jedoch überzeugend, wie die reformierten Fürsten zwischen 1605 und 1690 ständig danach strebten, andere Konfessionen, vor allem die katholische und die unitarische Konfession, stark zu beschränken, trotz der Bestimmungen der

---

1 *Gábor Barta*, Bedingungsfaktoren zur Entstehung religiöser Toleranz in Siebenbürgen, in: Georg Weber/Renate Weber (Hg.), Luther und Siebenbürgen, Köln 1985, S. 229–244; *Domokos Simén*, János Zsigmond valláspolitikája [Religionspolitik von Johann Sigismund], in: Keresztény Magvető 99 (1993), S. 13–20; *Kálmán Benda*, Az 1568. évi tordai országgyűlés és az erdélyi vallásszabadság [Der Landtag von Torda im Jahre 1568 und die siebenbürgische Religionsfreiheit], in: Erdélyi Múzeum 56 (1994), S. 1–4; *Ágnes R. Várkonyi*, Pro quiete regni – for the peace of the realm. (The 1568 law on religious tolerance in the Principality of Transylvania), in: The Hungarian Quarterly 130 (1993), S. 99–112; *Katalin Péter*, Tolerance and Intolerance in sixteenth-century Hungary, in: Ole Peter/Bob Scribner (Hg.), Tolerance and Intolerance in the European Reformation, Cambridge 1996, S. 249–261; *István György Tóth*, La tolérance religieuse au 17 siècle en Hongrie, en Transylvanie et sur le territoire hongrois occupé par les Turcs, in: Guy Saupin/Marcel Launay (Hg.), La Tolérance, Colloque international de Nantes (mai 1998), Paris 1999, S. 127–133.

2 Siehe dazu *Gerard Volkmer*, Siebenbürgen zwischen Habsburgmonarchie und Osmanischem Reich. Völkerrechtliche Stellung und Völkerrechtspraxis eines ostmitteleuropäischen Fürstentums (1541–1699), Oldenburg 2015; vgl. zum Verhältnis des christlichen Europa mit dem Osmanischen Reich auch Kapitel 19.

3 *Gizella Keserű*, The Late Confessionalization of the Transylvanian Unitarian Church and the Polish Brethren, in: Lech Szszucki (Hg.), Faustus Socinus and his Heritage, Kraków 2005, S. 163–188.

Landesordnung *Approbatae constitutiones regni Transylvaniae* ab 1653. Dadurch erlangte die reformierte Glaubensrichtung in Siebenbürgen eine dominante Stellung, wenngleich der Protestantismus nicht Staatsreligion wurde. Als Siebenbürgen Ende des 17. Jahrhunderts wieder Teil der Habsburgmonarchie wurde, ergänzte man das Gesetz nach einer sehr kurzen Übergangsperiode um Bestimmungen und Maßnahmen, die eine Katholisierung des siebenbürgischen Landesteils ermöglichten. Somit gingen erst mit dem Toleranzpatent von Joseph II. (1741–1790) aus dem Jahr 1781 bleibende Veränderungen in der Toleranzgesetzgebung einher, die allen vier Konfessionen eine weitgehend gleichberechtigte Religionsfreiheit ermöglichten. In den über hundert Jahren zuvor hatten sich hingegen ausschließlich die jeweiligen Minderheiten, unter ihnen besonders die ab Anfang des 17. Jahrhunderts dazugehörenden Unitarier, auf die *Approbatae constitutiones* berufen, beziehungsweise auf das *Diploma Leopoldinum* von 1691, welches die *Approbatae* anerkannte.[5]

2. Entstehung und Inhalt der Religionsgesetze

Grundlegend für das Verständnis der siebenbürgischen Religionsgesetzgebung im europäischen Kontext ist die Tatsache, dass sich einige Jahre nach dem Tod Königin Isabellas Jagiellonica (1519–1559) um 1564/65 in der Religionspolitik ihres Sohnes Johann Sigismund (1540–1571) grundlegende Veränderungen ergaben.[6] Da Siebenbürgen von 1541 bis 1688 ein osmanischer Vasallenstaat war, genoss die junge katholische Königin Isabella bezüglich der Religion eine relativ große Handlungsfreiheit. Solange die jährlichen Tributleistungen bezahlt wurden, mischte sich die Hohe Pforte innenpolitisch nicht ein. Königin Isabella konnte sich also als Patronin jeder im Land ausgeübten Konfession betrachten und forderte in den unter ihrer Herrschaft erlassenen Gesetzen kontinuierlich dazu auf, die konfessionellen Kämpfe zu beenden.

In den ersten Jahren der Alleinherrschaft Johann Sigismunds seit 1559 hielt der junge Herrscher am alten Glauben fest, obwohl er mit dem Luthertum sympathisierte. Im Frühling 1564 trat er aber schließlich vom katholischen zum protestantischen Glauben über. Auf seine Konversion folgte eine Reihe von Maßnahmen, die der

---

4 *Edit Szegedi*, Die Religionspolitik der reformierten Fürsten Siebenbürgens, in: Günter Frank (Hg.), Fragmenta Melanchthoniana. Humanismus und europäische Identität, Bd. 4, Ubstadt u. a. 2009, S. 29–44.
5 Weiterführende Literatur: *Mihály Balázs/Gizella Keserű*, Der siebenbürgische Antitrinitarismus. Zum Forschungsstand, in: Ulrich A. Wien (Hg.), Radikale Reformation. Die Unitarier in Siebenbürgen, Köln u. a. 2013, S. 11–36.
6 *Mihály Balázs*, Über den europäischen Kontext der siebenbürgischen Religionsgeschichte des 16. Jahrhunderts. in: Frank (Hg.), Fragmenta Melanchthoniana, S. 11–27; *ders*, Tolerant Country – Misunderstood Laws. Interpreting Sixteenth-Century Transylvanian Legislation Concerning Religion, in: The Hungarian Historical Review 2 (2013), S. 85–108.

Zurückdrängung des Katholizismus dienten und einen deutlichen Wandel in der bisherigen Religionspolitik markierten: die Auflösung des Domkapitels in ihrer Residenzstadt Alba Iulia (dt. Weißenburg) und seine Umgestaltung zu einer Schule, die Einstellung der Messen in Alba Iulia, fürstliche Steuerbegünstigungen für die Protestanten. Die Gründe für diesen Richtungswechsel liegen in der komplexen konfessionspolitischen Situation des Heiligen Römischen Reichs deutscher Nation. Die letzte Phase des Konzils von Trient (1545–1563), in der eine Zurückdrängung des Protestantismus wahrscheinlich schien, traf zusammen mit Maßnahmen der Habsburgmonarchie zur Reorganisation der katholischen Kirche in ihrem Herrschaftsgebiet und zur Erneuerung des bewaffneten Konflikts zwischen Kaiser Maximilian II. (1527–1576) und Johann Sigismund. Damit wurde die politische Konzeption von Péter Petrovics (um 1486–1557) wieder auf die Tagesordnung gesetzt, der schon Anfang der 1550er Jahre versucht hatte, gegen das von den Habsburgern regierte königliche Ungarn aus den östlichen Resten des mittelalterlichen Staates ein unabhängiges protestantisches Land zu schaffen.[7] Vor diesem politischen Hintergrund müssen die Religionsgesetze, die bis zum Tod von Johann Sigismund verabschiedet wurden, gesehen werden.

Grundlegend für jede kritische Untersuchung des zuvor in der Forschung weitestgehend nicht hinterfragten Topos vom Fürstentum Siebenbürgen als tolerantes Land des Religionsfriedens sind die Gesetzestexte selbst.[8]

> März 1566, Torda (Thorenburg, Turda)
> Abschließend, weil Seine Hoheit infolge der Güte Gottes die Verkündigung des Evangeliums in seinem Reich überall angezündet hat und befehle, dass die falsche Lehre und die Irrungen aus der Kirche ausgetilgt werden, einmüthig ist beschlossen worden, dass die Kirchenmänner, die auf die Lehre des Papstes und die menschliche Erfindung beharren, und sich nicht bekehren wollen, aus dem Reiche von Seiner Hoheit überall entfernt werden.

> November 1566, Szeben (Hermannstadt, Sibiu)
> In Sachen der Religion war schon früher einmüthig beschlossen worden – in Erwägung dass vor Allem jeder Christ Gottes Sache vor Augen haben solle – dass nach Inhalt der frühern Artikel die Vekündigung des Evangeliums unter keinerlei Volk gestört und das Wachsthum der Verehrung Gottes nicht beeinträchtigt, sondern vielmehr aller Götzendienst und gotteswidrigen Fluhen unter uns ausgetilgt werde und aufhören solle, darum wird auch jetzt neuerdings beschlossen, dass aus diesem Reiche in jeder Nation solcher Götzendienst vertilgt und Gottes Wort frei verkündigt

---

[7] Ausführlicher dazu: *Mihály Balázs*, Megjegyzések János Zsigmond valláspolitikájáról [Bemerkungen über die Religionspolitik von Johann Sigismund], in: ders., Hitújítás és egyházalapítás között. Tanulmányok az erdélyi unitarizmus 16.–17. századi történetéről [Zwischen Glaubenserneuerung und Kirchengründung. Aufsätze über die Geschichte des siebenbürgischen Unitarismus aus dem 16.–17. Jahrhundert], Kolozsvár 2016, S. 35–36, S. 44–45.

[8] Im Folgenden werden die Fundorte der ungarischsprachigen Gesetze angegeben, jedoch nur die deutschen Übersetzungen zitiert: *Sándor Szilágyi* (Hg.), Monumenta Comitalia Regni Transylvaniae – Erdélyi Országgyűlési Emlékek, 1540–1699, Bd. 2, Budapest 1875, S. 302–303, S. 326–327, S. 1–343, S. 368, S. 374 (im Weiteren: EOE).

werde, besonders aber unter den Walachen, deren Hirten blind sind, Blinde leiten und sowohl sich als auch die arme Gemeinde ins Verderben geführt haben.

Denen, welche der Wahrheit nicht nachgeben wollen, befehle Seine Hoheit, dass sie mit dem Bischof Georg, dem Superintendenten aus der Bibel disputiren und zu der Warheit Erkenntniss gelangen, sollen sie auch so der eingesehenen Wahrheit nicht Raum geben, so sollen sie entfernt werden, seien es walachische Bischöfe, oder Pfarrer, oder Kaluger und es sollen Alle nur auf den erwählten Bischof, auf den Superintendenten Georg und auf die von ihm gewählten Pfarrer hören, wer aber dies stört, werde mit der Strafe der Treulosigkeit gelegt.

Januar 1568, Torda (Thorenburg, Turda)
Wir berichten Eurer Majestät untertänig, dass es in Eurem Land viele gibt, die dem walachischen Bischof, den Eure Majestät in sein Amt setzten, nicht folgen, sondern Ihm den alten Pfarrern un deren Irrungen zuliebe widerstehen und ihm nicht ermöglichen, seinem Amt nachzugehen, wir ersuchen Eure Majestät, nach Inhalt der früheren Artikel das Evangelium zu fördern und die dagegen wirkenden Harnäckigen zu bestrafen. [...]

Wie unser Herr, Seine Hoheit, in den frühen Landtagen mit seinem Reiche gemeinschaftlich in Sachen der Religion beschlossen hat, so bestätigt er das auch jetzt in dem gegenwärtigen Landtag, nämlich dass aller Orten die Prediger das Evangelium predigen, verkündigen, jeder nach seiner Verständniss, und wenn es die Gemeinde annehmen will, gut, wenn aber nicht, so soll sie Niemand mit Gewalt zwingen, da ihre Seele sich dabei nicht beruhigt, sondern sie soll solche Prediger halten können, deren Lehre ihr selbst gefällt, darum aber soll Niemand unter den Superintendenten, oder auch Andern die Prediger antasten dürfen; Niemand soll von Jemanden wegen der Religion verspottet werden nach den frühen Artikeln. Auch wird Niemanden gestattet, dass er Jemanden mit Gefangenschaft oder Entziehung seiner Stelle bedrohe wegen seiner Lehre, denn der Glaube ist Gottes Geschenk, derselbe entsteht durch das Hören, welches Hören durch Gottes Wort ist.

Januar 1570, Medgyes (Mediasch, Mediaş)
Hinsichtlich der jetzt entstandenen Häresien und der Bestrafung deren Initiatoren danken wir Eurer Majestät für die Antwort, laut deren Eure Majestät als Erstes angesichts der Würde Gottes sowie der Hoheit Eurer Majestät derartige Gotteslästerungen und Häresien in dem Land nicht dulden, sondern die Urheber und die Verkünder ermittelnd diese bestrafen wollen, damit uns Gottes größerer Zorn nicht bedrohe.

Januar 1571, Marosvásárhely (Neumarkt am Mieresch, Târgu Mureş)
Da unser Herr Christus befiehlt, dass wir zunächst das Reich Gottes und seine Gerechtigkeit suchen sollen, so ist über die Verkündigung und das Hören des Wortes Gottes beschlossen worden, dass wie auch zuvor Eure Hoheit mit ihrem Reiche beschlossen haben, Gottes Wort überall soll frei können verkündigt und wegen seines Bekenntnisses Niemand soll gekränkt werden, weder Prediger, noch Hörer, wenn aber irgend ein Geistlicher auf einem Criminalexcess betreten wird, so soll ihn der Superintendent verurteilen, [und] von allen Amsthandlungen entheben können; dann werde er aus dem Lande verbannt.

Von grundlegender Bedeutung war das Gesetz, das im Januar 1570 in Mediasch verabschiedet wurde. Denn es geht darin um die Einschränkung der Verbreitung neu entstandener Glaubenslehren. Diese restriktive Bestimmung gegenüber neuen bzw. anderen Glaubensrichtungen erklärt vielleicht, warum etliche Historiker das Gesetz von 1570 oft außer Acht ließen. Die Existenz dieses Gesetzes wurde zwar nicht geleugnet, aber die Bedeutung der darin festgelegten, von der Tendenz der anderen Gesetzestexte abweichenden, Bestimmungen wurde verschieden interpretiert.

Einige Historiker sahen im Gesetz von Januar 1570 (ähnlich den anderen Gesetzen) die Verfolgung eines langfristigen Ziels. Diese Auffassung formulierte etwa der katholische Historiker Gyula Szekfű (1883–1955), der Verfasser der heute noch rezipierten großen Geschichte Ungarns aus der ersten Hälfte des 20. Jahrhunderts. Seiner Ansicht nach sei die Beschränkung anderer Konfessionen eingeführt worden, weil sehr schnell offensichtlich wurde, dass die im Jahr 1568 eingeführte uneingeschränkte Glaubensfreiheit zu Zügellosigkeit und Anarchie geführt habe.[9] Eine Variante dieser Argumentation ist auch in der vor kurzem in Deutschland erschienenen großen Zusammenfassung von Márta Fata zu lesen. Fata zufolge habe die im Gesetz von 1568 erlaubte „individuelle Konfessionswahl [...] jedoch die bestehende Ordnung" bedroht, „so dass 1570 das Gesetz auf Ersuchen der Stände zurückgezogen werden musste. Individuelle Religionsfreiheit konnte im ethnisch-ständisch organisierten Siebenbürgen des 16. Jahrhunderts noch nicht funktionieren".[10] Diese Interpretation ist jedoch nicht überzeugend. Wie auch Axel Gotthard in seiner Monografie über den Augsburger Religionsfrieden schon kritisierte, sollte die Weltsicht der individuellen Glaubenssucher und Menschenrechtsaktivisten des 20. Jahrhunderts nicht auf das 16. Jahrhundert projiziert werden. In den Gesetzen aus jener Zeit ist nicht von Individuen die Rede, sondern von Menschengruppen, Gemeinden, Konfessionen bzw. von den von ihnen bewohnten Gebieten in ganz Europa – die individuelle Gewissensfreiheit ist eine spätere Erscheinung.[11]

In der Tat hat man mit dem Gesetz von 1570 kurzfristig eine Maßnahme gegen neu aufkommende religiöse Gruppierungen getroffen.[12] Für diese Auffassung sprechen folgende Argumente: Es kann als ungewöhnlich betrachtet werden, dass der Gesetzestext keine Vorgeschichte anführt. Es war nämlich auch im Falle der Religionsgesetze üblich, in einer Einleitung zu beschreiben, an welche früheren Gesetze diese anknüpften. Das Gesetz von 1570 enthält jedoch keine derartige Kontextualisierung. Was für die Annahme einer kurzfristigen Maßnahme vielleicht noch wichtiger ist, ist der Umstand, dass nicht von einer Religionsangelegenheit oder Konfession gesprochen wird, sondern von „jetzt entstandene[n] Häresien". Lange konnte nicht eindeutig festgetellt werden, welche von der offiziellen Kirchenmeinung abweichende Lehre konkret gemeint war. Neuere Erkenntnisse über einen unitarischen Priester namens Miklós Bogáthi Fazekas (1548–1592) deuten jedoch darauf hin, dass damit dessen radikale Lehre bezüglich der Kindstaufe und die Lehre des anabaptistisch gefärbten sogenannten Seelenschlafs gemeint waren, die viel radikaler waren als die Glaubenssätze des uni-

---

9 *Gyula Szekfű*, Magyar történet [Ungarische Geschichte], Bd. 3, Budapest 1935, S. 266–267.
10 *Márta Fata*, Ungarn, das Reich der Stephanskrone, im Zeitalter der Reformation und Konfessionalisierung. Multiethnizität, Land und Konfession 1500 bis 1700, Münster 2000, S. 108–109, S. 173. Eine ähnliche Auffassung vertrat schon früher *László Révész*, Die Entwicklung der konfessionellen Toleranz in Siebenbürgen, in: UngJb 12 (1982), S. 112–114.
11 *Axel Gotthard*, Der Augsburger Religionsfrieden, Münster 2004, S. 551–560.
12 Die anspruchsvollste Ausführung dieser Auffassung: *Jenő Zoványi*, A magyarországi protestantizmus 1565-től 1600-ig [Der ungarländische Protestantismus von 1565 bis 1600], Budapest 1977, S. 304.

tarisch geprägten Klausenburger Bischofs Franz David (Dávid Ferenc 1510–1579). Da es auch Hinweise auf das Auftauchen weiterer Prediger gibt, die ebenfalls anabaptistische Ansichten propagierten, scheint ein Zusammenhang mit der oben genannten Gesetzgebung naheliegend.

3. Die Einordnung und Interpretation der Gesetze

Wenn diese siebenbürgischen Gesetze nun im Vergleich zu der gängigen Typologie der frühneuzeitlichen Toleranzformen[13] näher betrachtet werden, stechen zwei Aspekte ins Auge, die sie von allen anderen Gesetzen in Europa unterscheiden. Trotz der offensichtlich theologischen Argumentation fehlt die Aufzählung der sie betreffenden Konfessionen. Allein schon diese Tatsache ist mit der Auffassung schwer in Einklang zu bringen, dass die Gesetze verabschiedet worden seien, um unter den vier Konfessionen in Siebenbürgen ein Gleichgewicht herzustellen. Einige Historiker vertreten die Meinung, die Konfessionen seien trotzdem in verdeckter Form präsent und von den Zeitgenossen erkennbar gewesen. Mit dieser Interpretation werden die Besonderheiten der Gesetze jedoch nicht hinreichend gewürdigt. Denn ihr Ziel bestand nicht etwa darin, einen Prozess abzuschließen, sondern sie sollten vielmehr einen bereits begonnenen Prozess fortführen. An dessen Ende schließlich sollten die Auflösung der Unterschiede unter den verschiedenen protestantischen Konfessionen und der Triumph eines einheitlichen Protestantismus stehen.[14]

Die sich herausbildende weltliche Macht des nach 1526 neu entstandenen ungarischen Staates und seiner Institutionen zerstörte noch vor der eigentlichen Entfaltung der Reformation das Institutionensystem der katholischen Kirche. Königin Isabella machte es später nicht anders: Als sie 1542 in den Bischofspalast von Alba Iulia einzog, konfiszierte sie einen großen Teil der Einnahmen des Bistums. Zudem verlor die spätmittelalterliche katholische Kirche durch das Vordringen der Reformation auch ihre Anhänger, sodass sie fast vollständig verschwand. Es existiert indes kein Beleg für eine Verfolgung von Katholiken durch die Anhänger der Reformation. Der Landtag

---

[13] *Olivier Christin*, La paix de religion. L'autonomisation de la raison politique au XVIe siècle, Paris 1997; ders., L'Europe des paix de religion. Semblants et faux-semblants, in: Michele Grandjean/Bernard Roussel (Hg.), Coexister dans l'intolerance. L'édit de Nantes (1598), Genève 1998, S. 490–505; *David el Kenz/Claire Gantet* (Hg.), Guerres et paix de religion en Europe aux 16e–17e siècles, Paris 2003; *Eike Wolgast*, Religionsfrieden als politisches Problem der frühen Neuzeit, in: HZ 282 (2006), S. 59–96.
[14] Über die Eigentümlichkeiten der siebenbürgischen Reformation siehe: *Katalin Péter*, Die Reformation in Ungarn, in: Ferenc Glatz (Hg.), Études historiques hongroises, Budapest 1990, T. 4: European Intellectual Trends and Hungary, S. 45–46.; *Mihály Balázs*, Early Transylvanian Antitrinitarianism 1567–1571. From Servet to Palaeologus, Baden-Baden 1996, S. 211–216; ders., Gab es eine unitarische Konfessionalisierung im Siebenbürgen des 16. Jahrhunderts?, in: Volker Leppin/Ulrich A. Wien (Hg.), Konfessionsbildung und Konfessionskultur in Siebenbürgen in der Frühen Neuzeit, Stuttgart 2005, S. 135–142.

von 1566 traf anscheinend lediglich Maßnahmen bezüglich der Überreste der katholischen Hierarchie, als verordnet wurde, dass „aus diesem Reiche in jeder Nation solcher Götzendienst vertilgt und Gottes Wort frei verkündigt werde, besonders aber unter den Walachen, deren Hirten blind sind, Blinde leiten und so sowohl sich als auch die arme Gemeinde ins Verderben geführt haben".[15] Die großen Verluste der katholischen Kirche waren den Historikern immer schon bekannt. Deren genauer Umfang wurde jedoch erst offensichtlich, als zahlreiche Dokumente vor allem aus dem Archiv des Vatikans veröffentlicht wurden, in denen in der Hoffnung auf eine eventuelle Neukonstituierung der katholischen Kirche in Siebenbürgen die dortige Lage im letzten Drittel des 16. Jahrhunderts sachlich beschrieben wurde.[16] Die neueren Untersuchungen sprechen von einer nurmehr geringen Zahl von Katholiken um die Mitte der 1560er Jahre auf dem Gebiet des Fürstentums. So lebten nur noch auf vereinzelten Adelsgütern Katholiken, deren Besitzer am alten Glauben festhielten, sowie in einigen Ortschaften des sogenannten Szeklerlandes.

Es ist also nicht verwunderlich, dass der protestantische Fürst und die protestantischen Stände in einem Land, zu dessen Selbstbestimmung mehr und mehr der Protestantismus gehörte und das zu dauerhafter bewaffneter Selbstverteidigung gegen die vom Papst unterstützten Habsburger gezwungen war, es als unnötig erachteten, die unbedeutende Minorität der Katholiken auch im Gesetz von 1566 zu benennen. Die fortwährende Existenz einzelner ‚katholischer Inseln' auf den Adelsgütern rechtfertigten jedoch die Behauptung der Siebenbürgischen Stände, es habe in Siebenbürgen bereits zur Zeit der Enstehung der ‚wahren Religion', d.h. des Protestantismus, einige Katholiken gegeben, denen man ihrer Meinung nach weiterhin die volle Freiheit in der Ausübung ihrer Religion gewähren sollte.[17] Was dies konkret für die Praxis bedeutete, wird jedoch nicht erwähnt, es könnte aber durchaus auf das Glaubensleben auf den Gütern katholischer Adeliger oder die Benutzung der Kirche und das Messelesen in überwiegend katholischen Siedlungen hindeuten. Dafür sprechen auch die auf den Landtagen der 1570er und 1580er Jahre enstandenen Gesetze über die Rechtslage der katholischen Einwohner einzelner Ortschaften. Die anderen Konfessionen wurden in diesen Gesetzestexten nicht erwähnt, denn sie verfügten zu dieser Zeit noch über keine gefestigten kirchlichen Institutionen.

---

15 Gesetz von November 1566, Szeben (Hermannstadt/Sibiu).
16 Auch über diese neueren Forschungen informiert die englische Ausgabe folgender bedeutender Monographie (nur als Manuskript): *Ferenc Galla*, Franciscanian Missionaries in Hungary: In the Kingdom and in Transylvania during 17th and 18th centuries, Budapest/Rome 2005. Siehe ferner: *István György Tóth*, Politique et religion dans la Hongrie du XVIIe siècle: lettres des missionaires de la Propaganda Fide, Paris 2004.
17 *Mihály Balázs*, Az új ország és a katolikusok [Das neue Land und die Katholiken], in: Veronika Dáné u. a. (Hg.), „éltünk mi sokáig két hazában". Tanulmányok a 90 éves Kiss András köszöntésére [„Wir haben lange in zwei Heimaten gelebt". Aufsätze anlässlich des 90. Geburtstags von András Kiss], Debrecen 2012, S. 37–53.

Dieser Umstand steht durchaus im Einklang mit der allgemeinen Entwicklung und dem Fortschreiten der Reformation in Ostmitteleuropa, wo sich die reformatorischen Umwälzungen nicht etwa einfach nur später entfalteten, sondern sich individuelle, spezifische Vorgehensweisen ergaben. Dies betraf zum Beispiel die Gestaltung des kirchenorganisatorischen Rahmens. An die Stelle des aufgelösten katholischen Bistums traten protestantische Bistümer, die nicht auf konfessioneller, sondern auf territorialer und im mittelalterlichen Sinne auf nationaler Grundlage organisiert waren. So unterstanden die protestantischen Einwohner in den sächsischen Gebieten (in Städten oder in Dörfern) der Oberhoheit des sächsischen Bischofs in Hermannstadt, unabhängig davon, ob seine Gemeinde oder er selbst das Augsburger Glaubenbekenntnis angenommen oder sich eines der helvetischen Bekenntnisse oder den Antitrinitariern angeschlossen hatten. Das gleiche galt für den als „Ungar" bezeichneten Bischof in Klausenburg. Ihm wurden alle protestantischen Gemeinden in den Komitaten mit ungarischer Mehrheit untergeordnet, gleich ob sie auf ihrem lutherischen Glauben beharrten oder – wie die Mehrheit – zum Reformiertentum übergingen oder antitrinitarisch wurden. Obwohl die dogmatische Vereinheitlichung in den von Sachsen bewohnten Gebieten aufgrund der Bemühungen der Gemeindevorsteher in der sächsischen Bevölkerung in Hermannstadt trotz ihres Festhaltens am Augsburger Bekenntnis weiter fortschritt, war der Prozess jedoch noch nicht abgeschlossen.

In noch größerem Maße traf dies auf die spätere reformierte und unitarische Kirche zu. Für die Zeit um 1560 ist zu erwähnen, dass die meist von Ungarn bewohnten Gebiete des historischen Siebenbürgens unter der Führung von Bischof Franz David[18] standen und die Mehrheit der Gemeinden nach 1564 eine Art helvetische Abendmahlslehre anerkannten. Es kann aber noch nicht von einer unitarischen Konfession gesprochen werden. Der erst 1566 offen auftretende Antitrinitarismus galt zu dieser Zeit noch als eine neuartige Erscheinung im religiösen Leben des Fürstentums. Zudem passte das unitarische Bekenntnis nicht in das Programm der Trinitätsleugner, das eine selbstständige unitarische Kirche aus verschiedenen Gründen ablehnte. Auf der Grundlage des Apostolischen Bekenntnisses wollten diese die gesamte Bevölkerung Siebenbürgens für sich gewinnen, was natürlich nur ein Vorspiel eines vermeintlichen späteren Sieges ihrer Lehren in ganz Europa gewesen wäre. Dies betrachteten sie als die volle Entfaltung des von Martin Luther begonnenen Prozesses, an dessen Ende die Herstellung der Einheit der Protestanten stehen sollte.

Von der Hartnäckigkeit dieser heute sehr naiv anmutenden Konzeption zeugen nicht nur die in Anwesenheit des Fürsten abgehaltenen Religionsgespräche zwischen 1568 und 1570, sondern auch die beharrliche Absicht, die führenden Theologen und Politiker des internationalen Protestantismus für sich zu gewinnen. Sie sahen die Schaffung eines einheitlichen Protestantismus geradezu als historische Aufgabe des

---

18 *Mihály Balázs*, Ungarländische Antitrinitarier IV.: Dávid Ferenc (Bibliotheca Dissidentium, Bd. 26), Baden-Baden 2008.

Fürstentums an. Die dogmatische Basis dieser erhofften Konstellation sollte ein konsequenter Biblizismus sein. Durch das Entfernen des *comma Johanneum*[19] – so die Meinung der Trinitätsleugner – würde die biblische Begründung der Dreifaltigkeit wegfallen. Der führende Verfechter der antitrinitarischen Lehre, der Arzt, Laientheologe und spätere Politiker Giorgio Biandrata (ca.1515–ca.1590) schöpfte aus dem Gedankengut des Erasmus. Sein auch als früh irenisch einzuordnendes Programm beeinflusste Siebenbürgen maßgeblich. Seit Kurzem ist bekannt, dass eine der wichtigsten siebenbürgischen antitrinitarischen Veröffentlichungen dieser frühen Periode in den ersten Tagen des Jahres 1570 mit einer Widmung an Königin Elisabeth I. von England (1533–1603) geschickt wurde. Dieser in großartiger Rhetorik verfasste lateinische Brief, in dem das Programm mit einem Ausblick auf Europa skizziert wird, zog mit nicht geringem Selbstbewusstsein Parallelen zwischen Edward VI. (1537–1553), Königin Elisabeth und Johann Sigismund, die allesamt Angehörigen der verschiedensten Richtungen des europäischen Protestantismus Zuflucht gewährten.[20] Die Unitarier wollten also die institutionalisierte Absonderung von den Reformierten nicht beschleunigen, und es dürfte bis 1571 bereits klar geworden sein, dass sie nicht die Gesamtheit der Bevölkerung im Fürstentum würden gewinnen können. So blieb Franz David weiterhin der Bischof aller protestantischen Ungarn in Siebenbürgen.

So wie es Anfang der 1570er Jahre noch keine institutionalisierte unitarische Kirche gab, kann für diesen Zeitpunkt auch noch nicht von einer reformierten Kirche mit selbstständiger Organisation gesprochen werden. Es gab Gemeinden, die in der Glaubenserneuerung bei der Annahme der helvetischen Abendmahlslehre stehen geblieben und nicht bereit waren, auf dem vom Italiener Biandrata und dessen Freunden vorgeschlagenen Weg weiterzugehen, aber auch sie hatten Franz David als Bischof. Dieser kritisierte immer entschlossener das Dogma der Trinität und lehrte auch in anderen theologischen Fragen andere Inhalte als die schweizer Reformatoren.

Diese von den Antitrinitariern gelebte umfassende und universelle protestantische Eigenart ist in der theologischen Argumentation auch im wichtigsten Teil der siebenbürgischen Religonsgesetze Johann Sigismunds nachzuvollziehen. Die Existenz einer theologischen Begründung war eine Besonderheit, die den Anspruch auf protestantische Universalität ausdrückte. Das Gesetz von 1568 zitiert Luthers beliebteste Bibelstelle (Röm 10,17) aus dem Römerbrief: „Ergo fides ex auditu, auditus autem per

---

[19] Das *comma Johanneum* war ein Satzteil im 5. Kapitel des 1. Johannesbriefs des Neuen Testaments (1 Joh 5,7–8). Es ging ursprünglich auf den Kirchenvater Cyprian zurück und wurde von Erasmus, Luther u. a. anerkannt. In seiner endgültigen Form wurde es erstmals 1581 in Frankfurt a. M. in der Lutherbibel gedruckt. Es wurde erst 1912 wieder aus dem Text gestrichen und in eine Fußnote verwiesen. Heinrich Greeven, Art. „Comma Johanneum", in: RGG 1 (1957), Sp. 1.854. Das *comma* bestätigte ausdrücklich die Dreifaltigkeit.

[20] Ausführlicher darüber: *Mihály Balázs*, About a copy of „De falsa et vera unius Dei ... cognitione" (Additional data to the history of the English connections of the Antitrinitarians of Transylvania), in: Odrodzenie i reformacja w Polsce 47 (2003), S. 53–64.

verbum Christi". Auch während der Zeit der immer heftiger werdenden Religionsstreitigkeiten sprachen die Trinitätsleugner immer mit Respekt von Luther, da sie sich als die auserwählten Vollender seines großen Werks betrachteten. Dabei standen die siebenbürgischen Antitrinitarier in engem Austausch mit den Baseler Vertretern der Heterodoxie. Sie lasen, kopierten und überarbeiteten die Werke von Sebastian Castellio (1515–1563), Jacopo Aconcio (ca. 1520–1566) und Celio Secundo Curione (1503–1569). Einen der wichtigsten Teile aus *De hereticis an sint persequendi*, der berühmten Anthologie Castelios, die Widmung der früheren Bibelausgabe an Edward VI., schrieben sie mit einer minimalen Änderung auf die Person Johann Sigismunds um und ließen sie drucken. Die siebenbürgische Rezeption von Castelio in Hinblick auf seine theoretische und moralphilosophische Begründung der Toleranz ist mit der in den Niederlanden vergleichbar.[21] So verfassten Andreas Dudith (1533–1589) oder Jacobus Palaeologus (1520–1585) Werke, welche die Schriften der großen Basler Humanisten wesentlich weiterentwickelten oder sie stark adaptierten. Gleichzeitig waren die Niederländer aber auch mit den siebenbürgischen Antitrinitariern eng verbunden oder standen gar in deren Diensten. Auf das Gesetz von 1568 Bezug nehmend, war die biblische Argumentation wahrscheinlich von den Baseler Humanisten beeinflusst. Diese Texttradition führt zu den Anfängen der europäischen Reformation zurück, als feste Konfessionen noch nicht bekannt waren. Jene Theologen, die im Umfeld Biandratas anzusiedeln sind, spielten somit eine wichtige Rolle bei der Verfassung der Gesetze, vor allem Franz David. In der unitarischen Kirche hat diese Sichtweise eine lange Tradition, wovon beispielsweise das von Aladár Körösi-Kriesch (1863–1920) geschaffene Gemälde *Franz David kündigt die Religionsfreiheit an* aus dem Jahr 1896 zeugt. Es zeigt, wie der Bischof die aus dem Himmel kommende Nachricht vor dem Fürsten und den weltlichen Würdenträgern verkündet.

Über den Wahrheitsgehalt der dargestellten Episode ist nichts bekannt, da das fürstliche Archiv Ende des 16. Jahrhunderts vernichtet wurde und von den Landtagen nur die Texte der angenommenen Gesetze erhalten geblieben sind.

Die fortschreitende Reformation um 1565 betraf auch die griechisch-orthodoxe Volksgruppe, die zum Zeitpunkt der konfessionellen Gesetzgebung in Siebenbürgen etwa ein Drittel der Gesamtbevölkerung ausmachte und in den Gesetzen „walach" genannt wird.[22] Während ab Mitte der 1540er Jahre die Magistrate von Hermannstadt

---

[21] Selbst in der neuesten Monographie wird dies nicht genügend betont: *Hans R. Guggisberg*, Sebastian Castellio. Humanist und Verteidiger der religiösen Toleranz, Göttingen 1997. Siehe außerdem: *Mihály Balázs*, Celio Secundo Curione e la Riforma in Transilvania. in: Péter Sárközy/Vanessa Martore (Hg.), L'eredità classica in Italia e in Ungheria dal Rinascimento al Neoclassicismo, Budapest 2004, S. 147–154; *ders.*, Einflüsse des Baseler Humanismus auf den Siebenbürger Antitrinitarismus, in: Leppin/Wien (Hg.), Konfessionsbildung, S. 143–152.

[22] Eine Zusammenfassung von hohem Niveau über die früheren Tendenzen der rumänischen Geschichtsschreibung: *Teodor Pompiliu*, Beziehungen zwischen Reformation und Rumänen im Spiegel vornehmlich rumänischer Geschichtsschreibung, in: Georg Weber/Renate Weber (Hg.), Luther und

oder Kronstadt zunächst mit Hilfe rumänischer Übersetzungen protestantischer Druckschriften (Katechismen, Evangelien) danach strebten, die rumänischen Dörfer, in denen die griechisch-orthodoxe Volksgruppe lebte, in der Nähe ihrer Stadt zu bekehren, griff die Obrigkeit in den 1560er Jahren zu Machtmitteln. Die Bekehrung der griechisch-orthodoxen Bevölkerung wurde besonders in den Gesetzen von November 1566 und Januar 1568 gefordert. Die Tatsache, dass die orthodoxe Religion in diesen Gesetzen lediglich einen geduldeten Status zugewiesen bekam, hatte für deren Anhänger schwerwiegende Folgen. Denn die Orthodoxen wurden zunehmend dem Druck zur Konversion zum Protestantismus (bzw. in der späteren habsburgischen Zeit zum Katholizismus) ausgesetzt.

Im Vergleich zu anderen in Europa verfassten Religionsfrieden bzw. Religionsfriedensregelungen weisen die Gesetzestexte Siebenbürgens eine große Eigentümlichkeit auf. Die in Europa verabschiedeten Gesetze, vom Augsburger Religionsfrieden[23] über die Warschauer Konföderation[24] und Utrechter Union bis hin zum Edikt von Nantes,[25] formulieren mehr oder weniger ausführlich ihr Bestreben Krieg und Aufruhr zu vermeiden und den Frieden des Landes zu bewahren. In den siebenbürgischen Regelungen vom Ende der 1560er Jahre fehlt diese säkulare und politische Argumentation vollständig, während in den Gesetzen der frühen 1560er Jahre eine solche Formulierung noch vorhanden war. Darin hieß es, man treffe die im Gesetz ausgeführten Maßnahmen „pro quiete regnicolarum", d.h. um Ruhe in der Bevölkerung zu wahren. In den späteren Regelungen scheint man diese weltliche Begründung bewusst gemieden zu haben. So beginnt das Gesetz von 1571 mit der Aussage, man habe die Entscheidung in Hinblick auf das Wichtigste, nämlich auf Gottes Reich, getroffen: „[...] Da unser Herr Christus befiehlt, dass wir zunächst das Reich Gottes und seine Gerechtigkeit suchen sollen [...]". Gerade diese theologische Begründung für die Gesetzgebung ist als ein Politikum zu werten, da damit ein protestantisches Land sein Ziel verkündete, dem evangelischen Glauben zur Universalität zu verhelfen.

In diesem Zusammenhang sind auch die gesetzlich festgelegten Rechte und Pflichten der Bischöfe zu sehen. Gemäß der oben dargestellten Kirchenorganisation hatten die Bischöfe zwar kein Mitspracherecht über den Inhalt der Predigten, sie übten jedoch die Kontrolle über die Sozialdisziplinierung aus, bzw. kontrollierten das ethische und

---

Siebenbürgen. Ausstrahlungen von Reformation und Humanismus nach Südosteuropa, Köln u.a. 1985, S. 78–94. Neuere Werke zu späteren Perioden: *Graeme Murdoch*, Between Confessional Absolutism and Toleration: the Inter-Demonitional Relations of Hungarian Reformed and Rumanian Orthodox Churches in Early Seventeenth Century Transylvania, in: Europa-Balcanica – Danubiana – Carpathica 2 (1995), S. 218–226; *Ana Dumitran*, Religie ortodoxă – religie reformată. Ipostaze ale identității confesionale a românilor din Transilvania în secole XVI-XVII [Orthodoxe Religion – reformierte Religion. Hypothesen zur konfessionellen Identität der Rumänen in Siebenbürgen im 16. und 17. Jahrhundert, Cluj-Napoca 2004.

23 Vgl. hierzu auch Kapitel 41.
24 Vgl. hierzu auch Kapitel 43.
25 Vgl. hierzu auch Kapitel 44.

moralische Verhalten der Geistlichen. So war im Gesetz von 1571 Folgendes festgelegt worden: Sollte ein Geistlicher ein Verbrechen begangen haben, also einem *criminalis excessus* verfallen sein, so dürfe er von dem Bischof bestraft werden. Mit dieser Bestimmung sollten Gewalt und Willkür vorgebeugt und die Gemeinde geschützt werden, womit dieses Gesetz an die frühe Phase der Reformation im Heiligen Römischen Reich erinnert. Diese gesetzlich geregelte Schutzfunktion wurde anschließend auch als Schutz der Prediger gegenüber dem Bischof oder anderen Personen ausgeweitet.

4. Die Entwicklungen vom Tod Johann Sigismunds bis ins 18. Jahrhundert

In den 1560er Jahren hatte sich innerhalb der Kirchenorganisation eine nicht nur ausschließlich tolerante Praxis gegenüber den vier Konfessionen herausgebildet. Anders als vielfach angenommen, wurde weder 1568 noch 1571 die rechtliche Gleichstellung der vier anerkannten noch der geduldeten Konfession festgelegt.[26] Die Institutionalisierung dieser Glaubensrichtungen als formal anerkannte Kirchen erfolgte erst 1595. Paradoxerweise erfolgte dieser Schritt in Folge einer Verschärfung der konfessionellen und politischen Gegensätze.

Letztere Entwicklung begann nach dem Tode des unitarischen Fürsten 1571, als der Katholik István Báthory (1533–1586) den siebenbürgischen Thron bestieg. Die Inthronisation eines katholischen Fürsten dürfte zunächst verwundern, da aber das Land unzweifelhaft protestantisch war, wurde dieser Umstand als nicht riskant angesehen. Für Báthory als Fürsten sprachen nämlich sein großer Grundbesitz und sein politisches Ansehen. Trotz seiner katholischen Gesinnung war er stets ein beständiger Vertreter der anti-habsburgischen Linie gewesen. Der eifrige katholische Fürst, der während einer diplomatischen Gesandtschaft in Wien sogar eingekerkert gewesen war, respektierte das protestantische Siebenbürgen. Sein Hofprediger war ein evangelischer Prediger und er betrachtete sich wie sein Vorgänger als Patron aller Untertanen.[27]

Dabei begünstigte Báthory jedoch eindeutig die Lutheraner bzw. das Augsburgische Bekenntnis. Die von ihm vorgenommenen Maßnahmen schadeten zweifelsohne

---

26 Auch die Duldung der jüdischen Religion erfolgte nicht im Rahmen dieser Gesetzgebung, wie dies August de Gerando behauptet hat, da die Juden gruppenweise erst im dritten Jahrzehnt des 17. Jahrhunderts in Siebenbürgen auftauchten. *Moshe Camilly-Weinberger*, A zsidóság története Erdélyben [Geschichte des Judentums in Siebenbürgen] (1623–1944), Budapest 1995, S. 33–35.
27 Im Gegensatz zur Monographie von *Domenico Caccamo*, Eretici italiani in Moravia, Polonia, Transilvania (1558–1611). Studi e documenti, Firenze/Chicago 1970 muss betont werden, dass sich die politischen Lager nicht auf konfessioneller Grundlage herausgebildet hatten. Unter den Anhängern von Báthory gab es viele Unitarier, und unter den Förderern seines Gegners, dem Unitarier Gáspár Bekes, waren auch zahlreiche Katholiken, wie der Habsburger Hof als größter Unterstützer Bekes'.

in erster Linie den Unitariern, deren Präsenz, vor allem aber deren ununterbrochene Streitsucht er für politisch schädlich hielt, da diese das ganze Fürstentum in eine Isolation hätte treiben können. Aus diesem Grund setzte er auf dem Landtag ein Gesetz durch, das keine weiteren Glaubensneuerungen zuließ. Gleichzeitig führte er eine Zensurordnung ein, um in erster Linie die Veröffentlichung unitarischer Schriften zu verhindern.[28] Diese Bestimmungen beschleunigten den Prozess der Konfessionsbildung. Um etwa 1575 kann bereits von protestantischen Konfessionen gesprochen werden, die sich in jeder Hinsicht voneinander absonderten bzw. herausdifferenzierten. Die in dieser Zeit entstandenen Regelungen und Gesetzestexte sprechen bereits von den Evangelischen, Reformierten und Unitariern als den *libertas religionis*.

Als István Báthory im Jahr 1575 auch noch zum polnischen König gewählt wurde, nutzte er sein gesteigertes Ansehen auch dazu, die katholische Kirche neu zu konstituieren.[29] Im Jahr 1579 siedelte er die Jesuiten mit Hilfe eines fürstlichen Privilegs in Alba Iulia und Klausenburg an.[30] Damit handelte er insofern besonnen, als er einen Orden ins Land holte, der in Siebenbürgen keine Vorgeschichte hatte, womit juristische Diskussionen um die Institutionalisierung des Ordens vermieden wurden. Ebenso war es von Vorteil, dass die Jesuiten aus Polen kamen und somit nicht den österreichischen, sondern den dortigen Provinzen zugeordnet waren. Als Begründung für die Ansiedelung der Jesuiten hieß es offiziell, sie seien ausschließlich gekommen, um die Jugend zu unterrichten. Die Tätigkeit der Jesuiten wurde in Gesetzen geregelt, die eigens dafür nach und nach verabschiedet worden waren.

Nach dem Tod Báthorys ging das siebenbürgische Fürstentum an seinen noch unmündigen Neffen Zsigmond Báthory (1572–1613) über. Dadurch entstand ein Machtvakuum, mit dem schwerwiegende Konflikte verbunden waren, welche die geplante Neukonstituierung der katholischen Kirche bremsten. Die Jesuiten begingen in dieser Situation taktische Fehler und mischten sich in politische Vorgänge ein.[31] In Folge dessen waren die Stände nur bereit, Zsigmond Báthory zum Fürsten zu wählen, wenn

---

28 *Mihály Balázs*, Antitrinitarismus und die Zensur in Siebenbürgen in den 1570er Jahren, in: József Jankovics/Katalin S. Németh (Hg.), Freiheitsstufen der Literaturverbreitung: Zensurfragen, verbotene und verfolgte Bücher, Wiesbaden 1998.

29 Eine gründliche deutsche Zusammenfassung bietet: *Tamás Kruppa*, Die Religionspolitik der Báthorys in den 1580er Jahren. Ein Versuch zur Verhinderung der protestantischen Religionspraxis (1579–1581), in: Ulrich A. Wien u. a. (Hg.), Radikale Reformation. Die Unitarier in Siebenbürgen, Köln u. a. 2013, S. 11–36.

30 Über die Tätigkeit der Jesuiten siehe grundlegend: *Ladislaus Lukács S. J.* (Hg.), Monumenta Antiquae Hungariae, Bde. 1–4, 1550–1600, Romae 1969–1987. Über die edierten Texte hinaus sind auch die Einleitungen zu den einzelnen Bänden unumgänglich. Aus der Bearbeitung dieses riesigen Quellenmaterials heraus entstanden bereits einige ungarischsprachige Aufsätze. Eine solide zusammenfassende Arbeit: *Caudio Madonia*, I gesuiti in Europa Orientale. Strategie di riconquista cattolica, in: Mihály Balázs (Hg.), Gizella Keserű. György Enyedi and Central European Unitarianism in the 16–17th Centuries, Budapest 2000, S. 169–221.

31 Wie Anm. 35.

er versprechen würde, die Jesuiten des Landes zu verweisen. Die Ausweisung erfolgte 1588, jedoch erzwang Báthory schon 1593 vom Landtag ihren Rückruf.

Die Ereignisse, die zu der Wiedereinführung der Jesuiten in Siebenbürgen führten, markieren eine Kehrtwende in der bisher verfolgten Politik der siebenbürgischen Fürsten. Vor Zsigmond Báthory war die Haltung der Fürsten von dem Bewusstsein geprägt, ihre Machtbefugnisse grundsätzlich mit der Einwilligung des osmanischen Sultans auszuüben. Als osmanischer Vasallenstaat zahlte Siebenbürgen dem Sultan hohe Tribute und das Land war auch in seiner Außenpolitik vom Sultan abhängig. Diese Umstände führten zu einer besonderen Vorsicht der siebenbürgischen Fürsten und es wurde alles vermieden, was die verhältnismäßige Unabhängigkeit des Fürstentums aufs Spiel hätte setzen können. Diese Vorsicht betraf insbesondere Pläne seitens Österreichs oder des königlichen Ungarn, die Türken zu vertreiben und das mittelalterliche Ungarn wiederherzustellen. Die Fürsten in Siebenbürgen hatten aus der Geschichte gelernt, dass in Aussicht gestellte Unterstützungen immer ausblieben. Trotzdem hielt man in Siebenbürgen an einer Wiederherstellung der Einheit Ungarns fest und sah sich selbst als christlichen Staat, sodass die Politik vor Zsigmond Báthory, begründet durch die unterschiedlichen Loyalitäten, von einer außerordentlichen Vorsicht geprägt war.

Doch auf Drängen der Jesuiten brach Báthory nun radikal mit dieser Politik und stürzte das Land für fast anderthalb Jahrzehnte in Anarchie und grausame Vernichtung. Um den Widerstand der alten Politikergarde in dem sich entfaltenden Machtkampf zu brechen, ließ er 1594 deren angesehenste Vertreter, die sogenannten ‚Türkenfreunde', gefangen nehmen und aufs grausamste hinrichten, unter ihnen mehrere studierte Humanisten, katholische, evangelische, reformierte und unitarische Männer von großer Gelehrsamkeit.[32] Die eingeschüchterten Stände mussten dem Fürsten ihren Dank dafür aussprechen, dass er nicht auch die Mitglieder der Friedenspartei hatte hinrichten lassen. Als Folge dieser Ereignisse tilgte der Landtag den Erlass, der die Jesuiten des Landes verwies, und formulierte folgenden Text:

> Was die Religionsangelegenheiten betrifft, haben wir von Reichs wegen beschlossen, dass die rezipierten Religionen, nämlich die Katholische oder Römische, die Lutherische, die Calvinistische und die Arianische überall frei erhalten werden sollen.[33]

Der katholische Glaube wurde auf dem Landtag vom April 1595 zur *recepta religio*. Somit kam erst 1595 der berühmte Gesetzestext zustande, den man so häufig auf das Jahr 1568 datiert hat. Anfang des 17. Jahrhunderts wurden dann weitere Ergänzungen vom

---

32 Über diese Gruppierung siehe außerdem *Antal Pirnát*, Antitrinitáriusok és arisztoteliánusok. (Gerendi János és a kolozsvári iskola.) [Antitrinitarier und Aristoteliäner. (János Gerendi und die Klausenburger Schule.)], in: Helikon 17 (1971), S. 363–392; *Ildikó Horn*, Le cercle de Farkas Kornis. Les stratégies des élites unitariennes (1575–1603), in: Balázs (Hg.), Gizella Keserű, S. 89–97.
33 EOE, Bd. 3, S. 472. Ab diesem Zeitpunkt (1594) war es gültig, wenngleich es erst 1653 in Várad gedruckt worden ist: Approbatae constitutiones regni Transylvaniae et Partium Hungariae eidem annexarum. Várad 1653.

Landtag vorgenommen, in denen u. a. die Religion der Rumänen erwähnt wurde, die im Land jedoch nicht *recepta*, sondern nur *tolerata* sei. Diese Formulierung fand auch Eingang in das Gesetzbuch von Anfang des 17. Jahrhunderts. Alle bisherigen Religionsgesetze wurden nochmal in die Landesordnung von 1653 (*Approbatae Constitutiones Regni Transylvaniae et Partium Hungariae eidem annexarum*) aufgenommen, mit der Georg II. Rákóczi (1612–1660) sein Land für eine Mobilisierung gegen Polen in den Griff bekommen wollte, die jedoch nur zu seiner Absetzung führte. Als die Habsburger das Land 1688 von den Osmanen in Besitz nahmen, haben sie dann auch die Landesordnung mit der *Diploma Leopoldinum* 1691 übernommen.

Leider ist über die Anwendung und Wirkung der Gesetze in der Praxis wenig bekannt, da diesbezügliche Quellen während der Tartareneinfälle des 17. Jahrhunderts fast vollständig vernichtet wurden. So ist zum Beispiel nicht bekannt, ob tatsächlich die Gemeinde (*communitas*) über die Wahl des protestantischen Geistlichen entschied. Katalin Péter, deren unlängst erschienenes Buch über die ungarische und siebenbürgische Reformation große Resonanz erfuhr,[34] ist der Meinung, dass sich die adeligen Patrone der mittelalterlichen Praxis entsprechend nicht dafür interessierten, welchen Konfessionen ihre Untertanen angehörten und dass diese ihren Dörfern und Marktflecken nicht ihre eigene Religion aufzwingen wollten. In den Städten allerdings lag die Entscheidung über die Religionszugehörigkeit beim Magistrat. Aus den trotz der nur lückenhaften Überlieferung der Quellen entstandenen Fallstudien ergibt sich ein buntes Bild: Es gab Ortschaften, in denen der machthabende Patron die freie Wahl des Geistlichen nicht zuließ, in anderen Orten konnte wiederum die *communitas* ihren Willen durchsetzen.[35] Es scheint naheliegend, dass die an den Landtagen wirkenden Adeligen und Städte sich auf diese Weise die Möglichkeit schaffen wollten, vor Ort ihren eigenen Willen durchzusetzen. Ein weiteres Ziel könnte auch darin bestanden haben, die auf höchster Ebene geführten Diskussionen zu schlichten.

Die Nachwirkungen der siebenbürgischen Religionsgesetze auf das 17. und 18. Jahrhundert sind nicht genügend erforscht. Die Geschichte ihrer Entstehung und unmittelbaren Wirkung im Sinne der protestantischen Konfessionspolitik kann jedoch als hinreichend geklärt gelten. Wenngleich viele ungarische Historiker nach wie vor davon überzeugt sind, dass Siebenbürgen eine Insel der Religionsfreiheit war, vermittelt die genauere Betrachtung der siebenbürgischen Entwicklung ein ganz anderes Bild. Die siebenbürgische Religionsgesetzgebung seit den 1560er Jahren diente dem

---

34 Katalin Péter, Studies on the History of the Reformation in Hungary and Transylvania, Göttingen 2018, S. 85–117. Eine frühere Fassung: *Katalin Péter*, The way from the church of the Priest to the church of the congregation, in: Eszter Andor/István György Tóth (Hg.), Frontiers of Faith. Religious Exchange and the Constitution of Religious Identities, Budapest 2001, S. 9–19.

35 Eine ähnliche Auffassung vertritt *Zoltán Csepregi*, A reformáció nyelve: Tanulmányok a magyarországi reformáció első negyedszázadának vizsgálata alapján [Die Sprache der Reformation: Aufsätze anhand der Analyse des ersten Vierteljahrhunderts der ungarischen Reformation], Budapest 2013, S. 14–17, S. 362–363.

Zweck, die jeweilige Herrschaft zu sichern und ihrer Konfession einen Vorteil zu verschaffen, ohne ihr einen formalen Vorrang gegenüber den anderen Glaubensrichtungen einzuräumen, die weiterhin im Land geduldet wurden. Von Toleranz im modernen Sinne einer Gleichberechtigung oder rechtlichen Anerkennung kann somit schwerlich gesprochen werden: Diese kam erst mit dem Toleranzpatent Josephs II.

Auswahlbibliographie / Select Bibliography

Balázs, Mihály, Über den europäischen Kontext der siebenbürgischen Religionsgeschichte des 16. Jahrhunderts. in: Günther Frank (Hg.), Fragmenta Melanchthoniana. Humanismus und europäische Identität, Bd 4, Ubstadt u. a. 2009, S. 11–27.

Balázs, Mihály, Tolerant Country – Misunderstood Laws. Interpreting Sixteenth-Century Transylvanian Legislation Concerning Religion, in: The Hungarian Historical Review 2 (2013), S. 85–108.

Bérenger, Jean, Tolérance ou paix de religion en Europe centrale (1415–1792), Paris 2000.

Binder, Ludwig, Grundlagen und Formen der Toleranz in Siebenbürgen bis zur Mitte des 17. Jahrhunderts, Köln u. a. 1976.

Daugsch, Walter, Toleranz im Fürstentum Siebenbürgen, in: KO 26 (1983), S. 35–72.

Ebermann, Winfried, Reformation and Counterreformation in East Central Europe, in: Thomas Brady u. a. (Hg.), Handbook of European History 1400–1600. Late Middle Ages, Renaissance and Reformation, Leiden u. a. 1995, Bd. 5/2, S. 551–584.

Fata, Márta, Ungarn, das Reich der Stephanskrone, im Zeitalter der Reformation und Konfessionalisierung. Multiethnizität, Land und Konfession 1500 bis 1700, Münster 2000.

Király, Béla, Tolerance and Movements of Religious Dissent in Eastern Europe, New York/London 1975.

Kruppa, Tamás, Die Religionspolitik der Báthorys in den 1580er Jahren. Ein Versuch zur Verhinderung der protestantischen Religionspraxis (1579–1581), in: Ulrich A. Wien u. a. (Hg.), Radikale Reformation. Die Unitarier in Siebenbürgen, Köln u. a. 2013, S. 11–36.

Murdoch, Graeme, Between Confessional Absolutism and Toleration: The Inter-Demonitional Relations of Hungarian Reformed and Romanian Orthodox Churches in Early Seventeenth Century Transylvania, in: Europa: Balcanica – Danubiana – Carpathica 2/A (1995), S. 218–226.

Péter, Katalin, Studies on the History of the Reformation in Hungary and Transylvania, Göttingen 2018, S. 85–117.

Révész, László, Die Entwicklung der konfessionellen Toleranz in Siebenbürgen, in: UngJb 12 (1982), S. 112–114.

Szegedi, Edit, Die Religionspolitik der reformierten Fürsten Siebenbürgens, in: Günther Frank (Hg.), Fragmenta Melanchthoniana. Humanismus und europäische Identität, Bd 4., Ubstadt u. a. 2009, S. 29–44.

Tóth, István György, La tolérance religieuse au 17 siècle en Hongrie, en Transylvanie et sur le territoire hongrois occupé par les Turcs, in: Guy Saupin/Marcel Launay (Hg.), La Tolérance, Colloque international de Nantes (mai 1998), Paris 1999, S. 127–133.

Tóth, István György, Politique et religion dans la Hongrie du XVIIe siècle: lettres des missionaires de la Propaganda Fide, Paris 2004.

Volkmer, Gerard, Siebenbürgen zwischen Habsburgmonarchie und Osmanischem Reich. Völkerrechtliche Stellung und Völkerrechtspraxis eines ostmitteleuropäischen Fürstentums (1541–1699), Oldenburg 2015.

Völkel, Ekkehard, Möglichkeiten und Grenzen der konfessionellen Toleranz dargestellt am Beispiel Siebenbürgens im 16. Jahrhundert, in: UngJb 4 (1972), S. 46–60.

Siegrid Westphal
46. Der Westfälische Frieden 1648

Abstract: The Peace of Westphalia 1648
The Peace of Westphalia negotiated at Osnabrück and Münster, which ended the Thirty Years War (1618–48), is the key peace agreement of the early modern period; it also secured the domestic peace of the Holy Roman Empire until 1806. The peace congress which met from 1643 to 1649 was furthermore the first pan-European peace conference and it set a pattern for subsequent European peace congresses. It was a congress of ambassadors who developed a novel mode of negotiation; they acted upon and contributed to the developing notion of international law; and they developed distinctive solutions which set important precedents. This chapter begins with a survey of the background of the Thirty Years War. It then examines the content of the peace treaties and the significance of the Peace of Westphalia as a point of reference for future peace negotiations.

Der in Osnabrück und Münster ausgehandelte Westfälische Frieden von 1648 beendete den Dreißigjährigen Krieg (1618–1648) und gilt als zentrales Friedenswerk der Frühen Neuzeit, das bis 1806 den Frieden im Innern des Reiches sichern konnte. Der von 1643 bis 1649 tagende Friedenskongress kann zudem als erster gesamteuropäischer Friedenskongress bezeichnet werden, der für die folgenden europäischen Friedensschlüsse auch in Hinsicht auf den Charakter als Gesandtenkongress, den diplomatischen Verhandlungsmodus, das sich entwickelnde Völkerrecht und die gefundenen Lösungen für Jahrhunderte Maßstäbe setzte.[1] Der Beitrag wird zunächst die Ausgangssituation im Dreißigjährigen Krieg skizzieren, dann die Inhalte der auf dem Westfälischen Friedenskongress geschlossenen Friedensverträge erläutern und abschließend auf die Bedeutung des Westfälischen Friedens als Referenzfrieden eingehen.

---

1 *Heinhard Steiger*, Der Westfälische Friede – Grundgesetz für Europa?, in: Heinz Duchhardt (Hg.), Der Westfälische Friede. Diplomatie – politische Zäsur – kulturelles Umfeld – Rezeptionsgeschichte, München 1998, S. 33–80; *Franz Bosbach*, Verfahrensordnungen und Verhandlungsabläufe auf den Friedenskongressen des 17. Jahrhunderts. Überlegungen zu einer vergleichenden Untersuchung der äußeren Formen frühneuzeitlicher Friedensverhandlungen, in: Christoph Kampmann u.a. (Hg.), L'art de la paix. Kongresswesen und Friedensstiftung im Zeitalter des Westfälischen Friedens, Münster 2011, S. 93–118; *Michael Rohrschneider*, Friedensvermittlung und Kongresswesen: Strukturen – Träger – Perzeption (1643–1697), in: Kampmann u.a. (Hg.), L'art de la paix, S. 139–165; *Anette Gerstenberg* (Hg.), Verständigung und Diplomatie auf dem Westfälischen Friedenskongress. Historische und sprachwissenschaftliche Zugänge, Köln 2014.

1. Ausgangssituation

1.1. Kriegskonstellationen

Weder das Kriegsgeschehen im Dreißigjährigen Krieg noch die Friedensverhandlungen in Münster und Osnabrück lassen sich monokausal erklären.² Die für beide charakteristische Komplexität resultierte aus der engen Verflechtung von Auseinandersetzungen über die Hegemonie in Europa zwischen den Habsburgern und den Bourbonen mit den politischen und konfessionellen Entwicklungen im Reich. Die europäischen Konflikte verliefen zunächst parallel zum Dreißigjährigen Krieg, überlagerten dann aber zunehmend den im Reich kriegsauslösenden Grundkonflikt von konfessionellen Differenzen und der klassischen verfassungsrechtlichen Auseinandersetzung zwischen Kaiser und Reichsständen über die politische Vorherrschaft im Reich.

Bei der hegemonialen Auseinandersetzung zwischen den Habsburgern und Bourbonen ging es um die Sicherung und Kontrolle von politischen, militärischen und wirtschaftlichen Einflusszonen, aber auch um die Frage des Rangs in Europa.³ Denn traditionell beanspruchte das Haus Habsburg, das die römisch-deutsche Kaiserwürde inne hatte und über Territorien des Reiches, aber auch über Ungarn, die spanischen Königreiche (einschließlich Teilen Italiens, die niederländischen Provinzen bzw. die burgundischen Erblande) und überseeische Besitzungen herrschte, den Vorrang unter den europäischen Mächten. In Folge des Streites über die Spanische Sukzession zwischen Kaiser Karl V. (reg. 1519–1556) und seinem Bruder Ferdinand I. (reg. 1556–1564) kam es zwar zu einer Teilung der habsburgischen Dynastie in eine spanische und österreichische Linie, aber Frankreich fühlte sich weiterhin umklammert und befürchtete die erneute Errichtung einer Universalmonarchie. Dabei sah es die treibende Kraft jedoch vor allem in der spanischen Linie, der man vorrangig entgegentreten musste. Dieser Konflikt verschärfte sich im 17. Jahrhundert massiv. Beide Seiten nutzten jede Möglichkeit, die Gegenseite zu schwächen, wobei ein unmittelbarer Schlagabtausch zunächst vermieden und die Konfrontation, beispielsweise im Achtzigjährigen Krieg (1568–1648) und im Dreißigjährigen Krieg erst indirekt gesucht, ab 1635 aber dann im Spanisch-Französischen Krieg (1635–1659) auch offen ausgetragen wurde.

---

2 Vgl. *Siegrid Westphal*, Der Westfälische Frieden, München 2015; *Fritz Dickmann*, Der Westfälische Frieden, Münster ⁷1998. Die grundlegende Literatur zum Westfälischen Frieden bis 1995 findet sich bei: *Eva Ortlieb/Matthias Schnettger* (Bearb.), Bibliographie zum Westfälischen Frieden, hg. von Heinz Duchhardt, Münster 1996. Grundlegend sind des Weiteren: *Duchhardt* (Hg.), Der Westfälische Friede. Diplomatie; *Klaus Bußmann/Heinz Schilling* (Hg.), 1648. Krieg und Frieden in Europa, 3 Bde., München 1998.
3 *Christoph Kampmann*, Europa und das Reich im Dreißigjährigen Krieg. Geschichte eines europäischen Konflikts, Stuttgart 2008, S. 10f.

Der Dreißigjährige Krieg entwickelte sich nach dem Schneeballprinzip aus einem Regionalkonflikt in Böhmen zwischen einerseits den böhmischen Ständen und den von ihnen zum böhmischen König gewählten Pfälzer Kurfürsten, Friedrich V. (1596–1632), sowie andererseits den österreichischen Habsburgern, die die böhmische Königskrone für sich beanspruchten, zu einem lang andauernden Krieg, der das gesamte Heilige Römische Reich deutscher Nation schwer erschütterte. Ursache dafür war zum einen die verfassungsrechtliche Auseinandersetzung der Reichsstände mit dem Kaiser über die reichsständischen Rechte und Privilegien, die der Kaiser zu beschneiden versuchte und die militärisch wiederhergestellt werden sollten. Zum anderen hatten sich über die Auslegung des Augsburger Religionsfriedens von 1555[4] massive konfessionelle Differenzen entwickelt, die sich mit den verfassungsrechtlichen Konflikten verwoben und kriegstreibend wirkten. Aufgrund der Verflechtungen der Kriegsparteien im Reich mit den europäischen Mächten entwickelte sich der Dreißigjährige Krieg immer mehr zu einem europäischen Krieg. Die spanischen Habsburger unterstützten dabei die österreichischen Habsburger. Schweden und Frankreich, die – trotz unterschiedlicher konfessioneller Präferenzen – ein antihabsburgisch motiviertes Bündnis eingingen – stellten sich auf die Seite eines Teils der Reichsstände in ihrem Kampf gegen den Kaiser.

1.2 Der Hamburger Präliminarfrieden von 1641

Von Beginn des Krieges an gab es Friedensinitiativen, die jedoch immer wieder scheiterten, weil die verschiedenen Vorstellungen, wie der Frieden aussehen sollte, lange Zeit nicht in Übereinklang gebracht werden konnten.[5] Da keine der Kriegsparteien entscheidende militärische Erfolge erzielte, setzten im neutralen Hamburg ab Sommer 1641 offizielle Vorbesprechungen für Friedensverhandlungen zwischen dem schwedischen, dem kaiserlichen sowie dem französischen Gesandten ein. Sie mündeten in den Hamburger Präliminarfrieden vom 25. Dezember 1641, der die wichtigsten Verfahrensweisen für Friedensverhandlungen festlegte.[6] Die Parteien initiierten damit einen Friedensprozess, verpflichteten sich aber rechtlich nicht auf den Abschluss eines Friedens. Es kam auch zu keinem Waffenstillstand.[7]

---

4 Vgl. hierzu auch Kapitel 41.
5 *Michael Rohrschneider*, Die verhinderte ‚Friedensstadt': Köln als Kongressort im 17. Jahrhundert, in: ders., Frühneuzeitliche Friedensstiftung in landesgeschichtlicher Perspektive, Wien u. a. 2020, S. 139–161; *Volker Arnke*, Eger – Lübeck – Prag – Köln – Goslar. Verhandlungen und Verträge zwischen Frieden und Krieg 1619–1642, in: ders./Siegrid Westphal (Hg.), Der schwierige Weg zum Westfälischen Frieden. Wendepunkte, Friedensversuche und die Rolle der „Dritten Partei", vorauss. 2021, vgl. hierzu auch Kapitel 15.
6 *Kampmann*, Europa, S. 135–138.
7 Vgl. zu Waffenstillständen auch Kapitel 16.

In den Verträgen wurden Münster und Osnabrück als Kongressstädte benannt, allerdings sollten die Verhandlungen an beiden Orten als ein zusammenhängender Kongress angesehen werden, womit man den Wünschen Frankreichs und Schwedens nach einem großen allgemeinen Friedenskongress entgegen kam.[8] Für die beiden Städte sprach, dass sie nah beieinander lagen, vom Krieg weitestgehend verschont geblieben und unterschiedlich konfessionell ausgerichtet waren. So galt Münster als katholische Stadt, während Osnabrück weitgehend lutherisch geprägt war. Zudem waren die Schweden bereits im Besitz von Osnabrück und hatten die Stadt als Garnisons- und Festungsstadt ausgebaut.

Für beide Städte wurde im Hamburger Präliminarfrieden vorgesehen, sie für die Dauer des Kongresses zu neutralisieren. Das bedeutete, dass die dort befindlichen Truppen das Feld räumen sollten und die Sicherheit der Kongressteilnehmer durch die Magistrate der Städte gewährleistet werden musste. Auch die Verbindungsstraßen zwischen beiden Städten wurden für neutral erklärt. Als Beginn der Verhandlungen wurde der 25. März 1642 festgelegt, was durch die zögerliche Ratifizierung des Präliminarfriedens jedoch nicht eingehalten werden konnte.[9] Daher kann nicht von einem offiziellen Beginn des Westfälischen Friedenskongresses gesprochen werden.

Der Kongress sollte durch eine *pax universalis* oder *pax generalis* vier zentrale militärische Auseinandersetzungen in Europa befrieden, die eng miteinander verzahnt waren. Dazu zählte neben dem seit 1635 ausgetragenen Spanisch-Französischen Krieg der Achtzigjährige Krieg zwischen den nördlichen Niederlanden und Spanien, der seit 1568 geführt wurde. Zudem sollten einerseits die im Verlauf des Dreißigjährigen Krieges entstandenen Konflikte zwischen Frankreich und dem Kaiser und den jeweils mit ihnen verbündeten Reichsständen sowie andererseits der Konflikt des Kaisers mit Schweden und ihren jeweiligen verbündeten Reichsständen beendet werden.[10]

Als Verhandlungsform wurde im Hamburger Präliminarfrieden die Vermittlung durch Dritte[11] festgelegt. Dänische Gesandte sollten in Osnabrück zwischen dem Kaiser und Schweden vermitteln, während in Münster der päpstliche und der venezianische Gesandte den Frieden zwischen den katholischen Mächten Frankreich und Spanien im Spanisch-Französischen Krieg herstellen und den Achtzigjährigen Krieg zwischen Spanien und den nördlichen Provinzen der Niederlande beenden sollten. Des Weiteren sollte es in Münster um die Befriedung der Auseinandersetzungen zwischen dem Kaiser und Frankreich im Dreißigjährigen Krieg gehen. Die Frage, ob Reichsangelegenheiten behandelt und auch die Reichsstände am Verhandlungsgeschehen beteiligt werden sollten, blieb jedoch offen.

---

8 *Kampmann*, Europa, S. 136.
9 *Dickmann*, Der Westfälische Frieden, S. 103–105.
10 Vgl. *Konrad Repgen*, Die Hauptprobleme der Westfälischen Friedensverhandlungen von 1648 und ihre Lösungen, in: ders., Dreißigjähriger Krieg und Westfälischer Friede. Studien und Quellen, hg. von Franz Bosbach/Christoph Kampmann, Paderborn ³2015, S. 423–459.
11 Vgl. hierzu auch Kapitel 24.

1.3 Das Kongressgeschehen

Der Anspruch, einen ‚allgemeinen' christlichen Frieden in Europa herzustellen, spiegelt sich auch in der bis dahin beispiellosen Größe des Kongresses wider, der in der Forschung als „Kongress der Superlative" bezeichnet wird.[12] Zwar bereitet es Schwierigkeiten, den Kongressbeginn und das Ende zu terminieren und die genaue Gesandtenzahl zu jedem Zeitpunkt festzustellen, da die Gesandten in den Jahren zwischen 1643 und 1646 zeitlich versetzt nach Münster und Osnabrück kamen und zwischen 1647 und 1649 entsprechend wieder abreisten. Die größte Zahl an Gesandtschaften wird jedoch für die Zeit von Januar 1646 bis Juli 1647 vermutet. Insgesamt 109 zum Teil mehrere Personen umfassende diplomatische Gesandtschaften vertraten 16 europäische Staaten und 140 Reichsstände sowie 38 weitere Mächte – unter ihnen beispielsweise italienische Fürsten und Republiken, die das Kongressgeschehen durch eigene oder fremde Gesandte beobachten ließen.[13] Von den mitteleuropäischen Mächten war lediglich England einschließlich Schottland und Irland nicht vertreten, wo zu diesem Zeitpunkt ein heftiger Bürgerkrieg ausgetragen wurde. Zudem fehlten das russische Zarenreich und der türkische Sultan.[14]

Die große Zahl der Menschen, die zusätzlich untergebracht und versorgt werden mussten, stellte für die beiden Städte im Nordwesten des Reiches eine große logistische Herausforderung dar, die aber letztlich gemeistert werden konnte.[15]

Von den vielen Teilnehmern hatten vor allem fünf Mächte anfangs den größten Einfluss auf das Verhandlungsgeschehen – der Kaiser des Heiligen Römischen Reiches deutscher Nation, die Könige von Frankreich, Schweden sowie Spanien und die Vereinigten Provinzen der nördlichen Niederlande. Die anderen Mächte spielten zunächst eine eher untergeordnete Rolle, aber ab 1645 gewannen die Reichsstände immer größere Bedeutung. Ihre Teilnahme am Kongress war zunächst nicht vorgesehen gewesen, wurde dann aber durch die Franzosen und Schweden gegenüber dem Kaiser durchgesetzt.

---

12 *Johannes Burkhardt*, Das größte Friedenswerk der Neuzeit. Der Westfälische Friede in neuer Perspektive, in: GWU 49 (1998), S. 592–612.
13 *Repgen*, Hauptprobleme, S. 429.
14 *István Hiller*, Die Rolle des Osmanischen Reichs in der europäischen Politik zur Zeit des Westfälischen Friedens, in: Duchhardt (Hg.), Der Westfälische Friede. Diplomatie, S. 393–404.
15 Vgl. *Gerd Steinwascher*, Osnabrück und der Westfälische Frieden. Die Geschichte der Verhandlungsstadt 1641–1650, Osnabrück 2000; *ders.*, Der Westfälische Friedenskongress in Osnabrück: Probleme und Chancen einer halbsouveränen Stadt im Rampenlicht europäischer Diplomatie, in: Christian Windler (Hg.), Kongressorte der Frühen Neuzeit im europäischen Vergleich. Der Friede von Baden (1714), Köln u. a. 2016, S. 155–171; *Anuschka Tischer*, Zwei Verhandlungsorte für einen Frieden: Die räumliche Dimension des Friedenskongresses in Münster und Osnabrück (1644–1648), in: Windler (Hg.), Kongressorte, S. 173–187.

Der Kongressverlauf lässt sich in unterschiedliche Phasen einteilen. Die ersten Jahre 1643/44 waren von einer Reihe von Rangstreitigkeiten geprägt.[16] Die eigentlichen Verhandlungen begannen im Prinzip erst Ende 1645 und dauerten bis Oktober 1648. Die schwierigste Phase des Kongresses war sicherlich die, als der wichtigste Gesandte, der kaiserliche Prinzipalgesandte Graf Maximilian von Trauttmansdorff (1584–1650), im Juli 1647 aus Münster abreiste, ohne dass die genaueren Gründe dafür bekannt sind.[17] Einige Gesandtschaften sahen darin ein Scheitern der Verhandlungen und reisten deshalb ebenfalls ab. Die Forschung spricht von einer massiven Krise des Kongresses.[18] Erst die Herausbildung der sogenannten Dritten Partei, einer überkonfessionellen und kompromissbereiten Gruppe von Reichsständen, hat dann die Friedenverhandlungen zu Beginn des Jahres 1648 wieder in Gang gebracht und den Friedensschluss endgültig herbeigeführt.[19]

Hinsichtlich des konkreten Modus war vorgesehen, die jeweiligen Konflikte separat und durch Mediatoren verhandeln zu lassen. Nachdem Dänemark aufgrund der Niederlage im dänisch-schwedischen Krieg als Vermittler nicht mehr in Frage kam und die dänische Gesandtschaft noch vor Beginn der eigentlichen Gespräche wieder abgezogen war, wurden die Verhandlungen in Osnabrück jedoch direkt zwischen den Parteien geführt. In Münster dagegen dominierte das Verfahren der Vermittlung durch den päpstlichen Gesandten Fabio Chigi (1599–1667) und den venezianischen Gesandten Alvise Contarini (1597–1651).[20]

Die Sprache des amtlichen Schriftverkehrs war Latein, die mündlichen Verhandlungen wurden in Osnabrück in deutscher Sprache geführt, in Münster verhandelte man je nach Gegenüber in Latein, Französisch oder Italienisch.[21]

Für den Verlauf der Friedensverhandlungen war zudem entscheidend, dass kein Waffenstillstand geschlossen wurde und deshalb der Kriegsverlauf immer wieder Einfluss auf die Verhandlungen nahm. Dennoch wurde der Dreißigjährige Krieg nicht auf dem Schlachtfeld entschieden, sondern auf diplomatischem Wege beendet. Die Wiederherstellung des Friedens galt als oberste Maxime, jede Kriegspartei signalisierte permanente Gesprächsbereitschaft und lotete immer wieder Friedensbedingungen

---

16 *Anja Stiglic*, Zeremoniell und Rangordnung auf der europäischen diplomatischen Bühne am Beispiel der Gesandteneinzüge in die Kongress-Stadt Münster, in: Bußmann/Schilling (Hg.), 1648, Textbd. 1: Politik, Religion, Recht und Gesellschaft, München 1998, S. 391–396; vgl. hierzu auch Kapitel 31.

17 *Konrad Repgen*, Maximilan Graf Trauttmansdorff – Chefunterhändler des Kaisers beim Prager und beim Westfälischen Frieden, in: ders., Dreißigjähriger Krieg, S. 487–499.

18 *Kampmann*, Europa, S. 162–164.

19 *Volker Arnke*, Die Dritte Partei des Westfälischen Friedenskongresses und die Frage, wie der Frieden möglich wurde – ein Forschungsdesiderat, in: Stefanie Freyer/Siegrid Westphal (Hg.), Wissen und Strategien frühneuzeitlicher Diplomatie, vorauss. 2020.

20 *Konrad Repgen*, Friedensvermittlung und Friedensvermittler beim Westfälischen Frieden, in: ders., Dreißigjähriger Krieg, S. 939–963.

21 *Martin Espenhorst* (Hg.), Frieden durch Sprache? Studien zum kommunikativen Umgang mit Konflikten und Konfliktlösungen, Göttingen 2012.

aus. Nicht zuletzt deshalb wurden von Beginn des Krieges an auf bi- und multilateraler Ebene oder durch Vermittlung Dritter Friedensverhandlungen geführt.[22] Verwiesen sei hier beispielsweise nur auf den Prager Frieden von 1635.[23] Gerade in der Endphase des Krieges standen die Bemühungen um Friedensverhandlungen sogar im Vordergrund und sollten auf dem Schlachtfeld quasi erzwungen werden.

1.4 Ergebnisse

Letzten Endes konnten drei der vier Konflikte in Münster und Osnabrück befriedet werden, was bereits von den Zeitgenossen als wahres „Weltwunder" (Contarini) bezeichnet wurde.[24] Der Achtzigjährige Krieg bzw. der Spanisch-Niederländische Krieg wurde am 15. Mai 1648 im Frieden von Münster beendet. Die Konflikte zwischen Frankreich und dem Kaiser sowie den jeweils mit ihnen verbündeten Reichsständen und der Konflikt des Kaisers mit Schweden und ihren jeweiligen verbündeten Reichsständen konnten im Westfälischen Frieden beigelegt werden, der aus zwei separaten, aber eng miteinander verzahnten Friedensinstrumenten besteht. Das sind zum einen das Osnabrücker Friedensinstrument, das sog. IPO (*Instrumentum Pacis Osnabrugensis*), und zum anderen das Münsterische Friedensinstrument, das sog. IPM (*Instrumentum Pacis Monasteriensis*).[25] Das Osnabrücker Friedensinstrument wurde am 6. August 1648 in Osnabrück per Handschlag besiegelt, am 24. Oktober wurden beide Friedensinstrumente gemeinsam in Münster unterschrieben und zunächst in Münster und einen Tag später in Osnabrück öffentlich verkündet. Ein Konflikt, der Spanisch-Französische Krieg, konnte jedoch nicht befriedet werden und wurde erst durch den Pyrenäenfrieden von 1659 beendet, so dass die Forschung mit Blick auf den Anspruch des Westfälischen Friedenskongresses auch von einem gescheiterten Universalfrieden spricht.[26]

---

22 *Kampmann*, Europa, S. 180–183.
23 *Georg Schmidt*, „Absolutes Dominat" oder „deutsche Freiheit". Der Kampf um die Reichsverfassung zwischen Prager und Westfälischem Frieden, in: Robert von Friedeburg (Hg.), Widerstandsrecht in der Frühen Neuzeit. Erträge und Perspektiven der Forschung im deutsch-britischen Vergleich, Berlin 2001, S. 265–284.
24 *Repgen*, Hauptprobleme, S. 426.
25 Die Friedensinstrumente sowie umfangreiche Materialien zum Verhandlungsgeschehen finden sich in den sogenannten APW (Acta Pacis Westphalicae); *Maximilian Lanzinner*, Die „Acta Pacis Westphalicae" (APW) seit dem Gedenkjahr 1998, in: Inken Schmidt-Voges u. a. (Hg.), Pax perpetua. Neuere Forschungen zum Frieden in der Frühen Neuzeit, München 2010, S. 49–72.
26 *Michael Rohrschneider*, Der gescheiterte Frieden von Münster. Spaniens Ringen mit Frankreich auf dem Westfälischen Friedenskongress (1643–1649), Münster 2007.

2. Die Friedensschlüsse des Westfälischen Friedenskongresses

2.1 Der Frieden von Münster

Beim Frieden von Münster handelt es sich um einen separaten Friedensschluss, der formaljuristisch nicht mit dem Westfälischen Frieden in Verbindung steht, allerdings existierte eine Reihe von Verflechtungen zwischen dem Dreißigjährigen Krieg und dem Achtzigjährigen Krieg.[27]

Das Haus Habsburg war seit Ende des 15. Jahrhunderts im Besitz der sogenannten Burgundischen Erbschaft, zu der auch die Burgundischen Niederlande gehörten – ein die heutigen Benelux-Staaten und Teile Nordfrankreichs umfassender Komplex von 17 Provinzen. Formal waren diese Gebiete als Burgundischer Reichskreis mit dem Heiligen Römischen Reich deutscher Nation verbunden und standen ab Mitte des 16. Jahrhunderts unter der Regierung der spanischen Linie des Hauses Habsburg.

Zwei Faktoren führten seit den 1560er Jahren zu Aufstandsbewegungen in den Niederlanden: Zum einen bemühten sich die Statthalter der spanischen Könige, den Einfluss der niederländischen Stände und politischen Eliten zurückzudrängen und die Niederlande stärker in den spanischen Einflussbereich zu integrieren. Zum anderen erhob sich massiver Widerstand gegen die damit verbundenen Rekatholisierungsmaßnahmen, zu deren Durchsetzung die Inquisition in den Niederlanden eingeführt und Ketzerverfolgungen durchgeführt wurden. Anders als im Reich richteten sich die Maßnahmen gegen die Calvinisten, die in ihren religiösen und politischen Einstellungen deutlich radikaler als die Lutheraner waren. Die Bevölkerung der Niederlande war zwar nominell überwiegend noch katholisch, solidarisierte sich aber mit den Forderungen nach einer Reform der Kirche und stellte sich auch auf Seiten der Calvinisten, um sie vor der religiösen Verfolgung zu schützen. Konfessionelle und politische, gegen die Regierung vorgebrachte Argumente verbanden sich miteinander und entluden sich in einer losen Folge von Unruhen, Aufständen und Kriegen, in deren Verlauf sich ein nördliches Teilgebiet von sieben Provinzen, die Vereinigten Provinzen bzw. Generalstaaten, vom weiterhin unter spanischer Herrschaft stehenden südlichen Teil, den Königlichen Niederlanden, separierte und sich zur ersten neuzeitlichen Republik entwickelte.[28] Weil Spanien immer stärker auch auf anderen Kriegsschauplätzen engagiert war und die dadurch hervorgerufenen logistisch-militärischen Probleme nicht mehr bewältigen konnte, wurde 1609 ein Waffenstillstand vereinbart, der bis 1621

---

27 *Jan J. Poelhekke*, De Vrede van Munster, 's-Gravenhage 1948; *Horst Lademacher*, „Ein letzter Schritt zur Unabhängigkeit". Die Niederländer in Münster 1648, in: Duchhardt (Hg.), Der Westfälische Friede. Diplomatie, S. 335–348.
28 *Jonathan Israel*, Der Niederländisch-spanische Krieg und das Heilige Römische Reich deutscher Nation (1568–1648), in: Bußmann/Schilling (Hg.), 1648, Textbd. 1, S. 111–122, hier S. 111.

dauern sollte. Seit 1617 spitzten sich die Konflikte zwischen Spanien und den Vereinigten Provinzen wieder stärker zu, sodass nach Ende des Waffenstillstandes die Kampfhandlungen erneut ausbrachen. Zunächst konnten die Spanier eine Reihe von Eroberungen und Siegen feiern, ab Ende der 1620er Jahre trat jedoch eine Wende ein, die vor allem mit den Siegen der Vereinigten Provinzen in Übersee zusammenhing. Unterstützt wurden sie dabei durch Subsidien aus Frankreich, da Frankreich im Achtzigjährigen Krieg die Möglichkeit sah, die spanischen Habsburger zu schwächen.

Die Zugehörigkeit der Niederländischen Provinzen zum römisch-deutschen Reich bzw. zum Burgundischen Reichskreis wurde von den Spaniern immer wieder als Argument angeführt, um den Kaiser und die Reichsstände dazu zu bewegen, Spanien im Kampf gegen die aus ihrer Sicht aufständischen nördlichen Provinzen zu unterstützen. Letztlich aber erklärte das Reich in diesem Konflikt seine Neutralität. Allerdings bedingte die territoriale Nähe der Niederlande und der nordwestdeutschen Gebiete des Reiches, dass die Konflikte des Achtzigjährigen Krieges immer wieder Auswirkungen auf das Reichsgebiet hatten. Schließlich spielte auch die konfessionelle Solidarität durchaus eine Rolle. So unterstützten beispielsweise die niederländischen Calvinisten den Aufstand in Böhmen und Mähren. Und der einflussreiche Statthalter der Vereinigten Provinzen, Moritz von Oranien (1567–1624), der mit dem ‚Winterkönig', dem pfälzischen Kurfürsten Friedrich V., verwandt war, nahm diesen, seine Frau und dessen calvinistisch geprägten Hof nach deren Flucht aus Böhmen an seinem Hof im Haag auf. Mit der Unterstützung der böhmischen Aufständischen verfolgte der Statthalter das Ziel, das Haus Habsburg insgesamt zu schwächen und spanische Truppen und finanzielle Mittel an den böhmisch-mährischen Kampfschauplatz zu binden.[29]

Es war nun Frankreich, das darauf bestand, dass seine Verbündeten mit auf dem Westfälischen Friedenskongress vertreten sein sollten, auch um den Habsburgern ein entsprechendes Gegengewicht bieten zu können. Frankreich setzte darauf, dass die Vereinigten Provinzen ihre Bündniszusagen einhalten würden, sah sich aber getäuscht, da sich in den Vereinigten Provinzen die Gruppe durchsetzte, die den Frieden mit Spanien der Fortführung des Krieges vorzog.[30]

Es gelang den Vereinigten Provinzen schließlich, alle Kriegsziele gegenüber Spanien durchzusetzen. Der größte Erfolg bestand darin, dass die sieben nördlichen Provinzen jede für sich die völkerrechtliche Unabhängigkeit von Spanien erreichen konnten. Sie verstanden sich als Staatenbund und bezeichneten sich in der Folge als ‚Republik der Vereinigten Niederlande'. Der spanische König sicherte zudem zu, sich beim Kaiser und den Reichsständen dafür einzusetzen, die Vereinigten Provinzen aus dem Reichsverband zu entlassen. Der Kaiser bestätigte seinerseits die das Reich be-

---

29 Ebd., S. 118.
30 *Lademacher*, Niederländer, S. 346; *Simon Groenveld*, Der Friede von Münster als Abschluss einer progressiven Revolution in den Niederlanden, in: Bußmann/Schilling (Hg.), 1648, Textbd. 1, S. 123–132.

treffenden Passagen, in denen Neutralität und gute Nachbarschaft zugesichert wurden. Die südlichen Niederlande blieben weiterhin in der Hand der Spanier. Für die Grenzen sollte der Stand von 1648 gelten. Die Eroberungen, welche die Vereinigten Provinzen während des Achtzigjährigen Krieges in Übersee von den Spaniern machen konnten, durften in ihrem Besitz bleiben. Dafür mussten sie zusagen, künftig keine spanischen Territorien in der Neuen Welt anzugreifen. Hinzu kamen wirtschaftliche Abmachungen, die den Handel auf der Schelde und in Übersee betrafen. Spanien hob Beschränkungen der niederländischen Seefahrt bezüglich Ost- und Westindien auf. Außerdem gestand es zu, die Schifffahrt auf der Schelde, vor allem in Richtung Antwerpen, durch die Erhebung hoher Zölle zu begrenzen. Zudem widersetzte sich Spanien nicht länger der Anerkennung des Calvinismus in den sieben Provinzen.

Das wichtigste Ergebnis des Friedens, die Unabhängigkeit der Vereinigten Provinzen, bestand bis 1795 fort, auch wenn Frankreich unter Ludwig XIV. (1638–1715) alles daran setzte, die spanischen Niederlande sowie die Republik der Niederlande in seine Hände zu bekommen.[31] Im Zuge der Französischen Revolution und des ersten Koalitionskrieges rückten französische Truppen 1794/95 in die Niederlande ein, und es kam zur Gründung einer neuen Republik, der sogenannten Batavischen Republik, die bis 1806 existierte.

2.2 Der Westfälische Friede – die Inhalte von IPO und IPM

Die größte Bedeutung gewann der Westfälische Friedenskongress durch den Westfälischen Frieden für das Heilige Römische Reich deutscher Nation. Er erneuerte eine Friedensordnung, die für einen langen Zeitraum Sicherheit und Stabilität[32] zumindest im Innern des Heiligen Römischen Reiches deutscher Nation gewährleistete.

Beide Friedensinstrumente werden mit einer *Invocatio Dei* (Gottesbezug) und einer Präambel eingeleitet, in der der Anlass, die Vorgeschichte des Vertrags und die Vertreter der Vertragsparteien aufgeführt werden.[33] Es folgt der jeweils zwischen den Parteien vereinbarte Vertragstext, der auf den Vorabkommen beruht und vier Bereiche regelt: 1. Die Herstellung eines allgemeinen Friedens zwischen den Vertragsparteien; 2. Konflikte der Reichsverfassung und der Reichsreligionsverfassung; 3. Territoriale Satisfaktion von Frankreich und Schweden sowie andere Konflikte zwischen Kaiser und Reich auf der einen und den beiden Kronen auf der anderen Seite; 4. All-

---

31 *Lademacher*, Niederländer, S. 348.
32 Vgl. hierzu auch Kapitel 27.
33 *Heinhard Steiger*, Konkreter Friede und allgemeine Ordnung – Zur rechtlichen Bedeutung der Verträge vom 24. Oktober 1648, in: Bußmann/Schilling (Hg.), 1648, Textbd. 1, S. 437–446, hier S. 437; *ders.*, Der Westfälische Frieden – Grundgesetz von Europa? in: Duchhardt (Hg.), Der Westfälische Friede. Diplomatie, S. 33–80.

gemeine Schlussbestimmungen zur Ratifikation, zum Vollzug, der Garantie und Sicherung des Friedens.[34]

Der Friede wurde mit den genannten Vertragspartnern und ihren jeweiligen Verbündeten hergestellt (IPO: Kaiser Ferdinand III. (1608–1657) und das Reich mit der Königin Christina (1626–1689) und dem Königreich Schweden; IPM: Kaiser und Reich mit König Ludwig XIV. und dem Königreich Frankreich). Die Vereinigten Provinzen der Niederlande und der spanische König waren keine Vertragsparteien. Allerdings wurden eine Reihe von Mächten in die Friedensverträge mit einbezogen, die das *ius belli ac pacis* besaßen und direkt oder indirekt vom Kriegsgeschehen berührt worden waren.[35] Dabei handelte es sich um einen durchaus traditionellen Bestandteil eines Friedensvertrages.

Die Vertragstexte werden mit einer allgemeinen Friedensformel (Art. I IPO/§ 1 IPM) eröffnet, durch die der Krieg beendet und der Frieden vereinbart wird.[36] Damit endet auch das Recht zu Kriegshandlungen untereinander und gegen die Bevölkerung. Die Gefangenen sollten freigelassen (Art. 16 § 7 IPO) und die Söldner an bestimmten Plätzen zusammengezogen werden, wo sie sich ruhig zu verhalten hatten, bis finanzielle Ausgleichsregelungen getroffen waren. Es sollte ein christlicher, allgemeiner und immerwährender Friede sein sowie wahre und aufrichtige Freundschaft herrschen. Auf diese Weise wurde der Friede traditionell durch die *amicitia* (Freundschaft) im Sinne der *confoederatio* (Bündnis) gesichert, um einen Zustand wachsender Kooperation zu erreichen.

Um Frieden herzustellen, war es in der Frühen Neuzeit üblich und notwendig, dass sich die Vertragspartner gegenseitig „immerwährendes Vergessen und Amnestie" gewährten, was hier alle seit Kriegsausbruch 1618 zugefügten Beleidigungen und Gewalttaten miteinschloss.[37] Darunter fielen auch alle Schäden und Kosten. Ebenso sollten alle Würdenträger wieder in ihre Ämter eingesetzt und alle seit Kriegsausbruch erfolgten Veränderungen hinfällig sein. Auf der Basis der allgemeinen Amnestie wurde ein allgemeines Restitutionsgebot verabredet, das sich in zahlreichen einzelnen, nicht immer übereinstimmenden Restitutionsregelungen niederschlug. Darunter findet sich auch eine Reihe von Ausnahmeregelungen, beispielsweise in der Pfalzfrage, für Böhmen, die österreichisch-habsburgischen Erblande sowie einige weitere Reichsstände (z. B. Württemberg, Baden, Löwenstein-Wertheim, Kurtrier).[38] Insbesondere in der heftig umstrittenen Pfalzfrage wurden Lösungen gefunden, welche die Reichsverfassung grundlegend veränderten.[39] Bayern durfte im erblichen Besitz der Kurpfalz bleiben und erhielt zudem die Oberpfalz. Auf der anderen Seite war reichsrechtlich

---

34 *Steiger*, Friede, S. 437.
35 *Steiger*, Westfälische Frieden, S. 46; vgl. hierzu auch Kapitel 6.
36 *Steiger*, Westfälische Frieden, S. 48f.
37 Ebd., S. 437f.
38 *Repgen*, Hauptprobleme, S. 443.
39 Ebd., S. 445.

unstrittig, dass der Sohn von Friedrich V. von der Pfalz, Karl I. Ludwig (1617–1680), wieder restituiert werden musste. Der Kompromiss bestand darin, für den Pfalzgrafen eine neue Kurwürde, in der Rangfolge an der achten Stelle, zu schaffen und ihn mit der Unterpfalz zu belehnen, wobei gewisse Kautelen hinsichtlich des Konfessionsstandes vorgesehen waren. So sollte die Freiheit der evangelischen Religionsausübung auf Basis des Jahres 1618 gelten. Damit wurde die Normaljahrsregelung[40] (s. u.) des Westfälischen Friedens unterlaufen.

Durchaus üblich war es, dass die Kriegsparteien eine territoriale Satisfaktion aushandelten und sich am Ende eines Krieges durch den Friedensschluss Verschiebungen von Macht und Besitz ergaben.[41] Frankreich wurden die lothringischen Städte und Diözesen Metz, Toul und Verdun endgültig abgetreten, die de facto schon der französischen Verwaltung unterstanden hatten.[42] Darüber hinaus erhielt es fast das gesamte Elsass (Landgrafschaft des Ober- und des Unterelsass), die Stadt Breisach, den Sundgau und das Schutzrecht über die Dekapolis der Reichslandvogtei Hagenau. Mit dem Protektions- und Garnisonsrecht in Philippsburg wurde der Krone Frankreich zudem neben Breisach eine zweite Festung eingeräumt. Damit war ein zentrales Ziel der Franzosen erfüllt, nämlich auf der rechten Rheinseite mit den beiden Festungen Breisach und Philippsburg einen Brückenkopf zu bilden, der ihnen jederzeit die Möglichkeit bot, militärisch in das Reich einzugreifen.

Noch bedeutender als die Territorialsatisfaktion dürfte für Frankreich jedoch gewesen sein, dass das sogenannte kaiserliche Assistenzverbot für Spanien im noch andauernden Spanisch-Französischen Krieg im IPM (§ 3) festgeschrieben wurde und die aus französischer Sicht drohende habsburgische Umklammerung damit eingedämmt schien.[43] Beim kaiserlichen Assistenzverbot handelte es sich um ein rechtlich verbindliches Verbot für den Kaiser und die österreichischen Habsburger, das Bündnis der beiden habsburgischen Linien fortzusetzen und Spanien im Spanisch-Französischen Krieg weiterhin militärische Unterstützung zu gewähren.

Schweden erhielt das Herzogtum Vorpommern mit dem Fürstentum Rügen, Stadt und Hafen Wismar einschließlich von zwei Ämtern, die in weltliche Herzogtümer umgewandelten Stifte Bremen-Hamburg sowie Verden und eine Anwartschaft auf einen Teil der Pfründen des ehemaligen Hochstifts Kammin in Hinterpommern.[44] Für diese Reichslehen war Schweden – im Unterschied zu Frankreich – mit Sitz und Stimme auf dem Reichstag sowie auf dem Niedersächsischen Kreistag vertreten. Neben der schwedischen Territorialsatisfaktion wurde auch die schwedische Militärsatisfaktion zur Abfindung der Söldnerheere in Höhe von fünf Millionen Reichstalern sowie deren Zahlungsmodalitäten im IPO (Art. XVI § 8) festgeschrieben. Aufgrund einer Reihe von

---

40 Vgl. hierzu auch Kapitel 29.
41 *Repgen*, Hauptprobleme, S. 443.
42 Ebd., S. 452–455; *Steiger*, Friede, S. 439f.
43 *Kampmann*, Europa, S. 170.
44 *Repgen*, Hauptprobleme, S. 456–458; *Steiger*, Friede, S. 439.

unklaren Formulierungen erfolgte die endgültige Regelung jedoch erst auf einer eigenen Zusammenkunft der militärischen Führungsspitze mit den wichtigsten Vertretern der Reichsstände auf dem Nürnberger Exekutionstag 1649/50.[45]

Die Übertragung oder Abtretung von Reichsteilen an Frankreich und Schweden führte dazu, dass die dadurch beeinträchtigten Reichsfürsten eine Rekompensation einforderten. Insbesondere im Fall der schwedischen Territorialsatisfaktion erfolgte die Entschädigung der betroffenen Reichsstände wie Brandenburg oder Mecklenburg fast ausschließlich durch Rückgriff auf nordwestdeutsches Reichskirchengut, das säkularisiert wurde.[46]

Das oftmals in der Literatur behauptete formaljuristische Ausscheiden der Vereinigten Provinzen der Niederlande aus dem Reichsverband wird in den beiden Friedensinstrumenten an keiner Stelle erwähnt und kann daher eher als indirekte Folge des spanisch-niederländischen Friedens von Münster angesehen werden. Bemerkenswert ist jedoch, dass im Rahmen der Friedensverhandlungen der Vertreter der Stadt Basel, der Bürgermeister Johann Rudolf Wettstein (1594–1666), im Zusammenhang mit einem anhängigen Reichskammergerichtsverfahren gegen die Stadt Basel die Entlassung der Schweizer Eidgenossenschaft aus den Reichspflichten und die Exemtion von den Reichsgerichten (Art. VI IPO) erreichte, obwohl das rechtliche Verhältnis der Eidgenossen zum Reich ursprünglich nicht Verhandlungsgegenstand war und die Eidgenossen auch keine Kriegspartei darstellten.[47]

Neben den territorialen Veränderungen bilden die Bestimmungen für das Heilige Römische Reich deutscher Nation den eigentlichen Kern der Friedensinstrumente. Zwei eng miteinander verzahnte Bereiche wurden geregelt: zum einen allgemeine verfassungsrechtliche Aspekte, zum anderen die Religionsverfassung des Reiches, die den weitaus größten Umfang einnimmt und sehr detaillierte Bestimmungen beinhaltet. Auffällig dabei ist, dass gerade das Verfassungsrecht, das von der Nachwelt am heftigsten kritisiert wurde, relativ kurz und bündig abgehandelt wird.[48] Artikel VIII IPO beinhaltet keine Neuregelungen, sondern stellt in drei Paragraphen das alte Herkommen und die Rechte der Reichsstände wieder her, was keiner ausführlichen Verhandlungen bedurfte. Von einer angeblichen Souveränität, die den Reichsständen dadurch verliehen worden sei, kann keine Rede sein. In § 1 werden als erstes die alten Rechte, Vorrechte, Freiheiten, Privilegien und die freie Ausübung der überkommenen Herrschaftsrechte (*ius territoriale*) im Sinne der ‚teutschen Libertät' bestätigt. Notwendig war dies geworden, weil die Kaiser im Verlauf des Dreißigjährigen Krieges ver-

---

45 *Antje Oschmann*, Der Nürnberger Exekutionstag 1649–1650. Das Ende des Dreißigjährigen Krieges in Deutschland, Münster 1991.
46 *Repgen*, Hauptprobleme, S. 448.
47 *Peter Stadler*, Der Westfälische Friede und die Eidgenossenschaft, in: Duchhardt (Hg.), Der Westfälische Friede. Diplomatie, S. 369–391; *Kaspar von Greyerz*, Die Schweiz während des Dreissigjährigen Krieges, in: Bußmann/Schilling (Hg.), 1648, Textbd. 1, S. 133–140.
48 *Dickmann*, Der Westfälische Frieden, S. 325–332.

sucht hatten, die Verfassung einseitig im monarchischen Sinne auszulegen. In § 2 wird das von den Reichsständen seit längerer Zeit praktizierte Bündnisrecht untereinander und mit ausländischen Mächten bekräftigt, wenn es dem eigenen Schutz dient und nicht gegen Kaiser und Reich gerichtet ist. Zudem wird festgelegt, dass alle Reichsangelegenheiten ihrer Zustimmung bedürfen, wobei Entscheidungen über Krieg und Frieden, über Bündnisse, die Reichssteuern oder den Erlass bzw. die Auslegung von Reichsgesetzen gesondert benannt werden. Damit wurde der Reichstag als zentrales politisches Kommunikationsforum des Reiches wieder in Kraft gesetzt, nachdem zwischen 1613 und 1640 kein Reichstag einberufen worden war. § 3 enthält alle Reichsangelegenheiten, die in den Westfälischen Friedensverhandlungen zurückgestellt worden waren (*negotia remissa*), weil sie keinen Konsens gefunden hatten und deshalb auf künftigen Reichstagen behandelt werden sollten.

Eine diplomatische Meisterleistung und das Kernstück des Friedens ist das Reichsreligionsrecht (Art. V, VII IPO), das als zweiter Religionsfrieden angesehen wird.[49] Als erste Regelung findet sich die Bestätigung des Passauer Vertrags von 1552 und des Augsburger Religionsfriedens von 1555[50], was nicht als Leerformel zu verstehen ist. Vielmehr wurde festgelegt, dass der Westfälische Frieden bis zu einer künftigen kirchlichen Wiedervereinigung als dauerhaft gültige Erläuterung des vielfach umstrittenen Augsburger Religionsfriedens anzusehen sei. Eine Reihe von Modifikationen sollte die durch die Lücken des Augsburger Religionsfriedens ausgelösten Konflikte ausräumen. Nur durch gütliche Übereinkunft (*amicabilis compositio*) der beiden Konfessionsparteien auf den Reichstagen (*Corpus Catholicorum* und *Corpus Evangelicorum*) sollte es künftig möglich sein, Glaubensfragen zu behandeln, wobei nicht geklärt wurde, was darunter zu verstehen sei. Der Reichstag wurde damit zum institutionellen Garanten des Religionsfriedens. Im Konfliktfall sollten die Konfessionsparteien jede für sich beraten (*Itio in partes*), um anschließend einen gemeinsamen Kompromiss zu suchen. Dadurch wollte man verhindern, dass die katholische Mehrheit der Reichsstände die evangelische Minderheit einfach überstimmte. Auf diese Weise wurde der Konfessionskonflikt verfahrensrechtlich entschärft und institutionell kanalisiert. Auch diejenigen Reichsstände, die gegen den Friedensschluss protestiert hatten, wurden auf die Einhaltung der Bestimmungen verpflichtet. Dabei handelte es sich vor allem um die sogenannten katholischen Maximalisten, die mit den konfessionellen Kompromissen nicht einverstanden waren.[51]

Grundsätzliche Norm des Reichsreligionsrechts bildete die rechtliche Gleichheit – die volle Parität – zwischen den Konfessionen, wobei die Calvinisten durch eine geschickte Formulierung als Untergruppe der Augsburger Konfessionsverwandten in

---

49 *Repgen*, Hauptprobleme, S. 440–442. Vgl. zu Religionsfrieden auch Kapitel 14.
50 Vgl. hierzu auch Kapitel 41.
51 *Heinz Adrian Hartke*, Franz Wilhelm von Wartenberg und die katholischen Maximalisten bei den Westfälischen Friedensverhandlungen, Inaug. Diss., Bonn 2019.

den Schutz des Religionsfriedens einbezogen wurden. Damit wurde ein Hauptproblem des Augsburger Religionsfriedens von 1555 korrigiert, der die Anhänger der Lehre des Genfer Reformators Johannes Calvin (1509–1564) im römisch-deutschen Reich nicht in die Bestimmungen des Religionsfriedens miteinbezogen hatte. Nicht zuletzt deshalb zählten die calvinistischen bzw. reformierten Reichsstände zu den radikaleren Kräften im Reich, die auf eine Korrektur des Religionsfriedens in ihrem Sinne drängten. Der Westfälische Frieden entschärfte die konfessionelle Thematik dauerhaft.

Diese Norm hatte zur Folge, dass für eine Reihe von Reichsinstitutionen (Reichsdeputationen, Reichskommissionen, Reichskammergericht und Reichshofrat) Regelungen zugunsten konfessioneller Parität getroffen wurden. Christliche Sekten blieben weiterhin verboten.

Für die konfessionelle Besitzstandsverteilung und den konfessionellen Status insgesamt galt der 1. Januar 1624 als verbindlicher Stichtermin (Normaljahr).[52] Alle zwischen 1552 und 1624 vorgenommenen Besitzveränderungen zugunsten der Protestanten wurden dadurch legalisiert.

Durch die Normaljahrsregelung wurde das im Augsburger Religionsfrieden festgelegte und im Westfälischen Frieden erneut zugestandene *ius reformandi* (Art. V § 30 IPO) für alle Reichsstände deutlich eingeschränkt. Denn wenn zum Stichtag innerhalb eines Territoriums konfessionelle Minderheiten existierten, die ihren Glauben öffentlich oder privat (z. B. Hausandacht) praktiziert hatten, dann durfte der Landesherr nicht mehr dagegen vorgehen, sondern musste ihnen weiterhin die Religionsausübung zugestehen und sie innerhalb seines Territoriums für immer dulden.

Wenn sich eine konfessionelle Minderheit nicht auf die Normaljahrsregelung berufen konnte, dann war der Landesherr aber auch dazu berechtigt, deren Anhänger nach bestimmten Fristen (drei bzw. fünf Jahre) zur Emigration zu zwingen. Ihnen sollten dadurch jedoch keine eigentumsrechtlichen Nachteile entstehen bzw. bürokratische Hindernisse in den Weg gelegt werden.

Falls der Landesherr nach 1648 die Konfession wechseln sollte, was in der Folge tatsächlich mehrfach geschah, dann galt für die Bevölkerung der konfessionelle Zustand von 1624. So wurde es nach 1648, wie zum Beispiel in Kursachsen, durchaus üblich, dass der Landesherr eine andere Konfession praktizierte als seine Untertanen.

Erst die rechtliche Einhegung der konfessionellen Konflikte und die Wiederherstellung der reichsständischen Privilegien schufen die Voraussetzungen dafür, dass das Heilige Römische Reich deutscher Nation als Rechtsverband und Friedensordnung bis 1806 existieren konnte.[53]

---

52 *Ralf-Peter Fuchs*, Ein ‚Medium zum Frieden'. Die Normaljahrsregel und die Beendigung des Dreißigjährigen Krieges, München 2010; vgl. hierzu auch Kapitel 29.
53 *Repgen*, Hauptprobleme, S. 439f.

3. Der Westfälische Frieden als Referenzfrieden

Da im Westfälischen Frieden sowohl reichsverfassungsrechtliche als auch im heutigen Sinne völkerrechtliche Gegenstände geregelt wurden, entstand eine Gemengelage beider Rechtsmaterien. Die Friedensinstrumente begründeten gleichzeitig einen internationalen Friedensschluss zwischen den Vertragspartnern, aber auch einen Reichsfrieden, der den Ewigen Landfrieden von 1495[54] wiederherstellte.[55]

Der besondere Stellenwert der Friedensinstrumente für die Reichsverfassung wird daran deutlich, dass sie ausdrücklich den Rang von Reichsgrundgesetzen einnahmen und auch Bestandteil künftiger kaiserlicher Wahlkapitulationen sein sollten.[56] Die Verabschiedung als Reichsgrundgesetz geschah 1654 auf dem Regensburger Reichstag durch den Jüngsten Reichsabschied (JRA). Bis zum Ende des Heiligen Römischen Reiches deutscher Nation wurde der Westfälische Frieden auf den Reichstagen immer wieder bestätigt und fand Aufnahme in allen Zusammenstellungen der Reichsgrundgesetze. Auch wenn es durchaus konfessionell bedingte unterschiedliche Bewertungen des Westfälischen Friedens gab und innerhalb des Reichs von einer Reihe von Reichsständen Versuche unternommen wurden, insbesondere die Religionsbestimmungen zu unterlaufen, so wurde der Westfälische Frieden niemals grundsätzlich in Frage gestellt.[57] Eher das Gegenteil ist der Fall, wie sich am Urteil zahlreicher Zeitgenossen ablesen lässt.[58] Der Verfasser der wichtigsten frühneuzeitlichen Quellensammlung über den Westfälischen Friedenskongress, Johann Gottfried von Meiern (†1745), beurteilte den Westfälischen Frieden 1734 beispielsweise als den „groeste[n] und wichtigste[n] Frieden, welcher nicht nur jemahls in Deutschland, sondern auch in gantz Europa, ja [...] in der gantzen Welt geschlossen worden sei".[59] Nicht nur er sah im Heiligen Römischen Reich deutscher Nation mit dem Westfälischen Frieden als wichtigstem Reichsgrundgesetz den zentralen Garanten für ein friedliches Europa. Auch der französische Aufklärer und Philosoph Jean-Jacques Rousseau (1712–1778) äußerte sich in ähnlicher Weise.[60] Er schaltete sich mit seinem *Extrait* in eine das gesamte 18. Jahrhundert hindurch dauernde Debatte ein, die durch den 1713 formulier-

---

54 Vgl. hierzu auch Kapitel 39.
55 *Steiger*, Friede, S. 438.
56 *Karl-Heinz Ziegler*, Die Bedeutung des Westfälischen Friedens von 1648 für das europäische Völkerrecht, in: AVR 37 (1999), S. 129–151, S. 131.
57 *Frank Kleinehagenbrock*, Die Wahrnehmung und Deutung des Westfälischen Friedens durch Untertanen der Reichsstände, in: Schmidt-Voges u. a. (Hg.), Pax perpetua, S. 177–193.
58 *Siegrid Westphal*, Der Westfälische Friede. Vom Referenzfrieden zum „größten Unglück der Deutschen" und zurück, in: Dorothee Goetze/Lena Oetzel (Hg.), Warum Friedenschließen so schwer ist. Frühneuzeitliche Friedensfindung am Beispiel des Westfälischen Friedenskongresses, Münster 2019, S. 21–36.
59 *Johann Gottfried von Meiern*, Acta pacis Westphalicae publica oder Westphälische Friedens-Handlungen und Geschichte, 6 Tle., Hannover 1734–1736, Teil 1, Widmung, Bl. 2v.
60 *Jean-Jacques Rousseau*, Extrait du Projet de la paix perpetuelle, Paris 1760, S. 50.

ten Plan des Ewigen Friedens des Abbé de St. Pierre (1658–1743)[61] ausgelöst worden war.[62] Es ging um die Idee, die Beziehungen unter den europäischen Mächten friedlich zu gestalten, und zwar durch einen umfassenden Bund mit einem ständigen Gesandtenkongress, einem obersten Gerichtshof und verbindlichen Gesetzen sowie einer Exekutive zur Durchsetzung von Schiedssprüchen und zur Sicherung des Bundes.

Die große Bedeutung des Westfälischen Friedens zeigt sich bereits an den unmittelbar nach Abschluss der Friedensverträge erfolgten Bemühungen, den Frieden durch eine Reihe von Verträgen zwischen unterschiedlichen Partnern zu sichern. Nachdem es im Reich verschiedene Initiativen zur Schaffung eines überkonfessionellen reichsständischen Bündnisses zur Wahrung des Westfälischen Friedens gegeben hatte, schloss auch Ludwig XIV. von Frankreich 1656 entsprechende bilaterale Verträge mit den Kurfürsten von Brandenburg und von der Pfalz. Vor dem Hintergrund der anstehenden Königswahl im römisch-deutschen Reich kam es am 15. August 1658 zur Gründung des Ersten Rheinbundes.[63] Dabei ging es nicht nur um die Sicherung der territorialen Rechte, sondern vor allem um die reichsständische Libertät und die damit verbundenen reichsständischen Rechte und Privilegien im Reich, die gemeinsam gegen all diejenigen verteidigt werden sollten, die gegen den Westfälischen Frieden vorgingen.[64] Mitglieder waren die beiden Kurfürsten von Mainz und Köln, Pfalz-Neuburg, die drei welfischen Herzöge von Braunschweig, der Landgraf von Hessen-Kassel und Schweden in seiner Funktion als Reichsstand für Bremen und Verden.[65] Am 16. August 1658 erklärte Ludwig XIV. seinen Beitritt. Der Kurfürst von Brandenburg schloss sich 1665 an. Ein eigenes Direktorium unter dem Vorsitz des Kurfürsten von Mainz sowie ein gemeinsames Heer, die Rheinbundarmee, wurden eingerichtet. Während es dabei von französischer Seite aus vor allem darum ging, den Einfluss des habsburgischen Kaisers zu beschneiden, wollten die beteiligten Reichsstände in erster Linie den Westfälischen Frieden sichern. Der Rheinbund wurde 1660, 1663 und 1667 verlängert, fand jedoch sein Ende, als die aggressive Außen- und Reichspolitik von Ludwig XIV. immer stärker zu Tage trat. Über einhundert Jahre später kam es 1785 erneut zu einem Zusammenschluss von Reichsständen im sogenannten Fürstenbund, um den Westfälischen Frieden zu schützen und die Reichsverfassung zu reformieren, dieses Mal aber nicht unter Beteiligung auswärtiger Mächte, sondern unter preußischer Ägide.[66]

---

61 Vgl. hierzu auch Kapitel 4.
62 *Abbé Castel de Saint-Pierre*, Der Traktat vom ewigen Frieden 1713, hg. und mit einer Einleitung versehen von Wolfgang Michael, Berlin 1922.
63 *Steiger*, Westfälische Frieden, S. 56.
64 Ebd., S. 57.
65 *Klaus Malettke*, Hegemonie, multipolares System, Gleichgewicht. Internationale Beziehungen 1648/1659–1713/1714, Paderborn 2012, S. 296f.
66 *Heinz Duchhardt*, Balance of Power und Pentarchie. Internationale Beziehungen 1700–1785 (Handbuch der Geschichte der Internationalen Beziehungen 4), Paderborn 1997, S. 392f.

Auch im Zusammenhang mit anderen Bündnisverträgen wurde immer wieder Bezug auf den Westfälischen Frieden genommen, sei es als gegenseitige Versicherung, dass der durch ihn hergestellte Friedenszustand nicht gestört werden sollte, sei es als gemeinsames Ziel, den durch die Friedensverträge eingetretenen allgemeinen Friedenszustand „unabhängig von den Einzelheiten der getroffenen Regelungen" zu erhalten.[67] In der Regel waren daran einzelne Reichsstände beteiligt, aber beispielsweise im Allianzvertrag zwischen Schweden und der Republik der Niederlande vom 30. September/10. Oktober 1681 wurde eine allgemeine Friedenssicherung unter Bezug auf den Westfälischen Frieden und den Frieden von Nijmegen (1679)[68] auch ohne Beteiligung eines Reichsstandes ausgesprochen.[69]

Als wichtiges Indiz für seine europäische Bedeutung wird immer wieder darauf verwiesen, dass der Westfälische Frieden gleichsam als „Mutter" aller europäischen Friedensschlüsse anzusehen sei.[70] Dies ist sicher eine etwas überzogene Deutung, aber in allen nach 1648 geschlossenen Friedensverträgen, bei denen das Reich oder ein bzw. mehrere Reichsstände vertreten waren, wurde auf ihn insgesamt und/oder auf einzelne Regelungen Bezug genommen.

Besondere Bedeutung kam dabei den Friedensschlüssen zwischen Frankreich und dem Reich zu. Frankreich betrieb unter Ludwig XIV. einen massiven Expansionskurs und führte gleich mehrere Kriege hintereinander, die zunächst das Ziel hatten, die spanischen Niederlande sowie die Vereinigte Republik der Niederlande zu vereinnahmen und Zugriff auf das spanische Erbe zu erhalten. Im Frieden von Nijmegen, der den ‚Holländischen Krieg' beendete, bildete der Westfälische Frieden einen zentralen Bezugspunkt. Hatte die kaiserliche Seite ursprünglich gehofft, die Elsassregelungen des Westfälischen Friedens gegen die Abtretung der Freigrafschaft von Burgund, die von französischen Truppen besetzt war, rückgängig machen zu können, musste man schnell davon Abstand nehmen, da Frankreich auf der uneingeschränkten Beibehaltung des Westfälischen Friedens bestand.[71] Der zweite Artikel des Friedens von Nijmegen legte fest, dass der Westfälische Frieden in allen Bestimmungen wiederhergestellt und weiterhin uneingeschränkt gelten sollte, mit Ausnahme der abweichenden Regelungen, die man in Nijmegen getroffen hatte.[72]

Dass der Westfälische Frieden trotz aller Bekundungen Frankreichs keine langfristige friedenssichernde Wirkung in Europa entfalten konnte, lag an Frankreichs fortgesetztem Expansionsbestreben, das sich nun auch auf das Reich richtete. Unklare Regelungen des Westfälischen Friedens und des Friedens von Nijmegen hinsichtlich

---

67 *Steiger*, Westfälische Friede, S. 58.
68 Vgl. hierzu auch Kapitel 47.
69 *Heinz Duchhardt*, Der Westfälische Friede – ein europäischer Friede, in: ders., Der Westfälische Friede im Fokus der Nachwelt, Münster 2014, S. 1–18, S. 7
70 Ebd., S. 7.
71 *Duchhardt*, Balance, S. 371.
72 Ebd., S. 372.

des Elsasses führten zur sogenannten Reunionspolitik, bei der die französische Krone Ansprüche auf bestimmte Gebiete und Plätze des Elsasses erhob, die sie bei eigens eingerichteten Reunionskammern einklagte. Zumindest die Eroberung Straßburgs durch Frankreich im Jahre 1681 war ein klarer Bruch des Westfälischen Friedens, konnte aber aufgrund der damaligen Machtkonstellationen von Kaiser und Reichsständen nicht verhindert und auch nicht mehr rückgängig gemacht werden. Die außenpolitische Lage verschärfte sich im Orléansschen Krieg (1688–1697) weiter. Ludwig XIV. beabsichtigte hier, nach dem Tod des Kurfürsten von der Pfalz Erbansprüche für seine Schwägerin Elisabeth-Charlotte von der Pfalz (1652–1722), die mit seinem Bruder Philipp von Orleans (1640–1701) verheiratet war, militärisch durchzusetzen. Die zunehmende außenpolitische Isolierung bewog Frankreich zwar dazu, Konzessionen bei den Friedensverhandlungen einzugehen. Dennoch gelang es den Gesandten von Kaiser und Reich im Rijswijker Frieden[73] von 1697 nicht, die vollständige Wiederherstellung des Westfälischen Friedens durchzusetzen. Insbesondere die sogenannte Rijswijker Religionsklausel führte in der ersten Hälfte des 18. Jahrhunderts zu offenen Religionsstreitigkeiten auf Reichsebene.[74] Ludwig XIV. konnte im Frieden von Rijswijk alle Rekatholisierungsmaßnahmen absichern, die er während des pfälzischen Erbfolgekrieges in den annektierten oder mit Frankreich reunierten Territorien des Reiches, insbesondere in der Kurpfalz, durchgeführt hatte. Der Artikel 4 des Friedens besagte, dass überall dort, wo der katholische Gottesdienst wieder eingeführt worden war, dieser auch nach dem Abzug der französischen Truppen und der Rückkehr der protestantischen Landesherren erhalten bleiben sollte. Die Religionsklausel bestätigte zwar den Westfälischen Frieden, führte „dann aber gleichsam ein neues Normaljahr für die ehemals von Frankreich besetzten Gebiete ein, indem der Konfessionsstand der Besatzungszeit bis 1697 garantiert wurde".[75] Aufgrund dieser Regelung entstanden zahlreiche Simultaneen in den betroffenen Gebieten. Auch der Frieden von Utrecht[76], Rastatt und Baden von 1713/14, der den Spanischen Erbfolgekrieg (1701–1714) beendete, änderte an dieser Konstellation nichts, da Frankreich durchsetzen konnte, dass der Frieden von Rijswijk als Basis des Friedens für Kaiser und Reich dienen sollte. Der Westfälische Frieden wurde zwar erneut bestätigt, allerdings auch die abweichenden Regelungen des Rijswijker Friedens.[77] Damit blieb Frankreich im Besitz der durch Reunionspolitik vereinnahmten Gebiete im Elsass so-

---

73 Vgl. hierzu auch Kapitel 47.
74 *Peter Brachwitz*, Die Autorität des Sichtbaren. Religionsgravamina im Reich des 18. Jahrhunderts, Berlin/New York 2011, S. 116.
75 Ebd., S. 116.
76 Vgl. hierzu auch Kapitel 47.
77 *Siegrid Westphal*, Frieden durch Ignorieren. Die Frage der Rijswijker Religionsklausel im Vorfeld der Friedensverhandlungen von Baden, in: Heinz Duchhardt/Martin Espenhorst (Hg.), Utrecht – Rastatt – Baden 1713/14. Translationsleistungen in Diplomatie und Medien, Mainz 2013, S. 161–177.

wie der Bistümer Metz, Toul und Verdun. Auch die Rijswijker Klausel konnte nicht wieder rückgängig gemacht werden.

Im 18. Jahrhundert trat ein grundlegender Wandel ein. Der Westfälische Friede wurde nicht mehr nur dann erwähnt, wenn es darum ging, dass vertragschließende Parteien konkrete, früher zwischen ihnen geschlossene Friedensverträge bestätigten. Vielmehr bezogen sich völkerrechtliche Verträge auf den Westfälischen Frieden als „Grundlage des allgemeinen Friedens", als „Fondement à la Paix Gènèrale".[78] Als Einschnitt gilt hier der Frieden von Aachen[79] von 1748, der den Österreichischen Erbfolgekrieg (1740–1748) beendete. Im Artikel 3 wurden die vorherigen Friedensverträge nicht nur durch bloße Benennung, sondern durch wortwörtliche Aufnahme in den Vertrag bestätigt.[80] Der erste davon war der Westfälische Frieden. Die folgenden Friedensverträge orientierten sich an dieser Vorgehensweise, beispielsweise der Friede von Paris von 1763. Auch die späteren Friedensverträge, die bis 1806 geschlossen wurden, setzen diese Praxis fort. Erst mit dem Ende des Heiligen Römischen Reichs ging die Funktion des Westfälischen Friedens als Referenzfrieden verloren.

Auswahlbibliographie / Select Bibliography

Braun, Guido/Strohmeyer, Arno (Hg,), Frieden und Friedenssicherung in der Frühen Neuzeit: Das Heilige Römische Reich und Europa (Festschrift für Maximilian Lanzinner zum 65. Geburtstag), Münster 2013.
Bußmann, Klaus/Schilling, Heinz (Hg.), 1648. Krieg und Frieden in Europa, 2 Textbde., 1 Katalogbd., Münster 1998.
Burkhardt, Johannes, Das größte Friedenswerk der Neuzeit. Der Westfälische Frieden in neuer Perspektive, in: GWU 49 (1998), S. 592–612.
Burkhardt, Johannes, Der Krieg der Kriege. Eine neue Geschichte des Dreißigjährigen Krieges, Stuttgart 2018.
Croxton, Derek/Tischer, Anuschka, The Peace of Westphalia. A Historical Dictionary, London 2002.
Croxton, Derek, Westphalia: The last Christian Peace, New York 2013.
Dickmann, Fritz, Der Westfälische Frieden, Münster [7]1998.
Duchhardt, Heinz, Der Westfälische Friede im Fokus der Nachwelt, Münster 2014.
Duchhardt, Heinz/Knipping, Franz (Hg.), Handbuch der Geschichte der Internationalen Beziehungen, 9 Bde., Paderborn u.a. 1997–.
Kampmann, Christoph u.a. (Hg.), L'art de la paix. Kongresswesen und Friedensstiftung im Zeitalter des Westfälischen Friedens, Münster 2011.
Kampmann, Christoph, Europa und das Reich im Dreißigjährigen Krieg. Geschichte eines europäischen Konflikts, Stuttgart [2]2013.

---

78 *Christoph Kampmann*, Der Westfälische Friede als Grundlage von Völkerfrieden und Völkerrecht: Frühneuzeitliche Wurzeln und Entwicklung einer Vorstellung, in: Katrin Keller/Martin Scheutz (Hg.), Die Habsburgermonarchie und der Dreißigjährige Krieg, Wien 2020, S. 415–432, S. 426.
79 Vgl. hierzu auch Kapitel 50.
80 *Kampmann*, Der Westfälische Friede, S. 427.

Lanzinner, Maximilian, Neuere Forschungen zum Westfälischen Friedenskongress und die Acta Pacis Westphalicae, in: HJb 133 (2013), S. 426–462.
Schmidt-Voges, Inken u. a., Pax perpetua. Neuere Forschungen zum Frieden in der Frühen Neuzeit, München 2010.
Repgen, Konrad, Die Hauptprobleme der Westfälischen Friedensverhandlungen von 1648 und ihre Lösungen, in: ZBLG 62 (1999), S. 399–438.
Repgen, Konrad, Dreißigjähriger Krieg und Westfälischer Friede. Studien und Quellen, hg. von Franz Bosbach/Christoph Kampmann, Paderborn ³2015.
Rohrschneider, Michael, Der gescheiterte Frieden von Münster. Spaniens Ringen mit Frankreich auf dem Westfälischen Friedenskongress (1643–1649), Münster 2007.
Schmidt, Georg, Die Reiter der Apokalypse. Geschichte des Dreißigjährigen Krieges, München 2018.
Steiger, Heinhard, Der Westfälische Frieden – Grundgesetz von Europa? in: Heinz Duchhardt (Hg.), Der Westfälische Friede. Diplomatie – politische Zäsur – kulturelles Umfeld – Rezeptionsgeschichte, München 1998, S. 33–80.
Steinwascher, Gerd, Osnabrück und der Westfälische Frieden. Die Geschichte der Verhandlungsstadt 1641–1650, Osnabrück 2000.
Teschke, Benno, Mythos 1648. Klassen, Geopolitik und die Entstehung des europäischen Staatensystems, Münster 2007.
Westphal, Siegrid, Der Westfälische Frieden, München 2015.
Ziegler, Karl-Heinz, Die Bedeutung des Westfälischen Friedens von 1648 für das europäische Völkerrecht, in: AVR 37 (1999), S. 129–151.

Klaas Van Gelder
47. Nijmegen, Rijswijk, Utrecht: The Peace Treaties of the Wars of Louis XIV

Abstract: In April 1713 France, Great Britain, the Dutch Republic and other minor states concluded peace in Utrecht. Together with the treaties of Rastatt and Baden in 1714, which also included the Habsburg Monarchy and the Holy Roman Empire, the Peace of Utrecht ended the brutal War of the Spanish Succession (1701–1713/14). Utrecht had not settled every issue, yet the treaties of 1713–14 finally halted the aggressive foreign policy of Louis XIV (1638–1715) and ensured the victory of international treaty law over national dynastic inheritance regulations. Utrecht also settled several long-standing problems that had also been discussed at Nijmegen (1678) and Rijswijk (1697). Together, these treaties helped reshape the international order and establish a European balance of power.

1. War and Peace

In order to explain what was at stake in Nijmegen, Rijswijk and Utrecht, we must first return to 1648, when the dual peace treaties of Münster and Osnabrück ended the Eighty and Thirty Years' Wars.[1] The state system that emerged from these treaties was very different from before. Spain, the most powerful state in the sixteenth and early seventeenth century, proved incapable of defending its many territories across the continent and, therefore, its status of Europe's leading power. It lost its dominant position to France, which became a hegemonic state under the long rule of Louis XIV. Louis was not satisfied with re-establishing domestic order after the *Fronde,* nor with simply maintaining France's territory. Instead, he aspired to strengthen France's borders and weaken his rivals, above all the Habsburgs. The search for glory was the main incentive for the many wars he fought.[2]

His ambitions first surfaced during the War of Devolution (1667–1668). Louis's advisors found a pretext in the devolution rule in Brabant, which stated that children from a first marriage should inherit before their siblings from a second marriage. Based on this private law clause and in defence of the rights of his wife Maria Theresa (1638–1683; the eldest surviving daughter of Philip IV of Spain, 1605–1665, by his first

---

1 On the Peace of Westphalia see also Chapter 46.
2 *Paul Sonnino,* The Origins of Louis XIV's Wars, in: Jeremy Black (ed.), The Origins of War in Early Modern Europe, Edinburgh 1987, pp. 112–131.

spouse), Louis claimed Philip IV's succession and invaded the Spanish Netherlands at the expense of Charles II (1661–1700; Philip's only surviving son from his second wife). French armies quickly conquered a series of towns in Flanders, Artois and Hainaut, and in the Franche-Comté the next year, but Spain and the Triple Alliance between the Dutch Republic, England and Sweden forced Louis XIV to withdraw. The treaty of Aix-la-Chapelle (1668) assigned him a dozen towns in the Netherlands.[3]

In the following years, tensions mounted between France and the Dutch Republic, which was wary of the aggrandizement of its old ally. In 1672, the Dutch War broke out. Louis invaded the Republic in a blitzkrieg *avant la lettre*. French troops took some forty towns in a matter of months and Louis conquered the Franche-Comté a second time. Further military operations occurred in the Rhine valley, the Spanish Netherlands and in the Mediterranean Sea. Compared to the War of Devolution, the Dutch War was fought on a larger scale, and more countries were involved. France faced a coalition consisting of the Dutch Republic, the Empire, Spain and Brandenburg. The Peace of Nijmegen (1678) allotted more territories in the Spanish Netherlands and the Franche-Comté to France. Louis XIV's prestige peaked.[4]

The vulnerability of the Spanish Netherlands became apparent again in 1683, when France invaded Flanders and Luxembourg – the so-called War of the Reunions. The Truce of Regensburg (1684) left Luxembourg in French hands.[5] However, it was one more reason for Louis's enemies to join forces. The result was the Grand Alliance of 1689 between England, the Dutch Republic, Austria, Spain and some smaller states. As a result of this coalition, Louis XIV's last two wars took on formidable dimensions and nearly exhausted mighty France. Fighting started in 1688 with the French invasion of the Palatinate and the Rhineland. Fronts also formed in the Spanish Netherlands, Catalonia, Southern France and Northern Italy, while French troops in Ireland supported James II's (1633–1701) efforts to regain the English throne he had lost during the Glorious Revolution. There were also confrontations in the American and Asian colonies. However, Louis was no longer on the winning side. As stipulated by the Peace of Rijswijk in 1697, he had to return some of the conquered places in the Spanish Netherlands and on the right bank of the Rhine.[6]

His last war would be the largest in terms of military campaigns, numbers of troops and diplomatic challenges. By accepting Charles II of Spain's last will, which assigned the Spanish empire to Louis's second grandson Philip, Duke of Anjou

---

3 *Lucien Bély*, Les relations internationales en Europe (XVIIe–XVIIIe siècles), Paris 1992, pp. 220–230.
4 *John A. Lynn*, The Wars of Louis XIV, 1667–1714, London/New York 1999, pp. 113–171. For the text of the Nijmegen treaties, see *Clive Parry* (ed.), The Consolidated Treaty Series, Dobbs Ferry NY 1969, vol. 14 (1675–1679), pp. 365–424 and pp. 441–491.
5 *Lynn*, Wars, pp. 160–171.
6 Ibid., pp. 161–265. For the text of the Rijswijk treaties, see *Parry* (ed.), Consolidated Treaty Series, vol. 21 (1695–1697), pp. 347–506 and vol. 22 (1697–1700), pp. 1–104.

(1683–1746), he started military and diplomatic preparations which eventually gave rise to the War of the Spanish Succession. The prospect of Bourbon rule from Gibraltar to Antwerp was unacceptable for many other states. In 1701, even before the official declarations of war, Emperor Leopold I (1640–1705) took the bull by the horns and captured Milan. In the following years, fronts also emerged on the Iberian Peninsula, the Netherlands, along the Rhine and Danube, and in the colonies. In the end, the military stalemate led to the division of Spain between two claimants to the throne: Philip of Anjou (Philip V of Spain) and Archduke Charles of Austria (1685–1740), the second son of Leopold I and, from 1711 onwards, Emperor Charles VI. The former secured the Iberian Peninsula with the Spanish colonies, the latter the Netherlands and the former Spanish dominions in Italy.[7]

2. State System and Balance of Power

Louis XIV's wars against ever-growing coalitions involved dozens of governments from all over the continent in warfare and diplomatic frenzy. These conflicts were also connected to other political and military arenas, such as the royal elections in the Polish-Lithuanian Commonwealth (1674, 1696–1697, 1704), the Great Turkish War (1683–1697), the Glorious Revolution (1688) and the Great Northern War (1700–1721). During the peace talks that surrounded these conflicts, diplomats seem to have been guided by a coherent set of ideas, of which the need for regional and pan-European balances of power was the centrepiece.[8] Negotiators sought solutions with at least some degree of respect for the right of other polities to exist. Additional features were the fundamental equality of sovereign states and the idea that international relations were to be based on legal principles. Hence, it is definitely possible to speak of a European state system in the era of Louis XIV, although we should not exaggerate its compelling character or underestimate the individualistic behaviour of most rulers.[9]

The main threat to the equilibrium on the continent was probably the Spanish succession. The death of Philip IV (1605–1665) proved an opportunity for some and a potential catastrophe for others. His disabled four-year-old son Charles succeeded him, but Charles's chances of offspring seemed little. Throughout his unhappy life, relatives with claims to the Spanish throne prepared themselves for his death. Louis XIV laid claim to the Spanish territories for his descendants based on his marriage with Philip's eldest daughter Maria Theresa, although she had renounced her rights to the Spanish throne. Leopold I based his claims on his espousal with the infanta Margaret

---

7 *Lynn*, Wars, pp. 266–360. For the edited treaties of Utrecht, Rastatt and Baden: *Parry* (ed.), Consolidated Treaty Series, vol. 28 (1713–1714), pp. 37–82 and vol. 29 (1714–1716), pp. 1–33 and 141–194.
8 *Jeremy Black*, The Rise of the European Powers 1679–1793, London 1990, pp. 157–162.
9 *Black*, Rise, pp. 66–68; *Evan Luard*, The Balance of Power: The System of International Relations, 1648–1815, Basingstoke et al. 1992, passim.

Theresa (1651–1673) from Philip's second marriage. The stakes were high. Spain had lost much of its power but retained a colossal conglomerate of lands in Europe and overseas, with access to the seemingly inexhaustible silver mines of the Americas. During the War of Devolution, Louis and Leopold secretly divided the Spanish Empire among themselves in the so-called Grémonville Treaty (1668) in case Charles II would die. It demonstrates that, by 1668, Louis XIV and Leopold I preferred a negotiated balance of power to a war which could gave birth to one hegemonic superpower.[10]

Against all odds, however, Charles II reached adulthood. The Treaty of Nijmegen paved the way for his first marriage with a French princess, aimed at appeasing the tensions between both countries. Nevertheless, in the 1690s Charles's health was deteriorating, and it became clear that he would not produce an heir. Besides Louis XIV and Leopold I, a third claimant appeared: Joseph Ferdinand of Bavaria (1692–1699), the only surviving child of Maximilian Emanuel and Maria Antonia of Austria (1669–1692), the sole surviving child of Leopold I and Margaret Theresa. For Spain, Maria Antonia was the first in line for the succession, and at her death in 1692 she passed those rights to Joseph Ferdinand.[11]

In 1698, England and France secretly outlined the division of Spain among Joseph Ferdinand, Charles of Austria and the French dauphin. This treaty, which did not remain secret for long, proves that neither Louis XIV nor William III (1650–1702) questioned Joseph Ferdinand as a compromise candidate for the bulk of the Spanish territories. Nevertheless, Madrid wished to avoid any dismemberment of the Spanish monarchy, and Charles II confirmed Joseph Ferdinand as his universal heir. Soon after, in February 1699, the only acceptable candidate for the major powers succumbed, only seven years old. Louis and William then agreed to a new partition treaty (March 1700), this time with two beneficiaries: Charles of Austria and the dauphin. Once again, the Madrilenian court denounced any project that would lead to fragmentation. One month before his death, Charles II signed a last will that confirmed the principle of one universal heir: Philip of Anjou, the second son of the dauphin, was to inherit the entire Spanish monarchy. Only if Versailles refused, the Spanish throne would pass to the second son of Emperor Leopold I.[12]

The topic of the Spanish succession was also on the minds of the negotiators at Rijswijk. After Charles II's serious illness in the autumn of 1696, Leopold I tried to connect this topic to the peace talks. His envoys attempted to slow down the negotiations to allow its discussion at the congress should Charles II have died. Including the

---

[10] *Jean Bérenger*, Une tentative de rapprochement entre la France et l'empereur: le traité de partage secret de la succession d'Espagne du 19 janvier 1668, in: RHD 79 (1965), pp. 291–314.
[11] *Reginald De Schryver*, Max II. Emanuel von Bayern und das Spanische Erbe. Die Europäischen Ambitionen des Hauses Wittelsbach 1665–1715, Mainz 1996, pp. 3–25.
[12] For the most detailed account, with editions of the partition treaties and Charles's last will, see *Arsène Legrelle*, La diplomatie française et la succession d'Espagne, Ghent 1889–1891, vols. 2 and 3.

Spanish succession in the treaty would have anchored the rights of Leopold's younger son in international law.[13] At this stage, however, a multilateral peace congress was not the best place to discuss the succession. This changed during the War of the Spanish Succession.

In 1987, the historian William Roosen argued that the state system almost inevitably led to the outbreak of this conflict. After the Bavarian candidate had passed away, a peaceful settlement was virtually impossible given all kinds of contrary claims and mutual distrust among the protagonists.[14] Utrecht eventually sealed the de facto division of the Spanish Empire, since neither side was close to beating the other. Arguably, this division was as unavoidable as the outbreak of the war. The Franco-Spanish camp feared a Habsburg secundogeniture in Spain, whereas the Grand Alliance tried to avoid the merger of Spain and France into one Bourbon superpower. In 1711, however, Emperor Joseph I (1678–1711) died suddenly. As a result, the prospect of two separate Habsburg branches evaporated. On the contrary: it now seemed likely that Archduke Charles, Joseph's younger brother, was to unite the Spanish and Austrian Habsburg Monarchies and the imperial title. This was not just unacceptable to Louis XIV, but also to Charles's allies. French and English talks eventually paved the way for a peace congress in Utrecht and the division of Spain.[15] This partition was the only viable option to maintain Europe's balance of power.

Spain's weakness left the strategic southern Netherlands defenceless against Louis's troops, which was a growing concern for the Dutch Republic. The fate of this Spanish outpost haunted the peace congresses in Nijmegen, Rijswijk and Utrecht alike. From the mid-seventeenth century onward, Dutch politicians began to see the Spanish Netherlands as a barrier that protected them from France. The grand pensionary Johan de Witt (1625–1672) initially pursued friendly relations with France, but he was greatly upset by the War of Devolution. Furthermore, one of the main goals of his Triple Alliance with England and Sweden was to protect the Spanish Netherlands. In 1668, de Witt even signed a deal for monetary support to Spain in order to maintain their defence. The French seizure of much of the United Provinces in 1672 radicalised the Dutch relations with the Bourbons. William III of Orange spent much time building a permanent anti-French coalition and a buffer zone in the Spanish Netherlands. Both lines of policy were a continuation of de Witt's efforts to contain the French. Louis XIV's restitution of a series of fortified towns by the Peace of Nijmegen raised Dutch hope of creating a strong line of defence in the south.

---

13 *Christine Roll*, Im Schatten der spanischen Erbfolge? Zur kaiserlichen Politik auf dem Kongress von Rijswijk, in: Heinz Duchhardt (ed.), Der Friede von Rijswijk 1697, Mainz 1998, pp. 59–68.
14 *William Roosen*, The Origins of the War of the Spanish Succession, in: Black (ed.), The Origins of War, pp. 151–175.
15 *Frederik Dhondt*, Op zoek naar Glorie in Vlaanderen. De Zonnekoning en de Spaanse Successie, 1707–1708, Kortrijk/Heule 2011, part III.

This changed after the Peace of Rijswijk. William III, who by then was also the king of England, Ireland and Scotland, cemented the anti-French Grand Alliance. He also succeeded in creating the barrier in 1698: a territorial buffer zone dotted with a defensive chain of eight fortresses manned not by Spanish but by Dutch garrisons. Louis XIV sent these troops back home in 1701, when Philip of Anjou ascended the Spanish throne and thus began to rule the Spanish Netherlands. However, once the allied conquest of the Netherlands proved successful, the Dutch Republic and England started renegotiating the barrier. The definitive Barrier Treaty was signed in November 1715. Subsequently, some 12,000 foreign soldiers took control of eight towns and fortresses in the southern Netherlands.[16] According to the historian Olaf van Nimwegen, it was the glue that held the Grand Alliance together in spite of diverging interests. Its political significance outweighed its military value.[17]

The barrier also reflects a wider commitment to the security of states within the highly volatile state system. The idea of defensive barriers with chains of fortresses goes back to the congress of Nijmegen. The first to raise the idea was Christian V, King of Denmark and Norway (1646–1699). In Nijmegen, he lobbied for the restitution of land from Sweden to Denmark and for garrisoning fortresses with Danish troops, even beyond the new border.[18] The southwest circles of the Holy Roman Empire vainly sought to create a barrier in Lorraine and alongside the Rhine, Moselle and Saar.[19] Savoy defended itself by means of a series of fortresses at its western borders.[20] Even France envisaged a barrier to protect its territory.[21] On the other side of the continent, Habsburg Hungary was separated from the Ottoman Empire by a military buffer zone.[22] If anything, these concerns for safety are testimony to widespread disbelief that the status quo would be maintained.

---

16 *Werner Hahlweg*, Barriere – Gleichgewicht – Sicherheit. Eine Studie über die Gleichgewichtspolitik und die Strukturwandlung des Staatensystems in Europa, 1646–1715, in: HZ 187 (1959), pp. 54–89; *Roderick Geikie/Isabel A. Montgomery*, The Dutch Barrier 1705–1719, Cambridge 1930; *Olaf van Nimwegen*, The Dutch Barrier: Its Origins, Creation and Importance for the Dutch Republic as a Great Power, 1697–1715, in: Jan A. F. de Jongste/Augustus J. Veenendaal Jr. (eds), Anthonie Heinsius and the Dutch Republic 1688–1720: Politics, War, and Finance, The Hague 2002, pp. 147–174.
17 *Van Nimwegen*, The Dutch Barrier, pp. 166–177.
18 *Ragnhild Hatton*, Nijmegen and the European Powers, in: Hans Bots (ed.), The Peace of Nijmegen/ La paix de Nimègue, 1676–1678/79: International Congress of the Tricentennial/Colloque international du tricentenaire, Amsterdam 1980, pp. 9–10.
19 *Max Braubach*, Um die "Reichsbarriere" am Oberrhein. Die Frage der Rückgewinnung des Elsaß und der Wiederherstellung Lothringens während des Spanischen Erbfolgekrieges, in: ZGO 50/1 (1936), pp. 481–530.
20 *Geoffrey Symcox*, Victor Amadeus II: Absolutism in the Savoyard State 1675–1730, London 1983, pp. 161–170.
21 *Nelly Girard d'Albissin*, Genèse de la frontière franco-belge. Les variations des limites septentrionales de la France de 1659 à 1789, Paris 1970, pp. 162–167.
22 *Michael Hochedlinger*, Austria's Wars of Emergence: War, State and Society in the Habsburg Monarchy, 1683–1797, London 2003, pp. 83–92 and pp. 318–326.

Indeed, the balance of power did not preclude territorial adjustments. Quite the contrary, adjustments were sometimes deemed necessary to preserve the balance in Europe as a whole or in particular parts of the continent. They also served as a means to reward allies. For example, Utrecht not only divided the Spanish Empire between Philip V and Charles VI, it also awarded Sicily to the duke of Savoy. Territories changed hands frequently as exchanges or equivalents. By the terms of the Rijswijk Treaty, France returned Luxembourg and some other conquests in the Netherlands and the Rhine region, but was allowed to keep Strasbourg and the Alsace. During the War of the Spanish Succession, the Bavarian elector lost his electorate to Austria, but in 1711, Philip V, under a lot of pressure from Louis XIV, assigned him sovereignty of what remained of the Spanish Netherlands. The 'Bavarian Netherlands' were to serve as leverage during the peace talks. Eventually, in 1714, the Peace of Baden restituted his hereditary lands. These exchanges indicate a willingness to reconcile conflicting interests and maintain peace and stability.[23]

3. A New Concern: Trade and Colonies

Territories and titles were not the only things at stake; trade played an increasing role at the negotiation table. In the mid-seventeenth century, flourishing commercial activities came to be seen as the result of clever exercise of sovereignty and smart support of national interests rather than as the just fruit of peace.[24] This was the basis for the articulation of mercantilist policies, the chief ideology regarding state finances and economy during the peace congresses of Nijmegen, Rijswijk and Utrecht. Increasing the production and export of manufactured products would result in increased tax revenue, and hence also in greater political and military power. Colonies produced raw materials for European industries and served as export markets, which explains their importance in an era of constant and increasingly expensive warfare. Historians such as Jeremy Black warn us not to overestimate the weight of commercial considerations in France and other continental monarchies. The maritime powers, England and the Dutch Republic, were exceptional in this respect; commercial lobbies were stronger and much more influential.[25] Nevertheless, other scholars underline that, cer-

---

[23] *Hatton*, Nijmegen, pp. 8–9; *De Schryver*, Max II. Emanuel, pp. 133–134 and pp. 140–158. Much more ambitious schemes of territorial rearrangement circulated among diplomats, and the eighteenth century would see many more of these. Even if nothing came of these plans, they were not without diplomatic function. They might demonstrate the willingness to compromise: *Black*, Rise, pp. 166–171.

[24] *Erik Thomson*, Commerce's changing place in French and Swedish foreign affairs, 1648–1660, in: Christoph Kampmann et al. (eds), L'art de la paix. Kongresswesen und Friedensstiftung im Zeitalter des Westfälischen Friedens, Münster 2011, pp. 389–408.

[25] *Black*, Rise, pp. 180–183; *Heinz Duchhardt*, Balance of Power und Pentarchie. Internationale Beziehungen 1700–1785, Paderborn et al. 1997, pp. 82–94.

tainly after Rijswijk, Louis XIV genuinely took economic interests to heart, not in the least because trade could provide him with the means to wage war.[26]

Military objectives and diplomatic negotiations both demonstrated the importance of commerce. Privateering was a crucial constituent of warfare, aimed at harming trade operations of the enemy, and alongside the peace treaties, warring countries also signed treaties of commerce and navigation to permit, ease and regulate merchants' activities.[27] The Treaty of Commerce and Navigation of 1678 allowed the Dutch to undertake (some) trade activities in France. The hope of obtaining these rights had been the main reason why merchant circles had pressed William III to sign a separate peace with France instead of a general peace, much to the exasperation of the other states.[28] Trade only became more important by the end of the century. During the secret encounters between French and Dutch diplomats before the start of the congress in Rijswijk, the restoration of Dutch commerce, as regulated by the Nijmegen treaty, was among the main points of contention. Not surprisingly, Louis XIV engaged a merchant as a secret agent to sound out the Dutch in 1694. Furthermore, during the remainder of the Nine Years' War, French diplomats had to approach Dutch merchants and persuade the city of Amsterdam to be able to start peace talks with the Dutch. For Louis, commercial treaties were means to placate his adversaries.[29]

During the War of the Spanish Succession, trade and colonies became even more important.[30] One of the main reasons for the maritime powers to oppose the accession of Louis XIV's grandson to the Spanish throne was the fear that their merchants would lose their share of the Iberian and colonial trade. Moreover, the Spanish silver fleets might help sustain French troops. Hence, in addition to concerns about the balance of power, mercantile goals were at the heart of Anglo-Dutch war efforts, contrary to the dynastic and geostrategic thinking that dominated the decisions of the Austrians. Louis XIV understood this very well. In an attempt to detach the United Provinces

---

26 *Guillaume Hanotin*, Trade and Men of Trade in the Conduct of Louis XIV's Diplomacy, in: Matthias Pohlig/Michael Schaich (eds), The War of the Spanish Succession: New Perspectives, Oxford 2018, pp. 85–99.
27 See, for example, the treaties of commerce and navigation between France and the Dutch Republic, Nijmegen, 10.08.1678, and Rijswijk, 20.09.1697, in *Parry* (ed.), Consolidated Treaty Series, vols. 14 and 21. Generally on treaties of commerce: *Andrea Weindl*, Europäische Handelsverträge – Friedensinstrument zwischen Kommerz und Politik, in: VIEG/Beihefte Online 3 (2008), pp. 36–55.
28 *Helmut Gabel*, Ein "Ende auf Nimweguische Arth"? Der Friede von Rijswijk und die Republik der Vereinigten Niederlande, in: Duchhardt (ed.), Friede, p. 155.
29 *William T. Morgan*, Economic Aspects of the Negotiations at Ryswick, in: THS 14 (1931), pp. 225–249.
30 *Lucien Bély*, Espions et ambassadeurs au temps de Louis XIV, Paris 1990, pp. 551–575; *Leopold Auer*, Wirtschaftliche Aspekte des spanischen Erbfolgekrieges, in: Friedrich Edelmayer et al. (eds), Hispania – Austria III. Der Spanische Erbfolgekrieg. La Guerra de Sucesión española, Vienna 2008, pp. 144–160; *José Manuel Santos Pérez*, Trade, The Spanish Empire, and the War of the Spanish Succession, in: Pohlig/Schaich (eds), War, pp. 395–410.

from their allies in 1707–1708, he sent merchant Nicolas Mesnager (1658–1714) to Rotterdam to persuade the Dutch that France was willing to give them a share of the colonial trade. Mercantile concessions were a sweetener to get to terms on other topics, but a lack of secrecy and willingness to compromise at this stage of the war thwarted Mesnager's chances. In the end, Louis approached and convinced the other maritime power, England, to negotiate peace. Once again, Mesnager and colonial promises played an important part. In 1711, after the death of Joseph I, Matthew Prior (1664–1721) and Mesnager started discrete talks. One of three documents Mesnager carried with him and which contained the bare bones of the later Peace of Utrecht, concerned (colonial) trade. Among its contents were the cession of Saint-Christophe in the French West-Indies and the assignment to the British of the *Asiento de negros*.[31]

Indeed, the peace treaty allotted the *Asiento de negros* to the South Sea Company for thirty years. Moreover, England also secured Gibraltar and Port Mahon on Menorca – two important bases for trade in the Mediterranean – and in America France had to give up Acadia, Nova Scotia and Newfoundland. These gains strengthened Great Britain's position as the leading colonial power. Nevertheless, some outstanding issues of the Franco-British commercial treaty of 1713 needed to be discussed more in detail afterwards. Louis XIV was able to let several clauses remain vague. Moreover, a string of exceptions limited the favourable 1664 import tariff for English products. In fact, the commercial treaty was less of a blow for France than the text wants us to believe.[32]

The Dutch Barrier is another fine example of the entanglement of commercial and political interests. In the seventeenth century, creating a barrier against France was a purely military ambition. However, during the War of the Spanish Succession, the maritime powers jointly ruled the conquered Netherlandish territories on behalf of Charles of Austria. In this capacity they adapted custom tariffs to favour the imports of English and Dutch products. During the ensuing barrier negotiations, their main objectives were the continuation of this beneficial tariff system, the closure of the Scheldt and control over navigable waterways through carefully selected fortresses for Dutch garrisons. As a result, the southern Netherlands experienced far-reaching economic tutelage from the maritime powers.[33]

---

31 Bély, Espions, pp. 576–595; *Dhondt*, Op zoek naar glorie, pp. 353–366 and pp. 398–402.
32 *Éric Schnakenbourg*, Les interactions entre commerce et diplomatie au début du XVIIIe siècle: L'exemple du traité de commerce franco-anglais de 1713, in: HES 23/3 (2004), pp. 349–365.
33 *Klaas Van Gelder*, Disagreement over a Peace Agreement: The Barrier Treaty and the Conditional Transfer of the Southern Netherlands to Austria, in: Inken Schmidt-Voges/Ana Crespo Solana (eds), New Worlds? Transformation in the Culture of International Relations Around the Peace of Utrecht, Abingdon 2017, pp. 79–95.

4. Religion: Where did it go?

For a long time, historians saw the Peace of Westphalia as the end of the wars of religion.[34] In the subsequent century, conflicts supposedly revolved around balance of power and commercial interests. Hence, Warfare and diplomacy reflected gradual secularization, with 1648 as a turning point. However, historians increasingly question this grand narrative and underline that religion continued to play a role in international relations.[35] It remained a substantial element of everyday life, provided moral guidelines, and constituted a powerful ideological tool. Moreover, confessional tensions did not disappear after 1648, and the Ottoman advance in the 1680s reinvigorated anti-Islamic feelings. The tenser religious atmosphere in several states towards the end of the century triggered the role of religion as a legitimate concern in international affairs. Examples are the revocation of the Edict of Nantes[36] and the Electorates of the Palatinate and Saxony becoming Catholic. Protestant thinkers and statesmen perceived Protestantism to be on the defensive.[37]

Confessional differences sowed distrust between the princes and diplomats that engaged in peace talks, whereas common faith was generally seen as an asset creating a natural bond between rulers. It is no coincidence that Vienna and Madrid suspected English mediation at Nijmegen.[38] The devout Catholic Leopold I only hesitantly entered the coalition with the Protestant champion William III, and mutual distrust was never absent from these two states.[39] This does not mean that alliances that crossed confessional boundaries were impossible – as proven by the coalition between the maritime powers and Austria and by France's long-standing partnership with the Swedes – but it does suggest that they were not self-evident.

Religion might not have been the prime mover of conflict any more, but war and diplomatic action were still sometimes cast in religious terms. The historian Andrew C. Thompson argues that the seemingly secularised notion of balance of power distorts our views. In England, fears of popery, absolutism, arbitrary government and universal monarchy combined into a powerful narrative. This was used by the Whigs to prevent a Catholic succession. The narrative could be so strong because of the

---

34 See also Chapters 14 and 46.
35 For a reappraisal: *David Onnekink*, The 'Dark Alliance' between Religion and War, in: idem (ed.), War and Religion after Westphalia, 1648–1713, Farnham 2009, pp. 1–15.
36 See also Chapter 44.
37 *Andrew C. Thompson*, After Westphalia: Remodelling a Religious Foreign Policy, in: Onnekink (ed.), War and Religion, p. 64.
38 *Heinz Duchhardt*, Arbitration, Mediation oder *bons offices*? Die englische Friedensvermittlung in Nijmwegen 1676–1679, in: idem (ed.), Studien zur Friedensvermittlung in der Frühen Neuzeit, Wiesbaden 1979, pp. 60–61.
39 *Wouter Troost*, Habsburg and Orange in 1700. Natural Allies?, in: Christoph Kampmann et al. (eds), Bourbon – Habsburg – Oranien. Konkurrierende Modelle im dynastischen Europa um 1700, Cologne 2008, pp. 255–266.

Catholic inclinations of Charles II (1630–1685) and James II and their alliance with the new hegemon, Louis XIV. William III thus adopted a religious discourse to present himself as the Protestant saviour in order to gain domestic support for his reign and backing for his war against France. He portrayed the latter as a means to secure Protestantism at home. Religious arguments became integral parts of the language of balance of power.[40]

This brings us to the other impending succession that was on the minds of the negotiators at Rijswijk and Utrecht: the Protestant succession in England. The last two male Stuarts on the throne had aroused much suspicion through their sympathy for Catholicism and their disdain for the constitution. The Glorious Revolution put James II's eldest and firmly Protestant sister Mary (1662–1694) and her husband William III on the throne. By signing the Peace of Rijswijk, Louis XIV recognized William as the rightful King of England instead of James's son, who lived in exile in France. Mary and William did not have offspring, but her younger and equally Protestant sister Anne (1665–1714) did: William, Duke of Gloucester, born in 1689. Everything seemed settled for the future, but as in Spain, the acceptable heir died young. One year after Joseph Ferdinand of Bavaria, the duke of Gloucester passed away in July 1700. The challenge now was to preserve the revolutionary settlement and extend the confessional condition to William's successors. The Act of Settlement from 1701 stipulated that the crown be passed from Anne to Sophia, Dowager Electress of Hanover (1630–1714) and her Protestant successors, even though she was only a distant relative. Enshrining this regulation in international law proved more challenging. England's allies had to repudiate James III (1688–1766), which was a hard nut to crack for Leopold I. Throughout the war, England attempted to incorporate recognition for the Protestant succession in all the accords it negotiated with allies and foes; eventually, it was included in the Peace of Utrecht.

One of the most controversial clauses of the Peace of Rijswijk was purely confessional: article four stipulated that in the German territories France had conquered during the war and was about to return, Catholicism was to be maintained and privileged to the detriment of Lutheranism and Calvinism. This was a clear breach of the Treaty of Westphalia.[41] The negotiators in Utrecht avoided religious articles in the treaties from 1713, but during the congress, there was persistent Protestant lobbying for the fate of threatened co-religionists across Europe. Side-agreements on religious issues, for example the matter of Protestant galley slaves, demonstrate that many contemporaries still saw the war and the upcoming peace in religious terms.[42]

---

[40] *Thompson*, After Westphalia, pp. 47–67. In the Dutch Republic arguments to wage war based on commerce, security and confession also merged: *Gabel*, Ein "Ende auf Nimweguische Arth", p. 162.
[41] *Werner Buchholz*, Zwischen Glanz und Ohnmacht. Schweden als Vermittler des Friedens von Rijswijk, in: Duchhardt (ed.), Friede, pp. 240–255.
[42] *Sugiko Nishikawa*, Ending a Religious Cold War: Confessional Trans-State Networks and the Peace of Utrecht, in: Schmidt-Voges/Crespo Solana (eds), New Worlds, pp. 113–127.

5. The Art of Making Peace

In addition to common themes which shaped the content of the talks, the congresses and treaties of Nijmegen, Rijswijk and Utrecht also share some formal characteristics. In the seventeenth century, multilateral congresses became the main vehicle for making peace in Europe. Just as in the gatherings in Münster and Osnabrück, dozens of diplomats with different ranks from states all over Europe were involved.[43] The congresses resulted in a series of bilateral peace treaties; at the end, there was no collective treaty, not even a general agreement that included all participants. This fragmentation was, to a certain degree, the result of the very nature of coalition warfare that marked the conflicts against Louis XIV. The allies had a common enemy, but additional diverging interests made a clear victory very difficult.

The question of who was allowed to attend these congresses, and in what capacity and style, was of the utmost importance. It could take months before all matters of protocol were settled. Historians often downplayed this preparatory phase as a mere triviality. Today, however, it is clear that ceremonial issues cannot be separated from 'actual negotiations'; they were part of the same process of finding peace in a context of fierce competition over status and precedence. In early modern Europe, the concept of sovereignty was slow to develop, and the idea of the orderly society with its inherent hierarchies determined human action to a large degree. As a result, being allowed to attend diplomatic talks reflected status, but could also consolidate or even establish it. During the peace talks in Rijswijk, Louis XIV was forced to recognize William III as king of England. And Frederick I of Brandenburg (1657–1713) sent plenipotentiaries to Utrecht, where they represented him as 'King in Prussia', a dignity he had obtained at the start of the War of the Spanish Succession. Full ambassadors were not the only people to attend the congresses and engage in talks. A host of lesser states, persons and administrations, some of them with doubtful claims to sovereignty, tried to gain access, among which Italian and German princes, imperial cities and Estates' assemblies. All parties concerned tried to formally participate, or at least to be present and lobby for their interests.

Once all preparations were made, the congress was formally opened, and actual talks began. Diplomats usually moulded the proceedings according to earlier experiences. Perhaps the best illustration is the use of diplomatic ceremonial: ceremony

---

[43] The congress of Rastatt (November 1713 until March 1714) was a bilateral congress between France and the Habsburg Monarchy. Very different was the congress in Baden, where the Holy Roman Empire and France signed peace. More than sixty delegations attended the gathering that ran from June till September 1714: *Alexander Jordan/Hartmut Troll*, The Treaty of Rastatt 1714; and *Rolf Stücheli*, The European Treaty of Baden 1714, in: Renger de Bruin/Maarten Brinkman (eds), Peace was made here: The Treaties of Utrecht, Rastatt and Baden 1713–1714, Petersberg 2013, pp. 70–77 and pp. 78–86.

made possible negotiations between interlocutors with different status and rank. Hence, settling ceremonial disputes was vital to diplomacy. Many disputes centred around the question in what capacity the attendants could participate, as sending and receiving full ambassadors was restricted to sovereign princes – a category which itself was a matter of discussion.

During the period from Westphalia to Utrecht, however, ceremony underwent profound change. According to Niels F. May and Lucien Bély, it was gradually pushed back or at least neutralised so as not to hinder negotiations. The envoys in Nijmegen wished to avoid a repetition of the many ceremonial quarrels that had obstructed Münster and Osnabrück. The English mediators thus tried to reduce representation during the congress, arguing that this did not harm the persons concerned (and their principals) outside the context and space of the talks. The preparatory agreement for Rijswijk further reduced conspicuous representation. May concludes that Westphalia served as a negative example for the congresses in Nijmegen and Rijswijk. However, this is not a sign that ceremony lost its importance. Quite the contrary, the attempts to render it inoperative show how potentially discordant it still was.[44]

Mediation was another aspect of peace conferences that changed over time.[45] By the end of the wars of religion, the pope had ceased to be the natural arbiter for peace in Europe. From Westphalia onwards, mediation through a neutral third party became the norm. During the congress of Nijmegen, this practice was relatively novel and experienced some teething problems. England was the official mediator but had difficulties to assert itself as the undisputed head of the talks. However, in ceremonial matters, London did not want to give in. It claimed that it were the mediators, not the imperial envoys, who held the highest diplomatic rank at the congress. Other monarchs supported the English against the emperor, which was an important step in levelling out the crowned heads in Europe. Matters became even more complicated when the Papacy sent its own mediator, much to the liking of the Habsburg courts. In 1678, even the Dutch Republic began to mediate unofficially. As a consequence, parallel circuits of mediation arose.[46] The Swedish mediation twenty years later at Rijswijk illustrates how difficult it was to act neutrally and find a balance between the maritime powers and France, as well as between different political factions in Stockholm.[47] In

---

44 *Niels F. May*, Zeremoniell in vergleichender Perspektive: Die Verhandlungen in Münster/Osnabrück, Nijmegen und Rijswijk (1643–1697), in: Kampmann et al. (eds), L'art de la paix, pp. 261–279; *Bély*, Espions, pp. 41–46; see also Chapter 31. For the set of rules reducing ceremony at the congress of Utrecht: Casimir Freschot (ed.), Actes, mémoires & autres pieces authentiques concernant la Paix d'Utrecht, Utrecht 1714, vol. 1, pp. 298–303.
45 See also Chapters 22 and 24.
46 *Duchhardt*, Arbitration, pp. 23–88; *Peter Rietbergen*, Papal Diplomacy and Mediation at the Peace of Nijmegen, in: Bots (ed.), Peace of Nijmegen/La paix de Nimègue, pp. 29–96; *Hatton*, Nijmegen, p. 7.
47 *Buchholz*, Zwischen Glanz und Ohnmacht, pp. 219–255.

Utrecht the diplomats bargained directly without the help of a mediator. Still, mediation remained important throughout the eighteenth century.

Congresses were not the only locus of negotiations. Early in 1678, Charles II of England and William III of Orange drew up a peace project and presented it to Louis XIV, and later that year other negotiations far away from the congress in Nijmegen took place.[48] Something similar happened during the Rijswijk gathering. In fact, many important meetings took place not at the castle in Rijswijk, but in nearby The Hague and other cities.[49] Moreover, the negotiators had to constantly consult with their princes and courts and with their colleagues in Europe's main capitals, which resulted in the exchange of thousands of reports and dispatches and repeatedly slowed down the pace of the talks.

Typical was also a sound degree of pragmatism whenever disputed clauses threatened to wreck an agreement. In such cases, vague phrases, the postponement of the actual implementation of delicate clauses and moving the settlement of details to the (near) future were common solutions. Following Nijmegen, a bilateral Franco-Spanish commission convened in Kortrijk to settle frontier disputes in the Spanish Netherlands. The same happened in Lille in 1698–1699 after the Rijswijk Treaty.[50] Much in the same vein, the aforementioned Anglo-French conferences in London had to work out the commercial treaty between both nations that was agreed upon in the Peace of Utrecht, and the actual barrier negotiations also took place after, not during, the congress.

The congress of Nijmegen lasted almost four years. In January 1676, the first diplomats arrived; the last left in October 1679. The situation in Utrecht was similar. The first envoys arrived in January 1712 and negotiations started. Although the main treaties date from April 1713, the last accord to be signed in Utrecht was the peace between Spain and Portugal in February 1715. In those years, the congresses – and treaties – were part of propaganda campaigns and ever more intense news coverage. They aroused international public debates and paper wars, among others about the value of the notion of 'balance of power' and the concept of peace.[51] These high-profile gatherings also had a profound impact on their host cities, which were filled with dozens of diplomats and their families and retinues. Hundreds of visitors needed lodgings, driving up real estate prices and boosting local markets. Moreover, the presence of so many dignitaries required appropriate entertainment. Balls and dinners alternated with meetings and gave high society the opportunity to discuss matters informally. The Utrecht city council even allowed an opera and two theatre companies for the

---

48 *Duchhardt*, Arbitration, pp. 66–71.
49 *Morgan*, Economic Aspects, p. 243.
50 *Girard d'Albissin*, Genèse, pp. 176–182 and pp. 237–248.
51 See different chapters in *Renger de Bruin* et al. (eds), Performances of Peace: Utrecht 1713, Leiden/Boston 2015.

duration of the talks. The epistolary novel *Histoire amoureuse & badine du congres & de la ville d'Utrecht* caused scandal, but probably refers to the actual blossoming of love for sale during the congress.[52]

6. Epilogue

The impact of the congresses on their host cities was profound, but what about the impact of the treaties that came after them? It would be too easy to dismiss Nijmegen and Rijswijk as mere armistices. It is true that they could not prevent the quick outbreak of new wars, but they were important steps in the articulation of new international policies, among others the establishment of a more or less stable anti-French coalition that would last until the mid-eighteenth century. Moreover, the congresses and treaties of Nijmegen, Rijswijk and Utrecht helped establish the primacy of international public law over private law and dynastic succession rules. Utrecht was the end point of a process of alteration of norm hierarchy, as Frederik Dhondt has demonstrated. The Peace of Utrecht invalidated the last wills of Philip IV and Charles II of Spain and sanctioned the option of dividing territories in order to preserve the tranquillity of Europe. Political considerations thus took precedence over unilateral legal claims. Britain's search for international ratification of the Protestant succession and Charles VI's later quest for Europe-wide recognition of the Pragmatic Sanction (1713) illustrate this trend.[53]

A common theme in the literature on the treaties of Nijmegen, Rijswijk and Utrecht is their role in the rise of a multipolar system of large powers in Europe. Indeed, because of the Glorious Revolution and its involvement in the anti-French coalition, England became a heavyweight in European politics. At the same time, the Habsburg Monarchy rose as a giant in Central-Europe due to its territorial conquests against the Ottomans, and Russia showed itself as a force to be reckoned with during the Great Northern War. An important symbolic step in Prussia's rise was the promotion of its ruler to kingly status in 1701 as a part of Habsburg's search for allies during the War of the Spanish Succession. France, finally, maintained its status despite Louis XIV's enormous war efforts.[54]

The *Ode for the Birthday of Queen Anne* from 1713, composed by George Frederick Handel (1685–1759) with a libretto by Ambrose Philips (1674–1749), celebrated the peace bargained by Queen Anne's diplomats shortly before. The libretto praises the "lasting peace on Earth" and states that "united nations shall combine". Contrary to

---

52 [*Augustinus Freschot*], Histoire amoureuse & badine du congres & de la ville d'Utrecht, en plusieurs lettres écrites par le domestique d'un des plenipotentiaires à un de ses amis, Liège [1713].
53 *Frederik Dhondt*, From Contract to Treaty: The Legal Transformation of the Spanish Succession 1659–1713, in: JHIL 13 (2011), pp. 347–75; see also Chapter 6.
54 See, generally *Duchhardt*, Balance.

Westphalia, Utrecht indeed established a prolonged (although not lasting) period of peace on the continent. Until the War of the Austrian Succession (1740–1748), there were no all-European conflicts which inflamed Europe, even though international relations remained volatile and wars on a smaller scale occurred. In part, this relatively peaceful period was the result of the exhaustion of the warring states, but there was more to it than that. The idea of pan-European tranquillity and the balance of power led to prudent measures to prevent the outbreak of new wars. Among these were the congresses of Cambrai (1722–1725) and Soissons (1728–1729), and the Triple and Quadruple Alliances (1717 and 1718). These were joint initiatives by states that had combatted each other in the recent past. Their aim was to defend and consolidate the settlement of Utrecht.[55] They were perhaps premature, but they still demonstrate that, in the post-Utrecht years, many leading statesmen who had participated in these congresses shared a widespread disposition to prevent new wars and defend the existing balance and peace that came with it.

Select Bibliography

Bély, Lucien, Espions et ambassadeurs au temps de Louis XIV, Paris 1990.
Bots, Hans (ed.), The Peace of Nijmegen/La paix de Nimègue, 1676–1678/79: International Congress of the Tricentennial/Colloque international du tricentenaire, Amsterdam 1980.
Bruin, Renger de et al. (eds), Performances of Peace: Utrecht 1713, Leiden/Boston 2015.
Bruin, Renger de/Maarten Brinkman (eds), Peace was made here: The Treaties of Utrecht, Rastatt and Baden 1713–1714, Petersberg 2013.
De Schryver, Reginald, Max II. Emanuel von Bayern und das Spanische Erbe. Die europäischen Ambitionen des Hauses Wittelsbach 1665–1715, Mainz 1996.
Dhondt, Frederik, From Contract to Treaty: The Legal Transformation of the Spanish Succession 1659–1713, in: JHIL 13 (2011), pp. 347–75.
Dhondt, Frederik, Balance of Power and Norm Hierarchy: Franco-British Diplomacy after the Peace of Utrecht, Leiden 2015.
Duchhardt, Heinz, Balance of Power und Pentarchie. Internationale Beziehungen 1700–1785, Paderborn et al. 1997.
Duchhardt, Heinz (ed.), Der Friede von Rijswijk 1697, Mainz 1998.
Geikie, Roderick/Montgomery, Isabel A., The Dutch Barrier 1705–1719, Cambridge 1930.
Hahlweg, Werner, Barrière – Gleichgewicht – Sicherheit. Eine Studie über die Gleichgewichtspolitik und die Strukturwandlung des Staatensystems in Europa, 1646–1715, in: HZ 187 (1959), pp. 54–89.
Legrelle, Arsène, La diplomatie française et la succession d'Espagne, Ghent 1888–1892, 4 vols.
Luard, Evan, The Balance of Power: The System of International Relations, 1648–1815, Basingstoke et al. 1992.
Lynn, John A., The Wars of Louis XIV, 1667–1714, London/New York 1999.

---

55 Frederik Dhondt, Balance of Power and Norm Hierarchy: Franco-British Diplomacy after the Peace of Utrecht, Leiden 2015.

Nimwegen, Olaf van, The Dutch Barrier: Its Origins, Creation and Importance for the Dutch Republic as a Great Power, 1697–1715, in: Jan A. F. de Jongste/Augustus J. Veenendaal Jr. (eds), Anthonie Heinsius and the Dutch Republic 1688–1720: Politics, War, and Finance, The Hague 2002, pp. 147–174.

Onnekink, David (ed.), War and Religion after Westphalia, 1648–1713, Farnham 2009.

Roosen, William, The Origins of the War of the Spanish Succession, in: Jeremy Black (ed.), The Origins of War in Early Modern Europe, Edinburgh 1987, pp. 151–175.

Schmidt-Voges, Inken/Solana, Ana Crespo (eds), New Worlds? Transformation in the Culture of International Relations Around the Peace of Utrecht, Abingdon 2017.

Sonnino, Paul, The Origins of Louis XIV's Wars, in: Jeremy Black (ed.), The Origins of War in Early Modern Europe, Edinburgh 1987, pp. 112–131.

Arno Strohmeyer
48. Der Friede von Zsitvatorok 1606 und die Friedensschlüsse der ‚Türkenkriege'

Abstract: The Peace of Zsitvatorok 1606 and the Peace Treaties of the 'Turkish Wars' The Peace of Zsitvatorok between the Habsburg Emperor and the Ottoman Sultan in 1606 ended the Thirteen Years' War (1593–1606) and initiated a period of almost sixty years of relative peace. Balancing the cultural differences between the *Ius Publicum Europaeum* and the Ottoman law of war and peace, the Peace of Zsitvatorok is often considered to be a milestone in Habsburg-Ottoman relations, for it was the first long-term peace treaty and a settlement reached by two rulers as equals. Despite its textual ambiguity, the Peace of Zsitvatorok served as model for subsequent peace treaties between the Austrian Habsburgs and the Ottoman sultans. Its validity was repeatedly reaffirmed and the principle of parity in Austrian-Ottoman peace negotiations steadily strengthened. In the eighteenth century, the Peace of Zsitvatorok remained a point of reference in peacebuilding processes, even though its ceremonial aspects declined in significance.

Der Friede von Zsitvatorok wurde 1606 im Kontext der Türkenkriege (engl. *Turkish Wars*, *Ottoman Wars*), eine bereits von Martin Luther (1483–1546) benutzte Bezeichnung für die Auseinandersetzungen zwischen dem Osmanischen Reich und verschiedenen europäischen Mächten, geschlossen.[1] Als Beginn der Türkenkriege gelten entweder die Kriege der Osmanen mit Byzanz im 13. Jahrhundert oder mit Venedig im 15. Jahrhundert, als Ende die beiden Balkankriege (1912–1913, 1913) und der Frieden von Lausanne (1923), der die moderne Türkei begründete. Die meisten Türkenkriege (zehn) führte Russland, gefolgt von Venedig und der Habsburgermonarchie (jeweils acht). Räumlich konzentrierten sie sich auf Ost- und Südosteuropa, die Adria und das östliche Mittelmeer. Das Vorhandensein eines speziellen Begriffs zeigt, dass den Türkenkriegen eine eigene Qualität zugeschrieben wurde, beispielsweise eine besondere Grausamkeit der Kriegsführung. Der Ausdruck ‚türkenmäßig' bezeichnete ganz allgemein besonders brutale Kampfhandlungen. Aufgrund der Bedeutung von Gegensätzen zwischen Christentum und Islam werden die Türkenkriege zu den Religionskriegen gerechnet. Allerdings spielten profane Gründe, etwa machtpolitische Rivalitäten und wirtschaftliche Interessen, ebenso eine wichtige Rolle.[2]

---

[1] Für redaktionelle Unterstützung sei Herrn Jonas Bechtold, M. A. (Bonn) gedankt.
[2] Vgl. *Martin Wrede*, Art. „Türkenkriege", in: EdN 13 (2011), Sp. 827–839; *Arno Strohmeyer*, Die Türkenkriege der Habsburgermonarchie, in: Josef Wolf/Wolfgang Zimmermann (Hg.), Fließende Räume. Karten des Donauraums 1650–1800. Floating Spaces. Maps of the Danube Region 1650–1800, Regensburg 2017, S. 25–37.

https://doi.org/10.1515/9783110591316-048

Die Beziehungen der Osmanen zu den europäischen Mächten waren nicht nur von den Türkenkriegen geprägt, sondern ebenso von intensiven Bemühungen um Konfliktvermeidung und Frieden.[3] Die Ursachen dafür waren häufig realpolitischer Natur, etwa militärische Niederlagen, offensichtliche Unterlegenheit, Geldmangel oder Konflikte mit Drittmächten. Die Friedensfindung erwies sich allerdings als nicht einfach, denn neben machtpolitischen Differenzen und imperialen Rivalitäten mussten ideologische, rechtliche, theologische, mentale, sprachliche und terminologische Unterschiede bewältigt werden. Auch die Friedenskonzeptionen waren unterschiedlich und mussten einander angenähert werden. Vor allem in der älteren Forschung wurde in diesem Zusammenhang immer wieder das islamische Rechtsdenken der Osmanen angeführt, demgemäß sie Kriege mit Nichtmuslimen nur unter bestimmten Bedingungen beenden durften: nach der Unterwerfung des Gegners, bei dessen Konversion zum Islam und im Rahmen eines befristeten Waffenstillstands[4]. Diese in der Scharia verwurzelte Vorstellung darf jedoch in ihrer Bedeutung nicht überschätzt werden, denn die Osmanen legten bei der Gestaltung ihrer Außenbeziehungen großen Pragmatismus an den Tag.[5]

1. Zustandekommen und Bewertung

Der Friede von Zsitvatorok beendete den ‚Langen Türkenkrieg' (engl. *Thirteen Years' War*), ein Sammelbegriff für eine Reihe erbitterter Kämpfe zwischen dem Osmanischen Reich und der von einigen europäischen Mächten unterstützten Habsburgermonarchie, die 1593 begonnen hatten und bis 1606 dauerten. Im Mittelpunkt des Konflikts, der auch als Dritter Österreichischer Türkenkrieg bezeichnet wird, stand die Belagerung strategisch wichtiger Festungen im ungarischen Raum. Zu einer klaren militärischen Entscheidung kam es nicht; die drückende militärische Überlegenheit der osmanischen Armee auf dem Land, ein Kennzeichen des 16. Jahrhunderts, war zu Ende. Der entscheidende Antrieb zu Friedensverhandlungen war letztlich die Erschöpfung beider Mächte. Die Osmanen wollten außerdem einen Zweifrontenkrieg vermeiden, der aufgrund der zunehmenden Spannungen zum Safawidenreich drohte. Die Habsburger wiederum hatten aufgrund des Aufstands von István Bocskai (1557–1606) in Ungarn, der Auseinandersetzungen mit den protestantischen Ständen in Böhmen und den Erbländern sowie des in der Literatur als ‚Bruderzwist' bezeichneten innerfamiliären Konflikts zwischen Kaiser Rudolf II. (1552–1612) und

---

3 Vgl. hierzu auch Kapitel 19.
4 Vgl. zu Waffenstillständen auch Kapitel 16.
5 *Arno Strohmeyer/Norbert Spannenberger* (Hg.), Frieden und Konfliktmanagement in interkulturellen Räumen. Das Osmanische Reich und die Habsburgermonarchie in der Frühen Neuzeit, Stuttgart 2013.

seinem jüngeren Bruder Matthias (1557–1619) Interesse an einer Beendigung des Ringens.⁶

Der Friede wurde nach rund drei Wochen Verhandlungen im Niemandsland abgeschlossen, auf einer kleinen Insel bei der Mündung des Flusses Žitava (ung. Zsitva) in die Donau, in der Südslowakei.⁷ Das Abkommen wird von der Forschung sehr unterschiedlich interpretiert. Einerseits wurde darauf hingewiesen, dass es sich im Gegensatz zu den Friedensschlüssen des 16. Jahrhunderts nicht mehr um einen vom Sultan diktierten Waffenstillstand, eine Kapitulation, gehandelt habe, sondern um den ersten Friedensvertrag zwischen der Habsburgermonarchie und dem Osmanischen Reich im eigentlichen Sinn des Wortes.⁸ Andererseits handelte es sich in den Augen der Osmanen zunächst nur um ein *temessük*, eine Übereinkunft über die Bestimmungen eines noch abzuschließenden Waffenstillstands. Rechtlich und symbolisch bedeutender war aus ihrer Sicht die erst später ausgestellte Urkunde mit der eidlichen Bekräftigung durch den Sultan (*'ahdnāme*), aus europäischer Perspektive die Ratifikation. Die Friedensabkommen besaßen daher Prozesscharakter. Der Inhalt eines *temessük* floss in das *'ahdnāme* ein, musste mit diesem allerdings nicht völlig übereinstimmen.⁹ Diese Feinheiten werden in der Literatur oftmals vernachlässigt und sind unzureichend erforscht.

Das Abkommen ist jedoch noch komplizierter: Auf der einen Seite gab es ein von den Unterhändlern Rudolfs II. in ungarischer Sprache in mehreren Ausfertigungen verfasstes Dokument, auf der anderen eine von den Vertretern des Sultans auf Ungarisch und Osmanisch abgefasste Variante, die sich von derjenigen der kaiserlichen Diplomaten in wichtigen Punkten unterschied. Zusätzlich unterfertigten die Vertreter Rudolfs II. ein Exemplar ihres Dokuments, das ein von den Osmanen bestochener kaiserlicher Dolmetscher ins Osmanische übersetzt hatte, das jedoch inhaltlich eher der osmanischen Variante entsprach, ohne dass sich die kaiserlichen Diplomaten dessen

---

6 Vgl. *József Zachar*, Der „Lange Türkenkrieg" zwischen dem Osmanischen Reich und dem Habsburgerreich, in: János Barta u. a. (Hg.), „Einigkeit und Frieden sollen auf Seiten jeder Partei sein": Die Friedensschlüsse von Wien (23.06.1606) und Zsitvatorok (15.11.1606), Debrecen 2007, S. 245–266; *Jan Paul Niederkorn*, Die europäischen Mächte und der „Lange Türkenkrieg" Kaiser Rudolfs II. (1593–1606), Wien 1993.
7 Zum Verhandlungsverlauf vgl. *Karl Nehring*, Adam Freiherrn zu Herbersteins Gesandtschaftsreise nach Konstantinopel. Ein Beitrag zum Frieden von Zsitvatorok (1606), München 1983, S. 15–28.
8 Vgl. *Karl-Heinz Ziegler*, Völkerrechtliche Beziehungen zwischen der Habsburgermonarchie und der Hohen Pforte, in: ZNR 18 (1996), S. 177–195, hier S. 182f.; *ders.*, The Peace Treaties of the Ottoman Empire with European Christian Powers, in: Randall Lesaffer (Hg.), Peace Treaties and International Law in European History. From the Late Middle Ages to World War One, Cambridge 2004, S. 338–364, hier S. 345.
9 Vgl. *Dennis Dierks*, Übersetzungsleistungen und kommunikative Funktionen osmanisch-europäischer Friedensverträge im 17. und 18. Jahrhundert, in: Martin Espenhorst (Hg.), Frieden durch Sprache? Studien zum kommunikativen Umgang mit Konflikten und Konfliktlösungen, Göttingen 2012, S. 133–174, hier S. 134f.

bewusst gewesen wären. Während schließlich Rudolf II. 1606 den von seinen Unterhändlern auf Ungarisch verfassten und ins Lateinische übersetzten Text ratifizierte, beruhte das 1608 ausgefertigte ʿahdnāme Ahmeds I. (1590–1617) auf der osmanischen Überlieferung.[10]

Der Friede sollte 20 Jahre Gültigkeit besitzen und damit deutlich länger dauern als die vorangegangenen Vereinbarungen, die auf acht Jahre befristet gewesen waren. Die zeitliche Begrenzung eines Abkommens besaß vor allem symbolische Bedeutung, ging es dabei doch um die Durchsetzung eines fundamentalen Prinzips des *Ius Publicum Europaeum*[11], demgemäß Friedensverträge ewig gültig sein sollten, was sich aus der Scharia nur schwer begründen ließ. Den Kern der Vereinbarung bildeten Maßnahmen zur Herstellung und Sicherung des Friedens, darunter das Verbot des Einfalls in das Territorium des anderen Herrschers und der Errichtung neuer Festungen, die Freilassung beziehungsweise der Austausch von Kriegsgefangenen sowie Regeln zur Steuereinhebung in Orten im Grenzgebiet. Zu größeren territorialen Verschiebungen kam es nicht.

Für den normativen Referenzcharakter, den der Friede von Zsitvatorok alsbald erlangte, sind jene Bestimmungen von herausragender Bedeutung, die das Verhältnis der beiden Herrscher zumindest *de iure* auf eine neue Basis stellen sollten. Denn während die bilaterale Kommunikation bis dahin vom Überlegenheitsdenken der Osmanen geprägt gewesen war, was etwa in der herabsetzenden Titulierung des habsburgischen Herrschers als ‚König von Wien' oder ‚deutscher König' einen Ausdruck gefunden hatte, verpflichteten sich beide Herrscher nun zur wechselseitigen Titulierung als Kaiser.

Im Sinn dieser Parität ist auch die Aufhebung der Tributpflicht durch eine einmalige Geldzahlung zu deuten.[12] Gemäß einer 1547 in Edirne getroffenen Vereinbarung mussten die Habsburger an den Sultan als Gegenleistung für die Anerkennung ihrer Herrschaft über einen Teil Ungarns regelmäßig eine Geldsumme entrichten. Tatsächlich kam es auch bis 1593 zu rund 30 solcher Tributzahlungen, die man auf habsburgischer Seite verschämt als „munus honestum et honorium" deklarierte, als ‚Ehrengeschenk'. Obwohl die Osmanen gegenüber den Habsburgern in der Regel darauf verzichteten, den tributären Charakter der Zahlungen offiziell zum Ausdruck zu bringen, war die daraus ableitbare Unterordnung des habsburgischen Herrschers unter den Sultan unübersehbar. Im internen Schriftverkehr findet sich bei ihnen in diesem Zusammenhang die aus dem islamischen Recht stammende Bezeichnung ḫarāc, die unter anderem für die von Nichtmuslimen zu entrichtende Kopfsteuer, aber auch für den Tribut von Vasallen wie die Fürstentümer Moldau, Walachei

---

10 Vgl. ebd., S. 135f.
11 Vgl. hierzu auch Kapitel 6.
12 Text des Friedensvertrags von Zsitvatorok, 11.11.1606, in: Lajos Fekete (Hg.), Türkische Schriften aus dem Archive des Palatins Nikolaus Esterházy 1606–1645, Budapest/Leipzig 1932, S. 207, S. 210f.

und Siebenbürgen verwendet wurde.¹³ Ergänzt wurden diese auf Ranggleichheit abzielenden Bestimmungen des Friedens durch die Verpflichtung zur Freundschaft, zum Austausch angemessener Geschenke und zur Entsendung von Großbotschaftern, aufwendige und zeitlich befristete Sondergesandtschaften auf höchster diplomatischer Ebene.

Die Egalität der Vertragspartner ungeachtet der konkreten Machtverhältnisse – die zeitgenössischen Schlüsselbegriffe dafür lauteten *aequalitas* und *Parität* – entwickelte sich im Laufe des 17. Jahrhunderts zu einem Grundsatz des Friedensschließens zwischen europäisch-christlichen Mächten. Der Prozess fand vor dem Hintergrund der abnehmenden Bedeutung universalmonarchischer Ordnungsvorstellungen statt. Grundlage war das sich gerade in dieser Zeit entwickelnde *droit public de l'Europe* beziehungsweise *Ius Publicum Europaeum*, das die europäischen Mächte zu einer Rechtsgemeinschaft verband.¹⁴

Der Text des Friedens wurde in der Habsburgermonarchie wie im Heiligen Römischen Reich auf Deutsch wie auf Latein und Ungarisch rasch publik. Hervorgehoben wurde dabei häufig der Anteil der ungarischen Stände am Zustandekommen des Abkommens. Ein weiteres Merkmal dieser Friedenspropaganda war die Verknüpfung mit dem Frieden von Wien, der kurz zuvor zwischen Erzherzog Matthias und dem Fürsten von Siebenbürgen István Bocskai abgeschlossen worden war und den antihabsburgischen Aufstand des ungarischen Adeligen beendete.¹⁵

In der Forschung gilt der Friede von Zsitvatorok als Zäsur, da er in den habsburgisch-osmanischen Beziehungen eine neue Phase eingeleitet habe. Die Zeit der drückenden militärischen Überlegenheit der Osmanen sei mit ihm beendet worden und er habe mit der Parität eine leitende Norm der bilateralen Beziehungen begründet. Trotz dieser umfassenden Bedeutung fehlt jedoch – wie für die übrigen Friedensabkommen zwischen der Habsburgermonarchie und dem Osmanischen Reich – eine moderne Quellenedition.

---

13 Vgl. *Ernst D. Petritsch*, Der habsburgisch-osmanische Friedensvertrag des Jahres 1547, in: MÖStA 38 (1985), S. 49–80, hier S. 54–59.
14 *Dennis Dierks*, Friedensbild und Herrscherbild in osmanisch-habsburgischen Friedensverträgen des 16. und 17. Jahrhunderts, in: Strohmeyer/Spannenberger (Hg.), Frieden und Konfliktmanagement, S. 311–332, hier S. 316–318.
15 Vgl. *Nóra G. Etényi*, Der Frieden von Zsitvatorok in der zeitgenössischen Propaganda, in: Barta u. a. (Hg.), Friedensschlüsse, S. 267–279, hier S. 272f.; vgl. hierzu auch Kapitel 45.

2 Der Referenzcharakter in der Phase relativen ‚Friedens' bis 1663

Die inhaltlichen Unterschiede zwischen der habsburgischen und osmanischen Überlieferung hatten mehrjährige Nachverhandlungen zur Folge. Bereits 1608 reiste deshalb eine habsburgische Gesandtschaft an den Bosporus.[16] Der Friede von Wien 1615 bestätigte schließlich das Abkommen von Zsitvatorok in der von Rudolf II. ratifizierten Variante, ohne jedoch die Mehrdeutigkeit im Hinblick auf die Tributpflicht endgültig zu beseitigen.[17] Das 1625 in Gyarmat abgeschlossene Abkommen konfirmierte gleich im ersten Artikel die Bestimmungen von Zsitvatorok, insoweit bislang keine anderslautenden Vereinbarungen getroffen worden seien.[18] Solche Vertragsbestätigungen, eine einschränkende Referenz, waren weder neu noch ungewöhnlich und fanden sich bereits im Mittelalter.[19] Analog bildeten die Bestimmungen von Zsitvatorok bei den Verhandlungen in Szőny 1627 einen direkten Bezugspunkt. Da es nach Ansicht der Habsburger wie der Osmanen bei ihrer Umsetzung Probleme gegeben habe, müssten diese jetzt erneuert werden. Alle Artikel, sofern inzwischen nichts Anderslautendes beschlossen worden sei, hätten weiterhin ihre Gültigkeit.[20]

In Erweiterung der Bestimmungen von Zsitvatorok enthält das Abkommen konkrete Anweisungen für den Ablauf des Diplomatenaustauschs. Die Missionen seien innerhalb von vier Monaten abzufertigen und die Auswechslung hätte an einem Ort in der Nähe von Aljmaš in Slawonien stattzufinden. Inzwischen hatte sich auch ein spezifisches Zeremoniell beim Grenzwechsel der Gesandten etabliert. Der Grenzübertritt ist ein Beispiel für die Bedeutung symbolischer Handlungen in frühneuzeitlicher Friedenspolitik; Ordnungsvorstellungen bedurften der symbolisch-rituellen Darstellung. Im Mittelpunkt stand demnach die vollständige Symmetrie des Ereignisses im zeitlichen Ablauf, im sozialen Rang der Diplomaten, bei ihrer Körpersprache und den Geschenken.[21] Symbolisch dargestellt wurden dabei Parität und Freundschaft. Das Fundament bildete die Deutung des Lebens als Theater, das damals in der Friedens-

---

16 *Nehring*, Herbersteins Gesandtschaftsreise, S. 41f., S. 49f.; *Peter Meienberger*, Johann Rudolf Schmid zum Schwarzenhorn als kaiserlicher Resident in Konstantinopel in den Jahren 1629–1643. Ein Beitrag zur Geschichte der diplomatischen Beziehungen zwischen Österreich und der Türkei in der ersten Hälfte des 17. Jahrhunderts, Bern 1973, S. 15–23.
17 *Meienberger*, Schwarzenhorn, S. 19.
18 Text des Friedensvertrags von Gyarmat, Mai 1625, in: Jean Dumont (Hg.), Corps universel diplomatique du droit des gens, Bd. 8/2, Paris 1727, Nr. CCLXIV, S. 475f., hier S. 475.
19 *Jörg Fisch*, Krieg und Frieden im Friedensvertrag: Eine universalgeschichtliche Studie über Grundlagen und Formelemente des Friedensschlusses, Stuttgart 1979, S. 289, 293.
20 Vgl. Theatrum Europaeum, Bd. 1, Frankfurt a. M. 1662, S. 1.015f.
21 Vgl. hierzu auch Kapitel 23, 26 und 31.

publizistik und der Kriegsberichterstattung eine beliebte Ordnungsmetapher bildete.[22]

Auch für den Vertrag von Szőny 1642 bildete der Friedensschluss von Zsitvatorok eine wichtige Referenz, dessen Bestimmungen in der bekannten Form inhaltlich bestätigt wurden, soweit inzwischen keine anderslautenden Beschlüsse getroffen worden seien. Detailliertere Ausführungen zum diplomatischen Zeremoniell enthielt der Text jedoch nicht.[23] In den dem Vertragsabschluss vorangehenden Verhandlungen hatten der kaiserliche Resident in Konstantinopel, Johann Rudolf Schmid zum Schwarzenhorn (1590–1667), und Großwesir Kemankeş Kara Mustafa Pascha (1592–1644) auch über den Frieden von Zsitvatorok diskutiert. Der Osmane hatte dabei ausdrücklich darauf hingewiesen, dass man an dem Prinzip der Orientierung neuer Abkommen an den alten festhalten solle. Gerne würde er deshalb den Residenten bei Unklarheit über den exakten Wortlaut des Friedensschlusses in Kenntnis setzen.[24]

Der Referenzcharakter des Friedens von Zsitvatorok ergab sich somit einerseits aus der vertragsrechtlichen Situation, denn die grundsätzliche Befristung der Verträge machte seine Verlängerung beziehungsweise Bestätigung unumgänglich. Gleichzeitig entsprach es jedoch dem politischen Denken der Zeit, sich an vergangenen Ereignissen zu orientieren. Der in der Antike und im Humanismus verwurzelte Grundsatz *Historia magistra vitae*, die Geschichte als Lehrmeisterin des Lebens, wurde auch auf die internationale Politik übertragen. Die habsburgisch-osmanischen Friedensverträge entstanden stets in einer konkreten machtpolitischen Konstellation und waren das Ergebnis eines Abwägens unterschiedlicher Interessen am Ende militärischer Konflikte. Sie waren jedoch ebenso das Resultat eines die bilateralen Beziehungen begleitenden Konfliktmanagements. Sie bewegten sich somit im Spannungsfeld zwischen Neuartigkeit und Wiederherstellung, mit Referenzen zu traditionellen Verhaltensmustern und früheren Vereinbarungen.

---

22 Vgl. *Arno Strohmeyer*, Die Theatralität interkulturellen Friedens: Damian Hugo von Virmont als kaiserlicher Großbotschafter an der Hohen Pforte (1719/1720), in: Guido Braun/Arno Strohmeyer (Hg.), Frieden und Friedenssicherung in der Frühen Neuzeit. Das Heilige Römische Reich und Europa. Festschrift für Maximilian Lanzinner, Münster 2013, S. 413–438; *Arno Strohmeyer*, Die habsburgisch-osmanische Freundschaft (16.–18. Jahrhundert), in: Strohmeyer/Spannenberger (Hg.), Frieden und Konfliktmanagement, S. 223–238; *Marian Füssel*, Theatrum Belli. Der Krieg als Inszenierung und Wissensschauplatz im 17. und 18. Jahrhundert, in: metaphorik.de 14 (2008), S. 205–230, https://www.metaphorik.de/de/journal/14/theatrum-belli-der-krieg-als-inszenierung-und-wissensschauplatz-im-17-und-18-jahrhundert.html (abgerufen am: 27.05.2019).
23 Friedensvertrag von Szőny zwischen Kaiser Ferdinand III. und Sultan Ibrahim I., in: Treaties, &c. between Turkey and Foreign Powers 1535–1855, compiled by the librarian and keeper of the papers, Foreign Office, London 1855, S. 31–34.
24 Österreichisches Staatsarchiv, Haus-, Hof- und Staatsarchiv (ÖStA HHStA) Staatenabteilungen Türkei I, Kt. 116. Konv. 1, fol. 14–17, 29, duppl., Johann Rudolf Schmid an Ferdinand III., Konstantinopel, 24.01.1642.

In der politischen Praxis taten sich die Osmanen nicht leicht, die Parität zu akzeptieren, da sie im Widerspruch zum islamischen Rechtsdenken und der religiös überhöhten Position des Sultans stand.[25] Allerdings benutzte die osmanische Staatskanzlei in Folge für den römisch-deutschen Kaiser nicht den Begriff *çasar*, den man aufgrund einer vermuteten etymologischen Nähe zur Titulatur des Sultans für ungeeignet hielt, sondern in der *Inscriptio* ihrer offiziellen Schreiben die Bezeichnung *Nemçe imperadori* (oder orthographische Varianten).[26] Die Hohe Pforte machte also einen Kompromiss: Man enthielt den Habsburgern nicht den Kaisertitel vor, erkannte sie aber auch nicht als völlig gleichwertig an. Aus habsburgischer Sicht war hingegen begrifflich Gleichheit gegeben, denn man bezeichnete den Sultan in Urkunden als *Turcarum Imperator*.[27] In der diplomatischen Praxis zeigt sich, dass osmanische Würdenträger gegenüber den Vertretern des Kaisers diesen mitunter weiterhin abwertend als „König von Wien" bezeichneten.[28] Der Rangfrage war also, was in der Literatur gerne übersehen wird, keineswegs endgültig geklärt.

So sahen sich auch kaiserliche Diplomaten an der Hohen Pforte wiederholt mit der Forderung nach Wiederaufnahme des Tributs konfrontiert, was die Anerkennung der Oberhoheit des Sultans zum Ausdruck gebracht hätte. 1640 etwa, anlässlich des Amtsantritts Sultans Ibrahim I. (1615–1648), wurde von Johann Rudolf Schmid zum Schwarzenhorn eine solche Zahlung verlangt, ebenso 1642 mit Verweis auf alte, von Süleyman dem Prächtigen (ca. 1495–1566) erlassene Kapitulationen.[29] In den Instruktionen habsburgischer Gesandter finden sich deshalb detaillierte Hinweise, wie sie derartigen Forderungen zu entgegnen hätten.[30] Bei der Übergabe von Geschenken etwa sei darauf zu achten, jeden Anschein zu vermeiden, es handle sich um Tribut, etwa durch Vermeidung des Begriffs *ḫarāc*.[31]

---

25 *Viorel Panaite*, The Ottoman Law of War and Peace: The Ottoman Empire and Tribute Payers, New York 2000, S. 128.
26 Vgl. *Markus Köhbach*, Çasar oder imperator? Zur Titulatur der römischen Kaiser durch die Osmanen nach dem Vertrag von Zsitvatorok (1606), in: WZKM 82 (1993), S. 223–234, hier S. 226, S. 229; *Dierks*, Friedensbild, S. 329.
27 Vgl. *Dierks*, Friedensbild, S. 330; *Arno Strohmeyer*, „Clash" or Go-Between"? Habsburg-Ottoman Relations in the Age of Suleiman (ca. 1520–1566), in: Pál Fodor (Hg.), The Battle for Central Europe. The Siege of Szigetvár and the Death of Süleyman the Magnificent and Nicholas Zrínyi (1566), Budapest 2019 S. 213–239, hier S. 230f.
28 Vgl. *Köhbach*, Çasar, S. 227.
29 Vgl. *Sarah Duregger*, Diplomatische Kommunikation zwischen Kaiserhof und Hoher Pforte: Die Berichte der kaiserlichen Residenten Johann Rudolf Schmid zum Schwarzenhorn und Alexander Greiffenklau von Vollrats, Saarbrücken 2015, S. 25; *Meienberger*, Schwarzenhorn, S. 20.
30 ÖStA, HHStA Wien, Staatenabteilungen, Türkei I, Kt. 116/2, fol. 103r–125v, PS fol. 125r, Alexander Greiffenklau an Ferdinand III., Konstantinopel, 20.06.1643.
31 *Meienberger*, Schwarzenhorn, S. 21.

Die langfristige Bedeutung, welche die Bestimmungen von Zsitvatorok zu dieser Zeit hatten, ist daran zu erkennen, dass sie 1645 als Flugschrift neuerlich gedruckt verbreitet wurden.[32]

3. Der Referenzcharakter von 1664 bis zum Frieden von Schwischtow 1791

Der Friede von Zsitvatorok führte nicht zur vollständigen Einstellung der Kämpfe, denn an der Grenze kam es in den folgenden Jahrzehnten wechselseitig immer wieder zu Übergriffen. Trotzdem löste er eine fast sechs Jahrzehnte dauernde Phase relativen Friedens aus, für die in erster Linie die Rahmenbedingungen verantwortlich waren. Die Habsburger waren in den Dreißigjährigen Krieg verwickelt und von Finanzkrisen gebeutelt, die Osmanen durch eine Reihe von Rebellionen und Nachfolgekrisen geschwächt. Dazu kamen Kriege gegen den schiitischen Erzfeind, das Safawidenreich. Erst nachdem die Osmanen ihre Krisen überwunden und mit dem Perserreich Frieden geschlossen hatten, flammten die Auseinandersetzungen wieder auf. Der 1663 begonnene Vierte Österreichische Türkenkrieg endete bereits im darauffolgenden Jahr mit dem Frieden von Eisenburg (Vasvár). Dem Friedensschluss vorangegangen war die Schlacht bei Mogersdorf im südlichen Burgenland, der ersten schweren Niederlage der Osmanen gegen ein habsburgisches Heer auf dem Land.[33] Der Einfluss des Friedens von Zsitvatorok auf dieses neue Abkommen war groß. Zu nennen sind zunächst die Wahl eines neutralen Verhandlungsortes, denn man konferierte wieder grenznah, und die Vertragsdauer von 20 Jahren. In einem Artikel wird der Vertrag von Zsitvatorok sogar wörtlich erwähnt: Alle Bestimmungen, die nicht korrigiert worden seien, hätten weiterhin Gültigkeit. Ebenfalls übernommen wurde die wechselseitige Entsendung hochrangiger Diplomaten und der Austausch von Geschenken. Innerhalb von vier Monaten seien zur Konfirmation des Abkommens und zum Zeichen der Freundschaft mit angemessenen Geschenken ausgestattete hochrangige Gesandtschaften abzufertigen und an den Hof des anderen Herrschers zu entsenden. Der Grenzwechsel solle auf die Art und Weise stattfinden, wie man es bisher beobachtet habe. In der Tat fand das Parität und Freundschaft symbolisierende Zeremoniell dann auch in der Großbotschaft Walter Leslies (1607–1667) und Kara Mehmed Paschas 1665 eine Bestätigung.[34]

---

32 Conditiones Pacis Inter Romanorum Et Turcicum Imperatorem Rudolphum II. & Hehomatem I. Sultanum, ut illae Anno superiori 1606. inter utrosque tractatae &conclusae sunt, Bartphae 1645.
33 *Karin Sperl u. a.* (Hg.), Die Schlacht von Mogersdorf/St. Gotthard und der Friede von Eisenburg/Vasvár 1664. Rahmenbedingungen, Akteure, Auswirkungen und Rezeption eines europäischen Ereignisses, Eisenstadt 2016.

Den Höhepunkt der habsburgisch-osmanischen Rivalität markiert der Große Türkenkrieg, der 1683 mit der Zweiten Belagerung Wiens begann. Die Stadt stand unmittelbar vor dem Fall, als das Entsatzheer eintraf und die Osmanen in der Schlacht am Kahlenberg vernichtend schlug. Anschließend drangen die habsburgischen Truppen tief in den von den Osmanen beherrschten Teil Ungarns ein. Die Entscheidung brachte 1697 die Schlacht bei Zenta. Prinz Eugen von Savoyen (1663–1736) nützte einen taktischen Fehler der Osmanen geschickt aus und feierte einen seiner glanzvollsten Siege. Sultan Mustafa II. (1664–1703) musste zusehen, wie in einer der grausamsten Schlachten des 17. Jahrhunderts 20.000 seiner Soldaten niedergemetzelt wurden und weitere 10.000 in der Theiß ertranken. Die Sieger verloren nicht mehr als 500 Mann.[35]

Der Friede, 1699 in Karlowitz, heute Sremski Karlovci in Serbien, zwischen dem Osmanischen Reich und mehreren europäischen Mächten ausgehandelt, ist eines der wichtigsten Abkommen der europäischen Geschichte der Frühen Neuzeit, denn umfangreiche Gebietsgewinne auf dem Balkan fixierten den Aufstieg der Habsburgermonarchie zur Großmacht. Wie beim Frieden von Zsitvatorok hatte man sich auf einen neutralen Grenzort für die Verhandlungen geeinigt. Die Osmanen akzeptierten mit den Niederlanden und England erstmals christliche Mächte als Mediatoren. Hervorzuheben ist in dem zwischen Habsburgern und Osmanen ausverhandelten Abkommen Artikel 15, der die Gültigkeit aller alten Friedensverträge bestätigte, sofern inzwischen nichts Anderslautendes vereinbart worden sei. Im Unterschied zum Abkommen von Eisenburg wurde Zsitvatorok allerdings nicht mehr namentlich hervorgehoben.[36] Noch mehr Raum widmete man dem Geschenkwesen und der Entsendung von Großbotschaften, auf deren symbolische Bedeutung zum Ausdruck der Parität noch ausdrücklicher als in den früheren Abkommen hingewiesen wurde. Beide Seiten sollten zur Bekräftigung von Frieden und guter Freundschaft hohe Abgesandte entsenden, die nach den gebräuchlichen Zeremonien gleich beim Grenzwechsel bis zur Rückkunft freundlich zu behandeln seien. Sie sollten, mit Geschenken ausgestattet, die der Würde beider Monarchen entspräche, ihre Reise zur gleichen Zeit antreten und an der Grenze auf die traditionelle Art und Weise ausgewechselt werden. Grundsätzlich dürfte ihnen während der Mission nicht vorgeschrieben werden, welche Kleidung sie zu tragen hätten, eine Bestimmung, die etwa das Tragen von Kaftanen durch den kaiserlichen Großbotschafter während der Antrittsaudienz beim Sultan im Topkapı Serail betraf, das in den Augen der Osmanen einen Vasallenstatus symbolisieren konnte.

---

34 Friedenvertrag von Eisenburg zwischen Kaiser Leopold I. und Sultan Mehmed IV., 10.08.1644, in: Treaties, &c., London 1855, S. 39–43; *Philip Steiner*, Die habsburgische Großbotschaft unter Walter Leslie anhand des Reiseberichts des jesuitischen Gesandtschaftskaplans Paul Tafferner (1665/66), in: Sperl u. a. (Hg.), Die Schlacht von Mogersdorf, S. 233–267.
35 *Arno Strohmeyer*, Die Habsburgerreiche 1555–1740: Herrschaft – Gesellschaft – Politik, Darmstadt 2012, S. 97f.
36 Friedensvertrag von Karlowitz zwischen Kaiser Leopold I. und Sultan Mustafa II, 26.01.1699, in: Theatrum Europaeum, Bd. 15, Frankfurt a. M. 1707, S. 518–523.

Diese Steigerung der Gleichordnungsinszenierung zeigt sich auch in der Gestaltung der Verhandlungsräume.[37] Zunächst hatte man ein Zelt errichtet, dann ein Holzgebäude, dem das Palais Wilhelms III. von Oranien (1650–1702) auf dem Frieden von Rijswijk 1697 als Vorbild gedient hatte, dem zeitlich nächstgelegenen innerchristlichen Frieden, der den Pfälzischen Erbfolgekrieg (1688–1697) beendete hatte.[38] Die symmetrische Anordnung der Türen und Tische sowie die Sitzordnung schufen ein nahezu perfektes Gleichheitstheater.[39] Der Vertrag von Karlowitz ging auch in etlichen weiteren Punkten über die Bestimmungen von Zsitvatorok hinaus. Zu erwähnen sind insbesondere die Festlegung einer exakten Grenzlinie, handelspolitische Richtlinien und die Verlängerung der Befristung auf 25 Jahre.[40]

Dennoch hielt der Friede von Karlowitz nur bis 1714, als der Venezianisch-Österreichische Türkenkrieg um den Peloponnes ausbrach, in den die Habsburgermonarchie aufgrund von Bündnisverpflichtungen hineingezogen wurde. Ein weiterer Grund für die Teilnahme war der für Kaiser Karl VI. (1685–1740) enttäuschende Verlauf des Spanischen Erbfolgekrieges (1701–1714), der nicht zur Herrschaft über das von ihm beanspruchte Spanische Imperium geführt hatte. Zu den herausragenden militärischen Ereignissen zählt die Eroberung Belgrads durch die von Prinz Eugen angeführte kaiserliche Armee 1717. Kurz darauf begannen in Passarowitz, heute Požarevac in Serbien, die Friedensverhandlungen, die wieder in Räumlichkeiten stattfanden, die von einer Gleichheitsarchitektur geprägt waren.[41] Das Abkommen bildet den Endpunkt einer Phase schwerer militärischer Niederlagen der Osmanen, die 1683 mit der Zweiten Belagerung Wiens begonnen hatte. Die Habsburgermonarchie erzielte dabei umfangreiche Gebietsgewinne und erreichte ihre größte geografische Ausdehnung.[42]

In dem auf 24 Jahre befristeten Vertrag finden sich deutliche Referenzen zum Frieden von Karlowitz, von dem mehrere Passagen wortwörtlich übernommen wurden, etwa betreffend die Glaubensausübung von Christen im Osmanischen Reich, den Austausch von Kriegsgefangenen, den bilateralen Handel und die diplomatischen Kontakte. Gerade bei der Diplomatie ist jedoch auch der Einfluss des Friedens

---

37 *Johannes Burkhardt*, Die Sprachen des Friedens und was sie verraten. Neue Fragen und Einsichten zu Karlowitz, Baden und „Neustadt", in: Stefan Ehrenpreis u. a. (Hg.), Wege der Neuzeit. Festschrift für Heinz Schilling zum 65. Geburtstag, Berlin 2007, S. 503–519, hier S. 506. Zur allgemeinen historischen Einordnung vgl. den Sammelband von *Jean Bérenger*, La paix de Karlowitz. Les relations entre l'Europe centrale et l'Empire ottoman, Paris 2010. Zur Vorgeschichte und zum Transfer von Verhandlungstechniken *Ernst D. Petritsch*, Rijswijk und Karlowitz. Wechselwirkungen europäischer Friedenspolitik, in: Heinz Duchhardt (Hg.), Der Frieden von Rijskwijk 1697, Mainz 1998, S. 291–311, bes. S. 304 f. Vgl. hierzu auch Kapitel 23.
38 Vgl. hierzu auch Kapitel 47.
39 *Burkhardt*, Sprache, S. 506.
40 Friedensvertrag von Karlowitz zwischen Kaiser Leopold I. und Mustafa II., 26.01.1699, in: Theatrum Europaeum, Bd. 15, Frankfurt a. M. 1707, S. 518–523.
41 Vgl. *Charles Ingrao u. a.* (Hg.), The Peace of Passarowitz, 1718, Purdue/West Lafayette 2011.
42 Vgl. ebd.

von Zsitvatorok unübersehbar, denn exponiert findet sich wieder die protokollarische Ranggleichheit beider Herrscher, ausgedrückt in der Herrschertitulatur, im Geschenkwesen und im Austausch von Großbotschaftern, auf dessen die Parität symbolisierendes Zeremoniell[43] hingewiesen wird. In Artikel 17 verpflichteten sich Kaiser Karl VI. und Sultan Ahmed III. (1673–1736) zur wechselseitigen Entsendung hochrangiger Gesandtschaften. Diese sollten den Frieden bekräftigen, die Freundschaft zwischen beiden Herrschern verstärken und ein ansehnliches, dem Rang des jeweiligen Monarchen gerecht werdendes Geschenk überbringen. Ihre Reise und der Grenzwechsel hatten auf die traditionelle, in beiden Reichen wohl bekannte Art und Weise zu erfolgen. Artikel 18 des Abkommens legte fest, dass dabei das in der Vergangenheit übliche Zeremoniell einzuhalten sei.[44]

Die beiden Missionen begannen im Frühjahr 1719. Der kaiserliche Großbotschafter Graf Damian Hugo von Virmont (1666–1722), der bei den Verhandlungen in Passarowitz Bevollmächtigter des Kaisers gewesen war, reiste an der Spitze von rund 500 Personen, darunter Edelleute, Sprachknaben, Dolmetscher, Ärzte, Musiker, Köche und Geistliche, von Wien die Donau abwärts über Pressburg und Ofen nach Belgrad. Noch etwas größer dürfte der Tross des osmanischen Gegenbotschafters Ibrahim Pascha gewesen sein, der analog zu Virmont Sultan Ahmed III. bei den Passarowitzer Verhandlungen vertreten hatte. Seine Reise hatte in Konstantinopel ihren Anfang genommen und auf der alten Heeresstraße nach Niš geführt.[45] Der Grenzübertritt der beiden Großbotschafter fand bei Paraćin statt, in unmittelbarer Nähe von Passarowitz. Das leitende Motto war wiederum Freundschaft und Parität. Alle Handlungen sollten gleichzeitig und symmetrisch erfolgen, jede kleinste Abweichung galt als schwerwiegender Zeremonialverstoß. Die in Zsitvatorok zur Norm erhobene Statusgleichheit der beiden Herrscher in den bilateralen Beziehungen wurde weithin sichtbar zum Ausdruck gebracht.[46]

Aufgrund eines Bündnisses mit dem Zarenreich, das einen Zugang zum Schwarzen Meer suchte und die Kontrolle über die Schifffahrt im Bosporus erreichen wollte, wurde die Habsburgermonarchie in den Russisch-Österreichischen Türkenkrieg (1736–1739) hineingezogen. Anders als die Türkenkriege der vorangegangenen Jahrzehnte verliefen die Kampfhandlungen diesmal zu Gunsten der Osmanen.[47] Der noch im selben Jahr abgeschlossene Friede von Belgrad war aus habsburgischer Sicht militärstrategisch wie außenpolitisch eine Katastrophe, denn fast alle in Passarowitz er-

---

43 Vgl. zu Zeremoniell auch Kapitel 31.
44 Friedensvertrag von Passarowitz, 21.07.1718, in: Theatrum Europaeum, Bd. 21, Frankfurt a.M. 1738, S. 53–58, hier Art. 17.
45 *Friedrich Kraelitz-Greifenhorst* (Hg.), Bericht über den Zug des Groß-Botschafters Ibrahim Pascha nach Wien im Jahre 1719, in: Sitzungsberichte der philosophisch-historischen Klasse der kaiserlichen Akademie der Wissenschaften 158 (1908), S. 1–66.
46 *Strohmeyer*, Theatralität interkulturellen Friedens.
47 *Strohmeyer*, Habsburgerreiche, S. 98f.

zielten Gebietsgewinne gingen verloren und das Verhältnis zu Russland, das man in die Verhandlungen nicht ausreichend einbezogen hatte, war schwer belastet.[48] Inhaltlich schließt das unter französischer Vermittlung zustande gekommene und zunächst auf 27 Jahre befristete Abkommen (1747 erfolgte die Entfristung) in mehrfacher Hinsicht an die vorangegangenen Verträge an, so etwa bei der Herrschertitulatur, bei der Freilassung der Gefangenen und der Glaubensausübung von Christen im Osmanischen Reich. Die wirtschaftspolitischen Bestimmungen wurden um einen Passus für den Handel der Habsburgermonarchie mit Persien erweitert. Besonderes Augenmerk fanden wiederum die diplomatischen Kontakte, in denen weiterhin die in Zsitvatorok beschlossene Parität als wichtige Richtlinie galt. Eine ausdrückliche Bezugnahme auf Zsitvatorok findet sich nicht mehr, seine normgebende Bedeutung blieb jedoch bestehen. Geringe Adaptionen waren beim Grenzzeremoniell notwendig, da der Austausch der Großbotschafter diesmal auf der Save stattfand und nicht wie früher auf dem Land. Der Wechsel erfolgte schließlich unter Wahrung der Symmetrie in der Flussmitte.[49]

Die letzte militärische Auseinandersetzung zwischen der Habsburgermonarchie und dem Osmanischen Reich, der Zweite Österreichisch-Russische Türkenkrieg (1787–1792), wurde 1791 in Sistowa/Swischtow, am südlichsten Punkt der Donau, beendet. Vermittler des neuen Friedens waren Großbritannien, Preußen und die Niederlande. Die politischen Rahmenbedingungen hatten sich inzwischen gewandelt und die ‚Erbfeindschaft' zwischen Habsburgern und Osmanen, eine seit dem frühen 16. Jahrhundert feststehende Konfliktstruktur der europäischen Mächtepolitik, hatte sich aufgelöst. Die außenpolitischen Prioritäten beider Mächte hatten sich verlagert. Zum Hauptgegner der Osmanen war das expansive Zarenreich geworden, die Habsburgermonarchie rang mit dem aufstrebenden Preußen um die Vorherrschaft in Mitteleuropa.

Das Abkommen, das den Frieden von Belgrad bestätigte und ebenfalls auf Freundschaftsvorstellungen rekurrierte, unterschied sich in mehrfacher Hinsicht von den vorangegangenen Friedensschlüssen. So war es beispielsweise von Anfang an unbefristet, was den damals zwischen europäisch-christlichen Mächten üblichen Normen entsprach.[50] Neu war ferner, dass die Kriegsgefangenen vorbehaltlos freigelassen wurden und Verstöße gegen die handelspolitischen Bestimmungen als Friedensverletzung gewertet wurden. Das habsburgische Exemplar wurde auch nicht mehr auf Latein, sondern in der französischen Sprache unterschrieben. Der Wiener Hof

---

48 *Heinz Duchhardt*, Balance of Power und Pentarchie. Internationale Beziehungen 1700–1785, Paderborn u. a. 1997, S. 399.
49 *Ziegler*, Peace Treaties, S. 356; *ders.*, Völkerrechtliche Beziehungen, S. 187, S. 189; *Marc-Antoine Laugier*, Geschichte der Unterhandlungen des Belgrader Friedens welcher den 18. Sept. 1739 zwischen dem Kaiser, Rußland und der Ottomanischen Pforte abgeschlossen worden, Bd. 3, Leipzig 1769 [Übersetzung], Art. 20, S. 251.
50 *Ziegler*, Völkerrechtliche Beziehungen, S. 188f.

verwendete Latein nur mehr für die Ratifikation und die amtliche Kundmachung.[51] Erstmals seit Zsitvatorok verzichtete man auf die wechselseitige Entsendung kostspieliger Großbotschaften. Stattdessen wurde die Entsendung von Gesandtschaften niederen Ranges (Internuntiaturen) vereinbart – freilich wiederum nach den traditionellen Sitten und Gebräuchen, das heißt auf symbolisch-paritätischer Grundlage.[52] Der Friede von Zsitvatorok galt somit in dieser Hinsicht noch immer als Norm. Vor dem Hintergrund der veränderten internationalen Rahmenbedingungen hatte die symbolische Inszenierung dieser Normen allerdings an Bedeutung verloren.

Auswahlbibliographie / Select Bibliography

Aksan, Virginia H., Ottoman Wars 1700–1870. An Empire Besieged, Harlow u. a. 2007.
Barta, János u. a. (Hg.), „Einigkeit und Frieden sollen auf Seiten jeder Partei sein." Die Friedensschlüsse von Wien (23.06.1606) und Zsitvatorok (15.11.1606), Debrecen 2007.
Bayerle, Gustav, The compromise at Zsitvatorok, in: ArOtt 4 (1980), S. 5–53.
Dierks, Dennis, Übersetzungsleistungen und kommunikative Funktionen osmanisch-europäischer Friedensverträge im 17. und 18. Jahrhundert, in: Martin Espenhorst (Hg.), Frieden durch Sprache? Studien zum kommunikativen Umgang mit Konflikten und Konfliktlösungen, Göttingen 2012, S. 133–174.
Dierks, Dennis, Friedensbild und Herrscherbild in osmanisch-habsburgischen Friedensverträgen des 16. und 17. Jahrhunderts, in: Strohmeyer/Spannenberger (Hg.), Frieden und Konfliktmanagement, S. 311–332.
Etényi, Nóra G., Der Frieden von Zsitvatorok in der zeitgenössischen Propaganda, in: Barta u. a. (Hg.), Friedensschlüsse, S. 267–279.
Heppner, Harald, Der lange Türkenkrieg (1593–1606) – ein Wendepunkt im habsburgisch-osmanischen Gegensatz, in: Osmanlı Araştırmaları 2 (1981), S. 133–146.
Ingrao, Charles u.a. (Hg.), The Peace of Passarowitz, 1718, Purdue/West Lafayette 2011.
Karagöz, Hakan, Der Habsburgisch-Osmanische Krieg von 1663/64 und Friede von Eisenburg/Vasvár aus osmanischer Sicht, in: Sperl u. a. (Hg.), Die Schlacht von Mogersdorf, S. 121–134.
Köhbach, Markus, Çasar oder imperator? – Zur Titulatur der römischen Kaiser durch die Osmanen nach dem Vertrag von Zsitvatorok (1606), in: WZKM 82 (1993), S. 223–234.
Krischer, André, Souveränität als sozialer Status: Zur Funktion des diplomatischen Zeremoniells in der Frühen Neuzeit, in: Ralph Kauz u. a. (Hg.), Diplomatisches Zeremoniell in Europa und im Mittleren Osten in der Frühen Neuzeit, Wien 2009, S. 1–32.
Matschke, Klaus-Peter, Das Kreuz und der Halbmond. Die Geschichte der Türkenkriege, Düsseldorf/Zürich 2004.
Molnár, Monika F., Der Friede von Karlowitz und das Osmanische Reich, in: Strohmeyer/Spannenberger (Hg.), Frieden und Konfliktmanagement, S. 197–223.
Nehring, Karl, Adam Freiherrn zu Herbersteins Gesandtschaftsreise nach Konstantinopel. Ein Beitrag zum Frieden von Zsitvatorok (1606), München 1983.

---

51 Ebd., S. 188; *Ziegler*, Peace Treaties, S. 358.
52 Frieden von Sistowa zwischen Kaiser Leopold II. und Sultan Selim III., 04.08.1791, in: Georg Friedrich von Martens (Hg.), Recueil des principaux traités d'alliance, de paix, de trêve, de neutralité, de commerce, de limites [...], Bd. 5: 1791/94, Göttingen 1791, S. 18–27.

Niederkorn, Jan Paul, Die europäischen Mächte und der „Lange Türkenkrieg" Kaiser Rudolfs II. (1593–1606), Wien 1993.
Papp, Sándor, Das letzte Jahr des „Langen Türkenkrieges" – die Schlacht der Diplomatie, in: Barta u. a. (Hg.), Friedensschlüsse, S. 245–266.
Petritsch, Ernst D., Der habsburgisch-osmanische Friedensvertrag des Jahres 1547, in: MÖStA 38 (1985), S. 49–80.
Petritsch, Ernst D., „Die osmanische Großbotschaft und der Weltreisende Evliyâ Çelebi in Wien (1665/66)", in: Sperl u. a. (Hg.), Die Schlacht von Mogersdorf, S. 269–291.
Reichl-Ham, Claudia, Der „Lange Türkenkrieg" Rudolfs II. und seine Rezeption im Heeresgeschichtlichen Museum, in: Viribus Unitis. Jahresbericht 2007 des Heeresgeschichtlichen Museums, Wien 2008, S. 7–22.
Reindl-Kiel, Hedda, Symbolik, Selbstbild und Beschwichtigungsstrategien: Diplomatische Geschenke der Osmanen für den Wiener Hof (17.–18. Jahrhundert), in: Strohmeyer/Spannenberger (Hg.), Frieden und Konfliktmanagement, S. 265–282.
Roider, Karl A., The Perils of Eighteenth-Century Peacemaking: Austria and the Treaty of Belgrade, 1739, in: Central European History 5 (1972), S. 195–207.
Rudolph, Harriet, The Material Culture of Diplomacy. The Impact of Objects on the Dynamics of Habsburg-Ottoman Negotiations at the Sublime Porte (1530–1650), in: dies. u. a. (Hg.), Politische Kommunikation zwischen Imperien. Der diplomatische Aktionsraum Südost- und Osteuropa, (with Gunda Barth-Scalmani, Christian Steppan), Innsbruck 2013, S. 211–237.
Sperl, Karin u. a. (Hg.), Die Schlacht von Mogersdorf/St. Gotthard und der Friede von Eisenburg/Vasvár 1664. Rahmenbedingungen, Akteure, Auswirkungen und Rezeption eines europäischen Ereignisses, Eisenstadt 2016.
Steiner, Philip, Die habsburgische Großbotschaft unter Walter Leslie anhand des Reiseberichts des jesuitischen Gesandtschaftskaplans Paul Tafferner (1665/66), in: Sperl u. a. (Hg.), Die Schlacht von Mogersdorf, S. 233–267.
Strohmeyer, Arno, Politische Leitvorstellungen in der diplomatischen Kommunikation: Kaiserliche Gesandte an der Hohen Pforte im Zeitalter des Dreissigjährigen Krieges, in: Christoph Kampmann u. a. (Hg.), L'art de la paix. Kongresswesen und Friedensstiftung im Zeitalter des Westfälischen Friedens, Münster 2011, S. 409–439.
Strohmeyer, Arno/Spannenberger, Norbert (Hg.), Frieden und Konfliktmanagement in interkulturellen Räumen. Das Osmanische Reich und die Habsburgermonarchie in der Frühen Neuzeit, Stuttgart 2013.
Strohmeyer, Arno, „Clash" or „Go-Between"? Habsburg-Ottoman Relations in the Age of Suleiman (ca. 1520–1566), in: Pál Fodor (Hg.), The Battle for Central Europe. The Siege of Szigetvár and the Death of Süleyman the Magnificent and Nicholas Zrínyi (1566), Budapest 2019, S. 213–239.
Turnbull, Stephen, The Ottoman Empire 1326–1699, Oxford 2003.
Wrede, Martin, Art. „Türkenkriege", in: EdN 13 (2011), Sp. 827–839.
Zachar, József, Der „Lange Türkenkrieg" zwischen dem Osmanischen Reich und dem Habsburgerreich: Von der Kriegserklärung bis zum Friedensabschluss 1593–1606, in: Barta u. a. (Hg.), Friedensschlüsse, S. 229–244.
Ziegler, Karl-Heinz, Völkerrechtliche Beziehungen zwischen der Habsburgermonarchie und der Hohen Pforte, in: ZNR 18 (1996), S. 177–195.
Ziegler, Karl-Heinz, The peace treaties of the Ottoman Empire with European Christian powers, in: Randall Lesaffer (Hg.), Peace treaties and international law in European history. From the Late Middle Ages to World War One, Cambridge 2004, S. 338–364.

Dorothée Goetze
49. Die Friedensschlüsse der Nordischen Kriege 1570–1814

Abstract: The Peace Treaties of the Northern Wars 1570–1814
At the start of the early modern period, the medieval political order in the Baltic ceased to function. In the three centuries following 1500, several systems alternated, each aiming to resolve conflicts as well as to respond to the changing power-political constellations. These upheavals left their mark on the peace treaties which ended the Baltic wars. This chapter will discuss the treaties of the Northern Wars from the Treaty of Stettin in 1570 to the Treaties of Fredrikshamn in 1809 and Kiel in 1814. The Northern Seven Years' War (1563–1570) marked a watershed since it involved all stakeholders in the Baltic simultaneously for the first time. The Treaties of Fredrikshamn and Kiel caused great territorial shifts in the region, which marked the dissolution of the last elements of the territorial arrangements that had survived the late Middle Ages.

Die mittelalterliche politische Ordnung des Ostseeraums war zum einen davon geprägt, dass die Hanse den Handel zwischen dieser Region und Westeuropa kontrollierte, während der Deutsche Orden das Baltikum und damit den Ostseeraum nach Osten hin abschottete, und zum anderen durch die ab 1397 bestehende Kalmarer Union der drei skandinavischen Königreiche Dänemark, Norwegen und Schweden. Diese Ordnung verlor zu Beginn der Frühen Neuzeit ihre Leistungsfähigkeit. Der Umgestaltungsprozess vollzog sich bis zum Beginn des 19. Jahrhunderts. Konflikte und Kriege begleiteten die Etablierung neuer politischer Ordnungen. Im Ostseeraum lösten sich somit fast drei Jahrhunderte lang Friedensordnungen ab, die einerseits die Konflikte beilegen sollten und andererseits auf die jeweils veränderten machtpolitischen Konstellationen reagieren mussten.

Diese Veränderungen hinterließen auch Spuren in den Friedensschlüssen zur Beendigung der Konflikte im Ostseeraum, die im Folgenden in Auswahl dargestellt werden.[1] Diese Friedensschlüsse wurden von der seit gut 20 Jahren vitalen frühneuzeitlichen Historischen Friedensforschung ebenso wie von der eng mit dieser in Beziehung stehenden Neuen Diplomatiegeschichte mit wenigen Ausnahmen nicht beachtet, da beide Disziplinen vor allem auf Westeuropa fokussieren.[2]

---

[1] Ulf Sundberg fasst die Vertragsbestimmungen und die ihnen vorausgehenden Verhandlungen allein für 157 schwedische Waffenstillstände und Friedensverträge in der Zeit zwischen 1523 und 1814 inhaltlich zusammen; siehe *Ulf Sundberg*, Svenska freder och stillestånd 1249–1814, Kristianstad 1997, S. 188–362.
[2] Etwa *Martin Espenhorst*, ‚Missverstand' als völkerrechtliche Legitimationsfigur im vormodernen Friedensprozess, in: Heinz Duchhardt/Martin Espenhorst (Hg.), Frieden übersetzen in der Vormoder-

Den zeitlichen Rahmen markieren der Stettiner Frieden (1570) sowie die Frieden von Fredrikshamn (1809) und Kiel (1814), die zu einer umfassenden territorialen Umgestaltung des Ostseeraums führten. Diese ist gleichbedeutend mit der Auflösung der letzten territorialen Konstanten im Ostseeraum seit dem ausgehenden Mittelalter.

1. Friede von Stettin (1570)

Die Säkularisierung des Ordensstaates 1525 und seine Auflösung 1560 erzeugten ein Machtvakuum im östlichen Ostseeraum. Neue Akteure versuchten, die entstandenen Leerstellen zu füllen. Neben den beiden Königreichen Dänemark-Norwegen und Schweden beteiligten sich Russland und Polen-Litauen am Ringen um die Vorherrschaft in der Region. Der Ausbruch des Nordischen Siebenjährigen Krieges (1563–1570), in dem sich die Konflikte um die Füllung des Machtvakuums im östlichen Ostseeraum entluden, markiert in dieser Hinsicht eine Zäsur, weil erstmals alle Hauptakteure der nächsten Jahrzehnte bis 1721 in einen offenen Konflikt involviert waren.[3]

Der Nordische Siebenjährige Krieg steht symptomatisch für die Auflösung der bestehenden mittelalterlichen Ordnung.[4] Entsprechend enthält der Frieden, der ihn beendete, sowohl Elemente, die an diese anschließen, als auch Regelungen, die den gegenwärtigen Veränderungen Rechnung trugen. Er bildete quasi eine Brücke zwischen den Zeiten.

Die diplomatiegeschichtliche Forschung hat den Frieden und die ihm vorausgehenden Verhandlungen bislang nicht beachtet, wie Maximilian Lanzinner zurecht betont, der im Stettiner Kongress, der zwischen September und Dezember 1570 tagte, eine „Kleinform eines internationalen Friedenskongresses vor dem Westfälischen [Friedenskongress]" sieht[5]: Neben Schweden, Dänemark-Norwegen und Lübeck waren auch Repräsentanten Bremens anwesend. Unter Vermittlung des Kaisers, Frankreichs, Polen-Litauens sowie des persönlich anwesenden sächsischen Kurfürsten wurden dort Frieden zwischen Dänemark-Norwegen und Schweden sowie Lübeck und Schweden verhandelt, die am 13. Dezember 1570 unterzeichnet wurden. Zudem wurde unter dem gleichen Datum ein Vertrag zwischen Schweden und dem Kaiser wegen Livland geschlossen.

---

ne. Translationsleistungen in Diplomatie, Medien und Wissenschaft, Göttingen 2012, S. 113–127; *Maximilian Lanzinner*, Beglaubigungspraktiken beim Abschluss des Westfälischen Friedens im historischen Vergleich, in: Heinz Duchhardt/Martin Espenhorst (Hg.), Utrecht – Rastatt – Baden, Göttingen 2013, S. 185–206.

3 Siehe *Stewart P. Oakley*, War and Peace in the Baltic 1560–1790, London/New York 1994, S. 27.
4 Siehe *Jens E. Olesen*, The Struggle for Supremacy in the Baltic between Denmark and Sweden 1563–1721, in: Erkki I. Kouri/Jens E. Olesen (Hg.), Scandinavia. Bd. 2: 1520–1870, Cambridge 2016, S. 246–267, hier S. 247f.
5 *Lanzinner*, Beglaubigungspraktiken, S. 196f.

Der Stettiner Frieden zwischen Schweden und Dänemark-Norwegen zielte darauf, den *status ante bellum* wiederherzustellen. Das meinte allerdings kein Zurück zur mittelalterlichen Ordnung, sondern die gegenseitige Anerkennung der beiden Königreiche als unabhängige Reiche, mithin der Auflösung der Kalmarer Union, die mit der Wahl Gustav Eriksson Vasas (1496–1560) zum schwedischen König 1523 endgültig auseinander gebrochen war.[6] In diesem Punkt schuf der Stettiner Frieden kein neues Recht, sondern sanktionierte den Vorkriegszustand. Darin unterscheidet er sich von nachfolgenden Friedensverträgen, die nicht in erster Linie einen bestehenden Rechtszustand bestätigten, sondern neue herstellten und dadurch im Resultat veränderte Machtverhältnisse widerspiegeln.

Die Bestimmungen des Friedensvertrags zu dänisch-schwedischen Grenzgesprächen wiederum knüpften an seit dem Mittelalter tradierte Institutionen der Konfliktbewältigung an und führten diese fort, indem explizit ein dreistufiges Schiedsverfahren zwischen den beiden Königreichen festgeschrieben wurde.[7] Damit enthielt der Stettiner Frieden ein dezidiert präventives und auf Friedenswahrung ausgerichtetes Element, das allerdings im Laufe des 17. Jahrhunderts zunehmend an Wirkmächtigkeit verlor und nach dem Frieden von Brömsebro (1645) vollständig aufgegeben wurde. An Stelle der Grenztreffen trat der kontinuierliche Austausch über diplomatische Repräsentanten.[8]

Nachdem der Stettiner Friede das Verhältnis zwischen Schweden und Dänemark-Norwegen grundlegend geregelt hatte, modifizierten nachfolgende Verträge im Wesentlichen Details der Koexistenz. Das Nebeneinander zweier nordischer Königreiche an sich wurde nicht mehr in Frage gestellt, die Konkurrenz zwischen ihnen jedoch ebenso wenig aufgelöst, obwohl Dänemark-Norwegen nach dem Stettiner Frieden allmählich aus dem Ringen um das *Dominium maris baltici* ausschied.

---

6 Siehe zur Auflösung der Kalmarer Union *Harald Gustafsson*, Gamla riken, nya stater. Statsbildning, politisk kultur och identitet under Kalmarunionens upplösningsskede 1512–1541, Stockholm 2000, bes. S. 41–103.
7 Siehe *Knud. J. V. Jespersen*, Rivalry without Victory. Denmark, Sweden and the Struggle for the Baltic, 1500–1720, in: Göran Rystad u.a. (Hg.), In Quest of Trade and Security. The Baltic Power Politics 1500–1990, Bd. 1: 1500–1890, Lund 1994, S. 137–176, hier S. 145f.; *Bengt Büttner*, Schiedsspruch oder Krieg – die Entwicklung der dänisch-schwedischen Schiedsgerichtsbarkeit von ihren Anfängen bis ins 17. Jahrhundert, in: Institut für Europäische Geschichte Mainz (Hg.), Publikationsportal Europäische Friedensverträge, 27.07.2009, http://www.ieg-friedensvertraege.de/publikationsportal/buettner0720 0901/index.html (abgerufen am: 28.02.2019).
8 Siehe *Bengt Büttner*, „an beider reiche grentzen oder sonst seinem gelegenen ort" – Die dänisch-schwedischen Grenztreffen im 16. und 17. Jahrhundert, in: Martin Peters (Hg.), Grenzen des Friedens. Europäische Friedensräume und -orte der Vormoderne, 15.07.2010, https://www.ieg-mainz.de/Beihef te-online------_site.site..ls_dir._nav.72_supplement.8_article.36_likecms.html (abgerufen am: 28.02. 2019); *Volker Seresse*, Aus der Geschichte der Union lernen: Der Friedensgedanke des dänischen Reichsrats in der skandinavischen Politik 1570–1611, in: Detlef Kattinger u.a. (Hg.), „huru thet war talet j kalmarn". Union und Zusammenarbeit in der Nordischen Geschichte. 600 Jahre Kalmarer Union (1397–1997), Hamburg 1997, S. 349–382.

2. Friede von Stolbovo (1617)

Die Konkurrenz zwischen den Akteuren im Ostseeraum zielte gleichermaßen auf die politische, militärische und ökonomische Kontrolle der Ostsee als Gewässer wie auch der dortigen Handelsrouten und der angrenzenden Küstengebiete, mithin die Errichtung eines *Dominium maris baltici*.[9]

Das Streben nach Arrondierung des russischen Herrschaftsgebietes im Westen war fester Bestandteil der russischen Außenpolitik im 15. und 16. Jahrhundert, deren Ziel es war, einen direkten Zugang zur Ostsee und deren Handelswegen zu erhalten.[10] Dadurch geriet das Zarenreich vor allem im Baltikum in Konkurrenz mit Schweden und Polen-Litauen. Im Kontext dieser miteinander verwobenen Gegensätze zwischen Schweden, Russland und Polen-Litauen ist der Friede von Stolbovo (1617) zu verorten.[11]

Bei den ab 1615 andauernden Verhandlungen zwischen Schweden und Russland traten sowohl England als auch die Niederländer als Vermittler auf, die auch bereits bei dem zwei Jahre zuvor mit Dänemark-Norwegen abgeschlossenen Frieden von Knäred (1613) ihre Vermittlung angeboten hatten.[12] Das niederländische und englische Engagement lässt sich damit erklären, dass beide Seemächte versuchten, ihre handelspolitischen Interessen zu wahren und zu verhindern, dass sich Schweden die vollständige Kontrolle über den Russlandhandel sicherte.[13]

Zwar gelang es Schweden durch den Verzicht Russlands auf die Gebiete Ingermanland, Kexholm sowie die russischen Ansprüche in Livland und Estland sein Herr-

---

9 Siehe *Olesen*, Struggle for Supremacy, S. 246ff.; grundlegend zum Konzept des *Dominium maris baltici* als politischer Leitvorstellung noch immer: *Nils Ahnlund*, Dominium maris baltici, in: ders., Tradition och historia, Stockholm 1956, S. 114–130; außerdem: *Göran Larsson*, Den onde nabo. Maktskiftet i östersjöområdet ur danskt perspektiv, in: Kerstin Abukhanfusa (Red.), Mare nostrum. Om westfaliska freden och Östersjön som ett svenskt maktcentrum, Stockholm 1999, S. 139–153; sowie *Leon Jespersen*, Dänisch-schwedische Rivalität und das Scheitern der nordischen Zusammenarbeit, in: Horst Wernicke/Hans-Joachim Hacker (Hg.), Der Westfälische Frieden von 1648 – Wende in der Geschichte des Ostseeraums. Für Prof. Dr. Dr. h.c. Herbert Ewe zum 80. Geburtstag, Hamburg 2001, S. 47–63.
10 Siehe *Stefan Troebst*, Handelskontrolle, „Derivation", Eindämmung. Schwedische Moskaupolitik 1617–1661, Wiesbaden 1997, S. 54; zum Charakter der russischen Expansion allgemein: *William Sunderland*, Russian Empire, 1552–1917, in: Philippa Levine/John Marriott (Hg.), The Ashgate Research Companion to Modern Imperial Histories, Farnham 2012, S. 223–242, hier S. 224–230.
11 Siehe zu den schwedisch-russisch-polnischen Konflikten Ende des 16. Jahrhunderts bis zum Frieden von Stolbovo: *Oakley*, War and Peace, S. 42–53; *Troebst*, Handelskontrolle, S. 54–75, mit einer ausführlichen Diskussion der Bewertung des Friedens von Stolbovo in der schwedischen Historiographie.
12 Siehe zum Frieden von Knäred *Leo Tandrup*, Mod triumf eller tragedi. Bd. 1: Scenen og de agerende, Tiden fra 1612 til 1621, Aarhus 1979, S. 185–224.
13 Siehe zu den niederländischen Beziehungen zum Ostseeraum in der Frühen Neuzeit *Jaques Ph. S. Lemmink/Hans van Koningsbrugge* (Hg.), Baltic Affairs. Relations between the Netherlands and North-Eastern Europe 1500–1800, Nijmegen 1990.

schaftsgebiet zu einem geschlossenen Territorium vom schwedischen Kernland, über Finnland, den Finnischen Meerbusen, die Neva-Mündung bis nach Estland zu komplettieren.[14] Durch diese Gebietsabtretungen wurde Russland von der Ostsee und damit auch vom direkten Ostseehandel abgeschnitten. Allerdings konnte Schweden seine Forderungen nach dem russischen Eismeerhafen Archangel'sk nicht durchsetzen. In Konsequenz führte dies in Verbindung mit dem Frieden von Knäred dazu, dass Schweden seine (handels-)politischen Interessen von Nord- nach Südosten verschob[15] und dadurch in stärkere Konkurrenz zu Polen-Litauen, aber auch erneut zu Dänemark-Norwegen trat.

In Dänemark-Norwegen hatte sich seit dem Stettiner Frieden allmählich die Anerkennung einer mit Schweden geteilten Hegemonie im Ostseeraum durchgesetzt, die der dänische Reichsrat 1622 indirekt formulierte, als er die Grenzen der dänischen Ansprüche entlang einer Linie Bornholm – Gotland – Ösel – Kurland beschrieb. Das implizierte die Akzeptanz des schwedischen Ausgreifens in den nördlichen und östlichen Ostseeraum.[16]

Die Frieden von Knäred und Stolbovo besitzen somit zum einen ein starkes handelspolitisches Gewicht. Sie spiegeln zum andern aber auch deutlich die beginnende Internationalisierung des Ostseeraums sowie die regulierende Funktion wider, die die Niederländer während des 17. Jahrhunderts in der Region übernahmen.[17] Gleichzeitig definierte die Übereinkunft von Stolbovo Russlands Stellung im Ostseeraum: Russland schied für beinahe 100 Jahre als Konkurrent im Ringen um das *Dominium maris baltici* aus.

3. Frieden von Roskilde, Kopenhagen, Oliva, Kardis (1658–1661)

Parallel zum Ausscheiden seiner Konkurrenten aus dem Kampf um die Vorherrschaft im Ostseeraum gelang Schweden bis Mitte des 17. Jahrhunderts der Aufstieg zur regionalen Hegemonialmacht und zugleich zur europäischen Großmacht.[18]

Voraussetzung für diese Entwicklung war die schwedische Expansion in dänisch und polnisch beanspruchte Gebiete. So musste Dänemark-Norwegen im Frieden von

---

14 Siehe *Troebst*, Handelskontrolle, S. 61.
15 Siehe ebd., S. 72–75. Im Frieden von Knäred (1613) musste Schweden auf seine Ansprüche auf das zwischen Titisfjord und Varangerfjord gelegene Gebiet in Lappland verzichten und verlor dadurch den Zugang zum Eismeer und der nördlichen Route des Russlandhandels; siehe *Tandrup*, Triumf, S. 218.
16 Siehe *Kristian Erslev* (Hg.), Aktstykker og Opplysninger til Rigsraadets og Stændermødernes Historie i Kristian IV's Tid, Bd. 1 (1588–1626), Kjøbenhavn 1883–1885, S. 276–278.
17 Siehe *Jespersen*, Rivalry, S. 163f.
18 Siehe noch immer grundlegend: *Michael Roberts* (Hg.), Sweden's Age of Greatness, London 1973.

Brömsebro (1645), der den Torstenssonkrieg (1643–1645) zwischen den beiden skandinavischen Königreichen beendete, seine östlich des schwedischen Kerngebietes gelegenen Territorien (die Inseln Gotland und Ösel) sowie weitere im norwegisch-schwedischen Grenzgebiet gelegene Landstriche abtreten.[19] Damit verlor Dänemark einerseits seinen Zugang zum baltischen Handel, andererseits sind diese Gebietsverluste gleichbedeutend mit der Aufgabe der dänischen Hegemonieansprüche im südlichen und östlichen Ostseeraum. Als einziger Konkurrent Schwedens in diesem Bereich verblieb Polen-Litauen.

Zudem führte die ab den 1610er Jahren stetig voranschreitende Internationalisierung des Ostseeraums zu einer Verlagerung des Kampfes um das *Dominium maris baltici* in den südlichen Ostseeraum und somit in den Norden des Heiligen Römischen Reiches. Das zeigt sich besonders an den Friedensverträgen von Münster und Osnabrück (1648), mit denen Schweden sein Herrschaftsgebiet im südlichen und westlichen Ostseeraum durch den Erwerb der im Heiligen Römischen Reich gelegenen Herzogtümer Vorpommern mit Stettin und der Insel Rügen, Bremen und Verden sowie der Stadt Wismar komplettierte.[20] Aber auch die Verträge von Roskilde (1658), Kopenhagen und Oliva (1660) sowie Kardis (1661), die den Zweiten Nordischen Krieg beendeten (1655–1660/1661), wurden im Ergebnis vom starken handelspolitischen Interesse der Niederlande, aber auch Englands im Ostseeraum sowie dem französisch-habsburgischen Gegensatz geprägt.[21]

Wurden die Konflikte seit Abschluss des Stettiner Friedens 1570 jeweils zwischen wenigen Akteuren im Ringen um die Vorherrschaft im Ostseeraum ausgetragen, so waren in den Zweiten Nordischen Krieg erstmals seit gut 100 Jahren wieder alle Interessierte involviert. Seitdem hatte sich der Kreis der Beteiligten erheblich erweitert: Neben Brandenburg kamen Österreich sowie die Niederländer als aktive Kriegsparteien hinzu.

Im Zweiten Nordischen Krieg kreuzten sich unterschiedliche Konfliktlinien. Zunächst lag der Schwerpunkt der Auseinandersetzungen im östlichen Ostseeraum: Den Auftakt machte der russische Angriff auf Polen-Litauen 1654. Zwei Jahre später, im Mai 1656, verkehrte sich der russisch-polnische Gegensatz in ein gemeinsames Bündnis gegen Schweden. Angriffsziel der neuen Allianz waren die schwedischen Besitzungen im Baltikum und in Finnland. Dieser Allianz traten 1657 durch Verträge mit

---

19 Siehe zum Frieden von Brömsebro *Göran Rystad*, Dominium maris Baltici – dröm och verklighet. Sveriges freder 1645–1661, in: Abukhanfusa (Red.), Mare nostrum, S. 95–105.

20 Siehe Art. X,2 und 6–7 IPO; *Antje Oschmann* (Bearb.), Acta Pacis Westphalicae. Serie III Abteilung B: Verhandlungsakten, Bd. 1: Die Friedensverträge mit Frankreich und Schweden, T. 1: Urkunden, Münster 1998, Nr. 18, S. 132 Z. 30–S. 133 Z. 2, S. 134 Z. 3–33. Zum Westfälischen Frieden siehe Kapitel 46.

21 Siehe zur englischen Friedenspolitik im Ostseeraum in der zweiten Hälfte des 17. Jahrhunderts zusammenfassend: *Jörg Philipp Lengeler*, Das Ringen um die Ruhe des Nordens. Großbritanniens Nordeuropa-Politik und Dänemark zu Beginn des 18. Jahrhunderts, Frankfurt a.M. 1998, S. 31–41.

Polen-Litauen sowohl Österreich als auch Brandenburg bei, das ab 1656 mit Schweden in einem Bündnis gestanden hatte. Das skandinavische Königreich befand sich bereits seit 1655 im Krieg mit Polen-Litauen um die innerdynastischen und außenpolitischen Konflikte zwischen beiden Reichen, die im Waffenstillstand von Altmark (1629) und dessen Verlängerung in Stuhmsdorf (1635) lediglich in einen kalten Konflikt überführt worden waren.

„Mit dem Zusammengehen Österreichs, Polens und Brandenburgs und dem Beginn der militärischen Auseinandersetzung zwischen Dänemark und Schweden verlagerte sich der Zweite Nordische Krieg in die Gebiete am Westrand der Ostsee".[22] Dänemark-Norwegen hatte Schweden im Mai 1657 den Krieg erklärt, um das schwedische Engagement im Baltikum und Polen-Litauen zu seinen Gunsten auszunutzen.

Im sogenannten „peace of panic" von Roskilde musste Dänemark-Norwegen 1658 zum zweiten Mal nach 1645 umfassende territoriale Verluste hinnehmen. Jens E. Olesen weist darauf hin, dass dies der härteste Friede der dänischen Geschichte gewesen sei.[23] Dänemark-Norwegen verlor ein Drittel seines Territoriums (Halland, Skåne, Blekinge, Bornholm, Bohuslän und Trondheims län).[24]

Allerdings stellte dieser Vertrag lediglich eine kurze Unterbrechung des Krieges dar. Nur sechs Monate später erfolgte die schwedische Kriegserklärung an Dänemark-Norwegen. Nach der Eroberung der Öresund-Festung Kronoborg durch Schweden entsandten die Niederlande eine Flotte in die Ostsee, um eine schwedische Kontrolle des Öresunds und damit des Zugangs zum Ostseehandel zu verhindern. Bereits im Sommer 1656 hatten die Niederlande interveniert, um die drohende schwedische Eroberung Danzigs und deren Folgen für den Handel abzuwenden.[25]

Das unterschiedlich motivierte Ziel der Seemächte und Frankreichs, einseitige Machtverschiebungen im Ostseeraum zu verhindern, findet seinen Niederschlag in den Friedensverträgen, die den Zweiten Nordischen Krieg beendeten. Während für die Niederlande und England Handelsfragen dominierten, hatte Frankreich die Auseinandersetzung mit dem Haus Habsburg im Blick und wollte keine Schwächung seines

---

22 *Klaus Malettke*, Hegemonie – Multipolares System – Gleichgewicht. Internationale Beziehungen 1648/1659–1713/1714, Paderborn 2012, S. 325.
23 Siehe *Olesen*, Struggle for Supremacy, S. 259.
24 Siehe *Eva Magnusson*, Fredsfördraget i Roskilde, februari 1658, in: dies. (Red.), När sundet blev gräns. Till minne av Roskilde freden 1658, Växjö 2008, S. 42ff., hier S. 42. Siehe zum Frieden von Roskilde die schwedischen und dänischen Publikationen zum 350-jährigen Jubiläum des Friedens: *Magnusson* (Red.), När sundet blev gräns; *Hanne Sanders/Per Karlsson* (Red.), Roskildefreden 1658 – i perspektiv, Roskilde 2009.
25 Siehe ausführlich zum Zweiten Nordischen Krieg: *Robert I. Frost*, The Northern Wars 1558–1721, Essex 2000, S. 164–187; *Johannes Kunisch*, Der Nordische Krieg von 1655–1660 als Parabel frühneuzeitlicher Staatenkonflikte, in: Heinz Duchhardt (Hg.), Rahmenbedingungen und Handlungsspielräume europäischer Außenpolitik im Zeitalter Ludwigs XIV., Berlin 1991, S. 9–42; *Malettke*, Hegemonie, S. 318–328; *Oakley*, War and Peace, S. 84–92; *Nils Erik Villstrand*, Sveriges historia. 1600–1721, Stockholm 2011, S. 131–141.

Verbündeten Schweden tolerieren. Bereits ab Mai 1659 formulierten sie in den drei sogenannten Haager Konzerten Konzepte für eine Nachkriegsordnung. Auf Basis dieser Vorüberlegungen vermittelten sie Frieden zwischen Dänemark-Norwegen und Schweden.

Der Friede von Kopenhagen (1660) bestätigte im Wesentlichen die Bestimmungen des Vertrags von Roskilde. Dänemark-Norwegen musste sich damit begnügen, dass die Abtretung Trondheims läns und Bornholms revidiert wurden. Weiterreichende Forderungen waren nicht gegen die Seemächte durchzusetzen. Allerdings bestanden diese darauf, dass das im Roskilde-Frieden zwischen Dänemark und Schweden vereinbarte Verbot der Einfahrt von Handelsschiffen Dritter in die Ostsee getilgt wurde.

Parallel dazu wurden seit 1659 auch Friedensverhandlungen zwischen Schweden, Polen-Litauen, Brandenburg und Österreich unter französischer Vermittlung geführt. Der Friede von Oliva (1660) beendete die seit Ende des 16. Jahrhunderts andauernden polnisch-schwedischen Auseinandersetzungen. Polen-Litauen musste einerseits die schwedischen Ansprüche in Livland sowie die Herrschaft Schwedens über Estland und die Insel Ösel anerkennen. Andererseits verzichtete der polnische König auf seine Ansprüche auf den schwedischen Thron. Damit wurde auch der seit der Absetzung Sigismund Vasas (1566–1632) 1598 schwelende innerdynastische Konflikt beigelegt. Schweden wiederum musste Elbing an Polen-Litauen abtreten und die Souveränität Brandenburgs über das Herzogtum Preußen anerkennen.[26]

Bereits 1658 gingen Schweden und Russland einen auf drei Jahre befristeten Waffenstillstand ein. Dieser wurde 1661 in Kardis von einem Frieden abgelöst, der die russisch-schwedische Vereinbarung von Stolbovo 1617 bestätigte.[27]

Die Verträge von Roskilde, Oliva und Kardis bestätigten das ab dem Westfälischen Frieden geltende bipolare Mächtesystem mit Dänemark-Norwegen, Polen-Litauen, Brandenburg und Russland gegenüber einer schwedischen Hegemonie; auch weil weder die Seemächte noch Frankreich an deutlichen Machtverschiebungen interessiert waren.

Mit den Verträgen von Roskilde und Oliva gelang es, seit dem 16. Jahrhundert perpetuierte Konflikte auszuräumen: Dänemark-Norwegen schied 1658/1660 aus dem Ringen um die Vorherrschaft im Ostseeraum aus. Gleichzeitig erreichte Schweden 1658 seine größte territoriale Ausdehnung. Ebenso wurden die innerdynastischen und außenpolitischen Gegensätze zwischen Polen-Litauen und Schweden beigelegt.

---

26 Siehe *Malettke*, Hegemonie, S. 326f.; *Oakley*, War and Peace, S. 91; *Sundberg*, Svenska freder, S. 279–285; zum Frieden von Oliva jüngst: *Michael North*, Der Friede von Oliva (1660) im Spiegel der zeitgenössischen Medaillen, in: Irene Dingel u.a. (Hg.), Theatrum Belli – Theatrum Pacis. Konflikte und Konfliktregelungen im frühneuzeitlichen Europa, Göttingen 2018, S. 137–148.
27 Siehe *Sundberg*, Svenska freder, S. 286f.

4. Frieden von Stockholm, Fredriksborg und Nystad (1719–1721)

Ausgehend von diesen Ergebnissen wäre anzunehmen, dass mit den Friedensverträgen von 1658, 1660 und 1661 nach gut 100 Jahren der Konkurrenz eine neue und dauerhafte Friedensordnung für den Ostseeraum unter internationaler Beteiligung etabliert worden sei. Dieser Eindruck wird dadurch gestützt, dass der Zweite Nordische Krieg bis Anfang des 18. Jahrhunderts der letzte aus den Gegensätzen im Ostseeraum motivierte und auf deren Akteure begrenzte Krieg war. Die Auseinandersetzungen ab den 1670er Jahren sind als regionale Ausweitungen parallel verlaufender kontinentaleuropäischer Konflikte zu bewerten.

> Denmark's failure to gain territory from these wars [...] was a manifestation of how far the problem of the Baltic had become internationalized and, equally important, of the degree to which both Scandinavian kingdoms had long since lost control over events in their own region. The political geography of the Baltic was no longer determined by the balance of strength between Denmark and Sweden, but by international strategic interests. This saved Denmark from political annihilation in the mid-seventeenth century, but also prevented her from making territorial gains at Sweden's expense when Sweden was undergoing as a slow process of collapse in the years before 1720.[28]

Doch Ende des 17. Jahrhunderts verlor die politische Ordnung im Ostseeraum zunehmend an Stabilität und Tragfähigkeit und die machtpolitischen Rivalitäten eskalierten im Großen Nordischen Krieg (1700–1721). Gegenüber dem Krieg von 1655 bis 1660/1661 erweiterte sich das Feld der Akteure noch einmal. Neben Russland, Polen-Litauen, Schweden und Dänemark-Norwegen waren auch die Kurfürsten von Brandenburg und Hannover sowie die Herzöge von Holstein-Gottorf beteiligt. Das belegt ebenso wie der Verlauf des Krieges „a rising integration of the Baltic regions into the European diplomatic system, warfare strategy and economy".[29]

Eine Tripelallianz aus Friedrich IV. von Dänemark-Norwegen (1671–1730), August II. von Polen-Litauen (1670–1733) und Zar Peter I. von Russland (1672–1725) griff Schweden 1700 an. Nach schnellem Erfolg gegen Dänemark-Norwegen, das mit dem Frieden von Traventhal (1700) aus dem Konflikt ausgeschieden war,[30] konzentrierten sich die militärischen Aktivitäten Karls XII. von Schweden (1682–1718) auf die schwedischen Ostseeprovinzen und Polen-Litauen zur Abwehr der anderen Mitglieder der antischwedischen Allianz. August von Polen musste 1706 den Frieden von Altranstädt eingehen, nachdem schwedische Truppen seine sächsischen Kurlande besetzt hat-

---

28 *Jespersen*, Rivalry, S. 165f.
29 *Olesen*, Struggle for Supremacy, S. 261.
30 Siehe zum Frieden von Traventhal: *Sundberg*, Svenska freder, S. 301f.

ten.³¹ In dessen Folge schied er aus dem Krieg aus. Sowohl Dänemark-Norwegen als auch Polen-Litauen beteiligten sich erst nach der schwedischen Niederlage bei Poltava und der Flucht Karls XII. von Schweden ins Osmanische Reich 1709 wieder aktiv am Krieg.

Ab 1711 verlagerte sich das Kriegsgeschehen zunehmend in den Norden des Heiligen Römischen Reiches. Nach Abschluss des Spanischen Erbfolgekrieges schlossen sich Brandenburg und Hannover der antischwedischen Allianz an. Karl XII. von Schweden erlangte nach seiner Rückkehr aus dem Exil 1716 die militärische Handlungshoheit mit einem Angriff auf den norwegischen Landesteil Dänemark-Norwegens zurück, wo er vor der norwegischen Grenzfestung Fredriksten am 30. November 1718 fiel.³²

Der Große Nordische Krieg endete mit einer Reihe von Friedensverträgen, die zwischen 1719 und 1721 geschlossen wurden; frühere Versuche, die Konflikte im Ostseeraum einzudämmen bzw. beizulegen, scheiterten. Zu nennen sind hier die Haager Neutralitätskonzerte 1710 sowie der Braunschweiger Kongress (1712–1714).³³

In den Haager Deklarationen vom März und August 1710 erklärten der Kaiser, Großbritannien und die Niederlande zunächst die schwedischen Besitzungen im Heiligen Römischen Reich für neutral. Im zweiten Dokument wurde die Aufstellung einer Neutralitätsarmee zur Garantie der Bestimmungen vom März 1710 vereinbart.³⁴

---

31 Im Frieden von Altranstädt musste August von Polen u.a. auf die polnische Krone verzichten und Stanisław Leszczyńsky (1677–1766) als von Karl XII. eingesetzten polnischen König anerkennen; siehe ebd., S. 305f. Moderne Studien zum Friede von Altranstädt fehlen, mit Ausnahme von *Frank Metasch*, Der Ausbruch des Großen Nordischen Krieges und der Altranstädter Frieden von 1706, in: ders., 300 Jahre Altranstädter Konvention – 300 Jahre Schlesische Toleranz/300 lat ugody Altransztadzkiej – 300 lat śląskiej tolerancji. Begleitpublikation zur Ausstellung des Schlesischen Museums Görlitz, Dresden 2007, S. 21–25, daher noch immer: *Ernst von Friesen*, Die Lage in Sachsen während der schwedischen Invasion 1706 und 1707 und der Friede von Altranstädt, Dresden 1901.
32 Siehe zum Verlauf des Großen Nordischen Krieges: *Peter From*, Kalabaliken i Bender, Lund 2000; *Frost*, Northern Wars, S. 208–233; *Peter Ericsson*, Stora nordiska kriget förklarat. Karl XII och det ideologiska tilltalet, Uppsala 2002; *Peter Ullgren*, Det Stora Nordiska Kriget 1700–1721. En berättelse om stormakten Sveriges fall, Stockholm 2008; *Olle Larsson*, Stormaktens sista krig. Sverige och Stora Nordiska kriget 1700–1721, Lund 2009; *Joachim Krüger*, Karl XII. – Der „heroische" Militärmonarch Schwedens, in: Martin Wrede (Hg.), Die Inszenierung der heroischen Monarchie. Frühneuzeitliches Königtum zwischen ritterlichem Erbe und militärischer Herausforderung, München 2014, S. 358–381; ders., The Baltic Sea region by 1700. The time of the Great Northern War, in: Ralf Bleile/Joachim Krüger (Hg.), ‚Princess Hedvig Sofia' and the Great Northern War, Dresden 2015, S. 30–41; außerdem *Oakley*, War and Peace, S. 111–127.
33 Siehe die wohl umfangreichste Darstellung zum Braunschweiger Kongress: *Georg Schnath*, Geschichte Hannovers im Zeitalter der neunten Kur und der englischen Sukzession 1674–1714. Im Anschluß an Adolf Körbers unvollendete „Geschichte von Hannover und Braunschweig 1648–1714". Bd. 3: 1698–1714. Ohne die Vorgeschichte der englischen Sukzession, Hildesheim 1978, S. 690–696.
34 Allgemein zu Neutralitätskonzepten in der Frühen Neuzeit siehe: *Axel Gotthard*, Der liebe vnd werthe Fried. Kriegskonzeptionen und Neutralitätsvorstellungen in der Frühen Neuzeit, Köln u.a. 2014.

Ende 1712 ergriff der Kaiser die Initiative zu einem Kongress im Norden des Heiligen Römischen Reiches. Als Tagungsort wurde Braunschweig auserkoren. Die letztlich erfolglosen Verhandlungen zogen sich mit mehreren Unterbrechungen bis 1714 hin und wandelten ihren Charakter ab 1714 grundlegend. Zunächst sollte in den vom Großen Nordischen Krieg betroffenen Regionen Ruhe und Frieden durch eine Neutralitäts-Armee herbeigeführt werden, die, nachdem „jeder der nordischen Kriegsführenden, der nicht in bemessener Zeit vom Reichsboden [gewichen sei], *ipso facto* zum Reichsfeind erklärt [worden sei]", diese aus dem Reich vertreiben sollte, so die Forderung Kurfürst Georg Ludwigs von Hannover (1660–1727). Mit Kriegsführenden waren Schweden und Russland gemeint. Schweden als Reichsstand sollte bei Zuwiderhandlung gegen die Aufforderung zum Truppenabzug mit der Reichsacht belegt werden. Die schwedischen Territorien im Norden des Heiligen Römischen Reiches, die ab 1712 dänisch besetzt waren, sollten in Feindeshand bleiben oder vom Kaiser in Sequester genommen werden.[35] Als der Kongress nach einer etwa einjährigen Beratungspause im Frühjahr 1714 erneut zusammentrat, änderte sich dessen Auftrag. Es ging nicht länger um die Aufstellung einer Neutralitätsarmee, sondern um eine diplomatische Friedensfindung im Ostseeraum unter Vermittlung des Kaisers.[36] Abgesehen von Schweden beschickten alle Konfliktparteien diesen Kongress. Karl XII. von Schweden machte eine kaiserliche Garantieerklärung für die schwedischen Territorien im Heiligen Römischen Reich zur Vorbedingung einer schwedischen Teilnahme an den Verhandlungen. Zudem forderte er neben dem Kaiser die Vermittlung seines französischen Verbündeten sowie die Verlegung des Kongresses an einen neutralen Ort (Hamburg, Lübeck oder Danzig).[37] Erst nach dem Tod Karls XII. von Schweden gelang eine jeweils bilaterale Beilegung der Konflikte des Großen Nordischen Krieges.

Im Frieden von Stockholm mit Hannover (1719) trat Schweden die Herzogtümer Bremen und Verden an Hannover ab, das diese bereits ab 1715 besetzt hielt. Anfang 1720 kam ebenfalls in Stockholm der Friede zwischen Schweden und Brandenburg zustande. Brandenburg erhielt gegen die Zahlung von zwei Millionen Reichstalern die vorpommerschen Gebiete südlich der Peene sowie die Inseln Usedom und Wollin. Dadurch kontrollierte es die Oder-Mündung als einen wichtigen Zugang zum Ostseehandel. Der dänisch-schwedische Friede von Fredriksborg (1720) zeitigte auf Druck der Seemächte keinerlei territoriale Veränderungen. Dänemark-Norwegen wurde lediglich der Besitz des Gottorfer Teils Schleswigs bestätigt. Etwa ein Jahr später wurde durch die Beilegung des Konfliktes mit Russland im Frieden von Nystad (1721) der Große Nordische Krieg endgültig beendet. Gegen den Erhalt von zwei Millionen

---

35 Siehe *Schnath*, Geschichte Hannovers, S. 691ff., das Zitat: S. 691.
36 Siehe ebd., S. 694.
37 Siehe *Dorothée Goetze*, Der Vater des Königs: Landgraf Carl in der Politik Schwedens, in: Holger T. Gräf u. a. (Hg.), Landgraf Carl (1654–1730). Fürstliches Planen und Handeln zwischen Innovation und Tradition, Marburg 2017, S. 69–77, hier S. 72.
38 Siehe *Oakley*, War and Peace, S. 124ff.; *Sundberg*, Svenska freder, S. 311–318.

Reichstalern trat Schweden seine baltischen Besitzungen, also Estland, Livland, Ingermanland sowie das Gebiet um Viborg, an Russland ab.[38] Ein Frieden mit Sachsen wurde jedoch erst durch die Friedensdeklaration von 1729 erreicht. Der Kriegszustand mit Polen-Litauen dauerte formell sogar bis 1732 an.[39]

Im Großen Nordischen Krieg wurde die politische Ordnung im Ostseeraum neu ausgerichtet. Russland, das mit dem Frieden von Stolbovo (1617) von der Ostsee abgeschnitten worden war und somit aus dem Ringen um das *Dominium maris baltici* ausgeschieden war, avancierte zur neuen Hegemonialmacht im Norden. Schweden verlor zum Ende des Krieges bis auf den nördlichen Teil Vorpommerns und die Stadt Wismar seine Gebiete im Reich sowie seine baltischen Ostseeprovinzen und sank politisch zu einer Mittelmacht herab. Weder Dänemark-Norwegen noch Polen-Litauen gelang es, die Verträge von Kopenhagen und Oliva zu revidieren. „In other words, the Great Northern War had created a quite new pentagonal balance in the region which rendered the old rivalry between Denmark and Sweden rather irrelevant".[40]

5. Frieden von Fredrikshamn (1809) und Kiel (1814)

Diese neue geopolitische Konstellation hatte trotz schwedischer Revisionsversuche bis zu den napoleonischen Kriegen Anfang des 19. Jahrhunderts Bestand. Gunnar Lind fasst die Zeit nach dem Ende des Großen Nordischen Krieges wie folgt zusammen: „The eighteenth century was a period of relative stability. Military growth stopped. Wars were short, and in the Danish case almost absent".[41]

Erst die napoleonischen Kriege führten zu einer umfassenden territorialen Umgestaltung des Ostseeraums.[42] 1807 schloss sich Dänemark-Norwegen, das ab Mitte des 18. Jahrhunderts eine konsequente Neutralitätspolitik verfolgte, der Kontinentalsperre an. Im März 1808 erfolgte die dänische Kriegserklärung an Schweden, das sich 1805 der dritten Koalition gegen Napoleon (1769–1821) angeschlossen hatte. Aufgrund der dänischen Kriegserklärung sowie des sich wenige Wochen zuvor ereigneten Einfalls russischer Truppen in Finnland und der bereits ab 1807 währenden Besetzung des schwedischen Teils Vorpommerns durch Frankreich schloss Schweden zur Jahreswende 1809/1810 Frieden mit diesen Gegnern und trat ebenfalls der Kontinentalsperre bei. 1812 wechselte Schweden wieder in das antifranzösische Lager und schloss nach der erneuten Besetzung Schwedisch-Pommerns durch französische Truppen Bündnisse mit Russland und 1813 auch mit Großbritannien, nachdem bereits im Sommer 1812 ein britisch-schwedischer Frieden vereinbart worden war. Nach der Völkerschlacht

---

39 Siehe *Sundberg*, Svenska freder, S. 319ff.
40 *Jespersen*, Rivalry, S. 168f.
41 *Gunnar Lind*, Militarisation of Scandinavia, 1520–1870, in: Kouri/Olesen (Hg.), Scandinavia, S. 268–278, hier S. 275.
42 Siehe zu den Friedensschlüssen der Napoleonischen Kriege auch Kapitel 51.

bei Leipzig schlossen sich die schwedischen Truppen nicht den Alliierten an. Statt nach Frankreich lenkte der schwedische Befehlshaber seine Verbände nach Holstein und gegen Dänemark-Norwegen, das auch nach der Schlacht von Leipzig am Bündnis mit Napoleon festhielt.[43]

Ziel des schwedischen Bündniswechsels war der Erwerb Norwegens als Ausgleich für den Verlust Finnlands. Nach dem russischen Einfall nach Finnland 1808 hatte der finnische Landtag 1809 dem russischen Zaren als Landesherrn gehuldigt. Der schwedisch-russische Friede von Fredrikshamn (1809) bestätigte die Abtretung Finnlands und der ebenfalls russisch besetzten Åland-Inseln.[44] Im Kieler Frieden (1814) gelang es Schweden, die Auflösung der dänisch-norwegischen Personalunion durchzusetzen.[45] Somit gelangte Finnland, das seit dem 13. Jahrhundert integraler Teil des schwedischen Herrschaftsgebiets war, 1809 unter russische Herrschaft. Aber auch die dänisch-norwegische Doppelmonarchie wurde nach 434 Jahren aufgelöst.[46] Norwegen begab sich mit dem Frieden von Kiel in eine bis 1905 während Personalunion unter dem schwedischen König. Dies ist gleichbedeutend mit der Auflösung der letzten territorialen Konstanten im Ostseeraum seit dem ausgehenden Mittelalter.

Auswahlbibliographie / Select Bibliography

Abukhanfusa, Kerstin (Red.), Mare nostrum. Om westfaliska freden och Östersjön som ett svenskt maktcentrum, Stockholm 1999.
Brengsbo, Michael, Der Friedensvertrag und seine Unterzeichnung in Kiel am 14. Januar 1814, in: Sonja Kinzler (Hg.), Der Kieler Frieden 1814. Ein Schicksalsjahr für den Norden/The Peace of Kiel 1814. A Fateful Year for the North, Neumünster/Hamburg 2013, S. 47–57.

---

43 Siehe *Ole Feldbæk*, Denmark in the Napoleonic Wars. A Foreign Policy Survey, in: Scandinavian Journal of History 26 (2001), S. 89–101; *Martin Krieger*, Der dänische Gesamtstaat im Zeitalter der Napoleonischen Kriege, in: Sonja Kinzler (Hg.), Der Kieler Frieden 1814. Ein Schicksalsjahr für den Norden/ The Peace of Kiel 1814. A Fateful Year for the North, Neumünster/Hamburg 2013, S. 32–45; außerdem: *Michael Erbe*, Revolutionäre Erschütterung und erneuertes Gleichgewicht. Internationale Beziehungen 1785–1830, Paderborn 2004, S. 221–229.
44 Siehe zum russischen Einfall in Finnland, zur Besetzung der Åland-Inseln und den Verhandlungen zum Frieden von Fredrikshamn: *Herman Lindqvist*, När Finland var Sverige, Stockholm 2013, S. 421–466.
45 Siehe *Michael Brengsbo*, Der Friedensvertrag und seine Unterzeichnung in Kiel am 14. Januar 1814, in: Kinzler (Hg.), Der Kieler Frieden, S. 47–57; *Jörgen Weibull*, The Treaty of Kiel and its political and military background, in: Scandinavian Journal of History 15 (1990), S. 291–301.
46 1380 übernahm Margarete von Dänemark (1353–1412) nach dem Tod ihres Mannes, König Håkon (um 1341–1380), die Vormundschaftsregierung für ihren minderjährigen Sohn Olaf (1370–1387) in Norwegen. Nach dessen Tod 1387 wurde sie vom norwegischen Reichsrat zur Regentin gewählt. Siehe zur Kalmarer Union: *Aksel E. Christensen*, Kalmarunionen og nordisk politik, 1319–1439, København 1980.

Büttner, Bengt, Schiedsspruch oder Krieg – die Entwicklung der dänisch-schwedischen Schiedsgerichtsbarkeit von ihren Anfängen bis ins 17. Jahrhundert, in: Institut für Europäische Geschichte Mainz (Hg.), Publikationsportal Europäische Friedensverträge, 27. Juli 2009, http://www.ieg-friedensvertraege.de/publikationsportal/buettner07200901/index.html (abgerufen am: 28.02.2019).

Büttner, Bengt, »an beider reiche grentzen oder sonst seinem gelegenen ort« – die dänisch-schwedischen Grenztreffen im 16. und 17. Jahrhundert, in: Martin Peters (Hg.), Grenzen des Friedens. Europäische Friedensräume und -orte der Vormoderne, 15. Juli 2010, https://www.ieg-mainz.de/Beihefte-online------_site.site..ls_dir._nav.72_supplement.8_article.36_likecms.html (abgerufen am: 28.02.2019).

Christensen, Aksel E., Kalmarunionen og nordisk politik, 1319–1439, København 1980.

Espenhorst, Martin, ‚Missverstand' als völkerrechtliche Legitimationsfigur im vormodernen Friedensprozess, in: Heinz Duchhardt/Martin Espenhorst (Hg.), Frieden übersetzen in der Vormoderne. Translationsleistungen in Diplomatie, Medien und Wissenschaft, Göttingen 2012, S. 113–127.

Feldbæk, Ole, Denmark in the Napoleonic Wars. A Foreign Policy Survey, in: Scandinavian Journal of History 26 (2001), S. 89–101.

Frost, Robert I., The Northern Wars 1558–1721, Essex 2000.

Goetze, Dorothée, Der Vater des Königs: Landgraf Carl in der Politik Schwedens, in: Holger Th. Gräf u. a. (Hg.), Landgraf Carl (1654–1730). Fürstliches Planen und Handeln zwischen Innovation und Tradition, Marburg 2017, S. 69–77.

Gustafsson, Harald, Gamla riken, nya stater. Statsbildning, politisk kultur och identitet under Kalmarunionens upplösningsskede 1512–1541, Stockholm 2000.

Jespersen, Knud J. V., Rivalry without Victory. Denmark, Sweden and the Struggle for the Baltic, 1500–1720, in: Göran Rystad u. a. (Hg.), In Quest of Trade and Security. The Baltic Power Politics 1500–1990, Bd. 1: 1500–1890, Lund 1994, S. 137–176.

Jespersen, Leon, Dänisch-schwedische Rivalität und das Scheitern der nordischen Zusammenarbeit, in: Horst Wernicke/Hans-Joachim Hacker (Hg.), Der Westfälische Frieden von 1648 – Wende in der Geschichte des Ostseeraums. Für Prof. Dr. Dr. h.c. Herbert Ewe zum 80. Geburtstag, Hamburg 2001, S. 47–63.

Kouri, Erkki I./Olesen, Jens E. (Hg.), Scandinavia 1520–1870, Cambridge 2016.

Krieger, Martin, Der dänische Gesamtstaat im Zeitalter der Napoleonischen Kriege, in: Sonja Kinzler (Hg.), Der Kieler Frieden 1814. Ein Schicksalsjahr für den Norden/The Peace of Kiel 1814. A Fateful Year for the North, Neumünster/Hamburg 2013, S. 32–45.

Krüger, Joachim, "The Baltic Sea region by 1700. The time of the Great Northern War", in: Ralf Bleile/Joachim Krüger (Hg.), ‚Princess Hedvig Sofia' and the Great Northern War, Dresden 2015, S. 30–41.

Kunisch, Johannes, Der Nordische Krieg von 1655–1660 als Parabel frühzeitlicher Staatenkonflikte, in: Heinz Duchhardt (Hg.), Rahmenbedingungen und Handlungsspielräume europäischer Außenpolitik im Zeitalter Ludwigs XIV., Berlin 1991, S. 9–42.

Lanzinner, Maximilian, Beglaubigungspraktiken beim Abschluss des Westfälischen Friedens im historischen Vergleich, in: Heinz Duchhardt/Martin Espenhorst (Hg.), Utrecht – Rastatt – Baden 1712–1714. Ein europäisches Friedenswerk am Ende des Zeitalters Ludwigs XIV., Göttingen 2013, S. 185–206.

Larsson, Olle, Stormaktens sista krig. Sverige och Stora Nordiska kriget 1700–1721, Lund 2009.

Lemmink, Jaques Ph. S./Koningsbrugge, Hans van (Hg.), Baltic Affairs. Relations between the Netherlands and North-Eastern Europe 1500–1800, Nijmegen 1990.

Lindqvist, Herman, När Finland var Sverige, Stockholm 2013.

Magnusson, Eva (Red.), När sundet blev gräns. Till minne av Roskilde freden 1658, Växjö 2008.

North, Michael, Der Friede von Oliva (1660) im Spiegel der zeitgenössischen Medaillen, in: Irene Dingel u. a. (Hg.), Theatrum Belli – Theatrum Pacis. Konflikte und Konfliktregelungen im frühneuzeitlichen Europa, Göttingen 2018, S. 137–148.
Oakley, Stewart P., War and Peace in the Baltic 1560–1790, London/New York 1994.
Roberts, Michael (Hg.), Sweden's Age of Greatness, London 1973.
Sanders, Hanne/Karlsson, Per (Red.), Roskildefreden 1658 – i perspektiv, Roskilde 2009.
Sundberg, Ulf, Svenska freder och stillestånd 1249–1814, Kristianstad 1997.
Sunderland, William, Russian Empire, 1552–1917, in: Philippa Levine/John Marriott (Hg.), The Ashgate Research Companion to Modern Imperial Histories, Farnham 2012, S. 223–242.
Tandrup, Leo, Mod triunf eller tragedi. Bd. 1: Scenen og de agerende, Tiden fra 1612 til 1621, Aarhus 1979.
Troebst, Stefan, Handelskontrolle, »Derivation«, Eindämmung. Schwedische Moskaupolitik 1617–1661, Wiesbaden 1997.
Weibull, Jörgen, The Treaty of Kiel and its political and military background, in: Scandinavian Journal of History 15 (1990), S. 291–301.

Regina Dauser
50. Die Friedensschlüsse der friderizianisch-theresianischen Ära

Abstract: The Peace Treaties of the Era of Frederick the Great and Maria Theresa
Maria Theresa's succession to the Habsburg throne in 1740 is generally viewed as a
deep caesura in European power politics because it was contested by several European powers and exploited by the new Prussian ruler Frederick II in an attempt to
achieve great power status. The formation of opposing alliances, as well as the simultaneous overseas conflicts between Great Britain and France, shaped ongoing military
confrontations until 1763. The peace negotiations and peace treaties that concluded
the Silesian Wars (1742, 1745), the War of the Austrian Succession (1748), the Seven
Years War (1763) and the War of the Bavarian Succession (1779) were concerned with
the hierarchy of the European monarchies and the question of whether Prussia would
be accepted as a new great power. Despite the well-established practice of multilateral
peace negotiations in congresses or with mediators, bilateral agreements concluded
prior to multilateral decisions shaped the outcome of most peace talks.

1. Mächtepolitische Konstellationen in Europa 1740–1779

Das Jahr 1740 wird gemeinhin als „tiefe Zäsur"[1] für die europäische Mächtepolitik beschrieben. Diese Einschätzung beruht nicht nur auf dem – teils unerwarteten – Tod dreier europäischer Herrscherpersönlichkeiten, der Zarin Anna (1693–1740), König Friedrich Wilhelms I. von Preußen (1688–1740) sowie Kaiser Karls VI. (1685–1740), sondern auch ganz wesentlich auf den mächtepolitischen Weiterungen, die sich aus der Thronfolgekrise im Habsburgerreich entwickelten. Die Mächtepolitik Europas war zu dieser Zeit nach wie vor geprägt vom Konkurrenzverhältnis einer „Fürstengesellschaft",[2] in der das Ringen um eine dominierende Position in der Fürstenhierarchie oder zumindest um den Erhalt einer Stellung unter den ‚vornehmsten Kronen' Europas zentralen Stellenwert hatte. Bis in die zeremonielle Darstellung der Herrscher in den Friedensverträgen lassen sich diese Positionskämpfe nachverfolgen.[3] Dazu in

---

1 *Heinz Duchhardt*, Balance of Power und Pentarchie. Internationale Beziehungen, 1700–1785, Paderborn u. a. 1997, S. 303.
2 Vgl. hierzu *Lucien Bély*, La société des princes. XVIe–XVIIIe siècle, Paris 1999.
3 Vgl. *Barbara Stollberg-Rilinger*, Die Wissenschaft der feinen Unterschiede. Das Präzedenzrecht und die europäischen Monarchien vom 16. bis zum 18. Jahrhundert, in: Majestas 10 (2002), S. 125–150;

Spannung stand das – zeitgenössisch durchaus umstrittene – Konzept eines ‚Gleichgewichts der Mächte', das 1713 im Friedenswerk von Utrecht erstmals in einem Friedensvertrag expressis verbis als Garant für Stabilität formuliert wurde.[4] Dadurch wurden Veränderungen der Kräfteverhältnisse, auch auf der Basis von dynastischen Erbansprüchen, mit dem Verdacht ‚unzulässiger', den Kontinent in einen großen Krieg stürzende Machtverschiebungen belegt.[5]

Die Stabilisierung der Position der Habsburger im Heiligen Römischen Reich wie in Europa hatte Kaiser Karl VI. bis zu seinem plötzlichen Tod nur mit begrenztem Erfolg betreiben können; die Sicherung der Erbfolge seiner ältesten Tochter Maria Theresia (1717–1780) durch ein System wechselseitiger Verträge gelang nicht durchweg, denn wichtige, mit dem Erzhaus dynastisch verbundene Konkurrenten wie Bayern und Kursachsen sowie der größte machtpolitische Gegner Frankreich erkannten den habsburgischen Erbvertrag, die sogenannte ‚Pragmatische Sanktion', nicht oder nur unter Vorbehalt an.

Den Auslöser für die kriegerische Eskalation der Infragestellung des Habsburgerreiches lieferte Friedrich II. (1712–1786), der Nachfolger Friedrich Wilhelms I. als preußischer König und brandenburgischer Kurfürst, der 1740 mit seinem Angriff auf die habsburgische Provinz Schlesien die kritische Lage der Thronfolgerin ausnutzte. Friedrich zielte, wie er später selbst bekannte, trotz der nachgeschobenen, dünnen juristischen Ansprüche auf die strategisch wie wirtschaftlich wertvolle Nachbarprovinz Schlesien in erster Linie auf kriegerischen Ruhm und den Aufstieg Preußens in die Reihe europäischer Großmächte. Mit dieser Zielsetzung stellte jedoch Friedrichs Kriegspolitik nicht allein für Österreich, das zugleich die preußische Konkurrenz im Heiligen Römischen Reich deutscher Nation fürchten musste, sondern auch für die etablierten Großmächte, insbesondere für das benachbarte russische Zarenreich, eine Herausforderung dar.[6]

Der Eröffnung des schlesischen Kriegsschauplatzes folgte die Konfrontation im Österreichischen Erbfolgekrieg (1740–1748), den Frankreich, Bayern, Kursachsen und Spanien mit weiteren Verbündeten gegen Maria Theresia anstrengten. Endeten der Erste und der Zweite Schlesische Krieg mit bilateralen Friedensschlüssen in den Jahren 1742 und 1745, so wurde dieser europäische Erbfolgekrieg, in den England, die

---

Regina Dauser, Ehren-Namen. Herrschertitulaturen im völkerrechtlichen Vertrag 1648–1748, Köln u. a. 2017.

4 Vgl. zum Frieden von Utrecht auch Kapitel 47 sowie zu Stabilitäts- und Sicherheitskonzepten Kapitel 27.

5 Hierzu *Heinz Duchhardt*, The Missing Balance, in: Journal of the History of International Law 2 (2000), S. 67–72; *Niels F. May*, Eine Begründungsmetapher im Wandel: Das Gleichgewichtsdenken in der Frühen Neuzeit, in: Heinz Duchhardt/Martin Espenhorst (Hg.), Frieden übersetzen in der Vormoderne. Translationsleistungen in Diplomatie, Medien und Wissenschaft, Göttingen 2012, S. 89–111.

6 Vgl. *Johannes Kunisch*, Friedrich der Große. Der König und seine Zeit, München 2004, bes. S. 159–185.

Niederlande und Sardinien auf Österreichs Seite eintraten, 1748 durch einen großen Friedenskongress in Aachen beendet. Von den vorangehenden wie begleitenden Verhandlungspraktiken, den Vermittlungsinitiativen, Separatverhandlungen und Garantieerklärungen wird später noch zu handeln sein.

Mit England und Frankreich waren zwei Mächte auf dem Kriegsschauplatz präsent, die über ihr dominierendes Engagement auf dem europäischen Kontinent hinaus ihre wachsenden Konflikte um die Vorrangstellung im Seehandel in einer Serie von *French and Indian Wars* in ihren amerikanischen und indischen Einflussgebieten austrugen. Bereits während des Österreichischen Erbfolgekriegs wurden Kämpfe auch in den Kolonien ausgetragen (*King George's War*, 1744–1748); der Friede von Aachen schloss Regelungen begrenzten Umfangs zum Kolonialbesitz und Atlantikhandel noch mit ein, während ein eigener Friede von Paris nach dem nachfolgenden Siebenjährigen Krieg (1756–1763), parallel zum Hubertusburger Frieden 1763 auf dem Kontinent, schließlich die Gewichte in Amerika und Indien neu zugunsten Englands verteilte.[7]

Mit dem von Österreich angestrebten Wiederausbruch des Konflikts um Schlesien im Jahr 1756 verbunden war die große diplomatische Sensation dieses Jahres: der Abschluss eines preußisch-englischen sowie eines französisch-habsburgischen Bündnisvertrages – nach Jahrhunderten der Gegnerschaft zwischen der Krone Frankreich und dem Haus Habsburg ein *renversement des alliances*, geläufiger unter dem Begriff der ‚Diplomatischen Revolution'.[8] Wenzel Anton Graf Kaunitz (1711–1794), der österreichische Staatskanzler, hatte seit 1749 als Botschafter in Paris beharrlich auf diesen Bündniswechsel hingearbeitet, um Preußen wieder auf den Status einer nachgeordneten Macht zurückzudrängen. Der Abschluss eines Offensivbündnisses mit Russland gelang Kaunitz 1757. Noch mehr als im Österreichischen Erbfolgekrieg entwickelten sich die Schauplätze der militärischen Konflikte auseinander und führten zu den genannten getrennten Friedensverhandlungen.

Mit den Friedensschlüssen von 1763 war die englische Dominanz zur See bzw. als europäische Kolonialmacht besiegelt – und Preußen, das weiterhin den Besitz Schlesiens behauptete, als europäische Großmacht bestätigt. Vertieft hatte sich damit jedoch auch die Spaltung im Heiligen Römischen Reich, wo sich seit 1740 eine ‚österreichische' und eine ‚fritzische' Partei von Reichsständen herausgebildet hatte. Im

---

7 Vgl. aus der umfangreichen Literatur zum Siebenjährigen Krieg: *Daniel Baugh*, The Global Seven Years War. Britain and France in a Great Power Contest, 1754–1763, Harlow 2011; als konzise Einführung: *Marian Füssel*, Der Siebenjährige Krieg. Ein Weltkrieg im 18. Jahrhundert, München 2010.
8 Vgl. die Diskussion um den Zäsurcharakter dieses Bündniswechsels: *Johannes Burkhardt*, Geschichte als Argument in der habsburgisch-französischen Diplomatie. Der Wandel des frühneuzeitlichen Geschichtsbewußtseins in seiner Bedeutung für die Diplomatische Revolution von 1756, in: Rainer Babel (Hg.), Frankreich im europäischen Staatensystem der Frühen Neuzeit, Sigmaringen 1995, S. 191–217, sowie *Lothar Schilling*, Wie revolutionär war die diplomatische Revolution? Überlegungen zum Zäsurcharakter des Bündniswechsels von 1756, in: FBPG NF 6 (1996), S. 163–202.

Gegensatz zum Österreichischen Erbfolgekrieg war der Siebenjährige Krieg auch als Reichskrieg gegen Brandenburg-Preußen geführt worden, da Friedrich den Krieg durch den Einmarsch seiner Truppen ins Kurfürstentum Sachsen eröffnet und damit gegen das Reichsrecht verstoßen hatte.

In den Folgejahren verstärkte sich die Opposition gegen das Haus Habsburg-Lothringen im Reich – gerichtet gegen die kaiserliche Politik Josephs II. (1741–1790), des ältesten Sohnes Maria Theresias und Kaiser Franz' I. Stephan (1708–1765), der 1765 nach dem unerwarteten Tod seines Vaters zum Kaiser gekrönt und in den habsburgischen Erblanden zum Mitregenten ernannt worden war. Josephs zusehends von habsburgischen Machtinteressen geleitete Politik auch gegenüber den Reichsständen führte im Konflikt um die Thronfolge im Kurfürstentum Bayern nach dem Tod Maximilians III. Joseph (1727–1777) in den Bayerischen Erbfolgekrieg (1778–1779), in dem sich Friedrich II. als Wahrer der Interessen mindermächtiger Reichsstände unter dem Einsatz militärischer Mittel gerierte.[9] Die europäischen Dimensionen dieses Konflikts machte der Friedensschluss von Teschen 1779 durch das Auftreten Russlands und Frankreichs als Vermittler und Garantiemächte des Friedens deutlich. Dieser Friedensschluss sollte der letzte sein, den Maria Theresia, die Josephs Reichspolitik und sein Agieren im Bayerischen Erbfolgekrieg diplomatisch konterkariert hatte, ratifizierte. In ihrem Todesjahr 1780 war der Dualismus zwischen Österreich und Preußen – und damit die Spaltung im Reich –, aber auch der preußische Großmachtstatus gefestigter denn je.

2. Die Friedensschlüsse von Berlin (1742), Füssen (1745) und Dresden (1745)

Die Verhandlungen zur Beendigung des Ersten Schlesischen Krieges verdeutlichen die europäische Dimension dieses auf den ersten Blick regional begrenzten Konfliktes.[10] Dem Abschluss des Vertrages in Berlin am 28. Juli 1742 ging der Präliminarfrieden von Breslau (11. Juni 1742) voraus, an dessen Zustandekommen England als Verbündeter Österreichs maßgeblich mitgewirkt hatte. Das englische Hauptinteresse bestand darin, eine Dominanz Frankreichs auf dem europäischen Kontinent zu verhindern; ein Entgegenkommen gegenüber Preußen hinsichtlich der Abtretung Schlesiens sollte helfen, Preußen aus seiner Kooperation mit Frankreich zu lösen. Im Vertrag von Berlin wurde Preußen entsprechend der größte Teil Schlesiens und die Grafschaft Glatz zuerkannt; im Gegenzug erhielt Maria Theresia die Anerkennung ihres restlichen Erbes und konnte ihre Truppen auf die Kämpfe mit ihren Gegnern im

---

9 Vgl. zu den Grundlinien *Duchhardt*, Balance of Power und Pentarchie, S. 384–391.
10 Vgl. zum Folgenden *Kunisch*, Friedrich der Große, bes. S. 201f., S. 217.

Österreichischen Erbfolgekrieg konzentrieren.[11] Die Wiedergewinnung Schlesiens blieb gleichwohl das Ziel Maria Theresias; entsprechend fürchtete Friedrich II. um seinen schlesischen Territorialgewinn, als eine Koalition aus österreichischen, sächsischen, englischen und niederländischen Kontingenten 1743 und 1744 wichtige militärische Erfolge im Österreichischen Erbfolgekrieg erzielte. Er eröffnete im Juni 1744 den Zweiten Schlesischen Krieg, um über eine Unterstützung der bayerischen Truppen in Böhmen Schlesien präventiv zu sichern.

Überraschend verstarb am 20. Januar 1745 der wittelsbachische Kaiser Karl VII. Albrecht (1697–1745), der 1742 von der Mehrheit der Kurfürsten gegen Maria Theresias Ehemann Franz Stephan zum Reichsoberhaupt gewählt worden war. Unter dem Eindruck einer erfolgreichen österreichischen Militäroffensive in Bayern folgte der Austritt des jungen bayerischen Kurfürsten Maximilian III. Joseph aus der antiösterreichischen Koalition, der nach von österreichischer Seite unnachgiebig geführten Verhandlungen durch den Präliminarfrieden von Füssen am 22. April 1745 besiegelt wurde. Maximilian III. Joseph sollte die teilweise von österreichischen Truppen besetzten bayerischen Kurlande auf dem territorialen Stand von 1741 zurückerhalten und verzichtete auf jegliche Ansprüche auf das habsburgische Erbe sowie auf die böhmische Kurwürde. Für die Wahl Franz Stephans von Lothringen (1708–1765) zum Kaiser sicherte er die bayerische Kurstimme zu und versprach seinen Einsatz für entsprechende Voten der beiden anderen wittelsbachischen Kurfürsten (des Erzbischofs von Köln und des Pfalzgrafen bei Rhein). Ein Geheimartikel sicherte dem finanziell völlig desolaten Kurfürstentum Bayern 400.000 Gulden zu.[12] Mit seinem Ausscheren aus der Koalition gegen Maria Theresia zog der bayerische Kurfürst zeitgenössisch viel Kritik seiner bisherigen Bundesgenossen auf sich; die neuere Forschung beurteilt sein Verhalten heute als weniger überstürzt, da er die sich verbessernde Lage der Koalition an den übrigen Fronten des Krieges zur Zeit der Verhandlungen nicht habe absehen können.[13] Der Kurfürst hoffte selbst, die vom österreichischen Gesandten weitgehend diktierten Bedingungen in einem Definitivfrieden (d. h. in einem endgültigen Friedensvertrag) zumindest teilweise revidieren zu können, tat aber wenig für eine weitere Entspannung der Beziehung zu Wien – ebenso wenig wie die Gegenseite. Die Bedingungen des Präliminarfriedens hatten daher weiter Bestand und wurden von bayerischer wie österreichischer Seite schließlich ratifiziert.[14] Faktisch war damit das Kurfürstentum Bayern bis zur Zeit der Koalitionskriege gegen Napoleon (1769–1821) als selbständiger Akteur von der europäischen politischen Bühne abgetreten.

---

11 Vgl. Friede von Berlin, 28.07.1742, in: Clive Parry (Hg.), The Consolidated Treaty Series (in Folge: CTS), Bd. 36, Dobbs Ferry, N.Y. 1969, S. 499–503.
12 Vgl. Friede von Füssen, 22.04.1745, in: CTS, Bd. 37, S. 333–347.
13 Vgl. hierzu *Alois Schmid*, Max III. Joseph und die europäischen Mächte. Die Außenpolitik des Kurfürstentums Bayern von 1745–1765, München 1987, S. 99f., S. 103f.
14 Vgl. ebd., bes. S. 103–117.

Maria Theresia verschaffte dieser Friede nur vorübergehend Entlastung. Entschieden wurde der Zweite Schlesische Krieg im Dezember 1745 durch den Sieg preußischer Truppen über sächsische und österreichische Einheiten bei Kesselsdorf (bei Dresden). Im Friedensvertrag von Dresden, dem wiederum preußisch-englische Verhandlungen zu einem künftigen Frieden vorangegangen waren (Konvention von Hannover, 26. August 1745), musste am 25. Dezember 1745 der österreichische Gesandte Ferdinand Graf von Harrach (1708–1778) erneut den preußischen Besitz Schlesiens bestätigen. Gegenseitig garantierten sich Preußen und Österreich ihre Territorien; zudem erkannte Friedrich II. Maria Theresias Ehemann, Franz I. Stephan, als Kaiser des Heiligen Römischen Reiches an.[15]

Maria Theresia befand sich als europäische Herrscherin angesichts des fortwährenden Österreichischen Erbfolgekriegs nach wie vor in einer prekären Situation. Die Anerkennung ihrer Position als legitime Erbin Karls VI. durch andere Herrscher auch in verschiedenen Spielarten des herrscherlichen Zeremoniells, wozu auch die Praktiken der Vertragsgestaltung gehörten, hatte für sie daher ein enormes Gewicht. Im Wissen um den zeitgenössischen Signalcharakter der verwendeten Herrschertitulaturen ließ die Habsburgerin in diesem Dresdner Friedensvertrag, der als *solennes* Dokument einen ‚feierlichen' und durch den zeitgenössischen Zwang zur Publikation zudem einen öffentlichen Charakter hatte, zumindest ihren neuen Titel, den einer Kaiserin, den sie als Gemahlin Franz Stephans führte, demonstrativ dokumentieren. Gleichwohl war ihre höchste, mit persönlichen Herrschaftskompetenzen verbundene Würde ‚nur' die einer Königin von Ungarn und Böhmen. Auch das besondere, wenn auch zeitgenössisch nicht unumstrittene kaiserliche Vorrecht, stets als erster der Vertragspartner im Vertragsdokument erwähnt zu werden, wurde ihr vom preußischen Gesandten Otto Christoph von Podewils (1719–1781) zugestanden. Damit knüpfte die Habsburgerin an kaiserliche Usancen der Gestaltung völkerrechtlicher Verträge an, die für ihre Position als kaiserliche Gemahlin nicht selbstverständlich gebraucht werden konnten. Recht offensichtlich war es ihr darum zu tun, auch auf der Ebene des Vertragszeremoniells[16] – und damit in einem völkerrechtlich wirksamen Dokument – die Kontinuität der habsburgischen Machtstellung zu betonen.[17]

Bemerkenswert im Kontext der Friedensschlüsse des Ersten und Zweiten Schlesischen Krieges ist der diplomatische Einsatz von Garantieerklärungen für den Präliminiarfrieden von Breslau sowie die Friedensschlüsse von Berlin und Dresden. Friedrich II. versuchte auf diese Weise, die ohne Einbeziehung seiner Verbündeten zustande gekommenen bilateralen Separatfrieden mit Österreich durch die Einholung von Garantien anderer Mächte abzusichern und aufzuwerten. Die Akzeptanz seiner

---

15 Vgl. Vertrag von Dresden, 25.12.1745, in: CTS, Bd. 37, S. 431–439.
16 Vgl. hierzu auch Kapitel 31.
17 Vgl. hierzu *Dauser*, Ehren-Namen, S. 267f. Zu den Vertragsformulierungen im Detail siehe den Vertrag von Dresden, 25.12.1745, in: CTS, Bd. 37, S. 431 (Präambel, Titulatur).

schlesischen Erwerbung bei verschiedenen europäischen Mächten sollte damit erhöht und den – nicht zu Unrecht vermuteten – Revisionsabsichten Maria Theresias vorgebaut werden. Die Habsburgerin wertete Garantien umgekehrt als Gradmesser für die Entschlossenheit anderer Mächte, über die Friedensbestimmungen im Interesse Österreichs zu wachen. Friedrich war insbesondere an für ihn besonders wertvollen Garantieerklärungen der Unterstützer Österreichs – namentlich Englands, Russlands und diverser Reichsstände – interessiert. Insbesondere auf englischer Seite stieß der Preußenkönig hier auf Entgegenkommen, da dieses Ansinnen von London als Baustein zu einer Integration Friedrichs in eine antifranzösische Koalition und als Druckmittel gegenüber Maria Theresia zur Einhaltung des Friedens gewertet wurde.[18] Zugleich belegt das intensive Ringen um Garantieerklärungen, wie hoch der Wert von Friedensverträgen eingeschätzt wurde, die unter breiter Beteiligung oder zumindest nachträglicher Einbeziehung europäischer Mächte zustande gekommen waren.

3. Friedenskongress und Friede von Aachen 1747/48

Seit 1745 zeichnete sich der Ausgang des Österreichischen Erbfolgekrieges ab; weder Frankreich, noch England, Spanien oder die Niederlande sahen in der Fortführung des Krieges – ganz abgesehen von den immensen Kriegskosten – noch wesentliche Vorteile für ihre eigenen Interessen, weder auf dem europäischen Schauplatz noch in den nordamerikanischen und indischen Kolonien, in denen sich Frankreich und England zusätzlich gegenüberstanden. Österreich sah sich angesichts der militärischen Lage, die man in Wien insbesondere auf mangelndes Engagement der Alliierten zurückführte, zum Friedensschluss im Rahmen eines großen Kongresses genötigt, hoffte aber angesichts der wiederholten Enttäuschungen im Verhältnis zu den Koalitionspartnern England und den Niederlanden auf den Abschluss eines Separatfriedens mit Frankreich. Eine (erneute) Garantie der von England durchgesetzten österreichischen Gebietsabtretungen an Preußen und Sardinien in Italien sollte durch die vorherige Einigung mit Frankreich unterbunden werden.[19] Maria Theresias Gesandter Wenzel Anton Graf Kaunitz traf mit diesem Auftrag im Herbst 1747 in Aachen ein, in der Erwar-

---

18 Vgl. hierzu *Hans-Wolfgang Bergerhausen*, Nur ein Stück Papier? Die Garantieerklärungen für die österreichisch-preußischen Friedensverträge von 1742 und 1745, in: Helmut Neuhaus (Hg.), Menschen und Strukturen in der Geschichte Alteuropas. Festschrift für Johannes Kunisch zur Vollendung seines 65. Lebensjahres, dargebracht von Schülern, Freunden und Kollegen, Berlin 2002, S. 267–278.
19 Vgl. zur Ausgangslage der Verhandlungen Kaunitz' in Aachen: *Lothar Schilling*, Kaunitz und das Renversement des alliances. Studien zur mächtepolitischen Konzeption Wenzel Antons von Kaunitz, Berlin 1994, bes. S. 122–128. Zu den befürchteten Gebietsabtretungen und den Verhandlungsstrategien vgl. zusammenfassend *Michael Hochedlinger*, Austria's Wars of Emergence. War, State and Society in the Habsburg Monarchy, 1683–1797, London 2003, S. 255, sowie *Matthew Smith Anderson*, The War of the Austrian Succession, 1740–1748, London/New York 1995, S. 201f.

tung, Frankreichs Hauptinteresse sei der Ausgleich mit Österreich. Aus österreichischer Sicht war dieser Kongress freilich von Beginn an von einer feindlichen Atmosphäre geprägt. Abzulesen war dies aus der Wiener Perspektive nicht zuletzt daran, dass Maria Theresias Praxis, ihren Kaiserinnentitel – wie im Friedensvertrag von Dresden – offensiv zu verwenden und kaiserliche Prärogative im Verhandlungs- und Vertragszeremoniell für sich einzufordern, zunächst nicht einmal bei den eigenen Bündnispartnern, geschweige denn bei der gegnerischen Koalition Akzeptanz fand.[20]

Der Kongress in Aachen ging auf einen Vorschlag des französischen Königs zurück; der Schauplatz verdankte sich wohl der Nähe zum Kriegsschauplatz in den französisch besetzten Österreichischen Niederlanden, der Neutralität der Reichsstadt Aachen[21] und wohl nicht zuletzt auch der entwickelten Infrastruktur als beliebter Kurort gekrönter europäischer Häupter.[22] Für das Kongressreglement konnte Aachen auf die Erfahrungen aus diversen vorangehenden Friedenskongressen zurückgreifen, und so wurden bewährte Regelungen älterer Kongressreglements in die entsprechenden Regularien aufgenommen. Die dokumentierten Anpassungen der Räumlichkeiten des Rathauses als Verhandlungslokal sind ein sprechender Beleg für die nach wie vor bedeutsamen zeremoniellen Erfordernisse der Verhandlungen, bei denen zum Beispiel durch gleichzeitiges Auftreten der Verhandlungspartner oder einen runden, keine Hierarchie zulassenden Verhandlungstisch Unterredungen ‚auf Augenhöhe' suggeriert werden sollten.[23]

Die umfangreichen Vorsondierungen für den Friedensschluss, die England und Frankreich ohne Beteiligung bzw. Konsultation der jeweiligen Alliierten schon im Oktober 1746 durch Verhandlungen in Breda intensiviert hatten, zeigen nicht nur, dass – ein weiteres Mal – über Separat- bzw. Vorverhandlungen versucht werden sollte, die gegnerische Koalition auseinanderzudividieren. Sie sind auch ein beredtes Zeichen für die Kräfteverhältnisse innerhalb der Koalitionen und für die unterschiedlichen Interessenlagen – Englands, Österreichs, der Niederlande und Sardiniens einerseits, Frankreichs und Spaniens andererseits. Am Kongressort Aachen setzte sich diese Tendenz unter dem Eindruck leerer Kassen und wachsenden innenpolitischen Drucks fort: Die Verhandlungen zu einem Präliminarfriedensvertrag wurden faktisch im Ge-

---

20 Vgl. *Dauser*, Ehren-Namen, S. 270–272.
21 Das Heilige Römische Reich war am Österreichischen Erbfolgekrieg nicht in Form eines Reichskriegs beteiligt, lediglich einzelne Reichsstände waren militärisch beteiligt.
22 Aachen galt als europäische Kurstadt ersten Ranges und war entsprechend mit Kapazitäten zur Beherbergung ausgestattet, vgl. *Thomas R. Kraus*, Aachen und der Aachener Friede 1748, in: Heinz Duchhardt (Hg.), Städte und Friedenskongresse, Köln u. a. 1999, S. 117–133, hier S. 118f.
23 Zu Erarbeitung und Vergleich der Kongressreglements im Allgemeinen und in Aachen im Besonderen, wo man sich vor allem am Kongress von Soissons 1728 orientierte, vgl. *Lothar Schilling*, Zur rechtlichen Situation frühneuzeitlicher Kongreßstädte, in: Duchhardt (Hg.), Städte und Friedenskongresse, S. 83–107. Über die baulichen Veränderungen des Aachener Rathauses – insbesondere den Einbau von fünf Türen für die Vertreter der fünf gekrönten Häupter in die Wände des Konferenzzimmers, die ein gleichzeitiges Eintreten der Gesandten ermöglichten: Kraus, Aachen, S. 125.

heimen weitgehend von Frankreich und England geführt; letzteres bewertete insbesondere die österreichische Position als zu unnachgiebig und betrachtete die Stabilisierung seiner Dominanz zur See als vorrangig – an den eigenen Alliierten vorbei, die vor vollendete Tatsachen gestellt wurden. Auch Kaunitz blieb letztlich nur, unter Protest dem erzielten Präliminarfrieden beizutreten. Die österreichische Separatfriedensstrategie war damit ebenso durchkreuzt wie die Hoffnung, die Gebietsabtretungen an Sardinien und Preußen nicht explizit im Vorvertrag erscheinen zu lassen.[24] Frankreich war zu sehr auf einen allgemeinen Frieden und die Behauptung von Seehandelsinteressen auf dem nordamerikanischen Schauplatz interessiert, als dass der französische Delegationsleiter in Aachen, Alphonse-Marie-Louis Comte de Saint-Séverin (1705–1757), von der Erstrangigkeit einer Verständigung mit England als der dominierenden Macht der Gegenkoalition hätte abweichen wollen.[25]

Der Definitivfrieden vom 18. Oktober 1748 änderte an diesem Vorergebnis nicht mehr viel. Im Großen und Ganzen eine Rückkehr zum *Status quo ante*, nahm er zwar die bereits im Präliminarfrieden formulierte Garantie der Pragmatischen Sanktion und die Anerkennung des Kaisertums Franz' I. Stephan auf, bekräftigte jedoch auch den österreichischen Verlust Schlesiens und diverser, strategisch zum Teil bedeutsamer italienischer Besitzungen an Sardinien und Spanien. Die territorialen Verschiebungen in den Kolonien blieben marginal, England dominierte den maritimen Schauplatz.[26] Nicht nur Maria Theresia und Kaunitz, die sich ein weiteres Mal von England getäuscht und übergangen fühlten, waren höchst unzufrieden. Auch der sardische König wie der spanische König sahen sich in ihren Erwartungen enttäuscht und traten ebenso wie Maria Theresia dem Vertragswerk nur bei, anstatt ihre Unterhändler die Unterschrift unter dieses Dokument setzen zu lassen – ein deutliches Signal, dass sie sich der englisch-französischen Dominanz nur widerwillig beugten.[27]

Nach wie vor waren Kongressverhandlungen auch ein Ort der Austragung von Rangkonflikten.[28] Indirekt war – wie auch durch die Frage der Garantie der Abtretung Schlesiens – Friedrich II. hier mit angesprochen, wiewohl er nicht an den Aachener Verhandlungen beteiligt war. Doch sein Anspruch auf den Status als neue europäische Großmacht forcierte die Positionsbestimmung der in Aachen versammelten

---

24 Vgl. *Schilling*, Kaunitz, S. 129; Präliminarvertrag von Aachen, 30.04.1748, in: CTS, Bd. 38, S. 239–246; Protest und Beitritt Maria Theresias, 04.05.1748 und 23.05.1748, in: CTS, Bd. 38, S. 250–253.
25 Vgl. *Schilling*, Kaunitz, S. 129; *Anderson*, Austrian Succession, S. 202f.
26 Vgl. dazu den Überblick bei *Duchhardt*, Balance of Power, S. 312f.
27 Vgl. Akzessionsakten zum Frieden von Aachen, in: CTS, Bd. 38, S. 348ff. (Spanien: 20.10.1748, Österreich: 23.10.1748, Sardinien: 07.11.1748). Die Beurteilung des Beitritts Österreichs bei *Schilling*, Kaunitz, S. 143 (dort bes. Anm. 606). Die Aachener Verhandlungspartner legten Maria Theresia diesen Schritt geradezu nahe, vgl. Korrespondenz der Kaiserin mit ihrem Gesandten Kaunitz: Haus-, Hof- und Staatsarchiv Wien (HHStA) Staatskanzlei, Friedensakten 59 XLV, fol. 38–48', hier fol. 41, Kaunitz an Maria Theresia, 23.09.1748. Zu den enttäuschten Erwartungen Spaniens und Savoyen-Sardiniens vgl. *Reed Browning*, The War of the Austrian Succession, New York 1993, S. 361f.
28 Vgl. hierzu auch Kapitel 22, 23, 26 und 31.

Mächte, insbesondere derer, die von akutem Machtverlust bedroht waren. Maria Theresia achtete genau darauf, dass sie wiederum den Kaiserinnentitel mit gemäßigten Zugeständnissen Frankreichs in den Friedensvertrag mit aufnehmen lassen konnte, wenn auch unter Verzicht auf die kaiserliche Erstnennung.[29] Frankreichs Unterhändler spielten geradezu mit den unterschiedlichen Würden Maria Theresias – der besonderen Würde des Kaisertums, allerdings ohne kaiserliche Machtbefugnisse einerseits und der nach traditioneller Rangvorstellung in der Hierarchie der Mächte auf hintere Plätze weisenden, aber mit realen Herrscherkompetenzen verbundenen Königswürde über Ungarn und Böhmen andererseits. Der erlangte Kompromiss schien der Kaiserin-Königin, wie sie sich auch bis auf eine Ausnahme im Vertragstext betiteln lassen konnte (im Vertragstext: „Impératrice-Reine"), für sich wie auch für ihren kaiserlichen Gemahl Franz I. Stephan nach der Lage der Machtverhältnisse in Aachen akzeptabel.[30]

Im Hinblick auf die Praxis der Umsetzung der Friedensbestimmungen wird in der Forschungsliteratur besonders auf die gemischten Kommissionen englischer und französischer Beauftragter hingewiesen, die die Implementierung der vertraglichen Vereinbarungen überwachen sollten. Der Einsatz derartiger Kommissionen war vergleichsweise neu, um größere Sicherheit bei der Einhaltung der Vertragsbestimmungen zu erhalten. Bereits länger etabliert war die bereits genannte Praxis der Vertragsgarantien durch dritte Mächte; kurioserweise lebte im Aachener Vertrag aber auch noch das ältere Verfahren der Stellung von Geiseln für Vereinbarungen zwischen England und Frankreich fort, das im Laufe des 17. Jahrhunderts immer weniger praktiziert worden war.[31]

---

[29] Stattdessen wurde eine alternierende Nennung der Vertragspartner umgesetzt, d. h. bei der wiederholten Nennung der Vertragspartner wurde jeder vertragsschließenden Macht einmal die Nennung an erster Stelle zugestanden, was nach damaligem Verständnis Gleichrangigkeit suggerierte.
[30] Vgl. hierzu *Dauser*, Ehren-Namen, S. 279–285.
[31] Vgl. Friede von Aachen, 18.10.1748, in: CTS, Bd. 38, Art. IX, S. 316f.; zur Einordnung vgl. *Heinz Duchhardt*, Peace Treaties from Westphalia to the Revolutionary Era, in: Randall Lesaffer (Hg.), Peace Treaties and International Law in European History. From the Late Middle Ages to World War One, Cambridge 2004, S. 45–58, hier S. 48f. Zur Stellung von Kommissionen am Beispiel des Aachener Friedens: *Armin Reese*, Den Krieg verschieben – verkürzen – ersetzen? Die französisch-englischen ‚gemeinsamen Kommissionen' vor dem Siebenjährigen Krieg, in: Heinz Duchhardt (Hg.), Zwischenstaatliche Friedenswahrung in Mittelalter und früher Neuzeit, Köln/Wien 1991, S. 245–260; vgl. hierzu auch Kapitel 18.

4. Die Friedensschlüsse von Hubertusburg und Paris 1763

Insbesondere für Österreich war das Ende des Erbfolgekrieges nur der Beginn neuer Kriegsvorbereitungen – weder wollte Maria Theresia Schlesien verloren geben, noch erschien der Aufstieg Preußens zu einer europäischen Großmacht, die dem Haus Habsburg-Lothringen auch die Dominanz im Heiligen Römischen Reich streitig machte, in irgendeiner Weise akzeptabel. Allerdings sollte nicht übersehen werden, dass es nicht nur diese Gründe waren, die in Europa 1756 zum Ausbruch des Siebenjährigen Krieges führten. Bündnissondierungen gingen jahrelang beileibe nicht nur von Österreich aus, das sich zur Eindämmung Preußens und zur Verfolgung expansionistischer Ziele in Ostpreußen sowohl mit Russland unter Elisabeth I. (1709–1762) als auch mit Frankreich im Aufsehen erregenden Bündnisvertrag von Paris im Jahr 1756 zusammenschloss.

Dass sich Frankreich und England wiederum auf die Beteiligung an der österreichisch-preußischen Auseinandersetzung einließen, wird vor dem Hintergrund des sich weiter zuspitzenden Konflikts zwischen den beiden Mächten um die Dominanz als Kolonial- und See(handels)macht verständlich. Nicht zufällig ereigneten sich die ersten Kampfhandlungen des Siebenjährigen Krieges in Nordamerika, im Ohiotal, das Frankreich wie England jeweils für sich beanspruchten. Für Frankreich wurde die Koalition mit Österreich attraktiv, um sich von Maria Theresia Teile der Österreichischen Niederlande versprechen zu lassen und um englische Truppen auf dem Kontinent zu binden, während umgekehrt preußische Truppen nun für Georg II. (1683–1760), der mit Friedrich II. 1756 noch vor dem österreichisch-französischen Vertrag von Paris ein Bündnis geschlossen hatte, Frankreich auf dem Kontinent beschäftigt halten und das Kurfürstentum Hannover, das bereits 1757 von französischen Truppen besetzt wurde, vor Übergriffen schützen sollten. Dieses *renversement des alliances* setzte bisherigen Gewissheiten der Konfliktlinien zwischen den großen europäischen Mächten ein Ende.[32]

Der sowohl im Heiligen Römischen Reich als auch in Nordamerika und der Karibik, in Indien und am afrikanischen Senegal-Fluss ausgefochtene Krieg endete ohne große Konferenz. Diese war zwar auf Initiative der österreichisch-französischen Koalition 1761 für Augsburg geplant worden und es hatten auch Vorgespräche stattgefunden, doch war sie in der Hoffnung auf die Erlangung günstigerer Verhandlungspositionen verzögert und schließlich durch den (kurzzeitigen) Kriegseintritt Russlands auf preußischer Seite unter Peter III. (1728–1762) überholt worden.[33] Mit Billigung

---

32 Hierzu *Schilling*, Kaunitz.
33 Zu den Konferenz-Sondierungen 1761/62 aus Kaunitz' Sicht vgl. ebd., S. 281–285; vgl. auch *Schmid*, Max III. Joseph, S. 449–454, insbesondere zu bayerischen Hoffnungen, im Rahmen eines Kongresses die Friedensbedingungen von Füssen revidieren und auch eine Klärung der bayerischen Erbfrage im

Österreichs strengten schließlich England und Frankreich separate Verhandlungen an, die im November 1762 in den Präliminarfrieden von Fontainebleau (3. November 1762) mündeten. Sieben Friedensverträge zwischen den beteiligten Parteien besiegelten schließlich das Ende der Kampfhandlungen des Siebenjährigen Krieges.[34] Größere Bekanntheit haben davon nur die beiden Friedensverträge von Hubertusburg vom 15. Februar 1763 (zwischen Österreich und Preußen, Preußen und Sachsen) sowie der Frieden von Paris vom 10. Februar 1763 (zwischen England, Frankreich, Spanien und Portugal) erlangt. Den Friedensregelungen zwischen den Haupt-Kombattanten soll daher auch hier die vorrangige Aufmerksamkeit gelten. Dass an den beiden Orten weitgehend unabhängig voneinander verhandelt wurde, war ein Novum bei der Beendigung eines europäischen Großkonflikts im 17. und 18. Jahrhundert.[35]

Im Hinblick auf das Verhältnis zwischen Österreich und Preußen stellte der Hubertusburger Friede – wie schon der Friede von Aachen – eine Rückkehr zum *Status quo ante* dar. Kaunitz und Maria Theresia waren mit dem Ziel, Preußen auf den Status einer nachrangigen Macht zurückzuführen, gescheitert. Eingeleitet durch sächsische Initiativen, wurde im November 1762 ein Waffenstillstand beschlossen; Ende Dezember begannen die Verhandlungen im sächsischen Schloss Hubertusburg (zwischen Leipzig und Dresden). Russland war zwar an den Verhandlungen nicht direkt beteiligt, übte jedoch im Interesse einer Stabilisierung des österreichisch-preußischen Kräfteverhältnisses im Vorfeld erheblichen Einfluss insbesondere auf Preußen aus und behauptete sich in der Rolle der Vormacht in Osteuropa. So war auch das Kurfürstentum Sachsen, das Friedrich zu Beginn des Krieges – durchaus in expansionistischer Absicht – gegen das Reichsrecht besetzt hatte und das nun bei den Friedensverhandlungen zwischen Friedrich und Maria Theresia vermittelte, auf russischen Druck hin vor den Verhandlungen geräumt worden. Russland sollte fortan zum von Österreich wie Preußen gleichermaßen begehrten außenpolitischen Partner werden. Dem König von Preußen wurde ein weiteres Mal der Besitz Schlesiens sowie der Grafschaft Glatz bestätigt, faktisch auch seine Position als europäische Großmacht. Damit festigte Friedrich II. seine Position als Konkurrent des Hauses Habsburg-Lothringen im Reich, wiewohl er seine Stimme als Kurfürst von Brandenburg für die Wahl Josephs II.

---

wittelsbachischen Sinne herbeiführen zu können. Vgl. dazu unten die Ausführungen zum Bayerischen Erbfolgekrieg.

34 1762 wurde der Friede zwischen Preußen und Russland geschlossen, bedingt durch den Tod der Zarin Elisabeth und der Neuorientierung der russischen Politik unter Zar Peter III.; ebenfalls 1762 schloss Preußen mit Schweden und Mecklenburg-Schwerin Frieden. Neutralitätskonventionen beendeten zwischen November 1762 und Januar 1763 den Krieg Preußens mit diversen Reichsständen; am 11.02.1763 gab der Regensburger Reichstag eine Neutralitätserklärung ab, wodurch faktisch der 1757 erklärte Reichskrieg gegen Preußen beendet wurde. Vgl. den instruktiven Überblick bei *Hans-Jürgen Arendt*, Welthistorische Folgen der Friedensverträge von Paris und Hubertusburg 1763, in: Susanne Hahn (Hg.), Friedensverantwortung und Friedenssicherung im 21. Jahrhundert. Protokollband: 2. Hubertusburger Friedensgespräche, 19.–21. September 2008, Leipzig 2009, S. 22–38.

35 Zu den Verhandlungsergebnissen im Überblick *Füssel*, Siebenjährige Krieg, S. 85–90.

zum Römischen König und damit zum designierten Nachfolger Franz' I. Stephan zusicherte. Die Gräben zwischen den ‚österreichisch' und ‚fritzisch' gesinnten Reichsständen, die sich seit 1740 aufgetan hatten, sollten sich in den folgenden Jahrzehnten des Dualismus zwischen Österreich und Preußen noch weiter vertiefen; Preußen baute seine Rolle als „politische Alternative und eine Art Kristallisationskern"[36] in den Folgejahren weiter aus, als eine Art ‚Gegenkaiser', wie dies Maria Theresia schon 1747 befürchtet hatte.[37] Weitere Reichsstände außer Sachsen waren ungeachtet des 1757 gegen Brandenburg-Preußen erklärten Reichskriegs an den Verhandlungen von Hubertusburg nicht beteiligt gewesen; nach den Neutralitätsabkommen zwischen den Reichsständen und Preußen 1762/63 kam es also zu keinen ‚eigentlichen' Reichsfriedensverhandlungen, doch wurde das Reich in den Frieden eingeschlossen – und hatte das Ziel der Wiederherstellung des Reichsrechts durch die Restitution der territorialen Integrität Sachsens durchaus erreicht.[38]

Im Frieden von Paris, der auf den Präliminarfrieden von Fontainebleau folgte, wurde über den Besitz gewaltiger Landmassen entschieden. Frankreich verlor den größten Teil seines Kolonialbesitzes in Amerika, nahezu die gesamte *Nouvelle France*, die Gebiete östlich des Mississippi sowie Cap Breton an England. Über dort siedelnde Indianerstämme, die nicht selten intensiv an den Kriegshandlungen beteiligt gewesen waren, wurde hinweggegangen; sie wurden als völkerrechtlich relevante Partner nicht akzeptiert.[39] Überdies erhielt England die Westindischen Inseln Grenada, Dominica, St. Vincent und Tobago sowie den Senegal in Afrika. Auch in Ostindien blieben Frankreich lediglich noch fünf Handelsniederlassungen erhalten. Spanien, das 1761 auf Frankreichs Seite in den Krieg eingetreten war, verlor Florida an England, erhielt jedoch von Frankreich Louisiana westlich des Mississippi. Englische Handelsinteressen nahmen in den Verhandlungen breiten Raum ein; so beeinflussten Vertreter des englischen Überseehandels, allen voran die *East India Company*, die Verhandlungsposition der englischen Regierung erheblich. Portugal, wiewohl nicht direkt an den Verhandlungen beteiligt, konnte mit englischer Hilfe seine Unabhängigkeit von Spanien behaupten, das Territorien des Nachbarn auf der iberischen Halbinsel im Krieg besetzt hatte. Diese Neuordnung der kolonialen Welt wurde von der französischen Öffentlichkeit weithin als Demütigung empfunden; Ludwig XV. (1710–1774) dagegen

---

36 *Duchhardt*, Balance of Power, S. 363.
37 Vgl. HHStA Staatskanzlei Friedensakten 54 X: Instruktion Maria Theresias für Kaunitz, 29.12.1747 (unfol.).
38 Zur kontroversen Diskussion um den Charakter des Reichskriegs und die Einbindung der Reichsstände: *Johannes Burkhardt*, Vollendung und Neuorientierung des frühmodernen Reiches 1648–1763, Stuttgart 2006, bes. S. 405–417, S. 438f.; ähnlich schon *Karl Otmar Freiherr von Aretin*, Das Alte Reich. Bd. 3: Das Reich und der österreichisch-preußische Dualismus, 1745–1806, Stuttgart 1997, S. 107. So nun auch wieder *Joachim Whaley*, Germany and the Holy Roman Empire, Bd. 2, Oxford 2012, S. 361f.
39 Vgl. im Überblick *Arendt*, Friedensverträge von Paris und Hubertusburg; vgl. hierzu auch Kapitel 21.

gab an, mit diesem durchaus nicht glanzvollen Frieden habe man noch Schlimmeres von Frankreich abwenden können.[40] Wiewohl England sich auf dem ersten Höhepunkt der Machtentfaltung des *British Empire* sah, gab es auch auf den britischen Inseln Stimmen, welche die erreichten Gewinne als noch nicht zufriedenstellend ansahen.[41]

Frankreich hatte seine Flotte zu erheblichen Teilen verloren, der Staatshaushalt war durch die immensen Kriegskosten völlig zerrüttet. Dies hatte nicht nur auf dem kolonialen Schauplatz, der für Frankreich zweifellos den größeren Stellenwert in diesem Krieg gehabt hatte, sondern auch für seine Position in Europa erhebliche Konsequenzen. Frankreich übte, wiewohl weiterhin eine Großmacht, von der Beteiligung an der Beendigung des Bayerischen Erbfolgekrieges vielleicht einmal abgesehen, im Heiligen Römischen Reich keinen entscheidenden Einfluss mehr aus, ebenso schwanden seine bis dahin durchaus erheblichen Einwirkungsmöglichkeiten in Osteuropa, insbesondere in Polen.[42] Das französisch-österreichische Bündnis jedoch, ursprünglich nur als temporäre Lösung von Kaunitz angestrebt, blieb in den Folgejahren – im Gegensatz zur preußisch-englischen Verbindung – stabil; beide Seiten versicherten einander nach Abschluss des Hubertusburger Friedens weitere Unterstützung.[43]

5. Der Friede von Teschen 1779

Der Bayerische Erbfolgekrieg, der durch den Frieden von Teschen 1779 beendet wurde, mag angesichts der beteiligten Kriegsparteien und der damit zusammenhängenden Art des Friedenschließens im österreichischen Teschen auf den ersten Blick etwas kurios wirken: Der nach dem Tod Maximilians III. Josephs auf Grundlage eines wittelsbachischen Hausvertrags regierende bayerische Kurfürst, Karl Theodor (1724–1799), Herr über die Kurpfalz, Jülich-Berg und Kurbayern, war weder an den Kampfhandlungen noch am Friedensschluss beteiligt; vom Konfliktanlass her reiht sich dieser Erbfolgekrieg jedoch nahtlos in die österreichisch-preußischen Auseinandersetzungen ein, die in Europa als Gefahr der Verschiebung mächtepolitischer Gewichte wahrgenommen wurden.

Unter quasi umgekehrten Vorzeichen war es nun die österreichische Außenpolitik, geführt von Joseph II., seit 1765 sowohl Kaiser des Heiligen Römischen Reiches als

---

40 Vgl. hierzu wie auch zu den Friedensbestimmungen im Einzelnen *Edmond Dziembowski*, La Guerre de Sept Ans, Paris 2015, S. 520f.
41 Vgl. *Baugh*, Seven Years War, bes. S. 609–620.
42 Vgl. auch die Bewertung bei *Dziembowski*, Guerre de Sept Ans, S. 522: „Le temps de la prépondérance française incontestée appartient désormais au passé".
43 Vgl. zum Ziel der Verstetigung *Schilling*, Kaunitz, S. 289f.; vgl. ferner *Sven Externbrink*, Friedrich der Große, Maria Theresia und das Alte Reich. Deutschlandbild und Entscheidungsprozesse in der Außenpolitik Frankreichs im Siebenjährigen Krieg, Berlin 2006, S. 306f.

auch Mitregent Maria Theresias für das habsburgische Erbe, die als Gefährdung der gegenwärtigen Machtverhältnisse in Europa galt. Josephs II. Aspirationen folgten sowohl Erwägungen der Kompensation des Verlusts Schlesiens als auch geostrategischen wie ökonomischen Überlegungen zur Gewinnung eines weitgehend geschlossenen Territoriums. Das Kurfürstentum Bayern sollte nach dem Tod des kinderlosen Kurfürsten Maximilian III. Joseph am 30. Dezember 1777 teils auf der Basis von unsicheren Erbansprüchen, teils unter Einsatz der Österreichischen Niederlande im Rahmen eines geplanten Ländertauschs mit Kurfürst Karl Theodor an Österreich gelangen. Umgehend wurden weite Teile Niederbayerns im Januar 1778 auf Basis einer vertraglichen Regelung mit Karl Theodor besetzt. Dass Friedrich II. eine erhebliche habsburgische Machtvergrößerung, welche die preußischen Erfolge der vergangenen rund 30 Jahre wieder in Frage gestellt hätte, unter keinen Umständen dulden würde, war absehbar. In Kursachsen, das ebenfalls Ansprüche auf bayerische Gebiete anmeldete, fand Friedrich einen Bündnispartner.

Seit der Kriegserklärung Preußens am 3. Juli 1778 erfolgten über Wochen hinweg kaum konkrete Kampfhandlungen. Dennoch bot Maria Theresia, die eigentlich ihrem Sohn die Führung der Außenpolitik überlassen und sich klar gegen die Ausnutzung des bayerischen Erbfalls ausgesprochen hatte, keine vierzehn Tage nach Friedrichs Kriegserklärung dem Preußenkönig Verhandlungen durch ihren Gesandten Johann Amadeus Franz de Paula von Thugut (1736–1818) an, um eine Eskalation zu vermeiden – wenn auch zunächst noch ohne Erfolg. Dass Friedrichs Schachzug, im Namen des designierten Nachfolgers Karl Theodors, des wittelsbachischen Herzogs Karl August von Pfalz-Zweibrücken (1746–1795), die Verteidigung von dessen Erbrechten und des Reichslehensrechts auf seine Fahnen zu schreiben, die Politik Josephs II. in einem äußerst ungünstigen Licht erscheinen ließ, war auch der Kaiserinwitwe bewusst. Ihre deeskalierende Politik geschah nicht zuletzt unter dem Eindruck eines verbesserten Verhältnisses zwischen Friedrich II. und Zarin Katharina II. (1729–1796), die eine Ausdehnung des österreichischen Einflusses ablehnte. Wesentlichen Einfluss übte auch die demonstrative Zurückhaltung des österreichischen Bündnispartners Frankreich aus, das jeglichen Krieg auf dem europäischen Schauplatz zu vermeiden suchte, da es mit England in einem Konflikt zur See und überdies im Begriff stand, sich im Amerikanischen Unabhängigkeitskrieg (1775–1783) auf der Seite der englischen Kolonisten zu engagieren.[44] Letztlich war auch Friedrich II. kompromissbereit, zumal die preußi-

---

44 Vgl. *Barbara Stollberg-Rilinger*, Maria Theresia. Die Kaiserin in ihrer Zeit. Eine Biographie, München 2017, S. 745 f. Zu Prämissen und Zielsetzungen insgesamt immer noch *Volker Press*, Bayern am Scheideweg. Die Reichspolitik Kaiser Josephs II. und der Bayerische Erbfolgekrieg 1777–1779, in: Pankraz Fried/Walter Ziegler (Hg.), Festschrift für Andreas Kraus zum 60. Geburtstag, Kallmünz 1982, S. 277–307. Zu Maria Theresias Haltung zum Krieg als Mittel der Politik nun jüngst *Bettina Braun*, Krieg und Frieden im Denken Maria Theresias, in: Irene Dingel u. a. (Hg.), Theatrum Belli – Theatrum Pacis. Konflikte und Konfliktregelungen im frühneuzeitlichen Europa, Göttingen 2018, S. 179–190, bes. S. 188 f.

sche Armee, die in Mähren einmarschiert war und kurz vor Prag zum Stehen kam, von erheblichen organisatorischen bzw. versorgungstechnischen Problemen geplagt war. Angebote Russlands wie auch Frankreichs, bei Friedensverhandlungen als Vermittler zu fungieren, wurden von preußischer wie österreichischer Seite angenommen. Wenige Tage nach Erklärung eines Waffenstillstands am 7. März 1779 begannen in Teschen Verhandlungen, in denen die österreichische Verhandlungsposition von Beginn an eine denkbar schwache war, zumal sich Mutter und Sohn über die Friedensbedingungen nicht einig waren; Staatskanzler Kaunitz lavierte zwischen beiden Seiten.[45] Die Unterzeichnung des Vertrages durch den Vertreter Österreichs, Johann Philipp Graf Cobenzl (1741–1810), sowie Preußens, Johann Hermann Baron von Riedesel (1740–1784), erfolgte am 13. Mai. Kurfürst Karl Theodor und sein designierter Erbe Karl August von Pfalz-Zweibrücken wurden in den Vertrag eingeschlossen. Joseph II. als Kaiser sowie die Reichsstände wurden eingeladen, dem Vertrag beizutreten. Konventionen zwischen Österreich und Kurbayern sowie zwischen Kurbayern und Kursachsen (wegen der kursächsischen Ansprüche) ergänzten das Friedenswerk. Lediglich das Innviertel, ein überaus bescheidener territorialer Gewinn, ging an Österreich. Der Anspruch Preußens auf die fränkischen Markgrafentümer Ansbach und Bayreuth – ein altbekannter Verhandlungsgegenstand, der zwischen Friedrich und Joseph bereits unmittelbar vor der Eskalation des Konfliktes in Gestalt eines österreichischen Kompromissangebotes erfolglos diskutiert worden war –, wurden nun mit Autorisation durch einen völkerrechtlichen Vertrag unter Beteiligung der Großmächte Frankreich und Russland bestätigt. Damit war immerhin ein Konfliktherd, der wenige Jahre später hätte aufbrechen können, entschärft.[46] Bemerkenswert war die Rolle der Garantiemacht, in die nun nicht nur Frankreich schlüpfte, das diese Funktion schon für den Westfälischen Frieden[47] übernommen hatte, sondern nun auch Russland. Nicht zuletzt diese Garantieerklärungen wurden skeptisch aufgenommen; angesichts der Bestätigung des Westfälischen Friedens im Teschener Vertrag konnte man sie auch so interpretieren, dass Frankreich und nun auch Russland damit die Reichsverfassung, die der Westfälische Friede in Artikel VIII IPO erörterte, gewissermaßen unter ihren Schutz stellten. Zumindest zu Zarin Katharinas Ziel, ihren Einfluss im Reich auszudehnen, passte diese Lesart nur zu gut.[48]

---

45 Vgl. hierzu *Derek Beales*, Joseph II., Bd. 1: In the Shadow of Maria Theresa. 1741–1780, Cambridge 1987, S. 420.
46 Die Bestimmungen im Einzelnen: Friede von Teschen, 13.05.1779, in: CTS, Bd. 47, S. 155–196.
47 Vgl. hierzu auch Kapitel 46.
48 Vgl. zu dieser Interpretation insbesondere *Duchhardt*, Balance of Power, S. 389, mit Berufung auf Forschungen Karl Otmar Freiherr von Aretins. Zu Katharinas Politik im Hinblick auf das Reich vgl. ebd., sowie *Kunisch*, Friedrich der Große, S. 517. Vgl. auch *Whaley*, Germany, S. 404. Zur russischen Garantie detailliert: *Karl Härter*, Möglichkeiten und Grenzen der Reichspolitik Russlands als Garantiemacht des Teschener Friedens (1778–1803), in: Claus Scharf (Hg.), Katharina II., Russland und Europa, Göttingen 2001, S. 133–181. Freilich darf die Interpretation Derek Beales' (*Beales*, Joseph II, S. 421) als

Der Gesichtsverlust Kaiser Josephs durch diesen Friedensvertrag war eklatant. Nur zu offenbar war seine ohnehin umstrittene Stellung im Reich geworden, in dem sich nun Friedrich II. auch in den Folgejahren als Hüter der Verfassung inszenierte.[49] Der Reichstag war ein weiteres Mal bei der Beendigung des Friedens nicht in Erscheinung getreten. Eine stärkere Annäherung an Russland als Konsequenz der Erfahrungen des Bayerischen Erbfolgekrieges konnte Joseph allerdings erst nach dem Tod seiner Mutter im November 1780 in Angriff nehmen. Für Joseph selbst waren Tauschpläne mit Karl Theodor, um doch noch in den Besitz des bayerischen Kurfürstentums zu gelangen, noch nicht ad acta gelegt, doch sie scheiterten auch 1784/85 ein weiteres Mal – nicht nur am Widerstand des Erben Karl Theodors, sondern auch an erwartbaren französischen und russischen Vorbehalten.

6. Resümee

In der friderizianisch-theresianischen Ära kamen von der Vermittlung durch Dritte bis hin zum Forum des Friedenskongresses im Wesentlichen alle etablierten diplomatischen Verfahren des Verhandelns und Friedensschließens zum Einsatz. Einzig die Kontrolle der Implementierung von Friedensbedingungen war ein vergleichsweise neuer Mechanismus im Kontext von Friedensschlüssen. Nach wie vor waren diplomatische Verhandlungen und Kongresse Aushandlungsorte von Rangkonflikten, die im Zeremoniell bzw. in den beanspruchten Formen der Ehrung und Anerkennung ihren Niederschlag fanden, etwa in der Gestaltung von Herrschertitulaturen im Vertrag; bei der Eröffnung von Verhandlungsphasen wurden diese Rangkonflikte suspendiert, etwa, um Verhandlungen ‚auf Augenhöhe' in Gang bringen zu können.[50]

Was die Positionierung der behandelten Mächte angeht, stellten die behandelten Friedensschlüsse in ihrer Gesamtheit tatsächlich Wendepunkte dar, markieren sie doch unzweifelhaft Preußens erfolgreichen Aufstieg zur Großmacht sowie den ersten Höhepunkt in der Machtentfaltung des *British Empire*. Auch Russlands Position als Hegemonialmacht im Osten erfuhr eine deutliche Stabilisierung. Faktisch hatte sich damit eine Pentarchie[51] von dominierenden Mächten in Europa ausgebildet. Der Weg

---

überzogen gelten („Far the most important result of the settlement was that Russia required a legal standing in the affairs of the Empire").

49 Vgl. hierzu *Aretin*, Alte Reich, bes. S. 203–211, sowie *Press*, Bayern am Scheideweg.
50 Vgl. hierzu jüngst noch einmal, auch anhand des Vergleichs von Friedenskongressen, *Niels F. May*, Zwischen fürstlicher Repräsentation und adliger Statuspolitik. Das Kongresszeremoniell bei den westfälischen Friedensverhandlungen, Sigmaringen 2016, bes. S. 213–227.
51 Zur Pentarchie als neuem Bezugspunkt der Hierarchisierung europäischer Mächte vgl. *Matthias Schnettger*, Rang, Zeremoniell, Lehnssysteme. Hierarchische Elemente im europäischen Staatensystem der Frühen Neuzeit, in: Ronald G. Asch u.a. (Hg.), Die frühneuzeitliche Monarchie und ihr Erbe, Münster u.a. 2003, S. 179–195.

dorthin war von verlustreichen Kriegen gekennzeichnet, die unter der Ausnutzung günstiger machtpolitischer Konjunkturen geführt wurden, man denke an den Einmarsch preußischer Truppen in Schlesien im Jahr 1740, und unter Einbeziehung der – durchaus variablen – Machtinteressen der einzelnen Akteure, die, wie schon in den Jahrzehnten zuvor, zu wechselnden Koalitionen führten, in denen auch vermeintliche Gewissheiten wie die französisch-habsburgische ‚Erbfeindschaft' in Frage gestellt wurden. Wiewohl die Präambeln der Friedensverträge immer wieder von der angestrebten ‚Ewigkeit'[52] des jeweiligen Friedens kündeten, so war der Kontinent nicht dauerhaft befriedet. Allerdings sollte in Gestalt der Französischen Revolution die Mächteordnung des *Ancien Régime*[53] der europäischen Monarchien ab 1789 zunächst einmal in anderer Weise in Frage gestellt werden.

Auswahlbibliographie / Select Bibliography

Anderson, Matthew Smith, The War of the Austrian Succession. 1740–1748, London/New York 1995.
Aretin, Karl Otmar Freiherr von, Das Alte Reich. Bd. 3: Das Reich und der österreichisch-preußische Dualismus, 1745–1806, Stuttgart 1997.
Baugh, Daniel, The Global Seven Years War. Britain and France in a Great Power Contest, 1754–1763, Harlow 2011.
Beales, Derek, Joseph II., Bd. 1: In the Shadow of Maria Theresa. 1741–1780, Cambridge 1987.
Bély, Lucien, La société des princes. XVIe–XVIIIe siècle, Paris 1999.
Browning, Reed, The War of the Austrian Succession, New York 1993.
Burkhardt, Johannes, Vollendung und Neuorientierung des frühmodernen Reiches 1648–1763, Stuttgart 2006.
Dauser, Regina, Ehren-Namen. Herrschertitulaturen im völkerrechtlichen Vertrag 1648–1748, Köln u. a. 2017.
Duchhardt, Heinz, Balance of Power und Pentarchie. Internationale Beziehungen, 1700–1785, Paderborn u. a. 1997.
Duchhardt, Heinz, The Missing Balance, in: Journal of the History of International Law 2 (2000), S. 67–72.
Duchhardt, Heinz, Peace Treaties from Westphalia to the Revolutionary Era, in: Randall Lesaffer (Hg.), Peace Treaties and International Law in European History. From the Late Middle Ages to World War One, Cambridge 2004, S. 45–58.
Dziembowski, Edmond, La Guerre de Sept Ans, 1756–1763, Paris 2015.
Externbrink, Sven, Friedrich der Große, Maria Theresia und das Alte Reich. Deutschlandbild und Entscheidungsprozesse in der Außenpolitik Frankreichs im Siebenjährigen Krieg, Berlin 2006.
Füssel, Marian, Der Siebenjährige Krieg. Ein Weltkrieg im 18. Jahrhundert, München 2010.
Hochedlinger, Michael, Austria's Wars of Emergence. War, State and Society in the Habsburg Monarchy, 1683–1797, London 2003.
Kunisch, Johannes, Friedrich der Große. Der König und seine Zeit, München 2004.

---

52 Vgl. hierzu auch Kapitel 18.
53 Zur Begriffsbestimmung vgl. *Rolf Reichardt*, Art. „Ancien Régime", in: EdN 1 (2005), Sp. 371–377.

May, Niels F., Eine Begründungsmetapher im Wandel: Das Gleichgewichtsdenken in der Frühen Neuzeit, in: Heinz Duchhardt/Martin Espenhorst (Hg.), Frieden übersetzen in der Vormoderne. Translationsleistungen in Diplomatie, Medien und Wissenschaft, Göttingen 2012, S. 89–111.
Press, Volker, Bayern am Scheideweg. Die Reichspolitik Kaiser Josephs II. und der Bayerische Erbfolgekrieg 1777–1779, in: Pankraz Fried/Walter Ziegler (Hg.), Festschrift für Andreas Kraus zum 60. Geburtstag, Kallmünz 1982, S. 277–307.
Schilling, Lothar, Kaunitz und das Renversement des alliances. Studien zur mächtepolitischen Konzeption Wenzel Antons von Kaunitz, Berlin 1994.
Schilling, Lothar, Zur rechtlichen Situation frühneuzeitlicher Kongreßstädte, in: Heinz Duchhardt (Hg.), Städte und Friedenskongresse, Köln u. a. 1999, S. 83–107.
Schmid, Alois, Max III. Joseph und die europäischen Mächte. Die Außenpolitik des Kurfürstentums Bayern von 1745–1765, München 1987.
Stollberg-Rilinger, Barbara, Die Wissenschaft der feinen Unterschiede. Das Präzedenzrecht und die europäischen Monarchien vom 16. bis zum 18. Jahrhundert, in: Majestas 10 (2002), S. 125–150.
Stollberg-Rilinger, Barbara, Maria Theresia. Die Kaiserin in ihrer Zeit. Eine Biographie, München 2017.
Whaley, Joachim, Germany and the Holy Roman Empire, Bd. 2, Oxford 2012.

Reinhard Stauber
51. Friedensschlüsse zwischen Französischer Revolution und Wiener Kongressordnung

Abstract: Peace Treaties from the French Revolution to the Congress of Vienna
In 1795/97 revolutionary France asserted its power over Western Europe. Napoleon's military and political engagement as First Consul secured the Rhine frontier, Upper Italy, and the glacis of the allied republics. Efforts to secure a settlement with Great Britain in 1802, however, proved short-lived. The campaigns of the *Grande Armée* against Austria and Prussia after 1805 extended French hegemony to Central Europe but still Napoleon's only answer to Britain's continuing maritime supremacy was the Continental Blockade. The Peace of Tilsit with the Czar (1807) also failed to forge an anti-British alliance. The logic of the economic war, and Napoleon's intervention in Spain led to overextension and, finally, the defeats of 1812/13. The novel and ultimately successful combination of alliances and military campaigns by the allies 1813/14 was perpetuated in the Vienna Settlement. It was able to stabilise Europe because it included France and created multilateral political structures.

1. Selbstbehauptung und Expansion der französischen Republik 1792–1802

1.1 Der erste Koalitionskrieg 1792–1797

Die erste Phase der im April 1792 beginnenden Kriege des revolutionären Frankreichs ging 1795 durch Friedensverträge mit den Nachbarn Niederlande (Den Haag, 16. Mai 1795) und Spanien (Basel, 22. Juli 1795) zu Ende. Konsequenzen für Mitteleuropa entfaltete das Ausscheiden Preußens aus der Ersten Koalition im Sonderfrieden von Basel (5. April 1795). Gegen Rückgabe aller besetzten Gebiete erkannte Berlin die französische Kontrolle des linken Rheinufers faktisch an und zeigte sich in geheimen Abreden dazu bereit, gegen eine angemessene Territorialentschädigung zu Lasten der geistlichen Staaten auf linksrheinische Herrschaftsgebiete zu verzichten. Preußen verpflichtete sich auch, seine Truppenkontingente von der Reichsarmee abzuziehen und in den weiteren Auseinandersetzungen strikte Neutralität zu wahren. Wichtige Reichsstände wie Sachsen traten 1795/96 der Neutralitätsvereinbarung bei oder schlossen, wie Württemberg oder Baden, eigene Friedensverträge ähnlichen Inhalts.

Neue Dynamik gewann das Kriegsgeschehen, als der 26-jährige General Napoleon Bonaparte (1769–1821) im April 1796 die kleinste der drei französischen Armeen übernahm und von Nizza aus Richtung Oberitalien führte. Rasch wurde mit dem König von

Sardinien-Piemont ein wichtiger Gegner neutralisiert (Waffenstillstand von Cherasco, 28. April 1796), was die Versorgung der Armee aus dem Land und ein zügiges Vorrücken Richtung Lombardei ermöglichte. Schrittweise wurden dem König Gebietsabtretungen (Friede von Paris, 15. Mai 1796), eine Offensivallianz und, bis 1798, eine Übergabe seiner Armee sowie ein Regierungsverzicht im piemontesischen Teil seiner Besitzungen abgerungen.

Die gelungene Kombination von Kriegsführung und Diplomatie etablierte ein Muster, das Napoleon, zunehmend selbstbewusster und unabhängig agierend, rasche Erfolge sicherte. Seine im Mai/Juni 1796 geschlossenen Waffenstillstandsverträge mit Parma-Piacenza, Modena und dem Papst wiesen eine Reihe neuartiger Bestimmungen auf, die die militärischen Siege in finanzielle und propagandistische Erfolge ummünzte: Zahlung rasch liquidierbarer Kontributionen direkt an seine Armee, Zwangslieferungen von Zugtieren, Kavalleriepferden, Ausrüstungsgegenständen und Nahrungsmitteln, schließlich auch die erzwungene Abgabe von Kunstwerken an den Sieger, die, wie der ‚Kapitolinische Brutus' aus Rom, anschließend triumphal nach Paris gebracht wurden. Die demonstrativ harte Behandlung des Kirchenstaats kam in der Höhe der Kontributionen (30 Mio. *livres* innerhalb von zehn Wochen) und in der Abtretung der Legationen Bologna, Ferrara und Romagna zum Ausdruck (Frieden von Tolentino, 19. Februar 1797). Napoleon schrieb nach Paris, damit setze er sich sofort und unabhängig von künftigen Friedensbestimmungen in den Besitz des „plus beau pays d'Italie", ohne das der Kirchenstaat nicht überlebensfähig sei („cette vieille machine se détraquera toute seule"). Die hohe Kontribution wiege eine militärische Einnahme der Stadt Rom zehnfach auf.[1]

Nach der Kapitulation von Mantua wandte sich Bonaparte im März 1797 in Richtung der habsburgischen Erblande und drang bis ins Murtal vor; die alte Seerepublik Venedig unterwarf sich in einem Akt vorauseilender Selbstaufgabe. Selbstbewusst bot Napoleon Kaiser Franz II. (1768–1835) Verhandlungen über einen Waffenstillstand an, den er gegenüber dem Direktorium mit der Sicherung seiner ureigenen Staatsschöpfung, der Cisalpinischen Republik, rechtfertigte, deren strategischen, bei einer Einwohnerzahl von 3,5 Mio. aber auch ökomischen Wert der General immer wieder hervorhob (Präliminarfrieden von Leoben, 18. April 1797).

Den wichtigen Friedensvertrag von Campo Formio (eigentlich Villa Manin in Codroipo, Friaul) vom 17. Oktober 1797 verhandelte Bonaparte alleine, ohne Instruktionen aus Paris, in seiner Eigenschaft als *Général en chef* und *spiritus rector* der neu gegründeten Cisalpinischen Republik. Wien verzichtete auf die Österreichischen Niederlande und die Lombardei und erhielt dafür das Gebiet Venedigs mit der Stadt, der Terraferma bis zum Gardasee, Teilen Istriens, Dalmatien und Kotor. Die Gründung der Cisalpina wurde anerkannt. Über den Definitivfrieden zwischen dem Reich und

---

[1] *Thierry Lentz* (Hg.), Napoléon Bonaparte. Correspondance Générale, Bd. 1: Les apprentissages 1784–1797, Paris 2004, S. 846f.

Frankreich sollte ab November 1797 auf einem Kongress in Rastatt verhandelt werden. Während der Vorfrieden noch von der Integrität des Reiches ausgegangen war, erkannte Franz II. im ersten Geheimartikel von Campo Formio die Inbesitznahme des linken Rheinufers durch Frankreich an. Die tentative Bestimmung des Erzbistums Salzburg zur Entschädigungsmasse für die Habsburger implizierte überdies die Anerkennung des Prinzips der Herrschaftssäkularisation durch das Reichsoberhaupt. Indem er sich gegenüber Österreich durch den Abtausch der Lombardei gegen das Veneto kompromissbereit zeigte und dem Reichsoberhaupt die Zustimmung zur Rheingrenze abzwang, gelang Bonaparte 1797 die vorläufige Konsolidierung seiner eminenten Erfolge in Italien, „rendering France a hegemonic power in Western Europe". Der französischen Öffentlichkeit schien er damit als „the bestower of victory, then of peace, and always of rich booty".[2]

Okkupationen und einseitige Annexionen etwa der Österreichischen Niederlande (1795) ebneten den Weg zum Aufbau eines strategischen Glacis in Gestalt der *Républiques sœurs*, zuerst im Jura, dann, zwischen 1795 und 1798, in den Niederlanden, in Norditalien, in Ligurien, in Piemont und in der Schweiz. Mit den wichtigsten dieser ‚Schwesterrepubliken' wurden Allianzverträge abgeschlossen, die sie ebenso einseitig wie eindeutig als militärisches Vorfeld Frankreichs markierten. Zum typischen Inventar dieser Verträge gehörten die Stationierung französischer Truppen auf Kosten des ‚Gastlandes' oder die Einräumung strategischer Schlüsselpunkte, Durchzugsrouten und logistischer Basen. Cisalpina und Schweiz hatten überdies eigene Kontingente für den Einsatz durch Frankreich zur Verfügung zu stellen. Teil oder Folge dieser Verträge waren auch Handelsabkommen. Damit wurde ein Muster begründet, das nicht nur für die künftige militärische Beherrschung Europas durch Napoleon prägend wurde, sondern auch auf ein protektionistisches, Frankreich bevorteilendes kontinentales Zoll- und Wirtschaftssystem voraruswies.

Zwischen 1792 und 1797 hatte sich mit den Niederlanden, der Schweiz, Savoyen und Nordwestitalien ein erster Kern eines französischen Hegemonialraums im Westen herausgebildet, doch blieben die Gebietsgewinne an Frankreichs Ostgrenze tentativ und im Fall neuer Auseinandersetzungen gefährdet. Österreich war zum Ausgleich gezwungen worden, doch weder Russland noch Großbritannien hatten der Friedensordnung von 1797 zugestimmt, und Preußen blieb formal weiterhin neutral. Dafür hatte das Direktorium sich über das Entschädigungsgeschäft für die linksrheinischen Gebietsverluste und das Prinzip der kompensatorischen Säkularisation massive Einflussmöglichkeiten im Alten Reich aufgebaut. Zentraler Bestandteil des französischen Vertragssystems schon dieser frühen Jahre war die Sicherung handelspolitischer Vorteile und maritimer Unterstützung gegen Großbritannien. Auch die überraschende Be-

---

[2] *Alexander Mikaberidze*, The Napoleonic Wars. A global history, Oxford 2020, S. 54; *Michael Broers*, Napoleon, Bd 1, London 2014, S. 164. Vgl. *Steven Englund*, Napoleon. A political life, Cambridge (Mass.) 2004, S. 115–118.

setzung der Ionischen Inseln 1797 und Maltas 1798 wies auf die Auseinandersetzung mit Großbritannien als zentrale Agenda des napoleonischen Konsulats voraus.

1.2 Der Krieg der Zweiten Koalition und das Friedenssystem von Lunéville/Amiens 1801/02

Die militärisch-politische Krise der Jahre 1799/1800 erwies die Instabilität der bisherigen Erfolge der Republik. Mit Mühe konnte in den Niederlanden, der Schweiz und Savoyen ein Kernraum französischer Dominanz behauptet werden. Die Rückkehr zum Status quo ‚seines' Friedens von 1797, vor allem die Rückgewinnung der Cisalpina, war daher das zentrale Ziel Napoleons bei seinem Amtsantritt als Erster Konsul im November 1799. Zu seinem Aufgabenbereich gehörten die Ernennung des diplomatischen Personals sowie die Verhandlung und der Abschluss aller Allianz- und Friedensverträge. Seine doppelte Reputation als Sieger und Friedensbringer geschickt nutzend, unterbreitete Bonaparte den Monarchen von Großbritannien und Österreich sofort ein Friedensangebot, um nach dessen Ablehnung die Wiederaufnahme des Kriegs mit dem Ziel zu proklamieren, einen dauerhaften Frieden auf der Basis von 1797 zu erreichen. Nach gescheiterten Friedensgesprächen im Sommer zwangen die militärischen Erfolge der französischen Armeen in Süddeutschland um die Jahreswende 1800/01 Österreich erneut zu Verhandlungen.

Der Friedensvertrag vom 9. Februar 1801, den Ludwig von Cobenzl (1753–1809) seit Oktober 1800 im lothringischen Lunéville mit Napoleons Bruder Joseph Bonaparte (1768–1844) ausgehandelt hatte, wurde zur entscheidenden Etappe für die Auflösung des Alten Reiches. Art. 7 schrieb fest, dass die „princes héréditaires", die auf dem linken Rheinufer begütert gewesen waren, eine Entschädigung „pris dans le sein dudit Empire" erhalten sollten.[3] Damit begann die Mediatisierung der Reichskirche sowie der meisten Reichsstädte, die formal ab August 1802 auf Basis eines französisch-russischen Plans von einer Deputation des Reichstags beraten und am 25. Februar 1803 als deren ‚Hauptschluss' verabschiedet wurden. Realpolitisch waren die Details von Säkularisation und Mediatisierung aber schon vorher in Paris von Außenminister Charles-Maurice de Talleyrand-Périgord (1754–1838) direkt mit diplomatischen Vertretern der betroffenen Fürsten besprochen worden. Der Umsturz der Reichsverfassung führte so zur Stärkung der ‚Mittelstaaten' im deutschen Süden, die 1805 zu Verbündeten Napoleons und damit ein wesentliches Element der Etablierung der französischen Hegemonie in Mitteleuropa wurden. Frankreichs Ostgrenze am Rhein, die Annexion Belgiens und die Restauration der Schwesterrepubliken wurden in Lunéville ausdrücklich bestätigt, ebenso der Übergang Venedigs an den Kaiser. Da-

---

[3] *Michel Kerautret* (Hg.), Documents Diplomatiques du Consulat et de l'Empire, Bd. 1, Paris 2002, S. 167.

für hatte Franz II. für seinen jüngeren Bruder Ferdinand III. (1769–1824) Verzicht auf das Großherzogtum Toskana zu leisten, der dafür mit Salzburg und Berchtesgaden entschädigt wurde. Damit ging das Reichsoberhaupt bei der Anerkennung des Prinzips der Herrschaftssäkularisation voran.

Dem Abkommen von Lunéville schloss sich 1801/02 „a remarkable set of peace agreements" an.[4] Das bourbonische Königshaus von Spanien profitierte von der Neuvergabe der Toskana und unterstützte Aktionen gegen englische Stützpunkte in Portugal (21. März 1801). Frankreichs Annäherung an Russland hatte schon zu Jahresbeginn 1801 begonnen, als Napoleon eine mögliche Allianz mit dem Zaren gegen das Vereinigte Königreich als sein wichtigstes politisches Ziel bezeichnete[5] – eine Einschätzung, die er später immer wieder äußern sollte. Bestandteil des Vertragswerks mit dem neuen Zaren Alexander I. (1777–1825) (Paris, 8./10. Oktober 1801) war eine Geheimkonvention, die eine enge Abstimmung hinsichtlich aller italienischen Angelegenheiten sowie zur Entschädigungsfrage im Reich vorsah. Separate Verträge mit Bayern (24. August 1801), weiteren süddeutschen Staaten und Preußen (23. Mai 1802) bekräftigten jeweils deren Ansprüche auf Entschädigungen für die linksrheinischen Verluste.

Das System des strategischen Glacis' Frankreichs baute der Erste Konsul nach 1801 gezielt und mit verschiedenen Methoden aus. Piemont wurde angesichts seiner strategischen Bedeutung bis 1802 in mehreren Etappen direkt in das Gebiet der Republik integriert. Eine zunehmende Zahl von Territorien fand sich auf das direktoriale Modell der Staatsbildung verpflichtet, so auch die Cisalpinische Republik. Ihre Umbenennung zur *Repubblica Italiana* im Januar 1802 (mit Napoleon als Präsidenten an ihrer Spitze) trug programmatischen Anspruch. Wie die Batavische Republik diente die *Italiana* aufgrund ihrer Garnisons- und Stellungspflichten als wichtige extraterritoriale Militärbasis Frankreichs. Zur Kontrolle der planmäßig ausgebauten Simplonroute wurde das Wallis 1802 von der Eidgenossenschaft abgetrennt.

Die Besonderheit des kontinentalen Friedens von 1801 lag darin, dass er, zum ersten und einzigen Mal in der hier behandelten Epoche, in einen formalen Friedensvertrag Frankreichs mit Großbritannien mündete. Nach dem Rücktritt von Premierminister William Pitt d.J. (1759–1806) lotete die neue Regierung unter Henry Addington (1757–1844) in langen Verhandlungen ab März 1801 die Möglichkeiten eines Ausgleichs mit Frankreich aus. Friedenspräliminarien vom 1. Oktober 1801 sahen das Ende aller kriegerischen Aktionen zu Wasser wie zu Lande und die wechselseitige Räumung bestimmter Stützpunkte vor. Der Frieden selbst wurde, von Joseph Bonaparte und Charles Cornwallis (1738–1805) verhandelt, in Amiens am 27. März 1802 unterzeichnet. Zentraler Punkt waren die komplexen Regelungen für Malta: zur Restituie-

---

4 *Englund*, Napoleon, S. 177.
5 *Thierry Lentz/Gabriel Madec* (Hg.), Napoléon Bonaparte. Correspondance Générale, Bd. 3: Pacifications 1800–1802, Paris 2006, S. 531.

rung des Ritterordens, zum Abzug der Briten innerhalb von drei Monaten und zur Neutralisierung der Insel (Art. 10). Frankreich und die Niederlande erhielten alle Besitzungen in Übersee einschließlich der Kapkolonie zurück; die Briten behielten Trinidad und Ceylon. Aus Ägypten, Neapel und dem Kirchenstaat mussten sich die Franzosen zurückziehen. Die Italienische Republik und die Rheingrenze fanden im Vertragstext keine Erwähnung – „a sign that Britain would not recognise it, but that it was too weak to object to it".[6] Ebenso gab es keine Klauseln zu Handelsfragen. Freie Hand erhielt der Erste Konsul für militärische Aktionen zur Bekämpfung des Sklavenaufstands auf Saint Domingue (Haiti), und auch der Weg zur Neuübernahme von Louisiana war frei – allerdings wurden diese weitgestreckten Anspruchsgebiete schon 1803 um 60 Mio. Francs an die USA verkauft (*Louisiana purchase*; Paris, 30. April 1803). Dem Ausgleich mit London folgte, auf der Basis der gleichen Bedingungen, jener mit der Hohen Pforte (Frieden von Paris, 25. Juni 1802); Einzelverträge zu Handelsfragen wurden auch mit den ‚Barbaresken', den osmanischen Eyâlets (*Régences*) in Algier und in Tunis, geschlossen.

Das Friedenssystem von 1801/02 stand – nach zehn Jahren Krieg und zähen Verhandlungen – für einen umfassenden, kontinentalen und globalen Frieden Frankreichs mit seinen Gegnern, der die französische Dominanz in Westeuropa anerkannte. Mit der permanenten Sicherung des Gebietsstands von 1797, der Rheingrenze, der Kontrolle Oberitaliens und dem Glacis der Schwesterrepubliken setzte Napoleon zentrale außenpolitische Ziele der Republik erfolgreich durch, was von Großbritannien 1802 aber nur stillschweigend anerkannt wurde. Innenpolitisch erhielt Napoleons Image als Friedensbringer, jetzt in seiner Doppelrolle als erfolgreicher Feldherr und Chef der Exekutive, nochmals einen bedeutenden Schub. Vom Senat und durch anschließendes Plebiszit wurde er im August 1802 zum *Premier consul à vie* ernannt; die Verfassung des Jahres X (4. August 1802) gestand ihm zu, die von ihm abgeschlossenen Friedens- und Allianzverträge selbst zu ratifizieren, bevor er sie dem Senat zur Kenntnisnahme weiterleitete.[7]

1.3 Expansion im Frieden und Wege in den neuen Krieg 1802–1805

Die Phase des Friedens in Europa, im Mittelmeer und auf den Ozeanen war nur von kurzer Dauer. Die Annexion Piemonts, die Abtrennung des Wallis und vor allem die Interventionen Frankreichs im Alten Reich (Durchführung der Säkularisation) und in der Eidgenossenschaft (Neuregelung der innenpolitischen Verhältnisse durch die *Mediationsakte* vom 19. Februar 1802) waren nicht durch die Abmachungen von Luné-

---

6 *Broers*, Napoleon, Bd. 1, S. 262.
7 *Michael Erbe* (Hg.), Vom Konsulat zum Empire libéral. Ausgewählte Texte zur französischen Verfassungsgeschichte 1799–1870, Darmstadt 1985, S. 55 (Art. 58).

ville/Amiens gedeckt. Erste Ansätze eines Dotationssystems zu Lasten der annektierten Gebiete, die Kontrolle des Handels auf dem Rhein durch Einführung eines *Octroi de navigation* und die anhaltende Abschottung Frankreichs gegen den britischen Handel schienen Napoleons Entschlossenheit zur Konsolidierung seiner wirtschaftlichen Vorrangstellung auf dem Festland zu signalisieren. Diese Perzeption der Lage samt dem Festhalten an der Schlüsselstellung Malta führte dazu, dass der wiederbestellte Premier Pitt d.J. den „experimental peace" von Amiens aufkündigte und im Mai 1803 Frankreich erneut den Krieg erklärte.[8] Bis zum zweiten Sturz Napoleons im Juni 1815 sollte es nun keinen dauerhaften Frieden auf dem Kontinent mehr geben.

Die Briten begannen erneut mit der Besetzung von Überseegebieten und unterstützten 1804 die Verschwörung der Generäle Jean-Charles Pichegru (1761–1804) und Jean-Victor-Marie Moreau (1763–1813), Napoleon ließ Hannover okkupieren und den bourbonischen Herzog von Enghien (1772–1804) exekutieren. Allianzverträge mit den Niederlanden und der Eidgenossenschaft von 1803 sicherten Frankreich Truppen von über 30.000 Mann, außerdem Garnisons- und Rekrutierungsrechte und den Zugriff auf die niederländische Flotte. In den Militärlagern am Ärmelkanal mit dem Zentrum Boulogne baute Bonaparte seine schlagkräftige *Grande Armée* mit über 180.000 Soldaten auf. Ursprünglich zur Invasion der britischen Inseln bestimmt, wurde sie, im August 1805 Richtung Süden in Marsch gesetzt, zum entscheidenden Instrument Napoleons für die Unterwerfung Mitteleuropas. Bei der Suche nach Verbündeten spielten einmal mehr maritime Agenden und die Kontrolle des Mittelmeers eine wichtige Rolle: Ein Vertrag mit Spanien stellte Frankreich 1805 dreißig bewaffnete und ausgerüstete Schiffe zur Verfügung; Genua mit seinem wichtigen Hafen wurde im selben Jahr annektiert.

Die Initiative zur neuen, ‚Dritten Koalition' gegen den nunmehrigen *Empereur des Français* (Mai 1804) ergriff der junge Zar Alexander I. von Russland, der im April 1805 ein Bündnis mit den Briten mit dem Ziel schloss, Frankreich auf die Grenzen von 1792 zurückzudrängen. Dieser Verbindung traten Österreich, Schweden und Neapel bei. Der *Empereur* konnte sich dagegen auf die süddeutschen Staaten Bayern, Württemberg und Baden stützen, was sich bereits ab 1801 abgezeichnet hatte und nun, ab Spätsommer 1805, in eine Reihe formeller Allianzverträge umgesetzt wurde. Napoleon verfügte so über 30.000 Mann zusätzlicher Truppen und ein wichtiges strategisches Aufmarschfeld, als die österreichische Armee im Herbst 1805 zum Angriff überging.

---

8 *John D. Grainger*, The Amiens Truce. Britain and Bonaparte, 1801–1803, Woodbridge/Roch. 2004, S. 80.

2. Frankreichs Hegemonie in Europa 1805–1812

Drei große, erfolgreiche Militärkampagnen mit einer Serie von Siegen für die rasch avancierende Grande Armée prägten das Jahrfünft zwischen 1805 und 1809 in Mitteleuropa. Daraus resultierten zwei Diktatfrieden gegen den habsburgischen Kaiserstaat (1805 und 1809), die den „Doppelprozeß von Staatszerstörung und Staatsneubildung der napoleonischen Ära"[9] vorantrieben und so den Zuschnitt der europäischen Landkarte in großem Maßstab veränderten. Der Tilsiter Frieden 1807 schien dann eine französisch-russische Doppelhegemonie in Europa und damit den Höhepunkt von Napoleons Expansion zu definieren, sollte in der Konzeption des *Empereur* aber vor allem einem konzertierten Vorgehen gegen Großbritannien dienen. Die Intervention in Spanien ab 1807/08 mit ihren ungeahnten Konsequenzen und militärische Rückschläge wie Eylau 1807 oder Aspern-Essling 1809 sorgten für erste Risse im Bild von Napoleons militärischer Überlegenheit.

2.1 Siege über Österreich und Preußen und das Ende des Alten Reiches 1805–1807

Der kühn konzipierte Feldzug der Grande Armée an der Donau im Spätjahr 1805 fügte der Hauptarmee Österreichs eine rasche und vollständige Niederlage zu. Der Waffenstillstand, nach einem persönlichen Treffen der beiden Kaiser Franz und Napoleon geschlossen, ermöglichte den intakten Abzug der Truppen des Zaren.

Das Vertragssystem vom Dezember 1805 umfasste nicht nur den Definitivfrieden mit Österreich. Die neuen Verbündeten Napoleons in Süddeutschland profitierten besonders und konnten sich nach 1803 ein zweites Mal beträchtlich vergrößern. Ebenso bedeutsam war die Zusage an Maximilian Joseph von Bayern (1756–1825), Friedrich von Württemberg (1754–1816) und Karl Ludwig Friedrich von Baden (1728–1811), in ihren Besitzungen ab sofort völlige Souveränität und Unabhängigkeit zu genießen („la plénitude de la souveraineté et de tous les droits qui en dérivent"), was sich in der Rangerhöhung zu Königen bzw., im Fall Badens, zum Großherzog ausgedrückt fand (Verträge von Brünn/Wien, 10.–12. Dezember 1805).[10] Alle drei Staaten schlossen ein dauerhaftes Verteidigungsbündnis mit Frankreich und Italien. Preußen wurde ebenfalls in einen Allianzvertrag gezwungen und musste Gebiete abgeben, u.a. Kleve und Ansbach; es erhielt dafür die Erlaubnis, Hannover besetzt zu halten (Wien, 15. Dezem-

---

9 *Dieter Langewiesche*, Föderative Nation, kulturelle Identität und politische Ordnung. (Rück-)Blick aus dem 19. Jahrhundert, in: Georg Schmidt (Hg.), Die deutsche Nation im frühneuzeitlichen Europa. Poltische Ordnung und kulturelle Identität?, München 2010, S. 65–80, hier S. 74.
10 Zitat aus dem Vertrag mit Bayern vom 10.12.1805, Art. 7 (*Kerautret*, Documents Diplomatiques, Bd. 2, S. 114).

ber). König Friedrich Wilhelm III. (1770–1840) ließ diese Abmachung in Paris nachverhandeln, doch der neue Vertragsabschluss vom 15. Februar 1806 bestätigte nicht nur die Wiener Bestimmungen, sondern erzwang auch noch die Abtretung der Festung Wesel und die Sperrung aller Seehäfen für englische Schiffe.

Den Pressburger Frieden mit Österreich (26. Dezember 1805) legte Napoleon, gegen den Rat Talleyrands, als gezielte Demütigung seines Gegners an und verdrängte die Habsburger aus Deutschland und Italien. Die Gebietsabtretungen betrafen die vorderösterreichischen Besitzungen im Süden des Reiches und mit Tirol erstmals auch den Kern der Erblande, außerdem ging Venedig samt der dalmatinischen Küste nach einem knappen Jahrzehnt wieder verloren und kam an das Königreich Italien. Zuwachs gab es nur durch die Zuweisung von Salzburg und Berchtesgaden (dies auf Kosten des Bruders des Kaisers, Ferdinand, der nun nach Würzburg weitergeschoben wurde) sowie der Hochmeisterwürde des Deutschen Ordens. Separat ordnete Napoleon Kontributionszahlungen in Höhe von 40 Mio. Francs innerhalb eines Jahres an, ein Fünftel davon innerhalb einer Woche bei Übergabe der Ratifikationen fällig – Gelder, die zu Hause in Frankreich dringend benötigt wurden.

Während der erfolgreichen Kampagne der Armee erlitt die spanisch-französische Flotte am 21. Oktober 1805 vor dem südspanischen Kap Trafalgar eine vernichtende Niederlage gegen die britische Flotte unter Horatio Nelson (1758–1805) und Cuthbert Collingwood (1748–1810). Dies bedeutete den Verlust von Napoleons maritimen Kapazitäten, das Ende aller Invasionspläne und den Strategiewechsel hin zum Versuch, die britischen Inseln durch eine Blockade aller kontinentalen Häfen zu isolieren. Die Briten behielten ihre Suprematie zur See, auch im Mittelmeer, und damit alle Möglichkeiten, nicht nur die eigenen Alliierten zu unterstützen und zu versorgen, sondern auch die werdende ‚Kontinentalsperre' auf vielerlei Wegen zu umgehen.

Die nächsten Feldzüge der Grande Armée, gegen den König von Preußen und den Zaren, begannen im Herbst des Jahres 1806. Bis dahin konzentrierte sich der Kaiser der Franzosen auf die Organisation Europas als dynastisches System der Familie Bonaparte. Das System der Satellitenstaaten wurde nun, beginnend mit Napoleons Krönung zum König von Italien im Mai 1805 (als Vizekönig fungierte sein Stiefsohn Eugène Beauharnais, 1781–1824), auf eine monarchische Basis gestellt. So entstand eine Art „monarchie fédérale européenne",[11] wobei die Vergabe innerhalb der Familie Loyalität und Kontrolle gleichermaßen garantieren sollte. Wirtschaftspolitisch standen allein die Interessen Frankreichs im Zentrum. Unmittelbar nach Pressburg erklärte Napoleon die Bourbonen von Neapel für abgesetzt; während das Königspaar nach Sizilien floh, übernahm Joseph Bonaparte als König den italienischen Teil ihres Herrschaftsgebiets (Februar 1806). Der jüngere Bruder Louis (1778–1846) wurde König von

---

[11] *Roger Dufraisse/Michel Kerautret*, La France napoléonienne. Aspects extérieurs 1799–1815, Paris 1999, S. 98.

Holland, der Schwager Joachim Murat (1767–1815) Großherzog von Berg (Juni bzw. März 1806). In Italien regierten die Schwester Élisa (1777–1820) mit ihrem Mann über Piombino und Lucca, die jüngere Schwester Pauline (1780–1825), zumindest nominell, Guastalla. Heiratsallianzen verbanden die neuen Alliierten in Süddeutschland auch auf dynastischer Ebene mit dem Familienverband der Bonaparte-Beauharnais. 1806 begann der Kaiser auch mit der Versorgung treuer Gefolgsleute, vor allem seiner Militärs, mit ertragreichen Domänen in den okkupierten Gebieten. Das System der Satelliten-Königreiche wurde komplettiert durch den im Juli 1806 von zunächst 16 deutschen Fürsten konstituierten Rheinbund.[12] Der Bund sicherte seinem ‚Protektor' Napoleon nicht nur die strategische Kontrolle Mitteleuropas und ein sicheres Aufmarschgebiet gegen Preußen und Österreich, sondern auch eine feste Bündnisstruktur, sodass im Kriegsfall 63.000 Mann zusätzlicher Truppen zur Verfügung standen. Mit dem formellen Austritt der Rheinbundstaaten, die sich nochmals beträchtliche Gebietsvergrößerungen auf Kosten kleinerer Nachbarn sichern konnten, kam das Heilige Römische Reich Deutscher Nation endgültig an sein Ende.

Zusammen mit den lange okkupierten, teilweise annektierten Gebieten in den Niederlanden, am Rhein und in Norditalien war so das „inner empire" formiert. Gemeint sind damit jene Gebiete, in denen die lange Dauer der französischen Herrschaft profunde, auch institutionelle Auswirkungen auf die Strukturen von Staat, Gesellschaft und Rechtswesen zeitigte. Dies konnte bei den von der Logik der Abriegelung des Kontinents diktierten Eroberungen und Annexionen der Jahre nach 1807/08 nicht mehr in derselben Weise gelingen („outer empire"). Mit dem Griff nach dem „incongruous outpost" Neapel begann eine neue, zur Überdehnung tendierende Phase napoleonischer Expansionspolitik.[13]

Napoleon war den Sommer 1806 über mit den europäischen Rivalen im Austausch geblieben. Gespräche mit London über eine Erneuerung des Friedens von Amiens scheiterten an Differenzen über Malta, Sizilien und Holland und endeten mit dem Tod ihres Promotors, des englischen Kurzzeit-Außenministers Charles James Fox (1749–1806), im September 1806. Mit Russland wurde im Juli sogar ein Friedensvertrag ausgehandelt, der u.a. den umstrittenen Besitz der Bucht von Kotor, eines wichtigen Ankerplatzes an der dalmatinischen Küste, geregelt hätte, doch Alexander I. verweigerte die Ratifizierung aus Rücksicht auf den preußischen König Friedrich Wilhelm III. Dann löste die ‚Kriegspartei' in Berlin, die sich durch den erzwungenen Allianzvertrag vom Februar gedemütigt und im Besitz Hannovers gefährdet sah, im September 1806 den ‚Vierten Koalitionskrieg' aus, zunächst ohne russische Unterstützung. Die verheerende Niederlage von Jena und Auerstedt (14. Oktober) führte

---

12 *Ernst Rudolf Huber* (Hg.), Dokumente zur deutschen Verfassungsgeschichte, Bd. 1: Deutsche Verfassungsdokumente 1803–1850, Stuttgart u.a. ³1978, S. 28–34.
13 Zitate bei *Michael Broers*, Europe under Napoleon 1799–1815, London/New York 1996, ND London 2015, S. 68f., 96 bzw. *Broers*, Napoleon, Bd. 2, S. 78f.

etappenweise zur Kapitulation der gesamten preußischen Armee, doch der König flüchtete nach Königsberg, wo inzwischen russische Truppen eingerückt waren, und verweigerte die Ratifizierung des schon ausgehandelten Waffenstillstands. Sein Land wurde einem drakonischen Besatzungsregime unterstellt. Mit Sachsen, das das Bündnis mit Preußen verlassen hatte, schloss Napoleon einen Friedensvertrag (Posen, 11. Dezember 1806), der Kurfürst Friedrich August III. (1750–1827) den Königstitel einbrachte, aber auch die Zwangsmitgliedschaft im Rheinbund und eine Kontributionslast von 25 Mio. Francs.

Die sich nun abzeichnende Kontrolle der Küsten von Nord- und Ostsee gab den Anstoß zur Konkretisierung des Wirtschaftskriegs gegen das Vereinigte Königreich. Von Berlin aus proklamierte der *Empereur* am 21. November das Dekret über die Kontinentalsperre: „Les Îles Britanniques sont déclarées en état de blocus".[14] Von den ersten Allianzen der Revolutionskriege an hatten Maßnahmen zur Kontrolle des Mittelmeers und der Nordsee Frankreichs Vertragsabschlüsse geprägt; ab 1806 wurden die Sperrung Europas für britische Exporte und die dadurch erwartete ökonomische Destabilisierung Großbritanniens zum Dreh- und Angelpunkt von Napoleons imperialer Politik.

Der verlustreiche Winterfeldzug gegen russische Truppen in Polen und Ostpreußen 1806/07 endete mit dem französischen Sieg von Friedland und einem Waffenstillstand (14. bzw. 21. Juni), der den Weg ebnete für die persönlichen Unterredungen der beiden Kaiser auf einem Floß auf dem Grenzfluss Memel/Niemen und für intensive, von Talleyrand und Fürst Alexander Kurakin (1752–1818) geführten Verhandlungen im nahen Tilsit. Der Doppelfrieden von Tilsit vom Juli 1807 „found the Napoleonic empire at what proved to be its zenith".[15] Während der preußische Alliierte härteste Bedingungen auferlegt bekam, an denen auch eine persönliche Vorsprache der Königin Luise (1776–1810) nichts ändern konnte, betonten Napoleon und Alexander ihr Einvernehmen und ihre gemeinsamen Interessen auf dem Kontinent und schlossen parallel zum Frieden (7. Juli) eine Offensiv- und Defensivallianz, die sich vor allem gegen Großbritannien richtete, aber auch dem Osmanischen Reich gefährlich werden konnte. Der Zar erklärte seinen Beitritt zur Kontinentalsperre, verzichtete auf Kotor und die Ionischen Inseln und erhielt den Bezirk Białystok. Die geheime Vereinbarung, die skandinavischen Mächte ebenfalls in die Blockade zu zwingen, ermöglichte 1808/09 einen Feldzug Russlands gegen Schweden, der dem Zaren Finnland einbrachte. Auch an den Kontinentalgrenzen gegen das Osmanische Reich und gegen Persien ermöglichte die Rückendeckung durch Frankreich dem Zaren bis 1812/13 beträchtliche Gebietsgewinne.[16] Preußen dagegen, dessen Vertrag zwei Tage später (9. Juli) abge-

---

14 *Kerautret*, Documents Diplomatiques, Bd. 2, S. 260.
15 *Charles J. Esdaile*, Napoleon's Wars. An International History 1803–1815, London 2008, S. 580.
16 *Mikaberidze*, Napoleonic Wars, S. 332–447.

schlossen und vom Zaren garantiert wurde, verlor alle Territorien westlich der Elbe sowie die Gebietsgewinne aus der Zweiten und Dritten Teilung Polens und schrumpfte auf einen Reststaat von der Hälfte seiner bisherigen Einwohnerzahl. Es musste die Kontinentalsperre unterstützen und in der Folgezeit seine Armee auf 42.000 Mann reduzieren (Konvention vom 8. September 1808). Französische Garnisonen kamen nach Danzig (das Freie Stadt wurde) und in die Festungsstädte Stettin, Küstrin und Glogau. Das Besatzungsregiment im preußischen Reststaat blieb bis 1808 bestehen, als die fällige Restentschädigung auf 140 Mio. Francs festgelegt wurde.

Die Preußen abgezwungenen Gebiete wandelte Napoleon noch 1807 in zwei weitere Satellitenstaaten um. Das neue Königreich Westphalen mit zwei Mio. Einwohnern erhielt sein Bruder Jérôme (1784–1860), das Herzogtum Warschau (drei Mio. Einwohner) König Friedrich August von Sachsen in Personalunion. Beide Staatswesen bekamen eine Verfassung und das moderne französische Zivilrecht, hatten aber auch große Truppenkontingente und eine Vielzahl an Dotationsdomänen zu stellen, deren Erträge dem Staatshaushalt fehlten.

2.2 Krisen, neue Kriege und der Bruch mit Russland 1807–1812

Als Vertrag auf Augenhöhe mit dem Zaren als gleichwertigem Partner war Tilsit „that great exception among Napoleonic treaties"[17] und schien auf der Basis einer zwischen Frankreich und Russland geteilten Hegemonie eine reale Möglichkeit für einen dauerhaften Frieden auf dem Kontinent zu bieten. Die Forschung hat allerdings herausgestellt, dass Napoleons Verhalten nach 1807 zunehmend ungeduldigere, realitätsfernere und zu einsamen Entscheidungen neigende Züge zeigte. Gleichzeitig hatte in Frankreich das Bild des Kaisers als Sieger und Friedensbringer aufgrund der Schwierigkeiten in Polen und in Spanien deutliche Risse bekommen; diese doppelte Intervention „diluted the powerful, inner core of his empire"[18] und auch der Erfolg von 1809 war offensichtlich mit Schwierigkeiten erkämpft. Als die Allianz von Tilsit ihre Funktion als Rückendeckung gegen Wien und vor allem gegen London nur unzureichend erfüllte, fiel der *Empereur* nach 1809 in Europa immer stärker in die Rolle eines zunehmend plan- und kompromisslos agierenden „warlord".[19]

Nicht nur, dass die in Tilsit vereinbarte russische Mediation mit London scheiterte – die Briten gingen mit einer Attacke auf Dänemark und mit der Anlandung eines von Arthur Wellington (1769–1852) befehligten Expeditionskorps von 15.000 Soldaten

---

17 *Englund*, Napoleon, S. 372.
18 *Broers*, Napoleon, Bd. 2, S. 244.
19 *Charles J. Esdaile*, De-Constructing the French Wars: Napoleon as Anti-Strategist, in: The Journal of Strategic Studies 31/4 (2008), S. 515–552, S. 550; vgl. *Philip G. Dwyer*, Citizen Emperor. Napoleon in Power, London/New Haven 2013, S. 258–263; *Broers*, Napoleon, Bd. 2, S. 236–277.

in Portugal bis Sommer 1808 sogar zur Offensive über. Die lange geplante russische Allianz schien Napoleon auf den Höhepunkt seiner Macht geführt zu haben, doch mit der Absetzung der königlichen Dynastien von Portugal und Spanien und dem Einmarsch größerer französischer Verbände hatte im Oktober 1807 der *Peninsular War* auf der Iberischen Halbinsel begonnen, der den *Empereur* und seine Truppen in den nächsten Jahren aufs Äußerste fordern sollte. Bevor Napoleon im Oktober 1808 200.000 Mann persönlich nach Spanien führte, wollte er sich beim russischen Verbündeten explizit Rückendeckung gegen eine Attacke der Österreicher verschaffen. Das Ergebnis der Besprechungen mit dem Zaren in Erfurt blieb aber hinter Napoleons Erwartungen zurück – nicht zuletzt, weil der im August 1807 als Außenminister abgesetzte Talleyrand auch hier massiv gegen ihn Stimmung machte. Der abgeschlossene Vertrag (12. Oktober 1808) schrieb lediglich eine vorsichtig formulierte Hilfszusage für den Fall eines österreichischen Angriffs und einen neuen Anlauf zu Friedensgesprächen mit London fest.

In der Hoffnung auf eine allgemeine Erhebung im deutschen Gebiet, die allerdings bis auf einige Einzelaktionen ausblieb, ergriff Österreich allein, nur gestützt auf englische Subsidien („Fünfte Koalition') im April 1809 die Waffen gegen Frankreich. Napoleon, der überstürzt aus Spanien zurückgekehrt war, attackierte die Hauptarmee unter Erzherzog Karl (1771–1847) im östlichen Bayern und rückte nach dem Muster von 1805 entlang der Donau bis Wien vor. Nach wechselvollen Kämpfen an der Donau östlich der Stadt erzwang Napoleons Sieg bei Wagram (6. Juli) einen Waffenstillstand, der, entgegen einem Versprechen Kaiser Franz' I., die Räumung Tirols durch österreichische Truppen vorsah. Da die Konflikte des Krisenjahrs 1809 auf anderen Schauplätzen weiter schwelten, die Briten französische Positionen in Spanien und in den Niederlanden bedrohten und der Hof der Habsburger durch die üblichen Rituale von Realitätsverweigerung und Suche nach einem Sündenbock (in diesem Fall Erzherzog Karl) destabilisiert wurde, verzögerte sich der endgültige Friedensschluss in der kaiserlichen Sommerresidenz Schönbrunn bis zum 14. Oktober 1809.

Die Friedensbedingungen ließen ein nochmals verkleinertes, gebietsmäßig konsistentes, aber von allen Zugängen zum Meer abgeschnittenes habsburgisches Staatswesen zurück. Galizien ging nun zum größeren Teil an das Herzogtum Warschau, zum kleineren an das Zarenreich, Salzburg und das Innviertel an Bayern. Aus Istrien, Görz, Krain, Teilen Kroatiens und Kärntens sowie dem gesamten dalmatinischen Küstenstreifen bis Ragusa entstanden die *Provinces Illyriennes* und wurden direkt der Pariser Zentrale unterstellt; ihr Hauptzweck war die Kontrolle der östlichen Adriazugänge. Kaiser Franz musste die neuen europäischen Regenten aus der Familie Bonaparte, eine Reduzierung seiner Truppen auf maximal 150.000 Mann und eine Entschädigungsleistung von 85 Mio. Francs anerkennen, von der ein Drittel als Gegenzug zur Räumung Wiens sofort fällig war. Der neue leitende Minister Klemens Wenzel Lothar von Metternich (1773–1859), der vorher Botschafter in Paris gewesen war und von dort aus entschieden auf Krieg gedrängt hatte, sah nun keine andere Möglichkeit, als das Überleben des Kaiserstaats in der „Anschmiegung an das triumphierende französische

System [zu] suchen".[20] Er befürwortete, nachdem französische Bemühungen um eine der jüngeren Schwestern des Zaren gescheitert waren, eine Eheverbindung zwischen den kaiserlichen Familien. Nach der Scheidung von Joséphine Beauharnais (1763–1814) heiratete Napoleon im April 1810 Franz' 18-jährige Tochter Marie Louise (1791–1847).

Schönbrunn 1809 war das letzte, bereits mit beträchtlichen Kosten erkaufte Beispiel für einen „victor's treaty".[21] Napoleons Spätjahre kannten keine Friedensverträge mehr, allenfalls Waffenstillstände. Während alle überseeischen Kolonien 1810/11 verloren gingen, fand die Welle großflächiger Annexionen an den französischen Kaiserstaat, die in Italien schon 1807/08 (Toskana; Kirchenstaat) begonnen hatte, 1810 ihre Fortsetzung im Zeichen einer weiteren Abriegelung des Kontinents mit den Niederlanden, den Hansestädten, Oldenburg und dem Wallis; 1812 folgte noch Katalonien. Der letzte Friedensvertrag Napoleons, mit dem neuen König von Schweden, Karl XIII. (1748–1818) (6. Januar 1810), schrieb die Abtretung Finnlands an Russland fest, diente aus französischer Sicht aber primär dem Ziel der Sperre weiterer Küsten gegen Großbritannien.

3. Die Pariser Friedensverträge und das europäische Friedenssystem des Wiener Kongresses

Nach der Öffnung russischer Häfen für neutrale Schiffe am Silvesterabend 1810 und einem Nervenkrieg um polnische Gebiete kühlten die Beziehungen zwischen Frankreich und Russland deutlich ab. Früh im Jahr 1812 sicherte Napoleon sich Truppenhilfen von Preußen, Dänemark und Österreich. Alexander I. beendete den Krieg mit dem Osmanischen Reich (Frieden von Bukarest, 28. Mai 1812) und zog den schwedischen Kronprinzen Karl Johann, Napoleons früheren Marschall Jean-Baptiste Bernadotte (1763–1844), auf die Seite Russlands. Nach wechselseitigen ultimativen Aufforderungen begann Napoleon im Juni seinen Feldzug nach Russland, der bis Jahresende 1812 zur Katastrophe geriet.

Die Kampagnen des Jahres 1813 in Sachsen gegen die Armeen der nunmehrigen Alliierten Russland, Preußen und Schweden wurden Anfang Juni durch einen Waffenstillstand unterbrochen. Metternich, der Österreich in die Rolle eines neutralen Vermittlers geführt hatte, unternahm in Prag einen letzten Vermittlungsversuch, den der *Empereur* sabotierte. Im Sommer trat auch Kaiser Franz I. der ‚Sechsten Koalition' bei; unmittelbar vor der entscheidenden Schlacht bei Leipzig folgte, gegen die Zusage

---

20 Zit. nach *Wolfram Siemann*, Metternich. Stratege und Visionär. Eine Biografie, München 2016, S. 307.
21 *Dwyer*, Citizen Emperor, S. 316.

staatlicher Souveränität und territorialer Integrität, mit Bayern der erste der Rheinbund-Partner Frankreichs (Vertrag von Ried, 8. Oktober 1813). Napoleons Niederlage bewirkte die Räumung Mitteleuropas von französischen Truppen im Herbst 1813, während Wellington von Spanien aus Südfrankreich erreichte und in Italien die Könige aus seiner eigenen Familie Napoleon ihre Loyalität versagten.

Das *Grand Empire* brach auseinander. Napoleon verlangte nun eine Garantie der ‚natürlichen Grenzen' und bereitete durch neue Aushebungen einen Feldzug in Frankreich vor, zum ersten Mal in fast zwei Jahrzehnten. Mit Jahresbeginn 1814 rückten die alliierten Armeen über den Rhein und die Westschweiz auf französischen Boden vor, mit wechselnden Erfolgen bei den Gefechten in Ostfrankreich und einem letzten Verhandlungsversuch in Châtillon. Am Ende standen die Einnahme von Paris (31. März), die von Talleyrand organisierte Absetzung des *Empereur* durch den Senat und die (erste) Abdankung Napoleons (6. April), nachdem ihm seine Marschälle die Gefolgschaft verweigert hatten. Als Außenminister des neuen Bourbonenkönigs Ludwig XVIII. (1755–1824) unterzeichnete Talleyrand nach kurzen Gesprächen am 30. Mai 1814 den [Ersten] Frieden von Paris mit allen kriegführenden Parteien.

3.1 Die Allianz für den Frieden und der Wiener Kongress

Die erfolgreiche Kombination von Kriegführung (ausdrücklich gegen Napoleon als Person) und multilateraler Diplomatie prägte die Verträge und Allianzen der Jahre 1813–1815 und ermöglichte die Rückkehr zu einem stabilen Frieden in Europa. Die Kriege in Frankreich wurden begleitet von einem permanenten ‚Gipfeltreffen' der führenden Diplomaten Europas. In ihren Absprachen in Teplitz vom September 1813 schrieben die Monarchen Russlands, Österreichs und Preußens nicht nur ihre territorialpolitischen Ziele fest, sondern auch die enge Abstimmung (*concert*) ihrer künftigen Aktionen.[22] Als wichtig erwies sich die Präsenz des britischen Außenministers Robert S. Castlereagh (1769–1822) unter den alliierten Entscheidern ab Januar 1814. Kurz vorher hatte er als Absicht der britischen Regierung formuliert, nach einem Sieg über Frankreich nicht nur Frieden zu schließen, sondern diesen Frieden auch permanent absichern zu wollen. Als wichtigstes Instrument dafür postulierte er ein langfristiges Verteidigungsbündnis (*defensive league*) der Gegner Frankreichs.[23] Daraus entstand, nicht ohne Schwierigkeiten, die auf die ungewöhnlich lange Zeitdauer von zwanzig Jahren abgeschlossene ‚Quadrupelallianz' zwischen Russland, Großbritannien, Österreich und Preußen (Chaumont, 9. März 1814; rückdatiert auf 1. März). Sie enthielt

---

22 *Eckhardt Treichel* (Hg.), Quellen zur Geschichte des Deutschen Bundes, Bd. 1: Die Entstehung des Deutschen Bundes 1813–1815, Bd. 1/1, München 2000, S. 31.
23 *Charles K. Webster* (Hg.), British Diplomacy 1813–1815. Select Documents Dealing with the Reconstruction of Europe, London 1921, S. 58.

neben Absprachen zur Fortsetzung des Feldzugs die Bekundung des politischen Willens, in Europa ein berechenbares Gleichgewicht der Mächte neu zu etablieren; 1815 wurde dieser Vertrag noch zweimal erneuert. Die konsequent multilaterale Ausgestaltung dieser Allianz und ihrer Folgeverträge markierte eine neue Qualität europäischer Bündnisse im 19. Jahrhundert.[24]

Im Ersten Frieden von Paris verzichteten die Alliierten 1814 aus Rücksicht auf das wiederetablierte Königtum der Bourbonen auf substantielle Gebietsabtretungen oder Entschädigungszahlungen Frankreichs. Die meisten überseeischen Besitzungen wurden zurückgestellt; allerdings behielten die Briten Tobago, Mauritius und Malta. Schweden erhielt Norwegen in Personalunion, um den Verlust Finnlands an den Zaren zu kompensieren. Territorial und politisch gestärkt wurden die Staaten an der Ostgrenze Frankreichs: die Niederlande, die Schweizer Eidgenossenschaft und das Königreich Piemont-Sardinien. Im Norden Italiens wurde Österreich eine Einflusszone bis zum Po vorbehalten. Der Vertragstext reklamierte für sich, „une paix solide, [...] portant dans ses stipulations la garantie de sa durée" darzustellen und „un système d'equilibre réel et durable en Europe" herbeizuführen.[25] Wichtige Punkte wie die Gestaltung des deutschen Raums waren dort aber nur sehr generell umschrieben, sodass dem Friedensvertrag weitere multilaterale Gespräche folgen mussten. In London wurde im Juni über die Neugestaltung der Niederlande, nicht aber über die wichtige Frage der Zukunft Polens gesprochen. Art. 32 des Pariser Friedens lud *alle* Parteien, die, egal auf welcher Seite, im vergangenen Krieg engagiert gewesen waren, im Sommer 1814 zu einem *congrès général* nach Wien ein, um dort über die Ausgestaltung der Rahmenbestimmungen zu beschließen. Der Wiener Kongress war also kein Friedenskongress, sondern diente der Konsolidierung eines bereits abgeschlossenen Friedensvertrags. Trotzdem verbanden ihn die Funktion als Forum des Machtausgleichs innerhalb eines multipolaren Staatensystems sowie das Interesse an der Kreierung von Stabilität eng mit den Intentionen der Friedenskongresse des 17. und 18. Jahrhunderts.[26]

Zur Einzigartigkeit der Wiener Verhandlungssituation mit ihren Herausforderungen und Chancen gehörte, dass es weder ein festes Drehbuch für den Ablauf noch jemals eine formalisierte Verfahrensordnung gab. Der Kongress hatte seine schließlich erfolgreichen Arbeitsmethoden mit zahlreichen Fachausschüssen und parallelen Verhandlungs-Panels im *learning by doing*-Modus erst zu entwickeln. Eigentlich hatten die vier alliierten Mächte geplant, die Erarbeitung detaillierter Vorschläge zur Ausfüllung des Pariser Rahmenwerks vorab exklusiv unter sich zu erledigen; der Kongress

---

24 Katja *Frehland-Wildeboer*, Treue Freunde? Das Bündnis in Europa 1714–1914, München 2010, S. 285–287.
25 *Treichel*, Quellen zur Geschichte des Deutschen Bundes, Bd. 1/1, S. 154, 166.
26 *Gabriele Haug-Moritz*, Die Friedenskongresse von Münster/Osnabrück (1643–1648) und Wien (1814/15) als „deutsche" Verfassungskongresse. Ein Vergleich in verfahrensgeschichtlicher Perspektive, in: HJb 124 (2004), S. 125–178, hier S. 126–130. Vgl. hierzu auch Kapitel Nr. 22, 46 und 47.

wäre dann ein bloßes „ratifying instrument" gewesen.²⁷ Doch alle Vorabsprachen scheiterten einerseits an Meinungsverschiedenheiten unter den Alliierten, andererseits am geschickten Taktieren des französischen Außenministers Talleyrand hinsichtlich der Organisation der Verhandlungen, der mehrfach den Vorschlag einer entscheidungsbefugten Plenarversammlung ins Spiel brachte, was die Alliierten nicht zugestehen wollten. Zum Jahresende 1814 stand der Kongress aufgrund der tiefgreifenden Konflikte um die Ansprüche des Zaren auf Polen und des preußischen Königs auf Sachsen kurz vor dem Auseinanderbrechen, doch in den ersten Monaten des Jahres 1815, bis zur Rückkehr Napoleons von Elba nach Paris, erarbeitete eine Fünf-Mächte-Kommission unter Einbeziehung Frankreichs die Grundlagen für die territorialen und politischen Lösungen. Sie fielen in vielerlei Hinsicht provisorisch und wenig systematisch aus.

Das vom Pariser Frieden vorgeschriebene *lien fédératif* für den mitteleuropäischen Raum wurde zu einem lockeren Staatenbund ausgestaltet, der als ‚Deutscher Bund' an die Stelle des Alten Reiches trat und dem auch Österreich und Preußen mit den größeren Teilen ihres Gebiets angehörten. Entgegen dem von Wien und Berlin anfangs verfolgten Modell einer hegemonial strukturierten Bundesverfassung lief die Öffnung der Verhandlungen für die kleineren Mächte im Mai 1815 auf eine rudimentäre Rahmenordnung hinaus, die die Souveränität und Gleichstellung aller 38 Bundesmitglieder respektierte. Die Bundesakte vom 8. Juni 1815 formulierte als Zweck des Bundes die „Erhaltung der äußeren und inneren Sicherheit Deutschlands und der Unabhängigkeit und Unverletzbarkeit der einzelnen deutschen Staaten". Als einzige gemeinsame Institution war ein Ständiger Gesandtenkongress in Frankfurt am Main vorgesehen, der ab Herbst 1815 die „Grundgesetze des Bundes" und dessen institutionelle Ausgestaltung erarbeiten sollte.²⁸ Die ganz am Ende des Kongresses unter hohem Zeitdruck erarbeitete Bundesakte war und blieb ein wenig befriedigendes Provisorium, erfüllte gleichwohl zwei wichtige Funktionen: Durch ein Geflecht von Garantien und Absprachen sorgfältig mit der europäischen Friedensordnung verwoben, wirkte die Etablierung des Bundes im Netzwerk der internationalen Politik zum einen defensiv und konfliktdämpfend. Zum anderen ging die Konstruktion des Bundes konform mit jenem politischen Prinzip, das sich als das „föderative[n] Grundmuster der deutschen Geschichte" beschreiben lässt.²⁹

Das Herzogtum Warschau wurde, territorial rekonfiguriert und Richtung Westen verlagert, dem russischen Zaren in Personalunion übertragen, sollte aber getrennt von den übrigen Provinzen des russischen Reiches regiert und mit einer eigenen Verfassung ausgestattet werden. Preußen sah sich mit dem Gebiet von Posen nur unzurei-

---

27 *Charles K. Webster*, The Congress of Vienna 1814–15, Oxford 1919, S. 45. Vgl. *Reinhard Stauber*, Der Wiener Kongress, Wien u. a. 2014, S. 47–78.
28 *Huber*, Dokumente zur deutschen Verfassungsgeschichte, Bd. 1, S. 85, 87.
29 *Dieter Langewiesche*, Nation, Nationalismus, Nationalstaat in Deutschland und Europa, München 2000, S. 69.

chend entschädigt und hatte deswegen die Angliederung von ganz Sachsen verlangt, was den Kongress zum Jahresende 1814 fast zum Scheitern brachte. Nur widerstrebend akzeptierte man in Berlin im Februar 1815 (zusätzlich zu einem kleineren Teil Sachsens) die Zuweisung jener Gebiete im Westen, die später als ‚Rheinprovinz' und ‚Provinz Westfalen' mit einer Einwohnerzahl von zusammen drei Mio. Menschen und bedeutenden Industriestandorten zum Kern der Präsenz Preußens in Deutschland und damit „eine der Grundlagen der Reichsgründung von 1866/71" wurden.[30]

Angesichts der massiven Streitigkeiten zwischen den einzelnen Kantonen der Schweizer Eidgenossenschaft über die Neuorganisation ihres Bundes nahmen die Großmächte ihre Rolle als Mediatoren und Schiedsrichter (*puissances intervenantes*) hier besonders ernst und richteten auf dem Kongress ein eigenes Komitee ein, das die strittigen Ansprüche anhörte und bis März 1815 entschied. Der neue Bundesvertrag vom August 1815 konstituierte die Eidgenossenschaft als lockere Föderation mit nunmehr 22 souveränen Kantonen, einem ständigen Gesandtenkongress (‚Tagsatzung') und gemeinsamer Armee. In einer feierlichen Deklaration zum Zweiten Pariser Frieden anerkannten die Mächte die immerwährende Neutralität der Schweiz und die Unverletzlichkeit ihres Territoriums.[31]

Auf der italienischen Halbinsel organisierte Österreich das ihm im Ersten Pariser Frieden zugewiesene Gebiet zwischen Alpen und Po 1815 formell als *Regno Lombardo-Veneto*, für das 1816 ein Vizekönig ernannt wurde. Sardinien-Piemont wurde um Genua vergrößert; restituiert fanden sich das ‚Königreich beider Sizilien' der Bourbonen von Neapel, der Kirchenstaat und mehrere Regionalstaaten des Ancien Régime wie die Toskana, Parma oder Modena, die als Sekundogenituren an das österreichische Kaiserhaus fielen.

3.2 Die ‚Wiener Ordnung'

Was in der Forschung abkürzend als ‚Wiener Ordnung' (*Vienna system/settlement*) bezeichnet wird,[32] ist nicht nur das Ergebnis des Wiener Kongresses. Zum System der ‚Ordnung' gehörten der Kieler Friede vom Januar 1814, die beiden Friedensverträge von Paris vom Mai 1814 bzw. November 1815, die Wiener Kongressakte vom Juni 1815 mit ihren 121 Artikeln und 17 Beilagen sowie die Protokolle und Verträge zahlreicher bilateraler Verhandlungen. Ein Kernstück war und blieb die Quadrupelallianz vom März 1814, die im März bzw. November 1815 erneuert und 1818, nun Frankreich ein-

---

30 *Thomas Nipperdey*, Deutsche Geschichte 1800–1866. Bürgerwelt und starker Staat, München 1983, S. 91.
31 *Andreas Kley*, Verfassungsgeschichte der Neuzeit. Grossbritannien, die USA, Frankreich, Deutschland und die Schweiz, Bern ³2013, S. 270–276, 466–469.
32 *Paul W. Schroeder*, The Transformation of European Politics 1763–1848, Oxford/New York 1994, S. 575–582.

schließend, zum ‚Konzert' der europäischen Pentarchie transformiert wurde. Ausgerichtet sind alle diese Vertragswerke auf Ordnung, Stabilität und Berechenbarkeit der internationalen Politik und in diesem Sinne auf die Erhaltung des Status quo in Europa nach der Restitution der bourbonischen Monarchien in Frankreich, Neapel und Spanien.

Als politisches System abgestimmt agierender Großmächte erfuhr Europa 1814/15 einen signifikanten Schub an Vernetzung und Kooperation, doch war dieses System nur rudimentär durch Institutionen unterfüttert. Erst die dritte Fassung der Quadrupelallianz vom 20. November 1815, nahm, ergänzend zu den Bestimmungen des Pariser Friedens, in ihrem Art. 6 regelmäßige Treffen der Monarchen oder ihrer leitenden Minister in Aussicht, um die Aufrechterhaltung von Ruhe und Frieden in Europa zu sichern. Diesem Zweck dienten auch drei neuartige, 1815/16 installierte Gesprächsforen in Gestalt permanenter Konferenzen der Botschafter der Vier Mächte in London, Paris und Frankfurt. Hier wurden für eine Reihe offener Fragen, die von Gebietsdisputen bis zur Frage von Schuldenübernahmen reichten, multilaterale Lösungen ausgearbeitet und so potentielle Krisensituationen durch akkordierte Absprachen entschärft.

Geradezu symbolhaft verkörperte die ‚Heilige Allianz' der Monarchen von Russland, Österreich und Preußen vom 26. September 1815 die starke Verflechtung der Normen inner- und zwischenstaatlicher Politik. Wenn überhaupt, war die Allianz der drei Ostmächte nur in den wenigen Jahren der konservativen Wende der europäischen Politik zwischen 1820 und 1826 ein maßgeblicher Faktor; das Regelwerk des ‚Konzerts' fand sich vielmehr in der Erneuerung der Quadrupelallianz vom November 1815 und in den Protokollen des Aachener Kongresses von 1818 festgelegt. Im Vergleich spielte der Versuch Alexanders I., Machtpolitik mit hohem rhetorischem Aufwand und religiös abgetönten Formeln zu unterfüttern, realpolitisch kaum eine Rolle.

Wichtiger für den aktiven Ausbau kooperativer Strukturen wurden neue Regelwerke innerhalb des *ius publicum europaeum* wie das Wiener Reglement über die Rangabstufung der akkreditierten Diplomaten (März 1815; in der erweiterten Neufassung von 1961 bis heute Teil des Völkerrechts) oder die von Großbritannien betriebene moralische Ächtung des transatlantischen Sklavenhandels. Wirtschaftspolitische Absprachen betrafen vor allem, ebenfalls im März 1815, Schifffahrt und Handel auf dem Stromsystem des Rheins, bei denen es, in Fortschreibung einer 1803/04 etablierten Organisationsform, um Vereinbarungen zur Erhebung einheitlicher Zölle oder die Nutzung gemeinsamer Infrastruktur ging. Wegen langwieriger Meinungsverschiedenheiten mit den Niederlanden kam eine multilaterale Abrede dazu erst 1831 zustande; bis heute besteht die „Zentralkommission für die Rheinschifffahrt" mit Sitz in Strasbourg als älteste zwischenstaatliche Regulierungsinstanz Europas. Auch Geldmärkte und Kapitalströme bildeten verbindende Faktoren in Europa, wobei dem Bankenplatz London, der die Hauptlast der Finanzierung der Kriege gegen Napoleon getragen hatte, weiterhin besondere Bedeutung zukam. Großmaßstäbliche Transaktionen wie die von Wellington 1818 vermittelte Platzierung französischer Staatsanleihen beim Bankhaus Baring wurden Teil des Repertoires europäischer Verflechtungen und trugen zur Befriedung des Kontinents bei.

Damit ist die Serie europäischer Gipfelkonferenzen bis 1822 angesprochen, die 1818 in Aachen begann. Dabei stand zunächst die Zukunft Frankreichs im Mittelpunkt; die Kontrolle der innenpolitischen Entwicklung des Landes war, aufgrund der verstörenden Erfahrung der ‚Hundert Tage', zwischen 1815 und 1818 der Kernpunkt der alliierten Politik. Frankreich hatte im lange verhandelten Zweiten Friedensvertrag von Paris weitere Gebietsteile und strategische Plätze verloren und eine Indemnitätszahlung in Höhe von 700 Mio. Francs sowie die Stationierung einer alliierten Besatzungsarmee von 150.000 Mann akzeptieren müssen. In Aachen wurden Lösungen für die Abwicklung der ausstehenden Zahlungen und den Abzug der alliierten Besatzer verabschiedet, außerdem luden die Vier Mächte Frankreich ein, sich dem „système de l'Europe" zu assoziieren, um künftig mit der Vierer-Allianz zur Erhaltung von Ruhe und Frieden zu kooperieren.[33] Präzisiert wurde auch das Regelwerk der Konsultationen unter den Fünf Mächten, die nun auch Angelegenheiten von Drittstaaten aufgreifen konnten, wozu die Aufstände und Unruhen im Mittelmeergebiet seit 1820/21 reichlich Anlass lieferten.

Die aktive Kooperation der führenden Mächte wird in neueren Analysen der Wiener Ordnung als innovatives strukturelles Merkmal internationaler Politik im 19. Jahrhundert herausgestellt, kulminierend in der Charakterisierung Paul W. Schroeders, die Etablierung eines „international system of political equilibrium based on benign shared hegemony and the mutual recognition of right underpinned by law" sei einer „revolution in international politics" gleichgekommen.[34] Erkennbar ist jedenfalls der Wille, gemeinsames Konfliktmanagement in festeren Strukturen zu betreiben und einschlägige Informationen zeitnah auszutauschen. Darin bereits den Ansatz zu einem kollektiven Sicherheitssystem für den Kontinent, geregelt von einer Art Sicherheitsrat, zu sehen, greift wohl zu weit – ging es doch mehr um konsultative als institutionelle Mechanismen, die über längere Zeit oder in rasch wechselnden Personalkonstellationen wenig Resilienz aufwiesen. Überdies fehlten feste Periodizität oder die automatische Verpflichtung zur Befassung mit einer bestimmten Agenda.

---

33 *Karin Schneider/Stephan Kurz* (Hg.), Mächtekongresse 1818–1822. Digitale Edition der Dokumente zu den Kongressen von Aachen (1818), Troppau (1820), Laibach (1821) und Verona (1822), Protokoll vom 15.11.1818, online: https://maechtekongresse.acdh.oeaw.ac.at/pages/show.html?document=Aachen_Prot_34.xml&directory=editions (abgerufen am: 17.6.2020).

34 Zitat bei *Schroeder*, Transformation, S. 580; vgl. *Matthias Schulz*, Normen und Praxis. Das europäische Konzert der Großmächte als Sicherheitsrat 1815–1860, München 2009; *Beatrice de Graaf* u.a. (Hg.), Securing Europe after Napoleon. 1815 and the New European Security Culture, Cambridge 2019; kritisch *Miroslav Šedivý*, The Decline of the Congress System. Metternich, Italy and European Diplomacy, London/New York 2018.

Auswahlbibliographie / Select Bibliography

Broers, Michael, Europe under Napoleon 1799–1815, London/New York 1996, ND London 2015.
Broers, Michael, Napoleon, bisher 2 Bde., London 2014–2018.
Dufraisse, Roger/Kerautret, Michel, La France napoléonienne. Aspects extérieurs 1799–1815, Paris 1999.
Dwyer, Philip G., Citizen Emperor. Napoleon in Power, London/New Haven 2013.
Englund, Steven, Napoleon. A political life, Cambridge (Mass.) 2004.
Erbe, Michael (Hg.), Vom Konsulat zum Empire libéral. Ausgewählte Texte zur französischen Verfassungsgeschichte 1799–1870, Darmstadt 1985.
Erbe, Michael, Revolutionäre Erschütterung und erneuertes Gleichgewicht. Internationale Beziehungen 1785–1830, Paderborn u. a. 2004.
Esdaile, Charles J., De-Constructing the French Wars: Napoleon as Anti-Strategist, in: The Journal of Strategic Studies 31/4 (2008), S. 515–552.
Esdaile, Charles J., Napoleon's Wars. An International History 1803–1815, London 2008.
Frehland-Wildeboer, Katja, Treue Freunde? Das Bündnis in Europa 1714–1914, München 2010.
Graaf, Beatrice de u. a. (Hg.), Securing Europe after Napoleon. 1815 and the New European Security Culture, Cambridge 2019.
Grainger, John D., The Amiens Truce. Britain and Bonaparte, 1801–1803, Woodbridge/Roch. 2004.
Haug-Moritz, Gabriele, Die Friedenskongresse von Münster/Osnabrück (1643–1648) und Wien (1814/15) als „deutsche" Verfassungskongresse. Ein Vergleich in verfahrensgeschichtlicher Perspektive, in: HJb 124 (2004), S. 125–178.
Huber, Ernst Rudolf (Hg.), Dokumente zur deutschen Verfassungsgeschichte, Bd. 1: Deutsche Verfassungsdokumente 1803–1850, Stuttgart u. a. ³1978.
Kerautret, Michel (Hg.), Documents Diplomatiques du Consulat et de l'Empire, 3 Bde., Paris 2002–2004.
Kley, Andreas, Verfassungsgeschichte der Neuzeit. Grossbritannien, die USA, Frankreich, Deutschland und die Schweiz, Bern ³2013.
Langewiesche, Dieter, Nation, Nationalismus, Nationalstaat in Deutschland und Europa, München 2000.
Langewiesche, Dieter, Föderative Nation, kulturelle Identität und politische Ordnung. (Rück-)Blick aus dem 19. Jahrhundert, in: Georg Schmidt (Hg.), Die deutsche Nation im frühneuzeitlichen Europa. Poltische Ordnung und kulturelle Identität?, München 2010, S. 65–80.
Lentz, Thierry, Nouvelle Histoire du Premier Empire, 4 Bde., Paris 2002–2010.
Lentz, Thierry (Hg.), Napoléon Bonaparte. Correspondance Générale, Bd. 1: Les apprentissages 1784–1797, Paris 2004.
Lentz, Thierry/Madec, Gabriel (Hg.), Napoléon Bonaparte. Correspondance Générale, Bd. 3: Pacifications 1800–1802, Paris 2006.
Mikaberidze, Alexander, The Napoleonic Wars. A global history, Oxford 2020.
Nipperdey, Thomas, Deutsche Geschichte 1800–1866. Bürgerwelt und starker Staat, München 1983.
Perry, Clive, The Consolidated Treaty Series, Bde. 52–64, Dobbs Ferry 1969.
Savoy, Bénédicte, Patrimoine annexé. Les biens culturels saisis par la France en Allemagne autour de 1800, 2 Bde., Paris 2003.
Schneider, Karin/Kurz, Stephan (Hg.), Mächtekongresse 1818–1822. Digitale Edition der Dokumente zu den Kongressen von Aachen (1818), Troppau (1820), Laibach (1821) und Verona (1822), online: https://maechtekongresse.acdh.oeaw.ac.at (abgerufen am: 17.06.2020).
Schroeder, Paul W., The Transformation of European Politics 1763–1848, Oxford/New York 1994.
Schulz, Matthias, Normen und Praxis. Das europäische Konzert der Großmächte als Sicherheitsrat 1815–1860, München 2009.

Šedivý, Miroslav, The Decline of the Congress System. Metternich, Italy and European Diplomacy, London/New York 2018.
Siemann, Wolfram, Metternich. Stratege und Visionär. Eine Biografie, München 2016.
Stauber, Reinhard, Der Wiener Kongress, Wien u. a. 2014.
Treichel, Eckhardt (Hg.), Quellen zur Geschichte des Deutschen Bundes, Bd. 1: Die Entstehung des Deutschen Bundes 1813–1815, 2 Teilbde., München 2000.
Webster, Charles K., The Congress of Vienna 1814–15, Oxford 1919.
Webster, Charles K. (Hg.), British Diplomacy 1813–1815. Select Documents Dealing with the Reconstruction of Europe, London 1921.
Wolfensberger, Heinrich (Hg.), Napoleonische Friedensverträge. Campo Formio 1797, Lunéville 1801, Amiens 1802, Pressburg 1805, Tilsit 1807, Wien-Schönbrunn 1809, Bern 1946.
Woolf, Stuart J., Napoleon's integration of Europe, London u. a. 1991.

Verzeichnis der Autor*innen

Dr. Volker Arnke – Universität Osnabrück, Wissenschaftlicher Mitarbeiter am Forschungszentrum Institut für Kulturgeschichte der Frühen Neuzeit.
Dr. Rainer Babel – Deutsches Historisches Institut Paris, apl. Professor und Abteilungsleiter Frühe Neuzeit.
Dr. Mihály Balázs – Szegedi Tudományegyetem (Universität Szeged), Professor für Religionsgeschichte.
Dr. Anette Baumann – Justus-Liebig-Universität Gießen, Honorarprofessorin für die Geschichte der Frühen Neuzeit.
Dr. Hendrik Baumbach – Universität Bern, Postdoc-Assistent in der Abteilung für Mittelalterliche Geschichte.
Dr. Friedrich Beiderbeck – Berlin-Brandenburgische Akademie der Wissenschaften, Leibniz-Edition, Wissenschaftlicher Mitarbeiter in der Arbeitsstelle Potsdam.
Dr. Peter Borschberg – National University of Singapore, Associate Professor; Gastprofessor für Neuere Geschichte an der Universität Greifswald.
Dr. Dr. Guido Braun – Université de Haute-Alsace Mulhouse, Professor für Geschichte der Frühen Neuzeit, Direktor des Departements für Geschichtswissenschaft.
Dr. Renger De Bruin – Universiteit Utrecht, Wissenschaftlicher Mitarbeiter am Fachbereich Geschichte und Kunstgeschichte.
Dr. Maria-Elisabeth Brunert – Rheinische Friedrich-Wilhelms-Universität Bonn, Wissenschaftliche Mitarbeiterin am Zentrum für Historische Friedensforschung.
Dr. Johannes Burkhardt – Universität Augsburg, Professor em. für Geschichte der Frühen Neuzeit, Forschungsprojekte am Institut für Europäische Kulturgeschichte.
Dr. Horst Carl – Justus-Liebig-Universität Gießen, Professor für Geschichte der Frühen Neuzeit, Sprecher des SFB/TRR 138 ‚Dynamiken der Sicherheit'.
Dr. Derek Croxton – Charlottesville in Virginia, Historiker.
Dr. Regina Dauser – Universität Augsburg, apl. Professorin für Geschichte der Frühen Neuzeit.
Dr. Frederik Dhondt – Vrije Universiteit Brussel, Professor für Rechtsgeschichte; Gastprofessor an der Universität Antwerpen.
Dr. Irene Dingel – Leibniz-Institut für Europäische Geschichte Mainz, Direktorin des Instituts, Abteilung für Abendländische Religionsgeschichte; Professorin für Kirchen- und Dogmengeschichte an der Johannes Gutenberg-Universität Mainz.
Dr. Benjamin Durst – Augsburg, Historiker.
Dr. Sabine Ehrmann-Herfort – Deutsches Historisches Institut in Rom, Stellvertretende Leiterin der Musikgeschichtlichen Abteilung.
Dr. Martin Espenhorst, geb. Peters – Gehrde im Artland/Hannover, Frühneuzeithistoriker.
Dr. Ralf-Peter Fuchs – Universität Duisburg-Essen, Professor für Landesgeschichte der Rhein-Maas-Region.
Dr. Drs. h.c. Klaus Garber – Universität Osnabrück, Professor em. für Literaturtheorie und Geschichte der Neueren Literatur.
Dr. Dorothée Goetze – Rheinische Friedrich-Wilhelms-Universität Bonn, Wissenschaftliche Mitarbeiterin in der Abteilung für Geschichte der Frühen Neuzeit und Rheinische Landesgeschichte.
Dr. Axel Gotthard – Friedrich-Alexander-Universität Erlangen-Nürnberg, apl. Professor für Geschichte der Frühen Neuzeit.
Dr. Mark Greengrass – University of Sheffield, Professor em. für Geschichte der Frühen Neuzeit.
Dr. Duncan Hardy – University of Central Florida, Assistant Professor im Fachbereich Geschichte.

Dr. Karl Härter – Max-Planck-Institut für europäische Rechtsgeschichte Frankfurt a. M., Forschungsgruppenleiter; apl. Professor für Neuere und Neueste Geschichte an der Technischen Universität Darmstadt.

Dr. Gabriele Haug-Moritz – Karl-Franzens-Universität Graz, Professorin und Leiterin des Fachbereichs Frühe Neuzeit am Institut für Geschichte.

Dr. Katherine A. Hermes – Central Connecticut State University, Professorin für Geschichte.

Dr. Murari Kumar Jha – Ahmedabad University, Assistant Professor an der School of Arts and Sciences.

Dr. Alexander Jordan – Wehrgeschichtliches Museum Rastatt, Direktor und Geschäftsführer des Museums.

Dr. Henning P. Jürgens – Leibniz-Institut für Europäische Geschichte Mainz, Wissenschaftlicher Mitarbeiter in der Abteilung für Abendländische Religionsgeschichte.

Dr. Hermann Kamp – Universität Paderborn, Professor für Mittelalterliche Geschichte.

Dr. Christoph Kampmann – Philipps-Universität Marburg, Professor für Geschichte der Frühen Neuzeit, Gründungssprecher (2014–2018) des SFB/TRR 138 ‚Dynamiken der Sicherheit'.

Dr. Armin Kohnle – Universität Leipzig, Professor für Kirchengeschichte mit dem Schwerpunkt Spätmittelalter und Reformationsgeschichte.

Dr. Eva Krems – Westfälische Wilhelms-Universität Münster, Professorin für Kunstgeschichte, Geschäftsführende Direktorin des Instituts für Kunstgeschichte.

Dr. Volker Leppin – Eberhard-Karls-Universität Tübingen, Professor für Kirchengeschichte, Direktor des Instituts für Spätmittelalter und Reformation.

Dr. Niels F. May – Deutsches Historisches Institut Paris, Wissenschaftlicher Koordinator.

Dr. Ulrich Niggemann – Universität Augsburg, Privatdozent, Direktor und Geschäftsführender Wissenschaftlicher Sekretär des Instituts für Europäische Kulturgeschichte.

Dr. Lena Oetzel – Paris-Lodron-Universität Salzburg, Wissenschaftliche Mitarbeiterin am Fachbereich Geschichte.

Dr. Michael Rohrschneider – Rheinische Friedrich-Wilhelms-Universität Bonn, Professor für Geschichte der Frühen Neuzeit und Rheinische Landesgeschichte, Leiter des Zentrums für Historische Friedensforschung.

Dr. Harriet Rudolph – Universität Regensburg, Professorin für Neuere Geschichte.

Dr. Alexandra Schäfer-Griebel – Leibniz-Institut für Europäische Geschichte Mainz, ehem. Wissenschaftliche Mitarbeiterin im Projekt Religionsfrieden.

Dr. Inken Schmidt-Voges – Philipps-Universität Marburg, Professorin für Geschichte der Frühen Neuzeit.

Dr. Thomas Schölderle – Akademie für Politische Bildung in Tutzing, Publikationsreferent, Dozent an der Hochschule für Politik München.

Dr. Reinhard Stauber – Alpen-Adria-Universität Klagenfurt, Professor für Neuere und Österreichische Geschichte, stv. Vorstand und Abteilungsleiter des Instituts für Geschichte.

Dr. Benjamin Steiner – Goethe-Universität Frankfurt am Main, Privatdozent am Historischen Seminar.

Dr. Arno Strohmeyer – Paris-Lodron-Universität Salzburg, Professor für Geschichte der Neuzeit, Wissenschaftlicher Direktor des Instituts für die Erforschung der Habsburgermonarchie und des Balkanraumes.

Masaki Taguchi – Universität Tokio, Professor für westliche Rechtsgeschichte an der Juristischen Fakultät.

Dr. Anuschka Tischer – Julius-Maximilians-Universität Würzburg, Professorin für Neuere Geschichte.

Dr. Uwe Tresp – Ludwig-Maximilians-Universität München, Wissenschaftlicher Mitarbeiter in der Abteilung Historische Grundwissenschaften und Historische Medienkunde.

Dr. Klaas Van Gelder – Universiteit Gent/Rijksarchief Gent, Postdoktorand an der Fakultät der Künste und Philosophie.

Dr. Christopher Voigt-Goy – Leibniz-Institut für Europäische Geschichte Mainz, Wissenschaftlicher Mitarbeiter in der Abteilung für Abendländische Religionsgeschichte; Privatdozent an der Kirchlichen Hochschule Wuppertal/Bethel.

Dr. Joachim Whaley – University of Cambridge, Professor für deutsche Geschichte.

Dr. Siegrid Westphal – Universität Osnabrück, Professorin für Geschichte der Frühen Neuzeit, Direktorin des Forschungszentrums Institut für Kulturgeschichte der Frühen Neuzeit.

Dr. Andreas Zecherle – Eberhard-Karls-Universität Tübingen, Wissenschaftlicher Mitarbeiter am Institut für Spätmittelalter und Reformation.

List of Authors

Dr. Volker Arnke – University of Osnabrück, Research Associate at the Research Centre of the Institute for Early Modern Cultural History.
Dr. Rainer Babel – German Historical Institute Paris, Supernumerary Professor and Head of the Department for Early Modern History.
Dr. Mihály Balázs – Szegedi Tudományegyetem (University of Szeged), Professor of Religious History.
Dr. Anette Baumann – Justus Liebig University Gießen, Honorary Professor of Early Modern History.
Dr. Hendrik Baumbach – University of Berne, Postdoctoral Assistant in the Department of Medieval History.
Dr. Friedrich Beiderbeck – Berlin-Brandenburg Academy of Sciences, Leibniz-Edition, Research Associate in the Potsdam Section.
Dr. Peter Borschberg – National University of Singapore, Associate Professor; Guest Professor for Modern History, University of Greifswald.
Dr. Dr. Guido Braun – University of Haute-Alsace Mulhouse, Professor of Early Modern History, Director of the Department of History.
Dr. Renger De Bruin – University of Utrecht, Research Associate in the Faculty of History and History of Art.
Dr. Maria-Elisabeth Brunert – Rhenish Friedrich Wilhelm University of Bonn, Research Associate at the Centre for Historical Peace Studies.
Dr. Johannes Burkhardt – University of Augsburg, Emeritus Professor of Early Modern History, Research Projects at the Institute for European Cultural History.
Dr. Horst Carl – Justus Liebig University Gießen, Professor of Early Modern History, Principal Investigator of the Collaborative Research Center TRR 138 ‚Dynamiken der Sicherheit' (Dynamics of Security).
Dr. Derek Croxton – Charlottesville, Virginia, USA, Historian and Private Scholar.
Dr. Regina Dauser – University of Augsburg, Supernumerary Professor of Early Modern History.
Dr. Frederik Dhondt – Free University of Brussels, Professor of Legal History; Guest Professor at the University of Antwerp.
Dr. Irene Dingel – Director of the Leibniz Institute for European History Mainz, Department of European Religious History; Professor of Church History and History of Dogma at the Johannes Gutenberg University Mainz.
Dr. Benjamin Durst – Augsburg, Historian.
Dr. Sabine Ehrmann-Herfort – German Historical Institute in Rome, Deputy Head of the Music History Department.
Dr. Martin Espenhorst, née Peters – Gehrde im Artland/Hannover, Historian and Private Scholar for Early Modern History.
Dr. Ralf-Peter Fuchs – University of Duisburg-Essen, Professor of Regional History of the Rhine-Maas Region.
Dr. Drs. h.c. Klaus Garber – University of Osnabrück, Emeritus Professor of Literary Theory and the History of Modern Literature.
Dr. Dorothée Goetze – Rhenish Friedrich Wilhelm University of Bonn, Research Associate in the Department of Early Modern History and Rhenish Regional History.
Dr. Axel Gotthard – Friedrich Alexander University Erlangen-Nürnberg, Supernumerary Professor of Early Modern History.
Dr. Mark Greengrass – University of Sheffield, Emeritus Professor of Early Modern History.
Dr. Duncan Hardy – University of Central Florida, Assistant Professor in the Department of History.

Dr. Karl Härter – Max Planck Institute for European Legal History Frankfurt a. M., Research Group Leader; Supernumerary Professor of Early Modern and Modern History at the Technical University of Darmstadt.
Dr. Gabriele Haug-Moritz – Karl Franz University Graz, Professor and Chair of the Department of Early Modern History in the Institute of History.
Dr. Katherine A. Hermes – Central Connecticut State University, Professor of History.
Dr. Murari Kumar Jha – Ahmedabad University, Assistant Professor in the School of Arts and Sciences.
Dr. Alexander Jordan – Director and Chief Executive of the Museum of Military History Rastatt, Baden-Württemberg.
Dr. Henning P. Jürgens – Leibniz Institute for European History Mainz, Research Associate in the Department of European Religious History.
Dr. Hermann Kamp – University of Paderborn, Professor of Medieval History.
Dr. Christoph Kampmann – Philipp University Marburg, Professor of Early Modern History, Principal Investigator of the Collaborative Research Center TRR 138 'Dynamiken der Sicherheit' (Dynamics of Security).
Dr. Armin Kohnle – University of Leipzig, Professor of Ecclesiastical History (Late Middle Ages and Reformation).
Dr. Eva Krems – Westphalian Wilhelm University Münster, Professor of the History of Art, Executive Director of the Institute for Art History.
Dr. Volker Leppin – Eberhard Karl University Tübingen, Professor of Ecclesiastical History, Director of the Institute of the Late Middles Ages and the Reformation.
Dr. Niels F. May – German Historical Institute Paris, Research Coordinator.
Dr. Ulrich Niggemann – University of Augsburg, Lecturer, Director and Executive Research Secretary of the Institute for European Cultural History.
Dr. Lena Oetzel – Paris-Lodron University Salzburg, Research Associate in the Faculty of History.
Dr. Michael Rohrschneider – Rhenish Friedrich Wilhelm University of Bonn, Professor of Early Modern History and Rhenish Regional History, Director of the Centre for Historical Peace Studies.
Dr. Harriet Rudolph – University of Regensburg, Professor of Modern History.
Dr. Alexandra Schäfer-Griebel – Leibniz Institute for European History Mainz, formerly Research Associate in the Religious Peace Project.
Dr. Inken Schmidt-Voges – Philipp University Marburg, Professor of Early Modern History.
Dr. Thomas Schölderle – Academy for Political Education in Tutzing, Publications Officer, Lecturer at the University of Politics Munich.
Dr. Reinhard Stauber – Alpine-Adriatic University Klagenfurt, Professor of Modern and Austrian History, Chair and Deputy Head of the Institute of History.
Dr. Benjamin Steiner – Goethe University Frankfurt, Lecturer in the Department of History.
Dr. Arno Strohmeyer – Paris-Lodron University Salzburg, Professor of Modern History, Academic Director of the Institute for Research on the Habsburg Monarchy and the Balkan Region.
Masaki Taguchi – University of Tokyo, Professor of Western Legal History in the Faculty of Law.
Dr. Anuschka Tischer – Julius Maximilian University Würzburg, Professor of Modern History.
Dr. Uwe Tresp – Ludwig Maximilian University Munich, Research Associate in the Department of Auxiliary Sciences of History and Historical Media.
Dr. Klaas Van Gelder – Ghent University/State Archive of Ghent, Postdoctoral Associate in the Faculty of Arts and Philosophy.
Dr. Christopher Voigt-Goy – Leibniz Institute for European History, Research Associate in the Department of European Religious History; Lecturer at the Ecclesiastical College Wuppertal/Bethel.
Dr. Joachim Whaley – University of Cambridge, Professor of German History and Thought; Fellow of the British Academy.

Dr. Siegrid Westphal – University of Osnabrück, Professor of Early Modern History, Director of the Research Centre of the Institute for Early Modern Cultural History.

Dr. Andreas Zecherle – Eberhard Karl University Tübingen, Research Associate at the Institute for the Late Middles Ages and the Reformation.

Abkürzungsverzeichnis / List of Abbreviations

Zeitschriften und Reihen / Journals and Series

ABSHF	Annuaire-bulletin de la Société de l'Histoire de France
AFGK	Archiv für Frankfurts Geschichte
AGNM	Anzeiger des Germanischen Nationalmuseums
AKB	Aachener Kunstblätter
AKG	Arbeiten zur Kirchengeschichte. Berlin
APuZ	Aus Politik und Zeitgeschichte
ARG	Archiv für Reformationsgeschichte
ArOtt	Archivum Ottomanicum
ASRG	Archiv für die schweizerische Reformationsgeschichte
AUF	Archiv für Urkundenforschung und Quellenkunde des Mittelalters
AV	Archivio veneto
AVR	Archiv des Völkerrechts
AZP	Allgemeine Zeitschrift für Philosophie
BDLG	Blätter für deutsche Landesgeschichte
BIFAN	Bulletin de l'Institut Francaise d'Afrique Noire / Bulletin de l'Institut Fondamental d'Afrique Noire
BJVK	Bayerisches Jahrbuch für Volkskunde
BKl	Borba klassov
BNF	Bibliotheque National de France
BSELK	Die Bekenntnisschriften der Evangelisch-Lutherischen Kirche. Vollständige Neuedition
BSOAS	Bulletin of the School of Oriental and African Studies
BV	Bhāratīya vidyā
BYIL	British Yearbook of International Law
CAsJ	Central Asiatic Journal
CEH	Central European History
CHR	Catholic historical review
CJICL	Cambridge Journal of International and Comparative Law
CMA	Concilium medii aevi
DOP	Dumbarton Oaks papers
DRTA.JR	Deutsche Reichstagsakten. Jüngere Reihe
DRW	Deutsches Rechtswörterbuch
DVjs	Deutsche Vierteljahrsschrift für Literaturwissenschaft und Geistesgeschichte
EdN	Enzyklopädie der Neuzeit
EHQ	European History Quarterly
EJIL	European Journal of International Law
EJJL	European Journal of Jewish Studies
FBPG	Forschungen zur brandenburgischen und preußischen Geschichte
FrHi	French History
GG	Geschichte und Gesellschaft
GGB	Geschichtliche Grundbegriffe
GH	Der große Herder
GutJb	Gutenberg-Jahrbuch
GWU	Geschichte in Wissenschaft und Unterricht

HA	Historische Anthropologie: Kultur, Gesellschaft, Alltag
HAHR	Hispanic American Historical Review
HDRG	Handwörterbuch zur deutschen Rechtsgeschichte
HES	Histoire, économie et sociéte
HfK aktuell	Hochschule für Kirchenmusik Heidelberg aktuell
HispSac	Hispania Sacra
Hist(S)	Historia. (Santiago de Chile)
HJ	The Historical Journal
HJb	Historisches Jahrbuch
HJLG	Hessisches Jahrbuch für Landesgeschichte
HLS	Historisches Lexikon der Schweiz
HWV	Händel-Werke-Verzeichnis
HZ	Historische Zeitschrift
ICLQ	International and comparativ law quarterly
JAfH	Journal of African history
JbEurG	Jahrbuch für Europäische Geschichte
JESHO	Journal of the Economic and Social History of the Orient
JHIL	Journal of the History of International Law
JMBRAS	Journal of the Malayan Branch of the (R.) Asiatic Society
JMedHist	Journal of Medieval History
JMH	Journal of Modern History
KO	Kirche im Osten
LHR	Law and History Review
LJIL	Leiden Journal of International Law
LM	Lutherische Monatshefte
LMA	Lexikon des Mittelalters
MAS	Mission Archéologique au Soudan
MAH	Mélanges d'archéologie et d'histoire
MGH	Monumenta Germaniae Historica
MiHiEc	Miscellanea historiae ecclesiasticae
MIÖG	Mitteilungen des Instituts für Österreichische Geschichtsforschung
MÖStA	Mitteilungen des Österreichischen Staatsarchivs
MVGN	Mitteilungen des Vereins für Geschichte der Stadt Nürnbergs
OCP	Orientalia Christiana periodica
PPAf	Philosophy and public affairs
PVS	Politische Vierteljahresschrift
QFIAB	Quellen und Forschungen aus italienischen Archiven und Bibliotheken
RE	Realencyklopädie für protestantische Theologie und Kirche
RGG	Religion in Geschichte und Gegenwart
RHD	Revue d'histoire diplomatique
RhV	Rheinische Vierteljahrsblätter
RJ	Römisches Jahrbuch für Kunstgeschichte
RNord	Revue du Nord
RSIt	Rivista storica italiana
Saec.	Saeculum. München
SBBR	Studies in bibliography and booklore
StRen	Studies in the Renaissance
StVen	Studi veneziani
SZG	Schweizerische Zeitschrift für Geschichte

TAPhS	Transactions of the American Philosophical Society
Theory Soc	Theory and Society
THS	Transactions of the R. Historical Society
TRE	Theologische Realenzyklopädie
TRG	Tijdschrift voor Rechtsgeschiedenis
UngJb	Ungarn-Jahrbuch
VIEG	Veröffentlichungen des Instituts für Europäische Geschichte Mainz
WA	D. Martin Luthers Werke, Kritische Gesamtausgabe Weimarer Ausgabe
WF	Westfälische Forschungen
WMQ	William and Mary quarterly
WZ	Westfälische Zeitschrift
WZKM	Wiener Zeitschrift für die Kunde des Morgenlandes
ZaöRV	Zeitschrift für ausländisches öffentliches Recht und Völkerrecht
ZBLG	Zeitschrift für bayerische Landesgeschichte
ZfP	Zeitschrift für Politik
ZGO	Zeitschrift für die Geschichte des Oberrheins
ZHF	Zeitschrift für Historische Forschung
ZHVG	Zeitschrift des Harzvereins für Geschichte und Altertumskunde
ZHVS	Zeitschrift des Historischen Vereins für Schwaben
ZKG	Zeitschrift für Kirchengeschichte
ZNR	Zeitschrift für neuere Rechtsgeschichte
ZOF	Zeitschrift für Ostforschung
ZphF	Zeitschrift für philosophische Forschung
ZRG GA	Zeitschrift der Savigny-Stiftung für Rechtsgeschichte. Germanistische Abteilung
ZSRG.K	Zeitschrift der Savigny-Stiftung für Rechtsgeschichte. Kanonistische Abteilung
ZSRG.R	Zeitschrift der Savigny-Stiftung für Rechtsgeschichte. Romanistische Abteilung
ZThK	Zeitschrift für Theologie und Kirche
ZVHaG	Zeitschrift des Vereins für Hamburgische Geschichte
ZHVS	Zeitschrift des Historischen Vereins für Schwaben
Zwing.	Zwingliana

Allgemeine Abkürzungen / General Abbreviations

Abb.	Abbildung
Abs.	Absatz
aka	also known as
Anm.	Anmerkung/en
Art.	Artikel
BCE	Before the Christian era
Bd.	Band
Bde.	Bände
Bearb.	Bearbeiter*in
begr.	begründet
bes.	besonders
Bl.	Blatt
bspw.	beispielsweise

bzw.	beziehungsweise
c.	circa
ca.	circa
CAOM	Nationalarchiv für Überseegebiete in Aix-en-Provence
CCB	Codex Criminalis Bambergensisy
CCC	Codex Criminalis Carolina
CdS	Compagnie du Sénégal
ch.	chapter
CIO	Compagnie des Indes Occidentales
col.	collected
d.	died
dat.	dated
d.c.	died circa
ders.	derselbe
DFG	Deutsche Forschungsgemeinschaft
d.Ä.	der Ältere
d.h.	das heißt
d.i.	das ist
d.J.	der Jüngere
dies.	dieselbe(n)
ebd.	ebenda
ed.	editor
eds	editors
e.g.	exempli gratia
EGO	Europäische Geschichte Online
EKD	Evangelische Kirche in Deutschland
esp.	especially
ESTC	English Short Title Catalogue der British Library
et al.	et alii/aliae/alia
etc.	et cetera
f.	folgende
ff.	folgende
fol.	folio
franz.	französisch
GG	Grundgesetz (der Bundesrepublik Deutschland)
ggf.	gegebenenfalls
Hg.	Herausgeber*in
hg.	herausgegeben
hl.	Heilige/n
ibid.	ibidem
i.e.	id est
IPO	Instrumentum Pacis Osnabrugensis
IPM	Instrumentum Pacis Monasteriensis
Kap.	Kapitel
lit.	literally
MAS	Museum aan de Schelde
m.a.W.	mit anderen Worten
Mio.	Million/en
NA	Nationaal Archieef

n. Chr.	nach Christi Geburt
ND	Nachdruck
NF	Neue Folge
no.	number
nos	numbers
Nr.	Nummer
o.a.	oben angegeben
o.ä.	oder ähnliche
o.D.	ohne Datum
o.g.	oben genannte
o.J	ohne Jahr
o.O.	ohne Ort
p.	page
pp.	pages
pt	part
r.	ruled
reg.	regierte
resp.	respektive
RPR	Religion prétendue réformée
S.	Seite
sog.	sogenannt
s.u.	siehe unten
Sp.	Spalte
Suppl.	Supplement
Tit.	Titel
Tl.	Teil
TNA	National Archives Kew
u.	und
u.a.	unter anderem
übers.	übersetzt
UNESCO	United Nations Educational, Scientific and Cultural Organization
unfol.	unfoliiert
u.ö.	und öfter
USTC	Universal Short Title Catalogue
usw.	und so weiter
v.a.	vor allem
v. Chr.	vor Christi Geburt
VD16	Verzeichnis der Drucke des 16. Jahrhunderts
VD17	Verzeichnis der Drucke des 17. Jahrhunderts
VD18	Verzeichnis der Drucke des 18. Jahrhunderts
vgl.	vergleiche
VOC	Vereenigde Oostindische Compagnie
vol.	volume
vols	volumes
vs	versus
WIC	West-Indische Compagnie
z.B.	zum Beispiel
z.T.	zum Teil

Personenregister / Index of Names

Das Personenregister gibt die Namen in der Sprache wieder, wie sie in den jeweiligen Handbuchkapiteln verwendet wird. Sofern sowohl deutsch- als auch englischsprachige Namensvarianten im Handbuch vorkommen, wird dies im Register durch entsprechende Nennungen in Klammern angezeigt.

The index of names lists names as they appear in the relevant chapters of the Handbook in a form that reflects the language used by the author. German or English variants of names that occur in the Handbook are indicated in brackets.

A

Abbas I of Persia, aka the Great (1571–1629) 139, 141
Abbé de St. Pierre (1658–1743) → Saint-Pierre, Charles Irénée Castel, Abbé de
Abu al-Mafakhir of Banten (†1651) 406
Aconcio, Jacopo (ca. 1520–1566) 921
Addington, Henry (1757–1844) 1025
Adolf von Nassau-Wiesbaden-Idstein, Kurfürst von Mainz (ca. 1423–1475) 802
Aebli, Hans (†1547/48) 821
Ahmed I., osman. Sultan (1590–1617) 972
Ahmed III., osman. Sultan (1673–1736) 668, 980
Akbar the Great, Mughal Emperor (1542–1605) → Jalal-ud-din Muhammad Akbar
Ala'udin of Gowa 396f.
Alam, Muzaffar 138
Alard, Wilhelm (1572–1645) 743, 745
Alba, Herzog von (1507–1582) → Fernando Álvarez de Toledo
Albert, Heinrich (1604–1651) 768
Albrecht II., röm.-dt. König (1397–1439) 801
Albrecht VII. von Österreich (1559–1621) 314
Albrecht von Preußen (Brandenburg-Ansbach) (1490–1568) 882
Albuquerque, Afonso de, gen. der Große (1453–1515) 377, 399
Alembert, Jean-Baptiste le Rond d' (1717–1783) 93
Alexander VI., Papst (1431–1503) 324, 334f.
Alexander VII., Papst, (1599–1667) → Chigi, Fabio
Alexander I. von Russland (1777–1825) 1025, 1027, 1030–1034, 1036f., 1039
Alexandrowicz, Charles H. 397
Ali Ri'ayat Shah (†1607) 409
Alighieri, Dante (1265–1321) XVIII, XXXV, 9f., 19, 23, 25–28, 763–765, 770

Alivardi Khan, nawāb of Bengal (1671–1756) 146f.
Almeida, Francisco de (1450–1510) 377
Altenstaig, Johannes (1480–1524) 23f.
Altomonte, Bartolomeo (1694–1783) 705
Amadeis, Filippo (1690–1730) 725
Amadeus VI. von Savoyen (1334–1383) 373
Amber, Malik 141
Amersfert, Arent Jacobszon van 385
Amir Timur (r.1370–1405) → Timur
Anand, Ram Prakash 397
Andreae, Jacob 287
Andreae, Johann Valentin (1586–1654) 64f., 67
Andreae, Johannes (um 1270–1348) 477
Andros, Edmund (1637–1714) 421
Anna von Österreich (1528–1590) 866
Anna von Russland (1693–1740) 1001
Anne d'Autriche (1601–1666) 486
Anne von England (1665–1714) 633, 733, 961, 965
Anslo, Reyer (1626–1696) 637
Aristophanes (ca. 450/444–um 380 v.Chr.) 686
Aristoteles (385–323 v.Chr.) 8–10, 13, 17, 26, 28, 682
Armand, Jean-François 752
Armand-Jean du Plessis, Duc de Richelieu (1585–1642) 57f., 303–305, 324, 329, 339, 529
Arnim, Hans Georg von (1583–1641) 525
Arouet, François-Marie (1694–1778) → Voltaire
Asbach, Olaf 80
Ashoka, Mauryan Emperor, aka the Great (304–232 BCE) 131, 133–137
Assmann, Aleida 284
Assmann, Jan 591
August II. von Polen-Litauen (1670–1733) 993
August von Sachsen (1526–1586) (Augustus of Saxony) 154

August von Sachsen-Weimar (1757–1828) 638
Augustino Luciani von Santorini (ca. 1450–1493) 788f.
Augustinus von Hippo (354–430) (Augustine of Hippo) XVII, XXXIV, 3, 5–8, 10f., 23f., 34, 98, 254f., 257, 263, 511, 682, 691, 741
Augustus, röm. Kaiser (63 v.Chr.–14 n.Chr.) 3–5, 9, 16, 680, 703, 706, 729f., 761f., 765
Aurangzeb Alamgir, Mughal Emperor (1618–1707) → Muhi-ud-Din Muhammad
Averroes (1126–1198) 9
Avis, Dom Henrique de (Heinrich der Seefahrer) (1394–1460) 384
Azambuja, Diogo de (1432–1518) 384

B

Babur, Mughal Emperor (1483–1530) → Zahir-ud-din Muhammad
Bacon, Francis (1561–1626) 64f., 67
Bacon, Nathaniel (1647–1676) 422
Bahadur Shah I, Mughal Emperor, aka Muhammad Mu'azzam (1643–1712) 145
Balbi, Gasparo (1550–1623) 405
Balthasar Carlos von Spanien (1629–1646) 293
Barbara Radziwiłł von Polen-Litauen (†1551) 880
Barberini, Antonio (1607–1671) 726
Barchius, Nicolaus (1676–1733) 752
Báthory, István (1533–1586) 923f.
Báthory, Stephan (1533–1586) → Stephan Báthory von Polen-Litauen
Báthory, Zsigmond (1572–1613) 924f.
Batscha, Zwi 108
Bayle, Pierre (1647–1706) 50, 54, 288, 589, 597
Beauharnais, Eugène (1781–1824) 1029
Beauharnais, Joséphine (1763–1814) 1034
Beelt, Cornelis (um 1612–nach 1664) 631
Bellefond, Nicolas Villaut de (17. Jh.) 386
Bellers, John (1654–1725) 92
Benoist, Élie (1640–1728) 898
Bentham, Jeremy (1748–1832) 94, 98
Berkeley, William (1605–1677) 422
Bernadotte, Jean-Baptiste (1763–1844) 1034
Bernegger, Matthias (1582–1640) 768
Bernhard von Sachsen-Weimar (1604–1639) (Bernhard of Saxe-Weimar) 295f.
Berry, Herzog von (1686–1714) → Charles de Bourbon, Duc de Berry

Berthold von Henneberg, Kurfürst von Mainz (1441/42–1504) 802
Bethlen, Gabriel (1580–1629) 911
Beurlin, Jakob 287
Beverningh, Hiëronymus van (1614–1690) 658
Bevilacqua, Luigi (1616–1680) 485, 506
Bhanuchandra 138
Biandrata, Giorgio (ca. 1515–ca. 1590) 920f.
Bidembach, Balthasar 287
Bignardi, Alessandra 577
Birken, Sigmund von (1626–1681) 769
Bodin, Jean (1529/30–1596) 52, 57, 78, 104, 120, 479, 533, 537, 562f.
Bogáthi Fazekas, Miklós (1548–1592) 916
Bogislaw XIV. von Pommern (1580–1637) 294
Bona Sforza (1494–1557) 879
Bonaparte, Élisa (1777–1820) 1030
Bonaparte, Jérôme (1784–1860) → Jérôme von Westphalen
Bonaparte, Joseph (1768–1844) → Joseph von Spanien
Bonaparte, Louis (1778–1846) → Louis von Holland
Bonaparte, Napoleon (1769–1821) → Napoleon I. von Frankreich
Bonaparte, Pauline (1780–1825) 1030
Botero, Giovanni (um 1544–1617) 553
Bowles, William Augustus (1763–1805) 431
Brantôme, Pierre de Bourdeille, Abbé de (1540–1617) 874
Braun, Konrad (ca. 1495–1563) 843
Brehme, Christian (1613–1667) 768
Briand, Aristide (1862–1932) 552, 576
Britten, Benjamin (1913–1976) 737
Brockes, Barthold Heinrich (1680–1747) 771
Brossard, Sébastien de (1655–1730) 723
Brown Scott, James (1866–1943) 116
Brun, Charles le (1619–1690) 701f.
Bucer, Martin (1491–1551) 51
Bugenhagen, Johannes (1485–1558) 846
Burckhardt, Jacob (1818–1897) XXXII, XLVII, 97
Burkhardt, Johannes (*1943) XXV, XLI, 322, 346, 359, 506, 525, 747
Burnet, William (1688–1729) 423
Bynkershoek, Cornelius van (1673–1743) 113, 116, 126f., 334, 565

C

Caesar, Gaius Julius (100–44 v.Chr.) 4
Calderón de la Barca (1600–1681) 699
Calixt, Georg (1586–1656) 51, 596
Callières, François de (1645–1717) 455, 464f., 479, 493
Calvert, Charles (1637–1715) 423
Calvin, Johannes (1509–1564) 37f., 40, 598, 795, 943
Campanella, Tommaso (1568–1639) 64–66
Campen, Jacob van (1596–1657) 637f.
Caro, Annibale (1507–1566) 696
Carpzov, Benedict (1595–1666) 184, 252
Carver, John (1576–1621) 419
Castellio, Sebastian (1515–1563) 288, 589, 598, 921
Castlereagh, Robert Stewart (1769–1822) 623, 1035
Cathcart, Charles Baron (1721–1776) 539
Charles IV, Holy Roman Emperor (1316–1378)
  → Karl IV., röm.-dt. Kaiser
Charles V, Holy Roman Emperor (1500–1558)
  → Karl V., röm.-dt. Kaiser
Charles VI, Holy Roman Empire (1685–1740)
  → Karl VI., röm.-dt. Kaiser
Charles de Bourbon, Duc de Berry (1686–1714) 360
Charles III de Bourbon (1490–1527) (Karl von Bourbon) 861
Charles II of England (1630–1685) (Karl II. von England) 74, 355, 487, 601, 961, 964
Charles de Lorraine, Duc de Mayenne (1554–1611) 313
Charles IV de Lorraine (1604–1675) 299, 305f.
Charles de Lorraine-Guise (1524–1574) (Karl von Guise) 867, 870, 872, 874
Charles II d'Orléans (1522–1545) (Karl von Orléans) 866
Charles II of Spain (1661–1700) → Karl II. von Spanien
Charles Emmanuel I, duke of Savoy (1580–1630) 905
Chigi, Fabio (1599–1667) (Alexander VII., Papst) 352f., 476, 481, 484f., 503, 505f., 517, 934
Chirac, Jacques (1932–2007) 899
Christian IV. von Dänemark und Norwegen (1577–1648) (Christian IV of Denmark and Norway) 294, 515

Christian V of Denmark and Norway (1646–1699) 956
Christian II. von Sachsen (1583–1611) 743
Christina von Schweden (1626–1689) (Christina of Sweden) 293f., 939
Christoph von Württemberg (1515–1568) 201, 271, 843
Cicero, Marcus Tullius (106–43 v.Chr.) 4, 17
Clemens VII., Papst (1478–1534) 862f.
Clemens XI., Papst (1649–1721) 725f.
Cobenzl, Johann Ludwig Joseph von (1753–1809) 1024
Cobenzl, Johann Philipp von (1741–1810) 1016
Coen, Jan Pieterszoon (1587–1629) 406
Coligny, Gaspard II. de (1519–1572) 870
Collingwood, Cuthbert (1748–1810) 1029
Comenius, Johan(n) Amos (1592–1670) 49, 259
Contarini, Alvise (1597–1651) 481, 934f.
Corn, Francesco de 504
Cornwallis, Charles, 1st Marquess Cornwallis (1738–1805) 431, 1025
Cort, Cornelis (1533–1578) 684f.
Costa, Juliana Dias da (1658–1733) 145
Coutre, Jacques de (1572–1640) 403
Cranach d.Ä., Lucas 677f.
Croft, William (1678–1727) 733
Croghan, George (1718–1782) 426
Crucé, Émeric (um 1590–1648) 63f., 68–73, 80, 82, 92, 478
Curban, Gaspard Réal de (1682–1752) 116
Curione, Celio Secundo (1503–1569) 921

D

Dach, Simon (1605–1659) 768
Dadler, Sebastian (1586–1657) 524, 699
Dannhauer, Johann Conrad (1603–1666) 752
Dante (1265–1321) → Alighieri, Dante
Dara Shukoh, Mughal Prince (1615–1659) 138
David, Franz (1510–1579) (David Ferenc) 917, 919–921
Descartes, René (1596–1650) 78
Dickmann, Fritz (1906–1969) 570
Diderot, Denis (1713–1784) 93
Dietze, Anita 110
Dietze, Walter 110
Dishoecke, Jacob van (1650–1723) 641
Dithmar, Justus Christoph (1678–1737) 576
Dohm, Christian Wilhelm (1751–1820) 597
Dorsche, Johann Georg (1597–1657) 752

Dossi, Battista (um 1490–1548) 692f.
Doyle, Michael 104
Drysdale, Hugh (ca. 1673–1726) 423
Dubois, Pierre (ca. 1250–1321) 19f.
Ducasse, Jean-Baptiste (1646–1715) 386
Duchhardt, Heinz (*1943) 360, 368, 441, 445, 450
Dudith, Andreas (1533–1589) 921
Dufay, Guillaume (1397–1474) 723
Dumont (Du Mont), Jean (1667–1727) 127–129, 131, 372, 452
Dunmore, Lord (1730–1809) → John Murray, 4th Earl of Dunmore
Duplessis-Mornay, Philippe (1549–1623) 47, 900
Dyeck, Sebastian 753

E

Eberhard III. von Württemberg (1614–1674) 574
Edward III of England (1312–1377) 118
Edward VI of England (1537–1553) 920f.
Eleonore von Portugal (1458–1525) 861, 863
Elisabeth I. von England (1533–1603) 514, 873, 920
Elisabeth I. von Russland (1709–1762) 1011
Elisabeth Charlotte von der Pfalz, gen. Liselotte (1652–1722) 78, 947
Emmanuel Philibert von Savoyen, gen. Eisenschädel (1528–1580) 872
Epikur (†270 v.Chr.) 98
Erasmus von Rotterdam (1466–1536) 23, 31–33, 36, 39f., 51, 69, 91, 259, 532, 540, 589, 765f., 768, 920
Ercole II. d'Este (1508–1559) 692f.
Ernst von Österreich (1553–1595) 887
Ernst I. von Sachsen-Gotha (1601–1675) 689
Ernst August von Braunschweig-Calenberg (1629–1698) 555f.
Escher, Hans (ca. 1470–1538) 822
Eugen IV., Papst (1383–1447) 784
Eugen von Savoyen, gen. Prinz Eugen (1663–1736) 978f.

F

Farnese, Ottavio (1524–1568) 868
Fata, Márta 916
Fazl, Abul (1551–1602) 139
Fénelon, François (1651–1715) 68, 78

Ferdinand I., röm.-dt. Kaiser (1503–1564) (Ferdinand I, Holy Roman Emperor) 153, 155, 161, 223, 280, 314, 578, 819f., 823f., 832, 837, 841f., 845–849, 851–855, 860, 866, 869f., 872, 930
Ferdinand II., röm.-dt. Kaiser (1578–1637) 305, 562, 574, 579, 581, 723
Ferdinand III., röm.-dt. Kaiser (1608–1657) 529, 574, 664, 750, 939, 975f.
Ferdinand II. von Aragon (1452–1516) 383f., 859
Ferdinand von Österreich (1503–1564) → Ferdinand I., röm.-dt. Kaiser
Ferdinand III., Großherzog der Toskana (1769–1824) 1025
Ferdinand Maria von Bayern (1636–1679) 564
Fernando Álvarez de Toledo, Herzog von Alba (1507–1582) 573, 871f.
Fichte, Johann Gottlieb (1762–1814) 110
Finckelthaus, Gottfried (1614–1648) 768
Fisch, Jörg 570
Fischer, Peter 77
Fleming, Paul (1609–1640) 768
Flemingk, Johann Christian 716
Fontenelle, Bernard le Bovier de (1657–1757) 67
Forest, Jean de la (†1537) 378
Forget, Pierre, Sieur de Fresnes (1544–1610) 900
Fourier, Charles (1772–1837) 85
Fox, Charles James (1749–1806) 1030
Fränkel, David Hirschel (1707–1762) 751
Francheville, Joseph du Fresne de (1704–1781) 372
Franck, Michael (1609–1667) 715–717
Franck, Sebastian (1499–1543) 39, 288
François de Lorraine, Herzog von Guise (1519–1563) (Franz von Guise) 867, 869–872, 874
Franz I., röm.-dt. Kaiser (1708–1765) (Francis I, Holy Roman Emperor) 167
Franz II., röm.-dt. Kaiser (1768–1835) (Francis II, Holy Roman Emperor) 168, 662, 1022–1025, 1028, 1033f.
Franz I. von Frankreich (1494–1547) (Francis I of France) 31, 310, 326, 348, 378f., 400, 516, 538, 663f., 857–866, 874f.
Franz II. von Frankreich (1544–1560) 287
Franz I. von Österreich (1768–1835) → Franz II., röm.-dt. Kaiser

Franz I. Stephan, röm.-dt. Kaiser (1708–1765) 1004–1006, 1009f., 1013
Franz Wilhelm von Wartenberg, Fürstbischof von Osnabrück und Regensburg (1593–1661) 620f.
Frederick Henry of Orange-Nassau (1584–1647) 296f.
Frederick Maurice of Bouillon (1605–1652) 295
Frei, Jakob (ca. 1480/90–1531) 829
Freist, Dagmar (*1962) XXIII, XL
Freschot, Casimir (1640–1720) 633
Friedrich I., röm.-dt. Kaiser, gen. Barbarossa (1122–1190) (Frederick I, Holy Roman Emperor, aka Barbarossa) 31, 230
Friedrich II., röm.-dt. Kaiser (1194–1250) (Frederick II, Holy Roman Emperor) 14, 157
Friedrich III., röm.-dt. Kaiser (1415–1493) (Frederick III, Holy Roman Emperor) 161, 164, 793, 801–803
Friedrich IV. von Dänemark-Norwegen (1671–1730) 993
Friedrich I. von der Pfalz, gen. der Siegreiche (1425–1476) 234
Friedrich II. von der Pfalz, gen. der Weise (1482–1556) 563, 843
Friedrich V. von der Pfalz (1596–1632) (Frederick V of the Palatinate) 294, 305, 767, 931, 937, 940
Friedrich I. von Preußen (1657–1713) (Frederick I of Prussia) 962
Friedrich II. von Preußen (1712–1786) (Frederick II of Prussia) 89, 94f., 497, 515, 602, 1001–1007, 1009, 1011f., 1015–1017
Friedrich I. von Württemberg (1754–1816) 1028
Friedrich August I. von Sachsen, gen. der Gerechte (1750–1827) 1031f.
Friedrich Karl von Schönborn, Fürstbischof von Würzburg und Bamberg (1674–1746) 127
Friedrich Wilhelm von Brandenburg (1620–1688) (Frederick William of Brandenburg) 293f., 305, 348, 602
Friedrich Wilhelm I. von Preußen (1688–1740) 1001
Friedrich Wilhelm III. von Preußen (1770–1840) 1029–1031
Fry, Joshua (1699–1754) 423
Füssel, Marian (*1973) XXXI, 346

G
Gagenlocher, Albert 39
Gascard, Henri (1635–1701) 658, 661f., 671
Gaston d'Orléans (1608–1660) 295
Geizkofler, Zacharias (1560–1617) 578
Genghis Khan (1162–1227) 137
Gentili, Alberico (1552–1608) 113, 116, 120–122, 128, 370, 382, 493, 523
Georg I. von England (1660–1727) 633, 955
Georg II. von England (1683–1760) 636, 1011
Georg von Podiebrad, König von Böhmen (1420–1471) 19f., 338, 785
Georg Ludwig von Hannover (1660–1727) → Georg I. von England
Georg II. Rákóczi von Siebenbürgen (1612–1660) 926
Georg Wilhelm von Brandenburg (1695–1640) (George William of Brandenburg) 293, 577
Gerdes, Friedrich (1634–1689) 252
Gerhardt, Paul (1607–1676) 712, 746
Gerhardt, Volker 108
Gessner, Salomon (1730–1788) 772f.
Giordano, Luca (1634–1705) 698
Gist, Christopher (1706–1759) 423f.
Glafey, Adam Friedrich (1692–1753) 565
Gleim, Johann Wilhelm Ludwig (1719–1803) 89
Godefroi, Comte d'Estrades (1607–1686) 658
Godefroy, Denis (1615–1681) 610
Godefroy, Théodore (1580–1649) 495
Goethe, Johann Wolfgang von (1749–1832) 638, 765, 770, 774–776
Goeze, Johann Melchior (1717–1786) 752
Gommans, Jos 143, 147
Gotthard, Axel (*1959) 916
Granvelle, Antoine Perrenot de (1517–1586) 873
Gregor XIII., Papst (1502–1585) 694f.
Grotius, Hugo (1583–1645) 51, 54, 69, 78, 113, 121–123, 128f., 288, 315, 317, 334, 382, 397f., 400f., 403, 405, 407–409, 414, 478, 523, 537
Grumbach, Wilhelm von (1503–1567) 153–155, 166
Guise, Franz, Herzog von (1519–1563) → François de Lorraine
Gustav II. Adolf von Schweden (1594–1632) 178, 554, 556, 574, 580f., 767
Gustav I. Vasa von Schweden (1495–1560) (Gustav Eriksson Vasa) 987

H

Hadrian VI., Papst (1459–1523) 316
Händel, Georg Friedrich (1685–1759) (Handel, George Frederick) 633f., 636, 643, 645, 733–735, 965
Hänichen, Daniel (1566–1619) 743
Hagen, Steven van der (†1621) 404
Håkon von Dänemark-Norwegen (um 1341–1380) 997
Haller, Albrecht von (1708–1777) 772
Hally, Louis d' (1634–1678) 386
Hammer-Purgstall, Joseph von (1774–1856) 371
Haren, Willem van (1626–1708) 658
Harrach, Ferdinand Bonaventura II. von (1708–1778) 1006
Harsdörffer, Georg Philipp (1607–1658) 769
Heberle, Hans (1597–1677) 745
Hedwig von Anjou (†1399) 878
Heemskerck, Maarten van (1498–1574) 684f.
Heesterman, Jan 140
Hegel, Georg Wilhelm Friedrich (1770–1831) 97, 774
Heinrich IV., röm.-dt. Kaiser (1050–1106) (Henry IV, Holy Roman Emperor) 157
Heinrich VII., röm.-dt. Kaiser (1274–1313) 9
Heinrich VIII. von England (1491–1547) 31, 480, 663f., 859, 861, 865f., 869
Heinrich II. von Frankreich (1519–1559) 310, 379, 571, 573, 584, 857f., 863f., 867–875
Heinrich III. von Frankreich (1551–1589) (Henri III de France) 47, 310, 312, 314f., 887, 890f., 905
Heinrich IV. von Frankreich (1553–1610) (Henri de Navarre) 47f., 57, 82, 279, 310f., 315, 338, 480, 539, 571, 897–901, 905–907
Heinrich der Seefahrer (1394–1460) → Avis, Dom Henrique de
Heiß, Robert 65
Henri III de France (1551–1589) → Heinrich III. von Frankreich
Henri de Navarre (1553–1610) → Heinrich IV. von Frankreich
Henri II d'Orléans, Herzog von Longueville (1595–1663) 620
Herbst, Johann Andreas (1588–1666) 718
Herder, Johann Gottfried (1744–1803) 110, 770, 774
Hermansz, Wolphert (†1623) 404
Hesiod (*vor 700 v.Chr.) 678, 761

Hildebrand, Heinrich (1668–1729) 575
Hildegard von Bingen (1098–1179) 11
Hillsborough, Lord → Wills Hill
Hobbes, Thomas (1588–1679) 34, 49f., 53–56, 78–80, 90f., 123–125, 533
Höffe, Otfried 107
Hömig, Herbert 83
Hoffmann, Gottlieb Daniel (1719–1780) 580
Holbein, Hans (1497–1543) 664
Homburg, Ernst Christoph (1607–1681) 768
Hooper, George (1640–1727) 633
Hôpital (Hospital), Michel de l' (um 1505–1573) 47, 53, 272, 287
Horaz (65–8 v.Chr.) 772
Hornung, Felix (1515/20–1566) 842
Hotman de Villiers, Jean (1552–1636) 899
Hotsinonyhata, Onondaga Chief (†1774?) 428
Howard, Henry, Earl of Suffolk (1706–1745) 539
Hübner, Martin (1723–1795) 562
Hug, Hans (†1534) 822
Humayun, Mughal Emperor (1508–1556) → Nasir-ud-din Muhammad
Hus, Jan (1370–1415) 271, 781–786

I

Ibrahim I., osman. Sultan (1615–1648) 976
Ibrahim Lodi, Sultan of Delhi (r.1517–1526) 144
Ibrahim Pascha (um 1493–1536) 378
Ibrahim Pascha (1666–1730) 980
Inden, Ronald 140
Indra 134
Innozenz VIII., Papst (1432–1492) 682, 786, 792
Innozenz X., Papst (1574–1655) (Innocent X, Pope) 302
Innozenz XI., Papst (1611–1689) 724
Innozenz XII., Papst (1615–1700) 487
Isabella I. von Kastilien (1451–1504) 383
Isabella Clara Eugenia von Spanien (1566–1633) 314
Isabella Jagiellonica von Ungarn (1519–1559) 913, 917
Isidor von Sevilla (ca. 550–636) 15
István Bocskai von Siebenbürgen (1557–1606) 970, 973
Italicus, Silius (26–101) 754
Ivan IV. von Russland, gen. der Schreckliche (1530–1584) 887

J

Jablonski, Daniel Ernst (1660–1741) 51
Jahangir, Mughal Emperor (1569–1627) → Salim Muhammad Nur-ud-din
Jakob II. von Aragonien (1267–1327) 376
Jakob I. von England (1566–1625) → James I of England
Jakob II. von England (1633–1701) → James II of England
Jalal-ud-din Muhammad Akbar, Mughal Emperor, aka Akbar the Great (1542–1605) 131–133, 137–142, 144f., 147
James I of England (1566–1625) (Jakob I. von England) 119, 417, 419, 515, 698
James II of England (1633–1701) (Jakob II. von England) 602, 952, 961
James III of England (1688–1766) → Stuart, James Francis Edward
James VI of Scotland (1566–1625) → James I of England
Jaucourt, Chevalier de (1704–1779) 93
Jennings, Francis (1918–2000) 415
Jérôme von Westphalen (1784–1860) 1032
Jesaja (Isaiah) XXVII, XLIII, 678, 682, 754, 762
Jesus Christus 10f., 30, 32, 34, 38, 141, 256, 558, 594, 765f., 768, 915, 922
Joachim I. von Neapel (Joachim Murat) (1767–1815) 1030
Johann von Böhmen, gen. der Blinde (1296–1346) 212f.
Johann II. von Pfalz-Zweibrücken 564
Johann II. von Portugal (1455–1495) 384
Johann III. von Schweden (1537–1592) 887
Johann Friedrich I. von Sachsen (1503–1554) 249, 868
Johann Friedrich von Württemberg (1582–1628) 561, 564
Johann Georg I. von Sachsen (1585–1656) 579, 581
Johann II. Kasimir von Polen-Litauen (1609–1672) 348
Johann Philipp von Schönborn, Kurfürst von Mainz (1605–1673) 51
Johann Sigismund von Brandenburg (1572–1619) 602
Johann Sigismund von Ungarn und Siebenbürgen (1540–1571) 913f., 920f., 923
Johann III. Sobieski von Polen-Litauen (1629–1696) 351

Johanna I. von Kastilien (1479–1555) 859
John Murray, 4th Earl of Dunmore, aka Lord Dunmore (1730–1809) 426, 431
Johnson, William (1715–1774) 424, 426
Johnstone, Steven 583
Joseph I., röm.-dt. Kaiser (1678–1711) (Joseph I, Holy Roman Emperor) 955, 959
Joseph II., röm.-dt. Kaiser (1741–1790) 94, 276, 326, 602, 913, 927, 1004, 1012, 1014–1017
Joseph I. von Spanien (1768–1844) 1024f.
Joseph Ferdinand von Bayern (1692–1699) (Joseph Ferdinand of Bavaria) 954, 961
Julius II., Papst (1443–1513) 859
Julius III., Papst (1487–1555) 868
Julius Heinrich von Sachsen-Lauenburg (1586–1665) 525
Justi, Johann Heinrich Gottlob von (1717–1771) 93, 360
Justin von Nassau (1559–1631) 699

K

Kästner, Abraham Gotthelf (1719–1800) 99
Kagel, Mauricio (1931–2008) 737
Kaiser, Jakob (ca. 1485–1529) 820
Kaldenbach, Christoph (1613–1698) 769
Kant, Immanuel (1724–1804) XX, XXXVII, 63, 84, 87–91, 95–111, 337f., 532, 540, 768
Kara Mehmed Pascha 977
Karl I., röm. Kaiser, gen. der Große (768–814) 7, 639, 860
Karl IV., röm.-dt. Kaiser (1316–1378) (Charles IV, Holy Roman Emperor) 159f., 212f., 218, 230
Karl V., röm.-dt. Kaiser (1500–1558) (Charles V, Holy Roman Emperor) XX, XXXVII, 156, 161f., 166, 168, 180, 272, 278, 286, 306f., 310, 314, 326, 344, 348, 377, 465, 504, 516, 617, 837–842, 848f., 852, 854, 857–870, 874f., 930
Karl VI., röm.-dt. Kaiser (1685–1740) (Charles VI, Holy Roman Emperor) 330, 602, 641, 668, 671, 705f., 727, 953–955, 957, 965, 979f., 1001f., 1006
Karl VII., röm.-dt. Kaiser (1697–1745) 1005
Karl von Bourbon (1490–1527) → Charles III de Bourbon
Karl von Egmond, Herzog von Geldern (1467–1538) 803
Karl I. von England (1600–1649) 698

Karl II. von England (1630–1685) → Charles II of England
Karl VIII. von Frankreich (1470–1498) 324, 339
Karl IX. von Frankreich (1550–1574) 891
Karl von Guise (1524–1574) → Charles de Lorraine-Guise
Karl von Österreich-Teschen (1771–1847) 1033
Karl von Orléans (1522–1545) → Charles II d'Orléans
Karl XI. von Schweden (1655–1697) 354
Karl XII. von Schweden (1682–1718) 993–995
Karl XIII. von Schweden (1748–1818) 1034
Karl II. von Spanien (1661–1700) (Charles II of Spain) 89, 351, 952, 954, 965
Karl August von Pfalz-Zweibrücken (1746–1795) 1015f.
Karl Friedrich von Baden (1728–1811) 1028
Karl I. Ludwig von der Pfalz (1617–1680) 554, 940
Karl Theodor von der Pfalz und Bayern (1742–1799) 1014–1017
Karnkowski, Stanisław (1520–1603) 888f.
Katharina II. von Russland, gen. die Große (1729–1796) 94
Kaunitz, Wenzel Anton von (1711–1794) 502, 1003, 1007, 1009, 1012–1014, 1016
Kautilya (Chanakya) 133, 135
Keckermann, Bartholomäus (1572–1608) 893
Keith, William (1669–1749) 423
Kellogg, Frank Billings 552, 567
Kemankeş Kara Mustafa Pascha (1592–1644) 975
Keserű, Gizella 912
Ketelaar, Joan Josua 145f.
Ketteler, Engelbert (†1661) 640
Kindermann, Johann Erasmus (1616–1655) 712f.
Kiotseaeton, Iroquois Chief (†after 1646) 427
Kleist, Ewald Christian von (1719–1759) 773
Körösi-Kriesch, Aladár (1863–1920) 921
Kolumbus, Christoph (um 1451–1506) 383f.
Konko Bubu Musa (18. Jh.) 387
Koquethagechton, aka White Eyes (ca. 1730–1778) 426
Koskenniemi, Martti 114–116
Krane, Johann (1595–1673) 529
Krasiński, Franciszek (1525–1577) 889
Krippendorff, Ekkehart (1934–2018) 321f.
Kues, Nikolaus von (1401–1464) 23, 29f.

Kurakin, Alexander (1752–1818) 1031
Kwamin Ansah (Chief in Elmina) 384

L
Lahiri, Nayanjot 135
Lamberg, Johann Maximilian von (1608–1682) 529
Lampadius, Jakob (1593–1649) 520f.
Landini, Taddeo (1561–1596) 694f.
Lanzinner, Maximilian (*1948) 986
Lasco, Johannes a (1499–1560) 884
Lee, Thomas (1690–1750) 423
Leibniz, Gottfried Wilhelm (1646–1716) 51, 55f., 59, 68, 99, 288, 445, 480
Lemoyne, François (1688–1737) 703f.
Lens II., Bernard (1659–1725) 637
Leo X., Papst (1475–1521) 838, 859
Leopold I., röm.-dt. Kaiser (1640–1705) (Leopold I, Holy Roman Emperor) 214, 329, 351, 554, 564, 770, 953–955, 960f., 978, 980
Leopold II., röm.-dt. Kaiser (1747–1792) 983
Leopold III. Friedrich Franz von Anhalt-Dessau (1740–1817) 515
Leslie, Walter (1607–1667) 977
Lessing, Ephraim Gotthold (1729–1781) 95, 770
Leszczyński, Stanisław (1677–1766) 994
Leuber, Johann (1588–1652) 580
Lilienfeld, Jacob Heinrich von (1716–1785) 93
Lind, Gunnar 996
Lipsius, Justus (1547–1606) 303
Lobkowitz zu Hassenstein, Jan von 223
Locke, John (1632–1704) 75, 91, 288, 589
Loën, Michael von (1694–1776) 92, 98
Lohenstein, Caspar von (1635–1683) 770
Lomax, Lunsford (1705–1772) 423
Longueuil, Charles Le Moyne de (1687–1755) 428
Longueville, Herzog von (1595–1663) → Henri II d'Orléans
Lorenzetti, Ambrogio (ca. 1290–1348) 12, 690, 692
Loth, Wilfried XXVI, XLI
Louis, Prince de Condé (1621–1686) 295
Louis de France, Dauphin (1661–1711) 954
Louis XIII de France (1601–1643) → Ludwig XIII. von Frankreich
Louis XIV de France (1638–1715) → Ludwig XIV. von Frankreich

Louis von Holland (1778–1846) 1029
Louis Antoine Henri de Bourbon, Herzog von
  Enghien (1772–1804) 1027
Ludwig IV., röm.-dt. Kaiser, gen. der Bayer
  (1282/86–1347) (Ludwig IV, Holy Roman
  Emperor, aka the Bavarian) 27, 158, 230
Ludwig II., Pfalzgraf bei Rhein, gen. der Strenge
  (1229–1294) (Ludwig II, Count Palatine, aka
  the Strict) 158
Ludwig IX. von Frankreich (1214–1270) 173
Ludwig XI. von Frankreich, gen. der Kluge
  (1423–1483) 664
Ludwig XII. von Frankreich (1462–1515) 858
Ludwig XIII. von Frankreich (1601–1643)
  (Louis XIII of France) 295, 297, 299, 329,
  897, 907
Ludwig XIV. von Frankreich (1638–1715)
  (Louis XIV of France) 48, 78, 89, 174, 293,
  326, 329, 333, 336, 351, 360, 387, 442, 445,
  479–481, 495, 500f., 555f., 600, 630, 634,
  641, 656, 658, 701, 703, 726, 898, 938f.,
  945–947, 951–959, 961f., 964f.
Ludwig XV. von Frankreich (1710–1774) 703f.,
  1013
Ludwig XVI. von Frankreich (1754–1793) 602
Ludwig XVIII. von Frankreich (1755–1824) 1035
Ludwig Wilhelm von Baden (1655–1707) 639
Lünig, Johann Christian (1662–1740) 495
Lüsebrink, Hans-Jürgen 502
Luise von Frankreich (1515–1518) 859
Luise von Preußen (1776–1810) 1031
Luise von Savoyen (1476–1531) 516, 863
Lukrez (*zw. 93 u. 99, †zw. 53 u. 55 v.Chr.) 687
Luther, Martin (1483–1546) 23, 33–37, 259,
  594, 837f., 882, 919–921, 969

M
Machiavelli, Niccolò (1469–1527) 78, 558f.
Mandelsloh, Berthold von 847
Manuel I. von Portugal (1469–1521) 384
Marc Aurel, röm. Kaiser (121–180) 696
Margaret Theresa of Spain (1651–1673) 954
Margaret(h)e von Angoulême (1523–1574) 872
Margarete von Dänemark (1353–1412) 997
Margaret(h)e von Österreich (1480–1530) 516,
  862
Maria I. von England, gen. die Katholische
  (1516–1558) 854, 869
Maria von Spanien (1528–1603) 865

Maria Antonia of Austria (1669–1692) 954
Maria Teres(i)a von Spanien (1638–1683)
  (Maria Teresa of Spain) 293, 351, 656, 951,
  953
Maria Theresia von Österreich (1717–1780)
  (Maria Theresa of Austria) 89, 167, 330,
  602f., 1001f., 1004–1013, 1015, 1017
Marie Louise von Österreich (1791–1847) 1034
Marie-Louise d'Orléans (1662–1689) 351
Marot, Daniel (1661–1752) 636
Marsilius von Padua (1275/80–ca. 1343) XVIII,
  XXXV, 9f., 12f., 23, 25–28
Martens, Georg Friedrich von (1756–1821) 113,
  127
Martin V., Papst (1368–1431) 782
Mary II of England (1662–1694) 961
Mas Latrie, Louis de (1815–1897) 372
Massasoit, Wampanoag Sachem (1581–1661)
  419
Massimiliano Sforza, Herzog von Mailand
  (1493–1530) 858
Matelieff, Cornelis Corneliszoon (1569–1642)
  394, 401, 408
Matthias, röm.-dt. Kaiser (1557–1619) 971
Matthias Corvinus (1443–1490) 785f., 793
Mattingly, Garret 495
Maximilian I., röm.-dt. Kaiser (1459–1519)
  (Maximilian I, Holy Roman Emperor) 31, 161,
  310, 324, 517, 799, 802f., 808f., 813, 859f.
Maximilian II., röm.-dt. Kaiser (1527–1576)
  (Maximilian II, Holy Roman Emperor) 53,
  153, 155, 281, 855, 914
Maximilian I. von Bayern (1573–1651)
  (Maximilian I of Bavaria) 296, 298f., 305
Maximilian II. Emanuel von Bayern (1662–1726)
  (Maximilian II Emanuel of Bavaria) 954
Maximilian III. Joseph von Bayern (1727–1777)
  1004f., 1014f.
Maximilian IV./I. Joseph von Bayern (1756–1825)
  1028
Maximilien de Béthune, Herzog von Sully
  (1559–1641) 47, 57–59, 82, 338f., 532
Mazarin, Jules (1602–1661) 297, 303f., 306, 529,
  634
Mazarredo, Jose de (1745–1812) 383
Medici, Caterina de' (Katharina von) (1519–1589)
  863, 874
Medici, Gian Giacomo (1495–1555) 827
Medici, Lorenzo de' (1449–1492) 121

Medici, Maria de' (Marie de Médicis) (1575–1642) 907
Mehmed I., osman. Sultan (1379–1421) 373f.
Mehmed II., osman. Sultan, gen. der Eroberer (1432–1481) 29
Meiern, Johann Gottfried von (†1745) 944
Melanchthon, Philipp (1497–1560) 286, 846, 853, 883
Mendelssohn, Moses (1729–1786) 751
Mesnager, Nicolas (1658–1714) 959
Metacom, Wampanoag Sachem, aka King Philip (ca. 1638–1676) 419
Metternich, Klemens Wenzel Lothar von (1773–1859) 458, 623, 1033f.
Michelangelo (1475–1564) 764
Milner, Anthony (Tony) 411
Mirza Muhammad Hakim (1553–1585) 139
Missy, Jean Rousset de (1686–1762) 129, 610
Mitterrand, François (1916–1996) 897
Modafar of Ternate (†ca. 1627) 401
Modena, Nicoletto da (1490–1569) 680f.
Mohl, Robert von (1799–1875) 127
Molanus, Gerhard Wolter (1633–1722) 51, 596
Montcalm de Saint-Veran, Louis-Joseph de Montcalm-Grozon, Marquis de (1712–1759) 428
Montluc, Jean de (†1579) 890
Montmorency, Anne de (1493–1567) 863, 867, 870–872, 874
Montpalau, Antonio de Capmany y (1742–1813) 376
Morat, Osta (1574–1640) 381
Moreau, Jean-Victor-Marie (1763–1813) 1027
Moritz von Oranien-Nassau (1567–1624) 937
Moritz von Sachsen (1521–1553) 223, 840f., 868f.
Morus, Thomas (1478–1535) 64–66
Moser, Johann Jacob (1701–1785) 116, 127, 199f., 493–495, 501, 566
Müller, Philipp Heinrich (1654–1719) 668, 671
Muhammad Mu'azzam, Mughal Emperor (1643–1712) → Bahadur Shah I
Muhi-ud-Din Muhammad, Mughal Emperor, aka Aurangzeb Alamgir (1618–1707) 138
Murad I., osman. Sultan (1319/26–1389) 373
Mustafa II., osman. Sultan (1664–1703) 978

N
Nadir Shah of Persia (r.1736–1747) 143
Nami of Vidêha (Mithila) 134
Napoleon I. von Frankreich (1769–1821) XXXII, XLVII, 185f., 331, 448, 606, 642, 660, 750, 996f., 1005, 1021–1035, 1037, 1039
Nasir ad-Din Muhammed, Mamluk. Sultan (1284–1341) 375
Nasir al-Din Tusi 138
Nasir-ud-din Mahmud Shah, Sultan of Delhi (r.1394–1413) 143
Nasir-ud-din Muhammad, Mughal Emperor, aka Humayun (1508–1556) 137f., 144
Nassuf Pascha 380
Natif, Mika 141
Neff, Stephen 124
Nelson, Horatio (1758–1805) 1029
Nemattanew (†1622) 418
Neumann, Balthasar (1687–1753) 187
Neumayr von Ramsla, Johann Wilhelm (1572–1641) 553
Nicolas de Neufville, Sieur de Villeroy (1543–1617) 900
Nietzsche, Friedrich (1844–1900) 97
Nono, Luigi (1924–1990) 737
Noradungyan, Kapriel (1852–1936) 371, 379
Novalis (1772–1801) 776f.
Nürnberger, Georg Friedrich (1650–1729) 641
Nys, Ernest (1851–1920) 116

O
Oexlein, Johann Leonhard (1715–1787) 641
Olaf von Dänemark-Norwegen (1370–1387) 997
Olesen, Jens E. (*1950) 991
Olinda, Hilletie van (1635–1707) 429
Ompteda, Ludwig von (1746–1803) 116
Opechancanough, Powhatan Chief (ca. 1554–1646) 418
Opitz, Martin (1597–1639) 765, 767–769
Orthmann, Eva (*1970) 138
Osborne, Edward (um 1530–1591) 379
Osiander, Andreas 104
Otto von Waldburg, Bischof von Augsburg (1514–1573) 843
Ovid (43 v.Chr.–17 n.Chr.) 678
Owen, Robert (1771–1858) 78, 85
Oxenstierna, Axel (1583–1654) 296, 304
Oxenstierna, Johan Axelson (1611–1657) 583

P

Pacieris, Giuseppe (†1700) 724f.
Palaeologus, Jacobus (1520–1585) 921
Palthen, Johann Franz von (1724–1804) 93, 95
Pareus, David (1548–1622) 51
Patton, James (1629–1755) 423
Paul II., Papst (1417–1471) 785
Paul III., Papst (1468–1549) 696, 864, 868
Paul IV., Papst (1476–1559) 870f.
Penn, Richard (1706–1771) 424
Penn, Thomas (1702–1775) 424
Penn, William (1644–1718) 63f., 68, 73–78, 80, 92, 422, 478, 532, 603
Pernstein, Wilhelm von (1438–1521) 789
Peter I. von Russland, gen. der Große (1672–1725) 332, 336, 993
Peter III. von Russland (1728–1762) 1011f.
Péter, Katalin 926
Petrarca, Francesco (1304–1374) 763–765, 770
Petrovic, Péter (1486–1557) 914
Philip, King → Metacom
Philipp von Anjou (1683–1746) → Philipp V. von Spanien
Philipp I. von Hessen, gen. der Großmütige (1504–1567) 868
Philipp I. von Kastilien und León, gen. der Schöne (1478–1506) 859
Philipp von Orleans (1640–1701) 947
Philipp II. von Spanien (1527–1598) (Philip II of Spain) 120, 122, 187, 310, 327, 463, 638, 642, 665, 766, 857, 869–875
Philipp III. von Spanien (1578–1621) 314, 638
Philipp IV. von Spanien (1605–1665) (Philip IV of Spain) 293, 297, 638, 656, 699, 726, 951–953, 965
Philipp V. von Spanien (1683–1746) (Philip V of Spain) 89, 952–954, 956f.
Philipp Christoph von Sötern, Kurfürst von Trier (1567–1652) 556
Philippe-Emmanuel de Lorraine, Duc de Mercoeur (1558–1602) 905
Philips, Ambrose (1674–1749) 965
Pichegru, Jean-Charles (1761–1804) 1027
Pina, Rui de (1440–1522) 384
Pistoris, Johann Ernst (1605–1680) 580
Pitt d.J., William (1759–1806) 1025
Pius II., Papst (1405–1464) 784f.
Pius IV., Papst (1499–1565) 783
Pius V., Papst (1504–1572) 695

Plato(n) (428/427–348/347 v.Chr.) 73, 78
Plutarch (um 45–um 125) 68
Podewils, Otto Christoph von (1719–1781) 1006
Pole, Reginald (1500–1558) 869
Postel, Christian Heinrich (1658–1705) 729
Powhatan, Powhatan Chief (ca. 1547–ca. 1618) → Wahunsenacawh
Pradier-Fodéré, Paul (1827–1904) 502
Praetorius, Ephraim (1657–1723) 747
Prior, Matthew (1664–1721) 959
Prucha, Francis (1921–2015) 415
Pufendorf, Samuel von (1632–1694) 54–56, 91, 113, 123–125, 127–129, 288, 414, 478
Putsch, Johannes 325

Q

Quellinus, Artus (1609–1668) 638

R

Rabelais, François (ca. 1494–1553) 68
Rabot, Ennemond de (1554–1603) 902
Radziwiłł, Nikolaus (1515–1565) 884f.
Raffael (1483–1520) 764
Rama 140
Ranamanggala 406f.
Rasche, Christoph Ludwig 560
Raumer, Kurt von (1900–1982) 73
Rebhun, Paul (1505–1546) 257
Reiffenstuel, Ignatius (1664–1720) 748
Rembrandt van Rijn (1609–1669) 638
Richelieu (1585–1642) → Armand-Jean du Plessis
Riedesel, Johann Hermann von (1740–1784) 1016
Ripa, Cesare (1555–1622) 316
Rist, Johann (1607–1667) 524, 721, 768
Robespierre, Maximilien de (1758–1794) 773
Rohr, Julius Bernhard von (1688–1742) 710, 728
Rokycana, Jan (1390–1471) 784, 787
Roman, Jacob (1640–1715/16) 636
Romier, Lucien (1885–1944) 875
Rossi, Domenico Egidio (1659–1715) 639
Rousseau, Jean-Jacques (1712–1778) 83f., 91f., 104, 609, 611, 944
Rovetta, Giovanni (1596–1668) 723
Rubens, Peter Paul (1577–1640) 685f., 698–701
Rubin, Alfred P. 398
Rudolf I., röm.-dt. Kaiser (1218–1291) 238

Rudolf II., röm.-dt. Kaiser (1552–1612) 214, 581, 795, 970–972, 974
Rufinus von Sorrent (†nach 1179) 7f., 11
Ruprecht, röm.-dt. König (1352–1410) (Rupert, King of the Romans) 160

S

Saage, Richard 108
Saint-Adon, Jean-Claude de (18. Jh.) 387
Saint-Pierre, Charles Irénée Castel, Abbé de (1658–1743) 59, 63f., 68, 75, 78–84, 92, 95, 338, 478, 945
Saint-Séverin, Alphonse-Marie-Louis, Comte de (1705–1757) 1009
Saint-Simon, Henri de (1760–1825) 85
Saldanha, António Vasconcelos de 399
Salim Muhammad Nur-ud-din, Mughal Emperor, aka Jahangir (1569–1627) 138f., 141f., 145
Salvius, Johan Adler (1590–1652) 304
Samba Gelaajo Jeegi, König im Senegal-Tal (r.1725–1731) 387
Sandrart, Joachim von (1606–1680) 524
Sannazaro, Jacopo (1458–1530) 763, 765
Sassoferrato, Bartolus von (†1357) 24
Sattler, Michael (1490–1527) 38
Sauvage, Jean Le (1455–1518) 31
Savery, Roelant (1578–1639) 679
Schaffshausen, Nicolaus (1599–1657) 524
Schellenberg, Johann von (†1508) 788f.
Schenk, Pieter (1693–1775) 632
Schilter, Johann (1632–1705) 575
Schindler, Johann Gottfried (1821–1867) 93
Schlegel, Friedrich (1772–1829) 93
Schlettwein, Johann August (1731–1802) 93
Schmid zum Schwarzenhorn, Johann Rudolf (1590–1667) 975f.
Schnabel, Johann Gottfried (1692–1758) 67
Schnepf, Erhard 846
Schomberg, Gaspard de (1540–1599) 900
Schroeder, Paul W. 1040
Schütz, Friedrich Wilhelm von (1758–1834) 110
Schütz, Heinrich (1585–1672) 723
Schwarzenberg, Johann von (1463–1528) 34
Schwenckfeld von Ossig, Caspar (1490–1561) 288
Schwendi, Lazarus von (1522–1583) 47, 53, 272
Selden, John (1584-1654) 334
Selim I., osman. Sultan (1470–1520) 376
Selle, Thomas (1599–1663) 718f.

Sequassen, Wangunk Sachem (†1665) 420
Sequin, Wangunk Sachem (†1649) 420
Servandoni, Niccolò (1695–1756) 636
Setzer, Jeremias (1568–1608) 495
Shahab-ud-din Muhammad Khurram, Mughal Emperor, aka Shahjahan (r.1627–1658) 145
Shiraj ud-Daula, nawāb of Bengal (r.1756–1757) 146f.
Sigismund, röm.-dt. Kaiser (1368–1437) (Sigismund, Holy Roman Emperor) 160, 271, 782–784, 789, 801
Sigismund I. von Polen (1467–1548) 879f., 882
Sigismund II. August von Polen-Litauen (1520–1572) 877, 880f., 883, 885f.
Sigismund III. Wasa (Vasa) von Polen-Litauen (1566–1632) 893, 992
Sircke (Siricius), Michael (um 1588/89–1648) 743
Sixtus IV., Papst (1414–1484) 785f., 792
Smit, Jan 654
Smith, Adam (1723–1790) 95
Smith, John (1580–1631) 417
Sophia of Hanover (1630–1714) 961
Spalatin, Georg (1484–1545) 33
Spener, Philipp Jakob (1635–1705) 748, 752
Spinola, Ambrosio (1569–1630) 699
Spinola, Christoph de Royas y (1626–1695) 51
Spínola, Paolo (1628–1699) 658
Spinoza, Baruch de (1632–1677) 589
Spotswood, Alexander (1676–1740) 423
Squanto (†1622) 419
Staden, Sigmund Theophil (1607–1655) 713f., 721
Stenglin, Jeremias J. (1609–1660) 504
Stephan Báthory von Polen-Litauen (1533–1586) 892f.
Stieve, Gottfried (1664–1725) 495
Strauch, Johann (1612–1679) 570
Stuart, James Francis Edward, aka James III (1688–1766) 961
Suarez, Francisco (1548–1617) 119, 122
Subrahmanyam, Sanjay 137, 145
Süleyman, osman. Sultan, gen. der Große/der Prächtige (1494/5/6–1566) 376, 378, 976
Süßmilch, Johann Peter (1707–1767) 752
Sully, Herzog von (1559–1641) → Maximilien de Béthune
Sundberg, Ulf (*1919) 985

Szegedi, Edit 912
Szekfű, Gyula (1883–1955) 916

T

Talleyrand-Périgord, Charles-Maurice de (1754–1838) 623, 1024, 1029, 1031, 1033, 1035, 1037
Tamanend, Lenape Chief (ca. 1625–1701) 422
Tanacharison, Sachem (ca. 1700–1754) 424
Tasso, Torquato (1544–1595) 764
Telemann, Georg Philipp (1681–1767) 731, 735f.
Temple, William (1628–1699) 500
Terborch, Gerard (1617–1681) 659, 665, 667
Testa, Ignaz Freiherr von 372
Tetz, Gerard van (17. Jh.) 386
Theokrit (ca. 310–ca. 260 v.Chr.) 772
Thiessen, Hillard von (*1967) XXIV, XLI
Thomas von Aquin (1225–1274) 8, 11–13, 24, 69
Thou, Jacques-Auguste de (1553–1617) 899
Thrasybulos (um 440–388 v.Chr.) 570
Thugut, Johann Amadeus Franz de Paula von (1736–1818) 1015
Thulden, Theodor van (1606–ca. 1676) 683f.
Timur, Timurid Amir (r.1370–1405) 143f.
Toze, Eobald (1715–1789) 93
Trauttmansdorff, Maximilian von (1584–1650) 458, 467, 519f., 582, 934
Trommer, David (1640–1714) 753
Truschke, Audrey 139f.
Turenne, Henri de La Tour d'Auvergne, Vicomte de (1611–1675) 295

U

Uchański, Jakub (1502–1581) 886f.
Urban VIII., Papst (Pope) (1568–1644) 299

V

Valois, Elisabeth von (1545–1568) 873
Valois, François von (1555–1584) 905
Valois, Karl von (1270–1325) 25
Vattel, Emer de (1714–1767) 125f., 478f., 565
Vaudreuil, Marquis François-Pierre de Rigaud de (1703–1779) 427f.
Veiras (Vairasse), Denis (1673–1683) 68
Velázquez, Diego (1599–1660) 699f.
Vera, Juan António De (1583–1658) 494
Vergil (70–19 v.Chr) 680, 706, 762–765, 770, 772
Verschoor, Jan Willemsz (1573–1639) 406

Vespasian, Kaiser (9–79 n.Chr.) 680
Vianen, Jan van (1660–1726) 655, 658
Villars, Claude-Louis-Hector de (1653–1734) 501, 640
Vincheguerre, Jacques de (1598–1622) 381
Virmont, Damian Hugo von (1666–1722) 980
Vishnu 140
Vitoria, Francisco de (1483–1546) 113, 116, 119, 121, 124, 400, 414
Vladislav II. von Böhmen und Ungarn (1456–1516) 271, 278, 785–791, 793
Volmar, Isaak (1582–1662) 529, 621
Voltaire (1694–1778) 95, 288, 589
Vondel, Joost van den (1587–1679) 638, 701
Voß, Johann Heinrich (1751–1826) 774f.
Vouet, Simon (1590–1649) 698

W

Wagner, Tobias (1598–1680) 752
Wahunsenacawh, Powhatan Chief, aka Powhatan (ca. 1547–ca. 1618) 417f., 423
Walker, John 392
Wallenstein, Albrecht von (1583–1634) 295, 525
Wappäus, Johann Eduard (1812–1879) 376
Wartenberg (1593–1661) → Franz Wilhelm von Wartenberg
Washington, George (1732–1799) 424, 431
Wellington, Arthur Wellesley (1769–1852) 1032, 1035, 1039
Wenceslas (Wenceslaus) IV of Bohemia (1361–1419) 153f., 160
Wenzel, röm.-dt. König (1361–1419) (Wenzel IV. von Böhmen) 782
Werder, Diederich von dem (1584–1657) 524
Werner von Eppstein, Kurfürst von Mainz (ca. 1225–1284) 158
Wernick, Philipp (1594–1665) 752
Werth, Johann von (1591–1652) 293
Wettstein, Johann Rudolf (1594–1666) 941
Wheaton, Henry (1785–1848) 116
White Eyes (ca. 1730–1778) → Koquethagechton
Wicquefort, Abraham de (1606–1682) 464, 479, 488, 619
Widmann, Erasmus (1572–1634) 712
Wieland, Christoph Martin (1733–1813) 770
Wijayakrama (†17th century) 406
Wilhelm III. von England (1650–1702) → William III of England

Wilhelm V. von Jülich-Kleve-Berg (1516–1592) 192
Wilhelm I. von Oranien-Nassau (1533–1584) 272
Wilhelm III. von Oranien-Nassau (1650–1702) (William III of Orange-Nassau) → William III of England
Wilhelm von Reichenau, Fürstbischof von Eichstätt (1426–1496) 803
Wilhelm III. von Sachsen (1425–1482) 215
Wilkinson, Charles 415
William III of England (1650–1702) 288, 307, 329, 480, 636, 954–956, 958, 960–962, 964, 979
William of Gloucester (1689–1700) 961
Wills Hill, 1st Marquess of Downshire, aka Lord Hillsborough (1718–1793) 426
Witt, Johan de (1625–1672) 955
Wittert, Francois (1571–1610) 406

Władysław II. von Böhmen (1456–1516) → Vladislav II. von Böhmen und Ungarn
Władysław IV. Wasa von Polen-Litauen (1595–1648) (Władysław IV. Vasa of Poland-Lithuania) 293f.
Władysław Jagiełło von Polen (†1434) 878
Wolff, Christian (1679–1754) 91, 124f., 127, 478, 565
Wolters, Oliver (1915–2000) 393, 397
Wyclif, John (1330–1384) 781f.

Y
Yudhishthira, Indian King 134

Z
Zahir-ud-din Muhammad, Mughal Emperor, aka Babur (1483–1530) 143f.
Zwingli, Huldrych (1484–1531) 36, 817, 820, 824f., 828

Ortsregister / Index of Places

Das Ortsregister orientiert sich im Wesentlichen an deutschsprachigen Ortsnamen. Englischsprachige und landessprachige Entsprechungen finden sich, sofern sie im Handbuch genannt werden, in Klammern dahinter und sind zusätzlich über Querverweise den entsprechenden deutschsprachigen Ortsnamen zugeordnet.

The index of places primarily contains names in German. English and other language equivalents are only given in so far as they are used in the Handbook. They are given in brackets after their German versions and are cross-referenced to the German place names.

A

Aachen 89, 160, 230, 336, 349, 352, 359, 447, 450, 457, 481f., 500, 502, 539, 630, 636f., 639, 642, 701–703, 734, 749, 948, 1003, 1007–1010, 1012, 1039f.
Aarau 560
Aargau 831
Acadia 430, 959
Adria 374, 969, 1033
Ägypten 8, 367, 375–377, 1026
Ärmelkanal 1027
Äthiopien 71
Afghanistan 132f., 136f., 144
Afrika (Africa) XXII, XXXIX, 80, 346, 367–373, 376f., 383–389, 1011, 1013
Agra 141, 144f.
Aigues-Mortes 864
Aix-en-Provence 372, 386
Aix-la-Chapelle 952
Alais 898, 907
Åland-Inseln 997
Alba Iulia → Weißenburg
Albany (New York) 421–424, 427
Aleppo 379f.
Alexandria 376, 379f.
Algier 379f., 382f., 1026
Aljmaš 974
Allegheny Mountains 424
Alpen 25, 517, 710, 724, 772, 1038
Alsace → Elsass
Altes Reich → Heiliges Römisches Reich deutscher Nation
Altmark 297, 347, 353, 991
Altona 352, 354, 357
Altranstädt (Alt-Ranstädt) 274f., 745, 993f.
Amboise 46, 53, 900
Ambon 404f.

Amerika (America) 71, 74, 90, 96, 116, 119, 276, 376f., 383f., 413, 415, 421f., 425–427, 431, 566f., 572, 589, 593, 775, 860, 952, 954, 959, 1003, 1013, 1015
Amiens 660, 671, 1024f., 1027, 1030
Amsterdam 635, 637f., 645, 701, 958
Anhalt 848
Ankara 371
Ansbach 1016, 1028
Antwerpen (Antwerp) 275, 314, 463, 585, 631f., 638, 684, 938, 953
Apennin-Halbinsel XXX, XLVI, 612, 764, 859, 861, 1038
Arabien (Arabia) 30, 143, 372, 377, 380, 387, 504
Aragonien (Aragon) 183, 372f., 375f., 384, 496, 617, 858–860
Archangel'sk 989
Ardres 663f., 869
Arguin 371
Arras 665
Artois 861, 952
Asien (Asia) 80, 131–134, 137f., 142–145, 147, 368f., 376, 379, 389, 391–411, 593, 952
Aspern 1028
Athen 570, 687
Auerstedt 1030
Augsburg XXX, XLV, 45f., 153f., 162, 166, 168, 201, 270, 273–276, 280f., 286f., 314–316, 464, 496f., 533, 577f., 586, 589, 595, 599f., 605, 645, 729, 731, 743, 750, 766, 810, 812, 814, 833, 837–845, 847–855, 883, 892f., 901, 916, 919, 922f., 931, 942f., 1011
Austria → Österreich
Avignon 27
Awadh (Mughal Province) 145

B

Baar 820, 829, 831
Babylon 6–8
Baden (Region) 199, 231, 939, 1021, 1027f.
Baden (Stadt) 348f., 442, 446–449, 451, 457, 462, 501, 517, 521, 630, 639, 641, 644f., 652, 728, 749, 818, 820, 823, 933, 939, 947, 951, 957, 962
Baden-Durlach 554
Balearen 375
Baltic Region → Baltikum, Ostseeraum
Baltic Sea → Ostsee
Baltikum 93, 985, 988, 990f., 996 → Ostseeraum
Bamberg 235, 748
Banda 404f.
Banten 406
Barcelona 297, 344, 351, 359, 376
Basel (Basle) XXX, XLV, 96f., 271, 652, 752, 781, 783f., 786, 819, 832, 921, 941, 1021
Batavia 406
Batavische Republik 938, 1025
Bavaria → Bayern
Bavarian Netherlands → Niederlande (Südliche, Spanische, Österreichische)
Bayern (inkl. Kurbayern) 89, 232, 294, 296, 298f., 305, 346, 349, 353, 447, 564, 939, 954f., 957, 961, 1001f., 1004f., 1011f., 1014–1017, 1025, 1027f., 1033, 1035
Bayreuth 1016
Béarn 907
Beaulieu 282
Belgien 1024
Belgrad (Belgrade) XXXI, XLVI, 376, 481, 497, 979–981
Benelux-Staaten 936
Bengal (Mughal Province) 139, 143–146
Berchtesgaden 1025, 1029
Berg 585, 1030
Bergerac 900f., 903–905
Berlin 51, 354, 564, 749, 751, 1004–1006, 1021, 1030f., 1037f.
Bern 819–821, 823f., 827–832, 834
Bhutan 132
Białystok 1031
Biel (Bienne) 819
Bielefeld 751
Bihar 134, 144

Blekinge 991
Blenheim → Höchstädt
Blois 313
Blue Ridge Mountains 423
Böhmen (Bohemia) XXX, XLV, 19f., 30, 159, 167, 194, 210–218, 220, 222–224, 232, 271, 278, 285, 305, 338, 353, 457, 570, 574f., 580, 583, 594, 742, 766f., 769, 781–787, 790, 793–795, 884–886, 931, 937, 939, 970, 1005f., 1010
Bohuslän 991
Bologna 859, 1022
Borneo 403
Bornholm 989, 991f.
Bosporus 29, 974, 980
Boston 751f.
Boulogne 866, 1027
Brabant 951
Brandenburg (inkl. Kurbrandenburg) 210, 212–214, 294, 298, 304f., 314, 348, 353f., 554, 556, 561, 585f., 602, 606, 743, 852, 941, 945, 952, 990–995, 1002, 1012
Brandenburg-Bayreuth 199
Brandenburg-Preußen (Brandenburg-Prussia) XXXI, XLVI, 447, 602f., 1004, 1013 → Preußen
Bratislava → Pressburg
Braunschweig 197, 235, 354f., 447, 945, 994f.
Breda 354, 481, 657, 662, 666f., 699f., 1008
Breisach 304, 940
Breitenfeld 745
Bremen (Herzogtum) 304, 940, 990, 995
Bremen (Stadt) 986
Bremen (Erzstift) 940, 945
Bremgarten 830, 832f.
Breslau 749, 770, 1004, 1006
British Empire → Großbritannien
Brittany 903, 905f.
Brömsebro 299, 353, 357, 987, 990
Bromberg 350
Brünn 1028
Brüssel 310, 665
Brunei 403
Buda → Ofen
Bugia 376
Bukarest 1034
Burgund 31, 175, 538, 854, 859, 861–863, 865–866, 930, 936f., 946

Index of Places —— 1071

Burma 392, 405
Butre (Königreich) 371
Byzanz (Reich) 29, 373, 969
Byzanz (Stadt) → Konstantinopel

C
Caen 78
Calais 351, 857, 861, 866, 869, 871–874
Cambodia 392
Cambrai 31, 33, 351, 447, 450, 457, 465, 482, 501, 516, 858, 862–865, 873, 966
Campo Formio 661, 1022f.
Canada 417, 424f., 428–430
Cap Breton 539, 1013
Cape Cod (Massachusetts) 419
Caribbean → Karibik
Castile → Kastilien
Castres 904
Catalonia → Katalonien
Cateau-Cambrésis XXX, XLVI, 327, 348, 356, 379, 463, 538f., 616, 665, 857f., 869, 872–875
Cavour 282
Celle 350, 355
Central Europe → Mitteleuropa
Cercamps 872f.
Ceuta 384
Ceylon 1026
Champagne 866, 869
Charenton 898
Châtillon 1035
Chaumont 1035
Cherasco 299, 485, 538f., 1022
Chesapeake 419, 421
Chieri 873
China 71, 325, 349, 358, 373, 392f., 402, 407, 410, 635
Chivasso 873
Choggia 373
Cisalpinische Republik (Cisalpina) 1022–1025
Ciudad Real 180
Cleeberg 238
Coburg 715–717, 750
Codroipo 1022
Cologne → Köln
Connecticut 420f., 750
Connecticut River 420
Crépy (Crespy) 348, 351, 858, 865f.

D
Dänemark 76, 89, 123, 178, 194, 199, 205, 295, 299, 307, 339, 346, 353–355, 357f., 405, 463, 497f., 500, 515, 522, 566f., 581, 667, 745, 932, 934, 956, 985, 987, 989–992, 995–997, 1032, 1034
Dänemark-Norwegen 986–989, 991–997
Dalmatien 1022, 1029f., 1033
Damaskus 376, 379
Damvilliers 874
Danube → Donau
Danzig 747, 882, 893, 991, 995, 1032
Dauphiné 901f., 904f.
Deccan 141, 143–145
Deinikon (Baar) 831
Delaware River 424
Delaware Valley 422
Delhi 133, 143f.
Den Haag 348, 356f., 360, 372, 407, 462, 567, 632, 636f., 937, 956, 964, 994, 1021
Denmark → Dänemark
Deulino 297
Deutschland (bis 1806) → Heiliges Römisches Reich deutscher Nation
Deutschland (nach 1806) XXXII, XLVII, 76, 182, 186f., 253, 461, 629, 642, 916, 1033, 1036–1038
Dieterskirch 749
Dijon 861
Diu 377
Dominica 1013
Donau (Fluss) 953, 971, 980f., 1028, 1033
Donauwörth 595
Dorpat (Tartu) 769
Dresden 351, 355, 360, 447, 450, 746, 749, 1004, 1006, 1008, 1012
Dutch Republic → Niederlande (Nördliche, Republik)

E
East Asia XXXIX
East Indies → Ostindien
Eastern Woodlands (USA) 417, 424, 429
Easton (Pennsylvania) 423–425
Edinburgh 371, 752
Eger 154, 160
Ehrenbreitstein 556
Eidgenossenschaft → Schweiz
Eisenach 239

Eisenburg 748, 977f.
Elba 1037
Elbe (Fluss) 218, 1032
Elbing 356, 992
Elchingen 204
Elmina 384
Elsass 159, 161, 232, 296, 304, 336, 642, 869, 940, 946f., 957
England XXXf., XLVI, 49, 73f., 76, 89, 94, 117, 119, 146f., 180f., 186, 235, 288, 299, 309f., 313, 334, 339, 343, 346, 348, 352–355, 360, 372, 378–380, 382f., 386, 405, 415–422, 424, 427, 429f., 446, 449, 467, 479–481, 484f., 487, 495, 498, 500f., 507, 514, 558, 564, 598, 601, 603f., 615, 633, 636f., 644, 652, 660, 663f., 667f. 670, 698, 733f., 741f., 747–755, 772, 781, 854, 857–859, 861f., 865f., 869, 871, 873, 905f., 911, 918, 920, 933, 952, 954–957, 959–965, 969f., 978, 988, 990f., 994, 1002–1015, 1025, 1029f., 1033 → Großbritannien
Erfurt 1033
Erlangen 751
Erzgebirge 218
Essling 1028
Esslingen 744
Estland 337, 988f., 992, 996
Etaples 352
Eurasia 132, 137, 140f., 145
Europa (Europe) XVf., XVIII–XXIV, XXVIII–XLVII, 3f., 19, 32, 44, 47, 56–60, 65–68, 71, 73–84, 89–96, 98, 119, 123, 127–129, 131, 141f., 144–146, 151, 156–158, 161, 168, 171–173, 177, 179–187, 191, 194f., 199, 205, 212, 230, 235, 247, 252f., 262, 267–269, 273–277, 279, 281, 288, 293, 302, 304, 306f., 310–312, 314, 321–327, 329–334, 336–340, 343–346, 348, 350, 352, 358–361, 367–369, 371–373, 375–383, 385, 387–389, 391–393, 399–411, 413–416, 422f., 425–432, 437–441, 443–449, 451f., 461, 473, 475, 478–482, 484, 486f., 491–497, 500, 502, 504f., 507, 511–518, 532, 538f., 541, 556, 561–563, 566, 569f., 572, 583, 593f., 605f., 609, 611f., 617f., 620, 623, 630, 632, 634f., 640f., 643f., 649–653, 660f., 668, 671f., 684, 701, 703f., 709–711, 724, 736, 742f., 747, 761, 763–769, 777, 795f., 803, 854, 857–860, 864, 873, 882f., 887, 904, 906, 911, 913, 916f., 919–922, 929–933, 944–946, 951, 953–955, 957, 961–966, 969–973, 978, 981, 989, 993, 1001–1009, 1011f., 1014f., 1017f., 1021, 1023, 1026, 1028–1037, 1039f.
Eylau 1028

F

Fasaneninsel 351, 457, 460, 656f.
Ferrara 1022
Finnischer Meerbusen 989
Finnland 989, 991, 996f., 1031, 1034, 1036
Flandern (Flanders) 315, 384, 492, 698, 861, 952
Florenz 25, 375, 700
Florida 425, 431, 1013
Fontainebleau 274, 283, 349, 357, 600, 898, 1012f.
Fort Pitt (Fort Duquesne, Pennsylvania) 424
Fort Stanwix (New York) 425f.
Fränkisches Reich 7, 15f., 156
France → Frankreich
Franche-Comté 300, 952
Franken (Franconia) 153, 161, 232, 769, 1016
Frankfurt am Main 164, 230, 233, 235, 268, 281, 309, 311, 314f., 500, 563, 577, 579, 581, 718, 747, 751, 799, 802f., 805–808, 839, 1037, 1039
Frankfurt an der Oder 751
Frankreich XXX–XXXII, XLV–XLVII, 14, 19f., 46f., 53, 57–59, 71, 73, 76, 82, 87, 89f., 93–97, 116–118, 125, 156, 171, 173f., 177, 184–186, 194, 197, 205, 213, 235, 252, 268, 270, 272, 274–279, 281–284, 286–288, 293, 295–307, 309–314, 321, 324, 326f., 329–331, 333, 335, 337–339, 344, 346, 348f., 351–358, 360, 371, 378–381, 383–387, 392, 400, 405, 413–417, 423–428, 430, 445f., 449, 451, 457, 460–462, 465–468, 478, 480f., 486, 491–506, 513–517, 519, 522, 529, 538f., 542, 555f., 560, 571–573, 575, 582, 584, 586, 589f., 594, 596, 598f., 601–606, 609–612, 614–617, 619f., 630, 632f., 635–637, 642, 655, 658, 660, 662–665, 669, 694, 703, 726, 733f., 742, 748–750, 752, 755, 764, 766–768, 775f., 803, 827, 854, 857–875, 887, 890f., 897–901, 903–906, 908, 911, 930–941, 944–947, 951f., 954–965, 981, 986, 990–992, 995–

997, 1001–1004, 1007–1018, 1021, 1023–1040
Frederiksborg (Fredriksborg) XXXI, XLVI, 358, 749, 993, 995
Fredriksten 994
Freiburg (Fribourg, Üechtland) 818, 830
Freie Ämter (Aargau) 833
French West-Indies 959
Friaul 1022
Friedberg 234, 237f.
Friedland 1031
Friedrichsburg → Frederiksborg
Füssen 447, 450, 1004f., 1011

G

Galizien 1033
Gallipoli 374
Gardasee 1022
Gaster 833
Geldern 803, 865
Generalstaaten → Niederlande (Nördliche, Republik)
Genf (Geneva) 883, 907, 943
Gent 573, 584f.
Genua 349, 352, 372f., 375, 381, 384, 388, 869, 873, 1027, 1038
Georgia 425
Germany (until 1806) → Heiliges Römisches Reich deutscher Nation
Germany (after 1806) → Deutschland (nach 1806)
Gibraltar 384, 953, 959
Glarus 821, 830
Glatz 1004, 1012
Glogau 1032
Glücksburg 743
Goa 406
Görz 1033
Gotha 154, 689f.
Gotland 989f.
Gottorf 995
Granada 180, 187, 375, 383
Great Britain → Großbritannien
Great Lakes Region 415, 426
Greece → Griechenland
Greifswald 211
Grenada 1013
Grenoble 904
Greußen 248

Griechenland XXVIII, XLIV, 4, 30, 67, 343, 374, 378, 400, 474, 570, 577, 583, 677, 686, 761, 772, 921f.
Großbritannien 89f., 94, 171, 180, 330, 343, 348f., 352–356, 360f., 370, 379, 383, 386, 395, 411, 415–417, 423–427, 430f., 446, 461, 482, 498, 513, 515, 539, 567, 572, 594, 629, 633, 662, 665, 669, 703, 733f., 951, 959, 965, 981, 994, 996, 1001, 1014, 1017, 1021, 1023–1029, 1031–1036, 1039 → England, Irland, Schottland
Gubel 829
Guînes 663f., 871
Gupta Empire 131, 133, 135f.
Gyarmat 974

H

Hagenau 839, 940
Haimburg 249
Hainaut 952
Halberstadt 305, 751
Halland 991
Halle an der Saale 124
Hamburg 299, 354, 449, 515, 524f., 718–721, 724, 728f., 731f., 735f., 749, 756, 768, 771, 931f., 940, 995
Hanau 127, 237, 752
Hannover 51, 355, 360, 633, 746, 749, 993–995, 1006, 1011, 1027f., 1030
Hartford (Connecticut) 420
Heidelberg 123, 161, 278, 521, 767
Heilbronn 196, 554, 563
Heiliger Stuhl 352, 462, 477, 696, 859
Heiliges Römisches Reich deutscher Nation XVI, XXf., XXIX–XXXI, XXXIII, XXXVIIf., XLVf., 9, 14f., 20, 25, 27, 36, 45f., 49, 51, 55, 59, 76, 83, 89, 93f., 113, 151–168, 171, 173–184, 186f., 193–202, 204f., 210–214, 217f., 227, 230–235, 237f., 241f., 249f., 255, 267, 272, 274f., 277, 279f., 283, 285f., 294–296, 298, 300, 303–307, 309f., 312–315, 317, 324, 326, 328, 332, 338f., 344, 346, 348f., 353f., 356–358, 379, 382, 445, 447–451, 457, 462, 464, 466, 482, 494, 496–502, 515, 518f., 521–524, 533, 553, 555, 562–564, 569f., 572–583, 585f., 594f., 599–601, 605f., 619, 621, 632, 634f., 641, 662, 664, 668, 670, 672, 711f., 718, 720f., 729, 731, 741f., 748–752, 755, 757, 765–770, 799–814, 817, 821,

833, 837–847, 849–855, 858–861, 863, 865–869, 871f., 874, 884, 893, 901, 911, 914, 923, 929–948, 951f., 956, 962, 973, 976, 990, 994–996, 1002–1008, 1011–1017, 1021–1026, 1028–1030, 1037
Helmstedt 51, 521
Hermannstadt (Sibiu, Nagyszeben) 914, 918f., 921
Herstal 229
Hessen (Hesse) 202, 234, 239f., 543, 848, 868
Hessen-Darmstadt (Hesse-Darmstadt) 239, 294, 582
Hessen-Kassel (Hesse-Cassel) 237, 240, 294, 333, 355, 542f., 945
Himalayas 132
Hinterpommern 940
Hippo Regius 5
Höchstädt 645
Höxter 354
Hohe Pforte → Osmanisches Reich
Hohenasperg 241
Holland → Niederlande (Nördliche, Republik)
Holland (Provinz) 126, 343, 584, 636
Holland (Königreich) 1030
Holstein 76, 743, 774, 997
Holstein-Gottorf 354, 993
Holy Roman Empire of the German Nation → Heiliges Römisches Reich deutscher Nation
Hubertusburg 349, 358, 447, 497, 530, 630, 637, 639, 641, 644, 668, 735f., 746, 749, 751, 1003, 1011–1014
Hugli 145
Huis ter Nieuwburg 639, 653, 655
Hungary → Ungarn

I
Iberische Halbinsel (Iberian Peninsula) 187, 306, 367, 375, 383, 594, 953, 1013, 1033
Iglau 784
Île de la Cité 187
Île des Faisans → Fasaneninsel
Indien (India) XIX, XXXVI, 71, 90, 131–135, 137–143, 145, 147, 312, 325, 346, 373, 375, 377, 392, 395, 1003, 1007, 1011
Indies → Ostindien, Westindische Inseln
Indischer Ozean (Indian Ocean) 132, 145, 377, 382

Ingermanland 988, 996
Ionische Inseln 1024, 1031
Iran 138, 144
Irland (Ireland) 748, 933, 952, 956 → Großbritannien
Istrien 1022, 1033
Italien (Italy) XVIII, XXX, XXXV, XLVI, 9, 20, 24f., 68, 76, 171, 179, 183, 186, 197, 205, 275, 300, 303, 307, 310, 324, 326, 335, 358, 361, 373, 384, 437, 451, 462, 491–494, 497–499, 505f., 517, 577, 594, 612, 635, 680, 698, 713, 718f., 723, 727, 729, 763f., 770, 787f., 857–874, 879, 920, 930, 933f., 952f., 962, 1007, 1009, 1021–1023, 1025f., 1028–1030, 1034–1036, 1038 → Reichsitalien
Italienische Halbinsel (Italian Peninsula) → Apennin-Halbinsel

J
Jakarta 406
James peninsula (Virginia) 418
Jamestown (Virginia) 417
Jassy 481
Jayakerta (Jakarta) 406
Jena 249, 749, 1030
Joal 386
Johor 398, 402f., 408f.
Jülich 585, 743, 865
Jülich-Berg 192, 199, 1014
Jura 1023

K
Kabul 139, 143f.
Kärnten 1033
Kaffa 373
Kahlenberg 978
Kairo 375f., 379
Kalabrien 66
Kammin 940
Kampar 399
Kanada → Canada
Kappel am Albis XXX, XLV, 36, 268, 274, 280, 583f., 589, 817, 820f., 823–834
Kardis 989f., 992
Karibik 90, 346, 382, 425, 1011
Karlowitz XXXI, XLVI, 330, 337, 351, 354, 445, 481, 497, 507, 978f.
Kashmir 144

Kastilien 117, 358, 372, 375–377, 383, 496, 617, 858–860
Katalonien 297f., 306, 375f., 504, 952, 1034
Kedah 393
Kempten 204
Kesselsdorf 1006
Kew 372
Kexholm 988
Kiachta (Kiakhta) 358, 402
Kiel 985f., 996f., 1038
Kilia 373
Kingston (Jamaika) 749
Kirchenstaat 179, 694, 871, 1022, 1026, 1034, 1038
Klausenburg 917, 919, 924f.
Kleinasien 30
Kleve 481, 585, 743, 865, 1028
Knäred 485, 988f.
Köln (inkl. Kurköln) 198, 298f., 354, 481, 513, 517, 564, 620f., 945, 1005
Königsberg 751, 768, 1031
Konstantinopel 29, 355, 373f., 377, 379f., 668, 749, 801, 971, 975, 980
Konstanz 782f., 819, 821
Kopenhagen 355, 481, 989f., 992, 996
Korsika 869, 873
Kortrijk 964
Kotor 1022, 1030f.
Krain 1033
Krakau (Kraków) 350, 882, 889, 891
Krempe (Holstein) 743, 745
Krippehna 749
Kroatien 1033
Kronberg 234
Kronoborg (Öresund) 991
Kronstadt (Brașov, Brassó) 922
Küstrin 1032
Kurbayern → Bayern
Kurbrandenburg → Brandenburg
Kurland 76, 562, 989
Kurmainz → Mainz
Kurpfalz → Pfalz
Kursachsen → Sachsen
Kuttenberg (Kutná Hora) → XXX, XLV, 271, 278, 781, 787–796

L
La Rochelle 286, 601, 897, 904, 907
Lahore 146
Lancaster (Pennsylvania) 423f., 427
Landak 403
Landsberg 161
Languedoc 898, 904
Lausanne 969
Leeuwarden 637
Leiden 122
Leipzig 123, 235, 747, 768, 853, 997, 1012, 1034
Leitmeritz 457
Lemnos 374
Leoben 1022
Lepanto 377, 695
Leutkirch 641
Levante 370, 372, 375f., 378f.
Ligurien 1023
Lille 964
Lindheim 233f., 236f.
Lipany 784
Lissabon 481
Litauen 179, 878, 880–886, 892 → Polen-Litauen
Livland 337, 346, 881, 883, 986, 988, 992, 996
Lodi 612
Löwenstein-Wertheim 939
Logstown (Pennsylvania) 423f.
Lombardei 1022f., 1038
London 73, 301, 339, 347, 357, 371, 407, 426f., 604, 611, 633, 636, 645, 698, 733–735, 748, 751f., 963f., 1007, 1026, 1030, 1032f., 1036, 1039
Long Island (New York) 420
Lothringen (Lorraine) 295, 305, 552, 565, 866–868, 870, 905, 940, 956, 1024
Louisiana 431, 1013, 1026
Low Countries 119, 300, 306f. → Niederlande
Lublin 877, 881
Lübeck 251, 525, 579, 743, 745, 986, 995
Lund 354f.
Lunéville 1024f.
Luxemburg (Luxembourg) 952, 957
Luzern 818, 822, 829
Lyon 485

M
Maastricht 643
Madrid 353, 358, 538, 644, 858, 860–863, 865, 954, 960
Mähren 769, 783–786, 790, 937, 1016

Magdeburg 303, 305
Mailand 857–861, 864–866, 870f., 873, 953
Mainz (inkl. Kurmainz) 14f., 51, 157f., 214–217, 220, 228, 234, 240f., 314, 336, 354, 370f., 577, 712, 750, 776, 800, 802, 843, 849, 945
Malaya 395, 411
Malaysia (Malay) 392–396, 398, 401, 403, 405–407, 410f.
Malta 1024f., 1027, 1030, 1036
Mantes 905
Mantua 299, 873, 1022
Marburg 124, 521, 529
Marck 616, 869f.
Marcoing 872
Marignano 859, 861
Mark 585
Marly 360
Marosvásárhely → Neumarkt am Mieresch
Massa 384
Massachusetts 750f.
Massachusetts Bay 421
Mauritius 1036
Maurya Empire 131, 133f., 142
Mecklenburg 941
Mecklenburg-Schwerin 1012
Mediasch (Mediaș, Medgyes) 915
Mediterranean Sea (Mediterranean Basin) → Mittelmeer
Meißen 218
Melaka 395, 399, 402f., 407–409
Mellingen 833
Memel (Fluss) 1031
Memmingen 163, 749
Mempawah 403
Menorca 959
Menzingen 829
Metz 868f., 871f., 874, 940, 948
Mexico → New Spain
Middle East → Mittlerer Osten
Milan → Mailand
Mississippi (Fluss) 1013
Mississippi Valley 431
Mitteleuropa 247, 312, 445, 559, 562, 613, 697, 710, 733, 933, 981, 1021, 1024, 1027f., 1030, 1035, 1037
Mittelmeer (Mittelmeerraum) XXII, XXXIX, 141, 297, 367, 370, 372f., 375–378, 380f., 384f., 388f., 398, 864, 952, 959, 969, 1026f., 1029, 1031, 1040
Mittlerer Osten (Middle East) XXV, XLI
Modena 349, 352, 1022, 1038
Mogersdorf 977
Mogulreich (Moghul Empire) XIX, XXXVI, 131, 133–147
Moldau (Fürstentum) 972
Monferrat 873
Mongolei (Mongolia) 137f., 373
Montalcino 873
Montauban 907
Montmédy 874
Montpellier 907
Montreal (Montréal) 427f.
Moore 866
Mosel (Moselle, Fluss) 956
Moskau 76, 351, 371, 496, 881
Mühlberg 867
Mühlhausen 723
Mülhausen (Mulhouse) 819
München 350
Münster XXV, XXXI, XLI, XLVI, 38, 168, 202, 284, 297, 299–301, 332, 344, 348, 353f., 356, 449, 451, 457, 460, 463f., 466, 468, 480f., 484, 486, 495, 498, 500f., 503–506, 517, 521f., 570, 572, 580, 582, 617–622, 631f., 634f., 637f., 640–644, 653, 657, 659, 665, 719, 745, 756, 929f., 932–936, 941, 951, 962f., 990
Mughal Empire → Mogulreich
Muskogee 431
Musso 827

N

Nagyszeben → Hermannstadt
Naher Osten 19
Nantes 47f., 268, 274, 276, 278, 283f., 569, 571, 573, 584, 586, 589, 596f., 599–601, 605, 897–907, 922, 960
Naples → Neapel
Naundorf 749
Neapel 89, 517, 724, 726–728, 764f., 857, 859f., 870f., 873, 1026f., 1029f., 1038f.
Negroponte (Euboea) 374
Nertschinsk (Nerchinsk) 349, 402
Netherlands (Northern, Republic) → Niederlande (Nördliche, Republik)
Neuchâtel 125

Neumarkt am Mieresch
(Târgu Mureş, Marosvásárhely) → 912, 915
Neustadt → Nystad
Neuwied am Rhein 603
Neva (Fluss) 989
New England 419, 421, 429f.
New France 427, 430, 1013
New Netherland(s) 74, 420f., 429
New Spain 414, 425
Neufundland (Newfoundland) 959
Niederbayern 1015
Niederlande (Burgundische) 497, 866, 930, 936
Niederlande (Nördliche, Republik) XXXI, XLVI, 76, 80, 83, 89, 98, 122f., 128, 145f., 194, 272, 288, 294, 296–301, 307, 309, 311f., 314f., 317, 328, 334, 343, 346, 348f., 352, 354–356, 360f., 371f., 378, 380, 382, 385f., 394–396, 398, 400–410, 420–422, 429, 445, 451, 457, 463, 468, 478, 481, 485f., 491f., 495f., 499–501, 505, 507, 514, 522, 539, 554f., 558, 564, 566, 573, 584f., 594f., 597, 601, 604, 615, 621, 631f., 635–637, 639, 641f., 644, 658–660, 665, 667, 670, 672, 679, 684, 699, 701, 703, 742, 745, 748, 750, 752, 766f., 847, 854, 898, 900, 905f., 921, 932f., 935–939, 941, 946, 951–953, 955–959, 963, 978, 981, 988–991, 994, 1003, 1005, 1007f., 1021, 1023f., 1026f., 1030, 1033f., 1036, 1039
Niederlande (Südliche, Spanische, Österreichische) 184, 307, 314f., 328, 499, 539, 560, 584f., 698, 852, 857–862, 865, 870f., 874, 936–938, 946, 952, 955–957, 959, 964, 1008, 1011, 1015, 1022f.
Niederlausitz 785
Niederösterreich 281
Niedersachsen 232
Niemen → Memel
Niemirow 447
Nijmegen (Nimwegen) 348, 351, 354, 356–358, 442, 445, 456f., 460, 466f., 480, 484–487, 500f., 504–506, 517f., 521, 621, 630, 632, 636, 638, 641, 657–660, 662, 667, 671, 745f., 748, 946, 951f., 954–958, 960, 962–965
Nikolsburg 519
Nimburg 788
Nîmes 898

Nimwegen → Nijmegen
Niš 980
Nizäa 282, 287
Nizza 310, 858, 863–866, 870, 1021
Nördlingen 578
Nordafrika 5, 369f., 372, 375–377, 382f., 451, 463, 468, 864
Nordamerika (North America) XXIII, XXXI, XXXIX, XLVII, 89f., 331, 346, 349, 368, 413–415, 417, 423, 426–428, 430f., 572, 749, 1007, 1009, 1011
Nordeuropa XXXI, 360, 378, 612
Nordfrankreich 861f., 872, 936
Nordhausen 228
Norditalien → Oberitalien
Nordsee 304, 1031
Nordwestdeutschland 937, 941
Normandie (Normandy) 903, 907
North America → Nordamerika
North Carolina 425
North Sea → Nordsee
Norwegen (Norway) 985–997, 1036
Nouvelle France → New France
Nova Scotia 430, 959
Noyon 310, 859
Nürnberg (Nuremberg) 164, 167, 229, 268, 309, 311–315, 463, 524, 577f., 586, 712–714, 718f., 721–723, 748, 769, 803, 838f., 941
Nymphaion 373
Nystad XXXI, XLVI, 352, 356, 358, 447, 497, 501, 657, 993, 995

O

Oberitalien 12, 25, 28, 194, 346, 803, 861, 1021, 1023, 1026, 1030
Oberlausitz 785
Oberpfalz 939
Oberschwaben 635
Oder (Fluss) 995
Öresund 991
Ösel 989f., 992
Österreich XXXf., XLVI, 58, 89f., 94, 96, 218, 232, 235, 307, 312, 329f., 333, 336, 346, 349, 351–355, 358, 405, 447, 450, 461, 481, 502, 504, 542, 595, 602f., 617, 642, 662, 665, 670, 705, 729, 734, 736, 847, 858, 924f., 930f., 939f., 948, 952, 955, 957f., 960, 966, 969f., 977, 979–981, 990–992, 1001–1009, 1011–1016, 1022–1024, 1027–1030, 1033–1039

Ofen (Buda) 785f., 980
Ohio River 423f., 426
Ohiotal (Ohio Valley) 424, 426, 1011
Oldenburg 1034
Oliva 353, 481, 745, 748, 989f., 992, 996
Olmütz 785f.
Oma 404f.
Orléans 947
Osmanisches Reich XXII, XXXf., XXXIX, XLVI, 20, 30, 35f., 59, 71, 76f., 90, 94, 133, 137, 140, 143f., 214, 268, 297f., 307, 310, 313, 315, 322f., 325, 329f., 332, 334, 337f., 343, 346, 351, 354f., 358, 367, 369–381, 383, 385, 388, 400, 445–447, 481, 497f., 504, 507, 512, 593, 613, 668, 670, 694f., 705, 724, 727, 753, 799, 801–803, 805, 838f., 842, 861, 863, 865, 912f., 925f., 933, 953, 956, 960, 965, 969–981, 994, 1026, 1031, 1034
Osnabrück XXV, XXXI, XXXIII, XLI, XLVI, 167f., 299f., 332, 348f., 353, 356, 448f., 451, 457, 462, 480f., 498, 504, 515, 517, 521f., 570, 572, 576, 580, 582, 586, 617–621, 638, 643f., 929f., 932–935, 951, 962f., 990
Osteuropa 376, 969, 1012, 1014
Ostindien (Vorder- und Hinterindien, Malaiischer Archipel) 123, 145–147, 350, 394, 407f., 938, 1013
Ostmitteleuropa 919
Ostpreußen 1011, 1031
Oströmisches Reich → Byzanz (Reich)
Ostsee 304, 325, 330, 768, 988f., 991f., 995f., 1031
Ostseeraum 160, 304, 307, 328, 346, 485, 497, 985f., 988–997 → Baltikum
Ottoman Empire → Osmanisches Reich
Oxford 120

P
Palatinate → Pfalz
Paraćin 980
Paris 47f., 68f., 78, 96, 173f., 187, 276, 286, 349, 358, 413, 416, 425f., 431, 461, 498, 564f., 567, 634–637, 642, 644, 665, 746, 749f., 863, 866, 875, 887, 898f., 904, 907, 948, 1003, 1011–1013, 1022, 1024–1026, 1029, 1033–1040
Parma 868, 1038
Parma-Piacenza 1022

Passarowitz (Požarevac) XXXI, XLVI, 355, 358, 481, 497, 668, 671, 705, 979f.
Passau 213, 268, 275, 577, 841, 843–845, 849, 893, 942
Patani 403
Patna 141
Pavia 538, 861
Peene (Fluss) 995
Pegu 405
Peloponnes 979
Pennsylvania 74, 415, 421–424, 426, 603, 750f.
Pensacola (Florida) 425
Pequot territory (Connecticut) 420, 429
Persien (Persia) 71, 132, 137–141, 143f., 376, 981, 1031
Pfalz (inkl. Kurpfalz) 51, 78, 158, 167, 231, 234, 294, 305, 314, 346, 348, 445, 486, 554, 563, 565, 576, 580, 583, 605, 721, 726, 767, 852, 855, 931, 937, 939f., 945, 947, 952, 960, 979
Pfalz-Neuburg 585f., 605, 848, 945
Philadelphia 751f.
Philippsburg 556, 940
Piacenza 868
Pickawillany (Ohio) 424
Piemont 864f., 870–873, 1022f., 1025f.
Piemont-Sardinien 1022, 1036, 1038
Pignerolo 873
Pittsburgh (Pennsylvania) 424
Plessis-lès-Tours 314
Plymouth 419f.
Po (Fluss) 1036, 1038
Poissy 287
Poitiers 584, 900
Poland → Polen
Poland-Lithuania → Polen-Litauen
Polen XXX, XLV, 90, 94, 179, 277f., 295, 297, 305, 307, 331, 346, 348, 351–353, 356, 379, 447, 496, 498, 517, 562, 600f., 785, 878–888, 891–893, 894, 924, 926, 989–994, 1014, 1031f., 1034, 1036f.
Polen-Litauen 175, 178, 293, 877f., 881, 883, 886f., 890–894, 953, 986, 988–994, 996 → Litauen
Poltava 994
Pomerania → Pommern
Pommern 294, 304f., 746, 884, 996
Port Mahon 959
Portudal 386

Portugal 76, 90, 122f., 144f., 297, 334, 346, 349, 372, 377, 382, 384f., 388, 398–400, 402f., 405–407, 409, 461, 496, 498, 517, 662, 665, 964, 1012f., 1025, 1033
Posen 884, 1031, 1037
Požarevac → Passarowitz
Prag 187, 349, 353, 457f., 466, 519, 525, 529, 574, 579–582, 634f., 679, 745, 767, 781–784, 786–794, 935, 1016, 1034
Pressburg (Bratislava) 980, 1029
Preußen 89f., 94, 96–98, 125, 167, 184, 235, 330, 348f., 352, 355, 358, 461, 495, 497, 515, 602, 662, 665, 736, 749, 751, 754, 882, 884, 945, 962, 965, 981, 992, 1001–1004, 1006f., 1009, 1011–1018, 1021, 1023, 1025, 1028–1032, 1034f., 1037–1039 → Brandenburg-Preußen
Provence 864, 904f.
Prussia → Preußen
Pruth 358
Pyrenäen (Pyrénées) XXXI, XLVI, 295, 333, 348, 351, 360, 457, 466, 481, 496, 643, 656f., 683, 726, 745, 748, 935

Q
Quebec 427, 430

R
Radom 879
Ragusa 1033
Rapperswil (St. Gallen) 833
Rastatt 89, 348f., 358, 446–449, 457, 464, 501f., 517, 521, 630, 632, 635, 639–641, 644f., 746, 748, 947, 951, 962, 1023
Ravensberg 585
Ravensburg 635
Regensburg 164, 299, 312, 332, 353, 574, 802, 839f., 855f., 944, 952, 1012
Reichsitalien 177
Reifenberg 234
Reims 867
Reutlingen 153–155
Reval (Tallinn) 769
Rhein (Rhine, Fluss) 97, 158, 231f., 234, 236–238, 304, 339, 445, 564, 586, 603, 869, 940, 945, 952f., 956f., 1005, 1021, 1023–1027, 1030f., 1035, 1038f.
Riga 229, 769

Rijswijk (Ryswik) 348, 354, 357f., 442, 445, 448, 457, 459, 464, 480, 486f., 500, 517, 521, 576, 586, 605f., 622, 630, 636, 639, 653, 655, 657, 668f., 726, 729, 745, 748, 753, 947f., 951f., 954–958, 961–965, 979
Römisches Reich (Roman Empire, Antike) XVII, XXVIII, XXXIV, XLIV, 3–5, 15–17, 26, 120, 126, 164, 172, 179, 247, 400, 570, 577, 635, 677, 679, 682, 687, 693, 703, 706, 729, 761–764, 772
Rom XXX, XLV, 58, 173, 179, 257, 269, 271, 278, 282, 285, 299, 391, 400, 485, 487, 505, 513f., 584, 600f., 680, 696f., 699, 724–726, 764, 782, 784, 837, 860–862, 871, 885, 890, 892, 925, 1022
Ronkalische Felder 25
Ronneburg 757
Roskilde 353, 356, 989–992
Rotterdam 637, 959
Rouen 904
Rügen 940, 990
Rufisque 386
Rumakai 405
Ruscombe (Berkshire) 74
Russland (Russia) XXXI, XLVI, 89f., 94, 96, 297, 299, 307, 330–332, 336, 346, 349, 352f., 355f., 358, 379, 402, 447, 461, 496–498, 514, 539, 567, 662, 665, 881, 887, 933, 965, 969, 980f., 986, 988–990, 992f., 995–997, 1002–1004, 1007, 1011f., 1016f., 1023–1025, 1027f., 1030–1035, 1037, 1039
Ryswik → Rijswijk

S
Saale (Fluss) 218
Saar (Fluss) 956
Saarbrücken 248
Sachsen (inkl. Kursachsen) 33, 89, 153f., 167, 199, 210f., 214f., 218, 220, 222–224, 229, 232, 235, 237, 240f., 249, 258, 298, 314–316, 354f., 458, 466, 525, 579–582, 736, 743, 749, 753, 756, 840, 848, 853, 855, 868f., 919, 943, 960, 986, 993, 996, 1002, 1004–1006, 1012f., 1015f., 1021, 1031f., 1034, 1037f.
Sachsen-Coburg 715
Sachsen-Gotha 689
Sachsen-Lauenburg 525
Sachsen-Polen 89

Sachsen-Weimar 638
Sachsenheim 153–155
Sahara 367, 369, 372f., 377, 387
Saint-Christophe 959
Saint-Cloud 315
Saint-Denis 905
Saint-Domingue (Haiti) 1026
Saint-Germain-en-Laye 268, 274, 276, 281–284, 287, 348, 351, 500, 571
Saint Lawrence (River, Valley) 417, 430
Saint-Pierre-Église 78
Saint-Quentin 871, 874
Saint Vincent 1013
Salé 382
Saluzzo 873
Salzburg 213, 596, 1023, 1025, 1029, 1033
Samarqand 144
Sambas 403f.
Sandomir (Sandomierz) 285, 885f.
Sankt Gallen 819, 833
Sankt Petersburg 351, 358, 749
Santa Fe 383
Sardinien 349, 352, 361, 1003, 1007–1009
Sardinien-Piemont → Piemont-Sardinien
Saumur 314
Save (Sava, Fluss) 981
Savoyen (Savoy) 282, 307, 348f., 352f., 360, 864f., 870, 872f., 905, 956f., 1023f.
Savoyen-Sardinien 1009
Saxony → Sachsen
Schaffhausen 832
Schelde (Fluss) 938
Scheldt 959
Schlan 788
Schleitheim 38
Schlesien 89f., 93, 194, 199, 351, 749, 751, 754f., 767, 769f., 785, 1001–1007, 1009, 1011f., 1015, 1018
Schleswig 995
Schleswig-Holstein-Gottorf 354, 357
Schmalkalden 162, 166, 223, 312, 563, 839f., 863, 865–868
Schönbrunn (Wien) 1033f.
Schönebeck 574
Schottland 95, 181, 933, 956 → Großbritannien
Schwaben 35, 67, 153f., 160f., 232, 562
Schweden XXXI, 76, 89, 178, 183, 194, 205, 293–300, 304, 307, 328, 334, 337, 339, 344, 346, 348, 352–358, 405, 422, 445, 451, 461, 463, 481, 487, 492, 497–499, 504, 514f., 519, 522, 542f., 554, 556, 560, 562, 566f., 572, 574f., 580–583, 611, 635, 655, 662, 664f., 703, 721, 742, 745, 750, 752, 887, 931–935, 938–941, 945f., 952, 955f., 960, 963, 985–997, 1012, 1027, 1031, 1034, 1036
Schweinfurt 204, 312, 869
Schweinsberg 239f.
Schweiz XXX, XLV, 23, 36, 38, 76, 83, 194, 277, 343, 346, 351, 353, 445, 457, 497f., 552, 583, 615, 639, 644, 652, 772f., 817–819, 821f., 824–827, 829, 833, 854, 858f., 920, 941, 1023f., 1026f., 1035f., 1038
Schwyz 818, 820
Scotland → Schottland
Senegal 386, 1013
Senegal (Fluss) 387, 1011
Senegal (Tal) 387
Senlis 353, 861
Shackamaxon (Pennsylvania) 421f.
Shkodra 374
Siam 392f., 404f.
Sibiu → Hermannstadt
Sicily → Sizilien
Siebenbürgen XXX, XLV, 268, 276f., 282, 307, 351, 519, 769, 911–914, 916–926, 973
Sieben Provinzen → Niederlande (Nördliche, Republik)
Siena 12, 690–692, 873
Silesia → Schlesien
Sistova (Sistowa) XXXI, XLVI, 481, 670, 981
Sizilien 179, 734, 957, 1029f., 1038
Skandinavien 178, 358, 594, 985, 990f., 1031
Skåne 991
Slowakei 971
Soissons 447, 450, 457, 482, 966, 1008
Solothurn 818, 830
South Asia 131–134, 143–145, 147
South Carolina 425
Southeast Asia → Südostasien
Spanien (Spain) XXXf., XLVI, 20, 47, 57, 71, 76, 81, 89f., 92, 113, 119f., 122, 128, 146, 171, 180, 183, 187, 272, 293, 295–301, 303–307, 309, 311f., 314f., 317, 326–330, 333f., 338, 346, 348f., 351–355, 357–361, 377, 379, 383f., 399, 403, 405, 407, 414, 416, 425, 430f., 445f., 451, 457, 461–463, 466, 468, 486, 491–493, 496–499, 501, 504, 506,

514, 517, 522, 538f., 542, 573, 597, 604, 611, 617, 619, 622, 629–633, 638, 642, 644, 652, 656, 658, 662, 665, 697f., 703, 724–729, 733, 748, 764, 766f., 857, 860–863, 865, 867, 870–874, 897, 905f., 930–933, 935–941, 946f., 951–959, 961, 962, 964f., 979, 994, 1002, 1007–1009, 1012f., 1021, 1025, 1027–1029, 1032f., 1035, 1039
Spanish Netherlands → Niederlande (Südliche, Spanische, Österreichische)
Sparta 687
Speyer 175f., 187, 202, 279f., 285, 833, 840, 850
Sremski Karlovci → Karlowitz
States General → Niederlande (Nördliche, Republik)
Stettin 339, 357, 457, 463, 485, 616, 985–987, 989f., 1032
Stockholm XXXI, XLVI, 178, 354–356, 371, 447, 723, 749, 963, 993, 995
Stolbowo (Stolbovo) 299, 353, 485, 988f., 992, 996
Straßburg (Strasbourg) 51, 158, 233, 575, 642, 768, 821, 831, 869, 947, 957, 1039
Stuhmsdorf 297, 353, 991
Südeuropa 710
Südostasien XXII, XXXIX, 132, 391–404, 409f.
Südosteuropa 20, 277, 593, 670, 969
Sukadana 403
Sundgau 940
Swabia → Schwaben
Sweden → Schweden
Swischtow → Sistova
Switzerland → Schweiz
Syrien 375
Szeben → Hermannstadt
Szeklerland 918
Szőny 974f.

T
Târgu Mureș → Marosvásárhely
Teplitz 1035
Ternate 401, 404
Terraferma 1022
Teschen 352, 355, 482, 749, 1004, 1014, 1016
The Hague → Den Haag
Thérouanne 874
Thionville 874

Thorenburg 268, 276, 282, 912, 914f.
Thüringen 232, 240
Tiber (Fluss) 724
Tibet 132
Tilsit 656, 1021, 1028, 1031f.
Tirol 199, 1029, 1033
Tiron (Abtei) 78
Tobago 1013, 1036
Toggenburg 833
Tolentino 1022
Topkapı Serail 978
Torda → Thorenburg
Tordesillas 122, 496
Torgau 743
Toskana 379, 873, 1025, 1034, 1038
Toul 868f., 872, 874, 940, 948
Tournon 872
Tours 314
Transylvania → Siebenbürgen
Trapezunt 373
Traventhal 354, 357, 993
Trient 213, 257, 617, 619, 867, 914
Trier (inkl. Kurtrier) 556, 809, 939
Trinidad 1026
Tripolis 379, 382f.
Trois-Rivières 428
Trondheims län 991f.
Tsenacomoco 417
Tübingen 127
Türkei → Osmanisches Reich
Tunis 375–377, 379–383, 864, 1026
Turda → Thorenburg
Turin 373, 462, 873
Turkey → Osmanisches Reich

U
Ukraine 447
Ulfsbäck 353, 357
Ulm 196, 229, 299, 578, 744f.
Ungarn 231, 361, 379, 594, 602, 785, 793, 803, 911f., 914, 916f., 919f., 925f., 930, 956, 970–973, 978, 1006, 1010
United Provinces of the Netherlands → Niederlande (Nördliche, Republik)
United States of America 96, 125, 371, 383, 482, 498, 750, 755, 1026
Unterpfalz 940
Unterwalden 818, 820
Upper Italy → Oberitalien

Upper Lusatia → Oberlausitz
Uri 818, 826
USA → United States of America
Usedom 995
Utrecht XXXI, XLVI, 80, 89, 275, 348–350, 355, 360, 430, 442, 446f., 449, 457, 459–461, 463, 482, 495, 497, 500, 517f., 521, 572, 622, 629–631, 633f., 636f., 639, 641–645, 653f., 657, 669, 733, 746, 748, 922, 947, 951, 953, 955, 957, 959, 961–966, 1002

V
Valencia 375
Valladolid 180, 652
Valtellina → Veltlin
Vasvár → Eisenburg
Vatikan → Kirchenstaat
Vaucelles 310, 869–871
Veltlin 298f., 827
Venedig 71, 76, 296, 299, 301, 324, 351–354, 358, 370, 372–375, 378–380, 388, 405, 481, 487, 514, 517, 542, 611, 618, 634, 705, 723, 862, 932, 934, 969, 979, 1022, 1024, 1029
Veneto 1023, 1038
Venice → Venedig
Verden 304, 940, 945, 990, 995
Verdun 868f., 872, 874, 940, 948
Vereinigte Niederlande → Niederlande (Nördliche, Republik)
Vereinigte Provinzen → Niederlande (Nördliche, Republik)
Vereinigte Staaten von Amerika → United States of America
Vereinigtes Königreich → Großbritannien
Versailles 346, 349, 355, 360, 501, 587, 629, 639, 701f., 954
Vervins 348, 352f., 356, 457, 485, 538f., 617, 657, 897, 906
Vetzberg 239
Viborg 996
Vicenza 635
Vicina 373
Vienna → Wien
Vietnam 392
Villanova d'Asti 873
Virginia 417–419, 422f., 425f.
Vorpommern 304, 940, 990, 996
Vossem 481

W
Wagram 1033
Walachei 972
Wales 181
Wallis 1025f., 1034
Warschau (Herzogtum) 1032f., 1037
Warschau (Warsaw, Stadt) 276, 278, 285f., 589, 601, 877, 886, 888–890, 892–894, 922
Weesen 833
Wehlau 348, 350
Weißenburg (Alba Iulia) 914, 917, 924
Wellenburg 204
Wesel 1029
West Frisia 126
West-Indies → Westindische Inseln
West Pomerania → Vorpommern
Westafrika 368, 373, 376, 384f., 387f.
Western Europe → Westeuropa
Westerwald 239
Westeuropa 337, 612f., 985, 1021, 1023, 1026
Westfalen XVI, XXIVf., XXXI, XXXIII, XLf., XLVI, 48f., 51, 55f., 116, 163, 167, 203, 205, 212, 214, 232, 274–276, 280f., 283f., 288, 294–297, 299–303, 305, 307, 328f., 332, 335f., 339, 344f., 349, 352f., 391, 437, 440, 442, 444–449, 457, 460–462, 464, 466–468, 481, 485–488, 494, 497–499, 503, 505, 514f., 517–522, 529, 569f., 572, 574–577, 582–586, 601, 604–606, 609f., 615, 617–619, 621, 629f., 634, 636, 638–646, 658, 662, 664f., 668f., 671, 689, 701, 718, 749f., 753, 814, 929f., 932, 935–940, 942, 944–948, 951, 960f., 963, 966, 986, 990, 992, 1016, 1038
Westindische Inseln (Westindien) 372, 385, 387, 938, 959, 1013
Westminster 180, 361, 636, 733, 748
Westphalen (Königreich) 1032
Westphalia → Westfalen
Weströmisches Reich 13
Wetterau 233f., 237
Wetzlar 176, 187, 749
Wien XXXII, XLVII, 51, 176, 187, 248f., 326, 331, 340, 345f., 358, 377, 439, 448, 457–463, 465, 469, 502, 507, 516, 518, 564, 623, 632, 635, 662, 665, 749, 923, 960, 972–974, 976, 978–981, 1005, 1007f., 1021f., 1028f., 1032–1040

Wilsnack 249f.
Wismar 178, 304, 940, 990, 996
Wittenberg 33f., 37, 282, 285, 313, 794, 837, 882f., 885
Wolfenbüttel 355, 749
Wollin 995
Worms XX, XXXVII, 174, 196f., 279f., 285, 361, 799, 803–814, 838
Württemberg 127, 201, 241, 271, 287, 554, 561, 564f., 574, 843, 852, 939, 1021, 1027f.
Würzburg 153, 214, 216, 1029

X
Xanten 743

Z
Zabern 869
Zarenreich → Russland
Zeeland 126, 584
Zenta 978
Zeven 355
Žitava (Zsitva, Fluss) 971
Zsitvatorok XXX, XLVI, 298, 310, 371, 379, 507, 969f., 972–974, 977–982
Zürich 36, 38, 772, 817–833, 883
Zug 818, 820, 826, 830f.
Zypern 375, 380

www.ingramcontent.com/pod-product-compliance
Lightning Source LLC
Chambersburg PA
CBHW060300010526
44108CB00042B/2591